中國社會科學院文庫
哲學宗教研究系列
The Selected Works of CASS
Philosophy and Religion

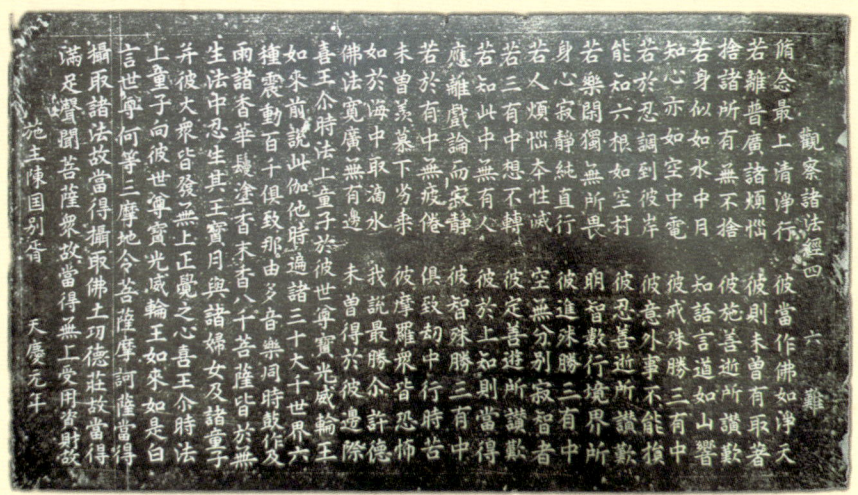

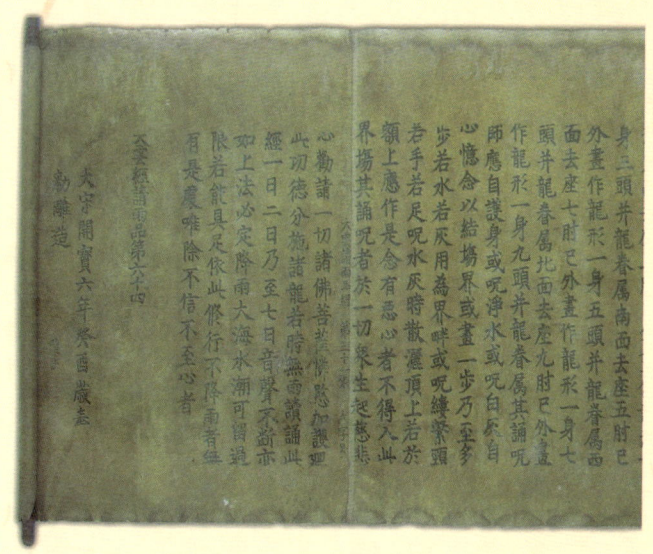

北京法源寺藏隋至明《房山石經》本　　　　　山西省高平市文物館藏宋《開寶藏》本

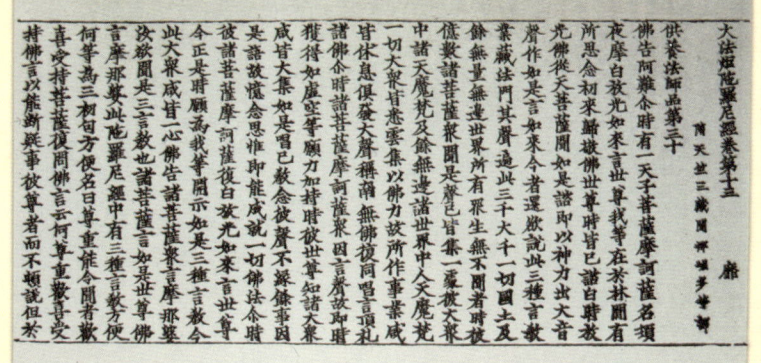

山西應縣木塔《遼藏》本（采自《應縣木塔遼代秘藏》）

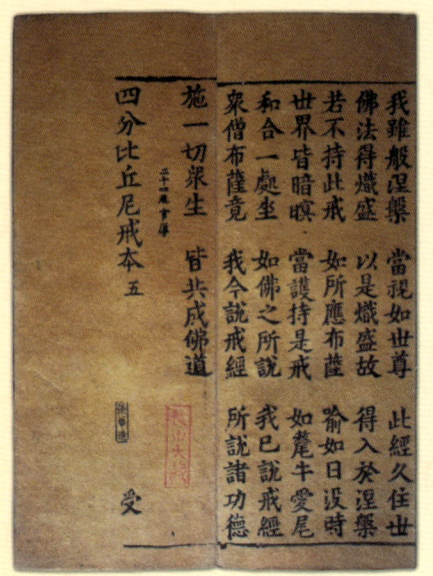
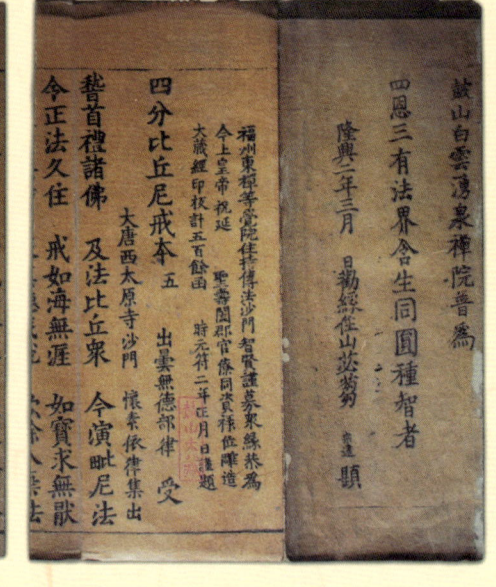

山西省太原市崇善寺藏宋《崇寧藏》本

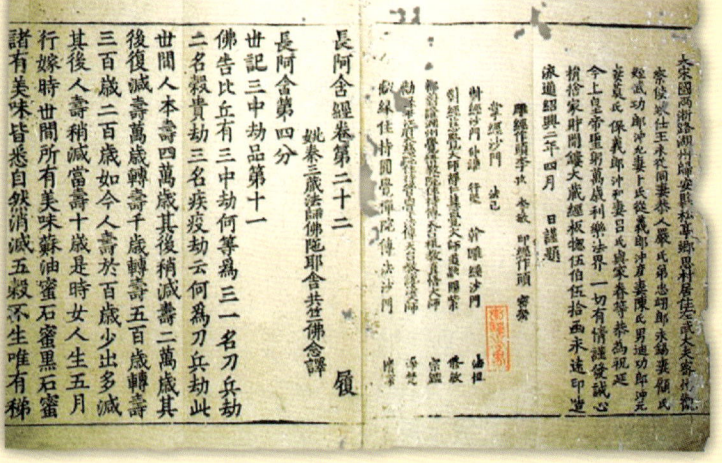

北京大學圖書館藏宋《毘盧藏》本　　　宋《資福藏》本(北京古今慧海文化信息交流中心提供)

中國國家圖書館藏《金藏廣勝寺本》

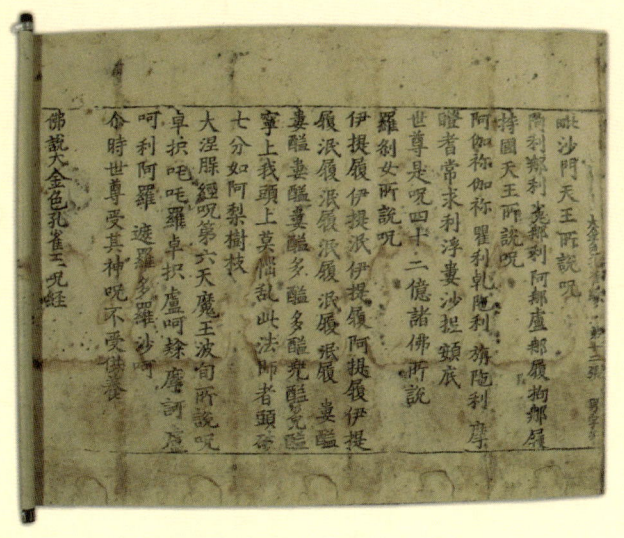

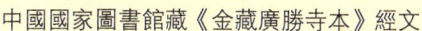
中國國家圖書館藏《金藏廣勝寺本》經文

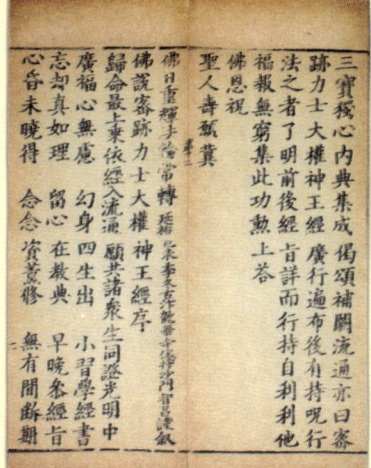

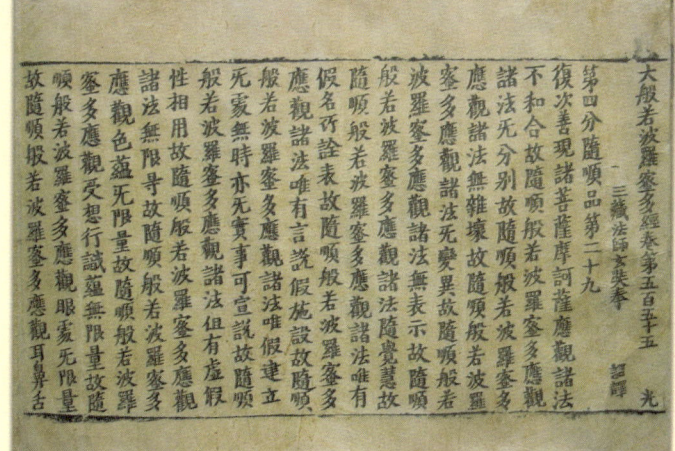

中國社會科學院世界宗教研究所藏《金藏大寶集寺本》

山西省太原市崇善寺藏宋元《磧砂藏》本

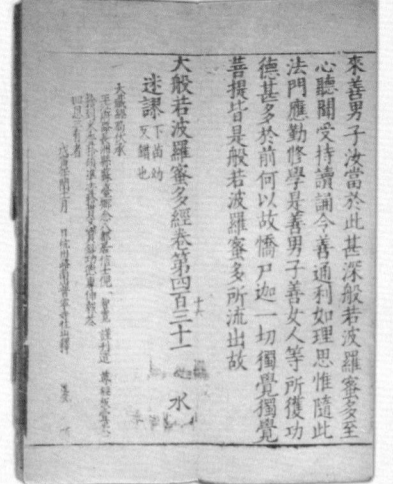

《高麗藏》本（北京古今慧海
文化信息交流中心提供）

山西省太原市崇善寺藏元《普寧藏》本

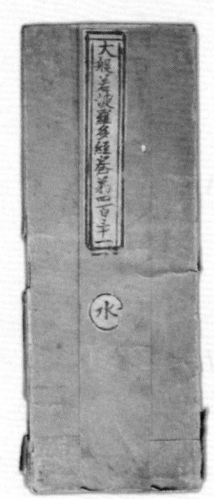

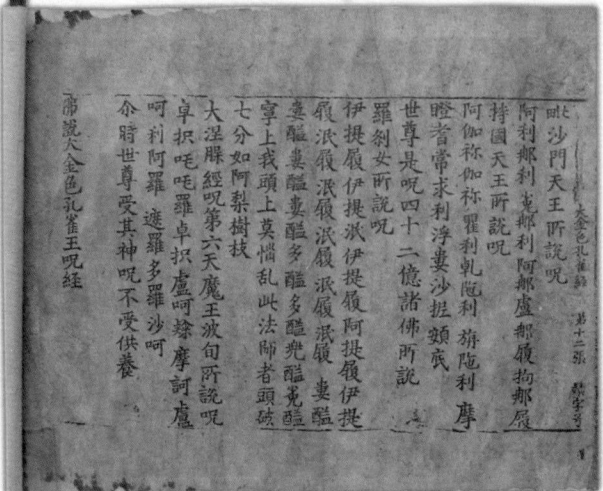

北京智化寺藏元《延祐藏》本

雲南省圖書館藏
《元官藏》本包衣

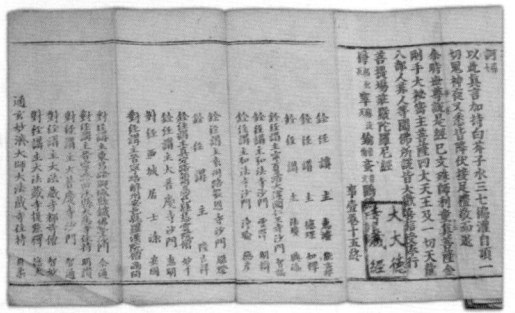

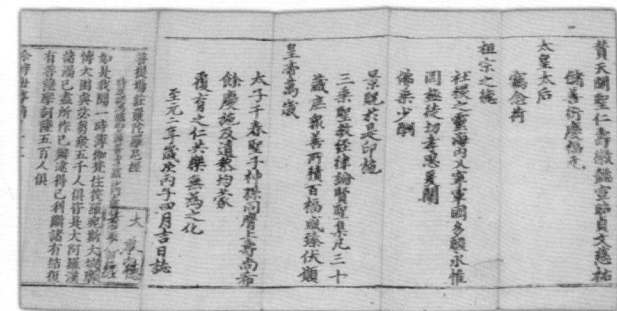

雲南省圖書館藏《元官藏》本

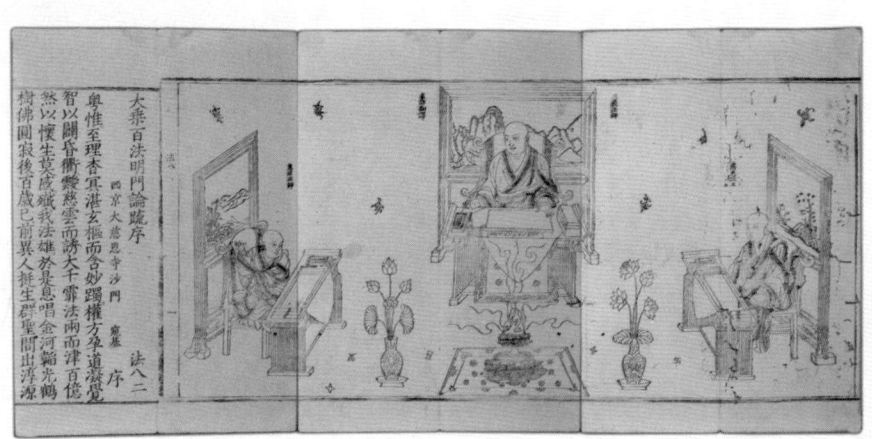

四川省圖書館藏明《初刻南藏》本

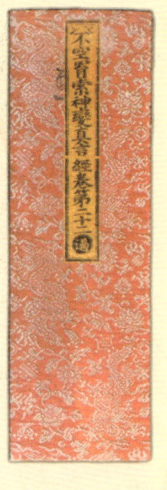

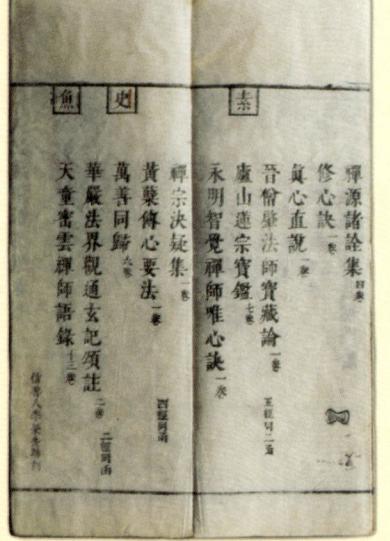
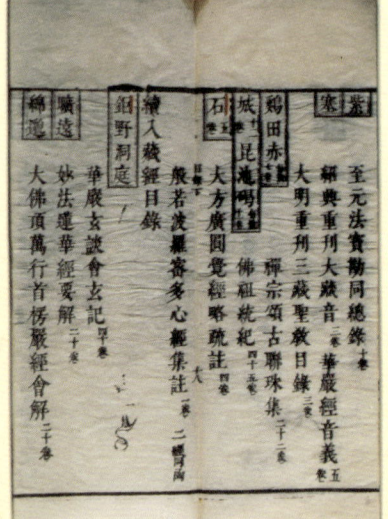
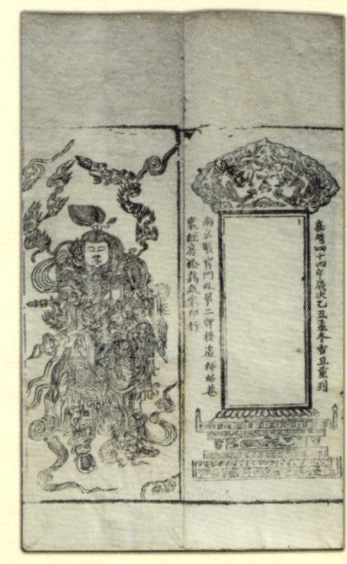

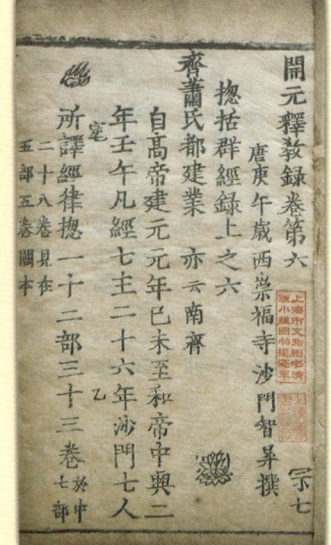
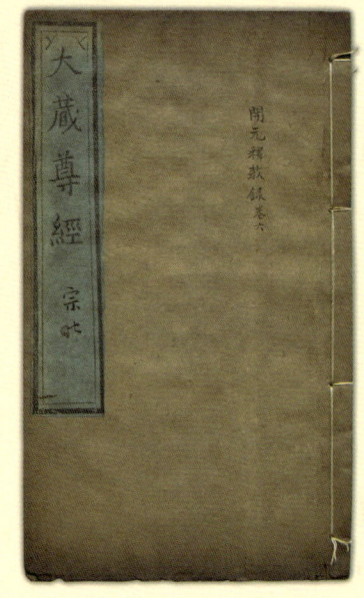

山西省交城縣玄中寺、寧武縣文物館、
上海龍華寺藏明《永樂南藏》本

浙江省圖書館藏明《北藏》本

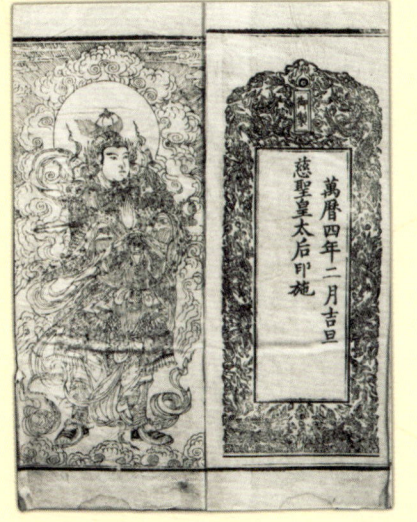

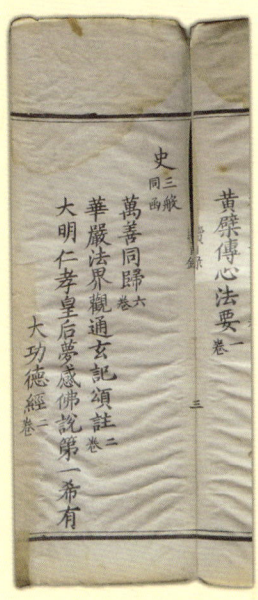

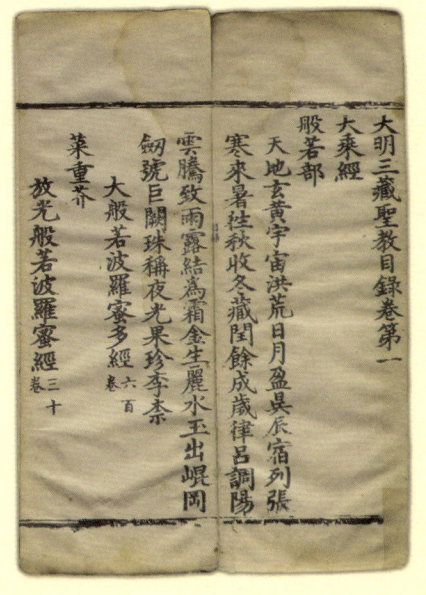

北京房山雲居寺、北京法源寺、北京廣化寺藏明《北藏》本

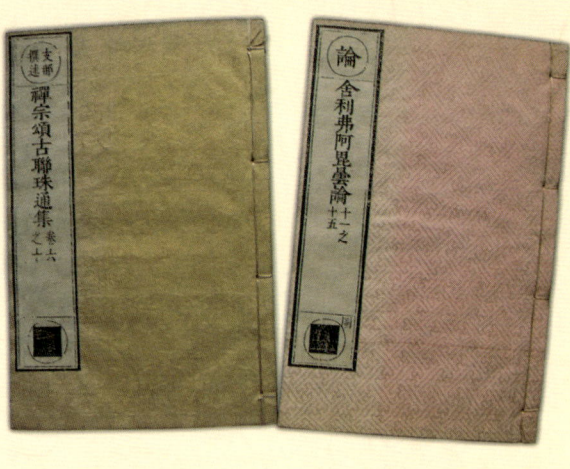

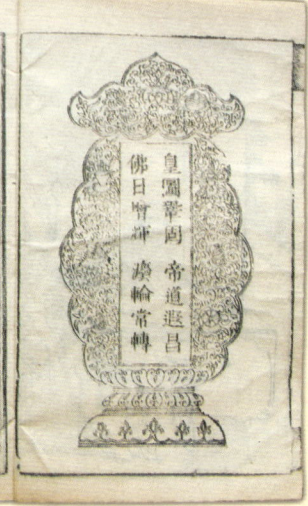

北京法源寺藏明《嘉興藏》本

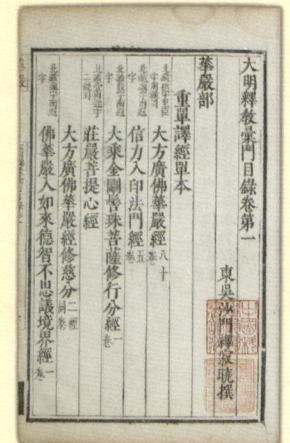

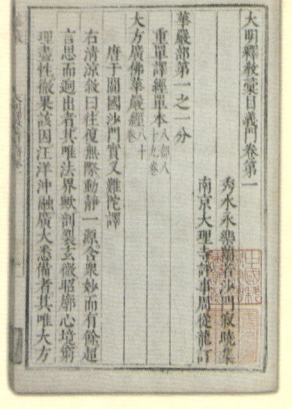

中國科學院圖書館藏本
《大明釋教彙目義門》

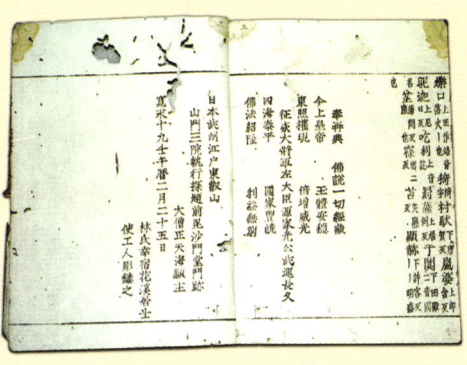

日本《天海藏》本（采自《法苑談叢》）

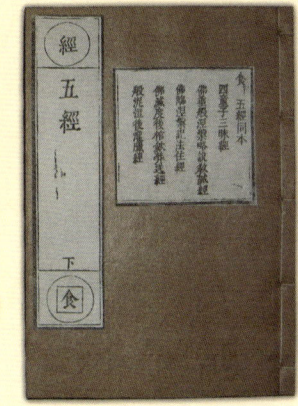
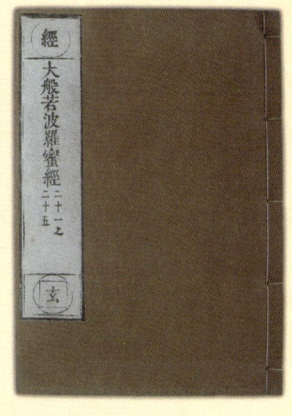

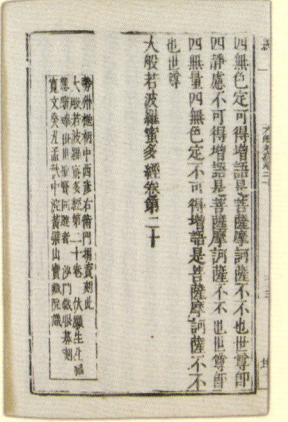
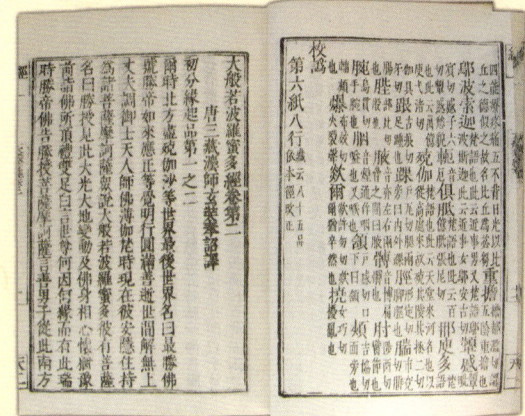

中國國家圖書館藏日本《黃檗藏》本

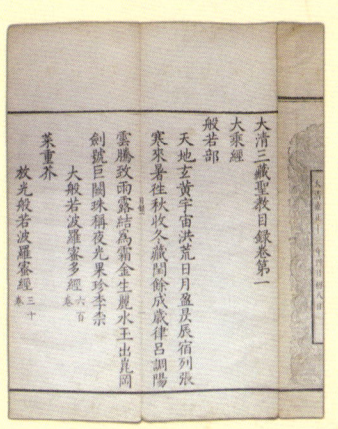
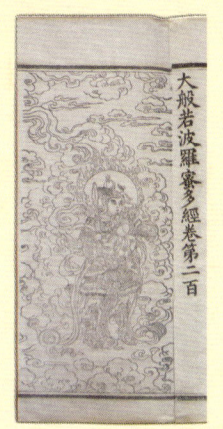
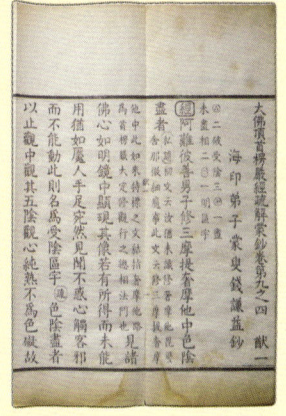

北京廣化寺、北京法源寺、瀋陽市慈恩寺藏清《龍藏》本

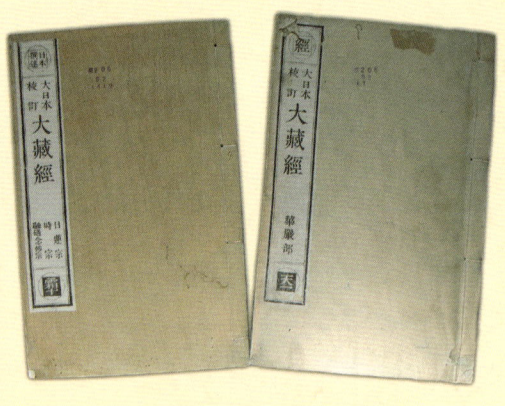

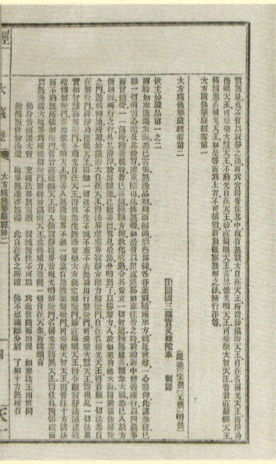

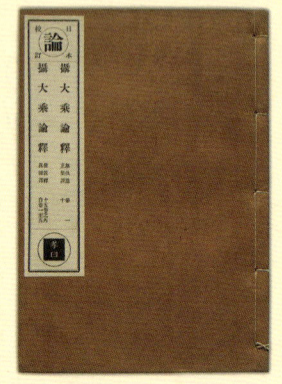

中國國家圖書館藏日本《縮刻藏》本

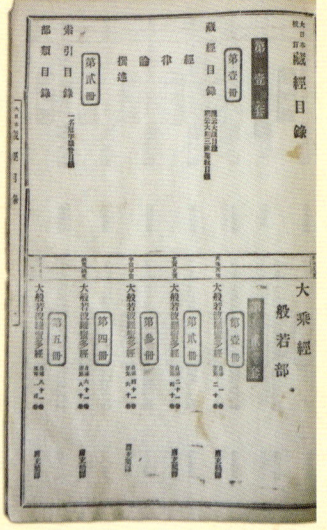

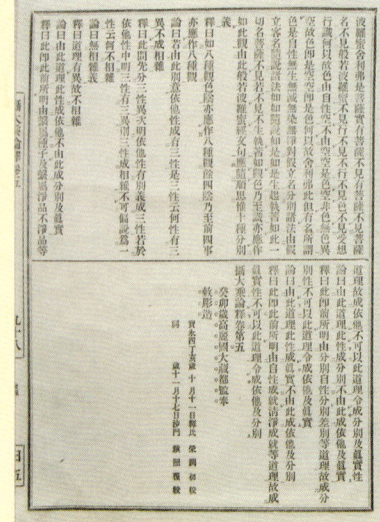

上海龍華寺、中國國家圖書館藏日本《卍正藏》本

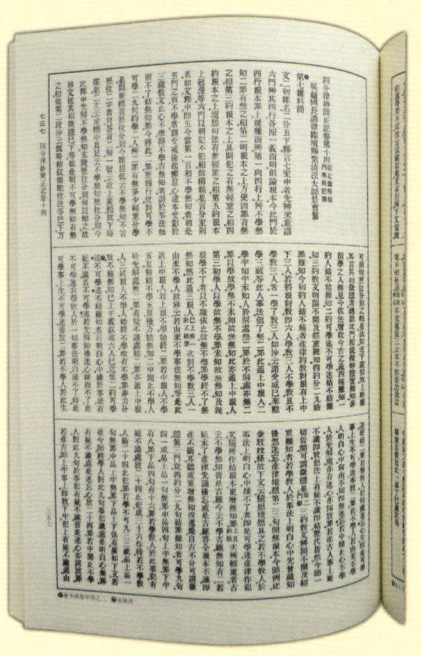

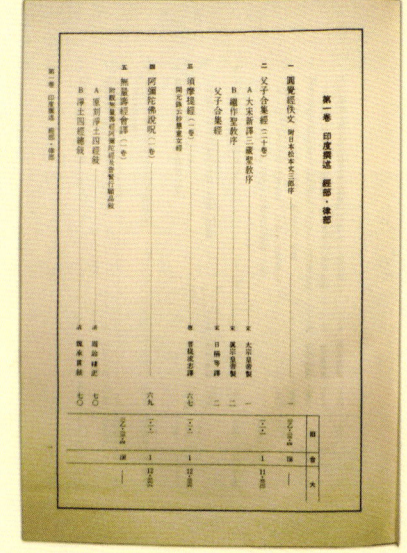

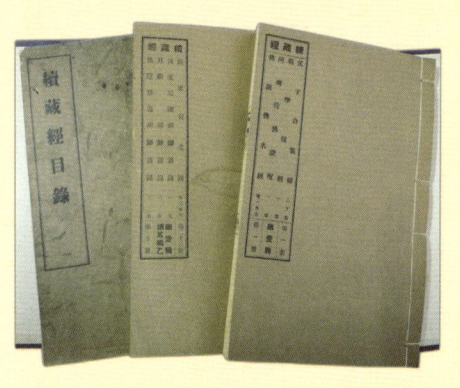

中國社會科學院圖書館藏《卍新纂大日本續藏經》本

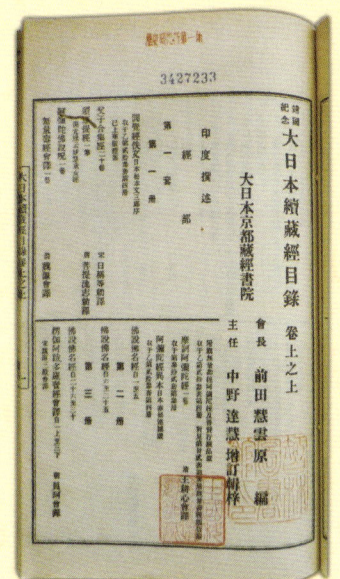

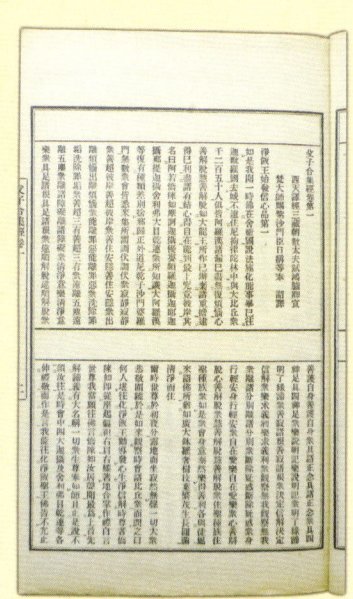

中國社會科學院歷史研究所藏上海涵芬樓影印《卍續藏》本

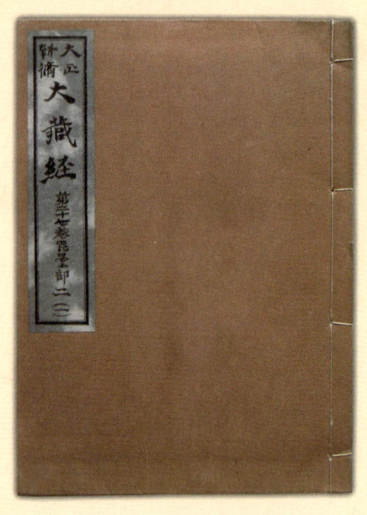

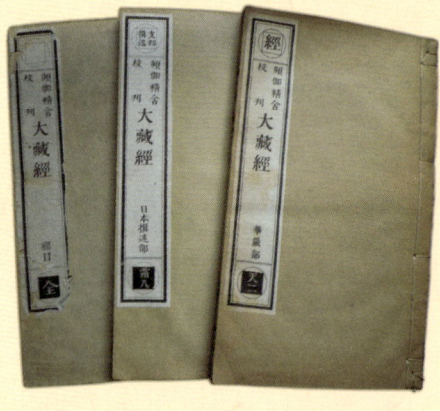

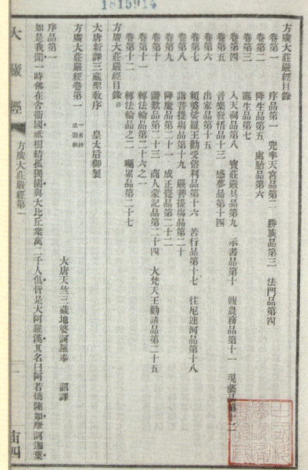

中國社會科學院歷史研究所藏清末至民國初《頻伽藏》本

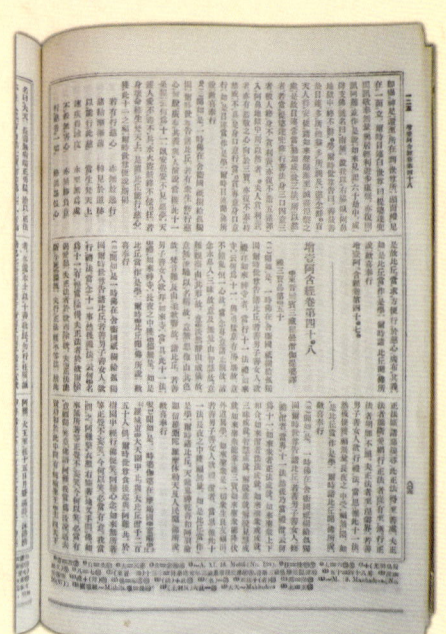

中國社會科學院歷史研究所、中國社會科學院圖書館藏日本《大正藏》本

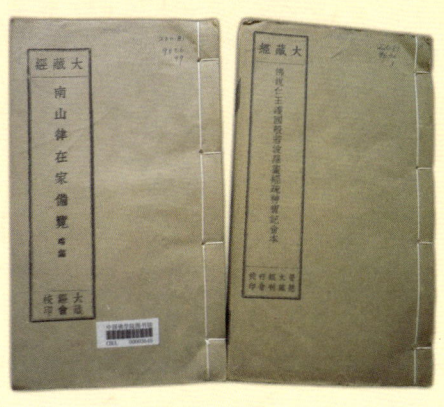

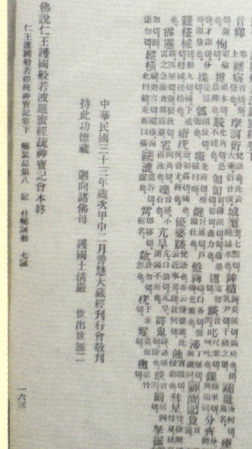

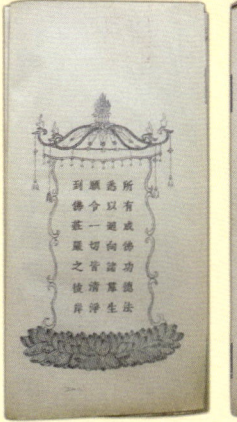

北京法源寺藏民國《普慧藏》本

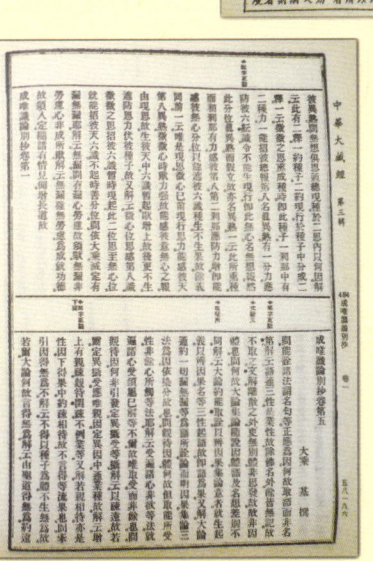
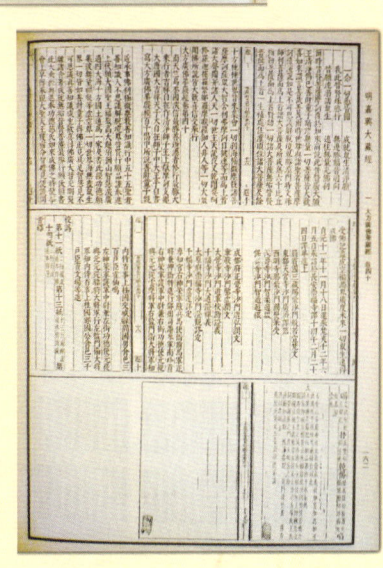

中國社會科學院圖書館、北京法源寺藏臺灣版《中華藏》本

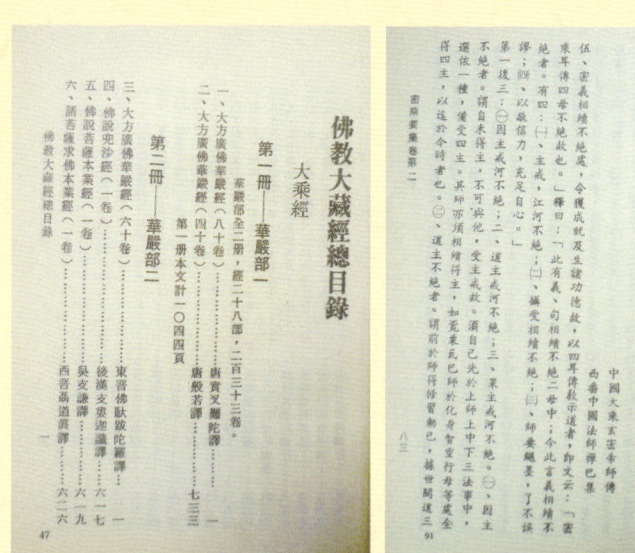

中國社會科學院圖書館藏
臺灣版《中華藏》本

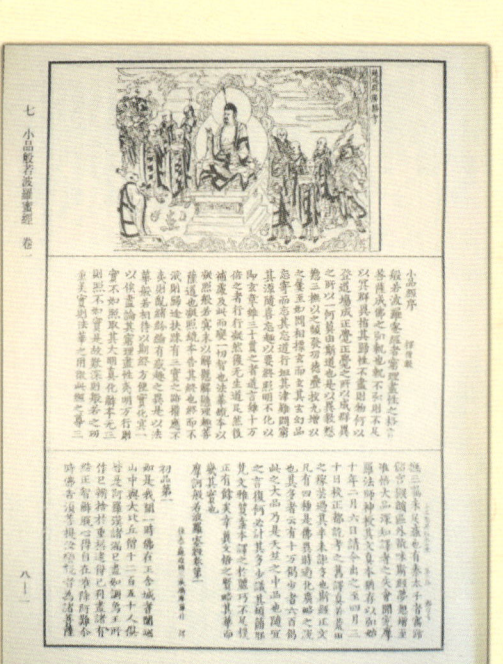

北京法源寺藏臺灣《佛教大藏經》本

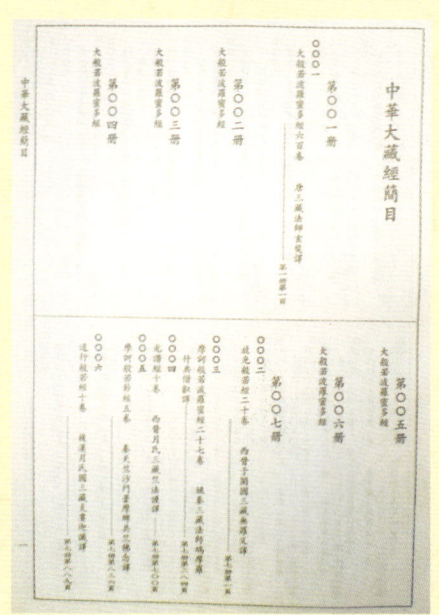

中國社會科學院圖書館藏大陸版《中華藏》本

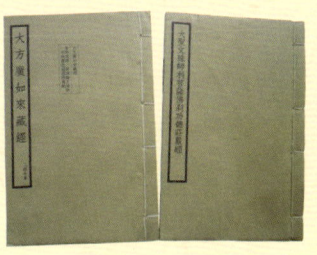

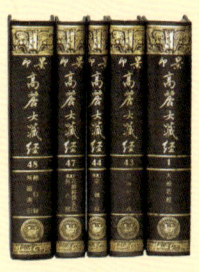

北京圖書館出版社影印《趙城金藏》本

上海三時學會出版《宋藏遺珍》本

全國圖書館文獻縮微復制中心影印《宋藏遺珍》本

臺北新文豐出版公司影印《高麗藏》本

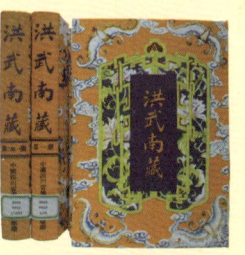

北京綫裝書局影印《高麗藏》本

全國圖書館文獻縮微復制中心影印《高麗藏》本

上海影印宋版藏經會影印《磧砂藏》本

四川省佛教協會影印《洪武南藏》本

北京綫裝書局影印《永樂北藏》綫裝本

北京綫裝書局影印《永樂北藏》本

民族出版社影印《嘉興藏》本

文物出版社重印《龍藏》本

臺北新文豐出版公司影印《龍藏》本

臺灣傳正有限公司影印《龍藏》本

中國書店影印《龍藏》本

臺北華藏淨宗學會影印《龍藏》本

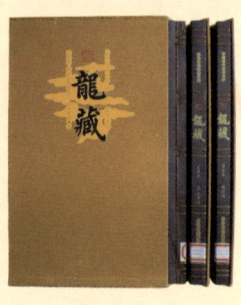

排印勘正句讀本《龍藏》　　北京邦普製版印刷有限公　　臺北新文豐出版公司影　　臺北新文豐出版公司影印
　　　　　　　　　　　　　司重印《龍藏》本　　　　印《卍正藏》本　　　　　《卍續藏》本

臺北白馬精舍印經會影　　河北省佛教協會影印　　日本大正一切經刊行會　　臺北新文豐出版公司影印
印《新纂卍續藏》本　　　《新纂卍續藏》本　　　出版《大正藏》本　　　　《大正藏》本

臺北白馬精舍印經會影　　河北省佛教協會影印　　日本大正新修大藏經　　寶印佛經流通處、修訂新
印《大正藏》本　　　　　《大正藏》本　　　　　刊行會出版《大正藏　　版大藏經刊印處影印《大
　　　　　　　　　　　　　　　　　　　　　　　索引》　　　　　　　正藏索引》

九洲圖書出版社影印　　吉林出版集團有限責任　　金陵刻經處重印　　　中國書店影印《普慧藏》本
《頻伽藏》本　　　　　公司影印《頻伽藏》本　　《普慧藏》本

中國社會科學院文庫·哲學宗教研究系列

The Selected Works of CASS · **Philosophy and Religion**

歷代漢文大藏經目錄新考

New Examination of the Catalogues of
Chinese Tri-sutra from the Tang Dynasty to the Present Time

何 梅 著

【上冊】

社會科學文獻出版社

SOCIAL SCIENCES ACADEMIC PRESS (CHINA)

《中國社會科學院文庫》
出版説明

　　《中國社會科學院文庫》（全稱爲《中國社會科學院重點研究課題成果文庫》）是中國社會科學院組織出版的系列學術叢書。組織出版《中國社會科學院文庫》，是我院進一步加强課題成果管理和學術成果出版的規範化、制度化建設的重要舉措。

　　建院以來，我院廣大科研人員堅持以馬克思主義爲指導，在中國特色社會主義理論和實踐的雙重探索中做出了重要貢獻，在推進馬克思主義理論創新、爲建設中國特色社會主義提供智力支持和各學科基礎建設方面，推出了大量的研究成果，其中每年完成的專著類成果就有三四百種之多。從現在起，我們經過一定的鑒定、結項、評審程序，逐年從中選出一批通過各類別課題研究工作而完成的具有較高學術水平和一定代表性的著作，編入《中國社會科學院文庫》集中出版。我們希望這能够從一個側面展示我院整體科研狀况和學術成就，同時爲優秀學術成果的面世創造更好的條件。

　　《中國社會科學院文庫》分設馬克思主義研究、文學語言研究、歷史考古研究、哲學宗教研究、經濟研究、法學社會學研究、國際問題研究七個系列，選收範圍包括專著、研究報告集、學術資料、古籍整理、譯著、工具書等。

中國社會科學院科研局

2006 年 11 月

序

　　我和何梅是同事。二十世紀八十年代初，我們同是任繼愈先生主持的《中華大藏經》（漢文部分）編輯隊伍中的成員。自那之後的十三年間，我們雖分工不同，但都在為《中華藏》的編輯努力工作，直至《中華藏》正編完成。我們是《中華藏》編輯隊伍中不多的幾位從始至終的參加者；我們還是課題研究的合作者，我們共同製訂並申報了"漢文佛教大藏經研究"課題，並於 2003 年合著出版了《漢文佛教大藏經研究》一書。我也是何梅《歷代漢文大藏經目錄新考》課題結項的鑒定專家之一，全面地審覈過這部著作的稿本，給予了充分的肯定，也提出了一些修改意見。由於上述原因，何梅請我為本書作序，我自覺有責任向讀者介紹這部書。

　　佛教典籍的整理與研究是佛教研究的基礎性課題，也是中國佛教學術的傳統。早在東晉時代，名僧道安第一次將"自孝靈光和已來，迄今晉康寧（寧康）二年（374）近二百載"（《出三藏記集》卷五）的譯經進行了收集整理，審定它們譯出的年代，甄別它們的真偽，區分它們中的有譯（人）和失譯（人）等，撰寫了中國佛教史上第一部佛經目錄，史稱《安錄》，又稱《綜理眾經目錄》。這部目錄開創了中國佛教目錄學的先河，所謂"爰自安公，始述名錄，詮品譯才，標列歲月，妙典可徵，實賴伊人"（《出三藏記集》卷二序文）。這部書今已無單本存世，但它的內容幸運地被著作於梁武帝時代的《出三藏記集》所收錄。梁釋僧祐所撰《出三藏記集》，又稱《祐錄》，是現存最早的佛經目錄。據作者說，該錄是效仿《安錄》所作，所謂"敢以末學，響附前規，率其管見，接為新錄"（卷二序文）。因此，《祐錄》的功績之一就是將道安錄的內容收錄其中。與此同時，它除了增補東晉至梁朝梁武帝時代的譯經外，還廣泛收集保存了有關"三藏"緣起，譯經序跋，中國著述目錄等大量的中國佛教史資料。可以這樣說，如果沒有《安錄》，如果沒有《祐錄》，中國佛教初傳時代的歷史將無法作出清楚的描述，《祐錄》對中國佛教史來說具有存亡繼絕的功績。

　　《安錄》《祐錄》之後，中國佛教的目錄著作代有新出，僅存世的隋至唐開元年間的佛經目錄就有隋朝的《法經錄》《長房錄》《彥琮錄》、唐朝的《靜泰錄》《內典錄》《大周錄》及《開元錄》等，由此把中國佛教經籍的整理與研究推上了高潮，而《開元錄》則是中國佛教經錄的集大成。它不僅在收集經籍方面集前人之大成，還創造性地完善了佛經的分類法，最終確立了一千餘種翻譯典籍的大小乘、經律論的分類體系，以及在大類下眾經的排列順次；確立了它們的書寫格式，從而為寫本大藏經的編輯書寫提供了直接的目錄依據，也為北宋初年木刻本大藏經的雕造創造了條件。自北宋太祖開寶五年（972）創刻《開寶大藏經》始，

我國的木刻本大藏經的雕造一發而不可收拾，至清朝中葉有印本存世者近二十種。

漢文佛教大藏經是存世的漢文佛教經籍的總集，是我國歷代佛教目錄學家和史學家收集整理及研究佛教典籍的最終成果，是佛教的百科全書，是取之不盡的佛教文化資源，也是中國古代僧人對世界文化的貢獻。

近代以來，漢文佛教經籍的收集整理及研究已逐步發展為以漢文大藏經及其目錄的研究為中心，其目的是為現代佛學及相關學科的研究提供完整且準確的佛典資料；同時，也是為重編大藏經作目錄準備，兩者的意義是完全一致的。應該說，這項研究的難度是很大的。一部大藏經少則五千餘卷，多則一萬餘卷，近二十種大藏經綜合起來，其總數可達四千餘種二萬餘卷。將它們一部部整理起來，進行比對，考訂它們的版本，考察它們的不同和特點；進而把它們按照科學的分類法，重新編排起來；再編制不同的索引，便於讀者檢索，等等。做到這一切，往往需要花費數年乃至十餘年的心血。

二十世紀以來，佛教大藏經及其目錄研究的同類著作中，最有影響的有三部：一部是二十世紀二十至三十年代日本學者小野玄妙的《佛教經典總論》，一部是八十年代出版的我國臺灣學者蔡運辰的《二十五種藏經目錄對照考釋》，一部是九十年代出版的大陸學者童瑋的《二十二種大藏經通檢》。大體說，這三部著作都是為漢文大藏經的重編所作的學術上的準備，或是相關聯的成果。小野先生 1923 年擔任日本《大正藏》的編纂主任，主持《大正藏》的編輯工作，在之後的年月則著作出版了《總論》一書。蔡先生的《對照考釋》是他為臺灣版《中華藏》作的目錄準備，先後“經十餘年”方得完成。我与童先生曾共事多年，他六十年代即開始關注大藏經研究，花費十餘年心力於八十年代初完成的《通檢》初稿是大陸版《中華藏》目錄編制的主要參考。上述三部書儘管有詳略取捨的不同，比如小野先生的《總論》有譯經史及寫本時代經籍目錄的論述，後者沒有，但關於刻本大藏經的考釋及目錄的研究則是它們共同的內容。這裡要特別指出的是，蔡先生的兩個《目錄對照表》所收錄的佛教經籍的數量之多，著錄項目之精細則開創了同類著作的新體例，是佛教目錄學史上的新貢獻。

一定意義上說，何梅的《歷代漢文大藏經目錄新考》是在前輩學者研究成果的基礎上展開的，是前輩學者研究成果的延續和發展。1994 年，《中華藏》正編完成後，何梅即以歷代大藏經為研究對象開始了自己的研究工作，曾先後發表過《〈毗盧大藏經〉若干問題考》《南宋〈圓覺藏〉、〈資福藏〉探究》《元代〈普寧藏〉雕印考》《明〈初刻南藏〉研究》等論文。進入新世紀，她先後申報了《漢文大藏經目錄新考》的院所兩級課題，均獲准立項。在課題經費的保證下，她在北京、上海、杭州、福州、山西、四川、雲南等省市進行了較長時間的大藏經版本的調研，掌握了豐富的第一手資料。在這種背景下，經過近十年的努力，終於有了今天這樣的成果。分析何梅的《新考》，我認為它有如下幾方面的特點。

1.何梅的研究充分利用和尊重了前輩學者的成果。可以這樣說，她的《新考》與臺灣學者蔡運辰先生的《二十五種藏經目錄對照考釋》在體例上最為接近，均包括對照、考釋及索引幾部分內容。《新考》在內容方面的創新，是增加了獨立成編的《歷代漢文大藏經目錄校勘記》，其篇幅多達五百八十餘頁。這應該說是《新考》的特色之一。《新考》對收錄

的四八七八部經籍，結合經本實物逐目校勘，每目均出校記；校記的內容包括經名、卷數、譯著者、譯著年代、小註、序跋、附錄、千字文帙號、殘缺狀況等。這是何等細緻的工作，沒有數年的功夫是絕難完成的。《新考》亦效仿蔡先生的體例，編制了長達七百七十餘頁的《歷代漢文大藏經目錄新考對照表》。不同的是蔡先生分作兩表，一是《大正藏》目錄對照表，二是《大正藏》以外各藏目錄對照表，而《新考》則將歷代大藏經收錄的所有經籍融合在一個對照表中，按照作者改進的《大正藏》的分類法進行排序，然後進行對照。通過對照表指出五千餘種經籍在三十一種大藏經中的位置，這同樣是一種極為細心的工作，其花費的時間絕不在《校勘記》之下。

2.《新考》在收錄漢文大藏經的種數上，作到盡可能周全，既包括中國古代至清朝的諸版大藏經，又涵蓋了近代以來，以至近期中外學者編輯的新版大藏經，其總數達三十一種，遠遠超過了前輩學者。在前輩學者的著作中，一般以傳統大藏經的收錄內容為考釋對象，不包括如日本《大正藏》第五十六至八十四卷收錄的純屬日本僧人的著述，以及近代以來中國的佛教著述。何梅的《新考》則是將已收錄於大藏經的內容，全部作為其考釋的對象，故其收經總數，包括附目達到五四九五部。這一數字比蔡先生《對照考釋》和童先生《通檢》收錄經籍的數字多出一三〇〇餘種。

3.《新考》另一個重要特點是先進行歷代大藏經目錄的校釋，然後進行校勘，在此基礎上編制對照表。這種排序使讀者有漸入佳境的感覺。作者在全書的開始，以一百八十頁的篇幅對三十一種大藏經目錄，結合大藏經印本實物一一進行考釋，指出每種大藏經的特點，列出各版大藏經特有經籍的目錄，指出前輩學者研究中不準確或誤釋的緣由，提出自己新的見解等等。應該說，《目錄校釋》集中反映了何梅近二十年來大藏經研究的成果，有許多獨到的見解，也解決了一些大藏經研究中懸而未決的問題；《目錄校釋》也為之後的"校勘記"和"對照表"中收錄哪些經籍提供了依據。

正因為有上述的這些特點，就使《新考》一書成為同類著作中規模最大的一部，收錄的佛教經籍最多，考釋也最為詳盡。

《新考》是值得稱道的，它傾注了何梅十餘年的心血；《新考》收集整理的至今數量最多且基本完整的佛教典籍的信息資源，必將裨益於佛教及相關學科的研究者。

誠然，《新考》的問世，沒有也不可能解決大藏經及其目錄研究中的一切問題，這一領域的研究工作依然任重而道遠。因此，我希望何梅能夠充分利用自己已掌握的大藏經的豐富資源，在未來的歲月裡，為大藏經的研究作出新的貢獻。

李富華

2012 年 7 月 25 日

自 序

　　自二十世紀八十年代以來，由國家出資編輯出版了《中華大藏經》（漢文部分）正編以後，又陸續以多種集資方式，出版了木刻版重印《清龍藏》，以及影印本《房山石經》《趙城金藏》《洪武南藏》《永樂北藏》《重輯〈嘉興藏〉》《頻伽藏》（新增續編）、《普慧大藏經》《敦煌大藏經》等，還有排印勘正句讀本《御製龍藏》。我國臺灣自五十年代以來，編輯出版了《中華大藏經》第一至三輯和《佛教大藏經》等，還影印了《高麗大藏經》，日本《大正藏》《卍正藏經》《卍續藏經》《新纂卍續藏經》，以及《新編縮本乾隆大藏經》等。如今全國各大寺院的藏經樓和許多圖書館都收藏有幾種佛教大藏經本。尤其是近幾年來，電子本大藏經的出現，又使得大藏經從藏經樓和圖書館轉而進入百姓家變成現實。為了充分、有效地利用這些寶貴的傳統文化資源，為廣大讀者閱覽漢文佛教大藏經，瞭解歷代大藏經的刊刻、發展史，以及研究人員進行比較研究提供方便，為佛教大藏經的整理和補足殘缺經卷提供依據，這正是本書編纂的目的。

　　佛教產生於古代印度，並於公元前已傳入我國。隨之，被稱為經、律、論的佛教"三藏"原典，也自東漢桓帝（公元 147~167）時起，被逐漸翻譯成漢文佛典。漢文大藏經就是漢文佛典和文獻的總集。大藏經作為佛教"法寶"的體現，兩千年來，經過中外僧人的共同翻譯、著述，以及彙編、流傳，目前各種大藏經所收典籍的總數已達到約四八七八部，二二二二〇卷（或二三八一九卷），可謂浩如煙海。我國僧人歷來重視佛典目錄的編纂，自東晉僧人道安（312~385）撰《綜理眾經目錄》開始，直至唐開元十八年（730）僧人智昇撰《開元釋教錄》（以下簡稱《開元錄》）止，最終確立了大藏經的收經數量及其分類體系。此後，歷代的寫本、刻本、鉛印本和現當代的影印本大藏經皆遵循《開元錄》確定的入藏典籍不變，只不過增加了一些新譯經，尤其是增加了大量的此方僧人撰述。近現代以來，大藏經編纂的方式發生了變化，出現了校勘本大藏經，即日本的《縮刻藏》《大正藏》和大陸版《中華藏》，以及組合本大藏經，即臺灣版的《中華藏》，因此一種新的目錄編纂方式也隨之產生了。由於是多種大藏經的校勘或組合，而以某種大藏經作為底本，並補入其他種大藏經特有的典籍，所以在編纂新版大藏經目錄的同時，還會編纂出有關各種大藏經刊造史實的考證，並在此基礎上製作出各種大藏經目錄的對照表，如日本小野玄妙著《佛教經典總論》，並編寫了《刊本大藏經綜攬》的十四種大藏經目錄對照表；我國臺灣蔡運辰編著了《二十五種藏經目錄對照考釋》；我國大陸童瑋編有《二十二種大藏經通檢》。正如任繼愈先生在大陸版《中華藏》序言中所說："這樣，一編在手，等於同時擁有九種大藏經呈現在讀者面

前。"

　　筆者在從事編輯和研究大藏經的工作中，瞭解並熟悉了唐代以前的諸種寫本大藏經目錄，宋代以後直至清代的諸種刻本大藏經及其目錄，以及鄰國朝鮮、日本的諸種漢文大藏經及其目錄等。在汲取前人已取得的豐碩的研究成果時，我注意到其中仍然存在有待解決的問題，例如：宋刻《思溪藏》是否有過兩副經板？宋元刻《磧砂藏》還有缺本待訪補的經卷，日本《大正藏》的經目分類法仍有不盡完善處，等等。十幾年來，我走訪了國內佛教寺院的藏經樓、圖書館和文物館，考查了現存之古本和新出版的各種大藏經本。尤其是通過認真覈查經本實物，不僅搞清楚了以往懸而未決的一些問題，還有許多新的收穫，現略述如下。

　　1. 明刻《永樂南藏》。《金陵梵刹志》卷四十九所載目錄止於第六百三十六函，千字文編次"石"字。然而山西省寧武縣文物館藏本還有其後的四十二函，至"魚"字止。此前童瑋編《二十二種大藏經通檢》提出：寧武縣藏本是以前未見記錄的大藏經，並定名為《萬曆藏》。但是現在已證實這部大藏經就是《永樂南藏》的續修本，此藏最後的四十二函是明萬曆至清順治年間（1602~1661）的續刻本。

　　2. 明刻《嘉興藏》。2009 年出版的《重輯〈嘉興藏〉》，將收經的最終年限確定在清嘉慶七年（1802），故與臺灣版《中華藏》第二輯《嘉興版大藏經》比較，新收典籍五十八部，另有分卷不同的同名典籍九部。

　　3. 日本刻《黃檗藏》。日本《昭和法寶總目錄》三二著錄的《黃檗藏目錄》有如下記文："校者曰此目錄與大明三藏聖教北藏目錄全同，故唯載上表文並疏文，而目錄略之。"今檢我國國家圖書館藏本可知，《黃檗藏》與《北藏》正藏部分基本相同，但是續藏部分則存在不少差別，故錄出全藏目錄。

　　4. 元刻《普寧藏》。普寧寺比丘如瑩編本藏目錄卷四尾著錄"武至遵計貳拾捌號秘密經另有目錄"。山西晉城青蓮寺和日本西大寺均有本藏這部分經的零散印本，故參照《磧砂藏》本，還原了《普寧藏》的二十八函秘密經目錄。

　　5.《洪武南藏總目錄》著錄的僅僅是現存經本的目錄。今據此藏前五百九十一函是宋元刻《磧砂藏》的覆刻本，故據《磧砂藏》補足缺本目錄；而此藏後八十七函所缺經目，經考查發現，可以據明刻《永樂南藏》補入，從而還原了此藏的全部目錄。

　　6. 宋刻《毘盧藏》。日本《昭和法寶總目錄》六著錄的《宮內省圖書寮目錄》最後附載的"旦字號至營字號"，共三函十八部典籍，經逐一考查，現已證實非《毘盧藏》本，應視為圖書寮保存的一部分宋刻本，故刪除。

　　7. 宋刻《資福藏》。日本《昭和法寶總目錄》一一著錄的《資福藏目錄》最後五十一函，千字文編次"濟"字至"最"字，經查無一卷經本實物存在，實屬後人據日本《天海藏目錄》誤增入的，故刪除。

　　8. 明刻《永樂北藏》。日本《昭和法寶總目錄》二七著錄的《北藏目錄》和影印本《永樂北藏總目》在第六百七十七函，千字文編次"史"字後，皆錄有"北藏缺南藏函號附"的十六函典籍。今覈查北藏之原本目錄，實無此十六函目錄，而係後人據明《嘉興藏目錄》誤增入的，故刪除。

　　9. 日本《卍新纂續藏經目錄》和臺灣版《中華藏目錄》都著錄了經目的子目及作者名。

今逐一覈對，不但糾正了一些朝代或人名的誤著，還補入了一些作者名。

總觀宋代以後的刻本大藏經，按照典籍所分函次的不同，版式的不同，從而反映出來的傳承系統的不同，大致可區分為如下三個系統：其一，宋開寶藏系統。雖然《開寶藏》已存零散經卷，但是為此藏本作解題的宋《大藏經綱目指要錄》和《大藏聖教法寶標目》還存在，還有此藏的覆刻本《趙城金藏》和《高麗藏》，均屬於此系統。而以《趙城金藏》為主要底本的大陸版《中華藏》（正編），以《高麗藏》為主要底本的《縮刻藏》《頻伽藏》《卍字正藏》《大正藏》和《佛教大藏經》，都與此系統有密切聯繫。其二，遼藏系統，《房山石經》屬於此系統。儘管《遼藏》也已散佚殆盡，然而此藏的許多經籍都被覆刻在帶有千字文函號的石經中。其三，宋崇寧藏系統（本書將《崇寧藏》與《毘盧藏》合稱為《福州藏》）。《崇寧藏》的編目依據了《開元釋教錄略出》，宋《資福藏》《磧砂藏》，元《普寧藏》，明《初刻南藏》，日本《天海藏》《緣山三大藏目錄》均屬於此系統。而依據此系統的藏經重新編刊的明《永樂南藏》《北藏》《嘉興藏》，清《龍藏》，日本《黃檗藏》和臺灣版《中華藏》，以及依據《永樂南藏》《北藏》本作解題的《大明釋教彙目義門》《閱藏知津》，都與此系統有密切聯繫。

佛經目錄的分類，是伴隨着隋朝官寫一切經的需要而產生的。隋開皇十四年（594）僧人法經等奉敕編撰了《眾經目錄》，將三藏典籍首先分為大乘與小乘兩類，在大乘與小乘下再各分經、律、論三類，最後是西域聖賢集傳和此方諸德集傳，使佛教典籍的分類有了基本的框架。直至唐《開元錄》的編纂，才使得入藏典籍有了完備的分類法：大乘經以般若部等五大部經居首，般若部中又以《大般若經》六百卷為首；小乘經以四部阿含經居首；等等。明末萬曆四十七年（1619）僧人寂曉編纂《大明釋教彙目義門》，以天台宗五時判教理論編目，即將釋迦一代說法分爲華嚴、阿含、方等、般若、法華與涅槃五時，故以華嚴部等六部居首，華嚴部中又以《大華嚴經》八十卷為首。日本昭和九年（1934）編纂的《大正藏》，體現了現代以來佛典分類的最新成就，總分三十一個部類。以小乘經阿含部居首，阿含部中又以《長阿含經》二十二卷為首。不過在《本緣部》和《經集部》中，仍存在小乘經與大乘經相混淆的問題，而且收錄中國僧人的著作不多。本書的分類，已在《大正藏》分類的基礎上，在同一部別中將小乘典籍排前，大乘典籍排後；由於增加了大量的中國僧人的著作和南傳、藏傳典籍的漢文譯本，又增設了地志部、護法部、禮懺部、別集部、音義部、南傳部、藏傳部，共七個部別，使得漢文佛教大藏經目錄的分類更加完善。

經過多年不懈的努力，本書終於就要脫稿了，我永遠不會忘記曾給予我以熱情支持、提供方便的北京古今慧海文化信息交流中心、上海龍華寺、中華大藏經續編編輯委員會、福建省佛教協會、山西寧武縣文物館、山西高平市文物館、上海圖書館、中國國家圖書館、故宮博物院圖書館、中國科學院圖書館、中國社會科學院圖書館、中國佛學院圖書館、北京邦普製版印刷有限公司（《清敕修大藏經》經版保護工程）、北京廣化寺、瀋陽慈恩寺的領導、法師和同仁，再次向大家表示誠摯的謝意！

何　梅

2011 年 8 月於北京

凡　例

一、本書著録了歷代三十一種大藏經目錄，為著録方便起見，使用了略名，它們是：唐《開元釋教録》（開元、開），隋至明《房山石經》目錄（石經、石），唐《貞元新定釋教目録》（貞元、貞、貞續），元《至元法寶勘同總録》（至元、至），宋《大藏經綱目指要録》（指要、指），宋《大藏聖教法寶標目》（標目、標），《趙城金藏》目錄（金藏、金），《高麗藏》目錄（麗藏、麗），唐《開元釋教録略出》（略出、略），宋《福州藏》目錄（福州、福），宋《資福藏》目錄（資福、資），宋元《磧砂藏》目錄（磧砂、磧），元《普寧藏》目錄（普寧、普），明《初刻南藏》目錄（初南、初），日本《天海藏目錄》（天海、天），日本《緣山三大藏目錄》（緣山、緣、緣續），明《永樂南藏》目錄（南藏、南），明《永樂北藏》目錄（北藏、北），明《嘉興藏》目錄（嘉興、嘉、嘉續、嘉又續），清《龍藏》目錄（龍藏、龍），日本《黃檗藏》目錄（黃檗、黃），日本《卍正藏經》《卍新纂續藏經》目錄（卍字、卍、卍續），臺灣版《中華大藏經》目錄（臺中、臺），日本《大正新修大藏經》目錄（大正、大、大續），大陸版《中華大藏經》目錄（中華、中），《大明釋教彙目義門》（義門、義），明《閱藏知津》（知津、知），日本《縮刻藏》目錄（縮刻、縮），清末至民國初年《頻伽藏》目錄（頻伽、頻、頻續），民國至建國初年《普慧藏》目錄（普慧、慧），臺灣《佛教大藏經》目錄（佛教、佛）。

二、以唐《開元録》居首，是因為後世的大藏經均以此録確定的入藏典籍為準繩。其次為《石經》，其經目分帙與《開元録》完全相同。再次為唐《貞元録》、元《至元録》，皆增録了《開元録》以後譯撰的典籍。將《至元録》提前，是因為此録對於《趙城金藏》經目補缺及宋《開寶藏》目錄還原，具有重要參考價值。又次為《指要》《標目》《金藏》《麗藏》，皆據《開寶藏》本，經目分帙相同。又次為《略出》《福州》《資福》《磧砂》《普寧》《初刻南藏》，皆據《略出》編目，經目分帙相同。又次為《天海》《緣山》，皆據《資福》本。又次為《永樂南藏》《北藏》《嘉興》《龍藏》《黃檗》，經文源自《福州藏》系統，但經目分帙、排序有所改變。又次為《卍字》《臺中》《大正》《中華》，皆係近現代的校勘本及組合本大藏經。又次為《義門》《知津》《縮刻》《頻伽》《佛教》，皆依天台宗五時判教理論對經目分類、排序，因《佛教》續藏第一輯所録為《普慧》本，故將《普慧》置於《佛教》前。

三、本書著録典籍總四八七八部，分成如下三十八個部別：阿含部（0001~0178）、本緣部（0179~0245）、般若部（0246~0291）、法華部（0292~0308）、華嚴部（0309~0341）、

寶積部（0342~0408）、涅槃部（0409~0431）、大集部（0432~0466）、經集部（0467~0864）、密教部（0865~1481）、律部（1482~1571）、釋經論部（1572~1604）、毘曇部（1605~1632）、中觀部（1633~1648）、瑜伽部（1649~1697）、論集部（1698~1763）、經疏部（1764~2325）、律疏部（2326~2418）、論疏部（2419~2564）、諸宗部【三論宗（2565~2582）、法相宗（2583~2605）、華嚴宗（2606~2673）、律宗（2674~2763）、天台宗（2764~2891）、淨土宗（2892~2985）、禪宗（2986~3579）、真言宗（3580~3582）、淨土真宗（3583）、時宗（3584）、日蓮宗（3585~3597）】、史傳部（3598~3774）、地志部（3775~3798）、護法部（3799~3837）、禮懺部（3838~3886）、事彙部（3887~3907）、別集部（3908~3942）、音義部（3943~3957）、目錄部（3958~4091）、南傳部（4092~4112）、藏傳部（4113~4169）、續經疏部（4170~4226）、續律疏部（4227~4229）、續論疏部（4230~4277）、續諸宗部【三論宗（4278~4287）、法相宗（4288~4303）、華嚴宗（4304~4324）、律宗（4325~4360）、真言宗（4361~4515）、禪宗（4516~4574）、淨土宗（4575~4660）】、悉曇部（4661~4691）、古逸部（4692~4809）、疑似部（4810~4871）、外教部（4872~4878）。

四、本書另有附目總六百十七部，是各藏之重出或別抄本（三百四十四部）、分出本（一百五十八部）、存目缺本（七十七部）、誤分或誤錄本（三十八部）。在重出本目錄中，由於《佛教大藏經》既收《普慧藏》經本，又收他藏同經之本，而《普慧藏》屬精校本，故本書將他藏同經之本置於附目中。在各藏目錄中，有將序、讚、目錄、科文等，以及附塔銘、事義等從書中分出，別為書目的做法不妥，故本書將分出者置於附目中。誤分，是指原為一個書名，而目錄卻記作兩個不同書名者；誤錄，是指原無經本實物，卻見於目錄者。

五、《福州藏》是北宋刻《崇寧藏》與《毘盧藏》的合稱。因兩藏同刻於福州一地，編目相同，雖然有十幾部經目互有增減，但是由於兩藏經本均已殘缺不全，故判斷兩藏收經之差異難度極大，因此暫且將兩藏經目合著為一種目錄，並在校釋中比較兩藏經目的不同處。

六、本書首次校勘的大藏經目錄有十五種，它們是：《開元》《石經》（三十卷本）、《貞元》《福州》（影印日本宮內省圖書寮本，乃帙至叔帙）、《初南》《南藏》（鉅帙至魚帙）、《北藏》《嘉興》（重輯續藏、又續藏）、《黃檗》（中國國家圖書館藏本）、《卍字》（新纂續藏）、《臺中》（第一輯、第二輯）、《大正》（第五十六至八十四卷）、《頻伽》（續編）、《普慧》《佛教》。其中除了《開元》《貞元》僅存目錄，《佛教》在大陸無全藏經本，僅見續藏第二輯，故正藏及續藏第一輯只能校勘目錄外，其餘各藏皆據經本實物校勘，因此與原有目錄有所不同。

七、還有十一種大藏經目錄，雖然臺灣蔡運辰《二十五種藏經目錄對照考釋》已校過，但是筆者又重新覆查一徧。今據經本實物校勘的有三種，即《卍字》（正藏）、《縮刻》《頻伽》（正編）；據大陸僅存目錄校勘的有八種，即《至元》《指要》《標目》《略出》《天海》《緣山》《義門》《知津》。

八、對比《大正藏》和《中華藏》的校勘記，凡相同者採用，而不同者以及有疑問處，盡可能覈對經本實物，或據有關資料做出判斷。

九、《開元》《貞元》《指要》《標目》《略出》五種經録見於多種大藏經本，現僅出校各本皆不同於新考目録處。而《開元録》《貞元録》中"入藏録"與"總録"及"有譯有本録"的著録，亦有不同之處，現僅出校"入藏録"等三録皆不同於新考目録處。《卍續藏》有舊版本與新纂本，現僅出校兩本皆不同於新考目録處。

十、《開元録》和《貞元録》原無千字文帙號，爲便於比對，現僅據兩録的分帙，附上千字文帙號。

十一、詳校書首經名。凡書首殘缺的多卷本，則校次卷首經名，若單卷本，則在按語中説明。遇經名中含品名者，不校品名。《卍續藏目録》所記經名多爲略名，亦記入校勘記。

十二、詳校卷數。例如：某書四卷，每卷又分上、下兩卷，今新考目録記作四卷（或八卷）。凡某書缺卷，除了記録存本的卷數，或據有關資料補記卷數外，還在校勘記或按語中説明存本的卷次等。

十三、略校作者題名，即朝代、人名、著作形式。凡未著録朝代，且譯撰跨朝代時，一般記書成的朝代。凡作者有不同稱名，例如：舊譯天親菩薩，新譯世親菩薩，以及有音譯與意譯的不同，例如：音譯輸波迦羅，意譯善無畏，均不校，但有提示。凡失譯人名，一般記作失譯附某録，例如：失譯附東晉録，遇某些藏本記作失譯人名附東晉録，或失譯師名今附東晉録，均不校。凡作者名前冠以國別、僧職稱謂等不校，唯宋代譯經僧的職稱，因屢有陞陞，而現存各藏本所載多有與宋敕修《大中祥符法寶録》和《景祐新修法寶録》不同處，故予糾正，見按語。

十四、凡經名和作者人名中，有音同字不同者，一律不校，但有提示。凡可用其他字代替的古體字，則不造字。

十五、凡經名下有小註，記又名某經，或與某經、某品同等，僅選録表述較完整者供參考，並記見於何藏本。

十六、序、跋、附録等，僅記見於何藏本。一篇御製聖教序往往出現於一種大藏的若干部經文前，而且各藏載於哪幾部經文前不盡相同，因此本書校勘記僅就某篇御製聖教序，在各藏中首先録於某經目著録一次。凡作者署名無朝代者，儘量據原文的有關記述及相關資料的記載補入，爲讀者提供方便。

十七、高麗僧守其等有校勘大藏經的許多精闢的按語，普寧寺經局，《縮刻藏》的編校者，大陸中華藏編輯局，以及日本僧人隨天，臺灣蔡運辰，大陸蔣唯心、陳士強也有按語，本書校勘記僅略述其中的問題及結論供參考，而省略考證過程。

十八、《歷代漢文大藏經目録新考對照表》著録了每一部典籍分別在各藏中的位置，既方便查找，又可以使讀者對大藏經所收典籍有一個直觀的、可對比的瞭解。

十九、對照表中的作者人名，僅録出主要責任者，詳情請見校勘記。

二十、對照表中著録的千字文帙號等有如下一些情況。

1.《開元》至《黃檗》，以及《縮刻》《頻伽》，共二十三種目録，著録的是千字文帙號。其中《石經》的隋唐刻經部分，因無千字文帙號，故著録了《房山石經》一書的冊次。《指

要》《標目》於書末分別收了四部典籍，均無千字文帙號，故分別記為"書末1"至"書末4"。《標目》中另有一些典籍，因脫千字文帙號，又無法據考證補入，所以記為"待考"。《麗藏》最後有補遺典籍，其中《宗鏡錄》的千字文帙號"禄帙至茂帙"，與已有帙號重復，故改記為"補遺"。《福州》最後十三帙，《普寧》最後一帙，均無千字文帙號，故改記帙次。《緣山》最後一百四十八部續入典籍，《黃檗》最後的四部典籍，均因千字文帙號與已有帙號重復，故改記他們在各自藏中的序號。《黃檗》另有刻本二十八部，故在序號前冠以"附"字。《嘉興》正藏部分最後六函，因千字文函號與已有函號重復，故改記他們的函次；而續藏、又續藏部分著錄的是函次。重輯《嘉興》有拾遺和待訪的書目，故分別在函次前冠以"拾遺"、在序號前冠以"待訪"的字樣。《頻伽》續編部分著錄的是新編本的冊次。

2.《卍字》正藏部分著錄的是套次，續藏部分著錄的是新纂本的卷次。

3.《臺中》著錄的是冊次，因分兩輯，第一輯是《磧砂大藏經》，第二輯是《嘉興大藏經》，故分別記磧冊次與嘉冊次。《中華》《佛教》著錄的均是冊次。

4.《大正》《義門》《知津》著錄的均是卷次。

5.《普慧》著錄的是函次。

二十一、"○"符號在校勘記中，是將正文前後的序、跋等，逐一分開。

二十二、"△"符號在校勘記中，是指正文以外另集出的內容。

二十三、"~"符號在校勘記中，是代替與經名相同的文字。

二十四、"◎"符號在校勘記中，是將校勘經名、卷數、作者題名、序等四部分內容，逐一分開。

二十五、"▲"符號在校勘記中，指出此經，或以上幾經，與某經，或與某經某品是同本異譯。

二十六、"*"符號在對照表中，標於千字文帙號等的右邊，表明某藏某帙等的此部經現已缺本，校勘記就不一一指出了。

二十七、索引中的一行數字，依次爲經目的編號、見於校勘記和對照表的頁碼。

二十八、在索引中，因經名多冠以"佛說"二字，不便检索，故省略。

附千字文帙號

天1地2玄3黃4宇5宙6洪7荒8日9月10盈11昃12辰13宿14列15張16寒17來18暑19往20秋21收22冬23藏24閏25餘26成27歲28律29呂30調31陽32雲33騰34致35雨36露37結38為39霜40金41生42麗43水44玉45出46崑47岡48劍49號50巨51闕52珠53稱54夜55光56果57珍58李59奈60菜61重62芥63薑64海65鹹66河67淡68鱗69潛70羽71翔72龍73師74火75帝76鳥77官78人79皇80始81制82文83字84乃85服86衣87裳88推89位90讓91國92有93虞94陶95唐96吊97民98伐99罪100周101發102殷103湯104坐105朝106問107道108垂109拱110平111章112愛113育114黎115首116臣117伏118戎119羌120遐121邇122壹123體124率125賓126歸127王128鳴129鳳130在131樹132白133駒134食135場136化137被138草139木140賴141及142萬143方144蓋145此146身147髮148四149

大 150 五 151 常 152 恭 153 惟 154 鞠 155 養 156 豈 157 敢 158 毀 159 傷 160 女 161 慕 162
貞 163 潔 164 男 165 效 166 才 167 良 168 知 169 過 170 必 171 改 172 得 173 能 174 莫 175
忘 176 罔 177 談 178 彼 179 短 180 靡 181 恃 182 己 183 長 184 信 185 使 186 可 187 覆 188
器 189 欲 190 難 191 量 192 墨 193 悲 194 絲 195 染 196 詩 197 讚 198 羔 199 羊 200 景 201
行 202 維 203 賢 204 克 205 念 206 作 207 聖 208 德 209 建 210 名 211 立 212 形 213 端 214
表 215 正 216 空 217 谷 218 傳 219 聲 220 虛 221 堂 222 習 223 聽 224 禍 225 因 226 惡 227
積 228 福 229 緣 230 善 231 慶 232 尺 233 璧 234 非 235 寶 236 寸 237 陰 238 是 239 競 240
資 241 父 242 事 243 君 244 曰 245 嚴 246 與 247 敬 248 孝 249 當 250 竭 251 力 252 忠 253
則 254 盡 255 命 256 臨 257 深 258 履 259 薄 260 夙 261 興 262 溫 263 清 264 似 265 蘭 266
斯 267 馨 268 如 269 松 270 之 271 盛 272 川 273 流 274 不 275 息 276 淵 277 澄 278 取 279
映 280 容 281 止 282 若 283 思 284 言 285 辭 286 安 287 定 288 篤 289 初 290 誠 291 美 292
慎 293 終 294 宜 295 令 296 榮 297 業 298 所 299 基 300 籍 301 甚 302 無 303 竟 304 學 305
優 306 登 307 仕 308 攝 309 職 310 從 311 政 312 存 313 以 314 甘 315 棠 316 去 317 而 318
益 319 詠 320 樂 321 殊 322 貴 323 賤 324 禮 325 別 326 尊 327 卑 328 上 329 和 330 下 331
睦 332 夫 333 唱 334 婦 335 隨 336 外 337 受 338 傅 339 訓 340 入 341 奉 342 母 343 儀 344
諸 345 姑 346 伯 347 叔 348 猶 349 子 350 比 351 兒 352 孔 353 懷 354 兄 355 弟 356 同 357
氣 358 連 359 枝 360 交 361 友 362 投 363 分 364 切 365 磨 366 箴 367 規 368 仁 369 慈 370
隱 371 惻 372 造 373 次 374 弗 375 離 376 節 377 義 378 廉 379 退 380 顛 381 沛 382 匪 383
虧 384 性 385 靜 386 情 387 逸 388 心 389 動 390 神 391 疲 392 守 393 真 394 志 395 滿 396
逐 397 物 398 意 399 移 400 堅 401 持 402 雅 403 操 404 好 405 爵 406 自 407 縻 408 都 409
邑 410 華 411 夏 412 東 413 西 414 二 415 京 416 背 417 邙 418 面 419 洛 420 浮 421 渭 422
據 423 涇 424 宮 425 殿 426 盤 427 鬱 428 樓 429 觀 430 飛 431 驚 432 圖 433 寫 434 禽 435
獸 436 畫 437 彩 438 仙 439 靈 440 丙 441 舍 442 傍 443 啓 444 甲 445 帳 446 對 447 楹 448
肆 449 筵 450 設 451 席 452 鼓 453 瑟 454 吹 455 笙 456 陞 457 階 458 納 459 陛 460 弁 461
轉 462 疑 463 星 464 右 465 通 466 廣 467 內 468 左 469 達 470 承 471 明 472 既 473 集 474
墳 475 典 476 亦 477 聚 478 群 479 英 480 杜 481 藁 482 鐘 483 隸 484 漆 485 書 486 壁 487
經 488 府 489 羅 490 將 491 相 492 路 493 俠 494 槐 495 卿 496 戶 497 封 498 八 499 縣 500
家 501 給 502 千 503 兵 504 高 505 冠 506 陪 507 輦 508 驅 509 轂 510 振 511 纓 512 世 513
祿 514 侈 515 富 516 車 517 駕 518 肥 519 輕 520 策 521 功 522 茂 523 實 524 勒 525 碑 526
刻 527 銘 528 磻 529 溪 530 伊 531 尹 532 佐 533 時 534 阿 535 衡 536 奄 537 宅 538 曲 539
阜 540 微 541 旦 542 孰 543 營 544 桓 545 公 546 輔 547 合 548 濟 549 弱 550 扶 551 傾 552
綺 553 廻 554 漢 555 惠 556 說 557 感 558 武 559 丁 560 俊 561 乂 562 密 563 勿 564 多 565
士 566 寔 567 寧 568 晉 569 楚 570 更 571 霸 572 趙 573 魏 574 困 575 橫 576 假 577 途 578
滅 579 虢 580 踐 581 土 582 會 583 盟 584 何 585 遵 586 約 587 法 588 韓 589 弊 590 煩 591
刑 592 起 593 翦 594 頗 595 牧 596 用 597 軍 598 最 599 精 600 宣 601 威 602 沙 603 漠 604
馳 605 譽 606 丹 607 青 608 九 609 州 610 禹 611 跡 612 百 613 郡 614 秦 615 并 616 嶽 617

宗 618 泰 619 岱 620 禪 621 主 622 云 623 亭 624 雁 625 門 626 紫 627 塞 628 雞 629 田 630 赤 631 城 632 昆 633 池 634 碣 635 石 636 鉅 637 野 638 洞 639 庭 640 曠 641 遠 642 綿 643 邈 644 巖 645 岫 646 杳 647 冥 648 治 649 本 650 於 651 農 652 務 653 茲 654 稼 655 穡 656 俶 657 載 658 南 659 畝 660 我 661 藝 662 黍 663 稷 664 稅 665 熟 666 貢 667 新 668 勸 669 賞 670 黜 671 陟 672 孟 673 軻 674 敦 675 素 676 史 677 魚 678 秉 679 直 680 庶 681 幾 682 中 683 庸 684 勞 685 謙 686 謹 687 勅 688 聆 689 音 690 察 691 理 692 鑑 693 貌 694 辨 695 色 696 貽 697 厥 698 嘉 699 猷 700 勉 701 其 702 祗 703 植 704 省 705 躬 706 譏 707 誡 708 寵 709 增 710 抗 711 極 712 殆 713 辱 714 近 715 恥 716 林 717 皋 718 幸 719 即 720 兩 721 疏 722 見 723 機 724

目　録

上　冊

下　冊

本書收經部數、卷數統計方法的説明

從本書收録的三十一種大藏經目録來看，對於收經部數、卷數的統計方法並不一致：有的將若干部同名的經目合記一目，有的則分別記録，這樣就出現了如何統計經目之部數的問題；還有經目的卷數，例如：某經四卷，每卷又分上、下兩卷，因此有的記四卷，有的則記八卷，這樣一來也就有如何統計卷數的問題。筆者認為，如果不解決這兩個問題，沒有一個基本上統一的記法，是不利於對各種大藏經的收經部數和卷數進行比較的。現就存在的問題，以及本書的解決方法記述如下。

1.部數的統計，涉及以下四種情況。

（1）同名的經目

金剛般若波羅蜜經一卷，姚秦鳩摩羅什譯。

金剛般若波羅蜜經一卷，元魏菩提留支譯。

金剛般若波羅蜜經一卷，陳真諦譯。

金剛能斷般若波羅蜜經一卷，隋笈多譯。

能斷金剛般若波羅蜜多經一卷，唐玄奘譯。

能斷金剛般若波羅蜜多經一卷，唐義淨譯。

自唐《開元録·入藏録》始，將以上經目分別著録，延續此種記法的有《房山石經》《貞元録》《至元録》《標目》《高麗藏》《略出》《資福藏》《天海藏》《緣山録》《卍正藏》、臺灣版《中華藏》、《大正藏》、大陸版《中華藏》、《義門》《知津》《縮刻藏》《頻伽藏》《佛教大藏經》，共十九種目録。

宋《指要録》將上述六目合記為一目，作《金剛般若經》，六代譯為六卷。

自宋《磧砂藏》始，將上述《金剛般若波羅蜜經》三目合記為一目三卷，將上述《能斷金剛般若波羅蜜多經》二目合記為一目二卷。延續此種記法的有《普寧藏》《永樂南藏》《北藏》《嘉興藏》《龍藏》《黄檗藏》，共七種目録。

此外，合記為一目的經目還有：《須賴經》二譯、《四分戒本》二本、《攝大乘論》二譯、《攝大乘論釋》四譯、《大乘起信論》二譯；《大雲經請雨品》二譯（唯見《標目》）；《雜譬喻經》二譯、《妙法蓮華經優波提舍》二譯、《大乘唯識論》二譯（以上三目唯見《永樂南藏》）。

筆者認為，上述唐《開元録》等目録的記法比較清楚，也便於統計部數，因此本書據此種記法著録。對於宋《指要録》及《磧砂藏》等目録，本書也採用同一種方法統計部數。這

樣一來，就與《昭和法寶總目錄》給予《指要錄》及《磧砂藏》等目錄的經目編號有所出入，筆者將在各藏目錄的校釋中，詳細記錄編號，即部數增加的情況。

（2）有連續卷次的經目

例如：《根本說一切有部尼陀那目得迦》十卷。由於此經前五卷與後五卷的題名不盡相同，即《根本說一切有部尼陀那》卷一至五、《根本說一切有部目得迦》卷六至十，因此《標目》《普寧藏》《天海藏》《北藏》《嘉興藏》《龍藏》《卍正藏》、臺灣版《中華藏》、大陸版《中華藏》、《頻伽藏》《佛教大藏經》，共十一種目錄，均記為二目，各五卷。然而《開元錄》《貞元錄》《至元錄》《指要錄》《高麗藏》《略出》《資福藏》《磧砂藏》《緣山錄》《永樂南藏》《大正藏》《義門》《知津》《縮刻藏》，共十四種目錄，皆記為一目十卷。

筆者認為，此經不同的題名及卷次，應該分別著錄比較清楚；由於是連續卷次，因此給予一個編號，即作為一部經，比較妥當。

（3）翻譯類經目的附文

例如：《拔一切業障根本得生淨土神呪》一卷，後附《阿彌陀經不思議神力傳》；《鹿母經》一卷，西晉竺法護譯，後附同名、同譯者經一卷（別本）。

筆者認為，《不思議神力傳》屬於此方撰述，故於翻譯類經目中不宜將此文別為一目。檢各藏目錄，僅臺灣版《中華藏》、《頻伽藏》分出此文一目一卷，不妥。而附別本的情況，出現在校勘本大藏經中，是對經名、譯者相同，而經文文字出入較大，難與底本校對的經本，便作為別本，收錄於底本後。因此，別本例不編號，《大正藏》《縮刻藏》《頻伽藏》皆如此，僅大陸版《中華藏》給別本編號，不妥。

（4）撰述類經目的附文

例如：《法華指掌疏》七卷，本書前另有科判一卷、懸示一卷，書後另有事義一卷。科判又名科文，指註釋經論時對全經文句所作的段落分判；懸示又名玄義，指在解釋經論本文之前，先闡明一部經論所詮之幽旨，多就一部經論的題目而論談；事義是對經論本文中難於理解的詞語做出解釋，因此它們皆與經論本文密不可分。而《卍續藏》《頻伽續編》的目錄，往往將科判、懸示、事義等分出，各立一目的做法，不妥。

2. 卷數的統計，涉及以下四種情況。

卷數一詞，在佛教大藏經中的概念，原指某經寫成後，將其捲成卷軸，卷軸的數量，稱為卷數，例如：唐《開元錄・入藏錄》收經一千七十六部，合五千四十八卷。後來又稱折裝經本的冊數為卷數，例如：元《普寧藏目錄》將每函收經的冊數，記作卷數；有幾經同冊的，記作幾經同卷。

（1）幾經同冊（卷）的經目

檢各藏目錄對卷數的記法，多數皆遵循上述唐《開元錄》的記法，只有折裝本藏經目錄的記法不同，即《資福藏》《磧砂藏》《普寧藏》《天海藏》《永樂南藏》《北藏》《龍藏》，以及冊裝本《嘉興藏》，共八種目錄。

筆者認為，本書要整合三十一種大藏經目錄，並進行分類排序，因此只能依照《開元錄》的記法，一經至少記一卷。

（2）有或卷數的經目

例如：《妙法蓮華經玄義》十卷，每卷又分上與下，故或二十卷。檢《至元錄》和《天海藏》、大陸版《中華藏》的目錄，均記此書作十卷；而《永樂南藏》《北藏》《嘉興藏》《黃檗藏》、臺灣版《中華藏》、《大正藏》《義門》《知津》《縮刻藏》《頻伽藏》《佛教大藏經》，共十一種目錄，皆記作二十卷。

即使是在一種目錄中，遇到此種情況，往往著錄的方法也不統一，有時記經本直觀的卷數，有時記或卷數。

因此，本書的做法是：在《校勘記》中，依據經本實物，如實著錄卷數的情況，例如記《妙法蓮華經玄義》十卷，初南北嘉黃臺大中義知縮頻：或二十卷（每卷又分二卷）；而在《校釋》中，僅以經本直觀的卷數為準，比較各藏本的異同。只有在統計某藏的總卷數時，才既著錄其直觀的卷數總和，又著錄其或卷數的總和。

（3）列為別本的經目

檢《縮刻藏》《頻伽藏》的目錄，皆不著錄別本；而《大正藏》、大陸版《中華藏》的目錄，不僅著錄別本的題名，還記其卷數，例如：《玉耶女經》一卷，《玉耶女經》（別本）一卷。

筆者認為，因為別本也是一部完整的經，所以本書依從《大正藏》和《中華藏》的做法，記錄別本的卷數。

（4）誤記卷數的經目

檢各藏目錄，或因傳抄、刻版、排版的疏忽等原因，造成卷數誤記的，經過覈對經本實物，或對比其他版本，或對比經錄中其他部分的有關記載後，本書已改正了錯誤的卷數，並在校勘記裏說明，且據正確的卷數進行統計。

（5）未記卷數的經目

《佛教大藏經》目錄有未記卷數的經目，如《金剛三昧經通宗記》，本書已據《卍續藏》本的卷數補入，從而與《佛教大藏經一覽表》記卷數相合。

一 歷代漢文大藏經目録校釋

(一)《開元釋教録》校釋

唐開元十八年（730）長安西崇福寺沙門智昇撰《開元釋教録》二十卷，這是我國在寫本佛經的整理、校勘、分類、編排方面的一部集大成之作。它的"入藏録"收經總一千零七十六部，合五千零四十八卷，成四百八十帙，被看做是佛教大藏經的定數。此部經録對後世大藏經的編刊產生了深遠的影響。

此録總分"總括群經録上"（第一至十卷）和"別分乘藏録下"（第十一至二十卷）兩部分。第一至九卷是"代録"，記載自後漢明帝永平十年至唐玄宗開元十八年（公元67~730），凡十九代，六百六十四年間，譯撰者總一百七十六人，所出大小二乘三藏聖教及聖賢集傳，並失譯、缺本，共二千二百七十八部，七千四十六卷。"代録"以朝代、譯人先後為序，詳記每部經是有譯或失譯、見存或缺本、單譯或重翻、同本異譯或別品殊譯，以及又名、或幾卷、見載於何經録、以往諸經録中誤記的問題等，可以説涵蓋了"別分乘藏録下"除分類體系外的主要内容。第十卷是"敘列古今諸家目録"。其中自秦至隋代的二十五家，在隋《長房録》和唐《内典録》編纂時，已僅存記載，而未見其本了；還有南北朝時的四家（《長房》《内典》二録存其子目）及唐朝兩家，皆是智昇未見其本者；最後十家才是見存經録。我們從智昇對見存諸經録的評述中可以看出，他在審覈經目時，是與考查經本實物聯繫在一起的，這也正是《開元録》的作者能夠在經録校勘方面取得諸多新成就的原因之一。

"別分乘藏録下"是分類目録，別分七録，它們是"有譯有本録第一"、"有譯無本録第二"、"支派別行録第三"、"刪略繁重録第四"、"補闕拾遺録第五"、"疑惑再詳録第六"、"偽妄亂真録第七"，而以"有譯有本録"最為重要。在"有譯有本録"中，首次將《大般若經》及此經部分内容的重譯經本置於諸經之首。智昇云：《般若經》是"諸佛之母"，而且"重譯諸經，文義備足，名相指定，所以標初也"。除般若部外，還有寶積部、大集部、華嚴部、涅槃部，合稱大乘五大部經。其後收五大部外諸重譯經和大乘單譯經，以及大乘律。大乘論首次分為釋經論與集義論兩類。小乘經首次以四部阿含經居首，隨後是四阿含之別經異譯、四阿含外諸重譯經和小乘單譯經。小乘律首次以五部正律藏在前，而順從五宗之眷屬居後。小乘論首次以説一切有部根本身論為初，足論居次，毘婆沙等支派編末，餘部論附後。聖賢傳記首次分為梵本翻譯集傳與此方撰述集傳兩部分。此方撰述集傳僅收録了四十部

三百六十八卷典籍，因為智昇的取捨標準是"諸餘傳記雖涉釋宗，非護法者此中不錄"，所以這四十部典籍還遠遠不能反映出我國僧人撰述的全貌。第十九至二十卷是"入藏錄"，實為第十一至十三卷"有譯有本錄"的簡略本。現存之"入藏錄"有兩類版本，其區別在於有無譯撰人名。今見兩類版本皆明確記有此錄"直列經名及標紙數，餘如廣錄"，[①] 由此可知"入藏錄"原本是不錄譯撰人名的，金麗等本保留了原貌，而資磧普南嘉龍等本的譯撰人名是後人增入的。

現將"入藏錄"及"有譯有本錄"各部類收經的部、卷、帙數[②] 記錄如下。

合大小乘經律論及聖賢集傳見入藏者，總1076部，合5048卷，成480帙。
　大乘經律論，638部，2745卷，258帙。
　　大乘經，515部，2173卷，203帙。
　　　大乘經重單合譯，384部，1880卷，179帙。
　　　　般若部，21部，736卷，73帙。
　　　　寶積部，34部，169卷，17帙。
　　　　大集部，24部，142卷，14帙。
　　　　華嚴部，26部，187卷，18帙。
　　　　涅槃部，6部，58卷，6帙。
　　　　五大部外諸重譯經，273部，588卷，51帙。
　　　大乘經單譯，131部，293卷，24帙。
　　大乘律，26部，54卷，5帙。
　　大乘論，97部，518卷，50帙。
　　　釋經論，21部，155卷，15帙。
　　　集義論，76部，363卷，35帙。
　小乘經律論，330部，1762卷，165帙。
　　小乘經，240部，618卷，48帙。
　　　小乘經重單合譯，153部，394卷，31帙。
　　　小乘經單譯，87部，224卷，17帙。
　　小乘律，54部，446卷，45帙。
　　小乘論，36部，698卷，72帙。
　賢聖集，108部，541卷，57帙。
　　梵本翻出，68部，173卷，15帙。
　　此方撰集，40部，368卷，42帙。

　　入藏錄所收典籍雖分四百八十帙，但未標帙次。因此，為了便於以下校勘記的說明，也為了與後世有千字文帙號的大藏經目錄進行比較，現將入藏錄的分帙附上千字文帙號（另見本書三的對照表）。

---

① 分別見第十九卷"大乘入藏錄上"、第二十卷"小乘入藏錄下"的註文。
② 智昇在入藏錄卷上尾說明了此錄與前廣錄之部數不同的原因，在於大寶積經係諸部合成，分四十九會，前廣錄記四十九部，而入藏錄合為一部，故欠四十八部。今新考目錄記為一部。

經對比《大正藏》所載麗宋（資福藏）元（普寧藏）明（嘉興藏）本入藏錄及大陸版《中華藏》增錄的金磧南龍本入藏錄後可發現，各本互有異同。現將差異處覆對前廣錄的記載可知，以上諸本入藏錄存在着如下一些誤記之處：

1. 經目的誤增、遺漏。

龍帙，資磧普南嘉龍本有隋笈多譯《金剛能斷般若波羅蜜經》一卷，檢廣錄卷七、卷十一均無記載，而金麗本有唐義淨譯《能斷金剛般若波羅蜜多經》一卷，檢廣錄卷九、卷十一均有記載。故今新考目錄不取笈多譯本，而收義淨譯本。

傷帙，金麗資磧普南嘉龍本有《申日經》一卷（五紙），檢廣錄卷十二無此目，故今不取。另外，從此經未與同本異譯經的《月光童子經》《申日兒本經》及《德護長者經》排在一起，卻誤夾在《老母經》與《老母女六英經》之間，也可看出是後人誤增入的。

傷帙，《無垢賢女經》前，嘉本遺漏《乳光佛經》一卷，檢廣錄卷十一有此目。

2. 卷數誤記。

推帙，《如幻三昧經》，資磧普南嘉龍本記四卷，檢廣錄卷十一記二卷，故今以金麗本記二卷為正。

吊帙，《大集須彌藏經》，金麗本記三卷，檢廣錄卷十一記二卷，故今以資磧普南嘉龍本記二卷為正。

在帙，《妙法蓮華經》，姚秦鳩摩羅什譯，資磧普南嘉龍本記七卷，檢廣錄卷四、卷十一均記八卷，故今以金麗本記八卷為正。

身帙，《深密解脫經》，資磧普南嘉龍本記三卷，檢廣錄卷十一記五卷，故今以金麗本記五卷為正。

忘帙，《未曾有因緣經》，資普南嘉龍本記三卷，磧本記一卷，檢廣錄卷十二記二卷，故今以金麗本記二卷為正。

另外，《開元錄》裳帙有姚秦鳩摩羅什譯《須摩提菩薩經》一卷，但是現存的石福資磧普初天緣南北嘉龍黃卍臺大中縮頻諸本所收羅什譯本，皆是法護譯同名經的重出，由此可知羅什譯本已失傳。

自梁僧祐撰《出三藏記集》至唐《開元錄》，歷代佛教經錄的撰集，都很重視重譯經的勘定，不僅把它們與單譯經分開，而且還註明哪幾經是同本異譯，以及哪幾經屬某部大經的別品異譯。儘管《開元錄》在這方面已較前代經錄有了更詳盡的校勘（見卷十一至十三），但是也難免有遺漏等問題。經過與明智旭撰《閱藏知津》和日本《大正新修大藏經總目錄》的有關記載對比，並覆實經文後，現將《開元錄》未勘出的重譯經列出如下：

敢帙《彌勒成佛經》的重譯經有《彌勒來時經》《彌勒下生經》《彌勒下生成佛經》（參見知津）。

敢帙《一切法高王經》的重譯經有行帙《諸法最上王經》（參見知津、大正總目）。

改帙《梵志女首意經》的重譯經有行帙《有德女所問大乘經》（參見知津、大正總目）。

染帙《廣大寶樓閣善住秘密陀羅尼經》的重譯經有羔帙《牟梨曼陀羅呪經》（參見知津、大正總目）。

景帙《異出菩薩本起經》的重譯經有安帙《過去現在因果經》（參見知津）。

若帙《恒水經》的重譯經有安帙《法海經》（參見大正總目）。

思帙《兜調經》的重譯經有無帙《業報差別經》（參見大正總目）。

思帙《齋經》的重譯經有竟帙《八關齋經》（參見知津、大正總目）。

思帙《須摩提女經》的重譯經有定帙《三摩竭經》（參見知津、大正總目）。

入帙《四分雜羯磨》的重譯經有《曇無德羯磨》《四分比丘尼羯磨法》（參見大正總目）。

東帙《三法度論》的重譯經有獸帙《四阿鋡暮抄解》（參見知津、大正總目）。

此外還有兩組經，《開元錄》記同本異譯，今檢文義，還是視為可相互參閱的經本比較合適，它們是：

作帙，北涼曇無讖譯《菩薩戒本》與唐玄奘譯《菩薩戒本》。大正總目未記同本異譯；知津記後經與前經同，而中有開性罪之八條。知津還記聖帙《優婆塞五戒威儀經》亦與前經同，而後附有禮佛、發願、受繩床等諸法。今新考目錄皆視為可相互參閱的經本。

禽帙《阿育王經》與獸帙《阿育王傳》。大正總目未記同本異譯；知津記《阿育王經》即《阿育王傳》的別出，而次第小異，詳略亦各不同。今視為可相互參閱的經本。

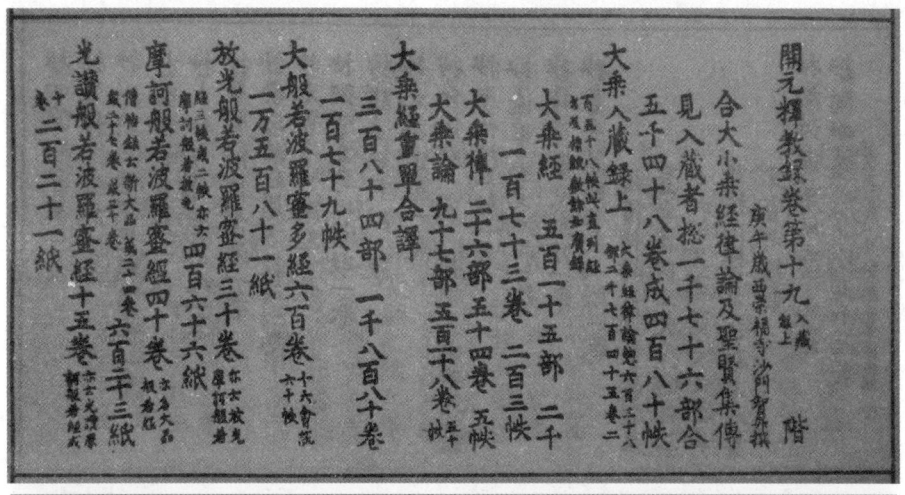

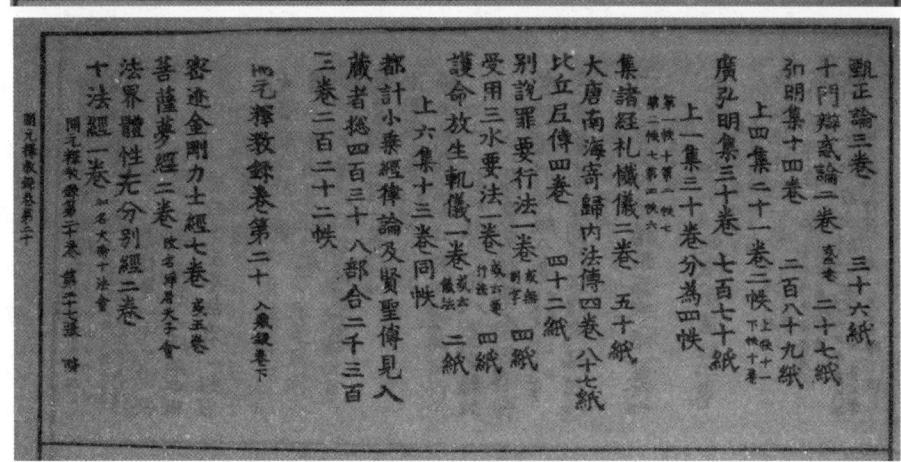

1 再雕高麗藏本之唐《開元釋教錄》

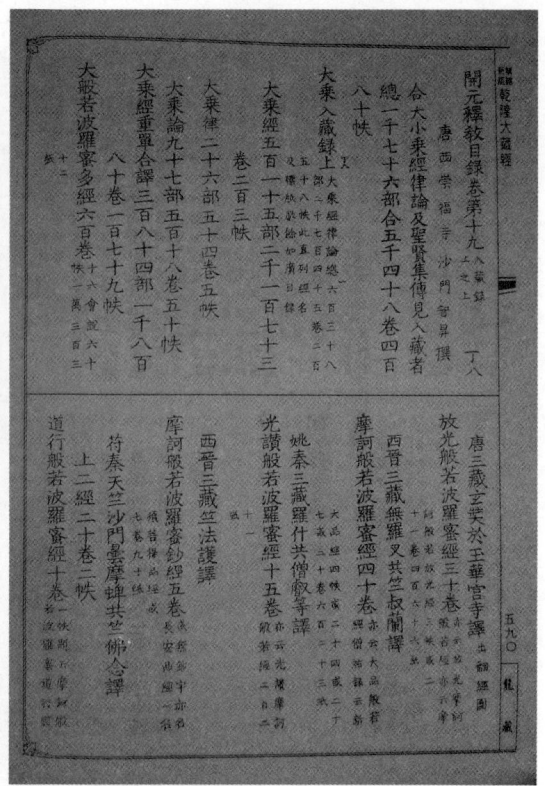
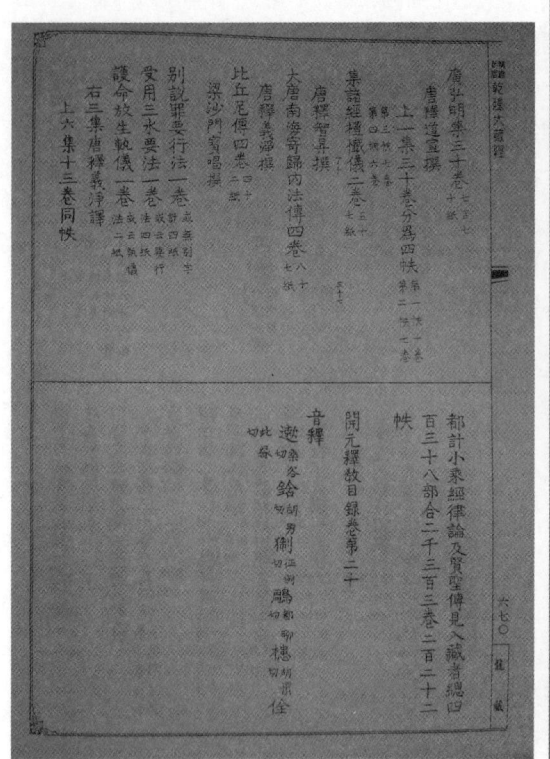

2 清刻龍藏本之唐《開元釋教録》

（二）《房山石經》目録校釋（附《遼藏》目録校釋）

《房山石經》目録校釋

《房山雲居寺石刻佛教大藏經》簡稱《房山石經》。其刻造始自隋煬帝大業年間直至明末（約605~1643），經隋、唐、遼、金、元、明六朝，歷時千餘年。現存經石一萬四千六百二十石，另有殘經四百二十石，洞外各種碑銘石八十二石。[1] 堪稱我國乃至世界上一份極其珍貴的文化遺産，被譽爲“北京的敦煌”。

1956年爲紀念釋迦牟尼佛涅槃二千五百周年，中國佛教協會在得到國務院的支持後，對石經山上九個藏經洞和寺内原南塔前的兩個磚穴進行了爲期三年的發掘、拓印工作。共拓印七份，每份拓片三萬張。[2] 此後開始了進一步的整理、研究工作。1979年成立了《房山石經》整理研究組，由黃炳章董其事。1986年至1993年，中國佛教協會首先完成了《房

---

① 中國佛教協會編《房山雲居寺石經》，文物出版社，1978，第9頁。

② 黃炳章：《房山石經的拓印與出版》，載《法音》1999年第9期，第20、21頁。

山石經》（遼金刻經）二十二冊和（明代刻經）一冊的編印，並由中國佛教圖書文物館出版。這是因為新發現遼金刻石經使用了《契丹藏》為底本進行覆刻。這一重大發現，不僅是佛教刻經史上，也是我國文化史上的一件大事。為了使《契丹藏》這部久已失傳的重要藏經重現世間，為研究《契丹藏》提供豐富的資料，促進文化交流，故先將遼金兩代所刻石經，現存的二百二十九帙影印出版。1999 年中國佛教協會又與華夏出版社合作出版了隋唐刻經部分，共五冊，第六冊是遼代續刻之唐代未完成的《大般若經》，末冊是目錄、索引。至此全套《房山石經》得以問世，連同遼金明刻經重新裝幀，共三十冊。在此期間，還先後出版了《房山石經題記彙編》和《房山石經之研究》，從而為世人瞭解房山石經的完整面貌和刻經史實打開了大門，為研究工作的深入進行鋪平了道路。為了很好地保護石經，避免大氣污染等多種因素對石經造成的風化，中共房山區委、房山區人民政府會同北京市文物局商定，並於 1999 年 9 月 9 日已將遼金刻石經板一萬零八十二石，回藏於雲居寺新修之“石經地宮”。地宮採用密閉、充氮、恒溫、恒濕之現代科技設施，既提高保護品質，又可供參觀。

我國的石刻佛經始於北齊（公元六世紀）。自佛教傳入中國以後，至南北朝時代已很盛行，但也遭遇過兩次“法難”。那些手寫的佛經一時化為灰燼，但是刻在石上的佛經卻安然無恙。這些給予佛教徒的既是沉痛的教訓，又是極大的啟發。北齊時天台宗二祖南嶽慧思大師發願刻石藏，閟封巖壑中。座下靜琬法師承師囑咐，自隋大業中至唐貞觀十三年（639）卒，約三十年間，刻造了《華嚴經》等十二部經。靜琬刻經的目的十分明確，即“本為未來懸遠無佛法時，留為□【經】本”，“世若有經，願勿輒開”。① 他於幽州北山，鑿石為室，首先在敞開的雷音洞中磨平四壁，雕刻了《法華經》《維摩經》《勝鬘經》《金剛經》《佛遺教經》《無量義經》《彌勒上生經》等。② 之後又取方石，別更磨寫，藏儲室內。每一室滿，即以石塞門，用鐵錮之。靜琬最初將《大涅槃經》刻於方石的做法是，將八十一塊石板分成六組，每組用石依次為十七石、二十石、十八石、十一石、十二石、三石。經文是連續刻在每組石之面，到這組的最後一石翻轉過來回到第一石之背，因此全經終止便在第六組第一石之背。不過《華嚴經》（晉譯）計一百七十七石，前七石也作為一組，而到第八石則改為每石的面背經文相接了。

房山石經的刻造過程，大致可分為隋唐與遼金兩個時期。

靜琬歿後，有門人玄導、僧儀、惠暹、玄法，凡五代人矢志不移。惠暹和玄法的刻經事業適逢盛唐的開元、天寶年間。最引人注目的是開元十八年（730），唐玄宗第八妹金仙長公主奏賜大唐新舊譯經四千餘卷，充幽府范陽縣為石經本；又奏施大片田園山林作為刻造石經的費用。而護送經本的人，正是著名的佛經目錄學家、《開元釋教錄》的作者智昇。從此以後，房山石經的鐫刻便開始了依據智昇校勘過的宮廷寫本佛經作為底本刻造的全新的歷

---

① 見貞觀五年（631）刻成《涅槃經》和貞觀八年（634）刻成《華嚴經》的殘碑題記。

② 黃炳章的《石經山和雲居寺》一文，記述雷音洞中屬靜琬早期所刻的一百四十六碑石，除上述七部經外，還有《涅槃經》《八戒齋法》《華嚴經淨行品》《無量義經德行品偈》《受菩薩戒法》《大王觀世音經》《賢劫千佛名》《十方佛》《三十五佛懺悔》等。載《佛教文化》2001 年總 2 期，第 89 頁。

史時期。此時雷音洞兩邊的各洞已裝滿經板，於是在雷音洞下方又新開鑿了兩個石洞。惠暹刻造了大部頭的《正法念經》七十卷和《大方等大集經》三十卷。特別是玄法時期，開始了六百卷《大般若經》的刻造。

唐末，經五代戰亂，石經的刻造陷於停頓狀態。

遼金兩代是房山石經刻造的另一個重要時期。遼初太平七年（1027），涿州刺使韓紹芳將房山刻經一事上奏聖宗皇帝，遂命瑜伽大師可元提點鑴修，並賜普度壇利錢續造。韓紹芳還對石經進行了驗名對數，並續刻了《大般若經》最後的八十卷，以及《大寶積經》全一百二十卷。加之遼以前刻就的《大涅槃經》全四十卷、《大華嚴經》全八十卷，從而完成了"四大部經"的刻造。此後遼興宗、道宗皇帝皆賜錢造經，共計一百八十七帙。最值得一提的是道宗大安九年（1093）至次年，通理大師開放戒壇所得施錢刻造的石經四十四帙，計碑四千零八十片。通理大師將石刻大碑改為小碑，面背俱刻。這樣做不僅使石碑一面與寫本或刻本大藏經一紙的版式統一起來，而且便於石料的採集和搬運，從而提高了刻經速度。通理大師對經本類別的選擇，還有着周密的策劃。他不僅刻經，更多的是刻律和大乘論典，為房山石經的刻造初具大藏經的規模，做出了突出的貢獻。通理的門人於遼天祚帝天慶七年（1117），在寺內西南隅挖地穴，將道宗時刻大碑一百八十片和通理所刻小碑四千零八十片，皆藏瘞地穴之內，上建石塔一座。通理的弟子直至遼末保大元年（1121）又刻石經十三帙。

金刻石經自天會十年至明昌之初（1132~1191），接續遼刻之帙號。天眷三年（1140）玄英及其俗弟子史君慶刻《鑴葬藏經總經題字號目錄》的二十七帙中，覆帙至羊帙的十三帙，以及景帙的前一部分為遼刻，景帙的後一部分以及行帙至端帙的十三帙為金刻。金刻石經的特點主要是續刻了唐《開元錄》以後的新譯經，以密教經典為主。其中書帙至八帙，共十四帙，是唐貞元年間不空等人的譯經；刻帙至説帙，共三十一帙，是宋朝天息災等人的譯經；感帙至寧帙，共十一帙（其中士、寔兩帙空缺），是唐譯經補遺及遼慈賢等人譯撰的經籍。金刻石經除見嵩刻的《大教王經》，府帙，藏於山上石洞外，其餘的經碑都繼續埋在地穴內。

金末至元代，房山石經的刻造又陷於停頓狀態。元至正元年（1341）高麗僧慧月等遊石經山，募化修理了雷音洞洞門和五個經碑。

明初洪武直至明末萬曆年間（1393~1592），曾對雲居寺和石經山進行過維護。宣德三年（1428）有道教徒募刻了道教的《玉皇經》，包括《本行集經髓》《本行集經》《本行集經纂》《心印經》，合為一卷，刻石八塊，藏於第七洞。由此可見明代佛道兩教關係之一斑。明代石刻佛經的續造是在萬曆末年至天啟、崇禎年間，集資刻造了《四十華嚴》《壇經》《梵網經》等十餘部，又在雷音洞左邊新開鑿一小洞（第六洞），將經碑藏入，洞額由董其昌題"寶藏"二字。至此房山雲居寺的石刻佛經才最後結束。

關於房山遼金刻帶有千字文帙號的石經與《契丹藏》的關係問題，筆者認為，這部分經卷並不是全部據《契丹藏》本覆刻，很可能仍然有據開元年間所賜宮廷寫本而刻的。由於那批宮廷本經卷的分帙與《契丹藏》相同，儘管尚無千字文帙號，但是可以據《契丹

藏》本補入。例如：遼刻大碑薑海鹹河四帙所收《摩訶般若波羅蜜經》四十卷，含八十九品，其中有九品之品名不同於《契丹藏》本。① 遼刻小碑欲帙《大方便佛報恩經》卷一，比較應縣木塔藏《契丹藏》殘卷，② 以及金刻小碑盛帙《雜阿含經》卷四，比較《契丹藏》本，③ 皆可見一些詞語，乃至某些字的字體互不相同。又如：遼刻《瑜伽師地論》，每碑面錄經文二十八行，每行十七字，不同於《契丹藏》本每版二十七行，每行十七字的版式。以上這些經卷，可以肯定不是《契丹藏》的覆刻本。儘管如此，遼金刻帶有千字文帙號的經卷，如《大智度經論》一百卷是每版二十七行，每行十七字的版式；《佛說菩薩本行經》三卷的卷次排序，唯石經本與丹本相同；等等，勿庸置疑，它們都是《契丹藏》的覆刻石本。④

經覈查，房山石經獨有的經卷有如下八種，它們是：

100.《金剛般若波羅蜜經註》一卷，唐御註。

181.《大般若關》一卷。

546. 附《金剛禮一本》，遼通理大師集。⑤

1076.《發菩提心戒一本》一卷，遼志仙記。

1078.《佛頂心觀世音菩薩大陀羅尼經》三卷。

1079.《大悲心陀羅尼》一卷。⑥

1082.《釋花嚴漩澓偈》一卷，後梁惟勁釋。

1084.《健拏標訶一乘修行者秘密義記》一卷，（平壤）法藏述。

值得註意的是，石經有本，且《至元錄》見錄的陳真諦譯《文殊師利寶藏陀羅尼經》一卷，可糾正他藏本記譯者作“唐菩提流志譯”之誤。另外石經本之遼代名僧思孝撰《大藏教諸佛菩薩名號集序》的發現，證實了《名號集》乃遼利州太子寺僧德雲所集。由於《至元錄》誤記《一切佛菩薩名集》是“沙門思孝集”，⑦ 並為佛教研究者所沿用，故應予糾正。

此次房山石經目錄新考的製作，是將《房山石經總目錄》與《房山石經》全三十冊影印本，以及大陸版《中華藏》校對的石經本結合起來考查，並做了部分內容的修正後完成的。現將《總目錄》及《中華藏》校對石經本存在的若干問題略述如下。

1.《總目錄》脫錄的經目，共八部八卷。

55.《佛說金剛般若波羅蜜經》下，脫錄同名經一卷。

66.《妙法蓮華經觀世音菩薩普門品第二十五》下，脫錄同名經兩部，各一卷。

---

① 參見《高麗藏》本同經之註文，此藏本詳細註出了《契丹藏》本與之不同的品名。

② 《應縣木塔遼代秘藏》，文物出版社，1991。

③ 參見《高麗藏》本，此藏《雜阿含經》卷四所錄為《契丹藏》本經文。

④ 詳細考證，請見拙作《房山石經與〈隨函錄〉、〈契丹藏〉、〈開元錄〉的關係之探討》，《佛學研究》，1996年第 5 期。

⑤ 此本附見於《大方廣圓覺修多羅了義經》一卷，唐佛陀多羅譯。

⑥ 檢《至元錄》卷四，因帙記：大悲心陀羅尼經一卷，唐不空譯。

⑦ 見《至元錄》卷十，泰岱二帙。

— 11 —

86.《金剛般若波羅蜜經》下，脱録同名經一卷。

97.《大方等大集經》下，脱録《佛説八陽神呪經》一卷。

158.《佛説般若波羅蜜多心經》下，脱録同名經一卷。

214.《藥師琉璃光如來本願功德經》下，脱録《造塔功德經》一卷。

337.《文殊師利所説摩訶般若波羅蜜經》下，脱録《文殊師利所説般若波羅蜜經》一卷。

2.《總目録》誤記的卷數。

62.《大方廣寶篋經》二卷，《總目録》誤記三卷。

3.《總目録》誤記的譯者。

85.《金剛般若波羅蜜經》一卷，此經係陳真諦譯，《總目録》誤記"元魏留支三藏譯"。

125.《佛説觀彌勒菩薩上生兜率天經》一卷，此經係劉宋沮渠京聲譯，《總目録》誤記"姚秦鳩摩羅什譯"。

1085.《六祖大師法寶壇經》一卷，元宗寶編，《總目録》誤記"宋賢編"。

此外應指出的是，《房山石經》243.《藥師琉璃光如來本願功德經》一卷，碑刻及《總目録》皆記譯者作"三藏法師義淨奉制譯"，今檢經文實屬唐玄奘譯，故予糾正。

4.《總目録》編號的問題。

748.《大唐貞元新譯十地等經記》，此記記述了十地等三部經譯出的經過，因此各藏本或録於《佛説十地經》前，或録於《佛説十力經》前，然而《總目録》將此記分出編為一號，不妥。

1083.《漩澓偈》一卷，檢此偈實屬1082.《釋花嚴漩澓偈》一卷的一部分内容，然而《總目録》將《漩澓偈》分出編為一號，不妥。

5.《中華藏》出校的石經本，未見於《房山石經》，並且國家圖書館存拓片亦無記録者，暫不收録，它們是：

《中華藏》230.《大乘離文字普光明藏經》一卷。

《中華藏》860.《佛説五苦章句經》一卷。

在本書之《歷代漢文大藏經目録新考對照表》中，一種經只給一個編號，因遼金刻石本字跡較清晰，内容較完整，故據以著録。而隋唐刻本漫漶、損失處較多，所以在有遼金刻本時，則視同經之隋唐刻本為重出本。

經統計，房山石經收經總八百七十七部三千一百八十六卷，另有重出、別抄經共二百二十四部三百七十八卷，合計一千一百零一部三千五百六十四卷。

檢《房山石經總目録》的編號，No.55，No.86，No.97，No.158，No.214，No.337後，今分別增計一號；No.66後，今增計二號，共增計八號。No.537、No.538與No.539，No.748與No.749，No.1082與No.1083，今分別合計一號，共減四號。以上編號增減相抵，今新考目録編一千一百零一號，較《房山石經總目録》編一千零九十七號，增四號。

《遼藏》目録校釋

《遼藏》又稱《契丹藏》，因存有兩種版本，故有《遼大字藏》與《遼小字藏》的稱謂。

《遼藏》是繼我國北宋王朝開雕的第一部大藏經《開寶藏》後，在我國北方，由遼王朝雕造的第二部大藏經。全藏收經總共五百七十九帙，約一千四百二十部六千零五十六卷。

在二十世紀七十年代以前，由於《遼藏》已是一部佚失的大藏經，不曾有一卷經本存世，故人們對《遼藏》的認識只能停留在一些史料的記載上。而自七十年代以來，先後兩次發現了此藏的零散印本，從而使人們對《遼藏》的認識和研究步入了一個全新的時期。

1974 年在對山西省應縣佛宮寺釋迦塔實施搶險加固工程中，在四層主像內意外地發現了遼代秘藏文物，其中有千字文帙號的刻本佛經十二卷，皆係卷軸裝，無千字文帙號的刻經三十五卷。現將有帙號的十二卷經本記錄如下（框高、框長、紙高以釐米記數，下同）：

序號	千字文帙號	題　名	版式	框高	框長	紙高
1	垂	《大方廣佛華嚴經》卷 47	27 行 17 字	22	50–54.1	29.7
2	愛	《大方廣佛華嚴經》卷 24	28 行 15 字	23.5	53.6	30.5
3	愛	《大方廣佛華嚴經》卷 26	28 行 15 字	23	55	30.2
4	首	《大方廣佛華嚴經》卷 51	28 行 15 字	23.6		29.7
5	在	《妙法蓮華經》卷 2	28 行 17 字			
6	女	《稱讚大乘功德經》1 卷	28 行 16–17 字			
7	靡	《大法炬陀羅尼經》卷 13	27 行 17 字	22	53–54	29.5
8	欲	《大方便佛報恩經》卷 1	27 行 17 字	22.3	53.8–55	28.4
9	清	《中阿含經》卷 36	27 行 17 字	22.3	53.4–53.8	29.7
10	弟	《阿毘達磨發智論》卷 13	27 行 17 字	22.4	53.5–55.8	29.1
11	刻	《佛說大乘聖無量壽決定光明王如來陀羅尼經》1 卷	27 行 17 字	21.8	53.5	29.2
12	勿	《一切佛菩薩名集》卷 6	28 行	24	55–55.2	28.9

1987 年在對因唐山大地震遭嚴重破壞的河北省豐潤縣天宮寺塔實施搶險加固過程中，在四至八層間的第二個塔心室內，發現了遼代印經一箱，內藏冊裝本佛經七種，卷裝本佛經三種。現將冊裝本的七種佛經記錄如下：

序號	千字文帙號	題　名	帙、冊數	版式	框高	框長	紙高
1	平至伏	《大方廣佛華嚴經》全 80 卷	1 帙 8 冊	半頁 12 行 30 字	23.9	30.1	26.6
2	壁	《大乘本生心地觀經》全 8 卷	1 帙 3 冊	半頁 10 行 20 字	21	25	26.4
3		《一切佛菩薩名集》全 22 卷	1 帙 6 冊	半頁 12 行 30 字	23.1	25.9	26.6
4		《金剛般若波羅蜜經》1 卷	1 冊				25
5		《妙法蓮華經》全 8 卷	1 帙				31.5
6		《金光明最勝王經》	1 冊				21
7		梵、漢合璧經呪合集	1 冊	行 10 字			15

　　現從《遼藏》的鐫刻、版式及編目三個方面概述如下。

　　1.《遼藏》鐫刻的時間、地點及主持人。

　　（1）《遼大字藏》的鐫刻。此前人們據高麗僧宓庵《契丹本大藏慶讚疏》所記，一直認為《遼藏》是一種小字密行的冊裝本藏經。① 直至發現了應縣木塔的卷裝本《遼大字藏》後，才認識到原來《遼藏》還有另外一種大字本。現經學者們的研究，一般認為：《遼大字藏》編寫於聖宗統和年間（983~997），是據燕京憫忠寺無礙大師詮曉奉詔再定的《續開元錄》（又名《重修貞元續錄》）三卷編目的。② 此後在興宗重熙年間（1032~1054），燕京圓福寺崇禄大夫檢校太保行崇禄卿總秘大師賜紫沙門覺苑承旨詳勘經目，編有《入藏錄》，通制為五百七十九帙，並進行《遼大字藏》的雕造，③ 最遲至道宗咸雍四年（1068）告竣。④ 但是此藏雕板究竟始於何時，目前尚存異議。

　　（2）《遼小字藏》的鐫刻。豐潤縣天宮寺塔内冊裝本《遼藏》的發現，為《遼小字藏》的存在提供了實物依據。從有千字文帙號的《大方廣佛華嚴經》冊尾的刊記可瞭解到，此部經是大契丹國燕國長公主施財，於興宗重熙十一年（1042），由燕京左街僧錄瓊煦提點雕造的。另外還有雖無千字文帙號，但卻是“奉宣雕印”的《一切佛菩薩名集》，從第1冊尾的刊記可知，其雕印於道宗咸雍六年（1070）。《一切佛菩薩名集》在應縣木塔藏《遼大字藏》中有本，在勿帙，已至全藏尾部。至此可知，《遼小字藏》的雕印始於遼興宗重熙初年（1032~1042），大約至道宗咸雍末年（1074）完工。

　　有關《遼藏》的雕印地點，我們從應縣木塔内第四十一號刻經《釋摩訶衍論通讚疏》卷十尾的刊記，及豐潤天宮寺塔内《妙法蓮華經》第八冊尾、《一切佛菩薩名集》第一冊尾的刊記可瞭解到，在道宗咸雍五年至七年間（1069~1071），在燕京弘法寺有官設的印經院，奉宣校勘、雕印、流通佛經。可以肯定《遼小字藏》是在燕京雕造的，很可能就在弘法寺。而《遼大字藏》，因釋詮曉和釋覺苑都是燕京人氏，有可能在燕京雕板，但是否也在弘法寺，尚難斷定。以一寺的局限，同時雕刻兩種版本的大藏經，恐難承受。

　　2.《遼藏》的版式。

　　（1）《遼大字藏》的版式。從前文記述的應縣木塔中十二卷帶有千字文帙號的刻本經卷來看，第一、七、八、九、十、十一、十二號，可以肯定是《遼大字藏》的版式。它們的共同特點是：每版録經文二十七行，每行十七字；版首有小字版片號一行，記經名卷次、版

----

① 《契丹本大藏慶讚疏》云：此藏“帙簡部輕，函未盈於二百；紙薄字密，冊不滿於一千，殆非人巧所成，似借神力”。原載《東文選》卷120。引自周叔迦《〈大藏經〉雕印源流紀略》，載《周叔迦佛學論著集》下集，中華書局，1991，第554頁。

② 參見日本塚本善隆《房山雲居寺與石刻大藏經》，轉引自張暢耕、畢素娟《論遼朝大藏經的雕印》，載《中國歷史博物館館刊》1986年第9期，第69頁；宋宗鑑集《釋門正統》卷八，載《卍續藏經》第130冊，臺北新文豐出版公司，1976，第902頁下；羅炤《有關〈契丹藏〉的幾個問題》，載《文物》1992年第11期，第51、55頁。

③ 見段子卿撰碑文《大金國西京大華嚴寺重修薄伽藏經記》，載乾隆本《大同府志》卷六。另見遼覺苑撰《大日經義釋演密鈔》卷一的有關記述，載《卍續藏經》第37冊，臺北新文豐出版公司，1976，第9頁。

④ 參見遼僧志延撰《陽臺山清水院創造藏經記》，見《金石萃編》卷153，載《石刻史料新編》第4冊，臺北新文豐出版公司，1982，第2846頁。

次、千字文帙號，如“華嚴四十七、二、垂”；上下單線邊框，框高約二十二釐米。有的學者指出，第十二號經在《遼大字藏》中屬於後期補雕本，因此版框略有差異是正常現象；又因其內容是禮拜佛名，所以每行字數也不統一。[①] 第六號經的版式不同於《遼大字藏》，是明確的。至於第二、三、四號經，即八十卷本《華嚴經》的零卷，及第五號《法華經》卷二的版式，皆與《遼大字藏》的基本版式有出入，筆者認為這是因為這兩部經的需求量大，往往成為最先刻的經本，所以在版式上會有不夠完善處。這種情況也見於其他版大藏經。因此在沒有發現可以證明是《遼大字藏》原刻的八十卷本《華嚴經》和《法華經》之前，暫且將此四號經卷看做是《遼大字藏》的印本也無妨。

（2）《遼小字藏》的版式。從豐潤天宮寺塔內屬於《遼藏》的冊裝本佛經第一至三號的版式來看，第一號《華嚴經》和第三號《一切佛菩薩名集》是每半頁錄經文十二行，每行三十字，第二號《大乘本生心地觀經》是每半頁十行，每行二十字。由此可見三種經的版行字數並不一致，多數為半頁十二行，行三十字的格式。另外第一號經無版片號，僅各卷首、尾的經題下有帙號；第二號、第三號經的版片號見於版心處，標註經名、卷數（第三號經係冊數）和版次。由此可見，無版片號的《華嚴經》屬早期刻本，尚有不完善之處。三種經的版框高約二十二釐米。

遼代冊裝大藏經零本的發現，證明了在我國佛教大藏經的雕印史上，繼卷軸裝後的第二種裝幀形式就是方冊裝，它不同於卷軸裝和北宋末年出現的經折裝本的繁重、造價昂貴，而以“帙簡部輕”、“紙薄字密”，易於雕印、便於流傳為其優點。這也許是遼興宗至道宗時期先後完成不同裝幀形式的兩種大藏經的原因之一。

3.《遼藏》的編目。

從《遼小字藏》之《大方廣佛華嚴經》的千字文帙號同於《遼大字藏》，以及兩種版本的其餘經卷的千字文帙號又皆同於《房山石經》，由此證明《遼小字藏》的編目完全是遵依《遼大字藏》的。《遼藏》的收經特點，可分四部分來記述。

第一部分自天帙至英帙，共四百八十帙，與唐《開元録·入藏録》的分帙完全相同，只不過附上了千字文帙號而已。檢《房山石經》羊帙，有陳真諦譯《文殊師利寶藏陀羅尼經》一卷，是覆刻《遼藏》首先收録的經本，亦是《遼藏》較《開元録·入藏録》增加的唯一一部經目。此部分收經總一千零七十七部五千零四十九卷。

第二部分是續入唐貞元新譯經，這部分經目的確定，曾有過兩個目録：

其一是遼聖宗統和年間（983~997）無礙大師詮曉編纂的《續開元釋教録》三卷，已失傳，但其所收經目卻反映在遼希麟撰《續一切經音義》十卷中。檢《希麟音義》可知，詮曉等再定經録，是在唐貞元十年（794）圓照集《續開元釋教録》的基礎上，增補了圓照於貞元十六年（800）奉敕撰《貞元録·入藏録》和南唐保大三年（945）恒安集《續貞元録》的所有譯經。而撰述類典籍，僅保留了《法琳別傳》一目。此外，拾遺編入羅帙《觀自在多羅菩薩經》一目。由於是編藏目録，所以有二十二部經，雖然見於圓照《續開元録》，但是

① 方廣錩：《〈遼大字藏〉的定名與存本》，載《中國學術》2004年第18輯，第184頁。

當時燕京一帶已無存本，只能刪除。據《希麟音義》統計，收經總一百一十部二百六十卷，分作二十五帙，自杜帙至高帙。①

　　其二是遼興宗重熙年間至道宗咸雍年間（1032~1068），覺苑奉旨詳勘經目，最終將《遼藏》的收經確定爲五百七十九帙，並有《入藏録》載之詳矣。可惜此録已佚，好在《房山石經》比較完整地保存下來《開元録·入藏録》四百八十帙以後據《遼藏》編目及覆刻的經籍，此外還有高麗僧守其等在《校正别録》中載録的"丹本"經文，從而爲大致還原《遼藏》五百七十九帙的收經目録，提供了重要的依據。

　　檢《房山石經》所收貞元新入藏典籍，自杜帙至碑帙，共四十六帙，其中除三十一帙空缺外，其餘十五帙的收經皆在詮曉目録的基礎上有所增補和調整。新增經目有：

　　（1）杜帙，《花嚴長者問佛那羅延力經》一卷。

　　（2）羅帙，《千手千眼觀自在菩薩廣大圓滿無礙大悲心陀羅尼呪》一卷。

　　（3）羅帙，《觀自在菩薩廣大圓滿無礙大悲根本陀羅尼》一卷。

　　（4）將帙，《大方廣曼殊室利經》一卷。

　　（5）將帙，《金剛頂經瑜伽觀自在王如來修行法》一卷。

　　（6）路帙，《大雲經祈雨壇法》一卷。

　　（7）路帙，《雨寶陀羅尼經》一卷。

　　（8）槐帙，《大威德金輪佛頂熾盛光如來消除一切災難陀羅尼經》一卷。

　　（9）槐帙，《普賢金剛薩埵略瑜伽念誦儀軌》一卷。

　　（10）卿帙，《般若波羅蜜多理趣經大樂不空三昧真實金剛薩埵菩薩等一十七大曼荼羅義述》一卷。

　　（11）封帙，《曼殊室利菩薩閻曼德迦忿怒真言儀軌經》一卷。

　　以上第（1）、（2）、（7）、（9）、（10）目係圓照《續開元録》已收，但在詮曉編纂目録時已缺本的5部經。第（3）、（5）、（6）、（8）目係覺苑時《遼藏》首先收録的。應指出的是第（4）目《大方廣曼殊室利經》，此經前部分經文，即圓照《續開元録》已收之《觀自在菩薩授記經》，其後部分經文，即《希麟音義》新增之《觀自在多羅菩薩經》。覺苑在勘訂目録時，很可能參照了《開寶藏》，將詮曉目録中的上述二經，合爲一經著録。還應指出的是第（11）目《曼殊室利菩薩閻曼德迦忿怒真言儀軌經》，是在《希麟音義》已收《聖閻曼德迦威怒王立成大神驗念誦法》的基礎上，比較《開寶藏》同名經，尚缺少第三十、三十一、三十二品經文，故將此三品别作一經，並給予新的題名而已。

　　那麼，《房山石經》空缺的三十一帙所收爲何經目呢？今據《希麟音義》，可補缺者如下：

　　藥至漆帙，《新大方廣佛華嚴經》四十卷。（四帙）

　　縣家帙，《根本説一切有部毗奈耶藥事》二十卷。（二帙）

---

　　① 今檢《希麟音義》之目録所記與實際音釋的部、卷數有不相符處，例如：卷五，目録記二十四經，實音二十五經，增《金剛頂瑜伽分别聖位經》一卷；目録記《大威力烏樞瑟摩明王經》三卷，實音二卷。卷七，目録記三十六經四十一卷，實音三十七經四十二卷，增《聖閻曼德迦威怒王立成大神驗念誦法》一卷。故《希麟音義》序言記"總二百六十六卷"，實係二百六十卷之誤。

給千帙，《根本説一切有部毗奈耶破僧事》二十卷。（二帙）

兵帙，《根本説一切有部毗奈耶出家事》五卷。（以下五目合一帙）

兵帙，《根本説一切有部毗奈耶皮革事》二卷。

兵帙，《根本説一切有部毗奈耶安居事》一卷。

兵帙，《根本説一切有部毗奈耶羯恥那衣事》一卷。

兵帙，《根本説一切有部毗奈耶隨意事》一卷。

另據《貞元録》《續貞元録》《高麗藏》，還可補缺者如下：

高至輦帙，《新華嚴經論》四十卷。（四帙）

驅至纓帙，《貞元新定釋教目録》三十卷。（四帙）

世禄侈帙，《一切經源品次録》三十卷。（三帙）

富帙，《大唐續貞元釋教録》一卷。（以下二目合一帙）

富帙，《法琳別傳》三卷。

車至碑帙，《法苑珠林》一百卷。（十帙）

以上三十一帙，收經十四部二百九十四卷，加上《房山石經》已有的十五帙，收經一百零九部一百七十四卷，由此得出覺苑所勘《遼藏》第二部分的收經已達到一百二十三部四百六十八卷，分成四十六帙。

第三部分是北宋新譯經，即宋真宗咸平三年（1000 年，遼聖宗統和十八年）十一月以前的譯經。檢《房山石經》，自刻帙至説帙，總三十一帙，收經一百八十六部三百零二卷。[①] 另檢《金藏》和《高麗藏》的收經，以及《祥符録》的著録還可知，《房山石經》尚缺三部四卷經，它們是：

宋雍熙元年（984）三月入藏之《分別善惡報應經》二卷。

宋淳化元年（990）十月入藏之《文殊師利一百八名梵讚》一卷。

宋至道三年（997）十一月入藏之《觀自在菩薩母陀羅尼經》一卷。

第四部分是補遺，自感帙至滅帙，總二十二帙，收經三十四部二百三十七卷。其中感武丁三帙收唐貞元譯經、唐圓照撰《續開元録》及遼僧慈賢譯經；俊乂密勿多帙，收唐、遼僧人撰集的著作；士寔寧三帙收陳、姚秦二代譯之論著（由於《房山石經》士寔兩帙是空帙，今據《高麗藏》本，應補入《大宗地玄文本論》二十卷）；最後的晉帙至滅帙，共十一帙，收唐、遼僧人撰音義著作（由於《房山石經》缺本，今據《高麗藏》本，應補入《續一切經音義》十卷和《一切經音義》一百卷）。值得注意的是，在這部分補遺的典籍中，有二十六部是《遼藏》首先收録而流傳下來的，它們是：

《金剛峰樓閣一切瑜伽瑜衹經》一卷，唐金剛智譯。

《金剛頂經一切如來真實攝大乘現證大教王經》二卷，唐不空譯。

《尊勝佛頂真言修瑜伽法》二卷，唐輸波迦羅譯。

《一切如來白傘蓋大佛頂陀羅尼》一卷，唐不空譯。

《聖千手千眼觀自在菩薩摩訶薩廣大圓滿無礙大悲心陀羅尼曰》一卷，唐不空譯。

---

① 《房山石經》刻帙，有重刻本《大乘聖無量壽決定光明王如來陀羅尼經》一卷，不記數在内。

《大悲心陀羅尼修行念誦略儀》一卷，唐不空譯。

《七俱胝佛母心大准提陀羅尼經》一卷，多羅句缽多譯。

《七俱胝佛母心大准提陀羅尼真言》一卷，唐善無畏譯。

《梵本般若波羅蜜多心經》一卷，唐不空譯。

《瑜伽集要救阿難陀羅尼焰口軌儀經》一卷，唐不空譯。

《梵本般若波羅蜜多心經》一卷，契丹慈賢譯。

《大隨求陀羅尼》一卷，契丹慈賢譯。

《佛頂尊勝陀羅尼》一卷，契丹慈賢譯。

《一切如來白傘蓋大佛頂陀羅尼》一卷，契丹慈賢譯。

《大悲心陀羅尼》一卷，契丹慈賢譯。

《佛說如意輪蓮華心如來修行觀門儀》一卷，契丹慈賢譯。

《妙吉祥平等秘密最上觀門大教王經》五卷，契丹慈賢譯。

《妙吉祥平等觀門大教王經略出護摩儀》一卷，契丹慈賢譯。

《妙吉祥平等瑜伽秘密觀身成佛儀軌》一卷，契丹慈賢譯。

《金剛摧碎陀羅尼》一卷，契丹慈賢譯。

《釋教最上乘秘密藏陀羅尼集》三十卷，唐行琳集。

《一切佛菩薩名集》二十二卷，遼德雲集、非濁續。

《大宗地玄文本論》二十卷，馬鳴菩薩造、陳真諦譯。

《釋摩訶衍論》十卷，龍樹菩薩造、姚秦筏提摩多譯。

《續一切經音義》十卷，遼希麟集。

《一切經音義》一百卷，唐慧琳撰。

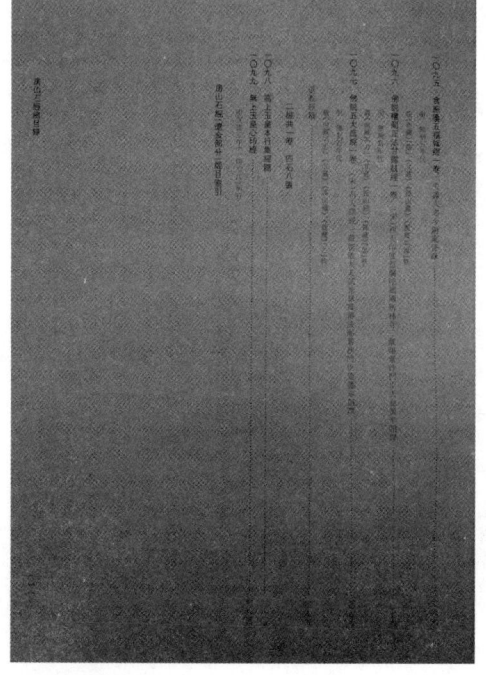

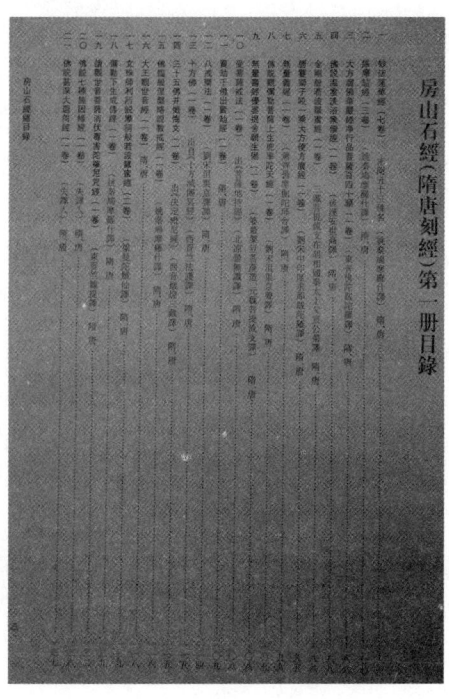

（三）《貞元新定釋教目録》校釋（附《續開元録》校釋、《續貞元録》校釋）

《續開元録》校釋①

唐德宗貞元十年（794）西京西明寺翻經臨壇沙門圓照集《大唐貞元續開元釋教録》三卷，簡稱《續開元録》。續集的是自唐開元十八年至貞元十年（730~794），共六十五年間，新譯撰的經籍及碑表記録等。

此録卷上收新翻經論及念誦法，並不空上表及唐代宗皇帝批文等，著録經目總一百二十部一百六十二卷，合成十六帙，它們是：

北天竺國三藏沙門阿質達霰，唐言無能勝譯《大威力烏樞瑟摩明王經》等，凡三部四卷。②

東天竺國三藏沙門法月譯《普遍智藏般若波羅蜜多心經》一卷。

南天竺國三藏沙門跋日囉菩提，唐言金剛智譯《金剛頂經瑜伽修習毘盧遮那三摩地法》等，凡四部四卷。

南天竺師子國三藏沙門不空譯《金剛頂瑜伽真實大教王經》等，凡一百九部一百四十一卷。③

北天竺境迦畢試國三藏法師般若譯《大乘理趣六波羅蜜多經》等，凡三部十二卷。

卷中收經律疏義總六十四卷，合成六帙。其中僅唐良賁撰《仁王經疏》三卷及唐潛真撰《發菩提心義》一卷見存於後世的《卍字續藏》和《大正藏》等大藏經。又收貞元新集古今制令碑表記録總八十六卷，④ 合成八帙。其中僅唐道宣撰《釋氏道宣感通記》一卷和《關中創立戒壇圖經》一卷，見存於後世的《卍續藏經》和《大正藏》等大藏經，以及唐圓照撰《續開元録》三卷見存於後世的《金藏》和《麗藏》等多部大藏經。由此可見，我國僧人所撰的譯經疏釋類著作及碑表記録等，只有很少一部分被收入大藏經而保留下來，其餘大部分著作皆已遺失不存。

卷下是入藏録。前十五帙及卷首的《開元録》中遺漏，未編入古今録中一帙，所收經目同卷上，至於般若譯《大花嚴長者問佛那羅延力經》等三經十二卷，亦同卷下尾圓照撰於貞元十一年四月的啟文中所述內容。然而在現存本入藏録第十五帙後，還有第十六帙至第十九帙，收經六部三十九卷，顯然是後來增入的內容。今見《續開元録》卷上首，先記“一百九十三卷經論及念誦法”，隨後又記“一百六十二卷經論及念誦法”，前後矛盾。分析其原因，與上述增入的經卷有關。在增入的六部三十九卷中，金剛智譯《千臂千鉢曼殊室利經》十卷是

---

① 因爲《續開元録》的撰集早於《貞元新定釋教目録》，所以提前校釋。

② 《續開元録》卷上記《大威力烏樞瑟摩明王經》三卷，今據卷下之入藏録及《貞元録》皆作二卷記數。

③ 《續開元録》卷上提到的《大曆目録》，即編纂自開元元年間至大曆六年間，不空所翻譯，總七十七部，共一百一卷，並目録一卷。今檢卷上所録，不空至大曆六年（771）的譯經，起自《金剛頂經瑜伽修習毗盧遮那三摩地法》，終於《成就妙法蓮花經王瑜伽觀智儀軌》，總七十七部，一百七卷（起首四部是金剛智譯、不空筆受，亦編入大曆目中），與書中所記一百一卷，卷數有出入。

④ 八十六卷中含目録三卷，然而卷上、卷中記“八十六卷，並目八十九卷”，卷下記“八十八卷”，皆誤也。

《續貞元録》首次收録的經目，本不應見於《續開元録》；餘下二十九卷與《續開元録》實録一百六十二卷相加，應作一百九十一卷。但是，由於卷上將《開元録》遺漏經目中阿質達霰譯《大威力烏樞瑟摩明王經》二卷，誤記作三卷，又卷上、卷下將不空譯經第一帙總六部共十卷，誤記作十一卷，合計誤增二卷，因此才有"一百九十三卷經論及念誦法"的錯誤記數，並由此得出"四朝應制，所翻經論及念誦法，並修疏記碑表録集等，總三百四十三卷"的錯誤記數。

現經考查，圓照在貞元十一年撰成《續開元録》時，收經論及念誦法總一百二十部一百六十二卷；經論疏義總十一部六十四卷；貞元新集古今制令碑表記總三十一部八十六卷，合計總一百六十二部三百十二卷。然而現存本卷下之入藏録，已在原本的基礎上增入了譯經六部三十九卷。

《貞元新定釋教目録》校釋

唐貞元十六年（800）西京西明寺沙門圓照奉敕撰《貞元新定釋教目録》三十卷，簡稱《貞元録》。此部經録是在《開元録》的基礎上，增入新譯撰的典籍而成。

《貞元録》撰成後曾有貞元藏本行世，但是在唐武宗會昌廢佛（841~846 年間）以後，各地寺院所存大藏經本已廖廖無幾。幸而圓照編撰《貞元録》所在的西明寺，成為會昌廢佛時長安保留下來的四所寺院之一，因此貞元藏本等免遭毀失。這樣才有唐懿宗時（860~873），福壽寺尼繕寫大藏經，每藏計五千四百六十一卷的記載，[①] 這個數字已較《貞元録》收經五千三百八十一卷稍有增加；並在唐末五代十國時，釋恒安據流傳本集成《續貞元録》。《貞元録》三十卷還流傳到海外，從而被收入《高麗藏》而保存下來。

本書著録自後漢明帝永平十年至唐德宗貞元十六年（67~800），凡七百三十四載，較《開元録》增加七十年；中間傳譯緇素總一百八十七人，新增十一人；所出大小二乘三藏聖教及賢聖集傳，並及失譯、缺本，總二千四百四十七部，七千三百九十九卷，新增一百六十九部，三百五十三卷。本書的框架、體例，基本上同《開元録》，總分"總録"（第一至十九卷）和"別録"（第二十至三十卷）兩部分。總録又分初"特承恩旨録"，次"總集群經録"。"特承恩旨録"有三：新譯華嚴經一、三朝翻譯經律論二、大佛名經等三。"總集群經録"即代録。別録又分初"分乘藏差殊録"，次"明賢聖集傳録"。"分乘藏差殊録"有七門：1. 有譯有本；2. 有譯無本；3. 支派別行；4. 刪略繁重；5. 拾遺補缺；6. 疑惑再詳；7. 偽妄亂真。"明賢聖集傳録"有二：1. 梵本翻譯；2. 此方撰述（此二項分別録入以上七門中）。最後兩卷是入藏録。

瞭解《貞元録》，最需注意的是"特承恩旨録"（第一卷）和"入藏録"（第二十九至三十卷）的收經情況，尤其是較《開元録》及《續開元録》新增了哪些典籍？它們的總部、卷、帙數究竟是多少？

"特承恩旨録"記載的准敕入藏經目，皆是未入《開元録》的新譯撰典籍，並較《續開元録》新增八部八十八卷經目，它們是：

---

① 見《宋高僧傳·僧徹傳》卷六。

　　唐般若譯《華嚴經》四十卷。

　　唐般若譯《守護國界主陀羅尼經》十卷。

　　唐般若譯《本生心地觀經》八卷。

　　唐龜茲國三藏勿提提犀魚譯《十力經》一卷。

　　唐于闐三藏尸羅達摩譯《廻向輪經》一卷。

　　唐于闐三藏尸羅達摩譯《十地經》九卷。

　　附於梁代《大佛名經》十六卷。

　　唐彦悰撰《法琳別傳》三卷。①

　　在現存本"特承恩旨録"中另有二部十一卷經目是後來增入的，故今不計數在內：其一是唐金剛智譯《千臂千鉢曼殊室利經》十卷，經題下有註文"保大（945年）中拾遺編上"；其二是唐不空譯《金剛頂瑜伽他化自在天理趣會普賢修行念誦儀軌》一卷，經題下有註文"此一卷元進數中無欠者"。② 至此可以統計出"特承恩旨録"所收經目總一百二十九部二百五十三卷。

　　"入藏録"實際上是"總集群經録"（第一至十七卷）和"有譯有本録"（第二十至二十三卷）的略出。其經目的分類完全同《開元録》，只是將《開元録》以來新譯撰的經目，分門別類地合入《開元録·入藏録》，並在新入藏的經目下增入譯撰人名。今檢新入藏的經目可知，已較前"特承恩旨録"又增加了八部八十卷經目，它們是：

　　唐義淨譯《根本説一切有部毗奈耶藥事》二十卷。

　　唐義淨譯《根本説一切有部毗奈耶破僧事》二十卷。

　　唐義淨譯《根本説一切有部毗奈耶出家事》五卷。

　　唐義淨譯《根本説一切有部毗奈耶安居事》一卷。

　　唐義淨譯《根本説一切有部毗奈耶隨意事》一卷。

　　唐義淨譯《根本説一切有部毗奈耶皮革事》二卷。

　　唐義淨譯《根本説一切有部毗奈耶羯恥那衣事》一卷。

　　唐圓照撰《貞元新定釋教目録》三十卷。

　　檢現存本"入藏録"所收經目，可發現有遺漏未載或誤增、重出者，有卷數、帙數等誤記者，因此，如不加以糾正，則無法準確地統計出各部類的收經總數。此外，為了便於與有千字文帙號的大藏經目録進行比較，現將"入藏録"的分帙附上千字文帙號（另見本書三的對照表）。現將覆查結果記録如下。

　　1.遺漏的經目。

　　罪帙，《大虛空藏菩薩念誦法》前，遺漏《新譯大虛空藏菩薩所問經》八卷，今據本書卷二十有目補入。

　　聖帙，《廣大寶樓閣善住秘密陀羅尼經》前，遺漏《大乘造像功德經》二卷，今據本書卷二十二有目補入。

---

① 《貞元録》誤記《法琳別傳》作者是唐"貞觀年中僧法琳撰"，見卷十一、卷三十。

② 檢《續開元録》《續貞元録》及《貞元録·有譯有本録》，均未收録不空譯《金剛頂瑜伽他化自在天理趣會普賢修行念誦儀軌》一卷，由此可知"特承恩旨録"原亦未收此經，是後人增入的。

興帙，《大乘莊嚴經論》後，遺漏《大莊嚴論》十五卷，今據本書卷六、卷二十二有目補入。

不帙，《觀所緣緣論釋》前，遺漏《觀所緣緣論》一卷，今據本書卷十一、卷二十二有目補入。

2. 誤增、重出的經目。

形帙，誤增唐金剛智譯《千臂千鉢曼殊室利經》十卷，今據本書卷十四、卷二十二均無此目，故刪除。

傳帙，重出唐般若譯《般若波羅蜜多心經》一卷，此經已見前師帙，故刪除。

3. 卷數誤記。

位帙，《發覺淨心經》一卷，今據本書卷十、卷二十均記二卷正之。

歸帙，《佛華嚴入如來智德不思議境界經》三卷，今據本書卷十、卷二十一均記二卷正之。

男帙，《月燈三昧經》十卷，今據本書卷九及《開元録》均記十一卷正之。

榮帙，《大般涅槃經》二卷，今據本書卷五、卷二十三均記三卷正之。

4. 帙數誤記、脱漏。

退帙，《阿毘達磨法蘊足論》十二卷，二帙，今據本書卷二十三記一帙正之。

逸至守帙，《阿毘曇毘婆沙論》六十卷，八帙，今據《開元録》卷十三、卷二十均記六帙正之。①

藥鐘帙，《開元釋教録》二十卷，三帙，今據本書卷十四、卷二十三均記二帙正之。

隸漆書帙，《貞元新定釋教目録》三十卷，脱帙數，今據本書卷二十三記三帙補入。

現將《貞元録·入藏録》各部類收經的部、② 卷、帙數記録如下。

合大小乘經律論及聖賢集傳兼貞元新入藏經，總 1213 部，合 5381 卷，508 帙（原書記總 1258 部，合 5390 卷，510 帙），較《開元録·入藏録》新增總 137 部，333 卷，28 帙。

大乘經律論，總 764 部，2976 卷，276 帙（原書記總 808 部，2988 卷，276 帙）。

大乘經，總 638 部，2401 卷，221 帙（原書記總 682 部，2413 卷，221 帙）。

般若部，總 32 部，758 卷，75 帙。【按：新增 11 部，22 卷，2 帙。】

寶積部，總 36 部，173 卷，17 帙。【按：新增 2 部，4 卷。】

大集部，總 27 部，152 卷，15 帙。【按：新增 3 部，10 卷，1 帙。】

華嚴部，總 40 部，248 卷，24 帙。【按：新增 14 部，61 卷，6 帙。】

涅槃部，總 6 部，58 卷，6 帙。

五大部外諸重譯經，總 319 部，646 卷，54 帙。【按：新增 46 部，58 卷，3 帙。】

大乘經單譯，總 178 部，366 卷，30 帙。【按：新增 47 部，73 卷，6 帙。】

大乘律，總 27 部，55 卷，5 帙。【按：新增 1 部，1 卷。】

大乘論，總 99 部，520 卷，50 帙。

釋經論，總 21 部，155 卷，15 帙。

① 《貞元録·有譯有本録》卷二十三記《阿毘曇毘婆沙論》六十卷，但未記帙數，故另據《開元録》校正。

② 本書"有譯有本録"將大乘經寶積部的《大寶積經》四十九會，記作四十九部經，而"入藏録"合成一部，故相差四十八部，今以一部記數。

集義論，總78部，365卷，35帙。【按：新增2部，2卷。】

小乘經律論，總337部，1812卷，170帙（原書誤記330部）。

　小乘經，總240部，618卷，48帙。

　　小乘經重單合譯，總153部，394卷，31帙。

　　小乘經單譯，總87部，224卷，17帙。

　小乘律，總61部，496卷，50帙（原書記作493卷，因內缺3卷，訪本未獲）。【按：

　　　　新增7部，50卷，5帙。】

　小乘論，總36部，698卷，72帙。

賢聖集，總112部，593卷，62帙（原書誤記作618卷，7帙）。

　梵本翻出，總68部，173卷，15帙。

　此方撰集，總44部，420卷，47帙（原書誤記作422卷）。【按：新增4部，52卷，5帙。】

《續貞元録》校釋

　　南唐保大三年（945）西都右街報恩禪院取經禪大德恒安集《大唐保大乙巳歲續貞元釋教録》一卷，略名《續貞元録》。恒安於天祐乙丑（二年，905年）遊歷江表（即長江以南地區），從道友處得知還有貞元藏經，於是發心取經，以補江南一帶自唐末會昌廢佛以來，貞元録藏幾乎已不存世的缺憾。南唐昇元二年（938），恒安特遠遊禮五臺山，回於關右（即關西，古人以西為右，唐時泛指函谷關或潼關以西地區）以來，寫録得貞元録藏經律論等，於保大三年返回京城。遂蒙皇帝恩允，寫録施行，並敕准編入見存的諸部大藏經，還令朝散大夫行尚書駕部員外郎知制誥雲騎尉賜紫金魚袋喬匡舜製序，冠於經首。《續貞元録》流傳到海外，被收録於《高麗藏》而保存下來。

　　《續貞元録》較《貞元録》收新譯撰典籍，增加了四部八十一卷，它們是：

　　藥至漆帙，唐李通玄撰《新華嚴經論》四十卷。

　　壁帙，唐金剛智譯《千臂千鉢曼殊室利經》十卷。

　　車帙，唐恒安集《大唐續貞元釋教録》一卷。

　　功茂實帙，唐從梵集《一切經源品次録》三十卷。

　　恒安將《開元録》以後新入藏的經目，總分四十三帙，千字文編次自藥帙至實帙。我們知道，《開元録·入藏録》總四百八十帙，然而恒安所記卻是四百八十一帙，但未説明原因。經覈查，《續貞元録》所收經目共一百四十一部四百十五卷。

　　至此，我們可以將《開元録》以來，諸經録著録入藏經目的總數綜述如下。

　　《開元録》總一千零七十六部，合五千零四十八卷，成四百八十帙。

　　《續開元録》收新翻經論及念誦法，總一百二十部，一百六十二卷，十六帙，另收新撰《續開元録》一部，三卷，[①] 合計一百二十一部，一百六十五卷，十六帙。

---

① 《續開元録》還收經律疏義總六十四卷，六帙，及貞元新集古今制令碑表記録總八十六卷，八帙（內含《續開元録》三卷），由於《貞元録》《續貞元録》均未將這兩部分經目入藏，故今亦不記數。

　　《貞元錄》總一千二百十三部，合五千三百八十一卷，成五百零八帙。較《開元錄》新增一百三十七部，三百三十三卷，二十八帙；較《續開元錄》增十六部，一百六十八卷，十二帙。

　　《續貞元錄》總一百四十一部，合四百十五卷，成四十三帙，自藥帙至實帙。較《貞元錄》收新入藏經目增四部，合八十一卷。由於《續貞元錄》記路帙《金剛頂瑜伽千手千眼觀自在菩薩念誦法》二卷，三十二紙，而《貞元錄》記作一卷，二十八紙，所以《續貞元錄》的收經卷數，又較《貞元錄》多一卷。

　　總之，至《續貞元錄》止，入藏經目已達到一千二百十七部，合五千四百六十二卷（或五千四百六十三卷），成五百二十三帙（或五百二十四帙）。

　　今見恒安集《續貞元錄》中有很多的統計數字，仍可見前後矛盾者，以及與實際收經數字不相符者。由於本文已對上述各經錄做了詳細考查，故此處就不一一指出《續貞元錄》中數字統計的差誤了。

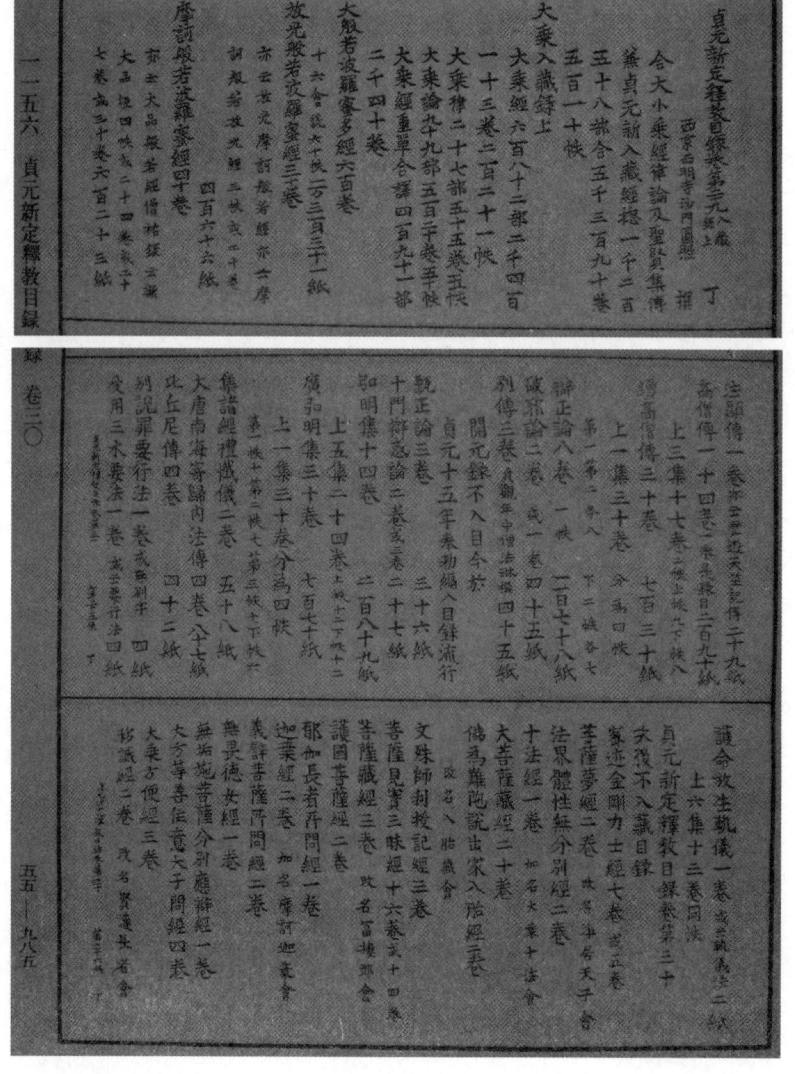

（四）《至元法寶勘同總録》校釋

《至元法寶勘同總録》略名《至元録》，是元世祖忽必烈至元二十二年春至二十四年夏（1285~1287），敕命三藏義學沙門慶吉祥等，以西蕃大教目録對辯東土經藏而編集的一部大藏經勘同目録。對辯的結果證實，雖文詞少異，然義理攸同。故依此目録，重整大藏，號列群函，以爲龜鑒。校勘地點在大都大興教寺。書前有奉旨編修、執筆、校勘、譯語、證義共二十九人之名銜，並淨伏撰於至元二十六年三月的序文，記述目録編成後“遂乃開大藏金經，損者完之，無者書之”。本書原爲單行刻本，方册式，因未類梵典，故於元大德十年（1306）由管主八刊板入藏，書首冠以釋克己撰序文。

本書總分四科，即“初總標年代，括人法之宏綱”、“二別約歲時，分記録之殊異”、“三略明乘藏，顯古録之梯航”、“四廣列名題，彰今目之倫序”。所收經律論三藏經典，以唐《開元録》爲基礎，在各類別經典後依次續入唐《貞元續開元録》，宋《祥符録》《景祐録》，元《弘法入藏録》及拾遺編入者；將大乘經分爲“顯教大乘經”與“密教大乘經”兩類，並將秘密陀羅尼和儀軌念誦等經歸入“密教大乘經”；以大小乘經、大小乘律、大小乘論依次排序。這種新分類法有別於此前的諸種經録和諸部刻本大藏經，卻爲其後刊造的兩部元代官版大藏經的編目所遵依，一部是元延祐版大藏經（刊印於延祐三年，1316年），另一部是後至元版大藏經（刊印於後至元二年，1336年）。①

檢現存各藏本之《至元録》，卷三尾至卷四首皆已缺文，幸好可據唐《開元録·入藏録》補足所缺經目，總九部十二卷。現存本卷三尾墨帙僅録《大乘密嚴經》三卷，實應補入《占察善惡業報經》二卷、《蓮華面經》二卷、《文殊師利問菩薩署經》一卷、《大乘造像功德經》二卷，共四部七卷經目。卷四首悲帙記收“二十經二十卷”，但是僅録出十五經十五卷，實應補入《一切功德莊嚴王經》一卷、《善夜經》一卷、《佛地經》一卷、《佛垂般涅槃略説教誡經》一卷、《出生菩提心經》一卷，共五部五卷經目。

我們知道，《弘法入藏録》與《金藏》經板收藏於弘法寺有着密切的聯繫。因此本書所記《弘法入藏録》的經目，對於《金藏》已缺經目的還原，以及《開寶藏》目録的還原，均具有重要的參考價值。

我國古代的譯經活動至元代已是尾聲，因此本書著録的翻譯經典，有本存世的數量較以往任何一部經録及任何一部大藏經都更加宏富，總共一千四百八十四部，合五千八百十二卷，成五百五十一帙。本書收我國僧人的著述也最多，總共一百十九部，合一千三百六十八卷，成一百五十三帙。本書收經宏富的主要原因是，增加了許多僅流傳於北方的經本，這些經本與唐代貞元藏的編寫和遼金兩代《契丹藏》《房山石經》的刊刻有着密切聯繫。

以下將本書所收經目與其他各藏比較的情況記録如下。

---

① 詳情請見李富華、何梅：《漢文佛教大藏經研究》，宗教文化出版社，2003，第366~371頁。

1. 本書首先收録的經目共三部五卷，它們是：

惡帙，《唐梵相對孔雀經》三卷。

志帙，《根本説一切有部出家授近圓羯磨儀範》一卷，元八思拔譯。

志帙，《根本説一切有部苾芻戒本》一卷，元八思拔譯。

2. 今存目缺本的經目共十二部五十一卷，它們是：

取帙，《仁王念誦儀》一卷，唐不空譯。

溪帙，《入對法論集勝義疏》三卷，彌多羅造、唐玄奘譯。

寧帙，《續大唐內典録》一卷，唐智昇撰。

禪主帙，《新編隨願往生集》二十卷，遼非濁集。

云帙，《大方廣佛華嚴經隨品讚》十卷，唐睿宗御製。

野帙，《註遺教經》一卷，失造人名。【按：此書是宋真宗御製本。】

野帙，《註三寶讚》一卷，宋明孝皇帝御製、呂夷簡等註。【按：宋明孝皇帝即宋仁宗。】

野帙，《註仁壽慈聖發願文》三卷，宋仁壽慈聖皇太后製、呂夷簡註。

務帙，《百法明門論決頌》一卷，唐窺基撰、智宣勘本。

稼帙，《彌勒下生成佛經疏》一卷，唐窺基撰。

植帙，《寶藏疏》三卷，覺潤述。

植帙，《演玄集》六卷，元安藏述。

3. 誤記卷數、譯者等的經目。

量帙，《大法鼓經》三卷。檢《開元録》記作二卷，又檢本書記此帙“五經十卷”，另四經共八卷。由此可知，本書誤記卷數，今更正作二卷。

薄帙，《最上意陀羅尼經》一卷，宋法賢譯。檢《祥符録》記宋施護譯。

睦帙，《分別緣生經》一卷，宋法賢譯。檢《祥符録》記宋法天譯。

外帙，《十二緣生祥瑞經》二卷，宋法天譯。檢《祥符録》記宋施護譯。

受帙，《清淨心經》一卷，勿提犀魚譯。檢《景祐録》記宋施護等譯。

縻帙，《能斷金剛般若波羅蜜多經論頌》二卷，唐天后代三藏不空譯。檢本書未載義淨譯此論頌一卷，卻收他藏皆不載之不空譯同名論頌；不空冠以唐天后代三藏之稱，誤也，實係義淨應冠之稱；本書記“上三論一十卷同帙”，另兩論共九卷。由此可知，本書誤記卷數、譯者，今更正作一卷，唐天后代三藏義淨譯。

傍帙，《入大乘論》四卷。檢《開元録》記作二卷，又檢本書記此帙“七論十卷”，另六論共八卷。由此可知，本書誤記卷數，今更正作二卷。

匡帙，《文殊師利一百八名梵讚》一卷，宋施護譯。檢《祥符録》記宋法天譯。

新至陟帙，《瑜伽師地論記》二十卷，並記“上一集二十卷四帙新至陟四號”。檢“新勸賞黜陟”，實係五帙，五號。

4. 重出一目，即止帙《百千頌大集地藏菩薩請問法身讚》，此目已見垂帙。

5. 檢《貞元續開元録》《祥符録》《景祐録》有目，本書無本未録者，共十部十一卷，它們是：

《貞元續録》開元録中遺漏一帙，《穢跡金剛説神通大滿陀羅尼法術靈要門》一卷。

《貞元續録》開元録中遺漏一帙，《穢跡金剛禁百變法經》一卷。

《貞元續録》開元録中遺漏一帙，《千手千眼觀自在菩薩廣大圓滿無礙大悲心陀羅尼呪本》一卷。

《貞元續録》第二帙，《普賢行願讚》一卷。

《貞元續録》第七帙，《如意輪念誦法》一卷。

《貞元續録》第八帙，《七俱胝佛母陀羅尼經》一卷。

《貞元續録》第十三帙，《金剛頂降三世大儀軌》一卷。

《祥符録》卷六，《聖六字大明王陀羅尼經》一卷。

《祥符録》卷十，《曼殊室利菩薩吉祥伽陀》一卷。

《景祐録》卷七，《聖佛母般若波羅蜜多九頌精義論》二卷。

經覈查，《至元録》收經總一千六百零三部，合七千一百八十卷，成七百零四帙（天帙至植帙），現將各部類收經的數字記録如下。【按：凡本書記數相同者，皆省略不記。】

經律論三藏，1389 部，5584 卷，530 帙（本書記 1440 部，5586 卷）。

　契經藏，1137 部，3688 卷，339 帙（本書記 1188 部，3690 卷）。

　　菩薩契經藏，846 部，2978 卷，282 帙（本書記 897 部，2980 卷）。

　　　顯教大乘經，496 部，2315 卷，221 帙（本書記 549 部，2322 卷）。

　　　　般若部，40 部，794 卷，76 帙。

　　　　寶積部，36 部，177 卷，18 帙（本書記 84 部 [1] ）。

　　　　大集部，27 部，156 卷，16 帙。

　　　　華嚴部，31 部，239 卷，23 帙。

　　　　涅槃部，6 部，59 卷，6 帙。

　　　　諸大乘經，356 部，890 卷，82 帙（本書記 361 部，897 卷，另卷二記 362 部，
　　　　　　　895 卷）。

　　　密教大乘經，350 部，663 卷，61 帙（本書記 346 部，658 卷，另卷二記 347 部）。

　　　　秘密陀羅尼，261 部，548 卷，50 帙（本書記 263 部，550 卷）。

　　　　儀軌等經，89 部，115 卷，11 帙。

　　　聲聞契經藏，291 部，710 卷，57 帙。

　　　　阿含部，111 部，337 卷，27 帙。

　　　　諸小乘經，180 部，373 卷，30 帙。

　　調伏藏，97 部，561 卷，56 帙（本書記 560 卷）。

　　　菩薩調伏藏，28 部，56 卷，5 帙。

　　　聲聞調伏藏，69 部，505 卷，51 帙（本書記 53 帙）。

---

① 本書將《大寶積經》四十九會合成一部，但是在記録寶積部的總部數八十四部時，則是將四十九會計數爲
　四十九部。今仍以一部計數，故相差四十八部。

對法藏，155 部，1335 卷，135 帙（本書記 1337 卷）。

　菩薩對法藏，117 部，627 卷，62 帙（本書記 628 卷，另卷八記 629 卷，61 帙）。

　　釋經論，21 部，155 卷，15 帙。

　　集義論，96 部，472 卷，47 帙（本書記 474 卷，46 帙）。

　聲聞對法藏，38 部，708 卷，73 帙。

聖賢傳記，214 部，1596 卷，174 帙。

　梵本翻譯集傳，95 部，228 卷，21 帙（本書記 93 部，20 帙）。

　東土聖賢集傳，119 部，1368 卷，153 帙。

　　檢《昭和法寶總目錄》二五給予《至元錄》的編號，其中 No.42 至 No.90，今新考目錄不計編號，故減四十九號；No.422 至 No.423 之間，今增入九號；No.1207 與 No.1208，今合計一號。以上編號增減相抵，今新考目錄編一千六百零三號，較昭和總目編一千六百四十四號，減四十一號。

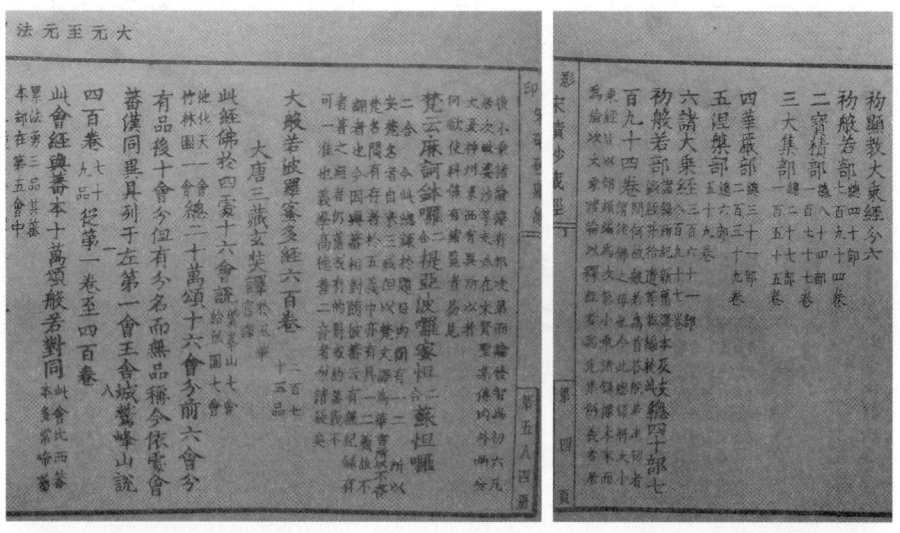

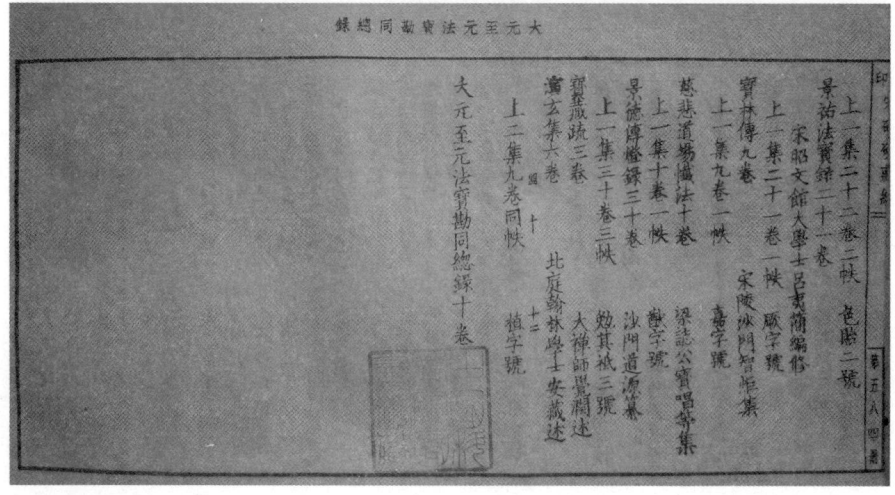

（五）《大藏經綱目指要録》校釋

北宋崇寧二年至次年（1103~1104）東京法雲禪寺住持傳法佛國禪師惟白集《大藏經綱目指要録》八卷，簡稱《指要録》，這是我國第一部大藏經解題類著作。著録典籍總一千零五十九部，合五千零九卷，成四百八十帙。

本書是以《開元録·入藏録》的分類體系和收經的部、卷、帙數為準繩，據北宋初年我國第一部木刻本大藏經《開寶藏》前四百八十帙的見存經本而撰集。四百八十帙後附 "禪門傳録" 共四部一百卷，它們是：唐勝持、惠炬集《寶林傳》十卷，宋道原集《景德傳燈録》三十卷，宋李遵勗集《天聖廣燈録》三十卷，惟白集《建中靖國續燈録》三十卷，及惟白撰《禪教五派宗源述》一文。另附《大藏經綱目指要録五利五報述》，係本書後序。

本書各卷首有目録。每帙經目，先標千字文帙號及帙內經目的總卷數或總經數。在大部頭的經目前，一般還有概述及經題釋義，在經目尾還有名相註解，然後逐卷、逐品地提示經文要點。註明哪些經屬同本異譯經，一般不記譯撰人名。

本書現存本僅見於大陸版《中華藏》第五六冊載録的《崇寧藏》本和日本《昭和法寶總目録》三七載録之萬治二年（1659）刊宗教大學藏本。我們重視對《指要録》的校讎，是因為它的存在對於復原《開寶藏》目録，有着重要的參考價值。惟白在四百八十帙後這樣記述："其餘隨藏添賜，經傳三十帙，未入藏經二十七帙，天下寺院藏中或有或無，印經官印板卻足。故未録略在，知者可鑒耳"。就是說，《開寶藏》刻成後，又續入了五十七帙經籍。這些經籍在《開寶藏》的覆刻本《金藏》中，正好是五十七帙。此外，宋王古撰《大藏聖教法寶標目》前四百八十帙，也是據《開寶藏》而撰的解題著作，還有《高麗藏》，也是《開寶藏》的覆刻本。因此指標金麗四本可以相互參照。

1. 從本書所著經目與《開元録·入藏録》的比較來看，雖然總帙數相同，但因一些經的卷數、分帙不同，致使帙次有別，例如：

菜重二帙，《放光般若經》二十卷。《開元録》記三十卷，三帙。

芥薑海三帙，《摩訶般若經》二十七卷。《開元録》記四十卷，四帙。

席鼓二帙，《大唐內典録》十卷。《開元録》記十卷，一帙。

經讎對可知，凡本書經目的卷數（誤記除外）、帙數不同於《開元録》者，皆與《開寶藏》的覆刻本《金藏》相同。

2. 本書的一些經目，已替換了《開元録》的經目，它們是：

服帙，唐菩提流志譯《須摩提經》一卷，替換了《開元録》之姚秦鳩摩羅什譯《須摩提菩薩經》一卷。【按：《開元録》收西晉法護譯《須摩提經》一卷和姚秦鳩摩羅什譯《須摩提菩薩經》一卷。本書未收羅什譯本，而改録流志譯本。檢流志譯本，實屬《大寶積經》第九十八卷之流志譯 "妙慧童女會" 的重出。① 另檢藏中現存的羅什譯本，實屬法護譯本的重

---

① 此重出本亦見録於《金藏》《麗藏》《緣山》《卍續》《大正》《中華》《縮刻》《頻伽》《佛教》。

出。① 由此説明，《開元録》以後羅什譯本已失傳。】

推至虞帙，《大集經》六十卷，替換了《開元録》之《大集經》三十卷、《大集日藏經》十卷和《大集月藏經》十卷。

傷帙，西秦聖堅譯《摩訶刹頭經》一卷，替換了《開元録》之西晉法炬譯《灌洗佛形像經》一卷。【按：本書所録係《開寶藏》本。檢高麗僧守其等撰《高麗國新雕大藏校正別録》及《金藏》本可知，《開寶藏》錯將法炬譯本記作聖堅譯《摩訶刹頭經》，又錯將聖堅譯本記作法炬譯《灌洗佛形像經》；並且二經皆爲摩訶刹頭經文。由此説明《開寶藏》《指要録》《金藏》已失真法炬譯本。】

悲帙，《五佛頂經》四卷，替換了《開元録》之《一字佛頂輪王經》五卷。

詩帙，《蘇悉地羯羅供養法》三卷，替換了《開元録》之《蘇悉地羯囉經》三卷。

甚帙，後漢安世高譯、吳陳慧撰《陰持入解經》二卷，替換了《開元録》之後漢安世高譯《陰持入經》二卷。

設帙，唐靜泰撰《眾經目録》五卷，替換了《開元録》之隋翻經沙門及學士等撰《眾經目録》五卷。

吹帙，唐道宣撰《續大唐内典録》一卷，替換了《開元録》之唐智昇撰《續大唐内典録》一卷。

3.本書較《開元録》減少一目，即養帙，未收《開元録》敢帙之唐義淨譯《彌勒下生成佛經》一卷。本書又較《開元録》增加一目，即敢帙有西晉竺法護譯《申日經》一卷，②《開元録》傷帙未收。本書另較《開元録》《標目》《金藏》《麗藏》增加一目，即羽帙，在《金剛般若經》五譯本外，增笈多譯本。笈多譯本最早見録於《開元釋教録略出》及《崇寧藏》。

4.本書重出的經目共三部三卷，它們是：

羔帙，《魔逆經》一卷。本書的釋文與《金藏》本的經文内容相同，實屬《文殊悔過經》的錯重出。雖然《標目》已指出兩經相類的問題，但未能尋到真本《魔逆經》。高麗僧守其在《校正別録》中指出《開寶藏》存在此錯亂的問題。由此可見，指標金寶四本已失真《魔逆經》。

甚帙，《出家功德經》一卷。本書的釋文與《麗藏》本（金本已佚）的經文内容相同。今已查明實屬《賢愚經》《華手經》《諸德福田經》《法句經》部分經文的錯重出。由此可知，指麗二本已失真《出家功德因緣經》一卷。

渭帙，《十八部異執論》一卷。本書的題名與《金藏》本同，檢金本經文，實屬《部異執論》的錯重出。高麗僧守其在《校正別録》中指出《開寶藏》存在此錯重寫的問題。由此可知，金寶二本已失真《十八部論》，而本書另在圖帙補了《十八部論》一卷。

5.誤記的卷數。例如：伐帙，《般舟三昧經》二卷，檢《金藏》本作三卷；再檢本書著

① 此重出本見録於《石經》《福州》《資福》《磧砂》《普寧》《初南》《天海》《南藏》《北藏》《嘉興》《龍藏》《黃檗》《卍正》《臺中》《大正》《中華》《縮刻》《頻伽》。

② 西晉竺法護譯《申日經》一卷，有可能是支謙譯本。詳情請見本書二的校勘記，編號0678。

錄伐帙三經總"九卷",另兩經共六卷。由此可知,本書實為三卷。又如:景帙,《淨行法門經》一卷,檢各藏本皆作二卷,由此判定本書誤記一卷。凡誤記卷數處,今新考目錄均已更正,現記錄如下。

　　方帙,《文殊師利現寶藏經》三卷,今正作二卷。

　　大帙,《大雲經》二卷、《方等經》二卷,今正作各一卷。

　　養帙,《方便經》一卷,今正作二卷。

　　男帙,《孔雀王經》一卷,今正作二卷。

　　盡帙,《大乘起信論》一卷,今正作二卷。

　　淵帙,《佛般泥洹經》三卷,今正作二卷。

　　6. 經目誤分。若帙,《譬人經》一卷,實為《馬有八態經》(全名《馬有八態譬人經》)一卷的誤分出。

　　7. 經目存疑。才帙,無他藏本之唐玄奘譯《呪五首》一卷,卻有《佛母心陀羅尼》一卷。因未明內容及譯者,尚難斷定是藏中何經之略名。

　　8. 缺失經目共二十一部二十二卷。例如:衣帙記"十卷",而已錄者僅九卷。檢標金麗三本可知,尚缺《得無垢女經》一卷,其餘經目如下。

　　鞠帙,《後出阿彌陀佛偈》一卷。

　　養帙,《彌勒下生經》一卷,西晉竺法護譯。

　　養帙,《彌勒下生成佛經一卷》一卷,後秦鳩摩羅什譯。

　　敢帙,《申日兒本經》一卷。

　　傷帙,《浴佛功德經》一卷,唐義淨譯。

　　傷帙,《報恩奉盆經》一卷。

　　傷帙,《灌洗佛形像經》一卷,西晉法炬譯。

　　良帙,《出生無量門持經》一卷。

　　墨帙,《文殊師利問菩薩署經》一卷。

　　克帙,《菩薩戒本》一卷,北涼曇無讖譯。

　　映帙,《長阿含十報法經》二卷。

　　思帙,《舍頭諫太子二十八宿經》一卷。

　　甚帙,《未生冤經》一卷。

　　外帙,《沙彌尼戒經》一卷。

　　外帙,《沙彌尼離戒文》一卷。

　　畫帙,《龍樹菩薩傳》一卷。

　　畫帙,《請賓頭盧經》一卷。

　　畫帙,《大阿羅漢難提蜜多羅所說法住記》一卷。

　　英帙,《說罪要行法》一卷。

　　英帙,《護命放生軌儀法》一卷。

　　另外,京至面帙,著錄《阿毘曇論》二十九卷,尚缺第三十卷;攝至以帙,著錄《十誦

律》六十卷，尚缺第六十一卷。這種情況説明了惟白所據之婺州金華山智者禪寺的大藏經本已有遺失。

9. 經目的排序問題。

（1）有些經目未按會、品的先後等排序。例如：羽帙《濡首菩薩經》，惟白記"與前第八會般若同本"，但卻未排在與《般若經》第九會同本的《金剛般若經》（羅什譯）前，而排在了與《般若經》第十會同本的《仁王般若經》後。這種情況還見於乃帙《大寶積經》各會和伏戎帙《華嚴經》各品之別譯經的排序。此外，若帙《國王先尼十夢經》和《舍衛國王夢十事經》皆屬《增一阿含經》之別經異譯，卻夾在了《雜阿含經》之別經異譯中間。

（2）有些同本異譯經未排在一起。例如：未將此帙《楞伽阿跋寶經》與身帙《入楞伽經》及髮帙《大乘入楞伽經》排在一起。此種情況還涉及乃服、鳴鳳、蓋此、五、惟鞠、敢、潔男、聲虛、曰嚴與、力、則盡、命帙的二十九部同本異譯經。

10. 錯簡的問題。

檢《昭和法寶總目錄》三七載萬治二年（1659）刊宗教大學藏本之本書，第五卷上自讚帙《魔逆經》至羔帙《千佛因緣經》，共三十三部經目錯簡。今新考目錄據大陸版《中華藏》第五六冊載《崇寧藏》本之本書，及《金藏》《高麗藏》經目的排序，予以改正，即將讚帙《魔逆經》至《佛印三昧經》，共十六部經目，移置羔帙《千佛因緣經》後。

現將《指要錄》各類別收經的部、卷、帙數記錄如下。【按：本書記部、卷數，一般係《開元錄·入藏錄》的記數，故與實際著錄不完全相符。】

> 大乘經律論，總629部，2716卷，256帙（本書記總638部，2745卷，256帙）。
>> 大乘經，總507部，2139卷，201帙。
>>> 般若部，總22部，711卷，71帙。
>>> 寶積部，總33部，169卷，17帙。
>>> 大集部，總22部，152卷，15帙。
>>> 華嚴部，總26部，178卷，17帙。
>>> 涅槃部，總6部，58卷，6帙。
>>> 五大部外諸重譯經及單譯經，總398部，871卷，75帙。
>> 大乘律，總25部，52卷，5帙。
>> 大乘論，總97部，525卷，50帙。
>> 小乘契經藏，總238部，611卷，48帙（本書記總240部，618卷，48帙）。
>> 小乘調伏藏，總52部，434卷，45帙（本書記總54部，446卷，45帙）。
>> 小乘對法藏，總36部，703卷，73帙（本書記總36部，698卷，73帙）。
> 聖賢傳記
>> 有譯本者（天竺法師述），總66部，183卷，15帙（本書記總68部，173卷，50帙）。
>> 無譯本者（華夏高人撰集），總38部，362卷，43帙（本書記總40部，368卷，43帙）。

檢《昭和法寶總目錄》三七給予本書經目的編號，其中No.102與No.104是同一部經，No.916與No.918是同一部經，誤給四號，故今新考目錄減二號。No.10，今增計一號；

中華大藏經

大藏經綱目指要錄卷第一

南京法雲禪寺住持傳法賜國福師　惟白集

天地玄黃宇宙洪荒日月盈昃辰宿列張
寒來暑往秋收冬藏閏餘成歲律呂調陽
雲騰致雨露結為霜金生麗水
玉出崑岡　巳上總四十八函

大般若經總部四處十六會前六百卷
其啟曰太宗皇帝御製聖教序高宗皇帝述
十六序三藏立奘法師泩
此經諸佛之智丹菩薩之慧父斷煩惱之慧
河之舟楫利生之極致成道之正因表其真破標泉
經之首也

天

大智羅空王廓　　　十卷大般若經一緣起品
大稱性徧周　般若靈智不測波羅蜜多功行超進
經寶詮表實眼　妙慧明微　到于彼岸

如來龍彎峰山中聖眾
又復不起于坐入師子遊戲等持三昧於一一身一
一毛孔一一支節放大光明照十方界六種震動東
方最後世界寶性如來曾光菩薩南方無憂
德如來離憂菩薩西方寶性如來行慧菩薩二勝帝
如來勝授菩薩北方勇猛菩薩東南方
蓮華胥如來光德菩薩下方蓮華如來光輪菩薩
西北方勝授菩薩千菩薩西南方蓮華一最後世界一一勝
菩薩上方寶蓋如來喜授菩薩一一上首菩薩見斯光巳各問其由
佛所一一佛各說緣起各遣持花來聽般若
一一菩薩見斯光巳各遣持花來聽般若
三合利子

孝文褒揚僧德詔沈約中食論設會
論梁簡文上吊溢法師等十五書
田論唐高祖出家撰益詔沙汰佛
道詔道士在僧前詔敬三大詔

群

卷二十五　廣弘明集二十六　慈濟篇沈約究竟慈悲
論誡殺篇內文顏之推誡殺家訓篇
之推誡殺家訓篇　二十七誡功德遠法師與書
大武帝與和者禪師書受菩薩
蘭文帝與湘東王書宣律師行懺悔書
願與諸葛亮詔唐太宗行懺悔書
祖及戰場造寺詔唐天下詔斷齊佛像詔為釋太

二十八太子作佛隨福表晉陳陽煬帝與和智書
二十九藏罪懺梁簡文澤槃佛文
福語二十　高慢文武帝見網佛過大乘歸
梁武淨茉賦孝思賦七山賦廣苑賦詳玄賦
立園苑講賦夢賦弱子賦無為論伐魔詔徹文泰
平心三十　結歸篇晉宋梁陳周隋唐已來帝王大
露布三十　坐親王官僚名賢法師等三十七家詩頌

英

卷六　南海寄歸內法傳卷上義淨三藏在南海
合行儀法集成四十條例寄歸中國令僧行依故云
耳一破夏非小二對有二瓶七水有二瓶且
爾五食罪去繩六水各所云
觀互八朝時齒木九受齋赴清等緣
武十二尼承喪制十三結淨地法十四五眾安居
玉隨意成規十六起二十七知時而禮十八
利之三二十九受戒軌則二十洗浴隨時二十一坐具
事二十二臥息方二十三經行少病二

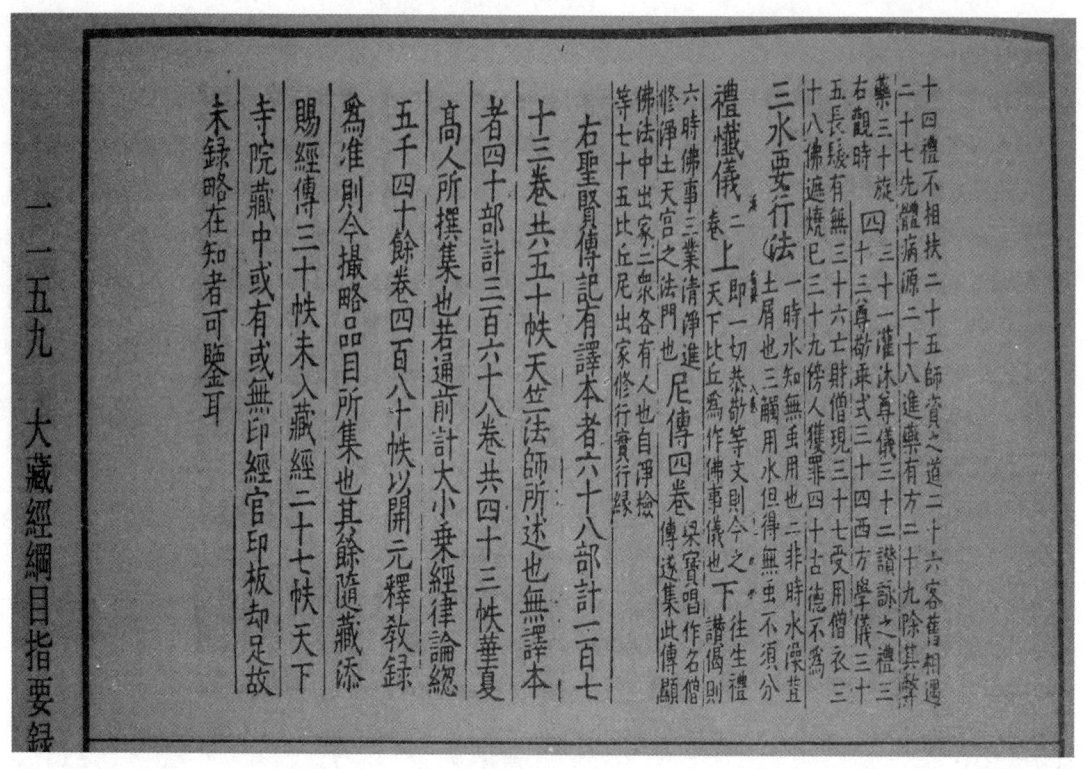

No.11，今增計五號；No.12，No.32，No.114，No.194，No.195，No.289，No.294，今分別增計一號，共增七號；No.296，今增計四號。No.857與No.858，No.889與No.890，今分別合計一號，共減二號。以上編號增減相抵，今新考目錄編一千零六十三號，較昭和總目編一千零五十號，增十三號。

（六）《大藏聖教法寶標目》校釋

北宋崇寧四年（1105）清源居士王古撰《大藏聖教法寶標目》十卷，簡稱《標目》，是繼《指要錄》後又一部大藏經解題類著作。全書著錄典籍總一千三百九十七部，合五千七百六十四卷，成五百三十四帙，千字文帙號自天字至侈字，最後十九帙無帙號。現存本書前有王古撰《大藏聖教法寶標目序偈》一文，及元大德十年（1306）江西吉州路報恩寺講經釋克己撰《大藏聖教法寶標目序》。據克己序文可知，元大德年間管主八續刊祕密經文，見本書流傳既久，貝笈未收，故刻板入藏。本書被收入宋元版《磧砂藏》和元《普寧藏》而流傳下來。《昭和法寶總目錄》三八所載本書是明《嘉興藏》本；大陸版《中華藏》所載是清《龍藏》本，並校以《磧砂藏》《永樂南藏》及《嘉興藏》本。

本書在入藏時，已有部分內容的增補及修改，即在序文後增入了元慶吉祥等奉詔集《至元錄》的文前四科：「初總標年代括人法之紀綱」、「二別約歲時分記錄之殊異」、「三略明乘藏顯古錄之梯航」的內容，唯「四廣列名題彰今目之倫序」，如文未錄。【按：因為本書經目的分類法不同於《至元錄》。】還將《至元錄》所記譯經年代，由後漢永平十年至元至

元二十二年（67~1285），改作至元大德十年（1306）；又將卷一的題名改作“大元續集法寶標目卷第一”。由於這些增補和改動，致使明《北藏》《閱藏知津》和清《龍藏》的編刊，均誤將本書作者記作元代人。

本書解題係概述一經的內容。一些大部頭的經，或逐會註解，也有逐卷、逐品註解的。註解中之引文，皆註明出處，並指明哪幾經是同本異譯，一般不記譯人名。

與《指要錄》僅錄《開元錄·入藏錄》的典籍不同，本書增加了貞元新譯和宋朝新譯撰的入藏典籍，新增總三百二十二部，合七百六十六卷，成五十四帙。本書在卷一首《大般若經》的千字文帙號下註有“函號依印經院有本”的字樣，由此表明本書的千字文帙號與《開寶藏》及《金藏》相同，因此也與《指要錄》和《高麗藏》的前四百八十帙相同。現經覆查，本書的千字文帙號多有脫誤，以《磧砂》《嘉興》《龍藏》所載《標目》為例，也互有出入。現就本書的千字文帙號、所收經目和卷數的特點，以及存在的問題，分別記述如下。

第一，千字文帙號的問題。

1. 將本書前四百八十帙的千字文帙號（天帙至英帙），與指金麗三本對照後發現，本書脫錄八個帙號，今新考目錄予以補入，它們是：

卷三，《思益梵天所問經》下脫“及”帙號。

卷三，《解節經》下脫“此”帙號。

卷四，《無崖際總持法門經》下脫“知”帙號。

卷五，《廣大寶樓閣善住秘密陀羅尼經》下脫“悲”帙號。

卷六，《大乘莊嚴經論》十五卷下有“君”帙號，此帙號前脫“事”帙號。

卷六，《賴吒和羅經》下脫“止”帙號。

卷七，《生經》下脫“安”帙號。

卷七，《五百弟子自說本起經》下脫“無”帙號。

在磧嘉龍三本中，以嘉本脫錄帙號最多，現從磧龍本可以補入的有二十七條經目下的四十個帙號，例如：卷三，《悲華經》下嘉本脫帙號，可以據磧龍本有“駒”帙號補入。

另外，本書有一些帙號標註的位置有誤，為了保存原貌，故不予改正，僅據指金麗三本，指出其應標註的正確位置，它們是：

卷一，《摩訶般若波羅蜜鈔經》五卷下有“河”帙號，此帙號應記在前經，即《光讚般若波羅蜜經》十卷已有“鹹”帙號下。

卷二，《大寶積經·第四十九會》下嘉本有“字”帙號，此帙號應記在次經，即《大方廣三戒經》下。

卷二，《大乘金剛髻珠菩薩修行分》下嘉本有“臣”帙號，此帙號應記在其前的《信力入印法門經》下。

卷二，《大方廣佛華嚴經修慈分》下有“伏”帙號，此帙號應記在次經，即《大方廣普賢菩薩所說經》下。

卷二，《普曜經》八卷下有“王”帙號，此帙號應記在前經，即《方廣大莊嚴經》十二卷已有“歸”帙號下。

卷三，《説無垢稱經》下有“樹”帙號，此帙號應記在前經，即《維摩詰經》下。

卷四，唐杜行顗等譯《佛頂尊勝陀羅尼經》下磧龍本有“良”帙號，此帙號應記在前經，即《觀自在菩薩隨心呪經》下。

卷四，《五千五百佛名經》下有“長”帙號，此帙號應記在前經，即《佛所護念經》下。

卷六，《百論》下磧本有“陰”帙號，此帙號應記在前論，即《般若燈論》十五卷已有“寸”帙號下。

卷八，《舍利弗問經》下磧龍本有“外”帙號，此帙號應記在其前的《四分解脱戒本》下。

卷八，《五事毘婆沙論》二卷下有“面”帙號，此帙號應記在前論，即《舍利弗阿毘曇論》三十卷已有“京背邙”帙號下。

卷八，《阿育王太子息壞目因緣經》下磧龍本有“禽”帙號，此帙號應記在前經，即《阿育王傳》下。

卷八，《眾經目錄》五卷下有“設”帙號，此帙號應記在前目，即《歷代三寶記》已有“筵”帙號下。

2. 本書後三十五帙的千字文帙號（杜帙至侈帙），檢嘉本卷九脱“羅”帙號和“路”帙號、卷十脱“陪”帙號，皆可據磧龍本補入。然而磧嘉龍三本皆脱錄的四個帙號，就不容易補入了。這是因為本書收貞元譯經二十二帙及宋譯經十帙，不同於印經院本的覆刻本，即金麗二本先收宋譯經三十帙，後收貞元譯經二十四帙。現經對比可發現，本書的宋譯經部分，遵循了金麗二本帙號的排序，每帙中一般以卷數較多的一經起首，因此磧嘉龍三本皆脱錄的“振緌”兩帙號，可以推斷“振”帙號在卷十的《瑜伽大教王經》五卷下，【按：對應金麗本的“高冠”兩帙。】“緌”帙號在《不空三昧經》七卷下，【按：對應金麗本的“陪輦驅轂”四帙。】應無問題。但是貞元譯經部分，由於本書的分帙與金麗本之間無規律可尋，因此本書脱錄的“縣家”兩帙號，究竟分別起於哪兩條經目，尚無法確定。不過可以肯定的是，“縣”帙號前的“八”帙號，至少應該有經十部十卷，“家”帙號也至少應該有經十部十卷。這樣算來，尚缺帙號的經目僅剩十九部了，它們是卷九的《金剛頂超勝三界經》至《金剛手光明灌頂儀軌》。

第二，所收經目的特點及問題。

1. 將本書前四百八十帙的經目，與《指要錄》等本比較的情況記錄如下。

（1）收錄了《指要錄》缺本未註釋的全部二十一條經目。

（2）增加了唯本書見錄的右帙《傳法記》一卷。①

（3）以《開元錄》著錄的經目替換《指要錄》的經目，它們是：服帙，以姚秦鳩摩羅什譯《須摩提菩薩經》，替換有問題的唐菩提流志譯《須摩提經》；傷帙，以西晉法炬譯《灌佛形像經》，替換有問題的西秦聖堅譯《摩訶剎頭經》；悲帙，以《一字佛頂輪王經》五卷，替換《五佛頂經》四卷；甚帙，以《出家因緣經》，替換有問題的《出家功德經》；吹帙，

---

① 《標目》註釋：“右敍佛法初來，道士比較及孫權等試驗事。”

以唐智昇撰《續大唐内典録》，替换唐道宣集《續大唐内典録》。

（4）未收《指要録》的錯重出本《十八部異執論》，及誤分的《譬人經》。未收見於《指要録》的其他經目有：隋笈多譯《金剛般若經》，《申日經》，後漢支婁迦讖譯《雜譬喻經》，失譯附後漢録《雜譬喻經》。

（5）本書重出四目，即容帙《瞻婆比丘經》（見《恒水經》前），此經已見《伏婬經》前；給帙《食施獲五福報經》，此經已見止帙同名經；給帙《施餓鬼食經》，此經已見羔帙《救面然經》；【按：檢《開元録》有《救面然餓鬼陀羅尼神呪經》，並註亦云施餓鬼食呪經。】給帙《金剛壽命陀羅尼經》，此經已見卿帙《一切如來金剛壽命陀羅尼經》。本書脱録一目，即投帙至規帙，《阿毘曇毘婆沙論》六十卷。①

（6）經目的排序問題。一些經目未按會、品的先後排序，例如：乃帙，《大乘十法經》《胞胎經》《普門品經》，本書分别記與寶積經第九會、第十三及十四會、第十會同本異譯，但却排在與寶積經第十九會同本異譯的《法鏡經》和《郁迦羅越問菩薩行經》後。還有一些同本異譯經目未排在一起，例如：未將則帙的梁真諦譯《大乘起信論》與盡帙的唐實叉難陀譯《大乘起信論》排在一起。這種情況還涉及鳴鳳、此、聲、曰嚴與、竭力、盡、命帙的十六部同本異譯經目。

2. 貞元譯經等較《貞元録》及金麗二本增加五目，它們是：卿帙，唐金剛智譯《金剛頂瑜伽經》一卷；户帙，唐不空譯《千手千眼根本真言》一卷；（不明帙號），不空譯《仁王般若儀軌》一卷；家帙，不空譯《他化自在天理趣會普賢儀軌》一卷；給帙，尊者羅睺羅記、唐道宣譯《結集正教住持遺法儀》六卷。【按：以上第一、四兩目亦見於石經和《至元録》；第二目亦見於《福州藏》；第五目是本書獨有的經目。】但是，本書未收麗本（金本已佚）的唐金剛智譯《千手千眼觀世音菩薩大身呪本》一卷。

另外，宋新譯經較金麗二本減少四目，它們是：宋法賢譯《聖金剛手菩薩一百八名梵讚》一卷、《八大靈塔梵讚》一卷、《三身梵讚》一卷、《曼殊室利菩薩吉祥伽陀》一卷。

第三，卷數的特點及問題。

本書經目的卷數與《指要録》比較，有三十五目的卷數不同，其中如《摩訶般若波羅蜜經》四十卷、《古華嚴》六十卷等與《開元録》《貞元録》的卷數相同；又如《阿惟越致遮經》四卷、《彌勒菩薩所問經論》六卷等與《略出》《崇寧藏》的卷數相同；再如《無明羅刹經》三卷與《金藏》《麗藏》的卷數相同；而《優婆塞戒經》六卷等的卷數，則唯見本書。

此外，竭帙《究竟一乘寶性論》下脱卷數，今新考目録據指金麗本補入四卷；筵帙《歷代三寶記》下脱卷數，今據指金麗本補入十五卷。

總觀本書的分帙、所收經目及卷數的諸多特點，可以認為《標目》註釋的是一部混合本大藏經。唯本書前四百八十帙的千字文編次，遵依《開寶藏》，故與指金麗大致相同。

現將《標目》各類别經目的部、卷、帙數記録如下。【按：本書記部、卷、帙數，實為《開元録·有譯有本録》的記數，故與實際著録不完全相符。】

---

① 本書在《阿毘達磨大毘婆沙論》二百卷下記千字文帙號"投字至逸字"，誤也，實為仁字至逸字。

大乘經律論，總 638 部，2745 卷，256 帙。

大乘經，總 515 部，2171 卷，201 帙。

般若部，總 21 部，720 卷，71 帙（本書記總 21 部，736 卷，73 帙）。

寶積部，總 34 部，171 卷，17 帙（本書記總 82 部，[①] 169 卷，17 帙）。

大集部，總 22 部，152 卷，15 帙（本書記總 142 卷，14 帙）。

華嚴部，總 26 部，188 卷，17 帙（本書記總 26 部，187 卷，18 帙）。

涅槃部，總 6 部，58 卷，6 帙。

五大部外諸重譯經及單譯經，總 406 部，882 卷，75 帙。

菩薩調伏藏，總 26 部，53 卷，5 帙（本書記總 26 部，54 卷）。

大乘論，總 97 部，521 卷，50 帙。

小乘經律論，總 330 部，1703 卷，166 帙。

小乘經，總 241 部，619 卷，48 帙。

小乘律，總 54 部，440 卷，45 帙。

小乘論，總 35 部，644 卷，73 帙。

聖賢傳記，總 107 部，550 卷，58 帙。

貞元譯經，總 135 部，253 卷，22 帙。

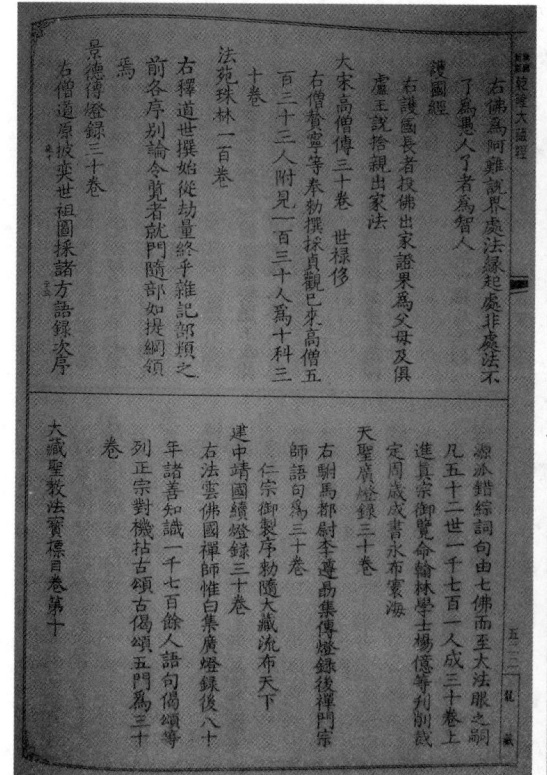

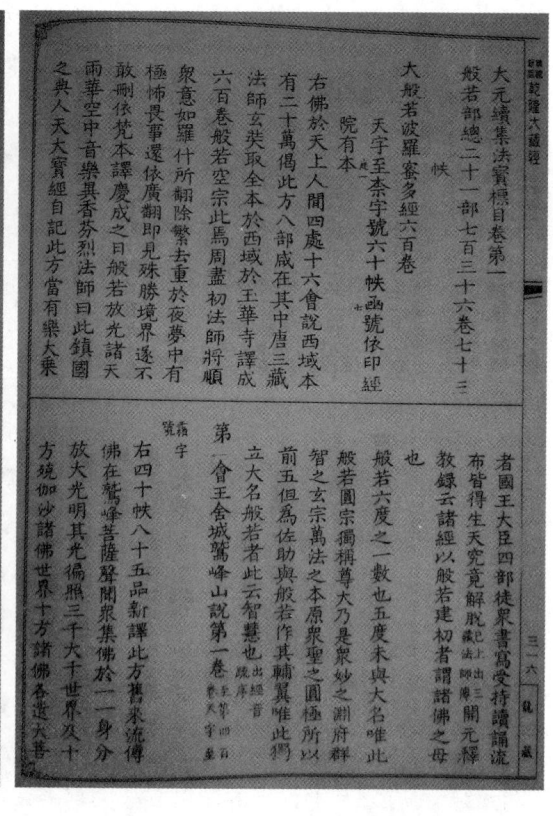

---

① 《大寶積經》分四十九會，本書記四十九部，如今新考目録記爲一部，因此相差四十八部。

宋朝新譯，總 182 部，293 卷，10 帙。

唐宋撰述，總 5 部，220 卷，22 帙。

檢《昭和法寶總目録》三八給予本書經目的編號，No.515 菩薩調伏藏經二十六部五十四卷，實非經名，誤給編號，故今新考目録減一號。No.165，今增計一號。No.885 與 No.886，今合計一號。以上編號增減相抵，今新考目録編一千三百九十七號，較昭和總目編一千三百九十八號，減一號。

（七）《趙城金藏》目録校釋（附《開寶藏》目録校釋）

《開寶藏》目録校釋[①]

北宋太祖開寶四年（971）敕高品張從信往蜀地益州（今成都）雕大藏經板，至太宗太平興國八年（983）刊成經板十三萬塊，並運抵京城，世稱《開寶藏》或《蜀版藏經》。京城的太平興國寺在太平興國七年（982）奉敕創建了譯經院，次年又奉旨改名傳法院，並在傳法院的西偏建印經院，以貯藏經板及刷印流通。傳法院的新譯經，都要呈上御覽，經敕准入藏頒行後，交印經院開板印造。有關新譯經的類別、主要内容及譯經人員的情況、譯出年月等事宜，都被詳細記録在宋真宗大中祥符八年（1015）奉敕編成的《大中祥符法寶録》和宋仁宗景祐四年（1037）奉敕編修的《景祐新修法寶録》中。宋代的譯經活動一直延續至徽宗政和三年（1113），歷時約一百三十年，與此同時我國僧俗的撰述也陸續入藏，使全藏的收經增至近七千卷，其規模是空前的。至神宗熙寧四年（1071），大藏經板由印經院移交顯聖寺聖壽禪院管理。大約至南宋末，在金兵攻陷東京開封後，經板遂遭毁失。

如今《開寶藏》經本存世者僅有十四卷，其中四卷見存於日本。[②] 二十世紀三十年代，范成法師曾在山西晉城青蓮寺見到過三十八卷《開寶藏》經本，後來下落不明。從現存經本的千字文帙號來看，[③] 其編目依據的是《開元録·入藏録》，只是卷數及帙次稍有不同，例如：《大方等大集經》六十卷，現存卷四十三在有帙（第九十三帙），而《開元録》此經三十卷，至第九十三帙止。由於《開寶藏》本的卷數和千字文帙號與《指要録》及《趙城金藏》《高麗藏》相同，儘管《開寶藏》已是一部散失殆盡的大藏經，但是它的收經規模，卻可以通過它的覆刻本《趙城金藏》和《高麗藏》瞭解大致情況。《開寶藏》本是卷軸裝，每紙録經文二十三行，每行十四字，版首有小字版片號一行，標註經名卷次、紙次、千字文帙號，如"佛本行集經卷第十九，第二十二張，令字號"。本藏的雕刻，依據的底本是什麽？史書未載，然而宋太祖乾德六年（968）詔成都造金銀字

---

① 因爲《開寶藏》的雕造早於《趙城金藏》，所以提前校釋。

② 李富華、何梅：《漢文佛教大藏經研究》，宗教文化出版社，2003，第 70~71 頁。

③ 唯山西高平市文博館保存的一卷《妙法蓮華經》卷七，没有千字文帙號。但是經卷末尾有"大宋開寶四年辛未歲奉敕雕造"的刊版題記，以及"熙寧辛亥歲……賜大藏經板於顯聖寺聖壽禪院印造"和"皇宋大觀二年"鑒巒等化緣印經的兩則墨記。

佛經各一藏，開寶四年（971）敕再造金字經一藏，① 這種官寫華貴的大藏經本，很可能成為《開寶藏》依據的底本。

本藏刊成後曾多次頒賜外邦他國。頒賜日本國兩次：據記載經板運至京城的次年，即雍熙元年（984），日本僧奝然來朝，三年還歸，蒙太宗皇帝賜大藏經一藏及新譯經二百八十六卷；② 熙寧六年（1073）日本僧成尋入宋，神宗皇帝賜予日本國尚缺的新經四百十三卷冊，即宋朝新譯經三十帙（杜帙至轂帙），共二百七十八卷，並撰述類典籍。③ 頒賜高麗國三次，另有請印兩次，詳情見以下《高麗藏》目録校釋。頒賜東女真國一次。此外《開寶藏》還傳入了遼王朝和西夏王朝。

本藏刻成後，至雍熙元年時，除了有《開元録·入藏録》的四百八十帙（天帙至英帙）外，還有《開元録》以後入藏的唐譯經二十九帙，它們是：唐貞元十年（794）圓照集《續開元録》收入的譯經十六帙，如：《大威力烏樞瑟摩明王經》等；貞元十六年（800）圓照撰《貞元録》增補的譯經十二帙，如：《大方廣佛華嚴經》四十卷等；以及南唐保大三年（945）恒安集《續貞元録》增補的譯經一帙，即《千臂千缽大教王經》。

我們知道宋朝自太平興國七年（982）開始譯經，至雍熙元年，僅兩年時間，新譯經只有七部十七卷。然而奝然獲賜的新譯經是二百八十六卷，顯然其中的二百數十卷應該是《開元録》以後陸續入藏的唐朝新譯經。我們説《貞元録》增補的譯經有十二帙，是據《高麗藏》的收經，而《趙城金藏》所録缺少了唐義淨譯説一切有部之律典，共七部，合成五帙。高麗僧守其等撰《校正别録》卷三十記載：國前本及宋本（指《開寶藏》）有《根本説一切有部毗奈耶破僧事》卷十三，但經文有兩處脱落，故據國後本和丹本補足。由此證明，《開寶藏》原來是有説一切有部律典五帙的。但是，這二十九帙唐新譯經在咸平二年（999）被排在宋新譯經三十帙之後編聯入藏時，已改成了二十四帙，取消了説一切有部律典五帙，並以《開元釋教廣品曆章》三十卷和《續開元釋教録》三卷，共三帙起首，合成二十七帙（振帙至奄帙）。這與惟白在崇寧三年（1104）撰集《指要録》時所記"其餘隨藏添賜，經傳三十帙，未入藏經二十七帙，天下寺院藏中或有或無，印經官印板卻足"，以及《趙城金藏》所録帙數是完全符合的。至於為什麼要取消説一切有部律典五帙，其原因未見記載，也許是唐新譯撰經籍的帙數，不宜超過宋新譯經吧。

另外，對於奝然獲賜新譯經二百八十六卷的卷數問題，若減去宋新譯經十七卷，餘下的唐新譯經應該是二百六十九卷。但是我們對《高麗藏》本二十九帙唐新譯經卷數的統計，已達到三百六卷，卷數多出三十七卷。檢《續貞元録》增補的《千臂千缽大教王經》十卷，因《趙城金藏》本保留了《開寶藏》本"大宋咸平元年（998）奉敕雕"的刊記，由此可知這十卷在雍熙元年（984）時尚未刊板，故不在三百六卷中。據此推想，很可能《貞元録》增補的最後幾部經，即《十地經》九卷、《守護國界主陀羅尼經》十卷、《大乘本生心地觀經》八卷，共二十七卷，也未刊板，四經合計正好是三十七卷。

---

① 元念常集《佛祖歷代通載》卷十八。

② 〔日〕僧成尋：《參天台五臺山記》卷七，載《大日本佛教全書》第 115 冊，第 143 頁下。

③ 〔日〕僧成尋：《參天台五臺山記》卷八，載《大日本佛教全書》第 115 冊，第 157 頁。

如上所述，《開寶藏》在宋真宗咸平二年（999）第一次續入藏五十七帙經籍後，至宋神宗熙寧六年（1073）又有第二次續入藏，續入宋譯經共四十三帙（宅帙至虢帙），自《未曾有正法經》至《父子合集經》；唐宋僧人的撰述及宋太宗御製佛典文集共四十四帙（踐帙至亭帙）。在這部分典籍中，需要注意的有以下兩個問題：其一，《趙城金藏》有宋太宗撰《御製佛賦》二卷和《御製詮源歌》一卷，實屬已收宋太宗撰《御製秘藏詮》卷二十一的別出。檢《高麗藏》無《佛賦》《詮源歌》的別出，另檢日僧成尋獲賜的太宗御製文集中亦無此二目，[①] 由此可證《開寶藏》未別出此二書，實屬《趙城金藏》誤錄而已。其二，宋仁宗至和元年（1054）法護等譯有《大悲空智金剛大教王儀軌》五卷，但不知何故，此經卻不見於《高麗藏》，而《趙城金藏》在《大乘菩薩藏正法經》（此經係宋仁宗慶曆年中譯，1041~1048年）後散佚三帙，故收錄與否，尚不得而知。今據宋元版《磧砂藏》等諸部大藏經皆有此經，說明其依據的必是源於《開寶藏》的傳本。

《開寶藏》的第三次續入約在宋徽宗政和三年（1113）前後，此時宋代的譯經活動已結束，續入新譯經共四帙（雁帙至塞帙），自《大乘智印經》至《菩薩本生鬘論》；續入僧俗撰述共五十四帙（雞帙至幾帙），主要為華嚴宗、天台宗、法相宗的著述。

總觀《開寶藏》的收經，距唐《開元錄》撰成已有二百四十餘年，加上蜀地遠離長安，手抄本佛經在流傳的過程中，勢必出現這樣或那樣的差異。由蜀版大藏經保留下來的《開元錄》未收的珍貴經本有隋闍那崛多譯《東方最勝燈王陀羅尼經》一卷。《契丹藏》有崛多譯《東方最勝燈王如來經》，與《開元錄》經目同。為此高麗僧守其指出：按《開元錄》此經四譯，三存一失，失者即東晉失譯人名為陀羅尼章句經。宋本古質似非崛多之譯，又文中數云陀羅尼句，恐宋本是失本陀羅尼句經，今雙存之則四譯還具矣。還有梁僧祐撰《釋迦譜》五卷，《開元錄》記十卷。檢諸藏十卷本，雖然較五卷本完整，但是五卷本是最初本，十卷本則是後來的增廣本。

《開寶藏》收錄的宋新譯經總二百七十四部七百五十八卷，分三次編聯入藏。經目的排序是以經卷譯出及入藏時間的先後為序排列的，與以往的入藏典籍皆按類別排序不同。儘管《祥符錄》和《景祐錄》已詳細著錄了每部經的類別，並且製作了分類編排的入藏錄，但是皆未反映在《開寶藏》中。其主要原因可能是譯經活動正在進行中，不可能等到譯經結束後再來統一分類排序，那樣做也不利於新譯經的頒賜與流通。因此通常是由下一朝將前朝的新譯經彙總後，以入藏先後排序而編聯入藏，也算是權宜之計吧。

隨着宋譯經的陸續入藏，我國僧人的撰著等也不斷地獲准入藏，然而並不是所有獲准入藏的撰著都被收入了《開寶藏》，如《祥符錄》記載詔令入藏的《大宋高僧傳》《僧史略》和宋太宗御製《妙覺集》、宋真宗御製《法音前集》等，均不見於《開寶藏》的覆刻藏《金藏》和《高麗藏》。前兩部史傳著作是後來被收入其他大藏經而流傳下來的。在《開寶藏》中有一些重要的撰著，即華嚴宗、天台宗和法相宗僧人的著作，是通過搜集杭州一帶已刻成的經板，運至京城，歸入本藏的。這部分典籍的明顯特徵是版式各異，每版錄經文二十五行

---

① 〔日〕僧成尋：《參天台五臺山記》卷八，載《大日本佛教全書》第115冊，第157頁上。

至三十七行不等，每行十七字至二十六字不等。

《開寶藏》是我國第一部木刻本大藏經，必然對後世大藏經的雕造產生深遠的影響。在目錄的編集方面表現為，首先收錄以唐《開元錄 · 入藏錄》四百八十帙為準繩編集的經籍，其次是分三次入藏的譯經和撰述，以宋譯經居前，唐譯經其次，僧俗撰述排后。只不過以《開寶藏》《遼藏》《崇寧藏》分別為首的三個系統的大藏經，前四百八十帙所依據的底本不同，因此收經的部數、卷數及帙次稍有差別。由於《開寶藏》在經板的編號上存在着一些問題，致使《指要錄》《標目》《趙城金藏》和《高麗藏》中，皆有相當一部分同本異譯經的排序有誤。應該説《開寶藏》經板雕刻本身沒有錯誤，一種經刻完後，不管末板剩餘多少版面，都不會接着刻下一種經，而是新起一版面。如果按照應有的順序，把該合卷的經粘接好，是完全可以製造出一部排序無誤的大藏經來的。因為在《開元錄 · 有譯有本錄》中已詳細著錄了哪些經屬同本異譯經，並將同本異譯經按照譯出的先後或以某部大經之會、品的次第排好順序。但是《開寶藏》經板的編號仍不完善，則是產生錯誤的主要根源。雖然全藏採用了千字文編帙，每帙約十卷，但是遇到一帙中有兩種以上的經，以及多種篇幅短的經要被粘接成一卷時，如果不將每卷給出序號，乃至一卷中若干種小經的板次給出連續編號的話，很難避免各經排序不出現錯亂，只不過每部大藏中的錯誤有多有少罷了。這種情況直到元初雕印《普寧藏》時，才解決了大藏經板片編號的問題。考慮到《開寶藏》目錄的還原，應該糾正《指要錄》《標目》《趙城金藏》和《高麗藏》經目的誤排序問題，因此據《開元錄 · 入藏錄》進行了調整，[①] 其餘經目的排序參照了《祥符錄》和《續開元錄》。

在完成了對《指要錄》及《趙城金藏》《高麗藏》目錄的校釋後，現在將《開寶藏》目錄還原的收經情況記錄如下。

全藏收經，總 1574 部，合 6973 卷，成 682 帙。

大小乘經律論及賢聖集，總 1087 部，5041 卷，480 帙。

第一次續入藏經，總 315 部，573 卷，57 帙。

宋譯經續入，186 部，298 卷，30 帙。

唐譯經、撰述續入，129 部，275 卷，27 帙。

第二次續入藏經，總 105 部，882 卷，87 帙。

宋譯經續入，90 部，424 卷，43 帙。

歷代撰述續入，15 部，458 卷，44 帙。

第三次續入藏經，總 67 部，477 卷，58 帙。

宋譯經續入，8 部，42 卷，4 帙。

歷代撰述續入，59 部，435 卷，54 帙。

---

① 屬於《開寶藏》排序錯誤的僅有兩組六部論典，見《金藏》《麗藏》的君帙至敬帙，它們是：1. 無著菩薩造、陳真諦譯《攝大乘論》三卷；2. 世親菩薩釋、陳真諦譯《攝大乘論釋》十五卷；3. 無著菩薩造、後魏佛陀扇多譯《攝大乘論》二卷；4. 無著菩薩造、唐玄奘譯《攝大乘論本》三卷；5. 世親菩薩造、隋笈多共行矩等譯《攝大乘論釋論》十卷；6. 世親菩薩造、唐玄奘譯《攝大乘論釋》十卷。檢《開元錄 · 入藏錄》記上述第 1、3、4 部論是同本異譯，第 2、5、6 部論是同本異譯，則是正確的。

《趙城金藏》目錄校釋

《趙城金藏》鑴刻於金熙宗皇統九年至世宗大定十八年（1149~1178）。因經本卷首的釋迦説法圖有"趙城縣廣勝寺"的題字，所以世稱《趙城金藏》或《金藏廣勝寺本》，又因經本有"天寧寺開雕大藏經板會"的題記，[①] 又稱《天寧寺大藏經》或《金藏天寧寺本》。

此部大藏經為世人所知，是自1933年在山西趙城縣廣勝寺被發現以來。上海"影印宋版藏經會"因尋找可補足《磧砂藏》殘缺的經本，囑范成法師前往山西解州等地訪經，結果一無所獲。後至西安，才從自五臺山歸來的性空和尚處聞知廣勝寺存有四大櫥古版藏經，於是重返晉南。范成法師將塵封已久的六大櫥經卷重新整理、排序，從中挑選出四十六種孤本經卷，由上海三時學會以《宋藏遺珍》為名影印出版，全書共十二函，一百二十冊；又將保存完好的一部《楞嚴經》影印了四百部，分藏名山大寺。此外，范成法師在山西晉城青蓮寺還發現了三十八卷《開寶藏》本，是青蓮寺 上寺住持僧鑒巒於北宋大觀二年（1108）請印的。在現存的十四卷《開寶藏》本中，有六卷皆屬此本。由此説明，在北宋末年《開寶藏》已傳入晉南地區，從而成為《金藏》據以雕板的底本。

1934年支那內學院歐陽竟無先生，命弟子蔣唯心赴廣勝寺檢校《趙城金藏》。為此蔣唯心撰寫了名聞海內外的《金藏雕印始末考》一文，並附《廣勝寺大藏經簡目》。[②] 蔣文記：藏經編次自"天"字至"幾"字，凡六百八十二帙，故原藏應有七千卷，今才存四千九百五十七卷，已殘十分之三。皆卷子本，黃卷赤軸。版式分兩大類：（1）翻譯典籍，版心高約二十二釐米，寬約四十七釐米，每紙二十三行，行十四字，於版首加註某經第幾卷、第幾紙、某字號一小行。（2）撰述典籍，版心較高較寬，每紙二十二行至三十行，每行十五字至二十七字不等。間有如梵冊式，每五行則略留空白，以便折疊者。[③] 又有如書本式，加行線或並有書口者。[④]《趙城金藏》版式的這種特點，完全是《開寶藏》原有版式的覆刻。此後在抗日戰爭的烽火中，八路軍曾在地方黨委和遊擊隊的配合下，連夜將這部大藏經從敵人的包圍中搶運至安全地帶，並幾經轉移，終於在1949年1月運交北平圖書館。當時的《趙城金藏》所存為加四千三百三十卷，又九大包殘卷，而且一些經卷受潮成棒狀打不開，於是又進行了長達十六年的修復工作，至1964年完工。從而使這一稀世國寶大藏經，在1982年至1994年間，作為國家古籍整理出版規劃重點項目的《中華大藏經》（漢文部分）正編的底本而影印面世。目前國家圖書館藏《趙城金藏》本，經過長期以來的搜訪和私人捐獻，已達到四千八百一十三卷。另有四十四卷分藏他處，其中臺灣、德國各一卷。[⑤]

有關《金藏》雕造始末的歷史記載，此前所見都很簡略。1997年北京圖書館善本部的

① 陶帙《地藏十輪經》卷一。

② 《大藏經研究彙編》（上），載張曼濤主編《現代佛教學術叢刊》⑩，臺北大乘文化出版社，1977，第215~270頁。

③ 《華嚴經合論》一百二十卷。

④ 《傳燈玉英集》等。

⑤ 李富華、何梅：《漢文佛教大藏經研究》，宗教文化出版社，2003，第93頁。

李際寧先生，在對館藏的兩千數百卷明代補版的宋元刻《磧砂藏》進行整理時，在《大寶積經》卷二十九和卷一百五的卷尾發現了補版人鮑善恢題寫的兩則刊記。經李先生研究認爲，前一則刊記的前半部分，題名"最初敕賜弘教大師雕藏經板院記"，正是已亡佚的金章宗明昌四年（1193）由秘書丞兼翰林修撰趙渢書寫、翰林侍講學士党懷英篆額的記載崔法珍刊雕《金藏》情況的碑文。也是此前諸資料來源的共同底本。①

記文中所述有這樣幾點需要關注：其一，刻藏的發起人是晉南一女子，名崔法珍，十三歲斷臂出家，誓願雕造藏經。於是晉南百姓有舍家産、鬻男女者，助成勝事。因此屬於民間集資雕造的一部私版大藏經。其二，刻藏歷時三十年。但是現存刊記中年代最早者是金皇統九年（1149），② 年代最遲者是大定十三年（1173），其間僅二十五年。蔣唯心曾提到"聞寺中昔有天眷二年印本法華經第七卷，係洪洞觀音院舊物"。後來知道另外還有同經卷三、卷五、卷六，皆藏上海圖書館。由於天眷二年（1139）印本的存在，關係到《金藏》始刻年代的重要問題，所以筆者決定前往考察。現已證實，天眷二年印本因無千字文帙號，版式爲每版二十七行，每行十七字，也不同於《金藏》的版式，因此不是大藏經本，而屬於單刻本佛經。因此《金藏》的始刻年代仍應以金皇統九年（1149）爲準。③ 那麼此藏何時刊畢？筆者認爲，由於金大定十三年（1173）所刻《大乘智印經》後尚有五十七帙，若以記文所云"大定十有八年（1178），始印經一藏，進於朝"，作爲此藏刊畢的年代，那麼距皇統九年，恰好是三十年，也與記文所述"垂三十年，方克有成"完全吻合。其三，經板於大定二十一年（1181）運至京師，置於大昊天寺。④

此藏在金代的刷印，據記載還有兩次，一次是金大定二十九年（1189），濟州普照寺照公禪師聞京師弘法寺有藏教版，遂往彼印之。⑤ 另一次是金大安元年（1209），睢州考城縣（今河南蘭考、民權縣境）太平興國禪院的請印本，蔣唯心在廣勝寺所見爲十卷，現存僅八卷。臘黃紙印本，卷軸較大，卷首蓋"興國院大藏經"方形朱印，又稱名《金藏興國院本》。

金末及滅亡後，《金藏》經板已有部分損失，於是在蒙古太祖和太宗時期曾有過兩次補雕經板的活動：其一，據記載蒙古太祖二十一年（1226）前，在都城洪法寺補修藏經板，以覺辯大師法源爲提領，三年雕全。⑥ 其二，由蒙古太宗發起、耶律楚材主持的補雕，約在太宗十年至乃馬真后二年⑦（1238~1243）前後。此次補雕動員了當時中書省屬十餘路之數十

---

① 李際寧：《〈金藏〉新資料考》，載方廣錩主編《藏外佛教文獻》（第三輯），宗教文化出版社，1997，第446~463頁。

② 日帙，《大般若經》卷八十二尾跋。

③ 詳見拙文《〈趙城金藏〉的幾個問題》，載《中國典籍與文化》2008年第3期，第30~32頁。

④ 此藏初置大昊天寺，至大定二十九年（1189）以前又移至弘法寺。

⑤ 趙渢：《濟州普照寺照公禪師塔銘》，載《石刻史料新編·山左金石志》第19冊，臺北新文豐出版公司，1977，第14700頁。

⑥ 《重修曲陽縣誌·覺辯大師源公塔銘》卷十三，載《石刻史料新編·金石録下》第三輯，第24冊，臺北新文豐出版公司，1986，第464~465頁。

⑦ 雅帙《阿毗達磨藏顯宗論》卷一尾題記"戊戌年監造雕藏經僧祖圓"、與帙《攝大乘論釋論》卷四尾題記"有講釋傳戒沙門法空，謹啟虔誠，雕鏤此卷，助成大藏部帙圓滿。……時癸卯十月日記耳"。

所大寺院的雕字僧人，並得到地方長官的施助，補雕經板約占全藏的四分之一。現存補雕後的印本有兩部，一部是由燕京人張從祿一家人施財，印造於蒙古憲宗蒙哥六年（1256），並安置在京大寶集寺的藏經本，因此稱《金藏大寶集寺本》。此本後移藏西藏的薩迦寺，是八思巴在蒙古世祖時任國師及昇號帝師大寶法王期間（1260~1270），兩次返藏時帶回薩迦寺的。1959 年在薩迦寺北寺圖書館被發現時，有存本三十一種五百五十五卷。另一部就是蒙古世祖中統三年（1262）御賜的《金藏廣勝寺本》。

經過元初的補雕經板，在元世祖至元二十二年至二十六年間（1285~1289）又奉敕命對收藏於弘法寺的藏經板進行了一次校補。[①] 經校補後的《金藏》，已被稱作《弘法藏》了。此次校補還形成了一個重要成果，那就是《至元法寶勘同總錄》十卷。

更名為《弘法藏》的經板，後來情況如何呢？ 1984 年夏，北京智化寺的工作人員從如來殿佛臟中清理出三卷元代官刻版藏經，在《大金色孔雀王呪經》一卷的卷首有書牌，文云："□□□[皇帝愛]育黎八力八達刊印三乘聖教經律論三十三大藏……大元延祐丙辰三月日。"由於這三卷經的千字文帙號不同於其他大藏經，故被稱為"元藏"或"元延祐本大藏經"。2002 年春至 2004 年夏，筆者有機會親眼目睹了這三卷經本，[②] 並與《金藏廣勝寺本》做了認真對比和研究。現已證實，元延祐三年（1316）仁宗皇帝敕命刊印的大藏經，使用了《金藏》經板，並改動了原板的千字文帙號，從而以一部新的官版大藏經的面目流傳於世。

總之，《金藏》經板刊成後的一百三十餘年間（1178~1316），經朝代更替，曾更名《弘法藏》，又改名《延祐藏》，大約流傳至元末。[③]

由於元《弘法藏》的存在，元大德十年（1306）管主八將南方藏經中缺，而《弘法藏》中有的二十八函秘密經文，在杭州立局雕板，並收入正在刻板的《磧砂藏》和已完刻不久的《普寧藏》，從而流傳下來。這是《金藏》對後世大藏經產生的直接影響。

在《趙城金藏》被發現時，曾將此藏獨有的四十六種二百五十五卷[④] 經本，以《宋藏遺珍》為名，影印出版。此後隨着房山石經的發掘、整理，《高麗藏》影印本的出版，以及與《卍續藏》《大正藏》的對比後發現，其中有部分經卷已為他藏本收錄，而屬於本藏獨有的經卷，仍有十種九十六卷（現存一百卷），以及無千字文帙號的六種九卷經本，它們是：

振纓世帙，《大唐開元釋教廣品歷章》三十卷（原存十五卷，現存十七卷）。

沙漠帙，《傳燈玉英集》十五卷（原存九卷，現存十卷）。

馳帙，《景祐天竺字源》七卷。

跡百帙，《大中祥符法寶錄》二十二卷（存十六卷）。

---

① 《佛祖歷代通載》卷二十二。

② 這三卷經本，實為四卷經本。其中《大金色孔雀王呪經》一卷，實屬《金藏》本《大金色孔雀王呪經》第一至三紙與《佛說大金色孔雀王呪經》第四至十二紙誤連接而成。

③ 詳見拙文《北京智化寺元〈延祐藏〉本考》，載《世界宗教研究》2005 年第 4 期，第 26~32 頁。

④ 在《宋藏遺珍》"序二"中，范成法師記"為各藏所無之經典竟有四十六種二百四十九卷之多"。今檢此卷數與實際情況不符。若四十六種經典完好無損，應有三百四十八卷。由於部分經卷已缺失，《趙城金藏》存本僅有二百三十一卷，另外從《大正藏》《高麗藏》、敦煌寫本等補入二十四卷，使全書的卷數達到了二百五十五卷。

郡帙，《景祐新修法寶錄》二十一卷（存十四卷）。

秦帙，《雙峯山曹侯溪寶林傳》十卷（存七卷）。

雁帙，《大乘僧伽吒法義經》七卷（存三卷）。

門帙，《清淨毘奈耶最上大乘經》三卷（存二卷）。

黍帙，《因明論理門十四過類疏》一卷。

賞至史帙，《瑜伽師地論義演》四十一卷（原存二十二卷，現存二十三卷）。

《天聖釋教總錄》三卷（存二卷）。

《觀彌勒菩薩上生兜率天經疏》二卷（存一卷）。

《觀彌勒菩薩上生兜率天經疏》（異本）二卷（存一卷）。

《上生經疏會古通今新抄》（存二卷）。

《上生經疏隨新抄科文》一卷。

《成唯識論述記科文》（存二卷）。

目前《金藏》有六帙缺文。檢《至元錄》卷十尾著錄的《弘法入藏錄》，收我國僧人的撰著分三部分：第一部分四十帙（翦帙至植帙），收《遼藏》所錄典籍；第二部分七十帙（池帙至祇帙），收《金藏》所錄典籍；第三部分一帙，是元代人的撰著。經對比可知，在第二部分的七十帙中，已有六十七帙的收經見於《趙城金藏》，餘下三帙的情況如下：

鉅帙，《註維摩詰經》十卷，姚秦鳩摩羅什及僧肇等譯。

野帙，《註遺教經》一卷，失造人名。【按：宋真宗皇帝御製】

野帙，《註三寶讚》一卷，明孝皇帝【按：宋仁宗皇帝】御製、呂夷簡等參定註釋。

野帙，《註四十二章經》一卷，失造人名。【按：宋真宗皇帝御製】

野帙，《註仁壽慈聖發願文》三卷，仁壽慈聖皇太后製、呂夷簡參定註釋。

野帙，《普勸僧俗發菩提心文》一卷，裴休述。

獸帙，《慈悲道場懺法》十卷，梁志公寶唱等集。

由於《趙城金藏》丹青兩帙所收《圓覺道場修證儀》十八卷前缺一帙，因此將以上《慈悲道場懺法》十卷補入所缺譽帙比較合適；又因《趙城金藏》庭帙所收《御註金剛般若經疏宣演》六卷後缺五帙，因此將以上《註維摩詰經》一帙和《註遺教經》等一帙補入也比較合適。那麼還缺三帙是什麼典籍呢？檢《祥符錄》記載的詔令入藏典籍還有：

《妙覺集》五卷，宋太宗皇帝御製。

《法音前集》七卷，宋真宗皇帝御製。

《箋註御製聖教序》三卷，宋真宗皇帝御製、清達註。

《大宋高僧傳》三十卷，宋贊寧、智輪撰集。

《僧史略》三卷，宋贊寧撰。

《註釋釋典文集》三十卷、總錄一卷，宋真宗皇帝御製、簡長等箋註。

又檢《指要錄》《標目》，還有：

《建中靖國續燈錄》三十卷，宋惟白集。

在以上這些典籍中，筆者認為《註釋釋典文集》三十卷、總錄一卷的文章類型比較適合

補足那三峽缺文。總之，《趙城金藏》待補的六峽，可據《至元録》補入三峽，又可據《祥符録》補入三峽，合計八種五十八卷。現將這部分典籍暫且收入新考《趙城金藏》目録中，有待新資料的發現予以修正。

在《趙城金藏》中有相當一部分同本異譯經的排序有問題。據蔣文云："印經來寺時似屬散葉，故時發現缺紙加以鈔補。而刻佛像與裱背，則皆任趙城龐經坊為之。"由此可知本藏在京城刷印後，似未裝成卷軸就運到了趙城縣，而且本藏目録又未刊入大藏，因此廣勝寺的僧人乃至龐家經坊能將大藏經補全並裝裱好，已經是很不容易了，哪裡懂得經卷還有嚴格的排序問題。例如：伏峽，《菩薩十住行道品》與《菩薩十住經》是同本異譯經，卻未排在一起。這種情況還涉及豈敢毀傷、男、才良知、曰嚴、容止若思峽，共十四峽中的三十五組經。

新考訂的《趙城金藏》目録較《開寶藏》還原目録增加了三部經，它們是：無峽的重出興國院本《大魚事經》一卷、宗峽《御製佛賦》二卷和《御製詮源歌》一卷；減少了一部經，即魏峽的宋法護譯《大悲空智金剛大教王儀軌》五卷。

對於《趙城金藏》中殘缺、漫漶嚴重的經卷，大陸版《中華藏》採用了以《麗藏》等版本替換的辦法，而本書三的歷代漢文大藏經目録新考對照表，是要著録《趙城金藏》本存缺的實際情況，只要某經還有部分經本存在，就不記其缺本。因此在重新覆查後，已較《中華藏》的著録稍有差別，並在缺本經的千字文峽號旁標註 "*" 符號，以示區別。

現將《趙城金藏》目録與《指要録》對比的情況記錄如下。

1. 較《指要録》增加經目共三十二部三十二卷，含《指要録》缺本未註釋的全部經目二十一部二十二卷，餘目如下：

伐峽，《般舟三昧經》一卷。【筆者按：各藏記後漢支婁迦讖譯，恐有誤。據《開元録》卷一、卷十四云：支讖譯《般舟三昧經》三卷，見存，又重翻彼經後十品為《般舟三昧經》一卷，已缺本。今檢本經共八品，並非後八品，故知非支讖所譯。《開元録》另有後漢竺佛朔譯《般舟三昧經》二卷（或一卷）及西晉竺法護譯《般舟三昧經》二卷，皆已缺本，或許本經即此二缺本中之一者也。】

才峽，《六字神呪王經》一卷。【守其按：宋藏才函更有《六字神呪王經》，菩提流志譯者，丹藏則無，開元亦無。今檢宋本，即是知函中失譯人名今附梁録者重編於此，又妄安流志之名，故今除之。筆者按：檢《金藏》本錯同宋藏。】

讚峽，《呪時氣病經》一卷。

讚峽，《檀特羅麻油述經》一卷。

讚峽，《辟除賊害呪經》一卷。

讚峽，《呪小兒經》一卷。

讚峽，《呪齒經》一卷。

讚峽，《呪目經》一卷。

讚峽，《安宅陀羅尼呪經》一卷。

無峽，《大魚事經》一卷。【蔣唯心按：重興國院本。】

吹帙，《大周刊定偽經目錄》。

2. 未收《指要錄》的經目共三部三卷。

羽帙，《金剛般若經》一卷，隋笈多譯。

若帙，《譬人經》一卷（誤分）。

圖帙，《十八部論》一卷。

3. 替換《指要錄》的經目。

知帙，《東方最勝燈王陀羅尼經》一卷，替換《指要錄》的《東方最勝燈王如來經》一卷。【筆者按：檢《金藏》此經同《開寶藏》本，而《指要錄》同《契丹藏》本。】

容帙，《受新歲經》一卷，西晉竺法護譯，替換《指要錄》的《受歲經》一卷。【守其按：此《受新歲經》，國本、宋本皆編於容函中，而丹藏容函有《受歲經》者，與此經大別。今依《開元錄》檢之，丹藏為正。陳士強按：《受新歲經》實為東晉僧伽提婆譯《增一阿含經》卷二十四《善聚品》第五經的別抄。① 筆者按：檢《金藏》本錯同國、宋二本。】

止帙，《頻婆娑羅王詣佛供養經》一卷，西晉法炬譯，替換《指要錄》的《頻婆王詣佛經》一卷。【守其按：此經國本、宋本全同，丹本大別。今按《開元錄》云：此經與《增一阿含經》第二十六卷等見品，東晉瞿曇僧伽提婆譯，同本異譯。檢之國、宋二本是彼經中抄出，誤為法炬譯，故刪去。今以丹藏為真本。筆者按：檢《金藏》本錯同國、宋二本。】

若帙，《四未曾有經》一卷，替換《指要錄》的《四未曾有法經》一卷。【守其按：丹本收《四未曾有法經》，說轉輪聖王有四未曾有法，以喻阿難亦有四未曾有法。按《開元錄》此經與增一阿含八難品同本異譯，今檢之丹本即是也。而國、宋兩本始終唯說造塔功德，實即前毀函中《未曾有經》，後漢失譯人名，出古舊錄者。故去宋經而取丹本。筆者按：檢《金藏》本錯同國、宋二本。】

若帙，《舍衛國王十夢經》一卷，替換《指要錄》的《舍衛國王夢十事經》一卷。【守其按：丹本《舍衛國王夢見十事經》，與《增一阿含經》第五十一卷大愛道般涅槃品同本異譯。此丹本與國、宋二本《舍衛國王十夢經》義同文異，似非一譯。然此丹本詳悉，今且雙存，以待賢哲。筆者按：檢《金藏》本同國、宋二本。】

隨帙，《五分戒本》一卷，替換《指要錄》的《彌沙塞五分戒本》一卷。【守其按：此戒本國、宋本同，丹本獨異。檢之丹本正也，國、宋兩本即此隨函中《十誦比丘波羅提木叉戒本》，鳩摩羅什譯者，錯重寫為《五分戒本》，而云佛陀什譯。故今取丹本入藏。筆者按：《金藏》本覆刻宋本，理應同錯。因《金藏》本已佚，故依宋本錄出，備考。】

《趙城金藏》收經，總 1576 部，合 6972 卷（或 6975 卷），成 682 帙（含缺本總 442 部）。

大乘經律論，總 648 部，2735 卷，256 帙。

大乘經，525 部，2157 卷，201 帙。

般若部，21 部，710 卷，71 帙（含缺本 1 部）。

---

① 此別抄本亦見錄於《緣山》《卍續》《大正》《中華》《縮刻》《頻伽》《佛教》。

寶積部，34 部，170 卷，17 帙（含缺本 4 部）。

大集部，23 部，153 卷，15 帙（含缺本 3 部）。

華嚴部，26 部，178 卷，17 帙（含缺本 6 部）。

涅槃部，6 部，58 卷，6 帙。

五大部外諸重譯經及單譯經，415 部，888 卷，75 帙（含缺本 124 部）。

大乘律，26 部，53 卷，5 帙（含缺本 8 部）。

大乘論，97 部，525 卷，50 帙（含缺本 28 部）。

小乘經律論，總 331 部，1756 卷（或 1758 卷），166 帙。

小乘經，241 部，615 卷，48 帙（含缺本 104 部）。

小乘律，54 部，437 卷（或 439 卷），45 帙（含缺本 2 部）。

小乘論，36 部，704 卷，73 帙（含缺本 5 部）。

聖賢集，總 109 部，551 卷（或 552 卷），58 帙。

梵本翻出，68 部，187 卷（或 188 卷），15 帙（含缺本 10 部）。

此方撰集，41 部，364 卷，43 帙。

續入藏經，總 488 部，1930 卷，202 帙。

宋譯經續入，186 部，298 卷，30 帙（含缺本 71 部）。

唐譯經及撰述續入，129 部，275 卷，27 帙（含缺本 36 部）。

宋譯經續入，89 部，419 卷，43 帙（含缺本 23 部）。

歷代撰述續入，17 部，461 卷，44 帙（含缺本 1 部）。

宋譯經續入，8 部，42 卷，4 帙。

歷代撰述續入，59 部，435 卷，54 帙（含缺本 16 部）。

2008 年，北京圖書館出版社出版了影印本《趙城金藏》，共一百二十一冊，另有總目錄一冊。現代書籍式精裝，十六開本。

2002 年，全國圖書館文獻縮微復制中心出版了影印本《宋藏遺珍》，全二十冊。

（八）《高麗藏》目錄校釋

《高麗大藏經》有《初雕藏》與《再雕藏》（又稱《新雕藏》）兩種版本。初雕經板藏於大邱符仁寺，高宗十九年（1232）毀於蒙古兵火。再雕經板現藏於慶尚北道的伽耶山海印寺，經板總數八萬六千五百二十五塊，雙面刻字，是迄今為止保存下來的最古的大藏經板。《高麗藏》的雕造，覆刻了我國第一部木刻本大藏經——《開寶藏》，尤其是《再雕藏》的刊造，還校對了《契丹藏》以及《初雕藏》和當時國內流傳的經本，如"東本"、"北本"等，其校勘成果被記錄在守其等撰《高麗國新雕大藏校正別錄》中。因此，在《開寶藏》和《契丹藏》已各存十幾卷，及《初雕藏》僅存數百卷的今天，《高麗再雕藏》的存在，無疑為世人瞭解這三部雕刻最早的大藏經，提供了豐富的、頗具價值的文獻資料。

《高麗藏》的兩次開雕，有着相同的目的，即為了抵禦外賊的入侵，皆屬於國家行為之官刻版藏經。

1.《初雕藏》的陸續刻成。

高麗顯宗二年（1011），契丹舉兵來征，顯宗南行避難，丹兵猶屯松嶽城不退，於是與群臣發無上大願，誓刻成大藏經，然後丹自退。① 顯宗刻藏歷時十八年，至顯宗二十年（1029）完成，並於會慶殿設藏經道場，飯僧一萬，以為慶祝。② 此後，至文宗年間（1047~1082）進行了一次大規模的續刻。有關情況，我們可以從文宗四子大覺國師義天的記載 ③ 瞭解到，顯宗所雕五千軸之秘藏，是唐智昇撰《開元錄》著錄的入藏典籍；文宗鏤千萬頌之契經，是唐圓照撰《續開元錄》著錄的新翻經論和念誦法，以及宋朝新翻經論。使全藏達到六千餘卷，皆已雕印流行。

《初雕藏》依據北宋官版《開寶藏》而刻，此藏已先後三次傳入高麗：第一次是成宗八年（989年，宋太宗端拱二年），遣僧如可至宋，請回敕賜的大藏經；第二次是成宗十年（991年，宋太宗淳化二年），遣使韓彥恭入宋求印佛經，詔以藏經並御制《秘藏詮》《逍遙詠》《蓮花心輪》賜之；第三次是顯宗十年（1019年，宋真宗天禧三年），遣使崔元信至宋，求佛經一藏，詔賜經。④

義天（1055~1101年）於宣宗二年（1085年，宋神宗元豐八年）入宋求法，一方面學習諸宗的教義，一方面搜集諸宗教典等。十四個月後，於宣宗三年（1086年，宋哲宗元祐元年）回國。義天入住大興王寺後，設置大藏都監，整理自宋帶回的經籍，同時寫信給遼和日本國諸法師，求集章疏，其成果記錄在義天編纂的《新編諸宗教藏總錄》三卷中。義天在世時，已將部分典籍雕板印行。

由於符仁寺的大藏經板被毀，《初雕藏》本流傳至今者，已知日本京都南禪寺存有幾百冊，⑤ 此外則極少見到，因此對《初雕藏》在不同時期雕刻情況的描述，諸説不一。筆者傾向於韓國學者的提法，即 "《初雕大藏經》是從高麗顯宗二年（1011）到宣宗四年（1087）雕造的。《再雕藏》是從高麗高宗二十三年（1236）到三十八年（1251）期間雕造的"。⑥ "從顯宗年間開始雕造大藏經的初版，經五代——德宗、靖宗、文宗、宣宗，歷六十餘年始終一貫的努力，並得文宗之王子義天（大覺國師）的鼎力相助，遂完成此一大事業，然後把這貴重的初雕經版奉安於大邱符仁寺。"⑦ 具體來講，《初雕藏》在顯宗年間（1011~1029）

① 李奎報：《大藏刻版君臣祈告文》，載《東國李相國集》。

② 〔日〕忽滑谷快天：《韓國禪教史》"顯宗之刻藏" 一節，朱謙之譯，中國社會科學出版社，1995，第125頁。

③ 義天：《代宣王諸宗教藏雕印疏》，見李箕永《高麗大藏經的歷史及其意義》，載《影印高麗大藏經》第48冊，第9頁。義天：《寄日本國諸法師求集教藏疏》，見《大覺國師文集》卷14，載《韓國佛教全書》第4冊，第552頁。

④ 三次賜大藏經的記載見《宋史》卷487《外國三》。

⑤ 〔日〕小野玄妙：《佛教經典總論》，楊白衣譯，臺北新文豐出版公司，1983，第651頁。

⑥ 〔韓〕柳富鉉：《〈高麗再雕藏〉與〈北宋開寶藏〉的比較研究》，載《漢文大藏經國際學術研討會論文集》，2007年，第21頁。

⑦ 〔韓〕李瑄根：《高麗大藏經影印本完刊辭》，見《影印高麗大藏經》第48冊後附中文譯本。

完成的部分，相當於《再雕藏》之天帙至英帙的《大般若經》至《集諸經禮懺儀》，共四百八十帙，所據底本是宋太宗太平興國八年（983）刻成的《開寶藏》本，此本已於高麗成宗八年（989）和十年（991）傳入高麗；文宗年間（1047~1082）續雕的部分，相當於《再雕藏》之杜帙至更帙的《大乘莊嚴寶王經》至《大藏目錄》，共九十一帙，所據底本主要是宋真宗咸平二年（999）《開寶藏》第一次續入宋新譯經三十帙和未入藏經二十七帙的本子，此本已於高麗顯宗十年（1019）傳入高麗；在《大藏目錄》前，還有宣宗時義天續入的經典。

2.《再雕藏》的刊造。

高麗高宗十九年（1232）遷都於江華，蒙古軍侵掠開京，符仁寺的大藏經板毀於一旦。高宗二十四年（1237）相國李奎報撰《大藏刻版君臣祈告文》，表達了為抵抗達旦入侵之患，君臣同心，誓刻成大藏經板，並借助諸佛聖賢三十三天之神通力，使達旦兵斂縱遠通，無復蹈我封疆的宏願。在江華南方八裡的海岸建禪源寺，設置大藏都監，後來於晉州附近設置分司，由李奎報協助高宗主持刻藏事宜，並由開泰寺僧統守其負責校勘編輯工作，歷時十六年，至高宗三十八年（1251）告竣。

《再雕藏》的刊造，校勘出《開寶藏》和《初雕藏》中誤重出、別抄的經卷，以及經文的錯簡，並據《契丹藏》等真本替換，因此被稱為精校本大藏經，成為後世《縮刻藏》《頻伽藏》《卍正藏經》《大正藏》《佛教大藏經》的共同底本。

《再雕藏》還取消了《初雕藏》的一些經目，而補入新的經本，如：新收國內流傳已久的《佛名經》三十卷；取消了內容重復的《佛名經》十八卷，而補入《大宗地玄文本論》二十卷和《釋摩訶衍論》十卷；取消了"於看覽藏經者所益無幾"的《一切經源品次錄》三十卷，而補入《高麗國新雕大藏校正別錄》三十卷。此外，對《初雕藏》一些經本的千字文帙號，也做了改動，如：日本南禪寺大藏中現存之《秘藏詮》《逍遙詠》《緣識》等，可視為文宗開板之初雕本，原板之千字文帙號為"實勒碑刻"，而今千字文之函號文字，已改為"車駕肥輕"而折寫。[①]

《再雕藏》較《初雕藏》增刻的經典，主要在更帙《大藏目錄》以後的六十八帙（霸帙至洞帙）中，包括宋神宗熙寧六年（1073）《開寶藏》第二次續入宋新譯經四十三帙，此本已於高麗文宗三十七年（1083 年，宋神宗元豐六年）傳入高麗，以及我國僧人的著作。

《再雕藏》的版式同《開寶藏》，每版錄經文二十三行，每行十四字，只是小字版片號一行的位置，不同於《開寶藏》錄於版首，而是或錄於版首，或錄於版尾，其內容亦較《開寶藏》於經名卷次、版次下註"某字號"三字，取消了"字號"二字。此外，也有一些版式不同的經籍，如：晉譯六十卷《華嚴經》、大周譯八十卷《華嚴經》和貞元譯四十卷《華嚴經》，皆為每版二十四行，每行十七字；《新集藏經音義隨函錄》三十卷是方冊本版式等。

---

① 〔日〕小野玄妙：《佛教經典總論》，楊白衣譯，臺北新文豐出版公司，1983，第 651 頁。

3. 影印高麗大藏經及補遺。

《再雕高麗藏》的影印工作開始於 1959 年，由韓國東國大學校總長白性郁博士主持，其間因種種事情，未能按原計劃進行。1974 年李瑄根博士出任校總長後，於次年成立了完刊推進委員會。為了使學術界能充分利用《高麗藏》，又將有板存世的《宗鏡録》等十五部二百二十九卷撰述類典籍（其中有八部五十五卷是朝鮮人的撰述），作為補遺，充實到影印本中。全藏共四十七卷。另有第四十八卷，收入依函排列、詳列品目等的總目録，包括補遺部分在内的一千五百十四部經典（含補遺目録一部）的解題，分別編有經名、内容、譯著者的索引，還插入了有關的研究資料。於 1976 年完成了編輯工作，1982 年全藏出齊。現有臺北新文豐出版公司《景印高麗大藏經》流傳世間。

2004 年 1 月北京綫裝書局又出版了影印本《高麗大藏經》，共八十册，現代書籍式精裝，十六開本。成立了編輯委員會，由顧問張政烺等人組成。2004 年 6 月北京宗教文化出版社、全國圖書館文獻縮微復制中心影印出版了《金版高麗大藏經》，共八十八册，現代書籍式印金精裝，十六開本。

《再雕藏》的收經有《大藏目録》三卷存世，見《昭和法寶總目録》二二。前五百一十帙經目的千字文帙號（天帙至轂帙）與《趙城金藏》相同，而自第五百十一帙（振帙）《新集藏經音義隨函録》開始，則發生了變化。其中唐新譯經等目録，是據《續貞元録》排序的。

現將《再雕藏》天帙至洞帙，共六百三十九帙的經目與《開寶藏》的覆刻本《趙城金藏》天帙至亭帙，共六百二十四帙經目的比較情況記録如下。【按：《趙城金藏》自雁帙，即第六百二十五帙以後的收經，共五十八帙，《麗藏》均未録。】

1. 較《趙城金藏》增加經目共二十九部三百四十卷，它們是：

鞠帙，依丹本收《月燈三昧經》一卷。

養帙，依丹本收《彌勒下生成佛經》一卷，唐義淨譯。

知帙，依丹本收《東方最勝燈王如來經》一卷。

悲帙，依鄉本收《一字佛頂輪王經》五卷。

詩帙，依丹本收《蘇悉地羯囉經》三卷。

命帙，依丹本收《大乘法界無差別論》一卷，唐提雲般若等譯。

容帙，依丹本收《受歲經》一卷。

若帙，依丹本收《舍衛國王夢見十事經》一卷。

右帙，依國丹本收《道宣律師感通録》一卷。【按：據守其校記可知，《開寶藏》誤以此録一卷作為《集神州三寶感通録》卷上，故以國丹二本替換卷上。但是《開寶藏》未另收此書一卷，檢《金藏》同《開寶藏》。】

槐帙，依丹本收《大威德金輪佛頂熾盛光如來消除一切災難陀羅尼經》一卷，唐代失譯。【按：《麗藏》將丹本槐帙的唐譯此經，置於本藏槐帙中，且前後皆為宋譯經，不妥。】

濟弱帙，《根本説一切有部毘奈耶藥事》十八卷。

扶傾帙，《根本説一切有部毘奈耶破僧事》二十卷。

綺帙，《根本説一切有部毘奈耶出家事》四卷。

綺帙，《根本説一切有毘奈耶安居事》一卷。

綺帙，《根本説一切有部毘奈耶随意事》一卷。

綺帙，《根本説一切有部毘奈耶皮革事》二卷。

綺帙，《根本説一切有部毘奈耶羯恥那衣事》一卷。

迴帙，《大宗地玄文本論》二十卷。

漢帙，《釋摩訶衍論》十卷。

惠帙，《大唐保大乙巳歲續貞元釋教録》一卷。

惠帙，《唐護法沙門法琳別傳》三卷。

説至丁帙，《貞元新定釋教目録》三十卷。

俊乂密帙，《高麗國新雕大藏校正別録》三十卷。

勿至寔帙，《大般涅槃經》三十六卷。

寧晉楚帙，《佛説佛名經》三十卷。

更帙，《大藏目録》三卷。

精帙，《金光明經》四卷。【按：《麗藏》將他本精帙的北涼曇無讖譯此經，置於本藏精帙中，且前後皆為宋譯經，不妥。】

雞帙，《續一切經音義》十卷。

田至洞帙，《一切經音義》一百卷。

2. 收録《契丹藏》本等，替換《趙城金藏》的錯重出、別抄本。

傷帙，收丹本的《灌洗佛形像經》一卷，替換金本的《摩訶刹頭經》一卷。

羔帙，收國丹本的《魔逆經》一卷，替換金本的同名經一卷。

止帙，收丹本的《頻毘娑羅王詣佛供養經》一卷，替換金本的《頻婆娑羅王詣佛供養經》一卷。

若帙，收丹本的《四未曾有法經》一卷，替換金本的《四未曾有經》一卷。

随帙，收丹本的《彌沙塞五分戒本》一卷，替換金本的《五分戒本》一卷。

渭帙，收國本的《十八部論》一卷，替換金本的《十八部異執論》一卷。【按：以上六目替換之緣由，已見《指要録》和《趙城金藏》目録校釋，此不贅述。】

馳帙，收《佛十力經》一卷，替換金本的《十力經》一卷。【按：金本説帙收此經實屬前時帙已收經的重出。】

此外，收振至侈帙《新集藏經音義隨函録》三十卷，替換金本的《大唐開元釋教廣品歷章》三十卷；收宅帙《金剛頂經金剛界大道場毘盧遮那如來自受用身内證智眷屬法身異名佛最上乘秘密三摩地禮懺文》一卷，替換金本的《金剛頂瑜伽三十七尊禮》一卷。

3. 不録《趙城金藏》的重出本。

金本才帙，《六字神呪王經》一卷。【按：已見知帙。】

金本刻帙，《木槵經》一卷。【按：已見前竟帙。】

金本無帙，《大魚事經》一卷。【按：興國院本。】

此外，金本瑟吹帙，《大周刊定眾經目錄》十四卷與《大周刊定偽經目錄》一卷，麗本合為《大周刊定眾經目錄》十五卷。

4. 卷數不同於《趙城金藏》本的經目。

湯至道帙，《大方廣佛華嚴經》六十卷，金本五十卷。

豈帙，《六度集經》八卷，金本七卷。

諸帙，《鼻奈耶》十卷，金本八卷。

衡帙，《金剛頂瑜伽千手千眼觀自在菩薩修行儀軌經》二卷，金本一卷。

5. 未錄《趙城金藏》的經目共八部一百五十七卷，它們是：

《傳燈玉英集》十五卷（沙漠帙）。

《景祐天竺字源》七卷（馳帙）。

《圓覺道場禮懺禪觀等法事》十八卷（丹青帙）。

《天聖廣燈錄》三十卷，目錄一卷（九州禹帙）。

《大中祥符法寶錄》二十二卷（跡百帙）。

《景祐新修法寶錄》二十卷，總錄一卷（郡帙）。

《雙峰山曹侯溪寶林傳》十卷（秦帙）。

《景德傳燈錄》三十卷，目錄三卷（禪主云帙）。

檢《再雕藏》，在若帙《放牛經》後附《枯樹經》，然而《大藏目錄》和影印本麗目皆失載，故今補入新考目錄中。檢《大藏目錄》，有一些同本異譯經未排在一起，例如：鱗帙《小品般若波羅蜜經》與潛帙《大明度經》是同本異譯經，卻未排在一起。這種情況還涉及吊民、臣、伏戎、恭、豈、毀傷、知、聲虛、君曰嚴、竭力、則盡命、容止若思言、樓、畫帙，共二十七帙中的五十組經。

《再雕藏》收經，總 1523 部，合 6596 卷（或 6597 卷），成 639 帙。影印本增補遺，通計 1538 部，6825 卷（或 6833 卷），663 帙，另有總目錄 1 冊。

大乘經律論，總 653 部，2757 卷，256 帙。

大乘經，529 部，2178 卷，201 帙。

般若部，21 部，710 卷，71 帙。

寶積部，34 部，170 卷，17 帙。

大集部，23 部，153 卷，15 帙。

華嚴部，26 部，188 卷，17 帙。

涅槃部，6 部，58 卷，6 帙。

五大部外諸重譯經及單譯經，419 部，899 卷，75 帙。

大乘律，26 部，53 卷，5 帙。

大乘論，98 部，526 卷，50 帙。

小乘經律論，總 332 部，1759 卷，166 帙。

小乘經，242 部，616 卷，48 帙。

小乘律，54 部，439 卷，45 帙。

小乘論，36 部，704 卷，73 帙。

聖賢集，總 109 部，552 卷（或 553 卷），58 帙。

梵本翻出，68 部，187 卷，15 帙。

此方撰集，41 部，365 卷（或 366 卷），43 帙。

續入藏經，總 429 部，1528 卷，159 帙。

宋譯續入，187 部，299 卷，30 帙。

唐譯及唐宋撰述等續入，150 部，696 卷，75 帙。

宋譯續入，90 部，423 卷，43 帙。

唐遼撰述續入，2 部，110 卷，11 帙。

影印本補遺，總 15 部，229 卷（或 236 卷），24 帙。

　　檢《昭和法寶總目錄》二二給予《大藏目錄》的編號，其中 No.4 與 No.5 是同一部經，No.1162 與 No.1164 是同一部經，誤給四號，故今新考目錄減二號。No.445 後，漏編《佛説安宅陀羅尼呪經》一目，今增一號。以上編號增減相抵，今新考目錄編一千五百二十三號，較昭和總目編一千五百二十四號，減一號。

　　另檢臺北新文豐出版公司《景印高麗大藏經》，將原錄於第十九卷的自若帙《佛説鴦崛髻經》以下直至安帙《佛説義足經》，共七十四經，與原錄於第二十卷的正法念處經（定至終帙），前後倒置，即誤將若帙至安帙諸經收在第二十卷的竟帙《佛説賢者五福德經》後。[①] 2004 年線裝書局影印本和宗教文化出版社影印本均未改正此誤。

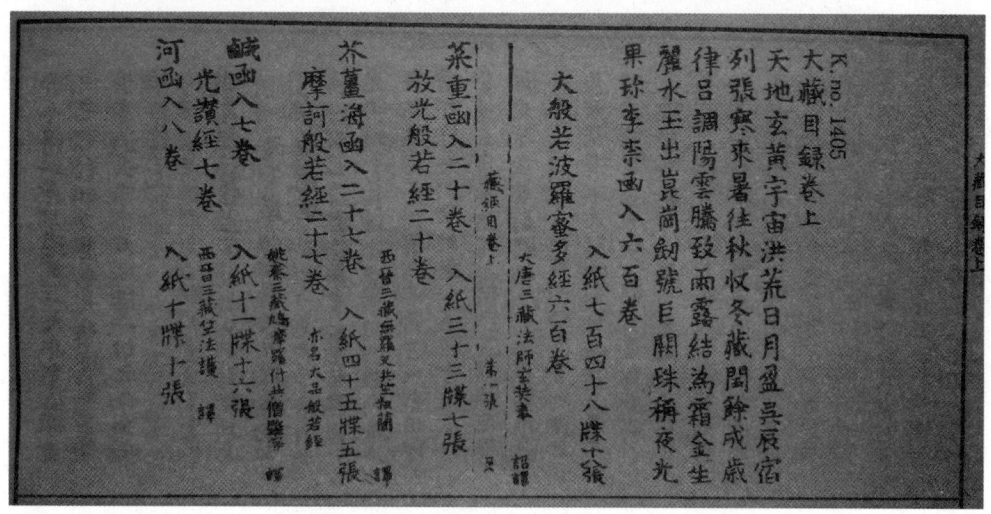

---

① 據蔡運辰記載：此誤源自韓國縮印洋裝《麗藏》，見蔡運辰：《二十五種藏經目錄對照考釋》，臺北新文豐出版公司，1983，第 529 頁。

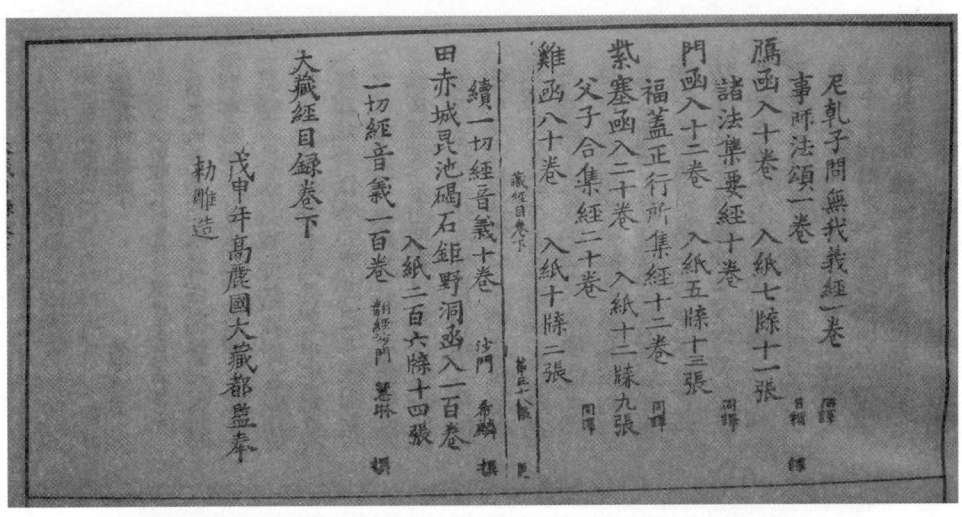

尼乾子問無我義經一卷　同譯

事師法頌一卷　日稱　譯

鴈函入十卷　入紙七牒十一張

諸法集要經十卷　同譯

門函入十二卷　入紙五牒十三張

福蓋正行所集經十二卷　同譯

紫塞函入二十卷　入紙十二牒九張

父子合集經二十卷　同譯

雞函八十卷　入紙十牒二張

藏經目卷下　第二十八張

續一切經音義十卷　沙門　希麟　撰

田赤城昆池碣石鉅野洞函入一百卷　入紙二百六牒十四張

一切經音義一百卷　翻經沙門　慧琳　撰

大藏經目録卷下

戊申年高麗國大藏都監奉

勅雕造

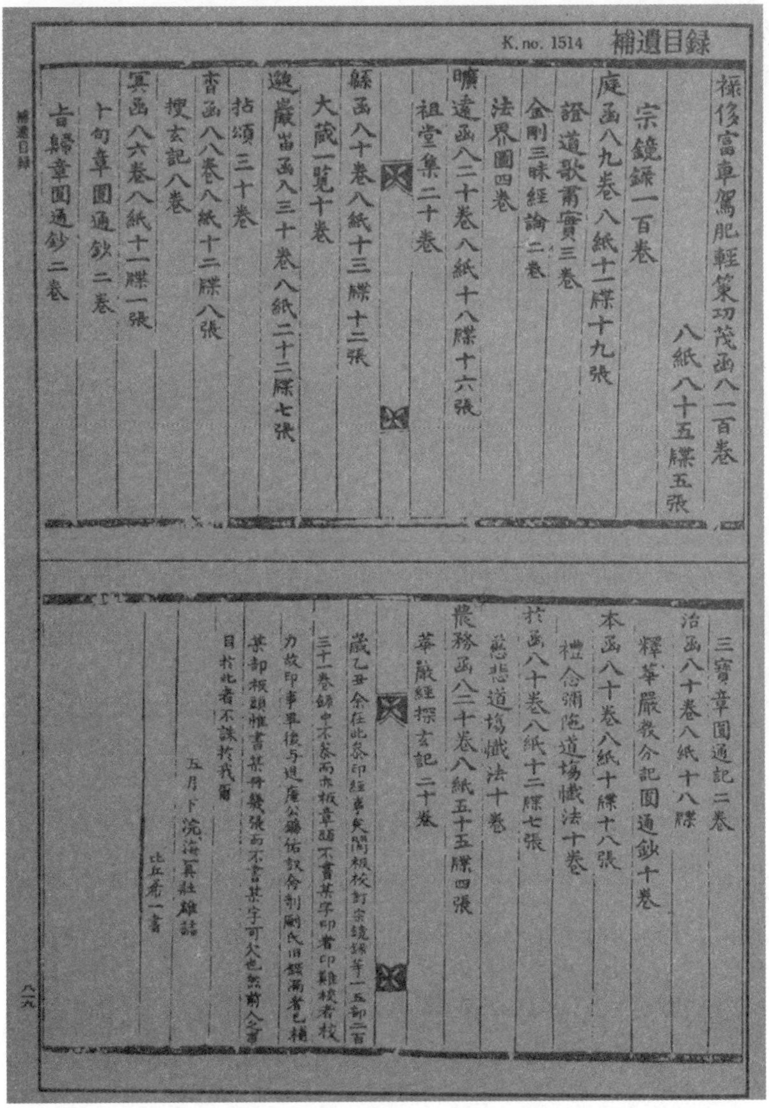

補遺目録　K. no. 1514

祿侈富車駕肥輕策功茂函八一百卷　八紙八十五牒五張

宗鏡録一百卷

庭函八九卷八紙十一牒十九張

證道歌事實三卷

金剛三昧經論二卷

法界圖四卷

曠遠函八二十卷八紙十八牒十六張

祖堂集二十卷

緜函八十卷八紙十三牒十二張

大藏一覽十卷

邈巖岫函入三十卷八紙二十二牒七張

拈頌三十卷

杳函八八卷八紙十二牒八張

捜玄記八卷

冥函八六卷八紙十一牒一張

十句章圓通鈔二卷

旨歸章圓通鈔二卷

治函八十卷八紙十八牒

三寳章圓通記二卷

釋華嚴教分記圓通鈔十卷

本函八十卷八紙十牒十八張

禮念彌陀道場懺法十卷

於函八十卷八紙十二牒七張

慈悲道場懺法十卷

農務函八二十卷八紙五十五牒四張

華嚴經探玄記二十卷

歲乙丑余在此寺印經事矣間板校訂宗鏡録等一五部二百

三十一卷録中不參而亦板章頭不書其字印者印難校者校

力故印事畢後与道庵公議佑設命刻劇氏目録漏者已補

其部板頭惟書其丹幾張而不書其字可大也然前之事

日於此者不誅於我爾

五月下浣海冥壯雄誌

比丘希一書

補遺目録

八六

（九）《開元釋教録略出》校釋

《開元釋教録略出》四卷，簡稱《略出》，是依據唐智昇撰《開元釋教録·有譯有本録》進行編目的一部寫本大藏經的收經實録。北宋時《略出》被收入福州刻板的《崇寧藏》中，説明了它的流傳是在我國南方一帶。

本書不同於《開元録》的地方，最主要的是增入了千字文帙號，還將《開元録·入藏録》記每經的用紙數改爲每帙的用紙數。不過用紙數有所不同，例如：本書乃帙，著録《大方廣三戒經》等四經九卷同帙，計二百九紙，而《開元録》分别記作四十六紙、六十一紙、五十五紙、三十九紙，合計二百一紙。本書收經總一千零七十八部，合五千零四十九卷，成四百七十九帙（天帙至群帙），不同於《開元録》收入藏典籍總一千零七十六部，合五千零四十八卷，成四百八十帙。檢本書第三部經記《摩訶般若波羅蜜經》三十卷，千字文帙號爲“薑海鹹”三帙，而《開元録》記四十卷，四帙，自此以後，兩書收經的總卷數和帙次就發生了變化。

《略出》究竟是何人於何時編集，尚不得知。由於現存本記有“唐西崇福寺沙門智昇撰”，《資福》《磧砂》《普寧》《永樂南藏》《嘉興》等藏本還冠以“庚午歲”的字樣，因此近現代的學者們一直認爲《略出》是智昇於唐開元十八年（730）所撰。又因爲《略出》使用了千字文帙號，並爲後世大藏經所沿用，所以倍受青睞。千字文帙號，可以説是我國現存最古的排架號和索書號，它表明了我國晚唐時的圖書管理水準，已經達到了相當科學的程度。然而有的學者已發現了《略出》與智昇撰《開元録·入藏録》所記佛經雖同，但是卷數、用紙數和帙數都有些不同，[①]因此有人認爲傳抄難免產生錯訛。[②] 1991年北京圖書館的方廣錩博士在對這一問題進行了全面深入的考查和研究後指出：智昇在《開元録》中記載了他撰集的五部著作，但未記《略出》；此後圓照於貞元年間（795~800）所撰《續開元録》和《貞元録》也未提到智昇撰有《略出》。而且《略出》的帙、部、卷、紙數都與《開元録·入藏録》不合，説明它不是智昇勘定的西崇福寺的藏經目録。如果智昇已使用了千字文帙號編目，那麽在其後玄宗朝玄逸撰《開元釋教廣品歷章》和圓照撰《貞元録·入藏録》中也應有所反映，但事實是直到唐末五代時，後晉天福五年（940）可洪撰《新集藏經音義隨函録》及南唐保大三年（945）恒安撰《續貞元録》中，才出現了千字文帙號。由此得出結論：“《開元録略出》非智昇所撰”，“千字文帙號非智昇所創”，並認爲千字文帙號的產生約在晚唐，會昌廢佛（841~845）以後，到五代時已在全國流行。[③]

總之，千字文帙號被應用於《開元録》入藏典籍，不僅使入藏典籍的編次進一步固定下來，而且表明《開元録》入藏典籍的編目體系和收經規模，已成爲當時全國各地收集整理佛

---

① 蔡運辰：《二十五種藏經目録對照考釋》，臺北新文豐出版公司，1983，第464頁。
　　王重民：《中國目録學史論叢》，中華書局，1984，第129~130頁。
② 蔡運辰：《二十五種藏經目録對照考釋》，第464頁。
③ 方廣錩：《八——十世紀佛教大藏經史》，中國社會科學出版社，1991，第280~289頁，第352~355頁。

典以及抄寫藏經所遵循的準則。

檢本書所著各經的卷數、帙數，以及某帙有幾經幾卷的數字，基本上是準確的，僅發現三處誤記：（1）衣帙，《郁迦羅越問菩薩行經》二卷，今正作一卷。（2）方帙記"上四經十卷同帙"，實為四經九卷同帙。（3）樓帙記"上三集經十四卷同帙"，實為三集十三卷同帙。

現將本書收經的部、卷、帙數，與《開元錄‧有譯有本錄》比較的情況，記錄如下。

1. 本書較《開元錄》增加經目共二部二卷，它們是：

翔帙，《金剛能斷般若波羅蜜經》一卷，隋笈多譯。

必帙，《須賴經》一卷，曹魏帛延譯。

2. 本書的卷數、帙數較《開元錄》有增減，合計增二卷，減一帙，它們是：

薑海鹹帙，《摩訶般若波羅蜜經》三十卷，三帙，《開元錄》記四十卷，四帙。

位至有帙，《大方等大集經》三十卷，四帙，《開元錄》記三帙。

坐至垂帙，《大方廣佛華嚴經》五十卷，五帙，《開元錄》記六十卷，六帙。

分至隱帙，《阿毘曇毘婆沙論》八十二卷，八帙，《開元錄》記六十卷，六帙。

疲守帙，《阿毘達磨俱舍釋論》二十二卷，二帙，《開元錄》記三帙。

邙面帙，《舍利弗阿毘曇論》二十二卷，二帙，《開元錄》記三帙。

既集墳帙，《破邪論》《甄正論》《十門辯惑論》《弘明集》，共二十一卷，三帙，《開元錄》記二帙。

典亦聚帙，《廣弘明集》三十卷，三帙，《開元錄》記四帙。

3. 本書的卷數較《開元錄》有增減，合計減三卷，它們是：

河淡帙，《光讚般若波羅蜜經》十卷，《開元錄》記十五卷。

羽帙，《大明度無極經》六卷，《開元錄》記四卷。

翔帙，《文殊師利所説摩訶般若波羅蜜經》一卷，《開元錄》記二卷。

服帙，《法鏡經》一卷，《開元錄》記二卷。

裳帙，《如幻三昧經》三卷，《開元錄》記二卷。

周帙，《無盡意菩薩經》四卷，《開元錄》記六卷。

殷帙，《寶女所問經》四卷，《開元錄》記三卷。

遐帙，《羅摩伽經》四卷，《開元錄》記三卷。

鳳帙，《妙法蓮華經》七卷，姚秦鳩摩羅什譯，《開元錄》記八卷。

樹帙，《妙法蓮華經》八卷，隋崛多、笈多二法師添品，《開元錄》記七卷。

白帙，《維摩詰經》三卷，《開元錄》記二卷。

化帙，《伅真陀羅所問經》三卷，《開元錄》記二卷。

被帙，《佛昇忉利天為母説法經》三卷，《開元錄》記二卷。

木帙，《阿惟越致遮經》四卷，《開元錄》記三卷。

方帙，《持人菩薩經》三卷，《開元錄》記四卷。

蓋帙，《文殊師利現寶藏經》二卷，《開元錄》記三卷。

蓋帙，《大方廣寶篋經》二卷，《開元録》記三卷。

五帙，《大方等大雲經》四卷，《開元録》記六卷。

惟帙，《普超三昧經》四卷，《開元録》記三卷。

改帙，《須真天子經》二卷，《開元録》記三卷。

改帙，《摩訶摩耶經》二卷，《開元録》記一卷。

能莫帙，《十住斷結經》十四卷，《開元録》記十卷。

忘罔帙，《菩薩瓔珞經》十三卷，《開元録》記十二卷。

談帙，《賢劫經》十卷，《開元録》記十三卷。

使帙，《華手經》十卷，《開元録》記十三卷。

羔帙，《大吉義神呪經》四卷，《開元録》記二卷。

維帙，《菩薩地持經》八卷，《開元録》記十卷。

賢帙，《菩薩善戒經》十卷，《開元録》記九卷。

傳帙，《彌勒菩薩所問經論》六卷，《開元録》記五卷。

聲帙，《金剛般若論》三卷，《開元録》記二卷。

資父帙，《十住毘婆沙論》十五卷，《開元録》記十四卷。

力帙，《究竟一乘寶性論》五卷，《開元録》記四卷。

思帙，《七處三觀經》二卷，《開元録》記一卷。

思帙，《治禪病秘要經》二卷，《開元録》記一卷。

奉帙，《根本説一切有部毘奈耶頌》三卷，《開元録》記五卷。

母儀帙，《根本薩婆多部律攝》十四卷，《開元録》記二十卷。

華帙，《隨相論》二卷，《開元録》記一卷。

東帙，《三法度論》三卷，《開元録》記二卷。

渭帙，《分別功德論》三卷，《開元録》記四卷。

渭帙，《辟支佛因緣論》一卷，《開元録》記二卷。

樓帙，《修行地道經》七卷，《開元録》記六卷。

樓帙，《僧伽羅刹所集經》五卷，《開元録》記三卷。

觀帙，《百喻經》二卷，《開元録》記四卷。

觀帙，《菩薩本緣經》四卷，《開元録》記三卷。

飛帙，《坐禪三昧經》二卷，《開元録》記三卷。

驚帙，《那先比丘經》三卷，《開元録》記二卷。

寫帙，《雜譬喻經》二卷，道略集、姚秦鳩摩羅什譯，《開元録》記一卷。

禽帙，《阿育王傳》五卷，《開元録》記七卷。

禽帙，《阿育王息壞目因緣經》二卷，《開元録》記一卷。

內至承帙，《續高僧傳》三十一卷，《開元録》記三十卷。

檢本書所記各部類的收經總數，實際上是《開元録·有譯有本録》的記數，因此與本書的收經實數多不相符。不僅如此，各部類的部、卷、帙數，有的註出，有的未註，有的註

文不完整，例如：大乘經律論有收經總數，小乘經律論就未記總數；般若部僅註部數，尚缺卷數、帙數。這是怎麼回事呢？本書未說明原因。筆者考慮，由於本書收經的部、卷、帙數已較《開元錄》有出入，很可能本書的編集者，或刊板入藏前有人已將《開元錄》收經的一些記數刪除了，意在補入本書實際的收經數字，但是未能完成這項工作，例如：般若部著錄典籍共二十二部，七百二十三卷，七十二帙，不同於《開元錄》記二十一部，七百三十六卷，七十三帙，因此將《開元錄》的記數刪除後，補入了"總二十二部"的數字，尚待補入卷數、帙數。應該説，本書著錄的每帙收經的數字是準確的，只是未統計出各部類及全書收經的實際數字。不過這一缺憾，如今可以補充完成。現將《略出》各部類的收經總數統計如下。

　　合大小乘經律論及聖賢集傳，總 1078 部，合 5049 卷，成 479 帙。

　　　大乘經律論，總 640 部，2727 卷，257 帙（本書記總 638 部，2745 卷，258 帙）。

　　　　菩薩契經藏，總 517 部，2152 卷，202 帙。

　　　　　般若部，總 22 部，723 卷，72 帙（本書僅記總 22 部）。

　　　　　寶積部，總 34 部，169 卷，17 帙（本書僅記總 82 部①）。

　　　　　大集部，總 24 部，141 卷，15 帙（本書僅記總 24 部，142 卷）。

　　　　　華嚴部，總 26 部，178 卷，17 帙（本書僅記總 26 部，187 卷）。

　　　　　涅槃部，總 6 部，58 卷，6 帙（本書僅記總 6 部，58 卷）。

　　　　　五大部外諸重譯經，總 274 部，591 卷，51 帙（本書僅記 273 部，588 卷）。

　　　　　大乘經單譯，總 131 部，292 卷，24 帙（本書記 130 部，② 293 卷，24 帙）

　　　　菩薩調伏藏，總 26 部，53 卷，5 帙（本書記 26 部，54 卷，5 帙）。

　　　　菩薩對法藏，總 97 部，522 卷，50 帙（本書記 97 部，518 卷，50 帙）。

　　　　　大乘釋經論，總 21 部，157 卷，15 帙（本書記 21 部，155 卷，15 帙）。

　　　　　大乘集義論，總 76 部，365 卷，35 帙（本書記 76 部，363 卷，35 帙）。

　　　小乘經律論，總 330 部，1778 卷，165 帙。

　　　　聲聞契經藏，總 240 部，620 卷，48 帙。

　　　　　小乘經重單合譯，總 153 部，396 卷，31 帙。

　　　　　小乘經單譯，總 87 部，224 卷，17 帙（本書記 87 部，214 卷，③ 17 帙）。

　　　　聲聞調伏藏，總 54 部，438 卷，45 帙（本書記 54 部，446 卷，45 帙）。

　　　　聲聞對法藏，總 36 部，720 卷，72 帙（本書僅記 36 部，72 帙）。

　　　聖賢傳記，總 108 部，544 卷，57 帙（本書記 108 部，541 卷，57 帙）。

　　　　梵本翻譯集傳，總 68 部，175 卷，15 帙（本書僅記 68 部，173 卷）。

　　　　此方撰述集傳，總 40 部，369 卷，42 帙（本書僅記 40 部，368 卷）。

---

① 《開元錄·有譯有本錄》將《大寶積經》四十九會記作四十九部經，而《開元錄·入藏錄》合成一部，因此相差四十八部，今新考目錄記為一部。

② 《開元錄》記一百三十一部，本書錯一百三十一作一百三十。

③ 《開元錄》記二百二十四卷，本書錯二百二十四作二百一十四。

精總 新纂版 乾隆大藏經

六七二 龍藏

開元釋教錄略出卷第一

唐西崇福寺沙門智昇撰 俊一

般若部 總二十 二部

大般若波羅蜜多經六百卷

唐三藏玄奘法師於玉華宮寺譯

六十帙計一萬六百四十九紙

天字起至柰字止 俊一

放光般若波羅蜜經三十卷

西晉三藏無羅叉共竺叔蘭譯

計六百二十六紙

菜 重 芥

摩訶般若波羅蜜經三十卷 亦名大品般若經

姚秦三藏鳩摩羅什共僧叡等譯

計四百八十三紙

薑 海 鹹

精總 新纂版 乾隆大藏經

別說罪要行法一卷 或無別字

唐三藏義淨譯

受用三水要法一卷 亦云要行法

唐三藏義淨撰

讚命放生軌儀一卷 或云儀軌法軌

唐三藏義淨撰

上六集十三卷同帙計二百三紙

群

開元釋教錄四卷

唐西崇福寺沙門智昇撰

開元釋教錄別錄

漢法本內傳五卷

未詳撰者

沙門法琳別傳三卷

沙門彥悰撰

（十）《福州版大藏經》目録校釋

《崇寧藏》目録校釋

《崇寧藏》因雕板於福州東禪等覺院，又名《東禪等覺院本》，並在北宋崇寧二年（1103）全藏即將刊竣時，獲敕賜"崇寧萬壽大藏"而得名。由於《崇寧藏》與《毘盧藏》同雕板於福州，世人又統稱這兩部大藏經為《福州藏》《閩本》。

《崇寧藏》是繼我國北宋《開寶藏》和遼《契丹藏》之後雕就的第三部大藏經，也是我國的第一部私刻版大藏經。宋神宗熙寧四年（1071），因朝廷之種種緣故，將印經院的《開寶藏》經板賜予顯聖寺聖壽禪院印造，開始由寺院進行管理，這就為由寺院組織開板大藏經提供了機遇。福建自五代開始，文化事業逐漸得到發展，至宋朝達到繁榮。尤其是印刷業，建陽的麻沙書坊與杭州、西蜀並稱三大書籍刻印地。寺院經濟繁榮，宋神宗元豐年間（1078~1080），東禪院集中了慧榮、慧空大師沖真和智華等一時名僧，鑒於官版大藏經需待朝廷頒賜，遠遠不能滿足各地方的需求，於是決定開雕一部大藏經。

《崇寧藏》天帙《大般若經》卷一前有《敕賜福州東禪等覺禪寺天寧萬壽大藏》一文，[①] 是我們瞭解本藏的刊造及獲賜"崇寧萬壽大藏"之名的寶貴史料。本藏還在每冊經本首刊有題記，私版大藏經刊記豐富的特點，為後世瞭解一部大藏經的雕刻史，保留了翔實的資料。本藏的雕造自北宋元豐三年至政和二年（1080~1112），歷時三十餘年，刻經共五百七十七帙（其中有千字文帙號的共五百六十四帙，自天帙至勿帙，另有無千字文帙號的《大方廣佛華嚴經合論》等十三帙）。此後在南宋孝宗乾道五年至八年（1169~1172）及淳熙三年（1176）又續刻了十六帙（多帙至虢帙）。總共刻經達五百九十三帙，六千三百餘卷。本藏的刊造在組織機構、資金籌集、目録編定、版式裝幀、附字音冊等方面都有着不同於《開寶藏》和《遼藏》的新特點，並對宋、元及明初大藏經的編刊影響很大。

本藏雕造的組織機構稱名"東禪經局"或"東禪藏司"，由參知政事元絳任請主，由靈應侯王任證會，由東禪院的六任住持，即慧空大師沖真、智華、智賢、海印大師道芳、普明、廣慧大師達杲任都勸首，還有同勸緣、都句當藏主僧、都句當經板僧、詳對經人，刻工和印造工。其資金來源，在前期的二十一年間，主要靠寺院僧人募集經費；在後期的十一年間，改為"收諸方印經板頭錢"為主。

本藏目録編成於元豐三年（1080）。其收經情況，基本上反映在日本《東寺經藏一切經目録》[②]（以下簡稱《東寺目録》）中。由於日本保存的《福州藏》大都是《崇寧藏》和《毘

---

① 文中有禮部員外郎、東禪院都大勸首陳暘於崇寧二年（1103）十一月二十日進呈宋徽宗皇帝的劄子及尚書省二十二日敕牒的全文，見日本東寺藏本。全文轉録另見李富華、何梅：《漢文佛教大藏經研究》，宗教文化出版社，2003，第162~163頁。

② 見《昭和法寶總目録》七。此外還有日本高野山親王院水原堯榮氏藏本《福州東禪大藏經目録》和《唐本一切經目録》（福州本）三卷，分別見《昭和法寶總目録》四七、四八。

盧藏》的混合本，因此考察《崇寧藏》，單純依靠《東寺目録》是不夠的，還必須參考《毘盧藏》目録，即日本《宮內省圖書寮一切經目録》①（以下簡稱《圖書寮目録》）。鑒於國內目前僅存《崇寧藏》和《毘盧藏》之零散經本，日本各處所藏亦無全本，從而判斷《崇寧藏》與《毘盧藏》收經之差異，難度極大。所以現時只能採取兩藏互補的辦法，先統計出混合本《福州藏》的總收經部數和卷數。經統計，《福州藏》收經總一千四百五十四部，合六千三百五十七卷（或六千三百六十一卷），成五百九十五帙。

《崇寧藏》目録大體上可劃分為以下四部分。

第一部分，即正藏部分，共四百七十九帙（天帙至群帙），自《大般若經》至《護命放生軌儀法》。收經情況唯與《略出》幾乎相同，表明了本藏雕造依據的底本是北宋初年在福州及其附近地區流傳着的一種古寫本大藏經。

第二部分，即《開元録》以後續入藏的典籍，共八十五帙（英帙至勿帙），自《大唐貞元新定目録》至《佛説大堅固婆羅門緣起經》。比較《開寶藏》的覆刻本《金藏》可知，在經目的排序、分帙，以及收經數量等方面均有較大差異，大致有如下幾點。

（1）與《金藏》首先收録宋咸平二年（999）以前的宋新譯經三十帙不同，本藏首先收録唐人著述三部，共十一帙（英帙至羅帙），然後收録宋新譯經，但是分為二十帙（將帙至轂帙）。

（2）與《金藏》續收唐代著述三帙，及唐貞元新譯經二十四帙不同，本藏續收唐宋著述二十六帙（振帙至衡帙）。

（3）與《金藏》又續收宋咸平三年（1000）以後的宋新譯經四十七帙不同，本藏又續收宋新譯經僅十七帙（奄帙至綺帙），及補遺五帙（丁帙至勿帙）。② 由此可見本藏缺本者不在少數，這説明了在遠離京都的福州地區，宋天禧元年（1017）以後的新譯本，幾乎見不到。

（4）與前文提到《金藏》續收唐貞元新譯經二十四帙不同，本藏續收貞元新譯經僅六帙（廻帙至武帙），及補遺一帙（乂帙）。③ 由此可見本藏缺本者亦不在少數。

由於《崇寧藏》缺録一部分宋新譯經和唐貞元新譯經，其結果直接影響到此後二百餘年間雕刻的四部大藏經，即宋《毘盧藏》《資福藏》，宋元《磧砂藏》和元《普寧藏》。直到元大德十年（1306），管主八才從元都燕京弘法寺尋覓到缺本經卷，並在杭州立局雕板，續補天下藏經，但終究未補全。

第三部分，收禪宗和天台宗的著述十六帙（多帙至虢帙），這部分典籍是在全藏刊竣五十七年後，又奉旨入藏的。

第四部分，收華嚴宗的著述、翻譯典籍十三帙（無千字文帙號）。④

---

① 見《昭和法寶總目録》六。

② 在乂帙中只有四部是宋新譯經，即《廣釋菩提心論》四卷、《如幻三摩地無量印法門經》三卷、《一切秘密最上名義大教王儀軌》二卷和《蟻喻經》一卷，其餘十部則是補遺唐貞元新譯經。

③ 乂帙中《一字佛頂輪王念誦儀軌》等十部經，是補遺唐貞元新譯經，其餘四部是宋新譯經，參見前條腳註。

④ 這十三帙經目見《圖書寮目録》，因刊板年月在紹聖二年（1095）六月至次年正月間，所以是《崇寧藏》本，而被附以千字文帙號會字至顏字，則是《圖書寮目録》為編目的需要而增入的。

以上本藏第二、第三、第四部分所收著述類典籍共六十六帙，與《金藏》續藏部分的著述類典籍共一百零一帙比較，儘管本藏新增入二十一部典籍，但是卻未收《金藏》已錄的五十五部典籍。

《崇寧藏》的版式為每版錄經文三十六行，折為六個半頁，每半頁六行，每行十七字。在一冊經本中有時可見一版是三十行的，折為五個半頁。[①] 日本牧野和夫教授在對《崇寧藏》和《毘盧藏》版式的最新調查和研究後提出，在《崇寧藏》中，凡總版數超過十八版者，而在《毘盧藏》中，凡總版數超過十三版者，必然會存在"五個半葉一版"這樣的版片。該版片的位置大多數在總版數的中部，即版片號等於或不小於總版數的二分之一。這意味着這兩部藏經在規劃刊刻時，就已計劃成兩面都印刷，將"五個半葉一版"這樣的版片當作印刷時從正面翻折到背面的一個基準。[②] 版片號一行在每版的第一折縫處，記千字文帙號、卷次、版次及刻工姓名。每版四周有單線邊框，長約 67~68 釐米，寬約 24.3~25.3 釐米。本藏係經折裝，這種裝幀形式一直為宋元明清以來刻本大藏經所沿用。

本藏每帙末（少數帙除外）附音釋一冊。這種在經文後附音釋的做法，在刻本大藏經中始自《崇寧藏》，無疑為讀者瞭解某些難讀難解之字詞的音義提供了方便。將本藏的音釋與宋元《磧砂藏》，元《普寧藏》，明《北藏》和清《龍藏》的音釋比較後可發現，宋元的兩部私版大藏經的音釋源於《崇寧藏》，僅稍有改動，而明清的兩部官版大藏經的音釋，則有較大的改動。[③]

本藏刊成後，陸續有過補刻。南宋高宗建炎二年六月至三年二月間（1128~1129），東禪院住持祖鑒大師從密補刻了既帙《破邪論》二卷和《甄正論》三卷；紹興四年（1134）福州懷安縣信士葉冀與妻補刻了疑帙《續集古今佛道論衡》一卷和明帙《辯正論》八卷；紹興二十八年（1158）補刻了阿帙《楞伽經纂》八卷；紹興二十一年至二十九年間（1151~1159），福州長溪縣奉佛羅濬補刻了衡帙《菩薩名經》十卷。

本藏在印行了半個世紀以後，經板已有磨損，曾進行過三次大規模的修補。第一次是在紹興二十六年至二十八年間（1156~1158），由住持解空大師慧明勸緣，皇叔士衍施俸資，命工修補經板；第二次是在南宋寧宗慶元二年（1196）前後，施資者主要有安撫使賈侍郎和廣東運使寺正曾噩；第三次是在元英宗至治年間至泰定帝泰定三年（1321~1326），由東禪寺比丘祖意主持並募緣完成的。由此說明本藏經板一副直至元末還見存，已流傳了二百餘年。東禪寺在元末至正二十二年（1362）毀於兵火，東禪大藏經板一副也與寺俱毀。

---

① 一些補刻和續刻本的版式有所不同，如：時帙《註大乘入楞伽經》十卷是補刻本，每半頁八行，每行二十二字；更帙至虢帙的天台宗章疏是續刻本，每行十九字。

② 〔日〕牧野和夫：《關於宋版大藏經中"一版五半葉三十行"版片的考察——以傳入日本的〈崇寧藏〉、〈毘盧藏〉為中心》，載《漢文大藏經國際學術研討會論文集》，上海師範大學宗教研究所主辦，2007，第15~16頁。

③ 李富華、何梅：《漢文佛教大藏經研究》，宗教文化出版社，2003，第190~191頁。

1.現將本藏正藏部分的收經與《略出》校覈的結果記錄如下。

（1）本藏增加的經卷共十部十卷，它們是：

養帙，《拔一切業障根本得生淨土神呪》一卷（前附《阿彌陀經不思議神力傳》）。

豈帙，《觀彌勒菩薩下生經》一卷。

羔帙，《呪時氣病經》一卷。

羔帙，《檀特羅麻油述經》一卷。

羔帙，《辟除賊害呪經》一卷。

羔帙，《呪小兒經》一卷。

羔帙，《呪齒經》一卷。

羔帙，《呪目經》一卷。

辭帙，《奈女耆婆經》一卷。

陞帙，《唐貞元新定目錄》一卷。

以上養帙、辭帙、陞帙的三部經卷是本藏首先收錄的。檢《東寺目錄》，職帙至甘帙記《十誦律》五十八卷、《十誦律毘尼序》三卷，而《略出》合記一目；瑟吹帙記《大周刊定眾經目錄》十四卷、《大周刊定偽經目錄》一卷，而《略出》合記一目，因此本藏的部數又較《略出》增加二部。此外，本藏虛帙《能斷金剛般若波羅蜜多經論釋》後附見的《略明般若末後一頌讚述》，是較《略出》增加的附見內容，但不記其部卷數。

（2）替換《略出》的經目：

木帙，《大乘寶雲經》七卷，替換《略出》的《寶雲經》七卷。

男帙，唐玄奘譯《不空羂索呪心經》一卷，替換《略出》的唐玄奘譯《不空羂索神呪心經》一卷。【按：本藏誤唐菩提流志譯作唐玄奘譯。①】

蘭至松帙，符秦曇摩難提譯《增壹阿含經》五十卷，替換《略出》的東晉瞿曇僧伽提婆譯《增壹阿含經》五十一卷。

瑟帙，唐道宣撰《續大唐內典錄》一卷，替換《略出》的唐智昇撰《續大唐內典錄》一卷。

以上木帙、男帙、蘭至松帙的三部經是本藏首先收錄的。

（3）帙次不同於《略出》者：

取帙《起世因本經》十卷與映帙《起世經》十卷，《略出》的帙次倒置。

宮殿帙《出曜經》二十卷，《略出》在宮殿盤帙。

鬱帙《道地經》一卷，《略出》在樓帙。

（4）本藏重出、別抄的經卷：

翔帙，《金剛般若波羅蜜經》一卷，元魏留支譯。【按：實屬陳真諦譯同名經的重出，故失真留支譯本。《毘盧》《資福》兩藏本同錯。】

念帙，《菩薩善戒經》一卷。【按：實屬賢帙《菩薩善戒經》卷十的重出。《略出》同錯。】

若帙，《須摩提女經》一卷，吳支謙譯。【按：實屬東晉瞿曇僧伽提婆譯《增壹阿含經》

---

① 參見《圖書寮目錄》。《崇寧藏》本誤記譯者，《資福》《天海》《縮刻》《頻伽》四藏本同錯。

卷二十二須陀品中第三經的別抄本，故失真支謙譯本。《毘盧》《資福》《磧砂》《普寧》《初刻南》《永樂南》《北藏》《嘉興》《龍藏》《天海》《縁山》《黃檗》《義門》《知津》十四藏本同錯。】

2. 現將本藏續藏部分的收經與《金藏》校讐的結果記録如下。

（1）《金藏》收咸平二年（999）以前續入宋新譯經三十帙，共一百八十六部二百九十八卷，本藏未録者五部五卷，其中二部二卷已由元管主八刊板入藏，但仍有三部三卷缺録，它們是：

《無能勝大明王陀羅尼經》一卷。

《金光王童子經》一卷。

《難儞計濕嚩囉天説支輪經》一卷。

《金藏》收咸平三年（1000）以後續入宋新譯經四十七帙，共九十七部四百六十一卷，本藏未録者二十七部二百十一卷，其中十五部一百三十八卷已由元管主八刊板入藏，但仍有十二部七十三卷缺録，它們是：

《勝義空經》一卷。

《清淨心經》一卷。

《隨勇尊者經》一卷。

《金色童子因緣經》十二卷。

《開覺自性般若波羅蜜多經》四卷。

《六趣輪迴經》一卷。

《尼乾子問無我義經》一卷。

《諸法集要經》十卷。

《福蓋正行所集經》十二卷。

《父子合集經》二十卷。

《大乘僧伽吒法義經》七卷。

《清淨毘奈耶最上大乘經》三卷。

（2）《金藏》收咸平二年續入的唐貞元新譯經二十四帙，共一百二十七部二百四十二卷，本藏未録者五十四部一百四十四卷，其中三十七部七十一卷已由元管主八刊板入藏，但仍有十七部七十三卷缺録，它們是：

《千手千眼觀世音菩薩大身呪本》一卷。

《大集大虛空藏菩薩所問經》八卷。

《大聖文殊師利菩薩佛刹功德莊嚴經》三卷。

《金剛頂勝初瑜伽經中略出大樂金剛薩埵念誦儀》一卷。

《摩利支天菩薩陀羅尼經》一卷。

《金剛頂經一字頂輪王瑜伽一切時處念誦成佛儀軌》一卷。

《大方廣如來藏經》一卷。

《木槵經》一卷。

《金剛頂降三世大儀軌法王教中觀自在菩薩心真言一切如來蓮華大曼拏攞品》一卷。

《修習般若波羅蜜菩薩觀行念誦儀軌》一卷。

《觀自在大悲成就瑜伽蓮華部念誦法門》一卷。

《大花嚴長者問佛那羅延力經》一卷。

《般若波羅蜜多心經》一卷，唐般若共利言等譯。

《大方廣佛華嚴經》四十卷。

《十力經》一卷。

《迴向輪經》一卷。

《十地經》九卷。

此外，本藏較《金藏》僅增録一部一卷經，即迴帙《千手千眼觀自在菩薩根本真言釋》，也是本藏首先收録的經卷。

（3）《金藏》續入的著述類典籍共七十部八百七十一卷（未計已缺六帙應補入的典籍），本藏未録者有五十五部四百七十三卷。但是本藏較《金藏》新增入了二十一部二百五十八卷典籍，也是本藏首先收録的經卷，它們是：

英帙，《大唐貞元新定目録》一卷。

英帙，《開元釋教録略出》四卷。

禄至茂帙，《宗鏡録》一百卷。

實帙，《黄檗山斷際禪師傳心法要》一卷。

刻至磻帙，《建中靖國續燈録》三十卷（另目録三卷）。

溪帙，《大藏經綱目指要録》八卷。

時帙，《註大乘入楞伽經》十卷。

阿帙，《楞伽經纂》四卷。

衡帙，《菩薩名經》十卷。

多士寔帙，《大慧普覺禪師語録》三十卷，附《大慧普覺禪師普説》一卷。

寧晉楚帙，《首楞嚴經義海》三十卷。

霸帙，《天台法華玄義科文》五卷。

橫帙，《妙法蓮華經文句科》六卷。

途帙，《摩訶止觀科文》五卷。

第 595 帙，《略釋新華嚴經修行次第決疑論》四卷。

第 595 帙，《註華嚴法界觀門》一卷。

第 595 帙，《釋華嚴經十二緣生解迷顯智成悲十明論》一卷。

第 595 帙，《大方廣佛華嚴經金師子章註》一卷。

第 595 帙，《大方廣佛華嚴經感應傳》一卷。

第 595 帙，《大方廣佛華嚴經入不思議解脱境界普賢行願品》一卷。

第 595 帙，《李長者事跡》一卷。

如今新考目録在本藏收經的基礎上，製作了《福州藏》的收經目録，因此比較《昭和法寶總目録》七給予《東寺目録》經目的編號，有所補充和調整。首先補充了《東寺目録》無

目，而見於《圖書寮目錄》的十七部一百五十九卷經目，共增十七號，它們是：

男帙，《觀世音菩薩如意摩尼陀羅尼經》一卷，補入 No.296 後。

非帙，《瑜伽師地論釋》一卷，補入 No.574 前。

非帙，《顯揚聖教論頌》一卷，補入 No.574 前。

非帙，《王法正理論》一卷，補入 No.574 前。

路帙，《讚法界頌》一卷，補入 No.1107 後。

磻帙，《十六大阿羅漢因果識見頌》一卷，補入 No.1277 後。

衡帙，《大方廣圓覺略疏註經》八卷，補入 No.1285 後。

踐土帙，《傳法正宗記》十二卷，補入 No.1440 後。

土帙，《輔教編》三卷，補入 No.1440 後。

第 583~594 帙，《大方廣佛華嚴經合論》一百二十卷，補入 No.1440 後。

第 595 帙，《略釋新華嚴經修行次第決疑論》至《李長者事跡》，共七部十卷（前文已錄），補入 No.1440 後。

其次將 No.1272 與 No.1273，No. 1274 與 No.1275，No.1276 與 No.1277，分別合計一號，共減三號。以上編號增減相抵，今新考目錄編一千四百五十四號，較昭和總目編一千四百四十號，增十四號。

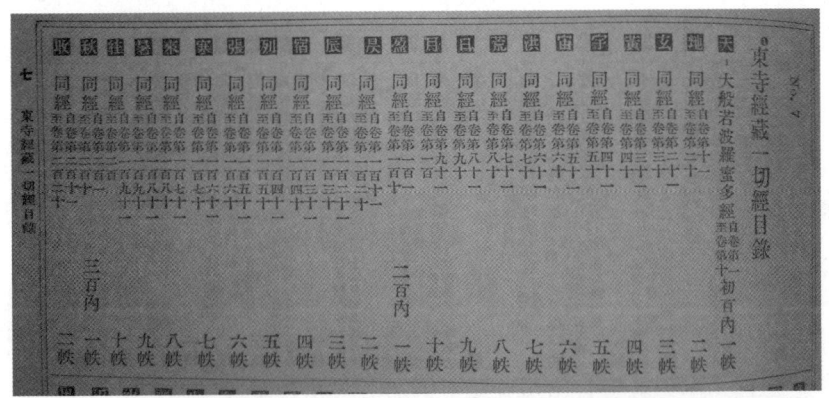

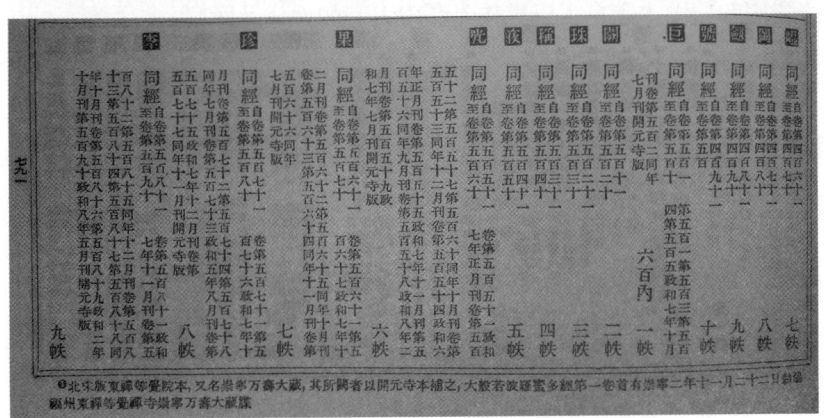

《崇寧藏》目録

《毗盧藏》目録校釋

《毗盧藏》因雕板於福州開元寺，又名《開元寺本》，因與《崇寧藏》同雕板於福州，又合稱為《福州藏》《閩本》。

《毗盧藏》始刻於北宋徽宗政和二年（1112），也是《崇寧藏》竣工的當年。為什麼同在福州一地，竟會連續雕造兩部卷帙浩繁的大藏經呢？其原因未見史書記載，但是我們可以據有關史料瞭解開元寺及刻藏的歷史背景。開元寺創建於梁武帝太清三年（549），是福州建於梁朝以前的十幾所早期寺院之一，歷史悠久。尤其是唐末以來，開元寺一直在福州佛教寺院中處於重要地位。唐武宗會昌（841~846）法難，拆毀寺院，開元寺因有明皇像，成為當時福州幸存的唯一佛寺。唐末在閩王王審知時期（899~924），境内太平，王審知崇信佛教，在開元寺繕寫金銀字大藏經五藏（一説四藏），總二萬餘卷，裝幀精美。由於東禪寺刊造的大藏經在賜名“崇寧萬壽大藏”之後，名聲大振，各地寺院和信衆的需求量倍增，也為寺院帶來了可觀的收益。不過僅靠一副木刻板，其印刷量是有限的，因此筆者認為，社會需求量的不斷擴大，成為再刻大藏經的主要原因。我們從福州的許多知名人士喜舍資財，參加“雕經都會”的行動本身就可看出這一點。再加上開元寺僧人誓為弘揚佛法開雕《毗盧藏》，也借此機緣鞏固和擴大本寺自古以來作為閩中大寺的地位及影響，從而創造出在福州一地連續雕造兩部大藏經的歷史奇跡。

由於國内僅存《毗盧藏》的零散經本，1985 年中國佛教協會副會長釋圓拙法師，委託福建省黄埔軍校同學會第一副會長楊立居士，在上海看望準備赴日本定居的老友林伯輝先生和夫人疋田登喜子女士（皇族）時，提出尋回《毗盧藏》一事。此後林先生夫婦幾經周折，在日中友協的大力支持下，終於與宫内省圖書寮商定了影印事宜。福州市開元寺住持提潤法師捐獻行醫所得三十萬元港幣，臺灣佛陀教育基金會總幹事簡豐文和林國瑩捐資三百三十萬元日元。1990 年 4 月 6 日，日中友協捐贈復印經書一百卷，並在福州法海寺隆重舉行了贈送《毗盧大藏經》法會。如今法海寺保存有此藏經本共二百六十四帙（乃帙至叔帙），筆者曾兩次前往考查，覈對了每一部經。

本藏多數經本之冊首均有刊經題記，為後人瞭解本藏的雕造經過留下了寶貴的史料。宮內省圖書寮也因此編寫出目前唯一一部著録翔實、收經完整的《毘盧藏》目録，題名《宮內省圖書寮一切經目録》，① 以下簡稱《圖書寮目録》。

本藏的雕造自北宋政和二年至南宋紹興二十一年（1112~1151），歷時四十年完工。所刻經本共五百七十七帙，其中有千字文帙號的共五百六十四帙（天帙至勿帙），自《大般若經》至《大堅固婆羅門緣起經》，另有政和三年刻無千字文帙號的《大方廣佛華嚴經合論》等十三帙。由此表明，《毘盧藏》在雕刻初期就已確定了其規模要與《崇寧藏》相等。本藏刻竣後，在南宋隆興二年至淳熙三年間（1164~1176）又續刻了十八帙（多帙至土帙），使全藏收經達到五百九十五帙，六千三百餘卷。本藏較《崇寧藏》增加了踐土兩帙，所收為《傳法正宗記》十二卷和《輔教編》三卷。由於原書刻板在宋室南渡期間（1127~1130）已散佚，福州太平寺正言長老於南宋紹興三十年（1160）秋獲其本，遂於隆興二年（1164）在福州開元寺解空大師慧明任住持時，重刊於開元寺。

本藏雕造的組織機構被稱為"開元經局"或"經司"，其組成情況如下：雕經都會，由舍資刻經的福州知名人士組成。已知在政和年間（1112~1117），由蔡俊臣、陳詢、陳靖、劉漸四人組成；自重和元年至南宋建炎元年七月（1118~1127），逐漸增至十七人，雕經都會已改稱"都會首"，説明了其成員很可能還不止這些人，而列入名單的當是首要成員；自建炎元年八月至三年（1127~1129），"都會首"的稱謂又改回"都會"，由十九人組成；紹興四年（1134），減少至五人，此後雕經都會不復存在。證會，由開元寺的四任住持，即本明、宗鑒大師元忠、淨慧大師法超、慧海大師惟沖先後任職，建炎三年（1129）以後，此職務已不存在。還有勸緣沙門、管句沙門、經頭僧，以及刻工、印造工等。

本藏雕造的資金來源，在政和二年至紹興四年（1112~1134）的二十二年間，主要來自雕經都會成員的喜舍，刻經約三百帙；紹興八年至十六年（1138~1146）前後在必強和圓證大師子文任住持時，用經司施利錢開經板，刻經約二十帙；紹興十八年（1148）以後，在慧通大師了一任住持時才以募眾緣為主，刻經二百餘帙（以上所列帙數是據有刻板年月的經本統計的）。

本藏目録的編集完全遵循《崇寧藏》的編目，大體上分成四部分，詳情見《〈崇寧藏〉目録校釋》。現將《圖書寮目録》與《東寺目録》② 比較的情況記録如下。

1.《圖書寮目録》有目，而《東寺目録》無目者共十七部一百五十九卷，詳情見《〈崇寧藏〉目録校釋》。

2.《圖書寮目録》無目，而《東寺目録》有目者共八部十七卷，它們是：

翔帙，《摩訶般若波羅蜜大明呪經》一卷。

忠帙，《唯識三十論》一卷。

守帙，《阿毘達磨俱舍論本頌》一卷。

英帙，《大唐貞元新定目録》一卷。

---

① 見《昭和法寶總目録》六。

② 《東寺目録》即日本《東寺經藏一切經目録》，是《崇寧藏》見存經本的比較完整的記録，見《昭和法寶總目録》七。

實帙，《黃檗山斷際禪師傳心法要》一卷。

衡帙，《菩薩名經》十卷。

武帙，《七俱胝佛母所説准提陀羅尼經》一卷。

武帙，《金剛頂瑜伽護摩儀軌》一卷。

以上《圖書寮目録》有目之衡帙《大方廣圓覺略疏註經》八卷，替換了《東寺目録》同帙的《菩薩名經》十卷。

今檢《圖書寮目録》，有兩目屬誤分，它們是：

效帙，《佛説孔雀王呪經》（唐太宗序，上一帖），此目與次目，即《佛説大孔雀呪王經》（唐義淨譯，中下二帖），實屬同一部經，共三卷，而《圖書寮目録》誤分出前目。【按：檢福州法海寺藏復印圖書寮本卷上首之《大唐中興三藏聖教序》（中宗皇帝製）第一版，誤與同帙的梁僧伽婆羅譯《佛説孔雀王呪經》卷上第一版互置。《圖書寮目録》的編者未詳審，見卷上首的經名別異，就分出一目，並且將序文記作唐太宗序，皆誤也。】

虚帙，《略明般若末後一頌讚》（唐義淨述），此目實附見於前目，即《能斷金剛般若波羅蜜多經論釋》（唐義淨譯），而《圖書寮目録》誤分出附目。【按：在翻譯類典籍中，分出撰述的讚文一目不妥。】

另檢《圖書寮目録》最後附載的"旦字號至營字號"的經目，共三帙十八部典籍。其中三部重出，無意義，即《曇無德部四分律刪補隨機羯磨》是入帙已收經之重出；《佛説聖最勝陀羅尼經》和《五十頌聖般若波羅蜜經》是兵帙已收經之重出。另外兩部是他經之缺卷，即《四分律刪補隨機羯磨疏記》第二卷下，可補前目《四分律刪補隨機羯磨濟緣記》之缺卷；《集福德三昧經》卷上，可補及帙《集一切福德三昧經》之缺卷。除去以上五部外，餘下的十三部典籍中，只有《宋高僧傳》是《思溪藏》本，收録在旦熟營三帙，其餘十二部因無千字文帙號，是浙江四明姚家經坊印造，非福州開元禪寺雕造，而且版式各異，非《毘盧藏》版式，所以不屬於《毘盧藏》所收典籍，亦非《崇寧藏》本，而是未入藏的宋刻單行本。總之，《圖書寮目録》最後附載的十八部典籍，應視為宮内省圖書寮保存的一部分珍貴的宋刻本，僅此而已。①

本藏的版式及裝幀與《崇寧藏》基本相同。每版録經文三十六行，折為六個半頁，每半頁六行，每行十七字。在一冊經本中有時可見一版或兩版是三十行，折為五個半頁的，例如：竹帙，《維摩詰所説經》卷上，共十七版，其中第九版是五個半頁的；英帙，《開元釋教録略出》卷一，共二十四版，其中第十一、二十三版是五個半頁的。每版四周有單線邊框，長 66.6~67.3 釐米不等，寬 23~24.6 釐米不等。本藏是經折裝，以國家圖書館藏藥帙《法苑珠林》卷十九為例，折裝經本有包衣，翻開包衣左右兩邊折頁，遂見經本的封底，由封底向下翻至經本卷首，方可閲讀。這樣讀完一冊經本，合上包衣即可。

本藏每帙末附字音一冊。其字音與唐、五代流傳下來的佛教音義著作，如：《玄應音義》

---

① 詳情見拙文《關於〈毘盧藏〉、〈崇寧藏〉的收經及總函數問題》，載《世界宗教研究》1995 年第 3 期，第 56~59 頁。

《慧琳音義》《可洪音義》比較，差異頗大，應該與《崇寧藏》的音義有着密切聯繫。

本藏經板經過百年的刷印後，已有部分損壞，於是開元寺經司在南宋理宗嘉熙三年（1239）開始了修補工作。淳祐八年（1248）也有補換經板的題記。① 此後在度宗咸淳四年至五年間（1268~1269），有開元寺住持文迪募緣刊換損板，直至元大德八年至十年間（1304~1306），又有開元寺住持悟壁募緣雕補經板，從而使本藏經板的存世長達兩百餘年之久。

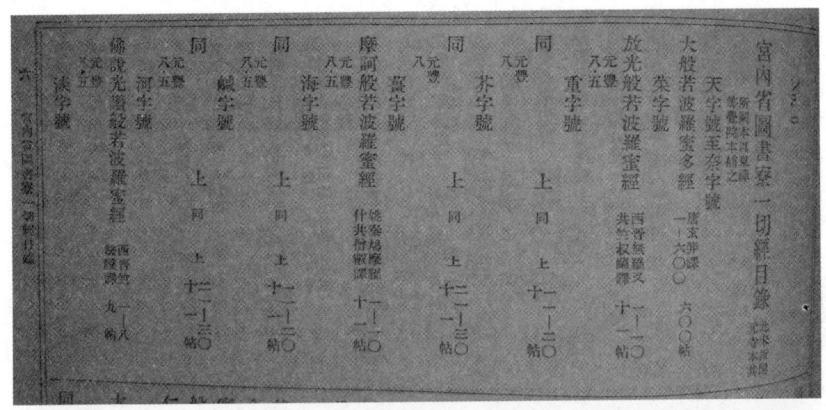

《毘盧藏》目録

① 縻軼《阿毗達磨顯宗論》卷三十四有題記："淳祐八年戊申，執事不勤看視，致蟻蠹板。多得明監寺化到建昌軍法水寺僧慧珪舍換十板。化主道永。"見〔日〕中村一紀：《關於宮內廳書陵部所藏福州版大藏經中的混合冊與印章》，載方廣錩主編《藏外佛教文獻》第二編、總第十二輯，中國人民大學出版社，2008，第451~452頁。

（十一）《資福藏》目錄校釋

《資福藏》初名《圓覺藏》，因雕造於南宋兩浙道湖州（今浙江省湖州市）歸安縣松亭鄉思溪的圓覺禪院而得名。《資福藏》的由來則是在南宋寶慶元年（1225）湖州改為安吉州，圓覺禪院陞格為資福禪寺後，對《圓覺藏》的殘損經板進行過補刻並繼續印刷流通而得名。《圓覺藏》和《資福藏》又分別稱《前思溪藏》《後思溪藏》，或統稱《思溪藏》《浙本大藏經》。

圓覺禪院是在北宋末宣和年間（1119~1125）由密州觀察使王永從和弟崇信軍承宣使永錫創建的。應王氏之請，東京開封府慧林禪寺住持慈受懷深禪師成為圓覺禪院的第一任住持，並獲賜"慈受和尚道場"之匾額。圓覺禪院建成後，於靖康元年（1126）開始了大藏經的書寫及開板的偉業。[①] 本藏何時刊畢？未見明確的記載。據本藏刊於南宋紹興二年（1132）的兩則題記，分別見於日本南禪寺藏本之命帙《觀所緣緣論》卷尾和履帙《長阿含經》卷二十二卷首，[②] 即位於全藏的中部，由此可以推斷，至紹興二年，刻藏已功成近半。依此進度推算，再用六年，大約至紹興八年（1138）或稍遲一些，全藏即可刊竣，前後用了十幾年時間。本藏是由王永從一族人施資鐫刻的私版大藏經，這在大藏經雕刻史上可謂舉世無雙之壯舉。全藏收經總一千四百二十三部，合五千九百十五卷，成五百四十八帙（天帙至合帙），另有全藏目錄一部二卷。本藏經板在刷印了百年以後，已有缺損，於是在南宋嘉熙三年（1239）有佛弟子因道政"施財贖到《法華經》板壹部，計七卷，舍入思溪圓覺禪院，補填大藏經字號"。又在南宋淳祐十年（1250）有安撫大資相公趙給錢，贖過可帙《大方廣圓覺修多羅了義經》的兩序及諸經板字損失者重新刊補。經過刊補後的大藏經板片，在南宋末毀於兵火。

本藏雕造的組織機構稱名"圓覺藏司"，其組成情況如下：都勸緣，由圓覺禪院住持禪師任職；勸緣、都對證，由其他寺院的住持，且身為傳法大師的僧人任職；還有對經沙門、掌經沙門、幹雕經沙門，以及雕經作頭、印經作頭。

本藏目錄的編集遵循的是《福州藏》的編目，只是在續藏部分的著述類典籍中，保留了御製文集等少數幾部。本藏的收經情況，基本上反映在《安吉州思溪法寶資福禪寺大藏經目錄》二卷[③]（以下略稱《資福藏目錄》）和《湖州思溪圓覺禪院新雕大藏經律論等目錄》二卷[④]（以下略稱《圓覺藏目錄》）中。此外據日本東京三緣山增上寺所藏經本實物整理的《增上寺三大藏經目錄・宋版》[⑤] 和《緣山三大藏總目錄》三卷，[⑥] 也是很寶貴的參考資料。

---

① 背帙《解脫道論》卷一末有靖康元年二月"王沖允親書此經開板，結大藏之因緣"的刊記，見日本《增上寺三大藏經目錄・宋版・刊記》，載《增上寺史料集・別卷》，第397頁。

② 另見臺灣道安《中國大藏經雕刻史話》第96頁附載之原經本的照片（臺北廬山出版社，1978）。

③ 見《昭和法寶總目錄》一一。

④ 見《昭和法寶總目錄》四六。

⑤ 見《增上寺史料集・別卷》。

⑥ 主要以《資福藏》為底本著錄，見《昭和法寶總目錄》二一。

尤其是中國國家圖書館珍藏着《資福藏》本四千餘卷，成為我們考查此藏最為珍貴的第一手資料。筆者曾閱覽了三百餘卷經本。本藏所收經目可以分為如下三部分。

第一部分，即正藏部分，收唐《開元録》入藏典籍，自天帙《大般若經》至群帙《護命放生軌儀法》，共四百七十九帙。

第二部分，即《開元録》以後續入藏典籍，自英帙《開元釋教録略出》至微帙《大堅固婆羅門緣起經》，共六十二帙，又可細分為如下幾類：

（1）唐宋撰集三部，十一帙（英帙至羅帙）。

（2）宋咸平二年（999）以前的宋新譯經二十帙（將帙至轂帙）。

（3）宋代著述三帙（振纓世帙）。與《福州藏》所收唐宋著譯典籍共二十六帙比較，本藏僅選録了宋太宗趙炅所撰文集共五部三十九卷，其餘十一部二百三十六卷均未録。

（4）宋咸平三年（1000）以後的宋新譯經十七帙（禄帙至溪帙），及補遺五帙（奄帙至微帙）。①

（5）唐貞元新譯經六帙（伊帙至衡帙），及補遺一帙（曲帙）。②

第三部分，本藏新增入宋代著述和南北朝譯經各一部，共七帙（旦帙至合帙）。然而在本藏刊竣後，《福州藏》又在南宋隆興至淳熙年間（1164~1176）續刻了禪宗和天台宗的著述，共十八帙，加上《福州藏》已刻的無千字文帙號的華嚴宗的著譯典籍，共十三帙，故《福州藏》最後收入的三十一帙典籍，共二十部二百八十六卷，本藏均未録。

現將本藏的收經與《福州藏》比較的情況記録如下。

1. 本藏增加的經卷，共五部七十二卷，它們是：

無帙，《佛為阿支羅迦葉自化作苦經》一卷。【按：此經係劉宋求那跋陀羅譯《雜阿含經》卷十二第三百二經的別抄本。此別抄本亦見於後世的《磧砂》《普寧》《初南》《天海》《南藏》《北藏》《嘉興》《龍藏》《黃檗》《卍字》《臺中》《大正》《中華》《義門》《知津》《縮刻》《頻伽》《佛教》諸藏。】

佐帙，《仁王護國般若波羅蜜多經》二卷。

衡帙，《大乘密嚴經》三卷。

旦孰營帙，《大宋高僧傳》三十卷。

桓至合帙，《大般涅槃經》三十六卷。

此外，羊帙《救面然餓鬼陀羅尼神咒經》後，增附《甘露經陀羅尼》；尹帙《一字奇特佛頂經》後，增附《一字頂輪王念誦儀軌》（別本），今新考目録均不記部卷數。

以上《大宋高僧傳》三十卷，是本藏首先收録的。

2. 替換《福州藏》的經卷有：

無帙，《陰持入解經》二卷，後漢安世高譯、陳氏註，替換《福州藏》的《陰持入經》二卷，後漢安世高譯。

---

① 在曲帙中只有四部是宋新譯經，即《如幻三摩地無量印法門經》三卷、《蟻喻經》一卷、《廣釋菩提心論》四卷和《一切秘密最上名義大教王儀軌》二卷，其餘十部則是補遺唐貞元新譯經。

② 曲帙中《大虛空藏菩薩念誦法》等十部經是補遺唐貞元新譯經，其餘四部是宋新譯經，參見前條腳註。

英帙，《紹興重雕大藏音》三卷，替換《福州藏》的《大唐貞元新定目錄》一卷。

以上《紹興重雕大藏音》三卷是本藏首先收錄的。

3. 未收《福州藏》的經卷，共三十六部五百二十七卷，它們是：

《菩薩善戒經》一卷（念帙）。【按：糾正了《福州藏》的重出之誤。】

《唐貞元新定目錄》一卷（陞帙）。

《景德傳燈錄》等，共七部二百四卷（振帙至溪帙）。

《註大乘入楞伽經》等，共四部三十二卷（時阿衡帙）。

《千手千眼觀自在菩薩廣大圓滿無礙大悲心陀羅尼呪本》一卷（廻帙）。

《普遍智藏般若波羅蜜多心經》一卷（廻帙）。

《千手千眼觀自在菩薩根本真言釋》一卷（廻帙）。

《大慧普覺禪師語錄》等，共十三部一百五十七卷（多帙至土帙）。

《大方廣佛華嚴經合論》等，共七部一百二十九卷[①]（無千字文帙號）。

4. 帙次不同於《福州藏》者：

遐帙，《大方廣佛華嚴經入不思議解脫境界普賢行願品》一卷，[②]《福州藏》無千字文帙號，位於全藏最後一帙，即第五百九十五帙。

戎帙，《大方廣佛華嚴經續入法界品》一卷，《福州藏》在遐帙。

5. 卷數較《福州藏》有增減，共增十一卷，它們是：

坐至垂帙，《大方廣佛華嚴經》六十卷，《福州藏》作五十卷。

伏帙，《佛華嚴入如來德智不思議境界經》一卷，《福州藏》作二卷。

羌帙，《十住經》六卷，《福州藏》作四卷。

羌帙，《等目菩薩所問三昧經》三卷，《福州藏》作二卷。

可帙，《大方廣圓覺修多羅了義經》一卷，《福州藏》作二卷。

本藏的版式有三種：第一種是開雕初期的版式，每版錄經文三十六行，折為六個半頁，每半頁六行，每行十七字。據目前所見，當一冊經本的紙數在十二紙以上時，一般會有一紙是三十行，折為五個半頁的。[③] 每版的第一折縫處有小字版片號一行（首版除外）。經板的四周是單線邊框，長約 67~68 釐米，寬約 24.5~25 釐米。這種版式是在仿《福州藏》。由於《福州藏》每冊經本的首幾行錄施刻題記，而本藏為王氏一族人施資，目前僅見六則刊記，所以這幾行多為空白行。第二種是尚待完善的版式，每版改錄經文三十行，折為五個半頁，每半頁六行，每行十七字。小字版片號一行改刻在版首，也有刻在折縫處的，尚不統一。單線邊框，長約 57 釐米，寬約 25 釐米。第三種是定型版式，完善了第二種版式。小字版片號一行一律刻在版首（首版除外），每冊首頁不再有空白行，這種版式在本藏中占絕大多數。這種始自《圓覺藏》的三十行十七字的版式，為後世的《磧砂藏》《普寧藏》《初刻南藏》《永樂南藏》所採用。

① 《普賢行願品》一卷除外，因《思溪藏》遐帙已錄。

② 《資福藏目錄》無此目，今據《增上寺三大藏經目錄‧宋版》的著錄補入。

③ 國家圖書館藏六十卷本《華嚴經》卷二，共十二紙，其中第八紙是五個半頁。

本藏的音釋與《福州藏》有着一脈相承的聯繫，不過是將音釋附於每冊尾，不同於《福州藏》每帙尾附字音冊的作法。應該説本藏僅繼承了《崇寧藏》早期所刻《法苑珠林》一百卷附音釋的作法。

最後要説明的是，見於《昭和法寶總目錄》一一的《資福藏目錄》，有多處的著錄與經本實物不符，很可能是後人於 1648 年以後，據《日本武州江戶東叡山寬永寺一切經新刊印行目錄》（以下略稱《寬永寺目錄》，又名《天海藏目錄》）① 修改過的，具體情況如下。

（1）《資福藏目錄》第五百四十八帙合字後，還有濟字至最字的五十一帙經目，總五百九十九帙。檢《圓覺藏目錄》等有關目錄和中日現存的經本實物，皆無此五十一帙經卷。而此部分經目僅見《寬永寺目錄》濟字至最字帙，唯最帙《新刊印行目錄》五卷，《資福藏目錄》改記作《大藏經目錄》二卷。因此檢《昭和法寶總目錄》一一給予《資福藏目錄》的編號，今新考目錄不計其中的 No.1436 至 No.1452，No.1454，No.1455，No.1458，共減二十號。

（2）《資福藏目錄》第五百九十七帙用字著錄《海意菩薩所問淨印法門經》十八卷和《聖觀自在菩薩不空王秘密心陀羅尼經》一卷，實為第五百四十帙皁字所收經。而皁帙著錄的八部經目，皆屬前已收經目的重出。檢《寬永寺目錄》在前惟帙漏編《藥師經》三部、非帙漏編《王法正理論》一部、力帙漏編《因明正理門論本》一部、忠帙漏編《因明論》等三部，因此在皁帙將漏編經目一次補齊。所以《資福藏目錄》無漏編的問題。故今新考目錄不計 No.1426 至 No.1429，共減四號。

（3）《資福藏目錄》第五百九十、五百九十一帙，弊煩兩字著錄《大乘中觀釋論》十八卷，實為第五百四十一帙微字所收經，僅存第一至九卷（原缺第十至十八卷），同帙還有另外四部經。檢《寬永寺目錄》微帙無此部釋論，很可能是因為新獲此部釋論十八卷本，考慮微帙容納不下，故移後弊煩兩帙內。

（4）《資福藏目錄》第一百七十三帙得字錄《觀普賢菩薩行法經》一卷，與經本實物相符，但是在第一百三十帙鳳字又錄此目，則屬重出。檢《寬永寺目錄》得帙未錄此經，改錄在鳳帙。故今新考目錄不計重出經目一號，即 No.117。

此外，No.106 後增一號，即《大方廣佛華嚴經入不思議解脫境界普賢行願品》一卷。No.608，今增計五號。No.1001 誤編兩經作一號，今分出《百喻經》二卷；No.1416 誤編兩經作一號，今分出《瑜伽蓮華部念誦法》一卷，共增二號。No.177 至 No.188，今合計一號；No.404 至 No.406，今合計一號；No.575 與 No.576，今合計一號，共減十四號。No.480 與No.482，No.1146 與 No.1149，No.1348 與 No.1355，No.1390 與 No.1391，皆分別屬於同一經，誤分二號，故今共減四號。以上編號增減相抵，今新考目錄編一千四百二十四號，較昭和總目編一千四百五十九號，減三十五號。

---

① 原本是日本慶安元年（1648）刊高山寺藏本，載《昭和法寶總目錄》三一。

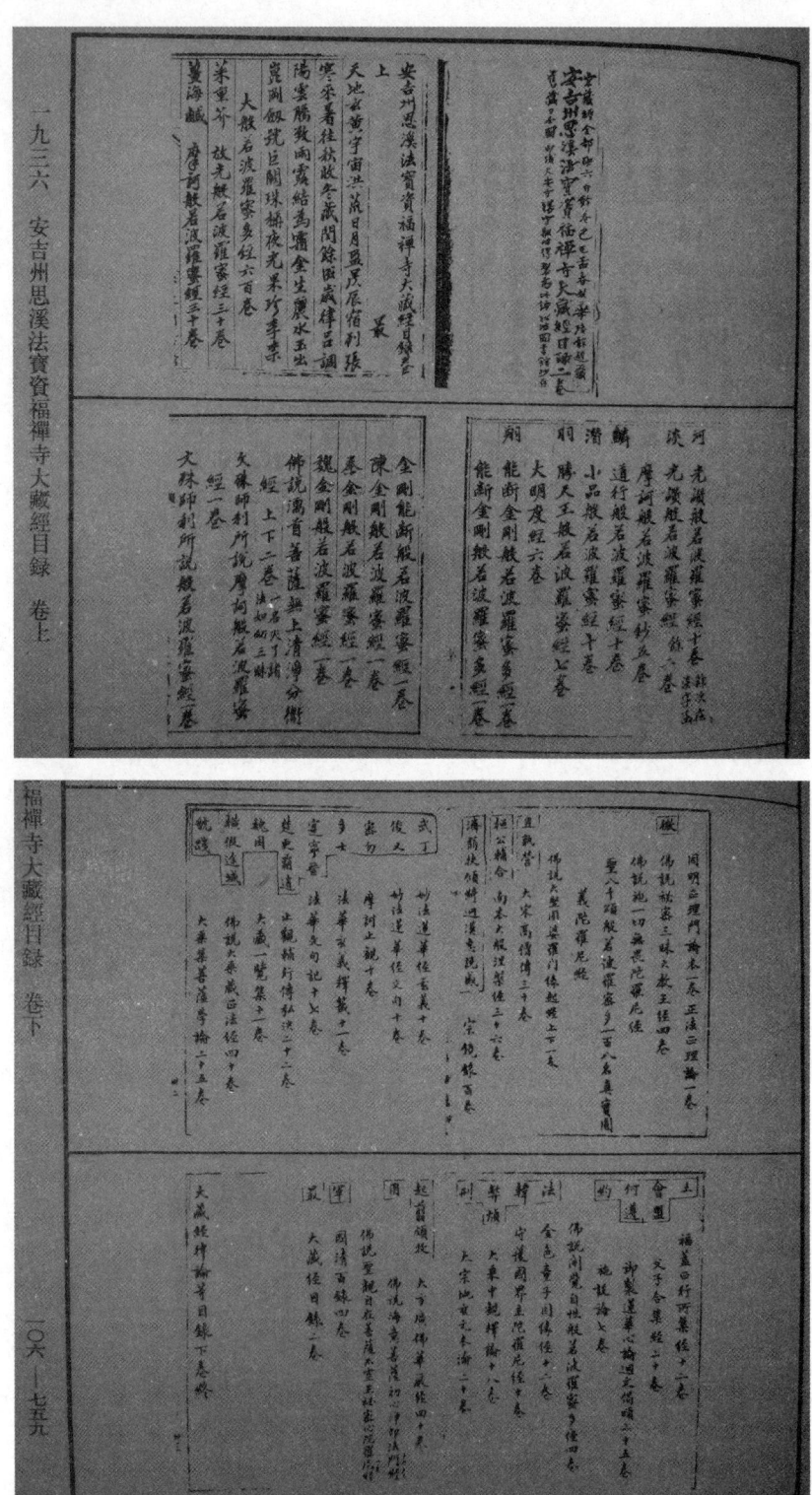

（十二）《磧砂藏》目錄校釋

《磧砂藏》因雕造於南宋平江府（今江蘇蘇州市）陳湖中磧砂延聖院而得名，又稱《延聖院本》。

民國二十年（1931）夏，朱慶瀾將軍等放賑至陝西長安，見開元、臥龍兩寺保存有基本完好的《磧砂藏》。返滬後，與葉恭綽等諸居士商議，成立了"影印宋版藏經會"，出版《影印宋磧砂藏經》。影印本以千字文帙號一字為一冊，共五百九十一冊，合成五十九帙；另有目錄、附件二冊，合成一帙。當時以為陝藏《磧砂藏》是孤本，故遇缺損處，便以《思溪》《普寧》《永樂》（即《永樂南藏》）三藏本補入。此後發現海內外尚有多處藏本，從而為恢復《磧砂藏》之全貌，起到了重要作用。

本藏是繼《圓覺藏》刻成半個多世紀以後雕造的一部私版大藏經。南宋孝宗乾道八年（1172）寂堂禪師得陳湖中費氏之洲，曰磧砂鎮，創庵其上。後擴建為大招提，請額曰延聖院。寂堂禪師曾學於水庵師一、密庵咸傑，有名孝宗時。寂堂禪師圓寂後，法音接任住持，並於寧宗嘉定九年（1216）開始雕造大藏經，[①] 經板存院北之大藏經坊。寶祐六年（1258）延聖院遭遇火災，唯懺殿與寂堂之舍利塔不火，大藏經板也幸免於難。咸淳初（1265）住持可樞重建殿堂，恢復刻經。不過自咸淳九年（1273）以後直至宋亡，乃至元初，雕經事業已停止。元代至元二十五年（1288），在第六任住持惟吉時，建成刻經室，又建觀音殿。此時的延聖院在遠近之大招提中居首位，曾兩次請僧圓至撰記。[②] 大德元年（1297）又開始刻經，直到至治二年（1322）全藏刊竣，收經總五百六十帙（天帙至感帙、約法帙）。其間在大德十年至十一年（1306～1307），由松江府僧錄廣福大師管主八主持和募緣，從大都弘法寺取到南方大藏經中所缺的二十八帙（武帙至遵帙）秘密經典，於是在杭州路立局刊雕。海內外人士聞訊，也有奉送經本的，並陸續被刻板入藏，例如：大德十年正奉大夫同知行宣政院事廉復，以江浙總統沙囉巴譯《彰所知論》二卷，傳與管主八，續入何帙；皇慶元年（1312）高麗人樸盧中，附經航海送來《大阿彌陀經》二卷，續入寧帙；延祐七年（1320）刻《佛說密跡力士大權神王經》一卷，續入武帙。此後在元末至正二十三年（1363）由管主八之子將經板舍入磧砂延聖寺大藏經坊，使得全藏的總帙數增至五百八十八帙。明初洪武二十年（1387）杭州吳山雲居庵住持智昺重刊《天目中峰和尚廣錄》三十卷，合三帙，也被收入《磧砂藏》，從而使本藏最終達到五百九十一帙（天帙至煩帙），收經總一千五百十七部，合六千三百六十三卷（或六千三百七十二卷）。現存經本的最遲刷印時間是明宣德七年（1432），[③] 由此可知《磧砂藏》的刊印史，自南宋嘉定九年（1216）開始，已歷時二百十六

---

① 日本奈良西大寺藏《磧砂藏》本《大般若經》卷一有南宋嘉定九年的刊記，見李際寧《北京圖書館藏磧砂藏研究》，載《北京圖書館刊》1998 年第 3 期，第 71、73 頁。

② 元僧圓至撰《平江府陳湖磧砂延聖院記》和《延聖院觀音殿記》，見《牧潛集》卷 3，載《景印文淵閣四庫全書》第 1198 冊，集部 137·別集類，臺北商務印書館，第 120～122 頁。

③ 國家圖書館藏北京居民董福成請印本，有落款 "宣德七年八月吉日助緣人楊安" 的題記，見李際寧《〈金藏〉新資料考》，載方廣錩主編《藏外佛教文獻》第 3 輯，宗教文化出版社，1997，第 447～448 頁。

年，經宋、元、明三個朝代。

本藏雕印的組織機構，在南宋時稱名"平江府磧砂延聖院刊造大藏經板局"。由幹緣僧和幹緣道者、幹經僧、藏主法忠、都勸緣住持釋法音及都勸緣大檀越保義郎趙安國組成。元初大德三年（1299）十一月，延聖院陞格為寺，刊經局亦改稱"平江路磧砂延聖寺大藏經局"。此時的大藏經局，分工嚴謹，由對經、點樣、管局、提調、掌局、功德主、大檀越一班人組成，前湖廣安南等處行中書省參知政事張文虎任"大檀越"。① 大德十年（1306）七月，大藏經局的組成又有變動，首次由行宣政院所委官前松江府僧錄廣福大師管主八掌局，主緣刊大藏經，並有如下分工：刊字作頭、局司、宣力、對經、提調、點對、管局、校證、掌局、勸緣功德主。在全部二十二人中，有一人是中書省官員，任勸緣都功德主，還有三人是行宣政院所委官，這表明了磧砂延聖寺大藏經局與當時主管宗教事務的行宣政院，在聯手雕造大藏經。②

由於南宋末年戰事頻繁，大戶人家且貧，施予者少，因此自嘉定九年至咸淳八年（1216～1272）的五十六年間，刊經卷數只占全藏的百分之二十二。元初經過十幾年的經濟恢復和發展，社會生活狀況已有明顯改善，因此自大德元年至至治二年（1297～1322）全藏竣工的二十五年間，刊經卷數竟然達到全藏的近百分之八十。

本藏目錄的編集，在宋代依據的是《圓覺藏目錄》，③ 而在元代改依《普寧藏目錄》。④ 現存端平元年（1234）刻《平江府磧砂延聖院新雕大藏經律論等目錄》二卷（以下略稱《端平目錄》），⑤ 實屬《圓覺藏目錄》二卷的覆刻本。經統計，本藏見存的宋刻經本有二百六十部一千四百十一卷，⑥ 絕大部分是大乘經典。進入元代以後，由於《普寧藏》已於至元二十七年（1290）刻竣，並經過精心校勘，因此必然成為《磧砂藏》在元代繼續雕造所據之底本。故本藏元刻經本的編次等，就與《端平目錄》多有出入，凡差異處，則與《普寧藏目錄》吻合。

現將本藏的收經情況，分三部分記述如下。

第一部分，宋刻經卷與《資福藏》比較的情況。

翔帙，《金剛般若波羅蜜經》一卷，元魏菩提留支譯，糾正了《資福藏》將陳朝真諦譯本重出，而標作魏朝留支譯之誤。

---

① 詳見虞帙《大乘大方等日藏經》卷四末的刊記。
② 詳見氣帙《阿毗達磨集異門足論》卷十五末的刊記。
③ 見《昭和法寶總目錄》四六。
④ 見《昭和法寶總目錄》二六。
⑤ 見《昭和法寶總目錄》一二。
⑥ 這個數字較李富華、何梅：《漢文佛教大藏經研究》中所記二百五十部一千三百六十七卷，增加了十部四十四卷，它們是：安帙五部五卷經，即《佛說七女經》《佛說八師經》《佛說越難經》《佛說所欲致患經》《阿闍世王問五逆經》；令至籍帙《佛本行集經》三十七卷；無帙《阿含正行經》一卷，咸淳二年刊；陪帙《囉嚩拏說救療小兒疾病經》一卷；阿帙《金剛頂瑜伽千手千眼觀自在菩薩修行儀軌經》一卷，以上合計九部四十五卷。另有坐至垂帙《大方廣佛華嚴經》五十八卷，《研究》將此經的序號給了有元代刊版年號的卷十五和卷三十，故此經的宋刻本卷次就無序號了，即未統計部數；此外《研究》記此經的宋刻本有五十九卷，實誤增一卷。如今統計此經應以增一部，減一卷計算，再與上文記九部四十五卷合計，正好增加了十部四十四卷。有關宋刻本經卷的詳細情況，見《研究》第702~725頁。

服帙,《法鏡經》二卷,《資福藏》作一卷。

此外,董海鹹帙,《摩訶般若波羅蜜經》三十卷,較《資福藏》本尚缺第七十至九十品經文(《初刻南藏》同)。故臺灣版《中華藏》已用《永樂南藏》本補缺,共八卷二十一品。今考脱文之原因,很可能是趙安國已刊此經全三十卷,後因宋寶祐六年(1258)延聖院大火,經板損失,僅存前八卷。宋咸淳二年至六年(1266～1270)又以四十卷本作底本,補刻了第九卷至三十卷。雖卷數不差,但實缺四十卷本之第三十一卷至四十卷的經文。不僅如此,補刻本卷九發趣品第二十至卷十二天主品第二十七,還是僅存趙安國刊本卷六至卷八同名品目的重出。

第二部分,元刻經卷與《普寧藏》比較的情況。

1. 較《普寧藏》增加的經卷,共二部十五卷。

約法帙,《傳法正宗記》十二卷。

法帙,《輔教篇》三卷。

2. 替換《普寧藏》的經卷。

賢帙,《菩薩善戒經》九卷與《菩薩善戒經》一卷,替換《普寧藏》本《菩薩善戒經》十卷。

3. 未收《普寧藏》第五百八十七帙(無千字文帙號)的經卷,共七部八卷,它們是:

《文殊菩薩最勝真實名義經》一卷;

《佛頂大白傘蓋陀羅尼經》一卷;

《壞相金剛陀羅尼經》一卷;

《藥師琉璃光王七佛本願功德經念誦儀軌》二卷;

《藥師琉璃光王七佛本願功德經念誦儀軌供養法》一卷;

《初學記》一卷;

《正行集》一卷。

另外,《普寧藏》在《救面然餓鬼陀羅尼神呪經》後附《甘露經陀羅尼呪》,本藏無後附呪。

4. 帙次不同於《普寧藏》者。

邇帙,《大方廣佛華嚴經續入法界品》《大方廣菩薩十地經》和《兜沙經》,《普寧藏》皆在戒帙。

第三部分,二十八帙秘密經。

1. 二十八帙秘密經有本者,不再覆刻《普寧藏》本,它們是:

密帙,《一切如來安像三昧儀軌經》一卷,《普寧藏》本在八帙。

密帙,《金剛壽命陀羅尼念誦法》一卷,《普寧藏》本在曲帙。

寔帙,《無能勝大明陀羅尼經》一卷,《普寧藏》本在戶帙。

寔帙,《無能勝大明心陀羅尼經》一卷,《普寧藏》本在戶帙。

寔帙,《妙吉祥菩薩所問大乘法螺經》一卷,《普寧藏》本在冠帙。

寔帙,《八大菩薩經》一卷,《普寧藏》本在冠帙。

寧帙，《一字頂輪王念誦儀軌》一卷，《普寧藏》本在曲帙。

寧帙，《瑜伽蓮華部念誦法》一卷，《普寧藏》本在曲帙。

2. 二十八帙秘密經有本，又覆刻《普寧藏》本，造成重出，它們是：

武帙，《曼殊室利菩薩吉祥伽陀》一卷，又覆刻《普寧藏》羣帙同名經則重出。【按：《初刻南藏》《緣山》《永樂南藏》《北藏》《嘉興》《龍藏》《黃檗》《卍正》《臺中》《義門》《知津》同錯。】

密帙，《金剛頂瑜伽金剛薩埵儀軌》一卷，又覆刻《普寧藏》衡帙《金剛頂瑜伽金剛薩埵五秘密修行念誦儀軌》一卷則重出。【按：《初刻南藏》《緣山》《永樂南藏》《北藏》《嘉興》《龍藏》《黃檗》《卍正》《臺中》《義門》《知津》同錯。】

密帙，《大方廣曼殊室利經》一卷，又覆刻《普寧藏》尹帙同名經則重出。【按：《初刻南藏》《永樂南藏》《臺中》《義門》《知津》同錯。】

寧帙，《大樂金剛不空真實三摩耶般若波羅蜜多理趣經》一卷，又覆刻《普寧藏》尹帙同名經則重出。【按：《初刻南藏》《臺中》《中華》同錯。】

在這裡要指出的是，《影印宋磧砂藏經》的編者未詳審，見《普寧藏目録》戶帙有《無能勝大明陀羅尼經》一卷和《無能勝大明心陀羅尼經》一卷，而《磧砂藏》戶帙無本（實見録於二十八帙秘密經），就據《思溪藏》本補入，造成重出。另外，將《普寧藏》本更帙《顯密圓通成佛心要集》二卷的帙號覆蓋上，移前功帙的做法亦不妥。儘管本藏功帙冊首的目録著有本經，但實際上未刻經板，因二十八帙秘密經已有刻板。

在影印本出版時，已知尚有經名失考，暫無從訪補者十一卷。1952 年胡適在美國普林斯敦大學葛思德東方書庫發現了其中的七卷，它們是：

寧三，《金剛頂經觀自在王如來修行法》一卷（明萬曆年間鈔本）。

寧四，《略述金剛頂瑜伽分別聖位修證法門》一卷（元刻本）。

更一，《瑜伽集要救阿難陀羅尼焰口軌儀經》一卷（元刻本）。

更二，《顯密圓通成佛心要集》卷上（元刻本）。

更三，《顯密圓通成佛心要集》卷下（元刻本）。

橫七，《地藏菩薩本願經》卷上（明萬曆年間鈔本）。

橫八，《地藏菩薩本願經》卷下（元刻本）。

1998 年日本奈良縣教育委員會在對西大寺藏《普寧藏》進行調查時，又有新的發現：（1）葛思德東方書庫橫七《地藏菩薩本願經》卷上是鈔本，而西大寺有元刻本；（2）《磧砂藏》缺本待訪的寧九、寧十兩冊，在西大寺有不明版本的《大阿彌陀經》卷上、卷下兩冊；（3）楚帙中，影印本僅有楚一至楚十的兩部經，而在西大寺還有楚十一《密呪圓因往生集》一卷。①

對於上述寧九、寧十的收經問題，筆者在完成了對明版《初刻南藏》寧帙收經的考察後，

---

① 〔日〕梶浦晉：《普寧寺版大藏經略考》，劉建譯，載《佛學研究》1999 年第 8 期。另見《西大寺所藏元版一切經調查報告書》，奈良縣教育委員會，1998 年 3 月 31 日。

可以判定西大寺藏本《大阿彌陀經》二卷，就是《磧砂藏》寧九、寧十缺本待訪的經。①

1998 年筆者在考察山西太原崇善寺藏《磧砂藏》時，也有新的發現：（1）葛思德東方書庫寧三《金剛頂經觀自在王如來修行法》一卷是鈔本，而崇善寺有元刻本；（2）武帙中，影印本僅有武一至武十一的五部經，然而在崇善寺還有武十二《佛說密跡力士大權神王經》一卷。

至此，影印本中缺本待訪的十一卷，已補足了九卷，還有未列為缺本待訪的武十二、楚十一兩卷，均為元代刻本。因此僅缺何八、何九兩卷了。對於何帙缺本的經卷，筆者通過對明《初刻南藏》和《永樂南藏》的考察發現，何帙應當還有第七冊也是待訪補的。兩部南藏皆將《彰所知論》上、下兩卷刊為一冊，卷上末在第十七版，全冊共三十二版。檢影印本《磧砂藏》的《彰所知論》卷上之末，版片號作“何六，十七”，卷下以《永樂南藏》本補，分作何六、何七兩冊。今以影印本卷上之末的版次與兩部南藏同，而在“十七”下未刊“末”字，由此判斷，《磧砂藏》本《彰所知論》兩卷，原來是被同刊在“何六”一冊中的。因此何帙缺本待訪者就不僅僅是何八、何九了，還有何七，共三冊。那麼這三冊所收為何經呢？筆者考慮，由於何帙現存的五部經，都是元代人撰著和翻譯的，因此在元沙囉巴譯《彰所知論》後，與元智慧譯《聖者文殊師利發菩提心願文》前，有可能收入的是沙囉巴譯《文殊菩薩最勝真實名義經》一卷、《佛頂大白傘蓋陀羅尼經》一卷、《壞相金剛陀羅尼經》一卷、《藥師琉璃光王七佛本願功德經念誦儀軌》二卷和《藥師琉璃光王七佛本願功德經念誦儀軌供養法》一卷。這五部六卷經目見於《普寧藏目錄》最後一帙。前三部是白雲宗宗攝沈明仁奉聖旨，於元至大三年（1310）刊板入藏的；後兩部是沈明仁奉聖旨，於元皇慶二年（1313）刊板入藏的。據目前所知，在二十八帙秘密經中，直到元延祐七年（1320）還有經本續入，因此沙囉巴譯的上述五部經被收入二十八帙秘密經是有可能的。

本藏的版式為每版錄經文三十行，每行十七字，折為五個半頁，繼承了《圓覺藏》後期的版式。只是將《圓覺藏》刻於版首的版片號一行小字，改刻在折縫處，凡單數版次，皆在第一折縫處；凡雙數版次，則在第二折縫處。本藏的這種版片號的標註位置，為其後的經折裝大藏經所沿襲。本藏的宋刻本與元刻本的版式是有區別的，主要有兩點：其一，每冊首末經題下的標註不同。宋刻本僅註千字文帙號，元刻本在千字文帙號下增加冊次。其二，版片號的內容不同。宋刻本一般記千字文帙號、經名及卷次、版次、刻工名，元刻本則記千字文帙號及冊次、版次、刻工名。本藏元刻本的版式同《普寧藏》，甚至連字體都相似。

本藏有全藏扉畫共九幅，② 每帙首冊經本可見扉畫一幅。另有兩幅單經的扉畫，一幅見於元皇慶元年（1312）刻《大阿彌陀經》卷上，係阿彌陀說法圖，兩個半頁；另一幅見於元延祐七年（1320）刻《佛說密跡力士大權神王經》卷首，係三頭八臂之大權神王手執寶器，降伏螺髻梵王圖，兩個半頁。

現存明代印造的《磧砂藏》中，有用其他刻本替補的經卷。《大般若經》六百卷、《大

---

① 李富華、何梅：《漢文佛教大藏經研究》，第 305~310 頁。

② 陝西藏本有八幅，已見影印本。山西太原崇善寺還有第九幅扉畫，見李富華、何梅《漢文佛教大藏經研究》插圖第 4 頁。

寶積經》一百二十卷和《大涅槃經》四十卷，已改用元泰定元年至至正九年（1324~1349）刊造的湖州吳興妙嚴寺本；《大華嚴經》八十卷，美國普林斯頓大學圖書館和中國國家圖書館藏本已改用明建文元年（1399）的天龍寺刻本，而山西崇善寺藏本已改用明杭州府楊家經坊印行的一種刻本。崇善寺本八十卷《大華嚴經》末帙，即臣帙中還有元延祐六年（1319）雪川比丘崇哲施財刊造的《普賢行願品》一卷，本卷無千字文帙號，裝幀同《磧砂藏》。

（十三）《普寧藏》目録校釋

《普寧藏》因雕造於元代杭州路余杭縣白雲宗南山大普寧寺而得名，又稱《元藏》《杭州藏》《普寧寺本》。

由於南宋末《資福藏》經板毀於兵火，於是杭州路大明慶寺寂堂思宗師召集諸山禪教師德共議重刊大藏經，並囑託古山道安及白雲宗協力完成，因此屬於民間組織雕造的一部私版大藏經。

白雲宗祖師釋清覺於北宋元祐八年（1093）來到杭州靈隱寺，該寺住持懶庵童和尚請師居於寺後的白雲庵。此後釋清覺宣講《華嚴經》，創宗立説，以所居庵名定為白雲宗。白雲庵在南宋淳熙七年（1180）改名為普寧寺。師所撰《初學記》《正行集》後來均被收入《普寧藏》。

道安謹遵囑託，曾兩度奔走朝廷，蒙江淮諸路釋教都總攝准給文憑，並轉呈檐八上師引觀，終獲聖旨，授命道安任浙西道杭州等路白雲宗僧録，護持宗門作成聖事。當道安再次北行時，於至元十八年（1281）春示寂於大都大延壽寺。

本藏的刊造，始自蒙古世祖至元十四年丁丑（南宋端宗景炎二年，1277），終於元世祖至元二十七年庚寅（1290），歷時十四年完成。全藏刊竣時總共五百五十八帙（天帙至感帙）。大德十一年（1307）以後續入管主八所刊秘密經文二十八帙（武帙至遵帙）；至大三年（1310）和皇慶二年（1313），又續入沙囉巴譯經及白雲和尚《初學記》《正行集》，合一帙；最後於元統三年（1335）又續入《天目中峰和尚廣録》三帙，[①] 使全藏的總帙數達到五百九十帙，最後四帙無千字文帙號。收經總一千五百十八部，合六千三百五十二卷。

在白雲宗僧録司掌管下的大藏經局，有多達一百四十餘人任職，分工嚴密，有刊字作頭、措置梨板勾當、合造光選經板勾當、點視刊板書樣印造勾當、正字勾當、藏主勾當、副局監局主局勾當、知事者舊勾當、化緣勾當、提調勾當，並有白雲宗僧録司的官員參與領導工作；還有校勘經藏的沙門、校勘論藏的各宗講經論沙門、校勘律藏的傳律沙門；還有勸緣沙門，由各寺住持僧和江淮諸路釋教都總統所的官員任職，並由宣授江淮諸路釋教都總統永福大師楊璉真加任都勸緣；由檐八上師任功德主。

白雲宗僧録大普寧寺住持如志於大藏刊竣當年撰有一篇詳盡的刊藏題記，[②] 成為我們瞭解本藏雕造經過的珍貴史料。大普寧寺住持自道安始，經如一、如志、如賢，最後如志又接替如賢再任住持，歷經五任，終成大業。

本藏用十四年刊成，其驚人之速度，可與北宋官版《開寶藏》媲美，這與刻藏資金有保障是分不開的。本藏勸緣的地區主要在杭州路、嘉興路、湖州路和平江路，施資人多為奉佛弟子及庵主、僧人。這不僅表明了白雲宗僧徒活動的區域，而且説明了白雲宗是庶民佛教。

① 見明代雲居庵重刊本所載大普寧寺住持臣僧明瑞的題記，載《中華大藏經》第 78 冊第 432 頁。

② 見臣帙《大方廣佛華嚴經入不思議解脱境界普賢行願品》，載日本《增上寺三大藏經目録·元版（刊記）》第 193 號，第 332、333 頁。另見李富華、何梅：《漢文佛教大藏經研究》，第 323、324、330~334 頁。

從有施刻題記的經卷不足全藏的半數來看，刻藏資金的主要來源，應與檀八上師任功德主，以及永福大師楊璉真加和扶宗弘教大師行吉祥任都勸緣有着密切聯繫。

現存的《普寧藏》目録，是元大德三年（1299），即全藏刊竣後九年，由普寧寺比丘如瑩編寫的，題名《杭州路余杭縣白雲宗南山大普寧寺大藏經目録》四卷（以下略稱《普寧藏目録》）。① 本目録是在普寧寺所刊《思溪藏》目録的基礎上，首次註明每帙號中各經所在的卷次（即冊次）。若某帙卷數多，則增一帙以貯之，不改變帙號，分為上下，皆有小註說明。應該説，直到《普寧藏》的刊刻，才最終解決了刻本大藏經板片的編號問題。宋《開寶藏》使用了千字文編帙，《崇寧藏》又將一冊中含兩種以上經卷的版次給出連續編號，《普寧藏》又增加了每冊的編次，從而使一部多達十幾萬版次的大藏經，形成了一個有條不紊的整體。

本藏對校勘出來的誤重出之經本，對新勘的同本異譯之經本，以及對新增入藏的同名經本等，或在某經尾以普寧寺經局的名義録出校勘記，② 或在某經題名下附以註文，説明原委，③ 這已成為《普寧藏》版本價值的一大特色。本藏的校勘成果，已為《磧砂藏》元刻本及明清諸部大藏經所繼承，校勘記亦被轉載。

現就本藏所收經目，分兩部分記述如下。

第一部分，本藏刊竣時總五百五十八帙的收經與《資福藏》比較的情況。

1. 本藏增加的經目，共五部一百四卷，它們是：

男帙，《不空羂索神呪心經》一卷，唐玄奘譯。

良帙，《呪三首經》一卷（《普寧藏目録》分出一目，而《資福藏》附唐地婆訶羅譯《佛頂最勝陀羅尼經》後）。

羊帙，《甘露經陀羅尼》一卷（《普寧藏目録》分出一目，而《資福藏》附《救面然餓鬼陀羅尼神呪經》後）。

竟帙，《五無返復經》一卷（竺堂講主校定竺本）。

濟至感帙，《宗鏡録》一百卷。

此外，安帙《得道梯橙錫杖經》後，增附《又持錫杖法》，不記部卷數。

2. 替換《資福藏》的經目有：

木帙，《寶雲經》七卷，替換《資福藏》的《大乘寶雲經》七卷。

無帙，《陰持入經》二卷，替換《資福藏》的《陰持入解經》二卷。

【按：以上《資福藏》及《福州藏》所録《大乘寶雲經》，很可能是《開元録》卷十四記《寶雲經》三種譯本中之一缺本，即陳扶南國沙門須菩提譯本。但是《普寧藏》未收此本，還是選擇了《開元録·入藏録》著録的《寶雲經》，後世多數大藏經皆同《普寧藏》的選擇。以上《資福藏》所收《陰持入解經》，是後漢安世高譯、吳陳慧註解本，非《開元録·入藏録》著録的後漢安世高譯本，故《普寧藏》亦未採用。】

① 見《昭和法寶總目録》二六。
② 見翔帙，元魏菩提留支譯《金剛般若波羅蜜經》。
③ 見羊帙，唐提雲般若等譯《諸佛集會陀羅尼經》等；竟帙，《五無反復經》之同名經等。

　　另外，現存本振縷世帙《景德傳燈録》三十卷，是延祐四年至泰定元年（1317~1324）住持明實補刊，而此前已於至元二十七年（1290）刻竣的全藏，這三帙恐非空帙，否則大德二年（1298）山西太原大顯聖寺印本就不會有"六千二十卷"之多。[①] 那麽本藏最初這三帙的情況如何？因無實物可證，若據本藏的雕造，意在重刻《資福藏》，而《資福藏》此三帙所録為《御製消遙詠》十一卷、《御製緣識》五卷、《御製秘藏詮》二十卷、《御製佛賦》二卷、《御製詮源歌》一卷，共五部三十九卷，本藏所收亦當如此。筆者認為，如今統計《普寧藏》的部數、卷數，應以泰定元年以後收録《景德傳燈録》三十卷一部計數為宜。

　　3. 糾正了《資福藏》的重出、誤記經目，它們是：

　　翔帙，《金剛般若波羅蜜經》一卷，元魏菩提留支譯，糾正了《資福藏》將陳朝真諦譯本重出，標作魏朝留支譯之誤。

　　男帙，《不空羂索呪心經》一卷，唐菩提流志譯，糾正了《資福藏》記唐玄奘譯之誤。【按：《資福藏》失真玄奘譯本，本藏已補入，見前文男帙。】

　　4. 卷數不同於《資福藏》者，增減相抵。

　　湯帙，《寶星陀羅尼經》八卷，《資福藏》作十卷。

　　常帙，《無極寶三昧經》二卷，《資福藏》作一卷。

　　絲帙，《一字佛頂輪王經》六卷，《資福藏》作五卷。

　　傳帙，《彌勒菩薩所問經論》七卷，《資福藏》作六卷。

　　堂帙，《妙法蓮華經論優波提舍》二卷，《資福藏》作一卷。

　　曲帙，《廣釋菩提心論》二卷（原缺第三、第四卷），《資福藏》作四卷。

　　5. 帙次不同於《資福藏》者，它們是：

　　樹帙，《維摩詰經》三卷，《資福藏》在白帙。

　　白帙，《維摩詰所説經》三卷，《資福藏》在樹帙。

　　堂帙，《妙法蓮華經論優波提舍》二卷，《資福藏》在虚帙。

　　第二部分，本藏刊竣後續入的三十二帙經目。其中最後四帙所收經目，前文已述。只有二十八帙秘密經的詳細目録至今未見記載，《普寧藏目録》僅記"武至遵計貳拾捌號秘密經另有目録"一行字。根據目前對《磧砂藏》中二十八帙秘密經的考查，已知收經九十八部三百一十六卷。經查，其中有十二部十二卷是《普寧藏》已刻經卷。那麽普寧寺的僧人們會怎樣處理這十二部經的重出問題呢？是保留已刻經卷，而撤除秘密經中的重出經卷，還是不撤除重出經卷，皆予保留？由於保存有這部分秘密經的山西晉城青蓮寺本、陝西扶風法門寺本和日本奈良西大寺本之《普寧藏》都已殘缺不全，尚不知是否有這十二部經卷。為此，今新考目録在製作本藏的二十八帙秘密經目録時，為避免重出，暫且撤除了這十二部重出本，它們是：

　　武帙，《曼殊室利菩薩吉祥伽陀》一卷，已見輦帙。

　　密帙，《一切如來安像三昧儀軌經》一卷，已見八帙。

　　密帙，《金剛頂瑜伽金剛薩埵儀軌》一卷，已見衡帙。

密帙，《金剛壽命陀羅尼念誦法》一卷，已見曲帙。

密帙，《大方廣曼殊室利經》一卷，已見尹帙。

寔帙，《無能勝大明陀羅尼經》一卷，已見戶帙。

寔帙，《無能勝大明心陀羅尼經》一卷，已見戶帙。

寔帙，《妙吉祥菩薩所問大乘法螺經》一卷，已見冠帙。

寔帙，《八大菩薩經》一卷，已見冠帙。

寧帙，《大樂金剛不空真實三摩耶般若波羅蜜多理趣經》一卷，已見尹帙。

寧帙，《一字佛頂輪王念誦儀軌》一卷，已見曲帙。

寧帙，《瑜伽蓮華部念誦法》一卷，已見曲帙。

本藏的版式，屬前期所刊為數不多，例如：天地元帙《大般若經》，在每冊首尾的經題下只註千字文帙號，不註冊次；迤至賓帙《大般涅槃經》四十卷、《大般涅槃經後譯荼毘分》二卷是每版三十行，每行十八字。屬後期所刊占絕大多數，每版三十行，每行十七字，在每冊首尾之經題下，不僅標註千字文帙號，而且還註明冊次。版片號的標註，也較宋刻版更簡明，記千字文帙號及冊次、版次、刻工姓名（首版僅註版次）。本藏後期版式的這些優點，為後世刻本大藏經所繼承。

本藏無全藏的扉畫。唯山西省圖書館藏《解脫道論》卷一前附有扉畫一幅，扉畫左側（以觀者的左右為準）有題款，第一行記"幹緣雕大藏經板白雲宗主慧照大師南山大普寧寺

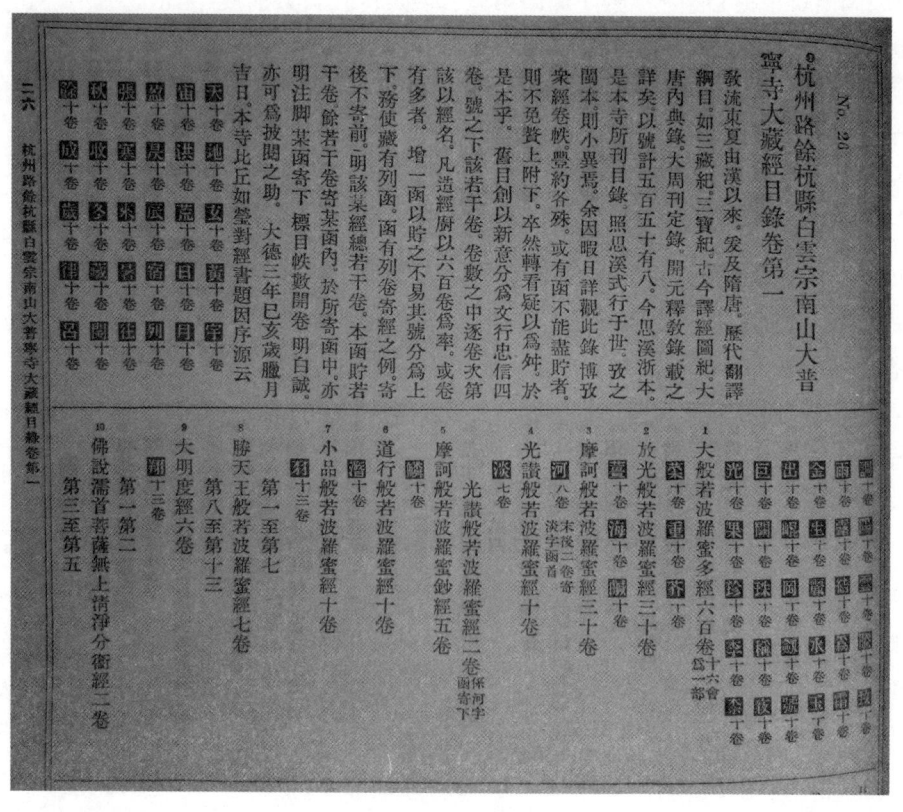

住持沙門道安"，第二行記"功德主檜八師父金剛上師慈願弘深普皈攝化"。

　　檢《昭和法寶總目錄》二六給予《普寧藏目錄》的編號，其中 No.11，今新考目錄增計二號；No.13，No.605，今分別增計一號，共增四號。No.79 後增一號，即《大方廣佛華嚴經入不思議解脫境界普賢行願品》一卷；No.1437 後增一號，即《天目中峰和尚廣錄》三十卷。No.104 誤編兩經作一號，今分出《大般涅槃經後分》二卷；No.400 誤編兩經作一號，今分出《三劫三千佛名經》三卷；No.1068 誤編兩經作一號，今分出《眾經目錄》五卷，共增三號。No.172 至 No.183，今合計一號；No.569 與 No.570，No.804 與 No.805，No. 907 與 No.908，今分別合計一號，共減十四號。另外，今增計二十八函秘密經目八十六部三百零四卷，共增八十六號。以上編號增減相抵，今新考目錄編一千五百十八號，較昭和總目編一千四百三十七號，增八十一號。

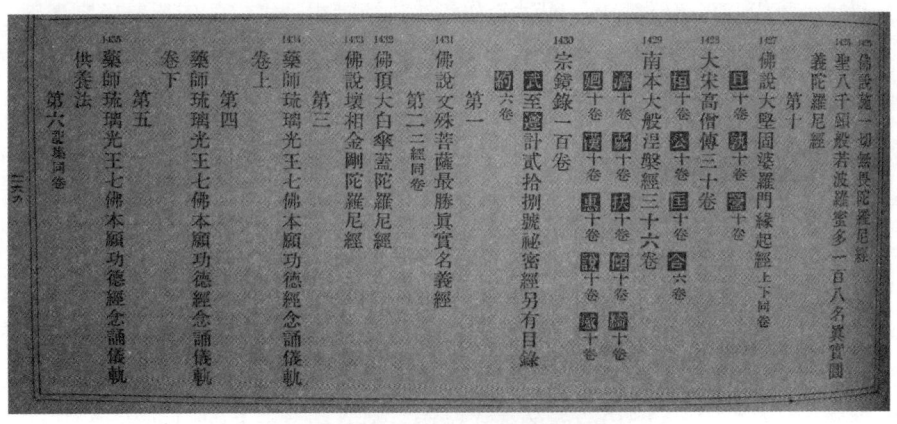

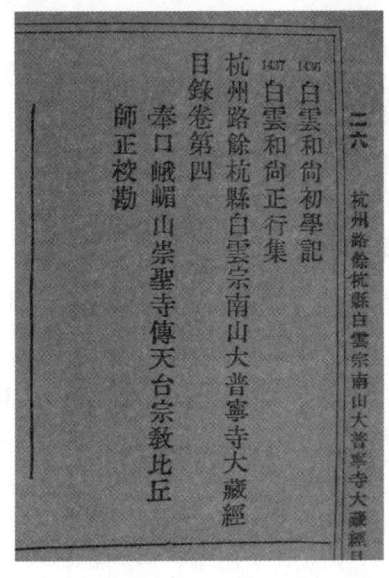

（十四）《初刻南藏》目錄校釋

在明初的幾十年間，先後雕造了三部官版大藏經，這在中國大藏經的雕刻史上是空前絕後的。世人將刊板於南京的大藏經稱為《南藏》，而刊板於北京的則稱作《北藏》。又因《南藏》有過兩次雕板，所以有《初刻南藏》與《再刻南藏》（又名《永樂南藏》）的區別。

民國二十三年（1934），在四川省成都市附近的崇慶縣街子鄉（今崇州市街子鎮）鳳棲山上古寺，發現了一部保存完整的明刻本大藏經。二十七年（1938）春，南京支那內學院分建於蜀，設訪經科。釋德潛遵師囑，將古寺經本抄目摹樣，寄歸勘之。經過呂澂先生研究後發現，這是一部已隱沉五百載的《初刻南藏》。這是二十世紀三十年代繼陜西開元、臥龍兩寺發現宋元刻本《磧砂藏》，山西趙城縣廣勝寺發現金刻本《趙城藏》後的又一重要發現，而且與《趙城金藏》同為海內外僅存之孤本。

古寺創建於唐代，舊名常樂寺。明洪武初年法仁禪師來到古寺，使禪學遂宗天下，僧侶動成千百。經蜀獻王奏請，敕賜“光嚴禪院”。法仁禪師入寂，蜀獻王為建石塔，並諡曰：悟空禪師，禪師肉身坐於塔中。永樂初年蜀獻王請印了一部大藏經，牙籤縹帙，一匣一函，裝潢精緻，安放於寺內修建的藏經樓及藏經車輪中。明末古寺遭劫難，僅存藏經樓、藏經車及林泉雙釜。全國解放初的1952年，崇慶縣政府為妥善保管這部大藏經，將其移交四川省圖書館保存。

《初刻南藏》始刻於明惠帝建文元年（1399）春，至建文三年冬，在即將刊畢大藏經律論時，又敕僧錄司，將各宗要籍，依宗系編入。全藏刻事結束當在建文末年（1402）六月金川門開，明成祖朱棣即皇帝位之前。本藏《古尊宿語錄》卷八尾，有僧錄司左講經兼雞鳴禪寺住持沙門幻居淨戒的題識，文云：“大明□□改元己卯春，佛心天子重刻大藏經板，諸宗有關傳道之書制許收入。”在明代改元的各年號中，只有建文元年是己卯年，因此在“大明”二字後，原板剗去了建文二字。這是明太祖朱元璋的四子朱棣，在靖難起兵稱帝后，全力毀滅建文一代歷史的見證。此外，僧錄司左闡教兼靈谷寺住持釋居頂在《續傳燈錄序》中也有明確記載：“洪武辛巳【按：即建文三年】冬，朝廷刊大藏經律論將畢，敕僧錄司，凡宗乘諸書，其切要者，各依宗系編入。”[1] 居頂和淨戒都是僧錄司的官員，淨戒還是本藏多部禪宗要籍的重校者，因此他們對《初刻南藏》雕造情況的記載是可信的。

《初刻南藏》以往稱《洪武南藏》，這是不準確的。由於《金陵梵剎志》記載明太祖朱元璋“洪武五年（1372）壬子春，即蔣山寺建廣薦法會。命四方名德沙門先點校藏經”，[2] 所以後世才有關於《南藏》始刻於洪武五年的傳統說法，以及《洪武南藏》的稱謂。一般來講，點校藏經是在雕板大藏之前，但是若僅有點校藏經之命，而無雕造大藏的詔令或其他可靠的歷史記載，以及未見經本實物，是不能確定明太祖洪武年間有刊板大藏經之史實的。

本藏刻成後，經板存放於天禧寺。在明代，天禧寺與蔣山寺和天界寺並稱金陵三大梵

---

① 見上海圖書館藏明宣德八年（1433）刻本，釋居頂撰《圓庵集》卷四。另見《卍續藏經》續乙第十五套第二冊。

② 見明葛寅亮撰《金陵梵剎志·欽錄集》卷二，明萬曆三十五年（1607）南京僧錄司刊版。

刹。永樂五年（1407）七月仁孝皇后崩逝，曾於寺內啟建無遮法會。但此後不久，天禧寺即遭焚毀，本藏經板亦毀於一旦。

本藏現存經本總六百七十八帙（天帙至魚帙）。前五百九十一帙是宋元版《磧砂藏》的覆刻本，後八十七帙是本藏新增入的諸宗要典。因此本藏不僅保持了《磧砂藏》集宋元刻藏之大成的優勢，而且收入中國僧人著述的典籍較多，又啟發了後來的刻藏向這一方面大大的發展。由此可見，本藏在中國大藏經雕刻史上起到了承上啟下的重要作用。

此次製作的《初刻南藏》還原目録，收經總一千六百十七部，合七千一百六十一卷（或七千二百三十九卷），成六百七十八帙。現分兩部分記述如下。

第一部分，本藏前五百九十一帙（天帙至煩帙）所收經目與《磧砂藏》比較的情況。

1. 本藏增加經目，共四部五卷，它們是：

必帙，《佛説道樹經》一卷，梁支陀崙譯。【按：實屬《菩薩道樹經》一卷的重出。】

兵帙，《聖救度佛母二十一種禮讚經》一卷。

曲帙，《梵本大悲神呪》一卷。

法帙，《大乘百法明門論疏》二卷。

以上兵帙、曲帙的二部二卷經，是本藏首先收録的。

2. 本藏未收《磧砂藏》臣帙《大方廣佛華嚴經入不思議解脱境界普賢行願品》一卷，因為此卷經係刑至靡帙《大方廣佛華嚴經》四十卷之末卷的別出，本藏已收四十卷本，故不再收此別出本。

3. 本藏經目的帙次僅有一處不同於《磧砂藏》，即奄帙《無量壽如來修觀行供養儀軌》一卷，《磧砂藏》本在衡帙。

4. 重出三部三卷經，沿襲了《磧砂藏》的重出之誤，它們是：

武帙，《曼殊室利菩薩吉祥伽陀》一卷，是輦帙同名經的重出。

密帙，《金剛頂瑜伽金剛薩埵儀軌》一卷，是衡帙《金剛頂瑜伽金剛薩埵五祕密修行念誦儀軌》一卷的重出。

寧帙，《大樂金剛不空真實三摩耶般若波羅蜜多理趣經》一卷，是尹帙同名經的重出。

應該説《初刻南藏》才是一部真正意義上的《磧砂藏》的覆刻藏，[①] 它利用了《磧砂藏》的刷印件，直接附在板材上進行雕刻。這也是為什麼本藏竟會保留一些《磧砂藏》的刻工和書經人名等的原因。[②] 由於本藏前五百九十一帙，幾乎未重新書寫就直接鏤板，大大加快了刻藏進度。本藏只有在增加新內容，以及校勘出《磧砂藏》的問題需要更正時，才重新書寫、刊補，[③] 因此凡新刊部分的字體都有較大變化。

---

① 《高麗藏》和《趙城金藏》被稱作《開寶藏》的覆刻本，但是兩藏的字體以及《高麗藏》部分經卷的版片號的位置，已不同於《開寶藏》。

② 乃帙《阿彌陀經》卷下尾存"戊戌嘉熙季冬雲谷矓庵書"一行；合帙《大般涅槃經》卷三十一尾存"延聖經坊合字號"一行等。

③ 《磧砂藏》重帙《放光般若波羅蜜經》卷十二有脱文，原經文第九紙第十四與十五行之間脱文一百二字，本藏自第九紙首行至次紙第四行止，將每行十七字改刻為二十字，以補足缺文。

第二部分，本藏後八十七帙（刑帙至魚帙），主要收天台宗、禪宗、淨土宗、賢首宗之要典，約九十七部七百九十四卷。在這部分典籍中，有的已散佚，尤其是用軍兩帙，已全帙缺本，所收經目待考。檢本藏這部分經目的排序，唯與《永樂南藏》幾乎相同，因此可以據《永樂南藏》相關帙號的收經補足本藏所缺經目。對於用軍兩帙，筆者考慮，從其前所錄為天台宗典籍，其後所錄為禪宗典籍分析，這兩帙中所錄亦當是這兩個宗派的典籍。用帙很可能錄天台宗典籍，即《永樂南藏》實帙的《慈悲水懺法》等十四部經；軍帙可能錄禪宗典籍，即《永樂南藏》廻帙的《雪竇明覺禪師語錄》。①

在這裡應指出的是，清嘉慶（1820 年）以後，寺僧宗興因藏經殘缺，曾取新都寶光寺存清《龍藏》本，僱能書僧抄補，費金千餘，使函帙復舊。但是清《龍藏》經目的排序畢竟與《初刻南藏》差別很大，因此抄補相同帙號的經本，實不妥當。又因經文分卷不同，故抄補相同卷次的內容，不但造成經文未補全，而且還出現部分內容重復的錯誤。

以下是八十七帙諸宗要典的還原目錄。下表中，凡序號前帶"*"符號者均為散佚經，並將《永樂南藏》的相關帙號記在本藏帙號旁的括弧內，以便比對。

《初刻南藏》最後八十七帙目錄還原表

序號	千字文帙號	經　名	卷數	宗派名稱	備　註
1	刑至翦	大方廣佛華嚴經	40		
*2	頗（起）	國清百錄	4	天台宗	
*3	頗（起）	永嘉集	1	禪　宗	
4	頗（起）	淨土十疑論	1	淨土宗	
5	頗（起）	方等三昧行法	1	天台宗	
6	頗（起）	南嶽思大禪師立誓願文	1	天台宗	
*7	頗（起）	天台智者大師禪門口訣	1	天台宗	
8	頗（起）	觀心論疏	3	天台宗	
9	牧（翦）	法界次第初門	3	天台宗	
10	牧（翦）	天台智者大師別傳	1	天台宗	
*11	牧（翦）	法智遺編觀心二百問	1	天台宗	抄本誤編入軍帙
*12	牧（翦）	止觀大意	1	天台宗	
*13	牧（翦）	始終心要	1	天台宗	
*14	牧（翦）	修懺要旨	1	天台宗	抄本誤編入軍帙
15	牧（翦）	十不二門	1	天台宗	
16	牧（翦）	十不二門指要鈔	2	天台宗	
17	牧（翦）	金剛錍	1	天台宗	
18	牧（翦）	天台八教大意	1	天台宗	
19	牧（翦）	天台四教儀	1	天台宗	
*20	用（實）	慈悲水懺法	3		
*21	用（實）	法華三昧懺儀	1	天台宗	

① 有關用軍兩帙收經的考證，詳見李富華、何梅：《漢文佛教大藏經研究》，第398~399頁。

序號	千字文帙號	經　名	卷數	宗派名稱	備　註
*22	用（實）	法華三昧行事運想補助儀	1	天台宗	
*23	用（實）	金光明懺法補助儀 附：略法華三昧補助儀	1	天台宗	
*24	用（實）	往生淨土懺願儀	1	天台宗	
*25	用（實）	往生淨土決疑行願二門	1	天台宗	
*26	用（實）	請觀世音菩薩消伏毒害陀羅尼三昧儀	1	天台宗	
*27	用（實）	金光明最勝懺儀	1	天台宗	
*28	用（實）	千手眼大悲心呪行法	1	天台宗	
*29	用（實）	禮法華經儀式	1	天台宗	
*30	用（實）	熾盛光道場念誦儀	1	天台宗	
*31	用（實）	釋迦如來涅槃禮讚文	1	天台宗	
*32	用（實）	觀自在菩薩如意輪呪課法	1	天台宗	
*33	用（實）	天台智者大師齋忌禮讚文	1	天台宗	
*34	軍（廻）	雪竇明覺禪師語録	6	禪宗	據《古尊宿語録》卷二十一釋淨戒的題識補入
35	最精	圓悟佛果禪師語録	17	禪宗	
36	宣威	宗門統要續集	20	禪宗	
37	沙至馳	大慧普覺禪師語録	30	禪宗	
*38 39	譽至九（密至士）	六祖大師法寶壇經 古尊宿語録	48	禪宗 禪宗	據《古尊宿語録》卷八釋淨戒的題識，譽一録入壇經
40	州禹	妙法蓮華經玄義	10	天台宗	
41	跡百	法華玄義釋籤	10	天台宗	
42	郡秦	妙法蓮華經文句	10	天台宗	
43	並嶽	法華文句記	10	天台宗	缺卷一下，雖有抄本卷一中，仍未補全
44	宗泰	摩訶止觀	10	天台宗	
45	岱至云	止觀輔行傳弘决	10	天台宗	
*46	亭（踐）	修習止觀坐禪法要	2	天台宗	
47	亭（踐）	止觀義例	2	天台宗	
48	亭（踐）	大乘止觀法門	4	天台宗	
49	亭（踐）	大般涅槃經玄義	2	天台宗	
50	雁	涅槃玄義發源機要	4	天台宗	
51	雁至紫	大般涅槃經疏	18	天台宗	
52	塞	觀音玄義	2	天台宗	
53	塞	觀音玄義記	4	天台宗	
54	塞	觀音義疏	2	天台宗	
55	塞	觀音義疏記 附：釋重頌	4	天台宗	缺卷三。雖有抄本，但抄的是卷四的經文
*56	雞（遵）	菩薩戒義疏	2	天台宗	
57	雞（遵）	金光明經玄義	2	天台宗	

续表

序號	千字文帙號	經　名	卷數	宗派名稱	備　註
58	雞（遵）	金光明經玄義拾遺記	6	天台宗	
59	田	金光明經文句	6	天台宗	
60	田赤	金光明經文句記	12	天台宗	
61	赤	金剛般若經疏	1	天台宗	
62	赤	觀無量壽佛經疏	1	天台宗	
63	城	觀無量壽佛經疏妙宗鈔	6	天台宗	
64	城	仁王護國般若波羅蜜經疏	5	天台宗	
65	昆	仁王護國般若波羅蜜經疏神寶記	4	天台宗	原版誤將卷四刻作卷五
66	昆	四教義	6	天台宗	
67	池	請觀音經疏	1	天台宗	
68	池	請觀音經疏闡義鈔	4	天台宗	
69	池	釋摩訶般若波羅蜜經覺意三昧	1	天台宗	
70	池	諸法無諍三昧法門	2	天台宗	
71	池	法華經安樂行義	1	天台宗	
72	池	四念處	4	天台宗	
73	碣（刑）	釋禪波羅蜜次第法門	10	天台宗	
*74	碣（刑）	天台傳佛心印記	1	天台宗	抄本誤編入精帙
*75	碣（刑）	淨土境觀要門 附：一心三觀並頌	1	淨土宗	抄本誤編入精帙
76	石鉅	華嚴經疏科	20	賢首宗	
77	野至治	大方廣佛華嚴經疏	120	賢首宗	
78	本至茲	大方廣佛華嚴經疏	40	賢首宗	
79	稼至藝（精至丹）	華嚴經隨疏演義鈔	60	賢首宗	
*80	藝（丹）	佛遺教經論疏節要	1	賢首宗	
81	藝（丹）	華嚴一乘教義分齊章	3	賢首宗	
82	黍（青）	註華嚴法界觀門	1	賢首宗	
83	黍（青）	華嚴法界玄鏡	1	賢首宗	
*84	黍（青）	金師子章雲間類解	1	賢首宗	
*85	黍（青）	阿彌陀經疏	1	賢首宗	
*86	黍（青）	修華嚴奧旨妄盡還源觀	1	賢首宗	
*87	黍（青）	原人論	1	賢首宗	
88	黍（青）	華嚴經明法品內立三寶章	2	賢首宗	
89	黍（青）	華嚴經指歸	1	賢首宗	
*90	黍（青）	般若波羅蜜多心經略疏	1	賢首宗	
*91	黍（青）	般若心經略疏連珠記	1	賢首宗	
*92	黍（青）	盂蘭盆經疏	1	賢首宗	
93	稷至熟	首楞嚴經義海	30		
94	貢至勸	禪宗頌古聯珠通集	21	禪宗	
95	賞至孟	佛祖統紀	56	講宗	
96	軻敦	翻譯名義集	18	講宗	
97	素至魚	嘉泰普燈録	30	禪宗	

本藏的版式是將《磧砂藏》宋、元刻本版式的不一致，統一為元刻本的版式，即在每冊經本的首、末經題下，標註千字文帙號及冊次；版片號註明千字文帙號及冊次、版次（首版僅註版次）。

本藏無全藏的扉畫，只有單經扉畫三幅。武帙《密跡力士大權神王經》和寧帙《大阿彌陀經》的扉畫各一幅，都是《磧砂藏》同經之扉畫的仿刻品；法帙《大乘百法明門論疏》的扉畫，很可能是《弘法藏》本扉畫的仿刻品，這幅唐玄奘法師譯經圖，實為慈恩宗傳本之珍品，扉畫五個半頁，四周雙線邊框。

1999 年至 2002 年四川省佛教協會影印出版了《洪武南藏》，方冊緞面十六開精裝本，共二四一冊。初印本有第二四二冊，即目錄、功德冊，後來取消了此冊的編號，改為目錄冊，收錄《再版〈洪武南藏〉後記》、"再版《洪武南藏》指導委員會"、"再版《洪武南藏》工作委員會"、《鳴謝》、"參加印制《洪武南藏》工作人員"及《洪武南藏總目錄》。此次再版由四川省佛教協會楊伯明、官棟良、釋廣成等倡議，由廣成法師率僧俗大眾，四方籌措。蜀地、廣東的大德們及海內外僧侶、信士捐資出力者近十萬人。再版以清《龍藏》校對經中極少殘缺之處，於電腦上消去蟲蛀之斑痕。今檢《洪武南藏總目錄》，仍有不盡完善處，例如：（1）未錄有本存世的三部典籍，即曲五《梵本大悲神咒》一卷、武十二《佛說密跡力士大權神王經》一卷、密八《佛說大方廣曼殊室利經》一卷。[①]（2）誤記的經名、卷數、譯者，如第四四冊《佛說無量義經》一卷，蕭齊曇摩伽陀耶舍譯，《總目錄》誤記作"無量義經序一卷，蕭齊荊州隱士劉虯作"；第五七冊《佛頂尊勝陀羅尼經》，係唐佛陀波利譯，《總目錄》誤記作"定覺寺沙門志靜述"。

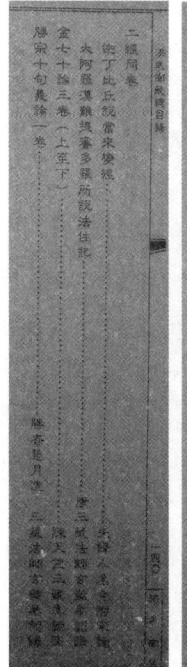
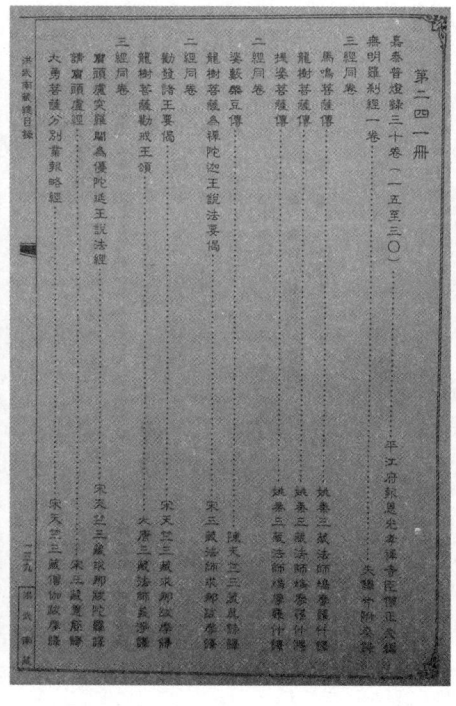
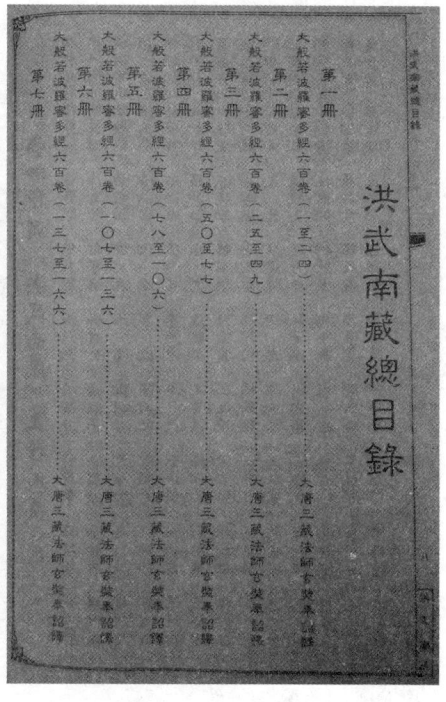

---

① 此經是尹帙已收同名經的重出。

（十五）日本《天海藏目錄》校釋

《日本武州江戶東叡山寬永寺一切經新刊印行目錄》五卷，略名《寬永寺目錄》，又名《天海藏目錄》。《天海藏》是日本開版大藏經最早成功的一部，是德川幕府的一部官版大藏經。

日本的奈良時代（710~793）和平安時代（794~1191），即我國的唐朝至南宋時期，盛行書寫一切經。鎌倉時代（1192~1333），即我國南宋至元朝時期，興起了覆刻宋版書的風氣，出現了開版一切經的計劃。后宇多天皇弘安年中（1278~1287），因蒙古進攻日本，為降服敵國，行圓上人奉敕計劃雕造一切經，但事未成。與此同時，在東國相州靈山寺的宴海師徒，也在着手開版大藏經。日本南禪寺經藏的《傳法正宗定祖圖》卷首有弘安十年（1287，元世祖至元二十四年）九月的題記，又金澤文庫版《華嚴經》也有刊記。但從題記見於兩三部經來看，所刊典籍不會太多。日本的室町時代（1393~1573）和江戶時代（1603~1867），即我國的明、清兩朝時期，則是日本刊印佛書的時代。慶長十八年（1613，明萬曆四十一年）伊勢高日山常明寺僧人宗存，發願為本寺捐獻折印本一切經。宗存根據建仁寺藏《高麗藏》，刊行《大藏目錄》三卷，以此作為開版一切經的預定目錄。次年在京都北野經王堂開始刊行經典。其版式仿《高麗藏》，每版二十三行，每行十四字，折為五個半頁，每半頁五行，版片號為經名、卷次、紙次、千字文帙號。卷末刊有"甲寅歲日本國大藏都監奉敕雕造"的字樣。其雕造有些已採用木活字的新技術。不過元和四年（1618）以後的刊記內，已不見"奉敕雕造"的字樣，所刊佛典的種類，也由大藏經轉為天台宗的章疏和一般書籍。這是后陽成天皇退位以後，並於元和三年（1617）八月去世的緣故。大約至寬永元年（1624），在歷經十餘年後，刻經事業即停止。

僧正天海奉德川家光將軍之命，在上野創建了東叡山寬永寺，遂發願出版大藏經。《天海藏》的開版是以德川家光將軍為大檀越，在寬永寺設立經局。自寬永十四年（1637，明崇禎十年）三月十七日至慶安元年（1648，清順治五年）三月十七日，歷經十二年而大功告成。本藏主要以南宋《資福藏》為底本，並續入其他藏本之典籍。每版錄經文二十四行，折成四個半頁，每半頁六行，每行十七字。使用紙質良好的和紙，採用文祿之役（1592年）以後盛行日本的最新技術之木活字版印刷。字模現藏乾王寺。

《昭和法寶總目錄》三一所載慶安元年（1648）刊本藏目錄五卷，原本藏高山寺。全藏收經一千四百三十七部，合六千三百二十八卷，成五百九十九帙（天帙至最帙）。由於我國不存《天海藏》本，所以只能針對目錄所載經目，分兩部分記述如下。

第一部分，本藏前五百四十八帙（天帙至合帙），自《大般若經》至《南本大般涅槃經》的編目，與《資福藏》比較的情況。

1. 較《資福藏》增加的經目。

良帙，《呪三首經》一卷。

羊帙，《諸佛集會陀羅尼經》一卷。【按：羊帙已有經目的重出。】

羊帙，《智炬陀羅尼經》一卷。【同上。】

羊帙，《隨求即得大自在陀羅尼神呪經》一卷。【同上。】

尹帙，《大方廣曼殊室利經》一卷。【按：尹帙已有經目的重出。】

2. 替換《資福藏》的經目。

無帙，《陰持入經》二卷，後漢安世高譯，替換《資福藏》的《陰持入解經》二卷，後漢安世高譯、陳氏註。

3. 未收《資福藏》的經目，共十二部十三卷，它們是：

《彌勒菩薩所問本願經》一卷（推帙）。

《大方廣佛華嚴經入不思議解脱境界普賢行願品》一卷（退帙）。

《幻師颰陀神呪經》一卷（羔帙）。

《一百五十讚佛頌》一卷（獸帙）。

《讚觀世音菩薩頌》一卷（獸帙）。

《文殊師利發願經》一卷（獸帙）。

《六菩薩名亦當誦持》一卷（獸帙）。

《小道地經》一卷（獸帙）。

《阿含口解十二因緣經》一卷（獸帙）。

《出生一切如來法眼遍照大力明王經》二卷（相帙）。

《樓閣正法甘露鼓經》一卷（相帙）。

《大乘善見變化文殊師利問法經》一卷（相帙）。

此外，本藏目録未著録《資福藏》多部經後附見的呪語、讚述等，尚不知經本實物是否附載，它們是：

養帙，《阿彌陀經不思議神力傳》後，《資福藏》附見《拔一切業障根本得生淨土神呪》。

羊帙，《救面然餓鬼陀羅尼神呪經》後，《資福藏》附見《甘露經陀羅尼》。

虛帙，《能斷金剛般若波羅蜜經論釋》後，《資福藏》附見《略明般若末後一頌讚述》。

尹帙，《一字奇特佛頂經》後，《資福藏》附見《一字頂輪王念誦儀軌》。

4. 本藏有多部經目的千字文帙號不同於《資福藏》本，很可能是因為《資福藏》本缺失，後來又尋到經本，並予以補足所致，即本藏未收《資福藏》惟帙《藥師如來本願經》一卷、《藥師琉璃光如來本願功德經》一卷和《藥師琉璃光七佛本願功德經》二卷；忠帙《因明正理門論》一卷、《因明入正理論》一卷和《顯識論》一卷；力帙《因明正理門論本》一卷；非帙《王法正理論》一卷，故於阜帙將此八部九卷經一次補齊。另外將《資福藏》得帙《觀普賢菩薩行法經》一卷，改在鳳帙，是將此經看作法華類經目，這一看法與其後不久成書的《閲藏知津》和現代的《大正藏》，皆把此經收入法華部是相同的。不過將《資福藏》賢帙《淨業障經》一卷，改在辭帙，即把大乘律典當作小乘經典則誤矣。此外，帙次不同的經目還有：

與帙《攝大乘論》二卷，《資福藏》在嚴帙。

與帙《攝大乘論本》三卷，《資福藏》在嚴帙。

投帙《眾事分阿毘曇論》十二卷，《資福藏》在友投帙。

第二部分，本藏後五十一帙（濟帙至最帙）續入的經目，自《宗鏡錄》至《新刊印行目錄》，主要是據《高麗藏》續入的。首先是著述類經目，有禪教合一的《宗鏡錄》、天台宗的《妙法蓮華經玄義》等和明本《大藏一覽集》。其次是北宋後期的翻譯經目，有《大乘菩薩藏正法經》等。再次是唐代譯經等，始自《守護國界主陀羅尼經》，終於天台宗著述《國清百錄》。最後是本藏目錄。

值得注意的是，弊煩帙《大乘中觀釋論》十八卷，《資福藏》在微帙，且作九卷（原缺第十至十八卷）。本藏撤除了微帙的九卷本，而改用《高麗藏》的十八卷本，並移後置弊煩兩帙。還有用帙的兩部經目，即《海意菩薩所問淨印法門經》十八卷和《聖觀自在菩薩不空王秘密心陀羅尼經》一卷，《資福藏》均在阜帙。正如前文已述，由於本藏惟帙等漏刻八部九卷經，故在阜帙一次補齊，因此又不得不將原在阜帙的兩部經，移後置用帙。

檢《昭和法寶總目錄》三一給予《寬永寺目錄》的編號，其中有兩處誤記，即 No.534 是重號，實漏編一號；No.717 與 No.718 之間漏編一號，故今新考目錄增二號。No.176 至 No.187，No.899 與 No.900，No.947 與 No.948，No.1088 與 No.1089，今分別合計一號，共減十四號。以上編號增減相抵，今新考目錄編一千四百三十七號，較昭和總目編一千四百四十九號，減十二號。《寬永寺目錄》後有"部數一千四百五十三部、卷數六千三百二十三卷、函數六百六十五"的記數，實與目錄所著有出入。

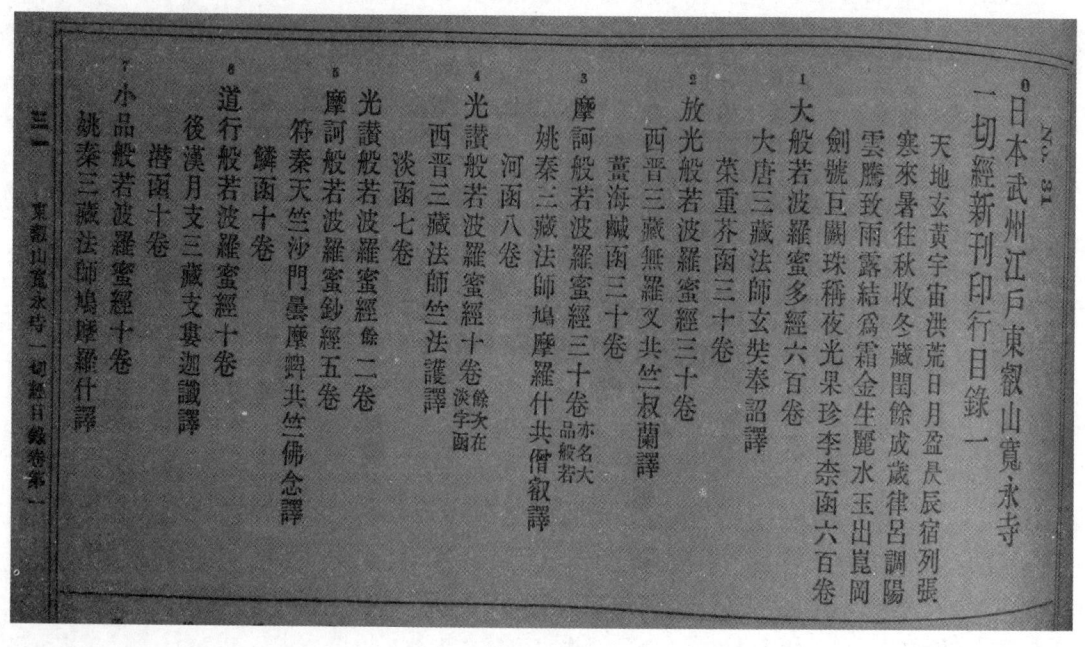

淨等奉詔譯

1442 守護國界主陀羅尼經十卷

罽賓國三藏沙門般若共牟尼室利譯

1443 大乘中觀釋論十八卷

弊煩函十八卷

安慧菩薩造

譯經三藏光梵大師惟淨等奉詔譯

1444 唐罽賓國三藏般若奉詔譯

刑函二十卷

太宗地玄文本論二十卷

1445 起窴頗牧函四十卷

大方廣佛華嚴經四十卷

用函十九函

1446 譯經三藏沙門臣法護奉詔譯

佛說海意菩薩初心淨印法門經十九卷

1447 譯經三藏沙門臣法護奉詔譯

佛說聖觀自在菩薩不空王祕密心陀羅尼

經一卷

西天譯經傳法大師賜紫臣施護等奉詔

譯

1448 隋沙門灌頂纂

國清百錄四卷

軍函四卷

1449 新刊印行目錄五卷

日本武州江戶東叡山寬永寺一切經新刊印

行目錄卷第五終

部數一千四百五十三部

卷數六千三百二十三卷

函數六百六十五

寬永十四丁丑三月十七日始刊行之到慶

安元戊子三月十七日經歷十二年而終其

功焉

奉彫造 佛說一切經藏

今上皇帝 玉體安穩

東照權現 倍增威光

四海泰平 國家豐饒

佛法紹隆 利益無窮

征夷大將軍左大臣源家光公吉祥如意

日本武州江戶東叡山寬永寺山門三院執行

探題前毘沙門堂門跡慈眼大師天海願主

慶安元戊子曆三月十七日

經館分職林氏倬蕭花谿

居士使剞劂氏而印行之

（十六）日本《緣山三大藏目録》校釋

日本東都緣山是國家祖宗廟庭，因神祖所賜，收藏有宋、元、高麗三部大藏經。宋版《資福藏》是日本后宇多天皇建治元年（1275 年，南宋恭宗德祐元年），近州管山寺僧傳曉入宋請回並藏於其寺。元版《普寧藏》不明何人請來，藏於何寺，或云豆州走湯縣修禪寺藏本。再雕版《高麗藏》是后土御門天皇文明年間（1469~1486 年，明憲宗成化年間），和州忍辱山圓成寺僧榮弘請回並藏於其寺。神祖下命管山、圓成寺，將其所藏宋元高麗全本送於東都，各報賜食邑若干，完聚三大藏以賜緣山為永藏焉。①

緣山知藏隨天閲藏，於延享五年（1748 年，清高宗乾隆十三年）撰成《緣山三大藏目録》三卷之初稿。其後於寶曆十三年（1763 年，清乾隆二十八年）刪定，有緣山大僧正定月的序文。現存本是文政己□冬，即文政二年或十二年（1819 或 1829），緣山大僧正實海對原書做了不少考證，並新增附文後刊行的版本，有實海的跋文，載於《昭和法寶總目録》二一。但是昭和總目的校者記本書是"延享三年（1746）刊"，不妥。在《緣山三大藏經緣起》中，隨天提到明方冊藏經的創始，是尼法珍斷臂募緣，三十年而成其功，實與《金藏》的刊刻史實相混淆，這是沿襲了《嘉興藏·刻藏緣起》的説法所致。還有將思溪法寶寺的《資福藏》，看作是南宋理宗嘉熙三年（1239）刻版，亦不妥。現已明確《資福藏》的雕版始自北宋末年，即欽宗靖康元年（1126），大約至南宋高宗紹興八年（1138）或稍遲一些竣工，而經本中有嘉熙三年的刊記，僅表明是補版而已。

隨天撰《緣山三大藏目録》，是因為各藏本有不少經存在着一經異題、異譯同經的情況，且所在函號各殊，難於分辨。故對辨三藏異同，以便於通校也。具體做法如下。

1. 正藏部分，見目録卷上、卷中。收唐《開元録》入藏典籍，共四百七十九帙（天帙至群帙）。在經題前先録出宋本的帙號（元本大致相同），其下是麗本的帙號，並於經題下録出明本，即《北藏》的帙號。然後主要著録各本之經名、卷數有何變化，以及與他經之内容有何聯繫，並摘録《開元録》《貞元録》《指要録》《法寶標目》《至元録》《閲藏知津》等有關記載補充説明，還涉及經目的分類等問題。隨天還將自己的見解和考證記録在案。

2. 續藏部分，見目録卷下。收《開元録》以後入藏的典籍，著録方法同正藏部分。首先是"宋本續入"，共六十九帙（英帙至合帙）。其次是"元本續入"，僅有《宗鏡録》一百卷，十帙（濟帙至感帙）。最後是"麗本續入"（服帙至洞帙）。

3. 附録，附見目録卷下後。收宋元麗外大明《北藏》續補目次（草帙至漆帙），但僅録

---

① 關於三大藏之由來，《大日本校訂縮刻大藏經緣起》也有記載，文云：增上寺三大藏者，大檀越征夷大將軍德川家康公所寄附也。《高麗藏》六千四百六十七卷，是慶長十四年（1609），大將軍與食邑百五十石請之。《宋藏》五千七百十四卷，是慶長十八年（1613），大將軍以食邑五十石及山林請之。《元藏》五千三百九十七卷，是慶長十五年（1610），大將軍與食邑四十石請之。見《昭和法寶總目録》三三，第 439~440 頁。

經律論本，而不録漢土著述。以上麗本續入和《北藏》續補的千字文帙號，與前部分的帙號不相銜接。

應該説，隨天將宋元麗明四部大藏經目録，編纂成互不重復的一部目録的做法，是一件很有意義，而且影響深遠的工作。凡所録經目，皆標明四藏本之千字文帙號的異同，使讀者有此一部目録在手，就同時掌握了四部大藏目録。百餘年後日本獨創的重新排版、編目的《縮刻藏》，以麗藏作底本，全文校對了宋元明三藏本；現代臺灣版《中華大藏經》分四輯編纂，凡後輯所收經，皆為前輯未録者，這些做法都與隨天的做法有着相同之處，也是隨天所期盼的。

由於隨天的著録，多據各藏本目録或宋元麗明四本之經題，因此難免有不妥之處，較明顯者如下：（1）翔帙《金剛般若波羅蜜經》一卷，元魏菩提留支譯，本書未指出宋本實屬真諦譯本的重出，而誤標元魏留支譯。（2）戎帙《大方廣佛華嚴經入不思議解脱境界普賢行願品》一卷，檢宋本實物，戎帙無此經。另檢日本《增上寺三大藏經目録·宋版》的著録，此經在遐帙。（3）遐帙《大方廣佛華嚴經續入法界品》一卷，檢宋元本實物，此經皆在戎帙。（4）麗本續入的奄帙《一字頂輪王瑜伽觀行儀軌》一卷，實屬前宋本曲帙《安怛陀那儀則一字頂輪王瑜伽經》一卷的重出。（5）附録北藏續補的杜帙《曼殊室利菩薩吉祥伽陀》一卷，實屬前宋本輦帙同名經的重出。此重出經目，沿襲了《磧砂藏》《北藏》的重出之誤。（6）附録杜帙《金剛頂瑜伽金剛薩埵儀軌》一卷，實屬前宋本衡帙《金剛頂瑜伽五秘密修行儀軌》一卷的重出。此重出經目，沿襲了《磧砂藏》《北藏》的重出之誤。（7）附録漆帙《瑜伽集要焰口施食儀》一卷，本書記："知津有瑜伽集要焰口施食儀起教阿難陀緣由一卷，雖云南淵北漆，而北藏無之。"檢《北藏》本，實有《緣由》，且録於《施食儀》前，但是《北藏目録》未載，而《知津》將《緣由》別為一目。

本書首之《緣山三大藏總目録》，詳盡著録了各類別中宋元麗本的部數、卷數，以及某藏所闕是何經卷等。現將本書的統計數字與今新考目録對宋元麗本的覈查結果記録如下。

> 大乘三藏録，宋元 650 部，宋 2748 卷，元 2749 卷。麗 644 部，2741 卷。【按：今記宋 648 部 2746 卷，元 651 部 2751 卷，麗 645 部 2744 卷，緣山 650 部 2748 卷。】
>
> 契經藏，宋元 528 部，宋 2175 卷，元 2174 卷。麗 521 部，2164 卷。【按：今記宋 526 部 2173 卷，元 529 部 2176 卷，麗 522 部 2166 卷，緣山 528 部 2175 卷。】
>
> 般若部，天至翔帙，宋元 22 部 723 卷。麗闕隋《金剛般若》1 部 1 卷，有 21 部 710 卷。
>
> 寶積部，龍至推帙，宋元 34 部 169 卷。麗闕羅什所譯《須摩提菩薩經》1 部 1 卷，有 33 部 169 卷。
>
> 大集部，位至湯帙，宋元 24 部，宋 141 卷，元 139 卷。麗合《大集經》及與《日藏》《月藏》等，而為 1 部 60 卷，有 27 部 152 卷。【按：今記麗 22 部。】
>
> 華嚴部，坐至遐帙，宋元 27 部 191 卷。麗以《普賢行願品》1 部 1 卷，置《四十華嚴》中，有 26 部 188 卷。

涅槃部，遍至歸帙，宋元麗 6 部 58 卷。

重譯部，王至談帙，宋元 278 部 598 卷。麗闕功德賢《根本得生淨土呪》、唐流志《不空羂索呪心經》、日照《呪三首》、白延《須賴經》，4 部 4 卷，有 274 部 589 卷。【按：今記宋 276 部 595 卷。宋闕唐玄奘《不空羂索神呪心經》、日照《呪三首》，2 部 2 卷；《無極寶三昧經》，宋 1 卷（元 2 卷）。緣山 278 部 597 卷。】

單譯經，彼至行帙，宋 137 部，宋 296 卷，元 297 卷。麗開《三千佛名經》而為 3 部，有 139 部 298 卷。【按：今記元 138 部 298 卷，麗 140 部 300 卷。《甘露經陀羅尼》，宋附見前經後，不記數，元記 1 部 1 卷。麗增《安宅陀羅尼呪經》1 部 1 卷。】

調伏藏，維至作帙，宋元 25 部 52 卷。麗開《菩薩善戒經》第 10 而別為 1 部，有 26 部 53 卷。

對法藏，宋元麗 97 部之內，宋 521 卷，元 523 卷，麗 524 卷。【按：今記麗 525 卷。】

釋經論，聖至堂帙，宋元麗 21 部之內，宋 156 卷，元 158 卷，麗 158 卷。【按：今記麗 159 卷。】①

集義論，習至臨帙，宋元麗 76 部之內，宋元 365 卷，麗 366 卷。

小乘三藏録，宋元 332 部 1780 卷，麗 330 部 1755 卷。【按：今記宋 333 部，元 334 部 1781 卷，麗 1757 卷。緣山 332 部 1780 卷。】

契經藏，宋元 242 部 621 卷，麗 240 部 614 卷。【按：今記元 243 部 622 卷。】

阿含部，深至定帙，宋元 154 部 396 卷，麗闕《奈女耆婆經》1 部 1 卷，有 153 部 390 卷。

單譯經，篤至學帙，宋 88 部 225 卷，麗闕《阿支羅迦葉經》1 部 1 卷，有 87 部 224 卷。【按：元增《五無反復經》（竺本）1 部 1 卷，有 89 部 226 卷。】

調伏藏，優至子帙，宋元麗 54 部 439 卷。【按：今記宋元 55 部，宋元開《十誦律》末 3 卷，即《十誦律毘尼序》而別為 1 部。緣山同麗。】

對法藏，比至渭帙，宋元麗 36 部之內，宋元 720 卷，麗 702 卷。【按：今記麗 704 卷。】

賢聖傳記録，宋元麗 108 部之內，宋 544 卷，麗 549 卷。【按：今記宋元 109 部，麗 551 卷。緣山 108 部 544 卷。】

西土賢聖集，據至畫帙，宋元麗 68 部之內，宋元 175 卷，麗 186 卷。【按：今記麗 187 卷。】②

此土撰述，彩至群帙，宋元麗 40 部之內，宋 369 卷，麗 363 卷。【按：今記宋元 41 部，麗 364 卷。宋元開《大周刊定眾經目録》末卷，即《大周刊定偽經目録》而別為 1 部。緣山 40 部 369 卷。】

續入藏目録，宋 331 部 844 卷，元 332 部 944 卷，麗 439 部 1544 卷，內欠 2 卷。【按：今記宋 333 部 845 卷，元 330 部 934 卷，麗 1543 卷。緣山 444 部 1662 卷。】

宋本續入，英至合帙，宋元 331 部 844 卷。麗闕《開元釋教略出録》《紹興重雕大藏音》《安悊陀那儀則經》、贊寧《大宋高僧傳》，4 部 40 卷，有 327 部 826 卷。【按：今記宋 333 部 845 卷，元 329 部 834 卷，麗 328 部。宋開《秘藏詮》末三卷，即《佛賦》《詮源歌》別為 2 部；《逍遙詠》10 卷，宋 11 卷。元闕御製《逍遙詠》《緣識》《秘藏詮》《佛賦》《詮源歌》，

---

① 《勝思惟梵天所問經論》，麗四卷，本書誤記二卷。

② 《那先比丘經》三卷，本書漏記麗二卷。

共 5 部 39 卷，代之以《景德傳燈録》1 部 30 卷；《廣釋菩提心論》4 卷，元 2 卷（原闕第 3、4 卷）。麗不闕《安怛陀那儀則經》，但題名《一字頂輪王瑜伽觀行儀軌》，故麗實闕 3 部 37 卷。緣山 331 部 844 卷。】

元本續入，濟至感帙，1 部 100 卷。麗闕。【按：緣山同元。】

麗本續入，服至洞帙，宋元闕。112 部 718 卷，內欠 2 卷。【按：今記麗 111 部 717 卷。麗本《一字頂輪王瑜伽觀行儀軌》一卷，實與宋元本《安怛陀那儀則經》同，故今記入宋本續入內。緣山 112 部 718 卷。】

通計，宋藏 548 函，1421 部，5916 卷。元藏 558 函，1422 部，6017 卷。麗藏 639 函，1521 部，6589 卷，內欠 2 卷。【按：今記宋藏 1423 部，5915 卷。元藏 1424 部，6010 卷。麗藏 1522 部，6595 卷，內欠 2 卷。緣山 1534 部，6734 卷。】

本書卷下後有《緣山三大藏目録附録》，收明《北藏》續補目次，總三十六部七十五卷。至此，本書收經總數已達到一千五百七十部，六千八百零九卷。

（十七）《永樂南藏》目録校釋

《永樂南藏》因刊板於明成祖朱棣永樂初年的都城南京而得名，是明朝繼《初刻南藏》之後的第二部官版大藏經，又名《再刻南藏》。

由於《初刻南藏》經板在永樂五年（1407）七月以後不久即與寺焚毀，印本流傳很少，所以急需再刻一部大藏經。永樂七年朝廷召集名僧校勘大藏經，為刻藏做準備。永樂十一年（1413）被焚毀的天禧寺重新建成，更名為大報恩寺，並於寺內開始雕造《永樂南藏》。最遲至永樂十八年（1420）全藏已刊竣。本藏刊竣時總六百三十五帙（天帙至碣帙），自《大般若經》至《佛祖統紀》。[1] 此後在嘉靖二十九年（1550）以前有過第一次續刻，續刻的三帙典籍是：石帙《維摩詰所説經註》六卷、《大方廣圓覺經略疏註》二卷（或四卷）和《般若波羅蜜多心經集註》一卷，鉅野帙《翻譯名義集》十四卷，使全藏達到六百三十八帙。還續刻了《大明仁孝皇后夢感佛説第一希有大功德經》一卷，入於大帙第四冊。[2] 本藏的第二次續刻是在萬曆三十年至四十四年前後（1602~1616），續刻了《北藏》續入藏的四十一帙典籍，始自鉅野帙《華嚴懸談會玄記》，終於史帙《華嚴七字經題法界觀三十門頌》，使全藏達到六百七十七帙。為了保持續入藏的四十一帙典籍並千字文帙號與《北藏》相符，還將本藏的部分經卷作了調整：將石帙《維摩詰所説經註》移後，改為務帙録入，並將鉅野帙《翻譯名義集》移後，改為貢新帙録入。本藏的第三次續刻是在清順治十八年（1661），續刻了魚帙《密雲圓悟禪師語録》十三卷（含年譜一卷），[3] 使全藏最終達到六百七十八帙，

---

① 見山西交城縣玄中寺藏本《大明重刊三藏聖教目録》。

② 見山西交城縣玄中寺藏本。

③ 見山西寧武縣文物館藏本。

收經總一千六百五十六部，合七千四百四十卷（或七千五百四十卷）。

本藏目録見塞帙《大明重刊三藏聖教目録》三卷（以下略稱《永樂南藏目録》）。① 此目録的編纂受到了元代《至元法寶勘同總録》的影響，按照大小乘經、大小乘律、大小乘論排序。具體分爲如下十類：（1）大乘經（五大部經、五大部外重譯經、單譯經）；（2）小乘經（阿含部、單譯經）；（3）宋元入藏諸大小乘經；（4）西土聖賢撰集；（5）大乘律；（6）小乘律；（7）大乘論；（8）小乘論；（9）續入藏諸論；（10）此方撰述。本藏目録將唐《開元録》以後續入藏的五百餘部二千一百餘卷典籍，劃分爲四類：（1）“宋元入藏諸大小乘經”（含秘密陀羅尼經），續接小乘經後；（2）在“西土聖賢撰集”中，續入西方聖賢的著作和秘密儀軌念誦等經；（3）“續入藏諸論”，續接小乘論後；（4）在“此方撰述”中，續入此方僧人的著作。這與此前的大藏經一般是將續入藏典籍按照續入年代的先後進行排序是不同的。

由於本藏目録只將續入藏的經律論典籍區分爲“宋元入藏諸大小乘經”和“續入藏諸論”兩類，因此有兩部大乘律典，即履帙《大乘戒經》、馨帙《八種長養功德經》和四部小乘律典，即忠帙《沙彌十戒儀則經》、盡帙《目連所問經》《苾芻五法經》《苾芻迦尸迦十法經》，就被雜入在大小乘經中，實不妥。

現存《永樂南藏目録》中，一些經目的排序與見存經本不符，例如：目録記翔帙《實相般若經》《心經》《大明呪經》，而檢經本實物翔八的三經排序，《心經》是在《大明呪經》後。同樣情况還見於貞、忘、職、都、邑五帙，故今新考目録已據經本實物的排序改正。此外，竟學帙《聖閻曼德迦威怒王立成大神驗念誦法》一卷，此經含《大乘方廣曼殊室利菩薩華嚴本教讚閻曼德迦忿怒真言大威德儀軌品第三十》《大方廣曼殊室利童真菩薩華嚴本教讚閻曼德迦忿怒王真言阿毗遮嚕迦儀軌品第三十一》《大方廣曼殊室利童真菩薩華嚴本教閻曼德迦忿怒王品第三十二》，② 共三品。《永樂南藏目録》將第三十品記作一經，又將第三十一品記作一經，而且目録及經本實物皆在此二品之間插入了《密跡力士大權神王經》一卷，實不妥。

本藏的音釋已在《初刻南藏》的基礎上有了很大變化，不僅音釋字詞的數量大大壓縮，而且在註音時，將此前各藏習慣用的“反”字改作“切”字，③ 這已成爲始自本藏，而終於清《龍藏》之音釋的明顯特徵。

本藏的字體主要有兩種：一種是永樂年間刻板沿用了宋元以來的刻藏字體，另一種是萬曆年間續刻改用的宋體字。每版録經文三十行，若爲折裝本，每版折爲五個半頁，每半頁六行；若是線裝本，每版折爲兩個半頁，每半頁十五行。版間空白處多鑴有精巧的花形圖案等。

本藏每帙首册皆有佛説法圖之扉畫，僅就筆者多年來所見，已有十幾種版本。版面有五個半頁、四個半頁、三個半頁不等。扉畫後是一個半頁的“皇帝萬歲萬萬歲”的盤龍牌位。

---

① 另見大陸版《中華大藏經》（漢文部分）第 106 册，《昭和法寶總目録》二九。

② 此品尾題“聖閻曼德迦威怒王立成大神驗念誦法”。

③ 天帙《大般若經》卷一“贖”字的註音，《初刻南藏》記作“士賣反”，本藏記作“士革切”。

每帙末冊尾還附有施經願文牌和護法將軍韋陀天神像，各一個半頁。

本藏印刷、裝幀所用的材質，有上中下三等，等各三號之别。大包殼等用料有緞、綾、絹、紙之分，印經用紙有連四紙、公單紙、扛連紙之别。

本藏在流通的二百數十年當中，還有過兩次較大規模的補板活動。一次是明萬曆年間南京禮部祠祭司葛寅亮領導的，即在續刻藏經的同時，進行了修補殘缺經板的工作。另一次是明末報恩寺僧松影等遵照覺浪和尚囑託進行的，並得到虞山錢謙益和涉江陳丹衷的贊助，成立了修藏社，施資助刊者還有大明惠王、欽差織造工部侍郎周天成等官員及善男信女。

現將本藏的收經與《初刻南藏》比較的情況記録如下。

1. 本藏未收《初刻南藏》的典籍，共四部三十四卷，它們是：

《道樹經》一卷，梁支陀崘譯（必帙）。【按：此經實屬必帙《菩薩道樹經》的重出。】

《大樂金剛不空真實三摩耶般若波羅蜜多理趣經》一卷（寧帙）。【按：此經實屬尹帙同名經的重出。】

《大乘百法明門論疏》二卷（法帙）。

《嘉泰普燈録》三十卷（素史魚帙）。

2. 替換《初刻南藏》的典籍，本藏卷數減少一百十卷，它們是：

稷帙，《大方廣佛華嚴經疏科文》一卷，唐澄觀排定，替換《初刻南藏》的《華嚴經疏科》二十卷，唐澄觀述、宋淨源重刊（石鉅帙）。

稷稅熟帙，《大方廣佛華嚴經疏序演義鈔》二十九卷，唐澄觀撰述，替換《初刻南藏》的《大方廣佛華嚴經疏》一百二十卷，唐澄觀述、宋淨源録疏註經（野至治帙）。

3. 本藏增加的典籍，共四十三部四百二十九卷，它們是：

食帙，《金光明經》四卷。

大帙，《大明仁孝皇后夢感佛説第一希有大功德經》一卷。

豈帙，《梵書藥師琉璃光七佛本願功德經》一卷。

行帙，《甘露經陀羅尼》一卷。

淵帙，《瑜伽集要焰口施食儀》一卷。

茂帙，《慈悲道場懺法》十卷。

營帙，《護法論》一卷。

合至扶帙，《續傳燈録》三十六卷。

塞帙，《大明重刊三藏聖教目録》三卷。

石至黍帙，《大方廣圓覺修多羅了義經略疏註》至《禪林寶訓》，共十七部二百六十七卷。

勸至魚帙，《禪宗正脈》至《密雲圓悟禪師語録》，共十七部一百四卷。

4. 本藏的卷數較《初刻南藏》減少五卷，它們是：

城至碣帙，《佛祖統紀》五十五卷（含卷首一卷），《初刻南藏》作五十六卷。

貢新帙，《翻譯名義集》十四卷，《初刻南藏》作十八卷。

5. 因經目分合不同，本藏較《初刻南藏》又減少一卷，它們是：

長帙《過去莊嚴劫千佛名經》一卷、《現在賢劫千佛名經》一卷、《未來星宿劫千佛名經》一卷，《初刻南藏》合此三部經為一部，作《三劫三千佛名經》三卷。

孝帙，合《五無返復經》一卷、《五無返復經》（竺本）一卷為一部經，《初刻南藏》分作兩部經各一卷。

思帙，《聖妙吉祥真實名經》一卷，前附《聖者文殊師利發菩提心願文》，《初刻南藏》覆刻《磧砂藏》，將附文別作一部經一卷。

以上五部分的部數、卷數增減相抵，本藏的總部數、卷數較《初刻南藏》增加三十九部二百七十九卷。

6. 本藏重出三部經，沿襲了《磧砂藏》《初刻南藏》的重出之誤，它們是：

取帙，《大方廣曼殊室利經》一卷，是川帙同名經的重出。

竟帙，《曼殊室利菩薩吉祥伽陀》一卷，是興帙同名經的重出。

學帙，《金剛頂瑜伽金剛薩埵儀軌》一卷，是竟帙《金剛頂瑜伽金剛薩埵五祕密修行念誦儀軌》一卷的重出。

最後還要提到的是明《萬曆藏》的問題。1983 年至 1997 年間，童瑋先生考察了山西寧武縣文化館的藏本後，曾撰文提出這是一部以前未見記録的私刻版大藏經，並定名為《萬曆藏》。2001 年筆者和李富華先生也前往考察，不過我們認為這是一部《永樂南藏》的續修本。因為這部大藏經本中有相當一部分是永樂原刻版，其中可見萬曆以後修補過的經本，並有施資助刊的題記。除此以外，還有《永樂南藏》三次續刻入藏的經本，前文已述。筆者在此前後的考察過程中，還在北京法源寺和上海龍華寺也看到了《永樂南藏》的續修本。應該説這幾部反映了《永樂南藏》最終面貌的藏經本的發現，為我們全面瞭解《永樂南藏》的雕刻史，提供了極為寶貴的實物資料。

檢《昭和法寶總目録》二九給予《永樂南藏目録》的編號，其中 No.10，今新考目録增計二號；No.11，No.363，No.1108，No.1267，No.1325，No.1345，No.1365，No.1374，今分別增計一號；No.1350，今增計三號，共增十三號。No.145 後增一號，即《大明仁孝皇后夢感佛説第一希有大功德經》一卷。No.536 後脱録一經，即《雜阿含經》五十卷，今增計一號；No.1489 後脱録一經，即《法華三昧行事運想補助儀》一卷，今增計一號，共增二號。No.475 實屬 No.473 部分内容的誤分出，今減一號。No.680 與 No.681，No.1317 與 No.1318，No.1510 與 No.1511，今分別合計一號，共減三號。No.900 與 No.901 是同一經，誤分二號；No.1183、No.1184、No.1186 是同一經，誤分三號；No.1302 與 No.1303 是同一經，誤分二號，故今共減四號。No.925 附《佛三身讚》，今分出附讚，故增計一號。No.1226 與 No.1227 之間，No.1316 與 No.1317 之間，分別漏編一號，故今增計二號。No.1610 後，今新考目録補入本藏續刻典籍共三十五部四百一十二卷，共增計三十五號。以上編號增減相抵，今新考目録編一千六百五十六號，較昭和總目編一千六百一十號，增四十六號。

（十八）《永樂北藏》目録校釋

《永樂北藏》又稱《北藏》，因雕造於永樂年間遷都後的北京而得名，是明初繼《初刻南藏》和《永樂南藏》之後的第三部官版大藏經。

《北藏》的開雕是在太宗文皇帝的親自過問下，由僧録司具體承辦的。永樂十七年（1419）三月奉聖旨開始校勘大藏經文。皇帝有旨，經本封面"用八吉祥綾"。在比較了五行十七字與六行十七字的經板後，下旨"用五行十七字"的。校勘藏經是在北京慶壽寺内進行的，[①] 以舊藏經，即慶壽寺藏本、彰德府藏本（今河南安陽市）和蘇州承天寺藏本與新經，即《永樂南藏》本校對。負責校勘工作的是僧録司右善世一如、左覺義慧進、右覺義能義，校經日常事務的總調由一如、庵進、法主三人擔任，校經的臣僧等有一百二十名。至次年正月已校好七遍。永樂十七年七月已將部分差錯少的經典先行繕寫，至十九年（1421）正月完成，書經人有僧子謨等六十四人。有關藏經裡面各品題上是否安經名、是否收入唐太宗、宋太宗及明太祖的御製序、是否刊入南京藏内的《聯珠頌古》等種種問題，皆有聖旨。由於太宗文皇帝於永樂二十二年（1424）崩逝，所以有關《北藏》開板後的情況，因未見史書記載，詳情尚不得知。

本藏的刊板，自永樂十七年三月開始校勘藏經，至英宗朱祁鎮正統五年十一月刊竣，歷時二十二年（1419～1440）。正統五年十一月十一日，明英宗撰《御製大藏經序》冠全藏之首，又撰《御製經牌讚》，見於每帙首冊之扉畫前。全藏刊竣時總六百三十六帙（天帙至石帙），計六千三百六十冊，收經共一千六百二十部，合七千九十三卷（或七千二百八十四卷），另有《大明三藏聖教目録》四卷。經板藏於内府。檢本藏目録卷一記惟帙有《番字藥師琉璃光七佛本願功德經》一卷（一冊），但是現存經本實無此經，因此今新考目録不予記數。此經是藏文本，見録於《永樂南藏》和清《龍藏》。

本藏的續刊，是在明神宗朱翊鈞萬曆五年至十二年間（1577～1584），奉神宗生母慈聖宣文明肅皇太后懿旨，續刊了此土僧人著述共四十一帙（鉅帙至史帙），計四百十冊，自《華嚴懸談會玄記》至《大明仁孝皇后夢感佛説第一希有大功德經》，共三十五部，合四百十一卷（或四百十三卷）。另有《續入藏經目録》一卷，並將此卷與前《大明三藏聖教目録》四卷合成一帙。萬曆五年四月神宗皇帝撰《御製新刊續入藏經序》。臣僧道安等人奉慈聖皇太后懿旨和皇帝聖旨，披檢藏經，詳定經録，又據缺本待訪經目，訪得《華嚴懸談》等經。萬曆七年六月，在内府的漢釋經廠開始雕造續藏經，至萬曆十一年六月，歷時四年刻竣。遂降旨將四十二帙初印本交與慈壽寺住持本在，請有學高僧普潭等七人在校勘並添加音釋後，陸續送回經廠鑽補。故正式印製頒行當在其後不久。神宗皇帝為通行印施全藏還撰有《御製聖母印施佛藏經序》，臣申時行等奉敕撰《聖母印施佛藏經讚有序》。

---

① 慶壽寺是僧道衍昔日輔佐燕王朱棣時在北平居住的寺院。

本藏之正藏與續藏合計總六百七十七帙，計六千七百七十冊，收經總一千六百五十五部，合七千五百零四卷（或七千六百九十七卷），另有目錄一帙，計五冊，合五卷，記為一部。現將正藏部分六百三十六帙的收經與《永樂南藏》比較，可以看出本藏經目的分類雖然依據了《永樂南藏》的十類分法，但是類別的排序有所調整，將原排在第四類的"西土聖賢撰集"，移後至第九類，排在"此土著述"之前。取消了自《開元錄》以來在"大乘論"部中又分"釋經論"與"集義論"兩類的分法。此外，對六十一部經目的類別也做了新的調整和勘定，將其中三十部，自唐《開元錄》以來歸屬大乘五大部外重譯經，但僅一本存世的，調整為五大部外單譯經，例如：《十住斷結經》等；又將其中十五部，在元《至元錄》中已著錄為小乘阿含部外重譯經，但僅一本存世的，調整為阿含部外單譯經，例如：《進學經》等；餘下的十六部皆為新勘定類別者，其中十部的新類別已被近代日本《大正藏》採納，例如：《須賴經》二譯二部，由五大部外重譯經勘定為寶積部重譯經。①以上的新分類，為後世《嘉興藏》和清《龍藏》所沿襲。

《昭和法寶總目錄》二七所載《大明三藏聖教北藏目錄》，最後有"北藏缺南藏函號附"的十六函典籍，共五部一百五十三卷，實非本藏所附錄，而是後人據《嘉興藏》目錄（清代以前的目錄）或《黃檗藏》目錄誤增入的。其中末函塞字《大明三藏聖教目錄》三卷，也不見於嘉、黃兩目，很明顯是後人增入的。

本藏的版式為每版二十五行，折為五個半頁，每半頁五行，每行十七字，已成為刻本大藏經的又一種版式，並為清《龍藏》沿襲。此種版式的特點是擴大了版心，加大了字體，充分展現出官版大藏經的氣派。採用趙體字。卷首題名下標註千字文帙號及冊次，而卷尾題名下則不再標註。每帙有十冊經本，為此將部分經的冊數做了調整，例如：潛帙《大明度無極經》六卷，原分六冊，今作五冊，這樣與《摩訶般若鈔經》五卷五冊，正好合成十冊。

本藏每帙首冊前有御製經牌讚，一個半頁，及扉畫一幅，五個半頁；末冊尾有御製施經牌及護法神韋馱像，各一個半頁。

本藏是以御賜的方式頒行的，並有《藏經護敕》。因此凡迎請《北藏》的寺院，需建藏經樓以珍藏之，同時立碑將《藏經護敕》垂示永久。

現將本藏的收經與《永樂南藏》比較的情況記錄如下。

1. 本藏未收《永樂南藏》的典籍，共八部一百七十六卷，它們是：

《大方廣曼殊室利經》一卷（取帙）。【按：此經是《永樂南藏》川帙已收經的重出。】

《梵書藥師琉璃光七佛本願功德經》一卷（豈帙）。

《續傳燈錄》三十六卷（合至扶帙）。

《古尊宿語錄》四十七卷（密至士帙）。

《禪宗頌古聯珠通集》二十一卷（雞田赤帙）。

《佛祖統紀》五十五卷（含卷首一卷，城至碣帙）。

《大方廣圓覺修多羅了義經略疏註》二卷（石帙）。【按：此書之正文部分與《永樂南藏》

---

① 詳情請見李富華、何梅：《漢文佛教大藏經研究》，第 451～454 頁。

及《北藏》治帙的同名書同，另有兩篇如山加註的序文，則與《永樂南藏》及《北藏》無如山註文的兩篇序文不同。】

《密雲圓悟禪師語錄》十三卷（魚帙）。①

2. 本藏增加的典籍，共八部一百四十七卷，它們是：

草帙，《妙法蓮華經觀世音菩薩普門品經》一卷。【按：此經是草帙《妙法蓮華經·普門品》的別行。】

主帙，《楞伽阿跋多羅寶經註解》四卷。

主帙，《金剛般若波羅蜜經註解》一卷。

主帙，《大明太宗文皇帝御製序讚文》一卷。

云至門帙，《諸佛世尊如來菩薩尊者神僧名經》四十卷。

紫至城帙，《諸佛世尊如來菩薩尊者名稱歌曲》五十一卷。

城帙，《神僧傳》九卷。

昆至石帙，《大明三藏法數》三十八卷（另總目二卷）。

3. 替換《永樂南藏》的經目，本藏卷數增加二卷。

璧帙，《四十二章經》一卷，宋真宗皇帝註，替換《永樂南藏》同名經一卷（無宋真宗皇帝註文）。

主帙，《般若波羅蜜多心經註解》一卷，替換《永樂南藏》的《般若波羅蜜多心經集註》一卷。【按：此本集賢首、孤山、古雲、佛海、宗泐五家註疏為一書，而《北藏》本則是宗泐一家註之分出。】

《大明三藏聖教目錄》四卷、《續入藏經目錄》一卷，替換《永樂南藏》的《大明重刊三藏聖教目錄》三卷。

4. 因經目的分合不同，本藏較《永樂南藏》增加一卷，詳情如下：

髮帙，《相續解脫地波羅蜜了義經》一卷、《相續解脫如來所作隨順處了義經》一卷，《永樂南藏》合此兩部經為一部，作《相續解脫地波羅蜜了義經》一卷。

綺帙《傳法正宗論》二卷、廻帙《傳法正宗記》十卷（含《傳法正宗定祖圖》一卷），《永樂南藏》合此兩部書為一部，以《傳法正宗記》起首，共十二卷。

能帙，《千手千眼觀世音菩薩廣大圓滿無礙大悲心陀羅尼經》一卷，後附《番大悲神呪》，《永樂南藏》將後附呪別為一部經一卷。

辭帙，《菩薩善戒經》十卷，《永樂南藏》作《菩薩善戒經》九卷、《菩薩善戒經》一卷。

夫帙，《根本說一切有部出家授近圓羯磨儀範》一卷，附《苾芻習學略法》，《永樂南藏》將《苾芻習學略法》別為一部經一卷。

藥帙，《聖閻曼德迦威怒王立成大神驗念誦法》一卷、《大乘方廣曼殊室利菩薩華嚴本教讚閻曼德迦忿怒真言大威德儀軌品》一卷、《大方廣曼殊室利童真菩薩華嚴本教讚閻曼德迦忿怒王真言阿毘遮嚕迦儀軌品》一卷，《永樂南藏》合此三部經為一部，作《聖閻曼德迦威

---

① 此語錄是在清順治十八年（1661）被續入《永樂南藏》的。

怒王立成大神驗念誦法》一卷。

侈富帙，《大唐内典録》十一卷，《永樂南藏》記作《大唐内典録》十卷、《續大唐内典録》一卷。

5. 本藏的卷數較《永樂南藏》有增減，合計增加九十五卷，它們是：

乃帙，《無量清淨平等覺經》三卷，《永樂南藏》作二卷。

服帙，《阿閦佛國經》三卷，《永樂南藏》作二卷。

忘罔帙，《陀羅尼集經》十三卷，《永樂南藏》作十二卷。

詩讚帙，《菩薩瓔珞經》二十卷，《永樂南藏》作十三卷。

克帙，《蘇悉地羯囉經》四卷，《永樂南藏》作三卷。

念帙，《牟梨曼陀羅呪經》二卷，《永樂南藏》作一卷。

慶帙，《摩登伽經》二卷，《永樂南藏》作三卷。

似帙，《海意菩薩所問淨印法門經》九卷，《永樂南藏》作十八卷。

誠至榮帙，《十誦律》六十五卷，《永樂南藏》作五十八卷。

榮帙，《尼羯磨》五卷，《永樂南藏》作三卷。

存帙，《曇無德部四分律刪補隨機羯磨》四卷，《永樂南藏》作二卷。

卑帙，《四分僧羯磨》五卷，《永樂南藏》作三卷。

婦帙，《根本説一切有部毘奈耶頌》四卷，《永樂南藏》作三卷。

婦帙，《羯磨》二卷，《永樂南藏》作一卷。

隨帙，《目連問戒律中五百輕重事經》二卷，《永樂南藏》作一卷。

隨帙，《根本説一切有部苾芻尼戒經》二卷，《永樂南藏》作一卷。

隨帙，《彌沙塞羯磨本》二卷，《永樂南藏》作一卷。

外帙，《四分比丘尼戒本》二卷，《永樂南藏》作一卷。

受帙，《曇無德律部雜羯磨》二卷，《永樂南藏》作一卷。

畫帙，《阿毘達磨俱舍論本頌》二卷，《永樂南藏》作一卷。

席帙，《阿毘達磨界身足論》二卷，《永樂南藏》作三卷。

吹笙帙，《尊婆須蜜菩薩所集論》十五卷，《永樂南藏》作十卷。

陛帙，《阿毘達磨法蘊足論》十卷，《永樂南藏》作十二卷。

疑帙，《廣釋菩提心論》四卷，《永樂南藏》作二卷（原缺第三、四卷）。

壁帙，《釋迦氏譜》二卷，《永樂南藏》作一卷。

壁帙，《釋迦方志》三卷，《永樂南藏》作二卷。

旦帙，《辯正論》九卷，《永樂南藏》作八卷。

桓帙，《集諸經禮懺悔文》四卷，《永樂南藏》作二卷。

盟何帙，《金光明經文句記》六卷，《永樂南藏》作十二卷。

刑帙，《觀心論疏》五卷，《永樂南藏》作三卷。

用至威帙，《大方廣佛華嚴經疏》六十卷，《永樂南藏》作四十卷。

沙至禹帙，《大方廣佛華嚴經隨疏演義鈔》九十卷，《永樂南藏》作六十卷。

跡帙，《華嚴一乘教義分齊章》四卷，《永樂南藏》作三卷。

百帙，《華嚴法界玄鏡》二卷，《永樂南藏》作一卷。

百帙，《般若心經略疏連珠記》二卷，《永樂南藏》作一卷。

郡至並帙，《一切經音義》二十六卷，《永樂南藏》作二十五卷。

並帙，《大方廣佛華嚴經音義》四卷，《永樂南藏》作二卷。

務帙，《維摩詰所説經》十卷，《永樂南藏》作六卷。

貢新帙，《翻譯名義集》二十卷，《永樂南藏》作十四卷。

史帙，《大明仁孝皇后夢感佛説第一希有大功德經》二卷，《永樂南藏》作一卷。

總之，本藏收經的部數、卷數較《永樂南藏》有增減，總計增六十九卷。

6.本藏重出兩部經，沿襲了《磧砂藏》《永樂南藏》的重出之誤，它們是：

杜帙，《曼殊室利菩薩吉祥伽陀》一卷，是言帙同名經的重出。

杜帙，《金剛頂瑜伽金剛薩埵儀軌》一卷，是藥帙《金剛頂瑜伽金剛薩埵五祕密修行念誦儀軌》一卷的重出。

2000年5月北京線裝書局出版了影印本《永樂北藏》，有兩種版本，即道林紙本，雙色印刷，每套二百冊；線裝本，為手工宣紙，每套二百函。影印本《永樂北藏》在全藏尾，依據《昭和法寶總目録》二七所載《北藏目録》"附入南藏函號著述"，有《續傳燈録》《古尊宿語録》《禪宗頌古聯珠通集》《佛祖統紀》和《大明三藏聖教目録》（《永樂南藏目録》），共十六函典籍，郤未收本藏目録共五卷，實不妥。另檢影印本所收經，在第九〇冊《出家授近圓羯磨儀範》後脱録附《苾芻習學略法》。

檢《昭和法寶總目録》二七給予《北藏目録》的編號，其中No.10，今新考目録增計二號；No.11，No.40，No.1149，No.1177，No.1243，今分别增計一號；No.1165，今增計三號，共增十號。No.169屬存目缺本，今減一號。No.1128與No.1129，No.1130與No.1131分别是同一經，誤分四號，今減二號。No.1224與No.1225，No.1612與No.1613，No.1621與No.1622，今分别合計一號，共減三號。以上編號增減相抵，今新考目録編一千六百五十五號，較昭和總目編一千六百五十一號，增四號。

（十九）《嘉興藏》目録校釋

《嘉興藏》又名《徑山藏》或《楞嚴寺本大藏》，這是因為本藏的大部分經板是在杭州府餘杭縣徑山寺及其附近的庵寺刻成的，而裝訂流通地在嘉興府楞嚴寺的緣故。

《嘉興藏》是明末神宗朱翊鈞萬曆十七年至清初聖祖玄燁康熙五十一年（1589~1712），由民間集資雕造的一部方冊本大藏經。萬曆元年（1573）袁了凡居士首倡刻方冊藏經，利於家傳人誦。十年後得到紫柏真可大師的支持，大師並囑弟子密藏道開主持刻藏事宜，開始了籌備工作。萬曆十五年（1587）由巡按山西監察御史傅光宅等十人集會燕京"龍華道場"，為籌集刻藏資金而"唱緣"，並通過了《檢經會約》，即刻藏方案。同時還邀請了刑部尚書

陸光祖等熱心於此項事業的人士，撰寫了二十篇刻藏疏文。[①] 刻藏地點選擇在文殊菩薩的道場——五臺山，無邊大和尚將紫霞谷妙德庵施予道開。

在五臺山刻板的四年，是本藏雕造史上最輝煌的時期，雕刻了四十餘種五百五十卷左右的正藏和續藏典籍。這一時期的刻版也最規範、刻工最精良，幾乎每卷尾都有內容齊全的刻經題記。由於五臺山氣候嚴寒，加上刻工和刻藏物資多來自南方，因此在萬曆二十一年（1593）南遷至徑山繼續刻藏。在南遷前期的四十年間（約自萬曆二十一年到崇禎初年），刻經地以徑山寺為中心。最初在徑山興聖萬壽禪寺，後遷至別院寂照庵，又遷至化城寺。道開於萬曆二十五年（1597）突然隱去，其後由法本、念雲、瞻居、按指和白法相繼主持刻藏事業。在南遷後期的八十年間（約自崇禎六年至結束，1633 ~ 1712），由於明末社會動蕩，改朝換代，刻經地點已分散於各地，原來方冊藏裝訂流通地的嘉興府楞嚴寺，也成為新的刻經地，利用流通方冊藏已刻成部分所獲錢款，維持刻經事業。明末清初時有利根和尚的弘法會，集資刻經三百卷，利根和尚並催四方已刻經板，同歸徑山。清初康熙年間，在徹微、巨徹、寂暹的相繼主持下，雕造了一大批典籍，最終完成了方冊大藏經的雕造。為了方便藏經的流通，楞嚴經坊制定了價日畫一，標明每經及全藏出請的紋銀數目。

本藏典籍包括正藏、續藏、又續藏三部分，所收典籍之多，為我國歷代大藏經之最。正藏二百十函或二百十一函，續藏九十函或九十四函或九十五函，又續藏四十三函或四十七函。

本藏正藏的編目，依據了明《北藏目錄》，題名《遵依北藏字號編次畫一》。本藏的校勘，即以《北藏》為底本，校以《永樂南藏》和宋、元藏本，並附校訛於卷末。本藏在第二百五函，千字文編次史帙後，收錄"北藏缺南藏號附"的十六帙號典籍，除魚帙外，皆係《北藏》已有帙號的重出，因此在下文對經目的校釋中，僅記錄這部分經目的函次。關於正藏的編目，據《刻藏凡例》的記載可知，原定將佛所說經，按天台五時判教的理論，即一華嚴、二鹿苑、三方等、四般若、五法華、涅槃，進行分類排序，認為其深得如來說法時次；對佛所說律，各從其部；對佛弟子闡述經之義理的論，隨所釋經重新排序等等。目錄的新編與易梵夾為方冊和逐字校勘經文，曾被確立為本藏的三大創意。但是目錄的新編未能實現。

本藏之續藏、又續藏收入了大量的此前各版大藏經均未收錄的典籍，皆為我國僧眾撰集的經論註疏、懺儀、各宗著述、傳記、語錄等。正如呂澂先生指出的：紫柏、密藏"都很注意搜集藏外著述，開板以來即陸續刻出，所以後來彙成龐大的續藏、又續藏"。[②] 從續藏的編目來看，經疏排前，經疏中又以華嚴經疏居首，而後是論疏及此土撰述，應該說這種排經順序體現了紫柏、密藏在《刻藏凡例》中確定的編目原則。由於續藏目錄中還有不少清代人的著作，所以與五臺山開板時的續藏目錄初稿比較，已經有了很大

---

① 《檢經會約》、二十篇刻藏疏文及下文提到的《刻藏凡例》，均見於民國八年揚州藏經院刻印本《刻藏緣起》一書。

② 《呂澂佛學論著選集》卷三，齊魯書社，1996，第 1487 頁，。

變化。又續藏部分是在康熙十六年（1677）正藏、續藏刊成後，又陸續彙編而成的。從經目分類排序無規律來看，事先是沒有一個具體目錄的。本藏之續藏中，僅第一部經，即《華嚴經會本大鈔》有千字文帙號天字至皇字，以後及又續藏皆未使用千字文帙號。

現存本藏的原版目錄，以北京大學圖書館藏清嘉慶七年（1802）刊本的成書年代最晚。本書有楞嚴寺住持頓會的撰文，記載楞嚴寺藏板約計五萬，相傳為清雍正年間重修經板後移來者，化城寺約計四萬，寂照庵約計三萬。但今寂照庵僅存十分之三，因遭受過水火之災，楞嚴寺存十分之六，化城寺所缺無幾，共存七萬餘塊。於是親任楞嚴寺住持，與同志數人訂盟修復之。由此可知，本藏經板的修補年代已延續至嘉慶年間，此時據本藏始刻年代，已逾二百年。因此 2009 年民族出版社影印出版的重輯《嘉興藏》，已將收經的最終年限確定在清嘉慶年間。重輯《嘉興藏》由東北姜錫慈先生發起，籌建了北京慈航《徑山藏》研究中心。重輯、影印工作被列為國家古籍整理出版重點規劃項目。瀋陽韓錫鐸先生、王清原女士負責版本發掘整理，足跡遍及全國幾十家圖書館與寺廟。最終確定以故宮博物院藏《嘉興藏》本為基礎復制，而以各地所藏版本為輔助，拾遺補缺，統一彙總編目。重輯《嘉興藏》總三百七十七函（正藏二百一十一函；續藏九十三函，第二一二至三〇四函；又續藏四十六函，第三〇五至三五〇函；拾遺二十七函，第三五一至三七七函）。

由於《嘉興藏》在漫長的雕造及流通過程中的種種原因，使得國內外各處存本的情況皆不盡相同，尤其是書名相同的，卻不是同一種書，例如：正藏第二百六函《密雲禪師語錄》，臺灣“國立中央圖書館”藏本十二卷，是南明弘光元年（1645）刻，由如學等十二位僧人編；另有北京故宮博物院圖書館藏本十三卷，是清順治十七年（1660）刻，由道忞編。又如：續藏第八十七函，北京故宮博物院圖書館和臺灣“中央圖書館”藏本《聚雲吹萬真禪師語錄》三卷，明燈來編，有熊汝學序、目次、塔銘；另有日本駒澤大學藏本《吹萬禪師語錄》二十卷，明燈來重編，有熊汝學序、沈奕瑋序、重刻吹萬禪師全錄疏、目錄、自序、塔銘、行狀。顯然，二十卷本是重編修訂本。由此可見，對《嘉興藏》目錄及經本實物的校勘整理工作是很有必要的。

現將臺灣版《中華藏》第二輯《明版嘉興大藏經》（即臺灣“國立中央圖書館”藏本，補入日本駒澤大學藏本，以下簡稱臺灣嘉本），與重輯《嘉興藏》（即北京故宮博物院圖書館等處藏本，以下簡稱重輯嘉本）和日本《大正藏》校對明本（以下簡稱大正嘉本）所收經本的比較情況，以及本藏正藏部分與《北藏》所收經目的比較情況，分三部分記錄如下。

第一部分，本藏正藏部分的收經及目錄的情況。

1. 不同版本的差異。

長帙，《過去莊嚴劫千佛名經》一卷、《現在賢劫千佛名經》一卷、《未來星宿劫千佛名經》一卷，卷首經名下有註文：一名集諸佛大功德山，明崇禎四年刊本，是重輯嘉本；而卷首無註文，卻有讚文，清順治十六年刊本，是臺灣嘉本。

壁帙，《四十二章經》一卷，迦葉摩騰共竺法蘭譯，是大正嘉本；另有同名經一卷，迦葉摩騰共竺法蘭譯、宋真宗皇帝註，清康熙三年刊本，是臺灣嘉本、重輯嘉本。

輔帙，《慈悲水懺法》三卷，明萬曆十八年刊本有明永樂御製水懺序、慈悲道場水懺序，是大正嘉本；而清康熙六年刊本僅有御製序，是臺灣嘉本、重輯嘉本。

途帙，《大乘止觀法門》四卷，明萬曆十年刊本有南嶽大乘止觀序、南嶽禪師止觀後序，是大正嘉本；而清康熙六年刊本無二序，是臺灣嘉本、重輯嘉本。

二百六函，《密雲禪師語録》十二卷，如學等編，南明弘光元年刊本，是臺灣嘉本；另有同名語録十三卷，道忞編，清順治十七年刊本，是重輯嘉本。

2. 本藏目録誤記。

之帙，《大威德金輪佛頂熾盛光如來消除一切災難陀羅尼經》與《熾盛光大威德消災吉祥陀羅尼經》，目録誤記作《大威德金輪佛頂熾盛光如來消除一切熾盛光大威德消災吉祥陀羅尼》。

己長帙，《佛説佛名經》十二卷，目録僅記"己字號"，脱長字號。

第二部分，本藏正藏部分與《北藏》所收經目的比較情況。

1. 較《北藏》增加的經目，共增七部二百八卷，它們是：

壁帙，《四十二章經》一卷（非宋真宗皇帝註本）。

武帙，《大慧普覺禪師語録》後，增附《大慧普覺禪師年譜》一卷、《大慧普覺禪師宗門武庫》一卷、《雪堂行和尚拾遺録》一卷，共增三卷。【按：增附的三卷，不見於《嘉興藏》原本目録，亦無千字文帙號。為日本佛教大學佛教文化研究所編《獅谷法然院所藏黄檗藏目録》著録，而我國國家圖書館藏《黄檗藏》存目缺本。不過，臺灣《"國立中央圖書館"善本書目》見録，皆係明末嘉興包檉芳施刻本，已收於臺灣版《中華藏》第二輯《嘉興大藏經》和重輯《嘉興藏》；大陸故宮博物院亦有藏本，皆係明萬曆四十五年楊一鵬等刻、清康熙年間遞修本，已收於大陸版《中華藏》。正因為有《嘉興藏》本實物的存在，才成為《黄檗藏》目録著録的依據。】

起帙，《禪宗永嘉集》後，增附《永嘉證道歌》一卷。

第二百六函，《密雲禪師語録》十二卷，明如學等編。

第二百六函，《密雲禪師語録》十三卷，明道忞上進。

第二百七函，《續傳燈録》三十六卷。

第二百八、二百九函，《古尊宿語録》四十八卷。

第二百十函，《禪宗頌古聯珠通集》四十卷。

第二百十一函，《佛祖統紀》五十四卷。

2. 較《北藏》減少一目，即草帙《妙法蓮華經觀世音菩薩普門品經》，附於《薩曇分陀利經》後。

3. 替換《北藏》的經目。

扶帙，《六祖大師法寶壇經》一卷，元宗寶編，替換《北藏》的同名經，唐法海等集。

跡帙，《佛遺教經論疏節要》一卷，姚秦鳩摩羅什譯、宋淨源節要、明祩宏補註，替換《北藏》的同名書，宋淨源述。

4. 卷數較《北藏》本有增減，合計增五十八卷，它們是：

潔帙，《樂瓔珞莊嚴方便品經》二卷，《北藏》作一卷。

難帙，《大方廣圓覺修多羅了義經》二卷，《北藏》作一卷。

薄帙，《發菩提心破諸魔經》一卷，《北藏》作二卷。

薄帙，《大集法門經》一卷，《北藏》作二卷。

枝投帙，《攝大乘論釋》十八卷，《北藏》作十五卷。

箴帙，《中論》六卷，《北藏》作四卷。

通帙，《大乘中觀釋論》四卷，《北藏》作九卷。

戶封帙，《出三藏記集》十七卷，《北藏》作十五卷。

家至兵帙，《廣弘明集》四十卷，《北藏》作三十卷。

高至祿帙，《法苑珠林》一百二十卷，《北藏》作一百卷。

佐至衡帙，《續高僧傳》四十卷，《北藏》作三十一卷。

扶傾綺帙，《宗門統要續集》二十二卷，《北藏》作二十卷。

漢惠帙，《圓悟佛果禪師語録》二十卷，《北藏》作十七卷。

多士帙，《法華玄義釋籤》二十卷，《北藏》作十卷。

途帙，《修習止觀坐禪法要》一卷，《北藏》作二卷。

滅帙，《大般涅槃經疏》三十三卷，《北藏》作十八卷。

百帙，《盂蘭盆經疏》二卷，《北藏》作一卷。

昆至石帙，《大明三藏法數》五十卷，《北藏》作四十卷。

曠遠帙，《妙法蓮華經要解》七卷，《北藏》作二十卷。

巖岫帙，《起信論疏筆削記》二十卷，《北藏》作十五卷。

杳帙，《肇論新疏》三卷，《北藏》作十卷。

冥帙，《肇論新疏遊刃》三卷，《北藏》作十卷。

敦帙，《禪源諸詮集都序》二卷，《北藏》作四卷。

敦帙，《大乘百法明門論解》二卷，《北藏》作一卷。

5. 本藏重出兩部經，沿襲了《磧砂藏》《北藏》的重出之誤，它們是：

杜帙，《曼殊室利菩薩吉祥伽陀》一卷，是言帙同名經的重出。

杜帙，《金剛頂瑜伽金剛薩埵儀軌》一卷，是藁帙《金剛頂瑜伽金剛薩埵五祕密修行念誦儀軌》一卷的重出。

第三部分，本藏續藏、又續藏部分的收經情況。

1. 臺灣嘉本與重輯嘉本的差異。

續五一，《歸元直指集》四卷，一元著集，重輯嘉本作二卷，無作者名。

續七七，《昭覺丈雪醉禪師語録》十卷，清順治十四年刊本，重輯嘉本作十二卷，清康熙三十七年刊本。

續八一，《雲峨喜禪師語錄》二卷，重輯嘉本作十卷。

續八三，《懶石聆禪師語錄》四卷，清順治十六年刊本，重輯嘉本作六卷，清康熙三十三年刊本。

又續二十，《南海寶象林慧弓調禪師語錄》六卷，重輯嘉本作八卷。

又續二十，《慧覺衣禪師語錄》三卷，重輯嘉本作二卷。

又續二十，《華嚴聖可禪師語錄》五卷，重輯嘉本作十卷。

又續二四，《綠蘿恒秀林禪師語錄》二卷，清康熙二十三年刊本，重輯嘉本作《恒秀林禪師語錄》五卷，康熙三十六年刊本。

又續三六，《青城山鳳林寺竹浪生禪師語錄》七卷，重輯嘉本作六卷。

2. 重輯嘉本替換臺灣嘉本的經目。

續三四，《瑜伽焰口註集纂要儀軌》二卷，替換臺灣嘉本《瑜伽集要焰口施食儀》一卷，

3. 重輯嘉本重出、別抄的典籍。

續三六，《大阿羅漢難提蜜多羅所說法住記》一卷，實屬正藏漆帙同名經的重出。

續三六，《灌頂梵天神策經》一卷，實屬正藏恭帙《大灌頂神呪經》卷十的重出。

續六二，《雲門匡真禪師語錄》三卷，實屬續五八《五家語錄‧韶州雲門匡真文偃禪師語錄》一卷的別抄。

又續二一，《律要後集》六卷，本叢書有六個子目，皆已別行，故本書屬重出。

4. 重輯嘉本目錄漏記一目，即拾遺三七六，《續武林西湖高僧事略》一卷。

5. 僅見於臺灣嘉本的典籍，共五部四十卷，它們是：

續三六駒本，《舍利懺法》一卷。

續五七藏外，《牧牛圖頌》一卷。

續八七駒本，《吹萬禪師語錄》二十卷。

續八七，《三山來禪師語錄》十六卷。

又續十一，《淨土全書》二卷。

6. 僅見於重輯嘉本的典籍，共五十八部四百三十二卷，它們是：

續三一，《觀楞伽阿跋多羅寶經記》四卷。 ①

續三六，《布袋和尚傳》。 ②

續五一，《淨信堂初集》八卷。

續七三，《牧雲和尚語錄》二十卷。

又續五，《寶鏡三昧本義》一卷。

又續十八，《比丘受戒錄》一卷。

又續四三，《古源鑑禪師語錄》六卷。 ③

---

① 見重輯《嘉興藏》拾遺三七〇。

② 《布袋和尚傳》一文，檢《卍續藏》附於《明州定應大師布袋和尚傳》一卷後，故今不記部數、卷數。

③ 見重輯《嘉興藏》拾遺三五七。

又續四七,《フ石聖禪師語録》一卷。①

又續四七,《玉真山竺懷印禪師語録》一卷。②

又續四七,《禹風叟禪師語録》十二卷。③

又續四七,《大展翼禪師語録》四卷。④

又續四七,《喆枕禪師語録》十卷。⑤

拾遺三五一,《列祖提綱録》四十二卷。

拾遺三五二,《龍興介叟登禪師語録》七卷。

拾遺三五二,《五峰緯禪師關東語録》十七卷。

拾遺三五三,《赤喦志禪師語録》二十卷。

拾遺三五三,《清涼癡山禪師語録》一卷。

拾遺三五三,《梅逢忍禪師語録》四卷。

拾遺三五三,《玉林禪師天目語録》二卷。

拾遺三五三,《天童和尚闢妄救略説》十卷。

拾遺三五四,《碩揆禪師語録》六卷。

拾遺三五四,《世高則禪師漁陽語録》一卷。

拾遺三五四,《安隱五嶽禪師住京師語録》四卷。

拾遺三五五,《調梅頂禪師語録》十二卷。

拾遺三五五,《棄樁義禪師語録》一卷。

拾遺三五五,《懷日光和尚語録》二卷。

拾遺三五五,《萬育霖沛汾禪師語録》一卷。

拾遺三五六,《續燈存藁》十二卷。

拾遺三五六,《續燈存藁增集》四卷。

拾遺三五七,《徑山志》十四卷。

拾遺三五七,《蘇州瑞光中興範禪師語録》一卷。

拾遺三五七,《博菴仁禪師語録》三卷。

拾遺三五八,《破蘊清禪師住五龍山慈雲禪院語録》一卷。

拾遺三五八,《山翁忞禪師語録》二十二卷。

拾遺三六〇,《明州阿育王山廣利禪寺祖林禪師語録》一卷。

拾遺三六〇,《玄水禪師語録》四卷。

拾遺三六〇,《眉山序香禪師録存》三卷。

拾遺三六〇,《鼓山為霖禪師語録》二卷。

---

① 見重輯《嘉興藏》拾遺三七三。

② 見重輯《嘉興藏》拾遺三五七。

③ 見重輯《嘉興藏》拾遺三六〇。

④ 見重輯《嘉興藏》拾遺三七三。

⑤ 見重輯《嘉興藏》拾遺三七三。

拾遺三六一，《清斯禪師語錄》六卷。

拾遺三六一，《南嶽禪燈會刻》八卷。

拾遺三六一，《南嶽履玄義關主遺集》一卷。

拾遺三六二，《洞宗續燈》六卷。

拾遺三六二，《黃檗天池禪師語錄》十卷。

拾遺三六二，《黃檗易庵禪師語錄》二卷。

拾遺三六二，《大戲禪師語錄》十卷。

拾遺三六二，《孤雲禪師語錄》七卷。

拾遺三六二，《玉芝禪師語錄》六卷。

拾遺三六九，《古越雲門顯聖寺散木湛然澄禪師語錄》十六卷。

拾遺三七〇，《觀經義疏妙宗鈔證義》二卷。

拾遺三七〇，《圓覺經略釋》二卷。

拾遺三七一，《宗門拈古彙集》四十五卷。

拾遺三七二，《清涼頂目徹禪師語錄》五卷。

拾遺三七二，《物不遷論辯解》一卷。

拾遺三七二，《晦夫林臯禪師夾山竹林寺語錄》二卷。

拾遺三七二，《紀安經禪師語錄》二卷。

拾遺三七二，《五葉弘傳》二十二卷。

拾遺三七三，《黃檗木庵禪師語錄》十卷。

拾遺三七四，《大方廣圓覺修多羅了義經集要》一卷。

拾遺三七四，《沙彌律儀毘尼日用合參》三卷。

經統計，今新考目錄記《嘉興藏》全藏收經總二千二百四十一部，合一萬一千六百十二卷（或一萬一千九百五十二卷）。另有總目錄一部，不分卷。

其中，正藏部分收經共一千六百六十一部，合七千七百七十一卷（或七千九百二十三卷），成二百十一函。檢《昭和法寶總目錄》二八給予本藏正藏目錄的編號，其中 No.10，今新考目錄增計二號；No.11，No.40，No.1147，No.1175，No.1241，今分別增計一號，共增五號；No.1163，今增三號。No.168 屬存目缺本，今減一號。No.673 前，今增計一號，即《四十二章經》一卷，非宋真宗皇帝註本；No.1651 後，今增計一號，即《密雲禪師語錄》十三卷。No.1003 實屬兩經，今增計一號。No.1126 與 No.1127，No.1128 與 No.1129，No.1222 與 No.1223，No.1610 與 No.1611，No.1619 與 No.1620，今分別合計一號，共減五號。以上編號增減相抵，今新考目錄編一千六百六十一號，較昭和總目編一千六百五十四號，增七號。續藏部分收經共二百七十四部，合一千九百五十五卷（或二千零九十五卷），成九十三函；又續藏部分收經共二百四十三部，合一千三百三十三卷（或一千三百八十卷），成四十七函；拾遺部分收經共六十三部，合五百五十三卷（或五百五十四卷），涉及二十五函次（即重輯嘉本第三五一至三七七函，除第三六四、三六八兩函外）。

遵依北藏字號編次畫一

刻藏原起　首面

三藏聖教目錄　　　八分六厘

畫一　　　　　　　八分五厘

　　　　至

大乘經般若部

天字至奈字　第一面至十五面

大般若經六百卷　　九兩六錢八分

菜字至鹹字　十六面至十七面　九分五厘

菜重芥　放光般若經三十卷　四錢五分二厘

鹹海鹹　摩訶般若經三十卷　六錢

續藏經值畫一

　　兩至第八面

第九面至十一面

般藏經會本大鈔八十卷　五兩零四分

華嚴經合論一百二十卷　二兩二錢三厘

十二面至十四面

華嚴經綱要八十四本　二兩零六分厘

十五面至十七面

華嚴懺儀四十二本　一兩九錢七厘

十八面二般同

又續藏經值畫一

第一面　第二面

第三面　楞嚴經定解　八錢八分

第四面　楞嚴貫攝　七錢一分

第五面　西方子內篇論贊　六錢

金剛會編

寶鏡三昧　二錢九分六厘

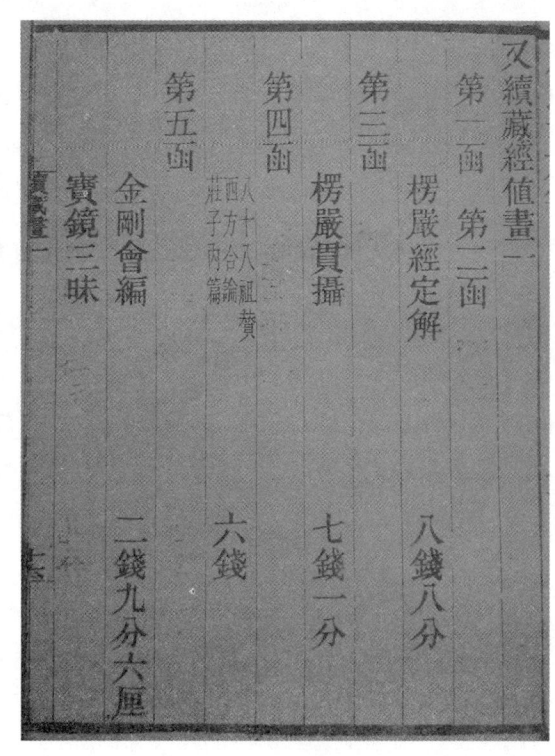

黃檗傳心法要一卷　三分五厘

萬善同歸六卷　一錢二厘

華嚴法界觀通玄記頌註二卷　八分二厘

夢感佛說第一希有大功德經一卷

北藏缺南藏號附

合濟弱扶二百六面

續傳燈錄三十六卷　七錢五分二厘

魚字號密雲禪師語錄四本　二百七至二百八面

密勿多士

古尊宿語錄四十八卷　九錢九分

（二十）清《龍藏》目録校釋

清《龍藏》又名《清藏》，或《乾隆大藏經》《乾隆版大藏經》，是一部官版大藏經。

清世宗雍正十二年（1734），在北京東安門外的賢良寺開始校勘大藏經，並成立了藏經館。藏經館由官員和僧人共一百三十三人組成，官員由和碩莊親王允禄、和碩和親王弘晝任"總理藏經館事務"，僧人有敕封無閡永覺禪師欽命賢良寺住持超盛等四人任"總率"。此外還召募了刻字匠、刷印匠等八百餘人。

本藏的刊板始自雍正十三年（1735）初，至清高宗乾隆三年（1738）十二月十五日工竣，用了四年時間。雍正十三年二月，雍正帝撰《御製重刊藏經序》，同年四月又撰《御製經牌讚》。本藏能否順利刊成，關鍵在於經板的置辦，需用長80釐米、寬30釐米、厚3.7釐米的梨木板，約七萬餘塊。但是一年將近，僅買得板片一萬餘塊。有監察御史上奏，稱採購梨木經板，官民交累，提出拼合經板也可用的變通辦法，並奏准施行。然而總理藏經館事務的莊親王、和親王在實地考察情況後，反映了刻字匠們的意見，堅持不使用拼合及腫節、潮濕之板材，並提出不堪用之板，可改作書板，發賣行家，亦不致於廢棄的辦法。從而使《龍藏》經板得以完好地留存至今，成為我國僅存的唯一一副木刻漢文大藏經板。本藏刻成時，總計經板七萬九千零三十六塊，[①] 存放於武英殿。如今經板存放於北京大興縣北京邦普製版印刷有限公司的新建庫房内。

本藏的重刊，是以明《北藏》和《嘉興藏》之續藏、又續藏為底本進行校勘的。全藏總七百二十四帙（天帙至機帙），計七千二百四十册，收經總一千六百七十五部，合七千七百七十二卷（或八千一百七十四卷）。另有《大清三藏聖教目録》五卷，五册。本藏所收經目依《北藏》分為十類：（1）大乘經（五大部經、五大部外重譯經、單譯經）；（2）小乘經（阿含部、單譯經）；（3）宋元入藏諸大小乘經；（4）大乘律；（5）小乘律；（6）大乘論；（7）小乘論；（8）宋元續入藏諸論；（9）西土聖賢撰集；（10）此土著述。前九類的經目排序全同《北藏》，僅有惟帙較《北藏》增加一部經一卷，但册數不變。只有最後的"此土著述"類典籍改動較大，詳情如下。

首先刪除了《北藏》收録的三十部二百八十卷典籍，涉及史傳類的《釋迦氏譜》等；目録類的《出三藏記集》等；語録類的《宗門統要續集》等；撰述類的《止觀輔行傳弘訣》等；義疏類的《請觀音經疏闡義鈔》等；音義類的《紹興重雕大藏音》等。這是因為雍正皇帝撰《重刊藏經序》云："歷代名僧所著義疏及機緣語録，各就其時所崇信者陸續入藏，未經明眼辨別淄澠，今亦不無刪汰，俾歸嚴淨。"雍正皇帝在《御選語録·御製後序》中論及"大慧杲誤人謬論，叢林當為炯戒"等，這是刪除《大慧語録》之緣由。然而對於刪除自隋唐以來已入藏的一些典籍，現代學者已提出異議，著名學者吕澂認為："《此土著述》部分，隨意取捨，以致經録割裂不全，音義成為空白，而台宗典要也多數殘缺，這樣漫無標準的編

---

① 1987 年文物出版社重印時，查得經板共七萬三千零二十四塊。

纂，比起以前各版藏經來，未免減色多多了。"①

其次收録了欽定入藏典籍共五十四部八百六十八卷。其中隋唐撰述有《法華玄義釋籤》等八部，宋元撰述有《永明心賦註》等五部，其餘四十一部均為明清撰述。在這五十四部典籍中，大部分已見於此前的大藏經，而此次作為欽定入藏典籍，是因為對有千字文帙號的七部典籍之内容作了新的編排和修訂，其中有《華嚴經》和《法華經》註釋的會本，是將經、疏、鈔文按照相關段落彙編於一書，便於研讀；而無千字文帙號，來源於《嘉興藏》之續藏、又續藏的三十五部典籍，是經過選擇、修訂後並給予了千字文帙號。因此屬於本藏首次收入的典籍只有十二部一百四十卷，它們是：

幾帙，《大覺普濟能仁玉琳琇國師語録》七卷。

幾帙，《明道正覺森禪師語録》三卷。

勞帙，《梵網經直解》十卷。

音察帙，《毘尼關要》二十卷（含事義一卷）。

其帙，《楞嚴經勢至念佛圓通章疏鈔》二卷。

其帙，《觀自在菩薩如意心陀羅尼呪經略疏》二卷。

植帙，《四十二章經疏鈔》九卷。

植帙，《八大人覺經疏》一卷。

殆帙，《賢首五教儀》六卷。

林至即帙，《御選語録》四十卷。

兩疏帙，《御録宗鏡大綱》二十卷。

見機帙，《御録經海一滴》二十卷。

本藏在清乾隆年間曾奉旨撤毁了部分經板。乾隆三十四年（1769）六月高宗皇帝下旨，因錢謙益有詆毀本朝之言詞，遂令各督撫等，將錢謙益所著《初學集》《有學集》繳出，送京銷毀。後經大學士尹繼善等奏，錢謙益還著有《楞嚴蒙抄》一書，故撤毀其書經板，共計六百六十塊。在《密雲禪師語録》中，還有錢謙益撰《天童密雲禪師悟公塔銘》，計五塊經板，也被撤毁。② 此外，復奉旨撤出《開元釋教録略出》《辯偽録》《大明仁孝皇后夢感佛說第一希有大功德經》、③《大明太宗文皇帝御製序讚文》四部書，毀板計一百四十塊。乾隆四十一年（1776），于敏中奉旨鏟除《華嚴經武后序文》。内務府復查出《大乘顯識經》《入定不定印經》《方廣大莊嚴經》《證契大乘經》《大乘入楞伽經》之《武后序文》，皆奉旨鏟除。不過僅鏟除了已頒賜的藏經本，並未銷毀經板，所以後來的刷印本中，仍舊有《武后序文》。

本藏刊成後刷印了一百部，頒賜京内外各寺院。此後直至清末的一百七十餘年間，又陸續刷印過數十部。民國二十一年（1932）國民政府林森等人為南京中山陵籌建藏經樓，發起請印《龍藏》，全國各名山大刹隨之請印了二十二部。1987年文物出版社刷印了七十八部。1993年北京市文物局、北京石刻博物館和北京燕山出版社刷印了六十部。2013年北京邦普

① 《吕澂佛學論著選集》卷三，齊魯書社，1996，第1491~1492頁。

② 瀋陽慈恩寺藏《龍藏》保存有此塔銘的原刻印本。

③ 北京白塔寺藏《龍藏》保存有此經的原刻印本。

製版印刷有限公司對經板進行了全面修補，恢復到清乾隆四年（1739）初印本原貌後刷印了一百部。

二十世紀九十年代以後，本藏又有了影印本。1990 年至 1992 年，臺北新文豐出版公司印行了《新編縮本乾隆大藏經》一百六十五冊（含分冊目錄、經名索引、作者索引一冊）。採用現代書籍式裝幀，十六開本，每頁分上、下兩欄，每欄錄折裝本三個半頁。1999 年臺灣傳正有限公司出版了豪華精裝本《乾隆大藏經》一百六十八冊，另總目錄一冊，由財團法人佛陀教育基金會贈書一千部於海內外。現已出版的影印本還有幾種，或據文物出版社的刷印本，或據臺灣一百六十八冊的影印本。

近年來，我國又出版了本藏的排印勘正句讀本，裝幀極其精致，書頁橫寬 28.7 釐米，豎長 43 釐米，共一百八冊。

現將本藏收經與《北藏》比較的情況記錄如下：

1. 未收《北藏》的典籍，共三十部二百八十卷，它們是：

《釋迦氏譜》二卷（壁帙）。

《釋迦方志》三卷（壁帙）。

《出三藏記集》十五卷（戶封帙）。

《古今譯經圖紀》四卷（輕帙）。

《續古今譯經圖紀》一卷（輕帙）。

《天台智者大師齋忌禮讚文》一卷（輔帙）。

《宗門統要續集》二十卷（扶傾綺帙）。

《大慧普覺禪師語錄》三十卷（説感武帙）。

《天目中峰和尚廣錄》三十卷（丁俊乂帙）。

《止觀輔行傳弘決》十卷（魏至假帙）。

《止觀義例》二卷（途帙）。

《天台智者大師禪門口訣》一卷（約帙）。

《請觀音經疏闡義鈔》四卷（法帙）。

《仁王護國般若波羅蜜經疏神寶記》四卷（韓帙）。

《國清百錄》四卷（弊帙）。

《方等三昧行法》一卷（刑帙）。

《南嶽思大禪師立誓願文》一卷（起帙）。

《原人論》一卷（跡帙）。

《般若心經略疏連珠記》二卷（百帙）。

《紹興重雕大藏音》三卷（百帙）。

《一切經音義》二十六卷（郡秦并帙）。

《大方廣佛華嚴經音義》四卷（并帙）。

《武周刊定眾經目錄》十四卷（宗泰帙）。

《武周刊定偽經目錄》一卷（泰帙）。

《諸佛世尊如來菩薩尊者名稱歌曲》五十一卷（紫至城帙）。

《禪宗正脈》二十卷（勸賞帙）。

《三教平心論》二卷（黜帙）。

《鐔津文集》二十卷（含卷首一卷，孟軻帙）。

《禪宗決疑集》一卷（素帙）。

《華嚴七字經題法界觀三十門頌》二卷（史帙）。

2. 本藏新編訂經卷替換《北藏》本後，卷數合計減六十五卷，詳情如下：

禄至車帙，《妙法蓮華經玄義釋籤》四十卷，替換《北藏》的《妙法蓮華經玄義》十卷、《法華玄義釋籤》十卷。

困至牧帙，《大方廣佛華嚴經疏鈔會本》八十卷，替換《北藏》的《大方廣佛華嚴經疏》六十卷、《大方廣佛華嚴經隨疏演義鈔》九十卷。

郡帙，《智覺禪師定慧相資歌》一卷，《警世》一卷，《永明心賦註》四卷，替換《北藏》的《永明智覺禪師唯心訣》一卷，附《定慧相資歌》《警世》。

野帙，《佛遺教經論疏節要》一卷，宋淨源節要、明袾宏補註，替換《北藏》同名書一卷，宋淨源述。

洞帙，《肇論新疏》十卷，替換《北藏》的同名書（卷一至九）、《肇論新疏遊刃》（卷十至十九）、前附《肇論新疏遊刃科》一卷。

辱近恥帙，《重訂教乘法數》三十卷，替換《北藏》的《教乘法數》四十卷。

3. 本藏增加的經卷，共五十部六百四十五卷，它們是：

惟帙，《番字藥師七佛本願功德經》一卷。

千帙，《明高僧傳》六卷。

乂至士帙，《大方廣佛華嚴經論》四十九卷。

士帙，《解迷顯智成悲十明論》一卷。

用帙，《大方廣佛華嚴經普賢行願品別行疏鈔會本》十卷。

威沙帙，《大方廣圓覺經大疏》三卷。

雁帙，《佛果圜悟禪師碧巖集》十卷。

城至鉅帙，《五燈會元》六十卷（含目錄三卷）。

巖帙，《慧文正辯佛日普照元叟端禪師語錄》四卷。

巖岫帙，《佛日普照慧辯楚石禪師語錄》十六卷。

藝帙《八十八祖傳讚》五卷至見機帙《御錄經海一滴》二十卷（辱近恥帙《重訂教乘法數》三十卷除外），共三十九部四百八十五卷。

另外俊帙《禪宗永嘉集》一卷，附《永嘉證道歌》，《北藏》無附《永嘉證道歌》。藝帙《大乘百法明門論》，《北藏》將此目與《八識規矩補註》及附《六離合釋法式》合為一目。

4. 本藏的卷數較《北藏》有增減，合計減少三十二卷，它們是：

俠槐帙，《高僧傳》十六卷，《北藏》作十四卷。

振帙，《觀音義疏記》三卷，《北藏》作四卷。

世帙，《天台四教儀集註》九卷，《北藏》作十卷。

伊帙，《歷代三寶紀》一卷，《北藏》作十五卷。

奄帙，《辯正論》十卷，《北藏》作九卷。

沙帙，《黃檗山斷際禪師傳心法要》一卷，附《宛陵錄》一卷，《北藏》附《宛陵錄》，不記卷數。

百帙，《傳法正宗記》八卷，《北藏》作九卷。

於帙，《辯偽錄》六卷，《北藏》作五卷。

載南帙，《諸佛世尊如來菩薩尊者神僧名經》二十卷，《北藏》作四十卷。

以上四項合計，本藏收經的部數、卷數比較《北藏》，增加二十部，增加二百六十八卷。

5. 本藏重出兩部經，沿襲了《磧砂藏》《北藏》的重出之誤，它們是：

杜帙，《曼殊室利菩薩吉祥伽陀》一卷，是言帙同名經的重出。

杜帙，《金剛頂瑜伽金剛薩埵儀軌》一卷，是藁帙《金剛頂瑜伽金剛薩埵五祕密修行念誦儀軌》一卷的重出。

檢《昭和法寶總目錄》三〇給予《大清三藏聖教目錄》的編號，其中 No.10，今新考目錄增計二號；No.11，No.40，No.1149，No.1177，No.1243，今分別增計一號；No.1165，今增計三號，共增十號。No.1128 與 No.1129，No.1130 與 No.1131，No.1224 與 No.1225，No.1561 與 No.1562，No.1628 與 No.1629，今分別合計一號，共減五號。No.1619 後，今增計一號，即《大明仁孝皇后夢感佛說第一希有大功德經》二卷。以上編號增減相抵，今新考目錄編一千六百七十五號，較昭和總目編一千六百六十九號，增六號。

（二一）日本《黃檗藏》目錄校釋

日本《黃檗藏》是繼《天海藏》後刊成的第二部大藏經。由沙門鐵眼道光募緣，自寬文九年至天和元年（1669~1681，清康熙八年至二十年），歷時十三年，以明版《嘉興藏》為底本雕造的一部私刻版、方冊本大藏經。

《嘉興藏》最顯著的特點是易梵夾裝為方冊裝，方便流通；在續藏、又續藏部分收入大量的此土撰述典籍。因此在寬文八年（1668），當隱元隆琦將明代傳入日本的這種新版大藏經一藏贈與弟子鐵眼道光（1630~1682）時，很快就成為鐵眼據以覆刻的底本。鐵眼在黃檗山建成寶藏院後，又在京都二條開設印經房，先行刊出大藏經中數十函。寬文九年七月，鐵眼撰《刻大藏緣起疏文》，標誌着《黃檗藏》的正式開版，天和元年鐵眼又撰《上大藏經疏》，[1] 表明全藏已經刊竣。為了籌集刻藏資金，鐵眼募緣的地域遍及國內三十餘州郡，其中主要來源於肥後州熊本城主細川綱利，他歸依鐵眼後，每年捐獻黃金千錠作為刊藏費用。[2]

---

① 《刻大藏緣起疏文》《上大藏經疏》，均見《昭和法寶總目錄》第 2 冊，第 436 ~ 437 頁。

② 〔日〕小川貫弌：《大藏經的成立與變遷》，譯叢編委會譯，載藍吉富主編《世界佛學名著譯叢》25，第 115 頁，臺北華宇出版社，1984。

在現存經本中，還可見本藏刊成後的第三年，即天和癸亥年（1683），沙門忍澂補刻的《成實論》二十卷和《阿毘達磨俱舍論》三十卷，皆以洛東獅谷升蓮社藏《嘉興藏》本鏤梓行世，以補足本藏尚缺經本。

忍澂在閱讀《黄檗藏》時發現有文義不通處，經覈對《高麗藏》才知道是《黄檗藏》存在誤脱。於是發願以《高麗藏》對校《黄檗藏》，並組織一批人，前後用了四年時間（1706~1710）完成了三校，於元文二年（1737，清乾隆二年）編寫出獅谷法然院所藏《麗藏對校黄檗版大藏經並新續入藏經目録》（以下簡稱《法然院目録》）。①

《黄檗藏》在我國，就目前所知唯國家圖書館珍藏着保存完好的一部全藏。2002年秋，經工作人員整理後，已提供讀者閱覽。我有幸拜覽了全藏，並與《法然院目録》及《嘉興藏》進行了比對，使我瞭解到法然院本的刊印年代要早於國圖本，反映了鐵眼刻藏的原貌；而國圖本更接近於《嘉興藏》，證明了《黄檗藏》刊成後又有過刻板活動。分析其原因，很可能是鐵眼獲得的《嘉興藏》本已有散佚，而且尚缺《嘉興藏》於明末和清初才刻印的一些典籍，故據日本存其他版本刻板補入。此後隨着新刊印《嘉興藏》本的陸續傳入日本，又進行了補刻，以替換原有的非《嘉興藏》覆刻本。現將國圖藏《黄檗藏》對比《嘉興藏》正藏部分前六百三十六帙的收經（天帙至石帙），基本相同，但是其後四十一帙的收經（鉅帙至史帙）則存在着不少的差别。

國圖本為方冊線裝，書高26.5釐米，長18.9釐米；版框高約20.9釐米至22.2釐米不等，長30.8釐米。其封面題簽，凡多經合冊者，除在原題簽的經名卷次處記幾經外，還另有一題簽，詳記每經的經名。有全藏之扉畫兩幅，均為《嘉興藏》扉畫的仿刻。其版式為一紙折為兩個半頁，每半頁十行，每行二十字。凡刻有經文處的行間烏絲欄已被取消，並非磨損所致。而據其他版本補刻的，其行數、字數、字體以及書口處註文等均不盡相同。已知的其他版本有四種：（1）和刻本，如《景德傳燈録》；（2）日本《弘安藏》本，如《傳法正宗定祖圖》；（3）朝鮮刻本，如《禪宗永嘉集》；（4）我國的杭州刻本，如《大方廣佛華嚴經疏演義鈔》（見法然院本）。② 此外，約有一百部典籍增刊了和訓，以方便日本人閱讀中文。

本藏經目的分類全同《嘉興藏》，只是題名稍有改變，將"西土聖賢撰集"，改為"印度著集"，又將"此土著述"，改為"支那撰述"。國圖本總二百七十四套，二千零九十四冊。始自《大般若經》，終於《佛祖統紀》。千字文帙號自天帙至史帙，共六百七十七帙，

① 筆者見到的這一目録，是日本佛教大學佛教文化研究所編，平成元年（1989）十二月出版，由原中國社會科學院世界宗教研究所方廣錩研究員從日本帶回國，並提供給我們使用。

② 《景德傳燈録》卷三十卷尾有刊記，云："寬永庚辰（1640）曆京師二条寄住田原氏道隆，審加倭訓，命工鏤梓，不是後學大幸乎！庶幾此書永行于世矣。閑雲謹書。"《傳法正宗定祖圖》卷首有三行刊記，云："日本國相州靈山寺續先師宴海未終願勸進沙門寶積沙彌寂惠等謹題 / 今上皇帝　太皇太后　皇太后祝延聖壽關東　大將軍家息災延命國 / 泰民安開鏤大藏印板副納內弘安十年丁亥九月日謹題。"《禪宗永嘉集》卷下卷尾有刊記，云："願我以此刊經功德。奉為主上殿下壽萬歲。佛日增輝。法輪常轉。先亡父母。及法界有情。同生淨刹念。弘治十二年（1499）己未十月日慶尚道陝川土石水庵開版。"《大方廣佛華嚴經疏演義鈔》卷一上卷末有刊記，云："板留杭州昭慶寺仙橋東首經房楚林印行"。

另附《永樂南藏》帙號（合濟弱扶、密勿多士、雞田赤、城昆池碣），共十五帙。其中第一百九十三冊、一千六百零一冊、一千六百零二冊和一千八百七十一冊已缺。現存國圖本已將原第一千六百零三冊，改為第一千六百零一冊，此後逐冊改過，直至將原編號第二千零九十四冊，改為第二千零九十二冊。實際存本二千零九十冊。

《法然院目錄》總計七十二函，二百七十四帙。其帙數雖與國圖本的套數相同，但其帙次及冊次卻與國圖本相同帙次、冊次所對應的典籍多有不同。《法然院目錄》第六十四帙，國圖本分為第六十四、六十五套，套次增一，此後直到第一百二十二帙至一百二十四帙，國圖本分為第一百二十三、一百二十四套，至此帙次與套次歸為一致。然而從第二百十一帙以後出現的帙次與套次以及冊次的差異，其主要原因則是所收典籍的不同或版本不同造成的。

如今，新考目錄依據國圖本製作《黃檗藏》目錄，新計收經總一千六百五十九部，七千六百七十四卷（或七千八百二十六卷）。《法然院目錄》記總一千六百五十五部。檢《法然院目錄》第 1552、1553 兩號，[①] 僅收入一部典籍，即《佛說觀無量壽佛經疏鈔》二卷；1582–1《大方廣佛華嚴經疏科文》十卷、1582–2《大方廣佛華嚴經疏演義鈔》（華嚴玄談）九卷，實屬 1633《大方廣佛華嚴經疏鈔》三十卷的重出，只不過分卷不同，三十卷本僅收十卷本科文的第一卷而已。

本藏的收經，在上述一千六百五十九部以外，還有其他刻本。檢《卍續藏》《縮刻藏》和《大正藏》，可見記有"今對檗本"或"用黃檗版淨嚴等加筆本"字樣的經卷，共二十七部。此外，法然院本還有一部，即明智旭述《妙法蓮華經綸貫》一卷（見目錄後的附圖版 21）。[②]

1. 現將國圖本的收經比較《法然院目錄》的情況記錄如下。

（1）國圖本增加的內容。

言帙，《聖觀自在菩薩功德讚》一卷後，《法然院目錄》僅附《御製觀音讚》，國圖本增附《御製大悲觀世音菩薩讚》。

（2）替換《法然院目錄》的經目。

會帙，《金光明經玄義》二卷，替換《法然院目錄》的《金光明經玄義科》一卷。

會帙，《金光明經玄義拾遺記》六卷，宋知禮述，替換《法然院目錄》的同名書二卷，知禮述記、明得錄記。

盟帙，《金光明經文句》六卷，隋智者說、灌頂錄，替換《法然院目錄》的《金光明經文句科》一卷，明得排定。

盟何帙，《金光明經文句記》六卷，宋知禮述，替換《法然院目錄》的《金光明經文句文句記》八卷，知禮述、明得會。

約帙，《佛說觀無量壽佛經疏》一卷，智者說，《觀無量壽佛經疏妙宗鈔》六卷，宋知禮述，替換《法然院目錄》的《佛說觀無量壽佛經疏鈔》二卷，智者說、知禮鈔。

---

① 在約十《天台智者大師禪門口訣》前。

② 此書卷尾有"天和元辛酉冬月黃檗山寶藏院識，沙門鐵眼募刻"的刊記。

　　用至威帙，《大方廣佛華嚴經疏》六十卷，替换《法然院目録》的《大方廣佛華嚴經疏科文》十卷、《大方廣佛華嚴經疏演義鈔》（華嚴玄談）九卷。

　　沙至禹帙，《大方廣佛華嚴經隨疏演義鈔》九十卷，替换《法然院目録》的《大方廣佛華嚴經疏演義鈔》八十卷。

　　治本於帙，《大方廣圓覺修多羅了義經略疏註》二卷、《圓覺經略疏之鈔》二十五卷，替换《法然院目録》的《大方廣圓覺經略鈔》十二卷、《圓覺鈔辨疑誤》二卷。

　　敦帙，《八識規矩頌》一卷，明廣益纂釋，《大乘百法明門論》一卷，替换《法然院目録》的《八識規矩補註證義》一卷，普泰補註、明昱證義。

　　2.現將國圖本的收經與《嘉興藏》的比較情况記録如下。

　　（1）國圖本未收《嘉興藏》的内容，合計減一部，減十九卷。

　　輔帙，《禮法華經儀式》一卷，此儀式又附見於《千手眼大悲心呪行法》，屬重出，國圖本無重出。

　　武帙，《大慧普覺禪師語録》後的大慧普覺禪師年譜一卷、大慧普覺禪師宗門武庫一卷、雪堂行和尚拾遺録一卷。[1]

　　約帙，《觀音義疏記》的附釋普門品重頌疏。

　　曠帙，《妙法蓮華經要解》的弘傳序科文、要解科文一卷。

　　茲帙，《華嚴原人論解》前的華嚴原人論科一卷、華嚴原人論一卷。

　　史帙，《大明仁孝皇后夢感佛説第一希有大功德經》後的《密雲禪師語録》十三卷（含年譜一卷）。

　　（2）國圖本增加的内容。

　　趙帙，《摩訶止觀》的附天台智者大師傳論。

　　新帙，《翻譯名義集》的附翻譯名義集續補。

　　（3）國圖本替换《嘉興藏》的經目，國圖本卷數減少十卷。

　　説感武帙，《大慧普覺禪師語録》十八卷、《大慧普覺禪師普説》四卷，替换《嘉興藏》的《大慧普覺禪師語録》三十卷。

　　起帙，《禪宗永嘉集》二卷，唐玄覺撰、宋行靖註，替换《嘉興藏》同名書一卷，唐玄覺撰，附《永嘉證道歌》一卷。

　　敦帙，《八識規矩頌》一卷，明廣益纂釋，《大乘百法明門論》一卷，明廣益纂釋，替换《嘉興藏》的《八識規矩補註》二卷，明普泰補註，附六離合釋法式，《大乘百法明門論解》二卷，明普泰增修。

　　（4）國圖本經目的卷數較《嘉興藏》減少五十四卷。

　　情帙，《大乘起信論》一卷，唐實叉難陀譯，《嘉興藏》作二卷。

　　途帙，《止觀義例》一卷，《嘉興藏》作二卷。

　　途帙，《大乘止觀法門》二卷，《嘉興藏》作四卷。

---

[1]　國圖本較《嘉興藏》減少的大慧普覺禪師年譜等三卷，就是原缺第一千六百零一、一千六百零二册所録内容。

綿邈帙，《大佛頂如來密因修正了義諸菩薩萬行首楞嚴經會解》十卷，《嘉興藏》作二十卷。

稼帙，《天台四教儀集註》四卷，《嘉興藏》作十卷。

穡至南帙，《教乘法數》十二卷，《嘉興藏》作四十卷。

陟帙，《緇門警訓》四卷，《嘉興藏》作十卷。

以上第（1）、（3）、（4）項中，武帙、曠帙、起帙、途帙、穡至南帙、陟帙的七部典籍，國圖本是據其他版本補刻的，因此不同於《嘉興藏》本，也不足為奇。但是其餘典籍內容增減的原因，就不那麼簡單了。

（5）國圖本重出兩部經，沿襲了《磧砂藏》《嘉興藏》的重出之誤，它們是：

杜帙，《曼殊室利菩薩吉祥伽陀》一卷，是言帙同名經的重出。

杜帙，《金剛頂瑜伽金剛薩埵儀軌》一卷，是藁帙《金剛頂瑜伽金剛薩埵五祕密修行念誦儀軌》一卷的重出。

值得一提的是合帙《續傳燈錄》前，《黃檗藏》補入了明僧居頂撰《續傳燈錄序》一文。此書最早被收入明《永樂南藏》，因序文中提到明洪武辛巳冬（按：中國歷史紀年中無洪武辛巳年，實為建文辛巳年）朝廷刊行大藏經一事，所以在永樂皇帝奪取政權後，難逃被撤毀的命運，致使後世的《嘉興藏》等諸部大藏經都無緣收錄這篇序文。此前僅知日本《卍續藏》有這篇序文，現在又發現在《卍續藏》之前，《黃檗藏》已補入了這篇序文，使得這樣一篇記述了一段刻藏史實的序文，由於朝廷政權斗爭的緣故，而匿跡二百七十餘年後，終於在域外被重新收入大藏經。

3. 現將《卍續藏》《縮刻藏》和《大正藏》記載的《黃檗藏》本，而《法然院目錄》及國圖本皆未錄的二十七部三十三卷典籍記錄如下：

《受五戒八戒文》一卷。

《無畏三藏禪要》一卷。

《金剛頂經毘盧遮那一百八尊法身契印》一卷，唐善無畏、一行譯。

《諸佛境界攝真實經》三卷，唐般若譯。

《金剛頂瑜伽略述三十七尊心要》一卷，唐不空譯。

《金剛頂瑜伽三十七尊出生儀》一卷，唐不空譯。

《瞿醯壇跢羅經》三卷，唐不空譯。

《佛說毘奈耶經》一卷。

《大佛頂如來放光悉怛多缽怛囉陀羅尼》一卷，唐不空譯。

《佛說出生無邊門陀羅尼儀軌》一卷，唐不空譯。

《華嚴經心陀羅尼》一卷，唐實叉難陀譯。

《轉法輪菩薩摧魔怨敵法》一卷，唐不空譯。

《修習般若波羅蜜菩薩觀行念誦儀軌》一卷，唐不空譯。

《日光菩薩月光菩薩陀羅尼》一卷。

《如意輪菩薩觀門義註秘訣》一卷。

《文殊獻佛陀羅尼名烏蘇吒》一卷。

《阿吒薄俱元帥大將上佛陀羅尼經修行儀軌》三卷，唐善無畏譯。

《伽馱金剛真言》一卷。

《摩訶吠室囉末那野提婆喝囉闍陀羅尼儀軌》一卷，唐般若斫羯囉譯。

《冰揭羅天童子經》一卷，唐不空譯。

《使呪法經》一卷，唐菩提流志譯。

《施諸餓鬼飲食及水法》一卷，唐不空譯。

《梵天擇地法》一卷。

《建立曼荼羅及揀擇地法》一卷，唐慧琳集。

《釋迦牟尼佛成道在菩提樹降魔讚》一卷。

《佛説造塔延命功德經》一卷，唐般若譯。

《佛説木槵經》一卷，唐不空譯。

（二二）日本《卍正藏經》《卍新纂續藏經》目錄校釋

《卍正藏經》目錄校釋

《大日本校訂藏經》又名《大日本校訂訓點大藏經》《卍正藏經》《卍字藏》，或《日本藏經書院大藏經》。

明治三十五年四月至三十八四月（1902~1905，清光緒二十八年至三十一年），由會長前田慧雲、主任中野達慧主持，在京都藏經書院進行校勘、出版工作。全藏完成後不久，藏經書院失火，存書及紙型盡毀，流傳本極少。

本藏有《大日本校訂藏經目錄》（以下略稱《卍正藏目錄》），另載《昭和法寶總目錄》三四，還有《索引目錄》和《部類目錄》。目錄前有日本天皇、皇后御製大藏經跋文五篇，唐至明代御製聖教序等十篇，日本鐵眼道光禪師疏文等三篇，本藏緣起序、跋等六篇及凡例。

本藏採用日本寶永三年至七年（1706~1710）獅子谷忍澂上人的校勘本為底本，即建仁寺所藏明本，對校增上寺之高麗藏本。校凡三次，每次換人，遇有異同則註於行間，"故獅子谷所藏明本，即是宛然高麗大藏也"。[①] 由於《高麗藏》未收明本中的一百四十七部八百十九卷經籍，例如：隋笈多譯《金剛能斷般若波羅蜜經》一卷等，所以編者們對經目的排序，依據了《大明三藏聖教目錄》（以下略稱《北藏目錄》），始自《大般若經》，終於《大明三藏法數》，並略有增補、刪改。本藏目錄所著經名、卷數及作者名，依據底本而定，因此目錄中兼註有明本不同於麗本的經名或卷數。這裡所説的明本，是日本的《黃檗藏》本，而不是明《北藏》本。[②]

---

① 見《大日本校訂縮刻大藏經緣起》，另見《昭和法寶總目錄》三三。

② 今見本藏中多部經的卷數或作者，不同於《北藏》本，卻與《嘉興藏》本和《黃檗藏》本同，或唯與《黃檗藏》本同，例如：第三十一套第一至二冊《宗門統要續集》二十二卷，同嘉黃，北作二十卷；第三至四冊《圓悟佛果禪師語錄》二十卷，同嘉黃，北作十七卷。而第三十一套第四至六冊《大慧普覺禪師語錄》和第三十三套第七冊《禪宗永嘉集》，則不同北嘉，唯與黃同，詳見以下經目比較第一項。

本藏的編修雖然是在《縮刻藏》之後，但是未收《縮刻藏》見録的別本經，即文字出入大，難以校對的相同經名及譯者的經。特別是一些經名不完全相同，實非屬別本的，也一概不收，例如：第十二套第四冊收麗本的《文殊師利法寶藏陀羅尼經》一卷，唐菩提流志譯，卻不收明本的《文殊師利寶藏陀羅尼經》一卷，明本誤記唐菩提流志譯，實為陳真諦譯；第十四套第十冊收麗本的《出家功德因緣經》一卷，此經文自始至終皆錯重出，卻不收明本的《出家緣經》一卷。不僅如此，《縮刻藏》已校出麗本的梁僧伽婆羅譯《文殊師利所説般若波羅蜜經》一卷，有兩段經文與其他藏本不同，並將其他藏本不同之文附後。而本藏僅在校記中指出：麗本的兩段經文，實屬梁曼陀羅仙譯《文殊師利所説摩訶般若波羅蜜經》之經文誤録於此，但是未收《縮刻藏》已附録的正確經文。應該説，本藏未能吸收《縮刻藏》已取得的校對成果，是一大損失。

此外，本藏《凡例》記：本藏未收黃檗本中《華嚴懸談會玄記》至《第一希有大功德經》，計三十六部四百十卷，為《北藏目録》續入經；又《北藏》缺，《南藏》存者之《續傳燈録》乃至《佛祖統紀》，計四部一百五十卷；又《麗藏》中有，明本所缺之《父子合集經》《御製蓮華心輪迴文偈頌》等，計五十五部四百九十四卷，因本藏印行預約期滿，故不得已，悉編入大日本續藏經第一輯中。①

本藏為線裝方冊本，書高 27 釐米，寬 19 釐米。每冊首第一個半頁是四大天王護持的書牌，第二個半頁是釋迦牟尼佛説法圖，第三個半頁是卍字藏經牌，中書"皇圖鞏固，帝衢遐昌；佛日增輝，灋輪常轉"十六字。其版式為一紙折成兩個半頁，每半頁分上、下兩欄，每欄二十行，每行二十二字，附訓點。四號鉛字排印。雙線邊框，內框高 21.8 釐米，寬 15.8 釐米。校勘記見於書眉處。書口處依次註經名和卷次、頁碼、千字文帙號和冊次，千字文帙號據底本所在帙號著録。本藏目録同時著有麗藏和北藏的函號，然而昭和目録在轉載時取消了函號，僅著録經本所在的套次及冊次。本藏製作有紙型，可隨時印行。全藏總共三十六套三百四十七冊（第一套二冊，收《藏經目録》《索引目録》和《部類目録》；第二套至第三十五套，每套十冊；第三十六套有甲、乙之分，甲套二冊，乙套三冊）。收經總一千六百十七部，合七千零七十二卷（或七千一百二十四卷）。

1970 年，臺北新文豐出版公司影印《卍正藏經》，三十二開本，現代書冊式精裝，全七十冊（含目録一冊）。目録冊首增蔡運辰撰《影印卍正藏經緣起》，冊尾增新文豐出版公司編輯部編《卍正藏經總目録》和《卍正藏經目録索引》。

現將本藏收經與《北藏》比較的情況記録如下。

1. 替換《北藏》的經目有：

第六套第六冊，《大方等大集經》六十卷，替換《北藏》的同名經三十卷、《大乘大方等

---

① 《卍續藏經》實未收宋太宗《御製蓮華心輪迴文偈頌》《御製秘藏詮》《御製消遙詠》《御製緣識》，計四部七十一卷。

日藏經》十卷、①《大方等大集月藏經》十卷、②《大集須彌藏經》二卷、③《無盡意菩薩經》四卷、④《明度五十校計經》二卷。⑤【按：《麗藏》六十卷本，還收以上後三經。本藏將後三經與六十卷本校對後，僅存後三經目録，⑥ 不再録經文。】

第十五套第二册，《陰持入經》二卷，後漢安世高譯、吳陳慧撰（依《麗藏本》），替換《北藏》的非吳陳慧註本。

第十七套第一册，《菩薩善戒經》九卷、《菩薩善戒經》一卷（皆依《麗藏》本），替換《北藏》的《菩薩善戒經》十卷。

第十七套第四册，《十誦律》六十一卷，替換《北藏》的《十誦律》六十五卷、《十誦律毘尼序》三卷。⑦【按：依《麗藏》六十一卷本，《毘尼序》在本藏目録中僅存目，⑧ 不再録内容。】

第三十一套第四至六册，宋蘊聞上進《大慧普覺禪師語録》十二卷、宋慧然等録《大慧普覺禪師普説》（别本）四卷、宋慧然録《大慧普覺禪師普説》二卷、宋道先録《大慧普覺禪師法語》三卷、宋道先録《大慧普覺禪師書》一卷（皆依《黃檗藏》本），替換《北藏》的宋蘊聞上進《大慧普覺禪師語録》三十卷。

第三十一套第八册，《法華玄義釋籤會本》十卷，替換《北藏》的《妙法蓮華經玄義》十卷、《法華玄義釋籤》十卷。

第三十二套第一册，《法華文句記會本》三十卷，替換《北藏》的《妙法蓮華經文句》十卷、《法華文句記》十卷。

第三十二套第五册，《摩訶止觀輔行會本》十卷，替換《北藏》的《摩訶止觀》十卷、《止觀輔行傳弘訣》十卷。【按：以上三部會本，是本藏首次收録的典籍。】

第三十三套第七册《禪宗永嘉集》二卷，唐玄覺撰、宋行靖註（依《黃檗藏》本），替換《北藏》的非宋行靖註本。

第三十五套第三册，《衆經目録》五卷，唐静泰撰，【按：依《麗藏》本，本藏目録誤記隋法經等撰。】替換《北藏》的《衆經目録》五卷，隋翻經沙門及學士等撰。

2. 未收《北藏》的經卷。

本藏第九套第二册《妙法蓮華經觀世音菩薩普門品經》一卷，《北藏》有本，因其經文與《妙法蓮華經》第七卷普門品同，故本藏目録僅存目，不再録經文。

第十套第四册《拔一切業障根本得生淨土神呪》一卷後，《北藏》有附《阿彌陀經不思

---

① 此經内容與六十卷本《大集經》第三十四卷至四十五卷相當。

② 此經内容與六十卷本《大集經》第四十六卷至五十六卷相當。

③ 此經内容與六十卷本《大集經》第五十七卷至五十八卷相當。

④ 此經内容與六十卷本《大集經》第二十七卷至三十卷相當。

⑤ 此經内容與六十卷本《大集經》第五十九卷至六十卷相當。

⑥ 《大集須彌藏經》見第六套第九册，《無盡意菩薩經》見第七套第一册，《明度五十校計經》見第十二套第二册。

⑦ 此序在六十一卷本《十誦律》中，是第六十、六十一卷。

⑧ 此序見第十九套第七册。

議神力傳》，本藏未收附文。

第十四套第十冊《得道梯橙錫杖經》一卷後，《北藏》有附持錫杖法、又持錫杖法，本藏未收附又持錫杖法。

此外，第九套第九冊《藥師琉璃光七佛本願功德經》二卷後，《北藏目錄》有《番字藥師琉璃光七佛本願功德經》一卷，實為存目無本者，本藏不再存目。

3.據《高麗藏》補入的經目，共六部六卷。

第六套第十冊，《般舟三昧經》一卷

第十套第四冊，《月燈三昧經》一卷

第十套第五冊，《申日經》一卷

第十一套第二冊，《東方最勝燈王陀羅尼經》一卷

第十二套第五冊，《安宅陀羅尼呪經》一卷

第十四套第三冊，《四十二章經》一卷，後漢迦葉摩騰共法蘭譯。

此外，第十四套第二冊，《放牛經》一卷後，補入附《枯樹經》。

4.本藏目錄漏載的經目。

第二十二套第五冊，唐實叉難陀譯《大乘起信論》二卷後，漏載梁真諦譯同名論一卷。

5.本藏重出兩部經，沿襲了《磧砂藏》《北藏》的重出之誤，它們是：

第二十六套第十冊，《曼殊室利菩薩吉祥伽陀》一卷，是第十六套第十冊同名經的重出。

第二十六套第十冊，《金剛頂瑜伽金剛薩埵儀軌》一卷，是第二十七套第一冊《金剛頂瑜伽金剛薩埵五祕密修行念誦儀軌》一卷的重出。

檢《昭和法寶總目錄》三四給予《大日本校訂藏經目錄》的編號，其中No.64，No.76，No.136，No.439，No.1147，僅存目，不再錄內容，今新考目錄共減五號。No.1136與No.1137，今合計一號。No.1255，今增計一號。以上編號增減相抵，今新考目錄編一千六百十七號，較昭和目錄編一千六百二十二號，減五號。

《卍新纂續藏經》目錄校釋

《大日本續藏經》又名《卍續藏經》《續藏經》，或《日本藏經書院續藏經》。

藏經書院會長前田慧雲早在圖書出版會社創建之初，就建議編纂續藏經，並搜集藏外遺書已多年。明治三十八年四月（1905，清光緒三十一年），在完成《卍正藏經》印刷後，與島田蕃根相謀，倡議續藏的編纂。遂由前田慧雲編目，中野達慧任編修，開始了《卍續藏經》的出版工作。至大正元年十一月（1912，中華民國元年），歷時八年，全藏印行告竣。後因藏經書院失火，存書焚毀，流傳本不多。

本藏有《大日本續藏經目錄》二卷（或四卷），另載《昭和法寶總目錄》三五。目錄前有前田慧雲等人所撰序文十一篇、中野達慧撰《大日本續藏經編纂印行緣起》和《大藏諸本一覽》《續藏經概表》《禪家諸師系譜》《隨喜助援者芳名錄》《凡例》。目錄曾三次改纂。其間編修者攀名山，尋巨刹；開千年石室，搜萬古秘笈。南條文雄曾致書金陵刻經處楊文會居士，中野達慧亦與浙寧蘆山寺式定禪師聯繫，搜集目錄未收之書。為此中野達慧記："見寄

送者，前後數十次。幸而多獲明清兩朝之佛典。"《卍續藏》廣泛收集了《卍正藏》以外的已入藏和未入藏的典籍，尤其是支那撰述部分，收録了許多在我國已散佚千百年，唯日本見存的要典。其數量之宏富，超過明《嘉興藏》之《續藏》《又續藏》，是研究中國佛教不可或缺的佛典叢書。續藏所收，抄本居多，因年代久遠，卷軸參差，魚目混珠，不易辨別。文章互有異同，因取數本讐校，刪繁、正訛、補缺，互有得失處，揭諸欄頭。隋唐之註疏，多整篇不分段落，經考查文意，劃分章節，或釐經會疏，旁附句讀或訓點，方便讀者。

目録第一編共九十五套，第二編共三十二套，第貳編乙共二十三套，合計一百五十套。每套五冊，共七百五十冊。《緣起》記："採集約九百五十餘人著作，彙輯一千七百五十餘部七千一百四十餘卷……別為十門六十三類。"現略記如下：

第一編

　印度撰述：經部、律部、論集部、密經軌部

　支那撰述：大小乘釋經部、大小乘釋律部、大小乘釋論部

補遺

　印度撰述：經部

　支那撰述：大小乘釋經部、大小乘釋律部、大小乘釋論部、諸宗著述部、禮懺部

第二編

　支那撰述：三論宗著述部、法相宗著述部、天台宗著述部、華嚴宗著述部、真言宗著述部、戒律宗著述部、淨土宗著述部、禪宗著述部、禪宗語録通集部、禪宗語録別集部

第貳編乙

　　　　禮懺部、史傳部

補遺

　印度撰述：經部

　支那撰述：大小乘釋經部、諸宗著述部

《卍續藏》是線裝本，四號鉛字排印，皆同《卍正藏》。但版式有所改變，雖然每半頁仍分上下兩欄，但是每欄的上端均留出校勘記欄，並且每欄録經文十八行，每行二十字。

民國十二年十二月至十四年十二月（1923~1925），上海商務印書館（涵芬樓）影印五百部發行，為線裝本。卷首《影印續藏經啟》云：凡三論宗嘉祥（吉藏）之論、法華宗南嶽（慧思）之文、法相宗慈恩（窺基）淄州（慧沼）濮陽（智周）之書、華嚴宗雲華（智儼）賢首（法藏）圭峰（宗密）之作、密宗善無畏不空一行之譯著、律宗南山（道宣）相部（法礪）東塔（懷素）之章疏、淨土宗曇鸞善導之遺編、俱舍宗普光法寶之傑構，與夫梁之光宅（法雲）、隋之淨影（慧遠）、唐之法眼（文益）、宋之四明（知禮）、慈恩（慈雲遵式）、孤山（智圓）、靈芝（元照）之述作，皆赫然在焉。凡此諸書，絕跡於中土者，遠或千有餘載，近亦六七百年。是書一出，而我國魏晉六朝隋唐以來師師相承之旨，如日再中矣。

1976 年 12 月，臺北新文豐出版公司又影印發行，改為現代精裝本，總一百五十冊。次年元月又出版了新文豐編審部編《新編卍續藏經總目録、目録索引》一冊。

　　昭和五十年九月至平成元年八月（1975~1989），日本（株）國書刊行會印行了《卍新纂大日本續藏經》，現代精裝本，全八十八卷，另有目錄部、索引部各一卷。新纂本的編印歷時十六年，由河村孝照任編集主任。目錄前有國書刊行會會長佐藤今朝夫撰完結詞，索引前有河村孝照撰編纂結束語。新纂本是由《卍續藏經》《日本校訂縮刻大藏經》中國撰述部及若干新增補的典籍組成，還補充了部分舊版中的殘缺經卷。為方便讀者，在儘量保存舊版原貌的同時，略作改動，例如：舊版列為補遺的典籍，新版已移至其應在的位置；舊版為二欄十八行，新版改為三欄二十四行；每部典籍均附以號碼，以便檢索；舊版中之頭註，新版置於下欄之欄外，等等。舊版目錄的誤著處，新版附見編者註文。

　　近年來，臺北白馬精舍印經會影印出版了《大藏新纂卍續藏經》。2006 年 11 月，河北省佛教協會印行了同名書，由河北唐山丁立國、丁立權兩居士捨淨資助印八百部。

　　《卍新纂續藏經》依舊版，總分十個部別，現略記如下。

　　印度撰述：

　　（1）經部（2）律部（3）論集部（4）密經儀軌部

　　中國撰述：

　　（5）大小乘釋經部（6）大小乘釋律部（7）大小乘釋論部

　　（8）諸宗著述部：三論宗、法相宗、天台宗、華嚴宗、真言宗、戒律宗、淨土宗、禪宗
　　　　　　　　　　雜著、禪宗語錄通集、禪宗語錄別集

　　（9）禮懺部（10）史傳部

　　現將《新纂大日本續藏經總目錄》（以下略稱《新纂續藏目錄》或新目）的收經情況略述如下。

　　1.《新纂續藏目錄》增加的內容。

　　765.《大乘起信論疏略》二卷，舊目記四卷，草稿本故省，新目增入。

　　855.《因明入正理論疏抄》一卷，附新資料兩部：（1）《因明入正理論略抄》，唐淨眼撰；（2）《因明入正理論後疏》，唐淨眼撰。

　　860.《判比量論》一卷，舊目唯存跋文耳，新目增新出斷簡。

　　1339.《琅琊慧覺禪師語錄》，增序文一篇。

　　1342.《雲庵克文禪師語錄》，增守忠敘、目錄、二疏、附錄。

　　1350.《保寧仁勇禪師語錄》一卷，舊目記收於《續古尊宿語要》卷三，故未錄，新目增入。

　　2.《新纂續藏目錄》補充的內容。

　　16.《大通方廣懺悔滅罪莊嚴成佛經》三卷，舊目記存卷上，新目已補入卷中、卷下。

　　212.《華嚴經搜玄記》五卷（或十卷），舊目記缺卷四本，新目已補入。

　　351.《勝鬘經義記》二卷，舊目記缺下卷，新目已補入。

　　835.《俱舍論疏》三十卷，舊目記缺卷十二，新目已補入。

　　900.《相宗八要解》，舊目記八卷，分出別處，今唯收敘文、凡例耳。實缺其中之《六離合釋法式通關》一卷，新目已補入。

901.《相宗八要直解》，舊目記八卷，分出別處。實缺其中之《六離合釋法式略解》一卷，新目已補入。

1546.《新修淨土往生傳》三卷，舊目記存卷下，新目已補卷上、卷中。

3.《新纂續藏目録》重訂部別及刪除的經目。

401.《摩訶阿彌陀經衷論》一卷，清魏源會譯、王耕心衷論。舊目收在"方等經部"，新目重訂在"方等經疏部"。

舊目第三十八套第五册《金剛經集解》四卷，並註"收于金剛經五十三家註"，新目刪除此目。

舊目第六十四套第一册《四分比丘尼戒本》一卷，並註"但存目録耳"，新目刪除此目。

舊目甲第二十五套第三册《龍門清遠禪師語録》八卷，實屬副目無書，新目刪除此目。

舊目甲第三十一套第三册《隱山璨禪師語要》一卷，實屬副目無書，新目刪除此目。

舊目乙第十五套第五册《五燈會元補遺》一卷，並註"在于增集續傳燈録卷六中"，新目刪除此目。

4.《新纂續藏目録》存在的問題。

（1）重出五目，即190.《阿迦陀密一印千類千轉三使者成就經法》一卷，實屬124.《深沙大將儀軌》一卷的重出；① 194.《曼殊室利菩薩呪藏中一字呪王經》一卷，此經已見《卍正藏》第十一套第一册；195.《諸佛集會陀羅尼經》一卷，此經已見《卍正藏》第十二套第五册【按：舊目同錯】；1502.《釋迦如來涅槃禮讚文》一卷，此文已見《卍正藏》第三十套第八册；1503.《天台智者大師齋忌禮讚文》一卷，此文已見《卍正藏》第三十套第八册。

（2）本目録首次著録的別抄本，即181.《大聖妙吉祥菩薩最勝威德祕密八字陀羅尼修行念誦儀軌次第法》一卷，實屬92.《大聖妙吉祥菩薩祕密八字陀羅尼修行曼荼羅次第儀軌法》一卷後部分内容的別抄；② 203.《作世水宅心陀羅尼》一卷，實屬《卍正藏》第六套第八册《大方等大集經》第五十七、五十八卷部分經文的別抄。另外，77.《日光菩薩月光菩薩陀羅尼》一卷，實屬他藏本《千手千眼觀世音菩薩廣大圓滿無礙大悲心陀羅尼經》局部別抄，此別抄本始於《縮刻藏》。

（3）誤增一號，即1508.《釋迦如來成道記》一卷，有註文"會入於釋迦如來成道記註（No.1509）"。對於成道記一書，《卍續藏》例不編號，故舊目列為副目，但新目卻誤編一號。

（4）脱文。隋智顗撰《四教義》，《卍正藏》本書尾脱文四千餘字，《卍續藏》舊本第二編第四套第一册已補入，但新纂本未收補缺文字。

（5）對於作者的著録，尚有空缺或不準確處，有待修訂。如今凡已發現者，新考目録皆予校正，僅舉一例：967.《教觀撮要論》的作者名，新舊兩目僅記朝代"宋"字。今檢《補續高僧傳》卷四之元代善良傳，文云：善良師頑空。嘗歎教文浩瀚，要領難窺。於是鋭精述

---

① 此重出本亦見録於《佛教大藏經》。

② 此別抄本亦見録於《佛教大藏經》。

言，曰教觀撮要，學台者便之。由此可知，《教觀撮要論》是元善良所撰。

（6）對卷數的記法不統一，例如：233.《華嚴經疏演義鈔》八十卷（或九十一卷），目録記八十卷；但是 262.《圓覺經句釋正白》二卷（或六卷），目録就記六卷。

此外，對於僅存殘卷的書籍，其卷數的著録，有的可參考有關史料補入。今新考目録補入或改正卷數的書目有：

690. 唐法銑撰《梵網經疏》，新舊兩目皆記四卷，現存上卷。今檢《東域傳燈目録》記二卷，再檢上卷已釋畢十重戒至第四戒，故今改記本書作二卷。

836. 唐神泰述《俱舍論疏》，新舊兩目皆記存“卷一、二、四、五、六、七及十七”。今檢《法相宗章疏》和《東域傳燈目録》，均記本書作二十卷。另檢《俱舍論》凡三十卷，本書卷十七已註釋至論本卷二十五，故本書總二十卷應無誤。

999. 宋希迪述《五教章集成記》，新舊兩目皆記存“卷一”。今檢 4322.《華嚴五教章匡真鈔》記本書作十卷，故據以著録。

1015. 高麗義天集《圓宗文類》，新舊兩目皆記現存卷十四與二二。今檢《韓國佛教全書》記本書作二十三卷，故據以著録。

1094.《釋門歸敬儀護法記》，新舊兩目皆記存卷上。今檢 1095.《釋門歸敬儀通真記》的序文，此文記本書作二卷，故據以著録。

還有一些殘缺書籍的卷數難以確定，有待他日據新資料補入，它們是：35.《大雲無想經》、211.《華嚴經文義記》、261.《圓覺經精解評林》、321.《楞伽經註》、345.《維摩經疏記鈔》、388.《彌勒上生經述讚》、389.《彌勒下生經述讚》、397.《無量壽經記》、441.《金剛頂經大瑜伽秘密心地法門義訣》、483.《順正理論述文記》、639.《法華經玄讚釋》、791.《大智度論疏》、817.《註成唯識論》、902.《一乘佛性究竟論》。因此《新纂續藏目録》總卷數的統計，現在還是初步的。

檢《新纂續藏目録》的編號，其中 No.228 與 No.229，No.284 與 No.285，No.290 與 No.291，No.307 與 No.308，No.328 與 No.329，No.370 與 No.371，No.374 與 No.375，No.393 與 No.394，No.559 與 No.560，No.601 與 No.602，No.624 與 No.625，No.649 與 No.650，No.658 與 No.659，No.679 與 No.680，No.693 與 No.694，No.697 與 No.698，No.720 與 No.721，No.767 與 No.768，No.773 與 No.774，No.786 與 No.787，No.825 與 No.826，No.896 與 No.897，No.1223 與 No.1224，No.1469 與 No.1470，No.1508 與 No.1509，No.1555 與 No.1556，No.1558 與 No.1559，No.1564 與 No.1565，No.1567 與 No.1568，No.1570 與 No.1571，No.1572 與 No.1573，No.1582 與 No.1583，No.1584 與 No.1585，No.1589 與 No.1590，No.1669 與 No.1670，今新考目録分別合計一號，共減三十五號；No.273、No.274 與 No.275，No.304、No.305 與 No.306，No.314、No.315 與 No.316，No.365、No.366 與 No.367，No.382、No.383 與 No.384；No.463、No.464 與 No.465，No.515、No.516 與 No.517，No.621、No.622 與 No.623，No.626、No.627 與 No.628，No.640、No.641 與 No.642，No.643、No.644 與 No.645，No.868、No.869 與 No.870，No.1586、No.1587 與 No.1588，今分別合計一號，共減二十六號；No.629、No.630、No.631 與 No.632，今合計一號，共減三號。以上編號合計，

今新考目錄編一千六百零七號，較《新纂續藏目錄》編一千六百七十一號，減六十四號。今計《新纂續藏經》收經卷數總六千八百五十一餘卷（或七千三百六十六餘卷）。

（二三）臺灣版《中華大藏經》目錄校釋

臺灣版《中華大藏經》的編刊，始自二十世紀五十年代。1954 年 10 月，屈映光居士在桃園齋明寺，擇靜自修，因閱《磧砂藏》而發願興修藏經，立刻得到臺灣各界要人的支持。同月底，題名發起人已達二百一十人。佛教各雜誌刊載專文十餘篇，並獲贈《頻伽藏》和影印《大正藏》兩部，以及上海佛學書局目錄、北平佛學書局目錄和抄本高麗藏目錄。同時得到多方面的善款捐助。於 1956 年 11 月 11 日在臺北市善導寺召開了修訂中華大藏經會成立大會。參與修藏之發起人、主修、總編審、理事、監事、顧問、職員等四百餘人。

本藏的編輯，距清《龍藏》已二百餘年，此間僅有清末的《頻伽藏》（仿印日本的《縮刻藏》）及民國三十二年（1943）開始編修而未完成的《普慧藏》。但是在日本，則有《縮刻藏》《卍字藏》《大正藏》相繼問世，這無疑對國人是一鞭策。不僅如此，近百年來，中西文化皆有顯著之變化。今日言編刻藏經，應統海內海外，已入藏，未入藏，一切佛典，作成空前未有之結集，庶達承先啟後之目的。[①] 因此本藏之收經，確定為四大法類：（1）選藏：謂選擇中外藏經，去其重復，以集各藏之大成。（2）續藏：謂結集歷代未入藏之經典，以補各藏之未備。（3）譯藏：謂搜集由華文譯成西洋文字之經典，以便傳法異邦。（4）總目錄：謂編列各藏目錄及與目錄有關之書籍，以便考查同異。[②]

蔡運辰居士受命編輯目錄，提出以《中華大藏經》為名，重編藏經的計劃。[③] 蔡先生竭四年之力，於 1958 年編成《三十一種藏經目錄對照表解》，[④] 並據以編訂選藏目錄，從而獲知歷代中外已入藏之經典有三千九百餘部。原設想仿歷代各藏編目，分門別類，彙為一編，並編有新藏目錄草案。但是因採用影印方法，各藏版式不一，難於排列。又因部類先後，議者亦多異同。於是改為以原藏為主，選擇版本最古，內容最富，而又可以獲得影印者，分為四輯：第一輯為宋版《磧砂藏》及《宋藏遺珍》，是為版本最古；第二輯為明版嘉興正續藏，不見於第一輯者，第三輯為卍字正續藏，不見於第二輯者，此兩輯皆有續藏，是為內容最富；第四輯則彙合各藏不見於前三輯者，佚者缺之，以待覓補。[⑤] 當時可以獲得影印的大藏

---

① 屈映光撰《中華大藏經序》，載藍吉富主編《大藏經補編》（35），第 20 頁。

② 見《中華大藏經編目通例》，載藍吉富主編《大藏經補編》（35），第 45 頁。

③ 聖嚴撰〈序《二十五種藏經目錄對照考釋》〉，載蔡運辰編著《二十五種藏經目錄對照考釋》，臺北新文豐出版公司，1983，序文第 1 頁。

④ 此《表解》於 1959 年出版。後加入金藏為三十二種，其簡名如下：開寶、崇寧、毗盧、圓覺、資福、磧砂甲（端平目錄）、普寧、磧砂乙（影印目錄）、金藏、南藏、北藏、嘉興、龍藏、麗藏、天海、縮刻、頻伽、卍字、石山、唐本甲、知恩、醍醐、南禪、唐本乙、三緣、緣山、指要、標目、至元、義門、知津、大正（續藏只計古逸、疑似兩部）。由於石山至緣山八種，乃就日本各大寺廟所藏經典輯成，既無特出經典，擬將三十二種對照表解，改編為二十四種。最後於 1983 年出版時，增入緣山，更名為《二十五種藏經目錄對照考釋》。

⑤ 蔡運辰撰《中華大藏經序》，載藍吉富主編《大藏經補編》（35），第 26 頁。

本還有《龍藏》和《縮刻藏》。蔡先生就四輯收經，分別撰有編目説明。前三輯在原藏目録的基礎上集出新編目録，給以新編序號，第二、第三輯並給出影印序號，詳情如下。

第一輯新編磧砂藏目録，收經一千五百三十四部。原《影印宋磧砂藏經》有十一卷待訪補的經本，本藏據胡適由美國普林斯頓大學葛思德東方書庫獲得磧砂攝影七卷，從中選擇了寧四《略述金剛頂瑜伽分別聖位修證法門》和更一《瑜伽集要救阿難陀羅尼焰口儀軌經》，共兩卷補入本藏。① 此外，原影印本經目之函號有甚不合理者，即《大周刊定眾經目録》十四卷及《偽經目録》一卷，原版函號分別在瑟一至瑟五及吹一至吹十，中間之瑟六至瑟十所收係他種經目；又戶封二函《大方廣菩薩藏文殊師利根本儀軌經》二十卷，每函各編十卷，而於戶函之末，隔以《無能勝大明陀羅尼經》及《無能勝大明心陀羅尼經》二部，本藏皆已移印。

新編宋藏遺珍目録收經四十七部，較葉恭綽及範成法師序文皆云四十六部，增加了一部，即第十目《大唐正元新譯十地等經記》，實屬第六目《十力經》之序文的異版重出。蔡先生還指出：第四十四目、四十五目《觀彌勒菩薩上生兜率天經疏》亦屬異版重出。另外第十九目《仁王般若陀羅尼釋》，已見磧砂宼函。惟此遺珍，號稱磧砂所無，故實為磧砂所無者，只四十四部。

今檢第一輯收經，仍存在如下一些問題：

1. 重出六部經，它們是：

1440.《曼殊室利菩薩吉祥伽陀》一卷，是 1263. 同名經的重出。

1451.《金剛頂瑜伽金剛薩埵儀軌》一卷，是 1396.《金剛頂瑜伽金剛薩埵五祕密修行念誦儀軌》一卷的重出。

1454.《大方廣曼殊室利經》一卷，是 1353. 同名經的重出。

1485.《大樂金剛不空真實三摩耶般若波羅蜜多理趣經》一卷，是 1354. 同名經的重出。【按：以上重出的四部經，沿襲了《磧砂藏》的重出之誤。】

（戶帙）1158.《無能勝大明陀羅尼經》及 1159.《無能勝大明心陀羅尼經》，是（宼帙）1469. 及 1473. 同名經的重出。檢《磧砂藏》宼帙録入此二經，屬於二十八帙秘密經本，故戶帙不再收録。然而影印《磧砂藏》的編者未詳審，見《資福藏》和《普寧藏》的目録皆記戶帙有此二經，便在戶帙補入《資福藏》本，造成重出，本藏沿襲未改。【按：以上重出的兩部經，沿襲了影印《磧砂藏》的重出之誤。】

2. 脱文。第三八冊宋 26.《傳燈玉英集》十五卷，《宋藏遺珍》存十卷，本藏僅録九卷，脱録第十三卷。

3. 錯簡。第四〇冊宋 42.《天聖釋教總録》三卷，《宋藏遺珍》於中冊首録兩個半頁殘文，實屬下冊首應録之文，而誤前置，本藏沿襲未改。

此外，有兩部書的卷數待考訂：（1）第三八冊宋 25.《雙峰山曹侯溪寶林傳》，現存第一至六卷及第八卷，《宋藏遺珍》及本藏依《至元録》記作九卷，而大陸版《中華藏》著

① 胡適所獲磧砂攝影七卷，為寧三、寧四、更一、更二、更三、橫七、橫八。其中更二、更三《顯密圓通成佛心要集》，已見原影印本功函，本藏照録，詳見本經的校勘記。寧三《金剛頂觀自在王如來修行法》是抄本。橫七、橫八《地藏菩薩本願經》，其中橫七是抄本。凡抄本，本藏例不收入。

録之金藏本依《指要録》記作十卷;（2）第三九冊宋38.《瑜伽師地論義演》,現存二十三卷,^① 至第四十卷止,《宋藏遺珍》及本藏記四十卷,而大陸版《中華藏》著録之金藏本依《至元録》記作四十一卷。

檢本藏第一輯著録《磧砂藏》的經目總一千五百三十四號,與今新考目録著録《磧砂藏》總一千五百一十七號,相差十七號,其原因如下:本藏No.82後,今新考目録增計一號,即《大方廣佛華嚴經入不思議解脱境界普賢行願品》一卷;No.1441後,今增計一號,即《密跡力士大權神王經》一卷;No.1486後,今增計一號,即《金剛頂經觀自在王如來修行法》一卷;No.1493後,今增計一號,即《大阿彌陀經》二卷;No.1502後,今增計一號,即《密呪圓因往生集》一卷;No.1514後,今增計一號,即《地藏菩薩本願經》二卷,^② 故今增計共六號。No.158與No.159,No.203與No.204,No.576與No.577,No.812與No.813,No.915與No.916,No.963與No.964,No.1349與No.1350,No.1527與No.1528,今分別合計一號,共減八號;No.177至No.188,今合計一號,共減十一號;No.1530、No.1531與No.1532,今合計一號,共減二號。No.1158、No.1159,實屬誤補入,造成重出,今減二號。以上編號增減相抵,今新考目録記《磧砂藏》經目的總編號較本藏目録編號共減十七號。

今以本藏第一輯新編磧砂藏目録總一千五百三十四部和新編宋藏遺珍目録總四十七部的卷數統計,合六千七百十二卷(或六千七百二十一卷)。

第二輯的編目,參考了以下三種目録:其一,《昭和法寶總目録》二八載中華民國九年(1920)北京刻經處本嘉興藏目録(題名藏版經直畫一目録)及校本甲乙丙丁各目;其二,臺灣"中央圖書館"善本目録·嘉興藏(一正兩續,頗有散佚,曾就現存部分編目,另附未入藏目録);其三,日本駒澤大學藏續藏經本,並有天保十四年(1843,清道光二十三年)日僧圓順鈔本之續藏目録。本輯收經分兩個目録:其一是新編嘉興正藏目録,收經總一千六百六十八部,除去已見於前輯者,影印本編號一百六十一部;其二是新編嘉興續藏、又續藏及藏外目録,收經總五百二十三部,除去已見於前輯者,影印本編號四百九十七部。^③ 合計新編正續藏共二千一百九十一部,影印本編號共六百五十八部。嘉興兩續收書,最晚為雍正末年所刻,只有藏外本牧牛圖頌是乾隆年刻。本輯的刊行以善本為主,次為駒本或單行本,無者由後輯出之或缺本。

今檢第二輯收經,仍存在如下兩個問題:

1. 新編正藏部分重出兩部經,即5.《千眼千臂觀世音菩薩陀羅尼神呪經》(已見第一輯306.同名經)和10.《隨求即得大自在陀羅尼神呪經》(已見第一輯472.同名經)。

2. 卷數的記法不統一或誤記,例如:正藏部分43.《妙法蓮華經玄義》十卷(或二十卷),

---

① 《宋藏遺珍》及本藏見存二十二卷,大陸版《中華藏》另有第二十二卷是後來補入者。

② 以上自《密跡力士大權神王經》以下的五目,本藏皆收入第二輯,為《嘉興藏》本。

③ 影印本編號四百九十七部是第二輯刊印後及蔡運辰著《二十五種藏經目録對照考釋》中的數字,而此前蔡先生撰《中華大藏經第二輯嘉興續藏又續藏及藏外校訂目録》所列為四百九十四部(見藍吉富主編《大藏經補編》(35)第350頁)。新增三部是臺灣善目藏外子部釋家類又有三書,皆注明"嘉興藏本",各目不載,亦未列入善目未入藏部分,是為有書無目,即《布水臺集》《雲棲法彙》《鶴山禪師執帚集》。

新編目錄記二十卷；而 62.《金光明經文句記》六卷（或十二卷），新編目錄就記六卷（每卷分上、下）。續藏部分 10.《妙法蓮華經台宗會義》七卷（或十七卷），新編目錄誤記十六卷；488.《斗南暉禪師語錄》三卷，新編目錄誤記二卷。續藏部分 277.《雲棲法彙》，新編目錄未記卷數，今據收錄內容，補記六十卷。

今以本藏第二輯新編嘉興正藏、續藏、又續藏及藏外目錄總六百五十八部的卷數統計，合四千六百二十二卷（或四千八百八十卷）。

第三輯新編日本卍字正續藏目錄。其中正藏目錄總一千六百二十六部，不見於前兩輯者六十一部；續藏目錄總一千六百五十二部，不見於前兩輯者一千二百七十六部。合計新編正續藏共三千二百七十八部，共影印一千三百三十七部。

第四輯目錄共四百部。

以上選藏之四輯共影印三千九百七十六部。此外，還有綜合補錄目錄，是將各經因版本不同，致使經文別異之處，擇其重要並易於截斷舉出者，編為綜合補錄。

蔡先生還編有續藏目錄，主要收南傳經典和藏密典籍，共九百七十部，分十三類四十七部別，还有譯藏目錄，共二十部，及總目錄目錄，共三十九部。

以上各目在收入《中華大藏經》首編，並於 1968 年刊行時，蔡先生曾撰書後一文云：是全藏未盡刊行，目錄亦永難確定，今以公開宣佈，除一、二兩輯，業已刊印外，閱者對三、四兩輯及續藏、譯藏、總目錄之編訂，尚可及時指示存在的問題，以便修改。

本藏的版式及裝幀，第一、二兩輯，每頁分作三欄，每欄錄《磧砂藏》一版（五個半頁），或《嘉興藏》一版半（三個半頁）。初版為十六開，線裝本，後來改為現代精裝本。第三輯，每頁分作兩欄，同《卍正藏》及《卍續藏》，現代精裝，十六開本。

儘管臺灣版《中華藏》因故僅刊行了第一、二兩輯，及第三輯的一部分，未能完成全藏的出版（最近，筆者在北京法源寺見到了於 1974 年出版的第三輯第一百三冊、一百四冊，收錄 483.《成唯識論述記》至 488.《成唯識論演秘》，與原擬目錄的編號作 527. 至 532.，已有較大出入），但其選藏目錄所展示的中外歷代已入藏的漢文佛教典籍總三千九百七十六部，這個數字與其後大陸版《中華藏》在編輯過程中的統計數字為四千二百餘部，已很接近。此外，蔡運辰編著的《二十五種藏經目錄對照考釋》一書，以表格的形式著錄了每部經在各藏本中的位置，並撰有各藏的刻印史及收經特點等，正如聖嚴法師在此書序文中所云：“就中國藏經目錄學史而言，如此精細審慎之工作，可謂尚無前例。”但是，由於本藏的編輯受到資料來源不足的限制，因此僅就第一、二兩輯而言，對《磧砂藏》中缺本待訪經卷的確定和補入，還是初步的；嘉興兩續藏的收經還不完備；等等。然而中華藏的編刊，必竟已成為二十世紀五十至八十年代臺灣佛教界的大事，其影響是深遠的，同時為宋元明清佛教史研究提供了已罕見的諸多資料。

（二四）日本《大正藏》目錄校釋

《大正新修大藏經》略稱《大正藏》，是日本大正十一年至昭和九年（1922~1934）編纂、

出版的一部鉛印本大藏經。由高楠順次郎發願刊行，並與渡邊海旭同任都監，成立了大正一切經刊行會。近代以來，日本學者留學西方，受到歐美興起的研究佛教及漢譯佛典的影響，深感自身所肩負的重任。鑒於以往的大藏經，其編目仍有錯雜混淆、通覽不便的問題，其校勘工作亦需改善等，以適應現代學術界的迫切需要，於是決定新修一部大藏經。新修藏的編纂，擬定了五大特色，其一，嚴密博涉之校訂，將已發現的國内外所藏古寫本與現行本進行校對，以修正現行藏經本的紕繆。其二，清新周密之編纂，對混雜的經本，更新排列，使系統組織明確整齊；收入古逸經本並適當收入章疏，使藏經内容錦上添花。其三，梵漢對校之工作，展現東西學者研究的輝煌成果，凡有梵語、巴利及其他原本者，皆力求對照。其四，編輯内容索引及藏經諸刊之對照表，並附加現存之梵本及古寫本目録。其五，新藏經本，攜帶便利，定價低廉，有助於流廣傳佈。[①] 可以説，經過編修者們十三年艱辛、不懈的努力，終於實現了預定的目標，使《大正藏》成為一部今世公認的編修最為精良，利用率最高的大藏經版本。它的問世，堪稱日本學者在佛教文獻研究領域取得的最重大的成果。

本藏全一百卷，由四部分組成：（1）正藏，五十五卷，其中翻譯典籍三十二卷，中國著述二十三卷，收入典籍二千一百八十四部。（2）續藏，三十卷，其中日本著述二十九卷，敦煌出土典籍一卷，收入典籍七百三十六部。（3）圖像，十二卷，收書三百六十三部。（4）昭和法寶總目録，三卷，收書七十七部。總共三千三百六十部。屬於本藏首次收入的佛典，正藏部分有一百十二部，續藏部分有七百二十一部，圖像部分屬首次入藏，法寶總目録中絕大部分亦屬首次入藏。

本藏目録的編輯，改變了以往大藏經的分類法，不再區分大乘與小乘，而是以經典的歷史發展順序，由遠而近的排列，因此以阿含部經典為首，其次是本緣部，收入以佛傳為主的典籍。在釋經論典以外，新分出毘曇部、中觀部和瑜伽部論典。由此將正藏中的翻譯典籍分為十六個部別，即阿含部、本緣部、般若部、法華部、華嚴部、寶積部、涅槃部、大集部、經集部、密教部、律部、釋經論部、毘曇部、中觀部、瑜伽部、論集部；將中國著述分為八個部別，即經疏部、律疏部、論疏部、諸宗部、史傳部、事彙部、外教部、目録部。又將續藏中的日本著述分為五個部別，即續經疏部、續律疏部、續論疏部、續諸宗部、悉曇部；將敦煌出土典籍分為兩個部別，即古逸部、疑似部。總共三十一個部別。有關各部別的設立，以及經目排列之緣由，在《大藏經索引》之各冊卷首皆有説明。中文編譯本見《大正大藏經解題》。[②]

本藏經文的校勘，正藏部分主要以《高麗藏》本做底本，《高麗藏》未收者，另據《嘉興藏》《縮刻藏》《卍續藏》等本補入。校本主要有宋（《資福藏》）元（《普寧藏》）明（《嘉興藏》）三本，還有聖（日本正倉院聖語藏本，即天平古寫經）、宮（宮内省圖書寮本，即

---

① 摘引自《大正新修大藏經刊行趣旨》，載《大正新修大藏經目録》，臺北財團法人佛陀教育基金會出版印贈，1990，第5~6頁。

② 大藏經學術研究會編輯委員合著，譯叢編委會譯《大正大藏經解題》，見世界佛學名著譯叢25，第142~249頁，同書26，第1~188頁，臺北華宇出版社，1984。

宋《毘盧藏》與《崇寧藏》的混合本）、《日本大藏經》等本。此外還搜集了日本各寺院、宗教大學及私人等處藏本中有價值的刊本和寫本，用作底本或校本，其中還有梵文、巴利文的原本。正藏的校勘成果，集中反映在《大正新修大藏經勘同目錄》中，它是《昭和法寶總目錄》三卷中最重要的一部目錄。

本藏經文附以句讀，延續了《縮刻藏》的優點。將校勘記錄於每頁的下方，並首次採用符號來表示文字的增、減、倒置、重復等問題，以及不同的版本，簡單明瞭，比對方便。本藏為十六開本，版式為每頁分作三欄，每欄二十九行，每行十七字。初版有線裝本和現代精裝本兩種，以後再刊及影印本均為現代精裝本。

本藏於昭和三十五年至五十四年間（1960~1979）有再刊本發行，並於昭和三十八年至平成二年間（1963~1990），由大藏經學術用語研究會編成《大正新修大藏經索引》四十五卷。1955年至1959年臺北中華佛教文化館、1983年至1987年臺北新文豐出版公司、2005年河北省佛教協會先後影印出版了全藏一百卷本。寶印佛經流通處、修訂新版大藏經刊印處影印了《大藏經索引》。

現將本藏正藏部分首次收入的經目，共一百十二部一百六十六卷（另別本五種八卷，A或B本十四種十四卷）記錄如下。

255.《般若波羅蜜多心經》一卷，唐法成譯。

256.《唐梵飜對字音般若波羅蜜多心經》一卷。

406.《虛空藏菩薩神呪經》一卷。

442.《十方千五百佛名經》一卷。

712.《大乘稻芉經》一卷。

852.《大毘盧舍那成佛神變加持經蓮華胎藏悲生曼荼羅廣大成就儀軌》（別本）二卷。

854.《胎藏梵字真言》二卷。

875.《蓮華部心念誦儀軌》一卷。

894.《蘇悉地羯羅供養法》（別本）二卷。

895.《蘇磨呼童子請問經》（別本）二卷。

927.《藥師七佛供養儀軌如意王經》一卷至0929.《淨瑠璃淨土標》一卷。

935.《極樂願文》一卷。

936.《大乘無量壽經》一卷。

942.《釋迦佛讚》一卷。

944-B.《大佛頂大陀羅尼》一卷。

946.《大佛頂廣聚陀羅尼經》五卷。

947.《大佛頂如來放光悉怛多般怛羅大神力都攝一切呪王陀羅尼經大威德最勝金輪三昧呪品》一卷。

949.《奇特最勝金輪佛頂念誦儀軌法要》一卷。

959.《頂輪王大曼荼羅灌頂儀軌》一卷。

974-B.《佛頂尊勝陀羅尼》一卷。

979.《于瑟抳沙毘左野陀囉尼》一卷。

980.《大勝金剛佛頂念誦儀軌》一卷。

1001.《法華曼荼羅威儀形色法經》一卷。

1005–B.《寶樓閣經梵字真言》一卷。

1062–B.《世尊聖者千眼千首千足千舌千臂觀自在菩提薩埵怛嚩廣大圓滿無礙大悲心陀羅尼》一卷。

1072–B.《馬頭觀音心陀羅尼》一卷。

1084.《觀世音菩薩如意摩尼輪陀羅尼念誦法》一卷。

1109.《白救度佛母讚》一卷。

1113–A.《觀自在菩薩廣大圓滿無礙大悲心大陀羅尼》一卷，附觀世音菩薩施食一卷。

1115.《觀自在菩薩阿麼𪘨法》一卷。

1120–B.《勝初瑜伽儀軌真言》一卷。

1136.《一切諸如來心光明加持普賢菩薩延命金剛最勝陀羅尼經》一卷。

1144.《彌勒菩薩發願王偈》一卷。

1155.《金剛頂瑜伽最勝秘密成佛隨求即得神變加持成就陀羅尼儀軌》一卷。

1159–B.《地藏菩薩陀羅尼經》一卷。

1168–B.《八曼荼羅經》一卷。

1177–B.《千鉢文殊一百八名讚》一卷。

1183.《一髻文殊師利童子陀羅尼念誦儀軌》一卷。

1208.《俱力迦羅龍王儀軌》一卷。

1212.《西方陀羅尼藏中金剛族阿蜜哩多軍吒利法》一卷。

1213.《千臂軍荼利梵字真言》一卷。

1218.《文殊師利耶曼德迦呪法》一卷。

1221.《青色大金剛藥叉辟鬼魔法》一卷。

1224.《金剛童子持念經》一卷。

1226.《烏芻澀明王儀軌梵字》一卷。

1251.《吽迦陀野儀軌》三卷。

1265.《常瞿利毒女陀羅尼呪經》一卷。

1275.《聖歡喜天式法》一卷。

1278.《迦樓羅及諸天密言經》一卷。

1279.《摩醯首羅天法要》一卷。

1281.《那羅延天共阿修羅王鬪戰法》一卷。

1295.《供養護世八天法》一卷。

1296.《十天儀軌》一卷。

1302.《諸星母陀羅尼經》一卷。

1321.《施餓鬼甘露味大陀羅尼經》一卷。

1361.《六門陀羅尼經論》一卷，附廣釋。

1420.《龍樹五明論》二卷。

1467.《犯戒罪報輕重經》（別本）一卷。

1556.《薩婆多宗五事論》一卷。

1561.《俱舍論實義疏》五卷。

1654.《因緣心論釋》一卷。

1693.《人本欲生經註》一卷。

1725.《法華宗要》一卷。

1745.《無量壽經義疏》二卷。

1753.《觀無量壽佛經疏》四卷。

1755.《阿彌陀經義記》一卷。

1761.《阿彌陀經義疏》一卷。

1769.《涅槃宗要》一卷。

1774.《三彌勒經疏》一卷。

1845.《大乘起信論別記》二卷。

1908.《大乘六情懺悔》一卷。

1954.《明佛法根本碑》一卷。

1972.《淨土或問》一卷。

1994-A.《楊岐方會和尚語録》一卷。

1995.《法演禪師語録》三卷。

2007.《南宗頓教最上大乘摩訶般若波羅蜜經六祖惠能大師於韶州大梵寺施法壇經》一卷。

2010.《信心銘》一卷。

2065.《海東高僧傳》二卷。

2075.《歷代法寶記》一卷。

2086.《北魏僧惠生使西域記》一卷。

2089.《遊方記抄》一卷至2097.《南嶽總勝集》三卷。

2113.《北山録》十卷。

2124.《法門名義集》一卷。

2127.《釋氏要覽》三卷。

2130.《翻梵語》十卷。

2133.《梵語千字文》一卷至2136.《唐梵兩語雙對集》一卷。

2139.《老子化胡經》卷一、卷十。

2140.《摩尼教下部讚》一卷至2144.《大秦景教流行中國碑頌》一卷。

2159.《傳教大師將來台州録》一卷至2162.《根本大和尚真跡策子等目録》一卷。

2165.《日本國承和五年入唐求法目録》一卷至2167.《入唐新求聖教目録》一卷。

2168–B.《惠運律師書目録》一卷。

2169.《開元寺求得經疏記等目録》一卷至 2173.《智證大師請來目録》一卷。

2174–B.《禪林寺宗叡僧正目録》一卷。

2175.《録外經等目録》一卷至 2184.《新編諸宗教藏總録》三卷。

今檢《大正新修大藏經總目録》（以下簡稱《大正藏目録》），仍存在如下一些問題。

1. 別本的確定。

236.《金剛般若波羅蜜經》一卷，元魏菩提留支譯，附別本一卷，即宋《思溪藏》本。檢元《普寧藏》本校記，已明確指出："思溪經本誤將陳朝真諦三藏者重出，標作魏朝留支所譯。"然而《大正藏目録》將重出本誤記作別本，延續了《縮刻藏》的錯誤。

752.《五無返復經》一卷，劉宋沮渠京聲譯。檢《普寧藏》等本有校記云：此經與竺本前後異同，義理俱好，故依竺本重出，竹堂講主校定。由此已明確，此經實乃藏中同名、同譯者經的別本。在《大正藏目録》中，別本例不編號，故此經編號應刪除。

1006.《廣大寶樓閣善住祕密陀羅尼經》三卷，後附宋元明本三卷（卷上自雜呪品第六始）。宋元明本三卷，實為別本，而《大正藏目録》未著録，故今新考目録增記或卷數三卷。

2. 重出、別抄、誤印的經目。

1898.《律相感通傳》一卷，實屬 2107.《道宣律師感通録》一卷的重出。

1160.《日光菩薩月光菩薩陀羅尼》一卷，實屬 1060.《千手千眼觀世音菩薩廣大圓滿無礙大悲心陀羅尼經》局部別抄。

雖然《大正藏目録》495.記《佛説阿難分別經》一卷，乞伏秦法堅譯，無誤，但是第十四冊 495.卻誤印成《佛説分別經》一卷，西晉竺法護譯，分冊目録亦誤記。由此造成《佛説阿難分別經》缺録經文，而已録 738.《佛説分別經》，又重出。臺北新文豐出版公司影印時，已據蔡運辰考釋糾正了此誤。

3. 漏編及誤校一目，791. 收後漢安世高譯《出家緣經》一卷，校合註："麗無此經。"本藏編者知《麗藏》無《出家緣經》，不知《卍正藏》與《麗藏》同，更不知《麗藏》甚函、《卍正藏》第十四套皆另有安世高譯《出家功德因緣經》，竟於《勘同出家緣經》註卍十四，而於麗、卍之《出家功德因緣經》未曾著録。①

此外，1971.《淨土境觀要門》一卷後，遺漏附《一心三觀併頌》。

4. 漏記卷數的經目，共八目，合計十卷，它們是：554. 573. 574. 942. 983–B.（三卷）1213. 1368. 2089.另外，誤記卷數一目，即 1899.《中天竺舍衛國祇洹寺圖經》，一卷，今新考目録改正為二卷。

5. 對卷數的記法不一致，例如：1707.《仁王般若經疏》三卷（或六卷），《大正藏目録》記六卷；而 1824.《中觀論疏》十卷（或二十卷），《大正藏目録》就記十卷。

今檢《續大正新修大藏經總目録》（以下簡稱《續大正藏目録》），有一目重出，即2912.《無常三啟經》一卷，實屬《大正藏目録》0801.《佛説無常經》一卷的誤重出。

---

① 蔡運辰：《二十五種藏經目録對照考釋》，臺北新文豐出版公司，1983，第 561 頁。

　　對於《大正藏》各部別的收經數字，《昭和法寶總目錄》二有《大正新修大藏經一覽》（第一至五十五卷，以下簡稱《一覽》），又四〇有《大正新修大藏經全覽》（第一至一百卷，以下簡稱《全覽》），均有詳細的著錄。如今經過仔細覈對後了解到，《全覽》已對《一覽》的統計數字做了諸多修正，而且《全覽》的計數方法也較《一覽》有了如下三種變化：（1）增計別本、B本乃至F本、異本的部數；（2）增計附目的部數、卷數（有時僅計部數，有時僅計卷數）；（3）增計分目的卷數。《全覽》對卷數的記法也不一致。

　　如今新考目錄依據《大正藏目錄》和《續大正藏目錄》的編號記錄部數，不記附目及分目的卷數，同時改正《大正藏目錄》和《續大正藏目錄》誤記的卷數，並與《全覽》的記數進行比對，例如：經集部，今新考目錄計四百二十三部八百五十五卷；《大正藏目錄》計八百五十二卷【按：漏記554. 573. 574. 的卷數，共三卷】；《全覽》計四百三十三部【按：增別本十部】。由於篇幅所限，就不一一舉出了。現將本藏各部分收經的數字略記如下。

　　1. 正藏部分。

　　今新考目錄計2184部，8770卷（或9058卷）。

　　《大正藏目錄》計2184部，8970卷。【按：或卷數增212卷，另合冊減1卷，誤記卷數減1卷，漏記10卷。】

　　《全覽》計2276部，9041卷【按：增別本44部，增B本乃至F本37部，增附目10部10卷，另增《普門品經》1部；或卷數增255卷，分目卷數增8卷，另外漏計1卷，誤記卷數減1卷。】

　　2. 續藏部分。

　　今新考目錄計736部，2798卷（或2935卷）。

　　《續大正藏目錄》計2924卷。【按：或卷數增126卷。】

　　《全覽》計777部，2929卷【按：增別本24部，增B、C本10部，增附目7部3卷；或卷數增126卷，《安養抄》誤增1卷，《淨土五會念佛誦經觀行儀》增1卷。】

　　3. 圖像部分計363部，《全覽》計1345卷。①

　　4. 昭和法寶總目錄部分。

　　今新考目錄計77部，188卷（或196卷）。

　　《昭和總目》計194卷。【按：或卷數增7卷；誤記《思溪藏目錄》1卷，實數2卷。】

　　《全覽》計205卷。【按：增12卷，皆為《昭和總目》未著卷數的《大正新修大藏經總目錄》等11目，或卷數增7卷，誤計《思溪藏目錄》1卷，實數2卷，將《大藏一覽集》11卷記作10卷。】

　　合計全藏收經總數，今新考目錄計3360部，13101卷（或13534卷）；大正藏目錄計3360部，13433卷，《全覽》記3493部，13520卷。

---

　　① 《圖像目錄》除了記卷數外，有的或記紙數、或記幅數、或記本數、或空白，故總卷數難以統計，暫且依從
　　　《全覽》的計數。

（二五）大陸版《中華大藏經》目錄校釋

1982 年 5 月在國務院古籍整理出版規劃小組全體會議上，任繼愈教授提出了重編《中華大藏經》的建議，他指出：佛教大藏經是搜羅宏富、規模巨大的佛教叢書。它不僅是中外佛教史的資料總集，還是研究古代東方哲學、歷史、美術、醫藥等多種學科的文獻寶庫。近代以來，佛教大藏經作為文獻資料已引起國內外學術界的高度重視。為了發揚和繼承古代優秀的文化遺產，為學術研究提供又一方面的資料，有必要以國家的力量編輯一部迄今最為完善的大藏經版本——中華大藏經。這一提議經與會專家學者討論通過，被列入 1982 年至 1990 年國家古籍整理出版規劃的重點項目。由古籍小組組長李一氓簽署了向國務院的請示報告，並得到兩位國務院副總理萬里和姚依林的批准。於是由國家出資，開始了重編《中華大藏經》（漢文部分）[①] 的浩大工程。1982 年 7 月成立了以中國社會科學院世界宗教研究所所長任繼愈為主持人的中華大藏經編輯局。由中國社科院南亞所副研究員童瑋和宗教所佛教研究室副主任李富華着手籌備工作。首先與有關方面的領導同志一起，調閱了北京圖書館珍藏的《趙城金藏》原件，確定了攝製、影印出版等事宜。由中華書局負責出版發行，由上海印刷公司製版、印刷和裝訂。編輯局還確定了重編《中華藏》要校勘國內現存的有價值的大藏經版本，於是又聯繫了有關藏書單位，皆獲大力支持和協助。同年 9 月開始了編輯工作，1984 年出版了第一至第五冊書，直至 1994 年 12 月，在歷經近十三載，先後二百餘人的參與努力下，完成了《中華大藏經》（漢文部分）正編一百六冊書的編輯任務，兩年後完成了出版任務。2004 年 1 月又編輯出版了《中華大藏經總目》一冊，收錄任繼愈撰序、凡例、中華大藏經簡目、中華大藏經詳目和中華大藏經索引。

本藏的編集擬收錄歷代漢文佛教大藏經已收入及新編入藏的典籍，分正、續兩編。正編收錄有千字文編次的典籍，以海內外僅存之孤本《趙城金藏》為底本，首次將這部屬於我國第一部木刻版大藏經《開寶藏》之覆刻藏的面貌影印問世。民族文化宮圖書館還藏有金藏大寶集寺本，其中保存完好的《大般若經》等亦充作底本。校本有八種，它們是：《房山雲居寺石經》（北京圖書館金石組、中國佛教圖書文物館藏拓片）、宋《資福藏》（北圖善本組藏本）、《影印宋磧砂藏經》、元《普寧藏》（太原市崇善寺、蘇州市西園寺藏本）、明《永樂南藏》《徑山藏》及《清藏》（北京廣化寺、廣濟寺、法源寺藏本）、再雕《高麗藏》（中國社科院藏影印本）。由於《趙城金藏》的部分經卷已散佚或部分版面漫漶嚴重，故以同為《開寶藏》之覆刻的《高麗藏》本替換。此外還收入了宋《崇寧藏》和《毘盧藏》（日本藏本）、明《初刻南藏》（四川省圖書館藏本）及《永樂北藏》中特有的典籍。

本藏正編的目錄編輯，依據《趙城金藏》的千字文帙號排序，而將其他各藏特有的

[①] 《中華大藏經》（漢文部分）的題名，意味着此部大藏經還將包含藏文、蒙文、滿文、傣文部分。

典籍，按其内容性質插入相關部分。所收典籍總一千九百三十九部，合一萬零二十六卷（或一萬零四百五十九卷）。本藏目録對卷數的記法不一致，例如：《止觀輔行傳弘決》十卷（或四十卷），本藏目録記十卷；而《賢首五教儀》六卷（或十卷），本藏目録就記十卷。

現將本藏的收經情況記録如下。

1. 本藏所收典籍大體上分為四部分：

（1）唐《開元録》入藏典籍，共一千一百九十七部。

（2）宋新譯經續入藏，共一百八十七部；唐譯撰典籍續入藏，共一百四十六部。

（3）宋新譯經續入藏，共六十九部；唐、契丹、宋、元譯經及歷代此土撰述續入藏，共九十部。

（4）宋新譯經續入藏，共八部；歷代諸宗撰述等續入藏，共二百四十二部。

2. 現經統計，本藏正編所收其他各藏特有的典籍總三百六十三部，合三千五十七卷，另有七部屬於重出，故不記數在内。之前，《漢文佛教大藏經研究》一書曾列出細目，[①] 今補充如下三十部，餘不贅述。

0144.《妙法蓮華經觀世音菩薩普門品經》一卷（《永樂北藏》本）。

0192.《佛説月燈三昧經》一卷（《高麗藏》本）。

0210.《佛説彌勒下生成佛經》一卷（《高麗藏》本）。

0227.《佛説九色鹿經》一卷（《高麗藏》本）。

0297.《佛説灌洗佛形像經》一卷（《高麗藏》本）。

0309.《千眼千臂觀世音菩薩陀羅尼神呪經》二卷（《清藏》本）。

0334.《六字神呪王經》一卷（《清藏》本）。

0357.《呪三首經》一卷（《清藏》本）。

0375.《東方最勝燈王如來經》一卷（《高麗藏》本）。

0433.《金剛禮一本》一卷（《房山石經》本）。

0453.《廣大寶樓閣善住秘密陀羅尼經》三卷（《清藏》本）。

0456.《一字佛頂輪王經》五卷（《高麗藏》本）。

0463.《蘇悉地羯囉經》三卷（《高麗藏》本）。

0464.《蘇悉地羯囉經》四卷（《清藏》本）。

0469.《文殊師利寶藏陀羅尼經》一卷（《清藏》本）。

0512.《佛説魔逆經》一卷（《高麗藏》本）。

0552.《佛説樹提伽經》一卷（《清藏》本）。

0689.《大乘法界無差别論》一卷（《高麗藏》本）。

---

① 詳見李富華、何梅：《漢文佛教大藏經研究》，宗教文化出版社，2003，第564~574頁。今檢其中0787.《五蘊皆空經》一卷，屬於金藏本漫漶；0839.《佛説四十二章經》一卷及1757.《國清百録》四卷，很可能屬於金藏本散佚，而非他藏特有之典籍。又1521.《佛説聖上最上燈明如來陀羅尼經》一卷及1629.《大樂金剛不空真實三麽耶經》一卷，屬於《中華藏》重出，亦非他藏特有之典籍。

0743.《佛説受歲經》一卷（《高麗藏》本）。

0750.《食施獲五福報經》一卷（《清藏》本）。

0766.《頻毘娑羅王詣佛供養經》一卷（《高麗藏》本）。

0795.《舍衛國王夢見十事經》一卷（《高麗藏》本）。

0806.《佛説四未曾有法經》一卷（《高麗藏》本）。

0980.《彌沙塞五分戒本》一卷（《高麗藏》本）。

1061.《十八部論》一卷（《高麗藏》本）。

1147.《眾經目録》五卷（《磧砂藏》本）。

1281.《佛説大威德金輪佛頂熾盛光如來消除一切災難陀羅尼經》一卷（《高麗藏》本）。

1414.《佛説大吉祥天女十二名號經》一卷（《高麗藏》本）。

1461.《金剛頂經金剛界大道場毘盧遮那如來自受用身內證智眷屬法身異名佛最上乘秘密三摩地禮懺文》一卷（《高麗藏》本）。

1501.《金剛頂經瑜伽觀自在王如來修行法》一卷（《清藏》本）。

另外，重出的七部典籍如下：

0015.《金剛般若波羅蜜經》一卷，元魏留支譯。【按：此經實屬陳真諦譯本（見0016.）的重出。】

0043.《佛説須摩提菩薩經》一卷，姚秦鳩摩羅什譯。【按：此經實屬西晉法護譯本（見0042.）的重出。】

1516.《佛説一切佛攝相應大教王經聖觀自在菩薩念誦儀軌》一卷（已見1332.）。

1521.《佛説聖最上燈明如來陀羅尼經》一卷（已見1218.）。

1558.《一切如來説佛頂輪王一百八名讚》一卷（已見1298.）。

1629.《大樂金剛不空真實三麼耶經》一卷【按：已見1397.，沿襲了《磧砂藏》的重出之誤。】

1852.《淨土境觀要門》一卷（已見1858.）。

3. 今檢其他藏本，發現還有九部特有典籍，本藏遺漏未收，它們是：

《大乘寶雲經》七卷（《資福藏》等本，木帙）。

《道宣律師感通録》一卷（《高麗藏》本，右帙）。【按：據高麗僧守其按語可知，唐道宣撰《集神州三寶感通録》三卷，其上卷，宋本錯録為宣律師感通録一卷。《金藏》本已佚卷上，據蔣唯心按語可知，他考察時此卷尚存，錯同宋本。而且宋金兩本皆未另收《道宣律師感通録》一卷。】

《觀自在菩薩廣大圓滿無礙大悲根本陀羅尼》一卷（《房山石經》本，羅帙）。

《千手千眼觀自在菩薩根本真言釋》一卷（《福州藏》本，廻帙）。

《七俱胝佛母心大准提陀羅尼經》一卷（《房山石經》本，感帙）。

《七俱胝佛母心大准提陀羅尼真言》一卷（《房山石經》本，感帙）。

《大慧普覺禪師普説》一卷（《福州藏》本，寔帙）。

《聖救度佛母二十一種禮讚經》一卷（《永樂南藏》等本，履帙）。

《般若波羅蜜多心經集註》一卷（《永樂南藏》本，石帙）。

4. 本藏目録記"存目"的他藏本有0188.《番字藥師琉璃光七佛本願功德經》一卷，因全部經文為藏文，故不録文。又0465. 唐不空譯《觀自在菩薩授記》一卷，記"存目缺經"則欠妥。檢《貞元録》有不空譯《觀自在菩薩授記經》一卷，並有註文"經內題云佛説大方廣曼殊室利經觀自在菩薩授記品第三十一"。由此可知"觀自在菩薩授記"乃是經中的品名，而《中華藏》已收《佛説大方廣曼殊室利經》（見1398.），且經中已有觀自在菩薩授記品。

5. 由於本藏目録初稿的編輯，是將其他各藏特有的典籍，依其千字文帙號，合入《趙城金藏》相同的帙號中，因此出現了宋譯經中夾雜着其他朝代的譯經或撰述的現象。這是因為各種藏經的分類排序皆不盡相同的緣故。儘管後來發現了這個問題，並做了調整，但仍有未及改正處，例如：《趙城金藏》感帙的宋譯《大乘寶要義論》後是武丁帙的宋譯《佛説除蓋障菩薩所問經》，但是本藏在以上兩部宋譯經之間插入了《房山雲居寺石經》感丁帙的唐譯《一切如來白傘蓋大佛頂陀羅尼》及契丹譯經，共七部。

本藏正編的編輯工作完成後，由於續編的編輯方案確定不下來，又因李一氓同志的逝世，編輯工作便停頓下來。在其後的十餘年間，經過任繼愈教授矢志不渝的籌劃，終於在2008年秋天，開始了《中華大藏經》（漢文部分）續編的編輯工作。我們衷心祝願它的圓滿成功！

檢《中華大藏經總目》的編號，其中No.0032，No.0220，No.0224，No，0226，No.0227，No.0309，No.0312，No.0334，No.339，No.340，No.0371，No.0418，No.0420，No.0422，No.0453，No.0464，No.0481，No.0502，No.0506，No.0552，No.0604，No.0611，No.0713，No.0715，No.0750，No.0822，No.0830，No.0833，No.0855，No.0899，No.0917，No.0918，No.0926，No.0977，No.0979，No.0981，No.0983，No.0990，No.1005，No.1013，No.1014，No.1090，No.1126，No.1164，No.1168，No.1408，No.1413，No.1414，No.1422，No.1449，No.1451，No.1466，No.1486，No.1711，No.1716，No.1721，No.1767，No.1778，No.1784，No.1829，No.1844，均屬於別本，故今新考目録減六十一號。No.0963與No.0964，No.1673與No.1674，No.1687與No.1688，No.1783與No.1785，No.1833與No.1834，今分別合計一號，共減五號。以上編號合計，今新考目録編一千八百七十三號，較本藏總目編一千九百三十九號，減六十六號。

（二六）《大明釋教彙目義門》校釋

《大明釋教彙目義門》四十一卷，略名《義門》，另有《大明釋教彙門目録》四卷及《大明釋教彙門標目》四卷，是明東吳沙門釋寂曉（蘊空法師）閱藏三十年所撰。本書是繼宋惟白《大藏經綱目指要録》和宋王古《大藏聖教法寶標目》後的又一部大藏經解題著作。"義門"一詞，譯自梵語優波提舍，亦云論。天親菩薩造《轉法輪經優波提舍》，但開釋經題意，

故名義門。本書刻板行世於明萬曆四十七年（1619）。筆者所見的中國科學院圖書館藏本，①於《義門》前有廣莫、周從龍、趙宧光撰序文各一篇，以及目錄、釋例；於《彙門目錄》前有廣莫撰序、總目，以及周天軸撰佛法義門標目跋，本目錄註明某經見於《北藏》某函、《南藏》某函，方便查閱；於《彙門標目》前有鄒漪撰序，本標目是《義門》釋文的提綱挈領之作。

寂曉在《義門》書前的《釋例》中，詳述了本書之宗旨。他贊成《嘉興藏·刻藏凡例》中道開等人的創意，即"按天台五時判教，深得如來說法時次"的觀點，對入藏經典進行分類排序，但是《嘉興藏》未能實現。寂曉鑒於《永樂南藏》和《北藏》存在着"函卷先後更置，部類不分相從與否，率意仿古，條錄銓次"的問題；而《開元錄》的別分乘藏，"似與如來說法時次，莫能相通"。故統檢群錄，重搜藏典，按天台五時判教科儀，依義銓次經目，以所錄本，集成八部。前六部即華嚴部、阿含部、方等部、般若部、法華部、涅槃部，與釋迦一代說法分為五個時期（其中第五時期為法華涅槃時）相符。其後的陀羅尼部，依據《至元錄》，將密教大乘經集為一類。最後是聖賢著述部。各部中又科分重譯與單譯之經傳等，有四十一分。

比較以往各藏目錄，本書的分類排序是一種全新的嘗試，其特點主要有：（1）將原律藏中的大乘律典收入"方等部"中；將小乘律典收入"阿含部"中。（2）將原論藏中的大乘釋經論典，依所釋經收入所在部別中；而將闡述如來之教義，自成一家者的大乘集義論典，收入"聖賢著述部"中，僅有部分大乘集義論頌本在"陀羅尼部"中；將小乘論典收入"阿含部"中。（3）將原聖賢集中的此方撰集之釋經疏記典籍，依所釋經收入各部別中。這種將釋經論本和此方撰集之釋經疏記本，依所釋經收入各部別中的做法，適合做解題類工作的需要。但是取消對入藏佛典做經律論三藏的區分，有偏頗之失，因此本書的分類法，未被後世大藏經的編輯所採用。

現將本書各部別、科分及收經情況略錄如下。【按：本書所記卷數，實為冊數，凡多經同卷者，今皆以一經一卷記數。】

通共 1801 部，8189 卷（或 8231 卷，本書記 7349 卷）。

華嚴部，共 57 部，590 卷（本書記 577 卷）。卷一至卷四。

重單譯經單本、重譯經單重本、單譯釋經論本、此方釋經疏論集本。

阿含部，共 394 部，1909 卷（本書記 1685 卷）。卷五至卷九。

重單譯經單本、重譯經單重本、單譯五分律攝集本、重單譯集義論單本、重譯集義論單重本。

方等部，共 413 部，1248 卷（本書記 1030 卷）。卷十至卷十六。

重單譯經單本、重譯經單重本、單譯釋經論本、此方釋經疏記本。

般若部，共 43 部，887 卷（本書記 869 卷）。卷十七至卷十八。

重單譯經單本、重譯經單重本、重單譯釋經論單本、重譯釋經論單本、此方釋經疏記本。

① 上海龍華寺還藏有民國二十年（1931）九月天津刻經處本《大明釋教彙門標目》四卷，書首序文後有民國十八年顯瑞識的附文。

法華部，共 22 部，116 卷（本書記 155 卷）。卷十九至卷二十。

重單譯經單本、重譯經重本、重譯釋經論本、此方釋經疏記本。

涅槃部，共 27 部，146 卷（本書記 147 卷）。卷二一至卷二二。

重單譯經單本、重譯經單重本、單譯釋經論本、此方釋經疏記本。

陀羅尼部，共 402 部，829 卷（本書記 549 卷）。卷二三至卷二七。

重單譯經單本、重譯經單重本、重單譯儀軌單本、重譯儀軌單本、單譯集義論頌本、此方傳集法本、此方釋經疏記本。

聖賢著述，443 部，2464 卷（本書記 2337 卷）。卷二八至卷四一。

重單譯集義論單本、重譯集義論單重本、此方集義論釋集本、重單譯經傳集單本、重譯經傳單重集本、此方天台教典本、此方諸家傳記集本、此方禪宗集錄本。

本書的著錄，於經題下出經文大意，並將論疏旨趣，撮略成文。從經目的卷數多與《永樂南藏》相同來看，作者依據的主要是《永樂南藏》本，並增入了《北藏》的續入藏典籍；而將兩藏以外的典籍，註為"撰錄續入本"，共計一百四十一部六百八十九卷。其中，在《義門》成書前，已見於《嘉興藏·續藏》的有三十六部三百四十卷，屬於本書首先收錄的有七十三部二百四十五卷，別出四部四卷，如今存目缺本者二十八部一百卷。

現將本書所收經目的情況略述如下。

1. 本書未收《永樂南藏》的經目，共七部八卷，它們是：

《梵書藥師琉璃光七佛本願功德經》一卷（豈帙）。

《八大靈塔梵讚》一卷（夙帙）。

《三身梵讚》一卷（夙帙）。

《根本説一切有部毘奈耶雜事攝頌》一卷（比帙）。

《法華三昧行事運想補助儀》一卷（實帙）。

《始終心要》一卷（竆帙）。【按：此書有科文。】

《大方廣圓覺修多羅了義經略疏註》二卷（石帙）。【按：此書有如山加註的兩篇序文。】

2. 本書未收《北藏》的經目：

《四十二章經》一卷，後漢迦葉摩騰共竺法蘭譯、宋真宗皇帝註（璧帙）。

3. 替換南北藏的經目：

卷三五，《續大唐內典錄》一卷，唐智昇撰，替換南北藏的《續大唐內典錄》一卷，唐道宣撰。

4. 重出三目，沿襲了《磧砂藏》《永樂南藏》《北藏》的重出之誤，它們是：

卷二五，《大方廣曼殊室利經觀自在多羅菩薩儀軌經》一卷，是卷二三同名經的重出。

卷二七，《金剛頂瑜伽金剛薩埵儀軌》一卷，是卷二六《金剛頂瑜伽金剛薩埵五祕密修行念誦儀軌》一卷的重出。【按：《義門》校曰本儀軌是五祕密修行念誦儀軌的再譯本，不妥。】

卷二七，《曼殊室利菩薩吉祥伽陀》一卷，是卷二六同名經的重出。

5. 本書首先收録的經目，共七十三部二百四十五卷，它們是：

卷四，《大方廣佛華嚴經普賢行願品疏》一卷。

卷四，《大方廣佛華嚴經合論纂要》三卷。

卷四，《大方廣佛華嚴經要解》一卷。

卷四，《復庵和尚華嚴綸貫》一卷。

卷四，《華嚴普賢行願懺儀》一卷。

卷十六，《梵網經心地品菩薩戒義疏發隱》四卷。

卷十六，《大方廣圓覺修多羅了義經集註》二卷。

卷十六，《楞伽阿跋多羅寶經參訂疏》四卷。

卷十六，《盂蘭盆經疏並序孝衡鈔》三卷（含科文一卷）。

卷十六，《阿彌陀經述》一卷。

卷十六，《阿彌陀經略解》一卷。

卷十六，《阿彌陀經疏鈔》四卷。

卷二十，《法華大意》三卷。

卷二十，《妙法蓮華經集註》七卷。

卷二七，《大佛頂如來密因修證了義諸菩薩萬行首楞嚴經纂註》十卷。

卷二七，《大佛頂如來密因修證了義諸菩薩萬行首楞嚴經索隱》十卷。

卷二九，《成唯識論集解》十卷。

卷三四，《樂邦文類》五卷。

卷三四，《淨土指歸集》二卷。

卷三四，《淨土生無生論》一卷。

卷三四，《歸元直指集》二卷。

卷三四，《法界聖凡水陸勝會修齋儀軌》六卷。

卷三四，《四明尊者教行録》七卷。

卷三五，《大藏一覽集》十卷。

卷三五，《釋迦如來成道記》一卷。

卷三六，《淨土訣》一卷。

卷三九，《龐居士語録》二卷。

卷三九，《趙州真際禪師語録》三卷。

卷四十，《橫川和尚語録》三卷。

卷四十，《高峰妙禪師語録》三卷。

卷四十，《古林和尚語録》五卷。

卷四十，《石屋珙禪師語録》二卷。

卷四十，《師子林天如和尚語録》五卷。

卷四十，《潛翁濟禪師剩語》一卷。

卷四一,《禪林僧寶傳》三十卷。

卷四一,《人天眼目集》一卷。

卷四一,《宗門玄鑑圖》一卷。

卷四一,《正法眼藏》三卷。

卷四一,《大慧普覺禪師宗門武庫》一卷。

卷四一,《佛果圜悟禪師碧巖録》十卷。

卷四一,《青州百問》一卷。

卷四一,《通玄百問》一卷。

卷四一,《萬松老人評唱天童覺和尚頌古從容庵録》三卷。

卷四一,《萬松老人評唱天童覺和尚拈古請益録》二卷。

卷四一,《林泉老人評唱投子青和尚頌古空谷傳聲集》三卷。

卷四一,《林泉老人評唱丹霞淳禪師頌古虛堂習聽集》三卷。

卷四一,《梵絕老人天奇直註天童覺投子清二人頌古》二卷。

卷四一,《梵絕老人天奇直註雪竇顯丹霞淳二人頌古》二卷。

卷四一,《心賦批註原文》五卷。

卷四一,《禪宗永嘉集》二卷（唐玄覺撰、宋行靖註）。

卷四一,《證道歌批註》一卷。

卷四一,《大顛庵主批註般若心經》一卷。

卷四一,《禪關策進》一卷。

卷四一,《師子林天如和尚剩語集》二卷。

卷四一,《師子林天如和尚別録》五卷。

卷四一,《皇明護法録》三卷。

卷四一,《尚直尚理編》二卷。

卷四一,《釋氏稽古略》四卷。

卷四一,《緇門崇行録》一卷。

卷四一,《沙彌律儀要略》一卷。

卷四一,《庵事須知》一卷。

卷四一,《山庵雜録》二卷。

卷四一,《竹窗隨筆》二卷。

卷四一,《正訛集》一卷。

卷四一,《淨土善人詠》一卷。

卷四一,《筠溪牧潛集》三卷。①

卷四一,《全室外集》九卷。②

---

① 藏内無本,見《四庫全書》。

② 藏内無本,見《四庫全書》。

卷四一,《冬溪内外集》四卷。①

卷四一,《擬寒山詩》一卷。

卷四一,《普勸修行文》一卷。

卷四一,《西方發願文》一卷。

卷四一,《戒殺放生文》一卷。

6. 别出四部四卷:

卷一,《大方廣佛華嚴經普賢行願品》一卷。【按:此目是卷一《大方廣佛華嚴經入不思議解脱境界普賢行願品》四十卷之末卷的别出。】

卷四一,《神棲瞻養賦》一卷。【按:此目是卷三四《樂邦文類》第五卷部分内容的别出。】

卷四一,《懷淨土詩》一卷。【按:此目是卷三四《樂邦文類》第五卷部分内容的别出。】

卷四一,《勸修淨土文》一卷。【按:此目是卷三六《龍舒增廣淨土文》第十一卷部分内容的别出。】

7. 本書有目,如今缺本者,共二十八部一百卷,它們是:

卷四,《華嚴法界觀通玄記》三卷,宋本嵩集。

卷二十,《妙法蓮華經標略》七卷,明廣莫述。

卷二九,《觀所緣緣論集解》一卷,明真界述。

卷二九,《三支比量》一卷,元道安述。

卷三五,《釋門玄鑰》二卷,元德舉著。

卷三六,《清涼通傳》十卷,明鎮澄重集。

卷三六,《天地冥陽水陸儀文》三卷,梁寶唱等撰。

卷三六,《大法城池》一卷,明失集人名。

卷三六,《出世網宗》一卷,明嘉上人集。

卷三六,《慈心功德録》三卷,宋陳竦願集。

卷三六,《因果録》三卷,明李卓吾集。

卷三九,《華亭朱涇船子和尚機緣》一卷,元法忍集。

卷四十,《古梅和尚語録》二卷,元明壽等録。

卷四十,《天池玉芝和尚内集》二卷,明祖覺集。

卷四十,《月心和尚笑巖集》二卷,明廣通等録。

卷四一,《雪寶顯和尚頌古》一卷,宋重顯頌古、遠塵集。

卷四一,《冥樞會要》四卷,宋祖心集。

卷四一,《禪宗永嘉集》二卷,明鎮澄註。

卷四一,《佛祖三經批註》② 一卷,宋守遂註。

---

① 藏内無本,見《四庫全書》。

② 即《四十二章經註》《佛遺教經註》《溈山警策註》。

卷四一，《醍醐集》二卷，明古音説、德堅受。

卷四一，《大藏要略》十卷，明景隆述。

卷四一，《空谷集》三十卷，明文琛等編。

卷四一，《玉泉老人三教正眼評道篇》一卷，明如性等編。

卷四一，《徑山集》三卷，明宗淨集。

卷四一，《金鈴辯惑》一卷，明鎮澄撰。

卷四一，《蒙極和尚勉真參一百偈》一卷，明孚守等編。

卷四一，《蒙極和尚樂邦家信一百八偈》一卷，明孚守等編。

卷四一，《淨土偈》一卷，明德寶撰。

8. 檢《標目》所收經目，較《義門》稍有出入：其一是有多處經目的排序不同《義門》，前後倒置；其二是有十一部經目為《義門》所缺，它們是：

《觀楞伽阿跋多羅寶經記》，方等部 · 此方釋經疏記本。

《思益梵天所問經簡註》，方等部 · 此方釋經疏記本。

《妙法蓮華經意語》，法華部 · 此方釋經疏記本。

《大佛頂首楞嚴經正觀》，明鎮澄述（今存目），陀羅尼部 · 此方釋經疏記本。

《大佛頂首楞嚴經正脈》，陀羅尼部 · 此方釋經疏記本。

《成唯識論疏》，明廣承著（今存目），聖賢著述 · 此方集義論釋集本。

《成唯識論俗詮》，聖賢著述 · 此方集義論釋集本。

《性相通説》，聖賢著述 · 此方集義論釋集本。

《唯識開蒙》，聖賢著述 · 此方集義論釋集本。

《曹溪通志》（今存目），聖賢著述 · 此方禪宗集録本。

《禪宗或問》，明圓澄著，聖賢著述 · 此方禪宗集録本。

（二七）《閲藏知津》校釋

《閲藏知津》簡稱《知津》，是明末崇禎八年至清初順治十一年間（1635~1654），由明朝四大高僧之一的北天目沙門釋智旭彙輯的一部大藏經解題類著作。全書四十四卷，書前另有《閲藏知津總目録》四卷。收録已解題的經籍總一千六百七十七部，合七千五百十四卷，書尾尚有"序讚詩歌"類以後的經目凡四十八部四百八十二卷，[①] 是作者未及解題而仙逝所遺留下來的，故有的經目或無卷數、或無作者。後來金陵刻經處重刊時，補入了撰述人名，但無考者仍缺焉。本書由溧水佛弟子夏之鼎等人施資刻成於清康熙三年（1664）。今據日本《昭和法寶總目録》七四所載清光緒十七年（1891）金陵刻經處校訂重刊本校釋。

本書的分類細則在《凡例》中有詳細説明，主要有如下幾點：（1）以天台五時判教與古經録多分菩薩、聲聞兩藏，於兩藏中又有經律論三分的分類法相結合為宗旨。（2）據

---

① 其中有十三部無卷數，若據其他藏本補入，最少可增加三十九卷。

《出曜經》云：在經律論外，復有第四雜藏，故將原聖賢撰述中理兼大小二乘、事涉世間的著作收入雜藏。（3）對於大乘論藏典籍，本書分為釋經論、宗經論和諸論釋三類。（4）據《大智度論》云：凡後代撰述，合佛法者，總可論藏所收，故將原聖賢撰述中的西土、此土著作，凡是專闡大乘的，則收入大乘論；專闡小道的，則入小乘論。（5）原此土撰述中，唯僧肇及南嶽慧思，天台智顗、灌頂二師的著作，醇乎其醇，真不愧馬鳴、龍樹、無著、世親，故特收入大乘宗經論。又此土的淨土宗典籍，如妙宗鈔、十疑論等；天台宗典籍，如玄義、文句、三止觀等；賢首宗典籍，如華嚴疏鈔等，並已收入大乘論藏。（6）將密教典籍收入方等部中。本書在此方撰述下，又分“懺儀”至“序讚詩歌”，共十四科。自元明以來，此方撰述典籍入藏的數量明顯增加，如何將它們合理的科分，本書的作者做出了積極的嘗試。

本書的分類法對近現代編輯出版的大藏經產生了深遠的影響，日本《縮刻藏》、我國《頻伽藏》和臺北《佛教大藏經》的編目，均與本書有着密切聯繫。不過本書將密教典籍收入方等部，使此部的經目數量猛增；又將此方撰述的部分典籍收入論藏的做法，皆未被後世大藏經的分類所採用。

本書在解題方面的特點是重點突出，首先在同本異譯經中，選擇較佳之一本解題，其餘則記與主本或全同、或異在何處，且低一字書之，讀者可一目了然。在唐道宣撰《大唐內典錄》中，曾有“舉要轉讀錄”，可見兩書作者皆有相同之用心。其次是對讀者很少接觸到的一些大部頭的經等，給予詳細解題，令人染一指而知全鼎之味。

現將本書各部類所收經目的部、卷數，經統計後略記如下。

總分四藏，通共收經 1725 部，7996 卷（或 8066 卷）。【按：本書凡經目下記紙數者，今皆以 1 卷記數。】

經藏，共 1134 部，3664 卷。

大乘經，共 823 部，2905 卷。卷一至卷二五。

華嚴部、方等部［顯說、密呪（經、儀軌）］、般若部、法華部、涅槃部。

小乘經，311 部，759 卷。卷二六至卷三一。

律藏，共 92 部，515 卷。

大乘律，30 部，50 卷。卷三二。

小乘律，62 部，465 卷（含附疑似雜偽律 1 部 1 卷）。卷三三。

論藏，共 268 部，1970 卷。

大乘論，共 221 部，1231 卷。卷三四至卷三九。

釋經論（西土、此土）、宗經論（西土、此土）、諸論釋（西土、此土）。

小乘論，47 部，739 卷。卷四十。

雜藏，共 231 部，1847 卷。

西土撰述，50 部，121 卷（含附外道論 2 部 4 卷、附疑偽經 1 部 2 卷）。卷四一。

此方撰述，共 181 部，1726 卷。卷四二至卷四四。

懺儀、淨土、台宗、禪宗、賢首宗、慈恩宗、密宗、律宗、纂集、傳記、護教、音義、目錄、序

讚詩歌。

應收入藏此土撰述，45 部，390 卷。卷四四。

本書所録經目主要依據的是《永樂南藏》本，包括《永樂南藏》續刻了《北藏》的續入藏典籍，因此書中註明某經在《南藏》某字函、《北藏》某字函。同時收入了《至元録》《義門》和《嘉興藏·續藏》的一些經目。現將本書所録經目與南、北兩藏對比的結果記録如下。

1. 本書未收《永樂南藏》的經目，共二部二卷，它們是：

《梵書藥師琉璃光七佛本願功德經》一卷（豈帙）。

《根本説一切有部毘奈耶雜事攝頌》一卷（比帙）。

2. 本書較南、北兩藏增加的經目有：

（1）已見《至元録》的經目，共五部二十八卷，它們是：

卷三五，《維摩詰所説經疏》十卷。

卷三五，《維摩詰所説經疏記》六卷。

卷三九，《六妙門禪法》一卷。

卷三九，《觀心論》一卷。

卷三九，《釋摩訶衍論》十卷。

（2）已見《義門》的經目，共二部四卷，它們是：

卷三九，《肇論》三卷。

卷四二，《真唯識量》一卷。 ①

（3）重出一部一卷：

卷三三，《齋經》一卷（已見卷二八同名經）。

（4）已乏單本的經目，共二部二卷，它們是：

卷四二，《修大方廣佛華嚴法界觀門》一卷，唐杜順集。 ②

卷四二，《華嚴金師子章》一卷，唐法藏述。 ③

3. 本書保留了《磧砂藏》《永樂南藏》《北藏》的重出經目，它們是：

卷十四，《大方廣曼殊室利經觀自在多羅菩薩儀軌經》一卷，是同卷《大方廣曼殊室利經觀自在菩薩儀軌經》一卷的重出。【按：本書校記曰"即前經重出"。 ④ 】

卷十五，《金剛頂瑜伽金剛薩埵儀軌》一卷，是同卷《金剛頂瑜伽金剛薩埵五祕密修行念誦儀軌》一卷的重出。【按：本書校記曰"即上譯重出"。】

卷十五，《曼殊室利菩薩吉祥伽陀》一卷，是同卷同名經的重出。【按：本書校記曰"即

---

① 《義門》有《相宗八要》，此書收《真唯識量》，為八要之一。

② 此書內容已被融入《註華嚴法界觀門》一卷，唐宗密註。

③ 本書內容已被融入《金師子章雲間類解》一卷，宋淨源述，以及《大方廣佛華嚴經金師子章註》一卷，宋承遷註。

④ 本書校註《北藏》止帙重出，誤也，實僅《永樂南藏》重出。

上重出"。】

4.本書未及解題的"序讚詩歌"和"應收入藏此土撰述"的經目,共四十八部四百八十二卷。其中有二十九部已見《義門》,六部已見《嘉興藏·續藏》,而屬於本書首先收録的有七部,它們是:

卷四四,《維摩詰所説經無我疏》十二卷。

卷四四,《西方合論》十卷。

卷四四,《十不二門指要鈔詳解》(無卷數)。

卷四四,《永嘉禪宗集註》四卷。

卷四四,《傳佛心印記註》(無卷數)。

卷四四,《方便語》(無卷數),明德清著。[1]

卷四四,《釋氏通鑑》十二卷。

如今存目缺本的有三部,它們是:

卷四四,《西齋淨土詩》二卷,明梵琦著。[2]

卷四四,《通翼》(無卷數、作者)。

卷四四,《廣養濟院説》(無卷數、作者)。

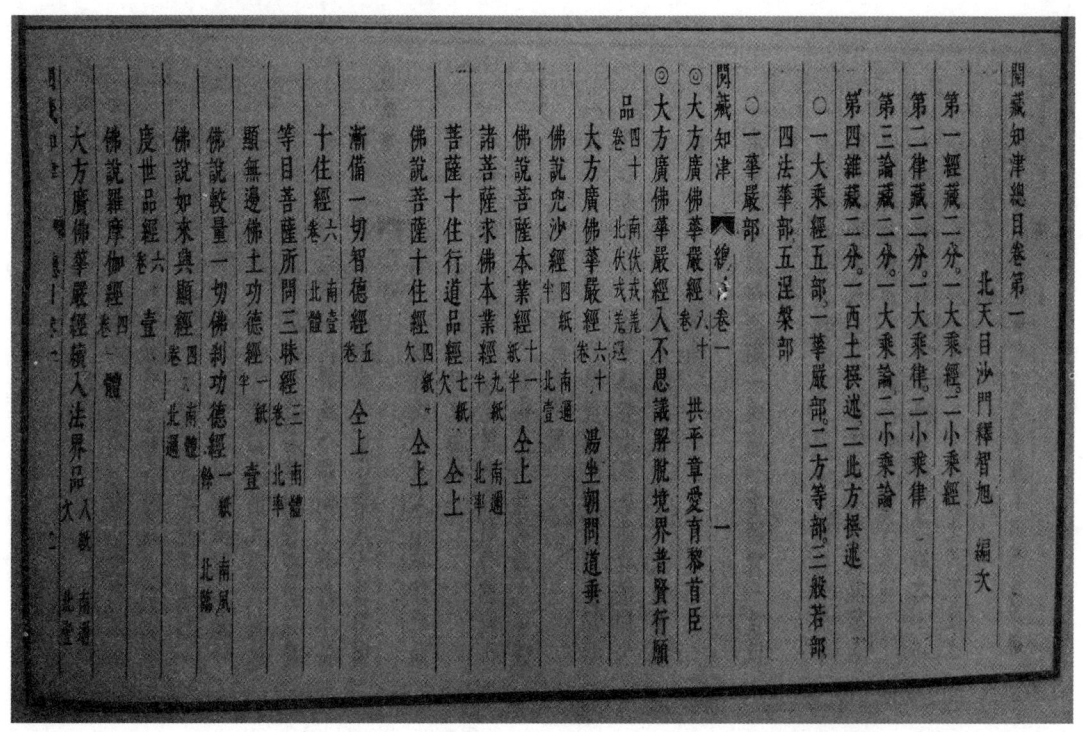

明嘉興大藏經　二七一　閱藏知津　卷一

閱藏知津卷第一

北天目沙門釋智旭　彙編

閱藏知津　卷一　華嚴部

大乘經藏，華嚴部第一
述曰華嚴一部別則趺指初成遍乃該平一代
凡屬顯示稱性法門不與二乘共者咸歸此部
即如入法門品是誠證也

大方廣佛華嚴經八十卷　平章受育黎首臣
唐于闐國三藏沙門實叉難陀譯
世主妙嚴品第一

佛在菩提場中初成正覺一
切器世間主眾生世間主正覺世間主普悉雲集
各得解脫法門各有上首同時各說十頌復於師
子座莊嚴具中各出微塵數菩薩亦各說頌復與
不可思議諸菩薩衆如此華藏莊嚴世界海如是
一切世界海中亦復如是

如來現相品第二　普
薩衆供養其世界海出頌佛從齒間放光照十方
各一億世界海出頌集眾光從眉間放光顯示十
方從足下出頌即時有大蓮華忽現佛前佛毫相中
出一菩薩名一切法勝音并眷屬坐此蓮華

與十方菩薩各各說頌
賢菩薩入一切諸佛昆盧遮那如來藏身三昧十
方諸佛見前讚歎與智摩頂從三昧起大眾獲益

如來毛孔放光頌一切菩薩亦皆讚請世界
成就品第四
普賢菩薩說世界海中一切世
藏世界品第五
普賢菩薩說世界海中一切世
界種一切世界及佛名號
昆盧遮那品第六
普賢菩薩說往古大威光太子本行記上六卷竟

如來名號品第七
佛在普光明殿以師逼方集

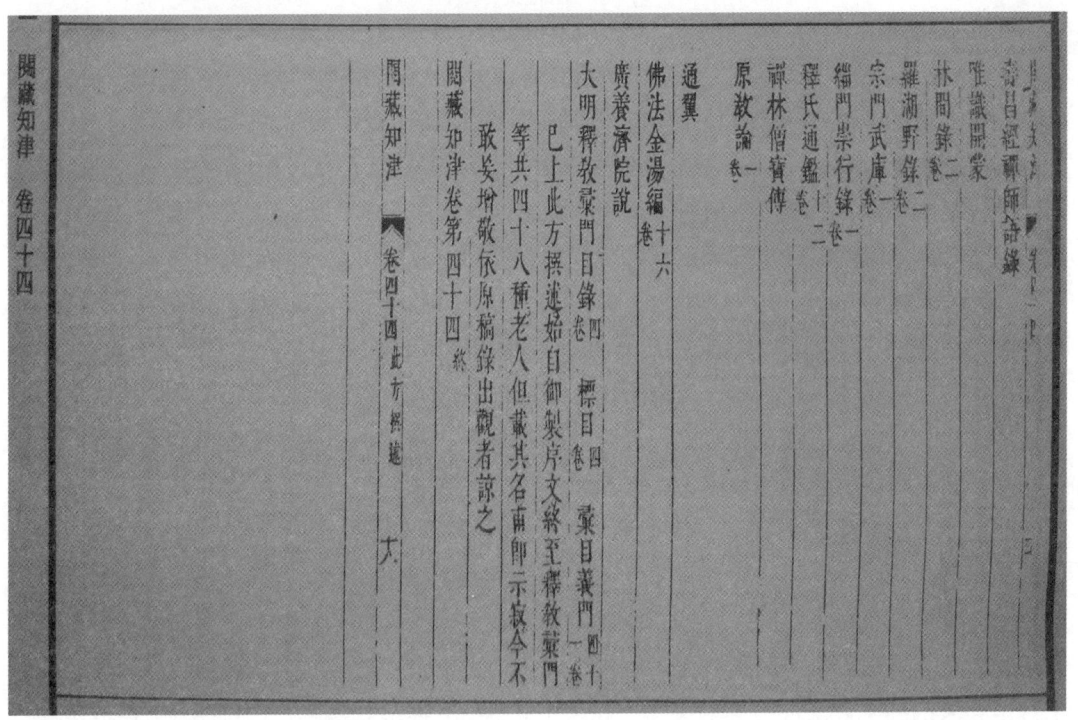

（二八）日本《縮刻藏》目録校釋

《縮刻藏》又名《縮刷藏》或《弘教藏》，是日本獨創之重新排版和編目的大藏經。它標志着日本出版的大藏經有了歷史性的改變，此前大都是仿製我國的宋版大藏經和明版《嘉興藏》或半島的《高麗藏》等。明治十年（1877），教部省社寺局的島田蕃根看到忍澂的《大藏對校録》，深感有重新校訂開版大藏經的必要。在得到傳通院福田行誠的支持和稻田佐兵衛、山東直砥二人的資助後，並有從美國學習印刷術歸國的色川誠一的合作，於是就着手進行出版工作。自明治十三年四月至十八年七月（1880~1885），歷時五年多，盛業告竣。全藏收經總一千九百十六部，合八千五百十二卷（或八千六百六十一卷），分成四十帙（天帙至霜帙），共四百十八冊（月、餘帙各九冊；天、暑、陽、騰、致、雨、露帙各十一冊；地、冬帙各十二冊；成帙十四冊；閏帙十五冊，其他帙各十冊）。本藏於昭和十年（1935）又有再訂本，由以鈴木、靈真爲代表的縮刷大藏經刊行會編輯發行，題名《昭和再訂大日本校訂大藏經》。

本藏有《大日本校訂大藏經目録》又名《大日本校訂縮刻大藏經目録》，略稱《縮刻藏目録》。目録前有《大唐三藏聖教序》等唐宋明三朝的御製序文等共十二篇，及《大日本校訂縮刻大藏經緣起》《大日本校訂大藏經凡例》和《大藏經對校綱領》。目録全文及緣起，另見《昭和法寶總目録》三三。目録一冊刊行於明治十八年（1885）十二月。

本藏目録的編纂，主要依據明蕅益大師智旭輯《閲藏知津》，以華嚴部居首，不同於歷

代藏經以般若部居首，並有所改變，主要是在經藏、律藏、論藏、雜藏外，又分出秘密藏。將收入經藏的方等部之密呪經、儀軌和雜藏中的支那撰述之密宗典籍均移置秘密藏中；將論藏中的此土撰述典籍分別移置雜藏中的支那撰述之經疏部、論疏部、諸宗部中。

本藏經文的校對，主要採用增上寺存三大藏，以《麗藏》為底本，[①] 對校宋《資福藏》和元《普寧藏》本，[②] 以及覆刻明《嘉興藏》之《黃檗藏》本，而宋以後撰述，取之於他本補入。秘密部典籍則以日本珍藏之我國唐代的古寫本為底本，對校麗宋元明四本。其中錄內所收乃元祿年間（1688~1703）黃檗山印房出之秘密儀軌，[③] 傳云是受命於靈運寺淨嚴律師，較明藏少有補入。黃檗山印房又別出十五經。而錄外所收有豐山享保（1716~1735）、享和（1801~1803）年間的兩次刻本，及高野山、靈運寺的刻本。各藏本之千字文帙號不僅見錄於目錄一冊的書眉處，而且還見錄於每卷經的首行下方。為了利用芝之三緣山增上寺的三大藏經，將弘教書院移至芝之源興院，在那裡開始校勘大藏經。

此前元《普寧藏》的刊刻，校對過宋《福州藏》和《思溪藏》；明《嘉興藏》的刊刻，校對過宋《思溪藏》、元《普寧藏》、明《永樂南藏》和《北藏》，皆有校勘記附於卷尾。由於此前所校各藏本屬於同一系統，所以差異不太大。但是本藏的校對，因為增加了屬於另一系統的《高麗藏》本，情況就大不一樣了。由於文字表述出入較大，難以校對，於是就有了別出卷末的經文片斷或整卷經文，今依《大正藏》，稱整卷經文作"別本"。由於本藏目錄不著錄別本，如今考慮到別本的經名和卷數有時不同於底本，故新考目錄的製作還是補錄了別本，並增記別本的卷數。檢本藏所附別本，其中有七本實屬另種經，還有一本屬於重出經，詳見下文第三項的校釋。

本藏首次對經文添加了句讀，便於閱覽。首次採用了五號金屬活字排版印刷，線裝本，版面較《黃檗藏》稍小。一紙折為兩個半頁，每半頁錄經文二十行，每行四十五字。校勘記隨文著錄於每頁上欄，別出卷末的經文均低一字錄文。書口處標明經目的類別、大藏經、經名和卷次、頁碼、千字文帙號和冊次。

現將本藏所收經目的情況以及存在的問題記錄如下。

1.本藏首次收入的典籍共一百四十三部二百十五卷，主要見於秘密部‧錄外的享保、享和、四部儀軌，以及日本撰述部，它們是：

閏帙第一冊，《菩提心義》一卷。

閏帙第一冊，《大毘盧遮那佛說要略念誦經》一卷。

閏帙第一冊，《供養儀式》一卷。

閏帙第十五冊，《悉曇字記》一卷。（以上見秘密部‧錄內）

餘帙第一冊《大聖妙吉祥菩薩祕密八字陀羅尼修行曼荼羅次第儀軌法》一卷至《大妙金

---

① 麗本有殘缺者，以忍澂師校正本補。忍澂上人與同志者十餘人，於寶永三年二月至七年四月間（1706~1710），在京師獅子谷對校明藏和高麗藏。凡異同皆註於行間，故獅子谷所藏明本，即是宛然高麗大藏也。

② 元本所缺，以淺草寺所藏元本補入。

③ 分冊目錄所記較總目詳細，又分類為八部，即灌頂壇場部第一、諸佛法部第二、諸經法部第三、諸菩薩法部第四、諸明王金剛部第五、諸天部第六、諸用雜部第七、顯密經雜部第八。

剛大甘露軍拏利焰鬘熾盛佛頂經》一卷，共五部五卷。

餘帙第一冊《釋迦文尼佛金剛一乘修行儀軌法品》一卷至第二冊《聖賀野紇哩縛大威怒王立成大神驗供養念誦儀軌法品》二卷，共六十一部六十五卷。（以上見秘密部·錄外·享保）

餘帙第三冊，《不空羂索陀羅尼儀軌經》二卷。

餘帙第三冊，《佛心經品亦通大隨求陀羅尼》二卷。

餘帙第三冊《七俱胝獨部法》一卷至《佛頂尊勝心破地獄轉業障出三界祕密陀羅尼》一卷，共十七部十七卷。

餘帙第四冊《千光眼觀自在菩薩祕密法經》一卷至《梵天火羅九曜》一卷，共二十部二十二卷。（以上見秘密部·錄外·享和）

餘帙第六冊《攝大毘盧遮那成佛神變加持經入蓮華胎藏海會悲生曼荼攞廣大念誦儀軌供養方便會》三卷至第八冊《大毘盧遮那經供養次第法疏》二卷，共六部三十三卷。（見秘密部·錄外·四部儀軌）

霜帙第六冊《顯戒論》三卷至第十冊《融通圓門章》一卷，共二十八部六十五卷。（見日本撰述部）

2.本藏收錄別本共三十五本七十一卷，它們是：

地帙第八冊，《普門品經》一卷。

黃帙第三冊，《過去莊嚴劫千佛名經》一卷。

黃帙第三冊，《現在賢劫千佛名經》一卷。

黃帙第三冊，《未來星宿劫千佛名經》一卷。

宙帙第五冊，《睒子經》（宋本）一卷。

宙帙第五冊，《睒子經》（元明本）一卷。

宙帙第五冊，《九色鹿經》一卷。

宙帙第六冊，《鹿母經》一卷。

宙帙第七冊，《樹提伽經》一卷。

昃帙第四冊，《須摩提女經》一卷。

昃帙第四冊，《施食獲五福報經》一卷。

昃帙第四冊，《玉耶女經》一卷。

宿帙第六冊，《輪轉五道罪福報應經》一卷。

宿帙第六冊，《阿難問事佛吉凶經》一卷。

宿帙第七冊，《貧窮老公經》一卷。

宿帙第七冊，《五無返復經》一卷。

宿帙第七冊，《五母子經》一卷。

宿帙第八冊，《時非時經》一卷。

張帙第二冊，《五分戒本》一卷。

寒帙第十冊，《目連問戒律中五百輕重事經》二卷。

往帙第六冊，《金剛般若波羅蜜經論》三卷。

藏帙第八冊，《那先比丘經》三卷。

藏帙第九冊，《龍樹菩薩傳》一卷。

閏帙第十四冊，《大吉祥天女十二名號經》一卷。

閏帙第十四冊，《摩利支天經》一卷。

閏帙第十四冊，《穰麌梨童女經》一卷。

餘帙第五冊，《觀自在菩薩怛嚩多唎隨心陀羅尼經》一卷。

餘帙第五冊，《千眼千臂觀世音菩薩陀羅尼神呪經》二卷。

餘帙第五冊，《六字神呪王經》一卷。

成帙第五冊，《廣大寶樓閣善住秘密陀羅尼經》三卷。

成帙第八冊，《金剛秘密善門陀羅尼經》一卷。

成帙第八冊，《百千印陀羅尼經》一卷。

成帙第十二冊，《幻師䫂陀神呪經》一卷。

為帙第七冊，《一切經音義》二十六卷。

為帙第十冊，《大方廣佛華嚴經音義》四卷。

3. 本藏收為別本，實屬另種經，共七部十五卷；還有一部一卷重出，它們是：

宇帙第六冊，誤將《大乘寶雲經》七卷，作為《寶雲經》七卷的別本。【按：《頻伽》同錯。此前隨天在《緣山目錄》中已指出：此二經雖譯者同，但經文異。檢《寶雲經》有三譯，二存者，另一是《寶雨經》；一缺者，《開元錄》卷十四云《大乘寶雲經》八卷，陳扶南沙門須菩提譯。今檢《大乘寶雲經》的譯文風格不同《寶雲經》，實非曼陀羅仙譯本明矣，因此筆者認為有可能是唐以後已失之須菩提譯本。】

暑帙第七冊，誤將《眾經撰雜譬喻》二卷，作為《雜譬喻經》一卷的別本。

閏帙第十五冊，誤將《金剛頂瑜伽三十七尊禮》一卷，作為《金剛頂經金剛界大道場毘盧遮那如來自受用身內證智眷屬法身異名佛最上乘祕密三摩地禮懺文》一卷的別本。【按：《頻伽》同錯。】

餘帙第二冊，誤將《阿吒婆拘鬼神大將上佛陀羅尼經》一卷，作為《阿吒薄拘付囑呪》一卷的別本。

餘帙第五冊，誤將《文殊師利寶藏陀羅尼經》一卷，作為《文殊師利法寶藏陀羅尼經》一卷的別本。【按：《頻伽》同錯。】

成帙第六冊，誤將元真智等譯《大白傘蓋總持陀羅尼經》一卷，作為元沙囉巴譯《佛頂大白傘蓋陀羅尼經》一卷的別本。【按：《頻伽》同錯。】

成帙第十三冊，誤將宋金總持等譯《文殊所説最勝名義經》二卷，作為元沙囉巴譯《文殊菩薩最勝真實名義經》一卷的別本。

另外，月帙第九冊，誤將宋本《金剛般若波羅蜜經》一卷，元魏留支譯，作為麗元明本的別本，實屬真諦譯本的重出。【按：《頻伽》《大正》同錯。】

4. 別抄經目，共三部三卷，它們是：

閏帙第十冊《日光菩薩月光菩薩陀羅尼》一卷，實屬成帙第十冊《千手千眼觀世音菩薩

廣大圓滿無礙大悲心陀羅尼經》局部別抄。【按：此別抄經亦見《頻伽》《卍續》《大正》。】

閏帙第十四冊《金光明最勝王經大辯才天女品第十五》一卷，實屬黃帙第九冊《金光明最勝王經》卷七、卷八之同品別抄。【按：此別抄經亦見《頻伽》《佛教》。】

閏帙第十四冊《金光明最勝王經如意寶珠品第十四》一卷，實屬黃帙第九冊《金光明最勝王經》卷七之同品別抄。【按：此別抄經亦見《頻伽》《佛教》。】

5. 誤分、重出的經目。

餘帙第三冊《大日如來劍印》一卷，實屬同冊同名經後部內容的誤分出。【按：此誤分經亦見《頻伽》《佛教》。】

成帙第十二冊《呪三首經》一卷，實屬第五冊《佛頂最勝陀羅尼經》一卷後附三呪的重出。【按：此重出經亦見《頻伽》。】

成帙第十三冊《文殊師利一百八名梵讚》一卷，實屬藏帙第九冊同名讚的重出。【按：此重出經亦見《頻伽》《佛教》。】

6. 本藏目錄對卷數的記法不統一，例如：《妙法蓮華經玄義》十卷（或二十卷），目錄記二十卷；而《天目中峰和尚廣錄》三十卷（或三十九卷），目錄就記三十卷。

現將本藏目錄記各部類收經的數字，經覈對後記錄如下。

大乘經，天帙至盈帙。

　華嚴部，總 28 部 233 卷。

　方等部，總 363 部 1133 卷。【按：實數 1137 卷。】

　般若部，總 29 部 747 卷。

　法華部，總 14 部 57 卷。

　涅槃部，總 16 部 121 卷。

小乘經，總 321 部 778 卷。昃帙至宿帙。

大乘律，總 30 部 49 卷。列帙。

小乘律，附疑似雜偽經，總 71 部 496 卷。列帙至寒帙。

印度大乘論，來帙至往帙。

　印度大乘宗經論，總 92 部 402 卷。

　印度大乘釋經論，總 25 部 180 卷。

　印度大乘諸論釋，總 11 部 77 卷。

印度小乘論，總 46 部 722 卷。秋帙至藏帙。

印度撰述雜部，附外道論、附疑偽經，總 62 部 165 卷。藏帙。

秘密部，閏帙至成帙。

　錄內，總 187 部 324 卷。

　錄外，總 133 部 180 卷。

　　享保，67 部 72 卷；享和，44 部 48 卷；十五經，15 部 17 卷；四部儀軌，4 部 11 卷，另經疏等 3 部 32 卷。

知津，總 250 部 427 卷。

支那撰述，歲帙至霜帙。

經疏部，總 44 部 586 卷。【按：實數 587 卷。】

論疏部，總 4 部 28 卷。

懺悔部，總 12 部 24 卷。

諸宗部

三論宗，總 3 部 7 卷；法相宗，總 2 部 12 卷；華嚴宗，總 11 部 22 卷；天台宗，總 29 部 131 卷；

淨土宗，總 5 部 14 卷；禪宗，總 25 部 430 卷。

傳記部，總 16 部 222 卷。

纂集部，總 6 部 280 卷。

護教部，總 20 部 156 卷。

目錄部，總 19 部 174 卷。

音義部，總 6 部 170 卷。

序讚詩歌部，總 7 部 120 卷。

日本撰述部，總 28 部 65 卷。霜帙。

天台宗、真言宗、淨土宗、臨濟宗、曹洞宗、黃檗宗、真宗、日蓮宗、時宗、融通念佛宗。

以上自天至霜總 40 帙，418 冊，[①] 1916 部 8534 卷。

【按：若據本藏目錄各部記數統計，實有 1915 部 8532 卷，因印度撰述雜部記總 62 部 165 卷，漏記附疑偽經 1 部 2 卷。

《昭和法寶總目錄》校者記“實數 1916 部 8538 卷”。若據校者糾正三處卷數錯誤統計，應有 8533 卷，即（1）印度撰述雜部“實數 63 部 167 卷”，較原目增 1 部 2 卷；（2）秘密部·錄外·享保“實數 74 卷”，較原目增 2 卷；（3）秘密部·知津“實數 424 卷”，較原目減 3 卷。合計較原目增 1 部 1 卷。因此昭和總目校者記實數 8538 卷，應該是 8533 卷之誤。

今檢秘密部·錄外·享保，有《常曉和尚請來目錄》一卷，本藏目錄誤記三卷，但是享保收經共 72 卷的計數，本藏目錄是按此目錄一卷統計的，故而無誤。又秘密部·知津有《七佛八菩薩所説大陀羅尼神呪經》四卷，本藏目錄誤記一卷，但是知津收經共 427 卷的計數，本藏目錄是按此經 4 卷統計的，故無誤。然而上述昭和總目的校者未詳審，因此所記享保、知津兩部分的收經實數，均是錯誤的。

今檢本藏目錄記大乘經·方等部總 1133 卷，實數 1137 卷；支那撰述·經疏部有《妙法蓮華經要解》，目錄記附科文一卷，但是在統計經疏部的卷數時，卻漏計附科文一卷，故目錄記總 586 卷，實數 587 卷。兩項合計，卷數增 5 卷，因此本藏目錄記全藏總 8534 卷，實數 8539 卷。

另檢秘密部·錄外·享和，有《七曜攘災決》，存卷上、卷中兩卷，因兩卷合一冊，故本藏目錄記一卷，今新考目錄改記二卷。諸宗部·華嚴宗，本藏目錄記《華嚴原人論解》三卷，今新考目錄改記四卷，增計含《原人論》一卷。另外，今新考目錄增計別本（含誤作別本）的卷數，共增 87 卷；不按本藏目錄

---

① 中國國家圖書館藏本分裝 94 函。

所記或卷數統計，共減 116 卷。[①] 因此，今新考目録統計全藏的總卷數為 8512 卷，若按或卷數統計則為 8661 卷。[②] 】

（二九）《頻伽藏》目録校釋

上海頻伽精舍主人羅迦陵，法名大綸，祖籍法國，生長在中國。嘗研習佛法，深感舊藏經籍，卷帙繁重，工鉅價昂，在家熏修二眾，尤難購置。後從日本購得弘教書院小字藏經，頗為便利，惟字跡過細，高年展閱，苦耗目力。遂發宏誓，願輸私財，仿弘教本翻印，而字體放大。時逢其師宗仰上人海外歸來，聞此誓願，讚歎不已，並亟願力任其事。

清宣統元年（1909）冬在頻伽精舍開館校印，廣延居士大德三十餘人。印刷由中國圖書公司承攬。此後印刷事務幾經周折，又遇辛亥革命，推翻滿清的社會變革時期，物價騰貴，致使原訂契約無法履行等等，出版時間一再延誤。直至中華民國二年（1913），在歷經四年的艱辛努力後而全藏告竣。其間之經費，糜金十五萬餘，皆由伽陵居士的外子哈同君資助。

本藏編有《頻伽精舍校刊大藏經總目》，略名《頻伽藏總目》。總目前仿《縮刻藏》收録唐宋明三朝的御製聖教序文等共十二篇，新增《大明朝鮮印成大藏經跋》一文，並録《縮印大藏經緣起》和《頻伽精舍校刊大藏經緣起》、序文三篇、《頻伽精舍刊經記》《凡例》。本藏的編目主要依據日本的《縮刻藏》，並有所改變，主要有如下四點：（1）將附見於某經，並有題名的經文分出，別立一目；（2）記録附科文等的卷數；（3）取消了《縮刻藏》收入支那撰述的護教部、音義部、序讚詩歌部及日本撰述的淨土宗、真宗、日蓮宗、時宗中的部分典籍；（4）對於四部儀軌後無類別的三目，前兩目冠以"疏釋"，後一目冠以"附疑論"的類別名。為此本藏《凡例》云："本藏部類，依楊仁山先生所定。原本靈峰《知津》，參仿日本弘教書院縮印本。於中雖稍有去取，以非此土今時所急。餘皆因仍舊集。"

本藏的校對，以《縮刻藏》為正本，參以《清藏》本、明《徑山藏》舊本及各經坊單刻之善本，故於總目的經題上方，較《縮刻藏》録麗宋元明四藏的編次字號，增加了《清藏》的字號。由於《縮刻藏》本在排印的過程中仍難免有偽誤之處，在本藏開印之後，承日本中野達慧先生，將彼國鴨巢宗教大學所編《正誤録》惠寄，故藏中間有改正之字，即從彼本。為字函以後及總目中，多有修訂舊誤之處，則依黎端甫《釋藏丹鉛記》所改正。本藏總目增録了三部《縮刻藏》誤為別本而不著録的經目；成帙第十冊《不空羂索呪心經》，改記唐菩提流志譯，糾正了本藏正文照録《縮刻藏》記唐玄奘譯之誤。本藏總目不著録別本（同《縮刻藏》），如今考慮到別本的經名和卷數有時不同於底本，故今新考目録的製作還是補録了別本，並增記別本的卷數。檢本藏所附別本，其中有四本實屬另種經，還有一本屬於重出經，詳見下文第五項的校釋。

本藏的出版，在議定的方案中有如下三項未能實現：（1）將校勘記彙為專集。（2）本藏

---

① 經疏部減 7 部經目的或卷數共 65 卷；華嚴宗減 1 部經目的或卷數共 2 卷；天台宗減 3 部經目的或卷數共 43 卷；日本撰述部減 1 部經目的或卷數共 6 卷。

② 檢經疏部有《法華文句記》十卷或三十一卷，本藏目録誤記三十卷，今新考目録改記三十一卷。

初議，欲廣搜明藏未收諸作，彙輯校印，編為續藏。如《清藏》所增一千一百二十七卷，除已收之一百八十九卷外，尚有九百三十八卷；其他古德佚本，亦可採集。（3）本藏竣工之後，決定彙集售價所得，積為刊佈續藏之用。統計應輯諸種，已不下五六千卷。擬俟搜輯完備，先行編定總目，而後分部印刷，分期出版。倘若本藏的出版，按照預訂方案全部完成，那麼其版本價值必將大大超過《縮刻藏》。但是本藏未能實現上述三項計劃，因此在經文校勘和收經數量方面均不及《縮刻藏》已取得的成就。

本藏用四號鉛字排印。版式基本上同《縮刻藏》，但是卷首經題下不再録出各藏本的編次字號，而且書口處的"大藏經"三字上不再標註"經"字等五藏的類別。另外《一切經音義》和《續一切經音義》的版式不同於《縮刻藏》，改為每半頁分上下兩欄。據黎養正《重校一切經音義序》的記載可知，《縮刻藏》本依據《麗藏》，文多疑誤。雖別用忍澂本參校，惟澂師舊本寫刻多譌，非經修治殊難適用。而且夾註縮印，每遇繁密處，字跡不清難以照排。因此本藏編者取澂師刻本，參以眾本，折衷古義，重新修治。不過校未及半，已校者亦尚未覆勘，而藏經出版期迫，勉先付印。音義一部舊有六種，餘四種無單本可得，即姑置之。

現將本藏總目與《縮刻藏目録》對比的結果記録如下。

1. 本藏總目將附見經文等別立一目，共增加二十二部二十一卷，它們是：

地帙第十二冊，附《阿彌陀經不思議神力傳》一卷。

黃帙第三冊，《三劫三千佛緣起》一卷。

盈帙第二冊，附《妙法蓮華經觀世音菩薩普門品經序》一卷。

成帙第五冊，《大輪金剛陀羅尼》一卷。

成帙第十三冊，《聖者文殊師利一百八名讚》一卷。

成帙第十三冊，《聖者文殊師利讚》一卷。

成帙第十四冊，附《供佛利生儀》一卷。

調帙第五冊，《釋普門品重頌疏》一卷。

調帙第十冊，附《略法華三昧補助儀》一卷。

調帙第十冊，《香華運想偈》一卷。

陽帙第二冊，《六離合釋法式》一卷。

陽帙第九冊，附《始終心要》一卷。

陽帙第九冊，附《天台止觀統例》一卷。

陽帙第十一冊，附《一心三觀併頌》一卷。

騰帙第四冊，《永嘉證道歌》一卷。

騰帙第四冊，《黃檗斷際禪師宛陵録》一卷。

騰帙第四冊，附《定慧相資歌併警世》一卷。

騰帙第八冊，《大慧普覺禪師年譜》一卷。

騰帙第八冊，《大慧普覺禪師宗門武庫》一卷。

騰帙第八冊，《雪堂行和尚拾遺録》一卷。

霜帙第八冊，《坐禪箴》（同卷）。

霜帙第八冊,《三根坐禪説》一卷。

另外《縮刻藏目録》記《根本説一切有部尼陀那目得迦》十卷,而本藏總目寒帙第五冊分出《根本説一切有部目得迦》五卷;又《縮刻藏目録》記《傳法正宗記》十卷,而本藏總目雲帙第九冊分出《傳法正宗定祖圖》一卷,故本藏總目的部數又增加二部。

2. 增録《縮刻藏目録》誤為別本而不著録的經目,共三部五卷,它們是:

暑帙第七冊,《眾經撰雜譬喻》二卷。

餘帙第二冊,《阿吒婆拘鬼神大將上佛陀羅尼經》一卷。

成帙第十三冊,《文殊所説最勝名義經》二卷。

3. 取消《縮刻藏目録》著録的《五無返復經》(竺本)一卷,改正為別本。

4. 本藏收録別本共三十四本四十二卷,詳情參見《日本〈縮刻藏〉目録校釋》第二項内容,僅較《縮刻藏》所收別本增加一本一卷,即宿帙第七冊《五無返復經》(竺本)一卷;又減少二本三十卷,即為帙第七冊《一切經音義》二十六卷、第十冊《大方廣佛華嚴經音義》四卷。

5. 本藏收為別本,實屬另種經,共四部十卷;還有一部一卷重出,均沿襲了《縮刻藏》之誤,它們是:

宇帙第六冊,誤將《大乘寶雲經》七卷,作為《寶雲經》七卷的別本。

閏帙第十五冊,誤將《金剛頂瑜伽三十七尊禮》一卷,作為《金剛頂經金剛界大道場毘盧遮那如來自受用身内證智眷屬法身異名佛最上乘祕密三摩地禮懺文》一卷的別本。

餘帙第五冊,誤將《文殊師利寶藏陀羅尼經》一卷,作為《文殊師利法寶藏陀羅尼經》一卷的別本。

成帙第六冊,誤將元真智等譯《大白傘蓋總持陀羅尼經》一卷,作為元沙囉巴譯《佛頂大白傘蓋陀羅尼經》一卷的別本。

另外,月帙第九冊,誤將宋本《金剛般若波羅蜜經》一卷,元魏留支譯,作為麗元明本的別本,實屬真諦譯本的重出。

6. 別抄經目,源自《縮刻藏》,共三部三卷,它們是:

閏帙第十冊《日光菩薩月光菩薩陀羅尼》一卷,實屬成帙第十冊《千手千眼觀世音菩薩廣大圓滿無礙大悲心陀羅尼經》局部別抄。

閏帙第十四冊《金光明最勝王經大辯才天女品第十五》一卷,實屬黄帙第九冊《金光明最勝王經》卷七、卷八之同品別抄。

閏帙第十四冊《金光明最勝王經如意寶珠品第十四》一卷,實屬黄帙第九冊《金光明最勝王經》卷七之同品別抄。

7. 誤分、重出的經目,沿襲了《縮刻藏》之誤,它們是:

餘帙第三冊《大日如來劍印》一卷,實屬同冊同名經後部内容的誤分出。

成帙第十二冊《呪三首經》一卷,實屬第五冊《大輪金剛陀羅尼》(附日光呪、摩利支呪)一卷的重出。

成帙第十三冊《文殊師利一百八名梵讚》一卷,實屬藏帙第九冊同名讚的重出。

8. 本藏總目新增附科文等的卷數，共八卷，它們是：

律帙第九冊，《大方廣圓覺修多羅了義經略疏註》附科文一卷。【按：總目誤記二卷】。

呂帙第七冊，《金剛般若經疏論纂要》附科文一卷。

調帙第九冊，《大乘百法明門論解》附科文一卷。

陽帙第三冊，《華嚴原人論解》附《原人論》一卷。

陽帙第八冊，《釋禪波羅蜜次第法門》附科文一卷。

騰帙第四冊，《六祖大師法寶壇經》附錄一卷。

騰帙第九冊，《天目中峰和尚廣錄》附錄一卷。

霜帙第六冊，《顯戒論》附《天台法華宗年分緣起》一卷。

9. 本藏總目遺漏、誤分出的經目，它們是：

遺漏宿帙第十冊《雜寶藏經》十卷，今據經本實物及冊首目錄的著錄補入。

誤分出往帙第六冊《涅槃經如意珠偈解旨》一卷，實屬前《涅槃經本有今無偈論》中諸行無常偈（又稱如意珠偈）解旨的分出。檢歷代各藏未分出此目，本藏本冊首目錄未分出，正文亦未分出一部。

10. 未收《縮刻藏目錄》的經目，共二十七部一百六十八卷，它們是：

《道宣律師感通錄》一卷、《辯正論》八卷、《御製秘藏詮》三十卷、《御製消遙詠》十一卷、《御製緣識》五卷（以上見露帙）。

《新集藏經音義隨函錄》三十卷、《一切經音義》二十五卷、《大方廣佛華嚴經音義》二卷、《紹興重雕大藏音》三卷（以上見為帙）。

《御製蓮華心輪廻文偈頌》二十五卷、《選擇本願念佛集》一卷、《黑谷上人語燈錄》三卷、《教行信證》六卷、《立正安國論》一卷、《開目鈢》二卷、《撰時鈔》二卷、《法華題目鈔》一卷、《十法界明因果鈔》一卷、《內證血脈鈔》一卷、《十法界鈔》一卷、《總勘文鈔》一卷、《教機時國鈔》一卷、《本門戒體鈔》一卷、《立正觀鈔》一卷、《觀心本尊鈔》一卷、《受職功德鈔》一卷、《器樸論》三卷（以上見霜帙）。

本藏總目記有各部類收經的數字，今經覈對記錄如下。

大乘經，天帙至盈帙。

　華嚴部，總 28 部 233 卷。

　方等部，總 365 部 1139 卷。

　般若部，總 29 部 747 卷。

　法華部，總 15 部 58 卷。

　涅槃部，總 16 部 121 卷。

小乘經，總 320 部 777 卷。昃帙至宿帙。

大乘律，總 30 部 49 卷。列帙。

小乘律，總 72 部 496 卷。列帙至寒帙。

印度大乘論，來帙至往帙。

印度大乘宗經論，總 93 部 404 卷。

印度大乘釋經論，總 26 部 181 卷。

印度大乘諸論釋，總 11 部 77 卷。

印度小乘論，總 46 部 732 卷。秋帙至藏帙。

印度撰述雜部，總 62 部 165 卷。藏帙。

附疑似經，1 部 2 卷。

秘密部，閏帙至成帙。

錄內，總 187 部 324 卷。

錄外，總 134 部 181 卷。

享保,68 部 73 卷；享和,44 部 48 卷；十五經,15 部 17 卷；四部儀軌,4 部 11 卷；疏釋,2 部 22 卷；

附疑論，1 部 10 卷。

知津，總 255 部 432 卷。

支那撰述，歲帙至霜帙。

經疏部，總 45 部 591 卷。

論疏部，總 4 部 29 卷。

懺悔部，總 14 部 26 卷。

諸宗部

三論宗，總 3 部 7 卷；法相宗，總 3 部 13 卷；華嚴宗，總 11 部 23 卷；天台宗，總 31 部 135 卷；

淨土宗，總 6 部 15 卷；禪宗，總 32 部 439 卷。

傳記部，總 16 部 222 卷。

纂集部，總 6 部 280 卷。

護教部，總 15 部 101 卷。

目録部，總 19 部 174 卷。

音義部，總 2 部 110 卷。

序讚詩歌部，總 6 部 95 卷。

日本撰述，總 13 部 39 卷。霜帙。

全藏自天至霜總 40 帙，連總目共計 414 冊，凡 1916 部，8416 卷。

【按：若據本藏總目記各部類的卷數統計，共 8417 卷。由於秘密部·知津的卷數，總目誤記 432 卷，實數 433 卷，故總卷數實為 8418 卷。

今檢秘密部·錄外·享保，有《常曉和尚請來目録》一卷，本藏總目誤記三卷，但是享保收經共 73 卷的計數，本藏總目是按此目録 1 卷統計的，故無誤。

今檢印度小乘論，有《阿毘達磨俱舍釋論》二十二卷，本藏總目誤記三十二卷；檢秘密部·錄外·享和，有《七曜攘災決》存卷上、卷中兩卷，本藏總目記一卷；① 檢經疏部，《圓覺經略疏註》附科文一卷，本藏總目誤記二卷；檢諸宗部·天台宗，有《天台四教儀集註》九卷，本藏總目誤記十卷；又禪宗，有

---

① 因兩卷合一冊，故本藏總目記一卷，今新考目録改記二卷。

《傳法正宗記》九卷，本藏總目誤記十卷。如今新考目錄均已改正，合計卷數共減 12 卷。

檢經疏部，《法華文句記》十卷或三十一卷，總目誤記三十卷。另外，今新考目錄增計別本（含誤作別本）的卷數，共增 53 卷；不按本藏總目所記或卷數統計，共減 116 卷。^① 因此，今新考目錄統計全藏的總卷數為 8343 卷（或 8490 卷）。】

檢《頻伽藏總目》，將附見經文等別為一部經，而今新考目錄不計其部數，共減八部，見上文第一項第一、三、七、九、十二、十三、十四、十七部經；第九項第二部經誤分出，今減一部；寒帙第五冊，將《根本說一切有部尼陀那》卷一至五與《根本說一切有部目得迦》卷六至十，記為兩部經，今改記一部；故今新考目錄計全藏收經凡一千九百零六部，較《頻伽藏總目》計一千九百十六部，減十部。

1998 年，北京九洲圖書出版社出版了影印本《頻伽大藏經》一百冊，全球編號發行五百套，現代書籍式裝幀，三十二開本。成立了重刊會，由名譽主任趙樸初等人組成。編纂有《頻伽大藏經新編總目》。2000 年，又出版了影印本《頻伽大藏經續編》一〇〇冊（自一〇一冊至二〇〇冊），編纂有《頻伽大藏經續編目錄》。續編著錄佛教典籍總八百五十五目，三千六百六十餘卷。^② 所收典籍之時間，一般截止於清末。分為經釋部、律釋部、論釋部、諸宗部、禪宗部、懺儀部、史傳部，共七部，以及補編。編者指出，此《續編》所收之典籍，還與以下七種大藏經所收不相重復，它們是：《磧砂藏》《永樂南藏》《北藏》《嘉興藏》《龍藏》《高麗藏》《大正藏》，從而可視為八種大藏經共同之續編。

今檢《新編總目》，不同於原總目之處如下：

第十二冊，增錄了《大乘寶雲經》七卷一目，糾正了原總目視為《寶雲經》七卷的別本之誤。

第二十四冊，未著錄原總目的附《妙法蓮華經觀世音菩薩普門品經序》一卷，而將序文及妙法蓮華經的經名、譯者名附《薩曇分陀利經》後。

第三十二冊，《阿難四事經》後，漏編《五苦章句經》一卷。【按：分冊有目。】

第三十二冊，補入了原總目遺漏的《雜寶藏經》十卷。【按：原分冊有目。】

第四十六冊，刪除了原總目中誤分出的《涅槃經如意珠偈解旨》一卷。

第五十七冊，將原總目作為別本的《那先比丘經》三卷，別出一目，實不妥。

第六十六冊，未著錄原總目的附《供佛利生儀》一卷，而將其附《顯密圓通成佛心要集》後。

以上收經部數增減相抵，《新編總目》收經共一千九百十五部，較原總目減一部。

今檢《續編目錄》，有五目已見《新編總目》，故屬於重出，它們是：

第一〇二冊，《華嚴經疏演義鈔玄談》九卷，實屬新編總目第六十九冊《大方廣佛華嚴經疏演義鈔》二十九卷的重出。

① 經疏部減 7 部經目的或卷數共 65 卷；華嚴宗減 1 部經目的或卷數共 2 卷；天台宗減 3 部經目的或卷數共 43 卷；日本撰述部減 1 部經目的或卷數共 6 卷。

② 今新考目錄不按續編目錄所記或卷數統計，共三千四百三十餘卷（或三千六百八十餘卷）。

第一一八冊，《青頸觀自在菩薩心陀羅尼經釋義》一卷，實屬新編總目第六十二冊《青頸觀自在菩薩心陀羅尼經》一卷的重出。

第一二八冊，《法華經要解科》一卷、《法華經要解》二十卷，實屬新編總目第七十四冊《妙法蓮華經解》二十卷，附科文一卷的重出。

第一三三冊，《觀音經普門品重頌》一卷，實屬新編總目第七十五冊《釋普門品重頌疏》一卷的重出。

另有六目的内容已分别見《嘉興藏》《龍藏》《大正藏》，實不屬於《續編》所收範圍，它們是：

第一四三冊僅録《毘尼關要事義》一卷，而不録其正文《毘尼關要》十九卷，很可能認爲《龍藏》目録著録有關要，無事義，故補入。實際上《龍藏》已收事義。

第一四五冊僅録《梵網經直解事義》一卷，而不録其正文《梵網經直解》十卷，很可能認爲《龍藏》目録著録有直解，無事義，故補入。實際上《龍藏》已將事義的内容分别收入直解各卷中。

第一四五冊僅録《梵網經玄義》一卷，而不録其正文《梵網經菩薩心地品合註》七卷，很可能認爲《嘉興藏‧又續藏》目録著録有合註，無玄義，故補入。實際上《嘉興藏》已收玄義。

第一九四冊，《唯識三十論要釋》一卷，實已見《大正藏》第八十五卷。

第一九六冊，《道餘録》一卷，實已見《嘉興續藏》第四十二函。

第一九七冊，《憨山老人年譜自敘實録疏》二卷，實已見《嘉興續藏》第五十五函。

《續編目録》所收典籍選自《卍續藏經》，僅補編部分有十八部一百三十七卷典籍是新考所列其他目録未著録的，它們是：

第一九四冊，《律宗燈譜》（不分卷），清源諒重訂、祥珠、善學同較、劉霞彩編輯。

第一九四冊，《東坡禪喜集》九卷，徐長孺集、日本森大狂校訂。

第一九五冊，《鳴道集説》五卷，金李屏山述。

第一九五冊，《明朝破邪集》八卷，明徐昌治訂。

第一九六冊，《選佛譜》六卷，清智旭述。

第一九六冊，《等不等觀雜録》八卷，清楊文會著。

第一九六冊，《佛教初學課本及註》二卷，清楊文會述。

第一九六冊，《地藏菩薩聖德大觀》一卷，民國弘一述。

第一九七冊，《蒲室集》十五卷（另卷首二卷），元大訢撰。

第一九七冊，《天台山方外志》三十卷，明傳燈撰。

第一九七冊，《普陀洛迦新志》十二卷（另卷首一卷），民國許止淨、王亨彦、印光等修。

第一九八冊，《清涼山志》八卷（另卷首一卷），民國印光、許止淨等重修。

第一九九冊，《峨眉山志》八卷（另卷首一卷），民國印光、許止淨等重修。

第一九九冊，《九華山志》八卷（另卷首一卷），民國許止淨、德森等重修。

第二〇〇冊，《釋氏源流》四卷，明寶成繪製。

第二〇〇冊，《佛祖正宗道影》四卷，明元賢撰、清靜熙刪訂、清守一重編。

第二〇〇冊，《佛學指南》一卷，清楊文會等訂。

第二〇〇冊，《精刻大藏經目錄》（不分卷），民國支那內學院編。

2007 年，吉林出版集團有限責任公司又出版了影印本《頻伽精舍校刊大藏經》。在宗仰上人發願校刊《頻伽藏》一百周年，南京棲霞古寺中興九旬之際，重修《頻伽藏》，成立了重修工作委員會，由顧問本煥長老等人組成。此次校勘集中了百餘位專家學者，歷時五年。在保留原有《頻伽藏》優點外，又精心編纂了總目和分目。有三種裝幀本：線裝本，十六開，四百十四冊；精裝本，錦緞封面，圓脊裝幀，十六開，八十冊；海外本，用現代燙金技術裝飾全書，十六開，八十冊。

（三十）《普慧藏》目錄校釋

《普慧藏》是中華民國時期編修的第一部、但卻未能完成的大藏經。此藏以首次收入南傳巴利文大藏經的中文譯本、搜集古佚珍本、增收發現的新本和精良的校勘為其特色，被世人譽為佛典中之精品。

1943 年抗日戰爭後期，上海佛教界和學術界的一批有志之士，為弘揚佛法，以及受到日本自明治以來，先後四次纂修漢文大藏經的激勵，深感肩負着中華民族修藏的使命，於是成立了《普慧大藏經》刊行會。由盛幼盦（法名普慧）出資並任會長，由興慈、應慈、圓瑛、趙朴初、葉恭綽、夏丏尊、丁福保、黃幼希等任理事，持松、芝峰、黃幼希、許圓照、范古農、李圓淨等任編纂。會址設在上海靜安寺，後遷法藏寺。

本藏的編纂宗旨是："一為翻譯南傳大藏經，以與北傳經籍彙合，俾如來一代時教，圓滿無缺故。一為校勘各經本文字異同，以利學者研習故。一為搜采各藏未載之重要典籍，以廣法藏故。"[①] 刊行工作至 1945 年抗戰勝利後結束。出版經籍共五十種八十一冊，比較《普慧大藏經刊行會校印大藏經第一期單行本目錄》所載多出二種一冊，即出版於1944 年 7 月的《如幻三摩地無量印法門經》（與他經合冊）和同年 10 月的《南朝寺考》一冊。[②]

本藏收入了據日譯本重譯之南傳大藏經長部經典三十四經中的二十三經、中部經典一百五十二經中的五十經、小部經典本生經五百四十七故事中的一百五十故事和論藏發趣論七冊中的一冊，略備南傳藏經。在收入的經籍中，有中土久佚的，如《釋氏六帖》；有古本僅存的，如《壇經》四種合刊中的前三種；有新近發現的，如《華嚴論疏纂要》。校勘版本

① 見《普慧大藏經》刊行會刊登的《啟事》，轉引自《金陵刻經處重印〈普慧藏〉說明》。

② 今見《金陵刻經處重印〈普慧藏〉說明》所記"《普慧大藏經刊行會校印大藏經第一期單行本目錄》所載，共計四十八種、八十一冊，實際出書五十種、八十一冊"。疑四十八種、八十一冊是八十冊之誤，因為《成唯識論述記》五冊，僅出版了四冊。另外，金陵刻經處重印《普慧藏》第一冊所載《大藏經第一期刊本目錄》，收書共計五十一種、八十七冊（已出八十六冊），較《普慧大藏經》刊行會實際出書多出《華嚴一乘教義分齊章記》，一種、五冊，此書是民國增修大藏經會刊行。

中，直接校本有：大正藏、弘教藏、卍正藏、卍續藏、影印宋磧砂藏、金藏、明南藏、清龍藏、華嚴印經會本、金陵刻經處本、杭州慧空經坊刻本、杭州瑪瑙山房刻本、揚州磚橋江北刻經處刻本、常州天寧寺刻本、常熟刻經處刻本、如皋刻經處刻本、北京刻經處本、上海佛經流通處本、支那内學院本、弘化社本等。間接校本有：高麗藏（據大正藏、弘教藏、卍正藏的正文）；遼契丹藏（據高麗藏校註）；宋思溪藏、元普寧藏、明嘉興藏、日本宫内省圖書寮藏宋福州開元寺和東禪寺刻本、敦煌本、聖語藏、天海藏、東大寺本、知恩院本、大谷大學本、中村氏藏本等（據大正藏校註，宋元明三本兼考弘教藏校註）；明北藏（據嘉興藏校註）。此外還參考有關疏鈔等著作。《普慧藏》的校勘，不僅出校各本之異同，還要做出正誤之判斷，並附校勘記，同時修正底本的錯誤，因此較此前各藏本的校勘更勝一籌。《小品般若波羅蜜經》以下各經之卷尾有音釋，與其他藏本的音釋不同，融入了慧琳、玄應、慧苑音義的成果，以及大正藏梵文、巴利文詞語名。

本藏是線裝本，毛邊紙八開本鉛字印刷，每頁十六行，每行四十一字，正文用宋體四號字，夾註及校勘記用宋體五號字。

抗戰結束後，1945 年至 1955 年間，由虚雲、圓瑛等人發起組織民國增修大藏經會，出版《民國增修大藏經》。修藏宗旨是："務求擴前代未有的宏規，擷近代精良的佳著"，並制定了十大使命：第一要搜羅古佚的珍本，第二要增收發現的新本，後八項是有關校勘的。會址仍設在上海法藏寺。編修人員基本上是原《普慧大藏經》刊行會的，繼續由李圓淨等人負責。實際上民國增修大藏經會是在繼續完成《普慧大藏經》刊行會未完成的編藏工作。版式不變，所不同的是經費來源於募捐，並且於每冊書封面題簽下署名"民國增修大藏經會校印"，而此前則署名"普慧大藏經刊行會校印"。將民國弘一大師遺著三十六種收入大藏。1949 年建國前夕，編修工作幾乎停頓。在民國增修大藏經會存在的十年中，共出書五十五種十八冊，[①] 另有《概述、目録》一冊。後人將《民國增修大藏經》十八冊與《普慧大藏經》八十一冊統稱為《普慧藏》。

1959 年將《普慧藏》紙型，共六千九百餘片，送金陵刻經處保管。"文革"期間，有部分紙型損壞或遺失。由於當年的刊行是隨編隨印，分贈出資和編纂等人，所以發行量較少。自 1995 年起，金陵刻經處用了三年時間整理紙型，在金陵刻經處成立一百三十周年之際，重新編印了《普慧大藏經》。對原紙型已缺損的部分，或據初印本影印，或據他藏本補入。按照經、論、疏釋、撰述順序重編目次，總計收著作一百零五種，[②] 合一百冊，分成二十一函。

2007 年中國書店出版了重編本《普慧大藏經》。十六開本，正文字號比金陵刻經處印本大一號，分成四十二冊，現代豪華精裝本。

此外還要提到的是，早於《普慧大藏經》刊行會，於 1939 年在上海成立的《華嚴經疏鈔》

---

① 其中《成唯識論述記》（卷九至十）一冊，僅記冊數，不再記種數。

② 今見《金陵刻經處重印〈普慧藏〉說明》記"總計收著作一百〇四種"，與文中另記《普慧大藏經》刊行會"實際出書五十種"及"民國增修大藏經會共計出書五十五種"，兩項合計出書一百〇五種的數字，前後不符。

編印會。由應慈任理事長，朱超願、葉恭綽、蔣維喬任副理事長，月晴、范古農、黃幼希、李圓淨等任常務理事，由黃幼希等主持編印會。此中多人後來又在《普慧大藏經》刊行會兼職。至 1941 年書稿編輯完成，又將《普賢行願品別行疏鈔》《華嚴法界玄鏡》等附入，直到 1944 年編印工作才結束。版式為白連史紙八開本，每頁十二行，每行三十三字，正文用三號楷體字，夾註用五號楷體字。在《華嚴經疏鈔》編印會的工作完成後，曾將《華嚴經探玄記》編定原稿，交《普慧大藏經》刊行會入藏流通。後經刊行會校訂，並改為《普慧藏》的版式印行。

二十世紀八十年代初，臺北佛教出版社出版了釋廣定編修的《佛教大藏經》。其中續藏第一輯是已出版的《普慧藏》，但是較金陵刻經處重印本多收了十八種書，它們是：（1）《大乘稻芉經》一卷；（2）《大方廣佛華嚴經疏鈔會本》八十卷；（3）《普賢行願品別行疏鈔會本》四卷；（4）《大方廣佛華嚴經疏鈔會本略科》十卷；（5）《大方廣佛華嚴經普賢行願別行疏鈔會本略科》①一卷；（6）《華嚴四十二字觀門圓明字輪》；（7）《華嚴法界玄鏡》一卷；（8）《大華嚴經略策》一卷；（9）《華嚴七處九會頌釋章》一卷；（10）《入法界品十八問答》一卷；（11）《三聖圓融觀門》一卷；（12）《答順宗心要法門》一卷；（13）《五蘊觀》一卷；（14）《華嚴普賢行願修證儀》一卷；（15）《法界宗五祖略記》一卷；（16）《般若波羅蜜多心經詮註》四卷；（17）《大悲心陀羅尼經補註》一卷；（18）《大悲心陀羅尼經念誦法則》一卷。為此，金陵刻經處的編者們做出了這樣的說明：金陵刻經處沒有這十八種書的紙型。第一種書的版式，與《普慧藏》的版式明顯不同。第二種至第十五種，是《華嚴經疏鈔》編印會出版，書後附有蔣維喬《重編華嚴疏鈔記》、李圓淨《跋》。第十六種至第十八種，為民國周止庵《羼提室佛學叢書》第一、二、三種，版式也與《普慧藏》有別。作者在《心經詮註》後所附《編印經過報告》中說："本書紙版，托大藏經會保存。"已明言其不屬於該藏了。故金陵刻經處此次重印不再採入。另外，金陵刻經處所存紙型中有《四明尊者教行錄》，《佛教大藏經》漏載。如今筆者覈查上述十八種書後發現，其中第八種《大華嚴經略策》和第九種《華嚴七處九會頌釋章》，已附錄於金陵刻經處重印本《大方廣佛華嚴經疏論纂要》一百二十卷後，故《佛教大藏經》多收的書只有十六種了。

現據金陵刻經處重印本，將本藏首次收入的經目，共六十一種四百四十三卷，記錄如下：

第一函第二至三冊，《南傳大藏經‧長部經典》，二十三經二十三卷，民國江煉百重譯、芝峰校證。

第一函第四冊，《南傳大藏經‧中部經典》，五十經五十卷，民國芝峰重譯。

第一函第五至六冊，《南傳大藏經‧小部經典‧本生經》二卷，民國夏丏尊重譯。

第三函第二冊，《無量壽如來會》二卷（《大寶積經》卷十七、十八，唐菩提流志譯），清楊文會分章。

第三函第三冊，《南傳大藏經‧論部‧發趣論》一卷（另附論註一卷），民國範寄東重譯、芝峰校證。

---

① 《佛教大藏經總目錄》無略科兩字，疑脫漏。

第四函第一至三冊，《金剛般若波羅蜜經講義》五卷，民國江妙煦著。

第四函第四冊，《仁王護國般若波羅蜜經疏神寶記會本》二卷，隋智者説疏、灌頂記、宋善月述神寶記。

第五至六函，《大方廣佛華嚴經探玄記》（經、十地經論、記的合編本）十卷（另科文十卷），唐法藏述。

第七至九函，《大方廣佛華嚴經疏論纂要》一百二十卷，清道霈纂要。

第十函，《華嚴一乘教義分齊章記》五卷（係唐法藏撰《華嚴五教章》、宋師會述《復古記》、日本壽靈述《指事》、日本凝然述《通路記》的合編本）。

第十一函第一至三冊，《大方廣佛華嚴經入不思議解脱境界普賢行願品疏》（經疏合編本）三卷，唐般若譯經、唐澄觀述疏。

第十二函第一冊，《維摩詰所説經直疏》三卷，明通潤直疏。

第十二函第二冊，《觀無量壽佛經義疏》（經疏合編本）一卷，隋慧遠撰。

第十二函第二冊，《觀無量壽佛經疏妙宗鈔會本》一卷，隋智者撰疏、宋知禮述鈔。

第十二函第二冊，《觀無量壽佛經義疏》（經疏合編本）一卷，隋吉藏撰。

第十二函第四冊《南山律在家備覽略編》至第五冊《榑桑國藏古袈裟圖》，民國弘一編撰，共三十六種三十六卷。

第十六函第一冊，《六祖壇經》（惠昕本）二卷。

第十六函第一冊，《六祖大師法寶壇經》（曹溪原本）一卷。

第十七函第一冊，《五宗救》十卷，明弘忍述。

第十七函第二冊至第十八函，《祖燈大統》九十八卷，清净符編集。

第十九函第一至三冊，《洞上祖憲録》十六卷，清智沄輯。

第十九函第四冊，《正名録》十四卷，清智楷述。

第二十函第一冊，《大乘止觀述記》一卷，民國諦閑説。

第二十函第二冊，《南朝寺考》一卷，清劉世珩著。

第二十函第三至五冊，《釋氏六帖》二十四卷，後周義楚集。

檢金陵刻經處重印本《〈普慧藏〉目録》，有兩處誤記：（1）南傳大藏經·中部經典一是民國沙門芝峰重譯，目録誤記"民國江鍊百重譯、沙門芝峰校證"。（2）《占察善惡業報經》二卷，目録誤記一卷。【按：《佛教大藏經總目録》同錯。】

（三一）臺灣《佛教大藏經》目録校釋

《佛教大藏經》是密乘沙門大福藏智慧劍（廣定）編修，由臺北佛教出版社出版的一部鉛印本大藏經。自 1977 年 10 月至 1983 年 10 月出版了正藏八十四冊、續藏第一輯二十八冊、續藏第二輯五十冊，合計一百六十二冊之全藏。1984 年 4 月又出版了《佛教大藏經總目録、索引》一冊，此索引還可同時查到一部經在《大正藏》某冊某頁，因此可與《大正藏》並用。全藏收輯經、律、論及重要註疏等，總計二千六百四十三部，合一萬一千零六十二

卷，^① 包含南傳大藏經的中文譯本，新搜輯之西藏譯本的顯密佛教要典及古佚孤本，堪稱中文版最圓滿的第一部大藏經。本藏為二十五開精裝本，基本上是全欄排印，每頁十六行，每行三十九字。

目録一冊首收録廣定法師撰《佛教大藏經簡介》、教主釋迦世尊八相成道圖（三幅）、丹吉仁波切撰《佛教大藏經序》（藏文、漢文）、轉録《頻伽藏》的唐、宋、明三朝御製聖教序等十二篇及宗仰撰《頻伽精舍校印〈大藏經〉記》、廣定記《編修〈佛教大藏經〉始末記》、大藏經系統表、佛教大藏經一覽表；書尾收録《大正藏》未嘗收入之經論註疏（共五百十八部書目）、李圓净撰《歷代漢文大藏經概述》、廣定撰《我國歷代〈大藏經〉存佚略説》及《歷代中文〈大藏經〉刻藏年表》、鐘友聯撰《佛教大藏經的貢獻》、祥雲撰《跋》。

2005年夏筆者在上海龍華寺見到了本藏的總目録、索引一冊，以及第一一三、一四五和一五六冊書。2012年4月在北京法源寺校對了本藏之續藏第二輯，即第一一三冊至一六二冊，共五十冊書。由於未能見到正藏及續藏第一輯經本，因此這兩部分的校釋工作只能依據《佛教大藏經總目録》了。

本藏正藏的編印依據的是《頻伽藏》。對於經目的分類，本藏有所修改，主要有如下幾點：（1）小乘經中再分阿含部與經集部；（2）在大乘釋經論後，取消了大乘諸論釋的類別，但經目順序不變；（3）新增律疏部；（4）將“諸宗部·禪宗”典籍的最後七部（中國僧人撰五部、高麗僧人撰二部，本藏另增高麗知訥撰一部），移後置“撰述部·6.禪宗”收。（5）將“日本撰述部”的日本二字取消了。筆者認為將高麗僧人撰三部典籍，移後置日本僧人撰述後，因皆屬國外撰本尚可，但是將中國僧人撰五部典籍與前邊的二十餘部分開，就欠妥當了。此外，本藏將新增入的中國僧人撰《大明高僧傳》八卷，未收入“史傳部”，卻收在了“撰述部·8.史傳”中，亦欠妥當。

現將本藏正藏部分所收經目的情況略述如下。

1.本藏總目録首次收入的經目，共五十四部一百二十四卷，它們是：

427.《薄伽梵母智慧到彼岸心經》一卷，民國貢噶法獅子譯。

626.《南傳大悲經》一卷，民國法舫譯，至635.《南傳念安般經》一卷，民國湯用彤譯，共十部十卷。

793.《最妙勝定經》一卷，敦煌出土。

805.《隨念三寶經》一卷，民國法尊譯。

913.《菩薩律儀二十頌》一卷，民國超一譯。

914.《菩薩戒根本墮攝頌》一卷，民國超一譯。

1091.《入中論》六卷，民國法尊譯，至1096.《菩薩戒論》一卷，民國湯薌銘譯，共六部二十四卷。

1103.《南傳阿毘達摩攝義論》一卷，民國法舫譯，至1115.《密宗道次第廣論》二十二

---

① 《佛教大藏經一覽表》誤記一萬一千零五十二卷，因《佛教大藏經總目録》誤記2630.《新續高僧傳四集》五十六卷，實數六十六卷（含卷首一卷）。

卷，民國法尊譯，共十三部五十七卷。

1764.《極樂發願文》一卷，民國法尊譯。

1766.《聖如來頂髻中出生白傘蓋餘無能敵大迴遮母名最勝成就陀羅尼經》一卷，民國超一譯。

1767.《大白傘蓋佛母讚經》一卷，民國超一譯。

1781.《尊勝佛母陀羅尼讚經》一卷，民國孫景風譯。

1801.《救度佛母七支供養頌》一卷，民國超一譯。

1812.《梵文佛頂尊勝陀羅尼》一卷，民國持松（密林）譯。

1813.《尊勝佛母陀羅尼》一卷，清御製大藏全呪。

1826.《彌勒修法》一卷，民國法尊譯。

1827.《尊長瑜伽法》一卷，民國法尊譯。

1829.《密宗戒根斷十四大業》一卷，民國廣定記。

1839.《聖無量壽智大乘經》一卷，民國丹吉譯。

1840.《身口意魔法災難解除陀羅尼經》一卷，民國丹吉譯。

1902.《菩薩戒品釋》五卷，民國法尊譯。

1916.《緣起讚頌略釋》二卷，民國法尊譯。

1917.《大乘修心七義論釋》一卷，民國慧海等譯。

1918.《菩提道次第綱要》一卷，民國恒演錄。

1920.《覺道次第略科》一卷，民國大勇譯，至 1923.《法寶貫珠》一卷，民國趙洪鑄譯，共四部七卷。

2. 本藏總目錄對於別本的著錄方法不一致，可見如下三種記法：（1）不給別本編號，但記其卷數，如 464.《須摩提女經》二卷【按：含別本一卷】；① 又如 721.《五母子經》一卷，其下記"另別本一卷"。（2）不給別本編號，也不記其卷數（此種記法同《頻伽藏總目》），如 39.《普門品經》一卷【按：另有別本一卷】。②（3）給別本編號並記其卷數，如 648.《輪轉五道罪福報應經》一卷，此經是 647.《罪福報應經》一卷的別本。③ 本藏總目錄未記這些經目是別本，實不妥，又給這些經目編號，亦不妥。

3. 本藏總目錄增錄了《頻伽藏總目》誤為別本而不著錄的經目，共四部十卷，它們

---

① 482.《玉耶女經》二卷、706.《貧窮老公經》二卷、761.《時非時經》二卷同。

② 121.《過去莊嚴劫千佛名經》一卷、122.《現在賢劫千佛名經》一卷、123.《未來星宿劫千佛名經》一卷、276.《睒子經》一卷【按：另有別本，各一卷】、279.《九色鹿經》一卷、281.《鹿母經》一卷、321.《樹提伽經》一卷、410.《金剛般若波羅蜜經》一卷、467.《食施獲五福報經》一卷、1171.《龍樹菩薩傳》一卷、1486.《千眼千臂觀世音菩薩陀羅尼神呪經》二卷、1490.《六字神呪王經》一卷、1524.《廣大寶樓閣善住祕密陀羅尼經》三卷、1593.《金剛祕密善門陀羅尼呪經》一卷同。由於筆者未見本藏這部分的經本實物，現僅據《頻伽藏》的情況，記錄在案，備查。

③ 657.《阿難問事佛吉凶經》一卷、718.、719.《五無返復經》各一卷、851.《五分戒本》一卷、910.《目連問戒律中五百輕重事經》二卷、1023.《金剛般若波羅蜜經論》三卷、1142.《那先比丘經》三卷、1328.《大吉祥天女十二名號經》一卷、1332.《摩利支天經》一卷、1338.《穰麌梨童女經》一卷、1483.《觀自在菩薩怛嚩多唎隨心陀羅尼經》一卷、1596.《百千印陀羅尼經》一卷、1682.《幻師颰陀神呪經》一卷同。

是：

　206.《大乘寶雲經》七卷。

　1354.《金剛頂瑜伽三十七尊禮》一卷。

　1494.《文殊師利寶藏陀羅尼經》一卷。

　1536.《大白傘蓋總持陀羅尼經》一卷。

　4. 本藏總目録重出、誤分的經目，它們是：

　803.《方等泥洹經》二卷。【按：此經是 562.《般泥洹經》二卷之異名經。】

　1740.《文殊師利一百八名梵讚》一卷（已見 1161. 同名經）。【按：沿襲了《縮刻藏》《頻伽藏》的重出之誤。】

　1831.《金剛頂瑜伽三十七尊禮》一卷（已見 1354. 同名經）。

　1915.《觀所緣緣論釋》一卷（已見 1042.《觀所緣論釋》）。

　1454.《大日如來劍印》一卷，實屬 1453. 同名經後部內容的誤分出。【按：沿襲了《縮刻藏》《頻伽藏》的誤分之誤。】

　5. 本藏總目録有別抄經目兩部兩卷，源自《縮刻藏》《頻伽藏》，它們是：

　1343.《金光明最勝王經大辯才天女品第十五》一卷，實屬 174.《金光明最勝王經》卷七、卷八之同品別抄。

　1344.《金光明最勝王經如意寶珠品第十四》一卷，實屬 174.《金光明最勝王經》卷七之同品別抄。

　現將本藏總目録所記正藏各部類的收經數字，經覈對後記録如下。

正藏，合計 2103 部 8750 卷。

　經藏，總計 805 部 3129 卷。

　　大乘經，1. 至 458.

　　　華嚴部，28 部 233 卷。

　　　方等部，366 部 1151 卷。

　　　般若部，33 部 751 卷。

　　　法華部，15 部 58 卷。

　　　涅槃部，16 部 121 卷。

　　小乘經，459. 至 805.

　　　阿含部，160 部 479 卷。

　　　經集部，187 部 336 卷。

　律藏，總計 109 部 553 卷。806. 至 914.

　　大乘律，小乘律，附録。

　論藏，總計 201 部 1486 卷。915. 至 1115.

　　大乘宗經論，大乘釋經論，小乘論。

　雜部，總計 64 部 170 卷。1116. 至 1179.

附外道論，2 部 4 卷。

附疑似經，1 部 2 卷。

密教部，總計 662 部 1031 卷。1180. 至 1841.

經疏部，總計 57 部 599 卷。1842. 至 1898.

律疏部，總計 7 部 40 卷。1899. 至 1905.

論疏部，總計 18 部 49 卷。1906. 至 1923.

懺悔部，總計 13 部 26 卷。1924. 至 1936.

諸宗部，總計 77 部 602 卷。1937. 至 2013.

三論宗，3 部 7 卷。

法相宗，3 部 13 卷。

華嚴宗，12 部 23 卷。【按：總目錄誤記 11 部。】

天台宗，29 部 134 卷。【按：總目錄誤記 31 部。】

淨土宗，5 部 15 卷。【按：總目錄誤記 6 部。】

禪宗，25 部 410 卷。

史傳部，總計 16 部 222 卷。2014. 至 2029.

纂集部，總計 6 部 280 卷。2030. 至 2035.

護教部，總計 15 部 101 卷。2036. 至 2050.

目錄部，總計 19 部 174 卷。2051. 至 2069.

音義部，總計 2 部 110 卷。2070. 至 2071.

序讚詩歌部，總計 6 部 95 卷。2072. 至 2077.

撰述部，總計 26 部 83 卷。2078. 至 2103.

（1）天台宗；（2）真言宗；（3）臨濟宗；（4）曹洞宗；（5）黃檗宗；（6）禪宗；（7）密宗；（8）史傳。

續藏第一輯的編印依據的是《民國增修大藏經》，又名《普慧藏》。其中雖有與正藏重復的經目，但編者考慮到《普慧藏》是我國空前最珍貴的精本，為了保持其完整，仍全部留存。不過漏載了《普慧藏》有本的兩部八卷經本，[1] 即《隨分自誓受菩薩戒文析疑》一卷和《四明尊者教行錄》七卷。

本藏較金陵刻經處重印本《普慧藏》增錄了十六部經目，關於這十六部經是否為《普慧藏》本的問題，請參見《〈普慧藏〉目錄校釋》的有關記述。檢此十六部經目，有五部十七卷屬於本藏首次收入，它們是：

2220.《大方廣佛華嚴經疏鈔會本略科》十卷，唐澄觀述。

2221.《大方廣佛華嚴經普賢行願品別行疏鈔會本略科》[2] 一卷，唐澄觀述。

---

① 此處所據是金陵刻經處重印本《普慧藏》。

② 本藏總目錄無"略科"二字，今據《金陵刻經處重印〈普慧藏〉說明》所記，《佛教大藏經》較《普慧藏》增收的書中，有本書的書名，故予改正。

2238.《般若波羅蜜多心經詮註》四卷，民國周止庵述。

2248.《大悲心陀羅尼經補註》一卷，民國周止庵補註。

2249.《大悲心陀羅尼經念誦法則》一卷，民國周止庵撰。

現將《佛教大藏經一覽表》所記續藏第一輯各部的收經數字記録如下：

續藏第一輯，合計 194 部 768 卷。

續經部，共 114 部 178 卷。2104. 至 2217.

續經疏部，共 32 部 282 卷。2218. 至 2249.

續律疏部、雜部，共 38 部 38 卷。2250. 至 2287.

續論疏部，共 3 部 77 卷。2288. 至 2290.

續禪宗部、名相部，共 7 部 193 卷。2291. 至 2297.

續藏第二輯的編印除了收録見於《卍續藏》的典籍一百八十七部，以及見於《大正藏》《嘉興藏》之續藏、又續藏的三十部外，屬於本藏首次收入的經目，合計一百二十九部四百三十一卷。在本藏首次收入的經目中，屬於民國時期翻譯的共二十五部七十四卷，撰述的共九十一部二百三十三卷，因篇幅有限，皆省略不記；而屬於民國以前譯撰的典籍共十三部一百二十四卷，現記録如下：

2299.《法海觀瀾》五卷，明智旭輯。

2302.《佛學名相彙解》七十卷，明寂照編。

2331.《盂蘭盆經疏摘要》一卷，清通理述。

2352.《楞伽阿跋多羅寶經科解》十一卷，明真貴述。

2379.《藥師經疏鈔擇要》四卷，清伯停疏鈔、普霖擇要。

2389.《般若心經新舊合釋》一卷，清通理述。

2459.《戒消災經略釋》一卷，明智旭述。

2470.《八識規矩頌註發明》六卷，唐玄奘頌註、清本金發明。

2476.《因明入正理論疏瑞源記》八卷，唐窺基撰、日本鳳潭記。

2514.《中論科判》一卷，姚秦鳩摩羅什譯。

2549.《勸發菩提心文》一卷，清實賢撰。

2561.《密乘要集》三卷，元發思巴輯。

2633.《賢首諸乘法數》十二卷，明行深編。

此外，2515.《大乘中觀釋論》十卷，宋惟淨等譯，與前正藏中 963. 同名論九卷是一論兩目。此論有十八卷本，共二十七品，本藏已録前九卷十三品，尚缺後九卷。此論另有此十卷本，而此前已録之九卷，僅相當於十卷本的五卷半。故此十卷本為補足本。

本藏總目録誤記 2302.《佛學名相彙解》七十一卷，今據《佛教大藏經一覽表》更正作七十卷（含總目録一卷、索引一卷）。又 2325.《金剛三昧經通宗記》，缺卷數，今據《卍續藏》本作十二卷補入，也與一覽表記卷數相合。又 2630.《新續高僧傳四集》六十五卷（另

卷首一卷），總目録誤記五十六卷。

本藏總目録對卷數的記法不一致，例如：2326.《説無垢稱經疏》六卷（或十二卷），本藏總目録記六卷；而2347.《楞伽阿跋多羅寶經義疏》四卷（或九卷），本藏總目録就記九卷。

現將《佛教大藏經一覽表》所記續藏第二輯各部的收經數字，經覈對後記録如下：

續藏第二輯，合計346部1544卷。【按：一覽表誤記1534卷。】

　續撰述部，共5部123卷。2298.至2302.

　小乘經部，共5部5卷。2303.至2307.

　續經疏部，共140部523卷。2308.至2447.

　續律疏部，共21部57卷。2448.至2468.

　續論疏部，共92部391卷。2469.至2560.

　續密教部，共28部72卷。2561.至2588.

　續諸宗部，共25部120卷。2589.至2613.

　續史傳部，共18部203卷。【按：一覽表誤記193卷。】2614.至2631.

　續雜部，共12部50卷。【按：一覽表誤記13部。】2632.至2643.

今新考目録統計續藏第二輯的卷數，不計本藏總目録所記或卷數，共減六十一卷[①]，因此，今計卷數為一千四百八十三卷，若按或卷數統計則為一千五百五十八卷。

對於一些書目，因缺成書年代，需要補入時，本藏的考證欠詳審，例如2623.《釋氏蒙求》一卷，《卍續藏》記靈操撰，而本藏總目録補入了朝代“唐”字。今檢此書後記云：“操曰：教法東興，後漢以來迄今幾於二千載”，由此推知其成書約在清代。

檢《佛教大藏經總目録》的編號，其中No.648，No.657，No.718，No.719，No.851，No.910，No.1023，No.1142，No.1328，No.1332，No.1338，No.1483，No.1596，No.1682，均屬於別本，故今新考目録減十四號。No.869與No.870，No.883與No.884，No.2232與No.2233，No.2346與No.2347，No.2361與No.2362，No.2418與No.2419，今分別合計一號，共減六號。以上編號合計，今新考目録記二千六百二十三號，較本藏總目編二千六百四十三號，減二十號。

---

① 續經疏部減八卷，續律疏部減六卷，續論疏部減四十七卷。

二　歷代漢文大藏經目録校勘記

阿含部

0001　佛説長阿含經二十二卷，姚秦佛陀耶舍共竺佛念譯。
　　　○目録○長阿含經序，姚秦僧肇述。
　　　【校記】◎福天緣：無佛説二字◎金麗卍大中縮頻佛：姚秦作後秦，略：佛念誤
　　　作法念◎目録 見嘉黃縮頻；序見福資磧普初南北嘉龍黃臺大中縮頻。

0002　七佛父母姓字經一卷，曹魏失譯。
　　　【校記】麗卍大縮頻：失譯附前魏譯（金中：無失譯二字，佛：譯作録），福：
　　　曹魏作晉魏，義：曹魏作曹魏録。【註】開貞至略緣：一名七佛姓字經。

0003　佛説七佛經一卷，宋法天譯。
　　　【校記】石麗資磧普初天緣南卍臺大中縮頻：無宋字。【按】法天譯此經時的職
　　　稱是西天譯經三藏朝散大夫試鴻臚卿傳教大師，磧初南北嘉龍黃臺：脱西天譯經
　　　三藏六字，石：卿誤作少卿，資磧普初南北嘉龍黃臺：傳教誤作明教。

0004　毘婆尸佛經二卷，宋法天譯。
　　　【校記】石金麗資磧普初天緣南卍臺大中縮頻：無宋字。【按】法天譯此經時
　　　的職稱是西天譯經三藏朝散大夫試鴻臚卿傳教大師，磧初南北嘉龍黃臺：脱
　　　西天譯經三藏六字，石：卿誤作少卿，資磧普初南北嘉龍黃臺：傳教誤作明
　　　教。
　　　▲上三經與長阿含經第一卷大本經同本異譯。

0005　佛般泥洹經二卷，西晉白法祖譯。
　　　【註】開貞至略緣：或直云泥洹經。【按】指誤記三卷，今新考目録據金麗等本
　　　皆作二卷更正之。

0006　般泥洹經二卷，失譯附東晉録。
　　　【校記】◎福資磧普初天南北嘉龍黃臺義知：佛説方等泥洹經◎麗卍大中縮
　　　頻：失譯作不載譯人，略福資磧普天緣臺：失譯作新為失譯，義：東晉録失譯
　　　人名，知：無失譯二字。【註】開貞至略緣：或無般字，開貞緣：亦云大般泥洹
　　　經。【按】①金缺卷上，卷下首殘缺。②佛重出，題名佛説方等泥洹經二卷（見
　　　附0006）。

0007　　　大般涅槃經三卷，東晉法顯譯。

【校記】◎至：大般泥洹經◎緣：東誤作唐。【註】開貞至：或二卷；至：或云支謙譯。【緣山按】至元云或支謙譯者謬也。

▲上三經與長阿含經第二至四卷遊行經同本異譯。

0008　　　佛說大堅固婆羅門緣起經二卷，宋施護等譯。

【校記】金麗資磧普初南卍臺大中縮頻：無宋字，天緣：施護譯，至義知佛：脫等字。【按】譯者施護的職稱中有西天譯經三藏六字，北嘉龍黃：脫譯經二字。

▲與長阿含經第五卷典尊經同本異譯。

0009　　　佛說人仙經一卷，宋法賢譯。

【校記】石麗資磧普初天緣南卍臺大中縮頻：無宋字。【按】譯者法賢的職稱中有朝奉大夫四字，資磧普初南北嘉龍黃臺：奉誤作散。

▲與長阿含經第五卷闍尼沙經同本異譯。

0010　　　佛說白衣金幢二婆羅門緣起經三卷，宋施護等譯。

○附譯場職名錄。

【校記】◎金麗資磧普初南卍臺大中縮頻：無宋字，天緣：施護譯，至北嘉龍黃義知佛：脫等字◎附職名錄見金中。【註】至：或二卷。【按】譯者施護的職稱中有西天譯經三藏六字，北嘉龍黃：脫譯經二字。

▲與長阿含經第六卷小緣經、中阿含經第三十九卷婆羅婆堂經同本異譯。

0011　　　大正句王經二卷，宋法賢譯。

【校記】石金麗資磧普初天緣南卍臺大中縮頻：無宋字。【按】譯者法賢的職稱中有西天譯經三藏六字，北嘉龍黃：脫譯經二字。

▲與長阿含經第七卷弊宿經、中阿含經第十六卷蜱肆經同本異譯。

0012　　　佛說尼拘陀梵志經二卷，宋施護等譯。

○譯場職名錄。

【校記】◎金麗資磧普初南卍臺大中縮頻：無宋字，天緣：施護譯，北嘉龍黃義知佛：脫等字◎職名錄見金中（卷上後）。【按】譯者施護的職稱中有西天譯經三藏六字，北嘉龍黃：脫譯經二字。

▲與長阿含經第八卷散陀那經、中阿含經第二十六卷優曇婆邏經同本異譯。

0013　　　佛說大集法門經二卷，宋施護譯。

【校記】◎嘉黃：一卷◎金麗資磧普初天緣南嘉黃卍臺大中縮頻：無宋字。【按】譯者施護的職稱中有西天譯經三藏六字，北龍：脫譯經二字。

▲與長阿含經第八卷眾集經同本異譯。

0014　　　長阿含十報法經二卷，後漢安世高譯。

【校記】◎略：報法作法報，至：無法字◎緣：漢世高譯。【註】開貞至略緣：一名多增道章經，或直云十報經。

▲與長阿含經第九卷十上經同本異譯。

0015　　　佛説人本欲生經一卷，後漢安世高譯。

　　　　　○人本欲生經序，東晉道安述。

　　　　　【校記】◎緣：漢世高譯，知：脱譯者名◎序見石麗福資磧普初南北嘉龍黄卍臺
　　　　中縮頻。【按】麗卍中縮頻係註釋本。【提示】麗卍中縮頻：聞如是。一時佛在拘
　　　　類國。行拘類國法治處（阿難記所聞聖教土也。法治處王城也）。

0016　　　佛説大生義經一卷，宋施護譯。

　　　　　【校記】金麗資磧普初天緣南北嘉黄卍臺大中縮頻：無宋字。

　　　　　▲上二經與長阿含經第十卷大緣方便經、中阿含經第二十四卷大因經同本異譯。

0017　　　佛説帝釋所問經一卷，宋法賢譯。

　　　　　○附譯場職名録。

　　　　　【校記】◎石金麗資磧普初天緣南卍臺大中縮頻：無宋字◎附職名録見金中。
　　　　【按】法賢譯此經時的職稱是西天譯經三藏朝奉大夫試光禄卿明教大師，資磧普
　　　　初南北嘉龍黄臺：略作三藏法師。

　　　　　▲與長阿含經第十卷釋提桓因問經、中阿含經第三十三卷釋問經同本異譯。

0018　　　佛説尸迦羅越六方禮經一卷，後漢安世高譯。

　　　　　【校記】◎開貞標略：尸迦羅越六向拜經（指：無尸迦二字，至：尸迦作迦尸，
　　　　緣：向作方）◎緣：漢世高譯。【註】福資磧普初緣南北嘉龍黄臺：長阿含善生
　　　　經別譯。

0019　　　佛説善生子經一卷，西晉支法度譯。

　　　　　▲上二經與長阿含經第十一卷善生經、中阿含經第三十三卷善生經同本異譯。

0020　　　佛説信佛功德經一卷，宋法賢譯。

　　　　　【校記】◎北嘉龍黄：無佛説二字◎石金麗資磧普初天緣南卍臺大中縮頻：無宋
　　　　字。【按】譯者法賢的職稱中有西天譯經三藏朝奉大夫十字，北嘉龍黄：脱譯經
　　　　二字，資磧普初南北嘉龍臺：奉誤作散。

　　　　　▲與長阿含經第十二卷自歡喜經同本異譯。

0021　　　佛説大三摩惹經一卷，宋法天譯。

　　　　　【校記】◎標：惹誤作若心◎石金麗資磧普初天緣南卍臺大中縮頻：無宋字。
　　　　【按】法天譯此經時的職稱是西天譯經三藏朝散大夫試鴻臚卿傳教大師，北嘉龍
　　　　黄：脱譯經二字，石：卿誤作少卿，資磧普初南北嘉龍黄臺：傳教誤作明教。

　　　　　▲與長阿含經第十二卷大會經同本異譯。

0022　　　佛説梵志阿颰經一卷，吳支謙譯。

　　　　　【校記】指：阿颰經，麗卍大縮頻佛：佛開解梵志阿颰經。【註】開貞至略緣：
　　　　亦名阿颰摩納經。

　　　　　▲與長阿含經第十三卷阿摩晝經同本異譯。

0023　　　佛説梵網六十二見經一卷，吳支謙譯。

　　　　　【校記】金麗卍大中縮頻：無吳字。【註】開貞至略緣：一名梵網經。

▲與長阿含經第十四卷梵動經同本異譯。

0024　佛説寂志果經一卷，東晉竺曇無蘭譯。

【校記】佛：無竺字。

▲與長阿含經第十七卷沙門果經、增一阿含經第三十九卷（七）無根信同本異譯。

0025-1　大樓炭經六卷，西晉法立共法炬譯。

○～目録。

【校記】目録見縮頻。

0025-2　佛説樓炭經（別本）六卷，西晉法立共法炬譯。

○～品目。

【校記】◎福資磧普初天南臺：無佛説二字◎磧普初南臺義知：法立共法炬作法炬共法立◎品目見黄。【註】開貞至略緣：或云大樓炭經；開貞：或五卷，開貞至：或八卷。

0026　起世經十卷，隋闍那崛多等譯。

○～目録。

【校記】◎指標金福資磧普初天南北嘉龍黄臺中義知：起世因本經◎福資天：隋達摩笈多譯（磧普初南北嘉龍黄臺義知：譯作等譯）◎目録見縮頻。【註】金中：題含云本起。【守其按】此經宋藏題為起世因本經，闍那崛多譯，編入取函，排在後；丹藏題為起世經，排在前。今檢開元録，丹藏為正，故取丹藏題名，並移前編入澄函。【提示】如是我聞。一時婆伽婆在舍婆提城迦利羅石室……

0027　起世因本經十卷，隋達摩笈多譯。

○～目録。

【校記】◎指標金磧普初南北嘉龍黄臺中義知：起世經◎福資天：隋闍那崛多、達摩笈多共譯（金中：無隋字，共作等），磧普初南北嘉龍黄臺義：隋闍那崛多等譯（知：無等字）◎目録見縮頻。【守其按】此經宋藏題為起世經，闍那崛多共達摩笈多譯，編入澄函，排在前；而丹藏題為起世因本經，達摩笈多譯，排在後。今檢開元録，丹藏為正，故取丹藏經名、譯者名，並移後編入取函。【提示】如是我聞。一時婆伽婆在舍囉婆悉帝城迦利囉窟……

▲上三經與長阿含經第十八至二十二卷世記經同本異譯。

0028　中阿含經六十卷，東晉瞿曇僧伽提婆譯。

○～目録○附後出中阿含經記，東晉道慈撰。

【校記】◎緣：無瞿曇二字，金麗卍大中縮頻：增道祖筆受四字◎目録見縮頻；附記見石金麗卍大中縮頻。【註】開貞至略緣：或五十八卷。

0029　佛説七知經一卷，吳支謙譯。

【註】開貞至略緣：或云七智經。

▲與中阿含經第一卷善法經、增一阿含經第三十三卷等法品（一）同本異譯。

0030　佛説園生樹經一卷，宋施護譯。

【校記】◎磧普臺：園誤作圓◎麗資磧普初天緣南卍臺大中縮頻：無宋字。【按】譯者施護的職稱中有西天譯經三藏六字，北嘉龍黃：脫譯經二字。

▲與中阿含經第一卷晝度樹經、增一阿含經第三十三卷等法品（二）同本異譯。

0031　佛說鹹水喻經一卷，失譯附西晉錄。

【校記】貞略緣：失譯作僧祐錄云安公失譯，福：失譯，義：西晉錄失譯人名。

【註】開貞至略緣：或云鹹水譬喻經。

▲與中阿含經第一卷水喻經、增一阿含經第三十三卷等法品（三）同本異譯。

0032　佛說薩鉢多酥哩踰捺野經一卷，宋法賢譯。

【校記】◎標：薩鉢多野經◎石金麗資磧普初天緣南卍臺大中縮頻：無宋字。

【按】踰、喻音同不校。

▲與中阿含經第二卷七日經、增一阿含經第三十四卷七日品（一）同本異譯。

0033　佛說一切流攝守因經一卷，後漢安世高譯。

【校記】◎至：因作因緣，指：守因經◎緣：漢世高譯。【註】開貞緣：或直云流攝經，或云一切流攝經，亦云一切流攝守經。

▲與中阿含經第二卷漏盡經、增一阿含經第三十四卷七日品（六）同本異譯。

0034　佛說四諦經一卷，後漢安世高譯。

【校記】緣：漢世高譯。

▲與中阿含經第七卷分別聖諦經、增一阿含經第十九卷等趣四諦品（一）同本異譯。

0035　佛說恒水經一卷，西晉法炬譯。

【校記】指：恒水喻經。【註】開貞至緣：亦云恒河喻經。

0036　法海經一卷，西晉法炬譯。

【校記】北嘉龍黃知：法作佛說法。

0037　佛說海八德經一卷，姚秦鳩摩羅什譯。

【校記】◎福資普初天南臺：無佛說二字，標：海作海有◎麗天卍大中縮頻佛：姚秦作後秦，緣：無鳩摩二字，大：什誤作伏。【守其按】此經文絕非羅什之譯，似是後漢之經，疑是竺法蘭譯，為失本者。

▲上三經與中阿含經第九卷瞻波經同本異譯。

0038　佛說本相猗致經一卷，後漢安世高譯。

【註】開貞至略緣：亦云大相倚致經。【按】猗、倚音同不校。

0039　佛說緣本致經一卷，失譯附東晉錄。

【校記】福：失譯，義：東晉錄失譯人名。

▲上二經與中阿含經第十卷本際經同本異譯。

0040　佛說輪王七寶經一卷，宋施護譯。

○附譯場職名錄。

【校記】◎金麗資磧普初天緣南卍臺大中縮頻：無宋字◎附職名錄見金中。【按】譯者施護的職稱中有西天譯經三藏六字，北嘉龍黃：脫譯經二字。

▲與中阿含經第十一卷七寶經、雜阿含經第二十七卷（七二一）、增一阿含經第三十三卷等法品（七）同本異譯。

0041　佛説頂生王故事經一卷，西晉法炬譯。

【註】開貞略緣：或直云頂生王經，至緣：或無故字。

0042　佛説文陀竭王經一卷，北涼曇無讖譯。

▲上二經與中阿含經第十一卷四洲經同本異譯。

0043　佛説頻婆娑羅王經一卷，宋法賢譯。

【校記】◎至：無娑字◎石麗資磧普初天緣南卍臺大中縮頻：無宋字。【按】譯者法賢的職稱中有朝奉大夫四字，資磧普初南北嘉龍黄臺：奉誤作散。

▲與中阿含經第十一卷頻鞞娑邏王迎佛經同本異譯。

0044　佛説鐵城泥犁經一卷，東晉竺曇無蘭譯。

【校記】至緣佛：無竺字。

0045　佛説閻羅王五天使者經一卷，劉宋慧簡譯。

【校記】開貞至金麗略福資磧普初天緣南北嘉龍黄卍臺大中縮頻佛：劉宋作宋，至：慧簡作惠揀。【註】開貞至略緣：一名鐵城泥犁經。

▲上二經與中阿含經第十二卷天使經、增一阿含經第二十四卷善聚品（四）同本異譯。

0046　佛説古來世時經一卷，失譯附東晉録。

【校記】福天：失譯，義：東晉録失譯人名。

▲與中阿含經第十三卷説本經同本異譯。

0047　佛説阿那律八念經一卷，後漢支曜譯。

【校記】◎天：脱阿字◎緣：後漢作漢。【註】開貞略緣：或直云八念經，開貞至略緣：亦名禪行斂意經。

0048　佛説八大人覺經一卷，後漢安世高譯。

【校記】◎石福資磧普初天南北嘉龍黄臺義知：無佛説二字◎緣：漢世高譯。

【註】磧普初天南臺：西土聖賢集，今依舊録仍附於此。

▲上二經與中阿含經第十八卷八念經、增一阿含經第三十七卷八難品（六）同本異譯。

0049　佛説離睡經一卷，西晉竺法護譯。

【註】略緣：亦名菩薩訶睡眠經。

▲與中阿含經第二十卷長老上尊睡眠經同本異譯。

0050　佛説是法非法經一卷，後漢安世高譯。

【校記】緣：漢世高譯。【註】金麗卍大中縮頻：出中阿含。

▲與中阿含經第二十一卷真人經同本異譯。

0051　佛説求欲經一卷，西晉法炬譯。

▲與中阿含經第二十二卷穢品經、增一阿含經第十七卷四諦品（六）同本異譯。

0052　佛説受歲經一卷，西晉竺法護譯。

【守其按】此經丹藏有宋藏無。宋藏名受新歲經，而丹藏無。二經皆云法護譯。今檢丹本與中阿含經第二十三卷大同，則是開元録重譯録中容函之受歲經，故取丹藏本，並移宋藏本受新歲經編於竟函。然而開元録單譯録中竟函有新歲經，是東晉竺曇無蘭譯，與宋本受新歲經在文雖異，大旨無殊。今且以類聚同編於竟函，此須待勘。【按】①金麗緣卍續大中縮頻佛收受新歲經屬別抄本（見附0144-2）。②石重出（見附0052-1、附0052-2）。

▲與中阿含經第二十三卷比丘請經同本異譯。

0053　佛説梵志計水淨經一卷，失譯附東晉録。

【校記】義：東晉録失譯人名。

0054　佛説孫多耶致經一卷，吳支謙譯。

【校記】標：孫作彌。【註】開貞至略緣：或上加梵志字。【按】多、陀音同不校。

▲上二經與中阿含經第二十三卷水淨梵志經、雜阿含經第四十四卷（一一八五）、別譯雜阿含經第五卷（九八）、增一阿含經第六卷利養品（五）同本異譯。

0055　佛説苦陰經一卷，失譯附後漢録。

【校記】開貞略資磧普初天緣南北嘉龍黃臺知：附作在，福：失譯，義：後漢録失譯人名。【註】略緣：一名陰因事經；至緣：有云西晉法炬譯未詳。

▲與中阿含經第二十五卷苦陰經（九九）、增一阿含經第十二卷三寶品（九）同本異譯。

0056　佛説釋摩男本經一卷，吳支謙譯。

【校記】指：摩作摩訶，麗卍大中縮頻佛：經作四子經。【註】開貞緣：一名五陰因事經，資磧普初天緣南北嘉龍黃臺：四子經。

0057　佛説苦陰因事經一卷，西晉法炬譯。

【校記】指：苦陰因本經，天：脱陰字。

▲上二經與中阿含經第二十五卷苦陰經（一〇〇）同本異譯。

0058　佛説樂想經一卷，西晉竺法護譯。

▲與中阿含經第二十六卷想經同本異譯。

0059　佛説漏分布經一卷，後漢安世高譯。

【校記】緣：漢世高譯。【註】金麗卍大中縮頻：出中阿含令劫意。

▲與中阿含經第二十七卷達梵行經同本異譯。

0060　佛説阿耨風經一卷，東晉竺曇無蘭譯。

【校記】◎略福資磧普初天緣南北嘉龍黃臺義知：風作颲◎至佛：無竺字。【註】開貞標緣：晉言依次（至：晉作唐）。【緣山按】風者闞旁也。

▲與中阿含經第二十七卷阿奴波經同本異譯。

0061　佛説諸法本經一卷，吳支謙譯。

【註】金麗卍大中縮頻：出中阿含别翻。

▲與中阿含經第二十八卷諸法本經同本異譯。

0062 佛説瞿曇彌記果經一卷，劉宋慧簡譯。

【校記】◎指：果誤作異◎開貞至麗略福資天緣卍大中縮頻佛：劉宋作宋。

▲與中阿含經第二十八卷瞿曇彌經同本異譯。

0063 佛説新歲經一卷，東晉竺曇無蘭譯。

【校記】佛：無竺字。

0064 佛説解夏經一卷，宋法賢譯。

【校記】◎天：無佛説二字◎石麗資磧普初天緣南卍臺大中縮頻：無宋字。【按】譯者法賢的職稱中有西天譯經三藏朝奉大夫十字，北嘉龍黄：脱譯經二字，資磧普初南北嘉龍臺：奉誤作散。

▲上二經與中阿含經第二十九卷請請經、雜阿含經第四十五卷（一二一二）、别譯雜阿含經第十二卷（二二八）、增一阿含經第二十四卷善聚品（五）同本異譯。

0065 佛説瞻婆比丘經一卷，西晉法炬譯。

【校記】指：婆作波。【註】開貞至略緣：或云瞻波經。【按】標重出（見附0065）。

▲與中阿含經第二十九卷瞻波經同本異譯。

0066 佛説八無暇有暇經一卷，唐義淨譯。

【校記】金中：無唐字。

▲與中阿含經第二十九卷八難經同本異譯。

0067 佛説伏婬經一卷，西晉法炬譯。

▲與中阿含經第三十卷行欲經同本異譯。

0068 佛説魔嬈亂經一卷，失譯附後漢録。

【校記】開貞緣：附作在，略：失譯在漢録，福：失譯，義：後漢録失譯人名。

【註】開貞至略緣：一名魔王入目連蘭腹經，亦云弊魔試目連經。

0069 弊魔試目連經一卷，吳支謙譯。

【校記】福資磧普初天南北嘉龍黄臺義知：弊作佛説弊。【註】開貞至麗略緣卍大中縮頻：一名魔嬈亂經。

▲上二經與中阿含經第三十卷降魔經同本異譯。

0070 佛説賴吒和羅經一卷，吳支謙譯。

【註】開貞至略緣：一名羅漢賴吒和羅經。【按】標此經目下脱帙號，今據指金麗之帙號補入"止"字。

0071 佛説護國經一卷，宋法賢譯。

○繼作聖教序，宋真宗皇帝御製。

【校記】◎石金麗資磧普初天緣南嘉黄卍臺大中縮頻：無宋字◎御製序見金麗中〔石磧初南北嘉龍黄臺：見佛説最上根本大樂金剛不空三昧大教王經（見0270），

卍：見佛説未曾有正法經（見 0727），大：見昭和法寶總目錄七七，縮頻：見總目一冊首]。【按】①譯者法賢的職稱中有朝奉大夫四字，資磧普初南北嘉龍黄臺：奉誤作散。②此御製序多見於宋代譯經前，序名或作述聖教序，作者名或作御製、真宗文明章聖元孝皇帝製。【提示】序云：高明肇分……以紀聖功者焉。

▲上二經與中阿含經第三十一卷賴吒惒羅經同本異譯。

0072　佛説數經一卷，西晉法炬譯。

▲與中阿含經第三十五卷算數目揵連經同本異譯。

0073　梵志頞波羅延問種尊經一卷，東晉竺曇無蘭譯。

【校記】◎指：梵志問種尊經，福資磧普初天南北嘉龍黄臺義知：梵作佛説梵，開貞至標略緣：無波字◎緣佛：無竺字。

▲與中阿含經第三十七卷阿攝惒經同本異譯。

0074　佛説三歸五戒慈心厭離功德經一卷，失譯附東晉錄。

【校記】◎指：三歸功德經，福資磧普初天南北嘉龍黄臺義知：無佛説二字◎義：東晉錄失譯人名，知：無失譯二字。

0075　佛説須達經一卷，蕭齊求那毗地譯。

【註】開貞至略緣：一名須達長者經。

0076　佛説長者施報經一卷，宋法天譯。

【校記】◎北：者作老◎石金麗資磧普初天緣南卍臺大中縮頻：無宋字。【按】法天譯此經時的職稱是西天譯經三藏朝散大夫試鴻臚卿傳教大師，磧初南北嘉龍黄臺：脱西天譯經三藏六字，資普：鴻臚誤作光禄，石：卿誤作少卿，資磧普初南北嘉龍黄臺：傳教誤作明教。

▲上三經與中阿含經第三十九卷須達哆經、增一阿含經第十九卷等趣四諦品（三）同本異譯。

0077　佛為黄竹園老婆羅門説學經一卷，失譯附劉宋錄。

【校記】◎指：竹園説學經◎貞至略：失譯作僧祐錄中失譯，義：劉宋錄失譯人名，開貞至金麗略福資磧普初天緣南北嘉龍黄卍臺大中知縮頻佛：劉宋作宋。【按】竹、竺音同不校。

▲與中阿含經第四十卷黄蘆園經同本異譯。

0078　梵摩渝經一卷，吳支謙譯。

【校記】福資磧普初天南北嘉龍黄臺義知：梵作佛説梵。【按】渝、喻音同不校。

▲與中阿含經第四十一卷梵摩經同本異譯。

0079　佛説蓱沙王五願經一卷，吳支謙譯。

【校記】石：蓱沙王五願，福資磧普初天南北嘉龍黄臺義知：無佛説二字。【註】開貞至略緣：一名弗沙迦王經。【按】蓱、瓶、萍音同不校。

▲與中阿含經第四十二卷分別六界經同本異譯。

0080　佛説尊上經一卷，西晉竺法護譯。

【校記】石：無譯者名，天：無西晉二字。【按】石重出（見附 0080-1、附 0080-2）。

▲與中阿含經第四十三卷釋中禪室尊經同本異譯。

0081　佛説兜調經一卷，失譯附西晉録。

【校記】貞略：失譯作僧祐録云安公失譯，義：西晉録失譯人名，至金麗卍大中縮頻佛：西晉誤作東晉，嘉黃：録誤作譯。

0082　佛説鸚鵡經一卷，劉宋求那跋陀羅譯。

【校記】開貞至麗略福資緣卍大中縮頻佛：劉宋作宋，天：無劉宋二字。【註】開貞至略緣：亦名兜調經。

0083　佛為首迦長者説業報差別經一卷，隋瞿曇法智譯。

【校記】開貞至指略緣：業報差別經（福資磧普初天南北嘉龍黃臺義知：業作佛説業）。

0084　分別善惡報應經二卷，宋天息災譯。

【校記】金麗資磧普初天緣南卍臺大中縮頻：無宋字。【按】天息災譯此經時僅有明教大師之稱號，故資磧普初南臺：增西天譯經三藏朝散大夫試鴻臚卿十四字（北嘉龍黃：無譯經二字），誤也。

0085　佛説淨意優婆塞所問經一卷，宋施護譯。

【校記】麗福資磧普初天緣南卍臺大中縮頻：無宋字。【按】譯者施護的職稱中有西天譯經三藏六字，北嘉龍黃：脱譯經二字。

▲上五經與中阿含經第四十四卷鸚鵡經同本異譯。

0086　佛説意經一卷，西晉竺法護譯。

【校記】天：無西晉二字。

▲與中阿含經第四十五卷心經同本異譯。

0087　佛説應法經一卷，西晉竺法護譯。

【校記】天：無西晉二字。

▲與中阿含經第四十五卷受法經同本異譯。

0088　佛説分別布施經一卷，宋施護譯。

【校記】金麗資磧普初天緣南卍臺大中縮頻：無宋字。【按】譯者施護的職稱中有西天譯經三藏六字，北嘉龍黃：脱譯經二字。

▲與中阿含經第四十七卷瞿曇彌經同本異譯。

0089　佛説四品法門經一卷，宋法賢譯。

【校記】石麗磧普初緣續南卍臺大中縮頻：無宋字。【按】譯者法賢的職稱中有西天譯經三藏六字，北嘉龍黃：脱譯經二字。

▲與中阿含經第四十七卷多界經同本異譯。

0090　佛説息諍因緣經一卷，宋施護譯。

【校記】麗資磧普初天緣南卍臺大中縮頻：無宋字。【按】譯者施護的職稱中有西天譯經三藏六字，北嘉龍黃：脱譯經二字。

▲與中阿含經第五十二卷周那經同本異譯。

0091　佛説泥犁經一卷，東晉竺曇無蘭譯。

【校記】◎福資磧普初天南臺：無佛説二字◎緣佛：無竺字。【註】開貞至略緣：或云中阿含泥犁經。

▲與中阿含經第五十三卷癡慧地經同本異譯。

0092　佛説齋經一卷，吳支謙譯。

【校記】石：誤作宋沮渠京聲譯。【註】開貞至略緣：一名持齋經。【蔡按】知重出（見附0092）。

0093　優陂夷墮舍迦經一卷，失譯附劉宋録。

【校記】◎指：墮舍迦經，北嘉龍黃知：優作佛説優，貞福資磧普初天南臺：陂作波，標：陂作陀◎貞略：僧祐録中失譯經今附宋録，知：附宋録，開至金麗福資磧普初天緣南北嘉龍黃卍臺大中縮頻佛：劉宋作宋，義：劉宋録失譯人名。【註】至緣：或云支謙所譯未詳。【按】陂、婆音同不校。

0094　佛説八關齋經一卷，劉宋沮渠京聲譯。

【校記】◎資磧普初天南北嘉龍黃臺義知：無佛説二字◎開貞至麗略福北嘉龍黃卍大中縮頻佛：劉宋作宋，資磧普初天緣南臺：宋京聲譯。

▲上三經與中阿含經第五十五卷持齋經同本異譯。

0095　佛説鞞摩肅經一卷，劉宋求那跋陀羅譯。

【校記】開貞至金麗略福資磧普初天緣南北嘉龍黃卍臺大中縮頻佛：劉宋作宋。

▲與中阿含經第五十七卷鞞摩那修經同本異譯。

0096　佛説婆羅門子命終愛念不離經一卷，後漢安世高譯。

【校記】◎指：愛念不離經◎緣：漢世高譯。

▲與中阿含經第六十卷愛生經、增一阿含經第六卷利養品（三）同本異譯。

0097　佛説十支居士八城人經一卷，後漢安世高譯。

【校記】◎指：十支居士經◎緣：漢世高譯，知：脱譯者名。【註】開貞至略緣：亦直云十支經。

▲與中阿含經第六十卷八城經同本異譯。

0098　佛説邪見經一卷，失譯附劉宋録。

【校記】貞略：僧祐録中失譯經今附宋録，開至福資磧普初天緣南北嘉龍黃臺知：劉宋作宋，金麗卍大中縮頻佛：劉宋誤作東晉，義：劉宋録失譯人名。【註】至：有云竺法護譯未詳。

▲與中阿含經第六十卷見經同本異譯。

0099　佛説箭喻經一卷，失譯附東晉録。

【校記】◎石：箭作籥，指：箭經◎石：無譯者名，磧普臺：附作今，貞：東晉作晉，義：東晉録失譯人名。【按】石此經後部經文刻在石碑側面，以上佛説普法義經（見附0101-2）的中間部分經文亦刻在石碑側面，《房山石經》誤將兩側面之經文前後倒置。

▲與中阿含經第六十卷箭喻經同本異譯。

0100　廣義法門經一卷，陳真諦譯。

○翻譯後記。

【校記】◎石福資磧普初天南北嘉龍黄臺義知：廣作佛説廣◎後記見石金麗福資磧普初南臺大中。【註】麗福資磧普初天緣南北嘉龍黄卍臺大中知縮頻：出中阿含經一品。【開貞緣按】此經初首題云是中阿含經一品别譯，今檢中阿含大本無此一經，或恐梵文譯之未盡，既云出彼，且編於末。【按】①石金卷首殘缺。②石重出（見附0100-1、附0100-2）。

0101　佛説普法義經一卷，後漢安世高譯。

【校記】◎金中：佛説具法行經◎無後漢二字，緣：漢世高譯。【註】開貞至略緣：亦名普義經。【按】石重出（見附0101-1、附0101-2）。

▲上二經同本異譯。

0102　雜阿含經五十卷，劉宋求那跋陀羅譯。

○雜阿含經品題四藏（麗宋元明）俱不備唯左五卷有品題同異如圖。

【校記】◎開石貞至金麗略福資磧普初天緣南北嘉龍黄卍臺大中知縮頻：劉宋作宋◎圖見縮頻。【按】石有部分内容的别抄本（見附0102-1）。資磧普初天緣南北嘉龍黄卍臺大中義知縮頻佛有部分内容的别抄本（見附0102-2）。

0103　别譯雜阿含經十六卷，失譯附秦録。

○别譯雜阿含經十六卷三本俱作二十卷編次不同具如左圖。

【校記】◎指天：無雜字◎開貞至標略福資磧普初天緣南北嘉龍黄臺義知：二十卷◎略福資磧普臺：失譯，義：三秦録失譯人名，知：附秦録◎圖見縮頻。

▲上二經同本異譯。

0104　雜阿含經一卷，失譯在魏吴録。

【校記】金福中：失譯，資磧普初天南北嘉龍黄臺佛：失譯附吴魏二録（麗卍大知縮頻：無失譯二字），義：吴魏録失譯人名。【按】開貞至指標金麗略福資磧普初天緣南北嘉龍黄卍臺大中義知縮頻佛有部分内容的别抄本（見附0104）。

0105　五藴皆空經一卷，唐義浄譯。

【校記】◎麗磧卍臺大縮頻佛：五作佛説五◎磧臺：無唐字。【按】影印麗第二版誤録佛説相應相可經之第二版。

▲與雜阿含經第二卷（三三、三四）同本異譯。

0106　佛説七處三觀經一卷，後漢安世高譯。

【校記】◎略福資磧普初天緣南北嘉龍黃臺義知：二卷◎緣：漢世高譯。

▲與雜阿含經第二卷（四二）同本異譯。

0107　佛説九横經一卷，後漢安世高譯。

【校記】緣：漢世高譯。【按】大已校出此經是七處三觀經［見0106（三一）］的別抄本。

0108　佛説聖法印經一卷，西晉竺法護譯。

○翻譯記。

【校記】記見金麗卍大中縮頻。【註】開石貞金麗福資磧普初緣南卍臺大中縮頻：天竺名阿遮曇摩文圖，開貞至略緣：亦直云聖印經，亦云慧印經。

0109　佛説法印經一卷，宋施護譯。

【校記】石金麗資磧普初天緣南卍臺大中縮頻：無宋字。【按】譯者施護的職稱中有朝奉大夫試鴻臚卿八字，石：誤作朝散大夫試鴻臚少卿。

▲上二經與雜阿含經第三卷（八十）同本異譯。

0110　佛説隨勇尊者經一卷，宋施護等譯。

○附譯場職名録。

【校記】◎金麗卍續臺大中縮頻：無宋字，緣續：施護譯，至佛：無等字◎附職名録見金臺。

▲與雜阿含經第九卷（二五二）同本異譯。

0111　五陰譬喻經一卷，後漢安世高譯。

【校記】緣：漢世高譯。【註】開貞至略緣：一名水沫所漂經，亦名五陰喻經。

0112　佛説水沫所漂經一卷，東晉竺曇無蘭譯。

【校記】天佛：無竺字。【註】開貞至略緣：亦云河中大聚沫經，或云聚沫譬經（至：譬作喻）。【按】漂、飄音同不校。

▲上二經與雜阿含經第十卷（二六五）同本異譯。

0113　比丘聽施經一卷，東晉竺曇無蘭譯。

【校記】◎福資磧普初天南北嘉龍黃臺義知：比作佛説比◎至佛：無竺字。【註】開貞略緣：一名聽施比丘經。

▲與雜阿含經第十卷（二七一）同本異譯。

0114　佛説不自守意經一卷，吳支謙譯。

【註】開貞略緣：或無意字，開緣：或云自守亦不自守經。

▲與雜阿含經第十一卷（二七七）同本異譯。

0115　貝多樹下思惟十二因緣經一卷，吳支謙譯。

【校記】標：無貝至下四字，福資磧初天北嘉龍黃臺知：貝作佛説貝。【註】開貞麗福資磧普初緣南北嘉龍黃卍臺大中知縮頻：亦名聞城十二因緣經。

0116　緣起聖道經一卷，唐玄奘譯。

【校記】◎普初南北嘉龍黃義知：緣作佛説緣◎石：無唐字，金中：奘誤作奬。

【按】石重出（見附 0116）。

0117　佛説舊城喻經一卷，宋法賢譯。

【校記】石麗福資磧普初天緣南卍臺大中縮頻：無宋字。【按】法賢譯此經時的職稱是西天譯經三藏朝奉大夫試光禄卿明教大師，福資磧普初南臺：略作三藏法師，北嘉龍黄：朝奉誤作朝散。

▲上三經與雜阿含經第十二卷（二八七）同本異譯。

0118　緣起經一卷，唐玄奘譯。

【校記】麗卍大中縮頻：無唐字，磧普臺：玄奘誤作奘玄。【註】開貞至略緣：亦云十二緣起經。

▲與雜阿含經第十二卷（二九八）同本異譯。

0119　佛説滿願子經一卷，失譯附東晉録。

【校記】金麗卍大中知縮頻：無失譯二字，貞略：失譯作晉代失譯，義：東晉録失譯人名。

▲與雜阿含經第十三卷（三一一）同本異譯。

0120　佛説勝義空經一卷，宋施護等譯。

【校記】金麗卍續臺大中縮頻：無宋字，緣續：施護譯，至佛：無等字。

▲與雜阿含經第十三卷（三三五）同本異譯。

0121　佛説轉法輪經一卷，後漢安世高譯。

【校記】◎福資磧普初天南北嘉龍黄臺義知：無佛説二字◎緣：漢世高譯。【註】開略緣：或云法輪轉經。【按】石此經後部經文刻在石碑側面，以上佛説廣義法門經（見附 0100-1）的中間部分經文亦刻在石碑側面，《房山石經》誤將兩側面之經文前後倒置。

0122　佛説三轉法輪經一卷，唐義淨譯。

【校記】麗卍大中縮頻：無唐字。

▲上二經與雜阿含經第十五卷（三七九）同本異譯。

0123　佛説醫喻經一卷，宋施護譯。

【校記】◎頻：喻誤作踰◎麗資磧普初天緣南卍臺大中縮頻：無宋字。【按】譯者施護的職稱中有西天譯經三藏六字，北嘉龍黄：脱譯經二字。

▲與雜阿含經第十五卷（三八九）同本異譯。

0124　佛説相應相可經一卷，西晉法炬譯。

【校記】大頻：相可誤作可。

▲與雜阿含經第十六卷（四四九、四五〇）、雜阿含經（二〇）同本異譯。

0125　佛説十力經一卷，唐勿提提犀魚譯。

○大唐貞元新譯十地等經記，唐悟空述、圓照記。

【校記】◎石貞金麗緣續卍續臺大中縮頻：無唐字，至：尸羅達磨共勿提犀魚等譯◎記見金麗卍續臺大中縮頻（臺有異版重出本，見附 0318）。【按】金中重出

（見附 0125）。

0126　　　佛説佛十力經一卷，宋施護等譯。

【校記】◎佛：佛説十力經◎麗卍續大中縮頻：無宋字，緣續：施護譯，至佛：無等字。

0127　　　佛説信解智力經一卷，宋法賢譯。

【校記】石麗福資磧普初天緣南卍臺大中縮頻：無宋字。【按】譯者法賢的職稱中有朝奉大夫四字，福資磧普初南北嘉龍黃臺：奉誤作散。

▲上三經與雜阿含經第二十六卷（六八四）同本異譯。

0128　　　佛説清淨心經一卷，宋施護等譯。

○附譯場職名録。

【校記】◎金麗卍續臺大中縮頻：無宋字，緣續：施護譯，佛：無等字，至：誤作勿提犀魚譯◎附職名録見金臺中。

▲與雜阿含經第二十六卷（七一○）同本異譯。

0129　　　佛説無常經一卷，唐義淨譯。

○附臨終方訣。

【校記】附文見麗福資磧普初南北嘉龍黃卍臺大中縮頻。【註】開石貞至標麗略緣卍大中縮頻：亦名三啟經。【按】①石卷首殘。②麗福資卍縮頻無題名“臨終方訣”四字，麗卍僅有前部分偈文，即“常求諸欲境……隨所住處常安樂”，但無後部分之長行文，即“若苾芻苾芻尼……成最正覺”，共一千二十三字。③頻目録註附送亡儀，即他本臨終方訣。④大重出（見附 0129）。

▲與雜阿含經第二十八卷（七六○）同本異譯。

0130　　　佛説八正道經一卷，後漢安世高譯。

【校記】緣：漢世高譯。

▲與雜阿含經第二十八卷（七八四、七八五）同本異譯。

0131　　　佛説難提釋經一卷，西晉法炬譯。

【校記】◎福資磧普初天南北嘉龍黃臺義知：無佛説二字◎磧臺：譯作法立譯。

▲與雜阿含經第三十卷（八五七）同本異譯。

0132　　　佛説馬有三相經一卷，後漢支曜譯。

【校記】緣：後漢作漢。【註】開貞至略緣：亦云善馬有三相經；麗卍大中縮頻：出雜阿含別譯。

▲與雜阿含經第三十三卷（九二○）、別譯雜阿含經第八卷（一四六）同本異譯。

0133　　　佛説馬有八態譬人經一卷，後漢支曜譯。

【校記】◎指：馬有八態經◎緣：後漢作漢。【註】開貞緣：一名馬有八弊惡態經；金麗卍大中縮頻：出雜阿含別譯。【按】指誤分出此經名的後三字，即譬人經爲一目（見附 0133）。

▲與雜阿含經第三十三卷（九二四）、別譯雜阿含經第八卷（一四九）同本異譯。

0134　佛説解憂經一卷，宋法天譯。

【校記】石金麗福資磧普天緣卍臺大中縮頻：無宋字。【按】法天譯此經時的職
稱是西天譯經三藏朝散大夫試鴻臚卿傳教大師，福資磧普初南北嘉龍黃臺：略作
三藏法師，大：脱試字。

▲與雜阿含經第三十四卷（九四一）同本異譯。

0135　佛説戒德香經一卷，東晉竺曇無蘭譯。

【校記】佛：無竺字。【註】開貞略緣：或云戒德經。【按】戒、誡音同不
校。

0136　佛説戒香經一卷，宋法賢譯。

【校記】石金麗資磧普初天緣南卍臺大中縮頻：無宋字。【按】法賢譯此經時的
職稱是西天譯經三藏朝散大夫試光禄卿明教大師，資磧普初南北嘉龍黃臺：略作
三藏法師。

▲上二經與雜阿含經第三十八卷（一〇七三）、別譯雜阿含經第一卷（一二）、
增壹阿含經第十三卷地主品（五）同本異譯。

0137　佛説鴦掘摩經一卷，西晉竺法護譯。

【校記】至：鴦崛摩羅經，知：無佛説二字。【註】開貞略緣：一名指鬘經，開
貞緣：一名指髻經，至緣：亦名拾遺經。

0138　佛説鴦崛髻經一卷，西晉法炬譯。

【校記】◎磧初：無佛説二字◎福資普初天南義：西晉竺法護別譯（北嘉龍黃
知：無別字）。【按】①鴦、央音同不校。②新文豐影印高麗藏本將原録於第
十九卷的自此經以下直至佛説義足經（若至安帙），共七十四經，與原録於第
二十卷的正法念處經（定至終帙），前後倒置，誤將若至安帙諸經收在第二十卷
的佛説賢者五福德經（竟帙）後。

▲上二經與雜阿含經第三十八卷（一〇七七）、別譯雜阿含經第一卷（一六）、
增壹阿含經第三十二卷力品（六）同本異譯。

0139　央掘魔羅經四卷，劉宋求那跋陀羅譯。

【校記】◎天：無羅字◎開石貞至金麗略福資天緣卍大中縮頻：劉宋作宋。

0140　佛説蟻喻經一卷，宋施護譯。

【校記】金麗資磧普天緣南卍臺大中縮頻：無宋字。【按】譯者施護的職稱中有
西天譯經三藏六字，北嘉龍黃：脱譯經二字。

▲與雜阿含經第三十八卷（一〇七九）同本異譯。

0141　佛説四天王經一卷，劉宋智嚴共寶雲譯。

【校記】開貞至麗略福資磧普初天緣南北嘉龍黃卍臺大中縮頻佛：劉宋作宋。

▲與雜阿含經第四十卷（一一一七）同本異譯。

0142　佛説月喻經一卷，宋施護譯。

【校記】麗資磧普初天緣南卍臺大中縮頻：無宋字。【按】施護譯此經時的職稱

是西天譯經三藏朝奉大夫試光禄卿傳法大師，麗乙大中縮頻：脱朝奉大夫試光禄卿八字，北嘉龍黃：脱譯經二字。

▲與雜阿含經第四十一卷（一一三六）、別譯雜阿含經第六卷（一一一）同本異譯。

0143　佛説波斯匿王太后崩塵土坌身經一卷，西晉法炬譯。

【校記】◎指：匿王土坌身經◎天：無西晉二字。

▲與雜阿含經第四十六卷（一二二七）、別譯雜阿含經第三卷（五四）、增壹阿含經第十八卷四意斷品（七）同本異譯。

0144-1　增壹阿含經五十卷，苻秦曇摩難提譯。

○～序，東晉道安撰○～目録。

【校記】◎資天緣：苻秦作前秦◎序見福資磧普初南北嘉龍黃臺；目録見嘉黃。

【按】此為第一譯本，隋彦琮録、唐靜泰録、内典録、大周録均有存本，但開元、貞元、至元三録記缺本，今藏中存本可補開貞至三録所缺。此本與以下東晉瞿曇僧伽提婆之第二譯本的區別，例如：此本卷首偈言第五句"尊長迦葉及聖眾"，以下譯本"聖眾"作"眾僧"，以下譯本是譯正本。

0144-2　增壹阿含經五十一卷，東晉瞿曇僧伽提婆譯。

○～目録○～序，晉道安撰。

【校記】◎石佛：壹作一◎至：五十卷◎金：前秦曇摩難提譯◎目録見縮頻；序見大中縮頻。【註】開貞：或六十卷、或三十三卷，開貞至：或四十二卷，至：或三十二卷。【按】①金缺卷一，雖標曇摩難提譯，但經文卻同瞿曇僧伽提婆譯本，故録於此處。②開元録卷三云：瞿曇僧伽提婆譯本第二出，與曇摩難提本小異。東晉道慈撰後出中阿含經記云：昔曇摩難提譯出中阿含、增壹阿含等，因未善晉言，故有違本失旨、名不當實之處，此後僧伽提婆曾對此諸經律漸皆譯正。今縮刻、大正、中華已將兩本互校，可知其異同。

0145　佛説阿羅漢具德經一卷，宋法賢譯。

【校記】石金麗資磧普天緣乙臺大中縮頻：無宋字。【按】法賢譯此經時的職稱是西天譯經三藏朝散大夫試光禄卿明教大師，資磧普初南臺：略作三藏法師。

▲與增壹阿含經第三卷弟子品、比丘尼品、清信士品、清信女品同本異譯。

0146　佛説羣牛譬經一卷，西晉法炬譯。

【校記】指：譬作喻，至標：譬作譬喻。

▲與增壹阿含經第七卷火滅品（四）、雜阿含經第二十九卷（八二八）同本異譯。

0147　佛説無上處經一卷，失譯附東晉録。

【校記】義：東晉録失譯人名。

▲與增壹阿含經第十二卷三寶品（一）同本異譯。

0148　佛説四人出現世間經一卷，劉宋求那跋陀羅譯。

【校記】開石貞至金麗略福資磧普初天緣南北嘉龍黃卍臺大中縮頻佛：劉宋作宋。【按】石重出（見附 0148）。

▲與增壹阿含經第十八卷四意斷品（五）同本異譯。

0149　佛説四無所畏經一卷，宋施護譯。

【校記】◎標：無所字◎石金麗福資磧普初天緣南卍臺大中縮頻：無宋字。【按】譯者施護的職稱中有試鴻臚卿四字，石：卿誤作少卿。

▲與增壹阿含經第十九卷等趣四諦品（六）同本異譯。

0150　佛説五大施經一卷，宋施護等譯。

【校記】石金麗磧普初南卍臺大中頻：無宋字，緣續：施護譯，至義佛：無等字。【按】譯者施護的職稱中有西天譯經三藏六字，北嘉龍黃：脱譯經二字。

▲與增壹阿含經第二十卷聲聞品（一）同本異譯。

0151　須摩提女經一卷，吳支謙譯。

【校記】金中：佛説阿含經須摩提女度眾生品。【按】①檢福資磧普初天南北嘉龍黃臺義知收經以及大中縮頻收別本經，雖經名、譯者皆同本經，但其内容實屬增壹阿含經（見 0144-2）第二十二卷須陀品（三）的別抄本（見附 0144-2）。②佛目錄記二卷，疑含別本一卷。【提示】金：如是我聞（麗：聞如是）。一時佛在舍衛國王舍城中。有一長者名阿那邠池。有一女名曰須摩提女（麗：無女字）……

0152　佛説三摩竭經一卷，吳竺律炎譯。

【校記】略：無吳字，至：律誤作法，知：律炎誤作炎律。【註】開貞至略緣：一名恕和檀王經，一名難國王經，開貞至緣：一名須摩提女經。

0153　佛説給孤長者女得度因緣經三卷，宋施護譯。

【校記】◎緣：孤作孤獨◎金麗資磧普初天緣南卍臺大中縮頻：無宋字。【按】譯者施護的職稱中有西天譯經三藏六字，北嘉龍黃：脱譯經二字。

▲上三經與增壹阿含經第二十二卷須陀品（三）同本異譯。

0154　佛説婆羅門避死經一卷，後漢安世高譯。

【校記】◎指：避死經，至：脱門字◎緣：漢世高譯，天：無後漢二字。

▲與增壹阿含經第二十三卷增上品（四）同本異譯。

0155-1　佛説食施獲五福報經一卷，失譯附東晉錄。

【校記】◎石：食施作施食，指：五福報經◎石：無譯者名。【按】標重出（見附 0155-1）。【提示】聞如是。一時佛在舍衛國祇樹給孤獨園……四輩弟子靡不歡喜為佛作禮。

0155-2　食施獲五福報經（別本）一卷，失譯附東晉錄。

【校記】◎嘉黃大縮頻：食施作施食◎至：譯人元闕，義：東晉錄失譯人名，知：東晉錄。【註】開石貞至略福資磧普初天緣南北嘉龍黃臺大中知縮頻：亦名

施色力經，開貞至略緣：一名福德經。【按】頻目錄未著此本，今補入。【提示】
聞如是。一時佛遊（遊或作在）舍衛國祇樹給孤獨園……四部弟子莫不歡喜。作
禮而去。

▲與增壹阿含經第二十四卷善聚品（一一）同本異譯。

0156　佛説琉璃王經一卷，西晉竺法護譯。

【校記】◎福資磧普初天南北嘉龍黃臺義知：無佛説二字◎福資磧普初南北嘉龍
黃臺：西晉作晉。【按】①琉、瑠音同不校。②石重出（見附0156）。

▲與增壹阿含經第二十六卷等見品（二）同本異譯。

0157　頻毘娑羅王詣佛供養經一卷，西晉法炬譯。

【校記】◎指：頻婆王詣佛經，福資磧普初天南臺義知：毘作婆，標緣：娑作婆
◎天：無西晉二字，譯誤作釋。【守其按】此經國本、宋本全同，丹本大別。今
按開元錄云：此經與增一阿含經第二十六卷等見品，東晉瞿曇僧伽提婆譯，同本
異譯。檢之國、宋二本是彼經中抄出，誤為法炬譯，故刪去，今以丹藏為真本。
【按】檢金中收經之誤同守其所云之國、宋二本（見附0144-2）。

▲與增壹阿含經第二十六卷等見品（五）同本異譯。

0158　佛説阿難同學經一卷，後漢安世高譯。

【校記】◎福資磧普初天南北嘉龍黃臺義知：無佛説二字◎緣：漢世高譯。【註】
金麗磧普初緣南卍臺大中縮頻：出增一阿含經。

▲與增壹阿含經第二十七卷邪聚品（八）同本異譯。

0159　佛説長者子六過出家經一卷，劉宋慧簡譯。

【校記】開貞金麗福資磧普初天緣南北嘉龍黃卍臺大中縮頻佛：劉宋作宋，至：
誤作宋惠蘭譯，略：誤作宋法簡譯。

▲與增壹阿含經第二十七卷邪聚品（十）同本異譯。

0160　佛説尊那經一卷，宋法賢譯。

【校記】石麗福資磧普初天緣南卍臺大中縮頻：無宋字。【按】法賢譯此經時的
職稱是西天譯經三藏朝散大夫試光祿卿明教大師，福資磧普初南臺：略作三藏法
師。

▲與增壹阿含經第三十五卷七日品（七）同本異譯。

0161　佛説力士移山經一卷，西晉竺法護譯。

【校記】金中：西晉作晉。【註】開貞至略緣：或直云移山經，略緣：亦云四未
有經。【按】石後部經文刻在石碑側面，以上佛説長者音悅經（見0493）的中間
部分經文亦刻在石碑側面，《房山石經》誤將兩側面之經文前後倒置。

0162　佛説四未曾有法經一卷，西晉竺法護譯。

【校記】◎至：未曾有法經◎天：無西晉二字。【註】開貞至略緣：或無法字，
開貞略緣：亦云四未有經。【守其按】此經經名、譯主諸藏皆同，而國、宋兩本
文義全同，始終唯説造塔功德；此丹本經説轉輪聖王有四未曾有法，以喻阿難亦

有四未曾有法。按開元録此經與增一阿含八難品同本異譯，今檢之丹本即是也，其國、宋本經即前毀函中未曾有經，後竟失譯人名，出古舊録者耳。故去宋經而取丹本。【按】檢金中收經之誤同守其所云之國、宋　本（見附 0780）。

▲上二經與增壹阿含經第三十六卷八難品（三）同本異譯。

0163　舍利弗摩訶目連遊四衢經一卷，後漢康孟詳譯。
【校記】◎開貞至標緣：摩訶目連作摩訶目犍連（略：脫訶字），指：舍利目連遊四衢經，福資磧普初天南北嘉龍黃臺義知：佛說舍利弗目犍連遊四衢經◎緣：後漢作漢。

▲與增壹阿含經第四十一卷馬王品（二）同本異譯。

0164　佛說放牛經一卷，姚秦鳩摩羅什譯。
【校記】麗卍大中縮頻佛：姚秦作後秦，福資磧普初天緣南臺：無鳩摩二字。【註】開貞至略：亦云牧牛經。

▲與增壹阿含經第四十六卷放牛品（一）同本異譯。

0165　佛說分別緣生經一卷，宋法天譯。
【校記】石金麗福資磧普初天緣南卍臺大中縮頻：無宋字，至：誤記宋法賢譯。

▲與增壹阿含經第四十六卷放牛品（五）同本異譯。

0166　佛說十一想思念如來經一卷，劉宋求那跋陀羅譯。
【校記】◎福：想作相◎開貞至金麗略福資磧普初天緣南北嘉龍黃卍臺大中縮頻佛：劉宋作宋。【註】開貞緣：或云十一思惟念如來經，略：或云十二思惟。

▲與增壹阿含經第四十七卷放牛品（十）、第四十八卷禮三寶品（一）同本異譯。

0167　佛說四泥犁經一卷，東晉竺曇無蘭譯。
【校記】大頻佛：無竺字。【註】開貞略緣：或云四大泥犁經。

▲與增壹阿含經第四十八卷禮三寶品（五）同本異譯。

0168　阿那邠邸化七子經一卷，後漢安世高譯。
【校記】◎指：化七子經，金中：邸作祇◎緣：漢世高譯。

▲與增壹阿含經第四十九卷非常品（七）同本異譯。

0169-1　佛說玉耶女經一卷，失譯附西晉録。
【校記】貞略：失譯作僧祐録云安公失譯，至：失譯作安公失譯。【註】開貞略緣：或云玉耶經。【按】佛目録記二卷，疑含別本一卷。【提示】聞如是。一時佛在舍衛國祇樹給孤獨園。爾時長者給孤獨為子取婦……

0169-2　玉耶女經（別本）一卷，失譯附西晉録。
【校記】福資天：西晉作東晉，義知：西晉録失譯人名。【按】縮頻目録未著此別本，今新考目録補入。【提示】聞如是。一時佛在舍衛國祇樹給孤獨園。為諸四輩弟子說經……

0170　玉耶經一卷，東晉竺曇無蘭譯。

【校記】緣佛：無竺字。【註】開貞至略緣：一名長者詣佛説子婦無敬經，開貞緣：或云玉耶女經。

0171　佛説阿遬達經一卷，劉宋求那跋陀羅譯。

【校記】◎福資磧普初天南北嘉龍黃臺義知：無佛説二字◎開貞至金麗略福資磧普初天緣南北嘉龍黃卍臺大中縮頻佛：劉宋作宋。

▲上三經與增壹阿含經第四十九卷非常品（九）同本異譯。

0172　佛説大愛道般泥洹經一卷，西晉白法祖譯。

【校記】指：大愛道涅槃經，福資磧普初天南北嘉龍黃臺義知：泥洹作涅槃。

0173　佛母般泥洹經一卷，劉宋慧簡譯。

○附佛般泥洹後變記。

【校記】◎指：無般字◎開石貞麗略福資天緣卍大中縮頻佛：劉宋作宋，至：誤作宋惠蘭譯◎附記見福資磧普初南北嘉龍黃臺大中縮頻。【按】石後部經文刻在石碑側面，以上佛説辯意長者子經（見0683）的中間部分經文亦刻在石碑側面，《房山石經》誤將兩側面之經文前後倒置。

▲上二經與增壹阿含經第五十卷大愛道般涅槃品（一）同本異譯。

0174　舍衛國王夢見十事經一卷，失譯附西晉録。

【校記】◎指：無見字◎麗卍大中縮頻佛：失譯，貞略：失譯作僧祐録中云安公失譯，義：西晉録失譯人名。【註】開貞緣：或直云十夢經，或云舍衛國王十夢經，或云波斯匿王十夢經。【守其按】此經與增一阿含經第五十一卷大愛道般涅槃品同本異譯。此丹本與國、宋二本義同文異，似非一譯。然此丹本詳悉，今且雙存，以待賢哲。

0175　佛説舍衛國王十夢經一卷，失譯附西晉録。

【校記】金麗緣續卍續大中縮頻：無失譯二字。

0176　國王不梨先泥十夢經一卷，東晉竺曇無蘭譯。

【校記】◎標略福資磧普初天南北嘉龍黃臺義知：國作佛説國，指：無不梨二字◎佛：無竺字。【校記】泥、尼音同不校。

▲上三經與增壹阿含經第五十一卷大愛道般涅槃品（九）同本異譯。

0177　佛説治意經一卷，失譯附西晉録。

【校記】◎北嘉龍黃：無佛説二字◎開貞略：失譯作僧祐録云安公失譯，義：西晉録失譯人名。【註】開貞至略緣：或云佛治意經。

0178　佛説阿含正行經一卷，後漢安世高譯。

【校記】◎天：無佛説二字◎緣：漢世高譯。【註】開貞至略緣：一名正意經。

本緣部

0179　生經五卷，西晉竺法護譯。

○~目録。

【校記】◎北嘉龍黃義知：佛説生經◎目録見縮頻。【註】開貞至：或四卷。【按】標此經目下脱帙號，今據指金麗之帙號補入“安”字。

0180　過去現在因果經四卷，劉宋求那跋陀羅譯。

【校記】◎石：因果本起經，指：因果經◎開貞至麗略福資磧普初天緣南北嘉龍黃卍臺大中縮頻佛：劉宋作宋，石：無譯者名。【按】金僅存卷三，卷首殘缺。

0181　修行本起經二卷，後漢竺大力共康孟詳譯。

○～目録。

【校記】◎緣：後漢作漢◎目録見縮頻。【註】開貞略緣：一名宿行本起經。【按】詳、祥音同不校。

0182　佛説太子瑞應本起經二卷，吳支謙譯。

【校記】福資磧普初南北嘉龍黃臺義知：無佛説二字，天：太子本起瑞應經。【註】開貞略緣：亦名本起瑞應經，亦直云瑞應本起經。

0183　異出菩薩本起經一卷，西晉聶道真譯。

【校記】指：本起經。【註】開貞至略緣：或無起字。

▲上四經同本異譯。

0184　佛本行集經六十卷，隋闍那崛多譯。

○佛説本行集經目録。

【校記】◎金中：無隋字，開貞至略緣：譯作等譯，指：隋笈多譯◎目録見縮頻。【註】開貞緣：或名皆集經。

0185　佛説眾許摩訶帝經十三卷，宋法賢譯。

○譯場職名録。

【校記】◎標：摩訶帝經，北龍：無佛説二字◎天：十二卷◎石金麗資磧普初天緣南卍臺大中縮頻：無宋字◎職名録見金中（卷三、九、十二後）。

0186　佛所行讚五卷，馬鳴菩薩造、北涼曇無讖譯。

○～目録。

【校記】◎開貞略：佛所行讚經傳（至：脱行字，標資磧普初天緣南北嘉龍黃臺義知：無傳字）◎開貞略資磧普初天緣南北嘉龍黃臺：造作撰，佛：無造者名◎目録見縮頻。【註】開貞緣：或云佛所行讚傳，開貞至麗略緣卍大縮頻：亦云佛本行經。

0187　佛本行經七卷，劉宋寶雲譯。

○～目録。

【校記】◎開貞至金麗略資磧普初天緣南北嘉龍黃卍臺大中縮頻佛：劉宋作宋◎目録見縮頻。【註】開貞至麗略緣卍大縮頻：一名佛本行讚傳。

0188　僧伽羅刹所集經三卷，符秦僧伽跋澄等譯。

○僧伽羅刹序。

【校記】◎指：無經字，標資磧普初天南北嘉龍黃臺義知：經作佛行經◎略資磧普初天緣南北嘉龍黃臺義知：五卷◎開貞至略緣：增僧伽羅刹撰五字，貞至資磧普初天南北嘉龍黃臺義知：無等字◎序見麗資磧普初南北嘉龍黃卍臺大中縮頻。

【註】開貞緣：或云僧伽羅刹集。【按】①金卷上散佚。②至誤記五卷，今新考目録改正作三卷，這樣既符合奄字號記三集十帙同帙，又符合梵本翻譯集傳所記總二百二十八卷。

0189　佛説十二遊經一卷，東晉迦留陀伽譯。

【校記】資磧普初天南北嘉龍黃臺義知：無佛説二字。

0190-1　中本起經二卷，後漢曇果共康孟詳譯。

〇～目録。

【校記】◎金中：後漢康孟詳共竺大力譯，緣：後漢作漢◎目録見縮頻。【註】開貞至略緣：或云太子中本起經，金麗卍大中縮頻：次名四部僧，出長阿含。【開貞緣按】此經群録皆云後漢代譯，其經本中有翻梵語處乃曰晉言，未詳何以。

0190-2　中本起經（別本）二卷，後漢曇果共康孟詳譯。

【註】福資磧普初南北嘉龍黃臺知：次名四部僧始起，出長阿含。

0191　佛説興起行經二卷，後漢康孟詳譯。

〇～目録〇～序。

【校記】◎知：三卷◎緣：後漢作漢◎目録見縮頻；序見金麗福資磧普初南北嘉龍黃臺大中縮頻。【註】開貞至麗略緣卍：亦名嚴誡宿緣經，出雜藏（金福資磧普初天南北嘉龍黃臺中義：誡作成，大縮頻：誡作誠，知：誡誤作威），至緣：一名十緣經。

0192　佛説義足經二卷，吳支謙譯。

〇～目録。

【校記】目録見縮頻。【註】開貞至：内有十六經，麗卍大中：八雙十六輩，磧普初南北龍臺：一部合十六章（福資：脱六字）。

0193　佛五百弟子自説本起經一卷，西晉竺法護譯。

〇～目録。

【校記】◎開貞至指標略資磧普天緣南北嘉龍黃臺義知：無佛字，金中：經作偈經◎資磧普天南北嘉龍黃臺：西晉作晉◎目録見縮頻。【註】開貞略緣：亦云五百弟子自説本末經，開貞緣：亦云五百弟子本起經。【按】標此經目下脱帙號，今據指金麗之帙號補入“無”字。

0194　撰集百緣經十卷，吳支謙譯。

〇～目録。

【校記】◎指標：百緣經◎目録見縮頻。

0195　大莊嚴經論十五卷，馬鳴菩薩造、姚秦鳩摩羅什譯。

【校記】◎標：大乘莊嚴論經（指：無經字），金麗卍大中縮頻：大莊嚴論經

（貞：無經字）◎略佛：無造者名，金中：造作撰，金麗卍大中縮頻佛：姚秦作後秦，緣：無鳩摩二字。【註】開貞至：或十卷。【按】標此經目下有帙號"君"字，其上脫"事"字。

0196　賢愚經十三卷，元魏慧覺等譯。

　　　〇賢愚因緣經目錄〇～有與三本（即宋元明）品次前後及品名異同圖。

　　　【校記】◎標資磧普初天南北嘉黃黃臺義知：經作因緣經◎金中：或十四卷（卷六分二卷）◎金：宋慧覺共威德譯，資磧普初天南北嘉龍黃臺：無等字，頻：等譯作共威德譯，佛：等譯作威德等共譯集◎目錄見嘉黃；圖見縮頻。【註】開貞略：或十五卷，或十六卷，或十七卷。【按】①金卷一散佚。②此經卷四出家功德尸利苾提品，指麗卍中局部經文別抄（見附0196-1）；石別抄（見附0196-2、附0196-3）。

0197　雜寶藏經十卷，元魏吉迦夜共曇曜譯。

　　　【校記】◎開貞至略資磧普初天緣南北嘉龍黃臺義知：八卷◎至：脫夜字。【註】開貞：或十三卷；麗卍大中縮頻：有九緣。【按】①金卷一散佚。②此經卷六之七種施因緣，石別抄（見附0197）。

0198　雜譬喻經一卷，後漢支婁迦讖譯。

　　　【校記】緣：增道毘集三字，後漢作漢。【緣山按】道略者非也。

0199　雜譬喻經二卷，失譯附後漢錄。

　　　【校記】開貞略資普天緣臺：附作在，初南北嘉龍黃知：附作出，義：後漢錄失譯人名。【註】開貞至略緣：一名菩薩度人經。

0200　舊雜譬喻經二卷，吳康僧會譯。

　　　【校記】標：無舊字。【註】開貞至略緣：亦云雜譬喻集經；資磧普南知：賢聖集。【按】緣誤記一卷，檢圖函記："十經同函十三卷"，另九經共十一卷，故今新考目錄更正作二卷。

0201　雜譬喻經一卷，道略集、姚秦鳩摩羅什譯。

　　　【校記】◎至：雜作眾經撰出雜◎金中：道略作道毘，金中頻：無譯者名，佛：譯者名作失譯人名。

0202　眾經撰雜譬喻二卷，道略集、姚秦鳩摩羅什譯。

　　　【校記】◎略緣：雜譬喻經，義：眾經撰集雜譬喻經◎緣：道略作道毘，佛：無集者名，資天臺中：譯者名作失譯，普初緣南：無鳩摩二字。

0203　百喻經四卷，尊者僧伽斯那撰、蕭齊求那毘地譯。

　　　【校記】◎金：百作佛説百◎略資磧普初天緣南北嘉龍黃臺義知：二卷◎開貞至金略緣：無尊者二字，資磧普初天南北嘉龍黃臺佛：無撰者名，知：撰作造。【註】開貞緣：亦云百句譬喻經；開貞至：或五卷。【按】金卷一散佚。

0204　法句經二卷，尊者法救撰、吳維祇難等譯。

　　　〇～目錄〇～序。

【校記】◎資磧普初天臺：法作佛説法◎至：無尊者二字，天緣嘉黄知：撰作造，義佛：無撰者名◎目録見縮頻；序見麗資磧普初南北嘉龍黄卍臺大中縮頻。【註】開貞略緣：亦云法句集，至：亦名法集經。【按】金書首殘缺。

0205　法句譬喻經四卷，西晉法炬共法立譯。

　　　○～目録。

【校記】◎指標金中：無譬字◎金麗卍大中縮頻佛：西晉作晉，緣：法炬共法立作法立共法炬◎目録見縮頻。【註】開貞至略緣：一名法句本末經，開貞緣：亦云法喻經；開貞至：或五卷，或六卷。

0206　出曜經三十卷，尊者法救造、姚秦竺佛念譯。

　　　○～目録○～序，姚秦僧叡造。

【校記】◎開貞至略資磧普初天緣南北嘉龍臺義知：二十卷◎開貞至金麗略資天卍大中縮頻佛：無造者名，標：法救菩薩撰，緣義：造者名作法救菩薩撰，緣：譯作於符秦代譯◎目録見縮頻；序見資磧普初南北嘉龍黄臺大中縮頻。【註】開貞至略緣：或云出曜論；開貞至：或十九卷。

0207　法集要頌經四卷，尊者法救集、宋天息災譯。

　　　○～目録。

【校記】◎至：法救集作法救造，義佛：無集者名，石金麗資磧普初緣南卍臺大中縮頻：無宋字，天：譯者名誤作法天譯◎目録見縮頻。

0208　佛説猘狗經一卷，吳支謙譯。

【校記】資磧普初天南北嘉龍黄臺義知：無佛説二字。【註】開貞略緣：祐云與爛狗同。【按】石前部經文刻在石碑側面，以下佛説分別經（見0560）的後部經文亦刻在石碑側面，《房山石經》誤將兩側面之經文前後倒置。

0209　大魚事經一卷，東晉竺曇無蘭譯。

【校記】◎石麗資磧普初天南北嘉龍黄卍臺大知縮頻佛：大作佛説大◎緣佛：無竺字。【按】金重出興國院本（見附0209）。

0210　佛説譬喻經一卷，唐義淨譯。

0211　佛説灌頂王喻經一卷，宋施護等譯。

【校記】金麗資磧普初南卍臺大中縮頻：無宋字，天緣：施護譯，至北嘉龍黄義知佛：脱等字。【按】譯者施護的職稱中有西天譯經三藏六字，北嘉龍黄：脱譯經二字。

0212　六度集經八卷，吳康僧會譯。

　　　○～目録○～序，明陳文燭撰○～序，明虞淳熙書○募鐫～引，明夏日葵疏。

【校記】◎指標金中：七卷◎目録見縮頻；序等見黄縮頻。【註】開貞至緣：亦名六度無極經，開貞緣：亦云度無極經，一云雜無極經；開貞至：或九卷。

0213　菩薩本緣經三卷，僧伽斯那撰、吳支謙譯。

　　　○～目録。

【校記】◎北龍義知：僧伽斯那所撰菩薩本緣經（資磧普初南嘉黃臺：僅卷一題名同）◎標略資磧普初天緣南北嘉龍黃臺義知：四卷◎資磧普初南北嘉龍黃臺義知佛：無撰者名，天：脫那字◎目錄見縮頻。【註】開貞緣：亦云菩薩本緣集經；開貞：或二卷，至：或一卷。【守其按】此經卷上第三幅十四行鹿群威猛（之下）丹本有如我曾聞菩薩往昔以恚因緣墮於龍中（乃至）五穀臨熟遇天惡雹等，凡二十六行四百四十二字，是此經下卷龍品第八之文，丹藏錯亂妄安於茲耳，故今不取。【按】丹本之錯亦見資磧普初南北嘉龍黃臺。

0214　觀世音菩薩往生淨土本緣經一卷，失譯附西晉錄。

0215　佛説菩薩本行經三卷，失譯附東晉錄。

【校記】◎福資磧普初天南北嘉龍黃臺義知：無佛説二字◎石：以卷上為卷下、以卷中為卷上、以卷下為卷中◎石：東晉失譯，略：失譯，知：無失譯二字，資天：東晉錄作後漢，義：東晉錄失譯人名。【守其按】丹藏以上卷為下卷，以中為上，以下為中。今詳始末，丹藏錯耳。【按】石同丹，亦誤也。【提示】卷上：聞如是。一時佛在舍衛國祇樹給孤獨園……；卷中：昔佛在舍衛國祇樹給孤獨園……；卷下：爾時如來説是正真微妙語時……。

0216　大方便佛報恩經七卷，失譯在後漢錄。

○～品目。

【校記】◎指：佛報恩經◎石金：後漢失譯，略福：失譯，資普初天南北嘉龍黃臺：在作出，義：後漢錄失譯人名，知：出後漢錄，佛：在作人名附◎品目見黃縮頻。【按】金卷一散佚。

0217　悲華經十卷，北涼曇無讖譯。

○～目錄。

【校記】目錄見嘉黃縮頻。

0218　大乘悲分陀利經八卷，失譯附秦錄。

○～目錄。

【校記】◎開貞至指標略緣：無乘字，福資磧普初天南北嘉龍黃臺義知：悲作大悲◎金麗卍大中縮頻：失譯作失三藏名，略福資：失譯，義：三秦錄失譯人名，知：附三秦錄◎目錄見縮頻。【註】至：亦云大乘悲經。

▲上二經同本異譯。

0219　大乘本生心地觀經八卷，唐般若譯。

○～品目○大唐新翻譯～序，唐憲宗皇帝御製。

【校記】◎石：無唐字，金資磧普初天南北嘉龍黃臺知：譯作等譯，至緣：般剌若譯◎品目見嘉黃縮頻；御製序見石麗資磧普初南北嘉龍黃卍臺中縮頻（大：見總目錄卷三）。【按】①金卷一散佚。②大末卷尾有校勘記，記錄翻譯後記、譯場職名錄，但因其文未完，尚不知源自何本。【提示】般若，又名般剌若。

0220 菩薩本生鬘論十六卷，聖勇菩薩等造、宋慧詢等譯。

〇 ~ 目録。

【校記】◎至：聖勇、寂變、聖天等造，宋紹德等譯（緣續：等作慧詢等），金磧普初南臺中：前四卷聖勇菩薩造，卷一、二、四無宋字（初：有宋字），後十二卷寂變、聖天造，卷三、五至十六紹德等譯，義：聖勇尊者説，等作紹德等，知：前四卷聖勇集，後十二卷寂變、聖天論，等作紹德等，北嘉龍黃卍大縮頻：譯者名作宋紹德、慧詢等譯，佛：宋紹德共慧詢等譯◎目録見縮頻。

【按】①北嘉龍黃卍大縮頻將紹德、慧詢的職稱合記作朝散大夫試鴻臚少卿同譯經梵才大師，不妥，因為這只是慧詢的職稱，而紹德的職稱則是明教辯才法師充譯經三藏。②金磧普初南臺中卷四慧詢的職稱改作演教悟通法師充譯經三藏。

0221 長壽王經一卷，失譯附西晉録。

【校記】◎石磧普初天南北嘉龍黃臺義知：長作佛説長◎石資：失譯，貞麗緣卍大中縮頻：失譯作僧祐録云安公失譯（至：無僧祐録云四字），略：僧祐録云安公失譯，福：安公失譯，普天南北嘉龍黃：開元録云安祐二録並失譯師今附西晉，磧初臺：西晉失譯，義：西晉録失譯人名，知：無失譯二字。【按】石重出（見附0221-1、附0221-2）。

▲與六度集經第一卷（十）同本異譯。

0222 金色王經一卷，元魏瞿曇般若流支譯。

〇 ~ 翻譯記。

【校記】◎普初南北嘉龍黃義知：金作佛説金◎金麗卍大中縮頻佛：元魏作東魏，福資磧普初南北嘉龍黃臺：增曇林筆受四字◎記見福資磧普初南北嘉龍黃臺大中縮頻。【註】南嘉黃：前本缺。【按】①南忘九記三經同卷，但卷内僅有本經與佛語經，尚缺一經。嘉黃短二亦記三經同卷，而且三經見存，何言前本缺？②石重出（見附0222）。

0223 佛説妙色王因緣經一卷，唐義淨譯。

【校記】◎石福資天臺：無佛説二字，指：妙色王經◎金天中：無唐字。【按】石重出（見附0223）。

0224 佛説師子素馱娑王斷肉經一卷，唐智嚴譯。

【校記】指：斷肉經，磧普初南北嘉龍黃臺義知：無佛説二字，天：馱誤作默，緣：馱誤作馱。

0225 佛説頂生王因緣經六卷，宋施護等譯。

〇譯場職名録。

【校記】◎金麗磧普初南卍臺大中義縮頻：無宋字，緣續：施護譯◎職名録見金中（卷一至三後）。【按】譯者施護的職稱中有西天譯經三藏六字，北嘉龍黃：脱譯經二字。

▲與六度集經第四卷頂生聖王經（四十）同本異譯。

0226　佛説月光菩薩經一卷，宋法賢譯。

【校記】石麗資磧普初天緣南卍臺大中縮頻：無宋字，北嘉龍黄：法賢誤作法天，至：譯誤作等譯。【按】法賢譯此經時的職稱是西天譯經三藏朝散大夫試鴻臚少卿明教大師，資磧普初南北嘉龍黄臺：脱少字，北嘉龍黄：脱譯經二字。

▲與菩薩本緣經第二卷月光王品同本異譯。

0227　佛説太子慕魄經一卷，後漢安世高譯。

【校記】福資磧普初天南北嘉龍黄臺義知：無佛説二字。【按】慕、沐、墓音同不校。

0228　佛説太子墓魄經一卷，西晉竺法護譯。

【註】麗卍大縮頻：開元録云沐魄或慕魄。【按】墓、沐、慕音同不校，魄、珀音同不校。

▲上二經與六度集經第四卷太子墓魄經（三八）同本異譯。

0229　佛説月明菩薩經一卷，吳支謙譯。

【校記】石：無佛説二字。【註】開貞至略緣：或云月明童子經，亦云月明童男經，開貞緣：或加三昧字。

0230　佛説德光太子經一卷，西晉竺法護譯。

【校記】福資磧普初南北嘉龍黄臺義知：佛説賴吒和羅所問德光太子經（天：經誤作卷）。

0231　太子須大拏經一卷，乞伏秦聖堅譯。

【校記】麗卍大中縮頻佛：乞伏秦作西秦。【註】開貞至緣：或云須達拏；磧普初緣南北嘉龍黄臺知：出六度集經第二卷。【按】金卷首殘缺。

▲與六度集經第二卷須大拏經（十四）同本異譯。

0232　佛説菩薩投身飴餓虎起塔因緣經一卷，北涼法盛譯。
　　　○法盛後記。

【校記】◎指：飼餓虎經，標：投身餓虎起塔因緣經，福資磧普初天南北嘉龍黄臺義知：無佛説二字，開石貞至略緣：無飴字，福資磧普初天南北嘉龍黄臺義知：飴作飼，天：脱起字◎後記見石福資磧普初南北嘉龍卍臺大中縮頻。【註】開貞至緣：僧祐録云以身施餓虎經。【提示】飴是古文，通作飼。【按】石重出（見附0232）。

0233　佛説福力太子因緣經四卷，宋施護等譯。

【校記】◎資磧普初天緣南北嘉龍黄臺義知：三卷◎金麗資磧普初南卍臺大中縮頻：無宋字，天緣：施護譯，北嘉龍黄義知：脱等字。【按】①諸藏凡三卷者，均係原缺第四卷。②譯者施護的職稱中有西天譯經三藏六字，北嘉龍黄：脱譯經二字。

0234-1　佛説菩薩睒子經一卷，失譯附西晉録。

【校記】◎指：睒子經◎開貞至：失譯作僧祐録云安公録中失譯（緣：無録中二字），麗卍大中縮頻：失譯作安公録中闕譯。【註】開貞至緣：亦云孝子睒經，開貞緣：亦直云睒經。【提示】……比羅勒國……大臣人民長者……

0234-2　菩薩睒子經（別本）一卷，失譯附西晉録。

【校記】◎資磧初天臺：佛説睒子經◎略：僧祐録云安公録中失譯，福：安公録失譯，資磧初天臺：乞伏秦聖堅譯，普南北嘉龍黃中：開元録云失譯人名附西晉，義：西晉録失譯人名，知：無失譯二字。【提示】……毘羅勒國……大臣長者……

0235-1　佛説睒子經一卷，乞伏秦聖堅譯。

【校記】◎指：睒子經◎金麗卍中：乞伏秦作西秦，大縮頻佛：乞伏秦誤作西晉。【註】開貞緣：一名孝子睒經，一名菩薩睒經，一名佛説睒經，一名睒本經，一名孝子隱經。【提示】聞如是。一時佛在比羅勒國。與千二百五十比丘俱……

▲上二經與六度集經第五卷（四三）同本異譯。

0235-2　佛説睒子經（別本一）一卷，乞伏秦聖堅譯。

【按】①頻目録未著此別本，今新考目録補入。②中：合0235-3佛説睒子經（別本二）為一目並校對。【提示】……佛告諸比丘。皆悉寂靜定意聽。我念前世初得菩薩道時……

0235-3　佛説睒子經（別本二）一卷，乞伏秦聖堅譯。

【校記】普南北嘉龍黃大縮頻佛：乞伏秦誤作姚秦。【按】①頻目録未著此別本，今新考目録補入。②中合入前目（見0235-2）。【提示】……佛告諸比丘。皆處定意聽。我前世初得菩薩道時……

0236　　佛説師子月佛本生經一卷，失譯附三秦録。

【校記】開貞麗卍大中縮頻：失譯作新為失譯，石：秦代失譯，略福資：新為失譯，黃：失譯，知：失譯作新，磧普初南北嘉臺：附作新附，緣佛：三秦作秦，義：三秦録失譯人名。【按】石重出（見附0236-1、附0236-2）。

0237　　佛説大意經一卷，劉宋求那跋陀羅譯。

【校記】◎石：無佛説二字◎開石貞至麗略福資磧天緣卍臺大中縮頻佛：劉宋作宋。【註】初南北嘉龍黃義：一名大意抒海經。

▲與六度集經第一卷（九）同本異譯。

0238　　前世三轉經一卷，西晉法炬譯。

【校記】福資磧普初天南北嘉龍黃臺義知：前作佛説前，至：世三作三世。

0239　　銀色女經一卷，元魏佛陀扇多譯。

【校記】石普初天南北嘉龍黃卍義知：銀作佛説銀。【按】石重出（見附0239）。

▲上二經同本異譯。

0240　　　佛説過去世佛分衛經一卷，西晉竺法護譯。

【校記】◎開貞至標略福資磧普初天緣南北嘉龍黄臺義知：過去佛分衛經，指：過去佛經，石佛：無世字◎福資：無西晉二字。【註】開貞至緣：或云過世。

0241-1　　佛説九色鹿經一卷，吳支謙譯。

【提示】昔者菩薩身為九色鹿……阿難有至意。得成無上道。菩薩行屬提波羅蜜。忍辱如是。

▲與六度集經第六卷（五八）同本異譯。

0241-2　　佛説九色鹿經（別本一）一卷，吳支謙譯。

【按】縮頻目錄未著此別本，今新考目錄補入。【提示】佛言。昔者菩薩身為九色鹿……阿難有至意得道。菩薩更勤苦行屬波羅蜜。忍辱如是。

0241-3　　佛説九色鹿經（別本二）一卷，吳支謙譯。

【提示】佛言。昔菩薩身為九色鹿……阿難有王至德之何得道。菩薩行屬提波羅蜜。忍辱如是。

0242-1　　佛説鹿母經一卷，西晉竺法護譯。

【提示】……隨逐美草侵近人邑……至誠忠信不可不作。

0242-2　　佛説鹿母經（別本）一卷，西晉竺法護譯。

【按】縮頻目錄未著此別本，今新考目錄補入。【提示】……隨逐水草侵近人邑……阿難即前稽首作禮。受持諷誦。

0243　　　一切智光明仙人慈心因緣不食肉經一卷，失譯附秦錄。

【校記】◎標：慈心因緣不食肉經（指：無因緣二字），北嘉龍黄知：一作佛説一◎石：秦錄失譯，略福資普天南北嘉龍黄知：失譯，義：三秦錄失譯人名。

【註】福資磧普初南北嘉龍黄臺知：大乘單本。【按】石重出（見附0243）。

0244　　　方廣大莊嚴經十二卷，唐地婆訶羅譯。

　　　　　○～目錄。

【校記】◎佛：十卷◎金中：無唐字◎目錄見縮頻。【註】開貞至金麗福資磧普初緣南北嘉龍黄卍臺大中知縮頻：一名神通遊戲，緣：或云大方廣。【按】①金麗資磧普南嘉龍黄臺中之經首有唐武則天御製序文，已見0377大乘顯識經。②昭和總目三七指要錄王帙，將本經末二卷編為104號，不妥（見附0244）。

0245　　　佛説普曜經八卷，西晉竺法護譯。

　　　　　○普曜經目錄。

【校記】◎金福資磧普初天南北嘉龍黄臺義知佛：無佛説二字◎目錄見嘉黄縮頻。【註】開貞至麗緣卍大中縮頻：一名方等本起。【按】金書首殘缺。

▲上二經同本異譯。

般若部

0246　　　大般若波羅蜜多經六百卷，唐玄奘譯。

○貞觀三藏聖教序，唐太宗文皇帝製○永徽三藏聖教記，唐高宗皇帝在春宮日製○大般若經初會序至第十六會序，唐玄則製。

【校記】◎指：大般若經（大：僅卷一經名同）◎石（唐刻本）：無譯者名，石（遼刻本）金麗資普卍大中縮頻：無唐字◎唐御製序、記及玄則序見麗資磧普初南嘉黃卍臺中（石大縮頻：僅有玄則序）。【按】①北藏"天一"有兩種版本，初刻本卷一首增録明正統御製大藏經序，並有唐御製序、記及玄則初會序；萬曆續刻藏以後的卷一首較原刻本增録明太宗皇帝御製藏經讚、明永樂御製藏經跋尾、明神宗皇帝製藏經護敕、明萬曆御製新刊續入藏經序、明萬曆御製聖母印施佛藏經序，聖母印施佛藏經讚有序，明申時行等撰，此本見影印永樂北藏，但不知何故卻未見唐御製序、記二文？今檢卷一尾有序、記之音釋，可見脱録序、記二文。②龍藏卷一首的序等，較北藏初刻本增録清雍正御製重刊藏經序、明萬曆御製序二篇及申時行等撰讚有序。③縮頻卷一首除唐玄則初會序外，還有新作大般若波羅蜜多經目録；另有總目録一冊，冊首收唐御製序、記及明永樂御製藏經讚、藏經跋尾及萬曆御製續入藏經序。④大正藏之唐御製序、記及明清諸御製序等，見昭和總目三〇大清三藏聖教目録卷首和七七御製大藏經序跋集，唯缺明神宗皇帝製藏經護敕。⑤磧普初南臺大中縮頻書尾附般若佛姆心呪、般若佛姆親心呪。⑥金卷一散佚，唐御製序、記見大乘大集地藏十輪經（見0451）。⑦石之唐御製二序見於緣起聖道經（見附0116）前。⑧唐貞觀序、永徽記多見於玄奘譯經前。

0247· 放光般若經二十卷，西晉無羅叉譯。

○放光般若波羅蜜經目録。

【校記】◎開貞標略福資磧普初天緣南北嘉龍黃臺義：放光般若波羅蜜經（石：般作摩訶般，至知：蜜作蜜多）◎開石貞至略福資磧普初天緣南北嘉龍黃臺義知：三十卷◎譯作共竺叔蘭譯（石：共竺叔蘭等譯）◎目録見嘉黃縮頻。【註】開貞緣：亦云摩訶般若放光經。【按】此經以下，標目一般不記作者。

0248 光讚經十卷，西晉竺法護譯。

○光讚般若波羅蜜經目録。

【校記】◎開石貞標略普天緣南北嘉龍黃義知：光讚般若波羅蜜經（福資磧初臺：光作佛説光，至：蜜作蜜多），指：光讚般若經◎開石貞至：十五卷◎目録見嘉黃縮頻。【註】開貞緣：亦云光讚摩訶般若經。【緣山按】宋元十卷，二十一品，知津同之；麗本十卷，二十七品，至元同之。私云：以麗本而比於宋元，第九卷曼陀尼弗品第二十二以下六品多焉，以二十七品而為具足經。

0249 摩訶般若波羅蜜經二十七卷，姚秦鳩摩羅什譯。

○～品目○大品般若經法數提要○大品經序，姚秦僧叡撰○附大品般若經跋，民國大照撰○大品般若經品目對照表○大般若前五分異譯品目對照録○分出般若經對同表。

【校記】◎指：摩訶般若經，至：蜜作蜜多◎開石貞至標：四十卷，略福資磧普初天緣南北嘉龍黃臺義知：三十卷◎石金麗卍大中縮頻慧佛：姚秦作後秦，指：無鳩摩二字，開至略緣：譯作共僧叡等譯（福資磧普初天南北嘉龍黃臺義知：無等字）◎品目見嘉黃縮頻慧；提要等見慧。【註】開貞至標略天緣：亦名大品般若經，開貞：僧祐錄云新大品經；開貞緣：或二十四卷。【按】①磧初三十卷經文尚不完整，雖臺已補缺，但磧初臺三本仍有重出的品目，詳見《〈磧砂藏〉目錄校釋》。②石佛重出（見附0249）。

▲上三經與大般若波羅蜜多經第二會（第四〇〇至四七八卷）同本異譯。

0250　道行般若經十卷，後漢支婁迦讖譯。

　　〇道行般若波羅蜜經目錄〇～序，晉道安撰。

　　【校記】◎開貞標略福資普初天緣南北嘉龍黃義知：道行般若波羅蜜經（磧臺：般若作摩訶般若），石：摩訶般若波羅蜜道行經◎目錄見嘉黃縮頻；序見資普初南北嘉龍黃大中縮頻。【註】開貞至標略緣：亦名般若道行品經；開貞至標：或八卷。

0251　大明度經六卷，吳支謙譯。

　　【校記】◎開石貞至略磧初緣南北嘉龍黃臺義知：大明度無極經◎開石貞至標：四卷。【按】石金麗磧初卍臺大中縮頻卷一為夾註本。【提示】……欲行大道常由此始（師云請之以法，不以飲食也）……

0252　摩訶般若鈔經五卷，苻秦曇摩蜱共竺佛念譯。

　　〇摩訶般若波羅蜜鈔經目錄。

　　【校記】◎開石貞標福資磧普初天緣南北嘉龍黃臺義知：摩訶般若波羅蜜鈔經（略：無鈔字）◎石：苻秦作前秦，貞：苻秦誤作姚秦，金麗卍大中縮頻佛：苻秦作秦，石普南北嘉龍黃：譯作等譯，指：竺佛念譯◎目錄見嘉黃縮頻。【註】開石貞至金麗略緣卍大中縮頻：亦名長安品經，開貞至略緣縮：一名須菩提品經；開貞：或七卷。

0253　小品般若波羅蜜經十卷，姚秦鳩摩羅什譯。

　　〇～品目〇小品般若經序，姚秦僧叡撰〇小品般若經跋，民國大照撰。

　　【校記】◎石：小品摩訶般若波羅蜜經（金麗卍大中縮頻佛：無小品二字），指：小品般若經，福資磧臺：小品般若品經，至：蜜作蜜多◎石金麗卍大中縮頻佛：姚秦作後秦，指：羅什譯◎品目見嘉黃縮頻；序見石指金麗福資磧普初南北嘉龍黃卍臺大中縮頻慧；跋見慧。【註】開貞緣：僧祐錄云新小品經；開貞至標：或七卷，或八卷。【按】①慧另附大般若前五分異譯品目對照錄、分出般若經對同表（已見0249摩訶般若波羅蜜經後附）。②佛重出（見附0253）。

0254　佛説佛母出生三法藏般若波羅蜜多經二十五卷，宋施護譯。

　　〇～目錄〇譯場職名錄。

　　【校記】◎磧普初南北嘉龍黃臺義知：無佛説二字◎金麗福資天緣卍大中縮頻：無宋字，

至：宋施護等譯（磧普初南：無宋字）◎目録見縮頻；職名録見金中（卷二十三後）。

【按】施護譯此經時的職稱是西天譯經三藏朝奉大夫試光禄卿傳法大師，磧普初南臺：誤記作北天竺烏填曩國帝釋宮寺三藏傳法大師，北龍：誤記作北天竺三藏朝奉大夫試光禄卿傳法大師（嘉黄：脱試字）。

▲上五經與大般若波羅蜜多經第四會（第五三八至五五五卷）同本異譯。

0255　佛説佛母寶德藏般若波羅蜜經三卷，宋法賢譯。

　　　○～目録。

　　　【校記】◎普初南北嘉龍黄臺知：無佛説二字，至緣：蜜作蜜多◎石金麗福資普初天緣南卍臺大中縮頻：無宋字◎目録見縮頻。

0256　勝天王般若波羅蜜經七卷，陳月婆首那譯。

　　　○～品目○～序。

　　　【校記】◎至指：勝天王般若經，石（唐刻本）：勝天王經◎無譯者名◎品目見嘉黄縮頻；序見石（唐刻本）大中。【按】石重出（見附 0256）。

　　　▲與大般若波羅蜜多經第六會（第五六六至五七三卷）同本異譯。

0257　文殊師利所説摩訶般若波羅蜜經二卷，梁曼陀羅仙譯。

　　　【校記】◎指：文殊般若經，至：文殊所説摩訶般若經◎石略福資磧普初天緣南北嘉龍黄臺義知：一卷◎指：無譯者名。【註】開貞緣：亦名文殊般若波羅蜜經。

　　　【開元按】此經又編入寶積，在第四十六會。為與後經名同，恐有差錯，故復出之。

　　　【按】石重出（見附 0257）。

0258　文殊師利所説般若波羅蜜經一卷，梁僧伽婆羅譯。

　　　【校記】◎指：文殊般若經，至：文殊所説般若經◎指：無譯者名。【按】①《房山石經》總目及分冊目録皆漏載此目，唯品目補入。②大縮頻卷後附兩段經文（中：見校勘記），檢大中縮校記可知：前段“佛告文殊師利……汝能善説”五百七十九字是石福資磧普南嘉龍録文，與本經“佛言汝入不思議三昧耶……深解斯義”九百十二字大異；後段“善男子……以無處故”五百二十七字是石福資磧普南嘉龍録文，與本經“我本行菩薩道時……無念無作故”七百五字大異。今檢金麗卍大中縮頻所録本經的兩段文字，正如卍正藏已指出的實屬梁曼陀羅仙譯文殊師利所説摩訶般若波羅蜜經（見 0257）之經文誤録於此。

　　　▲上二經與大般若波羅蜜多經第七會（第五七四至五七五卷）同本異譯。

0259　佛説濡首菩薩無上清淨分衛經二卷，劉宋翔公譯。

　　　【校記】◎開石貞至緣：無佛説二字，指：濡首菩薩經◎標：一卷◎開略：宋朔公譯，石貞至金麗福資磧天緣卍臺大中縮頻佛：劉宋作宋，指：無劉宋二字。

　　　【註】開石貞至標金麗福資磧普初天緣南北嘉龍黄卍臺大中知縮頻：亦名決了諸法如幻化三昧經。【蔡按】開元録卷五云翔公亦云朔公。【按】開貞至指標略緣自此經以下，凡經名前有佛説二字者常省略不録，故不再出校。

　　　▲與大般若波羅蜜多經第八會（第五七六卷）同本異譯。

0260　金剛般若波羅蜜經一卷，姚秦鳩摩羅什譯。

　　　〇永樂御製~序〇附真言。

　　　【校記】◎指：金剛般若經，天：金剛作秦金剛，石至：蜜作蜜多◎卍：姚秦作後秦，指：什法師譯◎御製序見北龍黃中縮頻；附真言見麗卍大中縮頻。【註】開貞至緣：舍衛國。【提示】如是我聞。一時佛在舍衛國祇樹給孤獨園……【按】石重出（見附0260-1至附0260-12）。

0261　金剛般若波羅蜜經一卷，元魏菩提留支譯。

　　　【校記】◎指：金剛般若經，天：金剛作魏金剛，至：蜜作蜜多◎指：無譯者名，磧初天南北嘉龍黃臺：元魏留支譯。【註】開貞略緣：婆伽婆，至：在舍婆提。【普寧按】思溪經本誤將陳朝真諦三藏者重出，標作魏朝留支所譯，今於留支所翻論中錄出經本刊版流通。【按】①福誤同思溪；大中縮頻誤將思溪本作為別本收錄；石有真諦譯本的重出，首、尾缺失，目錄記元魏留支譯。今新考目錄將重出的真諦譯本移置附目（見附0262）。②天海以資福為底本，以普寧補足，錄文之正誤待考。③石重出（見附0261）。【提示】如是我聞。一時婆伽婆在舍婆提城祇樹給孤獨園……

0262　金剛般若波羅蜜經一卷，陳真諦譯。

　　　〇譯經後記。

　　　【校記】◎指：金剛般若經，福：金作佛説金，天：金作陳金，至：蜜作蜜多◎指：無譯者名，磧臺：誤題元魏留支譯，但經文同陳真諦譯本◎後記見福資普初南北嘉龍黃大中縮頻。【註】金中：陳金剛；開石貞至略緣：祇樹林。【提示】如是我聞。一時佛婆迦婆住舍衛國祇陀樹林給孤獨園……【按】石福資大中縮頻重出（見附0262）。

0263　金剛能斷般若波羅蜜經一卷，隋笈多譯。

　　　【校記】◎指：金剛般若經，緣：經作多經◎指：無譯者名，磧臺：無隋字，義知：笈多作達摩笈多。【緣山按】此經宋元明本開元錄第十一卷不載，第十九卷載之，但麗本開元錄卷十一及十九均不載，且貞元錄亦不載，是當為正。【提示】歸命一切佛菩薩海等……

0264　能斷金剛般若波羅蜜多經一卷，唐玄奘譯。

　　　【校記】◎指：金剛般若經◎無譯者名。【註】開貞至略緣：室羅筏。【緣山按】此經先譯，並收入後譯之大般若經，係第九能斷金剛分之重載。【提示】如是我聞。一時薄伽梵在室羅筏住誓多林給孤獨園……

0265　佛説能斷金剛般若波羅蜜多經一卷，唐義淨譯。

　　　【校記】◎石福資磧普初天南北嘉龍黃臺義知：無佛説二字，指：金剛般若經，普北嘉黃義知：無多字◎指：無譯者名，標福資天：無唐字。【註】開貞至略緣：名稱城。【緣山按】此經宋元明本開元錄第十九卷入藏錄脱之，而麗本開元錄卷十九有之，是應為正，因開元錄卷十一等及貞元錄皆有之故。【提示】如是我聞。

一時薄伽梵在名稱大城戰勝林施孤獨園……

▲上六經與大般若波羅蜜多經第九會（第五七七卷）同本異譯。【按】唯以上玄奘譯本非別譯，已見大般若經，開元録記：為與義淨譯者名同，恐有差錯，故復出之。

0266　實相般若波羅蜜經一卷，唐菩提流志譯。

【校記】◎指：實相般若經，至：蜜作蜜多◎普初南北嘉龍黃知：唐菩提流志等譯（石福資磧天臺：無唐字）。【按】石重出（見附0266）。

0267　金剛頂瑜伽理趣般若經一卷，唐金剛智譯。

【校記】◎標：金剛頂瑜伽經，至：金剛頂經瑜伽般若理趣◎石磧普初南臺中：無唐字。【註】至緣續：題云大樂金剛不空三昧耶經般若波羅蜜多理趣品。

0268　佛説遍照般若波羅蜜經一卷，宋施護譯。

【校記】◎至緣：蜜作蜜多◎石金麗福資磧普初緣南卍臺大中縮頻：無宋字，天：誤作法賢譯。【按】譯者施護的職稱中有西天譯經三藏六字，北嘉龍黃：脱譯經二字。

0269　大樂金剛不空真實三麼耶經一卷，唐不空譯。

【校記】◎貞：金剛頂瑜伽般若理趣經（至：無經字），標：三麼耶經作三摩耶法，福資磧普初天南北嘉龍黃臺義知：經作般若波羅蜜多理趣經，麗卍大中縮頻：有副題名作般若波羅蜜多理趣品◎石貞麗福資磧普初天南卍臺大中縮頻：無唐字。【按】磧初臺中重出（見附0269）。

0270　佛説最上根本大樂金剛不空三昧大教王經七卷，宋法賢譯。

○～目録○譯場職名録。

【校記】◎石金麗福資磧普初天緣南卍臺大中縮頻：無宋字◎目録見縮頻；職名録見金中（卷三、七後）。【按】①譯者法賢的職稱中有西天譯經三藏六字，北嘉龍黃：脱譯經二字。②石磧初南北嘉龍黃臺卷首有宋真宗皇帝御製繼作聖教序（已見0071佛説護國經）。

▲上五經與大般若波羅蜜多經第十會（第五七八卷）同本異譯。

0271　佛説仁王般若波羅蜜經二卷，姚秦鳩摩羅什譯。

○仁王護國般若波羅蜜經目録。

【校記】◎開石貞標略普緣南北嘉龍黃義知：仁王護國般若波羅蜜經（資磧初天臺：仁作佛説仁），至：仁王護國般若經（指：無護國二字），佛：蜜作蜜多◎指：無鳩摩二字◎目録見嘉黃縮頻。【註】開貞至標：或一卷。【按】石重出（見附0271）。

0272　仁王護國般若波羅蜜多經二卷，唐不空譯。

○～目録○新譯仁王護國般若經序，唐代宗皇帝御製。

【校記】◎貞：新譯仁王經，標：護國仁王般若經◎石貞麗資磧普初天緣南卍臺大中縮頻：無唐字◎目録見縮頻；御製序見石麗資磧普初南北嘉龍黃卍臺大中縮

頻。【按】金臺卷上散佚，卷下首殘缺。【提示】御製序：皇矣至覺……旆蒙歲木
董榮月也。

▲上二經同本異譯。

0273　佛説了義般若波羅蜜多經一卷，宋施護譯。
　　　【校記】麗資磧普初天緣南卐臺大中縮頻：無宋字。【按】譯者施護的職稱中有
　　　西天譯經三藏六字，北嘉龍黄：脱譯經二字。

0274　佛説五十頌聖般若波羅蜜經一卷，宋施護譯。
　　　【校記】◎天：無佛説二字，初：十作千，至緣：蜜作蜜多，標：無經字◎石金
　　　麗福資磧普初天緣卐臺大中縮頻：無宋字。【按】①施護譯此經時的職稱是西天
　　　譯經三藏朝散大夫試鴻臚卿傳法大師，福資磧普初南臺：略作三藏大師，北嘉
　　　龍黄：傳法誤作傳教。②昭和總目六宮内省圖書寮目録（毘盧）尾附旦字號至
　　　營字號重出本經，實非毘盧藏本，而是宮内省圖書寮保存的宋刻單行本（見附
　　　0274）。

0275　聖八千頌般若波羅蜜多一百八名真實圓義陀羅尼經一卷，宋施護等譯。
　　　【校記】金麗資磧普初南卐臺大中縮頻：無宋字，天緣：施護譯，至義：無等
　　　字。【按】譯者施護的職稱中有西天譯經三藏六字，北嘉龍黄：脱譯經二字。

0276　佛説帝釋般若波羅蜜多心經一卷，宋施護譯。
　　　【校記】◎福資磧普初天南臺：無佛説二字◎石金麗福資磧普初天緣南卐臺大中
　　　縮頻：無宋字。【按】譯者施護的職稱中有西天譯經三藏六字，磧初南北嘉龍黄
　　　臺：脱譯經二字。

0277　般若波羅蜜多心經一卷，唐玄奘譯。
　　　○大明太祖高皇帝御製般若心經序○～序，唐慧忠撰。
　　　【校記】◎指：般若心經◎脱玄字，資磧天臺：無唐字◎二序見嘉黄大中縮頻。
　　　【按】石重出（見附 0277-1 至附 0277-23）。

0278　摩訶般若波羅蜜大明呪經一卷，姚秦鳩摩羅什譯。
　　　【校記】◎指：大明呪經，天：蜜作蜜多，標：無經字◎指：無譯者名，資磧初
　　　天臺：後秦羅什譯，普南北嘉龍黄：姚秦作後秦。【註】開貞緣：亦云摩訶大明
　　　呪經。

0279　普遍智藏般若波羅蜜多心經一卷，唐法月重譯。
　　　【校記】貞福緣續：法月譯，石麗卐續大中縮頻佛：無唐字，至：達磨戰濕羅
　　　譯。【提示】達磨戰濕羅，唐言法月。【按】石重出（見附 0279）。

0280　般若波羅蜜多心經一卷，唐般若共利言等譯。
　　　【校記】◎貞：般作新譯般，標：無波羅蜜多四字◎貞緣續：般若譯，至麗卐續
　　　大中縮頻佛：無唐字。

0281　般若波羅蜜多心經一卷，唐智慧輪譯。
　　　【校記】卐續：無唐字。

0282　般若波羅蜜多心經一卷，唐法成譯。

　　【校記】大：無唐字。【大佛按】敦煌石室本。

0283　佛說聖佛母般若波羅蜜多經一卷，宋施護譯。

　　【校記】金麗福資磧普初天緣南卍臺大中縮頻：無宋字。【按】譯者施護的職稱
　　中有西天譯經三藏六字，北嘉龍黃：脫譯經二字。

　　▲上七經同本異譯。

0284　唐梵飜對字音般若波羅蜜多心經一卷。

　　○並序（敦煌出 S.700），唐慈恩和尚述○蓮花部等普讚歎三寶，唐不空譯○梵
　　本般若波羅蜜多心經，觀自在菩薩與三藏法師玄奘親教授梵本不潤色。

　　【校記】序等見大（佛：僅有序）。【提示】窺基，俗稱慈恩和尚。

0285　梵本般若波羅蜜多心經一卷，唐不空譯。

0286　梵本般若波羅蜜多心經一卷，契丹慈賢譯。

　　【校記】至：契丹作宋。

　　▲上三經同本異譯。

0287　薄伽梵母智慧到彼岸心經一卷，民國貢噶法獅子譯。

0288　佛說聖佛母小字般若波羅蜜多經一卷，宋天息災譯。

　　【校記】◎標：聖佛母小字般若經，磧普初南北嘉龍黃臺義知：無佛說二字◎石
　　金麗福資天緣卍大中縮頻：無宋字。

0289　佛說觀想佛母般若波羅蜜多菩薩經一卷，宋天息災譯。

　　【校記】◎天：觀想佛母般若波羅蜜經◎石麗福資磧普天緣卍臺大中縮頻：無宋
　　字。【按】天息災譯此經時的職稱是西天譯經三藏朝散大夫試鴻臚少卿明教大師，
　　福資磧普初南北嘉龍黃臺：略作三藏法師。

0290　佛說開覺自性般若波羅蜜多經四卷，宋惟淨等譯。

　　【校記】金麗天卍續臺大中縮頻佛：無宋字，緣續：宋法護譯，佛：等作共法護
　　等（至：無共字）。【按】金麗卍續臺大中縮頻第三、四卷改著法護等譯。

0291　大乘理趣六波羅蜜多經十卷，唐般若譯。

　　○～目錄○～序，唐代宗皇帝御製。

　　【校記】◎貞麗緣續卍大縮頻：無唐字，至：般若共利言等譯◎目錄見嘉黃縮
　　頻；御製序見石金麗磧普初南北嘉龍黃卍臺大中縮頻。

法華部

0292　妙法蓮華經七卷，姚秦鳩摩羅什譯。

　　○～目錄○永樂御製大乘～序○～弘傳序，唐道宣述○～後序，姚秦僧叡述。

　　【校記】◎石：不分卷（暫定七卷），開貞至天：八卷◎石：無譯者名，麗卍
　　大中縮頻佛：姚秦作後秦◎目錄見嘉縮頻；御製序見北嘉龍黃大中縮頻；弘傳
　　序見福資普初南北嘉龍黃臺大中縮頻；後序見嘉大中縮頻。【註】貞緣：僧祐

録云新法華經。【按】①石附五十三佛名，題名下註出藥王藥上經（見1199）。②石重出（見附0292-1至附0292-5）。③金書首殘缺。

0293　正法華經十卷，西晉竺法護譯。

　　　○～品目。

　　　【校記】品目見嘉黄縮頻。【註】開貞至緣：或云方等正法華經；開貞至：或七卷。

0294　添品妙法蓮華經七卷，隋闍那崛多共達摩笈多添品譯。

　　　○～目録○～序。

　　　【校記】◎指標：添品法華經，略福磧普南北嘉龍黄臺義知：無添品二字◎略福資磧普天緣南北嘉龍黄臺義知：八卷◎開緣：隋崛多、笈多共譯（貞：共譯作添品譯，至略福資天：共譯作添品），指：隋笈多譯，金麗卍大中縮頻佛：隋闍那崛多共笈多譯，義知：無添品二字◎目録見嘉黄縮頻；序見麗福資磧普南北嘉龍黄卍臺大中縮頻。【按】①金書首殘缺。②今據序文可知，此序之作者是參與譯事卻未署名者撰，故麗資大中縮頻之序作者記作隋崛多、笈多添品，不妥。③檢中華藏校石本，實屬房山石經總目録已著録之第一〇八號妙法蓮華經八卷（姚秦三藏鳩摩羅什譯）本。由此可知石未收本經。

　　　▲上三經同本異譯。

0295　薩曇分陀利經一卷，失譯附西晉録。

　　　【校記】開貞普南北嘉龍黄：失譯作僧祐録云安公失譯，略：僧祐録云安公録中失譯（緣：譯作譯經今附晉録），福資磧天臺：僧祐録中安公失譯，義：西晉録失譯人名，知：無失譯二字。【註】開貞緣：舊録云薩芸芬陀利經，亦直云分陀利經。【按】分、芬音同不校。

　　　▲與妙法蓮華經第四卷見寶塔品第十一及提婆達多品第十二、正法華經七寶塔品第十一、添品妙法蓮華經見寶塔品第十一同本異譯。

0296　妙法蓮華經觀世音菩薩普門品經一卷，姚秦鳩摩羅什譯長行、隋闍那崛多譯重頌。

　　　○永樂御製觀世音普門品經序。

　　　【校記】◎義：觀世音菩薩普門品經（知佛：無經字），石：品經作品第二十五◎石佛：無譯者名，知：鳩摩羅什譯文、闍那笈多譯頌，北嘉龍黄臺卍中：崛多作笈多，義：誤作北涼曇摩羅讖譯，緣續：頌作頌偈◎御製序見北嘉龍黄臺大中縮頻。【開貞按】（見支派別行録）觀世音經一卷，是妙法蓮華經普門品，出第八（或七）卷。【卍（臺灣版）縮頻目録按】經文與妙法蓮華經卷第七普門品同故略。【佛按】與法華經第二五品同。【按】①大縮頻將御製序文及經名、譯者名附薩曇分陀利經後。②石重出（見附0296-1至附0296-7）。

0297　佛說廣博嚴淨不退轉輪經六卷，劉宋智嚴譯。

　　　【校記】◎石福資磧普初天南北嘉龍黄臺義知：無佛說二字，至指：廣博嚴淨

經，標磧普初天南北嘉龍黃臺義知：輪作法輪◎開石貞至略福資磧普初天緣南北嘉龍黃臺義知：四卷◎金麗卍大中縮頻佛：劉宋作宋，福資磧普初天南北嘉龍黃臺義知：劉宋智嚴共寶雲譯（開石貞至略緣：劉宋作宋）。【註】開貞緣：亦直云不退轉法輪經。

0298　不退轉法輪經四卷，失譯附北涼錄。

　　　○～目錄。

　　　【校記】◎開貞金麗略福資磧普初天緣南北嘉龍黃卍臺大中縮頻：僧祐錄云安公涼土異經在北涼錄（至：脫在字），義：北涼錄失譯人名，知：安公涼土譯經在北涼錄◎目錄見縮頻。【註】開貞緣：一名不退轉經。

0299　佛說阿惟越致遮經三卷，西晉竺法護譯。

　　　○～目錄○翻譯後記。

　　　【校記】◎福資磧普初天南北嘉龍黃臺義知：無佛說二字◎標略福資磧普初天緣南北嘉龍黃臺義知：四卷◎目錄見縮頻；後記見磧普初南北龍臺中縮頻。【註】開貞至緣：或無遮字。【按】惟、維音同不校。

　　　▲上三經同本異譯。

0300　佛說法華三昧經一卷，劉宋智嚴譯。

　　　【校記】◎石磧南北嘉龍黃臺義知：無佛說二字◎石貞至金麗略福資磧普初天緣南北嘉龍黃卍臺大中縮頻佛：劉宋作宋。

0301　大法鼓經二卷，劉宋求那跋陀羅譯。

　　　【校記】開石貞至金麗略福資天緣卍大中縮頻佛：劉宋作宋。【按】至誤記三卷，檢量字號記“上五經十卷同帙”，另四經共八卷，故今新考目錄更正作二卷。

0302　大薩遮尼乾子所說經十卷，元魏菩提留支譯。

　　　○～目錄。

　　　【校記】◎磧普初緣南北嘉龍黃臺義知：大薩遮尼乾子受記經（福資天：無大字），至：無薩字，指：脫子字◎目錄見縮頻。【註】開貞緣：一名菩薩境界奮迅法門經；開貞至：或七卷、或八卷。【普寧按】思溪、福州二藏校本並云受記而上無大字，今加大字者，蓋准校勘竹堂講師依杭州下天竺寺藏寫本。【按】縮頻所載目錄脫卷六至卷十的品目。

0303　佛說菩薩行方便境界神通變化經三卷，劉宋求那跋陀羅譯。

　　　【校記】◎指：菩薩行神通變化經，福普南北嘉龍黃義知：無佛說二字◎開貞至金麗略緣卍大中縮頻佛：劉宋作宋。

　　　▲上二經同本異譯。

0304　金剛三昧經一卷，北涼失譯。

　　　○～目錄。

　　　【校記】◎開石貞至標略福資磧普初天緣南北嘉龍黃臺義知：二卷◎磧普初天南

北嘉龍黃臺：北涼作出北涼録，知：出北涼録，義：北涼録失譯人名，佛：失譯人名附北涼録◎目録見縮頻。【按】石重出（見附0304）。

0305　大乘方廣總持經一卷，隋毘尼多流支譯。

【校記】略：脱多字。【註】開貞至緣：或無乘字。

0306　佛説濟諸方等學經一卷，西晉竺法護譯。

【註】開貞至緣：或無學字。

▲上二經同本異譯。

0307　無量義經一卷，蕭齊曇摩伽陀耶舍譯。

○～目録○～序，蕭齊劉虬作。

【校記】◎初：無作佛説無◎目録見縮頻；序見初南北嘉龍黃大中縮頻。【按】石重出（見附0307）。

0308　佛説觀普賢菩薩行法經一卷，劉宋曇摩蜜多譯。

○觀普賢行法經序，宋遵式述、宋知禮詳定。

【校記】◎指標：無菩薩二字◎開石貞至略福資緣：劉宋作宋，金麗磧天卍臺大中縮頻佛：宋曇無蜜多譯◎序見磧初臺中。【註】開石貞至普初緣南北嘉龍黃知：出深功德經中，開貞緣：或無行法二字，開貞至普初緣南北嘉龍黃知：一名觀普賢觀經。【按】昭和總目——資福藏目録鳳函重出此經（見附0308），而無經本實物，屬於後人據日本天海藏誤增入之。

華嚴部

0309　大方廣佛華嚴經八十卷，唐實叉難陀譯。

○～品目○～序，唐武則天御製○永樂御製～序。

【校記】◎石：僅存卷一◎無譯者名，麗福資磧普初天南卍臺大縮頻：無唐字，開貞略緣：譯作等譯，指：譯作重譯◎品目見嘉黃縮頻；唐御製序見指麗福資普南北嘉龍黃卍大中縮頻（卍續：見2010華嚴經合論）；永樂御製序見北嘉龍黃卍中縮頻。【註】開貞：新譯九會説。【按】①金磧缺卷一。②南於明萬曆以後的刊本中增入永樂御製序。③影印北脱唐序，若從卷一後之音釋録有御製序、序兩篇註解，也説明原書首應有一篇唐武則天御製序而未收。另外卷一的版次已被取消，疑影印北是萬曆續刻後的版本，已將序移置目録冊首收，故取消了原版次。④磧普此經後附普賢行願品一卷（見0325）。

0310　大方廣佛華嚴經六十卷，東晉佛陀跋陀羅譯。

○～目録○翻譯後記。

【校記】◎指：古華嚴經（標：無經字）◎石：不分卷（暫定六十卷），指金略福中：五十卷◎開貞至指磧普初南北嘉龍黃知：東晉佛陀跋陀羅等譯（略福資天臺：無跋陀二字），石：無譯者名◎目録見嘉黃縮頻；後記見磧普初南北嘉龍黃臺大中縮頻。【註】開貞：舊譯八會説。【按】①磧書首缺；金卷五十缺。②影印北卷

六十之卷末題名及音釋，誤録作卷五十七之卷末題名及音釋。③重輯嘉誤增大周新譯大方廣佛華嚴經序，天冊金輪聖神皇帝製，已見0309。此序書口記"支那撰述、新譯華嚴經序"，由此可知非本書之序。重輯嘉書口下方增千字文帙號及冊次"湯一"，亦誤也。④此經卷六淨行品第七，石別抄（見附0310）。

▲上二經同本異譯。

0311　佛説兜沙經一卷，後漢支婁迦讖譯。

【校記】緣：後漢誤作後魏。【蔡按】義讖誤作識。

▲與八十卷大方廣佛華嚴經第十二卷如來名號品第七及第十三卷光明覺品第九、六十卷大方廣佛華嚴經第四卷如來名號品第三及第五卷如來光明覺品第五同本異譯。

0312　佛説菩薩本業經一卷，吳支謙譯。

【註】開貞至緣：亦直云本業經，亦名淨行品經；初南北嘉龍黃臺：與華嚴經淨行品同。

0313　諸菩薩求佛本業經一卷，西晉聶道真譯。

【校記】指卍：求佛本業經。【註】開貞至緣：或無諸字；磧普初南北嘉龍黃臺：與菩薩本業經同本異出。

▲上二經與八十卷大方廣佛華嚴經第十四卷淨行品第十一（上經還與第十六卷十住品第十五）、六十卷大方廣佛華嚴經第六卷淨行品第七（上經還與第八卷菩薩十住品第十一）同本異譯。

0314　菩薩十住行道品一卷，西晉竺法護譯。

【校記】指：十住行道經，福資磧普初天緣南北龍黃臺義知佛：品作品經。

【註】開貞至略緣：或直云菩薩十住經；磧普初南北嘉龍黃臺：與華嚴十住品同本異出。

0315　佛説菩薩十住經一卷，東晉祇多蜜譯。

【校記】指：十住經。【註】磧普初南北嘉龍黃臺：與華嚴十住品同本異出。

▲上二經與八十卷大方廣佛華嚴經第十六卷十住品第十五、六十卷大方廣佛華嚴經第八卷菩薩十住品第十一、菩薩本業經十地品第二同本異譯。

0316　漸備一切智德經五卷，西晉竺法護譯。

○~目録○翻譯後記。

【校記】◎指金：漸備經◎目録見嘉黃縮頻；後記見福資磧普初南北嘉龍臺大中縮頻。【註】開貞麗緣卍大中縮頻：一名十住，又名大慧光三昧；開貞至：或十卷。【按】金缺卷一。

0317　十住經四卷，姚秦鳩摩羅什譯。

○~目録。

【校記】◎資磧普初天緣南北嘉龍黃臺義知：六卷◎金麗卍大中縮頻：姚秦作後秦，知：無姚秦二字，開貞至略福資磧普初天緣南北嘉龍黃臺知：譯作共佛陀耶

舍譯◎目錄見嘉黃縮頻。【註】開貞緣：或五卷，至：誤記或一卷。

0318　佛説十地經九卷，唐尸羅達摩譯。

〇～目錄。

【校記】◎貞緣續：無唐字，至：尸羅達磨共勿提犀魚譯◎目錄見卍續縮頻。
【按】①此經卷一，中華未收金本，而以麗本補。今查宋藏遺珍收影印金本卷一
完好，故補校。②石另有大唐貞元新譯十地等經記（金臺：貞作正），已見0125
佛説十力經；金臺於十力經已錄此記，而此處之記屬異版重出；石臺將記分出一
目（見附0318）。

▲上三經與八十卷大方廣佛華嚴經第三十四至三十九卷十地品第二六、六十卷大
方廣佛華嚴經第二十三至二十七卷十地品第二二同本異譯。

0319　等目菩薩所問三昧經三卷，西晉竺法護譯。

〇～目錄。

【校記】◎指：等目菩薩經，福資天：等作佛説等◎開貞至略福：二卷◎目錄見
嘉黃縮頻。【註】開貞至金麗福資磧普初緣南北龍卍臺大中知縮頻：一名普賢菩
薩定意經。

▲與八十卷大方廣佛華嚴經第四十至四十三卷十定品第二七、同本異譯。

0320　顯無邊佛土功德經一卷，唐玄奘譯。

【校記】指：佛土功德經。【註】磧初南北嘉龍黃臺：與華嚴經壽量品同。【按】
洪武南藏目錄漏編此經，此經與前十住經卷六合冊（見0317）。

0321　佛説較量一切佛刹功德經一卷，宋法賢譯。

【校記】石麗福資磧普天緣卍臺大中縮頻：無宋字。【按】法賢譯此經時的職
稱是西天譯經三藏朝散大夫試光禄卿明教大師，福資磧普初南臺：略作三藏法
師。

▲上二經與八十卷大方廣佛華嚴經第四十五卷壽量品第三一、六十卷大方廣佛華
嚴經第二十九卷壽命品第二六同本異譯。

0322　佛説如來興顯經四卷，西晉竺法護譯。

【註】開貞至緣：一名興顯如幻經。

▲與八十卷大方廣佛華嚴經第五十至五十二卷如來出現品第三十七、六十卷大方
廣佛華嚴經第三十三至三十六卷寶王如來性起品第三十二同本異譯。

0323　度世品經六卷，西晉竺法護譯。

【校記】指：度世經。【註】開貞至：或五卷；磧普初天南北嘉龍黃臺：與華嚴
離世間品同。

▲與八十卷大方廣佛華嚴經第五十三至五十九卷離世間品第三十八、六十卷大方
廣佛華嚴經第三十六至四十三卷離世間品第三十三同本異譯。

0324　大方廣佛華嚴經（副題名：入不思議解脱境界普賢行願品）四十卷，唐般若譯。

〇～普賢行願品序，唐澄觀述〇附翻譯後記〇譯場職名錄〇唐圓照記〇元道安願

○元如志識。

【校記】◎貞：大作新譯大◎貞麗初緣續南卍大中縮頻：無唐字，金：譯作等譯，至：般若與利言等譯◎序見初南龍中；附後記、職名録見初南北嘉龍黃臺大中縮頻（石：無職名録）；記、願、識見大。【按】福資磧普僅收第四十卷（見0325）。

▲本經第一至三十九卷與八十卷大方廣佛華嚴經第六十至八十卷入法界品第三十九、六十卷大方廣佛華嚴經第四十四至六十卷入法界品第三十四同本異譯；本經第四十卷與八十卷大方廣佛華嚴經第四十九卷普賢行品第三十六、六十卷大方廣佛華嚴經第三十三卷普賢菩薩行品第三十一同本異譯。

0325　大方廣佛華嚴經入不思議解脱境界普賢行願品一卷，唐般若譯。

【校記】◎義：無入至界八字◎資緣：無唐字◎縮頻目録註此經與上經卷第四十同（見0324），故不重載。【註】普：此經凡四十卷，今將末卷權續大部。

【按】①磧普將本經附臣字函八十卷華嚴經後，但太原崇善寺磧本無千字文函號。資普的函號，據日本增上寺三大藏經目録之宋版、元版的著録，故今新考目録記資本在遐字函，普本在臣字函。資普附翻譯後記、譯場職名録，普附元道安願、元如志識，已見0324。②據日本宮内省圖書寮目録頗字函著録可知，崇寧藏於紹聖三年刊有普賢行願品一卷，毘盧藏亦收録，然而現存此函經本無千字文函號，故今新考目録據經本實物著録。③義門已收四十卷本，此處又收其末卷，屬重出。

0326　佛説羅摩伽經三卷，乞伏秦聖堅譯。

【校記】◎天：無佛説二字◎略福資磧普初天緣南北嘉龍黃臺義知：四卷◎金麗卍大中縮頻佛：乞伏秦作西秦。

0327　大方廣佛華嚴經入法界品一卷，唐地婆訶羅譯。

【校記】指：華嚴入法界品，開貞至略福資磧普天緣南北嘉龍黃臺義知：入作續入，標：無入至品四字。

▲上二經與八十卷大方廣佛華嚴經第六十至八十卷入法界品第三十九、六十卷大方廣佛華嚴經第四十四至六十卷入法界品第三十四、四十卷大方廣佛華嚴經第一至三十九卷同本異譯。

0328　普賢菩薩行願讚一卷，唐不空譯。

○附速疾滿普賢行願陀羅尼。

【校記】◎緣：無菩薩二字◎金麗資磧普初天緣南卍臺大中縮頻：無唐字◎附陀羅尼見資磧普初南北嘉龍黃臺大中縮頻。【按】麗卍大中此經卷末有八大菩薩讚一文，並有夾註云出八大菩薩曼荼羅經末（見1207），故此處的讚文屬重出。

0329　文殊師利發願經一卷，東晉佛陀跋陀羅譯。

【校記】◎指標：文殊發願經◎至：誤記東晉佛陀羅譯。【註】開貞至略緣：或加偈字。

▲上二經同本異譯。

0330　大方廣普賢所説經一卷，唐實叉難陀譯。

【校記】指：普賢所説經，貞至標：普賢作普賢菩薩。【按】佛重出（見附0330）。

0331　大方廣總持寶光明經五卷，宋法天譯。

○附歸依佛五字依梵文譯為五頌（附卷一）。

【校記】◎石金麗福資磧初天緣南卍臺大中縮頻：無宋字◎附頌見石麗資磧普初南北嘉龍黄卍臺中縮頻。【按】①金卷一散佚。②縮頻另有御製大宋新譯三藏聖教序，因全藏首冊已收，故此處再收屬重出。③石重出（見附0331）。

0332　大方廣如來不思議境界經一卷，唐實叉難陀譯。

○附譯場職名録等。

【校記】◎指：如來不思議經◎附職名録等見金中。【按】佛重出（見附0332）。

0333　大方廣佛華嚴經不思議佛境界分一卷，唐提雲般若譯。

【校記】◎指：華嚴佛境界經，標卍：佛境界作境界◎福資磧普初南北嘉龍黄臺：雲誤作曇。【註】開貞至：或二卷。【按】佛重出（見附0333）。

▲上二經同本異譯。

0334　大方廣入如來智德不思議經一卷，唐實叉難陀譯。

【校記】指：如來智德經。【按】佛重出（見附0334）。

0335　度諸佛境界智光嚴經一卷，失譯附秦録。

【校記】◎指：智光嚴經◎略福資天：失譯，磧普初南北嘉龍黄臺慧：秦作三秦，義：三秦録失譯人名，知：附三秦録。【註】貞：或二卷。【按】佛重出（見附0335）。

0336　佛華嚴入如來德智不思議境界經二卷，隋闍那崛多譯。

【校記】◎指：如來德智經◎資磧普初緣南北嘉龍黄臺義知慧：一卷◎開貞至略緣：譯作等譯。【按】佛重出（見附0336）。

▲上三經同本異譯。

0337　信力入印法門經五卷，元魏曇摩流支譯。

【校記】天：支誤作失。

0338　大方廣佛華嚴經修慈分一卷，唐提雲般若等譯。

【校記】◎指：華嚴修慈分◎石：無唐字，開貞至金略緣中義：無等字，天：等誤作制。【按】佛重出（見附0338）。

0339　佛説莊嚴菩提心經一卷，姚秦鳩摩羅什譯。

【校記】福資普初天南北嘉龍黄臺義知慧：無佛説二字。【按】佛重出（見附0339）。

0340　佛説大方廣菩薩十地經一卷，元魏吉迦夜譯。

【校記】◎指：菩薩十地經，普天南北嘉龍黃義知慧：無佛説二字，標：無菩薩二字◎開石貞至略福資磧普天緣南北嘉龍黃臺義知慧：譯作共曇曜譯。【按】佛重出（見附0340）。

▲上二經同本異譯。

0341 最勝問菩薩十住除垢斷結經十卷，姚秦竺佛念譯。

○~目録。

【校記】◎開石貞至指標略福資磧普初天緣南北嘉龍黃臺義知：十住斷結經◎略福資磧普初天緣南北嘉龍黃臺義知：十四卷◎目録見縮頻。【註】開貞金麗緣卍大中縮頻：一名十千日光三昧定，開貞至緣：或云十地斷結經；開貞至：或十一卷。【按】緣記十八卷，與函内記三經十八卷不符，另兩經共四卷，故今新考目録更正本經作十四卷。

寶積部

0342 大寶積經一百二十卷，唐菩提流志譯並合。

○~目録○~序，唐太上皇叡宗皇帝製○~述，唐徐鍔撰。

【校記】◎大中縮頻：或一百二十一卷（卷一百一十附另本一卷）◎指：無菩提二字，開至略緣佛：譯作等譯，並合二字見大正藏總目録，天：翻經三藏十五人有失譯附秦録編入◎目録見嘉黃縮頻；御製序、述見石福資磧普初南北嘉龍黃臺大中縮頻（金麗卍：無述文）。【按】①麗卍大中縮頻卷一百一十誤録唐地婆訶羅譯大乘顯識經卷下之文，而標隋闍那崛多譯，故大中縮頻別附真闍那崛多譯本一卷。②此經譯者包括翻經三藏十五人及失名者一人。③石自卷五十一開始有千字文編號“人”字，目録誤記自“鳥”字始。④此經第九十八卷妙慧童女會第三十，指金麗緣卍續大中縮頻佛重出（見附0342）。

0343 大方廣三戒經三卷，北涼曇無讖譯。

【校記】◎指：三戒經◎無譯者名。【按】指自此經以下一般不著録作者，故不再出校。

▲與大寶積經第一至三卷三律儀會第一同本異譯。

0344 佛説如來不思議祕密大乘經二十卷，宋法護等譯。

○~目録○譯場職名録。

【校記】◎金麗磧普初南卍臺大中縮頻：無宋字，至：宋惟淨等譯（緣續：無宋字），義知：等作共惟淨等◎目録見嘉黃縮頻；職名録見金中（卷十六、十七、十九、二十後）。【按】①嘉龍卷六至十、十六至二十，改著宋惟淨等譯（金麗磧普初南卍臺大中縮頻：無宋字）。②譯者法護的職稱中有西天譯經三藏六字，北嘉龍黃：脱譯經二字；譯者惟淨的職稱中有譯經三藏四字，北嘉龍黃：譯經誤作西天。

▲與大寶積經第八至十四卷密迹金剛力士會第三同本異譯。

0345　　　阿閦佛國經二卷，後漢支婁迦讖譯。

　　　　　○～目録。

　　　　　【校記】◎福資磧普初天南北嘉龍臺義知頻佛：阿作佛説阿◎北嘉龍黃：三卷◎

　　　　　目録見縮頻。【註】開貞至緣：亦名阿閦佛刹諸菩薩學成品經；開貞：或一卷。

　　　　　▲與大寶積經第十九、二十卷不動如來會第六同本異譯。

0346　　　佛説大乘十法經一卷，梁僧伽婆羅譯。

　　　　　【校記】緣：婆誤作波。【註】貞至略：初云佛住王舍城。

　　　　　▲與大寶積經第二十八卷大乘十法會第九同本異譯。

0347-1　　佛説普門品經一卷，西晉竺法護譯。

　　　　　【提示】聞如是。一時佛遊王舍城靈鷲山中。與大比丘眾俱……

　　　　　▲與大寶積經第二十九卷文殊師利普門會第十同本異譯。

0347-2　　佛説普門品經（別本）一卷，西晉竺法護譯。

　　　　　【註】開貞至略緣：亦云普門經。【按】縮頻目録未著此別本，今新考目録補入。

　　　　　【提示】聞如是。一時佛遊王舍城靈鷲山。與大比丘眾……

0348　　　佛説大乘菩薩藏正法經四十卷，宋法護等譯。

　　　　　○～目録。

　　　　　【校記】◎天：脱菩薩二字◎金麗磧普初天南卍臺大中縮頻：無宋字，至：宋惟

　　　　　淨等譯（緣續：無宋字）◎目録見縮頻。【按】①金麗卍大中縮頻卷四至六、十

　　　　　至十二、十六至十八，改著惟淨等譯，北嘉龍黃卷四至六、八、十、十一、十六

　　　　　至十八，改著宋惟淨等譯（磧普南臺：無宋字），初卷四、五、八、十、十一、

　　　　　十六至十八，改著惟淨等譯。②法護、惟淨的職稱，建議參照金麗二本，即卷一

　　　　　至二十四，法護的職稱是西天譯經三藏朝散大夫試光禄卿傳梵大師，惟淨的職稱

　　　　　是譯經三藏朝散大夫試光禄卿光梵大師；卷二十五至四十，法護的職稱已晉陞為

　　　　　西天譯經三藏銀青光禄大夫試光禄卿慈覺傳梵大師。

　　　　　▲與大寶積經第三十五至五十四卷菩薩藏會第十二同本異譯。

0349　　　佛説胞胎經一卷，西晉竺法護譯。

　　　　　【註】開貞至略緣：一名胞胎受身經。

　　　　　▲與大寶積經第五十五卷佛為阿難説處胎會第十三同本異譯。

0350　　　文殊師利佛土嚴淨經二卷，西晉竺法護譯。

　　　　　【校記】指：佛土嚴淨經，標：文殊佛土嚴淨經。【註】開貞至緣：或直云嚴淨

　　　　　佛土經。

0351　　　大聖文殊師利菩薩佛刹功德莊嚴經三卷，唐不空譯。

　　　　　【校記】◎標：無佛刹功德四字◎石貞金麗緣續卍續臺大中縮頻：無唐字。【臺

　　　　　按】存二卷（中、下），依大正補全。

　　　　　▲上二經與大寶積經第五十八至六十卷文殊師利授記會第十五同本異譯。

0352　　　父子合集經二十卷，宋日稱等譯。

○～目録○譯場職名録。

【校記】◎金麗天卍續臺大中縮頻佛：無宋字；緣續：日稱譯◎目録見縮頻；職名録見金臺中（卷一、四、六、七後）。【臺按】存九卷（一至八、十），依大正補録。

▲與大寶積經第六十一至七十六卷菩薩見實會第十六同本異譯。

0353　佛説護國尊者所問大乘經四卷，宋施護譯。

○譯場職名録。

【校記】◎石金麗福資磧普初天緣南卍臺大中縮頻：無宋字◎職名録見金中（卷三後）。

▲與大寶積經第八十、八十一卷護國菩薩會第十八同本異譯。

0354　郁迦羅越問菩薩行經一卷，西晉竺法護譯。

○～目録。

【校記】◎石：郁作佛説郁，指：郁伽羅越會經，福資普天：迦作伽迦，天：問誤作門◎目録見縮頻。【註】開貞緣：或云郁迦長者問居家菩薩行經，開貞至標緣：或云郁迦長者經；開貞至標：或二卷。【按】略誤記二卷，檢衣帙記"上九經十卷同帙"，另八經共九卷，故今新考目録更正作一卷。

0355　法鏡經一卷，後漢安玄共嚴佛調譯。

○～序，吳康僧會撰○附～後序。

【校記】◎普南北嘉龍黃知：佛説法鏡經◎開石貞至標南北嘉龍黃臺義知佛：二卷（磧初：存卷下）◎金麗卍大中縮頻佛：後漢安玄譯，福資天臺：嚴佛調作嚴調◎序見石金麗福資普南北嘉龍黃臺卍大中縮頻；附後序見石福資普初北嘉龍黃臺大中縮頻。

▲上二經與大寶積經第八十二卷郁伽長者會第十九同本異譯。

0356　佛説幻士仁賢經一卷，西晉竺法護譯。

【校記】福資磧普初天南北嘉龍黃臺義知：無佛説二字。【註】開貞標緣：或云仁賢幻士經，至：或云仁賢經，幻士經。

▲與大寶積經第八十五卷授幻師跋陀羅記會第二十一同本異譯。

0357　佛説決定毘尼經一卷，西晉燉煌三藏譯。

【校記】西晉二字見大正藏總目録，開貞：群録皆云燉煌譯，竟不顯人名年代，今附東晉録（至：群作眾，今作昇云，緣：無竟不顯人名年代七字），略：群録皆云燉煌，竟不顯人名年代，福：燉煌竟，石：東晉失譯，義：東晉録失譯人名，金麗緣卍大中縮頻：西晉作群録皆云，佛：西晉作晉。【註】開貞至標緣：一名破壞一切心識。【緣山按】燉煌者，郡名也，西晉法護處此，故云燉煌譯也，出於梁僧史第一等。【按】①知記北藏譯者作東晉録失譯人名，與影印北藏本作燉煌三藏譯不符。②石別抄（見附0357）。

0358　佛説三十五佛名禮懺文一卷，唐不空譯。

【校記】◎貞至：禮懺文作經◎石貞麗福資磧普初天緣南卍臺大中縮頻：無唐字。【註】石貞至麗福資磧普初緣南北嘉龍黃卍臺大中縮頻：出烏波離所問經。

▲上二經與大寶積經第九十卷優波離會第二十四同本異譯。

0359　發覺淨心經二卷，隋闍那崛多譯。

【校記】開石至：譯作等譯。

▲與大寶積經第九十一、九十二卷發勝志樂會第二十五同本異譯。

0360　佛説須賴經一卷，曹魏白延譯。

【註】磧普初南北嘉龍黃卍臺中：一名叉須賴，此云善順。【按】白、帛音同不校。

0361　佛説須賴經一卷，前涼支施崙譯。

【註】磧普初臺：録為孤本在必函，今為重本移於此，嘉黃：二譯。

▲上二經與大寶積經第九十五卷善順菩薩會第二十七同本異譯。

0362　佛説菩薩修行經一卷，西晉白法祖譯。

【校記】◎石福資磧普初天南臺知：無佛説二字◎福：無譯者名。【註】開石貞至麗資磧普初南天緣卍臺大知縮頻：亦名威施長者問觀身行經，開貞緣：亦云長者修行經。【按】石重出（見附0362-1、附0362-2）。

0363　佛説無畏授所問大乘經三卷，宋施護等譯。

【校記】◎義：一卷，天：二卷◎麗卍大中縮頻：無宋字，天：施護及法護等譯，北嘉龍黃義知：宋施護譯（資磧普初緣南臺：無宋字）。【按】譯者施護的職稱中有西天譯經三藏六字，北嘉龍黃：脱譯經二字。

▲上二經與大寶積經第九十六卷勤授長者會第二十八同本異譯。

0364　佛説優填王經一卷，西晉法炬譯。

0365　佛説大乘日子王所問經一卷，宋法天譯。

【校記】◎至：日誤作目◎石金麗福磧普初天緣南卍臺大中縮頻：無宋字。【按】法天譯此經時有傳教大師的稱號，福：脱此稱號。

▲上二經與大寶積經第九十七卷優陀延王會第二十九同本異譯。

0366　佛説須摩提菩薩經一卷，西晉竺法護譯。

【校記】◎開石貞至指標略福磧普初天緣南北嘉龍黃臺義知：無菩薩二字◎天：無竺字。【註】貞標麗緣卍大中縮頻：按開元録，須摩提經亦直云須摩經，緣：亦云非應經。【守其按】開元録云此經前後四譯，三存一缺，流志有先後二譯，其先譯者即一缺也。今檢國宋二藏有法護譯、流志後譯，而無什譯，丹藏雖無流志後譯，但有法護、羅什二譯。今詳丹藏所謂什譯者，與諸藏法護譯始終無異，故不取丹藏什譯者。由是言之，開元之後什本亦失傷哉。【按】①金卷首殘。②今查藏中羅什譯本，雖有少數詞語的譯文與法護本不同，如：羅閲祇耆闍崛山、多陀竭，法護本分別作羅閲祇靈鳥頂山、佛，然而前種譯法，可見法護的其他譯經，卻不見於羅什譯經，由此斷定羅什譯本實屬法護本的重出。故今新考目録將

羅什譯本移置附目（見附 0366）。③開寶藏未獲羅什譯本，而改錄流志後譯本。中華藏曾將流志譯本與大寶積經中流志譯妙慧童女會校對，發現內容相同，僅有四處相異。檢此四處皆屬訛脫之誤，實係重出本。故新考目錄亦將流志譯本移置附目（見附 0342）。

▲與大寶積經第九十八卷妙慧童女會第三十同本異譯。

0367　佛說阿闍貰王女阿術達菩薩經一卷，西晉竺法護譯。

【校記】指：阿闍世王女經，天：闍誤作閦，達作達婆，至：阿術達作術達。【註】開貞緣：亦云阿闍貰女經，亦直云阿述達經，至：亦云述達經。【按】貰、世，術、述音同不校。

▲與大寶積經第九十九卷無畏德菩薩會第三十二同本異譯。

0368　佛說離垢施女經一卷，西晉竺法護譯。

【校記】指：無垢施女經。【註】緣：施或作世。

0369　得無垢女經一卷，元魏瞿曇般若流支譯。

【校記】◎石：得作佛說得◎開福資磧普初天南北嘉龍黃臺：無瞿曇二字。【註】麗福資磧普初南北嘉龍黃卍臺大中縮頻：一名論義辯才法門（開貞至標緣：增或云無垢女經）。【按】金卷首殘缺。

▲上二經與大寶積經第一百卷無垢施菩薩應辯會第三十三同本異譯。

0370　文殊師利所說不思議佛境界經二卷，唐菩提流志譯。

【校記】◎指：文殊境界經◎石天：無唐字，初南北嘉龍黃：唐菩提流志等譯（福資普臺：無唐字）。【註】開貞：或一卷。

▲與大寶積經第一百一卷善德天子會第三十五同本異譯。

0371　聖善住意天子所問經三卷，元魏毘目智仙共般若流支譯。

○~翻譯之記。

【校記】◎指：善住意天子經，福資磧普初天緣南北嘉龍黃臺義知：無聖字◎開石貞略緣：元魏瞿曇般若流支譯，福資磧普初天南北嘉龍黃臺義知：般若流支作流支等（卍：無等字），至：元魏瞿曇菩提般若流支譯◎記見金麗福資磧普初南北嘉龍黃卍臺大中縮頻，初臺：經首尾皆錄此記則重出。【註】開貞至：或四卷。

【按】般若流支，姓瞿曇氏。開元錄卷六引續高僧傳云：魏時有菩提流支與般若流支前後出經，而眾錄傳寫率多輕略，各去上字但云流支，而不知是何流支。迄今群錄譯目相涉，難得詳定。這是此經譯者不同之緣由。

0372　佛說如幻三昧經二卷，西晉竺法護譯。

【校記】略福資磧普初天緣南北嘉龍黃臺義知：三卷。【註】開貞至緣：或四卷。

▲上二經與大寶積經第一百二至一百五卷善住意天子會第三十六同本異譯。

0373　佛說太子刷護經一卷，西晉竺法護譯。

【校記】福資磧普初天南北嘉龍黃臺義知：無佛說二字。

0374　佛說太子和休經一卷，失譯附西晉錄。

【校記】◎普南北嘉龍黄義知：無佛説二字◎開貞至福資磧普初天緣南北嘉龍黄臺：失譯作僧祐録云安公録中失譯（麗卍大中縮頻：無安公録中四字），略：僧祐録云安公録中失譯，石：失譯，義知：西晉録失譯人名。【註】開貞至緣：或云私休。【按】石重出（見附0374）。

▲上二經與大寶積經第一百六卷阿闍世王子會第三十七同本異譯。

0375　慧上菩薩問大善權經二卷，西晉竺法護譯。

【校記】指：慧上經，福：慧上菩薩經，天：問誤作門，義：經作方便經。【註】開貞福資磧普天緣南北嘉龍臺：一名善權方便所度無極經，開貞緣：或云大善權經；開貞至：或一卷。

0376　佛説大方廣善巧方便經四卷，宋施護譯。

【校記】金麗福資磧普初天緣南卍臺大中縮頻：無宋字。【按】譯者施護的職稱中有西天譯經三藏六字，北嘉龍黄：脱譯經二字。

▲上二經與大寶積經第一百六至一百八卷大乘方便會第三十八同本異譯。

0377　大乘顯識經二卷，唐地婆訶羅譯。

○大唐新譯聖教序，武則天御製。

【校記】◎金麗卍大中義縮頻：地婆訶羅譯（石福資磧普初天南北嘉龍臺：譯作等譯）◎御製序見金福資磧普初南北嘉龍卍臺中（石：見大乘密嚴經0775，麗黄：見方廣大莊嚴經0244）。【按】此序各藏皆多次載録，見地婆訶羅譯經之前，然序名及製者名不盡相同。有記作唐三藏聖教序、大唐新譯三藏聖教序，或記作某經之序，如：大乘顯識經序、大乘密嚴經序、方廣大莊嚴經序、證契大乘經序；有記作皇太后御製，或皇太皇御製、唐中宗皇帝製、皇太子御製、御製。今據序文有“垂拱元年……裝縹畢功”的記載可知，垂拱是唐則天時的年號，故記作武則天御製是正確的。【提示】御製序：朕聞真空無象非象教……部帙條流列之於後。

▲與大寶積經第一百九、一百一十卷賢護長者會第三十九同本異譯。

0378　佛説大乘方等要慧經一卷，後漢安世高譯。

▲與大寶積經第一百一十一卷彌勒菩薩問八法會第四十一同本異譯。

0379　彌勒菩薩所問本願經一卷，西晉竺法護譯。

【校記】指：彌勒所問經。【註】開貞緣：或無所問字，亦云彌勒本願經，一名彌勒難經。

▲與大寶積經第一百一十一卷彌勒菩薩所問會第四十二同本異譯。

0380　佛遺日摩尼寶經一卷，後漢支婁迦讖譯。

【校記】◎指：摩尼寶經，金麗卍大中縮頻佛：佛作佛説◎福資磧天臺：後漢支讖譯。【註】開貞至標緣：一名古品遺日説般若經，開貞緣：一名大寶積經，一名摩訶衍寶嚴經。【提示】支婁迦讖，簡稱支讖。

0381　佛説摩訶衍寶嚴經一卷，晉代失譯。

【校記】◎指：摩尼衍經◎開麗略卍大縮頻：晉代譯失三藏名（金中：無名字），石：失譯，義：晉代作西晉錄，佛：失譯人名附晉錄。【註】開石貞至標金麗福資磧普初天緣南北嘉龍黃卍臺大中縮頻：一名大迦葉品；開貞至緣：舊在後漢錄，今且依舊。

0382　佛説大迦葉問大寶積正法經五卷，宋施護譯。

【校記】◎磧普初臺：無佛説二字，標：大迦葉作迦葉◎石金麗福資天緣卍大中縮頻：無宋字。【按】①譯者施護的職稱中有西天譯經三藏六字，磧普初南臺：記作北天竺三藏。②天海藏自此經以下，目錄所記宋代譯者的職稱多作略名，如：施護譯此經時的職稱是西天譯經三藏朝散大夫試鴻臚少卿傳法大師，而目錄略作傳法大師。因目前無經本可供覈對，故暫且不校職稱的異同。

▲上三經與大寶積經第一百一十二卷普明菩薩會第四十三同本異譯。

0383　勝鬘師子吼一乘大方便方廣經一卷，劉宋求那跋陀羅譯。

○~目錄。

【校記】◎指：師子吼經◎開石貞至金麗略福資磧天緣卍臺大中縮頻：劉宋作宋◎目錄見縮頻。【註】開貞至標緣：或直云勝鬘經；開貞：或二卷。【按】石重出（見附0383）。

▲與大寶積經第一百一十九卷勝鬘夫人會第四十八同本異譯。

0384　毘耶娑問經二卷，元魏瞿曇般若流支譯。

○~翻譯記。

【校記】◎略緣：娑作婆◎開：無元魏二字，普初南北嘉龍黃：元魏作後魏，至：無瞿曇二字，福資磧天臺：後魏菩提留支譯◎記見石金麗福資普初南北嘉龍黃卍臺大中縮頻。【開貞至緣按】諸錄皆云勒那摩提譯，或云菩提留支譯者，二皆誤也。【按】磧卷上散佚。

▲與大寶積經第一百二十卷廣博仙人會第四十九同本異譯。

0385　入法界體性經一卷，隋闍那崛多譯。

【校記】◎至：無入字◎開石貞略緣：譯作等譯。【註】開貞緣：或云入法界經。【按】石重出（見附0385）。

0386　佛説寶積三昧文殊師利菩薩問法身經一卷，後漢安世高譯。

【校記】◎指：寶積三昧經，普天南北嘉龍黃義知：無佛説二字，開貞至標略緣：無師利菩薩四字◎緣：無安字。【註】開貞緣：一名遺日寶積三昧文殊師利菩薩問法身經。【按】石經文中間部分刻在石碑側面，以下希有希有校量功德經（見附0783）的後部經文亦刻在石碑側面，《房山石經》誤將兩側面之經文前後倒置。

▲上二經同本異譯。

0387　佛説大乘入諸佛境界智光明莊嚴經五卷，宋法護等譯。

【校記】麗磧普初南卍臺大中縮頻：無宋字。【按】①此經第四、五卷，改著宋

惟淨等譯（麗磧普初南卍臺大中縮頻：無宋字），緣續：誤作施護譯。②譯者法護的職稱中有西天譯經三藏六字，北嘉龍黃：脫譯經二字，譯者惟淨的職稱中有譯經三藏四字，北嘉龍黃：脫譯經二字。

0388　如來莊嚴智慧光明入一切佛境界經二卷，元魏曇摩流支譯。

【校記】◎指：如來莊嚴入佛境界經◎貞：脫元魏二字。【註】開貞緣：亦名如來入一切佛境界經。

0389　度一切諸佛境界智嚴經一卷，梁僧伽婆羅等譯。

【校記】◎指：佛境界智嚴經◎義知：無等字。【按】石重出（見附 0389-1、附 0389-2）。

▲上三經同本異譯。

0390　佛説無量壽經二卷，曹魏康僧鎧譯。

【校記】標：無量壽佛經。【註】磧初天臺：漢末三國時。【按】佛重出（見附 0390）。

0391　佛説無量清淨平等覺經四卷，後漢支婁迦讖譯。

【校記】◎指：平等覺經◎開石貞至略福資磧普初天緣南臺義知：二卷，北嘉龍黃慧：三卷。【註】開貞至緣：亦云無量清淨經。【按】佛重出（見附 0391）。

0392　佛説阿彌陀經二卷，吳支謙譯。

【校記】標：阿彌陀三耶三佛薩樓佛檀過度人道經，開貞至：卷上經名作佛説諸佛阿彌陀三耶三佛薩樓佛檀過度人道經（金麗卍大中縮頻慧：卷上經名無諸佛二字）。【註】開貞緣：亦名無量壽經。【按】佛重出（見附 0392）。

0393　佛説大乘無量壽莊嚴經三卷，宋法賢譯。

〇譯場職名録。

【校記】◎普：無佛説二字◎石金麗資磧普初天緣南卍臺大中縮頻：無宋字◎職名録見金中（卷上後）。【按】①譯者法賢的職稱中有西天譯經三藏六字，北嘉龍黃慧：脫譯經二字。②佛重出（見附 0393）。

0394　佛説大阿彌陀經二卷，宋王日休校輯。

〇大阿彌陀佛經序，王日休序〇～目録〇禮祝儀式〇附大阿彌陀經跋，宋法起跋〇佛説阿彌陀平等清淨覺經後序，元嗣良序。

【校記】◎初南北龍中：無作者名，嘉黃卍臺大縮頻：無宋字，緣續：宋龍舒居士參會，知：校輯作刪補訂正，義：輯作正，佛：輯作集◎序、跋見磧普初南北嘉龍黃臺卍大中縮頻（慧：無跋）；目録見嘉黃卍臺縮頻；儀式見南北嘉龍黃卍臺大中縮頻；後序見初。【提示】王日休，號龍舒居士。【按】佛重出（見附 0394）。

▲上五經與大寶積經第十七、十八卷無量壽如來會第五同本異譯。

0395　無量壽如來會二卷，唐菩提流志譯。

【普慧按】大寶積經卷第十七、卷第十八，楊文會分章。

0396　佛説觀無量壽佛經一卷，劉宋畺良耶舍譯。

　　　○觀無量壽佛經序，洪俊撰○明永樂御製無量壽佛讚。

　　　【校記】◎指：觀無量壽經◎開石貞至麗略福資磧天緣卍臺大中縮頻：劉宋作宋◎序見金中；御製讚見北嘉龍黃大中縮頻佛。【註】開貞至緣：亦云無量壽觀經。【按】石重出（見附 0396-1）；石佛重出（見附 0396-2）。

0397　無量壽經會譯一卷，清魏源會譯。

　　　○原刻淨土四經敘，清周詒樸記○淨土四經總敘，清魏承貫敘○～敘，魏承貫敘○附觀無量經敘、阿彌陀經敘、普賢行願品敘，魏承貫敘○重刊淨土四經跋，清楊文會跋。

　　　【校記】敘等見卍續。

0398　佛説阿彌陀經一卷，姚秦鳩摩羅什譯。

　　　○附無量壽佛説往生淨土呪○佛説阿彌陀呪。

　　　【校記】◎指：彌陀經◎石：無譯者名◎附淨土呪見大◎阿彌陀呪見石。【註】開貞至緣：或名無量壽經。【按】①阿彌陀呪另見法苑珠林第六十卷彌陀部第三（見 3888）。②石佛重出（見附 0398）。

0399　稱讚淨土佛攝受經一卷，唐玄奘譯。

　　　【校記】◎指：稱讚淨土經，至：淨土佛作佛淨土◎石：無唐字。【按】石佛重出（見附 0399）。

　　　▲上二經同本異譯。

0400　阿彌陀經異本。

　　　○附日本大正赤松連城識。

　　　【校記】附識見卍續。

0401-1　拔一切業障根本得生淨土神呪一卷，劉宋求那跋陀羅重譯。

　　　【校記】◎義：神呪作陀羅尼◎佛：無卷數◎重譯作譯，福資：宋求那跋陀重譯。【註】磧普南北嘉龍黃卍臺大中知縮頻慧：出小無量壽經。【按】①福資此神呪附於阿彌陀經不思議神力傳後，並將神力傳作為一種譯經著録，誤也。②佛目録未給編號，不妥。佛重出（見附 0401-1）。

0401-2　附阿彌陀經不思議神力傳，隋録未詳作者。

　　　【校記】◎緣：不思議神力傳◎福資天：無作者名，知：隋作附隋，磧普臺：無録字，佛：失撰人名附隋録。【按】此傳略述誦阿彌陀經及拔一切業障根本得生淨土神呪會有何應驗及果報，屬此土撰述。故磧普緣南北嘉龍黃臺大中縮頻慧於拔一切業障根本得生淨土神呪後附見此神力傳，然而福資磧天臺在冊首著録不思議神力傳與佛説阿彌陀經（見 0398）"二經同卷"，在翻譯類典籍中將撰述類典籍立為一目的作法，誤也。

0402　佛説阿彌陀佛根本祕密神呪經一卷，曹魏菩提流支譯。

　　　○附神呪經真偽決疑，元禄日人寂譽知足書。

【校記】附決疑見卍續佛。【按】①佛分出神呪經真偽決疑一卷（見附 0402），不妥。②曹魏疑作元魏。

0403　阿彌陀鼓音聲王陀羅尼經一卷，失譯附梁錄。

【校記】◎指：鼓聲音王呪，福：阿作佛説阿◎石義：梁代失譯，略福資天：失譯，普南北嘉龍黃臺慧：附作開元附，初：開元拾遺附梁錄（知：無拾遺二字）。【按】佛重出（見附 0403）。

0404　觀世音菩薩授記經一卷，劉宋曇無竭譯。

【校記】◎指：觀音授決經，福資磧普初天南北嘉龍黃臺義知慧：觀世音菩薩得大勢菩薩受記經，標：無菩薩二字，開貞至緣：授作受◎開貞至金麗略福資天緣卍大中縮頻：劉宋作宋，義：劉宋法勇譯。【按】①石卷首殘。②佛重出（見附 0404）【提示】曇無竭，譯作法勇。

0405　佛説如幻三摩地無量印法門經三卷，宋施護等譯。

【校記】◎慧：一卷◎金麗福資磧普初南卍臺大中縮頻：無宋字，天緣：施護譯，至義：脱等字。【按】①譯者施護的職稱中有西天譯經三藏朝奉大夫十字，北嘉龍黃慧：脱譯經二字，嘉黃：三誤作竺，磧初臺：朝奉誤作朝散。②佛重出（見附 0405）。

　　▲上二經同本異譯。

0406　後出阿彌陀佛偈一卷，後漢失譯。

　　○跋。

【校記】◎標：後出彌陀偈經，義知：佛偈作偈經，開石貞至略福資磧普天緣南北嘉龍黃臺慧：偈作偈經◎石：無譯者名，麗卍大中縮頻：古舊錄云闕譯人名今紀後漢錄，義：後漢錄失譯人名，佛：失譯人名附後漢錄◎跋見福磧南北龍臺中〔縮頻：僅錄首末句“蓋聞紫虛蕩蕩（中略）流而不竭云爾”，全文見總目錄一冊首，頻增題“造一切經論序，高宗皇帝御製”十二字〕。【按】佛重出（見附 0406）。

0407　阿彌陀佛説呪一卷。

【按】此呪原附後出阿彌陀佛偈（見 0406）後，今依石經等藏本別立一目一卷。

0408　佛説十往生阿彌陀佛國經一卷，失譯出周錄。

　　○附十往生經真偽決疑，元禄日本靈哲書。

【校記】附決疑見卍續。【按】檢開元錄，智昇云此經依周錄入偽妄亂真錄。今有靈哲真偽決疑，又見唐道綽撰安樂集卷下，引用了此經的大部分内容，由此可知其文義俱正，故收入正錄。

涅槃部

0409　大般涅槃經四十卷，北涼曇無讖譯。

〇~序，後秦道朗撰〇~目録〇~後分品目附。

【校記】序見嘉黄大中縮頻；目録見嘉黄縮頻；後分品目見嘉黄。【註】開貞至：或三十六卷（蔡按：指南本而言，貞至不另出南本）。【中華按】石此經只有一種，不分卷，亦不著譯者。因其前二十二品品名與南朝宋慧嚴等再治，稱南本同，故作南本校本；最後三品品名與曇無讖譯，稱北本同，故作北本校本。

0410　　大般涅槃經三十六卷，劉宋慧嚴等依泥洹經加之。

〇~目録〇科南本涅槃經序，元師正述〇南本涅槃經疏鈔圖（序品一、經一卷、疏一卷、鈔一之二卷……折攝涅槃用）。

【校記】◎石：大般泥洹經，天嘉黄知：南本大般涅槃經◎石：不分卷（暫定三十六卷）◎無作者名，麗卍大中縮頻：劉宋作宋，緣：增北涼曇無讖譯六字，北嘉龍黄義：北涼曇無讖譯，宋慧嚴、慧觀同謝靈運再治（資磧普初天南臺：無北涼、宋三字，知：宋慧嚴作劉宋），佛：劉宋慧嚴等再治◎目録見北縮頻；序見南臺中；疏鈔圖見普南臺縮頻。【按】①石經的校勘，詳見前目之中華按語（見0409）。②臺收磧非加科本，因卷一、二及卷三十六末版散佚，而用普南補版，故增入序、圖及科文，實非磧原有者。③今見影印北卷一尾之音釋，在經前有序的音釋，但查卷首版次編號，卻無序的位置，可能是北藏未録科文，故亦不録科序之緣故。④新纂卍續收録序、疏鈔圖（見附0410）。

0411　　佛説大般泥洹經六卷，東晉法顯譯。

〇~目録。

【校記】◎指：大泥洹經，略：大般涅槃經，金磧普初天南北嘉龍黄臺義知：無佛説二字◎天：四卷◎開貞至略福資磧普初天緣南北嘉龍黄義知：譯作共覺賢譯◎目録見縮頻。【註】開貞緣：記云方等大般泥洹經；開貞至：或十卷。【按】金經首殘缺。

▲與四十卷大般涅槃經第一至十一卷壽命品第一至現病品第六、三十六卷大般涅槃經第一至十卷序品第一至現病品第十八同本異譯。

0412　　大般涅槃經後分二卷，唐若那跋陀羅譯。

〇~品目。

【校記】◎開貞標略：大般涅槃經後譯荼毘分（至：無般字，石：無後譯二字），指：無大般二字，天：後分涅槃經◎開貞福資天緣：譯作共會寧譯（石略：共作共唐），至：譯作共唐會寧共譯，磧普初南北嘉龍黄臺義知：譯作與會寧等譯◎品目見縮頻。【註】開貞至緣：亦云闍維分。【按】①嘉黄此經品目附見於大般涅槃經四十卷目録後。②縮頻卷下後附經文一段“迦毘羅……第十炭塔如是分佈舍利事已時”七百四十六字，係卷下尾“爾時諸菩薩及聲聞眾”一句，爾時與諸字之間磧普初南北嘉龍黄增入之文，今檢其文意出十誦律卷六十（見1496-2），但有出入。③石重出（見附0412）。

0413　　佛説方等般泥洹經二卷，西晉竺法護譯。

○～目錄。

【校記】◎指：方等泥洹經◎目錄見嘉黃縮頻。【註】開貞至緣：亦云大般泥洹經；開貞至：或三卷。

0414　四童子三昧經三卷，隋闍那崛多譯。

【校記】◎至：四卷◎開石貞至略緣：譯作等譯。【註】開貞至緣：或直云四童子經。

▲上二經同本異譯。

0415　大悲經五卷，高齊那連提耶舍譯。

○～目錄。

【校記】◎石：佛説大悲經◎開貞至略福資磧普初天緣南臺：高齊那連提耶舍共法智譯（北嘉龍黃義知：提作提黎）◎目錄見縮頻。

0416　集一切福德三昧經三卷，姚秦鳩摩羅什譯。

【校記】緣：無鳩摩二字。【按】①昭和總目六宮内省圖書寮目錄（毘盧）及字號著録此經存卷中、卷下兩卷，而卷上則見於此目錄尾附目，但千字文袟號卻誤記作旦字號至營字號（見附0416）。②影印北卷上末二版錯簡。

0417　等集衆德三昧經三卷，西晉竺法護譯。

【校記】標：二卷。【註】開貞緣：或無三昧字，或直云等集經。

▲上二經同本異譯。

0418　摩訶摩耶經二卷，蕭齊曇景譯。

【校記】◎開石貞至：一卷◎金中：蕭齊作高齊，麗大：蕭誤作簫。【註】開貞標金麗福磧普初天緣南北嘉龍黃卍臺大中知縮頻：一名佛昇忉利天為母説法經；開貞至緣：亦直云摩耶經。【普寧按】經末有八國分舍利品，准校勘大藏竹堂講師批是涅槃後分經文，不當在此，下竺寺本原無，今削去。【按】福資有此八國分舍利品，亦附見大中縮頻。

0419　菩薩處胎經五卷，姚秦竺佛念譯。

○菩薩從兜術天降神母胎説廣普經目錄。

【校記】◎金麗卍大中縮頻：僅卷一題名作菩薩從兜術天降神母胎説廣普經（佛：經名同）◎指金麗卍大中縮頻佛：七卷◎目錄見縮頻。【註】開貞至緣：亦直云胎經；開貞至：或八卷，開貞：或四卷。

0420　中陰經二卷，姚秦竺佛念譯。

○～目錄。

【校記】◎金麗卍大中縮頻佛：姚秦作後秦，磧普臺：姚秦作秦◎目錄見縮頻。【按】陰、廕音同不校。

0421　蓮華面經二卷，隋那連提耶舍譯。

【校記】◎磧普初天南北嘉龍黃臺義知：蓮作佛説蓮◎福資磧初臺義知：提作提黎，南：誤作隋那那連提舍譯。【註】金麗卍大中縮頻：大乘修多羅藏。【按】磧

初臺卷下記隋三藏法師那連提黎耶舍譯，與福資同，然而卷上提字下空白一字，即缺黎字，今據卷下的譯者名著錄。

0422 　大方等無想經六卷，北涼曇無讖譯。

○～目錄。

【校記】◎開貞至指金略福資磧普初天緣南北嘉龍黃臺義知：大方等大雲經，石：想作相◎略福資磧普初天緣南北嘉龍黃臺義知：四卷◎目錄見縮頻。【註】開貞緣：一名大方等無相大雲經，一名大雲無相經，一名大雲密藏經；開貞至：或五卷。【按】金卷一散佚。

0423 　大雲無想經卷九，姚秦竺佛念譯。

○～跋，明治日本松本文識。

【校記】◎卍續：姚秦作苻秦，大：無譯者名◎跋見卍續。【按】卍續大卷首殘缺。

0424 　佛垂般涅槃略説教誡經一卷，姚秦鳩摩羅什譯。

○大宋真宗皇帝註遺教經序○佛遺教經施行敕，唐太宗文皇帝御製。

【校記】◎指：教誡經，標：佛垂涅槃教誡經，磧初臺：佛遺教經◎金麗磧初卍臺大中縮頻佛：姚秦作後秦，緣：無鳩摩二字◎御製序見磧初臺中；施行敕見磧初臺中縮頻（出文館詞林第六百九十三卷）。【註】開貞略緣：亦云佛臨般涅槃。【按】①磧初臺中雖收宋真宗皇帝註經序，但經文非註解本。②石重出（見附0424-1至附0424-4）。

0425 　佛臨涅槃記法住經一卷，唐玄奘譯。

【校記】◎指：法住經，至：涅槃作般涅槃◎金中：無唐字。

0426 　般泥洹後灌臘經一卷，西晉竺法護譯。

【校記】指：灌臘經。【註】開貞緣：一名般泥洹後四輩灌臘經，至：亦名四輩灌臘經。

0427 　佛滅度後棺斂葬送經一卷，失譯附西晉錄。

【校記】◎指：滅度葬送經，天：佛滅度後作佛説滅度，標：無度字，福資磧普初南臺：無後字◎開貞略：失譯作僧祐錄云安公失譯（至：無錄字），義：西晉錄失譯人名，知：無失譯二字。【註】開貞至麗略緣卍大中縮頻：一名比丘師經，開貞至略緣：一名師比丘經。【按】斂、歛、殮音同不校。

0428 　迦葉赴佛般涅槃經一卷，東晉竺曇無蘭譯。

【校記】◎開貞至略：佛般泥洹摩訶迦葉赴佛經，磧南臺：佛説迦葉赴佛般涅槃經（福資普天：無般字），指標：無般字◎佛：無竺字，緣：脱無字。

0429 　佛入涅槃密跡金剛力士哀戀經一卷，失譯附秦錄。

【校記】◎指：力士哀戀經，天：戀誤作悲◎福資磧普天南北嘉龍黃臺知：失譯，義：三秦錄失譯人名。

0430 　佛説當來變經一卷，西晉竺法護譯。

【校記】福資：無西晉二字。【註】開至緣：或云當來變識經。【按】石重出（見附0430）。

0431　佛説法滅盡經一卷，失譯附劉宋録。

【校記】石貞至金麗緣卍大中縮頻：僧祐録中失譯附宋録，福資：僧祐録失譯（略：録作録中），磧普初天南北嘉龍黄臺：失譯作僧祐録失譯，知：失譯作僧祐，開佛：劉宋作宋，義：劉宋録失譯人名。

大集部

0432　大方等大集經六十卷，隋僧就合。

〇～目録。

【校記】◎指：大集經◎大縮頻：或六十一卷（卷五十後附大方等大集月藏經卷五一卷）◎隋僧就合見大正藏總目録，金麗卍大中縮頻：（卷一至二十六、三十一、三十二）北涼曇無讖譯、（卷二十七至三十）宋智嚴共寶雲譯、（卷三十三至四十五）隋那連提耶舍譯、（卷四十六至六十）高齊那連提耶舍譯，佛：合作集◎目録見縮頻。【中華按】此經另有三十卷本者，按其内容與六十卷本第一至第二十六卷及第三十一至第三十三卷相當。【蔡按】三十卷本另出五經，即大方等大集日藏經、大集月藏經、大集須彌藏經、無盡意菩薩經、明度五十校計經，六十卷本仍另出三經，即前所列後三經。【按】①卍又將後三經分別與本經内容相當部分校閲，並記其異同。卍縮頻：後三經僅列經名、卷數、譯者，但不收經文，因其内容與六十卷本無盡意菩薩品第二十七至三十卷，須彌藏分第五十七、五十八卷，十方菩薩品第五十九、六十卷内容相當。②金麗卍大中縮頻卷三十三記隋那連提耶舍譯，誤也，應更正作北涼曇無讖譯，因本卷品目與卷三十一、三十二皆屬日密分收。③卍續佛別抄（見附0432）。【守其按】大集經第一卷校正後序：此經國本、宋本皆六十卷，凡十七品；丹藏三十卷，十一品。據開元録此經凡有六本，今驗之其第一本即是國、宋本六十卷中前分三十卷，其第四、第五本與國、宋本互有異同；其第二本則是丹藏經三十卷。謹按開元録前後文相，今此兩藏本經六十卷者有六失及二品重出，須正之。如何正之？略則如開元録及丹藏為三十卷乃正矣；合則如開元録中第六本為八十卷方備矣。

0433　大方等大集經三十卷，北涼曇無讖譯。

【註】開：或二十九卷、或三十一卷、或三十二卷、或四十二卷（貞：無或四十二卷），貞至：或四十卷。【按】石重出（見附0433）。

0434　大方等大集日藏經十卷，隋那連提耶舍譯。

【校記】◎石：大方等大集日藏分經，至福資磧普初天南北嘉龍黄臺中義知：大乘大方等日藏經◎義知：提作提黎。【註】貞：題云大乘大方等日藏分經，緣：或云大乘大集；開貞：或十二卷，開貞至：或十五卷。【按】①此經内容與六十卷本大集經第三十四卷至第四十五卷相當。②石重出（見附0434）。

0435　　　大集月藏經十卷，高齊那連提耶舍譯。

【校記】◎石：大集經月藏分第十二，福資磧普初南北嘉龍黃臺中義知：大方等大集月藏經◎義知：提作提黎。【註】開貞：或十二卷，開貞至：或十五卷。【按】①此經內容與六十卷本大集經第四十六卷至第五十六卷相當。②石重出（見附0435）。

0436　　　大集須彌藏經二卷，高齊那連提耶舍共法智譯。

【校記】◎石金麗卍大中佛：大乘大集經，指：須彌藏經◎金麗大中佛：高齊那連提耶舍譯（卍：脫耶字），義知：提作提黎，略：脫耶字。【按】①卍縮頻存目（詳見0432六十卷大方等大集經按語）。②佛目錄註見大集經卷五七，不妥，實係卷五七、五八。

0437　　　無盡意菩薩經四卷，劉宋智嚴共寶雲譯。

【校記】◎開貞至指標金麗中佛：六卷◎開貞至金麗略資緣卍中：劉宋作宋，至：寶雲誤作寶曇。【註】開貞緣：初題云大集經中無盡意所説不可盡義品第三十二，或直云無盡意經，開貞至：或云阿差末經，緣：又名阿差末菩薩經。【按】①卍縮頻存目（詳見0432六十卷大方等大集經按語）。②佛目錄註見大集經卷二八，不妥，實係卷二七至三十。

0438　　　阿差末菩薩經七卷，西晉竺法護譯。

【校記】開貞至指標略：阿差末經。【註】開貞標緣：阿差末，晉曰無盡意；開貞至：或四卷，或五卷。【按】末、摩音同不校。

▲上二經同本異譯。

0439　　　佛説明度五十校計經二卷，後漢安世高譯。

【校記】石：無佛説二字。【註】開貞至緣：或無明度字，或無五十字。【按】①卍縮頻存目（詳見0432六十卷大方等大集經按語）。②佛目錄註見大集經卷五九，不妥，實係卷五九、六十。

0440　　　大哀經八卷，西晉竺法護譯。

○～目錄。

【校記】目錄見縮頻。【註】開貞至緣：或云如來大哀經；開貞至：或六卷，或七卷。

▲與六十卷大方等大集經第一至四卷瓔珞品第一及陀羅尼自在王菩薩品第二、三十卷本第一至五卷序品第一及陀羅尼自在王菩薩品第二同本異譯。

0441　　　寶女所問經四卷，西晉竺法護譯。

○～目錄。

【校記】◎開貞至：三卷◎目錄見縮頻。【註】開貞緣：或直云寶女經，亦云寶女三昧經，開貞至緣：亦云寶女問慧經。

▲與六十卷大方等大集經第五、六卷（三十卷本第五至七卷）寶女品第三同本異譯。

0442　佛説海意菩薩所問淨印法門經十八卷，宋惟淨等譯。

　　　○譯場職名録○附明嚴激書。

　　　【校記】◎磧普初南北嘉龍黃臺義知：無佛説二字，天：所問誤作初心◎北嘉

　　　龍黃：九卷◎金麗福資磧普初南卍臺大中縮頻：無宋字，至：宋法護、惟淨譯，

　　　天：法護譯，緣：法護共惟淨譯，義知：等作共法護等◎職名録見金中（卷五、

　　　七、八、十一、十二、十六至十八後）；書見嘉黃大縮頻。【按】①此經第四至

　　　六、十至十二、十六至十八卷改著宋法護等譯。惟淨的職稱是譯經三藏朝散大夫

　　　試鴻臚卿光梵大師，法護的職稱是西天譯經三藏朝散大夫試鴻臚卿傳梵大師，然

　　　而磧普初南北嘉龍黃臺各卷所記譯者名及職稱差異頗多，且誤記亦多。其原因在

　　　於北嘉龍黃分卷不同，磧普初南臺每兩卷合一冊，凡雙數卷次不記經名、譯者

　　　名，所以皆對譯者名作了改動所致。②天目録記用函十九卷，應含本經十八卷及

　　　下經一卷，然而目録記本經十九卷，卷數明顯有誤，故今新考目録正之。

　　　▲與六十卷大方等大集經第八至十一卷海慧菩薩品第五（三十卷本同）同本異

　　　譯。

0443　佛説無言童子經二卷，西晉竺法護譯。

　　　【校記】福資磧普初天南北嘉龍黃義知：無佛説二字。【註】開貞至緣：或云無

　　　言菩薩經；開貞至：或一卷。

　　　▲與六十卷大方等大集經第十二卷無言菩薩品第六、三十卷本第十七和十八卷無

　　　言菩薩品第七同本異譯。

0444　大集大虛空藏菩薩所問經八卷，唐不空譯。

　　　【校記】◎貞：大集作新譯，石：大集大作大乘大集，至緣續：無大集二字◎石

　　　貞麗緣續卍續大中縮頻慧：無唐字。【按】佛重出（見附0444）。

　　　▲與六十卷大方等大集經第十四至十八卷虛空藏品第八、三十卷本第十二至十六

　　　卷虛空藏菩薩所問品第六同本異譯。

0445　寶星陀羅尼經十卷，唐波羅頗蜜多羅譯。

　　　○～目録○寶星經序，唐法琳撰。

　　　【校記】◎石福資：寶作佛説寶◎磧普初天南北嘉龍黃臺義知：八卷◎義：頗作

　　　頗迦羅◎目録見縮頻；序見福資磧普初南北嘉龍黃臺大中縮頻。

　　　▲與六十卷大方等大集經第十九至二十一卷（三十卷本第十九至二十二卷）寶幢

　　　分第九同本異譯。

0446　虛空藏菩薩經一卷，姚秦佛陀耶舍譯。

　　　【校記】指：虛空藏經。【按】佛重出（見附0446）。

0447　虛空藏菩薩神呪經一卷，劉宋曇摩蜜多譯。

　　　【校記】◎指：虛空藏神呪經◎開貞至麗略福資天緣卍大中縮頻慧：劉宋作宋。

　　　【按】佛重出（見附0447）。

0448　佛説虛空藏菩薩神呪經一卷。

【校記】佛：增失譯人名四字。【按】①大正用日本存聖本，失譯者名。②中華記本經係前經虛空藏菩薩神呪經（見0447）的別本，誤也。③佛重出（見附0448）。

0449　虛空孕菩薩經二卷，隋闍那崛多譯。

【校記】◎指：虛空孕經◎開石貞至略緣：譯作等譯。【按】佛重出（見附0449）。

▲上四經同本異譯。

0450　觀虛空藏菩薩經一卷，劉宋曇摩蜜多譯。

【校記】◎指：無菩薩二字◎開石貞至麗略福資天緣卍大中縮頻慧：劉宋作宋。【註】開貞緣：亦名虛空藏觀經，開貞至緣：或無觀字。【普寧按】此經按開元錄是單譯，只有二紙。經後舊尚有八紙經文，准校勘大藏竹堂講師批：該是後人採集虛空藏經呪等以為勸世修行法，不可連在本經後；下竺本及福本皆無，故刪之。【按】①石貞福磧普初南北嘉龍黃臺同開，無經後之八紙經文。②八紙經文末是集法悅捨苦陀羅尼經，故麗藏目錄註云：集法悅捨苦陀羅尼經同譯。③佛重出（見附0450）。

0451　大乘大集地藏十輪經十卷，唐玄奘譯。

○~目錄○~序，唐神昉撰○譯場職名錄。

【校記】◎指：地藏十輪經，至：無大集二字◎石金麗福資磧普天卍臺大中縮頻：無唐字◎目錄見縮頻慧；序見麗福資磧普初南北嘉龍黃卍臺大中縮頻慧；職名錄見大（卷一後）。【按】①石另有唐刻本有序，佛重出（均見附0451）。②金缺卷十。

0452　大方廣十輪經八卷，失譯附北涼錄。

○~目錄。

【校記】◎指：十輪經，福資普南北嘉龍黃義知：大作佛說大◎略：失譯，至：涼失譯今附涼錄，義知：北涼錄失譯人名◎目錄見縮頻。

▲上二經同本異譯。

0453　地藏菩薩本願經二卷，唐實叉難陀譯。

○~原序，袾宏筆記○~香讚等○~目錄。

【校記】◎重輯嘉慧：三卷◎磧普初南：無唐字◎序、香讚等見重輯嘉；目錄見縮頻。【按】佛重出（見附0453）。

0454　百千頌大集經地藏菩薩請問法身讚一卷，唐不空譯。

【校記】◎貞：地藏菩薩問法身讚，至：經字在讚字後◎石貞麗福資磧普初天緣南卍臺大中縮頻：無唐字。【按】①金卷首殘缺。②至重出（見附0454）。

0455　菩薩念佛三昧經五卷，劉宋功德直共玄暢譯。

○佛說~品目。

【校記】◎指：念佛三昧經，福資磧普初天南北嘉龍黃臺義知：菩作佛說菩◎開

貞至略福資磧普初天緣南北嘉龍黃臺義知：六卷◎開貞至略福資天緣：劉宋作宋，麗卍大中縮頻：宋功德直譯（佛：宋作劉宋）◎品目見嘉黃縮頻。【按】金卷首殘缺。

0456　大方等大集經菩薩念佛三昧分十卷，隋達摩笈多譯。

○～目錄。

【校記】◎開貞至略緣：大方等大集菩薩念佛三昧經（標：大方作十方，至福資磧普初緣南北嘉龍黃臺義知：大方作佛說大方，天：經作分經），指：大集念佛三昧經◎目錄見縮頻。

▲上二經同本異譯。

0457　大方等大集經賢護分五卷，隋闍那崛多譯。

○～目錄。

【校記】◎開貞至標略福資磧普初天緣南北嘉龍黃臺義知：大方等大集賢護經（指：無大方等三字）◎開石貞至略緣：譯作等譯，福資普天南北嘉龍黃：譯作及笈多等譯（磧初臺義知：及作共）◎目錄見縮頻。【註】開貞至緣：亦直云賢護經，貞：題云大方等大集經賢護菩薩經；開貞：或六卷。

0458　般舟三昧經三卷，後漢支婁迦讖譯。

○～目錄。

【校記】目錄見縮頻。【註】開貞金麗福資磧普初天緣南北嘉龍黃卍臺大中知縮頻：一名十方現在佛悉在前立定經，開貞至緣：或云大般舟三昧經。【按】指誤記二卷，檢伐字帙記九卷，另兩經合計六卷，故今新考目錄更正本經作三卷。

0459　佛說般舟三昧經一卷，後漢支婁迦讖譯。

○～目錄。

【校記】◎頻：譯作再譯◎目錄見縮頻。【按】各藏記後漢支婁迦讖譯，恐有誤。據開元錄卷一、卷十四云：支讖譯般舟三昧經三卷，見存，又重翻彼經後十品為般舟三昧經一卷，已缺本。今檢本經共八品，並非後八品，故知非支讖所譯。開元錄另有後漢竺佛朔譯般舟三昧經二卷（或一卷）及西晉竺法護譯般舟三昧經二卷，皆已缺本，或許本經即此兩缺本中之一者也。

0460　拔陂菩薩經一卷，失譯附漢錄。

【校記】◎略：陂作陀◎至：僧祐錄云安公古典經是般舟三昧經初四品異譯附漢錄（貞：典作異，開貞略：無三昧二字，略：無附漢錄三字，金麗卍大中縮頻：古典經作古典，無四品、附漢錄五字，緣：無是至譯十一字），福資初天北嘉龍黃：後漢支婁迦讖譯，磧普南臺：漢失譯，義知：後漢錄失譯人名。【註】開貞至福資天緣：亦云拔波，開貞緣：安錄云颰披陀菩薩經，磧普初緣南北嘉龍黃臺：開元錄云亦名拔陀經。

▲上四經同本異譯。

0461　　　自在王菩薩經二卷，姚秦鳩摩羅什譯。

【校記】天：脱譯者名。【註】開貞緣：或無菩薩字。

0462　　　奮迅王問經二卷，元魏瞿曇般若流支譯。

○～翻譯記。

【校記】◎貞略磧普初天緣南北嘉龍黃臺知：元魏瞿曇般若流支等譯（福資：無瞿曇二字），至：無瞿曇二字◎記見麗福資磧普初南北嘉龍黃卍臺大中縮頻。【按】金卷上散佚。

▲上二經同本異譯。

0463　　　大集譬喻王經二卷，隋闍那崛多譯。

【校記】◎指：譬喻王經，天：無王字◎開貞略福資磧普初天緣南北嘉龍黃臺知：譯作等譯。【註】開貞至緣：大集別品。

0464　　　佛説大集會正法經五卷，宋施護譯。

○譯場職名録。

【校記】◎金麗福資磧普初天緣南卍臺大中縮頻：無宋字◎職名録見金中（卷二、四後）。【按】譯者施護的職稱中有西天譯經三藏六字，北嘉龍黃：脱譯經二字。

0465　　　僧伽吒經四卷，元魏月婆首那譯。

0466　　　佛説大乘僧伽吒法義經七卷，宋金總持等譯。

【校記】金臺中：無宋字。【按】①金臺中佛卷一、三、四、五及卷六第一版散佚。②臺收録宋藏遺珍本卷二，完好無損，而中華收録金藏現存本，已多有殘缺。

▲上三經同本異譯。

經集部

0467-1　　佛説阿難問事佛吉凶經一卷，後漢安世高譯。

【校記】指：事佛吉凶經。

0467-2　　阿難問事佛吉凶經（別本）一卷，後漢安世高譯。

【校記】緣：漢世高譯。【註】開貞至略緣：或云阿難問事經，亦云事佛吉凶經。

0468　　　佛説慢法經一卷，西晉法炬譯。

【校記】福資磧普初天南北嘉龍黃臺義知：無佛説二字。

0469　　　佛説阿難分別經一卷，乞伏秦聖堅譯。

【校記】◎福資磧普初天南北嘉龍黃臺義知：無佛説二字◎至麗大中縮頻佛：聖堅作法堅。【註】開貞緣：亦云阿難問事佛吉凶經，或直云分別經。【提示】聖堅或云法堅。【新文豐按】此經大正藏原本重印第 17 冊之 738 佛説分別經，西晉竺法護譯，冊首目録亦誤，茲依總目録改印麗本佛説阿難分別經，校合從略。

▲上三經同本異譯。

0470　佛説阿難四事經一卷，吴支謙譯。

【校記】福資磧普初天南北嘉龍黄臺義知：無佛説二字。

0471　佛説阿難七夢經一卷，東晉竺曇無蘭譯。

【校記】◎石麗福資磧普初天南卍臺大縮頻佛：無佛説二字◎緣：脱譯者名，佛：無竺字。【註】開貞略緣：或直云七夢經。

0472　佛説大迦葉本經一卷，西晉竺法護譯。

【校記】◎義：無佛説二字◎天：西晉作晉。【註】開貞至緣：或無大字，略：或無本字。【按】石後部經文刻在石碑側面，以下佛説護淨經（見附0566）的後部經文亦刻在石碑側面，《房山石經》誤將兩側面之經文前後倒置。

0473　佛説摩訶迦葉度貧母經一卷，劉宋求那跋陀羅譯。

【校記】◎指：度貧母經，標：無摩訶二字◎開石貞至麗略福資磧普初天緣南北嘉龍黄卍臺大中縮頻佛：劉宋作宋。

0474　佛説初分説經二卷，宋施護譯。

【校記】金麗福資磧普初天緣南卍臺大中縮頻：無宋字。【按】施護譯此經時的職稱是西天譯經三藏朝奉大夫試光禄卿傳法大師，麗卍大縮頻：脱朝奉大夫試光禄卿八字，北嘉龍黄：脱譯經二字。

0475　羅雲忍辱經一卷，西晉法炬譯。

【校記】石福資磧普天南北嘉龍黄臺義知：羅作佛説羅。【註】開貞至略緣：或直云忍辱經。

0476　佛説沙曷比丘功德經一卷，西晉法炬譯。

【按】石後部經文刻在石碑側面，以下般若波羅蜜多心經（見附0277-22）的後部經文亦刻在石碑側面，《房山石經》誤將兩側面之經文前後倒置。

0477　佛為年少比丘説正事經一卷，西晉法炬譯。

【校記】至：無佛為二字，福資磧普初南臺：為作説。【按】石卷首漫漶。

0478　比丘避女惡名欲自殺經一卷，西晉法炬譯。

【校記】標：無比丘二字，略：殺作殺身。

0479　佛説見正經一卷，東晉竺曇無蘭譯。

【校記】◎指：誤作正見經◎緣佛：無竺字。【註】開石貞至標麗略緣卍大中縮頻：亦名生死變識經。【按】金卷首散佚。

0480　犍陀國王經一卷，後漢安世高譯。

【校記】◎福：犍作佛説犍，指：無國字◎緣：漢世高譯。

0481　佛説未生冤經一卷，吴支謙譯。

【校記】開貞至標略資磧普初天緣南北嘉龍黄臺義知：未生怨經，石福：冤作怨。【按】石卷首缺文。

0482　阿闍世王問五逆經一卷，西晉法炬譯。

【校記】指：無問字。

0483　　　佛説淨飯王般涅槃經一卷，劉宋沮渠京聲譯。

【校記】◎指：淨飯王經，開貞至略緣：無般字◎開貞至麗略福資磧普初天南北嘉龍黃卍臺大中縮頻佛：劉宋作宋，緣：宋京聲譯。

0484　　　佛説末羅王經一卷，劉宋沮渠京聲譯。

【校記】開貞至金麗略福資磧普初天南北嘉龍黃卍臺大中縮頻佛：劉宋作宋，緣：宋京聲譯。

0485　　　佛説旃陀越國王經一卷，劉宋沮渠京聲譯。

【校記】開石貞至麗略福資磧普初天南北嘉龍黃卍臺大中縮頻佛：劉宋作宋，緣：宋京聲譯。【註】開貞至略緣：或無國王二字。

0486　　　佛説摩達國王經一卷，劉宋沮渠京聲譯。

【校記】石：無譯者名，開貞至金麗略福資磧普初天南北嘉龍黃卍臺大中縮頻佛：劉宋作宋，緣：宋京聲譯。【註】開貞緣：或無國王字。

0487　　　佛説梵摩難國王經一卷，失譯附西晉録。

【校記】開貞略：失譯作僧祐録云安公失譯經，福：失譯，義：西晉録失譯人名。【守其按】准品次録二紙八行，諸本皆闕。【按】現存本之首尾作“聞如是……皆悉平等”，不足二紙。

0488　　　普達王經一卷，失譯附西晉録。

【校記】◎福資磧普初天南北嘉龍黃臺義知：普作佛説普◎開貞略：失譯作僧祐録云安公失譯經，石：無譯者名，義：西晉録失譯人名。

0489　　　佛説五王經一卷，失譯附東晉録。

【校記】◎指：五國王經◎義：東晉録失譯人名。

0490　　　佛説長者子懊惱三處經一卷，後漢安世高譯。

【校記】◎指：懊惱三處經，福資磧普初天南臺義知：長者子懊惱三處經（標北嘉龍黃：無子字）◎緣：漢世高譯。【註】開貞：一名長者禾惱三處經，開貞略緣：亦名三處惱經，略緣：亦云長者懊惱經。【按】石後部經文刻在石碑側面，以上佛説十八泥犁經（見 0551）的中間部分經文亦刻在石碑側面，《房山石經》誤將兩側面之經文前後倒置。

0491　　　佛説阿鳩留經一卷，失譯附後漢録。

【校記】◎資磧普初天南北嘉龍黃臺義知：無佛説二字◎開福緣佛：後漢作漢，貞麗略卍大中縮頻：僧祐録云安公古典經今附漢録，至：僧祐云失譯人名今附漢録，資磧普初天北嘉龍黃臺：後漢失譯（義：漢作漢録），南知：後漢失譯人名出僧祐録古典經。

0492　　　佛説須摩提長者經一卷，吳支謙譯。

【校記】石資磧普初天南北嘉龍黃臺義知：無佛説二字。【註】開石貞金麗福資磧普初緣南北嘉龍黃卍臺大中知縮頻：一名會諸佛前，亦名如來所説示現衆生。

0493　　　佛説長者音悦經一卷，吳支謙譯。

【校記】◎福資磧普初天南臺：無佛説二字◎普：無吳字。【註】開貞至略緣：或云長者音悦不蘭迦葉經，開貞緣：亦直云音悦經。【按】石經文中間部分刻在石碑側面，以下佛説力士移山經（見0161）的後部經文亦刻在石碑側面，《房山石經》誤將兩側面之經文前後倒置。

0494　佛説越難經一卷，西晉聶承遠譯。

【註】開貞至略緣：亦名難長者經，亦名難經。

0495　佛説呵雕阿那含經一卷，東晉竺曇無蘭譯。

【校記】◎指：阿那鋡經，天：那誤作難◎緣佛：無竺字。【按】呵、荷、苛音同不校。

0496　盧至長者因緣經一卷，失譯附東晉録。

【校記】◎指：無因緣二字◎石：無譯者名，義：東晉録失譯人名。【按】至、志音同不校。

0497　佛説佛大僧大經一卷，劉宋沮渠京聲譯。

【校記】開石貞至金麗略福資磧普初天南北嘉龍黃卍臺大中縮頻佛：劉宋作宋，緣：宋京聲譯。【按】石經文中間部分刻在石碑側面，以下佛説中心經（見0564）的後部經文亦刻在石碑側面，《房山石經》誤將兩側面之經文前後倒置。

0498　佛説耶祇經一卷，劉宋沮渠京聲譯。

【校記】◎指：祇耶經◎開貞至麗略福資磧普初天南北嘉龍黃卍臺大中縮頻佛：劉宋作宋，緣：宋京聲譯。

0499　佛説金光王童子經一卷，宋法賢譯。

【校記】◎標：無王字◎石麗緣續卍續大中縮頻：無宋字。

0500　佛説光明童子因緣經四卷，宋施護譯。

【校記】金麗福資磧普初天緣南卍臺大中縮頻：無宋字。【按】譯者施護的職稱中有西天譯經三藏六字，北嘉龍黃：脱譯經二字。

0501　金色童子因緣經十二卷，宋惟淨等譯。
　　○譯場職名録。

【校記】◎金麗天卍續臺大中縮頻：無宋字，緣：宋法護譯◎職名録見金臺中（卷一、四、七、八、九、十二後）。【按】金麗卍續臺大中縮頻第四至六、十至十二卷，改著法護等譯。【註】至：阿難從小乘集。【至元按】此經本是西集，因與蕃本相對，蕃云此是小乘經，今編於此。【臺按】存十卷（一、四至十二），今依大正補全。

0502　佛説摩鄧女經一卷，後漢安世高譯。

【校記】福資磧普初天南北嘉龍黃臺義知：無佛説二字。【註】開貞至略緣：一名阿難為蠱道女惑經，開緣：亦云摩鄧女（貞：鄧作耶）。【按】鄧、登音同不校。

0503　佛説摩登女解形中六事經一卷，失譯附東晉録。

【校記】◎福資磧普初天南北嘉龍黃臺義知：無佛説二字◎知：無失譯二字，嘉黃：東晉作西晉，義：東晉録失譯人名。【按】登、鄧音同不校。

▲上二經同本異譯。

0504　佛説柰女祇域因緣經一卷，後漢安世高譯。

【校記】◎指：柰女經，佛：柰作捺◎緣：漢世高譯。【註】開貞略緣：或云柰女祇域經。【提示】祇、耆音同不校。

0505　佛説柰女耆婆經一卷，後漢安世高譯。

【校記】緣：漢世高譯。

▲上二經同本異譯。

0506-1　五母子經一卷，吳支謙譯。

【提示】昔者有阿羅漢。在山中奉行道業……為師説之已。便飛去。

0506-2　五母子經（別本）一卷，吳支謙譯。

【校記】至：母子誤作子母。【按】頻目録未著此本，今補入。佛僅記別本一卷，未給編號。【提示】昔者有阿羅漢。在山中奉行道禁……為師説是語。前作禮已。便飛去。

0507　沙彌羅經一卷，失譯附三秦録。

【校記】開貞：僧祐録云安公關中異經在三秦録（略：云作中，異作異譯），金中：無失譯二字，磧普臺：安公關中異經（福資天：增後漢安世高譯六字），初南：安公云關中異經（北嘉龍黃知：增失譯人名四字），緣：附作在，義：西晉録失譯人名。

▲上二經同本異譯。

0508　佛説七女經一卷，吳支謙譯。

【註】開貞至略緣：一名七女本經。

0509　佛説婦人遇辜經一卷，乞伏秦聖堅譯。

【校記】金中：乞伏秦作西秦，天：堅誤作慧。【註】開貞至略緣：一名婦遇對經。

0510　無垢優婆夷問經一卷，元魏瞿曇般若流支譯。

【校記】◎指：無問字◎麗卍大縮頻佛：後魏瞿曇般若流支譯（金中：無瞿曇二字），緣：無瞿曇二字。

0511-1　佛説貧窮老公經一卷，劉宋慧簡譯。

【校記】◎至標略緣：貧窮老翁經（指：無窮字）◎開貞麗略緣卍大中縮頻佛：劉宋作宋，至：誤作宋慧蘭譯。【註】開貞略緣：一名貧老經。【按】佛目録記二卷，疑含別本一卷。

0511-2　佛説貧窮老公經（別本）一卷，劉宋慧簡譯。

【校記】福資磧普初天南北嘉龍黃臺大中縮頻：劉宋作宋。【按】縮頻目録未著此別本，今新考目録補入。

0512　　　佛説黑氏梵志經一卷，吳支謙譯。

【校記】石福資磧普初南北嘉龍黃臺義知：無佛説二字，指：梵志黑氏經，天：黑子經。

0513　　　佛説八師經一卷，吳支謙譯。

0514　　　長爪梵志請問經一卷，唐義淨譯。

【校記】指：無請問二字。

0515　　　天請問經一卷，唐玄奘譯。

0516　　　嗟韈曩法天子受三歸依獲免惡道經一卷，宋施護譯。

【校記】◎石金麗卍大中縮頻佛：嗟作佛説嗟，緣：法誤作伕，標：無依字◎至北嘉龍黃義知佛：宋法天譯（石金麗福資磧普初天緣南卍臺大中縮頻：無宋字）。
【按】祥符録卷四記此經係施護譯，故今新考目録據以著録，並更正藏本記法天譯之誤；譯者名作宋西天北印度烏填曩國三藏傳法大師賜紫沙門施護奉詔譯。

0517　　　龍王兄弟經一卷，吳支謙譯。

【校記】◎福資磧普初南北嘉龍黃臺義知：龍作佛説龍◎貞：無吳字。【註】開貞至略緣：一名難龍王經，一名降龍王經。

0518　　　佛説大安般守意經二卷，後漢安世高譯。

○～序，吳康僧會撰。

【校記】◎緣：漢世高譯◎序見金麗資磧普初南北嘉龍黃卍臺大中縮頻。【註】開貞至略緣：亦直云大安般經，安公云小安般經，開貞至緣：或無大字；開貞至：或一卷。【守其按】此經按經首序及見經文，似是書者之錯經註不分，而連書者也。義當節而註之，然往往多有不可分處，故不敢擅節，以遺後賢。

0519　　　禪祕要法經三卷，姚秦鳩摩羅什等譯。

【校記】◎開貞指標略緣：無法字◎至：五卷◎麗卍大中縮頻佛：姚秦作後秦，緣：姚秦羅什譯，開貞至略義知佛：無等字。【註】緣：或云禪祕要法；開貞至：或四卷。

0520　　　治禪病祕要法二卷，劉宋沮渠京聲譯。

○～目録○後序。

【校記】◎開貞至指標略福資磧普初天緣南北嘉龍黃臺義知：法作經◎開貞至標：一卷◎開貞至金麗略緣卍大中縮頻佛：劉宋作宋，福資磧普初天南北嘉龍黃臺義知：劉宋作北涼◎目録見縮頻；後序見金麗福資磧普初南北嘉龍黃卍臺大中縮頻。【註】開貞緣：或云禪要祕密治病經。【開貞至緣按】此經初首題云尊者舍利弗所問出雜阿含經阿練若雜事中，今尋雜含大本無此等文，或恐梵經譯之未盡，既云出彼，且編於末。

0521　　　陰持入經二卷，後漢安世高譯。

【校記】緣：漢世高譯。【註】開貞緣：亦云住陰持入；開貞至：或一卷。【按】

①指標金麗資卍中縮頻所收係吳陳慧註本，故今移後入經疏部收（見1766），各藏將註本入譯經部收，欠妥。②大正勘同記麗甚、宋無、元無、明竭、縮宿六、卍十五・二，並［原］麗本，［校］宋本、元本、明本、宮本。今檢麗甚帙所收實係註本，並有吳陳慧註本序，非大正所錄之無註本，且無序，這種刪改原經本又不加任何說明的作法，此一錯也；宋無帙所收亦係註本，大正不校宋本有註文，此二錯也；大正另錄麗、宋原本（見1766），但勘同不著兩本的千字文帙號，此三錯也。

0522　佛説禪行三十七品經一卷，後漢安世高譯。
【校記】◎標：無禪行二字，開貞至略：無品字◎緣：漢世高譯。

0523　禪行法想經一卷，後漢安世高譯。
【校記】◎天：行誤作經◎緣：漢世高譯。

0524　五門禪經要用法一卷，大禪師佛陀蜜多撰、劉宋曇摩蜜多譯。
【校記】◎略：五門禪要用經，天：脱用字◎至：無大禪師三字，佛：無撰者名，開貞至金麗略福資磧普初天緣南北嘉龍黃卍臺大中縮頻佛：劉宋作宋。

0525　坐禪三昧經二卷，姚秦鳩摩羅什譯。
【校記】◎天：坐誤作座，福資普南北嘉龍黃義知：經作法門經◎開貞至：三卷；資磧普初天緣南北嘉龍黃臺知：增僧伽羅刹造五字，無鳩摩二字（知：有鳩摩二字）。【註】開貞至略緣：一名菩薩禪法經，或直云禪經，開貞緣：或云阿蘭若習禪法經。【按】金存殘本。

0526　禪法要解二卷，姚秦鳩摩羅什譯。
【校記】◎至標福資磧普初南北嘉龍黃臺義知：解作解經◎福資磧普緣臺：無鳩摩二字，金麗卍大中縮頻：譯作等譯。【註】開貞至略緣：一名禪要經。

0527　禪要經一卷，失譯附後漢録。
【校記】◎開貞至標略福資磧普初緣南北嘉龍黃臺義知：禪要呵欲經（天：要誤作安）◎開貞至略緣：後漢失譯（義：後漢作後漢録），金麗卍大中縮頻：附作在，福資磧普初天南北嘉龍黃臺知：失譯。【註】開貞至略緣：題云禪要經呵欲品；金麗卍中：單譯本。

0528　思惟略要法一卷，姚秦鳩摩羅什譯。
【校記】◎至福資磧普初天南北嘉龍黃臺義知：思惟要略法，標：法作法經◎金麗緣卍大中縮頻：無鳩摩二字，金中：譯作出。【註】開貞緣：或直云思惟經。【按】磧初南北嘉龍黃臺卷末題名下有註云：“已上思惟要略，前通大小諸法實相觀法，法華三昧觀法，唯在今經開顯部中，如何一概屬小乘。”

0529　菩薩呵色欲法經一卷，姚秦鳩摩羅什譯。
【校記】◎指：呵色欲法經（標：無法字），開至略福資磧普天緣南北嘉龍黃臺義知：無經字◎金麗福資磧普天南北嘉龍黃卍臺大中縮頻：姚秦作後秦，緣：無鳩摩二字。

0530　達摩多羅禪經二卷，東晉佛陀跋陀羅譯。

　　　○～序。

　　　【校記】◎至：脱晉字◎序見麗福資磧普初南北嘉龍黃卍臺大中縮頻。【註】開貞緣：一名修行道地，一名不淨觀經，亦名修行方便禪經，祐云禪經修行方便，開貞至略緣：一名不淨觀禪經修行方便。【按】金卷上散佚。

0531　佛説内身觀章句經一卷，失譯附後漢録。

　　　【校記】◎福資磧普初天南北嘉龍黃臺義知：無佛説二字◎開貞至略緣：後漢失譯（義：後漢作後漢録），福資磧普初天南北嘉龍黃臺知：漢失譯，金麗卍大中縮頻：附作在。【註】開貞緣：或無句字。

0532　法觀經一卷，西晉竺法護譯。

0533　修行道地經七卷，僧伽羅刹造、西晉竺法護譯。

　　　○～目録○～序○翻譯後記。

　　　【校記】◎開貞至：六卷，福資磧普初天緣南北嘉龍黃臺義知：八卷，中：或十卷（卷一、三、五，共增別本三卷）◎開貞：造作撰，金麗略福資磧普初天南北嘉龍黃卍臺大中縮頻佛：無造者名，至緣義知：造者名作眾護撰◎目録見縮頻；序見金麗福資磧普初南北嘉龍黃卍臺大中縮頻；後記見福資磧普初南北嘉龍黃臺縮頻。【註】開貞至略緣：或直云修行經。【提示】僧伽羅刹，意譯眾護。

0534　道地經一卷，僧伽羅刹造、後漢安世高譯。

　　　○～目録。

　　　【校記】◎開貞：造作撰，至緣知：造者名作眾護撰，略福義佛：無造者名，緣：漢世高譯◎目録見縮頻。【註】開貞略緣：或加大字，是修行經抄，元外國略本。【提示】僧伽羅刹，意譯眾護。

　　　▲上二經同本異譯。

0535　小道地經一卷，後漢支曜譯。

　　　【校記】◎金中：小作佛説小◎福資磧普初緣南北嘉龍黃臺：後漢作漢。

0536　佛説父母恩難報經一卷，後漢安世高譯。

　　　【校記】石：無譯者名，緣：漢世高譯。【註】開貞至略緣：亦云勤報經。

0537　佛説孝子經一卷，失譯附西晉録。

　　　【校記】◎資磧普初南北嘉龍黃臺義知：無佛説二字◎失譯，貞略：失譯作僧祐録云安公失譯（至：無録字），義：西晉録失譯人名。【註】開貞至略緣：亦云孝子報恩經。

0538　燈指因緣經一卷，姚秦鳩摩羅什譯。

　　　【校記】◎福資磧普初天南北嘉龍黃臺義知：燈作佛説燈◎石：無譯者名，麗卍大縮頻佛：姚秦作後秦，緣：無鳩摩二字。

0539　佛説出家功德經一卷，失譯附三秦録。

　　　【校記】金麗略卍大中縮頻佛：三秦誤作東晉，義：三秦録失譯人名。

0540　　　　十二緣生祥瑞經二卷，宋施護譯。

【校記】◎標：緣生作因緣◎石金麗福資磧普初天緣南卍臺大中縮頻：無宋字，至：誤作宋法天譯。【按】譯者施護的職稱中有西天譯經三藏六字，北嘉龍黃：脱譯經二字。

0541　　　　無明羅刹集三卷，失譯附秦録。

【校記】◎指標金磧普初南北嘉龍黃臺義知：無明羅刹經（福資天：無作佛説無）◎開貞至指略福資磧普初天緣南北嘉龍黃臺義知：一卷◎福：失譯，義：三秦録失譯人名。【註】開貞至麗略福資磧普初南卍臺大中縮頻：或二卷。【按】①金卷上首殘缺。②洪武南藏此書以下十五種書，本應在第一五六冊收録，或因漏載，故在第二四一冊補録。

0542　　　　正法念處經七十卷，元魏瞿曇般若流支譯。

○～品第目録○～序。

【校記】◎石：無譯者名，緣：無瞿曇二字◎目録見嘉黃縮頻；序見資磧普初南北嘉龍黃臺大中縮頻。【註】嘉黃：小乘單譯經第一部。【按】金卷一散佚。

0543　　　　分別業報略經一卷，大勇菩薩撰、劉宋僧伽跋摩譯。

【校記】◎開貞至略緣：無經字，金福資磧普初天南北嘉龍黃臺義知：大勇菩薩分別業報略經◎金福資磧普初天南北嘉龍黃臺義知佛：無撰者名，開貞至金麗略福資磧普初天緣南北嘉龍黃卍臺大中縮頻：劉宋作宋。【註】開貞至緣：或云分別業報略集。

0544　　　　佛説罪業應報教化地獄經一卷，後漢安世高譯。

【校記】◎指：罪業地獄經，天：無佛説二字，至磧初南北嘉龍黃臺義知：應報作報應◎普：無譯者名，緣：漢世高譯。【註】開貞略緣：或云地獄報應經。

【按】石後部經文刻在石碑側面，以上佛説琉璃王經（見附0156）的中間部分經文亦刻在石碑側面，《房山石經》誤將兩側面之經文前後倒置。

0545　　　　佛説六道伽陀經一卷，宋施護譯。

【校記】◎福資磧普初天南北嘉龍黃臺義知：無佛説二字◎至初南北嘉龍黃義知佛：宋法天譯（石麗福資磧普天緣卍臺大中縮頻：無宋字）。【按】祥符録卷四記載，此經係傳法大師施護譯，故今據以著録，並更正藏本記傳教大師法天譯之誤；譯者名作宋西天北印度烏填曩國三藏傳法大師賜紫沙門施護奉詔譯。

0546　　　　六趣輪廻經一卷，馬鳴菩薩集、宋日稱等譯。

【校記】至：集作造，緣續：馬鳴造、日稱譯，佛：無集者名，麗卍續大中縮頻：無宋字。

0547　　　　十不善業道經一卷，馬鳴菩薩集、宋日稱等譯。

【校記】緣續：馬鳴造、日稱譯，至卍：集作造，知佛：無集者名，麗磧普初南卍臺大中縮頻：無宋字。【按】日稱譯此經時的職稱是西天譯經三藏朝散大夫試鴻臚少卿宣梵大師，磧普初南北嘉龍黃臺：脱少字，北嘉龍黃：脱譯經二字。

0548　諸法集要經十卷，觀無畏尊者集、宋日稱等譯。

○～目録○附獅谷忍澂師校刻本有此存疑故抄集於此○增上寺麗本與忍澂師校刻本同異。

【校記】◎至緣續：集作造，佛：無集者名，金麗卍續臺大中縮頻：無宋字，緣續：日稱譯◎目録、附二文見縮頻。【註】金麗卍續臺大中縮頻：總二千六百八十四頌。【臺按】存七卷（一至五、八、十），依大正補全。【提示】畏、為音同不校。

0549　佛説分別善惡所起經一卷，後漢安世高譯。

【校記】緣：漢世高譯。

0550　佛説處處經一卷，後漢安世高譯。

【校記】緣：漢世高譯。

0551　佛説十八泥犁經一卷，後漢安世高譯。

【校記】◎天：無佛説二字◎緣：漢世高譯。【註】開貞至略緣：或云十八地獄經。【按】石經文中間部分刻在石碑側面，以下佛説長者子懊惱三處經（見0490）的後部經文亦刻在石碑側面，《房山石經》誤將兩側面之經文前後倒置。

0552　佛説雜藏經一卷，東晉法顯譯。

【校記】福資磧普初天南北嘉龍黃臺義知：無佛説二字。

0553　佛説鬼問目連經一卷，後漢安世高譯。

【校記】◎福資磧普初天南北嘉龍黃臺義知：無佛説二字◎天：無後漢二字，緣：漢世高譯。

0554　餓鬼報應經一卷，失譯附東晉録。

【校記】◎福資天：餓鬼報應出雜藏經◎金中：無失譯二字，福：失譯，義：東晉録失譯人名。【註】開貞至略緣：一名目連説地獄餓鬼因緣經。

▲上三經同本異譯。

0555　佛説罵意經一卷，後漢安世高譯。

【校記】緣：漢世高譯。

0556　佛説堅意經一卷，後漢安世高譯。

【校記】緣：漢世高譯。【註】開貞至略緣：一名堅心正意經，一名堅心經。【按】石重出（見附0556）。

0557　佛説四願經一卷，吳支謙譯。

【校記】指：四不如願經，福資磧普初天南北嘉龍黃臺義知：無佛説二字。【按】①石卷尾經文缺失。②資磧普初南北嘉龍黃臺經尾較麗福增一千九十五字（大中縮頻：經文後附此段文）。檢龍藏此段經文自第十一版第二十五行至第十三版第一行，即自“佛念天地……聞經歡喜前受教”，共四百五十七字，非它經別抄，但此後至結尾，即自“是為痛癢要識……歡欣受行”，則是龍藏雜阿含經（見0104）第二十二版第一行至第二十三版第十三行經文的別抄。

0558　佛説四自侵經一卷，西晉竺法護譯。

【校記】◎石：無佛説二字◎天：西晉作晉。

0559　所欲致患經一卷，西晉竺法護譯。

【校記】◎福資磧普初天南北嘉龍黃臺義知：所作佛説所◎天：無竺字。

0560　佛説分別經一卷，西晉竺法護譯。

【校記】資磧普初天南北嘉龍黃臺義知：無佛説二字。【註】開貞至略緣知：舊
云與阿難分別經等同本者非也。【按】石後部經文刻在石碑側面，以上佛説猘狗
經（見0208）的前部經文亦刻在石碑側面，《房山石經》誤將兩側面之經文前後
倒置。

0561　佛説頻多和多耆經一卷，失譯附西晉録。

【校記】◎福資磧普天臺：無佛説二字，略：耆誤作者◎開貞略：失譯作僧祐録
云安公失譯經，義：西晉録失譯人名。

0562　五苦章句經一卷，東晉竺曇無蘭譯。

【校記】◎石福資磧普初天南北嘉龍黃臺義知：五作佛説五◎佛：無竺字。【註】
開貞至略緣：一名五道章句經，福資磧普初天南北嘉龍黃臺知：一名淨除罪蓋娛
樂佛法經（開石貞麗緣卍大中縮頻：增一名諸天五苦經）。【按】檢《房山石經》
無本經，又國家圖書館石經目録卡片亦未著録本經，然而《中華藏》已校石經
本，待考。

0563　佛説自愛經一卷，東晉竺曇無蘭譯。

【校記】◎福資磧普天臺：無佛説二字◎石：無譯者名，緣佛：無竺字。【註】
開貞至略緣：或云自愛不自愛經。

0564　佛説忠心經一卷，東晉竺曇無蘭譯。

【校記】緣佛：無竺字。【註】開貞至略緣：亦云中心正行經，開貞至緣：或云
大忠心經，亦云小中心經；緣南知：與阿含正行經同本別譯。【按】①石後部經
文刻在石碑側面，以上佛説佛大僧大經（見0497）的中間部分經文亦刻在石碑
側面，《房山石經》誤將兩側面之經文前後倒置。②石重出（見附0564）。③忠、
中音同不校。

0565-1　佛説罪福報應經一卷，劉宋求那跋陀羅譯。

【校記】開貞至金麗略緣卍大中縮頻佛：劉宋作宋。【註】開貞至略緣：一名輪
轉五道罪福報應經，開貞緣：亦云輪轉五道經，亦云五道輪轉經。

0565-2　佛説輪轉五道罪福報應經（別本）一卷，劉宋求那跋陀羅譯。

【校記】資天佛：劉宋作宋。

0566　佛説護淨經一卷，失譯附東晉録。

【校記】石：無譯者名，義：東晉録失譯人名。【按】石卷尾附藥王菩薩呪，此
呪是妙法蓮華經（見0292）卷七陀羅尼品第二十六藥王菩薩説呪的別抄。石後
部經文刻在石碑側面，以上龍樹菩薩勸誡王頌經（見1744）的中間部分經文亦

刻在石碑側面,《房山石經》誤將兩側面之經文前後倒置。另外石重出（見附0566）。

0567　佛説因緣僧護經一卷,失譯附東晉録。

【校記】◎開貞至標略緣:僧護經,指:僧護因緣經◎福:失譯,義:東晉録失譯人名。【守其按】僧護所見與世尊答事有不同,本同難改。

0568-1　佛説五無反復經一卷,劉宋沮渠京聲譯。

【校記】開貞至麗略卍大中縮頻佛:劉宋作宋,緣:宋京聲譯。【註】開貞略緣:一名五返復大義經,至緣:亦名五無返復本義經。【提示】聞如是。一時佛在舍衛國……

0568-2　佛説五無返復經（別本）一卷,劉宋沮渠京聲譯。

【校記】資磧普初天南北嘉龍黃臺大中縮頻佛:劉宋作宋。【按】返、反音同不校。【提示】聞如是。一時佛在舍衛國祇樹精舍……

0568-3　佛説五無返復經（別本）一卷,劉宋沮渠京聲譯。

【校記】福磧普初南北嘉龍黃卍臺大中縮頻佛:劉宋作宋。【註】磧普初南臺知:此經與竺本前後異同,義理俱好,故依竺本重出,竹堂講主校定。【按】返、反音同不校。【提示】爾時佛在祇樹精舍……

0569　十二品生死經一卷,劉宋求那跋陀羅譯。

【校記】◎福資磧普初天南北嘉龍黃臺義知:十作佛説十◎開貞至麗略福資磧普天緣南卍臺大中縮頻佛:劉宋作宋。

0570　佛説身毛喜豎經三卷,宋惟淨等譯。

【校記】金麗資磧普初天南卍臺大中縮頻:無宋字,至:無等字,緣:惟淨譯。【按】譯者惟淨的職稱中有譯經三藏四字,北嘉龍黃:脱譯經二字。

0571　佛説諸行有為經一卷,宋法天譯。

【校記】石麗福資磧普初天緣南卍臺大中縮頻:無宋字。

0572　佛説較量壽命經一卷,宋天息災譯。

【校記】石金麗福資磧普初天緣南卍臺大中縮頻:無宋字。【按】較、挍音同不校。

0573　惟日雜難經一卷,吳支謙譯。

0574　佛説決定義經一卷,宋法賢譯。

【校記】石金麗福資磧普初天緣南嘉黃卍臺大中縮頻:無宋字。【按】譯者法賢的職稱中有朝奉大夫四字,福資磧普初南北嘉龍黃臺:奉誤作散。

0575　佛説法乘義決定經三卷,宋金總持等譯。

○附譯場職名録。

【校記】◎至:乘作大乘◎金磧普初南北嘉龍黃卍臺大中縮頻:無宋字◎附職名録見金中。【按】譯者金總持的職稱中有西天譯經三藏六字,北嘉龍黃卍大縮頻:脱譯經二字。

▲上二經同本異譯。

0576　佛説法集名數經一卷，宋施護譯。

【校記】◎天北嘉龍黄：無佛説二字◎石金麗福資磧普初天緣南卍臺大中縮頻：無宋字。【按】譯者施護的職稱中有西天譯經三藏六字，北嘉龍黄：脱譯經二字。

0577　本事經七卷，唐玄奘譯。

○～目録。

【校記】◎中：或八卷（卷三增別本一卷）◎金福資磧普天臺中：無唐字◎目録見縮頻。【守其按】此經卷三宋、鄉二本有四十三段，丹本有十八段，今檢宋、鄉本有四大錯：丹本始終唯説二法，與品名相符，而宋、鄉本皆是一法，一錯也；宋、鄉本卷初二段及第三段前六行文，是諸本第一卷第三幅之心意經一段十二行，宋、鄉本此處三段文字重復，二錯也；第三段中一類有情以下，即是諸本第一卷第七幅之破僧經一段十七行，宋、鄉本四十一段文字均重出，三錯也；其卷末頌即諸本第二卷第九幅結經頌之小訛變耳，四錯也。又諸本第四卷第七幅有結頌（筆者按：指“重攝前經嗢拖南曰”一段），係結十二經為一頌，包括諸本第四卷卷初五經及丹本第三卷卷末七經，餘本則非，故今取丹本為正。【按】今檢金藏卷三，實覆刻宋藏，故上述四錯俱存；唯宋本第三段中“一類有情”以下重出，而金藏“於生起時”以下重出，是不同處。另檢麗卍第三卷卷末本應録丹本七經，卻實録六經（按：所缺係第五經下之第六經，即“雖復有意及好醜法……證真空性”，共六百八十六字，見大正卷三後附文），與守其所云不符，而福資磧普初南北嘉龍黄臺大中縮頻均録七經，是以為正。

0578　佛説賢者五福德經一卷，西晉白法祖譯。

【校記】開貞至略福資磧普初天緣南臺：賢者五福經（石義知：賢作佛説賢），指：五福德經。

0579　四十二章經一卷，後漢迦葉摩騰共竺法蘭譯。

○～序。

【校記】◎石南嘉黄知：四作佛説四◎石嘉：無後漢二字，緣：後漢作漢，麗卍大中縮頻佛：無竺字，天：後漢竺法蘭等譯◎麗卍大中頻之首段經文“昔漢孝明皇帝……於今不絕也”（福資普臺增以“四十二章經序”之題名），石南嘉黄之首段經文別異，記作“爾時世尊……為説真經四十二章”。【中華按】此經有兩類本子：一類無註文，如本經；另一類有註文，見以下佛説四十二章經（見2196）。【按】①南經首另有佛教西來玄化應運略録，宋程輝編；四十二章經序，元溥光撰；註四十二章經序，宋真宗皇帝製；附題焚經臺詩（附註），唐太宗文皇帝製，均見2196。②石卷後附“暗大明燈也……是我最後之所教誨”一段文字，今檢係佛垂般涅槃略説教誡經中之文（見0424）。③美國存磧砂宋刻本，待校。④嘉有兩種刻本，先刻本無註文，見大正已校明本，中華未校；後刻本是清康熙三年般若

堂刊，有註文（見 2196）。

0580　得道梯橙錫杖經一卷，失譯附東晉録。

　　　○附持錫杖法○又持錫杖法。

　　　【校記】◎指福：錫杖經，北嘉龍黃知：得作佛説得◎義：東晉録失譯人名◎附
二法見磧普南北嘉龍黃臺大中縮頻（麗福資緣卍知：無又持錫杖法）。【註】開
貞：題云得道梯橙經錫杖品第十二。【按】①橙、隥音同不校。②持錫杖法，麗
福資卍大中縮頻無此題名。此法有兩段文，即"持錫杖威儀法…至心奉行"與
"凡體法…速成正覺"，麗卍大中縮頻互置。大校宮本無"持錫杖威儀法…至心
奉行"一段，誤也。③又持錫杖法，磧普南北嘉龍黃臺大中縮頻註依天竺藏經重
出，使後人看閱知其源流也。④普南臺分出附二法，臺記一卷（見附 0580）。

0581　佛説出家緣經一卷，後漢安世高譯。

　　　【校記】◎標：出家因緣經，天：無佛説二字◎緣：漢世高譯。

0582　佛説法受塵經一卷，後漢安世高譯。

　　　【校記】◎天：無佛説二字◎緣：漢世高譯。

0583　佛説佛醫經一卷，吳竺律炎共支越譯。

　　　【校記】指：佛説醫經，福資普天：經作經鈔。【註】開貞至略緣：亦云佛醫王
經。

0584–1　佛説時非時經一卷，西晉若羅嚴譯。

　　　○翻譯後記。

　　　【校記】◎麗卍大中縮頻：無西晉二字◎有後記。【按】佛目録記二卷，疑含別
本一卷。

0584–2　佛説時非時經（別本）一卷，西晉若羅嚴譯。

　　　○翻譯後記。

　　　【校記】◎開貞：若羅嚴譯附西晉録，至略：若羅嚴譯，莫知世代出經後記，石
福資磧普初天緣南北嘉龍黃臺大中縮頻：無西晉二字◎後記見石福資磧普初南北
嘉龍黃臺大中縮頻。【註】開貞至略緣：或直云時經。【按】頻目録未著此本，今
新考目録補入。

0585　佛治身經一卷，失譯附西晉録。

　　　【校記】◎指標：無佛字，金福資磧普南臺義知：佛作佛説佛，天：佛作佛説◎
開貞略：失譯作僧祐録云安公失譯經，義：西晉録失譯人名。

0586　佛説進學經一卷，劉宋沮渠京聲譯。

　　　【校記】◎福資磧普初天臺：無佛説二字◎開至麗略福資磧普初天南北嘉龍黃卍
臺大中縮頻佛：劉宋作宋，緣：宋京聲譯。【註】開貞至略緣：或云勸進學道經。
【按】①石卷首經題下殘損。②貞卷二十三脱此經目，故缺校譯者名。

0587　佛説略教誡經一卷，唐義淨譯。

0588　佛説栴檀樹經一卷，失譯附漢録。

【校記】◎指：檀樹經◎開貞略：失譯作僧祐錄云安公古典經（至：古典經作失譯），義：後漢錄失譯人名。

0589　佛説枯樹經一卷。

【按】麗緣卍之本經附於佛説放牛經後（見0164），影印本麗目、卍目失載。大中縮頻佛分出一目。【緣山按】枯樹經者，出於增一阿含第二十二，及中阿含第一卷，是別生之經也，如開元第十六卷。【按】檢此經内容，與開元錄第十六卷著錄的大枯樹經一卷不同。

0590　弟子死復生經一卷，劉宋沮渠京聲譯。

【校記】◎福資磧普初天南北嘉龍黃臺義知：弟作佛説弟◎開石貞至金麗福資磧普初天南北嘉龍黃卍臺大中縮頻佛：劉宋作宋，緣：宋京聲譯。【註】開貞至略緣：或云死亡更生經。【按】石經文中間部分與尾部均刻在石碑側面，《房山石經》誤將兩側面之經文前後倒置。

0591　佛説懈怠耕者經一卷，劉宋慧簡譯。

【校記】開貞至麗略緣卍大中縮頻佛：劉宋作宋，福資磧普初天南北嘉龍黃臺：誤作宋沮渠京聲譯（義知：宋作劉宋）。【註】開貞至略緣：或云懈怠耕兒經。

0592　佛説木槵子經一卷，失譯附東晉錄。

【校記】◎福資磧普初南北嘉龍黃臺義知：無子字◎義：東晉錄失譯人名。【註】至：或作串字。【按】①槵、患、梻、擐音同不校。②大正勘同目錄記縮宿八，今檢縮刻藏宿帙有本，但大正所校卻是縮閏帙收不空譯本（見0593），誤校也。

【提示】聞如是。一時佛遊羅閲祇耆闍崛山中……

0593　佛説木槵經一卷，唐不空譯。

【校記】◎貞：新譯木槵經，縮頻佛：無佛説二字◎貞縮頻：無唐字。【中華按】此經與中華藏第三十六冊所收金藏佛説木梻子經（見0592），除經名稍異、譯者殊異外，經文内容相同，疑為同經異譯本。【守其按】國、宋本熱函有此經，今檢與前竟函木槵子經，失譯人今附東晉錄者全同，其文體是漢晉之譯，應在竟函，故不取熱函此經。按續開元錄有不空譯佛説木槵經，則此熱函理必有之。後賢若見佛説木槵經與彼竟函之經異者，請須編此熱函中。【按】①金中此經在刻函，經文錯同宋本。因金本覆刻宋本，故守其記宋本在熱函，待考。今檢縮頻所收木槵經可能是不空譯本，如此則兩譯俱全。②縮校黃有此卷，但國家圖書館藏本及日本法然院目錄皆未録。【提示】如是我聞。一時佛遊羅閲祇嗜闍崛山中……

　　▲上二經同本異譯。

0594　賢劫經八卷，西晉竺法護譯。

　　○～目録○翻譯後記。

【校記】◎標：賢誤作實◎略福資磧普初天緣南北嘉龍黃臺義知：十卷，開石貞至標：十三卷◎目録見縮頻；後記見磧普初南北嘉龍黃臺大中縮頻。【註】開石貞至金麗福資磧普初天緣南北嘉龍黃卍臺大中知縮頻：亦名颰陀劫三昧經，晉曰

賢劫定意經，開貞緣：舊録云賢劫三昧經；開貞至：或七卷。

0595　佛説稱揚諸佛功德經三卷，元魏吉迦夜譯。

　　　○後記。

　　　【校記】◎福資磧普初天南北嘉龍黄臺義知：無佛説二字◎開石貞至略福資磧普初天緣南北嘉龍黄臺義知：譯作共曇曜譯◎後記見石金麗卍大中縮頻。【註】開石貞至福資磧普初天緣南北嘉龍黄臺知：亦名集諸佛華經，開貞緣：一名集華經，一名現在佛名經；開貞至：或四卷。

0596　八佛名號經一卷，隋闍那崛多譯。

　　　【校記】◎普初南北嘉龍黄義知：八作佛説八，指：無號字◎開貞略緣：譯作等譯。

0597　佛説八吉祥神呪經一卷，吳支謙譯。

　　　【校記】指：無八字，標：無神字。

0598　佛説八陽神呪經一卷，西晉竺法護譯。

　　　【校記】◎標：八陽經，指：無陽字◎石：無西晉二字。【按】石重出（見附0598）。

0599　八吉祥經一卷，梁僧伽婆羅譯。

　　　【校記】普初南北嘉龍黄義知：八作佛説八。【註】開貞緣：亦云八方世界八佛名號經。

　　　▲上四經同本異譯。

0600　佛説八部佛名經一卷，元魏瞿曇般若流支譯。

　　　【校記】◎指：無部字◎緣：無瞿曇二字。【註】開貞至：亦名八佛經。【按】石重出（見附0600）。

0601　佛説十吉祥經一卷，失譯附秦録。

　　　【校記】◎福資：無佛説二字◎石略福資：失譯，磧初臺：三秦失譯見開元録，義：三秦録失譯人名，知：失譯作開元，普天南北嘉龍黄：附作開元附。【按】石重出（見附0601）。

0602　佛説滅十方冥經一卷，西晉竺法護譯。

　　　【校記】福資天：無佛説二字，指：經作呪。【註】開貞至略緣：或云十方滅冥經。

0603　佛説大乘大方廣佛冠經二卷，宋法護等譯。

　　　【校記】◎義：一卷◎金麗資磧普初天南卍臺大中縮頻：無宋字，緣：法護譯。【按】譯者法護的職稱中有西天譯經三藏六字，北嘉龍黄：脱譯經二字。

0604　大乘寶月童子問法經一卷，宋施護譯。

　　　【校記】◎天：無大乘二字，標：無法字◎石麗福資磧普初天緣南卍臺大中縮頻：無宋字。【按】譯者施護的職稱中有西天譯經三藏六字，北嘉龍黄：脱譯經二字。

0605　受持七佛名號所生功德經一卷，唐玄奘譯。

【校記】◎指：七佛名經，標：受持七佛名號經◎天：無唐字。

0606　佛説寶網經一卷，西晉竺法護譯。

【校記】緣：無竺字。【註】開貞至緣：一名寶網童子經。

0607　佛説百佛名經一卷，隋那連提耶舍譯。

【校記】◎至：百福佛名經，福資磧普初天南北嘉龍黃臺義知：無佛説二字◎義知：提作提黎，石頻：耶誤作那，磧臺：脱耶字。【按】石重出（見附0607）。

0608　佛説不思議功德諸佛所護念經二卷，曹魏代失譯。

【校記】◎石：無佛説二字，指：不思議功德經，標：佛所護念經◎開貞略緣：曹魏代譯失三藏名（磧普初南臺：名作名出開元録），石：魏録失譯，至：無代字，義：代作録，佛：失譯人名附曹魏録，福資天北嘉龍黃：隋闍那崛多譯。【註】開貞至：或四卷；石貞至福資磧普初南天南北嘉龍黃臺知：昇云出眾經。【按】知分別記録南、北藏譯者，但有張冠李戴之誤。

0609　佛説諸佛經一卷，宋施護譯。

【校記】石金麗資磧普初天緣南卍臺大中縮頻：無宋字。【按】施護譯此經時的職稱是西天譯經三藏朝散大夫試鴻臚卿傳法大師，石：卿誤作少卿，福：略作西天譯經三藏大師，磧初南北嘉龍黃臺：脱譯經二字。

0610　佛説佛名經十二卷，元魏菩提留支譯。

【校記】◎石：無佛説二字◎金麗卍大中縮頻：無元魏二字。【註】開貞至：或十三卷，開貞：或分為二十卷。【按】標此經目下脱帙號，今據指金麗之帙號補入“恃己”字號。

0611　佛説佛名經三十卷。

【校記】◎貞：大佛名經十六卷，至：大佛名經十八卷◎姚秦鳩摩羅共僧肇譯，佛：梁人集唐人增。【註】貞：或十四卷。【守其按】按開元録，此經入偽妄亂真録，釋文云：俗名馬頭羅刹佛名經，似是近代所集，乃取流支譯佛名經十二卷者，錯綜而成，並舉出誤謬之處。然貞元入藏録收此經。今檢國本大藏有十八卷本和三十卷本兩種，卷數雖異，文義全同；三十卷本有寶達偽經，十八卷本無。此佛名經，古有二名：一名大乘蓮華馬頭羅刹經，古十六卷；一名寶達菩薩問報應沙門經。雖然十八卷本無寶達偽經，稍正可存，似是貞元録所收入者，但是三十卷經本朝盛行，行來日久，故存此三十卷本而刪彼十八卷本；其中誤分錯合之處今隨改之。

0612　十方千五百佛名經一卷。

【按】大：卷首缺。

0613　五千五百佛名神呪除障滅罪經八卷，隋闍那崛多譯。

【校記】◎開石貞至指略緣：五千五百佛名經，知：五千作佛説五千◎磧普初南

北嘉龍黃臺：隋崛多共笈多等譯（福資天：無共字），大：脱多字，開石貞略緣：
譯作等譯，義知：譯作共笈多譯。【註】石：亦云神呪除障滅罪經。【按】金卷一
散佚。

0614　　三劫三千佛名經三卷，失譯附梁録。

【校記】◎義知：佛作諸佛◎開貞略磧普緣臺：每卷另有副題名（詳見0614-2、
0614-5、0614-7），石麗福資南北嘉龍黃卍大中縮頻佛：將副題名改作卷首題名
◎天：附作開元拾遺附，義：梁録失譯人名，知：開元拾遺附梁録。【註】天知：
一名集諸佛大功德經。【開貞按】其三劫佛名出長房入藏録中，今合成一部。其
中賢劫佛名出賢劫經中，合爲重譯，今以上下佛名是其單本，以類相從編之於
此。【按】義知將莊嚴劫、賢劫、星宿劫各一卷（見0614-2、0614-5、0614-7）
合著一目。

0614-1　　過去莊嚴劫千佛名經一卷，失譯附梁録。

【校記】◎指：莊嚴劫千佛經◎開石貞福資緣：一卷作卷上，磧普臺：無一卷兩
字◎石：梁録失譯，麗卍大中縮頻：失作闕，略福資：失譯，磧普臺：附作開元
拾遺附。【註】石福資磧普緣卍臺大縮頻：亦名集諸佛大功德山。

0614-2　　過去莊嚴劫千佛名經（別本）一卷，失譯附梁録。

○讚。

【校記】◎南北嘉龍黃臺大中縮頻：開元拾遺附梁録◎讚見嘉（清順治刻本）黃
臺。【註】南北嘉龍大中縮頻：一名集諸佛大功德山（清順治嘉本無註）。【按】
①大中所録嘉本與黃臺所據嘉本（清順治己亥徑山刻本）不盡相同。重輯嘉是
明崇禎四年刻本，同大中所録嘉本。②縮頻目録未著此別本，今新考目録補
入。

0614-3　　附卷首三劫三千佛緣起，劉宋畺良耶舍譯。

○讚佛偈等。

【校記】◎南北嘉龍黃卍臺大中縮頻：劉宋作宋◎頻佛：一卷◎偈等見嘉（清順
治刻本）黃臺。【註】南北嘉龍大中縮頻：出觀藥王藥上經（清順治嘉本無註）。
【按】大中所録嘉本與黃臺所據嘉本（清順治己亥徑山刻本）不盡相同。重輯嘉
是明崇禎四年刻本，同大中所録嘉本。

0614-4　　現在賢劫千佛名經一卷，失譯附梁録。

【校記】◎指：賢劫千佛經，標：現作見，福資臺：無現在兩字◎開石貞福資
緣臺：一卷作卷中，普：無一卷兩字◎石：梁録失譯，麗卍大中縮頻：失作
闕，略福資臺：失譯，普：附作開元拾遺附。【註】石麗卍大中縮頻：亦名集
諸佛大功德山，普：録云出賢劫經，今以類編通單本部。【按】石別抄（見附
0614-4）。

0614-5　　現在賢劫千佛名經（別本）一卷，失譯附梁録。

○讚。

【校記】◎南北嘉龍黃臺大中縮頻：開元拾遺附梁録◎讚見嘉（清順治刻本）黃臺。【註】南北嘉龍大中縮頻：一名集諸佛大功德山（清順治嘉本無註）。【按】①大中所録嘉本與黃臺所據嘉本（清順治己亥徑山刻本）不盡相同。重輯嘉是明崇禎四年刻本，同大中所録嘉本。②縮頻目録未著此別本，今新考目録補入。

0614-6　未來星宿劫千佛名經一卷，失譯附梁録。

【校記】◎指：星宿劫千佛經◎開石貞福資緣：一卷作卷下，磧普臺：無一卷兩字◎石：梁録失譯，麗卍大中縮頻：失作闕，略福資：失譯，磧普臺：附作開元拾遺附。【註】石麗卍大中縮頻：亦名集諸佛大功德山。

0614-7　未來星宿劫千佛名經（別本）一卷，失譯附梁録。

○讚。

【校記】◎南北嘉龍黃臺大中：開元拾遺附梁録（縮頻：録作録失譯）◎讚見嘉（清順治刻本）黃臺。【註】南北嘉龍大中縮頻：一名集諸佛大功德山（清順治嘉本無註）。【按】①大中所録嘉本與黃臺所據嘉本（清順治己亥徑山刻本）不盡相同。重輯嘉是明崇禎四年刻本，同大中所録嘉本。②縮頻目録未著此別本，今新考目録補入。

0615　佛説千佛因緣經一卷，姚秦鳩摩羅什譯。

【校記】◎石福資磧普初天南北嘉龍黃臺義知：無佛説二字◎麗卍大中縮頻佛：姚秦作後秦，緣：無鳩摩二字。

0616　佛説無量壽佛名號利益大事因緣經一卷，曹魏康僧鎧譯。

0617　佛説八大菩薩經一卷，宋法賢譯。

【校記】石金麗福資磧普初天緣南卍臺大中縮頻：無宋字。【按】譯者法賢的職稱中有西天譯經三藏六字，北嘉龍黃：脱譯經二字。

0618　六菩薩名亦當誦持經一卷，失譯附後漢録。

【校記】◎開貞至略緣：六菩薩名，指：六菩薩當誦持，金麗卍大中縮頻佛：無名字，福資磧普初臺：無經字◎開貞略福資緣：後漢失譯（義：後漢作後漢録），磧普初南北嘉龍黃臺知：後漢失譯見費長房録，佛：後漢作漢。

0619　佛説藥師如來本願經一卷，隋達摩笈多譯。

○藥師如來本願功德經序，隋慧矩撰○~新翻記。

【校記】◎指：本願經◎序見福資磧普初南北嘉龍黃臺大中；記見麗卍大中縮頻。【按】①普記行矩製序，今據新翻記，改記慧矩撰。②蔡按以下三經（0619—0621），資阜字函重出。今檢經本實物，資無重出，由此可知昭和總目——資福藏目録阜字函的著録，實屬後人據天海藏誤修改所致，故今新考目録取消阜字函三目（見附0619、附0620、附0621）。③縮頻誤將序文録於藥師琉璃光七佛本願功德經（見0621）。

0620　藥師琉璃光如來本願功德經一卷，唐玄奘譯。

【校記】◎指：藥師本願功德經，至：無琉璃光三字◎石：無譯者名。【按】石經文中間部分刻在石碑側面，以下造塔功德經（見附0792-2）的後部經文亦刻在石碑側面，《房山石經》誤將兩側面之經文前後倒置。另外石重出（見附0620-1、0620-2）。

0621　藥師琉璃光七佛本願功德經二卷，唐義淨譯。

【校記】指：藥師七佛經，緣：光作光如來。【按】①縮頻有序文一篇，今檢實屬佛説藥師如來本願經（見0619）之序文，誤置於此。②洪武南藏目録記一卷，實存卷下，缺卷上。

▲上三經同本異譯。

0622　梵書藥師琉璃光七佛本願功德經一卷。

【校記】◎緣續龍：梵書作番字，龍：無琉璃光三字◎嘉目録註藏本缺。【中華按】此經僅為明永樂南、北藏及清藏所收，餘本均未收。因全部經文為藏文，故中華大藏經（漢文部分）不收，僅存其目。【按】北嘉黃存目缺經。

0623　佛説彌勒大成佛經一卷，姚秦鳩摩羅什譯。

【校記】◎開石貞至標略福資磧普初天緣南臺義：彌勒成佛經（北嘉龍黃知：彌作佛説彌）◎緣：無鳩摩二字。【按】①金殘缺。②縮頻卷後附文“爾時魔王……常樂涅槃”百四十三字，縮云：此乃四十六紙右十五行爾時上宋元明三本之文。今查此文實乃佛説彌勒下生成佛經（見0625）的内容誤録於此。

0624　佛説彌勒下生經一卷，西晉竺法護譯。

【校記】◎北嘉龍黃義知：佛説觀彌勒菩薩下生經（福資磧普天緣南臺：無佛説二字）◎福：諸藏經並品次並闕譯人。【守其按】按開元録有譯無本中有法護譯彌勒成佛經，一名彌勒當來下生經者。乍觀此經，即彼失本而還得之，其實非也。然此經文頗似漢晉經，註又有漢云之言，恐是三失本中第一本，録云今附西晉者耳。宋藏得而編入。而二録並無下生經是法護譯者，今云法護譯者何耶，伏俟賢哲。【提示】品次，即一切經源品次録一書之略名。

0625　佛説彌勒下生成佛經一卷，姚秦鳩摩羅什譯。

【校記】◎石：無佛説二字，開貞至略福資磧普緣南北嘉龍黃臺義知縮頻佛：無成佛二字，天：彌勒下生經◎麗卍大中縮頻佛：姚秦作後秦，福資天緣臺：無鳩摩二字。【註】開貞緣：一名彌勒成佛經，或云當下成佛經，亦云下生成佛經，開貞至緣：一名彌勒受決經，普南北嘉龍黃知：一名彌勒當來成佛；開貞至：初云大智舍利弗。【按】石卷首漫漶。石重出（見附0625-1至附0625-4）。

0626　佛説彌勒下生成佛經一卷，唐義淨譯。

【校記】◎南：無佛説二字◎福資磧天臺：無唐字。【守其按】按開元録，彌勒下生經前後六譯，三存三失，宋藏失之，今得丹藏而編入。

0627　佛説彌勒來時經一卷，失譯附東晉録。

【校記】略福資磧天臺：失譯，普南北嘉龍黃：失譯師名開元録附東晉，義：東

晉録失譯人名，知：附東晉。

▲上五經同本異譯。

0628　佛説觀彌勒菩薩上生兜率天經一卷，劉宋沮渠京聲譯。

【校記】◎指：觀彌勒上生經，福資普天南：無佛説二字，石福資磧普天南北嘉龍黄臺義知：率作率陀◎開貞至麗略福資磧天緣卍臺大中縮頻佛：劉宋作宋，石：無譯者名。【註】開貞至緣：亦云彌勒上生經。【按】石重出（見附0628-1至附0628-4）。

0629　文殊師利問菩薩署經一卷，後漢支婁迦讖譯。

【校記】天：經誤作譯。【註】開緣：亦云文殊問署經，開貞緣：一名問署經。【按】佛重出（見附0629）。

0630　大方廣寶篋經三卷，劉宋求那跋陀羅譯。

【校記】◎標略福資磧普初天緣南北嘉龍黄臺義知：二卷◎開石貞至金麗略資天緣卍大中縮頻佛：劉宋作宋。【按】石重出（見附0630）。

0631　佛説文殊師利現寶藏經二卷，西晉竺法護譯。

【校記】◎福：無佛説二字，標：無師利二字◎開貞至標：三卷◎天：無西晉二字。【註】開貞緣：或無現字，開貞至緣：或直云寶藏經。【按】指誤記三卷，今據方字帙記九卷，另三經共七卷，故改正本經作二卷。

▲上二經同本異譯。

0632　文殊師利問菩提經一卷，姚秦鳩摩羅什譯。

【校記】◎指：文殊問菩提心經◎緣：無鳩摩二字。【註】開貞麗緣卍大中縮頻：一名伽耶山頂經，開貞至緣：一名菩提無行經，亦直名菩提經。【按】石重出（見附0632）。

0633　伽耶山頂經一卷，元魏菩提留支譯。

【註】開貞至緣：亦名伽耶頂經。

0634　佛説象頭精舍經一卷，隋毘尼多流支譯。

【校記】磧初天臺：無佛説二字，標：精作山頂精。

0635　大乘伽耶山頂經一卷，唐菩提流志譯。

【校記】石：無唐字，石福資磧普初南北嘉龍黄臺：譯作等譯。【按】石經文中間部分刻在石碑側面，以下佛説決定總經（見0829）的後部經文亦刻在石碑側面，《房山石經》誤將兩側面之經文前後倒置。

▲上四經同本異譯。

0636　文殊師利問經二卷，梁僧伽婆羅譯。

○～目録。

【校記】◎指：文殊問經◎略：婆誤作那，至：誤記梁求那跋陀羅譯◎目録見縮頻。

0637　文殊問經字母品第十四一卷，唐不空譯。

【校記】◎貞至緣：文殊問字母品經（標：無品字），北嘉龍黄卐義知佛：無第十四三字◎石貞麗福資磧普初天緣南卐臺大中縮頻：無唐字，至：脱譯者名。【按】①金卷首殘缺。②石重出（見附0637）。

▲與文殊師利問經卷上字母品第十四同本異譯。

0638　佛説文殊師利行經一卷，隋闍那崛多譯。

【校記】◎指：尸利行經，至福資磧普初天南臺：無佛説二字，標金中：無行字◎金麗福資磧卐臺大中縮頻佛：闍誤作豆，開貞略緣：譯作等譯。【按】師、尸音同不校。

0639　佛説文殊師利巡行經一卷，元魏菩提留支譯。

【校記】石普南：無佛説二字，指：文殊遊行經。【按】石經文中間部分刻在石碑側面，以下佛説報恩奉盆經（見0779）的後部經文亦刻在石碑側面，《房山石經》誤將兩側面之經文前後倒置。

▲上二經同本異譯。

0640　佛説文殊師利般涅槃經一卷，西晉聶道真譯。

【校記】指標：文殊涅槃經，石福資磧普初天南北嘉龍黄臺義知：無佛説二字。

0641　佛説大乘善見變化文殊師利問法經一卷，宋天息災譯。

【校記】◎標：無師利二字◎石金麗福資磧普初緣南卐臺大中縮頻：無宋字。【註】至：秘密部收。

0642　大乘百福相經一卷，唐地婆訶羅譯。

【校記】◎北嘉龍黄知：大作佛説大◎石略：無唐字。【註】至緣：番云聖曼殊室利百福相經。【按】石重出（見附0642）。

0643　大乘百福莊嚴相經一卷，唐地婆訶羅再譯。

【校記】◎北嘉龍黄知：大作佛説大，指：無百福二字◎略：無唐字，石福資磧北龍臺：再作等，普初天南嘉黄：再作等再，至：再作重，知：無再字。【按】石重出（見附0643-1、附0643-2）。

0644　佛説妙吉祥菩薩所問大乘法螺經一卷，宋法賢譯。

【校記】石金麗福資磧普初天緣南卐臺大中縮頻：無宋字，至：譯誤作等譯。【按】譯者法賢的職稱中有西天譯經三藏六字，北嘉龍黄：脱譯經二字。

▲上三經同本異譯。

0645　維摩詰所説經三卷，姚秦鳩摩羅什譯。

○～品目。

【校記】◎標金：維摩詰經（指：無詰字）◎石：不分卷（暫定三卷）◎無譯者名，金：後秦羅什譯（緣：後作姚），佛：姚秦作後秦◎品目見黄縮頻。【註】開石貞至麗資磧普天緣南北嘉龍黄卐臺大中知縮頻：亦名不可思議解脱經，開貞緣：僧祐録云新維摩詰經。【按】①金卷上散佚。②石重出（見附0645）。

0646　佛説維摩詰經二卷，吳支謙譯。

○～目録。

【校記】◎指：維摩經，略福資普天南北嘉龍黃臺義知：無佛説二字◎三卷◎目録見縮頻。【註】開貞麗緣卍大中縮頻：維摩詰説不思議法門之稱，一名佛法普入道門三昧經，福資普天南北嘉龍黃臺知：亦名不可思議法門之稱。

0647　説無垢稱經六卷，唐玄奘譯。

○～目録。

【校記】◎指：玄奘作奘法師◎目録見嘉黃縮頻。【按】石重出（見附 0647）

▲上三經同本異譯。

0648　善思童子經二卷，隋闍那崛多譯。

【校記】開貞略緣：譯作等譯。

0649　佛説大方等頂王經一卷，西晉竺法護譯。

【校記】指：頂王經，福資磧普初天南北嘉龍黃臺義知：無佛説二字。【註】開貞至金麗福資磧普初天緣南北嘉龍黃卍臺大中知縮頻：一名維摩詰子問經，開貞至緣：亦名善思童子經。【蔡按】指要頂王經二卷，當係與大乘頂王經合為一目。

0650　大乘頂王經一卷，梁月婆首那譯。

【校記】指：頂王經。【註】開貞至緣：亦名維摩兒經。

▲上三經同本異譯。

0651　佛説月上女經二卷，隋闍那崛多譯。

【校記】◎石福資磧普初天南北嘉龍黃臺義知：無佛説二字◎開石貞略緣：譯作等譯。【註】開貞緣：維摩詰之女。

0652　持世經四卷，姚秦鳩摩羅什譯。

○～目録。

【校記】◎緣：無鳩摩二字◎目録見縮頻。【註】開貞至普初緣南北嘉龍黃知：一名法印品經；開貞至：或三卷。

0653　持人菩薩經四卷，西晉竺法護譯。

○～目録。

【校記】◎福資磧普初天南北嘉龍黃臺義知：持人菩薩所問經◎略：三卷◎目録見縮頻。【註】開貞緣：初云持人菩薩所問陰種諸入以了道慧經。【按】①金存卷二殘本。②略記三卷（註或四卷），故方字帙記"上四經十卷同帙"，誤也，實係四經九卷同帙。

▲上二經同本異譯。

0654　不思議光菩薩所説經一卷，姚秦鳩摩羅什譯。

【校記】◎指：不思議光經，開貞至略緣：説作問◎金麗卍大中縮頻佛：姚秦作後秦，緣：無鳩摩二字。【註】開貞緣：亦云無思光孩童菩薩經。

0655　無所有菩薩經四卷，隋闍那崛多等譯。

【校記】至義知佛：無等字。

0656　師子莊嚴王菩薩請問經一卷，唐那提譯。

　　○~序，唐道宣撰。

　　【校記】◎指：師子莊嚴王經，北龍知：師作佛説師◎序見石金麗福資磧普初南北嘉龍黄卍臺大中縮頻。【註】開貞至略緣：一名八曼荼羅經。

0657　離垢慧菩薩所問禮佛法經一卷，唐那提譯。

　　○~序，唐道宣撰。

　　【校記】◎指：禮佛法經，標：無法字◎序見石金麗福資磧普初南北嘉龍黄卍臺大中縮頻。

0658　寶授菩薩菩提行經一卷，宋法賢譯。

　　【校記】石麗福資磧普初天緣南卍臺大中縮頻：無宋字。【按】法賢譯此經時的職稱是西天譯經三藏朝散大夫試光禄卿明教大師，北嘉龍黄：脱譯經二字，福資磧普初南臺：試光禄卿誤作試鴻臚少卿（北嘉龍黄：無少字）。

0659　佛説寶雨經十卷，唐達摩流支譯。

　　○譯場職名録。

　　【校記】◎福：無佛説二字◎石：大周達摩流支、梵摩同譯，開貞至略福資磧普初天緣南北嘉龍黄臺：譯作等譯◎職名録見金大中。【註】麗資磧普初天南北嘉龍黄卍臺大中知縮頻：一名顯授不退轉菩薩記。【按】金卷一首殘缺。【提示】菩提流志，初名達摩流支。

0660　寶雲經七卷，梁曼陀羅仙譯。

　　【校記】◎石普南北嘉龍黄義知：寶作佛説寶◎開石貞至磧普初緣南北嘉龍黄臺義知：譯作共僧伽婆羅譯（略：譯作等譯）。【緣山按】宋本題云大乘寶雲經，與本經雖譯者同，但經文異。檢此經有三譯，二存者，另一係寶雨經（見0659），一缺者，開元卷十四云大乘寶雲經八卷，陳扶南沙門須菩提譯。請後學者，宜校合焉。【按】①大正録宋、宮本大乘寶雲經（見0661），其譯文風格不同本經，實非曼陀羅仙譯本明矣，因此有可能是唐以後已失之須菩提本。②天經名既不同資，也不同普，因其刻以資作底本，以普補缺，故今與資校對（見0661）。【提示】如是我聞。一時佛在伽耶山頂……

0661　大乘寶雲經七卷，梁曼陀羅仙共僧伽婆羅譯。

　　【校記】天：無大乘二字。【按】此經的考證詳見寶雲經（見0660）按語。

　　【提示】序品第一。如是我聞。一時佛婆伽槃住伽耶國伽耶頂山……

0662　佛説除蓋障菩薩所問經二十卷，宋法護等譯。

　　○譯場職名録。

　　【校記】◎金麗福資磧普初南卍臺大中縮頻：無宋字，天：宋法護、惟淨等譯（至：無等字）◎職名録見金中（卷一、四後）。【按】此經第四至六、十至十二卷改著宋惟淨等譯。應註意法護、惟淨譯此經前六卷時，法護的職稱是西天譯經三藏朝散大夫試鴻臚少卿傳梵大師，惟淨的職稱是譯經三藏朝散大夫試鴻臚少卿

光梵大師，而譯後十四卷時，法護、惟淨的職稱已由試鴻臚少卿晉陞為試鴻臚卿，餘如故。然而北嘉龍黄所記法護、惟淨的職稱多有誤，福資磧普初南臺僅卷四在惟淨的職稱前誤冠以西天二字。

▲上四經同本異譯。

0663　佛説地藏菩薩發心因緣十王經一卷，唐藏川述。

　　　○宋原孚後記。

　　　【校記】◎卍續：無唐字◎有後記。

0664　阿闍世王授決經一卷，西晉法炬譯。

　　　【校記】開貞指標略普天緣南義：阿闍世王受決經（石福資磧初北嘉龍黄臺知：阿作佛説阿）。

0665　採花違王上佛授決號妙花經一卷，東晉竺曇無蘭譯。

　　　【校記】◎指：採花上佛授決妙華經，福資磧普初天南北嘉龍黄臺知：採花違王上佛授決經（標義：授作受），開石貞至略緣：採花作採蓮，緣：經作如來經◎略：東晉誤作西晉，貞佛：無竺字。【註】開貞略緣：亦直云採蓮違王經（至：違作華）。

▲上二經同本異譯。

0666　佛説勝軍王所問經一卷，宋施護譯。

　　　【校記】麗福資磧普初天緣南卍臺大中縮頻：無宋字。【按】譯者施護的職稱中有西天譯經三藏六字，北嘉龍黄：脱譯經二字。

0667　佛説諫王經一卷，劉宋沮渠京聲譯。

　　　【校記】開貞至金麗略福資磧天緣卍臺大中縮頻：劉宋作宋。【註】開貞至緣：亦云大小諫王經。

0668　如來示教勝軍王經一卷，唐玄奘譯。

　　　【校記】石：無唐字。【註】開貞至緣：亦直云勝軍王經；麗中：奘誤作奬。

0669　佛為勝光天子説王法經一卷，唐義淨譯。

　　　【註】開貞至緣：亦直云勝光天子經。【按】石重出（見附0669）。

▲上四經同本異譯。

0670　佛説薩羅國經一卷，失譯附東晉録。

　　　【校記】石：東晉失譯，略福資：失譯，義：東晉録失譯人名，知：失譯作開元，磧普初天南北嘉龍黄臺：附作開元附。【註】開貞至緣：或云薩羅國王經。

0671　佛為優填王説王法政論經一卷，唐不空譯。

　　　【校記】石貞金麗磧普初緣續南卍臺大中縮頻：無唐字。

0672　佛説逝童子經一卷，西晉支法度譯。

　　　【校記】普：支法度誤作法度支。【註】開貞緣：亦名長者制經，亦直云制經，亦名菩薩逝經，開貞：亦直云逝經。

0673　佛説長者子制經一卷，後漢安世高譯。

【校記】略：無後字，緣：漢世高譯。【註】開貞至緣：亦名制經。

0674　佛説菩薩逝經一卷，西晉白法祖譯。

【註】開貞至緣：或云誓童子經，或直云逝經。

▲上三經同本異譯。

0675　私呵昧經一卷，吳支謙譯。

【校記】福資天緣：道樹經，磧普初南北嘉龍黃臺義知：菩薩道樹經，開略：昧作三昧。【註】開貞福資：亦名私呵末經，磧南臺：或云私呵昧經，天：亦名私末經，開貞至磧普初緣南北嘉龍黃臺知：或名道樹三昧經。【按】初重出（見附0675）。

0676　菩薩生地經一卷，吳支謙譯。

【校記】略：無吳字。【註】開貞至緣：一名差摩竭經。

0677　佛説德護長者經二卷，隋那連提耶舍譯。

【校記】略：脱提字，普南北嘉龍黃義知：提作提黎。【註】開貞至緣：一名尸利崛多長者經；資磧普南嘉黃臺：德護隋言也，梵語尸利多。

0678　佛説申日經一卷，西晉竺法護譯。

【註】麗卍大中縮頻：開元録中無法護譯，恐是支謙誤爲法護。【守其按】按開元録此經四譯一失，法護譯中雖有月光童子經亦名申日經，自是一經有二名，非別有申日經是法護譯者。今以録中有支謙譯申日經一卷，云與月光童子經同本異譯，恐此經即是，如是則四譯還具矣。【按】開元録記此經四譯，三存一失，其失本者是失利越經一卷，而非申日經。因智昇所見申日經與法護譯月光童子經同，所以認爲長房録云申日經是支謙譯，謬也，並置於刪略繁重録中。然而如今之申日經，卻不同於其他譯本，有可能是支謙譯本，因此應改記此經是五譯一失。

0679　佛説月光童子經一卷，西晉竺法護譯。

【註】開貞至福資磧普初天緣南北嘉龍黃臺知：一名申日經，開貞至緣：亦名月明童子經。

0680　申日兒本經一卷，劉宋求那跋陀羅譯。

【校記】◎北嘉龍黃知：申作佛説申，福資磧天臺：兒作兜◎開貞至麗略緣卍大中縮頻佛：劉宋作宋，福資磧天臺：誤作宋跋陀羅譯，初：誤作劉宋求那羅譯。

【註】開貞至緣：或云申兒本經，録作兜本誤也，普：或無本字；南北嘉龍黃：申日是長者之名，兒即長者之子也。

▲上四經同本異譯。

0681-1　佛説樹提伽經一卷，劉宋求那跋陀羅譯。

【校記】開石貞至麗卍大中縮頻：劉宋作宋。【提示】佛言。昔有一大富長者。名樹提伽……

0681-2　佛説樹提伽經（別本）一卷，劉宋求那跋陀羅譯。

【校記】◎福資：無佛説二字◎略：無劉宋二字，福資緣：劉宋作宋。【按】縮頻目録未著此別本，今新考目録補入。【提示】佛言。有一長者。名爲樹提伽……

0682　佛説巨力長者所問大乘經三卷，宋智吉祥等譯。

【校記】金磧普南臺中：無宋字。

0683　辯意長者子經一卷，元魏法場譯。

【校記】◎福資磧普初天南北嘉龍黃臺知：佛説辯意長者子所問經（石：無所問二字），指：無子字，義：經作所問經◎麗卍大中縮頻佛：元魏作後魏，初：法場誤作法揚。【註】開貞略緣：或云長者辯意經。【按】石經文中間部分刻在石碑側面，以下佛母般泥洹經（見0173）的後部經文亦刻在石碑側面，《房山石經》誤將兩側面之經文前後倒置。

0684　佛説金耀童子經一卷，宋天息災譯。

【校記】◎至：脱金字◎石金麗福資磧普初天緣南卍臺大中縮頻：無宋字。【按】①譯者天息災此時僅有明教大師之稱號，福資磧普初南臺：增西天譯經三藏朝散大夫試鴻臚卿十四字（北嘉龍黃：無譯經二字），誤也。②石重出（見附0684）。

0685　大花嚴長者問佛那羅延力經一卷，唐般若共利言譯。

【校記】◎石標：無大字，至：無佛字◎麗卍續大中縮頻：無唐字，石貞緣續：般若譯，至：般剌若共利言等譯。【提示】般若，又名般剌若。

0686　佛説龍施女經一卷，吳支謙譯。

【註】開貞至緣：或無女字。

0687　佛説龍施菩薩本起經一卷，西晉竺法護譯。

【校記】指：龍施本起經。【註】開貞至緣：或云龍施女經，亦云龍施本經。

▲上二經同本異譯。

0688　佛説老女人經一卷，吳支謙譯。

【註】開貞至緣：亦云老母經，或云老女經。

0689　佛説老母經一卷，失譯附劉宋録。

【校記】◎略：老母人經◎開貞緣：僧祐録中失譯今附宋録（至：録中作作，略：無今附宋録四字），金麗卍大中縮頻：僧祐録云闕譯人名今附宋録，知：無失譯二字，福資磧天臺：劉宋作宋，義：劉宋録失譯人名。

0690　佛説老母女六英經一卷，劉宋求那跋陀羅譯。

【校記】◎指：六英經，金中：佛説母老六英經◎開石貞至金麗略福資磧天緣卍臺大中縮頻：劉宋作宋。【註】開貞至緣：亦云老母經。

▲上三經同本異譯。

0691　佛説轉女身經一卷，劉宋曇摩蜜多譯。

【校記】開貞至金麗略福資磧天緣卍臺大中縮頻佛：劉宋作宋。【按】石卷首殘

缺。

0692　佛説無垢賢女經一卷，西晉竺法護譯。

【校記】福資磧普初天南臺：無佛説二字。【註】開貞至緣：或云胎藏經。

0693　佛説腹中女聽經一卷，北涼曇無讖譯。

【校記】◎指：腹中聽經，福資磧普初天南臺：無佛説二字，福：經誤作經經◎資磧初天南臺：北涼作涼。【註】開貞至緣：亦名不莊校女經。

▲上三經同本異譯。

0694　樂瓔珞莊嚴方便品經一卷，姚秦曇摩耶舍譯。

【校記】◎北嘉龍黃知：樂作佛説樂，指：無方便品三字，福資磧普初天南北嘉龍黃臺義知：無品字◎嘉黃：二卷。【註】開石貞至麗福資磧普初天緣南北嘉龍黃卍臺大中知縮頻：亦名轉女身菩薩問答經。

0695　順權方便經二卷，西晉竺法護譯。

【校記】指：方便經。【註】開貞至麗緣卍大中縮頻：一名轉女身菩薩經，開緣：亦云順方便經（貞：順作惟權），開貞緣：或云順權女經，亦云隨權女經。

【按】①指誤爲一卷，今新考目録改正作二卷。②金卷上散佚。

▲上二經同本異譯。

0696　有德女所問大乘經一卷，唐菩提流志譯。

【校記】指：有德女經。【註】磧普初南臺：與前必字函梵女首意經大同小異。

0697　佛説梵志女首意經一卷，西晉竺法護譯。

【校記】開貞至標福資磧普初天緣南北嘉龍黃臺義知：梵女首意經（略：首作守），指：梵志女經，石：無志字。【註】開貞至緣：一名首意女經；磧普初南臺：此經與有德女所問經同本異譯，舊誤編為孤本。

▲上二經同本異譯。

0698　佛説心明經一卷，西晉竺法護譯。

【註】開貞至略緣：一名心明女梵志婦飯汁施經。【按】石重出（見附0698）。

0699　佛説賢首經一卷，乞伏秦聖堅譯。

【校記】石金麗卍大中縮頻佛：乞伏秦作西秦。【註】開貞至略緣：一名賢首夫人經。

0700　佛説長者法志妻經一卷，失譯附涼録。

【校記】略福資：失譯，磧普初天南北嘉龍黃臺：出安公涼土録失譯師名（知：無失譯師名四字），義：北涼録失譯人名，至：涼誤作梁。

0701　差摩婆帝授記經一卷，元魏菩提留支譯。

【校記】指：授記經，北龍知：差作佛説差，開貞標略磧普初緣南北嘉龍黃臺義：授作受。

0702　佛説堅固女經一卷，隋那連提耶舍譯。

【校記】◎石：無佛説二字◎至：脱提字，義知：提作提黎。【註】開貞至略緣：一名牢固女經。

0703 佛説大乘流轉諸有經一卷，唐義淨譯。

【校記】◎石普：無佛説二字，指：流轉諸有經◎天：無唐字。【按】石重出（見附 0703）。

0704 佛説大方等修多羅王經一卷，元魏菩提留支譯。

【校記】◎石福資磧普初天南北嘉龍黄臺義知：無佛説二字，指：修多羅王經◎麗大中縮頻佛：元魏作後魏。【註】開貞緣：或無王字。【按】石卷首殘缺，且重出（見附 0704-1、附 0704-2）。

0705 佛説轉有經一卷，元魏佛陀扇多譯。

【校記】◎資磧天臺：無佛説二字，石：漏刻卷首經名、卷次◎至：無元魏二字。【按】石重出（見附 0705）。

▲上三經同本異譯。

0706 優婆夷淨行法門經二卷，失譯附北涼録。

○～目録。

【校記】◎石：書首題名脱優字，略：婆作波，指：淨行法門經◎金麗卍大中縮頻：僧祐録云安公涼土異經附北涼録（石：無僧祐録云四字，緣：涼土作關中，開貞至緣：無北字，至：涼皆誤作梁），略：僧祐録中異經安公涼土出，福資：安公涼土出，磧普初天南北嘉龍黄臺：出安公涼土録失譯師名（知：無失譯師名四字），義：北涼録失譯人名◎目録見縮頻。【註】開貞至緣：亦直云淨行經，或無經字。【按】指緣誤記一卷，今新考目録改正作二卷。

0707 佛説長者女菴提遮師子吼了義經一卷，失譯附梁録。

【校記】◎指：菴提遮經，福資磧普初天南臺：無佛説二字，佛：脱者字◎略：失譯，磧初天南北嘉龍黄臺：附作開元拾遺附，普：開元拾遺附梁録，義：梁録失譯人名，知：附梁録。【註】磧普初南北嘉龍黄臺：似秦什師文意。

0708 思益梵天所問經四卷，姚秦鳩摩羅什譯。

○～目録。

【校記】◎石福資天緣：無所字，指：無所問二字◎石：無譯者名，緣：無鳩摩二字◎目録見縮頻。【註】開貞至緣：或直云思益經，僧祐録云思益義經。【按】標此經目下脱帙號，今據指金麗之帙號補入 "及" 字號。

0709 持心梵天所問經四卷，西晉竺法護譯。

○～目録。

【校記】◎開貞至指略緣：無所問二字◎目録見縮頻。【註】開貞至麗資磧普初天緣南北嘉龍黄卍臺大中知縮頻：一名莊嚴佛法諸義經，又名等御諸法經；開貞至：或六卷。【按】金卷一首殘缺。

0710 勝思惟梵天所問經六卷，元魏菩提留支譯。

▲上三經同本異譯。

0711　大梵天王問佛決疑經二卷。

○～凡例，無著誌○～目録。

【校記】凡例等見卍續。

0712　大梵天王問佛決疑經一卷。

○～目次。

【校記】◎新作目次見卍續佛◎佛目録註疑似經。

0713　佛説須真天子經四卷，西晉竺法護譯。

○～目録。

【校記】◎石福資磧普初天南北嘉龍黃臺義知：無佛説二字，標：須真天子所問經◎開石貞至：三卷，略福資磧普初天緣南北嘉龍黃臺義知：二卷◎目録見縮頻。【註】開貞至緣：亦云問四事經，金麗卍大中縮頻：文殊師利所報法言稱一名斷諸法狐疑法，一名諸佛法普入方便慧分別炤明持。【守其按】此經卷一第十九幅末二行，人發無上正真道意之下，五千菩薩之上，丹本有為轉法輪甘教慈教，乃至於泥越行永不泥越等，凡三十八行。檢之即是下文宋本第三卷、丹本下卷，分別品第八之末文，丹本誤重安於此。【按】石亦有重出文字，錯同丹本。

0714　佛説魔逆經一卷，西晉竺法護譯。

【校記】石：無佛説二字。【守其按】此羔函魔逆經，法護譯者，按開元録是單譯經，丹、鄉二本（校正別録記國、丹二本）始終無異。今檢宋經全是後念函中文殊師利悔過經，宋藏錯亂。今去宋取鄉（鄉字，校正別録記國、丹本），為真魔逆經。【按】金藏錯同宋藏。檢指要解題云：文殊為諸菩薩説五體悔一切過法門，若能如是悔過，即得道意，由此可知指要所録是文殊悔過經，錯同金藏。又標目解題云：文殊説與念字函文殊悔過經本相類，由此説明標目已發現問題，然而未尋到真魔逆經本。故今新考目録將指標金中之佛説魔逆經移入附目（見附1556）。【提示】聞如是。一時佛在舍衛國祇樹給孤獨園……

0715　商主天子所問經一卷，隋闍那崛多譯。

【校記】◎指：無所問二字◎開石貞至略福資磧普初緣南北嘉龍黃臺：譯作等譯。

0716　佛説大自在天子因地經一卷，宋施護譯。

【校記】◎標：無子字◎石麗福資磧普天緣南卍臺大中縮頻：無宋字。【按】施護譯此經時的職稱是西天譯經三藏朝散大夫試鴻臚少卿傳法大師，北嘉龍黃：脱譯經二字，傳法誤作傳教。

0717　佛説天王太子辟羅經一卷，失譯附秦録。

【校記】◎指：天王太子經，福資磧普初天南北嘉龍黃臺義知：無佛説二字◎開貞至緣：僧祐録云安公關中異經今附秦録（石：無僧至公六字，磧普初天南北嘉

龍黃臺知：無僧祐録云四字，金麗卍大中縮頻：無安公二字，略：無今附秦録四字），福資：安公關中異經，義：三秦録失譯人名。【註】開貞至緣：或無天王字，亦云譬羅。【按】石重出（見附0717）。

0718　佛説海龍王經四卷，西晉竺法護譯。

〇～目録。

【校記】◎福：無佛説二字◎目録見縮頻。【註】開貞至：或三卷。

0719　十善業道經一卷，唐實叉難陀譯。

【校記】◎北嘉龍黃知：十作佛説十◎略：陀誤作陀羅，石：無譯字。

0720　佛為娑伽羅龍王所説大乘經一卷，宋施護譯。

【校記】◎標：所説大乘經作説大乘法經，北嘉龍黃義知：經作法經◎石金麗福資磧普初南卍臺大中縮頻：無宋字，至：譯誤作等譯，緣：誤作天息災譯。【按】施護譯此經時的職稱是西天譯經三藏朝散大夫試鴻臚少卿傳法大師，福資磧普初南北嘉龍黃臺：傳法誤作傳教，北嘉龍黃：脱譯經二字。

▲上二經同本異譯。

0721　佛為海龍王説法印經一卷，唐義淨譯。

【校記】◎指標：法印經◎天：無唐字。

0722　佛説佛印三昧經一卷，後漢安世高譯。

【校記】◎石：無佛説二字，標：無印字◎緣：漢世高譯。

0723　佛説如來獨證自誓三昧經一卷，西晉竺法護譯。

【校記】磧普初南北嘉龍黃臺義知：無佛説二字，指：無如來二字。【註】開貞緣：亦云如來自誓三昧經。【按】石重出（見附0723）。

0724　佛説自誓三昧經一卷，後漢安世高譯。

【註】開貞至金麗福資磧普初緣南北嘉龍黃卍臺大中知縮頻：獨證品第四，出比丘淨行中。

▲上二經同本異譯。

0725　大樹緊那羅王所問經四卷，姚秦鳩摩羅什譯。

【校記】◎指：緊那羅王經◎緣：無鳩摩二字。【註】開貞至緣：亦云説不可思議品經，開貞緣：或直云大樹緊那羅經。

0726　佛説伅真陀羅所問如來三昧經三卷，後漢支婁迦讖譯。

【校記】◎開貞至略緣：伅真陀羅所問經（指：所問作尼），磧普南北嘉龍黃臺義知：無佛説二字，如作寶如，至福：伅作純，天：所問作尼◎開貞至：二卷。

【註】開貞緣：或云伅真陀羅尼王經；福：或作伅真，伅字徒門反。

▲上二經同本異譯。

0727　佛説未曾有正法經六卷，宋法天譯。

【校記】石金麗福資磧普初天緣南卍臺大中縮頻：無宋字，至：法天下誤增共施護三字。【按】譯者法天的職稱中有西天譯經三藏六字，北嘉龍黃：脱譯經二字。

【按】卍卷首有御製繼作聖教序（已見 0071 佛説護國經）。

0728　佛説阿闍世王經二卷，後漢支婁迦讖譯。

【校記】至：脱闍字。【按】縮頻卷下後附文三百二十二字，即"號字文殊師利。則言。其刹土名沙陀惟瞿吒……文殊師利則言。若恒邊沙等"。今檢其文是卷下第四十五頁下第十一行第十字"佛"下之脱文。然而原文"佛"字下的三百二十一字，即"行亦不念得脱。亦不菩薩自貢高……文殊師利言。審如所問人亦無所作"，則是本經卷上的内容（見第三十九頁上第四行至第十一行）誤重録於此。

0729　文殊師利普超三昧經三卷，西晉竺法護譯。

○普超三昧經目録。

【校記】◎開貞至略福資磧普初天緣南北嘉龍黄臺義知：普超三昧經，指：無師利二字，大縮頻：師作支◎略福資磧普初天緣南北嘉龍黄臺義知：四卷◎目録見縮頻。【註】開貞緣：亦直云普超經，開貞麗緣卍大中縮頻：一名阿闍世王品。

0730　佛説放鉢經一卷，失譯附西晉録。

【校記】開貞至緣：失譯作僧祐録云安公録中失譯，金麗卍大中縮頻：失譯作安公云元闕譯人，略：僧祐録云安公録失譯，資臺：安公云失譯（福：無云字），南北嘉龍黄：安公録失譯人名開元附西晉録（磧普天：無名字，録作初出），義知：西晉録失譯人名。【註】開貞至福資磧普初緣南北嘉龍黄臺知：是普超經奉鉢品別譯。

▲上四經同本異譯。

0731　佛説成具光明定意經一卷，後漢支曜譯。

【校記】指：成具光明經，福資磧普初天南北嘉龍黄臺義知：無佛説二字。【註】開貞至緣：或云成具光明三昧經。

0732　佛説大乘智印經五卷，宋智吉祥等譯。

○附譯場職名録。

【校記】◎金磧普初南北嘉龍黄卍臺大中：無宋字，至：宋金總持等譯◎附職名録見金中。【按】①金中卷四、五兩卷改著金總持等譯，磧普初南北嘉龍黄卍臺大縮頻卷五改著金總持等譯。②譯者智吉祥的職稱是同譯經西天寶法大師，金磧普初南臺中縮頻：同譯經西天誤作西天譯經三藏（北嘉龍黄卍大：無譯經二字）；金總持譯此經時的職稱是同譯經西天寶輪大師，北嘉龍黄卍大：脱同譯經三字。

0733　佛説慧印三昧經一卷，吳支謙譯。

【校記】福：無三昧二字。【註】開貞至緣：一名寶田慧印三昧經。

0734　佛説如來智印經一卷，失譯附劉宋録。

【校記】◎指：如來智印三昧經◎開貞至緣：僧祐録中失譯經今附宋録，石：宋録失譯，金麗卍大中縮頻：僧祐云闕譯人今附宋録，略福資：僧祐録失譯，磧普

初天南北嘉龍黃臺：僧祐録失譯人名開元附劉宋録，義：劉宋録失譯人名，知：無失譯二字。【註】開貞至福資磧普初天緣南北嘉龍黃臺知：一名諸佛法身經。

▲上三經同本異譯。

0735　佛説弘道廣顯三昧經四卷，西晉竺法護譯。

○～目録。

【校記】◎石磧臺：無佛説二字，指：廣顯三昧經，普初南北嘉龍黃義知：三昧弘道廣顯定意經，福資天義：三昧作定意◎天：西晉誤作西秦◎目録見縮頻。

【註】金麗資磧普初天緣南北嘉龍黃卍臺大中知縮頻：一名入金剛問定意經（開石貞至緣：增一名阿耨達龍王經），開貞至：或無三昧字，緣：一名阿耨達龍王所説決諸狐疑清淨；開貞：或二卷。

0736　無極寶三昧經二卷，西晉竺法護譯。

【校記】◎福資磧普初南北嘉龍黃臺義知：無作佛説無，指：無寶字◎開貞至標略福資緣：一卷。【註】開貞至緣：或直云無極寶經。

0737　佛説寶如來三昧經二卷，東晉祇多蜜譯。

【校記】石福資磧普初天南北嘉龍黃臺義知：無佛説二字。【註】開貞至緣：一名無極寶三昧經，緣：或直云無極寶經；開貞至：或一卷。

▲上二經同本異譯。

0738　佛説超日明三昧經二卷，西晉聶承遠譯。

【校記】石磧普初南北嘉龍黃臺義知：無佛説二字。【註】開貞至緣：或直云超日明經；開貞至：或三卷。

0739　月燈三昧經十卷，高齊那連提耶舍譯。

【校記】◎開石貞略福資磧普初天緣南北嘉龍黃臺義知：十一卷◎普初南北嘉龍黃義知：提作提黎。【註】磧普初緣南北龍臺知：一名大方等大集月燈經。

0740　佛説月燈三昧經一卷，劉宋先公譯。

【校記】◎福資磧普初天南北嘉龍黃臺義知：無佛説二字◎開石貞至麗略福資磧天緣卍臺大中縮頻佛：劉宋作宋。【註】開石貞至麗緣卍大中縮頻：亦名文殊師利菩薩十事行經，開貞緣：一名建慧三昧經；普初南北嘉龍黃：與前月燈三昧經第八卷同本。【守其按】此是丹藏本，而與鄉、宋二藏之經文義迥異。按開元録此經有二別譯：一於有譯無本中有後漢安世高譯一卷，二於有譯有本中有宋先公譯一卷，皆云出大月燈經第七卷。今檢丹本始從六度乃至分衛，皆以十事説之，則知真是先公所譯。【按】石經文中間部分刻在石碑側面，以下佛説父母恩重經（見附4836–4）的後部經文亦刻在石碑側面，《房山石經》誤將兩側面之經文前後倒置。

0741　佛説月燈三昧經一卷，劉宋先公譯。

【校記】麗緣續卍大中縮頻佛：劉宋作宋。【指要按】大月燈三昧經第七卷同本異譯。【守其按】此是鄉、宋二藏所謂月燈三昧經，先公譯者，始從三界乃至道

識，皆以六行説之，曾無十事之言，知非先公譯。恐宋藏得古所失安世高譯，又録云出大經第七卷，今檢似出第五卷之後半，猶未適當，須更勘。【按】蔡目著録金藏同麗藏，收二本月燈三昧經，恐不然。因金藏覆刻宋藏，未參校丹藏，所收很可能僅宋藏一本，因金藏本缺，待勘定。蔡目又著録指要、標目同丹藏本，亦不然，今查標目與宋藏同，指要據宋藏著録，亦當與宋藏同，故今新考目録予以更正。

0742　佛説首楞嚴三昧經二卷，姚秦鳩摩羅什譯。

【校記】◎開石貞至標略福資磧普初天緣南北嘉龍黃臺義知：三卷◎金麗卍大中縮頻佛：姚秦作後秦，緣：無鳩摩二字。【註】開貞至緣：亦直云首楞嚴經。

0743　佛説觀佛三昧海經十卷，東晉佛陀跋陀羅譯。

○～目録。

【校記】◎石磧普初天南北嘉龍黃臺義知：無佛説二字◎目録見縮頻。【註】開貞至緣：或云觀佛三昧經；開貞至：或八卷。

0744　佛説金剛三昧本性清淨不壞不滅經一卷，失譯附三秦録。

【校記】◎指：金剛三昧不滅不壞經，石福資磧普初天南北嘉龍黃臺義：無佛説二字◎開貞：失譯作新為失譯，石：秦代失譯，略福資：失譯，知：失譯作新，緣：三秦作秦，義：三秦録失譯人名。【註】開貞至略福資磧普初天緣南北嘉龍黃臺知：一名金剛清淨經。【按】石重出（見附0744-1、附0744-2）。

0745　入定不定印經一卷，唐義淨譯。

○唐武周新翻三藏聖教序，武則天御製。

【校記】◎石金麗福資磧普初天南卍臺大中縮頻：無唐字◎御製序見金麗福資磧普初南北嘉龍黃卍臺大中縮頻（指：誤記中宗皇帝御製序文）。【按】此御製序多見於唐義淨譯經前。唐武周或作大周，或直名三藏聖教序，武則天御製或作御製。【提示】蓋聞大乘奧典光秘跡於瓊編……部帙條流列之於左。

0746　不必定入定入印經一卷，元魏瞿曇般若流支譯。

○～翻譯之記。

【校記】◎標：無入定二字，略：入印作印◎記見麗福資磧普初南北嘉龍黃卍臺大中縮頻。【按】金卷首殘缺。

▲上二經同本異譯。

0747　力莊嚴三昧經三卷，隋那連提耶舍譯。

【校記】◎指：力莊嚴經，至：力作大◎義知：提作提黎。

0748　寂照神變三摩地經一卷，唐玄奘譯。

【校記】◎指：三摩地經◎金中：無唐字。

0749　觀察諸法行經四卷，隋闍那崛多譯。

○～目録。

【校記】◎至：無行字◎開石貞略緣：譯作等譯◎目録見縮頻。

0750　佛説淨度三昧經卷第一一卷。

0751　諸法無行經二卷，姚秦鳩摩羅什譯。

【校記】緣：無鳩摩二字。【註】開貞至：或一卷。

0752　佛説諸法本無經三卷，隋闍那崛多譯。

【校記】◎石福資磧普初天南北嘉龍黃臺義知：無佛説二字◎開石貞至略福資磧
普初緣南臺：譯作等譯。

0753　佛説大乘隨轉宣説諸法經三卷，宋紹德等譯。

【校記】◎知：宣説誤作宣◎金磧普初南臺中：無宋字。【按】①磧普初南臺中：
卷下改著天吉祥等譯。②金卷上、下散佚。

▲上三經同本異譯。

0754　佛説入無分別法門經一卷，宋施護譯。

【校記】金麗福資磧普初天緣南卍臺大中縮頻：無宋字。【按】譯者施護的職稱
中有西天譯經三藏六字，北嘉龍黃：脱譯經二字。

0755　菩薩瓔珞經十四卷，姚秦竺佛念譯。

○～目録。

【校記】◎指：瓔珞經，福資天：菩作佛説菩◎開石貞至：十二卷，略福資磧普
初天緣南臺義知：十三卷，北嘉龍黃：二十卷◎目録見縮頻。【註】開貞福資磧
普初緣南北嘉龍黃卍臺大知縮頻：一名現在報經；開貞至：或十六卷。【按】金
卷一散佚。

0756　佛説華手經十卷，姚秦鳩摩羅什譯。

○～目録。

【校記】◎石：無佛説二字◎開貞至：十三卷◎金麗卍大中縮頻佛：姚秦作後
秦，緣：無鳩摩二字◎目録見縮頻。【註】開貞至金麗略資磧普初天緣南北嘉龍
黃卍臺大中知縮頻：一名攝諸善根經，開貞緣：亦名攝諸福德經（福：攝作撿）；
開貞至：或十一、或十二卷。【石經按】十四卷，存十二卷（卷十二未刻完）。
【按】①檢歷代經録，此經卷數為十至十三卷，未見有十四卷者。②手、首音同
不校。

0757　金光明最勝王經十卷，唐義淨譯。

○～品目○唐龍興三藏聖教序，中宗皇帝製。

【校記】◎石：存卷一、二、四、五、六、八、九，共七卷◎石天：無唐字◎
品目見嘉黃縮頻；御製序見石指金麗資磧普初南北龍卍臺中（大：見昭和總目
七七，縮頻佛：見總目録冊首）。【按】①石於御製序前另有金光明經懺悔滅罪
傳，已見0758。另外石重出（見附0757-1至附0757-4）。②縮頻佛別抄（見附
0757-5、附0757-6）。③洪武南藏總目録分出御製序一卷（見附0757-7）。④此
御製序多見於唐義淨譯經前。【提示】御製序：蓋聞蒼蒼者天……課虛扣寂。聊
題序云。

0758　金光明經四卷，北涼曇無讖譯。

○～目錄○～序，宋宗頤述○附金光明經懺悔滅罪傳、金光明經感應、感應、天台大師講金光明經感應。

【校記】目錄見嘉黃臺縮頻；序見南北嘉龍黃臺大中縮頻；附傳見南大中，附感應三篇見南中。【按】①由於麗藏精字函錄本經，故蔣目、蔡目認為金藏對應之傾字函亦當收本經。今檢麗藏精字函及次函所收皆宋代譯經，本不應夾此北涼譯本。鑒於麗藏此前曾覆刻丹藏槐字函一經，係唐代失譯經，卻誤夾在麗藏槐字函的宋譯經中，恐此處亦屬覆刻他藏之精字函經本，而誤夾在麗藏精字函中。由此推定金藏傾字函不錄本經。②緣續誤記一卷，今新考目錄據隨天釋文更正作四卷。

0759　合部金光明經八卷，隋寶貴合。

○金光明經目錄○～序，隋彥琮述。

【校記】◎至指略福普南北嘉龍黃：無合部二字◎初南北嘉龍黃：隋寶貴對志德合入（義知：合作等合），至：隋寶貴合出譯◎目錄見嘉黃縮頻；序見麗福資磧普初南北嘉龍黃卍臺大中縮頻。【註】開貞至：二十四品。【按】金卷一散佚。

▲上三經同本異譯。

0760　大方等如來藏經一卷，東晉佛陀跋陀羅譯。

【校記】指：如來藏經。【註】磧初南臺：前二本闕。【按】石重出（見附0760）。

0761　大方廣如來藏經一卷，唐不空譯。

【校記】貞麗緣續卍續臺大中縮頻：無唐字。【按】金卷首殘缺。

▲上二經同本異譯。

0762　佛説不增不減經一卷，元魏菩提留支譯。

【校記】石：無佛説二字。【按】石重出（見附0762）。

0763　佛説無上依經二卷，梁真諦譯。

○～目錄。

【校記】◎石普天南北嘉龍黃義知：無佛説二字◎目錄見縮頻。

0764　楞伽阿跋多羅寶經四卷，劉宋求那跋陀羅譯。

○～序，宋蔣之奇撰○～序，宋蘇軾書。

【校記】◎指：無多羅二字◎石：不分卷（暫定四卷）◎開貞至金麗略福資磧初天緣南北嘉龍黃卍臺大中縮頻佛：劉宋作宋，石：無譯者名◎二序見福嘉黃大中縮頻。【按】①標此經目下脱帙號，今據指金麗之帙號補入"此"字號。②金卷一散佚。【石經按】經末尾一石原缺。

0765　入楞伽經十卷，元魏菩提留支譯。

○～目錄。

【校記】◎指：元魏留支譯，標：誤作真諦譯◎目録見嘉黃縮頻。

0766　大乘入楞伽經七卷，唐實叉難陀譯。

○～目録○新譯～序，唐武則天御製。

【校記】◎天：大作新譯大◎金麗卍大中縮頻：唐作大周◎目録見縮頻；御製序見指麗福資磧普初南北嘉龍黃卍臺大中縮頻。【按】金卷一首殘缺。

▲上三經同本異譯。

0767　楞伽阿跋多羅寶經會譯四卷，劉宋求那跋陀羅初譯、元魏菩提留支再譯、唐實叉難陀後譯、明員珂會譯。

○楞伽會譯序，明馮夢禎撰。

【校記】◎嘉續卍續臺：或八卷（每卷又分二卷）◎劉宋作宋，元魏作魏◎有序。

0768　大乘同性經二卷，宇文周闍那耶舍譯。

【校記】◎北嘉龍黃知：大作佛説大◎開：周宇文氏闍那耶舍等譯（緣：氏作代，貞至麗卍大中縮頻佛：無等字），磧普初南北嘉黃臺：宇文周闍那耶舍共僧安譯（福資天：宇文周作周宇文氏），略：譯作等譯。【註】開貞至麗緣卍大中縮頻：亦名一切佛行入智毗盧遮那藏説經，開貞緣：一名佛十地經；開貞至：或四卷。

0769　證契大乘經二卷，唐地婆訶羅譯。

【校記】◎北嘉龍黃知：證作佛説證◎石福資磧普初南北嘉龍黃臺：譯作等譯。【註】開貞至麗緣卍大中縮頻：亦名入一切佛境智毗盧遮那藏經。【按】麗磧普南嘉龍黃臺中：經首有唐武則天御製序文，已見 0377 大乘顯識經。

▲上二經同本異譯。

0770　解深密經五卷，唐玄奘譯。

○～品目。

【校記】◎天：深誤作脱◎品目見嘉黃縮頻。【按】石重出（見附 0770）。

0771　深密解脱經五卷，元魏菩提留支譯。

○～品目○～序，元魏曇寧造。

【校記】◎指：深密經◎品目見嘉黃縮頻；序見福資磧普初南北嘉龍黃臺大中縮頻。

▲上二經同本異譯。

0772　佛説解節經一卷，陳真諦譯。

○～目録。

【校記】◎目録見縮頻。【按】標此經目下脱帙號，今據指金麗之帙號補入“此”字號。

▲與解深密經第一卷勝義諦相品第二、深密解脱經第一卷聖者善問菩薩問品第二至慧命須菩提問品第五同本異譯。

0773-1　相續解脱地波羅蜜了義經一卷，劉宋求那跋陀羅譯。

【校記】◎指：相續解脱經◎開貞至金麗略福資天緣卍大中縮頻：劉宋作宋。

【註】開貞至緣：亦名解脱了義經；開貞：或二卷。【按】此經後半部分題名相續解脱如來所作隨順處了義品（麗福資磧普初緣續南：品作經），緣續北嘉龍黃卍臺大義知縮頻佛分出此品，別為一經（見0773-2）。

▲與解深密經第四卷地波羅蜜多品第七、深密解脱經第四、五卷聖者觀世自在菩薩問品第十同本異譯。

0773-2　相續解脱如來所作隨順處了義經一卷，劉宋求那跋陀羅譯。

【校記】卍大縮頻：無譯者名。【註】緣續嘉黃：此一經即解深密經第四第五卷別譯（北龍：一作二）。【按】此經係前相續解脱地波羅蜜了義經的後半部份内容，詳見前經按語等。

▲與解深密經第五卷如來成所作事品第八、深密解脱經第五卷聖者文殊師利法王子菩薩問品第十一同本異譯。

0774　佛説佛地經一卷，唐玄奘譯。

【校記】◎福資天：無佛説二字◎金中：無唐字。【註】開貞磧初緣南臺：有論七卷釋。【按】石重出（見附0774）。

0775　大乘密嚴經三卷，唐地婆訶羅譯。

○~目録。

【校記】◎指：密嚴經◎目録見縮頻。【按】石金麗資磧普南嘉黃臺中此經首有唐武則天御製序文，已見0377大乘顯識經。

0776　大乘密嚴經三卷，唐不空譯。

○~目録○大唐新翻密嚴經序，唐代宗皇帝御製。

【校記】◎貞：新譯密嚴經，天緣：無大乘二字◎貞金麗資磧普初天緣南卍臺大中縮頻：無唐字◎目録見縮頻；御製序見麗資磧普初南北嘉龍黃卍臺大中縮頻。

【按】金卷上散佚。

▲上二經同本異譯。

0777　佛説諸德福田經一卷，西晉法立、法炬共譯。

【校記】◎指：福田經，福資普天南北嘉龍黃義知：無佛説二字◎普南義：法炬共作共法炬，北嘉龍黃知：共作同。【註】開貞至緣：或云諸福田經。

0778　佛説盂蘭盆經一卷，西晉竺法護譯。

【校記】資：西晉作晉。【註】開貞至緣：亦云盂蘭經。【按】石重出（見附0778-1至附0778-4）。

0779　佛説報恩奉盆經一卷，失譯附東晉録。

【校記】石：無譯者名，金麗卍大中縮頻：失作闕，略：失譯，知：無失譯二字，福資磧天臺：東晉作西晉，義：東晉録失譯人名。【註】金麗福資磧普初天緣南北嘉龍黃卍臺大中知縮頻：亦云報像功德經。【按】①石後部經文刻在石碑

側面，以上文殊師利巡行經（見 0639）的中間部分經文亦刻在石碑側面，《房山石經》誤將兩側面之經文前後倒置。另外石重出（見附 0779）。②盆、瓫音同不校。

▲上二經同本異譯。

0780　佛説未曾有經一卷，後漢失譯。

【校記】略：後漢作漢，義：後漢録失譯人名，佛：失譯人名附後漢録，金麗卍大中縮頻：譯作譯出古舊録。

0781　甚希有經一卷，唐玄奘譯。

【校記】◎普初南北嘉龍黄義知：甚作佛説甚◎石：無唐字。【按】石後部經文刻在石碑側面，以上大乘百福相經（見附 0642）的中間部分經文亦刻在石碑側面，《房山石經》誤將兩側面之經文前後倒置。

▲上二經同本異譯。

0782　最無比經一卷，唐玄奘譯。

【校記】◎普初天南北嘉龍黄義知：最作佛説最◎石：無唐字。【按】石重出（見附 0782）。

0783　佛説希有校量功德經一卷，隋闍那崛多譯。

【校記】◎開石貞至標：希有希有校量功德經，福資磧普初天南臺：無佛説二字，指：無希有二字◎開石貞略緣：譯作等譯。【按】石重出（見附 0783）。

▲上二經同本異譯。

0784　佛説造立形像福報經一卷，失譯附東晉録。

【校記】◎指：形像福報經，標：造佛像福報經◎石：無譯者名，麗卍大中縮頻：失作闕，略：失譯，知：無失譯二字，義：東晉録失譯人名。【按】石重出（見附 0784-1、附 0784-2）。

0785　佛説作佛形像經一卷，失譯附後漢録。

【校記】◎指：作佛像經◎石略：失譯，麗卍大中縮頻：失譯附作闕譯出，知：無失譯二字，開貞至緣：附後作在，福資磧天臺：後漢作漢，義：後漢録失譯人名。【註】開貞至緣：亦云優填王作佛形像經，開貞緣：一名作像因緣經。【按】①金卷首殘缺。②石重出（見附 0785-1 至附 0785-6）。

▲上二經同本異譯。

0786　佛説大乘造像功德經二卷，唐提雲般若譯。

【校記】◎指：造像功德經，石磧普初天南北嘉龍黄臺義知：無佛説二字◎佛：一卷◎福資北嘉龍黄：唐提曇般若等譯，石磧普初天南臺：譯作等譯。【註】開貞：或一卷。

0787　佛説樓閣正法甘露鼓經一卷，宋天息災譯。

【校記】石金麗福資磧普初緣南卍臺大中縮頻：無宋字。【按】石重出（見附 0787）。

0788　浴佛功德經一卷，唐義淨譯。

【校記】◎開貞至標福資磧普初天緣南北嘉龍黄臺義知：浴像功德經（石：浴作佛説浴），略：浴像經◎石：無唐字，福：淨作静。【提示】如是我聞。一時薄伽梵在王舍城鷲峰山頂。與大苾芻衆千二百五十人俱……【按】石重出（見附0788-1至附0788-3）。

0789　佛説浴像功德經一卷，唐寶思惟譯。

【校記】天：寶誤作實。【提示】如是我聞。一時薄伽梵在王舍城鷲峰山中。與大苾芻衆及與無量諸大菩薩摩訶薩俱……

▲上二經同本異譯。

0790　佛説灌洗佛形像經一卷，西晉法炬譯。

【校記】標略：灌佛形像經，福資磧普初南北嘉龍黄臺義知：佛説灌佛經（天：灌佛誤作灌頂），緣：灌佛經。【註】開貞至緣：亦云四月八日灌經，亦直云灌經。【守其按】此經宋藏題云摩訶刹頭經，聖堅譯。今按開元録宋藏錯亂，故依丹本改爲灌洗佛形像經，法炬譯。又宋藏此經初首即云摩訶刹頭，乃至二紙經文全是摩訶刹頭經文，二經不殊。今依丹本以爾時佛告摩訶刹頭等二紙替換，仍保存宋本卷末三十一行經文。【提示】福資磧普初南北嘉龍黄臺：無宋本卷末經文，故至“從是因緣得成佛道”止，麗卍大頻：增宋本卷末經文，即“佛言。持好香浴佛形像者……行如菩薩得道如佛”。【按】金中覆刻宋藏，錯亂處同。因金中前部分内容與他藏本佛説摩訶刹頭經相同（見0791），後三十一行經文又被收入本經，故今新考目録將金中之摩訶刹頭經移置附目（見附0791）。

0791　佛説摩訶刹頭經一卷，乞伏秦聖堅譯。

【校記】◎金中：佛説灌洗佛形像經（石：無洗字），福資磧普初天南北嘉龍黄臺義知：佛説灌洗佛經（緣：無佛説二字）◎石麗卍大縮頻佛：乞伏秦作西秦，金中：西晉法炬譯。【守其按】此經宋藏即云灌洗佛形像經，法炬譯。檢尋經文與宋藏中摩訶刹頭經相濫，即宋藏錯亂。今按丹本此經卻是摩訶刹頭經，聖堅譯者。今從丹本。【按】金中覆刻宋藏，錯亂處同。【提示】摩訶刹頭諸天人民長老皆明聽……其福與第一福無異也。

▲上二經同本異譯。

0792　佛説造塔功德經一卷，唐地婆訶羅譯。

○造塔功德經序，唐圓測撰。

【校記】◎指：造塔經，石福資天：無佛説二字◎福資天：無唐字◎序見石麗福資磧普初南北嘉龍黄卍臺大中縮頻。【按】石重出（見附0792-1、附0792-2）。

0793　右繞佛塔功德經一卷，唐實叉難陀譯。

○譯場職名録。

【校記】◎指：繞佛塔經，略：無右字，北龍知：右作佛説右◎麗卍大縮頻：大

周實叉難陀等譯（石：無等字，金中：無大周二字）◎職名録見金中。【註】
開貞至緣：或名繞塔功德經，至緣：亦云造塔功德經。【按】石重出（見附
0793）。

0794　佛説溫室洗浴眾僧經一卷，後漢安世高譯。
　　　【校記】福資磧普初天南臺：無佛説二字，指：無洗字。【註】開貞至緣：亦直
　　　云溫室經。【按】石重出（見附 0794）。

0795　佛説施燈功德經一卷，高齊那連提耶舍譯。
　　　【校記】◎略：施作然◎福磧普初天南北嘉龍黃臺義知：提作提黎，資：提耶誤
　　　作提黎那。【註】開貞至：一名然燈經。

0796　佛説布施經一卷，宋法賢譯。
　　　【校記】石金麗福資磧普緣卍臺大中縮頻：無宋字，北嘉龍黃：誤作宋法天譯
　　　（天：無宋字）。【按】法賢譯此經時的職稱是西天譯經三藏朝散大夫試鴻臚少卿
　　　明教大師，北嘉龍黃：略作西天三藏法師（福資磧普初南臺：無西天二字）。

0797　大乘舍黎娑擔摩經一卷，宋施護譯。
　　　【校記】石金麗資磧普初天緣南卍臺大中縮頻：無宋字。【按】施護譯此經時的
　　　職稱是西天譯經三藏朝散大夫試鴻臚卿傳法大師，福：傳法誤作明教，資磧普初
　　　南臺：傳法誤作傳教，北嘉龍黃：無譯經二字。

0798　了本生死經一卷，吳支謙譯。
　　　【校記】普初南北嘉龍黃義知：了作佛説了。【按】石重出（見附 0798）。

0799　佛説稻芉經一卷，失譯附東晉録。
　　　【校記】◎麗天卍大縮頻：芉作芉◎麗卍大中縮頻：失作闕，略：失譯，知：無
　　　失譯二字，義：東晉録失譯人名。【按】芉、稈、蘚音同不校。

0800　慈氏菩薩所説大乘緣生稻稈喻經一卷，唐不空譯。
　　　【校記】◎貞：稻稈喻經，標：無所説大乘四字◎石貞金麗福資磧普初天緣南卍
　　　臺大中縮頻：無唐字。【註】緣：略云稻稈經。【按】稈、蘚音義同不校。

0801　佛説大乘稻芉經一卷，失譯。
　　　【校記】大：無失譯二字，佛：唐法成譯。
　　　▲上五經同本異譯。

0802　分別緣起初勝法門經二卷，唐玄奘譯。
　　　【校記】◎指：緣起法門經◎石：無唐字。【註】開貞緣：亦直云分別緣起經。

0803　緣生初勝分法本經二卷，隋達摩笈多譯。
　　　○緣生經並論序。
　　　【校記】◎北嘉龍黃知：緣作佛説緣，指：無初勝二字◎序見麗福資磧普初南北
　　　嘉龍黃卍臺大中縮頻。【註】開貞緣：亦直云緣生經。【按】①指脱卷數，今新考
　　　目録補入二卷。②金卷上散佚。
　　　▲上二經同本異譯。

0804 　妙法聖念處經八卷，宋法天譯。
　　　　【校記】福緣：無宋字，至：譯誤作等譯。

0805 　佛説除恐災患經一卷，乞伏秦聖堅譯。
　　　　【校記】福資磧普初天南北嘉龍黃臺義知：無佛説二字，指標：無恐字。

0806 　佛説未曾有因緣經二卷，蕭齊曇景譯。
　　　　【校記】指：未曾有經，石福南北嘉龍黃義知：無佛説二字。【註】開石貞：度
　　　　羅睺羅沙彌序。

0807 　佛説法集經六卷，元魏菩提留支譯。
　　　　【校記】石福資磧普初天南北嘉龍黃臺義知：無佛説二字。【註】開貞至：或七
　　　　卷、或八卷。

0808 　佛説法身經一卷，宋法賢譯。
　　　　【校記】石麗福資磧普初天緣南卍臺大中縮頻：無宋字。【按】法賢譯此經時的
　　　　職稱是西天譯經三藏朝奉大夫試光禄卿明教大師，福資磧普初南北嘉龍黃臺：略
　　　　作三藏法師。

0809 　佛説三品弟子經一卷，吳支謙譯。
　　　　【註】開貞至磧普初天緣南北嘉龍黃臺知：一名弟子學有三輩經。【按】石重出
　　　　（見附 0809）。

0810 　三慧經一卷，失譯附涼録。
　　　　【校記】開磧普初南北嘉龍黃臺：僧祐録云安公涼土異經今附北涼録（略：無涼
　　　　土二字，天：脱附字，貞福資：無北字），緣：涼作北涼，義知：北涼録失譯人
　　　　名。

0811 　佛説四輩經一卷，西晉竺法護譯。
　　　　【註】開貞至磧普初天南北嘉龍黃臺：一名四輩學經（緣：學作覺），開貞至磧
　　　　初天緣臺：或名四輩弟子經。

0812 　佛説四不可得經一卷，西晉竺法護譯。
　　　　【校記】◎指：無得字◎磧臺：西晉作晉。

0813 　四品學法經一卷，劉宋求那跋陀羅譯。
　　　　【校記】◎指福資磧普天南北嘉龍黃臺義知佛：無經字◎開貞至麗略福資磧普天
　　　　緣南北嘉龍黃卍臺大中縮頻佛：劉宋作宋。【按】金卷首散佚。

0814 　大乘四法經一卷，唐地婆訶羅譯。
　　　　【校記】◎北嘉龍黃知：大作佛説大◎略：無唐字。【註】開貞緣：與單本中實
　　　　叉難陀譯者，二名雖同多少全異。

0815 　佛説菩薩修行四法經一卷，唐地婆訶羅譯。
　　　　【校記】◎指：修行四法經，石普天南：無佛説二字◎略天：無唐字。
　　　　▲上二經義同，而文稍異。

0816 　大乘四法經一卷，唐實叉難陀譯。

【校記】至麗卍大中縮頻：無唐字。【按】石重出（見附 0816-1、附 0816-2）。

0817　佛説菩薩內習六波羅蜜經一卷，後漢嚴佛調譯。

【校記】福資磧普初天南北嘉龍黃臺義知：無佛説二字，指標：無菩薩二字。【註】開貞至緣：或云內六波羅蜜經，安公云出方等部。

0818　佛説十號經一卷，宋天息災譯。

【校記】石麗福資磧普天緣卍臺大中縮頻：無宋字。【按】天息災譯此經時的職稱是西天譯經三藏朝散大夫試鴻臚少卿明教大師，福資磧普南北嘉龍黃臺：略作三藏法師。

0819　佛説十二頭陀經一卷，劉宋求那跋陀羅譯。

【校記】◎福資普：無佛説二字，天：脱頭字◎開石貞至麗略福資緣卍大中縮頻佛：劉宋作宋。【註】開貞至磧普初天緣南北嘉龍黃臺知：一名沙門頭陀經。

0820　曼殊室利呪藏中校量數珠功德經一卷，唐義淨譯。

【校記】開貞至指標略：數珠功德經。【按】貞元録之入藏録卷二十九誤將此經後置於佛説木槵經（見 0593）後，今據有譯有本録卷二十一更正在佛説校量數珠功德經（見 0821）後。

0821　佛説校量數珠功德經一卷，唐寶思惟譯。

【校記】指：校量數珠經。【註】普初緣南北嘉龍黃知：出趙宋天息災新譯文殊根本儀軌經中。

▲上二經同本異譯。

0822　金剛頂瑜伽念珠經一卷，唐不空譯。

【校記】◎貞至標緣：無金剛頂三字◎石貞麗福資磧普初天緣南卍臺大中縮頻：無唐字。【註】石貞至麗福資磧普初緣南北嘉龍黃卍臺大中知縮頻：於金剛頂瑜伽十萬廣頌中略出。

0823　佛説孛經抄一卷，吳支謙譯。

【校記】開貞至標略緣：孛經（指：孛誤作學），石北嘉龍黃知：無抄字。【註】磧普初南臺：或作鈔。【按】金存殘本。

0824　佛説內藏百寶經一卷，後漢支婁迦讖譯。

【校記】指：百寶經，福資磧普初天南臺：無佛説二字。【註】開貞至緣：亦云內藏百品經。【按】石重出（見附 0824）。

0825　佛説乳光佛經一卷，西晉竺法護譯。

【註】開貞至緣：亦云乳光經。

0826　佛説犢子經一卷，吳支謙譯。

【按】石首、尾殘損。

▲上二經同本異譯。

0827　諸佛要集經二卷，西晉竺法護譯。

【校記】緣：無竺字。【註】開貞至緣：亦直云要集經。

0828　謗佛經一卷，元魏菩提留支譯。

【校記】普初天南北嘉龍黃義知：謗作佛説謗。

0829　佛説決定總持經一卷，西晉竺法護譯。

【校記】開石至：無持字。【註】開貞至緣：亦云決總持經，緣：亦云總持經。

【按】石後部經文刻在石碑側面，以上大乘伽耶山頂經（見0635）的中間部分經文亦刻在石碑側面，《房山石經》誤將兩側面之經文前後倒置。

▲上二經同本異譯。

0830　菩薩行五十緣身經一卷，西晉竺法護譯。

【校記】◎北嘉龍黃知：菩作佛説菩，至：無身字◎緣：無竺字。【註】開貞緣：亦云菩薩緣身五十事經，亦云五十緣身行經。

0831　佛説象腋經一卷，劉宋曇摩蜜多譯。

【校記】開石貞至金麗略福資天緣卍大中縮頻佛：劉宋作宋。【註】至緣：番云象力大經。

0832　佛説無希望經一卷，西晉竺法護譯。

【校記】開貞至指標略福資磧普初天緣南北嘉龍黃臺義知：無作無所。【註】開貞至福資磧普初天緣南北嘉龍黃臺知：一名象步經。

▲上二經同本異譯。

0833　佛昇忉利天為母説法經三卷，西晉竺法護譯。

【校記】◎指：佛為母説法經◎開貞至：二卷◎天：無西晉二字。【註】開貞至緣：亦名佛昇忉利天品經。

0834　佛説道神足無極變化經四卷，西晉安法欽譯。

【校記】福資磧普初天南北嘉龍黃臺義知：無佛説二字，指：脱無字。【註】開貞至緣：一名合道神足經；開貞至：或二卷，或三卷。

▲上二經同本異譯。

0835　大莊嚴法門經二卷，隋那連提耶舍譯。

【校記】普南北嘉龍黃義知：提作提黎。【註】開貞麗緣卍大中縮頻：亦名文殊師利神通力經，亦名勝金色光明德女經。

0836　佛説大淨法門經一卷，西晉竺法護譯。

【校記】◎標磧普南北嘉龍黃臺義知：門作門品◎福：晉誤作竺。【註】開貞緣：題云大淨法門品上金光首女所問溥首童真所開化經。

▲上二經同本異譯。

0837　佛説法常住經一卷，失譯附西晉録。

【校記】◎福資：無佛説二字◎貞麗緣卍大中縮頻：失譯作僧祐録云安公失譯，略：僧祐録云安公失譯，石資：失譯，福：安公失譯，磧普初天南北嘉龍黃臺：失譯作出安祐二録開元録云，至：失作安公失，義：西晉録失譯人名，知：附西

晉録。

0838　佛説演道俗業經一卷，乞伏秦聖堅譯。

【校記】福資磧普初天南北嘉龍黄臺義知：無佛説二字。

0839　大方廣如來祕密藏經二卷，失譯附秦録。

【校記】◎指：祕密藏經，標：如來祕密藏經，知：無密字◎石：秦録失譯，略福：失譯，金麗卍大中縮頻佛：失譯附三秦録（資磧普初天南北嘉龍黄臺：三作二），義：三秦録失譯人名，知：三秦録。【按】影印磧臺卷下記失譯師名附二秦録，與資普初等本同，然而卷上記失譯師名附三秦録，疑影印時將二修成三所致。

0840　佛説諸法勇王經一卷，劉宋曇摩蜜多譯。

【校記】◎福資磧普初天南臺：無佛説二字◎開貞至麗略福資天緣卍大中縮頻佛：劉宋作宋。

0841　佛説一切法高王經一卷，元魏瞿曇般若流支譯。

○一切法高王經翻譯之記。

【校記】◎石福資磧普初天南北嘉龍黄臺義知：無佛説二字◎翻譯記見石麗卍大中縮頻。【註】開石貞至金麗緣卍大中縮頻：一名一切法義王經。【普寧按】此經卷首尚欠翻譯序記，余藏若有請與書入。按開元録註云，魏興和四年創譯。

0842　諸法最上王經一卷，隋闍那崛多譯。

【校記】◎指：最上王經◎磧初臺：脱崛字，開石貞略福資磧普初緣南北嘉龍黄臺知：譯作等譯。【按】石重出（見附0842）。

▲上三經同本異譯。

0843　佛説甚深大迴向經一卷，失譯附劉宋録。

【校記】◎指：迴向經◎石：宋録失譯，貞至麗緣卍大中縮頻：僧祐録中失譯附宋録（略：無附宋録三字），磧普初天南北嘉龍黄臺：劉宋失譯師名出祐公録（知：無失譯師名四字），福資：失譯，開佛：劉宋作宋，義：蕭梁録失譯人名。【按】石重出（見附0843）。

0844　大乘遍照光明藏無字法門經一卷，唐地婆訶羅再譯。

【校記】◎指：無字法門經，標：無大乘二字◎略：無唐字，貞至略緣：再作重，北龍義：無再字。【註】開貞緣：亦直云大乘遍照光明藏經。【按】石重出（見附0844）。

0845　無字寶篋經一卷，元魏菩提留支譯。

0846　大乘離文字普光明藏經一卷，唐地婆訶羅譯。

【校記】指：普光明藏經，標：無大乘二字。【按】檢《房山石經》無此經，又國家圖書館之石經目録卡片亦未著録此經，然而《中華藏》已校石經本，待考。

▲上三經同本異譯。

0847　大方廣師子吼經一卷，唐地婆訶羅譯。

【校記】◎北嘉龍黄：大作佛説大◎石福資磧普初天南北嘉龍黄臺：譯作等譯。

【按】石重出（見附0847）。

0848　如來師子吼經一卷，元魏佛陀扇多譯。

【校記】◎北嘉龍黄知：如作佛説如◎福：無元魏二字。

▲上二經同本異譯。

0849　佛語經一卷，元魏菩提留支譯。

【校記】初南北嘉龍黄義知：佛語法門經。

0850　大威燈光仙人問疑經一卷，隋闍那崛多等譯。

【校記】◎指：大威光仙人疑經，北嘉龍黄知：大作佛説大，標：燈誤作鐙◎福：無隋字，至福資磧普初天南北嘉龍黄臺知：無等字，義：誤記元魏瞿曇般若流支譯。

0851　第一義法勝經一卷，元魏瞿曇般若流支譯。

○～翻譯記。

【校記】◎北嘉龍黄知：第作佛説第◎至：脱瞿曇二字，略：脱般若二字，普初南北嘉龍黄：譯作等譯，義：誤記隋闍那崛多譯◎記見麗福資磧普初南北嘉龍黄卍臺大中縮頻。【按】金卷首殘缺。

▲上二經同本異譯。

0852　佛説出生菩提心經一卷，隋闍那崛多譯。

【校記】◎指：菩提心經，石福資磧普初天南北嘉龍黄臺義知：無佛説二字◎開石貞略福資磧普初天緣南北嘉龍黄臺：譯作等譯。【註】普初緣南北嘉龍黄：與趙宋施護發菩提心破諸魔經同梵本。【校記】石重出（見附0852）。

0853　佛説發菩提心破諸魔經二卷，宋施護譯。

【校記】◎嘉黄：一卷◎金麗福資磧普初天緣南卍臺大中縮頻：無宋字。【按】譯者施護的職稱中有西天譯經三藏六字，北嘉龍黄：脱譯經二字。

▲上二經同本異譯。

0854　占察善惡業報經二卷，隋菩提燈譯。

【校記】◎指：善惡業報經◎石金麗略卍大中縮頻：無隋字。【註】開石貞金麗資磧普初天緣南北嘉龍黄卍臺大中知縮頻慧：出六根聚經中；開貞緣：亦名大乘實義經，亦直云占察經，亦名地藏菩薩經，貞：亦名地藏菩薩業報經。【按】①慧目録誤記一卷，今改正作二卷。②佛重出（見附0854）。③燈、登音同不校。

0855　稱讚大乘功德經一卷，唐玄奘譯。

【校記】石：無譯者名。【按】石重出（見附0855）。

0856　説妙法決定業障經一卷，唐智嚴譯。

【校記】福資磧初臺：説作佛説，標北嘉龍黄義知：無説字。【按】石重出（見附0856-1、附0856-2）。

▲上二經同本異譯。

0857　大方廣圓覺修多羅了義經一卷，唐佛陀多羅譯。

　　　○～略疏序，唐裴休述○圓覺經略疏序，宗密述。

　　　【校記】◎標：大方廣圓覺經◎福嘉黃：二卷◎二序見福資南北嘉龍黃臺。【按】石另附金剛禮一本一卷，遼通理大師集（見 2325）。

0858　圓覺經佚文。

　　　○日本明治松本文序。

　　　【校記】序見卍續。

0859　佛説大乘不思議神通境界經三卷，宋施護譯。

　　　【校記】金麗福資磧普初天緣南卍臺大中縮頻：無宋字。【按】譯者施護的職稱中有西天譯經三藏六字，北嘉龍黃：脫譯經二字。

0860　佛説大方廣未曾有經善巧方便品一卷，宋施護譯。

　　　【校記】金麗福資磧普天緣南卍臺大中縮頻：無宋字，至：譯誤作等譯。【註】至緣：安公云析出別譯。【按】譯者施護的職稱中有西天譯經三藏六字，北嘉龍黃：脫譯經二字。

0861　外道問聖大乘法無我義經一卷，宋法天譯。

　　　【校記】石金麗資磧普初緣南卍臺大中縮頻：無宋字，天：誤題施護譯。【按】法天譯此經時的職稱是西天譯經三藏朝散大夫試鴻臚少卿傳教大師，福：略作三藏傳教大師，北嘉龍黃：脫譯經二字。

0862　大乘修行菩薩行門諸經要集三卷，唐智嚴譯。

　　　【校記】◎指：無大乘修行四字◎福資普天南臺：無唐字，天：譯誤作集。

0863　佛説預修十王生七經一卷，唐藏川述。

　　　○明某道人後記。

　　　【校記】◎卍續：無唐字◎有後記。

0864　佛説壽生經一卷。

密教部

0865　大毘盧遮那成佛神變加持經七卷，唐善無畏共一行譯。

　　　○～目録○附請來本與麗宋元明四本及靈雲校本異同。

　　　【校記】◎標：大毘盧遮那成佛經（指：無大字）◎開石貞至略福資磧普初天緣南北嘉龍黃臺義知：善無畏作輸波迦羅，縮頻：唐輸波迦羅譯◎目録、附異同見縮頻。【提示】輸波迦羅，唐言善無畏。

0866　大毘盧遮那佛説要略念誦經一卷，唐菩提金剛譯。

　　　【校記】卍續大縮頻：無唐字。【縮刻按】此經依五部秘經載之。

　　　▲與大毘盧遮那成佛神變加持經第七卷同本異譯。

0867　攝大毘盧遮那成佛神變加持經入蓮華胎藏海會悲生曼荼攞廣大念誦儀軌供養方便

會三卷，唐輸婆迦羅譯、一行筆授、寶月譯語。

○刻密軌序，正德日本慧光序○慧光識。

【校記】◎卍續大縮頻：卷二題名攝大毘盧遮那經大菩提幢諸尊密印標幟曼荼羅儀軌，卷三題名攝大毘盧遮那成佛神變加持經大悲胎藏轉字輪成三藐三佛陀入八祕密六月成就儀軌◎卍續大縮頻：無唐字，佛：唐輸婆迦羅譯◎序見大縮頻；識見卍續大縮頻◎卍續目録註略云攝大毘盧遮那念誦儀軌，世稱攝大軌。

0868　大毘盧遮那經廣大儀軌三卷，唐善無畏譯。

○傳法次第○正德日本慧光識。

【校記】◎卍續大縮頻：無譯者名◎有傳法次第、識◎卍續目録註世稱廣大軌。

【註】卍續大縮頻：亦名大悲胎藏。

0869-1　大毘盧遮那成佛神變加持經蓮華胎藏悲生曼荼羅廣大成就儀軌供養方便會二卷，唐法全撰。

○～第一目録○正德日本慧光識。

【校記】◎卍續大縮頻：無作者名◎有識；目録見縮頻◎卍續目録註外題大毘盧遮那成就儀軌，世稱玄法軌。

0869-2　大毘盧舍那佛神變加持經蓮華胎藏悲生曼荼羅廣大成就儀軌（別本）二卷。

【按】蔡目誤給編號853，此經實屬852號經（見0869-1）的別本。

0870　大毘盧遮那成佛神變加持經蓮華胎藏菩提幢標幟普通真言藏廣大成就瑜伽三卷，唐法全集。

○正德日本慧光識。

【校記】◎卍續大縮頻：無唐字◎有識◎卍續目録註外題大毘盧遮那成就瑜伽，世稱青龍軌。

0871　胎藏梵字真言二卷。

0872　青龍寺軌記一卷。

0873　大毘盧遮那成佛神變加持經略示七支念誦隨行法一卷，唐不空譯。

【校記】◎標：無加至隨十字◎貞金麗磧普初緣續南卍臺大中縮頻：無唐字。

0874　大日經略攝念誦隨行法一卷，唐不空譯。

【校記】◎標：隨作修◎貞麗磧普初緣續南卍臺大中縮頻：無唐字。【註】貞麗磧普初緣續南北嘉龍黃卍臺大中義知縮頻佛：亦名五支略念誦要行法。【縮頻按】黃檗版秘密儀軌總目，此經下曰：與大日經卷第七同本故不分出。蓋依一傳也。今按真言家傳，大日經、金剛頂經、瑜祇經、蘇悉地經及此經，稱五部密經；且彼善無畏三藏譯，此菩提金剛三藏譯也，譯者已不同，為別本明矣。故今以請來本補入。

0875　大毘盧遮那略要速疾門五支念誦法一卷。

0876　供養儀式一卷。

【註】卍續大縮頻：略有二十四法則。

0877　大日經持誦次第儀軌一卷。

　　　○～目錄。

　　　【校記】新作目錄見卍續縮頻。

0878　毘盧遮那五字真言修習儀軌一卷，唐不空譯。

　　　【校記】◎卍續大縮頻：無唐字◎卍續目錄註略云毘盧遮那五字修習軌。

0879　阿闍梨大曼荼攞灌頂儀軌一卷。

　　　○元禄日本慧光志○快道識。

　　　【校記】◎志、識見卍續大縮頻◎卍續目錄註略云阿闍梨灌頂儀軌。【按】攞、羅，音同不校。

0880　大毘盧遮那經阿闍梨真實智品中阿闍梨住阿字觀門一卷，唐惟謹述。

　　　【校記】◎卍續大：無唐字◎卍續目錄註外題大毘盧遮那住阿字觀門。【註】卍續大：亦名四重字輪曼荼羅成身觀，亦名三重布字成身曼荼羅觀行。

0881　大日如來劍印一卷。

　　　○享和日本快道志。

　　　【校記】志見大縮頻。【蔡按】縮頻由次結大日如來劍印下另作一部（見附0881）。卍續後部不立專目。頻前部題日本小野述，後部題唐慧果傳，係根據快道跋語。但跋語只云廣略二本對校，未言一本前後分屬二目，次結乃承上文，卍續目錄註下文為附亦誤，大正合為一部是也。

0882　胎藏金剛教法名號一卷，唐義操集。

　　　【校記】◎大：後半部題名金剛界金剛名號，卍續：卷上題名金剛頂大教王曼荼羅灌頂金剛名號，卷下題名胎藏教法金剛名號◎二卷◎目錄題兩部金剛名號。

0883　金剛頂一切如來真實攝大乘現證大教王經三卷，唐不空譯。

　　　○～品目○附請來本與麗宋元明四本及靈雲校本異同。

　　　【校記】◎貞標：金剛頂瑜伽真實大教王經，至：一切如來作瑜伽◎石貞麗資磧普初天緣南卍臺大中縮頻：無唐字◎品目、附異同見縮頻。【蔡按】與0893名同經異。【提示】金剛界大曼荼羅廣大儀軌品之一……

0884　金剛頂瑜伽中略出念誦經四卷，唐金剛智譯。

　　　【校記】指標：金剛頂念誦經，開貞至略：經作法。

　　　▲上二經同本異譯。

0885　金剛峰樓閣一切瑜伽瑜祇經二卷，唐金剛智譯。

　　　○～目錄○附請來本與明本及靈雲校本異同。

　　　【校記】◎至：無一切瑜伽四字◎石至縮頻佛：一卷◎石磧普初南臺中：無唐字◎目錄、附異同見縮頻。

0886　諸佛境界攝真實經三卷，唐般若譯。

　　　○～品目。

　　　【校記】◎卍續大縮頻：無唐字◎品目見卍續縮頻。【按】大校黃有此經，但國

家圖書館藏本及日本法然院目録皆未録。

0887　金剛頂經瑜伽十八會指歸一卷，唐不空譯。

【校記】◎標金福資磧普初天南北嘉龍黃臺中義知縮頻：經瑜伽作瑜伽經，貞至緣：無經字◎石貞金麗福資磧普天緣卍臺大中縮頻：無唐字。

0888　略述金剛頂瑜伽分別聖位修證法門一卷，唐不空譯。

〇～序。

【校記】◎貞：金剛頂瑜伽三十七尊分別聖位法門（緣續：法作修證法），標：無略述二字，縮頻：門作門經◎石貞麗磧普初緣續南卍臺大中縮頻：無唐字◎序見石麗初卍大中縮頻（磧普南北嘉龍黃臺：無序題名）。

0889　金剛頂瑜伽略述三十七尊心要一卷，唐不空譯。

【校記】◎佛：無瑜伽二字◎卍續大縮頻：大廣智三藏和上説。【按】大校黃有此卷，但國家圖書館藏本及日本法然院目録皆未録。【提示】不空，唐代宗時加號大廣智三藏。

0890　金剛頂瑜伽三十七尊出生義一卷，唐不空譯。

【校記】卍續大縮頻：無唐字。【按】大校黃有此卷，但國家圖書館藏本及日本法然院目録皆未録。

0891　金剛頂蓮華部心念誦儀軌一卷，唐不空譯。

〇附麗宋元明四本及靈雲校本異同。

【校記】◎貞：儀軌作法◎石貞麗資磧普初天緣南卍臺大中縮頻：無唐字◎附異同見縮頻。【按】金卷首殘缺。

0892　蓮華部心念誦儀軌一卷。

0893　金剛頂一切如來真實攝大乘現證大教王經二卷，唐不空譯。

〇～品目。

【校記】◎石磧普初南臺知：頂作頂經，至：一至乘九字作瑜伽◎石磧普初南臺中：無唐字◎品目見縮頻。【蔡按】與0883名同經異。【提示】深妙秘密金剛界大三昧耶修習瑜伽儀第一……

0894　金剛頂經瑜伽修習毘盧遮那三摩地法一卷，唐金剛智譯。

〇新得貞元録大小乘經等序，南唐喬匡舜撰〇附金剛頂毘盧遮那三摩地法真言四藏異同。

【校記】◎緣：無經字◎貞福資磧普初天緣南臺：無唐字◎序見麗卍大中縮頻；附異同見縮頻。【按】縮頻佛總目前亦録此序。

0895　金剛頂經毘盧遮那一百八尊法身契印一卷，唐善無畏、一行譯。

【校記】卍續大縮頻：無唐字，佛：一行作共一行。【按】大校黃有此卷，但國家圖書館藏本及日本法然院目録皆未録。

0896　金剛頂經金剛界大道場毘盧遮那如來自受用身內證智眷屬法身異名佛最上乘祕密三摩地禮懺文一卷，唐不空譯。

【校記】◎石：三十七尊禮懺文（另有副題名同本經名，無大字）◎大廣智和上譯，麗卍大中縮頻：無唐字。【提示】大廣智和上即不空和上。

0897　金剛頂瑜伽三十七尊禮一卷，唐不空譯。

【校記】◎標：無尊字，至：禮作禮懺文，佛：無禮字◎金福資中：無譯者名，貞磧普天緣臺：無唐字。【按】①貞緣記"内題云金剛頂經金剛界大道場毘盧遮那如來自受用身内證智眷屬法身異名佛最上乘祕密三摩地禮懺文"。今再勘，可以確認本經與金剛頂經三摩地禮懺文（見0896）是兩種經。②佛重出（見附0897）。

0898　瑜伽金剛頂經釋字母品一卷，唐不空譯。

【校記】◎標：經作註◎石貞金麗磧普初緣續南卍臺大中：無唐字。

0899　賢劫十六尊一卷。

0900　佛說一切如來真實攝大乘現證三昧大教王經三十卷，宋施護等譯。

○～目錄○譯場職名錄○附後記。

【校記】◎金麗福資磧普初南卍臺大中縮頻：無宋字，天緣：施護譯，義佛：無等字，至：誤記唐施護譯◎目錄見縮頻；職名錄見金中（卷二、四、九、十二、十四、二十八後）；附後記見金麗資磧普初南北嘉龍黃卍臺大中縮頻。【按】譯者施護的職稱中有西天譯經三藏六字，北嘉龍黃：脫譯經二字。

0901　佛說祕密三昧大教王經四卷，宋施護等譯。

【校記】金麗福資磧普初天南嘉黃卍臺大中縮頻：無宋字，緣：施護譯，至義知：脫等字。【按】譯者施護的職稱中有西天譯經三藏六字，北龍：脫譯經二字。

0902　佛說祕密相經三卷，宋施護等譯。

○譯場職名錄。

【校記】◎天：相作相應◎金麗福資磧普初南卍臺大中縮頻：無宋字，天緣：施護譯，至義知佛：無等字◎職名錄見金中（卷上、中後）。【按】譯者施護的職稱中有西天譯經三藏六字，北嘉龍黃：脫譯經二字。

0903　佛說一切如來金剛三業最上祕密大教王經七卷，宋施護譯。

○～目錄。

【校記】◎金麗福資磧普初天緣南嘉黃卍臺大中縮頻：無宋字◎目錄見縮頻。【按】譯者施護的職稱中有西天譯經三藏六字，北龍：脫譯經二字。

0904　佛說金剛場莊嚴般若波羅蜜多教中一分一卷，宋施護譯。

【校記】麗福資磧普初天緣南卍臺大中縮頻：無宋字。【註】麗福資磧普初緣南北嘉龍黃卍臺大中知縮頻：此於大部支流別行。【按】譯者施護的職稱中有西天譯經三藏六字，北嘉龍黃：脫譯經二字。

0905　佛說無二平等最上瑜伽大教王經六卷，宋施護譯。

○～目錄。

【校記】◎金麗福資磧普初天緣南嘉黃卍臺大中縮頻：無宋字◎目錄見縮頻。【按】譯者施護的職稱中有西天譯經三藏六字，北龍：脫譯經二字。

0906　一切祕密最上名義大教王儀軌二卷，宋施護譯。

【校記】◎至：無最上名義四字，緣：王作王經◎麗福資磧普初天緣南卍臺大縮頻：無宋字，金中：施護等譯。【註】金麗福資磧普初緣南卍臺大中義知縮頻：此於瑜伽大部中略出。【按】施護譯此經時的職稱是西天譯經三藏朝奉大夫試光禄卿傳法大師，北嘉龍黄：脱譯經二字，麗卍大縮頻：脱朝奉大夫試光禄卿八字，福：脱卿字。

0907　一切如來大祕密王未曾有最上微妙大曼拏羅經五卷，宋天息災譯。

○～目録。

【校記】◎標：無大至上九字，至：無有字◎石麗資磧普初天緣南卍臺大中縮頻：無宋字◎目録見縮頻。【按】譯者天息災的職稱中有西天譯經三藏六字，北嘉龍黄：脱譯經二字。

0908　佛説瑜伽大教王經五卷，宋法賢譯。

○～目録。

【校記】◎石金麗福資磧普初天緣南卍臺大中縮頻：無宋字◎目録見縮頻。【按】譯者法賢的職稱中有西天譯經三藏六字，北嘉龍黄：脱譯經二字。

0909　佛説幻化網大瑜伽教十忿怒明王大明觀想儀軌經一卷，宋法賢譯。

【校記】◎標：十作十大，無想字◎石金麗福資磧普初天緣南卍臺大中縮頻：無宋字。【按】譯者法賢的職稱中有西天譯經三藏六字，北嘉龍黄：脱譯經二字。

0910　佛説大悲空智金剛大教王儀軌經五卷，宋法護譯。

○～目録。

【校記】◎至磧初臺中：無經字◎磧普初南臺中：無宋字◎目録見縮頻。【註】磧普初南北嘉龍黄卍臺大中知縮頻：大幻化普通儀軌三十一分中略出二無我法。【按】譯者法護的職稱中有西天譯經三藏六字，北嘉龍黄卍大縮頻：脱譯經二字。

0911-1　蘇悉地羯囉經三卷，唐輸波迦羅譯。

【守其按】右經國本同宋，丹本獨異。撿無所據，不敢去取，而雙存之，以待賢哲，此則丹本也。【按】地、帝，囉、羅音同不校。【提示】請問品第一。爾時忿怒軍荼利菩薩……聞一切明王曼荼羅法……

0911-2　蘇悉地羯囉經（别本一）三卷，唐輸波迦羅譯。

【校記】◎北嘉龍黄卍中：四卷◎福資大：誤作唐輸迦婆羅譯（磧普初南北嘉龍黄卍臺中義知：婆作波）。【按】囉、羅音同不校。【提示】請問品第一。爾時忿怒軍荼利菩薩……聞諸明王曼荼羅法……

0911-3　蘇悉地羯羅經（别本二）三卷，唐輸波迦羅譯。

○～品目○附請來本與麗宋元明四本及靈雲校本異同。

【校記】◎大縮頻：無譯者名◎品目、附異同見縮頻◎佛目録記附蘇悉地羯羅經校本異同一卷。【提示】爾時忿怒軍荼利菩薩……

0912-1　蘇悉地羯羅供養法三卷，唐善無畏譯。

【校記】◎指：蘇悉地羯磨法，緣續：蘇悉地供養法經，標：法作法經◎縮頻佛：二卷，磧臺：卷上誤作卷第六◎至：唐誤作宋，佛：善無畏作輸波迦羅。【守其按】丹藏即云蘇悉地羯羅經（見0911-1），今檢丹藏之經，國宋藏中皆無。供養法者，丹藏於感函有之，委尋開元、貞元二錄，善無畏譯無此供養法，而有蘇悉地羯羅經。今以其文義非是後人偽安集者，故依丹藏兩俱存焉。【提示】輸波迦羅，唐言善無畏。

0912-2 蘇悉地羯羅供養法（別本）二卷，唐善無畏譯。
【校記】大：無唐字。

0913 妙臂菩薩所問經四卷，宋法天譯。
○～目録。
【校記】◎石麗福資磧普初天緣南卍臺大中縮頻：無宋字◎目録見縮頻。【按】法天譯此經時的職稱是西天譯經三藏朝散大夫試鴻臚少卿傳教大師，北嘉龍黃：脱譯經二字，南：脱少字。

0914-1 蘇婆呼童子請問經三卷，唐輸波迦羅譯。
【校記】◎指：童子請問經，開貞至標略福資磧普初天緣南北嘉龍黃臺義知：無請問二字◎義知：波迦誤作迦波，北嘉龍黃：譯作共一行譯。【註】開貞緣：亦云蘇婆呼請問經，或云蘇婆呼律；開貞：或二卷；磧普初天緣南臺：與妙臂童子經同本。
▲上二經同本異譯。

0914-2 蘇磨呼童子請問經（別本）二卷，唐輸波迦羅譯、一行筆授。
【校記】大：無授字。

0915 蕤呬耶經三卷，唐不空譯。
○～目録。
【校記】卍續大縮頻：唐大興善寺三藏和尚譯◎目録見卍續縮頻。【註】卍續大縮頻：亦名玉呬耶經。【按】卍續大校黃有此經，但國家圖書館藏本及日本法然院目録皆未録。

0916 佛説毘奈耶經一卷。【按】卍續大校黃有此經，但國家圖書館藏本及日本法然院目録皆未録。

0917 清淨法身毘盧遮那心地法門成就一切陀羅尼三種悉地一卷。
【校記】◎佛：增失譯人名四字◎卍續目録註常曉進官録云大毘盧遮那三種悉地法，八家祕録云清淨毘盧遮那三種悉地。

0918 十八契印一卷，唐惠果造。
○後記○附十八契印生起略頌，文海撰。
【校記】◎卍續大縮頻：無作者名◎有後記；附頌見大縮頻。

0919 陀羅尼集經十二卷，唐阿地瞿多譯。
○～目録○～翻譯序，唐玄揩作。
【校記】◎磧普初天南北嘉龍黃臺義知：陀作佛説陀◎北嘉龍黃知：十三卷◎福

資：無阿地二字◎目録見縮頻；序見金麗福資磧普初南北龍卍臺大中縮頻。【按】黃誤將此序録於陀羅尼雜集卷首（見1384）。

0920　總釋陀羅尼義讚一卷，唐不空解釋。

【校記】卍續大縮頻：無唐字，佛：解作譯。

0921-1　陀羅尼門諸部要目一卷，唐不空譯。

【校記】◎貞至麗卍大：都部陀羅尼目◎貞金麗資磧普初天緣南卍臺大中：無唐字。

0921-2　都部陀羅尼目（別本）一卷，唐不空譯。

【校記】石中：無唐字。

0922　念誦結護法普通諸部一卷，唐金剛智述。

【校記】卍續大縮頻：金剛智授，佛：述作譯。

0923　三種悉地破地獄轉業障出三界祕密陀羅尼法一卷，唐善無畏譯。

【校記】◎卍續大縮頻：無唐字◎卍續目録註略云三種悉地祕密真言法。

0924　佛頂尊勝心破地獄轉業障出三界祕密三身佛果三種悉地真言儀軌一卷，唐善無畏譯。

【校記】◎卍續大縮頻：無唐字◎卍續目録註略云佛頂尊勝心破地獄三種悉地。

0925　佛頂尊勝心破地獄轉業障出三界祕密陀羅尼一卷，唐善無畏譯。

【校記】◎卍續大縮頻：無唐字◎卍續目録註略云佛頂尊勝心破地獄陀羅尼。

0926-1　金剛頂瑜伽護摩儀軌一卷，唐不空譯。

【校記】◎天：脱頂字，貞：無軌字◎貞麗緣卍大縮頻：無唐字，義知：唐智藏譯（石金資磧普初天南北嘉龍黃臺中：無唐字）。【提示】①不空，本名智藏。②我今説護摩。由此速成就……求悉地應作。持誦修行人。

0926-2　金剛頂瑜伽護摩儀軌（別本）一卷，唐不空譯。
〇享和日本快道誌。

【校記】◎大縮頻：無唐字◎有誌。【提示】我今説護摩。由此速成就……求悉地應作。護摩速成就。

0927　梵天擇地法一卷。

【校記】◎佛：增唐不空譯四字◎卍續目録題唐不空傳（頻目録：傳作集）。【按】大校黃有此卷，但國家圖書館藏本及日本法然院目録皆未録。

0928　建立曼荼羅及揀擇地法一卷，唐慧琳集。

【校記】卍續大縮頻：無唐字，佛：集作譯。【按】大校黃有此卷，但國家圖書館藏本及日本法然院目録皆未録。

0929　建立曼荼羅護摩儀軌一卷，唐法全集。

【校記】◎卍續大縮頻：無唐、集二字，佛：無作者名◎卍續目録註外題建立護摩儀軌。

0930　火䶶供養儀軌一卷，唐善無畏集。

【校記】卍續大縮頻佛：無作者名。

0931　火䶶軌別録一卷。

〇附護摩法。

【校記】附法見卍續大縮頻。

0932　受菩提心戒儀一卷，唐不空譯。

【校記】◎石：受作授，至：儀作儀軌◎貞金資磧普初天緣南北嘉龍黃臺中義：增普賢瑜伽阿闍黎集八字（知：伽作伽金剛），石貞金麗資磧普初天緣南卍臺大中縮頻：無唐字。

0933　受五戒八戒文一卷。

〇～目錄。

【校記】目錄見縮頻。【按】大校黃有此卷，但國家圖書館藏本及日本法然院目錄皆未錄。

0934　無畏三藏禪要一卷。

【校記】佛：增唐善無畏造五字。【按】大校黃有此卷，但國家圖書館藏本及日本法然院目錄皆未錄。

0935　諸佛心印陀羅尼經一卷，宋法天譯。

【校記】石金麗資磧普天緣卍臺大中縮頻：無宋字。【按】法天譯此經時的職稱是西天譯經三藏朝散大夫試鴻臚少卿傳教大師，資磧普初南臺：略作三藏傳教大師，北嘉龍黃：脫譯經二字。

0936　諸佛心陀羅尼經一卷，唐玄奘譯。

【校記】指：諸佛心呪。【註】緣嘉黃縮頻：與趙宋法天諸佛心印經同本。【按】石重出（見附0936）。

0937　佛心經品亦通大隨求陀羅尼二卷，唐菩提流志譯。

【校記】卍續大縮頻：無唐字。

0938　阿閦如來念誦供養法一卷，唐不空譯。

【校記】◎石貞至：無供養二字◎石貞麗資磧普初天緣南卍臺大中：無唐字。

0939　藥師琉璃光如來消災除難念誦儀軌一卷，唐一行撰。

〇享保日本無等識。

【校記】◎卍續大縮頻：無唐字◎有識◎卍續目錄註略云藥師如來消災除難念誦儀軌，極略藥師消災儀軌。

0940　藥師如來觀行儀軌法一卷，唐金剛智譯。

【校記】卍續大縮頻：無唐字。

0941-1　藥師如來念誦儀軌一卷，唐不空譯。

〇享和日本快道誌。

【校記】◎卍續大縮頻：無唐字◎有誌。【提示】佛一時在維耶離樂音樹下……誦此呪一千八遍其患即除愈。

0941-2　藥師如來念誦儀軌一卷，唐不空譯。

【校記】卍續大縮頻：無唐字。【提示】佛一時在維那離音樂樹下……歸命頂禮義。

0941–3　藥師儀軌一具一卷。

【校記】卍續目録（舊版）題藥師儀軌。

0942　藥師琉璃光王七佛本願功德經念誦儀軌二卷，善護尊者造、元沙囉巴譯。

【校記】◎佛：一卷◎無造者名。

0943　藥師琉璃光王七佛本願功德經念誦儀軌供養法一卷，元沙囉巴譯。

【校記】卍續目録增善護尊者造五字。

0944　藥師七佛供養儀軌如意王經一卷，清工布查布譯。

【校記】大：作者題名作清普智持金剛達賴喇嘛造、工布查布舊譯、琢瑺珞瓚校對、僧海寬潤色、巴尔藏嘉磋補譯、顯親王府潤色校刻。

0945　修藥師儀軌布壇法一卷，清阿旺扎什補譯。

○重刻藥師七佛供養儀軌經序，阿旺扎什書。

【校記】◎大：無清字◎有序。

0946　淨瑠璃淨土標一卷。

0947　無量壽如來修觀行供養儀軌一卷，唐不空譯。

○附靈雲校本與麗宋元明四本異同。

【校記】◎貞緣：無量壽如來念誦儀軌，至：無量壽如來念誦修行觀行儀軌（石：修行作修），標：如來修觀作修，麗卍大：無修字◎石貞金麗資磧普初天緣南卍臺大中：無唐字◎附異同見縮頻。【註】貞：經內云修觀行供養儀軌。

【按】初：版間小註記"衡十"，但首末經題下卻記"庵九"。檢磧砂此經在衡字帙，所收皆係唐不空譯經；而影印洪武南藏此經在庵字帙，所收其他經皆係宋施護譯。由此可知，影印洪武南藏著録有誤，"庵九"二字原作"衡十"，是影印本編者誤修改所致，故今新考目録按衡十著録。

0948　金剛頂經瑜伽觀自在王如來修行法一卷，唐金剛智譯。

【提示】……誦此真言曰。唵薩嚩（二合）婆嚩秫馱（上聲）……過此十六生。成等正覺。

0949　金剛頂經觀自在王如來修行法一卷，唐不空譯。

【校記】◎標：金剛頂修行法，至緣續：無王字◎石貞金麗磧普初緣續南卍大中：無唐字。【提示】……密言曰。唵（一）馭嚩（二合）婆（去）嚩秫（入）陀（二）……常念本尊。無令間斷。

▲上二經同本異譯。

0950　九品往生阿彌陀三摩地集陀羅尼經一卷，唐不空譯。

【校記】◎卍續大縮頻：無唐字◎卍續目録註略云九品往生經。【快道按】此本唯有小呪，而無大呪，定之脱大呪文，更待全本。

0951　佛説無量功德陀羅尼經一卷，宋法賢譯。

【校記】石麗資磧普天緣卍臺大中縮頻：無宋字。【按】法賢譯此經時的職稱是西天譯經三藏朝散大夫試光禄卿明教大師，資磧普初南臺：略作三藏法師。

0952　極樂願文一卷，清達喇嘛嘎卜楚薩木丹達爾吉譯。

0953　大乘無量壽經一卷。
【校記】佛：增唐法成譯四字。

0954　佛説大乘聖無量壽決定光明王如來陀羅尼經一卷，宋法天譯。
【校記】◎標：大乘聖無量壽王經，南：無佛説大乘四字◎石金麗資磧普初天緣南卍臺大中縮頻：無宋字。【按】①此經是法天於開寶年間先譯，且尚未授與傳教大師稱號，故石金麗資磧普初天南北嘉龍黄卍臺大中縮頻在譯者職稱中增入傳教大師四字，誤也。②石重出（見0954）。
▲上二經同本異譯。

0955　釋迦文尼佛金剛一乘修行儀軌法品一卷。
【校記】卍續目録註略云釋迦文佛金剛一乘修行儀軌。

0956　佛説大乘觀想曼拏羅淨諸惡趣經二卷，宋法賢譯。
○附譯場職名録。
【校記】◎天：脱諸字◎石金麗資磧普初天緣南卍臺大中縮頻：無宋字◎附職名録見金中。【按】譯者法賢的職稱中有西天譯經三藏六字，北嘉龍黄：脱譯經二字。

0957　佛説帝釋巖祕密成就儀軌一卷，宋施護譯。
【校記】◎至：帝釋巖成就儀軌經◎麗資磧普初天緣南卍臺大中縮頻：無宋字。
【按】譯者施護的職稱中有西天譯經三藏六字，北嘉龍黄：脱譯經二字。

0958　釋迦牟尼佛成道在菩提樹降魔讚一卷。
【校記】佛：增唐不空譯四字。【按】卍續校黄有此卷，但國家圖書館藏本及日本法然院目録皆未録。

0959　釋迦佛讚一卷，清達喇嘛薩穆丹達爾吉譯。
【校記】佛：無薩字。

0960　佛説無能勝幡王如來莊嚴陀羅尼經一卷，宋施護譯。
【校記】◎至：幡誤作幢◎石金麗資磧普初天緣南卍臺大中至縮頻：無宋字。

0961-1　大佛頂如來放光悉怛多鉢怛囉陀羅尼一卷，唐不空譯。
【校記】◎卍續大縮頻：無唐字◎卍續目録註略云大佛頂神呪句義。【按】大用黄此卷本，但國家圖書館藏本及日本法然院目録皆未録。

0961-2　大佛頂大陀羅尼一卷。
【按】梵文本。

0962　大佛頂如來密因修證了義諸菩薩萬行首楞嚴經十卷，唐般刺蜜帝譯、房融筆受、彌伽釋迦譯語。
○新印大佛頂首楞嚴經序，宋許洞撰○大佛頂如來萬行首楞嚴經序，宋祖沺述。
【校記】◎開石至略：唐懷迪共梵僧譯，資普天：無唐字，緣義知：唐般刺蜜帝譯（佛：刺作若），天：脱迦字◎許洞序見資大中縮頻；祖沺序見普大中縮頻。
【註】石金麗福資磧普天緣南卍臺大中縮頻：一名中印度那蘭陀大道場經，於灌頂

部録出別行。【按】①卍續有宋子璿述首楞嚴經科文（見2241）。②現存二序尾均缺文，前序至"餘見其"止，後序至"甚深法藏"止。③帝、諦音同不校。

0963　大佛頂廣聚陀羅尼經五卷。

【校記】佛：增失譯人名四字。【按】大缺第三卷。

0964　大佛頂如來放光悉怛多般怛羅大神力都攝一切呪王陀羅尼經大威德最勝金輪三昧呪品一卷。

【校記】佛：增唐善無畏譯五字。【註】大：又名大佛頂別行法，無畏出。

0965　金輪王佛頂要略念誦法一卷，唐不空譯。

【校記】◎金磧普初南北嘉龍黃臺中義知：金作一字金，標：無佛頂要略四字，貞緣續：無要字◎石貞金麗磧普初緣續南卍臺大中：無唐字。【註】石金麗磧普初南卍臺中知：通諸佛頂。

0966　奇特最勝金輪佛頂念誦儀軌法要一卷。

【按】大附水壇法，實屬陀羅尼集經（見0919）卷一部分內容的別抄。

0967　菩提場所説一字頂輪王經五卷，唐不空譯。

○～目録。

【校記】◎標：場作道場◎石貞金麗資磧普初天緣南卍臺大中縮頻：無唐字◎目録見縮頻。【按】緣誤記一卷。今據佐函記八般同函十三卷，另七般共八卷，故今新考目録更正本經作五卷。

0968　一字佛頂輪王經五卷，唐菩提流志譯。

○～目録。

【校記】◎磧普初南北嘉龍黃臺義知縮頻佛：六卷◎目録見縮頻。【註】開貞至福資磧普初天緣南北嘉龍黃臺縮頻：一名五佛頂經；開貞至：或四卷。【按】麗本依鄉本收入，見0969五佛頂三昧陀羅尼經的守其按語。

0969　五佛頂三昧陀羅尼經四卷，唐菩提流志譯。

○～目録。

【校記】◎指：五佛頂經◎新作目録見卍續縮頻。【守其按】按開元録云，一字佛頂輪王經五卷，亦云五佛頂，或四卷。則此四卷本與彼五卷頂輪王經只是一經。然尋其文相，非唯廣略不同，往往互有不可取捨處，今依鄉本雙存。【卍續縮頻按】此經是録內一字佛頂輪王經未再治本，故此彼大有闕略，加之麗本脱誤甚多，今對頂輪王經訂其一二。

▲上三經同本異譯。

0970　一字奇特佛頂經三卷，唐不空譯。

○～目録。

【校記】◎貞：奇特佛頂經，大頻：奇誤作寄◎石貞麗資磧普初天緣南卍臺大中：無唐字◎目録見縮頻。【縮刻靈雲按】此經恐是未再治，故文相不明，訓讀叵成乎，又多亂脱，恨失所傳耳，後生努力。

0971-1　　一字頂輪王念誦儀軌一卷，唐不空譯。

【校記】◎資磧普初天緣南北嘉龍黃臺義知：頂作佛頂，標：無軌字◎石貞麗資磧普初天緣南卍臺大中縮頻：無唐字。【提示】我今依忉利天宫會……應誦一萬遍。

0971-2　　一字頂輪王念誦儀軌（别本）一卷。

【校記】佛：增唐不空譯四字。【註】石磧初南北嘉龍黃卍臺大中知縮頻：依忉利天宫所説經譯。【按】①石磧初南北嘉龍黃卍臺知縮頻附此儀軌於一字奇特佛頂經（見 0970）後，然而影印洪武南藏南北嘉龍卍目録皆失載。②緣在著録一字奇特佛頂經三卷時記載："宋、元兩藏後附一字頂輪王念誦儀軌，麗藏無之。此儀軌與下曲字函同，但麗藏在奄字函。"故今新考目録據以補足宋、元兩藏目録之未載。【提示】我今説無比力……應誦一萬遍。

0972　　一字頂輪王瑜伽觀行儀軌一卷，唐不空譯。

【校記】◎金資磧普初天南北嘉龍黃臺中義知：瑜伽嚚迦訖沙囉烏瑟尼沙矿訖囉真言安怛陀那儀則一字頂輪王瑜伽經（貞至緣縮頻佛：無瑜至則二十二字，標：無訖至則十八字）◎石貞金麗資磧普初天緣南卍臺大中縮頻：無唐字。【按】緣已於正藏收宋元明本，又在續藏收麗本，故今新考目録將重出的麗本移置附目（見附 0972）。

0973　　金剛頂經一字頂輪王瑜伽一切時處念誦成佛儀軌一卷，唐不空譯。

【校記】標：金剛頂經一字頂輪王一切時處念誦儀◎石貞金麗緣續卍續臺大中縮頻：無唐字。

0974　　金剛頂經一字頂輪王儀軌音義一卷。

0975　　頂輪王大曼荼羅灌頂儀軌一卷，唐習弘集。

0976　　一切如來説佛頂輪王一百八名讚一卷，宋施護譯。

【校記】◎資磧普初天南北嘉黃臺：佛説一切如來頂輪王一百八名讚（龍知：讚作讚經），至：無説字，天義：無説佛二字◎石金麗資磧普初天緣卍臺大中縮頻：無宋字。【按】①黃卍附御製救度佛母讚，此讚已見他藏本聖救度佛母二十一種禮讚經（見 1141-1）；另附御製釋迦牟尼佛讚，此讚已見他藏本佛三身讚（見 1748）。②施護譯此經時的職稱是西天譯經三藏朝散大夫試鴻臚卿傳法大師，資磧普初南北嘉龍黃臺：略作三藏傳法大師。③中重出（見附 0976）。

0977　　如意寶珠轉輪祕密現身成佛金輪呪王經一卷，唐不空譯。

〇~目録。

【校記】◎卍續大縮頻：無唐字◎新作目録見卍續縮頻◎卍續目録註略云如意寶珠金輪呪王經。

0978　　寶悉地成佛陀羅尼經一卷，唐不空譯。

【校記】卍續大縮頻：無唐字。

0979　　佛説熾盛光大威德消災吉祥陀羅尼經一卷，唐不空譯。

〇~序，元性澄述。

【校記】◎石磧普初臺：佛至德八字作佛説最勝無比大威德金輪佛頂熾盛光十六

字（至：無佛説二字）◎石磧普初南臺：無唐字◎序見南北嘉龍黃卍大中縮頻。

0980　佛説大威德金輪佛頂熾盛光如來消除一切災難陀羅尼經一卷，唐代失譯。

○附九曜真言○九曜真言異同。

【校記】◎標：熾盛光佛頂銷災陀羅尼經◎緣續：施護譯，佛：無代字◎附真言見石麗磧初南北嘉龍黃卍臺大中縮頻；附異同見縮頻。【按】由於麗藏槐字函收本經，故蔣目、蔡目認為金藏槐字函亦收本經。今檢麗藏槐字函及以下卿字函所收皆係宋代新譯經，而此經標唐代失譯，本不該録於此處。由於金藏槐字函已缺，雖然無從證明開寶藏槐字函是否有此經，但幸好還有房山石經本，而石經本此經就在槐字函，函中全係唐人譯經，屬契丹藏的覆刻。由此推定，開寶藏和金藏槐字函不收此經；麗藏此經據丹藏刻，將丹本槐字函的唐譯經插入麗藏槐字函的宋譯經中，誤也。

▲上二經同本異譯。

0981　大妙金剛大甘露軍拏利焰鬘熾盛佛頂經一卷，唐達磨棲那譯。

【校記】◎佛：拏作荼◎卍續大縮頻：無唐字◎卍續目録註略云大妙金剛佛頂經，或云大妙金剛甘露軍荼利儀軌。

0982　大聖妙吉祥菩薩説除災教令法輪一卷。

【校記】卍續目録註略云除災教令輪軌。【註】卍續大縮頻：出文殊大集會經息災除難品，亦云熾盛光佛頂。

0983　佛頂尊勝陀羅尼經一卷，唐佛陀波利譯。

○～序，唐志靜述○永樂御製佛頂尊勝總持經呪序○附靈雲校本與麗宋明三本異同。

【校記】◎石金麗福資天卍臺大中縮頻：無唐字◎序見石金麗福資普初南北嘉龍黃卍臺大中縮頻；御製序見北嘉龍黃大中縮頻；附異同見縮頻。【守其按】宋藏此中本有真言，准丹藏即是地婆訶羅譯淨除業障陀羅尼。今依丹本移安於彼，又准丹本安此真言。【按】①今檢金藏本真言與麗藏本淨除業障陀羅尼之真言全同，由此可證金藏錯同宋藏。又檢石資嘉（卍同嘉）本真言均與金本相似。②石重出（見附0983-1至附0983-3）。【提示】麗本真言：曩謨（一）婆誐嚩帝（二）怛喇（二合）路枳也（三二合）鉢囉底（四）尾始瑟吒（二合）野（五）……阿鼻詵左睹輪（十六）……娑嚩（二合）賀。金本真言：那謨薄伽伐帝（一）啼囉路迦（稽耶反）鉢囉底毘失瑟吒（長聲）耶（二）勃陀（長聲）耶薄伽伐底（三）怛姪他（四）唵（長聲五）……阿鼻詵者（去長聲）……娑婆訶（三十六）。

0984　佛頂尊勝陀羅尼經一卷，唐杜行顗譯。

【校記】略福資磧天：無尊字。

0985-1　佛頂最勝陀羅尼經一卷，唐地婆訶羅譯。

○～序，唐彦悰述。

【校記】◎指：最作尊◎金中：無譯者名◎序見金麗福資普初南北嘉龍黃卍臺大中縮頻。【按】①金麗福資初卍臺大中縮後附大輪金剛陀羅尼、日光菩薩呪、

摩利支天呪（各本脱此呪題名），已見0985-2。②頻分出後附三呪，題名大輪金剛陀羅尼一卷（見附0985-1）；普南北嘉龍黄分出後附三呪作呪三首經（見0985-2）。③初卍臺大中縮頻另録呪三首經則重出；影印磧補思溪本，有後附三呪，又補永樂南藏本呪三首經則重出。

0985-2　呪三首經一卷，唐地婆訶羅譯。

【按】初卍臺大中縮此三呪另附見佛頂最勝陀羅尼經後（見0985-1）。【提示】三呪，即大輪金剛陀羅尼、日光菩薩呪、摩利支天呪。

0986　最勝佛頂陀羅尼淨除業障呪經一卷，唐地婆訶羅譯。

○附靈雲校本與麗宋元明四本異同。

【校記】◎指：佛頂尊勝陀羅尼經，福資磧初天臺：最作佛説最，開貞至標略福資磧普初天緣南北嘉龍黄臺義知縮頻佛：無呪字◎開貞至略緣義：譯作再譯，普南北嘉龍黄知縮頻佛：譯作重譯，天：譯作等譯◎附異同見縮頻。【守其按】宋藏此經有呪，與丹鄉二藏不同，今檢宋呪乃是杜行顗譯佛頂尊勝呪耳，宋藏錯亂重編於此，而脱此中地婆訶羅本所譯者，今依諸藏去彼取此。【按】①今檢金藏錯同宋藏。②磧砂宋刻本原在知字函第四冊（經名下有“四，知”二字），元代續刻時又據普寧，將無量門微密持經和出生無量門持經收入第四冊，因此有兩個第四冊。影印磧砂時，編者未考慮其歷史原因，便據普寧目録將本經移置第六冊，除去經名下的“四”字，並在函號知字下新添“六”字，這種隨意修改經本原貌的做法，誤之甚矣。這種錯誤還見於知字函的其他冊（臺同錯），詳見《漢文佛教大藏經研究》第283、284頁。

0987　佛説佛頂尊勝陀羅尼經一卷，唐義淨譯。

【註】開貞至緣：或加呪字。

▲上五經同本異譯。

0988　佛頂尊勝陀羅尼念誦儀軌法一卷，唐不空譯。

○附真言四本異同。

【校記】◎貞：佛頂尊勝念誦法，石至資磧普初天緣南北嘉龍黄臺義知縮頻佛：無法字◎石貞麗資磧普初天緣南卍臺大中縮頻：無唐字◎附異同見縮頻。

0989　尊勝佛頂修瑜伽法軌儀二卷，唐善無畏譯。

○～目録。

【校記】◎石至中：尊勝佛頂真言修瑜伽法◎輸波迦羅譯，卍續大縮頻：無唐、譯二字◎目録見卍續縮頻。【提示】輸波迦羅，唐言善無畏。

0990-1　最勝佛頂陀羅尼經一卷，宋法天譯。

【校記】◎知：無經字◎石金麗資磧普初天緣南卍臺大中縮頻：無宋字，至：誤記宋法賢譯。

0990-2　佛頂尊勝陀羅尼（梵漢雙書）一卷，唐惠果授日本空海。

○日本建久二年記。

【校記】◎大：無作者名◎有記。

0990-3　加句靈驗佛頂尊勝陀羅尼記一卷，唐武徹述。

〇附佛頂尊勝陀羅尼感應事〇佛頂尊勝陀羅尼〇佛頂尊勝陀羅尼加字具足本（後記云：唐善無畏傳本）。

【校記】◎卍續大：無唐字◎有附文。

0990-4　佛頂尊勝陀羅尼註義一卷，唐不空譯。

【校記】卍續大：無唐字。

0990-5　佛頂尊勝陀羅尼真言一卷。

0990-6　佛頂尊勝陀羅尼別法一卷，唐若那譯。

【校記】卍續大：無唐字。

0991　佛頂尊勝陀羅尼一卷，契丹慈賢譯。

【校記】至：無佛頂二字。

0992　梵文佛頂尊勝陀羅尼一卷，民國持松（密林）譯。

0993　尊勝佛母陀羅尼讚經一卷，民國孫景風譯。

0994　尊勝佛母陀羅尼一卷，清御製大藏全呪。

【佛按】漢藏文對照。

0995　白傘蓋大佛頂王最勝無比大威德金剛無礙大道場陀羅尼念誦法要一卷。

【校記】卍續目録註略云白傘蓋佛頂大道場念誦法要。【按】蔡目將至元録收唐不空譯白傘蓋大佛頂陀羅尼經（見0996）與本經校對不妥，檢石經收不空譯本實與本經不同。

0996　一切如來白傘蓋大佛頂陀羅尼一卷，唐不空譯。

〇～啟請。

【校記】◎至：白傘蓋大佛頂陀羅尼經◎啟請見石中。

0997　一切如來白傘蓋大佛頂陀羅尼一卷，契丹慈賢譯。

【校記】◎至：大佛頂陀羅尼經◎契丹作宋。

0998　佛頂大白傘蓋陀羅尼經一卷，元沙囉巴譯。

【校記】普大中縮頻：無元字。

0999　佛說大白傘蓋總持陀羅尼經一卷，元真智等譯。

〇附大白傘蓋佛母總讚歎禱祝偈。

【校記】◎磧緣續南北嘉龍黃卍臺大中義縮頻：元唧嗉銘得哩連得囉磨寧及真智等譯◎附偈見磧普南北嘉龍黃卍大中縮頻；臺分出附偈一卷（見附0999）。

▲上二經同本異譯。

1000　佛說一切如來烏瑟膩沙最勝總持經一卷，宋法天譯。

【校記】石麗資磧普初天緣南卍臺大中縮頻：無宋字。【按】譯者法天的職稱中有試鴻臚卿傳教大師八字，資普：卿誤作少卿，普：大誤作法。

1001　于瑟抳沙毘左野陀囉尼一卷，高麗指空譯。

【校記】大：無高麗二字。

1002　大勝金剛佛頂念誦儀軌一卷，唐金剛智譯。

【校記】大：無唐字。

1003　大毘盧遮那佛眼修行儀軌一卷，唐一行述記。

【校記】卍續大縮頻：無唐字。

1004　佛母大孔雀明王經三卷，唐不空譯。

○佛母大金曜孔雀明王經序○讀誦～前啟請法○須知大例。

【校記】◎貞標：無佛母二字，石至：大作大金曜，天目錄誤以“讀誦佛母大孔
雀明王經前啟請法”當作經名◎貞金麗資普天緣南卍臺大中：無唐字◎序見石麗
卍大中縮頻；啟請法、須知大例見石金麗資普南北嘉龍黃卍臺大中縮頻。【按】
須知大例云此經並有畫像壇場軌式，其所指應是佛說大孔雀明王畫像壇場儀軌一
卷，唐不空譯（見1010-1）。

1005　孔雀王呪經二卷，梁僧伽婆羅譯。

○附結呪界法，東晉帛尸梨蜜前出。

【校記】◎福資磧普初天南北嘉龍黃臺義知：孔作佛說孔，指：無呪字◎附法見
金麗福資磧普南北嘉龍黃卍臺大中縮頻。【註】開貞緣：亦云孔雀王陀羅尼經。
【按】①指誤記一卷，今新考目錄改正為二卷。②法海寺藏復印宮本卷上第一版誤
與唐義淨譯佛說大孔雀呪王經（見1006）卷上首之大唐中興三藏聖教序第一版互置。

1006　佛說大孔雀呪王經三卷，唐義淨譯。

○讀誦大孔雀呪王經前方便法○附次明壇場畫像法式。

【校記】◎指：孔雀經，略：無呪字◎石：無唐字◎方便法、畫像法式見石麗福
資磧普初南北嘉龍黃卍臺大中縮頻。【按】①金卷上散佚。②石麗福資磧普初南
北嘉龍黃卍臺大中縮頻於方便法後有須知大例，已見1004。③法海寺藏復印宮
本卷上首有大唐中興三藏聖教序（中宗皇帝製），已見0757，而此序第一版誤與
梁僧伽婆羅譯佛說孔雀王呪經（見1005）卷上第一版互置。④昭和總目六宮內
省圖書寮目錄（毘盧）的編者未詳審，見本經卷上首的經名別異，就分出一目，
並且將序文記作唐太宗序，皆誤也（見附1006）。【提示】卷上首之方便法：“爾
時佛告阿難陀……呪力成就莎訶”。

▲上三經同本異譯。

1007　大金色孔雀王呪經一卷，失譯附秦錄。

【校記】◎指：金色孔雀呪，磧普初天南臺義：大孔雀王神呪經（北嘉龍黃知：
大作佛說大）◎石：無譯者名，略：失譯，磧普初天南北嘉龍黃臺義知頻：東晉
帛尸黎蜜多羅譯。【緣山按】元本譯者誤。【提示】佛告阿難……

1008　佛說大金色孔雀王呪經一卷，失譯附秦錄。

【校記】◎指：大金色孔雀呪，普天南北嘉龍黃義知：佛說大孔雀王雜神呪經◎
略福資：失譯，普南北嘉龍黃知：東晉帛尸黎蜜多羅重譯（天：無重字，義：重

作再）。【緣山按】元本譯者誤。【提示】南無佛南無法南無比丘僧……

1009　孔雀王呪經一卷，姚秦鳩摩羅什譯。

【校記】◎指：孔雀王經，福資磧普初天南北嘉龍黃臺義知：大金色孔雀王呪經◎緣：無鳩摩二字。【註】開貞至緣：亦名大金色孔雀王經並結界場法具。

1010-1　佛説大孔雀明王畫像壇場儀軌一卷，唐不空譯。

○附佛母大孔雀明王經異同（註：畫像壇場儀軌合卷）。

【校記】◎石北嘉龍黃：無佛説二字，標：無壇場二字◎石貞麗磧普初緣續南卍臺大中：無唐字◎附異同見縮頻。

1010-2　孔雀經真言等梵本三卷。

【校記】◎至：唐梵相對孔雀經◎唐不空譯。

1011　大方等大雲經請雨品第六十四一卷，隋闍那崛多等譯。

【校記】◎開貞至略福資磧普初天緣南臺義：大方等大雲請雨經（北嘉龍黃知：大作佛説大），指：方等經◎至略天義：無等字，麗卍大中縮頻：誤作周宇文氏闍那耶舍譯，佛：誤作北周闍那耶舍譯。【按】①指誤記二卷，今新考目録改正為一卷。②標將此經與大雲經請雨品（見1012）合記一目，詳見彼經按語。

1012　大雲經請雨品第六十四一卷，宇文周闍那耶舍譯。

【校記】◎開貞略福資磧普初天緣南北嘉龍黃義知：大雲請雨經（至：雲作雲輪），指：大雲經，標：大雲經請雨品，卍：無經字◎開貞福資緣：周宇文氏闍那耶舍等譯（略：無周字，至：無宇文氏三字，天：脱耶字，金麗卍大中縮頻：無等字），磧普初北嘉龍黃臺知：譯作等譯，佛：北周闍那耶舍譯。【按】①指誤記二卷，今新考目録改正為一卷。②標記二卷，實將隋闍那崛多等譯大方等大雲經請雨品第六十四一卷（見1011）與本經合記一目，故今新考目録將兩目分開，各記一卷。

1013　大雲輪請雨經二卷，隋那連提耶舍譯。

【校記】義知：提作提黎。

1014　大雲輪請雨經二卷，唐不空譯。

○附三種譯本（宇文周闍那耶舍、隋那連提耶舍、隋闍那崛多）與今本之異同。

【校記】◎貞緣：無輪字◎石貞金麗資磧普初天緣南卍臺大中縮頻：無唐字，至：唐誤作宋◎附異同見縮頻。

▲上四經同本異譯。

1015　大雲經祈雨壇法一卷，唐不空譯。

【校記】◎至：無經字◎石卍續中：無唐字，大：無譯者名。【按】中將此法附見大雲輪請雨經（見1014），不記卷數。

1016　仁王護國般若波羅蜜多經陀羅尼念誦儀軌一卷，唐不空譯。

○仁王護國般若波羅蜜多經道場念誦儀軌目録○新譯仁王般若經陀羅尼念誦軌儀序，唐慧靈述○附陀羅尼文字觀行法異同。

【校記】◎貞：仁王念誦儀軌，標：仁王般若念誦法經，至：仁王護國經道場念誦儀軌，磧普初南北嘉龍黃臺：陀羅尼念誦儀軌作道場念誦軌儀，義知縮頻佛：陀羅尼作道場，石：儀軌作軌儀◎縮頻佛：二卷◎石貞麗磧普初緣續南卍臺大中：無唐字◎目錄見縮頻；序見石麗磧普初南北嘉龍黃卍臺大中縮頻；附異同見縮頻。【註】石麗卍大中：出金剛頂瑜伽經。

1017　仁王般若念誦法一卷，唐不空譯。

【校記】◎石貞：法作法經◎石貞金麗資磧普初天緣南卍臺大中縮頻：無唐字。

【按】石麗卍大中縮頻另有新譯仁王般若經陀羅尼念誦軌儀序，唐慧靈述（已見1016）。

1018　仁王般若陀羅尼釋一卷，唐不空譯。

【校記】石貞金麗磧普初緣續南卍臺大中縮頻：無唐字。【按】①宋藏遺珍有本，而國家圖書館藏金藏本已缺，中華未採用宋藏遺珍本作底本，故今新考目錄補校。②臺重出（見附1018）。

1019　守護國界主陀羅尼經十卷，唐般若共牟尼室利譯。

○～目錄。

【校記】◎至：無界字，標：無主字◎貞麗天卍大中縮頻：無唐字，金磧普初南北嘉龍黃臺：唐般若等譯（石義知：無等字），緣續：般若譯，至：誤記宋般若譯◎目錄見縮頻。【按】金卷一散佚。

1020　佛說迴向輪經一卷，唐尸羅達摩譯。

【校記】石貞金麗緣續卍續臺大中縮頻：無唐字，至：尸羅達磨共勿提犀魚等譯。【註】金臺中：此經翻譯之緣，具在十力經首法界之傳。

1021　佛說守護大千國土經三卷，宋施護譯。

【校記】石麗資磧普初天緣南卍臺大中縮頻：無宋字。

1022　成就妙法蓮華經王瑜伽觀智儀軌一卷，唐不空譯。

○附普賢菩薩陀羅尼異同。

【校記】◎標：無經王瑜伽四字，縮頻：軌作軌經◎石貞金麗磧普初緣續南卍臺大中縮頻：無唐字◎附異同見縮頻。

1023　法華曼荼羅威儀形色法經一卷，唐不空譯。

【校記】大：無唐字。

1024　妙法蓮華三昧祕密三摩耶經一卷，唐不空譯。

○跋蓮華三昧經後，正德日僧性亮玄心誌。

【校記】◎卍續：無唐字◎有跋。

1025　大樂金剛不空真實三昧耶經般若波羅蜜多理趣釋二卷，唐不空譯。

【校記】◎貞：般若理趣經釋，標：大樂金剛不空理趣釋，天：無大樂二字◎石標：一卷◎石貞金麗資磧普初天緣南卍臺大中縮頻：無唐字。【按】昭和總目——資福藏目錄誤分本經題名後九字為一目（見附1025）。

1026　般若波羅蜜多理趣經大樂不空三昧真實金剛薩埵菩薩等一十七聖大曼荼羅義述一
　　　卷，唐不空譯並依釋略序。

　　　【校記】◎貞：大曼荼羅一十七尊釋，標：般若理趣不空三昧真實菩薩十七聖大
　　　曼荼羅義述，資磧普初天南北嘉龍黄臺義知縮頻：樂作安樂，無薩埵二字，緣：
　　　樂至菩薩十三字作安樂不空三昧耶真實金剛薩埵，佛：樂作安樂，至：無一十七
　　　聖四字，石：無聖字◎至：唐不空譯（石貞緣：無唐字，義：譯作述），麗卍大
　　　中：無唐字，北嘉龍黄：唐阿目佉金剛依釋略序（資磧普初天南臺知：無唐字），
　　　縮頻：阿目伽金剛譯。【按】①金卷首殘缺。②石麗卍大卷末有出金剛頂經第
　　　十三會大三昧耶真實瑜伽略鈔大意二十一字。【提示】梵云阿目佉，唐云不空。

1027-1　廣大寶樓閣善住祕密陀羅尼經三卷，唐菩提流志譯。
　　　○～目録。

　　　【校記】◎指：寶樓閣經◎目録見縮頻。【按】標此經目下脱帙號，今據指金麗
　　　之帙號補入“悲”字號。

1027-2　廣大寶樓閣善住祕密陀羅尼經（別本）三卷，唐菩提流志譯。

　　　【校記】天：無唐字。【按】大縮頻目録未著此別本，今新考目録補入。

1028　牟梨曼陀羅呪經一卷，失譯附梁録。

　　　【校記】◎福：無經字◎北嘉龍黄知：二卷◎石義：梁録失譯，略：失譯，知：
　　　失譯作開元，磧普初天南北嘉龍黄臺：附作開元附。【註】磧普初天緣南臺：與
　　　寶樓閣經等同本，唯欠序分。

1029-1　大寶廣博樓閣善住祕密陀羅尼經三卷，唐不空譯。
　　　○～目録○大寶廣博樓閣善住祕密陀羅尼輪及長行。

　　　【校記】◎貞：大寶廣博樓閣經◎石貞金麗資磧普初天緣南卍臺大中縮頻：無唐
　　　字◎目録見縮頻；陀羅尼輪及長行見嘉黄大中縮頻。

　　　▲上三經同本異譯。

1029-2　寶樓閣經梵字真言一卷。

1030　菩提場莊嚴陀羅尼經一卷，唐不空譯。

　　　【校記】◎貞：菩提場莊嚴經◎石貞金麗資磧普初天緣南卍臺大中縮頻：無唐
　　　字，初：脱不字。

1031　佛説一向出生菩薩經一卷，隋闍那崛多譯。

　　　【校記】貞略福資磧天緣臺：譯作等譯。

1032　佛説無量門微密持經一卷，吳支謙譯。

　　　【校記】指：微密持經。【註】開貞至金麗緣卍大中縮頻：一名成道降魔得一切智經。

1033　佛説出生無量門持經一卷，東晉佛陀跋陀羅譯。

　　　【校記】金中：跋陀作跋。【註】開貞至緣：或云新微密持經。

1034　佛説阿難陀目佉尼呵離陀隣尼經一卷，元魏佛陀扇多譯。

　　　【校記】◎指：訶離陀隣經，磧普初南北嘉龍黄臺義知：無佛説二字，略：佉下

無尼字，至：離下無陀字◎元魏作後魏。

1035　阿難陀目佉尼呵離陀羅經一卷，劉宋求那跋陀羅譯。

【校記】◎指：呵離陀經，初：經作隣尼經◎開貞至金麗略福資天緣卍大中縮頻佛：劉宋作宋。【註】開貞至：或云無量門持經，緣：或云出生無量門持經。

1036　無量門破魔陀羅尼經一卷，劉宋功德直共玄暢譯。

【校記】◎指：破魔陀羅尼，福資磧普初天南北嘉龍黃臺義知：無作佛說無◎開貞至金麗略緣卍大中縮頻佛：劉宋作宋，福資天：宋功德直譯，佛：直誤作真，磧普初南北嘉龍黃臺：劉宋作宋，玄暢誤作音陽。【註】開貞至緣：或直云破魔陀羅尼經。

1037　舍利弗陀羅尼經一卷，梁僧伽婆羅譯。

【校記】指：無經字。

1038　出生無邊門陀羅尼經一卷，唐智嚴譯。

【校記】◎指：無邊門經◎福資磧初天臺：唐智嚴重譯（金麗卍大中縮頻：無唐字）。【按】石卷首殘缺，重出（見附1038）。

1039　佛說出生無邊門陀羅尼經一卷，唐不空譯。
　　　○附梵字真言。

【校記】◎貞：出生無邊門經，麗卍大縮頻佛：無佛說二字，天：脫經字◎石貞麗資磧普初天緣南卍臺大中縮頻：無唐字◎附真言見大。【按】金卷首殘缺。

▲上九經同本異譯。

1040　佛說出生無邊門陀羅尼儀軌一卷，唐不空譯。

【校記】卍續大縮頻：無唐字。【按】大用黃此卷本，但國家圖書館藏本及日本法然院目錄皆未錄。

1041　大方廣佛華嚴經入法界品四十二字觀門一卷，唐不空譯。

【校記】◎標：大方廣入法界品四十二字觀，至緣：華嚴入法界品四十二字觀門（貞：無品字），資：觀門作輪觀門法，磧普初天南北嘉龍黃臺義知：無門字◎石貞麗資磧普初天緣南卍臺大中縮頻：無唐字。【按】①石大縮頻佛將本經後部分內容，題名大方廣佛華嚴經入法界品頓證毘盧遮那法身字輪瑜伽儀軌分出一卷（見附1041-1）。②佛將本經卷尾之圓明字輪的別抄本立為一目（見附1041-2）。③石目錄註南北徑龍未載大方廣佛華嚴經入法界品頓證毘盧遮那法身字輪瑜伽儀軌，誤也。

1042　華嚴經心陀羅尼一卷，唐實叉難陀譯。

【校記】大：無唐字。【按】卍續校黃有此卷，但國家圖書館藏本及日本法然院目錄皆未錄。

1043　一切如來正法祕密篋印心陀羅尼經一卷，宋施護譯。

【校記】石麗資磧普初天緣南卍臺大中縮頻：無宋字。

1044-1　一切如來心祕密全身舍利寶篋印陀羅尼經一卷，唐不空譯。
　　　○附梵字真言。

【校記】◎貞：寶篋經，石：一作佛説一，天：脱心字◎石貞金麗資磧普初天緣南卍臺大中縮頻：無唐字◎附真言見大。【提示】如是我聞。一時薄伽梵在摩伽陀國無垢園寶光明池中……

▲上二經同本異譯。

1044-2 一切如來心祕密全身舍利寶篋印陀羅尼經（別本）一卷，唐不空譯。

【校記】大縮頻：無唐字。【提示】如是我聞。一時佛在摩伽陀國無垢園中寶光明池……

1045 無垢淨光大陀羅尼經一卷，唐彌陀山譯。

○附梵字真言。

【校記】◎指：無垢淨光經◎開貞至福資磧普初天緣南北嘉龍黃臺知：譯作等譯，石：譯作共法藏等譯◎附真言見大。

1046 佛頂放無垢光明入普門觀察一切如來心陀羅尼經二卷，宋施護譯。

【校記】◎標：佛頂放無垢光明經◎石麗資磧普初天緣南卍臺大中縮頻：無宋字。【按】譯者施護此時僅有傳法大師之稱號，資磧普初南北嘉龍黃臺：增西天譯經三藏朝散大夫試鴻臚少卿十五字，誤也，天：增西天譯經四字，亦誤也。

1047 佛説造塔延命功德經一卷，唐般若譯。

○附譯場職名録。

【校記】◎卍續大縮頻：無唐字◎有附職名録。【按】卍續大縮校黃有此卷，但國家圖書館藏本及日本法然院目録皆未録。

1048-1 金剛光焰止風雨陀羅尼經一卷，唐菩提流志譯。
○附靈雲校本與麗宋明三本異同。

【校記】◎指：止風雨陀羅尼，至：無止風雨三字◎附異同見縮頻。【提示】……東方止雨真言曰。怛他（寧也反）他（去一句）……

1048-2 金剛光焰止風雨陀羅尼經（別本）一卷，唐菩提流志譯。

【校記】天：無止風雨三字。【按】初刻南藏此經在"羔八"，本應接在"羔七"文殊師利寶藏陀羅尼經（別本）後，但影印洪武南藏卻置"羔九"幻師颮陀神呪經（別本）後，誤也。【提示】……東方止雨真言曰。怛姪他（一）……

1049-1 佛説護諸童子陀羅尼經一卷，元魏菩提留支譯。

【校記】指：護童子呪，開石貞至資磧普天緣南北嘉龍黃臺義知：經作呪經。【註】開貞緣：亦云護諸童子請求男女陀羅尼經。【按】石重出（見附1049-1）

1049-2 童子經念誦法一卷，唐善無畏譯。

【校記】大：無唐字。

1050 佛説長壽滅罪護諸童子陀羅尼經一卷，唐佛陀波利譯。

1051 觀自在大悲成就瑜伽蓮華部念誦法門一卷，唐不空譯。

【校記】◎標：觀自在大悲法門◎石貞麗緣續卍續大中縮頻：無唐字。【註】石貞緣續：亦名成就大悲觀自在。【按】金卷首殘缺。

1052　蓮華部多利心菩薩念誦法一卷，唐金剛智集撰。

【校記】◎卍續：跋折羅菩提集撰◎目錄題多利心菩薩念誦法。【提示】跋折羅菩提，唐言金剛智。

1053　聖觀自在菩薩心真言瑜伽觀行儀軌一卷，唐不空譯。

【校記】◎標：觀自在心真言觀行軌儀，貞：無瑜伽二字，資磧普初天南北嘉龍黃臺：儀軌作軌儀◎石貞麗資磧普初天緣南卍臺大中縮頻：無唐字。【註】石麗資磧普初天南北嘉龍黃卍臺大中知縮頻：出大毘盧遮那成道經。

1054　瑜伽蓮華部念誦法一卷，唐不空譯。

【校記】石貞金麗資磧普初天緣南卍臺大中縮頻：無唐字。

1055　金剛恐怖集會方廣軌儀觀自在菩薩三世最勝心明王經一卷，唐不空譯。

〇～目錄。

【校記】◎貞：觀自在菩薩最勝明王心經，標：無觀至王十二字，至：無菩薩二字◎石貞麗資磧普初天緣南卍臺大中縮頻：無唐字◎目錄見縮頻。

1056　呪五首一卷，唐玄奘譯。

〇附梵字真言。

【校記】◎開貞至標略磧普初天緣南北嘉龍黃臺義知：呪五首經，縮頻佛：能滅眾罪千轉陀羅尼經（筆者按：此是第一首呪的題名）◎福資天：無唐字，初：奘誤作裝◎附真言見大。【按】指要才帙無呪五首，卻有佛母心陀羅尼一卷，因未明內容、譯者，尚難斷定是藏中何經之略名。

1057　千轉陀羅尼觀世音菩薩呪一卷，唐智通譯。

【校記】◎指：千轉陀羅尼，標：轉作囀，開貞至略緣南北嘉龍黃義知：呪作呪經◎磧初臺：無唐字。【註】金麗福資磧普初南北嘉龍黃卍臺大中縮頻：其中印法是阿地多崛多法師譯出。【按】轉、囀音同不校。

1058　千轉大明陀羅尼經一卷，宋施護譯。

【校記】石麗磧天緣卍大中縮頻：無宋字。【按】施護譯此經時的職稱是西天譯經三藏朝散大夫試鴻臚少卿傳法大師，資磧普初南臺：略作三藏法師，北嘉龍黃：傳法誤作傳教。

1059　觀自在菩薩說普賢陀羅尼經一卷，唐不空譯。

〇附梵字真言。

【校記】◎標：無菩薩二字◎石貞金麗資磧普初天緣南卍臺大中縮頻：無唐字◎附真言見大。

1060　清淨觀世音普賢陀羅尼經一卷，唐智通譯。

【校記】指：觀音普賢呪（標：呪作陀羅尼經），石資磧普天南北嘉龍黃臺義知：音作音菩薩。

▲上二經同本異譯。

1061　阿唎多羅陀羅尼阿嚕力經一卷，唐不空譯。

【校記】◎貞至緣：無陀羅尼三字，石縮頻佛：經作品第十四，資磧普初天臺：經作品◎石貞麗資磧普初天緣南嘉黄卍臺大中縮頻：無唐字。【按】阿、呵音同，多、哆音同，均不校。

1062　金剛頂降三世大儀軌法王教中觀自在菩薩心真言一切如來蓮華大曼拏攞品一卷，唐不空譯。

【校記】◎貞標緣續：金剛頂降三世大儀軌，金卍續臺中縮頻佛：拏攞作茶羅◎貞金麗緣續卍續臺大中縮頻：無唐字。

1063　觀自在菩薩心真言一印念誦法一卷，唐不空譯。

【校記】◎卍續大縮頻：無唐字◎卍續目録註略云觀自在一印法。【註】卍續大縮頻：千手千眼軌出。

1064　觀自在菩薩大悲智印周遍法界利益眾生薰真如法一卷，唐不空譯。

【校記】卍續目録註略云觀自在菩薩薰真如香印法，又云觀自在妙香印法，極略妙香印法。

1065　請觀世音菩薩消伏毒害陀羅尼呪經一卷，東晉竺難提譯。

【校記】◎指：請觀世音經，標：無菩薩二字，標義知佛：無呪字◎至：脱提字，天：譯誤作經。【按】石重出（見附1065）。

1066　佛説六字呪王經一卷，失譯附東晉録。

【校記】◎福資磧普初天南北嘉龍黄臺義知：無佛説二字◎略：失譯，知：無失譯二字，義：東晉録失譯人名。

1067-1　佛説六字神呪王經一卷，失譯附梁録。

【校記】指：六字神呪，佛：無佛説二字。【按】中華將金藏知函録本經移置才函，替換才函之殘缺經本的做法不妥，詳見1218按語。

▲上二經同本異譯。

1067-2　六字神呪王經（別本）一卷，失譯附梁録。

【校記】貞福資天：失譯作失譯拾遺編入，略：失譯，磧普初南北嘉龍黄臺大中縮頻：失作開元拾遺失，知：無失譯二字，義：梁録失譯人名。【按】縮頻目録未著此本，今新考目録補入。

1068　六字大陀羅尼呪經一卷，失譯附梁録。

【校記】◎指：六字呪，石：六作佛説六，貞標略緣知：無呪字◎石：梁代失譯，略：失譯，初：失譯作開元拾遺，知：無失譯二字，普南北嘉龍黄臺：附作開元附，義：梁録失譯人名。【註】緣：或無大字。

1069　佛説聖六字大明王陀羅尼經一卷，宋施護譯。

【校記】石麗資磧普初天緣南卍臺大中縮頻：無宋字。【按】譯者施護的職稱中有傳法大師四字，資磧普初南北嘉龍黄臺：傳法誤作傳教。

1070　佛説大護明大陀羅尼經一卷，宋法天譯。

【校記】◎標：陀上無大字◎石金麗資磧普初天緣南卍臺大中縮頻：無宋字。

【按】①譯者法天此時僅有傳教大師之稱號，資磧普初南北嘉龍黃臺：增西天譯經三藏朝散大夫試鴻臚少卿十五字，誤也。②此經題名，影印洪武南藏目録誤記作大宋新譯三藏聖教序。

1071　聖六字增壽大明陀羅尼經一卷，宋施護譯。

【校記】石麗資磧普初天緣南卍臺大中縮頻：無宋字。【按】施護譯此經時的職稱是西天譯經三藏朝散大夫試鴻臚卿傳法大師，資磧普初南北嘉龍黃臺：略作西天三藏大師。

1072　佛説大乘莊嚴寶王經四卷，宋天息災譯。

○宋新譯三藏聖教序，宋太宗皇帝御製。

【校記】◎標：無佛説大乘四字◎石金麗資磧普初天緣南卍臺大中縮頻：無宋字◎御製序見石金麗資磧普初南卍臺中（北嘉：見1298佛説大摩里支菩薩經，大：見昭和總目七七，縮頻佛：見總目録一冊首）。【按】此御製序多見於宋代譯經前，序作者名或作御製，或作太宗神功聖德文武皇帝製。【提示】大矣哉……深淵者哉。

1073　佛説一切佛攝相應大教王經聖觀自在菩薩念誦儀軌一卷，宋法賢譯。

【校記】◎天：相作想，標緣：無聖字，標資磧普初天緣南北嘉龍黃臺義知：軌作軌經◎石金麗資磧普初天緣南卍臺大中縮頻：無宋字。【按】①譯者法賢的職稱中有西天譯經三藏六字，北嘉龍黃：脱譯經二字。②中重出（見附1073）。③昭和總目二九南藏目録誤分經題後十字為一目（見附1073-1），今檢南藏原目録無誤分。

1074　讚觀世音菩薩頌一卷，唐慧智譯。

【校記】◎指：觀音讚◎資磧普初南臺：無唐字，略：慧智誤作忠智。

1075　聖觀自在菩薩功德讚一卷，宋施護譯。

○附大明太宗文皇帝御製觀音讚○大明太宗文皇帝御製大悲觀世音菩薩讚。

【校記】◎麗資磧普初天緣南卍臺大中縮頻：無宋字◎附二讚見北嘉黃卍；重輯嘉：分出御製觀音讚一卷（見附1075-1）；大縮頻：將御製觀音讚附於佛説聖觀自在菩薩梵讚（見1077）；重輯嘉縮頻佛：分出御製大悲觀世音菩薩讚一卷（見附1075-2）。【註】麗資磧普初天緣南卍臺大中知縮頻：西方賢聖集。【按】譯者施護的職稱中有西天譯經三藏六字，北嘉龍黃：脱譯經二字。

1076　聖觀自在菩薩一百八名經一卷，宋天息災譯。

【校記】◎標：無菩薩二字◎石金麗資磧普天緣卍臺中縮頻：無宋字。

1077　佛説聖觀自在菩薩梵讚一卷，宋法天譯。

【校記】磧初緣南臺：無宋字，至佛：誤作宋法賢譯（石金麗資普天卍大中縮頻：無宋字）。【按】①法天譯此經時的職稱是西天譯經三藏朝散大夫試鴻臚卿傳教大師，資磧普初南北嘉龍黃臺：傳教誤作明教，磧初南北嘉龍黃臺：脱西天譯經三藏六字。②大縮頻附大明太宗文皇帝御製觀音讚，已見1075。

1078　金剛頂瑜伽千手千眼觀自在菩薩修行儀軌經一卷，唐不空譯。

【校記】◎標：金剛頂瑜伽觀自在修行儀軌，貞緣：菩至經七字作念誦法◎麗
卍大佛：二卷◎石貞麗資磧普初天緣南卍臺大中縮頻：無唐字。【按】金卷首
殘缺。

1079　千手千眼觀世音菩薩姥陀羅尼身經一卷，唐菩提流志譯。

【校記】◎指：姥陀羅尼身經◎至：無唐字，天：提誤作薩。【註】開貞至緣：
或云千臂千眼。

1080-1　千眼千臂觀世音菩薩陀羅尼神呪經二卷，唐智通譯。

○～序，唐波崙制○梵字真言。

【校記】◎指：千手千眼神呪經◎序見金麗大中縮頻；真言見大。【註】開貞至：
或一卷。【提示】……千眼千臂觀世音菩薩大身呪……千眼千臂觀世音菩薩總攝
身印第一……

▲上二經同本異譯。

1080-2　千眼千臂觀世音菩薩陀羅尼神呪經（別本）二卷，唐智通譯。

【校記】義：一卷。【按】①磧普初南北嘉龍黃臺中有唐波崙制序，已見1080-1。
②臺重出（見附1080-2）。③縮頻目録未著此別本，今新考目録補入。【提
示】……根本大身呪……總攝身印第一……

1081　千手千眼觀世音菩薩治病合藥經一卷，唐伽梵達摩譯。

【校記】◎卍續大縮頻：無唐字◎卍續目録註略云千手觀音合藥經，或云千手觀
音治病合藥經。

1082-1　千手千眼觀世音菩薩廣大圓滿無礙大悲心陀羅尼經一卷，唐伽梵達摩譯。

○永樂御製大悲總持經呪序。

【校記】◎御製序見北嘉龍黃大中縮頻◎北嘉龍黃義：附番大悲神呪（見1085）。
【按】①今據日本宋版大藏經目録補校資。②卍續大縮頻佛別抄（見附1082-1）。
【提示】……一時釋迦牟尼佛在補陀落迦山……皆悉歡喜奉教修行。

1082-2　佛説千手千眼觀世音菩薩廣大圓滿無礙大悲心陀羅尼經（別本）一卷，唐伽梵達
摩譯。

【校記】指：大悲心陀羅尼，石：無佛説二字，標：心作心大。【提示】……一
時釋迦牟尼佛在補陀落山……蟲不敢食果也。

1083　千手千眼觀自在菩薩廣大圓滿無礙大悲心陀羅尼呪本一卷，唐金剛智譯。

○附梵字真言。

【校記】◎標：千手千眼廣大圓滿無礙呪，緣續佛：無呪字，石：無本字◎貞：
無唐字，石：譯作新譯◎附真言見大。

1084-1　千手千眼觀世音菩薩大身呪本一卷，唐金剛智譯。

【校記】◎至：世音作自在，本作經◎貞：無唐字，至：不空譯。【註】麗卍續
大中縮頻：出大悲經中卷。

1084-2　觀自在菩薩廣大圓滿無礙大悲根本陀羅尼（別本）一卷，唐金剛智譯。

【註】石：出大悲經中卷。【按】此經與麗本千手千眼觀世音菩薩大身呪本（見1084-1），雖經名異，且文字出入大，但內容同，故確定為別本，新編於此。

1084-3　世尊聖者千眼千首千足千舌千臂觀自在菩提薩埵怛嚩廣大圓滿無礙大悲心陀羅尼一卷。

【按】梵文本。

1085　梵本大悲神呪一卷。

【校記】◎北嘉龍黃臺大縮頻佛：番大悲神呪，義：翻本大悲呪◎佛：增失譯人名四字。【按】北嘉龍黃義此呪附千手千眼觀世音菩薩廣大圓滿無礙大悲心陀羅尼經（見1082-1）後。

1086-1　千手千眼觀世音菩薩大悲心陀羅尼一卷，唐不空譯。

【校記】◎至：千手千眼觀自在菩薩廣大圓滿無礙大悲心陀羅尼經；石：僅存觀世音菩薩廣大圓滿無礙大悲心陀羅尼神妙章句陀羅尼◎無譯者名◎卍續目錄註或云千手大悲心陀羅尼經。【快道按】八家秘錄云：千手千眼觀世音菩薩廣大圓滿無礙大悲心大陀羅尼神妙章句一卷仁，雖名有具略，然應是此經。此中云廣大圓滿無礙大悲心陀羅尼神妙章句。

1086-2　千手千眼觀世音菩薩廣大圓滿無礙大悲心陀羅尼神妙章句一卷。

【按】石目錄增記唐不空譯。今檢本章句有百十四句，與不空譯千手千眼觀世音菩薩大悲心陀羅尼（見1086-1）中之章句僅有八十四句不同，亦與唐伽梵達摩譯千手千眼觀世音菩薩廣大圓滿無礙大悲心陀羅尼經（見1082-1）中之章句有七十八句不同，因此本章句是一種新本。

1087　大悲心陀羅尼經一卷，唐不空譯。

【校記】◎石：無經字◎無譯者名。

1088　聖千手千眼觀自在菩薩摩訶薩廣大圓滿無礙大悲心陀羅尼曰一卷，唐不空譯。

1089　千手千眼觀自在菩薩根本真言釋一卷，唐不空譯。

【校記】標：千手千眼根本真言。

1090　大悲心陀羅尼一卷，契丹慈賢譯。

【校記】◎至：尼作尼經◎契丹作宋。

1091　千光眼觀自在菩薩祕密法經一卷，唐三昧蘇嚩羅譯。

【校記】◎卍續大縮頻：無唐字◎卍續目錄註略云千光眼祕密法。

1092　大悲心陀羅尼修行念誦略儀一卷，唐不空譯。

【校記】石磧南臺中：無唐字。【縮按】錄內觀自在菩薩如意輪念誦儀軌（見1117-1）異本。

1093　攝無礙大悲心大陀羅尼經計一法中出無量義南方滿願補陀落海會五部諸尊等弘誓力方位及威儀形色執持三摩耶標幟曼荼羅儀軌一卷，唐不空譯。

【校記】◎卍續大縮頻：無唐字◎卍續目錄註略云補陀落海會儀軌。【註】卍續

大縮頻：但呪讚及作法宜視大儀軌內。

1094　千手觀音造次第法儀軌一卷，唐善無畏譯。

【校記】◎卍續大縮頻：無唐字◎卍續目錄註略云千手觀音法儀軌。

1095　十一面觀自在菩薩心密言念誦儀軌經三卷，唐不空譯。

○附梵字真言。

【校記】◎貞：十一面觀自在菩薩經（至：經作儀軌），標：密作蜜、無經字，石麗緣卍中：無念誦二字◎石貞麗資磧普初天緣南卍臺大中縮頻：無唐字◎附真言見大（卷上尾）。【按】金卷首殘缺。

1096　佛說十一面觀世音神呪經一卷，宇文周耶舍崛多譯。

○後記。

【校記】◎指：十一面觀音神呪◎開貞略福資緣臺：周宇文氏耶舍崛多等譯（金麗卍大中縮頻：無等字），至：無宇文二字，佛：宇文周作北周，普初天南北嘉龍黃知：譯作等譯◎後記見麗資普初南北嘉龍黃卍臺大中知縮頻。

1097　十一面神呪心經一卷，唐玄奘譯。

【校記】指：十一面觀音神呪。

▲上二經與陀羅尼集經第四卷十一面觀世音神呪經同本異譯。

1098　佛頂心觀世音菩薩大陀羅尼經三卷。

【校記】石：卷中題名作佛頂心觀世音菩薩療病催產方，卷下題名作佛頂心觀世音菩薩救難神驗。【按】石重出（見附1098）。

1099-1　聖賀野紇哩縛大威怒王立成大神驗供養念誦儀軌法品二卷，唐不空譯。

【校記】◎卍續大縮頻：無唐字◎卍續目錄註略云聖賀野紇哩縛念誦軌。

1099-2　馬頭觀音心陀羅尼一卷。

【按】梵文本。

1100　何耶揭唎婆像法一卷。

1101　何耶揭唎婆觀世音菩薩受法壇一卷。

【校記】卍續目錄註略云何耶揭唎婆受法壇。

1102　佛說七俱胝佛母准提大明陀羅尼經一卷，唐金剛智譯。

○附靈雲校本與麗宋明三本異同。

【校記】◎指：七俱胝佛母陀羅尼經，石貞至標：提作泥，標：無經字◎附異同見縮頻。【註】標：准下作泥字當是提誤；麗福資普緣南北嘉龍黃卍大中知縮頻：並念誦觀行等法。【按】①金殘缺。②准提、準提，音同不校，下同。

1103　七俱胝佛母所說准提陀羅尼經一卷，唐不空譯。

○附靈雲校本與麗宋元明四本異同。

【校記】◎標：無所說二字，貞緣：無所說准提四字◎貞麗資磧普天南卍臺大中：無唐字◎附異同見縮頻。

1104　佛說七俱胝佛母心大准提陀羅尼經一卷，唐地婆訶羅譯。

【校記】◎開貞至略：七俱胝佛大心准提陀羅尼經（石：七作佛説七，標：無經字），指：七俱胝佛母陀羅尼經◎石：無唐字，福資：唐作大周，磧天臺：誤作金剛智譯。【註】開貞緣：亦直云七俱胝佛母心經，石：呪有二印有四。【按】磧臺冊尾音釋記本經係"地婆訶羅譯"。

1105　七俱胝佛母心大准提陀羅尼經一卷，多羅句鉢多譯。

【校記】至：七俱胝佛母准提大明陀羅尼經。【按】此經由三部分組成：七俱胝佛母准提大明陀羅尼、七俱胝啟請、七佛俱胝准提大身陀羅尼。

1106　七佛俱胝佛母心大准提陀羅尼法一卷，唐善無畏譯。

【校記】◎佛：七佛作七，石：七俱胝佛母心大准提陀羅尼真言◎脱善字◎卍續目錄註略云七佛俱胝佛母心陀羅尼法。【註】石大：獨部別行。

1107　七俱胝獨部法一卷，唐善無畏譯。

○享和日本快道誌。

【校記】◎卍續大縮頻：無畏譯◎有誌。

1108　七俱胝准提陀羅尼念誦儀軌一卷，唐不空譯。

【校記】卍續：無唐字。

1109　准提淨業三卷，明謝于教著。

○重刻～序，謝于教書○～引，謝于教書○～目。

【校記】◎嘉續卍續臺佛：無作者名◎有序等。

1110　准提心要一卷，明施堯挺撰。

○並序○刻～序，寶永日本慧曇序。

【校記】◎卍續頻續：無明字◎有二序。

1111　持誦准提真言法要一卷，清弘贊輯。

○附供齋儀。

【校記】◎嘉又續卍續臺頻續佛：無清字◎有附儀◎卍續目錄註外題准提法要。【蔡按】會釋見2236。【按】此法要與七俱胝佛母所説准提陀羅尼經會釋中之法要（見2236）有同有異。

1112　如意輪陀羅尼經一卷，唐菩提流志譯。

○～目錄。

【校記】◎指：無經字◎目錄見縮頻。【註】開石貞金麗福資普初天緣南北嘉龍黃卍臺大中知縮頻：此經出大蓮華金剛三昧耶加持祕密無障礙經。

1113　佛説觀自在菩薩如意心陀羅尼呪經一卷，唐義淨譯。

【校記】◎指：如意心陀羅尼，普天南北嘉龍黃義知：無佛説二字，略：無心、呪二字，標佛：無呪字◎石：無唐字。

1114　觀世音菩薩祕密藏如意輪陀羅尼神呪經一卷，唐實叉難陀譯。

○～目錄。

【校記】◎指：觀音祕密藏神呪，金中：無菩薩二字，開貞至略資磧普初天緣南

北嘉龍黃臺義知：無如至尼六字◎至：無唐字◎目錄見縮頻。【按】石僅錄經中三呪，第一呪題名大悲身呪，第二、第三呪題名大悲心中心呪。石目錄將此三呪與前千手千眼觀世音菩薩廣大圓滿無礙大悲心陀羅尼神妙章句一卷（見 1086-2）合為一目，並記作唐不空譯，誤也。

1115　觀世音菩薩如意摩尼陀羅尼經一卷，唐寶思惟譯。

【校記】◎指：如意摩尼陀羅尼，略：脫羅字◎天：思誤作恩。

▲上四經同本異譯。

1116　觀世音菩薩如意摩尼輪陀羅尼念誦法一卷，唐寶思惟譯。

【校記】大：無唐字。

1117-1　觀自在菩薩如意輪念誦儀軌一卷，唐不空譯。

○附靈雲校本與麗宋元明四本異同。

【校記】◎標：觀自在如意輪念誦儀，縮頻佛：如意輪菩薩念誦法（貞緣：無菩薩二字）◎貞金麗資磧普天緣南卍臺大中縮頻：無唐字◎附異同見縮頻。

1117-2　觀自在如意輪菩薩念誦法（別本）一卷，唐不空譯。

【校記】石中：阿目佉譯。【提示】梵云阿目佉，唐云不空。

1118　觀自在菩薩如意輪瑜伽一卷，唐不空譯。

○附靈雲校本與麗明及黃檗本異同。

【校記】◎標：伽作伽經，南北嘉龍黃義知：伽作伽念誦法◎石貞金麗磧普初緣續南卍臺大中縮頻：無唐字◎附異同見縮頻。【大縮按】麗本"唵鉢……逝子"六百四十六字，對應於明本"是呪印者但以二手各為拳……綺旛繽紛"六百二十六字，明本此段文乃觀自在大悲成就瑜伽蓮華部念誦法門之文（見 1051），誤入於此。【縮按】本邦黃檗版原本用和本，故檗本無此失。【按】檢磧普初南北龍臺與嘉同錯。

1119　觀自在如意輪菩薩瑜伽法要一卷，唐金剛智譯。

【校記】◎指：如意輪呪◎金天中：無唐字。【註】南北嘉龍黃知：出大部。【縮按】此經與錄內觀自在菩薩如意輪瑜伽念誦法（見 1118）同本，但至末稍有異。【按】石重出（見附 1119）。

▲上二經同本異譯。

1120　如意輪菩薩觀門義註祕訣一卷。

○附靈雲校本與黃檗本異同。

【校記】附異同見縮頻。【按】大用黃此卷本，但國家圖書館藏本及日本法然院目錄皆未錄。

1121　都表如意摩尼轉輪聖王次第念誦祕密最要略法一卷，唐解脫師子譯。

○～目錄。

【校記】◎卍續大縮頻：無唐字◎目錄見縮頻◎卍續目錄註略云都法（或表）如意輪祕要法。

1122　佛說如意輪蓮華心如來修行觀門儀一卷，契丹慈賢譯。

【校記】◎至：無如來修行四字◎北嘉龍黄卐大縮頻：契丹作宋契丹，至緣續義知佛：契丹作宋。

1123　七星如意輪祕密要經一卷，唐不空譯。

【校記】卐續大縮頻：無唐字。

1124　不空羂索神變真言經三十卷，唐菩提流志譯。

○～目録○刻大藏～序，明張銓撰○附梵字真言○靈雲校本與麗宋元明四本異同（卷一至十五）。

【校記】◎指：無真言二字◎貞：無唐字，知：譯作等譯◎目録、附異同見縮頻；序見嘉黄縮頻；附真言見大（卷一尾）。

1125　佛説不空羂索陀羅尼儀軌經二卷，唐不空譯。

○佛説不空羂索陀羅尼儀軌目録。

【校記】◎佛：唐阿目佉譯（卐續大縮頻：無唐字）◎新作目録見卐續縮頻。

【註】卐續大縮頻：一名不空羂索教法密言。【日本宗叡録按】此軌與唐菩提流志譯三十卷不空羂索經一二兩卷同本，然於母陀羅尼句句致譯以爲腳註，是其異也。【提示】梵云阿目佉，唐云不空。

1126　不空羂索呪經一卷，隋闍那崛多譯。

【校記】◎北嘉龍黄知：不作佛説不，指：無經字◎開至略資磧普初天緣南北嘉龍黄臺知：譯作等譯。【註】開貞緣：亦云不空羂索觀世音心呪經。

1127　不空羂索神呪心經一卷，唐玄奘譯。

○～後序。

【校記】◎指：神呪心經◎後序見金麗磧普初南北嘉龍卐臺大中縮頻。【註】磧普初南臺：照開元録續入此卷。

1128　不空羂索呪心經一卷，唐菩提流志譯。

【校記】資天縮頻佛：誤作唐玄奘譯。【按】①資天未收真唐玄奘譯不空羂索神呪心經一卷（見1127）。②昭和總目六圖書寮目録記崇寧藏本譯者作唐玄奘譯，同資等本。

1129　佛説聖觀自在菩薩不空王祕密心陀羅尼經一卷，宋施護等譯。

【校記】◎北嘉龍黄知：無佛説二字，緣：無聖字◎麗資磧普初天南卐臺大中縮頻：無宋字，緣：施護譯，至義知：脱等字。【按】譯者施護的職稱中有西天譯經三藏六字，北嘉龍黄：脱譯經二字。

▲上四經與不空羂索神變真言經第一卷同本異譯。

1130　不空羂索毘盧遮那佛大灌頂光真言一卷，唐不空譯。

【校記】◎標：毘盧遮那佛灌頂真言，至北嘉龍黄縮頻佛：言作言經◎石貞金麗磧普初緣續南卐臺大中：無唐字。【註】石貞至金麗卐大中：出不空羂索經第二十八卷。【按】①此經唯卷首真言是不空新譯，餘長行是唐菩提流志譯不空羂索經第二十八卷的抄出。②蔡目將標目此經與毘盧遮那五字真言修習儀軌（見

0878）著録爲同一種經，誤也。

1131　不空羂索陀羅尼自在王呪經三卷，唐寶思惟譯。

〇~目録。

【校記】◎指：自在王呪經，資磧普初縁南北嘉龍黄臺義知：不空羂索心呪王經（天：無王字），至：陀羅尼在呪字下◎目録見縮頻。

1132　不空羂索陀羅尼經一卷，唐李無諂譯。

〇~序，唐波崙撰〇~目録〇翻譯後記。

【校記】◎指：不空陀羅尼◎資磧普初天縁南北嘉龍黄臺義知：二卷◎麗卍大中縮頻：無唐字◎序見麗資磧普初南北嘉龍黄卍臺大中縮頻；目録見縮頻；後記見資磧普初南北嘉龍黄臺中。【註】磧普初縁南北嘉龍黄臺知：末後第十七品沙門慧日續翻。【按】①金卷首殘缺。②今檢翻譯後記與序文所云有出入，後記云：此經乃唐菩提流志譯，前十六品李無諂度語，波崙筆受並序，第十七品慧日共尸利末多續翻；序文云：此經係李無諂譯，未提續翻第十七品，值得註意。

▲上二經同本異譯。

1133　葉衣觀自在菩薩經一卷，唐不空譯。

【校記】◎貞至縁縮頻佛：經作陀羅尼經◎石貞金麗資磧普初天縁南卍臺大中縮頻：無唐字。

1134　佛説大方廣曼殊室利經一卷，唐不空譯。

〇~目録。

【校記】◎貞：觀自在菩薩授記經（至：無經字），北嘉龍黄義：經下增觀自在多羅菩薩儀軌經十字（知：無多羅二字，資磧普初天南臺：此十字作註文）◎石貞麗資磧普初天縁南卍臺大中縮頻：無唐字◎目録見縮頻。【按】①貞至所收僅是本經前部分之經文，題名觀自在菩薩授記品，而其他藏增題觀自在多羅菩薩儀軌經者，則較貞至增本經後部分之經文，題名觀自在多羅菩薩經·曼荼羅品及觀自在多羅菩薩經·畫像品。②磧初天南臺義知重出（見附1134-1）。③中目録記觀自在菩薩授記一卷，存目缺經，不妥（見附1134-2）。④續一切經音義記觀自在多羅菩薩經一卷，即是遼藏、石經所收本經後部分經文的別抄。

1135　金剛頂經多羅菩薩念誦法一卷，唐不空譯。

【校記】◎石貞至指資磧普初天縁南北嘉龍黄臺義知：觀自在多羅瑜伽念誦法（標：多作修多）◎石貞麗資磧普初天縁南卍臺大中縮頻：無唐字。【按】金卷首殘缺。

1136-1　觀自在菩薩隨心呪經一卷，唐智通譯。

〇~目録。

【校記】◎指：無菩薩二字◎目録見縮頻。【註】開貞至麗卍大中縮頻：亦名多唎心經。【按】金殘缺。

1136-2　觀自在菩薩隨心呪經（别本一）一卷，唐智通譯。

1136-3　觀自在菩薩怛嚩多唎隨心陀羅尼經（別本二）一卷，唐智通譯。

　　　　○附梵字真言。

　　　　【校記】◎佛：嚩誤作囉，天：經作呪經◎附真言見大。【註】緣：亦名多利心經。

1137　　佛説聖多羅菩薩經一卷，宋法賢譯。

　　　　【校記】石金麗資磧普初天緣南卍臺大中縮頻：無宋字。【按】法賢譯此經時的職稱是西天譯經三藏朝散大夫試光禄卿明教大師，資磧普初南北嘉龍黃臺：略作三藏法師。

1138　　聖多羅菩薩一百八名陀羅尼經一卷，宋法天譯。

　　　　【校記】◎標：多羅菩薩一百八名經，天：脱聖字◎石金麗資磧普初天緣南卍臺大中縮頻：無宋字，至：誤記宋施護譯，義：誤作宋法賢譯。【按】法天譯此經時的職稱是西天譯經三藏朝散大夫試鴻臚少卿傳教大師，資磧普初南臺：略作三藏傳教大師（北嘉龍黃：大作法）。

1139　　讚揚聖德多羅菩薩一百八名經一卷，宋天息災譯。

　　　　【校記】石金麗資磧普初天緣南卍臺大中縮頻：無宋字。

1140　　聖多羅菩薩梵讚一卷，宋施護譯。

　　　　【校記】石金麗資磧普初天緣南卍臺大中縮頻：無宋字。【按】施護譯此經時的職稱是西天譯經三藏朝散大夫試鴻臚卿傳法大師，資磧普初南北嘉龍黃臺：傳法誤作傳教，北嘉龍黃：脱譯經二字。

1141-1　聖救度佛母二十一種禮讚經一卷，元安藏譯。

　　　　○御製救度佛母讚。

　　　　【校記】◎大佛：無聖字，佛：種作尊◎初南北龍：無元字，大佛：無譯者名。◎御製讚見北龍。【按】南北龍卷末有根本十字真言、救度八難真言，皆梵漢對照。

1141-2　聖救度佛母二十一種禮讚經一卷，元安藏譯。

　　　　【校記】嘉黃臺卍大縮頻：無元字。【按】①嘉臺大縮頻有御製救度佛母讚（已見1141-1）；黃卍將御製讚附於一切如來説佛頂輪王一百八名讚（見0976）；頻目録記御製讚係明太宗御製。②本經無諸佛母圖，與初南北龍本有圖（見1141-1）不同。③重輯嘉分出御製救度佛母讚一卷（見附1141-2）。

1142　　白救度佛母讚一卷，清阿旺扎什譯。

　　　　○後記。

　　　　【校記】◎大：無清字◎有後記。

1143　　佛説一髻尊陀羅尼經一卷，唐不空譯。

　　　　【校記】貞金麗磧普初緣續南卍臺大中縮頻：無唐字。

1144　　青頸觀自在菩薩心陀羅尼經一卷，唐不空註釋義。

　　　　【校記】◎卍續大縮頻：無唐字，佛：無作者名◎卍續目録題～釋義，並註外題

青頸觀音經釋義。【按】由於卍續目錄經題中增釋義二字，致使影印頻伽續藏及蔡目作為另一種經收錄而重出（見附1144）。

1145　金剛頂瑜伽青頸大悲王觀自在念誦儀軌一卷，唐金剛智譯。
【校記】◎卍續大縮頻：無唐字◎卍續目錄註略云青頸大悲念誦儀軌。

1146-1　觀自在菩薩廣大圓滿無礙大悲心大陀羅尼一卷，高麗指空校。
○附觀世音菩薩施食一卷，指空譯。
【校記】◎大：無高麗二字◎有附施食。

1146-2　大慈大悲救苦觀世音自在王菩薩廣大圓滿無礙自在青頸大悲心陀羅尼一卷，唐不空譯。
○附青頸大悲心印。
【校記】◎卍續大縮頻：無唐字◎有附印◎卍續目錄註略云青頸大悲心陀羅尼。

1147　毗俱胝菩薩一百八名經一卷，宋法天譯。
【校記】◎天：一百作百◎石金麗資磧普初緣南卍臺大中縮頻：無宋字，天：誤記施護譯。【按】譯者法天的職稱中有西天譯經三藏六字，北嘉龍黃：脫譯經二字。

1148　觀自在菩薩阿麼㖨法一卷。
【註】大：此云無畏，又云寬廣。

1149　廣大蓮華莊嚴曼拏羅滅一切罪陀羅尼經一卷，宋施護譯。
【校記】◎天：脫罪字◎石麗資普初天緣南卍臺大中縮頻：無宋字。【按】施護譯此經時的職稱是西天譯經三藏朝散大夫試鴻臚少卿傳法大師，北嘉龍黃：脫譯經二字，傳法誤作傳教。

1150　佛說觀自在菩薩母陀羅尼經一卷，宋法賢譯。
【校記】◎北嘉龍黃：無佛說二字，標：脫尼字◎金麗資磧普初天緣南卍臺大中頻：無宋字。【按】法賢譯此經時的職稱是西天譯經三藏朝散大夫試光禄卿明教大師，資普北嘉龍黃：略作三藏法師（磧初南臺：法作大）。

1151　佛說十八臂陀羅尼經一卷，宋法賢譯。
【校記】◎標緣義：陀作大陀◎石麗資磧普天緣卍臺大中縮頻：無宋字。【按】法賢譯此經時的職稱是西天譯經三藏朝散大夫試光禄卿明教大師，資磧普初南臺：略作三藏法師。

1152　大樂金剛薩埵修行成就儀軌一卷，唐不空譯。
【校記】◎標：無成就二字◎石貞金麗磧普初緣續南卍臺大中：無唐字。【註】石貞金麗磧普初緣續南北嘉龍黃卍臺大中義知縮頻：出吉祥勝初教王瑜伽經。

1153-1　金剛頂勝初瑜伽經中略出大樂金剛薩埵念誦儀一卷，唐不空譯。
【校記】◎標：金剛頂略出念誦儀，至卍續縮頻佛：儀作儀軌◎石貞金麗卍續大中縮頻：無唐字，緣續：脫譯者名。

1153-2　勝初瑜伽儀軌真言一卷。

【按】梵文本。

1154　金剛頂普賢瑜伽大教王經大樂不空金剛薩埵一切時方成就儀一卷。

【校記】◎佛：儀作儀軌◎卍續目錄註外題大樂金剛成就儀軌。

1155　金剛頂瑜伽他化自在天理趣會普賢修行念誦儀軌一卷，唐不空譯。

【校記】◎標：他化自在天理趣會普賢儀軌，緣續：無軌字◎石磧普初南臺中：無唐字。

1156　金剛頂勝初瑜伽普賢菩薩念誦法一卷，唐不空譯。

【校記】◎標：無普賢菩薩四字，至：無菩薩二字，石資磧普初天南北嘉龍黃臺義知縮頻佛：法作法經◎石貞麗資磧普初天緣南卍臺大中縮頻：無唐字，義：唐智藏譯。【提示】不空，本名智藏。

1157　普賢金剛薩埵略瑜伽念誦儀軌一卷，唐不空譯。

　　○附靈雲校本與麗宋元明四本異同。

【校記】◎貞：普賢金剛薩埵念誦法（至：法作儀軌），指金資磧普初天南北嘉龍黃臺中義知：普賢金剛薩埵瑜伽念誦儀（標：無瑜伽二字），緣：無略字◎石貞金麗資磧普初天緣南卍臺大中縮頻：無唐字◎附異同見縮頻。

1158　金剛頂瑜伽金剛薩埵五祕密修行念誦儀軌一卷，唐不空譯。

【校記】◎貞緣：金剛頂瑜伽五祕密修行儀軌，天：脫頂字，標：無金剛薩埵四字，石至：無密字◎石貞金麗資磧普初天緣南卍臺大中縮頻：無唐字。【按】磧初緣南北嘉龍黃卍臺義知重出，題名金剛頂瑜伽金剛薩埵儀軌（見附1158）。

1159　佛説普賢曼拏羅經一卷，宋施護譯。

【校記】石麗資磧普天緣南卍臺大中縮頻：無宋字，初：誤作法天譯。【按】譯者施護的職稱中有西天譯經三藏六字，北嘉龍黃：脫譯經二字。

1160　佛説普賢菩薩陀羅尼經一卷，宋法天譯。

【校記】◎標：無菩薩二字◎石麗資磧普天卍臺大中縮頻：無宋字，緣：誤作施護譯。【按】法天譯此經時的職稱是西天譯經三藏朝散大夫試鴻臚少卿傳教大師，資磧普初南北嘉龍黃臺：略作三藏大師。

1161　最上大乘金剛大教寶王經二卷，宋法天譯。

【校記】石金麗資磧普初天緣南卍臺大中縮頻：無宋字。【註】至：與因達囉菩提天子説此王是興祕密之緣由。【按】①法天譯此經時的職稱是西天譯經三藏朝散大夫試鴻臚卿傳教大師，初南北嘉龍黃：無西天譯經三藏六字，傳教誤作明教。②標此經函號轂字下至世字上，脫振縹二字函號，因無他藏本可參考，故函號待補入。

1162　佛説金剛手菩薩降伏一切部多大教王經三卷，宋法天譯。

　　○譯場職名録。

【校記】◎天：無佛説二字◎石金麗資磧普初天緣南嘉黃卍臺大中縮頻：無宋字，至：誤作宋法賢譯◎職名録見金中（卷上後）。【按】譯者法天的職稱中有

西天譯經三藏六字，北龍：脱譯經二字。

1163　大乘金剛髻珠菩薩修行分一卷，唐菩提流志譯。

【校記】◎指：無大乘二字，磧普初南北嘉龍黄臺義知：分作分經◎石：譯作等譯。【註】開貞至緣：亦名金剛鬘菩薩加行品。

1164　聖金剛手菩薩一百八名梵讚一卷，宋法賢譯。

【校記】石金麗資磧普初天緣卍臺大中縮頻：無宋字。【按】法賢譯此經時的職稱是西天譯經三藏朝散大夫試光禄卿明教大師，資磧普初南臺：略作三藏大師（北嘉龍黄：大作法）。

1165　金剛王菩薩祕密念誦儀軌一卷，唐不空譯。

【校記】◎貞：金剛王菩薩念誦法，緣：無祕密二字◎石貞金麗資磧普初天緣南卍臺大中縮頻：無唐字，義：唐智藏譯。【提示】不空，本名智藏。

1166　金剛壽命陀羅尼念誦法一卷，唐不空譯。

【校記】◎貞：金剛壽命念誦法◎貞麗天緣卍大中：無唐字，北嘉龍黄義縮頻：唐金剛智與不空譯（石資磧普初南臺：無唐字，知：與作共）。

1167–1　金剛壽命陀羅尼經法一卷，唐不空譯。

【校記】卍續大縮頻：大辨正廣智譯。【快道按】此經乃善本，而明藏杜函所入金剛壽命陀羅尼念誦法（見1166），金剛智與不空譯經與此經同本，然脱落不少。【提示】不空，號大辨正廣智。

▲上二經同本。

1167–2　金剛壽命陀羅尼經一卷，唐不空譯。

【校記】卍續大縮頻：大辨正大廣智譯。【快道按】此經者，前經之略出。

1168　諸佛集會陀羅尼經一卷，唐提雲般若等譯。

【校記】◎指：佛集會呪◎石：無唐字，開貞至略緣義：無等字。【註】磧普初緣南北嘉龍黄臺：與趙宋施護所出息除中夭經同本。【按】天卍續重出（見附1168）。

1169　息除中夭陀羅尼經一卷，宋施護譯。

【校記】◎標：夭誤作天◎石金麗資磧普初天緣南卍臺大中縮頻：無宋字。

1170　佛説一切如來金剛壽命陀羅尼經一卷，唐不空譯。
　　　○附靈雲校本與麗宋元明四本異同。

【校記】◎貞：金剛壽命陀羅尼經◎石貞麗緣卍大：無唐字，北嘉龍黄義縮頻佛：唐金剛智共智藏譯（金資磧普初天南臺中：無唐字，義知：共作與）◎附異同見縮頻。【提示】不空，本名智藏。

1171　佛説一切諸如來心光明加持普賢菩薩延命金剛最勝陀羅尼經一卷，唐不空譯。

【校記】大：無唐字。

▲上四經同本異譯。

1172　佛説延壽妙門陀羅尼經一卷，宋法賢譯。

【校記】◎天：脱經字◎石麗資磧普初天緣南卍臺大中縮頻：無宋字。【按】譯者法賢的職稱中有西天譯經三藏六字，北嘉龍黃：脱譯經二字。

1173　護命法門神呪經一卷，唐菩提流志譯。

【校記】指：護命法門經。

1174　佛説善法方便陀羅尼經一卷，失譯附東晉録。

【校記】◎指：善法方便經，貞略福資磧普初天緣南北嘉龍黃臺義：善法方便陀羅尼呪經（知：無呪字）◎略：失譯，知：無失譯二字，義：東晉録失譯人名。

1175-1　金剛祕密善門陀羅尼呪經一卷，失譯附東晉録。

【校記】指：金剛祕密經。【註】麗大縮頻：與丹本不同。【提示】如是我聞。一時佛在菩提樹下元吉道場⋯⋯

▲上四經同本異譯。

1175-2　金剛祕密善門陀羅尼經（別本）一卷，失譯附東晉録。

【校記】◎頻：尼經誤作經尼◎略：失譯，知：無失譯二字，義：東晉録失譯人名。【提示】如是我聞。一時世尊安住菩提樹下⋯⋯

1176　慈氏菩薩略修愈誐念誦法二卷，唐善無畏譯。

○並序○～目録○入唐日僧圓珍後記。

【校記】◎卍續大縮頻：無唐字◎有序、後記；新作目録見卍續縮頻◎卍續目録註略云慈氏菩薩念誦法。【註】卍續大縮頻：青龍寺山林院一切經。

1177　佛説慈氏菩薩陀羅尼一卷，宋法賢譯。

【校記】◎至緣：尼作尼經◎石金麗資磧普天緣卍臺大中縮頻：無宋字。【按】法賢譯此經時的職稱是西天譯經三藏朝散大夫試光禄卿明教大師，資磧普初南北嘉龍黃臺：略作三藏法師。

1178　佛説慈氏菩薩誓願陀羅尼經一卷，宋法賢譯。

【校記】石麗資磧普天緣卍臺大中縮頻：無宋字，知：法賢誤作法天。【按】法賢譯此經時的職稱是西天譯經三藏朝散大夫試光禄卿明教大師，資磧普初南臺：略作三藏法師。

1179　佛説彌勒菩薩發願王偈一卷，清工布查布譯。

【校記】大：無清字。【工布查布按】此經於彌勒上生、下生等經，節取切要者也。

1180　虛空藏菩薩能滿諸願最勝心陀羅尼求聞持法一卷，唐善無畏譯。

【校記】◎指：最勝心呪，標：虛空藏菩薩能滿一切願陀羅尼求聞持法經，北嘉龍黃知：虛作佛説虛，略：法作法經◎開貞至略福資磧普初天緣南北嘉龍黃臺縮頻：唐輸波迦羅譯（石：無唐字，義知：波迦誤作迦波）。【註】開緣：亦云虛空藏菩薩求聞持法經，開石貞至麗福資磧普初天緣南北嘉龍黃卍臺大中知縮頻：出金剛頂經成就一切義品。【提示】輸波迦羅，唐言善無畏。

1181　大虛空藏菩薩念誦法一卷，唐不空譯。

【校記】石貞麗資磧普初天緣南卍臺大中頻：無唐字。

1182　虛空藏菩薩問七佛陀羅尼呪經一卷，失譯附梁録。

【校記】◎開貞至緣：虛空藏菩薩問佛經（略：佛作七佛），指：虛空藏問佛經，標：無菩薩二字◎義：梁録失譯人名，知：無失譯二字。【註】開貞緣：亦云七佛神呪經。

1183　如來方便善巧呪經一卷，隋闍那崛多譯。

【校記】◎指：如來方便經◎開貞略緣：譯作等譯。

1184　聖虛空藏菩薩陀羅尼經一卷，宋法天譯。

【校記】石金麗資磧普初天緣南卐臺大中縮頻：無宋字。

　　▲上三經同本異譯。

1185　佛説虛空藏菩薩陀羅尼一卷，宋法賢譯。

【校記】◎至緣：尼作尼經◎石金麗資磧普天緣卐臺大中縮頻：無宋字。【按】法賢譯此經時的職稱是西天譯經三藏朝散大夫試光禄卿明教大師，資磧普初南北嘉龍黃臺：略作三藏法師。

1186　五大虛空藏菩薩速疾大神驗祕密式經一卷，唐金剛智譯。

【校記】◎卐續大縮頻：無唐字◎卐續目録註略云五大虛空藏（祕密）儀軌。

1187　佛説如意虛空藏菩薩陀羅尼經一卷，唐菩提流志譯。

【校記】◎卐續：無唐字，佛：志作支◎目録註略云佛説如意虛空藏經。

1188　轉法輪菩薩摧魔怨敵法一卷，唐不空譯。

【校記】卐續大縮頻：無唐字。【按】大用黃此卷本，但國家圖書館藏本及日本法然院目録皆未録。

1189　修習般若波羅蜜菩薩觀行念誦儀軌一卷，唐不空譯。

【校記】◎標：無軌字◎石：阿目佉金剛譯，貞金麗緣續卐續臺大中縮頻：無唐字。【按】大校黃有此卷，但國家圖書館藏本及日本法然院目録皆未録。【提示】梵云阿目佉，唐云不空。

1190　佛説佛母般若波羅蜜多大明觀想儀軌一卷，宋施護譯。

【校記】◎北嘉龍黃義知：軌作軌經◎金麗資磧普初天緣南卐臺大中縮頻：無宋字。【按】譯者施護的職稱中有西天譯經三藏六字，北嘉龍黃：脱譯經二字。

1191　普遍光明清淨熾盛如意寶印心無能勝大明王大隨求陀羅尼經二卷，唐不空譯。
○普遍光明焰鬘清淨熾盛如意寶印心無能勝大明王大隨求陀羅尼經目録○附麗明二本與靈雲校本異同○梵字真言。

【校記】◎磧普南北嘉龍黃臺義知縮頻佛：光明作光明焰鬘，貞標：無清至王十五字，至：王下無大字◎石貞麗緣續卐大中縮頻：無唐字◎目録、附異同見縮頻；真言見大。【按】金卷首殘缺。

1192　佛説隨求即得大自在陀羅尼神呪經一卷，唐寶思惟譯。

【校記】指：隨求得大自在呪，石：無佛説二字，標：無神呪二字。【註】開貞緣：亦云隨求所得。【按】石重出（見附1192-1、附1192-2）；天臺重出（見附1192-3）。

1193　金剛頂瑜伽最勝祕密成佛隨求即得神變加持成就陀羅尼儀軌一卷，唐不空譯。

【校記】大：無唐字。

1194　大隨求陀羅尼一卷，契丹慈賢譯。

【校記】◎至：尼作尼經◎契丹作宋。【中華按】此經可與不空譯經（見 1191）有關呪語部分相參照。【按】此經後部七則呪語可與寶思惟譯經（見 1192）和不空譯經（見 1193）有關內容相參照。

1195–1　大隨求即得大陀羅尼明王懺悔法一卷。

【校記】卍續目録註或云大隨求八印法。

1195–2　宗叡僧正於唐國師所口受一卷。

【校記】縮頻目録題大隨求八印，縮目録並題宗叡傳，頻目録並題唐阿闍黎口授、日本宗叡傳。

1196　香王菩薩陀羅尼呪經一卷，唐義淨譯。

【校記】◎指：香王呪，縁：無菩薩二字，標天：無呪字，福：無經字◎石麗卍大中：無唐字。

1197　地藏菩薩儀軌一卷，唐輸波迦羅譯。

【校記】卍續大縮頻：無唐字，卍續大縮頻佛：波作婆。

1198–1　坚固大道心驅策法一卷。

1198–2　佛説地藏菩薩陀羅尼經一卷。

1199　佛説觀藥王藥上二菩薩經一卷，劉宋畺良耶舍譯。

【校記】◎指：藥王藥上經，石：無佛説二字，標：二作二大，略：無二字◎開石貞至金麗略福資天緣卍大中縮頻佛：劉宋作宋。

1200　持世陀羅尼經一卷，唐玄奘譯。

【校記】指：持世呪，磧普天南北嘉龍黃臺義知：持作佛説持。【註】普緣南嘉黃：與唐不空雨寶經及趙宋法天吉祥持世經同。

1201　佛説雨寶陀羅尼經一卷，唐不空譯。

　　　○附梵字真言（持世陀羅尼、雨寶陀羅尼）。

【校記】◎石貞金麗資磧普初天緣南卍臺中縮頻：無唐字◎附真言見大。

1202　佛説大乘聖吉祥持世陀羅尼經一卷，宋法天譯。

【校記】◎標：聖吉祥持世經，至：聖作聖妙◎石金麗資磧普初天緣南卍臺大中縮頻：無宋字，義：誤作宋法賢譯。

　　　▲上三經同本異譯。

1203　聖持世陀羅尼經一卷，宋施護譯。

【校記】◎標：無聖字，北嘉龍黃：聖作佛説聖◎石金麗資磧普初天緣南卍臺大中縮頻：無宋字。【按】施護譯此經時的職稱是西天譯經三藏朝散大夫試鴻臚少卿傳法大師，資磧普初南北嘉龍黃臺：略作三藏傳法大師。

1204　馬鳴菩薩大神力無比驗法念誦儀軌一卷，唐金剛智譯。

【校記】◎卍續大縮頻：無唐字◎卍續目録註略云馬鳴菩薩念誦儀軌。

1205　馬鳴菩薩成就悉地念誦一卷，唐不空譯。

【校記】卍續：無唐字。

1206-1　佛説大乘八大曼拏羅經一卷，宋法賢譯。

【校記】◎資磧普初天南北嘉龍黃臺義知：無佛説二字◎石金麗資磧普初天緣南卍臺大中縮頻：無宋字。

1206-2　八曼荼羅經一卷。

1207　八大菩薩曼荼羅經一卷，唐不空譯。

【校記】◎北嘉龍黃知：八作佛説八◎石貞金麗資磧普初天緣南卍臺大中縮頻：無唐字。

▲上二經（含 1206-1、1206-2 本）同本異譯。

1208　佛説持明藏瑜伽大教尊那菩薩大明成就儀軌經四卷，龍樹菩薩於持明藏略出、宋法賢譯。

○～目録。

【校記】◎緣：無經字◎至天佛：無龍至出十字，石金麗資磧普初天緣南卍臺大中縮頻：無宋字◎目録見縮頻。【按】譯者法賢的職稱中有西天譯經三藏六字，北嘉龍黃：脱譯經二字。

1209　佛説金剛香菩薩大明成就儀軌經三卷，宋施護譯。

【校記】◎天：無佛説二字，至：無經字◎石金麗資磧普初天緣南卍臺大中縮頻：無宋字。【按】譯者施護的職稱中有西天譯經三藏六字，北嘉龍黃：脱譯經二字。

1210-1　金剛頂經瑜伽文殊師利菩薩法一品一卷，唐不空譯。

○附靈雲校本與麗宋元明四本異同。

【校記】◎貞緣：金剛頂瑜伽文殊師利菩薩經，標：瑜伽文殊師利作文殊◎石貞麗資磧普初天緣南卍臺大中縮頻：無唐字◎附異同見縮頻。【註】石貞麗資磧普初天緣南北嘉龍黃卍臺大中知縮頻：亦名五字呪法。【按】①石麗卍大中此經包括金剛頂經瑜伽文殊師利菩薩法一品與金剛頂經瑜伽文殊師利菩薩儀軌供養法一品兩部份内容，資僅有前一品，而貞至標磧普初緣續南北嘉龍黃臺義知縮頻則將儀軌供養法一品别為一經（見 1210-2）。②儀軌供養法一品另有别本（見 1210-3）。【提示】儀軌供養法一品至“疾成無上兩足尊”後，還有五字陀羅尼一節，1210-2 同。

1210-2　金剛頂經瑜伽文殊師利菩薩儀軌供養法一品一卷，唐不空譯。

○附靈雲校本與麗一本及明本異同。

【校記】◎標：金剛瑜伽文殊菩薩法，至磧普初南北嘉龍黃臺義知縮頻佛：經瑜伽作瑜伽經，磧普初緣續南北嘉龍黃臺義知縮頻佛：無一品二字◎貞緣續：無唐字，磧普初南臺知：無譯者名◎附異同見縮頻。【註】緣續：亦名文殊五字念誦法。

1210-3 　金剛頂經瑜伽文殊師利菩薩供養儀軌（別本）一卷，唐不空譯。

【校記】麗卍大中：無唐字。【提示】此經至“疾成無上兩足尊”結尾。

1211 　金剛頂超勝三界經説文殊五字真言勝相一卷，唐不空譯。

　　○附靈雲校本與麗明二本異同。

【校記】◎標：無説至相九字，縮頻佛：五字真言勝相作師利菩薩祕密心真言◎石貞麗磧普緣續南卍臺大中縮頻：無唐字◎附異同見縮頻。【按】金卷首殘缺。

1212 　金剛頂經曼殊室利菩薩五字心陀羅尼品一卷，唐金剛智譯。

【校記】◎指：金剛頂經，標：曼殊室利五字陀羅尼品經，至緣：無菩薩二字◎石：無唐字。【註】南：二經並是大部抄出［另一經係觀自在如意輪菩薩瑜伽法要（見1119）］，緣北龍知：出大部。【按】南目録誤將本經難讀字的注音，即櫸（其月切）起（魚乙切）𤾞（音卑），分出一目，題名金剛頂經五字心陀羅尼一卷（見附1212）。

1213 　五字陀羅尼頌一卷，唐不空譯。

　　○附靈雲校本與麗明二本異同。

【校記】◎石貞金麗磧普初緣續南卍臺大中：無唐字◎附異同見縮頻。【註】貞：並梵字。

1214 　大聖曼殊室利童子五字瑜伽法一卷，唐不空譯。

　　○附靈雲校本與麗明及槧本異同。

【校記】◎標：曼殊師利童子五字法，貞麗緣續卍大：曼殊室利童子菩薩五字瑜伽法◎貞金麗磧普初緣續南卍臺大中：無唐字◎附異同見縮頻。【註】貞：並梵字。

1215-1 　大乘瑜伽金剛性海曼殊室利千臂千鉢大教王經十卷，唐金剛智譯。

　　○~序並經頌，唐慧超敘。

【校記】◎貞續：千臂千鉢曼殊室利經（緣續：鉢誤作體），標：無大乘二字◎貞續：無唐字，至北嘉龍黃義知佛：唐不空譯（石金麗磧普初南卍臺大中縮頻：無唐字）◎序並經頌見石金麗磧普初南北嘉龍黃卍臺大中縮頻。【按】此經首次見於後唐恒安集續貞元録，是唐金剛智所譯。檢大正藏第五十五冊貞元録之入藏録卷二十九有此目，但卷十四金剛智譯經和卷二十二有譯有本經，均不見此目，由此可證係入藏録誤增。閱慧超序文可知，此經是金剛智於唐開元二十八年在薦福寺所譯，慧超筆授。經譯畢後，金剛智並囑梵僧將梵本等送回南天竺。此後慧超又向不空諮啟祕密法門，並撰文述經祕義。序文中不曾提到不空重譯此經的事，因此一些藏本記不空譯缺少根據。

1215-2 　千鉢文殊一百八名讚一卷。

【按】梵文本。

1216 　文殊菩薩獻佛陀羅尼名烏蘇吒一卷。

【校記】◎卍續縮頻佛：無菩薩二字，烏作鳥◎縮頻佛目録題文殊滅婬慾我慢陀羅尼。【註】卍續大縮頻：此云滅婬欲卻我慢。【卍續縮按】陀羅尼雜集卷一亦載是呪，異同甚多。【按】大校黃有此卷，但國家圖書館藏本及日本法然院目録皆未録。

1217　文殊師利菩薩六字呪功能法經一卷。

【校記】卍續目録註或云六字呪經。

1218　六字神呪經一卷，唐菩提流志譯。

【校記】◎金：六作佛説六，磧初天臺：六字大陀羅尼呪經，指：無經字◎麗卍大中縮頻：無唐字。【註】開貞至緣：或云六字呪法；普南北嘉龍黃義知：出集經第六卷内，與文殊根本經中呪同。【守其按】宋藏才函更有六字神呪王經，菩提流志譯者，丹藏則無，開元亦無。今檢宋本，即是知函中失譯人名今附梁録者重編於此，又妄安流志之名，故今除之。【按】①國家圖書館存金藏本六字神呪經僅有第一版殘本，失譯者名。②金藏才函另有六字神呪王經，錯同守其按之宋藏，故今新考目録移置附目（見附1067-1）。③中華將金藏知函佛説六字神呪王經一卷移置才函，替換才函金藏之殘本六字神呪王經，並言金藏知函重出，不妥。

1219　大方廣菩薩藏文殊師利根本儀軌經二十卷，宋天息災譯。

○~目録。

【校記】◎標：無師利二字◎石金麗資磧普初天緣南卍臺大中縮頻：無宋字◎目録見縮頻。【按】譯者天息災的職稱中有西天譯經三藏六字，北嘉龍黃：脱譯經二字。

1220　大方廣菩薩藏經中文殊師利根本一字陀羅尼經一卷，唐寶思惟譯。

○附翻譯記。

【校記】◎開貞至標略：文殊師利根本一字陀羅尼經（緣：經作法），指：文殊根本一字陀羅尼，石福資磧普初天南北嘉龍黃臺義知：尼經作尼法◎石：無唐字◎附記見金中。【註】開貞至緣：亦名一字呪王經。

1221　曼殊室利菩薩呪藏中一字呪王經一卷，唐義淨譯。

【校記】◎指：文殊一字王呪經◎卍：無唐字。【按】石卍續重出（見附1221-1）；石重出（見附1221-2）。

▲上二經同本異譯。

1222　大陀羅尼末法中一字心呪經一卷，唐寶思惟譯。

【校記】◎指：一字心呪經◎石縮頻佛：譯作等譯。【註】普初緣南北嘉龍黃義知：出文殊根本儀軌經。

1223　一髻文殊師利童子陀羅尼念誦儀軌一卷。

1224　大聖妙吉祥菩薩祕密八字陀羅尼修行曼荼羅次第儀軌法一卷，唐菩提仙譯。

○附翻譯記。

【校記】◎本書的後部分内容題名大聖妙吉祥菩薩最勝威德祕密八字陀羅尼修行

念誦儀軌次第法◎卍續大縮頻：菩提嘌使譯◎有附翻譯記◎卍續目録註略云八字文殊儀軌。【註】卍續大縮頻：出文殊菩薩普集會經除災救難息障品。【按】卍續佛另有本書後部分内容的別抄本（見附1224）。【提示】菩提嘌使，漢地名菩提仙。

1225　佛説文殊師利法寶藏陀羅尼經一卷，唐菩提流志譯。
【校記】指標：文殊法寶藏陀羅尼經，開貞至：無佛説、法三字。

1226　文殊師利寶藏陀羅尼經一卷，陳真諦譯、三藏寶思惟依梵本再勘定。
【校記】◎至：寶作法寶，天：無寶藏二字◎石：無陳字，至：無三至定十一字，略資磧普初天緣南北嘉龍黄臺大中知縮頻：誤記唐菩提流志譯。【註】普初緣南：出文殊師利根本儀軌經，資磧普天緣北嘉龍黄臺大中知縮頻：亦名文殊師利菩薩八字三昧法，初：亦名八字三昧。

1227　佛説妙吉祥菩薩陀羅尼一卷，宋法賢譯。
【校記】◎至緣：尼作尼經◎石金麗資磧普天緣卍臺大中縮頻：無宋字。【按】法賢譯此經時的職稱是西天譯經三藏朝散大夫試光禄卿明教大師，資磧普初南北嘉龍黄臺：略作三藏法師。

1228　佛説最勝妙吉祥根本智最上祕密一切名義三摩地分二卷，宋施護譯。
【校記】麗資磧普初天緣南卍臺大中縮頻：無宋字。【按】譯者施護的職稱中有西天譯經三藏六字，北嘉龍黄：脱譯經二字。

1229　文殊所説最勝名義經二卷，宋金總持等譯。
【校記】金磧普初南臺中：無宋字，至緣續：無等字。【按】譯者金總持的職稱中有西天譯經三藏六字，北嘉龍黄卍大縮頻：脱譯經二字。

1230　佛説文殊菩薩最勝真實名義經一卷，元沙囉巴譯。
○元沈明仁題。
【校記】◎佛：菩薩作菩薩所説◎普大中縮頻：無元字◎有題記。

1231　聖妙吉祥真實名經一卷，元釋智譯。
○大明太宗文皇帝御製真實名經序○附此云聖者文殊師利一百八名讚，元智慧譯○此云聖者文殊師利讚，元智慧譯。
【校記】◎北龍：誦聖妙吉祥真實名經（南：誦作唐言誦，磧普臺中：無經字）◎磧普南臺中：無元字，緣續義知：智作智慧◎御製序見北嘉龍黄卍大中縮頻；附二讚見磧普南北嘉龍黄卍臺大中縮頻。【註】磧普南北嘉龍黄卍臺大中縮頻：（聖妙吉祥真實名經）梵語阿耶曼祖悉哩捺麻捺機矴；（聖者文殊師利一百八名讚）梵云阿耶曼祖悉哩捺麻阿悉怛（二合）舌怛葛捺；（聖者文殊師利讚）梵云阿耶曼祖悉哩帝悉擔（二合）。【按】①頻分出二讚各一卷（見附1231-1、附1231-2）。②北嘉龍黄卍於御製序後、南於經文前，另有聖者文殊師利發菩提心願文，已見1238。
▲上三經同本異譯。

1232　妙吉祥平等祕密最上觀門大教王經五卷，契丹慈賢譯。

【校記】◎至：無祕密最上四字◎至：無契丹二字，北嘉龍黃卍大縮頻：契丹作宋契丹，緣續義知佛：契丹作宋。

1233　妙吉祥平等瑜伽祕密觀身成佛儀軌一卷，契丹慈賢譯。

【校記】◎至：無瑜伽祕密四字◎至緣續義知佛：契丹作宋，北嘉龍黃卍大縮頻：契丹作宋契丹。

1234　妙吉祥平等觀門大教王經略出護摩儀一卷，契丹慈賢譯。

【校記】◎至：大教王經略出護摩儀◎至緣續義知佛：契丹作宋，北嘉龍黃卍大縮頻：契丹作宋契丹。

1235　大聖文殊師利菩薩讚佛法身禮一卷，唐不空譯。

○並序。

【校記】◎貞：文殊讚法身禮，標：文殊讚佛禮，緣：無佛字，至：禮作經◎貞麗資磧普初天緣南卍臺大中縮頻：無唐字，石：大廣智和上譯◎序見石麗資磧普初天南北嘉龍黃卍臺大中縮頻。【註】麗資磧普初天緣南北龍卍臺大中義知縮頻：此禮出大乘一切境界智光明莊嚴經。【按】金卷首殘缺。【提示】大廣智和上，即大廣智不空三藏和上。

1236　曼殊室利菩薩吉祥伽陀一卷，宋法賢譯。

【校記】石麗資磧普天緣卍臺大中縮頻：無宋字。【註】麗資磧普初南臺中縮頻：秘密教中支流別行。【按】①法賢譯此經時的職稱是西天譯經三藏朝散大夫試光禄卿明教大師，資磧普初南北嘉龍黃臺：略作三藏法師。②磧初緣南北嘉龍黃卍臺義知重出（見附1236）。

1237　佛説文殊師利一百八名梵讚一卷，宋法天譯。

○大明太宗文皇帝御製文殊讚，明太宗御製。

【校記】◎金麗資磧普初天緣南卍臺大中縮頻：無宋字，至：法天誤作施護◎御製讚見北嘉龍黃卍；重輯嘉縮頻佛：分出御製讚一卷（見附1237-1）。【按】①法天譯此經時的職稱是西天譯經三藏朝散大夫試鴻臚卿傳教大師，磧初南北嘉龍黃臺：脱西天譯經三藏六字，資磧普初南北嘉龍黃臺：傳教誤作明教。②縮頻佛重出（見附1237）。

1238　聖者文殊師利發菩提心願文一卷，巴看落目瓦傳、元智慧譯。

【校記】◎大：脱師字◎義佛：無傳者名，磧普南臺中：無元字。【按】此願文，北嘉龍黃卍見聖妙吉祥真實名經（見1231）卷首之御製序後，南見聖妙吉祥真實名經經文前。

1239　金剛手光明灌頂經最勝立印聖無動尊大威怒王念誦儀軌法品一卷，唐不空譯。

【校記】◎標：金剛手光明灌頂儀軌（貞：儀軌作經），至：無勝字，緣續：無大、法品三字，北嘉龍黃：無法品二字◎貞麗緣續卍大縮頻：無唐字，金磧普初南臺中：不空共徧智譯（石：共作與），知：譯作共徧智譯（北嘉龍黃：徧誤作

偏，義：共作與）。【按】金中卷首經題缺損金至威十八字。

1240-1　底哩三昧耶不動尊威怒王使者念誦法一卷，唐不空譯。

【校記】◎標：無底哩三昧耶五字◎貞金麗資磧普初天南卍臺大中縮頻：無唐字。

1240-2　底哩三昧耶不動使者念誦品（別本）一卷，唐不空譯。

【校記】◎貞：底哩三昧耶經，緣：耶作耶經◎石貞緣中：無唐字。

1241　底哩三昧耶不動尊聖者念誦祕密法三卷，唐不空譯。

○～目録。

【校記】◎標：無底至耶五字◎卍續大縮頻：無唐字◎新作目録見卍續縮頻。

1242　不動使者陀羅尼祕密法一卷，唐金剛智譯。

【校記】貞：無唐字，石北嘉龍黃知：唐金剛菩提譯（金資磧普天南臺中：無唐字）。【提示】菩提，唐言智。

1243　聖無動尊安鎮家國等法一卷。

【校記】卍續目録註略云安鎮家國法。【按】大正有後記云：此法係唐金剛智傳。

1244　聖無動尊一字出生八大童子祕要法品一卷，唐大興善寺翻經院述。

【校記】◎卍續大縮頻：無唐字◎卍續目録題唐不空述，並註略云不動八大童子軌。

1245　勝軍不動明王四十八使者祕密成就儀軌一卷，唐不空、遍智集。

【校記】◎卍續大縮頻：無唐字，佛：唐不空譯◎卍續目録註外題勝軍祕密成就儀軌。

1246　佛説俱利伽羅大龍勝外道伏陀羅尼經一卷。

【校記】卍續目録註略云俱利伽羅龍王（或云大龍）陀羅尼經。

1247　説矩里迦（唐作尊勅）龍王像法一卷。

1248　俱力迦羅龍王儀軌一卷，唐金剛智譯。

【校記】大：無唐、譯二字。

1249　金剛頂瑜伽降三世成就極深密門一卷，唐不空譯。

【校記】◎石：無頂字，標：無降至極六字◎貞麗緣續卍大縮頻：無唐字，北嘉龍黃義：唐不空與徧智譯（石金磧普初南臺中：無唐字，知：與作同）。

1250　降三世忿怒明王念誦儀軌一卷，唐不空譯。

【校記】卍續大縮頻：無唐字。

1251　甘露軍荼利菩薩供養念誦成就儀軌一卷，唐不空譯。

【校記】◎貞：甘露軍吒利瑜迦念誦法，標：甘露軍荼利念誦儀軌，至緣：荼作吒◎石貞金麗資磧普初天緣南卍臺大中縮頻：無唐字。

1252　西方陀羅尼藏中金剛族阿蜜哩多軍吒利法一卷。

○序，大正日本大村西崖記○目録。

【校記】◎佛：增唐海雲記四字◎序、目録見大。

1253　千臂軍荼利梵字真言一卷。

1254-1　聖閣曼德迦威怒王立成大神驗念誦法一卷，唐不空譯。

【校記】◎標：聖閣曼德迦威怒王神驗法◎石貞金麗磧普初緣續南卍臺大中縮頻：無唐字。【按】①金麗磧普初南卍臺大中縮頻此經含大乘方廣曼殊室利菩薩華嚴本教讚閣曼德迦忿怒真言大威德儀軌品第三十、大方廣曼殊室利童真菩薩華嚴本教讚閣曼德迦忿怒王真言阿毘遮嚕迦儀軌品第三十一、大方廣曼殊室利童真菩薩華嚴本教閣曼德迦忿怒王品第三十二，共三品；石至將此三品單獨成一經；緣續北嘉龍黃義知將第三十品單獨成一經，又將第三十一、三十二兩品單獨成另一經，北嘉龍黃且刪除了第三十二品品名；知津在第三十一、三十二兩品後，間隔了四十一部經才著録第三十品，不妥。②大縮頻以麗藏作底本，卷首末題名下有“一卷”二字，但又依明本分作三經，並且目録給三個編號，每號一卷，實不妥。③南目録將第三十品記作一經，又將第三十一品記作一經，且目録及經本實物皆於二品之間夾入密跡力士大權神王經一部，不妥。④臺目録誤記二卷，今新考目録改正爲一卷。

1254-2　大乘方廣曼殊室利菩薩華嚴本教閣曼德迦忿怒王真言大威德儀軌品第三十一卷，唐不空譯。

【校記】◎石：曼殊室利菩薩閣曼德迦忿怒真言儀軌經（至：無經字），北嘉龍黃：閣作讚閣，無王、第三十共四字（緣續義：有王字），知：閣作讚閣，縮：真言誤作真真◎石縮頻：無唐字，大：無作者名。【按】石有副目作大乘方廣曼殊室利菩薩華嚴本教閣曼德迦忿怒真言大威德儀軌品第三十、大方廣曼殊室利童真菩薩華嚴本教讚閣曼德迦忿怒王真言阿毘遮嚕迦儀軌品第三十一、大方廣曼殊室利童真菩薩華嚴本教閣曼德迦忿怒王品第三十二。

1254-3　大方廣曼殊室利童真菩薩華嚴本教讚閣曼德迦忿怒王真言阿毘遮嚕迦儀軌品第三十一一卷，唐不空譯。

【校記】◎義：大作大乘，緣續：無讚字，緣續北嘉龍黃義：無第三十一四字◎大：無譯者名，縮頻：無唐字。【註】大知縮頻：六足本尊品第二。

1255　佛説妙吉祥最勝根本大教經三卷，宋法賢譯。

〇～目録。

【校記】◎至標緣：教作教王◎石金麗資磧普初天緣南卍臺大中縮頻：無宋字◎目録見縮頻。【按】譯者法賢的職稱中有西天譯經三藏六字，北嘉龍黃：脱譯經二字。

1256　文殊師利耶曼德迦呪法一卷。

1257　曼殊室利焰曼德迦萬愛祕術如意法一卷，唐一行撰譯。

【校記】卍續大：無唐字。

1258　金剛藥叉瞋怒王息災大威神驗念誦儀軌一卷，唐金剛智譯。

【校記】◎卍續大縮頻：無唐字◎卍續目録註略云金剛藥叉念誦儀軌。

1259　青色大金剛藥叉辟鬼魔法一卷，唐空蕃述。

【校記】◎佛：無大字◎大：無唐字。【註】大：亦名辟鬼殊法。

1260　正了知王藥叉眷屬法一卷，唐義淨譯。

【校記】卍續：無唐字。

1261　二十八夜叉大軍王名號一卷，梁僧伽婆羅譯抄之。

【校記】佛：無抄之二字。

1262　二十八藥叉大將名號一卷，唐不空譯抄之。

【校記】佛：無抄之二字。

1263-1　聖迦柅忿怒金剛童子菩薩成就儀軌經三卷，唐不空譯。

【校記】◎至：無經字◎石貞麗緣續卍大中縮頻：無唐字。【快道按】大明藏所入之金剛童子儀軌三卷有錯，間有脱章，難為證信，今得海仁運珍四家請來本於京兆智積院，更校餘本同高麗本，最為善正，是故粗示其同異，上木行乎天下（見縮頻）【提示】（卷下）我今説聖迦抳忿怒金剛童子縛撲印法……

1263-2　聖迦柅忿怒金剛童子菩薩成就儀軌經（別本）三卷，唐不空譯。

【校記】◎標：無聖至怒五字◎金磧普初南臺中：無唐字。【註】磧普南北嘉龍黃臺大知縮頻：出蘇悉地經大明王教中第六品。【按】初卷一散佚。【提示】（卷下）我今説縛撲印法……

1264　佛説無量壽佛化身大忿迅俱摩羅金剛念誦瑜伽儀軌法一卷，唐金剛智譯。

【校記】◎卍續大縮頻：無唐字◎卍續目録註略云金剛童子念誦法。

1265　金剛童子持念經一卷。

【校記】佛：增失譯人名四字。

1266　大威怒烏芻澁麼儀軌經一卷，唐不空譯。

【校記】◎義：威作忿，至：芻作樞，貞至標金磧普初緣續南北嘉龍黃臺義知：無經字◎貞金麗磧普初緣續南卍臺大中縮頻：無唐字。【按】芻、𦺄音同不校。

1267　烏𦺄澁明王儀軌梵字一卷。

1268　大威力烏樞瑟摩明王經三卷，唐阿質達霰譯。

【校記】◎指金資磧普初天南北嘉龍黃臺中義：大作金剛恐怖集會方廣軌儀觀自在菩薩三世最勝心明王大，標：樞作𦺄，緣：樞誤作摳，天：脱經字◎石貞標：二卷◎貞：無能勝譯，金資磧普初天緣南北嘉龍黃臺中：無唐字，至：誤作不空譯。【註】緣：亦云烏𦺄澁摩經。【提示】阿質達霰，唐言無能勝。

1269　穢跡金剛説神通大滿陀羅尼法術靈要門一卷，唐阿質達霰譯。

【校記】◎標：無説至滿五字，資普天南北嘉龍黃臺義知：門作門經◎麗緣卍大中縮頻：無唐字，義知：唐無能勝譯（貞資普天南北嘉龍黃臺：無唐字）。【提示】阿質達霰，唐言無能勝。

1270　穢跡金剛禁百變法經一卷，唐阿質達霰譯。

○附二呪。

【校記】◎普南北嘉龍黃臺義知：穢跡金剛法禁百變法門經（標：無法門二字，貞緣：無門經二字，資天：無經字）◎貞：無能勝譯，麗資普天南北嘉龍黃卍臺大中縮頻：無唐字◎附二呪見南北嘉龍黃臺大中縮頻（資普：無前呪）。【提示】阿質達霰，唐言無能勝。

1271　佛説大輪金剛總持陀羅尼經一卷。

○大輪金剛稽首請偈，金剛智譯。

【校記】◎佛：增唐金剛智譯五字◎偈見卍續大。

1272　大輪金剛修行悉地成就及供養法一卷。

【校記】臺灣影印卍續（舊版）目録增題金剛智譯四字。

1273　播般曩結使波（唐云步擲）金剛念誦儀一卷。

【校記】卍續目録註祕録云播般曩結使波法，唐云步擲金剛法。

1274　佛説無能勝大明王陀羅尼經一卷，宋施護譯。

【校記】至佛：宋法天譯（石金麗緣續卍續大中縮頻：無宋字）。【按】祥符録卷四記載此經係施護譯，故今新考目録據以著録，譯者名作宋西天北印度烏填曩國帝釋宮寺三藏傳法大師賜紫沙門臣施護奉詔譯。

1275　無能勝大明陀羅尼經一卷，宋法天譯。

【校記】石麗資磧普初天緣南卍臺大中縮頻：無宋字。【按】①譯者法天的職稱中有西天譯經三藏六字，北嘉龍黃：脱譯經二字。②磧寔函録入本經（屬二十八函秘密經本），故戶函不再收録。然而影印磧的編者未詳審，另據資普目録戶函有本經，故在戶函補入資本（見附1275），造成重出，臺沿襲未改。

1276　無能勝大明心陀羅尼經一卷，宋法天譯。

【校記】◎標：無經字◎石金麗資磧普初天緣南卍臺大中縮頻：無宋字。【按】①法天譯此經時的職稱是西天譯經三藏朝散大夫試鴻臚少卿傳教大師，資磧普初南臺：省略朝散大夫試鴻臚少卿九字，北嘉龍黃：脱譯經二字。②磧寔函録入本經（屬二十八函秘密經本），故戶函不再收録。然而影印磧的編者未詳審，另據資普目録之戶函有本經，故在戶函補入資本（見附1276），造成重出，臺沿襲未改。

1277　聖無能勝金剛火陀羅尼經一卷，宋法天譯。

【校記】◎標：無火字，天：火誤作大◎石麗資磧普初天緣南卍臺大中縮頻：無宋字。【按】法天譯此經時的職稱是西天譯經三藏朝散大夫試鴻臚少卿傳教大師，資磧普初南臺：傳教誤作明教，北嘉龍黃：脱譯經二字。

1278　阿吒婆拘鬼神大將上佛陀羅尼神呪經一卷，失譯附梁録。

【校記】◎指：阿吒大將上佛呪，開石貞至標略普緣南北嘉龍黃義知：無神呪二字◎石義：梁録失譯，略資天臺：失譯，初：失譯作開元拾遺，知：無失譯二字，普南北嘉龍黃：附作開元拾遺附。【註】開貞緣：亦直云阿吒婆拘呪經；普

緣臺：出廣濟眾生經第一卷中。【縮按】此經陀羅尼雜集亦載之。

1279　阿吒婆拘鬼神大將上佛陀羅尼經一卷，梁失譯。

○～目録。

【校記】目録見縮頻。【註】卍續大縮頻：亦直云阿吒婆拘呪經。【按】本經較前經內容增廣。

▲上二經同本異譯。

1280　阿吒薄俱元帥大將上佛陀羅尼經修行儀軌三卷，唐善無畏譯。

【註】卍續大縮頻：一名金身金剛三昧耶，一名無邊甘露神力。【按】卍續校黃有此卷，但國家圖書館藏本及日本法然院目録皆未録。

1281　阿吒薄拘付囑呪一卷。

1282　伽馱金剛真言一卷。

【按】卍續大校黃有此卷，但國家圖書館藏本及日本法然院目録皆未録。

1283　佛説妙吉祥瑜伽大教金剛陪囉嚩輪觀想成就儀軌經一卷，宋法賢譯。

○～目録。

【校記】◎天：脱大教二字，標緣：輪作輴，標：無成就二字，至：成就儀軌作儀軌成就◎石金麗資磧普初天緣南卍臺大中縮頻：無宋字◎目録見縮頻。【註】至：或無經字。【按】①譯者法賢的職稱中有西天譯經三藏六字，北嘉龍黃：脱譯經二字。②陪、倍音同不校。

1284　佛説出生一切如來法眼遍照大力明王經二卷，宋法護譯。

○附大力明王心真言。

【校記】◎標：出生一切如來經，北嘉龍黃：無佛説二字◎石金麗資磧普初南卍臺大中縮頻：無宋字，至：誤作宋施護譯（緣：無宋字）◎附真言見石麗資磧普初南北嘉龍黃卍臺大中縮頻。【按】金卷下散佚。

1285　毘沙門天王經一卷，唐不空譯。

○附梵字真言。

【校記】◎石貞金麗資磧普初天緣南卍臺大中縮頻：無唐字◎附真言見大。【中華按】附金藏興國院本，以供版本學研究之參考。

1286　佛説毘沙門天王經一卷，宋法天譯。

【校記】◎天：經作功德經◎石金麗資磧普初緣南卍臺大中縮頻：無宋字，義：誤作宋法賢譯（天：無宋字）。【按】法天譯此經時的職稱是西天譯經三藏朝散大夫試鴻臚卿傳教大師，磧初南北嘉龍黃臺：脱西天譯經三藏六字，資磧普初南北嘉龍黃臺：傳教誤作明教。

1287　摩訶吠室囉末那野提婆喝囉闍陀羅尼儀軌一卷，唐般若斫羯囉譯。

○～目録。

【校記】◎卍續大縮頻：無唐字◎目録見縮頻。【按】卍續大校黃有此卷，但國家圖書館藏本及日本法然院目録皆未録。

1288　北方毘沙門天王隨軍護法儀軌一卷，唐不空譯。

【校記】◎卍續大縮頻：無唐字◎卍續目録註略云毘沙門隨軍法。

1289　北方毘沙門天王隨軍護法真言一卷，唐不空譯。

○附梵字真言。

【校記】◎卍續大縮頻：無唐字◎附真言見大◎卍續目録註略云毘沙門天王隨軍護法。

1290　毘沙門儀軌一卷，唐不空譯。

【校記】卍續大縮頻：無唐字。

1291　北方毘沙門多聞寶藏天王神妙陀羅尼別行儀軌一卷，唐不空譯。

【校記】卍續大：無唐字。

1292　吽迦陀野儀軌三卷，唐金剛智譯。

【校記】大：無唐、譯二字。

1293-1　佛説大吉祥天女十二名號經一卷，唐不空譯。

○附梵字真言。

【校記】◎貞緣：無大字，至：二作二契◎貞金資磧普初天南臺中：無唐字，緣：脱譯者名◎附真言見大。【提示】如是我聞。一時薄伽梵住極樂世界。與無量大菩薩衆前後圍繞。而為説法⋯⋯

1293-2　佛説大吉祥天女十二名號經（別本一）一卷，唐不空譯。

【校記】麗卍大中縮頻：無唐字。【提示】如是我聞。一時薄伽梵在安樂世界。爾時觀自在菩薩來詣佛所⋯⋯

1293-3　佛説大吉祥天女十二名號經（別本二）一卷，唐不空譯。

【校記】石中：無唐字。【提示】如是我聞。一時薄伽梵住極樂世界。爾時觀自在菩薩摩訶薩往詣世尊所⋯⋯

1294　佛説大吉祥天女十二契一百八名無垢大乘經一卷，唐不空譯。

【校記】◎貞標：大吉祥天女經，麗大中縮頻佛：無佛説二字◎石貞麗資磧普初天緣南卍臺大中縮頻：無唐字。

1295　末利支提婆華鬘經一卷，唐不空譯。

【校記】◎北嘉龍黃知：末作佛説末◎石貞金麗磧普初緣續南卍臺大中縮頻：無唐字，義：譯作再譯。

1296-1　佛説摩利支天菩薩陀羅尼經一卷，唐不空譯。

【校記】麗卍大中縮頻：無唐字。【縮按】與陀羅尼集經諸天部所載佛説摩利支天經同本異譯。【提示】如是我聞。一時佛在舍衛國⋯⋯禮佛而退。歡喜奉行。

1296-2　佛説摩利支天經（別本）一卷，唐不空譯。

【校記】◎磧普臺：天作天女◎貞磧普初緣續南臺：無唐字。【提示】如是我聞。一時薄伽梵在室羅筏城⋯⋯皆大歡喜。信受奉行。

1297　佛説摩利支天陀羅尼呪經一卷，失譯附梁録。

【校記】◎開貞至指標略福資磧初天緣臺：摩利支天經◎略：失譯，知：無失譯

二字，普南北嘉龍黃：附作開元附，義：梁錄失譯人名，福：神王女抄多摩尼莫説、梁失譯。【註】開貞至緣：或上加小字。【按】臺第一輯已錄磧本，第二輯又錄嘉本，屬重出（見附 1297）。

1298　佛説大摩里支菩薩經七卷，宋天息災譯。

【校記】石麗資磧普初天緣南卍臺大中縮頻：無宋字。【按】譯者天息災的職稱中有西天譯經三藏六字，北嘉龍黃：脱譯經二字。

1299　摩利支菩薩略念誦法一卷，唐不空譯。

【校記】卍續大縮頻：無唐字。

1300　摩利支天一印法一卷。

1301　大藥叉女歡喜母並愛子成就法一卷，唐不空譯。

【校記】◎標：大藥叉女愛子成就法經◎石金麗磧普初緣續南卍臺大中縮頻：無唐字。【註】石貞麗緣續卍大縮頻：亦名訶哩底母經。

1302　訶利帝母真言法一卷，唐不空譯。

【校記】◎貞：真言法作經，至：法作法經，麗卍大縮頻佛：法作經◎石貞金麗資磧普初天緣南卍臺大中縮頻：無唐字。

1303　佛説鬼子母經一卷，失譯附西晉錄。

【校記】開貞略：失譯作僧祐錄云安公失譯經，石：無譯者名，福：失譯，義：西晉錄失譯人名。

1304　冰揭羅天童子經一卷，唐不空譯。

【校記】卍續大縮頻：無唐字。【按】卍續大校黃有此卷，但國家圖書館藏本及日本法然院目錄皆未錄。

1305-1　佛説穰麌梨童女經一卷，唐不空譯。

【校記】石貞金資磧普初天緣南臺中：無唐字。

1305-2　觀自在菩薩化身襄麌哩曳童女銷伏毒害陀羅尼經（別本）一卷，唐不空譯。

【校記】麗卍大中縮頻：無唐字。

1306　佛説常瞿利毒女陀羅尼呪經一卷，瞿多譯。

【校記】佛：唐瞿多譯。

1307　大聖天歡喜雙身毘那夜迦法一卷，唐不空譯。

【校記】◎初南北嘉龍黃義知：天作大，標：無毘那二字◎貞麗磧普初緣續南卍臺大中縮頻：無唐字。【註】石麗磧普初緣續南北嘉龍黃卍臺大中義知縮頻：出陀羅尼集經第十一諸天下卷。【按】夜、耶音同不校。

1308　使呪法經一卷，唐菩提流志譯。

【校記】卍續大縮頻：無唐字。【縮按】靈雲云別有廣本一卷，曰菩提流志譯，今本是略出。【按】大用黃此卷本，但國家圖書館藏本及日本法然院目錄皆未錄。

1309　大使呪法經一卷，唐菩提流志譯。

【校記】卍續大縮頻：無唐字。

▲上二經同本。

1310　佛説金色迦那鉢底陀羅尼經一卷，唐金剛智譯。

【校記】◎卍續大縮頻：無唐字◎卍續目録註略云金色迦那鉢底經。

1311　大聖歡喜雙身大自在天毘那夜迦王歸依念誦供養法一卷，唐善無畏譯。

【校記】卍續大縮頻：無唐字。

1312　摩訶毘盧遮那如來定惠均等入三昧耶身雙身大聖歡喜天菩薩修行祕密法儀軌一卷，唐不空譯。

【校記】◎卍續：入三昧耶身雙身作入佛三昧耶身◎卍續大：無唐字。

1313　金剛薩埵説頻那夜迦天成就儀軌經四卷，宋法賢譯。

【校記】石金麗資磧普初天緣南卍臺大中縮頻：無宋字。【註】至：或無經字。

【按】法賢譯此經時的職稱是西天譯經三藏朝散大夫試光禄卿明教大師，北嘉龍黃：脱譯經二字，資磧初南北嘉龍黃臺：光禄誤作鴻臚，明教誤作傳法。

1314　毘那夜迦誐那鉢底瑜伽悉地品祕要一卷，唐含光記。

【校記】◎卍續大縮頻：無唐字◎卍續目録註外題瑜伽悉地品祕要。

1315　大聖歡喜雙身毘那夜迦天形像品儀軌一卷，唐憬瑟撰集。

【校記】◎卍續大縮頻：無唐字◎卍續目録註外題天形像品儀軌。

1316　聖歡喜天式法一卷，唐般若惹羯羅撰。

【校記】大：無唐字。

1317　文殊師利菩薩根本大教王金翅鳥王品一卷，唐不空譯。

【校記】◎標：文殊菩薩根本大教王金翅鳥經，石：金翅鳥王品作經，麗卍大義知縮頻佛：王作王經，緣續：品作經◎石貞金麗磧普初緣續南卍臺大中縮頻：無唐字。

1318　速疾立驗魔醯首羅天説阿尾奢法一卷，唐不空譯。

【校記】◎標：無天説阿三字，貞緣續：説作説迦嘍羅◎貞麗磧普初緣續南卍臺大中縮頻：無唐字。

1319　迦樓羅及諸天密言經一卷，唐般若力譯。

【校記】大：無唐字。

1320　摩醯首羅天法要一卷。

1321　摩醯首羅大自在天王神通化生伎藝天女念誦法一卷。

【校記】卍續目録註略云伎藝天女法。

1322　那羅延天共阿修羅王鬬戰法一卷，唐寶思惟譯。

【校記】大：無唐字。

1323　寶藏天女陀羅尼法一卷。

1324　佛説寶藏神大明曼拏羅儀軌經二卷，宋法天譯。

【校記】◎天：脱經字◎石金麗資磧普初天緣南卍臺大中縮頻：無宋字。【按】法天譯此經時的職稱是西天譯經三藏朝散大夫試鴻臚少卿傳教大師，資磧普初南臺：傳教誤作明教，北嘉龍黃：脱譯經二字。

1325　佛説聖寶藏神儀軌經二卷，宋法天譯。

【校記】◎至：無經字◎石麗資磧普初天緣南卍臺大中縮頻：無宋字。【按】①譯者法天的職稱中有西天譯經三藏六字，北嘉龍黃：脱譯經二字。②此經題名、卷數，影印洪武南藏目錄誤記作大宋新譯三藏聖教序一卷。

1326　佛説寶賢陀羅尼經一卷，宋法賢譯。

【校記】◎北嘉龍黃知：無佛説二字◎石麗資磧普初天緣南卍臺大中縮頻：無宋字。【按】法賢譯此經時的職稱是西天譯經三藏朝散大夫試光禄卿明教大師，資磧普初南北嘉龍黃臺：略作三藏法師。

1327　堅牢地天儀軌一卷，唐善無畏譯。

【校記】卍續大縮頻：無唐字。

1328　大黑天神法一卷，唐神愷記。

【校記】卍續大縮頻：無唐字。

1329　佛説最上祕密那拏天經三卷，宋法賢譯。

○～目錄。

【校記】◎緣：最誤作寂◎石金麗資磧普初天緣南嘉黃卍臺大中縮頻：無宋字◎目錄見頻。【按】譯者法賢的職稱中有西天譯經三藏朝奉大夫十字，北龍：脱譯經二字，資磧普初南北嘉龍黃臺：奉誤作散。

1330　佛説金毘羅童子威德經一卷，唐不空譯。

【校記】◎卍續大縮頻：無唐字◎卍續目錄註略云金毘羅威德經。

1331　焔羅王供行法次第一卷，唐阿謨伽撰。

【校記】卍續大縮頻：無唐字。

1332　深沙大將儀軌一卷，唐不空譯。

【校記】卍續大縮頻：無唐字。【按】卍續佛重出，題名阿迦陀密一印千類千轉三使者成就經法一卷（見附1332），此題名亦見本經卷尾。

1333　法華十羅刹法一卷。

1334　般若守護十六善神王形體一卷，唐金剛智譯。

○享和日本快道誌。

【校記】◎卍續大縮頻：無唐字◎有誌◎卍續目錄註略云十六善神王形體。

1335　施八方天儀則一卷，唐大興善寺翻經院灌頂阿闍梨述。

【校記】◎卍續大縮頻：無唐字，佛：無翻經院三字◎卍續目錄（舊本）題唐不空述。

1336　供養護世八天法一卷，唐法全集。

【校記】大：無唐字。

1337　十天儀軌一卷。

1338　供養十二大威德天報恩品一卷，唐不空譯。

【校記】◎卍續大縮頻：無唐字◎卍續目錄註略云十二天報恩品。

1339　十二天供儀軌一卷。

【註】卍續大縮頻：合兩所文爲軌，已出護摩軌。

1340 文殊師利菩薩及諸仙所説吉凶時日善惡宿曜經二卷，唐不空譯、楊景風修註。

○～目録○修註記。

【校記】◎標：文殊所説宿曜經◎貞：不空譯，金麗磧普初緣續南卍臺大中縮頻：無唐字，北嘉龍黄：唐誤作宋，至義知：無楊景風修註五字◎目録見縮頻；記見金麗磧普初南北嘉龍黄卍臺大中縮頻。

1341 摩登伽經二卷，吳竺律炎共支謙譯。

○～目録○附守其按。

【校記】◎開貞至標略福資磧普初天緣南臺義：三卷◎目録見縮頻；附按見麗卍大中縮頻。【按】鄧、登音同不校。

1342 舍頭諫經一卷，西晉竺法護譯。

【校記】◎麗卍大中縮頻佛：舍頭諫太子二十八宿經◎福資磧普初天南臺：西晉作晉。【註】開貞至略：舍頭諫，晉曰太子二十八宿經，開貞至麗緣卍大中縮頻：一名虎耳經，開貞：祐云虎耳意經，至緣：一名虎意經。

▲上二經同本異譯。

1343 諸星母陀羅尼經一卷，唐法成譯。

【校記】大：無唐字。

1344 佛説聖曜母陀羅尼經一卷，宋法天譯。

【校記】◎天：無佛説二字◎石麗資磧普天緣卍臺大中縮頻：無宋字。【按】法天譯此經時的職稱是西天譯經三藏朝散大夫試鴻臚卿傳教大師，資磧普初南臺：略作西天三藏大師（北嘉龍黄：大作法），石：卿誤作少卿。

▲上二經同本異譯。

1345 宿曜儀軌一卷，唐一行撰。

【校記】卍續大縮頻：無唐字。

1346 北斗七星念誦儀軌一卷，唐金剛智譯。

【校記】卍續大縮頻：無唐字。

1347 北斗七星護摩祕要儀軌一卷，唐大興善寺翻經院灌頂阿闍梨述。

【校記】卍續大縮頻：無唐字，佛：無大至院七字。

1348 佛説北斗七星延命經一卷。

【校記】佛：增唐婆羅門僧譯六字。【註】卍續大縮頻：婆羅門僧將到此經，唐朝受持。

1349 七曜攘災決三卷，唐金俱吒撰集。

○七曜攘災法目録（卷上）○附享和日本快道誌。

【校記】◎佛：決作法◎一卷◎卍續大縮頻：無唐字，佛：無集字◎目録見縮頻；附誌見卍續大縮頻。【按】卍續大縮頻存卷上、卷中兩卷，故卍續目録記二卷；大縮頻目録記一卷，因卷上、卷中合一冊。

1350　七曜星辰別行法一卷，唐一行撰。

〇附享和日本快道誌。

【校記】◎卍續大縮頻：無唐字◎有附誌。【註】卍續大縮頻：自翼計者，氐星不當，房星當也。

1351　北斗七星護摩法一卷，唐一行撰。

〇附熾盛光法。

【校記】◎卍續大縮頻：無唐字◎有附文。

1352　梵天火羅九曜一卷。

【校記】卍續頻目録題唐一行述。

1353　難儞計濕嚩囉天説支輪經一卷，宋法賢譯。

【校記】石麗緣續卍續大中縮頻：無宋字。

1354　佛説救拔焰口餓鬼陀羅尼經一卷，唐不空譯。

【校記】◎貞：救拔作施◎石貞麗資磧普初天緣南卍臺大中縮頻：無唐字。

1355　佛説救面然餓鬼陀羅尼神呪經一卷，唐實叉難陀譯。

【校記】◎指：面燃經，標：救面然經，石：無佛説二字，略：然作燋◎石至：無唐字。【註】開貞至略緣：或云施餓鬼食呪經；開貞至緣：後兼有施水呪，標：經末有甘露陀羅尼。【按】①開貞至緣所云施水呪，即他藏本之佛説甘露經陀羅尼呪（見1357）。②標重出（見附1355）。

▲上二經同本異譯。

1356　施諸餓鬼飲食及水法一卷，唐不空譯。

【校記】◎佛：法作法並手印◎卍續大縮頻：無唐字。【註】卍續大縮頻：並手印。【按】大用黄此卷本，但國家圖書館藏本及日本法然院目録皆未録。

1357　佛説甘露經陀羅尼呪一卷。

【校記】◎義：無佛説二字，石：無經字，資普緣南北嘉龍黃臺義知：無呪字◎普緣南北嘉龍黃臺知佛：增唐實叉難陀譯六字。

1358　甘露陀羅尼呪一卷，唐實叉難陀譯。

【校記】◎麗卍大中縮頻：無唐字◎頻目録註即阿彌陀佛大陀羅尼。【縮按】此是彌陀大呪也。

1359　瑜伽集要救阿難陀羅尼焰口軌儀經一卷，唐不空譯。

【校記】◎緣續龍中義知：軌儀作儀軌◎石磧普初南臺：無唐字。

1360　瑜伽集要焰口施食儀一卷，唐不空譯、西夏不動金剛重集、清受登詮次。

〇焰口施食緣起［註：從瑜伽集要救阿難陀羅尼焰口儀軌經録出（見1359）］。

【校記】緣起見嘉續臺。

1361　瑜伽集要焰口施食儀一卷，唐不空譯。

〇瑜伽集要焰口施食起教阿難陀緣由〇附十類孤魂文、三歸依讚。

【校記】◎知：儀作儀軌◎義：二卷◎南知：無譯者名◎緣由等見南北嘉龍黃臺

卍大中義知縮頻佛。【按】重輯嘉大知縮頻佛分出緣由一卷（義：無卷數，見附
1361）。【知按】此儀軌並附緣由不出撰集及譯人名，恐是此土人所集，非西土
本也。

1362　佛説施餓鬼甘露味大陀羅尼經一卷，唐跋馱木阿譯。
　　　【校記】大：無唐字。

1363　修設瑜伽集要施食壇儀一卷，明袾宏重訂。
　　　○圖示○瑜伽集要施食儀軌序，袾宏識。
　　　【校記】◎重輯嘉拾遺卍續臺頻續：有圖示等◎重輯嘉拾遺卍續頻續目録題瑜伽
　　　集要施食儀軌（臺：儀軌作壇儀）；卍續目録註外題瑜伽施食儀軌。【蔡按】出
　　　雲棲法彙（見 3926）。

1364　修設瑜伽集要施食壇儀一卷，明袾宏補註。
　　　○敘，清福聚書○附施食補註。
　　　【校記】◎卍續頻續：有敘等（重輯嘉拾遺臺：無敘）◎頻續目録題修設瑜伽集
　　　要施食壇儀註；卍續目録註外題瑜伽施食儀註。【蔡按】出雲棲法彙（見 3926）。

1365　瑜伽燄口施食要集詳註二卷，明袾宏補註、民國演濟重治。
　　　○梵書二十字種○～目録，袾宏補註、演濟重治。
　　　【校记】◎佛：無民國二字◎有梵書二十字種等。

1366　於密滲施食旨概一卷，明法藏著。
　　　○法藏後記。
　　　【校記】◎卍續頻續：無明字◎有後記。【按】卍續頻續目録蔡目誤記法藏是清
　　　代人。

1367　修習瑜伽集要施食壇儀二卷。
　　　○附藏本三昧耶戒註文即此篇○重刊瑜伽焰口跋，清萬峰寶書閣識。
　　　【校記】卍續：有附註文等。

1368　瑜伽焰口註集纂要儀軌二卷，清淨觀考正、智銓較閲、寂暹纂書。
　　　○纂要序，清無隱書○瑜伽燄口儀軌六則，淨觀、智銓考正，寂暹書○附增津濟
　　　疏、六道疏式○跋，寂暹跋。
　　　【校記】◎重輯嘉續卍續：無清字◎有序等◎重輯嘉目録分出瑜伽燄口儀軌六則
　　　一卷（見附 1368）。

1369　新集浴像儀軌一卷，唐慧琳述。
　　　【校記】卍續大縮頻：無唐字。

1370　除一切疾病陀羅尼經一卷，唐不空譯。
　　　【校記】◎石北嘉龍黃知：除作佛説除◎石貞麗資磧普初天緣南卍臺大中縮頻：
　　　無唐字。

1371　佛説善樂長者經一卷，宋法賢譯。
　　　【校記】石金麗資磧普初天緣南卍臺大中縮頻：無宋字。【按】譯者法賢的職稱

中有西天譯經三藏朝奉大夫十字，北嘉龍黄：脱譯經二字，資磧普初南北嘉龍黄臺：奉誤作散。

1372　能淨一切眼疾病陀羅尼經一卷，唐不空譯。
【校記】◎石北嘉龍黄知：能作佛説能，貞：無疾病二字◎石貞麗資磧普初天緣南卍臺大中縮頻：無唐字。
▲上二經同本異譯。

1373　佛説療痔病經一卷，唐義淨譯。
【校記】標：病作瘻。

1374　佛説呪時氣病經一卷，東晉竺曇無蘭譯。
【校記】麗資卍大中縮頻：無譯者名，天：失譯，佛：失譯人名，緣：無竺字。
【縮按】陀羅尼雜集亦載是經，今對校揭其異。

1375　佛説呪齒經一卷，東晉竺曇無蘭譯。
【校記】緣佛：無竺字。

1376　佛説呪目經一卷，東晉竺曇無蘭譯。
【校記】麗資初卍大中縮頻：無譯者名，天：失譯，佛：失譯人名，緣：無竺字。

1377　佛説呪小兒經一卷，東晉竺曇無蘭譯。
【校記】麗資初卍大中縮頻：無譯者名，天：失譯，佛：失譯人名，緣：無竺字。

1378　囉嚩拏説救療小兒疾病經一卷，宋法賢譯。
【校記】石金麗資磧普初天緣南卍臺大中縮頻：無宋字。

1379　佛説卻溫黄神呪經一卷。

1380　佛説斷溫經一卷。
▲上二經同本異譯。

1381　灌頂經十二卷，東晉帛尸梨蜜多羅譯。
【校記】◎開石貞至指標略緣：大灌頂經，普南北嘉龍黄義知：佛説大灌頂神呪經，佛：佛説灌頂經◎開石貞至指標普緣南北嘉龍黄義知：每卷另有副題名（詳見1381-1至1381-12），金麗福資磧初天卍大中縮頻：將副題名改作卷端題名（臺：唯卷一、六至十同普等本）。麗卍大中：卷端題名（標：副題名）之卷一、二、三，在本新考目録之副題名中依次作卷二、三、一。【按】石卷十一、卷十二殘缺［可參見唐刻本（附1381-11、附1381-12）］，金卷一至卷十一殘缺。

1381-1　灌頂三皈五戒帶佩護身呪經第一。
【校記】福資磧初縮頻：佛説灌頂三皈五戒帶佩護身呪經卷第一（天：卷第一作一卷，麗卍大中：一作三），石：三皈五戒帶佩護身呪經，指：護身呪經，至：無灌頂二字，開貞：無第一兩字，義：灌頂作佛説，第一作第一卷，標：第一作第三卷。

1381-2　灌頂七萬二千神王護比丘呪經第二。

【校記】福資磧初臺縮頻：佛説灌頂七萬二千神王護比丘呪經卷第二（天：卷第二作一卷，麗卍大中：二作一），指：護比丘神呪經，至緣義：無灌頂二字，開貞：無第二兩字，標：第二作第一卷，義：第二作第二卷。【按】石卷首殘缺。

1381-3　灌頂十二萬神王護比丘尼呪經第三。

【校記】福資磧初臺：佛説灌頂十二萬神王護比丘尼呪經卷第三（麗卍大中縮頻：無呪字，天：卷第三作一卷，麗卍大中：三作二），石：十二萬神王護比丘尼呪經，指：神王護比丘神呪經，至緣義：無灌頂二字，緣：脱尼字，開貞：無第三兩字，標：經第三作二卷，義：第三作第三卷。

1381-4　灌頂百結神王護身呪經第四。

【校記】麗福資磧初卍臺大中縮頻：佛説灌頂百結神王護身呪經卷第四（天：卷第四作一卷），指緣義：無灌頂二字，義：身作萬姓身，開貞：無第四兩字，標義：第四作第四卷。【按】石卷首殘缺。

1381-5　灌頂宮宅神王守鎮左右呪經第五。

【校記】麗福資磧初臺大中：佛説灌頂呪宮宅神王守鎮左右經卷第五（卍縮頻：呪字在經字前，天：卷第五作一卷），指：無灌頂宮宅四字，緣義：無灌頂二字，開石貞：無第五兩字，標義：第五作第五卷。

1381-6　灌頂塚墓因緣四方神呪經第六。

【校記】麗卍大中縮頻：佛説灌頂塚墓因緣四方神呪經卷第六（福資磧初天：神作神王，天：卷第六作一卷），指：四萬（按：萬疑作方）呪經，緣義：無灌頂二字，至：神作神王，石：呪作王，開石貞：無第六兩字，標義：第六作第六卷。

1381-7　灌頂伏魔封印大神呪經第七。

【校記】麗福資磧初卍大中縮頻：佛説灌頂伏魔封印大神呪經卷第七（天：脱伏字，卷第七作一卷），指緣義：無灌頂二字，開石貞：無第七兩字，標義：第七作第七卷。

1381-8　灌頂摩尼羅亶大神呪經第八。

【校記】麗福資磧初卍大中縮頻：佛説灌頂摩尼羅亶大神呪經卷第八（天：卷第八作一卷），石至指緣義：無灌頂二字，開石貞：無第八兩字，標義：第八作第八卷。

1381-9　灌頂召五方龍王攝疫毒神呪經第九。

【校記】麗卍大中縮頻：佛説灌頂召五方龍王攝疫毒神呪上品經卷第九（福資磧初天：無上品二字，天：卷第九作一卷），石：召五方龍王攝疫毒神呪經，指：五方龍王攝疫毒呪，至緣：無灌頂、王三字，義：無灌頂二字，開貞標：無王字，開貞：無第九兩字，標義：第九作第九卷。

1381–10　灌頂梵天神策經第十。

【校記】麗福資磧初卍大中縮頻：佛説灌頂梵天神策經卷第十（天：卷第十作一卷），石：梵天神策經（指：經作經呪並長偈），至緣義：無灌頂二字，至：神作呪，標：天作天王，標義：第十作第十卷，開貞：無第十兩字。【按】重輯嘉續重出（見附1381–10）。

1381–11　灌頂隨願往生十方淨土經第十一。

【校記】麗卍大中縮頻：佛説灌頂隨願往生十方淨土經卷第十一（福資磧初天臺：經作普廣所問經，天：卷第十作一卷），緣：灌頂作普廣菩薩，至指義：無灌頂二字，標義：第十一作第十一卷，開貞：無第十一三字。【註】開貞標：或云普廣品第十一即別行隨願往生經是，普南嘉龍黃知：亦名普廣菩薩所問經。【按】石重出（見附1381–11）。

1381–12　灌頂章句拔除過罪生死得度經第十二。

【校記】麗卍大中縮頻：佛説灌頂拔除過罪生死得度經卷第十二（福資磧初天臺：灌頂作灌頂章句，天：卷第十二作一卷），緣：拔除過罪生死度脱經，至指義：無灌頂章句四字，開貞標：無章句二字，開貞：無第十二三字，標義：第十二作第十二卷。【註】開貞標緣：即是舊藥師經佛遊維耶離者，此為第一譯。【按】石重出（見附1381–12）。

1382　七佛八菩薩所説大陀羅尼神呪經四卷，失譯附東晉録。

【校記】◎開貞至略磧普初天緣南北嘉龍黃臺義知：七佛所説神呪經（石：僅卷一題七佛十一菩薩説大陀羅尼神呪經，指：無所説二字），標：七佛十一菩薩陀羅尼經，資：無所字◎開貞金麗略緣卍大中縮頻：失譯作晉代譯失三藏名（佛：三藏作譯人），資：失譯，知：失譯作開元，磧普初天南北嘉龍黃臺：附作開元附，義：東晉録失譯人名。【註】資普初緣南北嘉龍黃知：一名廣濟眾生神呪。【按】①金卷一散佚。②大縮頻卷一後附兩段文，其一“文殊師利菩薩所説經……無復婬欲”，今檢係陀羅尼雜集·普賢菩薩所説大神呪經（見1384）卷二之文，誤録於此；其二“多（上）……是故得現報”，今檢係佛説出生菩提心經（見0852）卷末之文，誤録於此。大正校云：此兩段文依宋本別出，由此可知是資福藏錯簡。

1383　大吉義神呪經四卷，元魏曇曜譯。

【校記】◎指天：義誤作祥◎開石貞至標資磧普初天緣南北嘉龍黃臺義知：二卷。

1384　陀羅尼雜集十卷，未詳撰者附梁録。

【校記】◎指：雜集作集經◎義：梁録失譯人名，佛：失集者名附梁録。【按】黃卷首收陀羅尼集經翻譯序，玄楷作。檢此序各藏皆録於陀羅尼集經卷首（見0919），而黃彼處不録，卻録於此處，誤也。

1385　種種雜呪經一卷，宇文周闍那崛多譯。

○翻譯後記。

【校記】◎指：雜呪，福資天：無經字◎開石金麗略福資天卍大中縮頻：宇文周作周宇文氏（貞：氏作代），至緣：無宇文二字，知：宇文周作隋，佛：宇文周作北周◎後記見福資磧普初南北嘉龍黃臺。

1386　大方等陀羅尼經四卷，北涼法眾譯。

【校記】指：無大字，至：大方等檀持陀羅尼經。

1387　大法炬陀羅尼經二十卷，隋闍那崛多等譯。

【校記】◎指：大法炬經◎至義知：無等字。

1388　大威德陀羅尼經二十卷，隋闍那崛多等譯。

【校記】◎指：大威德經◎金麗略卍大中義知縮頻佛：無等字。

1389　佛説無崖際總持法門經一卷，乞伏秦聖堅譯。

【校記】◎指：無涯際經，開貞略福：無總字◎麗卍大中縮頻佛：乞伏秦作西秦，磧初臺：誤作開元録高齊萬天懿譯。【註】開貞至緣：亦名無際經。【按】①金卷首殘缺。②標此經目下脱帙號，今據指金麗之帙號補入"知"字號。

1390　尊勝菩薩所問一切諸法入無量門陀羅尼經一卷，高齊萬天懿譯。
○附尊勝菩薩所問經譯師傳。

【校記】◎指：尊勝菩薩經，標：尊勝菩薩入無量法門陀羅尼經，福：門作法，至資普天緣南北嘉龍黃義知佛：門作法門◎金麗卍大中縮頻佛：高齊作北齊◎附傳見磧普初南北嘉龍黃臺大中縮頻。【註】開貞緣：或直云尊勝菩薩所問經，亦直云入無量門陀羅尼經。

▲上二經同本異譯。

1391　金剛場陀羅尼經一卷，隋闍那崛多譯。

【校記】◎指：無經字◎開石貞略緣：譯作等譯。

1392　金剛上味陀羅尼經一卷，元魏佛陀扇多譯。

【校記】指：金剛上味經。

▲上二經同本異譯。

1393　佛説十二佛名神呪校量功德除障滅罪經一卷，隋闍那崛多譯。

【校記】◎開貞至標略：十二佛名神呪經（指：無經字），磧普初天南北嘉龍黃臺義知：無佛説二字◎石磧臺：無隋字，知：隋誤作唐，開貞略緣：譯作等譯。

1394　佛説稱讚如來功德神呪經一卷，唐義淨譯。

【校記】◎磧臺：無佛説二字，緣：讚作揚，指：無經字◎磧臺：無唐字。

▲上二經同本異譯。

1395　佛説一切如來名號陀羅尼經一卷，宋法賢譯。

【校記】◎北嘉龍黃：無佛説二字◎石麗資磧普初天緣南卍臺大中縮頻：無宋字。【按】譯者法賢的職稱中有西天譯經三藏六字，北嘉龍黃：脱譯經二字。

1396　東方最勝燈王如來經一卷，隋闍那崛多等譯。

【校記】◎指：燈王如來經，福資磧臺：經作遣二菩薩送呪奉釋迦如來護持世間經，天：釋迦如來護持世間經，北嘉龍黃義知：經作助護持世間神呪經（普南：無神呪二字）◎福資磧普初天南北嘉龍黃臺義知：無等字。

1397　東方最勝燈王陀羅尼經一卷，隋闍那崛多譯。

【守其按】此經丹藏即云東方最勝燈王如來經，崛多譯。按開元錄云前後四譯三存一失，失者即東晉失譯名為陀羅尼章句經或無章字等。意者此經宋本古質似非崛多之譯，又文中數云陀羅尼句，即恐宋本是失本陀羅尼句經。今雙存之則四譯還具矣。

1398　佛説持句神呪經一卷，吳支謙譯。

【校記】指：無經字。【註】開貞至福資磧普初天緣南北嘉龍黃臺知：亦云陀羅尼句經。

1399　佛説陀隣尼鉢經一卷，東晉竺曇無蘭譯。

【校記】緣佛：無竺字。【註】開貞至緣：亦云陀隣鉢呪。

1400　佛説聖最上燈明如來陀羅尼經一卷，宋施護譯。

【校記】◎標：最上燈明如來陀羅尼經，北嘉龍黃知：無佛説二字，天：無聖、如來三字◎石麗資磧普初天緣南卍臺大中縮頻：無宋字。【按】①譯者施護的職稱中有傳法大師四字，黃誤作説法大師。②中重出（見附1400）。

1401　佛説安宅陀羅尼呪經一卷，失譯。

【校記】麗卍大中縮頻：無失譯二字，佛：後漢譯失譯人名。

▲上六經同本異譯。

1402　佛説花積樓閣陀羅尼經一卷，宋施護譯。

【校記】石金麗資磧普初天緣卍臺大中縮頻：無宋字。【按】施護譯此經時的職稱是西天譯經三藏朝散大夫試鴻臚少卿傳法大師，資磧普初南臺：略作三藏法師，北嘉龍黃：傳法誤作傳教。

1403　佛説華積陀羅尼神呪經一卷，吳支謙譯。

【校記】指：華積經，福資磧普初天南北嘉龍黃臺義知：無佛説二字，標：無神呪二字。【按】石重出（見附1403）。

1404　佛説師子奮迅菩薩所問經一卷，失譯附東晉錄。

【校記】◎指：師子奮迅經，福磧普初南北嘉龍黃臺義知：無佛説二字◎略：失譯，義：東晉錄失譯人名，知：無失譯二字。

1405　佛説花聚陀羅尼呪經一卷，失譯附東晉錄。

【校記】◎指：華聚經，福：無佛説、經三字，標：無呪字◎石：無譯者名，略：失譯，義：東晉錄失譯人名，知：無失譯二字。

▲上四經同本異譯。

1406　六門陀羅尼經一卷，唐玄奘譯。

【校記】指：六門呪，磧普天南北嘉龍黃臺義知：六作佛説六。【按】石重出

（見附 1406-1、附 1406-2）。

1407　六門陀羅尼經論一卷，世親菩薩造。

【校記】佛：世至造五字作唐玄奘譯。

1408　六門陀羅尼經論廣釋一卷，尊者智威造。

【按】大附見六門陀羅尼經論（見 1407）。

1409　佛説善夜經一卷，唐義淨譯。

【校記】◎石：無佛説二字◎金中：無唐字。

1410　勝幢臂印陀羅尼經一卷，唐玄奘譯。

【校記】指：勝幢印經。

1411　妙臂印幢陀羅尼經一卷，唐實叉難陀譯。

【校記】◎指：妙臂印經◎至：無唐字。

▲上二經同本異譯。

1412　八名普密陀羅尼經一卷，唐玄奘譯。

【校記】指：八名普密呪，石：八作佛説八。【註】緣嘉黃：與趙宋法賢祕密八
名經同本。

1413　佛説祕密八名陀羅尼經一卷，宋法賢譯。

【校記】石金麗資磧普初天緣南卍臺大中縮頻：無宋字。【按】法賢譯此經時的
職稱是西天譯經三藏朝散大夫試光禄卿明教大師，資磧普初南北嘉龍黃臺：略作
三藏法師。

▲上二經同本異譯。

1414　佛説大普賢陀羅尼經一卷，失譯附梁録。

【校記】◎指：大普賢呪◎石：梁代失譯，略資天：失譯，初：失譯作開元拾遺
（知：無拾遺二字），磧普南北嘉龍黃臺：附作開元附，義：梁録失譯人名。【註】
磧普緣臺：出廣濟眾生經第四卷中。【縮按】此經與陀羅尼雜集（見 1384）第七
卷所載同本。

1415　佛説大七寶陀羅尼經一卷，失譯附梁録。

【校記】◎指：七寶呪◎石：梁代失譯，略資天：失譯，初：失譯作開元拾遺，
普南北嘉龍黃臺：附作開元附，義：梁録失譯人名，知：無失譯二字。【按】石
重出（見附 1415）。

1416-1　百千印陀羅尼經一卷，唐實叉難陀譯。

【校記】◎指：百千佛呪◎石金麗卍大中縮頻：唐作大周，至：無唐字。【按】
①中華已將資磧南嘉龍五本收作別本校對（見 1416-2），故此處不該再校五本，
因五本並未重出。②縮刻云：此是菩提場莊嚴陀羅尼同本異譯，但今本略。此言
差矣，檢二經内容無相同之處。【提示】如是我聞……皆大歡喜。信受奉行。

1416-2　百千印陀羅尼經（別本）一卷，唐實叉難陀譯。

【提示】如是我聞……聞佛所説。歡喜奉行。

1417 　佛説持明藏八大總持王經一卷，宋施護譯。

　　　　【校記】石麗資磧普天緣南卍臺大中縮頻：無宋字，初：誤作法天譯。【按】施
　　　護譯此經時的職稱是西天譯經三藏朝散大夫試鴻臚少卿傳法大師，北嘉龍黄：脱
　　　譯經二字，資磧普南北嘉龍黄臺：傳法誤作傳教，初：傳法誤作明教。

1418 　佛説聖大總持王經一卷，宋施護譯。

　　　　【校記】石麗資磧普初天緣南卍臺大中縮頻：無宋字。【按】施護譯此經時的職
　　　稱是西天譯經三藏朝散大夫試鴻臚少卿傳法大師，北嘉龍黄：脱譯經二字，資磧
　　　普初南北嘉龍黄臺：傳法誤作傳教。

1419 　增慧陀羅尼經一卷，宋施護譯。

　　　　【校記】石金麗資磧普初天緣卍臺大中縮頻：無宋字。【按】施護譯此經時的職
　　　稱是西天譯經三藏朝散大夫試鴻臚卿傳法大師，資磧普初南臺：略作三藏傳法大
　　　師。

1420 　佛説施一切無畏陀羅尼經一卷，宋施護等譯。

　　　　【校記】金麗資磧普初南卍臺大中縮頻：無宋字，天緣：施護譯，至義：無等
　　　字。【按】譯者施護的職稱中有西天譯經三藏六字，北嘉龍黄：脱譯經二字。

1421 　佛説一切功德莊嚴王經一卷，唐義淨譯。

　　　　○譯場職名録。

　　　　【校記】◎指：莊嚴王呪，石：無佛説二字，普初南北嘉龍黄義知：切作切法◎
　　　磧臺：無唐字◎職名録見福資普南嘉黄大中縮頻。

1422 　佛説莊嚴王陀羅尼呪經一卷，唐義淨譯。

　　　　【校記】◎指：莊嚴王經，石福資磧普初天南北嘉龍黄臺義知：無佛説二字，
　　　知：無呪字◎石金麗卍大中縮頻：無唐字。

1423 　佛説聖莊嚴陀羅尼經二卷，宋施護譯。

　　　　【校記】石金麗磧普初天緣南卍臺大中縮頻：無宋字。【按】譯者施護的職稱中
　　　有傳法大師四字，磧普初南北嘉龍黄臺：傳法誤作明教。

1424 　佛説寶帶陀羅尼經一卷，宋施護譯。

　　　　【校記】金麗資磧普初天緣南卍臺大中縮頻：無宋字。【按】譯者施護的職稱中
　　　有西天譯經三藏六字，北嘉龍黄：脱譯經二字。

　　　　▲上二經同本。

1425-1 佛説玄師颰陀所説神呪經一卷，東晉竺曇無蘭譯。

　　　　【校記】◎指：玄師呪，標：玄師颰陀神呪經，略：師作師子◎佛：無竺字。
　　　【註】開貞至略：録云幻師，無所説字，開貞：古録云幻王颰陀經。

1425-2 幻師颰陀神呪經（別本）一卷，東晉竺曇無蘭譯。

　　　　【校記】◎資：幻作佛説幻◎緣佛：無竺字。【註】資普初緣南北嘉龍黄臺大中
　　　知縮頻：亦云玄師颰陀所説神呪經。

1426 　佛説大愛陀羅尼經一卷，宋法賢譯。

【校記】石金麗資磧普初天緣南卍臺大中縮頻：無宋字。

1427　佛説大吉祥陀羅尼經一卷，宋法賢譯。

【校記】石麗資磧普初天緣南卍臺大中縮頻：無宋字。【按】譯者法賢的職稱中有西天譯經三藏六字，北嘉龍黃：脱譯經二字。

1428　佛説宿命智陀羅尼一卷，宋法賢譯。

【校記】◎至緣：尼作尼經◎石金麗資磧普天緣卍臺大中縮頻：無宋字。【按】法賢譯此經時的職稱是西天譯經三藏朝散大夫試光禄卿明教大師，資磧普初南北嘉龍黃臺：略作三藏法師。

1429　佛説宿命智陀羅尼經一卷，宋法賢譯。
〇附梵字真言。

【校記】◎石麗資磧普天緣卍臺大中縮頻：無宋字◎附真言見大。【按】法賢譯此經時的職稱是西天譯經三藏朝散大夫試光禄卿明教大師，資磧普初南臺：略作三藏法師。

1430　佛説缽蘭那賒嚩哩大陀羅尼經一卷，宋法賢譯。

【校記】石麗資磧普天緣卍臺大中縮頻：無宋字。【按】法賢譯此經時的職稱是西天譯經三藏朝散大夫試光禄卿明教大師，資磧普初南臺：略作三藏法師。

1431　佛説俱枳羅陀羅尼經一卷，宋法賢譯。

【校記】石麗資磧普初天緣南卍臺大中縮頻：無宋字。

1432　佛説妙色陀羅尼經一卷，宋法賢譯。

【校記】石麗資磧普天緣卍臺大中縮頻：無宋字。【按】法賢譯此經時的職稱是西天譯經三藏朝散大夫試光禄卿明教大師，資磧普初南臺：略作三藏法師。

1433　佛説栴檀香身陀羅尼經一卷，宋法賢譯。

【校記】石麗資磧普天緣卍臺大中縮頻：無宋字。【按】法賢譯此經時的職稱是西天譯經三藏朝散大夫試光禄卿明教大師，資磧普初南臺：略作三藏法師。

1434　佛説無畏陀羅尼經一卷，宋法賢譯。

【校記】石金麗磧普緣續南卍臺大中縮頻：無宋字，初：誤作法天譯。【按】譯者法賢的職稱中有西天譯經三藏六字，北嘉龍黃：脱譯經二字。

1435　佛説無量壽大智陀羅尼一卷，宋法賢譯。

【校記】◎至緣：尼作尼經◎石金麗資磧普天緣卍臺大中縮頻：無宋字。【按】法賢譯此經時的職稱是西天譯經三藏朝散大夫試光禄卿明教大師，資磧普初南北嘉龍黃臺：略作三藏法師。

1436　佛説洛叉陀羅尼經一卷，宋法賢譯。

【校記】石麗資磧普天緣卍臺大中縮頻：無宋字。【按】法賢譯此經時的職稱是西天譯經三藏朝散大夫試光禄卿明教大師，資磧普初南臺：略作三藏法師。

1437　佛説檀特羅麻油述經一卷，東晉竺曇無蘭譯。

【校記】◎資普初天緣南北嘉龍黃臺義知：特作持◎佛：無竺字。

1438　　大寒林聖難拏陀羅尼經一卷，宋法天譯。

　　　　【校記】◎至：無經字◎石金麗資磧普初天緣南卍臺大中縮頻：無宋字。

1439　　佛説摩尼羅亶經一卷，東晉竺曇無蘭譯。

　　　　【校記】◎至：亶誤作面旦◎佛：無竺字。【註】開貞緣：亦云摩尼羅亶神呪經。

1440　　佛説安宅神呪經一卷，後漢失譯。

　　　　【校記】◎指：安宅呪，標：安宅經◎資天：失譯，普南北嘉龍黃臺：失譯出後漢録，義：後漢録失譯人名（佛：録作譯），知：出後漢録，初：誤作東晉竺曇無蘭譯。【註】開貞緣：亦云安宅呪法。

1441　　拔濟苦難陀羅尼經一卷，唐玄奘譯。

　　　　【校記】指：拔苦呪。【註】資磧普天緣南北嘉龍黃臺義知：一名勝福往生淨土經。

1442　　佛説拔除罪障呪王經一卷，唐義淨譯。

　　　　【校記】◎指：除罪障呪，石：無佛説二字◎金中：無唐字。

1443　　佛説智光滅一切業障陀羅尼經一卷，宋施護譯。

　　　　【校記】◎標：無陀羅尼三字◎石麗資磧普初天緣南卍臺大中縮頻：無宋字。
　　　　【按】施護譯此經時的職稱是西天譯經三藏朝散大夫試鴻臚少卿傳法大師，北嘉龍黃：脱譯經二字，石麗資普卍臺大中縮頻：脱少字，資磧普初南北嘉龍黃臺：傳法誤作傳教。

1444　　智炬陀羅尼經一卷，唐提雲般若等譯。

　　　　【校記】◎指：智炬呪，磧普初天南北嘉龍黃臺義知：智作佛説智◎開貞至略緣義：無等字。【註】磧普初緣南北嘉龍黃臺：與趙宋施護出智光滅業障經同本。
　　　　【按】天重出（見附1444）。
　　　　▲上二經同本異譯。

1445　　佛説滅除五逆罪大陀羅尼經一卷，宋法賢譯。

　　　　【校記】石麗資磧普天緣卍臺大中縮頻：無宋字。【按】法賢譯此經時的職稱是西天譯經三藏朝散大夫試光禄卿明教大師，資磧普初南臺：略作三藏法師。

1446　　佛説消除一切災障寶髻陀羅尼經一卷，宋法賢譯。

　　　　【校記】◎標：寶髻陀羅尼經◎石麗資磧普天緣卍臺大中縮頻：無宋字。【按】法賢譯此經時的職稱是西天譯經三藏朝散大夫試光禄卿明教大師，資磧普初南臺：略作三藏法師。

1447　　佛説大金剛香陀羅尼經一卷，宋施護譯。

　　　　【校記】石麗資磧普初天緣南卍臺大中縮頻：無宋字，至：誤作宋法賢譯。【按】施護譯此經時的職稱是西天譯經三藏朝散大夫試鴻臚少卿傳法大師，北嘉龍黃：脱譯經、少三字。

1448　　消除一切閃電障難隨求如意陀羅尼經一卷，宋施護譯。

　　　　【校記】◎天：消除障難隨求陀羅尼經，標：無障難二字◎石金麗資磧普初天緣

南卍臺大中縮頻：無宋字。

1449　佛説如意摩尼陀羅尼經一卷，宋施護譯。

【校記】◎天：無佛説二字◎石麗資磧普天緣卍臺大中縮頻：無宋字。【按】施護譯此經時的職稱是西天譯經三藏朝散大夫試鴻臚少卿傳法大師，資磧普初南臺：略作三藏法師，北嘉龍黃：脱譯經二字。

▲上二經同本異譯。

1450　佛説如意寶總持王經一卷，宋施護譯。

【校記】石麗資磧普初天緣南卍臺大中縮頻：無宋字。【按】施護譯此經時的職稱是西天譯經三藏朝散大夫試鴻臚少卿傳法大師，北嘉龍黃：脱譯經二字，資磧普初南北嘉龍黃臺：傳法誤作傳教。

1451　佛説息除賊難陀羅尼經一卷，宋法賢譯。

【校記】石金麗資磧普初天緣南卍臺大中縮頻：無宋字。【按】法賢譯此經時的職稱是西天譯經三藏朝散大夫試光禄卿明教大師，資磧普初南北嘉龍黃臺：略作三藏法師。

1452　佛説辟除賊害呪經一卷，失譯。

【校記】麗資卍臺大中縮頻：無失譯二字，普南北嘉龍黃：失譯附東晉録，義：東晉録失譯人名，知：附東晉録，初：東晉竺曇無蘭譯。

1453　佛説辟除諸惡陀羅尼經一卷，宋法賢譯。

【校記】石麗資磧普天緣卍臺大中縮頻：無宋字。【按】法賢譯此經時的職稱是西天譯經三藏朝散大夫試光禄卿明教大師，資磧普初南臺：略作三藏法師。

1454　佛説最上意陀羅尼經一卷，宋施護譯。

【校記】石麗資磧普初天緣卍臺大中縮頻：無宋字，至：誤作宋法賢譯。【按】施護譯此經時的職稱是西天譯經三藏朝散大夫試鴻臚少卿傳法大師，資磧普初南臺：略作三藏法師，北嘉龍黃：脱譯經二字、傳法誤作傳教。

1455　佛説聖最勝陀羅尼經一卷，宋施護譯。

【校記】◎頻：卷首題名誤作佛説最上意陀羅尼經◎石至金麗資磧普初天緣南卍臺大中縮頻：無宋字。【按】①譯者施護的職稱中有傳法大師四字，資磧普初南臺：傳法誤作傳教。②昭和總目六宮内省圖書寮目録（毘盧）尾附旦字號至營字號重出本經，實非毘盧藏本，而係圖書寮保存的一部分宋刻單行本（見附1455）。

1456　佛説勝幡瓔珞陀羅尼經一卷，宋施護譯。

【校記】◎至：無經字◎石金麗資磧普初天緣南卍臺大中縮頻：無宋字。【按】譯者施護的職稱中有傳法大師四字，資磧普初南北嘉龍黃臺：傳法誤作傳教。

1457　佛説蓮華眼陀羅尼經一卷，宋施護譯。

【校記】石麗資磧普天緣卍臺大中縮頻：無宋字。【按】施護譯此經時的職稱是

西天譯經三藏朝散大夫試鴻臚少卿傳法大師，資磧普初南臺：略作三藏法師，北嘉龍黃：脱譯經二字。

1458　佛説寳生陀羅尼經一卷，宋施護譯。
【校記】石麗資磧普天緣卍臺大中縮頻：無宋字。【按】施護譯此經時的職稱是西天譯經三藏朝散大夫試鴻臚少卿傳法大師，資磧普南臺：略作三藏法師，北嘉龍黃：脱譯經二字。

1459　佛説尊勝大明王經一卷，宋施護譯。
【校記】石麗資磧普初天緣南卍臺大中縮頻：無宋字。【按】施護譯此經時的職稱是西天譯經三藏朝散大夫試鴻臚少卿傳法大師，北嘉龍黃：脱譯經二字，資磧普初南北嘉龍黃臺：傳法誤作傳教。

1460　佛説金身陀羅尼經一卷，宋施護譯。
【校記】◎天：金誤作全◎金麗資磧普初天緣南卍臺大中縮頻：無宋字。【按】譯者施護的職稱中有西天譯經三藏六字，北嘉龍黃：脱譯經二字。

1461　大金剛妙高山樓閣陀羅尼一卷，宋施護譯。
【校記】◎天緣：尼作尼經◎石麗資磧普天緣卍臺大中縮頻：無宋字。【按】施護譯此經時的職稱是西天譯經三藏朝散大夫試鴻臚少卿傳法大師，資磧普初南臺：略作三藏大師，北嘉龍黃：脱譯經二字，傳法誤作傳教。

1462　金剛摧碎陀羅尼一卷，契丹慈賢譯。
【校記】◎至：大摧碎陀羅尼經◎至緣續義知佛：契丹作宋，北嘉龍黃卍大縮頻：契丹作宋契丹。

1463　佛説壞相金剛陀羅尼經一卷，元沙囉巴譯。
【校記】普卍續大中縮頻：無元字。

1464　佛説一切如來安像三昧儀軌經一卷，宋施護譯。
【校記】◎至：無經字◎石麗資磧普初天緣南卍臺大中縮頻：無宋字。【按】譯者施護的職稱中有西天譯經三藏六字，北嘉龍黃：脱譯經二字。

1465　釋教最上乘祕密藏陀羅尼集三十卷，唐行琳集。
〇～序，行琳述。
【校記】◎石至：無唐字◎序見石中。

1466　佛説造像量度經一卷，清工布查布譯。

1467　佛説造像量度經解一卷，清工布查布譯解。
〇造像量度經序，清和碩莊親王題〇造像量度經序，清章佳胡圖克突書〇佛説造像量度經序，清界珠題〇佛像量度經序，清明鼎書〇佛像量度經序，清本誠記〇造像量度經引，工布查布識〇佛菩薩等像十二幅〇附後記〇造像量度經續補目録〇造像量度經續補，工布查布述。
【校記】序等見卍續（大：無目録）。【按】佛分出造像量度經續補一卷（見附1467）。

1468　龍樹五明論二卷。

1469　權現金色迦那婆底九目天法一卷，唐菩提流志譯。

【校記】卍續：無唐字，佛：志作支。

1470　祕密要術法一卷，唐阿謨伽譯。

【校記】卍續：無唐字。

1471　五大牛王雨寶陀羅尼儀軌一卷，唐縛日羅枳惹曩譯。

【校記】◎卍續：王作玉◎無唐字。

1472　佛説大如意寶珠輪牛王守護神呪經一卷，唐阿謨伽譯。

【校記】卍續：無唐字。

1473　新刻看命一掌金一卷，唐一行著、明文會堂校。

【校記】卍續頻續目録題看命一掌金。

1474　持呪仙人飛鉢儀軌一卷，唐不空拔出。

【校記】卍續頻續佛：無唐字。

1475　釋迦牟尼如來拔除苦惱現大神變飛空大鉢法一卷，唐般若傳。

【校記】◎卍續：無唐字◎目録註外題飛空大鉢法。

1476　成就夢想法一卷，唐大興善寺翻經院灌頂阿闍梨述。

【校記】卍續頻續：無唐字。

1477　聖無量壽智大乘經一卷，民國丹吉譯。

1478　佛説身口意魔法災難解除陀羅尼經一卷，民國丹吉譯。

1479　大毘盧遮那成佛神變加持經住心品疏註會解一卷，唐一行疏、靈雲妙極註、民國
　　　劉永滇述、萬武等校。

○自序，劉永滇識○凡例○萬序，萬武識。

【校記】◎佛：無民國二字◎有自序等◎目録題大日經住心品註疏會解。

1480　佛説化珠保命真經一卷。

○附藥王菩薩化珠保命真經序，刑敬書○明王守仁序○觀世音菩薩稀痘感應塔
　　　號，明王亨仲書○日本寬文交易書。

【校記】序等見卍續。

1481　健拏標訶一乘修行者秘密義記一卷，法藏述。

律部

1482　彌沙塞部和醯五分律三十卷，劉宋佛陀什共竺道生等譯。

○～目録○附翻譯後記。

【校記】◎開貞至指標略緣：五分律，天義知：無和醯二字◎開貞金麗略緣卍大
　　　中縮頻：劉宋作宋，標：宋佛陀什等譯，至福資磧普初天南北嘉龍黃臺：宋佛陀
　　　什共竺道生譯（義知佛：宋作劉宋）◎目録見縮頻；附後記見金麗福資磧普初南
　　　北嘉龍黃卍臺大中縮頻。【註】開貞至略緣：亦云彌沙塞律；開貞至：或三十四

卷。【按】此律卷二至卷三十之題名，金麗卍大中縮頻作五分律，福資磧普初南北嘉龍黃臺作彌沙塞部五分律。

1483-1　彌沙塞五分戒本一卷，劉宋佛陀什等譯。

【校記】麗卍大中縮頻：劉宋作宋。【守其按】此戒本國、宋本同，丹本獨異。檢之丹本正也，國、宋兩本即此隨函中十誦比丘波羅提木叉戒本，鳩摩羅什譯者，錯重寫為五分戒本，而云佛陀什譯。故今取丹本入藏。【按】金藏覆刻宋藏，理應同錯，只因金本已佚，今新考目錄暫且依宋本著錄，備考（見附1497-1）。

1483-2　五分戒本（別本）一卷，劉宋佛陀什等譯。

【校記】◎開貞至標略緣：五分比丘戒本◎開貞至略福資磧普初天緣南北嘉龍黃臺大中縮頻：劉宋作宋，知：梁明徽集。【註】開貞至略福資磧普初天緣南北嘉龍黃臺大中知縮頻：亦云彌沙塞戒本。

1484　五分比丘尼戒本一卷，梁明徽集。

【校記】◎指：五分尼戒本◎至：增宋佛陀什共竺道生譯九字，略：宋佛陀什等譯，天：脫明字。【註】開貞至略緣：亦云彌沙塞尼戒本。

1485　彌沙塞羯磨本一卷，唐愛同錄。

【校記】◎開貞至略緣：五分羯磨◎北嘉龍黃：二卷◎開貞至略緣：錄作集，福資磧普初南北嘉龍黃臺：唐愛同錄五分羯磨（麗卍大中縮頻：無唐字）。【按】金卷首殘。

1486　摩訶僧祇律四十卷，東晉佛陀跋陀羅共法顯譯。

○~目錄○附~私記○佛說犯戒罪報輕重經。

【校記】◎北嘉龍黃知：或四十六卷（卷九、十、十三、十八、二十、三十一各分二卷）◎金略：無跋陀二字◎目錄見縮頻；附私記見金麗福資磧普初南北嘉龍黃卍臺大中縮頻；經見麗福資卍大中縮頻。【註】開貞至：或三十卷。【磧普初南北嘉龍黃臺按】此下舊有犯戒罪報輕重經一紙，今勘與世高譯者似同，故此不書入。【按】今將麗福資卍大中縮頻收經，與世高譯者（見1529）比較，其前部長行同1529-1之長行，後部偈言同1529-2之偈言。

1487　摩訶僧祇律大比丘戒本一卷，東晉佛陀跋陀羅譯。

【校記】◎標：僧祇律比丘戒本（開貞至略緣：無律字），福資磧普初天南北嘉龍黃臺知：波羅提木叉僧祇戒本◎天：東誤作陳，至：羅誤作羅訶。【註】開貞至略緣：亦名摩訶僧祇戒本。

1488-1　摩訶僧祇比丘尼戒本一卷，東晉法顯共覺賢譯。

【校記】開貞至略緣：無摩訶二字，標：僧祇律比丘尼戒本。【註】開貞至略緣：亦云比丘尼波羅提木叉僧祇戒本。

1488-2　比丘尼僧祇律波羅提木叉戒經（別本）一卷，東晉法顯共覺賢譯。

【校記】福：覺賢誤作法賢。

1489　四分律六十卷，姚秦佛陀耶舍共竺佛念等譯。

○～目録○～序。

【校記】◎金福資磧普初天南北嘉龍黃臺義知：四分律藏◎標：無共竺佛念四字，貞至北嘉龍黃義知佛：無等字◎目録見縮頻；序見麗卍大中縮頻。【註】開貞：或四十五卷，或云四十卷，或云四十四卷，至：或五十卷，開貞至：或七十卷。【按】金卷一散佚。

1490　四分比丘戒本一卷，唐懷素集。

○並序。

【校記】◎麗卍大縮頻佛：四分作四分律，標福資磧普南北嘉龍黃臺義知：無比丘二字◎嘉黃：卷上（嘉黃以此本為卷上，以1491佛陀耶舍譯四分戒本為卷下）◎金麗卍大中縮頻：無唐字，麗卍大縮頻：增後秦佛陀耶舍譯七字，佛：唐懷素集作後秦佛陀耶舍譯，至：增姚秦佛陀中（按：中係耶之誤）舍共竺佛念譯十一字◎序見指金麗資磧普初南北嘉龍黃卍臺大中縮頻。

1491　四分僧戒本一卷，姚秦佛陀耶舍譯。

【校記】◎福資磧普初天南北嘉龍黃臺義知：四分戒本（石：四作佛説四），至：四分作四分律◎嘉黃：卷下（嘉黃以此本為卷下，以1490懷素集四分戒本為卷上）◎石：無譯者名，金麗卍大中縮頻佛：姚秦作後秦。【註】開貞至略緣：或云曇無德戒本，金麗福資磧普初天南北嘉龍黃卍臺大中縮頻佛：出曇無德部。

【按】北藏目録將此戒本與前懷素集四分戒本合著一目，下註二卷各本，但是影印北目録卻在四分戒本一目下記二卷，唐懷素集，欠妥。

1492-1　四分尼戒本一卷，唐懷素集。

【校記】◎開貞至麗略緣卍大縮頻佛：四分比丘尼戒本，石：尼作大尼◎石：無作者名，金麗大中縮頻：無唐字，麗卍大縮頻：增後秦佛陀耶舍譯七字，佛：後秦佛陀耶舍譯。【按】金麗大中縮頻另有並序，已見1490。【卍按】此序與四分比丘戒本（見1490）卷首所載者全同故略之。

1492-2　四分比丘尼戒本（別本）二卷，唐懷素集。

【校記】◎知：無四分二字◎福資磧普初天南臺義知：一卷。【註】福資磧普初天南北嘉龍黃臺中：出曇無德律部。

1493　曇無德律部雜羯磨一卷，曹魏康僧鎧譯。

○～目録。

【校記】◎開貞至略緣：四分雜羯磨◎北嘉龍黃義：二卷◎福資磧普初天南北嘉龍黃臺：曹魏作前魏◎目録見縮頻。【註】開貞略緣：以結界場為首，麗卍大中縮頻：四分，福資磧普初南龍臺：四五分。【按】金卷首殘缺。

1494　羯磨一卷，曹魏曇諦譯。

○～目録。

【校記】◎開貞至略緣：曇無德羯磨，石：僧羯磨經，天：曇無德雜律羯磨◎標

北嘉龍黃義知：二卷◎石：無譯者名，金中：曇諦集，福資磧普初天南北嘉龍黃臺義知：譯作集◎目錄見縮頻。【註】開貞金麗福資磧普初天緣南北嘉龍黃卍臺大中義知縮頻佛：出曇無德律部，開貞略緣：以結大界為首。

1495　四分比丘尼羯磨法一卷，劉宋求那跋摩譯。

　　　　○～目錄。

　　　　【校記】◎石：無四分二字，指標：無法字，縮：法誤作磨◎開貞至麗略福資天緣卍大中縮頻佛：劉宋作宋，石：無譯者名◎目錄見縮頻。【註】開貞略緣：祐云曇無德羯磨，或云雜羯磨。【守其按】此羯磨一卷，宋本與國本同，丹本獨異。今檢丹本與懷素所集文義大同，可知是跋摩所譯正本，故取之入藏，彼國宋二本有六處錯亂，不可依用。【按】今檢金本殘卷，錯同守其考證之宋本。中華附金殘卷，並云現存八至二十三版與各本大異，無法作為底本，附錄於後，以資參考。

　　　　▲上三律同本異譯。

1496-1　十誦律五十八卷，姚秦弗若多羅等共鳩摩羅什譯。

　　　　○～目錄。

　　　　【校記】◎指金麗卍大縮頻：五十九卷（中：或六十四卷，別本五卷，分別見卷十九、卷五十二至五十五），北嘉龍黃：六十五卷，佛：六十一卷◎金麗卍大中縮頻佛：後秦弗若多羅共羅什譯，至：姚秦羅什共弗若多羅譯，福資磧普初天南北嘉龍黃臺義知：無等字，開略緣：無鳩摩二字，貞：無共鳩摩羅什五字◎目錄見縮頻。【按】佛目錄末記六十一卷內末二卷係十誦律毘尼序。

1496-2　十誦律毘尼序三卷，東晉卑摩羅叉續譯。

　　　　【校記】◎開貞至略緣：後毘尼序，知：無律字，資：毘作善誦毘（天：脫誦字）◎指：一卷，金麗卍大中縮頻：二卷，即十誦律卷第六十・善誦毘尼序卷上、十誦律卷第六十一・善誦毘尼序卷中、卷下（中：或三卷，卷六十一分二卷）◎金中：無東晉二字，緣：卑誤作昇。【按】①指缺十誦律卷第六十一・善誦毘尼序卷中、卷下。②卍目錄重出（見附1496-2）。【提示】始自五百比丘結集三藏法品。

1497-1　十誦比丘波羅提木叉戒本一卷，姚秦鳩摩羅什譯。

　　　　【按】金重出（見附1497-1）。

1497-2　十誦律比丘戒本（別本）一卷，姚秦鳩摩羅什譯。

　　　　【校記】◎開貞至標略緣知：無律字◎緣：無鳩摩二字。【註】開貞至略緣：亦云十誦波羅提木叉戒本。

1498-1　十誦比丘尼波羅提木叉戒本一卷，劉宋法顯集。

　　　　○～目錄。

　　　　【校記】◎指：無十誦二字◎金麗大中縮頻：劉宋作宋◎目錄見縮頻。

1498-2　十誦律比丘尼戒本（別本）一卷，劉宋法穎集。

【校記】◎開貞至略緣知：無律字◎開貞略福磧普初緣南北嘉龍黃卍臺中：劉宋作宋，資天：宋法顯集（至：增姚秦鳩摩羅什共佛若多羅譯十二字）。【註】開貞至略緣：亦云十誦比丘尼波羅提木叉戒本。

1499　大沙門百一羯磨法一卷，失譯附劉宋録。

○～目録。

【校記】◎標：無法字◎貞略：僧祐録中失譯經附宋録（至：經作人名），開福資磧普初天緣南北嘉龍黃臺：劉宋作宋，義：劉宋録失譯人名，知：附宋録，麗卍大中縮頻：無譯者名◎目録見縮頻。【註】開貞緣：或云大沙門羯磨法；開貞至略緣：出十誦律。【按】金卷首散佚。

1500　十誦羯磨比丘要用一卷，劉宋僧璩撰。

○～目録。

【校記】◎開貞麗略福資天卍大中縮頻：劉宋作宋，至緣：宋僧璩集，佛：撰作集◎目録見縮頻。【註】開貞緣：或云略要羯磨法；開貞至略緣：出十誦律；開貞至：或二卷。【按】金卷首殘缺。

1501　薩婆多毘尼毘婆沙九卷，失譯附秦録。

○～目録○續～序（卷九前），隋智首撰。

【校記】◎略：毘婆沙作婆沙，福北嘉龍黃佛：卷九題續薩婆多毘尼毘婆沙◎略福資磧普初天南北嘉龍黃臺：秦作三秦，義：三秦録失譯人名，知：附三秦録，◎目録見縮頻；序見福資磧普初南北嘉龍黃臺大中縮頻。【按】天南北嘉龍黃臺佛分出續薩婆多毘尼毘婆沙卷九一卷（見附1501）不妥。據序文可知，此律譯出時有九卷，後因法難末卷散佚；智首從西蜀寶玄律師處得知成都有本，遂於隋大業二年獲此卷九，傳之京邑，補足藏經本所缺。

1502　薩婆多部毘尼摩得勒伽十卷，劉宋僧伽跋摩譯。

○～目録。

【校記】◎標：摩得勒伽經（指：勒誤作勤），開貞至略緣：無薩婆多部四字，知佛：無部字，金天中：伽作伽經◎開貞至金麗略福資磧普初天緣南北嘉龍黃卍臺大中縮頻佛：劉宋作宋◎目録見縮頻。

1503　根本説一切有部毘奈耶五十卷，唐義淨譯。

○～目録○毘奈耶序○附譯場職名録。

【校記】◎指：無根本説三字◎金麗卍大中縮頻：無唐字◎目録見縮頻；序見金麗福資磧普初南北嘉龍黃卍臺大中縮頻；附職名録見金中。

1504　根本説一切有部苾芻尼毘奈耶二十卷，唐義淨譯。

○～目録。

【校記】◎指：苾芻尼毘奈耶◎金麗卍大中縮頻：無唐字◎目録見縮頻。【守其按】末卷第十九張第二十行污手捉淨水之下，丹本有瓶應當學乃至佛言不等凡五十九行文，國本、宋本並闕，今依丹本足之。【按】①金卷一散佚；今檢宋本

缺文處，金已補足。②麗福資磧普初南北嘉龍黄卍臺大中縮頻另有毘奈耶序，已見1503。

1505　根本説一切有部毘奈耶出家事四卷，唐義淨譯。
【校記】◎貞至：五卷◎縁續：無唐字。【註】貞：内欠一卷。【按】①希麟撰續一切經音義卷九記此律"第四卷諸藏檢本未獲"。今將希麟所音卷三與卷五的詞語對比麗藏本，可知麗本卷三後原缺卷四，便將卷五改作卷四收録。②縁續誤記一卷，今新考目録據麗本改正作四卷。

1506　根本説一切有部毘奈耶安居事一卷，唐義淨譯。
【校記】縁續：無唐字。

1507　根本説一切有部毘奈耶隨意事一卷，唐義淨譯。
【校記】縁續：無唐字。

1508　根本説一切有部毘奈耶皮革事二卷，唐義淨譯。
【校記】縁續：無唐字。

1509　根本説一切有部毘奈耶藥事二十卷，唐義淨譯。
【校記】◎麗卍續大中縮頻佛：十八卷◎縁續：無唐字。【註】縁續麗目：内欠二卷。

1510　根本説一切有部毘奈耶羯恥那衣事一卷，唐義淨譯。
○附獅谷忍澂師校刻本有此存疑故抄集於此。
【校記】◎貞縁續：無衣字◎縁續：無唐字◎附文見縮。

1511　根本説一切有部毘奈耶破僧事二十卷，唐義淨譯。
【校記】縁續：無唐字。【註】貞縁續：内欠二卷。

1512　根本説一切有部毘奈耶雜事四十卷，唐義淨譯。
【校記】◎指：根本雜事，標：毘奈耶雜事◎金麗卍大中縮頻：無唐字。

1513-1　根本説一切有部尼陀那卷一至五，唐義淨譯。
○譯場職名録。
【校記】◎指標：無根本説三字◎金中：無唐字◎職名録見福資磧普初南北嘉龍黄臺大中縮頻。【註】開貞至：或八卷。【按】中華用嘉興本根本説一切有部毘奈耶尼陀那目得迦攝頌一卷（見1517）與本經卷一至五及以下卷六至十校對，誤之甚矣。

1513-2　根本説一切有部目得迦卷六至十，唐義淨譯。
【校記】◎指知：目得迦，標：一切有部目得迦，至：得誤作特◎金：無唐字。【按】金卷六首版殘。

1514　根本説一切有部百一羯磨十卷，唐義淨譯。
【校記】金麗卍大中縮頻：無唐字。

1515　根本説一切有部戒經一卷，唐義淨譯。
【校記】◎略：無經字◎金麗福資磧普卍臺大中縮頻：無唐字。

1516　根本説一切有部苾芻尼戒經一卷，唐義淨譯。

【校記】◎指：苾芻作比丘，標：經作本，略：無經字◎北嘉龍黄：二卷◎麗福資磧普卍臺大中縮頻：無唐字。

1517　根本説一切有部毘奈耶尼陀那目得迦攝頌（副題名：尼陀那五十二頌，目得迦四十八頌）一卷，唐義淨譯。

　　　○附譯場職名録。

【校記】◎指：僅有副題名，標：一切有部毘奈耶尼陀那頌，金中：無目得迦三字，至：得誤作特，義：攝作雜事攝，知：頌下有雜事攝頌四字◎金麗卍大中縮頻：無唐字◎副題名見金麗福資磧普南北嘉龍黄臺大中縮頻；附職名録見福資磧普臺大縮頻。【註】開貞福資磧普緣南臺：尼陀那頌在先，目得迦頌在後，【按】中縮頻卷末附文“第緣雜亂故……餘識不生”四百二十五字（嘉黄見經文中，在第三別門總攝頌曰・第四子攝頌曰：不用五種脂……因億耳開粥下），今檢實屬阿毘達磨俱舍釋論卷五之文（見 1628），誤録於此。

1518　根本説一切有部毘奈耶雜事攝頌一卷，唐義淨譯。

　　　○附譯場職名録。

【校記】◎指：毘奈耶雜事攝頌，標：根本説毘奈雜事攝頌，金麗卍大中縮頻佛：毘作略毘◎金麗卍大中縮頻：無唐字◎附職名録見福資磧普初南北嘉龍黄臺大縮頻。

1519　根本薩婆多部律攝十四卷，尊者勝友集、唐義淨譯。

　　　○~目録○譯場職名録。

【校記】◎指：無根本二字◎開貞至：二十卷，大縮頻：或十五卷（卷十四增別本一卷），中：或十六卷（卷二、十四增別本二卷）◎福資磧普初天南北嘉龍黄臺知：集作造，義：無集字，佛：無集者名，金麗福資磧普初南卍臺大中縮頻：無唐字◎目録見縮頻；職名録見金中（卷一後）。

1520　根本説一切有部毘奈耶頌三卷，尊者毘舍佉造、唐義淨譯。

【校記】◎指：無根本説三字◎北嘉龍黄：四卷，開貞至標：五卷◎佛：無造者名，金麗卍大中縮頻：無唐字。

1521　解脱戒經一卷，元魏瞿曇般若流支譯。

　　　○解脱戒本經序，元魏僧昉述。

【校記】◎標：四分解脱戒本，普初天南北嘉龍黄義知：戒作戒本，開貞至略緣：經作本◎緣佛：無瞿曇二字◎序見金麗福資普初南北嘉龍黄卍臺大中縮頻。【註】開貞至金麗略福資普初天緣南北嘉龍黄卍臺大中知縮頻：出迦葉毘部。

1522　律二十二明了論一卷，佛陀多羅多造、陳真諦譯。

　　　○翻譯後記、偈言。

【校記】◎福資天：二十二作二十◎開貞：造者名作覺護造，至略佛：無造者名，金麗大中縮頻：佛作弗◎後記等見金麗福資磧普初南北嘉龍黄卍臺大中縮

頻。【註】開貞略緣：亦直云明了論，至緣：亦云了論。

1523　善見律毘婆沙十八卷，蕭齊僧伽跋陀羅譯。

【校記】指金福資磧普初天南北嘉龍黃臺義知：善見毘婆沙律。【註】開貞至略緣：或云毘婆沙律，亦直云善見律，緣：亦名善見論。【按】①金卷一首殘。②中縮頻末卷後附文“以堅牢故頭圓形……至檀尼迦所”共五百十字，今檢係資磧普臺卷八之脫文誤錄於卷十八。

1524　毘尼母經八卷，失譯附秦錄。

【校記】◎指：無經字，標福北嘉龍黃：經作論◎福：失譯，義：三秦錄失譯人名，知：附秦錄。

1525　鼻奈耶十卷，姚秦竺佛念譯。

○～目錄○～序，苻秦道安述。

【校記】◎開貞至略緣：鼻奈耶律，福資磧普初天南北嘉龍黃臺義知：戒因緣經◎指標金中：八卷（金：或十卷，卷五、六各分二卷；中：或十二卷，卷五、六各分二卷，另有別本卷九、十）◎緣：譯作於苻秦代譯◎目錄見縮頻；序見麗福資磧普初南北嘉龍黃卍臺大中縮頻。【註】開貞緣：亦名戒果因緣經，亦云鼻奈耶經。【按】金卷一散佚。

1526　舍利弗問經一卷，失譯附東晉錄。

【校記】石：無失至錄六字，金麗卍大中縮頻：無失譯二字，略福：失譯，南北嘉龍黃：東晉失譯，義知：東晉錄失譯人名。【按】石經文中間部分與尾部均刻在石碑側面，《房山石經》誤將兩側面之經文前後倒置。

1527　優波離問佛經一卷，失譯在後漢錄。

【校記】◎至：波作婆，福資磧普初天南北嘉龍黃臺義知：無佛字◎福：失譯附漢錄，至：失譯，磧普初南北嘉龍黃臺義知：劉宋求那跋摩譯（金麗資天卍大中縮頻佛：劉宋作宋）。【註】開貞至略緣：或云優波離律。【緣按】云求譯者錯也。

1528　佛說目連所問經一卷，宋法天譯。

【校記】◎天：無佛說二字◎石金麗資磧普初緣南卍臺大中縮頻：無宋字，天：誤題施護譯。【按】譯者法天的職稱中有西天譯經三藏六字，北嘉龍黃：脫譯經二字。

1529-1　佛說犯戒罪報輕重經一卷，後漢安世高譯。

【校記】◎指：犯戒罪報經，知：無佛說二字，開貞至略緣：罪報作報應，標福資磧普天南北嘉龍黃臺義知：無報字◎緣：漢世高譯。【註】開貞至略緣：出目連問毘尼經，或云目連問經；福資磧普天南北嘉龍黃臺：漢隋唐錄並云世高所譯恐非。

▲上二律同本異譯。

1529-2　佛說犯戒罪報輕重經（別本）一卷。

1530　佛說迦葉禁戒經一卷，劉宋沮渠京聲譯。

【校記】◎知：無佛説二字◎開貞至金麗略福資磧普天南北嘉龍黃卍臺大中縮頻佛：劉宋作宋，緣：宋京聲譯。【註】開貞至略緣：一云摩訶比丘經，亦云真偽沙門經。

1531　大比丘三千威儀二卷，後漢安世高譯。

【校記】◎開貞至標略緣：儀作儀經◎緣：漢世高譯。【註】開貞至略緣：亦云大僧威儀經；開貞：或四卷；福資磧普天南北嘉龍黃臺知：僧祐云失譯人名。

1532　沙彌十戒法並威儀一卷，失譯附東晉録。

○～序。

【校記】◎指：沙彌十戒威儀經，標：沙彌十戒經並七十二威儀法◎知：附東晉録（金中：無録字），義：東晉録失譯人名◎序見福資磧普南北嘉龍黃臺大中縮頻。【註】開貞至略緣：亦名沙彌威儀戒本。

1533　沙彌威儀一卷，劉宋求那跋摩譯。

【校記】開貞至金麗略福資磧普天緣南北嘉龍黃卍臺大中縮頻佛：劉宋作宋，略：那誤作摩。【註】開貞略緣：或有經字，緣：亦云沙彌威儀戒；開貞至略緣：與前威儀大同小異。

1534　佛説沙彌十戒儀則經一卷，宋施護譯。

【校記】◎天：無佛説二字◎石金麗福資磧普初天緣南卍臺大中縮頻：無宋字。【註】石金麗福資磧普初南北嘉龍黃卍臺大中知縮頻：計七十二頌。【按】譯者施護的職稱中有西天譯經三藏六字，北嘉龍黃：脱譯經二字，大縮頻：脱三藏二字。

1535　沙彌尼戒經一卷，失譯在後漢録。

【校記】金麗卍大中縮頻：無失譯二字，福北嘉龍黃：失譯，義：後漢録失譯人名，知：今在漢録，佛：在作附，資普天南臺：後漢作漢。【註】開貞緣：或無經字。【按】國圖存黃檗本，此經在比丘尼僧祇律波羅提木叉戒經前（見1488-2），而目録及封面題簽所記此經皆排在後。檢二經皆在隨七，且皆自第一頁始，無前後之別，故仍依目録排序著録。

1536　沙彌尼離戒文一卷，失譯附東晉録。

【校記】◎至：沙彌雜戒文，標磧南臺義：無離字，略緣：離作雜◎金中：無失譯二字，麗卍大縮頻：東晉失譯，福資磧普天南北嘉龍黃臺知：失譯，義：东晉録失譯人名，佛：東晉誤作後漢。【註】金麗卍大中縮頻：沙彌尼戒經。【守其按】此戒名沙彌尼離戒文或沙彌尼雜戒文，今檢並乖正文，故可直云沙彌戒文乃正耳。然無所據，不敢即正。

1537　佛説優婆塞五戒相經一卷，劉宋求那跋摩譯。

○～目録。

【校記】◎開貞至麗略福資磧普初天緣南北嘉龍黃卍臺大中縮頻佛：劉宋作宋◎目録見縮頻。【註】開貞至略緣：一名優婆塞五戒略論。

1538　　　佛説戒消災經一卷，吳支謙譯。

　　　　　【註】開貞至略緣：或云戒伏銷災經。【按】消、銷音同不校。

1539　　　大愛道比丘尼經二卷，失譯附北涼録。

　　　　　【校記】◎福資磧普天南北嘉龍黄臺義知：大作佛説大◎貞略：失譯作失譯僧祐

　　　録云安公涼土異經，金麗卍大中縮頻：無失譯二字，福：失譯，資磧普天南北嘉

　　　龍黄臺：北涼失譯，義知：北涼録失譯人名。【註】開貞至略緣：亦云大愛道受

　　　戒經，或直云大愛道經。

1540　　　佛説苾芻五法經一卷，宋法天譯。

　　　　　【校記】石金麗資磧普初天緣南卍臺大中縮頻：無宋字。【按】譯者法天的職稱

　　　中有西天譯經三藏六字，北嘉龍黄：脱譯經二字。

1541　　　佛説苾芻迦尸迦十法經一卷，宋法天譯。

　　　　　【校記】石金麗福資磧普天緣卍臺大中縮頻：無宋字。【按】法天譯此經時的職

　　　稱是西天譯經三藏朝散大夫試鴻臚少卿傳教大師，福資磧普初南臺：略作三藏傳

　　　教大師，北嘉龍黄：脱譯經二字。

1542　　　佛説五恐怖世經一卷，劉宋沮渠京聲譯。

　　　　　【校記】◎石天：無佛説二字◎開石貞至麗略福資磧普初天南北嘉龍黄卍臺大中

　　　縮頻佛：劉宋作宋，緣：宋京聲譯。【註】開貞至略緣：或無世字。

1543　　　佛阿毘曇經二卷，陳真諦譯。

　　　　　【校記】指：無佛字，佛：經作經出家相品。【註】開貞至略緣：亦云佛阿毘曇

　　　論。

1544-1　　佛説目連問戒律中五百輕重事一卷，失譯附東晉録。

　　　　　○～目録。

　　　　　【校記】目録見縮頻。【守其按】國本、丹本有三百六十七問，而宋本只有

　　　二百二十問，脱之甚矣。今取二本補之，然亦不滿五百。疑譯本不足或傳寫者

　　　錯三為五焉。【按】金本同宋本（見1544-3）；龍藏等本有三百六十四問（見

　　　1544-2）。

1544-2　　佛説目連問戒律中五百輕重事經（別本一）二卷，失譯附東晉録。

　　　　　○～目録。

　　　　　【校記】◎開貞至略緣：五百問事經◎開貞至標略福資磧普天緣南臺義知：一卷

　　　◎義：東晉録失譯人名（知：東作西）◎目録見嘉黄縮頻。

1544-3　　佛説目連問戒律中五百輕重事（別本二）一卷，失譯附東晉録。

1545　　　梵網經二卷，姚秦鳩摩羅什譯。

　　　　　○～序○～序，姚秦僧肇作○～菩薩戒序（卷下首）。

　　　　　【校記】◎福資磧普初天南北嘉龍黄臺義知：佛説梵網經，佛：梵網經盧舍那佛

　　　説菩薩心地戒品第十◎石金麗卍大中縮頻佛：姚秦作後秦，緣：無鳩摩二字◎僧

　　　肇序見福資磧普初南北嘉龍黄臺大中縮頻，餘二序見石金麗卍大中縮頻。【按】

①石別抄（見附 1545-1 至附 1545-3）。②初此經卷下原本散佚，影印洪武南藏補入抄本。卷下首附贊；刊正菩薩戒本序，元弘濟序；元智松識；受戒悔過感應；梵網經菩薩戒序；卷末附重刊梵網經菩薩戒後序，明明覺序；重刊梵網菩薩戒後序，明程自慎序。

1546　菩薩瓔珞本業經二卷，姚秦竺佛念譯。

　　　○～目錄。

　　　【校記】◎指：無本業二字◎目錄見縮頻。【註】開貞至略緣：或無菩薩字。

1547　受十善戒經一卷，後漢失譯。

　　　○～目錄。

　　　【校記】◎指：無受字，磧普初南北嘉龍黃臺義知：受作佛説受◎福資天：漢失譯，磧普初南北嘉龍黃臺：後漢失譯人名開元錄拾遺單本（知：無後至名六字），義：後漢錄失譯人名◎目錄見縮頻。

1548　佛説菩薩內戒經一卷，劉宋求那跋摩譯。

　　　【校記】◎石：無佛説二字，指：內戒經◎開石貞至金麗略福資天緣卍大中縮頻佛：劉宋作宋。

1549　優婆塞戒經七卷，北涼曇無讖譯。

　　　○～目錄。

　　　【校記】◎標：六卷◎目錄見縮頻。【註】開貞至：或五卷，開貞：或十卷；開貞至略：是在家菩薩戒。【蔡按】嘉續受戒品（卷三第十四品）別行（見附2415）。

1550　佛藏經三卷，姚秦鳩摩羅什譯。

　　　○～目錄。

　　　【校記】◎開石貞至標略福資磧普初天緣南北嘉龍黃臺義知：四卷◎略緣：無鳩摩二字◎目錄見嘉黃縮頻。【註】麗卍大中縮頻：奉入龍華經，一名選擇諸法（開石貞至緣：無奉至經五字），略：一名釋諸法；開貞至：或二卷。【按】金卷上散佚。

1551　佛説法律三昧經一卷，吳支謙譯。

　　　【校記】福資磧普初天南臺：無佛説二字。【註】開貞至略緣：亦直云法律經。

1552　清淨毘尼方廣經一卷，姚秦鳩摩羅什譯。

　　　【校記】◎至：毘尼作毘奈耶，指：無方廣二字◎金麗卍大中縮頻佛：姚秦作後秦，緣：無鳩摩二字。

1553　佛説文殊師利淨律經一卷，西晉竺法護譯。

　　　○～目錄。

　　　【校記】◎指：文殊淨律經◎緣：無竺字◎目錄見縮頻。【註】開貞至略緣：或直云淨律經。

1554　寂調音所問經一卷，劉宋法海譯。

【校記】◎指：寂調音經◎開石至金麗略福資天緣卍大中縮頻佛：劉宋作宋。
【註】開石貞至金麗略福資磧普初天緣南北嘉龍黃卍臺大中知縮頻：一名如來所
説清淨調伏經。

▲上三律同本異譯。

1555　佛説清淨毘奈耶最上大乘經三卷，宋智吉祥等譯。
　　　【校記】金臺中：無宋字。【按】金臺中佛卷下散佚，宋藏遺珍未註明。

1556　佛説文殊悔過經一卷，西晉竺法護譯。
　　　【校記】義：文殊作文殊師利。【註】開貞至略緣：一名文殊五體悔過經。【按】
　　　指標金中重出（見附1556）。

1557　三曼陀跋陀羅菩薩經一卷，西晉聶道真譯。
　　　〇～目録。
　　　【校記】◎指：跋陀羅經，標：無三曼陀三字◎目録見縮頻。【按】跋、颰音同
　　　不校。

1558　菩薩藏經一卷，梁僧伽婆羅譯。
　　　【校記】至：脱僧字。

1559　佛説舍利弗悔過經一卷，後漢安世高譯。
　　　【校記】◎石福資磧普初天南北嘉龍黃臺義知：無佛説二字◎緣：漢世高譯。
　　　【註】開貞至略緣：亦直云悔過經。

1560　大乘三聚懺悔經一卷，隋闍那崛多共笈多等譯。
　　　【校記】開石貞至略緣：無共笈多三字，福資磧普初天南北嘉龍黃臺知：共作
　　　及，佛：無等字。

1561　佛説淨業障經一卷，失譯附秦録。
　　　【校記】◎指：淨諸業障經，石：無佛説二字◎石：秦録失譯，略：失譯，義：
　　　三秦録失譯人名，知：失譯作開元，磧普初天南北嘉龍黃臺：附作開元附。

1562　善恭敬經一卷，隋闍那崛多譯。
　　　【校記】◎開貞至：善敬經，普初天南北嘉龍黃義知：善作佛説善◎開石貞
　　　略緣：譯作等譯。【註】開貞至緣：亦名善恭敬師經。【校記】石重出（見附
　　　1562）。

1563　佛説正恭敬經一卷，元魏佛陀扇多譯。
　　　【註】開貞至緣：或名正法恭敬經，開貞緣：一名威德陀羅尼中説經。
　　　▲上二律同本異譯。

1564　佛説大乘戒經一卷，宋施護譯。
　　　【校記】石金麗資磧普初天緣南卍臺大中縮頻：無宋字。【按】譯者施護的職稱
　　　中有朝散大夫試鴻臚卿八字，福資磧普初南臺：省略此八字。

1565　佛説八種長養功德經一卷，宋法護等譯。
　　　【校記】麗資磧普初南卍臺大中縮頻：無宋字，天緣：法護譯，義知佛：脱等

字。【按】譯者法護的職稱中有西天譯經三藏六字，北嘉龍黄：脱譯經二字。

1566　菩薩戒羯磨文一卷，彌勒菩薩説、唐玄奘譯。

〇～目録〇菩薩戒羯磨序，唐静邁製。

【校記】◎義佛：無説者名，金麗卍大中縮頻：無唐字◎目録見縮頻；序見石金麗卍大中縮頻。【註】開石貞至金麗略緣卍大中知縮頻：出瑜伽論本地分中菩薩地。【按】①福資磧普初南北嘉龍黄臺中之静邁序在玄奘譯菩薩戒本後，記作菩薩戒本序（見 1568）。今閲序文可知，此序是為羯磨、戒本二書而作，故置羯磨前或戒本後皆可；中華兩處皆收則重出。②指記"二本"，檢此經無二本，實應記在同函的菩薩戒經（見 1568）處才對。指克函記六經，實缺慈氏菩薩説菩薩戒經一卷。③石重出（見附 1566）。

1567　菩薩戒本一卷，慈氏菩薩説、北涼曇無讖譯。

【校記】◎福資磧普初天南北嘉龍黄臺義知：菩薩戒本經◎福資義佛：無説者名。【註】開石貞至標金麗略磧普初天緣南北嘉龍黄卍臺大中縮頻：出地持戒品中（見 1651 菩薩地持經卷四方便處戒品）。【按】律要後集六種之一（見 2732）。蕅益大師佛學十種之八附見（見 2750–3）。

1568　菩薩戒本一卷，彌勒菩薩説、唐玄奘譯。

【校記】◎指福資：菩薩戒經◎福資義佛：無説者名，略：無菩薩二字，貞金麗卍大中縮頻：無唐字。【註】開石貞至標金麗略磧普初天緣南北嘉龍黄卍臺大中縮頻：出瑜伽論本地分中菩薩地（見 1649 初持瑜伽處戒品），佛：瑜伽菩薩戒本。【按】福資磧普初南北嘉龍黄臺中於書後有唐静邁製菩薩戒本序，詳見 1566 菩薩戒羯磨文的按語。

1569　優婆塞五戒威儀經一卷，劉宋求那跋摩譯。

【校記】◎北嘉龍黄知：優作菩薩優，指：無威儀二字◎開石貞至金麗略福資天緣卍大中縮頻佛：劉宋作宋。

1570　菩薩受齋經一卷，西晉聶道真譯。

1571　菩薩五法懺悔文一卷，失譯附梁録。

〇附優婆塞戒經中"殺父則輕，殺母則重"一句解。

【校記】◎指：無菩薩二字，至福資磧普初天南北嘉龍黄臺義知：文作經◎石義：梁録失譯，略福資天：失譯，知：失譯作開元，磧普初南北嘉龍黄臺：附作開元附◎附解見縮頻。

釋經論部

1572　三法度論三卷，東晉瞿曇僧伽提婆譯。

〇～目録。

【校記】◎開貞至：二卷◎磧普初南北嘉龍黄臺知：尊者山賢造、東晉僧伽提婆共慧遠譯（義：僧作瞿曇僧），福資天：晉僧伽提婆共慧遠譯◎目録見縮頻。

【註】開貞至略：或云經，緣：或云論經，開貞至緣：或無論字；開貞至：或一卷。【開貞緣按】廬山遠法師序云，本是尊者山賢造，釋是天竺大乘居士僧伽先撰；經後記云，大乘比丘釋僧伽先撰。二說少殊，未詳孰正（見3960出三藏記集序卷第十）。【按】金卷首殘缺。

1573　四阿鋡暮抄解二卷，阿羅漢婆素跋陀撰、苻秦鳩摩羅佛提等譯。

　　　○四阿鋡暮抄序。

　　　【校記】◎標天：無解字◎福佛：無撰者名，開：素作索，至義：無等字◎標：一卷◎序見金麗福資磧普初南北嘉龍黃卐臺大中縮頻。【註】開貞緣：亦云四阿含暮抄經，金麗福資磧普初南北嘉龍黃卐臺大中縮頻：此土篇目題皆在首，是故道安為斯題。

　　　▲上二論同本異譯。

1574　分別功德論五卷，失譯附後漢錄。

　　　【校記】◎標略福資磧普初天緣南北嘉龍黃臺義知：三卷，開貞至：四卷◎開貞略：附作在，緣：附後作在，義：後漢錄失譯人名。【註】開貞至略緣：或云分別功德經。【開按】此論釋增壹阿含經義，從初序品至弟子品過半釋王比丘即止，似與增壹阿含同一人譯，而餘錄並云失源，且依此定。法上錄云竺法護譯者不然，亦非僧祐錄云迦葉、阿難撰。

1575　阿含口解十二因緣經一卷，後漢安玄共嚴佛調譯。

　　　【校記】福：後漢安玄譯，緣：後漢作漢，至：安玄共誤作塞安玄，資：誤作後漢安世高譯。【註】開貞至略緣：亦直云阿含口解經，亦名斷十二因緣經。

1576　大智度論一百卷，龍樹菩薩造、姚秦鳩摩羅什譯。

　　　○~目錄○~序，姚秦僧叡述○翻譯後記。

　　　【校記】◎石：大智度經論◎略佛：無造者名，金麗卐大中縮頻佛：姚秦作後秦◎目錄見嘉黃縮頻；序見資磧普初南北嘉黃臺大中縮頻；後記見金麗福資磧普初南北嘉龍黃卐臺大中縮頻。【註】開貞福資磧普初緣南臺：亦云摩訶般若波羅蜜經釋論；開貞略：或一百一十卷，或七十卷。【按】①初末卷係抄補本。②石別抄（見附1576）。

1577-1　金剛般若論二卷，無著菩薩造、隋達摩笈多譯。

　　　【校記】佛：無造者名。

1577-2　金剛般若波羅蜜經論（別本）三卷，無著菩薩造、隋達摩笈多譯。

　　　【校記】◎標緣：金剛般若經論（略：無經字）◎略佛：無造者名，福：造作論，福資天緣：無達摩二字。【註】磧普初緣南北嘉龍黃臺大中知：亦名金剛能斷般若論。

1578　金剛仙論十卷，世親菩薩造、金剛仙論師釋、元魏菩提流支譯。

　　　【校記】卐續大：無作者名，佛：無造者、釋者名。

1579　金剛般若波羅蜜經論三卷，天親菩薩造、元魏菩提留支譯。

【校記】◎至：金剛般若經論（指：無經字），標：蜜作蜜多◎佛：無造者名。

1580　能斷金剛般若波羅蜜多經論釋三卷，無著菩薩造頌、世親菩薩釋、唐義淨譯。

【校記】◎指：能斷金剛論，標：能斷金剛般若經論，天：脱多字，至略：無釋字◎義：二卷◎至：造者名、釋者名作無著頌、世親釋（義：世親作天親菩薩），開貞略緣：無造字，磧普初南北嘉龍黄臺：釋作論釋，佛：無造者名，無釋者名，石金麗卍大中縮頻：無唐字。【註】開貞緣：亦云能斷金剛論釋。

▲上二論同本異譯。

1581　能斷金剛般若波羅蜜多經論頌一卷，無著菩薩造、唐義淨譯。

【校記】◎指：金剛經頌，義：無論字，南：無頌字◎略天佛：無造者名，金中：無唐字，至：義淨誤作不空。【註】開貞略緣：亦云能斷金剛論頌。

【按】至元録未載義淨譯此論頌，卻收他藏皆不載之不空譯同名論頌（見附1581），而且不空冠以唐天后代三藏之稱，實屬義淨應冠之稱，由此斷定至元録誤載。不僅如此，卷數誤記二卷，檢廉字號記“上三論一十卷同帙”，另兩論共九卷，故今新考目録更正作一卷。

1582　金剛般若波羅蜜經破取著不壞假名論二卷，功德施菩薩造、唐地婆訶羅等譯。

【校記】◎指：不壞假名論，至：無波羅蜜經四字◎佛：無造者名，福資磧普初天南北嘉龍黄臺：無唐、等二字，開貞至金略緣中義知：無等字。【註】開貞至略緣：亦名功德施論。

1583　聖佛母般若波羅蜜多九頌精義論二卷，勝德赤衣菩薩造、宋法護等譯。

【校記】◎義知：一卷◎緣：勝德作德勝，佛：無造者名，麗資磧普初南卍臺大中縮頻：無宋字，緣天：無宋、等二字，義知：譯者名誤作宋施護譯。

【按】①譯者法護的職稱中有西天譯經三藏六字，北嘉龍黄：脱譯經二字。②昭和總目四六圓覺藏目録谿函誤分本論題名後四字，即頌精義論為一目（見附1583）。

1584　佛母般若波羅蜜多圓集要義論一卷，大域龍菩薩造、宋施護等譯。

○附譯場職名録。

【校記】◎至：脱龍字，佛：無造者名，金麗資磧普初南卍臺大中縮頻：無宋字，天緣：無宋、等二字，至北嘉龍黄義知：無等字◎附職名録見金中。【按】譯者施護的職稱中有西天譯經三藏六字，北嘉龍黄：脱譯經二字。

1585　佛母般若波羅蜜多圓集要義釋論四卷，三寶尊菩薩造、大域龍菩薩造本論、宋施護等譯。

【校記】◎至緣知：釋論作論釋◎至：三寶尊者造，宋施護譯，知：龍作龍樹，本論作頌，縮頻：無本論二字，佛：無三至論十四字，金麗資磧普初南卍臺大中縮頻：無宋字，天緣：無宋、等二字，北嘉龍黄義知：脱等字。【按】譯者施護的職稱中有西天譯經三藏六字，北嘉龍黄：脱譯經二字。

1586　妙法蓮華經憂波提舍二卷，婆藪槃豆菩薩釋、元魏菩提留支共曇林等譯。

【校記】◎開貞至標略緣：法華經論，指：法華論◎開貞：釋作造，石：天親菩薩造，元魏菩提留支等譯，略緣佛：無釋者名，至：釋者名作天親菩薩造，無等字，金麗福資磧普初天南北嘉龍黃卍臺大中縮頻：無菩薩二字，金麗卍大中縮頻佛：元魏作後魏。【註】開貞至略：或一卷；開貞略緣：初有皈敬頌者。【按】憂、優音同不校。【提示】音譯婆藪槃豆，意譯天親。

1587-1　妙法蓮華經論優波提舍一卷，婆藪槃豆菩薩造、元魏勒那摩提共僧朗等譯。

【校記】◎開貞至略緣：妙法蓮華經論，指：法華論，標：無論字◎佛：二卷◎佛：無造者名，至：婆藪槃豆作天親，無等字。【按】槃、般音同不校。【提示】①音譯婆藪槃豆，意譯天親。②如是我聞。一時佛住王舍城耆闍崛山中……

▲上二論同本異譯。

1587-2　妙法蓮華經論優波提舍（別本）二卷，婆藪槃豆菩薩造、元魏勒那摩提共僧朗等譯。

【校記】◎福義：無論字◎福資天：一卷。【註】福資磧普初天南北龍臺中：論本內廣略俱備。【按】初卷上散佚，見存卷下在"堂二"；次論（見1586）見存卷上在"堂三"，卷下散佚。檢影印洪武南藏，因編者未詳審見存本卷上與卷下實屬不同譯本，而將二本合成一經，誤也。【提示】頂禮正覺海。淨法無為僧……

1588　十住毘婆沙論十七卷，龍樹菩薩造、姚秦鳩摩羅什譯。

○～目録。

【校記】◎標：無毘字◎十六卷，開貞至：十四卷，略福資磧普初天緣南北嘉龍黃臺義知：十五卷◎金麗卍大中縮頻：龍樹菩薩作聖者龍樹，至：無菩薩二字，佛：無造者名，緣：造作釋，無鳩摩二字，金麗卍大中縮頻佛：姚秦作後秦◎目録見縮頻。【註】開貞：或無論字，知：亦曰十生（按：生疑作住）論；開貞至：或十二卷。

1589　十地經論十二卷，天親菩薩造、元魏菩提留支等譯。

○～序，元魏崔光撰。

【校記】◎指標金中：十地論◎略佛：無造者名，金麗卍大中縮頻佛：元魏作後魏，至金福資磧普初天南北嘉龍黃臺中義知：無等字◎序見石金麗福資磧普初南北嘉龍黃卍臺大中縮頻。【註】開貞至略：或十五卷。

1590　大寶積經論四卷，元魏菩提留支譯。

【校記】◎開石貞至標略：大作大乘，指：無大字◎麗卍大縮頻佛：元魏作後魏，緣：譯作等譯。【註】麗：釋文函第二卷。【守其按】此論宋藏第一卷是大寶積經第一百一十二卷，即普明菩薩會經文（舊譯大寶積經一卷，失譯），非論文也，故去除之，而取國丹二本為正。【按】中華録金藏本卷一已非原刻，而是補刻本，故無宋藏本之誤。

1591　無量壽經優波提舍願生偈一卷，婆藪槃豆菩薩造、元魏菩提留支譯。

〇附記。

【校記】◎開貞至指標略緣：無量壽經論，福資：無量壽優波提舍經（天：無經字），石磧普初南北嘉龍黃臺義知：無願生偈三字◎石至義：婆藪槃豆作天親，略：菩薩造作釋，佛：無造者名◎附記見麗大中。【按】①資磧普初南北嘉龍黃臺另有副題名同本經名。②石別抄（見附 1591）。【提示】音譯婆藪槃豆，意譯天親。

1592　彌勒菩薩所問經論九卷，元魏菩提留支譯。

〇後記。

【校記】◎指：彌勒所問經◎開石貞至：五卷，標略福資天緣：六卷，磧普初南北嘉龍黃臺義知：七卷◎金麗卍大中縮頻佛：元魏作後魏，緣：譯作等譯◎後記見磧普初南北嘉龍黃臺大縮頻。【註】開貞至略緣：或十卷。

1593　寶髻經四法憂波提舍一卷，天親菩薩造、元魏毘目智仙等譯。

〇 ～ 翻譯之記。

【校記】◎開貞至略：寶髻菩薩四法經論（標：論作論優波提舍），指：寶髻四法經論（天：無四法二字），緣：波作婆◎石福佛：無造者名，石金麗天卍大中縮頻佛：無等字◎記見石金麗福資磧普初南北嘉龍黃卍臺大中縮頻。【按】憂、優音同不校。

1594　涅槃論一卷，婆藪槃豆菩薩造、元魏達摩菩提譯。

【校記】◎標：涅槃經論，磧普初南北嘉龍黃臺義知：大般涅槃經論◎石至義：婆藪槃豆作天親，麗福資磧普初天南北嘉龍黃卍臺大中縮頻：菩薩造作作，義知：造作釋，佛：無造者名，開石貞麗緣卍大中縮頻：無元魏二字。【註】開石略緣：略釋涅槃經；開貞緣：不知年代内典録中附元魏代。【提示】音譯婆藪槃豆，意譯天親。

1595　涅槃經本有今無偈論一卷，天親菩薩造、陳真諦譯。

【校記】◎指：本有今無論，福資天：無經字◎開貞至略福佛：無造者名，義：造作釋，開貞至略緣：陳作梁。【註】開貞略緣：釋涅槃一頌。

1596　遺教經論一卷，天親菩薩造、陳真諦譯。

【校記】開貞至略福佛：無造者名，金麗卍大中縮頻：無陳字。

1597　佛地經論七卷，親光菩薩等造、唐玄奘譯。

【校記】略佛：無造者名。【按】石重出（見附 1597）。

1598　文殊師利菩薩問菩提經論二卷，天親菩薩造、元魏菩提留支譯。

【校記】◎指：文殊問菩提論，至標：無菩薩二字，天：脱經字◎開石貞略緣義：造者名作婆藪槃豆菩薩造（福資：無菩薩造三字，磧普初天南北嘉龍黃臺：無菩薩二字），佛：無造者名。【註】開石貞至麗略福資磧普初天緣南北嘉龍黃卍臺大知縮頻：一名伽耶山頂經論。【提示】音譯婆藪槃豆，意譯天親。

1599　勝思惟梵天所問經論四卷，天親菩薩造、元魏菩提留支譯。

【校記】◎指：無所問二字，卍：經論誤作論經◎標福資磧普初天緣南北嘉龍黃臺義知：三卷◎開貞至略福資磧普初南北嘉龍黃臺知佛：無造者名，金麗卍大中縮頻佛：元魏作後魏。

1600　轉法輪經憂波提舍一卷，天親菩薩造、元魏毗目智仙等譯。

〇～翻譯之記，元魏曇林記。

【校記】◎開貞至指略緣：轉法輪經論◎金中佛：無造者名，石金麗卍大中義縮頻佛：無等字◎記見石金麗福資磧普初南北嘉龍黃卍臺大中縮頻。【註】開石貞金麗略緣卍大中縮頻：有釋論，無經本。【按】憂、優音同不校。

1601　三具足經憂波提舍一卷，天親菩薩造、元魏毗目智仙等譯。

〇～翻譯之記。

【校記】◎開貞至指標略緣：三具足經論◎石金麗卍大中縮頻佛：無造者名，金中義佛：無等字◎記見石金麗福資磧普初南北嘉龍黃卍臺大中縮頻。【註】開貞金麗略緣卍大中縮頻：有釋論，無經本。【按】憂、優音同不校。

1602　大乘四法經釋一卷。

【大正勘同按】敦煌本。

1603　大乘四法經釋抄一卷。

【大按】首題新加。【註】佛：敦煌本。

1604　大乘四法經論廣釋開決記一卷。

【大按】首缺。【註】佛：敦煌本。

毗曇部

1605　阿毗達磨集異門足論二十卷，尊者舍利子説、唐玄奘譯。

〇～目録。

【校記】◎指：集異門足論◎至：無尊者二字，緣義：説作造，佛：無説者名，金麗福資磧普初天南卍臺大中縮頻：無唐字◎目録見縮頻。【註】緣知：亦名説一切有部集異門足論。【守其按】此論卷十四宋本第八、九、十一幅有三節文斷義絕、不相連續處，第十二幅國本、宋本並脱三十五行文，今依丹本足之。【按】今檢金藏本唯脱三十五行文，錯同宋本。

1606　阿毗達磨法蘊足論十二卷，尊者大目乾連造、唐玄奘譯。

〇～目録〇法蘊足論後序，唐靖邁製。

【校記】◎指：法蘊足論◎北嘉龍黃：十卷◎至：造者名作大目連造，貞略：大目乾連作大採菽氏，開標緣：乾作犍，佛：無造者名，金麗福資磧普初天南卍臺大中縮頻：無唐字◎目録見縮頻；後序見麗福資磧普初南北嘉龍黃卍臺大中縮頻。【註】緣知：亦名説一切有部法蘊足論。【提示】大目乾連譯名大採菽，亦名大目連。

1607　施設論七卷，宋法護等譯。

　　○～目録。

【校記】◎至：增失造人名四字，義：增尊者大迦多衍那造八字，金麗磧普初南卍臺大中縮頻：無宋字，天：惟淨等譯，至緣續知：脱等字◎目録見縮頻。【按】①此論卷四至卷七改著宋惟淨等譯。初嘉黃卷四誤作宋法護等譯。②譯者法護的職稱中有西天譯經三藏六字，北嘉龍黃：脱譯經二字；譯者惟淨的職稱中有譯經三藏四字，磧普初南臺縮頻：誤作西天譯經三藏，北嘉龍黃：誤作西天三藏。

1608　阿毘達磨識身足論十六卷，提婆設摩阿羅漢造、唐玄奘譯。

　　○～目録。

【校記】◎指：識身足論◎造者名作天寂羅漢造，略佛：無造者名，至：無阿羅漢三字，金麗福資磧普初天南卍臺大中縮頻：無唐字◎目録見縮頻。【註】緣知：亦名説一切有部識身足論。【提示】提婆設摩，唐言天寂。

1609　阿毘達磨界身足論三卷，尊者世友造、唐玄奘譯。

　　○～目録○界身足論後序，唐窺基製。

【校記】◎指：界身足論◎北嘉龍黃：二卷◎略佛：無造者名，至：無尊者二字，金麗福資磧普初天南卍臺大中縮頻：無唐字◎目録見縮頻；後序見福資磧普初南北嘉龍黃臺大中縮頻。【註】緣知：亦名説一切有部界身足論。

1610　阿毘達磨品類足論十八卷，尊者世友造、唐玄奘譯。

　　○～目録。

【校記】◎指：品類足論◎略佛：無造者名，至：無尊者二字，金麗福資磧普初天南卍臺大中縮頻：無唐字◎目録見縮頻。【註】緣知：亦名説一切有部品類足論。

1611　眾事分阿毘曇論十二卷，尊者世友造、劉宋求那跋陀羅共菩提耶舍譯。

　　○～目録。

【校記】◎標：阿誤作門，福：無論字◎略福佛：無造者名，至：無尊者二字，開貞至金麗略福資磧普初天緣南北嘉龍黃卍臺大中縮頻佛：劉宋作宋◎目録見縮頻。

　　▲上二論同本異譯。

1612　阿毘達磨發智論二十卷，尊者迦多衍尼子造、唐玄奘譯。

　　○～目録。

【校記】◎指：發智論◎中：或二十一卷（卷十一增別本一卷）◎開貞至略：無尊者二字，緣：尊者作論師，佛：無造者名，金麗福資磧普初天南卍臺大中縮頻：無唐字◎目録見縮頻。【註】知：亦名説一切有部發智論。

1613　阿毘曇八犍度論三十卷，迦栴延子造、苻秦僧伽提婆共竺佛念譯。

　　○～目録○～序，苻秦道安述。

【校記】◎知：造者名作尊者迦多衍尼子造，至：無子字，佛：無造者名，義：僧作瞿曇僧，標：譯者名作竺佛念等譯◎目録見縮頻；序見金麗資磧普初南北嘉龍黄卍臺大中縮頻。【註】開貞緣：或無論字，或云迦旃延阿毗曇，或云阿毗曇經八犍度；或二十卷。【提示】迦多衍尼子，又作迦栴延子。

▲上二論同本異譯。

1614　阿毗達磨大毗婆沙論二百卷，五百大阿羅漢等造、唐玄奘譯。

〇～目録〇阿毗達磨發智大毗婆沙論序（即第一卷）〇譯場職名録、唐觀自在記。

【校記】◎略佛：無造者名，義：無大字，至義知：無等字，金麗福資磧普初天南卍臺大中縮頻：無唐字◎目録見縮頻；職名録、記見金麗福卍大中縮頻（卷一後）。【註】開貞緣：或云阿毗達磨發智大毗婆沙。【按】標目函號誤記投字至逸字，今據指金麗之函號，更正作仁字至逸字。標目此論前脱録一目，即投函至規函阿毗曇毗婆沙論六十卷。

1615　阿毗曇毗婆沙論六十卷，迦旃延子造、五百羅漢釋、北涼浮陀跋摩共道泰等譯。

〇～目録〇～序，劉宋道挺撰。

【校記】◎指：曇作曇大◎略福資磧普初天緣南北嘉龍黄臺義知：八十二卷◎開貞：造者名、釋者名作五百大阿羅漢等造（至知：無等字，緣：五百應真造），略福資佛：無造者名，略福資磧普初南北嘉龍黄臺佛：無釋者名，至略福資磧普初天南北嘉龍黄臺義知：無等字◎目録見縮頻；序見金麗福資磧普初南北嘉龍黄卍臺大中縮頻，金麗福資磧普臺大中縮頻：書後重出此序。【註】開貞緣：或加八犍度字；或八十四卷，或一百九卷。【按】①此論卷十四有守其校正後序云：此卷第十七張第五行那由他眾生眷屬之下，皆得解脱之上，國本有能斷貪欲修悲心乃至兄弟姊妹欲令安樂非等凡四百五十五字，是國本妄加耳，但恨未詳其來自何經。今查係麗藏大般涅槃經卷十五第九至十張經文的重出。此論卷二十四，守其按：宋本錯重寫此論第四十八卷之文為此第二十四卷耳。此論卷五十五，守其按：宋本錯重寫此論第五十卷之文為此第五十五卷。檢金藏本缺卷二十四和卷五十五，故無法與宋本比較。②初第七十一至八十二卷原本散佚，影印洪武南藏補入他種刻本及抄本。

▲上二論同本異譯。

1616　鞞婆沙論十四卷，阿羅漢尸陀槃尼撰、苻秦僧伽跋澄譯。

〇～目録。

【校記】◎北龍：或十八卷（卷三、四、七、十一各分二卷）◎福佛：無撰者名，金資磧普初天南北嘉龍黄臺中知：撰者名作迦旃延子造，義：撰作造，◎目録見縮頻。【註】開貞至略緣：亦名鞞婆沙阿毗曇論，開貞緣：亦云廣説，或無論字；開貞：或十五卷，或十九卷。

1617　舍利弗阿毗曇論三十卷，姚秦曇摩耶舍共曇摩崛多等譯。

○～目録○～序，姚秦道標撰。

【校記】◎指：阿毘曇論◎二十九卷，開貞至略福資磧普初天緣南北嘉龍黃臺義知：二十二卷（北嘉龍黃：或三十卷，卷一、三、七、八、九、十三、十七、二十各分二卷）◎金中：姚秦曇摩崛多共曇摩耶舍等譯（福資磧普初天南北嘉龍黃臺義知：無等字），開貞至略緣：無等字◎目録見縮頻；序見金麗福資磧普初南北嘉龍黃卍臺大中縮頻。【註】開貞緣：或無論字；開貞至：或二十卷。【按】①指缺第三十卷。②初末二卷散佚，故影印洪武南藏目録記二十卷。③北嘉龍黃之序作者名誤記唐道標撰。據梁高僧傳記載，為此論撰序者是姚秦道標。

1618　尊婆須蜜菩薩所集論十卷，尊婆須蜜造、苻秦僧伽跋澄等譯。

○～序。

【校記】◎指：婆須蜜菩薩集論，標：尊婆須蜜論，至義：無菩薩二字◎北嘉龍黃：十五卷◎開貞略緣：尊作尊者，福資磧普初天南北嘉龍黃臺知佛：無造者名，義：造作撰，至：婆須蜜造，無等字◎序見金麗福資磧普初南北嘉龍黃卍臺大中縮頻。【註】開貞緣：亦云婆須蜜經；開貞至：或十二卷，或十四卷。

1619　阿毘曇心論四卷，尊者法勝造、東晉瞿曇僧伽提婆共慧遠譯。

○～目録。

【校記】◎福緣佛：無造者名，資磧普初天南北嘉龍黃臺佛：譯者名作東晉僧伽提婆共慧遠譯（麗卍大中縮頻：東晉作晉，福：共慧遠作等），開貞至略緣：無共慧遠三字◎目録見縮頻。【註】開貞至略：或無論字。

1620　阿毘曇心論經六卷，法勝論、大德優波扇多釋、高齊那連提耶舍譯。

○～目録○～序。

【校記】◎開貞：法勝阿毘曇心論經（至標略福磧普初天緣南北嘉龍黃臺義知：無經字），指資：無經字◎開貞至略福磧普初天緣南北嘉龍黃臺義知佛：無法勝論三字，福佛：無釋者名，開貞至略緣：釋作造（義同），譯作共法智譯，福初南北嘉龍黃義知：提作提黎◎目録見縮頻；序見麗福資磧普初南北嘉龍黃卍臺大中縮頻。【註】開貞金麗福資磧普初緣南北嘉龍黃臺大中縮頻：別譯，開貞緣：或云法勝阿毘曇論；開貞至：或七卷。【按】金卷一散佚。

1621　雜阿毘曇心論十一卷，尊者法救造、劉宋僧伽跋摩等譯。

○～目録。

【校記】◎福：無論字◎嘉黃：或十二卷（卷八分二卷），北龍：或十六卷（卷一、三、五、八、十各分二卷）◎福佛：無造者名，義：造者名作大德達磨多羅造，開貞至金麗略福資磧普初天緣南北嘉龍黃卍臺大中縮頻佛：劉宋作宋，貞：無等字◎目録見縮頻。【註】開貞緣：亦云雜阿毘曇經，開貞至略緣：亦云雜阿毘曇毘婆沙；開貞至：或十四卷。【提示】法救，梵名達磨多羅。

1622　阿毘曇甘露味論二卷，尊者瞿沙造、曹魏代譯失三藏名。

○～目録。

【校記】◎指：甘露味論，天：脱曇字◎福佛：無造者名，福：失譯，佛：失譯人名附曹魏録，義：尊者作聖人，曹魏録失譯人名，北嘉龍黄：三藏作人◎目録見縮頻。【註】開貞至略緣：或云甘露味阿毘曇論，開貞緣：或無論字。

1623　入阿毘達磨論二卷，塞建陀羅阿羅漢造、唐玄奘譯。

【校記】開福資磧普初天緣南北嘉龍黄臺知：陀作地，略：造者名作塞建地羅漢造，至：造者名作尊者塞建陀羅陀造，佛：無造者名，金麗福資天卍大中縮頻：無唐字。【註】知：説一切有部。

1624　五事毘婆沙論二卷，尊者法救造、唐玄奘譯。

【校記】◎指：無毘字◎義：造作制，佛：無造者名，金麗福資磧普初天南卍臺大中縮頻：無唐字。【註】開貞至略緣：亦云阿毘達磨五事論。

1625　薩婆多宗五事論一卷，唐法成譯。

【校記】大：無唐、譯二字。

1626　阿毘曇五法行經一卷，後漢安世高譯。

【校記】福資磧普初南北嘉龍黄臺：無後漢二字，緣：漢世高譯。【註】開貞至略緣：亦云阿毘曇苦惠經，或無行字。

1627　阿毘達磨俱舍論三十卷，尊者世親造、唐玄奘譯。

○～目録。

【校記】◎至指標：俱舍論◎至：無尊者二字，義：造者名作天親菩薩造，佛：無造者名，金麗福資磧普初天南卍臺大中縮頻：無唐字◎目録見縮頻。【提示】舊譯天親，新譯世親。

1628　阿毘達磨俱舍釋論二十二卷，婆藪槃豆造、陳真諦譯。

○～目録○～序，陳慧愷述。

【校記】◎至標：俱舍釋論，指：釋論作論釋◎標：二十三卷◎福佛：無造者名，知：婆藪槃豆作尊者世親（至：無尊者二字）◎目録見縮頻；序見金麗福資磧普初南北嘉龍黄卍臺大中縮頻。【註】開貞緣：或無釋字。【提示】音譯婆藪槃豆，意譯世親。

▲上二論同本異譯。

1629　阿毘達磨俱舍論本頌一卷，世親菩薩造、唐玄奘譯。

○～目録。

【校記】◎至指標：俱舍論本頌，略：論本作本論◎北嘉龍黄義：二卷◎開貞略緣北嘉龍黄：尊者世親造、唐玄奘譯（資磧普天南臺：無唐字），至：無菩薩二字，佛：無造者名，麗卍大中縮頻：無唐字◎目録見縮頻。【註】開貞：或三卷；麗卍大中縮頻：説一切有部。【按】昭和總目三七指要録分 916 與 918 兩號，今新考目録合一號。

1630　俱舍論實義疏五卷，尊者安惠造。

【校記】佛：唐安惠造。【註】大：總二萬八千偈。

1631　阿毘達磨順正理論八十卷，尊者眾賢造、唐玄奘譯。

　　　　○～目錄。

　　　　【校記】◎至指：順正理論◎義：造者名作眾賢論師造，佛：無造者名，金麗福資磧普初天南卍臺大中縮頻：無唐字◎目錄見縮頻。【註】緣知：亦名説一切有部順正理論。

1632　阿毘達磨藏顯宗論四十卷，尊者眾賢造、唐玄奘譯。

　　　　○～目錄。

　　　　【校記】◎至指：顯宗論，開貞略緣：無藏字◎義：造者名作眾賢論師造，佛：無造者名，金麗福資磧普初天南卍臺大中縮頻：無唐字◎目錄見縮頻。

中觀部

1633　中論四卷，龍樹菩薩造、梵志青目釋、姚秦鳩摩羅什譯。

　　　　○～目錄○～序，姚秦僧叡撰。

　　　　【校記】◎嘉黃：六卷◎開石貞至略緣：造作本，佛：無造者名，金資磧普初天南北嘉龍黃臺中佛：無釋者名，知：梵志青目作青目菩薩（義：菩薩作梵志），緣：無鳩摩二字◎目錄見嘉黃縮頻；序見石金麗資磧普初南北嘉龍黃卍臺大中縮頻。【註】開貞：亦云中觀論；或八卷。【按】黃封面題簽記四卷，實為六卷。

1634　中論科判一卷，姚秦鳩摩羅什譯。

　　　　○～品目攝領表。

　　　　【校記】表見佛。

1635　順中論二卷，龍勝菩薩造、無著菩薩釋、元魏瞿曇般若流支譯。

　　　　○～翻譯之記。

　　　　【校記】◎開貞至略福佛：無造者名，義：龍勝作龍樹，釋作解，開貞：釋作造，略福資磧普初天南北嘉龍黃臺佛：無釋者名，知：菩薩釋作解，緣：無瞿曇二字◎記見金麗福資磧普初南北嘉龍黃卍臺大中縮頻。【提示】龍勝，又名龍樹。

1636　般若燈論釋十五卷，龍樹菩薩偈本、分別明菩薩釋論本、唐波羅頗蜜多羅譯。

　　　　○～目錄○～序，唐慧賾述。

　　　　【校記】◎指天北嘉龍黃卍義知：般若燈論◎開貞略緣：無偈、論本三字，至：菩薩偈本作本頌，菩薩釋論本作釋，石金麗卍大中縮頻：論本作論，知：龍樹至論本十四字作分別明菩薩釋龍樹菩薩五百偈（義：五百偈作中論），佛：無龍樹至論本十四字，金中：波羅作波，福資磧普初天南北嘉龍黃臺義知：頗作頗迦羅◎目錄見縮頻；序見石金麗福資磧普初南北嘉龍黃卍臺大中縮頻。

1637　大乘中觀釋論十八卷，安慧菩薩造、宋惟淨等譯。

　　　　○～目錄○譯場職名錄。

　　　　【校記】◎至：無釋字◎福資磧普初緣南北龍臺大義知縮頻佛：九卷，嘉黃：四卷

◎至：無菩薩二字，誤題宋法天譯，佛：無造者名，金麗福資磧普初天緣南卍臺大中縮頻：無宋字，義：無等字◎目錄見嘉黃縮頻；職名錄見金中（卷十、十一、十二、十五、十七、十八後）。【按】①福資磧普初緣南北龍臺大義知縮頻佛原缺第十至十八卷，嘉黃原缺第五至八卷。②此論第四至六卷、第十至十二卷、第十六至十八卷，改著宋法護等譯。③惟淨的職稱是譯經三藏朝散大夫試鴻臚卿光梵大師，法護的職稱是西天譯經三藏朝散大夫試鴻臚卿傳梵大師。今查金磧普初南北龍黃臺中之各卷譯者名及職稱，有誤記處。④縮頻目錄脫著卷九，而將卷九收錄的觀薪火品第十之餘至觀行品第十三，誤錄在卷八下。⑤佛另收完整本（見附1637）。

1638　十二門論一卷，龍樹菩薩造、姚秦鳩摩羅什譯。

○～品目○～序，姚秦僧叡述。

【校記】◎標：二誤作世◎佛：無造者名，緣：無鳩摩二字◎品目等見石麗資磧普初南北嘉龍黃卍臺大中縮頻。

1639　百論二卷，提婆菩薩造、婆藪開士釋、姚秦鳩摩羅什譯。

○～目錄○～序，姚秦僧肇作。

【校記】◎石義：造作本，姚秦作秦，佛：無造者名，天佛：無釋者名，至：婆藪作天親，緣：無鳩摩二字◎目錄見縮頻；序見石金麗資磧普初南北嘉龍黃卍臺大中縮頻。【提示】音譯婆藪槃豆，意譯天親。

1640　廣百論本一卷，聖天菩薩造、唐玄奘譯。

○～目錄。

【校記】◎標略：無本字◎佛：無造者名，石麗卍大中縮頻：無唐字，南：奘誤作裝◎目錄見縮頻。

1641　大乘廣百論釋論十卷，聖天菩薩本、護法菩薩釋、唐玄奘譯。

○～目錄。

【校記】◎指天：廣百論釋（標：無釋字），福資磧普初緣南北嘉龍黃臺義知：無大乘二字◎開貞至略：菩薩本作本，菩薩釋作釋，知：無聖至本五字，佛：無聖至釋十字，石金麗福資磧普初天南卍臺大中縮頻：無唐字◎目錄見縮頻。

1642　百字論一卷，提婆菩薩造、元魏菩提留支譯。

【校記】略佛：無造者名，麗卍大中縮頻佛：元魏作後魏。

1643　壹輸盧迦論一卷，龍樹菩薩造、元魏瞿曇般若流支譯。

【校記】◎天：壹誤作臺◎略佛：無造者名，麗卍大中縮頻：譯者名作後魏瞿曇留支譯，緣：無瞿曇二字。【按】迦、伽音同不校。

1644　大乘破有論一卷，龍樹菩薩造、宋施護譯。

【校記】至緣：無菩薩二字，佛：無造者名，金麗資磧普初天緣南卍臺大中縮頻：無宋字。【按】譯者施護的職稱中有西天譯經三藏六字，北嘉龍黃：脫譯經二字。

1645　六十頌如理論一卷，龍樹菩薩造、宋施護譯。

【校記】至緣：無菩薩二字，佛：無造者名，金麗福資磧普初天緣南卍臺大中縮頻：無宋字。【按】譯者施護的職稱中有西天譯經三藏六字，北嘉龍黄：脱譯經二字。

1646　大乘二十頌論一卷，龍樹菩薩造、宋施護譯。

【校記】至緣：無菩薩二字，佛：無造者名，麗福資磧普初天緣南卍臺大中縮頻：無宋字。【按】譯者施護的職稱中有西天譯經三藏六字，北嘉龍黄：脱譯經二字。

1647　大丈夫論二卷，提婆羅菩薩造、北涼道泰譯。

○～目録。

【校記】◎指：提婆尊者造，標：無羅字，略佛：無造者名，至：無菩薩二字，金中：無北涼二字◎目録見縮頻。

1648　大乘掌珍論二卷，清辯菩薩造、唐玄奘譯。

【校記】略佛：無造者名，金中：無唐字。

瑜伽部

1649　瑜伽師地論一百卷，彌勒菩薩説、唐玄奘譯。

○～目録○～新譯序，唐許敬宗撰○附譯場職名録○唐觀自在跋。

【校記】◎佛：無説者名，石金麗福資磧普初天南卍臺大中縮頻：無唐字◎目録見黄縮頻；序見石金麗福資磧普初南北嘉龍黄卍臺大中縮頻；附職名録、跋見大。

1650　瑜伽師地論釋一卷，最勝子等諸菩薩造、唐玄奘譯。

【校記】◎指：瑜伽論◎至：無等諸二字，開貞略緣：無諸字，佛：無造者名，金麗福資磧普初天南卍臺大中縮頻：無唐字。

1651　菩薩地持經十卷，北涼曇無讖譯。

○～目録。

【校記】◎略福資磧普初天緣南北嘉龍黄臺義知：八卷，大中：或十一卷（卷九增別本一卷）◎目録見嘉黄縮頻。【註】開貞略緣義：或名地持論，開貞緣：或無經字，亦云菩薩戒經，又名菩薩地經。【按】石別抄（見附1651）。

1652-1　菩薩善戒經九卷，劉宋求那跋摩譯。

○～目録。

【校記】◎福資：菩作佛説菩◎略福資普天緣北嘉龍黄義：十卷◎至金麗卍大中縮頻佛：劉宋作宋，福資磧普初南北嘉龍黄臺義知：劉宋求那跋摩等譯（開石貞略緣：劉宋作宋）◎目録見縮頻。【註】開貞至略福資磧普初天緣南北嘉龍黄臺知：一名菩薩地經，標：又名菩薩藏經。【按】略福資普天緣北嘉龍黄義之十卷本，其第十卷與菩薩善戒經一卷（見1652-2）相當，故見彼經校記。然而略福另收菩薩善戒經一卷則重出。

1652-2　菩薩善戒經一卷，劉宋求那跋摩譯。

【校記】◎指：善戒經◎資天緣北嘉龍黃義：一卷作卷第十［普：十卷（即第十卷）］◎開石貞至麗略福資緣卍大中縮頻佛：劉宋作宋，資磧普初緣南北嘉龍黃臺義：譯作等譯。【註】開石貞麗略福資磧普初緣南北嘉龍卍臺大中知縮頻佛：優婆離問菩薩受戒法。【按】①金卷首殘缺。②知記連前經（見1652-1），故未著譯者名。③菩薩善戒經有九卷本和一卷本兩部，略福資普天緣北嘉龍黃義合兩部為一部作十卷。然而略福另録一卷本之本經則重出。

1653　決定藏論三卷，梁真諦譯。

○～目録。

【校記】◎至義知：梁作陳◎目録見縮頻。

1654　成唯識論十卷，護法等菩薩造、唐玄奘譯。

○～後序，唐沈玄明撰。

【校記】◎指標：增世親菩薩頌五字，略佛：無造者名，義：造者名作護法、安慧等十師造，石金麗福資磧普初天南卍臺大中縮頻：無唐字◎後序見金麗資磧普初南北嘉龍黃卍臺大中縮頻（石：序在卷首，無後字）。【註】開緣知：釋上三十論（即唯識三十論頌，見1655）。

1655　唯識三十論頌一卷，世親菩薩造、唐玄奘譯。

【校記】◎指：無論字，開貞至標略福資磧普初天緣南北嘉龍黃臺義知：無頌字◎略佛：無造者名，至：世親作天親，天：誤作護法菩薩造、唐義淨譯，金福資磧普初南臺中：無唐字。【註】天：一名二十唯識順識論。【提示】舊譯天親，新譯世親。【按】南北龍另有唯識三十論，附見大乘百法明門論解（見2481），較本論頌稍異。

1656　顯識論一卷，陳真諦譯。

【校記】金麗卍大中縮頻：無陳字。【註】開貞至指金麗福資磧普初緣南北嘉龍黃卍臺大中義知頻：從無相論出。【按】蔡目記資阜字函有本，重出。今查經本實物，資無重出，由此可知昭和總目——資福藏目録阜字函的著録，實屬後人據天海藏誤修改所致，故今新考目録取消其目（見附1656）。

1657　轉識論一卷，陳真諦譯。

【註】開貞至緣：出前顯識論，指麗卍大縮頻：從無相論出。

1658　唯識論一卷，天親菩薩造、元魏瞿曇般若流支譯。

○大乘～序。

【校記】◎略義：大乘唯識論，北嘉龍黃：大乘楞伽經唯識論（福資磧普天緣南臺知：無大乘二字）◎開貞：天親作世親，略福佛：無造者名，資磧普南臺：無菩薩二字，金麗卍大中縮頻佛：元魏作後魏，緣：無瞿曇二字，福資磧普天南北嘉龍黃：譯者名作魏菩提流支譯（知：魏作元魏）◎序見福資磧普南北嘉龍黃臺大中縮頻。【註】開貞至金麗福資磧普天緣南北嘉龍黃卍臺大中義知縮頻：一名

破色心論，開貞緣：或云唯識無境界論。【提示】舊譯天親，新譯世親。

1659　大乘唯識論一卷，天親菩薩造、陳真諦譯。

○慧愷後記並抄偈文。

【校記】◎開至：唯識論◎開貞：天親作世親，略義佛：無造者名，義：陳作梁◎後記並偈文見麗福資磧普初南北嘉龍黄卍臺大中縮頻。【註】開貞緣：初云修道不共他。【提示】舊譯天親，新譯世親。

1660　唯識二十論一卷，世親菩薩造、唐玄奘譯。

【校記】◎指：論作頌◎略義佛：無造者名，至知：世親作天親，福資磧普初南臺：無唐字，天：唐誤作陳。【守其按】丹藏有後序，靖邁製。今檢乃慈恩述記之後序，故不取。【按】今新考目録所收各藏本已不見此後序。【提示】舊譯天親，新譯世親。

▲上三論同本異譯。

1661　成唯識寶生論五卷，護法菩薩造、唐義淨譯。

○譯場職名録。

【校記】◎緣：增世親菩薩本五字，標：天親造本頌、護法菩薩釋（知：本頌作論），略佛：無造者名，至：無菩薩二字，金中：無唐字◎職名録見福資磧普初南北嘉龍黄臺大中縮頻。【註】開貞至金麗福資磧普初緣南北嘉龍黄卍臺大中義知縮頻：一名二十唯識順釋論，標：亦名二十唯識論釋。【提示】舊譯天親，新譯世親。

1662　攝大乘論本三卷，無著菩薩造、唐玄奘譯。

○攝大乘論目録。

【校記】◎標：無本字◎略緣義佛：無造者名，金麗福資磧普初天卍臺大中縮頻：無唐字◎目録見縮頻。

1663　攝大乘論二卷，無著菩薩造、元魏佛陀扇多譯。

【校記】略緣義佛：無造者名，金麗卍大中縮頻：造者名作阿僧伽作，金麗卍大中縮頻佛：元魏作後魏。【提示】意譯無著，音譯阿僧伽。

1664　攝大乘論三卷，無著菩薩造、陳真諦譯。

○~目録○~序，陳慧愷撰。

【校記】◎略福資磧普初南北嘉龍黄臺知佛：無造者名，金麗卍大中縮頻：無陳字◎目録見縮頻；序見麗福資磧普初南北嘉龍黄卍臺大中縮頻。

▲上三論同本異譯。

1665　攝大乘論釋十卷，世親菩薩造、唐玄奘譯。

○~目録。

【校記】◎至：攝大乘釋論，略：釋作釋論◎指：無著菩薩本、天親菩薩釋、唐玄奘重譯，略義佛：無造者名，至：無菩薩二字，開緣知：造作釋，金麗福資磧普初天南卍臺大中縮頻：無唐字◎目録見縮頻。【按】嘉黄卷次分別記作卷

三十一至四十。【提示】舊譯天親，新譯世親。

1666　攝大乘論釋十五卷，天親菩薩釋、陳真諦譯。

〇～目録〇～序，唐道基撰。

【校記】◎嘉黄：十八卷，北龍：或十八卷（卷五、十、十一各分二卷）◎開金麗卍大中知縮頻：天親作世親，貞義：釋者名作世親菩薩造，至：天親菩薩作世親，略佛：無釋者名，天：釋作造◎目録見縮頻；序見麗卍大中縮頻。【註】開貞緣：亦云攝大乘論釋論；開貞至：或十二卷。【按】①金卷一散佚。②北嘉龍黄此論釋被收在第 360 函枝字及第 363 函投字内。嘉黄卷次分别記作卷十一至二十、卷四十一至四十八。③麗福資磧普初南北嘉龍黄卍臺大中縮頻另有攝大乘論釋序，陳慧愷述，已見 1664。【提示】舊譯天親，新譯世親。

1667　攝大乘論釋論十卷，世親菩薩造、隋笈多共行矩等譯。

〇～目録。

【校記】◎標福資磧普初天緣南北嘉龍黄臺義知：攝大乘論釋，略：攝大乘釋論◎開貞知：世親菩薩釋、隋達摩笈多譯（略福義：無釋者名，至：無菩薩二字，緣：無達摩二字），佛：無造者名，資磧普初天南北嘉龍黄臺：譯者名作隋達摩笈多譯（標：隋誤作晉）◎目録見縮頻。【按】嘉黄卷次分别記作卷二十一至三十。

▲上三釋論同本異譯。

1668　攝大乘論釋十卷，無性菩薩造、唐玄奘譯。

〇～目録。

【校記】◎開貞緣知：造作釋，略佛：無造者名，金麗福資磧普初天南卍臺大中縮頻：無唐字◎目録見縮頻。

▲與上三釋論本同釋異。

1669　辯中邊論三卷，世親菩薩造、唐玄奘譯。

〇～目録。

【校記】◎指：中邊論，緣：辯作辨，略：論作論頌◎略佛：無造者名，義知：世親作天親，至：無菩薩二字，金：無唐字◎目録見嘉黄縮頻。【按】金卷上、卷中散佚。【提示】舊譯天親，新譯世親。

1670　中邊分別論二卷，天親菩薩造、陳真諦譯。

〇～目録。

【校記】◎開貞：天親菩薩作婆藪槃豆，略佛：無造者名◎目録見縮頻。【按】知津對同本異譯論，常省略後者的造論者名，若南北　藏不缺造者名，則視知亦不缺，下同。【提示】音譯婆藪槃豆，意譯天親。

▲上二論同本異譯。

1671　辯中邊論頌一卷，彌勒菩薩説、唐玄奘譯。

〇～目録。

【校記】◎緣：辩作辨，標：論頌作頌論◎開貞至天緣義：説作造，略佛：無説者名，金麗卍大中縮頻：無唐字◎目録見縮頻。【按】金藏此論頌在當字號，但首版誤題竭字。

1672　顯揚聖教論二十卷，無著菩薩造、唐玄奘譯。
　　　〇～目録。
　　　【校記】◎佛：無造者名，金麗卍大中縮頻：無唐字◎目録見縮頻。【註】福資磧普初南北嘉龍黄臺知：此論一部總二十卷，乃是瑜伽師地論之樞要也。

1673　顯揚聖教論頌一卷，無著菩薩造、唐玄奘譯。
　　　〇～目録。
　　　【校記】◎指：顯揚聖教頌◎佛：無造者名，石麗福資磧普初天南卍臺大中縮頻：無唐字◎目録見縮頻。

1674　大乘莊嚴經論十三卷，無著菩薩造、唐波羅頗蜜多羅譯。
　　　〇～目録〇～序，唐李百藥序。
　　　【校記】◎指天：無經字◎略：無菩薩二字，緣：造者名作偈慈氏，長行世親，佛：無造者名，指：頗蜜多羅作蜜多，福資磧普初天南北嘉龍黄臺義知：頗作頗迦羅◎目録見縮頻；序見金麗福資磧普初南北嘉龍黄卍臺大中縮頻。【註】開貞至略：或十五卷。

1675　大乘阿毘達磨集論七卷，無著菩薩造、唐玄奘譯。
　　　〇～目録。
　　　【校記】◎指：阿毘曇集論◎佛：無造者名，石金麗福資磧普初天南卍臺大中縮頻：無唐字◎目録見縮頻。

1676　大乘阿毘達磨雜集論十六卷，安慧菩薩糅、唐玄奘譯。
　　　〇～目録。
　　　【校記】◎指：雜集論，標：大乘雜集阿毘達磨論◎至：糅作釋，佛：無糅者名，◎目録見縮頻。

1677　六門教授習定論一卷，無著菩薩本、世親菩薩釋、唐義淨譯。
　　　【校記】◎指：無習定二字◎略佛：無無著至釋十字，至：菩薩本作本，菩薩釋作造，義：世親作天親，麗卍大中縮頻：無唐字。【提示】舊譯天親，新譯世親。

1678　大乘成業論一卷，世親菩薩造、唐玄奘譯。
　　　【校記】略佛：無造者名，至義：世親作天親。【提示】舊譯天親，新譯世親。

1679　業成就論一卷，天親菩薩造、元魏毘目智仙等譯。
　　　〇～翻譯記。
　　　【校記】◎略福天義佛：無造者名，知：天親作世親，福：無譯者名，金麗資磧普初天緣南北嘉龍黄卍臺大中義知縮頻佛：無等字◎記見金麗福資磧普初天南北嘉龍黄卍臺大中縮頻。【提示】舊譯天親，新譯世親。

　　　▲上二論同本異譯。

1680　佛性論四卷，天親菩薩造、陳真諦譯。

　　　　○～目録。

　　　　【校記】◎略佛：無造者名，福資磧普初南北嘉龍黄臺：造作説，金中：無陳字
　　　　◎目録見縮頻。

1681　究竟一乘寶性論四卷，元魏勒那摩提譯。

　　　　○～目録。

　　　　【校記】◎指：寶性論◎略福資磧普初天緣南北嘉龍黄臺義知：五卷◎金中：無
　　　　元魏二字，麗卍大縮頻佛：元魏作後魏◎目録見縮頻。【註】開貞緣：亦云寶性
　　　　分別一乘增上論；開貞至緣：或三卷。

1682　大乘五蘊論一卷，世親菩薩造、唐玄奘譯。

　　　　【校記】至略佛：無造者名，石麗卍大中縮頻：無唐字。

1683　大乘廣五蘊論一卷，安慧菩薩造、唐地婆訶羅譯。

　　　　【校記】◎指：無大乘二字◎略佛：無造者名，至：無菩薩二字，義：造作釋，
　　　　福資磧普初天南北嘉龍黄臺：無唐字。

1684　大乘百法明門論一卷，天親菩薩造、唐玄奘譯。

　　　　【校記】開貞緣：天親作世親，至：天親誤作提婆，略佛：無造者名。【註】開
　　　　貞麗福資磧普初天緣南北嘉龍黄卍臺大中知縮頻：本事分中略録名數，義：瑜伽
　　　　論本地分中略録意地百法名數。【提示】舊譯天親，新譯世親。

1685　王法正理論一卷，彌勒菩薩造、唐玄奘譯。

　　　　【校記】◎天：王誤作正◎義知佛：無造者名，石金麗福資磧普初南卍臺大中
　　　　縮頻：無唐字，金中：奘誤作獎。【蔡按】此論係瑜伽師地論第六十一卷　行。
　　　　【按】蔡目記資卓字函有本，重出。今查經本實物，資無重出，由此可知昭和總
　　　　目——資福藏目録卓字函的著録，實屬後人據天海藏誤修所致，故今新考目録
　　　　取消其目（見附1685）。

1686　十八空論一卷，龍樹菩薩造、陳真諦譯。

　　　　【校記】◎開貞至略資磧普初南北嘉龍黄臺義知佛：無造者名。【註】石金麗卍
　　　　大中縮頻：亦十六、亦十八、亦十四、亦十七（資磧普初南臺知：無亦十七三
　　　　字，至緣：無亦十八三字）。

1687　三無性論二卷，陳真諦譯。

　　　　【校記】金麗卍大中縮頻：無陳字。【註】開緣：題云三無性論品，開貞至金麗
　　　　福資磧普初緣南北龍卍臺大中義縮頻：出無相論，知：誤作出無性論；開貞至：
　　　　或一卷。【緣按】本論天親造也，所以知者，為讓釋於自述中邊論故。

1688　掌中論一卷，陳那菩薩造、唐義淨譯。

　　　　【校記】略佛：無造者名，麗卍大中縮頻：無唐字。

1689　解捲論一卷，陳那菩薩造、陳真諦譯。

　　　　【校記】略福義佛：無造者名。【按】捲，拳也，音同不校。

▲上二論同本異譯。

1690　取因假設論一卷，陳那菩薩造、唐義淨譯。

【校記】略佛：無造者名，麗卍大中縮頻：無唐字。

1691　觀總相論頌一卷，陳那菩薩造、唐義淨譯。

【校記】◎指：相誤作持◎略佛：無造者名，麗卍大中縮頻：無唐字。【按】石殘缺。

1692　無相思塵論一卷，陳那菩薩造、陳真諦譯。

【校記】◎指：相作想◎至略福義佛：無造者名。【註】開貞緣：或直云思塵論。

1693　觀所緣緣論一卷，陳那菩薩造、唐玄奘譯。

【校記】◎至天緣：觀所緣論◎略佛：無造者名，金麗福資磧普初天南卍臺大中縮頻：無唐字。

▲上二論同本異譯。

1694　觀所緣論釋一卷，護法菩薩造、唐義淨譯。

【校記】◎北嘉龍黃義知：緣作緣緣，指：無釋字◎略佛：無造者名，至：無菩薩二字，緣義知：造作釋，金中：無唐字。【按】①佛重出（見附1694）。②相宗八要第八（見2602）

1695　觀所緣釋論會譯一卷，民國呂澂、印滄編。

○凡例○附論奘譯本之特徵。

【校記】◎佛：無民國二字◎有凡例等。

1696　大乘法界無差別論一卷，堅慧菩薩造、唐提雲般若等譯。

【校記】略佛：無造者名，開貞至略緣義知：無等字。【守其按】此論丹藏與國宋二藏不同，此則丹本，即賢首疏所釋本。今按開元録及賢首疏並以此論為單譯，而國宋兩本與丹本文雖有異，義則無殊，必是開元之後重譯也，誤題提雲般若譯。但究竟是何代何人之譯待勘。【提示】稽首菩提心……所謂平等味解脱味也。

1697　大乘法界無差別論一卷，失譯。

【校記】◎至：無大乘二字◎失譯作失譯附洪法録，指：失譯作堅意菩薩造，麗磧普初緣續南北嘉龍黃卍臺大中知縮頻：失譯作堅慧菩薩造、唐提雲般若譯（義佛：無造者名，義：譯作再譯）。【註】麗磧普初緣續南卍臺大中知縮頻：一名如來藏論。【守其按】此論乃國、宋本，誤題提雲般若譯。考證詳見前論。【按】大校記云元本無此論，中校記云磧普南無此論。今檢磧南有此論，屬元管主八刊二十八函秘密經之一種，這部分秘密經不僅磧砂及明清版藏經均收録，也被續入普寧，故今新考目録於普寧特增入這部分經籍。【提示】法界不生亦不滅……所謂明解脱味。

▲上二論同本異譯。

論集部

1698　提婆菩薩破楞伽經中外道小乘四宗論一卷，提婆菩薩造、元魏菩提留支譯。

【校記】◎開貞至略緣：破外道小乘四宗論，指：外道破四宗論，標：無楞伽經中四字◎略福資磧普初天緣南北嘉龍黄臺義知佛：無造者名，大縮頻：婆作波，麗卍大中縮頻佛：元魏作後魏。

1699　提婆菩薩釋楞伽經中外道小乘涅槃論一卷，提婆菩薩造、元魏菩提留支譯。

【校記】◎開貞至略緣：破外道小乘涅槃論，指：提婆破外道涅槃論◎略福資磧普初天緣南北嘉龍黄臺義知佛：無造者名，大縮頻：婆作波，麗卍大中縮頻佛：元魏作後魏。

1700　隨相論一卷，德慧法師造、陳真諦譯。

【校記】◎標略福資磧普初天緣南北嘉龍黄臺義知：二卷◎福佛：無造者名。【註】開貞至略緣：或云求那摩諦隨相論；至：或三卷。

1701　金剛針論一卷，法稱菩薩造、宋法天譯。

○附譯場職名錄。

【校記】◎標：針誤作計◎佛：無造者名，石金麗福資磧普初天緣南卍臺大中縮頻：無宋字◎附職名錄見金中。【按】法天譯此經時的職稱是西天譯經三藏朝散大夫試鴻臚少卿傳教大師，福資磧普初南北嘉龍黄臺：略作三藏傳教大師。

1702　尼乾子問無我義經一卷，馬鳴菩薩集、宋日稱等譯。

【校記】至：集作造，緣續：馬鳴造、日稱譯，佛：無集者名，麗卍續大中縮頻：無宋字。

1703　佛説立世阿毘曇論十卷，陳真諦譯。

○～目錄。

【校記】◎福北嘉龍黄義知：無佛説二字◎目錄見縮頻。【註】開貞至略緣：或無論字，開貞緣：題云立世毘曇藏，亦名天地記經；開貞至：或十五卷。【大按】福缺卷一、卷二。

1704　彰所知論二卷，元發合思巴造、沙羅巴譯。

○～目錄○～序，元廉復撰○元克己後序。

【校記】◎義：一卷◎佛：無造者名◎目錄見縮頻；二序見普初南北嘉龍黄卍臺大中縮頻（磧：無後序）。【按】磧卷下散佚。

1705　成實論十六卷，訶梨跋摩造、姚秦鳩摩羅什譯。

○～目錄。

【校記】◎開貞至略福資磧普初天緣南北嘉龍黄臺義知：二十卷◎略：訶作阿，福佛：無造者名，緣：無鳩摩二字◎目錄見嘉黄縮頻。【註】開貞：或十四卷，或二十四卷，或二十七卷。

1706　四諦論四卷，婆藪跋摩造、陳真諦譯。

○～目録。

【校記】◎福資：婆作法師婆，標：跋摩作菩薩，佛：無造者名◎目録見縮頻。

1707　解脱道論十二卷，阿羅漢優波底沙造、梁僧伽婆羅譯。

○～目録。

【校記】◎開貞至略佛：無造者名，指：大光羅漢造，磧普初南北嘉龍黃臺義知：無阿字◎目録見縮頻。【註】開貞至：或十三卷。【提示】優波底沙，梁言大光。

1708　三彌底部論三卷，失譯附三秦録。

【校記】開貞金麗略緣卍大中縮頻佛：三秦作秦，福：失譯，義：三秦録失譯人名。【註】開貞至略緣：或無部字；開貞至略：或四卷；開貞略緣：三彌底者此云正量，即正量部中論也。

1709　辟支佛因緣論二卷，失譯附秦録。

【校記】◎金中：辟作佛説辟，指：無論字◎略福資磧普初天緣南北嘉龍黃臺義知：一卷◎福：失譯，義：東晉録失譯人名。

1710　十二因緣論一卷，淨意菩薩造、元魏菩提留支譯。

【校記】略佛：無造者名，至：無菩薩二字，義知：造作釋，麗卍大中縮頻佛：元魏作後魏，福：留支誤作多摩。

1711　緣生論一卷，聖者欝楞迦造、隋達摩笈多譯。

○～序。

【校記】◎略佛：無造者名，天：無楞字，緣：無達摩二字◎序見福資磧普初南北嘉龍黃臺大中縮頻。【按】迦、伽音同不校。

1712　大乘緣生論一卷，聖者欝楞迦造、唐不空譯。

【校記】至義佛：無造者名，石貞麗福資磧普初天緣南卍臺大中縮頻：無唐字。【按】金卷首殘缺。

▲上二論同本異譯。

1713　因緣心論釋一卷，龍猛菩薩造。

○因緣心論頌，龍猛菩薩作。

【校記】◎佛：造作釋◎頌見大。【按】佛分出因緣心論頌一卷（見附1713）。

1714　止觀門論頌一卷，世親菩薩造、唐義淨譯。

【校記】◎北嘉龍黃：頌作七十七頌◎略佛：無造者名，義：世親作天親，至：無菩薩二字，麗卍大中縮頻：無唐字。【提示】舊譯天親，新譯世親。

1715　寶行王正論一卷，陳真諦譯。

○～目録。

【校記】目録見縮頻。

1716　手杖論一卷，尊者釋迦稱造、唐義淨譯。

【校記】略佛：無造者名。

1717　諸教決定名義論一卷，慈氏菩薩造、宋施護譯。

【校記】至：慈氏作彌勒，義：造作説，佛：無造者名，金麗資磧普天緣南卍臺大中縮頻：無宋字。【按】譯者施護的職稱中有西天譯經三藏六字，北嘉龍黃：脫譯經二字。

1718　因明正理門論本一卷，大域龍菩薩造、唐玄奘譯。

【校記】◎標義：無門字◎磧初天南北嘉龍黃臺知：龍作龍樹，義：大域龍作龍樹，佛：無造者名，福：玄奘誤作義淨。【按】資收本論在力字函，但是昭和總目——資福藏目録又在皁字函重出，應是後人抄録日本寬永寺目録（見昭和總目三一）皁字函的補遺目録，誤增入資福藏目録的，故今新考目録取消其目（見附1718）。

1719　因明正理門論一卷，大域龍菩薩造、唐義淨譯。

【校記】標：造者名作陳那菩薩造，資磧普初天南北嘉龍黃臺知：龍作龍樹，義佛：無造者名，金中：無唐字，嘉黃：義淨誤作玄奘。【按】資收本論在忠字函，但是昭和總目——資福藏目録又在皁字函重出，應是後人抄録日本寬永寺目録（見昭和總目三一）皁字函的補遺目録，誤增入資福藏目録的，故今新考目録取消其目（見附1719）。

▲上二論同本異譯。

1720　因明入正理論一卷，商羯羅主菩薩造、唐玄奘譯。

○~後序，唐明濬撰。

【校記】◎標：因明正理門論◎誤記大龍菩薩造，略佛：無造者名，麗福資磧普初天南卍臺大中縮頻：無唐字◎後序見福資磧普初南北嘉龍黃臺大中縮頻。【按】資收本論在忠字函，但是昭和總目——資福藏目録又在皁字函重出，應是後人抄録日本寬永寺目録（見昭和總目三一）皁字函的補遺目録，誤增入資福藏目録的，故今新考目録取消其目（見附1720）。

1721　迴諍論一卷，龍樹菩薩造、元魏毘目智仙等譯。

○~目録○序~翻譯之記，毘目智仙述。

【校記】◎天：序迴論◎略福資磧普初天南北嘉龍黃知佛：無造者名，麗卍大中縮頻佛：譯者名作後魏毘目智仙共瞿曇流支譯，福資磧普初天南北嘉龍黃義知：元魏作後魏，義：無等字◎目録見縮頻；記見麗福資磧普初南北嘉龍黃卍臺大中縮頻。

1722　方便心論一卷，元魏吉迦夜與曇曜譯。

○~目録。

【校記】◎福資磧普初天緣南北嘉龍黃臺義知：增龍樹菩薩造五字，金麗卍大中縮頻佛：後魏吉迦夜譯，福資磧普初天南北嘉龍黃臺義知：元魏作後魏，開貞至略緣：與作共◎目録見縮頻。【註】開貞至：或二卷。【按】影印洪武南藏此論在

命七，但卻編在命三、命四之發菩提心論二卷前，誤也，實應排在命五、命六之
三無性論二卷後。

1723　如實論一卷，陳真諦譯。

【校記】福資磧普初天南北嘉龍黃臺義知：增天親菩薩造五字（緣：無菩薩二
字），開貞至略緣：陳作梁。

1724　入大乘論二卷，堅意菩薩造、北涼道泰譯。

【校記】◎指：堅意作堅惠，略佛：無造者名，金：無北涼二字，石麗卍大中縮
頻佛：譯作等譯。【註】麗：本元闕第一品名目。【按】①金卷首殘缺。②卍大縮
頻註文中元闕作無闕。藏本存第一品名目者，石作初品第一，福資磧普初南北嘉
龍黃臺作義品第一。③至：誤記四卷，檢傍字號記"上七論十卷同帙"，另六論
共八卷，故今新考目録更正作二卷。【緣按】非北涼譯，所以知者，下卷論云秦
言故。

1725　大乘寶要義論十卷，宋法護等譯。

【校記】緣：增三寶尊菩薩造、大域龍菩薩造本論十四字，金麗福資磧普初南卍
臺大中縮頻：無宋字，至佛：無等字，天：誤作施護譯。【按】①此經卷七至十，
改著宋惟淨等譯。②譯者法護的職稱中有西天譯經三藏六字，北嘉龍黃：脫譯經
二字；譯者惟淨的職稱中有譯經三藏四字，北嘉龍黃：脫譯經二字。

1726　大乘集菩薩學論二十五卷，法稱菩薩造、宋法護等譯。

○～目録。

【校記】◎佛：無造者名，麗磧普初南卍臺大中縮頻：無宋字，至：法護作日
稱，天：譯者名作法護、日稱等譯，緣續：譯者名作日稱譯◎目録見縮頻。【按】
①此論第九至二十五卷，改著宋日稱等譯，初：卷十以後改著日稱等譯。②譯者
法護、日稱的職稱中皆有西天譯經三藏六字，北嘉龍黃：脫譯經二字。

1727　集大乘相論二卷，覺吉祥智菩薩造、宋施護譯。

【校記】至：無智字，佛：無造者名，金麗福資磧普初天緣南卍臺大中縮頻：
無宋字。【按】譯者施護的職稱中有西天譯經三藏六字，北嘉龍黃：脫譯經二
字。

1728　集諸法寶最上義論二卷，善寂菩薩造、宋施護譯。

【校記】佛：無造者名，金麗福資磧普初天緣南卍臺大中縮頻：無宋字。【按】
譯者施護的職稱中有西天譯經三藏六字，北嘉龍黃：脫譯經二字。

1729　發菩提心論二卷，姚秦鳩摩羅什譯。

○發菩提心經論目録。

【校記】◎標金麗卍大中縮頻佛：論作經論◎麗資磧普初天南北嘉龍黃卍臺大中
義知縮頻：增天親菩薩造五字，麗卍大中縮頻：姚秦作後秦，緣：無鳩摩二字◎
目録見縮頻。【註】開貞緣：或云天親菩薩所造，亦云彌勒菩薩所説，未詳孰是。
【按】金二卷卷首皆殘缺。

1730 　菩提資糧論六卷，聖者龍樹本、比丘自在釋、隋達摩笈多譯。

　　　【校記】至：聖者龍樹作龍樹菩薩，佛：無聖至釋十字，緣：無達摩二字。

1731 　菩提心離相論一卷，龍樹菩薩造、宋施護譯。

　　　【校記】佛：無造者名，金麗福資磧普初天緣南卍臺大中縮頻：無宋字。【按】
譯者施護的職稱中有西天譯經三藏六字，北嘉龍黃：脱譯經二字。

1732 　菩提行經四卷，龍樹菩薩集頌、宋天息災譯。

　　　○~目録。

　　　【校記】◎知佛：無龍至頌六字，至：集頌作造，石金麗福資磧普初天緣南卍臺
大中縮頻：無宋字◎目録見縮頻。

1733 　菩提心觀釋一卷，宋法天譯。

　　　○附譯場職名録。

　　　【校記】◎石金麗資磧普初天緣卍大中縮頻：無宋字◎附職名録見金中。【按】
法天譯此經時的職稱是西天譯經三藏朝散大夫試鴻臚卿傳教大師，資磧普初南
臺：略作三藏法師。

1734 　廣釋菩提心論四卷，蓮華戒菩薩造、宋施護等譯。

　　　【校記】◎磧普初南臺知：二卷（原缺第三、四卷）◎佛：無造者名，金麗福資
磧普初天緣南卍臺大中縮頻：無宋、等二字，至北嘉龍黃義知佛：無等字。【按】
①金存卷二。②施護譯此經時的職稱是西天譯經三藏朝奉大夫試光禄卿傳法大
師，北嘉龍黃：脱譯經二字，麗卍大中縮頻：脱朝奉大夫試光禄卿八字。③據祥
符録記載，施護譯此經時有法護、惟淨同譯，故記作施護等譯，今新考目録據以
著録。

1735 　金剛頂瑜伽中發阿耨多羅三藐三菩提心論一卷，唐不空譯。

　　　【校記】◎標：金剛瑜伽中發菩提心論◎貞金麗磧普初緣續南卍臺大中縮頻：無
唐字，知：不空作大廣智。【註】貞金麗磧普初緣續南北嘉龍黃卍臺大中義知縮
頻：亦名瑜伽總持教門説菩提心觀行修持義。【提示】不空，號大廣智三藏。

1736 　大乘起信論一卷，馬鳴菩薩造、梁真諦譯。

　　　○~序，梁智愷作。

　　　【校記】◎嘉：一卷作卷下◎略佛：無造者名，金中：無梁字◎序見石福資磧普
初南北嘉龍黃卍臺大中縮頻。【按】卍目録脱此目。

1737 　大乘起信論二卷，馬鳴菩薩造、唐實叉難陀譯。

　　　○新譯~序。

　　　【校記】◎指：起信論◎嘉：二卷作卷上、卷中，黃：一卷◎略義佛：無造者
名，金麗卍大中縮頻：唐作大周◎序見金麗卍大中縮頻。【按】指：誤記一卷，
今新考目録據標金麗皆作二卷更正之。

　　　▲上二論同本異譯。

1738 　釋摩訶衍論十卷，龍樹菩薩造、姚秦筏提摩多譯。

○～序，姚秦姚興皇帝製。

【校記】◎卍續縮頻：無譯者名，至緣續知：無姚秦二字◎御製序見石麗卍續大中縮頻。

1739 大宗地玄文本論二十卷，馬鳴菩薩造、陳真諦譯。

○～目録。

【校記】◎天：大誤作太，緣續：無本字◎至磧普初南北嘉龍黄臺義知：八卷◎天佛：無造者名，天：脱譯者名，麗磧普初緣續南卍臺大中縮頻：無陳字◎目録見縮頻。【緣按】馬鳴造者，人借名詐耳。

1740-1 那先比丘經二卷，失譯附東晉録。

【校記】貞：附作在。【註】開貞至：或云那先經，或三卷。

1740-2 那先比丘經（別本）三卷，失譯附東晉録。

【校記】◎福天：那先經◎福資天：失譯，義：東晉録失譯人名。【註】略：或二卷。

1741 福蓋正行所集經十二卷，龍樹菩薩集、宋日稱等譯。

○附獅谷忍澂師校刻本有此存疑今抄集於此○增上寺麗本與忍澂師校刻本同異。

【校記】◎至：集作造，緣續：龍樹造、日稱譯，佛：無集者名，麗天卍續大中縮頻：無宋字◎附二文見縮（頻：無同異）。

1742 龍樹菩薩為禪陀迦王説法要偈一卷，劉宋求那跋摩譯。

【校記】◎指：説法要偈，標：龍樹説法要偈，至：偈作傳偈◎頻：增龍樹菩薩説五字，開貞至金麗略福資磧普初天緣南北嘉龍黄卍臺大中縮頻佛：劉宋作宋。

1743 勸發諸王要偈一卷，龍樹菩薩撰、劉宋僧伽跋摩譯。

【校記】◎指：無要字◎義知佛：無撰者名，開貞至金麗略緣卍大中縮頻佛：劉宋作宋，資磧普初天南北嘉龍黄臺：譯者誤作宋求那跋摩譯。

1744 龍樹菩薩勸誡王頌一卷，唐義淨譯。

【校記】◎指：勸誡王頌，石：頌作頌經，至：頌誤作訟，天：頌作經◎石：無唐字，至：失譯人年代。【按】①石經文中間部分刻在石碑側面，以下佛説護淨經（見0566）的後部經文亦刻在石碑側面，《房山石經》誤將兩側面之經文前後倒置。②金卷首殘缺。

▲上三集同本異譯。

1745 讚法界頌一卷，龍樹菩薩造、宋施護譯。

【校記】◎資磧普初天南臺：頌作偈◎緣：無造字，佛：無造者名，石金麗福資磧普初天緣南卍臺大中縮頻：無宋字。【註】石至金麗資磧普初南北嘉龍黄卍臺中：八十七頌。【按】譯者施護此時有傳法大師之稱號，福資磧普初天南北嘉龍黄臺脱此稱號。

1746 廣大發願頌一卷，龍樹菩薩造、宋施護等譯。

○附譯場職名録。

【校記】◎義知：大發作發大◎緣：無菩薩二字，佛：無造者名，金麗資磧普初南卍臺大中縮頻：無宋字，天緣：施護譯，至義：無等字◎附職名録見金中。

【按】譯者施護的職稱中有西天譯經三藏六字，北嘉龍黃：脫譯經二字。

1747　三身梵讚一卷，宋法賢譯。

【校記】緣：增戒日王製四字，石麗福資磧普初天緣南卍臺大中縮頻：無宋字。

【至按】此讚祥符録中雖二名，今勘藏本，唯有一部，譯人既同，定是重本。

【按】①今檢佛三身讚（見1748）屬意譯，而本讚則是音譯，故祥符録著二目，非重本。②法賢譯此經時的職稱是西天譯經三藏朝散大夫試光禄卿明教大師，福資磧普初南北嘉龍黃臺：略作三藏法師。

1748　佛三身讚一卷，宋法賢譯。

○附御製釋迦牟尼佛讚，明太宗御製。

【校記】◎石麗福資磧普初天緣南卍臺大中縮頻：無宋字◎附御製讚見北龍；重輯嘉縮頻佛：分出御製讚一卷（見附1748）。【註】麗福資磧普初天南臺大中縮頻：西土聖賢撰。【按】①譯者法賢的職稱中有西天譯經三藏朝散大夫試光禄卿十四字，北嘉龍黃：脫譯經二字，福資磧普初南北嘉龍黃臺：試光禄卿誤作試鴻臚。②黃卍將御製讚附於一切如來説佛頂輪王一百八名讚（見0976）。

1749　佛一百八名讚一卷，宋法天譯。

【校記】◎北嘉龍黃：讚作讚經◎石金麗福資磧普天緣卍臺大中縮頻：無宋字。

【按】法天譯此經時的職稱是西天譯經三藏朝散大夫試鴻臚卿傳教大師，福資磧普初南北嘉龍黃臺：略作三藏法師，石：卿誤作少卿。

1750　一百五十讚佛頌一卷，尊者摩咥里制吒造、唐義淨譯。

【校記】◎指：頌作偈◎略緣：造作撰，佛：無造者名，福資磧普初南臺：無唐字。【按】里、利音同不校。

1751　佛吉祥德讚三卷，尊者寂友造、宋施護譯。

【校記】知佛：無造者名，金麗福資磧普初天緣南卍臺大中縮頻：無宋字。【按】①譯者施護的職稱中有西天譯經三藏六字，北嘉龍黃：脫譯經二字。②黃自第百八十套起為支那撰述典籍，但此讚乃至瑜伽集要焰口施食儀共十種書，仍屬印度著集，然而各冊封面題簽卻著支那撰述，誤也。

1752　七佛讚唄伽他一卷，宋法天譯。

【校記】◎標：七佛讚，天：脫七字◎石金麗資磧普初天緣南卍臺大中縮頻：無宋字。【按】此經是法天於開寶年間先譯，且尚未授與傳教大師稱號，故石金麗資磧普初天南卍臺大中縮頻在譯者職稱中增入傳教大師四字誤也。【按】他、陀音同不校。

1753　捷稚梵讚一卷，宋法賢譯。

【校記】◎標南北嘉龍黃義知縮頻佛：稚作椎，天：梵讚誤作經◎石金麗福資普

緣卍大中縮頻：無宋字，北嘉龍黃義知：誤作宋法天譯（磧初天南臺：無宋字）。【按】法賢譯此經時的職稱是西天譯經三藏朝散大夫試鴻臚少卿明教大師，初南北嘉龍黃：脫西天譯經三藏六字，福：鴻臚誤作光禄，福資磧普初南北嘉龍黃臺：脫少字。

1754　八大靈塔梵讚一卷，西天戒日王製、宋法賢譯。

【校記】至佛：無製者名，緣：無西天二字，石麗福資磧普初天緣南卍臺大中縮頻：無宋字。【按】法賢譯此經時的職稱是西天譯經三藏朝散大夫試光禄卿明教大師，福資磧普初南北嘉龍黃臺：略作三藏法師。

1755　佛説八大靈塔名號經一卷，宋法賢譯。

【校記】◎標：無名號二字◎石麗福資磧普初天緣南卍臺大中縮頻：無宋字。

1756　賢聖集伽陀一百頌一卷，宋天息災譯。

【校記】◎石：賢聖作聖賢◎石金麗資磧普初天緣南卍臺大中縮頻：無宋字。【按】譯者天息災的職稱中有西天譯經三藏朝散大夫十字，北嘉龍黃：脫譯經二字，資磧普南北嘉龍黃臺：朝散誤作朝請。

1757　事師法五十頌一卷，馬鳴菩薩集、宋日稱等譯。

【校記】◎義：無法字◎至：集作造，義知：集作略出，佛：無集者名，緣續：馬鳴造、日稱譯，麗磧普初南卍臺大中縮頻：無宋字，磧普初南北嘉龍黃臺：無等字。【按】譯者日稱的職稱中有西天譯經三藏六字，北嘉龍黃：脫譯經二字。

1758　密跡力士大權神王經偈頌一卷，元管主八撰。

○～序，元智昌述。

【校記】◎磧普初南：佛説密跡力士大權神王經◎阿質達霰、無能勝譯，緣續義：撰作集◎智昌序見磧普初南北嘉龍黃卍臺大中縮頻。【按】①磧普初南另有佛説密跡力士大權神王經序，檢其內容即是本經首的五字偈言，自歸命最上乘至八部威嚴常加護，共四百九十九字。②中華第六八冊第一六一一號收初南本，又於第七一冊第一六六二號收北嘉龍本。今檢二經，雖經名、作者有別，但內容相同，故今新考目錄合為一目（另目見附1758）。有關二經異同的考證，詳見李富華、何梅著漢文佛教大藏經研究第311～313頁。③據貞元錄記載："阿質達霰，唐言無能勝"，實一人，因此磧普初南記作二人，誤也。

1759　請賓頭盧法一卷，劉宋慧簡譯。

【校記】◎至：脫盧字，標金福資磧普初天南北嘉龍黃臺中義知：法作經◎開貞至金麗略資磧初天緣南北嘉龍黃卍臺大中縮頻佛：宋慧簡譯（福：簡誤作蘭）。

【註】開貞至略緣：或云請賓頭盧法經。

1760　賓頭盧突羅闍為優陀延王説法經一卷，劉宋求那跋陀羅譯。

【校記】◎指：説法經，標：賓頭盧為優陀延王説法緣經，至：脫盧字，闍誤作闇，福資普天北嘉龍黃：法作法緣◎開貞至麗略福資磧普初天緣南北嘉龍黃卍臺

大中知縮頻佛：劉宋作宋，義：劉宋求那跋摩譯。【註】開貞至略緣：亦云賓頭盧為王説法經。

1761　迦葉仙人説醫女人經一卷，宋法賢譯。

【校記】石金麗資磧普初天緣南卍臺大中縮頻：無宋字。

1762　勝軍化世百喻伽他經一卷，宋天息災譯。

【校記】石麗福資磧普初天緣南卍臺大中縮頻：無宋字，義知：誤作宋法天譯。

【提示】他、陀音同不校。

1763　十二禮一卷，龍樹菩薩造、宋筏提摩多譯。

【校記】卍續：龍樹菩薩讚、禪那崛多譯，佛：唐禪那崛多別譯。【註】卍續：禮阿彌陀佛文。【卍續按】此十二禮文出在迦才淨土論，今刻依之。

經疏部

1764　佛説人本欲生經註一卷，後漢安世高譯、東晉道安撰。

〇人本欲生經序，道安述。

【校記】◎大：無註字◎無撰者名，佛：東晉道安註◎序見大。

1765　佛説齋經科註一卷，吳支謙譯經、明智旭科註。

〇附受八關齋法。

【校記】◎附法見嘉續卍續臺佛。

1766　陰持入解經二卷，後漢安世高譯、吳陳慧撰。

〇陰持入經序，陳氏製〇附佛説慧印百六十三定解。

【校記】◎指：陰入持經，標麗卍大縮頻：陰持入經（佛：經作經註）◎佛：無譯者名，撰作註，金麗資卍大中縮頻：撰者名作陳氏註◎序見金麗資卍大中縮頻；附定解見麗卍大縮頻。【註】金中：術音行，下皆准此，麗大縮頻：此經多術（縮頻作術）字，他本皆作行。【麗大按】此後一紙准品次録無（即附定解），雖非陰持入，應是別經，愛者節出寄之卷末，既已雕成不忍毀壞。【按】大正勘同記［原］麗本，［校］宋本，但未著録二本的千字文函號。今檢麗本在甚函，宋本在無函，但是大正已録甚函之麗本及無函之宋本（見0521），皆刪除了陳慧注文，又未説明，不妥。另外大正在附定解處校云：以下宋本元本明本宮本俱無。實只需記宋本無，因元明宮三本原無此注本。

1767　天請問經疏一卷。

【校記】佛目録記唐敦煌本。【按】大佛：書首闕文。

1768　大般若波羅蜜多經般若理趣分述讚三卷，唐窺基撰。

【校記】◎卍續大佛：基撰◎卍續目録題大般若經理趣分述讚。

1769　大般若波羅蜜多經關法六卷，宋永隆排定。

〇正德日本月潭題偈〇大般若經通關法序，明宋濂序〇～第一，宋諸景讚〇附後序，宋諸珣敘〇重開大般若經關要序，宋守一題〇正德日本謙巖書。

【校記】◎卍續頻續佛：無宋字◎有偈等◎卍續頻續目録題大般若經關法。【按】此關法六卷，卍續頻續目録著宋大隱排定，誤也。今檢其文唯卷四記作大隱排定，餘卷均記宋永隆排定。考宋諸景讚文、諸珣後序、守一序，可知永隆闍梨，撮成秘密關，總六冊，涉及大般若經三百餘卷；每關首標一字，即諸景讚文所用之字。今檢始稽字，終書字，共一百四十六字，正合諸景讚文，故判本書為永隆排定本，無疑矣。然何故著大隱排定？其緣由係卍續頻續已據它本新添了日本月潭偈、明宋濂序、宋淳熙刊印題記。宋濂序云：大隱創通關之法，四明演忠律師重為編定；其法畫十二圖，用十三法二十九界八十四科為之；廣略不過一千言間，總攝初分難信解品一百三卷。很明顯其特點非本書所有，當另有一書，題名大般若經通關法。卍續頻續未能分別二書之差異，而以他書之偈、序等增入本書，誤之一也；因卷四含有初分難信解品，故改此卷作者作大隱，誤之二也。此外卷四尚有前後文倒置處，亦待修正。

1770　大般若關一卷。

1771　般若綱要十卷，清通門閱正、葛髯提綱。

　　　〇大般若經綱要序，通門書〇～小序，清張立廉述〇～緣起，葛髯述〇～卷前，通門記〇附牧雲禪師題七空居士像等文〇～後序，通門撰。

　　　【校記】◎卍續頻續佛：無清字◎有序等。

1772　大般若波羅蜜多經敘四卷，民國歐陽漸撰。

1773　大品遊意一卷，隋吉藏撰。

　　　〇大品經品目〇大品經義略序。

　　　【校記】◎佛：大品經遊意◎大：無作者名，卍續：無隋字◎品目等見卍續佛。

1774　大品經義疏十卷，隋吉藏撰。

　　　〇～目次。

　　　【校記】◎卍續：卷一題大品經玄意◎無隋字◎有新作目次◎目録註欠卷二。

1775　大慧度經宗要一卷，新羅元曉撰。

　　　【校記】◎卍續大佛：無新羅二字◎卍續目録註又云摩訶般若波羅蜜經宗要。

1776　金剛般若波羅蜜經註一卷，姚秦鳩摩羅什譯、僧肇註。

　　　〇註金剛經序，寶曆日本敬雄撰。

　　　【校記】◎序見卍續頻續佛◎卍續頻續目録題金剛經註。

1777　金剛般若波羅蜜經一卷。

　　　〇梁朝傅大士頌金剛經序〇附頌遍計等三段偈言及大身真言、隨心真言、心中心真言。

　　　【校記】◎序見石大佛◎附偈言等見大（佛：僅有附偈言）◎大目録題梁朝傅大士頌金剛經，佛目録題頌金剛經。

1778　金剛般若經疏一卷，隋智顗説。

　　　〇元可明敘〇元徐行善誌〇眉科。

【校記】◎義縮頻佛：經作波羅蜜經◎北嘉龍黃卍臺大中義：隋智者説（初南知：無隋字），縮頻：智者疏，佛：説作疏◎敘等見縮頻。【按】縮頻隨疏文逐節增入經文。

1779　金剛經科釋一卷，隋智顗疏、元徐行善科。

〇元可明白〇徐行善誌〇附應永日本梵芳書。

【校記】◎卍續：智者疏，無元至科五字◎有可明白文等◎目録題金剛經疏科釋。

1780　金剛般若疏四卷，隋吉藏撰。

〇金剛般若經序，吉藏撰。

【校記】◎卍續：金剛般若經義疏◎卍續大：無隋字◎有序◎卍續目録題金剛經義疏。

1781　金剛般若經贊述二卷，唐窺基撰。

〇刊行～序，文化日本訓映識〇刻～序，文化日本深屬誌〇校訂例言，文化日本志道識。

【校記】◎卍續大：基撰◎有序等◎卍續目録題金剛經贊述。

1782　金剛般若經疏論纂要二卷（另科文一卷），唐宗密述、宋子璿治定。

〇並序〇釋金剛經纂要疏分三，子璿録。

【校記】◎知：無般若二字◎治定作重治，義：宋子璿治定作長水重治，南北嘉龍黃臺大中縮頻：無唐、宋二字◎有序；釋金剛經纂要疏分三（即科文）見南北嘉龍黃臺中縮頻◎卍續目録註本書已會入於金剛經疏記科會（見1784-1），故不再收其單本。【提示】子璿，號長水。【按】①臺縮不計科文卷數。②重輯嘉中佛分出科文一卷（見附1782）。③昭和總目六圖書寮目録（毘盧）尾附旦字號至營字號著録釋金剛經纂要疏分三（一帖），宋子璿録，實非毘盧藏本，而係宮內省圖書寮保存的宋刻單行本（見附1782-1）。

1783　金剛經纂要刊定記七卷，宋子璿録。

〇並序。

【校記】◎知：釋金剛經刊定記◎義：六卷◎南北嘉龍黃臺大中縮頻：無宋字◎有序。【按】昭和總目六圖書寮目録（毘盧）尾附旦字號至營字號著録本書六卷，實非毘盧藏本，而係宮內省圖書寮保存的一部分宋刻單行本（見附1783）。

1784-1　金剛經疏記科會十卷，唐宗密疏、宋子璿記、明大瓊科會。

〇清孫效曾敘〇清顧光敘。

【校記】◎卍續頻續：宗密作圭峰，子璿作長水，無明字◎有二敘◎卍續目録註疏（金剛經疏論纂要二卷，唐宗密述）記（金剛經疏論纂要刊定記四卷，宋子璿記）合刻。【按】卍續（舊版）頻續目録誤著清大瓊科會，今據二敘所云，將朝代清更正作明。

1784-2　金剛般若經疏論纂要刊定記會編十卷，姚秦鳩摩羅什譯經、唐宗密述疏、宋子璿録記、清行策會編。

○金剛般若經疏記會編序，行策書○金剛般若經疏記會編科文，子璿録○十八住階位圖説（附圖）○二十七疑脈絡圖説（附圖）○例言。

【校記】◎嘉又續卍續臺：無姚字◎有序等◎卍續目録題金剛經疏記會編，並註疏記會編之文出於科會（見1784-1），故今單載科與圖説耳；重輯嘉目録記附科文一卷，圖説一卷。【按】嘉又續臺的科文與釋金剛經纂要疏科（見1782）比較，大同小異。

1785　金剛般若波羅蜜經註三卷，唐慧淨註。

○金剛般若經註序，褚亮撰○附享保日本烏有子跋。

【校記】◎卍續頻續：無唐字◎有序等◎目録題金剛經註疏。

1786　金剛般若波羅蜜經二卷，姚秦鳩摩羅什譯、梁昭明太子分目、唐慧能解義。

○～序，慧能撰○附六祖口訣後序，宋羅適序○重刻六祖金剛經解跋（二篇），分別由清湯翼聖題、清周克順跋。

【校記】◎卍續頻續：姚秦作後秦，慧能作六祖大鑒真空普覺禪師◎有序等◎目録題金剛經解義；卍續目録註又云金剛經註解，又云六祖解義，別有題直解一本，行文不佳，故不編入。【按】六祖口訣後序一文，其前部内容另見慧能説金剛經口訣一卷（見1787），而後部内容才是序文。

1787　金剛經口訣一卷，唐慧能説。

【校記】卍續：六祖大鑒禪師説。【按】此文係六祖口訣後序（見1786）前部分容的　行。

1788　金剛般若波羅蜜經註三卷，唐慧能註、宋道川頌並著語。

○川老金剛經序，宋惠藏書。

【校記】◎卍續頻續：無作者名◎有序◎目録題金剛經註◎卍續副目記金剛經義一卷，宋可觀註，並註收於竹庵草録（見2876）。

1789　金剛般若波羅蜜經註一卷，唐御註。

○並序。

【校記】◎石：無唐字◎有序。

1790　御註金剛般若經疏宣演六卷，唐道氤撰。

【校記】◎至：金剛宣演疏，大：般若經疏作般若波羅蜜經◎大：二卷◎金中：唐作宋，臺：無唐字，大至：道氤集。【按】金臺中：存第五卷。【臺按】卷上尾缺（大按同），依敦煌寫本補全。

1791　金剛般若波羅蜜經會解二卷，宋善月述。

○金剛般若經會解序，善月序○附善月書。

【校記】◎卍續頻續：無宋字◎有序等◎目録題金剛經會解。

1792　金剛般若波羅蜜經采微二卷（另科一卷，餘釋一卷），宋曇應述。

○並敘○金剛般若經采微科○附～餘釋並曇應題記。

【校記】◎卍續頻續：無宋字◎有敘等◎目録題金剛經采微。【按】卍續分出科、餘釋各一卷（見附 1792-1、附 1792-2）。

1793　銷釋金剛科儀會要註解九卷，姚秦鳩摩羅什譯、宋宗鏡述、明覺連重集。

○～序，覺連序○～十卷總目録○附～後跋，明道燈識。

【校記】◎卍續頻續佛：無宋、明二字◎有序等◎目録題銷釋金剛經科儀會要註解。【卍續按】卷十銷釋金剛科儀會要原文會入於註解中，故不再録。

1794　金剛般若波羅蜜經註解一卷，姚秦鳩摩羅什譯、明宗泐、如𦬇註。

○附宗泐識。

【校記】◎知：蜜作蜜多◎義知佛：無譯者名，義：如𦬇作共如𦬇，佛：註作同註◎附識見北嘉龍黃卍臺大中縮頻。

1795　金剛經註解四卷，明太宗纂輯。

○明太宗御製序○金剛經集註原序，明洪蓮書○金剛般若波羅蜜經舊序，宋楊圭識○金剛經道場前儀○金剛般若波羅蜜經目録○金剛經五十三家註解姓號目録○附金剛經道場後儀○金剛經會解跋，清繆彤識○重刻金剛經跋，清陶學椿書○十七家解註金剛經姓號目録。

【校記】◎佛：明成祖（太宗皇帝）纂輯，卍續頻續：無作者名◎序等見卍續頻續佛◎卍續佛目録註世稱金剛經五十三家註。【蔡按】前有洪蓮序，卍續誤標明洪蓮編。【按】影印頻續目録著明洪蓮集，亦誤。【卍續（舊版）按】金剛經集解（見附 1795）四卷，宋楊圭編。世稱金剛經十七家註，收於金剛經五十三家註。

1796　金剛般若波羅蜜經補註二卷，明韓巖集解、程衷懋補註。

○明查應光撰（序一）○（序二）。

【校記】◎卍續頻續：無明字◎有二序◎目録題金剛經補註。【卍續頻續按】查應光文首散佚。

1797　註解鐵鋑鋿二卷，明屠根註。

○小引，清龔泰瑞識。

【校記】◎卍續頻續：無明字◎有引◎目録題金剛經註解鐵鋑鋿。

1798-1　金剛般若波羅蜜經宗通七卷，姚秦鳩摩羅什譯、功德施菩薩破取著不壞假名論、梁傅大士頌、宋子璿金剛刊定記、明曾鳳儀宗通。

○金剛宗通緣起，曾鳳儀題。

【校記】◎卍續頻續：有緣起◎目録題金剛經宗通。

1798-2　金剛般若波羅蜜經偈釋二卷（宗通卷八、卷九），彌勒菩薩八十行偈，無著菩薩頌、唐義淨譯，天親菩薩頌、元魏菩提留支譯，明曾鳳儀釋。

【校記】◎卍續頻續：元魏作魏◎卍續目録題金剛經偈釋。

1799　釋金剛經一卷，明真可撰。

【校記】卍續頻續目録題金剛經釋；卍續目録註出紫柏尊者全集卷十一（見3522）。

1800　金剛決疑一卷，姚秦鳩摩羅什譯、明德清撰。

○刻～題辭，德清撰。

【校記】◎卍續頻續：有題辭◎目録題金剛經決疑。

1801　金剛般若波羅蜜經鎞二卷，明廣伸述。

○金剛鎞序，明洪瞻祖撰。

【校記】◎卍續頻續：無明字◎有序◎目録題金剛經鎞。

1802　金剛經統論一卷，明林兆恩撰。

○並小引○林子自書金剛統論卷端，林兆恩書○附林兆恩跋○附答儒氏。

【校記】◎卍續頻續：無明林、撰三字◎有引等◎卍續目録註出林子全集（蔡按：不在藏内）。

1803　金剛正眼一卷，明大韶筆記。

○～序，大韶書。

【校記】◎卍續頻續：大韶作千松◎有序◎目録題金剛經正眼。

1804　金剛般若波羅蜜經筆記一卷，姚秦鳩摩羅什譯、明如觀註。

○金剛經筆記序，明譚貞默序○～自序，如觀撰。

【校記】二序見嘉續卍續臺頻續。

1805　金剛般若波羅蜜經破空論一卷，姚秦鳩摩羅什譯經、明智旭造論。

【校記】卍續目録題金剛經破空論。

1806　金剛般若波羅蜜經觀心釋一卷，明智旭述。

【校記】◎嘉續卍續臺頻續：無明字◎卍續頻續目録題金剛經觀心釋。

1807　金剛般若經略談一卷，明觀衡撰。

【校記】◎卍續頻續目録題金剛經略談；卍續目録註出顓愚和尚語録（見3247）。

1808　金剛略疏一卷，明元賢述。

○～序，元賢題。

【校記】◎卍續頻續：無明字◎有序◎目録題金剛經略疏。

1809　新鐫大乘金剛般若波羅蜜經音釋直解一卷，明圓杲解註、圓衍校正、圓禄、圓貴繡梓。

○新鐫金剛般若波羅蜜音釋直解序，圓杲序○刻金剛般若波羅蜜經序，圓衍序○附書金剛經直解後，正保日本西吟書。

【校記】◎卍續頻續：無明字◎有序等◎目録題金剛經音釋直解；卍續目録註外題金剛經直解。

1810　金剛經如是解一卷，明張坦翁註解、孫北海等閲。

○～序，清譚貞默撰○序，清王鐸撰○金剛如是解序，清弘禮題○～自述，無是

道人記○張坦翁先生心經金剛二解題辭，道盛撰○附李化熙偈○一齋頌讚○金之俊頌偈○跋，北海書○跋語，性琮識。

【校記】◎嘉續卍續臺：明張坦翁作無是道人◎序等見嘉續臺（重輯嘉續卍續：無道盛題辭）。【提示】張坦翁，號無是道人。

1811　答屠息庵讀金剛經大意書一卷，清王起隆述。

○心經金剛經兩大意引，清譚貞默書○附金剛大意自跋，王起隆識。

【校記】◎嘉續卍續臺頻續：無清字◎有跋；引見嘉續臺◎卍續頻續目録題金剛經大意。【按】譚貞默引，卍續見心經大意（見1894），然而頻續見1892般若心經指掌，誤也。

1812　金剛經會解了義一卷，姚秦鳩摩羅什譯、清徐從治等訂、徐昌治纂、徐升貞等校。

○~自敘，徐昌治書。

【校記】◎嘉續卍續臺頻續：無姚秦、清三字◎有敘。

1813　金剛新眼疏經偈合釋二卷，清通理述。

○金剛般若經偈會本敘，清通理識○金剛般若經偈會本，姚秦鳩摩羅什譯經、元魏菩提留支譯偈○~通敘大意○~懸示，通理述。

【校記】◎卍續頻續佛：無清字◎有敘等◎卍續頻續目録題金剛經新眼疏經偈合釋。【按】卍續（舊版）佛分出金剛般若經偈會本並敘一卷（見附1813）。

1814　金剛般若波羅蜜經郢説一卷（另卷首一卷），清徐發詮次。

○自序，徐發述○考異○説略總論○附記，智普識○章句。

【校記】◎嘉又續卍續臺：無清字◎有自序等◎卍續目録題金剛經郢説；重輯嘉目録記附考異一卷，説略一卷。【提示】徐發，法名智普。

1815　金剛經註正訛一卷，清仲之屏彙纂、王維新校正。

○金剛經註正偽序（尾殘缺）○金剛經註正偽序，清徐來賓題。

【校記】二序見嘉又續卍續臺。【按】重輯嘉又續誤將兩序置於摩訶般若波羅蜜多心經註疏（見1897）前。

1816　金剛般若波羅蜜經淺解一卷，姚秦鳩摩羅什譯、清翁春，王錫琯解釋。

○附跋，清趙嶽生跋。

【校記】◎卍續：無清字◎有跋◎目録題金剛經淺解。

1817　金剛般若波羅蜜經部旨二卷，清靈耀撰。

○~科。

【校記】◎嘉又續卍續臺頻續：無清字◎有科◎卍續頻續目録題金剛經部旨；重輯嘉目録記附科一卷。

1818　金剛般若波羅蜜經一卷，姚秦鳩摩羅什譯、清溥仁乩釋、子真乩訂。

○序，雲峰乩書○敘，子真乩書○附補註○金剛經註釋跋，清照淵跋。

【校記】◎嘉續卍續臺頻續：清溥仁作雲峰◎重輯嘉續卍續頻續：有序等（嘉續

臺：無跋）◎卍續頻續目録題金剛經註釋；卍續目録註又云金剛經乩釋。

1819　金剛般若經演古一卷，清寂焰述。

○序，清道霈題○敘，清範鋐撰○後序，寂焰書。

【校記】◎卍續頻續：無清字◎有序等◎目録題金剛經演古。

1820　金剛般若波羅蜜經一卷，清刪鷟著。

○金剛直説序，刪鷟著○凡例。

【校記】◎卍續頻續：無清字◎有序等◎目録題金剛經直説。【按】卍續（舊版）目録、蔡目記清成鷟著（頻續著作述），今據原書改成作刪。

1821　金剛經石註一卷，清石成金撰集。

○～自序○～自敘，石成金撰○～凡例○金剛經辨異○金剛經闢妄○金剛經總論○金剛經讀法。

【校記】◎卍續頻續：無清字◎有序等◎卍續目録註出石氏全集傳家寶（蔡按：不在藏内）。

1822　金剛經正解二卷，清龔概綵註、扈正智校。

【校記】卍續頻續：無清字。

1823　金剛般若波羅蜜經懸判疏鈔八卷（另卷序一卷），清性起述。

○～卷序，性起述。

【校記】◎卍續頻續：無清字◎有序◎目録題金剛經法眼懸判疏鈔。

1824　金剛般若波羅蜜經註疏二卷，清性起述、俞兆龍校刊。

○序，俞兆龍識○九祖來源敘，性起識○附音釋。

【校記】◎卍續頻續：有序等◎目録題金剛經法眼註疏。

1825　金剛經如是經義二卷，清行敏述。

○昉休啓。

【校記】◎卍續頻續：無作者名◎有啓。

1826　金剛般若波羅蜜經註講二卷，清石天基註、行敏考訂。

○行敏述○石天基序。

【校記】◎卍續頻續：無作者名◎有述等◎目録題金剛經註講。【按】卍續頻續目録、蔡目記清行敏述。今據行敏述文所記“此講章乃石公天基所註，於金剛般若波之意，所解甚明，故存原講。”及“茲刻考訂原文，字字端的”可知，此註講係石天基所註、行敏考訂，故改正作者名。

1827　金剛經一卷，清孚佑帝君註解、培真校正。

○序，清純陽子序○清無名氏序。

【校記】◎卍續頻續：無清字◎有二序◎目録題金剛經註解；卍續目録註守雲道人輯天禄堂參訂本，題曰直解。

1828　金剛般若波羅蜜經二卷，清孫念劬纂。

○金剛經彙纂原序，孫念劬識○重刻金剛經彙纂序，孫念劬識○金剛經註説彙纂

凡例，孫念劬識〇引用書目〇總説〇全經綱領〇各分經旨〇金剛經三十二分總提，明王化隆撰〇全經大綱，孫念劬纂録〇附跋，清張淨觀跋〇清（淨觀居士）張允頴記。

【校記】◎卍續頻續：無清字◎有序等。

1829　金剛般若波羅蜜經心印疏二卷，清溥畹述。
　　　〇金剛般若波羅蜜經心印科，溥畹述。
　　　【校記】◎科見卍續頻續佛◎卍續頻續目録題金剛經心印疏。

1830　金剛般若波羅蜜經二卷，清俞樾註。
　　　〇～註序，俞樾書。
　　　【校記】◎卍續頻續：無清字◎有序◎目録題金剛經註；卍續目録註出春在堂全書。

1831　金剛經訂義一卷，清俞樾纂。
　　　【校記】◎卍續頻續：無清、纂二字◎卍續目録註出春在堂全書。

1832　金剛般若波羅蜜經二卷，清陳存吾闡説、陳滋甫校刊。
　　　〇金剛經闡説序，陳存吾題〇捐刊金剛經闡説序，清洪壽椿撰〇凡例〇附復題金剛經闡説後序，洪壽椿撰。
　　　【校記】◎卍續頻續：無清陳、陳三字◎有序等。

1833　金剛般若波羅蜜經二卷，清徐槐廷述。
　　　〇清黄樂之書〇金剛經源流，徐槐廷述〇彙纂引用書目〇例言〇誦經要法。
　　　【校記】◎卍續頻續：無作者名◎有書等◎目録題金剛經解義。

1834　金剛般若波羅蜜經易解二卷，姚秦鳩摩羅什譯、清謝承謨註釋、劉紹南等校訂。
　　　〇清唐養愚序〇劉紹南序〇謝承謨序〇緒言，貫三識〇誦經簡要。
　　　【校記】◎卍續頻續：無清字◎有序等◎目録題金剛經易解。【提示】謝承謨，貫三氏也。

1835　金剛般若波羅蜜經講義五卷，民國江妙煦著。
　　　〇科判〇民國蔣維喬敍〇民國范古農敍〇例言〇江味農居士傳〇金剛經校正本跋，勝觀跋。
　　　【校記】◎慧：無民國二字◎有科判等。【提示】江味農，法名妙煦，署名勝觀。

1836　佛説金剛般若波羅蜜經略疏二卷，唐智儼述。
　　　〇附宋如寶題記。
　　　【校記】◎卍續：無唐字◎有附記◎目録題金剛經略疏。

1837　能斷金剛般若波羅蜜多經釋一卷，民國太虛述。
　　　【校記】佛：無作者名。

1838　仁王護國般若經疏五卷，隋智顗説、灌頂記。
　　　〇～序，宋晁説之撰。
　　　【校記】◎義：佛説仁王護國般若波羅蜜經疏◎北龍黄中義：隋智顗作隋智者（初

南嘉卍臺大知縮頻：無隋字），義佛：無灌頂記三字◎序見初南北嘉龍黄卍臺大中縮頻。

1839-1 佛説仁王護國般若波羅蜜經疏三卷，姚秦鳩摩羅什譯、陳隋智顗疏、明道霈合。
○鍥仁王般若經合疏敘，元禄日本亮潤序○合刻仁王護國般若經疏序，明元賢題○仁王護國般若波羅蜜經品目○仁王般若經合疏目次○合仁王經疏凡例○仁王護國般若波羅蜜經疏科。
【校記】◎嘉續卍續臺：智顗作智者，無明字◎敘、新作目次見卍續，品目見嘉續臺，余序等見嘉續卍續臺◎卍續目録題仁王經合疏◎重輯嘉目録記附科文一卷。【按】嘉續卍續臺於品目前另有仁王護國般若經疏序，宋晁説之撰，已見仁王護國般若經疏（見1838）。

1839-2 仁王經疏會本三卷，隋智顗説、灌頂記、清成蓮合。
○會刻仁王護國般若經疏序，成蓮敘。
【校記】◎卍續：僅録序文◎目録註此會本粗同合疏（見1839-1），故唯存録序文耳。【按】今新考目録不記卷數。

1840 佛説仁王護國般若波羅蜜經疏神寶記四卷，宋善月述。
○仁王護國般若經疏神寶記序，善月序。
【校記】◎佛：佛説仁王護國般若經疏神寶記（知：無佛説二字）◎初南嘉黄卍臺大縮頻：無宋字◎序見初南北嘉黄卍臺大中縮頻。【按】初卷三後是卷五，影印洪武南藏註第四卷原件短缺。今檢經文不缺，故卷五實為卷四之誤。

1841 佛説仁王護國般若波羅蜜經疏神寶記會本二卷，姚秦鳩摩羅什譯經、隋智者説疏、灌頂記、宋善月述神寶記。
○仁王護國般若波羅蜜經序，明楊萬春書○刻仁王護國般若波羅蜜經跋，明陳緯書○佛説仁王護國般若波羅蜜經疏神寶記序，善月序。
【校記】◎佛：三卷◎宋善月述◎序等見慧。【按】慧於善月序前另有仁王護國般若經疏序，宋晁説之撰，已見仁王護國般若經疏（見1838）。

1842 仁王般若經疏三卷，隋吉藏撰。
○～目次。
【校記】◎佛：六卷，卍續大：或六卷（每卷又分二卷）◎無隋字◎新作目次見卍續佛◎卍續目録題仁王經疏。

1843 仁王經疏三卷，唐圓測撰。
○～目次。
【校記】◎佛：六卷，卍續大：或六卷（每卷又分二卷）◎無唐字◎新作目次見卍續佛。

1844 仁王護國般若波羅蜜多經疏三卷，唐良賁述。
○仁王般若經疏目次○附良賁上表。
【校記】◎卍續大頻續：或七卷（卷上、卷中各分二卷，卷下分三卷）◎無唐字

◎有附表；卍續頻續：有新作目次◎目錄題仁王經疏。【按】卍續另有新譯仁王護國般若經序，唐代宗皇帝御製，已見0272。

1845　仁王護國般若經疏法衡抄六卷，唐遇榮集。

【校記】◎卍續頻續：無唐字◎目錄題仁王經疏法衡抄。

1846　註仁王護國般若經四卷，宋淨源撰集。

○並序○註仁王般若經科，宋淨源錄。

【校記】◎卍續頻續：有序等◎卍續目錄題仁王經疏（頻續：疏作註）。

1847　仁王護國般若波羅蜜多經科疏五卷（另科文一卷，懸譚一卷），唐不空譯、明真貴述。

○～並敘，真貴序○仁王經科疏目次○～科文，真貴述○～懸譚，真貴述○附仁王護國經科疏跋，明石萬程書。

【校記】◎並敘、新作目次等見卍續，頻續：僅有跋◎卍續頻續目錄題仁王經科疏。【按】卍續分出科文、懸譚各一卷（見附1847-1、1847-2）。

1848　仁王護國般若波羅蜜多經闡秘三卷，民國密林述。

○附民國夏斗寅記。

【校記】◎佛：無民國二字◎有附記。【按】佛另有新飜護國仁王般若經序，唐代宗皇帝製，已見0272。

1849　般若波羅蜜多心經幽贊二卷，唐窺基撰。

○重鋟般若心經幽贊敘，寶曆日本智暉撰。

【校記】◎至：般若心經幽贊疏◎無唐字，金卍續臺大中：基撰◎敘見卍續。【按】金臺卷下散佚。

1850　般若波羅蜜多心經幽贊添改科一卷，京齊等諸大法師先製、宋守千添改。

【校記】◎卍續頻續：無宋字◎目錄題般若心經幽贊添改科。

1851　般若心經幽贊崆峒記三卷，宋守千集。

1852　佛説般若波羅蜜多心經贊一卷，唐圓測撰。

【校記】◎卍續：無唐字，大：測撰◎卍續目錄題般若心經贊。

1853　般若波羅蜜多心經略疏一卷，唐法藏述。

○並序○附法藏後記○般若心經贊序，唐張説撰。

【校記】◎南知：無唐字◎序等見南北嘉龍黃卍臺大中縮頻。

1854　般若心經略疏連珠記二卷，宋師會述。

○宋慧誠題。

【校記】◎知：心作波羅蜜多心◎南義知：一卷◎無宋字◎題見南北嘉黃卍臺大中縮頻◎頻目錄增題唐法藏述四字。

1855　般若心經疏顯正記三卷，唐法藏疏、宋仲希述。

○並序。

【校記】◎卍續頻續：唐法藏疏作法藏述，無宋字◎有序◎目錄題般若心經略疏

顯正記；卍續目録註科考、疏記合刻。

1856　般若波羅蜜多心經略疏小鈔二卷，清錢謙益集。

○~緣起論，錢謙益書○緣起後起，錢謙益記○次序當經傳釋○次列古今疏註。

【校記】◎卍續頻續：無清字◎有緣起論等◎目録題般若心經略疏小鈔。

1857　般若波羅蜜多心經疏一卷，唐慧淨作。

【校記】◎卍續頻續：無唐字◎目録題般若心經疏。

1858　般若波羅蜜多心經疏一卷，唐玄奘譯、唐靖邁撰。

【校記】卍續頻續目録題般若心經疏。

1859　註般若波羅蜜多心經一卷，提婆註。

○並序。

【校記】◎卍續：有序◎目録題般若心經註。【卍續按】中天竺國沙門釋提婆註並序十二字恐後人所加。【按】序文有"提婆乃病愚已久，豈敢醫他"字樣，可知作者係提婆也。然而卍續目録及蔡目於提婆均冠以中天竺三字，則不敢苟同。

1860　般若心經疏一卷，唐明曠述。

○附弘化日本義滿識。

【校記】◎卍續頻續：無唐字◎有附識◎目録題般若心經略疏。

1861　般若波羅蜜多心經註解一卷，唐大顛註解。

【校記】◎義：大顛庵主註解般若心經◎無唐至解五字；卍續頻續：無唐字◎目録題般若心經註解。【按】義作者名處記大明隆慶純心書院梓。頻續目録記大顛作清代人，不知根據何在？今據景德傳燈録卷十四記載：南嶽石頭希遷大師法嗣有潮州大顛和尚，故著録大顛為唐代人。

1862　三註般若波羅蜜多心經一卷，唐慧忠、宋道楷、懷深述。

○重刊三註心經序，寬政日本師靜撰。

【校記】◎卍續頻續：宋作本朝，無述字◎有序◎目録題般若心經三註。【按】卍續頻續另有般若波羅蜜多心經序，慧忠著，已見0277。

1863　般若心經疏一卷，宋智圓述。

○並序。

【校記】◎卍續頻續：無宋字◎有序。

1864　般若心經疏詒謀鈔一卷，宋智圓撰。

○刻~跋，享保日本智空書。

【校記】◎卍續頻續：無作者名◎有跋。

1865　般若波羅蜜多心經註一卷，宋道隆述。

【校記】卍續頻續目録題般若心經註。

1866　般若波羅蜜多心經註解一卷，唐玄奘譯、明宗泐、如玘註。

【校記】義知佛：無譯者名，義：如玘作共如玘，佛：註作同註。【按】北嘉龍

黄卍臺大中縮頻另有明洪武御製心經序，已見 0277。

1867　般若波羅蜜多心經集註一卷，明宗泐、如𣏌集。

【校記】◎南：唐玄奘譯，明宗泐、如𣏌集，唐法藏疏，宋智圓疏，元元粹註，元性澄註，義：明洪武留都大德沙門集。【按】①南另有御製心經序，已見 0277。②本書係集賢首、孤山、古雲、佛海、宗泐五家註疏，另有般若波羅蜜多心經註解（見 1866），則是宗泐一家註之分出。

1868　般若波羅蜜多心經解義節要一卷，明無念節要。

〇無念書。

【校記】◎卍續頻續：無作者名◎有書◎目録題般若心經解義節要。【按】本書作者名，卍續目録誤記明宋濂文句（頻續目録、蔡目：宋濂作宗景濂）。今檢本書敘文可知，作者實乃明無念居士，故今新考目録據以改正。本書在書首題名後，列出引用的七家解義之書名，最後一書是大明翰林學士潛溪宋景濂文句，然而卍續在排版時僅將此一書名的抬頭高出一格，致使編目者誤將此行視爲本書作者名；又因宋景濂誤排作宗景濂，使得頻續目録、蔡目因此而誤著。

1869　般若波羅蜜多心經註解一卷，明真可撰。

【校記】◎卍續頻續：無明字◎目録題般若心經註解；卍續目録註出紫柏尊者全集（見 3522）卷十一。

1870　般若波羅蜜多心經直談一卷，明真可撰。

【校記】◎嘉續卍續頻續：無明字◎目録題般若心經直談；卍續目録註出紫柏尊者全集（見 3522）卷十一。

1871　般若波羅蜜多心經要論一卷，明真可説。

【校記】◎嘉續：僧可撰，卍續：無明字◎目録題般若心經要論，並註出紫柏尊者全集（見 3522）卷十一。【蔡按】以下四目，要論、直談，係紫柏老人集（見 3522）卷十一別行，奉法要係宏明集（見 3801）卷十三別行。原與心經説合訂，嘉目收心經説而編目誤列要論，今分著之。【按】嘉續書前附唐玄奘譯般若波羅蜜多心經，已見 0277。

1872　般若波羅蜜多心經説一卷，明真可説。

〇附後記。

【校記】◎卍續頻續：無明字◎有附記◎目録題般若心經説；卍續目録註出紫柏尊者全集（見 3522）卷十一。

1873　般若波羅蜜多心經釋義一卷，明謝觀光釋、胡孝校。

〇般若波羅蜜多心經略疏序，唐法藏著（附觀光按語）〇～序，謝觀光書〇胡孝跋。

【校記】◎卍續頻續：無明字◎有序等◎目録題般若心經釋義。

1874　般若波羅蜜多心經釋疑一卷，明謝觀光釋、胡孝校。

〇心經釋疑序，明許嶽撰〇附般若心經釋疑後序，胡孝撰。

【校記】◎卍續頻續：無明字◎有二序。

1875　般若波羅蜜多心經直説一卷，明德清述。

　　○附心經直説跋，明函昰撰。

　　【校記】◎卍續頻續：有附跋◎目録題般若心經直説；卍續目録註出憨山大師夢遊全集卷十九，古本卷十。【蔡按】集内只載小引（見 3235）。

1876　心經提綱一卷，明李贄撰。

　　【校記】◎卍續頻續：李贄作李卓吾◎目録題般若心經提綱；卍續目録註又云心經箋釋，出於李氏叢書卷三（蔡按：不在藏内）。【按】心經箋釋見 1897 的附文，較本書内容詳盡。【提示】李贄，字卓吾。

1877　心經釋略一卷，明林兆恩撰、王興重閲、表希朱校正。

　　○林子～概論總序，林兆恩撰○附心經釋論就正小柬，林兆恩撰○附自書～卷後，林兆恩撰。

　　【校記】◎卍續頻續：無明林兆恩撰五字◎有序等◎目録題般若心經釋略；卍續目録註出林子全集（蔡按：不在藏内）。

1878　心經概論一卷，明林兆恩撰、游萬儁校正。

　　○附自書～卷後，林兆恩撰。

　　【校記】◎卍續頻續：無明林兆恩撰五字◎有附文◎目録題般若心經概論；卍續目録註出林子全集（蔡按：不在藏内）。

1879　心經説一卷，明洪恩述。

　　【校記】◎嘉續卍續臺：無明字◎卍續目録題般若心經説。

1880　心經註解一卷，明諸萬里註。

　　○～序，諸萬里序。

　　【校記】◎卍續頻續：無明字◎有序◎目録題般若心經註解。

1881　般若波羅蜜多心經斷輪解一卷，明通容述。

　　○心經斷輪解序，通容識。

　　【校記】◎卍續頻續：有序◎目録題般若心經斷論解。

1882　般若波羅蜜多心經正眼一卷，唐玄奘譯、明大文述。

　　○跋，日本知空撰。

　　【校記】◎卍續頻續：有跋◎目録題般若心經正眼。

1883　心經開度一卷，明弘麗著。

　　○～説，羅峰書。

　　【校記】◎説見嘉續卍續臺◎卍續目録題般若心經開度。【提示】弘麗，字羅峰。

　　【按】重輯嘉續誤將子真乩書的兩頁修慧篇之文（存第三、第四頁，見 1818）置於心經開度説後。

1884　般若波羅蜜多心經發隱一卷，明正相解。

　　○～序，正相識。

【校記】◎卍續頻續：無明字◎有序◎目録題般若心經發隱。

1885　　般若際決一卷，唐玄奘譯、明大慧釋。

○心經註題辭，明徐波書○～題辭，明正性書○附心經論○北禪量公二註跋尾，徐波題○貞享日本卍山跋。

【校記】◎卍續頻續：有題辭等◎目録題般若心經際決。【按】頻續誤收心經添足序一篇（見1886）。

1886　　般若波羅密多心經添足一卷，唐玄奘譯、明弘賛述。

○心經添足序，明摻道人識○心經添足科文○附心經貫義○大般若經受持功德。

【校記】◎序等見嘉又續卍續臺◎卍續目録題般若心經添足。【按】①卍續分出心經貫義並大般若經受持功德一卷（見附1886）。②頻續未收本書，僅録心經貫義並大般若經受持功德一卷（見附1886），另將本書之序文收在般若心經際決（見1885）一書後，誤也。【提示】弘賛，字在摻。

1887　　般若波羅蜜多心經釋要一卷，明智旭述。

【校記】卍續頻續目録題般若心經釋要。

1888　　心經小談一卷，明觀衡述。

【校記】卍續頻續目録題般若心經小談；卍續目録註出顓愚和尚語録卷第十四（見3247）。

1889　　般若波羅蜜多心經一貫疏一卷，唐玄奘譯、明益證疏。

○心經一貫疏序，益證識○心經一貫疏科義○附正保日本宗信識。

【校記】◎卍續頻續：有序等◎目録題般若心經一貫疏。

1890　　摩訶般若波羅蜜多心經一卷，明無垢子註。

○正保日本人書。

【校記】◎卍續：無明字◎有書文◎目録題般若心經註解，並註世稱無垢子註解心經。【按】卍續目録、蔡目記明何道全註，日人書記無垢居士張九成之所註，今存案備考。

1891　　闇通顯道甚深功德寶二卷。

○前言。

【校記】◎卍續頻續：有前言◎目録題般若心經註解。【按】因書後有明萬曆拾壹年比丘慧定的刊記，由此可知本書成書於明代以前。

1892　　般若心經指掌一卷，清元賢述。

○～序，元賢序。

【校記】◎卍續頻續：無清字◎有序。【按】頻續另有心經金剛經兩大意引，實屬心經大意（見1894）或金剛經大意（見1811）應收內容，而頻續彼處皆未收，卻録於此處，誤也。

1893-1　般若波羅蜜多心經事觀解卷上一卷，清續法述。

○序（三篇），分別由清吳永芳撰、邵泰衢題、續法題○般若心經解總目。

【校記】◎卍續頻續：有序等◎目録題般若心經事觀解。【按】事觀解卷上與理性解卷下原屬一書二卷，卍續頻續分二書著録。

1893-2　般若波羅蜜多心經理性解卷下一卷，清續法述。

○序，續法題○附慈雲伯亭法師楞嚴寺藏經直畫一。

【校記】◎卍續頻續：有序等◎目録題般若心經理性解。

1894　心經大意一卷，清王起隆述。

○附撮概，王起隆識○～自跋，王起隆識。

【校記】◎嘉續卍續臺頻續：無清字◎有附撮概、自跋◎卍續頻續目録題般若心經大意。【按】卍續另有心經金剛經兩大意引，清譚貞默書，已見1811。

1895　心經解一卷，清徐昌治解、徐升貞等校。

○心經自序，徐昌治書○附楞嚴經七處徵心等詞語解釋。

【校記】◎嘉續卍續臺頻續：無清字◎序見嘉續臺（重輯嘉續：無序）；附解釋見嘉續卍續臺頻續◎卍續頻續目録題般若心經解。

1896　般若波羅蜜多心經請益説一卷，清道霈説、太光等録。

○附般若心經指掌請益説合刻跋，貞享日本澄圓題。

【校記】◎卍續頻續：無清字◎有跋◎目録題般若心經請益説。

1897　摩訶般若波羅蜜多心經註疏一卷，清仲之屏纂註、沈浤校梓。

○心經註疏序，清今釋題○附明李卓吾先生心經箋釋（諱贊）。

【校記】◎序見嘉又續卍續臺頻續；附箋釋見嘉又續臺◎卍續頻續目録題般若心經註疏。【按】重輯嘉又續於本書前另有金剛經註正偽序兩篇，實係金剛經註正訛（見1815）前所録兩序，誤編於此。

1898　般若心經論一卷，清函昰撰。

【校記】卍續頻續：無清字。

1899　般若波羅蜜多心經一卷，清孫念劬纂。

○心經彙纂序，孫念劬識○原起○讀法○凡例○全經大旨。

【校記】◎卍續頻續：無作者名◎有序等◎目録題般若心經彙纂。

1900　摩訶般若波羅蜜多心經一卷，清行敏述。

【校記】◎卍續頻續：無作者名◎目録題般若心經如是經義。

1901　般若波羅蜜多心經一卷，清行敏述。

【校記】◎卍續頻續：無作者名◎目録題般若心經註講。

1902　摩訶般若波羅蜜多心經句解易知一卷，清王澤泩註解。

○般若波羅蜜多心經句解易知序，王澤泩序。

【校記】◎卍續頻續：無清字◎有序◎目録題般若心經句解易知。

1903　般若波羅蜜多心經解義一卷，清徐槐廷解。

○跋，徐槐廷識。

【校記】◎卍續頻續：無作者名◎有跋。【按】書首原無題名，卍續補入般若心

經解義六字，頻續補入般若波羅蜜多心經八字。今見書尾題般若波羅蜜多心經，
跋文有“名曰解義”的字樣，故據以補入般若波羅蜜多心經解義十字。

1904 般若波羅蜜多心經註解一卷，清敬止撰。
【校記】◎卍續：無作者名◎目録題般若心經註解。

1905 般若波羅蜜多心經一卷，唐玄奘譯、清謝承謨註釋、劉紹南等校訂。
〇謝承謨書〇附往生淨土神呪。
【校記】◎卍續頻續：無清字◎有書等◎目録題般若心經易解。

1906 般若波羅蜜多心經新舊合釋一卷，清通理述。
【校記】◎佛：無清字◎目録題般若心經新舊合釋。【註】舊有筆説，惟傳大義，
新加隨註，為便蒙學，故以合釋名之。

1907 多心經一卷，清孚佑帝君註解、培真校正重鐫。
〇觀音大士降筆法語，南海老衲識〇附跋，純陽子跋〇附呂祖師降三十二次偈〇
節録。
【校記】◎卍續頻續：無清字◎卍續：有法語等（頻續：無法語）◎卍續頻續目
録題般若心經註解。

1908 般若波羅蜜多心經詮註四卷，民國周止庵述。

1909 薄伽梵母智慧到彼岸心經一卷，民國貢噶法獅子講授、慈威記録。
〇敘。
【校記】◎佛：無民國二字◎有敘◎總目録題 ~ 講演録。

1910 大乘理趣六波羅蜜多經皈依三寶品講録一卷，民國太虚述。
【校記】佛：無作者名。

1911 大乘理趣六波羅蜜多經發菩提心品講録一卷，民國太虚述。
【校記】佛：無作者名。

1912 妙法蓮華經疏二卷，劉宋竺道生撰。
〇 ~ 目次。
【校記】◎卍續頻續：無劉宋二字◎有新作目次◎目録題法華經疏；卍續目録註
又云法華經略疏。

1913 妙法蓮華經義記八卷，梁法雲撰。
〇法華經義疏序，元禄日本鳳潭敘。
【校記】◎大：法華義記◎卍續大：雲撰◎有序◎卍續目録題法華經義記，並註
世稱法華光宅疏。

1914 妙法蓮華經玄義十卷，隋智顗説、灌頂記。
〇法華私記緣起，隋灌頂述。
【校記】◎初南北嘉黄臺大中義知縮頻：或二十卷（每卷又分二卷），佛：二十
卷◎義：作者名作陳隋智者説（至金初天南嘉黄臺大縮頻：無陳隋二字），北中：
智顗作智者，知：智者説、灌頂録，佛：無灌頂記三字◎緣起見初南北嘉黄臺大

中縮頻。【按】①金存卷二、卷七（殘缺）、卷八，共三卷（中華藏附見），分卷同北藏，唯每卷不分上下。②嘉黃卷末有刻板記云："玄義文句舊板南藏差甚，北藏所差但稍愈於南，此板乃互取其是而刻之者，唯若干蘇字仍依於南耳，刻板者謹書。"

1915　天台法華玄義科文五卷，唐湛然述。

【校記】◎福卍續頻續中：無唐字◎卍續目録題法華三大部科文・玄義科（頻續目録：無玄義科三字）。

1916　法華玄義釋籤二十卷，唐湛然述。

○釋籤緣起序，唐普門子述。

【校記】◎至：妙法蓮華經玄義釋籤◎至：十卷，初南北中義知：十卷或二十卷（每卷又分二卷），天：十一卷◎至初天南嘉黃臺大縮頻：無唐字◎序見初南北嘉黃臺大中縮頻。【按】金十卷，存殘本卷九（中華藏附見），分卷同北藏，唯每卷不分上下。

1917　妙法蓮華經玄義釋籤四十卷，隋智顗説、灌頂記、唐湛然釋。

○刻法華玄義文句序，明智海敍○會刻法華玄義釋籤緣起，明真覺識○法華玄義序釋籤，隋灌頂述、唐湛然釋。

【校記】◎卍：無釋籤二字◎十卷或二十卷（每卷又分二卷）◎龍中：智顗作智者，卍：智者説、明真覺分會◎智海敍、真覺識見卍；序釋籤見龍中◎卍目録題法華玄義釋籤會本。【中華按】此四十卷本，為永樂南藏、北藏、嘉興藏所收妙法蓮華經玄義與法華玄義釋籤之融合本。【按】①龍卍中另有釋籤緣起序，唐普門子辭，已見1916。②法華玄義序釋籤並作者題名，卍作法華玄義釋籤卷第一上，唐湛然述。

1918　讀教記二十卷，宋法照撰。

○法照記○法華三大部讀教記目録（即妙玄記七卷、文句記七卷、止觀記四卷，諸部記二卷）○時教圖、時教説、五章議、經體論。

【校記】◎卍續頻續：無宋、撰二字◎有法照記等。

1919　天台三大部補註十四卷，宋從義撰。

○〜序，從義撰○〜條箇○附趙時逢識。

【校記】◎卍續：無宋字◎有序、新添條箇等◎目録題法華經三大部補註（舊版目録無經字）。【按】本書含妙玄、釋籤補註三卷，妙經、文句、文句記補註七卷，止觀、輔行補註四卷。

1920　大部妙玄格言二卷，宋善月述。

【校記】◎卍續頻續：無宋字◎頻續目録題法華大部妙玄格言。【按】卍續目録誤註內題大部格言。

1921　玄籤備撿四卷，宋有嚴註。

○〜序，有嚴述。

【校記】◎卍續頻續：無宋字◎有序◎目録題法華經玄籤備撿；卍續目録註法華三大部註之一。

1922　玄籤證釋十卷，清智銓述。

○重刻～引，清敏曦識。

【校記】◎卍續頻續：無清字◎有引◎目録題法華經玄籤證釋。【按】卍續（舊版）目録、蔡目誤記宋智銓述，今以卍續（新纂）目録、影印頻續記清智銓述為正。

1923　釋籤緣起序指明一卷，清靈耀述。

○清靈乘跋。

【校記】◎嘉又續卍續臺頻續：無清字◎有跋◎卍續目録題法華經釋籤緣起序指明（頻續目録：脱明字）。

1924　妙法蓮華經玄義輯略一卷，明傳燈録。

【校記】◎卍續頻續：無明字◎目録題法華經玄義輯略。

1925　妙法蓮華經玄義節要二卷，隋智顗説、灌頂記、明智旭節。

○妙玄節要標條○附妙玄節要跋，智旭識。

【校記】◎嘉續卍續臺：無隋、明二字，嘉續臺：智顗作智者◎新作標條見卍續；附跋見嘉續卍續臺◎卍續目録題法華經玄義節要。

1926　妙法蓮華經文句十卷，隋智顗説、灌頂記。

○天台法華疏序，唐神逈述。

【校記】◎初南北嘉龍黃臺大中義知縮頻：或二十卷（每卷又分二卷），佛：二十卷◎義：陳隋智者説，至初天南嘉黃臺大縮頻：智者説（金：説作述），北龍中：隋智顗作隋智者（知：無隋字），佛：無灌頂記三字◎序見大。【按】①金存卷二、三、五，共三卷（中華藏附見），分卷同北藏，唯每卷不分上下。②黃另有刻法華玄義文句序，明智海敘，已見1917。

1927　法華文句記十卷，唐湛然述。

【校記】◎至：妙法蓮華經文句記◎天：十七卷，初南義知：或二十卷（每卷又分二卷），北嘉龍黃臺大中縮頻：或三十一卷（除卷八分四卷外，餘每卷又分三卷），佛：三十一卷◎至金初天南：無唐字。【按】金存卷一、三、四、五、七、八、九，共七卷，除卷五、八外，其餘各卷均有殘缺（中華藏附見），分卷同南藏，唯每卷不分上下。

1928　妙法蓮華經文句記三十卷，姚秦鳩摩羅什譯、隋智者説、灌頂記、唐湛然述。

○題法華文句記，明成國祚題○合刻法華經文句記序，明虞淳熙書○會刻法華文句記小敘，明顏廣瞻敘○會刻法華文句記敘，明王蘭芳書○合刻法華經文句記序，明德清書○會刻法華文句記序，明聖行述○合刻法華經文句記序，明傳如撰○～凡例。

【校記】◎卍有明成國祚題等，於凡例前另有天台法華疏序，已見1926◎目録

題法華文句記會本。【按】此本係羅什譯經文、智者述文句（見 1926）、湛然述文句記（見 1927）、灌頂科經文、湛然科文句（見 1929），共五本之融合本。

1929　妙法蓮華經文句科六卷，唐湛然述。

【校記】◎福卍續頻續中：無唐字◎卍續目録題法華三大部科文 · 文句科（頻續目録：無文句科三字）。

1930　法華天台文句輔正記十卷，唐道暹述。

○法華經文句輔正記目次。

【校記】◎卍續頻續：無唐字◎有新作目次。【註】卍續頻續：輔妙樂記。【提示】唐湛然撰法華文句記稱為妙樂記。

1931　妙經文句私志諸品要義二卷，唐智雲述。

【校記】◎卍續頻續：無唐字◎卍續目録註又云石鼓寺隨難記。

1932　妙經文句私志記十四卷，唐智雲撰。

○～目次。

【校記】◎卍續頻續：無唐字◎有新作目次。【註】卍續頻續：稾草而已，未及詳悉。【按】妙法蓮華經文句總釋二十八品，本書十四卷僅註釋序品第一至譬喻品第三。

1933　天台法華疏義纘六卷，唐智度述。

○法華經疏義纘目次○元政書。

【校記】◎卍續頻續：或七卷（卷三分二卷）◎無唐字◎有新作目次等◎目録題法華經疏義纘。

1934　法華文句記箋難四卷，宋有嚴箋。

○法華經文句記箋難目次○～序，有嚴序○附法華隨經音切，有嚴録。

【校記】◎卍續頻續：無宋字◎有新作目次等◎卍續目録註法華三大部註之一。

1935　文句格言三卷，宋善月述。

【校記】◎卍續頻續：無宋字◎目録題法華經文句格言。

1936　妙法蓮華經文句纂要七卷，隋灌頂結集、陳隋智顗説、唐湛然述記、清道霈纂要。

○法華文句纂要序，道霈書○法華經文句纂要品目。

【校記】◎卍續頻續：智顗作智者，無清字◎有序等。

1937　法華玄論十卷，隋吉藏撰。

○～條目。

【校記】◎卍續大：無隋字◎卍續：有新作條目◎目録（舊版）題法華經玄論。

1938　法華義疏十二卷，隋吉藏撰。

○法華經義疏目次○永仁日本素慶跋。

【校記】◎卍續佛：或十三卷（卷四分二卷）◎卍續大佛：無隋字◎新作目次見卍續佛；跋見大◎卍續佛目録題法華經義疏。

1939　　　法華遊意一卷，隋吉藏造。

【校記】◎卍續佛：二卷◎吉藏撰，大：無隋字◎卍續佛目録題法華經遊意。

1940　　　法華統略三卷，隋吉藏撰。

〇～目次。

【校記】◎卍續頻續：或六卷（每卷又分二卷）◎無隋字◎有新作目次◎卍續（舊版）頻續目録題法華經統略。

1941　　　法華大意一卷，唐湛然述。

〇附明曆日本人後記。

【校記】◎卍續：無唐字◎有附記◎目録題法華經大意。

1942　　　妙法蓮華經釋為為二章一卷，唐窺基撰。

【校記】◎卍續頻續：無唐窺二字◎目録題法華經為為章。

1943　　　妙法蓮華經玄贊十卷，唐窺基撰。

〇法華經玄贊目次〇保安日本覺印記。

【校記】◎至：贊作贊疏◎中：或十七卷（卷二、卷五至十各分二卷），大：或二十卷（每卷又分二卷）◎至：無唐字，金卍續臺大中：基撰◎新作目次見卍續；記見大。【按】金臺存卷一、三、四，共三卷。

1944　　　法華玄贊義決一卷，唐慧沼撰。

【校記】◎卍續大頻續：無唐字◎卍續頻續目録題法華經玄贊義決。

1945　　　法華玄贊攝釋四卷，唐智周撰。

〇法華經玄贊攝釋目次。

【校記】◎卍續頻續：無唐字◎有新作目次。

1946　　　法華疏決擇記八卷，唐崇俊撰、法清集疏。

〇法華玄贊決擇記序，唐藏諸撰。

【校記】◎卍續：無唐字◎有序◎目録題法華經玄贊決擇記。【按】卍續存卷一、二兩卷。

1947　　　法華經玄贊要集三十五卷，唐棲復集。

〇妙法蓮華經玄贊要集目次。

【校記】◎卍續：無唐字◎有新作目次◎卍續目録（舊版）註世稱法華鏡水鈔。【按】卍續缺卷二十二、二十三、三十、三十二，共四卷，卷三十一尾缺。

1948　　　法華經玄贊釋（卷二歟）。

【校記】卍續目録註疑唐可周撰玄贊評經鈔歟？【卍續按】此書久埋敦煌沙中，迨清朝末發掘之，恨失冠頭，今姑安首題，待後來是正。玄贊卷一中第二明經宗旨。

1949　　　法華宗要一卷，新羅元曉撰。

【校記】大：無新羅二字。

1950　　　妙法蓮華經要解十九卷（另科文一卷），宋戒環解。

○大乘妙法蓮華經弘傳序科文○～科文○～序，宋及南撰○妙法蓮華經弘傳序，元祥邁註○法華經要解目次○明道成後序○重刊妙法蓮華經後跋，明道證述。

【校記】◎嘉黃臺：無要解二字，卐續縮頻佛：無要字◎嘉黃臺義：七卷，卐續縮頻：七卷或二十卷（卷一至六各分三卷，卷七分二卷），佛：二十卷◎南北嘉龍黃卐續臺中縮頻：無宋字◎二科文、要解序、弘傳序見南北嘉龍卐續臺中知縮頻（黃：僅有要解序；臺：另有弘傳序科文一種，係嘉興藏之嘉靖刻本）；新作目次見卐續頻續；後序、後跋見嘉臺。【臺按】缺本依明萬曆本印，並依明嘉靖本補後序、後跋。【按】①中收北本二科文並校以龍，另附嘉本二科文。②頻續重出（見附 1950-1、附 1950-2）。③卐續佛分出科文一卷（見附 1950-2）。④重輯嘉僅存卷一至卷五（每卷又分三卷），題名妙法蓮華經解，戒環解，有科文。⑤臺中目録不記科文的卷數。

1951　妙法蓮華經合論七卷，姚秦鳩摩羅什譯經、宋慧洪合論、宋張商英撰附論。
○鐫法華合論序，日本長與題○重刻～跋語，明馮夢禎書○法華經合論目次。
【校記】◎義：無譯者名，合論作造，無宋、撰二字，嘉續卐續臺：合論作造論◎序、新作目次見卐續；跋見嘉續卐續臺。

1952　妙法蓮華經句解八卷，宋聞達解。
○～序，聞達序○法華經句解目次○妙法蓮華經弘傳序解，聞達解。
【校記】◎卐續佛：無宋、解二字◎有序、新作目次等。

1953　妙法蓮華經入疏十二卷，姚秦鳩摩羅什譯、隋智顗疏並記、宋道威入註。
○～目次○刻法華入疏序，元禄日本光謙撰。
【校記】◎卐續頻續：隋智顗作智者，無宋字◎有新作目次等◎目録題法華經入疏。

1954　科註妙法蓮華經十卷，宋守倫註、明法濟參訂、閔夢得較刻。
○刻註法華經序，明聖行撰○註妙法蓮華經序，守倫撰○法華經科註目次。
【校記】二序、新作目次見卐續頻續。

1955　妙法蓮華經八卷，元徐行善科註、必昇校證。
○重刻法華科註序，元禄日本養存題○依天台科釋註法華經，元必昇述○法華經科註目次○天台智者大師觀心誦經法○先敘台宗釋經六意，宋與咸録○法華三分總別之圖。
【校記】◎卐續：無元字◎有序、新作目次等。【按】卐續於總別之圖後有妙法蓮華經弘傳序，唐道宣述，已見 0292。

1956　妙法蓮華經科註七卷，明一如集註。
○妙法蓮華經新註敘，寬文日本不可思議書○重刻法華經科註序，明傳燈書○法華經科註疏序，明邵建策書○新註法華經序，明姚廣孝序。
【校記】◎義：科作集◎集註作集，卐續頻續：無明字◎有敘等。

1957　妙法蓮華經知音七卷，姚秦鳩摩羅什譯、明如愚著。

○~序，如愚撰○妙法蓮華經弘傳序知音，唐道宣述、如愚著。

【校記】◎卍續頻續：有序等◎目録題法華經知音。

1958　法華大意三卷，明無相説、法聚較正、葉祺胤重較。

○~序，法聚序○~開經敍啟，太虛自述○附~後序，明徐渭撰○重刻太虛禪師~跋，葉祺胤識。

【校記】◎義：明太虛相説、明法聚校，嘉續卍續臺頻續：無明字◎有序等◎卍續頻續目録題法華經大意。【提示】無相，字太虛。

1959　妙法蓮華經擊節一卷，明德清述。

○附德清書。

【校記】◎卍續頻續：有附書◎目録題法華經擊節◎卍續目録註出憨山大師夢遊全集（見3235）卷四十二，古本二十六。【按】卍續夢遊全集存目，嘉續臺古本載之。

1960　妙法蓮華經通義七卷，姚秦鳩摩羅什譯、明德清述。

【校記】卍續目録題法華經通義。

1961　大乘妙法蓮華經精解評林二卷，明焦竑纂。

○妙法蓮華經序，真德秀撰。

【校記】◎卍續頻續：無作者名◎有序◎目録題法華經精解評林。

1962　妙法蓮華經意語一卷，明圓澄説、明海重訂。

○明海序○~序，圓澄撰。

【校記】◎嘉續卍續臺：無朝代明字，圓澄作湛然澄，義：明圓澄著◎明海序見嘉續卍續臺；圓澄序見卍續◎卍續目録題法華經意語，並註別有二卷草稿本不收之。【按】僅彙門標目著録，不記卷數。

1963　妙法蓮華經大㵎七卷（另卷首一卷），姚秦鳩摩羅什譯、明通潤箋。

○法華大㵎自序，通潤撰○蓮華大㵎敍，明劉谷貞題○妙法蓮華經弘傳序，唐道宣述、通潤箋○~卷首，鳩摩羅什譯、通潤箋。

【校記】◎卍續頻續：有序等◎目録題法華經大㵎。

1964　妙法蓮華經綸貫一卷，明智旭述。

○後序，智旭識。

【校記】◎嘉續黃卍續臺頻續：無明字◎有序◎卍續頻續目録題法華經綸貫。【蔡按】蕅益大師佛學十種（見2750）之一。【按】日本法然院藏黃檗藏收録此書，但我國國家圖書館無本，今據法然院本卷尾有"天和元辛酉冬月黃檗山寶藏院識，沙門鐵眼募刻"的刊記，將此書收入新考目録。

1965　妙法蓮華經台宗會義七卷，清智旭述。

○並序○~目次○附跋語，智旭跋。

【校記】◎嘉續卍續臺：或十七卷（卷一分四卷，卷二至卷四、卷六、卷七各分二卷，卷五分三卷）◎嘉續臺：無清字◎序、跋見嘉續卍續臺；新作目次見卍續

◎卍續目錄題法華經會義。【按】嘉續目錄第十九函記附綸貫、綱宗，此本見北京故宮博物院藏本，係清初嘉興吳智印刻本；另有臺灣版中華藏錄綸貫、綱宗見嘉續第八十三函，係明崇禎年間刊本，今新考目錄據以著錄（綸貫見 1964、綱宗見 2814-1、綱宗釋義見 2814-2）。

1966　妙法蓮華經卓解七卷，姚秦鳩摩羅什譯、清徐昌治註。
　　　○法華經卓解自敘，徐昌治題。
　　　【校記】◎嘉續卍續臺：無清字◎有敘。

1967　法華大成科文一卷，清際慶排錄。
　　　○大成科序，清惟鉉撰○法華大成弘傳序科文，際慶排錄。
　　　【校記】◎卍續頻續：無清字◎有序等◎目錄題法華經大成科。

1968　妙法蓮華經大成九卷（另卷首一卷），清大義集。
　　　○法華大成目次○序，清張希良題○編集始末，大義題○提綱，大義識○～懸談，大義集。
　　　【校記】◎卍續頻續：無清字◎有新作目次等。

1969　法華大成音義一卷，清淨昇集。
　　　○大成音義序，清智沖識○附後附。
　　　【校記】◎卍續：無清字◎有序等◎目錄題法華經大成音義。

1970　妙法蓮華經授手十卷（另卷首一卷，科一卷），清智祥集。
　　　○法華經授手目次○序，清佘雲祚撰○雲峰禪師法華授手序，清金簡序○序，清熊震序○法華授手序，清廖聯翼撰○～緣起，清智祥識○凡例○妙法蓮華經大意○～弘傳序○法華授手科。
　　　【校記】◎龍中：七卷或三十八卷（卷一分七卷，卷二、卷三各分六卷，卷四、卷五、卷七各分五卷，卷六分四卷）◎嘉續卍續臺：無清字◎新作目次見卍續；佘序、金序、熊序見重輯嘉續卍續臺；餘序等見嘉續龍卍續臺中◎重輯嘉目錄記附錄一卷。【按】①卍續分出卷首、科各一卷（見附 1970-1、附 1970-2）。②臺不記卷首、科的卷數。

1971　妙法蓮華經演義七卷（另科文一卷），姚秦鳩摩羅什譯、一松講錄、清廣和編定。
　　　○新刻法華演義序，清吳鄭衡書○新刻法華演義序，清曉柔序○法華經演義目次○法華經演義科文○妙法蓮華經弘傳序，唐道宣述、一松講錄、廣和編定。
　　　【校記】◎卍續頻續：或二十卷（卷一分四卷，卷二至卷五各分三卷，卷六、卷七各分二卷）◎有序、新作目次等。【按】①卍續頻續目錄、蔡目記清一松講錄，將一松定為清代人，似欠妥。檢廣和序云：法華演義者，乃一松大師之講錄也，師不知何許人，亦未明其時代，姑置弗考。故今新考目錄仍不記師所在時代。②卍續分出科文一卷（見附 1971）。③頻續目錄不記科文的卷數。【提示】廣和，字曉柔。

1972　妙法蓮華經科拾七卷（另懸談卷首一卷，科文一卷），姚秦鳩摩羅什譯、清佛閑

立科、智一拾遺。

○序，智一識○～目次○～懸談卷首，佛閑立科、智一拾遺○妙法蓮華經弘傳序略義，唐道宣述、智一釋○～科文，普德立科、智一重訂○附跋，清了惪題。

【校記】卍續頻續：或八卷（卷一分二卷）◎無清字◎有序、新作目次等◎目録題法華經科拾。【按】卍續頻續分出懸談卷首、科文各一卷（見附 1972-1、附 1972-2）。【提示】佛閑，又名普德。

1973　法華指掌疏七卷（另科判一卷，懸示一卷，事義一卷），清通理述、明遠較字。

○製疏始末，通理識○別古凡例○～目次○法古題綱○～科判○～懸示，通理述、明元較字○附妙法蓮華經指掌疏事義○寶德跋。

【校記】◎卍續頻續：或九卷（卷一、卷二各分二卷）◎無清字◎有製疏始末、新作目次等◎目録題法華經指掌疏。【按】卍續頻續分出科判、懸示、事義各一卷（見附 1973-1、附 1973-2、附 1973-3）。

1974　無量義經箋註一卷，蕭齊曇摩伽陀耶舍譯、民國丁福保箋註。

○～序，諦閑撰、孫祖烈箋註○無量義經序，蕭齊劉虬作、民國黃章箋註○箋經雜記（十一）。

【校記】◎佛：無民國二字◎有序等。

1975　觀音玄義二卷，隋智顗説、灌頂記。

【校記】◎至：觀音經玄義◎北嘉龍黃卍臺大中縮頻：隋智顗作隋智者（初南知：無隋字），至：智者説，義：陳隋智者説，佛：無灌頂記三字。【按】中附金殘本卷上一卷。

1976　觀音玄義記四卷，宋知禮述。

○並序。

【校記】◎初南：無宋字◎序見南北嘉龍黃卍大中縮頻。【按】初首卷散佚，影印洪武南藏補入手抄本。

1977　觀世音菩薩普門品玄義記會本四卷（另科文一卷，條目一卷），隋智顗説、灌頂記、宋知禮述、明聖行分會、日本實乘考訂。

○觀音玄義記會本科文，日本實乘抄出○刻觀音玄義疏記序，聖行述○重刻觀音玄疏記會本附言，日本實乘誌○觀音玄義記略條目。

【校記】◎卍續：智顗作智者，無分會、考訂者題名◎有科文等◎目録（新纂）題觀音經玄義記會本［目録（舊版）：無會本二字］。【按】①卍續目録記日本實乘分會。檢聖行序、實乘附言，今新考目録改著明聖行分會、日本實乘考訂。②科文作者據實乘附言增入。③卍續分出科文、條目各一卷（見附 1977-1、附 1977-2）。

1978　觀音義疏二卷，隋智顗説、灌頂記。

【校記】◎金：觀世音經疏（至：經作普門品經），黃卍：觀音作觀世音◎北嘉龍臺大中縮頻：隋智顗作隋智者（金初南知：無隋字），義：陳隋智者説，至黃卍：智者説，佛：無灌頂記三字。【按】①金卷上散佚。②金中另附釋重頌，見

1979-2。

1979-1　觀音義疏記四卷，宋知禮述。

【校記】◎龍：三卷◎初南：無宋字。【蔡按】卍續另出疏記合刻（見 1980）。

1979-2　附釋普門品重頌疏，宋遵式述。

○元性澄題。

【校記】◎初南北嘉龍臺大中知縮頻：釋重頌，卍續：無疏字◎卍續頻佛：一卷
◎初：無宋字◎題見初南北嘉龍卍續臺大中縮頻。【按】①此附文，金附見觀音
義疏（見 1978），初南北嘉龍臺大知縮附見觀音義疏記（見 1979-1）。今見大陸
版中華藏録觀音義疏記，以北藏作底本，卻漏載北藏所附釋重頌，而附龍藏釋重
頌並校南嘉；另外中華藏録觀音義疏，以金藏作底本，附金藏本釋重頌，又校南
嘉龍。經查南嘉龍未重收此頌，而是中華藏重校了南嘉龍本。②頻佛別立一目。
③頻續重出（見附 1979-2）。

1980　觀世音菩薩普門品義疏記會本四卷（另科文一卷，條目一卷），隋智顗説、灌頂
記、宋知禮述、明聖行分會、日本實乘考訂。

○觀音疏記會本科文，日本實乘抄出○觀音義疏記略條目。

【校記】◎卍續：智顗作智者，無分會、考訂者題名◎有科文等◎目録題觀音經
義疏記。【按】①卍續目録記日本實乘分會，檢聖行序、實乘附言（見 1977），
今新考目録改著明聖行分會、日本實乘考訂。②科文作者據實乘附言增入。③卍
續分出科文、條目各一卷（見附 1980-1、附 1980-2）。

1981　觀世音菩薩普門品膚説一卷，清靈耀説。

○普門膚説敘，靈耀序○普門膚説科，耀僧定。

【校記】◎嘉又續卍續臺：無清字◎有敘等◎卍續目録題觀音經普門品膚説◎重
輯嘉目録記附科一卷。

1982　請觀音經疏一卷，隋智顗説、灌頂記。

【校記】◎義：請觀世音菩薩消伏毒害陀羅尼經疏◎陳隋智者説，北嘉龍黃卍臺
大中縮頻：隋智者説、頂記（初南知：無隋字），佛：無灌頂記三字。

1983　請觀音經疏闡義鈔四卷，宋智圓述。

○~序，智圓序。

【校記】◎初南：無宋字◎序見初南北嘉黃卍臺大中縮頻。

1984　佛説高王觀世音經註釋一卷，清周上智録出。

○高王觀世音經○誦經感應○西來妙諦序，清求是子序○後跋，周上智跋○附高
王經緣起。

【校記】◎卍續頻續：無作者名◎有經文等◎目録題高王觀音經註釋；卍續目録
註出西來妙諦（蔡按：不在藏内）。【按】卍續（舊版）頻續目録、蔡目誤著本
書作者為智敬。

1985　觀普賢菩薩行法經義疏二卷（另科一卷），宋本如述、處咸續解、日本亮潤分會。

○~科○觀普賢菩薩行法經續疏序，處咸述。

【校記】◎卍續頻續佛：無宋、日本三字◎有科等◎卍續頻續目録題普賢觀經義疏。【按】卍續頻續分出科一卷（見附 1985）。

1986 佛説觀普賢菩薩行法經箋註一卷，劉宋曇摩蜜多譯、民國丁福保箋註。

○觀普賢菩薩行法經箋註自序，丁福保○箋經雜記（十二）。

【校記】◎佛：無民國二字◎有自序等。

1987 金剛三昧經論三卷，新羅元曉述。

○唐新羅國黃龍寺沙門元曉傳，宋贊寧撰（出宋高僧傳第四卷）。

【校記】傳見麗補遺。

1988 金剛三昧經註四卷，失譯附北涼録、明圓澄註。

○~解敘，圓澄序○~解目次○附~解跋，明明河識。

【校記】◎敘、新作目次等見卍續頻續佛。

1989 金剛三昧經通宗記十二卷，清誅震述。

○金剛三昧經序，誅震述○~序，清魏學渠撰○~目次○品義開合圖○懸談，誅震述○附修習金剛三昧行法○閣筆記○華頂仁叟震禪師書目。

【校記】◎卍續頻續佛：無清字◎有序等。【按】佛目録未記卷數，今新考目録據本書一覽表記卷數補入。

1990 華嚴經論一百卷，元魏靈辨造。

【校記】◎至：華作大方廣佛華◎卍續：元魏作後魏，至：靈辯撰。【按】卍續僅存卷十。

1991 華嚴經文義記卷第六，高齊靈裕集記。

【校記】卍續：無高齊二字。【按】卍續目録誤記靈裕是唐代人。檢本書尾記載"天保十年沙門靈裕在寶山寺集記"，天保十年實爲北齊高洋十年（559 年），故今新考目録更正朝代作高齊。

1992 華嚴遊意一卷，隋吉藏撰。

【校記】◎卍續大：無隋字◎卍續目録題華嚴經遊意。

1993 大方廣佛華嚴經搜玄分齊通智方軌五卷，唐智儼述。

【校記】◎卍續：大作於大，經作經中◎麗補遺卍續大：或十卷（每卷又分二卷）◎麗補遺大：無唐字，卍續：智儼◎目録題華嚴經搜玄記。【按】卍續（舊版）缺卷四本一卷，（新纂）本已據麗本補足。

1994 華嚴經文義綱目一卷，唐法藏撰。

○~刊行序，元禄日僧實養題。

【校記】◎卍續：無唐字，大：無撰者名◎序見卍續大。

1995 華嚴經探玄記二十卷，唐法藏述。

○鍥華嚴探玄記序，元禄日僧實養題識。

【校記】◎麗補遺卍續大：無唐字◎序見麗補遺卍續。

1996　　　大方廣佛華嚴經探玄記十卷（另科文十卷），唐法藏述。

○重編華嚴經探玄記序，民國持松序○總目○編者識○附華嚴探玄記後記，民國周暹撰○會刻華嚴經探玄記跋，民國徐文霨撰○普慧大藏經刊行會識○華嚴經探玄記略科。

【校記】序等見慧。【按】①本書係經、論（十地經論）、記合編本。②佛分出略科十卷（見附1996）。

1997　　　續華嚴略疏刊定記十五卷，唐慧苑述。

【校記】◎卍續頻續：無唐字◎卍續目録題續華嚴經略疏刊定記。【按】卍續頻續欠卷六、卷七。

1998　　　大方廣佛華嚴經疏六十卷，唐澄觀撰。

○～目録○並序。

【校記】◎至：疏作清涼疏◎至金初南義知：四十卷◎金：無唐字，至：撰作造，義知：唐澄觀述（初南：無唐字）◎目録見縮頻；序見初南北嘉黄卍大中縮頻。【按】①中附金殘本四卷（卷十二、十五、十七、二十二），完整本五卷（卷十三、十六、十八、二十、三十一）。②初南僅卷一、卷二作者題名增淨源録疏註經六字，但未見録疏註經，僅有疏文而已。

1999-1　　大方廣佛華嚴經隨疏演義鈔九十卷，唐澄觀述。

○大方廣佛華嚴經隨疏演義序，澄觀述。

【校記】◎至金：六十卷◎至：澄觀造◎序見金北嘉黄卍臺大中縮頻。【按】中附金殘本十卷（卷二、四、七、二十一、二十五、三十、三十二、三十四、三十六、三十八），完整本七卷（卷一、五、六、八、九、二十四、二十七）。此經金雖六十卷，分卷與南同（見1999-2），但文字卻與北同。【提示】……二歸命下歸敬請加。三將釋下開章釋文……

1999-2　　華嚴經隨疏演義鈔（別本）六十卷，唐澄觀述。

○並序。

【校記】◎義：華作大方廣佛華◎初南中：無唐字◎有序。【提示】……二歸敬請加。三開章釋文……

2000-1　　大方廣佛華嚴經疏科文十卷，唐澄觀排定。

○大方廣佛華嚴經疏鈔序科文。

【校記】◎龍：疏作會本懸談疏，至：疏科文作清涼疏科◎南北嘉龍黄中義知縮頻佛：一卷（筆者按：僅録十卷本之第一卷，臺不記卷數）◎南北嘉龍黄卍續臺中縮頻：無唐字，至：排定作造，佛：排定作撰◎疏鈔序科文（龍：疏作會本懸談）見南北嘉龍黄卍續臺中縮頻。【蔣按】金十卷，唐澄觀撰，今全缺。【按】黄（法然院目録）另有此十卷本（見附2000-1）。

2000-2　　大方廣佛華嚴經疏序演義鈔二十九卷，唐澄觀撰述。

○大方廣佛華嚴經疏演義鈔序釋文。

【校記】◎龍：序作序會本，義知：無序演義三字，佛：無序字◎卍續：九卷◎南北嘉龍黃卍續臺中縮頻：無唐字◎有序釋文◎卍續目録題華嚴經疏鈔玄談。【註】義知：即華嚴大疏前分玄談合鈔別行。【按】①義知註文“華嚴大疏前分玄談”係指1998華嚴經疏六十卷本的卷一至卷四前部之文，“合鈔”是指將疏文與1999-1隨疏演義鈔九十卷本的卷一至卷十七前部之文，逐節相配。唯書首演義鈔序的註釋，是本書新增內容。②義知目録記三十卷，檢南北藏可知，其首卷係大方廣佛華嚴經疏科文第一卷（見2000-1）。③序釋文後，龍另有文六篇，它們是：華嚴四祖清涼國師像讚；清涼國師疏鈔緣起；詔清涼講華嚴經題；詔清涼講華嚴宗旨；上問華嚴法界；御讚清涼國師碑銘，已見嘉續（見2001-1）。④頻續黃（法然院目録）重出（見附2000-2）。【蔡按】嘉續丁本五十六函重出玄談。

2001-1　大方廣佛華嚴經疏序演義鈔八卷，唐澄觀撰述。

○明永樂御製大方廣佛華嚴經序○大方廣佛華嚴經品目○華嚴四祖清涼國師像讚○清涼國師疏鈔緣起○詔清涼講華嚴經題○詔清涼講華嚴宗旨○上問華嚴法界○御讚清涼國師碑銘○明圓澄等助刻題識（卷一末）。

【校記】◎嘉續臺：或十四卷（卷二、卷四至卷八各分二卷）◎無唐字◎有御製序等。【註】嘉續臺：經前玄談盡八卷終。【按】①嘉續臺於碑銘後有大方廣佛華嚴經隨疏演義鈔序釋文，唐澄觀述，已見2000-2。②嘉續臺之玄談八卷與以下經疏鈔八十卷、別行疏等三卷（見2029）合為一書；重輯嘉分三目。

2001-2　大方廣佛華嚴經疏鈔八十卷，唐實叉難陀譯、澄觀撰述。

【校記】◎龍中佛：鈔作鈔會本◎嘉續臺：或一百二十五卷（卷二、五至七、十二、十四、二十一至二十三、二十五、二十七、三十五至三十七、四十八、五十一、五十二、五十八、六十各分二卷，卷十七、三十八、四十四、四十五各分三卷，卷一、十三、十六各分四卷，卷十九分五卷，卷三十四分六卷），龍中：或二百二十卷（第三、四、八、十一、十五、二十四、二十六至三十二、四十、四十三、四十五、四十六、四十八、五十、五十三、五十四、五十七、五十九、六十一、六十三、六十六、六十八、七十一、七十六、七十七、七十八各分二卷，第五至七、十二、十八、二十、二十二、二十三、二十五、三十九、五十一、五十八、六十二、八十各分三卷，第二、十四、五十二、六十各分四卷，第一、十七、二十一、三十六、四十四各分五卷，第十六、十九、三十五各分六卷，第三十八分七卷，第三十七分八卷，第十三分九卷，第三十四分十四卷）◎嘉續臺：無唐字，佛：唐澄觀述◎嘉續目録題華嚴經會本大鈔。【中華按】該書是實叉難陀譯大方廣佛華嚴經八十卷及澄觀撰大方廣佛華嚴經疏六十卷（自卷四第七版，即中華藏第八十五冊五二二頁上一二行“上來十例”始至卷六十末）、大方廣佛華嚴經隨疏演義鈔九十卷（自卷十七第一二版，即中華藏第八十六冊三九四頁下六行“二結通者”始至卷九十末）之彙編本。

2002　大方廣佛華嚴經疏演義鈔八十卷，唐實叉難陀譯、澄觀撰述。

【校記】◎卍續：或九十一卷（卷一、十六、十九、三十五至三十八各分二卷；卷十三、三十四各分三卷）◎無唐字◎目録題華嚴經疏演義鈔。

2003　大方廣佛華嚴經疏鈔會本略科十卷，唐澄觀述。

2004　華嚴經疏科二十卷，唐澄觀述、宋淨源重刊。

【校記】初中：無唐、宋二字。【按】初中存十九卷（卷六散佚，卷四僅存第一至三紙）。

2005　大方廣佛華嚴經疏一百二十卷，唐澄觀述、宋淨源録疏註經。

○並序。

【校記】◎初卍續中：無唐、宋二字◎有序◎卍續目録題華嚴經疏註。【中華按】洪武南藏卷七十一至八十、卷八十三缺佚，已據卍續藏本照排補足；卷五十八首半張缺。【卍續按】欠卷二一至卷七十、卷九一至卷一百、卷一百十一至卷一百十二。

2006　大華嚴經略策一卷，唐澄觀述。

○再刊華嚴略策序，寬政日本謙順識。

【校記】◎卍續大：無唐字◎有序。

2007　新譯華嚴經七處九會頌釋章一卷，唐澄觀撰述。

○華嚴七處九會頌釋章序，文化日本典壽撰。

【校記】◎卍續：無釋章二字，佛：華嚴七處九會頌釋章◎卍續大慧：無唐字，佛：無撰字◎序見卍續大慧。

2008　入法界品十八問答一卷，唐澄觀述。

【校記】◎卍續頻續：清涼國師述（佛：清作唐清）◎目録題華嚴經入法界品十八問答。【提示】澄觀，世稱清涼國師。

2009　新華嚴經論四十卷，唐李通玄撰。

○附題合論後，明殷邁識○跋。

【校記】◎龍：大方廣佛華嚴經論◎四十九卷◎麗緣續大縮頻：無唐字，貞龍：撰作造◎附文等見龍。【卍續按】此書會入於華嚴經合論（見2010）。【按】龍另有釋大方廣佛新華嚴經論主李長者事蹟，已見2010。

2010　大方廣佛華嚴經合論一百二十卷，唐實叉難陀譯經、李通玄造論、志寧釐經合論。

○～序，宋慧研撰○～序，唐志寧述○釋大方廣佛華嚴經論主李長者事跡，唐馬支纂録○大方廣佛新華嚴經合論目録。

【校記】◎義：釋大方廣佛新華嚴經合論（知：無釋、合論三字），嘉續卍續臺中：華作新華◎義知：無實至經六字，義：無志至論六字◎序等見嘉續卍續臺。【按】①金卷一首殘缺，余卷無作者名。②福分出李長者事跡一卷（見附2010）。

2011　大方廣佛華嚴經中卷卷大意略敘一卷，唐李通玄造。

【校記】◎卍續大：無唐字◎卍續目錄題華嚴經大意，並註又云華嚴經品品大意。

2012 略釋新華嚴經修行次第決疑論四卷，唐李通玄撰。

○華嚴經決疑論序，唐照明撰○附決疑論後記，宋張商英記。

【校記】◎嘉續卍續臺大中：或八卷（每卷又分二卷）◎有序等◎卍續目錄題華嚴經決疑論。

2013 大方廣佛華嚴經合論簡要四卷，唐李通玄合論、明李贄簡要、明董廣曙閱正。

○李長者華嚴經合論序，明李贄撰。

【校記】◎卍續頻續：有序◎目錄題華嚴經合論簡要。【按】卍續頻續另有李長者事蹟，已見2010。

2014 大方廣佛華嚴經合論纂要三卷，唐李通玄撰、明方澤纂。

○華嚴經合論纂要目次○刻華嚴合論纂要後序，方澤撰○明圓理跋。

【校記】◎義：無撰者名◎卍續：有新作目次等◎目錄題華嚴經合論纂要。

2015 大方廣佛華嚴經疏論纂要一百二十卷，唐澄觀疏鈔、李通玄論、清道霈纂要（其中卷第一百十七至一百二十題名大方廣佛華嚴經普賢行願品別行疏鈔纂要，澄觀撰別行疏、宗密述隨疏鈔、道霈纂要）。

○清涼觀國師像並讚，道霈讚○棗柏李長者像並讚，道霈讚○華嚴經疏論纂要序，道霈書○補刊華嚴經疏論纂要序，清熊官梅序○書刻華嚴經疏論纂要緣起，清謝旌題○清涼國師讚○李長者傳○～目錄。

【校記】◎慧：無唐、清二字，佛：明道霈纂◎像讚等見慧。【按】慧附大華嚴經略策，已見2006，及新譯華嚴經七處九會頌釋章，已見2007。

2016 大方廣佛華嚴經願行觀門骨目二卷，唐湛然撰。

○重刻華嚴骨目序，天保日本公紹撰○華嚴經骨目序。

【校記】◎卍續大：無作者名◎二序見卍續（大：無重刻序）◎卍續目錄題華嚴經骨目。

2017 皇帝降誕日於麟德殿講大方廣佛華嚴經玄義一部一卷，唐靜居撰。

【校記】◎卍續大：靜居上◎卍續目錄題大周經玄義。

2018 華嚴經文義要決問答四卷，新羅表員集。

【校記】卍續頻續：無新羅二字。

2019 復菴和尚華嚴綸貫一卷，宋復菴述。

【校記】◎卍續義頻續：無作者名，義：增明大照梓四字◎卍續頻續目錄題華嚴經綸貫。【按】卍續頻續是明智定刻本。

2020 大方廣佛華嚴經要解一卷，宋戒環集。

○賢首時儀教觀圖○法界觀境普融無盡圖。

【校記】◎義：無戒字◎卍續頻續：有二圖◎目錄題華嚴經要解。

2021 大方廣佛華嚴經吞海集三卷，宋道通述。

○ ~序，宋陶愷撰○ ~序，道通述。

【校記】◎嘉續卍續臺：無宋字◎有二序◎卍續目録題華嚴經吞海集。

2022　大方廣佛華嚴經談玄決擇六卷，遼鮮演述。

【校記】◎卍續頻續：無遼字◎卍續目録題華嚴經談玄決擇（頻續：決作抉）。

【卍續頻續按】欠初卷。

2023　華嚴懸談會玄記四十卷，元普瑞集。

○大明續諸經未入藏者添進藏函序，明覺淳等撰○明萬曆續入藏經記。

【校記】◎龍：華嚴作華嚴會本◎南北嘉龍黄卍續臺中縮頻：無元字◎序等見北中◎頻目録增唐澄觀疏鈔五字。【按】影印北漏載序、記。

2024　大方廣佛華嚴經綱要八十卷，唐實叉難陀譯經、澄觀疏義、明德清提挈。

○刻憨大師華嚴綱要引，明金聲題○ ~序，明觀衡題。

【校記】◎嘉續卍續臺：無唐字◎有引等◎卍續目録題華嚴經綱要。

2025　大方廣佛華嚴經綱目貫攝一卷，清永光録集、惟靜較證。

【校記】◎卍續：無清字◎目録題華嚴經綱目貫攝。

2026　大方廣佛華嚴經三十九品大意一卷，清永光録。

【校記】◎卍續頻續：無清字◎目録題華嚴經三十九品大意。

2027　大方廣佛華嚴經疏科文表解一卷，民國李圓淨編。

○ ~目録○華嚴經疏科文表解序○緣起○凡例○附民國徐蔚如居士遺札○華嚴經疏鈔檢查表説明○華嚴經疏鈔檢查表○民國黄妙悟跋○李圓淨跋。

【校記】◎佛：無作者名◎有目録等。

2028　貞元新譯華嚴經疏十卷，唐澄觀述。

○並序。

【校記】◎卍續頻續：無唐字◎有序◎卍續目録題華嚴經行願品疏。【蔡按】別行疏鈔見2031、疏科見2032。

2029　大方廣佛華嚴經普賢行願品疏一卷（另凡例、音釋各一卷），唐般若譯、澄觀述疏、明明得校正。

○並序○附大方廣佛華嚴經疏鈔厘合凡例，明葉祺胤識○大方廣佛華嚴經疏鈔音釋○鐫清涼國師華嚴疏鈔後序，明葉祺胤序。

【校記】◎嘉續臺：或二卷（分上下卷）◎義知：唐澄觀述◎序等見嘉續臺◎重輯嘉目録記疏一卷、音釋一卷。【按】嘉續臺將本書與2001-1、2001-2　書合爲一書。

2030　大方廣佛華嚴經入不思議解脱境界普賢行願品疏三卷，唐般若譯經、唐澄觀述疏。

○華嚴經普賢行願品疏序，民國持松序○華嚴經普賢行願品疏總目○附華嚴經行願品疏略科。

【校記】◎佛：華嚴經普賢行願品疏◎無譯者名，無疏字◎序等見慧。【按】經

疏合編本。

2031　大方廣佛華嚴經普賢行願品別行疏鈔六卷，唐澄觀別行疏、宗密隨疏鈔。

○並序○大方廣佛華嚴經普賢行願品疏科文，唐宗密撰集○～重刊序，明道奎述○附華嚴宗七祖（出歷代通載）○九會主名等。

【校記】◎龍中：疏鈔作疏鈔會本，佛：普賢行願品別行疏鈔會本◎龍中：十卷，佛：四卷◎嘉續卍續臺：無唐字，龍中：無澄觀別行疏五字，佛：澄觀作澄觀述、宗密作唐宗密述◎序、科文、重刊序見嘉續卍續臺中（龍：無重刊序）；附文等見嘉續臺◎卍續目録題華嚴經行願品疏鈔。【按】①龍中卷四至卷十題名大方廣佛華嚴經入不思議解脱境界普賢行願品疏鈔會本，作者名增唐般若譯四字。②重輯嘉續卍續分出科文一卷（見附2031）。③重輯嘉續目録記附華嚴宗七祖行蹟一卷。

2032　大方廣佛華嚴經普賢行願品別行疏科文一卷，唐宗密述、宋遵式治定。

【校記】◎卍續頻續：無唐、宋二字◎目録題華嚴經普賢行願品疏科。

2033　大方廣佛華嚴經普賢行願品別行疏鈔會本略科一卷，唐澄觀述。

【按】佛無略科二字，疑脱漏。檢金陵刻經處重印普慧藏説明，佛教大藏經較普慧藏增收的十八種書中，有本書的書名，故今新考目録據以改正。

2034　大方廣佛華嚴經入不思議解脱境界普賢行願品講録一卷，民國太虛述。

【校記】佛：無作者名。

2035　大方廣佛華嚴經入不思議解脱境界普賢行願品頌解一卷，民國能海述。

○大方廣佛華嚴經入不思議解脱境界普賢行願品頌文科解○附頌文解釋者能海自識。

【校記】◎佛：無作者名◎有頌文科解等。

2036　普賢行願品頌疏一卷，民國周演濟述。

【校記】佛：無民國二字。

2037　大寶積經述一卷，唐徐鍔撰。

2038　寶積經瑜伽釋一卷，民國歐陽漸撰。

2039　勝鬘經義記二卷，隋慧遠撰。

【校記】卍續：無隋字。【按】卍續（舊版）缺下卷，（新纂）本已補齊。

2040　勝鬘經寶窟三卷，隋吉藏撰。

○雕勝鬘寶窟敘，元禄日本道空敘○～目次。

【校記】◎大：無經字◎卍續大佛：或六卷（每卷又分二卷）◎卍續：隋誤作唐，大：無隋字◎敘、新作目次見卍續佛（大：無目次）。【按】卍續目録改正了作者的朝代作隋。

2041　勝鬘經述記二卷，唐窺基説、義令記。

○～目次。

【校記】◎卍續頻續佛：無唐窺二字◎有新作目次。

2042　勝鬘經疏義私鈔六卷，日本聖德太子疏、唐明空私鈔。

　　　○～目次○附建長日本叡尊記○入唐日本圓珍記。

　　　【校記】卍續頻續佛：作者名作明空述◎有新作目次等。

2043　佛説無量壽經義疏二卷，曹魏康僧鎧譯、隋慧遠撰。

　　　【校記】卍續目録題無量壽經義疏。【卍續按】原疏離經別行，今將經疏合刻；
　　　云會本對別行疏間有改刪之處，今依原本詳出於茲。

2044　無量壽經義疏二卷，隋慧遠撰。

　　　【校記】大：無隋字。

2045　無量壽經義疏一卷，隋吉藏撰。

　　　○附延寶日本知足後記。

　　　【校記】◎卍續大佛：無隋字◎附後記見大◎卍續目録註又云大經義。

2046　兩卷無量壽經宗要一卷，新羅元曉撰。

　　　【校記】◎卍續佛：無兩卷二字◎卍續大佛：無新羅二字。

2047　無量壽經連義述文贊三卷，新羅憬興撰。

　　　○附元禄日本華頂義山後記。

　　　【校記】◎卍續大佛：璟興撰◎有附後記。【提示】憬興，或名璟興。

2048　無量壽經記卷上一卷，新羅玄一集。

　　　【校記】◎卍續：無新羅二字◎目録註上卷殘欠，下卷佚失。【按】東域傳燈目
　　　録記三卷，待考。

2049　無量壽經起信論三卷，清彭際清述。

　　　○～敘，清羅有高撰○附～後序，清汪縉序。

　　　【校記】◎卍續頻續：無清字◎有敘等◎卍續目録註淨土三經論第一。【按】頻
　　　續誤將汪縉序置於佛説阿彌陀經摘要易解後（見2093）。

2050　觀無量壽經義疏二卷，隋慧遠撰。

　　　【校記】卍續大：無隋字。【按】卍續目録誤註經疏合刻，實無經文。

2051　佛説觀無量壽佛經義疏一卷，隋慧遠撰。

　　　【校記】慧目録題觀無量壽佛經淨影義疏。【按】經疏合編本。

2052　佛説觀無量壽佛經疏一卷，隋智顗説。

　　　○並序。

　　　【校記】◎義知：陳隋智者説，至初南北嘉龍黃卍臺大中縮頻：智者説◎有序。
　　　【蔣按】金藏此疏缺佚。

2053　觀無量壽佛經疏妙宗鈔六卷，宋知禮述。

　　　○並序。

　　　【校記】◎知：觀作佛説觀◎初南：無宋字◎序見初南北嘉龍黃卍臺大中縮頻◎
　　　頻目録增題隋智顗説四字。

2054　佛説觀無量壽佛經疏妙宗鈔科文一卷，宋知禮排定、明真覺重排。

○明仁宗御製觀無量壽佛經序○重刻觀經疏鈔序，清悟開撰。

【校記】◎卍續頻續：無宋、明二字◎有二序◎目錄題觀無量壽經疏妙宗鈔科。

【蔡按】鈔見 2053。

2055　佛說觀無量壽佛經疏妙宗鈔會本五卷，日本實觀分會。

○貞享日本實觀序○凡例○明真覺白文○觀無量壽佛經疏妙宗鈔下筆序，宋知禮述。

【校記】◎卍續：日本作日東◎有序等◎目錄題觀無量壽佛經疏妙宗鈔。

2056　佛說觀無量壽佛經疏妙宗鈔會本一卷，隋智者撰疏、宋知禮述鈔。

【校記】◎佛：隋智者撰◎慧目錄題觀無量壽佛經智者疏妙宗鈔。【按】日本法然院本黃檗藏目錄記佛說觀無量壽佛經疏鈔二卷，智者說、知禮鈔，並有序、科文。

2057　觀經義疏妙宗鈔證義二卷，明廣承集、廣印較。

2058　觀無量壽經義疏一卷，隋吉藏撰。

○無量壽經序，吉藏撰。

【校記】◎卍續大：無隋字◎有序。【按】慧有經疏合刻本（見 2059）。

2059　佛說觀無量壽佛經義疏一卷，隋吉藏撰。

【校記】慧目錄題觀無量壽佛經嘉祥義疏。【按】①經疏合編本。②慧另有佛說觀無量壽佛經序，吉藏撰，已見 2058。

2060　觀無量壽佛經疏四卷，唐善導集記。

【校記】◎大：四卷題名依次作觀經玄義分、觀經序分義、觀經正宗分定善義、觀經正宗分散善義◎無唐字。【按】經疏合刻本見 2061。

2061　佛說觀無量壽佛經疏四卷，劉宋畺良耶舍譯經、唐善導集記。

【校記】◎慧佛：無譯者名◎慧目錄題觀無量壽佛經四帖疏；卍續目錄註世稱善導四帖疏。【卍續按】原疏離經別行，今將經疏合刻。

2062　釋觀無量壽佛經記一卷，唐法聰撰。

○刻釋觀無量壽經記序，享保日本白蘋雅山撰○附入唐日本圓珍後記。

【校記】◎卍續頻續：無唐字◎有序等。

2063　觀無量壽佛經義疏三卷，劉宋畺良耶舍譯、宋元照述。

○～序，元照述○附～後序，宋孫邦序○寬文日本湛慧書○北京刻經處識。

【校記】◎慧佛：觀作佛說觀◎一卷◎宋元照撰，卍續大：撰者名無宋字◎序見卍續大慧；附後序見卍續慧；湛慧書見卍續大；識見慧◎慧目錄題觀無量壽佛經靈芝義疏。【卍續按】孫邦序從正觀記（見 2064）抄出。【按】經疏合刻本。

2064　靈芝觀經義疏正觀記三卷，宋戒度述。

○並序○刻觀經義疏正觀記序，寶永日本慧淑題。

【校記】◎卍續頻續佛：無宋字◎有二序◎目錄題觀無量壽經義疏正觀記。

2065　觀經扶新論一卷，宋戒度述。

○並序○附宋法義題。

【校記】◎卍續頻續：無宋字◎有序等◎目録題觀無量壽經扶新論。

2066 觀無量壽佛經融心解一卷，宋知禮述。

○並序。

【校記】◎序見卍續頻續◎卍續目録註出四明教行録（見 2831）。

2067 佛説觀無量壽佛經附圖頌一卷，劉宋畺良耶舍譯、明傳燈述。

○序，清行盛撰○敘，清張文嘉述。

【校記】◎卍續頻續佛：劉宋作宋，無明字◎有序等◎目録題觀無量壽佛經圖頌。

2068 佛説觀無量壽佛經直指疏二卷，清續法集。

○觀經直指疏序，續法題。

【校記】◎慧佛：一卷◎序見卍續頻續慧◎卍續頻續目録題觀無量壽經直指疏。

【卍續頻續慧按】此書卷下尾佚失。【按】經疏合刻本。

2069 觀無量壽佛經約論一卷，清彭際清述。

【校記】◎卍續頻續：無清字◎卍續目録註淨土三經論第二。

2070 阿彌陀經義記一卷，隋智顗記。

【校記】大：智顗作智者。【按】經記合編本見 2071。

2071 阿彌陀經義記一卷，隋智顗説、灌頂記。

○～會本考異序，元禄日本皎空識。

【校記】◎卍續佛：隋智顗作智者◎有序。【按】經記合編本。

2072 阿彌陀經義述一卷，唐慧淨述。

【校記】卍續大佛：無唐字。

2073 阿彌陀經疏一卷，唐窺基撰。

○附～跋，寬政日本典壽撰。

【校記】◎卍續大：基撰◎有附跋。

2074 阿彌陀經通贊疏三卷，唐窺基撰。

○～序，窺基撰○大安日本韶顯題。

【校記】◎至金臺中：二卷◎至金卍續臺大中佛：無唐字◎序等見卍續佛（大中：無韶顯題）。【按】金臺卷上散佚。

2075 佛説阿彌陀經疏一卷，新羅元曉述。

○附宋宗相跋。

【校記】◎北嘉龍黃卍臺大中義知縮頻：新羅作唐新羅，佛：新羅作唐◎附跋見南北嘉龍黃卍臺大中縮頻。

2076 佛説阿彌陀經疏一卷，宋智圓述。

○並序○附刻彌陀經義疏序，正德日本光榮書。

【校記】◎卍續大：無宋字◎有二序◎卍續目録題阿彌陀經義疏。

2077　　佛説阿彌陀經義疏一卷，宋元照述。

　　　　○並序。

　　　　【校記】◎大：無宋字◎有序。

2078　　佛説阿彌陀經義疏聞持記三卷，宋元照述、戒度記、法久補完。

　　　　○並序○附法久誌。

　　　　【校記】◎卍續：戒度述◎有序等◎目録題阿彌陀經義疏聞持記。

2079　　佛説阿彌陀經句解一卷，元性澄句解。

　　　　○彌陀句解科文○阿彌陀經句解序，明方道成撰○附拔一切業障根本得生淨土神呪○性澄後敍。

　　　　【校記】◎嘉續臺：無句解二字◎嘉續卍續臺：無元字，義：句解作述◎科文見嘉續臺；序見卍續；附呪、後敍見嘉續卍續臺。【按】今見附呪云：“此呪五十九字十五句，出彌陀不思議神力傳，在養字函。世人持誦句字多誤。合依藏本，今在貞字函。”已知明永樂南藏以前之各藏本，此呪在養字函，自永樂南藏始改在貞字函。然而據性澄後敍可知此書成於元末至正元年（1341），是否在元代後期的大藏經中此呪已在貞字函内，或許屬明刻本的補註，待考。

2080　　佛説阿彌陀經略解一卷，明大佑述。

　　　　○～序，大佑述○附明弘道後序。

　　　　【校記】◎卍續頻續：無作者名◎有二序。【按】此書有眉科。

2081　　彌陀略解圓中鈔二卷，明大佑解、傳燈鈔。

　　　　○～序，傳燈撰○佛説阿彌陀經略解序，大佑述、傳燈鈔○附刻拔一切業障根本往生淨土神呪（筆者按：往應作得）○刻圓中鈔跋，傳燈書。

　　　　【校記】◎卍續頻續：有序等◎目録題阿彌陀經略解圓中鈔。

2082-1　佛説阿彌陀經疏鈔十卷，明袾宏述。

　　　　○阿彌陀經疏鈔總科○附佛説阿彌陀經，姚秦鳩摩羅什譯○拔一切業障根本得生淨土陀羅尼○釋迦説法圖等，共九幅。

　　　　【校記】◎重輯嘉續臺：無明字◎重輯嘉續卍續臺義慧佛：四卷◎總科見卍續；附經、陀羅尼見重輯嘉續龍臺中；圖等見重輯嘉續◎卍續目録註出雲棲法彙（見3928）。【按】①另有事義一卷（見2082-2），問辯一卷（見2082-3）。②昭和總目二八藏版經直畫一目録（嘉興）重出（見附2082-1），存目缺本。

2082-2　阿彌陀經疏鈔事義一卷，明袾宏述。

　　　　【校記】◎臺：無阿字◎卍續臺頻續：無作者名◎卍續目録註出雲棲法彙（見3928）。

2082-3　阿彌陀經疏鈔問辯一卷，明袾宏述。

　　　　○附續問答。

　　　　【校記】◎臺：阿作佛説阿◎卍續臺頻續：無作者名◎有附文◎卍續目録註出雲棲法彙（見3928）。

2083　彌陀經疏鈔演義定本四卷，明古德演義、慈帆智願定本。

○附重刻阿彌陀經疏鈔演義原序，清惟誠重刻。

【校記】◎卍續頻續佛：無明字◎有附序◎佛目録題阿彌陀經疏鈔演義定本（卍續頻續目録無定本二字）。

2084　淨土已訣一卷，姚秦鳩摩羅什譯、明大惠釋。

○～序，明弘證題○附北禪量公二註跋尾，明徐波題○貞享日本卍山跋。

【校記】◎卍續頻續：有序等◎目録題阿彌陀經已決。

2085　佛説阿彌陀經要解一卷，姚秦鳩摩羅什譯、清智旭解、王起隆等較正。

○附跋語，智旭跋○刻彌陀要解後序，清正知識。

【校記】◎嘉續臺大：無姚秦、清三字，大：無較正者名，佛：明智旭解◎附跋等見嘉續臺大。【蔡按】卍續三三副目註收入淨土十要第一（見 2935-1）。

2086　佛説阿彌陀經要解便蒙鈔三卷，清達默造鈔、達林參訂。

○彌陀要解便蒙鈔序，清蓮村氏識○便蒙鈔自序，達默序○附重刻跋，清蓮蕊氏識。

【校記】◎卍續頻續佛：無清字◎有序等。

2087　佛説摩訶阿彌陀經衷論一卷，清魏源會譯、王耕心衷論。

○～衷論敘，王耕心撰○清王蔭福記。

【校記】◎佛：無佛説二字◎卍續頻續佛：無清字◎有敘等。

2088　佛説阿彌陀經疏鈔擷一卷，明袾宏疏鈔、清徐槐廷擷。

○～敘，徐槐廷識○例言，徐槐廷識○附彌陀經應驗○玉峰大師要語。

【校記】◎卍續頻續：明袾宏作蓮池，無清字◎有敘等。【提示】袾宏，自號蓮池。【蔡按】疏鈔見 2082-1。

2089　佛説阿彌陀經略註一卷，清續法録註、嚴光校閲。

○彌陀略註序，續法題○附校刻略註緣起，嚴光述。

【校記】序等見卍續頻續。

2090　修西定課一卷，清鄭澄德、鄭澄源註。

○清許橶序○鄭澄德、鄭澄源自序○拔一切業障根本得生淨土陀羅尼、佛贊、願文。

【校記】◎卍續頻續：無作者名◎有序等◎目録題阿彌陀經註。

2091　阿彌陀經約論一卷，清彭際清述。

【校記】◎卍續頻續：無清字◎卍續目録註淨土三經論第三。

2092　佛説阿彌陀經直解正行一卷，清了根纂註、達智、達純同達本、達清校訂。

○附了根識。

【校記】◎卍續頻續佛：無清字◎有附識。

2093　佛説阿彌陀經摘要易解一卷，清真嵩述。

【校記】卍續頻續：無清字。【按】頻續另附無量壽經起信論後序，實屬無量壽

經起信論（見2049）所附後序，頻續彼處未收，誤置於此。

2094　佛說阿彌陀經義疏一卷，民國周演濟述。

　　　【校記】佛：無民國二字。

2095　淨土經論攝要一卷，民國印光輯。

2096　大般涅槃經集解七十一卷，梁寶亮等集。

　　　〇～目次〇梁武帝御製大般涅槃經義疏序〇附涅槃經集解跋，大正日本中野達慧識。

　　　【校記】◎卍續大佛：無作者名◎有御製序；新作目次、跋見卍續佛。

2097　大般涅槃經義記十卷，隋慧遠述。

　　　〇涅槃經義記目次。

　　　【校記】◎卍續：涅槃義記◎或二十卷（每卷又分二卷），大：或十二卷（卷一、十各分二卷）◎新作目次見卍續。

2098　涅槃經遊意一卷，隋吉藏撰。

　　　【校記】卍續大：無隋字。

2099　涅槃宗要一卷，新羅元曉撰。

　　　【校記】大：無新羅二字。

2100　大般涅槃經玄義二卷，隋灌頂撰。

　　　【校記】金初南黃卍中：無隋字，義：無灌字，至：章安述。【提示】灌頂，又稱章安尊者。【按】昭和總目二八藏版經直畫一目錄（嘉興）誤記本書千字文函號作土字，今新考目錄更正作滅字，且係滅一、滅二兩冊，故嘉目、臺將本書排在大般涅槃經疏（滅三始）後，誤也。

2101　大涅槃經玄義文句會本二卷，隋灌頂撰、唐道暹撰、日本守篤本純分會。

　　　〇大般涅槃經玄義文句會本序，寬政日本權僧正慈等序〇凡例。

　　　【校記】◎卍續頻續：無唐至會十二字◎有序等◎目錄題涅槃經玄義文句。

　　　【按】分會者名，卍續目錄記守篤。今為統一作者名，改作守篤本純，詳見2104按語。

2102　涅槃玄義發源機要四卷，宋智圓述。

　　　〇～序，智圓序。

　　　【校記】◎初南：無宋字◎序見初南北嘉龍黃卍臺大中縮頻。

2103　大般涅槃經疏三十三卷，隋灌頂撰、唐湛然再治。

　　　【校記】◎至金知：十八卷，初南義：十八卷或二十六卷（卷二至四、十至十三、十五各分二卷），北：十八卷或三十三卷（各卷分上、下卷，卷六、卷七、卷十八除外），龍中：十八卷或三十四卷（各卷分上、下卷，卷六、卷七除外）◎金：無隋、唐二字，至：章安述，初南：無隋灌、唐三字，北嘉龍黃卍臺大中縮頻：無灌字，義：隋頂撰（佛：頂作灌頂）【提示】灌頂，又稱章安尊者。

　　　【按】①北嘉龍黃卍臺中縮頻另有科南本涅槃經序，元師正述及南本涅槃經疏鈔

圖（序品一、經一卷、疏一卷、鈔一之二卷……折攝涅槃用，大：無圖），已見
0410。②中附金藏本十卷，卷二、六至十、十二、十五完整，卷十三、十七殘
缺。③昭和總目二八藏版經直畫一目録（嘉興）記此書千字文函號滅號踐三字，
今新考目録更正作滅號踐土四字。

2104　南本大般涅槃經會疏三十六卷（另條目三卷），北涼曇無讖譯、劉宋慧嚴、慧觀
同謝靈運再治、隋灌頂撰、唐湛然再治、日本守篤本純分會。
○～並單疏總目○涅槃經會疏條目○涅槃經後分條目，唐若那跋陀羅與會寧等譯
○新刻涅槃會疏序，天明日本公遵撰○新刻夾科大涅槃經會疏凡例。
【校記】◎卍續：無北涼、劉宋、隋灌、唐七字，日本守篤本純作日東本純◎有
新作總目等。【按】①分會者原署名本純，今據序文記"守篤純公"可知，本純
全名守篤本純，從而與大涅槃經玄義文句會本（見2101）之作者原署名守篤乃
一人也，故今將　書分會者名統一作守篤本純。②卍續本書自卷二始，將慧嚴等
人再治的朝代記作晉。檢高僧傳卷七記大涅槃經初至宋土，文言致善，而品數疎
簡。……嚴迺共慧觀、謝靈運等，依泥洹本加之品目，文有過質頗亦治改，故今
新考目録據以著録朝代作劉宋。③卍續分出條目三卷（見附2104）。

2105　南本大般涅槃經會疏解，北涼曇無讖譯、劉宋慧嚴、慧觀同謝靈運重治、隋灌頂
疏、唐湛然再治、元師正分科、明圓澄會疏註、沈豫昌、張顯同校。
○南本大般涅槃經會疏敘，圓澄撰○南本大般涅槃經五分圖品題總目（初召請涅
槃眾，序品第一，卷之一，二開演涅槃施……荼毗品至廓潤品）○圓澄敘○圓澄
等刊經疏○沈豫昌識○明明琪識。
【校記】◎卍續：無北涼、唐三字，劉宋作晉◎有敘等。【卍續（新纂）按】此
會疏解與第五十六七套所收重訂交科本（見2104）無大差，仍單録序跋而已。
【按】卍續記慧嚴等人重治的朝代作晉，不妥，今新考目録更正作劉宋，詳見
2104按語。

2106　天台涅槃疏私記十二卷，唐行滿集。
○涅槃經疏私記目次。
【校記】◎卍續：無唐字◎有新作目次◎目録題涅槃經疏私記。【按】僅釋南本
大般涅槃經卷一至卷三十。

2107　涅槃經疏私記九卷，唐道暹述。
○～目次。
【校記】◎卍續頻續：無作者名◎有新作目次。【按】釋南本涅槃經。

2108　涅槃經治定疏科十卷，宋智圓撰。
【校記】卍續：無宋字。

2109　涅槃經疏三德指歸二十卷，宋智圓述。
○刻～序，正德日本光謙撰○～序，智圓序○～目次○釋涅槃經後分。
【校記】◎卍續頻續：無宋字◎有二序、新作目次等。【按】①卍續頻續缺卷

十五。②釋南本涅槃經。

2110　佛遺教經註一卷，宋守遂註、明了童補註。

　　　○佛遺教經科文○重刊遺教經註解序，了童述○附明通燈述。

　　　【校記】◎嘉續卍續臺頻續佛：無宋守遂註四字，嘉續臺：無明字◎科文見嘉續臺；序等見嘉續卍續臺頻續佛◎卍續頻續目録題遺教經補註。【按】①嘉續臺頻續佛於科文後另有唐太宗文皇帝施行遺教經敕、宋真宗皇帝刊遺教經，均已見 0424。②佛祖三經註解之一，餘係 2197 四十二章經註、3018 溈山警策註。③蔡目誤將至元録記“註遺教經一卷，失造人名”，收在本月處。元代目録何以著録明代版本。據景祐録卷十三記載可知，宋真宗御製註遺教經一卷已入大藏，即至元録所記者，今存目（見附存目 09）。

2111　佛遺教經解一卷，明智旭述。

　　　○附智旭跋語。

　　　【校記】◎跋見嘉續卍續臺佛◎卍續目録題遺教經解。【按】嘉續臺目録著三經解之一，餘係 2198 四十二章經解、2307 八大人覺經略解。

2112　佛遺教經講義一卷，民國寶靜述、鏡空記録。

　　　【校記】佛：無民國二字。

2113　佛遺教經講要一卷，民國太虛述。

　　　【校記】佛：無作者名。

2114　本願藥師經古跡二卷，新羅太賢撰。

　　　【校記】◎佛：藥師經古迹◎卍續大佛：無新羅二字。

2115　藥師經疏鈔擇要三卷（另科文一卷），清伯亭疏鈔、普霖擇要。

　　　○~科文。

　　　【校記】◎佛：或九卷（每卷又分三卷）◎有科文。

2116　藥師瑠璃光如來本願功德經義述一卷，民國周演濟述。

　　　【校記】佛目録題藥師經義述。

2117　彌勒經遊意一卷，隋吉藏撰。

　　　【校記】卍續大佛：無作者名。

2118　觀彌勒菩薩上生兜率天經贊二卷，唐窺基撰。

　　　○觀彌勒菩薩上生兜率天經題序，窺基撰。

　　　【校記】◎至：上生兜率天經疏，卍續大：無菩薩二字，金臺：贊作疏，佛：觀彌勒菩薩上生經疏◎至金臺：無唐字，卍續大中佛：基撰◎有序◎卍續目録註又云彌勒上生經瑞應疏。【按】①金臺卷上散佚。②臺另有宋藏遺珍本之異本卷下一卷，首尾殘缺（見附 2118）。

2119　佛説觀彌勒菩薩上生兜率天經述贊二卷，唐。

　　　【校記】卍續目録題彌勒上生經述贊。【卍續按】釋劉宋居士沮渠京聲譯本。【按】本書是對唐窺基撰觀彌勒菩薩上生兜率天經贊二卷（見 2118）的補充論

述，每卷首尾俱缺，中間仍有多處殘損。卍續目録註卷一不完，欠妥。今檢卍續於書尾"八萬億諸天至彌勒下生者"並述文之後，又録"作是觀者"至"還至生處者"共六段文，則是卷下前部缺文而誤置卷尾。卍續此後還有"佛告阿難"至"爲經幾時者"共六段文，則是佛説彌勒下生經述贊（見2126）之文，誤移於此。

2120　彌勒上生經宗要一卷，新羅元曉撰。

【校記】卍續大佛：無新羅二字。

2121　彌勒上生經料簡記一卷，新羅憬興撰。

【校記】◎佛：新羅作唐，卍續頻續：興撰◎目録題彌勒上生經疏。

2122　上生經疏會古通今新抄（存二卷），唐詮明集。

【校記】臺：無唐字。【按】臺存卷第二、第四兩卷，卷四殘缺。

2123　上生經疏隨新抄科文一卷。

【按】臺卷首殘缺，失作者名。

2124　上生經瑞應鈔二卷（另科文一卷），宋守千集。

○書寫上生經瑞應科文引，享保日本風禪子識○上生經瑞應科文，守千集。

【校記】◎卍續頻續佛：無宋字◎引等見卍續佛◎卍續頻續佛目録題彌勒上生經瑞應鈔。【按】卍續分出科文一卷（見附2124）。

2125　佛説觀彌勒菩薩上生兜率陀天經講要一卷，民國太虛講。

【校記】佛：無作者名。

2126　佛説彌勒下生經述贊，唐。

【校記】◎卍續：無唐字◎目録題彌勒下生經述贊。【按】本書後部殘缺，卷數不明，故卍續目録註卷二，不完，欠妥。

2127　彌勒下生經疏一卷，新羅憬興撰。

【校記】卍續頻續：無作者名，佛：新羅作唐。

2128　佛説彌勒下生成佛經講要一卷，民國太虛講。

○附佛説彌勒大成佛經開題，太虛講。

【校記】◎佛：無作者名◎有附開題。

2129　佛説彌勒成佛經疏一卷，新羅憬興撰。

【校記】◎佛：新羅作唐，卍續頻續：無作者名◎卍續目録註以上三部（另見2121彌勒上生經料簡記、2127彌勒下生經疏）合云彌勒經料簡記。【蔡按】大正作三彌勒經疏（見2130）。

2130　三彌勒經疏一卷，新羅憬興撰。

【校記】◎大：興撰◎有副題名曰彌勒上生經料簡記、彌勒下生經、佛説彌勒成佛經；卍續分別著録（見2121、2127、2129）。

2131　維摩詰所説經註十卷，姚秦鳩摩羅什譯、僧肇註。

○～品目○～序，僧肇述○附新雕維摩經後序，宋張齊賢述○勘較人名録。

【校記】◎至黃卍續大：註維摩詰經，南北龍中：無註字◎南義知：六卷◎至：

姚秦鳩摩羅什及僧肇等釋（義：及作共，等釋作述，知：及作並，釋作註），南
北龍中：無僧肇註三字，卍續大：後秦僧肇撰（黃：無後秦二字，佛：撰作註）
◎品目見嘉黃卍續臺中縮頻；序見南北嘉龍黃卍續臺大中縮頻；附後序、名録見
卍續大◎卍續目録註採廣本，頻目録註姚秦鳩摩羅什、僧肇、道生三家註中集
出。

2132　　淨名經集解關中疏二卷，唐道液集。
　　　　○~序，民國幻住書○跋，幻住識。
　　　　【校記】◎大：無唐字，佛：集作述◎序等見佛。

2133　　維摩義記四卷，隋慧遠撰。
　　　　○刊維摩經義記序，正德日本可透序○維摩經義記目録。
　　　　【校記】◎卍續大：或八卷（每卷又分二卷）◎無隋字◎有序◎卍續：有新作目
　　　　録◎目録註又云維摩詰所説經註。

2134　　維摩經玄疏六卷，隋智顗撰。
　　　　【校記】◎卍續大：無隋字◎卍續目録註又云維摩經略玄，維摩經玄義，淨名玄
　　　　義。

2135　　維摩羅詰經文疏二十八卷，隋智顗撰。
　　　　○廣本淨名經疏序，寶曆日本一品公遵親王撰○新刻維摩經文疏序，寶曆日本本
　　　　純識○凡例○~目録○附唐義威後記。
　　　　【校記】◎卍續：無作者名◎有序、新作目録等◎目録題維摩經文疏，並註又云
　　　　維摩經大疏，後三卷灌頂續補。

2136　　維摩經略疏十卷，隋智顗説、唐湛然略。
　　　　○~序○~序，唐梁肅述。
　　　　【校記】◎至：維摩詰經疏（金：無詰字），知：維摩詰所説經疏◎金卍續佛：
　　　　智者説、湛然略（大中：無智者説三字），知：隋智者説（至：無隋字）◎二序
　　　　見卍續佛（大中：無梁肅序）。【按】金卷一首殘缺。

2137　　維摩疏記六卷，唐湛然述。
　　　　○刻淨名疏記序，元文日本亮潤撰○刻維摩經疏記辯語，元文日本清求撰○維摩
　　　　經疏記序，元禄日本秀雲筆。
　　　　【校記】◎至：維摩詰經疏記（知：經作所説經），卍續頻續：維摩經疏記◎三
　　　　卷◎金卍續臺中頻續：無唐字，知：隋智者説（至：無隋字）◎序等見卍續頻
　　　　續。

2138　　維摩經疏（存二卷），唐道暹私記。
　　　　【校記】◎卍續：無唐字◎目録題維摩經疏記鈔，並記卷四及五不完。【按】釋
　　　　唐湛然述維摩經疏記卷中、卷下（見2137）。

2139　　維摩經略疏垂裕記十卷，宋智圓述。
　　　　○~序，智圓撰○~目次。

【校記】◎卍續大：無宋字◎有序；新作目次見卍續。

2140　淨名玄論八卷，隋吉藏造。

【校記】卍續大：無隋字。

2141　維摩詰所説經（亦名不可思議解脱經）疏五卷，姚秦鳩摩羅什譯、隋吉藏撰。

○～敍例，元禄日本道空識○維摩經疏目次。

【校記】◎卍續頻續：隋作胡◎有敍例、新作目次◎目録題維摩經略疏（頻續目録：無略字）。

2142　維摩經義疏六卷，隋吉藏撰。

○～目次。

【校記】◎卍續大：無隋字◎卍續：有新作目次◎目録註又云維摩經廣疏。【卍續按】維摩經遊意一卷，胡吉藏撰，同維摩經義疏卷首玄義，故不別行。

2143　維摩詰所説經十四卷，姚秦鳩摩羅什譯、明楊起元評註。

○維摩經評註目次○謝康樂維摩詰十譬贊。

【校記】◎卍續頻續：無評註者名◎有新作目次等◎目録題維摩經評註。

2144　維摩詰所説經無我疏十二卷，明傳燈著。

○～序，傳燈筆○維摩經無我疏目次。

【校記】◎卍續頻續佛：無明字◎有序、新作目次◎卍續頻續目録題維摩經無我疏。

2145　維摩經疏科一卷。

2146　維摩詰所説經直疏三卷，姚秦鳩摩羅什譯、明通潤直疏。

○合釋維摩、思益二經自序，通潤撰○明讀徹啟○附録南翔王氏收藏跋。

【校記】◎慧：無直疏二字◎佛：明通潤撰◎序等見慧。

2147　維摩詰不思議經集註十卷，民國李翊灼校輯。

○～十卷品目，李翊灼校輯。

【校記】◎佛：無民國二字◎有品目。

2148　維摩詰所説不可思議解脱經釋會紀聞二卷，民國太虛述。

【校記】佛：無作者名。

2149　維摩詰經別記一卷，民國太虛述。

【校記】佛：無作者名。

2150　維摩經意大綱一卷，民國太虛述。

【校記】佛：無作者名。

2151　説無垢稱經疏六卷，唐窺基撰。

○～目次○附保安日本陽信後記○享保日本真徵後記。

【校記】◎卍續大佛：或十二卷（每卷又分二卷）◎基撰◎目次見卍續佛；附二後記見大（卍續佛：無真徵後記）◎卍續目録題説無垢稱經贊。

2152　金光明經玄義二卷，隋智顗説、灌頂録。

【校記】◎至金：一卷◎至：智者説，北嘉龍黄卍臺大中縮頻：隋智顗説作隋智者説（初南知：無隋字），義：陳隋智者説，佛：無灌頂録三字。【按】中附金藏殘卷。

2153　金光明經玄義拾遺記六卷，宋知禮述。

〇並序。

【校記】◎初南：無宋字◎序見初南北嘉龍黄卍臺大中縮頻。【蔡按】卍續另出疏記合刻（見2156）。

2154　金光明經玄義順正記三卷，宋從義撰。

〇並序。

【校記】◎卍續頻續：無宋字◎有序。

2155　金光明經玄義科一卷，明明得排定。

【校記】卍續：明得排定。【蔡按】玄義見2152。

2156　金光明經玄義拾遺記會本二卷，隋智顗説、唐灌頂録、宋知禮述、明明得會。

【校記】◎卍續：或六卷（每卷又分三卷）◎智者大師説、灌頂録、知禮述記並序、明得録記註於玄義之下。

2157　金光明經文句六卷，隋智顗説、灌頂録。

【校記】◎至金：三卷◎智者説，北嘉龍黄卍臺大縮頻：隋智顗説作隋智者説（初南中知：無隋字），義：陳隋智者説，佛：無灌頂録三字。【按】中附金本二卷，卷上殘缺，卷下完整。

2158　金光明經文句記六卷，宋知禮述。

〇並記。

【校記】◎初南義知佛：十二卷，龍：或十一卷（卷一至四、卷六各分二卷），北嘉黄卍臺大中縮頻：或十二卷（每卷又分二卷）◎初南：無宋字◎記見初南北嘉龍黄卍臺大中縮頻。【蔡按】卍續另出疏記合刻（見2161）。

2159　金光明經文句新記七卷，宋從義撰。

〇～目次。

【校記】◎卍續頻續：無宋字◎有新作目次。

2160　金光明經文句科一卷，明明得排定。

【校記】卍續：明得排定。【蔡按】文句見2157。

2161　金光明經文句文句記會本八卷，隋智顗説、唐灌頂録、宋知禮述、明明得會。

〇～目次。

【校記】◎卍續：北凉曇無讖譯經、智者大師説文句、灌頂録、知禮述文句記、明得會句並記入於經文◎有目次。【按】卍續將目次前置於金光明經文句科（見2160）尾，誤也，今新考目録移於此。

2162　金光明經疏一卷，隋吉藏撰。

〇～目次〇附鍐～跋，正德日本儁靜筆。

【校記】◎卍續大佛：無隋字◎有附跋；目次見卍續佛。

2163　金光明最勝王經疏十卷，唐義淨譯、慧沼撰。

○～目次。

【校記】◎大：六卷或十卷（卷二至五各分二卷）◎新作目次見卍續頻續佛。

2164　金光明經照解二卷，宋宗曉述。

○並序○～叙，元禄日本如海誌。

【校記】◎卍續頻續：無宋字◎有序等。

2165　金光明經科註四卷，明受汰集。

○～叙，受汰書○～目次○附金光明經感應記，受汰重輯。

【校記】叙、新作目次等見卍續頻續。

2166　楞伽阿跋多羅寶經（存三卷），唐智嚴註。

○日本聖武帝願文。

【校記】◎卍續：無唐字◎有願文◎目録題楞伽經註。【按】殘存卷一、二、五。

2167　楞伽阿跋多羅寶經疏卷中一卷。

○附編後記。

【校記】◎卍續：有附後記◎目録題楞伽經疏，並註卷中不完。

2168　楞伽阿跋多羅寶經通義六卷，宋善月述。

○楞伽通義序，善月序。

【校記】◎卍續頻續佛：無宋字◎有序◎卍續頻續目録題楞伽經通義。【按】卍續頻續佛於善月序前另有楞伽經序，宋蔣之奇撰，及書楞伽經後，宋蘇軾書，已見0764。

2169　楞伽經纂四卷，宋楊彦國纂。

○～序，楊彦國序○～目次○附楞伽後序，楊彦國序○楊居士～後序，宋沈調記。

【校記】◎福中：或八卷（每卷又分二卷）◎福卍續中頻續：無作者名◎序、新作目次等見卍續頻續（福中：無目次）。

2170　楞伽阿跋多羅寶經四卷，劉宋求那跋陀羅譯、宋正受集註。

○集註～序，宋沈瀛撰○～集註題辭，明宋濂序○大明洪武辛亥重刊楞伽經集註凡例○附閣筆記，正受記。

【校記】◎卍續佛：劉宋作宋◎有序等◎佛目録題楞伽經集註。

2171　楞伽阿跋多羅寶經註解四卷，劉宋求那跋陀羅譯、明宗泐、如玘註。

○明洪武欽録○洪武進新註楞伽經序○附如玘識○新刻楞伽經後題，明宋濂題。

【校記】◎佛：八卷，北嘉龍黄卍臺大中縮頻：或八卷（每卷又分二卷）◎劉宋作宋，陀作多，義知佛：無譯者名，義：如玘作共如玘◎欽録等見北嘉龍黄卍臺大中縮頻。

2172　觀楞伽阿跋多羅寶經記八卷，劉宋求那跋陀羅譯、明德清筆記。

○觀楞伽記略科題辭，德清題○～略科，德清排訂○附觀楞伽寶經閣筆記，德清

記○刻楞伽筆記小記，清今但識○明僧一書。

【校記】◎重輯嘉拾遺：四卷或八卷（每卷分上下兩卷）◎重輯嘉拾遺卍續頻續佛：劉宋作宋，義：明德清記◎題辭至小記見重輯嘉拾遺（卍續頻續佛：無小記），僧一書見卍續頻續佛◎卍續頻續目録題觀楞伽經記；重輯嘉目録記附小記一卷。【按】①彙門標目著録，無卷數。②重輯嘉拾遺於略科後另有楞伽經序，宋蔣之奇撰，及書楞伽經後，宋蘇軾書，已見0764。③重輯嘉目録另記楞伽經記，為待訪書目十，實屬重出（見附2172）。

2173　楞伽補遺一卷，明德清補遺。

【校記】卍續目録註出憨山大師夢遊集（見3235）卷四十四，古本卷二十八。

【按】卍續夢遊集存目，嘉續臺古本載之。

2174　楞伽阿跋多羅寶經宗通八卷，劉宋求那跋陀羅譯、元魏菩提留支重譯、唐實叉難陀三譯、明曾鳳儀宗通。

○楞伽宗通緣起，曾鳳儀書○楞伽宗通題辭，明劉日升書○附楞伽宗通後序，明孫明善撰。

【校記】◎卍續頻續：劉宋作宋，元魏作魏◎有緣起等◎目録題楞伽經宗通。

2175　楞伽阿跋多羅寶經合轍八卷，明通潤述。

○楞伽楞嚴合轍序，明王志堅書○楞伽合轍自序，通潤識。

【校記】◎卍續：有二序◎目録題楞伽經合轍。

2176　楞伽阿跋多羅寶經參訂疏八卷，劉宋求那跋陀羅譯、明廣莫參訂、明袁黃閱正。

○楞伽經參訂疏序，明葉向高撰○～敘，廣莫書○楞伽經參訂疏序，袁黃撰○楞伽參訂疏敘，明李大生撰○疏經凡例○所引經論目録○附楞伽經參訂疏後跋，廣莫識。

【校記】◎義：四卷◎明廣莫述◎卍續頻續：有序等◎目録題楞伽經參訂疏。

2177　楞伽阿跋多羅寶法經精解評林一卷，明焦竑纂。

【校記】◎卍續頻續：無作者名◎目録題楞伽經精解評林。【按】書尾散佚待補。

2178　楞伽阿跋多羅寶經科解十卷（另科一卷），明真貴述。

○～并序，真貴述○～科，真貴立。

【校記】序等見佛。【按】佛於并序前另有楞伽阿跋多羅寶經序二篇，分別為宋蔣之奇撰、宋蘇軾書，已見0764。

2179　楞伽阿跋多羅寶經義疏四卷（另玄義一卷），劉宋求那跋陀羅譯經、清智旭疏義。

○楞伽阿跋多羅寶經玄義，智旭撰述○附閣筆後序，智旭識○跋語，清靈晟跋。

【校記】◎嘉續卍續臺頻續佛：或九卷（卷一分三卷，卷二至卷四各分二卷）◎無劉宋、清三字◎玄義等見嘉續卍續臺頻續佛◎卍續頻續目録題楞伽經義疏。

【按】重輯嘉卍續頻續佛分出玄義一卷（見附2179）。

2180　楞伽阿跋多羅寶經心印八卷，劉宋求那跋陀羅譯、清函是疏、今無、今覯較。

　　○～科文○楞伽心印緣起，清今無述。

　　【校記】◎嘉又續臺：四卷或八卷（每卷又分二卷）◎劉宋作宋，無清字◎科文等見嘉又續卍續臺◎卍續目録題楞伽經心印；重輯嘉目録記附科文一卷。

2181　楞伽阿跋多羅寶經義記二卷，民國太虛述。

　　○附大乘入楞伽經釋題○楞伽大旨。

　　【校記】◎佛：無作者名◎有附釋題等。

2182　入楞伽心玄義一卷，唐法藏撰。

　　【校記】◎佛：楞伽作楞伽經◎卍續大佛：無唐字。

2183　註大乘入楞伽經十卷，宋寶臣述。

　　○並序○～目次。

　　【校記】◎福卍續大中佛：無宋字◎有序；新作目次見卍續佛。

2184　盂蘭盆經讚述一卷。

　　【校記】佛目録增作者名作唐慧淨撰。【大按】首題新加，首缺。

2185–1　盂蘭盆經疏一卷，唐宗密述、宋淨源録疏註經。

　　○並序。

　　【校記】◎南：無唐、宋二字，義知：無宋至經七字◎序見南北龍中。【按】龍另有明繼慶跋、疏主傳略，見2185–2。

2185–2　佛説盂蘭盆經疏（別本）二卷，唐宗密述。

　　○並序○附明繼慶跋○疏主傳略（案孝衡鈔、傳燈録二本節要）。

　　【校記】◎嘉黃卍臺大中縮頻：無唐字◎有序等。【按】①嘉黃卍臺中於本書前另録西晉竺法護譯佛説盂蘭盆經，不妥，因本書已是經疏合刻本，再收經文屬贅録。②重輯嘉分出佛説盂蘭盆經一卷（見附2185–2）。

2186　盂蘭盆經疏新記二卷，唐宗密疏、宋元照記。

　　○並序。

　　【校記】◎卍續頻續：元照述◎有序。【按】卍續頻續有眉科。

2187　蘭盆經疏會古通今記二卷，宋普觀述。

　　○～序，普觀述。

　　【校記】◎佛：蘭盆作盂蘭盆◎卍續頻續佛：無宋字◎有序。

2188　佛説盂蘭盆經疏並序孝衡鈔二卷（另科文一卷），宋遇榮鈔。

　　○明唯實敘○明明元白○佛説盂蘭盆經疏科文，遇榮集定○佛説盂蘭盆經○盂蘭盆齋念誦式。

　　【校記】◎卍續頻續：無宋字◎有敘等◎目録題盂蘭盆經疏孝衡鈔。【按】卍續分出科文一卷（見附2188）。頻續目録不記科文的卷數。

2189　蘭盆疏鈔餘義一卷，宋日新録。

　　○並序。

　　【校記】◎卍續頻續：無宋字◎有序◎目録題盂蘭盆經疏鈔餘義。

2190　佛説盂蘭盆經新疏一卷，明智旭新疏、道昉參訂。

○佛説盂蘭盆經，西晉竺法護譯。

【校記】◎嘉續卍續臺佛：無明字◎經文見嘉續臺。

2191　佛説盂蘭盆經折中疏一卷，清靈耀撰。

○盂蘭盆經折中疏序，靈耀書○盂蘭盆經折中疏科。

【校記】◎嘉又續卍續臺佛：無清字◎有序等◎卍續目録題盂蘭盆經疏折中疏；重輯嘉目録記附科一卷。

2192　佛説盂蘭盆經略疏一卷，清元奇書。

○附清有炯書。

【校記】◎卍續頻續：無清字，佛：書作述◎附書見卍續頻續佛。

2193　佛説盂蘭盆經疏摘要一卷，清通理述。

○論孝説。

【校記】◎佛：無清字◎有論孝説。

2194　溫室經義記一卷，隋慧遠撰。

【校記】卍續大佛：無隋字。

2195　溫室經疏一卷，唐惠淨撰。

○溫室序。

【校記】◎大：無唐字◎序見大佛。【大按】首題新加。【按】大佛首殘。

2196　佛説四十二章經一卷，後漢迦葉摩騰共竺法蘭譯、宋真宗皇帝註。

○佛教西來玄化應運略録，宋程輝編○四十二章經序，元溥光撰○註四十二章經序，宋真宗皇帝製○附題焚經臺詩，唐太宗文皇帝製。

【校記】◎至：註四十二章經，佛：經作經註◎北嘉龍卍續臺大中縮頻：無後漢二字，至：失造人名，佛：宋真宗御註◎略録等見北嘉龍卍續臺大中縮頻。【按】①此書屬經疏類，中華置於四十二章經（見0579）後，彼經屬譯經類，並作為彼經之別本不妥。②蔡目將至元録記本書與宋守遂註、明了童補註佛説四十二章經註（見2197）視為同種書，誤也。③重輯嘉佛分出佛教西來玄化應運略録、題焚經臺詩各一卷（見附2196-1、附2196-2）。

2197　佛説四十二章經註一卷，宋守遂註、明了童補註。

○佛説四十二章經科文。

【校記】◎嘉續卍續臺頻續佛：無宋守遂註四字，嘉續臺：無明字◎有科文。【按】佛祖三經註解之一，餘係2110佛遺教經註、3018溈山警策註。

2198　佛説四十二章經解一卷，明智旭著。

【按】此係嘉續臺目録著三經解之一，餘係2111佛遺教經解、2307八大人覺經略解。

2199　佛説四十二章經疏鈔九卷，清續法述。

○序，清邵泰衢題○四十二章經疏鈔序，續法題○佛説四十二章經，後漢迦葉摩

騰、竺法蘭同譯。

【校記】◎卍續佛：五卷◎序等見龍卍續中佛。

2200　四十二章經講録一卷，民國太虛述。

【校記】佛：無作者名。

2201　大方廣圓覺經大疏三卷，唐宗密述。

○大方廣圓覺經疏序，唐裴休述○～本序，唐宗密述○～目録○附明徑山寂照庵識。

【校記】◎嘉續龍卍續臺中：或十二卷（每卷又分四卷）◎無唐字◎有序等。

【按】此書目録著卷尾有疏科文上下卷，但未見，實科文已分散見於經文中。

2202　大方廣圓覺經大疏鈔科三卷，唐宗密製。

【校記】◎卍續：無唐字◎目録題圓覺經大疏鈔科。【卍續按】上卷欠。

2203　圓覺經大疏釋義鈔十三卷，唐宗密撰。

○大方廣圓覺經大鈔序，宋元譾敘。

【校記】◎卍續頻續：或二十六卷（每卷又分二卷）◎無唐字◎有序。

2204-1　大方廣圓覺經略疏科一卷，唐宗密製。

○圓覺經疏前序科文。

【校記】◎佛：科作科文◎二卷◎製作撰，南北嘉卍續中縮頻：無唐字◎有序科文。【按】縮目録不記卷數。【提示】此本與以下別本之區別在於卷首“初標總題”下無字者是此本，下有“大方”二字者是別本。

2204-2　大方廣圓覺經略疏科（別本）一卷，唐宗密製。

○圓覺經疏前序科文。

【校記】◎龍中：無唐字◎有序科文。

2205　大方廣圓覺修多羅了義經略疏註二卷，唐宗密述。

○大方廣圓覺修多羅了義經略疏序，唐裴休撰○大方廣圓覺修多羅了義經序，宗密述○附唐宗密與澄觀來往書函三件。

【校記】◎南北嘉龍黃卍續臺大中義知縮頻：或四卷（每卷又分二卷）◎二序見南北嘉龍黃卍續臺大縮頻；附書函見北嘉龍卍續大中縮頻。【臺按】嘉興藏原本缺，由黃檗藏補入。【按】①南石字函另收同名書二卷或四卷（每卷又分二卷），其中宗密述註之正文部分與本書同，另有二篇序文是如山加註的序，則與本書序不同，故新考目録僅將如山註序二篇著録於後（見2206-1，2206-2）。②中僅録南石字函同名書，並校以嘉龍。③知另據南石字函著録，記大方廣圓覺修多羅了義經疏四卷，實為二卷或四卷。④昭和總目六圖書寮目録（毘盧）記“大方廣圓覺略疏註經八卷”，因缺校經本實物，待考。

2206-1　大方廣圓覺修多羅了義經略疏註序，唐裴休撰、如山註序。

【校記】◎卍續：無略疏二字◎南卍續中：無唐字。【按】①南石字函收如山註序及宗密述註的情況，詳見2205按語。②卍續僅録本序及下目註序，不再收内

容同於 2205 的略疏註二卷及書函。③中華記底本係明萬曆年間重刊南藏本。言重刊不妥，實為續刊。

2206-2　大方廣圓覺修多羅了義經略疏註序，唐宗密述、如山註序。

【校記】序見南卍續中。

2207　圓覺經略疏之鈔二十五卷，唐宗密於大鈔略出。

〇大方廣圓覺經略鈔序，宋思齊述〇明範必用識。

【校記】◎義知：圓覺經作大方廣圓覺修多羅了義經，卍續：大方廣圓覺經略鈔◎十二卷◎知：唐宗密述，南北嘉龍黃卍續臺中縮頻：無唐字◎有序；識見卍續。【中華按】國圖收有疑為金藏廣勝寺本之五卷，即卷四、六、八（完整）、十一及卷十一之重卷。卷軸式裝幀。卷八首有廣勝寺本統一扉畫，但均無千字文編號。在蔣唯心編制的趙城金藏簡目中也無此書之記載。故其版本所屬存疑，今附錄於後，備考。【按】①中華後附經本的分卷與卍續同。②影印北卷首第一紙序文與第二紙鈔文倒置。③義知目錄記三十卷，今據南北藏可知，其首卷係略疏科（見 2204-1），卷二至卷五係略疏註（見 2205）。【臺按】嘉興藏原本缺，由黃檗藏補入。

2208　圓覺鈔辨疑誤二卷，宋觀復撰。

〇並序。

【校記】◎卍續頻續：無作者名◎有序◎目錄題圓覺經鈔辨疑誤。【按】日本法然院目錄（黃檗）1623-2 著錄本書，但國圖無本。

2209　圓覺疏鈔隨文要解十二卷，宋清遠述。

〇～序，元禄日僧道恕書〇～並序，清遠述。

【校記】◎卍續：無宋字◎有二序◎目錄題圓覺經疏鈔隨文要解。【按】據清遠序可知本書撰成於宋嘉定六年，故卍續（舊版）目錄記元清遠述，誤也。

2210　御註大方廣圓覺修多羅了義經二卷，宋孝宗註。

〇宋寶印言。

【校記】◎卍續頻續：無作者名◎有寶印言◎卍續目錄題御註圓覺經，頻續目錄題圓覺經御註。

2211　圓覺經類解四卷，復庵解、宋行霆修訂。

〇用圭峰圓覺修證義十二章頌分各成一頌，行霆撰〇宋沈應辰識。

【校記】◎卍續：或八卷（每卷又分二卷）◎無作者名◎有頌等。【按】據卷首語及沈應辰識可知，本書係沈應辰得西蜀復庵之講義，遂命行霆削繁補漏，刊版流通，故卍續目錄著行霆解，誤也。復庵為何時人，待考。

2212　大方廣圓覺修多羅了義經集註二卷，宋元粹述。

〇並序〇圓覺經集註序，宋居簡述。

【校記】◎卍續頻續：無宋字◎有二序◎卍續頻續目錄題圓覺經集註。【按】卍續另有大方廣圓覺經略疏序，唐宗密述，已見 2205。

2213　大方廣圓覺修多羅了義經心鏡六卷，宋智聰述。

○圓覺經心鏡序，智聰序○圓覺經心鏡目次○附智聰題○宋李謙誌。

【校記】◎卍續頻續：無宋字◎有序、新作目次等◎目錄題圓覺經心鏡。

2214　大方廣圓覺修多羅了義經夾頌集解講義十二卷，宋周琪述。

○周琪序○十二章來意○附前住持靈隱禪寺癡絕老人跋，宋道沖書○徑山長老圓
照老人跋，宋師範書○靈隱長老石溪老人跋，宋心月書○慶元府雪竇長老偃溪老
人跋（二篇），宋廣聞書。

【校記】◎卍續頻續：無作者名◎序等見卍續（頻續：無序、來意）◎卍續頻續
目錄題圓覺經夾頌集解講義。

2215　圓覺經略釋二卷，宋善月述。

○刻圓覺略釋序，明傳燈書○圓覺略釋序，善月述。

【校記】二序見重輯嘉拾遺。

2216　大方廣圓覺修多羅了義經要解二卷，唐佛陀多羅譯、明寂正解。

○～序，寂正書○附刻圓覺經要解後序，寂正述。

【校記】◎嘉續卍續臺：無唐、明二字◎有二序◎卍續目錄題圓覺經要解。

2217　大方廣圓覺修多羅了義經直解二卷，唐佛陀多羅譯、明德清解、程夢暘較閱。

○附刻圓覺經解後跋，德清撰○大方廣圓覺經直解後序，明程夢暘述。

【校記】◎附後跋等見嘉續卍續臺◎卍續目錄題圓覺經直解。【按】嘉續臺另有
大方廣圓覺經略疏序，唐宗密述，已見 2205。

2218　大方廣圓覺修多羅了義經近釋六卷，明通潤述。

【校記】卍續頻續目錄題圓覺經近釋。

2219　精解評林卷之上大方廣圓覺修多羅了義經一卷，明焦竑纂、陳懿典校。

【校記】◎卍續：無明字◎目錄題圓覺經精解評林。【卍續按】下卷佚失。

2220　大方廣圓覺修多羅了義經集要一卷，唐佛陀多羅譯、明智朗集註。

【校記】重輯嘉拾遺：無明字。【按】重輯嘉拾遺另有大方廣圓覺修多羅了義經
略疏序，唐裴休述、如山註、明戚繼光校刊和大方廣圓覺略疏注經序，唐宗密
述，已見 2206-1、2206-2。

2221　大方廣圓覺修多羅了義經句釋正白二卷，唐佛陀多羅譯、清弘麗著、弘贊較。

○圓覺經句釋正白首卷，弘麗著、弘贊較○章次圖○圓覺經句釋正白科文○圓覺
經句釋正白序○圓覺經句釋正白序，清王應華題○附圓覺經句釋正白跋語，清江
起龍識。

【校記】◎嘉續卍續臺：或六卷（每卷又分三卷）◎無唐、清二字◎有卷首等◎
卍續目錄題圓覺經句釋正白；重輯嘉目錄記首一卷。

2222　圓覺經析義疏四卷，清通理述、心興較訂。

○～大義，通理述、心興較訂○～懸示，通理述、心興較訂○附心興跋。

【校記】◎卍續頻續：無清字◎有大義等。【按】頻續分出大義、懸示各一卷

（見附 2222-1、附 2222-2）。

2223　圓覺經略釋一卷，民國太虛述。

【校記】佛：無作者名。

2224　大毘盧遮那成佛經疏二十卷，唐一行記。

○大毘盧遮那成佛神變加持經序，唐崔牧述○～目録。

【校記】◎卍續大縮頻：無唐字◎序見卍續；目録見卍續縮頻◎卍續目録題大日經疏。

2225　毘盧遮那成佛神變加持經義釋十四卷，唐一行述記。

○～序，唐溫古敘○重刻～凡例，慈勇識○～目次○附重刻～跋，寶曆日本慈勇撰○大毘盧遮那成道經義釋目録緣起。

【校記】◎佛：毘作大毘◎卍續佛：無唐字◎有序、新作目次等◎卍續目録題大日經義釋，並註揭日本僧圓珍將來本差異於冠上。

2226　大毘盧遮那成佛神變加持經義釋演密鈔十卷，遼覺苑撰。

○並序○～引文，遼趙孝嚴撰。

【校記】◎卍續頻續佛：無遼字◎有序等◎卍續頻續目録題大日經義釋演密鈔。

2227　大毘盧遮那經供養次第法疏二卷，新羅不可思議撰。

○～目録。

【校記】◎卍續大縮頻：無新羅二字，佛：新羅作唐◎目録見卍續縮頻◎卍續目録註外題大日經供養法義疏。【按】大卍續佛目録均記唐不可思議撰，檢本書卷尾有"此文造人新羅國零妙之寺釋僧不可思議隨分穿鑿"的記載，故今新考目録改唐字作新羅二字。

2228　大毘盧遮那成佛神變加持經住心品纂注一卷，民國密林述。

○序，民國歐陽任識○十門大意。

【校記】◎佛：無民國二字◎有序等。

2229　金剛頂經大瑜伽祕密心地法門義訣卷上一卷，唐不空撰。

【校記】◎卍續大：無作者名，佛：撰作造◎卍續目録註欠下卷，外題金剛頂經義訣。

2230　金剛頂經開題一卷，日本空海撰。

【校記】大續佛：無作者名。【大續按】校本有弘法大師全集本。

2231　教王經開題一卷，日本空海撰。

【校記】大續佛：無作者名。【大續按】校本有弘法大師全集本。

2232　金剛頂大教王經疏七卷，日本圓仁撰。

【校記】大續：大勇金剛撰。

2233　十一面神呪心經義疏一卷，唐慧沼撰。

【校記】◎卍續大佛：無作者名◎卍續目録註外題十一面經義疏。

2234　佛頂尊勝陀羅尼經教跡義記二卷，唐法崇述。

○鋟尊勝陀羅尼經疏敘，安永日本智暉撰。

【校記】◎卍續大佛：卷下題佛頂尊勝陀羅尼經疏並釋真言義◎無唐字◎有敘◎卍續目錄題佛頂尊勝陀羅尼經疏，並註外題尊勝經疏。

2235　佛頂尊勝陀羅尼經釋一卷，唐佛陀波利譯、清廣彰録、續法釋。

○引，續法述○緣起記，清張佐平述○附音釋、法數、問答，續法録記○日本國黃檗山僧友書，續法○尊勝佛頂真言持念法○真寂大師柬聞啟祥居士及諸護法建尊勝幢書○清葉龍光識○清沈開祥識。

【校記】◎卍續頻續：無清廣彰録、續法釋七字◎有引至僧友書；餘持念法等見卍續。【按】卍續頻續於緣起記後有佛頂尊勝陀羅尼經序，唐志靜述，已見0983。

2236　七俱胝佛母所説准提陀羅尼經會釋三卷，唐不空譯、清弘贊會釋。

○附五悔儀○持誦法要。

【校記】◎龍中：弘贊作宏贊◎附儀等見嘉又續龍卍續臺中佛。

2237　觀自在菩薩如意心陀羅尼呪經略疏二卷，清續法述。

○序，清毛奇齡題○如意呪經疏序，續法題。

【校記】二序見龍卍續中佛。

2238　大悲心陀羅尼經補註一卷，民國周止庵補註。

2239　大悲心陀羅尼經念誦法則一卷，民國周止庵撰。

2240　蘇悉地羯羅經略疏七卷，日本圓仁撰。

【校記】大續佛：無作者名。【大續按】校本記慈覺疏稿。【提示】圓仁，謚號慈覺大師。

2241　大佛頂首楞嚴經科一卷，宋子璿述。

○附以義立此一科：初題目偈文一也，次十懸談二也，後筆頌三也。

【校記】◎卍續：無宋字◎有附科文◎目錄題楞嚴經義疏註經科。【按】首楞嚴經科實爲首楞嚴經（見0962）之科文，而附科文才是楞嚴經義疏註經（見2242）之科文。

2242　首楞嚴義疏註經二十卷，宋子璿集。

○首楞嚴經疏序，宋王隨撰○宋惟淨上王中丞書○附大佛頂～後跋，宋沈元晟識○宋德雲跋。

【校記】◎義：首楞嚴作大佛頂如來密因修證了義諸菩薩萬行首楞嚴經◎大：十卷或二十卷（除卷七外，卷一至六、卷九、卷十各分二卷，卷八分三卷）◎嘉續卍續臺大：無宋字◎序、書見嘉續卍續臺大；附二跋見卍續大◎卍續目錄題楞嚴經義疏註經。

2243　首楞嚴經義疏釋要鈔六卷，宋懷遠録。

○並序。

【校記】◎卍續：無宋字◎有序◎目錄題楞嚴經義疏釋要鈔。

2244　大佛頂如來密因修證了義諸菩薩萬行首楞嚴經要解二十卷，唐般刺密帝譯、彌伽釋迦譯語、房融筆受、宋戒環解。

○首楞嚴經要解序，宋及南撰○附宋行儀跋。

【校記】◎義：十卷◎宋戒環述，嘉續卍續臺：無宋字◎有序等◎卍續目錄題楞嚴經要解。

2245　首楞嚴經集解熏聞記五卷，宋仁岳述。

【校記】◎卍續：無宋字◎目錄題楞嚴經熏聞記。

2246　大佛頂如來密因修證了義諸菩薩萬行首楞嚴經十卷，唐般刺密帝譯、彌伽釋迦譯語、房融筆受、宋思坦集註、明慧基重校訂、明霍達參閱鋟。

○楞嚴集註序，元本無題○楞嚴集註後敘，元子文書○楞嚴集註敘，元元長題○楞嚴集註序，元契了書○大佛頂首楞嚴經釋題，宋宗印述、元本無略錄○首楞嚴經指文科節。

【校記】◎卍續頻續：有序等◎目錄題楞嚴經集註。【註】卍續頻續：一名中印度那蘭陀大道場經於灌頂部錄出別行。【按】①本書有眉科。②昭和總目三五大日本續藏經目錄（卍續）誤分出楞嚴經釋題一卷（見附2246）。

2247　大佛頂如來密因修證了義諸菩薩萬行首楞嚴經合論十卷，唐般刺密帝譯、彌伽釋迦譯語、房融筆受、宋德洪造論、正受釐論入經並刪補。

○大佛頂首楞嚴經合論序，正受書○大佛頂如來密因修證了義諸菩薩萬行首楞嚴經論序，德洪序○附德洪敘○重開尊頂法論跋語，宋彭以明書。

【校記】◎義：宋德洪造，嘉續卍續臺：無唐、宋二字◎有序等◎卍續目錄題楞嚴經合論；嘉續卍續目錄註一名中印度那爛陀大道場經，於灌頂部錄出別行。

2248　首楞嚴經義海三十卷，宋咸輝集。

○眉科○～總序，宋曾懷序○義疏序，宋王隨撰○宋惟淨上王中丞書○標指序，宋範峋序○集解序，宋胡宿撰○～緣起序，咸輝序○咸輝義疏跋、標指跋、義海絕筆偈○附咸輝後記○後序，宋智彬撰。

【校記】◎義：首作大佛頂首◎北嘉龍黃卍臺中縮頻：般刺蜜諦譯經、彌伽釋迦譯語、唐房融筆授（初南：無唐字）、唐懷迪證譯、宋子璿集義疏註經並科、宋曉月標指要義、宋仁岳集解、宋咸輝排經入註（知：無譯經、譯語、筆授、證譯者名，曉月、仁岳、咸輝名前無宋字），佛：唐懷迪等註釋◎眉科等見初南北嘉龍黃卍臺中縮頻。

2249　大佛頂如來密因修證了義諸菩薩萬行首楞嚴經十卷，唐般刺密帝譯、彌伽釋迦譯語、房融筆受、惟慤科、宋可度箋。

○宋人箋首楞嚴經序。

【校記】◎卍續頻續：或二十卷（每卷又分二卷）◎無唐字◎有序◎目錄題楞嚴經箋。【按】①卍續目錄誤記宋惟慤科（頻續目錄：慤作愨）。檢宋高僧傳卷六可知，惟慤乃唐代人，故今新考目錄據以著錄。②序首殘缺。

2250　大佛頂萬行首楞嚴經會解二十卷，元惟則會解。

○大佛頂首楞嚴經會解敘，惟則述○元克立題○會解所引教禪諸師名目○勸持
敘，惟則述。

【校記】◎南北嘉龍黃臺中縮頻：大佛頂作大佛頂如來密因修正了義諸菩薩，義
知佛：無萬行二字，黃：無會解二字，義：會解作集◎黃：十卷或二十卷（每
卷又分二卷），義：十卷◎南北嘉龍黃臺中縮頻：般剌密帝譯、彌伽釋迦譯語、
房融筆受、惟則會解，知：惟則集九家解並補註◎敘等見南北嘉龍黃臺中縮頻。

【卍續按】楞嚴經會解十卷，全文載在楞嚴經圓通疏（見 2251）中，因今省之。

2251　大佛頂如來密因修證了義諸菩薩萬行首楞嚴經十卷，元唯則會解、明傳燈疏。

○大佛頂首楞嚴經圓通疏序，明虞淳熙序○楞嚴經圓通疏序，明袁世振撰○大佛
頂首楞嚴經圓通疏序，傳燈述○圓通疏引用並曾所經目古今書疏○圓通疏凡例○
大佛頂首楞嚴經會解敘，惟則述○附克立再題。

【校記】◎嘉續卍續臺：無元、明二字◎序至會解敘見嘉續卍續臺；附克立再題
見卍續◎卍續目録題楞嚴經圓通疏。【註】嘉續卍續臺：一名中印度那爛陀大道
場經，於灌頂部録出別行。【按】①嘉續卍續臺於會解敘後另有元克立題、會解
所引教禪諸師名目，卍續還有附惟則述勸持序，均已見 2250。②本書之大佛頂
首楞嚴經會解敘，惟則述，較 2250 同名敘　容完整。

2252　大佛頂經序指味疏一卷，元惟則撰序、清諦閑述疏。

○指味疏略科提綱○～緣起，諦閑書○附清華山跋。

【校記】◎卍續頻續：無元、清二字◎有提綱等◎目録題楞嚴經序指味疏；卍續
目録註解元唯則序（見 2250）。

2253　楞嚴圓通疏前茅二卷，明傳燈述。

【校記】◎卍續頻續：無明字◎目録題楞嚴經圓通疏前茅。【卍續頻續按】本書
卷下尾佚失。【蔡按】圓通疏見 2251。

2254　大佛頂首楞嚴經玄義四卷，明傳燈述。

○並序○楞嚴玄義敘，明傳如書○百問，明真覺再定。

【校記】◎嘉續卍續臺：無明字◎有序等◎卍續目録題楞嚴經玄義。

2255　大佛頂首楞嚴經正脈疏十卷（另科文一卷、懸示一卷），明真鑑述、沈演、項鼎
鉉、陸基恕、吳用先、項夢原、溫體仁、岳和聲校刊。

○大佛頂首楞嚴經正脈科○～科判緣起，明廣薹述○目録○大佛頂首楞嚴經正脈
懸示○～序，真鑑述○～序，明朱俊柵撰○附刊楞嚴正脈後跋，真鑑跋○明朱俊
梃跋。

【校記】◎義：無疏字◎龍中佛：四十卷（龍中含科文二卷、懸示三卷，佛含科
文三卷、懸示三卷）◎嘉續卍續臺：無明字，龍卍續中義：無沈演等校刊人名，
佛：無作者名◎科至真鑑序、附二跋見龍中（嘉續卍續臺：無目録），佛：無科
判緣起，增朱俊柵序。【按】①彙門標目見録，無卷數。②重輯嘉卍續分出科文、

懸示各一卷（見附 2255-1、附 2255-2）。

2256　楞嚴摸象記一卷，明袾宏述。

　　　〇 ~引，袾宏書〇附諸經。

　　　【校記】◎引等見重輯嘉拾遺卍續臺頻續◎卍續頻續目録題楞嚴經摸象記；卍續目録註出雲棲法彙（見 3926）。

2257　首楞嚴經懸鏡一卷，明德清述。

　　　〇 ~序，明虞淳熙書〇 ~序，德清書。

　　　【校記】◎卍續頻續：有二序◎目録題楞嚴經懸鏡。【按】卍續憨山大師夢遊全集卷四十一存目，嘉續臺古本卷二十五載之（見 3235）。

2258　首楞嚴經通議提綱略科一卷，明德清排訂。

　　　〇首楞嚴經通議略科題辭，德清識。

　　　【校記】◎卍續頻續：有題辭◎目録題楞嚴經通議提綱略科［卍續（新纂）目録：無提綱二字］。

2259　大佛頂如來密因修證了義諸菩薩萬行首楞嚴經通議十卷，明德清述。

　　　〇首楞嚴經通議略科題辭，德清識〇首楞嚴經通議提綱略科，明德清排訂〇首楞嚴經通議序，德清書〇重刻首楞嚴經通議序，清諦閑書〇附楞嚴通議補遺，德清述。

　　　【校記】◎佛：十二卷（含書首一卷、補遺一卷）◎題辭等見佛（卍續頻續：無題辭、略科）。【按】卍續楞嚴補遺於憨山大師夢遊全集卷四十三存目，嘉續臺古本卷二十七載之（見 3235，目録題楞嚴補註）。

2260　大佛頂首楞嚴經臆説一卷，明圓澄註。

　　　〇 ~序，圓澄序。

　　　【校記】◎嘉又續臺：或四卷◎序見嘉又續卍續臺◎卍續目録題楞嚴經臆説【蔡按】嘉原目作學佛考訓（見 3937），今改從甲丙丁本。

2261　大佛頂如來密因修證了義諸菩薩萬行首楞嚴經合轍十卷，明通潤述。

　　　〇楞伽楞嚴合轍小引，明吳用先撰〇楞嚴合轍自序，通潤書。

　　　【校記】◎卍續頻續：有引等◎目録題楞嚴經合轍。

2262　首楞嚴經懸談一卷，明觀衡撰。

　　　【校記】◎卍續頻續目録題楞嚴經懸談；卍續目録註出顓愚和尚語録（見 3247）。

2263　大佛頂如來密因修證了義諸菩薩萬行首楞嚴經直解十卷，明廣莫直解、顏學易等校。

　　　〇首楞嚴經直解序，明李太沖題〇首楞嚴經直解序，明馬正初書〇首楞嚴經直贊並序，明李雲龍書〇首楞嚴經直解略敘〇楞嚴經直解凡例。

　　　【校記】◎義：直解作索隱◎明廣莫述◎卍續：有序等◎目録題楞嚴經直解。

2264　大佛頂如來密因修證了義諸菩薩萬行首楞嚴經纂註十卷，唐般刺密帝譯、彌伽釋

迦譯語、房融筆受、明真界纂註。

○大佛頂首楞嚴經纂註題辭，明馮夢禎題○明瞿汝稷撰○大佛頂首楞嚴經纂註序，真界述○楞嚴釋疑○附後序，明如奇書○首楞嚴經頌，真界撰○五陰辨魔説。

【校記】◎義：明真界集◎卍續頻續：有題辭等◎目録題楞嚴經纂註。【按】重輯嘉目録列為待訪書目。

2265　大佛頂如來密因修證了義諸菩薩萬行首楞嚴經截流二卷，明傳如述。

○重刻楞嚴截流小引，明聖行述○楞嚴截流小序，明鄭之惠書○楞嚴截流序，明金學曾題。

【校記】◎卍續頻續：無明字◎有引等◎目録題楞嚴經截流。

2266　大佛頂首楞嚴祕録十卷，一松説、靈述記。

【校記】卍續頻續目録題楞嚴經祕録。【按】本書未明一松是何朝代人，然而卍續頻續目録記明代。卍續頻續另收一松講録、廣和編定妙法蓮華經演義（見1971），兩藏目録則記一松是清代人。檢法華經演義之廣和序云：不知師（指一松）何許人，亦未明其時代，姑置弗考。故今新考目録亦不記一松的朝代。

2267　大佛頂如來密因修證了義諸菩薩萬行首楞嚴經文句十卷（另玄義二卷），唐般剌密諦譯經、明智旭文句、道昉參訂。

○重刻大佛頂經玄文序，智旭書○大佛頂如來密因修證了義諸菩薩萬行首楞嚴經玄義並序，明智旭撰述、道昉參訂○附智旭後序○跋語，知即撰○定刻大佛頂經玄義文句跋，元禄日僧光謙筆。

【校記】◎玄義、二序見嘉續卍續臺頻續；附後序見嘉續卍續臺；二跋見卍續◎卍續目録題楞嚴經文句。【按】重輯嘉卍續分出玄義及二序二卷，頻續僅録玄義及二序二卷（均見附2267）。

2268　楞嚴經擊節一卷，明大韶著。

○～自序。

【校記】◎序見卍續頻續。

2269　大佛頂如來密因修證了義諸菩薩萬行首楞嚴經講録十卷，明乘時講録、汪益源校梓。

○楞嚴講録自序○楞嚴講録序，明汪益源書○大佛頂如來密因修證了義諸菩薩萬行首楞嚴經釋題，乘時述○附楞嚴講録後序，明張大受撰。

【校記】◎卍續頻續：有自序等◎目録題楞嚴經講録。

2270　楞嚴經略疏十卷，明元賢述。

○楞嚴略疏緣起，元賢題。

【校記】◎卍續頻續：無明字◎有緣起。

2271　大佛頂如來密因修證了義諸菩薩萬行首楞嚴經十卷，唐般剌密帝譯語、彌伽釋伽譯語、房融筆受、明曾鳳儀宗通。

○楞嚴宗通緣起，曾鳳儀題○附書楞嚴宗通後，清陳熙願跋。

【校記】◎卍續頻續：有緣起等◎目錄題楞嚴經宗通。

2272　楞嚴經指掌疏十卷（另懸示一卷），清通理述、祖旺謄清、祖毓較字。

○～懸示，通理述、祖旺謄清、祖毓較字○續夢始末，通理識○閱疏凡例○附清真超跋。

【校記】◎卍續頻續：無清字◎有懸示等。【按】卍續頻續分出懸示一卷（見附2272）。

2273　首楞嚴經指掌疏事義一卷，清祖毓集。

○～序，祖毓撰。

【校記】◎卍續頻續：無作者名◎有序◎目錄題楞嚴經指掌疏事義。【按】頻續目錄誤記清通理述。檢本書序及通理撰指掌疏之續夢始末（見2272），可證本書乃通理之嗣法門人懷仁祖毓所集，故今新考目錄據以著錄。

2274　大佛頂首楞嚴經寶鏡疏十卷（另科一卷，懸談一卷），清溥畹述。

○～科，溥畹撰○～懸談，溥畹述。

【校記】◎卍續頻續：有科等◎目錄題楞嚴經寶鏡疏。【按】卍續頻續分出科、懸談各一卷（見附2274-1、附2274-2）。

2275　大佛頂如來密因修證了義諸菩薩萬行首楞嚴經觀心定解十卷（另科一卷、大綱一卷），清靈耀述。

○～科，靈耀述○序，清杜臻題○楞嚴定解序，清今釋撰○自序，靈耀序○～大綱，靈耀述。

【校記】◎嘉又續卍續臺：無清字◎有科等◎卍續目錄題楞嚴經觀心定解。【按】①重輯嘉又續卍續分出科、大綱各一卷（見附2275-1、附2275-2）。②臺目錄不記科、大綱的卷數。

2276　大佛頂如來密因修證了義諸菩薩萬行首楞嚴經直指十卷（另科文一卷），清函昰疏、今釋閱、今辯較。

○首楞嚴經直指科文○首楞嚴直指敘，今釋序○刻首楞嚴直指緣起，今辯述○首楞嚴直指總論，函昰造。

【校記】◎嘉又續臺：增般刺密帝譯、彌伽釋迦譯語、房融筆受，嘉又續卍續臺：無清字◎有科文等◎卍續目錄題楞嚴經直指；重輯嘉目錄記總論一卷。【按】①卍續分出科文一卷（見附2276）。②臺目錄不記科文的卷數。

2277　大佛頂如來密因修證了義諸菩薩萬行首楞嚴經正見十卷，清濟時述。

○序，清盛符升題○募疏，王撰書○附首楞嚴經正見後序，清道一跋○後序，道一題○無名正見禪人後序。

【校記】◎卍續：無清字◎有序等◎目錄題楞嚴經正見。

2278　大佛頂如來密因修證了義諸菩薩萬行首楞嚴經如說十卷，明鍾惺疏緝。

○楞嚴經如說原序，鍾惺撰○如說新序，清王庭題○附重刻楞嚴經如說跋，清淨

範題〇清周真德識。

【校記】◎嘉又續卍續臺頻續：無作者名◎有序等◎卍續頻續目録題楞嚴經如説。【按】嘉又續卍續臺頻續於如説原序前另有楞嚴經敘，元惟則述，已見2551。

2279　新刻三續玄言釋經精解評林三卷，明焦竑纂、陳懿典校。

〇釋教總論，王畿撰〇譯經便覽〇附楞嚴經後序，行簡。

【校記】◎卍續頻續：無明字◎有總論等◎目録題楞嚴經精解評林。

2280　楞嚴經説約品目一卷，明陸西星述、黃養正校。

〇楞嚴説約引語，陸西星述〇刻楞嚴述旨、楞伽句義通説二經題辭，明李戴題〇楞嚴經述旨題辭，陸西星書。

【校記】◎卍續頻續：無明字◎有引語等◎目録題楞嚴經説約。

2281　大佛頂如來密因修證了義諸菩薩萬行首楞嚴經十卷，唐般剌密帝譯、彌伽釋迦譯語、房融筆受、明陸西星述旨、李戴印可、劉大文、楊洵校閲、陳南金校定。

〇勸持敘，惟識撰。

【校記】◎卍續頻續：有勸持敘◎目録題楞嚴經述旨。

2282　大佛頂如來密因修證了義諸菩薩萬行首楞嚴經十卷，明凌弘憲點釋。

〇鋟楞嚴緣起，凌弘憲識〇刻楞嚴經標指序，明俞王言著〇科經〇凡例〇附題楞嚴疏解後，明樂純撰。

【校記】◎卍續：無作者名◎有緣起等◎目録題楞嚴經證疏廣解。【按】卍續於科經前有明袾宏書楞嚴摸象記引，已見2256。

2283　大佛頂首楞嚴經疏解蒙鈔十二卷，清錢謙益鈔。

〇～目録〇佛頂蒙鈔目録後記，錢謙益書〇錢謙益再記〇錢謙益重記。

【校記】◎此書分卷首一卷、蒙鈔十卷、卷末佛頂五録一卷三部份，嘉續卍續：或三十六卷（卷首二卷、蒙鈔二十六卷、卷末八卷），臺：用嘉續本，目録記蒙鈔十卷、附録八卷，龍中：或六十卷（卷首二卷、蒙鈔四十三卷、卷末十五卷）◎嘉續龍卍續臺中：（卷首）錢謙益述、（蒙鈔）錢謙益鈔、（卷末）錢謙益集◎目録等見嘉續龍卍續臺中。【按】①中收龍目録，另收嘉續目録。②據錢謙益再記可知，本書撰於清順治八年至十五年，故卍續目録著明錢謙益鈔，誤也③臺卷數記法不一致（蒙鈔不記或卷數，附録記或卷數），今新考目録改記十一卷（蒙鈔十卷、附録一卷）。④重輯嘉目録記蒙鈔十卷，首一卷，分出大佛頂首楞嚴經疏解蒙鈔卷末五録八卷（見附2283）。

2284　楞嚴説通十卷，清劉道開纂述、方示鑒訂。

〇序，清徐元文撰〇序，清熊焯書〇序，清高珩撰〇編輯始末，劉道開題〇表懺疏意，劉道開意。

【校記】◎嘉又續卍續臺：無清字◎有序等◎卍續目録題楞嚴經貫攝。

2285　楞嚴經指要二篇，民國李圓淨講。

〇序一，民國印光撰〇序二，民國太虛敘〇目録。

【校記】◎佛：無民國二字◎有序等。

2286　大佛頂首楞嚴經妙心疏十卷，民國守培疏、雲常忍校刊。
〇楞嚴經妙心疏自序。

【校記】◎佛：無民國二字◎有自序。

2287　大勢至圓通章科解一卷，明正相解。
〇勢至圓通章科解序，正相識。

【校記】◎卍續頻續：無明字◎有序◎目録題楞嚴經勢至圓通章科解。

2288　楞嚴經勢至念佛圓通章疏鈔二卷，清續法集。
〇引，清藏京曾書〇大佛頂首楞嚴經大勢至菩薩念佛圓通章，唐般剌密帝譯、續法述勸〇刻勢至疏鈔緣起，續法題。

【校記】引等見龍卍續中。

2289　首楞嚴經勢至圓通章解一卷，清行策撰。

【校記】卍續頻續目録題楞嚴經勢至圓通章解；卍續目録註出淨土警語（見2940）。

2290　楞嚴經大勢至菩薩念佛圓通章講義一卷，民國靜權述。

2291　楞嚴經觀音圓通章講章一卷，民國紹三講。
〇楞嚴經觀世音菩薩圓通章講章序，民國姜智丕撰。

【校記】◎佛：無民國二字◎有序。

2292　思益梵天所問經簡註四卷，姚秦鳩摩羅什譯、明圓澄註、黃輝、陶望齡同校、傅新德訂正。
〇～序，圓澄註並敘〇～目次。

【校記】◎義：明圓澄註◎序、新作目次見卍續佛。【按】彙門標目著録，無卷數。

2293　大乘本生心地觀經淺註十卷（含懸示一卷，科文一卷），清來舟淺註。
〇序，清和碩莊親王序〇序，清爵多羅惠王題〇心地觀經淺註本序，來舟序〇～目次〇～懸示，來舟述〇～科文。

【校記】◎卍續頻續佛：或十一卷（淺註卷一分二卷）◎序、新作目次等見卍續頻續佛。【按】①卍續分出懸示、科文各一卷（見附2293-1、附2293-2）。②頻續佛目録不記懸示、科文的卷數。

2294　大乘本生心地觀經講記一卷，民國太虛述。

【校記】佛：無作者名。

2295　大乘密嚴經疏四卷，唐法藏撰。
〇～目次。

【校記】◎卍續頻續佛：無唐字◎有新作目次。【卍續頻續佛按】欠第一卷可惜。

2296　解深密經疏十卷，唐圓測撰。

○~目次。

【校記】◎卍續頻續佛：無唐字◎有新作目次◎目録註欠卷十。

2297　解深密經如來成所作事品講録一卷，民國太虛講。

【校記】佛：無作者名。

2298　深密綱要一卷，民國太虛講。

【校記】佛：無作者名。

2299　解深密經註十卷，民國歐陽漸撰。

○~品目○歐陽漸識。

【校記】◎佛：無作者名◎有品目等。

2300　占察善惡業報經疏二卷（另玄義一卷），隋菩提登譯、清智旭述。

○占察善惡業報經玄義，智旭述○附跋語，智旭跋。

【校記】◎嘉續卍續臺頻續佛：無清字◎有玄義等◎卍續臺目録題占察善惡業報經義疏。【按】重輯嘉續卍續頻續佛分出玄義一卷（見附2300）。

2301　十善業道經節要一卷，清智旭編訂。

○清雍正皇帝諭○附善惡十界業道品，智旭編訂。

【校記】◎卍續頻續：蕅益編訂◎有諭等。【提示】智旭，字蕅益。

2302　藥師琉璃光如來本願功德經直解二卷，清靈耀撰。

○藥師經直解敘，靈耀書○藥師經直解科○刻藥師經直解敘，貞享日本慧堅撰○附録梵文神呪三種。

【校記】◎嘉又續卍續臺佛：一卷◎無清字◎靈耀敘等見卍續佛（嘉又續龍臺中：無慧堅敘、附呪）◎重輯嘉目録記附科一卷。【按】琉、瑠音同不校。

2303　藥師琉璃光如來本願功德經講記一卷，民國太虛述。

【校記】佛：無作者名。

2304　佛説藥師如來本願經疏一卷，隋達磨笈多譯、唐慧觀述疏、民國周演濟補註。

【校記】佛：無民國二字。

2305　地藏菩薩本願經科註六卷（另科一卷，綸貫一卷），清靈棻輯。

○~目次○地藏經科，青蓮定、岳玄排○~序（三篇），分別由貞享日本性激題、悅峰題、真常撰○地藏經綸貫科註緣起，靈棻撰○地藏菩薩本願經綸貫，靈棻書○附後跋，清陳鏞草○跋，元禄日本淨慧跋。

【校記】◎佛：七卷（含卷首一卷）◎卍續頻續佛：無清字◎有新作目次等◎卍續目録題地藏本願經科註。【提示】靈棻，字運退，號青蓮。【按】①卍續分出科、綸貫各一卷（見附2305-1、附2305-2）。②頻續目録不記科、綸貫的卷數。

2306　地藏菩薩本願經演孝疏四卷（含卷首一卷），民國知性述。

○~目次○偈頌，民國李近珊頌○略述孝義論（即自序），知性述○~玄義○附録勸家庭行孝文，知性述。

【校記】◎佛：無民國二字◎有目次等。

2307　八大人覺經略解一卷，後漢安世高譯、明智旭解。

【按】此係嘉續臺目錄著三經解之一，餘係 2111 佛遺教經解、2198 四十二章經解。

2308　佛説八大人覺經疏一卷，清續法集。

○~序，續法題。

【校記】序見龍卍續中佛。

2309　佛説八大人覺經講註一卷，民國寶靜述、法慈錄。

○~緣起，寶靜述。

【校記】◎佛：無民國二字◎有緣起。

2310　佛説八大人覺經講記一卷，民國太虛述。

【校記】佛：無作者名。

2311　佛説灌佛經疏一卷，民國周演濟述。

【校記】佛：無民國二字。

2312　佛説如幻三摩地無量印法門經疏一卷，民國周演濟述。

【校記】佛：無民國二字。

2313　佛説決定毘尼經略疏一卷，民國周演濟述。

【校記】佛：無民國二字。

2314　大乘稻芊經隨聽疏一卷，唐法成集。

【校記】大：無唐字。

2315　佛説大乘稻芊經講記一卷，民國太虛述。

【校記】佛：無作者名。

2316　佛説十善業道經講要一卷，民國太虛述。

【校記】佛：無作者名。

2317　佛説善生經講錄一卷，民國太虛述。

【校記】佛：無作者名。

2318　大乘伽耶山頂經講記一卷，民國太虛述。

【校記】佛：無作者名。

2319　出生菩提心經講記一卷，民國太虛述。

【校記】佛：無作者名。

2320　佛祖三經指南三卷，明道需述。

○~序，明永覺題○自序○凡例。

【校記】◎卍續佛：無明字◎有序等。【按】三經指南係佛説四十二章經指南卷上、佛遺教經指南卷中、溈山大圓禪師警策指南（卍續副目記溈山警策指南）卷下。

2321　三經解三卷，明智旭解。

【按】分見別處：佛遺教經解（見 2111）、佛説四十二章經解（2198）、八大人

覺經略解（見2307）。

2322　　閱經十二種十四卷，清淨挺著。
　　　　○傂亭和尚～序（三篇），分別由清楊雍建題、清黎元寬題、清祁駿佳撰
　　　　○～目次。
　　　　【校記】◎嘉又續卍續臺：無本叢書卷數、作者名，詳見以下分目著錄◎序等見
　　　　嘉又續卍續臺（重輯嘉又續：無楊雍建序，黎元寬序）。

2322–1　華嚴經頌（一）一卷，清淨挺著、曹溶、朱茂時閱。
　　　　【校記】嘉又續卍續臺：無清字。【按】重輯嘉又續誤將金剛小引（錄於閱經第
　　　　九種）置於本書後。

2322–2　梵網戒光（二）一卷，清淨挺著、楊雍建、徐旭齡閱。
　　　　○傂亭和尚～序，清施博跋。
　　　　【校記】◎嘉又續卍續臺：無清字◎有序。

2322–3　楞伽心印（三）一卷，清淨挺著、錢江、陳贊閱。
　　　　【校記】嘉又續卍續臺：無清淨二字。

2322–4　維摩饒舌（四）一卷，清瀞艇著、吳鑄、沈廷勵閱。
　　　　○雲溪～序，沈廷勵題。
　　　　【校記】◎嘉又續卍續臺：無清字◎有序。

2322–5　圓覺連珠（五）一卷，清淨挺著、朱昇、吳百朋閱。
　　　　○～序，清嚴曾榘題。
　　　　【校記】◎嘉又續卍續臺：無清字◎有序。

2322–6　楞嚴答問（六）一卷，清淨挺著、何元英、曾王孫閱。
　　　　○～序，清曾王孫序。
　　　　【校記】◎嘉又續卍續臺：無清字◎有序。

2322–7　藥師燈燄（七）一卷，清淨挺著、徐世淯、陳祚昌閱。
　　　　【校記】嘉又續卍續臺：無清字。

2322–8　彌陀舌相（八）一卷，清淨挺著、吳山濤、戴斑立閱。
　　　　【校記】嘉又續卍續臺：無清淨二字，嘉又續臺：斑作班。

2322–9　雲溪傂亭挺和尚金剛別傳（九）一卷，清嚴沆閱。
　　　　○金剛小引，清大周題。
　　　　【校記】◎嘉又續卍續臺：無清字◎有小引◎臺目錄題雲溪傂亭和尚金剛三昧三
　　　　卷（合入以下金剛隨說一卷、拈金剛經五十三則一卷）。【按】重輯嘉又續誤將
　　　　金剛小引置於閱經第一種，即華嚴經頌後。

2322–10　雲溪傂亭挺和尚金剛隨說（九）一卷，清嚴沆閱。
　　　　○金剛隨說並般若別傳序，嚴沆題。
　　　　【校記】◎卍續：無挺字◎嘉又續卍續臺：無清字◎有序。

2322–11　雲溪傂亭挺和尚拈金剛經五十三則（九）一卷，清楊師益編。

【校記】◎嘉又續卍續臺：無清字。

2322-12　心經句義（十）一卷，清淨挺著、王庭、陳之遵閲。

〇雲溪俍亭和尚説心經小序，王庭題。

【校記】◎嘉又續卍續臺：無清字◎有序◎卍續副目記般若心經句義。

2322-13　法華懸譚（十一）一卷，清淨挺著、王益朋、顧豹文閲。

【校記】嘉又續卍續臺：無清字。

2322-14　涅槃末後句（十二）一卷，清淨挺著、張天柱、張天植閲。

〇～序，清趙澐識。

【校記】◎嘉又續卍續臺：無清字◎有序。

2323　諸經日誦集要三卷。

〇諸經日誦目録。

【校記】目録見嘉續臺。【按】雲棲法彙（3926）收袾宏重訂諸經日誦集要二卷
本可參照。

2324　隨念三寶經淺説一卷，民國法尊撰。

〇附雲根識。

【校記】◎佛：無民國、撰三字◎有附雲根識。

2325　金剛禮一本一卷，遼通理大師集。

【校記】石中：無遼字。【按】此本石附見唐佛陀多羅譯大方廣圓覺修多羅了義
經一卷後（見0857）。中華分出一目，不妥，因前後皆係譯經，不可夾此撰集一
目。

律疏部

2326　四分律疏二十卷，唐智首撰。

【校記】卍續：無唐字。【按】卍續存卷九。

2327　四分律疏十卷，唐法礪撰。

〇～目次。

【校記】◎卍續頻續：或二十卷（每卷又分二卷）◎無唐字◎新作目次見卍續。

2328　飾宗義記十卷，唐定賓作。

【校記】◎卍續：或二十卷（每卷又分二卷）◎無唐定二字◎目録題四分律疏飾
宗義記。【按】卍續缺卷一本末、卷九本末。

2329　四分律開宗記十卷，唐懷素撰。

〇～目次。

【校記】◎卍續頻續：或二十卷（每卷又分二卷）◎無唐字◎有新作目次。

2330　毘尼討要三卷，唐道世纂。

〇～序，玄惲纂。

【校記】◎卍續頻續：或六卷（每卷又分二卷）◎無作者名◎有序。【提示】道

世，字玄惲，因避太宗諱，以字行世。

2331　四分律名義標釋四十卷，明弘贊輯、弘麗校。

　　　○～序，弘贊序○鼎湖法彙目録○～總目○附～跋語，弘麗書。

　　　【校記】序等見重輯嘉又續（卍續臺：無法彙目録）。

2332　四分律藏大小持戒犍度略釋一卷，姚秦佛陀耶舍共竺佛念譯、清智旭釋。

　　　【校記】嘉續卍續臺頻續：無姚秦、清三字。

2333　四分律刪繁補闕行事鈔三卷，唐道宣撰述。

　　　○～序，道宣撰述○附道宣後記。

　　　【校記】◎佛：十二卷，大：或十二卷（每卷又分四卷）◎無唐字，佛：無述字◎序等見大。【按】昭和總目六圖書寮目録（毘盧）尾附旦字號至營字號著録本書，存九帖，實非毘盧藏本，而係宮內省圖書寮保存的一部分宋刻單行本（見附2333）。

2334　釋四分律行事鈔科三卷，宋元照録。

　　　【校記】◎卍續頻續：或十二卷（每卷又分四卷）◎無宋字◎目録題四分律行事鈔科。【按】①卍續副目記四分律刪繁補闕行事鈔十二卷，唐道宣撰（見2333），會入於四分律行事鈔資持記（見2335-2）。今檢資持記實乃日本僧人將唐道宣行事鈔、宋元照資持記和此行事鈔科三書合録的會本，故卍續已將行事鈔省略並列入副目，卻未將此科亦入副目，不妥。②昭和總目六圖書寮目録（毘盧）尾附旦字號至營字號著録四分律刪繁補闕行事鈔科，存一帖，實非毘盧藏本，而係宮內省圖書寮保存的一部分宋刻單行本（見附2334）。

2335-1　四分律行事鈔資持記三卷，宋元照撰。

　　　○並序。

　　　【校記】◎大：或十六卷（每卷又分四卷，成十二卷；上一、中一、中三、中四再各分二卷）◎有序。【按】昭和總目六圖書寮目録（毘盧）尾附旦字號至營字號著録本書，存十二帖，實非毘盧藏本，而係宮內省圖書寮保存的一部分宋刻單行本（見附2335-1）。

2335-2　四分律行事鈔資持記三卷，唐道宣撰述、宋元照撰、日本慧門、瑞芳分會。

　　　○並序○新刻夾註行事鈔序，貞享日本元興撰○三籍合觀後序，貞享慧門書○～目次○道宣、元照肖像。

　　　【校記】◎佛：十六卷，卍續頻續：或四十二卷（每卷又分四卷，成十二卷；上一、中一再各分五卷，上二再分二卷，上三、上四、中二、下一、下二、下四再各分三卷，中三、中四、下三再各分四卷）◎無唐字、無分會者名，佛：宋元照撰◎序、新作目次等見卍續頻續。【按】元興撰序的年代，卍續目録據序文落款"龍飛丁卯"，誤記作"後梁元興印撰"。今據慧門撰序在日本貞享丙寅歲（1686年），而元興撰序提及慧門光公與瑞公以此書新成鐫梓，請其為序，由此可知時間在貞享丁卯歲，即慧門撰序之次年。"龍飛"是中國後涼呂光年號（396—398

年），但並無丁卯歲。【蔡按】卍續另出序解並講義一卷，諸家記標目一卷，立
題拾義一卷（見 2339 至 2341）。

2336　四分律鈔批十四卷，唐大覺撰。

　　　○～目次○附寶曆日本慧海識。

　　　【校記】◎卍續頻續：唯卷一本之卷首題名作四分律鈔講前加行方便◎或二十八
卷（每卷又分二卷）◎無唐字◎有附識；新作目次見卍續◎卍續頻續目録題四分
律行事鈔批。

2337　搜玄録解四分律刪繁補闕行事鈔録二十卷，唐志鴻撰述。

　　　○並序○終南山四分律鈔搜玄録序，唐澄觀題。

　　　【校記】◎卍續：無唐字◎有二序◎目録題四分律搜玄録。【按】卍續存卷一、
二及殘冊二卷。

2338　四分律鈔簡正記十七卷，後唐景霄纂。

　　　○四分律行事鈔簡正記目次。

　　　【校記】◎卍續頻續：或十八卷（卷七分二卷）◎後唐作吳越國◎有新作目次。

2339　行事鈔資持記序解並五例講義一卷，宋則安述。

　　　○元禄日本戒月書。

　　　【校記】◎卍續頻續：無宋字◎有書◎目録題資持記序解並五例講義。

2340　行事鈔諸家記標目一卷，宋慧顯集、日本戒月改録。

　　　【校記】卍續：無宋慧顯集、日本六字。

2341　資持立題拾義一卷，宋道標出。

　　　【校記】◎卍續頻續：無宋字◎目録題資持記立題拾義。

2342　事鈔持犯方軌篇表記一卷，民國弘一撰。

　　　○～目録○持犯方軌篇總科○附南山戒疏持犯體狀表、戒疏持犯四行體狀表、戒
疏雙持雙犯表、殺戒異境表、殺戒闕想緣表、制廣教五意章中所詮四相表。

　　　【校記】◎慧：無民國二字◎有目録等。

2343　事鈔略科一卷，民國弘一纂。

　　　○説例。

　　　【校記】◎慧：無民國二字，佛：纂作撰◎説例見慧。

2344　事鈔戒業疏科別録合冊一卷，民國弘一撰。

　　　○目録。

　　　【校記】◎慧：無民國二字◎有目録。

2345　律鈔宗要隨講別録一卷，民國弘一撰。

　　　○律鈔宗要略科。

　　　【校記】◎慧：無民國二字◎有略科。

2346　四分律比丘含註戒本三卷，唐道宣述。

　　　○～序，道宣述○四分律含註戒本目次。

【校記】◎卍續：四分戒本◎卍續大：無唐字◎有序；新作目次見卍續。【按】
①另有四分律含註戒本疏四卷，卍續會入四分律含註戒本疏行宗記（見 2348），
疏科四卷（見 2347）。②昭和總目六圖書寮目録（毘盧）尾附旦字號至營字號著
録本書（見附 2346），及四分律含註戒本疏四卷（見附 2346-1），唐道宣述，實
非毘盧藏本，而係宮內省圖書寮保存的一部分宋刻單行本。

2347　釋四分律含註戒本疏科四卷，宋元照録。

【校記】◎卍續頻續：或八卷（每卷又分二卷）◎目録題四分律含註戒本疏科。

【按】昭和總目六圖書寮目録（毘盧）尾附旦字號至營字號著録釋四分律含註戒
本疏科分，宋元照録，二帖，實非毘盧藏本，而係宮內省圖書寮保存的一部分宋
刻單行本（見附 2347）。

2348　四分律含註戒本疏行宗記四卷，唐道宣撰、宋元照述、寬保日本即靜分會。

○並序○新刻排科夾註戒本疏記序，明和日本實相書○明和日本靜蓮題○安永日
本宜順撰○安永日本玉線題○凡例○～目録○含註戒本並疏記略條目○附分會含
註戒本疏記跋，即靜撰。

【校記】◎卍續頻續：或二十一卷（先將每卷分二卷，成八卷，再分各卷為三
卷，其中卷一、二、四各分二卷）◎無唐字，無分會者名◎有序、新作條目等◎
卍續目録註戒本、含註、疏、記、科之五部共會。【按】①卍續頻續於附跋前另
有四分律比丘含註戒本序，道宣述，已見 2346。②昭和總目六圖書寮目録（毘
盧）尾附旦字號至營字號著録本書四卷（或八卷），宋元照述，實非毘盧藏本，
而係宮內省圖書寮保存的一部分宋刻單行本（見附 2348）。

2349　四分律含註戒本疏發揮記卷三一卷，宋允堪述。

【校記】卍續：無宋字。【註】卍續：起置名不同，終正配初篇。

2350　釋戒本序一卷，宋道言述。

【校記】◎卍續：無宋字◎目録題釋四分戒本序。

2351　四分律含註戒本隨講別録一卷，民國弘一撰。

【校記】◎佛：無四分律三字◎慧：無民國二字。

2352　四分律含註戒本科一卷，民國弘一録。

○大藏經會識。

【校記】◎慧：無民國二字，佛：録作撰◎識見慧。【註】慧：依疏及記摘録。

2353　四分律含註戒本疏略科一卷，民國弘一編録。

【校記】慧：無民國二字，佛：編録作撰。

2354　四分律含註戒本略釋一卷，民國弘一撰。

○～例言○附指廣。

【校記】◎慧：無民國二字◎有例言等。【慧按】至廣教序止，已下待續。

2355　四分戒本一卷，唐道宣刪定。

○新刪定四分僧戒本序，道宣撰○附元禄日本慧門光後記。

【校記】◎卍續頻續：無作者名◎有序等◎卍續目錄註隨宜編入於此。【註】卍續頻續：出曇無德部。

2356 四分戒本緣起事義一卷，明廣莫輯録。
〇～引。
【校記】◎卍續頻續：無明字◎有引。

2357 毘尼關要十九卷（另事義一卷），清德基輯。
〇序，清大珍撰〇～目次〇附～事義，德基輯。
【校記】◎卍續：十六卷◎序、附事義見龍卍續中；新作目次見卍續。【按】①卍續分出事義一卷，頻續僅録事義（均見附2357）。②重輯嘉目録列為待訪書目。

2358 四分戒本如釋十二卷，明弘贊繹。
〇叙～語，弘贊序〇凡例〇具足戒總圖〇～科〇～目録〇附攝頌、戒相圖。
【校記】◎弘贊序等見嘉又續卍續臺（佛：無弘贊序、凡例）◎重輯嘉目録記附攝頌、戒相圖一卷。

2359 四分戒本約義四卷，清元賢述。
〇～序，元賢題〇～目録。
【校記】◎卍續頻續：無清字◎有序等。

2360 毘尼珍敬録二卷，明廣承輯録、廣鎬、大真參訂、智旭會補。
〇～序〇～目次〇戒相圖〇戒相攝頌，智旭述〇附珍敬録跋，明海眼書。
【校記】◎卍續頻續：有序、新作目次等◎卍續目錄註釋唐懷素集四分律比丘戒本。

2361 毘尼止持會集十六卷，清讀體集。
〇序，讀體識〇～目次〇～凡例、綱要。
【校記】◎龍中：二十卷◎嘉續卍續臺：無清字◎序、凡例、綱要見嘉續龍卍續臺中；卍續：有新作目次◎目録註釋唐懷素集四分律比丘戒本。

2362 四分比丘戒本疏二卷，唐定賓撰。
【校記】卍續大：無唐字。

2363 四分律比丘尼鈔三卷，唐道宣述。
〇並序〇篇目〇附跋比丘尼鈔後，貞享日本妙辨撰。
【校記】◎卍續頻續佛：或六卷（每卷又分二卷）◎無唐字◎序等見卍續佛（頻續：無序）◎卍續頻續目錄題四分比丘尼鈔。

2364 釋四分律比丘尼鈔科文一卷，宋允堪述。
【校記】◎卍續頻續：無宋字◎目錄題四分比丘尼鈔科。

2365 四分律比丘尼鈔科一卷，宋允堪撰科、民國一音重治。
【校記】慧：無宋、民國三字，佛：民國弘一重編。【提示】弘一，署名一音。

2366 四分刪定比丘尼戒本一卷，宋元照重定。

○刪定比丘尼戒本序，元照序○附釋迦遺法弟子受持○永仁日本教光題。

【校記】◎卍續頻續：無作者名◎有序等◎卍續目録註隨宜編入於此。【註】卍續頻續：出曇無德部。

2367　式叉摩那尼戒本一卷，清弘贊輯。

○～序，弘贊識○～目次。

【校記】◎嘉又續卍續臺佛：無清字◎有序；卍續：有新作目次◎目録註隨宜編入於此。【註】嘉又續卍續臺：出曇無德部。

2368-1　四分律刪補隨機羯磨二卷，唐道宣集。

○曇無德部～序，道宣集。

【校記】◎指：曇無德隨機羯磨◎開貞略：一卷◎金麗卍大中縮頻：無唐字◎有序。

2368-2　曇無德部四分律刪補隨機羯磨（別本）四卷，唐道宣撰。

【校記】◎福資磧普初南臺：無曇無德部四字◎福資磧普初天南臺義知：二卷◎福資磧普初天南臺：無唐字。【按】福資磧普初南北嘉龍黃臺中另有曇無德部四分律刪補隨機羯磨序，道宣撰，已見2368-1。

2369　四分律隨機羯磨疏正源記八卷，宋允堪述。

○並序○～目次○允堪跋○附宋妙通題。

【校記】◎卍續頻續：無宋字◎有序、新作目次等。

2370　釋四分律刪補隨機羯磨疏科四卷，宋元照録。

【校記】◎卍續頻續：無宋字◎目録題四分律刪補隨機羯磨疏科。【按】①卍續副目記四分律刪補隨機羯磨疏八卷，唐道宣撰，會入於四分律刪補隨機羯磨疏濟緣記（見2371）。今檢濟緣記實乃日本僧人將唐道宣羯磨疏、宋元照濟緣記和此羯磨疏科三書合録的會本，故卍續已將羯磨疏省略並列入副目，卻未將此科亦入副目，不妥。②昭和總目六圖書寮目録（毘盧）尾附旦字號至營字號著録釋四分律刪補隨機羯磨疏科分，一帖，元照録，實非毘盧藏本，而係宮內省圖書寮保存的宋刻單行本（見附2370）。

2371　四分律刪補隨機羯磨疏濟緣記四卷，唐道宣撰、宋元照述、享保日本禪龍合會。

○並序○新刻入註排科羯磨疏序，享保日本慧光題○會刻羯磨疏記序，享保日本禪龍書○隨機羯磨疏記略條目。

【校記】◎卍續頻續：唯卷一之一首題名作四分律羯磨疏濟緣記◎或二十二卷（卷一、三各分六卷，卷二、四各分五卷）◎無合會者名◎有序、新作條目等◎卍續目録註三籍合觀，排科於冠上。【按】①卍續頻續於條目前有曇無德部四分律刪補隨機羯磨序，道宣撰，已見2368-1。②昭和總目六圖書寮目録（毘盧）尾附旦字號至營字號著録本書（見附2371），存六帖，宋元照述，及四分律刪補隨機羯磨疏（見附2371-1），存七帖，唐道宣集撰，實非毘盧藏本，而係宮內省圖書寮保存的一部分宋刻單行本。

2372　　羯磨經序解一卷，宋則安述。

【校記】卍續頻續：無宋字。

2373　　毘尼作持續釋十五卷，唐道宣撰集、清讀體續釋。

○序，讀體識○～凡例○～目次○釋曇無德部四分律刪補隨機羯磨原序○篇目。

【校記】◎龍中：二十卷◎嘉續卍續臺：無清字◎序等見卍續（嘉續龍臺中：無新作目次）◎卍續目録註略云四分律羯摩疏釋。【中華按】此書係讀體釋道宣撰曇無德部四分律刪補隨機羯磨之作，故書名作毘尼作持續釋，各卷卷首所題書名為道宣原書之名，卷末所題為本書之名。

2374　　四分律刪補隨機羯磨隨講別録一卷，民國弘一撰。

○四分律刪補隨機羯磨諸文目録○附結戒場及大界法略例○受戒法略例○説戒安居自恣略例○説戒法略例○安居法略例○自恣法略例。

【校記】◎慧：無民國二字◎有目録等。

2375　　四分律刪補隨機羯磨疏略科草稿本一卷，民國弘一録。

【校記】◎佛：無草稿本三字◎慧：無民國二字，佛：録作撰。

2376　　僧羯磨三卷，唐懷素集。

○並序○～目録。

【校記】◎開貞至略福資磧普初天緣南北嘉龍黃臺義知：四分僧羯磨（標：分誤作方）◎北嘉龍黃：五卷◎至金麗福資磧普初天南卍臺大中縮頻：無唐字，佛：集作集並註◎序見麗福資磧普初南北嘉龍黃卍臺大中縮頻；目録見縮頻。【註】開貞略緣：題云羯磨卷上等出四分律（金麗福資磧普初南北龍卍臺大中縮頻佛：無題至等七字）。【按】金卷上首漫漶。

2377　　尼羯磨三卷，唐懷素集。

○並序○～目録。

【校記】◎開貞至標略緣：四分尼羯磨（天：尼作比丘尼）◎北嘉龍黃：五卷◎至金麗福資磧普初天南卍臺大中縮頻：無唐字，佛：集作集並註◎序見麗福資磧普初南北嘉龍黃臺大中縮頻；目録見縮頻。【註】開貞略緣：題云尼羯磨卷上等出四分律（金麗福資磧普初南北嘉龍黃卍臺大中縮頻佛：無題至等八字）。【按】金卷上散佚。

2378　　拾毘尼義鈔科文一卷，宋元照録。

【校記】◎卍續頻續：無宋字◎目録題四分律拾毘尼義鈔科。

2379　　四分律拾毘尼義鈔三卷，唐道宣撰。

○校勘義鈔序，宋元照述○附新羅國寄還書○唐法寶律師批。

【校記】◎卍續：或六卷（每卷又分二卷）◎無唐字◎有序等。【按】卍續缺卷下。

2380　　四分律拾毘尼義鈔輔要記六卷，宋允堪述。

○並序。

【校記】◎卍續頻續：無宋字◎有序◎卍續目錄註釋鈔上中。

2381　佛説優婆塞五戒相經箋要一卷，劉宋求那跋摩譯、明智旭箋要、民國弘一校并補釋。

【校記】佛：劉宋作宋，無民國二字。

2382　佛説戒消災經略釋一卷，明智旭述。

2383　佛説目連問戒律中五百輕重事經略解二卷，失譯附東晉録、明性祇述。

○佛説目連五百問經略解序，性祇識○～目次。

【校記】◎序、新作目次見卍續頻續佛◎卍續目錄註略云五百問經略解。

2384　佛説目連五百問戒律中輕重事經釋二卷，失譯附東晉録、明永海述。

○佛説目連五百問戒律中輕重事經序，永海序○～目次。

【校記】◎序、新作目次見卍續頻續佛◎卍續目錄註略云五百問經釋。【按】佛於本書前另附雍正特諭，蕅益編訂十善業道經節要，蕅益編訂善惡十界業道品，均已見2301。

2385　菩薩戒義疏二卷，隋智顗説、灌頂記。

【校記】至金南中：智者説，義知：陳隋智者説，北嘉龍黄卍臺大縮頻：智顗作智者，佛：無灌頂記三字。【蔡按】嘉又續二一丙本重出以代原本梵網合註。

2386　菩薩戒經義疏二卷，隋智顗説、灌頂記、日本澂隱會本。

○～會本序，貞享日本唯忍子敘○附跋，貞享日本澂隱書。

【校記】◎卍續頻續：智顗作智者，無日至本六字◎有序等◎目錄題梵網菩薩戒經義疏。

2387　梵網經菩薩戒本疏六卷，唐法藏撰。

【校記】卍續大：無唐字。

2388　梵網經賢首疏盜戒第六種類輕重門科表一卷，民國弘一編。

【校記】慧：無民國二字。

2389　天台菩薩戒疏三卷，唐明曠刪補。

○附後敘。

【校記】◎卍續大頻續：無唐字◎有附敘◎卍續頻續目錄題梵網菩薩戒經疏刪補；卍續目錄註有日本僧慈空分會本。

2390　梵網經菩薩戒本私記二卷，新羅元曉造。

【校記】◎卍續：曉公造◎目錄註卷上現存，卷下逸失。

2391　菩薩戒本疏二卷，新羅義寂述。

○重刻～序，貞享日本洞空識○附跋，貞享日本妙辨書。

【校記】◎卍續大頻續：或三卷（卷下分二卷）◎有序等◎卍續頻續目錄題梵網經菩薩戒本疏。

2392　梵網經疏五卷，唐智周撰。

【校記】◎卍續：無唐字◎目錄題梵網經菩薩戒本疏；目錄註缺卷一、三、五。

2393　梵網經疏二卷，唐法銑撰。

【校記】◎卍續：作者名新加，無唐字◎目録題梵網經菩薩戒疏。【按】卍續目録記四卷，並註但現存上卷。今新考目録據東域傳燈目録記二卷著録。

2394　梵網經記二卷，唐傳奧述。

○並序○～序，承久日本高辨撰○附宋刊記○重刻～後序，元禄日本昇堂序。

【校記】◎卍續頻續：無唐字◎有序等。

2395　註梵網經三卷，宋慧因註。

○並序○梵網經菩薩戒序（三篇），分別由元無外序、元普秀序、元郭天錫序。

【校記】◎卍續頻續：無宋字◎有序◎目録題梵網經菩薩戒註。

2396　註菩薩戒經三卷，隋智顗疏、灌頂録、宋與咸入疏箋經、加註釋疏。

○梵網經菩薩心地品戒疏並序，智顗疏、灌頂録○附與咸後記○半月布薩法式。

【校記】◎卍續頻續：唯卷上首題名無註字◎或八卷（卷上、卷中各分三卷，卷下分二卷）◎隋智顗作智者，無宋字◎有序等◎目録題梵網菩薩戒經疏註。

2397　梵網經心地品菩薩戒義疏發隱五卷（另事義一卷），陳隋智顗説、明袾宏發隱。

○～序，袾宏識○～凡例○卷一末附半月誦戒儀式○附戒疏發隱事義，袾宏述。

【校記】◎義：四卷◎明袾宏述，重輯嘉拾遺卍續臺頻續：智顗作智者，重輯嘉拾遺臺：無明字◎序等見重輯嘉拾遺卍續臺頻續◎卍續頻續目録題梵網菩薩戒經義疏發隱；卍續目録註出雲棲法彙（見3928）。【按】卍續頻續分出事義一卷（見附2397）。

2398　菩薩戒問辯一卷，明袾宏述。

○附事義。

【校記】◎臺：無作者名，重輯嘉拾遺卍續頻續：無明字◎有附事義◎卍續頻續目録題梵網菩薩戒經義疏發隱問辯；卍續目録註出雲棲法彙（見3928）。

2399　佛説梵網經菩薩心地品合註七卷（另玄義一卷），姚秦鳩摩羅什譯、明智旭註、道昉訂。

○佛説梵網經菩薩心地品玄義，智旭述、道昉訂○梵網合註緣起，智旭撰○凡例○附合註跋語，智旭記○跋，清沈豹跋。

【校記】◎玄義等見嘉又續卍續臺［重輯嘉又續誤將沈豹跋附於律要後集（見2732）］。【按】重輯嘉又續卍續分出玄義一卷，頻續僅録玄義（均見附2399）。

2400　佛説梵網經菩薩心地品下略疏八卷，姚秦鳩摩羅什譯、清弘贊述。

○梵網經略疏序，清孫廷鐸撰○梵網經心地品下略疏科文○附半月誦菩薩戒儀式註，弘贊註。

【校記】◎嘉又續卍續臺頻續佛：無清字◎序等見重輯嘉又續卍續佛（臺：無序，頻續：無附註）◎佛目録題梵網經菩薩戒略疏。【按】卍續分出半月誦菩薩戒儀式註一卷（見附2400）。

2401　佛説梵網經初津八卷，清書玉述。

〇佛説梵網經菩薩戒初津敘，書玉識〇凡例〇附跋，書玉誌。

【校記】◎敘等見嘉續卍續臺頻續◎卍續頻續目錄題梵網經菩薩戒初津。

2402　菩薩戒疏隨見錄一卷，清今釋造、古帝、心得編。

【校記】◎卍續頻續：無清字◎卍續目錄註出徧行堂集卷四十九。【蔡按】今本徧行堂集只有四十六卷。

2403　梵網經菩薩戒本淺釋一卷，民國弘一撰。

【校記】慧：無民國二字。【註】慧：依賢首疏等節錄。

2404　梵網十重戒諸疏所判罪相緩急異同表一卷，民國弘一編。

【校記】慧：無民國二字。

2405　菩薩戒本宗要科表一卷，民國弘一編錄。

【校記】慧：無民國二字，佛：無錄字。

2406　梵網經菩薩戒本彙解二卷，民國李圓淨編。

〇~目錄〇凡例〇~序，民國密林書〇梵網經菩薩戒本科判表〇附蕅益大師警訓節錄〇持犯集證類編。

【校記】◎佛：無民國二字◎有目錄等。【按】佛於密林序後另有梵網經菩薩戒本，姚秦鳩摩羅什譯，已見 1545 梵網經卷下。

2407　梵網經述記二卷，唐勝莊撰。

【校記】◎卍續頻續：卷上首題名前冠以梵網經盧舍那佛説菩薩心地法門品第十，後秦三藏法師鳩摩羅什譯，共二十八字◎或四卷（每卷又分二卷）◎無唐字◎目錄題梵網經菩薩戒本述記。

2408-1　梵網經古跡記二卷，新羅太賢集。

【校記】◎大：或三卷（卷下分二卷）◎無新羅二字。

2408-2　梵網經古跡記（別本）二卷，新羅太賢集。

〇（卷上後附）會本跋，元禄日本妙辨識〇眉科。

【校記】◎卍續：或四卷（每卷又分二卷）◎無新羅二字◎有附跋等。【按】卍續於卷上首另有梵網經序，姚秦僧肇作和梵網經序，卷下首有梵網經菩薩戒序，均已見 1545 梵網經。

2409　梵網經古跡記科表一卷，民國弘一編錄。

〇大藏經會按語〇附初本師説科表。

【校記】◎慧：無民國二字，佛：無錄字◎按語等見慧。

2410　佛説梵網經直解十卷（另事義一卷），姚秦鳩摩羅什譯、明寂光直解。

〇梵網經直解弁言，明范景文撰〇進大寶華山三代律師著述奏章等，清福聚紀〇欽定龍藏梵網直解卷帙字號標目〇附直解事義〇梵網經直解跋並頌，明戒潤題。

【校記】◎卍續：二卷或四卷（每卷又分二卷）◎弁言等見卍續龍中。【按】①龍中事義分見各卷中。②卍續分出事義一卷，頻續僅錄事義（均見附 2410）。

2411 佛説梵網經順硃二卷，姚秦鳩摩羅什譯、清德玉順硃、慧仙謄録。

○~敘，德玉敘。

【校記】◎嘉又續卍續臺：無清字◎有敘。

2412 發菩提心戒一本一卷，遼志仙記。

2413 菩薩戒羯磨文釋一卷，彌勒菩薩説、唐玄奘譯、明智旭釋。

【校記】卍續目録註出律要後集（見2732）。【按】蕅益大師佛學十種（見2750）之七。

2414 地持論義記五卷，隋慧遠述。

【校記】◎卍續：或十卷（每卷又分二卷）◎目録註存卷三下、四上及五下。

2415 菩薩戒本經箋要一卷，慈氏菩薩説、北涼曇無讖譯、清智旭箋。

○附跋語，智旭書。

【校記】◎嘉續卍續臺：無清字◎有跋◎卍續目録題菩薩戒本箋要。【按】嘉續臺於書前附優婆塞戒經受戒品一卷，北涼曇無讖譯，已見1549。嘉續分出此卷（見附2415）。蔡按：此品已見正藏，此因後目重出，中華藏印在後目之前。

2416 優婆塞戒經講録一卷，民國太虛述。

【校記】佛：無作者名。

2417 重治毘尼事義集要十七卷（另卷首一卷），清智旭彙釋。

○~敘，智羣撰○~序，清智旭序○原序，明智旭識○原跋，明受籌跋○~目次○總問辯○凡例○提綱○律藏總目○旁引諸經論目○音義○附清智旭跋語。

【校記】◎卍續頻續：無清字◎有敘、新作目次等。【卍續按】原本有十八卷，末卷收犍度略釋，今從別行本，編次別處（見2332）。

2418 本業經疏二卷，新羅元曉撰。

○菩薩瓔珞~目次○附後記。

【校記】◎卍續：無新羅二字◎有新作目次等◎目録題瓔珞本業經疏；目録註缺上卷。

論疏部

2419 金剛般若論會釋三卷，唐窺基撰。

【校記】◎卍續大：基撰◎卍續目録題金剛般若經論會釋。

2420 略明般若末後一頌讚述一卷，唐義淨述。

【校記】◎義：無讚述二字◎知：義淨作，石金麗福資磧普初南北嘉龍黄卍臺中縮頻：無作者名。【按】石金麗福資磧普初緣南北嘉龍卍中知此讚述附能斷金剛般若波羅蜜多經論釋（見1580）後。

2421 法華論疏三卷，隋吉藏撰、日本實觀分會。

○刻~序，正德日本咸潤敘○~目次。

【校記】◎卍續大佛：無隋字，日本作日東◎序、新作目次見卍續佛（大：無目次）。

2422　法華經論述記上卷。

【按】卍續卷末散佚。

2423　無量壽經優婆提舍願生偈註二卷，北魏曇鸞註解。

○無量壽經優婆提舍願生偈一卷，婆藪槃頭菩薩造、元魏菩提留支譯（此卷與藏內稍別）。

【校記】◎卍續大佛：增婆藪槃頭菩薩造七字，大：無北魏二字，卍續佛：北魏作魏◎有願生偈◎卍續目録題往生論註，並註又云無量壽經論註，往生淨土論註，略云淨土論註。

2424　往生淨土論講要一卷，民國太虛述。

【校記】佛：無作者名。

2425　佛遺教經論疏節要一卷，宋淨源述。

○並序。

【校記】◎南：無作者名◎有序。

2426　佛遺教經論疏節要一卷，姚秦鳩摩羅什譯、宋淨源節要、明袾宏補註。

○袾宏跋。

【校記】◎嘉黃卍大縮頻：無宋、明二字，佛：無譯者、註者名◎跋見嘉龍黃卍大中縮頻◎頻目録增題天親菩薩造、宋智圓疏九字。【按】①嘉龍黃卍中另有佛遺教經施行敕，已見0424。②臺於雲棲法彙中收本書，重輯嘉於雲棲法彙中重收本書（均見附3926）。

2427　遺教經論住法記一卷，姚秦鳩摩羅什翻經、馬鳴菩薩造論、陳真諦譯論、宋元照述記。

○並序○遺教經論科，元照録○附天和日本祖泰誌。

【校記】◎卍續頻續佛：無姚秦鳩摩、陳、宋六字◎有序等。【按】有關遺教經論，檢開貞至略福，未録造論者名，僅記陳真諦譯；而金麗卍大中縮頻增天親菩薩造（見1596），與本書所記馬鳴菩薩造論不同。

2428　遺教經論記三卷，宋觀復述。

○并敘○附觀復後記○善服敘。

【校記】◎卍續頻續：無宋字◎有敘等。

2429　俱舍論疏二十卷，唐神泰述。

○～現存目次。

【校記】◎卍續：無唐字◎有新作目次◎目録註具云阿毘達磨俱舍論疏；存卷一、二、四、五、六、七、十七。【按】卍續未著總卷數，今新考目録據法相宗章疏和東域傳燈目録的記載補入。另檢俱舍論凡三十卷，本書卷十七已疏論本至卷二十五，故本書總二十卷應無誤。

2430　俱舍論記三十卷，唐普光述。

○～目次。

【校記】◎卍續大：或三十一卷（卷一分二卷）◎卍續：無唐字，大：光述◎新
作目次見卍續。

2431　法宗原一卷，唐普光撰。

【校記】◎卍續頻續：光撰◎目録題俱舍論法宗原。

2432　俱舍論疏三十卷，唐法寶撰。

○～目次○附保延日本覺樹後記。

【校記】◎卍續大：或三十一卷（卷一分二卷）◎無唐字◎新作目次見卍續；附
後記見大。【按】卍續（舊版）缺卷十二，（新纂）本以大正藏本配補。

2433　俱舍論頌疏三十卷，唐圓暉述。

○～目次○阿毘達磨俱舍論略釋記，唐賈曾撰。

【校記】◎卍續佛：俱舍論頌釋疏◎卍續大佛：無唐字◎有記；新作目次見卍續
佛。【按】卍續（舊版）第八十六套所録至卷二十九終，第九十五套收某補作之
卷三十；（新纂）本第 840 號至卷二十九終，第 842 號續收大正藏本卷二十九、
三十增補内容（見附 2433）。佛已補入大正藏本增補　容。

2434　俱舍頌疏序記一卷，唐法盈修。

○刻法盈俱舍頌疏敘記序，元禄日本道空敘○附道空識。

【校記】◎卍續頻續：無唐字◎有序等◎目録題俱舍論頌疏序記。

2435　俱舍論釋頌疏義鈔三卷，唐慧暉述。

○～目次。

【校記】◎卍續頻續：或六卷（每卷又分二卷）◎無唐字◎有新作目次◎目録題
俱舍論頌疏義鈔。

2436　俱舍頌疏記二十九卷，唐遁麟述。

○俱舍論頌疏記目次。

【校記】◎卍續頻續：無唐字◎有新作目次◎目録題俱舍論頌疏記。

2437　中觀論疏十卷，隋吉藏撰。

○～目次○中論序疏，吉藏製。

【校記】◎卍續大佛：或二十卷（每卷又分二卷）◎無隋字◎有序疏；新作目次
見卍續佛◎卍續目録題中論疏。

2438　中論述義四卷，龍樹菩薩造、青目菩薩釋、鳩摩羅什譯、唐吉藏疏、民國善因
述。

○敘～，民國太虛撰○敘，民國化聲敘○中論述義自序，善因敘○凡例○中論序
述義，姚秦僧叡作、唐吉藏疏、善因述○中論大綱。

【校記】◎佛：無民國二字◎有太虛敘等。

2439　中論略義一卷，宗喀巴述、民國潭影譯。

2440　中論文句釋一卷，僧成述、民國常浩譯。

○附録：明句中論疏、歸敬偈疏。

【校記】附録見佛。【註】佛：原名“中觀根本慧論文句釋寶鬘論”。

2441　十二門論疏三卷，隋吉藏撰。

〇～目次〇十二門論序疏，吉藏製。

【校記】◎卍續大佛：或六卷（每卷又分二卷）◎無隋字◎有序疏；新作目次見卍續佛。【卍續大佛按】卷上之末卷佚失卷頭數頁。

2442　十二門論宗致義記二卷，唐法藏述。

〇～目次。

【校記】◎卍續大佛：無唐字◎新作目次見卍續佛。

2443　十二門論講録一卷，民國太虛述。

【校記】佛：無作者名。

2444　十二門論講話一卷，民國慈航述。

【校記】佛：無作者名。【佛按】録自慈航法師全集第三編。

2445　百論疏三卷，隋吉藏撰。

〇～目次〇百論序疏，吉藏製。

【校記】◎卍續大佛：或九卷（每卷又分三卷）◎無隋字◎有序疏；新作目次見卍續佛。

2446　瑜伽師地論略纂十六卷，唐窺基撰。

〇～目次〇～疏序，宋楊傑撰。

【校記】◎至金臺中：無師地二字◎無唐字，卍續大佛：基撰◎新作目次見卍續佛；疏序見金臺（殘缺）。【按】金臺存十一卷（卷一、三、五、六、八至十三、十五），其中卷五、六、八、九、十一，共五卷完整，餘六卷殘。

2447　大乘瑜伽劫章頌一卷，唐窺基撰。

【校記】◎卍續佛：劫章頌◎基撰，至：窺基撰、弘通人師註疏。【蔣按】（金藏）基述，今缺。

2448　瑜伽論記二十四卷，唐遁倫集撰。

〇～目録〇瑜伽師地論記目次〇宋李焕序〇附跋～後，享保日本性威誌。

【校記】◎至中：瑜伽師地論記◎至金臺：二十卷，卍續大佛：或四十八卷（每卷又分二卷），中：一百卷◎卍續大佛：無唐字，金臺：道倫集撰，至：崇遇述◎目録見中；目次見卍續佛；序見金臺中；附跋見卍續大佛。【按】金臺殘存十三卷（卷一、二、五至七、九至十二、十六、十七、十九、二十）。中用金陵刻經處本，並附金藏殘本。

2449　瑜伽師地論義演四十一卷，唐清素、澄淨述。

【校記】◎臺：四十卷◎金臺中：無唐字，至：清素述。【按】金中存二十三卷（卷一、四、六至八、十一、十二、十五、十七、十九、二十、二十二、二十六、二十八至三十五、三十八、四十），其中卷一、三十二、三十四、三十五，共四卷完好，餘十九卷殘。以上存本，臺、宋藏遺珍缺卷二十二。

2450　瑜伽眞實義品講要一卷，民國太虛述。

【校記】佛：無作者名。

2451　瑜伽師地論菩薩地眞實義品親聞記一卷，民國太虛述。

【校記】佛：無作者名。

2452-1　成唯識論述記二十卷，唐窺基撰。

【校記】◎至金臺中慧佛：十卷，卍續：十卷或二十二卷（卷六、卷八各分三卷，餘卷各分二卷），大：十卷或二十卷（每卷又分二卷）◎中：無唐字，金卍續臺大慧：基撰◎卍續目錄註略云唯識論述記。【按】①金臺存七卷（卷一、二、四、七至十），其中卷七、卷八兩卷完好。②書中所列本論，每節但標起止，唯卍續慧按原標起止錄入全文。

2452-2　附成唯識論述記科文（存二卷）。

【中華按】此本發現於趙城廣勝寺，因卷首均殘，不知作者是何代何人；又因無千字文編號，故知非金藏原刻本。蔣唯心廣勝寺大藏經目錄著錄此書似有不妥。茲附是書於成唯識論述記之後，以供參考。【按】臺中存卷第一、卷第二。

2453　成唯識論掌中樞要四卷，唐窺基撰。

【校記】◎至：無掌中二字◎至金臺中：三卷，卍續大：二卷或四卷（每卷又分二卷）◎金卍續臺大中：基撰。

2454　成唯識論掌中樞要記二卷，唐智周述。

【校記】◎卍續：無唐智二字◎目錄註又云成唯識論方誌；現存卷上。

2455　成唯識論別抄十卷，唐窺基撰。

【校記】◎卍續：基撰◎目錄註現存卷一（殘冊）、五、九、十。

2456　唯識論料簡二卷，唐窺基撰。

【校記】◎卍續頻續：基撰◎目錄題成唯識論料簡；卍續目錄註又云唯識開發。

2457　成唯識論疏抄十八卷，唐靈泰撰。

【校記】◎卍續：或二十二卷（卷九、十、十一、十四各分二卷）◎無唐字。

【按】卍續缺卷九本、卷十一末、卷十三末、卷十五、卷十七；卷二、七、八、十本、十末、十四本殘冊。

2458　成唯識論演秘七卷，唐智周撰。

【校記】◎卍續大：或十四卷（每卷又分二卷）◎無唐字。

2459　成唯識論演秘釋卷一一卷，唐如理撰。

【校記】卍續：無唐字。【日本定胤按】東域傳燈目錄云：演秘釋五卷，如理。今獲其第一卷一冊。

2460　成唯識論義蘊五卷，唐道邑撰。

【校記】◎卍續頻續：或七卷（卷二、四各分二卷）◎無唐字。

2461　成唯識論疏義演十三卷，唐如理集。

【校記】◎卍續：或二十六卷（除卷四、五不再分卷，卷八本、末各分二卷外，餘卷各分二卷）◎無唐字。【按】卍續缺卷九本末、卷十一末，目録還記缺卷六末下，而新纂本已補足，但仍記缺本，疏忽也。

2462　成唯識論學記六卷，新羅太賢集。

【校記】◎卍續頻續：八卷◎無新羅二字。【按】檢韓國佛教全書第三冊以卍續為底本，分六卷，即卷上本末、卷中本末、卷下本末，並依次冠以菩薩藏阿毘達摩古跡記卷第三本末、第四本末、第五本末。應該説六卷分法符合原書卷次，即卷上本含論本卷一前半、卷上末含論本卷一後半至卷二前半；卷中本含論本卷二後半至卷四、卷中末含論本卷五至卷七；卷下本含論本卷八、卷下末含論本卷九至卷十。故今新考目録記六卷。

2463　成唯識論了義燈七卷，唐惠沼述。

【校記】◎大：或十三卷（除卷三外，餘每卷又分二卷），卍續：或十四卷（每卷又分二卷）◎卍續大：無唐字。

2464　成唯識論了義燈記二卷，唐智周撰。

【校記】◎無唐字◎卍續目録記現存卷下。

2465　註成唯識論卷十七。

【按】卍續殘冊。【日本定胤按】傳聞，此註依御物古抄本。書中摘録述記要文，加以補釋。恐非東域傳燈、諸宗章疏二録所載崇俊註成唯識論二十卷之殘闕歟。行文酷類法華玄贊決擇（見1946）。待後學指正。

2466　成唯識論俗詮十卷，天親菩薩造頌、護法等菩薩造論、唐玄奘譯、明明昱俗詮。

○～序（七篇），分別由明顧起元書、明游士任撰、明吳用先撰、明王肯堂書、明黃汝亨撰、明金雲鵬撰、明葛寅亮題○～敘，明昱書○法因，黃汝亨題○～科○～跋，明秦舜友跋○～後跋，明傳如跋。

【校記】◎義：明明昱著◎嘉續有序等［卍續頻續：無大善跋、傳如跋，臺：無跋（卷十末原缺，用卍續補，卍續跋見卷首）］◎重輯嘉目録記附科一卷。

【按】①重輯嘉續卷十後重出游士任序。②彙門標目著録，無卷數。

2467　成唯識論集解十卷，護法等菩薩造、唐玄奘譯、明通潤集解。

○～序，明王肯堂書○唯識集解自敘，通潤書。

【校記】◎卍續頻續：無集解二字◎義：無譯者名，集解作述，卍續頻續：無明字◎有序等。

2468　成唯識論十卷，明王肯堂證義。

○～證義自序。

【校記】◎卍續頻續：無明字◎有自序◎目録題成唯識論證義。

2469　成唯識論自考十卷，明大惠録。

○重刻～録序○～録序，明閔夢得題○～録序，明顧若群書○～録緣起，大惠識○附唯識自考後跋，明廣顧書。

【校記】序等見卍續頻續。

2470 成唯識論觀心法要十卷，清智旭述。

○緣起○凡例○附跋語，智旭跋。

【校記】◎嘉又續卍續臺頻續：無清字◎有緣起等。

2471 成唯識論音響補遺十卷（另科文二卷），清紹覺音義、新伊合響、智素補遺。

○序，清董漠策題○～科文○序，清金之俊撰○序，清沈志禮撰○自序，智素書 ○後序，清何振玉書○跋，清邵三提題。

【校記】◎龍中：或三十八卷（卷三、卷十各分三卷，餘八卷各分四卷）◎嘉（藏 外）臺：無清字◎董漠策序、科文見龍卍續中；余序等見嘉（藏外）臺◎卍續副 目記成唯識論音義十卷，明紹覺音義；成唯識論合響十卷，明新伊合響；並註已 上二般會入於本書。【按】卍續分出科文二卷（見附2471）。

2472 成唯識論述記集成編四十五卷，日本湛慧撰。

○成唯識論述記開講説要。

【校記】◎大續：無作者名（書尾校本有湛慧閣筆之題記）◎説要見大續慧。

2473 唯識三十論要釋一卷，唐佚名撰。

【校記】大：無唐佚名撰四字，佛：唐人撰述。【註】頻續佛：敦煌本，不分卷。

【大按】首缺。

2474 唯識三十論約意一卷，世親菩薩造、唐玄奘譯、明明昱約意。

【校記】◎嘉續卍續臺頻續：無朝代明字◎卍續目録註相宗八要解（見2604-1） 第二，或云唯識三十頌約意，世稱三十唯識約意。

2475 唯識三十論直解一卷，世親菩薩造、唐玄奘譯、明智旭解。

【校記】◎龍中：相宗八要直解卷第四，唯識三十論◎嘉續卍續臺頻續佛：無 唐、明二字，龍中：無唐字◎卍續目録註相宗八要直解（見2605-1）第三。

2476 唯識三十論講録一卷，民國太虛述。

【校記】佛：無作者名。

2477 唯識三十論講要一卷，民國太虛述。

【校記】佛：無作者名。

2478 唯識二十論述記二卷，唐窺基撰。

○校刻二十唯識論述記敘，明和日本基辨撰○刻～序，元禄日本實養題。

【校記】◎卍續大佛：基撰◎敘等見卍續佛◎卍續目録註世稱二十唯識述記。

2479 辯中邊論述記三卷，唐窺基撰。

○校～序，寶曆日本智暉撰○～目次。

【校記】◎卍續大佛：基撰◎序、新作目次見卍續佛。

2480 大乘百法明門論疏二卷，唐義忠述。

○～序，唐窺基序。

【校記】◎至：百法論疏◎義忠撰，初中：無唐字◎有序。【蔣按】（金藏本）義

忠撰，今缺。

2481　大乘百法明門論解二卷，天親菩薩造、唐玄奘譯、唐窺基註解、明普泰增修。
○大乘百法明門論科○附修補大乘百法明門論後序，普泰書○唯識三十論，世親菩薩造、玄奘譯。
【校記】◎南北龍中：無解字◎南北龍中義知：一卷，頻：三卷（含科文一卷）◎南北龍中：唐玄奘譯、增修慈恩法師註解，知：唐窺基述（義：增造者名，佛：述作註解）◎科見南北嘉龍卍續臺中縮頻；後序見嘉卍續臺大中縮頻；唯識三十論見南北龍◎卍續目錄註又云百法明門論註；副目題百法明門論註一卷，唐窺基註解，並註普泰增修之，故今省之。【註】南北嘉龍卍續臺大中縮頻：本地分中略錄名數。【按】①佛分出科文一卷（見附2481-1）。②龍分出唯識三十論一目（見附2481-2）③唯識三十論較唯識三十論頌（見1655）卷末至“大牟尼名法”止，增“自類具一性，遍一切染心。小無中有初，大隨具三義。”共二十字。④中用北作底本，校嘉龍，但未錄、未校唯識三十論。⑤南北中卷末題名作八識規矩補註卷第三。⑥南北嘉中將八識規矩補註（見2592）並附六離合釋法式（見2603）與本書合一目；重輯嘉分出八識規矩補註並附六離合釋法式為一目（見2592）。【提示】窺基，世稱慈恩大師。

2482　大乘百法明門論疏二卷，唐普光撰。
【校記】◎卍續大頻續佛：光撰◎卍續頻續目錄題百法明門論疏。

2483　百法論顯幽鈔十卷，唐從芳述。
○附明治日本定胤記二篇。
【校記】◎卍續：或二十卷（每卷又分二卷）◎無作者名◎有附記。【按】卍續存卷一末、二末、七末殘冊。

2484　大乘百法明門論開宗義記一卷，唐曇曠撰。
【校記】大佛：無唐字。

2485　大乘百法明門論開宗義記序釋一卷。
【校記】佛：增唐曇曠撰四字。【大按】首題新加。

2486　大乘百法明門論開宗義決一卷，唐曇曠撰。
【校記】大佛：无唐字。

2487　百法論義一卷，天親菩薩造、唐玄奘譯、明德清述。
【校記】◎佛目錄題大乘百法明門論義，卍續目錄題百法明門論論義，並註出性相通説卷上（見2491）。

2488　大乘百法明門論一卷，明廣益纂釋。
○明憨山批○大乘百法規矩纂釋序，明劉起相撰○題百法明門八識規矩纂釋後，明方遠題○百法規矩纂釋後敘，明程開裕撰。
【校記】◎憨山批等見嘉續黃卍續臺頻續佛（重輯嘉續：無後敘）◎佛目錄題大乘百法明門論纂（卍續頻續目錄：無大乘二字）。【按】①臺目錄題八識規矩百

法明門纂釋二卷，包括八識規矩頌纂釋（見 2597）和本纂釋各一卷。②憨山批等另見八識規矩頌纂釋。

2489　大乘百法明門論贅言一卷，天親菩薩造、唐玄奘譯、窺基解、明明昱贅言。
【校記】◎卍續頻續目録題百法明門論贅言；卍續目録註相宗八要解（見 2604-1）第一。【註】嘉續卍續臺頻續佛：本地分中略録名數。【按】重輯嘉書前誤録相宗八要凡例（見 2604-1）。

2490　大乘百法明門論直解一卷，天親菩薩造、唐玄奘譯、明智旭解。
【校記】◎龍中：相宗八要直解卷第三，大乘百法明門論◎嘉續卍續臺頻續佛：無唐、明二字，龍中：無唐字◎卍續頻續目録題百法明門論直解；卍續目録註相宗八要直解（見 2605-1）第二。

2491　性相通説二卷（卷上題：百法論義，天親菩薩造、唐玄奘譯、明德清述；卷下題：八識規矩，唐玄奘集、明德清述）。
○序，德清題○六祖大師識，智頌解。
【校記】序見龍中；頌解見嘉續龍中。【按】①嘉續另本見憨山老人夢遊集（見 3235）卷三十四，此為別行。②彙門標目著録，無卷數。③卍續分見 2487、2596。

2492　大乘法界無差別論疏一卷，唐法藏撰。
○並序。
【校記】◎卍續頻續佛：二卷◎大：無唐字◎序見卍續大頻續佛。

2493　法界無差別論疏領要鈔二卷（另科文一卷），宋普觀述。
○法界無差別論疏領要科文，普觀録。
【校記】◎卍續頻續：無宋字◎有科文◎目録題大乘法界無差別論疏領要鈔。【按】①卍續頻續分出科文一卷（見附 2493）。②科文内容實已包含在鈔文中。

2494　理門論述記一卷，唐神泰撰。
【校記】◎卍續大：泰撰◎卍續目録題因明入正理門論述記。【按】卍續大缺佚後半卷。

2495　因明入正理論疏四卷，唐文軌撰。
○支那内學院校者附記○附寬政日本快道記。
【校記】◎卍續：無唐字◎有附快道記；校者附記見頻續佛。【按】卍續存卷一。

2496　因明入正理論疏三卷，唐窺基撰。
○因明疏總科○附正應日本憲有記○清松巖跋。
【校記】◎卍續頻續佛：或六卷（每卷又分二卷）◎至金臺：無唐字，卍續大中頻續佛：基撰◎科等見卍續頻續佛。【按】①金臺存中、下兩卷，中卷殘缺。②卍續頻續於附憲有記前另有附因明入正理論後序，唐明濬撰，已見 1720。

2497　因明論理門十四過類疏一卷，唐窺基撰。

【校記】◎至：因明正理論過類疏◎至金臺中：無唐字。【按】金臺中缺第十八版。

2498　因明義斷一卷，唐慧沼撰。

【校記】◎卍續佛：因明入正理論義斷◎二卷◎慧沼述，大：無唐字。

2499　因明入正理論義纂要一卷，唐慧沼集。

【校記】◎卍續大佛：無唐字◎佛目録記二卷。

2500　因明入正理論疏二卷，唐慧沼續。

○保元日本藏俊記○元曆日本信憲記。

【校記】◎卍續：無唐字◎有二記◎目録題因明入正理論續疏；目録記佚卷上。

2501　因明入正理論疏前記三卷，唐智周撰。

○刻因明入正理論疏前後二記序，享保日本賢敞書。

【校記】◎卍續頻續佛：或四卷（卷上分二卷）◎無唐字◎有序◎卍續目録註又云因明論紀衡。【註】卍續頻續佛：亦號紀衡。

2502　因明入正理論疏後記三卷，唐智周撰。

【校記】卍續佛：無唐字。【按】卍續佛下卷不完。

2503　因明疏抄一卷，唐智周撰。

【校記】◎卍續頻續：無唐字◎目録題因明入正理論疏抄略記［卍續（新纂）：無略記二字］；卍續目録註又云因明論疏鈔、又云因明略記。

2504　因明入正理論略抄，唐淨眼撰。

【按】卍續卷首殘闕，失卷首題名及作者名。【卍續（新纂）按】新出資料。

2505　因明入正理論後疏，唐淨眼撰。

【校記】卍續：無唐字。【卍續（新纂）按】新出資料。

2506　因明入正理論解一卷，明真界集解。

○～題辭，明馮夢禎題○因明入正理論科○附真界跋○宗鏡録引百法論鈔略節。

【校記】◎嘉續卍續臺頻續：無明字，義：集解作述◎題辭等見嘉續臺（重輯嘉續：無略節，卍續頻續：無後序、略節）。【按】嘉續臺於附真界跋前另有附因明入正理論後序，唐明濬撰，已見1720。

2507　因明入正理論一卷，明王肯堂集釋。

○～集解自序，王肯堂書。

【校記】◎佛：論作論集解◎卍續頻續佛：無明字◎有序。

2508　因明入正理論直疏一卷，商羯羅主菩薩造、唐玄奘譯、明明昱疏。

○～敘，明大善書。

【校記】◎嘉續卍續臺：無朝代唐、明二字◎有敘◎卍續目録註相宗八要解（見2604-1）第六。【按】嘉續臺另有附因明入正理論後序，唐明濬撰，已見1720。

2509　因明入正理論直解一卷，明智旭述。

【校記】◎龍中：相宗八要直解卷第一、卷第二，因明入正理論◎嘉續卍續臺頻

續：無朝代明字◎卍續目録註相宗八要直解（見 2605-1）第一。

2510　因明入正理論疏瑞源記八卷，商羯羅主菩薩造、唐玄奘譯、唐窺基疏、日本鳳潭

記。

○因明入正理論疏敍瑞源記，唐窺基撰、鳳潭記○附因明本支經論疏記總目。

【校記】佛：無日本二字。【按】佛於總目前另附唐明濬撰因明入正理論後序，

已見 1720。

2511　因明綱要一卷，民國呂澂述。

○～目次。

【校記】◎佛：無民國二字◎有目次。

2512　因明入正理論講義一卷，民國慧圓述。

【校記】佛：無民國二字。

2513　判比量論一卷，新羅元曉述。

○～跋文。

【校記】◎卍續：無新羅二字◎有跋文。【按】卍續（舊版）僅收跋文，（新纂）

本增新出斷簡。

2514　三支比量義鈔一卷，唐玄奘立、宋延壽造、明明昱鈔。

【校記】◎嘉續卍續臺頻續：無朝代宋、明二字◎卍續頻續目録註相宗八要解

（見 2604-1）第七。

2515　唐奘師真唯識量略解一卷，宋延壽宗鏡録中節出、明智旭略解。

【校記】◎龍中：相宗八要直解卷第八，唐奘師真唯識量◎嘉續龍卍續臺中頻

續：延壽作永明壽◎卍續頻續目録題真唯識量略解；卍續（新纂）目録註相宗八

要直解（見 2605-1）第六。

2516　集量論釋略抄一卷，民國呂澂述。

○凡例○集量論本科段○附録集量所破義。

【校記】◎佛：無民國、述三字◎有凡例等。

2517　十地義記七卷，隋慧遠撰。

○刻～序，寬政日本隆善撰○題言六則，寬政日本典壽識○十地經論義記目次。

【校記】◎佛：十地作十地經論◎二十四卷，卍續：或十四卷（每卷又分二卷）

◎無隋字◎有序、新作目次等。【按】卍續缺卷五本至卷七末。

2518　起信論一心二門大意一卷，陳智愷作。

【校記】卍續頻續：無陳字。

2519　大乘起信論義疏卷上一卷，隋曇延撰。

○附安永日本快道後記。

【校記】◎卍續：無隋字◎有附後記［云：下卷同海東疏（見 2527），故不寫之］

◎目録題起信論義疏。

2520　大乘起信論義疏二卷，隋慧遠撰。

【校記】◎卍續大：或四卷（每卷又分二卷）◎無隋字◎卍續目録題起信論義疏。

2521　大乘起信論義記三卷，唐法藏撰。

○會刊古本起信論義記緣起，清楊文會識。

【校記】◎卍續頻續：七卷，大：或五卷（卷中、下各分二卷）◎無唐字◎卍續頻續：有緣起◎目録題起信論義記。【蔡按】與圭峰科會四卷本起信論疏（見2523）不同。

2522　大乘起信論別記一卷，唐法藏撰。

【校記】◎大：無唐字◎卍續目録題起信論別記，大目録題大乘起信論義記別記。

2523　大乘起信論疏四卷（另科文一卷），唐法藏述、宗密科會。

○並序○起信論疏科文，宋子璿録○起信論疏科文（別本），宋子璿修定。

【校記】◎義知：無科會者名，佛：唐法藏述疏，南北嘉龍黃臺中縮頻：法藏述、宗密録之隨科註於論文之下◎有序；科文見南北龍中；科文（別本）見嘉黃臺中縮頻佛。【按】①卍續副目記會入於起信論疏筆削記會閲（見2525）。②南北龍中科文後有四紙文，今查係因明入正理論（見1720）的内容，誤録於此。③中分出科文一卷（見附2523-1），重輯嘉中佛分出科文（別本）一卷（見附2523-2）。④臺義不記科文卷數。

2524　起信論疏筆削記二十卷，宋子璿録。

○子璿按語○附南山高麗講起信玄敘，宋師會撰。

【校記】◎知：起作大乘起◎南北龍義知：十五卷◎南北嘉龍黃臺大中縮頻：無宋字◎按語見南北嘉龍黃臺大中縮頻；附敘見南北龍中◎卍續副目記會入於起信論疏筆削記會閲（見2525）。

2525　大乘起信論疏筆削記會閲十卷（另卷首一卷），唐法藏述疏、宗密録註、宋子璿修記、清續法會編、戴京曾閲定。

○起信論疏記會閲總目○起信論疏記會閲凡例○起信論疏記會閲緣起，續法識○大乘起信論疏科文，唐法藏定、唐宗密録、宋子璿修、續法編、戴京曾閲○法界宗五祖略記引，戴京曾題○法界宗五祖略記，續法輯、戴京曾較○論主馬鳴菩薩略録○記主長水大師略録○起信論法相○起信論釋教義中詮真妄生滅法相之圖，續法題○起信論疏記會閲序，續法題。

【校記】◎佛：無筆削二字◎總目等見卍續頻續佛。【按】卍續分出卷首一卷（見附2525）。

2526　大乘起信論略述二卷，唐曇曠撰。

○~序，唐澄漪述。

【校記】◎大佛：無唐字◎有序。

2527　起信論疏二卷，新羅元曉撰。

○起信論海東疏刊行序，元禄日本覺眼誌。

【校記】◎大：無新羅二字◎有序。

2528　大乘起信論別記二卷，新羅元曉撰。

【校記】大：無新羅二字。

2529　大乘起信論疏記會本六卷，馬鳴菩薩造論、梁真諦譯、新羅元曉疏並別記。

【校記】◎卍續：新羅作唐◎另有起信論海東疏刊行序，已見 2527 ◎目錄題起信論疏記；副目題起信論別記二卷，新羅元曉撰，並註會入於起信論疏記。

2530　大乘起信論內義略探記一卷，新羅太賢作。

【校記】◎卍續大：無新羅二字◎卍續目錄題起信論內義略探記，並註又云起信論古跡記。

2531　大乘起信論同異略集二卷，新羅見登集。

【校記】◎卍續頻續：見登之補◎目錄題起信論同異略集〔卍續（新纂）目錄：無略字〕。【註】卍續頻續：全述起信、唯識二論同異耳。

2532　大乘起信論纂註二卷，馬鳴菩薩造、梁真諦譯、明真界纂註。

○附真界跋。

【校記】◎卍續頻續：有附跋◎目錄題起信論纂註。

2533　大乘起信論捷要二卷，馬鳴菩薩造、梁真諦譯、月婆首那譯語、明正遠註。

○起信論捷要序，明李騰芳題○起信論捷要自序，正遠述○附後跋，真智跋。

【校記】◎卍續頻續：無梁、月二字◎有序等。

2534　大乘起信論疏略二卷，馬鳴菩薩造、梁真諦譯、唐法藏造疏、明德清纂略。

○起信論略疏序，寬文日本覃思書。

【校記】◎嘉續卍續臺：無梁、唐二字◎序見卍續。【按】卍續（舊版）第七十二套副目註四卷，草稿本故省；（新纂）本補入。

2535　大乘起信論直解二卷，馬鳴菩薩造論、梁真諦譯論、唐法藏造疏、明德清直解。

○刻起信論直解題辭，德清述○華嚴宗法界緣起綱要。

【校記】◎卍續頻續：無梁字◎有題辭等◎目錄題起信論直解。

2536　大乘起信論續疏二卷，馬鳴菩薩造、梁真諦譯、月婆首那譯語、明通潤述疏。

○～自序○大乘起信論主馬鳴菩薩略傳。

【校記】◎卍續頻續：真諦作三藏法師，月作月氏國◎有自序等◎目錄題起信論續疏。【按】本書序云：續賢首（法藏）之疏（見 2523）。

2537　大乘起信論裂網疏六卷，清智旭述。

○並敘○智旭跋。

【校記】◎嘉續卍續臺大：無清字◎有敘等◎卍續目錄題起信論裂網疏，並註釋實叉難陀譯。

2538　釋摩訶衍論記一卷，唐聖法鈔。

【校記】卍續頻續：無唐字。

2539　釋摩訶衍論疏三卷，龍樹菩薩造、唐法敏集。

【校記】◎卍續：卷上本首題次第屬當釋本論文刪補三卷別行疏上◎或六卷（每卷又分二卷）◎無唐字◎目錄註缺中卷本末。

2540　釋摩訶衍論贊玄疏五卷，遼法悟撰。

○並序○~引文，遼耶律孝傑撰○~目次。

【校記】◎卍續頻續佛：無遼字◎有序、新作目次等。

2541　釋摩訶衍論通玄鈔四卷，遼志福撰。

○~引文，遼天佑皇帝御製○~目次。

【校記】御製引文、新作目次見卍續頻續。

2542　釋摩訶衍論記六卷（另科二卷），宋普觀述。

○釋摩訶衍論科，普觀治定○~目次。

【校記】科、新作目次見卍續（頻續：無科）。【按】①卍續分出科二卷（存卷下，見附2542）。②科文內容實已包含在記文中。

2543　大宗地玄文本論略註四卷，馬鳴菩薩造、陳真諦譯、清楊文會略註。

○序說，楊文會識○目錄○略標大意○大宗地玄文本論金剛五位圖。

【校記】序說等見卍續頻續佛。

2544　金剛頂菩提心論略記一卷，唐遍滿撰。

○附寬保日本源秀誌○寶曆日本真源誌○嘉永日本亮瑞識。

【校記】附誌等見卍續頻續佛。

2545　金剛頂瑜伽中發阿耨多羅三藐三菩提心論淺略釋一卷，民國黃懺華述。

【校記】佛：無民國二字。

2546　發菩提心論纂註二卷，民國密林述。

【校記】佛：無民國二字。

2547　無依無得大乘四論玄義記十卷，唐均正撰。

【校記】◎卍續：無唐字◎目錄題大乘四論玄義；目錄記欠卷一、三與四。

2548　掌珍論疏卷下一卷。

2549　大智度論疏（存七卷），隋慧影抄撰。

【按】①卍續存卷十四、十七、二十一全卷及卷一、六、十五、二十四殘卷，舊本收殘卷及卷十七見第八十七套。②卍續目錄、蔡目記南北朝慧影抄撰。檢隋費長房撰歷代三寶紀、唐道宣撰大唐內典錄和續高僧傳的記載，今新考目錄改朝代為隋。

2550　大乘阿毘達磨雜集論述記十卷，唐窺基撰。

○~目次○附編者按。

【校記】◎卍續頻續佛：基撰◎有新作目次等◎卍續頻續目錄題雜集論述記。

2551　入阿毘達磨論通解二卷，日本烏水寶雲講述、小山榮憲補輯、民國鄧鎔譯。

2552　中邊疏四卷，新羅元曉撰。

【校記】◎卍續：無作者名◎目錄題中邊分別論疏。【按】卍續存卷三。今新考目錄據東域傳燈目錄、華嚴宗章疏皆記本書四卷著錄。

2553　辨中邊論頌釋一卷，民國太虛述。

【校記】佛：無作者名。

2554　觀所緣緣論會釋一卷，陳那菩薩造、唐玄奘譯、明明昱會釋。

【校記】卍續目錄註相宗八要解（見 2604-1）第三。

2555　觀所緣緣論直解一卷，陳那菩薩造、唐玄奘譯、明智旭解。

【校記】◎龍中：相宗八要直解卷第五，觀所緣緣論◎嘉續卍續臺頻續佛：無唐、明二字，龍中：無唐字◎卍續目錄註相宗八要直解（見 2605-1）第四。【按】頻續目錄誤題觀所緣緣論釋直解。

2556　觀所緣緣論釋記一卷，陳那菩薩造論、唐玄奘譯、護法菩薩造釋、唐義淨譯、明明昱錄記。

○～序，王野造○～題詞，明昱書○分科○附～問答釋疑。

【校記】◎序等見嘉續卍續臺頻續佛◎卍續目錄註相宗八要解（見 2604-1）第五。

2557　觀所緣緣論釋直解一卷，陳那菩薩造論、唐玄奘譯、護法菩薩造釋、唐義淨譯、明智旭解。

【校記】◎龍中：相宗八要直解卷第六、卷第七，觀所緣緣論釋◎嘉續卍續臺頻續佛：無二唐、明三字，龍中：無二唐字◎卍續目錄註相宗八要直解（見 2605-1）第五。【按】頻續目錄誤題觀所緣緣論直解。

2558　順正理論述文記（存二卷），唐元瑜述。

○附寬政日本快道誌○文政日本苞識。

【校記】◎卍續：無唐字◎有附誌等◎目錄註略云正理文記。【按】卍續存卷九、十八兩卷。據東域傳燈目錄記載，本書二十四卷，業品已下未盡。今檢論本八十卷，業品至第四十四卷，可知本書尚不完整。

2559　異部宗輪論疏一卷，唐窺基撰。

○校刻～敘，明和日本基辯撰○鍥異部宗輪論述記敘，元祿日本實養書。

【校記】◎卍續頻續佛：疏作述記◎佛：三卷◎至：無唐字，佛：世友菩薩造論、唐玄奘譯、窺基記（卍續頻續：無論、窺二字）◎二敘見卍續頻續佛。【蔣按】金藏缺。

2560　攝大乘論義記十卷，民國密林述。

【校記】佛：無民國二字。

2561　攝大乘論釋略疏五卷，陳波羅末陀譯、日本普寂疏。

【校記】大續佛：日本作日域。

2562　　大乘五蘊論講録一卷，民國太虛述。

　　　　【校記】佛：無作者名。

2563　　大乘廣五蘊論註一卷，民國蔣維喬註。

　　　　【校記】佛：無民國二字。

2564　　辨法法性論講記一卷，民國太虛述。

　　　　【校記】佛：無作者名。

諸宗部 · 三論宗

2565　　三論玄義一卷，隋吉藏撰。

　　　　○三論源流系譜。

　　　　【校記】◎卍續佛：二卷◎大：無隋字◎系譜見卍續佛。

2566　　大乘玄論五卷，隋吉藏撰。

　　　　○～目次。

　　　　【校記】◎卍續大：無隋字◎新作目次見卍續。

2567　　二諦義三卷，隋吉藏撰。

　　　　○鑴二諦章敍，元禄日本實養題○補刻二諦章敍，寶永日本慧旭寂書○～目次。

　　　　【校記】◎卍續大頻續：無隋字◎有二敍；卍續頻續：有新作目次◎目録題二諦

　　　　章。

2568　　大乘三論略章一卷，胡嘉祥法師導義之要。

　　　　【校記】卍續頻續目録題三論略章；頻續目録題隋吉藏撰。【卍續按】此書恐邦

　　　　人所摘録，而所抄出者，則係嘉祥大師製作，故姑收藏爾。【提示】吉藏，又稱

　　　　嘉祥大師。

2569　　三論遊意義一卷，隋碩法師撰。

　　　　【校記】卍續大佛：無隋字。

2570　　鳩摩羅什法師大義三卷，東晉慧遠問、羅什答。

　　　　【校記】◎卍續大：無作者名◎卍續目録題大乘大義章，並註又云鳩摩羅什法門

　　　　大義。

2571　　大乘義章二十卷，隋慧遠撰。

　　　　○～目次○附寬政日本寶景識。

　　　　【校記】◎卍續大：或二十六卷（卷三、五、八、十六、十七、二十各分二卷）

　　　　◎遠撰◎有附識；新作目次見卍續。

2572　　寶藏論一卷，姚秦僧肇著。

　　　　【校記】◎南北龍中：晉僧肇法師寶藏論◎無作者名，嘉黃卍續臺大縮頻：無姚

　　　　秦二字，知：姚秦作晉，佛：著作述。

2573　　肇論一卷，姚秦僧肇作。

　　　　○～序，陳慧達述。

【校記】◎嘉續臺義知：三卷◎嘉續臺知：無姚秦二字，卍續大佛：姚秦作後秦，義知：作作著◎序見嘉續卍續臺大。

2574　肇論疏三卷，陳慧達著。

　　　○~目次。

【校記】◎卍續：無作者名◎有新作目次◎目錄註又云肇論吳中集解。【按】卍續卷上首殘，卷下散佚。卍續目錄著晉惠達撰，檢唐元康撰肇論疏（見2575）云：“慧達法師是陳時人”，故今新考目錄據以著錄朝代作陳。

2575　肇論疏三卷，唐元康撰。

【校記】卍續大：無唐字。

2576　註肇論疏六卷（另肇論疏科文一卷、夾科肇論序一卷），宋遵式述。

　　　○並序○肇論疏科文，遵式排定○肇論疏序科文，宋曉月治定○夾科肇論序，陳慧達述、宋曉月註○~目錄。

【校記】◎嘉又續卍續臺佛：無宋字◎序等見嘉又續卍續臺（佛：僅有並序、目錄）。【按】①重輯嘉又續卍續分出肇論疏科文及肇論疏序科文一卷、夾科肇論序一卷；頻續僅錄以上二卷（均分別見附2576-1，附2576-2）；臺目錄不記科文、序的卷數。②今觀本書，實屬兩種書的合併：一種是宋曉月治定肇論疏序科文，並曉月註夾科肇論序；另一種是宋遵式排定肇論疏科文，並遵式述註肇論疏。③蔡目將本書六卷（見蔡二目438）記作註肇論疏科一卷，宋遵式疏、曉月注，誤也。

2577-1　肇論新疏三卷（另科一卷），元文才述。

　　　○~科，文才述○明正統後記。

【校記】◎南北中義知：九卷，龍：十卷◎南北嘉龍黃卍續臺大中縮頻：無元字，佛：述作疏◎科、後記見南北中（義知：有科）。【按】頻目錄增題姚秦僧肇述五字。

2577-2　肇論新疏遊刃三卷，元文才述。

【校記】◎南北中義知：十卷◎南北嘉黃卍續臺中縮頻：無元字。【按】①南北中知合肇論新疏遊刃科一卷、肇論新疏九卷（卷一至卷九）及肇論新疏遊刃十卷（卷十至卷十九）為一部書；義：記肇論新疏遊刃二十卷，同南北。②南北目錄分出肇論新疏併科十卷；嘉黃卍續臺縮頻佛分出肇論新疏三卷，無科；龍僅收肇論新疏十卷；大僅收肇論新疏三卷（皆見2577-1）。③卍續目錄誤記宋文才述。

2578　肇論略註六卷，明德清述。

　　　○肇論序，陳慧達序○附~後跋，明慧浸識。

【校記】序等見卍續頻續。【按】此慧達序是前序（見2573）的略出。

2579　物不遷正量論證一卷，明道衡述。

　　　○附正量論跋，明無似書。

【校記】◎卍續頻續：無明字◎有附跋◎目録題物不遷正量證。

2580　物不遷正量論二卷，明鎮澄著。

○正量論序，明李天麟書○～序，鎮澄書。

【校記】◎卍續頻續：卷上首題物不遷論◎無明字◎有二序。

2581　物不遷論辯解一卷，明真界解。

○～題辭，明馮夢禎題○～序，真界序○附明袾宏跋○明達觀跋。

【校記】◎重輯嘉拾遺卍續頻續佛：無明字◎有題辭等。

2582　一乘佛性究竟論卷三，唐法寶述。

【校記】◎卍續：無唐字。【按】東域傳燈目録、三論宗章疏記本書六卷。

諸宗部・法相宗

2583　大乘法苑義林章七卷，唐窺基撰。

○刻～序，元禄日本道空書○校刻～敘，安永日本基辯撰○～目録。

【校記】◎至：法苑義林西翫記，金臺中：法苑義林◎至金臺中：六卷，卍續：或十四卷（每卷又分二卷）◎至：無唐字，金卍續臺大中：基撰◎序等見卍續。

【中華按】金藏本品目編排順序與大正藏不同，內容也有差異。【按】金臺中殘存卷三、卷五；中附見大正藏本七卷。【蔡按】至元似為註本，但仍題窺基撰，故併入一目。

2584　大乘法苑林章補闕（存三卷），唐慧沼撰。

【校記】◎卍續：無唐字◎目録題大乘法苑義林章補闕。【按】卍續存卷四、卷七、卷八。

2585　大乘法苑義林章決擇記二卷，唐智周撰。

○法苑義林章決擇記序引○～目録。

【校記】◎卍續頻續：或四卷（每卷又分二卷）◎無唐字◎有序引等。

2586　大乘法苑義林章師子頻伸鈔二十二卷，日本基辨撰。

○～敘，基辨書○附言，基辨識。

【校記】◎佛：頻伸作吼◎大續慧：無日本二字◎有敘等。

2587　能顯中邊慧日論四卷，唐慧沼撰。

○～目次。

【校記】◎卍續大佛：無唐字◎新作目次見卍續佛。

2588　勸發菩提心集三卷，唐慧沼撰。

○附正應日本睿尊記。

【校記】◎卍續大佛：無唐字◎有附記。

2589　表無表章棲翫記一卷，宋守千述。

【校記】卍續頻續：無作者名。

2590　大乘入道次第一卷，唐智周撰。

○附文永日本叡尊後記。

【校記】◎卍續大佛：無唐字◎有附後記◎卍續目録題大乘入道次第章。

2591　唯識開蒙問答二卷，元雲峰集。

〇重刻唯識開蒙跋語，明大真識〇唯識開蒙目録。

【校記】◎義知：無問答二字◎無卷數◎卍續頻續：無元字，義：集作述◎跋語等見卍續頻續。【按】彙門標目著録。

2592　八識規矩補註二卷，明普泰補註。

〇～序，普泰書。

【校記】◎義：一卷◎南北龍中：無作者名，義知：無補字◎序見南北嘉龍卍續臺大中縮頻。【按】①南北嘉龍臺大中縮本書後附六離合釋法式，今依知頻佛別立一日（見 2603）。②南北中另附大乘百法明門論解一卷（嘉二卷），今亦別立一目（見 2481）。

2593　八識規矩補註證義一卷，唐玄奘造頌、明普泰補註、明明昱證義。

〇～序，明昱造。

【校記】◎序見嘉續卍續臺◎卍續（新纂）目録註相宗八要解（見 2604-1）第八。

2594　八識規矩頌略説一卷，唐玄奘輯頌、明正誨略説。

〇～序，正誨識〇附八識規矩略説跋，明朱衷純識。

【校記】◎義：明正誨述，嘉續卍續臺：無唐、明二字◎有序等◎卍續目録題八識規矩略説。【按】重輯嘉書前誤録敘高原大師相宗八要解，游士任題（見 2604-1）。

2595　八識規矩解一卷，明真可述。

〇附唯識略解。

【校記】◎卍續頻續：有附略解◎目録題八識規矩頌解；卍續目録註出紫柏全集（見 3522）卷十二、古本卷六。

2596　八識規矩通説一卷，唐玄奘集、明德清述。

【校記】卍續目録註出性相通説（見 2491）卷下。【按】卍續頻續另附六祖大師識，智頌解，已見 2491。

2597　八識規矩頌一卷，明廣益纂釋。

〇大乘百法規矩纂釋序，明劉起相撰〇明憨山大師自贊〇憨山批〇附題百法明門八識規矩纂釋後，明方遠題〇百法規矩纂釋後敘，明程開裕撰。

【校記】◎序見黄；自贊見嘉續黄臺（重輯嘉續：無）；批見嘉續黄卍續臺；附題纂釋後、後敘見卍續（重輯嘉續：有後敘）◎卍續目録題八識規矩纂釋。【按】①臺目録題八識規矩百法明門纂釋二卷，包括本纂釋和大乘百法明門論纂釋（見 2488）各一卷。②序等（自贊除外）另見大乘百法明門論纂釋。

2598　八識規矩直解一卷，唐玄奘作、明智旭解。

【校記】◎龍中：相宗八要直解卷第九，八識規矩◎嘉續卍續臺頻續：無唐、明二字，龍中：無唐字◎卍續（新纂）目録註相宗八要直解（見 2605-1）第七。

2599　八識規矩頌註一卷（另淺説一卷），清行省註。

　　　○虛舟禪師註八識規矩頌小序，清王庭題○八識頌註自敘，行省識○八識規矩淺
　　　説，行省説。

　　　【校記】◎重輯嘉又續：無書名◎重輯嘉又續卍續頻續：無作者名◎序等見重輯
　　　嘉又續卍續臺頻續。【按】①卍續頻續分出序、敘、淺説一卷，臺僅録序、敘、
　　　淺説（均見附 2599）。②卍續頻續目録誤記行省作行舟。③重輯嘉目録記本書一
　　　卷。

2600　唐玄奘法師八識規矩母頌一卷，清性起論釋、善漳等録。

　　　○八識論義序，性起識○附八識總論破迷成智性後跋○八識總頌文○冥合百法論
　　　義文○刻八識論義迴向意願，源漳述。

　　　【校記】◎卍續頻續：有序等◎目録題八識規矩論義。

2601　八識規矩頌註發明六卷，唐玄奘頌註、明普泰補註、清本金發明。

　　　○～序，本金敘。

　　　【校記】◎佛：無清字◎有序。

2602　相宗八要八卷，明洪恩輯。

　　　○因明入正理論題辭，明馮夢禎題○～目録。

　　　【校記】◎嘉續臺：無書名、作者名◎義：一卷◎明失集人名◎題辭等見嘉續
　　　臺；卍續：僅收題辭、目録。【按】①八要依次為 1720 因明入正理論、2592 規
　　　矩頌（節取八識規矩補註之頌文）、1684 大乘百法明門論、1655 唯識三十論、
　　　1693 觀所緣緣論、3008 唐奘師真唯識量（節取宗鏡録卷五十一）、2603 六離合
　　　釋法式、1694 觀所緣論釋。②唯嘉續臺既收此叢書，又收上述八種單本。嘉續
　　　臺另有因明入正理論後序，已見 1720。③重輯嘉書前誤録明聖行書敘相宗八要
　　　解（見 2604-1）。④知僅記真唯識量，宋永明壽禪師宗鏡録中節出。

2603　六離合釋法式一卷。

　　　【校記】◎知：無法式二字◎無卷數◎佛：增明智旭撰述五字。【按】南北嘉龍
　　　臺大中縮附見於八識規矩補註（見 2592），今依知頻佛別立一目。

2604-1　相宗八要解。

　　　○敘～，明聖行書○敘高原大師～，游士任題○相宗八要凡例。

　　　【校記】◎敘等見嘉續卍續臺。【按】①嘉續臺此叢書收如下八種書，共八卷，
　　　即大乘百法明門論贅言一卷、唯識三十論約意一卷、觀所緣緣論會釋一卷、六離
　　　合釋法式通關一卷、觀所緣緣論釋記一卷、因明入正理論直疏一卷、三支比量義
　　　鈔一卷、八識規矩補註證義一卷。②卍續（舊版）此叢書僅收二敘、凡例；卍續
　　　（新纂）增六離合釋法式通關一卷（見 2604-2）；餘七種書別出，依次見 2489、
　　　2474、2554、2556、2508、2514、2593。③頻續僅收別出的 2489、2474、2554、
　　　2556、2508、2514 六種書；佛僅收別出的 2489、2554、2556 三種書。④重輯嘉
　　　之聖行敘誤置相宗八要（見 2602）前；游士任敘誤置八識規矩頌略説（見 2594）

前；凡例未置書首，而見於第四種書前不妥。

2604-2　六離合釋法式通關一卷，失造論及譯人名、明明昱通關。

　　　　○六釋法式通關冠註序，寶永日本宥範書。

　　　　【校記】◎嘉續卍續（新纂）臺：無朝代明字◎序見卍續（新纂）。【按】相宗八要解（見 2604-1）第四。

2605-1　相宗八要直解，明智旭述。

　　　　【按】①龍中此叢書收如下八種書，共九卷，即因明入正理論直解（卷一、二）、大乘百法明門論直解（卷三）、唯識三十論直解（卷四）、觀所緣緣論直解（卷五）、觀所緣緣論釋直解（卷六、七）、唐奘師真唯識量略解（卷八）、八識規矩直解（卷九）、六離合釋法式略解（卷九）。②嘉續臺此叢書收上述八種書各一卷。③卍續（新纂）增入此叢書名並六離合釋法式略解一卷（見 2605-2），餘七種書別出，依次見 2509、2490、2475、2555、2557、2515、2598。④頻續僅收卍續別出的七種書；佛僅收 2490、2475、2555、2557、2605-2 五種書。

2605-2　六離合釋法式略解一卷，明智旭略解。

　　　　【校記】嘉續卍續（新纂）臺佛：無明字。【按】①龍中於相宗八要直解卷第九之八識規矩一書後收本書，題名六離合釋法式，無作者名。②相宗八要直解（見 2605-1）第八。

諸宗部・華嚴宗

2606　華嚴五教止觀一卷，隋杜順説。

　　　　○五教止觀一乘十玄門合行敘，元禄日本覺眼識○附終南山杜順禪師緣起。

　　　　【校記】◎卍續大：無隋字◎有敘等。

2607　華嚴一乘十玄門一卷，隋杜順説、唐智儼撰。

　　　　○附清楊文會記。

　　　　【校記】◎卍續大：無隋字◎有附記。

2608　華嚴五十要問答二卷，唐智儼集。

　　　　○鍥~序，元禄日本實養題。

　　　　【校記】序見卍續大。

2609　華嚴經內章門等雜孔目四卷，唐智儼集。

　　　　○~目次○附跋錄孔目章後，元禄日本雲潭瑞揮筆。

　　　　【校記】◎卍續大：無唐字◎有附跋；卍續：有目次◎目録題華嚴經內章門等雜孔目章，並註外題華嚴孔目章。

2610　釋雲華尊者融會一乘義章明宗記一卷，宋師會述。

　　　　【校記】卍續頻續：目録題華嚴融會一乘義章明宗記。【按】卍續頻續卷首殘缺。

2611　華嚴一乘教義分齊章四卷，唐法藏述。

【校記】◎初南義知：三卷◎初南：無唐字。

2612　華嚴一乘教義分齊章記五卷。

【校記】佛：增唐法藏撰四字。【按】此書係唐法藏撰華嚴五教章三卷（見 2611）、宋師會述復古記三卷（見 2616）、日本壽靈述指事三卷（見 4309）、日本凝然述通路記五十二卷（見 4311）的會本。

2613　華嚴一乘分齊章義苑疏十卷，宋道亭述。

○並序○~敘，宋楊傑撰○附義苑後序，楊傑序。

【校記】◎卍續頻續：無宋字◎有序等◎目録題華嚴一乘教義分齊章義苑疏；卍續目録註又云五教章義苑疏。【蔡按】分齊章見 2611。

2614　焚薪二卷，宋師會録。

○附可堂送焚薪書。

【校記】◎卍續頻續：無宋字◎有附文◎目録題華嚴一乘教義分齊章焚薪。【註】卍續頻續：或曰析薪膏肓。

2615　華嚴一乘教義分齊章科一卷，宋師會述。

【校記】卍續頻續：無宋字。

2616　華嚴一乘教義分齊章復古記三卷，宋師會述（卷一、二）、善熹述（卷三）。

○華嚴五教章復古記刊行凡例，寬文日本普入識○復古記序，宋善熹書。

【校記】◎卍續頻續：或六卷（每卷又分二卷）◎無宋字◎有凡例等。

2617　華嚴一乘教義分齊章集成記十卷，宋希廸述。

○~序，希廸敘。

【校記】◎卍續頻續：無宋字◎有序◎目録題五教章集成記。【按】卍續頻續存卷一。今新考目録據華嚴五教章匡真鈔（見 4316）所記，補入本書卷數。

2618　評復古記一卷，宋希廸録。

【校記】卍續頻續：無宋字。【註】卍續頻續：一名扶焚薪。

2619　註華嚴同教一乘策一卷，宋師會述、希廸註。

○並序。

【校記】◎卍續頻續：無宋字◎有序。

2620　註同教問答一卷，宋師會述、善熹註。

○善熹書。

【校記】◎卍續頻續：無宋字，熹作喜◎有書文。

2621　華嚴一乘法界圖一卷，新羅義湘撰。

【校記】卍續大：無作者名。【按】石僅録本書卷首內容，題名一乘法界圖合詩一印一卷，儼法師造；並註五十四角二百一十字。

2622　法界圖記叢髓録二卷，新羅義湘撰。

【校記】◎麗補遺大：或四卷（每卷又分二卷）◎無作者名。

2623　華嚴一乘成佛妙義一卷，新羅見登之集。

【校記】卍續大：無新羅二字。

2624 華嚴經旨歸一卷，唐法藏述。

【校記】◎初：無經字◎初南：無唐字。

2625 華嚴策林一卷，唐法藏述。

【校記】◎卍續大：法藏作賢首國師◎卍續目錄題華嚴經策林。

2626 華嚴經問答二卷，唐法藏撰。

【校記】卍續大：無唐字。

2627 華嚴經明法品內立三寶章二卷，唐法藏述。

【校記】初南北嘉龍黃卍臺大中縮頻：無唐字。

2628 華嚴經義海百門一卷，唐法藏述。

○並序○附詳校題辭，宋淨源序。

【校記】◎卍續大：無唐字◎有序等。

2629 華嚴遊心法界記一卷，唐法藏撰。

○翔鐫～序，享保日本白蘋雅山題○～序，享保日本鳳潭書。

【校記】◎卍續大：無唐字◎有二序。

2630 華嚴發菩提心章一卷，唐法藏述。

○～凡例。

【校記】◎卍續大：無唐字◎有凡例◎卍續目錄註揭三昧章少異於冠上；副目記華嚴三昧章一卷，唐法藏述，並註比華嚴發菩提心章有少異耳，故省。

2631-1 華嚴經關脈義記一卷，唐法藏撰。

【校記】大：無作者名。

2631-2 華嚴關脈義記（別本）一卷，唐法藏撰。

【校記】卍續大：無作者名。

2632 大方廣佛華嚴經金師子章註一卷，唐法藏撰、宋承遷註。

○金師子章序。

【校記】◎卍續：註金師子章，福大：無註字◎無宋字，福卍續大：撰作述◎有序。

2633 金師子章雲間類解一卷，宋淨源述。

○並序。

【校記】◎義：華嚴金師子章◎南嘉黃卍臺大中縮頻：無宋字，北龍：淨源，義：唐法藏述，佛：唐法藏述、宋淨源解◎序見南北嘉龍黃卍臺大中縮頻◎大頻目錄增題唐法藏撰。【按】檢大明釋教彙門目錄卷一記見北藏百字、南藏青字，即本書是也，故今新考目錄據以著錄義門有目。

2634 華嚴經普賢觀行法門一卷，唐法藏撰。

○～序，元祿日本昇頭陀書。

【校記】◎卍續頻續：無唐字◎有序◎卍續目錄註揭十重止觀少異於冠上；副目

記華藏十重止觀一卷，唐法藏撰，並註比華嚴普賢觀行法門有少異耳，故省。

2635 修華嚴奧旨妄盡還源觀一卷，唐法藏述。

○紀重校，宋淨源述。

【校記】紀重校見南北嘉龍黄卍臺大中縮頻。

2636 華嚴還源觀科一卷，宋淨源刊正。

【校記】卍續頻續：無宋字。

2637 華嚴還源觀疏鈔補解一卷，宋淨源述。

○並序。

【校記】◎卍續：無宋字◎有序◎目録題華嚴妄盡還源觀疏鈔補解。

2638 三聖圓融觀門一卷，唐澄觀述。

【校記】卍續大：無唐字。

2639 五藴觀一卷，唐澄觀述。

【校記】卍續頻續：無唐字。

2640 華嚴法界玄鏡二卷，唐澄觀述。

【校記】◎初南義知：一卷◎南：無唐字，佛：唐杜順述、澄觀釋。【按】①初卷首殘缺，影印洪武南藏補入手抄本。②疑佛重出（見附2640）。

2641 註華嚴法界觀門一卷，唐宗密註。

○～序，唐裴休述○杜順和尚漩澓頌○附嘉祐重校註法界觀門後序，宋淨源述。

【校記】◎福初南：無華嚴二字◎福初嘉黄卍臺大縮頻：無唐字，佛：唐杜順述、宗密註◎序等見初南北龍中（福嘉黄卍臺大縮頻：僅有序）。

2642 註華嚴法界觀科文一卷，唐宗密述。

【校記】卍續頻續：無唐字。

2643 註華嚴法界觀科一卷，唐宗豫述。

【校記】◎卍續頻續：無唐字◎目録題註華嚴法界觀科文。

2644 華嚴七字經題法界觀三十門頌二卷，宋本嵩述、金琮湛集解。

○註華嚴經題法界觀門頌引，琮湛撰。

【校記】◎義知：註華嚴七字經題法界觀門三十頌，佛：華作註華◎南北嘉黄卍續臺大中縮頻：無宋、金二字，義：元琮湛註，知：無宋字，金琮湛集解作元琮湛集註，佛：無集解者名◎引見南北嘉黄卍續臺大中縮頻。【蔡按】義另出華嚴法界觀通玄記（見附存目19）。

2645 法界觀披雲集一卷，宋道通述。

【校記】嘉續卍續臺頻續：無宋字。

2646 原人論一卷，唐宗密述。

○～序，宗密述○～目録。

【校記】◎卍：華嚴原人論◎嘉黄臺大縮頻：無唐字◎序等見南北嘉黄臺中縮頻（大：僅有序）【按】此書另見元圓覺述華嚴原人論解（見2648），論解三卷，其

前尚有華嚴原人論科一卷及華嚴原人論一卷，共五卷。故龍僅收五卷本，不再收此一卷本；南北嘉臺中縮頻佛收此一卷本，又在論解中再收，屬重出；縮頻佛不收科文，成四卷；知收科文，不重出原人論，亦成四卷；黄卍續義不收科文及原人論，成三卷。

2647　原人論發微録三卷，宋淨源述。
〇並序〇有眉科。
【校記】◎卍續頻續：無宋字◎有序等◎目録題華嚴原人論發微録。

2648　華嚴原人論解三卷（另科一卷，華嚴原人論一卷），元圓覺述。
〇華嚴原人論科〇華嚴原人論，唐宗密述〇華嚴原人論並序〇華嚴原人論序，唐裴休序〇原人論目録〇華嚴原人論後序，宋李純甫撰〇～序，圓覺撰〇附元吳善跋。
【校記】◎南北嘉龍黄卍續臺中縮頻：無元字，義：述作撰，佛：述作解◎目録見卍續；附跋見南北龍中；余科等見南北嘉龍臺中（縮頻：無科，卍續義：無科及原人論，知：僅有科，黄：僅有圓覺序）◎頻目録增題唐宗密述。【縮按】此華嚴原人論依明補，而本論重出者論解之所載也（筆者按：原人論已見2646）。
【按】重輯嘉佛分出原人論一卷，重輯嘉分出科一卷（皆見附2648）。

2649　華嚴原人論合解二卷，唐宗密論、元圓覺解、明楊嘉祚刪合、清錢伊菴、陳熙願校、顧蓮善重刊。

2650　十句章圓通記二卷，高麗均如述。
〇附後序，高麗天真等誌。
【校記】◎麗補遺：無作者名◎有附後序。

2651　釋華嚴旨歸章圓通鈔二卷，高麗均如説。
〇附後記，高麗天真誌。
【校記】附後記見麗補遺。

2652　華嚴經三寶章圓通記二卷，高麗均如説。
〇附後記，高麗天真誌。
【校記】附後記見麗補遺。

2653　釋華嚴教分記圓通鈔十卷，高麗均如説。
〇後記，高麗天真誌（卷一後）〇附大華嚴首座圓通兩重大師均如傳並序、後序，高麗赫連挺撰。
【校記】後記等見麗補遺。

2654　解迷顯智成悲十明論一卷，唐李通玄撰。
〇釋華嚴十明論敘，宋慧洪撰。
【校記】◎福：解作釋華嚴經十二緣生解◎無唐字◎敘見嘉續龍卍續臺大中頻續。

2655　答順宗心要法門一卷，唐澄觀撰、宗密註。

【校記】◎佛：唐澄觀述◎卍續頻續目錄題華嚴心要法門註；卍續副目記華嚴心要法門一卷，唐澄觀述，並註會入於華嚴心要法門註。

2656　普勸僧俗發菩提心文一卷，唐裴休述。

○勸發菩提心文序，唐宗密撰○附宋淨照題○建保日本高辨題。

【校記】◎至：無唐字，佛：無述字◎序等見卍續頻續（佛：僅有序）。

2657　海印三昧論一卷，新羅明晶述。

○並序。

【校記】◎卍續大：無新羅二字◎有序◎卍續目錄題華嚴海印三昧論。【註】卍續大：依大方廣佛華嚴經。

2658　華嚴法相槃節一卷，宋道通述。

○並序。

【校記】◎卍續頻續：無宋字◎有序。

2659　圓宗文類二十三卷，高麗義天集。

【校記】卍續：無作者名。【按】卍續存卷十四、二十二兩卷。檢韓國佛教全書記載本書卷數，故今新考目錄據以著錄。

2660　評金錍一卷，宋善熹述。

【校記】◎卍續頻續：善喜書◎卍續（舊版）頻續目錄題評金剛錍。

2661　辨非集一卷，宋善熹述。

○善熹敘。

【校記】◎卍續頻續：無作者名◎有敘。

2662　斥謬一卷，宋善熹述。

○善熹書。

【校記】◎卍續頻續：無作者名◎有善熹書。

2663　釋花嚴漩澓偈一卷，後梁惟勁釋。

○惟勁序○漩澓偈，隋唐杜順作。

【校記】序等見石。【按】石目錄分出漩澓偈一卷不妥（見附2663），漩澓偈實屬釋文的一部分內容。

2664　佛國禪師文殊指南圖讚一卷，宋惟白讚。

○宋張商英述序引。

【校記】◎卍續大：無作者名◎序引見卍續大佛。

2665　五相智識頌一卷，宋忠撰。

○宋潘興嗣述○附宋了元跋等。

【校記】◎卍續頻續：無書名及作者名◎有潘興嗣述序等◎頻續目錄題宋佚名撰。

2666　華嚴大意一卷，明善堅撰。

【校記】卍續目錄註出古庭禪師語錄（見3225）。

2667　賢首五教儀六卷，清續法集録。

○引，清戴京曾題○～序，清真立撰○序，續法題○賢首時儀教觀圖、法界觀境普融無盡圖並續法識○～條箇○附集刻五教儀緣起，續法識○刻～跋，清清珠題。

【校記】◎龍中：或十卷（卷一、四至六各分二卷）◎引等見卍續佛（龍中：無條箇）。

2668　賢首五教儀開蒙一卷，清續法集、證詢較。

○五教儀開蒙敘，續法識。

【校記】◎敘見卍續頻續佛。

2669　賢首五教斷證三覺揀濫圖一卷，清續法集、嚴指較。

○續法題。

【校記】◎題見卍續頻續◎卍續（舊版）目録註外題賢首五教斷證圖。

2670　法界宗蓮花章一卷，清續法集、法賢較。

2671　華嚴鏡燈章一卷，清續法集、如朗較。

2672　一乘決疑論一卷，清彭際清述。

○附題～後。

【校記】◎卍續頻續：無清字◎有附題。【蔡按】出彭居士法集，不在藏内。

2673　華嚴念佛三昧論一卷，清彭際清述。

○～敘，清王文治撰○彭際清後記。

【校記】◎卍續頻續：無清字◎有敘等。【蔡按】出彭居士法集，不在藏内。

諸宗部・律宗

2674　關中創立戒壇圖經一卷，唐道宣撰。

○並序○附宋惟定題。

【校記】◎序等見卍續大佛◎卍續目録註外題戒壇圖經。

2675　淨心戒觀法二卷，唐道宣撰。

○～序，宋元照述。

【校記】◎大：無唐字◎有序◎卍續目録註會入於淨心誠觀法發真鈔（見2676）。

2676　淨心誠觀發真鈔三卷，宋允堪述。

○並序。

【校記】◎卍續佛：或六卷（每卷又分二卷）◎無宋字◎有序◎卍續目録註排科會本；副目記唐道宣撰淨心戒觀法一卷（見2675）會入於本書，宋允堪述淨心誠觀法科一卷揭於本書冠上而合刻。【按】卍續佛另有淨心誠觀法序，宋元照述，已見2675。

2677　釋門章服儀一卷，唐道宣述。

○~序，寬文日本不可思議題。

【校記】◎大：無唐字◎有序◎卍續目錄註會入於釋門章服儀應法記（見2678）。

2678　釋門章服儀應法記一卷，宋元照述。

○並序○章服儀應法記會本序，正德日本憺真題○附會章服儀應法記因跋，正德日本良信誌。

【校記】◎序等見卍續頻續。◎卍續目錄註排科會本；副目記唐道宣述釋門章服儀一卷（見2677）會入於本書。

2679　衣鉢名義章一卷，宋允堪述。

○並序。

【校記】◎卍續頻續：無宋字◎有序◎卍續副目記三衣辨惑篇一卷，宋遵式述，並註收於金園集（2869）卷下（筆者按：原目誤記卷上）。

2680　量處輕重儀二卷，唐道宣輯敘。

○新刻~序，貞享日本慈光慧門書○道宣後記○附新刻輕重儀後序，貞享日本實長春記。

【校記】序等見卍續大。【註】卍續大：（書名下）謂亡五眾物也，（作者名下）乾封二年重更條理。

2681　釋門歸敬儀二卷，唐道宣述。

2682　釋門歸敬儀護法記二卷，宋彥起述。

○並序。

【校記】◎卍續：無宋字◎有序。【按】卍續存卷上。今新考目錄據釋門歸敬儀通真記（見2683）序文的記載，補入本書卷數。

2683　釋門歸敬儀通真記三卷，宋了然述。

○並序○夾註釋門歸敬儀序，元祿日本紗辨識○新刻夾註釋門歸敬儀序，元祿日本慧門慈光題。

【校記】◎三序見卍續頻續◎卍續目錄註夾註排科會本；副目註唐道宣撰釋門歸敬儀一卷（見2681）會入於本書。

2684　釋門歸敬儀擷錄一卷，民國善夢擷錄。

○附別錄四則。

【校記】◎慧：無民國二字，佛：民國弘一錄◎附別錄見慧。【註】慧：南山律祖原本。【提示】弘一，署名善夢。

2685　釋門歸敬儀科一卷，民國弘一錄。

【校記】慧：無民國二字。

2686　教誡新學比丘行護律儀一卷，唐道宣述。

○翻刻教誡律儀敘，安政日本圓海撰○~序科文，宋允堪排定。

【校記】◎卍續大：無唐字◎敘見大；序科文見卍續◎卍續目錄註排科，外題教

誡律儀。

2687　中天竺舍衛國祇洹寺圖經二卷，唐道宣出。

〇並序〇祇洹圖經序，天和日本宗覺識〇附祇洹圖經跋，天和日本乘春記〇引諸書所云之祇洹寺圖經。

【校記】◎卍續大佛：道宣作釋氏◎有序等◎卍續目錄題舍衛國祇洹寺圖經，並註外題祇洹寺圖經。【按】大目錄誤記一卷，今新考目錄改正作二卷。

2688　佛制比丘六物圖一卷，宋元照出。

【按】佛於本書後附妙生述辯訛，已見2689。

2689　辯訛一卷，宋妙生述。

〇附宋覺成題。

【校記】◎卍續頻續佛：無宋字◎有附題◎卍續頻續目錄題佛制六物圖辯訛。

【註】卍續頻續佛：辨六物圖之訛也。【按】佛將本文附於佛制比丘六物圖（見2688）後。

2690　三衣顯正圖一卷，宋妙生述。

【校記】卍續頻續佛：無宋字。

2691　護命放生軌儀法一卷，唐義淨撰。

【校記】◎開貞至略緣：無法字，義知：軌儀作儀軌◎金麗資磧普初天南卍臺中縮頻：無唐字，知：義淨作。

2692　受用三水要行法一卷，唐義淨撰。

【校記】◎指：無受用二字，開貞至略緣：無行字◎金麗資磧普初天南卍臺中縮頻：無唐字，知：義淨作。

2693　說罪要行法一卷，唐義淨撰。

【校記】◎開貞至略緣：說作別說◎金麗資磧普初天南卍臺中縮頻：無唐字，知：義淨作。

2694　根本說一切有部出家授近圓羯磨儀範一卷，元拔合思巴集。

〇大元帝師說根本一切有部出家授近圓羯磨儀範序，拔合思述。

【校記】◎磧普初南臺中：根本說作大元帝師說根本，北嘉龍黃卍大縮頻：無根至部七字，緣續知：範作軌◎至：元八思拔譯，磧普初臺中：無作者名，緣續：集作譯◎序見磧普初南北嘉龍黃卍臺大中縮頻。

2695　根本說一切有部苾芻習學略法一卷，元拔合思巴集。

〇附翻譯後記。

【校記】◎緣續：苾芻習學法（知：學作略），磧普臺中：根本說作大元帝師說根本，至：習學略法作戒本◎至：元八思拔譯，磧普初臺中：無作者名，緣續：集作譯◎附後記見磧普初南北嘉龍黃卍臺大中縮頻。【按】影印北脫錄。

2696　根本說一切有部毘奈耶犯相摘記一卷，民國曇昉集。

〇～凡例〇～目錄〇附錄南海寄歸內法傳數節。

【校記】◎慧：無民國二字，佛：曇昉作弘一◎凡例等見慧。【提示】弘一，署名曇昉。

2697　根本説一切有部毘奈耶自行抄一卷，民國曇昉集。

○～凡例○～目録○附録食罷發願法。

【校記】◎慧：無民國二字，佛：曇昉作弘一◎凡例等見慧。【提示】弘一，署名曇昉。

2698　毘奈耶質疑編一卷，民國弘一答問。

【校記】慧：無民國二字，佛：無問字。

2699　學根本説一切有部律入門次第一卷，民國曇昉撰。

【校記】◎佛：無學字◎慧：無民國二字，佛：曇昉作弘一。【提示】弘一，署名曇昉。

2700　菩薩戒本宗要一卷，新羅太賢撰。

○太賢法師義記序，道峰撰○附寬文日本覺雲誌。

【校記】◎卍續大：無新羅二字◎有序；附誌見卍續。【按】卍續排科，係日本覺雲用僧叡之科分取代了舊本別有之科文。

2701　菩薩戒本持犯要記一卷，新羅元曉述。

2702　大乘六情懺悔一卷，新羅元曉撰。

【校記】大：無新羅二字。

2703　慈悲道場懺法十卷，梁諸大法師集撰。

○～傳○～序，元柏庭序。

【校記】◎麗補遺南北嘉龍黄卍臺大中縮頻：無作者名，至知：梁誌公、寶唱等集，義：梁寶唱等撰，佛：梁寶誌等製◎傳見麗補遺南大中；序見北嘉龍黄臺卍中縮頻◎頻目録題梁寶誌、寶唱等仿淨住子製，元智松重校。

2704　慈悲水懺法三卷。

○明永樂御製水懺序○慈悲道場水懺序。

【校記】◎義知：增唐知玄撰四字（佛：撰作述）◎二序見北嘉龍黄卍大中（臺縮頻：僅有御製序，南：僅有序）。【按】嘉有二本：萬歷十八年刊本有二序，見大；康熙六年刊本僅有御製序，見重輯嘉臺。

2705　受菩薩戒儀一卷，陳慧思撰。

【校記】◎卍續頻續：無陳字◎卍續副目記受菩薩戒法一卷，唐慧沼撰，並註收於勸發菩提心集（見2588）卷下。

2706　授菩薩戒儀一卷，唐湛然述。

【校記】卍續頻續：無唐字。

2707　略授三歸五八戒并菩薩戒一卷，唐澄照讚。

【校記】卍續頻續：無唐字。

2708　受菩薩戒法一卷，宋延壽集。

○並序○附跋。

【校記】◎卍續頻續：無宋字◎有序等◎卍續副目記授菩薩戒儀一卷，宋遵式撰；受五戒法一卷，宋遵式撰，並註已上二般收於金園集（見2869）卷上。另記授大乘菩薩戒儀一卷，宋元照述，並註收於芝苑遺編（見2711）卷中。又記重定授菩薩戒法一卷，明智旭重定，並註載於律要後集（見2732）。

2709 新受戒比丘六念五觀法一卷，宋允堪撰録。

○並序。

【校記】◎卍續頻續佛：無宋字◎有序◎卍續目録註外題六念五觀法。

2710 大智律師道具賦一卷，宋元照撰。

【校記】◎卍續：無作者名◎日録題道具賦。

2711 芝苑遺編三卷，宋道詢集。

○～目録。

【校記】◎卍續頻續：無宋字◎有目録◎目録題芝園遺編。

2712 芝園集二卷，宋元照作。

○～目録。

【校記】◎卍續頻續：無作者名◎有目録。

2713 補續芝園集一卷，日本僧人輯。

【校記】卍續頻續：無作者名。

2714 律宗新學名句三卷，宋懷顯集。

○並引。

【校記】◎卍續頻續：無宋字◎有引。

2715 律宗問答二卷，日本俊芿問，宋了然、智瑞、淨懷、淨梵、妙音答。

【校記】卍續頻續：無宋字。

2716 終南家業三卷，宋守一述、行枝編。

○～目録。

【校記】◎卍續頻續：或六卷（每卷又分二卷）◎宋守一作鐵翁◎有目録。

2717 律宗會元三卷，宋守一集。

【校記】卍續頻續：無宋字。【註】卍續頻續：並十門總目，隨門略釋。【按】卍續頻續卷中殘。

2718 蓬折直辨一卷，宋妙蓮撰。

○妙蓮書。

【校記】◎卍續頻續：無作者名◎有妙蓮書。【註】卍續頻續：彼既曲拆，故當直辨。

2719 蓬折箴一卷，宋妙蓮撰。

○妙蓮書。

【校記】◎卍續頻續：無作者名◎有妙蓮書。

2720　律苑事規十卷，元省悟編述、嗣良參訂。

○～要語序，元袁桷撰○杭州路明慶大興國寺，元智觀、文鬱等疏○省悟書
○～目録○附習讀儀。

【校記】◎卍續：無元字◎有序等。

2721　毘尼日用録一卷，明性祇述。

○敘，性祇述○附千嵓長禪師示眾，明隆瑞纂集。

【校記】◎卍續頻續：無作者名◎有敘等。

2722　毘尼日用切要一卷，清讀體彙集。

【校記】卍續：無清字。

2723　毘尼日用切要香乳記二卷，清書玉箋記。

○序（三篇），分別由清楊雍建題、清續法述、書玉述○～凡例○箋記綱目○附
戒相○緣起，書玉識。

【校記】序等見嘉續卍續臺頻續佛。【按】佛於本書後另附廣定撰我國歷代《大
藏經》存佚略説、歷代中文《大藏經》刻藏年表、佛教大藏經簡介。前二文另見
佛總目録一冊尾，後文另見冊首。

2724　沙門日用二卷，清弘贊編。

○～序，清開定書。

【校記】◎嘉又續卍續臺：無清字◎序見重輯嘉又續卍續◎卍續副目載沙門日用
録一卷，清古雲重編，並註與前四般（2721 毘尼日用録、2722 毘尼日用切要、
2723 毘尼日用切要香乳記及本書）大同小異，故今省之。

2725　沙彌律儀要略增註二卷，明袾宏輯、清弘贊註。

【校記】嘉又續卍續臺佛：無明、清二字。【蔡按】要略出雲棲法彙（見 3926）。

2726　沙彌律儀要略述義二卷，清書玉科釋。

○敘，書玉題○凡例○附跋，書玉識。

【校記】敘等見嘉續卍續臺。【蔡按】要略出雲棲法彙（見 3926）。

2727　沙彌律儀毘尼日用合參三卷，明袾宏輯集、清戒顯訂閲、濟岳彙箋。

○序言，戒顯題○自序，濟岳書○凡例○附補刊沙彌律儀合參跋，清敏曦跋。

【校記】◎重輯嘉拾遺卍續：無明、清二字◎有序等。

2728　沙彌十戒威儀録要一卷，明智旭重輯。

【校記】嘉續卍續臺頻續：無明字，

2729　沙彌尼律儀要略一卷，清讀體輯集。

○附説戒法儀。

【校記】◎卍續頻續：無清字◎有附儀。

2730　在家律要廣集三卷，明智旭集、清儀潤、陳熙願增訂。

○～序，清沈起潛撰○儀潤序○～目録○附陳熙願記。

【校記】◎序等見卍續頻續◎本書子目如下：1. 四分律藏節録；2. 附優婆塞受

三歸五戒法，明智旭彙釋；3. 三歸五戒慈心厭離功德經，失譯人名今附東晉録；
4. 灌頂三歸五戒帶佩護身呪經，東晉帛尸黎密多羅譯、陳增；5. 嗟韈曩法天子
受三歸依獲免惡道經，宋法天譯（筆者按：實施護譯）、陳增；6. 十善業道經，
唐實叉難陀譯；7. 佛説戒消災經，吳支謙譯；8. 佛説優婆塞五戒相經，劉宋求
那跋摩譯，明智旭箋要；9. 佛説齋經，吳支謙譯、明智旭註、清陳熙願節要，
附受八關齋法；10. 大乘本生心地觀經（觀心品、發菩提心品、成佛品），唐般
若等譯、陳增；11. 外道問聖大乘法無我義經，宋法天譯、陳增；12. 優婆塞
戒經受戒品，北涼曇無讖譯、明智旭箋要、清儀潤標目，附優婆塞戒經中前後
摘要；13. 菩薩優婆塞五戒威儀經，劉宋求那跋摩譯、清儀潤標目，附辯五則；
14. 梵網經心地品菩薩戒，姚秦鳩摩羅什譯、陳隋智者大師疏、明袾宏發隱、明
智旭合註、清陳熙願節要、清儀潤重刊；15. 梵網經懺悔行法，明智旭述。【提
示】陳增，即陳熙願增訂。

2731 南山律在家備覽略編一卷，民國弘一輯。

〇～例言〇大藏經會識〇～目表〇大藏經會識〇附戒體章名相別考一、日中考二、
周尺考三、受十善戒法四、南山道宣律祖弘傳律教年譜五、靈芝律師年譜六。

【校記】◎慧：無民國二字◎有例言等。

2732 律要後集六卷，清書準編。

〇～目次。

【校記】◎卍續頻續：一卷◎無作者名◎有新作目次◎此叢書有如下子目已別
行：菩薩戒本經一卷（見 1567）、菩薩戒羯磨文釋一卷（見 2413）、重定受菩
薩戒法一卷（見 2750–3）、學菩薩戒法一卷（見 2750–2）、梵網經懺悔行法一
卷（見 2745、卍續頻續又見 2730）、毘尼後集問辯一卷（2750–1）。【蔡按】（子
目）皆在溝益大師佛學十種（見 2750）之內。【按】①唯重輯嘉又續收本叢書六
個子目，僅菩薩戒本經另有別行本。②卍續頻續本叢書僅録重定受菩薩戒法、學
菩薩戒法、毘尼後集問辯，故目録記明智旭集，餘見別行子目。③臺僅收別行子
目。④重輯嘉又續書後附沈豹跋，實屬梵網經菩薩心地品合註（見 2399）的跋
文，誤録於此。

2733 律學發軔三卷，清元賢述。

〇～序，永覺題〇～目録。

【校記】◎卍續頻續：無清字◎有序等。【提示】元賢，字永覺。

2734 弘戒法儀二卷，明法藏輯。

〇～序，法藏書〇～目録。

【校記】◎嘉續卍續臺：無作者名◎有序等。【按】據本書目録記有三十三章，
今檢各藏本原缺第二十一至二十三章、第二十七至三十三章，共十章。

2735 傳授三壇弘戒法儀三卷，明法藏撰集、清超遠檢録。

〇附清海聰後記。

【校記】附後記見嘉又續卍續臺頻續。【蔡按】嘉原目作三壇傳戒緇門世譜，而前目子肅禪師語録下亦有此八字。甲目作三壇傳戒法儀，丙目作三壇傳戒，駒本與卍續另出世譜，皆附子肅禪師語録之後。今依駒本分印。

2736　三壇傳戒正範四卷，清讀體撰。
〇傳戒正範序，清戒顯題〇傳戒正範目録〇附覺源禪師與本師借庵老和尚論傳戒書。
【校記】◎卍續頻續佛：無清字◎有序等◎卍續頻續目録題傳戒正範。

2737　歸戒要集三卷，清弘贊輯。
〇歸戒序，弘贊識。
【校記】◎嘉又續卍續臺：無清字◎有序。

2738　八關齋法一卷，清弘贊輯。
〇附歷朝帝王受戒等事。
【校記】◎嘉又續卍續臺佛：無清字◎有附文。

2739　比丘受戒録一卷，清弘贊述。
【校記】重輯嘉又續卍續：無清字。

2740　比丘尼受戒録一卷，清弘贊述。
〇附作法略儀。
【校記】◎嘉又續卍續臺佛：無清字◎有附儀。

2741　沙彌學戒儀軌頌註一卷，清弘贊註。
〇附録〇沙彌學戒儀軌頌音釋〇音釋。
【校記】◎嘉又續卍續臺：無清字◎附録等見卍續（嘉又續臺：僅有音釋）。
【按】①嘉又續卍續臺是頌與註的合刻本。而重輯嘉又續是分刻本，即沙彌學戒儀軌頌一卷，弘贊述；附沙彌學戒儀軌頌註一卷，弘贊註。②嘉續丁目重出（見2741）。

2742　二部僧授戒儀式二卷，清書玉記。
〇～緣起，書玉述〇～凡例〇附書玉跋。
【校記】◎緣起等見嘉續卍續臺頻續佛◎臺佛目録題二部僧授戒軌範。

2743　羯磨儀式二卷，清書玉編。
〇序，清續法題〇～緣起，書玉述〇～凡例〇～目録〇附跋，書玉題。
【校記】序等見嘉續卍續臺頻續。

2744　經律戒相布薩軌儀一卷，明如馨纂要。
【校記】卍續頻續：無明字。

2745　梵網經懺悔行法一卷，明智旭述。
【蔡按】律要後集六種（見2732）之五。蕅益大師佛學十種（見2750）之四。

2746　菩薩瓔珞經自誓受菩薩五重戒法一卷，民國弘一録。
【校記】慧：無民國二字。【註】慧：依經録出。

2747　隨分自誓受菩薩戒文析疑一卷，民國弘一撰。

【校記】慧：無民國、撰三字。

2748　戒殺四十八問一卷，清周思仁述。

○並引○～目録。

【校記】◎卍續頻續：無清字◎有引等。【蔡按】出安士全書，不在藏內。

2749　體仁要術一卷，清彭紹升、薛起鳳著。

【校記】卍續頻續：無清、著二字。【蔡按】出彭居士法集，不在藏內。

2750　蕅益大師佛學十種，明智旭著。

【校記】此叢書有如下子目已別行：1. 妙法蓮華經綸貫一卷（見 1964）2. 教觀綱宗一卷（見 2814-1）3. 教觀綱宗釋義一卷（見 2814-2）4. 梵網經懺悔行法一卷（見 2745）7. 菩薩戒羯磨文釋一卷（見 2413），余五種見本書。

2750-1　毘尼後集問辯一卷，明智旭述。

【校記】嘉續臺：無作者名。【按】蕅益大師佛學十種之五。律要後集六種之六（見 2732）。

2750-2　學菩薩戒法一卷，明智旭述。

【按】蕅益大師佛學十種之六。律要後集之四（見 2732）。

2750-3　重定受菩薩戒法一卷。

○跋語，明智旭識。

【校記】跋語見嘉續臺。【按】①蕅益大師佛學十種之八。律要後集六種之三（見 2732）。②嘉續臺另附菩薩戒本經一卷，已見 1567。

2750-4　性學開蒙一卷，明智旭撰。

【校記】嘉續臺：方外史旭求寂撰。【按】蕅益大師佛學十種之九。

2750-5　梵室偶談一卷，明智旭著、果海録。

【校記】嘉續臺：無明字。【按】蕅益大師佛學十種之十。

2751　禮佛發願文略釋一卷，清書玉述。

○～述意，書玉題○～凡例○跋，書玉識。

【校記】◎嘉續臺：無清字◎有述意等◎臺目録題怡山禮佛發願文略釋。

2752　大懺悔文略解二卷，清書玉釋。

○～序，書玉題○凡例○禮佛大懺悔文○附跋，書玉識。

【校記】◎嘉續臺：無清字◎有序等（佛：無禮佛大懺悔文）。

2753　授三歸依大意一卷，民國弘一講。

【校記】慧：無民國二字，佛：講作録。

2754　律學要略一卷，民國弘一講、萬泉記録。

○附菩薩戒受隨綱要表，一音集録。

【校記】◎慧：無民國二字，佛：無記録者名◎附表見慧。【提示】弘一，署名一音。

2755　僧尼十種受法料簡圖一卷，民國演音録。

　　　○附本宗他部百一受戒通局圖。

　　　【校記】◎慧：無民國二字，佛：民國弘一撰◎附圖見慧。【註】慧：依南山業
　　　疏及靈芝記挈録。【提示】弘一，法名演音。

2756　剃髮儀式一卷，民國弘一編定。

　　　○演音識○附諸偈釋○～序，民國蔣德澤序○剃髮位置圖並説明，民國妙蓮依教
　　　作。

　　　【校記】◎慧：無民國二字，佛：無定字◎識等見慧。【註】慧：即出家落髮儀。
　　　【提示】弘一，法名演音。

2757　表無表章科一卷，民國弘一編。

　　　【校記】慧：無民國、編三字，佛：編作撰。【慧按】大師手稿，僅列初辨名以
　　　下各科，缺二乃至十諸科，如得續稿，當再補録。

2758　盜戒釋相概略問答一卷，民國弘一撰輯。

　　　○後跋，一音撰○附唐太賢偈、明蕅益偈○致李圓淨居士書，一音啟。

　　　【校記】◎慧：無民國二字，佛：撰輯作撰◎跋等見慧。【提示】弘一，署名一
　　　音。

2759　南山律苑雜録一卷，民國弘一撰。

　　　【校記】慧：無民國、撰三字。

2760　青年佛徒應註意的四項一卷，民國弘一講。

　　　【校記】慧：無民國二字，佛：講作撰。

2761　人生之最後一卷，民國弘一講。

　　　【校記】慧：無民國二字。

2762　四分律比丘戒相表記校註一卷，民國弘一編並校註。

　　　○附大藏經會識。

　　　【校記】◎慧：無作者名，佛：民國弘一述◎附識見慧。

2763　新集受三歸五戒八戒法式一卷，民國弘一集。

　　　○～凡例。

　　　【校記】◎佛：無民國二字◎有凡例。

諸宗部・天台宗

2764　摩訶止觀十卷，隋智顗説、灌頂記。

　　　○重刻～序，明受汰書。

　　　【校記】◎初南：或二十卷（除卷五分三卷、卷十不分卷外，餘卷各分二卷），北
　　　嘉龍臺大中縮頻：或二十卷（每卷又分二卷），佛：二十卷◎至初南：智者説（金：
　　　説作述），義：陳隋智者説，福北嘉龍黃臺大中知縮頻：智顗作智者，天：脱作
　　　者名，佛：無灌頂記三字◎序見黃。【中華按】附見金五卷，其中卷四、卷九完

整，卷三、卷五、卷六殘缺，分卷不同於龍藏。【按】①今檢大正所校宮本卷一至五可知，宮本（即福州藏）的分卷與金藏同。②黃另收唐梁肅述天台摩訶止觀序，實為天台止觀統例，已見2779；黃另附唐梁肅述天台智者大師傳論，已見2779。

2765　摩訶止觀科文五卷，唐湛然述。

【校記】◎福卍續頻續中：無唐字◎卍續目錄題法華三大部科文・止觀科（頻續目錄：無止觀科三字）。【按】此書後卍續頻續有寬永日本山陰書文，云：天台三大部科文，世有二本不同者，因乞而見之，各有脫簡，故今以唐本合校之。輒鋟諸梓，弘其傳云。

2766　止觀輔行傳弘決十卷，唐湛然述。

〇湛然首題〇～序，唐普門子序。

【校記】◎至知：止作摩訶止◎至金福：十五卷，天：二十二卷，北嘉黃臺大中縮頻：或四十卷（卷一、二各分五卷，卷三、四、六、七各分四卷，卷五分六卷，卷八、九各分三卷，卷十分二卷），初南知：或四十卷（卷一至四、六至九各分四卷，卷五分六卷，卷十分二卷），佛：四十卷◎至金福初天南：無唐字◎首題等見福初南北嘉黃臺大中縮頻。【中華按】附金殘本卷一、卷二、卷四至九、卷十三、卷十四，共十卷，以資參考。

2767　摩訶止觀十卷，隋智者說，灌頂記，唐湛然述，日本實觀分會。

【校記】◎卍：或二十卷（每卷又分二卷）◎無日本二字◎卍目錄題摩訶止觀輔行會本。【按】本書係摩訶止觀（見2764）和止觀輔行傳弘決（見2766）二書的融合本。本書另有止觀輔行傳弘決序，唐普門子序，已見2766。

2768　止觀輔行搜要記十卷，唐湛然述。

〇日本入唐圓珍記。

【校記】◎卍續頻續：無唐字◎有記◎目錄題摩訶止觀輔行搜要記。

2769　止觀輔行傳弘決助覽四卷，宋有嚴註。

〇～序，有嚴述〇附註三大部後總序，有嚴述〇後序，宋育徽序。

【校記】◎卍續頻續：無宋字◎有序等◎目錄題摩訶止觀輔行助覽。

2770　止觀義例二卷，唐湛然述。

【校記】◎至金黃卍：一卷◎至金初南嘉黃臺大縮頻：無唐字，卍：無唐、述二字。【中華按】附金殘本一卷。

2771　止觀義例科一卷，唐湛然述、宋從義排科。

【校記】◎卍續頻續：湛然述◎目錄題摩訶止觀義例科。

2772　止觀義例纂要六卷，宋從義撰。

〇並序。

【校記】◎卍續頻續：無宋字◎有序◎目錄題摩訶止觀義例纂要。【按】卍續副目記摩訶止觀義顯一卷，宋遵式述，並註收於天竺別集卷中（見2870）。今檢天

竺別集有摩訶止觀義題一文，收於卷下。

2773　止觀義例隨釋六卷，宋處元述。

○並序○重刻～序，寶永日本秀雲書○附處元後記○秀雲記。

【校記】◎卍續頻續：無宋字◎有序等◎目録題摩訶止觀義例隨釋。

2774-1　止觀大意一卷，唐湛然述。

【校記】至：無唐字，金中：無唐、述二字。

2774-2　止觀大意（別本）一卷，唐湛然述。

○眉科。

【校記】◎南：無唐、述二字◎眉科見南北嘉龍黄卍臺中縮頻。

2775　刪定止觀三卷，唐梁肅撰。

○重刊～序，宋吳克己撰○止觀十大章○天台止觀統例，唐梁肅述。

【校記】◎卍續頻續：唐梁肅撰作梁氏◎有序等。【卍續按】吳克己序自佛祖統紀中抄録。【按】①梁肅述天台止觀統例與同名文（見2779）稍異，文中夾註校記，文後增編者題記。②卍續（舊版）頻續於天台止觀統例後另有唐梁肅述天台智者大師傳論，已見2779。卍續（新纂）分出天台智者大師傳論（見附2775）

2776　止觀科節一卷。

【校記】卍續（舊版）頻續目録題摩訶止觀科節；頻續目録題唐法藏撰。

2777　謹録邃和尚止觀記中異義一卷，唐道邃説、乾淑集。

【校記】◎卍續頻續：無唐道邃説四字◎目録題摩訶止觀記中異義。

2778　摩訶止觀貫義科二卷，清天溪説、靈耀補定。

○～序，靈耀序。

【校記】◎序見嘉又續卍續臺◎卍續（舊版）目録記天溪作受登，卍續（新纂）目録記傳燈。

2779　修習止觀坐禪法要二卷，隋智顗述。

○～序，宋元照述○天台小止觀序，明真一序○附始終心要，唐荆溪尊者述。

○～記，宋陳瓘記○天台止觀統例，唐梁肅述○陳參軍傳（出佛祖統紀）○天台智者大師傳論（南北龍中知：天台法門議），唐梁肅述。

【校記】◎嘉黄卍臺大義縮頻：一卷，佛：三卷（含附始終心要一卷、附天台止觀統例一卷）◎南嘉黄卍臺大知縮頻：無隋字，義：隋作陳隋，佛：述作説◎元照序、陳瓘記、止觀統例見南北嘉龍黄卍臺大中縮頻（知：無陳瓘記，佛：僅有止觀統例）；始終心要見嘉黄卍臺大中縮頻佛；真一序、陳參軍傳見黄卍；天台法門議見南北龍中知◎頻目録增作者兄陳鍼傳（筆者按：即陳參軍傳）四字。【註】南北嘉龍黄卍臺大中知縮頻：一名童蒙止觀，亦名小止觀。【按】①卍續頻續另附天台智者大師別傳，已見3675。②頻分出附始終心要一卷（見附2779-1）、附天台止觀統例一卷（見附2779-2）。③重輯嘉拾遺重出（見附2779），題名天台

止觀一卷，智顗述。但無元照序、真一序，增明覺倫跋。另有宋遵式述大乘止觀序，已見2792。【提示】湛然，世稱荊溪尊者。

2780 修習止觀坐禪法要講述一卷，民國寶靜講述、法慈、敏智記錄。
〇序，法慈序〇
【校記】◎佛：無民國二字◎有序。

2781 大乘止觀述記一卷，民國諦閑說、德明、聖性、聖心筆記、勝觀演述。
〇~序，江妙煦撰。
【校記】◎慧：無民國二字，佛：無筆記、勝觀演述六字◎序見慧◎佛目錄註木刻本二十卷，茲合為一卷。【提示】江妙煦，法名勝觀。

2782 釋禪波羅蜜次第法門十卷，隋智顗說、法慎記、灌頂再治。
〇灌頂首題〇禪波羅蜜序〇十大章科文。
【校記】◎嘉黃卍臺大縮頻：或十二卷（卷一、卷三各分二卷）◎北嘉龍黃卍臺大知縮頻：隋智顗作隋智者（金初南中：無隋字），至：智者說，義：陳隋智者說、頂治定，佛：無法至治七字◎首題等見初南北嘉龍黃卍臺大中縮頻。【按】頻目錄記附科文一卷。

2783 六妙法門一卷，隋智顗說。
【校記】◎至：六妙禪門法，金中知：六妙門禪法◎至：智者說，金卍續大中知縮頻：天台大師略出◎頻目錄於作者名增毛喜傳三字。【縮刻按】此卷四藏俱缺，註疏亦不載，故今從知津目次，以和本補之。

2784 四念處四卷，隋智顗說、灌頂記。
【校記】知：隋智者說（至金初南：無隋字），北嘉龍黃卍臺大中縮頻：智顗作智者，義：陳隋智者說，佛：無灌頂記三字。【按】金卷一、卷二散佚。

2785 天台智者大師禪門口訣一卷，隋智顗說。
【校記】◎佛：無智者二字◎南北嘉黃卍臺大中知縮頻：無作者名，義：宋元入藏失錄人名。

2786 禪門章一卷，隋智顗說。
【校記】卍續頻續：智顗作智者。

2787 禪門要略一卷，隋智顗出。
【校記】卍續頻續：隋智顗作天台大師。

2788 觀心論一卷，隋智顗述。
【校記】◎卍續大頻：觀心論下誤增並序二字◎知：無隋字，至金臺中：智者說（卍續大頻：說作述），佛：述作說。【註】金卍續臺大中知縮頻：亦名煎乳論。【縮刻按】此論四藏俱缺，雖有疏不具本文，故今從知津目次，以和本補之。

2789 觀心論疏五卷，隋灌頂撰。
【校記】◎至：二卷，金初南義知：三卷◎至金南：無隋字，佛：撰作疏◎頻目錄增題隋智顗說。【按】中附金殘本卷下（卷中殘缺甚多未附）；初：存卷下。

2790　釋摩訶般若波羅蜜經覺意三昧一卷，隋智顗說、灌頂記。

○～目録。

【校記】◎佛：無經字◎北嘉龍黄卍臺大中知縮頻：隋智顗作隋智者（初南：無隋字），義：陳隋智者說，佛：無灌頂記三字◎目録見嘉黄卍臺縮頻。

2791　諸法無諍三昧法門二卷，陳慧思撰。

【校記】北嘉龍黄卍臺大中義知縮頻：陳思撰（初南：無陳字）。

2792　大乘止觀法門四卷，陳慧思撰。

○南嶽大乘止觀序，宋朱頔撰○南嶽禪師止觀序，宋遵式述。

【校記】◎黄卍：二卷◎北龍中義知：陳思曲授心要（初南嘉黄卍臺大縮頻：無陳字），佛：撰作說◎二序見初南北嘉龍大中。【按】嘉有二本，明萬曆十年刊本有二序，見大；清康熙六年刊本無二序，見重輯嘉臺縮頻。

2793　大乘止觀法門宗圓記五卷，宋了然述。

○並序○目録○～條箇。

【校記】◎卍續頻續佛：無宋字◎序等見佛（卍續頻續：無目録）。【按】佛另有單照序、通圓書、朱頔序、遵式序、智旭序，均已見2794。

2794　大乘止觀法門釋要四卷，明智旭述。

○刻大乘止觀釋要序，智旭書○大乘止觀序，清單照撰○清通圓書○目録○附大乘止觀釋要跋語，張蒼舒跋。

【校記】◎龍中：六卷◎智旭序見嘉續龍卍續臺中佛，單照序、通圓書、目録見卍續佛，附跋見嘉續卍續臺佛。【按】嘉續龍卍續臺中佛另有南嶽禪師大乘止觀原序，宋遵式述，已見2792；卍續佛另有南嶽大乘止觀序，宋朱頔撰，已見2792。

2795　法界次第初門三卷，隋智顗撰。

○～總序○～目録。

【校記】◎嘉黄卍臺大縮頻：或六卷（每卷又分二卷），佛：六卷◎金初南北嘉龍黄卍臺大中縮頻：陳隋智者撰（知：無陳字，義：者作顗），至：智者說，佛：撰作說◎序等見嘉黄卍臺大縮頻（初南北龍中：僅有序）。【中華按】金卷上殘缺。本書六十品目録分置於三卷卷首，每卷二十品（筆者按：初南此龍中同金）；嘉分六卷，此六十品目集中置於卷首前，各卷卷首不列（筆者按：黄卍臺大縮頻同嘉）。

2796　法華經安樂行義一卷，陳慧思說。

【校記】◎義：無經字◎北嘉龍黄卍臺大中縮頻：陳思說（初南：無陳字，義知：說作撰）。

2797　十不二門一卷，唐湛然述。

○眉科。

【校記】◎南：無唐字，義知：唐荊溪尊者述（初：無唐字）◎眉科見初南北嘉

黃卍臺中縮頻◎頻目録增題宋知禮科。【提示】湛然，世稱荊溪尊者。

2798　十不二門義一卷，唐道邃録出。

○附考異○刻～記。

【校記】◎卍續頻續：無作者名◎有附考異等。

2799　十不二門指要鈔二卷，宋知禮述。

○並敘○指要鈔序，宋遵式述。

【校記】◎初南：無宋字，佛：述作鈔◎敘等見初南北嘉龍黃卍臺大中縮頻◎頻目録增題唐湛然述。

2800　十不二門指要鈔詳解二卷，唐湛然釋籤、宋知禮鈔、宋可度詳解、明正謐分會。

○重刻～引，元禄日本亮潤敘○重刻～凡例○合刻～序，明海眼書○～總序，明傳燈著○十不二門指要鈔科○十不二門、本跡二十重妙示意圖○十不二門指要鈔序詳解，宋遵式序、可度詳解、正謐分會○附合刻～跋，明廣鎬跋。

【校記】◎卍續頻續：或四卷（每卷又分二卷），知：無卷數◎卍續頻續：湛然作荊溪尊者，知禮作四明尊者，知：無分會者名◎引等見卍續頻續。【提示】湛然，世稱荊溪尊者。知禮，世稱四明尊者。

2801　法華十妙不二門示珠指二卷，宋源清述。

○附源清後記○議宋國新書考。

【校記】◎卍續頻續：無宋字◎有附記等。

2802　註法華本跡十不二門一卷，宋宗翌述。

○並序。

【校記】◎卍續頻續：無宋字◎有序。

2803　十不二門文心解一卷，宋仁岳述。

○附仁岳後記。

【校記】◎卍續頻續：無宋字◎有附記。

2804　法華玄記十不二門顯妙一卷，宋處謙述。

○並序。

【校記】◎卍續頻續：無宋字◎有序。

2805　十不二門樞要二卷，宋了然述。

○～敘，了然敘○附跋，宋與咸記。

【校記】◎卍續頻續：無宋字◎有敘等。【按】卍續（新纂）目録記敘作者"宋禪齋敘"，似不妥。檢敘文落款墨禪齋，應是處所名，非人名，故今新考目録改記了然敘。

2806-1　四教義十二卷，隋智顗撰。

【校記】◎至金中：四卷，初南北嘉龍黃卍臺義知縮頻佛：六卷◎至：智者撰，金初南大中知：無隋字，義：隋作陳隋，佛：撰作説。【按】①金中：卷四尾（初南北嘉龍黃卍臺縮頻：卷六尾）至"非今之所用也"止，尚脱"大門第五明

權實者……利益未來弟子令不覺也”，共四千二百九十六字。卍續（舊版）已補足此段脱文（見 2806-2）。【知津按】第五明權實，第六約觀心，第七通諸經論，此三科未説。

2806-2　天台四教義卷第十二。

【註】卍續（舊版）：補藏本末尾佚失（見 2806-1），但藏本爲六卷，此本分爲十二卷。【按】卍續（新纂）未録。

2807　天台八教大意一卷，隋灌頂撰。

【校記】◎龍知：無隋字，義：無灌字，初南：頂撰◎頻目録增題明曠録。

2808　天台四教儀一卷，高麗諦觀録。

○四教頌○四教儀緣起，明智覺校梓○刻～引，明馮夢禎撰○眉科○時教圖。

【校記】◎佛：天作科天◎元蒙潤科，義知：高麗作宋高麗◎四教頌、緣起、引見嘉黃卍大；眉科見初南北龍中縮頻（黃：單録天台四教儀科文）；時教圖見北嘉龍黃卍臺中。【卍按】天台四教儀科文與天台四教儀集註（見 2811）卷首所載大同小異，故略之。【按】嘉有二本，明萬曆九年刊本有四教頌、緣起、引，見大；清康熙五年刊本有時教圖，見臺。

2809　天台四教儀科解三卷，宋從義撰。

○天台四教集解序，從義撰○附寬文日本師蠻筆。

【校記】◎卍續頻續佛：無宋字◎有序等◎佛目録題天台四教儀集解（卍續頻續目録：無天台二字）。【註】卍續頻續佛：會永嘉記入於觀師本文。【提示】永嘉係從義，觀師係高麗諦觀。

2810　天台四教儀備釋二卷，元元粹述。

【校記】◎卍續頻續：無元字◎目録題四教儀備釋。

2811　天台四教儀集註九卷（另科文一卷），元蒙潤集。

○～序，蒙潤序○天台四教儀科文，蒙潤排定。

【校記】◎黃：三卷◎北嘉龍黃臺中縮頻：無元字，佛：集作註◎序見龍黃卍續中；科文見南北嘉黃卍續臺中縮頻◎頻目録增題高麗諦觀録。【按】卍續僅收序及科文，目録註本文會入於四教儀註彙補輔宏記（見 2813），故省於茲。

2812　集註節義一卷，清靈耀節。

○四教集註節義并科序，靈耀序○集註節科，靈耀定。

【校記】◎嘉又續卍續臺頻續：無清字◎有序等◎卍續頻續目録題四教儀集註節義◎重輯嘉目録記附科一卷。

2813　天台四教儀註彙補輔宏記十卷，高麗諦觀録、元蒙潤集註、清性權彙補輔宏記、清錢伊菴較訂、諦閑編科。

○天台四教儀註彙輔宏記原序，清性權識○輔宏記補訂序，清源洪書○輔宏記補訂自敘，清錢伊菴敘○輔宏記補訂凡例○新刻～緣起，清諦閑書○新刻輔宏記凡例○～卷首。

【校記】◎卍續頻續：或二十卷（每卷又分二卷）◎無元字◎有序等◎目錄題四教儀註彙補輔宏記。

2814-1　教觀綱宗一卷，明智旭重述。
　　　　○～目次
【校記】◎嘉續卍續臺大佛：無明字◎目次見卍續佛。【註】嘉續卍續臺大佛：原名一代時教權實綱要圖，長幅難看，今添四教各十乘觀，改作書冊題名。【按】蕅益大師佛學十種（見2750）之二。

2814-2　教觀綱宗釋義一卷，明智旭述。
　　　　○～目次。
【校記】◎嘉續卍續臺頻續佛：無明字◎目次見卍續佛。【按】蕅益大師佛學十種之三。

2815　教觀綱宗科釋一卷，民國靜修述。
　　　　○～序文，靜修書。
【校記】◎佛：無民國二字◎有序。

2816　金剛錍一卷，唐湛然述。
　　　　○科～序，宋淨岳撰○眉科。
【校記】◎至初南：無唐字，知：湛然作荊溪尊者◎科序等見初南北嘉龍黃卍臺中縮頻（大：僅有科序）◎頻目錄增題宋淨岳科。【按】中附金殘本一卷。
【提示】湛然，世稱荊溪尊者。

2817　金剛錍論私記會本二卷，唐湛然撰、明曠記、日本辯才會。
　　　　○序，文化日本應廷書○凡例○附～跋，文化日本及粹、明鳳誌。
【校記】◎卍續頻續：湛然作荊谿，日本作日域◎有序等◎目錄題金剛錍論私記。【提示】湛然，世稱荊溪尊者。

2818　科金剛錍序一卷，宋淨岳撰。
【校記】卍續目錄題金剛錍科。

2819　金剛錍文句科一卷，宋智圓集。
　　　　○金剛錍一卷並序。
【校記】◎卍續頻續：無宋字◎有序◎目錄題金剛錍科。

2820　金剛錍顯性錄四卷，宋智圓集。
【校記】◎卍續頻續：無宋字◎卍續副目記金剛錍論義一卷，宋可觀述，載於山家義苑（見2875）卷上。

2821　金剛錍義解三卷，宋善月述。
【校記】◎卍續：無宋字◎目錄題金剛錍論義解。【按】卍續存卷中。

2822　金剛錍釋文三卷，唐湛然撰、宋時舉釋、明海眼會、大真校。
　　　　○明圓昺識（卷上後）○附明盧復記。
【校記】◎卍續頻續：無唐、宋、明三字◎有識等◎目錄題金剛錍論釋文。【按】

①卍續目録蔡目著海眼是清代人，頻續目録著明代人。檢圓昺識出明代，故今新考目録確定海眼是明代人。②頻續誤録金剛錍義解（見2821）卷中尾之文於本書首。

2823　始終心要一卷，唐湛然述。
　　　○眉科。
　　　【校記】◎佛：始作科始◎知：唐荊溪尊者述（南：無唐字）◎眉科見南北嘉龍黄卍臺中縮頻◎頻目録增題宋淨岳科。【蔡按】原附於修習止觀坐禪法要（見2779），各藏加科別行。【按】中附修懺要旨、香華運想偈，詳見2841按語。【提示】湛然，世稱荊溪尊者。

2824　始終心要註一卷，唐湛然述、宋從義註。
　　　【校記】◎義：無註字◎唐荊溪尊者述、從義註，卍續頻續：無唐、宋二字。

2825　始終心要義記一卷，民國倓虛述。
　　　【校記】佛：無民國二字。

2826　南嶽思大禪師立誓願文一卷，陳慧思撰。
　　　【校記】初南北嘉黄卍臺大中知縮頻：無作者名，義：陳思撰。

2827　國清百録四卷，隋灌頂纂。
　　　○~序，灌頂撰○~序，宋有嚴述○~目録○附智者大禪師年譜事跡，宋戒應集○題百録後序，宋淨梵題○宋戒應題。
　　　【校記】◎至：二卷◎灌頂録，南知：無隋字◎二序、年譜事跡、後序見南北嘉黄卍臺大中縮頻（知：僅有年譜事跡）；目録（中華按：係他本各卷目録之彙集）、戒應題見嘉黄卍臺縮頻（北大：無目録）◎頻目録增題隋智寂等録；佛目録記智者大師年譜事跡一卷。【按】金藏缺本，其卷數係據至元録所記二卷著録，因此録記載的弘法入藏録收經，與金藏關係密切。

2828　增修教苑清規二卷，元自慶編述。
　　　○教苑清規序，元黄溍序○元大安序○元張雨書○~目録，自慶編述○附書教苑清規後，貞享日本光謙書。
　　　【校記】◎卍續頻續：無元字◎有序等。【按】卍續（新纂）目録誤記自慶是宋人。

2829　法智遺編觀心二百問一卷，宋繼忠集。
　　　【校記】◎南北嘉黄卍臺大中知縮頻：無宋字◎頻目録增題宋知禮撰。

2830　四明十義書二卷，宋知禮撰。
　　　○重刻~序，元文日本義瑞識○十義書序，宋人序。
　　　【校記】◎卍續大：無作者名◎有二序◎卍續副目記四明十義書科一卷，宋繼忠排，並註揭此科於本文上而合刻。

2831　四明尊者教行録七卷，宋宗曉編。
　　　○並序。

【校記】◎知：編作述，卍續大慧：無宋字◎有序◎卍續目録題四明教行録。
【蔡按】卷二之觀經融心解、修懺要旨別行（見2066、2841）。【按】大正附螺溪振祖集、寶雲振祖集別行（見2866、2865）。

2832　天台傳佛心印記一卷，元懷則述。
　　　【校記】南：無元字。【按】中於本書後另附淨土境觀要門及一心三觀併頌，今依他藏本別立一目（見2912）。

2833　傳佛心印記註二卷，元懷則著、明傳燈註。
　　　○重刊~引，元禄日本亮潤識○天台~序，傳燈述○源流圖敘，明馮夢禎撰○附清靈耀識。
　　　【校記】◎嘉又續臺：一卷，知：未著卷數◎未著作者名，嘉又續臺：懷則記、傳燈註、靈耀較（卍續頻續佛：無懷則記三字）◎引等見卍續頻續佛（嘉又續臺：無引）。

2834　天台傳佛心印記註釋要二卷，元懷則述、明傳燈註、民國倓虛釋要。
　　　○天台傳佛心印記註序，傳燈述、倓虛釋。
　　　【校記】◎佛：無民國二字◎有序。

2835　台宗教觀撮要論四卷，元善良撰。
　　　○刻教觀撮要論序，寶永日本覺潭序○~目○先師頑空和尚三千説附。
　　　【校記】◎卍續：無作者名◎有序等◎目録題教觀撮要論；目録記現存卷三與四。【按】今據補續高僧傳卷四善良傳補作者題名。

2836　隨自意三昧一卷，陳慧思撰。
　　　○~目次。
　　　【校記】◎卍續頻續：南嶽大師撰◎有新作目次。【按】卍續頻續目録蔡目誤記朝代陳作隋。

2837　方等三昧行法一卷，隋智顗説、灌頂記。
　　　○~序，宋遵式述。
　　　【校記】◎北嘉黃臺大中知縮頻：隋智顗作隋智者（初南：無隋字），義：智者説、宋遵式纂，至：誤作遵式述，佛：無灌頂記三字◎序見初南北嘉黃卍臺大中縮頻。【蔣按】金本遵式述今缺，另存抄本智者釋摩訶般若覺意三昧一卷。

2838　法華三昧懺儀一卷，隋智顗撰。
　　　○~勘定元本序，遵式述。
　　　【校記】◎金中：無書名，至：法華三昧儀勘定元本序◎遵式述，金南中知：無隋字，義：智者撰、宋遵式重勘定本◎序見南北嘉龍黃卍臺大中縮頻（金：殘存）。【註】金南北嘉龍黃卍臺大中知縮頻：隋瓦官寺沙門釋智顗輒采法華普賢觀經及諸大乘經意，撰此法門，流行後代。

2839　法華三昧行事運想補助儀一卷，唐湛然撰。
　　　【校記】南：湛然撰（金中：無撰字）。【按】此儀後，縮佛另附略法華三昧補助

儀，詳見 2840 按語。

2840　略法華三昧補助儀一卷。

○並序。

【校記】◎頻目佛：誤增唐湛然撰四字◎序見南北嘉龍黄卍臺大中縮頻。【按】①蔡云此儀各藏併入法華三昧行事運想補助儀（見 2839），今檢唯縮佛如此，縮不記卷數；大中頻別立一目；南北嘉龍黄卍臺則附金光明懺法補助儀（見 2843）後。②今檢序文可知，此略儀是遵式據法華三昧行事運想補助儀且略出其辭句而成，並將略儀附於遵式集金光明懺法補助儀後，以備承用，達到由此懺法隨事觀想的目的。詳檢辭句又可知，遵式還集入了他種懺儀中觀想的内容。

2841　修懺要旨一卷，宋知禮述。

○眉科△附香華運想偈○眉科。

【校記】◎南：無宋字◎眉科等見南北嘉龍黄卍臺中縮頻◎附偈，頻目録題宋知禮科。【蔡按】由四明尊者教行録（見 2831）分出加科。【按】①偈文出千手眼大悲心呪行法（見 2848），蔡按偈文出法華三昧行事運想補助儀（見 2839），不準確。②頻佛分出偈文一卷（見附 2841）。③中將修懺要旨、香華運想偈皆附見始終心要（見 2823），不記卷數。

2842　禮法華經儀式一卷。

【校記】義知佛：增宋知禮集四字。【按】嘉臺在千手眼大悲心呪行法（見 2848）後附見此儀式，又緊隨其後分出此儀式，今檢分出本較附見本僅增卷後之音釋二行而已。【縮刻按】禮法華經儀式，明有二本，與今全同，故不重載之。

2843　金光明懺法補助儀一卷，宋遵式集。

【校記】南：無宋字。【按】此儀後，南北嘉龍黄卍臺另附略法華三昧補助儀，詳見 2840 按語。

2844　金光明最勝懺儀一卷，宋知禮集。

【校記】南：無宋字。

2845　釋迦如來涅槃禮讚文一卷，宋仁岳撰。

○~序，仁岳撰。

【校記】◎南：無宋字◎序見南北嘉龍黄卍臺大中縮頻。【按】卍正藏第三十套已收此文，續藏（舊版）乙第三套、（新纂）1502 再收屬重出（見附 2845）。

2846　天台智者大師齋忌禮讚文一卷，宋遵式述。

○天台智者大師齋忌禮讚由序，遵式述。

【校記】◎南：無宋字，義：宋慈雲懺主述◎序見南北嘉黄卍臺大中縮頻。【按】◎卍續目録題智者大師齋忌禮讚文。卍正藏第三十套已收此文，續藏（舊版）乙第三套、（新纂）1503 再收屬重出（見附 2846）。②龍藏存目缺本。【提示】遵式，又稱慈雲懺主。

2847 　請觀世音菩薩消伏毒害陀羅尼三昧儀一卷，宋遵式集。

【校記】南知：無宋字。【按】南北嘉龍黃卍臺大中知縮頻所錄係遵式再治本。

2848 　千手眼大悲心呪行法一卷，宋知禮集。

【校記】◎知：眼作千眼◎南嘉卍臺大縮頻：無宋字。【按】嘉臺附禮法華經儀式，詳見 2842 按語。

2849 　觀自在菩薩如意輪呪課法一卷，宋仁岳撰。

〇並序。

【校記】◎南：無宋字，嘉臺大縮頻：無作者名◎序見南北嘉龍黃卍臺大中縮頻。

2850 　熾盛光道場念誦儀一卷，宋遵式撰。

〇～拾遺序，宋靈鑒述。

【校記】◎南：無宋字◎序見南北嘉龍黃卍臺大中縮頻。

2851 　菩提心義一卷。

【校記】卍續頻佛目錄增題唐潛真撰；縮校記作靈雲註云私云潛真法師撰，非不空述。【註】大縮頻：海運。

2852 　明佛法根本碑一卷，唐智慧輪述。

【校記】大：無唐字。

2853 　顯密圓通成佛心要集二卷，遼道殿集。

〇～序，遼陳覺撰〇附供佛利生儀〇顯密圓通成佛心要並供佛利生儀後序，遼性嘉述〇元管主八後記。

【校記】◎磧普初南北嘉龍黃卍臺大中縮頻：無遼字，義知：遼作宋北遼，佛：遼作宋，頻：殿作啟◎序等見磧普南北嘉龍黃臺大中縮頻（初卍：無陳覺序）。【按】①磧此 書原在功字帙內（見帙首目錄），後因被收入二十八帙秘密經，入更字帙內，遂將原本撤除（據美國藏磧砂本和初刻南藏本，此經皆在更字帙可斷定）。然而影印磧（臺中同）用晉城青蓮寺藏普寧本補缺，塗掉了千字文帙號並錄入功字帙的作法不妥。②初卷上散佚，影印洪武南藏補入手抄本③頻蔡目分出附供佛利生儀一卷（見附 2853）。

2854 　密呪圓因往生集一卷，西夏智廣、慧真編集，金剛幢譯定。

〇～序，西夏賀宗壽序〇～目錄。

【校記】◎南北嘉龍黃卍臺大中知縮頻：無西夏二字，義：誤記宋西夏賀宗壽集，佛：宋智廣共慧真編集◎序等見南北嘉龍黃卍臺中縮頻（大：僅有序）。

2855 　維摩詰經三觀玄義二卷，隋智顗撰。

〇新刻三觀義序，天明日本智願海藏撰。

【校記】序見卍續頻續。

2856 　觀心食法一卷，隋智顗撰。

【校記】卍續頻續：隋智顗撰作智者。

2857　觀心誦經法記一卷，隋智顗説、唐湛然述。

【校記】卍續頻續：天台大師説、荊溪尊者述。【提示】智顗，世稱天台大師；湛然，世稱荊溪尊者。

2858　天台智者大師發願文一卷，隋智顗撰。

【校記】卍續頻續：無作者名。

2859　普賢菩薩發願文一卷，隋智顗撰。

【校記】卍續頻續：隋智顗作智者。

2860　五百問論三卷，唐湛然述。

○重刻~序，寬政日本慈周撰○凡例，日本昌宗識○附文永日本宗性後記○跋，寬政日本昌宗識。

【校記】◎卍續頻續：無唐字◎有序等◎目録題法華五百問論；卍續目録註古本題云釋疑，破斥窺基撰法華經玄贊。

2861　學天台宗法門大意一卷，唐行滿述。

【校記】◎卍續頻續：無唐、述二字◎卍續目録註外題天台宗大意。

2862　六即義一卷，唐行滿述。

【校記】卍續頻續：無唐字。

2863-1　天台宗未決一卷，日本最澄疑問、唐道邃決義。

【校記】◎卍續頻續：最澄問、邃決義◎卍續目録註問答十箇條。

2863-2　日本國三十問謹案科直答如後一卷，唐廣修撰。

○圓澄疑問條目。

【校記】◎卍續頻續：無唐字◎有條目◎卍續目録題釋疑。

2863-3　答日本國問一卷，唐維蠲答。

○維蠲書○唐滕邁白○滕邁給判印○付日本國經論目。

【校記】◎卍續頻續：無作者名◎有書等◎卍續目録題釋疑，日本圓澄疑問、唐維蠲決答；目録註問答三十箇條。

2863-4　答修禪院問一卷。

○義真疑問。

【校記】◎卍續：有疑問◎目録題釋疑，並註問答十三箇條。

2863-5　釋疑一卷，日本光定疑問、唐宗穎決答。

【校記】◎卍續頻續：決答作上◎卍續目録註問答六箇條。

2863-6　釋疑一卷，日本德圓疑問、唐宗穎決答。

【校記】◎卍續頻續：唐宗穎決答作宗穎上◎卍續目録註問答十箇條；副目另出釋疑一卷，問答二十七箇條，日本源信疑問，唐知禮決答，並註載於四明教行録卷四（見2831）。

2864　法華龍女成佛權實義一卷，宋源清述。

【校記】◎卍續頻續：無宋字◎卍續目録註外題龍女成佛義；副目另出法華龍女成佛權實文旨一卷，宋善月述，並註載於山家緒餘集卷上（見 2884）。

2865　　寶雲振祖集一卷，宋宗曉編。

　　　　○並序○目録。

　　　　【校記】◎卍續大頻續：無宋字◎有序等。【蔡按】大正附於四明尊者教行録（見 2831）。

2866　　螺溪振祖集一卷，宋元悟編。

　　　　○～目録。

　　　　【校記】◎卍續大頻續：無宋字◎有目録。【蔡按】大正附於四明尊者教行録（見 2831）。

2867　　四明仁岳異説叢書七卷，宋繼忠集。

　　　　○～目次。

　　　　【校記】◎目次見卍續頻續◎卍續目録註原名（扶宗集中）四明仁岳往復書。

2867-1　岳闍梨十諫書（一），仁岳述、繼忠集。

2867-2　法智遺編解謗書（二），知禮述、繼忠集。

2867-3　岳闍梨雪謗書（三），仁岳述、繼忠集。

2867-4　附法智遺編別理隨緣十門析難書（四），仁岳述、繼忠集。

　　　　○並序。

　　　　【校記】序見卍續頻續。

2867-5　釋難扶宗記（五），知禮述。

2867-6　附法智遺編止疑書（六），仁岳述、繼忠集。

2867-7　附法智遺編抉膜書（七），仁岳述、繼忠集。

2868　　閑居編五十一卷（另目次一卷），宋智圓著。

　　　　○～序，宋吳遵路撰○自序○～目次○附孤山法師撰述目録凡一百七十余卷○宋浩肱記○宋元敬題、元敬書。

　　　　【校記】◎序等見卍續頻續◎卍續副目記圓頓觀心十法界圖一卷，宋遵式述，並註載於天竺別集（見 2870）卷中。【提示】智圓，世稱孤山法師。

2869　　金園集三卷，宋遵式述、慧觀重編。

　　　　【校記】卍續頻續：宋遵式述作懺主慈雲述。【提示】遵式，又名慈雲懺主。

2870　　天竺別集三卷，宋遵式述、慧觀重編。

　　　　【校記】卍續頻續：宋遵式述作懺主慈雲述。【提示】遵式，又名慈雲懺主。

2871　　重編天台諸文類集十卷，宋如吉編。

　　　　【校記】卍續：無宋字。【按】卍續存卷十。檢新編諸宗教藏總録記載此書十卷，故今新考目録據以著録。

2872　　別傳心法議一卷，宋戒珠撰。

　　　　○附祭懷要禪師文。

【校記】◎卍續：無宋字◎有附文。【按】卍續殘卷。

2873　三千有門頌略解一卷，明真覺解、智旭較。

○並敘○附瑩中居士與明智法師書○慶元二年中秋四明樓鑰題○又附馮太史請解有門頌書○又附有門頌略解序，明馮夢禎撰○刻三千有門頌解後序，智旭識。

【校記】◎義：無略字◎明真覺述，知：無卷數及作者名◎卍續佛：有敘等（嘉續臺：無樓鑰題）◎卍續副目載三千有門頌一卷，宋陳瓛撰，並註會入於～。

2874　復宗集二卷，宋與咸述。

【校記】◎卍續：無宋字◎目録記佚上卷。

2875　山家義菀二卷，宋可觀述、智增證。

【校記】◎卍續頻續：無宋字。

2876　竹庵草録一卷，宋可觀撰。

○刻～序，元禄日本光謙書○～目次○附續添。

【校記】◎卍續：有序，新作目次等◎目録記但欠初紙。

2877　圓頓宗眼一卷，宋法登述。

○並序○～目次。

【校記】◎卍續頻續：無宋字◎有序、新作目次。

2878　議中興教觀一卷，宋法登述。

【校記】卍續頻續：無作者名。

2879　三教出興頌一卷，宋宗曉註。

【校記】◎卍續頻續：無宋字◎目録題三教出興頌註。

2880　施食通覽一卷，宋宗曉編。

○並序○梓～序，元禄日本戒山識○目録○附附録○跋，宋林師文跋。

【校記】◎卍續頻續：無宋字◎有序等。

2881　不可刹那無此君一卷，宋義銛述。

○附義銛詩等。

【校記】附詩等見卍續頻續。

2882　北峰教義卷一一卷，宋宗印撰。

【校記】卍續：無作者名。

2883　台宗十類因革論四卷，宋善月述。

○～目次。

【校記】◎卍續頻續：無作者名◎有新作目次。【按】卍續頻續卷一首殘。

2884　山家緒餘集三卷，宋善月述。

○～目次

【校記】◎卍續頻續：無宋字◎有目次◎卍續副目記宗門尊祖議一卷，宋志磐述，並註出於佛祖統紀（見3610）卷五十一。【按】卍續於本書後附宗門尊祖議一卷，屬別抄。

2885　台宗精英集五卷，宋普容録。

　　　　〇刻～跋，正德日本亮潤撰。

　　　　【校記】◎卍續：無宋字◎有跋。【按】卍續缺卷一，卷五尾殘。

2886　性善惡論六卷，明傳燈著。

　　　　〇～序，明王立轂書〇～序，傳燈撰。

　　　　【校記】◎卍續頻續佛：無明字◎有二序。

2887　明僧克勤書一卷，明克勤撰。

　　　　【校記】◎卍續頻續：無作者名◎目録題書一卷。

2888　法界安立圖三卷，明仁潮集録。

　　　　〇～自序〇～總目。

　　　　【校記】◎卍續頻續：或六卷（每卷又分二卷）◎無明字◎有序等。

2889　隨緣集四卷，清靈耀著。

　　　　〇～敘，靈耀書〇～目次。

　　　　【校記】◎卍續頻續：無清字◎有敘、新作目次。

2890　顯戒論三卷，日本最澄撰。

　　　　〇附天台法華宗年分緣起〇唐知玄法師書。

　　　　【校記】◎大續縮頻：無日本二字◎附緣起等見縮頻佛。【按】①頻目録佛記附

　　　　天台宗年分緣起一卷。

2891　守護國界章三卷，日本最澄撰。

　　　　〇較正～緣起，亮潤撰。

　　　　【校記】◎佛：九卷，大續縮頻：或九卷（每卷又分三卷）◎無日本二字◎緣起

　　　　見大續。

諸宗部 · 淨土宗

2892　略論安樂淨土義一卷，元魏曇鸞撰。

　　　　【校記】卍續大頻續：無元魏二字。

2893　安樂集二卷，唐道綽撰。

　　　　〇引，明治日本赤松連城識〇附元禄日本義山記〇寬政日本樸素識。

　　　　【校記】◎卍續大頻續：無唐字◎引等見卍續頻續（大：無引）。

2894　觀念阿彌陀佛相海三昧功德法門一卷，唐善導集記。

　　　　【校記】◎卍續大：無唐字◎卍續目録註外題觀念法門。

2895　釋淨土羣疑論七卷，唐懷感撰。

　　　　〇～序，唐孟銑撰〇淨土羣疑論大科列章，元德日本真惠書。

　　　　【校記】◎卍續大：無唐字◎有序；列章見卍續。

2896　淨土十疑論一卷，隋智顗説。

　　　　〇～序，宋楊傑述〇～後序，宋陳瓘序。

【校記】◎北嘉龍黄卐臺大中知縮頻：隋智顗作隋智者（初南：無隋字，義：隋作陳隋）◎二序見初南北嘉龍黄卐臺大中縮頻。【按】①卐續頻續有節略本，收於淨土十要第四（見2935-6）。②嘉續臺在淨土三論第一又收二序，重輯嘉續又收本論及二序，另附清正知識，除正知識外，皆屬重出（見附2896）。

2897　註十疑論一卷，隋智顗説、宋澄彧註。

　　○宋贊寧序。

　　【校記】◎卐續頻續：隋智顗作智者，無宋字◎有序。

2898　淨土三論，明正知刊。

　　【蔡按】分見2896淨土十疑論一卷、2905念佛三昧寶王論三卷、2917淨土生無生論一卷。

2899　五方便念佛門一卷，隋智顗撰。

　　【校記】卐續大：智者撰。

2900　淨土論三卷，唐迦才撰。

　　○~序，迦才撰○~目録。

　　【校記】◎卐續大：無唐字◎有序◎目録見卐續。

2901　西方要決釋疑通規一卷，唐窺基撰。

　　【校記】◎大：基撰◎卐續副目記西方要決一卷，唐窺基撰，並註會入於西方要決釋疑通規科註（見2902）。

2902　西方要決科註二卷。

　　○附辨西方要決真偽造疑，日本基辨撰。

　　【校記】附辨疑見卐續。

2903　遊心安樂道一卷，新羅元曉撰。

　　【校記】卐續大：無新羅二字。

2904　念佛鏡二卷，唐道鏡、善道集。

　　○~序，宋楊傑述○明蓮池大師竹窗二筆引文○延寶日本大谷門人某誌○附臨終正念往生文，唐善導述○重鍥~敘，明如賢識。

　　【校記】◎卐續大：無唐字◎有序等。

2905　念佛三昧寶王論三卷，唐飛錫撰。

　　○並序○附跋寶王論後，宋黄伯思書○清正知識。

　　【校記】序見嘉續臺大；附跋見大；正知識見嘉續臺。【按】嘉續臺收於淨土三論（見2898）第二；卐續頻續有節略本，收於淨土十要第五（見2935-7）。

2906　往生淨土決疑行願二門一卷，宋遵式撰。

　　【校記】南：無宋字，嘉黄卐臺大縮頻：撰作述，義佛：撰作集。【蔡按】卐續甲十三淨土十要第二（見2935-3）。

2907　樂邦文類五卷，宋宗曉編。

　　○並序○~序，明嚴訥撰○~序，宋汪大猷序○附後序，宋善月序○懷淨土詩，

元明本撰。

【校記】◎知：六卷◎卍續大：無宋字◎有四序；詩見大。【註】知：可作十二卷。【按】①義別抄本書卷五神棲安養賦一卷（見附2907-1）及懷淨土詩一卷（見附2907-2）。②和中峰禪師懷淨土詩（見3487）。【提示】明本，號中峰。

2908　樂邦遺稿二卷，宋宗曉編。

　　○並序○～（上、下）目錄。

　　【校記】◎卍續大：無宋字◎有序◎目錄見卍續（分見各卷前）。

2909　龍舒增廣淨土文十二卷，宋王日休撰。

　　○念佛立化龍舒王居士像○龍舒淨土文序（三篇），分別由元呂師說書、宋張孝祥序、呂元益書○重刊龍舒淨土文序，明秋月序○丞相周益公贊○晉軒李居士贊○重刊～目錄○參政周大資跋，宋周葵跋○狀元劉待制跋，宋劉章書○妙喜老人跋，宋宗杲跋（以上三跋見卷十後）○附超脫輪迴捷徑○念佛報應因緣○普勸修持○口業勸戒○重刻龍舒淨土文跋，明陸光祖識。

　　【校記】◎義知：無增廣二字◎知：十卷◎嘉續卍續臺大佛：無宋字◎像、陸光祖跋見嘉續臺；秋月序見卍續大佛；余序等見嘉續卍續臺大佛。

2910　選擇本願念佛集一卷，日本源空撰。

　　○新雕～序，基親述○附義山募刻文。

　　【校記】◎大續縮：無作者名（大續之校本有源空花押）◎序等見大續◎宿：無附文）。

2911　黑谷上人語燈錄三卷，日本了惠集錄。

　　○～序，了慧書○明治日本行誡後記。

　　【校記】◎縮：無日本二字◎有序等。【按】後記云此書是從了慧所編集漢和兩語燈錄中拔出。另見4577黑谷上人語燈錄卷一至三。

2912　淨土境觀要門一卷，元懷則述。

　　○附一心三觀併頌。

　　【校記】◎南：無元字，義：述作撰◎附文見南北嘉龍黃卍臺縮頻。【按】①中將本書附於天台傳佛心印記後（見2832），不記卷數。②中重出本書及附文，並重校南嘉龍（見附2912-1），不妥。③佛記附一心三觀併頌一卷，元懷則述。④頻分出附文一卷（見附2912-2）。

2913　淨土或問一卷，元惟則著、明袾宏編、廣信校。

　　○～序，悟勤識。

　　【校記】◎大：無惟字◎有序。

2914　師子林天如和尚淨土或問一卷，元惟則著、善遇編。

　　○清正知識。

　　【校記】◎知：淨土或問◎無卷數◎惟則著作天如說，嘉續臺：無元惟則著四字◎有識。【按】卍續頻續有節略本，收於淨土十要第六（見2935-8）。【提示】惟則，號天如。

2915 　廬山蓮宗寶鑑十卷，元普度集。

〇普度識〇元希陵撰〇元中德敘〇～敘，普度題〇～綱目〇～目録〇蓮宗寶鑑
序，明錢士升書〇優曇和尚輯蓮宗寶鑑事實，中德記〇明道成序。

【校記】◎知：無廬山二字，黄卍續：蓮宗作優曇◎知：七卷◎南北嘉龍黄卍
續臺大中縮頻：無元字◎普度識至目録見南北嘉龍卍續臺大中縮頻（黄：無希
陵撰、中德敘）；明錢士升書見嘉龍卍續臺大中縮頻；事實、道成序見黄卍續。

【按】①原書目録卷十至《誓願流通》止，現存本其下另有《西蜀楚山和尚示衆
念佛警語》、《淮陽曉山和尚勸修淨業箴》二文（黄：無此二文）。②原書目録卷
十後附名德題跋，現存本唯黄卍續大見存，卍續有元淨日題、元（白蓮宗主）悦
堂書、元宗信跋、元西雲題、元月磵題、元明本跋、元智通書、元致祐書、元張
疇齋書、元無住題、元石橋跋、明淨戒後序（大正無元石橋跋、明淨戒後序，代
之以元普度題、明古并沙門跋）。

2916 　寶王三昧念佛直指二卷，明妙叶集。

〇並序〇重刻～序，清智旭識〇刻～序，智旭著（妙叶按：右序編録於淨信堂初
集（見3928），今鈔出冠於篇首也）〇～總目〇附真妄心境圖説〇附破妄念佛説
〇跋語，清車淨直書。

【校記】◎知：四卷◎嘉續臺大知：無明字◎序等見大（嘉續臺：無鈔出序）◎
重輯嘉目録記附破妄念佛説一卷。【按】卍續頻續有節略本，收於淨土十要第七
（見2935-9）。

2917 　淨土生無生論一卷，明傳燈撰。

〇附清正知識。

【校記】◎嘉續臺大：無明字◎附識見嘉續臺。【按】嘉續臺收於淨土三論（見
2898）第三；卍續頻續有節略本，收於淨土十要第九（見2935-11）。

2918 　淨土生無生論一卷，明傳燈撰、正寂註。

〇並科〇～註序，正寂序。

【校記】◎卍續頻續：無明字◎有科等◎目録題淨土生無生論註。

2919 　淨土生無生論親聞記二卷，明受教記。

〇重印～序，民國興慈撰〇～序，受教序〇淨土生無生論序，聞龍撰〇附跋語，
清真銘識〇清芳慧募刻叙〇附淨土生無生釋疑，清古崑撰。

【校記】◎卍續頻續佛：無明字◎序等見佛（卍續頻續：無興慈序、芳慧叙、附
釋疑）。

2920 　淨土生無生論會集一卷，明傳燈撰、清達默集、達林訂。

〇～序，達默述〇附舊跋，清正知識〇跋語，清蓮村氏識。

【校記】序等見卍續頻續。

2921 　幽溪無盡大師淨土法語一卷，明傳燈述、正知較。

〇清正知識。

【校記】◎嘉續臺：無明傳燈述四字◎有識。【蔡按】依駒目增入，駒有此目而正文附三論（見2898）之後。【按】卍續頻續有節略本，收於淨土十要第九（見2935-12）。

2922-1　西方合論十卷，明袁宏道撰。

　　○重刻~序，明周之夔書○明甘爾翼識○~敘，明袁宗道書○~引，袁宏道撰述○附~標註跋，明如奇識○珂雪齋紀夢，明袁中道述。

　　【校記】◎大：無明字，嘉又續臺：無作者名◎序等見大（嘉又續臺：僅有敘、引）。【註】知：可作六卷。【按】卍續頻續有節略本，收於淨土十要第十（見2935-13）。

2922-2　西方合論標註十卷，明張明教標註。

　　【校記】◎卍續：無作者名◎目錄誤記四卷。【按】卍續另有重刻西方合論序，明周之夔書；明甘爾翼識；西方合論敘，明袁宗道書；西方合論引，袁宏道撰述；附~跋，明如奇識，均已見2922-1。

2923　淨土疑辯一卷，明袾宏撰。

　　○~序，明陳所蘊撰○附~後跋，袾宏撰。

　　【校記】◎卍續臺大：無作者名◎序等見大。【按】出雲棲法彙（見3926）。

2924　答淨土四十八問一卷，明袾宏著。

　　○答四十八問序，袾宏識○附後序，李陽春書。

　　【校記】◎卍續臺頻續：無作者名◎有序；附後序見臺。【蔡按】出雲棲法彙（見3926）。

2925　西方願文解一卷，明袾宏著並釋。

　　○西方願文科○附原刻西方願文跋，明廣宣述。

　　【校記】◎義知：西方發願文◎知：無卷數◎義：明袾宏撰；卍續頻續：無明字◎科等見卍續臺頻續。【按】出雲棲法彙（見3926）。

2926　西方發願文註一卷，明袾宏作、清實賢註。

　　○~敘，實賢書。

　　【校記】◎卍續頻續：明袾宏作蓮池，無清字◎有敘。【提示】袾宏，號蓮池。

2927　勸發菩提心文一卷，清實賢撰。

　　○前言。

　　【校記】佛：清作宋。【按】佛記實賢為宋人，誤也。檢前言和淨土聖賢錄（見3687）卷六記載可知，實賢為清代人，故今新考目錄據以著錄。

2928　雲棲淨土彙語一卷，清虞執西、嚴培西錄。

　　○~目錄○附答虞德園等○後序，李陽春書○淨土疑辨序，明陳所蘊撰○淨土疑辨後跋，明袾宏跋。

　　【校記】◎卍續頻續：無清字◎有新作目錄等。

2929　淨土指歸集二卷，明大佑集。

○～目録○附明德祥跋○明允中書。

【校記】◎嘉續卍續臺：無明字◎有目録等。

2930　淨土簡要録一卷，明道衍編。

○～序，道衍序○附明大佑書。

【校記】◎卍續頻續：無明字◎有序等。

2931　歸元直指集二卷，明宗本集。

○宗本序○歸元直指序，明萬表撰○歸元直指序，明福愍書○～總目○附宗本集西方詩百首（卷上後）、山居詩百首（卷下後）○明定融誌。

【校記】◎嘉續臺：四卷◎一元著集、萬表參閲、張孟賢校刊，重輯嘉續卍續：無作者名◎定融誌見卍續，餘序等見重輯嘉續（嘉續臺：無萬表序、福愍序，卍續：無宗本序、福愍序）。【按】重輯嘉續分出山居詩百首一卷（見附2931）。【提示】宗本，號一元。

2932　淨土決一卷，明李贄集。

○～前引，李贄敘○～目次。

【校記】◎義：決作訣◎明李卓吾集，卍續頻續：無作者名◎有引、新作目次。

【按】本書卷首原載天台智者淨土十疑論並宋無爲居士楊傑述淨土十疑論序，已見2896，卍續按藏本既載，故今省之。【蔡按】出李子叢書八，不在藏内。

【提示】李贄，字卓吾。

2933　淨土資糧全集六卷，明袾宏校正、莊廣還輯。

△前集，莊廣還輯：○西方淨土圖○附中峰大師懷淨土詩、附西齋禪師懷淨土詩，莊廣還纂述○～序，明袾宏識○～序，明陸光祖識○～自敘，莊廣還識○募刻～疏，莊廣還疏○～目録○纂輯資糧全集大意△附後集：○～後序，明仇雲鳳撰○～後序，明莊廣還識○～跋，明莊芳林書○直音略訓，明沈廣近考訂○復真莊居士像，沈廣近寫○復真居士像贊，沈廣近撰。

【校記】◎義：淨土資糧◎三卷，卍續佛：八卷（含前集一卷、後集一卷）◎義：無袾宏校正四字，嘉續卍續臺佛：無明字◎前集見嘉續卍續臺（重輯嘉續佛：無西方淨土圖，佛：無附淨土詩）；後集見重輯嘉續（嘉續臺：無略訓、像、像贊，卍續佛：無像）◎重輯嘉目録記前集一卷，後集一卷。【按】本書目録記載像贊後尚有復真居士像記、復真居士像説、復真四偈，今存本未録。

2934　西方直指三卷，明一念編。

○刊～敘，元禄日本亮潤識○～序，一念序○～目録○附題～，明管志道題。

【校記】◎嘉續卍續臺：無明字◎敘見卍續；余序等見嘉續卍續臺（重輯嘉續：無序、目録）。

2935　靈峰蕅益大師選定淨土十要，清成時評點節略。

○～重刻序，成時書○～總目。

【校記】◎卍續頻續：無清字◎有序等◎目録題淨土十要。【蔡按】此係節本，

足本分見 2085 佛說阿彌陀經要解、3844 往生淨土懺願儀、2906 往生淨土決疑行
願二門、2896 淨土十疑論、2905 念佛三昧寶王論、2914 師子林天如和尚淨土或
問、2916 寶王三昧念佛直指、2917 淨土生無生論、2921 幽溪無盡大師淨土法語、
2922 西方合論，及附存目 25 西齋淨土詩。

2935-1　佛說阿彌陀經要解（一）一卷，姚秦鳩摩羅什譯、清智旭解。
　　　　○～重刻序，成時書○附原跋，清正知識○歙浦講錄跋，清性旦跋。
　　　　【校記】◎卍續頻續：無姚秦、清三字◎有序等。

2935-2　往生淨土懺願儀（二）一卷，宋遵式集。
　　　　○附自跋。
　　　　【校記】◎卍續頻續：無宋字◎有附跋。【按】此目與下目合為第二要。

2935-3　往生淨土決疑行願二門（二）一卷，宋遵式述。
　　　　○附舊跋，清正知識。
　　　　【校記】附跋見卍續頻續。

2935-4　觀無量壽佛經初心三昧門（三）一卷，清成時錄輯。
　　　　【校記】卍續頻續：無清字。【按】此目與下目合為第三要。

2935-5　受持佛說阿彌陀經行願儀（三）一卷，清成時錄輯。
　　　　○附二行合跋，清胡淨睿識。
　　　　【校記】◎卍續頻續：無清字◎有附跋。

2935-6　淨土十疑論（四）一卷，隋智顗說。
　　　　○～序，宋楊傑序○附後序，宋陳瓘述。
　　　　【校記】◎卍續頻續：智顗作智者◎有二序。

2935-7　念佛三昧寶王論（五）三卷，唐飛錫撰。
　　　　○附舊跋，清正知跋。
　　　　【校記】附跋見卍續頻續。

2935-8　師子林天如和尚淨土或問（六）一卷，元善遇編。
　　　　○評點淨土或問感賦，清成時題○淨土或問序，悟勤識○附跋，清潘存跋。
　　　　【校記】◎卍續頻續：無元字◎有感賦等。

2935-9　寶王三昧念佛直指（七）二卷，明妙叶集。
　　　　○重刻～序，清智旭識○刻～序，智旭著○～總目○附真妄心境圖說○破妄念佛
　　　　說○舊跋，清淨直書。
　　　　【校記】◎卍續頻續：無明字◎有序等。

2935-10　西齋淨土詩（八）三卷，明梵琦著、智旭點定。
　　　　○靈峰蕅益大師～贊○（卷一後）評點定懷淨土詩跋，清成時識○附題跋一律，
　　　　成時賦。
　　　　【校記】◎卍續頻續：無明字◎有贊等。

2935-11　淨土生無生論（九）一卷，明傳燈撰。

〇舊跋，清正知識〇跋，清成時識。

【校記】◎卍續頻續：無明字◎有二跋。【按】此目與下目合為第九要。

2935-12　幽溪無盡法師淨土法語（九）一卷，清正知較。

【校記】卍續頻續：無清字。

2935-13　西方合論（十）一卷，明袁宏道撰述、袁中道參定、張五教筆受、如奇標旨、清智旭評點。

〇評點～序，智旭述〇～原序，明袁宗道書〇附舊跋，明明善跋〇附紀夢，袁中道紀〇舊跋，清成時識。

【校記】◎卍續頻續：無朝代明、清二字◎有序等。

2936　　淨慈要語二卷，明元賢述。

〇寬文日本養存跋〇永覺師傳〇～序，元賢題〇～目次〇附～跋，明馮洪業識。

【校記】◎卍續頻續：無明字◎有跋等。【按】卍續目録誤記一卷。

2937　　鼓山為霖和尚示修淨土旨訣一卷，清道霈撰。

〇淨土旨訣序，清龔錫瑗撰〇淨土旨訣目次。

【校記】◎卍續頻續：無作者名◎有序等◎目録題淨土旨訣。

2938　　淨土晨鐘十卷，清周克復纂、周石訂、陳濟生參。

〇～自序，周克復撰〇～目録〇勸流通～引，周克復敬懇〇淨土日誦晨課、淨土夕課，周克復訂。

【校記】◎嘉續卍續臺：無清字◎有序等。

2939　　西歸直指四卷，清周夢顔彙輯、羅萬忠梓勸。

〇周安士居士傳〇像贊，清張爾旦等撰〇～全集目次〇西方有十種勝等〇附清金陵刻經處識。

【校記】◎卍續：無清字◎有傳等。【蔡按】出安士全書，不在藏内。

2940　　淨土警語一卷，清行策撰。

〇～目次。

【校記】◎卍續頻續：無清、撰二字◎有新作目次。

2941　　起一心精進念佛七期規式一卷，清行策定。

〇附普仁七日念佛記，金善。

【校記】◎卍續頻續：無清字◎有附記◎卍續目録註外題七期規式。

2942　　淨土全書二卷，宋王日休著、清俞行敏重輯。

〇～序（四篇），分別由清琇題，清弘禮題，清史大成序，俞行敏題〇勸修淨土啟，寶蓮道人啟〇重刊龍舒淨土文序，明操守經書〇佛祖因緣〇菩薩因緣〇～目次。

【校記】◎嘉又續臺：無淨土全書四字◎嘉又續卍續臺頻續佛：王日休作王龍舒，無清字◎序、新作目次等見卍續頻續佛（嘉又續臺：無目次）。【按】①卍續頻續佛於寶蓮道人啟後另有淨土文序，宋張孝祥序及重刊龍舒淨土文序，元呂師説書，已見2909。②重輯嘉目録列為待訪書目。【蔡按】嘉甲丙目以代前目金

剛經註正訛（見 1815）。【提示】王日休，又號龍舒居士；俞行敏，又名寶蓮道人。

2943　角虎集二卷，清濟能纂輯、上喻較閲。
○選刻～小序，清心旦題○～目次○附起念佛七儀式。
【校記】◎卍續頻續：無清字◎有序等。

2944　東海若解一卷，唐柳宗元著、清實賢解。
【校記】卍續頻續：柳宗元作柳子厚。【提示】柳宗元，字子厚。

2945　省庵法師語録二卷，清彭際清重訂。
○省庵法師遺書敍，彭際清撰○清悟慧識○清張悟基識○清陳悟候序○～目次○附省庵法師傳，清律然述○清貝墉識。
【校記】◎卍續頻續：無清字◎有敍等。

2946　重訂西方公據二卷，清彭際清集。
○～敍，彭際清題○～發凡○～目次。
【校記】◎卍續：無清字◎有敍、新作目次等。

2947　念佛警策二卷，清彭際清纂。
○～目次。
【校記】◎卍續頻續：無清字◎有新作目次。

2948　徹悟禪師語録二卷，清了亮、了梅等集。
○～序，清誠安識○自序，清訥道人書○念佛伽陀序，清心雨題○～目次○附念佛伽陀，清了如等述録○徹悟禪師行略，清通申述。
【校記】◎卍續頻續：無清字◎有序、新作目次等。【提示】徹悟，號訥道人。

2949　淨業知津一卷，清悟開述。
【校記】卍續：無清字。

2950　念佛百問一卷，清悟開著。
○序，清江沅撰○自序，悟開書○例言○附跋，清貝墉跋。
【校記】序等見卍續頻續。

2951　徑中徑又徑四卷，清張師誠著。
○聖祖仁皇帝聖製五燈全書序○高宗純皇帝聖製詩文○仁宗睿皇帝聖製詩○皇上御製趙文敏書中峰和尚淨土詩册跋○張師誠自序○清許淨中續序○附淨土雜詠選録。
【校記】◎卍續：無作者名◎有序等。【按】五燈全書（見 3718）收聖祖仁皇帝聖製序文首殘缺。本書於高宗純皇帝聖製詩文前另有世宗憲皇帝御選語録卷十三序文，已見 3079。

2952　勸修淨土切要一卷，清真益願纂述。
○重刻淨土切要序，清無相室序○清潘曾瑩序○～目録○附録（見書尾）○附清黄贊元跋○臨終舟楫要語。
【校記】◎卍續頻續：無清字◎有序、新作目録等◎卍續目録註外題淨土切要。

2953　　淨土隨學二卷，清古崑編。

　　　○～題詞，清照瑩題○～目録○～新刻緣起，清芳慧識○附往生要關，芳慧識。

　　　【校記】◎卍續頻續：無清字◎有題詞等。

2954　　戀西大師淨土必求一卷，清古崑集、心永、空靜較。

　　　○淨土必求自序，古崑書○淨土必求目録○附淨宗十集，古崑識。

　　　【校記】◎卍續頻續：無清古崑集四字◎有序等◎目録題淨土必求。【註】卍續
　　　頻續：亦名淨業痛策。

2955　　蓮宗必讀一卷，清古崑集。

　　　○～總序，古崑集○～總目○附～後跋，清諗西書。

　　　【校記】◎卍續頻續：無作者名◎有序等。

2956　　淨土神珠一卷，清古崑集。

　　　○～序，清芳慧識○～目録○附～後，芳慧識○～後跋，芳慧書。

　　　【校記】◎卍續頻續：無清字◎有序等。

2957　　淨土承恩集一卷，清芳慧編。

　　　○～新刻序，清心永識○～目録○附～自跋，芳慧跋。

　　　【校記】◎卍續頻續：無清字◎有序等。

2958　　念佛三昧一卷，清金人瑞著。

　　　【校記】◎卍續：無清字◎目録註出檀幾叢書二集卷二十三。【蔡按】原目誤題
　　　瑞聖歎著。【提示】金人瑞，字聖歎。

2959　　西方確指一卷，覺明妙行菩薩説、清常攝集。

　　　○～序，清彭紹升撰○～後序，清朗西金鍔撰。

　　　【校記】◎卍續：無清字◎有二序。

2960　　清珠集一卷，清治兆輯。

　　　○～序，清趙成夏敘○清德真書○自序，治兆書○凡例○引用書目○目録○附結
　　　社文，普元○發願文，性湛○募緣疏，圓明○戒懺疏，性空○～跋，淨信跋○三
　　　沙書。

　　　【校記】◎卍續：治兆輯◎有序等。

2961　　蓮邦消息一卷，清妙空子述。

　　　○妙空子書○～目次○附駐雲飛十首，嚴一程撰○臨江仙，玉尺禪仙作。

　　　【校記】◎卍續：無作者名◎有書、新作目次等。

2962　　淨土極信録一卷，清戒香述。

　　　○～敘，清境泰撰○～目次○自序，戒香題。

　　　【校記】敘等見卍續。

2963　　念佛起緣彌陀觀偈直解一卷，清張淵述、章夢仙輯、樓仁深、趙洪文、戒肅校。

　　　○念佛起緣觀偈直解敘，張淵識。

　　　【校記】◎卍續：無清字◎有敘。

2964　淨土證心集三卷，清卍蓮述。

○序，清吳鄭衡書○自序，卍蓮序○～目錄。

【校記】◎卍續頻續：無清字◎有序等。

2965　淨業痛策一卷，清照瑩集。

○～附刻序，清心永書○～前附，心永書○佛説阿彌陀經禮想儀，清古崑略輯
○～緣起，照瑩識。

【校記】◎卍續頻續：無清字◎有序等。

2966　時時好念佛一卷，清果能述。

○時時念佛序，清玉池識○～目錄。

【校記】◎卍續頻續：無清字◎有序等。

2967　啟信雜説一卷，清周思仁輯。

○～目次。

【校記】◎卍續頻續：無清字◎有新作目次。【蔡按】出安士全書，不在藏内。

2968　淨土紺珠一卷，清德真輯。

○～序，清露蓮題○自敍，德真識○例言○引用書目○～目錄○附跋，清劉爆
跋。

【校記】◎卍續頻續：無清字◎有序等。

2969　修西輯要一卷，清信庵輯。

○～序，清本普敍。

【校記】◎卍續頻續：無清字◎有序。

2970　蓮修起信録六卷，清程兆鸞録存。

○～鸞説○淨雲菩薩敍○敍，清陳沐清序○敍，清張淨觀書○敍，程兆鸞述
○～目錄。

【校記】◎卍續：無清字◎有鸞説等。

2971　報恩論四卷，清沈善登述、張常惺校録。

○～目錄○沈善登識。

【校記】◎卍續：卷首一卷，卷正二卷，卷附一卷◎無清字◎有目錄等。

2972　持名四十八法一卷，清鄭韋庵述。

○並引○蓮西頌○～目錄○附錄鄭韋庵先生戒殺放生詞七首。

【校記】◎卍續頻續：無清字◎有引等。

2973　念佛超脱輪迴捷徑經一卷。

2974　蓮邦詩選一卷，明廣貴輯、清陳韓補。

○～序，古愚題○原序，廣貴撰○～年代名號○～目錄。

【校記】◎卍續頻續：無明、清二字◎有序等。

2975　唯心集一卷，清乘戒著。

○自序。

【校記】◎卍續頻續：無清字◎有序。

2976　影響集一卷，清量海著。

【校記】卍續：無清、著二字。

2977　二林唱和詩一卷，清彭紹升集。

○目録○附～跋，清羅有高撰。

【校記】◎卍續頻續：作者名作知歸子集◎有目録等。【蔡按】出彭居士法集，後三目同。【提示】彭紹升，法名際清，又號知歸子、二林居士。

2978　觀河集節鈔一卷，清彭際清著、弟子節鈔。

○觀河集序，彭紹升題。

【校記】◎卍續頻續：無清字◎有序。【提示】彭紹升，法名際清。

2979　測海集節鈔一卷，清彭紹升著、弟子節鈔。

○附測海集敘，彭紹升題。

【校記】◎卍續頻續：無清字◎有敘。

2980　瓊樓吟稿節鈔一卷，清陶善著、弟子節鈔。

○瓊樓吟稿序，清彭紹升序。

【校記】◎卍續頻續：無清字◎有序。

2981　蓮修必讀一卷，清觀如輯。

○～自序，觀如書。

【校記】◎卍續頻續：無作者名◎有序。

2982　毘陵天寧普能嵩禪師淨土詩一卷，清德潤録。

○清清玉識。

【校記】◎卍續頻續：無清字◎有識◎目録題普能嵩禪師淨土詩。

2983　淨土救生船詩一卷，清寬量集。

○序，清俞樾撰○小敘，寬量序○觀記，清夏震武記○題詞，俞樾再題。

【校記】◎卍續頻續：無清字◎有序等。

2984　天然居士懷淨土詩一卷，清明康録。

○天然居士淨土詩敘，清墨浪文書○淨土詩敘，清骨岩峰書○淨土詩敘，清冶堂書○懷淨土詩序，清五嶽玹題○淨土詩序，清鮑訓書○～目録○淨土詩跋（三篇），分別由清孫潤書，清丁之溶書，清超機識○懷淨土詩題詞，清古楳穎稿○天然居士小傳，清王頤之書。

【校記】◎嘉（藏外）臺：無清字◎有敘等◎重輯嘉目録記附小傳一卷。

2985　二課合解七卷，民國興慈述。

○～會本序，民國俞恒撰○校訂～序，民國炳道撰○重訂～緣起，興慈撰○附七種禮拜○～目次○世界圖（五圖并説）○示要○早課綸貫○暮課綸貫○七佛偈語。

【校記】◎佛：無民國二字◎有序等。

諸宗部 · 禪宗

2986 菩提達磨大師略辨大乘入道四行觀一卷，梁菩提達磨説。

○元魏隋曇琳序○附達磨大師碑頌，梁武帝蕭衍製。

【校記】◎卍續頻續：無作者名◎有序等◎卍續目錄註又云達磨大師四行觀。

2987 達磨大師血脈論一卷，梁菩提達磨述。

○達磨血脈論序，宋任哲作。

【校記】◎卍續頻續：無作者名◎有序。【蔡按】少室六門之六（參閱2997）。

2988 達磨大師悟性論一卷，梁菩提達磨述。

【校記】卍續頻續：無作者名。【蔡按】少室六門之五（參閱2997）。

2989 達磨大師破相論一卷，梁菩提達磨述。

【校記】卍續頻續：無作者名。【蔡按】少室六門之二（參閱2997）。

2990 南宗頓教最上大乘摩訶般若波羅蜜經六祖惠能大師於韶州大梵寺施法壇經一卷，唐法海集記。

【校記】大慧：無唐字。【慧按】敦煌古寫本，茲據日本森江書店鈴木貞太郎校訂本重刊。寫本有脱誤不可讀處，鈴木多已校改，並註明原文於下。

2991 六祖壇經二卷。

○～序，唐惠昕述○宋晁子健記。

【校記】◎佛：增作者名作唐惠昕原本◎序、記見慧。【慧按】此為惠昕原本，與敦煌本並為壇經古本。茲據日本森江書店鈴木貞太郎校訂本重刊。

2992 六祖大師法寶壇經（曹溪原本）一卷。

○明成化御製六祖法寶壇經敘○刻法寶壇經序，明李材書○～原目，清王起隆對、嚴大參、譚貞默訂○重鋟曹溪原本法寶壇經緣起，王起隆識○重訂曹溪法寶壇經原本跋，譚貞默識○讀壇經原本頌，嚴大參題。

【校記】◎御製敘等見慧。【慧按】此為元宗寶改編以前之曹溪原本。今得此本，與敦煌（見2990）興聖（見2991）鼎足流傳，再參以宗寶之本（見2993），使壇經一書之異同本末大略可循，亦足貴矣。

2993 六祖大師法寶壇經一卷，元宗寶編。

○～目錄○～序，元德異撰○～贊，宋契嵩撰○附六祖大師緣起外紀，唐法海等集○歷朝崇奉事蹟○賜謚大鑒禪師碑，唐柳宗元撰○大鑒禪師碑並佛衣銘，唐劉禹錫撰○唐令韜錄○跋，元宗寶跋。

【校記】◎佛：唐慧能説，嘉黃卍臺大中縮頻慧：無元字◎目錄等見嘉黃卍臺大中縮頻（慧：無令韜錄）。【按】①慧所錄係清鼓山湧泉寺重刻本，卷首及附錄皆有增文如下：六祖大鑒禪師寶像並像贊，清道霈贊；六祖壇經序，宋郎簡述；重刊六祖法寶壇經緣起，道霈書；六祖能禪師碑銘，唐王維撰；卓錫泉銘並引及見六祖真相，宋蘇軾撰。②頻目錄記附錄一卷。③重輯嘉分出緣起外記一卷（見

附 2993-1）。④佛重出（見附 2993）。【中華按】壇經之宗寶本不同於法海本（見 2994）處在於宗寶本分十品，每品均有品名；就文字内容言，前六品文字與法海本殊多出入，後四品内容為法海本所無，且經後附文亦為法海本所未收者。

2994　六祖大師法寶壇經一卷，唐法海等集。

○題壇經，明趙琦美跋。

【校記】◎石：宗寶編、明圓載、真程校，南知：宗寶編、淨戒重校，北龍中義：法海等集◎跋見石。【中華按】北藏本所收壇經係法海等集，即法海本；永樂南藏本所收雖為宗寶編，即宗寶本，但經明淨戒重校後，其内容文字反而與法海本相近。【按】①石經所收雖亦為宗寶編，但其内容文字卻與法海本及淨戒重校本相近。②於跋前，石南北龍中另有～贊，宋契嵩述，已見 2993；龍中另有成化御製六祖法寶壇經敘和刻法寶壇經序，明李材書，已見 2992。

2995　法寶壇經解義二卷，民國許聖可著。

【按】佛於本書後附六祖大師事略，唐法海撰，已見 2993。

2996　六祖大師法寶壇經箋註一卷，唐法海録、民國丁福保箋註。

○六祖壇經箋註序，丁福保序○六祖壇經箋註後序，丁福保識○箋經雜記○六祖大師法寶壇經略序，唐法海撰。

【校記】◎佛：無民國二字◎有序等。【按】佛於法海序後另有元德異撰壇經序、附歷朝崇奉事蹟，已見 2993。

2997　少室六門一卷。

○～集目次。

【校記】◎大：少作小◎卍續：有目次◎目録題少室六門集。【蔡按】相傳為達磨大師説。六門為：（1）心經頌（2）破相論（3）二種入（4）安心法門（5）悟性論（6）血脈論。卍續分出第二、五、六三門，惟缺第四。【按】頻續唯載第二、五、六三門，依次見 2989、2988、2987。

2998　最上乘論一卷，唐弘忍述。

【校記】卍續大：無唐字。

2999　修禪要訣一卷，唐佛陀波利説，明恂録、慧智譯。

○刻～序，天明日本智暉撰。

【校記】序見卍續頻續。

3000　頓悟入道要門論卷上，唐慧海撰；諸方門人參問語録卷下。

○頓悟入道要門論原序，明崇裕書○附初祖菩提達磨大師安心法門（註：出聯燈會要）○明妙叶題○後序，明萬金書。

【校記】義：卷下增作者名作明妙叶輯◎序等見嘉續卍續臺頻續。【按】卍續義頻續分出諸方門人參問語録一卷（見附 3000）。

3001　淨慧法眼禪師宗門十規論一卷，唐文益撰。

○刊行法眼禪師十規論敘，寶曆日本指月書○宗門十規論自敘○法眼禪師十規論

目次〇附題重刊十規論後，元慍恕中跋。

【校記】◎卍續頻續：無作者名◎有敘、新作目次等◎目録題宗門十規論。

3002　人天眼目六卷，宋智昭集。

〇～序，智昭序〇～目録，智昭集〇附大元延祐重刊～後序，元致祐書〇龍潭考（註：見永覺晚録）〇重修～集後序，宋大觀序〇乾元日本瓊林記。

【校記】◎義：人天眼目集◎一卷◎嘉續卍續臺大：無作者名◎序、目録見嘉續卍續臺（大：無目録）；附後序等見卍續大。【按】龍潭考已見永覺和尚廣録卷十六（見3461）。

3003　人天寶鑑一卷，宋曇秀録。

〇宋劉葉序〇～序，曇秀序〇附宋師贊跋〇宋妙堪書。

【校記】◎卍續頻續：無作者名◎有序等。

3004　禪宗永嘉集一卷，唐玄覺撰。

〇～序，唐魏靜述〇無相大師行狀，宋楊億述。

【校記】◎南北龍中知：永嘉集◎北龍中知：唐玄覺述（南：無唐字）◎序、行狀見嘉臺大中縮頻（南北龍：無行狀）◎頻目録增題魏靜輯【按】①嘉有二本，清康熙六年刊本將行狀録於序前，見重輯嘉臺；無刊板年月本將行狀録於永嘉證道歌後（見3561），見大。②重輯嘉分出行狀一卷（見附3004）。③本書是唐魏靜將大師文十篇集爲一卷。

3005　禪宗永嘉集二卷，唐玄覺撰、宋行靖註。

〇～序，唐魏靜述、行靖註。

【校記】◎義：無撰者名◎序見黃卍。

3006　永嘉禪宗集註二卷，明傳燈重編並註。

〇～序，傳燈著。

【校記】◎知：四卷◎序見卍續頻續。

3007　禪源諸詮集都序二卷，唐宗密述。

〇重刻禪源詮序（三篇），分別由元無外序、元鄧文原書、元賈汝舟序〇～敘，唐裴休述〇重刊圭峰禪師～疏，明居頂撰。

【校記】◎南北龍卍續中知佛：四卷，嘉黃臺大縮頻：或四卷（每卷又分二卷）◎南北龍中：無唐字◎三序、敘見南北嘉龍卍續臺大中縮頻（黃：無三序）；疏見卍續。【註】南北嘉龍黃卍續臺大中縮頻：亦名禪那理行諸詮集。

3008　宗鏡録一百卷，宋延壽集。

〇並序〇～序，宋楊傑撰〇～序，吳越國王錢俶製〇雍正御製重刊～序〇雍正御製重刊～後序〇雍正論文。

【校記】◎知：集作述◎宋人撰三篇序見麗補遺普南北嘉龍黃卍臺大中縮頻；雍正御製序、後序、論文見龍中。【按】①此書係麗補遺所收第一種書，千字文函號禄至茂字，唯與福州藏同，非續接麗藏已有函號洞字。②磧初卷一散佚。

3009　御録宗鏡大綱二十卷，清世宗御録。

○清雍正~序。

【校記】◎龍中：無作者名◎有御製序。

3010　萬善同歸集三卷，宋延壽述。

○~序，宋沈振撰○清雍正御製妙圓正修智覺永明壽禪師~序○附明德儀識○明如蕓識○永明壽禪師垂誡。

【校記】◎南北嘉龍黄卍續臺中知縮頻佛：六卷◎至南北嘉黄卍續臺大縮頻：無宋字，龍中：壽述◎沈振序、附文三篇見大；清御製序見龍卍續中。【按】①金殘存卷中（中華藏附見）。②南於御製序前另有大明續諸經未入藏者添進藏函序，已見 2023。

3011　永明智覺禪師唯心訣一卷，宋延壽撰。

○文化日本天瑞守選書○附智覺禪師定慧相資歌，延壽述○警世，延壽述。

【校記】◎義知：唯心訣◎南北嘉黄卍續臺大中縮頻：無作者名，義知佛：撰作述◎天瑞書見卍續；附二文見南北嘉黄卍續臺大中知縮頻（義：無警世）。【按】①南北嘉黄臺另附延壽集宗鏡録序，已見 3008。②卍續義知分出定慧相資歌一卷（見附 3011-1），卍續知分出警世一卷（見附 3011-2），頻佛分出定慧相資歌並警世一卷（見附 3011-1）。③龍未收唯心訣，僅收定慧相資歌一卷、警世一卷（見附 3011-1、附 3011-2）。

3012　註心賦四卷，宋延壽述。

○明妙叶書。

【校記】◎龍中：永明心賦註，知：心賦註，義：心賦註解原文◎五卷◎嘉續臺：無宋字，龍中：壽述◎妙叶書見嘉續臺中。【註】義：原文一卷，註解四卷。

3013　觀心玄樞一卷，宋延壽撰。

【按】卍續頻續卷首殘缺。此書卷末題名觀心玄樞一卷，但卷首題名卍續補作觀心玄樞卷一。檢東域傳燈目録記載：玄樞一卷，智覺禪師作，故今新考目録據以著録。【提示】延壽，賜號智覺禪師。

3014　慧日永明寺智覺禪師自行録一卷，宋文沖重校編集。

○清蔣恭識○附自行録跋，清梅嶼識○清人跋。

【校記】◎卍續頻續：無宋字◎有識等◎目録題智覺禪師自行録。

3015　祇園正儀一卷，宋道楷撰。

○附跋刻芙蓉楷祖法語，寬政日本玄透書。

【校記】◎卍續頻續：無作者名◎有附跋。

3016　臨濟宗旨一卷，宋慧洪撰。

【校記】卍續頻續：無宋字。

3017　寂音尊者智證傳十卷，宋慧洪撰、覺慈編。

○重刻智證傳引，明真可述○附雲巖寶鏡三昧○宋許顗後序。

【校記】◎卍續知頻續：智證傳◎卍續頻續：一卷◎嘉續臺：無宋慧洪撰四字◎引等見嘉續卍續臺頻續（義：僅録雲巖寶鏡三昧）◎重輯嘉臺目録記附雲巖寶鏡三昧一卷。【註】卍續頻續：原本分十卷，今合爲一卷；知：可作五卷。【按】義分出雲巖寶鏡三昧一卷（見附3017）。

3018　潙山警策一卷，宋守遂註。

○註～序，宋張鉄撰○附元德異敘○李穑跋○元益大書。

【校記】◎卍續頻續：無宋字◎有序等◎目録題潙山警策註。【按】佛祖三經註解之一，餘係2110佛遺教經註、2197四十二章經註。

3019　潙山大圓禪師警策一卷，明大香註。

○敘潙山警策，大香題。

【校記】◎卍續頻續：無明字◎有敘◎目録題潙山警策註。

3020　潙山警策句釋記二卷，清弘贊註、開詗記。

○～序，清酈裔書○潙山警策句釋科文。

【校記】◎嘉又續卍續臺：無清字，龍中：弘贊作宏贊，無開詗記三字◎序等見嘉又續龍卍續臺中。

3021　緇門警訓十卷，元永中補、明如巹續補。

○重刊～序，明景隆序○～目録△附緇門警訓續集二卷○明如巹識○重刊緇門警訓後序，明覺澄書。

【校記】◎黄：二卷，義：四卷◎南北嘉龍黄臺大中縮頻：無作者名，義知佛：明如巹續集◎序、目録見南北嘉龍臺大中縮頻（黄：目録分見於上下卷首）◎附續集等見黄。【按】黄卷上相當十卷本的卷一至卷四，卷下相當十卷本的卷六至卷九；黄另有續集二卷，卷上相當十卷本的卷五，卷下相當十卷本的卷十。

3022　博山和尚參禪警語二卷，明元來説、成正集。

○博山警語序○～目次。

【校記】◎卍續頻續：無明元來説四字◎有序、新作目次◎目録題博山參禪警語。【蔡按】廣録見3459。【提示】元來，世稱博山禪師。

3023　青州百問一卷，宋一辯問、覺答、元從倫頌、生生梓。

○～序，從倫序。

【校記】◎卍續頻續：無宋一二字，元從倫作林泉，義：無生生梓三字◎序見卍續頻續。【按】卍續頻續目録蔡目均記一辯是元代人，而佛學大辭典記宋代（1081~1149）人，今新考目録從之。【提示】從倫，號林泉。

3024　通玄百問一卷，元圓通設問、行秀仰答、從倫頌、生生梓。

○～序，林泉序。

【校記】◎義：無生生梓三字，卍續頻續：無元字，行秀作萬松，從倫作林泉◎有序。【提示】行秀，號萬松老人。從倫，號林泉。

3025　禪宗決疑集一卷，元智徹述。

○～目次。

【校記】◎南北嘉黄卍續臺大中縮頻：無元字◎新作目次見卍續。

3026　禪林寶訓四卷，宋妙喜、竹庵共集、淨善重集。

○～序，宋淨善書。

【校記】◎義：二卷◎宋淨善重集（南北嘉龍黄臺大中縮頻：無宋字），佛：明淨善重集◎序見南北嘉龍黄臺大中縮頻◎卍續甲第十八套副目題禪林寶訓二卷，宋妙喜士珪共集、明淨善重集，並註收於禪林寶訓合註（見3028），又云禪門寶訓。【按】卍續副目、縮頻佛目録皆誤記淨善是明代人。【提示】士珪，號竹庵。宗杲，又名妙喜。

3027　禪林寶訓音義一卷，明大建較。

○～序，大建識○跋，大建書。

【校記】◎卍續：無明字◎有序等。

3028　禪林寶訓合註四卷，清張文嘉較定、張文憲參閱。

○禪林寶訓序，明如祐録○～序，清行盛撰○～敘，張文嘉述。

【校記】◎嘉續卍續臺頻續：無清字◎序等見卍續頻續（嘉續臺：無如祐序）。

【按】①嘉續卍續臺頻續於張文嘉敘後有宋淨善書禪林寶訓序，已見3026。②嘉續臺附禪林寶訓拈頌，重輯嘉目録記附拈頌一卷（見3029）。

3029　禪林寶訓拈頌一卷，清行盛著、超記録、張文嘉、顧如晉較。

○～序，行盛撰。

【校記】◎嘉續卍續臺頻續：無清字◎有序。【按】嘉續臺將本書附見於禪林寶訓合註（見3028）。

3030　禪林寶訓順硃四卷，清德玉順硃。

○～序，德玉敘。

【校記】◎嘉又續卍續臺：無清字◎有序。

3031　禪林重刻寶訓筆説三卷，清智祥述。

○禪林寶訓筆説序，智祥書○禪林寶訓序，宋淨善書、智祥述○附清張照撰心賦並序○上諭。

【校記】◎卍續頻續佛：無清字◎有序等。

3032　羅湖野録二卷，宋曉瑩集。

○～序，曉瑩序○附～跋，宋妙總書。

【校記】序等見嘉續卍續臺。

3033　感山雲臥紀談二卷，宋曉瑩録。

○～，曉瑩敘○雲臥紀譚目録○附雲臥庵主書，曉瑩書。

【校記】◎卍續頻續：無作者名◎有敘等。

3034　林間録二卷，宋慧洪録。

○洪覺範～序，宋謝逸撰○附～後集○重刻～跋語，明馮夢禎跋。

【校記】◎卐續：石門洪覺范林間録◎無作者名；義：宋德洪集（嘉續臺：無宋字），知：録作撰◎序等見嘉續臺（卐續：無跋）◎重輯嘉臺目録記後集一卷。【按】卐續分出～後集一卷（見附3034）。【提示】宋寂音尊者，名慧洪，又名德洪，字覺範。

3035　枯崖和尚漫録三卷，宋圓悟録。

　　○～序，宋紹隆書○宋陳叔震序○附宋林希逸題○跋改鎪枯崖漫録，寶永日本機海子跋。

　　【校記】◎卐續頻續：無作者名◎有序等◎目録題枯崖漫録。

3036　叢林公論一卷，宋惠彬述。

　　○～敘，宋宗惠敘○附跋，延寶日本道忠識。

　　【校記】◎卐續頻續：無宋字◎有敘等。

3037　叢林盛事二卷，宋道融撰。

　　○～序，道融序○～綱目○附宋宗演跋○跋新鎪～，元禄日本梅峰書。

　　【校記】◎序等見卐續頻續。

3038　住鼎州梁山廓庵和尚十牛圖頌一卷，宋慈遠述。

　　○並序。

　　【校記】◎卐續頻續：無作者名◎有序◎目録題十牛圖頌。【按】卐續目録題宋師遠述，有續傳燈録卷三十的記載為證；頻續目録題宋慈遠述，則有本書序言的記載為證。今新考目録暫且記慈遠，待考。

3039　新刻禪宗十牛圖一卷，明胡文焕著。

　　【校記】◎卐續頻續：無明字◎目録題十牛圖頌。

3040　普明禪師牧牛圖頌一卷，明普明原頌、諸禪師和頌。

　　○牧牛圖序，明袾宏書○普明寺牧牛圖頌序，清嚴大參序○～附諸大禪師和頌目録，清如念識○有圖十○諸大禪師和頌。

　　【校記】◎嘉續卐續臺：無作者名◎序等見重輯嘉續（嘉續臺：無袾宏序，卐續：無圖十）◎卐續（舊版）目録題十牛頌和頌，（新纂）目録題十牛圖和頌。重輯嘉目録記附諸大禪師和頌一卷。

3041　牧牛圖頌一卷。

　　○刊～序，清納信撰○夢菴格禪師輯～目録○～原序，明袾宏書○又序，清超格識△牧牛十頌，明普明原唱、清超格輯、性音續輯○附圖十△牧牛又十頌，梁山遠原唱、清超格輯、性音續輯○梁山遠原敘（十則）○附性音跋。

　　【校記】序等見臺。【蔡按】依善本藏外增入。

3042　初學記一卷，宋清覺述、元道安註。

　　○白雲祖師～序，元趙孟頫序。

　　【校記】◎普卐續中頻續：無宋、元二字◎有序。

3043　正行集一卷，宋清覺述。

○元明仁題。

【校記】◎普卍續中頻續：無宋字◎有題記。

3044　禪苑瑤林註三卷，蒙古德諫註、金志明撰。

○禪苑蒙求目録○志明禪師簡介○雪堂和尚註禪苑瑤林引，蒙古呂伯書○金樗軒題○禪苑蒙求引，金閑居士書。

【校記】◎卍續頻續：無蒙古、金三字◎有目録等◎目録題禪苑蒙求瑤林。

3045　禪苑蒙求拾遺一卷。

○～標題。

【校記】標題見卍續頻續。【按】本書無作者名，今從引用書有明圓庵集和明增集續傳燈録，可推知本書編於明代。佛學大詞典記：據"所引之書，推知係宋人之作"，誤也。

3046　高峰龍泉院因師集賢語録十五卷，元如瑛編。

○元沈世昌敍○～總目，如瑛編録。

【校記】◎卍續頻續：無元字◎有敍等◎卍續目録註又云因師集賢録。

3047　禪關策進一卷，明袾宏輯。

○～序，袾宏識○～目録○附重刻～後序，寶曆日本圓慈書○明錢養庶識。

【校記】◎重輯嘉拾遺卍續臺大：無明字◎序、目録、附後序見卍續（大：無目録，重輯嘉拾遺臺：無附後序）；錢養庶識見重輯嘉拾遺臺◎卍續目録註出雲樓法彙（見3926）。

3048　禪林疏語考證四卷，明元賢撰。

○禪林疏語小引，元賢題○～目次○超然書。

【校記】◎卍續頻續：無作者名◎有引等。

3049　山菴雜録二卷，明無愠述。

○～序，明弘道序○～序，無愠序○明蘇伯衡敍○附題～後，明守仁題○明清濬題○寬永日本文守題。

【校記】◎卍續頻續：無明字◎有序等。

3050　慨古録一卷，明圓澄著。

○湛然禪師～序，祁乘爍書。

【校記】◎卍續頻續：無名叟著◎有序。【提示】圓澄，字湛然。

3051　祖庭鉗鎚録二卷，明通容輯著、夏春暉、龔士龍較。

○附宗門雜録四條。

【校記】附文見卍續頻續。

3052　五宗原一卷，明法藏著、上履閎。

○～序，法藏序○附濟宗頌語，法藏著、上履閎。

【校記】◎卍續頻續：無明字◎有序等。

3053　五宗救十卷，明弘忍述。

○小敘，弘忍書○～目録。

【校記】◎慧：無明字，佛：明作唐◎敘等見慧。【按】佛誤記弘忍是唐代人。

3054　宗門玄鑑圖一卷，明虚一撰。

○玄鑑五宗引，虚一識。

【校記】◎義：明失集人名，卍續頻續：無作者名◎有引。【蔡按】嘉丙目以代前目楞伽阿跋多羅寶經心印，缺本。【按】重輯嘉目録記玄鑑五宗圖一卷，列為待訪書目。

3055　天童和尚闢妄救略説十卷，明真啟編。

○～緣起，明圓悟書○～目録。

【校記】◎重輯嘉拾遺卍續頻續：無明字◎有緣起等◎卍續頻續目録題闢妄救略説。

3056　傳家寶禪宗直指一卷，明石成金撰著、宰年、嵩年校刻。

【校記】◎卍續頻續：明石成金作天基◎目録題禪宗直指。【蔡按】出傳家寶，不在藏内。【提示】石成金，字天基。

3057　禪門鍛鍊説一卷，清戒顯著。

○鍛鍊説十三篇自序，戒顯識○～目次○附～跋，晦山書。

【校記】◎卍續：無清字◎有序、新作目次等。【提示】戒顯，別號晦山。

3058　千松筆記一卷，明大韶著。

○～序○千松筆記○禪宗合論○楞嚴擊節，明大韶著、智叡録○雜録，智叡録。

【校記】◎嘉續卍續臺：無明大韶著四字◎有序等。【按】嘉續臺於禪宗合論後，另有金剛正眼並序和楞嚴擊節並序，已分别見1803、2268。

3059　雲門麥浪懷禪師宗門設難一卷，明許元釗録、蔡武、卓發之較。

【校記】卍續頻續：無明字。

3060　聖箭堂述古一卷，清道霈述。

○敘，道霈敘。

【校記】◎卍續頻續：無清字◎有敘。

3061　法門鋤宄一卷，清淨符著、淨深閲。

○重刻～並五家辨正序，元禄日本養存題○～序，清淨深題○～序，淨符書○清大寧書○附禪通劍叟昰禪師與晦山顯和尚書，清空昰記○靈隱晦山顯禪師復劍叟昰和尚書，清戒顯復。◎五家辨正，養存述○五派一滴圖，文明日本一東著○五派一滴圖後序，文明日本小補横川序。

【校記】◎卍續頻續：無清字◎有序等。

3062　正名録十四卷，清智楷述。

○～自序，智楷題。

【校記】◎慧：無清字◎有序。

3063　三山來禪師五家宗旨纂要三卷，清性統編。

○自序，清燈來題○目録○附三身四智説、八識拈評○志略，性統識。

【校記】◎嘉又續卍續臺頻續：無清字◎有序等◎卍續頻續目録題五家宗旨纂要。【按】語録見3152。

3064　御製揀魔辨異録八卷，清世宗製。

○上諭，清世宗製。

【校記】◎卍續頻續：無作者名◎有上諭◎卍續目録註又云揀魔辨異録。

3065　宗範二卷，清錢伊庵編輯。

○重刻~序，清李宗鄴撰○序，清衲諾庵撰○凡例○附項皓書。

【校記】◎卍續頻續：無清字◎有序等。

3066　萬法歸心録三卷，清超溟著、明貫録、乘戒、定慧校閲重梓。

○~序，清金鋐題○序，清任琪撰○序，清鄭際泰題○序，清劉芳序○~自敍，超溟題○~目次○附跋，清庠洪璋跋○跋，劉芳跋。

【校記】◎序、新作目次等見卍續頻續。

3067　禪宗指掌一卷，清行海述。

【校記】卍續頻續：無清字。

3068　興禪護國論三卷，日本榮西撰。

○~序，東昳識○~序，榮西述○附未來記，榮西自記○安永日本東昳誌。

【校記】◎大續：撰作跋，頻：宋日本榮西述（縮：述作跋，佛：無宋字）◎序等見大續縮頻◎佛目録記附宋佛海禪師未來記一卷。

3069　普勸坐禪儀一卷，日本道元撰。

○附坐禪箴，道元撰○附普勸坐禪儀（　　本）一卷，道元撰。

【校記】◎大續：無作者名，縮頻：無日本二字◎附箴見縮頻，附儀見大續。【按】①頻佛分出坐禪箴（見附3069），佛記一卷。②大續目録不記附儀的卷數。

3070　坐禪用心記一卷，日本瑩山撰。

○~序，白卍山題○附三根坐禪説，瑩山撰。

【校記】◎縮頻：無日本二字，大續：瑩山作瑩山紹瑾◎序見大續；附文見縮頻。【按】頻佛分出三根坐禪説一卷（見附3070）。

3071　融通圓門章一卷，日本大通融觀撰。

【校記】佛：日本大通撰（大縮頻：無日本二字）。

3072　今刊古尊宿語録目録一卷，日本道忠編。

【校記】◎卍續：無作者名◎目録題古尊宿語録目録。

3073-1　古尊宿語録四十七卷，宋賾藏主集、明淨戒重校。

【校記】◎義知：四十八卷◎知：頤藏主搜採、淨戒重校，初南中：淨戒重校，義：明淨戒編。【按】淨戒重校本原為四十八卷，其中卷一原係壇經一卷，後壇經分出單行，遂將卷二的編次改為卷一之二，餘卷編次未動，故此書實存四十七

卷。中目錄記四十八卷。南中自卷二十起才有作者名。

3073-2　古尊宿語錄（別本）四十八卷，宋賾藏主集。

　　　　○重刻~序，宋大觀序。

　　　　【校記】◎嘉黄卍續臺中縮頻：無作者名，佛：唐宋諸禪師説◎序見卍續◎頻目
　　　　錄題唐宋諸禪師説、宋賾藏主輯。【提示】書首題名後，此本記大鑒下一世，而
　　　　前本則有南嶽大慧禪師、馬祖大寂禪師、百丈大智禪師的子目，子目下有小註大
　　　　鑒下一世等。

3074　　福州鼓山寺古尊宿語要全部目錄一卷，日本道忠編。

　　　　○附重刻趙州祖師語錄序。

　　　　【校記】◎卍續：無作者名◎有附序◎目錄題古尊宿語要目錄。

3075　　續刊古尊宿語要目錄二卷，日本道忠編。

　　　　○享保日本道忠識。

　　　　【校記】◎卍續：無作者名◎有識◎目錄題續古尊宿語要目錄。【按】本目錄含
　　　　龍華新寫本一卷及大仙寺藏本一卷。本書後附延沼書慧照禪師行略，今檢實屬鎮
　　　　州臨濟慧照禪師語錄（見3091）卷尾內容的別出。

3076　　續刊古尊宿語要六卷，宋師明集。

　　　　○師明序○~目錄○附宋宗源書。

　　　　【校記】◎卍續頻續佛：無作者名◎序等見卍續佛（頻續：無序、目錄）◎佛目
　　　　錄題續古尊宿語要。

3077　　徑石滴乳集五卷，清真在編、機雲續。

　　　　○序，清舒逢吉題○~凡例，機雲識○~目錄。

　　　　【校記】序等見卍續頻續。【蔡按】嘉原目為四分戒本如釋，與又續十八函重
　　　　復（見2358），今從甲丁本。【按】重輯嘉目錄列為待訪書目。

3078　　宗門寶積錄。

　　　　○~序，清徐元文撰○~序，清王熙撰○序，清李鄰撰○序，本晳題○~凡例
　　　　○~目錄。

　　　　【校記】◎卍續：有序等。◎目錄題宗門寶積錄九十三卷，清本晳輯，並註但收
　　　　序與凡例、目錄耳。

3079　　御選語錄四十卷，清世宗御選。

　　　　○清雍正御製總序○~總目○雍正御製序（十四篇）○雍正御製自序○雍正御製
　　　　後序。

　　　　【校記】◎卍續：十九卷◎龍卍續中：無作者名◎有御製總序等。【卍續按】本
　　　　書第一至七卷原有肇論、寶藏論、永嘉集、證道歌、寒山詩集、拾得詩集、豐干
　　　　全集、溈山祐語錄、仰山寂語錄、趙州諗語錄、雲門偃語錄、唯心訣、宗鏡錄
　　　　序、萬善同歸集、心賦註，第九至十卷原有雪竇顯語錄、圓悟勤語錄，因卍續別
　　　　處已錄，故省之。【按】卍續增御選當今法會一卷，即卷十九，所收係王大臣之

著述，附刊於御選語録後。

3080 　善慧大士録四卷，梁傅翕説、唐樓穎録。

〇～序，樓穎撰〇宋樓炤題〇潛溪別集第七題～後曰〇傅大士傳〇鐫傅大士録
跋，元禄日本伯映泰書。

【校記】◎卍續頻續：無作者名◎有序等◎目録題善慧大士語録；卍續目録註又
云傅大士録。

3081 　龐居士語録三卷，唐于頔編集、世燈重梓。

【校記】◎義：二卷◎無集字，卍續頻續：無唐字。

3082 　四家語録（原書六卷）。

〇四家語録序，明唐鶴徵書〇讀四家語録引，明正傳書〇刻四家語録跋，明解寧
識。

【校記】卍續僅録序等。【按】卍續甲第二十四套副目註收於馬祖（見3084，卷
一）百丈（見3085、3086，卷二、卷三）黃檗（見3088，卷四、卷五）臨濟（見
3091，卷六）四家録。

3083 　五家語録（原書五卷）。

〇～序（三篇），分別由明法藏撰、明圓悟題並書、明圓信撰並書〇五宗源流圖，
明郭凝之定。

【校記】◎序等見嘉續卍續臺◎卍續目録註又云五宗録。【按】①卍續僅録序文
等。②此叢書，嘉續臺包括鎮州臨濟義玄禪師語録（卷一）、潭州潙山靈祐禪師
語録、袁州仰山慧寂禪師語録（卷二）、韶州雲門匡真文偃禪師語録（卷三）、
瑞州洞山良價禪師語録、撫州曹山本寂禪師語録（卷四）、金陵清涼院文益禪師
語録（卷五）。各藏分出別處，依次見3091、3089、3090、3099、3092、3094、
3103，今新考目録據分目校對。另外在五宗源流圖後有宋慧洪撰臨濟宗旨，已見
3016。

3084 　江西馬祖道一禪師語録一卷，唐道一説。

【校記】◎卍續頻續：無作者名◎卍續目録題馬祖道一禪師廣録，並註四家語録
卷一；卍續目録（舊版）另註又云大寂禪師語録，收於古尊宿語録卷一。【提示】
南嶽下第一世，嗣南嶽讓。

3085 　洪州百丈山大智禪師語録一卷，唐懷海説。

【校記】◎卍續頻續：無作者名◎目録題百丈懷海禪師語録；卍續目録註四家語
録卷二；卍續（舊版）副目記百丈懷海禪師語要二卷，並註又云大智禪師語要，
收於古尊宿語録卷一及二。【提示】南嶽下第二世，嗣馬祖一。

3086 　百丈廣録卷三一卷，唐懷海説。

【校記】◎卍續：無作者名◎目録題百丈懷海禪師廣録，並註四家語録卷三。
【卍續按】百丈海禪師廣録既載於古尊宿語録卷一，今唯收該録卷末所闕者耳。

3087 　趙州和尚語録三卷，（唐從諗説）文遠記録、大參重校、明明聲重刻。

○重刻趙州祖師語録序，明圓澄撰○趙王與師作真贊○哭趙州和尚二首○附趙州真際禪師行狀。

【校記】◎義：趙州真際禪師語録◎宋賾藏主集，嘉續臺：無朝代明字◎有序等◎卍續甲二四副目註又云真際大師語録，收於古尊宿語録卷十三及十四；重輯嘉目録記附行狀一卷。【提示】①從諗，世稱趙州和尚，諡號真際大師。②南嶽下第三世，嗣南泉願。

3088　黃檗山斷際禪師傳心法要一卷，唐裴休集。

○並序○附黃檗斷際禪師宛陵録，裴休集。

【校記】◎卍續：筠州黃檗山斷際禪師傳心法要卷四◎龍臺義：二卷（含宛陵録一卷）◎佛：唐希運説，南北嘉龍黃卍續臺大中縮頻：無唐字◎有序等◎卍續目録題黃檗禪師傳心法要，並註四家語録卷四、又云斷際禪師傳心法要；卍續（舊版）副目記黃檗希運禪師語録一卷，並註又云斷際禪師語録，收於古尊宿語録卷二。【中華按】此書的前半部分內容，還被收録於景德傳燈録卷九。【按】①福卍續大中頻分出宛陵録一卷（見附3088）。②卍續目録註宛陵録係四家語録卷五。【提示】南嶽下第三世，嗣百丈海。

3089　潭州潙山靈祐禪師語録一卷，明圓信、郭凝之編集。

【校記】◎嘉續卍續臺：無語録二字◎嘉續卍續臺大：無明字◎卍續目録註五家語録卷二、又云大圓禪師語録。【按】嘉續卍續臺在書名五家語録・潙仰宗下收本語録及以下慧寂禪師語録。【提示】南嶽下第三世，嗣百丈海。

3090　袁州仰山慧寂禪師語録一卷，明圓信、郭凝之編集。

【校記】◎嘉續卍續臺：無語録二字◎嘉續卍續臺大：無明字◎卍續目録註五家語録卷二、又云智通禪師語録。【按】嘉續臺將本書與3089合記一卷。【提示】南嶽下第四世，嗣潙山祐。

3091　鎮州臨濟慧照禪師語録一卷，唐慧然集、明郭凝之重訂。

○臨濟慧照玄公大宗師語録序（三篇），分別由元從倫序、元郭天錫書、普秀書○～序，宋馬防撰○行録。

【校記】◎嘉續臺：慧照禪師語録作義玄禪師◎無唐、明二字，大：慧然集◎序等見大◎卍續副目記臨濟義玄禪師語録二卷，並註收於古尊宿語録卷四及五,四家語録卷六、及五家語録卷一，共與古尊宿語録（見3073-2）同故省之。【按】嘉續臺在書名五家語録・臨濟宗下收本語録。【提示】義玄，敕諡慧照禪師。南嶽下第四世，嗣黃檗運，成臨濟宗。

3092　筠州洞山悟本禪師語録一卷，日本慧印校訂。

○洞山大師語録序，寶曆日本指月題○附洞山悟本禪師語録之余，日本玄契校勘○洞山悟本大師語録序，元文日本元趾題○日本永璵贊○重集洞山悟本大師語要自序，元文玄契筆○書洞山語録尾，元文日本請詢撰○日本瑞方書○元文玄契識。

【校記】◎卍續大：無日本二字◎序等見大（卍續：無玄契識）◎卍續目録題洞山良價禪師語録。【提示】良價，謚號悟本；慧印，號指月。青原下第四世，嗣雲巖晟。

3093　瑞州洞山良價禪師語録一卷，明圓信、郭凝之編集。

【校記】◎嘉續卍續臺：無語録二字◎嘉續卍續臺大：無明字◎卍續目録註五家語録卷三，又云悟本大師語録。【按】嘉續卍續臺：在書名五家語録・洞曹宗下收本語録及以下本寂禪師語録。

3094　撫州曹山元證禪師語録一卷，日本慧印校訂。

○曹山大師語録序，寶曆指月敍○附日本本光重編解釋洞山五位顯訣、逐位頌別揀、五位旨訣、三種墮、四種異類、三然燈。

【校記】◎卍續大：無日本二字◎有序等◎卍續目録題曹山本寂禪師語録。【提示】本寂，敕謚元證禪師；慧印，號指月。青原下第五世，嗣洞山價。

3095　撫州曹山本寂禪師語録二卷，（卷上）明郭凝之編集、（卷下）日本玄契編。

○曹洞語録序，元文日本恭公美書○曹山語録序，寬保日本請詢撰○日本元趾題○重集曹山元證大師語録自序，元文玄契撰○附解釋洞山五位顯訣、註釋洞山五位頌、三等之墮、四種異類、八要玄機、五位旨訣○寬保玄契識。

【校記】◎大：無明、日本三字◎有序等◎卍續目録註五家語録卷三、又云元證大師語録。【按】嘉續卍續臺僅録卷上，題名撫州曹山本寂禪師，圓信、郭凝之編集。嘉續臺將本書與3093合記一卷。

3096　雪峰真覺禪師語録二卷，明林弘衍編次。

○刻雪峰語録緣起，林弘衍書○雪峰禪師語録序，明明方撰○附余集生居士答黃元公居士書，林弘衍識○附元悟逸跋○雪峰真覺大師年譜○雪峰語録大尾，元禄日本卍山書△附録（續集）：○福州雪峰山故真覺大師語録序，宋王隨撰○雪峰真覺大師廣録後序，宋孫覺序○慧真題○雪峰真覺大師偈頌並序，惠蟾撰○雪峰崇聖禪寺碑記文，明胡淡撰文○明希儒贊○雪峰禪寺二十四景詩續集，明源潭題○次韻二十四景詩○二十四景總詩，明智明書○智明識○明定明識○元禄日本卍山書。

【校記】◎卍續頻續：無明字◎有緣起等◎目録題雪峰義存禪師語録。【提示】南嶽下第六世，嗣德山鑒。

3097　福州玄沙宗一大師廣録三卷，唐智嚴集。

○新刻玄沙録序，元禄日本東皐越杜多書○玄沙廣録序，宋孫覺撰○附唐福州安國禪院先開山宗一大師碑文，後唐林澂撰○日本鎹唐～後序，元禄日本玄光書。

【校記】◎卍續頻續：無唐字◎有序等◎目録題玄沙師備禪師廣録。【提示】師備，賜號宗一大師。南嶽下第七世，嗣雪峰存。

3098　福州玄沙宗一禪師語録三卷，明林弘衍編次。

○玄沙大師語録序，明圓澄撰○刻玄沙語録緣起，林弘衍書。

【校記】◎卍續頻續：無明字◎有序等◎目錄題玄沙師備禪師語錄。

3099　韶州雲門匡真文偃禪師語錄一卷，宋守堅集、明郭凝之訂。

【校記】◎嘉續臺：無語錄二字◎無宋、明二字◎卍續甲二四副目記雲門文偃禪師語錄，並註又云大慈雲匡真弘明禪師語錄，收於古尊宿語錄卷十五之十八，語要收於同續卷二，五家語錄第五（筆者按：疑第五作第四）所收該錄為最良書，然不過改易敘列，故今不重載。【按】①嘉續臺在書名五家語錄·雲門宗下收本語錄。②嘉續臺別抄（見附3099）。【提示】南嶽下第七世，嗣雪峰存。

3100　雲門匡真禪師廣錄三卷，宋守堅集。

〇序，宋蘇澥序〇行錄，南漢雷岳錄〇附頌雲門三句語並餘頌八首，緣密述。

【校記】◎大：無宋字◎有序等。

3101　古禪師語錄一卷，宋文智編。

〇前序，宋惟清序〇宋宗杲述〇附饒州薦福承古禪師（參見五燈嚴統第十六卷）〇題古塔主論三玄三要法門、題古塔主兩種自己（此二段出於石門文字禪第二十五卷，見3569）。

【校記】◎卍續頻續：無宋字◎有序等◎目錄題薦福承古禪師語錄。【提示】南嶽下第八世，嗣雲門偃。

3102　汾陽無德禪師語錄三卷，宋楚圓集。

〇重刊汾陽和尚語錄疏，元清茂書〇元德海書〇起予題〇元子聰述〇如芝書〇~序，宋楊億述。

【校記】◎卍續大：無宋字◎有疏等◎卍續目錄題汾陽善昭禪師語錄，目錄註又云無德和尚語錄，語要收於古尊宿語錄（見3073-2）卷十。【提示】善昭，諡號無德禪師。南嶽下第九世，嗣首山念。

3103　金陵清涼院文益禪師語錄一卷，明圓信、郭凝之編集。

【校記】◎嘉續卍續臺：無語錄二字◎嘉續卍續臺大：無明字◎卍續目錄題大法眼文益禪師語錄，並註五家語錄第五、又云大智藏大導師語錄，語要收於續古尊宿語要（見3076）卷二。【按】嘉續卍續臺在書名五家語錄·法眼宗下收本語錄。【提示】南嶽下第九世，嗣羅漢琛，成法眼宗。

3104　石霜楚圓禪師語錄一卷，宋慧南重編。

〇慈明四家錄並序，宋章倧撰〇慈明禪師五會住持語錄並序，宋本延述〇附機緣、勘辨、偈頌。

【校記】◎卍續：無宋字◎有序等◎目錄註又云慈明和尚五會語錄，語要收於古尊宿語錄（見3073-2）卷十一及續古尊宿語要（見3076）卷一。【提示】南嶽下第十世，嗣汾陽昭，慈明四家錄第一。

3105　滁州琅邪山覺和尚中後四錄(序)，用孫序。

【校記】卍續目錄題瑯琊慧覺禪師語錄一卷，並註又云廣照和尚中後四錄，收於古尊宿語錄（3073-2）卷四十六及語要收於續古尊宿語要（3076）卷一，均不載

此序，故依別行收於此。【提示】南嶽下第十世，嗣汾陽昭。

3106　黃龍南禪師語録一卷，宋惠泉録。

○黃龍四家語録序，宋錢密序○附黃龍慧南禪師語録續補，日本東睃輯。

【校記】◎卍續大：無作者名◎序等見卍續（大：僅有附續補）◎卍續目録題黃龍慧南禪師語録，目録註又云普覺禪師語録，語要收於續古尊宿語要（3076）卷一。【按】卍續（新纂）分出序（見附3106）。【提示】南嶽下第十一世，嗣石霜圓，黃龍四家録（見附3106）第一。

3107　雲庵真淨禪師語録六卷，宋福深録。

○~敘，守忠書○~敘，宋蘇轍述○~目録○大丞相請疏，宋王安石疏○判府左丞請疏，宋王安禮疏○附後序，宋程衰述○附録・雲庵真淨和尚行狀等，宋德洪撰。

【校記】◎嘉續臺：無宋字◎有敘等；卍續（新纂）：不録正文，僅收守忠敘、目録、二疏、附録◎目録題雲庵克文禪師語録，並註采古尊宿語録所遺者録之，二疏與古尊宿語録所載有少異，故再録，又云真淨大師語録，收於古尊宿語録（見3073-2）卷四十二至五及語要於續古尊宿語要（見3076）卷二。【臺按】附録内容同於石門文字禪（見3569）。【提示】克文，號雲庵，賜號真淨禪師。南嶽下第十二世，嗣黃龍南。黃龍派。

3108　黃龍晦堂心和尚語録一卷，宋子和録、仲介重編。

○宋徐禧序○附後序，宋王韶撰。

【校記】◎卍續頻續：無宋字◎有二序◎目録題寶覺祖心禪師語録；卍續目録註又云晦堂和尚語録，語要收於續古尊宿語要（見3076）卷一。【按】頻續附後序至“今得遇”止，其後脱“黃龍心師……二十五日序”，共七十八字。【提示】南嶽下第十二世，嗣黃龍南，黃龍四家録（見附3106）第二。祖心，號晦堂，謚號寶覺禪師。

3109　黃龍死心新禪師語録一卷，宋惠泉録。

【校記】◎卍續：無作者名◎目録題死心悟新禪師語録，目録註黃龍四家録（見附3106）第三，語要收於續古尊宿語要（見3076）卷一。【提示】南嶽下第十三世，嗣寶覺心。

3110　禾山超宗方禪師語録一卷，宋惠泉録。

【校記】◎卍續頻續：無作者名◎目録題超宗慧方禪師語録。【提示】南嶽下第十四世，嗣死心新，黃龍四家録（見附3106）第四。

3111　福州雪峰東山和尚語録一卷，宋慧弼編。

○宋慧昇序○附宋妙喜題○與皷山書中一段語附，妙喜書○頂相贊附○覺性書。

【校記】◎卍續頻續：無宋字◎有序等◎目録題雪峰慧空禪師語録；卍續目録註又云東山和尚語録，語要收於續古尊宿語要（見3076）卷六。【提示】南嶽下第十四世，嗣草堂清。黃龍派。

3112　　長靈和尚語録一卷，宋介諶編。

　　　　○附行狀，介諶狀○附記。

　　　　【校記】◎卍續頻續：無宋字◎有附行狀等◎目録題長靈守卓禪師語録；卍續目録註語要收於續古尊宿語要（見3076）卷一。【提示】南嶽下第十四世，嗣靈源清。黃龍派。

3113　　楊岐方會和尚語録一卷，宋仁勇、守端編。

　　　　○潭州雲蓋山會和尚語録序，宋文政述○題楊岐會老語録，宋楊傑書。

　　　　【校記】◎大：無宋字◎有序等◎卍續甲二五副目記楊岐方會禪師語録一卷，並註收於古尊宿語録（見3073-2）卷十九及語要於續卷三（見3076）。【提示】南嶽下第十一世，嗣慈明圓。楊岐派之祖。

3114　　楊岐方會和尚後録一卷。

　　　　【校記】◎卍續：無方字◎目録題楊岐方會禪師後録。

3115　　保寧禪院勇和尚語録一卷，宋道勝、圓淨録、通乘重梓。

　　　　○金陵保寧禪院勇禪師語録序，宋楊傑述○開堂疏，王贄撰。

　　　　【校記】◎卍續：無宋字◎有序等◎目録題保寧仁勇禪師語録，並註收於續古尊宿語要（見3076）卷三。【按】卍續（舊版）目録記入副目，（新纂）補入本書。【提示】南嶽下第十二世，嗣楊岐會。

3116　　白雲守端禪師語録二卷，宋守端說。

　　　　【校記】嘉續卍續臺：無作者名。【卍續按】上堂法語既載於續古尊宿語要（見3076）卷三，故今不再録，但收所遺者耳。【提示】南嶽下第十二世，嗣楊岐會。

3117　　白雲端和尚語録四卷，宋處凝、海譚、智本、智華、法演編集。

　　　　○白雲禪録，宋王孜序○祖堂綱紀序（卷一後）○自題。

　　　　【校記】◎卍續頻續：無宋字◎有禪録等◎目録題白雲守端禪師廣録。

3118　　法演禪師語録三卷，宋才良、清遠、景淳、惟慶編集。

　　　　○附録序文（三篇），分別由宋張景修序、宋劉跋序、宋朱元襯序。

　　　　【校記】◎大：無宋字◎有附序◎卍續甲二五副目題五祖法演禪師語録，並註收於古尊宿語録（見3073-2）卷二十至二十二及語要於續卷三（見3076）。【提示】南嶽下第十三世，嗣白雲端。楊岐派。

3119　　潭州開福禪寺第十九代寧和尚語録二卷，宋善果集。

　　　　○日本密山敬題○潭州開福報慈禪寺道寧禪師語録序，宋譚章撰○宋席震、在京疏○宋克勤題○宋祖證題○新鍥開福寧禪師語録後序，享保日本慈麟元趾題。

　　　　【校記】◎卍續：無宋字◎有題等◎目録題開福道寧禪師語録，並註語要收於續古尊宿語要（見3076）卷三。【提示】南嶽下第十四世，嗣五祖演。楊岐派。

3120　　圓悟佛果禪師語録二十卷，宋（克勤說）紹隆等編。

　　　　○~序（二篇），分別由宋耿延禧撰、宋張浚序○~目録。

　　　　【校記】◎初南北龍中義知：十七卷◎義：編作集，知：學徒若干集、淨戒重

校（初南：無學至集五字）◎序等見嘉黃卍臺大縮頻（初南北龍中：無目録）。

【提示】克勤，賜號佛果禪師、圓悟。南嶽下第十四世，嗣五祖演。楊岐派。

3121　佛果圜悟真覺禪師心要二卷，宋子文編。

　　　○～目次。

　　　【校記】◎卍續：或四卷（每卷又分二卷）◎無宋字◎有新作目次◎目録題佛果克勤禪師心要，並註略云圜悟心要，語要收於續古尊宿語要（見3076）卷三。

3122　雪堂行和尚拾遺録一卷，宋道行述。

　　　【校記】◎嘉卍續臺中縮頻：無作者名◎卍續目録題雪堂行拾遺録。【按】①嘉無千字文函號。嘉有二本：嘉興包檉芳施刻本見臺重輯嘉，半頁十一行，行二十字；明萬曆四十五年刻、清康熙年間遞修本見中，半頁十行，行二十字，有校譌。②黃存目缺經。③嘉卍續臺中縮頻此書録於宗門武庫（見3129）後。【提示】南嶽下第十五世，嗣佛眼遠。楊岐派。

3123　普菴録三卷，宋印肅説。

　　　○明永樂御製普菴至善宏仁圓通智慧寂感妙應慈濟真覺昭覬慧慶護國宣教大德菩薩實録序、明永樂御製封普菴師制，寶永日本道忠自續文獻通考第二百四十七卷鈔出以上二文，置本録之首○御製普菴…（中略）…菩薩實録序（前文的略出）○御製加封普菴禪師制（前文的略出）○明永樂御製普菴…（中略）…菩薩贊。

　　　【校記】◎卍續頻續：無作者名◎有御製序等◎目録題普菴印肅禪師語録。【提示】南嶽下第十六世，嗣牧庵忠。楊岐派。

3124　月林觀和尚語録一卷，宋法寶、法璓、慶會、法清、有宗、惟珪、道果、惠開、德秀編。

　　　○宋陳貴謙書○附宋師觀書付天平方丈孤峰長老○體道銘○祭文，陳貴謙撰○月林觀禪師塔銘，陳貴謙撰、陳誼書、趙伸夫篆○敬贊，陳貴謙撰○宋元韶跋。

　　　【校記】◎卍續頻續：無宋字◎有書等◎目録題月林師觀禪師語録。【提示】南嶽下第十七世，嗣大洪證。楊岐派。

3125　無門開和尚語録二卷，宋普敬、普通、了心、普禮、法孜、普巖、普覺、光祖、一見録。

　　　○宋程公許序○附後記○元禄日本卍山撰。

　　　【校記】◎卍續頻續：無宋字◎有序等◎目録題無門慧開禪師語録；卍續目録註又云佛眼禪師語録。【提示】慧開，敕賜佛眼禪師。南嶽下第十七世，嗣月林觀。楊岐派。

3126　大慧普覺禪師語録二卷，宋法宏、道謙編。

　　　○宋祖慶書○附祖慶跋。

　　　【校記】◎卍續：無宋字◎有書等◎目録題普覺宗杲禪師語録，並註又云大慧禪宗雜毒海，語要收於續古尊宿語要（見3076）卷五。【按】卍續卷下末原本散佚。【提示】宗杲，賜號大慧禪師，謚號普覺。南嶽下第十五世，嗣佛果勤。大慧派

之祖。

3127 　大慧普覺禪師語録三十卷，宋蘊聞上進。

〇～目録〇進大慧禪師語録奏劄，蘊聞奏劄〇宋德潛題福州東禪寺刊板入藏題記
〇～序，宋尤焴書〇大慧普覺禪師道影〇大慧普覺禪師像贊，如一書〇附宋張浚
書、如一書〇大慧普覺禪師塔銘，張浚撰〇謝降賜大慧禪師語録入藏奏劄，蘊聞
奏劄〇大慧普覺禪師普説。

【校記】◎黃卍：十八卷（語録十二卷，普説二卷，法語三卷，書一卷）◎福初
南北嘉黃卍臺大中縮頻：無宋字，義知：上進作集，佛：上進作編◎目録見嘉臺
中縮頻；二奏劄、題記見南北嘉臺大中縮頻（崇寧：僅有德潛題記，毘盧：代之
以紹玉題記）；序、道影、像贊、附二書見黃卍；塔銘見福初南北嘉臺大中縮頻
（附卷六）黃卍（附卷十二）；普説一卷見福。【按】①初首卷、末卷均散佚。②
黃卍分出普説、法語、書（見附 3127-1、附 3127-2、附 3127-3），因編録者異，
可相互參照；另增普説（別本）四卷（見 3128）。③義知另收大慧普覺禪師書二
卷（見附 3127-3），屬重出。④嘉有二本：明萬曆乙酉（十三年）刻本見臺重輯
嘉；明萬曆四十五年刻、清康熙年間遞修本見故宮博物院藏本。

3128 　大慧普覺禪師普説（別本）四卷，宋慧然、蘊聞、道先録、祖慶校勘。

〇宋祖慶書〇祖慶跋〇附大慧普覺禪師法語。

【校記】◎黃卍：無宋字◎有書等。

3129 　大慧普覺禪師宗門武庫一卷，宋道謙編。

〇宋李泳書。

【校記】◎嘉卍續臺大中知縮頻：無宋字◎卍續：有書◎目録題大慧宗門武庫。
【按】①嘉無千字文函號。嘉有二本：嘉興包樨芳施刻本見臺重輯嘉，半頁十一
行，行二十字；明萬曆四十五年刻、清康熙年間遞修本見中，半頁十行，行二十
字。②黃存目缺經。

3130 　大慧普覺禪師年譜一卷，宋祖詠編、宗演重定。

〇大慧禪師年譜序，宋張掄序〇附宗演後記。

【校記】◎嘉中：祖詠編，臺縮頻：無作者名，佛：無宗演重定四字◎序等見嘉
臺中縮頻。【按】①嘉無千字文函號。嘉有二本：嘉興包樨芳施刻本見臺重輯嘉，
半頁十一行，行二十字；明萬曆四十五年刻、清康熙年間遞修本見中，半頁十
行，行二十字，有校譌。②黃存目缺經。

3131 　西山和尚語録一卷，宋覺心、志清編。

〇～序，宋文禮書〇附塔銘，宋居簡書〇宋道沖書〇宋師範書〇摘録枯崖漫録所
云西山亮禪師。

【校記】◎卍續頻續：無宋字◎有序等◎目録題西山亮禪師語録。【提示】南嶽
下第十七世，嗣遂菴演。

3132 　雲居率菴和尚語録一卷，宋了見、文鬱、本空編。

○目次。

【校記】◎卍續頻續：無宋字◎有目次◎目録題率菴梵琮禪師語録。【提示】南嶽下第十七世，嗣佛照光。

3133 北磵和尚語録一卷，宋大觀編。

○宋劉震孫題○宋心月書○宋普濟題○～目次○應安日本人題。

【校記】◎卍續頻續：無宋字◎有題等◎目録題北磵居簡禪師語録。【提示】南嶽下第十七世，嗣佛照光。

3134 物初和尚語録一卷，宋德溥等編校。

【校記】◎卍續頻續：無宋字◎目録題物初大觀禪師語録。【提示】南嶽下第十八世，嗣北磵簡。

3135 偃溪和尚語録二卷，宋如珠、光從、道鑑、師夔、復森、元清、淨志、普暉、元偉、道隆、惟實、妙高編。

○宋尤焴識○宋湯漢書○佛智禪師～目次○塔銘，宋林希逸撰○附拾遺。

【校記】◎卍續頻續：無宋字◎有識等◎目録題偃溪廣聞禪師語録；卍續目録註又云佛智禪師語録。【按】卍續目録脱編者如珠、師夔、復森三人。【提示】林希逸，又名尤焴。南嶽下第十八世，嗣浙翁琰。

3136 靈隱大川濟禪師語録一卷，宋元愷編。

○目録○附靈隱大川禪師行狀，宋大觀狀。

【校記】◎卍續頻續：無宋字◎有目録等◎目録題大川普濟禪師語録。【提示】南嶽下第十八世，嗣浙翁琰。

3137 淮海和尚語録一卷，宋實仁、宗文、法奇、守願、行佑、了元、善之、淨證、法從、紹熏、普璋、文煥、淨伏、慧开、文謙、正因、法思、德紀、可能、持志、覺孫、惟康、宗和、如止、有智、惠雲、若舟編。

○淮海肇和尚語録總目。

【校記】◎卍續頻續：無宋字◎有總目◎目録題淮海原肇禪師語録。【提示】南嶽下第十八世，嗣浙翁琰。

3138 介石和尚語録一卷，宋正賢、宗坦、延輝、淨球、智瑾、志諶、祖闓編。

○介石禪師語録，宋林希逸書○目次。

【校記】◎卍續頻續：無宋字◎有林希逸書等◎目録題介石智朋禪師語録。【提示】南嶽下第十八世，嗣浙翁琰。

3139 無文和尚語録一卷，宋惟康編。

○宋普度跋○～目録。

【校記】◎卍續頻續：無宋字◎有跋、新作目録◎目録題無文道燦禪師語録。【提示】南嶽下第十八世，嗣笑翁堪。

3140 慧文正辯佛日普照元叟端禪師語録八卷，元法林、曇噩、祖銘、梵琦等編。

○元叟端禪師語録目録○徑山元叟端禪師語録序，元虞集序○重刻元叟端禪師四

會語題辭，明宋濂序○塔銘，元黃溍撰○附元叟端禪師語録後跋，元妙道題。

【校記】◎義：元叟端禪師語録◎龍中：四卷◎義：元法林等編，嘉續卍續臺：無元字，龍中：無元、等二字◎目録等見嘉續龍卍續臺中◎卍續目録題元叟行端禪師語録。【提示】南嶽下第十九世，嗣藏叟珍。

3141　笑隱訢禪師語録四卷，元廷俊、慧曇、中孚、崇裕等編。

○龍翔~序，清譚貞默撰○附元笑隱訢公道行記，元虞集記○元訢公塔銘，元黃溍撰。

【校記】◎嘉續卍續臺：無元字◎有序等◎卍續目録題笑隱大訢禪師語録，並註又云廣智全悟禪師語録。【按】①卍續目録誤記序作者清李道一居士撰。檇李是古地名，在今浙江省嘉興縣一帶；譚貞默，名道一居士。②重輯嘉目録記附行道記一卷，塔銘一卷。【提示】南嶽下第二十世，嗣慧機熙。

3142　佛日普照慧辯楚石禪師語録二十卷，元祖光、文玹、曇紹、祖灝、景瓛、良彥、應訢、明遠、胤丘、文晟、正隆、善成、文斌、中端、正參等編。

○佛日普照慧辯楚石禪師六會語録序，明宋濂序○~序，元錢惟善序○~目録○楚石和尚行狀，明至仁狀○佛日普照慧辯禪師塔銘，明宋濂撰並書、危素篆題。

【校記】◎知：楚石琦禪師語録◎無卷數，龍中：十六卷◎嘉續龍臺中：無元字，龍中：無等字，義：明祖光等編，知：無作者名◎序等見嘉續龍卍續臺中◎卍續目録題楚石梵琦禪師語録。【按】嘉續臺的分卷及編者的著録較龍中合理。由於書中的不同內容是由不同編者編集的，而龍中在將一種內容分兩卷收時，本應在前卷開始處著録編者名，但因開始處不在卷首，故龍中不予著録，只在後卷首才著録，欠妥。

3143　愚菴和尚語録十卷，明觀通、溥震、正除、希顏、忻悟、寶盈、至寶、慧鏡、護位、道彝等編。

○徑山愚菴禪師四會語序，明宋濂撰○愚菴及禪師語録總目○附塔銘，宋濂撰。

【校記】◎嘉續臺：和尚作及禪師◎嘉續卍續臺：無明字，嘉續臺：無忻悟、慧鏡二人名◎序等見嘉續卍續臺◎卍續目録題愚菴智及禪師語録，並註又云明辨正宗廣慧禪師語録。【提示】南嶽下第二十世，嗣元叟端。

3144　南石和尚語録四卷，明宗謐、妙門、復初、廷璨、良玓等編。

○明圓信跋○徑山~序，明姚廣孝序○~目録。

【校記】◎嘉續卍續臺：無明字◎跋等見卍續（嘉續臺：僅有序）◎卍續目録題南石文琇禪師語録。【提示】南嶽下第二一世，嗣行中仁。

3145　吹萬禪師語録二十卷，明（廣真説）燈來重編。

○序（二篇），分別由明熊汝學識、明沈奕瑋識○重刻吹萬禪師全録疏，明高仰之書○~目録○自序，吹萬説○附吹萬禪師塔銘，明田華國撰○行狀，明至善撰。

【校記】◎嘉續臺：無明字◎有序等。【按】重輯嘉目録列為待訪書目。【提示】南嶽下第二八世，嗣月明池。

3146　　　聚雲吹萬真禪師語録三卷，明（廣真説）燈來編。

　　　　○～目次。

　　　　【校記】◎嘉續臺：無明字◎有目次（重輯嘉續：無目次）◎重輯嘉目録記附塔
　　　銘一卷。【按】嘉續臺另有序，明熊汝學識；吹萬大師塔銘，明田華國撰，均已
　　　見 3145。

3147　　　慶忠鐵壁機禪師語録二十卷，（明慧機説）清幻敏重編。

　　　　○鐵壁機大師語録序，明熊汝學識○鐵壁機禪師語録引，牟道行識○～目録○行
　　　狀，清文可茹撰○慶忠鐵老和尚塔銘，清沈廷勘撰○沈廷勘撰祭文附△附慶忠機
　　　和尚年譜序，清李道濟撰○治平鐵壁機禪師年譜，清至善編。

　　　　【校記】◎嘉續臺：無清字◎有序等。【按】①今據卷一末有落款為“嘉興楞嚴
　　　寺經坊夏維寧、倪爾繩刻”之刊記，可認為本書是嘉興續藏本，儘管嘉目未著
　　　録。②本書目録記卷二十末附年譜後尚有外藥病隨宜二卷、慶忠集二卷，今此四
　　　卷已不見載。③重輯嘉續僅有年譜序及年譜一卷，故將本書列為待訪書目（見附
　　　3147）。【提示】南嶽下第二九世，嗣吹萬真。

3148　　　慶忠鐵壁機禪師語録三卷，（明慧機説）清燈來編。

　　　　○～目次○沈赤肩居士五家宗旨歌為師壽。

　　　　【校記】◎嘉續臺：無清字◎有目次等（重輯嘉續：無目次）。【按】①嘉續臺
　　　另有序，牟道行識；序，明熊汝學識；慶忠鐵老和尚塔銘，清沈廷勘撰，均已見
　　　3147。②重輯嘉目録記附塔銘一卷。

3149　　　鐵眉三巴掌禪師語録一卷，明（慧麗説）性養、性亮編。

　　　　○附三巴掌和尚行狀，譚正乾撰○巴掌歌，明文安之撰。

　　　　【校記】◎嘉續臺：無明字◎有附行狀等（重輯嘉續：無附行狀等）。【按】蔡目
　　　記鐵眉説。檢三山來禪師語録（見 3151）卷八有“鐵眉三巴掌慧麗禪師”的字
　　　樣，故今新考目録據以改著慧麗説。【提示】南嶽下第二九世，嗣吹萬真。

3150　　　耳庵嵩禪師語録一卷，清性愷編。

　　　　○耳庵禪師語録序，清徐善撰○附記。

　　　　【校記】◎嘉續臺：無清字◎有序等。【提示】南嶽下第三十世，嗣鐵眉麗。

3151　　　三山來禪師語録十六卷，清普定編。

　　　　○三山禪師語録敘，清譚詣題○～目録○自敘，清燈來題。

　　　　【校記】◎嘉續臺：無清字◎有敘等。【臺按】原目二十八卷，卷十七下註有
　　　“嗣刻”二字，此為初刻本。【提示】南嶽下第三十世，嗣鐵壁機。

3152　　　三山來禪師語録二十卷，清（燈來説）普定、性統編。

　　　　○～目録○附三山來禪師行狀，性統狀○高峰三山和尚傳，清沈廷勵撰○續
　　　刻～紀略，清性統撰○高峰和尚年譜序，清至善撰○高峰三山來禪師年譜，性統
　　　編。

　　　　【校記】◎重輯嘉：無清字◎有目録等◎目録記附行狀一卷、傳一卷、紀略一

卷、年譜一卷。【按】①重輯嘉在目録前還有清譚詣題三山禪師語録敘，已見3151。②臺僅有年譜序及年譜一卷。

3153 三山來禪師疏語三卷，清（燈來撰）性統編。
○高峰～目次。
【校記】◎嘉又續臺：無清字◎有目次。

3154 衡山炳禪師語録一卷，清（燈炳説）宗位編。
○衡山和尚語録序，清超原撰○慶雲炳禪師語録序，清藍理撰○附塔銘，清性統撰。
【校記】◎嘉又續臺：無清字◎有序等（重輯嘉又續：無二序）◎重輯嘉目録記附塔銘一卷。【提示】南嶽下第三十世，嗣鐵壁機。

3155 高峰喬松億禪師語録二卷，清（燈億説）燈洪録。
○高峰喬松和尚語録序，清李道濟述○目次。
【校記】◎嘉又續臺：無清字◎有序等。【提示】南嶽下第三十世，嗣鐵壁機。

3156 萬峰汶翁童真和尚語録三卷（另宗統頌一卷，頌古二卷），清（至善説）德林記。
○童真和尚語録序，清劉如漢撰○萬峰和尚語録題辭，清李道濟題○目次○附宗統頌，清至善頌○湘山頌古自序，至善書○萬峰童真和尚湘山頌古，清寂慧録。
【校記】◎嘉又續臺：無清字◎有序等。【按】①本書目録記宗統頌後有華嚴圓頓頌，今未見其文。②重輯嘉目録分出頌古二卷（見附3156）不妥，因本書目録有頌古。【提示】南嶽下第三十世，嗣鐵壁機。

3157 竺峰敏禪師語録六卷，清（幻敏説）性鉅、性湛等編、性珩録。
○～序，清至善撰○目録○請啟（五篇）○～序，清杜臻撰（見卷六）○請啟。
【校記】◎嘉又續臺：無清字◎有序等。【提示】南嶽下第三十世，嗣鐵壁機。

3158 竺峰敏禪師後録二卷，清（幻敏説）性濟録。
○～目次○附竺峰敏禪師塔銘，清仇兆鰲撰○竺峰禪師行狀，性濟狀。
【校記】◎嘉又續臺：無清字◎有目次等◎重輯嘉目録記附塔銘一卷，行狀一卷。

3159 野雲映禪師宗統頌一卷，清（燈映頌）性璨録。
○野雲映禪師塔銘，清陶淑李撰○野雲禪師行狀。
【校記】◎嘉又續臺：無清字◎有塔銘等◎嘉又續目録題埜雲禪師頌古◎重輯嘉目録記附行狀一卷。【臺按】原書（自第二十三頁）缺（筆者按：重輯嘉同）。【按】重輯嘉目録重出（見附3159）。【提示】南嶽下第三十世，嗣鐵壁機。

3160 普門顯禪師語録二卷，清（燈顯説）性胤録。
○清賀勷識○請啟○附普門顯禪師塔銘，清袁州鐸撰。
【校記】◎嘉又續臺：無清字◎有賀勷識等◎重輯嘉目録記附塔銘一卷。【提示】南嶽下第三十世，嗣鐵壁機。

3161 普陀別菴禪師同門録三卷，清（性統説）弘秀編。

○別菴和尚同門録序，清超原撰○～目録。

【校記】◎嘉又續臺：無清字◎有序等。【提示】性統，號別菴。南嶽下第三一世，嗣三山來。

3162　大笑崇禪師語録三卷，清（性崇説）空情録。

○～序，清洪圖光題○大笑禪師語録序，清沈克齋識○序，清超原撰○～目次○附請啟。

【校記】◎嘉又續臺：無清字◎有序等。【提示】南嶽下第三一世，嗣三山來。

3163　鑑堂一禪師語録一卷，清明滿、明慧等録。

○鑑堂和尚語録序，清杜允貞撰○～目次。

【校記】◎嘉又續臺：無清字◎有序等。【提示】南嶽下第三一世，嗣竺峰敏。

3164　卓峰珏禪師語録一卷，清（性珏説）宗位編。

○卓峰和尚語録序（二篇），分別由清超原撰、清藍理撰○附塔銘（有缺頁），清性統撰。

【校記】◎嘉又續臺：無清字◎有序等◎重輯嘉目録記附塔銘一卷。【提示】南嶽下第三一世，嗣衡山炳。

3165　玉眉亮禪師語録一卷，清空謐編。

○～序，清沈廷勸撰。

【校記】◎嘉又續臺：無清字◎有序。【按】未詳法嗣。

3166　冰絃法禪師語録一卷。

【按】原附見卓峰珏禪師語録（見3164），今別立一目。【提示】嗣玉眉亮。

3167　翠崖必禪師語録三卷，清道通記録。

○翠崖禪師語録序，清屠粹忠撰○～敘，清曹廣端撰○～目次。

【校記】◎嘉又續臺：無清字◎有序等。【提示】南嶽下第三二世，嗣別菴統。

3168　斗南暐禪師語録三卷，清普潤、法權記録。

○～序，清楊雍建撰。

【校記】◎嘉又續臺：無清字◎有序。【按】重輯嘉臺目録蔡目誤記二卷。【提示】南嶽下第三二世，嗣別菴統。

3169　虎丘隆和尚語録一卷，宋嗣端等編、圓悟重刻。

○～目録○贊達磨祖師○宋臨濟正傳虎丘隆和尚塔銘，宋徐林撰。

【校記】◎嘉續卍續臺：無宋字，嘉續臺義：無圓悟重刻四字◎目録等見嘉續卍續臺◎卍續目録題虎丘紹隆禪師語録，並註語要收於續古尊宿語要（見3076）卷四。【提示】南嶽下第十五世，嗣佛果勤。虎丘派之祖。

3170　佛海瞎堂禪師廣録四卷，宋齊巳、如本、祖淳、法慧編。

○宋師體書○～目次○佛海禪師語録後序，宋葛郯序○靈隱佛海禪師語録序，宋顏度書○宋德光書（以上二序及德光書見卷二後）○附宋道能書○特賜佛海禪師住靈隱奏對語録，侍者臣僧録（卍續按：補卷二奏對文所未載）。

【校記】◎卍續頻續：無宋字◎有師體書、新作目次等◎目録題瞎堂慧遠禪師廣録；卍續目録（舊版）註又云佛海禪師廣録。【提示】南嶽下第十五世，嗣佛果勤。

3171　應庵和尚語録十卷，宋守詮等編。

○～敘，宋嚴康朝撰○～序，宋錢端禮序○～目録○附塔銘，宋李浩撰○李侍郎祭文，李浩撰○守詮識○松源和尚普説。

【校記】◎義：應庵作天童應庵◎嘉續卍續臺：無宋字◎敘見嘉續臺；序、識、普説見卍續；目録、塔銘、祭文見嘉續卍續臺◎卍續目録題應庵曇華禪師語録，並註語要收於續古尊宿語要（見3076）卷四；重輯嘉目録記附塔銘一卷。【提示】南嶽下第十六世，嗣虎丘隆。

3172　錢塘湖隱濟顛禪師語録一卷，宋沈孟柈敘述。

○無競齋質湖隱○湖隱方圓叟舍利銘。

【校記】◎卍續頻續：無宋字◎有質湖隱等◎目録題濟顛道濟禪師語録。【提示】南嶽下第十六世，嗣佛海遠。

3173　密菴和尚語録一卷，宋崇嶽、了悟等編。

○密菴禪師語録序，宋張鎡序○密菴禪師語録目次○附塔銘，宋葛邲撰。

【校記】◎卍續：二卷◎卍續大：無宋字◎有序、塔銘；卍續：有目次◎目録題密菴咸傑禪師語録，並註語要收於續古尊宿語要（見3076）卷四。【提示】南嶽下第十七世，嗣應菴華。

3174　密菴和尚語録二卷，（宋咸傑説）明圓悟編。

○～目録。

【校記】◎嘉續臺：無明字◎有目録。【按】嘉續臺於目録前有密菴禪師語録序，宋張鎡序，已見3173。

3175　曹源和尚語録一卷，宋道沖編。

【校記】◎卍續頻續：無宋字◎目録題曹源道生禪師語録；卍續目録註語要收於續古尊宿語要（見3076）卷四。【提示】南嶽下第十八世，嗣密菴傑。

3176　松源和尚語録二卷，宋善開、光睦、普巖、師肇、道巖、了能等録。

○～序，宋譙令憲序○宋慶如書○宋孟猷後序○目次○附塔銘，宋陸遊撰○跋，元清茂書○後序，元禄日本師點書○寬政日本隱山誌。

【校記】◎卍續頻續：無宋字◎有序等◎目録題松源崇嶽禪師語録；卍續目録註語要收於續古尊宿語要（見3076）卷四。【提示】南嶽下第十八世，嗣密菴傑。

3177　破菴和尚語録一卷，宋元照等編。

○破菴語録序，宋楊子書○目録○附行狀，宋宗性編○後跋，宋道巖跋。

【校記】◎卍續頻續：無宋字◎有序等◎目録題破菴祖先禪師語録。【提示】南嶽下第十八世，嗣密菴傑。

3178　癡絶和尚語録二卷，宋智沂、悟開、行彌、紹甄、智圓、元省、元樞編。

○癡絕禪師語録序，宋木石序○～目次○附龕銘，宋癡絕書○徑山癡絕禪師行狀，宋趙若琚狀○趙若琚書二絕、徐敏子書一頌，艮傳跋○宋顏汝勳識○宋趙以夫書○補遺等。

【校記】◎卍續頻續：無宋字◎有序等◎目録題癡絕道沖禪師語録。【提示】南嶽下第十九世，嗣曹源生。

3179　大宋無明慧性禪師語録一卷，宋妙儼、圓澄、妙全、道隆、圓照、法洪、唯道編。

○目録○無明性和尚語録序，宋顏汝勳書○附塔銘，顏汝勳撰並書、方萬里篆額○宋師範書○後序，宋居簡序。

【校記】◎卍續頻續：作者名無朝代宋字◎有目録等。【提示】南嶽下第十九世，嗣松源嶽。

3180　運菴和尚語録一卷，宋元靖、智能、惟衍編。

○目次○附炎宋安吉州道場山護聖萬歲禪寺運菴禪師行實○元禄日本宗著識。

【校記】◎卍續頻續：無宋字◎有目次等◎目録題運菴普巖禪師語録。【按】卍續目録將行實之作者誤記作日本宗著識。檢本書目次可知，行實乃原書固有内容，實屬宋人所記。而卍續所據是日人宗著於元禄七年（1694）校讐並加訓點後的版本，故卷末附宗著的識語。

【提示】南嶽下第十九世，嗣松源嶽。

3181　佛鑑禪師語録五卷（另徑山無準和尚語録一卷），宋宗會、智折、覺圓、如海、妙倫、唯一、了禪、了心、普明、了南、紹曇等編。

○宋程公許書○～目次○附大丞相游公祭文，宋游侣撰○徑山無準和尚入内引對陞座語録，宋了南、了垠編。○徑山無準禪師行狀，宋粲無文撰。

【校記】◎卍續頻續：無宋字◎有程公許書、新作目次等◎目録題無準師範禪師語録。【按】①卍續目録在作者紹曇後誤增了覺、師坦、妙因、至慧四人，今查此四人是以下石田和尚語録（見3182）四卷的作者誤録於此。②卍續分出徑山無準和尚語録一卷（見附3181）。【提示】師範，號無準，賜號佛鑑禪師。南嶽下第十九世，嗣破菴先。

3182　石田和尚語録四卷，宋師坦、了覺、妙因、至慧等編。

○宋程公許書○宋心月書○～目次○附行狀，宋大觀狀○祭文（四篇），分別由程公許、方正、李鏐、少南撰。

【校記】◎卍續頻續：無宋字◎有程公許書等◎目録題石田法薰禪師語録。【提示】南嶽下第十九世，嗣破菴先。

3183　龍源清禪師語録一卷，元士洵、德高、懷珠等編。

○目次○附龍源和尚塔銘，元牟巘撰、趙孟頫書、希渭立石○元淨日跋。

【校記】◎卍續頻續：無元字◎有新作目次等◎目録題龍源介清禪師語録；卍續目録註又云佛海性空禪師語録。【卍續按】卷首佚序文並本文。【提示】南嶽下第

二十世，嗣寂窗照。

3184　虛堂和尚語録十卷，宋妙源、可宣、無隱、梵閱、德溢、惟俊、法雲、德惟、似涇、如阜、似藻、至源、文衡、惟份、文愷、淨罩、以文、無補、法光、道準、禧會、紹賢、正一、淨喜、尚賢、惠明編。

○～目録○妙源後記○虛堂和尚新添，日本宗卓集○附行狀，宋法雲狀○正和日本宗卓書。

【校記】◎卍續大：無宋字◎目録等見卍續（大：無目録）◎卍續目録題虛堂智愚禪師語録。【提示】南嶽下第二十世，嗣運菴巖。

3185　絕岸和尚語録一卷，宋妙恩、正從、自永、守靜、慈證、宗永等編。

○目次。

【校記】◎卍續頻續：無宋字◎有目次◎目録題絕岸可湘禪師語録。【提示】南嶽下第二十世，嗣無準範。

3186　劍關和尚語録一卷，宋善珙、德修、慧澄、銳彰、心寧、慧恭編。

○劍關禪師語録序，宋林希逸書○宋惟一書○目次。

【校記】◎卍續頻續：無宋字◎有序等◎目録題劍關子益禪師語録。【提示】南嶽下第二十世，嗣無準範。

3187　環溪和尚語録二卷，元覺此編。

○元章鑑書○～目録○附行狀，覺此狀○元普明跋○元覺性書。

【校記】◎卍續頻續：無元字◎有章鑑書等◎目録題環溪惟一禪師語録。【提示】南嶽下第二十世，嗣無準範。

3188　希叟和尚語録一卷，宋自悟、了舜、妙恩、普和、惠泗、希革、彌紹、道信、宗壽、道亨等編。

○元趙孟何序○目次○附元居敬跋○附録元居涇拜呈日本東福寺及栗棘菴諸位禪師書。

【校記】◎卍續頻續：無宋字◎有序等◎目録題希叟紹曇禪師語録。【提示】南嶽下第二十世，嗣無準範。

3189　希叟和尚廣録七卷，宋法澄、了舜、普和、希革、惠泗、彌紹、道亨、宗壽編。

○～目次。

【校記】◎卍續頻續：無宋字◎有目次◎目録題希叟紹曇禪師廣録。

3190　西巖和尚語録二卷，宋修義、景元、宗清、繼燭、宗應等編。

○宋元肇書○～目次○附行狀，宋大觀狀○大觀跋○日本國丞相藤原公捨經記，宋了惠記。

【校記】◎卍續頻續：無宋字◎有元肇書等◎目録題西巖了慧禪師語録。【提示】南嶽下第二十世，嗣無準範。

3191　斷橋和尚語録二卷，宋文寶、善靖編。

○宋林希逸敘○～目次○附行狀○附筆○～重梓序，清項謙題。

【校記】◎嘉續臺：斷橋妙倫和尚語録◎一卷◎文寶、善靖等編、機雲、機旭彙次、真雄重梓，卍續：無宋字◎敘等見卍續（嘉續臺：僅有重梓序）◎卍續目録題斷橋妙倫禪師語録。【提示】南嶽下第二十世，嗣無準範。

3192　雪巖和尚語録二卷，元昭如、希陵等編。

○元家之巽書○～目次○附元淨日書○補遺○評論。

【校記】◎知：雪巖欽禪師語録◎無卷數，卍續：四卷◎嘉續卍續臺：無元字，知：無作者名◎卍續：有家之巽書等◎目録題雪巖祖欽禪師語録，並註又云慧朗禪師語録。【提示】南嶽下第二十世，嗣無準範。

3193　兀菴和尚語録三卷，宋淨韻、清澤、道昭、景用、禪了編。

○師範和南手白靈巖堂頭長老○～目次○附景用記○宋無準書○宋道沖書○宋心月書○宋尤煜書。

【校記】◎卍續頻續：無宋字◎有師範和南等◎目録題兀菴普寧禪師語録；卍續目録註又云宗覺禪師語録。【提示】南嶽下第二十世，嗣無準範。

3194　樵隱和尚語録二卷，元正定編。

○～目録。

【校記】◎卍續：無元字◎有新作目録◎目録題樵隱悟逸禪師語録。【提示】南嶽下第二一世，嗣絕岸湘。

3195　月磵和尚語録二卷，宋妙寅、法嚴、德圓、覺靜、永仁、宗煥等編。

○元夢真序○～目次○附元佛心題。

【校記】◎卍續頻續：無宋字◎有序、新作目次等◎卍續目録題月磵禪師語録（頻續：磵作澗）。【提示】南嶽下第二一世，嗣西巖慧。

3196　台州府瑞巖淨土禪寺方山文寶禪師語録一卷，元先覿、祖燈等録、清機雲編、真雄梓。

○方山和尚語録序，清智安題○附增補。

【校記】◎嘉續卍續臺：無元、清二字◎序見嘉續卍續臺；附增補見卍續。【提示】南嶽下第二一世，嗣斷橋倫。

3197　海印和尚語録一卷，元行純、道彰、從心集。

○海印禪師三會語序，元曾巽申序○目次○附塔銘，元李侗撰○塔銘，元曾德裕撰○元清茂書○元希陵書。

【校記】◎卍續頻續：無元字◎有序等◎目録題海印昭如禪師語録。【提示】南嶽下第二一世，嗣雪巖欽。

3198　高峰大師語録一卷，元參學門人編、明弘禮重梓。

○元～序，明袾宏識○附行狀，元明初、祖雍識○行狀，元洪喬祖狀○塔銘，元家之巽撰。

【校記】◎義知：高峰妙禪師語録◎卍續：二卷，義：三卷，知：無卷數◎嘉續臺知：無作者名，卍續：無元、明二字，義：元明初等編◎序等見嘉續卍續臺◎

卍續目録題高峰原妙禪師語録。【按】重輯嘉正文至第五十頁下首行"不參禪亦是功夫"下缺文，無序等。【提示】南嶽下第二一世，嗣雪巖欽。

3199　高峰和尚禪要一卷，元持正録、洪喬祖編。

○洪喬祖書○元朱穎遠跋。

【校記】◎卍續頻續：無元字◎有洪喬祖書等◎目録題高峰原妙禪師禪要。

3200　平石和尚語録一卷，元文棲、子昶、了因、彌安、元暠、師楷、文斌、汝均、處林、雲岑等編。

○天童～序，元至仁書○目次○附元正印題。

【校記】◎卍續頻續：無朝代元字◎有序等◎目録題平石如砥禪師語録。【提示】南嶽下第二二世，嗣東巖日。

3201　妙明真覺無見覩和尚住華頂善興禪寺語録二卷，元智度等編、清悟進重梓。

○天台無見覩禪師語録序，清譚貞默撰○無見覩禪師語録序，元黃潛撰○與譚祭酒書，悟進撰○無見和尚語録目録○附無見覩和尚塔銘，元曇噩撰○了達題○元行端跋○無見覩和尚語録跋，延寶日本道澄月潭跋。

【校記】◎嘉續卍續臺：無元、清二字◎序等見卍續（嘉續臺：無道澄月潭跋）◎卍續目録題無見先覩禪師語録，並註又云妙明真覺禪師語録；重輯嘉目録記附塔銘一卷。【提示】南嶽下第二二世，嗣方山寶。

3202　福源石屋珙禪師語録二卷，元至柔等編。

○石屋珙禪師像○自贊，朱衮書○～原序，明來復序○清鄉野序○附福源石屋珙禪師塔銘，明元旭撰。

【校記】◎義：無福源二字◎嘉續卍續臺：無元字，義：無等字◎像、自贊見嘉續臺；來複序、塔銘見嘉續卍續臺；鄉野序見卍續◎卍續目録題石屋清珙禪師語録，並註又云佛慈慧照禪師語録；重輯嘉目録記附塔銘一卷。【提示】南嶽下第二二世，嗣及菴信。

3203　天目中峰和尚廣録三十卷，元慈寂上進。

○重刊中峰和尚廣録序，明徐一夔序○進～表，元善達密的理上表○元元統降賜～入藏院劄○～序，元揭傒斯撰○元杭州路普寧寺明瑞刊板廣録入藏題記○～總目○附元故天目山佛慈圓照廣慧禪師中峰和尚行録，元祖順録○元敕賜智覺禪師法雲塔銘，元虞集撰○元普應國師道行碑，宋本制文○謝降賜中峰和尚廣録入藏並封號國師表，元善達密的理上表。

【校記】◎義：無天目二字◎磧初南北嘉黃卍臺中縮頻：或三十九卷（卷一、四、五、十八、二十七，各分二卷；卷十一、十二，各分三卷）◎無元字，義知：上進作集，佛：元明本述◎徐一夔序等見初南北嘉黃卍中縮頻（磧：有徐一夔序至總目，臺：無徐一夔序）◎頻目録記附録一卷。【按】①臺卷一用陝西第一圖書館藏南本補，卷首無徐一夔序，中校南本卷一首有徐一夔序，故今新考目録據以著録。②磧卷三十散佚。③佛分出天目中峰和尚行録一卷（見附3203）。

【提示】明本，號中峰。南嶽下第二二世，嗣高峰妙。

3204　天目明本禪師雜録三卷，元明本説。

【校記】卍續頻續目録增入書名，頻續目録增入作者名。此書由以下内容組成：天目中峰廣慧禪師語一卷；天目中峰和尚普應國師法語二卷；附天目中峰和尚懷淨土詩（一百八首）；中峰和尚和馮海粟梅花詩百詠；一華五葉集序跋（五篇），分別爲元清茂書，元馮子振題，元清茂題，元希陵題，明和日本玄淵書。【卍續頻續按】一華五葉集所編山房夜話、信心銘、闢義解、楞嚴或問、幻住家訓及擬寒山詩，既編入本藏廣録（見3203）中，故今單載序跋耳。

3205　師子林天如和尚語録九卷，元善遇編。

○～敍，元楊宗瑞序○天如禪師語録序，元危素序○天如禪師別録序，元李祁序○師子林別録序，元遠者圖敍○～目録○附師子林菩提正宗寺記，元歐陽玄撰、危素書、王餘慶篆。

【校記】◎知：天如則禪師語録◎無卷數，義：十二卷◎知：無作者名，卍續頻續：無元字◎有敍等◎目録題天如惟則禪師語録；卍續目録註又云佛心普濟文慧大辯禪師語録。【按】義在語録五卷外另著二目：一、師子林天如和尚剩語集二卷，元善遇編（見附3205-1）；二、師子林天如和尚別録五卷，元善遇編（見附3205-2）。今檢前者即他藏九卷本之卷九的内容，後者即他藏卷四至卷八的内容，因此解決了蔡按別録賅於語録，剩語集待考的問題。【提示】南嶽下第二三世，嗣中峰本。

3206　千巖和尚語録一卷，元（元長説）嗣詔録、明大參重校。

○千巖禪師語録序，明宋濂序○～目録○附佛慧圓明廣照無邊普利大禪師塔銘，元宋濂撰○題～後，元處林跋○元佛海題○明宗泐題○明大參跋。

【校記】◎嘉又續臺：無元、明二字◎有序等（重輯嘉又續：無處林跋至大參跋）。【按】重輯嘉目録誤記二卷，附塔銘一卷。【提示】南嶽下第二三世，嗣中峰本。

3207　石溪和尚語録三卷，宋住顯、宗煥、祖定、宗莪、光玉、仁安、應儼、永珍、祖森等編。

○宋劉震孫序○～目次○附新添降魔圖序等○御書傳衣菴記，宋楊棟記並書、蔡抗篆額、正知立石○雲頂演和尚送石溪出關見雲居掩室和尚法語，宋紫雲演書○宋黃聞跋。

【校記】◎卍續頻續：無宋字◎有序等◎目録題石溪心月禪師語録；卍續目録註又云傳衣石谿佛海禪師語録。【提示】南嶽下第二十世，嗣掩室開。松源派之祖。

3208　傳衣石溪佛海禪師雜録一卷，宋心月説。

【校記】◎卍續頻續：無作者名◎目録題石溪心月禪師雜録。

3209　大宋國虛舟和尚語録一卷，元淨伏、行佑、德珍、瓊林等編。

○嘉元日本瓊林書○附行狀，元行端狀○元祖欽跋。

【校記】◎卍續：無元字◎有瓊林書等◎目錄題虛舟普度禪師語錄。【提示】南嶽下第二十世，嗣無得通。松源派。

3210　曇芳和尚語錄二卷，元繼祖等編。

〇～敘，元虞集敘〇～目次〇附時賢讚師真附錄〇舍利讚附錄〇題跋〇有元大中大夫佛海普印廣慈圓悟大禪師忠公行業記，元克新撰、劉貞書〇元故大中大夫佛海普印廣慈圓悟大禪師大龍翔集慶寺長老忠公塔銘，元歐陽玄撰、趙雍書、趙儼篆額、星吉立石。

【校記】◎卍續頻續：無元字◎有敘等◎目錄題曇芳守忠禪師語錄；卍續目錄註又云大中大夫佛海普印廣慈圓悟大禪師語錄。【提示】南嶽下第二十世，嗣玉山珍。松源派。

3211　橫川和尚語錄二卷，元本光等集。

〇自序，元行珙書〇～目次。

【校記】◎義：三卷◎集作編，卍續頻續：無元字◎有序等◎目錄題橫川行珙禪師語錄。【提示】南嶽下第二十世，嗣滅翁禮。松源派。

3212　古林和尚語錄五卷，元元浩、清欲、應槐編。

〇～序，元馮子振述〇～目次〇附康永日本梵僊誌。

【校記】◎義：元元浩等編，卍續：無朝代元字◎有序等◎目錄題古林清茂禪師語錄，並註又云扶宗普覺佛覺佛性禪師語錄。【提示】南嶽下第二一世，嗣橫川珙。松源派。

3213　古林和尚拾遺偈頌二卷，日本海壽編次。

〇刊～緒，康永日本梵僊述〇附古林和尚行實，梵僊撰〇古林和尚碑，梵僊撰〇刊～募緣疏，日本友梅撰。

【校記】◎卍續頻續：無日本二字◎有緒等◎目錄題古林清茂禪師拾遺偈頌。

3214　雲谷和尚語錄二卷，宋宗敬、道傑、惟能、宗㘞、祖禄編。

〇～目次〇宋人書。

【校記】◎卍續頻續：無宋字◎有目次等。【按】蔡目記明法會説、宗敬等編，將雲谷和尚定為明雲谷法會，誤也。檢本語錄記載師於寶祐四年八月入院，且住平江府聖壽禪寺，均係宋代年號、地名，故今新考目錄確定雲谷是宋人。【提示】南嶽下第二一世，嗣石溪月。松源派。

3215　金山即休了和尚拾遺集一卷，日本及藏主録。

〇元契了題。

【校記】◎卍續頻續：無作者名◎有題◎目錄題即休契了禪師拾遺集。【提示】南嶽下第二二世，嗣虎巖伏。松源派。

3216　月江和尚語錄三卷，元居簡、妙心、大機、慧忠、可樑、祖安、具德、宗滿、自然、慧觀、壽椿、德粹、思敬、良圭、景行、本真、紹宗、文閶、寶生、文澡、自成等編。

○育王～敘，元大訴書○～序，元正澄述○～目次○附元紹義題○元清茂題○元徑海題○元如芝書。

【校記】◎卍續頻續：無元字◎有敘等◎目録題月江正印禪師語録。【提示】南嶽下第二二世，嗣虎巖伏。松源派。

3217　了菴和尚語録九卷，元一志、元皓、可興、文康、祖運、志道、祖杲、得度、文煥、克明、宗成、宗胤、起宗、汝現、元寶、慧朗、景毅、大圓、海壽、祖灁等編。

○南堂了菴禪師語録序，明宋濂序○～目次○附慈雲普濟禪師了菴欲公行道記，宋濂撰○清欲禪師傳○元正印題△南堂和尚語録續集序，日本中至仁槁撰○續集語要，日本本壽集。

【校記】◎卍續：無朝代元字◎有序等◎目録題了菴清欲禪師語録，並註又云慈雲普濟禪師語録。【按】蔡目誤記明清欲説、一志等編。檢行道記云清欲示寂於元至正二十三年（1363），又刊記云本書於至正二十年刊畢，故今新考目録據以著録清欲及一志等皆為元代人。【卍續按】清欲傳依他本插入（見3720增集續傳燈録卷六）。【提示】南嶽下第二二世，嗣古林茂。松源派。

3218　南堂了菴禪師語録二十二卷，元一志、元皓、可興、文康、祖運、志道、祖杲、得度、善慶、元寶、慧朗、海壽、祖灁等編、明明聞重閲。

○～總目○附録三首。

【校記】◎嘉續臺：無元字◎有總目等。【按】嘉續臺另有～序，明宋濂序，已見3217。

3219　恕中和尚語録六卷，明宗黼、道瑄、宗亙、居頂、惟寂、宗寄、慧浩、清歲等編。

○瑞巖～序，明宋濂序○～目録○附天台空室愠禪師行業記，明烏斯道撰。

【校記】◎嘉續卍續臺：無明字◎有序等◎卍續目録題恕中無愠禪師語録，並註又云空室和尚語録。【提示】南嶽下第二二世，嗣竺元道。松源派。

3220　了堂和尚語録四卷，元宗義、省端、思齊、思靜、妙淨、無我、文暐、雲澹、思謙、普莊、宗遠、思廉、文度、文朗等編。

○了堂一和尚語録總目。

【校記】◎卍續頻續：無元字◎有總目◎目録題了堂惟一禪師語録。【提示】南嶽下第二二世，嗣竺元道。松源派。

3221　穆菴和尚語録一卷，明清逸、智辯、寶日等編。

○目次○附記。

【校記】◎卍續頻續：無明字◎有目次等◎目録題穆菴文康禪師語録。【提示】南嶽下第二三世，嗣了菴欲。松源派。

3222　呆菴莊禪師語録八卷，明慧啟、智粵、智勝、德琇、曇頓、道哲等編。

○～總目○附塔銘。

【校記】◎嘉續卍續臺：無明字◎有總目等◎卍續目録題呆菴普莊禪師語録，並註又云敬中和尚語録。【提示】南嶽下第二三世，嗣了堂一。松源派。

3223　松隱唯菴然和尚語録三卷，明（德然説）慧省編。
　　○唯菴然和尚語録序，明宋濂序○～後序，明懷渭撰。
　　【校記】◎嘉續臺：無明字◎有二序（重輯嘉續：無後序）。【提示】南嶽下第二四世，嗣伏龍長。

3224　萬峰和尚語録一卷，明（時蔚説）普壽、普華、普慈集，法藏較重梓。
　　○刊～舊序（三篇），分別由明弘智題、明弘辯書、明宗泐書○慈光寂照圓明利濟萬峰大禪師塔銘，明沈貫撰○聖恩禪菴開山祖師萬峰蔚公傳，明陳亢宗述○萬峰語録後跋，明法藏志○附出三玄原頌，明王達善撰○附刻東明寺虛白慧昺禪師塔銘，明胡濚撰、朱孔陽書、程南雲篆額。
　　【校記】◎嘉（藏外）臺：無明字◎有舊序等◎重輯嘉目録記附萬峰大禪師塔銘一卷，分出東明寺虛白慧昺禪師塔銘一卷（見附3224）。【提示】南嶽下第二四世，嗣伏龍長。

3225　古庭祖師語録輯略四卷（曹溪一滴卷一至卷四），明善堅説、陶樨圭删正。
　　○古庭語録輯略序，明吳應賓撰○古庭祖師語録敘，明陶珽書○古庭祖師語録序，明錢啟忠題○古庭輯略序，明張惠撰○古庭祖師輯略出。
　　【校記】◎嘉續臺：無作者名◎有序等。【提示】南嶽下第二十六世，嗣東普悟。

3226　大巍禪師竹室集一卷（曹溪一滴卷六），明（淨倫撰）周理輯、陶珙閱。
　　○～序，明李紳書。
　　【校記】◎嘉續臺：無明字◎有序。【按】重輯嘉續序文後正文首缺頁。【提示】南嶽下第二十七世，嗣云南堅。

3227　天真毒峰善禪師要語一卷，明（本善説）悟深編集。
　　【校記】嘉續臺：無明字。【提示】南嶽下第二十八世，嗣大岡澄。

3228　天寧法舟濟禪師剩語一卷，明（道濟撰）如淵、大芹編次。
　　○附法舟濟和尚行狀，明方澤狀○明圓信跋。
　　【校記】◎義：潛翁濟禪師剩語◎明如淵等編；嘉續臺：無明字◎有附行狀等◎重輯嘉目録記附行狀一卷。【提示】南嶽下第二九世，嗣吉菴祚。

3229　玉芝禪師語録六卷（另附録一卷），明（法聚説）祖覺、祖胤、祖欽、祖玉等編。
　　○新刻～序，明黃國樊撰○～目次○附録。
　　【校記】◎重輯嘉拾遺：無明字◎有序等。【提示】南嶽下第二九世，嗣天通顯。

3230　無趣老人語録一卷，明（如空説）性沖編。
　　○～序，明圓澄撰○無趣大師語録序，性沖撰○附無趣老人行狀，明性虛述。
　　【校記】◎嘉續臺：無明字◎有序等◎重輯嘉目録記附行狀一卷。【提示】南嶽下第三十世，嗣野翁曉。

3231　無幻禪師語録二卷，明（性沖説）慧廣編集。

○~序（三篇），分別由明圓澄撰、明夏休生、蔡善繼書、明袾宏識○附無幻禪師行狀，慧廣等述。

【校記】◎嘉續臺：無明字◎有序等◎重輯嘉目録記附行狀一卷。【提示】南嶽下第三二世，嗣敬畏空。

3232　龍池幻有禪師語録十二卷，明（正傳説）圓悟、圓修等編。

○~序，明吳達可撰○~目次○龍池幻有禪師閒談晚話序，明唐鶴徵書（見卷三）○幻有禪師閒談晚話二編序，明袾宏書○龍池幻有禪師韻語題辭，明劉應龍書（見卷十）○龍池幻有禪師駁語引，明正傳識（見卷十一）○駁語跋，釋傳（即正傳）書○性住釋引，一幻（即正傳）識（見卷十二）○附雲棲大師書○憨山大師書○塔銘，明周汝登撰○幻有禪師語録後序，明李長庚書。

【校記】◎龍中：十卷◎嘉續龍臺中：無明字◎有序等◎重輯嘉目録記附雲棲大師書、憨山大師書、塔銘一卷。【提示】南嶽下第三二世，嗣笑巖寶。

3233　興善南明廣禪師語録一卷，明（慧廣説）妙用集、清悟進重輯。

○南明禪師語録序（二篇），分別由明明方撰、黃承昊撰○南明禪師行狀，妙用述○悟進跋。

【校記】◎嘉又續臺：無朝代明、清二字◎有序等◎重輯嘉目録記附行狀一卷。

【提示】南嶽下第三二世，嗣車溪沖。

3234　朗目和尚浮山法句一卷（曹溪一滴卷七），明（本智撰）周理輯、陶珙閱。

○浮渡山大華嚴寺中興尊宿朗目禪師塔銘，明吳應賓撰、何如寵篆書○夢禪語，王舜鼎撰。

【校記】◎嘉續臺：無明字◎有塔銘等◎重輯嘉目録記附塔銘一卷。【提示】南嶽下第三二世，嗣天目定。

3235　憨山大師夢遊全集五十五卷（含目録等一卷），（明德清撰）福善日録、通炯編輯。

○憨山大師像、自贊○憨山大師肉身像，清余謙誌○~序，清錢謙益序○康居國會尊者像贊寄憨山大師並序，明真可撰○録夢遊全集小紀，清今釋書○夢遊全集目録○憨山老人自序年譜實録並清錢謙益書○憨山大師託生辨，清錢謙益述○明廬山五乳峰法雲禪寺前中興曹溪嗣法憨山大師塔銘，明吳應賓撰○明海印憨山大師廬山五乳峰塔銘，明錢謙益述○憨山大師傳，明陸夢龍撰○憨山大師塔院碑記，陸夢龍撰○本師憨山大和尚靈龕還曹溪供奉始末，明劉起相識○奉輓憨翁禪師圓寂文（五篇），蕭雲翠等撰○寄憨大師曹溪法眷書並清今釋跋、清萬泰記○憨山大師全集舊序，清道盛題○憨山大師口筏引，清曾弘書。

【校記】◎嘉續卍續臺：憨山老人夢遊集◎嘉續臺：四十卷或四十二卷（嘉續：卷三十四、卷四十各分二卷，臺：卷三十、卷四十各分二卷），目録等一卷（重輯嘉不記此一卷）◎嘉續臺：卷一至三十六，卍續：卷二至四十九，增劉起相重較五字（卷一無作者題名）；嘉續臺：卷三十七、三十八，卍續：卷五十、

五十一，改著本昂、馮昌曆、知融録、王安舜、劉起相纂輯、陳迪祥、梁四相同較；嘉續臺：卷三十九、四十之上，卍續：卷五十二至五十四，改著福善、通烱日録、今照、今光收藏；嘉續臺：卷四十之下，龍卍續中：卷五十五，改著毛晉編較◎二像、自贊見臺（嘉續：無肉身像，卍續：僅有自贊）；餘序等見卍續（嘉續龍臺中：無真可撰）。【按】①嘉續臺原缺卷三十三之淨土會語，臺原缺卷三十四之性相通説。嘉續另録性相通説的別行本（見2491）。今檢龍卍續中卷四十六，龍中未録上述二卷内容，而另録性相通説的別行本；卍續存目，而另録性相通説別行本中的百法論義（見2487）、八識規矩（見2596）。②卍續卷四十一至四十四前半部分，原有楞嚴懸鏡（見2257）、法華擊節（見1959）、楞嚴補註（見2259）、楞伽補遺（見2173）四文，目録註既收於釋教部，故不再出。③知別抄本書答鄭崐巖中丞一文，題名方便語（見附3235）。【提示】南嶽下第三二世，嗣雲谷會。

3236　憨山老人夢遊全集五卷，明（德清撰）福善日録。
【校記】◎嘉續臺：無明字。【按】重輯嘉續另有憨山大師像、自贊，已見3235。

3237　憨山老人年譜自敘實録二卷，明（德清撰）福善記録、清福徵述疏。
○曹溪中興肉身嗣祖憨山國師大和尚法影○崇禎皇帝御贊憨山老和尚法像○憨祖臨化自題曹溪影堂法像○智旭敬贊法像○清譚貞默手疏年譜恭贊法像並序○肉身古佛中興曹溪憨山嗣祖三十六頌，清嚴大參題○附曹溪中興憨山肉祖後事因縁，福善記録○福徵撰古詩等○項桂芳述○王起隆跋○題憨山大師六詠手卷，民國印光識○憨山大師年譜疏排印流通序，印光撰△東遊集法語○東遊集原序，虞淳熙書。
【校記】◎頻續：實録作實録疏◎嘉續臺頻續：無明、清二字◎法影至王起隆跋見嘉續臺（頻續：無法影）；題手卷、流通序見頻續；東遊集法語等見重輯嘉續◎頻續目録題憨山大師年譜疏證；重輯嘉目録分出曹溪中興憨山肉祖後事因縁一卷，附東遊集法語（見附3237）。【按】嘉續臺頻續於御贊法像後有達觀可大師康居國會尊者像贊寄憨公並序，已見3235。

3238　密雲禪師語録十二卷，明（圓悟説）如學、法藏、海明、通容、通乘、通忍、通微、道忞、通雲、通門、通賢、通奇編。
○~序，明黃端伯撰○密雲老和尚語録序，明蔡聯璧撰○~目録○行狀，王谷撰○全身塔銘，明徐之垣撰○遺衣金粟塔銘，明唐世濟撰○道行碑，清韋克振撰○附密雲和尚年譜序，明通容書○天童密雲禪師年譜，明唐元竑重訂。
【校記】◎嘉臺中：無朝代明字◎嘉臺：有序等（中：脱附年譜序、年譜）。【按】嘉有二本：此本係南明弘光元年（1645）刊，另本係清順治十七年（1660）刻（見3239）。【提示】南嶽下第三十三世，嗣禹門傳。

3239　密雲禪師語録十卷，明道忞上進。

○進天童密雲悟禪師語録奏章，清道忞奏○敕准語録年譜入藏流通之劄文等
○～序，明黃端伯撰○清本咸識○～目録○天童密雲禪師悟公塔銘，清錢謙益造
○明天童密雲悟和尚行狀，道忞撰述○重刻密雲悟和尚年譜，道忞識○天童密雲
禪師年譜，道忞編。

【校記】○南：密雲作密雲圓悟◎南嘉：十三卷（含年譜一卷）◎南嘉龍中：無
明字◎奏章、序、行狀、道忞編年譜見南嘉龍中；劄文等、本咸識見南；目録見
嘉龍中；塔銘、重刻年譜見南嘉（龍：僅有塔銘）◎重輯嘉目録記語録十二卷、
附塔銘一卷、行狀一卷、年譜一卷。【縮按】此天童密雲禪師語録全部十二卷及
年譜一卷，然十二卷本缺無所搜索，故今年譜一卷補入（用"明魚"本）。【按】
①中未校南嘉，今據山西省寧武縣文物館藏本、故宮博物院藏本補校。②龍有塔
銘，今據沈陽慈恩寺藏本著録。③縮頻佛僅録一卷，收塔銘、行狀、重刻年譜、
年譜；佛增清道忞等編五字。

3240　雪嶠禪師語録十卷，明（圓信説）弘歇、弘珠等編。
○～序，譚貞默書○眾護法請開堂疏，明曹谷等疏○～目録○雪嶠大師拈古頌古
序，明郭凝之書（見六卷本之卷五）○自序○徑山語風老人嗣臨濟第三十世雪嶠
信大禪師道行碑，清譚貞默書。

【校記】◎嘉續臺：徑山雪大師語録◎六卷◎嘉續龍臺中：無明字，嘉續臺：增
朱茂時、茂暕、彝敘較梓九字◎序等見嘉續龍臺中。【按】重輯嘉續卷五拈古頌
古、懷淨土詩，誤置卷六道行碑後。【提示】南嶽下第三十三世，嗣禹門傳。

3241　天隱和尚語録十五卷，明（圓修説）通問等編。
○～序，明黃毓祺識○～總目○附後序，通問識。

【校記】◎嘉續臺中：無明字◎有序等。【提示】南嶽下第三十三世，嗣禹門傳。

3242　天隱禪師語録二十卷，明（圓修説）通琇編。
○～目録○傳，通琇述○先師磐山天隱老和尚語録跋言，通琇述。

【校記】◎龍中：無明字◎有目録等。

3243　鴛湖用禪師語録二卷，（明妙用説）清悟進、悟元等編、真智重梓。
○序，清明方書○鴛湖禪師語録序，清朱喬秀撰○普明～目次○附建寧普明鴛湖
禪師行狀，悟進狀○福建建寧紫雲山普明堂上傳臨濟正宗第三十世鴛湖用禪師塔
銘，清譚貞默撰。

【校記】◎嘉續臺：無清字◎有序等（重輯嘉續：無明方序）◎重輯嘉目録記附
塔銘一卷。【提示】南嶽下第三十三世，嗣南明廣。

3244　曹溪一滴一卷（曹溪一滴卷五），明周理編、陶珙閲。
○～緣起，陶珙撰○引～，明戈允禮識。

【校記】◎嘉續臺：無明字◎有緣起等。

3245　雲山夢語摘要二卷，明周理撰、楊鶴閲。
○夢語引，明戈允禮識。

【校記】◎嘉續臺：無明字◎有引。【按】臺目録誤記一卷，今新考目録改正爲二卷。

3246　徹庸和尚谷響集一卷（曹溪一滴卷八），明（周理撰）洪如録。
　　　〇妙峰山開山善知識徹庸禪師小傳，明陶珽識〇谷響集序，明陶珙書。
　　　【校記】◎嘉續臺：無明字◎有傳等。【提示】周理，號徹庸。南岳下第三三世，嗣浮山智。

3247　紫竹林顓愚衡和尚語録二十卷（另附一卷），（明觀衡説）清正印重編。
　　　〇顓愚禪師語録序，清李仙根書〇敘，清施博敘〇～目録〇附行狀，清正印述〇塔銘，清熊文舉撰〇雲居顓老和尚語録後敘，清真璨書〇後跋，正印識。
　　　【校記】◎嘉續臺：無清字◎有序等（重輯嘉續：無目録）。【按】臺目録不記另附的卷數。【蔡按】卍續出楞嚴經懸談、金剛經略談、心經小談，註：出顓愚和尚語録，見2262、1807、1888。
　　　【提示】南嶽下第三三世，嗣憨山清。

3248　大溈五峰學禪師語録一卷，（明如學説）清智海重刻。
　　　〇五峰禪師語録敘，清周堪賡書〇塔銘，明陶汝鼐撰。
　　　【校記】◎嘉續臺：無清字◎有敘等◎重輯嘉目録記附塔銘一卷。【按】蔡目誤記清如學説。檢塔銘可知，如學是明萬曆十三年至崇禎六年（1585—1633）人，故今新考目録著明如學説。【提示】南嶽下第三四世，嗣天童悟。

3249　破山禪師語録二十卷（另年譜一卷），清（海明説）印正等編。
　　　〇序，清施博撰〇敘，清王庭題〇～目録〇破山明和尚行狀，印正撰述〇附雙桂破山禪師年譜序，施博題〇雙桂破山明禪師年譜，清印巒輯、印綬編〇破山明禪師塔銘，清劉道開撰、李仙根篆額、劉如漢書丹。
　　　【校記】◎嘉續臺：無清字◎有序等◎重輯嘉目録記附塔銘一卷。【按】重輯嘉續誤將年譜、塔銘置於卷十後。【提示】南嶽下第三四世，嗣天童悟。

3250　費隱禪師語録十四卷（另紀年録二卷），明（通容説）隆琦等編。
　　　〇金粟費大師語録序，明唐世濟撰〇～目次〇附福嚴費隱容禪師紀年録，清行觀、王谷集、徐昌治、董行證較、行宗、行古重訂刻。
　　　【校記】◎嘉續臺：無明字◎有序等。【提示】南嶽下第三四世，嗣天童悟。

3251　天童弘覺忞禪師語録二十卷，清（道忞説）顯權等編。
　　　〇弘覺禪師語録序，清金之俊撰〇～序（二篇），分別由張立廉題、祁駿佳題〇清順治詔書、敕書〇贊，明黃毓祺贊〇天童開堂疏，明孫嘉績等疏〇同門疏，明黃毓祺疏〇大能仁開堂疏，清魯元寵等疏〇道場山開堂疏，清費景烷等疏〇～目録〇清順治御劄。
　　　【校記】◎嘉續龍臺中：無清字◎序等見龍中（嘉續臺：無御劄）。【按】重輯嘉拾遺另收本書的初刻本（見附3251），題名山翁忞禪師語録二十二卷，顯權、智泉等編。無金之俊序、詔書、敕書、御劄。【提示】南嶽下第三四世，嗣天童悟。

3252　萬如禪師語録十卷，清（通微説）行猷等編。

○萬如和尚語録序，清唐世濟題○～序（四篇），分別由清黄端伯題、清高世恭書、清黄承昊題、清譚貞默撰○荆溪龍池老和尚列傳，清嚴大參、吕嘉祐校正、行舟述○～目録○附行實○行狀，清通門述○塔銘，清高世恭撰。

【校記】◎嘉續臺：無清字◎有序等◎重輯嘉目録記附行實、行狀、塔銘一卷；分出荆溪龍池老和尚列傳一卷（見附3252）。【提示】南嶽下第三四世，嗣天童悟。

3253　雪竇石奇禪師語録十五卷，清（通雲説）行正等編録。

○雪竇石奇禪師全録序，清吴性撰○靈鷲語録原序，清黄毓祺撰○～目録○附行狀，行正狀○塔銘，清金之俊撰○後序，行正識。

【校記】◎嘉續臺：無清字◎有序等◎重輯嘉目録記附行狀、塔銘一卷。【提示】南嶽下第三四世，嗣天童悟。

3254　牧雲和尚語録二十卷，清（通門説）行瑋等編。

○序，清王庭題○～目録○行實。

【校記】◎重輯嘉續：無清字◎有序等。【按】重輯嘉續書前誤録朱一是序，實為牧雲和尚七會餘録（見3255）之序。【提示】南岳下第三四世，嗣天童悟。

3255　牧雲和尚七會餘録六卷，清（通門説）行瑋等編。

○序，清朱一是撰○～目録。

【校記】◎嘉續臺：無清字◎有目録。【按】重輯嘉續誤將序置於牧雲和尚語録書首（見3254）。

3256　牧雲和尚嬾齋別集十四卷，（明通門撰）清毛晉編閲、智時較訂。

○叙，清王庭題○序，清朱一是撰○嬾齋別集總目○嬾齋別集目録。

【校記】◎嘉又續臺：無清字◎有叙等。【蔡按】嘉又續甲本以代八十八祖傳贊（見3746）、莊子内篇註（見3920）及西方合論（見2922-1）。【按】本書係通門撰，臺目録誤記通明撰。

3257-1　牧雲和尚宗本投機頌一卷，明（通門撰）智時、超慧對。

○～世序。

【校記】◎臺：無明字◎有世序。【蔡按】依善本藏外增入。【按】本書係明通門撰，臺目録誤記明通明撰。

3257-2　牧雲和尚病遊遊刃一卷，明（通門撰）智時重編、超慧對閲。

○～目。

【校記】◎重輯嘉又續臺：無明字◎有目。【按】本書係明通門撰，臺目録誤記明通明撰。

3257-3　牧雲和尚病遊初草一卷，明（通門撰）毛晉編閲、智時較訂。

○自叙，明通門述○病遊初草目録。

【校記】◎重輯嘉又續臺：無明字◎有叙等。【按】本書係明通門撰，臺目録誤

記明通明撰。

3257-4　牧雲和尚病遊後草一卷，明（通門撰）毛晉編閲、智時較訂。

○病遊後草目録。

【校記】◎重輯嘉又續臺：無明字◎有目録。【按】①本書係明通門撰，臺目録誤記明通明撰。②重輯嘉目録漏記此目。

3258　浮石禪師語録十卷，（明通賢説）清行浚等編。

○浮石和尚語録敘，清史大成題○～序，清譚貞默撰○浮石禪師諸會語録序，清錢謙益撰○～目次○浮石和尚語録跋，清錢光繡跋。

【校記】◎嘉續臺：無清字◎有敘等。【提示】南嶽下第三四世，嗣天童悟。

3259　林野奇禪師語録八卷，（明通奇説）清行謐、行覺等編。

○林野和尚語録序，清曹勲題○林野禪師語録序，清譚貞默書○林野和尚語録序，清汪挺題○～目録○附天童林野奇和尚行狀，曹勲撰○天童林野奇禪師塔銘，清道忞撰○後跋，行謐跋。

【校記】◎嘉續臺：無清字◎有序等（重輯嘉續：無三序、目録）◎重輯嘉目録記附行狀一卷，塔銘一卷。【提示】南嶽下第三四世，嗣天童悟。

3260　古雪喆禪師語録二十卷，（明真喆説）清傳我等編。

○翠巖古雪禪師語録序（二篇），分別由清陳弘緒撰、清道忞撰○～目録○陳司理請疏，陳弘緒疏○熊少宰請疏，清熊文舉疏。

【校記】◎嘉續臺：無清字◎有序等（重輯嘉續：無目録）。【提示】南嶽下第三四世，嗣天童悟。

3261　三峰藏和尚語録十六卷（另年譜一卷，勒古一卷），（明法藏説）清弘儲記。

○～序，明熊開元撰○三峰和尚語録序，弘儲述○三峰和尚語録目録○附三峰和尚年譜，弘儲編○南嶽勒古自序，弘儲序○退翁和尚南嶽勒古，清警秀記○退翁自銘塔○南嶽勒古後序，清南潛書○～後序，南潛言○後序，清曉青書。

【校記】◎嘉又續臺：無清字◎有序等◎重輯嘉目録記附年譜一卷，勒古一卷，塔銘一卷。【提示】南嶽下第三四世，嗣天童悟。

3262　朝宗禪師語録十卷，明（通忍説）行導編。

○重刻～緣起，清迁寤莊識○重刻～目次○附行狀，清葉紹顒撰。

【校記】◎嘉又續臺：無明字◎有緣起等◎重輯嘉目録記附行狀一卷。【提示】南嶽下第三四世，嗣天童悟。

3263　大覺普濟能仁玉琳琇國師語録七卷，清（通琇説）行岳編。

○～目録○附敕封大覺普濟能仁國師塔銘，清王熙薰撰。

【校記】◎龍中：無清字◎有目録等。【按】重輯嘉目録列為待訪書目，題名大覺普濟能仁國師語録。【提示】南嶽下第三四世，嗣磬山修。

3264　玉林禪師天目語録二卷，清（通琇説）行淳等編。

○序，清戴京曾題。

【校記】◎重輯嘉拾遺：無清字◎有序。

3265　南嶽山茨際禪師語録四卷，（明通際説）清達尊、達謙、達蒭、達剛、達旨等編。○～序，清道忞撰○目録○附臨濟第三十一代南嶽山茨際禪師塔銘，清通問撰。

【校記】◎嘉續龍臺中：無清字◎有序、塔銘；目録見龍中◎重輯嘉目録記附塔銘一卷。【按】南嶽下第三四世，嗣磬山修。

3266　介菴進禪師語録十卷（另源流頌一卷），清（悟進説）真理、真倪、本則、真鑒、真啟、真文、真焵、真璨、真智、仁旭、真照、圓法、永修、真淨、真琦、性嚴、真化、真範、寂曇、行璸、真源、真在、真覺、真性、真本等編。

○序，清悟進書○介菴禪師語録序，清王庭題○介菴禪師語録序，清施博題○請啟○介菴禪師語録目次○附金明介菴和尚源流頌世序○介菴和尚源流頌，真理、真本等録，曹溶閱。

【校記】◎嘉續臺：無清字◎有悟進序、施博序等（重輯嘉續：無施博序、目次）；王庭序見重輯嘉續。【提示】南嶽下第三四世，嗣鴛湖用。

3267　一初元禪師語録二卷，清真開、真智等編。

○一初和尚語録序（二篇），分別由清施博題、清譚貞默撰○永正～目次○附重建永正禪院碑記，譚貞默撰。

【校記】◎嘉續臺：無清字◎有序等（重輯嘉續：無施博序）◎重輯嘉目録記附碑記一卷。【提示】南嶽下第三四世，嗣鴛湖用。

3268　晦夫林臯禪師夾山竹林寺語録二卷，元顥記録。

○序，陳觀陽書。

【校記】序見重輯嘉拾遺。【提示】南嶽下第三四世，嗣天隱修。

3269　法璽印禪師語録十二卷，清性圓、旋璣、旋哲、旋賢等編。

○序，清王庭題○序，清余三瀛撰○～目録。

【校記】◎嘉續臺：無清字◎有序等（重輯嘉續：無目録）。【按】南嶽下第三四世，嗣顓愚衡。檢王庭序云法璽印禪師得法於顓愚大師，顓愚得法於憨山大師，故據以著録。

3270　楞嚴法璽印禪師語録二卷，清旋性、明曙録。

【校記】嘉续臺：无清字。

3271　大溈密印禪寺養拙明禪師語録一卷（附大溈四記一卷），清（行明説）智海編。○清通雲題○行實○塔銘，清周堪賡撰△附大溈四記：○敘，清陶之典題○同慶禪寺碑記，唐鄭愚撰○密印禪寺碑記，宋覺範撰○密印禪寺僧田記，清郭都賢撰○密印禪寺碑記，清陶藟延撰。

【校記】◎嘉續臺：無清字◎有題等（重輯嘉續：無塔銘）◎重輯嘉目録分出大溈四記一卷（見附3271）。【提示】南嶽下第三五世，嗣五峰學。

3272　南嶽繼起和尚語録十卷，清（弘儲説）濟璣等編。

○南嶽繼起和尚大宗堂録彙自序，退翁自序○～總目○退翁後記○附退翁自

銘塔。

【校記】◎嘉又續臺：無清字◎有自序、總目、後記；附自銘塔見重輯嘉又續。

【提示】弘儲，字繼起，號退翁。南嶽下第三五世，嗣三峰藏。

3273 　清涼頂目徹禪師語録五卷，明洪範録、吳鈇、上增、吳溥立、許毅較梓。

○海虞清涼禪師語録序，明熊開元書○～目録。

【校記】◎重輯嘉拾遺：無明字◎有序等。【提示】南嶽下第三五世，嗣三峰藏。

3274 　昭覺丈雪醉禪師語録十卷，清（通醉説）徹綱、徹巖等編。

○～序，清譚貞默書○敘，清嚴大參題○序，清王玉生書○～目次○行實。

【校記】◎嘉續臺：無清字◎有序等。【提示】南嶽下第三五世，嗣破山明。

3275 　昭覺丈雪醉禪師語録十二卷（另附紀年録一卷），清（通醉説）徹綱、徹巖等編。

○附昭覺丈雪禪師紀年録序，清徹中撰○昭覺丈雪醉禪師紀年録，徹綱等編○丈雪醉禪師塔銘，清曾王孫撰○後跋，清範文茨跋。

【校記】◎重輯嘉續：無清字◎有附序等◎目録另記塔銘一卷。【按】重輯嘉續另有～序，清譚貞默書；敘，清嚴大參題；序，清王玉生書，已見3274。

3276 　夔州臥龍字水禪師語録三卷，（明圓拙説）清觀誰、寂亮、完矩録。

○～敘（二篇），分別由明張懋憙撰、熊之奇撰○啟○～目録○附夔州府臥龍寺字水圓拙禪師行狀，清明揆狀。

【校記】◎嘉續臺：無清字◎有敘等（重輯嘉續：無啟、目録）◎重輯嘉目録記附行狀一卷。【提示】南嶽下第三五世，嗣破山明。

3277-1 蓮月禪師語録六卷，清（道正説）性容、發海、明鐸、道束、發悟、性同録。

○～序，清施博撰○～目録。

【校記】◎嘉續臺：無清字◎有序等。【提示】南嶽下第三五世，嗣破山明。

3277-2 玉泉蓮月正禪師語録二卷，清（道正説）發慧、性同録。

○敘，清俞廷瑞撰。

【校記】◎嘉續臺：無清字◎有敘。【按】據蓮月禪師語録目録（見3277-1）著録，其書六卷後附住玉泉語録二卷，即本書也，由此可知本書原屬嘉興續藏本，而嘉目録未著而已，況且本書還有嘉禾楞嚴寺般若坊識的刊記，故蔡按本書依善目藏外增入，不妥。

3278 　不會禪師語録十卷，清（法通説）性靈、圓澄、圓星、通夆、慶法、法衍、法玉、通吉、通悟、淨意、永定、蓮明、慧惺、馮述善、陳揩、楊章、任之傑、海澄、海映、海定、圓勳、圓慧、圓齡、圓福等編。

○序，清錢受祺書○清果禪院開堂疏○～目次。

【校記】◎嘉又續臺：無清字◎序見重輯嘉又續，開堂疏、目次見嘉又續臺（重輯嘉又續：無目次）。【按】此書目次著録書首有序，尾有後跋，但嘉又續臺均無後跋。【提示】南嶽下第三五世，嗣破山明。

3279 　象崖珽禪師語録四卷，清（性珽説）益聞重刊。

○序，清施博撰○附象崖斑禪師行狀，清道智狀○象崖斑禪師塔銘，清陳寶鑰撰。

【校記】◎嘉又續臺：無清字◎有序等。【提示】南嶽下第三五世，嗣破山明。

3280-1　慧覺衣禪師語録二卷，清（照衣説）徹御等編。

○～目次○清故湖山慧覺和尚行狀，清德玉狀○塔銘，清徐子才撰。

【校記】◎重輯嘉又續：無清字◎有目次等◎目録記附行狀、塔銘一卷。【按】重輯嘉又續於本書前誤録佛語御禪師語録敍，實屬佛語御禪師語録（見 3354）前原有序。【提示】南嶽下第三五世，嗣破山明。

3280-2　慧覺衣禪師語録三卷，清（照衣説）徹御等編。

○～目次○清故湖山治平照衣慧覺和尚行録，清德玉録。

【校記】◎嘉又續臺：無清字◎有目次等。

3281　雲幻宸禪師語録一卷，清（印宸説）發林等編。

○～序，清王民暐書○附雲幻宸禪師塔記，清李道泰書◎重輯嘉目録記附塔記一卷。

【校記】◎嘉又續臺：無清字◎有序等。【提示】南嶽下第三五世，嗣破山明。

3282　錦屏破石卓禪師雜著一卷，明超常記録。

○行狀，清發林狀。

【校記】◎嘉又續臺：無明字◎有行狀◎重輯嘉目録記附行狀一卷。【蔡按】由前目（見 3281）分出。

3283　寂光豁禪師語録六卷，清（印豁説）發育、德源、淨慧、發理、發密、發昱等編。

○佛子～序，清白意序○序，清通醉書○請啟○～目次。

【校記】◎嘉又續臺：無清字◎有序等。【提示】南嶽下第三五世，嗣破山明。

3284　衡州開峰密行忍禪師語録三卷，清（寂忍説）明廣、明珍等編。

○密行禪師語録序，清車以遵書○密行忍禪師目録次。

【校記】◎嘉又續臺：無清字◎有序等。【按】嘉又續臺於本書後附中興寺嗣燈胤禪師語録，今新考目録別立一目（見 3363）。【提示】南嶽下第三五世，嗣破山明。

3285　雲峰體宗寧禪師語録一卷，清續清等編、徹生梓行。

○～敍，清德玉敍○序，清徹生撰。

【校記】◎嘉又續臺：無清字◎有敍等。【提示】南嶽下第三五世，嗣破山明。

3286　靈隱文禪師語録三卷，清福度復編。

○～目録。

【校記】◎嘉又續臺：無清字◎有目録。【提示】南嶽下第三五世，嗣破山明。

3287　敏樹禪師語録十卷，清（如相説）道崇編、道領録。

○～序（二篇），分别由清孫順書、清陳新甲題○～目録○行實。

【校記】◎嘉又續臺：無清字◎有序等◎重輯嘉目録記附行實一卷。【提示】南嶽下第三五世，嗣破山明。

3288　雲山燕居申禪師語録八卷，清（德申説）合喆等編。

○序，清潘應斗書。

【校記】◎嘉又續臺：無清字◎有序。【提示】南嶽下第三五世，嗣破山明。

3289　華嚴聖可禪師語録十卷（另附百頌録一卷，年譜一卷），清（德玉説）光佛、祖典、徹爾、發靜、光孝、道樂、性亮、發鳴等編。

○敘，清徐孺芳撰○～目録○附雲峰聖可玉禪師百頌録，清普明録○序，德玉敘○華嚴聖可玉禪師年譜，發鳴等編。

【校記】◎重輯嘉又續：或十二卷（卷五、卷八各分二卷）◎無清字◎有敘等。【提示】南嶽下第三五世，嗣破山明。

3290　華嚴聖可禪師語録五卷，清（德玉説）光佛等編。

○～目録。

【校記】◎嘉又續臺：無清字◎有目録。

3291　隱元禪師語録十六卷，（明隆琦説）清海寧、海珠、明光、如沛、性樂、性圭、行砥、行瑤、性願、如一、真橋、廣徹、弘宣、性呆編。

○隱元禪師道像○～序，清譚貞默書○黃檗隱元禪師語，明唐世濟撰○～序，明王谷撰○隱元禪師全録序，清蔡聯璧序○～目次。

【校記】◎嘉續臺：無清字◎重輯嘉續：有像等（嘉續臺：無像）。【提示】南嶽下第三五世，嗣費隱容。

3292　普照國師語録三卷，日本（隱元隆琦語）性瑤等編。

【校記】◎大續縮頻：無日本二字◎縮頻目録註廣録三十卷中抄出。【提示】隆琦，號隱元，日皇賜號大光普照國師。

3293　普照國師法語二卷，日本（隱元隆琦語）性呆等編。

【校記】◎大續縮頻：無日本二字◎縮頻目録註廣録三十卷中抄出。

3294　百癡禪師語録三十卷，清超宣等編。

○百和尚語録序，清徐昌治題○百癡元和尚語録序，清嚴大參題○序，清單恂序○～目録。

【校記】◎嘉續臺：無清字◎有序等。【提示】南嶽下第三五世，嗣費隱容。

3295　孤雲禪師語録七卷，清超卓、超元、超勤、海博、靈藏、智竺、智明、洪約、德昱、普毅、願周、超周編。

○～敘，清蔡聯璧敘○～目次。

【校記】◎重輯嘉拾遺：無清字◎有敘等。【提示】南嶽下第三五世，嗣費隱容。

3296　虛舟省禪師語録四卷（另詩集二卷、筏喻初學一卷），清（行省説）超直、超溜編。

○虛舟和尚語録序，清嚴大參題○序，清張文嘉書○虛舟禪師語録目録○附虛舟

省禪師詩集（上、下）○筏喻初學，清徐善編○西湖虛舟省和尚塔銘，清史大成撰○虛舟和尚行狀，徐善撰○留錫和尚語録跋，徐善記。

【校記】◎嘉又續臺：無清字◎有序等（重輯嘉又續：無目録）◎重輯嘉目録另記附塔銘一卷，行狀一卷。【提示】南嶽下第三五世，嗣費隱容。

3297　普明石關禪師語録一卷，清芳桂等編録。
○石關禪師語録序，清陸光旭撰○行實。

【校記】◎嘉又續臺：無清字◎有序等◎重輯嘉目録記附行實一卷。【提示】南嶽下第三五世，嗣費隱容。

3298　靈機觀禪師語録六卷，清（行觀説）寂方、智霈、海泲、超系、清立、超學、超正、尚岑、成恒、元林、超卓、超啟、如章、寂智、超鑑、超洧、超源、定襌、昌賢、超翼等編、超震、普定同閲。
○重刻靈機禪師語録原稿序，清沈宗敬撰○刻正靈機禪師語録原稿序，清吳騏撰○序，清大珍題○～目録○附行狀，超正等述○翔鳳山顯忠崇孝資福禪寺靈機和尚塔銘，清毛際可撰○超翼誌○重刻靈機老和尚語録後跋，清盛遠跋。

【校記】◎嘉又續臺：無朝代清字◎有序等◎重輯嘉目録記附行狀一卷，塔銘一卷，但是誤記本書卷數作五卷。【提示】南嶽下第三五世，嗣費隱容。

3299　伏獅祇園禪師語録二卷，清（行剛説）授遠、超宿、超朗、超珂、超見、超振、超琛編、超内録。
○祇園禪師像○祇園禪師語録序（二篇），分別由清朱茂時題、清吳鑄題○序，清行渫題○～總目○伏獅祇園剛禪師行狀，超琛狀○塔銘，吳鑄撰。

【校記】◎嘉續臺：無清字◎有像等（重輯嘉：僅有行狀、塔銘）◎重輯嘉目録記附行狀一卷，塔銘一卷。【提示】南嶽下第三五世，嗣石車乘。

3300　介為舟禪師語録十卷，清（行舟説）海鹽、益證等編、照德、超修録。
○～序，清嚴大參題○序，清李模題○～目次○行狀，清行淵述○塔銘，清吳道煌撰。

【校記】◎嘉續臺：無清字◎有序等（重輯嘉續：無李模序、目次）◎重輯嘉目録記附行狀、塔銘一卷。【提示】南嶽下第三五世，嗣萬如微。

3301　季總徹禪師語録四卷，清超祥、超遠記録。
○季總禪師語録序，清譚貞默撰○季總禪師語録敘，清嚴大參題○清葉紹顒撰○清張銖題○清王相説撰○眾護法請住蘇州慧燈禪院開堂啟○～目次。

【校記】◎嘉續臺：無清字◎有序等（重輯嘉：無譚貞默序、開堂啟、目次）。
【提示】南嶽下第三五世，嗣萬如微。

3302　大博乾禪師語録五卷，清超宗、超今、超古、超尚、超圓記録。
○序，清相空子書○序，清曹溶撰。

【校記】◎嘉又續臺：無清字◎有二序。【提示】南嶽下第三五世，嗣萬如微。

3303　龍興介叟登禪師語録七卷，清（行登説）大懷、智開、超慈、超慧、超豫記録。

○請啟（五篇）○龍興介叟登禪師行實，行昭記録。

【校記】◎重輯嘉拾遺：無清字◎有請啟等。【提示】南嶽下第三五世，嗣萬如微。

3304　達變權禪師語録五卷，清（顯權説）海澂記録。

○靈峰達變禪師語録敘，張立廉題。

【校記】◎嘉續臺：無清字◎有敘。【提示】南嶽下第三五世，嗣山翁忞。

3305　天岸昇禪師語録二十卷，清元玉等編，一誠、溢元、海嶼記録。

○青州天岸禪師語録序，張立廉題○序，清尤侗撰○～目録。

【校記】◎嘉續臺：無清字◎有張立廉序、目録（重輯嘉續：無張序）；尤侗序見重輯嘉續。【提示】南嶽下第三五世，嗣山翁忞。

3306　雲叟住禪師語録二卷，清元一記録。

○龍牙雲叟禪師語録序，清超睿題○～目次○附録。

【校記】◎嘉又續臺：無清字◎有序等（重輯嘉又續：無目次）。【提示】南嶽下第三五世，嗣山翁忞。

3307　遠菴僼禪師語録十六卷，清（本僼説）元視等編。

○序，清吳道會撰○～目録○附瑞巖遠菴僼禪師塔銘，清謝兆昌撰。

【校記】◎嘉又續臺：無清字◎有序等◎重輯嘉目録記首一卷，附塔銘一卷。【提示】南嶽下第三五世，嗣山翁忞。

3308　鶴林天樹植禪師語録一卷，清（行植説）湛祐編。

○鶴林天樹植和尚語録敘，清朱廷梅撰○鶴林植和尚語録序，清行珍撰○行實，清祖杲撰○塔銘，清查昇撰、許國賓書、湛祐立石。

【校記】◎嘉又續臺：無清字◎有敘等（重輯嘉又續：無行珍序）◎重輯嘉目録記附塔銘一卷。【提示】南嶽下第三五世，嗣牧雲門。

3309　荊南開聖院山暉禪師語録十二卷（另附開聖璧禪師傳等一卷），清（完璧説）如崇、昌泰、鐙世、照明、祖拙、心慶、祖玄、玄覺、寂純録，宗上編。

○開聖禪院語録序（二篇），分別由蕭元會撰、福慧書○～目録○附蘇州府虎丘山湧泉禪院開聖璧禪師傳，清張仁熙撰○開聖老人傳論，清蘊上撰○開聖老人傳箋，清蘊宏撰○開聖禪師塔銘，清汪鐄撰○開聖禪師行業記，清杜國柱撰。

【校記】◎嘉續臺：無清字◎有二序、目録；附傳等見重輯嘉續◎重輯嘉目録另記傳論等一卷。【提示】開聖禪師，諱完璧，字甄鏡，號山暉。南嶽下第三五世，嗣浮石賢。

3310　大方禪師語録六卷，清（行海説）超明、超銘編。

○禪燈～序，清吳偉業撰○～序，清錢廣居題○請啟，清孫以敬等啟○～目録○行實○清傳臨濟正宗三十二世禪燈菴大方海和尚塔銘，錢廣居撰。

【校記】◎嘉又續臺：無清字◎有序等。【提示】南嶽下第三五世，嗣浮石賢。

3311　二隱謐禪師語録十卷，清超巨、超秀等編。

○二隱謐和尚像○屺山二隱禪師語録序，清察尼書○～，清曹勳撰○～序，清周正儒撰○～目録○附塔銘，周正儒撰。

【校記】◎嘉續臺：無清字◎像等見重輯嘉續（嘉續臺：無像）◎重輯嘉目録記附塔銘一卷。【提示】南嶽下第三五世，嗣林野奇。

3312　自閒覺禪師語録八卷，清洪暹編。

○～目録○附行狀，清超吼狀○清等玉識。

【校記】◎嘉又續臺：無清字◎有目録等◎重輯嘉目録記附行狀一卷。【提示】南嶽下第三五世，嗣林野奇。

3313　佛古禪師語録三卷（另附塔銘一卷），清（行聞説）超質等編。

○香林～序，清胡周鼏題○～引，清徐元文題○～目録○附臨濟三十二世香林寺佛古聞禪師塔銘，清龔鼎孳撰。

【校記】◎嘉又續臺：無清字◎有序等。【提示】南嶽下第三五世，嗣林野奇。

3314　天台通玄寺獨朗禪師語録二卷，清（行日説）超心、超香等編。

○獨朗禪師語録序，清行如題○～目次○天台山通玄寺獨朗日禪師塔銘，清行徹撰。

【校記】◎嘉又續臺：無清字◎有序等（重輯嘉又續：無目次）◎重輯嘉目録記附塔銘一卷。【提示】南嶽下第三五世，嗣林野奇。

3315　雲峨喜禪師語録二卷，清智恆、果性等編。

○語録題辭，清破山明書○序，清嚴大參題○～目次○行實。

【校記】◎嘉續臺：無清字◎有題辭等。【提示】南嶽下第三五世，嗣林野奇。

3316　雲峨喜禪師語録十卷，清（行喜説）如乾等編。

○～目録○雲峨禪師塔銘，清毛際可撰○附如乾識。

【校記】◎重輯嘉續：無清字◎有題辭等◎目録記附塔銘一卷。【按】重輯嘉續於目録前另有語録題辭，清破山明書；序，清嚴大參題；於目録後另有行實，均已見3315。

3317　笑堂和尚語録一卷，清超源、慧復記録，超晙等編。

○～序，清陳之伸撰○敘，清曹林韻題○行實。

【校記】◎嘉續臺：無清字◎有序等（重輯嘉續：無序、敘）。【提示】南嶽下第三五世，嗣林野奇。

3318　大戲禪師語録十卷，清越璽、越義、越智、越果等編。

○～序，清廖聯翼撰○～總目。

【校記】◎重輯嘉拾遺：無清字◎有序等。【提示】南嶽下第三五世，嗣箬菴問。

3319　明道正覺茆溪森禪師語録三卷，清（行森説）超德等編。

○～目録○附塔銘，清羅人琮撰。

【校記】◎龍中：無清字◎有目録等。【提示】南嶽下第三五世，嗣玉林琇。

3320　爾瞻尊禪師語録二卷，清（達尊説）本開、本虔記録。

○爾瞻禪師語録敘，清李文胤書○石霜爾瞻禪師語録序，清道忞撰○石霜～目次
○附石霜爾瞻尊禪師塔銘，清錢光繡撰。

【校記】◎嘉續臺：無清字◎有敘等（重輯嘉續：無道忞序）◎重輯嘉目録記附
塔銘一卷。【提示】南嶽下第三五世，嗣山茨際。

3321　雲外禪師語録十五卷，清（行澤説）宏怘、深極、深知、劉醇驥、宏道、深如、
深皞編。

○神鼎雲外澤禪師語録序，清王光承撰○雲外澤禪師語録原序，明金聲撰○神鼎
雲外澤禪師語録序，清道忞撰○～目録○附神鼎雲外澤禪師傳，清本璁撰。

【校記】◎嘉又續臺：無清字◎有序等（重輯嘉又續：無道忞序、目録）◎重輯
嘉目録記附傳一卷。【提示】南嶽下第三五世，嗣松際授。

3322　蘇州竹菴衍禪師語録二卷，清（真衍説）機如、機湧編、曾蘭坡、錢受明閲。
○藕菴衍禪師語録序，清黃與堅書○竹菴衍禪師語録序，清黃永題○序，清羅真
性撰○竹菴和尚傳，清曾同吉草○竹菴衍禪師語録目次○附先老和尚行狀，機如
狀○竹菴衍和尚塔銘，清徐元文撰○附刻禪燈和尚為先和尚舉火法語。

【校記】◎嘉又續臺：無清字◎序等見嘉又續（臺：無塔銘）◎重輯嘉目録記附
竹庵和尚傳一卷，行狀一卷，塔銘一卷，舉火法語一卷。【提示】南嶽下第三五
世，嗣介庵進。

3323　主峰禪師語録一卷，清覺海録。
○嘉興府閶郡鄉紳諸大護法請啟。

【校記】◎嘉又續臺：無清字◎有請啟。【提示】南嶽下第三五世，嗣介菴進。

3324　山鐸真在禪師語録一卷，清（真在説）機雲、智旭等録。
○～目次○附行狀，清舒遂吉撰。

【校記】◎嘉又續臺：無清字◎有目次等◎重輯嘉目録記附行狀一卷。【提示】
南嶽下第三五世，嗣介菴進。

3325　妙雲雄禪師語録六卷，清（真雄説）機德、機相、機質、機善編録。
○大悲妙雲禪師語録序，清羅開驎題○～目次○請啟（三篇）○大悲妙雲禪師
傳，羅開驎撰。

【校記】◎嘉又續臺：無清字◎有序等◎重輯嘉目録記附傳一卷。【提示】南嶽
下第三五世，嗣介菴進。

3326　調實居士證源録一卷，清（陸煐説）羅機徹編。
○證源録序，清羅開驎撰○證源録序（尾缺）○行略，羅機徹述。

【校記】◎嘉又續臺：無清字◎有序等（重輯嘉又續：僅有羅開驎序、行略）。
【提示】南嶽下第三五世，嗣介菴進。

3327　世高則禪師漁陽語録一卷，清元鑑、元穎記集。
○序言，清柯聳撰○序，清何元英題○敘，清鶴孫題○序，清徐誥武撰○安化老
和尚語録序，清諸定遠撰○序，清鼇拜題○跋。

【校記】◎重輯嘉拾遺：無清字◎有序等。【提示】南嶽下第三五世，嗣介菴進。

3328　東巖禪師語録一卷，清機琇、照務、宗智記録。

○序，清黎元寬題○序，清文德翼撰○行實○附懷淨土偈。

【校記】◎嘉又續臺：無清字◎有序等◎重輯嘉目録記附東巖禪師蘄州語録一卷。【按】此書包含東巖禪師黃連語録和東巖禪師蘄州語録兩部分。【提示】南嶽下第三五世，嗣介菴進。

3329　嘉興退菴斷愚智禪師語録二卷，清機輪等編。

○斷愚大師語録序，清項謙題。

【校記】◎嘉續臺：無清字◎序見重輯嘉續。【提示】南嶽下第三五世，嗣一初元。

3330　通天逸叟禪師語録一卷，清（行高説）明德等重梓。

○通天逸叟高禪師語録目録○清超原述行略。

【校記】◎嘉又續臺：無清字◎有目録等。【按】本書目録記有序文三篇，今未見。【提示】南嶽下第三五世，嗣萬如微。

3331　攖寧靜禪師語録六卷，清（智靜説）德亮、德因、寂惺編、德峩、德玹、德琦、超級、德頂、德卓記録、金之銘、姚上士較。

○攖寧大師語録敘，清顏俊彥撰○攖寧禪師語録序，清劉明孝題○喻指和尚答三峰曹洞十六問序，清姚上士撰○敘，清通體書○攖寧禪師語録序，劉明孝題（較前同名序稍異）○清淨瑩題○～目録。

【校記】◎嘉又續臺：無清字◎有敘等（重輯嘉又續：無姚上士序、劉明孝又序、淨瑩題、目録）。【提示】南嶽下第三五世，未詳法嗣。

3332　性空臻禪師語録六卷，清（行臻説）超曉、超自等編。

○敘，清毛鵑撰○性空禪師語録敘，清張發辰書○～目録○塔銘，清汪琬撰。

【校記】◎嘉又續臺：無清字◎有敘等◎重輯嘉目録記附塔銘一卷。【提示】南嶽下第三五世，未詳法嗣。

3333　黃檗易菴禪師語録二卷，清正則記録。

○～序，清楊日升題○請啟（三篇）○～目次○跋，紹勳跋。

【校記】◎重輯嘉拾遺：無清字◎有序等。【提示】南嶽下第三五世，未詳法嗣。

3334　爕雲璣禪師國清無畏堂語録一卷，清（濟璣説）玄杲録。

○爕雲璣禪師語録序，清張有譽題。

【校記】◎嘉又續臺：無清字◎有序。【提示】南嶽下第三六世，嗣退翁儲。

3335　大庾禪師住天台景德國清禪寺語録一卷，清（行韜説）顯裕等録。

○附天台國清韜禪師衣缽塔銘○天台國清大庾韜和尚行略，顯裕録。

【校記】◎嘉又續臺：無朝代清字◎有附塔銘等◎臺目録題國清大庾韜禪師語録◎重輯嘉目録記附塔銘一卷，行略一卷。【蔡按】駒與前目（見3513）合併，今分出。【提示】南嶽下第三六世，嗣退翁儲。

3336　內紹禪師語録二卷（另頌古一卷），清照維記録。

○內紹禪師月掌語録序，清張有譽撰○附內紹禪師得閒堂頌古，清照昱記録。

【校記】◎嘉又續臺：無清字◎有序等◎臺目録題內紹種禪師語録。【提示】南嶽下第三六世，嗣退翁儲。

3337　俞昭允汾禪師語録六卷，清（允汾説）上睿等編。

○歡堂和尚語録敘，清曉青題○俞昭禪師語録目録○歡堂和尚塔銘，曉青撰。

【校記】◎嘉又續臺：無清字◎有敘等◎重輯嘉目録記首一卷。【提示】允汾，字俞昭，別號歡堂。南嶽下第三六世，嗣退翁儲。

3338　翼菴禪師語録八卷，清（善鄞説）序燈、力端、序璋等記録。

○敘，清善鄞序○寒山子詩集序，清閭丘胤撰（敘、序見和寒山詩卷上）○附和豐干禪師詩○附和拾得大士詩（二附詩見和寒山詩卷下）。

【校記】◎嘉又續臺：無全書題名及作者名。全書包括翼菴禪師國清語録二卷，序燈、力端等記録；翼菴禪師真如語録三卷，序璋等記；翼菴禪師通玄語録一卷，力端等録；國清翼菴和尚和寒山詩二卷○有敘等。【臺按】通玄語録存卷一首十九頁，其後原書缺。【按】①附和拾得大士詩至二十二頁下末行松下噉靈芝止，其後原書缺。②重輯嘉目録分出通玄語録一卷、真如語録三卷、和寒山詩二卷（依次見附3338-1、附3338-2、附3338-3）。【提示】南嶽下第三六世，嗣退翁儲。

3339　寶持總禪師語録二卷，清（玄總説）明英、文穆記。

○序，清曉青書。

【校記】◎嘉又續臺：無清字◎有序（重輯嘉又續：無序）。【提示】南嶽下第三六世，嗣退翁儲。

3340　靈瑞尼祖揆符禪師妙湛録五卷，清師炤、岳嶙、振清、振漢等記録。

○靈瑞禪師語録序，清李模題○序，清行際序。

【校記】◎嘉又續臺：無朝代清字◎有二序（重輯嘉又續：無二序）。【提示】南嶽下第三六世，嗣退翁儲。

3341　眉山序香禪師録（存三卷），清勝奇等記。

○眉山録序，南潛書○自序。

【校記】◎重輯嘉拾遺：無清字◎有二序。【按】存卷一至卷三。【提示】南嶽下第三六世，嗣退翁儲。

3342　雲腹智禪師語録二卷，清（道智説）獄賢、聯昇記録。

○序，清曹溶撰○附雲腹智禪師塔銘，清魏峻撰○濱陽鳳山西峰禪寺中興碑記，清定冽撰。

【校記】◎嘉又續臺：無清字◎有序等（重輯嘉又續：無碑記）。【提示】南嶽下第三六世，嗣象崖珽。

3343　草堂耨雲實禪師語録二卷，清寂訥等編。

○~序（二篇），分別由清大燈書、清徹中撰○~目次○後跋，清徹生書。

【校記】◎嘉又續臺：無清字◎有序等。【提示】南嶽下第三六世，嗣丈雪醉。

3344　佛冤綱禪師語録十二卷，清（徹綱説）性純、德明、印乾、常熾、性紀、勝燦、真一、智唵、覺知、聯芳、行延、祖緣等編。

○序（六篇），分別由清彭文煒撰、清宋肆樟題、清超斯序、清吕潛序、清張吾瑾撰、清徐嘉霖題○～目次○附跋，清徹了撰。

【校記】◎嘉又續臺：無清字◎有序等（重輯嘉又續：無附跋）。【提示】南嶽下第三六世，嗣丈雪醉。

3345　青城山鳳林寺竹浪生禪師語録七卷，清（徹生説）如鵬、真純、真一、廣成等編，圓鑒録。

○～序，清胡昇猷撰○序（四篇），分別由清徹中題、清德玉題、清徹綱撰、清張天鳳書○～目次。

【校記】◎嘉又續臺：無清字◎有序等。【按】重輯嘉又續是六卷本，無圓鑒録卷七。【提示】南嶽下第三六世，嗣丈雪醉。

3346　玉泉其白富禪師語録三卷，清（德富説）圓頂、明崑、明宣等編。

○其白和尚像○像贊，清法秀題○蟠龍山～敘，清德玉撰○序，清徹生撰○玉泉寺其白富禪師語録目次○塔銘，王庭詔撰。

【校記】◎嘉又續臺：無清字◎有像等（重輯嘉又續：無徹生序）。【按】嘉又續臺原附玉泉融徹頂禪師語録，今新考目録別立一目（見3415）。【提示】南嶽下第三六世，嗣丈雪醉。

3347　懶石聆禪師語録六卷，清海瑞、性明、真蘊等編録。

○～敘，清劉道開撰○序，清施博序○序，汪挺識○～目次。

【校記】◎重輯嘉續：無清字◎有敘等。【按】卷一、卷三海瑞録；卷二，卷四性明等編；卷五、卷六真蘊録。【提示】南嶽下第三六世，嗣丈雪醉。

3348　懶石聆禪師語録四卷，清海瑞、真蘊録。

○～目次。

【校記】◎嘉續臺：無清字◎有目次。【按】嘉續臺於目次前還有清劉道開敘、清施博序，均已見3347。

3349　月幢了禪師語録四卷，清達最等編。

○～序，清徐士煒書○～目次。

【校記】◎嘉續臺：無清字◎有序等（重輯嘉續：無序等）。【提示】南嶽下第三六世，嗣丈雪醉。

3350　廣福山勝覺寺密印禪師語録十二卷，清（真傳説）如暐等編。

○密印禪師語録序，清莊鏻撰○目録○密印和尚塔銘碑記，清劉禹甸撰、劉湯懋書。

【校記】◎嘉又續臺：無清字◎有序等（重輯嘉又續：無序、目録）◎重輯嘉目録記附塔銘碑記一卷。【提示】南嶽下第三六世，嗣靈隱文。

3351　東山梅溪度禪師語録十卷，清（福度説）慶緒、真解等編。

〇序，清吳中蕃書〇東山梅溪禪師語録目次。

【校記】◎嘉又續臺：無清字◎有序等。【提示】南嶽下第三六世，嗣靈隱文。

3352　空谷道澄禪師語録二十卷，清（道澄説）德儒編。

〇空谷和尚語録序，清王文南題〇～目次。

【校記】◎嘉又續臺：無清字◎有序等。【提示】南嶽下第三六世，嗣敏樹相。

3353　黔靈赤松領禪師語録五卷，清（道領説）寂源録。

〇序，清法秀撰〇黔靈赤松禪師語録序，清殷弼書〇～目次〇序，法秀題（卷四首）。

【校記】◎嘉又續臺：無清字◎有序等。【提示】南嶽下第三六世，嗣敏樹相。

3354　佛語御禪師語録一卷，清（徹御説）法粲、法秀等編。

〇～敘，清德玉敘。〇附香國斗菴和尚傳。

【校記】◎嘉又續臺：語録作録◎無清字◎有敘，附傳見重輯嘉又續◎重輯嘉目録記附傳一卷。【蔡按】由前目（見3280-2）分出。【按】重輯嘉又續誤將敘文録於慧覺衣禪師語録前（見3280-1）。【提示】南嶽下第三六世，嗣慧覺衣。

3355　古林如禪師語録四卷，清（機如説）全威、全湧、全勝、全榮、全圓、全法、普觀、露芳等記録。

〇古林禪師像〇自題〇附刻金明師翁讚等〇古林禪師語録序，清羅真性書〇～序，清項真本題〇蘇州閶郡大護法公啟，清李模等啟〇金墅鎮文學檀越山主公啟，清張雋等啟〇古林如禪師傳，清全素等撰〇～目次。

【校記】◎嘉又續臺：無清字◎有像等（重輯嘉又續：無像、項真本序）◎重輯嘉目録記附傳一卷。【提示】南嶽下第三六世，嗣慧覺衣。

3356　東山破峰重禪師語録二卷，清（普重説）傳慧等編。

〇～敘，清德玉敘〇破峰重禪師語録目録〇附破峰重禪師塔銘，清李兆襄撰。

【校記】◎嘉又續臺：無清字◎有敘等◎重輯嘉目録記附塔銘一卷。【提示】南嶽下第三六世，嗣慧覺衣。

3357　恒秀林禪師語録五卷（另首一卷，續集録一卷），清（行林撰）光悠、讀印、寂慧、光電等編、光世記録。

〇序，清劉范題〇綠蘿恒秀禪師語録序，清江溥撰〇請疏（四篇）〇恒秀禪師語録目録〇附恒秀林禪師續集録，清弘仰輯。

【校記】◎重輯嘉又續：無清字◎有序等。【提示】行林，後易發林。南嶽下第三六世，嗣雲幻宸。

3358　綠蘿恒秀林禪師語録二卷，清（發林説）光悠等編。

〇恒秀林禪師語録目次〇附録。

【校記】◎嘉又續臺：無清字◎有目次等。【按】嘉又續臺於目次前另有清江溥撰序，清劉范題綠蘿恒秀禪師語録敘，均已見3357。

3359　華嚴還初佛禪師語録二卷，清通量、寂遐等編。

〇~目次〇叙，清慧仙題。

【校記】◎嘉又續臺：無清字◎有目次等。【提示】南嶽下第三六世，嗣聖可玉。

3360　不厭樂禪師語録三卷，清（道樂説）德普記録、性福、淨文、如慧等編。

〇華岩~目次〇序，清仲碧仙書〇附行由，清如慧、弘休記録。

【校記】◎嘉又續臺：無清字◎有目次等◎重輯嘉目録記附行由一卷。【提示】南嶽下第三六世，嗣聖可玉。

3361　半水元禪師語録一卷，清光深等編。

〇序，清玉識〇目録。

【校記】◎嘉又續臺：無清字◎有序等◎嘉又續目録題三峰元禪師語録。【提示】南嶽下第三六世，嗣大吼傳。

3362　滇楚九臺山知空藴禪師語録二卷，清（學藴説）通味、通檀、通炤、宗燈等編録。

〇知空藴禪師語録序，清蓮然撰。

【校記】◎嘉又續臺：無清字◎有序。【提示】南嶽下第三六世，嗣密行忍。

3363　中興寺嗣燈胤禪師語録一卷，清（圓胤説）如玉、如琮等編。

〇嗣燈和尚語録序，清徹生識。

【校記】◎嘉又續臺：無清字◎有序。【按】嘉又續臺本書原附密行忍禪師語録（見3284）後，今依重輯嘉目録別立一目。【提示】南嶽下第三六世，嗣密行忍。

3364　明覺聰禪師語録十六卷，清（性聰説）寂空、方醒、海屋、海淳、明德、德正、法璽、成秀、音頎、海鯨、戒弘、戒受、戒恒、戒修、傅明哲、馮海眼等編。

〇清順治敕書〇謝恩表、進五燈表、辭表，性聰撰〇序（六篇），分別由清胡世安撰、王崇簡撰、金之俊序、杜濚序、曹本榮序、馮溥撰〇目録〇附明覺聰禪師塔銘，馮溥撰〇明覺聰禪師語録跋，清行俊跋。

【校記】◎龍中：二十卷◎嘉又續龍臺中：無清字，嘉又續臺：編者馮海眼後，增李海龍、杜戒悟二人◎敕書等見嘉又續中（龍：無馮溥序，臺：無謝恩表、進五燈表、辭表）。【按】重輯嘉又續除正文外，僅有清順治敕書、王崇簡序、目録、附塔銘、跋。【提示】南嶽下第三六世，嗣百癡元。

3365　蓮峰禪師語録十卷，清性深等編。

〇蓮峰和尚語録序，清林超裝書〇序，超弘題〇~目録。

【校記】◎嘉又續臺：無清字◎有序等。【提示】南嶽下第三六世，嗣百癡元。

3366　德風禪師般若語録六卷，清如惺等編。

〇序，清沈宗題〇附行繇。

【校記】◎嘉又續臺：無清字◎有序等◎重輯嘉目録記附行繇一卷。【校記】南嶽下第三六世，嗣百癡元。

3367　林我禪師語録四卷，清海鑫、海金編、海茲、海潤録。

○序，清于昌胤書○～目次○林我禪師行實○附林我禪師塔銘，清周燦題。

【校記】◎嘉又續臺：無清字◎有序等◎重輯嘉目録記附塔銘一卷。【提示】南嶽下第三六世，嗣易庵師。

3368　普明香嚴禪師語録一卷，清明耀等編録。

○香嚴禪師語録序，清葉燮題。

【校記】◎嘉又續臺：無清字◎有序。【提示】南嶽下第三六世，嗣石關淩。

3369　何一自禪師語録二卷，清（超自説）明修、明惠、明智等編。

○何一禪師語録序，清王澤弘撰○何一和尚語録序，清張開宗書○序，清冉覲祖撰○～目録○行實。

【校記】◎嘉又續臺：無清字◎有序等◎重輯嘉目録記附行實一卷。【提示】南嶽下第三六世，嗣性空臻。

3370　參同一揆禪師語録一卷，清（超琛説）普明編刊、明俊記録。

○一揆禪師像○一揆禪師像贊，清□林樗叟題○～序，清施博序○參同菴記銘，清王庭撰○參同一揆禪師行實，清普明狀○自敘行略訓徒。

【校記】◎嘉又續臺：無清字◎有像等（重輯嘉又續：無自敘行略）◎重輯嘉目録記附銘一卷，行實一卷。【提示】南嶽下第三六世，嗣祈園剛。

3371　象林本真禪師語録一卷，清（本真説）照水重梓。

○序，清妙心撰○行實，照水述。

【校記】◎嘉又續臺：無清字◎有序等◎重輯嘉目録記附行實一卷。【提示】南嶽下第三六世，嗣鐵關能。

3372　盤山了宗禪師語録四卷，清（超見説）徹凡、心月、翠虚、智元、寧波、恒滋記録。

○敘，清楊雍題○～敘，清魏裔介題○行實。

【校記】◎嘉又續臺：無清字◎有敘等◎重輯嘉目録記附行實一卷。【提示】南嶽下第三六世，嗣大博乾。

3373　一揆禪師語録十二卷，清（元揆説）成烱、圓誓、成法、成俊、成定、成粲、真印、成林、海印、成顯、定禄等編録。

○神鼎一揆和尚語録序，清車萬育撰○神鼎昂叟揆禪師語録序，清柴蓁撰○～目録。

【校記】◎嘉又續臺：無清字◎有序等。【註】嘉又續臺：師諱元揆。【提示】南嶽下第三六世，嗣遠庵僼。

3374　侶巖荷禪師語録七卷，清成純、成浩記録。

○序，清曉晢題○～序，清陳量書。

【校記】◎嘉又續臺：無清字◎有二序。【提示】南嶽下第三六世，嗣天岸昇。

3375　終南蟠龍子肅禪師語録一卷，清（超遠説）性明編、海闊等録。

○子肅禪師語録序，清行鐸述。

【校記】◎嘉又續臺：無清字◎有序。【提示】南嶽下第三六世，嗣文弱盈。

3376　嵩山壁竹禪師語録十四卷，清（福慧説）宗宏録，宗上、宗堅編。

○～敍（二篇），分別由清劉莅書、清沈雄撰○～目録。

【校記】◎嘉續臺：無清字◎有敍等（重輯嘉續：無目録）。【按】蔡目誤著清禪慧説。檢禪師自述之行實可知，師名福慧，故今新考目録據以著録。【提示】南嶽下第三六世，嗣山暉瀚。

3377　益州嵩山野竹禪師後録八卷，清（福慧説）洪希、廣智、廣睿、宗昇、宗廣、宗端、宗釗、宗昌編。

○～序，清龔鼎孳撰○序，清李仙根題○序，清俞遜題○序，清錢光繡題○～目録。

【校記】◎嘉又續臺：無清字◎有序等（重輯嘉又續：無俞遜序、目録）。

3378　梓舟船禪師襄陽檀溪語録三卷，清（明船説）明法、明輝、明恒、明惺等編。

○梓舟船禪師語録序，清張聯題○古檀溪寺梓舟船禪師語録目○梓舟禪師語録序，彭文煒撰（卷三首）○附大覺菴梓舟船禪師語録○鷲嶺甘泉梓舟船禪師語録。

【校記】◎嘉又續臺：無清字◎有序等。【提示】南嶽下第三六世，嗣二隱諡。

3379　芝巖秀禪師語録二卷，清明一等編。

○芝巖秀和尚語録序，清王文南撰○芝巖秀和尚語録目録○行實。

【校記】◎嘉續臺：無清字◎有序等◎重輯嘉目録記附行實一卷。【提示】南嶽下第三六世，嗣二隱諡。

3380　永濟融禪師語録二卷，清師住、妙印、師印、照德録。

○～目次。

【校記】◎嘉續臺：無清字◎有目次（重輯嘉續：無目次）。【提示】南嶽下第三六世，嗣介為舟。

3381　憨予暹禪師語録六卷，清（洪暹説）法雲、廣學等編。

○憨予禪師語録序（二篇），分別由清胡世安題、清朱之俊題○～目録。

【校記】◎嘉又續臺：無清字◎有序等。【提示】南嶽下第三六世，嗣自閒覺。

3382　斌雅禪師語録二卷，清海岳、源清記録。

○福寧～序，清王新命撰○序（三篇），分別由清徐祚炳書、清柏永馥題、清何傅撰。

【校記】◎嘉續臺：無朝代清字◎有序等。【提示】南嶽下第三六世，嗣雲峨喜。

3383　憨休乾禪師語録十二卷，清（如乾説）繼堯等編。

○憨休和尚小景○像贊，清弘善識○序（二篇），分別由清何瑞徵題、清張恂撰○～目録○附後跋，清董文昌跋○助刻題名。

【校記】◎嘉又續臺：無清字◎有小景等。【提示】南嶽下第三六世，嗣雲峨喜。

3384　石璞質禪師語録二卷，清（超質説）明嵩、成隱等編。

○敘，清錢廣居撰○香林石璞和尚語録序，清王掞題。

【校記】◎嘉又續臺：無清字◎有敘等。【提示】南嶽下第三六世，嗣佛古聞。

3385　古宿尊禪師語録六卷，清明圓、明照、明曠等編。

○敘，清楊義撰○序，清桑日知題○序，清沈廷勘書○～目次。

【校記】◎嘉又續臺：無清字◎有敘等。【提示】南嶽下第三六世，嗣宕山遠。

3386　宜林天則能禪師語録一卷，清（機能説）道崇、續禰録。

○天則禪師語録序，清羅開驥撰○語崎天則禪師語録序，清機雲題○附行略。

【校記】◎嘉又續臺：無清字◎有序等◎重輯嘉目録記附行略一卷。【提示】南嶽下第三六世，嗣山鐸在。

3387　晦岳旭禪師語録八卷，清全琳、全本記録。

○序，清徐嘉炎撰○晦岳禪師語録序，清杜臻題。

【校記】◎嘉又續臺：無清字◎有二序。【提示】南嶽下第三六世，嗣山鐸在。

3388　即非禪師全録二十五卷（另佛祖正印源流道影贊一卷），清（如一説）明洞、性安、性節、明覺、明幢編。

○廣壽開山和尚道影○雪峰即非禪師道影贊，清鄭溥元題○即非禪師語録序，清沈廷文題○敘，清林賓撰○～總目○壽山本師即和尚末後事實，明洞述○廣壽即非和尚行業記，明洞撰○廣壽山福聚禪寺開山即非大和尚塔銘，清宋德宜撰○廣壽即翁大和尚舍利塔銘，清性激撰○佛祖正印源流圖像贊自序，清如一題○佛祖正印源流道影贊，如一撰。

【校記】◎嘉又續臺：無清字◎有道影等。【按】重輯嘉分出道影贊一卷（見附3388）。【提示】南嶽下第三六世，嗣隱元琦。

3389　水鑑海和尚六會録十卷，清（慧海説）原澂、原上、原哲、原璨、原明、原青、原敏、原源、原宗、原寬等編。

○～序，清行朕題○水鑑海和尚天王語録序（二篇），分別由清葉南生撰、清王文南撰○～目録○附天王沙翁和尚紀略，清原頂述○荊州天王禪寺中興碑記（二篇），分別由清戒顯撰、張可前篆額、洪之傑書丹，清鄭日奎撰文、陳士本篆額、王輔運書丹。

【校記】◎嘉續臺：無清字◎有序等◎重輯嘉目録記附紀略等一卷。【提示】沙翁和尚，名慧海，字水鑑。南嶽下第三六世，嗣獨冠敬。

3390　天王水鑑海和尚五會録六卷，清（慧海説）原澂等編。

○荊州～序，清徐行撰○附天王和尚行録，清明淵書○天王和尚四十大壽兼送返錫荊南序，清盛治撰。

【校記】◎重輯嘉拾遺臺：無清字◎有序等。【按】①重輯嘉拾遺臺於徐行序後另有葉南生和王文南撰二序，在盛治序後另有鄭日奎和戒顯撰二碑記，均已見六會録（見3389）。②重輯嘉拾遺誤將附行録、盛治序、二碑記置於金粟語録（見

3391）前。

3391　天王水鑑海和尚住金粟語録三卷，清（慧海説）原澂、原上、原喆、原璨、黄明
　　　震、楊耀祖等編。

　　　○～目録。

　　　【校記】◎嘉續臺：無清字◎有目録。【按】重輯嘉拾遺誤將五會録（見3390）
　　　所録行録、盛治序、二碑記置於本書前。

3392　禹風叟禪師語録十二卷，清成清、芳智、普喜、佛訓、普印、興逯、一寬、圓清
　　　編集。

　　　○～目録。

　　　【校記】◎重輯嘉拾遺：無朝代清字◎有目録。【提示】南嶽下第三六世，嗣庚
　　　除岊。

3393　大展翼禪師語録四卷，清（超翼説）明慈、明弘等録。

　　　○翔鳳資福大展和尚語録序，盛遠撰○序，超衡撰○大展禪師法語目録○行實，
　　　清範長發撰。

　　　【校記】◎重輯嘉拾遺：無清字◎有序等。【提示】南嶽下第三六世，嗣靈機觀。

3394　清涼癡山禪師語録一卷，清定月記録。

　　　○癡山禪師清涼寺開法檀護請啟。

　　　【校記】◎重輯嘉拾遺：無朝代清字◎有請啟。【提示】南嶽下第三六世，嗣劍
　　　門謙。

3395　紀安經禪師語録二卷，清源濟等編。

　　　【校記】重輯嘉拾遺：無清字。【重輯嘉按】底本原缺卷上。【按】本書後重輯嘉拾
　　　遺收禪宗永嘉集一卷、永嘉證道歌一卷，實屬正藏第177函已録同名書（見3004、
　　　3561）的重出。【提示】南嶽下第三六世，嗣無礙徹。

3396　蘇州瑞光中興範禪師語録一卷，清照圓、性珠、上英、行堅録。

　　　○四瑞中大師語録序，倪長玗述○瑞光中興禪師語録序，僧志述。

　　　【校記】◎重輯嘉拾遺：無清字◎有二序。【提示】南嶽下第三六世，嗣頂目徹。

3397　碩揆禪師語録六卷，□□等記録。

　　　【提示】南嶽下第三六世，嗣具德禮。

3398　安隱五嶽禪師住京師語録四卷，清世賢、上懃、普聞、德心、實誠、心玉録。

　　　○序，清申穟題○敘，清虞相撰。

　　　【校記】◎重輯嘉拾遺：無清字◎有序等。【按】重輯嘉目録記五卷，實四卷。
　　　【提示】南嶽下第三六世，嗣具德禮。

3399　懷日光和尚語録二卷，清明湛、明濟等編。

　　　○懷日大和尚語録序，清黄孝政撰。

　　　【校記】◎重輯嘉拾遺：無清字◎有序。【按】重輯嘉目録記一卷，實二卷。
　　　【提示】南嶽下第三六世，嗣天則琛。

3400　萬育霖沛汾禪師語録一卷，清祖燈録。

○清劉漢卿題○序。

【校記】◎重輯嘉拾遺：無清字◎有題等。【提示】南嶽下第三六世，嗣彌壑澧。

3401　明州阿育王山廣利禪寺祖林禪師語録一卷，清普運録。

【校記】重輯嘉拾遺：無清字。【提示】南嶽下第三六世，嗣太白雪。

3402　玄水禪師語録四卷，清明楫、明徹、法慧、明心、如蓮、明慈、隆世、隆真、妙心記録。

【校記】重輯嘉拾遺：無清字。【提示】南嶽下第三六世，嗣古帆楫。

3403　博菴仁禪師語録三卷（附詩一卷），清（超仁説）明覺、明惠、明證等編。

○序，唐祖命撰○行略○附博菴仁禪師詩。

【校記】◎重輯嘉拾遺：無清字◎有序等。【提示】南嶽下第三六世，嗣用中睿。

3404　通天澹崖原禪師語録二卷，清（超原説）明德等編。

○～目録○行實，明德等述。

【校記】◎嘉又續臺：無清字◎有目録等。【提示】南嶽下第三六世，嗣逸叟高。

3405　坦菴禪師語録一卷，清（機峻説）全弘録。

○序，清羅真性題○嘉興諸鄉紳請啟○眾文學請啟○普光請啟。

【校記】◎嘉續臺：無清字◎有序等。【按】重輯嘉續序文後缺兩頁，故無諸鄉紳請啟、眾文學請啟。【提示】南嶽下第三六世，嗣次菴。

3406　奇然智禪師語録二卷，清（超智説）明林、明燦、明亮、明禪等編。

○奇然智和尚語録序，清方叔壯書○序，清韓世琦序○序，清張尚書○～目録○住襄州百丈山黃龍禪寺請啟，清嚴純光等啟○附奇然智禪師塔銘，方叔壯撰、明林較梓。

【校記】◎嘉又續臺：無清字◎有序等◎重輯嘉目録記附塔銘一卷。【提示】南嶽下第三六世，嗣宕山遠。

3407　護國啟真誠和尚語録四卷，清振聞、洪信編録。

○啟真禪師語録序，清王庶善題○護國和尚語録序，清李文淵題○啟真禪師語録序，清胡在恪題○～目次○開堂疏，清李遇蕃等疏。

【校記】◎嘉又續臺：無清字◎有序等（重輯嘉又續：無王庶善序、開堂疏）。【提示】南嶽下第三六世，嗣別峰璽。

3408　鶴峰悟禪師語録二卷，清（濟悟説）上震等編。

○序，清濟日撰○～序，清仲弘道題○敘，清徐惺書○龍潭鶴峰和尚語録序，清慧輅序○鶴峰禪師語録目次○附行狀，慧輅狀○鶴峰悟禪師塔誌銘，仲弘道撰○跋，清能印識。

【校記】◎嘉又續臺：無清字◎有序等◎重輯嘉目録記附行狀一卷，塔誌銘一卷。【提示】南嶽下第三六世，未詳法嗣。

3409　古梅冽禪師語録二卷，清（定冽説）真謙、明鏡、明喆、明偉記録。

○疏（二篇）。

【校記】◎嘉又續臺：或五卷（卷上分三卷，卷下分二卷）◎無清字◎疏見重輯嘉又續。【按】重輯嘉誤將各卷排序為卷上一、卷下一、卷上二、卷下二、卷上三。【提示】南嶽下第三七世，嗣慧山海。

3410 雨山和尚語録二十卷，清上思説。

○~目録○附揚州天寧雨山思和尚塔銘，清曉青撰、李宗孔篆額。

【校記】◎嘉（藏外）臺：無作者名◎有目録等◎重輯嘉目録記附塔銘一卷。【提示】南嶽下第三七世，嗣巨渤恒。

3411 楚林上睿禪師語録六卷，清（上睿説）照琮、照瑛、悟旭、寂勝、照毅等録。

○楚林睿禪師語録序，清樵隱題○楚林禪師語録目録。

【校記】◎嘉又續臺：無清字◎有序等◎重輯嘉目録記首一卷。【提示】南嶽下第三七世，嗣俞昭汾。

3412 印心佛敏訥禪師語録二卷，清（寂訥説）法棟、法柄録、性通、如閒等編。

○佛敏禪師語録序，清梁聯馨撰○~序（三篇），分別由清大燈序、清朱敬聚撰、清劉琦撰○~目録。

【校記】◎嘉又續臺：無清字◎有序等（重輯嘉又續：將大燈序收於卷一後）。【提示】南嶽下第三七世，嗣耨雲實。

3413 浦峰長明炅禪師語録一卷，清（性炅説）海棟編。

○長明禪師語録序，清李昌齡題○長明炅禪師目録○長明和尚塔銘，清蓮月撰。

【校記】◎嘉又續臺：無清字◎有序等。【按】重輯嘉又續誤將目録置於浦峰法柱棟禪師語録（見3440）正文前。【提示】南嶽下第三七世，嗣穎秀悟。

3414 古林智禪師語録六卷，清正繼、正尚、正續、正慧、正達、正永記録、正燈、正悟、正巡、正如編輯。

○序，清超斯撰○序，清深雪書○~序，清季渾題○~目次○附行狀，馬三貴述。

【校記】◎嘉又續臺：無清字◎有序等◎重輯嘉目録記附行狀一卷。【提示】南嶽下第三七世，嗣語嵩裔。

3415 玉泉融徹頂禪師語録一卷，清明盛、明聰等編。

○蟠龍山~序，清徹生識。

【校記】◎嘉又續臺：無清字◎有序。【按】嘉又續臺本書原附玉泉其白富禪師語録（見3346）後，今依重輯嘉目録別立一目。【提示】南嶽下第三七世，嗣其白富。

3416 幻住明禪師語録二卷，清清尚等編。

○~序，清法秀撰○~目次。

【校記】◎嘉又續臺：無朝代清字◎有序等。【提示】南嶽下第三七世，嗣耳毒泰。

3417　純備德禪師語録二卷，清（廣德説）智遠等編。

　　○純備禪師語録序，清道隆題○～目次○塔銘，清陳之夔撰。

　　【校記】◎嘉又續臺：無清字◎有序等。【提示】南嶽下第三七世，嗣耳毒泰。

3418　法瀾澂禪師語録二卷，清（原澂説）清杲編。

　　○～序，清王才鼎題○～目録○附法瀾澂禪師塔記，清杲記。

　　【校記】◎嘉續臺：無朝代清字◎有序等◎重輯嘉目録記附塔記一卷。【提示】
　　南嶽下第三七世，嗣水鑑海。

3419　暉州吴禪師語録六卷，清性珍、寂寶、均霑、明宗、恒如、文學、玫聲、悟真記
　　録。

　　○～序，清深雪撰○～目次○附略狀○灤州萬善恒如大師送令師暉洲和尚録板入
　　藏，清實偉記録。

　　【校記】◎嘉又續臺：或七卷（卷六分二卷）◎無清字◎序等見重輯嘉又續
　　（臺：無附略狀）◎重輯嘉目録記附略狀一卷。【提示】南嶽下第三七世，嗣了宗
　　見。

3420　盤山朗空順禪師語録一卷，清實性記録。

　　○附了宗見禪師法嗣・盤山瑞亭晟禪師語録○瑞亭晟禪師法嗣・盤山美亭義禪
　　師語録。

　　【校記】◎嘉又續臺：無清字◎有附語録二篇。【按】重輯嘉目録重出（見附
　　3420）。【提示】南嶽下第三七世，嗣了宗見。

3421　兜率不磷堅禪師語録三卷，清（宗堅説）妙聖、妙德等記録。

　　○路南～序，清錢光繡撰○～目録。

　　【校記】◎嘉又續臺：無清字◎有序等（重輯嘉又續：無序等）。【提示】南嶽下
　　第三七世，嗣嵩山慧。

3422　子雍如禪師語録四卷，清（成如説）祖圓、鏡懸、佛震記録。

　　○永壽尼～序，清深雪撰○跋，清琳瑀書○杭州諸大檀護紳士請住碧霞公啟○碧
　　霞闍院公請啟○附行實○碧霞子雍和尚語録跋，清王治跋。

　　【校記】◎嘉又續臺：無清字◎有序等（重輯嘉又續：無琳瑀跋）◎重輯嘉目録
　　記附行實一卷。【提示】南嶽下第三七世，嗣古律範。

3423　松歸善權位禪師語録二卷，清（達位説）大闡等編。

　　○松歸善權禪師語録敘，清吳之瑋撰○～目録○塔銘，清蕭登崇撰○行實，清如
　　純撰。

　　【校記】◎嘉又續臺：無清字◎有敘等◎重輯嘉目録記附塔銘一卷，行實一卷。
　　【提示】南嶽下第三七世，嗣月幢了。

3424　玉真山竺懷印禪師語録一卷，清（真印説）如聖編。

　　○序，清徐岱峙題○序，清梅廷楨題○～目次○行實。

　　【校記】◎重輯嘉拾遺：無清字◎有序等。【提示】南嶽下第三七世，嗣半生裹。

3425　昭覺竹峰續禪師語録六卷，清（真續説）實悟、德紀、正義、彌佑、常靜、實學、發光、彌願、照隱、法洪、智曇、洪演、照本等編。

　　　○～序，清周輔奏稿○序，清周文英序○序，清周飛熊稿○序，清王前軀撰○～目次○請啟。

　　　【校記】◎嘉又續臺：無清字◎有序等。【按】嘉又續臺書後附昭覺德雲悟禪師語録，今依重輯嘉目録別立一目（見3442）。【提示】南嶽下第三七世，嗣佛寃纲。

3426　古源鑑禪師語録六卷，清明轉編。

　　　○序，清周名遠撰○序，清胡國翰撰○序，清張良祚題○序，清揭鳴岐書○～目次○行實○跋，周名遠書。

　　　【校記】◎重輯嘉拾遺：無清字◎有序等。【提示】南嶽下第三七世，嗣天隱崇。

3427　調梅頂禪師語録十二卷，清實勝、實惠等編。

　　　○敘，清草亭撰○題○～序，清孟維邃題。

　　　【校記】◎重輯嘉拾遺：無清字◎有敘等。【提示】南嶽下第三七世，嗣夢菴格。

3428　洗心水禪師語録二卷，清（照水説）實雪、海清、實雲、實慧編録。

　　　○～序（二篇），分別由清趙運熙撰、清王吉相撰○～目録○附創修瑞巖洞碑記，趙運熙撰○初晤洗心禪師訪記，清韓岈撰○後跋，清文止跋。

　　　【校記】◎嘉又續臺：無清字◎有序等◎重輯嘉目録記附訪記一卷。【提示】南嶽下第三七世，嗣象林真。

3429　秀野林禪師語録三卷，清（明林説）最正等編。

　　　○重刻西來和尚語録序，清劉餘霖題○西來～序，清方叔壯題○～目録。

　　　【校記】◎嘉又續臺：無清字◎有序等◎重輯嘉目録記首一卷。【提示】南嶽下第三七世，嗣奇然智。

3430　長目電禪師語録二卷，清（光電説）悟本編。

　　　○敘，清張象賁撰○～目録。

　　　【校記】◎嘉又續臺：無清字◎有敘等（重輯嘉又續：無敘等）。【提示】南嶽下第三七世，嗣恒秀。

3431　清斯禪師語録六卷，清如遜、道遠記録。

　　　○黃檗～序，陳軾題○～目次。

　　　【校記】◎重輯嘉拾遺：無朝代清字◎有序等。【提示】南嶽下第三七世，嗣慧門沛。

3432　黃檗天池禪師語録十卷，清炤年、淨極、德宗、炤巒、法清、炤淳、淨圓、性澄、普錫、淨及記録。

　　　○天池大師語録敘，清鄭開極書○序，清程甲化撰○序，清超素書○請啟（四篇）○天池和尚語録目次。

　　　【校記】◎重輯嘉拾遺：無朝代清字◎有敘等。【提示】南嶽下第三七世，嗣慧

門沛。

3433　破蘊清禪師住五龍山慈雲禪院語録一卷，清源省記録。

　　【校記】重輯嘉拾遺：無朝代清字。【提示】南嶽下第三七世，嗣雪兆性。

3434　法幢遠禪師語録一卷，清（智遠説）通慧等編。

　　○~序，清弘源題○法幢禪師語録目次。

　　【校記】◎嘉又續臺：無清字◎有序等。【提示】南嶽下第三八世，嗣純備德。

3435　天一悦禪師語録一卷，清（大悦説）學愚録。

　　○塔銘，清周名遠撰。

　　【校記】◎嘉又續臺：無清字◎有塔銘◎重輯嘉目録記附塔銘一卷。【提示】南嶽下第三八世，嗣善權位。

3436　善一純禪師語録三卷（另續録一卷），清（如純説）學正録。

　　○序，清胡國翰撰○序，清超嶼撰○~目録○行實，學正述○善一純禪師續録，清明轉録。

　　【校記】◎嘉又續臺：無清字◎有序等◎重輯嘉目録分出善一純禪師續録一卷（見附3436）。【按】臺目録不記續録的卷數。【提示】南嶽下第三八世，嗣善權位。

3437　尸石聖禪師語録一卷，清（如聖説）性朗等編。

　　○序，清梅廷楨題○敘，清劉璧撰○~目次。

　　【校記】◎重輯嘉拾遺：無清字◎有序等。【提示】南嶽下第三八世，嗣竺懷印。

3438　天翼翔禪師語録二卷，清（巨翔説）寂乾記録，際鋒、際淇、際然、際泓編。

　　○敘，清羅人琮撰○序，清陶之典撰○附行實，清寂珍述。

　　【校記】◎嘉又續臺：無清字◎有敘等◎重輯嘉目録記附行實一卷。【提示】南嶽下第三八世，嗣古梅洌。

3439　起宗真禪師語録二卷，清力廣、力能記録。

　　○~敘，清杨雍建撰○起宗真禪師行實，清力如録。

　　【校記】◎嘉又續臺：無清字◎有敘等◎重輯嘉目録記附行實一卷。【提示】南嶽下第三八世，嗣古梅洌。

3440　浦峰法柱棟禪師語録二卷，清（海棟説）慧昇集、慧渠編、慧岱録。

　　○~序，清沈廷勘題○法柱棟禪師目録○行狀。

　　【校記】◎嘉又續臺：無清字◎有序等（重輯嘉又續：無目録）。【按】重輯嘉又續誤將長明炅禪師目録（見3413）收入本書。【提示】南嶽下第三八世，嗣長明炅。

3441　智罩正禪師語録一卷，清（最正説）尚能、尚瑩等編。

　　○~目録。

　　【校記】◎嘉又續臺：無清字◎有目録（重輯嘉又續：無目録）。【提示】南嶽下第三八世，嗣秀野林。

3442　昭覺德雲悟禪師語録一卷，清性滿等編。

【校記】嘉又續臺：無清字。【按】嘉又續臺此語録原附昭覺竹峰續禪師語録後（見3425），今依重輯嘉目録別為一目。【提示】南嶽下第三八世，嗣竹峰續。

3443　喆枕禪師語録十卷，清實珂、寂參等編録。

　　○～序，清李允符撰○～序，清丁士一撰○～目録。

【校記】◎重輯嘉拾遺：無清字◎有序等。【提示】南嶽下第三八世，嗣方山鳴。

3444　磬山牧亭樸夫拙禪師語録六卷，清石檀、石丈、我莊、石帆、鹿柴、石床等編。

　　○冊上小影○語録序，清李焞題○～目次○附洞虛禪師塔銘，清李燉撰。

【校記】◎嘉（藏外）臺：無清字◎有小影等◎重輯嘉目録分出塔銘一卷（見附3444）。【提示】南嶽下第三九世，嗣古雲沛。

3445　投子青和尚語録二卷，宋自覺編。

　　○舒州投子青禪師語録序，宋李元沖序○～目録○附行狀○重刻～後序，享保日本貫徹題○跋，享保日本東都蝨樓居主人題○享保日本道明書。

【校記】◎卍續頻續：無宋字◎有序等◎卍續目録題投子義青禪師語録，並註又云妙續大師語録，語要收於續古尊宿語要（見3076）卷二。【提示】青原下第十世，嗣太陽玄。

3446　舒州投子山妙續大師語録一卷，宋道楷編。

　　○宋子淳跋。

【校記】◎卍續頻續：無宋字◎有跋◎目録題投子義青禪師語録。

3447　丹霞淳禪師語録二卷，宋慶預校勘。

　　○～序，寶永日本祖緣題○～目次○寶永日本良機書。

【校記】◎卍續頻續：卷上題名隨州大洪山淳禪師語録，卷下題名增輯丹霞淳禪師語録◎無宋字◎有序等◎目録題丹霞子淳禪師語録。【提示】青原下第十二世，嗣芙蓉楷。

3448　真州長蘆了和尚劫外録一卷（另真歇和尚拈古一卷），宋德初、義初等編。

　　○較正重刻劫外録引，明和日本面山題○真州長蘆了禪師劫外録序，宋吳敏序○崇先真歇了禪師塔銘，宋正覺撰○附録，日本面山采輯○真歇和尚拈古○宋義遠跋。

【校記】◎卍續頻續：無宋字◎有引等◎目録題真歇清了禪師語録；卍續目録註又云悟空禪師語録，語要收於續古尊宿語要（見3076）卷二。【提示】青原下第十三世，嗣丹霞淳。

3449　宏智禪師廣録九卷，宋集成、宗法、宗榮、法澄、宗信、法潤、信悟、行從、普崇、法為、中翼、曇像、普崇、清萃、法恭、道京、淨覺、師儆編集。

　　○天童覺和尚語録序，宋范宗尹序○明州天童山～目録○附敕諡宏智禪師行業記，宋王伯庠記○大用菴銘。

【校記】◎卍續大頻續：無宋字◎有序、記；卍續頻續：有目録、銘◎目録題天童正覺禪師廣録；卍續目録註語要收於續古尊宿語要（見 3076）卷二。【按】①卍續目録脱作者集成、普崇二人名。②卍續頻續另有天童宏智覺禪師語録序、行實、塔銘、祭文、像贊二篇，已見 3450。【提示】青原下第十三世，嗣丹霞淳。

3450　明州天童景德禪寺宏智覺禪師語録四卷，宋淨啟重編。
　　○天童宏智覺禪師語録序，徐繼恩題○～目次○行實○塔銘，宋周葵撰○祭文，明原良述○大慧杲禪師題師像贊○陸游題師像贊。
　　【校記】◎嘉又續臺：無宋字◎序等見重輯嘉又續（臺：無目次）。

3451　靈竺淨慈自得禪師録六卷，宋了廣編。
　　○宋妙光敘○胡文狀書秘讀序○附塔銘，宋洪恭撰。
　　【校記】◎卍續頻續：無宋字◎有敘等◎目録題淨慈慧暉禪師語録；卍續目録（舊版）註又云自得禪師語録。【註】卍續頻續：并石霜明總禪師下語寄言。【提示】慧暉，賜號自得禪師。青原下第十四世，嗣天童覺。

3452　如淨和尚語録二卷，宋文素、妙宗、唯敬、如玉、智湖、祖日、義遠、德霈、清茂、德祥編。
　　○如淨禪師語録序，宋呂瀟書○如淨禪師語録目次○附後序，宋祖泉跋○宋文蔚跋○延寶日本卍山筆。
　　【校記】◎卍續大：無宋字◎有序等◎卍續目録題天童如淨禪師語録。【提示】青原下第十六世，嗣雪竇鑒。

3453　天童山景德寺如淨禪師續語録一卷，宋義遠編。
　　○天童遺落録序，正德日本卍山書○附天童如淨禪師續語録跋，仁治日本道元記○正德日本海音撰。
　　【校記】◎卍續大：無宋字◎有序等◎卍續目録題天童如淨禪師續録。

3454　雲外和尚語録一卷，元士慘編。
　　○～序，元陳晟序○目次○附天童雲外禪師傳，文琇撰○附録贊、序、跋等○書鋟雲外岫禪師語録後，延享日本慈麟題○日本鍥雲外岫和尚智門語録緣起，延享日本道鏞識。
　　【校記】◎卍續：無元字◎有序等◎目録題雲外雲岫禪師語録。【提示】青原下第十八世，嗣直翁舉。

3455　壽昌無明和尚語録二卷，明（慧經説）元來集。
　　○壽昌語録序，明黃端伯撰○附題無明和尚真贊並引，明德清書○新城壽昌無明經禪師塔銘，德清撰。
　　【校記】◎知：壽昌經禪師語録◎嘉續臺知：無明字◎序等見嘉續臺◎重輯嘉目録記附塔銘一卷。【提示】青原下第三四世，嗣蘊空忠。

3456　壽昌和尚語録四卷，明元賢重編。
　　○～序，明劉崇慶題○壽昌無明和尚語録目次○附壽昌無明和尚語録跋，承應日

本性融逸然題○刊板記。

【校記】◎卍續頻續：無明字◎有序等◎目録題無明慧經禪師語録。【按】卍續頻續於附跋前另附壽昌無明大師塔銘，於刊板記後另有壽昌語録序、題無明和尚真贊並引，均已見 3455。

3457　建陽東苑晦臺鏡禪師語録一卷，明道盛集。

○東苑鏡禪師語録序，明李長庚題○塔銘，明黃端伯撰○附建昌廩山忠公傳，道盛撰。

【校記】◎嘉又續卍續臺：無明字◎序等見嘉又續卍續（臺：無附傳）◎重輯嘉目録記附塔銘一卷◎卍續目録題晦臺元鏡禪師語録。【按】重輯嘉目録分出建昌廩山忠公傳一卷（見附 3457）。【提示】青原下第三五世，嗣無明經。

3458　壽昌見如謐禪師語録一卷，明道璞集。

○壽昌見如大師語録序（二篇），分別由明李長庚撰，明黃端伯題○目次○行實。

【校記】◎嘉又續卍續臺：無明字◎有序等◎卍續目録題見如元謐禪師語録；重輯嘉目録記附行實一卷。【提示】青原下第三五世，嗣無明經。

3459　無異禪師廣録三十五卷，清弘瀚彙編、弘裕同集。

○無異禪師語録序，明趙士禎題○錫類法檀序，明吳應賓序○贗録序，明黃端伯撰○禪警語序，明劉崇慶題○宗教答響序，明張瑞圖書○～總目○博山和尚傳，明劉日杲撰○中興信州博山能仁禪寺無異大師塔銘，吳應賓撰○附募刻祖翁異和尚廣録序，弘瀚題。

【校記】◎嘉又續卍續臺頻續：無清字◎有序等◎卍續頻續目録題無異元來禪師廣録；卍續目録註又云博山大艤和尚廣録。【卍續按】卷十三至十五所録參禪警語上中下與第二編第十七套第五冊所收參禪警語同（見 3022），故今省之。【按】重輯嘉目録重出（見附 3459）。【提示】青原下第三五世，嗣無明經。

3460　博山無異大師語録集要六卷，明（元來説）成正録。

○博山語録集要序，明元賢題○語録集要目録。

【校記】◎嘉續臺：無明字◎序等見嘉續卍續臺◎卍續（新纂）目録、（舊版）副目註係全録（見 3459）抄出，故單載序文、目録耳。

3461　永覺和尚廣録三十卷，清道霈重編。

○無異大師像並贊，廣印○永覺大師像並贊，鄭瑄○～序，清林之蕃題○禪餘內集序，明曹谷題○禪餘外集序，明陳瑄題○最後語序，道霈題○鼓山晚録序，清元賢題○～總目○福州鼓山白雲峰湧泉禪寺永覺賢公大和尚行業曲記，林之蕃撰○鼓山永覺老人傳，清潘晉臺識。

【校記】◎嘉續卍續臺頻續：無清字◎贊等見卍續頻續（嘉續臺：無鼓山晚録序，重輯嘉續：無總目）◎卍續頻續目録題永覺元賢禪師廣録；卍續（舊版）目録註卷二十七、二十八收洞上古轍（永覺撰），卷二十九永覺瘱言，卷三十續瘱言，但侍者道順、太沖録禪餘內外集各八卷，道順録鼓山晚録六卷，侍者傳善

錄最後語二卷，會入於廣錄中；重輯嘉目錄記行業曲記一卷、永覺老人傳一卷。
【提示】青原下第三五世，嗣無明經。

3462　會稽雲門湛然澄禪師語錄八卷（另宗門或問一卷），明明凡錄、丁元公、祁駿佳編。

○~序，明葛寅亮撰○~目次○附會稽雲門湛然澄禪師塔銘，明陳懿典撰○會稽雲門湛然澄禪師塔銘，明陶奭齡識○會稽雲門湛然澄禪師行狀，丁元公狀△雲門顯聖寺散木禪師宗門或問，明圓澄撰、陶望齡校正、柳溟、朱嘉謨編○禪宗或問自序，圓澄撰○附參禪釋難或問補遺○達觀和尚招映傳。

【校記】◎嘉續卍續臺：無朝代明字◎序等見卍續（嘉續臺：僅收序、塔銘、行狀）◎卍續目錄題湛然圓澄禪師語錄；重輯嘉目錄記附行狀一卷，塔銘一卷。
【按】彙門標目僅錄明圓澄著禪宗或問，無卷數。【提示】青原下第三五世，嗣慈舟念。

3463　古越雲門顯聖寺散木湛然澄禪師語錄十六卷，明明懷編。
○刻雲門大師語錄引，明懷題○~總目。

【校記】◎重輯嘉拾遺：無朝代明字◎有引等。

3464　天界覺浪盛禪師語錄十二卷，（明道盛說）清大成、大奇等編。
○~序，清錢謙益書○~目錄○附傳洞上正宗三十三世攝山棲霞覺浪大禪師塔銘，清劉餘謨撰。

【校記】◎嘉續臺：無清字◎有序等。【提示】青原下第三六世，嗣晦臺鏡。

3465　天界覺浪盛禪師全錄三十三卷（另杖門隨集二卷），明（道盛說）大成等較、大瑓等評較。
○（新序）序，清徐芳書○序，清趙峋識○~序，清張貞生題○（舊序）龍湖寶筏語錄序，明李長庚題○覺浪大師歸壽昌序，李長庚題○壽昌覺浪大師語錄序，明黃端伯題○圓通語錄序，李長庚撰○洪都語錄序，丁立表題○靈谷語錄序，明王錫袞題○金陵語錄序，李盤題○鳩茲語錄序，王大礽題○覺浪和尚語錄序，譚貞默撰○天界初錄序，清錢謙益書○崇先語錄序，馬嘉植述○~目次○附天界浪杖人全錄序，清李鶴鳴題○杖人翁全錄集要序，清黎元寬題○杖門隨集，清陳丹衷、毛燦編、何三省、劉邦胤較○杖人全集跋，清弘皙識。

【校記】◎嘉又續臺：無明字◎有序等（重輯嘉又續：無趙峋序，另有天界覺浪和尚全錄集要序，李明睿撰。無附李鶴鳴序，另有杖門隨錄引，何三省書；杖門隨集引，陳丹衷識）。【按】重輯嘉目錄記首一卷，分出杖門隨集二卷（見附3465）。

3466　覺浪盛禪師嘉禾語錄一卷，清（道盛說）大樞、大英錄。
○覺浪和尚語錄序，清譚貞默撰○附復僧祥旦公禪座書。

【校記】◎嘉又續臺：無清字◎有序等。

3467　雪關禪師語錄十三卷，明成巒、傳善錄、開詗編。

○～總目○博山雪關智誾禪師傳，明曹學佺撰○信州博山能仁寺雪關大師塔銘，明黄端伯撰。

【校記】◎嘉續臺：無明字◎有總目等◎重輯嘉目録記附傳一卷，塔銘一卷。

【按】嘉續甲丙丁本別抄（見附3467）。【提示】青原下第三六世，嗣無異來。

3468　雪關和尚語録六卷，清傳善輯。

○序，明方書○～序，清林之蕃書○～目次○雪和尚語録跋，傳善跋。

【校記】◎嘉續臺：無清字◎有林之蕃序、目次、跋；明方序見重輯嘉續◎重輯嘉目録記附傳一卷。【按】①嘉續臺於林之蕃序後另有博山雪關智誾禪師傳，已見3467。②據傳善跋可知博山經房及雪關禪師語録原板毀於清順治五年（1648），故傳善重輯梓行本語録。

3469　長慶宗寶獨禪師語録六卷，清今釋重編。

○空隱和尚像○像贊，清函昰題○～序，函昰撰○自序○～目録○長慶老和尚行狀，函昰述○長慶宗寶獨禪師塔銘，清錢謙益撰。

【校記】◎嘉又續臺：宗寶獨禪師作空隱和尚◎二卷或六卷（每卷又分三卷）◎嘉又續龍卍續臺中：無清字◎像、像贊見嘉又續臺（重輯嘉又續：未收）；餘序等見龍卍續中（嘉又續臺：無目録）◎卍續目録題宗寶道獨禪師語録；重輯嘉目録記附塔銘一卷，行狀一卷。【提示】道獨，號宗寶，別號空隱。青原下第三六世，嗣無異來。

3470　粟如瀚禪師語録六卷，清（弘瀚説）傳鵬編。

○粟如大師像○自贊，傳鵬述○～序，清淨符書○粟老和上語録後序，傳鵬撰○～總目○博山粟如瀚禪師行狀，傳鵬狀○青原三十三世博山第六代住持粟如瀚大師塔銘，清趙璘撰○青原三十三世博山第六代住持粟如瀚禪師道行塔院記，清張國禎撰。

【校記】◎嘉又續臺：無清字◎有像等。【提示】青原下第三六世，嗣無異來。

3471　鼓山為霖禪師語録二卷，清（道霈説）太靖録。

○林之蕃題○目次。

【校記】◎重輯嘉拾遺：無清字◎有題等。【提示】道霈，字為霖。青原下第三六世，嗣永覺賢。

3472　鼓山為霖禪師居首座寮秉拂語録二卷，清太靖録。

○霖禪師秉拂語題辭，清傳善題○目次○附鵠林哀惘：先和尚歸真記等七篇○萬治日本交易題。

【校記】◎卍續頻續：無清字◎有題辭等◎目録題為霖道霈禪師秉拂語録。

3473　鼓山為霖和尚餐香録二卷，清太泉録。

○自序，清為霖題○自序，為霖題○鼓山餐香録目次。

【校記】◎卍續頻續：無清字◎有序等◎目録題為霖道霈禪師餐香録；卍續目録註又作八卷。

3474　鼓山為霖禪師還山録四卷，清興燈、心亮、法雲、性朗録。

〇刻支那~序，元禄日本玄光題〇還山録序，清龔錫瑗撰〇~目次〇附清非家叟題〇刻支那福州~後序，元禄日本壽山祝題。

【校記】◎卍續頻續：無清字◎有序等◎目録題為霖道霈禪師還山録。

3475　雲山法會録一卷，清道霈説、謝大材、潘道靖、黄大廣録。

〇法會録序（尾缺）。

【校記】◎卍續頻續：清道霈作為霖◎有序◎目録題為霖禪師雲山法會録；卍續目録註又作三卷。

3476　旅泊菴稿四卷（另禪海十珍一卷），清道霈説、太泉、等純、興燈、心亮、淨焕録。

〇~序，清龔錫瑗撰〇~序，清謝宏鐘題〇~目録△附禪海十珍，道霈集〇集禪海十珍小序，道霈題〇禪海十珍目録。

【校記】◎卍續頻續：清道霈作非家叟◎有序等◎目録題為霖禪師旅泊菴稿。

【按】頻續分出禪海十珍一卷（見附3476）。【提示】道霈，號非家叟。

3477　入就瑞白禪師語録十八卷，明（明雪説）寂蘊編。

〇寂蘊題瑞白禪師像〇編刻瑞白禪師語録序，明陳函煇撰〇舊序（二篇），分別由明黄端伯撰、明張時化、陳函煇撰〇清吳應芳題〇~目録〇附塔銘，明余大成撰〇傳，明唐世濟撰〇行狀（二篇），分別由明大音狀、寂蘊狀〇刻語録跋，清寂蘊跋。

【校記】像等見嘉續臺。【提示】明雪，號瑞白。青原下第三六世，嗣雲門澄。

3478　石雨禪師法檀二十卷，（明明方説）清淨柱編。

〇斷拂自題像〇石雨大師法檀敘，清祁彪佳撰〇~敘，清黄端伯題〇~總目〇行狀，淨柱狀。

【校記】◎嘉續臺：無清字◎像等見重輯嘉續（嘉續臺：無像）。【提示】青原下第三六世，嗣雲門澄。

3479　三宜盂禪師語録十一卷，（明明盂説）清淨範等編、祁淨超較訂。

〇顯聖三宜禪師語録序，清道忞題〇三宜大師語録引，清魯元寵書〇三宜禪師語録目次〇附雲門顯聖愚菴盂禪師塔銘，道忞撰。

【校記】◎嘉續臺：無清字◎有序等◎重輯嘉目録記附塔銘一卷。【提示】青原下第三六世，嗣雲門澄。

3480　象田即念禪師語録四卷，明（淨現説）淨癡、淨珠録，本致輯。

〇囑刻象田語録序，斷拂題〇敬贈即念大師序，明盧鴻業題〇~目次。

【校記】◎嘉續臺：無明字◎有序等。【提示】青原下第三七世，嗣石雨方。

3481　雲溪俍亭挺禪師語録十八卷，清（淨挺説）智淙、智沇、智樞、智信、智巽、智橝、智忱、性廣、智育、元顥、智輝、智珵、智湛、智柱、智鑒、智郁、智元、智兖、智凝、智曙編。

○雲溪語録序（三篇），分別由清慕天顏題、清王益朋題、清明盂題○悢亭大師
語録序，清大成題○侍者智淙輩請説行腳。

【校記】◎嘉又續臺：或十九卷（卷一分二卷）◎無清字◎有序等。【提示】青
原下第三七世，嗣三宜盂。

3482　百愚斯禪師語録二十卷（另蔓堂集四卷），清（淨斯説）智操、智湛、智覺編。
○百愚斯禪師説法之圖○傳，智操記○～序，清陳維崧撰○～序，清祁熊佳題
○～目次○百愚斯大禪師塔誌銘，清方拱乾撰○附序，方拱乾書○百愚禪師蔓堂
集，方拱乾、智樸編撰。

【校記】◎嘉又續臺：無清字◎圖等見重輯嘉又續（臺：無祁熊佳序）。【按】
重輯嘉目録分出蔓堂集四卷（見附3482）。【提示】青原下第三七世，嗣瑞
白雪。

3483　元潔瑩禪師語録十卷，清（淨瑩説）智祥、智禪編。
○～目録○附行狀，清智願述○塔銘，清淨符撰。

【校記】◎嘉又續臺：無清字◎有目録等◎重輯嘉目録記附行狀一卷，塔銘一
卷。【提示】青原下第三七世，嗣瑞白雪。

3484　天然昰禪師語録十二卷（附梅雪詩一卷），清（函昰説）今辯重編。
○天然和尚像○像贊，清今無題○～序（三篇），分別由明函修撰、清梁殿華序、
清陸世楷撰○天然昰和尚塔誌銘，清湯來賀撰○本師天然昰和尚行狀，今辯述
○～總目○附詠梅詩序言，清王庭撰○天然昰禪師梅花詩，今辯重編○雪詩敘，
陸世楷題○天然昰禪師雪詩，今辯重編。

【校記】◎嘉又續臺：無清字◎有像等◎重輯嘉目録記附塔誌銘一卷，行狀一
卷，梅花詩一卷，雪詩一卷。【按】臺目録不記附梅雪詩的卷數。【提示】青原下
第三七世，嗣宗寶獨。

3485　千山剩人和尚語録六卷，清（函可説）今廬、今又重梓，元賦、師慧、祖衍、寂
亮、玄斌編，今羞、今何、今蟻録。
○剩人和尚像○像贊，清空隱題、今釋書○剩人和尚語録序（二篇），分別由清
樵人書、清木齋序○重梓千山和尚語録序，清今辯述○剩人和尚語録目録○請啟
○附千山剩人可和尚塔銘，清函昰撰○奉天遼陽千山剩人可禪師塔碑銘，清郝浴
撰。

【校記】◎嘉又續臺：無清字◎有像等◎重輯嘉目録記附塔銘一卷，塔碑銘一
卷。【提示】青原下第三七世，嗣宗寶獨。

3486　梅逢忍禪師語録四卷，清興悦録。
○眾護法請開堂疏○～目録。

【校記】◎重輯嘉拾遺：無清字◎有開堂疏等。【提示】青原下第三七世，嗣覺
浪盛。

3487　方融璽禪師語録三卷（另和淨土詩一卷），清（如璽説）興林等編。

○目録○請啟文（四篇）○行實，自紀○附和中峰禪師懷淨土詩，大璽著。

【校記】◎嘉續臺：無清字◎有目録等（重輯嘉續：無附詩）。【按】臺目録不記和淨土詩的卷數。【提示】大璽，實如璽也。青原下第三七世，嗣覺浪盛。

3488　觀濤奇禪師語録六卷，清（大奇説）興舒等編。

○～目次○壽藏銘，清興潤録並識。

【校記】◎嘉又續臺：無清字◎有目次等◎重輯嘉目録記附壽藏銘並序一卷。【提示】青原下第三七世，嗣覺浪盛。

3489　艸峰憲禪師語録十卷，清智質、智原編。

○序，清揆書。

【校記】◎嘉又續臺：無清字◎有序。【提示】青原下第三七世，嗣愚菴先。

3490　蔗菴範禪師語録三十卷，清（淨範説）智璋、智膺、智愔、智炅、智忍、超卓、本孝、元隆、行恪、道存、行恂、智宸、本玉、超標録。

○蔗菴和尚小像○自贊○蔗菴禪師語録序（三篇），分別由清何元英題、清朱阜題、清施博題○東塔蔗菴和尚語録序，清淨啟撰○敘，清今釋撰○～目次○自序。

【校記】◎嘉又續臺：無清字◎有像等。【提示】青原下第三七世，未詳法嗣。

3491　鼎湖山木人居在惨禪師剩稿五卷，清（弘贊説）開潙、傳調録。

○木人剩稿序，清程化龍題○～目録。

【校記】◎嘉又續臺：無清字◎有序等。【提示】青原下第三七世，嗣瀛山闈。

3492　丹霞澹歸釋禪師語録三卷，清（今釋説）今辯重編。

○附丹霞澹歸釋禪師行狀，今辯述○丹霞澹歸釋禪師塔銘，清徐乾學撰。

【校記】◎嘉又續臺：無清字◎有附行狀等◎重輯嘉目録記附塔銘一卷，行狀一卷。【提示】青原下第三八世，嗣天然昰。

3493　海幢阿字無禪師語録二卷，清（今無説）今辯重編。

○阿字和尚像○像贊，棲賢老僧題○～目録○附海幢阿字無禪師行狀，清古雲述。

【校記】◎嘉又續臺：無清字◎有像等◎重輯嘉目録記附行狀一卷。【提示】青原下第三八世，嗣天然昰。

3494　頻吉祥禪師語録十五卷，清（智祥説）德能、德然、德南等編。

○～目録。

【校記】◎嘉又續臺：無清字◎有目録。【提示】青原下第三八世，嗣元潔瑩。

3495　寒松操禪師語録二十卷，清（智操説）德昊、德璨、德現、德麏、德聖、德泰、德潤、德玉編録。

○寒松操禪師説法之圖○贊，清陳維崧贊○～序，清錢謙益撰○清祁熊佳題○～序，清淨符題○～目録○開堂疏（六篇）。

【校記】◎嘉又續臺：無清字◎有圖等。【臺按】卷八存首四頁，卷九原書缺，

卷十一存首十六頁（重輯嘉又續同）。【按】卷十八題名方外英華，清顧有孝等選定、王士禄等參，清方拱乾跋；卷十九題名寒松操禪師九峰草，顧有孝等評定，清俞南史跋；卷二十題名寒松操禪師拈來草，方拱乾等選、史惟圓等參，清吳偉業跋。以上三卷原書註原版藏　處，今收入全録。【提示】青原下第三八世，嗣百愚斯。

3496　大休珠禪師語録十二卷，清廣熙、德常、德聞、行海、德滿、德瀾録，德明答頌，行信、德一、德茂編次。

○曹溪大休珠禪師六會語録總序，清譚貞默撰○～目録。

【校記】◎嘉續臺：無清字◎有序等。【提示】青原下第三八世，嗣即念現。

3497　五峰緯禪師關東語録十七卷，清王師元较、雲時雨參訂等。

○刻印疏文、助刻緇素芳名。

【校記】◎重輯嘉拾遺：無清字◎有疏文、芳名。【重輯嘉按】底本原缺卷一至卷三。【提示】青原下第三八世，嗣剩人可。

3498　文穆念禪師語録五卷，清真慧等編。

○～序，清刘槩撰○～目次○行實。

【校記】◎嘉又續臺：無清字◎有序等◎重輯嘉目録記附行實一卷。【提示】青原下第三九世，嗣嬾放。

3499　柏山楷禪師語録五卷，清（德楷説）行悟等編。

○柏山楷禪師重編語録序，清通睿撰○～序（二篇），分別由清胡廷書、清智傳撰○汾陽龍山華嚴堂上傳曹洞正宗第三十一世柏山楷禪師行實，通睿述。

【校記】◎嘉又續臺：無清字◎有序等（重輯嘉又續：無智傳序、行實）◎重輯嘉目録記附行實一卷。【提示】青原下第三九世，嗣覺華竹。

3500　逕庭宗禪師語録二卷，清（德宗説）行謙、行淡等編。

○緣起，清唐正發述○序，清蔣肇撰○～目次○附塔銘，清陳允恭撰○疑山握中符禪師塔銘，清仁岠撰。

【校記】◎嘉又續臺：無清字◎有緣起等◎重輯嘉目録記附塔銘一卷，分出疑山握中符禪師塔銘一卷（見附3500）。【提示】青原下第三九世，嗣握中符。

3501　棄樎義禪師語録一卷，清（德義説）普輝、普鐸等録，行增、通敏編。

○～序，清德崘撰○～目録○附行實，普輝、普鐸記録○北京通州地藏院棄樎義禪師塔銘，清李榮春撰。

【校記】◎重輯嘉拾遺：無清字◎有序等◎重輯嘉目録記附塔銘一卷。【提示】青原下第三九世，嗣握中符。

3502　別牧純禪師語録一卷，清福月等編。

○序，清慧輅撰○附行實。

【校記】◎嘉又續臺：無清字◎有序等◎重輯嘉目録記附行實一卷。【提示】青原下第四十世，嗣逕庭宗。

3503　青原愚者智禪師語録四卷，清興磬、興斧編。

○～目次○序，清正志題○跋（二文），分別由興磬識、興斧識。

【校記】◎嘉又續臺：無清字◎有目次等（重輯嘉又續：無目次）。【按】重輯嘉目録記附像贊、自贊一卷，實屬卷三後部分内容。【提示】青原系，未詳法嗣。

3504-1　南海寶象林慧弓詷禪師語録八卷，清（開詷説）傳一、法照録。

○～總目○南海寶象林慧弓禪師塔銘，清淨符撰○南海寶象林慧弓詷禪師傳，清開潙録。

【校記】◎重輯嘉又續：無清字◎有總目等◎重輯嘉目録記附塔銘一卷，傳一卷。【提示】青原系，嗣元正。

3504-2　南海寶象林慧弓詷禪師語録六卷，清（開詷説）傳一、法照録。

【校記】嘉又續臺：無清字。

3505　明覺禪師語録六卷，宋（重顯説）惟蓋、一轍、允誠、圓應、文政等編。

○附明州雪竇山資聖寺第六祖明覺大師塔銘，宋吕夏卿撰。

【校記】◎義：明作雪竇明◎知：明淨戒重校（南：無明字，義：重校作輯），北嘉龍黄卍臺大中縮頻：無宋字，惟蓋等編誤作惟蓋竺編（卷一），嘉黄卍臺大縮頻：一轍作轍，佛：宋惟蓋等編◎附塔銘見北嘉龍黄卍大中縮頻。【提示】重顯，謚號明覺大師。南嶽下第十世，嗣智門祚。雲門宗。

3506　洪州分寧法昌禪院遇禪師語録一卷，宋宗密録。

○～序，宋徐俯序。

【校記】◎卍續：無宋字◎有序◎目録題法昌倚遇禪師語録，並註語要收於續古尊宿語要（見3076）卷二。【提示】南嶽下第十一世，嗣北禪賢。雲門宗。

3507　東京大相國寺慧林禪院第一代圓照禪師别録並靈巖偈頌一卷，宋慧辯録。

○慧辯誌○附遺篇，慧辯集。

【校記】◎卍續頻續：無宋字◎有誌等◎目録題慧林宗本禪師别録。【提示】南嶽下第十二世，嗣天衣懷。雲門宗。

3508　湖州吴山端禪師語録二卷，宋師皎重編。

○～序，宋劉誼撰○宋定隆書○明真可書○附西余端禪師傳，宋德洪撰○端禪師行業記，宋劉燾撰並書、宗鑒立石○宋故安閑和尚端師墓誌，宋林旃撰並書、林樞隸額○贊師真（三則）○後記。

【校記】◎義：無重字，嘉續卍續臺頻續：無宋字◎有序等◎卍續頻續目録題吴山淨端禪師語録；卍續目録註又云安閑和尚語録。【提示】南嶽下第十三世，嗣金山覺。雲門宗。

3509　慈受深和尚廣録四卷，宋善清、善隨、宗先、普紹編。

○慈受深和尚語録序，宋韓駒敘○～目次。

【校記】◎卍續頻續：無宋字◎有序等◎目録題慈受懷深禪師廣録。【按】義僅

録宋懷深撰擬寒山詩一卷。【提示】南嶽下第十三世，嗣長蘆信。雲門宗。

3510　黄檗無念禪師復問六卷，明（深有撰）明聞刪訂。

○～原序，明顧起元書○黄檗無念禪師醒昏録原序，明袁宗道書○復問（卷一至三）、醒昏録（卷四）並附録（卷五、六）○行由。

【校記】◎嘉續臺：無朝代明字◎有序等。【按】未詳法嗣。

3511　古瓶山牧道者究心録一卷，清（真本説）機峻、全相、全元等編録。

○古瓶山牧道者小影並自題○～序，清譚貞默撰○牧道者究心録序，清範驤撰○～目次○附松石圖卷像贊、新增像贊○古瓶山牧道者傳，清何園客著。

【校記】◎嘉續臺：無清字◎有小影等（重輯嘉續：無二序、目次）。【按】①重輯嘉目録分出傳一卷，附像贊一卷、新增像贊一卷（見附3511）。②未詳法嗣。

3512　鄂州龍光達夫禪師鷄肋集一卷，清（蘊上説）道氾、道沖等録。

【校記】嘉續臺：無清字。【按】未詳法嗣。

3513　靈樹遠禪師雲嵒集二卷（另頌古一卷、九頌一卷），清（僧遠説）廣仍記録。

○敍，清玄縱序○附雲嵒頌古，清僧遠著△靈嚴九頌一卷，清余懷製○靈嚴九頌自序，余懷纂○余懷後記○附靈嵒退翁老和尚化琉璃贊，清佟彭年制。

【校記】◎嘉又續臺：無清字◎有敍等。【按】①重輯嘉目録僅記附雲嵒頌古一卷。②未詳法嗣。

3514　靈瑞禪師嵒華集五卷，清振澂、振鴻、振清、振渶、岳嶙等記。

○～敍，清张有譽書。

【校記】◎嘉又續臺：無朝代清字◎有敍（重輯嘉又續：無敍）。【按】未詳法嗣。

3515　伏獅義公禪師語録一卷，清（義公説）明元記録。

○～序，清高以永撰○行實，明元狀○跋，清超琛跋。

【校記】◎嘉又續臺：無清字◎有序等。【按】未詳法嗣。

3516　祖亮禪師語録二卷，清（超啟説）廣和记録。

○祖亮啟禪師語録序，清超嶼題。

【校記】◎嘉又續臺：無清字◎有序。【按】未詳法嗣。

3517　正覺潤光澤禪師澡雪集一卷，清照水重編。

○～序，清陳聞道題○～目録○自狀，照水述。

【校記】◎嘉又續臺：無清字◎有序等。【按】未詳法嗣。

3518　鶴山禪師執帚集二卷，清德敷録。

【校記】嘉（藏外）臺：無清字。【按】未詳法嗣。

3519　赤嵒志禪師語録二十卷，清超光等記録。

○赤嵒禪師語録序，清韓詩序○赤大和尚語録敍，清紀映鐘題○赤嵒禪師語録敍，清余二聞書○～目次○請啟（兩篇），附録啟元和尚碧山寺引請陞座。

【校記】◎重輯嘉拾遺：無清字◎有序等。【按】①卷二十存首十一頁。②未詳法嗣。

3520　南嶽履玄義關主遺集一卷，清法恩、法源、法真募刊，法從、法勤等拾記。
○序，清越璽序。

【校記】◎重輯嘉拾遺：無清字◎有序。【按】未詳法嗣。

3521　黄檗木菴禪師語録十卷，道明、道海、道宗、道智編。
【重輯嘉按】底本原缺卷一至卷五。【按】未詳法嗣。

3522　紫柏尊者全集三十卷，明（真可撰）德清閲。
○紫柏大師集序，明李日華撰書○紫柏老人集序，德清著○紫柏老人集目録○紫柏尊者道影○大師自題，明三炬書○園中語録序，明曹學程撰○園中語録，明吳彦先録○吳彦先記○紫柏大師像贊（九篇），德清等贊○達觀大師塔銘、祭文，德清撰○紫柏大師全身舍利塔頌有序，明吳應賓述○紫柏大師集跋，明賀烺書○明三炬識。

【校記】◎嘉續卍續臺：紫柏老人集（知：集作全集）◎嘉續：十五卷、卷首一卷（臺目録記十五卷，不記卷首一卷），卍續：二十九卷、卷首一卷◎嘉續臺：無明字，知：明真可撰◎序至跋見嘉續卍續臺中（龍：無目録、道影、自題）；三炬識見卍續。

3523　紫柏尊者別集四卷，（明真可撰）清錢謙益纂閲、契穎壽梓。
○〜序，錢謙益序○〜目次。△〜附録○陸符撰紫柏心要四卷序○東廠緝訪妖書底簿並錢謙益識○送達觀大師序，明馮夢禎書、明董其昌述○跋紫柏尊者全集，明顧大韶識、顧大韶又識○紫柏老人集鈔序，明錢啟忠題○〜跋，清賀寬跋。

【校記】◎嘉續卍續臺頻續：無清字◎序等見卍續頻續（嘉續臺：無目次）◎重輯嘉卍續頻續目録記附録一卷。【按】卍續目録記明錢謙益纂閲，朝代記明誤也。
【蔡按】嘉原目為彌陀疏鈔，已見續八八，今從甲丙丁駒各目。

3524　密藏開禪師遺稿二卷，（明道開著）清王祺校閲、契穎壽梓。
○密藏開禪師遺編序，清道盛題○密藏禪師遺稿序（三篇），分別由清錢謙益敘、清于元凱題、王祺題○刻大藏願文，契穎述、中衍書○刻大藏願文（九篇），分別由道開書、明曾乾亨書、明傅光宅書、明瞿汝稷書、明唐文獻書、明曾鳳儀書、明徐琰書、明于玉立書、明吳惟明書○刻藏發願文，明袁黄書、契穎摹梓○幻余大師發願文，明法本書、契穎摹梓○念雲勤上人接管寂照刻場緣起實紀，明繆希雍題○刻大藏願文，明王肯堂書、孫萬里録刻○密藏禪師定制校訛書法○附密藏禪師遺稿後跋，清解印述○遺稿始末略言，契穎識○楞嚴寺規制敘，道盛題○密藏禪師定制楞嚴寺規約，道開識、契穎較梓○道開續筆○密藏禪師楞嚴寺禪堂規約，道開述、契穎較梓○明吳江接待寺監寺前徑山寂照菴司藏念雲勤公塔銘，明隆徑立石、沈珣撰、吳煥書丹、孫枝芳篆額○附刻徑山請書，明圓昭等疏○尊者與藏大師書。

【校記】◎嘉續臺：無清字◎有序等（重輯嘉續：僅有道盛序、遺稿序、道開刻大藏願文、附後跋、契穎略言）。

3525　勅修百丈清規八卷，元德煇重編、大訢校正。

　　○明正統胡瀅等上奏請賜序文、元元統、至元年敕依德煇重編本施行○～目録，德煇重編、大訢校正○唐洪州百丈山故懷海禪師塔銘，唐陳詡撰○百丈山大智壽聖禪寺天下師表閣記，元黃溍記○古清規序，宋楊億述○崇寧清規序，宋宗賾序○咸淳清規序，宋惟勉書○至大清規序，元式咸書○～敘，元歐陽玄敘○德煇書○附加祖號跋，歐陽玄書○一山禪師書，元元熙書。

　　【校記】◎義知：無勅修二字◎義：二卷◎無大訢校正四字，南北嘉龍黃卍續臺大中縮頻：無元字，南北嘉黃卍續臺大中知縮頻：大訢作大訴，佛：唐懷海撰、元德輝重編◎胡瀅奏文等見大（南北嘉龍黃卍續臺中縮頻：無附跋、一山書）。

　　【按】①卍續副目記百丈叢林清規二卷，唐懷海集編，並註收於勅修百丈清規。今查註文有誤，實收於百丈清規證義記（見3526）。②南北嘉龍黃卍續臺大中縮頻卷首～目録記書分二卷，與實分八卷不符。

3526　百丈叢林清規證義記九卷，唐懷海集編、清儀潤證義、妙永校閱。

　　○百丈海禪師贊○清規證義記序，儀潤書○清松齡序○清陳桂生序○序，清沈起潛題○敘，清清道序○清願定跋○～目録○列祖提綱録總目○凡例○百丈叢林清規元義，儀潤述義、妙永校閱○附地輿名目，儀潤輯録。

　　【校記】◎卍續頻續：或十卷（卷七分二卷）◎有贊等◎目録題百丈清規證義記。【按】卍續頻續於贊後另有宋楊億述百丈清規原序，已見3525。

3527　重雕補註禪苑清規十卷（另新添濾水法並頌一卷），宋宗賾集。

　　○～目録○附新添濾水法並頌。

　　【校記】◎卍續頻續：無作者名◎有目録等。【按】卍續頻續於目録前另有宗賾序禪苑清規序，已見3525。

3528　入眾日用一卷，宋宗壽集。

　　○附宗壽識。

　　【校記】◎卍續頻續：無作者名◎有附識。【註】卍續頻續：無量壽禪師日用小清規。【提示】宗壽，號無量，世稱無量壽禪師。

3529　入眾須知一卷。

　　○～目録。

　　【校記】◎目録見卍續頻續◎頻續目録增題宋宗壽集。

3530　普應國師幻住庵清規一卷，元明本著。

　　○並序○日用須知十條綱目○附開甘露門。

　　【校記】◎義：庵事須知◎著作撰，卍續頻續：無作者名◎有序等◎目録題幻住庵清規。【提示】明本，號幻住道人，追諡普應國師。

3531　叢林校定清規總要二卷，宋惟勉編次。

○惟勉書○～目録，惟勉編次○附元惟勉重書○元邦慧題。

【校記】◎卍續頻續：無宋字◎有書等。

3532　禪林備用十卷，元弌咸編。

○元袁桷敍○元弌咸書○～清規卷目，弌咸編○附元雲岫題○元德明書。

【校記】◎卍續頻續：無元字◎有敍等◎目録題禪林備用清規。【卍續按】本書首頁佚失。

3533　叢林兩序須知一卷，明通容授、行元述。

○～目次○總引。

【校記】◎卍續頻續：無明字◎有新作目次等。

3534-1　禪宗頌古聯珠通集二十一卷，宋法應集、元普會續集、明淨戒重校。

○禪宗頌古聯珠集序，宋張掄撰○本序，宋法應述○通集序，元普會自序○明淨戒刊補頌古聯珠題記○後記（二篇），分別由元希陵題、元淳朋書。

【校記】◎初南中：無宋、元、明三字，初：法應集作法應等集，義：元普會集◎序等見初南中。

3534-2　禪宗頌古聯珠通集（別本）四十卷，宋法應集、元普會續集。

○～序，元馮子振撰○～目録○元雲岫題。

【校記】◎佛：無續集者名◎序等見嘉黃卍續臺中縮頻。【按】嘉黃卍續臺中縮頻於目録前另有～序，普會自序；重刻～序，明淨戒識；禪宗頌古聯珠舊序，宋張掄撰；禪宗頌古聯珠舊集本序，法應述，於書後另有附～後序，元希陵題；元淳朋書，均已見3534-1。

3535　祖庭事苑八卷，宋善卿編正。

○～序（兩篇），分別由宋人書、宋法英書○～目録○附睦菴卿上人作祖庭事苑，宋人題○宋師鑒跋○後序，宋紫雲序。

【校記】◎卍續頻續：無宋字◎有序等。

3536　雪庵從瑾禪師頌古集一卷，宋從瑾頌古。

【校記】◎卍續頻續：無作者名◎目録題雪菴從瑾禪師頌古。

3537　佛果圜悟禪師碧巖録十卷，宋重顯頌古、克勤評唱。

○宋普照序○元萬里序○元周馳書○元三教老人書○佛果圜悟禪師碧巖集目録○圜悟碧巖集目次○附校勘記○後序，宋無黨記○重刊圜悟禪師碧巖集疏○元淨日書○元希陵後序○元馮子振題○安政日本萬寧玄彙識。

【校記】◎嘉續龍臺中：録作集◎卍續大佛：宋重顯作顯，克勤作師，義：宋普照編，嘉續龍臺中：（明）吳自弘校、性湛閱◎普照序、無黨後序見嘉續龍卍續臺大中佛；目録、附校勘記見嘉續龍臺中；新作目次見卍續佛；餘序等見卍續大佛◎卍續副目記雪寶和尚百則頌古一卷，宋重顯頌古，並註會入於碧巖集。【蔡按】①嘉續丙本以代原本歸元直指，甲丁本以代原本淨信堂初集。②義另出雪寶顯和尚頌古（見附存目40）。【按】嘉乙目誤記碧崖集（見附3537）。【提示】克

勤，又称佛果圜悟。

3538　佛果擊節録二卷，宋重顯拈古、克勤擊節。

○重刻圓悟禪師擊節録題辭，元文日本説驢年序○黑太淳書○佛果擊節目録。

【校記】◎卍續頻續：宋重顯作雪竇明覺，克勤作佛果圓悟◎有題辭等。【提示】重顯，世稱雪竇禪師，諡號明覺大師。克勤，賜名佛果圓悟。

3539　萬松老人評唱天童覺和尚頌古從容庵録六卷，宋正覺頌古、元行秀評唱、離知録、性一校、生生梓。

○重刻四家語録序，明羅汝芳題○重刻四家評唱序，明徐琳書○～序，元移剌楚才敍○評唱天童從容庵録寄湛然居士書，元萬松書○從容庵録目録。

【校記】◎義：三卷◎元離知録，卍續大：無宋至唱十字◎有序等◎卍續目録註略云從容。【提示】行秀，號萬松老人。移剌楚才，號湛然居士。

3540　萬松老人評唱天童覺和尚拈古請益録二卷，宋正覺拈古、元行秀評唱、性一閲、生生梓。

○～序，明虛一識○請益録目録。

【校記】◎義：元隆從録，卍續頻續：無宋至唱十字◎有序等。

3541　林泉老人評唱投子青和尚頌古空谷集六卷，宋義青頌古、元從倫評唱、性一閲、生生梓。

○林泉老人評唱投子丹霞頌古總序，元陸應陽書○空谷集目録。

【校記】◎義：集作傳聲集◎三卷◎元義聰録，卍續頻續：無宋至唱十字◎有總序等。【提示】從倫，號林泉。

3542　林泉老人評唱丹霞淳禪師頌古虛堂集六卷，宋子淳頌古、元從倫評唱、性一閲、生生梓。

○虛堂録序，元姜端禮撰○虛堂集目録。

【校記】◎義：集作習聽集◎三卷◎元慧泉編；卍續頻續：無宋至唱十字◎序等見卍續頻續。

3543　凭絶老人天奇直註雪竇顯和尚頌古二卷，明本瑞直註、道霖、性福編集、淨深重梓。

○凭絶老人頌古直註序，清受登撰○凭絶直註四家頌古敍，本瑞述。

【校記】◎義：和尚作丹霞淳二人◎明性福等編，卍續頻續：無明本瑞直註五字◎有序等◎卍續目録註又云雪竇頌古直註。【提示】本瑞，字天奇，世稱凭絶老人。

3544　凭絶老人天奇直註天童覚和尚頌古二卷，明本瑞直註、性福編集、淨深重梓。

【校記】◎義：和尚作投子清二人◎明性福等編，卍續頻續：無明本瑞直註五字◎卍續目録註又云天童頌古直註。

3545　頌古合響集一卷，師炤録。

○～敍，張有譽撰。

【校記】敍見嘉續臺。

3546 頌古鈎鉅一卷，清藴上頌、藴宏著語。

〇附藴上自跋。

【校記】◎嘉續臺：無清字◎有跋。

3547 佛鑑佛果正覺佛海拈八方珠玉集三卷，宋祖慶重編。

〇拈八方珠玉集序，宋克勤題〇目録〇閲鐘阜二禪師拈古集，宋宗顯題〇祖慶題。

【校記】◎卍續頻續：無宋字◎有序等。·

3548 宗門拈古彙集四十五卷，清淨符彙集。

〇～序，淨符書〇～序，清大成題〇～凡例〇～目録。

【校記】◎重輯嘉拾遺卍續頻續：無清字◎有序等。

3549 禪門拈頌集三十卷，高麗慧諶編。

〇～序，無衣子序。

【校記】◎麗補遺：無作者名◎有序。【提示】慧諶，號無衣子。

3550 永平元和尚頌古一卷，日本（道元頌古）詮慧等編。

〇～目録〇附文政日本祖宗題。

【校記】◎大續縮頻：無日本二字◎目録等見縮頻（大續：僅有目録）。

3551 無門關一卷，宋宗紹編。

〇宋陳塤寫〇宋慧開言〇禪宗無門關〇佛祖機緣四十八則目録〇慧開識〇附禪箴〇黃龍三關，宋宗壽書〇宋孟珙跋〇第四十九則語，安晚書。

【校記】◎卍續大頻續：無宋字◎有陳塤寫等。

3552 正法眼藏三卷，宋宗杲集並著語、徐弘澤、智舷校閲、慧悅校刻。

〇重刻～序，明圓澄撰〇題刻大慧禪師～，明李日華識〇答張子韶侍郎書，宗杲書。

【校記】◎嘉續卍續臺：或六卷（每卷又分二卷）◎義：宋宗杲集，知：無校閲、校刻者名，嘉續卍續臺：無宋字◎有序等。【按】重輯嘉目録重出（見附3552）。

3553 宗門統要續集二十卷，宋宗永集、元清茂續集。

〇～目録〇～序，元希陵撰〇重開宗門統要序，宋耿延禧撰〇續集宗門統要序，元馮子振撰。

【校記】◎嘉黃卍臺縮頻佛：二十二卷，北中義：或二十二卷（卷一、十一各分二卷）◎初南：無宋、元二字，第十九、二十卷的作者名改作清茂續集，義：元清茂集◎目録見嘉黃卍臺中縮頻；三序見北嘉黃卍臺中縮頻（初南：無馮子振序）◎頻目録題宗門統要正續集。【按】今檢各藏末二卷皆係清茂續集的内容，故初南改作者名是正確的。

3554 禪林類聚二十卷，元智境、道泰等編。

○～目錄。

【校記】◎卍續頻續：無作者名◎有目錄。【按】今據中華佛教百科全書的著錄補入作者名。

3555　列祖提綱錄四十二卷，清行悅集。

○～敘，清戒顯撰○～敘，清大依撰○列祖提綱緣起，行悅述○提綱錄凡例○～總目。

【校記】◎嘉又續卍續頻續：無清字◎有敘等。

3556　宗鑑法林七十二卷，清集雲堂編。

○凡例○～目錄。

【校記】◎卍續頻續：無清字◎有凡例等。

3557　重編曹洞五位三卷，宋慧霞編、廣輝釋、高麗晦然補。

○～序，晦然序○洞山五位顯訣並先曹山揀出語要序，慧霞述○重集洞山偏正五位曹山揀語並序，廣輝述○五位顯訣凡例○延寶日本淵龍撰。

【校記】◎卍續頻續：無宋、高麗三字◎有序等◎目錄題重編曹洞五位顯訣。

【按】本書新補二文：寶篋論，宋自然述；寶鏡三昧玄義，宋雲岫註。

3558　禪門諸祖師偈頌二卷，宋子昇錄、如祐錄。

○～目錄。

【校記】◎卍續頻續：或四卷（每卷又分二卷）◎無宋字◎有目錄。

3559　雜毒海八卷，清性音重編。

○性音敘○明無慍題○清行悅述○～目錄。

【校記】◎卍續頻續：無清字◎有敘等◎目錄題禪宗雜毒海；卍續副目記禪宗雜毒海十卷，元祖闡重編，並註與清性音重編禪宗雜毒海大同少異，故刪除之。

3560　信心銘一卷，隋僧璨作。

【校記】大：無作者名。

3561　永嘉證道歌一卷，唐玄覺撰。

【按】大正另附無相大師行狀，已見3004。

3562　舒州梵天琪和尚註證道歌一卷，宋（彥琪註）慧光錄。

○並序，慧光錄○附後序，宋天倪敘○永嘉石碑。

【校記】◎義：證道歌註解◎明彥琪註，卍續頻續：無宋字◎有序等◎目錄題證道歌註。【按】①卍續頻續於並序前另有宋知訥撰蘇州靈巖妙空佛海和尚註證道歌序、宋德最集靈巖妙空和尚註證道歌，均已見3565。②義門蔡目誤記彥琪為明代人。

3563　永嘉真覺禪師證道歌一卷，宋法泉繼頌。

○南明泉頌永嘉證道歌序，宋吳庸序○附宋祝況後序。

【校記】◎卍續頻續：無宋字◎有二序◎目錄題證道歌頌。

3564　南明泉和尚頌證道歌事實三卷，高麗瑞龍連禪師撰。

○後序，高麗全光宰誌。

【校記】◎麗補遺：無作者名◎有後序。

3565　靈巖妙空和尚註證道歌一卷，宋知訥述、德最集、梅汝能施金鏤板。

○蘇州靈巖妙空佛海和尚註證道歌序，知訥序○～，德最集○附後序，梅汝能序。

【校記】◎卍續頻續：無宋至集七字◎有序等◎目録題證道歌註。

3566　永嘉真覺大師證道歌一卷，元永盛註頌、德弘編。

○竺原禪師註證道歌序，元大訢書○附永盛述○元寧心題。

【校記】◎卍續頻續：元永盛作竺源◎有序等◎目録題證道歌註。

3567　寶鏡三昧本義一卷，清行策述。

【校記】◎重輯嘉又續卍續頻續：無清字。【按】寶鏡三昧見3017。

3568　寶鏡三昧原宗辨謬説一卷，清淨訥述。

【校記】卍續頻續：無清字。【按】寶鏡三昧玄義見3557。

3569　石門文字禪三十卷，宋慧洪著、覺慈編録、旌善堂校。

○～序，明達觀撰○～目録。

【校記】◎嘉續臺義知：慧洪作德洪，義知：無覺慈至校八字，臺：旌善堂作法雲堂。◎序等見嘉續臺。【臺按】原書缺，依民國十年常州天寧寺刻本印。【提示】慧洪，又名德洪，字覺範。

3570　集文字禪一卷，清藴上著、舒峻極校、杜國柱、楊璿閲。

○～序（二篇），分別由清舒峻極題、清杜國柱題。

【校記】◎嘉續臺：無清字◎有二序。

3571　東坡禪喜集九卷，徐長孺集、日本森大狂校訂。

○跋東坡禪喜後，明唐文獻書。

【校記】◎頻續：無徐長孺集四字◎有跋。

3572　蒲室集十五卷（另卷首二卷），元大訢撰。

○元虞集釵○笑隱訢公行道記，虞集記。

【校記】◎頻續：無元、撰二字◎有虞集釵等。

3573　布水臺集三十二卷，清道忞著。

○～序（二篇），分別由清錢謙益書、包爾庚題○～總目。

【校記】◎嘉續臺：無清字◎有序等。【臺按】"中央圖書館"善本書目編在集部別集類。

3574　弘覺忞禪師北遊集六卷，清真樸編。

【校記】嘉續臺：無清字。【按】嘉續臺另附清順治御劄，已見3251。

3575　憨休和尚敲空遺響十二卷，清張恂編閲、繼堯校訂。

○序（三篇），分別由清王錫命撰、清楊諤言書、清李柏題○敲空遺響全集目

録。

【校記】◎嘉又續臺：無清字◎有序等。

3576　禪家龜鑑一卷，朝鮮退隱述。

○朝鮮惟政跋。

【校記】◎卍續頻續：無朝鮮二字◎有跋。

3577　禪門寶藏録三卷，高麗天頙撰。

○～序，天頙序○目次○高麗李混跋。

【校記】◎卍續頻續：無高麗二字◎有序等。

3578　真心直説一卷，高麗知訥撰。

○並序○～目録○重刊～序，明文定序○附誠初心學人文，知訥誌○皖山正凝禪
師示蒙山法語，侍者録○東山崇藏主送子行腳法語○蒙山和尚示眾語○真心直説
後跋，明蒙堂跋。

【校記】◎南北嘉龍黃卍續臺大中縮頻：無作者名，義知：元知訥述◎序等見嘉
黃卍續臺中縮頻（南北龍大：無目録）◎重輯嘉目録記附誠初心學人文、蒙山法
語一卷。【按】大佛分出誠初心學人文一卷（見附 3578）。

3579　高麗國普照禪師修心訣一卷，高麗知訥撰。

○明廣載跋。

【校記】◎義：修心訣◎元高麗普照述，南北嘉龍黃卍續臺大中知縮頻：無作者
名◎跋見北龍中。【提示】知訥，謚號佛日普照國師。

諸宗部·真言宗

3580　辨顯密二教論二卷，日本空海撰。

【校記】◎佛：辨作辯◎唐空海造，大續：無作者名（校本記空海撰）。

3581　祕密曼荼羅十住心論十卷，日本空海撰。

○並序。

【校記】◎大續縮：無作者名，頻：無日本二字◎序見縮頻。【大續按】録自弘
法大師全集。【按】曼、漫音同不校。【提示】空海，謚號弘法大師。

3582　即身成佛義一卷，日本空海撰。

【校記】大續：遍照金剛撰。【提示】空海，密號遍照金剛。

3582-1　真言宗即身成佛義問答（異本一）一卷。

3582-2　即身成佛義（異本二）一卷。

3582-3　真言宗即身成佛義（異本三）一卷。

3582-4　即身成佛義（異本四）一卷。

3582-5　即身成佛義（異本五）一卷。

3582-6　真言宗即身成佛義問答（異本六）一卷。

諸宗部 · 淨土真宗

3583　教行信證六卷，日本親鸞集。

○顯淨土真實教行證文類序，親鸞述○顯淨土真實信文類序，親鸞述○親鸞後記。

【校記】◎縮：各卷題名依次作顯淨土真實教文類一、顯淨土真實行文類二、顯淨土真實信文類三、顯淨土真實證文類四、顯淨土真佛土文類五、顯淨土方便化身土文類六◎或八卷（卷三、卷六各分二卷）◎無日本二字◎有序等。

諸宗部 · 時宗

3584　器樸論三卷，日本託何述。

○並序○～目録○凡例○附跋，寶永尊選（大續：選作遵）誌○安永覺阿旭堂識。

【校記】◎大續縮：無日本二字◎序等見縮（大續：無目録、凡例）。

諸宗部 · 日蓮宗

3585　立正安國論一卷，日本日蓮撰。

【校記】縮：日蓮勘，大續：無作者名（上奏本題下有天台沙門日蓮勘之八字）

3586　開目鈔二卷，日本日蓮撰。

【校記】縮：無日本、撰三字，大續：無作者名。【按】①鈔、抄音同不校。②本書是日文本。

3587　撰時鈔二卷，日本日蓮撰。

【校記】大續：無日本二字，縮：日蓮述。【按】①鈔、抄音同不校。②本書是日文本。

3588　法華題目鈔一卷，日本日蓮撰。

【校記】縮：無日本二字。【註】縮：録內十一卷。【按】本書是日文本。

3589　十法界明因果鈔一卷，日本日蓮撰。

【校記】縮：無日本二字。【註】縮：録內十六卷。

3590　法華宗內證佛法血脈一卷，日本日蓮撰。

【校記】◎縮：無日本二字◎目録題內證血脈鈔。【註】縮：録外十八卷。

3591　十法界鈔一卷，日本日蓮撰。

【校記】◎縮：卷首題名作十法界事◎無作者名。【註】縮：録內三十四卷。

3592　三世諸佛總勘文教相廢立一卷，日本日蓮撰。

【校記】◎縮：無日本、撰三字◎目録題總勘文鈔。【註】縮：録內十四卷。【按】本書是日文本。

3593　教機時國鈔一卷，日本日蓮撰。

【校記】縮：日蓮註。【註】縮：録内二十六卷。【按】本書是日文本。

3594　本門戒體鈔一卷，日本日蓮撰。

【校記】縮：無作者名。【註】縮：録内三十卷。

3595　立正觀鈔一卷，日本日蓮撰。

【校記】縮：無日本、撰三字。【註】縮：録内三十八卷。【按】本書是日文本。

3596　如來滅後後五百歲始觀心本尊鈔一卷，日本日蓮撰。

【校記】◎大續：後五作五五◎大續縮：無日本二字◎目録題觀心本尊鈔。【註】縮：録内八卷。【按】鈔、抄音同不校。

3597　得受職人功德法門鈔一卷，日本日蓮撰。

【校記】◎縮：無日本、撰三字◎目録題受職功德鈔。【註】縮：録外十七卷。【按】本書是日文本。

史傳部

3598　撰集三藏及雜藏傳一卷，失譯附東晉録。

【校記】◎指：佛涅槃後撰集三藏經，標：傳作經◎麗卍大中縮頻：失譯作不載譯人名，福：失譯，義：東晉録失譯人名。【註】開貞緣：亦云撰三藏經及雜藏經。

3599　迦葉結經一卷，後漢安世高譯。

【校記】◎標：結作結集，略：結誤作詰◎緣：漢世高譯。

3600　迦丁比丘説當來變經一卷，失譯附劉宋録。

【校記】◎標：當來變經◎開貞略：僧祐録中失譯經今附宋録，至麗福資磧普初天緣南北嘉龍黄卍臺大中知縮頻佛：劉宋作宋，義：劉宋録失譯人名。【註】開貞緣：或直云迦丁比丘經。

3601　佛使比丘迦㫋延説法沒盡偈百二十章一卷，失譯附西晉録。

【校記】◎指：佛使迦㫋延説法沒盡偈，北嘉龍黄：佛使比丘迦㫋延説法沒盡偈經（開貞至略緣：無佛使比丘四字，福資磧普天南義知佛：無經字），標：無比丘二字◎開貞略：失譯作僧祐録云安公失譯經，福資磧普天南北嘉龍黄臺：失譯，義知：西晉録失譯人名，略：西晉誤作西秦。【註】開貞緣：亦直云迦㫋延偈。【按】福資磧普緣南北嘉龍黄臺有副題名作一百二十章。

3602　大阿羅漢難提蜜多羅所説法住記一卷，唐玄奘譯。

【校記】◎至：記作偈◎緣：增難提蜜多羅撰六字，福資磧普天臺：無唐字。【按】重輯嘉續重出（見附3602）。

3603　十六大阿羅漢因果識見頌一卷，唐闍那多迦譯。

〇宋范仲淹序〇附十六大阿羅漢聖跡。

【校記】◎福卍續中：無唐字◎有序；附聖跡見卍續佛。

3604　　異部宗輪論一卷，世友菩薩造、唐玄奘譯。

【校記】◎指：無輪字◎天友尊者造，至：無菩薩二字，緣：菩薩作尊者，義：造作説，佛：無造者名，金麗卍大中縮頻：無唐字。【提示】世友，舊譯天友。

3605　　十八部論一卷，世友菩薩造、失譯附三秦録。

【校記】至：無菩薩二字，略：無造者名，緣：世友菩薩作天友，福資磧普初天南北嘉龍黃臺知：失譯，義：三秦録失譯人名，麗卍大中縮頻佛：陳真諦譯。

【守其按】此論宋藏錯重寫部異執論，名爲十八部論，故今取國本爲正。開元録云：右十八部論群録並云梁真諦譯。今詳真諦已譯十八部論，不合更譯部異執論。其十八部論初首引文殊問經分別部品，後次云羅什法師集，後方是論。若是羅什所翻，秦時未有文殊問經，不合引之置於初也，或可准別録中文殊問經編爲失譯，秦時引證此亦無疑；若是真諦再譯，論中子註不合有秦言之字。詳其文理多是秦時羅什譯出，諸録脱編致有疑焉。其真諦十八部疏，即部異執疏是，雖有斯理未敢指南，後諸博聞請求實録。【按】①指金錯同宋藏，題名十八部異執論（見附3606），故金藏實缺十八部論；指要在後面圖字函已補入十八部論，但金藏圖字函經本全存，卻無此論，可證未收。②頻目録題此論爲姚秦鳩摩羅什譯，附文殊師利問經分部品，梁僧伽婆羅譯，並註後人合集附入論首。【蔡按】文殊師利問經（見0636）。【提示】世友，舊譯天友。

3606　　部執異論一卷，世友菩薩造、陳真諦譯。

【校記】◎福資磧普初天南臺義知：部異執論，指：部誤作邪◎麗福資磧普初天南北嘉龍黃卍臺大縮頻：世友作天友，緣：世友菩薩作天友，至：無菩薩二字，略佛：無造者名。【按】此論金本散失，金中另有十八部異執論一卷（見附3606），實屬本論的錯重寫本。據守其按語可知，金本錯同宋本，已失真十八部論一卷（見3605）。【提示】世友，舊譯天友。

3607　　歷代三寶紀十五卷，隋費長房撰。

【校記】◎開貞略緣：開皇三寶録（至：脱三字），標知：紀作記◎龍：僅録第十五卷◎福資磧普初南北嘉黃臺：隋費長房上（金麗卍大中縮頻：無隋字）。

3608　　隆興佛教編年通論二十九卷（另目録一卷），宋祖琇撰。

○～目録，祖琇撰。

【校記】◎卍續頻續：無宋字◎有目録◎目録題隆興編年通論。【按】書名中佛教二字，僅卷一首記作釋教，故本新考目録未據其著録。

3609　　釋門正統八卷，宋宗鑑集。

○～序，宗鑑序○～目録，宗鑑集○補遺：宗鑑後序，三人傳。

【校記】◎卍續頻續：無宋字◎有序、目録；補遺見頻續。

3610　　佛祖統紀五十四卷，宋志磐撰。

○~叙，明楊鶴題○閱~説，明明昱書○跋~，明游士任跋○~序，志磐序○校正人名録○~通例○~目録，志磐撰○附刊板後記，志磐書。

【校記】◎知：四十五卷，義：五十五卷，初卍續：五十五卷或五十六卷（卷三分二卷），南嘉黃臺大中縮頻：或五十五卷（卷三分二卷），初南：另有卷首一卷（中：不記卷數，録志磐序、人名録、通例、目録）◎叙至目録見嘉黃卍續臺（初南中：無叙、説、跋，大縮頻：無跋）；附後記見黃卍續大。【卍續按】游士任跋，逸失前葉。【按】①此書卷二十一，初刻南藏録明溥洽續編本，卍續空卷，餘藏刪除空卷。嘉興藏編者云：本書諸師列傳之原文只有十卷，但目録及通例俱編爲十一卷，即自卷十一至二十一，此述者之誤；今准原文除去諸師列傳卷二十一，將目録第二十二卷改爲二十一卷，直至第五十五卷改爲五十四卷。這便是臺大縮頻採用嘉興本、中華採用南藏本，均作五十四卷之緣由。現據本書卷二十四（初：卷二十五）載東土十七祖世系表，對比諸師列傳十卷所列法師名録可知，世系表中尚有多人未見著録，當是已缺卷二十一應收入者。然而志磐序云："目之曰佛祖統紀，凡之爲五十四卷"，可知書成後之卷數已較原定卷數減少一卷；另從卷十九、二十兩卷缺傳記來看，疑此三卷（包括卷二十一）屬作者因病而未能完成者。②嘉有二本：大縮頻所用嘉本無跋；臺所用嘉本有跋，故今新考目録據以著録。

3611　續佛祖統紀二卷。

○~諸師列傳目録。

【校記】目録見卍續頻續。【按】頻續目録題宋佚名撰，誤也。檢本書所載諸師是宋元明三個朝代之人，由此可知本書作者最早也是明代人。

3612　歷代編年釋氏通鑑十二卷，宋本覺編集、明畢熙志、羅所蘊、劉朝卿、畢熙載、周之訓、藍重起、畢延玠、畢廷瓚、畢之鉉較訂。

○釋氏通鑑序（三篇），分別由宋師異書、畢熙志書、明畢抵康撰○~採摭經傳録○~目録。

【校記】◎知：釋氏通鑑◎無明至訂三十字◎序等見卍續頻續。

3613　歷朝釋氏資鑑十二卷，元熙仲集。

○元薛天祐題○熙仲書○釋氏資鑑目次○附國朝帝師行實，元王磐等述撰○熙仲識。

【校記】◎卍續頻續：無元字◎有題、新作目次等。

3614　佛祖歷代通載二十二卷，元念常集。

○~序，元虞集序○華亭梅屋常禪師本傳通載序，元覺岸序○~凡例○~目録。

【校記】◎南北嘉龍黃卍續臺中義知縮頻佛：三十六卷◎南北嘉龍黃卍續臺大中縮頻：無元字◎有序等。【按】①南北卷首目録記全書共二十二卷，但實收三十六卷。②嘉有二本：清順治十八年刊本之卷首目録記卷數與實收卷數均爲三十六卷，見臺；而無刊板年月本之目録記卷數與實收卷數均爲二十二卷，見大。

3615　釋氏稽古略四卷，元覺岸編集再治。

○～序，元李桓序、明昌腹重刊○元崔思誠題○稽古略序（卍續註此序自他書轉載），清清道識○國朝圖○釋迦文佛宗派祖師授受圖略。

【校記】◎義：元覺岸集，卍續大：無元字◎有序等。【按】卍續（舊版）目錄誤記覺岸為明代人。

3616　釋鑑稽古略續集三卷，明幻輪彙編、嚴爾珪較梓。

○續刻釋氏稽古略序，嚴爾珪序○續集稽古略敘，幻輪撰。

【校記】◎卍續大：無明字◎序等見大。

3617　釋氏六帖二十四卷，後周義楚集。

○並序○～序○進～表○六帖述，後周王樸述○～目錄○～後序，義楚撰○～後序，宋胡正述○重開～後序，宋履中述。

【校記】◎慧：無後周二字，佛：無後字◎序等見慧。

3618　古今圖書集成釋教部彙考七卷。

○～目次。

【校記】新作目次見卍續頻續。

3619　圖書集成神異典二氏部彙考二卷。

【校記】卍續目錄題古今圖書集成神異典二氏部彙考。

3620　圖書集成神異典釋教部紀事二卷。

【校記】卍續目錄題古今圖書集成神異典釋教部紀事。

3621　宗統編年三十二卷（另卷首一卷），清紀蔭編纂、秉岵、秉岳、秉岱、秉叡、秉密、秉文、秉密、秉嵒、秉嵜等校錄、清如重校。

○～進呈奏疏，紀蔭奏○～序，清許之漸撰○序，清晚青撰○～目錄○佛祖宗統單傳世系之圖○宗統歷年世代次第之圖○～凡例，紀蔭述○～總論，紀蔭述○～別問，紀蔭答○附後序，清陸鼎翰識。

【校記】◎卍續頻續：無朝代清字◎有奏疏等。

3622　釋氏疑年錄十二卷，民國陳垣撰。

○～小引，陳垣識○～凡例○～總目○附～通檢。

【校記】◎佛：無作者名◎有小引等。

3623　釋迦譜五卷，梁僧祐撰。

○並序○～目錄。

【校記】◎開貞至略福資磧普初天緣南北嘉龍黃臺義知：十卷，卍大中縮頻：或十二卷（卍：卷五後增補七卷，大中縮頻：卷一後增別本五卷，卷二後增補缺本二卷）◎開貞至略福資磧普初天緣南北嘉龍黃臺義知：梁作蕭齊，貞：撰作錄◎序等見北嘉龍黃縮頻（金麗福資磧普初南卍臺大中：無目錄）。【註】開貞略緣：別有五卷本，與此廣略異。【按】初佚失卷一，影印本洪武南藏用清抄本補。

3624　釋迦氏譜一卷，唐道宣撰。

○並序。

【校記】◎開貞至略緣：譜作略譜◎北嘉黄義：二卷◎麗卍大中縮頻：釋氏◎序見麗福資磧普初南北嘉黄卍臺大中縮頻。【按】金卷首殘缺。

3625　釋迦如來成道記二卷，唐王勃撰、道誠註。

【校記】◎義：一卷◎卍續頻續目録題釋迦如來成道記註；卍續（舊版）副目題釋迦如來成道記一卷，唐王勃撰，並註會入於釋迦如來成道記註。【按】卍續（新纂）目録誤分出唐王勃撰釋迦如來成道記一卷（見附 3625），並給編號，不合體例。

3626　釋迦如來行蹟頌二卷，元無寄撰集。

○並序○~序，元李叔琪述○附元豈跋。

【校記】◎卍續頻續：無元字◎有序等。

3627　釋迦如來應化録二卷，明寶成編集。

○~目録。

【校記】◎卍續頻續：或六卷（每卷又分三卷）◎無明字◎有目録。

3628　阿育王傳七卷，西晉安法欽譯。

○~目録。

【校記】◎略福資磧普初天緣南北嘉龍黄臺義知：五卷◎目録見縮頻。【註】開貞緣：或加大字，開貞至略緣：亦云大阿育王經。

3629　阿育王經十卷，梁僧伽婆羅譯。

○~品目○翻譯記。

【校記】品目見嘉黄縮頻；翻譯記見麗卍大中縮頻（首卷尾）。【註】開貞至略緣：或加大字。

3630　天尊説阿育王譬喻經一卷，失譯附東晉録。

【校記】◎開貞至標略福資磧普初天緣南北嘉龍黄臺義知：無天尊説三字，指：無譬喻二字◎福資天：失譯，義：東晉録失譯人名。【註】開貞至緣：古經呼佛為天尊，即佛説也。

3631　阿育王息壞目因緣經一卷，苻秦曇摩難提譯。

○阿育王子法益壞目因緣經序。

【校記】◎標：王作王太子，緣南北嘉龍黄義知：息作子法益，天：因緣經作王子因緣◎標略：二卷◎緣：譯作於姚秦代譯◎序見金麗福資磧普初南北嘉龍黄卍臺大中縮頻。【註】開貞緣：亦云阿育王太子壞目因緣。

3632　馬鳴菩薩傳一卷，姚秦鳩摩羅什譯。

【校記】金麗卍大中縮頻佛：姚秦作後秦，緣：無鳩摩二字。

3633-1　龍樹菩薩傳一卷，姚秦鳩摩羅什譯。

【校記】標：龍樹王菩薩傳。【提示】龍樹菩薩者……如法藏説。

3633-2　龍樹菩薩傳（別本）一卷，姚秦鳩摩羅什譯。

【校記】緣：無鳩摩二字。【按】縮頻目録未著，今新考目録補入。【提示】大師名龍樹菩薩者……三百餘年任持佛法。

3634　提婆菩薩傳一卷，姚秦鳩摩羅什譯。

【校記】緣：無鳩摩二字。

3635　婆藪槃豆法師傳一卷，陳真諦譯。

【校記】福資磧普初天南北嘉龍黄臺義知：無法師二字。【註】開貞緣：此曰天親。

3636　隋天台智者大師別傳一卷，隋灌頂撰。

【校記】◎初南義知：書名無隋字◎初南北嘉龍黄卍臺大中知縮頻：作者名無隋字。

3637　唐護法沙門法琳別傳三卷，唐彦悰撰。

○琳法師別傳序，唐李懷琳撰。

【校記】◎貞：別傳，至：無唐字，琳作林，緣續：釋法琳別傳◎無唐字，至：撰作集，貞：誤作唐法琳撰，佛：誤作唐彦琮撰（麗卍續大中縮頻：無唐字）◎序見麗卍續大中縮頻。

3638　大唐故三藏玄奘法師行狀一卷，唐冥詳撰。

【校記】大：無作者名。【蔡按】卍續收入玄奘三藏師資傳叢書（見3646-1）。

3639　大慈恩寺三藏法師傳十卷，唐慧立本、彦悰箋。

○大唐~序，彦悰述。

【校記】◎開貞至緣：大作大唐，天知：大作大唐大，指標：三藏法師傳◎開貞緣：唐慧立等撰（至略義：無等字），金麗福資磧普初天南卍臺大中縮頻：無唐字，佛：唐慧立述◎序見金麗福資磧普初南北嘉龍黄卍臺大中縮頻。

3640　寺沙門玄奘上表記一卷。

【按】卍續收入玄奘三藏師資傳叢書（見3646-3）。

3641　唐大薦福寺故寺主翻經大德法藏和尚傳一卷，新羅崔致遠撰。

○新刊賢首國師碑傳敘，元禄日本鳳潭敘○大唐大薦福寺故大德康藏法師之碑，唐閻朝隱撰○附宋義和題○新刊賢首碑傳正誤，日本道忠著○齊雲師書於卷尾云。

【校記】◎卍續大：撰作結◎有敘等◎卍續目録題法藏和尚傳。

3642　玄宗朝翻經三藏善無畏贈鴻臚卿行狀一卷，唐李華撰。

○大唐東都大聖善寺故中天竺國善無畏三藏和尚碑銘，李華撰。

【校記】◎卍續大：無唐字◎有碑銘◎卍續目録題善無畏三藏行狀並碑銘。

3643　大唐故大德贈司空大辨正廣智不空三藏行狀一卷，唐趙遷撰。

【校記】◎卍續：趙遷撰（大：無撰字）◎卍續目録題不空三藏行狀。

3644　代宗朝贈司空大辨正廣智三藏和上表制集六卷，唐圓照集。

【校記】◎卍續大：無唐字◎卍續目録題表制集。

3645　　　　大唐青龍寺三朝供奉大德行狀一卷。

【校記】卍續目録題惠果和尚行狀。【按】卍續大録正文至"開成四年正月十三日，日本國僧圓行將法衣信物"止（卍續按：物下疑佚失或未脱稿歟）。

3646　　　　玄奘三藏師資傳叢書二卷，日本佐伯定胤、中野達慧共編。

【按】詳見以下子目。

3646-1　　大唐故三藏玄奘法師行狀（一）一卷，唐冥詳撰。

【按】此行狀已別行（見3638）。

3646-2　　大唐三藏大遍覺法師塔銘並序（二），唐劉軻撰、建初書。

3646-3　　大唐三藏玄奘法師表啟（不完，三）一卷，唐玄奘上。

【按】此表啟已別行（見3640，完整本）。

3646-4　　大慈恩寺大法師基公塔銘並序（四），唐李宏慶撰、建初書。

3646-5　　大唐大慈恩寺法師基公碑（五），唐李乂撰、正演書。

3646-6　　唐太宗皇帝御製基公讚記（六），日本清算記。

3646-7　　大唐大慈恩寺大師畫讚（七），唐江滿昌文。

3646-8　　心經幽贊序（八），唐苗神容製。

3646-9　　唐故白馬寺主翻譯惠沼神塔碑並序（九），唐李邕撰。

3646-10　大周西明寺故大德圓測法師佛舍利塔銘並序（十），唐宋復撰。

3647　　　　明州定應大師布袋和尚傳一卷，元曇噩撰。

○題，芳洲外史題○布袋老僧小序，沈一貫撰○序，包士瀛撰○附布袋和尚後序，明廣如撰○清戴銘跋○重刻彌勒傳略記，惠智撰△布袋和尚傳。

【校記】◎卍續頻續：無元字◎有題等。【按】重輯嘉續僅存書後的布袋和尚傳。

3648　　　　曹溪大師別傳一卷。

○～敘，寶曆日本敬雄撰○附書～後，寶曆日本祖芳識。

【校記】敘等見卍續頻續。

3649　　　　永明道蹟一卷，明大壑輯，虞淳熙、黃汝亨校閲。

○～序，明陶望齡書○～目録○附大壑書。

【校記】◎卍續：無明字◎有序等。【按】卍續（舊版）頻續目録蔡目皆著大壑為宋代人，誤也。

3650　　　　伯亭大師傳記總帙一卷。

○慈雲伯亭大師古希紀（自識實行），清證文記録○浙江天竺山灌頂伯亭大師塔誌銘，清徐自洙誌○上竺灌頂大師囑法語。

【校記】古希紀等見卍續。

3651　　　　阿底峽尊者傳五卷，民國法尊譯述。

○～序（藏文）○～序（中文），民國丹吉識○阿底峽尊者像。

【校記】◎佛：無民國二字◎有序等。

3652　付法藏因緣傳六卷，元魏吉迦夜共曇曜譯。

【校記】◎指：無因緣二字，福資磧普初天南北嘉龍臺義知：傳作經◎元魏作後魏。【註】開緣：亦云付法藏經；貞：或二卷，開：或三卷，開貞至：或四卷，至：或五卷。【按】金存殘本卷一至三。

3653　高僧傳十四卷，梁慧皎撰。

○～序，慧皎撰○～目錄○梁王曼穎述○慧皎述○梁僧果後記。

【校記】◎龍：十六卷◎序等見金麗資磧普初南北嘉龍黃卍臺大中縮頻（福：無後記）。【按】①高僧傳卷十四有慧皎撰序及目錄等，資磧普初南北龍臺於卷一首另錄慧皎撰序，屬重出。②嘉黃無卷十四，將序及目錄載於卷一前，而二述、後記則見卷十三尾。

3654　續高僧傳三十一卷，唐道宣撰。

○～序，道宣撰。

【校記】◎開貞至指標金麗卍佛：三十卷，大中縮頻：三十卷或三十三卷（卷二十附他本二卷，大縮頻：卷二十五附他本一卷，中：卷二十六附他本一卷），嘉黃：四十卷，北龍：或四十卷（卷四、六、十五、十六、二十一、二十三、二十五、二十六、二十九各分二卷）◎序見金麗福資磧普初南北嘉龍黃卍臺大中縮頻。【按】金麗卍三本所錄內容不如他本完整。

3655　宋高僧傳三十卷，宋贊寧等撰。

○～目錄○進高僧表，贊寧上表○批答入藏○～序，贊寧等上○後序。

【校記】◎標資磧普初天義：大宋高僧傳，南臺知：有宋高僧傳◎知：宋贊寧、智輪撰（資磧普初天南臺義：無宋字，義：智作及智）◎目錄見嘉黃卍縮頻（係各卷傳目的集出）；餘表等見資磧普初南北嘉龍黃卍臺大中縮頻。【按】大用嘉作底本，校資普，但不錄嘉目錄，亦不校資普各卷有傳目，不妥。

3656　新修科分六學僧傳三十卷（另卷首一卷），元曇噩述。

○宋皇子魏王跋○曇噩序○～目錄，曇噩述。

【校記】◎卍續頻續：無元字◎有跋等。【按】魏王跋（淳熙六年，1179 年）早於本書（1366 年）近二百年，可知非本書跋文，應是宋道原纂景德傳燈錄的重刊跋文，被引用於此而已。

3657　補續高僧傳二十六卷，明明河撰。

○～序，明范景文書○續高僧傳序，明黃端伯題○～序，明讀徹撰○～序，明周永年纂○～目次○附～跋，清毛晉識○清自扃跋○～跋，清馬弘道撰。

【校記】序、新作目次等見卍續頻續。

3658　明高僧傳八卷，明如惺撰。

○大明高僧傳敍，如惺識○～目次。

【校記】◎嘉續卍續臺大佛：大明高僧傳◎龍中：六卷◎敍見嘉續龍卍續臺大中；目次見卍續（嘉續龍臺中：目次分見於各卷首）。

3659　　高僧摘要四卷，清徐昌治編輯。

　　　　○敘~，徐昌治題○敘，清僧鑑撰○目録。

　　　　【校記】◎嘉續卍續臺：無清字◎有二敘；目録見卍續（嘉續臺：目録分見於各卷首）。

3660　　新續高僧傳四集六十五卷（另卷首一卷），民國喻謙編輯。

　　　　○序，民國嚴修序○序，民國夏壽田序○述詞，喻謙述○徵文啟○義例○~目録，民國道階倡修。

　　　　【校記】◎頻續佛：無民國二字◎有序等◎頻續目録題新續高僧傳。【按】佛目録誤記本書五十六卷，今新考目録更正為六十六卷。

3661　　大唐西域求法高僧傳二卷，唐義淨撰。

　　　　○並序。

　　　　【校記】◎標：無大唐西域四字，指：無西域二字◎金麗卍大中縮頻：義淨撰（福資磧普初天臺：卷一記義淨譯）◎序見麗福資磧普初南北嘉龍黃卍大中縮頻。

　　　　【註】（卷上）麗卍大中縮頻：並那爛陀寺圖；（卷下）金麗福資磧普初南卍臺大中縮頻：並重歸南海傳。【按】①現存本無那爛陀寺圖。②金卷上散佚。

3662　　武林西湖高僧事略一卷，宋元敬、元復述、明袾宏重梓。

　　　　○~序，宋莫子文序○~目録。

　　　　【校記】◎重輯嘉拾遺臺：無武林二字◎序等見重輯嘉拾遺卍續臺頻續。【蔡按】出雲樓法彙（見3926）。

3663　　續武林西湖高僧事略一卷，明袾宏輯。

　　　　○~，袾宏識○續補諸師目録。

　　　　【校記】◎重輯嘉拾遺臺：無明字◎袾宏識等見重輯嘉拾遺卍續臺頻續。【蔡按】出雲樓法彙（見3926）。【按】重輯嘉目録漏著。

3664　　緇門崇行録一卷，明袾宏輯。

　　　　○~敘，袾宏識○~目次○附~跋，明廣笒跋。

　　　　【校記】◎重輯嘉拾遺卍續臺頻續：無明字◎敘等見重輯嘉拾遺卍續臺頻續佛◎重輯嘉目録誤記十卷。【蔡按】出雲樓法彙（見3926）。

3665　　釋氏蒙求二卷，清靈操撰。

　　　　○并序○~標題。

　　　　【校記】◎佛：一卷◎卍續頻續佛：無清字◎有序等。【按】靈操何時撰此書？序文僅記己酉四月，檢書尾文云："操曰教法東興，後漢以來迄今幾於二千載"，由此推知約在清代，故今新考目録據以著録。

3666　　名僧傳抄一卷，梁寶唱撰、日本宗性抄。

　　　　○~目次○名僧傳目録，梁寶唱撰○文曆日本宗性後記○附名僧傳説處○宗性後記。

　　　　【校記】◎卍續頻續：寶唱誤作寶亮，無日本宗性抄五字◎有新作目次等。

3667　皇明名僧輯略一卷，明袾宏輯。

〇～凡例〇～目録・附録・又附。

【校記】◎臺：作者名無明字◎凡例等見重輯嘉拾遺卍續臺頻續。【蔡按】出雲棲法彙（見3926）。

3668　神僧傳九卷，明燕京大德沙門撰。

〇明永樂御製～序〇～目録。

【校記】◎北嘉龍黃卍臺大中知縮頻：無作者名，佛：明太宗御製◎御製序等見北嘉龍黃卍臺中縮頻（大：無目録）。

3669　海東高僧傳二卷，高麗覺訓撰。

【校記】大：無高麗二字。

3670　東國僧尼録一卷。

〇～目次。

【校記】目次見卍續頻續。

3671　比丘尼傳四卷，梁寶唱撰。

〇並序。

【校記】◎指：尼傳◎至：三卷◎金麗資磧普初南北嘉龍黃卍臺大中縮頻：無梁字，天：梁作晉◎序見金麗資磧普初南北嘉龍黃卍臺大中縮頻。【按】此傳作者的朝代，卷一記晉，卷二記宋，卷三、四記齊，是表明立傳之人起晉訖齊、梁年間。

3672　續比丘尼傳六卷，民國震華編述。

〇～目録〇～跋，民國超塵跋。

【校記】目録等見佛。

3673　弘贊法華傳十卷，唐惠詳撰。

〇天慶高麗德緣記。

【校記】◎卍續大：無唐字◎有記。【按】卍續大另附天台法華疏序，已見1926。

3674　法華傳記十卷，唐僧祥撰集。

〇附慶長日本圓智誌。

【校記】◎卍續大：無作者名◎有附誌◎卍續目録題法華經傳記。【按】卍續目録記唐慧詳集，大正目録記唐僧詳撰。檢書首作者云“抑祥宿殖所資……暨于我大唐……今聊撰集耳目見聞”，由此推知本書係唐僧祥撰集；另檢圓智誌中有“唐僧祥公”的稱名，故今新考目録據以著録。

3675　天台智者大師別傳二卷，宋曇照註。

〇宋裴記書〇附天台智者大師畫讚，唐顏真卿撰，並延寶日本盛胤識。

【校記】◎卍續頻續：無宋字◎有裴記書等◎目録題智者大師別傳註。【按】卍續頻續於裴記書前另有唐梁肅述天台智者大師傳論，已見2779。

3676 天台九祖傳一卷，宋士衡編。

○並序○附道邃和上行跡（註：又作行業記），唐乾淑述。

【校記】◎卍續大：無宋字◎有序等。

3677 法華經顯應錄二卷，宋宗曉編。

○並序○～序，宋樓鑰序○～目次○附刻～序，享保日本亮典敘。

【校記】◎卍續頻續：無宋字◎有序、新作目次等。

3678 法華靈驗傳二卷，高麗了圓錄。

○～目次○高麗妙慧刊記。

【校記】◎卍續頻續：無高麗二字◎有新作目次等。

3679 歷朝法華持驗紀二卷，清周克復纂、周石校、陳濟生參。

○法華經持驗紀序，周克復撰○勸流通法華持驗引，周克復敬懇○歷朝法華持驗目錄。

【校記】◎嘉續卍續臺頻續：無清字◎有序等◎卍續頻續目錄題法華經持驗記。

3680 觀世音持驗紀一卷，清周克復纂。

○白衣大悲五印心陀羅尼經○～序，周克復撰○勸流通觀音持驗引，周克復敬懇○觀世音經呪持驗紀目錄○辨訛語三則○附禮觀音文。

【校記】◎卍續：二卷◎嘉續卍續臺：無作者名◎有陀羅尼經等◎卍續目錄題觀音經持驗記。【按】嘉續臺另有姚秦鳩摩羅什譯妙法蓮華經觀世音菩薩普門品，已見0296；唐不空譯觀世音大悲心陀羅尼，已見1086-1；唐玄奘譯般若波羅蜜多心經，已見0277(卍續僅有大悲心陀羅尼)。

3681 東林十八高賢傳一卷。

○十八高賢圖○～序，明黃汝亨書○～目次○附清王謨識。

【校記】◎卍續頻續：有圖、新作目次等◎卍續目錄註又云蓮社高賢傳。【按】王謨識云：此傳當為晉、劉宋時書，宋熙寧間陳舜俞刊正，大觀初懷悟補。

3682 往生西方淨土瑞應傳一卷，新羅道詵撰。

○並序○往生西方淨土瑞應刪傳目錄。

【校記】◎卍續：傳作刪傳◎無新羅二字，大：無作者名◎序見卍續大；卍續：有目錄◎目錄註又云往生瑞應刪傳。

3683 淨土往生傳三卷，宋戒珠撰。

○敘～，戒珠敘。

【校記】◎卍續大：撰作敘◎有敘。

3684 新修淨土往生傳三卷，宋王古輯撰。

○～序，王古序○附人名對照表。

【校記】◎卍續：無作者名◎有序等◎目錄題新修往生傳。【按】卍續（舊版）僅存卷下，（新纂）本據續淨土宗全書第十六所收新修往生傳補入卷上及卷中佚文，並人名對照表，但卷中仍未補全。

3685　諸上善人詠一卷，明道衍撰。

〇～目次〇明大佑白〇明性深識〇念佛願文。

【校記】◎義：諸上作淨土◎撰作著，卍續頻續：無明、撰二字◎有新作目次。

3686　往生集三卷，明袾宏輯。

〇～序，袾宏識〇～目録〇附慶安日本慧竟跋。

【校記】◎重輯嘉拾遺卍續臺大：無明字◎卍續大：有序等◎卍續目録註出雲棲法彙（見3926）第十六。【按】嘉又續臺收雲棲法彙之本書無跋，但增附文三篇：普勸為人必修淨土、勸修淨土代言、佛示念佛十種功德。【蔡按】嘉又續出法彙，嘉續出此為局部別行。

3687　淨土聖賢録九卷，清彭際清、彭希涑輯撰。

〇～排印流通序，民國印光撰〇～敘，彭際清撰〇～發凡，彭際清記〇～偈，彭希涑述〇～目次。

【校記】◎卍續頻續佛：無作者名◎序等見佛（卍續頻續：無序）。【按】佛另附録遵式大師校量念佛功德説，已見2907樂邦文類卷四。【蔡按】出彭居士法集，不在藏內。

3688　淨土聖賢録續編四卷，清胡珽輯撰。

〇～發凡〇～偈，胡珽述〇～目次△附種蓮集，清胡珽輯、陳本仁記〇陳本仁識。

【校記】◎卍續頻續佛：無作者名◎發凡等見卍續頻續（佛：僅有發凡、偈）。【按】頻續分出種蓮集一卷（見附3688）。

3689　淨土聖賢録三編一卷，民國德森述。

〇德森述〇附中興淨宗印光大師行業記，民國真達等述〇寶一老人行實，民國澄念記〇慈舟大師傳，民國道源寫〇弘一大師傳，民國僧睿記〇湛山倓虛大師傳〇定西大師傳，民國蔡運宸撰。

【校記】◎佛：無民國二字◎有德森述等。

3690　西舫彙征二卷，清瑞璋輯。

〇～序，瑞璋題〇～目録。

【校記】◎卍續頻續：無清字◎有序等。

3691　修西聞見録七卷，清咫觀集。

〇～目次。

【校記】◎卍續頻續：清咫觀集作雞園偶集◎有新作目次。

3692　華嚴經傳記五卷，唐法藏集。

【校記】卍續大：無唐字。

3693　法界宗五祖略記一卷，清續法輯。

〇～引，清戴京曾題。

【校記】◎卍續頻續：無清字◎有引。

3694　　大方廣佛華嚴經感應傳一卷，唐惠英集、胡幽貞刊纂。

【校記】福卍續大中：無唐字。

3695　　大方廣佛華嚴經感應略記一卷，明袾宏輯録。

○華嚴感應略記目録○附華嚴大經處會品目卷帙總要之圖。

【校記】◎重輯嘉拾遺臺：無明字◎目録等見卍續臺頻續（重輯嘉拾遺無附圖）◎卍續頻續目録題華嚴經感應略記。【按】出雲樓法彙（見3926）。

3696　　華嚴感應緣起傳一卷，清弘璧輯。

【校記】卍續頻續：無清字。

3697　　歷朝華嚴經持驗紀一卷，清周克復纂、周石校、陳濟生參。

○華嚴持驗紀序，周克復撰○勸流通華嚴持驗引，周克復敬懇○歷朝華嚴持驗目録。

【校記】◎嘉續卍續臺：無清字◎有序等◎卍續目録題華嚴經持驗記。

3698　　歷代法寶記一卷。

○校刊~序，民國金九經識。

【校記】◎佛：歷作校刊歷◎增作者名作金九經校定◎三卷◎有序◎目録記唐燉煌本。【註】大佛：亦名師資衆脈傳，亦名定是非摧邪顯正破壞一切心傳，亦名最上乘頓悟法門。

3699　　雙峰山曹侯溪寶林傳十卷，唐智炬集。

【校記】◎至指：寶林傳◎至臺：九卷◎至：唐誤作宋，指：勝持同惠炬集，金：無作者名（臺中：僅卷六有智炬集）。【按】①金僅存六卷（一至五、八），在見存第一、三、五卷中亦有部分殘缺。臺中除照録外，另據宋藏遺珍影印補入第六卷，此卷於日本發現，原載東方學報一九三三年第四期，宋藏遺珍據此影印收録，書名大唐韶州雙峰山曹溪寶林傳。②今新考目録據指要録及東方學報記本傳十卷著録。③指增靈徹序。指將本傳收於全書末，無千字文函號。【提示】智炬，又名惠炬。

3700　　中華傳心地禪門師資承襲圖一卷，唐裴休問、宗密答。

【校記】◎卍續頻續：作者名作宗密答裴相國問◎卍續目録註外題禪門師資承襲圖。

3701　　祖堂集二十卷，南唐釋靜、釋筠編。

○~序，南唐文僜述。

【校記】◎麗補遺：無作者名◎有序。【按】麗補遺目録誤記作者為文僜述。

3702　　景德傳燈録三十卷（另目録三卷），宋道原纂。

○刊修~序，宋楊億撰○~目録○重刊~狀，元希渭狀○西來年表○附楊億寄李維書○跋，宋鄭昂題○疏，宋宏智撰○~後序，宋劉棐撰。

【校記】◎標金初南臺中：無宋字，至：道源纂，指：道原集録，普大縮頻：無作者名◎楊億序見指金黄卍大中縮頻慧；目録見金中；餘狀等見黄卍大縮頻慧

（嘉：僅有狀）。【按】①金之目録分見於每十卷前，依次為上帙目録、中帙目録、下帙目録各一卷，今中帙目録已佚；中不記目録之卷數。②指標收於全書末，無千字文函號。③佛重出（見附3702）。

3703　傳燈玉英集十五卷，宋王隨刪修。

○～後序，王隨撰○降印經院劄子。

【校記】◎金中：缺卷一、四、七、九、十一，共五卷（在見存十卷中亦有殘缺者，即卷三、八、十、十三至十五），臺：在照録宋藏遺珍時，脱録卷十三◎至：楊億等撰，金臺中：無作者名◎有後序等◎宋藏遺珍目録、臺記存九卷，誤也。

3704　天聖廣燈録三十卷（另目録一卷），宋李遵勖編。

○～都帙目録○宋仁宗御製～序。

【校記】◎至金卍續中頻續：無宋字，至：脱遵字，指：李遵勖集録（標：無集録二字）◎目録等見金卍續中頻續（指標：無目録，至福：無御製序）【按】①指標收於全書末，無千字文函號。②中分出目録一卷（見附3704）。

3705　建中靖國續燈録三十卷（另目録三卷），宋惟白集。

○～目録，惟白集○宋徽宗御製～序○附上皇帝書、上皇帝劄子、付受節次，宋希式録○恭發願文，宋張敦禮題。

【校記】◎指標福卍續中頻續：無宋字◎目録等見福卍續中頻續（指：有御製序）。【按】①指標收於全書末，無千字文函號。②福之目録分見於每十卷前，依次為上帙目録、中帙目録、下帙目録各一卷；中不記目録之卷數。③卍續分出目録三卷（見附3705）。

3706　聯燈會要三十卷（另目次一卷），宋悟明集。

○～目次○宋李泳序○元思忠書○悟明書。

【校記】◎卍續頻續：無宋字◎有目次等。【卍續按】改每卷頭目次作總目而置於卷首。【按】序作者悟明，卍續頻續誤録作悔明。【提示】悟明，號晦翁，稱真懶子。

3707　嘉泰普燈録三十卷（另總目録三卷），宋正受編。

○雷庵受禪師行業，宋黄汝霖誌○陸遊書○進聖宋嘉泰普燈録上皇帝書，正受上書○～總目○～總目録○附～跋，梅峰信跋。

【校記】◎初卍續中頻續：無宋字◎行業等見卍續頻續（初中：無總目録、附跋）◎卍續副目記宋張無盡述金剛經三十二分説一卷，收於此録卷三十。【按】卍續分出總目録三卷（見附3707）。

3708-1　傳法正宗記九卷，宋契嵩編修。

○上皇帝書，契嵩上書○知開封府王侍讀所奏劄子○中書劄子許收入大藏等○宋林之奇書福州開元寺重新刊板傳法正宗記十二卷之記文。

【校記】◎磧臺：將卷第九記作卷第一（筆者按：因卷九改録於次函作第一卷的緣故，南亦記作卷第一，但仍是原函中第九卷），初：卷第九脱卷次，龍中：八

卷或九卷（卷八分為二卷，故有兩個卷八）◎福磧初南黃卍臺：無宋字，義：無編字，佛：無修字◎上皇帝書等見福磧南北嘉龍臺大中縮頻。【按】①初卷一、二散佚，影印洪武南藏補入手抄本。②義記本書十五卷，含定祖圖一卷（見3708-2別本）、正宗論二卷（見3708-3）、輔教篇三卷（見3826）。

3708-2　　傳法正宗定祖圖一卷，宋契嵩撰。

　　　　　○並序。

　　　　　【校記】◎嘉大縮頻：卷第一◎序見北嘉龍大中縮頻。【註】嘉縮頻：作十卷，大：誤作十作卷（筆者按：另有傳法正宗記九卷，合作十卷）。【按】北龍中之圖像不同於南中（見3708-2別本）。嘉大縮頻无圖像。

3708-2　　傳法正宗定祖圖（別本）一卷，宋契嵩撰。

　　　　　○並敘。

　　　　　【校記】◎知：定祖圖◎臺：卷第二（筆者按：卷第一是正宗記卷第九；南中：亦作卷第二，但南仍是原函中第十卷），黃卍：卷第十（筆者按：卷第一至九是正宗記）◎南黃卍臺中：無宋字，知：撰作編修◎敘見南黃卍臺中。【按】卍無圖像。【提示】此本在第三十三祖慧能一段後，南黃卍臺中有“劉昫字耀遠……昫卒於守太保”一段文字。

3708-3　　傳法正宗論二卷，宋契嵩編。

　　　　　【校記】◎福：卷第十一、卷第十二（筆者按：前九卷是正宗記，第十卷是定祖圖），磧初臺：卷第三、卷第四（筆者按：卷一是正宗記卷九，卷二是定祖圖；南：亦作卷第三、卷第四，但卻是次函中第一卷、第二卷）◎福磧初南臺：無宋字，福磧初南北嘉龍黃卍臺大中縮頻佛：編作著，知：編作編修。

3709　　　五家正宗贊四卷，宋紹曇記。

　　　　　○並序，紹曇書○希叟和尚正宗贊目録。

　　　　　【校記】◎卍續頻續：無作者名◎有序等。

3710　　　禪林僧寶傳三十卷，宋慧洪撰。

　　　　　○重刊～序，明戴良序○重刻～序，宋張宏書○～引，宋侯延慶引○～目録△補～，宋慶老撰○附永仁日本覺圓書○廣聞書○智愚書○元善立書。

　　　　　【校記】◎嘉續臺：無宋字◎序至智愚書見卍續頻續佛；張宏序至補～、善立書見嘉續臺。【按】嘉續臺之目録分見於每十卷前，依次為～目録上、中、下；另附慧洪撰臨濟宗旨一卷，已見3016。

3711　　　僧寶正續傳七卷，宋祖琇撰。

　　　　　○～目録。

　　　　　【校記】◎卍續：無宋字◎有目録。

3712　　　南宋元明禪林僧寶傳十五卷，清自融撰、性磊補輯、林友王較訂。

　　　　　○南宋元明僧寶傳序（三篇），分別由林友王題、清崔秉鏡序、自融序○～目録○附南宋元明僧寶傳後敘，性磊題○重刻僧寶傳記，清明慧記。

【校記】◎卍續頻續：無清字◎有序等。

3713　大光明藏三卷，宋寶曇述。

○~序，宋史彌遠撰○宋心月書○宋慧開贊○宋周得住述○宋紹明書○~目録○附宋文禮跋○宋趙孟窟書。

【校記】◎卍續頻續：無宋字◎有序等。

3714　五燈會元五十七卷（另目録三卷），宋普濟纂。

○重刊~序，元廷俊序○重刻~募緣文，明陸光祖撰○重刊~叙，大曦書○~目録。

【校記】◎嘉續卍續臺義：二十卷（嘉續卍續：另目録二卷）◎嘉續卍續臺：無作者名，龍中：宋濟纂，義：纂作集◎序、目録見嘉續龍卍續臺中；募緣文見嘉續臺中；叙見卍續。【按】卍續分出目録二卷，中分出目録三卷（見附3714）。【蔡按】卍續乙十五另出補遺一卷，附入增集續傳燈録（見3720）。

3715　五燈會元續略四卷，明淨柱輯。

○~序，明馬嘉植書○叙，明淨柱撰○凡例，清淨柱書○~目録。

【校記】◎卍續頻續：或八卷（每卷又分二卷）◎有序等。【按】頻續目録記卷首一卷。

3716　五燈嚴統二十五卷（另目録二卷），清通容詳定、徐昌治、李中梓重訂、行元輯續。

○~序（五篇），分別由清曹勳序、清韋成賢撰、徐昌治題、李中梓識、通容述○~凡例○附録碑文等○較正~姓氏等○~目録○附重刊~跋併讃，清隆琦跋。

【校記】◎卍續頻續：無作者名◎有序等。【按】①卍續（舊版）頻續目録卷上首題誤作五燈會元目録。②卍續分出目録二卷（見附3716）。

3717　五燈嚴統解惑篇一卷，清通容述。

【校記】卍續頻續：無清字。

3718　五燈全書一百二十卷（另目録十六卷），清超永編輯、超揆較閱。

○聖祖仁皇帝御製~序（卍續按：原本佚失初葉）○~目序，超永撰○~序，清超揆撰○~進呈奏疏（兩篇），皆超永奏○~凡例，超永書○~目録○附補遺。

【校記】◎卍續頻續：無清字◎御製序等見卍續（頻續：無御製序）。【卍續按】原本目録卷七以下散佚，故依本文補作；本文卷九首、卷一百二十補遺尾散佚。【按】卍續分出目録十六卷（見附3718）。

3719　續傳燈録三十六卷（另總目録三卷），明居頂輯。

○~序（黃卍續註載於靈谷寺居頂文集及圓庵集），居頂撰○~總目録。

【校記】◎南嘉黃卍續臺大中縮頻：無作者名，義佛：明居頂編（知：無明字）◎序見黃卍續；總目録見卍續（卍續按：集每卷目録合為總目録三卷）。【按】①本書首原有居頂撰續傳燈録序，提及明建文年間朝廷刊大藏經一事，因明太宗篡權後力圖毀滅建文帝一代之史實，故將序文刪除，以致於南嘉臺大中縮頻均未

能收録此序。②卍續分出總目録三卷（見附 3719）。

3720　增集續傳燈録六卷，明文琇集。

○~序，清弘儲書○~序，文琇書○~凡例○~目録（卍續註原在每卷初，今合集於茲）○附五燈會元補遺，文琇集○未詳承嗣。

【校記】◎嘉又續卍續臺：無明字◎序等見卍續（嘉又續臺：每卷首有目録，缺附補遺等）。【按】①嘉又續臺存卷一至卷四。②卍續（舊版）目録分出五燈會元補遺一卷（見附 3720）。【蔡按】會元見 3714。

3721　禪宗正脈二十卷，明如巹集。

○~序，明鄒幹撰○~引，如巹識○如巹敘古啟明讀~法○~敘，明徐燉興公序○~目録。

【校記】◎卍續義：十卷◎南北嘉黄卍續臺中縮頻：無作者名◎序等見卍續（嘉臺中縮頻：僅有序、引、法，南北黄：僅有法）。

3722　指月録三十二卷，明瞿汝稷集、嚴澂較、開慧重梓、義行重閱。

○水月齋~原序，瞿汝稷書○刻~發願偈，明嚴澂書○~總目。

【校記】◎卍續頻續佛：無明字◎序等見嘉續卍續臺頻續佛。【按】嘉續臺所收係另一版本，前三十卷的作者係瞿汝稷集、嚴澂較、海明重梓、孫弘祚、陸鏻訂，後二卷的作者改作海明重梓、孫弘祚重訂。此外增重梓~敘，明孫弘祚書；指月編敘，明陸鏻識；引用宗乘書目。

3723　續指月録二十卷（另卷首一卷），清聶先編集、江湘參訂。

○序，江湘題○~序，清余懷撰○募刻~弁語，清吳綺書○清范國禄撰○緣起，清陳見龍題○孫孝則先生書問○~總目，聶先編集、江湘參訂○~凡例○虎丘徑山二祖長少倫敘考，清本黄書○清繆肜題○~卷首，聶先編集、江湘參訂○附~尊宿集，聶先編輯、江湘參訂。

【校記】◎卍續頻續佛：無清字◎序等見卍續頻續（佛：無附文）。

3724　教外別傳十六卷（另目録一卷），明郭正中彙編。

○~序（三篇），分别由明法藏撰、明圓信撰、明圓悟題○~目録。

【校記】◎嘉續卍續臺：無作者名◎有序等◎卍續臺目録記明黎眉編。【按】卍續臺目録不記目録的卷數。【提示】郭正中，原名凝之，字黎眉。

3725　佛祖綱目四十一卷（另卷首一卷），明朱時恩輯。

○~序，明董其昌撰○~序，朱時恩撰○附刻原疏，朱時恩疏○~凡例○~總次○~緣引，明黄廷鵠題○傳法正宗記序，明宋濂序○釋氏護教編後記，宋濂記○敘七佛○附自跋○善信助資記，朱時恩書。

【校記】◎嘉續卍續臺：或四十二卷（卷三十七分二卷）◎無作者名◎有序等。【臺按】傳法正宗記序，文同護法録（見 3831）卷六頁十六至十八；釋氏護教編後記，文同護法録卷六頁二十至二十四；嘉續之跋、記原缺，由卍續補入。【按】①重輯嘉續有跋、記。②卍續臺目録不記卷首的卷數。

3726　續燈存藁十二卷（另目録一卷），明通問編定，施沛彙集。

○續五燈存藁序，清沈荃撰○續燈存藁敍，清行昱敍○廣求皇明禪師語録塔銘備續傳燈小劄，明施沛啟○凡例，行昱述○～目録○附～補遺。

【校記】◎重輯嘉拾遺：無明字◎有序等（卍續：無沈荃序、附補遺）。【按】①卍續分出目録一卷（見附3726）。②重輯嘉拾遺誤將續燈存藁補遺置於續燈存藁增集目録後（見3727）。

3727　續燈存藁增集四卷，清大珍編次。

○～目録○續燈增集跋，大珍述。

【校記】◎重輯嘉拾遺：無清字◎有目録等。【按】重輯嘉拾遺誤將續燈存藁補遺（見3726）收於本書目録後。

3728　續燈正統四十二卷（另目録一卷），清性統編集。

○～序，清楊雍建撰○序，清姜宸英撰○序，清沈廷勱撰○～序，清屠粹忠撰○自序，性統題○凡例○～目録。

【校記】◎嘉又續卍續臺：無清字◎有序等。【按】卍續分出目録一卷（見附3728）。臺目録不記目録的卷數。

3729　繼燈録六卷（另卷首一卷），清元賢輯。

○～序，元賢序○凡例○～目録。

【校記】◎卍續頻續：無清字◎有序等。

3730　祖庭嫡傳指南二卷，清徐昌治編述。

○自序，徐昌治題○～目録○附自記○本師費隱禪師寄贈○金粟百癡禪師跋語○附刻本師費老人付法語偈。

【校記】◎嘉續卍續臺：無清字◎有序等◎卍續目録題祖庭指南。

3731　佛祖正傳古今捷録一卷，清果性集。

○～序，果性識○附拈頌，果性著○汝州風穴延沼禪師塔銘，果性述。

【校記】◎嘉又續卍續臺頻續：無清字◎有序等◎重輯嘉目録記附拈頌一卷，附塔銘一卷。【按】卍續頻續之拈頌分見於各傳之後。

3732　南嶽單傳記一卷，清弘儲表。

○～自序，弘儲序○附南嶽單傳表後序，清南潛書。

【校記】◎嘉又續卍續臺：無清字◎有二序。【按】重輯嘉又續誤將自序與本書第一頁前後倒置，並誤將自序第一頁與第二頁前後倒置。

3733　南嶽禪燈會刻八卷，通際編集、熊開元較閲。

○凡例（第一頁原稿缺）○～目録。

【校記】凡例等見重輯嘉拾遺。

3734　祖燈大統九十八卷，清淨符編集。

○祖燈辨訛，淨符考著○～序，清祁熊佳撰○～序，清嚴沆題○～序，清陸求可撰○～序，清淨符書○～凡例○～參用書目○～目録。

【校記】◎慧：無清字，佛：編集作著◎辨訛等見慧。

3735　洞上祖憲録十六卷，清智沄輯。
　　　○～敘，智沄題○洞宗世次考正，智沄書○祖憲目録。
　　　【校記】◎頻續慧：無清字◎有敘等。

3736　洞宗續燈六卷，清淨符集。
　　　○～序，清文德翼撰○～序，清嚴沆題○～序，淨符書○～凡例○～目録。
　　　【校記】◎重輯嘉拾遺：無清字◎有序等。

3737　錦江禪燈二十卷，清通醉輯，胡昇猷訂，（卷十六）徹生編。
　　　○～目録（卷一至十五）○～高僧神僧傳目録（卷十六至二十）○～序，清胡昇猷撰○序（三篇），分別由清徹綱撰、清覺聆撰、清德玉題○題辭，通醉識○古今採撫○辯譌○凡例○跋，徹生跋（卷十五後）○後跋，徹聞跋。
　　　【校記】◎嘉又續卍續臺頻續：無清字◎有目録等◎重輯嘉目録記目録一卷。
　　　【按】卍續分出目録一卷（見附3737）

3738　黔南會燈録八卷，清如純輯。
　　　○序，清程春翔書○序，清杜臻撰○源啟，如純撰○凡例，如純識○～目録○附黔南會燈補續録。
　　　【校記】◎嘉又續卍續臺：無清字◎有序等◎重輯嘉目録記附補續録一卷。

3739　揞黑豆集八卷（另卷首一卷），清心圓拈別、火蓮集梓。
　　　○～序，清火蓮書○觚語四則，清心圓述○～目次○～卷首‧拈頌佛祖機用言句○心圓識○火蓮跋○附破戒居士心圓妄語○火蓮再識。
　　　【校記】◎卍續頻續：無清字◎有序等。

3740　正源略集十六卷（另目録一卷、補遺一卷），清際源、了貞輯、達珍編。
　　　○～目録○附～補遺，達珍輯。
　　　【校記】◎卍續頻續：無清字，卷十四至十六的作者名作達珍輯◎有目録等。【卍續按】目録及卷一佚失，今補作目録。【按】卍續分出目録、補遺各一卷（見附3740-1、附3740-2）。

3741　禪燈世譜九卷，明道忞編修、吳侗集。
　　　○序，明黄端伯撰○～後序，道忞題。
　　　【校記】二序見卍續頻續。

3742　佛祖宗派世譜八卷，清悟進編輯、項謙較閱。
　　　○～序，悟進題○～目録。
　　　【校記】◎嘉續卍續臺：無清字◎有序等◎卍續目録註但載與禪燈世譜不相同者耳。【卍續按】（本書）列次大綱，要就目録知之，至其少異，則悉註記於禪燈世譜頭上。【按】卍續將本書卷五、卷六與禪燈世譜不同處抄出。

3743　終南山天龍會集緇門世譜一卷，清明喜撰輯。
　　　○釋氏源流五宗世譜定祖圖序，明喜撰。

【校記】◎序見嘉又續卍續臺頻續◎卍續臺頻續目録題緇門世譜。

3744　釋氏源流四卷，明寶成繪製。

〇明憲宗御製～序〇釋迦如來成道應化事跡記，唐王勃撰。

【校記】◎頻續：無作者名◎有御製序等。

3745　佛祖正宗道影四卷，明元賢撰、清靜熙刪訂、清守一重編。

〇～原序，清淨范題〇諸祖道影傳贊引，明元賢述〇重印佛祖道影跋，民國段祺瑞跋〇重刊佛祖道影緣起，清守一識〇録明紫柏老人廣諸祖道影疏〇清謝濟雍跋。

【校記】◎頻續：無作者名◎有序等◎目録誤題明覺賢述。

3746　八十八祖傳贊五卷，明德清述、高承埏補、錢應金較。

〇重編八十八祖道影傳贊序，清徐芳題〇又題高氏父子～序跋，徐芳題〇高寓公虞部補憨大師八十八祖道影傳贊敍，清今釋題〇重編憨山禪師～序，明高承埏纂〇諸祖道影傳贊題辭，德清書〇題諸祖道影後，德清述〇祖師傳贊序，明圓信題〇又序，明錢應金撰〇祖師道影傳贊記，明陳繼儒題〇重訂憨山禪師八十八祖道影傳贊目録，高承埏編次〇附敬書先公重編諸祖道影傳贊後，清高佑𠑽述〇雪嶠信禪師傳，高承埏纂〇三大師傳贊序，高承埏纂〇錢謙益書〇三大師傳贊，高承埏述、錢謙益訂、錢應金較〇三大師傳贊跋語，清高佑𠑽識〇又跋，高佑𠑽識。

【校記】◎嘉又續卍續臺：四卷◎無明字，龍中：無錢應金較四字◎序等見嘉又續龍卍續臺中〇卍續目録題八十八祖道影傳贊，並記卷首一卷、附録一卷；重輯嘉目録記附雪嶠信禪師傳一卷，三大師傳贊一卷。

3747　建州弘釋録二卷，明元賢編集。

〇～序，明大艤題〇敍弘釋録，明何喬遠書〇～敍，元賢題〇～目録〇附跋，明倪鼎陽跋〇明滕之宋題〇明李檟題。

【校記】◎卍續頻續：無明字◎有序等。

3748　正宗心印後續聯芳一卷，明善燦著。

【校記】卍續頻續：無作者名。

3749　普陀列祖録一卷，清通旭集。

〇刻～題辭，通旭題。

【校記】◎卍續頻續：無清字◎有題辭。

3750　律宗燈譜（不分卷），清源諒重訂、祥珠、善學同較、劉霞彩編輯。

〇～緣起，源諒書〇～凡例，源諒識。

【校記】◎頻續：無清字◎有緣起等。

3751　得依釋序文緣起一卷，日本慧堅撰。

【校記】◎卍續：無日本慧堅撰五字（卷末有寶永湛堂淑識的題記）◎目録註載如馨、寂光、讀體、宜潔四律師傳。

3752-1　兩部大法相承師資付法記上卷（内題略敍金剛界大教王經師資相承付法次第記），

唐海雲集。

【校記】◎卍續頻續佛：略敘金剛界大教王師資相承傳法次第記一卷◎大：海雲記◎頻續目録題大教王師資相承傳法次第記。【按】此卷尾，卍續頻續佛缺一大段文，即大正第五十一冊第七八五頁上第四行第三字"師"至頁中第二十三行第一字"界"。因此蔡按：大正"字句稍有出入"，並將大正所録兩部大法相承師資付法記二卷別爲一目，不妥。

3752-2 兩部大法相承師資付法記下卷（内題略敘傳大毘盧遮那成佛神變加持經大教相承付法次第記），唐海雲集記。

【校記】◎卍續頻續佛：略敘傳大毘盧遮那成佛神變加持經大教相承傳法次第記一卷◎卍續目録題大毘盧遮那神變加持經大教相承傳法次第記，頻續目録題大日經大教相承傳法次第記。

3753 金胎兩界師資相承一卷，唐海雲集。

【校記】◎卍續頻續：無資字◎無唐字。

3754 胎金兩界血脈一卷，唐造玄增補。

【校記】卍續頻續：增補作付屬。

3755 居士分燈録二卷，明朱時恩輯、王元瑞閲。

○～敘（二篇），分別由明張翼軫題、王元瑞題○自敘分燈録緣起，朱時恩序○～目録○夾註輔教編序，明宋濂序○重刻護法論題辭，宋濂題○大慧禪師示真如道人書○蓮池大師法語○附分燈録補遺○分燈録後序，明許經識○分燈録跋，明黃廷鵠題○～勸緣引，明章台鼎啟○助緣姓氏録，朱時恩識。

【校記】◎嘉續卍續臺頻續：無明字◎有敘等（重輯嘉無勸緣引、助緣姓氏録）◎重輯嘉目録記首一卷，補遺一卷。【臺按】夾註輔教編序，文同護法録卷六頁二十四至二十六（見3831）。【按】重刻護法論題辭，較護法録卷六頁十八至二十録文簡略。

3756 先覺宗乘五卷（另優婆夷志一卷，帝王問道録一卷），明圓信較定、郭凝之彙編。

○～序（三篇），分別由明廣印書、明圓悟題、圓信書○～目録○附優婆夷志目録○優婆夷志，圓信較定、郭凝之彙編○帝王問道録，圓信較定、郭凝之彙編。

【校記】◎嘉續卍續臺：無明字◎序等見嘉續臺（重輯嘉：無廣印序、圓悟序，卍續：無三序、帝王問道録）。【按】①頻續僅録優婆夷志目録、優婆夷志一卷。②卍續目録誤記先覺宗乘的作者是清代人。檢序文可知，本書問世於明崇禎年間，故今新考目録更正作者爲明代人。卍續頻續目録誤記優婆夷志的作者爲清代人。③卍續分出優婆夷志一卷（見附3756）。

3757 先覺集序（三篇），分別由清道安靜撰、清智樸撰、清解三洪撰。

【按】卍續目録記先覺集二卷，明陶明潛輯；又記先覺宗乘五卷，清圓信較定、郭凝之彙編。今閲先覺集序文可知本書輯成後，作者乞序的時間是在清康熙十八年至二十六年間，故本書作者陶明潛是清代人，非明代人；又閲先覺宗乘序文可

知作者是明代人，非清代人。因此先覺宗乘一書的問世在先覺集前。但是卍續目録註："改治先覺集者則先覺宗乘也，故今單載序文耳"，提出先覺集成書在前，誤也。佛學大辭典雖改正了先覺宗乘的作者是明代人，但記先覺集成書在前，仍誤也。

3758　居士傳五十六卷，清彭際清撰集。
○～序，清汪縉撰○～發凡○題～偈，彭際清述○～目録○附～跋，清王廷言跋。
【校記】◎卍續頻續佛：無作者名◎有序等。【蔡按】出彭居士法集，不在藏内。

3759　善女人傳二卷，清彭際清述。
○題～偈，彭際清述○～發凡○～目録。
【校記】◎卍續頻續佛：無作者名◎有偈等。【蔡按】出彭居士法集，不在藏内。

3760　重編諸天傳二卷，宋行霆述。
○並序○諸天傳序，宋奉規序。
【校記】◎卍續頻續：無宋字◎有二序。

3761　心性罪福因緣集三卷，宋智覺註。

3762　見聞録一卷，清智旭隨筆。
【校記】嘉續卍續臺：無清字。

3763　現果隨録四卷，清戒顯筆記。
○～序，淨壽序○～目録。
【校記】◎卍續：無清字◎有序等。【註】卍續：凡現在因果，係親見聞者，皆入此録。

3764　兜率龜鏡集三卷，清弘贊輯。
○～緣起，清開覺識○～目録。
【校記】◎嘉又續卍續臺：無清字，龍中：弘贊作宏贊◎緣起等見嘉又續龍卍續臺中。

3765　觀音慈林集三卷，清弘贊編。
○～目録○～記，弘贊重編。
【校記】◎嘉又續卍續臺：無清字◎有目録等。

3766　六道集五卷，清弘贊輯。
○～敘，清陳恭尹題○～序，清李龍標題○～總目○～目録○～述言，弘贊識。
【校記】◎嘉又續卍續臺：無清字◎敘等見卍續（嘉又續臺之目録分見於各卷首）。

3767　法喜志四卷，明夏樹芳輯、馮定閲。
○～序，明觀衡撰○名公～敘，明鄒迪光撰○～敘（敘尾佚失）○～題辭，明吳亮書○～自敘，夏樹芳撰○～目録。
【校記】◎卍續頻續：無明字◎有序等◎目録題名公法喜志。

3768　佛祖心燈一卷。

3769　佛祖心燈貫註一卷，印光法師審定、民國了然著。

【校記】佛：無民國二字。

3770　宗教律諸家演派一卷，清守一重編。

【校記】◎卍續：無清字◎目録註又云諸家宗派。

3771　五葉弘傳二十二卷，清智安輯、智迪等壽梓。

○～敘，清蕭正發題○序，清蕭道弘書○～敘，清曠瀉清撰○～凡例，智安述○～目録。

【校記】◎重輯嘉拾遺：或二十三卷（卷一分二卷）◎有敘等。

3772　摘録聖武記之卷五溯查西藏剌麻來源一卷，清守一編輯。

【校記】◎卍續：無清字◎目録題西藏喇嘛溯源。

3773　三國遺事五卷，高麗一然撰、日本坪井九馬三、日下寬校訂。

○校訂～敘，日本明治年撰○例言○～目次○～年表，一然撰、日本坪井九馬三、日下寬校訂○附明李繼福跋。

【校記】◎卍續：無高麗、日本四字，大：無作者名◎敘等見卍續大。【按】卍續分出年表一卷（見附3773）。

3774　朝鮮禪教考一卷，朝鮮樸永善輯。

【校記】卍續頻續：作者名無朝鮮二字。

地志部

3775　法顯傳一卷，東晉法顯記。

【校記】◎指麗卍大縮頻佛：高僧法顯傳，金中：昔道人法顯從長安行西至天竺傳◎至：記作説，緣義：記作撰，佛：記作自撰。【註】開貞至略緣：亦云歷遊天竺記傳。

3776　北魏僧惠生使西域記一卷。

3777　大唐西域記十二卷，唐玄奘譯、辯機撰。

○～序，唐敬播序○～序，唐張説製。

【校記】◎指標：無大唐二字◎開貞至略緣：唐玄奘撰（佛：撰作記），金麗福資磧普初天南嘉黃卍臺大中縮頻：無唐字，義：唐辯機撰◎二序見大中縮頻（麗卍：僅有敬播序，資普初南北嘉龍黃臺：僅有張説序）。【按】金福磧卷一散佚。

3778　釋迦方志二卷，唐道宣撰。

○～序，道宣撰○道宣後記。

【校記】◎北嘉黃：三卷◎資磧普初天南臺：無唐字，金麗卍大中縮頻：釋氏◎序等見資磧普初南北嘉黃臺大縮頻（金麗卍中：無後記）。

3779　遊方記抄一卷。

【按】詳見以下子目。

3779-1　往五天竺國傳（一），新羅慧超記。

3779-2　悟空入竺記（二），唐圓照撰。

【註】大：大唐貞元新譯十地等經記，圓照撰（十力經序）。【按】本記同十力經序（見0125）。

3779-3　繼業西域行程（三），宋范成大撰。

【註】大：宋范成大撰吳船錄卷上，峨嵋山牛心寺記。

3779-4　梵僧指空禪師傳考（四），1. 西天提納薄陀尊者浮圖銘並序，李穡撰；2. 檜巖寺重刱記，金守溫撰。

3779-5　西域僧銷喃嚷結傳（五），明李日華著。

【註】大：李日華著六研齋筆記卷二。

3779-6　南天竺婆羅門僧正碑（六），日本修榮撰。

【校記】大：無日本、撰三字。

3779-7　唐大和上東征傳（七），日本元開撰。

○附初謁大和上二首並序等，日本思託等撰。

【校記】◎大：無日本二字◎有附文。

3779-8　唐王玄策中天竺行記並唐百官撰西域志逸文（八）。

【註】大：中天竺行記又名西國行傳、西國行記，其文載在法苑珠林、諸經要集等，今唯略示所在。

3779-9　唐常愍遊天竺記逸文（九）。

【註】大：遊天竺記又名遊歷記，其文載在三寶感應要略錄，今唯略示所在。

3780　釋迦牟尼如來像法滅盡之記一卷，唐法成譯。

【校記】◎佛：之作因緣◎大：無唐字。

3781　燉煌錄一卷。

3782　洛陽伽藍記五卷，元魏楊衒之撰。

○～序，楊衒之撰○附董康記○～跋，毛晉識。

【校記】◎大：元魏作魏◎有序等。

3783　寺塔記一卷，唐段成式撰。

【校記】大：無撰字。

3784　梁京寺記一卷。

3785　南朝寺考一卷，清劉世珩著。

○～序，劉世珩識○～序，清沈增植敘。

【校記】◎慧：無著字◎有二序◎佛目錄記木刻本六卷，今合訂一卷。

3786　天台山記一卷，唐徐靈府撰。

○附直齋書錄解題。

【校記】附解題見大。

3787　廬山記五卷，宋陳舜俞撰。

○～序，宋李常序○宋劉渙序○附清羅振玉書。

【校記】◎大：無宋字◎有序等。

3788　南嶽總勝集三卷，宋陳田夫撰。

○並序○～敘，清孫星衍敘○～總序，陳田夫撰○跋，清唐仲冕跋。

【校記】◎大：無作者名◎有序等。

3789　古清涼傳二卷，唐慧祥撰。

○～序，金廣英序○佛説自殺者不得復人身，清人撰○四庫未收書目提要（儀徵阮氏揅經室外集），並案語，清蔣清翊識。

【校記】序等見卍續（大：僅有序）。

3790　廣清涼傳三卷，宋延一重編。

○～序，宋郊濟川撰。

【校記】◎卍續大：無宋字◎有序。

3791　續清涼傳二卷，宋張商英述。

○重雕清涼傳序，金姚孝錫序○附又述二頌有序○題五臺真容院，宋李師聖述○臺山瑞應記，金朱弁撰○後序，明文琭述，並明性徹書○古并崇善禪寺常住記，清蔣清翊識。

【校記】◎卍續大：無宋字◎有序等。【按】大正書後載四庫未收書目提要並案語，已見3789。

3792　補陀洛迦山傳一卷，元盛熙明述。

○～題辭，盛熙明述○附觀音大士讚第六，唐王勃製○名賢詩詠第七○清蔣清翊識。

【校記】題辭等見卍續大。

3793　天台山方外志三十卷，明傳燈撰。

○序，清韓殿爵撰○清張邁書○重刻天台方外志敘，清楊晨書○～序（五篇），分別由明王孫熙、虞淳熙、屠隆、顧起元、傳燈撰○天台山志目録。

【校記】◎頻續：無明字◎有序等。

3794　徑山志十四卷，明李燁然刪定、徐文龍、陳懋德訂、宋奎光輯。

○～序（四篇），分別由明黃汝亨撰、明李燁然書、明陳懋德題、明徐文龍書○凡例○～總目○參閱姓氏。

【校記】◎重輯嘉拾遺：無明字◎有序等。【按】重輯嘉拾遺存卷一至卷九。

3795　普陀洛迦新志十二卷（另卷首一卷），民國許止淨述（卷一）、陶鏞鑒定（卷二以下）、王亨彦輯、印光修。

○序（四篇），分別由李根源、許止淨、黃慶瀾、印光撰○石印普陀山志序，附録，印光撰○～例目○王亨彦跋○附觀音靈感近聞二則、觀世音菩薩靈感救護亞洲記、南海慈航序、王應吉病夢紀靈、轉女成男之靈異、觀音靈感近聞撮要。

【校記】◎頻續：無民國二字、無印光修三字◎有序等。【按】檢峨眉山志（見3797）所録重修峨眉山志流通序的記載，今新考目録增入本書作者印光修三

字。

3796　清涼山志八卷（另卷首一卷），民國印光、許止淨重修、德森校對。

　　　○～重修流通疏，印光撰○准陰重刻～序，清史震林書○清康熙皇帝御製～序○～序，明鎮澄書○總目○附結蓮社普勸文、慈雲大師寫彌陀經正信發願偈、妙峰大師募三名山大士像並銅殿事略、山堂法師念佛修心術。

　　　【校記】◎頻續：無作者名◎有流通疏等。

3797　峨眉山志八卷（另卷首一卷），民國印光、許止淨重修、德森、陳無我校對。

　　　○重修～流通序，印光撰○～舊序（三篇），分別由清曹熙衡、楚黃姚、海源撰○修山志説，宋肆樟識○補遺～記，清胡林秀識○峨眉山舊志凡例，清蔣超識○新訂凡例四則○總目○附慈雲懺主往生淨土決疑行願二門序、法苑珠林千佛篇述意文。

　　　【校記】◎頻續：無作者名◎有序等。

3798　九華山志八卷（另卷首一卷），民國許止淨、德森重修、性寂、陳無我、仇德恒校對。

　　　○重新編修～發刊流通序，印光撰○民國甲戌重新鑒訂～序，許止淨序○明嘉靖修山志陳鳳梧序○明萬曆修山志蘇萬民序○明崇禎修山志（三篇），分別由鄭三俊、王公弼、顧元鏡序○清康熙修山志李燦序○歷代修志銜名表○民國甲戌重新鑒訂～凡例○民國丁丑重新編訂～總目○新編後跋，德森跋○附持名解尼○節略地藏本願經末後囑累人天品文。

　　　【校記】◎頻續：無作者名◎有序等。

護法部

3799　弘明集十四卷，梁僧祐撰。

　　　○並序○～後序，僧祐序。

　　　【校記】◎北龍：撰作述◎二序見麗福資磧普南北嘉龍黃卍臺大中縮頻（初：存後序）。【按】①金卷一首殘缺，卷十四散佚；初卷一至六散佚，影印洪武南藏用抄本補。②嘉續別抄（見附3799）。

3800　廣弘明集三十卷，唐道宣撰。

　　　○並序○～目錄。

　　　【校記】◎南：或三十三卷（卷二十七至二十九各分二卷），嘉黃：四十卷，北龍：或四十卷（卷十三、十五、十八、二十五、二十六、二十八至三十各分二卷，卷二十七分三卷）◎福資：唐釋氏◎序見麗福資磧普初南北嘉龍黃卍臺大中縮頻；目錄見嘉黃縮頻（北龍：係麗本首卷前之十篇篇名及註文）。【按】①金首卷散佚。②嘉黃縮頻之目錄係各卷目錄的集出。

3801　集古今佛道論衡四卷，唐道宣撰。

　　　○～序，道宣述。

【校記】◎福資普初天南北嘉龍黃臺義知：衡作衝實錄◎龍：或五卷（卷三分二卷），麗大中：或五卷（麗大附宋本、國本卷四，中附麗本卷四）◎金麗卍大中縮頻：唐釋氏◎序見金麗福資普初南北嘉龍黃卍臺大中縮頻。【註】開貞至：或三卷。【守其按】此書第三、第四卷，國本與宋本同，但與丹本文義迥異。今檢宋本、國本錯亂，失第三卷，妄以第四卷代替；於第四卷則以道士郭行真舍道歸佛之文，凡八紙補為一卷。今依丹本正之，其郭行真舍道歸佛之文附於第四卷尾。【按】金藏存四卷，皆覆刻宋藏，錯亂處同。中華藏以金藏為底本，其中卷三已用麗藏本替換。

3802　續集古今佛道論衡一卷，唐智昇撰。

　　【校記】指：無續字，標：無集字。【註】金麗福資普初緣南北嘉龍黃卍臺大中縮頻：西域天竺國事，出後漢書列傳七十八。

3803　集神州三寶感通錄三卷，唐道宣撰。

　　○道宣後記。

　　【校記】◎開貞至略緣：東夏三寶感通錄，指：三寶感通錄，資磧普初天南北嘉龍黃臺義知：州作州塔寺◎北嘉龍黃：或四卷（卷三分二卷），中：或五卷（卷中、卷下各增別本一卷）◎資磧普初天南臺：無唐字◎後記見麗卍大中縮頻。【守其按】此錄上卷，宋本錯錄為宣律師感通錄一卷（見3804），今依二本正之。【按】金卷上已佚，據蔣按可知其考察時此卷尚存，錯同宋本。

3804　道宣律師感通錄一卷，唐道宣撰。

　　○重刻律相感通傳序，享保日本慧淑撰。

　　【校記】◎緣續：感通錄，卍續頻續：律相感通傳◎麗緣續大縮：無唐字◎序見卍續頻續。【麗大縮按】此一卷書藏所無，然而可洪音疏云出貞元目錄，勘經惠澄上座傳來寄帙，故在此函。【按】①據守其按（見3803）可知，開寶誤以此錄一卷作為集神州三寶感通錄卷上，現據麗大縮按又可知開寶未另收此一卷書。檢金藏錯同開寶，亦未另收此書。②大正另收唐道宣撰律相感通傳一卷（見附3804），蔡按係本書重出。

3805　冥報記三卷，唐唐臨撰。

　　○～敘，唐臨撰○～目錄。

　　【校記】◎大：無朝代唐字◎敘見卍續大；新作目錄見卍續。

3806　冥報記輯書七卷，日本佐佐木憲德輯。

　　○～目錄。

　　【校記】◎卍續：無作者名◎有目錄。

3807　釋門自鏡錄二卷，唐懷信述。

　　○～序，懷信述○～目次○附續補，日本玄智錄○安永玄智書。

　　【校記】◎卍續大佛：無唐字◎序等見大佛（卍續：無玄智書）。

3808　三寶感應要略錄三卷，遼非濁集。

○～敘○卷上目錄、卷中目錄、卷下目錄，分見於各卷首。

【校記】◎卍續大：無遼字◎有敘等。

3809　金剛般若經集驗記三卷，唐孟獻忠撰。

○並序○附日本人寫校記數則○金剛般若經集驗拾遺，日本昇堂錄○刻～後序，寶永日本昇堂序。

【校記】◎卍續頻續：無唐字◎有序等◎卍續目錄題金剛般若集驗記。

3810　金剛經受持感應錄・金剛經鳩異一卷，唐段成式撰。

○並序○金剛經鳩異目錄。

【校記】◎卍續頻續：無金剛經受持感應錄八字◎序等見嘉續卍續臺頻續。

3811　金剛經受持感應錄・太平廣記報應部二卷，唐段成式撰。

○宋太平廣記報應部目錄。

【校記】◎嘉續卍續臺頻續：無作者名◎有目錄。【按】本書是宋太平廣記報應部的錄出。

3812　金剛般若波羅蜜經感應傳一卷。

○～目錄。

【校記】◎卍續：有目錄◎目錄題金剛經感應傳。

3813　皇明金剛新異錄一卷，明王起隆輯著、金麗兼參訂。

○～序（序尾佚失）○～序，王起隆序○～又序，王起隆序○～目。

【校記】◎嘉續卍續臺頻續：作者名無明字◎殘序等見卍續頻續（嘉續臺：無殘序）◎卍續頻續目錄題金剛經新異錄。

3814　金剛般若經靈驗傳三卷，日本淨慧集。

○～目錄○附跋，貞享日本淨慧跋。

【校記】◎卍續：無作者名◎有目錄等◎目錄題金剛經靈驗傳。

3815　歷朝金剛持驗紀二卷，清周克復纂、周石訂、陳濟生參。

○念經儀式○金剛經持驗紀序○勸流通金剛經引，周克復敬懇○凡例，周石述○金剛經持驗目錄

【校記】◎嘉續卍續臺頻續：無清字◎有念經儀式等◎卍續頻續目錄題金剛經持驗記。【按】嘉續臺卷首另有唐玄奘譯般若波羅蜜多心經、姚秦鳩摩羅什譯金剛般若波羅蜜經，已分別見0277、0260。

3816　金剛經感應分類輯要一卷，清王澤洰編集、孫天錦繕寫。

○金剛經感應故事分類輯要序，王澤洰題○金剛經感應故事分類輯要目錄。

【校記】◎卍續頻續：無清字◎有序等。【卍續按】卷末佚失。

3817　地藏菩薩像靈驗記卷一，宋常謹集。

○並序○～目次。

【校記】◎卍續：無宋字◎有序、新作目次。

3818　集沙門不應拜俗等事六卷，唐彥悰纂錄。

○~序，唐王隱容撰。

【校記】◎開貞至略緣：集沙門不拜俗儀（標：儀作事），指：沙門不拜俗◎麗福資磧普初天南卍臺大中縮頻：無唐字，開至緣：纂錄作撰，義：無纂字，貞略：誤記唐彥琮撰◎序見麗福資磧普初南北嘉龍黃卍臺大中縮頻。【按】①金存卷四，且卷首殘缺。②緣註："悰或作琮"，誤也，因為彥琮是隋代名僧。

3819　破邪論二卷，唐法琳撰。

○~集序，唐虞秘書製。

【校記】◎福資普初南臺：琳撰，至：唐失名撰◎序見金麗福資普初南北嘉龍黃卍臺大中縮頻。【註】開貞：或一卷，至：或三卷。

3820　辯正論八卷，唐法琳撰、陳子良註。

○~序，陳子良撰。

【校記】◎天：辯作辨◎北嘉黃：九卷，龍：十卷◎至：唐釋失名撰，開貞金麗略資磧普初天緣南卍臺大中義縮：無註者名◎序見麗資磧普初南北嘉龍黃卍臺大中縮。【按】金卷一散佚。

3821　十門辯惑論三卷，唐復禮撰。

○附權文學答書。

【校記】◎福資普初天臺：辯作辨◎開貞至略福資普初天緣南北嘉龍黃臺義知：二卷◎金麗福天卍大中縮頻：無唐字◎附書見金麗福卍大中縮頻。

3822　甄正論三卷，唐玄嶷撰。

【校記】◎至：二卷◎金麗福天卍大中縮頻：無唐字，標：玄誤作立。

3823　北山錄十卷，唐神清撰、宋慧寶註。

○~序，宋沈遼序○後序○~後序，宋丘濬撰。

【校記】◎大：無唐、宋二字◎有序等。

3824　護法論一卷，宋張商英述。

○重刻~題辭，明宋濂撰○~原序，宋鄭興撰○~後序，元虞集書○附太原府壽陽方山李長者造論所昭化院記，商英記○徐俯跋。

【校記】◎南中：無宋字◎題辭、原序、後序見嘉龍黃臺卍大中縮頻（南北：僅有原序）；附記、跋見南北龍中。

3825　鐔津文集十九卷（另卷首一卷），宋契嵩撰。

○~目錄○鐔津明教大師行業記（註：石刻本在杭靈隱山），宋陳舜俞撰。

【校記】◎義：二十二卷◎南北嘉黃臺大中縮頻：無宋字◎目錄等見南北嘉黃臺大中縮頻。【蔡按】前三卷之輔教篇，各藏或另目（見3826）。【按】臺大中縮頻佛目錄不記卷首的卷數。

3826　輔教編三卷，宋契嵩撰。

【校記】◎南知：輔教篇，磧初臺：輔教篇上卷第五、輔教篇中卷第六、輔教篇下卷第七（筆者按：即法字函中第五卷、第六卷、第七卷）◎磧初南臺中：無宋

字◎頻目録註與文集（見 3825）卷第一第二第三同。

3827　鳴道集説五卷，金李屏山述。

○～序，元黄潛序◎金湛然序○～序。

【校記】◎頻續：無金字◎有三序。【按】移剌（初姓耶律）楚材，號湛然居士。

3828　辯偽録五卷，元祥邁撰。

○大元至元～隨函序，元張伯淳撰◎大元至元～序，元貴吉祥述。

【校記】◎磧普臺中：大元至元辨偽録（南義知：無大字）◎龍：六卷◎磧普南臺中：無元字◎二序見磧普南北嘉龍黄卍臺大中縮頻。

3829　三教平心論二卷，元劉謐撰。

○～序○～後跋序。

【校記】◎黄：三作靜齋劉學士三◎南北嘉臺大中縮頻：無元字，黄：無作者名◎序見南北嘉臺大中縮頻；後跋序見黄。

3830　折疑論五卷，元子成著、明師子比丘述註。

○～中所引三教經書諸子史傳目録○～篇名（嘉黄臺縮頻：～目録）○～敘，元屈蟠撰。

【校記】◎南北嘉龍黄臺大中縮頻：師子比丘述註，義：妙明子著、明師子比丘註，知：無元、明二字，佛：元子成述◎目録等見南北龍中（嘉黄臺縮頻：無目録，大：僅有敘）。【提示】子成，號妙明子。

3831　宋文憲公護法録十卷，明宋濂著、袾宏輯、錢謙益訂。

○～序，錢謙益序○～目録。

【校記】◎義：皇明護法録◎三卷◎明袾宏集◎序等見嘉續臺。

3832　道餘録一卷，明姚廣孝著、李贄閱。

○～序，逃虛子序○姚少師～跋，寬文日本南源派跋。

【校記】◎嘉續臺：無明字◎序見嘉續臺；跋見頻續。【提示】姚廣孝，號逃虛子。

3833　佛法金湯編十六卷，明心泰編、真清閱。

○重刻～敘，明俞汝為撰○～敘（三篇），分別由明蘇伯衡敘、明守仁敘、明清潛序○題～，明宗泐識○～目録○附重刻～後序，明如惺識。

【校記】◎嘉續卍續臺頻續：無明字，義知：無真清閱三字◎敘等見卍續頻續（嘉續臺：無俞汝為敘、目録）。

3834　續原教論二卷，明沈士榮撰。

○原教論序，沈士榮序○～篇目。

【校記】◎義：無續字◎一卷◎嘉續臺：無明字，嘉續臺義知：撰作著◎序等見嘉續臺。

3835　明朝破邪集八卷，明徐昌治訂。

○破邪集序，日本安政二年序○例言○闢邪題詞，徐昌治書○聖朝破邪集目録，徐昌治訂。

【校記】◎頻續：徐昌治訂◎有序等◎目録題聖朝破邪集。

3836　闢邪集 · 天學初徵 · 天學再徵一卷，明鍾始聲著、程智用評。

○刻闢邪集序，明大朗書○附鐘振之居士寄初徵與際明禪師柬○際明禪師復柬○鐘振之寄再徵柬○際明禪師復柬○闢邪集跋語，程智用跋。

【校記】◎嘉續臺：無闢邪集三字◎無明字◎有序等。

3837　解惑編二卷，清弘贊編。

○~序，清尹源進題○~後序，蓮洲氏識○~目録○附唐道宣撰簡諸宰輔敍佛教隆替狀、晉慧遠撰三報論等文。

【校記】◎嘉又續臺：或四卷（每卷又分二卷）◎無清字◎序等見嘉又續臺（佛：僅有序、後序）。【按】義有尚直尚理編二卷，實屬本書卷下之下部分　容的　出（見附3837）。

禮懺部

3838　讚阿彌陀佛偈一卷，元魏曇鸞作。

【校記】卍續大：無元魏二字。

3839　轉經行道願往生淨土法事讚二卷，唐善導集記。

【校記】◎卍續大：無唐字◎卍續目録註又云法事讚。

3840　往生禮讚偈一卷，唐善導集記。

【校記】卍續大：無唐字。

3841　依觀經等明般舟三昧行道往生讚一卷，唐善導撰。

○貞永日本僧人書。

【校記】◎卍續大：無唐字◎卍續：有書◎目録註又云般舟讚。

3842　集諸經禮懺儀二卷，唐智昇撰。

【校記】◎指：禮懺儀，磧初南北嘉龍黃臺義知：集諸經禮懺悔文，普：諸禮佛懺悔文（資天：卷上題名同）◎北嘉龍黃：四卷◎資：（卷上）唐智昇撰（天：無唐字），資天：（卷下）善導集記，大：卷下增善導集記四字。【按】天分出諸禮佛懺悔文上一卷（見附3842）。

3843　淨土五會念佛略法事儀讚二卷，唐法照述。

○並序。

【校記】◎卍續大：無唐字◎有序◎卍續目録註又云五會法事讚；副目記般舟三昧讚一卷，唐慧日述；觀經十六觀讚一卷，唐淨邁述，並註已上二般載於五會法事讚。

3844　往生淨土懺願儀一卷，宋遵式集。

○後序，遵式序。

【校記】◎南北嘉龍黃卍臺大中知縮頻：無宋字◎後序見南北嘉龍黃卍臺大中縮頻。【註】南北嘉龍黃卍臺大中義知縮頻：沙門遵式輒采大本無量壽經及稱讚淨土等諸大乘經，集此方法流布諸後，普結淨緣。【按】卍續頻續有節略本，收於淨土十要第二（見2935-2）。

3845　無量壽佛讚註一卷，宋元照撰、戒度註。
　　　○~並引，戒度註○附宋正因跋○建保日本俊芿識。
　　　【校記】◎卍續頻續：無宋元照撰四字◎有引等。

3846　禮念彌陀道場懺法十卷，金王子成集。
　　　○並序○重刊~序，元日本至道序○彌陀懺讚，元趙秉文撰○彌陀懺序，金李純甫撰○朝鮮燈谷學祖跋○附明樸兌書○彌陀道場懺法跋，明李克墩跋。
　　　【校記】◎卍續頻續：無金字◎燈谷學祖跋見麗補遺；餘序等見卍續頻續（麗補遺：無附書、跋）。【按】卍續頻續目錄蔡目記王子成是元代人，誤也。檢序文記王子成是金代人，故今新考目錄據以著錄。

3847　中峰國師三時繫念佛事一卷，元明本述。
　　　【校記】◎卍續：無作者名◎目錄題三時繫念佛事。【按】卍續目錄蔡目記宋延壽述，誤之甚也，中峰國師乃元僧明本，且有明本的詩句，宋人何以述元僧之事？故今新考目錄改記元明本述。

3848　中峰三時繫念儀範一卷，元明本述。
　　　○附念佛正因說○重刻三時繫念跋，明周從龍、徐名世跋、周從吾校正○勸人念佛。
　　　【校記】◎義：三時繫念法門◎明周從龍輯，嘉續卍續臺頻續：無作者名◎有附說等◎卍續目錄題三時繫念儀範。【按】①卍續目錄記宋延壽述，誤之甚也，錯同前目。②重輯嘉續誤將跋的作者落款置於正文後。

3849　西歸行儀一卷，清古崑錄集。
　　　○~序，古崑序○~目次○~跋，清芳慧識。
　　　【校記】◎卍續頻續：無清字◎有序、新作目次等。

3850　大方廣佛華嚴經海印道場十重行願常遍禮懺儀四十二卷，唐一行、慧覺依經錄、宋普瑞補註、明木增訂正、讀徹參閱、正止治定。
　　　○華嚴懺法序，明錢謙益序○華嚴經海印道場懺儀敘，明毛鳳苞序○華嚴海印道場懺儀題辭（按：尾失一葉）○華嚴海印道場九會請佛儀○附刊經後記。
　　　【校記】◎嘉續臺：或六十卷（卷十九至卷二十一、卷三十五各分二卷，卷二十二、卷二十四各分五卷，卷二十三、卷二十五、卷三十八各分三卷）◎序等見卍續頻續（嘉續臺：無題辭）◎卍續頻續目錄題華嚴經海印道場懺儀；重輯嘉目錄記華嚴海印道場九會請佛儀一卷。【按】①卍續頻續分出華嚴海印道場九會請佛儀並序、敘、題辭一卷（見附3850）；且卍續（舊版）頻續目錄又將本書作者名移在分出一目下，頻續目錄另記本書作者為失編纂人名，皆誤也。②頻續在

分出一目與本書之間誤插入他經二種。

3851　華嚴清涼國師禮讚文一卷，宋智肱述。

〇並敘。

【校記】◎卍續頻續：無宋字◎有敘。

3852　華嚴普賢行願修證儀一卷，宋淨源集。

3853　華嚴普賢行願修證儀一卷，宋淨源集。

【校記】◎義：修證作懺◎集作述。【按】據義門記右仿天台教別立此經懺願儀式，當係本書，而非另一同名書（見3852）。

3854　華嚴道場起止大略一卷。

3855　圓覺道場禮懺禪觀等法事十八卷，唐宗密述。

〇圓覺經修證儀目次〇讚圓覺頌，唐裴休撰〇附用圭峰圓覺修證儀十二章頌分各成一頌，宋行霆撰。

【校記】◎至：圓覺道場修證儀◎至金卍續中：無唐字◎新作目次等見卍續（金中：僅有讚圓覺頌）。【按】各卷題名稍有不同，今録卷一題名。

3856　圓覺經道場略本修證儀一卷，宋淨源録。

〇附淨源後記、慎堅刊記〇印造圓覺經略本修證儀後序，元禄日本慧晃識。

【校記】◎卍續頻續：無宋字◎有附後記等。

3857　首楞嚴壇場修證儀一卷，宋淨源編敘。

〇宋淨照題。

【校記】◎卍續頻續：無宋字◎有題記。

3858　依楞嚴究竟事懺二卷，明禪修述。

〇上卷入懺啟白〇附下卷絞懺意〇修次依楞嚴了義究竟事懺跋語。

【校記】◎嘉續卍續臺頻續：無明字◎有入懺啟白等。

3859　金光明懺法補助儀一卷，宋遵式集、明智旭重治。

〇附金光明經空品。

【校記】◎附空品見嘉續臺◎重輯嘉臺目録記附金光明經空品一卷。

3860　千手千眼大悲心呪行法一卷，宋知禮儀軌始集、清讀體刪文重纂、寂暹補像較梓。

〇寂暹等十人題記。

【校記】◎嘉續卍續臺：無宋、清二字◎有題記（臺：因第十九頁下缺，故缺寂暹一人題記）◎卍續目録註又云大悲心呪懺法，或單云大悲懺法。【按】重輯嘉續臺：第二十一頁與次頁內容前後倒置。

3861　孔雀尊經科儀一卷，明慧日抄寫。

【校記】◎卍續頻續：無明字◎目録題佛母孔雀尊經科式。

3862　准提三昧行法一卷，清受登集。

〇天溪～序，清范驤書〇～序，清明源書〇～目次〇附本呪同譯。

【校記】◎嘉又續卍續臺：無清字◎有二序、附呪；新作目次見卍續◎重輯嘉目録記附本呪同譯一卷。

3863　大准提菩薩焚修悉地懺悔玄文一卷，清夏道人集。

○重梓佛母准提焚修悉地懺悔玄文序，清項謙序○佛母准提焚修悉地儀文寶懺序，清譚貞默撰○佛母准提修懺儀序，清道盛題。

【校記】◎嘉續卍續臺：無作者名◎有三序◎卍續目録題准提焚修悉地懺悔玄文。

3864　藥師三昧行法一卷，清受登集。

○~序，受登書○~目次。

【校記】◎嘉又續卍續臺：無清字◎有序◎新作目次見卍續。

3865　消災延壽藥師懺法三卷。

【校記】卍續頻續目録題慈悲藥師寶懺。

3866　占察善惡業報經行法一卷，明智旭集。

○占察經行法目次○附占輪相法○懺壇中齋佛儀。

【校記】新作目次見卍續頻續；附文見嘉續卍續臺頻續。【按】①臺書前另有占察善惡業報經二卷，隋菩提登譯，故蔡按已見正藏（見0854），此因占察經行法重出，中華藏印在行法之前。②嘉續分出占察經二卷（見附3866）。

3867　讚禮地藏菩薩懺願儀一卷，明智旭述。

○後序，智旭識。

【校記】◎後序見嘉續卍續臺頻續◎卍續目録註又云禮地藏儀。

3868　慈悲地藏懺法三卷。

【校記】卍續頻續目録題慈悲地藏菩薩懺法；卍續目録註又云地藏懺法。

3869　得遇龍華修證懺儀四卷，明如惺撰。

○龍華懺儀序，明管志道撰○附龍華懺儀跋語，明如鑑撰。

【校記】◎嘉續卍續臺頻續：無明字◎有序等。

3870　禮吳中石佛起止儀式一卷，明傳燈集。

○附吳中石佛緣起。

【校記】◎嘉續卍續臺：無明字◎附緣起見嘉續臺◎卍續目録題吳中石佛相好懺儀。

3871　舍利懺法一卷，清繼僧著、嚴章校。

○舍利靈應序，清李煦（卍續：煦作照）書○舍利懺緣起序，清元度題○繼僧述○~目次。

【校記】◎嘉續卍續臺：無清字◎序等見卍續（嘉續臺：無目次）。

3872　禮舍利塔儀式一卷，清弘贊編。

○附造塔功德經云等○供齋讚。

【校記】◎嘉又續卍續臺：無清字◎附文見嘉又續卍續臺。

3873　禮佛儀式一卷，清弘贊編。

【校記】嘉又續臺：無清字。【註】嘉又續臺：或晝夜六時或日三時或晨昏二時。

3874　供諸天科儀一卷，清弘贊集。

3875　金剛經科儀寶卷一卷，清談建基録。

○摩訶般若波羅蜜多心經科儀。

【校記】◎卍續頻續：無清字◎有科儀◎目録題金剛經科儀。

3876　慈悲水懺法隨聞録三卷，清智證録。

○序，清瑞斌序○隨聞録序，智證識○重刻水懺隨聞録序，清彦淨識、闡宗校對○書中禪師釋水懺敘，清大貞書○慈悲水懺序。

【校記】◎卍續頻續：無清字◎有序等◎目録題慈悲道場水懺法隨聞録。【按】隨聞録序的作者署名，卍續頻續作“午日證道人槃譚識”，因此卍續目録記作午日證道人識。今閲序文可知，午日實乃智的殘字，故今新考目録改正為智證識。

3877　水懺科註三卷，清西宗集註。

○慈悲道場水懺原敘、緣起文、例言，清龍伯寅、倪培基、湯建章、楊靈伊、徐行睿、周嗣炳、聞靈瑞識、契山、行觀、蓮因、祖定校○水懺總科。

【校記】◎卍續頻續：無清字◎有敘等◎目録題慈悲道場水懺法科註。【卍續按】有序釋，與水懺隨聞録（見3876）全同，故削除之。

3878　法界聖凡水陸勝會修齋儀軌六卷，宋志磐撰、明袾宏重訂。

○袾宏撰重刊記（竹窗三筆中録出）。

【校記】◎重輯嘉拾遺臺：無宋、明二字，義：無重訂者名◎記見重輯嘉拾遺卍續臺頻續◎卍續目録註又云水陸修齋儀軌，出於雲棲法彙（見3926）第十八及九。

3879　法界聖凡水陸大齋普利道場性相通論九卷，清咫觀撰。

【校記】◎卍續頻續：無清、撰二字◎卍續目録註又云雞園水陸通論。【蔡按】出樓閣叢書，不在藏内，後目（見3880）同。

3880　水陸道場法輪寶懺十卷，清咫觀集。

○法輪寶懺緣起，咫觀記○例言○附清妙空記。

【校記】卍續頻續：無作者名◎或十二卷（卷一分三卷）◎有緣起等◎目録題法界聖凡水陸大齋法輪寶懺。

3881　蘭盆獻供儀一卷，宋元照重集。

○並序。

【校記】◎卍續頻續：無宋字◎有序。

3882　釋迦降生禮讚文一卷，宋仁岳撰。

○並序○附浴佛形像。

【校記】◎卍續：無宋字◎有序等◎目録題釋迦如來降生禮讚文。

3883　南山祖師禮讚文一卷，宋智圓述。

　　　〇集南山禮讚序，宋元照述。

　　　【校記】◎卍續：無宋字◎有序。

3884　南山祖師禮讚文一卷，宋仁岳述。

　　　【校記】卍續：無宋字。

3885　南山祖師禮讚文一卷，宋允堪述。

　　　【校記】卍續：無宋字。

3886　錢唐靈芝大智律師禮讚文一卷，宋則安述。

　　　〇並序〇宋行誐記。

　　　【校記】◎卍續：無宋字◎有序等◎目錄題大智律師禮讚文。

事彙部

3887　經律異相五十卷，梁寶唱等撰。

　　　〇~目錄〇~序，寶唱撰。

　　　【校記】◎金麗卍大中縮頻：梁僧旻、寶唱等集（北嘉龍黃：集作撰），佛：撰作集◎目錄見北嘉黃縮頻；序見金麗福資磧普初南北嘉龍黃卍臺大中縮頻。

3888　法苑珠林一百卷，唐道世撰。

　　　〇~目錄〇~序，唐李儼撰〇印校名錄。

　　　【校記】◎嘉黃：一百二十卷◎標金麗福資磧初南卍臺大中縮頻：無唐字，至：道世集◎目錄見嘉黃縮頻（係各卷之篇名、部目的集出；嘉黃第一、二卷是目錄；北龍：僅係劫量至傳記諸篇名）；序見金麗福資磧普初南北嘉龍黃卍臺大中縮頻；名錄見金中（卷一、三、三十一、三十八、四十一、四十五、四十六、五十一後）。【按】標收於全書末，無千字文函號。

3889　醒世錄八卷，清徐昌治編輯、行元校閱。

　　　〇題~，徐昌治題〇醒世目錄。

　　　【校記】◎嘉續臺：無清字◎有題；目錄見重輯嘉續。

3890　諸經要集二十卷，唐道世集。

　　　〇~序，道世撰〇~目錄。

　　　【校記】◎北嘉龍黃：或三十卷（卷二、四、六、八、九、十、十二、十四、十七、二十各分二卷）◎開貞至：唐玄惲撰（指：撰作錄，略：撰誤作譯），福：釋道撰，磧普初緣南北嘉龍黃臺義知：唐道世撰（資天：無唐字），金麗卍大中縮頻：無唐字◎序等見金麗福資磧普初南北嘉龍黃卍臺大中縮頻。【提示】玄惲，本名道世。

3891　法門名義集一卷，唐李師政撰。

　　　【校記】大佛：無唐字。

3892　南海寄歸內法傳四卷，唐義淨撰。

○並序○義淨後記。

【校記】◎開貞至略緣：南作大唐南◎金麗資磧普初天卍臺大中縮頻：無唐字◎序等見金麗資磧普初南北嘉龍黃卍臺大中縮頻。

3893　大宋僧史略三卷，宋贊寧撰。

○並序○僧史略序，明治日本行誠識○重開僧史略序，宋法道序○附紹興朝旨改正僧道班列文字一集。

【校記】◎卍續大：贊寧撰◎序等見大（卍續：無行誠序）。【註】卍續大：咸平二年重更修治。

3894　釋氏要覽三卷，宋道誠集。

○～序，宋崔育林撰○附後序，宋王隨撰○跋，民國蔡冠洛。

【校記】◎大佛：無宋字◎序等見佛（大：無跋）。

3895　大明三藏法數三十八卷（另～總目二卷），明一如等集註。

【校記】◎嘉黃卍臺縮頻佛：五十卷（內總目三卷）◎北嘉龍黃卍臺中縮頻：無明字，知：明一如集，義：無註字，佛：集註作編集。

3896　教乘法數四十卷，明圓瀞集。

○～序，明衢（知縮：衢作道）退序○明松陰序。

【校記】◎黃義：十二卷◎南北嘉黃臺中縮頻：無明字，黃：增妙燈校刻四字◎二序見南北嘉黃臺中縮頻。

3897　重訂教乘法數三十卷，清超海等重定。

○清雍正御製～序。

【校記】◎龍中：無作者名◎有御製序。【按】龍中另有明衢退序之教乘法數原序、明松陰序，已見3896。

3898　賢首諸乘法數十二卷，明行深編集。

○～序○重編賢首法數序，明梵翱序○起教佛祖○附讚法數銘○～跋，明燈谷跋。

【校記】序等見佛。

3899　佛學名相彙解六十八卷（另總目録一卷、索引一卷），明寂照據敕重編集。

○～總目録○～索引畫數目録○～索引檢字表，民國廣定編、修慧校訂。

【校記】總目録等見佛。【註】又名：一代經律論釋法數。【按】①總目録註原書一卷至十六卷為卷上，十七卷至六十八卷為卷下。②佛目録誤記七十一卷，檢佛教大藏經一覽表記本書七十卷，故今新考目録據以著録。

3900　御録經海一滴二十卷，清世宗御録。

○清雍正～序○～總目○附雍正御製大般涅槃經跋。

【校記】◎龍中：無作者名◎有御製序等。

3901　金七十論三卷，陳真諦譯。

【註】開貞略緣：一名僧佉論；開至：或二卷；至資磧普初南北嘉龍黃臺義知：

此是外道迦毗羅仙人所造，明二十五諦，非是佛法。【守其按】開元錄云，亦名僧伽論，長房、內典二錄有真諦譯金七十論二卷，復有僧伽論三卷，二目俱存誤也。此論及勝宗十句義論非是佛法，欲破邪見，先要瞭解異道之宗，故譯出。恐其失而不傳，故編入藏中。【按】守其記僧伽論，唯長房錄同，而開元、內典二錄作僧佉論。

3902　勝宗十句義論一卷，勝者慧月造、唐玄奘譯。

【校記】◎指：無勝宗二字◎略佛：無造者名，至：無勝者二字，金麗資磧普初天南卍臺大中縮頻：無唐字。

3903　菩薩名經十卷，宋羅濬集。

○～序，宋紹南述○再序，羅濬集○附金剛頂瑜伽尊禮懺悔文○～序後，嗣衣跋。

【校記】◎福中：無宋字◎有序等。

3904　一切佛菩薩名集二十二卷，遼德雲集、非濁續。

○大藏教諸佛菩薩名號集序，遼思孝撰。

【校記】◎至：作者名誤記思孝集◎序見石中。【按】末二卷係非濁續。

3905　諸佛世尊如來菩薩尊者神僧名經四十卷，明燕京大德沙門撰。

○明永樂御製～序○又序○永樂御製～後序。

【校記】◎龍：二十卷◎佛：明太宗御製，北嘉龍黃卍臺中知縮頻：無作者名◎三序見北嘉黃卍臺中縮頻（龍：無後序）。【中華按】本經共四十卷，龍僅收錄前二十卷。

3906　諸佛世尊如來菩薩尊者名稱歌曲五十一卷，明燕京大德沙門撰。

○明永樂御製～序○又序○～目錄○明永樂御製～後序（二篇，見卷四十七尾）○永樂御製感應序（四篇）。

【校記】◎義知：尊者作尊者神僧◎佛：明太宗御製，北嘉黃卍臺中知縮頻：無作者名◎御製序等見北嘉黃卍臺中縮頻。【按】①第四十八至五十一卷題名，在歌曲下增感應二字。②御製序、又序及御製後序（永樂十五年）與前諸佛世尊如來菩薩尊者神僧名經之三篇序內容相同，僅題名稍異。③北嘉目錄遷就十卷一函之例，分出感應歌曲末卷，黃目錄分出感應歌曲四卷，均見附3906。

3907　南宋江陰軍乾明院羅漢尊號碑一卷，明高道素錄、高承埏較、清高佑釲重訂。

○恭題先大夫手錄乾明院羅漢尊號碑，高承埏識○附高佑釲書。

【校記】◎龍中：五百羅漢尊號◎嘉續臺：無明、清二字，龍中：高道素錄◎題尊號碑等見嘉續龍臺中。

別集部

3908　寒山詩一卷，唐閭丘胤集。

○寒山子詩集序，閭丘胤撰○～序，明王宗書○拾得詩附○豐干詩附○雍正

御製序。

【校記】◎嘉續臺義：寒山子詩集，佛：御選妙覺普度和聖寒山大士詩◎嘉續臺佛：無作者名◎閭丘胤序、附拾得、豐干詩見嘉續臺佛；王宗序見嘉續臺；御製序見佛◎佛目錄題寒山拾得詩。

3909　擬寒山詩一卷，明張守約追擬、陸光祖訂正。

○梅村先生～序（二篇），分別由明唐守禮識、明蔡善繼序○～自敘，張守約書。

【校記】◎嘉又續臺：無明字◎有序等。【按】臺收原書頁五十三以後殘缺。

3910　天台三聖詩集和韻一卷，元梵琦首和、清福慧重和。

○序，清馮甦題○和三聖詩序，清張方起題○附三聖詩集序，唐閭丘胤撰○後跋，清宗昌識。

【校記】◎嘉又續臺：無元、清二字◎有序等（重輯嘉又續：無後跋）。

3911　御製祕藏詮二十卷，宋太宗御製。

○～序。

【校記】◎緣：祕藏詮◎二十三卷，金麗中縮：三十卷◎金麗資天中縮：無作者名◎序見金麗資中縮。【按】①中華藏卷十六附金藏興國院本卷第十六，以作版本之參考。②此書三十卷本之第二十一卷由御製佛賦與御製詮源歌組成，金中又別出之（見3912、3913），則屬重出。【緣山按】祕藏詮二十卷，佛賦二卷，詮源歌一卷，合二十三卷。麗藏祕藏詮二十卷，佛賦、詮源歌一卷，幽隱律詩四卷，懷感一百韻詩五卷，合三十卷。私云，宋元兩藏（筆者按：元藏無此書）無幽隱律詩，懷感百韻之二部。私考，宋太宗至道二年，詔以祕藏詮二十卷，緣識五卷，逍遙詠十卷，入大藏頒行。

3912　御製佛賦二卷，宋太宗御製。

【校記】金天中：無作者名。【按】金中已將此書收入御製祕藏詮第二十一卷（見3911），故別出此書屬重出。

3913　御製詮源歌一卷，宋太宗御製。

【校記】◎資：源誤作顯◎金天中：無作者名。【按】金中已將此書收入御製祕藏詮第二十一卷（見3911），故別出此書屬重出。

3914　御製蓮華心輪廻文偈頌二十五卷，宋太宗御製。

○並序。

【校記】◎緣續：書名無御製二字◎金麗天臺中縮：無作者名◎有序。【臺按】存二十一卷（一至十三、十五至二十、二十四、二十五），依高麗藏補全。【按】①金藏帙號恒字，非千字文用字，屬避諱改泰字作恒字所致。②宋藏遺珍目錄誤記存卷二十一、二十二，實為麗藏補本。

3915　御製逍遙詠十一卷，宋太宗御製。

○～序。

【校記】◎緣：逍遙錄◎十卷◎金麗資天中縮：無作者名◎序見金麗資中縮。

3916　御製緣識五卷，宋太宗御製。

○並序。

【校記】◎緣：緣識◎金麗資天中縮：無作者名◎有序。

3917　大明太宗文皇帝御製序讚文一卷，明太宗御製。

【校記】◎知：無讚字◎北嘉龍黃卍臺中義知縮頻：無作者名。

3918　一貫別傳五卷，明廣真著。

○自序，廣真説○～小引，馬易從題○～目録○跋語○附跋，明慧澤撰。

【校記】◎嘉又續臺：無明字◎有序等。

3919　周易禪解十卷，明智旭著。

○～序，智旭書○～目録○較刻易禪紀事，通瑞書○易解跋，智旭書（見卷九尾）○澫益識。

【校記】◎嘉續臺：無明字◎有序等。【提示】智旭，字澫益。

3920　莊子內篇註四卷，明德清註。

○～目録。

【校記】◎嘉又續：七卷◎目録見重輯嘉又續龍中。【臺按】缺本，依金陵刻經處本印。

3921　漆園指通三卷，清淨挺著、文德翼、錢江、施閏章閲。

○～序（三篇），分別由清錢澄題、清錢江題、清嚴沆題○～後序，清許承家書。

【校記】◎嘉又續臺：清淨挺作瀞挺◎有四序（重輯嘉又續：無錢澄序、嚴沆序）。

3922　道德經順硃二卷，清德玉順硃。

○～敘，德玉敘。

【校記】◎嘉又續臺：無清字◎有敘。

3923　竹窗隨筆一卷，明袾宏著。

○～目録。

【校記】◎義：二卷◎重輯嘉又續：無明字◎目録見重輯嘉又續臺。【蔡按】出雲棲法彙（見3926）。

3924　竹窗二筆一卷，明袾宏著。

○～目録。

【校記】◎重輯嘉又續：無明字◎目録見重輯嘉又續臺。【蔡按】出雲棲法彙（見3926）。

3925　竹窗三筆一卷，明袾宏著。

○～序，袾宏識○～目録。

【校記】◎重輯嘉又續：無明字◎序等見重輯嘉又續臺。【蔡按】出雲棲法彙（見3926）。

3926　雲棲法彙，明袾宏撰。

○附彌陀經圖十七幅○清雍正御製淨妙真修禪師像讚○新刻～敘，明錢士貴撰
○～目録○～凡例○刻～願文，清觀如撰。

【校記】附圖等見嘉又續臺。【按】①此叢書有如下子目（其中多數已別行）：
梵網經心地品菩薩戒義疏發隱、事義六卷（見 2397），菩薩戒問辯一卷（見
2398）；佛説阿彌陀經疏鈔四卷（見 2082-1），阿彌陀經疏鈔事義一卷（見
2082-2），阿彌陀經疏鈔問辯一卷（見 2082-3）；答淨土四十八問一卷（見
2924）；淨土疑辯一卷（見 2923）；佛遺教經論疏節要一卷（見 2426）；諸經
日誦集要二卷（此係袾宏重訂本，另本見 2323）；西方願文解一卷（見 2925）；
具戒便蒙一卷；沙彌律儀要略一卷；沙彌尼比丘尼戒録要一卷；半月誦戒儀式
一卷；禪關策進一卷（見 3047）；僧訓日紀一卷；緇門崇行録一卷（見 3664）；
大方廣佛華嚴經感應略記一卷（見 3695）；往生集三卷（見 3686）；皇明名僧輯
略一卷（見 3667）；武林西湖高僧事略一卷（見 3662）；續武林西湖高僧事略一
卷（見 3663）；自知録二卷；法界聖凡水陸勝會修齋儀軌六卷（見 3878）；修
設瑜伽集要施食壇儀一卷（見 1363）；修設瑜伽集要施食壇儀補註一卷（見
1364）；放生儀一卷；戒殺放生文一卷；楞嚴摸象記一卷（見 2256）；竹窗隨
筆、二筆、三筆，共三卷（見 3923、3924、3925）；正訛集一卷；直道録一
卷；雲棲大師山房雜録二卷；雲棲大師遺稿三卷；雲棲共住規約一卷；雲棲紀
事一卷、附孝義無礙庵録一卷；雲棲大師塔銘一卷。②重輯嘉目録記雲棲法彙
二十五種。③臺於諸經日誦集要（見 3926-1）前另有佛遺教經論疏節要一卷，
重輯嘉拾遺重出，已見 2426，但總目録未録（實載於 3926-3 具戒便蒙前），
故今新考目録均移置附目（見附 3926）。

3926-1　諸經日誦集要二卷，明袾宏訂輯。
　　　　○重刻諸經日誦序，袾宏識○～目録。
　　　　【校記】◎臺：無明字◎有序等。

3926-2　僧訓日紀一卷，明袾宏輯。
　　　　【校記】重輯嘉拾遺臺：無明字。

3926-3　具戒便蒙一卷，明袾宏輯。
　　　　【校記】◎重輯嘉拾遺臺：無明字◎卍續副目記收於雲棲法彙第十三，但出具足
　　　　戒名耳，故今省之。

3926-4　沙彌律儀要略一卷，明袾宏輯。
　　　　【校記】◎重輯嘉拾遺臺：無明字◎卍續副目註其內容已分見沙彌律儀要略增註
　　　　（見 2725）、述義（見 2726）及合參（見 2727）。

3926-5　沙彌尼比丘尼戒録要一卷，明袾宏輯。
　　　　【校記】重輯嘉拾遺臺：無明字。

3926-6　自知録二卷，明袾宏撰。
　　　　○～序，袾宏識○～凡例○目録。

【校記】◎重輯嘉拾遺臺：無作者名◎有序等。

3926-7　正訛集一卷，明袾宏撰。

　　　　○～目録。

　　　　【校記】目録見重輯嘉拾遺臺。

3926-8　直道録一卷，明袾宏著。

　　　　○～序，袾宏識○～目録。

　　　　【校記】序等見重輯嘉拾遺臺。

3926-9　半月誦戒儀式一卷，明袾宏輯。

　　　　○明孫洪基識。

　　　　【校記】◎重輯嘉拾遺臺：無明字◎有識。

3926-10　放生儀一卷。

　　　　【按】重輯嘉目録記附戒殺放生文一卷，今檢實缺附文。

3926-11　戒殺放生文一卷，明袾宏撰並註。

　　　　○～序，明嚴訥撰○附文○～後序，明顧雲鴻撰○附刻小雲棲放生記等。

　　　　【校記】○義：無並註二字○序等見臺。

3926-12　雲棲大師山房雜録二卷，明袾宏撰。

　　　　【校記】重輯嘉拾遺臺：無作者名。

3926-13　雲棲大師遺稿三卷，明袾宏撰。

　　　　○附德清識○補遺○張文嘉跋。

　　　　【校記】◎重輯嘉拾遺臺：無作者名◎附識等見臺。

3926-14　雲棲共住規約四集，明袾宏撰。

　　　　○～目録○附囑語、再囑。

　　　　【校記】◎重輯嘉拾遺臺：無作者名◎有目録等。

3926-15　雲棲紀事一卷（另附孝義無礙庵録一卷），明袾宏撰。

　　　　○～目録○附對聯○小雲棲眾信士重建演法堂記，清丁燾識○清與明等識○孝義
　　　　無礙庵録。

　　　　【校記】◎重輯嘉拾遺臺：無作者名◎目録等見臺（重輯嘉拾遺：無附對聯）。

3926-16　雲棲大師塔銘一卷，明德清等撰。

　　　　○～目録○大師行略，廣潤述○大師祭文，德清等撰○禮師塔偈，朱鷺等撰○述
　　　　大師頌，明吳應賓述○大師像贊，德清等撰。

　　　　【校記】◎目録等見臺（重輯嘉拾遺：無像贊）◎重輯嘉目録記附行略・祭
　　　　文・偈・頌一卷。

3927　　蕅益三頌一卷，明智旭撰。

　　　　○偈拈問答序，清蕅益書○法華堂四問並答○除夕十問並答○附答覺浪禪師十問
　　　　○又答湛公十問○又答如母二問○附重刻三頌跋語，智旭識。

　　　　【校記】◎嘉續臺佛：撰作述◎序等見嘉續臺（佛：僅有跋語）。【註】佛：華

嚴、楞嚴、法華。【按】重輯嘉目録分出法華堂四問並答一卷（見附 3927）。【提示】智旭，字藕益。

3928　淨信堂初集八卷，明智旭著。

〇～序，智旭書。

【校記】◎重輯嘉續：無明字◎有序。

3929　絶餘編四卷，明智旭著、圓果録。

〇～序，智旭書〇～目録。

【校記】◎嘉續臺：無明字◎有序等。

3930　靈峰藕益大師宗論十卷，清成時編輯。

〇靈峰藕益大師自傳〇續傳，清成時記〇附記，成時記〇靈峰始日大師私謚竊議，成時議〇～序，成時撰〇～序説，成時輯〇～總目録。

【校記】◎嘉又續臺：或三十七卷（卷一、六、七、九、十各分四卷，卷二分五卷，卷三、四、五、八各分三卷）◎無清字◎有自傳等◎重輯嘉目録記首一卷。

3931　法海觀瀾五卷，清智旭輯、湯學紳閲梓。

〇～序，智旭撰〇又序，湯學紳撰〇～目録。

【校記】◎頻續佛：無清字◎序等見佛（頻續：無目録）。

3932　天樂鳴空集三卷，明鮑宗肇述、清智旭定、陶奭齡、王起隆閲。

〇～序，清智旭書〇鮑宗肇自序〇～序，清高佑釿識〇應觀法界性一切惟心造（文同本集卷上第八至十頁文）〇～緣起，清王起隆識〇種種邪空（文同本集卷上第五至七頁文）〇色空（文同本集卷上第三至五頁文）〇天樂鳴空小引，王起隆識〇天樂鳴空自序，鮑宗肇序〇鮑性泉傳略。

【校記】◎嘉續臺：無明、清二字◎有序等。【提示】鮑性泉，諱宗肇。

3933　古音王傳一卷，明廣真著、秤叟評。

〇刻～引，秤叟題〇明黃毓英評〇明元善評〇原序，吹萬説〇凡則，秤叟識〇附擬華亭船子曲序，明慧澤撰〇吹萬和尚船子曲，明燈輝集〇幻場運甕詞。

【校記】◎嘉又續臺：明廣真作吹萬◎有引等◎重輯嘉目録記附幻場運甕一卷。

【提示】吹萬，諱廣真。【按】重輯嘉目録分出吹萬和尚船子曲一卷（見附 3933）。

3934　無依道人録二卷，清徐昌治著、僧鑑刪定、超悟、弘量録。

〇序，僧鑑撰〇附疏稿（原有缺頁）。

【校記】◎嘉續臺：無清字◎有序等◎重輯嘉目録記附疏稿一卷。

3935　學佛考訓十卷，清淨挺輯、成源訂。

〇～序，清嚴沆書。

【校記】◎嘉又續臺：清淨挺輯作瀞挺緝，佛：淨作瀞◎序見嘉又續臺佛。

3936　等不等觀雜録八卷，清楊文會著。

3937　佛教初學課本一卷，清楊文會述。

○自敘，楊文會識。

【校記】◎頻續：無清字◎有敘。

3938　佛教初學課本註一卷，清楊文會述。

【校記】頻續：無清字；

3939　佛學指南一卷，清楊文會等訂。

○～目録○弁言。

【校記】目録等見頻續。

3940　選佛譜六卷，清智旭述。

○靈峰第四重定選佛圖略式○～敘，智旭述○紀事。

【校記】◎頻續：無作者名◎有選佛圖略式等。

3941　地藏菩薩聖德大觀一卷，民國弘一述。

○～序，弘一撰。

【校記】◎頻續：無民國二字◎有序◎目録註不分卷。

3942　榑桑國藏古裂裟圖一卷，民國弘一寫。

【校記】◎佛：榑作博◎慧：無民國二字，佛：寫作録。

音義部

3943-1　一切經音義二十五卷，唐玄應撰。

○大唐眾經音義序，唐道宣序。

【校記】◎金麗卍中縮：無唐字◎有序。【註】開：或三十卷。

3943-2　一切經音義（別本）二十五卷，唐玄應撰。

○大唐眾經音義序，唐道宣序。

【校記】◎北嘉黃縮：二十六卷◎序見資磧普初南北嘉黃臺中縮。

3944-1　新譯大方廣佛華嚴經音義二卷，唐慧苑述。

○並序。

【校記】◎北嘉黃縮：無新譯二字，至指義：無大方廣佛四字，標：華嚴經音義
◎北嘉黃縮：四卷◎金資磧普初南臺中：無唐字，開貞至略天緣：述作撰◎序見
金資磧普初南北嘉黃臺中縮。

3944-2　新譯大方廣佛華嚴經音義（別本）二卷，唐慧苑述。

○並序。

【校記】◎麗卍中縮：無唐字◎有序。

3945　一切經音義一百卷，唐慧琳撰。

○新收一切藏經音義序，唐顧齊之序○～序，唐景審述○重校～序，民國黎養正
序○印成大藏經跋，天順朝鮮金守溫跋。

【校記】◎麗緣續大中縮頻：無唐字，至：慧林撰◎唐二序見麗大中縮頻；民國
序見大頻；跋見縮。

3946　續一切經音義十卷，遼希麟集。

○並序。

【校記】◎至麗大中縮頻：無遼字，緣續：希麟撰◎序見麗大中縮頻。

3947　新集藏經音義隨函録三十卷，後晉可洪撰。

○藏經音義隨函録前序，可洪撰○附大藏經音隨函録後序，可洪述○贊經音序，希悟上○施冊入藏疏、慶冊疏，可洪疏。

【校記】◎緣續：脱經字◎麗中縮：卷作冊◎麗緣續中縮：無後晉二字◎序等見麗中縮。【註】麗中縮：依河府方山延祚藏。

3948　紹興重雕大藏音三卷，宋處觀撰。

○~序，宋柳豫撰。

【校記】◎資磧普南臺中：無作者名，北嘉黃卍義知縮：撰作集，天：誤作柳豫◎序見資磧普天南北嘉黃卍臺中縮。【緣山按】北宋哲宗代元祐八年癸酉精嚴寺觀上座撰，故云釋音精嚴集；南宋高宗代紹興年中重雕，改名紹興重雕大藏音。

【按】中用資作底本，僅校南，而脱校磧普嘉。

3949　重刊北京五大部直音會韻二卷，明久隱撰。

○重刻五大部直音序，明馮夢禎撰○重刻京本五大部經懺直音會韻序，明李經撰○五大部直音集韻序，久隱題○重刻京本五大部諸經直音目録。

【校記】◎嘉續臺：無作者名◎有序等。

3950　翻梵語十卷。

○~序，寬保日本賢賀撰。

【校記】序見大。

3951　翻譯名義集七卷，宋法雲編。

○並序○翻譯名義序，宋周敦義述○~目録○法雲勉○蘇州景德寺普潤大師行業記，元普洽記○附寬永日本人後記○~續補。

【校記】◎南義知：十四卷，初：十八卷，北嘉龍黃臺中縮頻佛：二十卷◎初大：無宋字◎序至行業記見南北嘉龍黃臺中縮頻（大：無目録，初：無行業記）；附後記見大；續補見黃。

3952　悉曇字記一卷，唐智廣撰。

【註】大縮頻：南天竺般若菩提悉曇。

3953-1　梵語千字文一卷，唐義淨撰。

○並序○~後序，昭和日本雕藏都鑒識。

【校記】◎大：無唐字◎有二序。

3953-2　梵語千字文（別本）一卷，唐義淨撰。

○並序○~舊刻序（附凡例），享保日本寂明書○~譯註○安永日本敬光識○附元慶日本良勇記。

【校記】◎大：無唐字◎有序等。

3954　唐梵文字一卷，唐全真集。

　　　○並序。

　　　【校記】◎大：無唐字◎有序。

3955　梵語雜名一卷，唐禮言集。

　　　【校記】大：無唐字。

3956　唐梵兩語雙對集一卷，唐僧怛多蘗多・婆羅瞿那彌捨沙集。

　　　【校記】◎大：作者名無唐字、集作出。

3957　景祐天竺字源七卷，宋惟淨等集。

　　　○御製～序。

　　　【校記】◎金臺中：無宋字，至：集作撰◎御製序見金臺中。

目錄部

3958　出三藏記集十五卷，梁僧祐撰。

　　　○並序。

　　　【校記】◎指：集作集録◎嘉黃：十七卷，北：或十七卷（卷四、十二各分二
　　　卷）◎金麗卍大中縮頻：無梁字，至：梁作蕭齊，貞：撰作録◎序見麗資磧普初
　　　南北嘉黃卍臺大中縮頻。【按】①金卷一散佚。②嘉黃卷四分上下兩卷，卷五後
　　　便是卷七，故卷次實脱卷第六，但内容不缺。

3959　眾經目録七卷，隋法經等撰。

　　　【校記】佛：眾作大隋眾。

3960　眾經目録五卷，隋翻經沙門及學士等撰。

　　　○並序。

　　　【校記】◎至：無翻經二字◎序見資磧普初南北嘉龍黃臺大中。

3961　眾經目録五卷，唐靜泰撰。

　　　○大唐東京大敬愛寺一切經論目序，靜泰撰○附六十卷本大集經考釋（卷一後）。
　　　【校記】◎金麗卍大中縮頻：無唐字◎序等見金麗卍大中縮頻。【按】①金麗卍
　　　大中縮頻卷四誤録隋法經録（見3959）卷四的内容。觀本録總五分，前三分繕
　　　寫入藏，其框架同於隋仁壽録（見3960），故卷四所缺内容可參見仁壽録卷四。
　　　②縮頻誤將麗本之靜泰録五卷與宋元明三本之仁壽録五卷合為一目，並進行校
　　　對，故卷一、二、四大異，難以對校，於是在麗本卷一後另出三本之序及卷一，
　　　卷二後另出三本之卷二，卷四後另出三本之卷四（頻：誤作卷第五）。③卍目録
　　　誤題隋法經等撰。④指脱卷數，今新考目録補入五卷。

3962　大唐内典録十卷，唐道宣撰。

　　　○並序○道宣後記。

　　　【校記】◎北嘉龍黃：或十五卷（卷三、四、五、九、十各分二卷）◎金麗卍大
　　　中縮頻：釋氏撰，資磧普初天南臺：無唐字◎序等見金麗卍大中縮頻（資磧普初

南北嘉龍黃臺：無後記）。【按】唐智昇撰續大唐內典錄一卷，存目（見附存目76）；唐道宣撰續大唐內典錄一卷，實屬誤錄（見附3962）。

3963　古今譯經圖紀四卷，唐靖邁撰。

【校記】◎至天嘉黃：紀作記◎金中：靖邁次。【按】臺目錄修改了此書四卷所在函冊，記作瑟二至瑟五，而原書在瑟八至瑟十一。

3964　續古今譯經圖紀一卷，唐智昇撰。

【校記】◎至天佛：紀作記◎金麗資磧普初天南卍臺大中縮頻：無唐字。【按】臺目錄修改了此書所在函冊，記作瑟六，而原書在瑟七。

3965　大周刊定眾經目錄十五卷，唐明佺等撰。

○並序○校刊人名錄。

【校記】◎義：大周作唐武周（南北嘉黃知縮頻：無唐字）◎大中縮頻：或十六卷（卷十二增別本一卷）◎至：無等字◎序等見金資磧普初南北嘉黃臺大中縮頻（麗卍：僅有序）。【按】①第十五卷之題名卷次，金福資磧普初臺中作大周刊定偽經目錄一卷（知：無大周二字，天：脫目字，縮頻：一卷作卷第十五），南北嘉黃作武周刊定偽經目錄。②金福資磧普初天南北嘉黃臺分出偽經目錄一卷（見附3965）。③臺目錄修改了此書卷一至卷五所在函冊，記作瑟七至瑟十一，而原書在瑟一至瑟五。

3966　開元釋教錄二十卷，唐智昇撰。

○並序○附大唐不空三藏新譯眾經論及念誦儀軌法等目錄。

【校記】◎大中縮頻：或二十三卷（卷十九增別本二卷，卷二十增別本一卷），南：或二十五卷（卷二、十一至十三、十九各分二卷），北嘉龍黃：或三十卷（卷二、四、五、八、十一至十五、十九各分二卷）◎金麗天卍大中縮頻：無唐字◎序等見麗卍大中縮頻（資磧普初南北嘉龍黃臺：僅有序，金：僅有附錄）。【按】①金卷一散佚。②北卷十九下後是末卷，原本記卷第三十，實為卷二十。

3967　開元釋教錄略出四卷，唐智昇撰。

【校記】◎緣：錄略出作略出錄◎北嘉龍黃卍大縮頻：或五卷（卷二分二卷）◎資磧普初天南臺中：無唐字。【按】中校麗本，今查麗實無此書。

3968　大唐開元釋教廣品歷章三十卷，唐玄逸撰。

【校記】◎至：廣品歷章◎至金臺中：無唐字。【按】金中殘存十七卷（三至十、十二至二十），其中卷三至五、七至九、十三、十四、十八、二十完整。臺、宋藏遺珍存十五卷，缺金中的卷十六、十八兩卷。

3969　大唐貞元續開元釋教錄三卷，唐圓照撰。

○圓照啟。

【校記】◎至：無大唐二字，金臺中：貞元作正元，緣續：續開元釋教目錄（貞：無目字）◎石金臺中：圓照撰（麗緣續大縮頻：撰作集），貞至佛：撰作集◎啟

見麗大中縮頻。

3970　貞元新定釋教目録三十卷，唐圓照撰。

【校記】麗緣續大中縮頻：無唐字。

3971　大唐保大乙巳歲續貞元釋教録一卷，南唐恒安集。

○附恒安述○御批。

【校記】◎貞續：大唐續貞元釋教録，緣續佛：續貞元釋教目録◎緣續：恒安撰，貞續麗大中縮頻：恒安集◎有附述文等。

3972-1　唐貞元新定目録一卷。

【按】此目應係續開元録三卷（見3969）的略出，故為一卷。蔡目云此目是續開元録的重出，似非也。

3972-2　大唐貞元新定目録一卷。

【按】此目較前目增大字，或許是別本？待考。

3973　大中祥符法寶録二十二卷，宋趙安仁、楊億等編修。

【校記】◎至：祥符法寶録◎金臺中：無宋字，至：楊億等編。【按】金臺中見存十六卷（三至八、十至十八、二十），其中卷五、六、十、十二殘缺。

3974　天聖釋教總録三卷，宋惟淨等編修。

【校記】金臺中：失作者名。【按】①金臺中缺上冊，現存中、下兩冊已殘缺。②臺、宋藏遺珍中冊首録兩個半頁殘文（廣品歷章……阿質達霰譯），實屬下冊首應録之文，而誤前置。③此録無千字文函號，故被收入中華藏上編，欠妥。

3975　景祐新修法寶録二十一卷（含總録一卷），宋呂夷簡等編修。

○~序，宋仁宗御製。

【校記】◎至：無新修二字◎金臺中：無宋字，至：無等字◎御製序見金臺中。【按】金臺中存十四卷（一、二、四、六、八至十、十二至十四、十六至十八、總録），其中卷十、十三、十六、總録殘缺。

3976　大元至元法寶勘同總録十卷，元慶吉祥等集。

○~序，元克己序○編修等諸師名銜○元淨伏序。

【校記】◎北嘉黃卍大知縮頻佛：無大元二字◎磧普初南臺：無元字，義：集作撰◎序等見磧普初南北嘉龍黃卍臺大中縮頻。【按】此録各藏本卷三尾、卷四首皆脱文。今考卷三尾大乘密嚴經後應有墨字號四種經：占察善惡業報經、蓮華面經、文殊師利問菩薩署經、大乘造像功德經；卷四首佛印三昧經前應有悲字號五種經：一切功德莊嚴王經、善業經、佛地經、佛垂般涅槃略説教誡經、出生菩提心經。

3977　大藏經綱目指要録八卷，宋惟白集。

○~述，惟白述。

【校記】◎大：或十三卷（卷二、四至七各分二卷）◎福大中：無宋字◎述見福中。

3978　大藏聖教法寶標目十卷，宋王古撰。

　　　○～序偈，王古撰○～序，元克己序○～文前四科。

　　　【校記】◎磧普初南北嘉龍黄卍臺大中縮頻：唯卷一首題名作大元續集法寶標目◎磧普初南嘉黄卍臺大縮頻：無作者名，北龍中知佛：宋作元◎序偈等見磧普初南北嘉龍黄卍臺大中縮頻。【按】王古是宋代人，北龍中知蔡目記元代人，誤也。

3979　大明釋教彙目義門四十一卷（另彙門目録四卷、標目四卷），明寂曉集。

3980　閲藏知津四十四卷（另總目四卷），清智旭彙輯。

　　　○～敘，清智旭撰○緣起，清夏之鼎述○～凡例○～總目，清智旭編次。

　　　【校記】◎嘉又續臺大：無清字，佛：無作者名◎敘等見嘉又續臺大佛。【按】佛總目不分卷，佛目録不記總目的卷數。【蔡按】嘉甲丙丁本以此目代續燈存藁（見3726）。

3981　大藏一覽集十卷（另目録一卷），明陳實編、姚舜漁重輯、姚用中等校。

　　　○～門目總類○～目録，陳實編○重刻大藏一覽序，明陳懿典書。

　　　【校記】◎嘉續臺：無明字，麗補遺天大中：陳實編，義：宋陳實編◎二目見麗補遺大中（嘉續臺：僅有門目總類，題名大藏一覽目録）；序見嘉續臺。【按】①義記陳實爲宋人，誤也。②麗補遺中不記目録的卷數。

3982　東寺經藏一切經目録一卷。

　　　【註】大：北宋版東禪等覺院本，又名崇寧萬壽大藏，其所闕者以開元寺本補之，大般若波羅蜜多經第一卷首有崇寧二年十一月二十二日勅賜福州東禪等覺禪寺崇寧萬壽大藏牒。

3983　福州東禪大藏經目録一卷

3984　宮内省圖書寮一切經目録一卷。

　　　【註】大：北宋板開元寺本，其所闕本以東禪等覺院本補之。

3985　唐本一切經目録三卷。

　　　【註】大：福州本藏。

3986　湖州思溪圓覺禪院新雕大藏經律論等目録二卷。

　　　○附日本内藤虎跋。

　　　【校記】◎大：有附跋◎目録題湖州思溪圓覺禪院新雕大藏經目録一卷。【按】大目録誤記一卷，今新考目録改正作二卷。

3987　安吉州思溪法寶資福禪寺大藏經目録二卷。

　　　○清楊守敬記。

　　　【校記】記見中。【中按】松坡圖書館抄本。

3988　平江府磧砂延聖院新雕藏經律論等目録二卷

3989　影印宋磧砂版大藏經目録一册。

　　　○影印宋磧砂版大藏經序（八篇），分別由民國印光撰、虛雲敘、歐陽漸、蔡元

培、興慈撰、持松序、朱慶瀾序、吳兆曾撰○記廈門貧兒捨資請宋藏事，民國弘一撰○影印宋磧砂藏經跋（二篇），分別由民國趙戴文跋、葉恭綽跋○影印宋磧砂版大藏經例言。

3990　房山石經總目録、目録索引一冊，華夏出版社。

○出版前言○房山石經品目○房山石經漢語拼音索引檢字表○房山石經漢語拼音索引○房山石經筆畫檢字與漢語拼音對照表○房山石經五十音順索引凡例○房山石經五十音順索引。

3991　趙城金藏總目録一冊，北京圖書館出版社。

○《趙城金藏》研究（代序），李富華○金藏雕印始末考，蔣唯心○《趙城金藏》年表，扈石祥、李陽泉。

【按】全藏 121 冊，另總目録 1 冊。

3992　影印宋藏遺珍目録一冊。

○序，民國葉恭綽識○序二，民國範成撰。

3993　杭州路餘杭縣白雲宗南山大普寧寺大藏經目録四卷，元如瑩書。

○並序。

【校記】◎佛：無杭至山十一字◎書作編，大縮頻：無元字◎有序。

3994　洪武南藏總目録一冊。

○再版《洪武南藏》後記○再版《洪武南藏》指導委員會○再版《洪武南藏》工作委員會○鳴謝○參加印製《洪武南藏》工作人員

【按】初印本於工作人員後還有全國各寺廟、居士結緣點（包括港臺地區）助印款統計；助印《洪武南藏》芳名冊。

3995　大明重刊三藏聖教目録（含續入藏經目録）三卷。

○附請經條例。

【校記】◎大：大明三藏聖教南藏目録◎不分卷◎有附條例。【註】大：金陵梵刹志卷第四十九。【按】①大中不含續入藏經目録。②續入藏經目録是在明萬曆末年至清初順治年間陸續刊成的（見山西寧武縣文物館藏本），故此前的目録不含這部分内容。

3996　大明三藏聖教目録四卷（另續入藏經目録一卷）。

○北藏目録總○藏函號字附○大明太宗文皇帝御製藏經讚○（續目前）明永樂御製藏經跋尾○明萬曆御製續入藏經序○大明續入藏諸集。

【校記】◎大：聖教目録作聖教北藏目録◎義：增明萬曆燕京大德沙門編次十一字◎北藏目録總等見北大。【按】①北大於藏函號字附後另有大唐龍興三藏聖教序，中宗孝皇帝製；大宋三藏聖教序，太宗皇帝製，已分別見 0757、1072。②大於續入藏目録後另有北藏缺南藏函號附之目録，（除塞字函目録三卷外）實為嘉興藏正藏目録尾附見之内容，誤置於此。③大目録不記續入藏經目録的卷數。④本目録不止一種版本，有的於目録卷一及續目前不録其他内容；有的則增録明正統

以前的御製序等；有的又增明萬曆年間的御製序等。由於御製序等的版片是另給編號，因此置於目録卷一首及續目首，或置於天帙大般若經卷一首均可以，參見0246 按語。

3997　永樂北藏影印本總目録。

○《永樂北藏》整理委員會○《永樂北藏》重刊序言，楊牧之○凡例○御製大藏經序（正統）○皇帝勅諭（萬曆）○御製聖母印施佛藏經序○聖母印施佛藏經讚有序，明申時行等撰○附入南藏函號著述。

【按】①凡例後另有大明太宗皇帝御製藏經贊、御製藏經跋尾（永樂），勅諭後另有御製新刊續入藏經序（萬曆），均已見前目。②北藏收經至史字函止。影印本又附入南藏函號著述，（除塞字函目録三卷外）實為嘉興藏正藏目録尾附見之內容，故不妥。

3998　遵依北藏字號編次畫一（不分卷）。

○明馮夢禎書序○明吳用先述序○懇免賒請經典說，清朱大猷述○楞嚴經坊重訂畫一緣起，清朱茂時、朱茂璟述○藏函號字附○附續藏經值畫一○又續藏經值畫一。

【校記】◎大：藏版經直畫一目録，佛：大明重刊三藏聖教目録◎增明雙徑山僧眾同編八字◎大：無二序；縮頻：無附續藏經、又續藏經值畫一。【按】故宮博物院圖書館藏本四冊：第一冊刻藏緣起，收明陸光祖、馮夢禎、王世貞、管志道、道開、傅光宅、陳瓚、曾乾亨、徐琰、張壽朋、于玉立、沈自邠、真可、汪道昆、德清、虞淳熙、樂晉、瞿汝稷，共十八人募刻大藏經疏文等，還有明管志道撰檢經會約、刻藏凡例、刻藏規則；第二冊大明三藏聖教目録四卷，前附北藏目録總、藏函號字附、大明太宗文皇帝御製藏經讚、唐中宗御製大唐龍興三藏聖教序、宋太宗御製大宋三藏聖教序，後附明太宗御製藏經跋尾、明神宗御製續入藏經序、大明續入藏諸集、北藏缺南藏函號附；第三冊畫一，收清李馥撰補刻嘉興楞嚴寺藏經序、明馮夢禎序、明吳用先序、清朱茂時、朱茂暻撰楞嚴經坊重訂畫一緣起、清朱大猷撰懇免賒請經典說、藏函號字附、遵依北藏字號編次畫一、續藏經值畫一、又續藏經值畫一；第四冊殘損的寫本目録，即續藏經值畫一、又續藏經值畫一。

3999　重輯嘉興藏總目録二冊（另重輯嘉興藏總目録索引一冊），民族出版社。

○《嘉興藏》總目録凡例○附首字筆劃檢字表○首字漢語拼音檢字表○首字四角號碼檢字表。

4000　大清三藏聖教目録五卷。

○清雍正御製重刊藏經序○附奉旨欽定入藏典籍○藏經館名録。

【校記】◎御製序等見龍大中◎大目録註龍藏。【按】①龍大中於雍正御製序後另有貞觀三藏聖教，唐太宗文皇帝製；永徽三藏聖教記，唐高宗皇帝製，均已見0246。又有明正統御製大藏經序，已見3997。又有明萬曆御製新刊續入藏經序，已見3996。又有明萬曆御製聖母印施佛藏經序；聖母印施佛藏經讚有序，明申時行等撰，均已見3997。又有大般若經初會序，唐玄則製，已見0246。②本目

錄有兩種版本，一種於目錄卷一首不錄其他內容；另一種則增錄清御製序等。由於御製序等的版片是另給編號，因此置於目錄卷一首，或置於天帙大般若經卷一首均可以，參見0246按語。

4001-1　新編縮本乾隆大藏經總目錄一冊，臺北新文豐出版公司編輯部編。
○新編縮本乾隆大藏經刊印緣起○新編縮本乾隆大藏經一覽○大清三藏聖教目錄考釋（龍藏），蔡念生○新編縮本乾隆大藏經分冊總目錄，前附凡例，後附勘誤補頁記○新編縮本乾隆大藏經經名、作者索引，前附凡例、檢字○編後記，本公司編輯部謹啟。
【按】全藏總一百六十五冊（含總目錄一冊）。

4001-2　乾隆大藏經總目錄一冊，臺北傳正有限公司編輯部編。
○使用說明，郭秀蘭識○～一覽表○乾隆大藏經分冊總目錄○乾隆大藏經羅馬拼音作者索引目錄○乾隆大藏經作者索引目錄（繁體字）○作者索引○乾隆大藏經羅馬拼音經名索引目錄○乾隆大藏經經名索引目錄（繁體字）○經名索引○勘誤表。
【按】全藏總一百六十八冊（另總目錄一冊）。

4002　頻伽精舍校刊大藏經總目一冊。
○造一切經論序，高宗皇帝御製○新得貞元錄大小乘經等序，喬匡舜撰○大明朝鮮印成大藏經跋，明金守溫跋○頻伽精舍校刊大藏經緣起，民國伽陵羅詩氏述○頻伽精舍校刊大藏經序（三篇），分別由章炳麟序、沈增植序、民國汪德淵撰○頻伽精舍刊經記，民國宗仰誌○頻伽精舍校印大藏經凡例。
【按】①於高宗御製序前另有大唐三藏聖教序，太宗文皇帝御製；三藏聖教記，皇太子臣治述，已見0246。於喬匡舜序前另有大唐中興三藏聖教序，中宗皇帝御製；大唐新譯三藏聖教序，皇太后御製；大周新翻三藏聖教序，御製，已分別見0757、0377、0745。於金守溫跋前另有大宋新譯三藏聖教序，太宗皇帝製；新繼聖教序，真宗皇帝製；藏經讚，明太宗皇帝；御製藏經跋尾，明太宗皇帝；續入藏經序，明神宗皇帝，已分別見1072、0071、3996。於金守溫跋後另有日本弘教書院縮印大藏經緣起，已見4042。②造一切經論序，實即0406後出阿彌陀佛偈之跋。③本總目往帙誤增一目，即涅槃經如意珠偈解旨一卷（見附4002）。

4003-1　頻伽大藏經新編總目，九洲圖書出版社。
○《頻伽大藏經》重刊委員會○重刊說明。
【按】①重刊說明後另有頻伽精舍校刊大藏經緣起，民國伽陵羅詩氏述；頻伽精舍校刊大藏經序（三篇），分別由章炳麟序、沈增植序、民國汪德淵撰；頻伽精舍刊經記，民國宗仰誌；頻伽精舍校印大藏經凡例；大唐三藏聖教序等；附頻伽精舍校刊大藏經總目，均已見4002。②全藏自第一冊至第一百冊。

4003-2　頻伽大藏經續編目錄，九州圖書出版社。

○出版説明。

【按】全藏自第一百一册至第二百册。

4004　普慧藏目録一册。

○金陵刻經處重印《普慧大藏經》緣起，趙朴初撰○金陵刻經處重印《普慧藏》
説明，金陵刻經處撰○民國增修大藏經概述，圓晉撰○歷代漢文大藏經概述，李
圓淨撰○大藏經第一期刊本目録，普慧大藏經刊行會校印。

4005　精刻大藏經目録（不分卷），民國支那内學院編。

○精刻大藏經緣起，歐陽漸述○～凡例○編者識。

【校記】◎頻續：無民國二字◎有緣起等。

4006　磧砂嘉興大藏經總目録索引一册，臺北新文豐出版公司編輯部編。

○欣聞磧砂藏和嘉興藏影印流通，僧參○磧砂延聖院小志，葉恭綽○影印宋磧砂
藏經始末記，蔣維喬○影印宋磧砂藏經補頁表○至元重編磧砂大藏經目録考釋
（磧乙），蔡念生○宋版磧砂大藏經校訂分册目録凡例○宋版磧砂大藏經校訂分
册目録○宋版磧砂大藏經校訂新補頁表對照一覽○嘉興大藏經及續藏又續藏目録
考釋，蔡念生○明版嘉興正續大藏經校訂分册目録凡例○明版嘉興正續大藏經校
訂分册目録○（分類目録）編例○分類目録○（總索引）凡例○總索引檢字表○
大藏經總索引。

【按】僧參文後另有影印宋磧砂藏經序至目録，已見 3989。

4007　中華大藏經總目一册，《中華大藏經》編輯局編。

○序，任繼愈○凡例○中華大藏經簡目○中華大藏經詳目。

4008　佛教大藏經總目録、索引一册。

○佛教大藏經簡介，廣定○教主釋迦世尊八相成道圖（三幅）○佛教大藏經序
（藏文），民國丹吉仁波切撰○佛教大藏經序（中文），丹吉仁波切撰○編修《佛
教大藏經》始末記，民國廣定記○大藏經系統表○佛教大藏經一覽表○佛教大藏
經總目録○佛教大藏經索引○凡例○佛教大藏經索引畫數目録○佛教大藏經索引
檢字表○大正藏未嘗收入之經論註疏○歷代漢文大藏經概述，民國李圓淨撰○我
國歷代《大藏經》存佚略説，民國廣定撰○歷代中文《大藏經》刻藏年表，民國
廣定撰○佛教大藏經的貢獻，民國鍾友聯撰○跋，民國祥雲撰○佛教大藏經編輯
部及其工作單位。

【按】廣定始末記前另有大唐三藏聖教序，唐太宗御製；三藏聖教序，皇太子臣
治述；造一切經論序，唐高宗御製；大唐中興三藏聖教序，唐中宗御製；大唐新
譯三藏聖教序，皇太后御製；大周新翻三藏聖教序，御製；新得貞元大小乘經等
序，喬匡舜奉敕撰；大宋新譯三藏聖教序，宋太宗御製；新繼聖教序，宋真宗御
製；藏經讚，明太宗御製；御製藏經跋尾，明太宗御製；續入藏經序，明神宗御
製；頻伽精舍校印《大藏經》記，民國宗仰撰，均已見 4002。

4009　大藏目録三卷。

【校記】◎佛：增宋高麗僧眾同編七字◎大目錄註高麗版。

4010-1　高麗大藏經補遺目錄。

【校記】麗補遺：補遺目錄。【按】見影印高麗大藏經第四十七冊。

4010-2　影印高麗大藏經總目錄、解題、索引一冊（第四十八冊），臺北新文豐出版公司。○高麗大藏經影印本完刊辭（朝鮮文），李瑄根○高麗大藏經的歷史及其意義（朝鮮文），李箕永○高麗大藏經總目錄○高麗大藏經解題○高麗大藏經經名索引○高麗大藏經異經名索引○高麗大藏經略經名索引○高麗大藏經內容索引○高麗大藏經譯著者索引○高麗大藏經完刊推進委員會人名錄○高麗大藏經影印本完刊辭（中文），中華民國新文豐出版公司編審部譯○高麗大藏經的歷史及其意義（中文）○高麗大藏經總目錄凡例。

4011　高麗國新雕大藏校正別錄三十卷，高麗守其等校勘。

【校記】◎縮頻：無高麗國三字◎麗中縮頻：無高麗二字，緣續：守其撰，佛：宋高麗守其等校錄。

4012　新編諸宗教藏總錄三卷，高麗義天錄。○新編教藏總錄流衍序，元祿日本天龍書○～序，義天敘。

【校記】二序見大。【註】大：此是草本，俟後重廣，如有漏略，觀者恕之。

4013　傳教大師將來台州錄一卷，日本最澄撰。○刻根本大師將來錄序，文政日本真超識○進官錄上表，延曆最澄上表○附最澄等請印信書、唐淳給書印信。

【校記】◎大：撰作等勘定◎有序等。【提示】最澄，追謚傳教大師，世稱根本大師。

4014　傳教大師將來越州錄（副題名：日本國求法僧最澄目錄）一卷，日本最澄撰。○山家將來目錄序，文政日本亮照撰○附最澄等請印信書、唐鄭審則書印信。

【校記】◎大：無作者名◎有序等。

4015　御請來目錄一卷，日本空海撰。○上新請來經等目錄表，大同空海上表。

【校記】◎大：無作者名◎有上表。

4016　根本大和尚真跡策子等目錄一卷。

【提示】日本最澄，世稱根本大師。

4017　常曉和尚請來目錄一卷，日本常曉撰。○承和常曉上表○常曉後記○雕入唐四家請來錄敘，寶曆日本本寂識。

【校記】◎縮頻：無書名◎大縮頻：無作者名，佛：撰作編◎上表等見縮頻（大：無敘）。

4018　靈巖寺和尚請來法門道具等目錄一卷，日本圓行撰。○承和圓行上表○圓行後記。

【校記】◎縮頻：靈巖圓行和尚目錄（佛：目作請來目）◎佛：撰作編，大縮

頻：無作者名◎有上表等。

4019　日本國承和五年入唐求法目録一卷，日本圓仁撰。

○圓仁後記。

【校記】◎大：唐圓仁録◎有後記。

4020　慈覺大師在唐送進録（副題名：天台法華宗請益圓仁法師且求所送法門曼荼羅並外書等目録）一卷，日本圓仁撰。

【校記】大：無作者名。【提示】圓仁，謚號慈覺大師。

4021　入唐新求聖教目録一卷，日本圓仁撰。

【校記】大：無作者名。

4022　惠運禪師將來教法目録一卷，日本惠運撰。

【校記】◎縮頻：將作請，佛：將來教法作請來◎大縮頻：無作者名。

4023　惠運律師書目録一卷，日本惠運撰。

【校記】大：無作者名。

4024　開元寺求得經疏記等目録（副題名：日本國求法僧圓珍目録）一卷，日本圓珍撰。

【校記】大：圓珍記。

4025　福州溫州台州求得經律論疏記外書等目録（副題名：日本國求法僧圓珍目録）一卷，日本圓珍撰。

【校記】大：無作者名。

4026　青龍寺求法目録（副題名：日本國上都延曆寺僧圓珍求法目録）一卷，日本圓珍撰。

○附圓珍疏○唐法全狀付圓珍。

【校記】◎大：圓珍録◎有附疏等。

4027　日本比丘圓珍入唐求法目録（副題名：天台山國清寺・日本國上都比叡山延曆寺僧圓珍入唐求法目録）一卷，日本圓珍撰。

【校記】大：圓珍録。

4028　智證大師請來目録（副題名：日本國上都比叡山延曆寺比丘圓珍入唐求法總目録）一卷，日本圓珍撰。

【校記】大：唐圓珍録。【提示】圓珍，追謚智證大師。

4029　新書寫請來法門等目録一卷，日本宗叡撰。

【校記】大縮頻：無作者名，佛：撰作編。【註】大縮頻：先東寺法門録中以外之者也。

4030　禪林寺宗叡僧正目録一卷。

4031　録外經等目録一卷。

4032　諸阿闍梨真言密教部類總録二卷，日本安然集。

○安然叙。

【校記】◎大：無日本二字◎有敘。

4033　華嚴宗章疏並因明録一卷，日本圓超録。

○並序。

【校記】◎大：無日本二字◎有序。

4034　天台宗章疏一卷，日本玄日録。

【校記】大：無日本二字。

4035　三論宗章疏一卷，日本安遠録。

【校記】大：無日本二字。

4036　法相宗章疏一卷，日本平祚録。

【校記】大：無日本二字。

4037　註進法相宗章疏一卷，日本藏俊撰。

【校記】大：無日本二字。

4038　律宗章疏一卷，日本榮穩録。

【校記】大：無日本二字。

4039　東域傳燈目録一卷，日本永超集合。

【校記】大：無日本二字。

4040　日本武州江戸東叡山寬永寺一切經新刊印行目録五卷。

【校記】◎天：新刊印行目録◎大目録註天海版、寬永寺版。

4041　黄檗藏目録。

○進新刻大藏經表，日本道光上表○上大藏經疏，日本鐵眼疏○刻大藏緣起疏文，日本鐵眼道光撰。

【校記】大目録註黄檗版。【大正按】此目録與大明三藏聖教北藏目録全同故，唯載上表文並疏文，而目録略之。【按】今檢我國國家圖書館藏黄檗藏本，經與北藏的覆刻本嘉興藏比較後可知，兩藏前六百三十六帙的收經（天帙至石帙）基本相同，但是其後四十一帙的收經（鉅帙至史帙）卻存在不少差別，詳見日本黄檗藏目録校釋。

4042　大日本校訂大藏經目録一冊。

○大日本校訂縮刻大藏經緣起○大日本校訂大藏經凡例○大藏經對校綱領。

【校記】大目録題大日本校訂縮刻大藏經目録一卷，並註縮冊。【按】①緣起前另有唐宋明三朝的御製序文等共十二篇，已見4002。②昭和總目三三於目録前僅録緣起。

4043　大日本校訂藏經目録一冊（另索引目録、部類目録一冊）。

○大藏經跋（五篇），分別由日本聖武天皇、孝謙天皇、光明皇后製○附點大藏經序，日本蘆津實全書○藏經書院刻大藏經序，日本前田慧雲撰○跋，日本戒宏識○新刊大藏經跋，日本久保○大藏經跋，日本南條文雄○大日本校訂訓點大藏經緣起序，日本米田無諍敬白○大日本校訂訓點大藏經凡例十五則。○索引部類

目録敘，日本無静○大日本編輯藏經索引目録凡例○大日本編輯藏經部類目録凡例。

【校記】大目録記一卷，並註卍字版。【按】①光明皇后製跋文後另有大唐三藏聖教序，太宗文皇帝製；三藏聖教後序，唐高宗皇帝；皇太子臣治述聖記；大唐中興三藏聖教序，御製；大唐新譯三藏聖教序，皇太后御製；大周新翻三藏聖教序，御製；大宋新譯三藏聖教序，太宗神功聖德文武皇帝製；繼作聖教序，真宗文明章聖元孝皇帝製；藏經贊，明太宗皇帝；御製藏經跋尾，明太宗皇帝；進新刻大藏經表，日本道光上表；上大藏經疏，日本鐵眼疏；刻大藏經緣起疏文，日本道光撰，已分別見 0246、0406、0757、0377、0745、1072、0071、3996、4041。②昭和總目三四未載大藏經跋等及索引目録、部類目録。

4044　大日本續藏經目録二卷，日本前田慧雲原編、中野達慧增訂輯梓。

　　　○序（十一篇），分別由松本文三郎、佐伯定胤、櫻木谷慈熏、土宜法龍、高木龍淵、蘆津實全、河合日辰、黑田真洞、赤松連城、南條文雄、前田慧雲撰○大日本續藏經編纂印行緣起，中野達慧撰○大藏諸本一覽，中野達慧集録○大日本續藏經概表○禪家諸師系譜○隨喜助緣者芳名録○凡例○大日本續藏經目次。

　　　【校記】◎大：或四卷（每卷又分二卷）◎目録註續藏。【按】昭和總目三五未載序文等，新纂卍續藏經總目録所附舊版目録無序十一篇、緣起、芳名録。

4045　新纂大日本續藏經總目録一冊（另索引目録一冊）。

　　　○完結詞，日本佐藤今朝夫○大藏新纂卍續藏經概表○凡例○（索引目録前）編纂結束語，河村孝照撰。

　　　【按】總目録後另附大日本續藏經總目録（舊版），參見前目。

4046-1　大正新修大藏經總目録

4046-2　大正新修大藏經一覽（自第一卷至第五十五卷）

4046-3　大正新修大藏經勘同目録

4046-4　大正新修大藏經著譯目録。

　　　○附印度諸論師著作目録。

4046-5　大正新修大藏經索引目録

4046-6　續大正新修大藏經總目録

4046-7　大正新修大藏經全覽

4046-8　續大正新修大藏經勘同目録

4046-9　續大正新修大藏經著譯目録

4046-10　大正新修大藏經書目總索引

4047　大正新修大藏經索引四十五卷。

　　　【按】每卷包括六部分内容：收録典籍解題、凡例、分類項目一覽、音次索引、分類項目別索引、檢字索引。

4048　南禪寺經藏一切經目録一卷

4049　上醍醐寺藏一切經目録二卷

4050 　知恩院一切經目録一卷

4051 　正倉院御物聖語藏一切經目録二卷

4052 　石山寺一切經目録二卷

4053 　東寺一切經目録二卷

4054 　神護寺五大堂一切經目録一卷

4055 　御譯大藏經目録一卷。

　　　○清文繙譯全藏經序，清高宗御製。

　　　【註】大：共一百八函。

4056 　如來大藏經總目録一卷。

　　　○御製番藏經序，清聖祖御製○覆請序疏，清介山等題○請序疏，清福全等題。

4057 　燉煌本古逸經論章疏並古寫經目録一卷

4058 　日本奈良時代古寫經目録一卷

4059 　緣山三大藏總目録三卷，日本隨天編。

　　　○題緣山三大藏目録，日本定月題○緣山三大藏經緣起，日本隨天誌○凡例○附

　　　書緣山三大藏目録後，日本實海題。

　　　【校記】◎大：無作者名◎有定月題等。

4060 　唐本一切經目録三卷。

　　　【校記】大目録註北宋版。

4061 　三緣山輪藏目録二卷。

　　　○附後記。

　　　【校記】大目録註南宋版。

4062 　扶桑藏外現存目録一卷，日本鳳潭録。

　　　【校記】大：無日本二字。

4063 　大日本佛教全書總目録一卷

4064 　日本大藏經總目録一卷

4065 　紀州天野山丹生社宋本大藏録一卷

4066 　神護寺經藏一切經目録二卷

4067 　豐山勸學院宋本大藏目録一卷。

　　　○附序。

4068 　禪林寺入藏目録一卷

4069 　山王院藏二卷

4070 　山門藏本目録一卷。

　　　○附日本公海御判文○寶永二年藏本修補。

　　　【註】大：又名天海藏。

4071 　東寺一切經藏之內請來録內儀軌等五函目録一卷

4072 　東寺觀智院聖教目録一卷

4073　東寺觀智院本目録一卷

4074　東寺寶菩提院經藏諸儀軌目録一卷

4075　普賢院內供淳祐筆跡目録三卷。

　　　　【校記】大目録題石山普賢院內供淳祐筆跡目録。

4076　石山寺藏中聖教目録一卷

4077　御室御本御聖教目録一卷

4078　仁和寺經藏聖教目録一卷

4079　仁和寺御經藏聖教目録三卷

4080　仁和寺輪藏箱銘用意一卷

4081　勸修寺大藏經聖教目録一卷。

　　　　○日本賢賀等修補之記○目録符字例。

4082　勸修寺慈尊院聖教目録一卷

4083　高山寺聖教目録二卷

4084　高山寺經藏聖教內真言書目録一卷。

　　　　【校記】大目録題高山寺經藏內真言書目録。

4085　方便智院聖教目録一卷。

　　　　【校記】大目録題高山寺方便智院聖教目録。

4086　法鼓臺聖教目録三卷。

　　　　【校記】大目録題高山寺法鼓臺聖教目録。

4087　普門院經論章疏語録儒書等目録一卷。

　　　　【校記】大目録題東福寺普門院經論章疏語録儒書等目録。

4088　建仁寺兩足院藏書目録一卷

4089　南都西京藥師寺經藏聖教目録一卷。

　　　　○附日本基辨記文。

4090　大藏搨本考一卷，日本徹定著。

　　　　【校記】大：無日本二字。

4091　御製大藏經序跋集一卷。

　　　　○～序，日本福田行誡撰○～引，日本中村正直題○～目録。

南傳部

4092　南傳大藏經・長部經典一，民國江鍊百重譯、芝峰校證。
　　　　○凡例，芝峰識○目次。
　　　　【校記】◎慧：無民國二字◎有凡例等。【按】①共十四經，詳見以下子目。②佛
　　　　目録僅記子目之經名、卷數，以及作者名作民國江鍊百重譯、沙門芝峰校證。

4092-1　梵網經一卷，宇井伯壽原譯。

4092-2　沙門果經一卷，羽溪了諦原譯。

4092-3　　阿摩晝經一卷，長井真琴原譯。

4092-4　　種德經一卷，久野芳隆原譯。

4092-5　　究羅檀頭經一卷，長井真琴原譯。

4092-6　　摩訶梨經一卷，赤沼智善原譯。

4092-7　　闍利經一卷，木村泰賢原譯。

4092-8　　迦葉師子吼經一卷，金倉圓照原譯。

4092-9　　布吒婆樓經一卷，木村泰賢原譯。

4092-10　須婆經一卷，荻原雲來原譯。

4092-11　堅固經一卷，阪本幸男原譯。

4092-12　露遮經一卷，花山信勝原譯。

4092-13　三明經一卷，山田龍城原譯。

4092-14　大本經一卷，平等通昭原譯。

4093　　　南傳大藏經·長部經典二，民國江鍊百重譯、芝峰校證。
　　　　　○目次。
　　　　　【校記】◎慧：無民國二字◎有目次。【按】①共九經，詳見以下子目。②佛目
　　　　　錄僅記子目之經名、卷數，以及作者名作民國江鍊百重譯、沙門芝峰校證。

4093-1　　大緣經一卷，奇崎修一原譯。

4093-2　　大般涅槃經一卷，平等通昭原譯。

4093-3　　大善見王經一卷，干瀉龍祥原譯。

4093-4　　闍尼沙經一卷，干瀉龍祥原譯。

4093-5　　大典尊經一卷，山本快龍原譯。

4093-6　　大會經一卷，阿部文雄原譯。

4093-7　　帝釋所問經一卷，小野島行忍原譯。

4093-8　　大念處經一卷，石川海淨原譯。

4093-9　　弊宿經一卷，水野弘元原譯。

4094　　　南傳大藏經·中部經典一·根本五十經編第一，日本干瀉龍祥原譯、民國芝峰重譯。
　　　　　○凡例，民國漢譯者識○目次。
　　　　　【校記】◎慧：無日本、民國四字◎有凡例等。【按】①共五十經，詳見以下子
　　　　　目。②慧目錄記民國江鍊百重譯、芝峰校證，與正文所記不同，今新考目錄據正
　　　　　文著錄。③佛目錄僅記子目之經名、卷數，以及作者名作民國江鍊百重譯、沙門
　　　　　芝峰校證。

4094-1　　根本法門品第一·根本法門經一卷。
　　　　　【校記】◎佛：無根本法門品第一七字。

4094-2　　一切漏經一卷。

4094-3　　法嗣經一卷。

4094-4　　怖駭經一卷。

4094-5 　　無穢經一卷。

4094-6 　　願經一卷。

4094-7 　　布喻經一卷。

4094-8 　　損損經一卷。

4094-9 　　正見經一卷。

4094-10 　　念處經一卷。

4094-11 　　師子吼品第二 · 師子吼小經一卷。

　　　　　【校記】◎佛：無師子吼品第二六字。

4094-12 　　師子吼大經一卷。

4094-13 　　苦蘊大經一卷。

4094-14 　　苦蘊小經一卷。

4094-15 　　思量經一卷。

4094-16 　　心慌穢經一卷。

4094-17 　　林藪經一卷。

4094-18 　　蜜丸經一卷。

4094-19 　　雙思經一卷。

4094-20 　　息思經一卷。

4094-21 　　譬喻法品第三 · 鋸喻經一卷。

　　　　　【校記】◎佛：無譬喻法品第三六字。

4094-22 　　蛇喻經一卷。

4094-23 　　蟻垤經一卷。

4094-24 　　傳車經一卷。

4094-25 　　撒餌經一卷。

4094-26 　　聖求經一卷。

4094-27 　　象跡喻小經一卷。

4094-28 　　象跡喻大經一卷。

4094-29 　　心材喻大經一卷。

4094-30 　　心材喻小經一卷。

4094-31 　　雙大品第四 · 牛角林小經一卷。

　　　　　【校記】◎佛：無雙大品第四五字。

4094-32 　　牛角林大經一卷。

4094-33 　　牧牛者大經一卷。

4094-34 　　牧牛者小經一卷。

4094-35 　　薩遮迦小經一卷。

4094-36 　　薩遮迦大經一卷。

4094-37 　　愛盡小經一卷。

4094-38　愛盡大經一卷。

4094-39　馬邑大經一卷。

4094-40　馬邑小經一卷。

4094-41　雙小品第五‧薩羅村婆羅門經一卷。

　　　　【校記】◎佛：無雙小品第五五字。

4094-42　鞞蘭若村婆羅門經一卷。

4094-43　有明大經一卷。

4094-44　有明小經一卷。

4094-45　得法小經一卷。

4094-46　得法大經一卷。

4094-47　思察經一卷。

4094-48　憍賞彌經一卷。

4094-49　梵天請經一卷。

4094-50　呵魔經一卷。

4095-1　南傳大藏經‧小部經典六‧本生經（一）一卷，民國夏丏尊重譯。
　　　　○凡例，夏丏尊識○目次○因緣總序，日本立花俊道原譯。
　　　　【校記】◎佛：與下目合一目，記作本生經二卷◎慧：無民國二字◎凡例等見慧。【按】本經第一至五章品題、譯者如下：第一編‧第一章‧無戲論品，長井真琴原譯；第二章‧戒行品，長井真琴原譯；第三章‧羚羊品，長井真琴原譯；第四章‧芻鳥品，山田龍城原譯、石川海淨原譯；第五章‧利愛品，山本快龍原譯。

4095-2　南傳大藏經‧小部經典七‧本生經（二）一卷，民國夏丏尊重譯。
　　　　○目次。
　　　　【校記】◎慧：無民國二字◎有目次。【按】本經第六至十五章品題、譯者如下：第六章‧願望品，栗原廣廓原譯；第七章‧婦女品，栗原廣廓原譯；第八章‧婆那樹品，長井真琴原譯；第九章‧飲酒品，立花俊道原譯；第十章‧塗毒品，立花俊道原譯；第十一章‧超百品，寺崎修一原譯；第十二章‧設問品，寺崎修一原譯；第十三章‧吉祥草品，渡邊楳雄原譯；第十四章‧不與品，栗原廣廓原譯；第十五章‧避役品，青原慶哉原譯。

4096　南傳大藏經‧論部五‧發趣論（一）一卷（另附論註一卷），日本山崎良順原譯、民國范寄東重譯、芝峰校證。
　　　　○凡例，芝峰識○目次○附大發趣論註，覺音造、山崎良順原譯、范寄東重譯、芝峰校證。
　　　　【校記】◎慧：無日本、民國二字，佛：民國范寄東譯◎凡例等見慧。【按】佛分出附論註一卷（見附4096）。

4097　小誦經一卷，民國黃謹良譯。

〇泰國大藏經表解〇小部經目録。

【校記】◎佛：無民國二字◎有表解等。【按】小部經目録包含本經及以下法句
經、自説經、如是語經的品目。

4098　法句經一卷，民國黄謹良譯。

【校記】◎佛：無譯者名◎目録補入譯者名。

4099　自説經一卷，民國黄謹良譯。

【校記】◎佛：無譯者名◎目録補入譯者名。

4100　如是語經一卷，民國黄謹良譯。

【校記】◎佛：無譯者名◎目録補入譯者名。

4101　南傳大悲經一卷，民國法舫譯。

4102　南傳法句經一卷，民國了參譯。

4103　南傳大般涅槃經一卷，民國巴宙譯。

4104　南傳羯臘摩經一卷，民國丘寶光等譯。

4105　轉法輪經一卷，民國岫廬譯。

4106　南傳轉法輪經一卷，民國丘呱博譯。

4107　三寶經一卷，民國法舫譯。

4108　吉祥經一卷，民國法舫譯。

4109　婆羅門正法經一卷，民國法舫譯。

4110　南傳念安般經一卷，民國湯用彤譯。

4111　毘尼資持鈔一卷，泰僧皇公拍耶跋折羅禪那婆羅娑親王御撰、民國黄謹良撫譯。
〇附後記，譯者。

【校記】◎佛：無民國二字◎有附後記。【註】泰國大藏經，律藏。

4112　南傳阿毘達摩攝義論一卷，民國法舫譯。

藏傳部

4113　隨念三寶經一卷，民國法尊譯。

4114　聖如來頂髻中出生白傘蓋餘無能敵大迴遮母名最勝成就陀羅尼經一卷，民國超一譯。

4115　大白傘蓋佛母讚經一卷，民國超一譯。

4116　聖者賢行願王釋義二卷，民國湯薌銘譯。
〇～自序，湯薌銘誌。

【校記】◎佛：無民國二字◎有自序。【註】佛：亦名演密。

4117　菩薩戒品釋五卷，民國法尊譯。

4118　菩薩戒論一卷，民國湯薌銘譯。

4119　菩薩律儀二十頌一卷，民國超一譯。

4120　菩薩戒根本墮攝頌一卷，民國超一譯。

4121　密宗戒根斷十四大業一卷，民國大福藏智慧劍（廣定）記。

【校記】佛目錄註密宗根本戒。

4122　密宗十四根本戒略釋一卷，民國丹吉仁波切講、大福藏智慧劍筆記。

【校記】佛：無民國二字，切作車，無藏智二字。

4123　入中論六卷，民國法尊譯。

4125　入中論善顯密意疏十四卷（另科文一卷），宗喀巴造、民國法尊譯。

○～序，民國牛次封誌○入中論大疏科文。

【校記】◎佛：無民國二字◎有序等。

4125　辨了不了義善説藏論五卷，民國法尊譯。

4126　攝大乘論一卷，民國呂澂譯。

【校記】佛目錄註西藏傳本。

4127　觀所緣釋論一卷，民國佚譯人名。

【校記】佛目錄註西藏傳本。

4128　菩提道燈論一卷，民國法尊譯。

○編者誌。

【校記】◎佛：無民國、譯三字◎有編者誌。【按】卷後有編者按：本論係由阿底峽‧燃燈‧吉祥智尊者造。

4129　菩提道炬論一卷，民國超一譯。

4130　菩提道次第廣論二十四卷，民國法尊譯。

4131　菩提道次第略論六卷，民國大勇、法尊等譯。

4132　菩提道次第略論六卷，宗喀巴著、民國邢肅芝譯。

○～譯者序○～科目。

【校記】◎佛：無民國二字◎有序等。

4133　菩提道次第論攝頌科判一卷，民國超一撰。

4134　菩提道次第論攝頌一卷，宗喀巴造、民國法尊譯。

○～引言，編者識。

【校記】◎佛：無民國二字◎有引言◎目錄題菩提道次論攝頌

4135　菩提道次第論攝頌一卷，民國超一譯。

4136　菩提道次第論極略頌一卷，民國超一譯。

4137　菩提道次恒修教授一卷，民國法尊譯。

【校記】佛目錄註四種。

4138　菩提道次第綱要一卷，民國恒演録。

4139　覺道次第略科一卷，民國大勇譯。

4140　菩提道次第直講十卷（另科判一卷），宗喀巴造、民國大勇口譯、智湛筆録。

○～科判，大勇等譯稿○～序，能海譯。

【校記】◎佛：無民國二字◎有科判等。

4141　菩提道次第攝修求加持頌一卷，民國能海譯。

4142　密宗道次第廣論二十二卷，民國法尊譯。

4143　密宗道次第論五卷，民國法尊譯。

4144　宗喀巴大師顯密修行次第科頌一卷，民國能海輯。

4145　辨法法性論一卷，民國法尊譯。

4146　集諸學頌一卷，民國超一譯。

4147　緣起讚一卷，民國法尊譯。

4148　緣起讚頌略釋二卷，民國法尊譯。

4149　地道建立一卷，民國法尊譯。

4150　極樂發願文一卷，民國法尊譯。

4151　救度佛母七支供養頌一卷，民國超一譯。

4152　彌勒修法一卷，民國法尊譯。

　　　【校記】佛目錄註西藏傳本。

4153　尊長瑜伽法一卷，民國法尊譯。

4154　大乘修心七義論釋一卷，民國慧海等譯。

4155　現觀莊嚴論中八品七十義略解一卷，民國法尊述。

4156　現觀莊嚴論略釋四卷，民國法尊譯釋。

4157　現觀莊嚴論要略一卷，民國張竟撰。

4158　現觀莊嚴論略釋表解一卷，民國史道明撰。

　　　【校記】◎佛：無民國、撰三字◎目錄記現觀莊嚴論要略表解。

4159　法寶貫珠一卷，民國趙洪鑄譯。

4160　七十空性論科攝一卷，民國法尊譯、弘悲科攝。

　　　【佛按】本文是龍樹菩薩造論。

4161　瑜伽師地論本地分中菩薩地初持瑜伽處戒品纂釋二卷（另卷首一卷），民國湯薌
　　　銘譯纂。

　　　○~緒言，湯薌銘誌。

　　　【校記】佛目錄題瑜伽師地論戒品纂釋。

4162　集量論頌一卷，陳那著、民國法尊譯。

4163　釋量論四卷，法稱造、民國法尊譯。

4164　釋量論略解九卷（另目錄等一卷），法稱造、僧成釋、民國法尊譯編。

　　　○法尊法師譯《釋量論》序，民國郭元興序○序，民國楊化群序○引言，法尊記
　　　○附註，法尊附記○科判目錄。

4165　密乘要集三卷，元發思巴輯。

　　　○~目錄。

　　　【校記】◎佛：發作發◎有目錄。

4166　上師五師法頌一卷，民國丹吉仁波切口譯、大福藏智慧劍記。

　　　【註】佛：事師法五十頌。

4167　上師五師法頌略釋一卷，印度婆拉遮達局大師輯、民國丹吉仁波切口譯、大福藏
智慧劍記。

〇～序，丹吉仁波切序〇～譯後記。

4168　宗喀巴大師傳一卷，民國法尊譯述。

4169　宗喀巴大師傳一卷，民國張建木述。

【校記】佛：無民國、述三字。

續經疏部

4170　勝鬘經義疏一卷，日本聖德太子撰。

【校記】大續：作者名作此是大倭國上宮王私集，非海彼本。

4171　維摩經義疏三卷，日本聖德太子撰。

【校記】◎大續：或五卷（卷中、卷下各分二卷）◎上宮皇御製。

4172　法華義疏四卷，日本聖德太子撰。

【校記】大續：作者名作此是大委國上宮王私集，非海彼本。【按】校本委作
倭。

4173　法華略抄一卷，日本明一撰。

【校記】大續：無日本二字。

4174　妙法蓮華經釋文三卷，日本中算撰。

〇法華釋文序。

【校記】◎大續：無日本二字◎有序。

4175　法華經開題一卷，日本空海撰。

【校記】◎大續：無作者名。【大續按】見弘法大師全集本。【提示】空海，謚號
弘法大師。

4175-1　法華經開題（異本一）一卷。

4175-2　法華經釋（異本二）一卷。

4175-3　法華經開題（異本三）一卷。

4175-4　法華經密號（異本四）一卷。

4175-5　法華略祕釋（異本五）一卷。

4175-6　法華開題（異本六）一卷。

4176　法華經祕釋一卷，日本覺鑁撰。

【校記】大續：無日本二字。

4177　入真言門住如實見講演法華略儀二卷，日本圓珍撰。

【校記】◎大續：無作者名◎目錄補入作者名。

4178　註無量義經三卷，日本最澄撰。

【校記】大續：無日本二字。

4179　佛説觀普賢菩薩行法經記二卷，日本圓珍撰。

○校觀普賢菩薩行法經記引，日本敬光題。

【校記】◎大續：無日本二字◎有引。

4180　法華開示抄二十八卷，日本貞慶撰。

○附無量義經開示抄○普賢經開示抄。

【校記】◎大續：無作者名◎有附二抄◎目録補入作者名。

4181　金光明最勝王經玄樞十卷，日本願曉等集。

○～序。

【校記】◎大續：無日本二字◎有序。

4182　金光明最勝王經註釋十卷，日本明一集註。

【校記】大續：無日本二字。【註】大續：多用沼疏，少取余説。

4183　最勝王經羽足一卷，日本平備撰。

【校記】大續：無日本二字。

4184　最勝王經開題一卷，日本空海撰。

○附金勝王經秘密伽陀。

【校記】◎大續：無作者名◎有附伽陀。【大續按】録自弘法大師全集本。

4185　仁王經開題一卷，日本空海撰。

【校記】◎大續：無作者名。【大續按】録自弘法大師全集本。

4186　金剛般若波羅蜜經開題一卷，日本空海撰。

【校記】◎大續：無作者名。【大續按】録自弘法大師全集本。

4187　般若心經述義一卷，日本智光撰。

○並序。

【校記】◎大續：無日本二字◎有序。

4188-1　般若心經祕鍵一卷，日本空海撰。

○並序。

【校記】◎大續：遍照金剛撰◎有序。【提示】空海，密號遍照金剛。

4188-2　祕鍵略註一卷，日本覺鑁記。

【校記】◎大續：無日本二字◎目録題般若心經祕鍵略註。

4189　般若心經祕鍵開門訣三卷，日本濟暹撰。

【校記】◎大續：無作者名◎目録補入作者名。

4190　演義鈔纂釋三十八卷，日本湛叡撰。

【校記】◎大續：無作者名◎目録題華嚴演義鈔纂釋，並補入作者名。

4191-1　新譯華嚴經音義一卷，日本喜海撰。

【校記】◎大續：無作者名◎卷後題記有喜海抄寫的字樣。

4191-2　貞元華嚴經音義一卷，日本喜海撰。

【校記】◎大續：無作者名◎目録補入作者名。

4192　淨土三部經音義集四卷，日本信瑞纂。

○並序。

【校記】◎大續：無日本二字◎有序。

4193-1　淨土疑端一卷，日本顯意述。

【校記】大續：無日本二字。

4193-2　觀經義賢問愚答鈔一卷，日本證忍記。

【校記】大續：無日本二字。

4193-3　觀經義拙疑巧答研覈鈔一卷，日本顯意述。

【校記】大續：無日本二字。

4194　觀經疏傳通記十五卷，日本良忠述。

○~考例，日本音澂誌。

【校記】◎大續：無日本二字◎有考例。【按】此書含玄義分六卷，序分義三卷，定善義三卷，散善義三卷。

4195　阿彌陀經略記一卷，日本源信撰。

【校記】大續：無日本二字。

4196　大日經開題一卷，日本空海撰。

【校記】◎大續：無作者名。【大續按】錄自弘法大師全集本。

4196-1　大日經開題（異本一）一卷。

4196-2　大日經略開題（異本二）一卷。

4196-3　大日經開題（異本三）一卷。

4196-4　大日經開題（異本四）一卷。

4196-5　大日經開題（異本五）一卷。

4196-6　大日經開題（異本六）一卷。

4197　大毘盧遮那經指歸一卷，日本圓珍撰。

○並序○附大毘盧遮那成道經心目一卷。

【校記】◎大續：珍述◎有序等。

4198　妙印鈔八十卷，日本宥範記。

【校記】◎大續：阿寂記◎目錄題大日經疏妙印鈔。

4199　大日經疏妙印鈔口傳十卷，日本宥範記。

【校記】大續：無日本二字。

4200　大日經住心品疏私記十六卷，日本濟暹撰。

【校記】◎大續：無作者名◎目錄補入作者名。【按】大續第一卷缺本。

4201　大日經疏演奧鈔五十六卷，日本杲寶撰。

○~刊行序○校定大疏演奧鈔凡例。

【校記】◎大續：或六十卷（卷十一、十六、二十五、五十四各分二卷）◎無日本二字◎有序等。

4202　大日經疏指心鈔十六卷，日本賴瑜撰。

【校記】大續：無日本、撰三字。

4203　大日經疏鈔八十五卷，日本宥快述。

【校記】大續：宥快口説。

4204　大日經住心品疏私記二十卷，日本曇寂撰。

【校記】大續：無日本二字（第一卷記曇寂集記、道空添刪治正；第二卷記曇寂撰集、道空刪訂）。

4205　大日經供養次第法疏私記八卷，日本宥範撰。

【校記】大續：阿寂記。

4206　金剛頂經偈釋一卷，日本賴尊撰。

【校記】大續：無日本、撰三字。

4207　金剛頂大教王經私記十九卷，日本曇寂撰。

【校記】大續：無日本二字。

4208　三十卷教王經文次第二卷，日本杲寶撰。

【校記】◎大續：無作者名◎尾題註杲寶。

4209　金剛峰樓閣一切瑜伽瑜祇經修行法三卷，日本安然述。

【校記】大續：真如金剛述。【提示】安然，密號真如金剛。

4210　瑜祇總行私記一卷，日本真寂撰。

【校記】◎大續：無作者名◎目錄補入作者名。

4211　菩提場經略義釋五卷，日本圓珍撰。

【校記】大續：智證大師作。【提示】圓珍，謚號智證大師。

4212　蓮華胎藏界儀軌解釋三卷，日本真興集。

【校記】大續：無日本二字。

4213　梵囀日羅馱覩私記一卷，日本真興述。

【校記】大續：無日本二字。

4214　大佛頂經開題一卷，日本空海撰。

【校記】◎大續：無作者名◎目錄補入作者名。

4215　註大佛頂真言一卷，日本南忠撰。

○並序。

【校記】◎大續：無作者名◎有序◎目錄補入作者名。

4216　大佛頂如來放光悉怛他鉢怛囉陀羅尼勘註一卷，日本明覺撰。

【校記】大續：明覺勘註。

4217　理趣經開題一卷，日本空海撰。

【校記】◎大續：無作者名◎校本有弘法大師全集本。

4217-1　理趣經開題（異本一）一卷。

4217-2　理趣經開題（異本二）一卷。

4218　真實經文句一卷，日本空海撰。

【校記】大續：遍照金剛撰。【提示】空海，密號遍照金剛。

4219　理趣經種子釋一卷，日本覺鑁撰。

【校記】◎大續：無作者名。【大續按】錄自密嚴遺教錄。【提示】覺鑁，稱密嚴尊者。

4220　大樂經顯義抄三卷，日本濟暹撰。

【校記】◎大續：無作者名◎目錄補入作者名。

4221　理趣釋重釋記一卷。

4222　理趣釋祕要鈔十二卷，日本杲寶説、賢寶記。

【校記】大續：無日本杲寶説五字。

4223　大隨求陀羅尼勘註一卷，日本明覺撰。

【校記】大續：明覺勘注。

4224　千手經二十八部眾釋一卷，日本定深撰。

【校記】大續：無日本、撰三字。

4225　孔雀經音義三卷，日本觀靜撰。

【校記】大續：撰作記。

4226　不空羂索毘盧遮那佛大灌頂光明真言句義釋一卷，日本高辨撰。

【校記】大續：高辨集。

續律疏部

4227　梵網經開題一卷，日本空海撰。

【校記】◎大續：無作者名。【大續按】錄自弘法大師全集本。

4228　梵網戒本疏日珠鈔五十卷，日本凝然述。

【校記】大續：無日本二字。【按】大續缺卷十四、二十三。

4229　資行鈔三卷，日本照遠撰。

○附著者記、智海識。

【校記】◎大續：或二十八卷［卷上一分五卷、卷上二至四各分二卷成六卷、卷中一分三卷、卷中二缺（原分三卷）、卷中三分三卷、卷下一至四各分二卷成八卷］◎無作者名◎有附記等◎目錄補入作者名。

續論疏部

4230　俱舍論抄二十九卷，日本宗性撰。

【校記】◎大續：或四十八卷（卷一、二、四至十、十三、十六、十七、十九、二十一、二十三、二十四、二十六至二十八各分二卷）◎無作者名（僅卷尾著者之記文題宗性）◎目錄題俱舍論本義抄。【按】大續缺卷十六上、卷十七上、卷二十一上。

4231　阿毘達磨俱舍論指要鈔三十卷，日本湛慧撰。

【校記】◎大續：無作者名◎目録補入作者名。

4232　阿毘達俱舍論法義三十卷，日本快道撰。

【校記】大續：無日本二字。

4233　阿毘達磨俱舍論稽古二卷，日本法幢撰。

○～敍，日本快辨題○～卷首。

【校記】◎大續：撰作著◎有敍等。

4234　俱舍論頌疏正文一卷，日本源信撰。

【校記】大續：無日本二字。

4235　俱舍論頌疏抄二十九卷，日本英憲撰。

【校記】大續：無作者名（僅書后著者之記文題英憲）。

4236　中論疏記八卷，日本安澄撰。

【校記】◎大續：或十六卷（每卷又分二卷）◎無日本二字。【註】大續：集衆異說，不敢和會。【按】大續，缺卷一末、卷四本末、卷六本末。

4237　中觀論二十七品別釋一卷，日本快憲撰。

【校記】大續：無作者名（僅卷后著者之記文題快憲）。

4238　十二門論疏聞思記一卷，日本藏海撰。

【校記】大續：無日本、撰三字。

4239　掌珍量導一卷，日本秀法師撰。

【校記】大續：無日本二字。

4240　瑜伽論問答七卷，日本增賀造。

【校記】大續：無日本二字。

4241　成唯識論述記序釋一卷，日本善珠集。

○刻成唯識論疏序釋題辭，日本通印誌○附支那日域相宗先德所撰成唯識論末章篇目，通印輯録○唯識論引證六經十一部論○瑜伽十支論。

【校記】◎大續：無日本二字◎有題辭等。

4242　唯識義燈增明記四卷，日本善珠述。

4243　成唯識論本文抄四十五卷。

【按】内題論第一卷本文抄一，至論第十卷本文抄四十五終。

4244　唯識論同學鈔六十八卷，日本良算抄。

【校記】大續：無作者名（卷尾有良算之題記）。【按】内題論第一卷同學鈔第一，至論第十卷同學鈔第五終。其中卷一分十三卷，卷二、三各分七卷，卷四、五、七、九、十各分五卷，卷六、八各分八卷。

4245　唯識論聞書二十七卷，日本光胤記。

【校記】◎大續：無作者名◎目録補入作者名。

4246　唯識訓論日記一卷，日本光胤草。

【校記】大續：無日本二字。

4247　　成唯識論略疏六卷，日本普寂撰。

　　　　○並懸譚。

　　　　【校記】◎大續：無日本二字◎有懸譚。

4248　　註三十頌一卷，日本貞慶撰。

　　　　【校記】大續：作者名作解脫上人御注釋。

4249　　因明論疏明燈抄六卷，日本普珠撰。

　　　　【校記】◎大續：或十二卷（每卷又分二卷）◎撰作抄。

4250　　因明大疏抄四十一卷，日本藏俊撰。

　　　　【校記】大續：無日本、撰三字。

4251　　因明入正理論疏智解融貫鈔九卷，日本基辨撰。

　　　　○勸策樂大乘者必當普學因明論道小言，基辨撰。

　　　　【校記】◎大續：無日本二字◎有小言◎目錄題因明大疏融貫鈔。

4252　　因明大疏導三卷，日本明詮撰。

　　　　○日本快道林常後記。

　　　　【校記】◎大續：無作者名（校本記明詮導）◎有後記。

4253　　因明大疏裏書三卷，日本明詮著。

　　　　【校記】◎大續：或六卷（每卷又分二卷）◎無日本二字。

4254　　四種相違私記三卷，日本權理記。

　　　　【校記】◎大續：權記◎目錄題因明四種相違私記。

4255　　因明論疏四相違略註釋三卷，日本源信撰。

　　　　【校記】大續：無日本二字。

4256　　四種相違略私記二卷，日本真興集。

　　　　【校記】◎大續：無日本二字◎目錄題因明四種相違略私記。

4257　　四種相違斷略記一卷，日本真興集。

　　　　【校記】大續：無日本二字。

4258　　因明纂要略記一卷，日本真興集。

　　　　【校記】大續：無日本二字。

4259　　因明疏四種相違抄一卷，日本珍海記。

　　　　【校記】◎大續：無日本二字◎目錄題因明大疏四種相違抄。

4260　　明本抄十三卷，日本貞慶撰。

　　　　○附明本抄日記。

　　　　【校記】◎大續：無作者名（書尾有貞慶記）◎有附記。

4261　　明要抄五卷，日本貞慶撰。

　　　　○貞慶後記。

　　　　【校記】◎大續：無作者名◎有後記◎卷三有異本。

4262　　起信論抄出二卷，日本尊辨撰。

【校記】大續：無作者名（卷尾記尊辨）。

4263　釋論指事二卷，日本空海撰。

【校記】◎大續：無日本二字◎目録題釋摩訶衍論指事。

4264　釋摩訶衍論指事一卷，日本覺鍐撰。

【校記】◎大續：無作者名◎目録補入作者名。

4265　釋摩訶衍論決疑破難會釋抄一卷，日本濟暹撰。

【校記】大續：無作者名（校本記濟暹記）。

4266　釋論立義分釋一卷，日本濟暹撰。

【校記】◎大續：無作者名◎目録題釋摩訶衍論立義分略釋，並補入作者名。

4267　釋摩訶衍論應教鈔一卷，日本道範記。

【校記】大續：無日本二字。

4268　釋摩訶衍論私記一卷，日本信堅記。

【校記】大續：無日本二字。

4269　釋論勘註二十四卷，日本賴寶撰。

【校記】◎大續：無作者名（卷尾記賴寶）◎目録題釋摩訶衍論勘註。

4270　金剛頂瑜伽中發阿耨多羅三藐三菩提心論一卷，日本覺鍐撰。

【校記】◎大續：無作者名◎目録題金剛頂瑜伽中發阿耨多羅三藐三菩提心論祕釋。【大續按】録自密嚴諸秘釋本。【提示】覺鍐，通稱密嚴尊者。

4271　金剛頂發菩提心論私抄四卷，日本濟暹撰。

【校記】大續：無作者名。【按】大續缺卷二、卷三。

4272　金剛頂宗菩提心論口決一卷，日本榮西記。

【校記】大續：無日本二字。

4273　菩提心論見聞四卷。

4274　菩提心論異本一卷，日本尊通撰。

○附菩提心論愚疑一卷，尊通撰。

【校記】◎大續：無日本二字◎有附疑。

4275　大乘三論大義鈔四卷，日本玄叡集。

○刻～序，日本妙瑞誌。

【校記】◎大續：無日本二字◎有序。

4276　一乘佛性慧日抄一卷，日本宗法師撰。

【校記】大續：宗撰。

4277　大乘正觀略私記一卷，日本珍海記。

【校記】大續：無日本二字。

續諸宗部 · 三論宗

4278　三論玄疏文義要十卷，日本珍海撰。

【校記】大續：無作者名（書後記珍海記）。

4279　三論玄義檢幽集七卷，日本證禪撰。

【校記】◎大續：無作者名◎目録補入作者名。

4280　三論玄義鈔三卷，日本貞海撰。

【校記】大續：無日本、撰三字。

4281　三論玄義誘蒙三卷，日本聞證撰。

○~序，日本如實撰○附跋，性如跋。

【校記】◎大續：無作者名（序、跋記本書係聞證疏）◎有序等。

4282　大乘玄問答十二卷，日本珍海抄。

【校記】大續：無日本二字。

4283　一乘義私記一卷，日本珍海撰。

【校記】大續：無作者名（校本記珍海）。

4284　八識義章研習抄三卷，日本珍海記。

○~目次。

【校記】◎大續：無日本二字◎有目次。

4285　名教抄十五卷，日本珍海撰。

【校記】◎大續：無作者名◎目録題三論名教抄，並補入作者名。

4286-1　三論興緣一卷，日本聖守撰。

【校記】大續：無日本、撰三字。

4286-2　三論宗濫觴一卷。

4287　三論宗初心初學鈔一卷，日本實慶撰。

【校記】大續：無作者名（後記記實慶草）。

續諸宗部 · 法相宗

4288　大乘法相研神章五卷，日本護命撰。

○~序，護命撰。

【校記】◎大續：無日本二字◎有序。

4289　法相燈明記一卷，日本慚安集。

【校記】大續：安集。

4290　心要鈔一卷，日本貞慶撰。

○~序，日本慧嶽識。

【校記】◎大續：貞慶草◎有序。

4291　觀心覺夢鈔三卷，日本良遍撰。

○刻~引，日本典壽撰。

【校記】◎大續：無作者名（引文、校本後記記良遍作）◎有引。

4292　真心要決三卷，日本良遍撰。

【校記】大續：無作者名（後記題良遍記）。

4293　二卷鈔二卷，日本良遍撰。

【校記】大續：良遍草。

4294　略述法相義三卷，日本聞證撰。

○重刻法相義序。

【校記】◎大續：無作者名（序文記良光和尚作）◎有序。

4295　大乘一切法相玄論二卷，日本基辨撰。

○~序，基辨書。

【校記】◎大續：無日本二字◎有序。

4296　法苑義鏡六卷，日本善珠述。

【校記】大續：無日本二字。

4297　五心義略記二卷，日本清範抄。

【校記】大續：無日本二字。

4298　唯識義私記六卷，日本真興撰。

【校記】◎大續：或十二卷（每卷又分二卷）◎無日本二字。

4299　法相宗賢聖義略問答卷第四一卷，日本仲算撰。

【校記】大續：無日本二字。

4300　唯識分量決一卷，日本善珠撰。

○~感得記，日本佐伯定胤識。

【校記】◎大續：無作者名（記文記善珠撰）◎有記。

4301　四分義極略私記二卷，日本忠算撰。

○題校刻四分義私記首，日本基辨題。

【校記】◎大續：無日本二字◎有基辨題。

4302　七十五法名目一卷。

4303　有宗七十五法記三卷，日本宗禎撰。

○七十五法記序，宗禎書。

【校記】◎大續：無作者名（序文記宗禎）◎有序。

續諸宗部 · 華嚴宗

4304　華嚴宗一乘開心論六卷，日本普機撰。

【校記】大續：無作者名（書尾題普幾撰）。【按】大續存卷下本一。

4305　華嚴一乘義私記一卷，日本增春撰。

【校記】大續：無作者名（書後記增春釋）。

4306　華嚴宗種性義抄一卷，日本親圓撰。

【校記】大續：無作者名（書後記文記親圓抄）。

4307　華嚴論草一卷，日本景雅撰。

【校記】大續：無作者名（書尾記作者景雅）。

4308　華嚴信種義一卷，日本高辨記。

【校記】大續：無作者名（書後作者記文題高辨記）。

4309　華嚴修禪觀照入解脱門義二卷，日本高辨述。

【校記】大續：無日本二字。

4310　華嚴佛光三昧觀祕寶藏二卷，日本高辨集。

【校記】大續：無日本二字。

4311　華嚴宗香薰抄七卷，日本宗性撰。

【校記】大續：無作者名（卷尾作者記文題宗性）。

4312　華嚴宗大要抄一卷，日本實弘撰。

【校記】◎大續：無作者名◎目録補入作者名。

4313　華嚴宗要義一卷，日本凝然述。

【校記】大續：無日本二字。

4314　華嚴宗所立五教十宗大意略抄一卷。

4315　華嚴五教章指事三卷，日本壽靈述。

【校記】大續：或六卷（每卷又分二卷）。

4316　華嚴五教章名目三卷。

4317　五教章通路記五十二卷，日本凝然述。

【校記】大續：無日本二字。【按】大續缺卷五、七、九、二十二、二十八至三十三、三十五至三十七，共十三卷。

4318　華嚴五教章問答抄三卷，日本審乘撰。

【校記】◎大續：或十五卷（卷上又分三卷、卷中又分二卷、卷下又分十卷）無作者名（書尾作者記文題審乘）。

4319　華嚴五教章深意鈔十卷，日本聖詮撰。

【校記】大續：無作者名（卷後作者記文題聖詮）。

4320　五教章見聞鈔三卷，日本靈波記。

【校記】◎大續：或八卷（卷上又分四卷，卷下又分三卷）◎無日本二字◎目録題華嚴五教章見聞鈔。

4321　華嚴五教章不審二卷，日本實英撰。

【校記】◎大續：或二十卷（卷上又分六卷，卷下又分十四卷）◎無作者名（卷尾作者記文題實英）。

4322　華嚴一乘教分記輔宗匡真鈔十卷，日本鳳潭撰。

○～自序○華嚴經章疏總目。

【校記】◎大續：日本作日域◎有自序等◎目録題華嚴五教章匡真鈔。

4323　華嚴五教章衍祕鈔五卷，日本普寂撰。

○附華嚴五教章科一卷。

【校記】◎大續：無日本二字◎有附科。

4324　金師子章勘文一卷，日本景雅撰。

【校記】大續：無作者名（書後記文記景雅勘）。

續諸宗部·律宗

4325　戒律傳來記三卷，日本豐安撰。

○並序○後記，日本智海。

【校記】◎大續：無日本二字◎有序等。【按】大續缺卷中、下兩卷。

4326　律宗綱要二卷，日本凝然述。

【校記】大續：無日本二字。

4327　東大寺授戒方軌一卷，日本法進撰。

【校記】大續：無日本、撰三字。

4328　東大寺戒壇院受戒式一卷，日本實範撰。

【校記】大續：無作者名（校本記實範撰）。

4329　唐招提寺戒壇別受戒式一卷，日本惠光撰。

【校記】◎大續：無作者名◎目録補入作者名。

4330　菩薩戒本宗要雜文集一卷，日本覺盛撰。

【校記】大續：無日本、撰三字。

4331　菩薩戒通受遣疑鈔一卷，日本覺盛撰。

【校記】大續：無日本二字。

4332　菩薩戒通別二受鈔一卷，日本覺盛撰。

【校記】大續：覺盛製。

4333　通受比丘懺悔兩寺不同記一卷，日本凝然述。

○~序，日本宗覺識。

【校記】◎大續：無日本二字◎有序。

4334　菩薩戒本宗要輔行文集二卷，日本叡尊撰。

【校記】大續：無作者名（卷後作者記文題叡尊）。

4335　應理宗戒圖釋文鈔一卷，日本叡尊撰。

【校記】◎大續：無作者名◎目録補入作者名。

4336-1　菩薩戒問答洞義鈔一卷，日本英心述。

【校記】◎大續：無作者名◎目録補入作者名。

4336-2　菩薩戒綱要鈔一卷。

4337　律宗行事目心鈔三卷，日本忍仙撰。

○~目次。

【校記】◎大續：卷末題忍仙記◎有目次。

4338　大乘圓戒顯正論一卷，日本宗覺編。

○～序，宗覺識。

【校記】◎大續：無日本二字◎有序。

4339　願文一卷，日本最澄撰。

【校記】大續：無作者名。【大續按】錄自傳教大師全集。【提示】最澄，諡號傳教大師。

4340　長講法華經略願文二卷，日本最澄撰。

【校記】大續目錄題法華長講會式。

4341　長講金光明經會式一卷，日本最澄撰。

【校記】大續：卷後題最澄記。

4342　長講仁王般若經會式一卷，日本最澄撰。

【校記】大續：卷後題最澄記。

4343　天台法華宗義集一卷，日本義真撰。

○並序。

【校記】◎大續：無日本、撰三字◎有序。

4344　授決集二卷，日本圓珍述。

○～敘，圓珍敘。

【校記】◎大續：智證大師述◎有敘。【提示】圓珍，諡號智證大師。

4345　諸家教相同異集一卷，日本圓珍撰。

【校記】大續：作者名作智證大師。【註】大續：一名甘露集。【提示】圓珍，諡號智證大師。

4346　定宗論一卷，日本蓮剛撰。

【校記】大續：蓮剛述。

4347　一乘要決三卷，日本源信撰。

○～題辭，日本敬光題。

【校記】◎大續：無日本二字◎有題辭。

4348　漢光類聚四卷，日本忠尋記。

【校記】大續：無日本二字。【註】大續：天台傳南岳心要鈔。

4349　天台真言二宗同異章一卷，日本證真撰。

○顯密同異章再刻序，日本慧玄撰。

【校記】◎大續：無作者名（前言記證真草之）◎有序。

4350　圓密宗二教名目一卷，日本惠鎮撰。

【校記】大續：無作者名（卷後記文題惠鎮記）。

4351　宗要柏原案立六卷，日本貞舜撰。

【校記】◎大續：無作者名◎目錄補入作者名。

4352　天台圓宗四教五時西谷名目二卷。

4353　山家學生式一卷，日本最澄撰。

【校記】大續：無作者名。【大續按】録自傳教大師全集。【提示】最澄，謚號傳教大師。

4354　授菩薩戒儀一卷，日本最澄撰、圓珍註。

【校記】大續：無作者名。【大續按】録自傳教大師全集。【提示】最澄，謚號傳教大師。

4355　傳述一心戒文三卷，日本光定撰。

○附光定上表等文五篇。

【校記】◎大續：無日本二字◎有附文。

4356　顯揚大戒論八卷，日本圓仁撰。

○~序，

【校記】◎大續：慈覺大師撰◎有序。【提示】圓仁，又稱慈覺大師。

4357　普通授菩薩戒廣釋三卷，日本安然撰。

○並序。

【校記】◎大續：無日本二字◎有序。

4358　新學菩薩行要鈔一卷，日本仁空撰。

○新學行要鈔總目。

【校記】◎大續：無作者名（卷尾記文題仁空記）◎有總目。

4359　菩薩圓頓授戒灌頂記一卷，日本惟賢撰。

【校記】大續：卷尾題惟賢御判。

4360　圓戒指掌三卷，日本敬光述。

○~序，日本純惠書○並序。

【校記】◎大續：無日本二字◎有二序。

續諸宗部 · 真言宗

4361　胎記二卷，日本圓仁撰。

【校記】◎大續：無作者名（校本書後記覺大師御記一卷）◎目録題胎藏界虛心記。【註】大續：虛心記。【提示】圓仁，又稱慈覺大師。

4362　金記一卷，日本圓仁撰。

【校記】◎大續：無作者名◎目録題金剛界淨地記，並補入作者名。【註】大續：淨地記。

4363　蘇記一卷，日本圓仁撰。

【校記】◎大續：無作者名◎目録題蘇悉地妙心大，並補入作者名。【註】大續：妙心大。

4364　妙成就記一卷，日本圓仁撰。

【校記】大續：慈覺大師書。【提示】圓仁，又稱慈覺大師。

4365　真言所立三身問答一卷，日本圓仁撰。

【校記】大續：作者名作慈覺。【提示】圓仁，又稱慈覺大師。

4366　胎藏大法對受記七卷，日本安然記。

【校記】◎大續：無日本二字◎目録題胎藏界大法對受記。

4367　金剛界大法對受記八卷，日本安然記。

【校記】大續：無日本二字。

4368　蘇悉地對受記一卷，日本安然撰。

【校記】大續：無日本、撰三字。

4369　撰定事業灌頂具足支分十卷，日本安然撰。

【校記】◎大續：無日本二字◎目録題觀中院撰定事業灌頂具足支分。【按】大續缺第七卷。

4370　大日經供養持誦不同七卷，日本安然撰。

【校記】◎大續：無作者名◎目録補入作者名。

4371-1　教時諍一卷，日本安然撰。

【校記】大續：安然製。

4371-2　教時諍論一卷，日本安然撰。

【校記】大續：無日本二字。

4372　真言宗教時義四卷，日本安然作。

【校記】大續：五大院作（校本題五大院安然作）。

4373　胎藏金剛菩提心義略問答抄五卷，日本安然抄。

【校記】大續：作者名作五大院抄。

4374　胎藏三密抄五卷，日本覺超撰。

【校記】◎大續：無作者名◎目録補入作者名。

4375　三密抄料簡二卷，日本覺超撰。

【校記】◎大續：無作者名◎目録補入作者名。

4376　金剛三密抄五卷，日本覺超撰。

【校記】◎大續：無作者名◎目録補入作者名。

4377　東曼荼羅抄三卷，日本覺超撰。

【校記】◎大續：無作者名◎目録補入作者名。

4378　西曼荼羅集一卷，日本覺超撰。

【校記】◎大續：無作者名◎目録補入作者名。

4379　五相成身私記一卷，日本覺超記。

【校記】大續：無作者名（卷後記文題覺超記）。

4380　胎藏界生起一卷，日本覺超記。

【校記】大續：無日本二字。

4381　祕密壇都法大阿闍梨常念誦生起一卷。

4382　金剛界次第生起一卷，日本最圓撰。

○附僅答金剛界疑問總來十條一卷。

【校記】◎大續：無作者名（卷尾記文題最圓記）◎有附答。

4383　隨要記二卷，日本皇慶撰。

【校記】◎大續：無作者名◎目録補入作者名。

4384　四十帖決十五卷，日本長宴記。

【校記】大續：無日本二字。

4385　行林抄八十二卷，日本靜然撰。

【校記】◎大續：無作者名◎目録補入作者名。【按】大續缺卷七十四。

4386　溪嵐拾葉集一百十六卷，日本光宗撰。

○序○緣起○目録。

【校記】◎大續：或一百十七卷（卷六十一分二卷）◎無作者名（緣起尾作者記文題光宗記）◎有序等。

4387　三昧流口傳集二卷，日本良祐撰。

○～目録。

【校記】◎大續：無作者名◎有目録◎目録補入作者名。

4388　總持抄十卷，日本澄豪撰。

○～目録。

【校記】◎大續：無作者名（卷後記文題澄豪記）◎有目録。【按】大續缺第九卷。

4389　授法日記四卷，日本嚴豪口、源豪記。

【校記】◎大續：無日本二字◎目録題四度授法日記。【註】大續：卷一有胎記二字、卷二有金記二字、卷三有護摩二字、卷四有十八道三字。

4390　了因決四十七卷（另目録一卷），日本了惠撰。

○～目録。

【校記】◎大續：無作者名（僅卷二十四後題記有了惠二字）◎有目録。

4391　灌頂私見聞一卷，日本了翁撰。

【校記】大續：了翁談。

4392　遮那業案立草十三卷，日本仁空撰。

【校記】大續：無作者名（卷後記文題仁記）。

4393　法華懺法一卷。

4394　例時作法一卷。

4395　遮那業學則一卷，日本覺千撰。

【校記】大續：無作者名（校者曰覺千稿本）。

4396　奏進法語一卷，日本真盛撰。

【校記】◎大續：無作者名◎目録補入作者名。

4397　念佛三昧法語一卷，日本真盛撰。

【校記】◎大續：無作者名◎目録補入作者名。

4398　　真迢上人法語一卷。

4399　　真荷上人法語一卷。

4400　　真朗上人法語一卷。

4401　　祕藏寶鑰三卷，日本空海撰。

　　　　【校記】大續：遍照金剛撰。【提示】空海，密號遍照金剛。

4402　　聲字實相義一卷，日本空海撰。

　　　　【校記】◎大續：無作者名◎目錄補入作者名。

4403　　吽字義一卷，日本空海撰。

　　　　【校記】大續：遍照金剛撰。【提示】空海，密號遍照金剛。

4404　　御遺告一卷，日本空海撰。

　　　　【校記】大續：無作者名（卷尾記文題空海）。

4405　　阿字觀用心口決一卷，日本實慧撰。

　　　　【校記】◎大續：無作者名◎目錄補入作者名。

4406　　真言付法纂要抄一卷，日本成尊撰。

　　　　【校記】大續：無作者名（卷後記文題成尊撰）。

4407　　辨顯密二教論懸鏡抄六卷，日本濟暹撰。

　　　　【校記】大續：無作者名（校本記濟暹傳）。

4408　　顯密差別問答二卷，日本濟暹撰。

　　　　【校記】◎大續：無作者名◎目錄補入作者名。

4409　　四種法身義一卷，日本濟暹撰。

　　　　【校記】大續：無作者名（卷後記文記濟暹製作）。

4410　　住心決疑抄一卷，日本信證撰。

　　　　【校記】◎大續：無作者名◎目錄補入作者名。

4411　　阿字義三卷，日本實範撰。

　　　　【校記】大續：作者名作中川上人。【提示】實范，稱中川律師。

4412　　阿字要略觀一卷，日本實範撰。

　　　　○並大意。

　　　　【校記】◎大續：實範草◎有大意。

4413　　大經要義抄註解一卷。

4414　　祕宗教相鈔十卷，日本重譽撰。

　　　　【校記】大續：無作者名（書後有重譽題記）。

4415　　十住心論鈔三卷，日本重譽撰。

　　　　【校記】大續：無作者名（書後校本有重譽題記）。

4416　　十住心論打聞集一卷。

4417　　十住遮難抄一卷。

4418　　真言教主問答抄一卷，日本經尋撰。

【校記】◎大續：無作者名◎目録補入作者名。

4419　千輻輪相顯密集一卷，日本興然撰。

【校記】◎大續：無作者名◎目録補入作者名。

4420　貞應抄三卷，日本道範撰。

【校記】大續：無作者名（書後有道範題記）。

4421　諸法分別抄一卷，日本賴寶記。

【校記】大續：無日本二字。

4422　真言名目一卷，日本賴寶述。

【校記】大續：無日本二字。

4423　開心抄三卷，日本杲寶撰。

【校記】大續：卷後題杲寶記之。

4424　金剛頂宗綱概一卷，日本杲寶撰。

【校記】大續：卷後題杲寶記之。

4425　大日經教主本地加持分別一卷，日本杲寶撰。

【校記】大續：杲寶草。

4426　寶冊抄十卷，日本杲寶記、賢寶補。

【校記】大續：無作者名（書後有杲寶記之題記，及賢寶師註加的記文）。

4427　十住心義林二卷，日本宥快撰。

【校記】大續：無日本、撰三字。

4428　大日經主異義事一卷，日本宥快記。

【校記】大續：無日本二字。

4429　寶鏡鈔一卷，日本宥快記。

【校記】大續：無日本二字。

4430　大日經教主義一卷，日本曇寂撰。

【校記】大續：無日本二字。

4431　真言宗未決文一卷，日本德一撰。

【校記】大續：無日本二字。

4432　未決答決一卷，日本房覺記。

【校記】大續：無日本二字。

4433　德一未決答釋一卷，日本杲寶撰。

【校記】大續：無日本、撰三字。

4434　大和尚奉為平安城太上天皇灌頂文一卷，日本空海撰。

【校記】大續：無作者名。【大續按】録自弘法大師全集。【提示】空海，謚號弘法大師。

4435　三昧耶戒序一卷，日本空海撰。

【校記】大續：遍照金剛撰。【提示】空海，密號遍照金剛。

4436　祕密三昧耶佛戒儀一卷，日本空海撰。

【校記】大續：無作者名。【大續按】録自弘法大師全集。【提示】空海，謚號弘法大師。

4437　五部陀羅尼問答偈讚宗祕論一卷，日本空海撰。

【校記】大續：無作者名。【大續按】録自弘法大師全集。【提示】空海，謚號弘法大師。

4438　檜尾口訣一卷，日本實慧撰。

【校記】大續：無作者名（卷後記文有實惠傳習的字樣）。

4439　高雄口訣一卷，日本真濟撰。

　　　○~條目。

【校記】◎大續：無作者名◎有條目◎目録補入作者名。

4440　五部肝心記一卷，日本真濟撰。

【校記】◎大續：無作者名◎目録補入作者名。

4441　要尊道場觀二卷，日本淳祐撰。

【校記】◎大續：無作者名◎目録補入作者名。

4442　不灌鈴等記一卷，日本真寂親王撰。

【校記】大續：無作者名（卷後有真寂的題記）。

4443　具支灌頂儀式一卷，日本元杲撰。

【校記】◎大續：無作者名◎目録補入作者名。

4444　金剛界九會密記一卷，日本元杲撰。

【校記】大續：元杲記。

4445　胎藏界三部祕釋一卷，日本元杲撰。

【校記】大續：無作者名（校本記元杲記）。

4446　小野六帖七卷，日本仁海撰。

【校記】◎大續：無作者名◎目録補入作者名。

4447　五相成身義問答抄一卷，日本濟暹撰。

【校記】◎大續：無作者名◎目録補入作者名。

4448　十八契印義釋生起一卷，日本定深撰。

【校記】◎大續：無作者名◎目録補入作者名。

4449　別行七卷，日本寬助撰。

【校記】◎大續：無作者名◎目録補入作者名。

4450　柿袋一卷，日本真譽撰。

【校記】◎大續：無作者名◎目録補入作者名。

4451　要尊法一卷，日本永嚴撰。

【校記】◎大續：無作者名◎目録補入作者名。

4452　勝語集二卷，日本惠什撰。

【校記】◎大續：無作者名◎目録補入作者名。

4453　事相料簡一卷，日本覺印記。

【校記】大續：無作者名（卷後有覺印記之題記）。

4454　轉非命業抄一卷，日本賢覺抄。

【校記】大續：無日本二字。

4455　傳受集四卷，日本寬信撰。

【校記】◎大續：無作者名◎目録補入作者名。

4456　厚造紙一卷，日本元海記。

○～目次。

【校記】◎大續：無作者名（卷後有元海題記）◎有目次。

4457　諸尊要抄十五卷，日本實運撰。

【校記】◎大續：無作者名◎目録補入作者名。

4458　祕藏金寶鈔十卷，日本實運撰。

【校記】大續：無作者名（書後記文曰實運記）。

4459　玄祕抄四卷，日本實運撰。

【校記】大續：無作者名（卷後有實運記之題記）。

4460　治承記一卷，日本勝賢撰。

【校記】大續：無日本、撰三字。

4461　澤鈔十卷，日本覺成記、守覺親王輯。

【校記】大續：無作者名（書後記文曰覺成抄）。

4462　祕鈔十八卷，日本覺賢記、守覺親王輯。

○～目録。

【校記】◎大續：無作者名◎有目録◎目録補入作者名。

4463　異尊抄二卷，日本守覺親王撰。

【校記】大續：守覺親王作。

4464　右記一卷，日本守覺親王撰。

【校記】◎大續：無作者名◎目録補入作者名。

4465　左記一卷，日本守覺親王撰。

【校記】◎大續：無作者名◎目録補入作者名。

4466　御記一卷，日本守覺親王撰。

【校記】大續：無日本、撰三字。

4467　追記一卷，日本守覺親王撰。

【校記】◎大續：無作者名◎目録補入作者名。

4468　薄雙紙十六卷，日本成賢撰。

○～總目。

【校記】◎大續：無作者名◎有總目◎目録補入作者名。

4469 遍口鈔六卷，日本成賢口、道教記。

【校記】大續：無日本二字。

4470 實歸鈔一卷，日本深賢集。

【校記】大續：無作者名（卷後有深賢記文）。

4471 幸心鈔五卷，日本憲深口、親快記。

【校記】大續：無作者名（書後有親快記文）。

4472 傳法灌頂私記三卷，日本教舜記。

【校記】大續：無日本二字。

4473 四卷四卷，日本興然撰。

【校記】大續：無作者名（書後有興然記文）。

4474 師口四卷，日本榮然撰。

【校記】◎大續：無作者名◎目錄補入作者名。

4475 行法肝葉鈔三卷，日本道範記。

【校記】大續：無作者名（每卷後有道範記文）。

4476 授寶性院宥快記一卷，日本興雅記。

【校記】大續：無日本二字。

4477 中院流四度口傳四卷，日本宥快撰。

【校記】◎大續：無作者名◎目錄補入作者名。

4478 中院流事一卷，日本宥快口、成雄記。

【校記】大續：無日本二字。

4479 中院流大事聞書一卷，日本宥快口、成雄記。

【校記】大續：無日本二字。

4480 傳屍病口傳一卷。

4481 傳屍病灸治一卷。

【校記】大續目錄題傳屍病炙治，誤也。

4482 偽書論一卷，日本恭畏述。

【校記】大續：無日本二字。

4483 顯密不同頌一卷，日本覺鑁撰。

【校記】◎大續：無作者名◎目錄補入作者名。

4484 真言宗即身成佛義章一卷，日本覺鑁撰。

【校記】◎大續：無作者名◎目錄補入作者名。

4485 𑖀字祕釋一卷，日本覺鑁撰。

【校記】◎大續：無作者名◎目錄補入作者名。

4486 𑖀字義一卷，日本覺鑁撰。

【校記】大續：無作者名。【大續按】錄自密嚴遺教錄。【提示】覺鑁，通稱密嚴尊者。

4487　五輪九字明祕密釋一卷，日本覺鑁撰。

【校記】◎大續：無作者名◎目錄補入作者名。【註】大續：亦名頓悟往生秘觀。

4488　密嚴淨土略觀一卷，日本覺鑁撰。

【校記】大續：無作者名。【提示】覺鑁，通稱密嚴尊者。

4489　祕密莊嚴傳法灌頂一異義一卷，日本覺鑁撰。

【校記】大續：撰作記。

4490　十八道沙汰一卷，日本覺鑁撰。

【校記】大續：無作者名（卷後校本記密嚴院上人製作）。【提示】覺鑁，曾隱居於密嚴院。

4491　金剛頂經蓮花部心念誦次第沙汰一卷，日本覺鑁撰。

【校記】大續：無作者名（卷尾校本記文曰正覺房聖人）。【提示】覺鑁，號正覺房。

4492　胎藏界沙汰一卷，日本覺鑁撰。

【校記】◎大續：無作者名◎目錄補入作者名。

4493　心月輪祕釋一卷，日本覺鑁撰。

【校記】◎大續：無作者名◎目錄補入作者名。

4494　真言淨菩提心私記一卷，日本覺鑁撰。

【校記】大續：無日本二字。

4495　阿彌陀祕釋一卷，日本覺鑁撰。

【校記】◎大續：無作者名◎目錄補入作者名。

4496　真言宗義一卷，日本覺鑁撰。

【校記】◎大續：無作者名◎目錄補入作者名。

4497　祕密莊嚴不二義章一卷，日本覺鑁撰。

【校記】◎大續：無作者名◎目錄補入作者名。

4498　真言三密修行問答一卷，日本覺鑁撰。

【校記】◎大續：無作者名◎目錄補入作者名。

4499　勸發頌一卷，日本覺鑁撰。

【校記】◎大續：無作者名◎目錄補入作者名。

4500　密嚴院發露懺悔文一卷，日本覺鑁撰。

【校記】大續：無作者名。【提示】覺鑁，曾隱居於密嚴院。

4501　諸宗教理同異釋一卷，日本賴瑜撰。

〇~序。

【校記】◎大續：無日本、撰三字◎有序。

4502　十八道口決二卷，日本賴瑜撰。

【校記】大續：書尾題賴瑜記。

4503　野金口決鈔一卷，日本賴瑜撰。

【校記】大續：無作者名（卷後有賴瑜記文）。

4504　野胎口決鈔二卷，日本賴瑜撰。

【校記】大續：無作者名（書後有賴瑜記文）。

4505　護摩口決一卷，日本賴瑜撰。

【校記】大續：無作者名（卷後有賴瑜記文）。

4506　金界發惠抄三卷，日本賴瑜記。

【校記】大續：無日本二字。

4507　胎藏入理鈔三卷，日本賴瑜記。

【校記】大續：無日本二字。

4508　薄草子口決二十卷，日本賴瑜撰。

【校記】◎大續：或二十一卷（卷七分二卷）◎無作者名（卷後有賴瑜記文）。

4509　祕鈔問答十七卷，日本賴瑜撰。

【校記】◎大續：或二十二卷（卷八、十一至十四各分二卷）◎無作者名（卷後有賴瑜記文）。

4510　釋摩訶衍論第十廣短冊一卷，日本順繼撰。

【校記】大續：無作者名（卷後有順繼記文）。

4511　大疏百條第三重十卷，日本聖憲撰。

【校記】◎大續：無作者名◎目録補入作者名。

4512　自證説法一卷，日本聖憲撰。

【校記】◎大續：無作者名◎目録補入作者名。

4513　大疏談義十卷，日本運敞撰。

【校記】大續：無作者名（書後有運敞記文）。

4514　祕密因緣管絃相成義二卷，日本法住記。

【校記】大續：無日本二字。

4515　讀書二十二則一卷，日本戒定撰。

【校記】◎大續：無作者名◎目録補入作者名。

續諸宗部 · 禪宗

4516　聖一國師語録一卷，（日本圓爾辨圓語）師錬纂。
　　　○師錬序。
　　　【校記】序見大續。

4517　三聖開山慧日第二世寶覺禪師語緣一卷，日本東山湛照語。
　　　【校記】◎大續：無作者名◎目録題寶覺禪師語緣。

4518　佛照禪師語録二卷，（日本白雲慧曉語）希白等輯。
　　　○附元亨釋書佛照禪師傳，日本師錬撰。
　　　【校記】附傳見大續。

4519　大覺禪師語録三卷，（日本蘭溪道隆語）圓顯等編。

○~序，宋法照撰。

【校記】序見大續。

4520　圓通大應國師語録三卷，日本（南浦紹明説）祖照、慈禪、宗心、克原等編。

○日本國建長寺明禪師語録敘，明宗泐敘○附圓通大應國師塔銘，元廷俊撰○元德日本楚俊跋。

【校記】◎大續：二卷◎佛：日本紹明説、侍者祖照等編，大續縮頻：無日本二字，◎有敘等。

4521　佛光國師語録十卷，（日本子元祖元語）一真等編。

○敕謚佛光圓滿常照國師三會語録序，日本乾曷元雄撰○無學禪師行狀，如芝狀、覺明狀○佛光禪師塔銘，元揭傒斯撰○增附佛光禪師行狀，靜照狀○大日本國山城州萬年山真如禪寺開山佛光無學禪師正脈塔院碑銘，永瑢撰○年譜○佛光禪師塔銘（揭公之文，削狀而作。今併取所削及普説等語，逐次插入，低為寫焉。）

【校記】序等見大續。

4522　敕謚圓鑑禪師藏山和尚語録一卷，（日本藏山順空語）侍者編。

○附圓鑑禪師傳，師鍊撰。

【校記】◎大續：有附傳◎目録題圓鑑國師語録。

4523　佛國禪師語録二卷，（日本高鋒顯日語）妙環等編。

○元如芝序○元正澄序○佛國應供廣濟國師語目録○附元清茂後記○前住相模州巨福山建長興國禪寺敕謚佛國應供廣濟國師高峰和尚行録，妙祁誌○行録補遺。

【校記】序等見大續。

4524　南院國師語録三卷，（日本規庵祖圓語）慧真等編。

○敕謚南院國師規庵和尚行狀，智明狀○附録。

【校記】行狀等見大續。

4525　一山國師語録二卷，（日本一山一寧語）了真等編。

○~序，如芝書○~目録○附行記，師鍊記。

【校記】序等見大續。

4526　竺僊和尚語録三卷，（日本竺僊梵仙語）裔堯等編。

○~目録○~序，元至仁序○建長禪寺竺仙和尚行道記，元清欲撰○日本建長寺竺仙和尚塔銘，元危素撰○跋，元清欲題、元梵琦題。

【校記】◎大續：或四卷（卷下分二卷）◎有目録等。

4527　夢窓國師語録二卷，（日本夢窓疎石語）本元等編。

○永瑢序○目録○年譜，妙葩編○塔銘並序，永瑢撰○碑銘，明宋濂撰。

【校記】◎大續：或三卷（卷下分二卷）◎有序等。

4528　義堂和尚語録四卷，（日本義堂周信語）中圓等編。

○~序，道忠題○目次。

【校記】序等見大續。

4529　鐵舟和尚閻浮集一卷，日本鐵舟德濟撰。

○附祖緣記。

【校記】◎大續：無作者名◎有附記◎目錄題閻浮集。

4530　鹽山拔隊和尚語録六卷，日本拔隊得勝語。

○附行録，明道誌。

【校記】◎大續：無作者名◎有附行録。

4531　無文禪師語録一卷，日本無文元選語。

○真讚，友勝讚○序，獨園識○題辭，無學○改刻序，敬沖撰○序，宗晁撰○~序，性琴書○深奧山無文和尚語○附玄璠書○後序，智融書○重刊後序，宗賁題△無文禪師行狀○獨園序○崇澂題○方廣開山無文元選禪師行狀，祖秀校訂○附録輪藏記，方秀撰○行狀跋，祖宗跋○行狀後序，祖秀書。

【校記】◎大續：無作者名◎有讚等。

4532　智覺普明國師語録八卷，（日本春屋妙葩語）周佐等編。

○明姚廣孝書○~目次○明希顏跋○行業實録，門人撰○塔銘並序，明道聯撰○拾遺○附録○祖緣等題。

【校記】姚廣孝書等見大續。

4533　絕海和尚語録二卷，（日本絕海中津語）俊承等編。

○序，明道聯撰○年譜，妙祈撰○明心泰跋。

【校記】序等見大續。

4534　特賜佛日常光國師空谷和尚語録二卷，（日本空谷明應語）侍者編。

○行實，澄或狀○附録。

【校記】◎大續：無編字◎有行實等◎目錄題常光國師語録。

4535　佛德大通禪師愚中和尚語録五卷（另年譜一卷），（日本愚中周及語）某甲編。

○~序，道倫書○元定書○~總目○附清遠跋○元丈跋○年譜，禪慶編○舊跋，得巖書。

【校記】◎大續：有序等◎目錄題大通禪師語録。

4536　永源寂室和尚語二卷，日本寂室玄光語。

○行狀，文守撰。

【校記】◎大續：無作者名◎有行狀◎目錄題永源寂室和尚語録。

4537　定慧明光佛頂國師語録五卷，（日本一絲文守語）文光編。

○~御序○~總目○附年譜，淨因書○髮塔銘並序，正覺親王撰○髮塔銘跋，無品親王撰。

【校記】◎大續：有御序等◎目錄題佛頂國師語録。

4538　特賜興禪大燈高照正燈國師語録三卷，（日本宗峰妙超語）性智等編。

○行狀，禪興狀。

【校記】◎大續：有行狀◎目録題大燈國師語録。

4539　徹翁和尚語録二卷，（日本徹翁義亨語）禪興編。

○附行狀，禪興狀。

【校記】附行狀見大續。【按】大續目録記亨作享，誤也。

4540　佛日真照禪師雪江和尚語録一卷，（日本雪江宗深語）禪悦輯。

○敕書○敍，禪悦題○～目次○行狀，東陽撰○附録。

【校記】◎大續：有敕書等◎目録題雪江和尚語録。

4541　本如實性禪師景川和尚語録二卷，（日本景川宗隆語）某等編。

○～序，慈眼撰○～目次○附行狀，宗休撰○附録○後敍，玄淵書。

【校記】◎大續：有序等◎目録題景川和尚語録。

4542　大興心宗佛德廣通國師虎穴録二卷，（日本悟溪宗頓語）某等編。

○序，如幻撰○綸旨，中辨兼顯撰○敕書○宸翰，悟溪國師門徒等○目次○行
狀，宗柱撰○舊刊行狀○舊刊跋語，宗三書○附録。

【校記】◎大續：有序等◎目録題虎穴録。

4543　東陽和尚少林無孔笛六卷，（日本東陽英朝語）某等編。

○～序，祖璧題○～目録○附敕書○傳○後序，元貞書。

【校記】◎大續：有序等◎目録題少林無孔笛。

4544　圓滿本光國師見桃録四卷，（日本大休宗林語）比丘等編。

○敍，道忠書○附録。

【校記】◎大續：有敍等◎目録題見桃録。

4545　西源特芳和尚語録三卷，（日本特芳禪傑語）宗怡重編。

○序，慧寬書○～目次○附性湛題後序○拾遺○敕書○傳○附録・疏（兩篇），
分別由竺關製，季弘製○附録・祭文，太江製。

【校記】序等見大續。

4546　槐安國語七卷，日本白隱慧鶴語。

○再鐫～序，洪川識○牧宗識○評唱龍寶開山國師語録拙語，白隱書○～標目○
附～後序，全乙識○退耕跋。

【校記】◎大續：無作者名◎有序等。

4547　宗門無盡燈論二卷，日本東嶺圓慈撰。

○～序，集膺天真撰○～序，圓慈書○～品目○附刻～緣由，霧隱識。

【校記】◎大續：無日本東嶺四字◎有序等。

4548　五家參祥要路門五卷，日本東嶺圓慈編。

○～序，圓慈撰○跋～，大觀撰。

【校記】◎大續：無日本二字◎有序等。

4549　大鑑禪師小清規一卷，日本清拙正澄撰。

○新刻清拙大鑑禪師清規敘，太路序○附清仲跋。

【校記】◎大續：無作者名◎有敘等◎目錄題大鑑清規。

4550　諸回向清規式五卷，日本天倫楓隱撰。

【校記】◎大續：無日本、撰三字◎目錄題諸回向清規。

4551　小叢林略清規三卷，日本無著道忠撰。

○自敘～○例言○～目次。

【校記】◎大續：無日本無著四字◎有自敘等◎目錄題小叢林清規。

4552　永平初祖學道用心集一卷，日本道元撰。

【校記】◎大續：無作者名◎目錄題學道用心集。

4553　正法眼藏九十五卷，日本道元撰。

○正法眼藏，義雲書○雕刻永平～緣由，穩達識○雕刻永平～凡例○永平～卷目列次、懷奘記。

【校記】◎大續：或九十六卷（卷三十分二卷）◎道元記◎有義雲書等。

4554　永平元禪師清規二卷，日本道元撰。

○重刊永平清規序，玄透撰○校訂冠註永平清規凡例○永平道元禪師清規篇次目錄○附光紹跋。

【校記】◎大續：無日本二字◎有序等◎目錄題永平清規。

4555　瑩山和尚傳光錄二卷，（日本瑩山紹瑾語）侍者編。

○傳光錄序，費杜題○瑩山瑾禪師傳略考○凡例，仙英白。

【校記】◎大續：有序等◎目錄題傳光錄。

4556　信心銘拈提一卷，日本瑩山紹瑾撰。

【校記】◎大續：無作者名◎目錄補入作者名。

4557　十種敕問奏對集一卷，日本瑩山紹瑾語、侍者編。

【校記】大續：作者名作敕特賜法雲普蓋禪師垂示、侍者筆受。

4558　瑩山和尚清規二卷，日本瑩山紹瑾撰。

○～序，白卍山撰○附跋，梵清誌○附著○跋，月舟撰。

【校記】◎大續：無作者名◎有序等◎目錄題瑩山清規。

4559　光明藏三昧一卷，日本孤雲懷奘記。

○重雕～序，密雲序○～序，方面山題○附玄梁跋○肯菴題。

【校記】◎大續：無日本孤雲四字◎有序等。

4560　義雲和尚語錄二卷，（日本義雲語）圓宗等編。

○～序，卍山序○～目次○跋，愚中撰○拾遺～序，龍堂題○拾遺～目次○附義雲和尚略傳，龍堂撰○瑞方跋。

【校記】序等見大續。

4561　通幻靈禪師漫錄二卷，（日本通幻寂靈語）普濟編。

○～序，道印月坡題○～目次○通幻靈禪師行實，道印月坡撰。

【校記】序等見大續。

4562　實峰禪師語録一卷，（日本實峰良秀語）慈恩等編。

　　　○實峰秀禪師語録序，道印月坡題○實峰和尚語録序，杜多序○實峰和尚語録目録○附實峰和尚行狀，良圓誌○圓刹書。

　　　【校記】序等見大續。

4563　禪林普濟禪師語録三卷，（日本普濟善救語）禪雄等編。

　　　○行記，淨智等記○附跋，信楪峰書。

　　　【校記】◎大續：有行記等◎目録題普濟和尚語録。

4564　月坡禪師住常陸州岱宗山天德禪寺語録四卷，（日本月坡道印語）元湛等編。

　　　○請啟○復啟○～目次○岱宗語録跋，元遼跋。

　　　【校記】◎大續：有請啟等◎目録題月坡禪師語録。

4565　月舟和尚遺録二卷，（日本月舟宗胡語）曹源編。

　　　○～序，白卍山書○附跋○禪定開山月舟老和尚行狀，曹源撰。

　　　【校記】序等見大續。

4566　獨菴獨語一卷，日本獨菴玄光撰。

　　　○～序，清道需題○～序，玄光序。

　　　【校記】◎大續：玄光著◎有二序。

4567-1　卍山禪師住東林寺語録二卷，（日本卍山道白語）湛堂編。

　　　○東林語録序，湛堂書○目次○附元貞、隱之識○實山書○西遊草○東歸草○白龍誌。

　　　【校記】◎大續：有序等◎目録題東林語録四卷，包括東林後録二卷在内。

4567-2　卍山和尚東林後録二卷，（日本卍山道白語）白龍編。

　　　○～序，實山書○白龍撰○東林後録目次○附白龍誌○曹源題。

　　　【校記】序等見大續。

4568　禪戒訣一卷，日本卍山道白語、門人白龍編。

　　　【校記】大續：無作者名。【大續按】録自卍山和尚廣録。

4569　天桂老人報恩編三卷，（日本天桂傳尊語）侍者記。

　　　○報恩編序，尼公製○報恩編序，東溟書。

　　　【校記】◎大續：有二序◎目録題報恩編。

4570　佛祖正傳禪戒鈔一卷，日本萬仞道坦輯。

　　　○～序，萬仞題○或問○規約。

　　　【校記】◎大續：萬仞輯◎有序等◎目録題禪戒鈔。

4571　心學典論四卷，日本道費無隱著。

　　　○～序，元皓撰○～自序，無隱道費題○～篇目○附～跋，越宗撰。

　　　【校記】◎大續：無日本二字◎有序等。

4572　不能語荒田隨筆二卷，日本指月慧印撰。

　　○荒田隨筆敍。

　　【校記】◎大續：或四卷（每卷又分二卷）◎無作者名◎有敍◎目錄題荒田隨筆，並補入作者名。

4573　建康面山和尚普説一卷，（日本面山瑞芳語）本猛等編。

　　○建康普説序，面山題。

　　【校記】◎大續：有序◎目錄題建康普説。

4574　隱元和尚黃檗清規一卷，（日本隱元隆琦語）性激等編。

　　○黃檗清規序，隱元琦書○黃檗清規目次○附録。

　　【校記】◎大續：有序等◎目錄題黃檗清規。

續諸宗部 · 淨土宗

4575　徹選擇本願念佛集二卷，日本辨阿聖光撰。

　　【校記】大續：辨阿撰。

4576　選擇傳弘決疑鈔五卷，日本良忠述。

　　○～凡例○並序○附會本～後序，忍澂識。

　　【校記】◎大續：無日本二字◎有凡例等。

4577　黑谷上人語燈録十五卷，日本源空撰、了惠道光集。

　　○～序，了惠書。

　　【校記】◎大續：了惠集◎有序。【大續按】卷四、卷五已有印本別行於世，故今略不編。【按】別行本見2910選擇本願念佛集一卷。

4578　拾遺黑谷上人語燈録三卷，日本源空撰、了惠道光集。

　　○刻語燈録跋，義山書。

　　【校記】◎大續：了惠集◎有跋。

4579　末代念佛授手印一卷，日本辨阿聖光撰。

　　○並序。

　　【校記】◎大續：無日本、聖光撰五字◎有序。

4580　淨土二藏二教略頌一卷，日本了譽聖冏撰。

　　【校記】大續：了譽撰。

4581　歸命本願抄三卷，日本向阿證賢撰。

　　【校記】◎大續：無作者名◎目録補入作者名。

4582　西要抄二卷，日本向阿證賢撰。

　　【校記】◎大續：無作者名◎目録補入作者名。

4583　父子相迎二卷，日本向阿證賢撰。

　　【校記】◎大續：無作者名◎目録補入作者名。

4584　大原談義聞書鈔一卷。

4585　蓮門學則一卷，日本大玄撰。

【校記】◎大續：無作者名◎目録補入作者名。

4586　選擇密要決五卷，日本證空記。

【校記】大續：無日本二字。

4587　修業要決一卷，日本證空記。

○後序。

【校記】◎大續：無日本二字◎有後序。

4588　當麻曼荼羅供式一卷，日本證空記。

【校記】大續：無日本二字。

4589　曼荼羅八講論義抄一卷，日本證空撰。

○附題～後。

【校記】◎大續：無作者名（附文記八講論義鈔者，流祖西山善惠國師之著述）◎有附題。【提示】證空係日本淨土宗西山派开祖，字善慧。

4590　女院御書二卷，日本證空撰。

○辨才首題。

【校記】◎大續：作者名作西山國師◎有首題。【提示】證空，通稱西山上人。

4591　鎮勸用心一卷，日本證空撰。

【校記】◎大續：無作者名◎目録補入作者名。

4592　流祖上人簡條名目一卷，日本證空撰。

【校記】大續：無作者名。【提示】證空，又稱流祖西山善惠國師。

4593　觀經名目證據十七箇條一卷，日本淨音撰。

【校記】大續：無作者名（卷後題記記載：斯書西谷之作）。【按】以下西山口決傳密鈔的作者是西谷淨音，由此可證本箇條乃淨音撰。

4594　西山口決傳密鈔一卷，日本淨音記。

○目録。

【校記】◎大續：無日本二字◎有目録。

4595　淨土宗要集三卷，日本道教顯意撰。

○目録（見各卷前）○附顯意言○行空誌。

【校記】◎大續：無作者名◎有目録等。

4596　竹林鈔二卷，日本道教顯意撰。

【校記】大續：無作者名（書後題記云：此書者竹林寺道教上人御作也）。

4597　菩薩藏頓教一乘海義要決一卷，日本道教顯意述。

【校記】大續：無日本道教四字。

4598　難易二道血脈圖論一卷，日本道教顯意記。

【校記】大續：無日本道教四字。

4599　華山院家四十八問答一卷，日本道教顯意撰。

【校記】大續：無作者名（卷末有顯意記文）。

4600 　觀經四品知識義一卷，日本道教顯意述。
　　　【校記】大續：無日本道教四字。

4601 　仙洞三心義問答記一卷，日本道教顯意錄。
　　　○並序。
　　　【校記】◎大續：無日本道教四字◎有序。

4602 　淨土宗建立私記一卷，日本道教顯意撰。
　　　【校記】大續：無作者名（卷尾有顯意的題名）。

4603 　淨土童蒙指歸名目一卷，日本行觀覺融撰。
　　　【校記】大續：無日本行觀四字。

4604 　淨土宗法門大圖一卷，日本行觀覺融撰。
　　　【校記】大續：無日本行觀四字。

4605 　淨土法門大圖名目一卷，日本行觀覺融撰。
　　　【校記】大續：行觀撰。

4606 　淨土口決集一卷，日本行觀覺融撰。
　　　【校記】◎大續：無作者名◎目錄補入作者名。

4607 　座右鈔一卷，日本實道惠仁撰。
　　　【校記】大續：無作者名（卷尾有惠仁題名，另有記載云：這之座右者，……實
　　　道上人制法）。

4608 　初心行護鈔一卷，日本實道惠仁撰。
　　　【校記】大續：無作者名（卷尾有仁記字樣）。

4609 　講院學堂通規一卷，日本實道惠仁撰。
　　　【校記】大續：無作者名（卷尾有仁記字樣）。

4610 　愚要鈔三卷，日本光雲明秀撰。
　　　○辨才題○明秀後記。
　　　【校記】◎大續：無日本光雲四字◎有題等。

4611 　西山復古篇一卷，日本俊鳳妙瑞記。
　　　【校記】大續：俊鳳瑞記。

4612 　顯淨土真實教行證文類六卷，日本親鸞集。
　　　○～序○顯淨土真實信文類序，親鸞集。
　　　【校記】◎大續：無日本二字◎有二序。

4613 　淨土文類聚鈔一卷，日本親鸞作。
　　　【校記】大續：無日本二字。

4614 　愚禿鈔二卷，日本親鸞撰。
　　　【校記】大續：無作者名（卷尾有愚禿親鸞的題名）。

4615 　入出二門偈頌一卷，日本親鸞作。
　　　【校記】大續：無日本二字。

4616　　　淨土和讚一卷，日本親鸞作。

　　　　　【校記】大續：無日本二字。

4617　　　淨土高僧和讚一卷，日本親鸞作。

　　　　　【校記】大續：無日本二字。

4618　　　正像末法和讚一卷，日本親鸞撰。

　　　　　【校記】大續：親鸞書（卷中）。

4619　　　皇太子聖德奉讚一卷，日本親鸞作。

　　　　　○～，善信作。

　　　　　【校記】◎大續：無日本二字◎有讚。

4620-1　　淨土三經往生文類一卷，日本親鸞撰。

　　　　　【校記】大續：無作者名（卷後有親鸞書的題名）。

4620-2　　淨土三經往生文類（異本）一卷。

4621-1　　如來二種迴向文一卷，日本親鸞撰。

　　　　　【校記】◎大續：無作者名。【大續按】原本係親鸞自筆本。

4621-2　　往相迴向還相迴向文類（異本）一卷。

　　　　　【校記】大續：卷尾有親鸞書之題記。

4622-1　　尊號真像銘文二卷。

4632-2　　尊號真像銘文（異本）一卷。

　　　　　【校記】大續：卷尾有親鸞書之題記。

4623　　　一念多念文意一卷，日本親鸞撰。

　　　　　【校記】大續：無作者名（卷尾有親鸞書的題記）。

4624-1　　唯信鈔文意一卷，日本親鸞撰。

　　　　　【校記】大續：無作者名（卷尾有親鸞書的題記）。

4624-2　　唯信鈔文意（異本）一卷。

　　　　　【校記】大續：卷尾有親鸞書的題記。

4625　　　末燈鈔二卷，日本從覺編。

　　　　　【校記】◎大續：無作者名◎目録補入作者名。

4626　　　親鸞聖人御消息集一卷。

4627　　　歎異抄一卷。

4628　　　執持鈔一卷，日本覺如宗昭撰。

　　　　　【校記】大續：無作者名（卷尾有宗昭題記）。

4629　　　口傳鈔三卷，日本覺如宗昭撰。

　　　　　【校記】大續：無作者名（書後有宗昭後記）。

4630　　　本願寺聖人親鸞傳繪二卷，日本覺如宗昭撰。

　　　　　【校記】大續：無作者名（書後校本有宗昭題記）。

4631　　　報恩講式一卷，日本覺如宗昭撰。

【校記】◎大續：無作者名◎目錄補入作者名。

4632　歎德文一卷，日本存覺光玄撰。

【校記】大續：無作者名（卷尾有存覺的兩篇後記）。

4633　淨土真要鈔二卷，日本存覺光玄撰。

【校記】◎大續：無作者名◎目錄補入作者名。

4634　蓮如上人御文五卷，日本圓如光融編。

【校記】◎大續：無作者名◎目錄補入作者名。

4635　蓮如上人御一代記聞書一卷。

4636　御俗姓御文一卷，日本蓮如兼壽撰。

【校記】◎大續：無作者名◎目錄補入作者名。

4637　大名目一卷，日本顯智撰。

【校記】大續：無日本、撰三字。

4638　自要集一卷，日本定專撰。

○～序，慧照撰。

【校記】◎大續：無作者名（序文記載：恐是高田五世定專上人之作）◎有序。

4639　顯正流義鈔二卷，日本真慧撰。

○新刊～敘，洪音題。

【校記】◎大續：無作者名（卷尾有真慧記的題名）◎有敘。

4640　西方指南鈔三卷。

【校記】大續：或六卷（每卷又分二卷）。

4641　唯信抄一卷，日本聖覺作。

【校記】大續：無日本二字。

4642　後世物語聞書一卷。

4643　一念多念分別事一卷，日本隆寬作。

【校記】大續：無日本二字。

4644　自力他力事一卷，日本隆寬作。

【校記】大續：無日本二字。

4645　安心決定鈔二卷。

4646　往生要集三卷，日本源信撰。

【校記】大續：無日本二字。

4647　往生拾因一卷，日本永觀集。

【校記】大續：無日本二字。

4648　決定往生集一卷，日本珍海撰。

【校記】大續：無作者名（卷後有珍海作的題記）。

4649　安養知足相對抄一卷，日本珍海撰。

【校記】大續：無作者名（卷後有珍海題名）。

4650　　安養抄七卷。

【校記】大續目録誤記八卷。

4651　　淨土法門源流章一卷，日本凝然述。

【校記】大續：無日本二字。

4652　　報恩抄二卷，日本日蓮撰。

【校記】◎大續：無作者名◎目録補入作者名。

4653　　法華取要抄一卷，日本日蓮述。

【校記】大續：無日本二字。

4654　　太田禪門許御書二卷，日本日蓮撰。

【校記】大續：無作者名（書後有日蓮題名）。

4655　　三大祕法抄一卷，日本日蓮撰。

【校記】大續：無作者名（書後有日蓮題名）。

4656　　四信五品鈔一卷，日本日蓮撰。

【校記】大續：無作者名。【大續按】原本係日蓮自筆本。

4657　　如説修行抄一卷，日本日蓮撰。

【校記】大續：無作者名（卷後有日蓮題名）。

4658　　種種御振舞御書一卷，日本日蓮撰。

【校記】◎大續：無作者名◎目録補入作者名。

4659　　御義口傳鈔二卷，日本日興撰。

〇就注法華經御義口傳上、下目録。

【校記】◎大續：無作者名（卷尾有日興題名）◎有目録。

4660　　高祖大聖人御講聞書一卷，日本日向記。

〇御講聞書目録。

【校記】◎大續：無日本二字◎有目録◎目録題御講聞書。

悉曇部

4661　　梵字悉曇字母并釋義一卷，日本空海撰。

【校記】◎大續：無日本二字◎目録題梵字悉曇字母釋義。

4662　　悉曇藏八卷，日本安然撰。

〇～序，安然撰。

【校記】◎大續：無日本二字◎有序。

4663　　悉曇十二例一卷，日本安然記。

4664　　悉曇略記一卷，日本玄昭撰。

【校記】◎大續：無作者名（校本有玄昭撰的題名）。

4665　　悉曇集記三卷，日本淳祐集。

【校記】大續：無日本二字。

4666 悉曇要訣四卷，日本明覺撰。

　　○~辯言。

　　【校記】◎大續：無日本二字◎有辯言。

4667 多羅葉記三卷，日本心覺撰。

　　【校記】大續：無作者名（書後寫本記云：常喜院真筆）。【提示】心覺，世稱常喜院阿闍梨。

4668 悉曇祕傳記一卷，日本信範撰。

　　【校記】大續：無作者名（卷後有信範記的題記）。

4669 悉曇輪略圖抄十卷，日本了尊撰。

　　○~序，了尊撰。

　　【校記】◎大續：無作者名◎有序◎目錄補入作者名。

4670 悉曇三密鈔三卷，日本淨嚴集。

　　○~序，泊如運敞題○~敘引，淨嚴書○~科目。

　　【校記】◎大續：或七卷（卷上、中各分二卷，卷下分三卷）◎無日本二字◎有序等。

4671 梵學津梁總目錄一卷，日本慈雲飲光撰。

　　【校記】◎大續：無作者名◎目錄補入作者名。

4672 魚山聲明集一卷。

4673 魚山私鈔二卷，日本長惠撰。

　　【校記】大續：無作者名（卷後有長惠題記）。

4674 魚山目錄二卷，日本宗快撰。

　　【校記】大續：無作者名（書後有宗快題記）。

4675 大原聲明博士圖一卷。

　　○貞保親王序。

4676 音律菁花集一卷，日本賴驗撰。

　　【校記】◎大續：無作者名◎目錄補入作者名。

4677 聲明口傳一卷，日本聖尊撰。

　　【校記】大續：無作者名（卷後有聖尊題記）。

4678 大阿闍梨聲明系圖一卷。

4679 十二調子事一卷。

4680 聲明源流記一卷，日本凝然述。

　　○刻~跋，蓮光院光書。

　　【校記】◎大續：無日本二字◎有跋。

4681 音曲祕要抄一卷，日本凝然述。

　　【校記】大續：無日本二字。

4682 藥師如來講式一卷，日本最澄作。

【校記】大續：傳教大師御作。【提示】最澄，謚號傳教大師。

4683　橫川首楞嚴院二十五三昧式一卷，日本源信撰。

【校記】大續：無日本二字。

4684　橫川首楞嚴院二十五三昧起請一卷，日本源信撰。

【校記】大續：無作者名。

4685　往生講式一卷，日本永觀撰。

【校記】◎大續：無作者名◎目録補入作者名。

4686　愛染王講式一卷，日本覺鍐撰。

【校記】大續：無作者名。【大續按】録自興教大師全集本。【提示】覺鍐，敕謚興教大師。

4687　求聞持表白一卷，日本覺鍐撰。

【校記】大續：無作者名（卷尾有覺鍐題名）。

4688　觀音講式一卷，日本貞慶撰。

○附貞慶撰後記。

【校記】◎大續：無作者名◎有附後記。

4689　彌勒講式一卷，日本貞慶撰。

【校記】◎大續：無作者名◎目録補入作者名。

4690　如法經現修作法一卷，日本宗快撰。

【校記】大續：無作者名（卷後有宗快記的落款）。

4691　四座講式一卷，日本高辨撰。

【校記】大續：無作者名。【大續按】校本記明慧自筆本。【提示】高辨，號明慧。

古逸部

4692　金剛暎卷上一卷，唐寶達集。
○附曇無懺傳、重答三問、唐慧沼造十支、玄奘傳、龍樹傳、鳩摩羅什傳。
【校記】◎大：無唐字◎有附傳等。【按】曇無懺傳、鳩摩羅什傳録自開元釋教録，玄奘傳録自古今譯經圖記，龍樹傳録自龍樹菩薩傳。

4693　金剛般若經旨贊二卷，唐曇曠撰。

【校記】大：無唐字。【按】大卷下首殘。

4694　金剛般若經依天親菩薩論贊略釋秦本義記卷上一卷，唐知恩集。

【校記】大：無唐字。

4695　金剛經疏一卷。

【大續按】首題新加，首缺。

4696　金剛經疏一卷。

【大續按】首題新加，首尾缺。

4697　金剛般若經挾註一卷。

　　　【大續按】首題新加，首尾缺。

4698　金剛般若義記一卷。

　　　【大續按】尾缺。

4699　金剛般若經疏一卷。

　　　【大續按】首題新加，首尾缺。

4700　金剛般若波羅蜜經傳外傳卷下一卷。

　　　【大續按】首缺。

4701　持誦金剛經靈驗功德記一卷。

4702　仁王般若實相論卷第二一卷。

　　　【大續按】首缺。

4703　仁王經疏一卷。

　　　【大續按】首題新加，首缺。

4704　般若波羅蜜多心經還源述一卷。

　　　【大續按】首缺。

4705　挾註波羅蜜多心經一卷。

　　　【大續按】首題新加。【按】首殘。

4706　法華義記卷第三一卷。

　　　【大續按】首缺。

4707　法華經疏一卷。

　　　【大續按】首題新加，首尾缺。

4708　法華經疏一卷。

　　　【大續按】首題新加，首缺。

4709　法華經疏一卷。

　　　【大續按】首題新加，首尾缺。

4710　法華問答一卷。

　　　【大續按】首題新加，首尾缺。

4711　華嚴經章一卷。

　　　【大續按】首題新加，首缺。

4712　華嚴略疏卷第三一卷。

4713　華嚴經疏一卷。

　　　【大續按】首題新加，首尾缺。

4714　華嚴經義記卷第一一卷，元魏惠光述。

　　　【校記】大續：無元魏二字。

4715　華嚴經疏卷第三一卷，新羅元曉述。

　　　【校記】大續：無新羅二字。

4716　　　十地義記卷第一一卷。

【大續按】首題新加，首缺。

4717　　　無量壽經義記下卷。

【大續按】首題新加，首缺。

4718　　　無量壽觀經義記一卷。

【大續按】首題新加，首缺。

4719　　　勝鬘義記一卷。

【大續按】首缺。

4720　　　勝鬘經疏一卷，照法師疏。

【大續按】首題新加，首缺。

4721　　　挾註勝鬘經一卷。

【大續按】首題新加，首缺。【按】卷末題名作勝鬘夫人經卷上。

4722-1　　涅槃經義記一卷。

【大續按】首題新加，首尾缺。

4722-2　　大涅槃經義記卷第四一卷。

【大續按】首缺。

4723　　　涅槃經疏一卷。

【大續按】首題新加，首尾缺。

4724　　　藥師經疏一卷。

【大續按】首題新加，首尾缺。

4725　　　藥師經疏一卷。

【大續按】首題新加，首缺。

4726　　　維摩義記一卷。

○後記。

【大續按】首缺。

4727　　　維摩經義記卷第四一卷。

【大續按】首缺。

4728　　　維摩經疏一卷。

【大續按】首題新加，首尾缺。

4729　　　維摩經疏一卷。

【大續按】首題新加，首尾缺。

4730　　　維摩經疏（存二卷）。

【按】大續存卷第三、第六兩卷。

4731　　　維摩經抄一卷。

4732　　　維摩經疏一卷。

【大續按】首題新加，首尾缺。

4733 　維摩疏釋前小序抄一卷。

　　　【大續按】尾缺。

4734 　釋肇序一卷，唐體請記。

　　　【校記】大：無唐字。【大續按】首題新加，首缺。

4735 　淨名經關中釋抄二卷，唐道液撰集。

　　　【校記】大：無唐字。

4736 　佛説楞伽經禪門悉曇章一卷。

　　　○並序。

4737 　大乘稻芉經隨聽疏決一卷。

4738 　四分戒本疏（存三卷）。

　　　【校記】大續：（卷二、卷三）增作者名作沙門慧述。【按】大續存卷第一至卷第
　　　三，卷一尾缺。

4739 　律戒本疏一卷。

　　　【大續按】首題新加，首缺。

4740 　律戒本疏一卷。

　　　【大續按】首題新加，首缺。

4741 　律雜抄一卷。

　　　【大續按】首題新加。

4742 　宗四分比丘隨門要略行儀一卷。

　　　【大續按】首缺。

4743 　毘尼心一卷。

4744 　三部律抄一卷。

　　　【大續按】首缺。

4745 　律抄一卷。

　　　【大續按】首缺。

4746 　四部律並論要用抄二卷。

　　　【大續按】首缺。

4747 　律抄第三卷手決一卷。

　　　【大續按】首缺。

4748 　梵網經述記卷第一一卷。

　　　【大續按】首缺。

4749 　本業瓔珞經疏一卷。

　　　【大續按】首題新加，首尾缺。

4750 　十地論義疏（存二卷），北朝法上述。

　　　【校記】大續：無北朝二字。【大續按】首題新加，卷一首尾缺，卷三首缺。
　　　【按】大續存卷第一、第三兩卷。

4751　廣百論疏卷第一一卷，唐文軌撰。

　　　○序。

　　　【校記】◎大續：無唐字◎有序。【大續按】序首缺。

4752　瑜伽師地論分門記六卷，唐法成述、智慧山記。

　　　【校記】◎大續：無唐字。【按】現存六卷分別為：開釋本地分前十二地、本地分中聲聞地、本地分中獨覺地、本地分中菩薩地第二、第三、攝決擇分第二。

4753　瑜伽論手記（存四卷），唐法成述、福慧記。

　　　【校記】大續：無唐法成述、記五字。【按】大續存卷第三十一至第三十四。

4754　地持義記卷第四一卷。

　　　【大續按】首缺。

4755　攝大乘論疏（存二卷）。

　　　【大續按】二卷皆首題新加，首缺。【按】大續存卷第五、第七。

4756　攝大乘論抄一卷。

　　　【大續按】首題新加，首尾缺。

4757　攝大乘論章卷第一一卷。

　　　【大續按】首題新加，首尾缺。

4758　攝論章卷第一一卷。

　　　【大續按】首缺。

4759　攝大乘義章卷第四一卷。

4760　大乘起信論廣釋（存三卷），唐曇曠撰。

　　　【校記】大續：無唐字。【大續按】卷四首缺。【按】大續存卷第三、第四、第五。

4761　起信論註一卷。

　　　【大續按】首題新加，首尾缺。

4762　因緣心釋論開決記一卷。

　　　【大續按】尾缺。

4763　大乘經纂要義一卷。

4764　大乘二十二問本一卷。

　　　【大續按】首缺。

4765　諸經要抄一卷。

　　　【大續按】首題新加，首尾缺。

4766　菩薩藏修道眾經抄卷第十二一卷。

　　　【大續按】首缺。

4767　諸經要略文一卷。

　　　【大續按】首題新加，首尾缺。

4768　大乘要語一卷。

4769　大乘入道次第開決一卷，唐曇曠撰。

【校記】大續：無唐字。【大續按】尾缺。

4770　天台分門圖一卷。

4771　真言要決（存二卷）。

【校記】大續目錄記六卷之內二卷，唐劉仁會。【大續按】二卷皆首缺。【按】大續存卷第一、第三。

4772　略諸經論念佛法門往生淨土集卷上一卷，唐慧日集。

【註】大續：一名慈悲集。【大續按】尾缺，中間缺十七紙。

4773　淨土五會念佛誦經觀行儀（存二卷），唐法照撰。

【校記】大續：缺唐字。【按】大續存卷中、卷下。

4774　大乘淨土讚一卷。

4775　持齋念佛懺悔禮文一卷。

【大續按】首題新加，首尾缺。

4776-1　道安法師念佛讚一卷。

4776-2　道安法師念佛讚文一卷。

【大續按】首題新加，首缺。

4777　無心論一卷，南北朝菩提達摩製。

【校記】大續：無南北朝三字。

4778　南天竺國菩提達摩禪師觀門一卷。

4779　觀心論一卷。

【大續按】首缺。

4780　大乘無生方便門一卷。

【大續按】尾缺。

4781　大乘開心顯性頓悟真宗論一卷，唐慧光集釋。

【校記】大續：無唐字。【按】大續目錄蔡目脫作者名。

4782　大乘北宗論一卷。

【按】大續目錄蔡目誤增唐慧光釋四字。

4783　楞伽師資記一卷，唐淨覺集。

○淨覺～序。

【校記】◎大續：無唐字◎有序。

4784　傳法寶紀一卷，唐杜朏撰。

○並序。

【校記】◎大續：無唐字◎有序。【大續按】尾缺。

4785　讚禪門詩一卷。

【大續按】首缺。

4786　三界圖一卷。

【大續按】首題新加。

4787　大佛略懺一卷。

　　　【大續按】尾缺。

4788　印沙佛文一卷。

4789　大悲啟請一卷。

4790　文殊師利菩薩無相十禮一卷。

　　　【大續按】尾缺。

4791　押座文類一卷。

　　　【大續按】首題新加。

4792　祈願文一卷。

　　　【大續按】首題新加，首尾缺。

4793　祈願文一卷。

　　　【大續按】首題新加，首缺。

4794　回向文一卷。

　　　【大續按】首題新加，首缺。

4795　大乘四齋日一卷。

4796　地藏菩薩十齋日一卷。

4797　和菩薩戒文一卷。

4798　入布薩堂説偈文等一卷。

4799　布薩文等一卷。

　　　【大續按】首缺。

4800　禮懺文一卷。

4801　禮懺文一卷。

　　　【大續按】首題新加，首缺。

4802　禮懺文一卷。

　　　【大續按】首題新加，首尾缺。

4803　索法號義辯諷誦文一卷。

4804　大目乾連冥間救母變文並圖一卷。

4805　惠遠外傳一卷。

　　　【大續按】首題新加，首缺。【按】大別抄（見附 4805）。

4806　府君存惠傳一卷。

4807　泉州千佛新著諸祖師頌一卷。

　　　○唐慧觀撰序。

4808　大蕃沙州釋門教法和尚洪辯修功德記一卷。

　　　【大續按】首題新加。

4809　王梵志詩集一卷。

　　　【大續按】尾缺。

疑似部

4810　大明仁孝皇后夢感佛説第一希有大功德經二卷。

　　　○~序，明仁孝皇后撰○附~後序（三篇），分別由明皇太子高熾書、漢王高煦書、趙王高燧書○明萬曆御製聖母印施佛藏經跋。

　　　【校記】◎南義：一卷◎序等見嘉龍黃臺中縮頻（南北卍續：無御製跋）。【按】①影印北卷上缺，以龍本補。②序之題名，龍作永樂御製序，誤也。今檢序文可知，實為永樂元年正月初八日仁孝皇后撰；另檢後序記載，亦可證明，故今新考目録據以補入序文作者。

4811　大通方廣懺悔滅罪莊嚴成佛經三卷。

　　　○日本中野達慧跋○日本徹定後記○日本堯款後記。

　　　【校記】跋等見卍續（大續：無跋）。【卍續大續佛按】敦煌本。【按】①石僅存卷中前部分，卍續（新纂）大續：卷中首缺。卍續（舊版）僅存卷上。②唐内典録卷十已入疑偽經録，題名方廣滅罪成佛經。開元録卷十八同。

4812　佛説天地八陽神呪經一卷，唐義淨譯。

　　　【按】貞元録卷二十八已入偽妄亂真録，題名天地八陽經。今檢貞元録所述與本經不盡相同。

4813　佛説善惡因果經一卷。

　　　【按】大周録卷十五已入偽經録，開元録卷十八同。

4814-1　佛説高王觀世音經一卷。

　　　○誦經感應，清汪彭壽述。

　　　【校記】誦經感應見卍續。【按】開元録卷十八已入偽妄亂真録。

4814-2　佛説觀世音經（別本）一卷。

4815　大王觀世音經一卷。

　　　【按】石經文後部分缺損，可參見佛説高王觀世音經（見4814-1）。

4816　觀世音菩薩救苦經一卷。

4817　普賢菩薩行願王經一卷。

　　　【大續佛按】大英博物館藏敦煌本，S.2361。

4818　大方廣佛花嚴經普賢菩薩行願王品一卷。

　　　【大續佛按】大英博物館藏敦煌本，S.2384。

4819　普賢菩薩説證明經一卷。

4820　佛説地藏菩薩經一卷。

4821　佛説法句經一卷。

　　　【按】石經文多處殘缺。

4822　佛説父母恩重經一卷。

　　　【按】①開元録卷十八已入偽妄亂真録。②石重出（見附4822-1至附4822-4）。

4823　如來在金棺囑累清淨莊嚴敬福經一卷。

【註】石大續：新西方胡國中來，出皇涅槃中。【按】①大續僅存卷首經文八行。②隋法經録卷四已入偽妄經目，開元録卷十八同。

4824　佛説續命經一卷。

【校記】石：無佛説二字。【按】①大周録卷十五已入偽經録，開元録卷十八同。②石重出（見附4824）。

4825　佛説護身命經一卷。

【校記】◎石：護作救護◎目録題道真譯，唐碑。【按】①石經文後部分刻在石碑側面，以上度一切諸佛境界智嚴經（見附0389-2）的中間部分經文亦刻在石碑側面，《房山石經》誤將兩側面之經文前後倒置。②隋法經録卷四已入疑惑經目，題名救護身命濟人病苦厄經，開元録卷十八同。

4826　佛説護身命經一卷。

4827　護身命經一卷。

【大續按】首題新加，首缺。

4828　佛説延壽經一卷。

【按】①大周録卷十五已入偽經録，開元録卷十八同。②石重出（見附4828-1、附4828-2）。【提示】又名延年益壽經。

4829　佛説延壽命經一卷。

4830　讚僧功德經一卷，燉煌本，佚集人名。【校記】大續：無燉至名七字。

4831　佛説像法决疑經一卷。

　　　○附像法决疑經記懸談，日本本純記。

【校記】附懸談見卍續。【按】隋法經録卷二已入疑惑經目，開元録卷十八同。

4832　佛説大藏正教血盆經一卷。

4833　最妙勝定經一卷。

【佛按】敦煌出土。

4834　慈仁問八十種好經一卷。

4835　佛説决罪福經二卷。

【大續按】卷上首缺。

4836　佛説妙好寶車經一卷。

【大續按】首缺。

4837　大方廣華嚴十惡品經一卷。

【大續按】首缺。

4838　妙法蓮華經度量天地品第二十九一卷。

【大續按】尾缺。

4839　妙法蓮華經馬明菩薩品第三十一卷。

4840　首羅比丘經一卷。

【大續按】首缺。

4841　佛説小法滅盡經一卷。

　　　【大續按】尾缺。

4842　佛説天公經一卷。

4843　佛説救疾經一卷。

　　　【按】首殘。

4844　究竟大悲經（存三卷）。

　　　【大續按】卷二、卷三首缺。【按】大續存卷第二至第四。

4845　佛説呪魅經一卷。

4846　佛説法王經一卷。

　　　【大續按】首缺。

4847　大威儀請問一卷。

4848　佛性海藏智慧解脱破心相經二卷。

　　　○唐常會後記。

　　　【校記】後記見大續。【大續按】卷下首缺。

4849　佛為心王菩薩説投陀經卷上一卷，惠辨註。

4850　佛説如來成道經一卷。

　　　【大續按】首缺。

4851　佛説山海慧菩薩經一卷。

4852　佛説現報當受經一卷。

　　　【大續按】首缺。

4853　佛説大辨邪正經一卷。

4854　佛説三廚經一卷，隋達多羅、闍那崛多等譯。

　　　【校記】大續：無隋字。【大續按】尾缺。

4855　佛説要行捨身經一卷。

4856　示所犯者瑜伽法鏡經一卷。

　　　○附譯場職名録。

4857　佛説齋法清淨經一卷。

4858　法句經疏一卷。

4859　佛説無量大慈教經一卷。

　　　【大續按】首缺。

4860　佛説七千佛神符經一卷。

　　　【大續按】首缺。

4861　現在十方千五百佛名並雜佛同號一卷。

　　　【大續按】首缺。

4862　三萬佛同根本神祕之印並法龍種上尊王佛法一卷。

　　　　　　【大續按】首題新加，首尾缺。

4863　　金有陀羅尼經一卷。

4864　　佛説七女觀經一卷。

4865　　佛説觀經一卷。

4866　　救諸衆生一切苦難經一卷。

4867　　勸善經一卷。

4868-1　　新菩薩經一卷。

4868-2　　新菩薩經一卷。

　　　　　　【大續按】首題新加，首缺。

4869　　釋家觀化還愚經一卷。

　　　　　　【大續按】首題新加。

4870　　佛母經一卷。

　　　　　　【大續按】尾缺。

4871　　僧伽和尚欲入涅槃説六度經一卷。

外教部

4872　　老子化胡經（存二卷）。

　　　　　　【按】大續存卷一、卷十兩卷，卷一首殘缺。

4873　　摩尼教下部讚一卷。

　　　　　　○後記。

　　　　　　【校記】後記見大續。【按】大續卷首殘缺。

4874　　摩尼光佛教法儀略一卷，唐拂多誕譯。

　　　　　　【校記】大續：無唐字。【按】大續卷尾缺。

4875　　波斯教殘經一卷。

　　　　　　○清羅振玉記。

　　　　　　【校記】記見大續。【按】大續前部缺佚。

4876　　序聽迷詩所經一卷。

　　　　　　【按】大續尾缺。

4877　　景教三威蒙度讚一卷。

　　　　　　○後記。

4878　　大秦景教流行中國碑頌一卷，唐景淨述。

　　　　　　○並序。

　　　　　　【校記】◎大續：無唐字◎有序。

附目 · 重出、別抄

附 0006　　　佛説方等泥洹經二卷，失譯人名附東晉録。

【按】佛重出，實爲般泥洹經（見 0006）二卷之異名經。

附 0052-1　佛説受歲經一卷，西晉竺法護譯。

【校記】石：無譯者名。【按】石重出（見 0052）。

附 0052-2　佛説受歲經一卷，西晉竺法護譯。

【校記】石：無譯者名。【按】石重出（見 0052）。

附 0065　瞻婆比丘經一卷，西晉法炬譯。

【按】標重出（見 0065）。

附 0080-1　佛説尊上經一卷，西晉竺法護譯。

【按】石重出（見 0080）。

附 0080-2　佛説尊上經一卷，西晉竺法護譯。

【按】石重出（見 0080）。

附 0092　佛説齋經一卷，吳支謙譯。

【蔡按】知重出（見 0092）。

附 0100-1　佛説廣義法門經一卷，陳真諦譯。
　　　　　○翻譯後記。

【校記】◎石：無陳字◎有後記。【註】石：出中阿含經一品。【按】石重出（見 0100）。此經文中間部分刻在石碑側面，以下佛説轉法輪經（見 0121）的後部經文亦刻在石碑側面，《房山石經》誤將兩側面之經文前後倒置。

附 0100-2　佛説廣義法門經一卷，陳真諦譯。
　　　　　翻譯後記。

【校記】◎石：無譯者名◎有後記。【註】石：此經出中阿含一品。【按】石重出（見 0100）。

附 0101-1　佛説普法義經一卷，後漢安世高譯。

【按】石重出（見 0101）。

附 0101-2　佛説普法義經一卷，後漢安世高譯。

【按】石重出（見 0101）。此經文中間部分刻在石碑側面，以下佛説箭喻經（見 0099）的後部經文亦刻在石碑側面，《房山石經》誤將兩側面之經文前後倒置。

附 0102-1　佛説恒水流樹經一卷。

【按】石係雜阿含經（見 0102）第四十三卷第一一七四經的別抄本。

附 0102-2　佛爲阿支羅迦葉説自他作苦經一卷，失譯。

【校記】◎資磧普初天緣南北嘉龍黃卍臺大中縮頻佛：説自他誤作自化◎南義知佛：後漢安世高譯。【緣山按】開元録第十六卷云此經出於雜阿含（見 0102）第十三卷（筆者按：或第十二卷），故此經是雜阿含別生之經。【陳按】本經的文句與《雜阿含經》第三〇二經全同（只有“退坐一面”的“坐”作“座”，一字相異），故它並非是另一種譯本，而是劉宋求那跋陀羅譯的《雜阿含經》卷十二第三〇二經的別抄本。

附 0104　　　身觀經一卷，西晉竺法護譯。

【校記】福資磧普初天南北嘉龍黃中義知縮頻佛：身作佛説身。【按】此經係失譯在魏吳録的雜阿含經（見 0104）第九經的別抄本。除石慧外，餘藏收録。

附 0116　　　緣起聖道經一卷，唐玄奘譯。

【校記】◎石：無唐字。【按】①石另有大唐三藏聖教序，御製；皇太子臣治述聖記，均已見 0246。②石重出（見 0116）。

附 0125　　　佛説十力經一卷，唐勿提提犀魚譯。

【校記】金中：無唐字。【按】①金説函收本經實屬前時函已收經（見 0125）的錯重出。對比麗馳函可知，金説函實脱宋施護等譯佛説佛十力經（見 0126）。檢本經前有大宋新譯三藏聖教序、繼作聖教序，也説明本經應該是宋譯經而非唐譯經。②中以金為底本，並按照金的千字文進行排序，故不該將説函的誤刻本經及補它藏本的宋譯佛説佛十力經，插入時函中。

附 0129　　　佛説無常三啟經一卷。

【大按】首缺。【按】此經係大英博物館藏敦煌本，今檢是佛説無常經（見 0129）的重出。

附 0133　　　譬人經一卷，後漢支曜譯。

【蔡按】指要誤分馬有八態譬人經為二目，而馬有八態經已見 0133，故此譬人經屬重出。

附 0144-2　　須摩提女經一卷，吳支謙譯。

【校記】天：無吳字。【按】①此經是增壹阿含經（見 0144-2）第二十二卷須陀品（三）的別抄本，詳見真須摩提女經的按語（見 0151）。②頻目録未著此本，今新考目録補入。【提示】聞如是。一時佛在舍衛國祇樹給孤獨園。爾時世尊與大比丘眾千二百五十人俱。爾時有長者名阿那邠邸。饒財多寶……

附 0144-2　　佛説受新歲經一卷，西晉竺法護譯。

【守其按】此經國本、宋本皆編於容函中，而丹藏容函有受歲經者，與此經大別。今依開元録檢之，丹藏為正。此宋藏經與竟函新歲經，似是同本異譯，然而開元録以新歲經為單譯。今欲以類聚，故移此經編於竟函。【陳按】本經實為東晉僧伽提婆譯增壹阿含經（0144-2）卷二十四善聚品第五經的別抄。【按】參見 0052 受歲經按語。

附 0144-2　　佛説頻婆娑羅王詣佛供養經一卷，西晉法炬譯。

【按】金中此經是增壹阿含經（見 0144-2）第二十六卷等見品的別抄，詳見 0157 按語。

附 0148　　　佛説四人出現世間經一卷，劉宋求那跋陀羅譯。

【校記】石：劉宋作宋。【按】石重出（見 0148）。

附 0155-1　　食施獲五福報經。

【按】標重出（見0155-1）。

附0156　佛説琉璃王經一卷，西晉竺法護譯。

【按】石重出（見0156）。石經文中間部分刻在石碑側面，以下佛説罪業應報教化地獄經（見0544）的後部經文亦刻在石碑側面，《房山石經》誤將兩側面之經文前後倒置。

附0196-1　佛説出家功德因緣經一卷，後漢安世高譯。

【校記】指：出家功德經。【按】指麗卍中此經與他藏本大異，今檢此經自始至終皆別抄：自經文首行至第二版第二十二行（此為麗藏版行，下同）"出家因緣其福甚多……若老若少其福最勝"，是賢愚經（見0196）卷四第十四版第六行至第十六版第二行經文的別抄；自第二版第二十二行至第三版第十二行"阿難菩薩有四法……終不受胎蓮華化生"，是華手經（見0756）卷九第十四版第十行至第二十二行經文的別抄；自第三版第十三行至第十五行"毀形守志節……其福第一尊"，是諸德福田經（見0777）第二版第五行至第七行偈文的別抄；自第三版第十五行至次行卷末"家人有父樂……國有沙門樂"，是法句經（見0204）卷下第十三版第九行至第十行偈文的別抄，微異。

附0196-2　佛説出家功德經一卷。

【石按】出元魏慧覺等譯《賢愚經・出家功德尸利苾提品》（見0196）。

附0196-3　佛説出家功德經一卷。

【石按】出元魏慧覺等譯《賢愚經・出家功德尸利苾提品》（見0196）。

附0197　佛説七種施因緣經一卷，元魏吉迦夜共曇曜譯。

【校記】石：無譯者名。【按】石此經是元魏吉迦夜共曇曜譯雜寶藏經（見0197）卷六之七種施因緣的別抄本。

附0209　大魚事經一卷，東晉竺曇無蘭譯。

【按】此本即是蔣唯心記金藏無字帙"内重興國院本一部一卷"，廣勝寺本見0209。

附0221-1　佛説長壽王經一卷，失譯附西晉録。

【校記】石：無失至録六字。【按】石重出（見0221）。

附0221-2　佛説長壽王經一卷，失譯附西晉録。

【校記】石：無失至録六字。【按】石重出（見0221）。

附0222　金色王經一卷，元魏瞿曇般若流支譯。

【按】石重出（見0222）。

附0223　佛説妙色王因緣經一卷，唐義淨譯。

【校記】石：無譯者名。【按】石重出（見0223）。

附0232　佛説菩薩投身飴餓虎起塔因緣經一卷，北涼法盛譯。

○法盛後記。

【校記】◎石：飴作飼◎無譯者名◎有後記。【按】石重出（見0232）。【提示】

飤與飼同，或作飴。

附 0236-1　佛説師子月佛本生經一卷，失譯附三秦録。

【校記】石：無失至録六字。【按】石重出（見 0236）。

附 0236-2　佛説師子月佛本生經一卷，失譯附三秦録。

【校記】石：無失至録六字。【按】石重出（見 0236）。

附 0239　銀色女經一卷，元魏佛陀扇多譯。

【校記】石：譯者漫漶。【按】石重出（見 0239）。

附 0243　一切智光明仙人慈心因緣不食肉經一卷，失譯附秦録。

【校記】石：無失至録五字。【按】石重出（見 0243）。

附 0249　摩訶般若波羅蜜經二十七卷，後秦鳩摩羅什譯。

【校記】◎石：摩訶作佛説摩訶薩◎不分卷（暫定四十卷）◎無譯者名。【按】石佛重出（見 0249），佛已録慧本同經，故此本重出。

附 0253　小品般若波羅蜜經十卷，姚秦鳩摩羅什譯。

【按】佛已録慧本同經（見 0253），故此本重出。

附 0256　勝天王般若經七卷，陳月婆首那譯。

○經序。

【校記】◎石：無譯者名◎有序。【按】石重出（見 0256）。《房山石經》本係唐刻本，與中校對的唐刻本石經之經名、序名均不同，今新考目録據《房山石經》本著録。

附 0257　文殊師利所説摩訶般若波羅蜜經二卷，梁曼陀羅仙譯。

【校記】石：卷數暫定二卷。【按】石卷首及經文多處殘缺，且重出（見 0257）。

附 0260-1　金剛般若波羅蜜經一卷，姚秦鳩摩羅什譯。

【按】石卷首漫漶，且重出（見 0260）。

附 0260-2　金剛般若波羅蜜經一卷，姚秦鳩摩羅什譯。

【按】石經文前部分缺損，且重出（見 0260）。

附 0260-3　金剛般若波羅蜜經一卷，姚秦鳩摩羅什譯。

【校記】石：無譯者名。【按】石經文後部分缺損，且重出（見 0260）。

附 0260-4　金剛般若波羅蜜經一卷，姚秦鳩摩羅什譯。

【校記】石：無譯者名。【按】石目録脱此目，今新考目録補入第五五號經目後。石重出（見 0260）。

附 0260-5　金剛般若波羅蜜經一卷，姚秦鳩摩羅什譯。

【校記】石：無譯者名。【按】石重出（見 0260）。

附 0260-6　金剛般若波羅蜜經一卷，姚秦鳩摩羅什譯。

【按】石首尾缺損，且重出（見 0260）。

附 0260-7　金剛般若波羅蜜經一卷，姚秦鳩摩羅什譯。

【按】石首尾缺損，且重出（見0260）。石目録脱此目，今新考目録補入第八六號經目後。

附0260-8　金剛般若波羅蜜經一卷，姚秦鳩摩羅什譯。
　　　　　【按】石卷首缺損，且重出（見0260）。

附0260-9　金剛般若波羅蜜經一卷，姚秦鳩摩羅什譯。
　　　　　【按】石存經文後部分，且重出（見0260）。

附0260-10　金剛般若波羅蜜經一卷，姚秦鳩摩羅什譯。
　　　　　【按】石首尾殘損，且重出（見0260）。

附0260-11　金剛般若波羅蜜經一卷，姚秦鳩摩羅什譯。
　　　　　【校記】石：無譯者名。【按】石重出（見0260）。

附0260-12　金剛般若波羅蜜經一卷，姚秦鳩摩羅什譯。
　　　　　【校記】石：無譯者名。【按】石重出（見0260）。

附0261　金剛般若波羅蜜經一卷，元魏菩提留支譯。
　　　　　【校記】◎石：無元魏二字◎經文前有歸命偈。【按】石重出（見0261）。

附0262　金剛般若波羅蜜經一卷，元魏留支譯。
　　　　　【校記】福：金作佛説金。【按】①石福資大中縮頻所收本經是真諦譯本（見0262）的重出，詳見真菩提留支譯本的按語（見0261）。②頻目録未著此本，今新考目録補入。

附0266　實相般若波羅蜜經一卷，唐菩提流志譯。
　　　　　【校記】石：譯者漫漶。【按】石重出（見0266）。石經文中間部分刻在石碑側面，以下諸佛心陀羅尼經（見附0936）的後部經文亦刻在石碑側面，《房山石經》誤將兩側面之經文前後倒置。

附0269　大樂金剛不空真實三摩耶般若波羅蜜多理趣經一卷，唐不空譯。
　　　　　【校記】◎中：大樂金剛不空真實三麼耶經◎磧初臺中：無唐字。【按】磧初臺中重出（見0269）。

附0271　佛説仁王護國般若波羅蜜經二卷，姚秦鳩摩羅什譯。
　　　　　【按】石重出（見0271）。此經卷上，《房山石經》誤將刻在石碑側面的經文中間部分與尾部，前後倒置。

附0277-1　般若波羅蜜多心經一卷，唐玄奘譯。
　　　　　【校記】石：無唐字。【按】石重出（見0277）。

附0277-2　般若波羅蜜多心經一卷，唐玄奘譯。
　　　　　【校記】石：無唐字。【按】石重出（見0277）。

附0277-3　佛説蜜多心經一卷，唐玄奘譯。
　　　　　【校記】石：無譯者名。【按】石重出（見0277）。

附0277-4　佛説蜜多心經一卷，唐玄奘譯。
　　　　　【校記】石：無譯者名。【按】石重出（見0277）。

附 0277-5　佛説般若波羅蜜多心經一卷，唐玄奘譯。

〇附三十五佛名（未完）。

【校記】◎石：無譯者名◎有附文。【按】石重出（見 0277）。

附 0277-6　般若波羅蜜多心經一卷，唐玄奘譯。

【校記】石：目録記殘石。【按】石重出（見 0277）。

附 0277-7　般若波羅蜜多心經一卷，唐玄奘譯。

【按】石首尾殘缺，且重出（見 0277）。

附 0277-8　般若波羅蜜多心經一卷，唐玄奘譯。

【按】石卷首缺損，且重出（見 0277）。

附 0277-9　佛説蜜多心經一卷，唐玄奘譯。

【校記】石：無譯者名。【按】石重出（見 0277）。

附 0277-10　佛説般若波羅蜜多心經一卷，唐玄奘譯。

【校記】石：無譯者名。【按】石重出（見 0277）。

附 0277-11　般若波羅蜜多心經（偈贊並序）一卷，唐玄奘譯。

【校記】石：目録記殘石。【按】石重出（見 0277）。

附 0277-12　般若波羅蜜多心經一卷，唐玄奘譯。

【校記】石：無譯者名。【按】石重出（見 0277）。

附 0277-13　般若波羅蜜多心經一卷，唐玄奘譯。

【校記】石：無譯者名。【按】石重出（見 0277）。

附 0277-14　般若波羅蜜多心經一卷，唐玄奘譯。

【校記】石：目録記殘石。【按】石重出（見 0277）。

附 0277-15　般若波羅蜜多心經一卷，唐玄奘譯。

【校記】石：無譯者名。【按】石重出（見 0277）。

附 0277-16　般若波羅蜜多心經一卷，唐玄奘譯。

【校記】石：目録記殘石。【按】石重出（見 0277）。

附 0277-17　佛説般若波羅蜜多心經一卷，唐玄奘譯。

【校記】石：無譯者名。【按】石重出（見 0277）。

附 0277-18　佛説般若波羅蜜多心經一卷，唐玄奘譯。

【按】石卷首殘缺，且重出（見 0277）。石目録脱此目，今新考目録補入第
一五八號經目後。

附 0277-19　般若波羅蜜多心經一卷，唐玄奘譯。

【校記】石：無譯者名。【按】石重出（見 0277）。

附 0277-20　佛説般若波羅蜜多心經一卷，唐玄奘譯。

【校記】石：無譯者名。【按】石重出（見 0277）。

附 0277-21　般若波羅蜜多心經一卷，唐玄奘譯。

【校記】石：無譯者名。【按】石重出（見 0277）。

附 0277-22　般若波羅蜜多心經一卷，唐玄奘譯。

【按】石重出（見 0277）。石後部經文刻在石碑側面，以上佛説沙曷比丘功德經（見 0476）的後部經文亦刻在石碑側面，《房山石經》誤將兩側面之經文前後倒置。石目録誤將此經提前排在佛説沙曷比丘功德經後，實在佛説自愛經（見 0563）後。

附 0277-23　般若波羅蜜多心經一卷，唐玄奘譯。

【校記】石目録註統和十三年刻石。【按】石殘缺，且重出（見 0277）。

附 0279　普遍智藏般若波羅蜜多心經一卷，唐法月重譯。

【校記】石：無唐字。【按】石重出（見 0279）。

附 0292-1　妙法蓮華經卷二一卷，姚秦鳩摩羅什譯。

【按】石首尾漫漶，且重出（見 0292）。

附 0292-2　妙法蓮華經七卷，姚秦鳩摩羅什譯。

【按】石存四卷（卷一前部分及卷四後部分缺損），且重出（見 0292）。

附 0292-3　妙法蓮華經七卷，姚秦鳩摩羅什譯。

【校記】◎石：不分卷（暫定七卷）◎無譯者名。【按】石重出（見 0292）。

附 0292-4　妙法蓮華經八卷，姚秦鳩摩羅什譯。

【校記】石：無譯者名。【按】石重出（見 0292）。

附 0292-5　妙法蓮華經七卷，姚秦鳩摩羅什譯。

【按】石存卷三、卷四（皆殘石），且重出（見 0292）。

附 0296-1　妙法蓮華經觀世音菩薩普門品第二十五一卷，姚秦鳩摩羅什譯長行、隋闍那崛多譯重頌。

【校記】石：無譯者名。【按】石重出（見 0296）。

附 0296-2　妙法蓮華經觀世音菩薩普門品第二十五一卷，姚秦鳩摩羅什譯長行、隋闍那崛多譯重頌。

【按】石經名以下漫漶，且重出（見 0296）。

附 0296-3　妙法蓮華經觀世音普門品第二十五一卷，姚秦鳩摩羅什譯長行、隋闍那崛多譯重頌。

【校記】石：無譯者名。【按】石目録脱此目，今新考目録補入第六六號經目後（增一）。石重出（見 0296）。

附 0296-4　妙法蓮華經觀世音菩薩普門品第二十五一卷，姚秦鳩摩羅什譯長行、隋闍那崛多譯重頌。

【校記】◎石：經名漫漶◎無譯者名。【按】石目録脱此目，今新考目録補入第六六號經目後（增二）。石重出（見 0296）。

附 0296-5　妙法蓮華經觀世音菩薩普門品經一卷，姚秦鳩摩羅什譯長行、隋闍那崛多譯重頌。

【校記】石：目録記殘石。【按】石重出（見 0296）。

附 0296-6　妙法蓮華經觀世音菩薩普門品第二十五一卷，姚秦鳩摩羅什譯長行、隋闍那崛多譯重頌。

【校記】石：無譯者名。【按】石重出（見 0296）。

附 0296-7　妙法蓮華經觀世音菩薩普門品第二十五一卷，姚秦鳩摩羅什譯長行、隋闍那崛多譯重頌。

【校記】石：譯者名缺損。【按】石重出（見 0296）。

附 0304　金剛三昧經二卷，北涼失譯。

【校記】石：無北涼失譯四字。【按】石僅存卷上，且重出（見 0304）。

附 0307　無量義經一卷，蕭齊曇摩伽陀耶舍譯。

【校記】石：無譯者名。【按】石重出（見 0307）。

附 0310　大方廣佛華嚴經淨行品菩薩百四十願一卷，東晉佛陀跋陀羅譯。

【校記】石：無譯者名。【按】此係華嚴經（見 0310）卷六淨行品第七之四言一句文的別抄本。

附 0330　大方廣普賢所説經一卷，唐實叉難陀譯。

【按】佛已録慧本同經（見 0330），故此本重出。

附 0331　大方廣總持寶光明經五卷，宋法天譯。

【校記】石：無宋字。【按】石重出（見 0331）。

附 0332　大方廣如來不思議境界經一卷，唐實叉難陀譯。

【按】佛已録慧本同經（見 0332），故此本重出。

附 0333　大方廣佛華嚴經不思議佛境界分一卷，唐提雲般若譯。

【按】佛已録慧本同經（見 0333），故此本重出。

附 0334　大方廣入如來智德不思議經一卷，唐實叉難陀譯。

【按】佛已録慧本同經（見 0334），故此本重出。

附 0335　度諸佛境界智光嚴經一卷，失譯人名附三秦録。

【按】佛已録慧本同經（見 0335），故此本重出。

附 0336　佛華嚴入如來德智不思議境界經一卷，隋闍那崛多譯。

【按】佛已録慧本同經（見 0336），故此本重出。

附 0338　大方廣佛華嚴經修慈分一卷，唐提雲般若等譯。

【按】佛已録慧本同經（見 0338），故此本重出。

附 0339　莊嚴菩提心經一卷，姚秦鳩摩羅什譯。

【按】佛已録慧本同經（見 0339），故此本重出。

附 0340　大方廣菩薩十地經一卷，元魏吉迦夜共曇曜譯。

【按】佛已録慧本同經（見 0340），故此本重出。

附 0342　須摩提經一卷，唐菩提流志譯。

【註】麗卍續大縮頻：按開元録云妙慧童女經，流志後譯。【按】指金麗緣卍

續大中縮頻佛收此經，實屬大寶積經第九十八卷妙慧童女會第三十（見 0342）的重出，詳見 0366 按語。

附 0357　三十五佛名並懺悔文一卷，西晉燉煌三藏譯。

【校記】石：無譯者名。【石按】出自決定毘尼經（見 0357）。

附 0362-1　佛説菩薩修行經一卷，西晉白法祖譯。

【校記】石：無佛説二字。【按】石重出（見 0362）。

附 0362-2　菩薩修行經一卷，西晉白法祖譯。

【註】石：亦名威施長者問觀身行經。【按】石重出（見 0362）。石後部經文刻在石碑側面，以上佛説觀彌勒菩薩上生兜率天經（見附 0628-4）的中間部分經文亦刻在石碑側面，《房山石經》誤將兩側面之經文前後倒置。

附 0366　佛説須摩提菩薩經一卷，姚秦鳩摩羅什譯。

【校記】天：無姚秦二字。【卍按】此譯本與上西晉法護譯本文無異，故此麗藏所無，北藏誤重載乎？辨其所由，往而詳之。【按】石至標福資磧普初天緣南北嘉龍黃卍臺大中縮頻收本經，實屬法護譯同名經的重出，詳見彼經按語（見 0366），由此可知開元錄所記羅什譯本已失傳。

附 0374　佛説太子和休經一卷，失譯附西晉錄。

【校記】石：無失至錄六字。【按】石重出（見 0374）。

附 0383　勝鬘師子吼一乘大方便方廣經一卷，劉宋求那跋陀羅譯。

【校記】石：無譯者名。【按】石重出（見 0383）。

附 0385　入法界體性經一卷，隋闍那崛多等譯。

【按】石重出（見 0385）。石經文中間部分刻在石碑側面，以下轉有經（見附 0705）的後部經文亦刻在石碑側面，《房山石經》誤將兩側面之經文前後倒置。

附 0389-1　度一切諸佛境界智嚴經一卷，梁僧伽婆羅等譯。

【校記】石：無譯者名。【按】石經文後部分缺損，且重出（見 0389）。

附 0389-2　度一切諸佛境界智嚴經一卷，梁僧伽婆羅等譯。

【校記】石：無等字。【按】石重出（見 0389）。石經文中間部分刻在石碑側面，以下佛説救護身命經（見 4825）的後部經文亦刻在石碑側面，《房山石經》誤將兩側面之經文前後倒置。

附 0390　佛説無量壽經二卷，曹魏康僧鎧譯。

【按】佛已錄慧本同經（見 0390），故此本重出。

附 0391　佛説無量清淨平等覺經三卷，後漢支婁迦讖譯。

【按】佛已錄慧本同經（見 0391），故此本重出。

附 0392　佛説阿彌陀三耶三佛薩樓佛檀過度人道經二卷，吳支謙譯。

【按】佛已錄慧本同經（見 0392），故此本重出。

附 0393　佛説大乘無量壽莊嚴經三卷，宋法賢譯。

○譯場職名錄。

【按】佛已錄慧本同經（見0393），故此本重出。

附0394　　佛説大阿彌陀經二卷，宋王日休校輯。

【按】佛已錄慧本同經（見0394），故此本重出。

附0396-1　佛説無量壽觀經一卷，劉宋畺良耶舍譯。

【校記】石：無譯者名。【按】石重出（見0396）。

附0396-2　佛説觀無量壽佛經一卷，劉宋畺良耶舍譯。

【校記】石：劉宋作宋。【按】①佛已錄慧本同經（見0396），故此本重出。
②石重出。

附0398　　佛説阿彌陀經一卷，姚秦鳩摩羅什譯。

○附拔一切業障根本得生淨土陀羅尼呪。

【校記】◎石：無譯者名◎有附呪。【按】①佛已錄慧本同經（見0398），故
此本重出。②石重出。

附0399　　稱讚淨土佛攝受經一卷，唐玄奘譯。

【校記】石：無譯者名。【按】①佛已錄慧本同經（見0399），故此本重出。
②石重出。

附0401-1　拔一切業障根本得生淨土神呪一卷，劉宋求那跋陀羅重譯。

【按】佛已錄慧本同呪（見0401-1），故此本重出。

附0403　　阿彌陀鼓音聲王陀羅尼經一卷，失譯人名開元附梁錄。

【按】佛已錄慧本同經（見0403），故此本重出。

附0404　　觀世音菩薩得大勢菩薩受記經一卷，劉宋曇無竭譯。

【按】佛已錄慧本同經（見0404），故此本重出。

附0405　　佛説如幻三摩地無量印法門經一卷，宋施護等譯。

【按】佛已錄慧本同經（見0405），故此本重出。

附0406　　後出阿彌陀佛偈經一卷，後漢失譯。

【按】佛已錄慧本同經（見0406），故此本重出。

附0410　　科南本大般涅槃經，元師正排科、可度重訂。

○科南本涅槃經序，師正述○南本涅槃經疏鈔圖（序品一、經一卷、疏一卷、
鈔一之二卷……折攝涅槃用）。

【卍續按】科經本大率同於重訂交科本（見0410），仍單載序文而已。【按】
序、疏鈔圖已見0410大般涅槃經三十六卷，故今新考目錄將卍續本收入附
目。

附0412　　大般涅槃經後分二卷，唐若那跋陀羅譯。

【校記】石：無譯者名。【按】石重出（見0412）。

附0424-1　佛臨般涅槃略説教誡經一卷，姚秦鳩摩羅什譯。

【校記】石：無譯者名。【按】石重出（見0424）。

附 0424-2　佛垂般涅槃略説教誡經一卷，姚秦鳩摩羅什譯。

　　　　　【校記】石：無譯者名。【按】石重出（見 0424）。

附 0424-3　佛臨般涅槃略説教戒經一卷，姚秦鳩摩羅什譯。

　　　　　【校記】石：無譯者名。【按】石重出（見 0424）。

附 0424-4　佛遺教經一卷。

　　　　　【按】石僅録後半部經文，即“暗大明燈也……是我最後之所教誨”，共
　　　　　三十九行文字，且重出（見 0424）。

附 0430　佛説當來變經一卷，西晉竺法護譯。

　　　　　【校記】石：無譯者名。【按】石重出（見 0430）。

附 0432　作世水宅心陀羅尼一卷。

　　　　　【按】卍續佛此經係大集經第五十七、五十八卷部分經文（見 0432）的別
　　　　　抄。

附 0433　大方等大集經三十卷，北涼曇無讖譯。

　　　　　【校記】石：無譯者名。【按】石重出（見 0433）。

附 0434　大乘大方等日藏分經十卷，隋那連提耶舍譯。

　　　　　【校記】石：無譯者名。【按】石重出（見 0434）。

附 0435　大集月藏經十卷，高齊那連提耶舍譯。

　　　　　【校記】石：無譯者名。【按】石重出（見 0435）。

附 0444　大集大虛空藏菩薩所問經八卷，唐不空譯。

　　　　　【按】佛已録慧本同經（見 0444），故此本重出。

附 0446　虛空藏菩薩經一卷，姚秦佛陀耶舍譯。

　　　　　【按】佛已録慧本同經（見 0446），故此本重出。

附 0447　虛空藏菩薩神呪經一卷，劉宋曇摩蜜多譯。

　　　　　【校記】佛：劉宋作宋。【按】佛已録慧本同經（見 0447），故此本重出。

附 0448　佛説虛空藏菩薩神呪經一卷，劉宋曇摩蜜多譯。

　　　　　【校記】佛：劉宋作宋。【按】佛已録慧本同經（見 0448），故此本重出。

附 0449　虛空孕菩薩經二卷，隋闍那崛多譯。

　　　　　【按】佛已録慧本同經（見 0449），故此本重出。

附 0450　觀虛空藏菩薩經一卷，劉宋曇摩蜜多譯。

　　　　　【校記】佛：劉宋作宋。【按】佛已録慧本同經（見 0450），故此本重出。

附 0451　大乘大集地藏十輪經十卷，唐玄奘譯。

　　　　　○～序。

　　　　　【校記】◎石：無譯者名◎有序。【按】①佛已録慧本同經（見 0451），故此
　　　　　本重出。②石重出。

附 0453　地藏菩薩本願經三卷，唐實叉難陀譯。

　　　　　【按】佛已録慧本同經（見 0453），故此本重出。

附 0454　百千頌大集地藏菩薩請問法身讚一卷，唐不空譯。

【按】至重出（見 0454）。

附 0556　佛説堅意經一卷，後漢安世高譯。

【校記】石：無譯者名。【按】石重出（見 0556）。

附 0564　佛説中心經一卷，東晉竺曇無蘭譯。

【按】石重出（見 0564）。

附 0566　佛説護淨經一卷，失譯附東晉録。

【校記】石：無失至録六字。【按】石重出（見 0566）。石後部經文刻在石碑側面，以上佛説大迦葉本經（見 0472）的後部經文亦刻在石碑側面，《房山石經》誤將兩側面之經文前後倒置。

附 0598　佛説八陽神呪經一卷，西晉竺法護譯。

【按】石殘缺，且重出（見 0598）。石目録脱此目，今新考目録補入第九七號經目後。

附 0600　佛説八部佛名經一卷，元魏瞿曇般若流支譯。

【按】石重出（見 0600）。

附 0601　佛説十吉祥經一卷，失譯附秦録。

【校記】石：無失至録五字。【按】石重出（見 0601）。

附 0607　佛説百佛名經一卷，隋那連提耶舍譯。

【按】石重出（見 0607）。

附 0614-4　賢劫千佛出賢劫經一卷。

【按】石卷尾缺，且係現在賢劫千佛名經（見 0614-4）部分内容的別抄。

附 0620-1　藥師琉璃光如來本願功德經一卷，唐玄奘譯。

【校記】石：目録記殘石。【按】石重出（見 0620）。

附 0620-2　藥師琉璃光如來本願功德經一卷，唐玄奘譯。

【校記】石：誤作義淨譯。【按】石重出（見 0620）。石經文中間部分與卷尾均刻在石碑側面，《房山石經》誤將兩側面之經文前後倒置。

附 0625-1　佛説彌勒下生成佛經一卷，姚秦鳩摩羅什譯。

【校記】石：無譯者名。【按】石重出（見 0625）。

附 0625-2　佛説彌勒下生成佛經一卷，姚秦鳩摩羅什譯。

【校記】石：無譯者名。【按】石重出（見 0625）。

附 0625-3　佛説彌勒成佛經一卷，姚秦鳩摩羅什譯。

【校記】石：無譯者名。【按】石重出（見 0625）。

附 0625-4　佛説彌勒下生經一卷，姚秦鳩摩羅什譯。

【校記】石：無譯者名。【按】石重出（見 0625）。

附 0628-1　佛説觀彌勒菩薩上生兜率天經一卷，劉宋沮渠京聲譯。

【校記】石：無譯者名。【按】石重出（見 0628）。

附 0628-2　佛説觀彌勒菩薩上生兜率天經一卷，劉宋沮渠京聲譯。

【校記】石：無譯者名。【按】石重出（見 0628）。石目録誤記姚秦鳩摩羅什譯。

附 0628-3　佛説觀彌勒菩薩上生兜率天經一卷，劉宋沮渠京聲譯。

【校記】石：經名、譯者漫漶。【按】石重出（見 0628）。

附 0628-4　佛説觀彌勒菩薩上生兜率天經一卷，劉宋沮渠京聲譯。

【校記】石：劉宋作宋。【按】石重出（見 0628）。石經文中間部分刻在石碑側面，以下菩薩修行經（見附 0362-2）的後部經文亦刻在石碑側面，《房山石經》誤將兩側面之經文前後倒置。

附 0629　文殊師利問菩薩署經一卷，後漢支婁迦讖譯。

【按】佛已録慧本同經（見 0629），故此本重出。

附 0630　大方廣寶篋經二卷，劉宋求那跋陀羅譯。

【校記】石：無譯者名。【按】石重出（見 0630）。

附 0632　文殊師利問菩提經一卷，姚秦鳩摩羅什譯。

【按】石重出（見 0632）。

附 0637　文殊師利問經字母品第十四一卷，唐不空譯。

【校記】石：無唐字。【按】石重出（見 0637）。

附 0642　大乘百福相經一卷，唐地婆訶羅譯。

【校記】石：無唐字。【按】石重出（見 0642）。石經文中間部分刻在石碑側面，以下甚希有經（見 0781）的後部經文亦刻在石碑側面，《房山石經》誤將兩側面之經文前後倒置。

附 0643-1　大乘百福莊嚴相經一卷，唐地婆訶羅等譯。

【按】石重出（見 0643）。石經文中間部分及尾部均刻在石碑側面，《房山石經》誤將二側面之經文前後倒置。

附 0643-2　大乘百福莊嚴相經一卷，唐地婆訶羅等譯。

【按】石重出（見 0643）。

附 0645　維摩詰經三卷，姚秦鳩摩羅什譯。

【按】石卷首缺損，且重出（見 0645）。

附 0647　説無垢稱經六卷，唐玄奘譯。

【校記】石：無唐字。【按】石重出（見 0647）。

附 0669　佛為勝光天子説王法經一卷，唐義淨譯。

【校記】石：無唐字。【按】石重出（見 0669）。

附 0675　佛説道樹經一卷，梁支陀崘譯。

【按】初必十二收録，今檢實屬必三菩薩道樹經（見 0675）的重出。

附 0684　佛説金耀童子經一卷，宋天息災譯。

【校記】石：無宋字。【按】石重出（見 0684）。此時天息災僅有明教大師之

稱號，石增西天譯經三藏朝散大夫試鴻臚卿十四字，誤也。

附 0698　　　佛説心明經一卷，西晉竺法護譯。

　　　　　　【按】石重出（見 0698）。

附 0703　　　佛説大乘流轉諸有經一卷，唐義淨譯。

　　　　　　【校記】石：無譯者名。【按】石重出（見 0703）。

附 0704–1　　大方等修多羅王經一卷，元魏菩提留支譯。

　　　　　　【按】石重出（見 0704）。

附 0704–2　　大方等修多羅王經一卷，元魏菩提留支譯。

　　　　　　【按】石重出（見 0704）。

附 0705　　　轉有經一卷，元魏佛陀扇多譯。

　　　　　　【按】石重出（見 0705）。石後部經文刻在石碑側面，以上入法界體性經（見
　　　　　　附 0385）的中間部分經文亦刻在石碑側面，《房山石經》誤將兩側面之經文前
　　　　　　後倒置。

附 0717　　　佛説天王太子辟羅經一卷，失譯附秦録。

　　　　　　【校記】石：無失至録五字。【按】石重出（見 0717）。

附 0723　　　佛説如來獨證自誓三昧經一卷，西晉竺法護譯。

　　　　　　【按】石重出（見 0723）。

附 0744–1　　佛説金剛三昧本性清淨不壞不滅經一卷，失譯附三秦録。

　　　　　　【校記】石：無失至録六字。【按】石重出（見 0744）。

附 0744–2　　金剛三昧本性清淨不壞不滅經一卷，失譯附三秦録。
　　　　　　○附佛頂尊勝陀羅尼呪。

　　　　　　【校記】◎石：無失至録六字◎有附呪。【按】石重出（見 0744）。

附 0757–1　　金光明最勝王經十卷，唐義淨譯。

　　　　　　【按】石卷一首殘損，且重出（見 0757）。

附 0757–2　　金光明最勝王經十卷，唐義淨譯。

　　　　　　【按】石殘存卷二、六、七、八，共四卷，且重出（見 0757）。

附 0757–3　　金光明最勝王經十卷，唐義淨譯。

　　　　　　【校記】石：無唐字。【按】石僅存卷一，且重出（見 0757）。

附 0757–4　　金光明最勝王經十卷，唐義淨譯。

　　　　　　【按】石另有金光明經懺悔滅罪傳，已見 0758。石卷一首殘損，僅存卷一、
　　　　　　二、四，共三卷，且重出（見 0757）。

附 0757–5　　金光明最勝王經如意寶珠品第十四一卷，唐義淨譯。

　　　　　　【校記】佛：無第十四三字。【按】縮頻佛此品係金光明最勝王經（見 0757）
　　　　　　卷七之同品別抄。

附 0757–6　　金光明最勝王經大辯才天女品第十五一卷，唐義淨譯。

　　　　　　【校記】◎佛：無第十五三字◎縮頻：無譯者名。【按】縮頻佛此品係金光明

最勝王經（見0757）卷七、卷八之同品別抄。【蔡按】上二品唯見於日本縮刻藏，殆彼邦有此二單行本，頻伽仿之。

附0760　大方等如來藏經一卷，東晉佛陀跋陀羅譯。
【按】石重出（見0760）。

附0762　佛説不增不減經一卷，元魏菩提留支譯。
【按】石重出（見0762）。

附0770　解深密經五卷，唐玄奘譯。
【校記】石：無譯者名。【按】石重出（見0770）。

附0774　佛説佛地經一卷，唐玄奘譯。
【校記】石：無唐字。【按】石卷尾缺損，且重出（見0774）。

附0778-1　佛説盂蘭盆經一卷，西晉竺法護譯。
【校記】石：無譯者名。【按】石重出（見0778）。

附0778-2　佛説盂蘭盆經一卷，西晉竺法護譯。
【按】石卷首漫漶，且重出（見0778）。

附0778-3　佛説盂蘭盆經一卷，西晉竺法護譯。
【校記】石：無譯者名。【按】石重出（見0778）。

附0778-4　佛説盂蘭盆經一卷，西晉竺法護譯。
【校記】石：無譯者名。【按】石重出（見0778）。

附0779　佛説報恩奉盆經一卷，失譯附東晉録。
【校記】石：無失至録六字。【按】石重出（見0779）。

附0780　四未曾有經一卷，西晉竺法護譯。
【中按】此經金藏本與中華藏第十八冊所録《佛説未曾有經》（見0780）內容相同，僅經名、譯者有誤；與《四未曾有法經》是兩種內容不同的經（見0162），為金藏本之錯録，詳見0162按語。

附0782　最無比經一卷，唐玄奘譯。
【校記】石：無唐字。【按】石重出（見0782）。

附0783　希有希有校量功德經一卷，隋闍那崛多等譯。
【按】石重出（見0783）。石後部經文刻在石碑側面，以上佛説寶積三昧文殊師利菩薩問法身經（見0386）的中間部分經文亦刻在石碑側面，《房山石經》誤將兩側面之經文前後倒置。

附0784-1　佛説造立形像福報經一卷，失譯附東晉録。
【校記】石：無失至録六字。【按】石重出（見0784）。

附0784-2　造立形像福報經一卷，失譯附東晉録。
【校記】石：無失至録六字。【按】石重出（見0784）。

附0785-1　佛説作佛形像經一卷，失譯附後漢録。
○附佛頂尊勝陀羅尼。

【校記】◎石：無失至録六字◎有附陀羅尼。【按】石重出（見 0785）。

附 0785-2　　佛説作佛形像經一卷，失譯附後漢録。

【校記】石：無失至録六字。【按】石重出（見 0785）。

附 0785-3　　佛説作佛形像經一卷，失譯附後漢録。

【校記】石：無失至録六字。【按】石重出（見 0785）。

附 0785-4　　佛説作佛形像經一卷，失譯附後漢録。

【校記】石：無失至録六字。【按】石重出（見 0785）。

附 0785-5　　佛説作佛形像經一卷，失譯附後漢録。

【校記】石：無失至録六字。【按】石重出（見 0785）。

附 0785-6　　佛説作佛形像經一卷，失譯附後漢録。

【校記】石：無失至録六字。【按】石重出（見 0785）。

附 0787　　　佛説樓閣正法甘露鼓經一卷，宋天息災譯。

【校記】石：無宋字。【按】石重出（見 0787）。

附 0788-1　　佛説浴像功德經一卷，唐義淨譯。

【校記】石：無譯者名。【按】石重出（見 0788）。

附 0788-2　　佛説浴像功德經一卷，唐義淨譯。

【校記】石：無譯者名。【按】石重出（見 0788）。

附 0788-3　　佛説浴像功德經一卷，唐義淨譯。

【校記】石：無譯者名。【按】石重出（見 0788）。

附 0791　　　佛説摩訶刹頭經一卷，乞伏秦聖堅譯。

【校記】金中：乞伏秦作西秦。【註】金中：亦灌洗佛功德經。【按】金中是宋藏的覆刻本，經文錯亂，參見佛説灌洗佛形像經（見 0790）和佛説摩訶刹頭經（見 0791）的按語。【提示】摩訶刹頭諸天人民長老賢者皆明聽……行如菩薩得道如佛。

附 0792-1　　造塔功德經一卷，唐地婆訶羅譯。

【校記】石：無譯者名。【按】石重出（見 0792）。

附 0792-2　　造塔功德經一卷，唐地婆訶羅譯。

【校記】石：無唐字。【按】石目録漏編，今新考目録補入二一四號經目後。石後部經文刻在石碑側面，以上藥師琉璃光如來本願功德經（見 0620）的中間部分經文亦刻在石碑側面，《房山石經》誤將兩側面之經文前後倒置。石重出（見 0792）。

附 0793　　　右繞佛塔功德經一卷，唐實叉難陀譯。

【校記】石：唐作大周。【按】石重出（見 0793）。

附 0794　　　佛説溫室洗浴眾僧經一卷，後漢安世高譯。

【按】石卷首殘缺，且重出（見 0794）。

附 0798　　　了本生死經一卷，吳支謙譯。

【校記】石：無譯者名。【按】石重出（見0798）。石卷末有"唯有佛菩提……隨所住處常安樂"共一百三十二字，今檢係佛説無常經（見0129）卷末之文，誤録於此。

附0809　佛説三品弟子經一卷，吳支謙譯。

【按】石重出（見0809）。

附0816-1　大乘四法經一卷，唐實叉難陀譯。

【校記】石：無唐字。【按】石重出（見0816）。

附0816-2　大乘四法經一卷，唐實叉難陀譯。

【校記】石：無唐字。【按】石重出（見0816）。

附0824　佛説內藏百寶經一卷，後漢支婁迦讖譯。

○附藥王菩薩呪。

【校記】◎石：譯者漫漶◎有附呪。【按】石重出（見0824）。附呪係妙法蓮華經（見0292）卷七陀羅尼品第二十六藥王菩薩説呪的別抄。

附0842　諸法最上王經一卷，隋闍那崛多等譯。

【校記】石目録註遼，無刻石年代。【按】石重出（見0842）。

附0843　佛説甚深大迴向經一卷，失譯附劉宋録。

【校記】石：無失至録六字。【按】石重出（見0843）。

附0844　大乘遍照光明藏無字法門經一卷，唐地婆訶羅再譯。

【校記】石：譯者漫漶。【按】石重出（見0844）。

附0847　大方廣師子吼經一卷，唐地婆訶羅等譯。

【校記】石：無唐字。【按】石重出（見0847）。

附0852　出生菩提心經一卷，隋闍那崛多等譯。

【校記】石重出（見0852）。

附0854　占察善惡業報經一卷，隋菩提燈譯。

【按】佛已録慧本同經（見0854），故此本重出。

附0855　稱讚大乘功德經一卷，唐玄奘譯。

【校記】石：無唐字。【按】石重出（見0855）。

附0856-1　説妙法決定業障經一卷，唐智嚴譯。

【按】石卷首殘缺，且重出（見0856）。

附0856-2　説妙法決定業障經一卷，唐智嚴譯。

【按】石重出（見0856）。

附0897　金剛頂瑜伽三十七尊禮一卷，唐不空譯。

【按】佛重出（見0897）。

附0936　諸佛心陀羅尼經一卷，唐玄奘譯。

【校記】石：無唐字。【按】石重出（見0936）。石後部經文刻在石碑側面，以上實相般若波羅蜜經（見附0266）的中間部分經文亦刻在石碑側面，《房山

石經》誤將兩側面之經文前後倒置。

附 0954　大乘聖無量壽決定光明王如來陀羅尼經（重刻）一卷，宋法天譯。

【按】石重出（見 0954）。此經是法天於開寶年間先譯，且尚未授與傳教大師稱號，故石在譯者職稱中增入傳教大師四字，誤也。

附 0972　一字頂輪王瑜伽觀行儀軌一卷，唐不空譯。

【校記】緣續：無唐字。【按】緣續重出（見 0972）。

附 0976　一切如來說佛頂輪王一百八名讚一卷，宋施護譯。

【按】中重出（見 0976）。

附 0983-1　佛頂尊勝陀羅尼經一卷，唐佛陀波利譯。

【校記】石：無譯者名。【按】石重出（見 0983）。

附 0983-2　佛頂尊勝陀羅尼經一卷，唐佛陀波利譯。

【按】石卷首漫漶，且重出（見 0983）。

附 0983-3　佛頂尊勝陀羅尼經一卷，唐佛陀波利譯。

○～序。

【校記】◎石：譯者漫漶◎有序。【按】石重出（見 0983）。

附 1018　仁王般若陀羅尼釋一卷，唐不空譯。

【按】臺重出（見 1018）。臺收宋藏遺珍本，視為磧砂藏所無，然而此經已見磧砂藏宸帙，是宋藏遺珍重出，臺照錄。

附 1038　出生無邊門陀羅尼經一卷，唐智嚴譯。

○附蜜多心經真言○勸請諸佛菩薩真言○請加持真言○淨火真言。

【校記】◎石：無唐字（譯者殘缺）◎有附四真言。【按】石重出（見 1038）。附心經真言係般若波羅蜜多心經（見 0277）卷尾真言的別抄；勸請真言等係不空羂索神變真言經卷二十三（見 1124）末尾真言的別抄。石目錄分出附四真言一卷（見附 1038-1）。

附 1041-2　華嚴四十二字觀門圓明字輪。

【按】佛此目係大方廣佛華嚴經入法界品四十二字觀門（見 1041）卷尾之圓明字輪的別抄。

附 1049-1　佛說護諸童子陀羅尼經一卷，元魏菩提留支譯。

【校記】石：無譯者名。【按】石重出（見 1049-1）。

附 1065　請觀世音菩薩消伏毒害陀羅尼呪經一卷，東晉竺難提譯。

【校記】石：無譯者名。【按】石重出（見 1065）。

附 1067-1　佛說六字神呪王經一卷，唐菩提流志譯。

【校記】金：卷首殘缺，失經名及譯者名，卷末經名同本經名。【按】此經唯金藏才函收錄，實乃金藏知函同名經，失譯附梁錄的重出（見 1067-1），詳見 1218 按語。

附 1073　佛說一切佛攝相應大教王經聖觀自在菩薩念誦儀軌一卷，宋法賢譯。

【按】中重出（見 1073）。

附 1080-2　千眼千臂觀世音菩薩陀羅尼神呪經二卷，唐智通譯。

〇～序，唐波崙制。

【按】臺重出（見 1080-2）。

附 1082-1　日光菩薩月光菩薩陀羅尼一卷。

【校記】佛：增唐伽梵達摩譯六字。【註】卍續大縮頻：此呪出觀世音菩薩大悲心陀羅尼經。【蔡按】此呪別行（見 1082-1），始於日本縮刻，殆彼邦習慣也。

【按】大用黃此卷本，但國家圖書館藏本及日本法然院目錄皆未錄。

附 1098　佛頂心觀世音菩薩大陀羅尼經三卷。

【按】石重出（見 1098）。

附 1119　觀自在如意輪菩薩瑜伽法要一卷，唐金剛智譯。

【校記】石：無唐字。【按】石卷尾缺，且重出（見 1119）。

附 1134-1　佛説大方廣曼殊室利經一卷，唐不空譯。

【校記】義知：經名下增觀自在多羅菩薩儀軌經十字。【知按】即 1134 佛説大方廣曼殊室利經重出。【按】磧初天南臺義知重出。

附 1134-2　觀自在菩薩授記一卷，唐不空譯。

【按】中目錄誤記存目缺經。今檢續開元錄貞元錄有不空譯觀自在菩薩授記經一卷，並有註文“經內題云佛説大方廣曼殊室利經觀自在菩薩授記品第三十一”，由此可知“觀自在菩薩授記”乃是經中的品名。因新考目錄已收佛説大方廣曼殊室利經（見 1134），故視此目為局部別抄。

附 1144　青頸觀自在菩薩心陀羅尼經一卷，唐不空註釋義。

【校記】頻續蔡目題青頸觀自在菩薩心陀羅尼經釋義。【按】頻續蔡目重出，詳見 1144 按語。

附 1158　金剛頂瑜伽金剛薩埵儀軌一卷，唐不空譯。

【按】①磧初緣南北嘉龍黃卍臺義知重出（見 1158）。②義記本儀軌是金剛頂瑜伽金剛薩埵五祕密修行念誦儀軌（見 1158）之再譯本，不妥。

附 1168　諸佛集會陀羅尼經一卷，唐提雲般若等譯。

【校記】卍續：提雲般若譯。【注】天：與趙宋施護所出息除中夭經同本。【按】天卍續重出（見 1168）。

附 1192-1　佛説隨求即得大自在陀羅尼神呪經一卷，唐寶思惟譯。

【校記】石：無唐字。【按】石重出（見 1192）。

附 1192-2　佛説隨求即得大自在陀羅尼神呪經一卷，唐寶思惟譯。

【校記】石：無譯者名。【按】石重出（見 1192）。

附 1192-3　佛説隨求即得大自在陀羅尼神呪經一卷，唐寶思惟譯。

【按】天臺重出（見 1192）。

附 1221-1　曼殊室利菩薩呪藏中一字呪王經一卷，唐義淨譯。

【校記】◎石：無譯者名，卍續：無唐字◎石目録誤題文殊師利菩薩呪藏中一字呪王經。【按】石卍續重出（見 1221）。

附 1221-2　曼殊室利菩薩呪藏中一字呪王經一卷，唐義淨譯。

【校記】石：無唐字。【按】石重出（見 1221）。

附 1224　大聖妙吉祥菩薩最勝威德祕密八字陀羅尼修行念誦儀軌次第法一卷，唐義雲、菩提仙同譯。

○附翻譯記。

【校記】◎卍續：無譯者名，佛：唐菩提仙等譯◎附翻譯記見卍續。【按】①譯者名據翻譯記補入。②卍續佛別抄，詳見 1224 按語。

附 1236　曼殊室利菩薩吉祥伽陀一卷，宋法賢譯。

【校記】磧初南臺：無宋字。【按】①磧初緣南北嘉龍黃卍臺義知重出（見 1236）。②北龍較已録同名經增卷後之音釋（股，公戶切……）。

附 1237　佛説文殊師利一百八名梵讚一卷，宋法天譯。

【按】縮頻佛重出（見 1237）。

附 1275　無能勝大明陀羅尼經一卷，宋法天譯。

【按】臺影印磧重出（見 1275）。

附 1276　無能勝大明心陀羅尼經一卷，宋法天譯。

【按】臺影印磧重出（見 1276）。

附 1297　佛説摩利支天陀羅尼呪經一卷，失譯人名開元附梁録。

【按】臺重出（見 1297）。

附 1332　阿迦陀密一印千類千轉三使者成就經法一卷，唐不空譯。

【校記】卍續：無唐字。【按】卍續佛重出（見 1332）。

附 1355　施餓鬼食經一卷。

【注】標：與開元録經本同。【按】檢開元録有救面然餓鬼陀羅尼神呪經，並註亦云施餓鬼食呪經，標已收彼經（見 1355），故此經屬重出。

附 1381-10　灌頂梵天神策經一卷，東晉帛尸梨蜜多羅譯。

○附傳大士傳。

【校記】◎附傳見重輯嘉續◎重輯嘉目録記傳記一卷。【註】重輯嘉續：出佛説大灌頂神呪經第十，南北二藏俱在恭字函。【按】重輯嘉續重出（見 1381-10）；附傳亦重出（見 3080）。

附 1381-11　佛説灌頂隨願往生十方淨土經一卷，東晉帛尸梨蜜多羅譯。

【校記】石：無譯者名。【按】石重出（見 1381-11）。

附 1381-12　佛説灌頂章句拔除過罪生死得度經一卷。

【按】石重出（見 1381-12）

附 1400　佛説聖最上燈明如來陀羅尼經一卷，宋施護譯。

【按】中重出（見 1400）。

附 1403　　　佛説華積陀羅尼神呪經一卷，吳支謙譯。

　　　　　　【按】石重出（見 1403）。

附 1406-1　　佛説六門陀羅尼經一卷，唐玄奘譯。

　　　　　　【校記】石：無唐字。【按】石重出（見 1406）。

附 1406-2　　六門陀羅尼經一卷，唐玄奘譯。

　　　　　　【校記】石：無譯者名。【按】石重出（見 1406）。

附 1415　　　佛説大七寶陀羅尼經一卷，失譯附梁録。

　　　　　　【校記】◎石：卷首經題殘缺◎無失至録五字。【按】石重出（見 1415）。

附 1444　　　佛説智炬陀羅尼經一卷，唐提雲般若等譯。

　　　　　　【注】天：與趙宋施護所出智光滅業障經同本。【按】天重出（見 1444）。

附 1496-2　　十誦律毘尼序三卷，東晉卑摩羅叉續譯。

　　　　　　【卍按】十誦律毘尼序三卷，麗藏在十誦律第六十第六十一兩卷，故今合彼略
　　　　　　此。【按】卍目録重出（見 1496-2）。

附 1497-1　　五分戒本一卷，宋佛陀什譯。

　　　　　　【按】金本錯同宋本，系鳩摩羅什譯十誦比丘波羅提木叉戒本（見 1497-1）的
　　　　　　錯重出，詳見 1483-1 按語。

附 1545-1　　梵網經盧舍那佛所説心地品第十一卷，姚秦鳩摩羅什譯。

　　　　　　【校記】石：無譯者名。【按】石此品係梵網經卷下（見 1545）的別抄本。

附 1545-2　　梵網經卷下（別刻）一卷，後秦鳩摩羅什譯。
　　　　　　○梵網經菩薩戒序。

　　　　　　【校記】序見石。【按】石別抄（見 1545）。

附 1545-3　　梵網經菩薩戒一卷（副題名：菩薩心地品之下），姚秦鳩摩羅什譯、明真程書丹。
　　　　　　○梵網經菩薩戒序，後秦僧肇述。

　　　　　　【校記】序見石。【按】①石此戒本係梵網經卷下（見 1545）的別抄本。
　　　　　　②本經較另一石本（見附 1545-2）主要有兩處不同：其一，序文内容不同
　　　　　　［彼本序云：諸佛子等……應當學（與 1545 梵網經的序同）；本經序云：夫
　　　　　　宗本湛然……謹序］；其二，本經有第一殺戒至第四十八破法戒之題名，彼
　　　　　　本無。

附 1556　　　佛説魔逆經一卷，西晉竺法護譯。

　　　　　　【中按】金藏此經即文殊悔過經（見 1556），載中華藏第二十五冊，金藏誤為
　　　　　　魔逆經，而脱録真魔逆經（見 0714）。【按】指標誤同金，詳見 0714 按語。【提
　　　　　　示】文殊悔過經：聞如是。一時佛在羅閲祇耆闍崛山中……

附 1562　　　善恭敬經一卷，隋闍那崛多等譯。

　　　　　　【校記】石重出（見 1562）。

附 1566　　　菩薩戒羯磨文一卷，彌勒菩薩説、唐玄奘譯。

　　　　　　【校記】◎石：戒作戒法◎無唐字。【按】石局部漫漶，且重出（見 1566）。

附 1576　八戒齋法一卷，龍樹菩薩造、姚秦鳩摩羅什譯。

【校記】石：無造者、譯者名。【按】石此法係大智度論（見 1576）卷十三部分內容的別抄。石目錄誤記劉宋沮渠京聲譯。

附 1591　無量壽經優波提舍願生偈一卷，婆藪槃豆菩薩造、元魏菩提留支譯。

【校記】石：無造者、譯者名。【按】石此偈係無量壽經優波提舍（見 1591）一書中願生偈的別抄。

附 1597　佛地經論七卷，親光菩薩等造、唐玄奘譯。

【按】石僅存卷四的部分內容，且重出（見 1597）。

附 1637　大乘中觀釋論十卷，安慧菩薩造、宋惟淨等譯。

〇～目錄。

【校記】目錄見佛。【註】佛：增補完整本。【按】本論有十八卷本，共二十七品（見 1637），佛已錄前九卷十三品，尚缺後九卷。本論另有此十卷本，而此前已錄之九卷，相當於此處的五卷半。

附 1651　菩薩地持戒品（副目：受菩薩戒法）一卷，北涼曇無讖譯。

【校記】石：無譯者名。【按】石此品係菩薩地持經（見 1651）卷五菩薩地持方便處戒品第十之餘前部分經文的別抄，後部缺。

附 1694　觀所緣緣論釋一卷，唐義淨譯。

【校記】佛重出（見 1694）。

附 1950–1　妙法蓮華經要解七卷，宋戒環解。

【校記】頻續：或二十卷。【按】影印頻正編已收此書（見 1950），故續編再收屬重出。

附 1979–2　釋普門品重頌一卷，宋遵式述。

〇附元性澄題。

【校記】◎頻續：有附題◎目錄題觀音經普門品重頌。【按】影印頻正編已收此頌（見 1979–2），故續編再收屬重出。

附 2000–1　大方廣佛華嚴經疏科文十卷，澄觀排定。

〇大方廣佛華嚴經疏鈔序科文。

【按】黃（法然院目錄）收此十卷本，其中卷一另見國圖本（見 2000–1）。有關法然院目錄收此目與下目的重出問題，詳見日本黃檗藏目錄校釋。

附 2000–2　大方廣佛華嚴經疏序演義鈔九卷，唐澄觀撰述。

〇大方廣佛華嚴經疏演義鈔序釋文。

【校記】◎頻續：無唐字◎有序釋文◎目錄題華嚴經疏演義鈔玄談。【按】①影印頻正編已收二十九卷本（見 2000–2），故續編再據卍續影印九卷本則重出。②黃（法然院目錄）重出，題名大方廣佛華嚴經疏演義鈔（華嚴玄談）九卷，澄觀述。

附 2082–1　彌陀疏鈔。

【按】昭和總目二八藏版經直畫一目錄（嘉興）重出（見 2082–1），存目缺本。

重輯嘉目録列為待訪書目十三。

附 2118　　觀彌勒菩薩上生兜率天經疏二卷，唐窺基撰。

【按】臺此疏係宋藏遺珍本卷下一卷，並作為宋藏遺珍本觀彌勒菩薩上生兜率天經贊（見 2118）卷下的異本，因首尾殘缺，故未校經名及作者名。

附 2172　　楞伽經記。

【按】重輯嘉目録列為待訪書目十，實屬重出（見 2172）。

附 2640　　華嚴法界玄鏡一卷，唐澄觀述。

【按】疑佛此書即華嚴法界玄鏡二卷的重出本（見 2640）。

附 2741　　沙彌儀軌頌。

【按】嘉續丁目重出（見 2741）。

附 2779　　天台止觀一卷，隋智顗述。

○附始終心要，唐荆溪尊者述○大乘止觀序，宋遵式述○止觀坐禪法要記，宋陳瓘記○陳參軍傳（出佛祖統紀）○天台止觀統例，守右補闕、唐梁肅述○天台法門議○跋，明覺倫跋。

【校記】◎重輯嘉拾遺：無隋字◎有附始終心要等。【按】重輯嘉拾遺重出（見 2779）。

附 2838　　十方佛一卷。

【按】十方佛名別抄他經，參見法華三昧懺儀（見 2838）、法苑珠林卷十三（見 3888）、諸經要集卷一（見 3890）、禮懺文（見 4800）。石目録記出自西晉竺法護譯十方滅闇冥經（見 0602），不妥。

附 2845　　釋迦如來涅槃禮讚文一卷，宋仁岳撰。

○～序，仁岳撰。

【按】卍續重出（見 2845）。

附 2846　　天台智者大師齋忌禮讚文一卷，宋遵式述。

○天台智者大師齋忌禮讚由序，遵式述。

【按】卍續重出（見 2846）。

附 2896　　淨土十疑論，隋智顗說。

○～序，宋楊傑述○後序，宋陳瓘述○附清正知識。

【嘉續臺按】全卷已見於正藏（見 2896），今只取楊傑序及陳瓘後序。【按】①嘉臺正藏已録二序（見 2896），此處於淨土三論（見 2898）第一再録屬重出。②重輯嘉續收本論及二序、正知識，除正知識外，亦屬重出。

附 2907-1　　神棲安養賦一卷，宋延壽述。

【按】義別抄（見 2907）。

附 2907-2　　懷淨土詩一卷，元明本撰。

【按】義別抄（見 2907）。

附 2909　　勸修淨土文一卷，宋鄭清之撰。

【按】義卷四十一此目實屬卷三十六龍舒增廣淨土文（見2909）第十一卷部分內容的別出。

附2912-1 淨土境觀要門一卷，元懷則述。

○附一心三觀併頌。

【按】中重出，並重校南嘉龍（見2912）。

附2939 普勸修行文一卷，元顏丙撰。

【按】嘉續義此目實屬西歸直指（見2939）書中如如居士顏丙勸修行文或龍舒增廣淨土文（見2909）書中獅子峯如如顏丙勸修淨業文的別出。

附2993 六祖大師法寶壇經一卷，元宗寶本。

【校記】佛：無元字。【按】佛已録慧本同經（見2993），故此本重出。

附3099 雲門匡真禪師語録三卷，（五代文偃説）。

【按】嘉續臺此書係五家語録・韶州雲門匡真文偃禪師語録（見3099）的別抄本。

附3147 廣忠鐵壁機禪師語録二十卷。

【按】重輯嘉目録列爲待訪書目十八，嘉續臺本見3147。

附3159 埜雲禪師頌古。

【按】重輯嘉目録列爲待訪書目七，實屬野雲映禪師宗統頌（見3159）的重出。

附3235 方便語，明德清著。

【按】知此書係憨山老人夢遊集卷二・答鄭崐巖中丞一文（見3235）的別抄。

附3251 山翁忞禪師語録二十二卷，清顯權、智泉等編。

○山翁大師語録序，張立廉題○山翁大禪師語録序，祁駿佳題○賛，明黄毓祺賛○開堂疏（四篇）○～目録。

【校記】◎重輯嘉拾遺：無清字◎有序等。【按】本書是初刻本，重輯嘉另收遞修本見3251。

附3420 朗空禪師語録。

【按】重輯嘉目録列爲待訪書目六，實屬重輯嘉已收盤山朗空順禪師語録（見3420）的重出。

附3459 無異禪師語録。

【按】重輯嘉目録列爲待訪書目八，實屬無異禪師廣録（見3459）的重出，廣録中有無異禪師語録序一篇。

附3467 瑞應瀛山語録。

【蔡按】嘉乙本無此目，甲丙丁本無瑞應二字。缺本殆爲雪關語録局部別行（見3467）。【按】重輯嘉目録列爲待訪書目十四。

附3552 臨濟正法眼藏。

【按】重輯嘉目錄列為待訪書目二三，實屬重輯嘉已收正法眼藏（見3552）的重出。

附3602　大阿羅漢難提蜜多羅所說法住記一卷，唐玄奘譯。

　　　　〇附明如鑑識。

　　　　【校記】重輯嘉續：玄奘誤作玄裝。【註】重輯嘉續：出大藏甚字函。【按】重輯嘉續重出（見3602）。

附3606　十八部異執論一卷，天友菩薩造、陳真諦譯。

　　　　【按】①指金錯重寫部異執論（見3606），詳見3605按語。中華以金藏作底本，校對資福藏等本的部異執論，但未指出金藏的錯重寫問題，並且目錄著錄的是金藏本的錯誤題名，不妥。②蔡按指要重出十八部論，誤也。

附3702　景德傳燈錄三十卷，宋道原纂。

　　　　【按】佛已錄慧本同錄（見3702），故此本重出。

附3799　奉法要一卷，晉郗超撰。

　　　　【校記】嘉續：撰作集。【按】係弘明集（見3799）卷十三之奉法要的別抄。

附3804　律相感通傳一卷，唐道宣撰。

　　　　〇重刻~序，日本慧淑撰。

　　　　【校記】序見大。【蔡按】係道宣律師感通錄重出（見3804）。

附3837　尚直尚理編二卷，明景隆述。

　　　　【按】義此目是解惑編（見3837）卷下之下部分內容的別出。

附3926　佛遺教經論疏節要一卷，姚秦鳩摩羅什譯、宋淨源節要、明袾宏補註。

　　　　〇附袾宏識。

　　　　【校記】◎重輯嘉拾遺臺：無宋、明二字◎有附識。【按】①臺另有佛遺教經施行敕，唐太宗御製，已見0424。②重輯嘉拾遺臺於雲棲法彙（見3926）中收本書，但重輯嘉目錄未錄，實載於具戒便蒙前（見3926-3），重輯嘉拾遺屬重出，已見2426。

附4805　進旨一卷。

　　　　【大續按】首題新加。【蔡按】即惠遠外傳（見4805）之末段別本另目。

附4822-1　佛說父母恩重經一卷。

　　　　【校記】石：目錄記殘石。【按】石重出（見4822）。

附4822-2　佛說父母恩重經一卷。

　　　　【按】石重出（見4822）。

附4822-3　父母恩重經一卷。

　　　　【按】石卷首缺損，且重出（見4822）。石目錄誤記後漢安世高譯。

附4822-4　佛說父母恩重經一卷。

　　　　【按】石重出（見4822）。石後部經文刻在石碑側面，以上佛說月燈三昧經

（見 0740）的中間部分經文亦刻在石碑側面，《房山石經》誤將兩側面之經文前後倒置。

附 4824　　　佛説續命經一卷。

　　　　　【校記】石：目録記殘片。【按】石重出（見 4824）。

附 4828-1　　佛説延年益壽經一卷。

　　　　　【按】石重出（見 4828）。

附 4828-2　　佛説延年益壽經一卷。

　　　　　【按】石重出（見 4828）。

附目·分出

附 0318　　　大唐貞元新譯十地等經記一卷。

　　　　　【按】石臺分出，今合入佛説十地經（見 0318）。【臺按】宋藏遺珍收録，即十力經序（見 0125）異版重出。

附 0402　　　神呪經真偽決疑一卷。

　　　　　【按】佛分出，今合入佛説阿彌陀佛根本祕密神呪經（見 0402）。

附 0416　　　集福德三昧經初卷第一，姚秦鳩摩羅什譯。

　　　　　【按】昭和總目六宫内省圖書寮目録（毘盧）於目録尾之附目旦字號至營字號著録，不妥，今合入及字號，詳見 0416 按語。

附 0580　　　佛説持錫杖法一卷。

　　　　　【按】普南臺分出，臺記一卷，今合入得道梯橙錫杖經（見 0580）。

附 0757-7　　唐龍興三藏聖教序一卷，唐中宗皇帝製。

　　　　　【按】洪武南藏目録分出，今合入金光明最勝王經（見 0757）。

附 0985-1　　大輪金剛陀羅尼一卷。

　　　　　○附日光呪、摩利支呪。

　　　　　【按】頻分出，今合入佛頂最勝陀羅尼經（見 0985-1）。

附 0999　　　大白傘蓋佛母總讚歎禱祝偈一卷。

　　　　　【按】臺分出，今合入佛説大白傘蓋總持陀羅尼經（見 0999）。

附 1038-1　　勸請諸佛菩薩真言一卷。

　　　　　○蜜多心經真言○附請加持真言○淨火真言。

　　　　　【按】石目録分出，今合入出生無邊門陀羅尼經（見附 1038）。

附 1041-1　　大方廣佛華嚴經入法界品頓證毘盧遮那法身字輪瑜伽儀軌一卷，唐不空譯。

　　　　　【縮按】四本俱接前為同卷故無譯號。【按】石大縮頻佛分出，今合入大方廣佛華嚴經入法界品四十二字觀門（見 1041）。

附 1075-1　　大明太宗文皇帝御製觀音讚一卷。

　　　　　【按】重輯嘉分出，今合入聖觀自在菩薩功德讚（見 1075）。

附 1075-2　　大明太宗文皇帝御製大悲觀世音菩薩讚一卷。

【校記】佛：增明太宗御製五字。【按】重輯嘉縮頻佛分出，今合入聖觀自在菩薩功德讚（見 1075）。

附 1141-2　御製救度佛母讚一卷。

【按】重輯嘉分出，今合入聖救度佛母二十一種禮讚經（見 1141-2）。

附 1231-1　聖者文殊師利一百八名讚一卷，元智慧譯。

【按】頻分出，今合入聖妙吉祥真實名經（見 1231）。

附 1231-2　聖者文殊師利讚一卷，元智慧譯。

【按】頻分出，今合入聖妙吉祥真實名經（見 1231）。

附 1237-1　大明太宗文皇帝御製文殊讚一卷，明太宗御製。

【按】重輯嘉縮頻佛分出，今合入佛説文殊師利一百八名梵讚（見 1237）。

附 1361　瑜伽集要焰口施食起教阿難陀緣由一卷，唐不空譯。

【校記】◎佛：施食作施食儀◎義：無卷數。【按】重輯嘉大義知縮頻佛分出，今合入瑜伽集要焰口施食儀（見 1361）。

附 1368　瑜伽燄口儀軌六則一卷，淨觀、智銓考正，寂暹書。

【按】重輯嘉目録分出，今合入瑜伽焰口註集纂要儀軌（見 1368）。

附 1467　造像量度經續補一卷，清工布查布譯述。

【按】佛分出，今合入佛説造像量度經解（見 1467）。

附 1501　續薩婆多毗尼毗婆沙一卷。

【按】天南北嘉龍黄臺佛分出，今合入薩婆多毗尼毗婆沙（見 1501）。

附 1713　因緣心論頌一卷，龍猛菩薩造。

【按】佛分出，今合入因緣心論釋（見 1713）。

附 1748　御製釋迦牟尼佛讚一卷，明太宗御製。

【按】重輯嘉縮頻佛分出，今合入佛三身讚（見 1748）。

附 1758　佛説密跡力士大權神王經一卷，唐阿質達霰、無能勝譯。

【按】中另目，今新考目録將本經與密跡力士大權神王經偈頌（見 1758）合為一目，詳見彼經校記、按語。

附 1782　釋金剛經纂要疏分三一卷，宋子璿録。

【校記】◎佛：疏分三作科文◎重輯嘉：無宋字。【按】重輯嘉中佛分出，今合入金剛般若經疏論纂要（見 1782）。

附 1792-1　金剛般若經采微科一卷，宋曇應排。

【校記】卍續目録題金剛經采微科。【按】卍續分出，今合入金剛般若波羅蜜經采微（見 1792）。

附 1792-2　金剛般若波羅蜜經采微餘釋一卷，宋曇應述。

【校記】卍續目録題金剛經采微餘釋。【按】卍續分出，今合入金剛般若波羅蜜經采微（見 1792）。

附 1795 　　金剛經集解四卷，宋楊圭編。

　　　　　　【校記】卍續（舊版）目録第三十八套第五册誤作正目，卍續（新纂）目録記作副目，並註世稱金剛經十七家註，收於金剛經五十三家註（見 1795）。

附 1813 　　金剛般若經偈會本一卷，姚秦鳩摩羅什譯經、元魏菩提留支譯偈。

　　　　　　○金剛般若經偈會本敘，清通理識。

　　　　　　【按】卍續（舊版）佛分出，今合入金剛新眼疏經偈合釋（見 1813）。

附 1847–1 　仁王護國般若波羅蜜多經科疏科文一卷，明真貴述。

　　　　　　【校記】卍續目録題仁王經科疏科文。【按】卍續分出，今合入仁王護國般若波羅蜜多經科疏（見 1847）。

附 1847–2 　仁王護國般若波羅蜜多經科疏懸譚一卷，明真貴述。

　　　　　　【校記】卍續目録題仁王經科疏懸談。【按】卍續分出，今合入仁王護國般若波羅蜜多經科疏（見 1847）。

附 1886 　　心經貫義一卷，明弘贊述。

　　　　　　○附大般若經受持功德。

　　　　　　【校記】◎卍續頻續：有附文◎目録題般若心經貫義。【按】卍續分出，頻續收録，今皆合入般若波羅密多心經添足（見 1886）。

附 1950–2 　妙法蓮華經要解科文一卷，宋戒環排。

　　　　　　【校記】◎佛：無要字◎排作述。【按】①卍續佛分出，今合入妙法蓮華經要解（見 1950）。②影印頻正編已收此科文（見 1950），故續編再收屬重出，且續編目録誤著宋道威科。

附 1970–1 　法華經授手卷首一卷，清智祥撰。

　　　　　　【按】卍續分出，今合入妙法蓮華經授手（見 1970）。

附 1970–2 　法華經授手科一卷，清智祥排。

　　　　　　【按】卍續分出，今合入妙法蓮華經授手（見 1970）。

附 1971 　　法華經演義科文一卷，清廣和標科。

　　　　　　【校記】卍續目録題法華經演義科。【按】卍續分出，今合入妙法蓮華經演義（見 1971）。

附 1972–1 　妙法蓮華經科拾懸談卷首一卷，清佛閑立科、智一拾遺。

　　　　　　【校記】卍續頻續目録題法華經科拾懸談卷首。【按】卍續頻續分出，今合入妙法蓮華經科拾（見 1972）。

附 1972–2 　妙法蓮華經科拾科文一卷，清普德立科、智一重訂。

　　　　　　【校記】卍續頻續目録題法華經科拾科。【按】卍續頻續分出，今合入妙法蓮華經科拾（見 1972）。

附 1973–1 　法華指掌疏科判一卷，清通理排。

　　　　　　【校記】卍續頻續目録題法華經指掌疏科文。【按】卍續頻續分出，今合入法華指掌疏（見 1973）。

附 1973-2　法華指掌疏懸示一卷，清通理述、明元較字。

【校記】◎卍續頻續目録題法華經指掌疏懸示。【按】卍續頻續分出，今合入法華指掌疏（見 1973）。

附 1973-3　妙法蓮華經指掌疏事義一卷，清通理述。

【校記】卍續頻續目録題法華經指掌疏事義。【按】卍續頻續分出，今合入法華指掌疏（見 1973）。

附 1977-1　觀音玄義記會本科文一卷，日本實乘抄出。

【校記】卍續目録題觀音經玄義記科。【按】卍續分出，今合入觀世音菩薩普門品玄義記會本（見 1977）。

附 1977-2　觀音玄義記略條目一卷。

【校記】卍續目録題觀音經玄義記條箇。【按】卍續分出，今合入觀世音菩薩普門品玄義記會本（見 1977）。

附 1980-1　觀音疏記會本科文一卷，日本實乘抄出。

【校記】卍續目録題觀音經義疏記科。【按】卍續分出，今合入觀世音菩薩普門品義疏記會本（見 1980）。

附 1980-2　觀音義疏記略條目一卷。

【校記】卍續目録題觀音經義疏記條箇。【按】卍續分出，今合入觀世音菩薩普門品義疏記會本（見 1980）。

附 1985　觀普賢菩薩行法經義疏科一卷。

【校記】卍續頻續目録題普賢觀經義疏科。【按】卍續頻續分出，今合入觀普賢菩薩行法經義疏（見 1985）。

附 1996　華嚴經探玄記略科十卷，唐法藏述。

【按】佛分出，今合入大方廣佛華嚴經探玄記（見 1996）。

附 2010　李長者事跡一卷。

【按】福分出，今合入大方廣佛華嚴經合論（見 2010）。

附 2031　大方廣佛華嚴經普賢行願品疏科文一卷，唐宗密撰集。

【校記】卍續目録題華嚴經行願品疏科。【按】重輯嘉續卍續分出，今合入大方廣佛華嚴經普賢行願品別行疏鈔（見 2031）。

附 2104　涅槃會疏條目三卷。

【校記】卍續目録題涅槃經會疏條箇。【按】卍續分出，今合入南本大般涅槃經會疏（見 2104）。

附 2124　上生經瑞應科文一卷，宋守千集。

【校記】卍續目録題彌勒上生經瑞應鈔科。【按】卍續分出，今合入上生經瑞應鈔（見 2124）。

附 2179　楞伽阿跋多羅寶經玄義一卷，清智旭撰述。

【校記】◎佛：無清字◎卍續頻續目録題楞伽經玄義。【按】重輯嘉卍續頻續

佛分出，今合入楞伽阿跋多羅寶經義疏（見 2179）。

附 2185-2　佛説盂蘭盆經一卷，西晉竺法護譯。

【按】重輯嘉分出，今合入佛説盂蘭盆經疏（見 2185-2）。

附 2188　　佛説盂蘭盆經疏科文一卷，宋遇榮集定。

【校記】卍續目録題盂蘭盆經疏孝衡鈔科。【按】卍續分出，今合入佛説盂蘭盆經疏並序孝衡鈔（見 2188）。

附 2196-1　佛教西來玄化應運略録一卷，宋程輝編。

【按】重輯嘉佛分出，今合入佛説四十二章經（見 2196）。

附 2196-2　題焚經臺詩一卷，唐太宗文皇帝製。

【校記】佛：唐太宗御製。【按】重輯嘉佛分出，今合入佛説四十二章經（見 2196）。

附 2222-1　圓覺經析義疏大義一卷，清通理述、心興較訂。

【按】頻續分出，今合入圓覺經析義疏（見 2222）。

附 2222-2　圓覺經析義疏懸示一卷，清通理述、心興較訂。

【按】頻續分出，今合入圓覺經析義疏（見 2222）。

附 2255-1　大佛頂首楞嚴經正脈科一卷。

【校記】卍續目録題楞嚴經正脈疏科。【按】重輯嘉卍續分出，今合入大佛頂首楞嚴經正脈疏（見 2255）。

附 2255-2　大佛頂首楞嚴經正脈懸示一卷。

【校記】卍續目録題楞嚴經正脈疏懸示。【按】重輯嘉卍續分出，今合入大佛頂首楞嚴經正脈疏（見 2255）。

附 2267　　大佛頂如來密因修證了義諸菩薩萬行首楞嚴經玄義二卷，明智旭撰述、道昉參訂。

○重刻大佛頂經玄文序，智旭書○並序。

【校記】◎卍續頻續：有二序◎目録題楞嚴經玄義。【按】重輯嘉卍續分出，頻續收録，今皆合入大佛頂如來密因修證了義諸菩薩萬行首楞嚴經文句（見 2267）。

附 2272　　楞嚴經指掌疏懸示一卷，清通理述、祖旺謄清、祖毓較字。

【按】卍續頻續分出，今合入楞嚴經指掌疏（見 2272）。

附 2274-1　大佛頂首楞嚴經寶鏡疏科一卷，清溥畹撰。

【校記】卍續頻續目録題楞嚴經寶鏡疏科文。【按】卍續頻續分出，今合入大佛頂首楞嚴經寶鏡疏（見 2274）。

附 2274-2　大佛頂首楞嚴經寶鏡疏懸談一卷，清溥畹述。

【校記】卍續頻續目録題楞嚴經寶鏡疏懸談。【按】卍續頻續分出，今合入大佛頂首楞嚴經寶鏡疏（見 2274）。

附 2275-1　大佛頂如來密因修證了義諸菩薩萬行首楞嚴經觀心定解科一卷，清靈耀述。

【校記】卍續目錄題楞嚴經觀心定解科。【按】重輯嘉又續卍續分出，今合入大佛頂如來密因修證了義諸菩薩萬行首楞嚴經觀心定解（見2275）。

附2275-2　大佛頂如來密因修證了義諸菩薩萬行首楞嚴經觀心定解大綱一卷，清靈耀述。

【校記】卍續目錄題楞嚴經觀心定解大綱。【按】重輯嘉又續卍續分出，今合入大佛頂如來密因修證了義諸菩薩萬行首楞嚴經觀心定解（見2275）。

附2276　首楞嚴經直指科文一卷。

【校記】卍續目錄題楞嚴經直指科文。【按】卍續分出，今合入大佛頂如來密因修證了義諸菩薩萬行首楞嚴經直指（見2276）。

附2283　大佛頂首楞嚴經疏解蒙鈔卷末五錄八卷，清錢謙益集。
　　　　○佛頂五錄總目。

【校記】◎重輯嘉續：無清字◎有總目。【按】重輯嘉目錄分出，今合入大佛頂首楞嚴經疏解蒙鈔（見2283）。

附2293-1　大乘本生心地觀經淺註懸示一卷，清來舟述。

【按】卍續分出，今合入大乘本生心地觀經淺註（見2293）。

附2293-2　大乘本生心地觀經淺註科文一卷，清來舟排科。

【按】卍續分出，今合入大乘本生心地觀經淺註（見2293）。

附2300　占察善惡業報經玄義一卷，清智旭述。

【校記】佛：無清字。【按】重輯嘉續卍續頻續佛分出，今合入占察善惡業報經疏（見2300）。

附2305-1　地藏經科一卷，清靈椉定、岳玄排。

【校記】卍續目錄題地藏本願經科文。【按】卍續分出，今合入地藏菩薩本願經科註（見2305）。

附2305-2　地藏菩薩本願經綸貫一卷，清靈椉書。

【校記】卍續目錄題地藏本願經綸貫。【按】卍續分出，今合入地藏菩薩本願經科註（見2305）。

附2357　毘尼關要事義一卷，清德基輯。

【按】卍續分出，頻續僅錄事義，今皆合入毘尼關要（見2357）。

附2397　戒疏發隱事義一卷，明袾宏述。

【校記】卍續頻續目錄題梵網菩薩戒經義疏發隱事義。【按】卍續頻續分出，今合入梵網經心地品菩薩戒義疏發隱（見2397）。

附2399　佛說梵網經菩薩心地品玄義一卷，，明智旭述、道昉訂。

【校記】卍續頻續目錄題梵網經玄義。【按】重輯嘉又續卍續分出，頻續僅錄玄義，今皆合入佛說梵網經菩薩心地品合註（見2399）。

附2400　半月誦菩薩戒儀式註一卷，清弘贊註。

【按】卍續分出，今合入佛說梵網經菩薩心地品下略疏（見2400）。

附2410　直解事義一卷。

【校記】卍續頻續目録題梵網經直解事義。【按】卍續分出，頻續僅録事義，今皆合入佛説梵網經直解（見 2410）。

附 2415　優婆塞戒經受戒品一卷，北涼曇無讖譯。

【按】嘉續分出，今合入菩薩戒本經箋要（見 2415）。

附 2433　俱舍論頌疏卷第二十九、三十。

【校記】卍續目録記某補作。【按】卍續補本，今合入俱舍論頌疏三十卷（見 2433）。

附 2471　成唯識論音響補遺科文二卷，清智素科。

【按】卍續分出，今合入成唯識論音響補遺（見 2471）。

附 2481–1　大乘百法明門論科一卷，唐窺基述。

【按】佛分出，今合入大乘百法明門論解（見 2481）。

附 2481–2　唯識三十論，世親菩薩造、玄奘譯。

【按】龍分出，今合入大乘百法明門論解（見 2481）。

附 2493　法界無差別論疏領要科文一卷，宋普觀録。

【校記】卍續頻續目録題大乘法界無差別論疏領要鈔科。【按】卍續頻續分出，今合入法界無差別論疏領要鈔（見 2493）。

附 2523–1　起信論疏科文一卷，宋子璿録。

【按】中分出，今合入大乘起信論疏（見 2523）。

附 2523–2　起信論疏科文（別本）一卷，宋子璿修定。

【校記】◎佛：起作大乘起◎唐宗密科會，重輯嘉：無宋字。【按】重輯嘉中佛分出，今合入大乘起信論疏（見 2523）。

附 2525　起信論疏記會閲首卷一卷，清續法輯。

【按】卍續分出，今合入大乘起信論疏筆削記會閲（見 2525）。

附 2542　釋摩訶衍論科二卷，宋普觀治定。

【按】卍續分出（存卷下），今合入釋摩訶衍論記（見 2542）。

附 2576–1　肇論疏科文一卷，宋遵式排定。

○肇論疏序科文，宋曉月治定。

【按】重輯嘉又續卍續分出，頻續收録，今皆合入註肇論疏（見 2576）。

附 2576–2　夾科肇論序一卷，陳慧達述、宋曉月註。

【校記】卍續頻續目録題夾科肇論序註。【按】重輯嘉又續卍續分出，頻續收録，今皆合入註肇論疏（見 2576）。

附 2599　八識規矩淺説一卷，清行省説。

○虛舟禪師註八識規矩頌小序，清王庭題○八識頌註自敘，行省識。

【按】卍續頻續分出，臺收録，今皆合入八識規矩頌註（見 2599）。

附 2648　華嚴原人論一卷（另科文一卷），唐宗密述。

【校記】◎佛：論作論並解◎科文見重輯嘉。【按】重輯嘉佛分出，今合入華

嚴原人論解（見 2648）。

附 2663　漩澓偈一卷。

【按】石分出，今合入釋花嚴漩澓偈（見 2663）。

附 2775　天台智者大師傳論，唐梁肅述、日本元政書。

【校記】◎卍續（新纂）：有元政書◎目錄註一名天台法門論。【按】卍續（新纂）分出，今合入刪定止觀（見 2775）。

附 2779-1　附始終心要一卷，唐湛然述。

【校記】頻：荊溪尊者述。【按】頻蔡目分出，今合入修習止觀坐禪法要（見 2779）。

附 2779-2　附天台止觀統例一卷，唐梁肅述。

【校記】頻：無唐字。【按】頻蔡目分出，今合入修習止觀坐禪法要（見 2779）。

附 2841　香華運想偈一卷。

〇眉科。

【校記】◎佛：香作科香◎增宋知禮述四字◎眉科見頻。【按】頻佛分出，今合入修懺要旨（見 2841）。

附 2853　附供佛利生儀一卷。

【按】頻蔡目分出，今合入顯密圓通成佛心要集（見 2853）。

附 2912-2　附一心三觀併頌一卷。

【校記】頻目錄增題元懷則述。【按】頻分出，今合入淨土境觀要門（見 2912）。

附 2931　宗本山中小隱為眾道友索山居詩述成百首一卷。

【按】重輯嘉續分出，今合入歸元直指集（見 2931）。

附 2993-1　六祖大師緣起外紀一卷，唐法海等集。

【校記】重輯嘉：無唐字。【按】重輯嘉分出，今合入六祖大師法寶壇經（見 2993）。

附 3000　諸方門人參問語錄卷下一卷，唐慧海答門人問。

【按】卍續義頻續分出，今合入頓悟入道要門論（見 3000）。

附 3004　無相大師行狀一卷，宋楊億述。

【按】重輯嘉分出，今合入禪宗永嘉集（見 3004）。

附 3011-1　智覺禪師定慧相資歌一卷，宋延壽述。

【校記】◎頻佛：定慧相資歌並警世◎龍：無作者名。【按】卍續義知頻佛分出，今合入永明智覺禪師唯心訣（見 3011）。

附 3011-2　警世一卷，宋延壽述。

【校記】龍：無作者名。【按】卍續知分出，今合入永明智覺禪師唯心訣（見 3011）。

附 3017　　　寶鏡三昧一卷。

【校記】◎義：雲巖寶鏡三昧◎作者名增唐良價受四字。【按】①義分出，今合入寂音尊者智證傳（見 3017）。②寶鏡三昧本義（見 3567）、寶鏡三昧原宗辨謬説（見 3568）。

附 3034　　　新編林間後録一卷。

【校記】卍續目録題林間録後集。【按】卍續分出，今合入林間録（見 3034）。

附 3069　　　坐禪箴，日本道元撰。

【校記】佛：一卷。【按】頻佛分出，今合入普勸坐禪儀（見 3069）。

附 3070　　　三根坐禪説一卷，日本瑩山撰。

【按】頻佛分出，今合入坐禪用心記（見 3070）。

附 3088　　　黃檗斷際禪師宛陵録一卷，唐裴休集。

【按】福卍續大中頻分出，今合入黃檗山斷際禪師傳心法要（見 3088）。

附 3106　　　黃龍四家語録序，宋錢密序。

【校記】◎卍續（新纂）目録題黃龍四家録四卷，並註分出別處（見 3106 黃龍慧南禪師語録、3108 寶覺祖心禪師語録、3109 死心悟新禪師語録、3110 超宗慧方禪師語録），單載序耳。【按】卍續（新纂）分出，今合入黃龍南禪師語録（見 3106）。

附 3127-1　　大慧普覺禪師普説二卷，宋慧然録、黃文昌重編。

【校記】黃卍：無宋字。【按】①此二卷相當於三十卷本之第十三卷至十八卷的内容，其中傳菴主和劉侍郎兩段文排列別異，唯末段内容不同：三十卷本收孫通判請普説，黃卍收孟郡主請普説；黃封面題簽及卍目録記作第五卷，接前目四卷（見 3128）。②黃卍分出，今合入大慧普覺禪師語録（見 3127）。

附 3127-2　　大慧普覺禪師法語三卷，宋道先録、黃文昌重編。
　　　　　　　○黃文昌後記。

【校記】◎黃卍：無宋字◎有後記。【按】①此三卷法語相當於三十卷本之卷十九至卷二十四，共六卷法語；卍目録記作卷六，接前二目共五卷（見 3128、附 3127-1）。②黃卍分出，今合入大慧普覺禪師語録（見 3127）。

附 3127-3　　大慧普覺禪師書一卷，宋道先録、黃文昌重編。

【校記】◎知：大慧書◎義知：二卷◎義：宋黃文昌編，知：宋宗杲撰，黃卍：宋道先録作慧然録。【按】①此一卷書相當於三十卷本之卷二十五至卷三十，共六卷書；卍目録記作卷七（接前三目共六卷，見 3128、附 3127-1、附 3127-2）。②黃卍另有黃文昌後記，已見附 3127-2。③黃卍分出，今合入大慧普覺禪師語録（見 3127）。④義知已收三十卷本，再收此書屬重出。

附 3156　　　萬峰童真和尚湘山頌古二卷，寂慧録。

【按】重輯嘉分出，今合入萬峰汶翁童真和尚語録（見3156）。

附 3181　徑山無準和尚入内引對陞座語録一卷，宋了南、了垠編。

【按】卍續分出，今合入佛鑑禪師語録（見3181）。

附 3203　天目中峰和尚行録一卷，元祖順録。

【校記】佛：元慈寂集。【按】佛分出，今合入天目中峰和尚廣録（見3203）。

附 3205-1　師子林天如和尚剩語集二卷，元善遇編。

【按】義分出，今合入師子林天如和尚語録（見3205）。

附 3205-2　師子林天如和尚別録五卷，元善遇編。

【按】義分出，今合入師子林天如和尚語録（見3205）。【義按】右別録，語録之外詩文書翰。

附 3224　東名寺虚白慧昺禪師塔銘一卷，胡淡撰。

【按】重輯嘉目録將本書排在天然居士懷淨土詩（見2984）後，不妥。檢本書頁碼，實附萬峰和尚語録（見3224）後，非別為一書。

附 3237　曹溪中興憨山肉祖後事因緣一卷。

○附東遊集法語三則。

【按】重輯嘉分出，今合入憨山老人年譜自敘實録（見3237）。

附 3252　荊溪龍池老和尚列傳一卷，嚴大參、吕嘉祐校正。

【按】重輯嘉分出，今合入萬如禪師語録（見3252）。

附 3271　大溈四記一卷。

【校記】重輯嘉分出，今合入大溈密印禪寺養拙明禪師語録（見3271）。

附 3338-1　翼菴禪師通玄語録一卷，清力端等録。

【按】重輯嘉分出，今合入翼菴禪師語録（見3338）。

附 3338-2　翼菴禪師真如語録三卷，清序璋等記。

【按】重輯嘉分出，今合入翼菴禪師語録（見3338）。

附 3338-3　國清翼菴和尚和寒山詩二卷。

【按】重輯嘉分出，今合入翼菴禪師語録（見3338）。

附 3388　佛祖正印源流道影贊一卷，如一撰。

【按】重輯嘉分出，今合入即非禪師全録（見3388）。

附 3436　善一純禪師續録一卷，明轉録。

【按】重輯嘉分出，今合入善一純禪師語録（見3436）。

附 3444　洞虚禪師塔銘一卷，李燉撰。

【按】重輯嘉分出，今合入磬山牧亭樸夫拙禪師語録（見3444）。

附 3457　建昌廩山忠公傳一卷，明道盛撰。

【按】重輯嘉分出，今合入建陽東苑晦臺鏡禪師語録（見3457）。

附 3465　杖門隨集二卷，清陳丹衷、毛燦編。

【按】重輯嘉分出，今合入天界覺浪盛禪師全録（見3465）。

附 3476　　　禪海十珍一卷，清道霈集。

　　　　　　【按】頻續分出，今合入旅泊菴稿（見 3476）。

附 3482　　　百愚禪師蔓堂集四卷，清方拱乾、智樸編撰。

　　　　　　○方拱乾書。

　　　　　　【按】重輯嘉分出，今合入百愚斯禪師語録（見 3482）。

附 3500　　　疑山握中符禪師塔銘一卷，仁岠撰。

　　　　　　【校記】重輯嘉分出，今合入逕庭宗禪師語録（見 3500）。

附 3511　　　古瓶山牧道者傳一卷，何園客著。

　　　　　　○附松石圖像贊一卷、新增圖像贊一卷，機峻等題。

　　　　　　【按】重輯嘉分出，今合入古瓶山牧道者究心録（見 3511）。

附 3578　　　誠初心學人文一卷，高麗知訥誌。

　　　　　　【按】大佛分出，今合入真心直説（見 3578）。

附 3688　　　種蓮集一卷，清胡珽輯、陳本仁記。

　　　　　　○陳本仁識。

　　　　　　【按】頻續分出，今合入淨土聖賢録續編（見 3688）。

附 3704　　　天聖廣燈録都帙目録一卷。

　　　　　　【按】中分出，今合入天聖廣燈録（見 3704）。

附 3705　　　建中靖國續燈録目録三卷，宋惟白集。

　　　　　　【按】卍續分出，今合入建中靖國續燈録（見 3705）。

附 3707　　　嘉泰普燈録總目録三卷。

　　　　　　【按】卍續分出，今合入嘉泰普燈録（見 3707）。

附 3714　　　五燈會元目録三卷。

　　　　　　【校記】卍續：二卷。【按】卍續中分出，今合入五燈會元（見 3714）。

附 3716　　　五燈嚴統目録二卷。

　　　　　　【按】卍續分出，今合入五燈嚴統（見 3716）。

附 3718　　　五燈全書目録十六卷，清超永編輯。

　　　　　　【按】卍續分出，今合入五燈全書（見 3718）。

附 3719　　　續傳燈録總目録三卷。

　　　　　　【按】卍續分出，今合入續傳燈録（見 3719）。

附 3720　　　五燈會元補遺一卷，明文琇集。

　　　　　　【校記】卍續（舊版）目録註在於增集續傳燈録卷六中（見 3720）。【按】卍
　　　　　　續（舊版）分出，今合入增集續傳燈録。

附 3726　　　續燈存藳目録一卷。

　　　　　　【按】卍續分出，今合入續燈存藳（見 3726）。

附 3728　　　續燈正統目録一卷。

　　　　　　【按】卍續分出，今合入續燈正統（見 3728）。

附 3737　　　錦江禪燈目録一卷。

　　　　　　【按】卍續分出，今合入錦江禪燈（見 3737）。

附 3740–1　　正源略集目録一卷。

　　　　　　【按】卍續分出，今合入正源略集（見 3740）。

附 3740–2　　正源略集補遺一卷。

　　　　　　【按】卍續分出，今合入正源略集（見 3740）。

附 3756　　　優婆夷志一卷，明圓信較定、郭凝之彙編。

　　　　　　○～目録。

　　　　　　【按】卍續分出，今合入先覺宗乘（見 3756）。

附 3773　　　三國遺事年表一卷，高麗一然撰、日本坪井九馬三、日下寬校訂。

　　　　　　【按】卍續分出，今合入三國遺事（見 3773）。

附 3842　　　諸禮佛懺悔文上一卷，唐智昇撰。

　　　　　　【按】天分出，今合入集諸經禮懺儀（見 3842）。

附 3850　　　華嚴經海印道場九會請佛儀一卷。

　　　　　　○華嚴懺法序，明錢謙益序○華嚴經海印道場懺儀敘，明毛鳳苞序○華嚴海印
　　　　　　道場懺儀題辭。

　　　　　　【按】卍續頻續分出，今合入大方廣佛華嚴經海印道場十重行願常遍禮懺儀
　　　　　　（見 3850）。

附 3866　　　占察善惡業報經二卷，隋菩提登譯。

　　　　　　【按】嘉續分出，今合入占察善惡業報經行法（見 3866 按語）。

附 3906　　　感應歌曲一卷。

　　　　　　【校記】黃：四卷。【按】①北嘉黃分出，今合入諸佛世尊如來菩薩尊者名稱
　　　　　　歌曲（見 3906）。②昭和總目二八（嘉目）誤記此目在神僧傳（3668）後，今
　　　　　　新考目録改正在諸佛世尊如來菩薩尊者名稱歌曲後。

附 3927　　　法華堂四問並答一卷，明智旭述。

　　　　　　【按】重輯嘉分出，今合入藕益三頌（見 3927）。

附 3933　　　吹萬和尚船子曲一卷，燈輝集。

　　　　　　【校記】重輯嘉分出，今合入古音王傳（見 3933）。

附 3965　　　大周刊定偽經目録一卷，唐明佺等撰。

　　　　　　【按】金福資磧普初天南北嘉黃臺分出，今合入大周刊定眾經目録（見
　　　　　　3965）。

附 4096　　　大發趣論註一卷，民國范寄東譯。

　　　　　　【按】佛分出，今合入南傳大藏經 · 論部五 · 發趣論（一）（見 4096）。

附目 · 存目

附存目 01　　大方廣佛華嚴經隨品讚十卷，唐叡宗御製。

【校記】至：聖文神武睿孝皇帝御製。【按】至存目。

附存目 02　普賢行願讚一卷，唐不空譯。

【校記】貞：無唐字。【按】貞存目。

附存目 03　仁王般若儀軌一卷，不空譯。

【蔡按】與 1016、1017 及下目是否重出，待考。【按】標存目。

附存目 04　仁王念誦儀一卷，唐不空譯。

【註】至：拾遺編入。【蔡按】與 1016、1017 及上目是否重出，待考。【按】至存目。

附存目 05　入對法論集勝義疏三卷，彌多羅造、唐玄奘譯。

【註】至：宋朝收入論藏，今遂編入。【按】至存目。

附存目 06　彌勒下生成佛經疏一卷，唐窺基撰。

【校記】至：無唐字。【蔣按】金缺。【按】至金存目。

附存目 07　妙法蓮華經標略七卷，明廣莫述。

【註】義：右於經文之上略標玄文要義。【按】義存目。

附存目 08　法華經註。

【蔡按】嘉丙目以代前目教外別傳，缺本。

附存目 09　註遺教經一卷，失造人名。

【按】至存目。此書是宋真宗御製本，詳見 2110 按語。

附存目 10　大佛頂首楞嚴經正觀，明鎮澄述。

【校記】唯彙門標目著録，無卷數。【按】義存目。

附存目 11　佛祖三經註解一卷，宋守遂註。

【按】義存目，他藏分見別處：四十二章經註見 2197，佛遺教經註見 2110、溈山警策註見 3018。

附存目 12　楞嚴經通義纂要。

【蔡按】嘉丙目以代疏解蒙鈔（見 2283），缺本，疑即卍續十九之楞嚴經通議（見 2259）。

附存目 13　羯磨會釋。

【按】重輯嘉列為待訪書目十九。

附存目 14　百法明門論決頌一卷，唐窺基撰、智宣勘本。

【校記】至：無唐字。【蔣按】金：基述，今缺。【按】至金存目。

附存目 15　成唯識論疏，明廣承著。

【校記】唯彙門標目著録，無卷數。【按】義存目。

附存目 16　觀所緣緣論集解一卷，明真界述。

【按】義存目。

附存目 17　修大方廣佛華嚴法界觀門一卷，唐杜順集。

【知按】已乏單本。【按】知存目。唐宗密註見 2641。

附存目 18　　華嚴金師子章一卷，唐法藏述。

　　　　　　【知按】未有别行。【按】知存目。宋承遷註見 2632，雲間類解見 2633。

附存目 19　　華嚴法界觀通玄記三卷，宋本嵩集。

　　　　　　【註】義：右記解圭峰註華嚴法界觀門，入法界之權輿也。【按】義存目。

　　　　　　【蔡按】另出頌註（見 2644）。

附存目 20　　啓運慈悲道場懺法十卷。

　　　　　　【按】重輯嘉列爲待訪書目二六。今檢慈悲水懺法（見 2704）前有啓運慈悲

　　　　　　道場懺法，即"一心歸命三世諸佛……南無當來彌勒尊佛"共六十三字之文，

　　　　　　很可能也是本書前所收之文，而本書十卷，疑即慈悲道場懺法十卷（見 2703）

　　　　　　的重出。

附存目 21　　新編隨願往生集二十卷，遼非濁集。

　　　　　　【校記】至：無遼字。【按】至存目。

附存目 22　　蒙極和尚勉真參一百偈一卷，明尋守等編。

　　　　　　【按】義存目。

附存目 23　　蒙極和尚樂邦家信一百八偈一卷，明尋守等編。

　　　　　　【按】義存目。

附存目 24　　淨土偈一卷，明德寶撰。

　　　　　　【按】義存目。

附存目 25　　西齋淨土詩二卷，明梵琦著。

　　　　　　【蔡按】卍續淨土十要（見 2935-10）第八及蓮宗必讀（2955）所載皆不全。

　　　　　　【按】知存目。

附存目 26　　三支比量一卷，元道安述。

　　　　　　【註】義：出宗鏡録引百法論鈔略節。【按】義存目。

附存目 27　　古梅和尚語録二卷，元明壽等録。

　　　　　　【按】義存目。

附存目 28　　一葦鐵船度禪師語録四卷。

　　　　　　【按】重輯嘉列爲待訪書目二五。

附存目 29　　維揚天寧寺巨渤禪師語録一卷。

　　　　　　【校記】重輯嘉列爲待訪書目三十。

附存目 30　　雪兆性禪師住沙州風穴白雲寺語録上卷。

　　　　　　【校記】重輯嘉列爲待訪書目三一。

附存目 31　　風穴雪兆禪師語録卷上一卷。

　　　　　　【校記】重輯嘉列爲待訪書目三二。

附存目 32　　萬山達虛禪師住興國語録四卷。

　　　　　　【校記】重輯嘉列爲待訪書目三三。

附存目 33　　勅賜圓照茚溪森禪師語録六卷。

【按】重輯嘉列為待訪書目三四。明道正覺茆溪森禪師語録三卷（見
3319）。

附存目 34　瑞光禪寺頂目徹禪師語録。

【按】重輯嘉列為待訪書目十五。另有清涼頂目徹禪師語録（見 3273）。

附存目 35　眉山霈禪師語録。

【按】重輯嘉列為待訪書目十六。

附存目 36　乾彰緝禪師語論六卷。

【按】重輯嘉列為待訪書目二二。

附存目 37　報恩美發禪師語録。

【按】重輯嘉列為待訪書目三六。

附存目 38　華亭朱涇船子和尚機緣一卷，元法忍集。

【按】義存目。

附存目 39　吳興蕭山尼天一元具禪師頌古一卷。

【校記】重輯嘉列為待訪書目二七。

附存目 40　雪寶顯和尚頌古一卷，宋重顯頌古、遠塵集。

【校記】義：宋遠塵集。【按】義存目。【蔡按】克勤評唱見 3537；本瑞註見
3543。

附存目 41　四家大師全集。

【蔡按】嘉丙目以代前目憨山大師梦遊全集，缺本。【按】重輯嘉列為待訪書
目四。

附存目 42　侶巖和尚遵本録一卷，夢法録一卷。

【校記】重輯嘉列為待訪書目二八。【按】侶巖荷禪師語録七卷見 3374。

附存目 43　天池玉芝和尚内集二卷，明祖覺集。

【按】義存目。玉芝禪師語録六卷見 3229。

附存目 44　月心和尚笑巖集二卷，明廣通等録。

【按】義存目。

附存目 45　冥樞會要四卷，宋祖心集。

【註】義：右集録永明禪師宗鏡録（見 3008）中要語。【按】義存目。【蔡按】
"中央圖書館"有宋刻本。

附存目 46　禪宗永嘉集二卷，明鎮澄註。

【義按】註解永嘉禪師所著禪宗集。【按】義存目。

附存目 47　醍醐集二卷，明古音説、德堅受。

【義按】説立志尋師參禪念佛等篇。【按】義存目。

附存目 48　空谷集三十卷，明文琛等編。

【註】義：右集空谷禪師示徒、答問、詩、序、銘、説、題、贊、書、記等。
【按】義存目。

附存目 49　　傳法記一卷。

　　　　　　【註】標：右敍佛法初來，道士比較及孫權等試驗事。【按】標存目。

附存目 50　　清涼通傳十卷，明鎮澄重集。

　　　　　　【按】義存目。

附存目 51　　徑山集三卷，明宗淨集。

　　　　　　【註】義：右集徑山八十代祖名及寺記。【按】義存目。

附存目 52　　曹溪通志。

　　　　　　【校記】唯見彙門標目，無卷數、作者名。【註】彙門標目：曹溪南華寺六祖
　　　　　　大師始末機緣。【按】義存目。

附存目 53　　結集正教住持遺法儀六卷，尊者羅睺羅記、唐道宣譯。

　　　　　　【校記】標：無唐字。【按】標存目。宋道詢集芝園遺編記杭州祥符賢聖藏有
　　　　　　本。

附存目 54　　天地冥陽水陸儀文三卷，梁寶唱等撰。

　　　　　　【蔡按】疑即後世改定水陸儀軌之原本。【按】義存目。

附存目 55　　禮佛大懺悔文略釋二卷。

　　　　　　【按】重輯嘉列為待訪書目二十。

附存目 56　　註三寶讚一卷，宋明孝皇帝御製、呂夷簡等註。

　　　　　　【校記】至：無宋字。【按】至存目。

附存目 57　　註仁壽慈聖發願文三卷，宋仁壽慈聖皇太后製、呂夷簡註。

　　　　　　【校記】至：無宋字。【按】至存目。

附存目 58　　註釋釋典文集三十卷（另總録一卷），宋真宗皇帝御製、簡長等箋注。

　　　　　　【按】此書載於宋大中祥符法寶録，有可能是開寶藏及金藏綿邈巖三函所缺經
　　　　　　目。

附存目 59　　寶藏疏三卷，覺潤述。

　　　　　　【按】至存目。

附存目 60　　演玄集六卷，元安藏述。

　　　　　　【按】至存目。

附存目 61　　釋門玄鑰二卷，元德輝著。

　　　　　　【按】義存目。

附存目 62　　大法城池一卷，明失集人名。

　　　　　　【註】義：右集漢牟融理惑論，晉郗超奉法要。【蔡按】係弘明集局部別行（見
　　　　　　3799）。【按】義存目。

附存目 63　　出世綱宗一卷，明嘉上人集。

　　　　　　【註】義：右集宋明教嵩尊僧篇、晉遠公沙門不敬王者論。【蔡按】係鐔津文集
　　　　　　（見 3825）及弘明集（見 3799）局部別行。【按】義存目。

附存目 64　　慈心功德録三卷，宋陳竑願集。

【蔡按】清沈培木輯入慈心寶鑑，不在藏内。【按】義存目。

附存目 65　因果録三卷，明李卓吾集。

【按】義存目。

附存目 66　玉泉老人三教正眼評道篇一卷，明如性等編。

【按】義存目。

附存目 67　金鈴辯惑一卷，明鎮澄撰。

【註】義：問辯祖意教意不同。【按】義存目。

附存目 68　筠溪牧潛集三卷，元圓至著。

【按】義存目。四庫全書有本。

附存目 69　全室外集九卷，明宗泐著。

【按】義存目。四庫全書有本。

附存目 70　冬溪内外集四卷，明方澤著。

【按】義存目。四庫全書有本。

附存目 71　通翼。

【按】知存目。檢居士傳（見 3758）卷四十七可知，本書係明曾端甫著，並記録通翼書中護生篇之文。

附存目 72　廣養濟院説。

【按】知存目。

附存目 73　四家評論。

【蔡按】嘉依乙目增入，缺本。【按】重輯嘉目録列為待訪書目五。

附存目 74　大藏關鑰一卷。

【校記】重輯嘉列為待訪書目二九。

附存目 75　大藏要略十卷，明景隆述。

【按】義存目。

附存目 76　續大唐内典録一卷，唐智昇撰。

【校記】◎至：無内典二字◎標：智昇撰。【按】開貞至標略緣義存目。大唐内典録見 3962。

附存目 77　一切經源品次録三十卷，唐從梵集。

【按】貞存目。

附目·誤分、誤録

附 0244　莊嚴經二卷。

【按】此經蔡按係普曜經略本。今檢指要録歸帙記方廣大莊嚴經十二卷，於次帙（王帙）記普曜經八卷、莊嚴經二卷（下注"與前同部，就前録義俾易見也"）。另檢金麗二本，歸帙實收莊嚴經十卷，而移後二卷入王帙，與普曜經八卷同帙。再檢他藏本及經録，均無莊嚴經二卷。由此可證莊嚴經二卷，實為

方廣大莊嚴經後二卷於王帙的録出。因此指要録記歸帙十二卷，不妥；昭和總目三七給莊嚴經二卷以編號 104，不妥；蔡按係普曜經略本，亦不妥。

附 0274　五十頌聖般若波羅蜜經一卷。

【按】昭和總目六宮內省圖書寮目録（毘盧）尾附旦字號至營字號著録，實為宋刻單行本，詳見 0274 按語。

附 0308　觀普賢菩薩行法經一卷，劉宋曇無蜜多譯。

【按】昭和總目一一資福藏目録鳳字函誤録，詳見 0308 按語。

附 0619　佛説藥師如來本願經一卷，隋達磨笈多譯。

【按】昭和總目一一資福藏目録皁字函誤録，詳見 0619 按語。

附 0620　藥師琉璃光如來本願功德經一卷，唐玄奘譯。

【按】昭和總目一一資福藏目録皁字函誤録，詳見 0619 按語。

附 0621　藥師琉璃光七佛本願功德經一卷，唐義淨譯。

【按】昭和總目一一資福藏目録皁字函誤録，詳見 0619 按語。

附 0881　大日如來劍印一卷。

【校記】縮頻：大作次結大。【按】縮頻佛此印係大日如來劍印（見 0881）後部內容的誤分出。

附 1006　佛説孔雀王呪經一卷。

〇唐太宗序。

【按】昭和總目六宮內省圖書寮目録（毘盧）效字函誤分，詳見 1006 按語。

附 1025　般若波羅蜜多理趣釋二卷。

【按】①昭和總目一一資福藏目録衡字函誤分，詳見 1025 按語。②蔡目誤記一卷。

附 1073–1　聖觀自在菩薩念誦儀軌經。

【按】昭和總目二九南藏目録夙字函誤分，詳見 1073 按語。

附 1212　金剛頂經五字心陀羅尼一卷。

【按】南目録行字函誤分，詳見 1212 按語。

附 1455　佛説聖最勝陀羅尼經一卷，宋施護譯。

【按】昭和總目六宮內省圖書寮目録（毘盧）尾附旦字號至營字號著録，實為宋刻單行本，詳見 1455 按語。

附 1581　能斷金剛般若波羅蜜多經論頌二卷，唐不空譯。

【按】至元録糜字函誤録，詳見 1581 按語。

附 1583　頌精義論。

【按】昭和總目四六圓覺藏目録谿字函誤分，詳見 1583 按語。

附 1656　顯識論一卷，陳真諦譯。

【按】昭和總目一一資福藏目録皁字函誤録，詳見 1656 按語。

附 1685　　　王法正理論一卷，彌勒菩薩造、唐玄奘譯。

【按】昭和總目——資福藏目録皁字函誤録，詳見 1685 按語。

附 1718　　　因明正理門論本一卷，大域龍菩薩造、唐玄奘譯。

【按】昭和總目——資福藏目録皁字函誤録，詳見 1718 按語。

附 1719　　　因明正理門論一卷，大域龍菩薩造、唐義淨譯。

【按】昭和總目——資福藏目録皁字函誤録，詳見 1719 按語。

附 1720　　　因明入正理論一卷，商羯羅王菩薩造、唐玄奘譯。

【按】昭和總目——資福藏目録皁字函誤録，詳見 1720 按語。

附 1782-1　　釋金剛經纂要疏分三（一帖），宋子璿録。

【按】昭和總目六宮内省圖書寮目録（毘盧）尾附旦字號至營字號著録，實爲
宋刻單行本，詳見 1782 按語。

附 1783　　　金剛經纂要刊定記六卷，宋子璿録。

【按】昭和總目六宮内省圖書寮目録（毘盧）尾附旦字號至營字號著録，實爲
宋刻單行本，詳見 1783 按語。

附 2246　　　楞嚴經釋題一卷，宋宗印述。

【校記】卍續（舊版）目録註載於楞嚴經集註卷首（見 2246）。【按】昭和總
目三五卍續（舊版）目録誤給編號 228。

附 2333　　　四分律刪繁補闕行事鈔（存九帖），唐道宣撰述。

【按】昭和總目六宮内省圖書寮目録（毘盧）尾附旦字號至營字號著録，實爲
宋刻單行本，詳見 2333 按語。

附 2334　　　四分律刪繁補闕行事鈔科（存一帖），宋元照録。

【按】昭和總目六宮内省圖書寮目録（毘盧）尾附旦字號至營字號著録，實爲
宋刻單行本，詳見 2334 按語。

附 2335-1　　四分律行事鈔資持記（存十二帖），宋元照撰。

【按】昭和總目六宮内省圖書寮目録（毘盧）尾附旦字號至營字號著録，實爲
宋刻單行本，詳見 2335-1 按語。

附 2346　　　四分律比丘含註戒本三卷，唐道宣述。

【按】昭和總目六宮内省圖書寮目録（毘盧）尾附旦字號至營字號著録，實爲
宋刻單行本，詳見 2346 按語。

附 2346-1　　四分律含註戒本疏四卷（或八卷），唐道宣述。

【按】昭和總目六宮内省圖書寮目録（毘盧）尾附旦字號至營字號著録，實爲
宋刻單行本，詳見 2346 按語。

附 2347　　　釋四分律含註戒本疏科分（二帖），宋元照録。

【按】昭和總目六宮内省圖書寮目録（毘盧）尾附旦字號至營字號著録，實爲
宋刻單行本，詳見 2347 按語。

附 2348　　　四分律含註戒本疏行宗記四卷（或八卷），宋元照述。

【按】昭和總目六宮内省圖書寮目録（毘盧）尾附旦字號至營字號著録，實為宋刻單行本，詳見 2348 按語。

附 2370　釋四分律刪補隨機羯磨疏科分（一帖），元照録。

【按】昭和總目六宮内省圖書寮目録（毘盧）尾附旦字號至營字號著録，實為宋刻單行本，詳見 2370 按語。

附 2371　四分律刪補隨機羯磨濟緣記（存六帖），宋元照述。

【按】昭和總目六宮内省圖書寮目録（毘盧）尾附旦字號至營字號著録，實為宋刻單行本，詳見 2371 按語。

附 2371-1　四分律刪補隨機羯磨疏（存七帖），唐道宣集撰。

【按】昭和總目六宮内省圖書寮目録（毘盧）尾附旦字號至營字號著録，實為宋刻單行本，詳見 2371 按語。

附 3125　龍門清遠禪師語録八卷，善悟編。

【按】昭和總目三五卍續（舊版）目録誤給編號 1334，實屬副目無書，録於無門慧開禪師語録（見 3125）後。

附 3509　隱山璨禪師語要一卷。

【按】昭和總目三五卍續（舊版）目録誤給編號 1428，實屬副目無書，録於慈受懷深禪師廣録（見 3509）後。

附 3537　碧崖集。

【按】嘉乙目以代前目歸元直指集，係碧巖集（見 3537）之誤。

附 3625　釋迦如來成道記一卷，唐王勃撰。

【校記】卍續（新纂）目録註會入於釋迦如來成道記註（見 3625）。【按】卍續（新纂）目録誤分出此目。

附 3962　續大唐内典録一卷，唐道宣撰。

○並序○ ~ 讚序○後記。

【校記】◎指：録作録讚序，知：續録◎指：宣律師集，金麗資磧普初天南北嘉龍黃卍臺大中縮頻：釋氏撰◎序等見金麗資磧普初南北嘉龍黃卍臺大中縮頻。【按】①讚序的撰者名，資作唐智昇撰，磧普初南北嘉龍黃臺作唐道宣撰。②臺目録修改了此書所在函冊，記作瑟一，而原書在瑟六。③北嘉龍知將此目與大唐内典録（見 3962）十卷合一目。④今檢此書，疑屬道宣撰大唐内典録（以下稱定本）卷一的草稿本，理由如下：其一，卷首讚序及並序的行文，不如定本條理清晰。其二，著録内容不及定本完整詳盡，如譯人傳記僅録五篇，較定本録十一篇，缺六篇之多，而且曇果與竺大力傳尚缺前半部分内容；又如失譯經目，此本自胡本經至初發意菩薩常晝夜六時行道經，僅録十八部，與卷首之目録記“諸失譯經一百二十五部”相比，所缺甚多；再如經題下的註文，迦㫋延無常經下註“出生經”，而定本註“出生經第二卷”，又堅心正意經無註，而定本有註“一名堅心經、一名堅意經”，餘不繁舉。其三，有兩處内容

前後倒置，曇果與竺大力傳本應見於修行本起經後，卻出現在卷尾；安世高譯是法非法經與支曜譯聞成十二因緣經之間，尚缺安世高、支婁迦讖、安玄、竺佛朔、支曜譯一切流攝守因經至首至問佛十四事經諸目，卻見於卷尾諸失譯經後。其四，續大唐內典錄一卷最早見錄於唐開元十八年（730年）智昇撰《開元錄》，其作者是智昇本人，內容係歷代眾經傳譯所從錄，智昇云從麟德元年至開元十八年，前錄未載，今故續之。此本還見錄於唐《貞元錄》和《開元錄略出》，可惜已無本存世。而現存道宣撰同名錄，始見於宋刻本，可能是智昇本已失傳的緣故，於是有人便將道宣撰大唐內典錄卷一的草稿本拿來頂替，為掩人耳目，又在諸多處妄加"續"字，尤以後漢、南吳、西晉、秦乞伏氏四代所記"失譯經"，均改作"續譯經"為最明顯處。

附 4002　　涅槃經如意珠偈解旨一卷，天親菩薩造、陳真諦撰。

【按】頻目錄（見4002）誤增，實無經文。

中國社會科學院文庫
哲學宗教研究系列
The Selected Works of CASS
Philosophy and Religion

中國社會科學院文庫·哲學宗教研究系列
The Selected Works of CASS · **Philosophy and Religion**

歷代漢文大藏經目錄新考

New Examination of the Catalogues of
Chinese Tri-sutra from the Tang Dynasty to the Present Time

何 梅 著

【下册】

社會科學文獻出版社
SOCIAL SCIENCES ACADEMIC PRESS (CHINA)

目　　録

上　　冊

下　冊

歷代漢文大藏經目錄新考
對照表

三　歷代漢文大藏經目録新考對照表

序號	歷代漢文大藏經目録新考對照表	開元	石經	貞元	至元	指要	標目	金藏	麗藏	略出	福州	資福	磧砂	普寧
0001	佛説長阿含經二十二卷，姚秦佛陀耶舍共竺佛念譯	履薄	履薄	淵澄	若思	臨深	臨深	臨深	臨深	深履	深履	深履	深履	深履
0002	七佛父母姓字經一卷，曹魏失譯	言		無	攝	若	若	若	若	思	思	思	思	思
0003	佛説七佛經一卷，宋法天譯		營		夫		驅	封*	封		千*	千	千	千
0004	毘婆尸佛經二卷，宋法天譯		營		唱		驅	封	封		千*	千	千	千
0005	佛般泥洹經二卷，西晉白法祖譯	取		榮	無	淵	淵	淵	淵	澄	澄	澄	澄	澄
0006	般泥洹經二卷，失譯附東晉録	取		榮	無	淵	淵	淵	淵	澄	澄	澄	澄	澄
0007	大般涅槃經三卷，東晉法顯譯	取		榮	無	淵	淵	淵	淵	澄	澄	澄	澄	澄
0008	佛説大堅固婆羅門緣起經二卷，宋施護等譯				隨			弱	軍		勿*	微	微	微
0009	佛説人仙經一卷，宋法賢譯			回	外		纓	輦*	輦		驅*	驅	驅	驅
0010	佛説白衣金幢二婆羅門緣起經三卷，宋施護等譯				受			傾	精		公*	茂	茂	茂
0011	大正句王經二卷，宋法賢譯			綺	婦		纓	陪	陪		驅*	驅	驅	驅
0012	佛説尼拘陀梵志經二卷，宋施護等譯				婦			傾	精		公*	茂	茂	茂
0013	佛説大集法門經二卷，宋施護譯				睦			桓	起		且*	肥	肥	肥
0014	長阿含十報法經二卷，後漢安世高譯	止		基	優		映	映*	映	容	容	容	容	容

初南	天海	緣山	南藏	北藏	嘉興	龍藏	黃檗	卍字	臺中	大正	中華	義門	知津	縮刻	頻伽	普慧	佛教
深履	深履	深履	克念	習至禍	習至禍	習至禍	習至禍	十三	磧17	1	31	五	二九	昃	昃		24
思	思	思	緣	善	善	善	善	十四	磧19	1	34	七	二六	昃	昃		23
千	千	千	深	命	命	命	命	十五	磧33	1	64	七	二九	昃	昃		24
千	千	千	臨	盡	盡	盡	盡	十五	磧33	1	64	七	二九	昃	昃		24
澄	澄	澄	禍	福	福	福	福	十四	磧18	1	33	七	二九	昃	昃		24
澄	澄	澄	禍	駒	駒	駒	駒	八	磧18	1	33	七	二九	昃	昃		24
澄	澄	澄	禍	駒	駒	駒	駒	八	磧18	1	33	七	二九	昃	昃		24
微	微	微	淵	斯	斯	斯	斯	十六	磧34	1	67	七	二九	昃	昃		24
驅	驅	驅	興	臨	臨	臨	臨	十五	磧33	1	64	七	二九	昃	昃		24
茂	茂	茂	馨	夙	夙	夙	夙	十五	磧34	1	67	七	二九	昃	昃		24
驅	驅	驅	興	深	深	深	深	十五	磧33	1	64	七	二八	昃	昃		24
茂	茂	茂	馨	夙	夙	夙	夙	十五	磧34	1	67	七	二九	昃	昃		24
肥	肥	肥	斯	薄	薄	薄	薄	十五	磧33	1	67	七	二九	昃	昃		24
容	容	容	聽	因	因	因	因	十三	磧18	1	33	七	二九	昃	昃		24

序號	歷代漢文大藏經目録新考對照表	開元	石經	貞元	至元	指要	標目	金藏	麗藏	略出	福州	資福	磧砂	普寧
0015	佛説人本欲生經一卷，後漢安世高譯	取	取	榮	無	淵	淵	淵*	淵	澄	澄	澄	澄	澄
0016	佛説大生義經一卷，宋施護譯				睦			宅	遵		奄*	禄	禄	禄
0017	佛説帝釋所問經一卷，宋法賢譯		漢		唱		纓	驅	驅		轂*	轂	轂	轂
0018	佛説尸迦羅越六方禮經一卷，後漢安世高譯	取		榮	無	淵	淵	淵*	淵	澄	澄	澄	澄	澄
0019	佛説善生子經一卷，西晉支法度譯	思		甚	仕	止	止	止	止	若	若	若	若	若
0020	佛説信佛功德經一卷，宋法賢譯		回		睦		纓	輦	輦		驅*	驅	驅	驅
0021	佛説大三摩惹經一卷，宋法天譯		營		睦		驅	封	封		千*	千	千	千
0022	佛説梵志阿颰經一卷，吳支謙譯	取		榮	無	淵	淵	淵	淵	澄	澄	澄	澄	澄
0023	佛説梵網六十二見經一卷，吳支謙譯	取		榮	無	淵	淵	淵	淵	澄	澄	澄	澄	澄
0024	佛説寂志果經一卷，東晉竺曇無蘭譯	取		榮	無	淵	淵	淵	淵	澄	澄	澄	澄	澄
0025-1	大樓炭經六卷，西晉法立共法炬譯					映	映	映	映					
0025-2	佛説樓炭經（別本）六卷，西晉法立共法炬譯	止		基	優						容	容	容	容
0026	起世經十卷，隋闍那崛多等譯	映		業	竟	取	取	取	澄	取	映	映	映	映
0027	起世因本經十卷，隋達摩笈多譯	容		所	學	澄	澄	澄	取	映	取	取	取	取
0028	中阿含經六十卷，東晉瞿曇僧伽提婆譯	夙至蘭	夙至蘭	取至思	言至初	履至清	履至清	履至清	履至清	薄至似	薄至似	薄至似	薄至似	薄至似
0029	佛説七知經一卷，吳支謙譯	若		籍	登	容	容	容	容	止	止	止	止	止
0030	佛説園生樹經一卷，宋施護譯				隨			曲*	約		丁*	奄	奄	奄

初南	天海	緣山	南藏	北藏	嘉興	龍藏	黃檗	卍字	臺中	大正	中華	義門	知津	縮刻	頻伽	普慧	佛教
澄	澄	澄	禍	福	福	福	福	十四	磧18	1	33	七	二九	戾	戾		24
禄	禄	禄	清	薄	薄	薄	薄	十五	磧33	1	67	七	二八	戾	戾		24
觳	觳	觳	溫	深	深	深	深	十五	磧33	1	64	七	二八	戾	戾		24
澄	澄	澄	禍	福	福	福	福	十四	磧18	1	33	七	二九	戾	戾		24
若	若	若	福	善	善	善	善	十四	磧18	1	34	七	二八	戾	戾		24
驅	驅	驅	興	深	深	深	深	十五	磧33	1	64	七	二九	戾	戾		24
千	千	千	臨	盡	盡	盡	盡	十五	磧33	1	64	七	二九	戾	戾		24
澄	澄	澄	禍	善	善	善	善	十四	磧18	1	33	七	二九	戾	戾		24
澄	澄	澄	禍	福	福	福	福	十四	磧18	1	33	七	二九	戾	戾		24
澄	澄	澄	禍	善	善	善	善	十四	磧18	1	33	七	二九	戾	戾		24
								十四		1	33			辰	辰		25
容	容	容	積	福	福	福	福		磧18		33	七	二九				
映	映	取	惡	惡	惡	惡	惡	十三	磧18	1	33	七	二九	辰	辰		25
取	取	映	因	積	積	積	積	十三	磧18	1	33	七	二九	辰	辰		25
薄至似	薄至似	薄至似	作至立	作至立	作至立	作至立	作至立	十二	磧17	1	31	五	二七	戾	戾		23
止	止	止	積	緣	緣	緣	緣	十四	磧18	1	34	七	二八	戾	戾		24
奄	奄	奄	淵	斯	斯	斯	斯	十五	磧34	1	67	七	二八	戾	戾		24

序號	歷代漢文大藏經目錄新考對照表	開元	石經	貞元	至元	指要	標目	金藏	麗藏	略出	福州	資福	磧砂	普寧
0031	佛說鹹水喻經一卷，失譯附西晉錄	若		籍	登	容	容	容	容	止	止	止	止	止
0032	佛說薩鉢多酥哩踰捺野經一卷，宋法賢譯		公		外		驅	縣	縣		高*	高	高	高
0033	佛說一切流攝守因經一卷，後漢安世高譯	若		籍	登	容	容	容*	容	止	止	止	止	止
0034	佛說四諦經一卷，後漢安世高譯	若		籍	登	容	容	容	容	止	止	止	止	止
0035	佛說恒水經一卷，西晉法炬譯	若		籍	登	容	容	容	容	止	止	止	止	止
0036	法海經一卷，西晉法炬譯	安		學	從	言	言	言*	言	辭	辭	辭	辭*	辭
0037	佛說海八德經一卷，姚秦鳩摩羅什譯	安		學	從	言	言	言*	言	辭	辭	辭	辭*	辭
0038	佛說本相猗致經一卷，後漢安世高譯	若		籍	登	容	容	容	容	止	止	止	止	止
0039	佛說緣本致經一卷，失譯附東晉錄	若		籍	登	容	容	容	容	止	止	止	止	止
0040	佛說輪王七寶經一卷，宋施護譯				隨		阜		法		丁*	奄	奄	奄
0041	佛說頂生王故事經一卷，西晉法炬譯	若		籍	登	容	容	容	容	止	止	止	止	止
0042	佛說文陀竭王經一卷，北涼曇無讖譯	若		籍	登	容	容	容	容	止	止	止	止	止
0043	佛說頻婆娑羅王經一卷，宋法賢譯		回		夫		纓	輦*	輦		驅*	驅	驅	驅
0044	佛說鐵城泥犁經一卷，東晉竺曇無蘭譯	若		籍	登	容	容	容*	容	止	止	止	止	止
0045	佛說閻羅王五天使者經一卷，劉宋慧簡譯	若		籍	登	容	容	容	容	止	止	止	止	止
0046	佛說古來世時經一卷，失譯附東晉錄	若		籍	登	容	容	容	容	止	止	止	止	止

初南	天海	緣山	南藏	北藏	嘉興	龍藏	黃檗	卍字	臺中	大正	中華	義門	知津	縮刻	頻伽	普慧	佛教
止	止	止	積	緣	緣	緣	緣	十四	磧18	1	34	七	二八	晨	晨		24
高	高	高	履	臨	臨	臨	臨	十五	磧33	1	64	七	二八	晨	晨		24
止	止	止	積	緣	緣	緣	緣	十四	磧18	1	34	七	二八	晨	晨		24
止	止	止	積	善	善	善	善	十四	磧18	1	34	七	二八	晨	晨		24
止	止	止	積	善	善	善	善	十四	磧18	1	34	七	二八	晨	晨		24
辭*	辭	辭	尺	璧	璧	璧	璧	十四	磧19	1	34	七	三一	宿	宿		28
辭*	辭	辭	尺	璧	璧	璧	璧	十四	磧19	1	34	六	三一	宿	宿		28
止	止	止	積	善	善	善	善	十四	磧18	1	34	七	二八	晨	晨		24
止	止	止	福	善	善	善	善	十四	磧18	1	34	七	二八	晨	晨		24
奄	奄	奄	淵	斯	斯	斯	斯	十五	磧34	1	67	七	二八	晨	晨		24
止	止	止	福	善	善	善	善	十四	磧18	1	34	七	二八	晨	晨		24
止	止	止	福	善	善	善	善	十四	磧18	1	34	七	二八	晨	晨		24
驅	驅	驅	興	臨	臨	臨	臨	十五	磧33	1	64	七	二八	晨	晨		24
止	止	止	福	緣	緣	緣	緣	十四	磧18	1	34	七	二八	晨	晨		24
止	止	止	福	緣	緣	緣	緣	十四	磧18	1	34	七	二八	晨	晨		24
止	止	止	福	緣	緣	緣	緣	十四	磧18	1	34	七	二八	晨	晨		24

序號	歷代漢文大藏經 目錄新考對照表	開元	石經	貞元	至元	指要	標目	金藏	麗藏	略出	福州	資福	磧砂	普寧
0047	佛說阿那律八念經一卷，後漢支曜譯	若		籍	登	容	容	容	容	止	止	止	止	止
0048	佛說八大人覺經一卷，後漢安世高譯	維	維	虛	染	景	景	景	景	行	行	行	行	行
0049	佛說離睡經一卷，西晉竺法護譯	若		籍	登	容	容	容	容	止	止	止	止	止
0050	佛說是法非法經一卷，後漢安世高譯	若		籍	登	容	容	容	容	止	止	止	止	止
0051	佛說求欲經一卷，西晉法炬譯	若		籍	登	容	容	容	容	止	止	止	止	止
0052	佛說受歲經一卷，西晉竺法護譯	若	3	籍	登	容	容		容	止	止	止	止	止
0053	佛說梵志計水淨經一卷，失譯附東晉錄	若		籍	登	容	容	容	容	止	止	止	止	止
0054	佛說孫多耶致經一卷，吳支謙譯	優		賤	和	竟	竟	竟	竟	學	學	學	學	學
0055	佛說苦陰經一卷，失譯附後漢錄	若		籍	登	容	容	容	容	止	止	止	止	止
0056	佛說釋摩男本經一卷，吳支謙譯	若		籍	登	容	容	容*	容	止	止	止	止	止
0057	佛說苦陰因事經一卷，西晉法炬譯	若		籍	登	容	容	容	容	止	止	止	止	止
0058	佛說樂想經一卷，西晉竺法護譯	若		籍	登	容	容	容	容	止	止	止	止	止
0059	佛說漏分布經一卷，後漢安世高譯	若		籍	登	容	容	容	容	止	止	止	止	止
0060	佛說阿耨風經一卷，東晉竺曇無蘭譯	若		籍	登	容	容	容	容	止	止	止	止	止
0061	佛說諸法本經一卷，吳支謙譯	若		籍	登	容	容	容	容	止	止	止	止	止
0062	佛說瞿曇彌記果經一卷，劉宋慧簡譯	若		籍	登	容	容	容*	容	止	止	止	止	止
0063	佛說新歲經一卷，東晉竺曇無蘭譯	優		賤	和	竟	竟	竟*	竟	學	學	學	學	學
0064	佛說解夏經一卷，宋法賢譯		漢		志		縷	驅*	驅		縠*	縠	縠	縠

初南	天海	緣山	南藏	北藏	嘉興	龍藏	黃檗	卍字	臺中	大正	中華	義門	知津	縮刻	頻伽	普慧	佛教
止	止	止	福	緣	緣	緣	緣	十四	磧18	1	34	七	二八	晟	晟		24
行	行	行	賢	維	維	維	維	十二	磧13	17	24	三十	四一	藏	藏		50
止	止	止	福	緣	緣	緣	緣	十四	磧18	1	34	七	二八	晟	晟		24
止	止	止	福	緣	緣	緣	緣	十四	磧18	1	34	七	二八	晟	晟		24
止	止	止	福	緣	緣	緣	緣	十四	磧18	1	34	七	二八	晟	晟		24
止	止	止	福	緣	緣	緣	緣	十四	磧18	1	34	七	二八	晟	晟		24
止	止	止	福	緣	緣	緣	緣	十四	磧18	1	34	七	二八	晟	晟		24
學	學	學	當	當	當	當	當	十五	磧20	14	36	六	三一	宿	宿		28
止	止	止	福	緣	緣	緣	緣	十四	磧18	1	34	七	二八	晟	晟		24
止	止	止	福	緣	緣	緣	緣	十四	磧18	1	34	七	二八	晟	晟		24
止	止	止	福	緣	緣	緣	緣	十四	磧18	1	34	七	二八	晟	晟		24
止	止	止	福	緣	緣	緣	緣	十四	磧18	1	34	七	二八	晟	晟		24
止	止	止	福	緣	緣	緣	緣	十四	磧18	1	34	七	二八	晟	晟		24
止	止	止	福	緣	緣	緣	緣	十四	磧18	1	34	七	二八	晟	晟		24
止	止	止	福	緣	緣	緣	緣	十四	磧18	1	34	七	二八	晟	晟		24
止	止	止	福	緣	緣	緣	緣	十四	磧18	1	34	七	二八	晟	晟		24
學	學	學	當	當	當	當	當	十五	磧20	1	36	六	三一	宿	宿		28
轂	轂	轂	溫	深	深	深	深	十五	磧33	1	64	六	三一	宿	宿		28

序號	歷代漢文大藏經目錄新考對照表	開元	石經	貞元	至元	指要	標目	金藏	麗藏	略出	福州	資福	磧砂	普寧
0065	佛説瞻婆比丘經一卷，西晉法炬譯	若		籍	登	容	容	容	容	止	止	止	止	止
0066	佛説八無暇有暇經一卷，唐義淨譯	優		賤	和	竟	竟	竟	竟	學	學	學	學	學
0067	佛説伏婬經一卷，西晉法炬譯	若		籍	登	容	容	容	容	止	止	止	止	止
0068	佛説魔嬈亂經一卷，失譯附後漢録	若		籍	登	容	容	容	容	止	止	止	止	止
0069	弊魔試目連經一卷，吳支謙譯	若		籍	登	容	容	容 *	容	止	止	止	止	止
0070	佛説賴吒和羅經一卷，吳支謙譯	思	3	甚	仕	止	止	止	止	若	若	若	若	若
0071	佛説護國經一卷，宋法賢譯		惠		外		纓	轂	轂		轂 *	轂	轂	轂
0072	佛説數經一卷，西晉法炬譯	思		甚	仕	止	止	止	止	若	若	若	若	若
0073	梵志頞波羅延問種尊經一卷，東晉竺曇無蘭譯	思		甚	仕	止	止	止	止	若	若	若	若	若
0074	佛説三歸五戒慈心厭離功德經一卷，失譯附東晉録	思		甚	仕	止	止	止	止	若	若	若	若	若
0075	佛説須達經一卷，蕭齊求那毘地譯	思		甚	仕	止	止	止 *	止	若	若	若	若	若
0076	佛説長者施報經一卷，宋法天譯		營		睦		驅	封	封		千 *	千	千	千
0077	佛為黃竹園老婆羅門説學經一卷，失譯附劉宋録	思		甚	仕	止	止	止	止	若	若	若	若	若
0078	梵摩渝經一卷，吳支謙譯	思		甚	仕	止	止	止	止	若	若	若	若	若
0079	佛説㴲沙王五願經一卷，吳支謙譯	定	3	優	政	辭	辭	辭 *	辭	安	安	安	安	安
0080	佛説尊上經一卷，西晉竺法護譯	思	3	甚	仕	止	止	止 *	止	若	若	若	若	若
0081	佛説兜調經一卷，失譯附西晉録	思		甚	仕	止	止	止	止	若	若	若	若	若

初南	天海	緣山	南藏	北藏	嘉興	龍藏	黃檗	卍字	臺中	大正	中華	義門	知津	縮刻	頻伽	普慧	佛教
止	止	止	福	善	善	善	善	十四	磧18	1	34	七	二八	昃	昃		24
學	學	學	當	孝	孝	孝	孝	十五	磧20	17	36	六	三一	宿	宿		28
止	止	止	福	緣	緣	緣	緣	十四	磧18	1	34	七	二八	昃	昃		24
止	止	止	福	緣	緣	緣	緣	十四	磧18	1	34	七	二八	昃	昃		24
止	止	止	福	緣	緣	緣	緣	十四	磧18	1	34	七	二八	昃	昃		24
若	若	若	福	善	善	善	善	十四	磧18	1	34	七	二八	昃	昃		24
觳	觳	觳	溫	薄	薄	薄	薄	十五	磧33	1	64	七	二八	昃	昃		24
若	若	若	福	善	善	善	善	十四	磧18	1	34	七	二八	昃	昃		24
若	若	若	福	善	善	善	善	十四	磧18	1	34	七	二八	昃	昃		24
若	若	若	緣	善	善	善	善	十四	磧18	1	34	七	二八	昃	昃		24
若	若	若	緣	善	善	善	善	十四	磧18	1	34	七	二八	昃	昃		24
千	千	千	臨	盡	盡	盡	盡	十五	磧33	1	64	七	二八	昃	昃		24
若	若	若	緣	善	善	善	善	十四	磧18	1	34	七	二八	昃	昃		24
若	若	若	緣	善	善	善	善	十四	磧18	1	34	七	二八	昃	昃		24
安	安	安	璧	璧	璧	璧	璧	十四	磧19	14	34	六	三十	宿	宿		28
若	若	若	緣	善	善	善	善	十四	磧18	1	34	七	二八	昃	昃		24
若	若	若	緣	善	善	善	善	十四	磧18	1	34	七	二八	昃	昃		24

序號	歷代漢文大藏經目錄新考對照表	開元	石經	貞元	至元	指要	標目	金藏	麗藏	略出	福州	資福	磧砂	普寧
0082	佛説鸚鵡經一卷，劉宋求那跋陀羅譯	思		甚	仕	止	止	止*	止	若	若	若	若	若
0083	佛為首迦長者説業報差別經一卷，隋瞿曇法智譯	無		樂	尊	籍	籍	籍	籍	甚	甚	甚	甚	甚
0084	分別善惡報應經二卷，宋天息災譯				夫		兵	鍾	鍾		路*	路	路	路
0085	佛説淨意優婆塞所問經一卷，宋施護譯				唱			桓*	起		旦	肥	肥	肥
0086	佛説意經一卷，西晉竺法護譯	思		甚	仕	止	止	止	止	若	若	若	若	若
0087	佛説應法經一卷，西晉竺法護譯	思	3	甚	仕	止	止	止	止	若	若	若	若	若
0088	佛説分別布施經一卷，宋施護譯				維			宅	遵		奄*	禄	禄	禄
0089	佛説四品法門經一卷，宋法賢譯		漢		睦		纓	驅*	驅				寔	寔
0090	佛説息諍因緣經一卷，宋施護譯				唱			合*	牧		桓*	功	功	功
0091	佛説泥犁經一卷，東晉竺曇無蘭譯	思		甚	仕	止	止	止*	止	若	若	若	若	若
0092	佛説齋經一卷，吳支謙譯	思	3	甚	仕	止	止	止	止	若	若	若	若	若
0093	優陂夷墮舍迦經一卷，失譯附劉宋録	思		甚	仕	止	止	止	止	若	若	若	若	若
0094	佛説八關齋經一卷，劉宋沮渠京聲譯	竟		殊	卑	甚	甚	甚*	甚	無	無	無	無	無
0095	佛説鞞摩肅經一卷，劉宋求那跋陀羅譯	思		甚	仕	止	止	止	止	若	若	若	若	若
0096	佛説婆羅門子命終愛念不離經一卷，後漢安世高譯	思		甚	仕	止	止	止	止	若	若	若	若	若
0097	佛説十支居士八城人經一卷，後漢安世高譯	思		甚	仕	止	止	止	止	若	若	若	若	若

初南	天海	緣山	南藏	北藏	嘉興	龍藏	黃檗	卍字	臺中	大正	中華	義門	知津	縮刻	頻伽	普慧	佛教
若	若	若	緣	善	善	善	善	十四	磧18	1	34	七	二八	晟	晟		24
甚	甚	甚	與	當	當	當	當	十五	磧20	1	36	六	三十	宿	宿		28
路	路	路	力	竭	竭	竭	竭	十五	磧32	1	63	七	二八	晟	晟		24
肥	肥	肥	斯	夙	夙	夙	夙	十五	磧33	17	67	六	三十	宿	宿		28
若	若	若	緣	善	善	善	善	十四	磧18	1	34	七	二八	晟	晟		24
若	若	若	緣	善	善	善	善	十四	磧18	1	34	七	二八	晟	晟		24
禄	禄	禄	清	薄	薄	薄	薄	十五	磧33	1	67	七	二八	晟	晟		24
寔		1439	思	斯	斯	斯	斯	十六	磧36	17	64	六	三一	宿	宿		28
功	功	功	斯	夙	夙	夙	夙	十五	磧34	1	67	七	二八	晟	晟		24
若	若	若	福	緣	緣	緣	緣	十四	磧18	1	34	七	二八	晟	晟		24
若	若	若	福	緣	緣	緣	緣	十四	磧18	1	34	七	二八	晟	晟		24
若	若	若	福	緣	緣	緣	緣	十四	磧18	1	34	七	二八	晟	晟		24
無	無	無	敬	敬	敬	敬	敬	十四	磧20	1	36	六	二八	晟	晟		24
若	若	若	緣	緣	緣	緣	緣	十四	磧18	1	34	七	二八	晟	晟		24
若	若	若	緣	緣	緣	緣	緣	十四	磧18	1	34	七	二八	晟	晟		24
若	若	若	緣	緣	緣	緣	緣	十四	磧18	1	34	七	二八	晟	晟		24

序號	歷代漢文大藏經目録新考對照表	開元	石經	貞元	至元	指要	標目	金藏	麗藏	略出	福州	資福	磧砂	普寧
0098	佛説邪見經一卷，失譯附劉宋録	思		甚	仕	止	止	止	止	若	若	若	若	若
0099	佛説箭喻經一卷，失譯附東晉録	思	3	甚	仕	止	止	止	止	若	若	若	若	若
0100	廣義法門經一卷，陳真諦譯	思	3	甚	仕	止	止	止	止	若	若	若	若	若
0101	佛説普法義經一卷，後漢安世高譯	思	3	甚	仕	止	止	止	止	若	若	若	若	若
0102	雜阿含經五十卷，劉宋求那跋陀羅譯	盛至息	盛至息	初至終	令至基	松至流	松至流	松至流	松至流	之至不	之至不	之至不	之至不	之至不
0103	別譯雜阿含經十六卷，失譯附秦録	淵澄		宜令	籍甚	不息	不息	不息	不息	息淵	息淵	息淵	息淵	息淵
0104	雜阿含經一卷，失譯在魏吳録	言		無	攝	若	若	若	若	思	思	思	思	思
0105	五蘊皆空經一卷，唐義淨譯	言		無	攝	若	若	若*	若	思	思	思	思	思
0106	佛説七處三觀經一卷，後漢安世高譯	言		無	攝	若	若	若*	若	思	思	思	思	思
0107	佛説九横經一卷，後漢安世高譯	優		賤	和	竟	竟	竟	竟	學	學	學	學	學
0108	佛説聖法印經一卷，西晉竺法護譯	言	3	無	攝	若	若	若	若	思	思	思	思	思
0109	佛説法印經一卷，宋施護譯		營		賢			宅	遵	奄*	禄	禄	禄	
0110	佛説隨勇尊者經一卷，宋施護等譯				受			説	馳					
0111	五陰譬喻經一卷，後漢安世高譯	言		無	攝	若	若	若*	若	思	思	思	思	思
0112	佛説水沫所漂經一卷，東晉竺曇無蘭譯	言		無	攝	若	若	若*	若	思	思	思	思	思
0113	比丘聽施經一卷，東晉竺曇無蘭譯	優		賤	和	竟	竟	竟*	竟	學	學	學	學	學
0114	佛説不自守意經一卷，吳支謙譯	言		無	攝	若	若	若*	若	思	思	思	思	思

初南	天海	緣山	南藏	北藏	嘉興	龍藏	黃檗	卍字	臺中	大正	中華	義門	知津	縮刻	頻伽	普慧	佛教
若	若	若	緣	緣	緣	緣	緣	十四	磧18	1	34	七	二八	晟	晟		24
若	若	若	緣	緣	緣	緣	緣	十四	磧18	1	34	七	二八	晟	晟		24
若	若	若	福	緣	緣	緣	緣	十四	磧18	1	34	七	三一	宿	宿		28
若	若	若	緣	緣	緣	緣	緣	十四	磧18	1	34	六	三一	宿	宿		28
之至不	之至不	之至不	谷至堂	谷至堂	谷至堂	谷至堂	谷至堂	十三	磧18	2	32	五	二九	辰	辰		25
息淵	息淵	息淵	習聽	禍因	禍因	禍因	禍因	十三	磧18	2	33	七	二九	辰	辰		25
思	思	思	聽	因	因	因	因	十三	磧19	2	34	七	二九	辰	辰		26
思	思	思	緣	善	善	善	善	十四	磧19	2	34	七	二九	辰	辰		26
思	思	思	緣	慶	慶	慶	慶	十四	磧19	2	34	七	二九	辰	辰		26
學	學	學	當	當	當	當	當	十五	磧20	2	36	六	三一	宿	宿		28
思	思	思	緣	慶	慶	慶	慶	十四	磧19	2	34	七	二九	辰	辰		26
禄	禄	禄	清	薄	薄	薄	薄	十五	磧33	2	67	七	二九	辰	辰		26
		1516						續1	磧38	14	68			宿	宿		28
思	思	思	善	慶	慶	慶	慶	十四	磧19	2	34	七	二九	辰	辰		26
思	思	思	善	慶	慶	慶	慶	十四	磧19	2	34	七	二九	辰	辰		26
學	學	學	當	當	當	當	當	十五	磧20	14	36	六	三一	宿	宿		28
思	思	思	善	慶	慶	慶	慶	十四	磧19	2	34	七	二九	辰	辰		26

序號	歷代漢文大藏經目錄新考對照表	開元	石經	貞元	至元	指要	標目	金藏	麗藏	略出	福州	資福	磧砂	普寧
0115	貝多樹下思惟十二因緣經一卷，吳支謙譯	慕		必	得	傷	傷	傷*	傷	女	女	女	女	女
0116	緣起聖道經一卷，唐玄奘譯	慕	慕	必	得	傷	傷	傷	傷	女	女	女	女	女
0117	佛説舊城喻經一卷，宋法賢譯		回		隨		縷	輦*	輦		驅	驅	驅	驅
0118	緣起經一卷，唐玄奘譯	言		無	攝	若	若	若*	若	思	思	思	思	思
0119	佛説滿願子經一卷，失譯附東晉録	言		無	攝	若	若	若	若	思	思	思	思	思
0120	佛説勝義空經一卷，宋施護等譯				受			説	馳					
0121	佛説轉法輪經一卷，後漢安世高譯	言	3	無	攝	若	若	若*	若	思	思	思	思	思
0122	佛説三轉法輪經一卷，唐義淨譯	言		無	攝	若	若	若*	若	思	思	思	思	思
0123	佛説醫喻經一卷，宋施護譯				隨			合*	牧		桓*	功	功	功
0124	佛説相應相可經一卷，西晉法炬譯	言	3	無	攝	若	若	若*	若	思	思	思	思	思
0125	佛説十力經一卷，唐勿提提犀魚譯		書	王	白		槐	時	合					
0126	佛説佛十力經一卷，宋施護等譯				受				馳					
0127	佛説信解智力經一卷，宋法賢譯		回		睦		縷	輦*	輦		驅	驅	驅	驅
0128	佛説清淨心經一卷，宋施護等譯				受			説	馳					
0129	佛説無常經一卷，唐義淨譯	優	3	賤	和	竟	竟	竟*	竟	學	學	學	學	學
0130	佛説八正道經一卷，後漢安世高譯	言		無	攝	若	若	若	若	思	思	思	思	思
0131	佛説難提釋經一卷，西晉法炬譯	言		無	攝	若	若	若	若	思	思	思	思	思
0132	佛説馬有三相經一卷，後漢支曜譯	言		無	攝	若	若	若*	若	思	思	思	思	思

初南	天海	緣山	南藏	北藏	嘉興	龍藏	黃檗	卍字	臺中	大正	中華	義門	知津	縮刻	頻伽	普慧	佛教
女	女	女	效	良	良	良	良	十	磧11	16	19	十三	十	宙	宙		12
女	女	女	效	良	良	良	良	十	磧11	16	19	十四	十	宙	宙		12
驅	驅	驅	興	臨	臨	臨	臨	十五	磧33	16	64	十四	十	宙	宙		12
思	思	思	緣	善	善	善	善	十四	磧19	2	34	七	二六	昃	昃		23
思	思	思	善	慶	慶	慶	慶	十四	磧19	2	34	七	二九	辰	辰		26
		1514							續1	磧37	15	68			宿	宿		28
思	思	思	善	慶	慶	慶	慶	十四	磧19	2	34	七	二九	辰	辰		26
思	思	思	善	慶	慶	慶	慶	十四	磧19	2	34	七	二九	辰	辰		26
功	功	功	馨	夙	夙	夙	夙	十五	磧34	4	67	六	三一	宿	宿		28
思	思	思	善	慶	慶	慶	慶	十四	磧19	2	34	七	二九	辰	辰		26
		1494							續2	磧37	17	66			閏	閏		53
		1517							續1		17	66			宿	宿		28
驅	驅	驅	興	臨	臨	臨	臨	十五	磧33	17	64	六	三一	宿	宿		28
		1518							續1	磧37	17	68			宿	宿		28
學	學	學	當	孝	孝	孝	孝	十五	磧20	17	36	六	三一	宿	宿		28
思	思	思	善	慶	慶	慶	慶	十四	磧19	2	34	七	二九	辰	辰		26
思	思	思	善	慶	慶	慶	慶	十四	磧19	2	34	七	二九	辰	辰		26
思	思	思	善	慶	慶	慶	慶	十四	磧19	2	34	七	二九	辰	辰		26

序號	歷代漢文大藏經目録新考對照表	開元	石經	貞元	至元	指要	標目	金藏	麗藏	略出	福州	資福	磧砂	普寧
0133	佛説馬有八態譬人經一卷，後漢支曜譯	言		無	攝	若	若	若	若	思	思	思	思	思
0134	佛説解憂經一卷，宋法天譯		營		外		驅	封	封		千	千	千	千
0135	佛説戒德香經一卷，東晉竺曇無蘭譯	思		甚	仕	止	止	止*	止	若	若	若	若	若
0136	佛説戒香經一卷，宋法賢譯		綺		隨		纓	陪	陪		驅*	驅	驅	驅
0137	佛説鴦掘摩經一卷，西晉竺法護譯	思	3	甚	仕	止	止	止	止	若	若	若	若	若
0138	佛説鴦崛髻經一卷，西晉法炬譯	言		無	攝	若	若	若	若	思	思	思	思	思
0139	央掘魔羅經四卷，劉宋求那跋陀羅譯	墨	墨	克	難	難	難	難	難	量	量	量	量	量
0140	佛説蟻喻經一卷，宋施護譯				隨			濟	用		又*	曲	曲	曲
0141	佛説四天王經一卷，劉宋智嚴共寶雲譯	學		貴	上	無	無	無*	無	竟	竟	竟	竟	竟
0142	佛説月喻經一卷，宋施護譯				隨			合*	牧		桓*	功	功	功
0143	佛説波斯匿王太后崩塵土坌身經一卷，西晉法炬譯	思		甚	仕	止	止	止	止	若	若	若	若	若
0144-1	增壹阿含經五十卷，符秦曇摩難提譯										蘭至松	蘭至松	蘭至松	蘭至松
0144-2	增壹阿含經五十一卷，東晉瞿曇僧伽提婆譯	斯至之	斯至之	言至篤	誠至宜	似至如	似至如	似至如	似至如	蘭至松				
0145	佛説阿羅漢具德經一卷，宋法賢譯		傾		夫		振	冠	冠		輦*	輦	輦	輦
0146	佛説犛牛譬經一卷，西晉法炬譯	優		賤	和	竟	竟	竟	竟	學	學	學	學	學
0147	佛説無上處經一卷，失譯附東晉録	優		賤	和	竟	竟	竟*	竟	學	學	學	學	學

初南	天海	緣山	南藏	北藏	嘉興	龍藏	黃檗	卍字	臺中	大正	中華	義門	知津	縮刻	頻伽	普慧	佛教
思	思	思	善	慶	慶	慶	慶	十四	磧19	2	34	七	二九	辰	辰		26
千	千	千	深	命	命	命	命	十五	磧33	17	64	六	三一	宿	宿		28
若	若	若	福	緣	緣	緣	緣	十四	磧18	2	34	七	二九	辰	辰		26
驅	驅	驅	興	深	深	深	深	十五	磧33	2	64	七	二九	辰	辰		26
若	若	若	緣	善	善	善	善	十四	磧18	2	34	七	二六	晃	晃		23
思	思	思	緣	善	善	善	善	十四	磧19	2	34	七	二六	晃	晃		23
量	量	量	悲	悲	悲	悲	悲	十二	磧13	2	23	十一	六	黃	黃		8
曲*	曲	曲	淵	斯	斯	斯	斯	十五	磧34	1	67	六	三一	宿	宿		28
竟	竟	竟	孝	孝	孝	孝	孝	十五	磧20	15	36	六	三一	宿	宿		28
功	功	功	馨	夙	夙	夙	夙	十五	磧34	2	67	六	三一	宿	宿		28
若	若	若	緣	善	善	善	善	十四	磧18	2	34	七	二六	晃	晃		23
蘭至松	蘭至松	蘭至松	形至空	形至空	形至空	形至空	形至空		磧17			五	二六				
								十三		2	32			晃	晃		23
輦	輦	輦	夙	臨	臨	臨	臨	十五	磧33	2	64	七	二六	晃	晃		23
學	學	學	當	當	當	當	當	十五	磧20	4	36	六	三一	宿	宿		28
學	學	學	當	當	當	當	當	十五	磧20	17	36	六	三一	宿	宿		28

序號	歷代漢文大藏經目錄新考對照表	開元	石經	貞元	至元	指要	標目	金藏	麗藏	略出	福州	資福	磧砂	普寧
0148	佛説四人出現世間經一卷，劉宋求那跋陀羅譯	思	3	甚	仕	止	止	止	止	若	若	若	若	若
0149	佛説四無所畏經一卷，宋施護譯		桓		行		驅	八	八		兵	兵	兵	兵
0150	佛説五大施經一卷，宋施護等譯		29		志			説	馳				寔	寔
0151	須摩提女經一卷，吳支謙譯	思		甚	仕	止	止	止	止	若				
0152	佛説三摩竭經一卷，吳竺律炎譯	定		優	政	辭	辭	辭*	辭	安	安	安	安	安
0153	佛説給孤長者女得度因緣經三卷，宋施護譯				夫			桓	起		旦*	肥	肥	肥
0154	佛説婆羅門避死經一卷，後漢安世高譯	思		甚	仕	止	止	止	止	若	若	若	若	若
0155-1	佛説食施獲五福報經一卷，失譯附東晉錄		2			止	止	止	止					
0155-2	食施獲五福報經（別本）一卷，失譯附東晉錄	思	29	甚	仕					若	若	若	若	若
0156	佛説琉璃王經一卷，西晉竺法護譯	定	3	優	政	辭	辭	辭*	辭	安	安	安	安	安
0157	頻毘娑羅王詣佛供養經一卷，西晉法炬譯	思		甚	仕	止	止		止	若	若	若	若	若
0158	佛説阿難同學經一卷，後漢安世高譯	言		無	攝	若	若	若	若	思	思	思	思	思
0159	佛説長者子六過出家經一卷，劉宋慧簡譯	思		甚	仕	止	止	止	止	若	若	若	若	若
0160	佛説尊那經一卷，宋法賢譯		傾		賢		振	冠*	冠		輦	輦	輦	輦
0161	佛説力士移山經一卷，西晉竺法護譯	言	3	無	攝	若	若	若	若	思	思	思	思	思

初南	天海	緣山	南藏	北藏	嘉興	龍藏	黃檗	卍字	臺中	大正	中華	義門	知津	縮刻	頻伽	普慧	佛教
若	若	若	福	緣	緣	緣	緣	十四	磧18	2	34	七	二六	晨	晨		23
兵	兵	兵	履	臨	臨	臨	臨	十五	磧33	17	64	六	三一	宿	宿		28
寔		1515	思	之	之	之	之	十六	磧36	16	68	六	三一	宿	宿		28
	若							十四		2	34			晨	晨		23
安*	安	安	尺	善	善	善	善	十四	磧19	2	34	六	二六	晨	晨		23
肥	肥	肥	蘭	薄	薄	薄	薄	十五	磧33	2	67	七	二六	晨	晨		23
若	若	若	緣	善	善	善	善	十四	磧18	2	34	七	二六	晨	晨		23
								十四		2	34			晨	晨		23
若	若	若	緣	善	善	善	善		磧18	2	34	七	二六	晨	晨		
安	安	安	璧	璧	璧	璧	璧	十四	磧19	14	34	六	三十	宿	宿		28
若	若	若	緣	善	善	善	善	十四	磧18	2	34	七	二六	晨	晨		23
思	思	思	緣	善	善	善	善	十四	磧19	2	34	六	三一	宿	宿		28
若	若	若	緣	善	善	善	善	十四	磧18	2	34	七	二六	晨	晨		23
輦	輦	輦	夙	臨	臨	臨	臨	十五	磧33	17	64	六	十	宙	宙		12
思	思	思	緣	善	善	善	善	十四	磧19	2	34	七	二六	晨	晨		23

序號	歷代漢文大藏經目錄新考對照表	開元	石經	貞元	至元	指要	標目	金藏	麗藏	略出	福州	資福	磧砂	普寧
0162	佛説四未曾有法經一卷，西晉竺法護譯	言	3	無	攝	若	若		若	思	思	思	思	思
0163	舍利弗摩訶目連遊四衢經一卷，後漢康孟詳譯	言		無	攝	若	若	若	若	思	思	思	思	思
0164	佛説放牛經一卷，姚秦鳩摩羅什譯	言		無	攝	若	若	若*	若	思	思	思	思	思
0165	佛説分別緣生經一卷，宋法天譯		説		睦			宅	遵		奄	禄	禄	禄
0166	佛説十一想思念如來經一卷，劉宋求那跋陀羅譯	言		無	攝	若	若	若	若	思	思	思	思	思
0167	佛説四泥犁經一卷，東晉竺曇無蘭譯	言		無	攝	若	若	若*	若	思	思	思	思	思
0168	阿那邠邸化七子經一卷，後漢安世高譯	言		無	攝	若	若	若	若	思	思	思	思	思
0169-1	佛説玉耶女經一卷，失譯附西晉録	辭		竟	職	思	思	思*	思	言				
0169-2	玉耶女經（別本）一卷，失譯附西晉録										言	言	言	言
0170	玉耶經一卷，東晉竺曇無蘭譯	辭		竟	職	思	思	思	思	言	言	言	言	言
0171	佛説阿遬達經一卷，劉宋求那跋陀羅譯	辭		竟	職	思	思	思	思	言	言	言	言	言
0172	佛説大愛道般泥洹經一卷，西晉白法祖譯	言		無	攝	若	若	若	若	思	思	思	思	思
0173	佛母般泥洹經一卷，劉宋慧簡譯	言	3	無	攝	若	若	若*	若	思	思	思	思	思
0174	舍衛國王夢見十事經一卷，失譯附西晉録	言		無	攝	若	若		若	思	思	思	思	思
0175	佛説舍衛國王十夢經一卷，失譯附西晉録							若	若					

初南	天海	緣山	南藏	北藏	嘉興	龍藏	黃檗	卍字	臺中	大正	中華	義門	知津	縮刻	頻伽	普慧	佛教
思	思	思	緣	善	善	善	善	十四	磧19	2	34	七	二六	晟	晟		23
思	思	思	緣	善	善	善	善	十四	磧19	2	34	七	二六	晟	晟		23
思	思	思	緣	善	善	善	善	十四	磧19	2	34	七	二六	晟	晟		23
禄	禄	禄	清	薄	薄	薄	薄	十五	磧33	16	67	六	三十	宿	宿		28
思	思	思	緣	善	善	善	善	十四	磧19	2	34	七	二六	晟	晟		23
思	思	思	緣	善	善	善	善	十四	磧19	2	34	七	二六	晟	晟		23
思	思	思	緣	慶	慶	慶	慶	十四	磧19	2	34	七	二六	晟	晟		23
		言						十四		2	34			晟	晟		23
言	言		慶	慶	慶	慶	慶		磧19	2	34	七	二六	晟	晟		
言	言	言	慶	慶	慶	慶	慶	十四	磧19	2	34	七	二六	晟	晟		23
言	言	言	慶	慶	慶	慶	慶	十四	磧19	2	34	七	二六	晟	晟		23
思	思	思	緣	慶	慶	慶	慶	十四	磧19	2	34	七	二六	晟	晟		23
思	思	思	緣	慶	慶	慶	慶	十四	磧19	2	34	七	二六	晟	晟		23
思	思	思	緣	善	善	善	善	十四	磧19	2	34	七	二六	晟	晟		23
		1431							續1	2	34			晟	晟		23

序號	歷代漢文大藏經目録新考對照表	開元	石經	貞元	至元	指要	標目	金藏	麗藏	略出	福州	資福	磧砂	普寧
0176	國王不梨先泥十夢經一卷，東晉竺曇無蘭譯	言		無	攝	若	若	若	若	思	思	思	思	思
0177	佛説治意經一卷，失譯附西晉録	驚		吹	曲	飛	飛	飛	飛	飛	飛*	飛	飛	飛
0178	佛説阿含正行經一卷，後漢安世高譯	竟	3	殊	卑	甚	甚	甚*	甚	無	無	無	無	無
0179	生經五卷，西晉竺法護譯	篤		登	存	安	安	安	安	定	定	定	定	定
0180	過去現在因果經四卷，劉宋求那跋陀羅譯	安	2	學	從	言	言	言	言	辭	辭	辭	辭	辭
0181	修行本起經二卷，後漢竺大力共康孟詳譯	辭		竟	職	思	思	思	思	言	言	言	言	言
0182	佛説太子瑞應本起經二卷，吳支謙譯	安		學	從	言	言	言*	言	辭	辭	辭	辭	辭
0183	異出菩薩本起經一卷，西晉聶道真譯	景	景	空	悲	羔	羔	羔*	羔	羊	羊	羊	羊	羊
0184	佛本行集經六十卷，隋闍那崛多譯	榮至甚		甘至詠	樂至別	宜至基	宜至基	宜至基	宜至基	令至籍	令至籍	令至籍	令至籍	令至籍
0185	佛説眾許摩訶帝經十三卷，宋法賢譯		旦孰		下		輦	卿戶	卿戶		給*	給	給	給
0186	佛所行讚五卷，馬鳴菩薩造、北涼曇無讖譯	涇		對	伊	據	據	據	據	據	據*	據	據	據
0187	佛本行經七卷，劉宋寶雲譯	涇		對	伊	據	據	據	據	據	據*	據	據	據
0188	僧伽羅刹所集經三卷，苻秦僧伽跋澄等譯	觀		鼓	奄	樓	樓	樓	樓	樓	樓*	樓	樓	樓
0189	佛説十二遊經一卷，東晉迦留陀伽譯	寫		陛	微	圖	圖	圖	圖	圖	圖*	圖	圖	圖
0190-1	中本起經二卷，後漢曇果共康孟詳譯	止		基	優	映	映	映	映	容				

初南	天海	緣山	南藏	北藏	嘉興	龍藏	黃檗	卍字	臺中	大正	中華	義門	知津	縮刻	頻伽	普慧	佛教
思	思	思	緣	善	善	善	善	十四	磧19	2	34	七	二六	昃	昃		23
飛*	飛	飛	宜	既	既	既	既	二六	磧28	1	51	三十	三一	宿	宿		28
無	無	無	敬	敬	敬	敬	敬	十四	磧20	2	36	六	三一	宿	宿		28
定	定	定	璧	璧	璧	璧	璧	十四	磧19	2	34	五	三十	宿	宿		27
辭	辭	辭	慶	尺	尺	尺	尺	十四	磧19	3	34	六	二九	辰	辰		26
言	言	言	善	尺	尺	尺	尺	十四	磧19	3	34	七	二九	辰	辰		26
辭	辭	辭	慶	尺	尺	尺	尺	十四	磧19	3	34	七	二九	辰	辰		26
羊	羊	羊	維	維	維	維	維	十二	磧13	3	24	三十	二九	辰	辰		26
令至籍	令至籍	令至籍	父至嚴	父至興	父至興	父至興	父至興	十四	磧19	3	35	六	二九	辰	辰		26
給	給	給	深	命	命	命	命	十五	磧32	3	64	六	二九	辰	辰		26
據	據	據	美	典	典	典	典	二六	磧27	4	50	三十	四一	藏	藏		50
據	據	據	初	達	達	達	達	二六	磧27	4	50	三十	四一	藏	藏		50
樓	樓	樓	宜	典	典	典	典	二六	磧28	4	51	三十	四一	藏	藏		50
圖	圖	圖	終	英	英	英	英	二六	磧28	4	51	三十	四一	藏	藏		51
		容						十四		4	33			辰	辰		26

序號	歴代漢文大藏經目録新考對照表	開元	石經	貞元	至元	指要	標目	金藏	麗藏	略出	福州	資福	磧砂	普寧
0190-2	中本起經（別本）二卷，後漢曇果共康孟詳譯										容	容	容	容
0191	佛説興起行經二卷，後漢康孟詳譯	無		樂	尊	籍	籍	籍	籍	甚	甚	甚	甚	甚
0192	佛説義足經二卷，吳支謙譯	篤		登	存	安	安	安*	安	定	定	定	定	定
0193	佛五百弟子自説本起經一卷，西晉竺法護譯	學		貴	上	無	無	無	無	竟	竟*	竟	竟	竟
0194	撰集百緣經十卷，吳支謙譯	宮		楹	尹	涇	涇	涇	涇	涇	涇*	涇	涇	涇
0195	大莊嚴經論十五卷，馬鳴菩薩造、姚秦鳩摩羅什譯	曰嚴		溫清	驚圖	事君	事君	事君	事君	君曰	君曰	君曰	君曰	君曰
0196	賢愚經十三卷，元魏慧覺等譯	鬱樓		設席	阿衡	鬱	鬱	鬱	鬱	盤鬱	盤鬱*	盤鬱	盤鬱	盤鬱
0197	雜寶藏經十卷，元魏吉迦夜共曇曜譯	圖		笙	阜	驚	驚	驚	驚	驚	驚*	驚	驚	驚
0198	雜譬喻經一卷，後漢支婁迦讖譯	寫		陛	微	圖		圖	圖	圖	圖*	圖	圖	圖
0199	雜譬喻經二卷，失譯附後漢録	禽		階	旦	寫		寫	寫	寫	寫*	寫	寫	寫
0200	舊雜譬喻經二卷，吳康僧會譯	寫		陛	微	圖	圖	圖	圖	圖	圖*	圖	圖	圖
0201	雜譬喻經一卷，道略集、姚秦鳩摩羅什譯	禽		階	旦	寫	寫	寫	寫					
0202	眾經撰雜譬喻二卷，道略集、姚秦鳩摩羅什譯									寫	寫*	寫	寫	寫
0203	百喻經四卷，尊者僧伽斯那撰、蕭齊求那毘地譯	飛		瑟	宅	觀	觀	觀	觀	觀	觀*	觀	觀	觀
0204	法句經二卷，尊者法救撰、吳維祇難等譯	畫		陛	營	獸	獸	獸	獸	獸	獸*	獸	獸	獸
0205	法句譬喻經四卷，西晉法炬共法立譯	畫		陛	營	獸	獸	獸	獸	獸	獸*	獸	獸	獸

初南	天海	緣山	南藏	北藏	嘉興	龍藏	黃檗	卍字	臺中	大正	中華	義門	知津	縮刻	頻伽	普慧	佛教
容	容		積	緣	緣	緣	緣		磧18		33	六	二九				
甚	甚	甚	與	當	當	當	當	十五	磧20	4	36	六	二九	辰	辰		26
定	定	定	璧	璧	璧	璧	璧	十四	磧19	4	34	五	三十	宿	宿		27
竟*	竟	竟	孝	孝	孝	孝	孝	十五	磧20	4	36	六	三十	宿	宿		28
淫	淫	淫	慎	承	承	承	承	二六	磧27	4	50	三十	三一	宿	宿		28
君曰	君曰	君曰	逐物	慈隱	慈隱	慈隱	慈隱	二一	磧16	4	29	二九	三八	暑	暑		37
盤鬱	盤鬱	盤鬱	誠美	左達	左達	左達	左達	二六	磧27	4	51	三十	三一	宿	宿		28
驚	驚	驚	業	既	既	既	既	二六	磧28	4	51	三十	三一	宿	宿		28
圖*	圖	圖	所	英	英	英	英	二六	磧28	4	51	三十	三八	暑	暑		38
寫	寫	寫	所	羣	羣	羣	羣	二六	磧28	4	52	三十	三八	暑	暑		38
圖*	圖	圖	所	聚	聚	聚	聚	二六	磧28	4	51	三十	三八	暑	暑		38
								二六		4	52			暑	暑		38
寫	寫	寫	所	羣	羣	羣	羣		磧28	4	52	三十	三八	暑	暑		38
觀	觀	觀	令	羣	羣	羣	羣	二六	磧28	4	51	三十	四一	藏	藏		51
獸	獸	獸	所	羣	羣	羣	羣	二六	磧28	4	52	三十	四一	藏	藏		50
獸	獸	獸	籍	亦	亦	亦	亦	二六	磧28	4	52	三十	四一	藏	藏		50

序號	歷代漢文大藏經目錄新考對照表	開元	石經	貞元	至元	指要	標目	金藏	麗藏	略出	福州	資福	磧砂	普寧
0206	出曜經三十卷，尊者法救造、姚秦竺佛念譯	殿至鬱		肆至設	佐時	宮至盤	宮至盤	宮至盤	宮至盤	宮至盤	宮殿*	宮殿	宮殿	宮殿
0207	法集要頌經四卷，尊者法救集、宋天息災譯		尹		公		高	書	書		槐*	槐	槐	槐
0208	佛説猘狗經一卷，吳支謙譯	竟	3	殊	卑	甚	甚	甚	甚	無	無	無	無	無
0209	大魚事經一卷，東晉竺曇無蘭譯	學	3	貴	上	無	無	無	無	竟	竟*	竟	竟	竟
0210	佛説譬喻經一卷，唐義淨譯	優	29	賤	和	竟	竟	竟*	竟	學	學	學	學	學
0211	佛説灌頂王喻經一卷，宋施護等譯			隨			扶	最		公*	茂	茂	茂	
0212	六度集經八卷，吳康僧會譯	毀	毀	良	過	豈	豈	豈	豈	敢	敢	敢	敢	敢
0213	菩薩本緣經三卷，僧伽斯那撰、吳支謙譯	飛		瑟	宅	觀	觀	觀	觀	觀	觀*	觀	觀	觀
0214	觀世音菩薩往生淨土本緣經一卷，失譯附西晉録													
0215	佛説菩薩本行經三卷，失譯附東晉録	欲	欲	行	覆	覆	覆	覆	覆	器	器	器	器	器
0216	大方便佛報恩經七卷，失譯在後漢録	欲	欲	行	覆	覆	覆	覆	覆	器	器	器	器*	器
0217	悲華經十卷，北涼曇無讖譯	場	場	蓋	身	駒	駒	駒	駒	食	食	食	食	食
0218	大乘悲分陀利經八卷，失譯附秦録	食		方	此	白	白	白	白	駒	駒	駒	駒	駒
0219	大乘本生心地觀經八卷，唐般若譯		壁	聲	羔		將	衡	匡		弱*	刻	刻	刻
0220	菩薩本生鬘論十六卷，聖勇菩薩等造、宋慧詢等譯				瑟吹		紫塞						滅虢	滅虢

初南	天海	緣山	南藏	北藏	嘉興	龍藏	黃檗	卍字	臺中	大正	中華	義門	知津	縮刻	頻伽	普慧	佛教
宮殿	宮殿	宮殿	定至初	廣內	廣內	廣內	廣內	二六	磧27	4	50	三十	四一	藏	藏		50
槐	槐	槐	甚	隸	隸	隸	隸	二七	磧32	4	63	三十	四一	藏	藏		50
無	無	無	敬	敬	敬	敬	敬	十四	磧20	4	36	六	三一	宿	宿		28
竟	竟	竟	孝	孝	孝	孝	孝	十五	磧20	4	36	六	三一	宿	宿		28
學	學	學	當	當	當	當	當	十五	磧20	4	36	六	三一	宿	宿		28
茂	茂	茂	馨	夙	夙	夙	夙	十五	磧34	4	67	六	三一	宿	宿		28
敢	敢	敢	萬	萬	萬	萬	萬	九	磧11	2	18	十三	九	宙	宙		11
觀	觀	觀	令	聚	聚	聚	聚	二六	磧28	2	51	三十	四一	藏	藏		50
								續1									
器*	器	器	墨	墨	墨	墨	墨	十二	磧13	2	22	十三	九	宙	宙		11
器*	器	器	墨	墨	墨	墨	墨	十二	磧13	2	22	十二	九	宙	宙		11
食	食	食	及	及	及	及	及	九	磧9	2	16	十四	九	宙	宙		11
駒	駒	駒	賴	敢	敢	敢	敢	十	磧9	2	16	十三	九	宙	宙		11
刻	刻	刻	之	興	興	興	興	十五	磧34	2	67	十二	七	宇	宇		9
滅號		1555	經	右	右	右	右	二五	磧36	2	76	二九	三八	署	署		38

序號	歷代漢文大藏經目録新考對照表	開元	石經	貞元	至元	指要	標目	金藏	麗藏	略出	福州	資福	磧砂	普寧
0221	長壽王經一卷，失譯附西晉録	維	維	虛	染	景	景	景*	景	行	行	行	行	行
0222	金色王經一卷，元魏瞿曇般若流支譯	改	改	長	能	過	過	過	過	必	必	必	必	必
0223	佛説妙色王因緣經一卷，唐義淨譯	行	行	谷	絲	羊	羊	羊	羊	景	景	景	景	景
0224	佛説師子素馱娑王斷肉經一卷，唐智嚴譯	行	行	谷	絲	羊	羊	羊	羊	景	景	景	景	景
0225	佛説頂生王因緣經六卷，宋施護等譯				念			説	馳				晉	晉
0226	佛説月光菩薩經一卷，宋法賢譯		孰		賢		驅	戶*	戶		千*	千	千	千
0227	佛説太子慕魄經一卷，後漢安世高譯	毀		良	過	豈	豈	豈	豈	敢	敢	敢	敢	敢
0228	佛説太子墓魄經一卷，西晉竺法護譯	毀		良	過	豈	豈	豈	豈	敢	敢	敢	敢	敢
0229	佛説月明菩薩經一卷，吳支謙譯	景	景	空	悲	羔	羔	羔	羔	羊	羊	羊	羊	羊
0230	佛説德光太子經一卷，西晉竺法護譯	行	行	谷	悲	羊	羊	羊	羊	景	景	景	景	景
0231	太子須大拏經一卷，乞伏秦聖堅譯	毀		良	過	豈	豈	豈	豈	敢	敢	敢	敢	敢
0232	佛説菩薩投身飴餓虎起塔因緣經一卷，北涼法盛譯	維	維	虛	染	景	景	景	景	行	行	行	行	行
0233	佛説福力太子因緣經四卷，宋施護等譯				克			惠	漠		公*	茂	茂	茂
0234-1	佛説菩薩睒子經一卷，失譯附西晉録	毀		良	過	豈	豈	豈*	豈					

初南	天海	緣山	南藏	北藏	嘉興	龍藏	黃檗	卍字	臺中	大正	中華	義門	知津	縮刻	頻伽	普慧	佛教
行	行	行	賢	羊	羊	羊	羊	十二	磧13	3	24	十三	九	宙	宙		12
必	必	必	忘	短	短	短	短	十一	磧11	3	20	十三	九	宙	宙		11
景	景	景	賢	景	景	景	景	十二	磧13	3	24	十三	九	宙	宙		12
景	景	景	賢	景	景	景	景	十二	磧13	3	24	三十	四一	藏	藏		51
晉		1513	言	之	之	之	之	十六	磧36	3	68	十三	九	宙	宙		12
千	千	千	臨	盡	盡	盡	盡	十五	磧33	3	64	十三	三一	宿	宿		28
敢	敢	敢	潔	潔	潔	潔	潔	十	磧11	3	19	十四	九	宙	宙		11
敢	敢	敢	潔	潔	潔	潔	潔	十	磧11	3	19	十四	九	宙	宙		11
羊	羊	羊	維	維	維	維	維	十二	磧13	3	24	十三	九	宙	宙		12
景	景	景	維	維	維	維	維	十二	磧13	3	24	十三	九	宙	宙		12
敢	敢	敢	潔	才	才	才	才	十	磧11	3	18	十四	九	宙	宙		11
行	行	行	賢	悲	悲	悲	悲	十二	磧13	3	24	十三	六	黃	黃		8
茂	茂	茂	馨	夙	夙	夙	夙	十五	磧34	3	68	六	三十	宿	宿		28
		敢						十		3	19			宙	宙		11

序號	歷代漢文大藏經目録新考對照表	開元	石經	貞元	至元	指要	標目	金藏	麗藏	略出	福州	資福	磧砂	普寧
0234-2	菩薩睒子經（別本）一卷，失譯附西晉録									敢	敢	敢	敢	敢
0235-1	佛説睒子經一卷，乞伏秦聖堅譯	毀		良	過	豈	豈	豈	豈					
0235-2	佛説睒子經（別本一）一卷，乞伏秦聖堅譯									敢	敢	敢	敢	
0235-3	佛説睒子經（別本二）一卷，乞伏秦聖堅譯													敢
0236	佛説師子月佛本生經一卷，失譯附三秦録	維	維	虛	染	景	景	景*	景	行	行	行	行	行
0237	佛説大意經一卷，劉宋求那跋陀羅譯	行	行	谷	悲	羊	羊	羊*	羊	景	景	景	景	景
0238	前世三轉經一卷，西晉法炬譯	女	3	過	改	毀	毀	毀*	毀	傷	傷	傷	傷	傷
0239	銀色女經一卷，元魏佛陀扇多譯	女	女	過	改	毀	毀	毀	毀	傷	傷	傷	傷	傷
0240	佛説過去世佛分衛經一卷，西晉竺法護譯	維	維	虛	染	景	景	景*	景	行	行	行	行	行
0241-1	佛説九色鹿經一卷，吳支謙譯								豈					
0241-2	佛説九色鹿經一卷（別本一），吳支謙譯									敢	敢	敢	敢	敢
0241-3	佛説九色鹿經一卷（別本二），吳支謙譯	毀		良	過	豈	豈	豈						
0242-1	佛説鹿母經一卷，西晉竺法護譯	景	景	空	悲	羔	羔	羔	羔					
0242-2	佛説鹿母經（別本）一卷，西晉竺法護譯									羊	羊	羊	羊	羊
0243	一切智光明仙人慈心因緣不食肉經一卷，失譯附秦録	維	維	虛	染	景	景	景*	景	行	行	行	行	行

初南	天海	緣山	南藏	北藏	嘉興	龍藏	黃檗	卍字	臺中	大正	中華	義門	知津	縮刻	頻伽	普慧	佛教
敢	敢		潔	潔	潔	潔	潔		磧11		19	十四	九				
		敢						十		3	19			宙	宙		11
敢	敢								磧11	3	19			宙	宙		
			潔	潔	潔	潔	潔			3		十四	九	宙	宙		
行	行	行	賢	信	信	信	信	十一	磧13	3	24	十三	五	黃	黃		7
景	景	景	維	維	維	維	維	十二	磧13	3	24	十三	九	宙	宙		12
傷*	傷	傷	效	良	良	良	良	十	磧11	3	19	十四	九	宙	宙		12
傷	傷	傷	效	良	良	良	良	十	磧11	3	19	十三	九	宙	宙		12
行	行	行	賢	景	景	景	景	十二	磧13	3	24	十三	九	宙	宙		12
								十		3	19			宙	宙		11
敢	敢	敢	潔	潔	潔	潔	潔		磧11	3	19	十四	九	宙	宙		
											19						
								十二		3	24			宙	宙		12
羊	羊	羊	維	維	維	維	維		磧13	3	24	十三	九	宙	宙		
行	行	行	賢	信	信	信	信	十一	磧13	3	24	十三	五	黃	黃		7

序號	歷代漢文大藏經目錄新考對照表	開元	石經	貞元	至元	指要	標目	金藏	麗藏	略出	福州	資福	磧砂	普寧
0244	方廣大莊嚴經十二卷，唐地婆訶羅譯	鳴鳳		被草	木賴	歸王	歸	歸王	歸王	王鳴	王鳴	王鳴	王鳴	王
0245	佛説普曜經八卷，西晉竺法護譯	鳳	鳳	草	賴	王	王	王	王	鳴	鳴	鳴	鳴	鳴
0246	大般若波羅蜜多經六百卷，唐玄奘譯	天至奈	4	天至奈	天至奈	天至奈	天至奈	天至奈	天至奈	天至奈	天至奈*	天至奈	天至奈	天至奈
0247	放光般若經二十卷，西晉無羅叉譯	菜至芥	菜至芥	菜至芥	菜重	菜重	菜重	菜重	菜重	菜至芥	菜至芥	菜至芥	菜至芥	菜至芥
0248	光讚經十卷，西晉竺法護譯	淡鱗	淡鱗	淡鱗	鹹河	鹹河	鹹	鹹河	鹹河	河淡	河淡	河淡	河淡	河淡
0249	摩訶般若波羅蜜經二十七卷，姚秦鳩摩羅什譯	薑至河	薑至河	薑至河	芥至海	芥至海	芥至海	芥至海	芥至海	薑至鹹	薑至鹹	薑至鹹	薑至鹹	薑至鹹
0250	道行般若經十卷，後漢支婁迦讖譯	潛	潛	潛	淡	淡	淡	淡	淡	鱗	鱗	鱗	鱗	鱗
0251	大明度經六卷，吳支謙譯	翔	翔	翔	潛	潛	潛	潛	潛	羽	羽	羽	羽	羽
0252	摩訶般若鈔經五卷，苻秦曇摩蜱共竺佛念譯	鱗	鱗	鱗	河	河	河	河	河	淡	淡	淡	淡	淡
0253	小品般若波羅蜜經十卷，姚秦鳩摩羅什譯	羽	羽	羽	鱗	鱗	鱗	鱗	鱗	潛	潛	潛	潛	潛
0254	佛説佛母出生三法藏般若波羅蜜多經二十五卷，宋施護譯			龍至火			微至孰	韓至煩		宅至阜	侈至車	侈至車	侈至車	
0255	佛説佛母寶德藏般若波羅蜜經三卷，宋法賢譯		公		火		驅	縣	縣		高	高	高	高
0256	勝天王般若波羅蜜經七卷，陳月婆首那譯	翔	翔	翔	潛	潛	潛	潛	潛	羽	羽	羽	羽	羽
0257	文殊師利所説摩訶般若波羅蜜經二卷，梁曼陀羅仙譯	龍	龍	龍	羽	羽	羽	羽	羽	翔	翔	翔	翔	翔
0258	文殊師利所説般若波羅蜜經一卷，梁僧伽婆羅譯	龍	龍	龍	羽	羽	羽	羽	羽	翔	翔	翔	翔	翔

初南	天海	緣山	南藏	北藏	嘉興	龍藏	黃檗	卍字	臺中	大正	中華	義門	知津	縮刻	頻伽	普慧	佛教
王鳴	王鳴	王鳴	化被	四大	四大	四大	四大	九	磧9	3	15	十三	九	宙	宙		11
鳴	鳴	鳴	被	大	大	大	大	九	磧9	3	15	十四	九	宙	宙		11
天至奈	天至奈	天至奈	天至奈	天至奈	天至奈	天至奈	天至奈	二至四	磧1	5	1	十七	十六	洪至日	洪至日		13
菜至芥	菜至芥	菜至芥	菜至芥	菜至芥	菜至芥	菜至芥	菜至芥	五	磧4	8	7	十七	二三	月	月		19
河淡	河淡	河淡	河	河	河	河	河	五	磧5	8	7	十七	二三	月	月		19
薑至鹹	薑至鹹	薑至鹹	薑至鹹	薑至鹹	薑至鹹	薑至鹹	薑至鹹	五	磧4	8	7	十七	二三	月	月	二	19
鱗	鱗	鱗	淡	淡	淡	淡	淡	五	磧5	8	7	十七	二三	月	月		20
羽	羽	羽	潛	潛	潛	潛	潛	五	磧5	8	8	十七	二三	月	月		20
淡	淡	淡	潛	潛	潛	潛	潛	五	磧5	8	7	十七	二三	月	月		20
潛	潛	潛	鱗	鱗	鱗	鱗	鱗	五	磧5	8	8	十七	二三	月	月	二	20
侈至車	侈至車	侈至車	似蘭	履薄	履薄	履薄	履薄	十五	磧33	8	67	十七	二三	月	月		20
高	高	高	履	臨	臨	臨	臨	十五	磧33	8	64	二三	二三	月	月		20
羽	羽	羽	羽	羽	羽	羽	羽	五	磧5	8	8	十七	二三	月	月		20
翔*	翔	翔	翔	翔	翔	翔	翔	五	磧5	8	8	十七	二三	月	月		20
翔	翔	翔	翔	翔	翔	翔	翔	五	磧5	8	8	十七	二三	月	月		20

序號	歷代漢文大藏經目錄新考對照表	開元	石經	貞元	至元	指要	標目	金藏	麗藏	略出	福州	資福	磧砂	普寧
0259	佛説濡首菩薩無上清淨分衛經二卷，劉宋翔公譯	龍	龍	龍	羽	羽	羽	羽	羽	翔	翔	翔	翔	翔
0260	金剛般若波羅蜜經一卷，姚秦鳩摩羅什譯	龍	龍	龍	羽	羽	羽	羽*	羽	翔	翔	翔	翔	翔
0261	金剛般若波羅蜜經一卷，元魏菩提留支譯	龍	龍	龍	羽	羽	羽	羽	羽	翔			翔	翔
0262	金剛般若波羅蜜經一卷，陳真諦譯	龍	龍	龍	羽	羽	羽	羽	羽	翔	翔	翔	翔	翔
0263	金剛能斷般若波羅蜜經一卷，隋笈多譯				羽					翔	翔	翔	翔	翔
0264	能斷金剛般若波羅蜜多經一卷，唐玄奘譯	龍	龍	龍	羽	羽	羽	羽	羽	翔	翔*	翔	翔	翔
0265	佛説能斷金剛般若波羅蜜多經一卷，唐義淨譯	龍	龍	龍	羽	羽	羽	羽	羽	翔	翔	翔	翔	翔
0266	實相般若波羅蜜經一卷，唐菩提流志譯	龍	龍	龍	羽	羽	羽	羽	羽	翔	翔	翔	翔	翔
0267	金剛頂瑜伽理趣般若經一卷，唐金剛智譯		將		盛		卿						寧	寧
0268	佛説遍照般若波羅蜜經一卷，宋施護譯		桓		帝		驅	八	八		兵	兵	兵	兵
0269	大樂金剛不空真實三麼耶經一卷，唐不空譯		感	鱗	川		户	侈*	伊		漢	尹	尹	尹
0270	佛説最上根本大樂金剛不空三昧大教王經七卷，宋法賢譯		惠		孝		纓	轂	轂		轂	轂	轂	轂
0271	佛説仁王般若波羅蜜經二卷，姚秦鳩摩羅什譯	龍	龍	師	羽	羽	羽	羽	羽	翔	翔*	翔	翔	翔
0272	仁王護國般若波羅蜜多經二卷，唐不空譯		杜	師	翔		相	實	阜			佐	佐	佐

初南	天海	緣山	南藏	北藏	嘉興	龍藏	黃檗	卍字	臺中	大正	中華	義門	知津	縮刻	頻伽	普慧	佛教
翔	翔	翔	翔	翔	翔	翔	翔	五	磧5	8	8	十七	二三	月	月		20
翔*	翔	翔	羽	羽	羽	羽	羽	五	磧5	8	8	十七	二三	月	月		20
翔	翔	翔	羽	羽	羽	羽	羽	五	磧5	8	8	十七	二三	月	月		20
翔	翔	翔	羽	羽	羽	羽	羽	五	磧5	8	8	十七	二三	月	月		20
翔	翔	翔	翔	翔	翔	翔	翔	五	磧5	8	8	十七	二三	月	月		20
翔	翔	翔	翔	翔	翔	翔	翔	五	磧5		8	十七	二三	月	月		20
翔	翔	翔	翔	翔	翔	翔	翔	五	磧5	8	8	十七	二三	月	月		20
翔	翔	翔	翔	翔	翔	翔	翔	五	磧5	8	8	二五	十一	成	成		56
寧		1549	思	澄	澄	澄	澄	十六	磧36	8	69	二五	十一	閏	閏		53
兵	兵	兵	深	命	命	命	命	十五	磧33	8	64	二三	十二	成	成		56
尹	尹	尹	川	澄	澄	澄	澄	十六	磧34	8	65	二五	十一	閏	閏		53
觳	觳	觳	溫	澄	澄	澄	澄	十六	磧33	8	64	二三	十一	成	成		56
翔	翔	翔	翔	翔	翔	翔	翔	五	磧5	8	8	十七	二三	月	月		20
佐	佐	佐	流	溫	溫	溫	溫	十五	磧34	8	65	十七	二三	閏	閏		52

序號	歷代漢文大藏經 目錄新考對照表	開元	石經	貞元	至元	指要	標目	金藏	麗藏	略出	福州	資福	磧砂	普寧
0273	佛説了義般若波羅 蜜多經一卷，宋施 護譯				火			曲＊	約		丁＊	奄	奄	奄
0274	佛説五十頌聖般若 波羅蜜經一卷，宋 施護譯		桓		帝		驅	八	八		兵	兵	兵	兵
0275	聖八千頌般若波羅 蜜多一百八名真 實圓義陀羅尼經一 卷，宋施護等譯				帝			弱	軍		勿＊	微	微	微
0276	佛説帝釋般若波羅 蜜多心經一卷，宋 施護譯		桓		帝		驅	八	八		兵	兵	兵	兵
0277	般若波羅蜜多心經 一卷，唐玄奘譯	龍	龍	師	羽	羽	羽	羽	羽	翔	翔＊	翔	翔	翔
0278	摩訶般若波羅蜜大 明呪經一卷，姚秦 鳩摩羅什譯	龍	龍	師	羽	羽	羽	羽	羽	翔	翔＊	翔	翔	翔
0279	普遍智藏般若波羅 蜜多心經一卷，唐 法月重譯		杜	師	翔		槐	禄＊	礴		廻			
0280	般若波羅蜜多心經 一卷，唐般若共利 言等譯			師	翔		槐	礴＊	桓					
0281	般若波羅蜜多心經 一卷，唐智慧輪譯													
0282	般若波羅蜜多心經 一卷，唐法成譯													
0283	佛説聖佛母般若波 羅蜜多經一卷，宋 施護譯				火			营	刑		微	駕	駕	駕
0284	唐梵飜對字音般若 波羅蜜多心經一卷													
0285	梵本般若波羅蜜多 心經一卷，唐不空 譯		感		火									
0286	梵本般若波羅蜜多 心經一卷，契丹慈 賢譯		丁		火									

初南	天海	緣山	南藏	北藏	嘉興	龍藏	黃檗	卍字	臺中	大正	中華	義門	知津	縮刻	頻伽	普慧	佛教
奄	奄	奄	淵	斯	斯	斯	斯	十五	磧34	8	67	十七	二三	月	月		20
兵	兵	兵	履	臨	臨	臨	臨	十五	磧33	8	64	十七	二三	月	月		20
微	微	微	思	斯	斯	斯	斯	十六	磧34	8	67	二六	十五	成	成		58
兵	兵	兵	履	臨	臨	臨	臨	十五	磧33	8	64	二三	二三	月	月		20
翔	翔	翔	翔	翔	翔	翔	翔	五	磧5	8	8	十七	二三	月	月		20
翔	翔	翔	翔	翔	翔	翔	翔	五	磧5	8	8	十七	二三	閏	閏		53
		1444							續1	8	65			月	月		20
		1492							續1	8	66			月	月		20
									續1	8							20
										8							20
駕	駕	駕	清	薄	薄	薄	薄	十五	磧33	8	67	十七	二三	月	月		20
										8							20
											68						
											68						

序號	歷代漢文大藏經目錄新考對照表	開元	石經	貞元	至元	指要	標目	金藏	麗藏	略出	福州	資福	磧砂	普寧
0287	薄伽梵母智慧到彼岸心經一卷，民國貢噶法獅子譯													
0288	佛説聖佛母小字般若波羅蜜多經一卷，宋天息災譯		刻		帝		千	杜	杜		將	將	將	將
0289	佛説觀想佛母般若波羅蜜多菩薩經一卷，宋天息災譯		奄		帝		陪	將*	將		八	八	八	八
0290	佛説開覺自性般若波羅蜜多經四卷，宋惟淨等譯				帝			寔	秦					
0291	大乘理趣六波羅蜜多經十卷，唐般若譯		杜	傳	翔		壁	磻	桓				多	多
0292	妙法蓮華經七卷，姚秦鳩摩羅什譯	在	1	木	及	鳴	鳴	鳴	鳴	鳳	鳳	鳳	鳳*	鳳
0293	正法華經十卷，西晉竺法護譯	樹		賴	萬方	鳳	鳳	鳳	鳳	在	在	在	在	在
0294	添品妙法蓮華經七卷，隋闍那崛多共達摩笈多添品譯	白		及	方	在	在	在	在	樹	樹	樹	樹	樹
0295	薩曇分陀利經一卷，失譯附西晉錄	在		木	及	鳴	鳴	鳴*	鳴	鳳	鳳	鳳	鳳	鳳
0296	妙法蓮華經觀世音菩薩普門品經一卷，姚秦鳩摩羅什譯長行、隋闍那崛多譯重頌		2											
0297	佛説廣博嚴淨不退轉輪經六卷，劉宋智嚴譯	及	及	五	恭	木	木	木	木	賴	賴	賴	賴	賴
0298	不退轉法輪經四卷，失譯附北涼錄	及		五	恭	木	木	木	木	賴	賴	賴	賴	賴
0299	佛説阿惟越致遮經三卷，西晉竺法護譯	賴		大	常	草	草	草*	草	木	木	木	木	木
0300	佛説法華三昧經一卷，劉宋智嚴譯	在	在	木	及	鳴	鳴	鳴	鳴	鳳	鳳	鳳	鳳	鳳

初南	天海	緣山	南藏	北藏	嘉興	龍藏	黃檗	卍字	臺中	大正	中華	義門	知津	縮刻	頻伽	普慧	佛教
																	20
將	將	將	竭	忠	忠	忠	忠	十五	磧32	8	63	二四	十三	成	成		57
八	八	八	盡	則	則	則	則	十五	磧32	8	64	二六	十五	成	成		58
	約	1521						續1	磧37	8	69			月	月		20
多		1490	若	馨	馨	馨	馨	十六	磧36	8	66	十二	七	閏	閏		53
鳳*	鳳	鳳	草	草	草	草	草	九	磧9	9	15	十九	二四	盈	盈		21
在	在	在	木	木	木	木	木	九	磧9	9	15	十九	二四	盈	盈		21
樹*	樹	樹	蓋	賴	賴	賴	賴	九	磧9	9	15	十九	二四	盈	盈		21
鳳*	鳳	鳳	草	草	草	草	草	九	磧9	9	15	十九	二四	盈	盈		21
		1535		草	草	草	草	九	嘉1	9	16	十九	二四	盈	盈		21
賴	賴	賴	髮	髮	髮	髮	髮	九	磧10	9	16	十四	二四	盈	盈		21
賴	賴	賴	髮	髮	髮	髮	髮	九	磧10	9	16	十四	二四	盈	盈		21
木	木	木	此	蓋	蓋	蓋	蓋	九	磧9	9	16	十二	二四	盈	盈		21
鳳*	鳳	鳳	草	草	草	草	草	九	磧9	9	15	十九	二四	盈	盈		21

序號	歷代漢文大藏經目錄新考對照表	開元	石經	貞元	至元	指要	標目	金藏	麗藏	略出	福州	資福	磧砂	普寧
0301	大法鼓經二卷，劉宋求那跋陀羅譯	悲	悲	念	量	量	量	量	量	墨	墨	墨	墨	墨
0302	大薩遮尼乾子所説經十卷，元魏菩提留支譯	五	五	傷	慕	四	四	四	四	大	大	大	大	大
0303	佛説菩薩行方便境界神通變化經三卷，劉宋求那跋陀羅譯	大		毀	女	髮	髮	髮	髮	四	四	四	四	四
0304	金剛三昧經一卷，北涼失譯	維	維	虛	染	景	景	景	景	行	行	行	行	行
0305	大乘方廣總持經一卷，隋毘尼多流支譯	蓋	蓋	惟	養	萬	萬	萬	萬	方	方	方	方	方
0306	佛説濟諸方等學經一卷，西晉竺法護譯	蓋		惟	養	萬	萬	萬 *	萬	方	方	方	方	方
0307	無量義經一卷，蕭齊曇摩伽陀耶舍譯	在	在	木	及	鳴	鳴	鳴 *	鳴	鳳	鳳	鳳	鳳 *	鳳
0308	佛説觀普賢菩薩行法經一卷，劉宋曇摩蜜多譯	能	能	使	忘	改	改	改	改	得	得	得	得	得
0309	大方廣佛華嚴經八十卷，唐實叉難陀譯	平至伏	2	育至遐	臣至體	垂至首	垂至首	垂至首	垂至首	拱至臣	拱至臣	拱至臣	拱至臣	拱至臣
0310	大方廣佛華嚴經六十卷，東晉佛陀跋陀羅譯	坐至拱	1	道至愛	平至首	湯至道	湯至道	湯至道	湯至道	坐至垂	坐至垂	坐至垂	坐至垂	坐至垂
0311	佛説兜沙經一卷，後漢支婁迦讖譯	羌		鳴	賓	伏	伏	伏	伏	戎	戎	戎	遐	戎
0312	佛説菩薩本業經一卷，吳支謙譯	羌		鳴	賓	伏	伏	伏 *	伏	戎	戎	戎	戎	戎
0313	諸菩薩求佛本業經一卷，西晉聶道真譯	羌		鳴	賓	伏	伏	伏	伏	戎	戎	戎	戎	戎
0314	菩薩十住行道品一卷，西晉竺法護譯	羌		鳴	賓	伏	伏	伏	伏	戎	戎	戎	戎	戎
0315	佛説菩薩十住經一卷，東晉祇多蜜譯	羌		鳴	賓	伏	伏	伏	伏	戎	戎	戎	戎	戎

初南	天海	緣山	南藏	北藏	嘉興	龍藏	黃檗	卍字	臺中	大正	中華	義門	知津	縮刻	頻伽	普慧	佛教
墨	墨	墨	染	染	染	染	染	十二	磧13	9	23	十一	二四	盈	盈		21
大	大	大	豈	豈	豈	豈	豈	十	磧10	9	17	十二	二四	盈	盈		21
四	四	四	養	養	養	養	養	十	磧10	9	17	十四	二四	盈	盈		21
行	行	行	賢	難	難	難	難	十一	磧13	9	24	十二	二四	盈	盈		21
方	方	方	五	才	才	才	才	十	磧10	9	17	二一	二五	盈	盈		22
方	方	方	五	才	才	才	才	十	磧10	9	17	二一	二五	盈	盈		22
鳳	鳳	鳳	草	草	草	草	草	九	磧9	9	15	十九	二四	盈	盈		21
得	鳳	得	罔	短	短	短	短	十一	磧12	9	20	十三	二四	盈	盈		21
拱至臣*	拱至臣	拱至臣	拱至臣	拱至臣	拱至臣	拱至臣	拱至臣	七	磧7	10	12	一	一	天	天		1
坐至垂	坐至垂	坐至垂	湯至垂	湯至垂	湯至垂	湯至垂	湯至垂	七	磧7	9	12	一	一	天	天		2
遐*	戎	戎	邇	壹	壹	壹	壹	八	磧8	10	13	一	一	天	天		2
戎	戎	戎	邇	壹	壹	壹	壹	八	磧8	10	13	一	一	天	天		2
戎	戎	戎	邇	率	率	率	率	八	磧8	10	13	一	一	天	天		2
戎	戎	戎	邇	率	率	率	率	八	磧8	10	13	一	一	天	天		2
戎	戎	戎	邇	率	率	率	率	八	磧8	10	13	一	一	天	天		2

序號	歷代漢文大藏經目錄新考對照表	開元	石經	貞元	至元	指要	標目	金藏	麗藏	略出	福州	資福	磧砂	普寧
0316	漸備一切智德經五卷，西晉竺法護譯	羌		鳴	賓	伏	伏	伏	伏	戎	戎	戎	戎	戎
0317	十住經四卷，姚秦鳩摩羅什譯	遐		鳳	歸	戎	戎	戎	戎	羌	羌	羌	羌	羌
0318	佛說十地經九卷，唐尸羅達摩譯		書	王	白		經	時	合					
0319	等目菩薩所問三昧經三卷，西晉竺法護譯	遐		鳳	歸	戎	戎	戎	戎	羌	羌	羌	羌	羌
0320	顯無邊佛土功德經一卷，唐玄奘譯	遐		鳳	歸	戎	戎	戎*	戎	羌	羌	羌	羌	羌
0321	佛說較量一切佛剎功德經一卷，宋法賢譯		弱		維		轂	兵*	兵		陪	陪	陪	陪
0322	佛說如來興顯經四卷，西晉竺法護譯	遐		鳳	歸	戎	戎	戎	戎	羌	羌*	羌	羌	羌
0323	度世品經六卷，西晉竺法護譯	邇		在	王	羌	羌	羌	羌	遐	遐	遐	遐	遐
0324	大方廣佛華嚴經四十卷，唐般若譯		29	邇至率	鳴至樹		杜至隸	溪至佐	策至實					
0325	大方廣佛華嚴經入不思議解脫境界普賢行願品一卷，唐般若譯										595	遐	117	臣
0326	佛說羅摩伽經三卷，乞伏秦聖堅譯	邇		在	王	羌	羌	羌	羌	遐	遐	遐	遐	遐
0327	大方廣佛華嚴經入法界品一卷，唐地婆訶羅譯	邇		在	王	羌	羌	羌*	羌	遐	遐	戎	遐	戎
0328	普賢菩薩行願讚一卷，唐不空譯		將		止		待考	富	尹		漢*	尹	尹	尹
0329	文殊師利發願經一卷，東晉佛陀跋陀羅譯	晝		陛	營	獸	獸	獸*	獸	獸	獸	獸	獸	獸
0330	大方廣普賢所說經一卷，唐實叉難陀譯	羌	羌	歸	賓	伏	伏	伏*	伏	戎	戎	戎	戎	戎

初南	天海	緣山	南藏	北藏	嘉興	龍藏	黃檗	卍字	臺中	大正	中華	義門	知津	縮刻	頻伽	普慧	佛教
戎	戎	戎	邇	率	率	率	率	八	磧8	10	13	一	一	天	天		2
羌	羌	羌	壹	體	體	體	體	八	磧8	10	13	一	一	天	天		2
		1496						續2	磧37	10	66			閏	閏		53
羌	羌	羌	體	率	率	率	率	八	磧8	10	13	一	一	天	天		2
羌	羌	羌	壹	壹	壹	壹	壹	八	磧8	10	13	一	一	天	天		2
陪	陪	陪	夙	臨	臨	臨	臨	十五	磧33	10	64	一	一	天	天		2
羌	羌	羌	體	邇	邇	邇	邇	八	磧8	10	13	一	一	天	天		2
退	退	退	壹	壹	壹	壹	壹	八	磧8	10	13	一	一	天	天		2
刑至翦	起至牧	1442	伏至羌	伏至退	伏至退	伏至退	伏至退	七	嘉1	10	66	一	一	天	天		1
		戎										一					
退	退	退	體	體	體	體	體	八	磧8	10	13	一	一	天	天		2
退 *	戎	退	邇	壹	壹	壹	壹	八	磧8	10	13	一	一	天	天		2
尹	尹	尹	無	唱	唱	唱	唱	十九	磧34	10	65	三十	一	閏	閏		53
獸		獸	籍	既	既	既	既	二六	磧28	10	52	三十	一	天	天		2
戎	戎	戎	邇	壹	壹	壹	壹	八	磧8	10	13	一	一	天	天	二	2

序號	歷代漢文大藏經目錄新考對照表	開元	石經	貞元	至元	指要	標目	金藏	麗藏	略出	福州	資福	磧砂	普寧
0331	大方廣總持寶光明經五卷，宋法天譯		銘		當		千	橐	橐		相	相	相	相
0332	大方廣如來不思議境界經一卷，唐實叉難陀譯	戒		歸	率	臣	首	臣	臣	伏	伏	伏	伏	伏
0333	大方廣佛華嚴經不思議佛境界分一卷，唐提雲般若譯	戒	戒	歸	率	臣	首	臣	臣	伏	伏	伏	伏	伏
0334	大方廣入如來智德不思議經一卷，唐實叉難陀譯	戒	戒	歸	率	臣	首	臣	臣	伏	伏	伏	伏	伏
0335	度諸佛境界智光嚴經一卷，失譯附秦錄	戒		歸	率	臣	首	臣	臣	伏	伏	伏	伏	伏
0336	佛華嚴入如來德智不思議境界經二卷，隋闍那崛多譯	戒		歸	率	臣	首	臣	臣	伏	伏	伏	伏	伏
0337	信力入印法門經五卷，元魏曇摩流支譯	戒	戒	賓	率	臣	首	臣	臣	伏	伏	伏	伏	伏
0338	大方廣佛華嚴經修慈分一卷，唐提雲般若等譯	戒	戒	歸	率	臣	伏	臣	臣	伏	伏	伏	伏	伏
0339	佛説莊嚴菩提心經一卷，姚秦鳩摩羅什譯	羌		歸	賓	伏	伏	伏	伏	戒	戒	戒	戒	戒
0340	佛説大方廣菩薩十地經一卷，元魏吉迦夜譯	羌	羌	王	賓	伏	伏	伏 *	伏	戒	戒	戒	遐	戒
0341	最勝問菩薩十住除垢斷結經十卷，姚秦竺佛念譯	莫忘	莫忘	可覆	罔談	得能	得能	得能	得能	能莫	能莫	能莫	能莫	能莫
0342	大寶積經一百二十卷，唐菩提流志譯並合	師至乃	人至乃	帝至衣	鳥至裳	翔至文	翔至字	翔至文	翔至文	龍至字	龍至字	龍至字	龍至字	龍至字
0343	大方廣三戒經三卷，北涼曇無讖譯	服	服	裳	推	字	字	字	字	乃	乃	乃	乃	乃
0344	佛説如來不思議祕密大乘經二十卷，宋法護等譯			斯馨				寧晉	并獄				丁俊	丁俊

初南	天海	緣山	南藏	北藏	嘉興	龍藏	黃檗	卍字	臺中	大正	中華	義門	知津	縮刻	頻伽	普慧	佛教
相	相	相	竭	力	力	力	力	十五	磧32	10	63	一	一	天	天		2
伏	伏	伏	邇	壹	壹	壹	壹	八	磧8	10	13	一	一	天	天	二	2
伏	伏	伏	邇	壹	壹	壹	壹	八	磧8	10	13	一	一	天	天	二	2
伏	伏	伏	邇	壹	壹	壹	壹	八	磧8	10	13	一	一	天	天	二	2
伏	伏	伏	遐	殷	殷	殷	殷	七	磧8	10	13	一	一	天	天	二	2
伏	伏	伏	遐	邇	邇	邇	邇	八	磧8	10	13	一	一	天	天	二	2
伏	伏	伏	遐	邇	邇	邇	邇	八	磧8	10	13	一	一	天	天		2
伏	伏	伏	邇	壹	壹	壹	壹	八	磧8	10	13	一	一	天	天	二	2
戎	戎	戎	邇	壹	壹	壹	壹	八	磧8	10	13	一	六	黃	黃	二	8
遐*	戎	戎	邇	壹	壹	壹	壹	八	磧8	10	13	一	六	黃	黃	二	8
能莫	能莫	能莫	談彼	談彼	談彼	談彼	談彼	十一	磧12	10	20	十一	七	宇	宇		9
龍至字	龍至字	龍至字	龍至字	龍至字	龍至字	龍至字	龍至字	五	磧5	11	8	十	二	地	地		3
乃	乃	乃	乃	乃	乃	乃	乃	六	磧6	11	9	十四	三	地	地		4
丁俊		1522	映	映	映	映	映	十六	磧36	11	69	十四	三	地	地		4

序號	歷代漢文大藏經目錄新考對照表	開元	石經	貞元	至元	指要	標目	金藏	麗藏	略出	福州	資福	磧砂	普寧
0345	阿閦佛國經二卷，後漢支婁迦讖譯	衣	衣	推	位	乃	乃	乃	乃	服	服	服	服	服
0346	佛說大乘十法經一卷，梁僧伽婆羅譯	衣	衣	推	位	乃	乃	乃*	乃	服	服	服	服	服
0347-1	佛說普門品經一卷，西晉竺法護譯					乃	乃	乃	乃					
0347-2	佛說普門品經（別本）一卷，西晉竺法護譯	衣	衣	推	位					服	服	服	服	服
0348	佛說大乘菩薩藏正法經四十卷，宋法護等譯				名至端			楚至趙	宗至禪				霸至困	霸至困
0349	佛說胞胎經一卷，西晉竺法護譯	衣	衣	推	位	乃	乃	乃	乃	服	服	服	服	服
0350	文殊師利佛土嚴淨經二卷，西晉竺法護譯	衣	衣	推	位	乃	乃	乃	乃	服	服	服	服	服
0351	大聖文殊師利菩薩佛刹功德莊嚴經三卷，唐不空譯		戶	推	虞		相	實	阜					
0352	父子合集經二十卷，宋日稱等譯				正空			滅虢	紫塞					
0353	佛說護國尊者所問大乘經四卷，宋施護譯		合		景		轂	給	給		冠	冠	冠	冠
0354	郁迦羅越問菩薩行經一卷，西晉竺法護譯	裳	裳	位	讓	服	乃	服	服	衣	衣	衣	衣	衣
0355	法鏡經一卷，後漢安玄共嚴佛調譯	衣	衣	推	位	乃	乃	乃	乃	服	服	服	服	服
0356	佛說幻士仁賢經一卷，西晉竺法護譯	裳	裳	位	讓	服	服	服	服	衣	衣	衣	衣	衣
0357	佛說決定毘尼經一卷，西晉燉煌三藏譯	裳	裳	位	讓	服	服	服	服	衣	衣	衣	衣	衣
0358	佛說三十五佛名禮懺文一卷，唐不空譯		俠	忘	詩		封	肥*	阿		感	阿	阿	阿

初南	天海	緣山	南藏	北藏	嘉興	龍藏	黃檗	卍字	臺中	大正	中華	義門	知津	縮刻	頻伽	普慧	佛教
服	服	服	服	服	服	服	服	六	磧6	11	9	十四	三	地	地		4
服	服	服	服	服	服	服	服	六	磧6	11	9	十四	三	地	地		4
								六		11	9			地	地		4
服	服	服	服	服	服	服	服		磧6	11	9	十四	三	地	地		
霸至困	橫至滅	1523	辭安	如松	如松	如松	如松	十六	磧36	11	69	十四	三	地	地		4
服	服	服	服	服	服	服	服	六	磧6	11	9	十四	三	地	地		4
服	服	服	服	服	服	服	服	六	磧6	11	9	十四	三	地	地		4
		1451						續2	磧37	11	65			閏	閏		53
	會盟	1532						續1	磧38	11	69			地	地		4
冠	冠	冠	夙	臨	臨	臨	臨	十五	磧33	12	64	十四	三	地	地		4
衣	衣	衣	衣	衣	衣	衣	衣	六	磧6	12	9	十四	三	地	地		4
服	服	服	服	服	服	服	服	六	磧6	12	9	十四	三	地	地		4
衣	衣	衣	衣	衣	衣	衣	衣	六	磧6	12	9	十四	三	地	地		4
衣	衣	衣	衣	衣	衣	衣	衣	六	磧6	12	9	十四	三	地	地		4
阿	阿	阿	淵	斯	斯	斯	斯	十五	磧34	12	65	十四	三	閏	閏		53

序號	歷代漢文大藏經目錄新考對照表	開元	石經	貞元	至元	指要	標目	金藏	麗藏	略出	福州	資福	磧砂	普寧
0359	發覺淨心經二卷，隋闍那崛多譯	裳	裳	位	讓	服	服	服	服	衣	衣	衣	衣	衣
0360	佛説須賴經一卷，曹魏白延譯					過*				必	必	必	必	必
0361	佛説須賴經一卷，前涼支施崙譯	改	改	長	能	過	過	過*	過	必	必	必	必	必
0362	佛説菩薩修行經一卷，西晉白法祖譯	改	改	長	能	過	過	過	過	必	必	必	必	必
0363	佛説無畏授所問大乘經三卷，宋施護等譯				克			惠*	漠		桓*	功	功	功
0364	佛説優填王經一卷，西晉法炬譯	裳	裳	位	讓	服	服	服*	服	衣	衣	衣	衣	衣
0365	佛説大乘日子王所問經一卷，宋法天譯		磻		賢		兵	鍾	鍾		路	路*	路	路
0366	佛説須摩提菩薩經一卷，西晉竺法護譯	裳	裳	位	讓	服	服	服	服	衣	衣	衣	衣	衣
0367	佛説阿闍貰王女阿術達菩薩經一卷，西晉竺法護譯	裳	裳	位	讓	服	服	服	服	衣	衣	衣	衣	衣
0368	佛説離垢施女經一卷，西晉竺法護譯	裳	裳	位	讓	服	服	服	服	衣	衣	衣	衣	衣
0369	得無垢女經一卷，元魏瞿曇般若流支譯	推	推	讓	國		衣	衣	衣	裳	裳	裳	裳	裳
0370	文殊師利所説不思議佛境界經二卷，唐菩提流志譯	推	推	讓	國	衣	衣	衣	衣	裳	裳	裳	裳	裳
0371	聖善住意天子所問經三卷，元魏毘目智仙共般若流支譯	推	推	讓	國	衣	衣	衣	衣	裳	裳	裳	裳	裳
0372	佛説如幻三昧經二卷，西晉竺法護譯	推	推	讓	國	衣	衣	衣	衣	裳	裳	裳	裳	裳
0373	佛説太子刷護經一卷，西晉竺法護譯	推	推	讓	國	衣	衣	衣*	衣	裳	裳	裳	裳	裳

初南	天海	緣山	南藏	北藏	嘉興	龍藏	黃檗	卍字	臺中	大正	中華	義門	知津	縮刻	頻伽	普慧	佛教
衣	衣	衣	衣	衣	衣	衣	衣	六	磧6	12	9	十四	三	地	地		4
必	必	必	忘	衣	衣	衣	衣	六	磧11	12	20	十四	三	地	地		4
必	必	必	忘	衣	衣	衣	衣	六	磧11	12	20	十四	三	地	地		4
必	必	必	忘	短	短	短	短	十一	磧11	12	20	十四	三	地	地		4
功	功	功	馨	夙	夙	夙	夙	十五	磧34	12	68	十四	三	地	地		4
衣	衣	衣	衣	衣	衣	衣	衣	六	磧6	12	9	十四	三	地	地		4
路	路	路	力	力	力	力	力	十五	磧32	12	63	十四	三	地	地		4
衣	衣	衣	衣	衣	衣	衣	衣	六	磧6	12	9	十四	三	地	地		4
衣	衣	衣	衣	衣	衣	衣	衣	六	磧6	12	9	十四	三	地	地		4
衣	衣	衣	衣	衣	衣	衣	衣	六	磧6	12	9	十四	三	地	地		4
裳	裳	裳	裳	裳	裳	裳	裳	六	磧6	12	9	十四	三	地	地		4
裳	裳	裳	裳	裳	裳	裳	裳	六	磧6	12	9	十四	三	地	地		4
裳	裳	裳	裳	裳	裳	裳	裳	六	磧6	12	9	十四	三	地	地		4
裳	裳	裳	裳	裳	裳	裳	裳	六	磧6	12	9	十四	三	地	地		4
裳	裳	裳	裳	裳	裳	裳	裳	六	磧6	12	9	十四	三	地	地		4

序號	歷代漢文大藏經目錄新考對照表	開元	石經	貞元	至元	指要	標目	金藏	麗藏	略出	福州	資福	磧砂	普寧
0374	佛説太子和休經一卷，失譯附西晉録	推	推	讓	國	衣	衣	衣*	衣	裳	裳	裳	裳	裳
0375	慧上菩薩問大善權經二卷，西晉竺法護譯	位	位	國	有	裳	裳	裳	裳	推	推	推	推	推
0376	佛説大方廣善巧方便經四卷，宋施護譯				讚			營	刑		微	駕	駕	駕
0377	大乘顯識經二卷，唐地婆訶羅譯	位	位	國	有	裳	裳	裳	裳	推	推	推	推	推
0378	佛説大乘方等要慧經一卷，後漢安世高譯	位	位	國	有	裳	裳	裳	裳	推	推	推	推	推
0379	彌勒菩薩所問本願經一卷，西晉竺法護譯	位	位	國	有	裳	裳	裳	裳	推	推	推	推	推
0380	佛遺日摩尼寶經一卷，後漢支婁迦讖譯	位	位	國	有	裳	裳	裳	裳	推	推	推	推	推
0381	佛説摩訶衍寶嚴經一卷，晉代失譯	位	位	國	有	裳	裳	裳	裳	推	推	推	推	推
0382	佛説大迦葉問大寶積正法經五卷，宋施護譯		佐		虞		高	壁	壁		卿	卿	卿	卿
0383	勝鬘師子吼一乘大方便方廣經一卷，劉宋求那跋陀羅譯	位	位	國	有	裳	裳	裳	裳	推	推	推	推	推
0384	毘耶娑問經二卷，元魏瞿曇般若流支譯	位	位	國	有	裳	裳	裳	裳	推	推	推	推	推
0385	入法界體性經一卷，隋闍那崛多譯	女	女	過	改	毀	毀	毀*	毀	傷	傷	傷	傷	傷
0386	佛説寶積三昧文殊師利菩薩問法身經一卷，後漢安世高譯	女	3	過	改	毀	毀	毀	毀	傷	傷	傷	傷	傷
0387	佛説大乘入諸佛境界智光明莊嚴經五卷，宋法護等譯				表			橫*	亭				楚	楚

初南	天海	緣山	南藏	北藏	嘉興	龍藏	黃檗	卍字	臺中	大正	中華	義門	知津	縮刻	頻伽	普慧	佛教
裳	裳	裳	裳	裳	裳	裳	裳	六	磧6	12	9	十四	三	地	地		4
推	推	推	推	推	推	推	推*	六	磧6	12	9	十四	三	地	地		4
駕	駕	駕	清	深	深	深	深	十五	磧33	12	67	十四	三	地	地		4
推	推	推	推	推	推	推	推*	六	磧6	12	9	十四	三	地	地		4
推	推	推	推	推	推	推	推*	六	磧6	12	9	十四	三	地	地		4
推		推	推	推	推	推	推*	六	磧6	12	9	十四	三	地	地		4
推	推	推	推	推	推	推	推	六	磧6	12	9	十四	三	地	地		4
推	推	推	推	推	推	推	推	六	磧6	12	9	十四	三	地	地		4
卿	卿	卿	忠	忠	忠	忠	忠	十五	磧32	12	63	十四	三	地	地		4
推	推	推	推	推	推	推	推	六	磧6	12	9	十四	三	地	地		4
推	推	推	推	推	推	推	推	六	磧6	12	9	十四	三	地	地		4
傷	傷	傷	男	裳	裳	裳	裳	六	磧11	12	19	十四	三	地	地		4
傷	傷	傷	男	才	才	才	才	十	磧11	12	19	十二	三	地	地		4
楚		1525	言	之	之	之	之	十六	磧36	12	69	十二	七	宇	宇		9

序號	歷代漢文大藏經目錄新考對照表	開元	石經	貞元	至元	指要	標目	金藏	麗藏	略出	福州	資福	磧砂	普寧
0388	如來莊嚴智慧光明入一切佛境界經二卷，元魏曇摩流支譯	豈		孝	良	鞠	鞠	鞠	鞠	養	養	養	養	養
0389	度一切諸佛境界智嚴經一卷，梁僧伽婆羅等譯	豈	豈	孝	良	鞠	鞠	鞠*	鞠	養	養	養	養	養
0390	佛說無量壽經二卷，曹魏康僧鎧譯	服	服	裳	推	字	字	字	字	乃	乃	乃	乃	乃
0391	佛說無量清淨平等覺經四卷，後漢支婁迦讖譯	服	服	裳	推	字	字	字	字	乃	乃	乃	乃	乃
0392	佛說阿彌陀經二卷，吳支謙譯	服	服	裳	推	字	字	字	字	乃	乃	乃	乃	乃
0393	佛說大乘無量壽莊嚴經三卷，宋法賢譯		公		景		驅	縣	縣		兵*	兵	兵	兵
0394	佛說大阿彌陀經二卷，宋王日休校輯												寧	寧
0395	無量壽如來會二卷，唐菩提流志譯													
0396	佛說觀無量壽佛經一卷，劉宋畺良耶舍譯	豈	豈	孝	良	鞠	鞠	鞠	鞠	養	養	養	養	養
0397	無量壽經會譯一卷，清魏源會譯													
0398	佛說阿彌陀經一卷，姚秦鳩摩羅什譯	豈	2	孝	良	鞠	鞠	鞠	鞠	養	養	養	養	養
0399	稱讚淨土佛攝受經一卷，唐玄奘譯	豈	豈	孝	良	鞠	鞠	鞠	鞠	養	養	養	養	養
0400	阿彌陀經異本													
0401-1	拔一切業障根本得生淨土神呪一卷，劉宋求那跋陀羅重譯										養	養	養	養
0401-2	附阿彌陀經不思議神力傳，隋錄未詳作者										養	養	養	養

初南	天海	緣山	南藏	北藏	嘉興	龍藏	黃檗	卍字	臺中	大正	中華	義門	知津	縮刻	頻伽	普慧	佛教
養	養	養	慕	男	男	男	男	十	磧10	12	18	十四	七	宇	宇		9
養	養	養	慕	推	推	推	推*	六	磧10	12	18	十四	七	宇	宇		9
乃	乃	乃	乃	乃	乃	乃	乃	六	磧6	12	9	十四	三	地	地	三	4
乃	乃	乃	乃	乃	乃	乃	乃	六	磧6	12	9	十四	三	地	地	三	4
乃	乃	乃	乃	乃	乃	乃	乃	六	磧6	12	9	十四	三	地	地	三	4
兵	兵	兵	深	命	命	命	命	十五	磧33	12	64	十四	三	地	地	三	4
寧		1538	貞	貞	貞	貞	貞	十	嘉1	12	18	十四	三	地	地	三	4
																三	86
養*	養	養	貞	貞	貞	貞	貞	十	磧10	12	18	十三	三	地	地	三	4
					續1												
養*	養	養	貞	貞	貞	貞	貞	十	磧10	12	18	十三	三	地	地	三	4
養*	養	養	貞	貞	貞	貞	貞	十	磧10	12	18	十四	三	地	地	三	4
					續1												
養*		養	貞	貞	貞	貞	貞	十	磧10	12	19	二六	十四	地	地	三	4
養*	養	養	貞	貞	貞	貞	貞		磧10	12	19		四二	地	地	三	4

序號	歷代漢文大藏經目録新考對照表	開元	石經	貞元	至元	指要	標目	金藏	麗藏	略出	福州	資福	磧砂	普寧
0402	佛説阿彌陀佛根本祕密神呪經一卷，曹魏菩提流支譯													
0403	阿彌陀鼓音聲王陀羅尼經一卷，失譯附梁録	羊	羊	表	資	讚	讚	讚*	讚	羔	羔	羔	羔	羔
0404	觀世音菩薩授記經一卷，劉宋曇無竭譯	得	得	信	莫	必	必	必	必	改	改	改	改	改
0405	佛説如幻三摩地無量印法門經三卷，宋施護等譯				景			濟	用		又	曲	曲	曲
0406	後出阿彌陀佛偈一卷，後漢失譯	豈	豈	孝	良			鞠	鞠*	鞠	養	養	養	養
0407	阿彌陀佛説呪一卷		豈					鞠*	鞠					
0408	佛説十往生阿彌陀佛國經一卷，失譯出周録													
0409	大般涅槃經四十卷，北涼曇無讖譯	壹至賓		樹至食	駒至化	遐至體	遐至體	遐至體	遐至體	邇至率	邇至率	邇至率	邇至率	邇至率
0410	大般涅槃經三十六卷，劉宋慧嚴等依泥洹經加之		1						勿至寔			桓至合	桓至合	桓至合
0411	佛説大般泥洹經六卷，東晉法顯譯	歸		場	被	率	率	率	率	賓	賓	賓	賓	賓
0412	大般涅槃經後分二卷，唐若那跋陀羅譯	歸	歸	場	被	率	率	率	率	賓	賓	賓	賓	賓
0413	佛説方等般泥洹經二卷，西晉竺法護譯	王		化	草	賓	賓	賓	賓	歸	歸	歸	歸	歸
0414	四童子三昧經三卷，隋闍那崛多譯	王	王	化	草	賓	賓	賓	賓	歸	歸	歸	歸	歸
0415	大悲經五卷，高齊那連提耶舍譯	王	王	化	草	賓	賓	賓	賓	歸	歸	歸	歸	歸
0416	集一切福德三昧經三卷，姚秦鳩摩羅什譯	萬	萬	常	惟	賴	賴	賴	賴	及	及	及	及	及

初南	天海	緣山	南藏	北藏	嘉興	龍藏	黃檗	卍字	臺中	大正	中華	義門	知津	縮刻	頻伽	普慧	佛教
								續2									58
羔	羔	羔	行	行	行	行	行	十二	磧13	12	24	二四	三	地	地	三	4
改	改	改	罔	短	短	短	短	十一	磧12	12	20	十三	三	地	地	三	4
曲	曲	曲	淵	似	似	似	似	十五	磧34	12	67	十四	三	地	地	三	4
養*	養	養	貞	貞	貞	貞	貞	十	磧10	12	18	三十	三	地	地	三	4
								續1		12	18			地	地		4
								續1									
邇至率	邇至率	邇至率	率至王	賓至鳴	賓至鳴	賓至鳴	賓至鳴	八	磧8	12	14	二一	二五	盈	盈		22
桓至合	桓至合	桓至合	鳴至樹	鳳至白	鳳至白	鳳至白	鳳至白	八	磧35	12	14	二一	二五	盈	盈		22
賓	賓	賓	白	食	食	食	食	八	磧8	12	15	二一	二五	盈	盈		22
賓	賓	賓	白	白	白	白	白	八	磧8	12	15	二一	二五	盈	盈		22
歸	歸	歸	駒	白	白	白	白	八	磧8	12	15	二一	二五	盈	盈		22
歸	歸	歸	駒	食	食	食	食	八	磧8	12	15	二一	二五	盈	盈		22
歸	歸	歸	駒	駒	駒	駒	駒	八	磧8	12	15	二一	二五	盈	盈		22
及	及	及	大	化	化	化	化	九	磧10	12	17	二一	二五	盈	盈		22

序號	歷代漢文大藏經目録新考對照表	開元	石經	貞元	至元	指要	標目	金藏	麗藏	略出	福州	資福	磧砂	普寧
0417	等集眾德三昧經三卷，西晉竺法護譯	萬		常	惟	賴	賴	賴*	賴	及	及	及	及	及
0418	摩訶摩耶經二卷，蕭齊曇景譯	得	得	信	莫	必	必	必	必	改	改	改	改	改
0419	菩薩處胎經五卷，姚秦竺佛念譯	量	量	賢	欲	欲	欲	欲	欲	難	難	難	難	難
0420	中陰經二卷，姚秦竺佛念譯	悲	悲	念	難	量	量	量	量	墨	墨	墨	墨	墨
0421	蓮華面經二卷，隋那連提耶舍譯	絲	絲	作	墨	墨	墨	墨	墨	悲	悲	悲	悲	悲
0422	大方等無想經六卷，北涼曇無讖譯	常	常	女	貞	大	大	大	大	五	五	五	五	五
0423	大雲無想經卷九，姚秦竺佛念譯													
0424	佛垂般涅槃略説教誡經一卷，姚秦鳩摩羅什譯	景	景	空	悲	羔	羔	羔	羔	羊	羊	羊	羊	羊
0425	佛臨涅槃記法住經一卷，唐玄奘譯	行	行	谷	絲	羊	羊	羊	羊	景	景	景	景	景
0426	般泥洹後灌臘經一卷，西晉竺法護譯	行	行	谷	絲	羊	羊	羊*	羊	景	景	景	景	景
0427	佛滅度後棺斂葬送經一卷，失譯附西晉録	優		賤	和	竟	竟	竟*	竟	學	學	學	學	學
0428	迦葉赴佛般涅槃經一卷，東晉竺曇無蘭譯	驚		吹	曲	飛	飛	飛*	飛	飛	飛	飛	飛	飛
0429	佛入涅槃密跡金剛力士哀戀經一卷，失譯附秦録	驚		吹	曲	飛	飛	飛	飛	飛	飛	飛	飛	飛
0430	佛説當來變經一卷，西晉竺法護譯	維	維	虛	染	景	景	景*	景	行	行	行	行	行
0431	佛説法滅盡經一卷，失譯附劉宋録	維	維	虛	染	景	景	景	景	行	行	行	行	行
0432	大方等大集經六十卷，隋僧就合					推至虞	推至虞	推至虞	推至虞					
0433	大方等大集經三十卷，北涼曇無讖譯	讓至有	讓至有	有至陶	陶至吊					位至有	位至有	位至有	位至有	位至有

初南	天海	緣山	南藏	北藏	嘉興	龍藏	黃檗	卍字	臺中	大正	中華	義門	知津	縮刻	頻伽	普慧	佛教
及	及	及	四	化	化	化	化	九	磧10	12	16	二一	二五	盈	盈		22
改	改	改	忘	彼	彼	彼	彼	十一	磧12	12	20	二一	二五	盈	盈		22
難	難	難	悲	悲	悲	悲	悲	十二	磧13	12	22	二一	二五	盈	盈		22
墨	墨	墨	絲	景	景	景	景	十二	磧13	12	23	二一	二五	盈	盈		22
悲	悲	悲	詩	景	景	景	景	十二	磧13	12	23	二一	二五	盈	盈		22
五	五	五	毀	男	男	男	男	十	磧10	12	18	十一	二五	盈	盈		22
									續1	12							28
羊	羊	羊	行	食	食	食	食	八	磧13	12	24	二一	二九	辰	辰		26
景	景	景	賢	食	食	食	食	八	磧13	12	24	二一	二九	辰	辰		26
景	景	景	賢	食	食	食	食	八	磧13	12	24	二一	二九	辰	辰		26
學	學	學	當	食	食	食	食	八	磧20	12	36	六	二九	辰	辰		26
飛*	飛	飛	宜	既	既	既	既	二六	磧28	12	51	三十	二九	辰	辰		26
飛*	飛	飛	宜	既	既	既	既	二六	磧28	12	51	三十	二九	辰	辰		26
行	行	行	賢	景	景	景	景	十二	磧13	12	24	二一	二九	辰	辰		26
行	行	行	賢	景	景	景	景	十二	磧13	12	24	二一	二九	辰	辰		26
								六		13	10			玄	玄		5
位至有	位至有	位至有	位至國	位至國	位讓國	位至國	位至國		磧6			十一	四				

序號	歷代漢文大藏經目録新考對照表	開元	石經	貞元	至元	指要	標目	金藏	麗藏	略出	福州	資福	磧砂	普寧
0434	大方等大集日藏經十卷，隋那連提耶舍譯	虞	虞	唐	民					虞	虞	虞	虞	虞
0435	大集月藏經十卷，高齊那連提耶舍譯	陶	陶	吊	伐					陶	陶	陶	陶	陶
0436	大集須彌藏經二卷，高齊那連提耶舍共法智譯	吊	吊	伐	周	唐	唐	唐	唐	吊	吊	吊	吊	吊
0437	無盡意菩薩經四卷，劉宋智嚴共寶雲譯	周		湯	坐	罪	罪	罪	罪	周	周	周	周	周
0438	阿差末菩薩經七卷，西晉竺法護譯	周		湯	坐	罪	罪	罪	罪	周	周	周	周	周
0439	佛説明度五十校計經二卷，後漢安世高譯	墨	墨	克	量	難	難	難	難	量	量	量	量	量
0440	大哀經八卷，西晉竺法護譯	發		坐	朝	周	周	周	周	發	發	發	發	發
0441	寶女所問經四卷，西晉竺法護譯	殷		朝	問	發	發	發	發	殷	殷	殷	殷	殷
0442	佛説海意菩薩所問淨印法門經十八卷，宋惟淨等譯			德建			乂密	州禹		密	阜	阜	阜	阜
0443	佛説無言童子經二卷，西晉竺法護譯	殷		朝	問	發	發	發	發	殷	殷	殷	殷	殷
0444	大集大虛空藏菩薩所問經八卷，唐不空譯		武	罪	垂		書	茂 *	曲					
0445	寶星陀羅尼經十卷，唐波羅頗蜜多羅譯	湯	湯	問	道	殷	殷	殷	殷	湯	湯	湯	湯	湯
0446	虛空藏菩薩經一卷，姚秦佛陀耶舍譯	民		罪	發	吊	吊	吊 *	吊	民	民	民	民	民
0447	虛空藏菩薩神呪經一卷，劉宋曇摩蜜多譯	民		罪	發	吊	吊	吊 *	吊	民	民	民	民	民
0448	佛説虛空藏菩薩神呪經一卷													

初南	天海	緣山	南藏	北藏	嘉興	龍藏	黃檗	卍字	臺中	大正	中華	義門	知津	縮刻	頻伽	普慧	佛教
虞	虞	虞	有	有	有	有	有		磧6		10	十四	四				
陶	陶	陶	虞	虞	虞	虞	虞		磧6		10	十一	四				
吊	吊	吊	唐	唐	唐	唐	唐	六	磧6		11	十一	四				5
周	周	周	罪	罪	罪	罪	罪	七	磧7		11	十一	五				5
周	周	周	罪	伐	伐	伐	伐	七	磧7	13	11	十四	五	玄	玄		5
量	量	量	絲	絲	絲	絲	絲	十二	磧13		23	十三	十				5
發	發	發	周	周	周	周	周	七	磧7	13	11	十四	四	玄	玄		5
殷	殷	殷	發	發	發	發	發	七	磧7	13	11	十四	四	玄	玄		5
阜	用	阜	澄	似	似	似	似	十五	磧34	13	68	十四	四	玄	玄		6
殷	殷	殷	發	發	發	發	發	七	磧7	13	11	十四	四	玄	玄		6
		1450							續2	13	65			閏	閏	二	53
湯	湯	湯	殷	殷	殷	殷	殷	七	磧7	13	11	十四	四	玄	玄		6
民	民	民	吊	吊	吊	吊	吊	六	磧7	13	11	十四	五	玄	玄	二	6
民	民	民	吊	吊	吊	吊	吊	六	磧7	13	11	十四	五	玄	玄	二	6
										13	11					二	58

序號	歷代漢文大藏經目錄新考對照表	開元	石經	貞元	至元	指要	標目	金藏	麗藏	略出	福州	資福	磧砂	普寧
0449	虛空孕菩薩經二卷，隋闍那崛多譯	民	民	罪	發	吊	吊	吊	吊	民	民	民	民	民
0450	觀虛空藏菩薩經一卷，劉宋曇摩蜜多譯	民	民	罪	發	吊	吊	吊*	吊	民	民	民	民	民
0451	大乘大集地藏十輪經十卷，唐玄奘譯	唐	唐	民	罪	陶	陶	陶	陶	唐	唐	唐	唐	唐
0452	大方廣十輪經八卷，失譯附北涼錄	吊		伐	周	唐	唐	唐	唐	吊	吊	吊	吊	吊
0453	地藏菩薩本願經二卷，唐實叉難陀譯												橫	橫
0454	百千頌大集經地藏菩薩請問法身讚一卷，唐不空譯		將	民	垂		待考	富	尹		漢	尹	尹	尹
0455	菩薩念佛三昧經五卷，劉宋功德直共玄暢譯	民		周	發	吊	吊	吊	吊	民	民	民	民	民
0456	大方等大集經菩薩念佛三昧分十卷，隋達摩笈多譯	伐	伐	發	殷	民	民	民	民	伐	伐	伐	伐	伐
0457	大方等大集經賢護分五卷，隋闍那崛多譯	罪	罪	殷	湯	伐	伐	伐	伐	罪	罪	罪	罪	罪
0458	般舟三昧經三卷，後漢支婁迦讖譯	罪		殷	湯	伐	伐	伐	伐	罪	罪	罪	罪	罪
0459	佛說般舟三昧經一卷，後漢支婁迦讖譯							伐	伐					
0460	拔陂菩薩經一卷，失譯附漢錄	罪		殷	湯	伐	伐	伐	伐	罪	罪	罪	罪	罪
0461	自在王菩薩經二卷，姚秦鳩摩羅什譯	殷		朝	問	發	發	發	發	殷	殷	殷	殷	殷
0462	奮迅王問經二卷，元魏瞿曇般若流支譯	殷	殷	朝	問	發	發	發	發	殷	殷	殷	殷	殷

初南	天海	緣山	南藏	北藏	嘉興	龍藏	黃檗	卍字	臺中	大正	中華	義門	知津	縮刻	頻伽	普慧	佛教
民	民	民	吊	吊	吊	吊	吊	六	磧7	13	11	十一	五	玄	玄	二	6
民	民	民	吊	吊	吊	吊	吊	六	磧7	13	11	十一	五	玄	玄	二	6
唐	唐	唐	陶	陶	陶	陶	陶	六	磧6	13	11	十一	四	玄	玄	三	6
吊	吊	吊	唐	唐	唐	唐	唐	六	磧6	13	11	十四	四	玄	玄		6
橫		1542	思	斯	斯	斯	斯	十六	嘉1	13	52	十三	五	閏	閏	三	53
尹	尹	尹	無	隸	隸	隸	隸	二七	磧34	13	65	三十	三八	閏	閏		53
民	民	民	吊	吊	吊	吊	吊	六	磧7	13	11	十一	五	玄	玄		6
伐	伐	伐	民	民	民	民	民	六	磧7	13	11	十四	五	玄	玄		6
罪	罪	罪	伐	罪	罪	罪	罪	七	磧7	13	11	十四	五	玄	玄		6
罪	罪	罪	伐	伐	伐	伐	伐	六	磧7	13	11	十一	五	玄	玄		6
		1424						六		13	11			玄	玄		6
罪	罪	罪	伐	罪	罪	罪	罪	七	磧7	13	11	十四	五	玄	玄		6
殷	殷	殷	發	發	發	發	發	七	磧7	13	11	十一	五	玄	玄		6
殷	殷	殷	發	發	發	發	發	七	磧7	13	11	十四	五	玄	玄		6

序號	歷代漢文大藏經目錄新考對照表	開元	石經	貞元	至元	指要	標目	金藏	麗藏	略出	福州	資福	磧砂	普寧
0463	大集譬喻王經二卷，隋闍那崛多譯	發	發	坐	朝	周	周	周	周	發	發	發	發	發
0464	佛說大集會正法經五卷，宋施護譯				拱			曲	約		丁	奄	奄	奄
0465	僧伽吒經四卷，元魏月婆首那譯	覆	覆	羊	使	使	使	使	使	可	可	可	可	可
0466	佛說大乘僧伽吒法義經七卷，宋金總持等譯				谷			雁						
0467-1	佛說阿難問事佛吉凶經一卷，後漢安世高譯					思	思	思*	思					
0467-2	阿難問事佛吉凶經（別本）一卷，後漢安世高譯	辭		竟	職					言	言	言	言	言
0468	佛說慢法經一卷，西晉法炬譯	辭		竟	職	思	思	思*	思	言	言	言	言	言
0469	佛說阿難分別經一卷，乞伏秦聖堅譯	辭		竟	職	思	思	思*	思	言	言	言	言	言
0470	佛說阿難四事經一卷，吳支謙譯	竟	3	殊	卑	甚	甚	甚*	甚	無	無	無	無	無
0471	佛說阿難七夢經一卷，東晉竺曇無蘭譯	學	3	貴	上	無	無	無	無	竟	竟	竟	竟	竟
0472	佛說大迦葉本經一卷，西晉竺法護譯	學	3	貴	上	無	無	無	無	竟	竟	竟	竟	竟
0473	佛說摩訶迦葉度貧母經一卷，劉宋求那跋陀羅譯	學	3	貴	上	無	無	無*	無	竟	竟	竟	竟	竟
0474	佛說初分說經二卷，宋施護譯				唱			合	牧		桓	功	功	功
0475	羅雲忍辱經一卷，西晉法炬譯	學	3	貴	上	無	無	無	無	竟	竟	竟	竟	竟
0476	佛說沙曷比丘功德經一卷，西晉法炬譯	學	3	貴	上	無	無	無	無	竟	竟	竟	竟	竟
0477	佛為年少比丘說正事經一卷，西晉法炬譯	學	3	貴	上	無	無	無*	無	竟	竟	竟	竟	竟

初南	天海	緣山	南藏	北藏	嘉興	龍藏	黃檗	卍字	臺中	大正	中華	義門	知津	縮刻	頻伽	普慧	佛教
發	發	發	周	周	周	周	周	七	磧7	13	11	十一	五	玄	玄		6
奄	奄	奄	淵	清	清	清	清	十五	磧34	13	67	十一	五	玄	玄		6
可	可	可	可	羊	羊	羊	羊	十二	磧12	13	22	二四	五	玄	玄		6
									磧38		76						28
								十四		14	34			宿	宿		28
言	言	言	善	慶	慶	慶	慶		磧19	14	34	六	三十	宿	宿		28
言	言	言	善	慶	慶	慶	慶	十四	磧19	17	34	七	三十	宿	宿		28
言	言	言	善	慶	慶	慶	慶	十四	磧19	14	34	七	三十	宿	宿		28
無	無	無	敬	敬	敬	敬	敬	十四	磧20	14	36	六	三一	宿	宿		28
竟	竟	竟	孝	孝	孝	孝	孝	十五	磧20	14	36	六	三一	宿	宿		28
竟*	竟	竟	孝	當	當	當	當	十五	磧20	14	36	六	三十	宿	宿		28
竟	竟	竟	孝	孝	孝	孝	孝	十五	磧20	14	36	六	三一	宿	宿		28
功	功	功	馨	夙	夙	夙	夙	十五	磧34	14	67	六	二九	辰	辰		26
竟*	竟	竟	孝	當	當	當	當	十五	磧20	14	36	六	三十	宿	宿		28
竟	竟	竟	孝	當	當	當	當	十五	磧20	14	36	六	三一	宿	宿		28
竟	竟	竟	孝	當	當	當	當	十五	磧20	14	36	六	三一	宿	宿		28

序號	歷代漢文大藏經目録新考對照表	開元	石經	貞元	至元	指要	標目	金藏	麗藏	略出	福州	資福	磧砂	普寧
0478	比丘避女惡名欲自殺經一卷，西晉法炬譯	優		賤	和	竟	竟	竟	竟	學	學	學	學	學
0479	佛説見正經一卷，東晉竺曇無蘭譯	學	3	貴	上	無	無	無	無	竟	竟	竟	竟	竟
0480	犍陀國王經一卷，後漢安世高譯	竟		殊	卑	甚	甚	甚*	甚	無	無	無	無	無
0481	佛説未生冤經一卷，吳支謙譯	竟	3	殊	卑		甚	甚*	甚	無	無	無	無	無
0482	阿闍世王問五逆經一卷，西晉法炬譯	定		優	政	辭	辭	辭*	辭	安	安	安	安	安
0483	佛説淨飯王般涅槃經一卷，劉宋沮渠京聲譯	定		優	政	辭	辭	辭*	辭	安	安	安	安	安
0484	佛説末羅王經一卷，劉宋沮渠京聲譯	學		貴	上	無	無	無	無	竟	竟	竟	竟	竟
0485	佛説旃陀越國王經一卷，劉宋沮渠京聲譯	學	3	貴	上	無	無	無*	無	竟	竟	竟	竟	竟
0486	佛説摩達國王經一卷，劉宋沮渠京聲譯	學	3	貴	上	無	無	無	無	竟	竟	竟	竟	竟
0487	佛説梵摩難國王經一卷，失譯附西晉録	優		賤	和	竟	竟	竟	竟	學	學	學	學	學
0488	普達王經一卷，失譯附西晉録	優	3	賤	和	竟	竟	竟*	竟	學	學	學	學	學
0489	佛説五王經一卷，失譯附東晉録	優		賤	和	竟	竟	竟*	竟	學	學	學	學	學
0490	佛説長者子懊惱三處經一卷，後漢安世高譯	竟	3	殊	卑	甚	甚	甚*	甚	無	無	無	無	無
0491	佛説阿鳩留經一卷，失譯附後漢録	竟		殊	卑	甚	甚	甚*	甚	無	無	無	無	無
0492	佛説須摩提長者經一卷，吳支謙譯	竟	3	殊	卑	甚	甚	甚	甚	無	無	無	無	無
0493	佛説長者音悅經一卷，吳支謙譯	安	3	學	從	言	言	言*	言	辭	辭	辭	辭	辭

初南	天海	緣山	南藏	北藏	嘉興	龍藏	黃檗	卍字	臺中	大正	中華	義門	知津	縮刻	頻伽	普慧	佛教
學	學	學	當	孝	孝	孝	孝	十五	磧20	14	36	六	三一	宿	宿		28
竟	竟	竟	孝	孝	孝	孝	孝	十五	磧20	17	36	六	三一	宿	宿		28
無	無	無	敬	敬	敬	敬	敬	十四	磧20	14	36	六	三十	宿	宿		28
無	無	無	敬	敬	敬	敬	敬	十四	磧20	14	36	六	三十	宿	宿		28
安	安	安	尺	敬	敬	敬	敬	十四	磧19	14	34	六	三十	宿	宿		28
安*	安	安	尺	當	當	當	當	十五	磧19	14	34	六	三一	宿	宿		28
竟	竟	竟	孝	當	當	當	當	十五	磧20	14	36	六	三十	宿	宿		28
竟	竟	竟	孝	當	當	當	當	十五	磧20	14	36	六	三十	宿	宿		28
竟	竟	竟	孝	當	當	當	當	十五	磧20	14	36	六	三十	宿	宿		28
學	學	學	當	當	當	當	當	十五	磧20	14	36	六	三十	宿	宿		28
學	學	學	當	當	當	當	當	十五	磧20	14	36	六	三十	宿	宿		28
學	學	學	當	當	當	當	當	十五	磧20	14	36	六	三十	宿	宿		28
無	無	無	敬	敬	敬	敬	敬	十四	磧20	14	36	六	三一	宿	宿		28
無	無	無	敬	敬	敬	敬	敬	十四	磧20	14	36	六	三一	宿	宿		28
無	無	無	敬	敬	敬	敬	敬	十四	磧20	14	36	六	三一	宿	宿		28
辭	辭	辭	尺	敬	敬	敬	敬	十四	磧19	14	34	六	三一	宿	宿		28

序號	歷代漢文大藏經目録新考對照表	開元	石經	貞元	至元	指要	標目	金藏	麗藏	略出	福州	資福	磧砂	普寧
0494	佛説越難經一卷，西晉聶承遠譯	定		優	政	辭	辭	辭*	辭	安	安	安	安	安
0495	佛説呵雕阿那含經一卷，東晉竺曇無蘭譯	學		貴	上	無	無	無*	無	竟	竟	竟	竟	竟
0496	盧至長者因緣經一卷，失譯附東晉録	優	3	賤	和	竟	竟	竟*	竟	學	學	學	學	學
0497	佛説佛大僧大經一卷，劉宋沮渠京聲譯	學	3	貴	上	無	無	無	無	竟	竟	竟	竟	竟
0498	佛説耶祇經一卷，劉宋沮渠京聲譯	學		貴	上	無	無	無*	無	竟	竟	竟	竟	竟
0499	佛説金光王童子經一卷，宋法賢譯		埶		夫		驅	戸*	戸					
0500	佛説光明童子因緣經四卷，宋施護譯				婦			匡	頗		營	策	策	策
0501	金色童子因緣經十二卷，宋惟淨等譯				傅			士	郡					
0502	佛説摩鄧女經一卷，後漢安世高譯	辭		竟	職	思	思	思	思	言	言	言	言	言
0503	佛説摩登女解形中六事經一卷，失譯附東晉録	辭		竟	職	思	思	思*	思	言	言	言	言	言
0504	佛説奈女祇域因緣經一卷，後漢安世高譯	安		學	從	言	言	言*	言	辭	辭	辭	辭	辭
0505	佛説奈女耆婆經一卷，後漢安世高譯										辭	辭	辭	辭
0506-1	五母子經一卷，吳支謙譯					思	思	思*	思					
0506-2	五母子經（別本）一卷，吳支謙譯	辭		竟	職						言	言	言	言	言
0507	沙彌羅經一卷，失譯附三秦録	辭		竟	職	思	思	思	思	言	言	言	言	言
0508	佛説七女經一卷，吳支謙譯	定		優	政	辭	辭	辭*	辭	安	安	安	安	安

初南	天海	緣山	南藏	北藏	嘉興	龍藏	黃檗	卍字	臺中	大正	中華	義門	知津	縮刻	頻伽	普慧	佛教
安	安	安	尺	敬	敬	敬	敬	十四	磧19	14	34	六	三一	宿	宿		28
竟	竟	竟	孝	孝	孝	孝	孝	十五	磧20	14	36	六	三一	宿	宿		28
學*	學	學	當	當	當	當	當	十五	磧20	14	36	六	三一	宿	宿		28
竟	竟	竟	孝	當	當	當	當	十五	磧20	14	36	六	三一	宿	宿		28
竟	竟	竟	孝	當	當	當	當	十五	磧20	14	36	六	三一	宿	宿		28
		1436						續1		14	64			昃	昃		24
策	策	策	斯	夙	夙	夙	夙	十五	磧33	14	67	六	三十	宿	宿		28
	法	1519						續1	磧37	14	69			宿	宿		28
言	言	言	慶	慶	慶	慶	慶	十四	磧19	14	34	七	三十	宿	宿		28
言	言	言	慶	慶	慶	慶	慶	十四	磧19	14	34	七	三十	宿	宿		28
辭	辭	辭	慶	尺	尺	尺	尺	十四	磧19	14	34	六	三十	宿	宿		28
辭	辭	辭	慶	尺	尺	尺	尺	十四	磧19	14	34	七	三十	宿	宿		28
								十四		14	34			宿	宿		28
言	言	言	善	慶	慶	慶	慶		磧19	14	34	六	三一	宿	宿		28
言	言	言	慶	慶	慶	慶	慶	十四	磧19	17	34	七	三一	宿	宿		28
安	安	安	尺	敬	敬	敬	敬	十四	磧19	14	34	六	十	宙	宙		12

序號	歷代漢文大藏經目錄新考對照表	開元	石經	貞元	至元	指要	標目	金藏	麗藏	略出	福州	資福	磧砂	普寧
0509	佛説婦人遇辜經一卷，乞伏秦聖堅譯	學		貴	上	無	無	無	無	竟	竟	竟	竟	竟
0510	無垢優婆夷問經一卷，元魏瞿曇般若流支譯	學	3	貴	上	無	無	無	無	竟	竟	竟	竟	竟
0511-1	佛説貧窮老公經一卷，劉宋慧簡譯	定		優	政	辭	辭	辭*	辭	安				
0511-2	佛説貧窮老公經（別本）一卷，劉宋慧簡譯										安	安	安	安
0512	佛説黑氏梵志經一卷，吳支謙譯	竟	3	殊	卑	甚	甚	甚*	甚	無	無	無	無	無
0513	佛説八師經一卷，吳支謙譯	定		優	政	辭	辭	辭*	辭	安	安	安	安	安
0514	長爪梵志請問經一卷，唐義淨譯	優		賤	和	竟	竟	竟*	竟	學	學	學	學	學
0515	天請問經一卷，唐玄奘譯	優		賤	和	竟	竟	竟*	竟	學	學	學	學	學
0516	嗟韈曩法天子受三歸依獲免惡道經一卷，宋施護譯		溪		唱		兵	隸	隸		路	路	路	路
0517	龍王兄弟經一卷，吳支謙譯	安		學	從	言	言	言*	言	辭	辭	辭	辭	辭
0518	佛説大安般守意經二卷，後漢安世高譯	竟		殊	卑	甚	甚	甚	甚	無	無	無	無	無
0519	禪祕要法經三卷，姚秦鳩摩羅什等譯	定		優	政	辭	辭	辭*	辭	安	安	安	安	安
0520	治禪病祕要法二卷，劉宋沮渠京聲譯	言		無	攝	若	若	若	若	思	思	思	思	思
0521	陰持入經二卷，後漢安世高譯	竟		殊	卑					無	無		無	無
0522	佛説禪行三十七品經一卷，後漢安世高譯	優		賤	和	竟	竟	竟	竟	學	學	學	學	學
0523	禪行法想經一卷，後漢安世高譯	竟		殊	卑	甚	甚	甚*	甚	無	無	無	無	無

初南	天海	緣山	南藏	北藏	嘉興	龍藏	黃檗	卍字	臺中	大正	中華	義門	知津	縮刻	頻伽	普慧	佛教
竟	竟	竟	孝	孝	孝	孝	孝	十五	磧20	14	36	六	三一	宿	宿		28
竟	竟	竟	當	當	當	當	當	十五	磧20	14	36	六	三十	宿	宿		28
		安						十四		17	34		‥	宿	宿		28
安 *	安		尺	敬	敬	敬	敬		磧19	17	34	六	三一	宿	宿		
無	無	無	敬	敬	敬	敬	敬	十四	磧20	14	36	六	三一	宿	宿		28
安	安	安	尺	敬	敬	敬	敬	十四	磧19	14	34	六	三一	宿	宿		28
學	學	學	當	當	當	當	當	十五	磧20	14	36	六	三一	宿	宿		28
學	學	學	當	當	當	當	當	十五	磧20	15	36	六	三十	宿	宿		28
路	路	路	力	則	則	則	則	十五	磧32	15	63	六	三十	宿	宿		28
辭	辭	辭	尺	敬	敬	敬	敬	十四	磧19	15	34	六	三十	宿	宿		28
無	無	無	敬	敬	敬	敬	敬	十四	磧20	15	36	五	三十	宿	宿		27
安	安	安	尺	竭	竭	竭	竭	十五	磧19	15	34	五	三十	宿	宿		27
思	思	思	善	慶	慶	慶	慶	十四	磧19	15	34	五	三十	宿	宿		27
無	無	無	孝	竭	竭	竭	竭		磧20	15		五	三十				28
學	學	學	當	孝	孝	孝	孝	十五	磧20	15	36	六	三一	宿	宿		28
無	無	無	敬	敬	敬	敬	敬	十四	磧20	15	36	六	三一	宿	宿		28

序號	歷代漢文大藏經目錄新考對照表	開元	石經	貞元	至元	指要	標目	金藏	麗藏	略出	福州	資福	磧砂	普寧
0524	五門禪經要用法一卷，大禪師佛陀蜜多撰、劉宋曇摩蜜多譯	寫		陞	微	圖	圖	圖	圖	圖	圖	圖	圖	圖
0525	坐禪三昧經二卷，姚秦鳩摩羅什譯	驚		吹	曲	飛	飛	飛	飛	飛	飛	飛	飛	飛
0526	禪法要解二卷，姚秦鳩摩羅什譯	寫		陞	微	圖	圖	圖	圖	圖	圖	圖	圖	圖
0527	禪要經一卷，失譯附後漢錄	寫		陞	微	圖	圖	圖	圖	圖	圖	圖	圖	圖
0528	思惟略要法一卷，姚秦鳩摩羅什譯	寫		陞	微	圖	圖	圖	圖	圖	圖	圖	圖	圖
0529	菩薩呵色欲法經一卷，姚秦鳩摩羅什譯	驚		吹	曲	飛	飛	飛	飛	飛	飛	飛	飛	飛
0530	達摩多羅禪經二卷，東晉佛陀跋陀羅譯	寫		陞	微	圖	圖	圖	圖	圖	圖	圖	圖	圖
0531	佛說內身觀章句經一卷，失譯附後漢錄	寫		陞	微	圖	圖	圖	圖	圖	圖	圖	圖	圖
0532	法觀經一卷，西晉竺法護譯	寫		陞	微	圖	圖	圖	圖	圖	圖	圖	圖	圖
0533	修行道地經七卷，僧伽羅剎造、西晉竺法護譯	觀		鼓	奄	樓	樓	樓	樓	樓	樓	樓	樓	樓
0534	道地經一卷，僧伽羅剎造、後漢安世高譯	觀		鼓	奄	樓	樓	樓	樓	樓	鬱	鬱	鬱	鬱
0535	小道地經一卷，後漢支曜譯	畫		陞	營	獸	獸	獸	獸	獸	獸	獸	獸	獸
0536	佛說父母恩難報經一卷，後漢安世高譯	優	3	賤	和	竟	竟	竟*	竟	學	學	學	學	學
0537	佛說孝子經一卷，失譯附西晉錄	竟		殊	卑	甚	甚	甚*	甚	無	無	無	無	無
0538	燈指因緣經一卷，姚秦鳩摩羅什譯	學	3	貴	上	無	無	無	無	竟	竟	竟	竟	竟
0539	佛說出家功德經一卷，失譯附三秦錄	優		賤	和	竟	竟	竟	竟	學	學	學	學	學

初南	天海	緣山	南藏	北藏	嘉興	龍藏	黃檗	卍字	臺中	大正	中華	義門	知津	縮刻	頻伽	普慧	佛教
圖	圖	圖	令	英	英	英	英	二六	磧28	15	51	三十	三八	暑	暑		38
飛	飛	飛	令	墳	墳	墳	墳	二六	磧28	15	51	三十	三八	暑	暑		38
圖	圖	圖	榮	集	集	集	集	二六	磧28	15	51	三十	三八	暑	暑		38
圖	圖	圖	令	聚	聚	聚	聚	二六	磧28	15	51	三十	三八	暑	暑		38
圖	圖	圖	終	英	英	英	英	二六	磧28	15	51	三十	三八	暑	暑		38
飛 *	飛	飛	宜	藁	藁	藁	藁	二七	磧28	15	51	三十	三八	暑	暑		38
圖	圖	圖	榮	集	集	集	集	二六	磧28	15	51	三十	四一	藏	藏		51
圖	圖	圖	令	聚	聚	聚	聚	二六	磧28	15	51	三十	四一	藏	藏		51
圖	圖	圖	令	聚	聚	聚	聚	二六	磧28	15	51	三十	四一	藏	藏		51
樓	樓	樓	終	明	明	明	明	二六	磧28	15	51	三十	三八	暑	暑		38
鬱	鬱	鬱	慎	明	明	明	明	二六	磧27	15	51	三十	三八	暑	暑		38
獸		獸	籍	既	既	既	既	二六	磧28	15	52	三十	三八	暑	暑		38
學	學	學	當	當	當	當	當	十五	磧20	16	36	六	三一	宿	宿		28
無	無	無	敬	敬	敬	敬	敬	十四	磧20	16	36	六	三一	宿	宿		28
竟	竟	竟	孝	孝	孝	孝	孝	十五	磧20	16	36	六	三一	宿	宿		28
學	學	學	當	當	當	當	當	十五	磧20	16	36	六	三十	宿	宿		28

序號	歷代漢文大藏經目録新考對照表	開元	石經	貞元	至元	指要	標目	金藏	麗藏	略出	福州	資福	磧砂	普寧
0540	十二緣生祥瑞經二卷，宋施護譯		佐		外		高	壁	壁		卿	卿	卿	卿
0541	無明羅刹集三卷，失譯附秦録	彩		弁	桓	畫	畫	畫	畫	畫	畫	畫	畫	畫
0542	正法念處經七十卷，元魏瞿曇般若流支譯	初至令	3	仕至以	以至詠	定至終	定至終	定至終	定至終	篤至宜	篤至宜	篤至宜	篤至宜	篤至宜
0543	分別業報略經一卷，大勇菩薩撰、劉宋僧伽跋摩譯	彩		弁	桓	畫	畫	畫	畫	畫	畫	畫	畫	畫
0544	佛説罪業應報教化地獄經一卷，後漢安世高譯	安	3	學	從	言	言	言*	言	辭	辭	辭	辭	辭
0545	佛説六道伽陀經一卷，宋施護譯		伊		合		兵	漆*	漆		槐	槐	槐	槐
0546	六趣輪廻經一卷，馬鳴菩薩集、宋日稱等譯				弱			橫*	亭					
0547	十不善業道經一卷，馬鳴菩薩集、宋日稱等譯				弱			橫*	亭				寧	寧
0548	諸法集要經十卷，觀無畏尊者集、宋日稱等譯				扶			假	雁					
0549	佛説分別善惡所起經一卷，後漢安世高譯	竟		殊	卑	甚	甚	甚	甚	無	無	無	無	無
0550	佛説處處經一卷，後漢安世高譯	竟		殊	卑	甚	甚	甚	甚	無	無	無	無	無
0551	佛説十八泥犁經一卷，後漢安世高譯	竟	3	殊	卑	甚	甚	甚*	甚	無	無	無	無	無
0552	佛説雜藏經一卷，東晉法顯譯	辭		竟	職	思	思	思	思	言	言	言	言	言
0553	佛説鬼問目連經一卷，後漢安世高譯	辭		竟	職	思	思	思*	思	言	言	言	言	言
0554	餓鬼報應經一卷，失譯附東晉録	辭		竟	職	思	思	思	思	言	言	言	言	言
0555	佛説罵意經一卷，後漢安世高譯	竟		殊	卑	甚	甚	甚	甚	無	無	無	無	無

初南	天海	緣山	南藏	北藏	嘉興	龍藏	黃檗	卍字	臺中	大正	中華	義門	知津	縮刻	頻伽	普慧	佛教
卿	卿	卿	盡	則	則	則	則	十五	磧32	16	63	六	三十	宿	宿		28
晝	晝	晝	所	羣	羣	羣	羣	二六	磧28	16	52	三十	四一	藏	藏		51
篤至宜	篤至宜	篤至宜	非至資	非至資	非至資	非至資	非至資	十四	磧19	17	34	五	三十	宿	宿		27
晝	晝	晝	甚	墳	墳	墳	墳	二六	磧28	17	52	三十	四一	藏	藏		51
辭	辭	辭	尺	敬	敬	敬	敬	十四	磧19	17	34	六	十	宙	宙		12
槐	槐	槐	盡	則	則	則	則	十五	磧32	17	63	三十	四一	藏	藏		51
		1526						續2		17	69			藏	藏		51
寧		1527	優	英	英	英	英	二六	磧36	17	69	三十	四一	藏	藏		51
		1530						續2	磧37	17	69			藏	藏		51
無	無	無	敬	敬	敬	敬	敬	十四	磧20	17	36	六	三十	宿	宿		28
無	無	無	敬	敬	敬	敬	敬	十四	磧20	17	36	六	三十	宿	宿		28
無	無	無	敬	敬	敬	敬	敬	十四	磧20	17	36	六	三十	宿	宿		28
言	言	言	善	璧	璧	璧	璧	十四	磧19	17	34	六	三十	宿	宿		28
言	言	言	善	璧	璧	璧	璧	十四	磧19	17	34	七	三十	宿	宿		28
言	言	言	善	璧	璧	璧	璧	十四	磧19	17	34	七	三十	宿	宿		28
無	無	無	敬	敬	敬	敬	敬	十四	磧20	17	36	六	三一	宿	宿		28

序號	歷代漢文大藏經目錄新考對照表	開元	石經	貞元	至元	指要	標目	金藏	麗藏	略出	福州	資福	磧砂	普寧
0556	佛説堅意經一卷，後漢安世高譯	定	定	優	政	辭	辭	辭*	辭	安	安	安	安	安
0557	佛説四願經一卷，吳支謙譯	竟	3	殊	卑	甚	甚	甚*	甚	無	無	無	無	無
0558	佛説四自侵經一卷，西晉竺法護譯	學	3	貴	上	無	無	無	無	竟	竟	竟	竟	竟
0559	所欲致患經一卷，西晉竺法護譯	定		優	政	辭	辭	辭*	辭	安	安	安	安	安
0560	佛説分別經一卷，西晉竺法護譯	竟	3	殊	卑	甚	甚	甚*	甚	無	無	無	無	無
0561	佛説頞多和多耆經一卷，失譯附西晉錄	優		賤	和	竟	竟	竟*	竟	學	學	學	學	學
0562	五苦章句經一卷，東晉竺曇無蘭譯	定		優	政	辭	辭	辭*	辭	安	安	安	安	安
0563	佛説自愛經一卷，東晉竺曇無蘭譯	學	3	貴	上	無	無	無	無	竟	竟	竟	竟	竟
0564	佛説忠心經一卷，東晉竺曇無蘭譯	學	3	貴	上	無	無	無	無	竟	竟	竟	竟	竟
0565-1	佛説罪福報應經一卷，劉宋求那跋陀羅譯	學		貴	上	無		無	無	竟				
0565-2	佛説輪轉五道罪福報應經（別本）一卷，劉宋求那跋陀羅譯					無					竟*	竟	竟	竟
0566	佛説護淨經一卷，失譯附東晉錄	優	3	賤	和	竟	竟	竟*	竟	學	學	學	學	學
0567	佛説因緣僧護經一卷，失譯附東晉錄	優		賤	和	竟	竟	竟*	竟	學	學	學	學	學
0568-1	佛説五無反復經一卷，劉宋沮渠京聲譯	學		貴	上	無	無	無*	無	竟				
0568-2	佛説五無返復經（別本）一卷，劉宋沮渠京聲譯											竟	竟	竟
0568-3	佛説五無返復經（別本）一卷，劉宋沮渠京聲譯										竟		竟	竟

初南	天海	緣山	南藏	北藏	嘉興	龍藏	黃檗	卍字	臺中	大正	中華	義門	知津	縮刻	頻伽	普慧	佛教
安*	安	安	尺	當	當	當	當	十五	磧19	17	34	六	三一	宿	宿		28
無	無	無	敬	敬	敬	敬	敬	十四	磧20	17	36	六	三一	宿	宿		28
竟*	竟	竟	孝	當	當	當	當	十五	磧20	17	36	六	三一	宿	宿		28
安	安	安	尺	敬	敬	敬	敬	十四	磧19	17	34	六	三一	宿	宿		28
無	無	無	敬	敬	敬	敬	敬	十四	磧20	17	36	六	三一	宿	宿		28
學	學	學	當	當	當	當	當	十五	磧20	17	36	六	三一	宿	宿		28
安*	安	安	尺	當	當	當	當	十五	磧19	17	34	六	三一	宿	宿		28
竟	竟	竟	孝	當	當	當	當	十五	磧20	17	36	六	三一	宿	宿		28
竟	竟	竟	孝	孝	孝	孝	孝	十五	磧20	17	36	六	三一	宿	宿		28
		竟						十五		17	36			宿	宿		28
竟	竟		孝	當	當	當	當		磧20	17	36	六	三十	宿	宿		28
學	學	學	當	當	當	當	當	十五	磧20	17	36	六	三一	宿	宿		28
學	學	學	當	竭	竭	竭	竭	十五	磧20	17	36	六	三一	宿	宿		28
		竟						十五		17	36			宿	宿		28
竟	竟		孝	當	當	當	當		磧20	17	36	六	三一	宿	宿		28
竟			孝	當	當	當	當	十五	磧20	17	36	七	三一	宿	宿		28

序號	歷代漢文大藏經目錄新考對照表	開元	石經	貞元	至元	指要	標目	金藏	麗藏	略出	福州	資福	磧砂	普寧
0569	十二品生死經一卷，劉宋求那跋陀羅譯	學		貴	上	無	無	無*	無	竟	竟	竟	竟	竟
0570	佛説身毛喜豎經三卷，宋惟淨等譯				受			俊	九		綺*	溪	溪	溪
0571	佛説諸行有為經一卷，宋法天譯		溪		外		兵	隸*	隸		路	路	路	路
0572	佛説較量壽命經一卷，宋天息災譯		磻		外		兵	鍾	鍾		路	路	路	路
0573	惟日雜難經一卷，吳支謙譯	驚		吹	曲	飛	飛	飛	飛	飛	飛	飛	飛	飛
0574	佛説決定義經一卷，宋法賢譯		漢		睦		纓	驅	驅		轂	轂	轂	轂
0575	佛説法乘義決定經三卷，宋金總持等譯				傳		門				更	更		
0576	佛説法集名數經一卷，宋施護譯		佐		公		高	壁	壁		卿	卿	卿	卿
0577	本事經七卷，唐玄奘譯	無		樂	尊	籍	籍	籍	籍	甚	甚	甚	甚	甚
0578	佛説賢者五福德經一卷，西晉白法祖譯	優	3	賤	和	竟	竟	竟	竟	學	學	學	學	學
0579	四十二章經一卷，後漢迦葉摩騰共竺法蘭譯	安	29	學	從	言	言	言*	言	辭	辭	辭	辭	辭
0580	得道梯橙錫杖經一卷，失譯附東晉錄	定		優	政	辭	辭	辭*	辭	安	安	安	安	安
0581	佛説出家緣經一卷，後漢安世高譯	竟		殊	卑	甚				無	無	無	無	無
0582	佛説法受塵經一卷，後漢安世高譯	竟		殊	卑	甚	甚	甚*	甚	無	無	無	無	無
0583	佛説佛醫經一卷，吳竺律炎共支越譯	驚		吹	曲	飛	飛	飛	飛	飛	飛*	飛	飛	飛
0584-1	佛説時非時經一卷，西晉若羅嚴譯					無	無	無*	無					

初南	天海	緣山	南藏	北藏	嘉興	龍藏	黃檗	卍字	臺中	大正	中華	義門	知津	縮刻	頻伽	普慧	佛教
竟	竟	竟	孝	當	當	當	當	十五	磧20	17	36	六	三十	宿	宿		28
溪	溪	溪	馨	夙	夙	夙	夙	十五	磧34	17	68	六	三一	宿	宿		28
路	路	路	力	忠	忠	忠	忠	十五	磧32	17	63	六	三一	宿	宿		28
路	路	路	力	則	則	則	則	十五	磧32	17	63	六	三十	宿	宿		28
飛	飛	飛	終	明	明	明	明	二六	磧28	17	51	三十	三八	暑	暑		38
轂	轂	轂	溫	薄	薄	薄	薄	十五	磧33	17	64	六	三一	宿	宿		28
更		1546	言	之	之	之	之	十六	磧36	17	76	十三	三一	宿	宿		28
卿	卿	卿	忠	則	則	則	則	十五	磧32	17	63	三十	三八	暑	暑		38
甚	甚	甚	與	孝	孝	孝	孝	十四	磧20	17	36	五	二九	辰	辰		26
學	學	學	當	當	當	當	當	十五	磧20	17	36	六	三一	宿	宿		28
辭*	辭	辭	尺		璧		璧	十四	磧19	17	34	六	四一	藏	藏		50
安*	安	安	尺	敬	敬	敬	敬	十四	磧19	17	34	六	三一	宿	宿		28
無	無	無	敬	敬	敬	敬	敬		磧20	17	36	六	三一	宿	宿		28
無	無	無	敬	敬	敬	敬	敬	十四	磧20	17	36	六	三一	宿	宿		28
飛	飛	飛	終	明	明	明	明	二六	磧28	17	51	三十	三一	宿	宿		28
								十五		17	36			宿	宿		28

序號	歷代漢文大藏經目錄新考對照表	開元	石經	貞元	至元	指要	標目	金藏	麗藏	略出	福州	資福	磧砂	普寧
0584-2	佛說時非時經（別本）一卷，西晉若羅嚴譯	學	3	貴	上					竟	竟	竟	竟	竟
0585	佛治身經一卷，失譯附西晉錄	驚		吹	曲	飛	飛	飛	飛	飛	飛	飛	飛	飛
0586	佛說進學經一卷，劉宋沮渠京聲譯	定	2	優	政	辭	辭	辭*	辭	安	安	安	安	安
0587	佛說略教誡經一卷，唐義淨譯	優		賤	和	竟	竟	竟*	竟	學	學	學	學	學
0588	佛說栴檀樹經一卷，失譯附漢錄	優		賤	和	竟	竟	竟	竟	學	學	學	學	學
0589	佛說枯樹經一卷					若*	若							
0590	弟子死復生經一卷，劉宋沮渠京聲譯	學	3	貴	上	無	無	無	無	竟	竟	竟	竟	竟
0591	佛說懈怠耕者經一卷，劉宋慧簡譯	學		貴	上	無	無	無*	無	竟	竟	竟	竟	竟
0592	佛說木槵子經一卷，失譯附東晉錄	優		賤	和	竟	竟	竟	竟	學	學	學	學	學
0593	佛說木槵經一卷，唐不空譯			必	讚		槐	刻						
0594	賢劫經八卷，西晉竺法護譯	彼	彼	難	靡	岡	岡	岡	岡	談	談	談	談	談
0595	佛說稱揚諸佛功德經三卷，元魏吉迦夜譯	得	得	信	莫	必	必	必	必	改	改	改	改	改
0596	八佛名號經一卷，隋闍那崛多譯	慕	慕	必	得	傷	傷	傷	傷	女	女	女	女	女
0597	佛說八吉祥神呪經一卷，吳支謙譯	慕		必	得	傷	傷	傷	傷	女	女	女	女	女
0598	佛說八陽神呪經一卷，西晉竺法護譯	慕	3	必	得	傷	傷	傷	傷	女	女	女	女	女
0599	八吉祥經一卷，梁僧伽婆羅譯	慕		必	得	傷	傷	傷	傷	女	女	女	女	女
0600	佛說八部佛名經一卷，元魏瞿曇般若流支譯	行	行	谷	絲	羊	羊	羊	羊	景	景	景	景	景

初南	天海	緣山	南藏	北藏	嘉興	龍藏	黃檗	卍字	臺中	大正	中華	義門	知津	縮刻	頻伽	普慧	佛教
竟	竟	竟	孝	當	當	當	當		磧20	17	36	六	三一	宿	宿		
飛*	飛	飛	宜	既	既	既	既	二六	磧28	17	51	三十	三一	宿	宿		28
安*	安	安	尺	敬	敬	敬	敬	十四	磧19	17	34	六	三一	宿	宿		28
學	學	學	當	當	當	當	當	十五	磧20	17	36	六	三一	宿	宿		28
學	學	學	當	當	當	當	當	十五	磧20	17	36	六	三一	宿	宿		28
		思						十四		17	34			晨	晨		23
竟	竟	竟	當	當	當	當	當	十五	磧20	17	36	六	十	宙	宙		12
竟	竟	竟	當	當	當	當	當	十五	磧20	17	36	六	十	宙	宙		12
學	學	學	當	當	當	當	當	十五	磧20	17	36	六	三一	宿	宿		28
							附28				66			閏	閏		53
談	談	談	恃	恃	恃	恃	恃	十一	磧12	14	21	十一	五	黃	黃		7
改	改	改	岡	靡	靡	靡	靡	十一	磧12	14	20	十一	五	黃	黃		7
女	女	女	才	知	知	知	知	十	磧11	14	19	十四	五	黃	黃		7
女	女	女	效	知	知	知	知	十	磧11	14	19	十一	五	黃	黃		7
女	女	女	才	知	知	知	知	十	磧11	14	19	十四	五	黃	黃		7
女	女	女	才	知	知	知	知	十	磧11	14	19	十四	五	黃	黃		7
景	景	景	賢	信	信	信	信	十一	磧13	14	24	十一	五	黃	黃		7

序號	歷代漢文大藏經目録新考對照表	開元	石經	貞元	至元	指要	標目	金藏	麗藏	略出	福州	資福	磧砂	普寧
0601	佛説十吉祥經一卷，失譯附秦録	維	維	虛	染	景	景	景*	景	行	行	行	行	行
0602	佛説滅十方冥經一卷，西晉竺法護譯	景	景	空	悲	羔	羔	羔	羔	羊	羊	羊	羊	羊
0603	佛説大乘大方廣佛冠經二卷，宋法護等譯				念			俊	九		綺*	溪	溪	溪
0604	大乘寶月童子問法經一卷，宋施護譯		奄		維		陪	將*	將		八	八	八	八
0605	受持七佛名號所生功德經一卷，唐玄奘譯	行	行	谷	絲	羊	羊	羊*	羊	景	景	景	景	景
0606	佛説寶網經一卷，西晉竺法護譯	改	改	長	能	過	過	過	過	必	必	必	必	必
0607	佛説百佛名經一卷，隋那連提耶舍譯	改	改	長	能	過	過	過	過	必	必	必	必	必
0608	佛説不思議功德諸佛所護念經二卷，曹魏代失譯	使	使	贊	長	長	己	長	長	信	信	信	信	信
0609	佛説諸佛經一卷，宋施護譯		桓		維		驅	八	八		兵	兵	兵	兵
0610	佛説佛名經十二卷，元魏菩提留支譯	長信	長信	染詩	恃己	恃己	恃己	恃己	恃己	己長	己長	己長	己長	己長
0611	佛説佛名經三十卷			轉疑	聲虛					寧至楚				
0612	十方千五百佛名經一卷													
0613	五千五百佛名神呪除障滅罪經八卷，隋闍那崛多譯	使	使	贊	長	長	長	長	長	信	信	信	信	信
0614	三劫三千佛名經三卷，失譯附梁録	信		詩	己					長			長	長
0614-1	過去莊嚴劫千佛名經一卷，失譯附梁録	信	信	詩		己	己	己*	己	長	長	長	長	長
0614-2	過去莊嚴劫千佛名經（別本）一卷，失譯附梁録													

初南	天海	緣山	南藏	北藏	嘉興	龍藏	黃檗	卍字	臺中	大正	中華	義門	知津	縮刻	頻伽	普慧	佛教
行	行	行	賢	信	信	信	信	十一	磧13	14	24	十一	五	黃	黃		7
羊	羊	羊	維	維	維	維	維	十二	磧13	14	24	十一	五	黃	黃		7
溪	溪	溪	松	清	清	清	清	十五	磧34	14	68	十一	五	黃	黃		7
八	八	八	盡	則	則	則	則	十五	磧32	14	64	十三	五	黃	黃		7
景	景	景	維	維	維	維	維	十二	磧13	14	24	十一	五	黃	黃		7
必	必	必	忘	彼	彼	彼	彼	十一	磧11	14	20	十三	五	黃	黃		7
必	必	必	忘	信	信	信	信	十一	磧11	14	20	十一	五	黃	黃		7
信	信	信	長	信	信	信	信	十一	磧12	14	22	三十	五	黃	黃		7
兵	兵	兵	履	臨	臨	臨	臨	十五	磧33	14	64	七	二九	辰	辰		26
己長	己長	己長	己長	己長	己長	己長	己長	十一	磧12	14	21	十一	五	黃	黃		7
		1511							續1	14	69			黃	黃		7
										14							
信	信	信	信	長	長	長	長	十一	磧12	14	22	十一	五	黃	黃		7
長*	長	長							磧12			十一	五				
長*		長						十一	磧12	14	22			黃	黃		7
			長	長	長	長	長		嘉1	14	22	十一	五	黃	黃		

序號	歷代漢文大藏經目錄新考對照表	開元	石經	貞元	至元	指要	標目	金藏	麗藏	略出	福州	資福	磧砂	普寧
0614-3	附卷首三劫三千佛緣起，劉宋畺良耶舍譯													
0614-4	現在賢劫千佛名經一卷，失譯附梁錄	信	信	詩		己	己	己*	己	長	長	長	長*	長
0614-5	現在賢劫千佛名經（別本）一卷，失譯附梁錄													
0614-6	未來星宿劫千佛名經一卷，失譯附梁錄	信	信	詩		己	己	己*	己	長	長	長	長	長
0614-7	未來星宿劫千佛名經（別本）一卷，失譯附梁錄													
0615	佛説千佛因緣經一卷，姚秦鳩摩羅什譯	景	景	空	悲	羔	羔	羔*	羔	羊	羊	羊	羊	羊
0616	佛説無量壽佛名號利益大事因緣經一卷，曹魏康僧鎧譯													
0617	佛説八大菩薩經一卷，宋法賢譯		濟		維		轂	千	千		冠	冠	寔	冠
0618	六菩薩名亦當誦持經一卷，失譯附後漢錄	畫		陞	營	獸	獸	獸	獸	獸	獸	獸	獸	獸
0619	佛説藥師如來本願經一卷，隋達摩笈多譯	鞠		潔	效	恭	恭	恭*	恭	惟	惟	惟	惟	惟
0620	藥師琉璃光如來本願功德經一卷，唐玄奘譯	鞠	3	潔	效	恭	恭	恭*	恭	惟	惟	惟	惟	惟
0621	藥師琉璃光七佛本願功德經二卷，唐義淨譯	鞠		潔	效	恭	恭	恭*	恭	惟	惟	惟	惟	惟
0622	梵書藥師琉璃光七佛本願功德經一卷													
0623	佛説彌勒大成佛經一卷，姚秦鳩摩羅什譯	敢	敢	才	知	養	養	養	養	豈	豈	豈	豈	豈

初南	天海	緣山	南藏	北藏	嘉興	龍藏	黃檗	卍字	臺中	大正	中華	義門	知津	縮刻	頻伽	普慧	佛教
			長	長	長	長	長	十一	嘉1	14	22	十一	五	黃	黃		7
長*		長						十一	磧12	14	22			黃	黃		7
			長	長	長	長	長		嘉1	14	22	十一	五	黃	黃		7
長*		長						十一	磧12	14	22			黃	黃		7
			長	長	長	長	長		嘉1	14	22	十一	五	黃	黃		7
羊	羊	羊	維	維	維	維	維	十二	磧13	14	24	十三	五	黃	黃		7
									續1								28
寔	冠	冠	思	斯	斯	斯	斯	十六	磧36	14	64	十一	五	黃	黃		7
獸		獸	籍	既	既	既	既	二六	磧28	14	52	三十	五	黃	黃		7
惟	阜	惟	惟	惟	惟	惟	惟	九	磧10	14	18	二五	五	黃	黃		7
惟*	阜	惟	惟	惟	惟	惟	惟	九	磧10	14	18	二五	五	閏	閏		52
惟	阜	惟	惟	惟	惟	惟	惟	九	磧10	14	18	二五	五	餘	餘		54
		1537	豈	存目	存目	惟	存目				18						
豈	豈	豈	貞	貞	貞	貞	貞	十	磧11	14	18	十三	五	黃	黃		7

序號	歷代漢文大藏經目錄新考對照表	開元	石經	貞元	至元	指要	標目	金藏	麗藏	略出	福州	資福	磧砂	普寧
0624	佛說彌勒下生經一卷，西晉竺法護譯						養	養	養		豈	豈	豈	豈
0625	佛說彌勒下生成佛經一卷，姚秦鳩摩羅什譯	敢	1	才	知		養	養*	養	豈	豈	豈	豈	豈
0626	佛說彌勒下生成佛經一卷，唐義淨譯	敢		才	知			養	豈	豈	豈	豈	豈	豈
0627	佛說彌勒來時經一卷，失譯附東晉錄	敢		才	知	養	養	養*	養	豈	豈	豈	豈	豈
0628	佛說觀彌勒菩薩上生兜率天經一卷，劉宋沮渠京聲譯	敢	1	才	知	養	養	養*	養	豈	豈	豈	豈	豈
0629	文殊師利問菩薩署經一卷，後漢支婁迦讖譯	絲	絲	聖	墨		墨	墨	墨	悲	悲	悲	悲	悲
0630	大方廣寶篋經三卷，劉宋求那跋陀羅譯	此	此	鞠	豈	方	方	方	方	蓋	蓋	蓋	蓋	蓋
0631	佛說文殊師利現寶藏經二卷，西晉竺法護譯	此		鞠	豈	方	方	方	方	蓋	蓋	蓋	蓋	蓋
0632	文殊師利問菩提經一卷，姚秦鳩摩羅什譯	傷	傷	知	必	敢	敢	敢*	敢	毀	毀	毀	毀	毀
0633	伽耶山頂經一卷，元魏菩提留支譯	傷		知	必	敢	敢	敢	敢	毀	毀	毀	毀	毀
0634	佛說象頭精舍經一卷，隋毘尼多流支譯	傷		知	必	敢	敢	敢*	敢	毀	毀	毀	毀	毀
0635	大乘伽耶山頂經一卷，唐菩提流志譯	傷	3	知	必	敢	敢	敢	敢	毀	毀	毀	毀	毀
0636	文殊師利問經二卷，梁僧伽婆羅譯	悲	悲	念	量	量	量	量	量	墨	墨	墨	墨	墨
0637	文殊問經字母品第十四一卷，唐不空譯		俠	賓	詩		槐	輕	衡		感	阿	阿	阿

初南	天海	緣山	南藏	北藏	嘉興	龍藏	黃檗	卍字	臺中	大正	中華	義門	知津	縮刻	頻伽	普慧	佛教
豈*	豈	豈	貞	貞	貞	貞	貞	十	磧11	14	18	十三	五	黃	黃		7
豈*	豈	豈	貞	貞	貞	貞	貞	十	磧11	14	18	十四	五	閏	閏		53
豈*	豈	豈	貞	貞	貞	貞	貞	十	磧11	14	18	十四	五	黃	黃		7
豈*	豈	豈	貞	貞	貞	貞	貞	十	磧11	14	18	十四	五	黃	黃		7
豈*	豈	豈	貞	貞	貞	貞	貞	十	磧11	14	18	十三	五	閏	閏		53
悲	悲	悲	詩	率	率	率	率	八	磧13	14	23	十三	十	宙	宙	二	12
蓋	蓋	蓋	敢	恭	恭	恭	恭	九	磧10	14	17	十四	八	宇	宇		10
蓋	蓋	蓋	敢	恭	恭	恭	恭	九	磧10	14	17	十二	八	宇	宇		10
毀	毀	毀	男	男	男	男	男	十	磧11	14	19	十二	九	宙	宙		11
毀	毀	毀	男	男	男	男	男	十	磧11	14	19	十四	九	宙	宙		11
毀	毀	毀	男	男	男	男	男	十	磧11	14	19	十四	九	宙	宙		11
毀	毀	毀	男	男	男	男	男	十	磧11	14	19	十四	九	宙	宙		11
墨	墨	墨	染	染	染	染	染	十二	磧13	14	23	十一	三二	列	列		29
阿	阿	阿	不	清	清	清	清	十五	磧34	14	65	二四	十四	閏	閏		53

序號	歷代漢文大藏經目錄新考對照表	開元	石經	貞元	至元	指要	標目	金藏	麗藏	略出	福州	資福	磧砂	普寧
0638	佛説文殊師利行經一卷，隋闍那崛多譯	慕	慕	必	得	傷	傷	傷	傷	女	女	女	女	女
0639	佛説文殊師利巡行經一卷，元魏菩提留支譯	慕	3	必	得	傷	傷	傷*	傷	女	女	女	女	女
0640	佛説文殊師利般涅槃經一卷，西晉聶道真譯	景	景	空	悲	羔	羔	羔*	羔	羊	羊	羊	羊	羊
0641	佛説大乘善見變化文殊師利問法經一卷，宋天息災譯		磻		維		兵	鍾	鍾		相	相	相	相
0642	大乘百福相經一卷，唐地婆訶羅譯	女	3	過	改	毀	毀	毀	毀	傷	傷	傷	傷	傷
0643	大乘百福莊嚴相經一卷，唐地婆訶羅再譯	女	女	過	改	毀	毀	毀	毀	傷	傷	傷	傷	傷
0644	佛説妙吉祥菩薩所問大乘法螺經一卷，宋法賢譯		濟		維		轂	千	千		冠	冠	寔	冠
0645	維摩詰所説經三卷，姚秦鳩摩羅什譯	白	1	及	蓋	在	在	在	在	樹	樹	樹	白	白
0646	佛説維摩詰經二卷，吳支謙譯	駒		萬	蓋	樹	在	樹	樹	白	白	白	樹*	樹
0647	説無垢稱經六卷，唐玄奘譯	駒	駒	萬	蓋	樹	樹	樹	樹	白	白	白	白	白
0648	善思童子經二卷，隋闍那崛多譯	食	食	方	此	白	白	白	白	駒	駒	駒	駒	駒
0649	佛説大方等頂王經一卷，西晉竺法護譯	駒		萬	蓋	樹	樹	樹	樹	白	白	白	白	白
0650	大乘頂王經一卷，梁月婆首那譯	駒		萬	蓋	樹	樹	樹	樹	白	白	白	白	白
0651	佛説月上女經二卷，隋闍那崛多譯	悲	悲	念	量	量	量	量	量	墨	墨	墨	墨	墨
0652	持世經四卷，姚秦鳩摩羅什譯	蓋	蓋	惟	養	萬	萬	萬*	萬	方	方	方	方	方
0653	持人菩薩經四卷，西晉竺法護譯	蓋		惟	養	萬	萬	萬	萬	方	方	方	方	方

初南	天海	緣山	南藏	北藏	嘉興	龍藏	黃檗	卍字	臺中	大正	中華	義門	知津	縮刻	頻伽	普慧	佛教
女	女	女	效	良	良	良	良	十	磧11	14	19	十四	九	宙	宙		11
女	女	女	效	良	良	良	良	十	磧11	14	19	十二	九	宙	宙		11
羊	羊	羊	維	維	維	維	維	十二	磧13	14	24	十三	五	黃	黃		7
相		相	力	忠	忠	忠	忠	十五	磧32	14	63	十二	九	宙	宙		11
傷	傷	傷	男	良	良	良	良	十	磧11	16	19	十三	十	宙	宙		12
傷	傷	傷	效	良	良	良	良	十	磧11	16	19	十四	十	宙	宙		12
寔	冠	冠	思	斯	斯	斯	斯	十六	磧36	14	64	十四	十	宙	宙		12
白*	樹	樹	方	方	方	方	方	九	磧9	14	15	十一	六	黃	黃		8
樹*	白	白	方	方	方	方	方	九	磧9	14	15	十四	六	黃	黃		8
白	白	白	方	蓋	蓋	蓋	蓋	九	磧9	14	15	十四	六	黃	黃		8
駒	駒	駒	賴	敢	敢	敢	敢	十	磧9	14	16	十一	六	黃	黃		8
白	白	白	萬	萬	萬	萬	萬	九	磧9	14	15	十四	六	黃	黃		8
白	白	白	萬	萬	萬	萬	萬	九	磧9	14	15	十四	六	黃	黃		8
墨	墨	墨	染	染	染	染	染	十二	磧13	14	23	十一	六	黃	黃		8
方	方	方	四	常	常	常	常	九	磧10	14	17	十四	八	宇	宇		10
方	方	方	四	常	常	常	常	九	磧10	14	17	十二	八	宇	宇		10

序號	歷代漢文大藏經目錄新考對照表	開元	石經	貞元	至元	指要	標目	金藏	麗藏	略出	福州	資福	磧砂	普寧
0654	不思議光菩薩所説經一卷，姚秦鳩摩羅什譯	能	能	使	忘	改	改	改	改	得	得	得	得	得
0655	無所有菩薩經四卷，隋闍那崛多等譯	墨	墨	克	難	難	難	難	難	量	量	量	量	量
0656	師子莊嚴王菩薩請問經一卷，唐那提譯	行	行	谷	絲	羊	羊	羊	羊	景	景	景	景	景
0657	離垢慧菩薩所問禮佛法經一卷，唐那提譯	行	行	谷	絲	羊	羊	羊	羊	景	景	景	景	景
0658	寶授菩薩菩提行經一卷，宋法賢譯		傾		賢		振	冠 *	冠		輦	輦	輦	輦
0659	佛説寶雨經十卷，唐達摩流支譯	木	木	四	五	被	被	被	被	草	草	草	草	草
0660	寶雲經七卷，梁曼陀羅仙譯	賴	29	大	常	草	草	草	草	木			木	木
0661	大乘寶雲經七卷，梁曼陀羅仙共僧伽婆羅譯									木	木			
0662	佛説除蓋障菩薩所問經二十卷，宋法護等譯				作聖			武丁	丹青		傾綺	磻溪	磻溪	磻溪
0663	佛説地藏菩薩發心因緣十王經一卷，唐藏川述													
0664	阿闍世王授決經一卷，西晉法炬譯	女	女	過	改	毀	毀	毀	毀	傷	傷	傷	傷	傷
0665	採花違王上佛授決號妙花經一卷，東晉竺曇無蘭譯	女	3	過	改	毀	毀	毀	毀	傷	傷	傷	傷	傷
0666	佛説勝軍王所問經一卷，宋施護譯				夫			曲 *	約		丁	奄	奄	奄
0667	佛説諫王經一卷，劉宋沮渠京聲譯	慕		必	得	傷	傷	傷	傷	女	女	女	女	女
0668	如來示教勝軍王經一卷，唐玄奘譯	慕	3	必	得	傷	傷	傷 *	傷	女	女	女	女	女
0669	佛為勝光天子説王法經一卷，唐義淨譯	慕	慕	必	得	傷	傷	傷	傷	女	女	女	女	女

初南	天海	緣山	南藏	北藏	嘉興	龍藏	黃檗	卍字	臺中	大正	中華	義門	知津	縮刻	頻伽	普慧	佛教
得	得	得	岡	短	短	短	短	十一	磧12	14	20	十一	六	黃	黃		8
量	量	量	絲	絲	絲	絲	絲	十二	磧13	14	23	十一	六	黃	黃		8
景	景	景	賢	景	景	景	景	十二	磧13	14	24	十三	五	黃	黃		7
景	景	景	維	維	維	維	維	十二	磧13	14	24	十一	五	黃	黃		7
輦	輦	輦	興	深	深	深	深	十五	磧33	14	64	十三	九	宙	宙		12
草	草	草	身	此	此	此	此	九	磧9	16	16	十四	八	宇	宇		10
木		木	此	身	身	身	身	九	磧9	16	16	十一	八	宇	宇		10
	木									16				宇	宇		10
磻溪	磻溪	磻溪	盛	溫	溫	溫	溫	十五	磧34	14	68	十四	八	宇	宇		10
						續1											
傷	傷	傷	效	良	良	良	良	十	磧11	14	19	十三	九	宙	宙		12
傷	傷	傷	效	良	良	良	良	十	磧11	14	19	十四	九	宙	宙		12
奄	奄	奄	淵	斯	斯	斯	斯	十五	磧34	14	67	十四	九	宙	宙		12
女	女	女	才	才	才	才	才	十	磧11	14	19	十四	九	宙	宙		12
女	女	女	才	才	才	才		十	磧11	14	19	十三	九	宙	宙		12
女	女	女	才	才	才	才	才	十	磧11	15	19	十四	九	宙	宙		12

序號	歷代漢文大藏經目録新考對照表	開元	石經	貞元	至元	指要	標目	金藏	麗藏	略出	福州	資福	磧砂	普寧
0670	佛説薩羅國經一卷，失譯附東晉録	維	維	虛	染	景	景	景	景	行	行	行	行	行
0671	佛為優填王説王法政論經一卷，唐不空譯		感	谷	詩		户	碑	旦				寔	寔
0672	佛説逝童子經一卷，西晉支法度譯	傷	傷	知	必	敢	敢	敢	敢	毀	毀	毀	毀	毀
0673	佛説長者子制經一卷，後漢安世高譯	傷		知	必	敢	敢	敢*	敢	毀	毀	毀	毀	毀
0674	佛説菩薩逝經一卷，西晉白法祖譯	傷		知	必	敢	敢	敢*	敢	毀	毀	毀	毀	毀
0675	私呵昧經一卷，吳支謙譯	改	改	長	能	過	過	過	過	必	必	必	必	必
0676	菩薩生地經一卷，吳支謙譯	改	改	長	能	過	過	過*	過	必	必	必	必	必
0677	佛説德護長者經二卷，隋那連提耶舍譯	傷	傷	知	必	敢	敢	敢	敢	毀	毀	毀	毀	毀
0678	佛説申日經一卷，西晉竺法護譯					敢		敢*	敢					
0679	佛説月光童子經一卷，西晉竺法護譯	傷		知	必	敢	敢	敢*	敢	毀	毀	毀	毀	毀
0680	申日兒本經一卷，劉宋求那跋陀羅譯	傷		知	必		敢	敢*	敢	毀	毀	毀	毀	毀
0681-1	佛説樹提伽經一卷，劉宋求那跋陀羅譯	維	維	虛	染	景	景	景*	景					
0681-2	佛説樹提伽經（別本）一卷，劉宋求那跋陀羅譯									行	行	行	行	行
0682	佛説巨力長者所問大乘經三卷，宋智吉祥等譯			傳			門						士	士
0683	辯意長者子經一卷，元魏法場譯	學	3	貴	上	無	無	無*	無	竟	竟	竟	竟	竟

初南	天海	緣山	南藏	北藏	嘉興	龍藏	黃檗	卍字	臺中	大正	中華	義門	知津	縮刻	頻伽	普慧	佛教
行	行	行	賢	信	信	信	信	十一	磧13	14	24	十三	九	宙	宙		12
寔		1466	思	之	之	之	之	十六	磧36	14	66	十三	九	悶	悶		53
毀	毀	毀	潔	潔	潔	潔	潔	十	磧11	14	19	十四	九	宙	宙		12
毀＊	毀	毀	潔	潔	潔	潔	潔	十	磧11	14	19	十四	九	宙	宙		12
毀	毀	毀	男	潔	潔	潔	潔	十	磧11	14	19	十三	九	宙	宙		12
必	必	必	忘	彼	彼	彼	彼	十一	磧11	14	20	十三	九	宙	宙		12
必	必	必	忘	彼	彼	彼	彼	十一	磧11	14	20	十三	九	宙	宙		12
毀	毀	毀	男	潔	潔	潔	潔	十	磧11	14	19	十三	九	宙	宙		12
		1426						十		14	19			宙	宙		12
毀	毀	毀	潔	潔	潔	潔	潔	十	磧11	14	19	十四	九	宙	宙		12
毀	毀	毀	潔	潔	潔	潔	潔	十	磧11	14	19	十四	九	宙	宙		12
								十二		14	24			宙	宙		12
行	行	行	賢	羊	羊	羊	羊		磧13	14	24	十三	九	宙	宙		
士＊		1540	取	斯	斯	斯	斯	十六	磧36	14	76	十三	九	宙	宙		12
竟	竟	竟	當	當	當	當	當	十五	磧20	14	36	六	十	宙	宙		12

序號	歷代漢文大藏經目錄新考對照表	開元	石經	貞元	至元	指要	標目	金藏	麗藏	略出	福州	資福	磧砂	普寧
0684	佛説金耀童子經一卷，宋天息災譯		磻		賢		兵	鍾	鍾		路	路	路	路
0685	大花嚴長者問佛那羅延力經一卷，唐般若共利言譯		杜	傳	讚		槐	磻*	桓					
0686	佛説龍施女經一卷，吳支謙譯	慕		必	得	傷	傷	傷*	傷	女	女	女	女	女
0687	佛説龍施菩薩本起經一卷，西晉竺法護譯	慕	慕	必	得	傷	傷	傷	傷	女	女	女	女	女
0688	佛説老女人經一卷，吳支謙譯	傷		知	必	敢	敢	敢*	敢	毀	毀	毀	毀	毀
0689	佛説老母經一卷，失譯附劉宋録	傷		知	必	敢	敢	敢	敢	毀	毀	毀	毀	毀
0690	佛説老母女六英經一卷，劉宋求那跋陀羅譯	傷	傷	知	必	敢	敢	敢	敢	毀	毀	毀	毀	毀
0691	佛説轉女身經一卷，劉宋曇摩蜜多譯	傷	傷	知	必	敢	敢	敢	敢	毀	毀	毀	毀	毀
0692	佛説無垢賢女經一卷，西晉竺法護譯	傷		知	必	敢	敢	敢	敢	毀	毀	毀	毀	毀
0693	佛説腹中女聽經一卷，北涼曇無讖譯	傷		知	必	敢	敢	敢	敢	毀	毀	毀	毀	毀
0694	樂瓔珞莊嚴方便品經一卷，姚秦曇摩耶舍譯	敢	敢	才	知	養	養	養*	養	豈	豈	豈	豈	豈
0695	順權方便經二卷，西晉竺法護譯	敢		才	知	養	養	養	養	豈	豈	豈	豈	豈
0696	有德女所問大乘經一卷，唐菩提流志譯	行	行	谷	絲	羊	羊	羊*	羊	景	景	景	景	景
0697	佛説梵志女首意經一卷，西晉竺法護譯	改	改	長	能	過	過	過	過	必	必	必	必	必
0698	佛説心明經一卷，西晉竺法護譯	景	景	空	悲	羔	羔	羔	羔	羊	羊	羊	羊	羊
0699	佛説賢首經一卷，乞伏秦聖堅譯	景	景	空	悲	羔	羔	羔	羔	羊	羊	羊	羊	羊

初南	天海	緣山	南藏	北藏	嘉興	龍藏	黃檗	卍字	臺中	大正	中華	義門	知津	縮刻	頻伽	普慧	佛教
路	路	路	力	力	力	力	力	十五	磧32	14	63	十三	九	宙	宙		12
		1491						續1		14	66			宇	宇		9
女	女	女	效	知	知	知	知	十	磧11	14	19	十三	九	宙	宙		12
女	女	女	效	知	知	知	知	十	磧11	14	19	十四	九	宙	宙		12
毀	毀	毀	男	潔	潔	潔	潔	十	磧11	14	19	十二	六	黃	黃		7
毀	毀	毀	男	潔	潔	潔	潔	十	磧11	14	19	十四	六	黃	黃		7
毀	毀	毀	男	潔	潔	潔	潔	十	磧11	14	19	十四	六	黃	黃		7
毀	毀	毀	男	男	男	男	男	十	磧11	14	19	十一	八	宇	宇		10
毀	毀	毀	潔	潔	潔	潔	潔	十	磧11	14	19	十四	八	宇	宇		10
毀	毀	毀	潔	潔	潔	潔	潔	十	磧11	14	19	十四	八	宇	宇		10
豈	豈	豈	潔	潔	潔	潔	潔	十	磧11	14	18	十四	八	宇	宇		10
豈	豈	豈	潔	潔	潔	潔	潔	十	磧11	14	18	十二	八	宇	宇		10
景	景	景	賢	莫	莫	莫	莫	十一	磧13	14	24	十二	八	宙	宙		11
必	必	必	莫	莫	莫	莫	莫	十一	磧11	14	20	十四	八	宙	宙		11
羊	羊	羊	維	維	維	維	維	十二	磧13	14	24	十三	九	宙	宙		12
羊	羊	羊	維	維	維	維	維	十二	磧13	14	24	十三	九	宙	宙		12

序號	歷代漢文大藏經目錄新考對照表	開元	石經	貞元	至元	指要	標目	金藏	麗藏	略出	福州	資福	磧砂	普寧
0700	佛說長者法志妻經一卷，失譯附涼錄	維	維	虛	染	景	景	景	景	行	行	行	行	行
0701	差摩婆帝授記經一卷，元魏菩提留支譯	行	行	谷	絲	羊	羊	羊	羊	景	景	景	景	景
0702	佛說堅固女經一卷，隋那連提耶舍譯	行	行	谷	悲	羊	羊	羊	羊	景	景	景	景	景
0703	佛說大乘流轉諸有經一卷，唐義淨譯	行	行	谷	絲	羊	羊	羊*	羊	景	景	景	景	景
0704	佛說大方等修多羅王經一卷，元魏菩提留支譯	慕	3	必	得	傷	傷	傷*	傷	女	女	女	女	女
0705	佛說轉有經一卷，元魏佛陀扇多譯	慕	慕	必	得	傷	傷	傷*	傷	女	女	女	女	女
0706	優婆夷淨行法門經二卷，失譯附北涼錄	維	維	虛	染	景	景	景	景	行	行	行	行	行
0707	佛說長者女菴提遮師子吼了義經一卷，失譯附梁錄	維	維	虛	染	景	景	景*	景	行	行	行	行	行
0708	思益梵天所問經四卷，姚秦鳩摩羅什譯	方	2	恭	鞠	及	及	及	及	萬	萬	萬	萬	萬
0709	持心梵天所問經四卷，西晉竺法護譯	萬	萬	常	惟	賴	賴	賴	賴	及	及	及	及	及
0710	勝思惟梵天所問經六卷，元魏菩提留支譯	方		恭	鞠	及	及	及	及	萬	萬	萬	萬	萬
0711	大梵天王問佛決疑經二卷													
0712	大梵天王問佛決疑經一卷。～目次													
0713	佛說須真天子經四卷，西晉竺法護譯	得	得	信	莫	必	必	必	必	改	改	改	改	改
0714	佛說魔逆經一卷，西晉竺法護譯	景	景	空	悲				羔	羊	羊	羊	羊	羊

初南	天海	緣山	南藏	北藏	嘉興	龍藏	黃檗	卍字	臺中	大正	中華	義門	知津	縮刻	頻伽	普慧	佛教
行	行	行	賢	信	信	信	信	十一	磧13	14	24	十三	九	宙	宙		12
景	景	景	賢	景	景	景	景	十二	磧13	14	24	十三	九	宙	宙		12
景	景	景	維	維	維	維	維	十二	磧13	14	24	十三	九	宙	宙		12
景	景	景	維	維	維	維	維	十二	磧13	14	24	十四	八	宙	宙		11
女	女	女	才	良	良	良	良	十	磧11	14	19	十四	八	宙	宙		11
女	女	女	效	良	良	良	良	十	磧11	14	19	十二	八	宙	宙		11
行	行	行	賢	行	行	行	行	十二	磧13	14	24	十三	九	宙	宙		12
行	行	行	賢	信	信	信	信	十一	磧13	14	24	十二	八	宙	宙		11
萬	萬	萬	五	傷	傷	傷	傷	十	磧10	15	17	十四	七	宇	宇		9
及	及	及	五	慕	慕	慕	慕	十	磧10	15	17	十四	七	宇	宇		9
萬	萬	萬	大	傷	傷	傷	傷	十	磧10	15	17	十一	七	宇	宇		9
								續1									
								續1									162
改	改	改	罔	短	短	短	短	十一	磧12	15	20	十二	九	宙	宙		11
羊	羊	羊	維	維	維	維	維	十二	磧13	15	24	十二	九	宙	宙		11

序號	歷代漢文大藏經目録新考對照表	開元	石經	貞元	至元	指要	標目	金藏	麗藏	略出	福州	資福	磧砂	普寧
0715	商主天子所問經一卷，隋闍那崛多譯	行	行	谷	悲	羊	羊	羊	羊	景	景	景	景	景
0716	佛説大自在天子因地經一卷，宋施護譯		奄		行		陪	將*	將		八	八	八	八
0717	佛説天王太子辟羅經一卷，失譯附秦録	維	維	虛	染	景	景	景	景	行	行	行	行	行
0718	佛説海龍王經四卷，西晉竺法護譯	能	能	使	忘	改	改	改	改	得	得	得	得	得
0719	十善業道經一卷，唐實叉難陀譯	聖	聖	因	儀	念	念	念*	念	作	作	作	作	作
0720	佛為娑伽羅龍王所説大乘經一卷，宋施護譯		奄		賢		陪	將	將		八	八	八	八
0721	佛為海龍王説法印經一卷，唐義淨譯	行	行	谷	絲	羊	羊	羊*	羊	景	景	景	景	景
0722	佛説佛印三昧經一卷，後漢安世高譯	景	景	空	悲	羔	羔	羔*	羔	羊	羊	羊	羊	羊
0723	佛説如來獨證自誓三昧經一卷，西晉竺法護譯	慕	慕	必	得	傷	傷	傷	傷	女	女	女	女	女
0724	佛説自誓三昧經一卷，後漢安世高譯	慕		必	得	傷	傷	傷	傷	女	女	女	女	女
0725	大樹緊那羅王所問經四卷，姚秦鳩摩羅什譯	草	草	髮	大	化	化	化	化	被	被	被	被	被
0726	佛説伅真陀羅所問如來三昧經三卷，後漢支婁迦讖譯	被		身	四	場	場	場	場	化	化	化	化	化
0727	佛説未曾有正法經六卷，宋法天譯		説		羊		宅	遵		奄	禄	禄	禄	
0728	佛説阿闍世王經二卷，後漢支婁迦讖譯	鞠		潔	效	恭	恭	恭	恭	惟	惟	惟	惟	惟

初南	天海	緣山	南藏	北藏	嘉興	龍藏	黃檗	卍字	臺中	大正	中華	義門	知津	縮刻	頻伽	普慧	佛教
景	景	景	維	維	維	維	維	十二	磧13	15	24	十二	九	宙	宙		11
八*	八	八	命	盡	盡	盡	盡	十五	磧32	15	64	六	十	宙	宙		12
行	行	行	賢	景	景	景	景	十二	磧13	15	24	十三	三一	宿	宿		28
得	得	得	彼	景	景	景	景	十二	磧12	15	20	十一	八	宇	宇		10
作	作	作	從	初	初	初	初	十七	磧14	15	25	十三	三二	列	列		29
八	八	八	命	盡	盡	盡	盡	十五	磧32	15	64	十四	三二	列	列		29
景	景	景	賢	景	景	景	景	十二	磧13	15	24	十三	三一	宿	宿		28
羊	羊	羊	行	羊	羊	羊	羊	十二	磧13	15	24	十三	十	宙	宙		12
女	女	女	才	良	良	良	良	十	磧11	15	19	十四	九	宙	宙		12
女	女	女	效	良	良	良	良	十	磧11	15	19	十三	九	宙	宙		12
被	被	被	恭	五	五	五	五	九	磧9	15	16	十一	八	宇	宇		10
化*	化	化	場	五	五	五	五	九	磧9	15	16	十四	八	宇	宇		10
禄	禄	禄	清	深	深	深	深	十五	磧33	15	67	十四	八	宇	宇		10
惟	惟	惟	惟	惟	惟	惟	惟	九	磧10	15	18	十四	八	宇	宇		10

序號	歷代漢文大藏經目録新考對照表	開元	石經	貞元	至元	指要	標目	金藏	麗藏	略出	福州	資福	磧砂	普寧
0729	文殊師利普超三昧經三卷，西晉竺法護譯	鞠	鞠	潔	效	恭	恭	恭*	恭	惟	惟	惟	惟	惟
0730	佛説放缽經一卷，失譯附西晉録	鞠		潔	效	恭	恭	恭	恭	惟	惟	惟	惟	惟
0731	佛説成具光明定意經一卷，後漢支曜譯	改	改	長	能	過	過	過*	過	必	必	必	必	必
0732	佛説大乘智印經五卷，宋智吉祥等譯				表		雁						楚	楚
0733	佛説慧印三昧經一卷，吳支謙譯	恭		慕	潔	五	五	五	五	常	常	常	常	常
0734	佛説如來智印經一卷，失譯附劉宋録	恭	恭	慕	潔	五	五	五	五	常	常	常	常	常
0735	佛説弘道廣顯三昧經四卷，西晉竺法護譯	量	量	賢	欲	欲	欲	欲	欲	難	難	難	難	難
0736	無極寶三昧經二卷，西晉竺法護譯	恭		慕	潔	五	五	五	五	常	常	常	常	常
0737	佛説寶如來三昧經二卷，東晉祇多蜜譯	恭	恭	慕	潔	五	五	五	五	常	常	常	常	常
0738	佛説超日明三昧經二卷，西晉聶承遠譯	談	談	欲	短	忘	忘	忘	忘	罔	罔	罔	罔	罔
0739	月燈三昧經十卷，高齊那連提耶舍譯	養	養	男	才	惟	惟	惟	惟	鞠	鞠	鞠	鞠	鞠
0740	佛説月燈三昧經一卷，劉宋先公譯	豈	3	孝	良			鞠	養	養	養	養	養	
0741	佛説月燈三昧經一卷，劉宋先公譯					鞠	鞠	鞠*	鞠					
0742	佛説首楞嚴三昧經二卷，姚秦鳩摩羅什譯	能	能	使	忘	改	改	改	改	得	得	得	得	得
0743	佛説觀佛三昧海經十卷，東晉佛陀跋陀羅譯	器	器	景	可	可	可	可	可	覆	覆*	覆	覆	覆

初南	天海	緣山	南藏	北藏	嘉興	龍藏	黃檗	卍字	臺中	大正	中華	義門	知津	縮刻	頻伽	普慧	佛教
惟	惟	惟	毀	毀	毀	毀	毀	十	磧10	15	18	十一	八	宇	宇		10
惟*	惟	惟	毀	毀	毀	毀	毀	十	磧10	15	18	十四	八	宇	宇		10
必	必	必	忘	彼	彼	彼	彼	十一	磧11	15	20	十二	九	宙	宙		11
楚		1545	言	之	之	之	之	十六	磧36	15	76	十二	八	宙	宙		11
常	常	常	傷	才	才	才	才	十	磧10	15	18	十四	八	宙	宙		11
常	常	常	傷	才	才	才	才	十	磧10	15	18	十四	八	宙	宙		11
難	難	難	絲	絲	絲	絲	絲	十二	磧13	15	22	十一	八	宇	宇		10
常	常	常	傷	才	才	才	才	十	磧10	15	18	十二	八	宙	宙		11
常	常	常	慕	才	才	才	才	十	磧10	15	18	十四	八	宙	宙		11
罔	罔	罔	罔	短	短	短	短	十一	磧12	15	21	十二	九	宙	宙		11
鞠	鞠	鞠	女	女	女	女	女	十	磧10	15	18	十一	五	玄	玄		6
養	養	養	慕	慕	慕	慕	慕	十	磧10	15	18	十四	五	玄	玄		6
		1425						十		15	18			玄	玄		6
得	得	得	靡	靡	靡	靡	靡	十一	磧12	15	20	十二	六	黃	黃		8
覆	覆	覆	量	量	量	量	量	十一	磧13	15	22	十二	五	黃	黃		7

序號	歷代漢文大藏經目録新考對照表	開元	石經	貞元	至元	指要	標目	金藏	麗藏	略出	福州	資福	磧砂	普寧
0744	佛説金剛三昧本性清淨不壞不滅經一卷，失譯附三秦録	維	維	虛	染	景	景	景*	景	行	行	行	行	行
0745	入定不定印經一卷，唐義淨譯	及	及	五	恭	木	木	木	木	賴	賴	賴	賴	賴
0746	不必定入定入印經一卷，元魏瞿曇般若流支譯	及		五	恭	木	木	木	木	賴	賴	賴	賴	賴
0747	力莊嚴三昧經三卷，隋那連提耶舍譯	覆	覆	羊	使	使	使	使	使	可	可	可	可	可
0748	寂照神變三摩地經一卷，唐玄奘譯	行	行	谷	絲	羊	羊	羊	羊	景	景	景	景	景
0749	觀察諸法行經四卷，隋闍那崛多譯	難	難	維	器	器	器	器	器	欲	欲	欲	欲	欲
0750	佛説淨度三昧經卷第一一卷													
0751	諸法無行經二卷，姚秦鳩摩羅什譯	恭		慕	潔	五	五	五	五	常	常	常	常	常
0752	佛説諸法本無經三卷，隋闍那崛多譯	恭	恭	慕	潔	五	五	五*	五	常	常	常	常	常
0753	佛説大乘隨轉宣説諸法經三卷，宋紹德等譯				傳		門						晉	晉
0754	佛説入無分別法門經一卷，宋施護譯				賢			匡	頗		營	策	策	策
0755	菩薩瓔珞經十四卷，姚秦竺佛念譯	岡談	岡談	器欲	彼短	莫忘	莫忘	莫忘	莫忘	忘岡	忘岡	忘岡	忘岡	忘岡
0756	佛説華手經十卷，姚秦鳩摩羅什譯	可	可	羔	信使	信	信	信	信	使	使	使	使	使
0757	金光明最勝王經十卷，唐義淨譯	化	3	此	髮	食	食	食	食	場	場	場	場	場
0758	金光明經四卷，北涼曇無讖譯								精					
0759	合部金光明經八卷，隋寶貴合	被		身	四	場	場	場	場	化	化	化	化	化

初南	天海	緣山	南藏	北藏	嘉興	龍藏	黃檗	卍字	臺中	大正	中華	義門	知津	縮刻	頻伽	普慧	佛教
行	行	行	賢	信	信	信	信	十一	磧13	15	24	十二	八	宙	宙		11
賴	賴	賴	髮	被	被	被	被	九	磧10	15	16	十四	十	宙	宙		12
賴	賴	賴	髮	被	被	被	被	九	磧10	15	16	十三	十	宙	宙		12
可	可	可	長	信	信	信	信	十一	磧12	15	22	十二	八	宙	宙		11
景	景	景	維	維	維	維	維	十二	磧13	15	24	十二	八	宙	宙		11
欲	欲	欲	器	器	器	器	器	十一	磧13	15	22	十一	八	宇	宇		10
						續1											
常	常	常	傷	常	常	常	常	九	磧10	15	18	十一	七	宇	宇		9
常	常	常	傷	五	五	五	五	九	磧10	15	18	十四	七	宇	宇		9
晉		1544	言	之	之	之	之	十六	磧36	15	76	十二	七	宇	宇		9
策	策	策	斯	夙	夙	夙	夙	十五	磧33	15	67	十二	八	宙	宙		11
忘罔	忘罔	忘罔	短靡	詩讚	詩讚	詩讚	詩讚	十二	磧12	16	21	十一	七	宇	宇		9
使	使	使	欲難	欲	欲	欲	欲	十一	磧12	16	22	十一	七	宇	宇		9
場	場	場	場	場	場	場	場	九	磧9	16	16	十四	六	黃	黃		8
		1512	食	化	化	化	化	九	嘉1	16	67	十三	六	黃	黃		8
化	化	化	食	被	被	被	被	九	磧9	16	16	十四	六	黃	黃		8

序號	歷代漢文大藏經目錄新考對照表	開元	石經	貞元	至元	指要	標目	金藏	麗藏	略出	福州	資福	磧砂	普寧
0760	大方等如來藏經一卷，東晉佛陀跋陀羅譯	改	改	長	能	過	過	過	過	必	必	必	必	必
0761	大方廣如來藏經一卷，唐不空譯			長	讚		卿	碑	旦					
0762	佛説不增不減經一卷，元魏菩提留支譯	行	行	谷	絲	羊	羊	羊*	羊	景	景	景	景	景
0763	佛説無上依經二卷，梁真諦譯	女	女	過	改	毀	毀	毀	毀	傷	傷	傷	傷	傷
0764	楞伽阿跋多羅寶經四卷，劉宋求那跋陀羅譯	髮	2	豈	毀	此	此	此	此	身	身	身	身	身
0765	入楞伽經十卷，元魏菩提留支譯	四		敢	傷	身	身	身	身	髮	髮	髮	髮	髮
0766	大乘入楞伽經七卷，唐實叉難陀譯	大	大	毀	女	髮	髮	髮	髮	四	四	四	四	四
0767	楞伽阿跋多羅寶經會譯四卷，明員珂會譯													
0768	大乘同性經二卷，宇文周闍那耶舍譯	此		鞠	豈	方	方	方*	方	蓋	蓋	蓋	蓋	蓋
0769	證契大乘經二卷，唐地婆訶羅譯	此	此	鞠	豈	方	方	方*	方	蓋	蓋	蓋	蓋	蓋
0770	解深密經五卷，唐玄奘譯	身	身	養	敢	蓋	蓋	蓋	蓋	此	此	此	此	此
0771	深密解脱經五卷，元魏菩提留支譯	身		養	敢	蓋	蓋	蓋	蓋	此	此	此	此	此
0772	佛説解節經一卷，陳真諦譯	髮		豈	毀	此	此	此*	此	身	身	身	身	身
0773-1	相續解脱地波羅蜜了義經一卷，劉宋求那跋陀羅譯	髮		豈	毀	此	此	此	此	身	身	身	身	身
0773-2	相續解脱如來所作隨順處了義經一卷，劉宋求那跋陀羅譯													

刀南	天海	緣山	南藏	北藏	嘉興	龍藏	黃檗	卍字	臺中	大正	中華	義門	知津	縮刻	頻伽	普慧	佛教
必	必	必	忘	彼	彼	彼	彼	十一	磧11	16	20	十三	七	宇	宇		9
		1468						續2	磧37	16	66			成	成		57
景	景	景	維	維	維	維	維	十二	磧13	16	24	十二	八	宙	宙		11
傷	傷	傷	效	良	良	良	良	十	磧11	16	19	十三	十	宙	宙		12
身	身	身	惟	惟	惟	惟	惟	九	磧10	16	17	十一	六	黃	黃		8
髮	髮	髮	鞠	鞠	鞠	鞠	鞠	九	磧10	16	17	十四	六	黃	黃		8
四	四	四	養	養	養	養	養	十	磧10	16	17	十四	六	黃	黃		8
					續31			續1	嘉18								
蓋	蓋	蓋	大	慕	慕	慕	慕	十	磧10	16	17	十一	七	宇	宇		9
蓋	蓋	蓋	常	慕	慕	慕	慕	十	磧10	16	17	十四	七	宇	宇		9
此	此	此	常	效	效	效	效	十	磧10	16	17	十二	六	黃	黃		8
此	此	此	常	效	效	效	效	十	磧10	16	17	十四	六	黃	黃		8
身*	身	身	敢	髮	髮	髮	髮	九	磧10	16	17	十四	六	黃	黃		8
身	身	身	敢	髮	髮	髮	髮	九	磧10	16	17	十四	六	黃	黃		8
		1536		髮	髮	髮	髮	九	磧10	16		十四	六	黃	黃		8

序號	歷代漢文大藏經目錄新考對照表	開元	石經	貞元	至元	指要	標目	金藏	麗藏	略出	福州	資福	磧砂	普寧
0774	佛説佛地經一卷，唐玄奘譯	景	景	空	悲	羔	羔	羔	羔	羊	羊	羊	羊	羊
0775	大乘密嚴經三卷，唐地婆訶羅譯	絲	絲	作	墨	墨	墨	墨	墨	悲	悲	悲	悲	悲
0776	大乘密嚴經三卷，唐不空譯			作	詩		書	實	阜			衡	衡	衡
0777	佛説諸德福田經一卷，西晉法立、法炬共譯	改	改	長	能	過	過	過＊	過	必	必	必	必	必
0778	佛説盂蘭盆經一卷，西晉竺法護譯	慕	慕	必	得	傷	傷	傷	傷	女	女	女	女	女
0779	佛説報恩奉盆經一卷，失譯附東晉録	慕	3	必	得		傷	傷	傷	女	女	女	女	女
0780	佛説未曾有經一卷，後漢失譯	女		過	改	毀	毀	毀	毀	傷	傷	傷	傷	傷
0781	甚希有經一卷，唐玄奘譯	女	3	過	改	毀	毀	毀	毀	傷	傷	傷	傷	傷
0782	最無比經一卷，唐玄奘譯	女	女	過	改	毀	毀	毀	毀	傷	傷	傷	傷	傷
0783	佛説希有校量功德經一卷，隋闍那崛多譯	女	3	過	改	毀	毀	毀	毀	傷	傷	傷	傷	傷
0784	佛説造立形像福報經一卷，失譯附東晉録	慕	2	必	得	傷	傷	傷＊	傷	女	女	女	女	女
0785	佛説作佛形像經一卷，失譯附後漢録	慕	慕	必	得	傷	傷	傷	傷	女	女	女	女	女
0786	佛説大乘造像功德經二卷，唐提雲般若譯	絲	絲	聖	墨	墨	墨	墨	墨	悲	悲	悲	悲	悲
0787	佛説樓閣正法甘露鼓經一卷，宋天息災譯		磻		履		兵	鍾	鍾		相	相	相	相
0788	浴佛功德經一卷，唐義淨譯	慕	3	必	得		傷	傷	傷	女	女	女	女	女
0789	佛説浴像功德經一卷，唐寶思惟譯	慕	慕	必	得	傷	傷	傷	傷	女	女	女	女	女

初南	天海	緣山	南藏	北藏	嘉興	龍藏	黃檗	卍字	臺中	大正	中華	義門	知津	縮刻	頻伽	普慧	佛教
羊	羊	羊	行	行	行	行	行	十二	磧13	16	24	十二	六	黃	黃		8
悲	悲	悲	染	染	染	染	染	十二	磧13	16	23	十二	六	黃	黃		8
衡	衡	衡	不	清	清	清	清	十五	磧34	16	66	十四	六	閏	閏		53
必	必	必	忘	彼	彼	彼	彼	十一	磧11	16	20	十三	三一	宿	宿		28
女	女	女	才	知	知	知	知	十	磧11	16	19	十三	九	宙	宙		12
女	女	女	才	知	知	知	知	十	磧11	16	19	十四	九	宙	宙		12
傷	傷	傷	男	良	良	良	良	十	磧11	16	19	十四	十	宙	宙		12
傷	傷	傷	男	良	良	良	良	十	磧11	16	19	十四	十	宙	宙		12
傷	傷	傷	效	良	良	良	良	十	磧11	16	19	十四	十	宙	宙		12
傷	傷	傷	效	良	良	良	良	十	磧11	16	19	十三	十	宙	宙		12
女	女	女	才	知	知	知	知	十	磧11	16	19	十四	十	宙	宙		12
女	女	女	效	知	知	知	知	十	磧11	16	19	十三	十	宙	宙		12
悲	悲	悲	羔	知	知	知	知	十	磧13	16	23	十三	十	宙	宙		12
相		相	力	忠	忠	忠	忠	十五	磧32	16	63	十三	十	宙	宙		12
女	女	女	才	知	知	知	知	十	磧11	16	19	十三	十	宙	宙		12
女	女	女	才	知	知	知	知	十	磧11	16	19	十四	十	宙	宙		12

序號	歷代漢文大藏經目錄新考對照表	開元	石經	貞元	至元	指要	標目	金藏	麗藏	略出	福州	資福	磧砂	普寧
0790	佛說灌洗佛形像經一卷，西晉法炬譯	慕		必	得		傷		傷	女	女	女	女	女
0791	佛說摩訶刹頭經一卷，乞伏秦聖堅譯	慕	慕	必	得		傷	傷	傷	女	女	女	女	女
0792	佛說造塔功德經一卷，唐地婆訶羅譯	行	行	谷	絲	羊	羊	羊*	羊	景	景	景	景	景
0793	右繞佛塔功德經一卷，唐實叉難陀譯	行	行	谷	絲	羊	羊	羊	羊	景	景	景	景	景
0794	佛說溫室洗浴眾僧經一卷，後漢安世高譯	改	改	長	能	過	過	過*	過	必	必	必	必	必
0795	佛說施燈功德經一卷，高齊那連提耶舍譯	量	量	賢	欲	欲	欲	欲	欲	難	難	難	難	難
0796	佛說布施經一卷，宋法賢譯		孰		賢		驅	戶	戶		千	千	千	千
0797	大乘舍黎娑擔摩經一卷，宋施護譯		桓		維		驅	八	八		兵	兵	兵	兵
0798	了本生死經一卷，吳支謙譯	慕	慕	必	得	傷	傷	傷*	傷	女	女	女	女	女
0799	佛說稻芉經一卷，失譯附東晉錄	慕		必	得	傷	傷	傷*	傷	女	女	女	女	女
0800	慈氏菩薩所說大乘緣生稻稈喻經一卷，唐不空譯		路	必	詩		府	駕	時		說	時	時	時
0801	佛說大乘稻芉經一卷，失譯													
0802	分別緣起初勝法門經二卷，唐玄奘譯	髮	髮	豈	毀	此	此	此	此	身	身	身	身	身
0803	緣生初勝分法本經二卷，隋達摩笈多譯	髮		豈	毀	此	此	此	此	身	身	身	身	身
0804	妙法聖念處經八卷，宋法天譯		伊		行		兵	漆	漆		俠	俠	俠	俠
0805	佛說除恐災患經一卷，乞伏秦聖堅譯	得	得	信	莫	必	必	必	必	改	改	改	改	改

刂南	天海	緣山	南藏	北藏	嘉興	龍藏	黃檗	卍字	臺中	大正	中華	義門	知津	縮刻	頻伽	普慧	佛教
女	女	女	才	知	知	知	知	十	磧11	16	19	十四	十	宙	宙		12
女	女	女	才	知	知	知	知	十	磧11	16	19	十四	十	宙	寅		12
景	景	景	維	維	維	維	維	十二	磧13	16	24	十三	十	宙	宙		12
景	景	景	賢	景	景	景	景	十二	磧13	16	24	十三	十	宙	宙		12
必	必	必	莫	短	短	短	短	十一	磧11	16	20	十三	三一	宿	宿		28
難	難	難	難	難	難	難	難	十一	磧13	16	22	十三	十	宙	宙		12
千	千	千	臨	則	則	則	則	十五	磧33	16	64	六	三一	宿	宿		28
兵	兵	兵	履	臨	臨	臨	臨	十五	磧33	16	64	十四	十	宙	宙		12
女	女	女	效	良	良	良	良	十	磧11	16	19	十四	十	宙	宙		12
女	女	女	效	良	良	良	良	十	磧11	16	19	十三	十	宙	宙		12
時	時	時	流	興	興	興	興	十五	磧34	16	65	十四	十	閏	閏		53
										16							87
身	身	身	敢	賴	賴	賴	賴	九	磧10	16	17	十四	十	宙	宙		12
身	身	身	敢	賴	賴	賴	賴	九	磧10	16	17	十三	十	宙	宙		12
俠	俠	俠	忠	忠	忠	忠	忠	十五	磧32	17	63	五	三十	宿	宿		27
收*	改	改	罔	短	短	短	短	十一	磧12	17	20	十三	三一	宿	宿		28

序號	歷代漢文大藏經目録新考對照表	開元	石經	貞元	至元	指要	標目	金藏	麗藏	略出	福州	資福	磧砂	普寧
0806	佛説未曾有因緣經二卷，蕭齊曇景譯	忘	忘	覆	談	能	能	能	能	莫	莫	莫	莫	莫
0807	佛説法集經六卷，元魏菩提留支譯	難	難	維	器	器	器	器	器	欲	欲	欲	欲	欲
0808	佛説法身經一卷，宋法賢譯		回		維		纓	輦*	輦		驅	驅	驅	驅
0809	佛説三品弟子經一卷，吳支謙譯	維	維	虛	染	景	景	景	景	行	行	行	行	行
0810	三慧經一卷，失譯附涼録	畫		陛	營	獸	獸	獸	獸	獸	獸	獸	獸	獸
0811	佛説四輩經一卷，西晉竺法護譯	維	維	虛	染	景	景	景	景	行	行	行	行	行
0812	佛説四不可得經一卷，西晉竺法護譯	改	改	長	能	過	過	過*	過	必	必	必	必	必
0813	四品學法經一卷，劉宋求那跋陀羅譯	驚		吹	曲	飛	飛	飛	飛	飛	飛	飛	飛	飛
0814	大乘四法經一卷，唐地婆訶羅譯	女		過	改	毀	毀	毀	毀	傷	傷	傷	傷	傷
0815	佛説菩薩修行四法經一卷，唐地婆訶羅譯	女	女	過	改	毀	毀	毀	毀	傷	傷	傷	傷	傷
0816	大乘四法經一卷，唐實叉難陀譯	行	行	谷	絲	羊	羊	羊*	羊	景	景	景	景	景
0817	佛説菩薩內習六波羅蜜經一卷，後漢嚴佛調譯	維	維	傳	染	景	景	景*	景	行	行	行	行	行
0818	佛説十號經一卷，宋天息災譯		奄		維		陪	將*	將		八	八	八	八
0819	佛説十二頭陀經一卷，劉宋求那跋陀羅譯	維	維	虛	染	景	景	景*	景	行	行	行	行	行
0820	曼殊室利呪藏中校量數珠功德經一卷，唐義淨譯	慕	慕	必	得	傷	傷	傷*	傷	女	女	女	女	女
0821	佛説校量數珠功德經一卷，唐寶思惟譯	慕		必	得	傷	傷	傷*	傷	女	女	女	女	女
0822	金剛頂瑜伽念珠經一卷，唐不空譯		將	必	曰		槐	侈*	伊		漢	尹	尹	尹

初南	天海	緣山	南藏	北藏	嘉興	龍藏	黃檗	卍字	臺中	大正	中華	義門	知津	縮刻	頻伽	普慧	佛教
莫	莫	莫	彼	靡	靡	靡	靡	十一	磧12	17	21	十三	三一	宿	宿		28
欲	欲	欲	難	難	難	難	難	十一	磧13	17	22	十一	八	宇	宇		10
驅	驅	驅	興	深	深	深	深	十五	磧33	17	64	十三	十	宙	宙		12
行	行	行	賢	景	景	景	景	十二	磧13	17	24	十三	十	宙	宙		12
獸	獸	獸	籍	墳	墳	墳	墳	二六	磧28	17	52	三十	四一	藏	藏		51
行	行	行	賢	景	景	景	景	十二	磧13	17	24	十三	十	宙	宙		12
必	必	必	莫	短	短	短	短	十一	磧11	17	20	十三	十	宙	宙		12
飛*	飛	飛	宜	藁	藁	藁	藁	二七	磧28	17	51	三十	四十	藏	藏		47
傷	傷	傷	效	良	良	良	良	十	磧11	17	19	十四	十	宙	宙		12
傷	傷	傷	效	良	良	良	良	十	磧11	17	19	十三	十	宙	宙		12
景	景	景	維	維	維	維	維	十二	磧13	17	24	十三	十	宙	宙		12
行	行	行	賢	悲	悲	悲	悲	十二	磧13	17	24	三十	四一	藏	藏		50
八*	八	八	命	盡	盡	盡	盡	十五	磧32	17	64	十三	十	宙	宙		12
行	行	行	賢	羊	羊	羊	羊	十二	磧13	17	24	十三	十	宙	宙		12
女	女	女	才	知	知	知	知	十	磧11	17	19	二六	十五	成	成		58
女	女	女	才	知	知	知	知	十	磧11	17	19	二七	十五	成	成		58
尹	尹	尹	川	澄	澄	澄	澄	十六	磧34	17	65	二六	十四	閏	閏		53

序號	歷代漢文大藏經目錄新考對照表	開元	石經	貞元	至元	指要	標目	金藏	麗藏	略出	福州	資福	磧砂	普寧
0823	佛説孛經抄一卷，吳支謙譯	得	得	信	莫	必	必	必	必	改	改	改	改	改
0824	佛説内藏百寶經一卷，後漢支婁迦讖譯	改	改	長	能	過	過	過	過	必	必	必	必	必
0825	佛説乳光佛經一卷，西晉竺法護譯	傷	傷	知	必	敢	敢	敢	敢	毀	毀	毀	毀	毀
0826	佛説犢子經一卷，吳支謙譯	傷	3	知	必	敢	敢	敢*	敢	毀	毀	毀	毀	毀
0827	諸佛要集經二卷，西晉竺法護譯	忘	忘	覆	談	能	能	能	能	莫	莫	莫	莫	莫
0828	謗佛經一卷，元魏菩提留支譯	女	女	過	改	毀	毀	毀	毀	傷	傷	傷	傷	傷
0829	佛説決定總持經一卷，西晉竺法護譯	女	3	過	改	毀	毀	毀	毀	傷	傷	傷	傷	傷
0830	菩薩行五十緣身經一卷，西晉竺法護譯	改	改	長	能	過	過	過	過	必	必	必	必	必
0831	佛説象腋經一卷，劉宋曇摩蜜多譯	豈	豈	孝	良	鞠	鞠	鞠	鞠	養	養	養	養	養
0832	佛説無希望經一卷，西晉竺法護譯	豈		孝	良	鞠	鞠	鞠	鞠	養	養	養	養	養
0833	佛昇忉利天為母説法經三卷，西晉竺法護譯	草		髮	大	化	化	化	化	被	被	被	被	被
0834	佛説道神足無極變化經四卷，西晉安法欽譯	草	草	髮	大	化	化	化	化	被	被	被	被	被
0835	大莊嚴法門經二卷，隋那連提耶舍譯	豈	豈	孝	良	鞠	鞠	鞠*	鞠	養	養	養	養	養
0836	佛説大淨法門經一卷，西晉竺法護譯	豈		孝	良	鞠	鞠	鞠*	鞠	養	養	養	養	養
0837	佛説法常住經一卷，失譯附西晉録	維	維	虛	染	景	景	景*	景	行	行	行	行	行
0838	佛説演道俗業經一卷，乞伏秦聖堅譯	改	改	長	能	過	過	過	過	必	必	必	必	必

初南	天海	緣山	南藏	北藏	嘉興	龍藏	黃檗	卍字	臺中	大正	中華	義門	知津	縮刻	頻伽	普慧	佛教
改	改	改	忘	彼	彼	彼	彼	十一	磧12	17	20	十三	三一	宿	宿		28
必	必	必	莫	短	短	短	短	十一	磧11	17	20	十三	十	宙	宙		12
毀	毀	毀	潔	潔	潔	潔	潔	十	磧11	17	19	十三	九	宙	宙		12
毀	毀	毀	潔	潔	潔	潔	潔	十	磧11	17	19	十四	九	宙	宙		12
莫	莫	莫	彼	靡	靡	靡	靡	十一	磧12	17	21	十一	六	黃	黃		8
傷	傷	傷	男	男	男	男	男	十	磧11	17	19	十四	十	宙	宙		12
傷	傷	傷	男	男	男	男	男	十	磧11	17	19	十三	十	宙	宙		12
必	必	必	忘	短	短	短	短	十一	磧11	17	20	十三	十	宙	宙		12
養	養	養	慕	慕	慕	慕	慕	十	磧10	17	18	十四	十	宙	宙		12
養	養	養	慕	慕	慕	慕	慕	十	磧10	17	18	十三	十	宙	宙		12
被	被	被	身	身	身	身	身	九	磧9	17	16	十四	九	宙	宙		12
被	被	被	蓋	方	方	方	方	九	磧9	17	16	十一	九	宙	宙		12
養	養	養	慕	毀	毀	毀	毀	十	磧10	17	18	十四	八	宙	宙		11
養	養	養	慕	毀	毀	毀	毀	十	磧10	17	18	十二	八	宙	宙		11
行	行	行	賢	羊	羊	羊	羊	十二	磧13	17	24	十三	十	宙	宙		12
必	必	必	忘	信	信	信	信	十一	磧11	17	20	十三	九	宙	宙		12

序號	歷代漢文大藏經目錄新考對照表	開元	石經	貞元	至元	指要	標目	金藏	麗藏	略出	福州	資福	磧砂	普寧
0839	大方廣如來祕密藏經二卷，失譯附秦錄	悲	悲	念	量	量	量	量	量	墨	墨	墨	墨	墨
0840	佛說諸法勇王經一卷，劉宋曇摩蜜多譯	敢		才	知	養	養	養*	養	豈	豈	豈	豈	豈
0841	佛說一切法高王經一卷，元魏瞿曇般若流支譯	敢	敢	才	知	養	養	養	養	豈	豈	豈	豈	豈
0842	諸法最上王經一卷，隋闍那崛多譯	行	行	谷	悲	羊	羊	羊	羊	景	景	景	景	景
0843	佛說甚深大迴向經一卷，失譯附劉宋錄	維	維	虛	染	景	景	景*	景	行	行	行	行	行
0844	大乘遍照光明藏無字法門經一卷，唐地婆訶羅再譯	傷	傷	知	必	敢	敢	敢*	敢	毀	毀	毀	毀	毀
0845	無字寶篋經一卷，元魏菩提留支譯	傷		知	必	敢	敢	敢	敢	毀	毀	毀	毀	毀
0846	大乘離文字普光明藏經一卷，唐地婆訶羅譯	傷		知	必	敢	敢	敢*	敢	毀	毀	毀	毀	毀
0847	大方廣師子吼經一卷，唐地婆訶羅譯	女	女	過	改	毀	毀	毀	毀	傷	傷	傷	傷	傷
0848	如來師子吼經一卷，元魏佛陀扇多譯	女	3	過	改	毀	毀	毀*	毀	傷	傷	傷	傷	傷
0849	佛語經一卷，元魏菩提留支譯	改	改	長	能	過	過	過*	過	必	必	必	必	必
0850	大威燈光仙人問疑經一卷，隋闍那崛多等譯	敢	敢	才	知	養	養	養*	養	豈	豈	豈	豈	豈
0851	第一義法勝經一卷，元魏瞿曇般若流支譯	敢		才	知	養	養	養	養	豈	豈	豈	豈	豈
0852	佛說出生菩提心經一卷，隋闍那崛多譯	景	景	空	悲	羔	羔	羔	羔	羊	羊	羊	羊	羊
0853	佛說發菩提心破諸魔經二卷，宋施護譯				力			營	刑		微	駕	駕	駕

刊南	天海	緣山	南藏	北藏	嘉興	龍藏	黃檗	卍字	臺中	大正	中華	義門	知津	縮刻	頻伽	普慧	佛教
墨	墨	墨	染	染	染	染	染	十二	磧13	17	23	十二	八	宇	宇		10
豈	豈	豈	潔	潔	潔	潔	潔	十	磧11	17	18	十四	十	宙	宙		12
豈	豈	豈	貞	貞	貞	貞	貞	十	磧11	17	18	十四	十	宙	宙		12
景	景	景	維	行	行	行	行	十二	磧13	17	24	十三	十	宙	宙		12
行	行	行	賢	景	景	景	景	十二	磧13	17	24	十三	十	宙	宙		12
毀	毀	毀	男	潔	潔	潔	潔	十	磧11	17	19	十二	七	宇	宇		9
毀*	毀	毀	潔	潔	潔	潔	潔	十	磧11	17	19	十四	七	宇	宇		9
毀*	毀	毀	潔	潔	潔	潔	潔	十	磧11	17	19	十四	七	宇	宇		9
傷	傷	傷	男	良	良	良	良	十	磧11	17	19	十四	九	宙	宙		11
傷	傷	傷	男	良	良	良	良	十	磧11	17	19	十二	九	宙	宙		11
必	必	必	忘	短	短	短	短	十一	磧11	17	20	十三	十	宙	宙		12
豈	豈	豈	貞	貞	貞	貞	貞	十	磧11	17	18	十二	八	宙	宙		11
豈	豈	豈	貞	貞	貞	貞	貞	十	磧11	17	18	十四	八	宙	宙		11
羊	羊	羊	行	羊	羊	羊	羊	十二	磧13	17	24	十二	九	宙	宙		11
駕	駕	駕	清	薄	薄	薄	薄	十五	磧33	17	67	十四	九	宙	宙		11

序號	歷代漢文大藏經目錄新考對照表	開元	石經	貞元	至元	指要	標目	金藏	麗藏	略出	福州	資福	磧砂	普寧
0854	占察善惡業報經二卷，隋菩提燈譯	絲	絲	作	墨	墨	墨	墨	墨	悲	悲	悲	悲	悲
0855	稱讚大乘功德經一卷，唐玄奘譯	女	3	過	改	毀	毀	毀	毀	傷	傷	傷	傷	傷
0856	説妙法決定業障經一卷，唐智嚴譯	女	女	過	改	毀	毀	毀	毀	傷	傷	傷	傷	傷
0857	大方廣圓覺修多羅了義經一卷，唐佛陀多羅譯	覆	覆	羊	使	使	使	使	使	可	可	可	可*	可
0858	圓覺經佚文													
0859	佛説大乘不思議神通境界經三卷，宋施護譯				則			營	刑		微	駕	駕	駕
0860	佛説大方廣未曾有經善巧方便品一卷，宋施護譯				賢			阜	法		俊	宅	宅	宅
0861	外道問聖大乘法無我義經一卷，宋法天譯		時		維		高	經	經		卿	卿	卿	卿
0862	大乘修行菩薩行門諸經要集三卷，唐智嚴譯	飛		瑟	宅	觀	觀	觀	觀	觀	觀	觀	觀	觀
0863	佛説預修十王生七經一卷，唐藏川述													
0864	佛説壽生經一卷													
0865	大毘盧遮那成佛神變加持經七卷，唐善無畏共一行譯	讚	讚	名	是	染	染	染	染	詩	詩	詩	詩	詩
0866	大毘盧遮那佛説要略念誦經一卷，唐菩提金剛譯													
0867	攝大毘盧遮那成佛神變加持經入蓮華胎藏海會悲生曼荼攞廣大念誦儀軌供養方便會三卷，唐輸婆迦羅譯、一行筆授、寶月譯語													
0868	大毘盧遮那經廣大儀軌三卷，唐善無畏譯													

初南	天海	緣山	南藏	北藏	嘉興	龍藏	黃檗	卍字	臺中	大正	中華	義門	知津	縮刻	頻伽	普慧	佛教
悲	悲	悲	詩	景	景	景	景	十二	磧13	17	23	十一	五	玄	玄	三	6
傷	傷	傷	效	良	良	良	良	十	磧11	17	19	十三	十	宙	宙		12
傷	傷	傷	效	良	良	良	良	十	磧11	17	19	十四	十	宙	宙		12
可*	可	可	難	難	難	難	難	十一	磧12	17	22	十二	一	天	天		2
									續1								
駕	駕	駕	清	薄	薄	薄	薄	十五	磧33	17	67	十二	九	宙	宙		11
宅*	宅	宅	淵	斯	斯	斯	斯	十五	磧34	17	67	十三	十	宙	宙		12
卿	卿	卿	盡	則	則	則	則	十五	磧32	17	63	十二	八	宙	宙		11
觀	觀	觀	宜	英	英	英	英	二六	磧28	17	51	三十	四一	藏	藏		50
									續1								
									續1								
詩	詩	詩	讚	賢	賢	賢	賢	十二	磧13	18	23	二三	十一	閏	閏		52
									續2	18				閏	閏		52
									續2	18				餘	餘		55
									續2	18				餘	餘		55

序號	歷代漢文大藏經目錄新考對照表	開元	石經	貞元	至元	指要	標目	金藏	麗藏	略出	福州	資福	磧砂	普寧
0869-1	大毗盧遮那成佛神變加持經蓮華胎藏悲生曼荼羅廣大成就儀軌供養方便會二卷，唐法全撰													
0869-2	大毗盧舍那成佛神變加持經蓮華胎藏悲生曼荼羅廣大成就儀軌（別本）二卷													
0870	大毗盧遮那成佛神變加持經蓮華胎藏菩提幢標幟普通真言藏廣大成就瑜伽三卷，唐法全集													
0871	胎藏梵字真言二卷													
0872	青龍寺軌記一卷													
0873	大毗盧遮那成佛神變加持經略示七支念誦隨行法一卷，唐不空譯			名	映		戶	刻	孰				寔	寔
0874	大日經略攝念誦隨行法一卷，唐不空譯			名	映		戶	刻 *	孰				寔	寔
0875	大毗盧遮那略要速疾門五支念誦法一卷													
0876	供養儀式一卷													
0877	大日經持誦次第儀軌一卷													
0878	毗盧遮那五字真言修習儀軌一卷，唐不空譯													
0879	阿闍梨大曼荼攞灌頂儀軌一卷													
0880	大毗盧遮那經阿闍梨真實智品中阿闍梨住阿字觀門一卷，唐惟謹述													

河南	天海	緣山	南藏	北藏	嘉興	龍藏	黃檗	卍字	臺中	大正	中華	義門	知津	縮刻	頻伽	普慧	佛教
								續59		18				餘	餘		55
										18							
								續59		18				餘	餘		55
										18							
								續59		18				餘	餘		54
寔	1473	學	杜	杜	杜	杜		二六	磧36	18	66	二六	十五	閏	閏		52
寔	1471	學	杜	杜	杜	杜		二六	磧36	18	66	二六	十五	閏	閏		52
								續2		18							58
								續2		18				閏	閏		52
								續2		18				餘	餘		54
								續2		18				餘	餘		54
								續2		18				餘	餘		54
								續59		18							58

序號	歷代漢文大藏經目錄新考對照表	開元	石經	貞元	至元	指要	標目	金藏	麗藏	略出	福州	資福	磧砂	普寧
0881	大日如來劍印一卷													
0882	胎藏金剛教法名號一卷，唐義操集													
0883	金剛頂一切如來真實攝大乘現證大教王經三卷，唐不空譯		羅	形	父		路	佟*	伊		廻*	伊	伊	伊
0884	金剛頂瑜伽中略出念誦經四卷，唐金剛智譯	羔	羔	形	盛	詩	詩	詩	詩	讚	讚	讚	讚	讚
0885	金剛峰樓閣一切瑜伽瑜祇經二卷，唐金剛智譯		感		如								武	武
0886	諸佛境界攝真實經三卷，唐般若譯													
0887	金剛頂經瑜伽十八會指歸一卷，唐不空譯		相	端	盛		卿	車	佐		惠	佐	佐	佐
0888	略述金剛頂瑜伽分別聖位修證法門一卷，唐不空譯		相	端	盛		八	車*	佐				寧	寧
0889	金剛頂瑜伽略述三十七尊心要一卷，唐不空譯													
0890	金剛頂瑜伽三十七尊出生義一卷，唐不空譯													
0891	金剛頂蓮華部心念誦儀軌一卷，唐不空譯		俠	正	川		家	輕	衡		感*	阿	阿	阿
0892	蓮華部心念誦儀軌一卷													
0893	金剛頂一切如來真實攝大乘現證大教王經二卷，唐不空譯		感		松								更	更
0894	金剛頂經瑜伽修習毘盧遮那三摩地法一卷，唐金剛智譯		羅	名	盛		戶	禄*	磻		廻	伊	伊	伊

初南	天海	緣山	南藏	北藏	嘉興	龍藏	黃檗	卍字	臺中	大正	中華	義門	知津	縮刻	頻伽	普慧	佛教
								續2		18				餘	餘		54
								續59		18							58
伊	伊	伊	之	流	流	流	流	十六	磧34	18	65	二五	十一	閏	閏		52
讚	讚	讚	景	念	念	念	念	十二	磧13	18	23	二六	十五	閏	閏		52
武		1550	澄	取	取	取	取	十六	磧36	18	68	二三	十一	閏	閏		52
							附5	續2		18				閏	閏		52
佐	佐	佐	無	隸	隸	隸	隸	二七	磧34	18	65	二六	十五	閏	閏		52
寧		1448	優	鍾	鍾	鍾	鍾	二七	磧36	18	65	二六	三四	閏	閏		52
							附6	續2		18				閏	閏		52
							附7	續2		18				閏	閏		52
阿	阿	阿	無	鍾	鍾	鍾	鍾	二七	磧34	18	65	二六	十五	閏	閏		52
										18							
更		1557	優	亦	亦	亦	亦	二六	磧36	18	69	二六	十五	閏	閏		52
伊	伊	伊	無	鍾	鍾	鍾	鍾	二七	磧34	18	65	二六	十五	閏	閏		52

序號	歷代漢文大藏經目録新考對照表	開元	石經	貞元	至元	指要	標目	金藏	麗藏	略出	福州	資福	磧砂	普寧
0895	金剛頂經毘盧遮那一百八尊法身契印一卷，唐善無畏、一行譯													
0896	金剛頂經金剛界大道場毘盧遮那如來自受用身内證智眷屬法身異名佛最上乘祕密三摩地禮懺文一卷，唐不空譯		卿						宅					
0897	金剛頂瑜伽三十七尊禮一卷，唐不空譯			端	流		待考	功			武	衡	衡	衡
0898	瑜伽金剛頂經釋字母品一卷，唐不空譯		八	賓	川		給	銘	營				密	密
0899	賢劫十六尊一卷													
0900	佛説一切如來真實攝大乘現證三昧大教王經三十卷，宋施護等譯				清至蘭			綺至漢	宣至沙		匡至濟	實至碑	實至碑	實至碑
0901	佛説祕密三昧大教王經四卷，宋施護等譯				竭			弱	軍		勿	微	微	微
0902	佛説祕密相經三卷，宋施護等譯				當			傾	精		桓	功	功	功
0903	佛説一切如來金剛三業最上祕密大教王經七卷，宋施護譯				敬			阜	法		俊	宅	宅	宅
0904	佛説金剛場莊嚴般若波羅蜜多教中一分一卷，宋施護譯				帝			匡*	頗		營	策	策	策
0905	佛説無二平等最上瑜伽大教王經六卷，宋施護譯				竭			公	寧		孰	輕	輕	輕
0906	一切祕密最上名義大教王儀軌二卷，宋施護譯				容			濟	用		乂	曲	曲	曲

初南	天海	緣山	南藏	北藏	嘉興	龍藏	黃檗	卍字	臺中	大正	中華	義門	知津	縮刻	頻伽	普慧	佛教
							附4	續2		18				閏	閏		52
								二七		18	65			閏	閏		53
衡	衡	衡	竟	隸	隸	隸	隸		磧34	18	65	二六	十五	閏	閏		53
密		1479	取	止	止	止	止	十六	磧36	18	66	二六	三四	閏	閏		53
								續2		18				餘	餘		54
實至碑	實至碑	實至碑	如松	盛川	盛川	盛川	盛川	十六	磧34	18	68	二三	十一	成	成		56
微	微	微	息	淵	淵	淵	淵	十六	磧34	18	67	二三	十四	成	成		57
功	功	功	馨	不	不	不	不	十六	磧34	18	67	二三	十一	成	成		56
宅	宅	宅	息	息	息	息	息	十六	磧34	18	67	二三	十一	成	成		56
策	策	策	斯	夙	夙	夙	夙	十五	磧33	18	67	二三	十一	成	成		56
輕	輕	輕	斯	淵	淵	淵	淵	十六	磧33	18	67	二三	十一	成	成		56
曲	曲	曲	竟	杜	杜	杜	杜	二六	磧34	18	67	二六	十五	成	成		58

序號	歷代漢文大藏經目録新考對照表	開元	石經	貞元	至元	指要	標目	金藏	麗藏	略出	福州	資福	磧砂	普寧
0907	一切如來大祕密王未曾有最上微妙大曼拏羅經五卷，宋天息災譯		曲		則		輦	路*	路		縣	縣	縣	縣
0908	佛説瑜伽大教王經五卷，宋法賢譯		扶		力		振	高	高		輦	輦	輦	輦
0909	佛説幻化網大瑜伽教十忿怒明王大明觀想儀軌經一卷，宋法賢譯		濟		取		戴	千	千		冠	冠	冠	冠
0910	佛説大悲空智金剛大教王儀軌經五卷，宋法護譯				容								士	士
0911-1	蘇悉地羯囉經三卷，唐輸波迦羅譯	羔	羔	立	競					詩				
0911-2	蘇悉地羯囉經（別本一）三卷，唐輸波迦羅譯										讚	讚	讚	讚	讚
0911-3	蘇悉地羯羅經（別本二）三卷，唐輸波迦羅譯													
0912-1	蘇悉地羯羅供養法三卷，唐善無畏譯		感		止	詩	詩	詩	詩				橫	橫
0912-2	蘇悉地羯羅供養法（別本）二卷，唐善無畏譯													
0913	妙臂菩薩所問經四卷，宋法天譯		宅		命		陪	相*	相		八	八	八	八
0914-1	蘇婆呼童子請問經三卷，唐輸波迦羅譯	讚	讚	立	是	染	染	染	染	詩	詩	詩	詩	詩
0914-2	蘇磨呼童子請問經（別本）二卷，唐輸波迦羅譯、一行筆授													
0915	蕤呬耶經三卷，唐不空譯													
0916	佛説毘奈耶經一卷													

南	天海	緣山	南藏	北藏	嘉興	龍藏	黃檗	卍字	臺中	大正	中華	義門	知津	縮刻	頻伽	普慧	佛教
縣	縣	縣	命	川	川	川	川	十六	磧32	18	64	二三	十一	成	成		56
輦	輦	輦	興	流	流	流	流	十六	磧33	18	64	二三	十一	成	成		56
冠	冠	冠	履	思	思	思	思	十六	磧33	18	64	二三	十一	成	成		56
士		1552	思	思	思	思	思	十六	磧36	18	69	二三	十一	成	成		56
										18	23						
讚	讚	讚	羊	克	克	克	克	十二	磧13	18	23	二三	十四				
										18				閏	閏		52
橫		1429	學	鍾	鍾	鍾	鍾	二七	磧36	18	23	二六	十五	閏	閏		52
										18							
八	八	八	盡	則	則	則	則	十五	磧32	18	64	二三	十四	成	成		57
詩	詩	詩	羊	賢	賢	賢	賢	十二	磧13	18	23	二五	十四	閏	閏		52
										18							
				附8	續2					18				閏	閏		52
				附9	續2					18				閏	閏		52

序號	歷代漢文大藏經目錄新考對照表	開元	石經	貞元	至元	指要	標目	金藏	麗藏	略出	福州	資福	磧砂	普
0917	清淨法身毘盧遮那心地法門成就一切陀羅尼三種悉地一卷													
0918	十八契印一卷，唐惠果造													
0919	陀羅尼集經十二卷，唐阿地瞿多譯	良知	良知	罔	積福	效才	效才	效才	效才	才良	才良	才良	才良	才
0920	總釋陀羅尼義讚一卷，唐不空解釋													
0921-1	陀羅尼門諸部要目一卷，唐不空譯			必	不		封	功	宅		武*	衡	衡	衡
0921-2	都部陀羅尼目（別本）一卷，唐不空譯		卿											
0922	念誦結護法普通諸部一卷，唐金剛智述													
0923	三種悉地破地獄轉業障出三界祕密陀羅尼法一卷，唐善無畏譯													
0924	佛頂尊勝心破地獄轉業障出三界祕密三身佛果三種悉地真言儀軌一卷，唐善無畏譯													
0925	佛頂尊勝心破地獄轉業障出三界祕密陀羅尼一卷，唐善無畏譯													
0926-1	金剛頂瑜伽護摩儀軌一卷，唐不空譯		卿	端	川		家	功	宅		武*	衡	衡	衡
0926-2	金剛頂瑜伽護摩儀軌（別本）一卷，唐不空譯													
0927	梵天擇地法一卷													

初南	天海	緣山	南藏	北藏	嘉興	龍藏	黃檗	卍字	臺中	大正	中華	義門	知津	縮刻	頻伽	普慧	佛教
								續2		18							58
								續2		18				餘	餘		54
才良	才良	才良	得能	忘罔	忘罔	忘罔	忘罔	十一	磧11	18	20	二四	十四	閏	閏		52
								續59		18				餘	餘		54
衡	衡	衡	竟	隸	隸	隸	隸	二七	磧34	18	65	二六	十四	閏	閏		52
											65						
								續2		18				餘	餘		54
								續2		18				餘	餘		54
								續2		18				餘	餘		54
								續2		18				餘	餘		54
衡	衡	衡	無	隸	隸	隸	隸	二七	磧34	18	65	二六	十五	閏	閏		52
										18				餘	餘		54
								附24	續59	18				閏	閏		53

序號	歷代漢文大藏經 目録新考對照表	開元	石經	貞元	至元	指要	標目	金藏	麗藏	略出	福州	資福	磧砂	普寧
0928	建立曼荼羅及揀擇地法一卷，唐慧琳集													
0929	建立曼荼羅護摩儀軌一卷，唐法全集													
0930	火䭾供養儀軌一卷，唐善無畏集													
0931	火䭾軌別録一卷													
0932	受菩提心戒儀一卷，唐不空譯		路	聽	流		待考	功	宅		武*	衡	衡	衡
0933	受五戒八戒文一卷													
0934	無畏三藏禪要一卷													
0935	諸佛心印陀羅尼經一卷，宋法天譯		時		興		高	經	經		封*	封	封	封
0936	諸佛心陀羅尼經一卷，唐玄奘譯	羊	羊	表	資	讚	讚	讚*	讚	羔	羔*	羔	羔	羔
0937	佛心經品亦通大隨求陀羅尼二卷，唐菩提流志譯													
0938	阿閦如來念誦供養法一卷，唐不空譯		槐	推	不		八	輕	衡		感*	阿	阿	阿
0939	藥師琉璃光如來消災除難念誦儀軌一卷，唐一行撰													
0940	藥師如來觀行儀軌法一卷，唐金剛智譯													
0941-1	藥師如來念誦儀軌一卷，唐不空譯													
0941-2	藥師如來念誦儀軌一卷，唐不空譯													
0941-3	藥師儀軌一具一卷													

刃南	天海	緣山	南藏	北藏	嘉興	龍藏	黃檗	卍字	臺中	大正	中華	義門	知津	縮刻	頻伽	普慧	佛教
							附25	續59		18				閏	閏		53
								續59		18				餘	餘		54
								續59		18				餘	餘		54
								續59		18				餘	餘		54
衡	衡	衡	竟	隸	隸	隸	隸	二七	磧34	18	65	二七	十五	閏	閏		52
							附2			18				閏	閏		52
							附3	續59		18				閏	閏		52
封	封	戶	盡	則	則	則	則	十五	磧32	19	63	二四	十三	成	成		57
羔*	羔	羔	行	行	行	行	行	十二	磧13	19	24	二五	十三	閏	閏		52
								續2		19				餘	餘		54
阿	阿	阿	無	藁	藁	藁	藁	二七	磧34	19	65	二六	十五	閏	閏		52
								續2		19				餘	餘		54
								續2		19				餘	餘		54
								續2		19				餘	餘		54
								續2		19				餘	餘		54
								續59		19							

序號	歷代漢文大藏經目錄新考對照表	開元	石經	貞元	至元	指要	標目	金藏	麗藏	略出	福州	資福	磧砂	普寧
0942	藥師琉璃光王七佛本願功德經念誦儀軌二卷，善護尊者造、元沙囉巴譯													587
0943	藥師琉璃光王七佛本願功德經念誦儀軌供養法一卷，元沙囉巴譯													587
0944	藥師七佛供養儀軌如意王經一卷，清工布查布譯													
0945	修藥師儀軌布壇法一卷，清阿旺扎什補譯													
0946	淨瑠璃淨土標一卷													
0947	無量壽如來修觀行供養儀軌一卷，唐不空譯		槐	孝	不		待考	輕	衡		武*	衡	衡	衡
0948	金剛頂經瑜伽觀自在王如來修行法一卷，唐金剛智譯		將		盛								寧	寧
0949	金剛頂經觀自在王如來修行法一卷，唐不空譯		丁	短	流		户	刻	孰				寧	寧
0950	九品往生阿彌陀三摩地集陀羅尼經一卷，唐不空譯													
0951	佛説無量功德陀羅尼經一卷，宋法賢譯		扶		薄		振	高*	高		輦*	輦	輦	輦
0952	極樂願文一卷，清達喇嘛嘎卜楚薩木丹達爾吉譯													
0953	大乘無量壽經一卷													
0954	佛説大乘聖無量壽決定光明王如來陀羅尼經一卷，宋法天譯		刻		臨		千	杜	杜		將*	將	將	將

南	天海	緣山	南藏	北藏	嘉興	龍藏	黃檗	卍字	臺中	大正	中華	義門	知津	縮刻	頻伽	普慧	佛教
								續2		19	71			成	成		58
								續2		19	71			成	成		58
										19							58
										19							58
										19							58
衡	衡	衡	竟	藁	藁	藁	藁	二七	磧34	19	65	二三	十二	閏	閏		52
寧	1565	優	鍾	鍾	鍾		鍾	二七	磧36	19	66	二六	十五	閏	閏		52
寧	1477	優	鍾	鍾	鍾	鍾	鍾	二七	嘉1	19	66	二七	十五	閏	閏		52
								續2		19				餘	餘		54
輦	輦	輦	夙	臨	臨	臨	臨	十五	磧33	19	64	二四	十三	成	成		57
										19							58
										19							58
將	將	將	竭	力	力	力	力	十五	磧32	19	63	二四	十三	成	成		57

序號	歷代漢文大藏經目錄新考對照表	開元	石經	貞元	至元	指要	標目	金藏	麗藏	略出	福州	資福	磧砂	普寧
0955	釋迦文尼佛金剛一乘修行儀軌法品一卷													
0956	佛説大乘觀想曼拏羅淨諸惡趣經二卷，宋法賢譯		扶		深		振	高	高		陪*	陪	陪	陪
0957	佛説帝釋巖祕密成就儀軌一卷，宋施護譯				容			曲*	約		丁*	奄	奄	奄
0958	釋迦牟尼佛成道在菩提樹降魔讚一卷													
0959	釋迦佛讚一卷，清達喇嘛薩穆丹達爾吉譯													
0960	佛説無能勝幡王如來莊嚴陀羅尼經一卷，宋施護譯		刻		夙		千	杜	杜		將*	將	將	將
0961-1	大佛頂如來放光悉怛多鉢怛囉陀羅尼一卷，唐不空譯													
0961-2	大佛頂大陀羅尼一卷													
0962	大佛頂如來密因修證了義諸菩薩萬行首楞嚴經十卷，唐般刺蜜帝譯、房融筆受、彌伽釋迦譯語	詩	詩	建	陰	絲	絲	絲	絲	染	染	染	染	染
0963	大佛頂廣聚陀羅尼經五卷													
0964	大佛頂如來放光悉怛多般怛羅大神力都攝一切呪王陀羅尼經大威德最勝金輪三昧呪品一卷													
0965	金輪王佛頂要略念誦法一卷，唐不空譯		八	德	淵		槐	銘	營				寔	寔

初南	天海	緣山	南藏	北藏	嘉興	龍藏	黃檗	卍字	臺中	大正	中華	義門	知津	縮刻	頻伽	普慧	佛教
									續2	19				餘	餘		54
陪	陪	陪	薄	止	止	止	止	十六	磧33	19	64	二六	十五	成	成		58
奄	奄	奄	竟	杜	杜	杜	杜	二六	磧34	19	67	二三	十二	成	成		57
								附26	續2	19				閏	閏		53
										19							58
將	將	將	竭	忠	忠	忠	忠	十五	磧32	19	63	二四	十三	成	成		57
								附10	續2	19				閏	閏		52
										19							
染*	染	染	羔	羔	羔	羔	羔	十二	磧13	19	23	二四	十一	成	成		56
										19							58
										19							58
寔		1481	學	杜	社	社	社	二六	磧36	19	66	二六	十五	閏	閏		52

序號	歷代漢文大藏經目錄新考對照表	開元	石經	貞元	至元	指要	標目	金藏	麗藏	略出	福州	資福	磧砂	普寧
0966	奇特最勝金輪佛頂念誦儀軌法要一卷													
0967	菩提場所説一字頂輪王經五卷，唐不空譯		相	靡	事		俠	車	佐		惠*	佐	佐	佐
0968	一字佛頂輪王經五卷，唐菩提流志譯	染	染	德	寸		悲		悲	絲	絲	絲	絲	絲
0969	五佛頂三昧陀羅尼經四卷，唐菩提流志譯					悲		悲	悲					
0970	一字奇特佛頂經三卷，唐不空譯		將	恃	曰		路	佟*	伊		漢*	尹	尹	尹
0971-1	一字頂輪王念誦儀軌一卷，唐不空譯		槐	德	不		待考	策*	奄		乂*	曲	寧	曲
0971-2	一字頂輪王念誦儀軌（別本）一卷		將									尹	尹	尹
0972	一字頂輪王瑜伽觀行儀軌一卷，唐不空譯		感	德	君		槐	策	奄		乂*	曲	曲	曲
0973	金剛頂經一字頂輪王瑜伽一切時處念誦成佛儀軌一卷，唐不空譯		槐	恃	川		家	碑	旦					
0974	金剛頂經一字頂輪王儀軌音義一卷													
0975	頂輪王大曼荼羅灌頂儀軌一卷，唐啥弘集													
0976	一切如來説佛頂輪王一百八名讚一卷，宋施護譯		桓		止		驅	八	八		兵*	兵	兵	兵
0977	如意寶珠轉輪祕密現身成佛金輪呪王經一卷，唐不空譯													
0978	寶悉地成佛陀羅尼經一卷，唐不空譯													

刀南	天海	緣山	南藏	北藏	嘉興	龍藏	黃檗	卍字	臺中	大正	中華	義門	知津	縮刻	頻伽	普慧	佛教
										19							58
佐	佐	佐	流	不	不	不	不	十六	磧34	19	65	二三	十一	閏	閏		52
絲	絲	絲	詩	克	克	克	克	十二	磧13	19	23	二五	十一	閏	閏		52
		1428							續2	19	23			成	成		56
尹	尹	尹	川	不	不	不	不	十六	磧34	19	65	二三	十一	閏	閏		52
寧	曲	曲	優	鍾	鍾	鍾	鍾	二七	磧36	19	65	二六	十五	閏	閏		52
尹		尹	川	不	不	不	不	十六	磧34	19	65		十一	閏	閏		52
曲	曲	曲	竟	既	既	既	既	二六	磧34	19	65	二六	十五	閏	閏		52
		1467							續2	磧37	19	66			閏	閏	52
										19				餘	餘		54
										19							58
兵	兵	兵	履	言	言	言	言	十六	磧33	19	64	二六	十五	成	成		58
									續2	19				餘	餘		54
									續2	19				餘	餘		54

序號	歷代漢文大藏經目録新考對照表	開元	石經	貞元	至元	指要	標目	金藏	麗藏	略出	福州	資福	磧砂	普寧
0979	佛説熾盛光大威德消災吉祥陀羅尼經一卷，唐不空譯		槐		履								寔	寔
0980	佛説大威德金輪佛頂熾盛光如來消除一切災難陀羅尼經一卷，唐代失譯		槐		履		相		槐				寔	寔
0981	大妙金剛大甘露軍拏利焰鬘熾盛佛頂經一卷，唐達磨棲那譯													
0982	大聖妙吉祥菩薩説除災教令法輪一卷													
0983	佛頂尊勝陀羅尼經一卷，唐佛陀波利譯	過	3	短	緣	良	良	良	良	知	知	知	知	知
0984	佛頂尊勝陀羅尼經一卷，唐杜行顗譯	過		短	緣	良	良	良	良	知	知	知	知	知
0985-1	佛頂最勝陀羅尼經一卷，唐地婆訶羅譯	過		短	緣	良	良	良	良	知	知	知	知	知
0985-2	呪三首經一卷，唐地婆訶羅譯										良*			良
0986	最勝佛頂陀羅尼淨除業障呪經一卷，唐地婆訶羅譯	過		短	緣	良	良	良	良	知	知	知	知	知
0987	佛説佛頂尊勝陀羅尼經一卷，唐義淨譯	過	過	短	緣	良	良	良	良	知	知	知	知	知
0988	佛頂尊勝陀羅尼念誦儀軌法一卷，唐不空譯		槐	短	不		待考	輕	衡		感*	阿	阿	阿
0989	尊勝佛頂修瑜伽法軌儀二卷，唐善無畏譯		感		取									
0990-1	最勝佛頂陀羅尼經一卷，宋法天譯		刻		緣		千	杜	杜		將*	將	將	將

初南	天海	緣山	南藏	北藏	嘉興	龍藏	黃檗	卍字	臺中	大正	中華	義門	知津	縮刻	頻伽	普慧	佛教
寔		1543	思	之	之	之	之	十六	磧36	19	66	二四	十三	閏	閏		52
寔		1435	思	之	之	之	之	十六	磧36	19	64	二五	十三	閏	閏		52
								續2		19				餘	餘		54
								續2		19				餘	餘		54
知	知	知	得	莫	莫	莫	莫	十一	磧11	19	20	二五	十二	閏	閏		52
知*	知	知	改	莫	莫	莫	莫	十一	磧11	19	20	二五	十二	成	成		56
知	知	知	得	莫	莫	莫	莫	十一	磧11	19	20	二五	十二	成	成		56
良	良	良	改	能	能	能	能	十一	磧11	21	20	二六	十四	成	成		58
知	知	知	改	莫	莫	莫	莫	十一	磧11	19	20	二五	十二	閏	閏		52
知	知	知	改	莫	莫	莫	莫	十一	磧11	19	20	二三	十二	成	成		56
阿	阿	阿	無	藁	藁	藁	藁	二七	磧34	19	65	二六	十五	閏	閏		52
								續2		19	68			餘	餘		54
將	將	將	竭	忠	忠	忠	忠	十五	磧32	19	63	二六	十四	成	成		58

序號	歷代漢文大藏經目錄新考對照表	開元	石經	貞元	至元	指要	標目	金藏	麗藏	略出	福州	資福	磧砂	普寧
0990-2	佛頂尊勝陀羅尼（梵漢雙書）一卷，唐惠果授日本空海													
0990-3	加句靈驗佛頂尊勝陀羅尼記一卷，唐武徹述													
0990-4	佛頂尊勝陀羅尼註義一卷，唐不空譯													
0990-5	佛頂尊勝陀羅尼真言一卷													
0990-6	佛頂尊勝陀羅尼別法一卷，唐若那譯													
0991	佛頂尊勝陀羅尼一卷，契丹慈賢譯		丁		緣									
0992	梵文佛頂尊勝陀羅尼一卷，民國持松（密林）譯		·											
0993	尊勝佛母陀羅尼讚經一卷，民國孫景風譯													
0994	尊勝佛母陀羅尼一卷，清御製大藏全呪													
0995	白傘蓋大佛頂王最勝無比大威德金剛無礙大道場陀羅尼念誦法要一卷													
0996	一切如來白傘蓋大佛頂陀羅尼一卷，唐不空譯		感		如									
0997	一切如來白傘蓋大佛頂陀羅尼一卷，契丹慈賢譯		丁		如									
0998	佛頂大白傘蓋陀羅尼經一卷，元沙囉巴譯													587*
0999	佛說大白傘蓋總持陀羅尼經一卷，元真智等譯												何	何

初南	天海	緣山	南藏	北藏	嘉興	龍藏	黃檗	卍字	臺中	大正	中華	義門	知津	縮刻	頻伽	普慧	佛教
										19							
								續59		19							58
								續59		19							58
								續2		19							58
								續2		19							58
											68						
																	58
																	58
																	58
								續2		19				餘	餘		54
											68						
											68						
										19	71			成	成		57
何*		1547	若	之	之	之	之	十六	磧37	19	71	二三	十二	成	成		57

序號	歷代漢文大藏經目録新考對照表	開元	石經	貞元	至元	指要	標目	金藏	麗藏	略出	福州	資福	磧砂	普寧
1000	佛説一切如來烏瑟膩沙最勝總持經一卷，宋法天譯		匡		薄		驅	家 *	家		高 *	高	高	高
1001	于瑟扼沙毘左野陀囉尼一卷，高麗指空譯													
1002	大勝金剛佛頂念誦儀軌一卷，唐金剛智譯													
1003	大毘盧遮那佛眼修行儀軌一卷，唐一行述記													
1004	佛母大孔雀明王經三卷，唐不空譯		路	忘	惡		府	駕	時		説 *	時	時 *	時
1005	孔雀王呪經二卷，梁僧伽婆羅譯	才		忘	惡	男	男	男	男	效	效	效	效	效
1006	佛説大孔雀呪王經三卷，唐義淨譯	才	才	忘	惡	男	男	男	男	效	效	效	效	效
1007	大金色孔雀王呪經一卷，失譯附秦録	才	3	忘	惡	男	男	男	男	效	效	效	效	效
1008	佛説大金色孔雀王呪經一卷，失譯附秦録	才		忘	惡	男	男	男	男	效	效	效	效	效
1009	孔雀王呪經一卷，姚秦鳩摩羅什譯	才		忘	惡	男	男	男 *	男	效	效	效	效	效
1010-1	佛説大孔雀明王畫像壇場儀軌一卷，唐不空譯		八	忘	淵		待考	銘 *	營				密	密
1010-2	孔雀經真言等梵本三卷				惡									
1011	大方等大雲經請雨品第六十四一卷，隋闍那崛多等譯	常	常	女	貞	大	大	大 *	大	五	五	五	五	五
1012	大雲經請雨品第六十四一卷，宇文周闍那耶舍譯	常		女	貞	大	大	大	大	五	五	五	五	五
1013	大雲輪請雨經二卷，隋那連提耶舍譯	常		女	貞	大	大	大	大	五	五	五	五	五

刂南	天海	緣山	南藏	北藏	嘉興	龍藏	黃檗	卍字	臺中	大正	中華	義門	知津	縮刻	頻伽	普慧	佛教
高	高	高	履	臨	臨	臨	臨	十五	磧33	19	64	二三	十二	成	成		57
										19							58
										19							58
									續59	19				餘	餘		54
時*	時	時	改	知	知	知	知	十	磧34	19	65	二四	十三	閏	閏		52
效*	效	效	必	過	過	過	過	十	磧11	19	19	二五	十三	成	成		57
效*	效	效	改	知	知	知	知	十	磧11	19	19	二五	十三	成	成		57
效*	效	效	必	過	過	過	過	十	磧11	19	19	二五	十三	成	成		57
效*	效	效	必	過	過	過	過	十	磧11	19	19	二五	十三	成	成		57
效*	效	效	必	過	過	過	過	十	磧11	19	19	二五	十三	成	成		57
密		1484	學	杜	杜	杜	杜	二六	磧36	19	66	二四	十三	閏	閏		52
										19							
五	五	五	傷	毀	毀	毀	毀	十	磧10	19	18	二五	十二	成	成		57
五	五	五	毀	毀	毀	毀	毀	十	磧10	19	18	二三	十二	成	成		57
五	五	五	傷	毀	毀	毀	毀	十	磧10	19	18	二五	十二	成	成		57

序號	歷代漢文大藏經目録新考對照表	開元	石經	貞元	至元	指要	標目	金藏	麗藏	略出	福州	資福	磧砂	普寧
1014	大雲輪請雨經二卷，唐不空譯		路	女	貞		府	駕	時		説*	時	時	時
1015	大雲經祈雨壇法一卷，唐不空譯		路		流									
1016	仁王護國般若波羅蜜多經陀羅尼念誦儀軌一卷，唐不空譯		感	師	映		槐	實*	阜				晉	晉
1017	仁王般若念誦法一卷，唐不空譯		卿	師	不		户	策	奄		乂*	曲	曲	曲
1018	仁王般若陀羅尼釋一卷，唐不空譯		八	師	淵		户	銘	營				寔	寔
1019	守護國界主陀羅尼經十卷，唐般若共牟尼室利譯		經	火	之		漆	阿	公				勿	勿
1020	佛説迴向輪經一卷，唐尸羅達摩譯		書	王	白		槐	時	合					
1021	佛説守護大千國土經三卷，宋施護譯		銘		臨		千	藁	藁		相*	相	相	相
1022	成就妙法蓮華經王瑜伽觀智儀軌一卷，唐不空譯		户	木	息		待考	實	阜				密	密
1023	法華曼荼羅威儀形色法經一卷，唐不空譯													
1024	妙法蓮華三昧祕密三摩耶經一卷，唐不空譯													
1025	大樂金剛不空真實三昧耶經般若波羅蜜多理趣釋二卷，唐不空譯		路	鱗	流		封	功	宅		武*	衡	衡	衡
1026	般若波羅蜜多理趣經大樂不空三昧真實金剛薩埵菩薩等一十七聖大曼荼羅義述一卷，唐不空譯並依釋略序		卿	師	息		封	功	宅		武*	衡	衡	衡

刀南	天海	緣山	南藏	北藏	嘉興	龍藏	黃檗	卍字	臺中	大正	中華	義門	知津	縮刻	頻伽	普慧	佛教
時	時	時	不	清	清	清	清	十五	磧34	19	65	二五	十二	閏	閏		52
									續2	19	65						58
晉		1452	優	鍾	鍾	鍾	鍾	二七	磧36	19	65	二六	十五	閏	閏		52
曲	曲	曲	竟	藁	藁	藁	藁	二七	磧34	19	65	二三	十二	閏	閏		52
寔		1482	學	杜	杜	杜	杜	二七	磧36	19	66	二六	三四	閏	閏		52
勿	韓	1493	止	蘭	蘭	蘭	蘭	十五	磧36	19	66	二四	十二	閏	閏		52
		1495						續2	磧37	19	66			閏	閏		52
相	相	相	力	力	力	力	力	十五	磧32	19	63	二三	十二	成	成		56
密		1453	學	杜	杜	杜	杜	二六	磧36	19	66	二六	十五	閏	閏		52
										19							58
								續2									58
衡	衡	衡	竟	藁	藁	藁	藁	二七	磧34	19	65	二六	三四	閏	閏		53
衡	衡	衡	竟	隸	隸	隸	隸	二七	磧34	19	65	二六	三四	閏	閏		53

序號	歷代漢文大藏經目錄新考對照表	開元	石經	貞元	至元	指要	標目	金藏	麗藏	略出	福州	資福	磧砂	普寧
1027-1	廣大寶樓閣善住祕密陀羅尼經三卷，唐菩提流志譯	染	染	聖	寸	悲	悲	悲	悲					
1027-2	廣大寶樓閣善住祕密陀羅尼經（別本）三卷，唐菩提流志譯									絲	絲	絲	絲	絲
1028	牟梨曼陀羅呪經一卷，失譯附梁錄	羔	羔	立	競	詩	詩	詩*	詩	讚	讚	讚	讚	讚
1029-1	大寶廣博樓閣善住祕密陀羅尼經三卷，唐不空譯		俠	聖	事		府	駕	時		説*	時	時	時
1029-2	寶樓閣經梵字真言一卷													
1030	菩提場莊嚴陀羅尼經一卷，唐不空譯		俠	靡	君		卿	肥	阿		感*	阿	阿	阿
1031	佛説一向出生菩薩經一卷，隋闍那崛多譯	過		短	善	良	良	良	良	知	知	知	知	知
1032	佛説無量門微密持經一卷，吳支謙譯	過		短	善	良	良	良	良	知	知	知	知	知
1033	佛説出生無量門持經一卷，東晉佛陀跋陀羅譯	過		短	善		良	良	良	知	知	知	知	知
1034	佛説阿難陀目佉尼呵離陀隣尼經一卷，元魏佛陀扇多譯	過		短	善	良	良	良	良	知	知	知	知	知
1035	阿難陀目佉尼呵離陀經一卷，劉宋求那跋陀羅譯	過		短	善	良	良	良	良	知	知	知	知	知
1036	無量門破魔陀羅尼經一卷，劉宋功德直共玄暢譯	過		短	善	良	良	良	良	知	知	知	知	知
1037	舍利弗陀羅尼經一卷，梁僧伽婆羅譯	過		短	善	良	良	良*	良	知	知	知	知	知
1038	出生無邊門陀羅尼經一卷，唐智嚴譯	過	過	短	善	良	良	良	良	知	知	知	知	知

初南	天海	緣山	南藏	北藏	嘉興	龍藏	黃檗	卍字	臺中	大正	中華	義門	知津	縮刻	頻伽	普慧	佛教
								十二		19	23			成	成		56
絲	絲	絲	讚	念	念	念	念		磧13	19	23	二三	十二	成	成		
讚	讚	讚	羊	念	念	念	念	十二	磧13	19	23	二五	十二	成	成		56
時	時	時	不	息	息	息	息	十六	磧34	19	65	二五	十二	閏	閏		52
										19							
阿	阿	阿	不	不	不	不	不	十六	磧34	19	65	二四	十三	閏	閏		53
知	知	知	改	莫	莫	莫	莫	十一	磧11	19	20	二四	十三	成	成		57
知	知	知	罔	莫	莫	莫	莫	十一	磧11	19	20	二五	十三	成	成		57
知	知	知	罔	莫	莫	莫	莫	十一	磧11	19	20	二五	十三	成	成		57
知	知	知	得	莫	莫	莫	莫	十一	磧11	19	20	二五	十三	成	成		57
知	知	知	得	莫	莫	莫	莫	十一	磧11	19	20	二五	十三	成	成		57
知	知	知	得	莫	莫	莫	莫	十一	磧11	19	20	二五	十三	成	成		57
知	知	知	得	莫	莫	莫	莫	十一	磧11	19	20	二五	十三	成	成		57
知	知	知	得	莫	莫	莫	莫	十一	磧11	19	20	二五	十三	成	成		57

序號	歷代漢文大藏經目録新考對照表	開元	石經	貞元	至元	指要	標目	金藏	麗藏	略出	福州	資福	磧砂	普寧
1039	佛説出生無邊門陀羅尼經一卷，唐不空譯		相	短	善		槐	富	尹		惠*	佐	佐	佐
1040	佛説出生無邊門陀羅尼儀軌一卷，唐不空譯													
1041	大方廣佛華嚴經入法界品四十二字觀門一卷，唐不空譯		卿	賔	白		相	功*	宅		武*	衡	衡	衡
1042	華嚴經心陀羅尼一卷，唐實叉難陀譯													
1043	一切如來正法祕密篋印心陀羅尼經一卷，宋施護譯		溪		履		兵	隸*	隸		俠*	俠	俠	俠
1044-1	一切如來心祕密全身舍利寶篋印陀羅尼經一卷，唐不空譯		路	鞠	事		卿	車	佐		惠*	佐	佐	佐
1044-2	一切如來心祕密全身舍利寶篋印陀羅尼經（別本）一卷，唐不空譯													
1045	無垢淨光大陀羅尼經一卷，唐彌陀山譯	必	必	恃	慶	知	知	知	知	過	過	過	過	過
1046	佛頂放無垢光明入普門觀察一切如來心陀羅尼經二卷，宋施護譯		溪		深		兵	隸*	隸		路*	路	路	路
1047	佛説造塔延命功德經一卷，唐般若譯													
1048-1	金剛光焰止風雨陀羅尼經一卷，唐菩提流志譯	羊		表	資	讚	讚	讚	讚					
1048-2	金剛光焰止風雨陀羅尼經（別本）一卷，唐菩提流志譯		羊							羔	羔*	羔	羔	羔

釖南	天海	緣山	南藏	北藏	嘉興	龍藏	黃檗	卍字	臺中	大正	中華	義門	知津	縮刻	頻伽	普慧	佛教
佐	佐	佐	流	興	興	興	興	十五	磧34	19	65	二五	十三	閏	閏		53
							附11	續2		19				閏	閏		53
衡	衡	衡	竟	隸	隸	隸	隸	二七	磧34	19	65	二六	三四	閏	閏		53
							附12	續2		19				閏	閏		
俠	俠	俠	力	忠	忠	忠	忠	十五	磧32	19	63	二五	十二	成	成		57
佐	佐	佐	流	興	興	興	興	十五	磧34	19	65	二四	十二	閏	閏		53
										19				餘	餘		54
過	過	過	莫	彼	彼	彼	彼	十一	磧11	19	20	二四	十三	餘	餘		54
路	路	路	力	忠	忠	忠	忠	十五	磧32	19	63	二三	十二	成	成		56
							附27	續2		19				閏	閏		53
								十二		19	23			閏	閏		53
羔	羔	羔	羊	維	維	維	維		磧13	19		二四	十三				

序號	歷代漢文大藏經目録新考對照表	開元	石經	貞元	至元	指要	標目	金藏	麗藏	略出	福州	資福	磧砂	普寧
1049-1	佛説護諸童子陀羅尼經一卷，元魏菩提留支譯	羊	羊	表	資	讚	讚	讚*	讚	羔	羔*	羔	羔	羔
1049-2	童子經念誦法一卷，唐善無畏譯													
1050	佛説長壽滅罪護諸童子陀羅尼經一卷，唐佛陀波利譯													
1051	觀自在大悲成就瑜伽蓮華部念誦法門一卷，唐不空譯		八	正	淵		八	銘	營					
1052	蓮華部多利心菩薩念誦法一卷，唐金剛智集撰													
1053	聖觀自在菩薩心真言瑜伽觀行儀軌一卷，唐不空譯		卿	正	息		家	策*	奄		乂*	曲	曲	曲
1054	瑜伽蓮華部念誦法一卷，唐不空譯		卿	正	不		待考	策	奄		乂*	曲	寧	曲
1055	金剛恐怖集會方廣軌儀觀自在菩薩三世最勝心明王經一卷，唐不空譯		羅	正	君		卿	侈*	伊		廻*	伊	伊	伊
1056	呪五首一卷，唐玄奘譯	知		彼	福	才	才	才	才	良	良	良	良	良
1057	千轉陀羅尼觀世音菩薩呪一卷，唐智通譯	知		彼	福	才	才	才	才	良	良	良	良	良
1058	千轉大明陀羅尼經一卷，宋施護譯		阜		薄		輦	俠*	俠		家*	家	家	家
1059	觀自在菩薩説普賢陀羅尼經一卷，唐不空譯		俠	忘	君		槐	肥	阿		感*	阿	阿	阿
1060	清淨觀世音普賢陀羅尼經一卷，唐智通譯	羊	羊	表	資	讚	讚	讚*	讚	羔	羔*	羔	羔	羔
1061	阿唎多羅陀羅尼阿嚕力經一卷，唐不空譯		將	己	事		俠	富*	尹		漢*	尹	尹	尹

初南	天海	緣山	南藏	北藏	嘉興	龍藏	黃檗	卍字	臺中	大正	中華	義門	知津	縮刻	頻伽	普慧	佛教
羔*	羔	羔	行	行	行	行	行	十二	磧13	19	24	二四	十四	餘	餘		54
										19							58
								續1									58
		1483						續2		20	66			閏	閏		53
								續59									
曲	曲	曲	竟	藁	藁	藁	藁	二七	磧34	20	65	二六	十五	閏	閏		53
寧	曲	曲	優	鍾	鍾	鐘	鍾	二七	磧36	20	65	二六	十五	閏	閏		53
伊	伊	伊	川	止	止	止	止	十六	磧34	20	65	二三	十四	閏	閏		53
良	良	良	改	能	能	能	能	十一	磧11	20	20	二六	十四	閏	閏		53
良	良	良	改	能	能	能	能	十一	磧11	20	20	二五	十四	成	成		58
家	家	家	臨	命	命	命	命	十五	磧32	20	64	二四	十四	成	成		58
阿	阿	阿	淵	斯	斯	斯	斯	十五	磧34	20	65	二五	十四	閏	閏		53
羔*	羔	羔	行	行	行	行	行	十二	磧13	20	24	二四	十四	成	成		57
尹	尹	尹	川	流	流	流	流	十六	磧34	20	65	二三	十四	閏	閏		53

序號	歷代漢文大藏經 目錄新考對照表	開元	石經	貞元	至元	指要	標目	金藏	麗藏	略出	福州	資福	磧砂	普寧
1062	金剛頂降三世大儀軌法王教中觀自在菩薩心真言一切如來蓮華大曼拏攞品一卷，唐不空譯			端			户	刻	孰					
1063	觀自在菩薩心真言一印念誦法一卷，唐不空譯													
1064	觀自在菩薩大悲智印周遍法界利益眾生薰真如法一卷，唐不空譯													
1065	請觀世音菩薩消伏毒害陀羅尼呪經一卷，東晉竺難提譯	必	必	己	慶	知	知	知	知	過	過	過	過	過
1066	佛説六字呪王經一卷，失譯附東晉錄	必	必	恃	福	知	知	知*	知	過	過	過	過	過
1067-1	佛説六字神呪王經一卷，失譯附梁錄					知	知	知	知					
1067-2	六字神呪王經（別本）一卷，失譯附梁錄	必		恃	福					過	過	過	過	過
1068	六字大陀羅尼呪經一卷，失譯附梁錄	羊	羊	表	緣	讚	讚	讚	讚	羔	羔*	羔	羔	羔
1069	佛説聖六字大明王陀羅尼經一卷，宋施護譯		微			輦	槐*	槐		家*	家	家	家	
1070	佛説大護明大陀羅尼經一卷，宋法天譯		磻		履	兵	鍾	鍾		路*	路	路	路	
1071	聖六字增壽大明陀羅尼經一卷，宋施護譯		桓		薄	驅	八*	八		兵*	兵	兵	兵	
1072	佛説大乘莊嚴寶王經四卷，宋天息災譯		刻		命	千	杜	杜		將*	將	將	將	

刀南	天海	緣山	南藏	北藏	嘉興	龍藏	黃檗	卍字	臺中	大正	中華	義門	知津	縮刻	頻伽	普慧	佛教
		1475						續2	磧37	20	66			閏	閏		53
								續2		20				餘	餘		54
								續2		20				餘	餘		54
過	過	過	莫	能	能	能	能	十	磧11	20	20	二四	十四	成	成		57
過	過	過	莫	能	能	能	能	十一	磧11	20	20	二四	十三	餘	餘		54
								十一		20	20			餘	餘		54
過	過	過	莫	能	能	能	能		磧11	20	20	二五	十三	餘	餘		
羔	羔	羔	行	行	行	行	行	十二	磧13	20	24	二四	十三	成	成		57
家	家	家	臨	命	命	命	命	十五	磧32	20	64	二四	十三	成	成		57
路	路	路	力	忠	忠	忠	忠	十五	磧32	20	63	二四	十三	成	成		57
兵	兵	兵	履	臨	臨	臨	臨	十五	磧33	20	64	二四	十三	成	成		57
將	將	將	竭	竭	竭	竭	竭	十五	磧32	20	63	二三	十四	成	成		57

序號	歷代漢文大藏經目錄新考對照表	開元	石經	貞元	至元	指要	標目	金藏	麗藏	略出	福州	資福	磧砂	普寧
1073	佛説一切佛攝相應大教王經聖觀自在菩薩念誦儀軌一卷，宋法賢譯		扶		取		振	高	高		陪*	陪	陪	陪
1074	讚觀世音菩薩頌一卷，唐慧智譯	畫		陞	營	獸	獸	獸	獸	獸	獸*	獸	獸	獸
1075	聖觀自在菩薩功德讚一卷，宋施護譯				匡		曲*	約		丁*	奄	奄	奄
1076	聖觀自在菩薩一百八名經一卷，宋天息災譯		尹		深		高	書	書		槐*	槐	槐	槐
1077	佛説聖觀自在菩薩梵讚一卷，宋法天譯		營		匡		驅	封	封		千*	千	千	千
1078	金剛頂瑜伽千手千眼觀自在菩薩修行儀軌經一卷，唐不空譯		槐	莫	川		户	輕	衡		感*	阿	阿	阿
1079	千手千眼觀世音菩薩姥陀羅尼身經一卷，唐菩提流志譯	效	效	莫	禍	潔	潔	潔*	潔	男	男*	男	男	男
1080-1	千眼千臂觀世音菩薩陀羅尼神呪經二卷，唐智通譯	效		莫	禍	潔	潔	潔	潔					
1080-2	千眼千臂觀世音菩薩陀羅尼神呪經（別本）二卷，唐智通譯									男	男*	男	男	男
1081	千手千眼觀世音菩薩治病合藥經一卷，唐伽梵達摩譯													
1082-1	千手千眼觀世音菩薩廣大圓滿無礙大悲心陀羅尼經一卷，唐伽梵達摩譯									男	男*	男	男*	男

初南	天海	緣山	南藏	北藏	嘉興	龍藏	黃檗	卍字	臺中	大正	中華	義門	知津	縮刻	頻伽	普慧	佛教
陪	陪	陪	夙	止	止	止	止	十六	磧33	20	64	二六	十五	成	成		58
獸		獸	籍	言	言	言	言	十六	磧28	20	52	三十	三八	藏	藏		51
奄	奄	奄	竟	言	言	言	言	十六	磧34	20	67	三十	三八	藏	藏		51
槐	槐	槐	盡	則	則	則	則	十五	磧32	20	63	二四	十三	成	成		57
千	千	千	臨	言	言	言	言	十六	磧33	20	64	二六	十五	成	成		58
阿	阿	阿	無	英	英	英	英	二六	磧34	20	65	二六	十五	閏	閏		53
男	男	男	必	能	能	能	能	十	磧11	20	19	二三	十四	餘	餘		54
								十		20	19			餘	餘		54
男	男	男	必	能	能	能	能		磧11	20	19	二五	十四	餘	餘		54
									續2	20				餘	餘		54
男＊	男	男	必	能	能	能	能		磧11	20	19	二三	十四	成	成		57

序號	歷代漢文大藏經目錄新考對照表	開元	石經	貞元	至元	指要	標目	金藏	麗藏	略出	福州	資福	磧砂	普寧
1082-2	佛説千手千眼觀世音菩薩廣大圓滿無礙大悲心陀羅尼經（別本）一卷，唐伽梵達摩譯	效	效	莫	禍	潔	潔	潔	潔					
1083	千手千眼觀自在菩薩廣大圓滿無礙大悲心陀羅尼呪本一卷，唐金剛智譯		羅	莫			戸	禄*	磻		廻*			
1084-1	千手千眼觀世音菩薩大身呪本一卷，唐金剛智譯			莫	禍			禄*	磻					
1084-2	觀自在菩薩廣大圓滿無礙大悲根本陀羅尼（別本）一卷，唐金剛智譯		羅											
1084-3	世尊聖者千眼千首千足千舌千臂觀自在菩提薩埵怛嚩廣大圓滿無礙大悲心陀羅尼一卷													
1085	梵本大悲神呪一卷													
1086-1	千手千眼觀世音菩薩大悲心陀羅尼一卷，唐不空譯		3	禍										
1086-2	千手千眼觀世音菩薩廣大圓滿無礙大悲心陀羅尼神妙章句一卷		3											
1087	大悲心陀羅尼經一卷，唐不空譯		28	因										
1088	聖千手千眼觀自在菩薩摩訶薩廣大圓滿無礙大悲心陀羅尼曰一卷，唐不空譯		感											
1089	千手千眼觀自在菩薩根本真言釋一卷，唐不空譯							戸			廻			

刀南	天海	緣山	南藏	北藏	嘉興	龍藏	黃檗	卍字	臺中	大正	中華	義門	知津	縮刻	頻伽	普慧	佛教
								十			19						
		1446						續2		20	65			成	成		57
		1445						續2		20	65			成	成		57
										20							
曲			竟	能	能	能	能		嘉1	20	71	二三	十四	成	成		58
								續2		20				餘	餘		54
											68						

序號	歷代漢文大藏經目録新考對照表	開元	石經	貞元	至元	指要	標目	金藏	麗藏	略出	福州	資福	磧砂	普寧
1090	大悲心陀羅尼一卷，契丹慈賢譯		丁		因									
1091	千光眼觀自在菩薩祕密法經一卷，唐三昧蘇嚩羅譯													
1092	大悲心陀羅尼修行念誦略儀一卷，唐不空譯		感		映								橫	橫
1093	攝無礙大悲心大陀羅尼經計一法中出無量義南方滿願補陀落海會五部諸尊等弘誓力方位及威儀形色執持三摩耶幖幟曼荼羅儀軌一卷，唐不空譯													
1094	千手觀音造次第法儀軌一卷，唐善無畏譯													
1095	十一面觀自在菩薩心密言念誦儀軌經三卷，唐不空譯		相	彼	流		卿	富	尹		漢*	尹	尹	尹
1096	佛説十一面觀世音神呪經一卷，宇文周耶舍崛多譯	知		談	福	才	才	才	才	良	良	良	良*	良
1097	十一面神呪心經一卷，唐玄奘譯	知		談	福	才	才	才	才	良	良	良	良	良
1098	佛頂心觀世音菩薩大陀羅尼經三卷		28											
1099-1	聖賀野紇哩縛大威怒王立成大神驗供養念誦儀軌法品二卷，唐不空譯													
1099-2	馬頭觀音心陀羅尼一卷													
1100	何耶揭唎婆像法一卷													

南	天海	緣山	南藏	北藏	嘉興	龍藏	黃檗	卍字	臺中	大正	中華	義門	知津	縮刻	頻伽	普慧	佛教
											68						
								續2		20				餘	餘		54
黃 *		1568	優	隸	隸	隸	隸	二七	磧36	20	69	二六	十五	成	成		58
								續2		20				餘	餘		54
								續2		20				餘	餘		54
尹	尹	尹	馨	止	止	止	止	十六	磧34	20	65	二三	十四	閏	閏		53
良	良	良	改	能	能	能	能	十	磧11	20	20	二五	十四	成	成		58
良	良	良	改	能	能	能	能	十	磧11	20	20	二五	十四	餘	餘		54
								續2		20				餘	餘		54
										20							
								續2		20				餘	餘		54

序號	歷代漢文大藏經目錄新考對照表	開元	石經	貞元	至元	指要	標目	金藏	麗藏	略出	福州	資福	磧砂	普寧
1101	何耶揭唎婆觀世音菩薩受法壇一卷													
1102	佛説七俱胝佛母准提大明陀羅尼經一卷，唐金剛智譯	知	知	彼	緣	才	才	才	才	良	良	良	良	良
1103	七俱胝佛母所説准提陀羅尼經一卷，唐不空譯			彼			相	功*	宅		武*	衡	衡	衡
1104	佛説七俱胝佛母心大准提陀羅尼經一卷，唐地婆訶羅譯	知	3	彼	緣	才	才	才*	才	良	良	良	良	良
1105	七俱胝佛母心大准提陀羅尼經一卷，多羅句缽多譯		感		緣									
1106	七佛俱胝佛母心大准提陀羅尼法一卷，唐善無畏譯		感											
1107	七俱胝獨部法一卷，唐善無畏譯													
1108	七俱胝准提陀羅尼念誦儀軌一卷，唐不空譯													
1109	准提淨業三卷，明謝于教著													
1110	准提心要一卷，明施堯挺撰													
1111	持誦准提真言法要一卷，清弘贊輯													
1112	如意輪陀羅尼經一卷，唐菩提流志譯	才	才	忘	因	男	男	男	男	效	效	效	效*	效
1113	佛説觀自在菩薩如意心陀羅尼呪經一卷，唐義淨譯	才	3	忘	因	男	男	男*	男	效	效	效	效*	效
1114	觀世音菩薩祕密藏如意輪陀羅尼神呪經一卷，唐實叉難陀譯	效	3	莫	因	潔	潔	潔	潔	男	男*	男	男	男

南	天海	緣山	南藏	北藏	嘉興	龍藏	黃檗	卍字	臺中	大正	中華	義門	知津	縮刻	頻伽	普慧	佛教
								續2		20				餘	餘		54
寬*	良	良	改	莫	莫	莫	莫	十一	磧11	20	20	二五	十三	閏	閏		53
行*	衡	衡	淵	莫	莫	莫	莫	十一	磧34	20	65	二三	十三	閏	閏		53
寬*	良	良	改	莫	莫	莫	莫	十一	磧11	20	20	二五	十三	餘	餘		54
								續2		20				餘	餘		54
								續2		20				餘	餘		54
								續2									
					續38			續59	嘉19								152
						·		續59							續160		
					又續19			續59	嘉35						續160		152
效	效	效	必	能	能	能	能	十	磧11	20	19	二三	十四	餘	餘		54
效*	效	效	必	能	能	能	能	十	磧11	20	19	二五	十四	成	成		57
男	男	男	必	能	能	能	能	十	磧11	20	19	二五	十四	成	成		57

序號	歷代漢文大藏經目錄新考對照表	開元	石經	貞元	至元	指要	標目	金藏	麗藏	略出	福州	資福	磧砂	普寧
1115	觀世音菩薩如意摩尼陀羅尼經一卷，唐寶思惟譯	效		莫	因	潔	潔	潔	潔	男	男*	男	男	男
1116	觀世音菩薩如意摩尼輪陀羅尼念誦法一卷，唐寶思惟譯													
1117-1	觀自在菩薩如意輪念誦儀軌一卷，唐不空譯			空			八	策	奄		乂*	曲	曲	曲
1117-2	觀自在如意輪菩薩念誦法（別本）一卷，唐不空譯		卿		不									
1118	觀自在菩薩如意輪瑜伽一卷，唐不空譯		八	空	淵		卿	銘	營				寔	寔
1119	觀自在如意輪菩薩瑜伽法要一卷，唐金剛智譯	景	景	空	父	羔	羔	羔	羔	羊	羊	羊	羊	羊
1120	如意輪菩薩觀門義註祕訣一卷													
1121	都表如意摩尼轉輪聖王次第念誦祕密最要略法一卷，唐解脫師子譯													
1122	佛說如意輪蓮華心如來修行觀門儀一卷，契丹慈賢譯		丁		映								寔	寔
1123	七星如意輪祕密要經一卷，唐不空譯													
1124	不空羂索神變真言經三十卷，唐菩提流志譯	貞至男	貞至男	改至能	堂至聽	女至貞	女至貞	女至貞	女至貞	慕至潔	慕至潔	慕至潔	慕至潔	慕至潔
1125	佛說不空羂索陀羅尼儀軌經二卷，唐不空譯													
1126	不空羂索呪經一卷，隋闍那崛多譯	效		莫	禍	潔	潔	潔	潔	男	男*	男	男	男

河南	天海	緣山	南藏	北藏	嘉興	龍藏	黃檗	卍字	臺中	大正	中華	義門	知津	縮刻	頻伽	普慧	佛教
男	男	男	必	能	能	能	能	十	磧11	20	19	二五	十四	成	成		57
										20							58
曲*	曲	曲	竟	杜	杜	杜	杜	二六	磧34	20	65	二六	十五	閏	閏		53
											65						
寔		1488	學	杜	杜	杜	杜	二六	磧36	20	66	二七	十五	閏	閏		53
羊	羊	羊	行	念	念	念	念	十二	磧13	20	24	二六	十五	成	成		58
							附16	續2		20				閏	閏		53
								續2		20				餘	餘		54
寔		1566	學	鍾	鍾	鍾	鍾	二七	磧36	20	69	二六	十五	成	成		58
								續2		20				餘	餘		54
慕至潔	慕至潔	慕至潔	良至過	必至得	必至得	必至得	必至得	十	磧11	20	19	二三	十四	閏	閏		53
								續2		20				餘	餘		54
男	男	男	才	過	過	過	過	十	磧11	20	19	二五	十四	成	成		57

序號	歷代漢文大藏經目錄新考對照表	開元	石經	貞元	至元	指要	標目	金藏	麗藏	略出	福州	資福	磧砂	普
1127	不空羂索神呪心經一卷，唐玄奘譯	效		莫	禍	潔	潔	潔	潔	男			男	男
1128	不空羂索呪心經一卷，唐菩提流志譯										男*	男	男	男
1129	佛說聖觀自在菩薩不空王祕密心陀羅尼經一卷，宋施護等譯				力			弱*	軍		密*	阜	阜	阜
1130	不空羂索毘盧遮那佛大灌頂光真言一卷，唐不空譯		封	名	君		封	勒	微				寧	寧
1131	不空羂索陀羅尼自在王呪經三卷，唐寶思惟譯	效		莫	禍	潔	潔	潔	潔	男	男*	男	男	
1132	不空羂索陀羅尼經一卷，唐李無諂譯	效	效	莫	禍	潔	潔	潔	潔	男	男*	男	男	男
1133	葉衣觀自在菩薩經一卷，唐不空譯			俠	正	君		卿	肥	阿	感*	阿	阿	阿
1134	佛說大方廣曼殊室利經一卷，唐不空譯			將	信	詩		槐	侈*	伊	漢*	尹	尹	尹
1135	金剛頂經多羅菩薩念誦法一卷，唐不空譯			卿	正	不		封	策	奄	乂*	曲	曲	曲
1136-1	觀自在菩薩隨心呪經一卷，唐智通譯	過		短	緣	良	才	良	良	知				
1136-2	觀自在菩薩隨心呪經（別本一）一卷，唐智通譯			過										
1136-3	觀自在菩薩怛嚩多唎隨心陀羅尼經（別本二）一卷，唐智通譯										知	知	知	知
1137	佛說聖多羅菩薩經一卷，宋法賢譯			綺		臨		縹	陪	陪	驅*	驅	驅	驅

礽南	天海	緣山	南藏	北藏	嘉興	龍藏	黃檗	卍字	臺中	大正	中華	義門	知津	縮刻	頻伽	普慧	佛教
男		男	才	過	過	過	過	十	磧11	20	19	二五	十四	成	成		57
男	男	男	才	過	過	過	過	十	磧11	20	20	二五	十四	成	成		57
阜	用	阜	淵	斯	斯	斯	斯	十五	磧34	20	67	二五	十四	成	成		57
寧		1462	思	斯	斯	斯	斯	十六	磧36	19	66	二六	十五	閏	閏		52
男	男	男	才	過	過	過	過	十	磧11	20	19	二六	十五	成	成		58
男	男	男	才	過	過	過	過	十	磧11	20	19	二七	十五	餘	餘		54
阿	阿	阿	不	清	清	清	清	十五	磧34	20	65	二三	十四	閏	閏		53
尹	尹	尹	川	止	止	止	止	十六	磧34	20	65	二三	十四	閏	閏		53
曲	曲	曲	竟	藁	藁	藁	藁	二七	磧34	20	65	二六	十五	閏	閏		53
								十		20	20			餘	餘		54
											20						
知	知	知	必	能	能	能	能		磧11	20	20	二三	十四	餘	餘		54
驅	驅	驅	興	深	深	深	深	十五	磧33	20	64	二四	十三	成	成		57

序號	歷代漢文大藏經目録新考對照表	開元	石經	貞元	至元	指要	標目	金藏	麗藏	略出	福州	資福	磧砂	普寧
1138	聖多羅菩薩一百八名陀羅尼經一卷，宋法天譯		時		臨		高	經	經		卿*	卿	卿	卿
1139	讚揚聖德多羅菩薩一百八名經一卷，宋天息災譯		尹		臨		高	書	書		槐*	槐	槐	槐
1140	聖多羅菩薩梵讚一卷，宋施護譯		桓		匡		驅	八	八		兵*	兵	兵	兵
1141-1	聖救度佛母二十一種禮讚經一卷，元安藏譯													
1141-2	聖救度佛母二十一種禮讚經一卷，元安藏譯													
1142	白救度佛母讚一卷，清阿旺扎什譯													
1143	佛説一髻尊陀羅尼經一卷，唐不空譯			己	君		槐	碑	旦				寧	寧
1144	青頸觀自在菩薩心陀羅尼經一卷，唐不空註釋義													
1145	金剛頂瑜伽青頸大悲王觀自在念誦儀軌一卷，唐金剛智譯													
1146-1	觀自在菩薩廣大圓滿無礙大悲心大陀羅尼一卷，高麗指空校													
1146-2	大慈大悲救苦觀世音自在王菩薩廣大圓滿無礙自在青頸大悲心陀羅尼一卷，唐不空譯													
1147	毘俱胝菩薩一百八名經一卷，宋法天譯		時		深		高	經	經		卿*	卿	卿	卿
1148	觀自在菩薩阿麼䫂法一卷													

刀南	天海	緣山	南藏	北藏	嘉興	龍藏	黃檗	卍字	臺中	大正	中華	義門	知津	縮刻	頻伽	普慧	佛教
卿	卿	卿	忠	則	則	則	則	十五	磧32	20	63	二四	十四	成	成		57
槐	槐	槐	盡	則	則	則	則	十五	磧32	20	63	二六	十五	成	成		58
兵	兵	兵	履	言	言	言	言	十六	磧33	20	64	二六	十五	成	成		58
兵		1553	履	言		言				20		二六	十五				58
					言		言	言	十六	嘉1	20				成	成	58
										20							58
寧	1469	思	斯	斯	斯	斯		十六	磧36	20	66	二四	十四	閏	閏		53
								續23		20					餘	餘	54
									續2	20					餘	餘	54
										20							
									續2	20					餘	餘	54
卿	卿	卿	盡	則	則	則	則	十五	磧32	20	63	二四	十三	成	成		57
										20							

序號	歷代漢文大藏經目録新考對照表	開元	石經	貞元	至元	指要	標目	金藏	麗藏	略出	福州	資福	磧砂	普寧
1149	廣大蓮華莊嚴曼拏羅滅一切罪陀羅尼經一卷，宋施護譯		奄		臨		陪	將 *	將		八 *	八	八 *	八
1150	佛説觀自在菩薩母陀羅尼經一卷，宋法賢譯				興		纓	陪	陪		驅 *	驅	驅	驅
1151	佛説十八臂陀羅尼經一卷，宋法賢譯		扶		薄		振	高 *	高		輦 *	輦	輦	輦
1152	大樂金剛薩埵修行成就儀軌一卷，唐不空譯		戶	端	息		待考	勒	微				武	武
1153-1	金剛頂勝初瑜伽經中略出大樂金剛薩埵念誦儀一卷，唐不空譯		戶	端	川		家	勒	微					
1153-2	勝初瑜伽儀軌真言一卷													
1154	金剛頂普賢瑜伽大教王經大樂不空金剛薩埵一切時方成就儀一卷													
1155	金剛頂瑜伽他化自在天理趣會普賢修行念誦儀軌一卷，唐不空譯		八		川		家						密	密
1156	金剛頂勝初瑜伽普賢菩薩念誦法一卷，唐不空譯		槐	端	川		待考	輕 *	衡		感 *	阿	阿	阿
1157	普賢金剛薩埵略瑜伽念誦儀軌一卷，唐不空譯		槐	端	不		八	輕	衡		感 *	阿	阿	阿
1158	金剛頂瑜伽金剛薩埵五祕密修行念誦儀軌一卷，唐不空譯		槐	端	川		家	輕	衡		武 *	衡	衡	衡
1159	佛説普賢曼拏羅經一卷，宋施護譯		微		命		輦	槐 *	槐		家 *	家	家	家
1160	佛説普賢菩薩陀羅尼經一卷，宋法天譯		宅		履		陪	相 *	相		縣 *	縣	縣	縣

初南	天海	緣山	南藏	北藏	嘉興	龍藏	黃檗	卍字	臺中	大正	中華	義門	知津	縮刻	頻伽	普慧	佛教
八	八	八	命	盡	盡	盡	盡	十五	磧32	20	64	二四	十四	成	成		57
驅	驅	驅	興	深	深	深	深	十五	磧33	20	64	二四	十四	成	成		57
輦	輦	輦	夙	臨	臨	臨	臨	十五	磧33	20	64	二四	十三	成	成		57
武		1456	竟	杜	杜	杜	杜	二六	磧36	20	66	二六	十五	閏	閏		53
		1455						續2		20	66			閏	閏		53
										20							
								續59		20							58
密		1561	學	杜	社	社	社	二六	磧36	20	68	二六	十五	閏	閏		53
阿	阿	阿	無	藁	藁	藁	藁	二七	磧34	20	65	二六	十五	閏	閏		53
阿	阿	阿	無	隸	隸	隸	隸	二七	磧34	20	65	二六	十五	閏	閏		53
衡	衡	衡	竟	藁	藁	藁	藁	二七	磧34	20	65	二六	十五	閏	閏		53
家	家	家	臨	盡	盡	盡	盡	十五	磧32	20	64	二三	十二	成	成		57
縣	縣	縣	命	盡	盡	盡	盡	十五	磧32	20	64	二四	十三	成	成		57

序號	歷代漢文大藏經目録新考對照表	開元	石經	貞元	至元	指要	標目	金藏	麗藏	略出	福州	資福	磧砂	普寧
1161	最上大乘金剛大教寶王經二卷，宋法天譯		匡		力		轂	家	家		高＊	高	高	高
1162	佛説金剛手菩薩降伏一切部多大教王經三卷，宋法天譯		匡		盡		驅	家	家		高＊	高	高	高
1163	大乘金剛髻珠菩薩修行分一卷，唐菩提流志譯	戎	戎	歸	率	臣	臣	臣＊	臣	伏	伏＊	伏	伏	伏
1164	聖金剛手菩薩一百八名梵讚一卷，宋法賢譯		扶		止		高	高		陪＊	陪	陪	陪
1165	金剛王菩薩祕密念誦儀軌一卷，唐不空譯		槐	空	不		家	輕	衡		感＊	阿	阿	阿
1166	金剛壽命陀羅尼念誦法一卷，唐不空譯		卿	靡	息		八	策＊	奄		乂＊	曲	密	曲
1167-1	金剛壽命陀羅尼經法一卷，唐不空譯													
1167-2	金剛壽命陀羅尼經一卷，唐不空譯						給							
1168	諸佛集會陀羅尼經一卷，唐提雲般若等譯	景	景	正	父	羔	羔	羔	羔	羊	羊	羊	羊	羊
1169	息除中夭陀羅尼經一卷，宋施護譯		溪		興		兵	隸	隸		俠＊	俠	俠	俠
1170	佛説一切如來金剛壽命陀羅尼經一卷，唐不空譯		相	靡	事		卿	車	佐		惠＊	佐	佐	佐
1171	佛説一切諸如來心光明加持普賢菩薩延命金剛最勝陀羅尼經一卷，唐不空譯													
1172	佛説延壽妙門陀羅尼經一卷，宋法賢譯		綺		夙		纓	陪＊	陪		驅＊	驅	驅	驅

刀南	天海	緣山	南藏	北藏	嘉興	龍藏	黃檗	卍字	臺中	大正	中華	義門	知津	縮刻	頻伽	普慧	佛教
高	高	高	履	臨	臨	臨	臨	十五	磧33	20	64	二三	十四	成	成		57
高	高	高	履	淵	淵	淵	淵	十六	磧33	20	64	二三	十四	成	成		57
伏	伏	伏	遐	殷	殷	殷	殷	七	磧8	20	13	一	十一	成	成		56
陪	陪	陪	夙	言	言	言	言	十六	磧33	20	64	二六	十五	成	成		58
阿	阿	阿	無	藁	藁	藁	藁	二七	磧34	20	65	二六	十五	閏	閏		53
密	曲	曲	學	杜	杜	杜	杜	二六	磧36	20	65	二六	十五	閏	閏		53
								續2		20				餘	餘		54
								續2		20				餘	餘		54
羊	羊	羊	行	行	行	行	行	十二	磧13	21	24	二四	十二	成	成		57
俠	俠	俠	力	忠	忠	忠	忠	十五	磧32	21	63	二五	十二	成	成		57
佐	佐	佐	流	興	興	興	興	十五	磧34	20	65	二五	十二	閏	閏		53
										20							58
驅	驅	驅	興	深	深	深	深	十五	磧33	20	64	二四	十三	成	成		57

序號	歷代漢文大藏經目録新考對照表	開元	石經	貞元	至元	指要	標目	金藏	麗藏	略出	福州	資福	磧砂	普寧
1173	護命法門神呪經一卷，唐菩提流志譯	必	必	恃	慶	知	知	知	知	過	過	過	過	過
1174	佛説善法方便陀羅尼經一卷，失譯附東晉録	必		恃	慶	知	知	知	知	過	過	過	過	過
1175-1	金剛祕密善門陀羅尼呪經一卷，失譯附東晉録					知	知	知	知					
1175-2	金剛祕密善門陀羅尼經（別本）一卷，失譯附東晉録	必		恃	慶					過	過	過	過	過
1176	慈氏菩薩略修愈誐念誦法二卷，唐善無畏譯													
1177	佛説慈氏菩薩陀羅尼一卷，宋法賢譯		傾		夙		振	冠	冠		輦*	輦	輦	輦
1178	佛説慈氏菩薩誓願陀羅尼經一卷，宋法賢譯		扶		薄		振	高*	高		輦*	輦	輦	輦
1179	佛説彌勒菩薩發願王偈一卷，清工布查布譯													
1180	虛空藏菩薩能滿諸願最勝心陀羅尼求聞持法一卷，唐善無畏譯	景	景	空	父	羔	羔	羔*	羔	羊	羊	羊	羊	羊
1181	大虛空藏菩薩念誦法一卷，唐不空譯		槐	罪	不		待考	策*	奄		乂*	曲	曲	曲
1182	虛空藏菩薩問七佛陀羅尼呪經一卷，失譯附梁録	必		恃	慶	知	知	知	知	過	過	過	過	過
1183	如來方便善巧呪經一卷，隋闍那崛多譯	必	必	恃	慶	知	知	知	知	過	過	過	過	過
1184	聖虛空藏菩薩陀羅尼經一卷，宋法天譯		磻		履		兵	鍾	鍾		路*	路	路	路

南	天海	緣山	南藏	北藏	嘉興	龍藏	黃檗	卍字	臺中	大正	中華	義門	知津	縮刻	頻伽	普慧	佛教
過	過	過	莫	罔	罔	罔	罔	十一	磧11	20	20	二五	十三	餘	餘		54
過	過	過	莫	罔	罔	罔	罔	十一	磧11	20	20	二五	十三	成	成		57
								十一		20	20			成	成		57
過	過	過	莫	罔	罔	罔	罔		磧11	20	20	二五	十三	成	成		57
					續2					20				餘	餘		54
輦	輦	輦	興	深	深	深	深	十五	磧33	20	64	二六	十四	成	成		58
輦	輦	輦	夙	臨	臨	臨	臨	十五	磧33	20	64	二四	十三	成	成		57
										20							58
羊	羊	羊	行	行	行	行	行	十二	磧13	20	24	二三	十四	閏	閏		53
曲	曲	曲	竟	藁	藁	藁	藁	二七	磧34	20	65	二六	十五	閏	閏		53
過	過	過	莫	罔	罔	罔	罔	十一	磧11	21	20	二四	十三	成	成		57
過	過	過	莫	罔	罔	罔	罔	十一	磧11	21	20	二五	十三	成	成		57
路	路	路	力	忠	忠	忠	忠	十五	磧32	20	63	二五	十三	成	成		57

序號	歷代漢文大藏經目錄新考對照表	開元	石經	貞元	至元	指要	標目	金藏	麗藏	略出	福州	資福	磧砂	普寧
1185	佛説虛空藏菩薩陀羅尼一卷，宋法賢譯		傾		夙		振	冠	冠		輦*	輦	輦	輦
1186	五大虛空藏菩薩速疾大神驗祕密式經一卷，唐金剛智譯													
1187	佛説如意虛空藏菩薩陀羅尼經一卷，唐菩提流志譯													
1188	轉法輪菩薩摧魔怨敵法一卷，唐不空譯													
1189	修習般若波羅蜜菩薩觀行念誦儀軌一卷，唐不空譯		八	師	淵		家	銘	營					
1190	佛説佛母般若波羅蜜多大明觀想儀軌一卷，宋施護譯				帝		公	劇	微		孰*	輕	輕	輕
1191	普遍光明清淨熾盛如意寶印心無能勝大明王大隨求陀羅尼經二卷，唐不空譯		封	正	君		相	勒	微				士	士
1192	佛説隨求即得大自在陀羅尼神呪經一卷，唐寶思惟譯	景	景	正	父	羔	羔	羔	羔	羊	羊	羊	羊	羊
1193	金剛頂瑜伽最勝祕密成佛隨求即得神變加持成就陀羅尼儀軌一卷，唐不空譯													
1194	大隨求陀羅尼一卷，契丹慈賢譯		丁		如									
1195–1	大隨求即得大陀羅尼明王懺悔法一卷													
1195–2	宗叡僧正於唐國師所口受一卷													

南	天海	緣山	南藏	北藏	嘉興	龍藏	黃檗	卍字	臺中	大正	中華	義門	知津	縮刻	頻伽	普慧	佛教
輦	輦	輦	興	深	深	深	深	十五	磧33	20	64	二六	十四	成	成		58
								續2		20					餘	餘		54
								續2									58
							附13	續2		20				閏	閏		53
		1480					附14	續2	磧37	20	66			閏	閏		53
輕	輕	輕	斯	澄	澄	澄	澄	十六	磧33	20	67	二三	十二	成	成		57
二*		1458	思	取	取	取	取	十六	磧36	20	66	二三	十二	閏	閏		53
羊	羊	羊	行	行	行	行	行	十二	磧13	20	24	二三	十二	成	成		56
										20							58
											68						
								續2		20					餘	餘		54
										20					餘	餘		

序號	歷代漢文大藏經目錄新考對照表	開元	石經	貞元	至元	指要	標目	金藏	麗藏	略出	福州	資福	磧砂	普
1196	香王菩薩陀羅尼呪經一卷，唐義淨譯	景	景	空	父	羔	羔	羔*	羔	羊	羊	羊	羊	羊
1197	地藏菩薩儀軌一卷，唐輸波迦羅譯													
1198-1	坴圄大道心驅策法一卷													
1198-2	佛說地藏菩薩陀羅尼經一卷													
1199	佛說觀藥王藥上二菩薩經一卷，劉宋畺良耶舍譯	能	能	使	忘	改	改	改	改	得	得	得	得	得
1200	持世陀羅尼經一卷，唐玄奘譯	羊	羊	表	資	讚	讚	讚*	讚	羔	羔*	羔	羔	羔
1201	佛說雨寶陀羅尼經一卷，唐不空譯		路	己	事		槐	駕	時		說*	時	時	時
1202	佛說大乘聖吉祥持世陀羅尼經一卷，宋法天譯		刻		夙		千	杜	杜		將*	將	將	將
1203	聖持世陀羅尼經一卷，宋施護譯		佐		履		高	壁	壁		卿*	卿	卿	卿
1204	馬鳴菩薩大神力無比驗法念誦儀軌一卷，唐金剛智譯													
1205	馬鳴菩薩成就悉地念誦一卷，唐不空譯													
1206-1	佛說大乘八大曼拏羅經一卷，宋法賢譯		弱		君		轂	兵	兵		陪*	陪	陪	陪
1206-2	八曼荼羅經一卷													
1207	八大菩薩曼荼羅經一卷，唐不空譯		俠	必	君		槐	肥	阿		感*	阿	阿	阿
1208	佛說持明藏瑜伽大教尊那菩薩大明成就儀軌經四卷，龍樹菩薩於持明藏略出、宋法賢譯		弱		取		轂	兵	兵		陪*	陪	陪	陪

刀南	天海	緣山	南藏	北藏	嘉興	龍藏	黃檗	卍字	臺中	大正	中華	義門	知津	縮刻	頻伽	普慧	佛教
羊	羊	羊	行	行	行	行	行	十二	磧13	20	24	二四	十四	閏	閏		53
									續2		20				餘	餘		54
									續2		20							58
											20							58
得	得	得	得	知	知	知	知	十	磧12	20	20	十三	五	閏	閏		53
羔*	羔	羔	行	行	行	行	行	十二	磧13	20	24	二五	十三	成	成		57
時	時	時	流	興	興	興	興	十五	磧34	20	65	二四	十三	閏	閏		53
將	將	將	竭	力	力	力	力	十五	磧32	20	63	二五	十三	成	成		57
卿	卿	卿	忠	則	則	則	則	十五	磧32	20	63	二四	十三	成	成		57
									續2		20				餘	餘		54
									續2									58
陪	陪	陪	夙	臨	臨	臨	臨	十五	磧33	20	64	二五	十三	成	成		57
											20							
阿	阿	阿	淵	斯	斯	斯	斯	十五	磧34	20	65	二四	十三	閏	閏		53
陪	陪	陪	夙	思	思	思	思	十六	磧33	20	64	二六	十五	成	成		58

序號	歷代漢文大藏經目録新考對照表	開元	石經	貞元	至元	指要	標目	金藏	麗藏	略出	福州	資福	磧砂	普寧
1209	佛説金剛香菩薩大明成就儀軌經三卷，宋施護譯		合		澄		轂	給	給		高*	高	高	高
1210-1	金剛頂經瑜伽文殊師利菩薩法一品一卷，唐不空譯		將	賓	盛		待考	富*	尹		漢*	尹	尹	尹
1210-2	金剛頂經瑜伽文殊師利菩薩儀軌供養法一品一卷，唐不空譯			賓	流		户						寧	寧
1210-3	金剛頂經瑜伽文殊師利菩薩供養儀軌（別本）一卷，唐不空譯							刻*	執					
1211	金剛頂超勝三界經説文殊五字真言勝相一卷，唐不空譯		封	賓	川		待考	勒	微				横	横
1212	金剛頂經曼殊室利菩薩五字心陀羅尼品一卷，唐金剛智譯	景	景	空	父	羔	羔	羔*	羔	羊	羊	羊	羊	羊
1213	五字陀羅尼頌一卷，唐不空譯		封	賓	淵		八	勒	微				密	密
1214	大聖曼殊室利童子五字瑜伽法一卷，唐不空譯			賓	映		卿	刻	執				寔	寔
1215-1	大乘瑜伽金剛性海曼殊室利千臂千鉢大教王經十卷，唐金剛智譯		府		興溫		羅	奄	溪				乂	乂
1215-2	千鉢文殊一百八名讚一卷													
1216	文殊菩薩獻佛陀羅尼名烏蘇吒一卷													
1217	文殊師利菩薩六字呪功能法經一卷													
1218	六字神呪經一卷，唐菩提流志譯	知		彼	福	才	才	才	才	良	良	良	良	良

南	天海	緣山	南藏	北藏	嘉興	龍藏	黃檗	卍字	臺中	大正	中華	義門	知津	縮刻	頻伽	普慧	佛教
高	高	高	薄	思	思	思	思	十六	磧33	20	64	二三	十四	成	成		57
尹	尹	尹	無	隸	隸	隸	隸	二七	磧34	20	65	二六	十五	閏	閏		53
寧		1472	優	鍾	鍾	鍾	鍾		磧36			二六	十五	閏	閏		53
								二七		20	66						
黃*		1459	優	隸	隸	隸	隸	二七	磧36	20	66	二六	十五	閏	閏		53
羊	羊	羊	行	念	念	念	念	十二	磧13	20	24	二三	十四	閏	閏		53
密		1454	學	杜	杜	杜	杜	二七	磧36	20	66	二六	十五	閏	閏		53
寔		1474	學	杜	杜	杜	杜	二六	磧36	20	66	二六	十五	閏	閏		53
乂		1447	容	容	容	容	容	十六	磧36	20	67	二三	十一	閏	閏		53
										20							
					附17	續2				20					閏	閏		53
						續2				20					餘	餘		54
良	良	良	改	能	能	能	能	十一	磧11	20	20	二五	十四	餘	餘		54

序號	歷代漢文大藏經目錄新考對照表	開元	石經	貞元	至元	指要	標目	金藏	麗藏	略出	福州	資福	磧砂	普寧
1219	大方廣菩薩藏文殊師利根本儀軌經二十卷，宋天息災譯		阿衡		嚴與		冠	府羅	府羅		戶封 *	戶封	戶封	戶封
1220	大方廣菩薩藏經中文殊師利根本一字陀羅尼經一卷，唐寶思惟譯	才	3	忘	因	男	男	男	男	效	效	效	效	效
1221	曼殊室利菩薩呪藏中一字呪王經一卷，唐義淨譯	才	才	忘	因	男	男	男	男	效	效	效	效	效
1222	大陀羅尼末法中一字心呪經一卷，唐寶思惟譯	染	染	德	寸	悲	悲	悲 *	悲	絲	絲	絲	絲 *	絲
1223	一髻文殊師利童子陀羅尼念誦儀軌一卷													
1224	大聖妙吉祥菩薩祕密八字陀羅尼修行曼荼羅次第儀軌法一卷，唐菩提仙譯													
1225	佛說文殊師利法寶藏陀羅尼經一卷，唐菩提流志譯	羊	羊		資	讚	讚	讚	讚					
1226	文殊師利寶藏陀羅尼經一卷，陳真諦譯、三藏寶思惟依梵本再勘定		羊	表	如					羔	羔 *	羔	羔	羔
1227	佛說妙吉祥菩薩陀羅尼一卷，宋法賢譯		傾		夙		振	冠	冠		輦 *	輦	輦	輦
1228	佛說最勝妙吉祥根本智最上祕密一切名義三摩地分二卷，宋施護譯				當			阜 *	法		丁 *	奄	奄	奄
1229	文殊所說最勝名義經二卷，宋金總持等譯				當			門					更	更
1230	佛說文殊菩薩最勝真實名義經一卷，元沙囉巴譯													587 *

南	天海	緣山	南藏	北藏	嘉興	龍藏	黃檗	卍字	臺中	大正	中華	義門	知津	縮刻	頻伽	普慧	佛教
對	戶封	戶對	則盡	若	若	若	若	十六	磧32	20	64	二三	十四	成	成		57
效*	效	效	必	能	能	能	能	十一	磧11	20	19	二五	十四	閏	閏		53
效*	效	效	必	能	能	能	能	十一	磧11	20	19	二五	十四	成	成		57
絲	絲	絲	羔	念	念	念	念	十二	磧13	19	23	二五	十四	閏	閏		52
										20							
								續2		20				餘	餘		54
								十二		20	23			餘	餘		54
羔	羔	羔	景	羊	羊	羊	羊		磧13	20	23	二三	十四	餘	餘		54
輦	輦	輦	興	深	深	深	深	十五	磧33	20	64	二六	十四	成	成		58
奄	奄	奄	竟	藁	藁	藁	藁	二七	磧34	20	67	二三	十二	成	成		57
更		1558	優	羣	羣	羣	羣	二六	磧36	20	76	二六	十五	成	成		58
										20	71			成	成		58

序號	歷代漢文大藏經目錄新考對照表	開元	石經	貞元	至元	指要	標目	金藏	麗藏	略出	福州	資福	磧砂	普寧
1231	聖妙吉祥真實名經一卷，元釋智譯												何	何
1232	妙吉祥平等祕密最上觀門大教王經五卷，契丹慈賢譯		丁		松								武	武
1233	妙吉祥平等瑜伽祕密觀身成佛儀軌一卷，契丹慈賢譯		丁		映								寧	寧
1234	妙吉祥平等觀門大教王經略出護摩儀一卷，契丹慈賢譯		丁		映								橫	橫
1235	大聖文殊師利菩薩讚佛法身禮一卷，唐不空譯	卿	賓	如		待考	功	宅			武 *	衡	衡	衡
1236	曼殊室利菩薩吉祥伽陀一卷，宋法賢譯		傾				冠 *	冠			輦 *	輦	輦	輦
1237	佛說文殊師利一百八名梵讚一卷，宋法天譯				匡		驅	封	封		千 *	千	千	千
1238	聖者文殊師利發菩提心願文一卷，巴看落目瓦傳、元智慧譯												何	何
1239	金剛手光明灌頂經最勝立印聖無動尊大威怒王念誦儀軌法品一卷，唐不空譯	八	端	淵		待考	銘	營					寧	寧
1240-1	底哩三昧耶不動尊威怒王使者念誦法一卷，唐不空譯						八	富	尹		惠 *	佐	佐	佐
1240-2	底哩三昧耶不動使者念誦品（別本）一卷，唐不空譯	相	正	流										

河南	天海	緣山	南藏	北藏	嘉興	龍藏	黃檗	卍字	臺中	大正	中華	義門	知津	縮刻	頻伽	普慧	佛教
可 *		1548	思	澄	澄	澄	澄	十六	磧37	20	71	二六	十五	成	成		58
武		1551	取	取	取	取	取	十六	磧36	20	68	二三	十一	成	成		56
寧		1567	優	鍾	鍾	鍾	鍾	二七	磧36	20	69	二六	十五	成	成		58
黃 *		1569	優	隸	隸	隸	隸	二七	磧36	20	69	二六	十五	成	成		58
衡	衡	衡	竟	隸	隸	隸	隸	二七	磧34	20	65	三十	三八	閏	閏		53
輦	輦	輦	興	言	言	言	言	十六	磧33	20	64	二六	十五	成	成		58
千	千	千	深	言	言	言	言	十六	磧33	20	64	二六	十五	藏	藏		51
可 *			思	澄	澄	澄	澄	十六	磧37	20	71	三十	三八	藏	藏		51
寧		1485	優	鍾	鍾	鍾	鍾	二七	磧36	21	66	二三	十四	閏	閏		53
佐	佐		流	言	言	言	言	十六	磧34	21	65	二三	十二	閏	閏		53
		佐									65						

序號	歷代漢文大藏經目錄新考對照表	開元	石經	貞元	至元	指要	標目	金藏	麗藏	略出	福州	資福	磧砂	普寧
1241	底哩三昧耶不動尊聖者念誦祕密法三卷，唐不空譯													
1242	不動使者陀羅尼祕密法一卷，唐金剛智譯		羅	正	盛		戶	禄	磻		廻*	伊	伊	伊
1243	聖無動尊安鎮家國等法一卷													
1244	聖無動尊一字出生八大童子祕要法品一卷，唐大興善寺翻經院述													
1245	勝軍不動明王四十八使者祕密成就儀軌一卷，唐不空、遍智集													
1246	佛説俱利伽羅大龍勝外道伏陀羅尼經一卷													
1247	説矩里迦（唐作尊勅）龍王像法一卷													
1248	俱力迦羅龍王儀軌一卷，唐金剛智譯													
1249	金剛頂瑜伽降三世成就極深密門一卷，唐不空譯		八	端	川		槐	銘	營				密	密
1250	降三世忿怒明王念誦儀軌一卷，唐不空譯													
1251	甘露軍荼利菩薩供養念誦成就儀軌一卷，唐不空譯		卿	己	息		待考	策	奄		乂*	曲	曲	曲
1252	西方陀羅尼藏中金剛族阿蜜哩多軍吒利法一卷													
1253	千臂軍荼利梵字真言一卷													

南	天海	緣山	南藏	北藏	嘉興	龍藏	黃檗	卍字	臺中	大正	中華	義門	知津	縮刻	頻伽	普慧	佛教
								續2		21				餘	餘		54
伊	伊	伊	無	鍾	鍾	鍾	鍾	二七	磧34	21	65	二六	十五	閏	閏		53
								續2		21				餘	餘		54
								續59		21				餘	餘		54
								續59		21				餘	餘		54
								續2		21				餘	餘		54
								續2		21				餘	餘		54
										21							58
密		1489	學	杜	杜	杜	杜	二六	磧36	21	66	二六	十五	閏	閏		53
								續2		21				餘	餘		54
曲	曲	曲	竟	藁	藁	藁	藁	二七	磧34	21	65	二六	十五	閏	閏		53
										21							58
										21							

序號	歷代漢文大藏經目錄新考對照表	開元	石經	貞元	至元	指要	標目	金藏	麗藏	略出	福州	資福	磧砂	普寧
1254-1	聖閻曼德迦威怒王立成大神驗念誦法一卷，唐不空譯		封	己	息		八	勒	微				密	密
1254-2	大乘方廣曼殊室利菩薩華嚴本教閻曼德迦忿怒王真言大威德儀軌品第三十一卷，唐不空譯		封		淵									
1254-3	大方廣曼殊室利童真菩薩華嚴本教讚閻曼德迦忿怒王真言阿毘遮嚕迦儀軌品第三十一一卷，唐不空譯													
1255	佛説妙吉祥最勝根本大教經三卷，宋法賢譯		濟		盡		轂	千	千		冠*	冠	冠	冠
1256	文殊師利耶曼德迦呪法一卷													
1257	曼殊室利焰曼德迦萬愛祕術如意法一卷，唐一行撰譯													
1258	金剛藥叉瞋怒王息災大威神驗念誦儀軌一卷，唐金剛智譯													
1259	青色大金剛藥叉辟鬼魔法一卷，唐空蓍述													
1260	正了知王藥叉眷屬法一卷，唐義淨譯													
1261	二十八夜叉大軍王名號一卷，梁僧伽婆羅譯抄之													
1262	二十八藥叉大將名號一卷，唐不空譯抄之													

刀南	天海	緣山	南藏	北藏	嘉興	龍藏	黃檗	卍字	臺中	大正	中華	義門	知津	縮刻	頻伽	普慧	佛教
密		1460	竟	藁	藁	藁	藁	二七	磧36	21	66	二三	十四	閏	閏		53
		1563	竟	藁	藁	藁	藁			21		二三	十四	閏	閏		53
		1564	學	藁	藁	藁	藁			21		二三	十四	閏	閏		53
冠	冠	冠	薄	取	取	取	取	十六	磧33	21	64	二六	十五	成	成		58
										21							58
								續59		21							58
								續2		21					餘	餘		54
										21							58
								續2									58
								續2									58
								續2									58

序號	歷代漢文大藏經目錄新考對照表	開元	石經	貞元	至元	指要	標目	金藏	麗藏	略出	福州	資福	磧砂	普*
1263-1	聖迦柅忿怒金剛童子菩薩成就儀軌經三卷，唐不空譯		封	形	息				旦					
1263-2	聖迦柅忿怒金剛童子菩薩成就儀軌經（別本）三卷，唐不空譯						封	碑					武	武
1264	佛説無量壽佛化身大忿迅俱摩羅金剛念誦瑜伽儀軌法一卷，唐金剛智譯													
1265	金剛童子持念經一卷													
1266	大威怒烏芻澀麽儀軌經一卷，唐不空譯			形	映		家	碑	旦				寔	寔
1267	烏芻澀明王儀軌梵字一卷													
1268	大威力烏樞瑟摩明王經三卷，唐阿質達霰譯		羅	立	父		俠	禄	磻		廻*	伊	伊	伊
1269	穢跡金剛説神通大滿陀羅尼法術靈要門一卷，唐阿質達霰譯			立			卿	禄*	磻		廻*	伊	伊*	伊
1270	穢跡金剛禁百變法經一卷，唐阿質達霰譯			立			卿	禄*	磻		廻*	伊	伊*	伊
1271	佛説大輪金剛總持陀羅尼經一卷													
1272	大輪金剛修行悉地成就及供養法一卷													
1273	播般曩結使波（唐云步擲）金剛念誦儀一卷													
1274	佛説無能勝大明王陀羅尼經一卷，宋施護譯		溪		夙		兵	隷	隷					

初南	天海	緣山	南藏	北藏	嘉興	龍藏	黃檗	卍字	臺中	大正	中華	義門	知津	縮刻	頻伽	普慧	佛教
		1464						十六		21	66			餘	餘		54
武			取	言	言	言	言		磧36	21	66	二三	十四	閏	閏		53
								續2		21				餘	餘		54
										21							58
寔		1465	學	杜	杜	杜	杜	二六	磧36	21	66	二六	十五	閏	閏		53
										21							
伊	伊	伊	川	止	止	止	止	十六	磧34	21	65	二三	十四	閏	閏		53
伊*	伊	伊	馨	清	清	清	清	十五	磧34	21	65	二四	十四	閏	閏		53
伊*	伊	伊	馨	清	清	清	清	十五	磧34	21	65	二四	十四	閏	閏		53
								續2		21				餘	餘		54
								續2		21				餘	餘		54
								續2		21				餘	餘		54
		1434						續2		21	63			成	成		58

序號	歷代漢文大藏經目錄新考對照表	開元	石經	貞元	至元	指要	標目	金藏	麗藏	略出	福州	資福	磧砂	普寧
1275	無能勝大明陀羅尼經一卷，宋法天譯		時		夙		高	經 *	經		戶 *	戶	寔	戶
1276	無能勝大明心陀羅尼經一卷，宋法天譯		時		夙		高	經	經		戶 *	戶	寔	戶
1277	聖無能勝金剛火陀羅尼經一卷，宋法天譯		阜		夙		輦	俠 *	俠		家 *	家	家	家
1278	阿吒婆拘鬼神大將上佛陀羅尼神呪經一卷，失譯附梁録	羊	羊	表	資	讚	讚	讚	讚	羔	羔 *	羔	羔	羔
1279	阿吒婆拘鬼神大將上佛陀羅尼經一卷，梁失譯													
1280	阿吒薄俱元帥大將上佛陀羅尼經修行儀軌三卷，唐善無畏譯													
1281	阿吒薄拘付囑呪一卷													
1282	伽馱金剛真言一卷													
1283	佛説妙吉祥瑜伽大教金剛陪囉嚩輪觀想成就儀軌經一卷，宋法賢譯		弱		取		觳	兵	兵		陪 *	陪	陪	陪
1284	佛説出生一切如來法眼遍照大力明王經二卷，宋法護譯		銘		深		千	藁	藁		相 *	相	相	相
1285	毘沙門天王經一卷，唐不空譯		俠	短	曰		槐	肥	阿		感 *	阿	阿	阿
1286	佛説毘沙門天王經一卷，宋法天譯		營		深		驅	封	封		千 *	千	千	千
1287	摩訶吠室囉末那野提婆喝囉闍陀羅尼儀軌一卷，唐般若斫羯囉譯													

南	天海	緣山	南藏	北藏	嘉興	龍藏	黃檗	卍字	臺中	大正	中華	義門	知津	縮刻	頻伽	普慧	佛教
臺	戶	戶	學	英	英	英	英	二六	磧36	21	63	二六	十五	成	成		58
臺	戶	戶	學	英	英	英	英	二六	磧36	21	63	二六	十五	成	成		58
家	家	家	命	則	則	則	則	十五	磧32	21	64	二四	十二	成	成		57
羔	羔	羔	行	行	行	行	行	十二	磧13	21	24	二四	十四	閏	閏		53
								續2		21				餘	餘		54
							附18	續2		21				閏	閏		53
								續2		21				餘	餘		54
							附19	續2		21				閏	閏		53
陪	陪	陪	夙	言	言	言	言	十六	磧33	21	64	二三	十四	成	成		57
相		相	竭	流	流	流	流	十六	磧32	21	63	二三	十二	成	成		56
阿	阿	阿	不	清	清	清	清	十五	磧34	21	65	二四	六	閏	閏		53
千	千	千	臨	盡	盡	盡	盡	十五	磧33	21	64	二四	十四	成	成		58
							附20	續2		21				閏	閏		53

序號	歷代漢文大藏經目錄新考對照表	開元	石經	貞元	至元	指要	標目	金藏	麗藏	略出	福州	資福	磧砂	普
1288	北方毘沙門天王隨軍護法儀軌一卷，唐不空譯													
1289	北方毘沙門天王隨軍護法真言一卷，唐不空譯													
1290	毘沙門儀軌一卷，唐不空譯													
1291	北方毘沙門多聞寶藏天王神妙陀羅尼別行儀軌一卷，唐不空譯													
1292	吘迦陀野儀軌三卷，唐金剛智譯													
1293-1	佛說大吉祥天女十二名號經一卷，唐不空譯			虛	曰		卿	車			惠*	佐	佐	佚
1293-2	佛說大吉祥天女十二名號經（別本一）一卷，唐不空譯								佐					
1293-3	佛說大吉祥天女十二名號經（別本二）一卷，唐不空譯		相											
1294	佛說大吉祥天女十二契一百八名無垢大乘經一卷，唐不空譯		相	虛	曰		槐	富*	尹		漢*	尹	尹	尹
1295	末利支提婆華鬘經一卷，唐不空譯		八	彼	讚		槐	銘	營				更	更
1296-1	佛說摩利支天菩薩陀羅尼經一卷，唐不空譯						碑	曰						
1296-2	佛說摩利支天經（別本）一卷，唐不空譯			彼	忠		槐						寔	寔
1297	佛說摩利支天陀羅尼呪經一卷，失譯附梁録	知		彼	福	才	才	才	才	良	良	良	良	良
1298	佛說大摩里支菩薩經七卷，宋天息災譯		曲阜		忠		輦	路俠*	路俠		縣*	縣	縣	縣

川南	天海	緣山	南藏	北藏	嘉興	龍藏	黃檗	卍字	臺中	大正	中華	義門	知津	縮刻	頻伽	普慧	佛教
								續2		21				餘	餘		54
								續2		21				餘	餘		54
								續2		21				餘	餘		54
								續2		21							58
										21							58
佐	佐	佐	流	興	興	興	興		磧34	21	65	二四	十三	閏	閏		53
								十五		21	65			閏	閏		53
											65						
尹	尹	尹	流	興	興	興	興	十五	磧34	21	65	二四	十三	閏	閏		53
更	1486	言	盡	盡	盡	盡		十五	磧36	21	66	二五	十四	閏	閏		53
								十五		21	66			閏	閏		53
寔	1463	思	盡	盡	盡	盡			磧36	21	66	二五	十四	閏	閏		53
良	良	良	改	盡	盡	盡	盡	十五	磧11	21	20	二五	十四	成	成		58
縣	縣	縣	臨	盡	盡	盡	盡	十五	磧32	21	64	二三	十四	成	成		57

序號	歷代漢文大藏經 目録新考對照表	開元	石經	貞元	至元	指要	標目	金藏	麗藏	略出	福州	資福	磧砂	普寧
1299	摩利支菩薩略念誦法一卷，唐不空譯													
1300	摩利支天一印法一卷													
1301	大藥叉女歡喜母並愛子成就法一卷，唐不空譯		戶	彼	息		封	勒	微				密	密
1302	訶利帝母真言法一卷，唐不空譯		俠	彼	君		户	肥	阿		感*	阿	阿	阿
1303	佛説鬼子母經一卷，失譯附西晉録	優	3	賤	和	竟	竟	竟*	竟	學	學	學	學	學
1304	冰揭羅天童子經一卷，唐不空譯													
1305-1	佛説穰麌梨童女經一卷，唐不空譯		路	己	詩		卿	駕			説*	時	時	時
1305-2	觀自在菩薩化身襄麌哩曳童女銷伏毒害陀羅尼經（別本）一卷，唐不空譯							時						
1306	佛説常瞿利毒女陀羅尼呪經一卷，瞿多譯													
1307	大聖天歡喜雙身毘那夜迦法一卷，唐不空譯		八	己	淵		八	銘*	營				密	密
1308	使呪法經一卷，唐菩提流志譯													
1309	大使呪法經一卷，唐菩提流志譯													
1310	佛説金色迦那缽底陀羅尼經一卷，唐金剛智譯													
1311	大聖歡喜雙身大自在天毘那夜迦王歸依念誦供養法一卷，唐善無畏譯													

刀南	天海	緣山	南藏	北藏	嘉興	龍藏	黃檗	卍字	臺中	大正	中華	義門	知津	縮刻	頻伽	普慧	佛教
								續2		21				餘	餘		54
								續2		21				餘	餘		54
密		1457	學	杜	杜	杜	杜	二六	磧36	21	66	二三	十四	閏	閏		53
阿	阿	阿	無	隷	隷	隷	隷	二七	磧34	21	65	二三	十四	閏	閏		53
學	學	學	當	當	當	當	當	十五	磧20	21	36	六	三一	宿	宿		28
								附21	續2	21				閏	閏		53
時	時	時	流	興	興	興	興		磧34	21	65	二四	十四	閏	閏		53
									十五	21	65			閏	閏		53
										21							58
密		1487	學	杜	杜	杜	杜	二六	磧36	21	66	二五	十四	閏	閏		53
								附22	續2	21				閏	閏		53
									續2	21				餘	餘		54
									續2	21				餘	餘		54
									續2	21				餘	餘		54

序號	歷代漢文大藏經 目錄新考對照表	開元	石經	貞元	至元	指要	標目	金藏	麗藏	略出	福州	資福	磧砂	普寧
1312	摩訶毘盧遮那如來定惠均等入三昧耶身雙身大聖歡喜天菩薩修行祕密法儀軌一卷，唐不空譯													
1313	金剛薩埵説頻那夜迦天成就儀軌經四卷，宋法賢譯		濟		澄		觳	千	千		冠*	冠	冠	冠
1314	毘那夜迦誐那缽底瑜伽悉地品祕要一卷，唐含光記													
1315	大聖歡喜雙身毘那夜迦天形像品儀軌一卷，唐憬瑟撰集													
1316	聖歡喜天式法一卷，唐般若惹羯羅撰													
1317	文殊師利菩薩根本大教王金翅鳥王品一卷，唐不空譯		封	必	淵		封	勒	微				密	密
1318	速疾立驗魔醯首羅天説阿尾奢法一卷，唐不空譯			己	映		户	碑*	旦				寔	寔
1319	迦樓羅及諸天密言經一卷，唐般若力譯													
1320	摩醯首羅天法要一卷													
1321	摩醯首羅大自在天王神通化生伎藝天女念誦法一卷													
1322	那羅延天共阿修羅王鬥戰法一卷，唐寶思惟譯													
1323	寶藏天女陀羅尼法一卷													

南	天海	緣山	南藏	北藏	嘉興	龍藏	黃檗	卍字	臺中	大正	中華	義門	知津	縮刻	頻伽	普慧	佛教
								續2		21							58
冠	冠	冠	薄	思	思	思	思	十六	磧33	21	64	二三	十四	成	成		57
								續59		21				餘	餘		54
								續59		21				餘	餘		54
										21							58
密		1461	取	止	止	止	止	十六	磧36	21	66	二三	十四	閏	閏		53
寔		1470	學	杜	杜	杜	杜	二六	磧36	21	66	二三	十四	閏	閏		53
										21							58
										21							58
								續2		21				餘	餘		54
										21							58
								續2		21				餘	餘		54

序號	歷代漢文大藏經目錄新考對照表	開元	石經	貞元	至元	指要	標目	金藏	麗藏	略出	福州	資福	磧砂	普寧
1324	佛說寶藏神大明曼拏羅儀軌經二卷，宋法天譯		宅		澄		陪	相	相		家*	家	家	家
1325	佛說聖寶藏神儀軌經二卷，宋法天譯		宅		澄		陪	相*	相		家*	家	家	家
1326	佛說寶賢陀羅尼經一卷，宋法賢譯		綺		夙		纓	陪*	陪		驅*	驅	驅	驅
1327	堅牢地天儀軌一卷，唐善無畏譯													
1328	大黑天神法一卷，唐神愷記													
1329	佛說最上祕密那拏天經三卷，宋法賢譯		漢		盡		纓	驅	驅		轂*	轂	轂	轂
1330	佛說金毘羅童子威德經一卷，唐不空譯													
1331	焰羅王供行法次第一卷，唐阿謨伽撰													
1332	深沙大將儀軌一卷，唐不空譯													
1333	法華十羅刹法一卷													
1334	般若守護十六善神王形體一卷，唐金剛智譯													
1335	施八方天儀則一卷，唐大興善寺翻經院灌頂阿闍梨述													
1336	供養護世八天法一卷，唐法全集													
1337	十天儀軌一卷													
1338	供養十二大威德天報恩品一卷，唐不空譯													
1339	十二天供儀軌一卷													

初南	天海	緣山	南藏	北藏	嘉興	龍藏	黃檗	卍字	臺中	大正	中華	義門	知津	縮刻	頻伽	普慧	佛教
家	家	家	命	止	止	止	止	十六	磧32	21	64	二三	十四	成	成		58
家	家	家	命	止	止	止	止	十六	磧32	21	64	二六	十五	成	成		58
驅	驅	驅	興	深	深	深	深	十五	磧33	21	64	二四	十四	成	成		58
								續2		21				餘	餘		54
								續59		21				餘	餘		54
轂	轂	轂	溫	澄	澄	澄	澄	十六	磧33	21	64	二三	十四	成	成		58
								續2		21				餘	餘		54
								續59		21				餘	餘		54
								續2		21				餘	餘		54
								續2		21				餘	餘		54
								續2		21				餘	餘		54
								續59		21				餘	餘		54
										21							58
										21							58
								續2		21				餘	餘		54
								續59		21				餘	餘		54

序號	歷代漢文大藏經目錄新考對照表	開元	石經	貞元	至元	指要	標目	金藏	麗藏	略出	福州	資福	磧砂	普寧
1340	文殊師利菩薩及諸仙所説吉凶時日善惡宿曜經二卷，唐不空譯、楊景風修註			必	讚		路	刻	孰				寔	寔
1341	摩登伽經二卷，吳竺律炎共支謙譯	辭		竟	職	思	思	思	思	言	言	言	言	言
1342	舍頭諫經一卷，西晉竺法護譯	辭		竟	職		思	思*	思	言	言	言	言	言
1343	諸星母陀羅尼經一卷，唐法成譯													
1344	佛説聖曜母陀羅尼經一卷，宋法天譯		營		興		驅	封*	封		千*	千	千	千
1345	宿曜儀軌一卷，唐一行撰													
1346	北斗七星念誦儀軌一卷，唐金剛智譯													
1347	北斗七星護摩祕要儀軌一卷，唐大興善寺翻經院灌頂阿闍梨述													
1348	佛説北斗七星延命經一卷													
1349	七曜攘災決三卷，唐金俱吒撰集													
1350	七曜星辰別行法一卷，唐一行撰													
1351	北斗七星護摩法一卷，唐一行撰													
1352	梵天火羅九曜一卷													
1353	難儞計濕嚩囉天説支輪經一卷，宋法賢譯		弱		外		轂	兵*	兵					
1354	佛説救拔焰口餓鬼陀羅尼經一卷，唐不空譯		俠	空	父		槐	肥*	阿		感*	阿	阿	阿
1355	佛説救面然餓鬼陀羅尼神呪經一卷，唐實叉難陀譯	景	景	空	父	羔	羔	羔*	羔	羊	羊	羊	羊	羊

南	天海	緣山	南藏	北藏	嘉興	龍藏	黃檗	卍字	臺中	大正	中華	義門	知津	縮刻	頻伽	普慧	佛教
寔		1476	優	亦	亦	亦	亦	二六	磧36	21	66	三十	四一	閏	閏		53
言	言	言	善	慶	慶	慶	慶	十四	磧19	21	34	六	三十	宿	宿		28
言	言	言	善	慶	慶	慶	慶	十四	磧19	21	34	七	三十	宿	宿		28
										21							58
千	千	千	臨	則	則	則	則	十五	磧33	21	64	二四	十二	成	成		57
								續59	21				餘	餘		54
								續2	21				餘	餘		54
								續59	21				餘	餘		54
								續2	21				餘	餘		54
								續59	21				餘	餘		54
								續59	21				餘	餘		54
								續59	21				餘	餘		54
								續59	21				餘	餘		54
		1437						續1	21	64			艮	艮		24
阿	阿	阿	淵	斯	斯	斯	斯	十五	磧34	21	65	二五	十三	閏	閏		53
羊	羊	羊	行	念	念	念	念	十二	磧13	21	24	二四	十三	成	成		57

序號	歷代漢文大藏經目録新考對照表	開元	石經	貞元	至元	指要	標目	金藏	麗藏	略出	福州	資福	磧砂	普
1356	施諸餓鬼飲食及水法一卷，唐不空譯													
1357	佛説甘露經陀羅尼呪一卷	景	景	空	父		羔	羔*	羔			羊		羊
1358	甘露陀羅尼呪一卷，唐實叉難陀譯							羔*	羔					
1359	瑜伽集要救阿難陀羅尼焰口軌儀經一卷，唐不空譯		丁										更	更
1360	瑜伽集要焰口施食儀一卷，唐不空譯、西夏不動金剛重集、清受登詮次													
1361	瑜伽集要焰口施食儀一卷，唐不空譯													
1362	佛説施餓鬼甘露味大陀羅尼經一卷，唐跋馱木阿譯													
1363	修設瑜伽集要施食壇儀一卷，明袾宏重訂													
1364	修設瑜伽集要施食壇儀一卷，明袾宏補註													
1365	瑜伽燄口施食要集詳註二卷，明袾宏補註、民國演濟重治													
1366	於密滲施食旨概一卷，明法藏著													
1367	修習瑜伽集要施食壇儀二卷													
1368	瑜伽焰口註集纂要儀軌二卷，清淨觀考正、智銓較閲、寂暹纂書													

門南	天海	緣山	南藏	北藏	嘉興	龍藏	黃檗	卍字	臺中	大正	中華	義門	知津	縮刻	頻伽	普慧	佛教
							附23	續2		21				閏	閏		53
		羊	行	念	念	念	念	十二	嘉1	21	24	二四	十三	成	成		57
								十二		21	24			成	成		57
更*		1539	止	斯	斯	斯	斯	十五	磧36	21	68	二四	十三	成	成		57
					續34				嘉19								
		1570	淵	漆	漆	漆	漆	二七	嘉1	21	66	二六	十五	成	成		58
										21							58
					拾遺376			續59	嘉32						續160		
					拾遺376			續59	嘉32						續160		
																	152
								續59							續160		
								續59									
					續34			續59									

序號	歷代漢文大藏經目録新考對照表	開元	石經	貞元	至元	指要	標目	金藏	麗藏	略出	福州	資福	磧砂	普寧
1369	新集浴像儀軌一卷，唐慧琳述													
1370	除一切疾病陀羅尼經一卷，唐不空譯		俠	己	君		槐	肥*	阿		感*	阿	阿	阿
1371	佛説善樂長者經一卷，宋法賢譯		回		履		纓	輦	輦		驅*	驅	驅	驅
1372	能淨一切眼疾病陀羅尼經一卷，唐不空譯		俠	己	君		槐	肥*	阿		感*	阿	阿	阿
1373	佛説療痔病經一卷，唐義淨譯	優		賤	和	竟	竟	竟*	竟	學	學	學	學	學
1374	佛説呪時氣病經一卷，東晉竺曇無蘭譯							讚*	讚		羔*	羔	羔	羔
1375	佛説呪齒經一卷，東晉竺曇無蘭譯							讚*	讚		羔*	羔	羔	羔
1376	佛説呪目經一卷，東晉竺曇無蘭譯							讚*	讚		羔*	羔	羔	羔
1377	佛説呪小兒經一卷，東晉竺曇無蘭譯							讚*	讚		羔*	羔	羔	羔
1378	囉嚩拏説救療小兒疾病經一卷，宋法賢譯		弱		臨		穀	兵	兵		陪*	陪	陪	陪
1379	佛説卻温黄神呪經一卷													
1380	佛説斷温經一卷													
1381	灌頂經十二卷，東晉帛尸梨蜜多羅譯	惟	惟	貞	男	常	常	常	常	恭	恭	恭	恭	恭
1381-1	灌頂三皈五戒帶佩護身呪經第一	惟	惟	貞	男	常	常	常*	常		恭	恭	恭	恭
1381-2	灌頂七萬二千神王護比丘呪經第二	惟	惟	貞	男	常	常	常*	常		恭	恭	恭	恭
1381-3	灌頂十二萬神王護比丘尼呪經第三	惟	惟	貞	男	常	常	常*	常		恭	恭	恭	恭
1381-4	灌頂百結神王護身呪經第四	惟	惟	貞	男	常	常	常*	常		恭	恭	恭	恭

河南	天海	緣山	南藏	北藏	嘉興	龍藏	黃檗	卍字	臺中	大正	中華	義門	知津	縮刻	頻伽	普慧	佛教
								續59		21				餘	餘		54
阿	阿	阿	淵	斯	斯	斯	斯	十五	磧34	21	65	二四	十四	閏	閏		53
驅	驅	驅	興	深	深	深	深	十五	磧33	21	64	二五	十三	成	成		57
阿	阿	阿	淵	斯	斯	斯	斯	十五	磧34	21	65	二四	十三	閏	閏		53
學	學	學	當	當	當	當	當	十五	磧20	21	36	二四	十三	成	成		57
羔	羔	羔	行	行	行	行	行	十二	磧13	21	24	二四	十四	成	成		58
羔	羔	羔	行	行	行	行	行	十二	磧13	21	24	二四	十四	成	成		58
羔	羔	羔	行	行	行	行	行	十二	磧13	21	24	二四	十四	成	成		58
羔	羔	羔	行	行	行	行	行	十二	磧13	21	24	二四	十四	成	成		58
陪	陪	陪	夙	臨	臨	臨	臨	十五	磧33	21	64	二四	十四	成	成		58
								續2									58
								續1									
恭	恭	恭	恭	恭	恭	恭	恭	九	磧10	21	18	二四	十二	成	成		57
恭	恭	恭	恭	恭	恭	恭	恭	九	磧10	21	18	二四	十二	成	成		
恭	恭	恭	恭	恭	恭	恭	恭	九	磧10	21	18	二四	十二	成	成		
恭	恭	恭	恭	恭	恭	恭	恭	九	磧10	21	18	二四	十二	成	成		
恭	恭	恭	恭	恭	恭	恭	恭	九	磧10	21	18	二四	十二	成	成		

序號	歷代漢文大藏經目録新考對照表	開元	石經	貞元	至元	指要	標目	金藏	麗藏	略出	福州	資福	磧砂	普寧
1381-5	灌頂宮宅神王守鎮左右呪經第五	惟	惟	貞	男	常	常	常	常		恭	恭	恭	恭
1381-6	灌頂塚墓因緣四方神呪經第六	惟	惟	貞	男	常	常	常*	常		恭	恭	恭	恭
1381-7	灌頂伏魔封印大神呪經第七	惟	惟	貞	男	常	常	常	常		恭	恭	恭	恭
1381-8	灌頂摩尼羅亶大神呪經第八	惟	惟	貞	男	常	常	常*	常		恭	恭	恭	恭
1381-9	灌頂召五方龍王攝疫毒神呪經第九	惟	惟	貞	男	常	常	常*	常		恭	恭	恭	恭
1381-10	灌頂梵天神策經第十	惟	惟	貞	男	常	常	常	常		恭	恭	恭	恭
1381-11	灌頂隨願往生十方淨土經第十一	惟	惟	貞	男	常	常	常	常		恭	恭	恭	恭
1381-12	灌頂章句拔除過罪生死得度經第十二	惟	惟	貞	男	常	常	常	常		恭	恭	恭	恭
1382	七佛八菩薩所説大陀羅尼神呪經四卷，失譯附東晉録	羊	羊	表	競	讚	讚	讚	讚	羔	羔*	羔	羔	羔
1383	大吉義神呪經四卷，元魏曇曜譯	羊	羊	表	資	讚	讚	讚	讚	羔	羔*	羔	羔	羔
1384	陀羅尼雜集十卷，未詳撰者附梁録	帳		承	武	啟	啟	啟	啟	甲	甲*	甲	甲	甲
1385	種種雜呪經一卷，宇文周闍那崛多譯	過	過	短	緣	良	良	良	良	知	知	知	知	知
1386	大方等陀羅尼經四卷，北涼法眾譯	覆	覆	羊	慶	使	使	使	使	可	可	可	可	可
1387	大法炬陀羅尼經二十卷，隋闍那崛多等譯	短靡	短靡	量墨	尺璧	談彼	談彼	談彼	談彼	彼短	彼短	彼短	彼短	彼短
1388	大威德陀羅尼經二十卷，隋闍那崛多等譯	恃己	恃己	悲絲	非寶	短靡	短靡	短靡	短靡	靡恃	靡恃	靡恃	靡恃	靡恃
1389	佛説無崖際總持法門經一卷，乞伏秦聖堅譯	必		靡	善	知	知	知	知	過	過	過	過	過

南	天海	緣山	南藏	北藏	嘉興	龍藏	黃檗	卍字	臺中	大正	中華	義門	知津	縮刻	頻伽	普慧	佛教
恭	恭	恭	恭	恭	恭	恭	恭	九	磧10	21	18	二四	十二	成	成		
恭	恭	恭	恭	恭	恭	恭	恭	九	磧10	21	18	二四	十二	成	成		
恭	恭	恭	恭	恭	恭	恭	恭	九	磧10	21	18	二四	十二	成	成		
恭	恭	恭	恭	恭	恭	恭	恭	九	磧10	21	18	二四	十二	成	成		
恭	恭	恭	恭	恭	恭	恭	恭	九	磧10	21	18	二四	十二	成	成		
恭	恭	恭	恭	恭	恭	恭	恭	九	磧10	21	18	二四	十二	成	成		
恭	恭	恭	恭	恭	恭	恭	恭	九	磧10	21	18	二四	十二	成	成		
恭	恭	恭	恭	恭	恭	恭	恭	九	磧10	21	18	二四	十二	成	成		
羔	羔	羔	景	羊	羊	羊	羊	十二	磧13	21	23	二四	十二	成	成		57
羔	羔	羔	行	行	行	行	行	十二	磧13	21	23	二四	十三	成	成		57
甲	甲	甲	封	卿	卿	驅	卿	二七	磧29	21	53	二七	四二	成	成		58
知*	知	知	改	莫	莫	莫	莫	十一	磧11	21	20	二六	十四	餘	餘		54
可	可	可	信	信	信	信	信	十一	磧12	21	22	二四	十二	成	成		56
彼短	彼短	彼短	使可	使可	使可	使可	使可	十一	磧12	21	21	二四	十	宙	宙		12
靡恃	靡恃	靡恃	覆器	覆器	覆器	覆器	覆器	十一	磧12	21	21	二四	十	宙	宙		12
過	過	過	莫	罔	罔	罔	罔	十一	磧11	21	20	二四	十	宙	宙		12

序號	歷代漢文大藏經目錄新考對照表	開元	石經	貞元	至元	指要	標目	金藏	麗藏	略出	福州	資福	磧砂	普
1390	尊勝菩薩所問一切諸法入無量門陀羅尼經一卷，高齊萬天懿譯	必	必	靡	善	知	知	知	知	過	過	過	過	過
1391	金剛場陀羅尼經一卷，隋闍那崛多譯	必	必	靡	善	知	知	知	知	過	過	過	過	過
1392	金剛上味陀羅尼經一卷，元魏佛陀扇多譯	必		靡	善	知	知	知*	知	過	過	過	過	過
1393	佛說十二佛名神呪校量功德除障滅罪經一卷，隋闍那崛多譯	才	3	忘	因	男	男	男	男	效	效	效	效	交
1394	佛說稱讚如來功德神呪經一卷，唐義淨譯	才	才	忘	因	男	男	男	男	效	效	效	效	交
1395	佛說一切如來名號陀羅尼經一卷，宋法賢譯		綺		興		縷	陪*	陪		驅*	驅	驅	驅
1396	東方最勝燈王如來經一卷，隋闍那崛多等譯	必	必	恃	慶	知	知		知	過	過	過	過	過
1397	東方最勝燈王陀羅尼經一卷，隋闍那崛多譯						知	知						
1398	佛說持句神呪經一卷，吳支謙譯	必		恃	慶	知	知	知	知	過	過	過	過	過
1399	佛說陀隣尼鉢經一卷，東晉竺曇無蘭譯	必		恃	慶	知	知	知	知	過	過	過	過	過
1400	佛說聖最上燈明如來陀羅尼經一卷，宋施護譯		溪		興		兵	隸*	隸		俠*	俠	俠	俠
1401	佛說安宅陀羅尼呪經一卷，失譯							讚*	讚					
1402	佛說花積樓閣陀羅尼經一卷，宋施護譯		阜		薄		輦	俠	俠		家*	家	家	家
1403	佛說華積陀羅尼神呪經一卷，吳支謙譯	必	必	恃	善	知	知	知*	知	過	過	過	過	過

南	天海	緣山	南藏	北藏	嘉興	龍藏	黃檗	卍字	臺中	大正	中華	義門	知津	縮刻	頻伽	普慧	佛教
過	過	過	莫	岡	岡	岡	岡	十一	磧11	21	20	二五	十	宙	宙		12
過	過	過	莫	岡	岡	岡	岡	十一	磧11	21	20	二五	十	宙	宙		12
過	過	過	莫	岡	岡	岡	岡	十一	磧11	21	20	二四	十	宙	宙		12
效*	效	效	必	能	能	能	能	十一	磧11	21	19	二四	十二	成	成		57
效*	效	效	必	能	能	能	能	十一	磧11	21	19	二五	十二	成	成		57
驅	驅	驅	興	深	深	深	深	十五	磧33	21	64	二四	十四	成	成		57
過	過	過	莫	岡	岡	岡	岡	十一	磧11	21	20	二五	十二	成	成		57
		1427						十一		21	20			成	成		57
過	過	過	莫	岡	岡	岡	岡	十一	磧11	21	20	二四	十二	成	成		57
過	過	過	莫	岡	岡	岡	岡	十一	磧11	21	20	二五	十二	成	成		57
俠	俠	俠	忠	忠	忠	忠	忠	十五	磧32	21	63	二五	十二	成	成		57
								十二		19	24			成	成		58
家	家	家	臨	命	命	命	命	十五	磧32	21	64	二五	十三	成	成		57
過	過	過	莫	能	能	能	能	十一	磧11	21	20	二四	十三	成	成		57

序號	歷代漢文大藏經目録新考對照表	開元	石經	貞元	至元	指要	標目	金藏	麗藏	略出	福州	資福	磧砂	普
1404	佛説師子奮迅菩薩所問經一卷，失譯附東晉録	必		恃	善	知	知	知	知	過	過	過	過	過
1405	佛説花聚陀羅尼呪經一卷，失譯附東晉録	必	3	恃	善	知	知	知	知	過	過	過	過	過
1406	六門陀羅尼經一卷，唐玄奘譯	羊	羊	表	資	讚	讚	讚*	讚	羔	羔*	羔	羔	羔
1407	六門陀羅尼經論一卷，世親菩薩造													
1408	六門陀羅尼經論廣釋一卷，尊者智威造													
1409	佛説善夜經一卷，唐義淨譯	景	景	空	悲	羔	羔	羔	羔	羊	羊	羊	羊	羊
1410	勝幢臂印陀羅尼經一卷，唐玄奘譯	過		短	善	良	良	良	良	知	知	知	知	知
1411	妙臂印幢陀羅尼經一卷，唐實叉難陀譯	過	過	短	善	良	良	良	良	知	知	知	知	知
1412	八名普密陀羅尼經一卷，唐玄奘譯	羊	羊	表	資	讚	讚	讚*	讚	羔	羔*	羔	羔	羔
1413	佛説祕密八名陀羅尼經一卷，宋法賢譯		綺		夙		纓	陪	陪		驅*	驅	驅	驅
1414	佛説大普賢陀羅尼經一卷，失譯附梁録	羊	羊	表	資	讚	讚	讚	讚	羔	羔*	羔	羔	羔
1415	佛説大七寶陀羅尼經一卷，失譯附梁録	羊	羊	表	資	讚	讚	讚	讚	羔	羔*	羔	羔	羔
1416-1	百千印陀羅尼經一卷，唐實叉難陀譯	景	景	正	父	羔	羔	羔	羔					
1416-2	百千印陀羅尼經（別本）一卷，唐實叉難陀譯									羊	羊	羊	羊	羊
1417	佛説持明藏八大總持王經一卷，宋施護譯		微		薄		輦	槐*	槐		家*	家	家	家

剛南	天海	緣山	南藏	北藏	嘉興	龍藏	黃檗	卍字	臺中	大正	中華	義門	知津	縮刻	頻伽	普慧	佛教
過	過	過	莫	能	能	能	能	十一	磧11	21	20	二五	十三	成	成		57
過	過	過	莫	能	能	能	能	十一	磧11	21	20	二五	十三	成	成		57
羔*	羔	羔	行	行	行	行	行	十二	磧13	21	24	二四	十三	成	成		57
										21							48
										21							67
羊	羊	羊	行	行	行	行	行	十二	磧13	21	24	二四	十三	成	成		57
知	知	知	得	莫	莫	莫	莫	十一	磧11	21	20	二四	十三	成	成		57
知	知	知	得	莫	莫	莫	莫	十一	磧11	21	20	二五	十三	成	成		57
羔*	羔	羔	行	行	行	行	行	十二	磧13	21	24	二四	十三	成	成		57
驅	驅	驅	興	深	深	深	深	十五	磧33	21	64	二五	十三	成	成		57
羔	羔	羔	行	行	行	行	行	十二	磧13	21	24	二四	十四	成	成		58
羔	羔	羔	行	行	行	行	行	十二	磧13	21	24	二四	十二	成	成		57
								十二		21	24			成	成		57
羊	羊	羊	行	行	行	行	行		磧13	21	24	二四	十三	成	成		57
家	家	家	命	則	則	則	則	十五	磧32	21	64	二四	十三	成	成		57

序號	歷代漢文大藏經目録新考對照表	開元	石經	貞元	至元	指要	標目	金藏	麗藏	略出	福州	資福	磧砂	普寧
1418	佛説聖大總持王經一卷，宋施護譯		微		履		輦	槐 *	槐		家 *	家	家	家
1419	增慧陀羅尼經一卷，宋施護譯		桓		薄		驅	八	八		兵 *	兵	兵	兵
1420	佛説施一切無畏陀羅尼經一卷，宋施護等譯				興			弱	軍		勿 *	微	微	微
1421	佛説一切功德莊嚴王經一卷，唐義淨譯	景	景	空	悲	羔	羔	羔 *	羔	羊	羊	羊	羊	羊
1422	佛説莊嚴王陀羅尼呪經一卷，唐義淨譯	景	景	空	父	羔	羔	羔	羔	羊	羊	羊	羊	羊
1423	佛説聖莊嚴陀羅尼經二卷，宋施護譯		阜		深		輦	俠	俠		家 *	家 *	家	家
1424	佛説寶帶陀羅尼經一卷，宋施護譯				深			匡	頗		營 *	策	策	策
1425-1	佛説玄師颭陀所説神呪經一卷，東晉竺曇無蘭譯	羊	羊	表	資	讚	讚	讚 *	讚	羔				
1425-2	幻師颭陀神呪經（別本）一卷，東晉竺曇無蘭譯										羔 *	羔	羔 *	羔
1426	佛説大愛陀羅尼經一卷，宋法賢譯		傾		履		振	冠	冠		輦 *	輦	輦	輦
1427	佛説大吉祥陀羅尼經一卷，宋法賢譯		綺		夙		纓	陪 *	陪		驅 *	驅	驅	驅
1428	佛説宿命智陀羅尼一卷，宋法賢譯		傾		薄		振	冠	冠		輦 *	輦	輦	輦
1429	佛説宿命智陀羅尼經一卷，宋法賢譯		扶		夙		振	高 *	高		輦 *	輦	輦	輦
1430	佛説缽蘭那賒嚩哩大陀羅尼經一卷，宋法賢譯		扶		薄		振	高 *	高		輦 *	輦	輦	輦
1431	佛説俱枳羅陀羅尼經一卷，宋法賢譯		扶		薄		振	高 *	高		輦 *	輦	輦	輦
1432	佛説妙色陀羅尼經一卷，宋法賢譯		扶		薄		振	高 *	高		輦 *	輦	輦	輦

南	天海	緣山	南藏	北藏	嘉興	龍藏	黃檗	卍字	臺中	大正	中華	義門	知津	縮刻	頻伽	普慧	佛教
家	家	家	命	則	則	則	則	十五	磧32	21	64	二四	十三	成	成		57
兵	兵	兵	履	臨	臨	臨	臨	十五	磧33	21	64	二四	十四	成	成		57
微	微	微	思	斯	斯	斯	斯	十六	磧34	21	67	二四	十三	成	成		57
羊	羊	羊	行	行	行	行	行	十二	磧13	21	24	二四	十三	成	成		57
羊	羊	羊	行	行	行	行	行	十二	磧13	21	24	二四	十三	成	成		57
家	家	家	臨	命	命	命	命	十五	磧32	21	64	二四	十三	成	成		57
策	策	策	斯	夙	夙	夙	夙	十五	磧33	21	67	二五	十三	成	成		57
								十二		21	24			成	成		58
羔		羔	行	行	行	行	行		磧13	21	24	二四	十四	成	成		58
輦	輦	輦	夙	臨	臨	臨	臨	十五	磧33	21	64	二四	十四	成	成		58
驅	驅	驅	興	深	深	深	深	十五	磧33	21	64	二四	十三	成	成		57
輦	輦	輦	興	深	深	深	深	十五	磧33	21	64	二六	十四	成	成		58
輦	輦	輦	夙	臨	臨	臨	臨	十五	磧33	21	64	二四	十三	成	成		57
輦	輦	輦	夙	臨	臨	臨	臨	十五	磧33	21	64	二四	十三	成	成		57
輦	輦	輦	夙	臨	臨	臨	臨	十五	磧33	21	64	二四	十三	成	成		57
輦	輦	輦	夙	臨	臨	臨	臨	十五	磧33	21	64	二四	十三	成	成		57

序號	歷代漢文大藏經目録新考對照表	開元	石經	貞元	至元	指要	標目	金藏	麗藏	略出	福州	資福	磧砂	普寧
1433	佛説栴檀香身陀羅尼經一卷，宋法賢譯		扶		薄		振	高*	高		輦*	輦	輦	輦
1434	佛説無畏陀羅尼經一卷，宋法賢譯		傾		薄		振	冠	冠				寔	寔
1435	佛説無量壽大智陀羅尼一卷，宋法賢譯		傾		夙		振	冠	冠		輦*	輦	輦	輦
1436	佛説洛叉陀羅尼經一卷，宋法賢譯		扶		薄		振	高*	高		輦*	輦	輦	輦
1437	佛説檀特羅麻油述經一卷，東晉竺曇無蘭譯							讚*	讚		羔*	羔	羔	羔
1438	大寒林聖難拏陀羅尼經一卷，宋法天譯		磻		深		兵	鍾	鍾		路*	路	路	路
1439	佛説摩尼羅亶經一卷，東晉竺曇無蘭譯	羊	羊	表	資	讚	讚	讚*	讚	羔	羔*	羔	羔	羔
1440	佛説安宅神呪經一卷，後漢失譯	羊	羊	表	資	讚	讚	讚*	讚	羔	羔*	羔	羔	羔
1441	拔濟苦難陀羅尼經一卷，唐玄奘譯	羊	羊	表	資	讚	讚	讚*	讚	羔	羔*	羔	羔	羔
1442	佛説拔除罪障呪王經一卷，唐義淨譯	景	景	空	父	羔	羔	羔	羔	羊	羊	羊	羊	羊
1443	佛説智光滅一切業障陀羅尼經一卷，宋施護譯		阜		履		輦	俠	俠		家*	家	家	家
1444	智炬陀羅尼經一卷，唐提雲般若等譯	景	景	正	父	羔	羔	羔*	羔	羊	羊	羊	羊	羊
1445	佛説滅除五逆罪大陀羅尼經一卷，宋法賢譯		扶		薄		振	高*	高		輦*	輦	輦	輦
1446	佛説消除一切災障寶髻陀羅尼經一卷，宋法賢譯		扶		薄		振	高*	高		輦*	輦	輦	輦

刀南	天海	緣山	南藏	北藏	嘉興	龍藏	黃檗	卍字	臺中	大正	中華	義門	知津	縮刻	頻伽	普慧	佛教
輦	輦	輦	夙	臨	臨	臨	臨	十五	磧33	21	64	二四	十三	成	成		57
寔		1438	思	之	之	之	之	十六	磧36	21	64	二四	十三	成	成		57
輦	輦	輦	興	深	深	深	深	十五	磧33	21	64	二六	十四	成	成		58
輦	輦	輦	夙	臨	臨	臨	臨	十五	磧33	21	64	二四	十三	成	成		57
羔	羔	羔	行	行	行	行	行	十二	磧13	21	24	二四	十四	成	成		58
路	路	路	力	忠	忠	忠	忠	十五	磧32	21	63	二四	十四	成	成		58
羔	羔	羔	行	行	行	行	行	十二	磧13	21	24	二四	十四	成	成		58
羔	羔	羔	行	行	行	行	行	十二	磧13	21	24	二四	十四	成	成		58
羔*	羔	羔	行	行	行	行	行	十二	磧13	21	24	二四	十三	成	成		57
羊	羊	羊	行	行	行	行	行	十二	磧13	21	24	二四	十三	成	成		57
家	家	家	命	則	則	則	則	十五	磧32	21	64	二五	十二	成	成		57
羊	羊	羊	行	行	行	行	行	十二	磧13	21	24	二四	十二	成	成		57
輦	輦	輦	夙	臨	臨	臨	臨	十五	磧33	21	64	二四	十三	成	成		57
輦	輦	輦	夙	臨	臨	臨	臨	十五	磧33	21	64	二四	十四	成	成		58

序號	歷代漢文大藏經目錄新考對照表	開元	石經	貞元	至元	指要	標目	金藏	麗藏	略出	福州	資福	磧砂	普寧
1447	佛説大金剛香陀羅尼經一卷，宋施護譯		奄		薄		陪	將*	將		冠*	冠	冠	冠
1448	消除一切閃電障難隨求如意陀羅尼經一卷，宋施護譯		溪		夙		兵	隸	隸		俠*	俠	俠	俠
1449	佛説如意摩尼陀羅尼經一卷，宋施護譯		奄		因		陪	將*	將		八*	八	八	八
1450	佛説如意寶總持王經一卷，宋施護譯		微		維		輦	槐*	槐		家*	家	家	家
1451	佛説息除賊難陀羅尼經一卷，宋法賢譯		綺		興		纓	陪	陪		驅*	驅	驅	驅
1452	佛説辟除賊害呪經一卷，失譯							讚*	讚		羔*	羔	羔	羔
1453	佛説辟除諸惡陀羅尼經一卷，宋法賢譯		扶		薄		振	高*	高		輦*	輦	輦	輦
1454	佛説最上意陀羅尼經一卷，宋施護譯		微		薄		輦	槐*	槐		家*	家	家	家
1455	佛説聖最勝陀羅尼經一卷，宋施護譯		桓		夙		驅	八	八		兵*	兵	兵	兵
1456	佛説勝幡瓔珞陀羅尼經一卷，宋施護譯		阜		薄		輦	俠	俠		家*	家	家	家
1457	佛説蓮華眼陀羅尼經一卷，宋施護譯		奄		薄		陪	將*	將		八*	八	八	八
1458	佛説寶生陀羅尼經一卷，宋施護譯		奄		薄		陪	將*	將		八*	八	八	八
1459	佛説尊勝大明王經一卷，宋施護譯		微		如		輦	槐*	槐		家*	家	家	家
1460	佛説金身陀羅尼經一卷，宋施護譯				履			匡	頗		營*	策	策	策

刊南	天海	緣山	南藏	北藏	嘉興	龍藏	黃檗	卍字	臺中	大正	中華	義門	知津	縮刻	頻伽	普慧	佛教
冠	冠	冠	薄	臨	臨	臨	臨	十五	磧33	21	64	二四	十二	成	成		57
俠	俠	俠	忠	忠	忠	忠	忠	十五	磧32	21	63	二四	十三	成	成		57
八	八	八	盡	則	則	則	則	十五	磧32	21	64	二五	十三	成	成		57
家	家	家	命	則	則	則	則	十五	磧32	21	64	二四	十三	成	成		57
驅	驅	驅	興	深	深	深	深	十五	磧33	21	64	二四	十四	成	成		58
羔	羔	羔	行	行	行	行	行	十二	磧13	21	24	二四	十四	成	成		58
輦	輦	輦	夙	臨	臨	臨	臨	十五	磧33	21	64	二四	十四	成	成		58
家	家	家	命	則	則	則	則	十五	磧32	21	64	二四	十四	成	成		57
兵	兵	兵	履	臨	臨	臨	臨	十五	磧33	21	64	二四	十四	成	成		57
家	家	家	臨	命	命	命	命	十五	磧32	21	64	二四	十三	成	成		57
八	八	八	盡	則	則	則	則	十五	磧32	21	64	二四	十三	成	成		57
八＊	八	八	命	盡	盡	盡	盡	十五	磧32	21	64	二四	十三	成	成		57
家	家	家	命	則	則	則	則	十五	磧32	21	64	二四	十三	成	成		57
策	策	策	斯	夙	夙	夙	夙	十五	磧33	21	67	二四	十三	成	成		57

序號	歷代漢文大藏經目錄新考對照表	開元	石經	貞元	至元	指要	標目	金藏	麗藏	略出	福州	資福	磧砂	普寧
1461	大金剛妙高山樓閣陀羅尼一卷，宋施護譯		宅		夙		陪	相 *	相		縣 *	縣	縣	縣
1462	金剛摧碎陀羅尼一卷，契丹慈賢譯		丁		如								寧	寧
1463	佛説壞相金剛陀羅尼經一卷，元沙囉巴譯													587
1464	佛説一切如來安像三昧儀軌經一卷，宋施護譯		奄		淵		陪	將 *	將		八 *	八	密	八
1465	釋教最上乘祕密藏陀羅尼集三十卷，唐行琳集		俊至密		并至宗									
1466	佛説造像量度經一卷，清工布查布譯													
1467	佛説造像量度經解一卷，清工布查布譯解													
1468	龍樹五明論二卷													
1469	權現金色迦那婆底九目天法一卷，唐菩提流志譯													
1470	祕密要術法一卷，唐阿謨伽譯													
1471	五大牛王雨寶陀羅尼儀軌一卷，唐縛日羅枳惹曩譯													
1472	佛説大如意寶珠輪牛王守護神呪經一卷，唐阿謨伽譯													
1473	新刻看命一掌金一卷，唐一行著、明文會堂校													
1474	持呪仙人飛鉢儀軌一卷，唐不空拔出													

刊南	天海	緣山	南藏	北藏	嘉興	龍藏	黃檗	卍字	臺中	大正	中華	義門	知津	縮刻	頻伽	普慧	佛教
縣	縣	縣	命	盡	盡	盡	盡	十五	磧32	21	64	二六	十四	成	成		58
寧		1541	思	斯	斯	斯	斯	十六	磧36	21	69	二六	十四	成	成		58
								續2		21	71			成	成		58
密	八	八	取	止	止	止	止	十六	磧36	21	64	二三	十二	成	成		57
											68						
								續1									28
								續23		21							61
										21							84
								續2									58
								續2									58
								續2									58
								續2									58
								續59							續160		
								續59							續160		152

序號	歷代漢文大藏經目錄新考對照表	開元	石經	貞元	至元	指要	標目	金藏	麗藏	略出	福州	資福	磧砂	普
1475	釋迦牟尼如來拔除苦惱現大神變飛空大缽法一卷，唐般若傳													
1476	成就夢想法一卷，唐大興善寺翻經院灌頂阿闍梨述													
1477	聖無量壽智大乘經一卷，民國丹吉譯													
1478	佛說身口意魔法災難解除陀羅尼經一卷，民國丹吉譯													
1479	大毘盧遮那成佛神變加持經住心品疏註會解一卷，唐一行疏、靈雲妙極註、民國劉永滇述、萬武等校													
1480	佛說化珠保命真經一卷													
1481	健拏標訶一乘修行者秘密義記一卷，法藏述		28											
1482	彌沙塞部和醯五分律三十卷，劉宋佛陀什共竺道生等譯	上至下		伯至猶	箴至仁	尊至上	尊至上	尊至上	尊至上	卑至和	卑至和	卑至和	卑至和	卑上和
1483-1	彌沙塞五分戒本一卷，劉宋佛陀什等譯					隨		隨						
1483-2	五分戒本（別本）一卷，劉宋佛陀什等譯	受		弟	離		隨			外	外	外	外	外
1484	五分比丘尼戒本一卷，梁明徽集	傅		同	節	外	隨	外	外	受	受	受	受	受
1485	彌沙塞羯磨本一卷，唐愛同錄	入		連	廉	傅	傅	傅	傅	訓	訓	訓	訓	訓
1486	摩訶僧祇律四十卷，東晉佛陀跋陀羅共法顯譯	登至職		禮至卑	諸至叔	學至仕	學至仕	學至仕	學至仕	優至攝	優至攝	優至攝	優至攝	優至攝

刀南	天海	緣山	南藏	北藏	嘉興	龍藏	黃檗	卍字	臺中	大正	中華	義門	知津	縮刻	頻伽	普慧	佛教
								續59									
								續59							續160		
																	58
																	58
																	152
								續1									
卑至和	卑至和	卑至和	隨至傅	而至詠	而至詠	而至詠	而至詠	十八	磧21	22	39	八	三三	張	張		31
								十九		22	41			張	張		31
外＊	外	外	棠	外	外	外	外		磧22	22	41	八	三三	張	張		31
受	受	受	叔	外	外	外	外	十九	磧22	22	41	八	三三	張	張		31
訓	訓	訓	叔	隨	隨	隨	隨	十九	磧22	22	41	八·	三三	張	張		31
優至攝	優至攝	優至攝	政至棠	攝至存	攝至存	攝至存	攝至存	十八	磧20	22	36	八	三三	列	列		30

序號	歷代漢文大藏經目錄新考對照表	開元	石經	貞元	至元	指要	標目	金藏	麗藏	略出	福州	資福	磧砂	普寧
1487	摩訶僧祇律大比丘戒本一卷，東晉佛陀跋陀羅譯	受		弟	離	隨	隨	隨	隨	外	外	外	外	外
1488-1	摩訶僧祇比丘尼戒本一卷，東晉法顯共覺賢譯	受		弟	離	隨	隨	隨	隨	外				
1488-2	比丘尼僧祇律波羅提木叉戒經（別本）一卷，東晉法顯共覺賢譯										外	外	外	外
1489	四分律六十卷，姚秦佛陀耶舍共竺佛念等譯	睦至外		子至兄	慈至弗	和至婦	和至婦	和至婦	和至婦	下至隨	下至隨	下至隨	下至隨	下至隨
1490	四分比丘戒本一卷，唐懷素集	傅		同	節	外	隨	外	外	受	受	受	受	受
1491	四分僧戒本一卷，姚秦佛陀耶舍譯	傅	2	同	節	外	隨	外	外	受	受	受	受	受
1492-1	四分尼戒本一卷，唐懷素集	傅	2	同	節	外	隨	外	外	受				
1492-2	四分比丘尼戒本（別本）二卷，唐懷素集										受	受	受	受
1493	曇無德律部雜羯磨一卷，曹魏康僧鎧譯	入		連	廉	傅	傅	傅	傅	訓	訓	訓	訓	訓
1494	羯磨一卷，曹魏曇諦譯	入	2	連	廉	傅	傅	傅	傅	訓	訓	訓	訓	訓
1495	四分比丘尼羯磨法一卷，劉宋求那跋摩譯	入	2	連	廉	傅	傅	傅	傅	訓	訓	訓	訓	訓
1496-1	十誦律五十八卷，姚秦弗若多羅等共鳩摩羅什譯	从至棠		上至唱	猶至懷	攝至以	攝至以	攝至以	攝至以	職至甘	職至甘	職至甘	職至甘	職至甘
1496-2	十誦律毘尼序三卷，東晉卑摩羅叉續譯	棠		唱	懷	以	以	以	以	甘	甘	甘	甘	甘
1497-1	十誦比丘波羅提木叉戒本一卷，姚秦鳩摩羅什譯					隨		隨	隨					
1497-2	十誦律比丘戒本（別本）一卷，姚秦鳩摩羅什譯	受		弟	離		隨			外	外	外	外	外

南	天海	緣山	南藏	北藏	嘉興	龍藏	黃檗	卍字	臺中	大正	中華	義門	知津	縮刻	頻伽	普慧	佛教
外	外	外	貴	外	外	外	外	十九	磧22	22	41	八	三三	列	列		30
		外						十九		22	41			列	列		30
外	外		婦	隨	隨	隨	隨		磧22		41	八	三三				
至隨	下至隨	下至隨	訓至姑	業至無	業至無	業至無	業至無	十七	磧21	22	40	八	三三	列	列		29
受	受	受	姑	外	外	外	外	十九	磧22	22	41	八	三三	列	列		30
受	受	受	姑	外	外	外	外	十九	磧22	22	41	八	三三	列	列		30
		受						十九		22	41			列	列		30
受	受		叔	外	外	外	外		磧22		41	八	三三				
訓	訓	訓	猶	受	受	受	受	十九	磧22	22	41	八	三三	列	列		30
訓	訓	訓	猶	婦	婦	婦	婦	十九	磧22	22	41	八	三三	列	列		30
訓	訓	訓	猶	卑	卑	卑	卑	十九	磧22	22	41	八	三三	列	列		30
誠至甘	職至甘	職至甘	去至貴	誠至榮	誠至榮	誠至榮	誠至榮	十七	磧20	23	37	八	三三	張	張		31
甘	甘	甘	貴	婦	婦	婦	婦	十七	磧20	23	38	八	三三	張	張		
								十九		23	41			張	張		32
外	外	外	傅	外	外	外	外		磧22		41	八	三三				

序號	歷代漢文大藏經目録新考對照表	開元	石經	貞元	至元	指要	標目	金藏	麗藏	略出	福州	資福	磧砂	普
1498-1	十誦比丘尼波羅提木叉戒本一卷，劉宋法顯集					隨		隨	隨					
1498-2	十誦律比丘尼戒本（別本）一卷，劉宋法穎集	受		弟	離		隨			外	外	外	外	外
1499	大沙門百一羯磨法一卷，失譯附劉宋錄	入		連	廉	傅	傅	傅	傅	訓	訓	訓	訓	訓
1500	十誦羯磨比丘要用一卷，劉宋僧璩撰	入		連	廉	傅	傅	傅	傅	訓	訓	訓	訓	訓
1501	薩婆多毘尼毘婆沙九卷，失譯附秦錄	比		次	心	猶	猶	猶	猶	子	子	子	子	子
1502	薩婆多部毘尼摩得勒伽十卷，劉宋僧伽跋摩譯	姑		仁	虧	儀	儀	儀	儀	諸	諸	諸	諸	諸
1503	根本説一切有部毘奈耶五十卷，唐義淨譯	去至樂		婦至傅	兄至連	甘至益	甘至益	甘至益	甘至益	棠至詠	棠至詠	棠至詠	棠至詠	棠至詠
1504	根本説一切有部苾芻尼毘奈耶二十卷，唐義淨譯	殊貴		訓入	枝交	詠樂	詠樂	詠樂	詠樂	樂殊	樂殊	樂殊	樂殊	樂殊
1505	根本説一切有部毘奈耶出家事四卷，唐義淨譯			規	真				綺					
1506	根本説一切有部毘奈耶安居事一卷，唐義淨譯			規	真				綺					
1507	根本説一切有部毘奈耶隨意事一卷，唐義淨譯			規	真				綺					
1508	根本説一切有部毘奈耶皮革事二卷，唐義淨譯			規	真				綺					
1509	根本説一切有部毘奈耶藥事二十卷，唐義淨譯			分切	動神				濟弱					
1510	根本説一切有部毘奈耶羯恥那衣事一卷，唐義淨譯			規	真				綺					

門南	天海	緣山	南藏	北藏	嘉興	龍藏	黃檗	卍字	臺中	大正	中華	義門	知津	縮刻	頻伽	普慧	佛教
										23	41			張	張		32
外	外	外	傅	外	外	外	外	十九	磧22		41	八	三三				
川*	訓	訓	叔	外	外	外	外	十九	磧22	23	41	八	三三	張	張		32
川*	訓	訓	叔	受	受	受	受	十九	磧22	23	41	八	三三	張	張		32
子	子	子	氣	夫	夫	夫	夫	十九	磧23	23	42	八	三三	寒	寒		34
諸	諸	諸	懷	下	下	下	下	十九	磧22	23	42	八	三三	寒	寒		34
棠至詠	棠至詠	棠至詠	賤至卑	竟至仕	竟至仕	竟至仕	竟至仕	十八	磧21	23	38	八	三三	張	張		32
樂殊	樂殊	樂殊	上和	貴賤	貴賤	貴賤	貴賤	十九	磧21	23	38	八	三三	張	張		32
		1499						續1		23	39			寒	寒		33
		1500						續1		23	39			寒	寒		33
		1501						續1		23	39			寒	寒		33
		1502						續1		23	39			寒	寒		33
		1497						續1		24	39			寒	寒		33
		1503						續1		24	39			寒	寒		33

序號	歷代漢文大藏經目録新考對照表	開元	石經	貞元	至元	指要	標目	金藏	麗藏	略出	福州	資福	磧砂	普
1511	根本説一切有部毗奈耶破僧事二十卷，唐義淨譯			磨箴	疲守				扶傾				假塗	假
1512	根本説一切有部毗奈耶雜事四十卷，唐義淨譯	賤至尊		奉至諸	友至切	殊至禮	殊至禮	殊至禮	殊至禮	貴至別	貴至別	貴至別	貴至別	貴別
1513–1	根本説一切有部尼陀那卷一至五，唐義淨譯	卑		姑	磨	別	別	別	別	尊	尊	尊	尊	尊
1513–2	根本説一切有部目得迦卷六至十，唐義淨譯	卑		姑	磨	別	別	別	別	尊	尊	尊	尊	尊
1514	根本説一切有部百一羯磨十卷，唐義淨譯	訓		氣	義	受	受	受	受	傅	傅	傅	傅	傅
1515	根本説一切有部戒經一卷，唐義淨譯	受		弟	離	隨	隨	隨	隨	外	外	外	外	外
1516	根本説一切有部苾芻尼戒經一卷，唐義淨譯	受		弟	離	隨	隨	隨*	隨	外	外	外	外	外
1517	根本説一切有部毗奈耶尼陀那目得迦攝頌一卷，唐義淨譯	母		交	顛	入	入	入	入	奉	奉	奉	奉	奉
1518	根本説一切有部毗奈耶雜事攝頌一卷，唐義淨譯	母		交	顛	入	入	入	入	奉	奉	奉	奉	奉
1519	根本薩婆多部律攝十四卷，尊者勝友集、唐義淨譯	儀諸		友投	沛匪	奉母	奉母	奉母	奉母	母儀	母儀	母儀	母儀	母儀
1520	根本説一切有部毗奈耶頌三卷，尊者毗舍佉造、唐義淨譯	母		交	顛	入	入	入	入	奉	奉	奉	奉	奉
1521	解脱戒經一卷，元魏瞿曇般若流支譯	傅		同	節	外	隨	外	外	受	受	受	受	受

南	天海	緣山	南藏	北藏	嘉興	龍藏	黃檗	卍字	臺中	大正	中華	義門	知津	縮刻	頻伽	普慧	佛教
塗		1498	連枝	樂殊	樂殊	樂殊	樂殊	十八	磧36	24	39	八	三三	寒	寒		33
至別	貴至別	貴至別	下至唱	以至去	以至去	以至去	以至去	十八	磧21	24	39	八	三三	寒	寒		33
尊	尊	尊	婦	睦	睦	睦	睦	十九	磧21	24	39	八	三三	寒	寒		33
尊	尊	尊	婦	睦	睦	睦	睦	十九	磧21	24	39	八	三三	寒	寒		33
傅	傅	傅	伯	和	和	和	和	十九	磧22	24	41	八	三三	寒	寒		33
外	外	外	傅	初	初	初	初	十七	磧22	24	41	八	三三	寒	寒		33
外	外	外	傅	隨	隨	隨	隨	十九	磧22	24	41	八	三三	寒	寒		33
奉*	奉	奉	比	唱	唱	唱	唱	十九	磧22	24	41	八	三三	寒	寒		33
奉	奉	奉	比	唱	唱	唱	唱	十九	磧22	24	41			寒	寒		33
儀	母儀	母儀	兒孔	尊卑	尊卑	尊卑	尊卑	十九	磧22	24	42	八	三三	寒	寒		34
奉	奉	奉	比	婦	婦	婦	婦	十九	磧22	24	41	八	三三	寒	寒		34
受	受	受	傅	初	初	初	初	十七	磧22	24	41	八	三三	寒	寒		34

序號	歷代漢文大藏經目錄新考對照表	開元	石經	貞元	至元	指要	標目	金藏	麗藏	略出	福州	資福	磧砂	普寧
1522	律二十二明了論一卷，佛陀多羅多造、陳真諦譯	比		次	心	猶	猶	猶	猶	子	子	子	子	子
1523	善見律毘婆沙十八卷，蕭齊僧伽跋陀羅譯	叔猶		隱惻	靜情	姑伯	姑伯	姑伯	姑伯	伯叔	伯叔	伯叔	伯叔	伯叔
1524	毘尼母經八卷，失譯附秦録	子		造	逸	叔	叔	叔	叔	猶	猶	猶	猶	猶
1525	鼻奈耶十卷，姚秦竺佛念譯	伯		慈	性	諸	諸	諸	諸	姑	姑	姑	姑	姑
1526	舍利弗問經一卷，失譯附東晉録	傅	3	同	節	外	外	外	外	受	受	受	受	受
1527	優波離問佛經一卷，失譯在後漢録	入		連	廉	傅	傅	傅	傅	訓	訓	訓	訓	訓
1528	佛説目連所問經一卷，宋法天譯		時		志		高	經*	經		卿*	卿	卿	卿
1529-1	佛説犯戒罪報輕重經一卷，後漢安世高譯	母		交	顛	入	入	入	入	奉	奉	奉	奉	奉
1529-2	佛説犯戒罪報輕重經（別本）一卷													
1530	佛説迦葉禁戒經一卷，劉宋沮渠京聲譯	母		交	顛	入	入	入	入	奉	奉	奉	奉	奉
1531	大比丘三千威儀二卷，後漢安世高譯	子		造	逸	叔	叔	叔	叔	猶	猶	猶	猶	猶
1532	沙彌十戒法並威儀一卷，失譯附東晉録	傅		同	節	外	隨	外	外	受	受	受	受	受
1533	沙彌威儀一卷，劉宋求那跋摩譯	傅		同	節	外	隨	外	外	受	受	受	受	受
1534	佛説沙彌十戒儀則經一卷，宋施護譯		佐		志		高	壁	壁		卿	卿	卿	卿
1535	沙彌尼戒經一卷，失譯在後漢録	傅		同	節		隨	外	外	受	受	受	受	受
1536	沙彌尼離戒文一卷，失譯附東晉録	傅		同	節		隨	外	外	受	受	受	受	受

南	天海	緣山	南藏	北藏	嘉興	龍藏	黃檗	卍字	臺中	大正	中華	義門	知津	縮刻	頻伽	普慧	佛教
子	子	子	孔	唱	唱	唱	唱	十九	磧23	24	42	八	三三	寒	寒		34
伯叔	伯叔	伯叔	弟同	禮別	禮別	禮別	禮別	十九	磧23	24	42	八	三三	寒	寒		34
猶*	猶	猶	交	唱	唱	唱	唱	十九	磧23	24	42	八	三三	寒	寒		34
姑	姑	姑	兄	上	上	上	上	十九	磧22	24	42	八	三三	寒	寒		34
受*	受	受	子	隨	隨	隨	隨	十九	磧22	24	41	六	三三	寒	寒		34
訓	訓	訓	叔	初	初	初	初	十七	磧22	24	41	六	三三	寒	寒		34
卿	卿	卿	盡	則	則	則	則	十五	磧32	24	63	七	三三	寒	寒		34
奉*	奉	奉	比	初	初	初	初	十七	磧22	24	41	七	三三	寒	寒		34
										24							
奉*	奉	奉	比	初	初	初	初	十七	磧22	24	41	六	三三	寒	寒		34
猶*	猶	猶	孔	別	別	別	別	十九	磧23	24	42	八	三三	寒	寒		34
受*	受	受	叔	婦	婦	婦	婦	十九	磧22	24	41	八	三三	寒	寒		34
受*	受	受	叔	受	受	受	受	十九	磧22	24	41	八	三三	寒	寒		34
卿	卿	卿	忠	則	則	則	則	十五	磧32	24	63	八	三三	寒	寒		34
受*	受	受	子	隨	隨	隨	隨	十九	磧22	24	41	八	三三	寒	寒		34
受*	受	受	叔	受	受	受	受	十九	磧22	24	41	八	三三	寒	寒		34

序號	歷代漢文大藏經目錄新考對照表	開元	石經	貞元	至元	指要	標目	金藏	麗藏	略出	福州	資福	磧砂	普寧
1537	佛説優婆塞五戒相經一卷，劉宋求那跋摩譯	母		交	顛	入	入	入	入	奉	奉	奉	奉	奉
1538	佛説戒消災經一卷，吳支謙譯	母		交	顛	入	入	入	入	奉	奉	奉	奉	奉
1539	大愛道比丘尼經二卷，失譯附北涼録	母		交	顛	入	入	入	入	奉	奉	奉	奉	奉
1540	佛説苾芻五法經一卷，宋法天譯		時		志		高	經	經		封	封	封	封
1541	佛説苾芻迦尸迦十法經一卷，宋法天譯		時		志		高	經	經		封	封	封	封
1542	佛説五恐怖世經一卷，劉宋沮渠京聲譯	學	3	貴	上	無	無	無*	無	竟	竟	竟	竟	竟
1543	佛阿毘曇經二卷，陳真諦譯	猶		惻	情	伯	伯	伯	伯	叔	叔	叔	叔	叔
1544-1	佛説目連問戒律中五百輕重事一卷，失譯附東晉録							入						
1544-2	佛説目連問戒律中五百輕重事經（別本一）二卷，失譯附東晉録	母		交	顛		入			奉	奉	奉	奉	奉
1544-3	佛説目連問戒律中五百輕重事（別本二）一卷，失譯附東晉録					入		入						
1545	梵網經二卷，姚秦鳩摩羅什譯	念	念	聽	奉	賢	賢	賢	賢	克	克	克	克	克
1546	菩薩瓔珞本業經二卷，姚秦竺佛念譯	作	作	禍	母	克	克	克	克	念	念	念	念	念
1547	受十善戒經一卷，後漢失譯	念	念	聽	奉	賢	賢	賢	賢	克	克	克	克	克
1548	佛説菩薩內戒經一卷，劉宋求那跋摩譯	聖	聖	因	儀	念	念	念	念	作	作	作	作	作
1549	優婆塞戒經七卷，北涼曇無讖譯	念	念	聽	奉	賢	賢	賢	賢	克	克	克	克	克

河南	天海	緣山	南藏	北藏	嘉興	龍藏	黃檗	卍字	臺中	大正	中華	義門	知津	縮刻	頻伽	普慧	佛教
奉	奉	奉	比	初	初	初	初	十七	磧22	24	41	六	三三	寒	寒		34
奉*	奉	奉	比	初	初	初	初	十七	磧22	24	41	六	三三	寒	寒		34
奉*	奉	奉	比	隨	隨	隨	隨	十九	磧22	24	41	六	三三	寒	寒		34
封	封	戶	盡	則	則	則	則	十五	磧32	24	63	六	三三	寒	寒		34
封	封	戶	盡	則	則	則	則	十五	磧32	24	63	六	三三	寒	寒		34
竟	竟	竟	當	當	當	當	當	十五	磧20	24	36	六	三三	寒	寒		34
叔	叔	叔	同	初	初	初	初	十七	磧23	24	42	八	三三	寒	寒		34
								十九		24	41			寒	寒		34
奉*	奉	奉	猶	隨	隨	隨	隨		磧22	24	41	六	三三	寒	寒		34
											41						
克	克	克	攝	安	安	安	安	十七	磧14	24	24	十二	三二	列	列		29
念*	念	念	職	篤	篤	篤	篤	十七	磧14	24	24	十二	三二	列	列		29
克*	克	克	職	篤	篤	篤	篤	十七	磧14	24	24	十三	三二	列	列		29
作*	作	作	從	言	言	言	言	十七	磧14	24	25	十二	三二	列	列		29
克	克	克	攝	定	定	定	定	十七	磧14	24	24	十三	三二	列	列		29

序號	歷代漢文大藏經目錄新考對照表	開元	石經	貞元	至元	指要	標目	金藏	麗藏	略出	福州	資福	磧砂	普寧
1550	佛藏經三卷，姚秦鳩摩羅什譯	作	作	禍	母	克	克	克	克	念	念	念	念	念
1551	佛說法律三昧經一卷，吳支謙譯	聖	聖	因	儀	念	念	念*	念	作	作	作	作	作
1552	清淨毘尼方廣經一卷，姚秦鳩摩羅什譯	聖		因	儀	念	念	念	念	作	作	作	作	作
1553	佛說文殊師利淨律經一卷，西晉竺法護譯	聖		因	儀	念	念	念	念	作	作	作	作	作
1554	寂調音所問經一卷，劉宋法海譯	聖	聖	因	儀	念	念	念	念	作	作	作	作	作
1555	佛說清淨毘奈耶最上大乘經三卷，宋智吉祥等譯			谷			門						
1556	佛說文殊悔過經一卷，西晉竺法護譯	聖	聖	因	儀	念	念	念	念	作	作	作	作	作
1557	三曼陀跋陀羅菩薩經一卷，西晉聶道真譯	聖	聖	因	儀	念	念	念*	念	作	作	作	作	作
1558	菩薩藏經一卷，梁僧伽婆羅譯	聖	聖	因	儀	念	念	念*	念	作	作	作	作	作
1559	佛說舍利弗悔過經一卷，後漢安世高譯	聖	聖	因	儀	念	念	念*	念	作	作	作	作	作
1560	大乘三聚懺悔經一卷，隋闍那崛多共笈多等譯	聖	聖	因	儀	念	念	念	念	作	作	作	作	作
1561	佛說淨業障經一卷，失譯附秦錄	克	克	習	入	維	維	維*	維	賢	賢	賢	賢	賢
1562	善恭敬經一卷，隋闍那崛多譯	女	女	過	改	毀	毀	毀*	毀	傷	傷	傷	傷	傷
1563	佛說正恭敬經一卷，元魏佛陀扇多譯	女	3	過	改	毀	毀	毀*	毀	傷	傷	傷	傷	傷
1564	佛說大乘戒經一卷，宋施護譯		桓		奉		驅	八	八		兵	兵	兵	兵
1565	佛說八種長養功德經一卷，宋法護等譯				母			俊*	九		綺*	溪	溪	溪

南	天海	緣山	南藏	北藏	嘉興	龍藏	黃檗	卍字	臺中	大正	中華	義門	知津	縮刻	頻伽	普慧	佛教
念	念	念	職	篤	篤	篤	篤	十七	磧14	15	24	十二	三二	列	列		29
作	作	作	從	初	初	初	初	十七	磧14	15	25	十三	三二	列	列		29
作	作	作	從	初	初	初	初	十七	磧14	24	25	十四	三二	列	列		29
作*	作	作	從	言	言	言	言	十七	磧14	14	25	十三	三二	列	列		29
作	作	作	從	定	定	定	定	十七	磧14	24	25	十四	三二	列	列		29
									磧38		76						28
作*	作	作	從	定	定	定	定	十七	磧14	14	25	十三	三二	列	列		29
作	作	作	從	初	初	初	初	十七	磧14	14	25	十三	三二	列	列		29
作	作	作	從	初	初	初	初	十七	磧14	24	25	十四	三二	列	列		29
作	作	作	從	初	初	初	初	十七	磧14	24	25	十三	三二	列	列		29
作	作	作	從	定	定	定	定	十七	磧14	24	25	十四	三二	列	列		29
賢	辭	賢	職	篤	篤	篤	篤	十七	磧13	24	24	十三	三二	列	列		29
傷	傷	傷	效	良	良	良	良	十	磧11	24	19	十四	三二	列	列		29
傷	傷	傷	效	良	良	良	良	十	磧11	24	19	十三	三二	列	列		29
兵	兵	兵	履	臨	臨	臨	臨	十五	磧33	24	64	十三	三二	列	列		29
溪	溪	溪	馨	清	清	清	清	十五	磧34	24	68	三十	二八	晟	晟		24

序號	歷代漢文大藏經目録新考對照表	開元	石經	貞元	至元	指要	標目	金藏	麗藏	略出	福州	資福	磧砂	普寧
1566	菩薩戒羯磨文一卷，彌勒菩薩説、唐玄奘譯	作	作	禍	母	克	克	克	克	念	念	念	念	念
1567	菩薩戒本一卷，慈氏菩薩説、北涼曇無讖譯	作	作	禍	母		克	克	克	念	念	念	念	念
1568	菩薩戒本一卷，彌勒菩薩説、唐玄奘譯	作	作	禍	母	克	克	克	克	念	念	念	念	念
1569	優婆塞五戒威儀經一卷，劉宋求那跋摩譯	聖	聖	因	儀	念	念	念	念	作	作	作	作	作
1570	菩薩受齋經一卷，西晉聶道真譯	聖	聖	因	儀	念	念	念*	念	作	作	作	作	作
1571	菩薩五法懺悔文一卷，失譯附梁録	聖	聖	因	儀	念	念	念*	念	作	作	作	作	作
1572	三法度論三卷，東晉瞿曇僧伽提婆譯	東		獸	肥	華	華	華	華	東	東	東	東	東
1573	四阿鋡暮抄解二卷，阿羅漢婆素跋陀撰、苻秦鳩摩羅佛提等譯	獸		納	孰	禽	禽	禽	禽	禽	禽	禽	禽	禽
1574	分別功德論五卷，失譯附後漢録	據		帳	磻	渭	渭	渭	渭	渭	渭	渭	渭	渭
1575	阿含口解十二因緣經一卷，後漢安玄共嚴佛調譯	畫		陞	營	獸	獸	獸*	獸	獸	獸	獸	獸	獸
1576	大智度論一百卷，龍樹菩薩造、姚秦鳩摩羅什譯	德至谷	德至谷	惡至寶	滿至好	作至正	作至正	作至正	作至正	聖至空	聖至空	聖至空	聖至空	聖至空
1577-1	金剛般若論二卷，無著菩薩造、隋達摩笈多譯	虛	虛	是	縻	傅		傅	傅					
1577-2	金剛般若波羅蜜經論（別本）三卷，無著菩薩造、隋達摩笈多譯						傅			聲	聲	聲	聲	聲
1578	金剛仙論十卷，世親菩薩造、金剛仙論師釋、元魏菩提流支譯													

刀南	天海	緣山	南藏	北藏	嘉興	龍藏	黃檗	卍字	臺中	大正	中華	義門	知津	縮刻	頻伽	普慧	佛教
念*	念	念	職	篤	篤	篤	篤	十七	磧14	24	24	二九	三二	列	列		29
念	念	念	職	篤	篤	篤	篤	十七	磧14	24	24	二九	三二	列	列		29
念*	念	念	職	篤	篤	篤	篤	十七	磧14	24	24	二九	三二	列	列		29
作	作	作	從	言	言	言	言	十七	磧14	24	25	三十	三二	列	列		29
作	作	作	從	初	初	初	初	十七	磧14	24	25	三十	三二	列	列		29
作	作	作	從	初	初	初	初	十七	磧14	24	25	三十	三二	列	列		29
東	東	東	墳	畫	畫	畫	畫	二四	磧26	25	48	九	四十	藏	藏		47
禽	禽	禽	籍	英	英	英	英	二六	磧28	25	52	三十	四十	藏	藏		47
渭	渭	渭	漆	笙	笙	笙	笙	二五	磧27	25	50	九	四十	藏	藏		47
獸		獸	籍	既	既	既	既	二六	磧28	25	52	三十	四十	藏	藏		47
聖至空	聖至空	聖至空	友至隱	傅至叔	傅至叔	傅至叔	傅至叔	十九	磧14	25	25	十八	三四	往	往		39
								十九		25	27				往	往	40
聲	聲	聲	次	受	受	受	受		磧15	25	27	十八	三四	往	往		40
								續2		25							48

序號	歷代漢文大藏經目錄新考對照表	開元	石經	貞元	至元	指要	標目	金藏	麗藏	略出	福州	資福	磧砂	普寧
1579	金剛般若波羅蜜經論三卷，天親菩薩造、元魏菩提留支譯	堂	堂	競	都	聲	聲	聲	聲	虛	虛	虛	虛	虛
1580	能斷金剛般若波羅蜜多經論釋三卷，無著菩薩造頌、世親菩薩釋、唐義淨譯	堂	堂	競	都	聲	聲	聲	聲	虛	虛	虛	虛	虛
1581	能斷金剛般若波羅蜜多經論頌一卷，無著菩薩造、唐義淨譯	虛	虛	是	縻	傳	傳	傳	傳	聲	聲	聲	聲	聲
1582	金剛般若波羅蜜經破取著不壞假名論二卷，功德施菩薩造、唐地婆訶羅等譯	堂	堂	競	都	聲	聲	聲	聲	虛	虛	虛	虛	虛
1583	聖佛母般若波羅蜜多九頌精義論二卷，勝德赤衣菩薩造、宋法護等譯						俊*	九		綺*	溪	溪	溪
1584	佛母般若波羅蜜多圓集要義論一卷，大域龍菩薩造、宋施護等譯			帳			扶	最		公*	茂	茂	茂
1585	佛母般若波羅蜜多圓集要義釋論四卷，三寶尊菩薩造、大域龍菩薩造本論、宋施護等譯			帳			扶	最		公*	茂	茂	茂
1586	妙法蓮華經憂波提舍二卷，婆藪槃豆菩薩釋、元魏菩提留支共曇林等譯	習	習	資	邑	虛	虛	虛	虛	堂	堂	堂	堂	堂
1587-1	妙法蓮華經論優波提舍一卷，婆藪槃豆菩薩造、元魏勒那摩提共僧朗等譯	堂	堂	競	都	聲	聲	聲*	聲	虛				

刑南	天海	緣山	南藏	北藏	嘉興	龍藏	黃檗	卍字	臺中	大正	中華	義門	知津	縮刻	頻伽	普慧	佛教
虛	虛	虛	弗	受	受	受	受	十九	磧15	25	27	十八	三四	往	往		40
虛	虛	虛	弗	虧	虧	虧	虧	二二	磧15	25	27	十八	三四	往	往		40
聲	聲	聲	次	顚	顚	顚	顚	二二	磧15	25	27	十八	三四	往	往		40
虛	虛	虛	離	弗	弗	弗	弗	二一	磧15	25	27	十八	三四	往	往		40
溪	溪	溪	壁	右	右	右	右	二六	磧34	25	68	二七	三四	暑	暑		38
茂	茂	茂	書	星	星	星	星	二五	磧34	25	67	二七	三四	暑	暑		38
茂	茂	茂	書	星	星	星	星	二五	磧34	25	67	二七	三九	往	往		40
堂	堂	堂	離	虧	虧	虧	虧	二二	磧15	26	27	十九	三四	往	往		40
		虛						二二		26	27			往	往		40

序號	歷代漢文大藏經目錄新考對照表	開元	石經	貞元	至元	指要	標目	金藏	麗藏	略出	福州	資福	磧砂	普寧
1587-2	妙法蓮華經論優波提舍（別本）二卷，婆藪槃豆菩薩造、元魏勒那摩提共僧朗等譯										虛	虛	堂	堂
1588	十住毘婆沙論十七卷，龍樹菩薩造、姚秦鳩摩羅什譯	父事		薄夙	樓觀	競資	競資	競資	競資	資父	資父	資父	資父	資父
1589	十地經論十二卷，天親菩薩造、元魏菩提留支等譯	傳	傳	寸	爵	空	空	空	空	谷	谷	谷	谷	谷
1590	大寶積經論四卷，元魏菩提留支譯	聲	聲	陰	自	谷	谷	谷	谷	傳	傳	傳	傳	傳
1591	無量壽經優波提舍願生偈一卷，婆藪槃豆菩薩造、元魏菩提留支譯	習	習	資	邑	虛	虛	虛*	虛	堂	堂	堂	堂	堂
1592	彌勒菩薩所問經論九卷，元魏菩提留支譯	聲	聲	陰	自	谷	谷	谷	谷	傳	傳	傳	傳	傳
1593	寶髻經四法憂波提舍一卷，天親菩薩造、元魏毘目智仙等譯	聲	聲	陰	自	谷	谷	谷	谷	傳	傳	傳	傳	傳
1594	涅槃論一卷，婆藪槃豆菩薩造、元魏達摩菩提譯	習	習	資	邑	虛	虛	虛*	虛	堂	堂	堂	堂	堂
1595	涅槃經本有今無偈論一卷，天親菩薩造、陳真諦譯	習	習	資	邑	虛	虛	虛*	虛	堂	堂	堂	堂	堂
1596	遺教經論一卷，天親菩薩造、陳真諦譯	習	習	資	邑	虛	虛	虛	虛	堂	堂	堂	堂	堂
1597	佛地經論七卷，親光菩薩等造、唐玄奘譯	虛	虛	是	麼	傳	傳	傳	傳	聲	聲	聲	聲	聲
1598	文殊師利菩薩問菩提經論二卷，天親菩薩造、元魏菩提留支譯	堂	堂	競	都	聲	聲	聲	聲	虛	虛	虛	虛	虛

南	天海	緣山	南藏	北藏	嘉興	龍藏	黃檗	卍字	臺中	大正	中華	義門	知津	縮刻	頻伽	普慧	佛教
堂	虛		離	虢	虢	虢	虢		磧15		27	十九	三四				
父	資父	資父	志滿	規仁	規仁	規仁	規仁	二一	磧16	26	29	一	三四	暑	暑		38
谷	谷	谷	惻造	離節	離節	離節	離節	二一	磧14	26	26	一	三四	暑	暑		38
傳	傳	傳	弗	虢	虢	虢	虢	二二	磧14	26	26	十五	三四	暑	暑		38
堂	堂	堂	次	顛	顛	顛	顛	二二	磧15	26	27	二九	三四	暑	暑		38
傳	傳	傳	造	顛	顛	顛	顛	二二	磧14	26	26	十五	三四	暑	暑		38
傳	傳	傳	弗	靜	靜	靜	靜	二二	磧14	26	26	十五	三四	暑	暑		38
堂	堂	堂	弗	顛	顛	顛	顛	二二	磧15	26	27	二一	三四	往	往		40
堂	堂	堂	弗	顛	顛	顛	顛	二二	磧15	26	27	二一	三四	往	往		40
堂	堂	堂	離	顛	顛	顛	顛	二二	磧15	26	27	二一	三四	往	往		40
聲	聲	聲	次	節	節	節	節	二一	磧15	26	27	十五	三四	暑	暑		38
虛	虛	虛	離	弗	弗	弗	弗	二一	磧15	26	27	十五	三四	暑	暑		38

序號	歷代漢文大藏經目錄新考對照表	開元	石經	貞元	至元	指要	標目	金藏	麗藏	略出	福州	資福	磧砂	普
1599	勝思惟梵天所問經論四卷，天親菩薩造、元魏菩提留支譯	習	習	資	邑	虛	虛	虛	虛	堂	堂	堂	堂	堂
1600	轉法輪經憂波提舍一卷，天親菩薩造、元魏毘目智仙等譯	習	習	資	邑	虛	虛	虛	虛	堂	堂	堂	堂	堂
1601	三具足經憂波提舍一卷，天親菩薩造、元魏毘目智仙等譯	習	習	資	邑	虛	虛	虛	虛	堂	堂	堂	堂	堂
1602	大乘四法經釋一卷													
1603	大乘四法經釋抄一卷													
1604	大乘四法經論廣釋開決記一卷													
1605	阿毘達磨集異門足論二十卷，尊者舍利子説、唐玄奘譯	氣連		顛沛	星右	弟同	弟同	弟同	弟同	同氣	同氣	同氣	同氣	同
1606	阿毘達磨法蘊足論十二卷，尊者大目乾連造、唐玄奘譯	同		退	疑	兄	兄	兄	兄	弟	弟	弟	弟	弟
1607	施設論七卷，宋法護等譯				溪			寔	秦				踐	踐
1608	阿毘達磨識身足論十六卷，提婆設摩阿羅漢造、唐玄奘譯	枝交		匪虧	通廣	氣連	氣連	氣連	氣連	連枝	連枝	連枝	連枝	連
1609	阿毘達磨界身足論三卷，尊者世友造、唐玄奘譯	交		虧	廣	連	連	連	連	枝	枝	枝	枝	枝
1610	阿毘達磨品類足論十八卷，尊者世友造、唐玄奘譯	友投		性靜	左達	枝交	枝交	枝交	枝交	交友	交友	交友	交友	交
1611	眾事分阿毘曇論十二卷，尊者世友造、劉宋求那跋陀羅共菩提耶舍譯	投分		靜情	內左	友	友	友	交友	友投	友投	友投	友投	友

南	天海	緣山	南藏	北藏	嘉興	龍藏	黃檗	卍字	臺中	大正	中華	義門	知津	縮刻	頻伽	普慧	佛教
堂	堂	堂	離	弗	弗	弗	弗	二一	磧15	26	27	十五	三四	暑	暑		38
堂	堂	堂	次	顛	顛	顛	顛	二二	磧15	26	27	二九	三四	暑	暑		38
堂	堂	堂	造	節	節	節	節	二一	磧15	26	27	二九	三四	暑	暑		38
										26							
										85							150
										85							150
同氣	同氣	同氣	邙面	甲帳	甲帳	甲帳	甲帳	二五	磧23	26	43	九	四十	秋	秋		41
弟	弟	弟	背	陛	陛	陛	陛	二五	磧23	26	43	九	四十	秋	秋		41
踐	約	1520	壁	通	通	通	通	二六	磧37	26	69	九	四十	秋	秋		41
連枝	連枝	連枝	洛浮	設席	設席	設席	設席	二五	磧23	26	43	九	四十	冬	冬		46
枝	枝	枝	浮	席	席	席	席	二五	磧23	26	43	九	四十	冬	冬		46
交友	交友	交友	渭據	對楹	對楹	對楹	對楹	二五	磧23	26	44	九	四十	冬	冬		46
友投	投	友投	據涇	陞階	陞階	陞階	陞階	二五	磧23	26	44	九	四十	冬	冬		46

序號	歷代漢文大藏經目錄新考對照表	開元	石經	貞元	至元	指要	標目	金藏	麗藏	略出	福州	資福	磧砂	普寧
1612	阿毘達磨發智論二十卷，尊者迦多衍尼子造、唐玄奘譯	兄弟		義廉	弁轉	孔懷	孔懷	孔懷	孔懷	懷兄	懷兄	懷兄	懷兄	懷
1613	阿毘曇八犍度論三十卷，迦栴延子造、苻秦僧伽提婆共竺佛念譯	儿至懷		弗至節	階至陛	子至兒	子至兒	子至兒	子至兒	比至孔	比至孔	比至孔	比至孔	比至孔
1614	阿毘達磨大毘婆沙論二百卷，五百大阿羅漢等造、唐玄奘譯	隱至动		真至東	亦至卿	仁至逸	仁至逸	仁至逸	仁至逸	惻至神	惻至神	惻至神	惻至神	惻至神
1615	阿毘曇毘婆沙論六十卷，迦旃延子造、五百羅漢釋、北涼浮陀跋摩共道泰等譯	切至慈		逸至守	承至典	投至規		投至規	投至規	分至隱	分至隱	分至隱	分至隱	分至隱
1616	鞞婆沙論十四卷，阿羅漢尸陀槃尼撰、苻秦僧伽跋澄譯	浮渭		啟甲	刻銘	洛浮	洛浮	洛浮	洛浮	洛浮	洛浮	洛浮	洛浮	洛浮
1617	舍利弗阿毘曇論三十卷，姚秦曇摩耶舍共曇摩崛多等譯	邙至洛		丙至旁	實至碑	京至面	京至邙	京至面	京至面	邙面	邙面	邙面	邙面	邙面
1618	尊婆須蜜菩薩所集論十卷，尊婆須蜜造、苻秦僧伽跋澄等譯	夏東		禽獸	駕	邑華	邑華	邑華	邑華	夏東	夏東	夏東	夏東	夏
1619	阿毘曇心論四卷，尊者法勝造、東晉瞿曇僧伽提婆共慧遠譯	都		驚	侈	自	自	自 *	自	都	都	都	都	都
1620	阿毘曇心論經六卷，法勝論、大德優波扇多釋、高齊那連提耶舍譯	都		驚	侈	自	自	自	自	都	都	都	都	都
1621	雜阿毘曇心論十一卷，尊者法救造、劉宋僧伽跋摩等譯	邑華		圖寫	富車	縻都	縻都	縻都	縻都	邑華	邑華	邑華	邑華	邑
1622	阿毘曇甘露味論二卷，尊者瞿沙造、曹魏代譯失三藏名	華		寫	車	都	都	都 *	都	華	華	華	華	華

南	天海	緣山	南藏	北藏	嘉興	龍藏	黃檗	卍字	臺中	大正	中華	義門	知津	縮刻	頻伽	普慧	佛教
靈兄	懷兄	懷兄	二京	旁啟	旁啟	旁啟	旁啟	二四	磧23	26	43	九	四十	秋	秋		41
比至孔	比至孔	比至孔	夏至西	彩至靈	彩至靈	彩至靈	彩至靈	二四	磧23	26	43	九	四十	秋	秋		42
至神	惻至神	惻至神	圖至席	心至縻	心至縻	心至縻	心至縻	二二	磧24	27	45	九	四十	收	收		43
至隱	分至隱	分至隱	宮至驚	都至京	都至京	都至京	都至京	二三	磧24	28	44	九	四十	秋	秋		42
洛浮	洛浮	洛浮	鍾隸	肆筵	肆筵	肆筵	肆筵	二五	磧27	28	49	九	四十	收	收		44
面	邙面	邙面	群至杜	驚至寫	驚至寫	驚至寫	驚至寫	二四	磧27	28	49	九	四十	秋	秋		41
夏東	夏東	夏東	集墳	吹笙	吹笙	吹笙	吹笙	二五	磧26	28	48	九	四十	藏	藏		47
都	都	都	承	瑟	瑟	瑟	瑟	二五	磧26	28	48	九	四十	冬	冬		46
都	都	都	承	納	納	納	納	二五	磧26	28	48	九	四十	冬	冬		46
邑華	邑華	邑華	明既	鼓瑟	鼓瑟	鼓瑟	鼓瑟	二五	磧26	28	48	九	四十	冬	冬		46
華	華	華	既	楹	楹	楹	楹	二五	磧26	28	48	九	四十	藏	藏		47

序號	歷代漢文大藏經目錄新考對照表	開元	石經	貞元	至元	指要	標目	金藏	麗藏	略出	福州	資福	磧砂	普寧
1623	入阿毘達磨論二卷，塞建陀羅阿羅漢造、唐玄奘譯	東		獸	肥	華	華	華	華	東	東	東	東	東
1624	五事毘婆沙論二卷，尊者法救造、唐玄奘譯	洛		旁	碑	面	面	面	面	面	面	面	面	面
1625	薩婆多宗五事論一卷，唐法成譯													
1626	阿毘曇五法行經一卷，後漢安世高譯	晝		陛	營	獸	獸	獸*	獸	獸	獸	獸	獸	獸
1627	阿毘達磨俱舍論三十卷，尊者世親造、唐玄奘譯	真至滿		背至面	縣至給	疲至真	疲至真	疲至真	疲至真	真至滿	真至滿	真至滿	真至滿	真至滿
1628	阿毘達磨俱舍釋論二十二卷，婆藪槃豆造、陳真諦譯	神至守		西至京	戶至八	心至神	心至神	心至神	心至神	疲守	疲守	疲守	疲守	疲守
1629	阿毘達磨俱舍論本頌一卷，世親菩薩造、唐玄奘譯	守		京	八	神	神	神*	神	守	守	守	守	守
1630	俱舍論實義疏五卷，尊者安惠造													
1631	阿毘達磨順正理論八十卷，尊者眾賢造、唐玄奘譯	逐至操		洛至盤	千至轂	志至持	志至持	志至持	志至持	逐至操	逐至操	逐至操	逐至操	逐至操
1632	阿毘達磨藏顯宗論四十卷，尊者眾賢造、唐玄奘譯	好至縻		欝至飛	振至祿	雅至爵	雅至爵	雅至爵	雅至爵	好至縻	好至縻	好至縻	好至縻	好至縻
1633	中論四卷，龍樹菩薩造、梵志青目釋、姚秦鳩摩羅什譯	陰	陰	命	宮	寶	寶	寶	寶	寸	寸*	寸	寸	寸
1634	中論科判一卷，姚秦鳩摩羅什譯													
1635	順中論二卷，龍勝菩薩造、無著菩薩釋、元魏瞿曇般若流支譯	嚴		清	圖	君	君	君	君	曰	曰	曰	曰	曰
1636	般若燈論釋十五卷，龍樹菩薩偈本、分別明菩薩釋論本、唐波羅頗蜜多羅譯	是競	是競	臨深	殿盤	寸陰	寸	寸陰	寸陰	陰是	陰是	陰是	陰是	陰是

南	天海	緣山	南藏	北藏	嘉興	龍藏	黃檗	卍字	臺中	大正	中華	義門	知津	縮刻	頻伽	普慧	佛教
東	東	東	墳	笙	笙	笙	笙	二五	磧26	28	48	九	四十	藏	藏		47
面	面	面	杜	席	席	席	席	二五	磧27	28	49	九	四十	藏	藏		47
										28							48
獸	獸	獸	籍	墳	墳	墳	墳	二六	磧28	28	52	三十	四十	藏	藏		47
至滿	真至滿	真至滿	笙至階	樓至飛	樓至飛	樓至飛	樓至飛	二四	磧25	29	47	九	四十	收	收		44
疲守	疲守	疲守	鼓至吹	禽至畫	禽至畫	禽至畫	禽至畫	二四	磧25	29	46	九	四十	冬	冬		45
守*	守	守	吹	畫	畫	畫	畫	二四	磧25	29	46	九	四十	冬	冬		45
										29							67
逐至操	逐至操	逐至操	納至通	背至涇	背至涇	背至涇	背至涇	二三	磧25	29	47	九	四十	冬	冬		45
好至縻	好至縻	好至縻	廣至達	宮至鬱	宮至鬱	宮至鬱	宮至鬱	二四	磧26	29	48	九	四十	冬	冬		46
寸	寸	寸	神	箴	箴	箴	箴	二一	磧16	30	28	二九	三八	暑	暑		37
																	148
日	日	日	移	情	情	情	情	二二	磧16	30	29	二九	三八	暑	暑		37
陰是	陰是	陰是	疲守	惻造	惻造	惻造	惻造	二一	磧16	30	28	二九	三八	暑	暑		37

序號	歷代漢文大藏經目録新考對照表	開元	石經	貞元	至元	指要	標目	金藏	麗藏	略出	福州	資福	磧砂	普寧
1637	大乘中觀釋論十八卷，安慧菩薩造、宋惟淨等譯				筵設			勿多	跡百		勿	微	微	微
1638	十二門論一卷，龍樹菩薩造、姚秦鳩摩羅什譯	競	競	深	盤	陰	陰	陰*	陰	是	是*	是	是	是
1639	百論二卷，提婆菩薩造、婆藪開士釋、姚秦鳩摩羅什譯	競	競	深	盤	陰	陰	陰	陰	是	是*	是	是	是
1640	廣百論本一卷，聖天菩薩造、唐玄奘譯	競	競	深	盤	陰	陰	陰*	陰	是	是	是	是	是
1641	大乘廣百論釋論十卷，聖天菩薩本、護法菩薩釋、唐玄奘譯	資	資	履	鬱	是	是	是	是	競	競	競	競	競
1642	百字論一卷，提婆菩薩造、元魏菩提留支譯	深		息	甲	命	命	命*	命	臨	臨	臨	臨	臨
1643	壹輪盧迦論一卷，龍樹菩薩造、元魏瞿曇般若流支譯	深		息	甲	命	命	命*	命	臨	臨	臨	臨	臨
1644	大乘破有論一卷，龍樹菩薩造、宋施護譯				楹			桓	起		旦*	肥	肥	肥
1645	六十頌如理論一卷，龍樹菩薩造、宋施護譯				對			匡	頗		營	策	策	策
1646	大乘二十頌論一卷，龍樹菩薩造、宋施護譯				對			合*	牧		桓	功	功	功
1647	大丈夫論二卷，提婆羅菩薩造、北涼道泰譯	命	命	流	傍	則	則	則	則	盡	盡	盡	盡	盡
1648	大乘掌珍論二卷，清辯菩薩造、唐玄奘譯	命	命	流	傍	則	則	則	則	盡	盡	盡	盡	盡
1649	瑜伽師地論一百卷，彌勒菩薩説、唐玄奘譯	听至尺	听至尺	父至竭	華至洛	堂至善	堂至善	堂至善	堂至善	習至慶	習至慶	習至慶	習至慶	習至慶
1650	瑜伽師地論釋一卷，最勝子等諸菩薩造、唐玄奘譯	寶	寶	則	據	璧	璧	璧	璧	非	非	非	非	非

南	天海	緣山	南藏	北藏	嘉興	龍藏	黃檗	卍字	臺中	大正	中華	義門	知津	縮刻	頻伽	普慧	佛教
微	弊煩	微	壁	通	通	通	通	二六	磧34	30	68	二九	三八	暑	暑		37
是	是	是	守	造	造	造	造	二一	磧16	30	29	二九	三八	來	來		36
是	是	是	守	造	造	造	造	二一	磧16	30	29	二九	三八	暑	暑		37
是	是	是	守	造	造	造	造	二一	磧16	30	29	二九	三八	暑	暑		37
競	競	競	真	廉	廉	廉	廉	二一	磧16	30	29	二九	三九	往	往		40
臨	臨	臨	華	逸	逸	逸	逸	二二	磧17	30	30	二九	三八	暑	暑		37
臨*	臨	臨	華	沛	沛	沛	沛	二二	磧17	30	30	二九	三八	暑	暑		37
肥	肥	肥	書	星	星	星	星	二五	磧33	30	67	二九	三八	暑	暑		37
策	策	策	書	星	星	星	星	二五	磧33	30	67	二九	三八	暑	暑		37
功	功	功	書	星	星	星	星	二五	磧34	30	67	二九	三八	暑	暑		37
盡	盡	盡	都	靜	靜	靜	靜	二二	磧17	30	30	二九	三八	暑	暑		38
盡	盡	盡	都	性	性	性	性	二二	磧17	30	30	二九	三八	暑	暑		38
習至慶	習至慶	習至慶	節至靜	猶至氣	猶至氣	猶至氣	猶至氣	二十	磧15	30	27	二八	三七	來	來		35
非	非	非	心	退	退	退	退	二二	磧15	30	28	二九	三九	往	往		40

序號	歷代漢文大藏經目錄新考對照表	開元	石經	貞元	至元	指要	標目	金藏	麗藏	略出	福州	資福	磧砂	普寧
1651	菩薩地持經十卷，北涼曇無讖譯	賢	賢	堂	訓	行	行	行	行	維	維	維	維	維
1652-1	菩薩善戒經九卷，劉宋求那跋摩譯	克	克	習	入	維	維	維	維	賢	賢	賢	賢	賢
1652-2	菩薩善戒經一卷，劉宋求那跋摩譯	作	作	禍	母	克	克	克	克	念	念		賢	
1653	決定藏論三卷，梁真諦譯	力		松	仙	當	當	當	當	竭	竭	竭	竭	竭
1654	成唯識論十卷，護法等菩薩造、唐玄奘譯	盡	盡	川	舍	忠	忠	忠	忠	則	則	則	則	則
1655	唯識三十論頌一卷，世親菩薩造、唐玄奘譯	則		盛	丙	力	力	力	力	忠	忠	忠	忠	忠
1656	顯識論一卷，陳真諦譯	則		盛	丙	力	力	力	力	忠	忠	忠	忠	忠
1657	轉識論一卷，陳真諦譯	則		盛	丙	力	力	力	力	忠	忠	忠	忠	忠
1658	唯識論一卷，天親菩薩造、元魏瞿曇般若流支譯	則		盛	丙	力	力	力	力	忠	忠	忠	忠	忠
1659	大乘唯識論一卷，天親菩薩造、陳真諦譯	則		盛	丙	力	力	力	力	忠	忠	忠	忠	忠
1660	唯識二十論一卷，世親菩薩造、唐玄奘譯	則		盛	丙	力	力	力*	力	忠	忠	忠	忠	忠
1661	成唯識寶生論五卷，護法菩薩造、唐義淨譯	則		盛	丙	力	力	力	力	忠	忠	忠	忠	忠
1662	攝大乘論本三卷，無著菩薩造、唐玄奘譯	與		似	寫	嚴	嚴	嚴	嚴	嚴	嚴	嚴	嚴	嚴
1663	攝大乘論二卷，無著菩薩造、元魏佛陀扇多譯	與		似	寫	嚴	嚴	嚴	嚴	嚴	嚴	嚴	嚴	嚴
1664	攝大乘論三卷，無著菩薩造、陳真諦譯	嚴		清	圖	君	君	君	君	曰	曰	曰	曰	曰
1665	攝大乘論釋十卷，世親菩薩造、唐玄奘譯	當		馨	晝	敬	敬	敬	敬	孝	孝	孝	孝	孝

訓南	天海	緣山	南藏	北藏	嘉興	龍藏	黃檗	卍字	臺中	大正	中華	義門	知津	縮刻	頻伽	普慧	佛教
維	維	維	登	安	安	安	安	十七	磧13	30	24	二九	三七	來	來		36
賢	賢	賢	仕	辭	辭	辭	辭	十七	磧13	30	24	十一	三二	列	列		29
賢			攝					十七	磧13	30	24		三二	列	列		29
竭	竭	竭	好	性	性	性	性	二二	磧16	30	30	二九	三七	來	來		36
則	則	則	糜	義	義	義	義	二一	磧17	31	30	二九	三九	往	往		40
忠	忠	忠	自	沛	沛	沛	沛	二二	磧17	31	30	二九	三七	來	來		36
忠	阜	忠	自	沛	沛	沛	沛	二二	磧17	31	30	二九	三七	來	來		36
忠	忠	忠	都	沛	沛	沛	沛	二二	磧17	31	30	二九	三七	來	來		36
忠*	忠	忠	都	靜	靜	靜	靜	二二	磧17	31	30	二九	三七	來	來		36
忠	忠	忠	都	靜	靜	靜	靜	二二	磧17	31	30	二九	三七	來	來		36
忠	忠	忠	都	靜	靜	靜	靜	二二	磧17	31	30	二九	三七	來	來		36
忠	忠	忠	自	沛	沛	沛	沛	二二	磧17	31	30	二九	三九	往	往		40
嚴	與	嚴	移	情	情	情	情	二二	磧16	31	30	二九	三七	來	來		36
嚴	與	嚴	物	隱	隱	隱	隱	二一	磧16	31	30	二九	三七	來	來		36
曰	曰	曰	物	隱	隱	隱	隱	二一	磧16	31	29	二九	三七	來	來		36
孝	孝	孝	持	友	友	友	友	二一	磧16	31	30	二九	三九	往	往		40

序號	歷代漢文大藏經目録新考對照表	開元	石經	貞元	至元	指要	標目	金藏	麗藏	略出	福州	資福	磧砂	普寧
1666	攝大乘論釋十五卷，天親菩薩釋、陳真諦譯	與敬		似蘭	寫禽	曰嚴	曰嚴	曰嚴	曰嚴	嚴與	嚴與	嚴與	嚴與	嚴與
1667	攝大乘論釋論十卷，世親菩薩造、隋笈多共行矩等譯	孝		斯	獸	與	與	與	與	敬	敬	敬	敬	敬
1668	攝大乘論釋十卷，無性菩薩造、唐玄奘譯	竭		如	彩	孝	孝	孝	孝	當	當	當	當	當
1669	辯中邊論三卷，世親菩薩造、唐玄奘譯	忠		之	靈	竭	竭	竭	竭	力	力	力	力	力
1670	中邊分別論二卷，天親菩薩造、陳真諦譯	力		松	仙	當	當	當	當	竭	竭	竭	竭	竭
1671	辯中邊論頌一卷，彌勒菩薩説、唐玄奘譯	力		松	仙	當	當	當	當	竭	竭	竭	竭	竭
1672	顯揚聖教論二十卷，無著菩薩造、唐玄奘譯	璧非	璧非	力忠	浮渭	慶尺	慶尺	慶尺	慶尺	尺璧	尺璧	尺璧	尺璧	尺璧
1673	顯揚聖教論頌一卷，無著菩薩造、唐玄奘譯	寶	寶	則	據	璧	璧	璧*	璧	非	非	非	非	非
1674	大乘莊嚴經論十三卷，無著菩薩造、唐波羅頗蜜多羅譯	君		興	飛	父	父	父	父	事	事	事	事	事
1675	大乘阿毘達磨集論七卷，無著菩薩造、唐玄奘譯	寶	寶	則	據	璧	璧	璧	璧	非	非	非	非	非
1676	大乘阿毘達磨雜集論十六卷，安慧菩薩糅、唐玄奘譯	寸陰	寸陰	盡命	涇宮	非寶	非寶	非寶	非寶	寶寸	寶寸	寶寸	寶寸	寶寸
1677	六門教授習定論一卷，無著菩薩本、世親菩薩釋、唐義淨譯	深		息	甲	命	命	命*	命	臨	臨	臨	臨	臨
1678	大乘成業論一卷，世親菩薩造、唐玄奘譯	忠		之	靈	竭	竭	竭*	竭	力	力	力	力	力

刀南	天海	緣山	南藏	北藏	嘉興	龍藏	黃檗	卍字	臺中	大正	中華	義門	知津	縮刻	頻伽	普慧	佛教
嚴與	嚴與	嚴與	操好	枝投	枝投	枝投	枝投	二十	磧16	31	29	二九	三九	往	往		40
敬	敬	敬	堅	交	交	交	交	二一	磧16	31	30	二九	三九	往	往		40
當	當	當	雅	連	連	連	連	二十	磧16	31	30	二九	三九	往	往		40
力	力	力	爵	靜	靜	靜	靜	二二	磧17	31	30	二九	三七	來	來		36
竭	竭	竭	移	情	情	情	情	二二	磧16	31	30	二九	三七	來	來		36
竭	竭	竭	爵	靜	靜	靜	靜	二二	磧16	31	30	二九	三七	來	來		36
尺璧	尺璧	尺璧	情逸	分切	分切	分切	分切	二一	磧15	31	28	二九	三七	來	來		36
非	非	非	心	退	退	退	退	二二	磧15	31	28	二九	三七	來	來		36
事	事	事	意移	次弗	次弗	次弗	次弗	二一	磧16	31	29	二九	三八	暑	暑		37
非	非	非	心	退	退	退	退	二二	磧15	31	28	二九	三七	來	來		36
寶寸	寶寸	寶寸	動神	磨箴	磨箴	磨箴	磨箴	二一	磧15	31	28	二九	三七	來	來		36
臨*	臨	臨	華	匪	匪	匪	匪	二二	磧17	31	30	二九	三八	暑	暑		37
力	力	力	爵	匪	匪	匪	匪	二二	磧17	31	30	二九	三七	來	來		36

序號	歷代漢文大藏經目錄新考對照表	開元	石經	貞元	至元	指要	標目	金藏	麗藏	略出	福州	資福	磧砂	普
1679	業成就論一卷，天親菩薩造、元魏毘目智仙等譯	忠		之	靈	竭	竭	竭	竭	力	力	力	力	力
1680	佛性論四卷，天親菩薩造、陳真諦譯	力		松	仙	當	當	當	當	竭	竭	竭	竭	竭
1681	究竟一乘寶性論四卷，元魏勒那摩提譯	忠		之	靈	竭	竭	竭	竭	力	力	力	力	力
1682	大乘五蘊論一卷，世親菩薩造、唐玄奘譯	命	命	流	傍	則	則	則*	則	盡	盡	盡	盡	盡
1683	大乘廣五蘊論一卷，安慧菩薩造、唐地婆訶羅譯	命	命	流	傍	則	則	則	則	盡	盡	盡	盡	盡
1684	大乘百法明門論一卷，天親菩薩造、唐玄奘譯	深		息	甲	命	命	命*	命	臨	臨	臨	臨	臨
1685	王法正理論一卷，彌勒菩薩造、唐玄奘譯	寶	寶	則	據	璧	璧	璧	璧	非	非	非	非	非
1686	十八空論一卷，龍樹菩薩造、陳真諦譯	競	競	深	盤	陰	陰	陰	陰	是	是*	是	是	是
1687	三無性論二卷，陳真諦譯	臨		不	啟	盡	盡	盡	盡	命	命	命	命	命
1688	掌中論一卷，陳那菩薩造、唐義淨譯	深		息	甲	命	命	命*	命	臨	臨	臨	臨	臨
1689	解捲論一卷，陳那菩薩造、陳真諦譯	深		息	甲	命	命	命*	命	臨	臨	臨	臨	臨
1690	取因假設論一卷，陳那菩薩造、唐義淨譯	深		息	甲	命	命	命*	命	臨	臨	臨	臨	臨
1691	觀總相論頌一卷，陳那菩薩造、唐義淨譯	深	3	息	甲	命	命	命*	命	臨	臨	臨	臨	臨
1692	無相思塵論一卷，陳那菩薩造、陳真諦譯	臨		不	啟	盡	盡	盡	盡	命	命	命	命	命

刀南	天海	緣山	南藏	北藏	嘉興	龍藏	黃檗	卍字	臺中	大正	中華	義門	知津	縮刻	頻伽	普慧	佛教
力	力	力	爵	匪	匪	匪	匪	二二	磧17	31	30	二九	三七	來	來		36
竭	竭	竭	爵	匪	匪	匪	匪	二二	磧16	31	30	二九	三八	暑	暑		37
力	力	力	自	性	性	性	性	二二	磧17	31	30	二九	三八	暑	暑		37
盡	盡	盡	都	投	投	投	投	二一	磧17	31	30	二九	三七	來	來		36
盡	盡	盡	都	投	投	投	投	二一	磧17	31	30	二九	三九	往	往		40
臨＊	臨	臨	華	沛	沛	沛	沛	二二	磧17	31	30	二九	三七	來	來		36
非	阜	非	心	退	退	退	退	二二	磧15	31	28	二九	三七	來	來		36
是	是	是	守	造	造	造	造	二一	磧16	31	29	二九	三八	暑	暑		37
命	命	命	邑	沛	沛	沛	沛	二二	磧17	31	30	二九	三七	來	來		36
臨	臨	臨	華	逸	逸	逸	逸	二二	磧17	31	30	二九	三八	暑	暑		37
臨	臨	臨	華	逸	逸	逸	逸	二二	磧17	31	30	二九	三八	暑	暑		37
臨	臨	臨	華	匪	匪	匪	匪	二二	磧17	31	30	二九	三八	暑	暑		37
臨	臨	臨	華	匪	匪	匪	匪	二二	磧17	31	30	二九	三八	暑	暑		37
命	命	命	華	投	投	投	投	二一	磧17	31	30	二九	三七	來	來		36

序號	歷代漢文大藏經目錄新考對照表	開元	石經	貞元	至元	指要	標目	金藏	麗藏	略出	福州	資福	磧砂	普寧
1693	觀所緣緣論一卷，陳那菩薩造、唐玄奘譯	臨		不	啟	盡	盡	盡	盡	命	命	命	命	命
1694	觀所緣論釋一卷，護法菩薩造、唐義淨譯	臨		不	啟	盡	盡	盡	盡	命	命	命	命	命
1695	觀所緣釋論會譯一卷，民國呂澂、印滄編													
1696	大乘法界無差別論一卷，堅慧菩薩造、唐提雲般若等譯	深		息	甲				命	臨	臨	臨	臨	臨
1697	大乘法界無差別論一卷，失譯				甲	命	命	命*	命				橫	橫
1698	提婆菩薩破楞伽經中外道小乘四宗論一卷，提婆菩薩造、元魏菩提留支譯	深		息	甲	命	命	命*	命	臨	臨	臨	臨	臨
1699	提婆菩薩釋楞伽經中外道小乘涅槃論一卷，提婆菩薩造、元魏菩提留支譯	深		息	甲	命	命	命*	命	臨	臨	臨	臨	臨
1700	隨相論一卷，德慧法師造、陳真諦譯	華		寫	車	都	都	都*	都	華	華	華	華	華
1701	金剛針論一卷，法稱菩薩造、宋法天譯		時		楹	高	經	經			封	封	封	封
1702	尼乾子問無我義經一卷，馬鳴菩薩集、宋日稱等譯				弱			橫*	亭					
1703	佛說立世阿毘曇論十卷，陳真諦譯	京		仙	功	西	西	西	西	京	京	京	京	京
1704	彰所知論二卷，元發合思巴造、沙羅巴譯												何	何
1705	成實論十六卷，訶梨跋摩造、姚秦鳩摩羅什譯	西二		畫彩	輕策	夏東	夏東	夏東	夏東	西二	西二	西二	西二	西二

南	天海	緣山	南藏	北藏	嘉興	龍藏	黃檗	卍字	臺中	大正	中華	義門	知津	縮刻	頻伽	普慧	佛教
命	命	命	華	投	投	投	投	二一	磧17	31	30	二九	三七	來	來		36
令	命	命	華	投	投	投	投	二一	磧17	31	30	二九	三九	往	往		40
																	162
塩	臨	臨	華	逸	逸	逸	逸	二二	磧17	31	30	二九	三八	暑	暑		37
黃		1430	壁	通	通	通	通	二六	磧36	31	30	二九	三八	暑	暑		37
臨	臨	臨	華	逸	逸	逸	逸	二二	磧17	32	30	二九	三八	暑	暑		38
臨	臨	臨	華	逸	逸	逸	逸	二二	磧17	32	30	二九	三八	暑	暑		38
華	華	華	既	筵	筵	筵	筵	二五	磧26	32	48	九	四十	藏	藏		47
封	封	戶	書	星	星	星	星	二五	磧32	32	63	二九	四十	藏	藏		47
		1528				續2				32	69			藏	藏		51
京	京	京	聚	弁	弁	弁	弁	二五	磧27	32	49	九	四十	秋	秋		41
何		1556	羅	通	通	通	通	二六	磧37	32	71	二九	四十	藏	藏		47
西二	西二	西二	典亦	丙舍	丙舍	丙舍	丙舍	二四	磧26	32	49	九	四十	藏	藏		47

序號	歷代漢文大藏經目錄新考對照表	開元	石經	貞元	至元	指要	標目	金藏	麗藏	略出	福州	資福	磧砂	普寧
1706	四諦論四卷，婆藪跋摩造、陳真諦譯	據		帳	磻	渭	渭	渭	渭	渭	渭	渭	渭	渭
1707	解脫道論十二卷，阿羅漢優波底沙造、梁僧伽婆羅譯	背		靈	茂	二	二	二	二	背	背	背	背	背
1708	三彌底部論三卷，失譯附三秦錄	渭		甲	銘	浮	浮	浮	浮	浮	浮	浮	浮	浮
1709	辟支佛因緣論二卷，失譯附秦錄	據		帳	磻	渭	渭	渭	渭	渭	渭	渭	渭	渭
1710	十二因緣論一卷，淨意菩薩造、元魏菩提留支譯	深		息	甲	命	命	命*	命	臨	臨	臨	臨	臨
1711	緣生論一卷，聖者欝楞迦造、隋達摩笈多譯	深		息	甲	命	命	命*	命	臨	臨	臨	臨	臨
1712	大乘緣生論一卷，聖者欝楞迦造、唐不空譯		八	息	帳		封	功	宅		武	衡	衡	衡
1713	因緣心論釋一卷，龍猛菩薩造													
1714	止觀門論頌一卷，世親菩薩造、唐義淨譯	深		息	甲	命	命	命*	命	臨	臨	臨	臨	臨
1715	寶行王正論一卷，陳真諦譯	命	命	流	傍	則	則	則	則	盡	盡	盡	盡	盡
1716	手杖論一卷，尊者釋迦稱造、唐義淨譯	深		息	甲	命	命	命*	命	臨	臨	臨	臨	臨
1717	諸教決定名義論一卷，慈氏菩薩造、宋施護譯				楹		阜	法		俊*	宅	宅	宅	
1718	因明正理門論本一卷，大域龍菩薩造、唐玄奘譯	忠		之	靈	竭	竭	竭*	竭	力	力	力	力	力
1719	因明正理門論一卷，大域龍菩薩造、唐義淨譯	則		盛	丙	力	力	力	力	忠	忠	忠	忠	忠
1720	因明入正理論一卷，商羯羅主菩薩造、唐玄奘譯	則		盛	丙	力	力	力*	力	忠	忠	忠	忠	忠

南	天海	緣山	南藏	北藏	嘉興	龍藏	黃檗	卍字	臺中	大正	中華	義門	知津	縮刻	頻伽	普慧	佛教
胃	渭	渭	漆	逸	逸	逸	逸	二二	磧27	32	50	九	四十	藏	藏		47
背	背	背	藥	階納	階納	階納	階納	二五	磧27	32	49	九	四十	藏	藏		47
浮	浮	浮	隸	晝	晝	晝	晝	二四	磧27	32	50	九	四十	藏	藏		47
渭	渭	渭	漆	逸	逸	逸	逸	二二	磧27	32	50	九	四十	藏	藏		47
臨*	臨	臨	華	沛	沛	沛	沛	二二	磧17	32	30	二九	四十	藏	藏		47
臨	臨	臨	華	匪	匪	匪	匪	二二	磧17	32	30	二九	四十	藏	藏		47
衡	衡	衡	壁	右	右	右	右	二六	磧34	32	65	二九	四十	閏	閏		53
										32							67
臨	臨	臨	華	匪	匪	匪	匪	二二	磧17	32	30	二九	四十	藏	藏		47
盡	盡	盡	邑	逸	逸	逸	逸	二二	磧17	32	30	二九	三八	暑	暑		38
臨	臨	臨	華	匪	匪	匪	匪	二二	磧17	32	30	二九	三八	暑	暑		38
宅*	宅	宅	壁	右	右	右	右	二六	磧34	32	67	二七	三四	成	成		58
力	阜	力	爵	匪	匪	匪	匪	二二	磧17	32	30	二九	三七	來	來		36
忠	阜	忠	爵	匪	匪	匪	匪	二二	磧17	32	30	二九	三七	來	來		36
忠	阜	忠	自	沛	沛	沛	沛	二二	磧17	32	30	二九	三七	來	來		36

序號	歷代漢文大藏經目錄新考對照表	開元	石經	貞元	至元	指要	標目	金藏	麗藏	略出	福州	資福	磧砂	普寧
1721	迴諍論一卷，龍樹菩薩造、元魏毘目智仙等譯	深		息	甲	命	命	命*	命	臨	臨	臨	臨	臨
1722	方便心論一卷，元魏吉迦夜與曇曜譯	臨		不	啟	盡	盡	盡	盡	命	命	命	命	命
1723	如實論一卷，陳真諦譯	臨		不	啟	盡	盡	盡	盡	命	命	命	命	命
1724	入大乘論二卷，堅意菩薩造、北涼道泰譯	命	命	流	傍	則	則	則	則	盡	盡	盡	盡	盡
1725	大乘寶要義論十卷，宋法護等譯				肆			感	譽		扶	銘	銘	銘
1726	大乘集菩薩學論二十五卷，法稱菩薩造、宋法護等譯				席鼓			魏困*	主云				土會	土會
1727	集大乘相論二卷，覺吉祥智菩薩造、宋施護譯				楹			公	翦		孰	輕	輕	輕
1728	集諸法寶最上義論二卷，善寂菩薩造、宋施護譯				楹			桓	起		旦	肥	肥	肥
1729	發菩提心論二卷，姚秦鳩摩羅什譯	臨		不	啟	盡	盡	盡	盡	命	命	命	命	命
1730	菩提資糧論六卷，聖者龍樹本、比丘自在釋、隋達摩笈多譯	事		夙	觀	資	資	資	資	父	父	父	父	父
1731	菩提心離相論一卷，龍樹菩薩造、宋施護譯				對			桓	起		旦	肥	肥	肥
1732	菩提行經四卷，龍樹菩薩集頌、宋天息災譯		尹		公		高	書	書		槐	槐	槐	槐
1733	菩提心觀釋一卷，宋法天譯		匡		公		轂	家	家		高*	高	高	高
1734	廣釋菩提心論四卷，蓮華戒菩薩造、宋施護等譯				對			濟	用		乂	曲	曲	曲

初南	天海	緣山	南藏	北藏	嘉興	龍藏	黃檗	卍字	臺中	大正	中華	義門	知津	縮刻	頻伽	普慧	佛教
臨*	臨	臨	華	逸	逸	逸	逸	二二	磧17	32	30	二九	三八	暑	暑		37
命	命	命	邑	逸	逸	逸	逸	二二	磧17	32	30	二九	三八	暑	暑		37
命*	命	命	華	逸	逸	逸	逸	二二	磧17	32	30	二九	三八	暑	暑		38
盡	盡	盡	都	靜	靜	靜	靜	二二	磧17	32	30	二九	三八	暑	暑		37
銘	銘	銘	書	星	星	星	星	二五	磧34	32	68	二九	三八	暑	暑		37
土會	虢踐	1524	府	轉疑	轉疑	轉疑	轉疑	二五	磧37	32	69	二九	三八	暑	暑		37
輕	輕	輕	書	星	星	星	星	二五	磧33	32	67	二九	三八	暑	暑		37
肥	肥	肥	書	星	星	星	星	二五	磧33	32	67	二九	三八	暑	暑		37
命	命	命	邑	沛	沛	沛	沛	二二	磧17	32	30	二九	三八	來	來		36
父	父	父	滿	仁	仁	仁	仁	二一	磧16	32	29	二九	三八	來	來		36
肥	肥	肥	書	星	星	星	星	二五	磧33	32	67	二九	三八	來	來		36
槐	槐	槐	甚	亦	亦	亦	亦	二六	磧32	32	63	三十	三八	暑	暑		38
高	高	高	履	臨	臨	臨	臨	十五	磧33	32	64	二七	三八	來	來		36
曲	曲	曲	壁	疑	疑	疑	疑	二五	磧34	32	67	二九	三八	成	成		58

序號	歷代漢文大藏經目録新考對照表	開元	石經	貞元	至元	指要	標目	金藏	麗藏	略出	福州	資福	磧砂	普寧
1735	金剛頂瑜伽中發阿耨多羅三藐三菩提心論一卷，唐不空譯			不	帳		户	刻	埶				橫	橫
1736	大乘起信論一卷，馬鳴菩薩造、梁真諦譯	命	命	流	傍	則	則	則	則	盡	盡	盡	盡	盡
1737	大乘起信論二卷，馬鳴菩薩造、唐實叉難陀譯	臨		不	啟	盡	盡	盡	盡	命	命	命	命	命
1738	釋摩訶衍論十卷，龍樹菩薩造、姚秦筏提摩多譯		28		陞				漢					
1739	大宗地玄文本論二十卷，馬鳴菩薩造、陳真諦譯				笙				迴				踐	踐
1740–1	那先比丘經二卷，失譯附東晉録	圖		笙	阜	驚	驚	驚	驚					
1740–2	那先比丘經（别本）三卷，失譯附東晉録									驚	驚	驚	驚	驚
1741	福蓋正行所集經十二卷，龍樹菩薩集、宋日稱等譯			濟弱				塗*	門					
1742	龍樹菩薩為禪陀迦王説法要偈一卷，劉宋求那跋摩譯	彩		弁	桓	畫	畫	畫	畫	畫	畫	畫	畫	畫
1743	勸發諸王要偈一卷，龍樹菩薩撰、劉宋僧伽跋摩譯	彩		弁	桓	畫	畫	畫	畫	畫	畫	畫	畫	畫
1744	龍樹菩薩勸誡王頌一卷，唐義淨譯	彩	3	弁	桓	畫	畫	畫	畫	畫	畫	畫	畫	畫
1745	讚法界頌一卷，龍樹菩薩造、宋施護譯		溪		合		兵	隸	隸		路	路	路	路
1746	廣大發願頌一卷，龍樹菩薩造、宋施護等譯				合			扶	最		公*	茂	茂	茂
1747	三身梵讚一卷，宋法賢譯		傾		合			冠*	冠		輦	輦	輦	輦

初南	天海	緣山	南藏	北藏	嘉興	龍藏	黃檗	卍字	臺中	大正	中華	義門	知津	縮刻	頻伽	普慧	佛教
橫		1478	壁	通	通	通	通	二六	磧36	32	66	二七	三四	閏	閏		52
盡	盡	盡	邑	情	情	情	情	二二	磧17	32	30	二九	三七	來	來		36
命*	命	命	邑	情	情	情	情	二二	磧17	32	30	二九	三七	來	來		36
		1505						續2		32	50		三九	餘	餘		55
踐	刑	1504	羅	疑	疑	疑	疑	二五	磧37	32	50	二九	三八	來	來		36
								二六		32	51			藏	藏		51
驚*	驚	驚	業	聚	聚	聚	聚		磧28	32	51	三十	四一	藏	藏		51
	土	1531						續2		32	69			藏	藏		51
畫	畫	畫	甚	漆	漆	漆	漆	二七	磧28	32	52	三十	四一	藏	藏		51
畫	畫	畫	甚	隸	隸	隸	隸	二七	磧28	32	52	三十	四一	藏	藏		51
畫	畫	畫	甚	隸	隸	隸	隸	二七	磧28	32	52	三十	四一	藏	藏		51
路	路	路	力	言	言	言	言	十六	磧32	32	63	三十	三八	藏	藏		51
茂	茂	茂	甚	英	英	英	英	二六	磧34	32	67	三十	三八	藏	藏		51
輦	輦	輦	夙	言	言	言	言	十六	磧33	32	64		十五	藏	藏		51

序號	歷代漢文大藏經目錄新考對照表	開元	石經	貞元	至元	指要	標目	金藏	麗藏	略出	福州	資福	磧砂	普寧
1748	佛三身讚一卷，宋法賢譯		傾		匡		振	冠*	冠		輦	輦	輦	輦
1749	佛一百八名讚一卷，宋法天譯		營		匡		驅	封	封		千	千	千	千
1750	一百五十讚佛頌一卷，尊者摩咥里制吒造、唐義淨譯	畫		陛	營	獸	獸	獸	獸	獸	獸	獸	獸	獸
1751	佛吉祥德讚三卷，尊者寂友造、宋施護譯				匡			合	牧		桓	功	功	功
1752	七佛讚唄伽他一卷，宋法天譯		刻		合		千	杜	杜		將*	將	將	將
1753	捷稚梵讚一卷，宋法賢譯		執		匡		驅	戶	戶		千	千	千	千
1754	八大靈塔梵讚一卷，西天戒日王製、宋法賢譯		傾		合			冠*	冠		輦	輦	輦	輦
1755	佛説八大靈塔名號經一卷，宋法賢譯		傾		合		振	冠*	冠		輦	輦	輦	輦
1756	賢聖集伽陀一百頌一卷，宋天息災譯		阜		合		輦	俠	俠		家*	家	家	家
1757	事師法五十頌一卷，馬鳴菩薩集、宋日稱等譯				弱			橫*	亭			寧	寧	
1758	密跡力士大權神王經偈頌一卷，元管主八撰											武	武	
1759	請賓頭盧法一卷，劉宋慧簡譯	彩		弁	桓		畫	畫	畫	畫	畫	畫	畫	畫
1760	賓頭盧突羅闍為優陀延王説法經一卷，劉宋求那跋陀羅譯	彩		弁	桓	畫	畫	畫*	畫	畫	畫	畫	畫	畫
1761	迦葉仙人説醫女人經一卷，宋法賢譯		弱		外		轂	兵	兵		陪*	陪	陪	陪
1762	勝軍化世百喻伽他經一卷，宋天息災譯		伊		合		兵	漆*	漆		槐	槐	槐	槐

南	天海	緣山	南藏	北藏	嘉興	龍藏	黃檗	卍字	臺中	大正	中華	義門	知津	縮刻	頻伽	普慧	佛教
輦	輦	輦	興	言	言	言	言	十六	磧33	32	64	三十	三八	成	成		58
千	千	千	臨	言	言	言	言	十六	磧33	32	64	三十	三八	藏	藏		51
獸		獸	籍	隸	隸	隸	隸	二七	磧28	32	52	三十	三八	藏	藏		51
功	功	功	無	漆	漆	漆	漆	二七	磧34	32	67	三十	三八	藏	藏		51
將	將	將	竭	言	言	言	言	十六	磧32	32	63	二六	十五	成	成		58
千	千	千	深	言	言	言	言	十六	磧33	32	64	二六	十五	成	成		58
輦	輦	輦	夙	言	言	言	言	十六	磧33	32	64		十五	成	成		58
輦	輦	輦	夙	臨	臨	臨	臨	十五	磧33	32	64	十三	三一	宿	宿		28
家	家	家	甚	英	英	英	英	二六	磧32	32	64	三十	四一	藏	藏		51
寧		1529	優	言	言	言	言	十六	磧36	32	69	二七	三四	成	成		58
武		1559	學	杜	杜	杜	杜	二六	嘉1	32	71	二六	四一	藏	藏		51
畫	畫	畫	甚	墳	墳	墳	墳	二六	磧28	32	52	三十	四一	藏	藏		51
畫	畫	畫	甚	墳	墳	墳	墳	二六	磧28	32	52	三十	三一	宿	宿		28
陪	陪	陪	夙	臨	臨	臨	臨	十五	磧33	32	64	三十	四一	藏	藏		51
槐	槐	槐	盡	則	則	則	則	十五	磧32	32	63	三十	四一	藏	藏		51

序號	歷代漢文大藏經目錄新考對照表	開元	石經	貞元	至元	指要	標目	金藏	麗藏	略出	福州	資福	磧砂	普
1763	十二禮一卷，龍樹菩薩造、宋筏提摩多譯													
1764	佛説人本欲生經註一卷，東晉道安撰													
1765	佛説齋經科註一卷，明智旭科註													
1766	陰持入解經二卷，吳陳慧撰					甚	甚	甚	甚			無		
1767	天請問經疏一卷													
1768	大般若波羅蜜多經般若理趣分述讚三卷，唐窺基撰													
1769	大般若波羅蜜多經關法六卷，宋永隆排定													
1770	大般若關一卷		3											
1771	般若綱要十卷，清通門閲正、葛轄提綱													
1772	大般若波羅蜜多經敘四卷，民國歐陽漸撰													
1773	大品遊意一卷，隋吉藏撰													
1774	大品經義疏十卷，隋吉藏撰													
1775	大慧度經宗要一卷，新羅元曉撰													
1776	金剛般若波羅蜜經註一卷，僧肇註													
1777	金剛般若波羅蜜經一卷		28											
1778	金剛般若經疏一卷，隋智顗説													
1779	金剛經科釋一卷，隋智顗疏、元徐行善科													

南	天海	緣山	南藏	北藏	嘉興	龍藏	黃檗	卍字	臺中	大正	中華	義門	知津	縮刻	頻伽	普慧	佛教
								續2									58
										33							61
					續38			續44	嘉19								134
								十五		33	36			宿	宿		61
										85							124
								續24		33							128
								續24							續119		128
								續24							續119		128
																	131
								續24		33							128
								續24									
								續24		33							128
								續24							續119		128
										85							135
赤			法	會	會	勒	會	三三	嘉3	33	96	十八	三六	吕	吕		64
								續24									

序號	歷代漢文大藏經目錄新考對照表	開元	石經	貞元	至元	指要	標目	金藏	麗藏	略出	福州	資福	磧砂	普
1780	金剛般若疏四卷，隋吉藏撰													
1781	金剛般若經贊述二卷，唐窺基撰													
1782	金剛般若經疏論纂要二卷（另科文一卷），唐宗密述、宋子璿治定													
1783	金剛經纂要刊定記七卷，宋子璿録													
1784–1	金剛經疏記科會十卷，唐宗密疏、宋子璿記、明大璸科會													
1784–2	金剛般若經疏論纂要刊定記會編十卷，唐宗密述疏、宋子璿録記、清行策會編													
1785	金剛般若波羅蜜經註三卷，唐慧淨註													
1786	金剛般若波羅蜜經二卷，梁昭明太子分目、唐慧能解義													
1787	金剛經口訣一卷，唐慧能説													
1788	金剛般若波羅蜜經註三卷，唐慧能註、宋道川頌並著語													
1789	金剛般若波羅蜜經註一卷，唐御註		3											
1790	御註金剛般若經疏宣演六卷，唐道氤撰				本			庭						
1791	金剛般若波羅蜜經會解二卷，宋善月述													

南	天海	緣山	南藏	北藏	嘉興	龍藏	黃檗	卍字	臺中	大正	中華	義門	知津	縮刻	頻伽	普慧	佛教
								續24		33							
								續24		33							
			農	農	農	漠	農		嘉8	33	97	十八	三六	呂	呂		64
			農	農	農	漠	農		嘉8	33	97	十八	三六	呂	呂		64
								續25							續119		
					又續5			續25	嘉31								
								續24							續119		
								續24							續119		
								續24									
								續24							續119		
									磧38	85	92						
								續24							續119		

序號	歷代漢文大藏經目錄新考對照表	開元	石經	貞元	至元	指要	標目	金藏	麗藏	略出	福州	資福	磧砂	普寧
1792	金剛般若波羅蜜經采微二卷（另科一卷，餘釋一卷），宋曇應述													
1793	銷釋金剛科儀會要註解九卷，宋宗鏡述、明覺連重集													
1794	金剛般若波羅蜜經註解一卷，明宗泐、如𤫉註													
1795	金剛經註解四卷，明太宗纂輯													
1796	金剛般若波羅蜜經補註二卷，明韓巖集解、程衷懋補註													
1797	註解鐵錎銘二卷，明屠垠註													
1798-1	金剛般若波羅蜜經宗通七卷，明曾鳳儀宗通													
1798-2	金剛般若波羅蜜經偈釋二卷（宗通卷八、卷九），明曾鳳儀釋													
1799	釋金剛經一卷，明真可撰													
1800	金剛決疑一卷，明德清撰													
1801	金剛般若波羅蜜經鎞二卷，明廣伸述													
1802	金剛經統論一卷，明林兆恩撰													
1803	金剛正眼一卷，明大韶筆記													
1804	金剛般若波羅蜜經筆記一卷，明如觀註													

南	天海	緣山	南藏	北藏	嘉興	龍藏	黃檗	卍字	臺中	大正	中華	義門	知津	縮刻	頻伽	普慧	佛教
								續24							續120		
								續24							續120		136
				主	主	務	主	三五	嘉5	33	97	十八	三六	呂	呂		64
								續24							續120		128
								續24							續120		
								續24							續121		
								續25							續120		
								續25							續120		
								續25							續120		
								續25							續120		
								續25							續120		
								續25							續120		
								續25							續120		
					續33			續25	嘉19						續120		

序號	歷代漢文大藏經目錄新考對照表	開元	石經	貞元	至元	指要	標目	金藏	麗藏	略出	福州	資福	磧砂	普寧
1805	金剛般若波羅蜜經破空論一卷，明智旭造論													
1806	金剛般若波羅蜜經觀心釋一卷，明智旭述													
1807	金剛般若經略談一卷，明觀衡撰													
1808	金剛略疏一卷，明元賢述													
1809	新鐫大乘金剛般若波羅蜜經音釋直解一卷，明圓杲解註													
1810	金剛經如是解一卷，明張坦翁註解													
1811	答屠息庵讀金剛經大意書一卷，清王起隆述													
1812	金剛經會解了義一卷，清徐從治等訂、徐昌治纂													
1813	金剛新眼疏經偈合釋二卷，清通理述													
1814	金剛般若波羅蜜經郢說一卷（另卷首一卷），清徐發詮次													
1815	金剛經註正訛一卷，清仲之屏彙纂													
1816	金剛般若波羅蜜經淺解一卷，清翁春等解釋													
1817	金剛般若波羅蜜經部旨二卷，清靈耀撰													
1818	金剛般若波羅蜜經一卷，清溥仁乩釋、子真乩訂													

南	天海	緣山	南藏	北藏	嘉興	龍藏	黃檗	卍字	臺中	大正	中華	義門	知津	縮刻	頻伽	普慧	佛教
					續33			續25	嘉19								
					續33			續25	嘉19						續120		
								續25							續120		
								續25							續120		
								續25							續120		
					續33			續25	嘉19								
					續33			續25	嘉19						續121		
					續33			續25	嘉19						續121		
								續25							續121		128
					又續11			續25	嘉33								
					又續11			續25	嘉33								
								續25									
					又續27			續25	嘉37						續122		
					續33			續25	嘉19						續121		

序號	歷代漢文大藏經目録新考對照表	開元	石經	貞元	至元	指要	標目	金藏	麗藏	略出	福州	資福	磧砂	普
1819	金剛般若經演古一卷，清寂焰述													
1820	金剛般若波羅蜜經一卷，清刪鷙著													
1821	金剛經石註一卷，清石成金撰集													
1822	金剛經正解二卷，清龔概綵註													
1823	金剛般若波羅蜜經懸判疏鈔八卷（另卷序一卷），清性起述													
1824	金剛般若波羅蜜經註疏二卷，清性起述													
1825	金剛經如是經義二卷，清行敏述													
1826	金剛般若波羅蜜經註講二卷，清石天基註、行敏考訂													
1827	金剛經一卷，清孚佑帝君註解													
1828	金剛般若波羅蜜經二卷，清孫念劬纂													
1829	金剛般若波羅蜜經心印疏二卷，清溥畹述													
1830	金剛般若波羅蜜經二卷，清俞樾註													
1831	金剛經訂義一卷，清俞樾纂													
1832	金剛般若波羅蜜經二卷，清陳存吾闡說													

南	天海	緣山	南藏	北藏	嘉興	龍藏	黃檗	卍字	臺中	大正	中華	義門	知津	縮刻	頻伽	普慧	佛教
								續25							續121		
								續25							續121		
								續25							續121		
								續25							續121		
								續25							續121		
								續25							續121		
								續25							續121		
								續25							續121		
								續25							續121		
								續25							續121		
								續25							續122		128
								續25							續122		
								續25							續122		
								續25							續122		

序號	歷代漢文大藏經目錄新考對照表	開元	石經	貞元	至元	指要	標目	金藏	麗藏	略出	福州	資福	磧砂	普寧
1833	金剛般若波羅蜜經二卷，清徐槐廷述													
1834	金剛般若波羅蜜經易解二卷，清謝承謨註釋													
1835	金剛般若波羅蜜經講義五卷，民國江妙煦著													
1836	佛說金剛般若波羅蜜經略疏二卷，唐智儼述													
1837	能斷金剛般若波羅蜜多經釋一卷，民國太虛述													
1838	仁王護國般若經疏五卷，隋智顗說、灌頂記													
1839–1	佛說仁王護國般若波羅蜜經疏三卷，陳隋智顗疏、明道霈合													
1839–2	仁王經疏會本三卷，隋智顗說、灌頂記、清成蓮合													
1840	佛說仁王護國般若波羅蜜經疏神寶記四卷，宋善月述													
1841	佛說仁王護國般若波羅蜜經疏神寶記會本二卷，隋智者說疏、灌頂記、宋善月述神寶記													
1842	仁王般若經疏三卷，隋吉藏撰													
1843	仁王經疏三卷，唐圓測撰													
1844	仁王護國般若波羅蜜多經疏三卷，唐良賁述													

南	天海	緣山	南藏	北藏	嘉興	龍藏	黃檗	卍字	臺中	大正	中華	義門	知津	縮刻	頻伽	普慧	佛教
								續25							續122		
								續25							續122		
																四	102
								續24		33							
																	119
城			韓	韓	韓	碑	韓	三三	嘉3	33	96	十八	三六	呂	呂		64
					續86			續26	嘉29								
								續26									
昆			弊	韓	韓		韓	三三	嘉3	33	96	十八	三九	呂	呂		64
																四	102
								續26		33							136
								續26		33							136
								續26		33					續122		

序號	歷代漢文大藏經目錄新考對照表	開元	石經	貞元	至元	指要	標目	金藏	麗藏	略出	福州	資福	磧砂	普
1845	仁王護國般若經疏法衡抄六卷，唐遇榮集													
1846	註仁王護國般若經四卷，宋淨源撰集													
1847	仁王護國般若波羅蜜多經科疏五卷（另科文一卷，懸譚一卷），明真貴述													
1848	仁王護國般若波羅蜜多經闡秘三卷，民國密林述													
1849	般若波羅蜜多心經幽贊二卷，唐窺基撰				稼			稅						
1850	般若波羅蜜多心經幽贊添改科一卷，京齊等諸大法師先製、宋守千添改													
1851	般若心經幽贊崆峒記三卷，宋守千集													
1852	佛説般若波羅蜜多心經贊一卷，唐圓測撰													
1853	般若波羅蜜多心經略疏一卷，唐法藏述													
1854	般若心經略疏連珠記二卷，宋師會述													
1855	般若心經疏顯正記三卷，唐法藏疏、宋仲希述													
1856	般若波羅蜜多心經略疏小鈔二卷，清錢謙益集													
1857	般若波羅蜜多心經疏一卷，唐慧淨作													

南	天海	緣山	南藏	北藏	嘉興	龍藏	黃檗	卍字	臺中	大正	中華	義門	知津	縮刻	頻伽	普慧	佛教
								續26							續122		
								續26							續122		
								續26							續123		
																	131
								續26	磧39	33	100						
								續26							續123		
								續26							續123		
								續26		33							
黍*			青	百	百	勒	百	三四	嘉5	33	97	十八	三六	呂	呂		64
黍*			青	百	百		百	三四	嘉5	33	97	十八	三九	呂	呂		64
								續26							續123		
								續26							續123		
								續26							續123		

序號	歷代漢文大藏經目録新考對照表	開元	石經	貞元	至元	指要	標目	金藏	麗藏	略出	福州	資福	磧砂	普寧
1858	般若波羅蜜多心經疏一卷，唐靖邁撰													
1859	註般若波羅蜜多心經一卷，提婆註													
1860	般若心經疏一卷，唐明曠述													
1861	般若波羅蜜多心經註解一卷，唐大顛註解													
1862	三註般若波羅蜜多心經一卷，唐慧忠、宋道楷、懷深述													
1863	般若心經疏一卷，宋智圓述													
1864	般若心經疏詒謀鈔一卷，宋智圓撰													
1865	般若波羅蜜多心經註一卷，宋道隆述													
1866	般若波羅蜜多心經註解一卷，明宗泐、如𤧚註													
1867	般若波羅蜜多心經集註一卷，明宗泐、如𤧚集													
1868	般若波羅蜜多心經解義節要一卷，明無念節要													
1869	般若波羅蜜多心經註解一卷，明真可撰													
1870	般若波羅蜜多心經直談一卷，明真可撰													
1871	般若波羅蜜多心經要論一卷，明真可說													
1872	般若波羅蜜多心經說一卷，明真可說													

刀南	天海	緣山	南藏	北藏	嘉興	龍藏	黃檗	卍字	臺中	大正	中華	義門	知津	縮刻	頻伽	普慧	佛教
								續26							續123		
								續26									
								續26							續123		
								續26				四一			續123		
								續26							續123		
								續26							續123		
								續26							續123		
								續26							續123		
				主	主	務	主	三五	嘉5	33	97	十八	三六	呂	呂		64
		石										十八	三六				
								續26							續123		
								續26							續123		
					續33			續26							續123		
					續33			續26									
								續26							續123		

序號	歷代漢文大藏經目錄新考對照表	開元	石經	貞元	至元	指要	標目	金藏	麗藏	略出	福州	資福	磧砂	普寧
1873	般若波羅蜜多心經釋義一卷，明謝觀光釋													
1874	般若波羅蜜多心經釋疑一卷，明謝觀光釋													
1875	般若波羅蜜多心經直說一卷，明德清述													
1876	心經提綱一卷，明李贄撰													
1877	心經釋略一卷，明林兆恩撰													
1878	心經概論一卷，明林兆恩撰													
1879	心經說一卷，明洪恩述													
1880	心經註解一卷，明諸萬里註													
1881	般若波羅蜜多心經斲輪解一卷，明通容述													
1882	般若波羅蜜多心經正眼一卷，明大文述													
1883	心經開度一卷，明弘麗著													
1884	般若波羅蜜多心經發隱一卷，明正相解													
1885	般若際決一卷，唐玄奘譯、明大慧釋													
1886	般若波羅密多心經添足一卷，明弘贊述													

刀南	天海	緣山	南藏	北藏	嘉興	龍藏	黃檗	卍字	臺中	大正	中華	義門	知津	縮刻	頻伽	普慧	佛教
								續 26							續 123		
								續 26							續 123		
								續 26							續 123		
								續 26							續 123		
								續 26							續 123		
								續 26							續 123		
					續 33			續 26	嘉 19								
								續 26							續 123		
								續 26							續 123		
								續 26							續 123		
					續 33			續 26	嘉 19								
								續 26							續 123		
								續 26							續 123		
					又續 19			續 26	嘉 35								

序號	歷代漢文大藏經目錄新考對照表	開元	石經	貞元	至元	指要	標目	金藏	麗藏	略出	福州	資福	磧砂	普寧
1887	般若波羅蜜多心經釋要一卷，明智旭述													
1888	心經小談一卷，明觀衡述													
1889	般若波羅蜜多心經一貫疏一卷，明益證疏													
1890	摩訶般若波羅蜜多心經一卷，明無垢子註													
1891	闔通顯道甚深功德寶二卷													
1892	般若心經指掌一卷，清元賢述													
1893-1	般若波羅蜜多心經事觀解卷上一卷，清續法述													
1893-2	般若波羅蜜多心經理性解卷下一卷，清續法述													
1894	心經大意一卷，清王起隆述													
1895	心經解一卷，清徐昌治解													
1896	般若波羅蜜多心經請益説一卷，清道霈説、太光等錄													
1897	摩訶般若波羅蜜多心經註疏一卷，清仲之屏纂註													
1898	般若心經論一卷，清函昰撰													
1899	般若波羅蜜多心經一卷，清孫念劬纂													
1900	摩訶般若波羅蜜多心經一卷，清行敏述													

刃南	天海	緣山	南藏	北藏	嘉興	龍藏	黃檗	卍字	臺中	大正	中華	義門	知津	縮刻	頻伽	普慧	佛教
					續33			續26	嘉19						續123		
								續26							續123		
								續26							續123		
								續26									
								續26							續123		
								續26							續123		
								續26							續123		
								續26							續123		
					續33			續26	嘉19						續123		
					續33			續26	嘉19						續123		
								續26							續123		
					又續11			續26	嘉33						續123		
								續26							續123		
								續26							續123		
								續26							續123		

序號	歷代漢文大藏經目錄新考對照表	開元	石經	貞元	至元	指要	標目	金藏	麗藏	略出	福州	資福	磧砂	普寧
1901	般若波羅蜜多心經一卷，清行敏述													
1902	摩訶般若波羅蜜多心經句解易知一卷，清王澤泩註解													
1903	般若波羅蜜多心經解義一卷，清徐槐廷解													
1904	般若波羅蜜多心經註解一卷，清敬止撰													
1905	般若波羅蜜多心經一卷，清謝承謨註釋													
1906	般若波羅蜜多心經新舊合釋一卷，清通理述													
1907	多心經一卷，清孚佑帝君註解、培真校正重鐫													
1908	般若波羅蜜多心經詮註四卷，民國周止庵述													
1909	薄伽梵母智慧到彼岸心經一卷，民國貢噶法獅子講授、慈威記錄													
1910	大乘理趣六波羅蜜多經皈依三寶品講錄一卷，民國太虛述													
1911	大乘理趣六波羅蜜多經發菩提心品講錄一卷，民國太虛述													
1912	妙法蓮華經疏二卷，劉宋竺道生撰													
1913	妙法蓮華經義記八卷，梁法雲撰													

刀南	天海	緣山	南藏	北藏	嘉興	龍藏	黃檗	卍字	臺中	大正	中華	義門	知津	縮刻	頻伽	普慧	佛教
								續 26							續 123		
								續 26							續 123		
								續 26							續 123		
								續 26									
								續 26							續 123		
																	131
								續 26							續 123		
																	102
																	131
																	132
																	132
								續 27							續 129		
								續 27		33							

序號	歷代漢文大藏經目錄新考對照表	開元	石經	貞元	至元	指要	標目	金藏	麗藏	略出	福州	資福	磧砂	普寧
1914	妙法蓮華經玄義十卷，隋智顗説、灌頂記				孟			岫			更霸*			
1915	天台法華玄義科文五卷，唐湛然述										霸			
1916	法華玄義釋籤二十卷，唐湛然述				軻			杳			趙*			
1917	妙法蓮華經玄義釋籤四十卷，隋智顗説、灌頂記、唐湛然釋													
1918	讀教記二十卷，宋法照撰													
1919	天台三大部補註十四卷，宋從義撰													
1920	大部妙玄格言二卷，宋善月述													
1921	玄籤備撿四卷，宋有嚴註													
1922	玄籤證釋十卷，清智銓述													
1923	釋籤緣起序指明一卷，清靈耀述													
1924	妙法蓮華經玄義輯略一卷，明傳燈錄													
1925	妙法蓮華經玄義節要二卷，隋智顗説、灌頂記、明智旭節													
1926	妙法蓮華經文句十卷，隋智顗説、灌頂記				敦			冥			魏*			
1927	法華文句記十卷，唐湛然述				素			治			困橫*			
1928	妙法蓮華經文句記三十卷，隋智者説、灌頂記、唐湛然述													

南	天海	緣山	南藏	北藏	嘉興	龍藏	黃檗	卍字	臺中	大正	中華	義門	知津	縮刻	頻伽	普慧	佛教
禹	武丁		寔寧	密勿	密勿		密勿		嘉2	33	93	十九	三六	呂	呂		64
								續27			95				續126		
百	多士		晉楚	多士	多士		多士		嘉2	33	93	二十	三九	呂	呂		64
						禄至車		三一			93						
								續28							續126		
								續28									
								續28							續127		
								續28							續127		
								續28							續133		
					又續27			續28	嘉37						續133		
								續28							續130		
					續21			續28	嘉16								
秦	俊乂		更霸	寔寧	寔寧	駕肥	寔寧		嘉2	34	94	二十	三六	調	調		65
嶽	寔至晉		趙魏	晉至更	晉至更	輕至功	晉至更		嘉2	34	94	二十	三九	調	調		65
								三二									

序號	歷代漢文大藏經目錄新考對照表	開元	石經	貞元	至元	指要	標目	金藏	麗藏	略出	福州	資福	磧砂	普
1929	妙法蓮華經文句科六卷，唐湛然述										橫			
1930	法華天台文句輔正記十卷，唐道暹述													
1931	妙經文句私志諸品要義二卷，唐智雲述													
1932	妙經文句私志記十四卷，唐智雲撰													
1933	天台法華疏義纘六卷，唐智度述													
1934	法華文句記箋難四卷，宋有嚴箋													
1935	文句格言三卷，宋善月述													
1936	妙法蓮華經文句纂要七卷，隋灌頂結集、唐湛然述記、清道霈纂要													
1937	法華玄論十卷，隋吉藏撰													
1938	法華義疏十二卷，隋吉藏撰													
1939	法華遊意一卷，隋吉藏造													
1940	法華統略三卷，隋吉藏撰													
1941	法華大意一卷，唐湛然述													
1942	妙法蓮華經釋為為二章一卷，唐窺基撰													
1943	妙法蓮華經玄贊十卷，唐窺基撰			稽俶			熟貢							
1944	法華玄贊義決一卷，唐慧沼撰													
1945	法華玄贊攝釋四卷，唐智周撰													

閩南	天海	緣山	南藏	北藏	嘉興	龍藏	黃檗	卍字	臺中	大正	中華	義門	知津	縮刻	頻伽	普慧	佛教
								續27			95				續126		
								續28							續124		
								續29							續125		
								續29							續125		
								續29							續125		
								續29							續127		
								續29							續128		
								續29							續131		
								續27	34								
								續27	34								137
								續27	34								137
								續27							續124		
								續27									
								續33							續124		
								續33	磧39	34	100						
								續34	34						續124		
								續34							續124		

序號	歷代漢文大藏經目録新考對照表	開元	石經	貞元	至元	指要	標目	金藏	麗藏	略出	福州	資福	磧砂	普寧
1946	法華疏決擇記八卷，唐崇俊撰、法清集疏													
1947	法華經玄贊要集三十五卷，唐棲復集													
1948	法華經玄贊釋（卷二欺）													
1949	法華宗要一卷，新羅元曉撰													
1950	妙法蓮華經要解十九卷（另科文一卷），宋戒環解													
1951	妙法蓮華經合論七卷，宋慧洪合論、宋張商英撰附論													
1952	妙法蓮華經句解八卷，宋聞達解													
1953	妙法蓮華經入疏十二卷，隋智顗疏並記、宋道威入註													
1954	科註妙法蓮華經十卷，宋守倫註、明法濟參訂													
1955	妙法蓮華經八卷，元徐行善科註													
1956	妙法蓮華經科註七卷，明一如集註													
1957	妙法蓮華經知音七卷，明如愚著													
1958	法華大意三卷，明無相説													
1959	妙法蓮華經擊節一卷，明德清述													
1960	妙法蓮華經通義七卷，明德清述													

河南	天海	緣山	南藏	北藏	嘉興	龍藏	黃檗	卍字	臺中	大正	中華	義門	知津	縮刻	頻伽	普慧	佛教
								續34									
								續34									
								續34									
										34							
		曠遠	曠遠	曠遠	曠遠	曠遠		續30	嘉7		100	二十	三六	調	調		65
					續21			續30	嘉16			二十					
								續30									137
								續30							續128		
								續30							續127		
								續31									
								續31				二十			續129		
								續31							續129		
					續21			續31	嘉16			二十			續129		
								續31							續130		
					續20			續31	嘉16								

序號	歷代漢文大藏經目録新考對照表	開元	石經	貞元	至元	指要	標目	金藏	麗藏	略出	福州	資福	磧砂	普寧
1961	大乘妙法蓮華經精解評林二卷，明焦竑纂													
1962	妙法蓮華經意語一卷，明圓澄説													
1963	妙法蓮華經大窾七卷（另卷首一卷），明通潤箋													
1964	妙法蓮華經綸貫一卷，明智旭述													
1965	妙法蓮華經台宗會義七卷，清智旭述													
1966	妙法蓮華經卓解七卷，清徐昌治註													
1967	法華大成科文一卷，清際慶排録													
1968	妙法蓮華經大成九卷（另卷首一卷），清大義集													
1969	法華大成音義一卷，清淨昇集													
1970	妙法蓮華經授手十卷（另卷首一卷，科一卷），清智祥集													
1971	妙法蓮華經演義七卷（另科文一卷），一松講録、清廣和編定													
1972	妙法蓮華經科拾七卷（另懸談卷首一卷，科文一卷），清佛閑立科、智一拾遺													
1973	法華指掌疏七卷（另科判一卷，懸示一卷，事義一卷），清通理述													

南	天海	緣山	南藏	北藏	嘉興	龍藏	黃檗	卍字	臺中	大正	中華	義門	知津	縮刻	頻伽	普慧	佛教
								續31							續129		
					續21			續31	嘉16								
								續31							續130		
					續19		附1	續32	嘉28						續130		
					續19			續32	嘉16								
					續21			續32	嘉16								
								續32							續130		
								續32							續130		
								續32							續131		
					續89	寵至極		續32	嘉30		103						
								續33							續132		
								續33							續131		
								續33							續131		

序號	歷代漢文大藏經目録新考對照表	開元	石經	貞元	至元	指要	標目	金藏	麗藏	略出	福州	資福	磧砂	普寧
1974	無量義經箋註一卷，民國丁福保箋註													
1975	觀音玄義二卷，隋智顗説、灌頂記				幾			稼						
1976	觀音玄義記四卷，宋知禮述													
1977	觀世音菩薩普門品玄義記會本四卷（另科文一卷，條目一卷），隋智顗説、灌頂記、宋知禮述、明聖行分會、日本實乘考訂													
1978	觀音義疏二卷，隋智顗説、灌頂記				謹			畝						
1979-1	觀音義疏記四卷，宋知禮述													
1979-2	附釋普門品重頌疏，宋遵式述							畝						
1980	觀世音菩薩普門品義疏記會本四卷（另科文一卷，條目一卷），隋智顗説、灌頂記、宋知禮述、明聖行分會、日本實乘考訂													
1981	觀世音菩薩普門品膚説一卷，清靈耀説													
1982	請觀音經疏一卷，隋智顗説、灌頂記													
1983	請觀音經疏闡義鈔四卷，宋智圓述													
1984	佛説高王觀世音經註釋一卷，清周上智録出													

南	天海	緣山	南藏	北藏	嘉興	龍藏	黃檗	卍字	臺中	大正	中華	義門	知津	縮刻	頻伽	普慧	佛教
																	124
塞			何	遵	遵	纓	遵	三三	嘉3	34	96	二十	三六	調	調		65
塞			何	遵	遵	纓	遵	三三	嘉3	34	96	二十	三九	調	調		65
								續35									
塞			何	遵	遵	振	遵	三三	嘉3	34	98	二十	三六	調	調		65
塞			何	遵約	遵約	振	遵約	三三	嘉3	34	96	二十	三九	調	調		65
塞			何	約	遵	振		續35	嘉3	34	96		三九	調	調		65
								續35									
					又續27			續35	嘉37								
池			煩	法	法	伊	法	三三	嘉3	39	96	二七	三五	呂	呂		64
池			煩	法	法		法	三三	嘉3	39	96	二七	三九	呂	呂		64
								續35							續133		

序號	歷代漢文大藏經目錄新考對照表	開元	石經	貞元	至元	指要	標目	金藏	麗藏	略出	福州	資福	磧砂	普寧
1985	觀普賢菩薩行法經義疏二卷（另科一卷），宋本如述、處咸續解、日本亮潤分會													
1986	佛說觀普賢菩薩行法經箋註一卷，民國丁福保箋註													
1987	金剛三昧經論三卷，新羅元曉述								庭					
1988	金剛三昧經註四卷，明圓澄註													
1989	金剛三昧經通宗記十二卷，清誅震述													
1990	華嚴經論一百卷，元魏靈辨造				亭至昆									
1991	華嚴經文義記卷第六，高齊靈裕集記													
1992	華嚴遊意一卷，隋吉藏撰													
1993	大方廣佛華嚴經搜玄分齊通智方軌五卷，唐智儼述								沓					
1994	華嚴經文義綱目一卷，唐法藏撰													
1995	華嚴經探玄記二十卷，唐法藏述								農務					
1996	大方廣佛華嚴經探玄記十卷（另科文十卷），唐法藏述													
1997	續華嚴略疏刊定記十五卷，唐慧苑述													
1998	大方廣佛華嚴經疏六十卷，唐澄觀撰				洞至遠			鶏至城						
1999–1	大方廣佛華嚴經隨疏演義鈔九十卷，唐澄觀述				邈至治			池至洞						

南	天海	緣山	南藏	北藏	嘉興	龍藏	黃檗	卍字	臺中	大正	中華	義門	知津	縮刻	頻伽	普慧	佛教
								續35							續133		130
																	124
										34							147
								續35							續133		122
								續35							續133		122
								續3									
								續3									
								續3		35							
								續3		35							
								續3		35							
								續3		35							
																五至六	95
								續3							續101		
本至兹			頗至最	用至威	用至威		用至威	三三	嘉4	35	85	二至三	三五	歲	歲		59
				沙至禹	沙至禹		沙至禹	三四	嘉5	36	86			歲	歲		59

序號	歷代漢文大藏經目錄新考對照表	開元	石經	貞元	至元	指要	標目	金藏	麗藏	略出	福州	資福	磧砂	普寧
1999–2	華嚴經隨疏演義鈔（別本）六十卷，唐澄觀述													
2000–1	大方廣佛華嚴經疏科文十卷，唐澄觀排定				縣			昆*						
2000–2	大方廣佛華嚴經疏序演義鈔二十九卷，唐澄觀撰述													
2001–1	大方廣佛華嚴經疏序演義鈔八卷，唐澄觀撰述													
2001–2	大方廣佛華嚴經疏鈔八十卷，澄觀撰述													
2002	大方廣佛華嚴經疏演義鈔八十卷，澄觀撰述													
2003	大方廣佛華嚴經疏鈔會本略科十卷，唐澄觀述													
2004	華嚴經疏科二十卷，唐澄觀述、宋淨源重刊													
2005	大方廣佛華嚴經疏一百二十卷，唐澄觀述、宋淨源錄疏註經													
2006	大華嚴經略策一卷，唐澄觀述													
2007	新譯華嚴經七處九會頌釋章一卷，唐澄觀撰述													
2008	入法界品十八問答一卷，唐澄觀述													
2009	新華嚴經論四十卷，唐李通玄撰									勒至銘				
2010	大方廣佛華嚴經合論一百二十卷，李通玄造論、志寧釐經合論							踐至刑			583~594*			

南	天海	緣山	南藏	北藏	嘉興	龍藏	黃檗	卍字	臺中	大正	中華	義門	知津	縮刻	頻伽	普慧	佛教
綠至藝			精至丹								87	四	三五				
			稷	稷	稷	寧	稷	續5	嘉8		91	四	三五	律	律		61
			稷至熟	稷至熟	稷至熟	寧至楚	稷至熟	續5	嘉8		91	四	三五	律	律		61
					續1				嘉11								
					續2	困至牧			嘉11		88						88
								續6									
																	94
石鉅											90						
野至治								續7			90						
								續3		36						九	94
								續3		36						九	94
								續3							續102		94
		1443				乂至士				36				律	律		62
					續9			續4	嘉13		70	四	四四				

序號	歷代漢文大藏經目録新考對照表	開元	石經	貞元	至元	指要	標目	金藏	麗藏	略出	福州	資福	磧砂	普
2011	大方廣佛華嚴經中卷 卷大意略敘一卷，唐李通玄造													
2012	略釋新華嚴經修行次第決疑論四卷，唐李通玄撰										595*			
2013	大方廣佛華嚴經合論簡要四卷，唐李通玄合論、明李贄簡要													
2014	大方廣佛華嚴經合論纂要三卷，唐李通玄撰、明方澤纂													
2015	大方廣佛華嚴經疏論纂要一百二十卷，唐澄觀疏鈔、李通玄論、清道霈纂要													
2016	大方廣佛華嚴經願行觀門骨目二卷，唐湛然撰													
2017	皇帝降誕日於麟德殿講大方廣佛華嚴經玄義一部一卷，唐靜居撰													
2018	華嚴經文義要決問答四卷，新羅表員集													
2019	復菴和尚華嚴綸貫一卷，宋復菴述													
2020	大方廣佛華嚴經要解一卷，宋戒環集													
2021	大方廣佛華嚴經吞海集三卷，宋道通述													
2022	大方廣佛華嚴經談玄決擇六卷，遼鮮演述													

南	天海	緣山	南藏	北藏	嘉興	龍藏	黃檗	卍字	臺中	大正	中華	義門	知津	縮刻	頻伽	普慧	佛教
								續4		36							
					續18			續4	嘉15	36	98	四	四四				
								續4							續103		
								續5				四					
																七至九	97
								續3		36							
								續3		36							
								續8							續102		
								續3				四			續102		
								續8				四			續102		
					續18			續8	嘉15			四					
								續8							續103		

序號	歷代漢文大藏經目錄新考對照表	開元	石經	貞元	至元	指要	標目	金藏	麗藏	略出	福州	資福	磧砂	普寧
2023	華嚴懸談會玄記四十卷，元普瑞集													
2024	大方廣佛華嚴經綱要八十卷，澄觀疏義、明德清提挈													
2025	大方廣佛華嚴經綱目貫攝一卷，清永光錄集													
2026	大方廣佛華嚴經三十九品大意一卷，清永光錄													
2027	大方廣佛華嚴經疏科文表解一卷，民國李圓淨編													
2028	貞元新譯華嚴經疏十卷，唐澄觀述													
2029	大方廣佛華嚴經普賢行願品疏一卷（另凡例、音釋各一卷），澄觀述疏、明明得校正													
2030	大方廣佛華嚴經入不思議解脫境界普賢行願品疏三卷，唐澄觀述疏													
2031	大方廣佛華嚴經普賢行願品別行疏鈔六卷，唐澄觀別行疏、宗密隨疏鈔													
2032	大方廣佛華嚴經普賢行願品別行疏科文一卷，唐宗密述、宋遵式治定													
2033	大方廣佛華嚴經普賢行願品別行疏鈔會本略科一卷，唐澄觀述													

...南	天海	緣山	南藏	北藏	嘉興	龍藏	黃檗	卍字	臺中	大正	中華	義門	知津	縮刻	頻伽	普慧	佛教
			鉅至庭	鉅至庭	鉅至庭	更至魏	鉅至庭	續8	嘉7		90	四	三九	律	律		61
					續12			續8	嘉14								
								續9									
								續9							續103		
																	119
								續5							續102		
					續8				嘉12			四	四四				
																十一	101
					續18	用		續5	嘉15		92						94
								續5							續102		
																	94

序號	歷代漢文大藏經目録新考對照表	開元	石經	貞元	至元	指要	標目	金藏	麗藏	略出	福州	資福	磧砂	普
2034	大方廣佛華嚴經入不思議解脱境界普賢行願品講録一卷，民國太虚述													
2035	大方廣佛華嚴經入不思議解脱境界普賢行願品頌解一卷，民國能海述													
2036	普賢行願品頌疏一卷，民國周演濟述													
2037	大寶積經述一卷，唐徐鍔撰													
2038	寶積經瑜伽釋一卷，民國歐陽漸撰													
2039	勝鬘經義記二卷，隋慧遠撰													
2040	勝鬘經寶窟三卷，唐吉藏撰													
2041	勝鬘經述記二卷，唐窺基説、義令記													
2042	勝鬘經疏義私鈔六卷，日本聖德太子疏、唐明空私鈔													
2043	佛説無量壽經義疏二卷，曹魏康僧鎧譯、隋慧遠撰													
2044	無量壽經義疏二卷，隋慧遠撰													
2045	無量壽經義疏一卷，隋吉藏撰													
2046	兩卷無量壽經宗要一卷，新羅元曉撰													
2047	無量壽經連義述文贊三卷，新羅憬興撰													

初南	天海	緣山	南藏	北藏	嘉興	龍藏	黃檗	卍字	臺中	大正	中華	義門	知津	縮刻	頻伽	普慧	佛教
																	125
																	119
																	131
								續10									
																	146
								續19									
								續19		37							130
								續19							續106		130
								續19							續106		130
								續22									135
										37							
								續22		37							135
								續22		37							135
								續22		37							135

序號	歷代漢文大藏經目録新考對照表	開元	石經	貞元	至元	指要	標目	金藏	麗藏	略出	福州	資福	磧砂	普[
2048	無量壽經記卷上一卷，新羅玄一集													
2049	無量壽經起信論三卷，清彭際清述													
2050	觀無量壽經義疏二卷，隋慧遠撰													
2051	佛説觀無量壽佛經義疏一卷，隋慧遠撰													
2052	佛説觀無量壽佛經疏一卷，隋智顗説				幾			稼 *						
2053	觀無量壽佛經疏妙宗鈔六卷，宋知禮述													
2054	佛説觀無量壽佛經疏妙宗鈔科文一卷，宋知禮排定、明真覺重排													
2055	佛説觀無量壽佛經疏妙宗鈔會本五卷，日本實觀分會													
2056	佛説觀無量壽佛經疏妙宗鈔會本一卷，隋智者撰疏、宋知禮述鈔													
2057	觀經義疏妙宗鈔證義二卷，明廣承集													
2058	觀無量壽經義疏一卷，隋吉藏撰													
2059	佛説觀無量壽佛經義疏一卷，隋吉藏撰													
2060	觀無量壽佛經疏四卷，唐善導集記													
2061	佛説觀無量壽佛經疏四卷，唐善導集記													

南	天海	緣山	南藏	北藏	嘉興	龍藏	黃檗	卍字	臺中	大正	中華	義門	知津	縮刻	頻伽	普慧	佛教
								續22									
								續22							續111		
								續22		37							
																十二	103
赤			法	約	約	刻	約	三三	嘉3	37	96	十六	三五	呂	呂		63
城			韓	約	約	刻	約	三三	嘉3	37	96	十六	三九	呂	呂		63
								續22							續111		
								續22									
																十二	103
					拾遺370												
								續22		37							
																十二	103
										37							
								續22								十二	103

序號	歷代漢文大藏經目録新考對照表	開元	石經	貞元	至元	指要	標目	金藏	麗藏	略出	福州	資福	磧砂	普寧
2062	釋觀無量壽佛經記一卷，唐法聰撰													
2063	觀無量壽佛經義疏三卷，宋元照述													
2064	靈芝觀經義疏正觀記三卷，宋戒度述													
2065	觀經扶新論一卷，宋戒度述													
2066	觀無量壽佛經融心解一卷，宋知禮述													
2067	佛説觀無量壽佛經附圖頌一卷，明傳燈述													
2068	佛説觀無量壽佛經直指疏二卷，清續法集													
2069	觀無量壽佛經約論一卷，清彭際清述													
2070	阿彌陀經義記一卷，隋智顗記													
2071	阿彌陀經義記一卷，隋智顗説、灌頂記													
2072	阿彌陀經義述一卷，唐慧淨述													
2073	阿彌陀經疏一卷，唐窺基撰													
2074	阿彌陀經通贊疏三卷，唐窺基撰			稼				税						
2075	佛説阿彌陀經疏一卷，新羅元曉述													
2076	佛説阿彌陀經疏一卷，宋智圓述													
2077	佛説阿彌陀經義疏一卷，宋元照述													

南	天海	緣山	南藏	北藏	嘉興	龍藏	黃檗	卍字	臺中	大正	中華	義門	知津	縮刻	頻伽	普慧	佛教
								續22							續111		
								續22		37						十二	103
								續22							續111		135
								續22							續111		
								續22							續111		
								續22							續111		135
								續22							續111	十二	103
								續22							續111		
										37							
								續22									135
								續22		37							135
								續22		37							
								續22	磧39	37	100						135
秦 *			青	百	百	曲	百	三四	嘉5	37	97	十六	三五	呂	呂		63
								續22		37							
										37							

序號	歷代漢文大藏經目錄新考對照表	開元	石經	貞元	至元	指要	標目	金藏	麗藏	略出	福州	資福	磧砂	普寧
2078	佛説阿彌陀經義疏聞持記三卷，宋元照述、戒度記、法久補完													
2079	佛説阿彌陀經句解一卷，元性澄句解													
2080	佛説阿彌陀經略解一卷，明大佑述													
2081	彌陀略解圓中鈔二卷，明大佑解、傳燈鈔													
2082-1	佛説阿彌陀經疏鈔十卷，明袾宏述													
2082-2	阿彌陀經疏鈔事義一卷，明袾宏述													
2082-3	阿彌陀經疏鈔問辯一卷，明袾宏述													
2083	彌陀經疏鈔演義定本四卷，明古德演義、慈帆智顧定本													
2084	淨土已訣一卷，明大惠釋													
2085	佛説阿彌陀經要解一卷，清智旭解													
2086	佛説阿彌陀經要解便蒙鈔三卷，清達默造鈔													
2087	佛説摩訶阿彌陀經衷論一卷，清魏源會譯、王耕心衷論													
2088	佛説阿彌陀經疏鈔擷一卷，明袾宏疏鈔、清徐槐廷擷													

南	天海	緣山	南藏	北藏	嘉興	龍藏	黃檗	卍字	臺中	大正	中華	義門	知津	縮刻	頻伽	普慧	佛教
								續22									
					續40			續22	嘉20			十六					
								續22				十六			續110		
								續22							續110		
					續88	貢		續22	嘉32		100	十六				十一	103
								續22	嘉32						續110		
								續22	嘉32						續110		
								續22							續110		135
								續22							續110		
					續40				嘉20	37							61
								續22							續110		135
								續22							續111		135
								續22							續110		

序號	歷代漢文大藏經目錄新考對照表	開元	石經	貞元	至元	指要	標目	金藏	麗藏	略出	福州	資福	磧砂	普寧
2089	佛説阿彌陀經略註一卷，清續法録註													
2090	修西定課一卷，清鄭澄德等註													
2091	阿彌陀經約論一卷，清彭際清述													
2092	佛説阿彌陀經直解正行一卷，清了根纂註													
2093	佛説阿彌陀經摘要易解一卷，清真嵩述													
2094	佛説阿彌陀經義疏一卷，民國周演濟述													
2095	淨土經論撷要一卷，民國印光輯													
2096	大般涅槃經集解七十一卷，梁寶亮等集													
2097	大般涅槃經義記十卷，隋慧遠述													
2098	涅槃經遊意一卷，隋吉藏撰													
2099	涅槃宗要一卷，新羅元曉撰													
2100	大般涅槃經玄義二卷，隋灌頂撰				幾			兹						
2101	大涅槃經玄義文句會本二卷，隋灌頂撰、唐道暹撰、日本守篤本純分會													
2102	涅槃玄義發源機要四卷，宋智圓述													
2103	大般涅槃經疏三十三卷，隋灌頂撰、唐湛然再治				直庶			務兹						

南	天海	緣山	南藏	北藏	嘉興	龍藏	黄檗	卍字	臺中	大正	中華	義門	知津	縮刻	頻伽	普慧	佛教
								續22							續111		
								續22							續111		
								續22							續111		
								續22							續111		135
								續22							續111		
																	119
																	131
								續35		37							129
								續35		37							
								續36		38							
										38							
亭				踐	滅	滅	衡	滅	三二	嘉3	38	96	二二	三六	調	調		62
								續36							續133		
雁				土	土	土	衡	土	三三	嘉3	38	96	二二	三九	調	調		62
雁至紫				土至盟	滅至土	滅至土	佐至阿	滅至土	三二	嘉3	38	95	二二	三六	調	調		62

序號	歷代漢文大藏經目錄新考對照表	開元	石經	貞元	至元	指要	標目	金藏	麗藏	略出	福州	資福	磧砂	普寧
2104	南本大般涅槃經會疏三十六卷（另條目三卷），隋灌頂撰、唐湛然再治、日本守篤本純分會													
2105	南本大般涅槃經會疏解，隋灌頂疏、唐湛然再治、元師正分科、明圓澄會疏註													
2106	天台涅槃疏私記十二卷，唐行滿集													
2107	涅槃經疏私記九卷，唐道暹述													
2108	涅槃經治定疏科十卷，宋智圓撰													
2109	涅槃經疏三德指歸二十卷，宋智圓述													
2110	佛遺教經註一卷，宋守遂註、明了童補註													
2111	佛遺教經解一卷，明智旭述													
2112	佛遺教經講義一卷，民國寶靜述、鏡空記錄													
2113	佛遺教經講要一卷，民國太虛述													
2114	本願藥師經古跡二卷，新羅太賢撰													
2115	藥師經疏鈔擇要三卷（另科文一卷），清伯亭疏鈔、普霖擇要													
2116	藥師瑠璃光如來本願功德經義述一卷，民國周演濟述													
2117	彌勒經遊意一卷，隋吉藏撰													

南	天海	緣山	南藏	北藏	嘉興	龍藏	黃檗	卍字	臺中	大正	中華	義門	知津	縮刻	頻伽	普慧	佛教
								續 36									
								續 37									
								續 37									
								續 37							續 133		
								續 36									
								續 37							續 134		
					續 34			續 37	嘉 19						續 134		134
					續 38			續 37	嘉 19								134
																	131
																	132
								續 21		38							134
																	131
																	131
								續 21		38							130

序號	歷代漢文大藏經目錄新考對照表	開元	石經	貞元	至元	指要	標目	金藏	麗藏	略出	福州	資福	磧砂	普
2118	觀彌勒菩薩上生兜率天經贊二卷，唐窺基撰				務			黍						
2119	佛説觀彌勒菩薩上生兜率天經述贊二卷，唐													
2120	彌勒上生經宗要一卷，新羅元曉撰													
2121	彌勒上生經料簡記一卷，新羅憬興撰													
2122	上生經疏會古通今新抄（存二卷），唐詮明集													
2123	上生經疏隨新抄科文一卷													
2124	上生經瑞應鈔二卷（另科文一卷），宋守千集													
2125	佛説觀彌勒菩薩上生兜率陀天經講要一卷，民國太虛講													
2126	佛説彌勒下生經述贊，唐													
2127	彌勒下生經疏一卷，新羅憬興撰													
2128	佛説彌勒下生成佛經講要一卷，民國太虛講													
2129	佛説彌勒成佛經疏一卷，新羅憬興撰													
2130	三彌勒經疏一卷，新羅憬興撰													
2131	維摩詰所説經註十卷，僧肇註				鉅			曠*						
2132	淨名經集解關中疏二卷，唐道液集													

初南	天海	緣山	南藏	北藏	嘉興	龍藏	黃檗	卍字	臺中	大正	中華	義門	知津	縮刻	頻伽	普慧	佛教
								續21	磧40	38	99						121
								續21									
								續21		38							130
								續21							續111		130
									磧40								
									磧40								
								續21							續111		130
																	121
								續21									
								續21							續111		130
																	121
								續21							續111		130
										38							
		務	務	務	書	務		續18	嘉8	38	98	十六	三五	呂	呂		63
										85							121

序號	歷代漢文大藏經目錄新考對照表	開元	石經	貞元	至元	指要	標目	金藏	麗藏	略出	福州	資福	磧砂	普寧
2133	維摩義記四卷，隋慧遠撰													
2134	維摩經玄疏六卷，隋智顗撰													
2135	維摩羅詰經文疏二十八卷，隋智顗撰													
2136	維摩經略疏十卷，隋智顗説、唐湛然略				謙			南						
2137	維摩疏記六卷，唐湛然述				謹			畝						
2138	維摩經疏（存二卷），唐道暹私記													
2139	維摩經略疏垂裕記十卷，宋智圓述													
2140	淨名玄論八卷，隋吉藏造													
2141	維摩詰所説經疏五卷，隋吉藏撰													
2142	維摩經義疏六卷，隋吉藏撰													
2143	維摩詰所説經十四卷，明楊起元評註													
2144	維摩詰所説經無我疏十二卷，明傳燈著													
2145	維摩經疏科一卷													
2146	維摩詰所説經直疏三卷，明通潤直疏													
2147	維摩詰不思議經集註十卷，民國李翊灼校輯													

南	天海	緣山	南藏	北藏	嘉興	龍藏	黃檗	卍字	臺中	大正	中華	義門	知津	縮刻	頻伽	普慧	佛教
		~						續 18		38							
								續 18		38							
								續 18									
								續 18		38	98		三五				123
								續 18	磧 38		98		三五		續 107		
								續 19									
								續 19		38							
								續 19		38							123
								續 19							續 107		
								續 19		38							
								續 19							續 107		
								續 19					四四		續 107		123
								續 19									
																十二	103
																	124

序號	歷代漢文大藏經目錄新考對照表	開元	石經	貞元	至元	指要	標目	金藏	麗藏	略出	福州	資福	磧砂	普寧
2148	維摩詰所説不可思議解脱經釋會紀聞二卷，民國太虛述													
2149	維摩詰經別記一卷，民國太虛述													
2150	維摩經意大綱一卷，民國太虛述													
2151	説無垢稱經疏六卷，唐窺基撰													
2152	金光明經玄義二卷，隋智顗説、灌頂録				幾			稼						
2153	金光明經玄義拾遺記六卷，宋知禮述													
2154	金光明經玄義順正記三卷，宋從義撰													
2155	金光明經玄義科一卷，明明得排定													
2156	金光明經玄義拾遺記會本二卷，隋智顗説、唐灌頂録、宋知禮述、明明得會													
2157	金光明經文句六卷，隋智顗説、灌頂録				幾			稼						
2158	金光明經文句記六卷，宋知禮述													
2159	金光明經文句新記七卷，宋從義撰													
2160	金光明經文句科一卷，明明得排定													
2161	金光明經文句文句記會本八卷，隋智顗説、唐灌頂録、宋知禮述、明明得會													

南	天海	緣山	南藏	北藏	嘉興	龍藏	黃檗	卍字	臺中	大正	中華	義門	知津	縮刻	頻伽	普慧	佛教
																	125
																	125
																	125
								續19		38							122
雞			遵	會	會	碑	會	三三	嘉3	39	96	十五	三五	呂	呂		63
雞			遵	會	會	碑刻	會	三三	嘉3	39	96	十五	三九	呂	呂		63
								續20							續109		
								續20									
								續20									
田			約	盟	盟	磻	盟	三三	嘉3	39	96	十五	三五	呂	呂		63
田赤			約法	盟何	盟何	溪	盟何	三三	嘉3	39	96	十五	三九	呂	呂		63
								續20							續109		
								續20									
								續20									

序號	歷代漢文大藏經目録新考對照表	開元	石經	貞元	至元	指要	標目	金藏	麗藏	略出	福州	資福	磧砂	普寧
2162	金光明經疏一卷，隋吉藏撰													
2163	金光明最勝王經疏十卷，慧沼撰													
2164	金光明經照解二卷，宋宗曉述													
2165	金光明經科註四卷，明受汰集													
2166	楞伽阿跋多羅寶經（存三卷），唐智嚴註													
2167	楞伽阿跋多羅寶經疏卷中一卷													
2168	楞伽阿跋多羅寶經通義六卷，宋善月述													
2169	楞伽經纂四卷，宋楊彦國纂										阿			
2170	楞伽阿跋多羅寶經四卷，宋正受集註													
2171	楞伽阿跋多羅寶經註解四卷，明宗泐、如𤤽註													
2172	觀楞伽阿跋多羅寶經記八卷，明德清筆記													
2173	楞伽補遺一卷，明德清補遺													
2174	楞伽阿跋多羅寶經宗通八卷，明曾鳳儀宗通													
2175	楞伽阿跋多羅寶經合轍八卷，明通潤述													
2176	楞伽阿跋多羅寶經參訂疏八卷，明廣莫參訂													
2177	楞伽阿跋多羅寶法經精解評林一卷，明焦竑纂													

南	天海	緣山	南藏	北藏	嘉興	龍藏	黃檗	卍字	臺中	大正	中華	義門	知津	縮刻	頻伽	普慧	佛教
								續20		39							136
								續20		39					續108		136
								續20							續109		
								續20							續109		
								續17									
								續17									
								續17							續105		126
								續17			97				續105		
								續17									126
					主	主	務	主	三五	嘉5	39	97	十六	三五	呂	呂	63
					續31			續17							續105		126
								續17							續105		
								續17							續105		
								續17									
								續18				十六			續106		
								續18							續105		

序號	歷代漢文大藏經目錄新考對照表	開元	石經	貞元	至元	指要	標目	金藏	麗藏	略出	福州	資福	磧砂	普寧
2178	楞伽阿跋多羅寶經科解十卷（另科一卷），明真貴述													
2179	楞伽阿跋多羅寶經義疏四卷（另玄義一卷），清智旭疏義													
2180	楞伽阿跋多羅寶經心印八卷，清函昰疏													
2181	楞伽阿跋多羅寶經義記二卷，民國太虛述													
2182	入楞伽心玄義一卷，唐法藏撰													
2183	註大乘入楞伽經十卷，宋寶臣述										時			
2184	盂蘭盆經讚述一卷													
2185-1	盂蘭盆經疏一卷，唐宗密述、宋淨源錄疏註經													
2185-2	佛說盂蘭盆經疏（別本）二卷，唐宗密述													
2186	盂蘭盆經疏新記二卷，唐宗密疏、宋元照記													
2187	蘭盆經疏會古通今記二卷，宋普觀述													
2188	佛說盂蘭盆經疏並序孝衡鈔二卷（另科文一卷），宋遇榮鈔													
2189	蘭盆疏鈔餘義一卷，宋日新錄													
2190	佛說盂蘭盆經新疏一卷，明智旭新疏													

南	天海	緣山	南藏	北藏	嘉興	龍藏	黃檗	卍字	臺中	大正	中華	義門	知津	縮刻	頻伽	普慧	佛教
																	127
					續31			續17	嘉18						續106		126
					又續31			續18	嘉38								
																	125
								續17		39							130
								續17		39	97						130
										85							124
黍*			青	百		沙					97	十六	三五				
					百		百	三四	嘉5	39	97			呂	呂		63
								續21							續111		
								續21							續112		134
								續21				十六			續112		
								續21							續111		
					續42			續21	嘉20								134

序號	歷代漢文大藏經目錄新考對照表	開元	石經	貞元	至元	指要	標目	金藏	麗藏	略出	福州	資福	磧砂	普寧
2191	佛說盂蘭盆經折中疏一卷，清靈耀撰													
2192	佛說盂蘭盆經略疏一卷，清元奇書													
2193	佛說盂蘭盆經疏摘要一卷，清通理述													
2194	溫室經義記一卷，隋慧遠撰													
2195	溫室經疏一卷，唐惠淨撰													
2196	佛說四十二章經一卷，宋真宗皇帝註				野			遠＊						
2197	佛說四十二章經註一卷，宋守遂註、明了童補註													
2198	佛說四十二章經解一卷，明智旭著													
2199	佛說四十二章經疏鈔九卷，清續法述													
2200	四十二章經講錄一卷，民國太虛述													
2201	大方廣圓覺經大疏三卷，唐宗密述													
2202	大方廣圓覺經大疏鈔科三卷，唐宗密製													
2203	圓覺經大疏釋義鈔十三卷，唐宗密撰													
2204-1	大方廣圓覺經略疏科一卷，唐宗密製													
2204-2	大方廣圓覺經略疏科（別本）一卷，唐宗密製													

刀南	天海	緣山	南藏	北藏	嘉興	龍藏	黃檗	卍字	臺中	大正	中華	義門	知津	縮刻	頻伽	普慧	佛教
					又續 27			續 21	嘉 37								134
								續 21							續 112		134
																	124
								續 37		39							127
										85							124
				璧	璧	璧		續 37	嘉 1	39	34			調	調		62
					續 34			續 37	嘉 19						續 134		134
					續 38			續 37	嘉 19						續 134		134
						植		續 37			103						133
																	132
					續 32	威沙		續 9	嘉 18		92						
								續 9									
								續 9							續 103		
			治	治	治			續 9			92	十六	三五	律	律		62
						最					92						

序號	歷代漢文大藏經目録新考對照表	開元	石經	貞元	至元	指要	標目	金藏	麗藏	略出	福州	資福	磧砂	普寧
2205	大方廣圓覺修多羅了義經略疏註二卷，唐宗密述										衡 *			
2206-1	大方廣圓覺修多羅了義經略疏註序，唐裴休撰、如山註序													
2206-2	大方廣圓覺修多羅了義經略疏註序，唐宗密述、如山註序													
2207	圓覺經略疏之鈔二十五卷，唐宗密於大鈔略出													
2208	圓覺鈔辨疑誤二卷，宋觀復撰													
2209	圓覺疏鈔隨文要解十二卷，宋清遠述													
2210	御註大方廣圓覺修多羅了義經二卷，宋孝宗註													
2211	圓覺經類解四卷，復庵解、宋行霆修訂													
2212	大方廣圓覺修多羅了義經集註二卷，宋元粹述													
2213	大方廣圓覺修多羅了義經心鏡六卷，宋智聰述													
2214	大方廣圓覺修多羅了義經夾頌集解講義十二卷，宋周琪述													
2215	圓覺經略釋二卷，宋善月述													
2216	大方廣圓覺修多羅了義經要解二卷，明寂正解													

刂南	天海	緣山	南藏	北藏	嘉興	龍藏	黃檗	卍字	臺中	大正	中華	義門	知津	縮刻	頻伽	普慧	佛教
			治	治	治	最	治	續9	嘉7	39	92	十六	三五	律	律		62
			石					續10			92		三五				
			石					續10			92		三五				
			治至於	治至於	治至於	最至宣	治至於	續9	嘉7		92	十六	三五	律	律		62
								續10							續104		
								續10									
								續10							續104		
								續10									
								續10					十六		續104		
								續10							續104		
								續10							續104		
					拾遺370												
					續32			續10	嘉18								

序號	歷代漢文大藏經目錄新考對照表	開元	石經	貞元	至元	指要	標目	金藏	麗藏	略出	福州	資福	磧砂	普寧
2217	大方廣圓覺修多羅了義經直解二卷，明德清解													
2218	大方廣圓覺修多羅了義經近釋六卷，明通潤述													
2219	精解評林卷之上大方廣圓覺修多羅了義經一卷，明焦竑纂													
2220	大方廣圓覺修多羅了義經集要一卷，明智朗集註													
2221	大方廣圓覺修多羅了義經句釋正白二卷，清弘麗著													
2222	圓覺經析義疏四卷，清通理述													
2223	圓覺經略釋一卷，民國太虛述													
2224	大毘盧遮那成佛經疏二十卷，唐一行記													
2225	毘盧遮那成佛神變加持經義釋十四卷，唐一行述記													
2226	大毘盧遮那成佛神變加持經義釋演密鈔十卷，遼覺苑撰													
2227	大毘盧遮那經供養次第法疏二卷，新羅不可思議撰													
2228	大毘盧遮那成佛神變加持經住心品纂注一卷，民國密林述													
2229	金剛頂經大瑜伽祕密心地法門義訣卷上一卷，唐不空撰													

刀南	天海	緣山	南藏	北藏	嘉興	龍藏	黃檗	卍字	臺中	大正	中華	義門	知津	縮刻	頻伽	普慧	佛教
					續32			續10	嘉18								
								續10							續104		
								續10									
					拾遺374												
					續32			續10	嘉18								
								續10							續104		
																	125
								續23		39				餘	餘		55
								續23									154
								續23							續118		154
								續23		39				餘	餘		55
																	153
								續23		39							153

序號	歷代漢文大藏經目錄新考對照表	開元	石經	貞元	至元	指要	標目	金藏	麗藏	略出	福州	資福	磧砂	普寧
2230	金剛頂經開題一卷，日本空海撰													
2231	教王經開題一卷，日本空海撰													
2232	金剛頂大教王經疏七卷，日本圓仁撰													
2233	十一面神呪心經義疏一卷，唐慧沼撰													
2234	佛頂尊勝陀羅尼經教跡義記二卷，唐法崇述													
2235	佛頂尊勝陀羅尼經釋一卷，清廣彰録、續法釋													
2236	七俱胝佛母所説准提陀羅尼經會釋三卷，清弘贊會釋													
2237	觀自在菩薩如意心陀羅尼呪經略疏二卷，清續法述													
2238	大悲心陀羅尼經補註一卷，民國周止庵補註													
2239	大悲心陀羅尼經念誦法則一卷，民國周止庵撰													
2240	蘇悉地羯羅經略疏七卷，日本圓仁撰													
2241	大佛頂首楞嚴經科一卷，宋子璿述													
2242	首楞嚴義疏註經二十卷，宋子璿集													
2243	首楞嚴經義疏釋要鈔六卷，宋懷遠録													

刀南	天海	緣山	南藏	北藏	嘉興	龍藏	黃檗	卍字	臺中	大正	中華	義門	知津	縮刻	頻伽	普慧	佛教
										61							153
										61							153
										61							153
								續23		39							153
								續23		39							153
								續23							續118		
					又續19	祇		續23	嘉35		103						152
						其		續23			103						153
																	103
																	103
																	153
								續10									
					續27			續10	嘉17	39			二七				
								續11									

序號	歷代漢文大藏經目錄新考對照表	開元	石經	貞元	至元	指要	標目	金藏	麗藏	略出	福州	資福	磧砂	普寧
2244	大佛頂如來密因修證了義諸菩薩萬行首楞嚴經要解二十卷，宋戒環解													
2245	首楞嚴經集解熏聞記五卷，宋仁岳述													
2246	大佛頂如來密因修證了義諸菩薩萬行首楞嚴經十卷，宋思坦集註													
2247	大佛頂如來密因修證了義諸菩薩萬行首楞嚴經合論十卷，宋德洪造論、正受釐論入經並刪補													
2248	首楞嚴經義海三十卷，宋咸輝集										寧至楚			
2249	大佛頂如來密因修證了義諸菩薩萬行首楞嚴經十卷，惟愨科、宋可度箋													
2250	大佛頂萬行首楞嚴經會解二十卷，元惟則會解													
2251	大佛頂如來密因修證了義諸菩薩萬行首楞嚴經十卷，元唯則會解、明傳燈疏													
2252	大佛頂經序指味疏一卷，元惟則撰序、清諦閑述疏													
2253	楞嚴圓通疏前茅二卷，明傳燈述													
2254	大佛頂首楞嚴經玄義四卷，明傳燈述													

門南	天海	緣山	南藏	北藏	嘉興	龍藏	黃檗	卍字	臺中	大正	中華	義門	知津	縮刻	頻伽	普慧	佛教
					續 27			續 11	嘉 17			二七					
								續 11									
								續 11							續 113		
					續 28			續 12	嘉 18			二七					
鞮至 熟			九至 禹	鞹至 牧	鞹至 牧	州至 跡	鞹至 牧	三三	嘉 4		98	二七	三五	呂	呂		63
								續 11							續 112		
			綿邈	綿邈	綿邈	綿邈	綿邈		嘉 7		92	二七	三五	呂	呂		64
					續 24			續 12	嘉 17								
								續 16							續 118		
								續 14							續 116		
					續 28			續 13	嘉 18			二七					

序號	歷代漢文大藏經目錄新考對照表	開元	石經	貞元	至元	指要	標目	金藏	麗藏	略出	福州	資福	磧砂	普寧
2255	大佛頂首楞嚴經正脈疏十卷（另科文一卷、懸示一卷），明真鑑述													
2256	楞嚴摸象記一卷，明袾宏述													
2257	首楞嚴經懸鏡一卷，明德清述													
2258	首楞嚴經通議提綱略科一卷，明德清排訂													
2259	大佛頂如來密因修證了義諸菩薩萬行首楞嚴經通議十卷，明德清述													
2260	大佛頂首楞嚴經臆説一卷，明圓澄註													
2261	大佛頂如來密因修證了義諸菩薩萬行首楞嚴經合轍十卷，明通潤述													
2262	首楞嚴經懸談一卷，明觀衡撰													
2263	大佛頂如來密因修證了義諸菩薩萬行首楞嚴經直解十卷，明廣莫直解													
2264	大佛頂如來密因修證了義諸菩薩萬行首楞嚴經纂註十卷，明真界纂註													
2265	大佛頂如來密因修證了義諸菩薩萬行首楞嚴經截流二卷，明傳如述													
2266	大佛頂首楞嚴祕録十卷，一松説、靈述記													

門南	天海	緣山	南藏	北藏	嘉興	龍藏	黃檗	卍字	臺中	大正	中華	義門	知津	縮刻	頻伽	普慧	佛教
					續22	黍至熟		續12	嘉16		99						120
					拾遺376			續12	嘉33						續114		
								續12							續114		
								續12							續114		
								續12							續114		122
					又續5			續12	嘉31								
								續14							續116		
								續14							續116		
								續14				二七					
					待訪24			續15				二七			續114		
								續14							續113		
								續13							續114		

序號	歷代漢文大藏經目錄新考對照表	開元	石經	貞元	至元	指要	標目	金藏	麗藏	略出	福州	資福	磧砂	普
2267	大佛頂如來密因修證了義諸菩薩萬行首楞嚴經文句十卷（另玄義二卷），明智旭文句													
2268	楞嚴經擊節一卷，明大韶著													
2269	大佛頂如來密因修證了義諸菩薩萬行首楞嚴經講錄十卷，明乘時講錄													
2270	楞嚴經略疏十卷，明元賢述													
2271	大佛頂如來密因修證了義諸菩薩萬行首楞嚴經十卷，明曾鳳儀宗通													
2272	楞嚴經指掌疏十卷（另懸示一卷），清通理述													
2273	首楞嚴經指掌疏事義一卷，清祖毓集													
2274	大佛頂首楞嚴經寶鏡疏十卷（另科一卷，懸談一卷），清溥畹述													
2275	大佛頂如來密因修證了義諸菩薩萬行首楞嚴經觀心定解十卷（另科一卷、大綱一卷），清靈耀述													
2276	大佛頂如來密因修證了義諸菩薩萬行首楞嚴經直指十卷（另科文一卷），清函昰疏													
2277	大佛頂如來密因修證了義諸菩薩萬行首楞嚴經正見十卷，清濟時述													

南	天海	緣山	南藏	北藏	嘉興	龍藏	黃檗	卍字	臺中	大正	中華	義門	知津	縮刻	頻伽	普慧	佛教
					續26			續13	嘉17								
								續14							續116		
								續15							續115		
								續15							續116		
								續16							續115		
								續16							續117		
								續16							續117		
								續16							續118		
					又續1			續15	嘉31								•
					又續31			續14	嘉37								
								續16									

序號	歷代漢文大藏經目錄新考對照表	開元	石經	貞元	至元	指要	標目	金藏	麗藏	略出	福州	資福	磧砂	普寧
2278	大佛頂如來密因修證了義諸菩薩萬行首楞嚴經如説十卷，明鍾惺疏緝													
2279	新刻三續玄言釋經精解評林三卷，明焦竑纂													
2280	楞嚴經説約品目一卷，明陸西星述													
2281	大佛頂如來密因修證了義諸菩薩萬行首楞嚴經十卷，明陸西星述旨													
2282	大佛頂如來密因修證了義諸菩薩萬行首楞嚴經十卷，明淩弘憲點釋													
2283	大佛頂首楞嚴經疏解蒙鈔十二卷，清錢謙益鈔													
2284	楞嚴説通十卷，清劉道開纂述													
2285	楞嚴經指要二篇，民國李圓淨講													
2286	大佛頂首楞嚴經妙心疏十卷，民國守培疏													
2287	大勢至圓通章科解一卷，明正相解													
2288	楞嚴經勢至念佛圓通章疏鈔二卷，清續法集													
2289	首楞嚴經勢至圓通章解一卷，清行策撰													
2290	楞嚴經大勢至菩薩念佛圓通章講義一卷，民國靜權述													

南	天海	緣山	南藏	北藏	嘉興	龍藏	黃檗	卍字	臺中	大正	中華	義門	知津	縮刻	頻伽	普慧	佛教
					又續15			續13	嘉34						續116		
								續15							續114		
								續14							續113		
								續14							續113		
								續14									
					續29	色至勉		續13	嘉18		102						
					又續3			續15	嘉31								
																	121
																	121
								續16							續116		
						其		續16			103						
								續16							續116		
																	124

序號	歷代漢文大藏經目錄新考對照表	開元	石經	貞元	至元	指要	標目	金藏	麗藏	略出	福州	資福	磧砂	普寧
2291	楞嚴經觀音圓通章講章一卷，民國紹三講													
2292	思益梵天所問經簡註四卷，明圓澄註													
2293	大乘本生心地觀經淺註十卷（含懸示一卷，科文一卷），清來舟淺註													
2294	大乘本生心地觀經講記一卷，民國太虛述													
2295	大乘密嚴經疏四卷，唐法藏撰													
2296	解深密經疏十卷，唐圓測撰													
2297	解深密經如來成所作事品講錄一卷，民國太虛講													
2298	深密綱要一卷，民國太虛講													
2299	解深密經註十卷，民國歐陽漸撰													
2300	占察善惡業報經疏二卷（另玄義一卷），清智旭述													
2301	十善業道經節要一卷，清智旭編訂													
2302	藥師琉璃光如來本願功德經直解二卷，清靈耀撰													
2303	藥師琉璃光如來本願功德經講記一卷，民國太虛述													
2304	佛說藥師如來本願經疏一卷，唐慧觀述疏、民國周演濟補註													

刀南	天海	緣山	南藏	北藏	嘉興	龍藏	黃檗	卍字	臺中	大正	中華	義門	知津	縮刻	頻伽	普慧	佛教
																	124
								續20							續109		133
								續20							續109		133
																	132
								續21							續107		123
								續21							續108		134
																	121
																	121
																	131
					續38			續21	嘉19						續111		134
								續39							續143		
					又續27	祇		續21	嘉37	103							134
																	119
																	119

序號	歷代漢文大藏經目錄新考對照表	開元	石經	貞元	至元	指要	標目	金藏	麗藏	略出	福州	資福	磧砂	普寧
2305	地藏菩薩本願經科註六卷（另科一卷，編貫一卷），清靈椉輯													
2306	地藏菩薩本願經演孝疏四卷（含卷首一卷），民國知性述													
2307	八大人覺經略解一卷，明智旭解													
2308	佛說八大人覺經疏一卷，清續法集													
2309	佛說八大人覺經講註一卷，民國寶靜述、法慈錄													
2310	佛說八大人覺經講記一卷，民國太虛述													
2311	佛說灌佛經疏一卷，民國周演濟述													
2312	佛說如幻三摩地無量印法門經疏一卷，民國周演濟述													
2313	佛說決定毘尼經略疏一卷，民國周演濟述													
2314	大乘稻芊經隨聽疏一卷，唐法成集													
2315	佛說大乘稻芊經講記一卷，民國太虛述													
2316	佛說十善業道經講要一卷，民國太虛述													
2317	佛說善生經講錄一卷，民國太虛述													
2318	大乘伽耶山頂經講記一卷，民國太虛述													

刀南	天海	緣山	南藏	北藏	嘉興	龍藏	黃檗	卍字	臺中	大正	中華	義門	知津	縮刻	頻伽	普慧	佛教
								續21							續112		129
																	127
					續38			續37	嘉19						續134		134
						植		續37			103						133
																	131
																	132
																	131
																	131
																	131
										85							61
																	132
																	132
																	132
																	132

序號	歷代漢文大藏經目録新考對照表	開元	石經	貞元	至元	指要	標目	金藏	麗藏	略出	福州	資福	磧砂	普寧
2319	出生菩提心經講記一卷，民國太虛述													
2320	佛祖三經指南三卷，明道需述													
2321	三經解三卷，明智旭解													
2322	閱經十二種十四卷，清淨挺著													
2322-1	華嚴經頌（一）一卷													
2322-2	梵網戒光（二）一卷													
2322-3	楞伽心印（三）一卷													
2322-4	維摩饒舌（四）一卷													
2322-5	圓覺連珠（五）一卷													
2322-6	楞嚴答問（六）一卷													
2322-7	藥師燈餘（七）一卷													
2322-8	彌陀舌相（八）一卷													
2322-9	雲溪俍亭挺和尚金剛別傳（九）一卷													
2322-10	雲溪俍亭挺和尚金剛隨説（九）一卷													
2322-11	雲溪俍亭挺和尚拈金剛經五十三則（九）一卷，清楊師益編													
2322-12	心經句義（十）一卷													
2322-13	法華懸譚（十一）一卷													

刀南	天海	緣山	南藏	北藏	嘉興	龍藏	黃檗	卍字	臺中	大正	中華	義門	知津	縮刻	頻伽	普慧	佛教
																	132
								續37									133
					續38				嘉19								
					又續12			續37	嘉34								
					又續12			續37	嘉34								
					又續12			續37	嘉34								
					又續12			續37	嘉34								
					又續12			續37	嘉34								
					又續12			續37	嘉34								
					又續12			續37	嘉34								
					又續12			續37	嘉34								
					又續12			續37	嘉34								
					又續12			續37	嘉34								
					又續12			續37	嘉34								
					又續12			續37	嘉34								
					又續12			續37	嘉34								

序號	歷代漢文大藏經目錄新考對照表	開元	石經	貞元	至元	指要	標目	金藏	麗藏	略出	福州	資福	磧砂	普寧
2322-14	涅槃末後句（十二）一卷													
2323	諸經日誦集要三卷													
2324	隨念三寶經淺説一卷，民國法尊撰													
2325	金剛禮一本一卷，遼通理大師集		覆											
2326	四分律疏二十卷，唐智首撰													
2327	四分律疏十卷，唐法礪撰													
2328	飾宗義記十卷，唐定賓作													
2329	四分律開宗記十卷，唐懷素撰													
2330	毘尼討要三卷，唐道世纂													
2331	四分律名義標釋四十卷，明弘贊輯													
2332	四分律藏大小持戒犍度略釋一卷，清智旭釋													
2333	四分律刪繁補闕行事鈔三卷，唐道宣撰述													
2334	釋四分律行事鈔科三卷，宋元照録													
2335-1	四分律行事鈔資持記三卷，宋元照撰													
2335-2	四分律行事鈔資持記三卷，唐道宣撰述、宋元照撰、日本慧門等分會													
2336	四分律鈔批十四卷，唐大覺撰													

刀南	天海	緣山	南藏	北藏	嘉興	龍藏	黃檗	卍字	臺中	大正	中華	義門	知津	縮刻	頻伽	普慧	佛教
					又續 12			續 37	嘉 34								
					續 34				嘉 19								
																	127
											22						
								續 42									
								續 41							續 135		
								續 42									
								續 42							續 136		
								續 44							續 136		
					又續 17			續 44	嘉 35								
					續 37			續 44	嘉 19						續 143		
										40							66
								續 43							續 141		
										40							
								續 43							續 141		66
								續 42							續 137		

序號	歷代漢文大藏經目錄新考對照表	開元	石經	貞元	至元	指要	標目	金藏	麗藏	略出	福州	資福	磧砂	普寧
2337	搜玄録解四分律刪繁補闕行事鈔録二十卷，唐志鴻撰述													
2338	四分律鈔簡正記十七卷，後唐景霄纂													
2339	行事鈔資持記序解並五例講義一卷，宋則安述													
2340	行事鈔諸家記標目一卷，宋慧顯集、日本戒月改録													
2341	資持立題拾義一卷，宋道標出													
2342	事鈔持犯方軌篇表記一卷，民國弘一撰													
2343	事鈔略科一卷，民國弘一纂													
2344	事鈔戒業疏科別録合冊一卷，民國弘一撰													
2345	律鈔宗要隨講別録一卷，民國弘一撰													
2346	四分律比丘含註戒本三卷，唐道宣述													
2347	釋四分律含註戒本疏科四卷，宋元照録													
2348	四分律含註戒本疏行宗記四卷，唐道宣撰、宋元照述、日本即靜分會													
2349	四分律含註戒本疏發揮記卷三一卷，宋允堪述													
2350	釋戒本序一卷，宋道言述													

門南	天海	緣山	南藏	北藏	嘉興	龍藏	黃檗	卍字	臺中	大正	中華	義門	知津	縮刻	頻伽	普慧	佛教
								續 41									
								續 43							續 138		
								續 44							續 143		
								續 44									
								續 44							續 143		
																十二	104
																十二	104
																十二	104
																十二	104
								續 39		40							66
								續 39							續 140		
								續 40							續 140		
								續 39									
								續 40							續 143		

序號	歷代漢文大藏經目錄新考對照表	開元	石經	貞元	至元	指要	標目	金藏	麗藏	略出	福州	資福	磧砂	普寧
2351	四分律含註戒本隨講別録一卷，民國弘一撰													
2352	四分律含註戒本科一卷，民國弘一録													
2353	四分律含註戒本疏略科一卷，民國弘一編録													
2354	四分律含註戒本略釋一卷，民國弘一撰													
2355	四分戒本一卷，唐道宣刪定													
2356	四分戒本緣起事義一卷，明廣莫輯録													
2357	毘尼關要十九卷（另事義一卷），清德基輯													
2358	四分戒本如釋十二卷，明弘贊繹													
2359	四分戒本約義四卷，清元賢述													
2360	毘尼珍敬録二卷，明廣承輯録、智旭會補													
2361	毘尼止持會集十六卷，清讀體集													
2362	四分比丘戒本疏二卷，唐定賓撰													
2363	四分律比丘尼鈔三卷，唐道宣述													
2364	釋四分律比丘尼鈔科文一卷，宋允堪述													
2365	四分律比丘尼鈔科一卷，宋允堪撰科、民國一音重治													

南	天海	緣山	南藏	北藏	嘉興	龍藏	黃檗	卍字	臺中	大正	中華	義門	知津	縮刻	頻伽	普慧	佛教
																十二	104
																十二	104
																十二	104
																十二	104
								續39							續135		
								續40							續143		
					續69*	音察		續40			105						
					又續18			續40		嘉35							139
								續40							續143		
								續39							續143		
					續91	謙謹		續39		嘉30	104						
								續39		40							
								續40							續135		138
								續40							續135		
																十二	104

序號	歷代漢文大藏經目録新考對照表	開元	石經	貞元	至元	指要	標目	金藏	麗藏	略出	福州	資福	磧砂	普寧
2366	四分刪定比丘尼戒本一卷，宋元照重定													
2367	式叉摩那尼戒本一卷，清弘贊輯													
2368-1	四分律刪補隨機羯磨二卷，唐道宣集	奉		枝	退	訓	訓	訓	訓	入				
2368-2	曇無德部四分律刪補隨機羯磨（別本）四卷，唐道宣撰										入	入	入	入
2369	四分律隨機羯磨疏正源記八卷，宋允堪述													
2370	釋四分律刪補隨機羯磨疏科四卷，宋元照録													
2371	四分律刪補隨機羯磨疏濟緣記四卷，唐道宣撰、宋元照述、日本禪龍合會													
2372	羯磨經序解一卷，宋則安述													
2373	毘尼作持續釋十五卷，唐道宣撰集、清讀體續釋													
2374	四分律刪補隨機羯磨隨講別録一卷，民國弘一撰													
2375	四分律刪補隨機羯磨疏略科草稿本一卷，民國弘一録													
2376	僧羯磨三卷，唐懷素集	奉		枝	退	訓	訓	訓	訓	入	入	入	入	入
2377	尼羯磨三卷，唐懷素集	奉		枝	退	訓	訓	訓	訓	入	入	入	入	入
2378	拾毘尼義鈔科文一卷，宋元照録													

南	天海	緣山	南藏	北藏	嘉興	龍藏	黃檗	卍字	臺中	大正	中華	義門	知津	縮刻	頻伽	普慧	佛教
								續 40							續 141		
					又續 18			續 40	嘉35								34
		入						十八		40	41		列	列			30
入	入		猶	存	存	存	存		磧22		41	八	四二				
								續 40							續 139		
								續 41							續 139		
								續 41							續 139		
								續 41							續 143		
					續 92	勅聆		續 41	嘉30		105						
																十二	104
																十二	104
入	入	入	子	皁	皁	皁	皁	十九	磧22	40	41	八	三三	列	列		30
入	入	入	子	榮	榮	榮	榮	十七	磧22	40	41	八	三三	列	列		30
								續 44							續 141		

序號	歷代漢文大藏經目錄新考對照表	開元	石經	貞元	至元	指要	標目	金藏	麗藏	略出	福州	資福	磧砂	普寧
2379	四分律拾毘尼義鈔三卷，唐道宣撰													
2380	四分律拾毘尼義鈔輔要記六卷，宋允堪述													
2381	佛説優婆塞五戒相經箋要一卷，明智旭箋要、民國弘一校并補釋													
2382	佛説戒消災經略釋一卷，明智旭述													
2383	佛説目連問戒律中五百輕重事經略解二卷，明性祇述													
2384	佛説目連五百問戒律中輕重事經釋二卷，明永海述													
2385	菩薩戒義疏二卷，隋智顗説、灌頂記				中		稽							
2386	菩薩戒經義疏二卷，隋智顗説、灌頂記、日本澂隱會本													
2387	梵網經菩薩戒本疏六卷，唐法藏撰													
2388	梵網經賢首疏盜戒第六種類輕重門科表一卷，民國弘一編													
2389	天台菩薩戒疏三卷，唐明曠刪補													
2390	梵網經菩薩戒本私記二卷，新羅元曉造													
2391	菩薩戒本疏二卷，新羅義寂述													

初南	天海	緣山	南藏	北藏	嘉興	龍藏	黃檗	卍字	臺中	大正	中華	義門	知津	縮刻	頻伽	普慧	佛教
								續44									
								續44							續139		
																	139
																	139
								續44							續143		138
								續44							續143		138
雞*			遵	何	何	伊	何	三三	嘉3	40	97	十六	三六	調	調		62
								續38							續143		
								續38		40							
																十二	104
								續38		40					續144		
								續38									
								續38		40					續144		

序號	歷代漢文大藏經目錄新考對照表	開元	石經	貞元	至元	指要	標目	金藏	麗藏	略出	福州	資福	磧砂	普寧
2392	梵網經疏五卷，唐智周撰													
2393	梵網經疏二卷，唐法銑撰													
2394	梵網經記二卷，唐傳奧述													
2395	註梵網經三卷，宋慧因註													
2396	註菩薩戒經三卷，隋智顗疏、灌頂錄、宋與咸入疏箋經、加註釋疏													
2397	梵網經心地品菩薩戒義疏發隱五卷（另事義一卷），陳隋智顗説、明袾宏發隱													
2398	菩薩戒問辯一卷，明袾宏述													
2399	佛説梵網經菩薩心地品合註七卷（另玄義一卷），明智旭註													
2400	佛説梵網經菩薩心地品下略疏八卷，清弘贊述													
2401	佛説梵網經初津八卷，清書玉述													
2402	菩薩戒疏隨見錄一卷，清今釋造、古茪等編													
2403	梵網經菩薩戒本淺釋一卷，民國弘一撰													
2404	梵網十重戒諸疏所判罪相緩急異同表一卷，民國弘一編													
2405	菩薩戒本宗要科表一卷，民國弘一編錄													

刀南	天海	緣山	南藏	北藏	嘉興	龍藏	黃檗	卍字	臺中	大正	中華	義門	知津	縮刻	頻伽	普慧	佛教
								續38									
								續38									
								續38							續144		
								續38							續144		
								續38							續144		
					拾遺375			續38	嘉32			十六			續144		
					拾遺375			續38	嘉32						續144		
					又續21			續38	嘉36						續145		
					又續18			續38	嘉35						續145		139
					續93			續39	嘉30						續145		
								續38							續145		
																十二	104
																十二	104
																十二	104

序號	歷代漢文大藏經目錄新考對照表	開元	石經	貞元	至元	指要	標目	金藏	麗藏	略出	福州	資福	磧砂	普寧
2406	梵網經菩薩戒本彙解二卷，民國李圓淨編													
2407	梵網經述記二卷，唐勝莊撰													
2408-1	梵網經古跡記二卷，新羅太賢集													
2408-2	梵網經古跡記（別本）二卷，新羅太賢集													
2409	梵網經古跡記科表一卷，民國弘一編錄													
2410	佛説梵網經直解十卷（另事義一卷），明寂光直解													
2411	佛説梵網經順硃二卷，清德玉順硃													
2412	發菩提心戒一本一卷，遼志仙記		28											
2413	菩薩戒羯磨文釋一卷，明智旭釋													
2414	地持論義記五卷，隋慧遠述													
2415	菩薩戒本經箋要一卷，清智旭箋													
2416	優婆塞戒經講錄一卷，民國太虛述													
2417	重治毘尼事義集要十七卷（另卷首一卷），清智旭彙釋													
2418	本業經疏二卷，新羅元曉撰													
2419	金剛般若論會釋三卷，唐窺基撰													
2420	略明般若末後一頌讚述一卷，唐義淨述		堂					聲	聲		虛	虛	虛	虛

切南	天海	緣山	南藏	北藏	嘉興	龍藏	黃檗	卍字	臺中	大正	中華	義門	知津	縮刻	頻伽	普慧	佛教
																	139
								續38							續144		
										40							
								續38									
																十二	104
						勞		續38			104						
					又續24			續39	嘉36								
					續83			續39	嘉28						續145		
								續39									
					續37			續39	嘉19								
																	138
								續40							續143		
								續39									
								續46		40							
虛		虛	弗	虧	虧	虧	虧	二二	磧15	40	27	十八	三四	往	往		40

序號	歷代漢文大藏經目錄新考對照表	開元	石經	貞元	至元	指要	標目	金藏	麗藏	略出	福州	資福	磧砂	普寧
2421	法華論疏三卷，隋吉藏撰、日本實觀分會													
2422	法華經論述記上卷													
2423	無量壽經優婆提舍願生偈註二卷，北魏曇鸞註解													
2424	往生淨土論講要一卷，民國太虛述													
2425	佛遺教經論疏節要一卷，宋淨源述													
2426	佛遺教經論疏節要一卷，宋淨源節要、明袾宏補註													
2427	遺教經論住法記一卷，宋元照述記													
2428	遺教經論記三卷，宋觀復述													
2429	俱舍論疏二十卷，唐神泰述													
2430	俱舍論記三十卷，唐普光述													
2431	法宗原一卷，唐普光撰													
2432	俱舍論疏三十卷，唐法寶撰													
2433	俱舍論頌疏三十卷，唐圓暉述													
2434	俱舍頌疏序記一卷，唐法盈修													
2435	俱舍論釋頌疏義鈔三卷，唐慧暉述													
2436	俱舍頌疏記二十九卷，唐遁麟述													

切南	天海	緣山	南藏	北藏	嘉興	龍藏	黃檗	卍字	臺中	大正	中華	義門	知津	縮刻	頻伽	普慧	佛教
								續46		40							143
								續46									
								續45		40							144
																	149
藝*			丹	跡								98	二二	三六			
					跡	野	跡	三四		40	98			調	調		67
								續53							續150		141
								續53							續150		141
								續53									
								續52		41							
								續53							續149		
								續52		41							
								續53		41							144
								續53							續149		
								續53							續149		
								續53							續149		

序號	歷代漢文大藏經目錄新考對照表	開元	石經	貞元	至元	指要	標目	金藏	麗藏	略出	福州	資福	磧砂	普寧
2437	中觀論疏十卷，隋吉藏撰													
2438	中論述義四卷，民國善因述													
2439	中論略義一卷，宗略巴述、民國潭影譯													
2440	中論文句釋一卷，僧成述、民國常浩譯													
2441	十二門論疏三卷，隋吉藏撰													
2442	十二門論宗致義記二卷，唐法藏述													
2443	十二門論講錄一卷，民國太虛述													
2444	十二門論講話一卷，民國慈航述													
2445	百論疏三卷，隋吉藏撰													
2446	瑜伽師地論略纂十六卷，唐窺基撰				載南			新勸						
2447	大乘瑜伽劫章頌一卷，唐窺基撰				務			黍 *						
2448	瑜伽論記二十四卷，唐遁倫集撰				新至陟			魚至庶						
2449	瑜伽師地論義演四十一卷，唐清素等述				畝至貢			賞至史						
2450	瑜伽真實義品講要一卷，民國太虛述													
2451	瑜伽師地論菩薩地真實義品親聞記一卷，民國太虛述													
2452-1	成唯識論述記二十卷，唐窺基撰				於農			我藝						

門南	天海	緣山	南藏	北藏	嘉興	龍藏	黃檗	卍字	臺中	大正	中華	義門	知津	縮刻	頻伽	普慧	佛教
								續46		42							151
																	142
																	149
																	149
								續46		42							151
								續46		42							151
																	149
																	151
								續46		42							151
								續47	磧39	43	101						146
								續47									146
								續47	磧40	42	101						145
									磧39		101						
																	149
																	149
								續48	磧38	43	99					十三	105

序號	歷代漢文大藏經目録新考對照表	開元	石經	貞元	至元	指要	標目	金藏	麗藏	略出	福州	資福	磧砂	普寧
2452-2	附成唯識論述記科文（存二卷）													
2453	成唯識論掌中樞要四卷，唐窺基撰				務			黍						
2454	成唯識論掌中樞要記二卷，唐智周述													
2455	成唯識論別抄十卷，唐窺基撰													
2456	唯識論料簡二卷，唐窺基撰													
2457	成唯識論疏抄十八卷，唐靈泰撰													
2458	成唯識論演秘七卷，唐智周撰													
2459	成唯識論演秘釋卷一一卷，唐如理撰													
2460	成唯識論義蘊五卷，唐道邑撰													
2461	成唯識論疏義演十三卷，唐如理集													
2462	成唯識論學記六卷，新羅太賢集													
2463	成唯識論了義燈七卷，唐惠沼述													
2464	成唯識論了義燈記二卷，唐智周撰													
2465	註成唯識論卷十七一卷													
2466	成唯識論俗詮十卷，明明昱俗詮													
2467	成唯識論集解十卷，明通潤集解													
2468	成唯識論十卷，明王肯堂證義													

門南	天海	緣山	南藏	北藏	嘉興	龍藏	黃檗	卍字	臺中	大正	中華	義門	知津	縮刻	頻伽	普慧	佛教
									磧39		99						
								續49	磧39	43	99						
								續49									
								續48									
								續48							續146		
								續50									
								續49		43							
								續50									
								續49							續146		
								續49									
								續50							續146		
								續49		43							
								續49									
								續50									
					續46			續50	嘉21						續146		
								續50			二九				續147		
								續50							續147		

序號	歷代漢文大藏經目録新考對照表	開元	石經	貞元	至元	指要	標目	金藏	麗藏	略出	福州	資福	磧砂	普寧
2469	成唯識論自考十卷，明大惠録													
2470	成唯識論觀心法要十卷，清智旭述													
2471	成唯識論音響補遺十卷（另科文二卷），清紹覺音義、新伊合響、智素補遺													
2472	成唯識論述記集成編四十五卷，日本湛慧撰													
2473	唯識三十論要釋一卷，唐佚名撰													
2474	唯識三十論約意一卷，明明昱約意													
2475	唯識三十論直解一卷，明智旭解													
2476	唯識三十論講録一卷，民國太虛述													
2477	唯識三十論講要一卷，民國太虛述													
2478	唯識二十論述記二卷，唐窺基撰													
2479	辯中邊論述記三卷，唐窺基撰													
2480	大乘百法明門論疏二卷，唐義忠述				茲			稷*							
2481	大乘百法明門論解二卷，唐窺基註解、明普泰增修													
2482	大乘百法明門論疏二卷，唐普光撰													

南	天海	緣山	南藏	北藏	嘉興	龍藏	黃檗	卍字	臺中	大正	中華	義門	知津	縮刻	頻伽	普慧	佛教
								續 51							續 148		
					又續 22			續 51	嘉 36						續 148		
					拾遺 363	省至誠		續 51	嘉 40		103						
																十四至十五	106
										85					續 194		150
					續 39			續 51	嘉 19						續 148		
					續 39	鑑		續 51	嘉 19		104				續 148		143
																	149
																	149
								續 51		43							144
								續 48		44							141
法											100						
			敦	敦	敦	藝		續 48	嘉 9	44	104	二九	三九	調	調		67
								續 48		44					續 145		144

序號	歷代漢文大藏經目錄新考對照表	開元	石經	貞元	至元	指要	標目	金藏	麗藏	略出	福州	資福	磧砂	普寧
2483	百法論顯幽鈔十卷，唐從芳述													
2484	大乘百法明門論開宗義記一卷，唐曇曠撰													
2485	大乘百法明門論開宗義記序釋一卷													
2486	大乘百法明門論開宗義決一卷，唐曇曠撰													
2487	百法論義一卷，明德清述													
2488	大乘百法明門論一卷，明廣益纂釋													
2489	大乘百法明門論贅言一卷，、窺基解、明明昱贅言													
2490	大乘百法明門論直解一卷，明智旭解													
2491	性相通説二卷，明德清述													
2492	大乘法界無差別論疏一卷，唐法藏撰													
2493	法界無差別論疏領要鈔二卷（另科文一卷），宋普觀述													
2494	理門論述記一卷，唐神泰撰													
2495	因明入正理論疏四卷，唐文軌撰													
2496	因明入正理論疏三卷，唐窺基撰			稼			税							
2497	因明論理門十四過類疏一卷，唐窺基撰				務		黍							

南	天海	緣山	南藏	北藏	嘉興	龍藏	黃檗	卍字	臺中	大正	中華	義門	知津	縮刻	頻伽	普慧	佛教
								續48									
										85							150
										85							150
										85							147
								續48									143
					續38		敦	續48	嘉19						續145		144
					續39			續48	嘉19						續145		143
					續39	鑑		續48	嘉19		104				續145		143
					續38	素					104						
								續46		44					續148		143
								續46							續148		
								續53		44							
								續53							續194		147
								續53		磧39	44	100			續149		143
										磧39		99					

序號	歷代漢文大藏經目錄新考對照表	開元	石經	貞元	至元	指要	標目	金藏	麗藏	略出	福州	資福	磧砂	普寧
2498	因明義斷一卷，唐慧沼撰													
2499	因明入正理論義纂要一卷，唐慧沼集													
2500	因明入正理論疏二卷，唐慧沼續													
2501	因明入正理論疏前記三卷，唐智周撰													
2502	因明入正理論疏後記三卷，唐智周撰													
2503	因明疏抄一卷，唐智周撰													
2504	因明入正理論略抄，唐淨眼撰													
2505	因明入正理論後疏，唐淨眼撰													
2506	因明入正理論解一卷，明真界集解													
2507	因明入正理論一卷，明王肯堂集釋													
2508	因明入正理論直疏一卷，明明昱疏													
2509	因明入正理論直解一卷，明智旭述													
2510	因明入正理論疏瑞源記八卷，唐窺基疏、日本鳳潭記													
2511	因明綱要一卷，民國呂澂述													
2512	因明入正理論講義一卷，民國慧圓述													
2513	判比量論一卷，新羅元曉述													

濟南	天海	緣山	南藏	北藏	嘉興	龍藏	黃檗	卍字	臺中	大正	中華	義門	知津	縮刻	頻伽	普慧	佛教
								續 53		44							143
								續 53		44							143
								續 53									
								續 53							續 149		143
								續 53									143
								續 53							續 149		
								續 53									
								續 53									
					續 38			續 53	嘉 19			二九			續 149		
								續 53							續 149		143
					續 39			續 53	嘉 19						續 149		
					續 39	鑑		續 53	嘉 19		104				續 149		
																	142
																	150
																	150
								續 53									

序號	歷代漢文大藏經目錄新考對照表	開元	石經	貞元	至元	指要	標目	金藏	麗藏	略出	福州	資福	磧砂	普寧
2514	三支比量義鈔一卷，唐玄奘立、宋延壽造、明明昱鈔													
2515	唐奘師真唯識量略解一卷，宋延壽宗鏡録中節出、明智旭略解													
2516	集量論釋略抄一卷，民國呂澂述													
2517	十地義記七卷，隋慧遠撰													
2518	起信論一心二門大意一卷，陳智愷作													
2519	大乘起信論義疏卷上一卷，隋曇延撰													
2520	大乘起信論義疏二卷，隋慧遠撰													
2521	大乘起信論義記三卷，唐法藏撰													
2522	大乘起信論別記一卷，唐法藏撰													
2523	大乘起信論疏四卷（另科文一卷），唐法藏述、宗密科會													
2524	起信論疏筆削記二十卷，宋子璿録													
2525	大乘起信論疏筆削記會閲十卷（另卷首一卷），唐法藏述疏、宗密録註、宋子璿修記、清續法會編													
2526	大乘起信論略述二卷，唐曇曠撰													
2527	起信論疏二卷，新羅元曉撰													
2528	大乘起信論別記二卷，新羅元曉撰													

刀南	天海	緣山	南藏	北藏	嘉興	龍藏	黃檗	卍字	臺中	大正	中華	義門	知津	縮刻	頻伽	普慧	佛教
					續39			續53	嘉19						續151		
					續39	鑑		續53	嘉19		104				續151		
																	162
								續45									140
								續45							續150		
								續45									
								續45		44							
								續45		44					續150		
								續45		44							
			巖	巖	巖	田	巖		嘉7		92	二九	三九	調	調		67
			巖岫	巖岫	巖岫	田赤	巖岫		嘉7	44	92	二九	三九	調	調		67
								續45							續150		141
										85							147
										44							
										44							

序號	歷代漢文大藏經目錄新考對照表	開元	石經	貞元	至元	指要	標目	金藏	麗藏	略出	福州	資福	磧砂	普寧
2529	大乘起信論疏記會本六卷，新羅元曉疏並別記													
2530	大乘起信論內義略探記一卷，新羅太賢作													
2531	大乘起信論同異略集二卷，新羅見登集													
2532	大乘起信論纂註二卷，明真界纂註													
2533	大乘起信論捷要二卷，明正遠註													
2534	大乘起信論疏略二卷，唐法藏造疏、明德清纂略													
2535	大乘起信論直解二卷，唐法藏造疏、明德清直解													
2536	大乘起信論續疏二卷，明通潤述疏													
2537	大乘起信論裂網疏六卷，清智旭述													
2538	釋摩訶衍論記一卷，唐聖法鈔													
2539	釋摩訶衍論疏三卷，唐法敏集													
2540	釋摩訶衍論贊玄疏五卷，遼法悟撰													
2541	釋摩訶衍論通玄鈔四卷，遼志福撰													
2542	釋摩訶衍論記六卷（另科二卷），宋普觀述													
2543	大宗地玄文本論略註四卷，清楊文會略註													

刀南	天海	緣山	南藏	北藏	嘉興	龍藏	黃檗	卍字	臺中	大正	中華	義門	知津	縮刻	頻伽	普慧	佛教
								續45									
								續45		44							
								續45							續150		
								續45							續150		
								續45							續150		
					續35			續45	嘉19								
								續45							續150		
								續45							續150		
					續42			續45	嘉20	44							
								續45							續151		
								續45									
								續45							續151		141
								續46							續151		
								續46							續151		
								續46							續151		143

序號	歷代漢文大藏經目録新考對照表	開元	石經	貞元	至元	指要	標目	金藏	麗藏	略出	福州	資福	磧砂	普寧
2544	金剛頂菩提心論略記一卷，唐遍滿撰													
2545	金剛頂瑜伽中發阿耨多羅三藐三菩提心論淺略釋一卷，民國黃懺華述													
2546	發菩提心論纂註二卷，民國密林述													
2547	無依無得大乘四論玄義記十卷，唐均正撰													
2548	掌珍論疏卷下一卷													
2549	大智度論疏（存七卷），隋慧影抄撰													
2550	大乘阿毘達磨雜集論述記十卷，唐窺基撰													
2551	入阿毘達磨論通解二卷，日本烏水寶雲講述、小山榮憲補輯、民國鄧鎔譯													
2552	中邊疏四卷，新羅元曉撰													
2553	辨中邊論頌釋一卷，民國太虛述													
2554	觀所緣緣論會釋一卷，明明昱會釋													
2555	觀所緣緣論直解一卷，明智旭解													
2556	觀所緣緣論釋記一卷，明明昱録記													
2557	觀所緣緣論釋直解一卷，明智旭解													
2558	順正理論述文記（存二卷），唐元瑜述													

刀南	天海	緣山	南藏	北藏	嘉興	龍藏	黃檗	卍字	臺中	大正	中華	義門	知津	縮刻	頻伽	普慧	佛教
								續46							續151		152
																	150
																	150
								續46									
								續46									
								續46									
								續48							續145		144
																	150
								續48									
																	149
				續39		續51	嘉19								續148		143
				續39	鑑	續51	嘉19		104					續148		143
				續39		續51	嘉19								續148		143
				續39	鑑	續51	嘉19		104					續148		143
								續53									

序號	歷代漢文大藏經目錄新考對照表	開元	石經	貞元	至元	指要	標目	金藏	麗藏	略出	福州	資福	磧砂	普寧
2559	異部宗輪論疏一卷，唐窺基撰				稼			稅*						
2560	攝大乘論義記十卷，民國密林述													
2561	攝大乘論釋略疏五卷，日本普寂疏													
2562	大乘五蘊論講錄一卷，民國太虛述													
2563	大乘廣五蘊論註一卷，民國蔣維喬註													
2564	辨法法性論講記一卷，民國太虛述													
2565	三論玄義一卷，隋吉藏撰													
2566	大乘玄論五卷，隋吉藏撰													
2567	二諦義三卷，隋吉藏撰													
2568	大乘三論略章一卷，胡嘉祥法師導義之要													
2569	三論遊意義一卷，隋碩法師撰													
2570	鳩摩羅什法師大義三卷，東晉慧遠問、羅什答													
2571	大乘義章二十卷，隋慧遠撰													
2572	寶藏論一卷，姚秦僧肇著													
2573	肇論一卷，姚秦僧肇作													
2574	肇論疏三卷，陳慧達著													
2575	肇論疏三卷，唐元康撰													

河南	天海	緣山	南藏	北藏	嘉興	龍藏	黃檗	卍字	臺中	大正	中華	義門	知津	縮刻	頻伽	普慧	佛教
								續53							續150		150
																	147
																	147
																	149
																	150
																	149
								續46		45							151
								續54		45							
								續54		45					續156		
								續54							續157		
								續46		45							151
								續54		45							
								續54		44							
				敦	敦	敦	書	敦	續54	嘉9	45	79	二九	三九	陽	陽	68
					續42			續54	嘉20	45		二九	三九				48
								續54									
								續54		45							

序號	歷代漢文大藏經目録新考對照表	開元	石經	貞元	至元	指要	標目	金藏	麗藏	略出	福州	資福	磧砂	普寧
2576	註肇論疏六卷（另肇論疏科文一卷、夾科肇論序一卷），宋遵式述													
2577-1	肇論新疏三卷（另科一卷），元文才述													
2577-2	肇論新疏遊刃三卷，元文才述													
2578	肇論略註六卷，明德清述													
2579	物不遷正量論證一卷，明道衡述													
2580	物不遷正量論二卷，明鎮澄著													
2581	物不遷論辯解一卷，明真界解													
2582	一乘佛性究竟論卷三一卷，唐法寶述													
2583	大乘法苑義林章七卷，唐窺基撰				茲			稷						
2584	大乘法苑林章補闕（存三卷），唐慧沼撰													
2585	大乘法苑義林章決擇記二卷，唐智周撰													
2586	大乘法苑義林章師子頻伸鈔二十二卷，日本基辨撰													
2587	能顯中邊慧日論四卷，唐慧沼撰													
2588	勸發菩提心集三卷，唐慧沼撰													
2589	表無表章棲翫記一卷，宋守千述													
2590	大乘入道次第一卷，唐智周撰													
2591	唯識開蒙問答二卷，元雲峰集													

刂南	天海	緣山	南藏	北藏	嘉興	龍藏	黃檗	卍字	臺中	大正	中華	義門	知津	縮刻	頻伽	普慧	佛教
					又續11			續54	嘉33								151
			杳	杳	杳	洞	杳	續54	嘉7	45	104		三九	陽	陽		68
			冥	冥	冥		冥	續54	嘉7		104	二九	三九	陽	陽		68
								續54							續156		
								續54							續157		
								續54							續157		
					拾遺372			續54							續157		143
								續55									
								續55	磧39	45	100						
								續55									
								續55							續160		
									71						二一		108
								續55	45								143
								續55	45								162
								續55							續160		
								續55	45								162
								續55					四四		續160		

序號	歷代漢文大藏經目錄新考對照表	開元	石經	貞元	至元	指要	標目	金藏	麗藏	略出	福州	資福	磧砂	普寧
2592	八識規矩補註二卷，明普泰補註													
2593	八識規矩補註證義一卷，唐玄奘造頌、明普泰補註、明明昱證義													
2594	八識規矩頌略説一卷，唐玄奘輯頌、明正誨略説													
2595	八識規矩解一卷，明真可述													
2596	八識規矩通説一卷，唐玄奘集、明德清述													
2597	八識規矩頌一卷，明廣益纂釋													
2598	八識規矩直解一卷，唐玄奘作、明智旭解													
2599	八識規矩頌註一卷（另淺説一卷），清行省註													
2600	唐玄奘法師八識規矩母頌一卷，清性起論釋、善漳等録													
2601	八識規矩頌註發明六卷，唐玄奘頌註、明普泰補註、清本金發明													
2602	相宗八要八卷，明洪恩輯													
2603	六離合釋法式一卷													
2604-1	相宗八要解													
2604-2	六離合釋法式通關一卷，明明昱通關													
2605-1	相宗八要直解，明智旭述													

南	天海	緣山	南藏	北藏	嘉興	龍藏	黃檗	卍字	臺中	大正	中華	義門	知津	縮刻	頻伽	普慧	佛教
			敦	敦	敦	藝		續55	嘉9	45	104	二九	四二	陽	陽		68
					續39			續55	嘉19									
					續39			續55	嘉19			二九						
								續55							續160		
								續55							續160		
					續38		敦	續55	嘉19									
					續39	鑑		續55	嘉19		104				續160		
					又續8			續55							續160		
								續55							續160		
																	140
					續39			續55	嘉19			二九	四二				
			敦	敦	敦	藝			嘉9	45	104		四二	陽	陽		68
					續39			續55	嘉19								
					續39			續55	嘉19								
					續39	鑑		續55	嘉19		104						

序號	歷代漢文大藏經目録新考對照表	開元	石經	貞元	至元	指要	標目	金藏	麗藏	略出	福州	資福	磧砂	普寧
2605-2	六離合釋法式略解一卷，明智旭略解													
2606	華嚴五教止觀一卷，隋杜順説													
2607	華嚴一乘十玄門一卷，隋杜順説、唐智儼撰													
2608	華嚴五十要問答二卷，唐智儼集													
2609	華嚴經內章門等雜孔目四卷，唐智儼集													
2610	釋雲華尊者融會一乘義章明宗記一卷，宋師會述													
2611	華嚴一乘教義分齊章四卷，唐法藏述													
2612	華嚴一乘教義分齊章記五卷													
2613	華嚴一乘分齊章義苑疏十卷，宋道亭述													
2614	焚薪二卷，宋師會録													
2615	華嚴一乘教義分齊章科一卷，宋師會述													
2616	華嚴一乘教義分齊章復古記三卷，宋師會、善熹述													
2617	華嚴一乘教義分齊章集成記十卷，宋希迪述													
2618	評復古記一卷，宋希迪録													
2619	註華嚴同教一乘策一卷，宋師會述、希迪註													
2620	註同教問答一卷，宋師會述、善熹註													

刢南	天海	緣山	南藏	北藏	嘉興	龍藏	黃檗	卍字	臺中	大正	中華	義門	知津	縮刻	頻伽	普慧	佛教
					續39	鑑		續55	嘉19		104						150
								續58		45							
								續58		45							
								續58		45							
								續58		45							
								續58							續157		
藝			丹	跡	跡	宅	跡	三四	嘉5	45	95	四	三五	陽	陽		68
																十	100
								續58							續157		
								續58							續157		
								續58							續157		
								續58							續157		
								續58							續157		
								續58							續157		
								續58							續157		
								續58							續157		

序號	歷代漢文大藏經目錄新考對照表	開元	石經	貞元	至元	指要	標目	金藏	麗藏	略出	福州	資福	磧砂	普寧
2621	華嚴一乘法界圖一卷，新羅義湘撰		28											
2622	法界圖記叢髓録二卷，新羅義湘撰								庭					
2623	華嚴一乘成佛妙義一卷，新羅見登之集													
2624	華嚴經旨歸一卷，唐法藏述													
2625	華嚴策林一卷，唐法藏述													
2626	華嚴經問答二卷，唐法藏撰													
2627	華嚴經明法品内立三寶章二卷，唐法藏述													
2628	華嚴經義海百門一卷，唐法藏述													
2629	華嚴遊心法界記一卷，唐法藏撰													
2630	華嚴發菩提心章一卷，唐法藏述													
2631-1	華嚴經關脈義記一卷，唐法藏撰													
2631-2	華嚴關脈義記（別本）一卷，唐法藏撰													
2632	大方廣佛華嚴經金師子章註一卷，唐法藏撰、宋承遷註										595			
2633	金師子章雲間類解一卷，宋淨源述													
2634	華嚴經普賢觀行法門一卷，唐法藏撰													
2635	修華嚴奧旨妄盡還源觀一卷，唐法藏述													

初南	天海	緣山	南藏	北藏	嘉興	龍藏	黃檗	卍字	臺中	大正	中華	義門	知津	縮刻	頻伽	普慧	佛教
								續58		45							
										45							
								續58		45							
黍			青	跡	跡	勒	跡	三四	嘉5	45	98	四	三五	陽	陽		68
								續3		45							
								續58		45							
黍			青	跡	跡	宅	跡	三四	嘉5	45	98	四	三五	陽	陽		68
								續58		45							
								續58		45							
								續58		45							
										45							
								續58		45							
								續58		45							
黍*			青	百	百	宅	百	三四	嘉5	45	97	四	四二	陽	陽		68
								續58							續157		
黍*			青	跡	跡	宅	跡	三四	嘉5	45	98	四	四二	陽	陽		68

序號	歷代漢文大藏經目錄新考對照表	開元	石經	貞元	至元	指要	標目	金藏	麗藏	略出	福州	資福	磧砂	普寧
2636	華嚴還源觀科一卷，宋淨源刊正													
2637	華嚴還源觀疏鈔補解一卷，宋淨源述													
2638	三聖圓融觀門一卷，唐澄觀述													
2639	五蘊觀一卷，唐澄觀述													
2640	華嚴法界玄鏡二卷，唐澄觀述													
2641	註華嚴法界觀門一卷，唐宗密註										595			
2642	註華嚴法界觀科文一卷，唐宗密述													
2643	註華嚴法界觀科一卷，唐宗豫述													
2644	華嚴七字經題法界觀三十門頌二卷，宋本嵩述、金琼湛集解													
2645	法界觀披雲集一卷，宋道通述													
2646	原人論一卷，唐宗密述													
2647	原人論發微錄三卷，宋淨源述													
2648	華嚴原人論解三卷（另科一卷，華嚴原人論一卷），元圓覺述													
2649	華嚴原人論合解二卷，唐宗密論、元圓覺解													
2650	十句章圓通記二卷，高麗均如述									冥				
2651	釋華嚴旨歸章圓通鈔二卷，高麗均如說									冥				

刀南	天海	緣山	南藏	北藏	嘉興	龍藏	黃檗	卍字	臺中	大正	中華	義門	知津	縮刻	頻伽	普慧	佛教
								續58							續157		
								續58							續157		
								續58		45							94
								續58							續157		94
黍			青	百	百	宅	百	三四	嘉5	45	97	四	四二	陽	陽		68
黍			青	跡	跡	沙	跡	三四	嘉5	45	98	四	四二	陽	陽		68
								續58							續157		
								續58							續157		
			史	史	史		史	續58	嘉9	45	102	四	四二	陽	陽		68
				續18				續58	嘉15						續157		
黍 *			青	跡	跡		跡	三四	嘉5	45	98	四	四二	陽	陽		68
								續58							續158		
			兹	兹	兹	軍	兹	續58	嘉8		98	四	四二	陽	陽		68
								續58							續158		

序號	歷代漢文大藏經目錄新考對照表	開元	石經	貞元	至元	指要	標目	金藏	麗藏	略出	福州	資福	磧砂	普寧
2652	華嚴經三寶章圓通記二卷，高麗均如說								冥					
2653	釋華嚴教分記圓通鈔十卷，高麗均如說								治					
2654	解迷顯智成悲十明論一卷，唐李通玄撰										595			
2655	答順宗心要法門一卷，唐澄觀撰、宗密註													
2656	普勸僧俗發菩提心文一卷，唐裴休述			野				遠*						
2657	海印三昧論一卷，新羅明晶述													
2658	華嚴法相槃節一卷，宋道通述													
2659	圓宗文類二十三卷，高麗義天集													
2660	評金錍一卷，宋善熹述													
2661	辨非集一卷，宋善熹述													
2662	斥謬一卷，宋善熹述													
2663	釋花嚴漩澓偈一卷，後梁惟勁釋		28											
2664	佛國禪師文殊指南圖讚一卷，宋惟白讚													
2665	五相智識頌一卷，宋忠撰													
2666	華嚴大意一卷，明善堅撰													
2667	賢首五教儀六卷，清續法集録													
2668	賢首五教儀開蒙一卷，清續法集													

初南	天海	緣山	南藏	北藏	嘉興	龍藏	黃檗	卍字	臺中	大正	中華	義門	知津	縮刻	頻伽	普慧	佛教
					續18	士		續58	嘉15	45	92	四	四四		續157		
								續58							續157		94
								續58							續157		162
								續58		45							
								續58							續157		
								續58									
								續58							續157		
								續58							續157		
								續58							續157		
								續58		45							158
								續58							續157		
								續58							續158		
						殆		續58			104						157
								續58							續158		157

序號	歷代漢文大藏經目錄新考對照表	開元	石經	貞元	至元	指要	標目	金藏	麗藏	略出	福州	資福	磧砂	普寧
2669	賢首五教斷證三覺揀濫圖一卷，清續法集													
2670	法界宗蓮花章一卷，清續法集													
2671	華嚴鏡燈章一卷，清續法集													
2672	一乘決疑論一卷，清彭際清述													
2673	華嚴念佛三昧論一卷，清彭際清述													
2674	關中創立戒壇圖經一卷，唐道宣撰													
2675	淨心戒觀法二卷，唐道宣撰													
2676	淨心誡觀發真鈔三卷，宋允堪述													
2677	釋門章服儀一卷，唐道宣述													
2678	釋門章服儀應法記一卷，宋元照述													
2679	衣鉢名義章一卷，宋允堪述													
2680	量處輕重儀二卷，唐道宣輯敘													
2681	釋門歸敬儀二卷，唐道宣述													
2682	釋門歸敬儀護法記二卷，宋彥起述													
2683	釋門歸敬儀通真記三卷，宋了然述													
2684	釋門歸敬儀擷録一卷，民國善夢擷録													
2685	釋門歸敬儀科一卷，民國弘一録													

刃南	天海	緣山	南藏	北藏	嘉興	龍藏	黃檗	卍字	臺中	大正	中華	義門	知津	縮刻	頻伽	普慧	佛教
								續58							續158		
								續58							續158		
								續58							續158		
								續58							續158		
								續58							續158		
								續59		45							138
										45							66
								續59									138
										45							
								續59							續158		
								續59							續158		
								續59		45							
										45							
								續59									
								續59							續158		
																十二	104
																十二	104

序號	歷代漢文大藏經目錄新考對照表	開元	石經	貞元	至元	指要	標目	金藏	麗藏	略出	福州	資福	磧砂	普寧
2686	教誡新學比丘行護律儀一卷，唐道宣述													
2687	中天竺舍衛國祇洹寺圖經二卷，唐道宣出													
2688	佛制比丘六物圖一卷，宋元照出													
2689	辨訛一卷，宋妙生述													
2690	三衣顯正圖一卷，宋妙生述													
2691	護命放生軌儀法一卷，唐義淨撰	英		輦	起		英	英	英	羣	羣*	羣	羣	羣
2692	受用三水要行法一卷，唐義淨撰	英		輦	起	英	英	英	英	羣	羣*	羣	羣	羣
2693	說罪要行法一卷，唐義淨撰	英		輦	起		英	英	英	羣	羣*	羣	羣	羣
2694	根本說一切有部出家授近圓羯磨儀範一卷，元拔合思巴集				志								橫	橫
2695	根本說一切有部苾芻習學略法一卷，元拔合思巴集				志								橫	橫
2696	根本說一切有部毗奈耶犯相摘記一卷，民國曇昉集													
2697	根本說一切有部毗奈耶自行抄一卷，民國曇昉集													
2698	毗奈耶質疑編一卷，民國弘一答問													
2699	學根本說一切有部律入門次第一卷，民國曇昉撰													
2700	菩薩戒本宗要一卷，新羅太賢撰													
2701	菩薩戒本持犯要記一卷，新羅元曉述													

南	天海	緣山	南藏	北藏	嘉興	龍藏	黃檗	卍字	臺中	大正	中華	義門	知津	縮刻	頻伽	普慧	佛教
								續59		45							66
								續59		45							138
								續59		45							138
								續59							續158		138
								續59							續158		138
羣	羣	羣	功	桓	桓	俊	桓	三十	磧31	45	63	三六	四二	寒	寒		34
羣	羣	羣	功	桓	桓	俊	桓	三十	磧31	45	63	三六	四二	寒	寒		34
羣	羣	羣	功	桓	桓	俊	桓	三十	磧31	45	63	三六	四二	寒	寒		34
橫		1554	交	夫	夫	夫	夫	十九	磧36	45	69	八	三三	寒	寒		34
橫		1554	交	夫	夫	夫	夫	十九	磧36	45	69	八	三三	寒	寒		34
																十二	104
																十二	104
																十二	104
																十二	104
								續38		45							
								續39		45							

序號	歷代漢文大藏經目錄新考對照表	開元	石經	貞元	至元	指要	標目	金藏	麗藏	略出	福州	資福	磧砂	普寧
2702	大乘六情懺悔一卷，新羅元曉撰													
2703	慈悲道場懺法十卷，梁諸大法師集撰				猷			譽*	於					
2704	慈悲水懺法三卷													
2705	受菩薩戒儀一卷，陳慧思撰													
2706	授菩薩戒儀一卷，唐湛然述													
2707	略授三歸五八戒并菩薩戒一卷，唐澄照讚													
2708	受菩薩戒法一卷，宋延壽集													
2709	新受戒比丘六念五觀法一卷，宋允堪撰錄													
2710	大智律師道具賦一卷，宋元照撰													
2711	芝苑遺編三卷，宋道詢集													
2712	芝園集二卷，宋元照作													
2713	補續芝園集一卷，日本僧人輯													
2714	律宗新學名句三卷，宋懷顯集													
2715	律宗問答二卷，日本俊芿問，宋了然、智瑞、淨懷、淨梵、妙音答													
2716	終南家業三卷，宋守一述、行枝編													
2717	律宗會元三卷，宋守一集													
2718	蓬折直辨一卷，宋妙蓮撰													
2719	蓬折箴一卷，宋妙蓮撰													

南	天海	緣山	南藏	北藏	嘉興	龍藏	黃檗	卍字	臺中	大正	中華	義門	知津	縮刻	頻伽	普慧	佛教
										45							
			茂	公	公	路	公	三十	嘉1	45	105	三六	四二	調	調		67
月*			實	輔	輔	馳	輔	三十	嘉1	45	105	三六	四二	調	調		67
								續59							續158		
								續59							續158		
								續59							續158		
								續59							續158		
								續59							續158		138
								續59									
								續59							續158		
								續59							續158		
								續59							續158		
								續59							續158		
								續59							續159		
								續59							續158		
								續60							續159		
								續60							續159		
								續60							續159		

序號	歷代漢文大藏經目錄新考對照表	開元	石經	貞元	至元	指要	標目	金藏	麗藏	略出	福州	資福	磧砂	普寧
2720	律苑事規十卷，元省悟編述、嗣良參訂													
2721	毘尼日用録一卷，明性祇述													
2722	毘尼日用切要一卷，清讀體彙集													
2723	毘尼日用切要香乳記二卷，清書玉箋記													
2724	沙門日用二卷，清弘贊編													
2725	沙彌律儀要略增註二卷，明袾宏輯、清弘贊註													
2726	沙彌律儀要略述義二卷，清書玉科釋													
2727	沙彌律儀毘尼日用合參三卷，明袾宏輯集、清戒顯訂閱、濟岳彙箋													
2728	沙彌十戒威儀録要一卷，明智旭重輯													
2729	沙彌尼律儀要略一卷，清讀體輯集													
2730	在家律要廣集三卷，明智旭集、清儀潤等增訂													
2731	南山律在家備覽略編一卷，民國弘一輯													
2732	律要後集六卷，清書準編													
2733	律學發軔三卷，清元賢述													
2734	弘戒法儀二卷，明法藏輯													

南	天海	緣山	南藏	北藏	嘉興	龍藏	黃檗	卍字	臺中	大正	中華	義門	知津	縮刻	頻伽	普慧	佛教
								續60									
								續60							續159		
								續60									
					續93			續60	嘉30						續159		152
					又續18			續60	嘉35								
					又續18			續60	嘉35								139
					續93			續60	嘉30								
					拾遺374			續60									
					續37			續60	嘉19						續159		
								續60							續159		
								續60							續159		
																十二	104
					又續21			續60							續159		
								續60							續159		
					續88			續60	嘉29								

序號	歷代漢文大藏經目錄新考對照表	開元	石經	貞元	至元	指要	標目	金藏	麗藏	略出	福州	資福	磧砂	普寧
2735	傳授三壇弘戒法儀三卷，明法藏撰集、清超遠檢録													
2736	三壇傳戒正範四卷，清讀體撰													
2737	歸戒要集三卷，清弘贊輯													
2738	八關齋法一卷，清弘贊輯													
2739	比丘受戒録一卷，清弘贊述													
2740	比丘尼受戒録一卷，清弘贊述													
2741	沙彌學戒儀軌頌註一卷，清弘贊註													
2742	二部僧授戒儀式二卷，清書玉記													
2743	羯磨儀式二卷，清書玉編													
2744	經律戒相布薩軌儀一卷，明如馨纂要													
2745	梵網經懺悔行法一卷，明智旭述													
2746	菩薩瓔珞經自誓受菩薩五重戒法一卷，民國弘一録													
2747	隨分自誓受菩薩戒文析疑一卷，民國弘一撰													
2748	戒殺四十八問一卷，清周思仁述													
2749	體仁要術一卷，清彭紹升等著													
2750	藕益大師佛學十種，明智旭著													
2750-1	毘尼後集問辯一卷，明智旭述													
2750-2	學菩薩戒法一卷，明智旭述													

初南	天海	緣山	南藏	北藏	嘉興	龍藏	黃檗	卍字	臺中	大正	中華	義門	知津	縮刻	頻伽	普慧	佛教
					又續 30			續 60	嘉 37						續 159		
								續 60							續 159		138
					又續 19			續 60	嘉 35								
					又續 19			續 60	嘉 35								139
					又續 18			續 60									
					又續 18			續 60	嘉 35								139
					又續 18			續 60	嘉 35								
					續 93			續 60	嘉 30						續 159		34
					續 93			續 60	嘉 30						續 160		
								續 60							續 160		
					續 83			續 60	嘉 28						續 160		
																十二	104
																十二	
								續 60							續 160		
								續 60							續 160		
					續 83				嘉 28								
					續 83				嘉 28								
					續 83				嘉 28								

序號	歷代漢文大藏經目錄新考對照表	開元	石經	貞元	至元	指要	標目	金藏	麗藏	略出	福州	資福	磧砂	普寧
2750–3	重定受菩薩戒法一卷													
2750–4	性學開蒙一卷，明智旭撰													
2750–5	梵室偶談一卷，明智旭著、果海錄													
2751	禮佛發願文略釋一卷，清書玉述													
2752	大懺悔文略解二卷，清書玉釋													
2753	授三歸依大意一卷，民國弘一講													
2754	律學要略一卷，民國弘一講、萬泉記錄													
2755	僧尼十種受法料簡圖一卷，民國演音錄													
2756	剃髮儀式一卷，民國弘一編定													
2757	表無表章科一卷，民國弘一編													
2758	盜戒釋相概略問答一卷，民國弘一撮輯													
2759	南山律苑雜錄一卷，民國弘一撰													
2760	青年佛徒應註意的四項一卷，民國弘一講													
2761	人生之最後一卷，民國弘一講													
2762	四分律比丘戒相表記校註一卷，民國弘一編並校註													
2763	新集受三歸五戒八戒法式一卷，民國弘一集													
2764	摩訶止觀十卷，隋智顗說、灌頂記				史			本			假途				

刃南	天海	緣山	南藏	北藏	嘉興	龍藏	黃檗	卍字	臺中	大正	中華	義門	知津	縮刻	頻伽	普慧	佛教
					續83				嘉28								
					續83				嘉28								
					續83				嘉28								
					續93				嘉30								
					續93				嘉30								162
																十二	104
																十二	104
																十二	104
																十二	104
																十二	104
																十二	104
																十二	104
																十二	104
																十二	104
																十二	104
																	139
宗泰	密勿		困橫	霸趙	霸趙	茂實	霸趙		嘉2	46	94	三三	三九	陽	陽		68

序號	歷代漢文大藏經目錄新考對照表	開元	石經	貞元	至元	指要	標目	金藏	麗藏	略出	福州	資福	磧砂	普寧
2765	摩訶止觀科文五卷，唐湛然述										途			
2766	止觀輔行傳弘決十卷，唐湛然述				魚秉			於農			滅虢			
2767	摩訶止觀十卷，隋智者説，灌頂記，唐湛然述，日本實觀分會													
2768	止觀輔行搜要記十卷，唐湛然述													
2769	止觀輔行傳弘決助覽四卷，宋有嚴註													
2770	止觀義例二卷，唐湛然述					庸		俶						
2771	止觀義例科一卷，唐湛然述、宋從義排科													
2772	止觀義例纂要六卷，宋從義撰													
2773	止觀義例隨釋六卷，宋處元述													
2774-1	止觀大意一卷，唐湛然述					中		稽						
2774-2	止觀大意（別本）一卷，唐湛然述													
2775	刪定止觀三卷，唐梁肅撰													
2776	止觀科節一卷													
2777	謹録遂和尚止觀記中異義一卷，唐道遂説、乾淑集													
2778	摩訶止觀貫義科二卷，清天溪説、靈耀補定													
2779	修習止觀坐禪法要二卷，隋智顗述													

初南	天海	緣山	南藏	北藏	嘉興	龍藏	黃檗	卍字	臺中	大正	中華	義門	知津	縮刻	頻伽	普慧	佛教
								續27			95				續126		
岱至云	楚至趙		假至虢	魏至假	魏至假		魏至假		嘉2	46	95	三四	三九	陽	陽		68
								三二									
								續55							續152		
								續55							續152		
亭			踐	途	途		途	三二	嘉3	46	97	三四	三九	陽	陽		69
								續56							續152		
								續56							續153		
								續56							續153		
										46	97						
牧*			翦	起	起		寔	起 三三	嘉4		97	三四	三九	陽	陽		69
								續55							續152		
								續55							續152		
								續55							續152		
				又續27				續56	嘉37								
亭*			踐	途	途	振	途	三二	嘉3	46	95	三四	三九	陽	陽		69

序號	歷代漢文大藏經目錄新考對照表	開元	石經	貞元	至元	指要	標目	金藏	麗藏	略出	福州	資福	磧砂	普寧
2780	修習止觀坐禪法要講述一卷，民國寶靜講述、法慈等記錄													
2781	大乘止觀述記一卷，民國諦閑說、德明等筆記、勝觀演述													
2782	釋禪波羅蜜次第法門十卷，隋智顗說、法慎記、灌頂再治				勞			載						
2783	六妙法門一卷，隋智顗說				謹			畝						
2784	四念處四卷，隋智顗說、灌頂記				中			稼						
2785	天台智者大師禪門口訣一卷，隋智顗說													
2786	禪門章一卷，隋智顗說													
2787	禪門要略一卷，隋智顗出													
2788	觀心論一卷，隋智顗述				中			稼						
2789	觀心論疏五卷，隋灌頂撰				中			稼						
2790	釋摩訶般若波羅蜜經覺意三昧一卷，隋智顗說、灌頂記													
2791	諸法無諍三昧法門二卷，陳慧思撰													
2792	大乘止觀法門四卷，陳慧思撰													
2793	大乘止觀法門宗圓記五卷，宋了然述													
2794	大乘止觀法門釋要四卷，明智旭述													

初南	天海	緣山	南藏	北藏	嘉興	龍藏	黃檗	卍字	臺中	大正	中華	義門	知津	縮刻	頻伽	普慧	佛教
																	157
																二十	104
碣			刑	煩	煩	銘	煩	三三	嘉3	46	97	三四	三九	陽	陽		69
								續55		46	98		三九	陽	陽		69
池			煩	法	法	纓	法	三三	嘉3	46	97	三四	三九	陽	陽		69
頗*			起	約	約		約	三三	嘉3	46	98	三四	四二	陽	陽		69
								續55							續152		
								續55							續152		
								續55	碛38	46	97		三九	陽	陽		69
頗			起	刑	刑	礏	刑	三三	嘉4	46	97	三四	三九	陽	陽		69
池			煩	法	法	礮	法	三三	嘉3	46	96	三四	三九	陽	陽		69
池			煩	途	途	礮	途	三二	嘉3	46	95	三四	三九	陽	陽		68
亭			踐	途	途	礮	途	三二	嘉3	46	95	三四	三九	陽	陽		68
								續55							續152		157
					續37	理		續55	嘉19		104						157

序號	歷代漢文大藏經目錄新考對照表	開元	石經	貞元	至元	指要	標目	金藏	麗藏	略出	福州	資福	磧砂	普寧
2795	法界次第初門三卷，隋智顗撰				庸			俶						
2796	法華經安樂行義一卷，陳慧思説													
2797	十不二門一卷，唐湛然述													
2798	十不二門義一卷，唐道邃録出													
2799	十不二門指要鈔二卷，宋知禮述													
2800	十不二門指要鈔詳解二卷，宋知禮鈔、宋可度詳解、明正謐分會													
2801	法華十妙不二門示珠指二卷，宋源清述													
2802	註法華本跡十不二門一卷，宋宗翌述													
2803	十不二門文心解一卷，宋仁岳述													
2804	法華玄記十不二門顯妙一卷，宋處謙述													
2805	十不二門樞要二卷，宋了然述													
2806-1	四教義十二卷，隋智顗撰				中			稺						
2806-2	天台四教義卷第十二一卷													
2807	天台八教大意一卷，隋灌頂撰													
2808	天台四教儀一卷，高麗諦觀録													
2809	天台四教儀科解三卷，宋從義撰													
2810	天台四教儀備釋二卷，元元粹述													

刀南	天海	緣山	南藏	北藏	嘉興	龍藏	黃檗	卍字	臺中	大正	中華	義門	知津	縮刻	頻伽	普慧	佛教
牧			窮	刑	刑	振	刑	三三	嘉4	46	97	三二	三九	陽	陽		69
池			煩	土	土	轂	土	三三	嘉3	46	95	三四	三九	陽	陽		68
牧			窮	起	起	寔	起	三三	嘉4	46	98	三四	四二	陽	陽		69
								續56							續153		
牧			窮	起	起	寔	起	三三	嘉4	46	98	三四	四二	陽	陽		69
								續56					四四		續153		
								續56							續153		
								續56							續153		
								續56							續153		
								續56							續153		
								續56							續153		
昆			弊	弊	弊	伊	弊	三三	嘉3	46	97	三二	三五	陽	陽		69
								續甲四									
牧			窮	韓	韓	曲	韓	三三	嘉3	46	97	三四	四二	陽	陽		69
牧			窮	會	會	世	會	三三	嘉3	46	97	三四	四二	陽	陽		69
								續57							續155		157
								續57							續155		

序號	歷代漢文大藏經目錄新考對照表	開元	石經	貞元	至元	指要	標目	金藏	麗藏	略出	福州	資福	磧砂	普寧
2811	天台四教儀集註九卷（另科文一卷），元蒙潤集													
2812	集註節義一卷，清靈耀節													
2813	天台四教儀註彙補輔宏記十卷，高麗諦觀錄、元蒙潤集註、清性權彙補輔宏記、清錢伊菴較訂、諦閑編科													
2814-1	教觀綱宗一卷，明智旭重述													
2814-2	教觀綱宗釋義一卷，明智旭述													
2815	教觀綱宗科釋一卷，民國靜修述													
2816	金剛錍一卷，唐湛然述				中			稱						
2817	金剛錍論私記會本二卷，唐湛然撰、明曠記、日本辯才會													
2818	科金剛錍序一卷，宋淨岳撰													
2819	金剛錍文句科一卷，宋智圓集													
2820	金剛錍顯性錄四卷，宋智圓集													
2821	金剛錍義解三卷，宋善月述													
2822	金剛錍釋文三卷，唐湛然撰、宋時舉釋、明海眼會													
2823	始終心要一卷，唐湛然述													
2824	始終心要註一卷，唐湛然述、宋從義註													

刀南	天海	緣山	南藏	北藏	嘉興	龍藏	黃檗	卍字	臺中	大正	中華	義門	知津	縮刻	頻伽	普慧	佛教
			稼	稼	稼	世	稼	續57	嘉8		97	三四	四二	陽	陽		69
					又續27			續57	嘉37							續155	
								續57								續156	
					續19			續57	嘉28	46							158
					續19			續57	嘉28							續155	158
																	158
牧			翦	起	起	寔	起	三三	嘉4	46	97	三四	四二	陽	陽		69
								續56								續153	
								續56									
								續56								續153	
								續56								續154	
								續56									
								續56								續154	
牧*			翦	起	起	寔	起	三三	嘉4		98		四二	陽	陽		69
								續56				三四				續154	

序號	歷代漢文大藏經 目錄新考對照表	開元	石經	貞元	至元	指要	標目	金藏	麗藏	略出	福州	資福	磧砂	普寧
2825	始終心要義記一卷，民國倓虛述													
2826	南嶽思大禪師立誓願文一卷，陳慧思撰													
2827	國清百錄四卷，隋灌頂纂				庸			俶*						
2828	增修教苑清規二卷，元自慶編述													
2829	法智遺編觀心二百問一卷，宋繼忠集													
2830	四明十義書二卷，宋知禮撰													
2831	四明尊者教行錄七卷，宋宗曉編													
2832	天台傳佛心印記一卷，元懷則述													
2833	傳佛心印記註二卷，元懷則著、明傳燈註													
2834	天台傳佛心印記註釋要二卷，元懷則述、明傳燈註、民國倓虛釋要													
2835	台宗教觀撮要論四卷，元善良撰													
2836	隨自意三昧一卷，陳慧思撰													
2837	方等三昧行法一卷，隋智顗說、灌頂記				庸			俶*						
2838	法華三昧懺儀一卷，隋智顗撰				謹			畝						
2839	法華三昧行事運想補助儀一卷，唐湛然撰							畝						
2840	略法華三昧補助儀一卷													
2841	修懺要旨一卷，宋知禮述													

南	天海	緣山	南藏	北藏	嘉興	龍藏	黃檗	卍字	臺中	大正	中華	義門	知津	縮刻	頻伽	普慧	佛教
																	157
頎			起	起	起		起	三三	嘉4	46	97	三四	四二	陽	陽		68
頎*	軍		起	弊	弊		弊	三三	嘉3	46	83	三四	四二	陽	陽		69
					續57										續155		
頎*			竆	起	起	馳	起	三三	嘉4	46	97	三四	四二	陽	陽		69
					續56					46							
					續56					46		三四	四四			十九	
頎*			刑	起	起	野	起	三三	嘉4	46	98	三四	四二	陽	陽		69
					又續27				續57	嘉37			四四		續155		158
																	157
									續57								
									續55						續152		
頎			起	刑	刑		刑	三三	嘉4	46	97	三四	四二	調	調		67
頎*			實	輔	輔	轂	輔	三十	嘉1	46	98	三四	四二	調	調		67
頎*			實	輔	輔	寔	輔	三十	嘉1	46	98		四二	調	調		67
頎*			實	輔	輔	馳	輔	三十	嘉1	46	105			調	調		67
頎*			竆	起	起	馳	起	三三	嘉4		98	三四	四二	調	調		67

序號	歷代漢文大藏經目錄新考對照表	開元	石經	貞元	至元	指要	標目	金藏	麗藏	略出	福州	資福	磧砂	普
2842	禮法華經儀式一卷													
2843	金光明懺法補助儀一卷，宋遵式集													
2844	金光明最勝懺儀一卷，宋知禮集													
2845	釋迦如來涅槃禮讚文一卷，宋仁岳撰													
2846	天台智者大師齋忌禮讚文一卷，宋遵式述													
2847	請觀世音菩薩消伏毒害陀羅尼三昧儀一卷，宋遵式集													
2848	千手眼大悲心呪行法一卷，宋知禮集													
2849	觀自在菩薩如意輪呪課法一卷，宋仁岳撰													
2850	熾盛光道場念誦儀一卷，宋遵式撰													
2851	菩提心義一卷													
2852	明佛法根本碑一卷，唐智慧輪述													
2853	顯密圓通成佛心要集二卷，遼道殿集												更	更
2854	密呪圓因往生集一卷，西夏智廣、慧真編集，金剛幢譯定												楚	楚
2855	維摩詰經三觀玄義二卷，隋智顗撰													
2856	觀心食法一卷，隋智顗撰													
2857	觀心誦經法記一卷，隋智顗說、唐湛然述													

初南	天海	緣山	南藏	北藏	嘉興	龍藏	黃檗	卍字	臺中	大正	中華	義門	知津	縮刻	頻伽	普慧	佛教
用*			實	輔	輔	馳	輔	三十	嘉1	46	105	三四	四二	調	調		67
用*			實	輔	輔	馳	輔	三十	嘉1	46	105	三四	四二	調	調		67
用*			實	輔	輔	馳	輔	三十	嘉1	46	105	三四	四二	調	調		67
用*			實	輔	輔	馳	輔	三十	嘉1	46	105	三四	四二	調	調		67
用*			實	輔	輔	存目	輔	三十	嘉1	46	105	三四	四二	調	調		67
用*			實	輔	輔	馳	輔	三十	嘉1	46	105	三四	四二	成	成		58
用*			實	輔	輔	馳	輔	三十	嘉1	46	105	三四	四二	成	成		58
用*			實	輔	輔	馳	輔	三十	嘉1	46	105	三四	四二	成	成		58
用*			實	輔	輔	馳	輔	三十	嘉1	46	68	三四	四二	成	成		58
								續59		46				閏	閏		52
										46							
更			營	封	封	説	封	二七	磧34	46	71	二七	四二	成	成		58
楚*			營	封	封	郡	封	二七	嘉1	46	71	二七	四二	成	成		58
								續55							續152		
								續55							續152		
								續55							續152		

序號	歷代漢文大藏經目錄新考對照表	開元	石經	貞元	至元	指要	標目	金藏	麗藏	略出	福州	資福	磧砂	普寧
2858	天台智者大師發願文一卷，隋智顗撰													
2859	普賢菩薩發願文一卷，隋智顗撰													
2860	五百問論三卷，唐湛然述													
2861	學天台宗法門大意一卷，唐行滿述													
2862	六即義一卷，唐行滿述													
2863-1	天台宗未決一卷，日本最澄疑問、唐道邃決義													
2863-2	日本國三十問謹案科直答如後一卷，唐廣修撰													
2863-3	答日本國問一卷，唐維蠲答													
2863-4	答修禪院問一卷													
2863-5	釋疑一卷，日本光定疑問、唐宗穎決答													
2863-6	釋疑一卷，日本德圓疑問、唐宗穎決答													
2864	法華龍女成佛權實義一卷，宋源清述													
2865	寶雲振祖集一卷，宋宗曉編													
2866	螺溪振祖集一卷，宋元悟編													
2867	四明仁岳異説叢書七卷，宋繼忠集													
2867-1	岳闍梨十諫書（一）													
2867-2	法智遺編解謗書（二），知禮述、繼忠集													

初南	天海	緣山	南藏	北藏	嘉興	龍藏	黃檗	卍字	臺中	大正	中華	義門	知津	縮刻	頻伽	普慧	佛教
								續55							續152		
								續55							續152		
								續56							續154		
								續56							續154		
								續56							續154		
								續56							續154		
								續56							續154		
								續56							續154		
								續56							續154		
								續56							續154		
								續56							續154		
								續56							續154		
								續56							續154		
								續56							續154		
								續56							續154		
								續56							續154		
								續56									
								續56									

序號	歷代漢文大藏經目録新考對照表	開元	石經	貞元	至元	指要	標目	金藏	麗藏	略出	福州	資福	磧砂	普寧
2867-3	岳閣梨雪謗書（三）													
2867-4	附法智遺編別理隨緣十門析難書（四）													
2867-5	釋難扶宗記（五），知禮述													
2867-6	附法智遺編止疑書（六）													
2867-7	附法智遺編抉膜書（七）													
2868	閑居編五十一卷（另目次一卷），宋智圓著													
2869	金園集三卷，宋遵式述、慧觀重編													
2870	天竺別集三卷，宋遵式述、慧觀重編													
2871	重編天台諸文類集十卷，宋如吉編													
2872	別傳心法議一卷，宋戒珠撰													
2873	三千有門頌略解一卷，明真覺解、智旭較													
2874	復宗集二卷，宋與咸述													
2875	山家義苑二卷，宋可觀述、智增證													
2876	竹庵草録一卷，宋可觀撰													
2877	圓頓宗眼一卷，宋法登述													
2878	議中興教觀一卷，宋法登述													
2879	三教出興頌一卷，宋宗曉註													

南	天海	緣山	南藏	北藏	嘉興	龍藏	黃檗	卍字	臺中	大正	中華	義門	知津	縮刻	頻伽	普慧	佛教
								續56									
								續56									
								續56									
								續56									
								續56									
								續56							續154		
								續57							續154		
								續57							續154		
								續57									
								續57									
					續42			續57	嘉20			三四	四四				158
								續57									
								續57							續154		
								續57									
								續57							續155		
								續57							續155		
								續57							續154		

序號	歷代漢文大藏經目錄新考對照表	開元	石經	貞元	至元	指要	標目	金藏	麗藏	略出	福州	資福	磧砂	普寧
2880	施食通覽一卷，宋宗曉編													
2881	不可刹那無此君一卷，宋義銛述													
2882	北峰教義卷一一卷，宋宗印撰													
2883	台宗十類因革論四卷，宋善月述													
2884	山家緒餘集三卷，宋善月述													
2885	台宗精英集五卷，宋普容錄													
2886	性善惡論六卷，明傳燈著													
2887	明僧克勤書一卷，明克勤撰													
2888	法界安立圖三卷，明仁潮集錄													
2889	隨緣集四卷，清靈耀著													
2890	顯戒論三卷，日本最澄撰													
2891	守護國界章三卷，日本最澄撰													
2892	略論安樂淨土義一卷，元魏曇鸞撰													
2893	安樂集二卷，唐道綽撰													
2894	觀念阿彌陀佛相海三昧功德法門一卷，唐善導集記													
2895	釋淨土羣疑論七卷，唐懷感撰													
2896	淨土十疑論一卷，隋智顗說													
2897	註十疑論一卷，隋智顗說、宋澄彧註													
2898	淨土三論，明正知刊													

初南	天海	緣山	南藏	北藏	嘉興	龍藏	黃檗	卍字	臺中	大正	中華	義門	知津	縮刻	頻伽	普慧	佛教
								續57							續154		
								續57							續155		
								續57									
								續57							續155		
								續57							續155		
								續57									
								續57							續155		143
								續57							續155		
								續57							續157		
								續57							續155		
										74				霜	霜		84
										74				霜	霜		84
								續61		47					續160		
								續61		47					續160		
								續61		47							
								續61		47							
頗			起	刑	刑	轂	刑	三三	嘉4	47	97	三四	三九	陽	陽		69
								續61							續160		
					續41				嘉20								

序號	歷代漢文大藏經目錄新考對照表	開元	石經	貞元	至元	指要	標目	金藏	麗藏	略出	福州	資福	磧砂	普寧
2899	五方便念佛門一卷，隋智顗撰													
2900	淨土論三卷，唐迦才撰													
2901	西方要決釋疑通規一卷，唐窺基撰													
2902	西方要決科註二卷													
2903	遊心安樂道一卷，新羅元曉撰													
2904	念佛鏡二卷，唐道鏡、善道集													
2905	念佛三昧寶王論三卷，唐飛錫撰													
2906	往生淨土決疑行願二門一卷，宋遵式撰													
2907	樂邦文類五卷，宋宗曉編													
2908	樂邦遺稿二卷，宋宗曉編													
2909	龍舒增廣淨土文十二卷，宋王日休撰													
2910	選擇本願念佛集一卷，日本源空撰													
2911	黑谷上人語燈錄三卷，日本了惠集錄													
2912	淨土境觀要門一卷，元懷則述													
2913	淨土或問一卷，元惟則著、明袾宏編													
2914	師子林天如和尚淨土或問一卷，元惟則著、善遇編													
2915	廬山蓮宗寶鑑十卷，元普度集													
2916	寶王三昧念佛直指二卷，明妙叶集													

南	天海	緣山	南藏	北藏	嘉興	龍藏	黃檗	卍字	臺中	大正	中華	義門	知津	縮刻	頻伽	普慧	佛教
								續61		47							
								續61		47							48
										47							
								續61									
								續61		47							
								續61		47							
					續41				嘉20	47			四四				
用*			實	輔	輔	馳	輔	三十	嘉1	47	105	三四	四二	陽	陽		69
								續61		47		三四	四四				
								續61		47							
					續41			續61	嘉20	47		三六	四四				158
																霜	
																霜	
偈*			刑	起	起	野	起	三三	嘉4	47	98	三四	四二	陽	陽		69
										47							
					續41				嘉20				四四				
			素	素	素	野	素	續61	嘉9	47	80	四一	四二	陽	陽		69
					續40				嘉20	47			四四				

序號	歷代漢文大藏經目錄新考對照表	開元	石經	貞元	至元	指要	標目	金藏	麗藏	略出	福州	資福	磧砂	普寧
2917	淨土生無生論一卷，明傳燈撰													
2918	淨土生無生論一卷，明傳燈撰、正寂註													
2919	淨土生無生論親聞記二卷，明受教記													
2920	淨土生無生論會集一卷，明傳燈撰、清達默集													
2921	幽溪無盡大師淨土法語一卷，明傳燈述													
2922-1	西方合論十卷，明袁宏道撰													
2922-2	西方合論標註十卷，明張明教標註													
2923	淨土疑辯一卷，明袾宏撰													
2924	答淨土四十八問一卷，明袾宏著													
2925	西方願文解一卷，明袾宏著並釋													
2926	西方發願文註一卷，明袾宏作、清實賢註													
2927	勸發菩提心文一卷，清實賢撰													
2928	雲棲淨土彙語一卷，清虞執西等録													
2929	淨土指歸集二卷，明大佑集													
2930	淨土簡要録一卷，明道衍編													
2931	歸元直指集二卷，明宗本集													
2932	淨土決一卷，明李贄集													

刧南	天海	緣山	南藏	北藏	嘉興	龍藏	黃檗	卍字	臺中	大正	中華	義門	知津	縮刻	頻伽	普慧	佛教
					續41				嘉20	47		三四	四四				
								續61							續161		
								續61							續161		158
								續61							續161		
					續41				嘉20								
					又續4				嘉31	47			四四				
								續61									
								續61	嘉32	47							
								續61	嘉32						續160		
								續61	嘉32			四一	四四		續160		
								續61							續160		
																150	
								續62							續161		
					續41			續61	嘉20			三四					
								續61							續160		
					續51			續61	嘉22			三四					
								續61				三六			續160		

序號	歷代漢文大藏經目錄新考對照表	開元	石經	貞元	至元	指要	標目	金藏	麗藏	略出	福州	資福	磧砂	普寧
2933	淨土資糧全集六卷，明袾宏校正、莊廣還輯													
2934	西方直指三卷，明一念編													
2935	靈峰蕅益大師選定淨土十要，清成時評點節略													
2935-1	佛説阿彌陀經要解（一）一卷，清智旭解													
2935-2	往生淨土懺願儀（二）一卷，宋遵式集													
2935-3	往生淨土決疑行願二門（二）一卷，宋遵式述													
2935-4	觀無量壽佛經初心三昧門（三）一卷，清成時録輯													
2935-5	受持佛説阿彌陀經行願儀（三）一卷，清成時録輯													
2935-6	淨土十疑論（四）一卷，隋智顗説													
2935-7	念佛三昧寶王論（五）三卷，唐飛錫撰													
2935-8	師子林天如和尚淨土或問（六）一卷，元善遇編													
2935-9	寶王三昧念佛直指（七）二卷，明妙叶集													
2935-10	西齋淨土詩（八）三卷，明梵琦著、智旭點定													
2935-11	淨土生無生論（九）一卷，明傳燈撰													

初南	天海	緣山	南藏	北藏	嘉興	龍藏	黃檗	卍字	臺中	大正	中華	義門	知津	縮刻	頻伽	普慧	佛教
					續40			續61	嘉20			四一					158
					續40			續61	嘉20			三六					
								續61							續161		
								續61							續161		
								續61							續161		
								續61							續161		
								續61							續161		
								續61							續161		
								續61							續161		
								續61							續161		
								續61							續161		
								續61							續161		
								續61							續161		
								續61							續161		

序號	歷代漢文大藏經目錄新考對照表	開元	石經	貞元	至元	指要	標目	金藏	麗藏	略出	福州	資福	磧砂	普寧
2935–12	幽溪無盡法師淨土法語（九）一卷，清正知較													
2935–13	西方合論（十）一卷，明袁宏道撰述、如奇標旨、清智旭評點													
2936	淨慈要語二卷，明元賢述													
2937	鼓山為霖和尚示修淨土旨訣一卷，清道霈撰													
2938	淨土晨鐘十卷，清周克復纂													
2939	西歸直指四卷，清周夢顏彙輯													
2940	淨土警語一卷，清行策撰													
2941	起一心精進念佛七期規式一卷，清行策定													
2942	淨土全書二卷，宋王日休著、清俞行敏重輯													
2943	角虎集二卷，清濟能纂輯													
2944	東海若解一卷，唐柳宗元著、清實賢解													
2945	省庵法師語録二卷，清彭際清重訂													
2946	重訂西方公據二卷，清彭際清集													
2947	念佛警策二卷，清彭際清纂													
2948	徹悟禪師語録二卷，清了亮等集													

南	天海	緣山	南藏	北藏	嘉興	龍藏	黃檗	卍字	臺中	大正	中華	義門	知津	縮刻	頻伽	普慧	佛教
								續 61							續 161		
								續 61							續 161		
								續 61							續 161		
								續 62							續 161		
					續 35			續 62	嘉 19								
								續 62									
								續 62							續 161		
								續 62							續 161		
					又續 11			續 62	嘉 33							續 161		158
								續 62							續 161		
								續 62							續 161		
								續 62							續 161		
								續 62									
								續 62							續 161		
								續 62							續 162		

序號	歷代漢文大藏經目録新考對照表	開元	石經	貞元	至元	指要	標目	金藏	麗藏	略出	福州	資福	磧砂	普寧
2949	淨業知津一卷，清悟開述													
2950	念佛百問一卷，清悟開著													
2951	徑中徑又徑四卷，清張師誠著													
2952	勸修淨土切要一卷，清真益願纂述													
2953	淨土隨學二卷，清古崑編													
2954	戀西大師淨土必求一卷，清古崑集													
2955	蓮宗必讀一卷，清古崑集													
2956	淨土神珠一卷，清古崑集													
2957	淨土承恩集一卷，清芳慧編													
2958	念佛三昧一卷，清金人瑞著													
2959	西方確指一卷，覺明妙行菩薩説、清常攝集													
2960	清珠集一卷，清治兆輯													
2961	蓮邦消息一卷，清妙空子述													
2962	淨土極信録一卷，清戒香述													
2963	念佛起緣彌陀觀偈直解一卷，清張淵述、章夢仙輯													
2964	淨土證心集三卷，清卍蓮述													
2965	淨業痛策一卷，清照瑩集													
2966	時時好念佛一卷，清果能述													
2967	啟信雜説一卷，清周思仁輯													

初南	天海	緣山	南藏	北藏	嘉興	龍藏	黃檗	卍字	臺中	大正	中華	義門	知津	縮刻	頻伽	普慧	佛教
								續									
								續							續		
								續									
								續							續		
								續							續		
								續							續		
								續							續		
								續							續		
								續							續		
								續									
								續 62									
								續									
								續									
								續									
								續 62									
								續							續		
								續							續		
								續							續		
								續 62							續 162		

序號	歷代漢文大藏經目録新考對照表	開元	石經	貞元	至元	指要	標目	金藏	麗藏	略出	福州	資福	磧砂	普寧
2968	淨土紺珠一卷，清德真輯													
2969	修西輯要一卷，清信庵輯													
2970	蓮修起信録六卷，清程兆鸞録存													
2971	報恩論四卷，清沈善登述													
2972	持名四十八法一卷，清鄭韋庵述													
2973	念佛超脱輪迴捷徑經一卷													
2974	蓮邦詩選一卷，明廣貴輯、清陳韓補													
2975	唯心集一卷，清乘戒著													
2976	影響集一卷，清量海著													
2977	二林唱和詩一卷，清彭紹升集													
2978	觀河集節鈔一卷，清彭際清著、弟子節鈔													
2979	測海集節鈔一卷，清彭紹升著、弟子節鈔													
2980	瓊樓吟稿節鈔一卷，清陶善著、弟子節鈔													
2981	蓮修必讀一卷，清觀如輯													
2982	毘陵天寧普能嵩禪師淨土詩一卷，清德潤録													
2983	淨土救生船詩一卷，清寬量集													
2984	天然居士懷淨土詩一卷，清明康録													

刀南	天海	緣山	南藏	北藏	嘉興	龍藏	黃檗	卍字	臺中	大正	中華	義門	知津	縮刻	頻伽	普慧	佛教
								續 62							續 162		
								續 62							續 162		
								續 62									
								續 62									
								續 62							續 162		
								續 1									
								續 62							續 162		
								續 62							續 162		
								續 62							續 162		
								續 62							續 162		
								續 62							續 162		
								續 62							續 162		
								續 62							續 162		
								續 62							續 162		
								續 62							續 162		
								續 62							續 162		
					拾遺 366				嘉 40		四一						

序號	歷代漢文大藏經目録新考對照表	開元	石經	貞元	至元	指要	標目	金藏	麗藏	略出	福州	資福	磧砂	普寧
2985	二課合解七卷，民國興慈述													
2986	菩提達磨大師略辨大乘入道四行觀一卷，梁菩提達磨説													
2987	達磨大師血脈論一卷，梁菩提達磨述													
2988	達磨大師悟性論一卷，梁菩提達磨述													
2989	達磨大師破相論一卷，梁菩提達磨述													
2990	南宗頓教最上大乘摩訶般若波羅蜜經六祖惠能大師於韶州大梵寺施法壇經一卷，唐法海集記													
2991	六祖壇經二卷													
2992	六祖大師法寶壇經（曹溪原本）一卷													
2993	六祖大師法寶壇經一卷，元宗寶編													
2994	六祖大師法寶壇經一卷，唐法海等集		29											
2995	法寶壇經解義二卷，民國許聖可著													
2996	六祖大師法寶壇經箋註一卷，唐法海録、民國丁福保箋註													
2997	少室六門一卷													
2998	最上乘論一卷，唐弘忍述													

刀南	天海	緣山	南藏	北藏	嘉興	龍藏	黃檗	卍字	臺中	大正	中華	義門	知津	縮刻	頻伽	普慧	佛教
																	162
								續63							續162		
								續63							續162		
								續63							續162		
								續63							續162		
										48						十六	86
																十六	86
																十六	86
					扶		扶	三一	嘉1	48	76			騰	騰	十六	72
譽*			密	扶		寔						76	三九	四二			
																	155
																	155
								續64		48							
								續63		48							

序號	歷代漢文大藏經目録新考對照表	開元	石經	貞元	至元	指要	標目	金藏	麗藏	略出	福州	資福	磧砂	普寧
2999	修禪要訣一卷，唐佛陀波利説，明恂録、慧智譯													
3000	頓悟入道要門論卷上，唐慧海撰；諸方門人參問語録卷下													
3001	淨慧法眼禪師宗門十規論一卷，唐文益撰													
3002	人天眼目六卷，宋智昭集													
3003	人天寶鑑一卷，宋曇秀録													
3004	禪宗永嘉集一卷，唐玄覺撰													
3005	禪宗永嘉集二卷，唐玄覺撰、宋行靖註													
3006	永嘉禪宗集註二卷，明傳燈重編並註													
3007	禪源諸詮集都序二卷，唐宗密述													
3008	宗鏡録一百卷，宋延壽集							補遺			禄至茂*		濟至感	濟至感
3009	御録宗鏡大綱二十卷，清世宗御録													
3010	萬善同歸集三卷，宋延壽述				兹		幾							
3011	永明智覺禪師唯心訣一卷，宋延壽撰													
3012	註心賦四卷，宋延壽述													
3013	觀心玄樞一卷，宋延壽撰													
3014	慧日永明寺智覺禪師自行録一卷，宋文沖重校編集													

初南	天海	緣山	南藏	北藏	嘉興	龍藏	黃檗	卍字	臺中	大正	中華	義門	知津	縮刻	頻伽	普慧	佛教
								續63							續162		
					續57			續63	嘉23			三九			續162		
								續63							續162		
					續58			續64	嘉23	48		四一					
								續87							續192		
頗*			起	起	起	俊			嘉4	48	78	四一	四二	騰	騰		72
							起	三三				四一					
								續63					四四		續163		
			敦	敦	敦	沙	敦	續58	嘉9	48	80	三八	四二	陽	陽		68
濟至感	濟至感	濟至感	阿至䡄	策至溪	策至溪	秦至亭	策至溪	二九	磧35	48	76	三七	四二	雲	雲		70
						兩疏					81						
			史	史	史	郡	史	續63	嘉9	48	106	四一	四二	騰	騰		72
			素	素	素		素	續63	嘉9	48	80	四一	四二	騰	騰		72
					續42	郡		續63	嘉20		82	四一	四四				
								續65							續166		
								續63							續162		

序號	歷代漢文大藏經目錄新考對照表	開元	石經	貞元	至元	指要	標目	金藏	麗藏	略出	福州	資福	磧砂	普寧
3015	祇園正儀一卷，宋道楷撰													
3016	臨濟宗旨一卷，宋慧洪撰													
3017	寂音尊者智證傳十卷，宋慧洪撰、覺慈編													
3018	溈山警策一卷，宋守遂註													
3019	溈山大圓禪師警策一卷，明大香註													
3020	溈山警策句釋記二卷，清弘贊註、開詗記													
3021	緇門警訓十卷，元永中補、明如卺續補													
3022	博山和尚參禪警語二卷，明元來説、成正集													
3023	青州百問一卷，宋一辯問、覺答、元從倫頌													
3024	通玄百問一卷，元圓通設問、行秀仰答、從倫頌													
3025	禪宗決疑集一卷，元智徹述													
3026	禪林寶訓四卷，宋妙喜、竹庵共集、淨善重集													
3027	禪林寶訓音義一卷，明大建較													
3028	禪林寶訓合註四卷，清張文嘉較定													
3029	禪林寶訓拈頌一卷，清行盛著、超記録													
3030	禪林寶訓順硃四卷，清德玉順硃													

初南	天海	緣山	南藏	北藏	嘉興	龍藏	黃檗	卍字	臺中	大正	中華	義門	知津	縮刻	頻伽	普慧	佛教
								續63							續162		
					續44			續63	嘉20						續162		
					續44			續63	嘉20			四一	四四		續163		
								續63							續163		
								續65							續163		
					又續19	祇		續63	嘉35		104						
			陝	陝	陝	我	陝		嘉9	48	79	四一	四三	騰	騰		84
								續63							續165		
								續67				四一			續170		
								續67				四一			續170		
			素	素	素		素	續64	嘉9	48	80	四一	四二	騰	騰		84
			黍	黍	黍	九	黍		嘉8	48	79	四一	四三	騰	騰		84
								續64									
					續83			續64	嘉28						續165		
					續83			續64	嘉28						續165		
					又續24			續64	嘉36								

序號	歷代漢文大藏經目録新考對照表	開元	石經	貞元	至元	指要	標目	金藏	麗藏	略出	福州	資福	磧砂	普寧
3031	禪林重刻寶訓筆説三卷，清智祥述													
3032	羅湖野録二卷，宋曉瑩集													
3033	感山雲臥紀談二卷，宋曉瑩録													
3034	林間録二卷，宋慧洪録													
3035	枯崖和尚漫録三卷，宋圓悟録													
3036	叢林公論一卷，宋惠彬述													
3037	叢林盛事二卷，宋道融撰													
3038	住鼎州梁山廓庵和尚十牛圖頌一卷，宋慈遠述													
3039	新刻禪宗十牛圖一卷，明胡文煥著													
3040	普明禪師牧牛圖頌一卷，明普明原頌、諸禪師和頌													
3041	牧牛圖頌一卷													
3042	初學記一卷，宋清覺述、元道安註													587*
3043	正行集一卷，宋清覺述													587*
3044	禪苑瑤林註三卷，蒙古德諫註、金志明撰													
3045	禪苑蒙求拾遺一卷													
3046	高峰龍泉院因師集賢語録十五卷，元如瑛編													
3047	禪關策進一卷，明袾宏輯													
3048	禪林疏語考證四卷，明元賢撰													

初南	天海	緣山	南藏	北藏	嘉興	龍藏	黃檗	卍字	臺中	大正	中華	義門	知津	縮刻	頻伽	普慧	佛教
								續64							續165		158
					續64			續83	嘉24			四一	四四				
								續86							續192		
					續58			續87	嘉23			四一	四四				
								續87							續192		
								續64							續165		
								續86							續192		
								續64							續165		
								續64							續165		
					續57			續64	嘉23								
					續57				嘉23								
								續63			71				續165		
								續63			71				續165		
								續87							續192		
								續87							續192		
								續65							續166		
					拾遺374			續65	嘉32	48		四一					
								續63							續164		

序號	歷代漢文大藏經 目録新考對照表	開元	石經	貞元	至元	指要	標目	金藏	麗藏	略出	福州	資福	磧砂	普寧
3049	山菴雜録二卷，明無愠述													
3050	慨古録一卷，明圓澄著													
3051	祖庭鉗鎚録二卷，明通容輯著													
3052	五宗原一卷，明法藏著													
3053	五宗救十卷，明弘忍述													
3054	宗門玄鑑圖一卷，明虚一撰													
3055	天童和尚闢妄救略説十卷，明真啟編													
3056	傳家寶禪宗直指一卷，明石成金撰著													
3057	禪門鍛鍊説一卷，清戒顯著													
3058	千松筆記一卷，明大韶著。													
3059	雲門麥浪懷禪師宗門設難一卷，明許元釗録													
3060	聖箭堂述古一卷，清道霈述													
3061	法門鋤宄一卷，清淨符著													
3062	正名録十四卷，清智楷述													
3063	三山來禪師五家宗旨纂要三卷，清性統編													
3064	御製揀魔辨異録八卷，清世宗製													
3065	宗範二卷，清錢伊庵編輯													
3066	萬法歸心録三卷，清超溟著、明貫録													

初南	天海	緣山	南藏	北藏	嘉興	龍藏	黃檗	卍字	臺中	大正	中華	義門	知津	縮刻	頻伽	普慧	佛教
								續87				四一			續192		
								續65							續166		
								續65							續166		
								續65							續166		
																十七	110
					又續31*			續63				四一			續165		
					拾遺353			續65							續166		
								續63							續165		
								續63							續165		
					續57			續65	嘉23								
								續73							續175		
								續73							續175		
								續86							續192		
																十九	111
					又續45			續65	嘉40						續166		
								續65							續166		
								續65							續166		
								續65							續166		

序號	歷代漢文大藏經目録新考對照表	開元	石經	貞元	至元	指要	標目	金藏	麗藏	略出	福州	資福	磧砂	普寧
3067	禪宗指掌一卷，清行海述													
3068	興禪護國論三卷，日本榮西撰													
3069	普勸坐禪儀一卷，日本道元撰													
3070	坐禪用心記一卷，日本瑩山撰													
3071	融通圓門章一卷，日本大通融觀撰													
3072	今刊古尊宿語録目録一卷，日本道忠編													
3073-1	古尊宿語録四十七卷，宋賾藏主集、明淨戒重校													
3073-2	古尊宿語録（別本）四十八卷，宋賾藏主集													
3074	福州鼓山寺古尊宿語要全部目録一卷，日本道忠編													
3075	續刊古尊宿語要目録二卷，日本道忠編													
3076	續刊古尊宿語要六卷，宋師明集													
3077	徑石滴乳集五卷，清真在編、機雲續													
3078	宗門寶積録													
3079	御選語録四十卷，清世宗御選													
3080	善慧大士録四卷，梁傅翕説、唐樓穎録													
3081	龐居士語録三卷，唐于頔編集													
3082	四家語録（原書六卷）													

刻南	天海	緣山	南藏	北藏	嘉興	龍藏	黃檗	卍字	臺中	大正	中華	義門	知津	縮刻	頻伽	普慧	佛教
								續65							續166		
										80				霜	霜		84
										82				霜	霜		84
										82				霜	霜		84
										84				霜	霜		84
								續68									
響至九		密至士									77	四一	四二				
					208		1657	續68	嘉10		78			騰	騰		72
								續68									
								續68									
								續68							續169		155
					續37*			續67							續170		
								續73									
						林至即		續68			81						
								續69							續170		
								續69			三九				續170		
								續69									

序號	歷代漢文大藏經目録新考對照表	開元	石經	貞元	至元	指要	標目	金藏	麗藏	略出	福州	資福	磧砂	普寧
3083	五家語録（原書五卷）													
3084	江西馬祖道一禪師語録一卷，唐道一説													
3085	洪州百丈山大智禪師語録一卷，唐懷海説													
3086	百丈廣録卷三一卷，唐懷海説													
3087	趙州和尚語録三卷，（唐從諗説）文遠記録、大參重校													
3088	黄檗山斷際禪師傳心法要一卷，唐裴休集										實*			
3089	潭州潙山靈祐禪師語録一卷，明圓信、郭凝之編集													
3090	袁州仰山慧寂禪師語録一卷，明圓信、郭凝之編集													
3091	鎮州臨濟慧照禪師語録一卷，唐慧然集、明郭凝之重訂													
3092	筠州洞山悟本禪師語録一卷，日本慧印校訂													
3093	瑞州洞山良價禪師語録一卷，明圓信、郭凝之編集													
3094	撫州曹山元證禪師語録一卷，日本慧印校訂													
3095	撫州曹山本寂禪師語録二卷，明郭凝之、日本玄契編													

刌南	天海	緣山	南藏	北藏	嘉興	龍藏	黃檗	卍字	臺中	大正	中華	義門	知津	縮刻	頻伽	普慧	佛教
					續58			續69	嘉23								
								續69							續170		
								續69							續170		
								續69									
					續62				嘉24			三九					
			素	素	素	沙	素	續69	嘉9	48	77	三九	四二	騰	騰		72
					續58			續69	嘉23	47							
					續58			續69	嘉23	47							
					續58				嘉23	47							
								續69		47							
					續58			續69	嘉23	47							
								續69		47							
					續58			續69	嘉23	47							

序號	歷代漢文大藏經目錄新考對照表	開元	石經	貞元	至元	指要	標目	金藏	麗藏	略出	福州	資福	磧砂	普寧
3096	雪峰真覺禪師語録二卷，明林弘衍編次													
3097	福州玄沙宗一大師廣録三卷，唐智嚴集													
3098	福州玄沙宗一禪師語録三卷，明林弘衍編次													
3099	韶州雲門匡真文偃禪師語録一卷，宋守堅集、明郭凝之訂													
3100	雲門匡真禪師廣録三卷，宋守堅集													
3101	古禪師語録一卷，宋文智編													
3102	汾陽無德禪師語録三卷，宋楚圓集													
3103	金陵清涼院文益禪師語録一卷，明圓信、郭凝之編集													
3104	石霜楚圓禪師語録一卷，宋慧南重編													
3105	滁州琅邪山覺和尚中後四録（序），用孫序													
3106	黃龍南禪師語録一卷，宋惠泉録													
3107	雲庵真淨禪師語録六卷，宋福深録													
3108	黃龍晦堂心和尚語録一卷，宋子和録、仲介重編													
3109	黃龍死心新禪師語録一卷，宋惠泉録													

刿南	天海	緣山	南藏	北藏	嘉興	龍藏	黃檗	卍字	臺中	大正	中華	義門	知津	縮刻	頻伽	普慧	佛教
								續69							續170		
								續73							續174		
								續73							續174		
					續58				嘉23								
										47							
								續73							續174		
								續69		47							
					續58			續69	嘉23	47							
								續69									
								續69									
								續69		47							
					續63			續69	嘉24			三九					
								續69							續170		
								續69									

序號	歷代漢文大藏經目錄新考對照表	開元	石經	貞元	至元	指要	標目	金藏	麗藏	略出	福州	資福	磧砂	普寧
3110	禾山超宗方禪師語録一卷，宋惠泉録													
3111	福州雪峰東山和尚語録一卷，宋慧弼編													
3112	長靈和尚語録一卷，宋介諶編													
3113	楊岐方會和尚語録一卷，宋仁勇、守端編													
3114	楊岐方會和尚後録一卷													
3115	保寧禪院勇和尚語録一卷，宋道勝、圓淨録													
3116	白雲守端禪師語録二卷，宋守端説													
3117	白雲端和尚語録四卷，宋處凝等編集													
3118	法演禪師語録三卷，宋才良等編集													
3119	潭州開福禪寺第十九代寧和尚語録二卷，宋善果集													
3120	圓悟佛果禪師語録二十卷，宋（克勤説）紹隆等編													
3121	佛果圜悟真覺禪師心要二卷，宋子文編													
3122	雪堂行和尚拾遺録一卷，宋道行述													
3123	普菴録三卷，宋印肅説													
3124	月林觀和尚語録一卷，宋法寶等編													
3125	無門開和尚語録二卷，宋普敬等録													

初南	天海	緣山	南藏	北藏	嘉興	龍藏	黃檗	卍字	臺中	大正	中華	義門	知津	縮刻	頻伽	普慧	佛教
								續69							續170		
								續69							續170		
								續69							續170		
										47							
								續69		47							
								續69									
					續63			續69	嘉24								
								續69							續170		
										47							
								續69									
最精			扶傾	漢惠	漢惠	門紫	漢惠	三一	嘉1	47	76	三九	四二	騰	騰		73
								續69									
					559		武*	續83	嘉1		77			騰	騰		73
								續69							續170		
								續69							續170		
								續69							續171		

序號	歷代漢文大藏經目錄新考對照表	開元	石經	貞元	至元	指要	標目	金藏	麗藏	略出	福州	資福	磧砂	普寧
3126	大慧普覺禪師語錄二卷，宋法宏、道謙編													
3127	大慧普覺禪師語錄三十卷，宋蘊聞上進										多至宦			
3128	大慧普覺禪師普説（別本）四卷，宋慧然等校勘													
3129	大慧普覺禪師宗門武庫一卷，宋道謙編													
3130	大慧普覺禪師年譜一卷，宋祖詠編、宗演重定													
3131	西山和尚語錄一卷，宋覚心、志清編													
3132	雲居率菴和尚語錄一卷，宋了見等編													
3133	北磵和尚語錄一卷，宋大觀編													
3134	物初和尚語錄一卷，宋德溥等編校													
3135	偃溪和尚語錄二卷，宋如珠等編													
3136	靈隱大川濟禪師語錄一卷，宋元愷編													
3137	淮海和尚語錄一卷，宋實仁等編													
3138	介石和尚語錄一卷，宋正賢等編													
3139	無文和尚語錄一卷，宋惟康編													
3140	慧文正辯佛日普照元叟端禪師語錄八卷，元法林等編													
3141	笑隱訢禪師語錄四卷，元廷俊等編													

刀南	天海	緣山	南藏	北藏	嘉興	龍藏	黃檗	卍字	臺中	大正	中華	義門	知津	縮刻	頻伽	普慧	佛教
								續69									
少至馳			說至武	説至武	説至武		說感	三一	嘉1	47	77	四十	四二	騰	騰		73
							感武	三一									
					559		武 *	續83	嘉1	47	77	四一	四四	騰	騰		73
					559		武 *		嘉1		77			騰	騰		73
								續69							續171		
								續69							續171		
								續69							續171		
								續69							續171		
								續69							續171		
								續69							續171		
								續69							續171		
								續69							續175		
					續64	嚴		續71	嘉24		79	四十					
					續66			續69	嘉25								

序號	歷代漢文大藏經目録新考對照表	開元	石經	貞元	至元	指要	標目	金藏	麗藏	略出	福州	資福	磧砂	普寧
3142	佛日普照慧辯楚石禪師語録二十卷，元祖光等編													
3143	愚菴和尚語録十卷，明觀通等編													
3144	南石和尚語録四卷，明宗謐等編													
3145	吹萬禪師語録二十卷，明（廣真説）燈來重編													
3146	聚雲吹萬真禪師語録三卷，明（廣真説）燈來編													
3147	慶忠鐵壁機禪師語録二十卷，（明慧機説）清幻敏重編													
3148	慶忠鐵壁機禪師語録三卷，（明慧機説）清燈來編													
3149	鐵眉三巴掌禪師語録一卷，明（慧麗説）性養等編													
3150	耳庵嵩禪師語録一卷，清性愷編													
3151	三山來禪師語録十六卷，清普定編													
3152	三山來禪師語録二十卷，清（燈來説）普定等編													
3153	三山來禪師疏語三卷，清（燈來撰）性統編													
3154	衡山炳禪師語録一卷，清（燈炳説）宗位編													
3155	高峰喬松億禪師語録二卷，清（燈億説）燈洪録													

初南	天海	緣山	南藏	北藏	嘉興	龍藏	黃檗	卍字	臺中	大正	中華	義門	知津	縮刻	頻伽	普慧	佛教
					續62	巖岫		續71	嘉24		79	四十	四四				
					續65			續71	嘉25								
					續66			續71	嘉25								
					續87				嘉29								
					續87				嘉29								
					續87				嘉29								
					續87				嘉29								
					續87				嘉29								
					續87				嘉29								
					續87				嘉29								
					續87				嘉29								
					又續39				嘉39								
					又續39				嘉39								
					又續39				嘉39								

序號	歷代漢文大藏經目錄新考對照表	開元	石經	貞元	至元	指要	標目	金藏	麗藏	略出	福州	資福	磧砂	普寧
3156	萬峰汶翁童真和尚語錄三卷（另宗統頌一卷，頌古二卷），清（至善説）德林記													
3157	竺峰敏禪師語錄六卷，清（幻敏説）性鉅等編													
3158	竺峰敏禪師後録二卷，清（幻敏説）性濟録													
3159	野雲映禪師宗統頌一卷，清（燈映頌）性璨録													
3160	普門顯禪師語錄二卷，清（燈顯説）性胤録													
3161	普陀別菴禪師同門録三卷，清（性統説）弘秀編													
3162	大笑崇禪師語錄三卷，清（性崇説）空情録													
3163	鑑堂一禪師語錄一卷，清明滿等録													
3164	卓峰玨禪師語錄一卷，清（性玨説）宗位編													
3165	玉眉亮禪師語錄一卷，清空謐編													
3166	冰絃法禪師語錄一卷													
3167	翠崖必禪師語錄三卷，清道通記録													
3168	斗南暲禪師語錄三卷，清普潤等記録													

汭南	天海	緣山	南藏	北藏	嘉興	龍藏	黃檗	卍字	臺中	大正	中華	義門	知津	縮刻	頻伽	普慧	佛教
					又續 39				嘉 39								
					又續 45				嘉 40								
					又續 45				嘉 40								
					又續 45				嘉 40								
					又續 45				嘉 40								
					又續 39				嘉 39								
					又續 39				嘉 39								
					又續 45				嘉 40								
					又續 39				嘉 39								
					又續 39				嘉 39								
					又續 39				嘉 39								
					又續 45				嘉 40								
					又續 45				嘉 40								

序號	歷代漢文大藏經 目録新考對照表	開元	石經	貞元	至元	指要	標目	金藏	麗藏	略出	福州	資福	磧砂	普寧
3169	虎丘隆和尚語録一卷，宋嗣端等編、圓悟重刻													
3170	佛海瞎堂禪師廣録四卷，宋齊巳等編													
3171	應庵和尚語録十卷，宋守詮等編													
3172	錢塘湖隱濟顛禪師語録一卷，宋沈孟柈敍述													
3173	密菴和尚語録一卷，宋崇岳等編													
3174	密菴和尚語録二卷，（宋咸傑説）明圓悟編													
3175	曹源和尚語録一卷，宋道沖編													
3176	松源和尚語録二卷，宋善開等録													
3177	破菴和尚語録一卷，宋元照等編													
3178	癡絶和尚語録二卷，宋智沂等編													
3179	大宋無明慧性禪師語録一卷，宋妙儼等編													
3180	運菴和尚語録一卷，宋元靖等編													
3181	佛鑑禪師語録五卷（另徑山無準和尚語録一卷），宋宗會等編													
3182	石田和尚語録四卷，宋師坦等編													
3183	龍源清禪師語録一卷，元士洄等編													
3184	虚堂和尚語録十卷，宋妙源等編													

刀南	天海	緣山	南藏	北藏	嘉興	龍藏	黃檗	卍字	臺中	大正	中華	義門	知津	縮刻	頻伽	普慧	佛教
					續63			續69	嘉24			四十					
								續69							續171		
					續63			續69	嘉24			四十					
								續69							續171		
								續70		47							
					續63				嘉24								
								續70							續171		
								續70							續171		
								續70							續171		
				.				續70							續171		
								續70							續171		
								續70							續171		
								續70							續171		
								續70							續172		
								續70							續171		
								續70		47							

序號	歷代漢文大藏經目錄新考對照表	開元	石經	貞元	至元	指要	標目	金藏	麗藏	略出	福州	資福	磧砂	普寧
3185	絕岸和尚語録一卷，宋妙恩等編													
3186	劍關和尚語録一卷，宋善珙等編													
3187	環溪和尚語録二卷，元覺此編													
3188	希叟和尚語録一卷，宋自悟等編													
3189	希叟和尚廣録七卷，宋法澄等編													
3190	西巖和尚語録二卷，宋修義等編													
3191	斷橋和尚語録二卷，宋文寶等編													
3192	雪巖和尚語録二卷，元昭如等編													
3193	兀菴和尚語録三卷，宋淨韻等編													
3194	樵隱和尚語録二卷，元正定編													
3195	月磵和尚語録二卷，宋妙寅等編													
3196	台州府瑞巖淨土禪寺方山文寶禪師語録一卷，元先覩等録、清機雲編													
3197	海印和尚語録一卷，元行純等集													
3198	高峰大師語録一卷，元參學門人編、明弘禮重梓													
3199	高峰和尚禪要一卷，元持正録、洪喬祖編													
3200	平石和尚語録一卷，元文棲等編													
3201	妙明真覺無見覩和尚住華頂善興禪寺語録二卷，元智度等編													

南	天海	緣山	南藏	北藏	嘉興	龍藏	黃檗	卍字	臺中	大正	中華	義門	知津	縮刻	頻伽	普慧	佛教
								續70							續172		
								續70							續172		
								續70							續172		
								續70							續172		
								續70							續172		
								續70							續172		
					續64			續70	嘉24								
					續64			續70	嘉24				四四				
								續71							續172		
								續70									
								續70							續171		
					續64			續70	嘉24								
								續70							續172		
					續64			續70	嘉24			四十	四四				
								續70							續172		
								續70							續172		
					續65			續70	嘉25								

序號	歷代漢文大藏經目録新考對照表	開元	石經	貞元	至元	指要	標目	金藏	麗藏	略出	福州	資福	磧砂	普寧
3202	福源石屋珙禪師語録二卷，元至柔等編													
3203	天目中峰和尚廣録三十卷，元慈寂上進												韓至煩	588
3204	天目明本禪師雜録三卷，元明本説													
3205	師子林天如和尚語録九卷，元善遇編													
3206	千巖和尚語録一卷，元（元長説）嗣詔録、明大參重校													
3207	石溪和尚語録三卷，宋住顯等編													
3208	傳衣石溪佛海禪師雜録一卷，宋心月説													
3209	大宋國虛舟和尚語録一卷，元淨伏等編													
3210	曇芳和尚語録二卷，元繼祖等編													
3211	横川和尚語録二卷，元本光等集													
3212	古林和尚語録五卷，元元浩等編													
3213	古林和尚拾遺偈頌二卷，日本海壽編次													
3214	雲谷和尚語録二卷，宋宗敬等編													
3215	金山即休了和尚拾遺集一卷，日本及藏主録													
3216	月江和尚語録三卷，元居簡等編													
3217	了菴和尚語録九卷，元一志等編													

切南	天海	緣山	南藏	北藏	嘉興	龍藏	黃檗	卍字	臺中	大正	中華	義門	知津	縮刻	頻伽	普慧	佛教
					續65			續70	嘉25			四十					
韋至煩			丁至乂	丁至乂	丁至乂		丁至乂	三一	磧37		78	四十	四二	騰	騰		73
								續70				四一			續172		
								續70				四十	四四		續172		
					又續7				嘉32								
								續71							續173		
								續71							續173		
								續71									
								續71							續173		
								續71			四十				續173		
								續71			四十						
								續71							續173		
								續73							續175		
								續71							續173		
								續71							續173		
								續71									

序號	歷代漢文大藏經目録新考對照表	開元	石經	貞元	至元	指要	標目	金藏	麗藏	略出	福州	資福	磧砂	普寧
3218	南堂了菴禪師語録二十二卷，元一志等編、明明聞重閲													
3219	恕中和尚語録六卷，明宗黼等編													
3220	了堂和尚語録四卷，元宗義等編													
3221	穆菴和尚語録一卷，明清逸等編													
3222	呆菴莊禪師語録八卷，明慧啟等編													
3223	松隱唯菴然和尚語録三卷，明（德然説）慧省編													
3224	萬峰和尚語録一卷，明（時蔚説）普壽等集，法藏較重梓													
3225	古庭祖師語録輯略四卷（曹溪一滴卷一至卷四），明善堅説、陶樾圭刪正													
3226	大巍禪師竹室集一卷（曹溪一滴卷六），明（淨倫撰）周理輯													
3227	天真毒峰善禪師要語一卷，明（本善説）悟深編集													
3228	天寧法舟濟禪師剩語一卷，明（道濟撰）如淵等編次													
3229	玉芝禪師語録六卷（另附録一卷），明（法聚説）祖覺等編													
3230	無趣老人語録一卷，明（如空説）性沖編													

初南	天海	緣山	南藏	北藏	嘉興	龍藏	黃檗	卍字	臺中	大正	中華	義門	知津	縮刻	頻伽	普慧	佛教
					續 67				嘉 25								
					續 66			續 71	嘉 25								
								續 71							續 173		
								續 71							續 173		
					續 66			續 71	嘉 25								
					續 65				嘉 25								
					拾遺 366				嘉 40								
					續 67				嘉 25								
					續 67				嘉 25								
					續 66				嘉 25								
					續 66				嘉 40				四十				
					拾遺 362												
					續 65				嘉 25								

序號	歷代漢文大藏經目錄新考對照表	開元	石經	貞元	至元	指要	標目	金藏	麗藏	略出	福州	資福	磧砂	普寧
3231	無幻禪師語録二卷，明（性沖説）慧廣編集													
3232	龍池幻有禪師語録十二卷，明（正傳説）圓悟等編													
3233	興善南明廣禪師語録一卷，明（慧廣説）妙用集、清悟進重輯													
3234	朗目和尚浮山法句一卷（曹溪一滴卷七），明（本智撰）周理輯													
3235	憨山大師夢遊全集五十五卷（含目録等一卷），（明德清撰）福善日録、通炯編輯													
3236	憨山老人夢遊全集五卷，明（德清撰）福善日録													
3237	憨山老人年譜自叙實録二卷，明（德清撰）福善記録、清福徵述疏													
3238	密雲禪師語録十二卷，明（圓悟説）如學等編													
3239	密雲禪師語録十卷，明道忞上進													
3240	雪嶠禪師語録十卷，明（圓信説）弘歆等編													
3241	天隱和尚語録十五卷，明（圓修説）通問等編													
3242	天隱禪師語録二十卷，明（圓修説）通琇編													

初南	天海	緣山	南藏	北藏	嘉興	龍藏	黃檗	卍字	臺中	大正	中華	義門	知津	縮刻	頻伽	普慧	佛教
					續65				嘉25								
					續68	史			嘉25		80						
					又續7				嘉32								
					續67				嘉25								
					續53	黜至素		續73	嘉22		83						
					續55				嘉22								
					續55				嘉22						續197		
					206				嘉10		80						
			魚		206	庶					80			騰	騰		84
					續68	魚			嘉25		80						
					續69				嘉25		80						
						秉直					80						

序號	歷代漢文大藏經目錄新考對照表	開元	石經	貞元	至元	指要	標目	金藏	麗藏	略出	福州	資福	磧砂	普寧
3243	鴛湖用禪師語錄二卷，（明妙用説）清悟進等編													
3244	曹溪一滴一卷（曹溪一滴卷五），明周理編													
3245	雲山夢語摘要二卷，明周理撰													
3246	徹庸和尚谷響集一卷（曹溪一滴卷八），明（周理撰）洪如録													
3247	紫竹林顓愚衡和尚語録二十卷（另附一卷），（明觀衡説）清正印重編													
3248	大潙五峰學禪師語録一卷，（明如學説）清智海重刻													
3249	破山禪師語録二十卷（另年譜一卷），清（海明説）印正等編													
3250	費隱禪師語録十四卷（另紀年録二卷），明（通容説）隆琦等編													
3251	天童弘覺忞禪師語録二十卷，清（道忞説）顯權等編													
3252	萬如禪師語録十卷，清（通微説）行猷等編													
3253	雪竇石奇禪師語録十五卷，清（通雲説）行正等編録													
3254	牧雲和尚語録二十卷，清（通門説）行瑋等編													

刧南	天海	緣山	南藏	北藏	嘉興	龍藏	黃檗	卍字	臺中	大正	中華	義門	知津	縮刻	頻伽	普慧	佛教
					續78				嘉27								
					續67				嘉25								
					續67				嘉25								
					續67				嘉25								
					續84				嘉28								
					續71				嘉25								
					續71				嘉26								
					續71				嘉26								
					續72	中庸			嘉26		81						
					續73				嘉26								
					續73				嘉26								
					續73												

序號	歷代漢文大藏經目錄新考對照表	開元	石經	貞元	至元	指要	標目	金藏	麗藏	略出	福州	資福	磧砂	普寧
3255	牧雲和尚七會余錄六卷，清（通門説）行瑋等編													
3256	牧雲和尚嬾齋別集十四卷，（明通門撰）清毛晉編閲													
3257-1	牧雲和尚宗本投機頌一卷，明（通門撰）智時等對													
3257-2	牧雲和尚病遊遊刃一卷，明（通門撰）智時重編													
3257-3	牧雲和尚病遊初草一卷，明（通門撰）毛晉編閲													
3257-4	牧雲和尚病遊後草一卷，明（通門撰）毛晉編閲													
3258	浮石禪師語錄十卷，（明通賢説）清行浚等編													
3259	林野奇禪師語錄八卷，（明通奇説）清行謐等編													
3260	古雪喆禪師語錄二十卷，（明真喆説）清傳我等編													
3261	三峰藏和尚語錄十六卷（另年譜一卷，勒古一卷），（明法藏説）清弘儲記													
3262	朝宗禪師語錄十卷，明（通忍説）行導編													

初南	天海	緣山	南藏	北藏	嘉興	龍藏	黃檗	卍字	臺中	大正	中華	義門	知津	縮刻	頻伽	普慧	佛教
					拾遺 354				嘉 26								
					拾遺 365				嘉 31								
					拾遺 365				嘉 31								
					拾遺 365				嘉 31								
					拾遺 365				嘉 31								
					拾遺 365				嘉 31								
					續 74				嘉 26								
					續 74				嘉 26								
					續 82				嘉 28								
					又續 13				嘉 34								
					又續 13				嘉 34								

序號	歷代漢文大藏經目録新考對照表	開元	石經	貞元	至元	指要	標目	金藏	麗藏	略出	福州	資福	磧砂	普寧
3263	大覺普濟能仁玉琳琇國師語録七卷，清（通琇説）行岳編													
3264	玉林禪師天目語録二卷，清（通琇説）行淳等編													
3265	南嶽山茨際禪師語録四卷，（明通際説）清達尊等編													
3266	介菴進禪師語録十卷（另源流頌一卷），清（悟進説）真理等編													
3267	一初元禪師語録二卷，清真開、真智等編													
3268	晦夫林臯禪師夾山竹林寺語録二卷，元顥記録													
3269	法璽印禪師語録十二卷，清性圓等編													
3270	楞嚴法璽印禪師語録二卷，清旋性、明曙録													
3271	大溈密印禪寺養拙明禪師語録一卷（附大溈四記一卷），清（行明説）智海編													
3272	南嶽繼起和尚語録十卷，清（弘儲説）濟璣等編													
3273	清涼頂目徹禪師語録五卷，明洪範録													
3274	昭覺丈雪醉禪師語録十卷，清（通醉説）徹綱等編													

初南	天海	緣山	南藏	北藏	嘉興	龍藏	黃檗	卍字	臺中	大正	中華	義門	知津	縮刻	頻伽	普慧	佛教
					206*	幾					80						
					拾遺 353												
					續 78	理			嘉 27		81						
					續 86				嘉 29								
					續 86				嘉 29								
					拾遺 372												
					續 84				嘉 28								
					續 84				嘉 28								
					續 71				嘉 25								
					又續 14				嘉 34								
					拾遺 372												
					續 77				嘉 27								

序號	歷代漢文大藏經目録新考對照表	開元	石經	貞元	至元	指要	標目	金藏	麗藏	略出	福州	資福	磧砂	普寧
3275	昭覺丈雪醉禪師語録十二卷（另附紀年録一卷），清（通醉説）徹綱等編													
3276	夔州臥龍字水禪師語録三卷，（明圓拙説）清觀誰等録													
3277-1	蓮月禪師語録六卷，清（道正説）性容等録													
3277-2	玉泉蓮月正禪師語録二卷，清（道正説）發慧等録													
3278	不會禪師語録十卷，清（法通説）性靈等編													
3279	象崖珽禪師語録四卷，清（性珽説）益聞重刊													
3280-1	慧覺衣禪師語録二卷，清（照衣説）徹御等編													
3280-2	慧覺衣禪師語録三卷，清（照衣説）徹御等編													
3281	雲幻宸禪師語録一卷，清（印宸説）發林等編													
3282	錦屏破石卓禪師雜著一卷，明超常記録													
3283	寂光豁禪師語録六卷，清（印豁説）發育等編													
3284	衡州開峰密行忍禪師語録三卷，清（寂忍説）明廣等編													

南	天海	緣山	南藏	北藏	嘉興	龍藏	黃檗	卍字	臺中	大正	中華	義門	知津	縮刻	頻伽	普慧	佛教
					續77												
					續85				嘉29								
					續86				嘉29								
					續86				嘉29								
					又續7				嘉32								
					又續15				嘉34								
					又續20												
					又續20				嘉35								
					又續24				嘉36								
					又續24				嘉36								
					又續25				嘉36								
					又續36				嘉38								

序號	歷代漢文大藏經目録新考對照表	開元	石經	貞元	至元	指要	標目	金藏	麗藏	略出	福州	資福	磧砂	普寧
3285	雲峰體宗寧禪師語録一卷，清續清等編													
3286	靈隱文禪師語録三卷，清福度復編													
3287	敏樹禪師語録十卷，清（如相説）道崇編、道領録													
3288	雲山燕居申禪師語録八卷，清（德申説）合喆等編													
3289	華嚴聖可禪師語録十卷（另附百頌録一卷，年譜一卷），清（德玉説）光佛等編													
3290	華嚴聖可禪師語録五卷，清（德玉説）光佛等編													
3291	隱元禪師語録十六卷，（明隆琦説）清海寧等編													
3292	普照國師語録三卷，日本（隱元隆琦語）性瑫等編													
3293	普照國師法語二卷，日本（隱元隆琦語）性杲等編													
3294	百癡禪師語録三十卷，清超宣等編													
3295	孤雲禪師語録七卷，清超卓等編													
3296	虛舟省禪師語録四卷（另詩集二卷、筏喻初學一卷），清（行省説）超直等編													

南	天海	緣山	南藏	北藏	嘉興	龍藏	黃檗	卍字	臺中	大正	中華	義門	知津	縮刻	頻伽	普慧	佛教
					又續 37				嘉 38								
					又續 40				嘉 39								
					又續 40				嘉 39								
					又續 44				嘉 40								
					又續 20												
					又續 20				嘉 35								
					續 77				嘉 27								
										82				霜	霜		84
										82				霜	霜		84
					續 80				嘉 28								
					拾遺 362												
					又續 9				嘉 33								

序號	歷代漢文大藏經目録新考對照表	開元	石經	貞元	至元	指要	標目	金藏	麗藏	略出	福州	資福	磧砂	普寧
3297	普明石關禪師語録一卷，清芳桂等編録													
3298	靈機觀禪師語録六卷，清（行觀説）寂方等編													
3299	伏獅祇園禪師語録二卷，清（行剛説）授遠等編、超内録													
3300	介為舟禪師語録十卷，清（行舟説）海鹽等編、照德等録													
3301	季總徹禪師語録四卷，清超祥、超遠記録													
3302	大博乾禪師語録五卷，清超宗等記録													
3303	龍興介叟登禪師語録七卷，清（行登説）大懷等記録													
3304	達變權禪師語録五卷，清（顯權説）海澂記録													
3305	天岸昇禪師語録二十卷，清元玉等編，一誠等記録													
3306	雲叟住禪師語録二卷，清元一記録													
3307	遠菴僼禪師語録十六卷，清（本僼説）元視等編													
3308	鶴林天樹植禪師語録一卷，清（行植説）湛祐編													

初南	天海	緣山	南藏	北藏	嘉興	龍藏	黃檗	卍字	臺中	大正	中華	義門	知津	縮刻	頻伽	普慧	佛教
					又續 34				嘉 38								
					又續 40				嘉 39								
					續 82				嘉 28								
					續 81				嘉 28								
					續 82				嘉 28								
					又續 44				嘉 40								
					拾遺 352												
					續 87				嘉 29								
					續 74				嘉 26								
					又續 15				嘉 34								
					又續 29				嘉 37								
					又續 30				嘉 37								

序號	歷代漢文大藏經目錄新考對照表	開元	石經	貞元	至元	指要	標目	金藏	麗藏	略出	福州	資福	磧砂	普寧
3309	荊南開聖院山暉禪師語録十二卷（另附開聖璧禪師傳等一卷），清（完璧説）如崇等録，宗上編													
3310	大方禪師語録六卷，清（行海説）超明、超銘編													
3311	二隱謐禪師語録十卷，清超巨等編													
3312	自閒覺禪師語録八卷，清洪暹編													
3313	佛古禪師語録三卷（另附塔銘一卷），清（行聞説）超質等編													
3314	天台通玄寺獨朗禪師語録二卷，清（行日説）超心等編													
3315	雲峨喜禪師語録二卷，清智恆等編													
3316	雲峨喜禪師語録十卷，清（行喜説）如乾等編													
3317	笑堂和尚語録一卷，清超源、慧復記録，超晙等編													
3318	大戲禪師語録十卷，清越璽等編													
3319	明道正覺茆溪森禪師語録三卷，清（行森説）超德等編													
3320	爾瞻尊禪師語録二卷，清（達尊説）本開、本虔記録													

初南	天海	緣山	南藏	北藏	嘉興	龍藏	黃檗	卍字	臺中	大正	中華	義門	知津	縮刻	頻伽	普慧	佛教
					續 85				嘉 29								
					又續 25				嘉 36								
					續 83				嘉 28								
					又續 11				嘉 33								
					又續 25				嘉 36								
					又續 25				嘉 36								
					續 81				嘉 28								
					續 81												
					續 81				嘉 28								
					拾遺 362												
						幾					80						
					續 78				嘉 27								

序號	歷代漢文大藏經目錄新考對照表	開元	石經	貞元	至元	指要	標目	金藏	麗藏	略出	福州	資福	磧砂	普寧
3321	雲外禪師語録十五卷，清（行澤説）宏岱等編													
3322	蘇州竹菴衍禪師語録二卷，清（真衍説）機如、機湧編													
3323	主峰禪師語録一卷，清覺海録													
3324	山鐸真在禪師語録一卷，清（真在説）機雲等録													
3325	妙雲雄禪師語録六卷，清（真雄説）機德等編録													
3326	調實居士證源録一卷，清（陸煐説）羅機徹編													
3327	世高則禪師漁陽語録一卷，清元鑑、元穎記集													
3328	東巖禪師語録一卷，清機琇等記録													
3329	嘉興退菴斷愚智禪師語録二卷，清機輪等編													
3330	通天逸叟禪師語録一卷，清（行高説）明德等重梓													
3331	攖寧靜禪師語録六卷，清（智靜説）德亮等編，德峨等記録													
3332	性空臻禪師語録六卷，清（行臻説）超曉等編													
3333	黃檗易菴禪師語録二卷，清正則記録													

初南	天海	緣山	南藏	北藏	嘉興	龍藏	黃檗	卍字	臺中	大正	中華	義門	知津	縮刻	頻伽	普慧	佛教
					又續 9				嘉 33								
					又續 21				嘉 36								
					又續 33				嘉 38								
					又續 33				嘉 38								
					又續 33				嘉 38								
					又續 33				嘉 38								
					拾遺 354												
					又續 33				嘉 38								
					續 87				嘉 29								
					又續 42				嘉 39								
					又續 10				嘉 33								
					又續 42				嘉 39								
					拾遺 362												

序號	歷代漢文大藏經目錄新考對照表	開元	石經	貞元	至元	指要	標目	金藏	麗藏	略出	福州	資福	磧砂	普寧
3334	變雲璣禪師國清無畏堂語録一卷，清（濟璣説）玄杲録													
3335	大庚禪師住天台景德國清禪寺語録一卷，清（行韜説）顯裕等録													
3336	内紹禪師語録二卷（另頌古一卷），清照維記録													
3337	俞昭允汾禪師語録六卷，清（允汾説）上睿等編													
3338	翼菴禪師語録八卷，清（善鬻説）序燈等記録													
3339	寶持總禪師語録二卷，清（玄總説）明英、文穆記													
3340	靈瑞尼祖揆符禪師妙湛録五卷，清師炤等記録													
3341	眉山序香禪師録（存三卷），清勝奇等記													
3342	雲腹智禪師語録二卷，清（道智説）獄賢、聯昇記録													
3343	草堂耨雲實禪師語録二卷，清寂訥等編													
3344	佛冤綱禪師語録十二卷，清（徹綱説）性純等編													
3345	青城山鳳林寺竹浪生禪師語録七卷，清（徹生説）如鵬等編，圓鑒録													

初南	天海	緣山	南藏	北藏	嘉興	龍藏	黃檗	卍字	臺中	大正	中華	義門	知津	縮刻	頻伽	普慧	佛教
					又續 14				嘉 34								
					又續 14				嘉 34								
					又續 14				嘉 34								
					又續 29				嘉 37								
					又續 30				嘉 37								
					又續 20				嘉 35								
					又續 20				嘉 35								
					拾遺 360												
					又續 15				嘉 34								
					又續 26				嘉 37								
					又續 26				嘉 37								
					又續 36				嘉 38								

序號	歷代漢文大藏經目錄新考對照表	開元	石經	貞元	至元	指要	標目	金藏	麗藏	略出	福州	資福	磧砂	普寧
3346	玉泉其白富禪師語錄三卷，清（德富說）圓頂等編													
3347	懶石聆禪師語錄六卷，清海瑞等編錄													
3348	懶石聆禪師語錄四卷，清海瑞、真蘊錄													
3349	月幢了禪師語錄四卷，清達最等編													
3350	廣福山勝覺寺密印禪師語錄十二卷，清（真傳說）如暉等編													
3351	東山梅溪度禪師語錄十卷，清（福度說）慶緒等編													
3352	空谷道澄禪師語錄二十卷，清（道澄說）德儒編													
3353	黔靈赤松領禪師語錄五卷，清（道領說）寂源錄													
3354	佛語御禪師語錄一卷，清（徹御說）法檗等編													
3355	古林如禪師語錄四卷，清（機如說）全威等記錄													
3356	東山破峰重禪師語錄二卷，清（普重說）傳慧等編													

初南	天海	緣山	南藏	北藏	嘉興	龍藏	黃檗	卍字	臺中	大正	中華	義門	知津	縮刻	頻伽	普慧	佛教
					又續37				嘉38								
					續83												
					續83				嘉28								
					續86				嘉29								
					又續20				嘉35								
					又續40				嘉39								
					又續44				嘉39								
					又續40				嘉39								
					又續20				嘉35								
					又續21				嘉36								
					又續24				嘉36								

序號	歷代漢文大藏經目錄新考對照表	開元	石經	貞元	至元	指要	標目	金藏	麗藏	略出	福州	資福	磧砂	普寧
3357	恒秀林禪師語録五卷（另首一卷，續集録一卷），清（行林撰）光悠等編、光世記録													
3358	綠蘿恒秀林禪師語録二卷，清（發林説）光悠等編													
3359	華巖還初佛禪師語録二卷，清通量等編													
3360	不厭樂禪師語録三卷，清（道樂説）德普記録、性福等編													
3361	半水元禪師語録一卷，清光深等編													
3362	滇楚九臺山知空蘊禪師語録二卷，清（學蘊説）通味等編録													
3363	中興寺嗣燈胤禪師語録一卷，清（圓胤説）如玉等編													
3364	明覺聰禪師語録十六卷，清（性聰説）寂空等編													
3365	蓮峰禪師語録十卷，清性深等編													
3366	德風禪師般若語録六卷，清如惺等編													
3367	林我禪師語録四卷，清海鑫、海金編、海茲、海潤録													
3368	普明香嚴禪師語録一卷，清明耀等編録													

初南	天海	緣山	南藏	北藏	嘉興	龍藏	黃檗	卍字	臺中	大正	中華	義門	知津	縮刻	頻伽	普慧	佛教
					又續 24												
					又續 24				嘉 36								
					又續 30				嘉 37								
					又續 33				嘉 38								
					又續 33				嘉 38								
					又續 30				嘉 37								
					又續 36				嘉 38								
					又續 7	貌辨			嘉 32		81						
					又續 33				嘉 38								
					又續 33				嘉 38								
					又續 34				嘉 38								
					又續 34				嘉 38								

序號	歷代漢文大藏經目録新考對照表	開元	石經	貞元	至元	指要	標目	金藏	麗藏	略出	福州	資福	磧砂	普寧
3369	何一自禪師語録二卷，清（超自説）明修等編													
3370	參同一揆禪師語録一卷，清（超琛説）普明編刊、明俊記録													
3371	象林本真禪師語録一卷，清（本真説）照水重梓													
3372	盤山了宗禪師語録四卷，清（超見説）徹凡等記録													
3373	一揆禪師語録十二卷，清（元揆説）成炯等編録													
3374	侶巖荷禪師語録七卷，清成純、成浩記録													
3375	終南蟠龍子肅禪師語録一卷，清（超遠説）性明編、海闊等録													
3376	嵩山壁竹禪師語録十四卷，清（福慧説）宗宏録，宗上、宗堅編													
3377	益州嵩山野竹禪師後録八卷，清（福慧説）洪希等編													
3378	梓舟船禪師襄陽檀溪語録三卷，清（明船説）明法等編													
3379	芝巖秀禪師語録二卷，清明一等編													
3380	永濟融禪師語録二卷，清師住等録													

初南	天海	緣山	南藏	北藏	嘉興	龍藏	黃檗	卍字	臺中	大正	中華	義門	知津	縮刻	頻伽	普慧	佛教
					又續 42				嘉 39								
					又續 37				嘉 39								
					又續 42				嘉 39								
					又續 44				嘉 40								
					又續 29				嘉 37								
					又續 40				嘉 39								
					又續 30				嘉 37								
					續 85				嘉 29								
					又續 10				嘉 33								
					又續 9				嘉 33								
					續 83				嘉 28								
					續 82				嘉 28								

序號	歷代漢文大藏經目錄新考對照表	開元	石經	貞元	至元	指要	標目	金藏	麗藏	略出	福州	資福	磧砂	普寧
3381	憨予暹禪師語録六卷，清（洪暹説）法雲等編													
3382	斌雅禪師語録二卷，清海岳、源清記録													
3383	憨休乾禪師語録十二卷，清（如乾説）繼堯等編													
3384	石璞質禪師語録二卷，清（超質説）明嵩等編													
3385	古宿尊禪師語録六卷，清明圓等編													
3386	宜林天則能禪師語録一卷，清（機能説）道崇、續禰録													
3387	晦岳旭禪師語録八卷，清全琳、全本記録													
3388	即非禪師全録二十五卷（另佛祖正印源流道影贊一卷），清（如一説）明洞等編													
3389	水鑑海和尚六會録十卷，清（慧海説）原澂等編													
3390	天王水鑑海和尚五會録六卷，清（慧海説）原澂等編													
3391	天王水鑑海和尚住金粟語録三卷，清（慧海説）原澂等編													
3392	禹風叟禪師語録十二卷，清成清等編集													

初南	天海	緣山	南藏	北藏	嘉興	龍藏	黃檗	卍字	臺中	大正	中華	義門	知津	縮刻	頻伽	普慧	佛教
					又續 11				嘉 33								
					續 81				嘉 28								
					又續 28				嘉 37								
					又續 25				嘉 36								
					又續 29				嘉 37								
					又續 33				嘉 38								
					又續 33				嘉 38								
					又續 35				嘉 38								
					續 86				嘉 29								
					拾遺 357				嘉 29								
					拾遺 357				嘉 29								
					又續 47												

序號	歷代漢文大藏經目錄新考對照表	開元	石經	貞元	至元	指要	標目	金藏	麗藏	略出	福州	資福	磧砂	普寧
3393	大展翼禪師語録四卷，清（超翼説）明慈等録													
3394	清涼癡山禪師語録一卷，清定月記録													
3395	紀安經禪師語録二卷，清源濟等編													
3396	蘇州瑞光中興範禪師語録一卷，清照圓等録													
3397	碩揆禪師語録六卷，□□等記録													
3398	安隱五嶽禪師住京師語録四卷，清世賢等録													
3399	懷日光和尚語録二卷，清明湛等編													
3400	萬育霖沛汾禪師語録一卷，清祖燈録													
3401	明州阿育王山廣利禪寺祖林禪師語録一卷，清普運録													
3402	玄水禪師語録四卷，清明楫等記録													
3403	博菴仁禪師語録三卷（附詩一卷），清（超仁説）明覺等編													
3404	通天澹崖原禪師語録二卷，清（超原説）明德等編													
3405	坦菴禪師語録一卷，清（機峻説）全弘録													

初南	天海	緣山	南藏	北藏	嘉興	龍藏	黃檗	卍字	臺中	大正	中華	義門	知津	縮刻	頻伽	普慧	佛教
					又續 47												
					拾遺 353												
					拾遺 372												
					拾遺 357												
					拾遺 354												
					拾遺 354												
					拾遺 355												
					拾遺 355												
					拾遺 360												
					拾遺 360												
					拾遺 357												
					又續 42				嘉 39								
					續 87				嘉 29								

序號	歷代漢文大藏經目録新考對照表	開元	石經	貞元	至元	指要	標目	金藏	麗藏	略出	福州	資福	磧砂	普寧
3406	奇然智禪師語録二卷，清（超智説）明林等編													
3407	護國啓真誠和尚語録四卷，清振聞、洪信編録													
3408	鶴峰悟禪師語録二卷，清（濟悟説）上震等編													
3409	古梅冽禪師語録二卷，清（定冽説）真謙等記録													
3410	雨山和尚語録二十卷，清上思説													
3411	楚林上睿禪師語録六卷，清（上睿説）照琮等録													
3412	印心佛敏訥禪師語録二卷，清（寂訥説）法棟、法柄録、性通等編													
3413	浦峰長明炅禪師語録一卷，清（性炅説）海棟編													
3414	古林智禪師語録六卷，清正繼等記録，正燈等編輯													
3415	玉泉融徹頂禪師語録一卷，清明盛等編													
3416	幻住明禪師語録二卷，清清尚等編													
3417	純備德禪師語録二卷，清（廣德説）智遠等編													
3418	法瀾澂禪師語録二卷，清（原澂説）清呆編													

初南	天海	緣山	南藏	北藏	嘉興	龍藏	黃檗	卍字	臺中	大正	中華	義門	知津	縮刻	頻伽	普慧	佛教
					又續 24				嘉 36								
					又續 30				嘉 37								
					又續 34				嘉 38								
					又續 43				嘉 39			四十					
					拾遺 366				嘉 40								
					又續 29				嘉 37								
					又續 26				嘉 37								
					又續 30				嘉 37								
					又續 37				嘉 38								
					又續 37				嘉 38								
					又續 37				嘉 38								
					又續 37				嘉 38								
					續 86				嘉 29								

序號	歷代漢文大藏經目録新考對照表	開元	石經	貞元	至元	指要	標目	金藏	麗藏	略出	福州	資福	磧砂	普寧
3419	暉州昊禪師語録六卷，清性珍等記録													
3420	盤山朗空順禪師語録一卷，清實性記録													
3421	兜率不磷堅禪師語録三卷，清（宗堅説）妙聖等記録													
3422	子雍如禪師語録四卷，清（成如説）祖圓等記録													
3423	松歸善權位禪師語録二卷，清（達位説）大闡等編													
3424	玉真山竺懷印禪師語録一卷，清（真印説）如聖編													
3425	昭覺竹峰續禪師語録六卷，清（真續説）實悟等編													
3426	古源鑑禪師語録六卷，清明轉編													
3427	調梅頂禪師語録十二卷，清實勝等編													
3428	洗心水禪師語録二卷，清（照水説）實雪等編録													
3429	秀野林禪師語録三卷，清（明林説）最正等編													
3430	長目電禪師語録二卷，清（光電説）悟本編													
3431	清斯禪師語録六卷，清如遜、道遠記録													

初南	天海	緣山	南藏	北藏	嘉興	龍藏	黃檗	卍字	臺中	大正	中華	義門	知津	縮刻	頻伽	普慧	佛教
					又續 42				嘉 39								
					又續 44				嘉 40								
					又續 10				嘉 33								
					又續 43				嘉 39								
					又續 43				嘉 39								
					又續 47												
					又續 44				嘉 40								
					又續 43												
					拾遺 355												
					又續 42				嘉 39								
					又續 24				嘉 36								
					又續 29				嘉 37								
					拾遺 361												

序號	歷代漢文大藏經目錄新考對照表	開元	石經	貞元	至元	指要	標目	金藏	麗藏	略出	福州	資福	磧砂	普寧
3432	黃檗天池禪師語錄十卷，清炤年等記錄													
3433	破蘊清禪師住五龍山慈雲禪院語錄一卷，清源省記錄													
3434	法幢遠禪師語錄一卷，清（智遠説）通慧等編													
3435	天一悅禪師語錄一卷，清（大悅説）學愚錄													
3436	善一純禪師語錄三卷（另續錄一卷），清（如純説）學正錄													
3437	了石聖禪師語錄一卷，清（如聖説）性朗等編													
3438	天翼翔禪師語錄二卷，清（巨翔説）寂乾記錄，際鋒等編													
3439	起宗真禪師語錄二卷，清力廣、力能記錄													
3440	浦峰法柱棟禪師語錄二卷，清（海棟説）慧昇集、慧渠編、慧岱錄													
3441	智覃正禪師語錄一卷，清（最正説）尚能等編													
3442	昭覺德雲悟禪師語錄一卷，清性滿等編													
3443	喆枕禪師語錄十卷，清實珂等編錄													

初南	天海	緣山	南藏	北藏	嘉興	龍藏	黃檗	卍字	臺中	大正	中華	義門	知津	縮刻	頻伽	普慧	佛教
					拾遺 362												
					拾遺 358												
					又續 37				嘉 38								
					又續 43				嘉 39								
					又續 43				嘉 39								
					又續 47												
					又續 44				嘉 40								
					又續 43				嘉 39								
					又續 30				嘉 37								
					又續 24				嘉 36								
					又續 44				嘉 40								
					又續 47												

序號	歷代漢文大藏經目錄新考對照表	開元	石經	貞元	至元	指要	標目	金藏	麗藏	略出	福州	資福	磧砂	普寧
3444	磬山牧亭樸夫拙禪師語録六卷，清石檀等編													
3445	投子青和尚語録二卷，宋自覺編													
3446	舒州投子山妙續大師語録一卷，宋道楷編													
3447	丹霞淳禪師語録二卷，宋慶預校勘													
3448	真州長蘆了和尚劫外録一卷（另真歇和尚拈古一卷），宋德初等編													
3449	宏智禪師廣録九卷，宋集成等編集													
3450	明州天童景德禪寺宏智覺禪師語録四卷，宋淨啟重編													
3451	靈竺淨慈自得禪師録六卷，宋了廣編													
3452	如淨和尚語録二卷，宋文素等編													
3453	天童山景德寺如淨禪師續語録一卷，宋義遠編													
3454	雲外和尚語録一卷，元士慘編													
3455	壽昌無明和尚語録二卷，明（慧經説）元來集													
3456	壽昌和尚語録四卷，明元賢重編													
3457	建陽東苑晦臺鏡禪師語録一卷，明道盛集													
3458	壽昌見如謐禪師語録一卷，明道璞集													

刀南	天海	緣山	南藏	北藏	嘉興	龍藏	黃檗	卍字	臺中	大正	中華	義門	知津	縮刻	頻伽	普慧	佛教
					拾遺 369				嘉 40								
								續 71							續 173		
								續 71							續 173		
								續 71							續 173		
								續 71							續 173		
								續 72		48					續 175		
					又續 7				嘉 32								
								續 72							續 173		
								續 72		48							
								續 72		48							
								續 72									
					續 70				嘉 25					四四			
								續 72							續 173		
					又續 25			續 72	嘉 36								
					又續 25			續 72	嘉 36								

序號	歷代漢文大藏經目錄新考對照表	開元	石經	貞元	至元	指要	標目	金藏	麗藏	略出	福州	資福	磧砂	普寧
3459	無異禪師廣録三十五卷，清弘瀚彙編、弘裕同集													
3460	博山無異大師語録集要六卷，明（元來説）成正録													
3461	永覺和尚廣録三十卷，清道霈重編													
3462	會稽雲門湛然澄禪師語録八卷（另宗門或問一卷），明明凡録、丁元公等編													
3463	古越雲門顯聖寺散木湛然澄禪師語録十六卷，明明懷編													
3464	天界覺浪盛禪師語録十二卷，（明道盛説）清大成等編													
3465	天界覺浪盛禪師全録三十三卷（另杖門隨集二卷），明（道盛説）大成等較、大瑸等評較													
3466	覺浪盛禪師嘉禾語録一卷，清（道盛説）大樞、大英録													
3467	雪關禪師語録十三卷，明成巑、傳善録、開詞編													
3468	雪關和尚語録六卷，清傳善輯													
3469	長慶宗寶獨禪師語録六卷，清今釋重編													

初南	天海	緣山	南藏	北藏	嘉興	龍藏	黃檗	卍字	臺中	大正	中華	義門	知津	縮刻	頻伽	普慧	佛教
					又續 46			續 72	嘉 40						續 174		
					續 78			續 72	嘉 27								
					續 79			續 72	嘉 27						續 174		
					續 70			續 72	嘉 25			四一					
					拾遺 369												
					續 70				嘉 25								
					又續 16				嘉 34								
					拾遺 369				嘉 34								
					續 78				嘉 27								
					續 78				嘉 27								
					又續 32	其		續 72	嘉 38		81						

序號	歷代漢文大藏經目録新考對照表	開元	石經	貞元	至元	指要	標目	金藏	麗藏	略出	福州	資福	磧砂	普寧
3470	栗如瀚禪師語録六卷，清（弘瀚説）傳鵬編													
3471	鼓山為霖禪師語録二卷，清（道霈説）太靖録													
3472	鼓山為霖禪師居首座寮秉拂語録二卷，清太靖録													
3473	鼓山為霖和尚餐香録二卷，清太泉録													
3474	鼓山為霖禪師還山録四卷，清興燈等録													
3475	雲山法會録一卷，清道霈説、謝大材等録													
3476	旅泊菴稿四卷（另禪海十珍一卷），清道霈説、太泉等録													
3477	入就瑞白禪師語録十八卷，明（明雪説）寂蘊編													
3478	石雨禪師法檀二十卷，（明明方説）清淨柱編													
3479	三宜盂禪師語録十一卷，（明明盂説）清淨範等編													
3480	象田即念禪師語録四卷，明（淨現説）淨癡、淨珠録，本致輯													
3481	雲溪俍亭挺禪師語録十八卷，清（淨挺説）智淙等編													

初南	天海	緣山	南藏	北藏	嘉興	龍藏	黃檗	卍字	臺中	大正	中華	義門	知津	縮刻	頻伽	普慧	佛教
					又續 46				嘉 40								
					拾遺 360												
								續 72							續 175		
								續 72							續 175		
								續 72							續 175		
								續 72							續 175		
								續 72							續 175		
					續 75				嘉 26								
					續 76				嘉 27								
					續 75				嘉 27								
					續 76				嘉 27								
					又續 12				嘉 33								

序號	歷代漢文大藏經目録新考對照表	開元	石經	貞元	至元	指要	標目	金藏	麗藏	略出	福州	資福	磧砂	普寧
3482	百愚斯禪師語録二十卷（另蔓堂集四卷），清（淨斯説）智操等編													
3483	元潔瑩禪師語録十卷，清（淨瑩説）智祥、智禪編													
3484	天然昰禪師語録十二卷（附梅雪詩一卷），清（函昰説）今辯重編													
3485	千山剩人和尚語録六卷，清（函可説）元賦等編，今羞等録													
3486	梅逢忍禪師語録四卷，清興悦録													
3487	方融璽禪師語録三卷（另和淨土詩一卷），清（如璽説）興林等編													
3488	觀濤奇禪師語録六卷，清（大奇説）興舒等編													
3489	屾峰憲禪師語録十卷，清智質、智原編													
3490	蔗菴範禪師語録三十卷，清（淨範説）智璋等録													
3491	鼎湖山木人居在犙禪師剩稿五卷，清（弘贊説）開溈、傳調録													
3492	丹霞澹歸釋禪師語録三卷，清（今釋説）今辯重編													
3493	海幢阿字無禪師語録二卷，清（今無説）今辯重編													

刀南	天海	緣山	南藏	北藏	嘉興	龍藏	黃檗	卍字	臺中	大正	中華	義門	知津	縮刻	頻伽	普慧	佛教
					又續 25				嘉 36								
					又續 41				嘉 39								
					又續 32				嘉 38								
					又續 32				嘉 38								
					拾遺 353												
					續 87				嘉 29								
					又續 25				嘉 36								
					又續 12				嘉 34								
					又續 26				嘉 36								
					又續 19				嘉 35								
					又續 32				嘉 38								
					又續 32				嘉 38								

序號	歷代漢文大藏經目錄新考對照表	開元	石經	貞元	至元	指要	標目	金藏	麗藏	略出	福州	資福	磧砂	普寧
3494	頻吉祥禪師語録十五卷，清（智祥説）德能等編													
3495	寒松操禪師語録二十卷，清（智操説）德昊等編録													
3496	大休珠禪師語録十二卷，清廣熙等録，德明答頌，行信等編次													
3497	五峰緯禪師關東語録十七卷，清王師元較、雲時雨參訂等													
3498	文穆念禪師語録五卷，清真慧等編													
3499	柏山楷禪師語録五卷，清（德楷説）行悟等編													
3500	逕庭宗禪師語録二卷，清（德宗説）行謙等編													
3501	棄椑義禪師語録一卷，清（德義説）普輝等録，行增、通敏編													
3502	別牧純禪師語録一卷，清福月等編													
3503	青原愚者智禪師語録四卷，清興馨、興斧編													
3504-1	南海寶象林慧弓詗禪師語録八卷，清（開詗説）傳一、法照録													
3504-2	南海寶象林慧弓詗禪師語録六卷，清（開詗説）傳一、法照録													

刀南	天海	緣山	南藏	北藏	嘉興	龍藏	黃檗	卍字	臺中	大正	中華	義門	知津	縮刻	頻伽	普慧	佛教
					又續 41				嘉 39								
					又續 30				嘉 37								
					續 76				嘉 27								
					拾遺 352												
					又續 25				嘉 36								
					又續 43				嘉 39								
					又續 44				嘉 40								
					拾遺 355												
					又續 44				嘉 40								
					又續 16				嘉 34								
					又續 20												
					又續 20				嘉 35								

序號	歷代漢文大藏經目録新考對照表	開元	石經	貞元	至元	指要	標目	金藏	麗藏	略出	福州	資福	磧砂	普寧
3505	明覺禪師語録六卷，宋（重顯説）惟蓋等編													
3506	洪州分寧法昌禪院遇禪師語録一卷，宋宗密録													
3507	東京大相國寺慧林禪院第一代圓照禪師別録並靈巖偈頌一卷，宋慧辯録													
3508	湖州吳山端禪師語録二卷，宋師皎重編													
3509	慈受深和尚廣録四卷，宋善清等編													
3510	黄蘗無念禪師復問六卷，明（深有撰）明聞刪訂													
3511	古瓶山牧道者究心録一卷，清（真本説）機峻等編録													
3512	鄂州龍光達夫禪師鷄肋集一卷，清（蘊上説）道沨等録													
3513	靈樹遠禪師雲岳集二卷（另頌古一卷、九頌一卷），清（僧遠説）廣仍記録													
3514	靈瑞禪師岳華集五卷，清振澂等記													
3515	伏獅義公禪師語録一卷，清（義公説）明元記録													
3516	祖亮禪師語録二卷，清（超啟説）廣和記録													

初南	天海	緣山	南藏	北藏	嘉興	龍藏	黃檗	卍字	臺中	大正	中華	義門	知津	縮刻	頻伽	普慧	佛教
軍*			廻	綺	綺	九	綺	三一	嘉1	47	76	三九	四二	騰	騰		73
								續73									
								續73							續175		
					續64			續73	嘉24			三九			續174		
								續73			四一				續175		
					續43				嘉20								
					續81				嘉28								
					續85				嘉29								
					又續14				嘉34								
					又續20				嘉35								
					又續37				嘉39								
					又續40				嘉39								

序號	歷代漢文大藏經目録新考對照表	開元	石經	貞元	至元	指要	標目	金藏	麗藏	略出	福州	資福	磧砂	普寧
3517	正覺潤光澤禪師澡雪集一卷，清照水重編													
3518	鶴山禪師執帚集二卷，清德敷録													
3519	赤崑志禪師語録二十卷，清超光等記録													
3520	南嶽履玄義關主遺集一卷，清法恩等募刊，法從等拾記													
3521	黃檗木菴禪師語録十卷，道明等編													
3522	紫柏尊者全集三十卷，明（真可撰）德清閲													
3523	紫柏尊者別集四卷，（明真可撰）清錢謙益纂閲													
3524	密藏開禪師遺稿二卷，（明道開著）清王祺校閲													
3525	勅修百丈清規八卷，元德煇重編、大訢校正													
3526	百丈叢林清規證義記九卷，唐懷海集編、清儀潤證義													
3527	重雕補註禪苑清規十卷（另新添濾水法並頌一卷），宋宗賾集													
3528	入眾日用一卷，宋宗壽集													
3529	入眾須知一卷													
3530	普應國師幻住庵清規一卷，元明本著													

初南	天海	緣山	南藏	北藏	嘉興	龍藏	黃檗	卍字	臺中	大正	中華	義門	知津	縮刻	頻伽	普慧	佛教
					又續 42				嘉 39								
					拾遺 366				嘉 40								
					拾遺 353												
					拾遺 361												
					拾遺 373												
					續 52	新至賞		續 73	嘉 22		83		四四				
					續 55			續 73	嘉 23						續 175		
					續 55				嘉 23								
		黜	黜	黜	本於	黜		續 63	嘉 9	48	79	四一	四三	騰	騰		84
								續 63							續 163		
								續 63							續 163		
								續 63							續 163		
								續 63							續 163		
								續 63			四一				續 163		

序號	歷代漢文大藏經目錄新考對照表	開元	石經	貞元	至元	指要	標目	金藏	麗藏	略出	福州	資福	磧砂	普寧
3531	叢林校定清規總要二卷，宋惟勉編次													
3532	禪林備用十卷，元弌咸編													
3533	叢林兩序須知一卷，明通容授、行元述													
3534-1	禪宗頌古聯珠通集二十一卷，宋法應集、元普會續集、明淨戒重校													
3534-2	禪宗頌古聯珠通集（別本）四十卷，宋法應集、元普會續集													
3535	祖庭事苑八卷，宋善卿編正													
3536	雪庵從瑾禪師頌古集一卷，宋從瑾頌古													
3537	佛果圜悟禪師碧巖錄十卷，宋重顯頌古、克勤評唱													
3538	佛果擊節錄二卷，宋重顯拈古、克勤擊節													
3539	萬松老人評唱天童覺和尚頌古從容庵錄六卷，宋正覺頌古、元行秀評唱、離知錄													
3540	萬松老人評唱天童覺和尚拈古請益錄二卷，宋正覺拈古、元行秀評唱													
3541	林泉老人評唱投子青和尚頌古空谷集六卷，宋義青頌古、元從倫評唱													

初南	天海	緣山	南藏	北藏	嘉興	龍藏	黃檗	卍字	臺中	大正	中華	義門	知津	縮刻	頻伽	普慧	佛教
								續63							續163		
								續63							續164		
								續63							續164		
貢至勸			鶏至赤								78	四一	四二				
					210		1658	續65	嘉10		78			騰	騰		72
								續64							續165		
								續69							續170		
					續51	雁		續67	嘉22	48	82	四一					162
								續67							續169		
								續67		48		四一					
								續67				四一			續169		
								續67				四一			續169		

序號	歷代漢文大藏經目錄新考對照表	開元	石經	貞元	至元	指要	標目	金藏	麗藏	略出	福州	資福	磧砂	普寧
3542	林泉老人評唱丹霞淳禪師頌古虛堂集六卷，宋子淳頌古、元從倫評唱													
3543	凳絕老人天奇直註雪竇顯和尚頌古二卷，明本瑞直註、道霖等編集													
3544	凳絕老人天奇直註天童覚和尚頌古二卷，明本瑞直註、性福編集													
3545	頌古合響集一卷，師炤録													
3546	頌古鈎鉅一卷，清蘊上頌、蘊宏著語													
3547	佛鑑佛果正覺佛海拈八方珠玉集三卷，宋祖慶重編													
3548	宗門拈古彙集四十五卷，清淨符彙集													
3549	禪門拈頌集三十卷，高麗慧諶編								遐至岫					
3550	永平元和尚頌古一卷，日本（道元頌古）詮慧等編													
3551	無門關一卷，宋宗紹編													
3552	正法眼藏三卷，宋宗杲集並著語													
3553	宗門統要續集二十卷，宋宗永集、元清茂續集													
3554	禪林類聚二十卷，元智境、道泰等編													

初南	天海	緣山	南藏	北藏	嘉興	龍藏	黃檗	卍字	臺中	大正	中華	義門	知津	縮刻	頻伽	普慧	佛教
								續67				四一			續173		
								續67				四一			續170		
								續67				四一			續170		
					續83				嘉28								
					續85				嘉29								
								續67							續170		
					拾遺371			續66							續167		
														霜	霜		84
								續67		48					續170		
					續58			續67	嘉23			四一	四四				
宣威			漢惠	扶至綺	扶至綺		扶至綺	三一	嘉1		77	四一	四二	雲	雲		71
								續67							續168		

序號	歷代漢文大藏經目錄新考對照表	開元	石經	貞元	至元	指要	標目	金藏	麗藏	略出	福州	資福	磧砂	普寧
3555	列祖提綱録四十二卷，清行悅集													
3556	宗鑑法林七十二卷，清集雲堂編													
3557	重編曹洞五位三卷，宋慧霞編、廣輝釋、高麗晦然補													
3558	禪門諸祖師偈頌二卷，宋子昇、如祐録													
3559	雜毒海八卷，清性音重編													
3560	信心銘一卷，隋僧璨作													
3561	永嘉證道歌一卷，唐玄覺撰													
3562	舒州梵天琪和尚註證道歌一卷，宋（彥琪註）慧光録													
3563	永嘉真覺禪師證道歌一卷，宋法泉繼頌													
3564	南明泉和尚頌證道歌事實三卷，高麗瑞龍連撰									庭				
3565	靈巖妙空和尚註證道歌一卷，宋知訥述、德最集													
3566	永嘉真覺大師證道歌一卷，元永盛註頌、德弘編													
3567	寶鏡三昧本義一卷，清行策述													
3568	寶鏡三昧原宗辨謬説一卷，清淨訥述													
3569	石門文字禪三十卷，宋慧洪著、覺慈編録													

初南	天海	緣山	南藏	北藏	嘉興	龍藏	黃檗	卍字	臺中	大正	中華	義門	知津	縮刻	頻伽	普慧	佛教
					拾遺351			續64							續164		
								續66							續167		
								續63							續162		
								續66							續168		
								續65							續166		
											48						
					起	俊			嘉4	48	78			騰	騰		72
								續63			四一				續163		
								續65							續163		
								續65							續163		
								續65							續163		
					又續5			續63							續163		
								續63							續163		
					續59				嘉23		四一	四四					

序號	歷代漢文大藏經目錄新考對照表	開元	石經	貞元	至元	指要	標目	金藏	麗藏	略出	福州	資福	磧砂	普寧
3570	集文字禪一卷，清蘊上著													
3571	東坡禪喜集九卷，徐長孺集、日本森大狂校訂													
3572	蒲室集十五卷（另卷首二卷），元大訢撰													
3573	布水臺集三十二卷，清道忞著													
3574	弘覺忞禪師北遊集六卷，清真樸編													
3575	憨休和尚敲空遺響十二卷，清張恂編閱、繼堯校訂													
3576	禪家龜鑑一卷，朝鮮退隱述													
3577	禪門寶藏錄三卷，高麗天頙撰													
3578	真心直說一卷，高麗知訥撰													
3579	高麗國普照禪師修心訣一卷，高麗知訥撰													
3580	辨顯密二教論二卷，日本空海撰													
3581	祕密曼茶羅十住心論十卷，日本空海撰													
3582	即身成佛義一卷，日本空海撰													
3582-1	真言宗即身成佛義問答（異本一）一卷													
3582-2	即身成佛義（異本二）一卷													
3582-3	真言宗即身成佛義（異本三）一卷													
3582-4	即身成佛義（異本四）一卷													
3582-5	即身成佛義（異本五）一卷													

初南	天海	緣山	南藏	北藏	嘉興	龍藏	黃檗	卍字	臺中	大正	中華	義門	知津	縮刻	頻伽	普慧	佛教
					續85				嘉29								
															續194		
															續197		
					拾遺367				嘉26								
					續72				嘉26								
					又續28				嘉37								
								續63							續165		
								續64							續165		
			敦	敦	敦	藝	敦	續64	嘉9	48	80	四一	四二	騰	騰		84
			敦	敦	敦	藝	敦	續64	嘉9	48	80	四一	四二	騰	騰		84
																	48
														霜	霜		84
										77							84
										77							84
										77							
										77							
										77							
										77							

序號	歷代漢文大藏經目錄新考對照表	開元	石經	貞元	至元	指要	標目	金藏	麗藏	略出	福州	資福	磧砂	普寧
3582-6	真言宗即身成佛義問答（異本六）一卷													
3583	教行信證六卷，日本親鸞集													
3584	器樸論三卷，日本託何述													
3585	立正安國論一卷，日本日蓮撰													
3586	開目鈔二卷，日本日蓮撰													
3587	撰時鈔二卷，日本日蓮撰													
3588	法華題目鈔一卷，日本日蓮撰													
3589	十法界明因果鈔一卷，日本日蓮撰													
3590	法華宗內證佛法血脈一卷，日本日蓮撰													
3591	十法界鈔一卷，日本日蓮撰													
3592	三世諸佛總勘文教相廢立一卷，日本日蓮撰													
3593	教機時國鈔一卷，日本日蓮撰													
3594	本門戒體鈔一卷，日本日蓮撰													
3595	立正觀鈔一卷，日本日蓮撰													
3596	如來滅後後五百歲始觀心本尊鈔一卷，日本日蓮撰													
3597	得受職人功德法門鈔一卷，日本日蓮撰													
3598	撰集三藏及雜藏傳一卷，失譯附東晉錄	畫		陞	營	獸	獸	獸*	獸	獸	獸	獸	獸	獸

初南	天海	緣山	南藏	北藏	嘉興	龍藏	黃檗	卍字	臺中	大正	中華	義門	知津	縮刻	頻伽	普慧	佛教
										77							
														霜			
										84				霜			
														霜			
														霜			
														霜			
														霜			
														霜			
														霜			
														霜			
														霜			
														霜			
														霜			
														霜			
														霜			
														霜			
獸	獸	獸	籍	漆	漆	漆	漆	二七	磧28	49	52	三十	四一	藏	藏		51

序號	歷代漢文大藏經目録新考對照表	開元	石經	貞元	至元	指要	標目	金藏	麗藏	略出	福州	資福	磧砂	普寧
3599	迦葉結經一卷，後漢安世高譯	畫		陞	營	獸	獸	獸*	獸	獸	獸	獸	獸	獸
3600	迦丁比丘説當來變經一卷，失譯附劉宋録	彩		弁	桓	畫	畫	畫*	畫	畫	畫	畫	畫	畫
3601	佛使比丘迦旃延説法沒盡偈百二十章一卷，失譯附西晉録	驚		吹	曲	飛	飛	飛*	飛	飛	飛	飛	飛	飛
3602	大阿羅漢難提蜜多羅所説法住記一卷，唐玄奘譯	彩		弁	桓		畫	畫	畫	畫	畫	畫	畫	畫
3603	十六大阿羅漢因果識見頌一卷，唐闍那多迦譯										磻			
3604	異部宗輪論一卷，世友菩薩造、唐玄奘譯	據		帳	磻	渭	渭	渭	渭	渭	渭	渭	渭	渭
3605	十八部論一卷，世友菩薩造、失譯附三秦録	據		帳	磻	圖	渭		渭	渭	渭	渭	渭	渭
3606	部執異論一卷，世友菩薩造、陳真諦譯	據		帳	磻	渭	渭	渭*	渭	渭	渭	渭	渭	渭
3607	歷代三寶紀十五卷，隋費長房撰	席鼓		亦聚	多士	筵設	筵	筵設	筵設	筵設	設席	設席	設席	設席	設席
3608	隆興佛教編年通論二十九卷（另目録一卷），宋祖琇撰													
3609	釋門正統八卷，宋宗鑑集													
3610	佛祖統紀五十四卷，宋志磐撰													
3611	續佛祖統紀二卷													
3612	歷代編年釋氏通鑑十二卷，宋本覺編集、明畢熙志等較訂													
3613	歷朝釋氏資鑑十二卷，元熙仲集													

初南	天海	緣山	南藏	北藏	嘉興	龍藏	黃檗	卍字	臺中	大正	中華	義門	知津	縮刻	頻伽	普慧	佛教
獸	獸	獸	籍	聚	聚	聚	聚	二六	磧28	49	52	三十	四一	藏	藏		51
畫	畫	畫	甚	英	英	英	英	二六	磧28	49	52	三十	四一	藏	藏		51
飛*	飛	飛	宜	既	既	既	既	二六	磧28	49	51	三十	四一	藏	藏		51
畫	畫	畫	甚	漆	漆	漆	漆	二七	磧28	49	52	三十	四一	藏	藏		51
								續2			66						84
渭	渭	渭	漆	席	席	席	席	二五	磧27	49	50	九	四十	藏	藏		47
渭	渭	渭	漆	席	席	席	席	二五	磧27	49	50	九	四十	藏	藏		47
渭	渭	渭	漆	席	席	席	席	二五	磧27	49		九	四十	藏	藏		47
設席	設席	設席	主云	營桓	營桓	伊	營桓	三十	磧29	49	54	三五	四三	致	致		74
								續75							續178		
								續75							續178		
貲至孟			城至碣		211		1659	續75	嘉10	49	82	三一	四三	致	致		75
								續75							續178		
								續76					四四	四四	續178		
								續76							續179		

序號	歷代漢文大藏經目錄新考對照表	開元	石經	貞元	至元	指要	標目	金藏	麗藏	略出	福州	資福	磧砂	普寧
3614	佛祖歷代通載二十二卷，元念常集													
3615	釋氏稽古略四卷，元覺岸編集再治													
3616	釋鑑稽古略續集三卷，明幻輪彙編													
3617	釋氏六帖二十四卷，後周義楚集													
3618	古今圖書集成釋教部彙考七卷													
3619	圖書集成神異典二氏部彙考二卷													
3620	圖書集成神異典釋教部紀事二卷													
3621	宗統編年三十二卷（另卷首一卷），清紀蔭編纂													
3622	釋氏疑年錄十二卷，民國陳垣撰													
3623	釋迦譜五卷，梁僧祐撰	仙靈		星右	傾綺	彩	彩	彩	彩	彩仙	彩仙	彩仙	彩仙	彩仙
3624	釋迦氏譜一卷，唐道宣撰	靈		右	綺	彩	彩	彩	彩	仙	仙	仙	仙	仙
3625	釋迦如來成道記二卷，唐王勃撰、道誠註													
3626	釋迦如來行蹟頌二卷，元無寄撰集													
3627	釋迦如來應化錄二卷，明寶成編集													
3628	阿育王傳七卷，西晉安法欽譯	獸		納	孰	禽	寫	禽	禽	禽	禽	禽	禽	禽
3629	阿育王經十卷，梁僧伽婆羅譯	禽		階	且	寫	寫	寫	寫	寫	寫	寫	寫	寫
3630	天尊說阿育王譬喻經一卷，失譯附東晉錄	禽		階	且	寫	寫	寫*	寫	寫	寫	寫	寫	寫

初南	天海	緣山	南藏	北藏	嘉興	龍藏	黃檗	卍字	臺中	大正	中華	義門	知津	縮刻	頻伽	普慧	佛教
			畝至黍	畝至黍	畝至黍	杳至本	畝至黍	續76	嘉8	49	82	四一	四三	致	致		75
								續76			49	四一					
								續76			49						
																二十	112
								續77							續179		
								續88									
								續88									
								續86							續191		
																	159
彩仙	彩仙	彩仙	將相	書	書	壁	書	二七	磧28	50	52	三五	四三	致	致		74
仙	仙	仙	相	壁	壁		壁	二七	磧28	50	52	三五	四三	致	致		74
								續75				三五			續178		
								續75							續178		
								續75							續178		
禽	禽	禽	基	漆	漆	漆	漆	二七	磧28	50	52	三十	四一	藏	藏		51
寫	寫	寫	基	墳	墳	墳	墳	二六	磧28	50	51	三十	四一	藏	藏		51
寫	寫	寫	基	墳	墳	墳	墳	二六	磧28	50	52	三十	四一	藏	藏		51

序號	歷代漢文大藏經目録新考對照表	開元	石經	貞元	至元	指要	標目	金藏	麗藏	略出	福州	資福	磧砂	普寧
3631	阿育王息壞目因緣經一卷，符秦曇摩難提譯	獸		納	孰	禽	禽	禽	禽	禽	禽	禽	禽	禽
3632	馬鳴菩薩傳一卷，姚秦鳩摩羅什譯	彩		弁	桓	畫	畫	畫	畫	畫	畫	畫	畫	畫
3633-1	龍樹菩薩傳一卷，姚秦鳩摩羅什譯						畫	畫	畫					
3633-2	龍樹菩薩傳（別本）一卷，姚秦鳩摩羅什譯	彩		弁	桓					畫	畫	畫	畫	畫
3634	提婆菩薩傳一卷，姚秦鳩摩羅什譯	彩		弁	桓	畫	畫	畫	畫	畫	畫	畫	畫	畫
3635	婆藪槃豆法師傳一卷，陳真諦譯	彩		弁	桓	畫	畫	畫	畫	畫	畫	畫	畫	畫
3636	隋天台智者大師別傳一卷，隋灌頂撰													
3637	唐護法沙門法琳別傳三卷，唐彦悰撰			給	馳				惠					
3638	大唐故三藏玄奘法師行狀一卷，唐冥詳撰													
3639	大慈恩寺三藏法師傳十卷，唐慧立本、彦悰箋	通		俠	滅	通	通	通	通	右	右	右	右	右
3640	寺沙門玄奘上表記一卷													
3641	唐大薦福寺故寺主翻經大德法藏和尚傳一卷，新羅崔致遠撰													
3642	玄宗朝翻經三藏善無畏贈鴻臚卿行狀一卷，唐李華撰													
3643	大唐故大德贈司空大辨正廣智不空三藏行狀一卷，唐趙遷撰													

初南	天海	緣山	南藏	北藏	嘉興	龍藏	黃檗	卍字	臺中	大正	中華	義門	知津	縮刻	頻伽	普慧	佛教
禽	禽	禽	所	羣	羣	羣	羣	二六	磧28	50	52	三十	四一	藏	藏		51
畫	畫	畫	籍	漆	漆	漆	漆	二七	磧28	50	52	三十	四一	藏	藏		51
								二七		50	52			藏	藏		51
畫	畫	畫	籍	漆	漆	漆	漆		磧28	50	52	三十	四一	藏	藏		
畫	畫	畫	籍	漆	漆	漆	漆	二七	磧28	50	52	三十	四一	藏	藏		51
畫	畫	畫	甚	漆	漆	漆	漆	二七	磧28	50	52	三十	四一	藏	藏		51
牧			翦	起	起	勒	起	三三	嘉4	50	61	三四	四二	陽	陽		69
		1508						續88		50	61			致	致		75
										50							
右	右	右	高	奄	奄	孰	奄	三十	磧30	50	61	三六	四三	陽	陽		68
										52							
								續77		50							
								續88		50							
								續88		50							

序號	歷代漢文大藏經目録新考對照表	開元	石經	貞元	至元	指要	標目	金藏	麗藏	略出	福州	資福	磧砂	普寧
3644	代宗朝贈司空大辨正廣智三藏和上表制集六卷，唐圓照集													
3645	大唐青龍寺三朝供奉大德行狀一卷													
3646	玄奘三藏師資傳叢書二卷，日本佐伯定胤、中野達慧共編													
3646-1	大唐故三藏玄奘法師行狀（一）一卷，唐冥詳撰													
3646-2	大唐三藏大遍覺法師塔銘並序（二），唐劉軻撰													
3646-3	大唐三藏玄奘法師表啟（不完，三）一卷，唐玄奘上													
3646-4	大慈恩寺大法師基公塔銘並序（四），唐李宏慶撰													
3646-5	大唐大慈恩寺法師基公碑（五），唐李又撰													
3646-6	唐太宗皇帝御製基公讚記（六），日本清算記													
3646-7	大唐大慈恩寺大師畫讚（七），唐江滿昌文													
3646-8	心經幽贊序（八），唐苗神容製													
3646-9	唐故白馬寺主翻譯惠沼神塔碑並序（九），唐李邕撰													
3646-10	大周西明寺故大德圓測法師佛舍利塔銘並序（十），唐宋復撰													

初南	天海	緣山	南藏	北藏	嘉興	龍藏	黃檗	卍字	臺中	大正	中華	義門	知津	縮刻	頻伽	普慧	佛教
								續 59		52							
								續 88		50							
								續 88									
								續 88									
								續 88									
								續 88									
								續 88									
								續 88									
								續 88									
								續 88									
								續 88									
								續 88									
								續 88									

序號	歷代漢文大藏經目錄新考對照表	開元	石經	貞元	至元	指要	標目	金藏	麗藏	略出	福州	資福	磧砂	普寧
3647	明州定應大師布袋和尚傳一卷，元曇噩撰													
3648	曹溪大師別傳一卷													
3649	永明道蹟一卷，明大壑輯，虞淳熙、黃汝亨校閱													
3650	伯亭大師傳記總帙一卷													
3651	阿底峽尊者傳五卷，民國法尊譯述													
3652	付法藏因緣傳六卷，元魏吉迦夜共曇曜譯	驚		吹	曲	飛	飛	飛	飛	飛	飛	飛	飛	飛
3653	高僧傳十四卷，梁慧皎撰	廣內		槐卿	虢踐	廣內	廣內	廣內	廣內	通廣	通廣	通廣	通廣	通廣
3654	續高僧傳三十一卷，唐道宣撰	左至明		戶至縣	土至何	左至明	左至明	左至明	左至明	內至承	內至承	內至承	內至承	內至承
3655	宋高僧傳三十卷，宋贊寧等撰					世至侈						旦至營	旦至營	旦至營
3656	新修科分六學僧傳三十卷（另卷首一卷），元曇噩述													
3657	補續高僧傳二十六卷，明明河撰													
3658	明高僧傳八卷，明如惺撰													
3659	高僧摘要四卷，清徐昌治編輯													
3660	新續高僧傳四集六十五卷（另卷首一卷），民國喻謙編輯													
3661	大唐西域求法高僧傳二卷，唐義淨撰	廣		槐	虢	廣	廣內	廣	廣	通	通	通	通	通

初南	天海	緣山	南藏	北藏	嘉興	龍藏	黃檗	卍字	臺中	大正	中華	義門	知津	縮刻	頻伽	普慧	佛教
					續36				續86						續191		
									續86						續191		
									續86						續191		
									續88								
																	160
飛	飛	飛	榮	集	集	集	集	二六	磧28	50	51	三十	四一	藏	藏		51
通廣	通廣	通廣	輦驅	伊尹	伊尹	俠槐	伊尹	二九	磧30	50	61	三六	四三	致	致		74
内至承	内至承	内至承	轂至世	佐至衡	佐至衡	卿至八	佐至衡	三十	磧30	50	61	三六	四三	致	致		74
旦至營	旦至營	旦至營	禄至富	宅至阜	宅至阜	縣至給	宅至阜	三十	磧35	50	62	三六	四三	致	致		74
									續77						續179		
									續77						續180		
					續44	千			續77	嘉20	50	62					84
					續56				續87	嘉23							
															續196		161
通	通	通	兵	尹	尹	説	尹	二九	磧30	51	61	三六	四三	致	致		75

序號	歷代漢文大藏經目錄新考對照表	開元	石經	貞元	至元	指要	標目	金藏	麗藏	略出	福州	資福	磧砂	普寧
3662	武林西湖高僧事略一卷，宋元敬、元復述、明袾宏重梓													
3663	續武林西湖高僧事略一卷，明袾宏輯													
3664	緇門崇行錄一卷，明袾宏輯													
3665	釋氏蒙求二卷，清靈操撰													
3666	名僧傳抄一卷，梁寶唱撰、日本宗性抄													
3667	皇明名僧輯略一卷，明袾宏輯													
3668	神僧傳九卷，明燕京大德沙門撰													
3669	海東高僧傳二卷，高麗覺訓撰													
3670	東國僧尼錄一卷													
3671	比丘尼傳四卷，梁寶唱撰	英		輦	起	英	英	英	英	羣	羣*	羣	羣	羣
3672	續比丘尼傳六卷，民國震華編述													
3673	弘贊法華傳十卷，唐惠詳撰													
3674	法華傳記十卷，唐僧祥撰集													
3675	天台智者大師別傳二卷，宋曇照註													
3676	天台九祖傳一卷，宋士衡編													
3677	法華經顯應錄二卷，宋宗曉編													
3678	法華靈驗傳二卷，高麗了圓錄													

初南	天海	緣山	南藏	北藏	嘉興	龍藏	黃檗	卍字	臺中	大正	中華	義門	知津	縮刻	頻伽	普慧	佛教
					拾遺 376			續 77	嘉 32						續 181		
					拾遺 376			續 77	嘉 32						續 181		
					拾遺 374			續 87	嘉 32			四一	四四		續 193		160
								續 87							續 192		160
								續 77							續 180		
					拾遺 376			續 84	嘉 32						續 190		
					城	城	畝	城	三六甲	嘉 6	50	62	三六	四三	致	致	75
										50							84
								續 88							續 193		
羣	羣	羣	功	微	微	俠	微	三十	磧 31	50	63	三六	四三	致	致	75
																	161
								續 77		51							
								續 77		51							
								續 77							續 181		
								續 77		51							
								續 78							續 181		
								續 78							續 181		

序號	歷代漢文大藏經目錄新考對照表	開元	石經	貞元	至元	指要	標目	金藏	麗藏	略出	福州	資福	磧砂	普寧
3679	歷朝法華持驗紀二卷，清周克復纂													
3680	觀世音持驗紀一卷，清周克復纂													
3681	東林十八高賢傳一卷													
3682	往生西方淨土瑞應傳一卷，新羅道詵撰													
3683	淨土往生傳三卷，宋戒珠撰													
3684	新修淨土往生傳三卷，宋王古輯撰													
3685	諸上善人詠一卷，明道衍撰													
3686	往生集三卷，明袾宏輯													
3687	淨土聖賢錄九卷，清彭際清、彭希涑輯撰													
3688	淨土聖賢錄續編四卷，清胡珽輯撰													
3689	淨土聖賢錄三編一卷，民國德森述													
3690	西舫彙征二卷，清瑞璋輯													
3691	修西聞見錄七卷，清咫觀集													
3692	華嚴經傳記五卷，唐法藏集													
3693	法界宗五祖略記一卷，清續法輯													
3694	大方廣佛華嚴經感應傳一卷，唐惠英集、胡幽貞刊纂										595			

刀南	天海	緣山	南藏	北藏	嘉興	龍藏	黃檗	卍字	臺中	大正	中華	義門	知津	縮刻	頻伽	普慧	佛教
					續35			續78	嘉19						續181		
					續35			續78	嘉19						續181		
								續78							續181		
								續78		51							
								續78		51							
								續78									
								續78				四一			續181		
					拾遺374			續78	嘉32	51		四一	四四				
								續78							續181		159
								續78							續181		159
																	159
								續78							續181		
								續78							續181		
								續77		51							
								續77							續181		94
								續77		51	98						

序號	歷代漢文大藏經目録新考對照表	開元	石經	貞元	至元	指要	標目	金藏	麗藏	略出	福州	資福	磧砂	普寧
3695	大方廣佛華嚴經感應略記一卷，明袾宏輯録													
3696	華嚴感應緣起傳一卷，清弘璧輯													
3697	歷朝華嚴經持驗紀一卷，清周克復纂													
3698	歷代法寶記一卷													
3699	雙峰山曹侯溪寶林傳十卷，唐智炬集				嘉	書末1		秦						
3700	中華傳心地禪門師資承襲圖一卷，唐裴休問、宗密答													
3701	祖堂集二十卷，南唐釋靜、釋筠編									曠遠				
3702	景德傳燈録三十卷（另目録三卷），宋道原纂				勉至祇	書末2	書末2	禪至云			振至世*	振至世	振至世	
3703	傳燈玉英集十五卷，宋王隨删修				勅聆			沙漠						
3704	天聖廣燈録三十卷（另目録一卷），宋李遵勖編				鑑至辨	書末3	書末3	九至禹			實至碑			
3705	建中靖國續燈録三十卷（另目録三卷），宋惟白集					書末4	書末4				刻至磻			
3706	聯燈會要三十卷（另目次一卷），宋悟明集													
3707	嘉泰普燈録三十卷（另總目録三卷），宋正受編													
3708-1	傳法正宗記九卷，宋契嵩編修										踐土		約法	
3708-2	傳法正宗定祖圖一卷，宋契嵩撰										土*			

初南	天海	緣山	南藏	北藏	嘉興	龍藏	黃檗	卍字	臺中	大正	中華	義門	知津	縮刻	頻伽	普慧	佛教
					拾遺374			續77	嘉32						續181		
								續77							續181		
					續35			續77	嘉19								
										51							160
									磧38		73						
								續63							續162		
振至世			桓至匡	合至弱	合至弱	譽至青	合至弱	三十	磧33	51	74	四一	四二	雲	雲	十六	70
									磧38		72						
								續78			73				續182		
								續78			74				續182		
								續79							續183		
素至魚								續79			75				續183		
約法			綺	廻	廻	百	廻	三一	磧37	51	78	四一	四二	雲	雲		71
				廻	廻	百				51	78			雲	雲		71

序號	歷代漢文大藏經目録新考對照表	開元	石經	貞元	至元	指要	標目	金藏	麗藏	略出	福州	資福	磧砂	普寧
3708-2	傳法正宗定祖圖（別本）一卷，宋契嵩撰												法*	
3708-3	傳法正宗論二卷，宋契嵩編。										土		法	
3709	五家正宗贊四卷，宋紹曇記													
3710	禪林僧寶傳三十卷，宋慧洪撰													
3711	僧寶正續傳七卷，宋祖琇撰													
3712	南宋元明禪林僧寶傳十五卷，清自融撰、性磊補輯													
3713	大光明藏三卷，宋寶曇述													
3714	五燈會元五十七卷（另目録三卷），宋普濟纂													
3715	五燈會元續略四卷，明淨柱輯													
3716	五燈嚴統二十五卷（另目録二卷），清通容詳定、徐昌治等重訂、行元輯續													
3717	五燈嚴統解惑篇一卷，清通容述													
3718	五燈全書一百二十卷（另目録十六卷），清超永編輯、超揆較閲													
3719	續傳燈録三十六卷（另總目録三卷），明居頂輯													
3720	增集續傳燈録六卷，明文琇集													
3721	禪宗正脈二十卷，明如巹集													

初南	天海	緣山	南藏	北藏	嘉興	龍藏	黃檗	卍字	臺中	大正	中華	義門	知津	縮刻	頻伽	普慧	佛教
法*			綺				廻	三一	磧37		78	四一	四二				
法			廻	綺	綺	百	綺	三一	磧37	51	78	四一	四二	雲	雲		71
								續78							續182		
					續44			續79	嘉20			四一	四四		續184		160
								續79									
								續79							續184		
								續79							續184		
					續60	城至鉅		續80	嘉24		75	四一					
								續80							續184		
								續80							續185		
								續81							續186		
								續81							續186		
				合至扶	207		1656	續83	嘉9	51	74	四一	四二	雲	雲		71
					又續8			續83	嘉33								
			勸賞	勸賞	勸賞		勸賞	續85	嘉9		79	四一	四二	騰	騰		72

序號	歷代漢文大藏經目錄新考對照表	開元	石經	貞元	至元	指要	標目	金藏	麗藏	略出	福州	資福	磧砂	普寧
3722	指月録三十二卷，明瞿汝稷集													
3723	續指月録二十卷（另卷首一卷），清聶先編集、江湘參訂													
3724	教外別傳十六卷（另目録一卷），明郭正中彙編													
3725	佛祖綱目四十一卷（另卷首一卷），明朱時恩輯													
3726	續燈存藁十二卷（另目録一卷），明通問編定，施沛彙集													
3727	續燈存藁增集四卷，清大珍編次													
3728	續燈正統四十二卷（另目録一卷），清性統編集													
3729	繼燈録六卷（另卷首一卷），清元賢輯													
3730	祖庭嫡傳指南二卷，清徐昌治編述													
3731	佛祖正傳古今捷録一卷，清果性集													
3732	南嶽單傳記一卷，清弘儲表													
3733	南嶽禪燈會刻八卷，通際編集													
3734	祖燈大統九十八卷，清淨符編集													
3735	洞上祖憲録十六卷，清智沄輯													
3736	洞宗續燈六卷，清淨符集													

初南	天海	緣山	南藏	北藏	嘉興	龍藏	黃檗	卍字	臺中	大正	中華	義門	知津	縮刻	頻伽	普慧	佛教
					拾遺 359			續 83	嘉 30						續 189		156
								續 84							續 190		156
					續 45			續 84	嘉 20								
					續 47			續 85	嘉 21								
					拾遺 356			續 84									
					拾遺 356												
					又續 38			續 84	嘉 39								
								續 86							續 192		
					續 56			續 87	嘉 23								
					又續 28			續 86	嘉 37						續 191		
					又續 14			續 86	嘉 34								
					拾遺 361												
																十七 至	109
															續 194	十九	112
					拾遺 362												

序號	歷代漢文大藏經目錄新考對照表	開元	石經	貞元	至元	指要	標目	金藏	麗藏	略出	福州	資福	磧砂	普寧
3737	錦江禪燈二十卷，清通醉輯，胡昇猷訂													
3738	黔南會燈錄八卷，清如純輯													
3739	揑黑豆集八卷（另卷首一卷），清心圓拈別、火蓮集梓													
3740	正源略集十六卷（另目錄一卷、補遺一卷），清際源、了貞輯、達珍編													
3741	禪燈世譜九卷，明道忞編修、吳侗集													
3742	佛祖宗派世譜八卷，清悟進編輯													
3743	終南山天龍會集緇門世譜一卷，清明喜撰輯													
3744	釋氏源流四卷，明寶成繪製													
3745	佛祖正宗道影四卷，明元賢撰、清靜熙刪訂、清守一重編													
3746	八十八祖傳贊五卷，明德清述、高承埏補													
3747	建州弘釋錄二卷，明元賢編集													
3748	正宗心印後續聯芳一卷，明善燦著													
3749	普陀列祖錄一卷，清通旭集													

初南	天海	緣山	南藏	北藏	嘉興	龍藏	黃檗	卍字	臺中	大正	中華	義門	知津	縮刻	頻伽	普慧	佛教
					又續 36			續 85	嘉 38						續 190		
					又續 43			續 85	嘉 39								
								續 85							續 191		
								續 85							續 190		
								續 86							續 192		
					續 48			續 86	嘉 21								
					又續 30			續 86	嘉 37						續 192		
															續 200		
															續 200		
					又續 4	藝		續 86	嘉 31		83						
								續 86							續 191		
								續 87							續 192		
								續 86							續 192		

序號	歷代漢文大藏經目錄新考對照表	開元	石經	貞元	至元	指要	標目	金藏	麗藏	略出	福州	資福	磧砂	普寧
3750	律宗燈譜（不分卷），清源諒重訂，劉霞彩編輯													
3751	得依釋序文緣起一卷，日本慧堅撰		·											
3752-1	兩部大法相承師資付法記上卷，唐海雲集													
3752-2	兩部大法相承師資付法記下卷，唐海雲集記													
3753	金胎兩界師資相承一卷，唐海雲集													
3754	胎金兩界血脈一卷，唐造玄增補													
3755	居士分燈錄二卷，明朱時恩輯													
3756	先覺宗乘五卷（另優婆夷志一卷，帝王問道錄一卷），明圓信較定、郭凝之彙編													
3757	先覺集序（三篇），分別由清道安靜、智樸、解三洪撰													
3758	居士傳五十六卷，清彭際清撰集													
3759	善女人傳二卷，清彭際清述													
3760	重編諸天傳二卷，宋行霆述													
3761	心性罪福因緣集三卷，宋智覺註													
3762	見聞錄一卷，清智旭隨筆													
3763	現果隨錄四卷，清戒顯筆記													

初南	天海	緣山	南藏	北藏	嘉興	龍藏	黃檗	卍字	臺中	大正	中華	義門	知津	縮刻	頻伽	普慧	佛教
															續194		
								續88									
								續59		51					續160		154
								續59		51					續160		154
								續59							續160		153
								續59							續160		
					續48			續86	嘉21						續192		
					續57			續87	嘉23								
								續87									
								續88							續193		160
								續88							續193		160
								續88							續193		
								續88							續193		
					續55			續88	嘉23								
								續88									

序號	歷代漢文大藏經目錄新考對照表	開元	石經	貞元	至元	指要	標目	金藏	麗藏	略出	福州	資福	磧砂	普寧
3764	兜率龜鏡集三卷，清弘贊輯													
3765	觀音慈林集三卷，清弘贊編													
3766	六道集五卷，清弘贊輯													
3767	法喜志四卷，明夏樹芳輯、馮定閱													
3768	佛祖心燈一卷													
3769	佛祖心燈貫註一卷，印光法師審定、民國了然著													
3770	宗教律諸家演派一卷，清守一重編													
3771	五葉弘傳二十二卷，清智安輯													
3772	摘録聖武記之卷五溯查西藏剌麻來源一卷，清守一編輯													
3773	三國遺事五卷，高麗一然撰、日本坪井九馬三等校訂													
3774	朝鮮禪教考一卷，朝鮮樸永善輯													
3775	法顯傳一卷，東晉法顯記	廣		槐	虢	廣	內	廣	廣	通	通	通	通	通
3776	北魏僧惠生使西域記一卷													
3777	大唐西域記十二卷，唐玄奘譯、辯機撰	疑星		將相	橫假	疑星	疑星	疑星	疑星	轉疑	轉疑	轉疑	轉疑	轉疑
3778	釋迦方志二卷，唐道宣撰	靈		右	綺	彩	彩	彩	彩	仙	仙*	仙	仙	仙
3779	遊方記抄一卷													
3779-1	往五天竺國傳（一），新羅慧超記													

初南	天海	緣山	南藏	北藏	嘉興	龍藏	黃檗	卍字	臺中	大正	中華	義門	知津	縮刻	頻伽	普慧	佛教
					又續19	祇		續88	嘉35		104						
					又續19			續88	嘉35								
					又續19			續88	嘉35								
								續88							續193		
								續88									
																	158
								續88									
					拾遺372												
								續88									
								續88		49							
								續87							續192		
通	通	通	兵	微	微	書	微	三十	磧30	51	61	三六	四三	致	致		74
										51							
轉疑	轉疑	轉疑	千兵	孰	孰	旦	孰	三十	磧30	51	60	三六	四三	致	致		75
仙*	仙	仙	相	壁	壁		壁	二七	磧28	51	52	三五	四三	致	致		74
										51							
										51							

序號	歷代漢文大藏經目錄新考對照表	開元	石經	貞元	至元	指要	標目	金藏	麗藏	略出	福州	資福	磧砂	普寧
3779-2	悟空入竺記（二），唐圓照撰													
3779-3	繼業西域行程（三），宋范成大撰													
3779-4	梵僧指空禪師傳考（四），李穡、金守溫撰													
3779-5	西域僧銷喃嚢結傳（五），明李日華著													
3779-6	南天竺婆羅門僧正碑（六），日本修榮撰													
3779-7	唐大和上東征傳（七），日本元開撰													
3779-8	唐王玄策中天竺行記並唐百官撰西域志逸文（八）													
3779-9	唐常愍遊天竺記逸文（九）													
3780	釋迦牟尼如來像法滅盡之記一卷，唐法成譯													
3781	燉煌録一卷													
3782	洛陽伽藍記五卷，元魏楊衒之撰													
3783	寺塔記一卷，唐段成式撰													
3784	梁京寺記一卷													
3785	南朝寺考一卷，清劉世珩著													
3786	天台山記一卷，唐徐靈府撰													
3787	廬山記五卷，宋陳舜俞撰													
3788	南嶽總勝集三卷，宋陳田夫撰													

初南	天海	緣山	南藏	北藏	嘉興	龍藏	黃檗	卍字	臺中	大正	中華	義門	知津	縮刻	頻伽	普慧	佛教
										51							
										51							
										51							
										51							
										51							
										51							
										51							
										51							
										51							160
										51							
										51							
										51							
										51							
																二十	110
										51							
										51							
										51							

序號	歷代漢文大藏經目錄新考對照表	開元	石經	貞元	至元	指要	標目	金藏	麗藏	略出	福州	資福	磧砂	普寧
3789	古清涼傳二卷，唐慧祥撰													
3790	廣清涼傳三卷，宋延一重編													
3791	續清涼傳二卷，宋張商英述													
3792	補陀洛迦山傳一卷，元盛熙明述													
3793	天台山方外志三十卷，明傳燈撰													
3794	徑山志十四卷，明李燁然刪定、徐文龍、陳懋德訂、宋奎光輯													
3795	普陀洛迦新志十二卷（另卷首一卷），民國許止淨述、陶鏞鑒定、王亨彦輯、印光修													
3796	清涼山志八卷（另卷首一卷），民國印光、許止淨重修													
3797	峨眉山志八卷（另卷首一卷），民國印光、許止淨重修													
3798	九華山志八卷（另卷首一卷），民國許止淨、德森重修													
3799	弘明集十四卷，梁僧祐撰	集墳		給千	約法	集墳	墳	集墳	集墳	集墳	集墳	集墳	集墳	集墳
3800	廣弘明集三十卷，唐道宣撰	典至群		兵至陪	韓至刑	典至羣	典至羣	典至羣	典至羣	典至聚	典至聚	典至聚	典至聚	典至聚
3801	集古今佛道論衡四卷，唐道宣撰	星		相	假	星	星	星	星	疑	疑	疑	疑＊	疑
3802	續集古今佛道論衡一卷，唐智昇撰	星		相	假	星	星	星	星	疑	疑	疑	疑＊	疑

初南	天海	緣山	南藏	北藏	嘉興	龍藏	黃檗	卍字	臺中	大正	中華	義門	知津	縮刻	頻伽	普慧	佛教
								續88		51							
								續88		51							
								續88		51							
								續88		51							
															續197		
					拾遺357												
															續197		
															續198		
															續199		
															續199		
集墳	集墳	集墳	車駕	八縣	八縣	千兵	八縣	二七	磧31	52	62	三六	四四	露	露		78
典至聚	典至聚	典至聚	駕至策	家至兵	家至兵	高至輦	家至兵	二八	磧31	52	62	三六	四四	露	露		79
疑	疑	疑	給	壁	壁	曲	壁	二七	磧30	52	60	三六	四四	露	露		79
疑	疑	疑	給	壁	壁	曲	壁	二七	磧30	52	60	三六	四四	露	露		79

序號	歷代漢文大藏經目録新考對照表	開元	石經	貞元	至元	指要	標目	金藏	麗藏	略出	福州	資福	磧砂	普寧
3803	集神州三寶感通録三卷，唐道宣撰	右		路	塗	右	右	右	右	星	星*	星	星	星
3804	道宣律師感通録一卷，唐道宣撰								右					
3805	冥報記三卷，唐唐臨撰													
3806	冥報記輯書七卷，日本佐佐木憲德輯													
3807	釋門自鏡録二卷，唐懷信述													
3808	三寶感應要略録三卷，遼非濁集													
3809	金剛般若經集驗記三卷，唐孟獻忠撰													
3810	金剛經受持感應録·金剛經鳩異一卷，唐段成式撰													
3811	金剛經受持感應録·太平廣記報應部二卷，唐段成式撰													
3812	金剛般若波羅蜜經感應傳一卷													
3813	皇明金剛新異録一卷，明王起隆輯著、金麗兼參訂													
3814	金剛般若經靈驗傳三卷，日本淨慧集													
3815	歷朝金剛持驗紀二卷，清周克復纂													
3816	金剛經感應分類輯要一卷，清王澤泩編集													
3817	地藏菩薩像靈驗記卷一，宋常謹集													

初南	天海	緣山	南藏	北藏	嘉興	龍藏	黃檗	卍字	臺中	大正	中華	義門	知津	縮刻	頻伽	普慧	佛教
星	星	星	兵	富	富	微	富	二九	磧30	52	60	三五	四四	露	露		79
		1433						續59		52				露	續158		
								續88		51							
								續88									
								續87		51							160
								續87		51							
								續87							續193		
					續33			續87	嘉19						續193		
					續33			續87	嘉19						續193		
								續87									
					續33			續87	嘉19						續193		
								續87									
					續35			續87	嘉19						續193		
								續87							續193		
								續87									

序號	歷代漢文大藏經目錄新考對照表	開元	石經	貞元	至元	指要	標目	金藏	麗藏	略出	福州	資福	磧砂	普寧
3818	集沙門不應拜俗等事六卷，唐彥悰纂錄	右		路	塗	右	右	右	右	星	星	星	星	星
3819	破邪論二卷，唐法琳撰	集		給	約	既	既	既	既	既	既	既	既*	既
3820	辯正論八卷，唐法琳撰、陳子良註	既		家	遵	既	既	既	既	明	明*	明	明	明
3821	十門辯惑論三卷，唐復禮撰	集		給	約	集	集	集	集	既	既	既	既*	既
3822	甄正論三卷，唐玄嶷撰	集		給	約	集	集	集	集	既	既	既	既	既
3823	北山錄十卷，唐神清撰、宋慧寶註													
3824	護法論一卷，宋張商英述													
3825	鐔津文集十九卷（另卷首一卷），宋契嵩撰													
3826	輔教編三卷，宋契嵩撰										土	法		
3827	鳴道集說五卷，金李屏山述													
3828	辯偽錄五卷，元祥邁撰												何	何
3829	三教平心論二卷，元劉謐撰													
3830	折疑論五卷，元子成著、明師子比丘述註													
3831	宋文憲公護法錄十卷，明宋濂著、袾宏輯、錢謙益訂													
3832	道餘錄一卷，明姚廣孝著													
3833	佛法金湯編十六卷，明心泰編													

初南	天海	緣山	南藏	北藏	嘉興	龍藏	黃檗	卍字	臺中	大正	中華	義門	知津	縮刻	頻伽	普慧	佛教
星	星	星	冠	縣	縣	勒	縣	二八	磧30	52	60	三六	四四	露	露		79
既*	既	既	冠	微	微	曲	微	三十	磧31	52	62	三六	四四	露	露		79
明	明	明	陪	旦	旦	奄	旦	三十	磧31	52	62	三六	四四	露			
既	既	既	冠	微	微	説	微	三十	磧31	52	62	三六	四四	露	露		79
既*	既	既	輦	微	微	俊	微	三十	磧31	52	62	三六	四四	露	露		79
										52							
			營	旦	旦	野	旦	三十	嘉1	52	79	四一	四四	露	露		79
			孟軻	孟軻	孟軻		孟軻		嘉9	52	79	四一	四四	露	露		79
法*			廻	漢	漢	紫	漢	三一	磧37		78	四一	四四	露	露		79
															續195		
何*			營	嶽	嶽	於	嶽	三五	磧37	52	73	四一	四四	露	露		79
			黜	黜	黜		黜		嘉9	52	79	四一	四四	露	露		79
			茲	茲	茲	軍	茲		嘉8	52	98	四一	四四	露	露		79
					續50				嘉21			四一					
					續42				嘉20						續196		
					續50			續87	嘉21			四一	四四		續193		

序號	歷代漢文大藏經目錄新考對照表	開元	石經	貞元	至元	指要	標目	金藏	麗藏	略出	福州	資福	磧砂	普寧
3834	續原教論二卷，明沈士榮撰													
3835	明朝破邪集八卷，明徐昌治訂													
3836	闢邪集·天學初徵·天學再徵一卷，明鍾始聲著、程智用評													
3837	解惑編二卷，清弘贊編													
3838	讚阿彌陀佛偈一卷，元魏曇鸞作													
3839	轉經行道願往生淨土法事讚二卷，唐善導集記													
3840	往生禮讚偈一卷，唐善導集記													
3841	依觀經等明般舟三昧行道往生讚一卷，唐善導撰													
3842	集諸經禮懺儀二卷，唐智昇撰	英		輦	起	英	英	英	英	羣	羣*	羣	羣	羣
3843	淨土五會念佛略法事儀讚二卷，唐法照述													
3844	往生淨土懺願儀一卷，宋遵式集													
3845	無量壽佛讚註一卷，宋元照撰、戒度註													
3846	禮念彌陀道場懺法十卷，金王子成集								本					
3847	中峰國師三時繫念佛事一卷，元明本述													
3848	中峰三時繫念儀範一卷，元明本述													
3849	西歸行儀一卷，清古崑録集													

初南	天海	緣山	南藏	北藏	嘉興	龍藏	黃檗	卍字	臺中	大正	中華	義門	知津	縮刻	頻伽	普慧	佛教
					續42				嘉20			四一	四四				
															續195		
					續55				嘉23								
					又續19				嘉35								160
								續74		47							
								續74		47							
								續74		47							
								續74		47							
羣	羣	羣	功	桓	桓	寔	桓	三十	磧31	47	63	三六	四二	調	調		67
								續74		47							
用*			實	輔	輔	馳	輔	三十	嘉1	47	105	三四	四二	陽	陽		69
								續74							續176		
								續74							續176		
								續74									
					續41			續74	嘉20			四一			續176		
								續74							續176		

序號	歷代漢文大藏經目録新考對照表	開元	石經	貞元	至元	指要	標目	金藏	麗藏	略出	福州	資福	磧砂	普寧
3850	大方廣佛華嚴經海印道場十重行願常遍禮懺儀四十二卷，唐一行、慧覺依經録、宋普瑞補註、明木增訂正、正止治定													
3851	華嚴清涼國師禮讚文一卷，宋智肱述													
3852	華嚴普賢行願修證儀一卷，宋淨源集													
3853	華嚴普賢行願修證儀一卷，宋淨源集													
3854	華嚴道場起止大略一卷													
3855	圓覺道場禮懺禪觀等法事十八卷，唐宗密述				察理			丹青						
3856	圓覺經道場略本修證儀一卷，宋淨源録													
3857	首楞嚴壇場修證儀一卷，宋淨源編叙													
3858	依楞嚴究竟事懺二卷，明禪修述													
3859	金光明懺法補助儀一卷，宋遵式集、明智旭重治													
3860	千手千眼大悲心呪行法一卷，宋知禮集、清讀體重纂、寂暹補像較梓													
3861	孔雀尊經科儀一卷，明慧日抄寫													
3862	准提三昧行法一卷，清受登集													

初南	天海	緣山	南藏	北藏	嘉興	龍藏	黃檗	卍字	臺中	大正	中華	義門	知津	縮刻	頻伽	普慧	佛教
					續15			續74	嘉15						續176		
								續74							續177		
								續74							續176		94
								續74				四			續176		
								續74									
								續74			73						
								續74							續176		
								續74							續176		
					續36			續74	嘉19						續176		
					續36				嘉19								
					續36			續74	嘉19								
								續74							續176		
					又續27			續74	嘉37								

序號	歷代漢文大藏經目錄新考對照表	開元	石經	貞元	至元	指要	標目	金藏	麗藏	略出	福州	資福	磧砂	普寧
3863	大准提菩薩焚修悉地懺悔玄文一卷，清夏道人集													
3864	藥師三昧行法一卷，清受登集													
3865	消災延壽藥師懺法三卷													
3866	占察善惡業報經行法一卷，明智旭集													
3867	讚禮地藏菩薩懺願儀一卷，明智旭述													
3868	慈悲地藏懺法三卷													
3869	得遇龍華修證懺儀四卷，明如惺撰													
3870	禮吳中石佛起止儀式一卷，明傳燈集													
3871	舍利懺法一卷，清繼僧著													
3872	禮舍利塔儀式一卷，清弘贊編													
3873	禮佛儀式一卷，清弘贊編													
3874	供諸天科儀一卷，清弘贊集													
3875	金剛經科儀寶卷一卷，清談建基錄													
3876	慈悲水懺法隨聞錄三卷，清智證錄													
3877	水懺科註三卷，清西宗集註													
3878	法界聖凡水陸勝會修齋儀軌六卷，宋志磐撰、明袾宏重訂													

初南	天海	緣山	南藏	北藏	嘉興	龍藏	黃檗	卍字	臺中	大正	中華	義門	知津	縮刻	頻伽	普慧	佛教
					續36			續74	嘉19								
					又續27			續74	嘉37								
								續74							續176		
					續36			續74	嘉19						續176		
					續36			續74	嘉19						續176		
								續74							續176		
					續36			續74	嘉19						續176		
					續36			續74	嘉19								
					續36			續74	嘉19								
					又續18			續74	嘉35								
					又續18			續74	嘉35								
					又續18			續74	嘉35								
								續74							續176		
								續74							續177		
								續74							續177		
					拾遺376			續74	嘉32				三四	四四		續177		

序號	歷代漢文大藏經目錄新考對照表	開元	石經	貞元	至元	指要	標目	金藏	麗藏	略出	福州	資福	磧砂	普寧
3879	法界聖凡水陸大齋普利道場性相通論九卷，清咫觀撰													
3880	水陸道場法輪寶懺十卷，清咫觀集													
3881	蘭盆獻供儀一卷，宋元照重集													
3882	釋迦降生禮讚文一卷，宋仁岳撰													
3883	南山祖師禮讚文一卷，宋智圓述													
3884	南山祖師禮讚文一卷，宋仁岳述													
3885	南山祖師禮讚文一卷，宋允堪述													
3886	錢唐靈芝大智律師禮讚文一卷，宋則安述													
3887	經律異相五十卷，梁寶唱等撰	丙至甲		通至達	回至感	仙至傍	仙至傍	仙至傍	仙至傍	靈至啟	靈至啟	靈至啟	靈至啟	靈至啟
3888	法苑珠林一百卷，唐道世撰			譽至秦		書末1	起至威	霸至何		杜至羅	杜至羅	杜至羅	杜至羅	
3889	醒世錄八卷，清徐昌治編輯													
3890	諸經要集二十卷，唐道世集	對至肆		明至集	丁至乂	甲至對	甲至對	甲至對	甲至對	帳至楹	帳至楹	帳至楹	帳至楹	帳至楹
3891	法門名義集一卷，唐李師政撰													
3892	南海寄歸內法傳四卷，唐義淨撰	英		羣	起	英	英	英	英	羣	羣*	羣	羣	羣
3893	大宋僧史略三卷，宋贊寧撰													
3894	釋氏要覽三卷，宋道誠集													
3895	大明三藏法數三十八卷（另～總目二卷），明一如等集註													

初南	天海	緣山	南藏	北藏	嘉興	龍藏	黃檗	卍字	臺中	大正	中華	義門	知津	縮刻	頻伽	普慧	佛教
								續74							續177		
								續74							續177		
								續74							續177		
								續74									
								續74									
								續74									
								續74									
								續74									
靈至啟	靈至啟	靈至啟	路至戶	經至相	經至相	經至相	經至相	二七	磧28	53	52	三五	四三	雨	雨		76
杜至羅	杜至羅	杜至羅	勒至時	高至禄	高至禄	營至綺	高至禄	二八	磧31	53	71	三五	四三	雨	雨		77
				續56					嘉23								
帳至椆	帳至椆	帳至椆	八至給	路至槐	路至槐	廻至惠	路至槐	二七	磧29	54	53	三五	四三	雨	雨		76
										54							113
羣	羣	羣	功	尹	尹	説	尹	二九	磧31	54	63	三六	四二	致	致		75
								續88		54							
										54							113
				昆至石	昆至石	茲至儆	昆至石	三六乙	嘉6		84	三四	四三	露	露		78

序號	歷代漢文大藏經目錄新考對照表	開元	石經	貞元	至元	指要	標目	金藏	麗藏	略出	福州	資福	磧砂	普寧
3896	教乘法數四十卷，明圓瀞集													
3897	重訂教乘法數三十卷，清超海等重定													
3898	賢首諸乘法數十二卷，明行深編集													
3899	佛學名相彙解六十八卷（另總目錄一卷、索引一卷），明寂照重編集													
3900	御錄經海一滴二十卷，清世宗御錄													
3901	金七十論三卷，陳真諦譯	彩		弁	桓	畫	畫	畫	畫	畫	畫*	畫	畫	畫
3902	勝宗十句義論一卷，勝者慧月造、唐玄奘譯	彩		弁	桓	畫	畫	畫	畫	畫	畫*	畫	畫	畫
3903	菩薩名經十卷，宋羅濬集										衡			
3904	一切佛菩薩名集二十二卷，遼德雲集、非濁續		勿多		泰岱									
3905	諸佛世尊如來菩薩尊者神僧名經四十卷，明燕京大德沙門撰													
3906	諸佛世尊如來菩薩尊者名稱歌曲五十一卷，明燕京大德沙門撰													
3907	南宋江陰軍乾明院羅漢尊號碑一卷，明高道素錄、清高佑釲重訂													
3908	寒山詩一卷，唐閭丘胤集													

初南	天海	緣山	南藏	北藏	嘉興	龍藏	黃檗	卍字	臺中	大正	中華	義門	知津	縮刻	頻伽	普慧	佛教
			穡至南	穡至南	穡至南		穡至南		嘉8		85	三四	四三	露	露		78
						辱至恥					85						
																	162
																	114
						見機					82						
畫	畫	畫	羅	疑	疑	疑	疑	二五	磧28	54	52	九	四一	藏	藏		51
畫	畫	畫	吹	納	納	納	納	二五	磧28	54	52	九	四一	藏	藏		51
											71						
											68						
				云至門	云至門	載南	云至門	三五	嘉6		105	四一	四四	霜	霜		83
				紫至城	紫至城		紫至城	三五	嘉6		106	四一	四四	霜	霜		83
					續43	鑑			嘉20		104						
					續44				嘉20			四一					162

序號	歷代漢文大藏經目録新考對照表	開元	石經	貞元	至元	指要	標目	金藏	麗藏	略出	福州	資福	磧砂	普寧
3909	擬寒山詩一卷，明張守約追擬、陸光祖訂正													
3910	天台三聖詩集和韻一卷，元梵琦首和、清福慧重和													
3911	御製祕藏詮二十卷，宋太宗御製							并至宗	車至肥		尹佐*	纓世		
3912	御製佛賦二卷，宋太宗御製							宗			尹	纓		
3913	御製詮源歌一卷，宋太宗御製							宗			尹	纓		
3914	御製蓮華心輪廻文偈頌二十五卷，宋太宗御製							恆	富					
3915	御製逍遙詠十一卷，宋太宗御製							岱	輕		伊*	振		
3916	御製緣識五卷，宋太宗御製							亭	輕		伊*	振		
3917	大明太宗文皇帝御製序讚文一卷，明太宗御製													
3918	一貫別傳五卷，明廣真著													
3919	周易禪解十卷，明智旭著													
3920	莊子內篇註四卷，明德清註													
3921	漆園指通三卷，清淨挺著													
3922	道德經順硃二卷，清德玉順硃													
3923	竹窗隨筆一卷，明袾宏著													
3924	竹窗二筆一卷，明袾宏著													
3925	竹窗三筆一卷，明袾宏著													

初南	天海	緣山	南藏	北藏	嘉興	龍藏	黃檗	卍字	臺中	大正	中華	義門	知津	縮刻	頻伽	普慧	佛教
					又續11				嘉33								
					又續10				嘉33								
纈世	纈世										73			露			
纈	世										73						
纈	世										73						
何遵	1441								磧38		73			霜			
振	振										73			露			
振	振										75			露			
				主	主	畝	主	三五	嘉5		106	三六	四四	霜	霜		83
					又續45				嘉40								
					續43				嘉20								
					又續4			素	嘉31		106						
					又續12				嘉34								
					又續24				嘉36								
					又續8				嘉33			四一					
					又續8				嘉33								
					又續8				嘉33								

序號	歷代漢文大藏經目録新考對照表	開元	石經	貞元	至元	指要	標目	金藏	麗藏	略出	福州	資福	磧砂	普寧
3926	雲棲法彙，明袾宏撰													
3926-1	諸經日誦集要二卷，明袾宏訂輯													
3926-2	僧訓日紀一卷，明袾宏輯													
3926-3	具戒便蒙一卷，明袾宏輯													
3926-4	沙彌律儀要略一卷，明袾宏輯													
3926-5	沙彌尼比丘尼戒録要一卷，明袾宏輯													
3926-6	自知録二卷，明袾宏撰													
3926-7	正訛集一卷，明袾宏撰													
3926-8	直道録一卷，明袾宏著													
3926-9	半月誦戒儀式一卷，明袾宏輯													
3926-10	放生儀一卷													
3926-11	戒殺放生文一卷，明袾宏撰並註													
3926-12	雲棲大師山房雜録二卷，明袾宏撰													
3926-13	雲棲大師遺稿三卷，明袾宏撰													
3926-14	雲棲共住規約四集，明袾宏撰													
3926-15	雲棲紀事一卷（另附孝義無礙庵録一卷），明袾宏撰													
3926-16	雲棲大師塔銘一卷，明德清等撰													
3927	藕益三頌一卷，明智旭撰													

初南	天海	緣山	南藏	北藏	嘉興	龍藏	黃檗	卍字	臺中	大正	中華	義門	知津	縮刻	頻伽	普慧	佛教
					拾遺374				嘉32								
									嘉32								
					拾遺374				嘉32								
					拾遺375				嘉32								
					拾遺375				嘉32			四一					
					拾遺375				嘉32								
					拾遺376				嘉32								
					拾遺376				嘉33			四一					
					拾遺376				嘉33								
					拾遺376				嘉32								
					拾遺376				嘉32								
									嘉32			四一					
					拾遺377				嘉33								
					拾遺377				嘉33								
					拾遺377				嘉33								
					拾遺377				嘉33								
					拾遺377				嘉33								
					續42				嘉20								135

序號	歷代漢文大藏經目録新考對照表	開元	石經	貞元	至元	指要	標目	金藏	麗藏	略出	福州	資福	磧砂	普寧
3928	淨信堂初集八卷，明智旭著													
3929	絶餘編四卷，明智旭著、圓果録													
3930	靈峰藕益大師宗論十卷，清成時編輯													
3931	法海觀瀾五卷，清智旭輯													
3932	天樂鳴空集三卷，明鮑宗肇述、清智旭定													
3933	古音王傳一卷，明廣真著、秤叟評													
3934	無依道人録二卷，清徐昌治著、僧鑑刪定													
3935	學佛考訓十卷，清淨挺輯、成源訂													
3936	等不等觀雜録八卷，清楊文會著													
3937	佛教初學課本一卷，清楊文會述													
3938	佛教初學課本註一卷，清楊文會述													
3939	佛學指南一卷，清楊文會等訂													
3940	選佛譜六卷，清智旭述													
3941	地藏菩薩聖德大觀一卷，民國弘一述													
3942	榑桑國藏古袈裟圖一卷，民國弘一寫													
3943-1	一切經音義二十五卷，唐玄應撰	納至轉		壁至羅	霸至困	納至轉	納至轉	納至轉	納至轉					

初南	天海	緣山	南藏	北藏	嘉興	龍藏	黃檗	卍字	臺中	大正	中華	義門	知津	縮刻	頻伽	普慧	佛教
					續 51												
					續 83				嘉 28								
					又續 23				嘉 36								
															續 196		113
					續 43				嘉 20								
					又續 45				嘉 40								
					續 57				嘉 23								
					又續 12				嘉 34								162
															續 196		
															續 196		
															續 196		
															續 200		
															續 196		
															續 196		
																十二	104
								三五			56			為			

序號	歷代漢文大藏經目録新考對照表	開元	石經	貞元	至元	指要	標目	金藏	麗藏	略出	福州	資福	磧砂	普寧
3943-2	一切經音義（別本）二十五卷，唐玄應撰									階至弁	階至弁	階至弁	階至弁	階至弁
3944-1	新譯大方廣佛華嚴經音義二卷，唐慧苑述	轉		羅	困	轉	轉	轉		弁	弁	弁	弁	弁
3944-2	新譯大方廣佛華嚴經音義（別本）二卷，唐慧苑述								轉					
3945	一切經音義一百卷，唐慧琳撰				翦至沙				田至洞					
3946	續一切經音義十卷，遼希麟集				漠				鷄					
3947	新集藏經音義隨函録三十卷，後晉可洪撰								振至侈					
3948	紹興重雕大藏音三卷，宋處觀撰											英	英	英
3949	重刊北京五大部直音會韻二卷，明久隱撰													
3950	翻梵語十卷													
3951	翻譯名義集七卷，宋法雲編													
3952	悉曇字記一卷，唐智廣撰													
3953-1	梵語千字文一卷，唐義淨撰													
3953-2	梵語千字文（別本）一卷，唐義淨撰													
3954	唐梵文字一卷，唐全真集													
3955	梵語雜名一卷，唐禮言集													
3956	唐梵兩語雙對集一卷，唐僧怛多蘖多·婆羅瞿那彌捨沙集													
3957	景祐天竺字源七卷，宋惟淨等集				音			馳						

初南	天海	緣山	南藏	北藏	嘉興	龍藏	黃檗	卍字	臺中	大正	中華	義門	知津	縮刻	頻伽	普慧	佛教
階至弁	階至弁	階至弁	云至雁	郡至并	郡至并		郡至并		磧30		57	三五	四四	為			
弁	弁	弁	塞	并	并		并		磧30		59	四	四四	為			
								三五			59			為			
		1534								54	57			為	為		82
		1533								54	59			為	為		82
		1440									59			為			
英*	英	英	塞	百	百		百	三五	磧31		59	三五	四四	為			
					續34				嘉19								
										54							
軔敦			貢新	貢新	貢新	塞鷄	貢新		嘉8	54	84	三四	四三	雨	雨		76
										54				閏	閏		53
										54							
										54							
										54							
										54							
									磧38		72						

序號	歷代漢文大藏經目錄新考對照表	開元	石經	貞元	至元	指要	標目	金藏	麗藏	略出	福州	資福	磧砂	普寧
3958	出三藏記集十五卷，梁僧祐撰	筵設		墳典	密勿	楹肆	楹肆	楹肆	楹肆	肆筵	肆筵*	肆筵	肆筵	肆筵
3959	眾經目錄七卷，隋法經等撰	設		典	勿	肆	肆	肆	肆	筵	筵*	筵	筵	筵
3960	眾經目錄五卷，隋翻經沙門及學士等撰	鼓		聚	士					席	席*	席	席	席
3961	眾經目錄五卷，唐靜泰撰					設	設	設	設					
3962	大唐內典錄十卷，唐道宣撰	瑟		群	宦	席鼓	席鼓	席鼓	席鼓	鼓	鼓*	鼓	鼓	鼓
3963	古今譯經圖紀四卷，唐靖邁撰	吹		英	寧	吹	吹	吹	吹	瑟	瑟*	瑟	瑟	瑟
3964	續古今譯經圖紀一卷，唐智昇撰	吹		英	寧	吹	吹	吹	吹	瑟	瑟*	瑟	瑟	瑟
3965	大周刊定眾經目錄十五卷，唐明佺等撰	吹笙		英杜	寧晉	瑟吹	瑟吹	瑟吹	瑟吹	瑟吹	瑟吹*	瑟吹	瑟吹	瑟吹
3966	開元釋教錄二十卷，唐智昇撰	陞階		藁鍾	楚更	笙至階	笙至階	笙至階	笙至階	笙陞	笙陞*	笙陞	笙陞	笙陞
3967	開元釋教錄略出四卷，唐智昇撰										英*	英	英	英
3968	大唐開元釋教廣品歷章三十卷，唐玄逸撰				池至石				振至世					
3969	大唐貞元續開元釋教錄三卷，唐圓照撰		丁	隸	馳				世	惠				
3970	貞元新定釋教目錄三十卷，唐圓照撰		·	隸至書					說至丁					
3971	大唐保大乙巳歲續貞元釋教錄一卷，南唐恒安集								惠					
3972-1	唐貞元新定目錄一卷										陞			
3972-2	大唐貞元新定目錄一卷										英			
3973	大中祥符法寶錄二十二卷，宋趙安仁、楊億等編修				色貽				跡百					

初南	天海	緣山	南藏	北藏	嘉興	龍藏	黃檗	卍字	臺中	大正	中華	義門	知津	縮刻	頻伽	普慧	佛教
肆筵	肆筵	肆筵	跡百	戶封	戶封		戶封	二七	磧29	55	53	三五	四四	結	結		80
筵	筵	筵	郡	宗	宗	尹	宗	三五	磧29	55	54	三五	四四	結	結		80
席	席	席	百	嶽	嶽	尹	嶽		磧29	55	54	三五	四四				
								三五		55	54			結	結		80
鼓	鼓	鼓	并岳	侈富	侈富	阜微	侈富	二九	磧29	55	54	三五	四四	結	結		80
瑟	瑟	瑟	岳	輕	輕		輕	二九	磧29	55	54	三五	四四	結	結		80
瑟	瑟	瑟	岳	輕	輕		輕	二九	磧29	55	54	三五	四四	結	結		80
瑟吹	瑟吹	瑟吹	郡秦	宗泰	宗泰		宗泰	三五	磧29	55	54	三五	四四	結	結		80
笙陞	笙陞	笙陞	宗至禪	車至肥	車至肥	感至丁	車至肥	二九	磧29	55	55	三五	四四	結	結		80
英	英	英	禪	輕	輕	俊	輕	二九	磧31	55	55	三五	四四	結	結		80
									磧40		65						
		1506							磧38	55	65			結	結		80
		1509								55	55			結	結		81
		1507								55	55			結	結		81
									磧40		73						

序號	歷代漢文大藏經 目録新考對照表	開元	石經	貞元	至元	指要	標目	金藏	麗藏	略出	福州	資福	磧砂	普寧
3974	天聖釋教總録三卷，宋惟淨等編修													
3975	景祐新修法寶録二十一卷（含總録一卷），宋呂夷簡等編修				厥		郡							
3976	大元至元法寶勘同總録十卷，元慶吉祥等集												盟	盟
3977	大藏經綱目指要録八卷，宋惟白集										溪			
3978	大藏聖教法寶標目十卷，宋王古撰												遵	遵
3979	大明釋教彙目義門四十一卷（另彙門目録四卷、標目四卷），明寂曉集													
3980	閱藏知津四十四卷（另總目四卷），清智旭彙輯													
3981	大藏一覽集十卷（另目録一卷），明陳實編、姚舜漁重輯								縣					
3982	東寺經藏一切經目録一卷													
3983	福州東禪大藏經目録一卷													
3984	宮内省圖書寮一切經目録一卷													
3985	唐本一切經目録三卷													
3986	湖州思溪圓覺禪院新雕大藏經律論等目録二卷													
3987	安吉州思溪法寶資福禪寺大藏經目録二卷											549		

初南	天海	緣山	南藏	北藏	嘉興	龍藏	黃檗	卍字	臺中	大正	中華	義門	知津	縮刻	頻伽	普慧	佛教
									磧 40		72						
									磧 40		73						
盟			紫		禪	禪	農	禪	三五	磧 37	總目 2	56	三五	四四	結	結	81
										總目 2	56						
遵			門		岱	岱	庭	岱	三五	磧 37	總目 2	56	三五	四四	結	結	81
													四四				
					又續 6					嘉 31	總目 3						113
	魏困				續 49					嘉 21	總目 3	56	三五				
											總目 1						
											總目 3						
											總目 1						
											總目 3						
											總目 3						
											總目 1	106					

序號	歷代漢文大藏經目錄新考對照表	開元	石經	貞元	至元	指要	標目	金藏	麗藏	略出	福州	資福	磧砂	普寧
3988	平江府磧砂延聖院新雕藏經律論等目錄二卷													
3989	影印宋磧砂版大藏經目錄一冊												目錄	
3990	房山石經總目錄、目錄索引一冊，華夏出版社		30											
3391	趙城金藏總目錄一冊，北京圖書館出版社							目錄						
3392	影印宋藏遺珍目錄一冊							目錄						
3993	杭州路餘杭縣白雲宗南山大普寧寺大藏經目錄四卷，元如瑩書													
3994	洪武南藏總目錄一冊													
3995	大明重刊三藏聖教目錄（含續入藏經目錄）三卷													
3996	大明三藏聖教目錄四卷（另續入藏經目錄一卷）													
3997	永樂北藏影印本總目錄													
3998	遵依北藏字號編次畫一（不分卷）													
3999	重輯嘉興藏總目錄二冊（另總目錄索引一冊），民族出版社													
4000	大清三藏聖教目錄五卷													
4001-1	新編縮本乾隆大藏經總目錄一冊，臺北新文豐出版公司編輯部編													

初南	天海	緣山	南藏	北藏	嘉興	龍藏	黃檗	卍字	臺中	大正	中華	義門	知津	縮刻	頻伽	普慧	佛教
										總目 1							
										總目 2				結	結		81
目錄																	
			塞							總目 2	106		四四				
				目錄						總目 2		三五					
				目錄													
					目錄					總目 2				結	結		81
					目錄												
						目錄				總目 2	106						
						目錄											

序號	歷代漢文大藏經目錄新考對照表	開元	石經	貞元	至元	指要	標目	金藏	麗藏	略出	福州	資福	磧砂	普寧
4001-2	乾隆大藏經總目錄一冊，臺北傳正有限公司編輯部編													
4002	頻伽精舍校刊大藏經總目一冊													
4003-1	頻伽大藏經新編總目，九洲圖書出版社													
4003-2	頻伽大藏經續編目錄，九州圖書出版社													
4004	普慧藏目錄一冊													
4005	精刻大藏經目錄，民國支那內學院編													
4006	磧砂嘉興大藏經總目錄索引一冊，臺北新文豐出版公司編輯部編													
4007	中華大藏經總目一冊，《中華大藏經》編輯局編													
4008	佛教大藏經總目錄、索引一冊													
4009	大藏目錄三卷								更					
4010-1	高麗大藏經補遺目錄								目錄					
4010-2	影印高麗大藏經總目錄一冊，臺北新文豐出版公司								目錄					
4011	高麗國新雕大藏校正別錄三十卷，高麗守其等校勘								俊至密					
4012	新編諸宗教藏總錄三卷，高麗義天錄													
4013	傳教大師將來台州錄一卷，日本最澄撰													

初南	天海	緣山	南藏	北藏	嘉興	龍藏	黃檗	卍字	臺中	大正	中華	義門	知津	縮刻	頻伽	普慧	佛教
						目録											
															天		
															首冊		
															續 101		
																目録	
															續 200		
									目録								
											目録						
																	目録
										總目 2	106			結	結		81
		1510									56			結	結		81
										55							
										55							

序號	歷代漢文大藏經目録新考對照表	開元	石經	貞元	至元	指要	標目	金藏	麗藏	略出	福州	資福	磧砂	普寧
4014	傳教大師將來越州録一卷，日本最澄撰													
4015	御請來目録一卷，日本空海撰													
4016	根本大和尚真跡策子等目録一卷													
4017	常曉和尚請來目録一卷，日本常曉撰													
4018	靈巖寺和尚請來法門道具等目録一卷，日本圓行撰													
4019	日本國承和五年入唐求法目録一卷，日本圓仁撰													
4020	慈覺大師在唐送進録一卷，日本圓仁撰													
4021	入唐新求聖教目録一卷，日本圓仁撰													
4022	惠運禪師將來教法目録一卷，日本惠運撰													
4023	惠運律師書目録一卷，日本惠運撰													
4024	開元寺求得經疏記等目録一卷，日本圓珍撰													
4025	福州溫州台州求得經律論疏記外書等目録一卷，日本圓珍撰													
4026	青龍寺求法目録一卷，日本圓珍撰													
4027	日本比丘圓珍入唐求法目録一卷，日本圓珍撰													

初南	天海	緣山	南藏	北藏	嘉興	龍藏	黃檗	卍字	臺中	大正	中華	義門	知津	縮刻	頻伽	普慧	佛教
										55							
										55							
										55							
										55				餘	餘		54
										55				餘	餘		54
										55							
										55							
										55							
										55				餘	餘		54
										55							
										55							
										55							
										55							
										55							

序號	歷代漢文大藏經目錄新考對照表	開元	石經	貞元	至元	指要	標目	金藏	麗藏	略出	福州	資福	磧砂	普寧
4028	智證大師請來目錄一卷，日本圓珍撰													
4029	新書寫請來法門等目錄一卷，日本宗叡撰													
4030	禪林寺宗叡僧正目錄一卷													
4031	錄外經等目錄一卷													
4032	諸阿闍梨真言密教部類總錄二卷，日本安然集													
4033	華嚴宗章疏並因明錄一卷，日本圓超錄													
4034	天台宗章疏一卷，日本玄日錄													
4035	三論宗章疏一卷，日本安遠錄													
4036	法相宗章疏一卷，日本平祚錄													
4037	註進法相宗章疏一卷，日本藏俊撰													
4038	律宗章疏一卷，日本榮穩錄													
4039	東域傳燈目錄一卷，日本永超集合													
4040	日本武州江戶東叡山寬永寺一切經新刊印行目錄五卷													
4041	黃檗藏目錄													
4042	大日本校訂大藏經目錄一冊													
4043	大日本校訂藏經目錄一冊（另索引目錄、部類目錄一冊）													
4044	大日本續藏經目錄二卷													

初南	天海	緣山	南藏	北藏	嘉興	龍藏	黃檗	卍字	臺中	大正	中華	義門	知津	縮刻	頻伽	普慧	佛教
										55							
										55				餘	餘		54
										55							
										55							
										55							
										55							
										55							
										55							
										55							
										55							
										55							
										55							
	最									總目 2							
								目録		總目 2							
										總目 2					目録		
									目録	總目 2							
									續舊 目	總目 2							

序號	歷代漢文大藏經目錄新考對照表	開元	石經	貞元	至元	指要	標目	金藏	麗藏	略出	福州	資福	磧砂	普寧
4045	新纂大日本續藏經總目錄一冊（另索引目錄一冊）。													
4046-1	大正新修大藏經總目錄													
4046-2	大正新修大藏經一覽（自第一卷至第五十五卷）													
4046-3	大正新修大藏經勘同目錄													
4046-4	大正新修大藏經著譯目錄													
4046-5	大正新修大藏經索引目錄													
4046-6	續大正新修大藏經總目錄													
4046-7	大正新修大藏經全覽													
4046-8	續大正新修大藏經勘同目錄													
4046-9	續大正新修大藏經著譯目錄													
4046-10	大正新修大藏經書目總索引													
4047	大正新修大藏經索引四十五卷													
4048	南禪寺經藏一切經目錄一卷													
4049	上醍醐寺藏一切經目錄二卷													
4050	知恩院一切經目錄一卷													
4051	正倉院御物聖語藏一切經目錄二卷													
4052	石山寺一切經目錄二卷													
4053	東寺一切經目錄二卷													

初南	天海	緣山	南藏	北藏	嘉興	龍藏	黃檗	卍字	臺中	大正	中華	義門	知津	縮刻	頻伽	普慧	佛教
								續新目									
										總目 1							
										總目 1							
										總目 1							
										總目 1							
										總目 1							
										總目 3							
										總目 3							
										總目 3							
										總目 3							
										總目 3							
										索引							
										總目 1							
										總目 1							普慧	
										總目 1							
										總目 1							
										總目 1							
										總目 1							

序號	歷代漢文大藏經目錄新考對照表	開元	石經	貞元	至元	指要	標目	金藏	麗藏	略出	福州	資福	磧砂	普寧
4054	神護寺五大堂一切經目録一卷													
4055	御譯大藏經目録一卷													
4056	如來大藏經總目録一卷													
4057	燉煌本古逸經論章疏並古寫經目録一卷													
4058	日本奈良時代古寫經目録一卷													
4059	緣山三大藏總目録三卷，日本隨天編													
4060	唐本一切經目録三卷													
4061	三緣山輪藏目録二卷													
4062	扶桑藏外現存目録一卷，日本鳳潭録													
4063	大日本佛教全書總目録一卷													
4064	日本大藏經總目録一卷													
4065	紀州天野山丹生社宋本大藏録一卷													
4066	神護寺經藏一切經目録二卷													
4067	豐山勸學院宋本大藏目録一卷													
4068	禪林寺入藏目録一卷													
4069	山王院藏二卷													
4070	山門藏本目録一卷													
4071	東寺一切經藏之內請來録內儀軌等五函目録一卷													

初南	天海	緣山	南藏	北藏	嘉興	龍藏	黃檗	卍字	臺中	大正	中華	義門	知津	縮刻	頻伽	普慧	佛教
										總目 1							
										總目 1							
										總目 1							
										總目 1							
										總目 1							
										總目 2							
										總目 2							
										總目 2							
										總目 2							
										總目 3							
										總目 3							
										總目 3							
										總目 3							
										總目 3							
										總目 3							
										總目 3							
										總目 3							

序號	歷代漢文大藏經目録新考對照表	開元	石經	貞元	至元	指要	標目	金藏	麗藏	略出	福州	資福	磧砂	普寧
4072	東寺觀智院聖教目録一卷													
4073	東寺觀智院本目録一卷													
4074	東寺寶菩提院經藏諸儀軌目録一卷													
4075	普賢院内供淳祐筆跡目録三卷													
4076	石山寺藏中聖教目録一卷													
4077	御室御本御聖教目録一卷													
4078	仁和寺經藏聖教目録一卷													
4079	仁和寺御經藏聖教目録三卷													
4080	仁和寺輪藏箱銘用意一卷													
4081	勸修寺大藏經聖教目録一卷													
4082	勸修寺慈尊院聖教目録一卷													
4083	高山寺聖教目録二卷													
4084	高山寺經藏聖教内真言書目録一卷													
4085	方便智院聖教目録一卷													
4086	法鼓臺聖教目録三卷													
4087	普門院經論章疏語録儒書等目録一卷													
4088	建仁寺兩足院藏書目録一卷													
4089	南都西京藥師寺經藏聖教目録一卷													

初南	天海	緣山	南藏	北藏	嘉興	龍藏	黃檗	卍字	臺中	大正	中華	義門	知津	縮刻	頻伽	普慧	佛教
										總目 3							
										總目 3							
										總目 3							
										總目 3							
										總目 3							
										總目 3							
										總目 3							
										總目 3							
										總目 3							
										總目 3							
										總目 3							
										總目 3							
										總目 3							
										總目 3							
										總目 3							
										總目 3							
										總目 3							

序號	歷代漢文大藏經目録新考對照表	開元	石經	貞元	至元	指要	標目	金藏	麗藏	略出	福州	資福	磧砂	普寧
4090	大藏揭本考一卷，日本徹定著													
4091	御製大藏經序跋集一卷													
4092	南傳大藏經·長部經典一，民國江鍊百重譯、芝峰校證													
4092-1	梵網經一卷，宇井伯壽原譯													
4092-2	沙門果經一卷，羽溪了諦原譯													
4092-3	阿摩晝經一卷，長井真琴原譯													
4092-4	種德經一卷，久野芳隆原譯													
4092-5	究羅檀頭經一卷，長井真琴原譯													
4092-6	摩訶梨經一卷，赤沼智善原譯													
4092-7	闍利經一卷，木村泰賢原譯													
4092-8	迦葉師子吼經一卷，金倉圓照原譯													
4092-9	布吒婆樓經一卷，木村泰賢原譯													
4092-10	須婆經一卷，荻原雲來原譯													
4092-11	堅固經一卷，阪本幸男原譯													
4092-12	露遮經一卷，花山信勝原譯													
4092-13	三明經一卷，山田龍城原譯													
4092-14	大本經一卷，平等通昭原譯													
4093	南傳大藏經·長部經典二，民國江鍊百重譯、芝峰校證													

初南	天海	緣山	南藏	北藏	嘉興	龍藏	黃檗	卍字	臺中	大正	中華	義門	知津	縮刻	頻伽	普慧	佛教
										總目 3							
										總目 3							
																一	
																一	85
																一	85
																一	85
																一	85
																一	85
																一	85
																一	85
																一	85
																一	85
																一	85
																一	85
																一	85
																一	85
																一	

序號	歷代漢文大藏經目錄新考對照表	開元	石經	貞元	至元	指要	標目	金藏	麗藏	略出	福州	資福	磧砂	普寧
4093-1	大緣經一卷，奇崎修一原譯													
4093-2	大般涅槃經一卷，平等通昭原譯													
4093-3	大善見王經一卷，干潟龍祥原譯													
4093-4	闍尼沙經一卷，干潟龍祥原譯													
4093-5	大典尊經一卷，山本快龍原譯													
4093-6	大會經一卷，阿部文雄原譯													
4093-7	帝釋所問經一卷，小野島行忍原譯													
4093-8	大念處經一卷，石川海淨原譯													
4093-9	弊宿經一卷，水野弘元原譯													
4094	南傳大藏經·中部經典一·根本五十經編第一，日本干潟龍祥原譯、民國芝峰重譯													
4094-1	根本法門品第一·根本法門經一卷													
4094-2	一切漏經一卷													
4094-3	法嗣經一卷													
4094-4	怖駭經一卷													
4094-5	無穢經一卷													
4094-6	願經一卷													
4094-7	布喻經一卷													
4094-8	損損經一卷													
4094-9	正見經一卷													
4094-10	念處經一卷													
4094-11	師子吼品第二·師子吼小經一卷													
4094-12	師子吼大經一卷													
4094-13	苦蘊大經一卷													

初南	天海	緣山	南藏	北藏	嘉興	龍藏	黃檗	卍字	臺中	大正	中華	義門	知津	縮刻	頻伽	普慧	佛教
																一	85
																一	85
																一	85
																一	85
																一	85
																一	85
																一	85
																一	85
																一	85
																一	
																一	85
																一	85
																一	85
																一	85
																一	85
																一	85
																一	85
																一	85
																一	85
																一	85
																一	85
																一	85

序號	歷代漢文大藏經目録新考對照表	開元	石經	貞元	至元	指要	標目	金藏	麗藏	略出	福州	資福	磧砂	普寧
4094-14	苦蘊小經一卷													
4094-15	思量經一卷													
4094-16	心慌穢經一卷													
4094-17	林藪經一卷													
4094-18	蜜丸經一卷													
4094-19	雙思經一卷													
4094-20	息思經一卷													
4094-21	譬喻法品第三・鋸喻經一卷													
4094-22	蛇喻經一卷													
4094-23	蟻垤經一卷													
4094-24	傳車經一卷													
4094-25	撒餌經一卷													
4094-26	聖求經一卷													
4094-27	象跡喻小經一卷													
4094-28	象跡喻大經一卷													
4094-29	心材喻大經一卷													
4094-30	心材喻小經一卷													
4094-31	雙大品第四・牛角林小經一卷													
4094-32	牛角林大經一卷													
4094-33	牧牛者大經一卷													
4094-34	牧牛者小經一卷													
4094-35	薩遮迦小經一卷													
4094-36	薩遮迦大經一卷													
4094-37	愛盡小經一卷													
4094-38	愛盡大經一卷													
4094-39	馬邑大經一卷													
4094-40	馬邑小經一卷													
4094-41	雙小品第五・薩羅村婆羅門經一卷													
4094-42	鞞蘭若村婆羅門經一卷													
4094-43	有明大經一卷													
4094-44	有明小經一卷													
4094-45	得法小經一卷													
4094-46	得法大經一卷													

初南	天海	緣山	南藏	北藏	嘉興	龍藏	黃檗	卍字	臺中	大正	中華	義門	知津	縮刻	頻伽	普慧	佛教
																一	85
																一	85
																一	85
																一	85
																一	85
																一	85
																一	85
																一	85
																一	85
																一	85
																一	85
																一	85
																一	85
																一	85
																一	85
																一	85
																一	85
																一	85
																一	85
																一	85
																一	85
																一	85
																一	85
																一	85
																一	85
																一	85
																一	85
																一	85
																一	85
																一	85
																一	85
																一	85
																一	85

序號	歷代漢文大藏經目録新考對照表	開元	石經	貞元	至元	指要	標目	金藏	麗藏	略出	福州	資福	磧砂	普寧
4094–47	思察經一卷													
4094–48	憍賞彌經一卷													
4094–49	梵天請經一卷													
4094–50	呵魔經一卷													
4095–1	南傳大藏經·小部經典六·本生經（一）一卷，民國夏丏尊重譯													
4095–2	南傳大藏經·小部經典七·本生經（二）一卷，民國夏丏尊重譯													
4096	南傳大藏經·論部五·發趣論（一）一卷（另附論註一卷），日本山崎良順原譯、民國范寄東重譯、芝峰校證													
4097	小誦經一卷，民國黃謹良譯													
4098	法句經一卷，民國黃謹良譯													
4099	自説經一卷，民國黃謹良譯													
4100	如是語經一卷，民國黃謹良譯													
4101	南傳大悲經一卷，民國法舫譯													
4102	南傳法句經一卷，民國了參譯													
4103	南傳大般涅槃經一卷，民國巴宙譯													
4104	南傳羯臘摩經一卷，民國丘寶光等譯													
4105	轉法輪經一卷，民國岫廬譯													
4106	南傳轉法輪經一卷，民國丘呱博譯													

初南	天海	緣山	南藏	北藏	嘉興	龍藏	黃檗	卍字	臺中	大正	中華	義門	知津	縮刻	頻伽	普慧	佛教
																一	85
																一	85
																一	85
																一	85
																一	85
																一	
																三	104
																	119
																	119
																	119
																	119
																	27
																	27
																	27
																	27
																	27
																	27

序號	歷代漢文大藏經 目錄新考對照表	開元	石經	貞元	至元	指要	標目	金藏	麗藏	略出	福州	資福	磧砂	普寧
4107	三寶經一卷，民國 法舫譯													
4108	吉祥經一卷，民國 法舫譯			·										
4109	婆羅門正法經一 卷，民國法舫譯													
4110	南傳念安般經一 卷，民國湯用彤譯													
4111	毘尼資持鈔一卷， 泰僧皇公拍耶跋折 羅禪那婆羅娑親王 御撰、民國黃謹良 摭譯													
4112	南傳阿毘達摩攝義 論一卷，民國法舫 譯													
4113	隨念三寶經一卷， 民國法尊譯													
4114	聖如來頂髻中出生 白傘蓋餘無能敵大 迴遮母名最勝成就 陀羅尼經一卷，民 國超一譯													
4115	大白傘蓋佛母讚經 一卷，民國超一譯													
4116	聖者賢行願王釋義 二卷，民國湯薌銘 譯													
4117	菩薩戒品釋五卷， 民國法尊譯													
4118	菩薩戒論一卷，民 國湯薌銘譯													
4119	菩薩律儀二十頌一 卷，民國超一譯													
4120	菩薩戒根本墮攝頌 一卷，民國超一譯													

初南	天海	緣山	南藏	北藏	嘉興	龍藏	黃檗	卍字	臺中	大正	中華	義門	知津	縮刻	頻伽	普慧	佛教
																	27
																	27
																	27
																	27
																	139
																	48
																	28
																	58
																	58
																	131
																	66
																	48
																	34
																	34

序號	歷代漢文大藏經目録新考對照表	開元	石經	貞元	至元	指要	標目	金藏	麗藏	略出	福州	資福	磧砂	普寧
4121	密宗戒根斷十四大業一卷，民國廣定記													
4122	密宗十四根本戒略釋一卷，民國丹吉仁波切講、廣定筆記													
4123	入中論六卷，民國法尊譯													
4124	入中論善顯密意疏十四卷（另科文一卷），宗喀巴造、民國法尊譯													
4125	辨了不了義善説藏論五卷，民國法尊譯													
4126	攝大乘論一卷，民國呂澂譯													
4127	觀所緣釋論一卷，民國佚譯人名													
4128	菩提道燈論一卷，民國法尊譯													
4129	菩提道炬論一卷，民國超一譯													
4130	菩提道次第廣論二十四卷，民國法尊譯													
4131	菩提道次第略論六卷，民國大勇、法尊等譯													
4132	菩提道次第略論六卷，宗喀巴著、民國邢肅芝譯													
4133	菩提道次第論攝頌科判一卷，民國超一撰													
4134	菩提道次第論攝頌一卷，宗喀巴造、民國法尊譯													

初南	天海	緣山	南藏	北藏	嘉興	龍藏	黃檗	卍字	臺中	大正	中華	義門	知津	縮刻	頻伽	普慧	佛教
																	58
																	152
																	48
																	148
																	48
																	48
																	48
																	148
																	48
																	49
																	48
																	148
																	48
																	148

序號	歷代漢文大藏經目錄新考對照表	開元	石經	貞元	至元	指要	標目	金藏	麗藏	略出	福州	資福	磧砂	普寧
4135	菩提道次第論攝頌一卷，民國超一譯													
4136	菩提道次第論極略頌一卷，民國超一譯													
4137	菩提道次恒修教授一卷，民國法尊譯													
4138	菩提道次第綱要一卷，民國恒演錄													
4139	覺道次第略科一卷，民國大勇譯													
4140	菩提道次第直講十卷（另科判一卷），宗喀巴造、民國大勇口譯、智湛筆錄													
4141	菩提道次第攝修求加持頌一卷，民國能海譯													
4142	密宗道次第廣論二十二卷，民國法尊譯													
4143	密宗道次第論五卷，民國法尊譯													
4144	宗喀巴大師顯密修行次第科頌一卷，民國能海輯													
4145	辨法法性論一卷，民國法尊譯													
4146	集諸學頌一卷，民國超一譯													
4147	緣起讚一卷，民國法尊譯													
4148	緣起讚頌略釋二卷，民國法尊譯													
4149	地道建立一卷，民國法尊譯													
4150	極樂發願文一卷，民國法尊譯													

初南	天海	緣山	南藏	北藏	嘉興	龍藏	黃檗	卍字	臺中	大正	中華	義門	知津	縮刻	頻伽	普慧	佛教
																	48
																	48
																	48
																	67
																	67
																	148
																	152
																	49
																	48
																	152
																	48
																	48
																	48
																	67
																	48
																	58

序號	歷代漢文大藏經目錄新考對照表	開元	石經	貞元	至元	指要	標目	金藏	麗藏	略出	福州	資福	磧砂	普寧
4151	救度佛母七支供養頌一卷，民國超一譯													
4150	彌勒修法一卷，民國法尊譯													
4153	尊長瑜伽法一卷，民國法尊譯													
4154	大乘修心七義論釋一卷，民國慧海等譯													
4155	現觀莊嚴論中八品七十義略解一卷，民國法尊述													
4156	現觀莊嚴論略釋四卷，民國法尊譯釋													
4157	現觀莊嚴論要略一卷，民國張竟撰													
4158	現觀莊嚴論略釋表解一卷，民國史道明撰													
4159	法寶貫珠一卷，民國趙洪鑄譯													
4160	七十空性論科攝一卷，民國法尊譯、弘悲科攝													
4161	瑜伽師地論本地分中菩薩地初持瑜伽處戒品纂釋二卷（另卷首一卷），民國湯薌銘譯纂													
4162	集量論頌一卷，陳那著、民國法尊譯													
4163	釋量論四卷，法稱造、民國法尊譯													
4164	釋量論略解九卷（另目錄等一卷），法稱造、僧成釋、民國法尊譯編													

初南	天海	緣山	南藏	北藏	嘉興	龍藏	黃檗	卍字	臺中	大正	中華	義門	知津	縮刻	頻伽	普慧	佛教
																	58
																	58
																	58
																	67
																	67
																	67
																	149
																	149
																	67
																	149
																	149
																	150
																	150
																	150

序號	歷代漢文大藏經目錄新考對照表	開元	石經	貞元	至元	指要	標目	金藏	麗藏	略出	福州	資福	磧砂	普寧
4165	密乘要集三卷，元發思巴輯													
4166	上師五師法頌一卷，民國丹吉仁波切口譯、廣定記													
4167	上師五師法頌略釋一卷，印度婆拉遮達鬲大師輯、民國丹吉仁波切口譯、廣定記													
4168	宗喀巴大師傳一卷，民國法尊譯述													
4169	宗喀巴大師傳一卷，民國張建木述													
4170	勝鬘經義疏一卷，日本聖德太子撰													
4171	維摩經義疏三卷，日本聖德太子撰													
4172	法華義疏四卷，日本聖德太子撰													
4173	法華略抄一卷，日本明一撰													
4174	妙法蓮華經釋文三卷，日本中算撰													
4175	法華經開題一卷，日本空海撰													
4175-1	法華經開題（異本一）一卷													
4175-2	法華經釋（異本二）一卷													
4175-3	法華經開題（異本三）一卷													
4175-4	法華經密號（異本四）一卷													
4175-5	法華略祕釋（異本五）一卷													

初南	天海	緣山	南藏	北藏	嘉興	龍藏	黃檗	卍字	臺中	大正	中華	義門	知津	縮刻	頻伽	普慧	佛教
																	152
																	152
																	152
																	160
																	160
									56								
									56								
									56								
									56								
									56								
									56								
									56								
									56								
									56								
									56								

序號	歷代漢文大藏經目錄新考對照表	開元	石經	貞元	至元	指要	標目	金藏	麗藏	略出	福州	資福	磧砂	普寧
4175-6	法華開題（異本六）一卷													
4176	法華經祕釋一卷，日本覺鍐撰													
4177	入真言門住如實見講演法華略儀二卷，日本圓珍撰													
4178	註無量義經三卷，日本最澄撰													
4179	佛說觀普賢菩薩行法經記二卷，日本圓珍撰													
4180	法華開示抄二十八卷，日本貞慶撰													
4181	金光明最勝王經玄樞十卷，日本願曉等集													
4182	金光明最勝王經註釋十卷，日本明一集註													
4183	最勝王經羽足一卷，日本平備撰													
4184	最勝王經開題一卷，日本空海撰													
4185	仁王經開題一卷，日本空海撰													
4186	金剛般若波羅蜜經開題一卷，日本空海撰													
4187	般若心經述義一卷，日本智光撰													
4188-1	般若心經祕鍵一卷，日本空海撰													
4188-2	祕鍵略註一卷，日本覺鍐記													
4189	般若心經祕鍵開門訣三卷，日本濟暹撰													

初南	天海	緣山	南藏	北藏	嘉興	龍藏	黃檗	卍字	臺中	大正	中華	義門	知津	縮刻	頻伽	普慧	佛教
										56							
										56							
										56							
										56							
										56							
										56							
										56							
										56							
										56							
										56							
										56							
										57							
										57							
										57							
										57							
										57							

序號	歷代漢文大藏經目錄新考對照表	開元	石經	貞元	至元	指要	標目	金藏	麗藏	略出	福州	資福	磧砂	普寧
4190	演義鈔纂釋三十八卷，日本湛叡撰													
4191-1	新譯華嚴經音義一卷，日本喜海撰													
4191-2	貞元華嚴經音義一卷，日本喜海撰													
4192	淨土三部經音義集四卷，日本信瑞纂													
4193-1	淨土疑端一卷，日本顯意述													
4193-2	觀經義賢問愚答鈔一卷，日本證忍記													
4193-3	觀經義拙疑巧答研覈鈔一卷，日本顯意述													
4194	觀經疏傳通記十五卷，日本良忠述													
4195	阿彌陀經略記一卷，日本源信撰													
4196	大日經開題一卷，日本空海撰													
4196-1	大日經開題（異本一）一卷													
4196-2	大日經略開題（異本二）一卷													
4196-3	大日經開題（異本三）一卷													
4196-4	大日經開題（異本四）一卷													
4196-5	大日經開題（異本五）一卷													
4196-6	大日經開題（異本六）一卷													
4197	大毘盧遮那經指歸一卷，日本圓珍撰													

初南	天海	緣山	南藏	北藏	嘉興	龍藏	黃檗	卍字	臺中	大正	中華	義門	知津	縮刻	頻伽	普慧	佛教
										57							
										57							
										57							
										57							
										57							
										57							
										57							
										57							
										57							
										58							
										58							
										58							
										58							
										58							
										58							
										58							
										58							

序號	歷代漢文大藏經目錄新考對照表	開元	石經	貞元	至元	指要	標目	金藏	麗藏	略出	福州	資福	磧砂	普寧
4198	妙印鈔八十卷，日本宥範記													
4199	大日經疏妙印鈔口傳十卷，日本宥範記													
4200	大日經住心品疏私記十六卷，日本濟暹撰													
4201	大日經疏演奧鈔五十六卷，日本杲寶撰													
4202	大日經疏指心鈔十六卷，日本賴瑜撰													
4203	大日經疏鈔八十五卷，日本宥快述													
4204	大日經住心品疏私記二十卷，日本曇寂撰													
4205	大日經供養次第法疏私記八卷，日本宥範撰													
4206	金剛頂經偈釋一卷，日本賴尊撰													
4207	金剛頂大教王經私記十九卷，日本曇寂撰													
4208	三十卷教王經文次第二卷，日本杲寶撰													
4209	金剛峰樓閣一切瑜伽瑜祇經修行法三卷，日本安然述													
4210	瑜祇總行私記一卷，日本真寂撰													
4211	菩提場經略義釋五卷，日本圓珍撰													

初南	天海	緣山	南藏	北藏	嘉興	龍藏	黃檗	卍字	臺中	大正	中華	義門	知津	縮刻	頻伽	普慧	佛教
										58							
										58							
										58							
										59							
										59							
										60							
										60							
										60							
										61							
										61							
										61							
										61							
										61							
										61							

序號	歷代漢文大藏經目録新考對照表	開元	石經	貞元	至元	指要	標目	金藏	麗藏	略出	福州	資福	磧砂	普寧
4212	蓮華胎藏界儀軌解釋三卷，日本真興集													
4213	梵嚩日羅馱覩私記一卷，日本真興述													
4214	大佛頂經開題一卷，日本空海撰													
4215	註大佛頂真言一卷，日本南忠撰													
4216	大佛頂如來放光悉怛他鉢怛囉陀羅尼勘註一卷，日本明覺撰													
4217	理趣經開題一卷，日本空海撰													
4217–1	理趣經開題（異本一）一卷													
4217–2	理趣經開題（異本二）一卷													
4218	真實經文句一卷，日本空海撰													
4219	理趣經種子釋一卷，日本覺鍐撰													
4220	大樂經顯義抄三卷，日本濟暹撰													
4221	理趣釋重釋記一卷													
4222	理趣釋祕要鈔十二卷，日本杲寶説、賢寶記													
4223	大隨求陀羅尼勘註一卷，日本明覺撰													
4224	千手經二十八部眾釋一卷，日本定深撰													
4225	孔雀經音義三卷，日本觀靜撰													

初南	天海	緣山	南藏	北藏	嘉興	龍藏	黃檗	卍字	臺中	大正	中華	義門	知津	縮刻	頻伽	普慧	佛教
										61							
										61							
										61							
										61							
										61							
										61							
										61							
										61							
										61							
										61							
										61							
										61							
										61							
										61							
										61							

序號	歷代漢文大藏經目錄新考對照表	開元	石經	貞元	至元	指要	標目	金藏	麗藏	略出	福州	資福	磧砂	普寧
4226	不空羂索毘盧遮那佛大灌頂光明真言句義釋一卷，日本高辨撰													
4227	梵網經開題一卷，日本空海撰													
4228	梵網戒本疏日珠鈔五十卷，日本凝然述													
4229	資行鈔三卷，日本照遠撰													
4230	俱舍論抄二十九卷，日本宗性撰													
4231	阿毘達磨俱舍論指要鈔三十卷，日本湛慧撰													
4232	阿毘達俱舍論法義三十卷，日本快道撰													
4233	阿毘達磨俱舍論稽古二卷，日本法幢撰													
4234	俱舍論頌疏正文一卷，日本源信撰													
4235	俱舍論頌疏抄二十九卷，日本英憲撰													
4236	中論疏記八卷，日本安澄撰													
4237	中觀論二十七品別釋一卷，日本快憲撰													
4238	十二門論疏聞思記一卷，日本藏海撰													
4239	掌珍量導一卷，日本秀法師撰													
4240	瑜伽論問答七卷，日本增賀造													

初南	天海	緣山	南藏	北藏	嘉興	龍藏	黃檗	卍字	臺中	大正	中華	義門	知津	縮刻	頻伽	普慧	佛教
										61							
										62							
										62							
										62							
										63							
										63							
										64							
										64							
										64							
										64							
										65							
										65							
										65							
										65							
										65							

序號	歷代漢文大藏經目錄新考對照表	開元	石經	貞元	至元	指要	標目	金藏	麗藏	略出	福州	資福	磧砂	普寧
4241	成唯識論述記序釋一卷，日本善珠集													
4242	唯識義燈增明記四卷，日本善珠述													
4243	成唯識論本文抄四十五卷													
4244	唯識論同學鈔六十八卷，日本良算抄													
4245	唯識論聞書二十七卷，日本光胤記													
4246	唯識訓論日記一卷，日本光胤草													
4247	成唯識論略疏六卷，日本普寂撰													
4248	註三十頌一卷，日本貞慶撰													
4249	因明論疏明燈抄六卷，日本普珠撰													
4250	因明大疏抄四十一卷，日本藏俊撰													
4251	因明入正理論疏智解融貫鈔九卷，日本基辨撰													
4252	因明大疏導三卷，日本明詮撰													
4253	因明大疏裏書三卷，日本明詮著													
4254	四種相違私記三卷，日本權理記													
4255	因明論疏四相違略註釋三卷，日本源信撰													
4256	四種相違略私記二卷，日本真興集													

初南	天海	緣山	南藏	北藏	嘉興	龍藏	黄檗	卍字	臺中	大正	中華	義門	知津	縮刻	頻伽	普慧	佛教
										65							
										65							
										65							
										66							
										66							
										66							
										68							
										68							
										68							
										68							
										69							
										69							
										69							
										69							
										69							
										69							

序號	歷代漢文大藏經目録新考對照表	開元	石經	貞元	至元	指要	標目	金藏	麗藏	略出	福州	資福	磧砂	普寧
4257	四種相違斷略記一卷，日本真興集													
4258	因明纂要略記一卷，日本真興集													
4259	因明疏四種相違抄一卷，日本珍海記													
4260	明本抄十三卷，日本貞慶撰													
4261	明要抄五卷，日本貞慶撰													
4262	起信論抄出二卷，日本尊辨撰													
4263	釋論指事二卷，日本空海撰													
4264	釋摩訶衍論指事一卷，日本覺鍐撰													
4265	釋摩訶衍論決疑破難會釋抄一卷，日本濟暹撰													
4266	釋論立義分釋一卷，日本濟暹撰													
4267	釋摩訶衍論應教鈔一卷，日本道範記													
4268	釋摩訶衍論私記一卷，日本信堅記													
4269	釋論勘註二十四卷，日本賴寶撰													
4270	金剛頂瑜伽中發阿耨多羅三藐三菩提心論一卷，日本覺鍐撰													
4271	金剛頂發菩提心論私抄四卷，日本濟暹撰													
4272	金剛頂宗菩提心論口決一卷，日本榮西記													

初南	天海	緣山	南藏	北藏	嘉興	龍藏	黃檗	卍字	臺中	大正	中華	義門	知津	縮刻	頻伽	普慧	佛教
										69							
										69							
										69							
										69							
										69							
										69							
										69							
										69							
										69							
										69							
										69							
										69							
										69							
										70							
										70							
										70							

序號	歷代漢文大藏經目録新考對照表	開元	石經	貞元	至元	指要	標目	金藏	麗藏	略出	福州	資福	磧砂	普寧
4273	菩提心論見聞四卷													
4274	菩提心論異本一卷，日本尊通撰													
4275	大乘三論大義鈔四卷，日本玄叡集													
4276	一乘佛性慧日抄一卷，日本宗法師撰													
4277	大乘正觀略私記一卷，日本珍海記													
4278	三論玄疏文義要十卷，日本珍海撰													
4279	三論玄義檢幽集七卷，日本證禪撰													
4280	三論玄義鈔三卷，日本貞海撰													
4281	三論玄義誘蒙三卷，日本聞證撰。													
4282	大乘玄問答十二卷，日本珍海抄													
4283	一乘義私記一卷，日本珍海撰													
4284	八識義章研習抄三卷，日本珍海記													
4285	名教抄十五卷，日本珍海撰													
4286-1	三論興緣一卷，日本聖守撰													
4286-2	三論宗濫觴一卷													
4287	三論宗初心初學鈔一卷，日本實慶撰													
4288	大乘法相研神章五卷，日本護命撰													

初南	天海	緣山	南藏	北藏	嘉興	龍藏	黃檗	卍字	臺中	大正	中華	義門	知津	縮刻	頻伽	普慧	佛教
										70							
										70							
										70							
										70							
										70							
										70							
										70							
										70							
										70							
										70							
										70							
										70							
										70							
										70							
										70							
										70							
										71							

序號	歷代漢文大藏經目錄新考對照表	開元	石經	貞元	至元	指要	標目	金藏	麗藏	略出	福州	資福	磧砂	普寧
4289	法相燈明記一卷，日本憚安集													
4290	心要鈔一卷，日本貞慶撰													
4291	觀心覺夢鈔三卷，日本良遍撰													
4292	真心要決三卷，日本良遍撰													
4293	二卷鈔二卷，日本良遍撰													
4294	略述法相義三卷，日本聞證撰													
4295	大乘一切法相玄論二卷，日本基辨撰													
4296	法苑義鏡六卷，日本善珠述													
4297	五心義略記二卷，日本清範抄													
4298	唯識義私記六卷，日本真興撰													
4299	法相宗賢聖義略問答卷第四一卷，日本仲算撰													
4300	唯識分量決一卷，日本善珠撰													
4301	四分義極略私記二卷，日本忠算撰													
4302	七十五法名目一卷													
4303	有宗七十五法記三卷，日本宗禎撰													
4304	華嚴宗一乘開心論六卷，日本普機撰													
4305	華嚴一乘義私記一卷，日本增春撰													

初南	天海	緣山	南藏	北藏	嘉興	龍藏	黃檗	卍字	臺中	大正	中華	義門	知津	縮刻	頻伽	普慧	佛教
										71							
										71							
										71							
										71							
										71							
										71							
										71							
										71							
										71							
										71							
										71							
										71							
										71							
										71							
										72							
										72							

序號	歷代漢文大藏經目錄新考對照表	開元	石經	貞元	至元	指要	標目	金藏	麗藏	略出	福州	資福	磧砂	普寧
4306	華嚴宗種性義抄一卷，日本親圓撰													
4307	華嚴論草一卷，日本景雅撰													
4308	華嚴信種義一卷，日本高辨記													
4309	華嚴修禪觀照入解脫門義二卷，日本高辨述													
4310	華嚴佛光三昧觀祕寶藏二卷，日本高辨集													
4311	華嚴宗香薰抄七卷，日本宗性撰													
4312	華嚴宗大要抄一卷，日本實弘撰													
4313	華嚴宗要義一卷，日本凝然述													
4314	華嚴宗所立五教十宗大意略抄一卷													
4315	華嚴五教章指事三卷，日本壽靈述													
4316	華嚴五教章名目三卷													
4317	五教章通路記五十二卷，日本凝然述													
4318	華嚴五教章問答抄三卷，日本審乘撰													
4319	華嚴五教章深意鈔十卷，日本聖詮撰													
4320	五教章見聞鈔三卷，日本靈波記													
4321	華嚴五教章不審二卷，日本實英撰													

初南	天海	緣山	南藏	北藏	嘉興	龍藏	黃檗	卍字	臺中	大正	中華	義門	知津	縮刻	頻伽	普慧	佛教
										72							
										72							
										72							
										72							
										72							
										72							
										72							
										72							
										72							
										72							
										72							
										72							
										72							
										73							
										73							
										73							

序號	歷代漢文大藏經目錄新考對照表	開元	石經	貞元	至元	指要	標目	金藏	麗藏	略出	福州	資福	磧砂	普寧
4322	華嚴一乘教分記輔宗匡真鈔十卷，日本鳳潭撰													
4323	華嚴五教章衍祕鈔五卷，日本普寂撰													
4324	金師子章勘文一卷，日本景雅撰													
4325	戒律傳來記三卷，日本豐安撰													
4326	律宗綱要二卷，日本凝然述													
4327	東大寺授戒方軌一卷，日本法進撰													
4328	東大寺戒壇院受戒式一卷，日本實範撰													
4329	唐招提寺戒壇別受戒式一卷，日本惠光撰													
4330	菩薩戒本宗要雜文集一卷，日本覺盛撰													
4331	菩薩戒通受遣疑鈔一卷，日本覺盛撰													
4332	菩薩戒通別二受鈔一卷，日本覺盛撰													
4333	通受比丘懺悔兩寺不同記一卷，日本凝然述													
4334	菩薩戒本宗要輔行文集二卷，日本叡尊撰													
4335	應理宗戒圖釋文鈔一卷，日本叡尊撰													
4336-1	菩薩戒問答洞義鈔一卷，日本英心述													

初南	天海	緣山	南藏	北藏	嘉興	龍藏	黃檗	卍字	臺中	大正	中華	義門	知津	縮刻	頻伽	普慧	佛教
										73							
										73							
										73							
										74							
										74							
										74							
										74							
										74							
										74							
										74							
										74							
										74							
										74							
										74							

序號	歷代漢文大藏經 目錄新考對照表	開元	石經	貞元	至元	指要	標目	金藏	麗藏	略出	福州	資福	磧砂	普寧
4336-2	菩薩戒綱要鈔一卷													
4337	律宗行事目心鈔三 卷，日本忍仙撰													
4338	大乘圓戒顯正論一 卷，日本宗覺編													
4339	願文一卷，日本最 澄撰													
4340	長講法華經略愿文 二卷，日本最澄撰													
4341	長講金光明經會式 一卷，日本最澄撰													
4342	長講仁王般若經會 式一卷，日本最澄 撰													
4343	天台法華宗義集一 卷，日本義真撰													
4344	授決集二卷，日本 圓珍述													
4345	諸家教相同異集一 卷，日本圓珍撰													
4346	定宗論一卷，日本 蓮剛撰													
4347	一乘要決三卷，日 本源信撰													
4348	漢光類聚四卷，日 本忠尋記													
4349	天台真言二宗同異 章一卷，日本證真 撰													
4350	圓密宗二教名目一 卷，日本惠鎮撰													
4351	宗要柏原案立六 卷，日本貞舜撰													

初南	天海	緣山	南藏	北藏	嘉興	龍藏	黃檗	卍字	臺中	大正	中華	義門	知津	縮刻	頻伽	普慧	佛教
										74							
										74							
										74							
										74							
										74							
										74							
										74							
										74							
										74							
										74							
										74							
										74							
										74							
										74							
										74							

序號	歷代漢文大藏經目録新考對照表	開元	石經	貞元	至元	指要	標目	金藏	麗藏	略出	福州	資福	磧砂	普寧
4352	天台圓宗四教五時西谷名目二卷													
4353	山家學生式一卷，日本最澄撰													
4354	授菩薩戒儀一卷，日本最澄撰、圓珍註													
4355	傳述一心戒文三卷，日本光定撰													
4356	顯揚大戒論八卷，日本圓仁撰													
4357	普通授菩薩戒廣釋三卷，日本安然撰													
4358	新學菩薩行要鈔一卷，日本仁空撰													
4359	菩薩圓頓授戒灌頂記一卷，日本惟賢撰													
4360	圓戒指掌三卷，日本敬光述													
4361	胎記二卷，日本圓仁撰													
4362	金記一卷，日本圓仁撰													
4363	蘇記一卷，日本圓仁撰													
4364	妙成就記一卷，日本圓仁撰													
4365	真言所立三身問答一卷，日本圓仁撰													
4366	胎藏大法對受記七卷，日本安然記													
4367	金剛界大法對受記八卷，日本安然記													
4368	蘇悉地對受記一卷，日本安然撰													

初南	天海	緣山	南藏	北藏	嘉興	龍藏	黃檗	卍字	臺中	大正	中華	義門	知津	縮刻	頻伽	普慧	佛教
										74							
										74							
										74							
										74							
										74							
										74							
										74							
										74							
										74							
										75							
										75							
										75							
										75							
										75							
										75							
										75							
										75							

序號	歷代漢文大藏經目録新考對照表	開元	石經	貞元	至元	指要	標目	金藏	麗藏	略出	福州	資福	磧砂	普寧
4369	撰定事業灌頂具足支分十卷，日本安然撰													
4370	大日經供養持誦不同七卷，日本安然撰													
4371-1	教時諍一卷，日本安然撰													
4371-2	教時諍論一卷，日本安然撰													
4372	真言宗教時義四卷，日本安然作													
4373	胎藏金剛菩提心義略問答抄五卷，日本安然抄													
4374	胎藏三密抄五卷，日本覺超撰													
4375	三密抄料簡二卷，日本覺超撰													
4376	金剛三密抄五卷，日本覺超撰													
4377	東曼荼羅抄三卷，日本覺超撰													
4378	西曼荼羅集一卷，日本覺超撰													
4379	五相成身私記一卷，日本覺超記													
4380	胎藏界生起一卷，日本覺超記													
4381	祕密壇都法大阿闍梨常念誦生起一卷													
4382	金剛界次第生起一卷，日本最圓撰													
4383	隨要記二卷，日本皇慶撰													
4384	四十帖決十五卷，日本長宴記													
4385	行林抄八十二卷，日本靜然撰													

初南	天海	緣山	南藏	北藏	嘉興	龍藏	黃檗	卍字	臺中	大正	中華	義門	知津	縮刻	頻伽	普慧	佛教
										75							
										75							
										75							
										75							
										75							
										75							
										75							
										75							
										75							
										75							
										75							
										75							
										75							
										75							
										75							
										75							
										76							

序號	歷代漢文大藏經目錄新考對照表	開元	石經	貞元	至元	指要	標目	金藏	麗藏	略出	福州	資福	磧砂	普寧
4386	溪嵐拾葉集一百十六卷，日本光宗撰													
4387	三昧流口傳集二卷，日本良祐撰													
4388	總持抄十卷，日本澄豪撰													
4389	授法日記四卷，日本嚴豪口、源豪記													
4390	了因決四十七卷（另目錄一卷），日本了惠撰													
4391	灌頂私見聞一卷，日本了翁撰													
4392	遮那業案立草十三卷，日本仁空撰													
4393	法華懺法一卷													
4394	例時作法一卷													
4395	遮那業學則一卷，日本覺千撰													
4396	奏進法語一卷，日本真盛撰													
4397	念佛三昧法語一卷，日本真盛撰													
4398	真迢上人法語一卷													
4499	真荷上人法語一卷													
4400	真朗上人法語一卷													
4401	祕藏寶鑰三卷，日本空海撰													
4402	聲字實相義一卷，日本空海撰													
4403	吽字義一卷，日本空海撰													
4404	御遺告一卷，日本空海撰													

初南	天海	緣山	南藏	北藏	嘉興	龍藏	黃檗	卍字	臺中	大正	中華	義門	知津	縮刻	頻伽	普慧	佛教
										76							
										77							
										77							
										77							
										77							
										77							
										77							
										77							
										77							
										77							
										77							
										77							
										77							
										77							
										77							
										77							
										77							
										77							

序號	歷代漢文大藏經目録新考對照表	開元	石經	貞元	至元	指要	標目	金藏	麗藏	略出	福州	資福	磧砂	普寧
4405	阿字觀用心口決一卷，日本實慧撰													
4406	真言付法纂要抄一卷，日本成尊撰													
4407	辨顯密二教論懸鏡抄六卷，日本濟暹撰													
4408	顯密差別問答二卷，日本濟暹撰													
4409	四種法身義一卷，日本濟暹撰													
4410	住心決疑抄一卷，日本信證撰													
4411	阿字義三卷，日本實範撰													
4412	阿字要略觀一卷，日本實範撰													
4413	大經要義抄註解一卷													
4414	祕宗教相鈔十卷，日本重譽撰													
4415	十住心論鈔三卷，日本重譽撰													
4416	十住心論打聞集一卷													
4417	十住遮難抄一卷													
4418	真言教主問答抄一卷，日本經尋撰													
4419	千輻輪相顯密集一卷，日本興然撰													
4420	貞應抄三卷，日本道範撰													
4421	諸法分別抄一卷，日本賴寶記													
4422	真言名目一卷，日本賴寶述													

初南	天海	緣山	南藏	北藏	嘉興	龍藏	黃檗	卍字	臺中	大正	中華	義門	知津	縮刻	頻伽	普慧	佛教
										77							
										77							
										77							
										77							
										77							
										77							
										77							
										77							
										77							
										77							
										77							
										77							
										77							
										77							
										77							
										77							
										77							

序號	歷代漢文大藏經目錄新考對照表	開元	石經	貞元	至元	指要	標目	金藏	麗藏	略出	福州	資福	磧砂	普寧
4423	開心抄三卷，日本杲寶撰													
4424	金剛頂宗綱概一卷，日本杲寶撰													
4425	大日經教主本地加持分別一卷，日本杲寶撰													
4426	寶冊抄十卷，日本杲寶記、賢寶補													
4427	十住心義林二卷，日本宥快撰													
4428	大日經主異義事一卷，日本宥快記													
4429	寶鏡鈔一卷，日本宥快記													
4430	大日經教主義一卷，日本曇寂撰													
4431	真言宗未決文一卷，日本德一撰													
4432	未決答決一卷，日本房覺記													
4433	德一未決答釋一卷，日本杲寶撰													
4434	大和尚奉为平安城太上天皇灌頂文一卷，日本空海撰													
4435	三昧耶戒序一卷，日本空海撰													
4436	祕密三昧耶佛戒儀一卷，日本空海撰													
4437	五部陀羅尼問答偈讚宗祕論一卷，日本空海撰													
4438	檜尾口訣一卷，日本實慧撰													
4439	高雄口訣一卷，日本真濟撰													

初南	天海	緣山	南藏	北藏	嘉興	龍藏	黃檗	卍字	臺中	大正	中華	義門	知津	縮刻	頻伽	普慧	佛教
										77							
										77							
										77							
										77							
										77							
										77							
										77							
										77							
										77							
										77							
										77							
										78							
										78							
										78							
										78							
										78							
										78							

序號	歷代漢文大藏經目錄新考對照表	開元	石經	貞元	至元	指要	標目	金藏	麗藏	略出	福州	資福	磧砂	普寧
4440	五部肝心記一卷，日本真濟撰													
4441	要尊道場觀二卷，日本淳祐撰													
4442	不灌鈴等記一卷，日本真寂親王撰													
4443	具支灌頂儀式一卷，日本元杲撰													
4444	金剛界九會密記一卷，日本元杲撰													
4445	胎藏界三部祕釋一卷，日本元杲撰													
4446	小野六帖七卷，日本仁海撰													
4447	五相成身義問答抄一卷，日本濟暹撰													
4448	十八契印義釋生起一卷，日本定深撰													
4449	別行七卷，日本寬助撰													
4450	柿袋一卷，日本真譽撰													
4451	要尊法一卷，日本永嚴撰													
4452	勝語集二卷，日本惠什撰													
4453	事相料簡一卷，日本覺印記													
4454	轉非命業抄一卷，日本賢覺抄													
4455	傳受集四卷，日本寬信撰													
4456	厚造紙一卷，日本元海記													
4457	諸尊要抄十五卷，日本實運撰													

初南	天海	緣山	南藏	北藏	嘉興	龍藏	黃檗	卍字	臺中	大正	中華	義門	知津	縮刻	頻伽	普慧	佛教
										78							
										78							
										78							
										78							
										78							
										78							
										78							
										78							
										78							
										78							
										78							
										78							
										78							
										78							
										78							
										78							
										78							

序號	歷代漢文大藏經目録新考對照表	開元	石經	貞元	至元	指要	標目	金藏	麗藏	略出	福州	資福	磧砂	普寧
4458	祕藏金寶鈔十卷，日本實運撰													
4459	玄祕抄四卷，日本實運撰													
4460	治承記一卷，日本勝賢撰													
4461	澤鈔十卷，日本覺成記、守覺親王輯													
4462	祕鈔十八卷，日本覺賢記、守覺親王輯													
4463	異尊抄二卷，日本守覺親王撰													
4464	右記一卷，日本守覺親王撰													
4465	左記一卷，日本守覺親王撰													
4466	御記一卷，日本守覺親王撰													
4467	追記一卷，日本守覺親王撰													
4468	薄雙紙十六卷，日本成賢撰													
4469	遍口鈔六卷，日本成賢口、道教記													
4470	實歸鈔一卷，日本深賢集													
4471	幸心鈔五卷，日本憲深口、親快記													
4472	傳法灌頂私記三卷，日本教舜記													
4473	四卷四卷，日本興然撰													
4474	師口四卷，日本榮然撰													
4475	行法肝葉鈔三卷，日本道範記													

初南	天海	緣山	南藏	北藏	嘉興	龍藏	黃檗	卍字	臺中	大正	中華	義門	知津	縮刻	頻伽	普慧	佛教
										78							
										78							
										78							
										78							
										78							
										78							
										78							
										78							
										78							
										78							
										78							
										78							
										78							
										78							
										78							
										78							
										78							
										78							

序號	歷代漢文大藏經目錄新考對照表	開元	石經	貞元	至元	指要	標目	金藏	麗藏	略出	福州	資福	磧砂	普寧
4476	授寶性院宥快記一卷，日本興雅記													
4477	中院流四度口傳四卷，日本宥快撰													
4478	中院流事一卷，日本宥快口、成雄記													
4479	中院流大事聞書一卷，日本宥快口、成雄記													
4480	傳屍病口傳一卷													
4481	傳屍病灸治一卷													
4482	偽書論一卷，日本恭畏述													
4483	顯密不同頌一卷，日本覺鑁撰													
4484	真言宗即身成佛義章一卷，日本覺鑁撰													
4485	𑀳字祕釋一卷，日本覺鑁撰													
4486	𑀅字義一卷，日本覺鑁撰													
4487	五輪九字明祕密釋一卷，日本覺鑁撰													
4488	密嚴淨土略觀一卷，日本覺鑁撰													
4489	祕密莊嚴傳法灌頂一異義一卷，日本覺鑁撰													
4490	十八道沙汰一卷，日本覺鑁撰													
4491	金剛頂經蓮花部心念誦次第沙汰一卷，日本覺鑁撰													
4492	胎藏界沙汰一卷，日本覺鑁撰													

初南	天海	緣山	南藏	北藏	嘉興	龍藏	黃檗	卍字	臺中	大正	中華	義門	知津	縮刻	頻伽	普慧	佛教
										78							
										78							
										78							
										78							
										78							
										78							
										78							
										79							
										79							
										79							
										79							
										79							
										79							
										79							
										79							
										79							
										79							

序號	歷代漢文大藏經 目錄新考對照表	開元	石經	貞元	至元	指要	標目	金藏	麗藏	略出	福州	資福	磧砂	普寧
4493	心月輪祕釋一卷， 日本覺鑁撰													
4494	真言淨菩提心私記 一卷，日本覺鑁撰													
4495	阿彌陀祕釋一卷， 日本覺鑁撰													
4496	真言宗義一卷，日 本覺鑁撰													
4497	祕密莊嚴不二義章 一卷，日本覺鑁撰													
4498	真言三密修行問答 一卷，日本覺鑁撰													
4499	勸發頌一卷，日本 覺鑁撰													
4500	密嚴院發露懺悔文 一卷，日本覺鑁撰													
4501	諸宗教理同異釋一 卷，日本賴瑜撰													
4502	十八道口決二卷， 日本賴瑜撰													
4503	野金口決鈔一卷， 日本賴瑜撰													
4504	野胎口決鈔二卷， 日本賴瑜撰													
4505	護摩口決一卷，日 本賴瑜撰													
4506	金界發惠抄三卷， 日本賴瑜記													
4507	胎藏入理鈔三卷， 日本賴瑜記													
4508	薄草子口決二十 卷，日本賴瑜撰													
4509	祕鈔問答十七卷， 日本賴瑜撰													
4510	釋摩訶衍論第十廣 短冊一卷，日本順 繼撰													

初南	天海	緣山	南藏	北藏	嘉興	龍藏	黃檗	卍字	臺中	大正	中華	義門	知津	縮刻	頻伽	普慧	佛教
										79							
										79							
										79							
										79							
										79							
										79							
										79							
										79							
										79							
										79							
										79							
										79							
										79							
										79							
										79							
										79							
										79							
										79							

序號	歷代漢文大藏經目錄新考對照表	開元	石經	貞元	至元	指要	標目	金藏	麗藏	略出	福州	資福	磧砂	普寧
4511	大疏百條第三重十卷，日本聖憲撰													
4512	自證説法一卷，日本聖憲撰													
4513	大疏談義十卷，日本運敞撰													
4514	祕密因緣管絃相成義二卷，日本法住記													
4515	讀書二十二則一卷，日本戒定撰													
4516	聖一國師語録一卷，（日本圓爾辨圓語）師鍊纂													
4517	三聖開山慧日第二世寶覺禪師語緣一卷，日本東山湛照語													
4518	佛照禪師語録二卷，（日本白雲慧曉語）希白等輯													
4519	大覺禪師語録三卷，（日本蘭溪道隆語）圓顯等編													
4520	圓通大應國師語録三卷，日本（南浦紹明説）祖照等編													
4521	佛光國師語録十卷，（日本子元祖元語）一真等編													
4522	敕謚圓鑑禪師藏山和尚語録一卷，（日本藏山順空語）侍者編													
4523	佛國禪師語録二卷，（日本高鋒顯日語）妙環等編													
4524	南院國師語録三卷，（日本規庵祖圓語）慧真等編													

初南	天海	緣山	南藏	北藏	嘉興	龍藏	黃檗	卍字	臺中	大正	中華	義門	知津	縮刻	頻伽	普慧	佛教
										79							
										79							
										79							
										79							
										79							
										80							
										80							
										80							
										80							
										80				霜	霜		84
										80							
										80							
										80							
										80							

序號	歷代漢文大藏經目録新考對照表	開元	石經	貞元	至元	指要	標目	金藏	麗藏	略出	福州	資福	磧砂	普寧
4525	一山國師語録二卷，（日本一山一寧語）了真等編													
4526	竺僊和尚語録三卷，（日本竺僊梵仙語）裔堯等編													
4527	夢窻國師語録二卷，（日本夢窻疎石語）本元等編													
4528	義堂和尚語録四卷，（日本義堂周信語）中圓等編													
4529	鐵舟和尚閻浮集一卷，日本鐵舟德濟撰													
4530	鹽山拔隊和尚語録六卷，日本拔隊得勝語													
4531	無文禪師語録一卷，日本無文元選語													
4532	智覺普明國師語録八卷，（日本春屋妙葩語）周佐等編													
4533	絕海和尚語録二卷，（日本絕海中津語）俊承等編													
4534	特賜佛日常光國師空谷和尚語録二卷，（日本空谷明應語）侍者編													
4535	佛德大通禪師愚中和尚語録五卷（另年譜一卷），（日本愚中周及語）某甲編													
4536	永源寂室和尚語二卷，日本寂室玄光語													

初南	天海	緣山	南藏	北藏	嘉興	龍藏	黃檗	卍字	臺中	大正	中華	義門	知津	縮刻	頻伽	普慧	佛教
										80							
										80							
										80							
										80							
										80							
										80							
										80							
										80							
										80							
										81							
										81							
										81							

序號	歷代漢文大藏經目錄新考對照表	開元	石經	貞元	至元	指要	標目	金藏	麗藏	略出	福州	資福	磧砂	普寧
4537	定慧明光佛頂國師語録五卷，（日本一絲文守語）文光編													
4538	特賜興禪大燈高照正燈國師語録三卷，（日本宗峰妙超語）性智等編													
4539	徹翁和尚語録二卷，（日本徹翁義亨語）禪興編													
4540	佛日真照禪師雪江和尚語録一卷，（日本雪江宗深語）禪悅輯													
4541	本如實性禪師景川和尚語録二卷，（日本景川宗隆語）某等編													
4542	大興心宗佛德廣通國師虎穴録二卷，（日本悟溪宗頓語）某等編													
4543	東陽和尚少林無孔笛六卷，（日本東陽英朝語）某等編													
4544	圓滿本光國師見桃録四卷，（日本大休宗林語）比丘等編													
4545	西源特芳和尚語録三卷，（日本特芳禪傑語）宗怡重編													
4546	槐安國語七卷，日本白隱慧鶴語													
4547	宗門無盡燈論二卷，日本東嶺圓慈撰													

初南	天海	緣山	南藏	北藏	嘉興	龍藏	黃檗	卍字	臺中	大正	中華	義門	知津	縮刻	頻伽	普慧	佛教
										81							
										81							
										81							
										81							
										81							
										81							
										81							
										81							
										81							
										81							
										81							

序號	歷代漢文大藏經目録新考對照表	開元	石經	貞元	至元	指要	標目	金藏	麗藏	略出	福州	資福	磧砂	普寧
4548	五家參祥要路門五卷，日本東嶺圓慈編													
4549	大鑑禪師小清規一卷，日本清拙正澄撰													
4550	諸回向清規式五卷，日本天倫楓隱撰													
4551	小叢林略清規三卷，日本無著道忠撰													
4552	永平初祖學道用心集一卷，日本道元撰													
4553	正法眼藏九十五卷，日本道元撰													
4554	永平元禪師清規二卷，日本道元撰													
4555	瑩山和尚傳光録二卷，（日本瑩山紹瑾語）侍者編													
4556	信心銘拈提一卷，日本瑩山紹瑾撰													
4557	十種敕問奏對集一卷，日本瑩山紹瑾語、侍者編													
4558	瑩山和尚清規二卷，日本瑩山紹瑾撰													
4559	光明藏三昧一卷，日本孤雲懷奘記													
4560	義雲和尚語録二卷，（日本義雲語）圓宗等編													
4561	通幻靈禪師漫録二卷，（日本通幻寂靈語）普濟編													
4562	實峰禪師語録一卷，（日本實峰良秀語）慈恩等編													

初南	天海	緣山	南藏	北藏	嘉興	龍藏	黃檗	卍字	臺中	大正	中華	義門	知津	縮刻	頻伽	普慧	佛教
										81							
										81							
										81							
										81							
										82							
										82							
										82							
										82							
										82							
										82							
										82							
										82							
										82							
										82							
										82							

序號	歷代漢文大藏經目錄新考對照表	開元	石經	貞元	至元	指要	標目	金藏	麗藏	略出	福州	資福	磧砂	普寧
4563	禪林普濟禪師語錄三卷，（日本普濟善救語）禪雄等編													
4564	月坡禪師住常陸州岱宗山天德禪寺語錄四卷，（日本月坡道印語）元湛等編													
4565	月舟和尚遺錄二卷，（日本月舟宗胡語）曹源編													
4566	獨菴獨語一卷，日本獨菴玄光撰													
4567–1	卍山禪師住東林寺語錄二卷，（日本卍山道白語）湛堂編													
4567–2	卍山和尚東林後錄二卷，（日本卍山道白語）白龍編													
4568	禪戒訣一卷，日本卍山道白語、門人白龍編													
4569	天桂老人報恩編三卷，（日本天桂傳尊語）侍者記													
4570	佛祖正傳禪戒鈔一卷，日本萬仞道坦輯													
4571	心學典論四卷，日本道費無隱著													
4572	不能語荒田隨筆二卷，日本指月慧印撰													
4573	建康面山和尚普説一卷，（日本面山瑞芳語）本猛等編													
4574	隱元和尚黃檗清規一卷，（日本隱元隆琦語）性潋等編													

初南	天海	緣山	南藏	北藏	嘉興	龍藏	黃檗	卍字	臺中	大正	中華	義門	知津	縮刻	頻伽	普慧	佛教
										82							
										82							
										82							
										82							
										82							
										82							
										82							
										82							
										82							
										82							
										82							
										82							
										82							

序號	歷代漢文大藏經目錄新考對照表	開元	石經	貞元	至元	指要	標目	金藏	麗藏	略出	福州	資福	磧砂	普寧
4575	徹選擇本願念佛集二卷，日本辨阿聖光撰													
4576	選擇傳弘決疑鈔五卷，日本良忠述													
4577	黑谷上人語燈錄十五卷，日本源空撰、了惠道光集													
4578	拾遺黑谷上人語燈錄三卷，日本源空撰、了惠道光集													
4579	末代念佛授手印一卷，日本辨阿聖光撰													
4580	淨土二藏二教略頌一卷，日本了譽聖冏撰													
4581	歸命本願抄三卷，日本向阿證賢撰													
4582	西要抄二卷，日本向阿證賢撰													
4583	父子相迎二卷，日本向阿證賢撰													
4584	大原談義聞書鈔一卷													
4585	蓮門學則一卷，日本大玄撰													
4586	選擇密要決五卷，日本證空記													
4587	修業要決一卷，日本證空記													
4588	當麻曼荼羅供式一卷，日本證空記													
4589	曼荼羅八講論義抄一卷，日本證空撰													
4590	女院御書二卷，日本證空撰													

初南	天海	緣山	南藏	北藏	嘉興	龍藏	黃檗	卍字	臺中	大正	中華	義門	知津	縮刻	頻伽	普慧	佛教
										83							
										83							
										83							
										83							
										83							
										83							
										83							
										83							
										83							
										83							
										83							
										83							
										83							
										83							
										83							

序號	歷代漢文大藏經目録新考對照表	開元	石經	貞元	至元	指要	標目	金藏	麗藏	略出	福州	資福	磧砂	普寧
4591	鎮勸用心一卷，日本證空撰													
4592	流祖上人箇條名目一卷，日本證空撰													
4593	觀經名目證據十七箇條一卷，日本淨音撰													
4594	西山口決傳密鈔一卷，日本淨音記													
4595	淨土宗要集三卷，日本道教顯意撰													
4596	竹林鈔二卷，日本道教顯意撰													
4597	菩薩藏頓教一乘海義要決一卷，日本道教顯意述													
4598	難易二道血脈圖論一卷，日本道教顯意記													
4599	華山院家四十八問答一卷，日本道教顯意撰													
4600	觀經四品知識義一卷，日本道教顯意述													
4601	仙洞三心義問答記一卷，日本道教顯意録													
4602	淨土宗建立私記一卷，日本道教顯意撰													
4603	淨土童蒙指歸名目一卷，日本行觀覺融撰													
4604	淨土宗法門大圖一卷，日本行觀覺融撰													
4605	淨土法門大圖名目一卷，日本行觀覺融撰													

初南	天海	緣山	南藏	北藏	嘉興	龍藏	黃檗	卍字	臺中	大正	中華	義門	知津	縮刻	頻伽	普慧	佛教
										83							
										83							
										83							
										83							
										83							
										83							
										83							
										83							
										83							
										83							
										83							
										83							
										83							
										83							

序號	歷代漢文大藏經目錄新考對照表	開元	石經	貞元	至元	指要	標目	金藏	麗藏	略出	福州	資福	磧砂	普寧
4606	淨土口決集一卷，日本行觀覺融撰													
4607	座右鈔一卷，日本實道惠仁撰													
4608	初心行護鈔一卷，日本實道惠仁撰													
4609	講院學堂通規一卷，日本實道惠仁撰													
4610	愚要鈔三卷，日本光雲明秀撰													
4611	西山復古篇一卷，日本俊鳳妙瑞記													
4612	顯淨土真實教行證文類六卷，日本親鸞集													
4613	淨土文類聚鈔一卷，日本親鸞作													
4614	愚禿鈔二卷，日本親鸞撰													
4615	入出二門偈頌一卷，日本親鸞作													
4616	淨土和讚一卷，日本親鸞作													
4617	淨土高僧和讚一卷，日本親鸞作													
4618	正像末法和讚一卷，日本親鸞撰													
4619	皇太子聖德奉讚一卷，日本親鸞作													
4620-1	淨土三經往生文類一卷，日本親鸞撰													
4620-2	淨土三經往生文類（異本）一卷													
4621-1	如來二種迴向文一卷，日本親鸞撰													
4621-2	往相迴向還相迴向文類（異本）一卷													

初南	天海	緣山	南藏	北藏	嘉興	龍藏	黃檗	卍字	臺中	大正	中華	義門	知津	縮刻	頻伽	普慧	佛教
										83							
										83							
										83							
										83							
										83							
										83							
										83							
										83							
										83							
										83							
										83							
										83							
										83							
										83							
										83							
										83							
										83							

序號	歷代漢文大藏經目錄新考對照表	開元	石經	貞元	至元	指要	標目	金藏	麗藏	略出	福州	資福	磧砂	普寧
4622-1	尊號真像銘文二卷													
4622-2	尊號真像銘文（異本）一卷													
4623	一念多念文意一卷，日本親鸞撰													
4624-1	唯信鈔文意一卷，日本親鸞撰													
4624-2	唯信鈔文意（異本）一卷													
4625	末燈鈔二卷，日本從覺編													
4626	親鸞聖人御消息集一卷													
4627	歎異抄一卷													
4628	執持鈔一卷，日本覺如宗昭撰													
4629	口傳鈔三卷，日本覺如宗昭撰													
4630	本願寺聖人親鸞傳繪二卷，日本覺如宗昭撰													
4631	報恩講式一卷，日本覺如宗昭撰													
4632	歎德文一卷，日本存覺光玄撰													
4633	淨土真要鈔二卷，日本存覺光玄撰													
4634	蓮如上人御文五卷，日本圓如光融編													
4635	蓮如上人御一代記聞書一卷													
4636	御俗姓御文一卷，日本蓮如兼壽撰													
4637	大名目一卷，日本顯智撰													
4638	自要集一卷，日本定專撰													
4639	顯正流義鈔二卷，日本真慧撰													

初南	天海	緣山	南藏	北藏	嘉興	龍藏	黃檗	卍字	臺中	大正	中華	義門	知津	縮刻	頻伽	普慧	佛教
										83							
										83							
										83							
										83							
										83							
										83							
										83							
										83							
										83							
										83							
										83							
										83							
										83							
										83							
										83							
										83							
										83							
										83							
										83							
										83							

序號	歷代漢文大藏經 目錄新考對照表	開元	石經	貞元	至元	指要	標目	金藏	麗藏	略出	福州	資福	磧砂	普寧
4640	西方指南鈔三卷													
4641	唯信抄一卷，日本 聖覺作													
4642	後世物語聞書一卷													
4643	一念多念分別事一 卷，日本隆寬作													
4644	自力他力事一卷， 日本隆寬作													
4645	安心決定鈔二卷													
4646	往生要集三卷，日 本源信撰													
4647	往生拾因一卷，日 本永觀集													
4648	決定往生集一卷， 日本珍海撰													
4649	安養知足相對抄一 卷，日本珍海撰													
4650	安養抄七卷													
4651	淨土法門源流章一 卷，日本凝然述													
4652	報恩抄二卷，日本 日蓮撰													
4653	法華取要抄一卷， 日本日蓮述													
4654	太田禪門許御書二 卷，日本日蓮撰													
4655	三大祕法抄一卷， 日本日蓮撰													
4656	四信五品鈔一卷， 日本日蓮撰													
4657	如說修行抄一卷， 日本日蓮撰													
4658	種種御振舞御書一 卷，日本日蓮撰													
4659	御義口傳鈔二卷， 日本日興撰													

初南	天海	緣山	南藏	北藏	嘉興	龍藏	黄檗	卍字	臺中	大正	中華	義門	知津	縮刻	頻伽	普慧	佛教
										83							
										83							
										83							
										83							
										83							
										83							
										84							
										84							
										84							
										84							
										84							
										84							
										84							
										84							
										84							
										84							
										84							
										84							
										84							

序號	歷代漢文大藏經目録新考對照表	開元	石經	貞元	至元	指要	標目	金藏	麗藏	略出	福州	資福	磧砂	普寧
4660	高祖大聖人御講聞書一卷，日本日向記													
4661	梵字悉曇字母并釋義一卷，日本空海撰													
4662	悉曇藏八卷，日本安然撰													
4663	悉曇十二例一卷，日本安然記													
4664	悉曇略記一卷，日本玄昭撰													
4665	悉曇集記三卷，日本淳祐集													
4666	悉曇要訣四卷，日本明覺撰													
4667	多羅葉記三卷，日本心覺撰													
4668	悉曇祕傳記一卷，日本信範撰													
4669	悉曇輪略圖抄十卷，日本了尊撰													
4670	悉曇三密鈔三卷，日本淨嚴集													
4671	梵學津梁總目録一卷，日本慈雲飲光撰													
4672	魚山聲明集一卷													
4673	魚山私鈔二卷，日本長惠撰													
4674	魚山目録二卷，日本宗快撰													
4675	大原聲明博士圖一卷													
4676	音律菁花集一卷，日本賴驗撰													
4677	聲明口傳一卷，日本聖尊撰													
4678	大阿闍梨聲明系圖一卷													

初南	天海	緣山	南藏	北藏	嘉興	龍藏	黃檗	卍字	臺中	大正	中華	義門	知津	縮刻	頻伽	普慧	佛教
										84							
										84							
										84							
										84							
										84							
										84							
										84							
										84							
										84							
										84							
										84							
										84							
										84							
										84							
										84							
										84							
										84							
										84							

序號	歷代漢文大藏經 目錄新考對照表	開元	石經	貞元	至元	指要	標目	金藏	麗藏	略出	福州	資福	磧砂	普寧
4679	十二調子事一卷													
4680	聲明源流記一卷， 日本凝然述													
4681	音曲祕要抄一卷， 日本凝然述													
4682	藥師如來講式一 卷，日本最澄作													
4683	横川首楞嚴院二十 五三昧式一卷，日 本源信撰													
4684	横川首楞嚴院二十 五三昧起請一卷， 日本源信撰													
4685	往生講式一卷，日 本永觀撰													
4686	愛染王講式一卷， 日本覺鑁撰													
4687	求聞持表白一卷， 日本覺鑁撰													
4688	觀音講式一卷，日 本貞慶撰													
4689	彌勒講式一卷，日 本貞慶撰													
4690	如法經現修作法一 卷，日本宗快撰													
4691	四座講式一卷，日 本高辨撰													
4692	金剛暎卷上一卷， 唐竇達集													
4693	金剛般若經旨贊二 卷，唐曇曠撰													
4694	金剛般若經依天親 菩薩論贊略釋秦本 義記卷上一卷，唐 知恩集													
4695	金剛經疏一卷													
4696	金剛經疏一卷													
4697	金剛般若經挾註一 卷													

初南	天海	緣山	南藏	北藏	嘉興	龍藏	黃檗	卍字	臺中	大正	中華	義門	知津	縮刻	頻伽	普慧	佛教
										84							
										84							
										84							
										84							
										84							
										84							
										84							
										84							
										84							
										84							
										84							
										84							
										84							
										85							
										85							
										85							
										85							
										85							
										85							

序號	歷代漢文大藏經目録新考對照表	開元	石經	貞元	至元	指要	標目	金藏	麗藏	略出	福州	資福	磧砂	普寧
4698	金剛般若義記一卷													
4699	金剛般若經疏一卷													
4700	金剛般若波羅蜜經傳外傳卷下一卷													
4701	持誦金剛經靈驗功德記一卷													
4702	仁王般若實相論卷第二一卷													
4703	仁王經疏一卷													
4704	般若波羅蜜多心經還源述一卷													
4705	挾註波羅蜜多心經一卷													
4706	法華義記卷第三一卷													
4707	法華經疏一卷													
4708	法華經疏一卷													
4709	法華經疏一卷													
4710	法華問答一卷													
4711	華嚴經章一卷													
4712	華嚴略疏卷第三一卷													
4713	華嚴經疏一卷													
4714	華嚴經義記卷第一一卷，元魏惠光述													
4715	華嚴經疏卷第三一卷，新羅元曉述													
4716	十地義記卷第一一卷													
4717	無量壽經義記下卷													
4718	無量壽觀經義記一卷													
4719	勝鬘義記一卷													

初南	天海	緣山	南藏	北藏	嘉興	龍藏	黃檗	卍字	臺中	大正	中華	義門	知津	縮刻	頻伽	普慧	佛教
										85							
										85							
										85							
										85							
										85							
										85							
										85							
										85							
										85							
										85							
										85							
										85							
										85							
										85							
										85							
										85							
										85							
										85							
										85							
										85							
										85							
										85							

序號	歷代漢文大藏經目錄新考對照表	開元	石經	貞元	至元	指要	標目	金藏	麗藏	略出	福州	資福	磧砂	普寧
4720	勝鬘經疏一卷，照法師疏													
4721	挾註勝鬘經一卷													
4722-1	涅槃經義記一卷													
4722-2	大涅槃經義記卷第四一卷													
4723	涅槃經疏一卷													
4724	藥師經疏一卷													
4725	藥師經疏一卷													
4726	維摩義記一卷													
4727	維摩經義記卷第四一卷													
4728	維摩經疏一卷													
4729	維摩經疏一卷													
4730	維摩經疏（存二卷）													
4731	維摩經抄一卷													
4732	維摩經疏一卷													
4733	維摩疏釋前小序抄一卷													
4734	釋肇序一卷，唐體請記													
4735	淨名經關中釋抄二卷，唐道液撰集													
4736	佛説楞伽經禪門悉曇章一卷													
4737	大乘稻芉經隨聽疏決一卷													
4738	四分戒本疏（存三卷）													
4739	律戒本疏一卷													
4740	律戒本疏一卷													
4741	律雜抄一卷													
4742	宗四分比丘隨門要略行儀一卷													
4743	毗尼心一卷													
4744	三部律抄一卷													

初南	天海	緣山	南藏	北藏	嘉興	龍藏	黃檗	卍字	臺中	大正	中華	義門	知津	縮刻	頻伽	普慧	佛教
										85							
										85							
										85							
										85							
										85							
										85							
										85							
										85							
										85							
										85							
										85							
										85							
										85							
										85							
										85							
										85							
										85							
										85							
										85							
										85							
										85							
										85							
										85							
										85							
										85							

序號	歷代漢文大藏經目録新考對照表	開元	石經	貞元	至元	指要	標目	金藏	麗藏	略出	福州	資福	磧砂	普寧
4745	律抄一卷													
4746	四部律並論要用抄二卷													
4747	律抄第三卷手決一卷													
4748	梵網經述記卷第一一卷													
4749	本業瓔珞經疏一卷													
4750	十地論義疏（存二卷），北朝法上述													
4751	廣百論疏卷第一一卷，唐文軌撰													
4752	瑜伽師地論分門記六卷，唐法成述、智慧山記													
4753	瑜伽論手記（存四卷），唐法成述、福慧記													
4754	地持義記卷第四一卷													
4755	攝大乘論疏（存二卷）													
4756	攝大乘論抄一卷													
4757	攝大乘論章卷第一一卷													
4758	攝論章卷第一一卷													
4759	攝大乘義章卷第四一卷													
4760	大乘起信論廣釋（存三卷），唐曇曠撰													
4761	起信論註一卷													
4762	因緣心釋論開決記一卷													
4763	大乘經纂要義一卷													

初南	天海	緣山	南藏	北藏	嘉興	龍藏	黃檗	卍字	臺中	大正	中華	義門	知津	縮刻	頻伽	普慧	佛教
										85							
										85							
										85							
										85							
										85							
										85							
										85							
										85							
										85							
										85							
										85							
										85							
										85							
										85							
										85							
										85							
										85							
										85							

序號	歷代漢文大藏經目録新考對照表	開元	石經	貞元	至元	指要	標目	金藏	麗藏	略出	福州	資福	磧砂	普寧
4764	大乘二十二問本一卷													
4765	諸經要抄一卷													
4766	菩薩藏修道眾經抄卷第十二一卷													
4767	諸經要略文一卷													
4768	大乘要語一卷													
4769	大乘入道次第開決一卷，唐曇曠撰													
4770	天台分門圖一卷													
4771	真言要決（存二卷）													
4772	略諸經論念佛法門往生淨土集卷上一卷，唐慧日集													
4773	淨土五會念佛誦經觀行儀（存二卷），唐法照撰													
4774	大乘淨土讚一卷													
4775	持齋念佛懺悔禮文一卷													
4776-1	道安法師念佛讚一卷													
4776-2	道安法師念佛讚文一卷													
4777	無心論一卷，南北朝菩提達摩製													
4778	南天竺國菩提達摩禪師觀門一卷													
4779	觀心論一卷													
4780	大乘無生方便門一卷													
4781	大乘開心顯性頓悟真宗論一卷，唐慧光集釋													
4782	大乘北宗論一卷													
4783	楞伽師資記一卷，唐淨覺集													

初南	天海	緣山	南藏	北藏	嘉興	龍藏	黃檗	卍字	臺中	大正	中華	義門	知津	縮刻	頻伽	普慧	佛教
										85							
										85							
										85							
										85							
										85							
										85							
										85							
										85							
										85							
										85							
										85							
										85							
										85							
										85							
										85							
										85							
										85							
										85							
										85							
										85							

序號	歷代漢文大藏經目錄新考對照表	開元	石經	貞元	至元	指要	標目	金藏	麗藏	略出	福州	資福	磧砂	普寧
4784	傳法寶紀一卷，唐杜朏撰													
4785	讚禪門詩一卷													
4786	三界圖一卷													
4787	大佛略懺一卷													
4788	印沙佛文一卷													
4789	大悲啟請一卷													
4790	文殊師利菩薩無相十禮一卷													
4791	押座文類一卷													
4792	祈願文一卷													
4793	祈願文一卷													
4794	回向文一卷													
4795	大乘四齋日一卷													
4796	地藏菩薩十齋日一卷													
4797	和菩薩戒文一卷													
4798	入布薩堂説偈文等一卷													
4799	布薩文等一卷													
4800	禮懺文一卷													
4801	禮懺文一卷													
4802	禮懺文一卷													
4803	索法號義辯諷誦文一卷													
4804	大目乾連冥間救母變文並圖一卷													
4805	惠遠外傳一卷													
4806	府君存惠傳一卷													
4807	泉州千佛新著諸祖師頌一卷													
4808	大蕃沙州釋門教法和尚洪辯修功德記一卷													
4809	王梵志詩集一卷													
4810	大明仁孝皇后夢感佛説第一希有大功德經二卷													

初南	天海	緣山	南藏	北藏	嘉興	龍藏	黃檗	卍字	臺中	大正	中華	義門	知津	縮刻	頻伽	普慧	佛教
										85							
										85							
										85							
										85							
										85							
										85							
										85							
										85							
										85							
										85							
										85							
										85							
										85							
										85							
										85							
										85							
										85							
										85							
										85							
										85							
										85							
										85							
										85							
										85							
										85							
		大	史	史	務	史	續1	嘉9			106	三十	四一	藏	藏		51

序號	歷代漢文大藏經目録新考對照表	開元	石經	貞元	至元	指要	標目	金藏	麗藏	略出	福州	資福	磧砂	普寧
4811	大通方廣懺悔滅罪莊嚴成佛經三卷		2											
4812	佛説天地八陽神呪經一卷，唐義淨譯													
4813	佛説善惡因果經一卷													
4814-1	佛説高王觀世音經一卷													
4814-2	佛説觀世音經（別本）一卷		2											
4815	大王觀世音經一卷		1											
4816	觀世音菩薩救苦經一卷													
4817	普賢菩薩行願王經一卷													
4818	大方廣佛花嚴經普賢菩薩行願王品一卷													
4819	普賢菩薩説證明經一卷													
4820	佛説地藏菩薩經一卷													
4821	佛説法句經一卷		1											
4822	佛説父母恩重經一卷		3											
4823	如來在金棺囑累清淨莊嚴敬福經一卷		3											
4824	佛説續命經一卷		3											
4825	佛説護身命經一卷		3											
4826	佛説護身命經一卷													
4827	護身命經一卷													
4828	佛説延壽經一卷		3											
4829	佛説延壽命經一卷													

初南	天海	緣山	南藏	北藏	嘉興	龍藏	黃檗	卍字	臺中	大正	中華	義門	知津	縮刻	頻伽	普慧	佛教
								續1		85							28
								續1		85							58
								續1		85							28
								續1		85							
								續1									
										85							28
										85							28
										85							
										85							
										85							
										85							
										85							
										85							
										85							
										85							
										85							

序號	歷代漢文大藏經目録新考對照表	開元	石經	貞元	至元	指要	標目	金藏	麗藏	略出	福州	資福	磧砂	普寧
4830	讚僧功德經一卷，燉煌本，佚集人名													
4831	佛説像法決疑經一卷		2											
4832	佛説大藏正教血盆經一卷													
4833	最妙勝定經一卷													
4834	慈仁問八十種好經一卷													
4835	佛説決罪福經二卷													
4836	佛説妙好寶車經一卷													
4837	大方廣華嚴十惡品經一卷													
4838	妙法蓮華經度量天地品第二十九一卷													
4839	妙法蓮華經馬明菩薩品第三十一一卷													
4840	首羅比丘經一卷													
4841	佛説小法滅盡經一卷													
4842	佛説天公經一卷													
4843	佛説救疾經一卷													
4844	究竟大悲經（存三卷）													
4845	佛説呪魅經一卷													
4846	佛説法王經一卷													
4847	大威儀請問一卷													
4848	佛性海藏智慧解脱破心相經二卷													
4849	佛為心王菩薩説投陀經卷上一卷，惠辨註													
4850	佛説如來成道經一卷													

初南	天海	緣山	南藏	北藏	嘉興	龍藏	黃檗	卍字	臺中	大正	中華	義門	知津	縮刻	頻伽	普慧	佛教
										85							119
								續1		85							28
								續1									
																	28
										85							
										85							
										85							
										85							
										85							
										85							
										85							
										85							
										85							
										85							
										85							
										85							
										85							
										85							
										85							
										85							

序號	歷代漢文大藏經目錄新考對照表	開元	石經	貞元	至元	指要	標目	金藏	麗藏	略出	福州	資福	磧砂	普寧
4851	佛説山海慧菩薩經一卷													
4852	佛説現報當受經一卷													
4853	佛説大辨邪正經一卷													
4854	佛説三廚經一卷，隋達多羅、闍那崛多等譯													
4855	佛説要行捨身經一卷													
4856	示所犯者瑜伽法鏡經一卷													
4857	佛説齋法清淨經一卷													
4858	法句經疏一卷													
4859	佛説無量大慈教經一卷													
4860	佛説七千佛神符經一卷													
4861	現在十方千五百佛名並雜佛同號一卷													
4862	三萬佛同根本神祕之印並法龍種上尊王佛法一卷													
4863	金有陀羅尼經一卷													
4864	佛説七女觀經一卷													
4865	佛説觀經一卷													
4866	救諸眾生一切苦難經一卷													
4867	勸善經一卷													
4868-1	新菩薩經一卷													
4868-2	新菩薩經一卷													
4869	釋家觀化還愚經一卷													
4870	佛母經一卷													

初南	天海	緣山	南藏	北藏	嘉興	龍藏	黃檗	卍字	臺中	大正	中華	義門	知津	縮刻	頻伽	普慧	佛教
										85							
										85							
										85							
										85							
										85							
										85							
										85							
										85							
										85							
										85							
										85							
										85							
										85							
										85							
										85							
										85							
										85							
										85							
										85							
										85							

序號	歷代漢文大藏經目錄新考對照表	開元	石經	貞元	至元	指要	標目	金藏	麗藏	略出	福州	資福	磧砂	普寧
4871	僧伽和尚欲入涅槃説六度經一卷													
4872	老子化胡經（存二卷）													
4873	摩尼教下部讚一卷													
4874	摩尼光佛教法儀略一卷，唐拂多誕譯													
4875	波斯教殘經一卷													
4876	序聽迷詩所經一卷													
4877	景教三威蒙度讚一卷													
4878	大秦景教流行中國碑頌一卷，唐景淨述													
附 0006	佛説方等泥洹經二卷，失譯人名附東晉録													
附 0052-1	佛説受歲經一卷，西晉竺法護譯		3											
附 0052-2	佛説受歲經一卷，西晉竺法護譯		3											
附 0065	瞻婆比丘經一卷，西晉法炬譯						容							
附 0080-1	佛説尊上經一卷，西晉竺法護譯		3											
附 0080-2	佛説尊上經一卷，西晉竺法護譯		3											
附 0092	佛説齋經一卷，吳支謙譯													
附 0100-1	佛説廣義法門經一卷，陳真諦譯		3											
附 0100-2	佛説廣義法門經一卷，陳真諦譯		3											
附 0101-1	佛説普法義經一卷，後漢安世高譯		3											

初南	天海	緣山	南藏	北藏	嘉興	龍藏	黃檗	卍字	臺中	大正	中華	義門	知津	縮刻	頻伽	普慧	佛教
										85							
										54							
										54							
										54							
										54							
										54							
										54							
										54							
																	28
													三三				

序號	歷代漢文大藏經目錄新考對照表	開元	石經	貞元	至元	指要	標目	金藏	麗藏	略出	福州	資福	磧砂	普寧
附0101-2	佛說普法義經一卷，後漢安世高譯		3											
附0102-1	佛說恒水流樹經一卷		3											
附0102-2	佛為阿支羅迦葉說自他作苦經一卷，失譯										無	無		無
附0104	身觀經一卷，西晉竺法護譯	優		賤	和	竟	竟	竟	竟	學	學	學	學	學
附0116	緣起聖道經一卷，唐玄奘譯		3											
附0125	佛說十力經一卷，唐勿提提犀魚譯							説						
附0129	佛說無常三啟經一卷													
附0133	譬人經一卷，後漢支曜譯					若								
附0144-2	須摩提女經一卷，吳支謙譯										若	若	若	若
附0144-2	佛說受新歲經一卷，西晉竺法護譯							容*	竟					
附0144-2	佛說頻婆娑羅王詣佛供養經一卷，西晉法炬譯							止						
附0148	佛說四人出現世間經一卷，劉宋求那跋陀羅譯		3											
附0155-1	食施獲五福報經						給							
附0156	佛說琉璃王經一卷，西晉竺法護譯		3											
附0196-1	佛說出家功德因緣經一卷，後漢安世高譯						甚	甚*	甚					
附0196-2	佛說出家功德經一卷		1											
附0196-3	佛說出家功德經一卷		2											

初南	天海	緣山	南藏	北藏	嘉興	龍藏	黃檗	卍字	臺中	大正	中華	義門	知津	縮刻	頻伽	普慧	佛教
無	無	無	敬	敬	敬	敬	敬	十四	磧20	14	36	六	三一	宿	宿		28
學	學	學	當	孝	孝	孝	孝	十五	磧20	15	36	六	三一	宿	宿		28
											66						
											85						
若	若		緣	善	善	善	善		磧18	2	34	七	二六	昃	昃		
		1432						續1		1	36			宿	宿		28
											34						
								十四			36						

序號	歷代漢文大藏經目録新考對照表	開元	石經	貞元	至元	指要	標目	金藏	麗藏	略出	福州	資福	磧砂	普寧
附 0197	佛説七種施因緣經一卷，元魏吉迦夜共曇曜譯		1											
附 0209	大魚事經一卷，東晉竺曇無蘭譯							無						
附 0221-1	佛説長壽王經一卷，失譯附西晉録		3											
附 0221-2	佛説長壽王經一卷，失譯附西晉録		3											
附 0222	金色王經一卷，元魏瞿曇般若流支譯		3											
附 0223	佛説妙色王因緣經一卷，唐義淨譯		3											
附 0232	佛説菩薩投身飴餓虎起塔因緣經一卷，北涼法盛譯		2											
附 0236-1	佛説師子月佛本生經一卷，失譯附三秦録		3											
附 0236-2	佛説師子月佛本生經一卷，失譯附三秦録		3											
附 0239	銀色女經一卷，元魏佛陀扇多譯		3											
附 0243	一切智光明仙人慈心因緣不食肉經一卷，失譯附秦録		3											
附 0249	摩訶般若波羅蜜經二十七卷，後秦鳩摩羅什譯		2											
附 0253	小品般若波羅蜜經十卷，姚秦鳩摩羅什譯													
附 0256	勝天王般若經七卷，陳月婆首那譯		2											

初南	天海	緣山	南藏	北藏	嘉興	龍藏	黃檗	卍字	臺中	大正	中華	義門	知津	縮刻	頻伽	普慧	佛教
																	87
																	87

序號	歷代漢文大藏經目錄新考對照表	開元	石經	貞元	至元	指要	標目	金藏	麗藏	略出	福州	資福	磧砂	普寧
附 0257	文殊師利所説摩訶般若波羅蜜經二卷，梁曼陀羅仙譯		1											
附 0260-1	金剛般若波羅蜜經一卷，姚秦鳩摩羅什譯		2											
附 0260-2	金剛般若波羅蜜經一卷，姚秦鳩摩羅什譯		2											
附 0260-3	金剛般若波羅蜜經一卷，姚秦鳩摩羅什譯		2											
附 0260-4	金剛般若波羅蜜經一卷，姚秦鳩摩羅什譯		2											
附 0260-5	金剛般若波羅蜜經一卷，姚秦鳩摩羅什譯		2											
附 0260-6	金剛般若波羅蜜經一卷，姚秦鳩摩羅什譯		2											
附 0260-7	金剛般若波羅蜜經一卷，姚秦鳩摩羅什譯		2											
附 0260-8	金剛般若波羅蜜經一卷，姚秦鳩摩羅什譯		3											
附 0260-9	金剛般若波羅蜜經一卷，姚秦鳩摩羅什譯		3											
附 0260-10	金剛般若波羅蜜經一卷，姚秦鳩摩羅什譯		3											
附 0260-11	金剛般若波羅蜜經一卷，姚秦鳩摩羅什譯		3											
附 0260-12	金剛般若波羅蜜經一卷，姚秦鳩摩羅什譯		3											

初南	天海	緣山	南藏	北藏	嘉興	龍藏	黃檗	卍字	臺中	大正	中華	義門	知津	縮刻	頻伽	普慧	佛教

序號	歷代漢文大藏經目錄新考對照表	開元	石經	貞元	至元	指要	標目	金藏	麗藏	略出	福州	資福	磧砂	普寧
附 0261	金剛般若波羅蜜經一卷，元魏菩提留支譯		1											
附 0262	金剛般若波羅蜜經一卷，元魏留支譯		2								翔	翔		
附 0266	實相般若波羅蜜經一卷，唐菩提流志譯		3											
附 0269	大樂金剛不空真實三摩耶般若波羅蜜多理趣經一卷，唐不空譯												寧	
附 0271	佛說仁王護國般若波羅蜜經二卷，姚秦鳩摩羅什譯		3											
附 0277-1	般若波羅蜜多心經一卷，唐玄奘譯		2											
附 0277-2	般若波羅蜜多心經一卷，唐玄奘譯		2											
附 0277-3	佛說蜜多心經一卷，唐玄奘譯		2											
附 0277-4	佛說蜜多心經一卷，唐玄奘譯		2											
附 0277-5	佛說般若波羅蜜多心經一卷，唐玄奘譯		2											
附 0277-6	般若波羅蜜多心經一卷，唐玄奘譯		2											
附 0277-7	般若波羅蜜多心經一卷，唐玄奘譯		3											
附 0277-8	般若波羅蜜多心經一卷，唐玄奘譯		3											
附 0277-9	佛說蜜多心經一卷，唐玄奘譯		3	˙										

初南	天海	緣山	南藏	北藏	嘉興	龍藏	黃檗	卍字	臺中	大正	中華	義門	知津	縮刻	頻伽	普慧	佛教
										8	8				月	月	
寧									磧 36		69						

序號	歷代漢文大藏經目錄新考對照表	開元	石經	貞元	至元	指要	標目	金藏	麗藏	略出	福州	資福	磧砂	普寧
附 0277-10	佛說般若波羅蜜多心經一卷，唐玄奘譯		3											
附 0277-11	般若波羅蜜多心經（偈贊並序）一卷，唐玄奘譯		3											
附 0277-12	般若波羅蜜多心經一卷，唐玄奘譯		3											
附 0277-13	般若波羅蜜多心經一卷，唐玄奘譯		3											
附 0277-14	般若波羅蜜多心經一卷，唐玄奘譯		3											
附 0277-15	般若波羅蜜多心經一卷，唐玄奘譯		3											
附 0277-16	般若波羅蜜多心經一卷，唐玄奘譯		3											
附 0277-17	佛說般若波羅蜜多心經一卷，唐玄奘譯		3											
附 0277-18	佛說般若波羅蜜多心經一卷，唐玄奘譯		3											
附 0277-19	般若波羅蜜多心經一卷，唐玄奘譯		3											
附 0277-20	佛說般若波羅蜜多心經一卷，唐玄奘譯		3											
附 0277-21	般若波羅蜜多心經一卷，唐玄奘譯		3											
附 0277-22	般若波羅蜜多心經一卷，唐玄奘譯		3											
附 0277-23	般若波羅蜜多心經一卷，唐玄奘譯		28											

初南	天海	緣山	南藏	北藏	嘉興	龍藏	黃檗	卍字	臺中	大正	中華	義門	知津	縮刻	頻伽	普慧	佛教

序號	歷代漢文大藏經目錄新考對照表	開元	石經	貞元	至元	指要	標目	金藏	麗藏	略出	福州	資福	磧砂	普寧
附 0279	普遍智藏般若波羅蜜多心經一卷，唐法月重譯		3											
附 0292-1	妙法蓮華經卷二一卷，姚秦鳩摩羅什譯		3											
附 0292-2	妙法蓮華經七卷，姚秦鳩摩羅什譯		3											
附 0292-3	妙法蓮華經七卷，姚秦鳩摩羅什譯		3											
附 0292-4	妙法蓮華經八卷，姚秦鳩摩羅什譯		3											
附 0292-5	妙法蓮華經七卷，姚秦鳩摩羅什譯		3											
附 0296-1	妙法蓮華經觀世音菩薩普門品第二十五一卷，姚秦鳩摩羅什譯長行、隋闍那崛多譯重頌		2											
附 0296-2	妙法蓮華經觀世音菩薩普門品第二十五一卷，姚秦鳩摩羅什譯長行、隋闍那崛多譯重頌		2											
附 0296-3	妙法蓮華經觀世音普門品第二十五一卷，姚秦鳩摩羅什譯長行、隋闍那崛多譯重頌		2											
附 0296-4	妙法蓮華經觀世音菩薩普門品第二十五一卷，姚秦鳩摩羅什譯長行、隋闍那崛多譯重頌		2											
附 0296-5	妙法蓮華經觀世音菩薩普門品經一卷，姚秦鳩摩羅什譯長行、隋闍那崛多譯重頌		2											

初南	天海	緣山	南藏	北藏	嘉興	龍藏	黃檗	卍字	臺中	大正	中華	義門	知津	縮刻	頻伽	普慧	佛教

序號	歷代漢文大藏經目錄新考對照表	開元	石經	貞元	至元	指要	標目	金藏	麗藏	略出	福州	資福	磧砂	普寧
附 0296-6	妙法蓮華經觀世音菩薩普門品第二十五一卷，姚秦鳩摩羅什譯長行、隋闍那崛多譯重頌		3											
附 0296-7	妙法蓮華經觀世音菩薩普門品第二十五一卷，姚秦鳩摩羅什譯長行、隋闍那崛多譯重頌		3											
附 0304	金剛三昧經二卷，北涼失譯		3											
附 0307	無量義經一卷，蕭齊曇摩伽陀耶舍譯		1											
附 0310	大方廣佛華嚴經淨行品菩薩百四十願一卷，東晉佛陀跋陀羅譯		1											
附 0330	大方廣普賢所說經一卷，唐實叉難陀譯													
附 0331	大方廣總持寶光明經五卷，宋法天譯		29											
附 0332	大方廣如來不思議境界經一卷，唐實叉難陀譯													
附 0333	大方廣佛華嚴經不思議佛境界分一卷，唐提雲般若譯													
附 0334	大方廣入如來智德不思議經一卷，唐實叉難陀譯													
附 0335	度諸佛境界智光嚴經一卷，失譯人名附三秦錄													

初南	天海	緣山	南藏	北藏	嘉興	龍藏	黃檗	卍字	臺中	大正	中華	義門	知津	縮刻	頻伽	普慧	佛教
																	87
																	87
																	87
																	87
																	87

序號	歷代漢文大藏經目錄新考對照表	開元	石經	貞元	至元	指要	標目	金藏	麗藏	略出	福州	資福	磧砂	普寧
附 0336	佛華嚴入如來德智不思議境界經一卷，隋闍那崛多譯													
附 0338	大方廣佛華嚴經修慈分一卷，唐提雲般若等譯													
附 0339	莊嚴菩提心經一卷，姚秦鳩摩羅什譯													
附 0340	大方廣菩薩十地經一卷，元魏吉迦夜共曇曜譯													
附 0342	須摩提經一卷，唐菩提流志譯					服		服	服					
附 0357	三十五佛名並懺悔文一卷，西晉燉煌三藏譯		1											
附 0362-1	佛說菩薩修行經一卷，西晉白法祖譯		3											
附 0362-2	菩薩修行經一卷，西晉白法祖譯		3											
附 0366	佛說須摩提菩薩經一卷，姚秦鳩摩羅什譯	裳	裳	位	讓		服				衣	衣	衣	衣	衣
附 0374	佛說太子和休經一卷，失譯附西晉錄		3											
附 0383	勝鬘師子吼一乘大方便方廣經一卷，劉宋求那跋陀羅譯		1											
附 0385	入法界體性經一卷，隋闍那崛多等譯		3											
附 0389-1	度一切諸佛境界智嚴經一卷，梁僧伽婆羅等譯		3											

初南	天海	緣山	南藏	北藏	嘉興	龍藏	黃檗	卍字	臺中	大正	中華	義門	知津	縮刻	頻伽	普慧	佛教
																	87
																	87
																	87
																	87
		1423						續1		12	9			地	地		4
衣	衣	衣	衣	衣	衣	衣	衣	六	磧6	12	9	十四	三	地	地		4

序號	歷代漢文大藏經目錄新考對照表	開元	石經	貞元	至元	指要	標目	金藏	麗藏	略出	福州	資福	磧砂	普寧
附 0389-2	度一切諸佛境界智嚴經一卷，梁僧伽婆羅等譯		3											
附 0390	佛說無量壽經二卷，曹魏康僧鎧譯													
附 0391	佛說無量清淨平等覺經三卷，後漢支婁迦讖譯													
附 0392	佛說阿彌陀三耶三佛薩樓佛檀過度人道經二卷，吳支謙譯													
附 0393	佛說大乘無量壽莊嚴經三卷，宋法賢譯													
附 0394	佛說大阿彌陀經二卷，宋王日休校輯													
附 0396-1	佛說無量壽觀經一卷，劉宋畺良耶舍譯		1											
附 0396-2	佛說觀無量壽佛經一卷，劉宋畺良耶舍譯		3											
附 0398	佛說阿彌陀經一卷，姚秦鳩摩羅什譯		29											
附 0399	稱讚淨土佛攝受經一卷，唐玄奘譯		3											
附 0401-1	拔一切業障根本得生淨土神呪一卷，劉宋求那跋陀羅重譯													
附 0403	阿彌陀鼓音聲王陀羅尼經一卷，失譯人名開元附梁錄													
附 0404	觀世音菩薩得大勢菩薩受記經一卷，劉宋曇無竭譯													

初南	天海	緣山	南藏	北藏	嘉興	龍藏	黃檗	卍字	臺中	大正	中華	義門	知津	縮刻	頻伽	普慧	佛教
																		86
																	86
																	86
																	86
																	86
																	86
																	86
																	86
																	86
																	86
																	86

序號	歷代漢文大藏經目録新考對照表	開元	石經	貞元	至元	指要	標目	金藏	麗藏	略出	福州	資福	磧砂	普寧
附 0405	佛説如幻三摩地無量印法門經一卷，宋施護等譯													
附 0406	後出阿彌陀佛偈經一卷，後漢失譯													
附 0410	科南本大般涅槃經，元師正排科、可度重訂													
附 0412	大般涅槃經後分二卷，唐若那跋陀羅譯		2											
附 0424–1	佛臨般涅槃略説教誡經一卷，姚秦鳩摩羅什譯		1											
附 0424–2	佛垂般涅槃略説教誡經一卷，姚秦鳩摩羅什譯		2											
附 0424–3	佛臨般涅槃略説教戒經一卷，姚秦鳩摩羅什譯		3											
附 0424–4	佛遺教經一卷		29											
附 0430	佛説當來變經一卷，西晉竺法護譯		2											
附 0432	作世水宅心陀羅尼一卷													
附 0433	大方等大集經三十卷，北涼曇無讖譯		3											
附 0434	大乘大方等日藏分經十卷，隋那連提耶舍譯		3											
附 0435	大集月藏經十卷，高齊那連提耶舍譯		3											
附 0444	大集大虛空藏菩薩所問經八卷，唐不空譯													
附 0446	虛空藏菩薩經一卷，姚秦佛陀耶舍譯													

初南	天海	緣山	南藏	北藏	嘉興	龍藏	黃檗	卍字	臺中	大正	中華	義門	知津	縮刻	頻伽	普慧	佛教
																	86
																	86
								續37									
								續2									58
																	86
																	86

序號	歷代漢文大藏經目録新考對照表	開元	石經	貞元	至元	指要	標目	金藏	麗藏	略出	福州	資福	磧砂	普寧
附 0447	虚空藏菩薩神呪經一卷，劉宋曇摩蜜多譯													
附 0448	佛説虚空藏菩薩神呪經一卷，劉宋曇摩蜜多譯													
附 0449	虚空孕菩薩經二卷，隋闍那崛多譯													
附 0450	觀虚空藏菩薩經一卷，劉宋曇摩蜜多譯													
附 0451	大乘大集地藏十輪經十卷，唐玄奘譯		2											
附 0453	地藏菩薩本願經三卷，唐實叉難陀譯													
附 0454	百千頌大集地藏菩薩請問法身讚一卷，唐不空譯				止									
附 0556	佛説堅意經一卷，後漢安世高譯		3											
附 0564	佛説中心經一卷，東晉竺曇無蘭譯		3											
附 0566	佛説護淨經一卷，失譯附東晉録		3											
附 0598	佛説八陽神呪經一卷，西晉竺法護譯		3											
附 0600	佛説八部佛名經一卷，元魏瞿曇般若流支譯		3											
附 0601	佛説十吉祥經一卷，失譯附秦録		3											
附 0607	佛説百佛名經一卷，隋那連提耶舍譯		3											
附 0614-4	賢劫千佛出賢劫經一卷		1											

初南	天海	緣山	南藏	北藏	嘉興	龍藏	黃檗	卍字	臺中	大正	中華	義門	知津	縮刻	頻伽	普慧	佛教
																	86
																	86
																	86
																	86
																	86
																	86

序號	歷代漢文大藏經目錄新考對照表	開元	石經	貞元	至元	指要	標目	金藏	麗藏	略出	福州	資福	磧砂	普寧
附 0620-1	藥師琉璃光如來本願功德經一卷，唐玄奘譯		2											
附 0620-2	藥師琉璃光如來本願功德經一卷，唐玄奘譯		3											
附 0625-1	佛說彌勒下生成佛經一卷，姚秦鳩摩羅什譯		2											
附 0625-2	佛說彌勒下生成佛經一卷，姚秦鳩摩羅什譯		2											
附 0625-3	佛說彌勒成佛經一卷，姚秦鳩摩羅什譯		3											
附 0625-4	佛說彌勒下生經一卷，姚秦鳩摩羅什譯		3											
附 0628-1	佛說觀彌勒菩薩上生兜率天經一卷，劉宋沮渠京聲譯		2											
附 0628-2	佛說觀彌勒菩薩上生兜率天經一卷，劉宋沮渠京聲譯		3											
附 0628-3	佛說觀彌勒菩薩上生兜率天經一卷，劉宋沮渠京聲譯		3											
附 0628-4	佛說觀彌勒菩薩上生兜率天經一卷，劉宋沮渠京聲譯		3											
附 0629	文殊師利問菩薩署經一卷，後漢支婁迦讖譯													
附 0630	大方廣寶篋經二卷，劉宋求那跋陀羅譯		2											

初南	天海	緣山	南藏	北藏	嘉興	龍藏	黃檗	卍字	臺中	大正	中華	義門	知津	縮刻	頻伽	普慧	佛教
																	87	

序號	歷代漢文大藏經目錄新考對照表	開元	石經	貞元	至元	指要	標目	金藏	麗藏	略出	福州	資福	磧砂	普寧
附 0632	文殊師利問菩提經一卷，姚秦鳩摩羅什譯		3											
附 0637	文殊師利問經字母品第十四一卷，唐不空譯		3											
附 0642	大乘百福相經一卷，唐地婆訶羅譯		3											
附 0643-1	大乘百福莊嚴相經一卷，唐地婆訶羅等譯		3											
附 0643-2	大乘百福莊嚴相經一卷，唐地婆訶羅等譯		3											
附 0645	維摩詰經三卷，姚秦鳩摩羅什譯		3											
附 0647	說無垢稱經六卷，唐玄奘譯		2											
附 0669	佛為勝光天子說王法經一卷，唐義淨譯		3											
附 0675	佛說道樹經一卷，梁支陀崘譯													
附 0684	佛說金耀童子經一卷，宋天息災譯		29											
附 0698	佛說心明經一卷，西晉竺法護譯		3											
附 0703	佛說大乘流轉諸有經一卷，唐義淨譯		3											
附 0704-1	大方等修多羅王經一卷，元魏菩提留支譯		3											
附 0704-2	大方等修多羅王經一卷，元魏菩提留支譯		3											
附 0705	轉有經一卷，元魏佛陀扇多譯		3											
附 0717	佛說天王太子辟羅經一卷，失譯附秦錄		3											

初南	天海	緣山	南藏	北藏	嘉興	龍藏	黄檗	卍字	臺中	大正	中華	義門	知津	縮刻	頻伽	普慧	佛教
必																	

序號	歷代漢文大藏經目錄新考對照表	開元	石經	貞元	至元	指要	標目	金藏	麗藏	略出	福州	資福	磧砂	普寧
附 0723	佛說如來獨證自誓三昧經一卷，西晉竺法護譯		3											
附 0744-1	佛說金剛三昧本性清淨不壞不滅經一卷，失譯附三秦録		3											
附 0744-2	金剛三昧本性清淨不壞不滅經一卷，失譯附三秦録		3											
附 0757-1	金光明最勝王經十卷，唐義淨譯		2											
附 0757-2	金光明最勝王經十卷，唐義淨譯		3											
附 0757-3	金光明最勝王經十卷，唐義淨譯		3											
附 0757-4	金光明最勝王經十卷，唐義淨譯		3											
附 0757-5	金光明最勝王經如意寶珠品第十四一卷，唐義淨譯													
附 0757-6	金光明最勝王經大辯才天女品第十五一卷，唐義淨譯													
附 0760	大方等如來藏經一卷，東晉佛陀跋陀羅譯		3											
附 0762	佛說不增不減經一卷，元魏菩提留支譯		3											
附 0770	解深密經五卷，唐玄奘譯		2											
附 0774	佛說佛地經一卷，唐玄奘譯		2											
附 0778-1	佛說盂蘭盆經一卷，西晉竺法護譯		1											
附 0778-2	佛說盂蘭盆經一卷，西晉竺法護譯		2											

初南	天海	緣山	南藏	北藏	嘉興	龍藏	黃檗	卍字	臺中	大正	中華	義門	知津	縮刻	頻伽	普慧	佛教
														閏	閏		53
														閏	閏		53

序號	歷代漢文大藏經目録新考對照表	開元	石經	貞元	至元	指要	標目	金藏	麗藏	略出	福州	資福	磧砂	普寧
附 0778-3	佛説盂蘭盆經一卷，西晉竺法護譯		2											
附 0778-4	佛説盂蘭盆經一卷，西晉竺法護譯		3											
附 0779	佛説報恩奉盆經一卷，失譯附東晉録		3											
附 0780	四未曾有經一卷，西晉竺法護譯							若						
附 0782	最無比經一卷，唐玄奘譯		3											
附 0783	希有希有校量功德經一卷，隋闍那崛多等譯		3											
附 0784-1	佛説造立形像福報經一卷，失譯附東晉録		3											
附 0784-2	造立形像福報經一卷，失譯附東晉録		3											
附 0785-1	佛説作佛形像經一卷，失譯附後漢録		3											
附 0785-2	佛説作佛形像經一卷，失譯附後漢録		3											
附 0785-3	佛説作佛形像經一卷，失譯附後漢録		3											
附 0785-4	佛説作佛形像經一卷，失譯附後漢録		3											
附 0785-5	佛説作佛形像經一卷，失譯附後漢録		3											
附 0785-6	佛説作佛形像經一卷，失譯附後漢録		3											
附 0787	佛説樓閣正法甘露鼓經一卷，宋天息災譯		29											

初南	天海	緣山	南藏	北藏	嘉興	龍藏	黃檗	卍字	臺中	大正	中華	義門	知津	縮刻	頻伽	普慧	佛教
											34						

序號	歷代漢文大藏經目錄新考對照表	開元	石經	貞元	至元	指要	標目	金藏	麗藏	略出	福州	資福	磧砂	普寧
附 0788-1	佛説浴像功德經一卷，唐義淨譯		3											
附 0788-2	佛説浴像功德經一卷，唐義淨譯		3											
附 0788-3	佛説浴像功德經一卷，唐義淨譯		3											
附 0791	佛説摩訶刹頭經一卷，乞伏秦聖堅譯					傷		傷						
附 0792-1	造塔功德經一卷，唐地婆訶羅譯		3											
附 0792-2	造塔功德經一卷，唐地婆訶羅譯		3											
附 0793	右繞佛塔功德經一卷，唐實叉難陀譯		行											
附 0794	佛説溫室洗浴眾僧經一卷，後漢安世高譯		1											
附 0798	了本生死經一卷，吳支謙譯		3											
附 0809	佛説三品弟子經一卷，吳支謙譯		3											
附 0816-1	大乘四法經一卷，唐實叉難陀譯		3											
附 0816-2	大乘四法經一卷，唐實叉難陀譯		3											
附 0824	佛説内藏百寶經一卷，後漢支婁迦讖譯		3											
附 0842	諸法最上王經一卷，隋闍那崛多等譯		28											
附 0843	佛説甚深大迴向經一卷，失譯附劉宋録		1											
附 0844	大乘遍照光明藏無字法門經一卷，唐地婆訶羅再譯		3											
附 0847	大方廣師子吼經一卷，唐地婆訶羅等譯		3											

初南	天海	緣山	南藏	北藏	嘉興	龍藏	黃檗	卍字	臺中	大正	中華	義門	知津	縮刻	頻伽	普慧	佛教
										19							

序號	歷代漢文大藏經目録新考對照表	開元	石經	貞元	至元	指要	標目	金藏	麗藏	略出	福州	資福	磧砂	普寧
附 0852	出生菩提心經一卷，隋闍那崛多等譯		3											
附 0854	占察善惡業報經一卷，隋菩提燈譯													
附 0855	稱讚大乘功德經一卷，唐玄奘譯		3											
附 0856-1	説妙法決定業障經一卷，唐智嚴譯		2											
附 0856-2	説妙法決定業障經一卷，唐智嚴譯		3											
附 0897	金剛頂瑜伽三十七尊禮一卷，唐不空譯													
附 0936	諸佛心陀羅尼經一卷，唐玄奘譯		3											
附 0954	大乘聖無量壽決定光明王如來陀羅尼經（重刻）一卷，宋法天譯		刻											
附 0972	一字頂輪王瑜伽觀行儀軌一卷，唐不空譯													
附 0976	一切如來説佛頂輪王一百八名讚一卷，宋施護譯													
附 0983-1	佛頂尊勝陀羅尼經一卷，唐佛陀波利譯		2											
附 0983-2	佛頂尊勝陀羅尼經一卷，唐佛陀波利譯		2											
附 0983-3	佛頂尊勝陀羅尼經一卷，唐佛陀波利譯		3											
附 1018	仁王般若陀羅尼釋一卷，唐不空譯													

初南	天海	緣山	南藏	北藏	嘉興	龍藏	黃檗	卍字	臺中	大正	中華	義門	知津	縮刻	頻伽	普慧	佛教
																	86
																	58
		1449															
											67						
									磧 38								

序號	歷代漢文大藏經目録新考對照表	開元	石經	貞元	至元	指要	標目	金藏	麗藏	略出	福州	資福	磧砂	普寧
附 1038	出生無邊門陀羅尼經一卷，唐智嚴譯		3											
附 1041-2	華嚴四十二字觀門圓明字輪													
附 1049-1	佛説護諸童子陀羅尼經一卷，元魏菩提留支譯		3											
附 1065	請觀世音菩薩消伏毒害陀羅尼呪經一卷，東晉竺難提譯		1											
附 1067-1	佛説六字神呪王經一卷，唐菩提流志譯							才						
附 1073	佛説一切佛攝相應大教王經聖觀自在菩薩念誦儀軌一卷，宋法賢譯													
附 1080-2	千眼千臂觀世音菩薩陀羅尼神呪經二卷，唐智通譯													
附 1082-1	日光菩薩月光菩薩陀羅尼一卷													
附 1098	佛頂心觀世音菩薩大陀羅尼經三卷		28											
附 1119	觀自在如意輪菩薩瑜伽法要一卷，唐金剛智譯		3											
附 1134-1	佛説大方廣曼殊室利經一卷，唐不空譯												密	
附 1134-2	觀自在菩薩授記一卷，唐不空譯													
附 1144	青頸觀自在菩薩心陀羅尼經一卷，唐不空註釋義													
附 1158	金剛頂瑜伽金剛薩埵儀軌一卷，唐不空譯												密	

初南	天海	緣山	南藏	北藏	嘉興	龍藏	黃檗	卍字	臺中	大正	中華	義門	知津	縮刻	頻伽	普慧	佛教
																	94
											66						
									嘉1								
							附15	續2		20				閏	閏		53
密	尹	取							磧36			二五	十四				
											23						
															續118		
密		1562	學	杜	杜	杜	杜	二六	磧36			二七	十五				

序號	歷代漢文大藏經目録新考對照表	開元	石經	貞元	至元	指要	標目	金藏	麗藏	略出	福州	資福	磧砂	普寧
附1168	諸佛集會陀羅尼經一卷，唐提雲般若等譯													
附1192-1	佛説隨求即得大自在陀羅尼神呪經一卷，唐寶思惟譯		3											
附1192-2	佛説隨求即得大自在陀羅尼神呪經一卷，唐寶思惟譯		3											
附1192-3	佛説隨求即得大自在陀羅尼神呪經一卷，唐寶思惟譯													
附1221-1	曼殊室利菩薩呪藏中一字呪王經一卷，唐義淨譯		3											
附1221-2	曼殊室利菩薩呪藏中一字呪王經一卷，唐義淨譯		3											
附1224	大聖妙吉祥菩薩最勝威德祕密八字陀羅尼修行念誦儀軌次第法一卷，唐義雲、菩提仙同譯													
附1236	曼殊室利菩薩吉祥伽陀一卷，宋法賢譯												武	
附1237	佛説文殊師利一百八名梵讚一卷，宋法天譯													
附1275	無能勝大明陀羅尼經一卷，宋法天譯													
附1276	無能勝大明心陀羅尼經一卷，宋法天譯													
附1297	佛説摩利支天陀羅尼呪經一卷，失譯人名開元附梁録													

初南	天海	緣山	南藏	北藏	嘉興	龍藏	黃檗	卍字	臺中	大正	中華	義門	知津	縮刻	頻伽	普慧	佛教
	羊							續 2									
	羊								嘉 1								
								續 2									
								續 2									58
武	1560	竟	杜	杜	杜	杜	二六	磧 36			二七	十五					
													成	成			58
								磧 32									
								磧 32									
								嘉 1									

序號	歷代漢文大藏經目録新考對照表	開元	石經	貞元	至元	指要	標目	金藏	麗藏	略出	福州	資福	磧砂	普寧
附 1332	阿迦陀密一印千類千轉三使者成就經法一卷，唐不空譯													
附 1355	施餓鬼食經一卷						給							
附 1381-10	灌頂梵天神策經一卷，東晉帛尸梨蜜多羅譯													
附 1381-11	佛説灌頂隨願往生十方淨土經一卷，東晉帛尸梨蜜多羅譯			3										
附 1381-12	佛説灌頂章句拔除過罪生死得度經一卷			3										
附 1400	佛説聖最上燈明如來陀羅尼經一卷，宋施護譯													
附 1403	佛説華積陀羅尼神呪經一卷，吳支謙譯			3										
附 1406-1	佛説六門陀羅尼經一卷，唐玄奘譯			2										
附 1406-2	六門陀羅尼經一卷，唐玄奘譯			2										
附 1415	佛説大七寶陀羅尼經一卷，失譯附梁録			3										
附 1444	佛説智炬陀羅尼經一卷，唐提雲般若等譯													
附 1496-2	十誦律毘尼序三卷，東晉卑摩羅叉續譯													
附 1497-1	五分戒本一卷，宋佛陀什譯							隨*						
附 1545-1	梵網經盧舍那佛所説心地品第十一卷，姚秦鳩摩羅什譯			2										

初南	天海	緣山	南藏	北藏	嘉興	龍藏	黃檗	卍字	臺中	大正	中華	義門	知津	縮刻	頻伽	普慧	佛教
								續2									58
					續36												
											66						
	羊																
								十九									

序號	歷代漢文大藏經目錄新考對照表	開元	石經	貞元	至元	指要	標目	金藏	麗藏	略出	福州	資福	磧砂	普寧
附 1545-2	梵網經卷下（別刻）一卷，後秦鳩摩羅什譯		念											
附 1545-3	梵網經菩薩戒一卷，姚秦鳩摩羅什譯、明真程書丹		29											
附 1556	佛説魔逆經一卷，西晉竺法護譯					羔	羔	羔						
附 1562	善恭敬經一卷，隋闍那崛多等譯		3											
附 1566	菩薩戒羯磨文一卷，彌勒菩薩説、唐玄奘譯		2											
附 1576	八戒齋法一卷，龍樹菩薩造、姚秦鳩摩羅什譯		1											
附 1591	無量壽經優波提舍願生偈一卷，婆藪槃豆菩薩造、元魏菩提留支譯		1											
附 1597	佛地經論七卷，親光菩薩等造、唐玄奘譯		2											
附 1637	大乘中觀釋論十卷，安慧菩薩造、宋惟淨等譯													
附 1651	菩薩地持戒品（副目：受菩薩戒法）一卷，北涼曇無讖譯		1											
附 1694	觀所緣緣論釋一卷，唐義淨譯													
附 1950-1	妙法蓮華經要解七卷，宋戒環解													
附 1979-2	釋普門品重頌一卷，宋遵式述													
附 2000-1	大方廣佛華嚴經疏科文十卷，澄觀排定													

初南	天海	緣山	南藏	北藏	嘉興	龍藏	黃檗	卍字	臺中	大正	中華	義門	知津	縮刻	頻伽	普慧	佛教
											24							
																	148
																	67
															續 128		
															續 133		
				法然 院目													

序號	歷代漢文大藏經目錄新考對照表	開元	石經	貞元	至元	指要	標目	金藏	麗藏	略出	福州	資福	磧砂	普寧
附 2000-2	大方廣佛華嚴經疏序演義鈔九卷，唐澄觀撰述													
附 2082-1	彌陀疏鈔													
附 2118	觀彌勒菩薩上生兜率天經疏二卷，唐窺基撰													
附 2172	楞伽經記													
附 2640	華嚴法界玄鏡一卷，唐澄觀述													
附 2741	沙彌儀軌頌													
附 2779	天台止觀一卷，隋智顗述													
附 2838	十方佛一卷		1											
附 2845	釋迦如來涅槃禮讚文一卷，宋仁岳撰													
附 2846	天台智者大師齋忌禮讚文一卷，宋遵式述													
附 2896	淨土十疑論，隋智顗說													
附 2907-1	神棲安養賦一卷，宋延壽述													
附 2907-2	懷淨土詩一卷，元明本撰													
附 2909	勸修淨土文一卷，宋鄭清之撰													
附 2912-1	淨土境觀要門一卷，元懷則述													
附 2939	普勸修行文一卷，元顏丙撰													
附 2993	六祖大師法寶壇經一卷，元宗寶本													
附 3099	雲門匡真禪師語錄三卷，（五代文偃說）													
附 3147	廣忠鐵壁機禪師語錄二十卷													

初南	天海	緣山	南藏	北藏	嘉興	龍藏	黃檗	卍字	臺中	大正	中華	義門	知津	縮刻	頻伽	普慧	佛教
							法然院目								續102		
					續55*												
									磧40								
					待訪10												
																	94
					續三七												
					拾遺372												
								續74									
								續74									
					續41				嘉20								
											四一						
											四一						
											四一						
											97						
					續41*						四一						
																	86
					續62				嘉24								
					待訪18												

序號	歷代漢文大藏經目録新考對照表	開元	石經	貞元	至元	指要	標目	金藏	麗藏	略出	福州	資福	磧砂	普寧
附 3159	埜雲禪師頌古													
附 3235	方便語，明德清著													
附 3251	山翁忞禪師語録二十二卷，清顯權等編													
附 3420	朗空禪師語録													
附 3459	無異禪師語録													
附 3467	瑞應瀨山語録													
附 3552	臨濟正法眼藏													
附 3602	大阿羅漢難提蜜多羅所説法住記一卷，唐玄奘譯													
附 3606	十八部異執論一卷，天友菩薩造、陳真諦譯					渭		渭						
附 3702	景德傳燈録三十卷，宋道原纂													
附 3799	奉法要一卷，晉郗超撰													
附 3804	律相感通傳一卷，唐道宣撰													
附 3837	尚直尚理編二卷，明景隆述													
附 3926	佛遺教經論疏節要一卷，姚秦鳩摩羅什譯、宋淨源節要、明袾宏補註													
附 4805	進旨一卷													
附 4822-1	佛説父母恩重經一卷		2											
附 4822-2	佛説父母恩重經一卷		3											
附 4822-3	父母恩重經一卷		3											
附 4822-4	佛説父母恩重經一卷		3											
附 4824	佛説續命經一卷		3											

初南	天海	緣山	南藏	北藏	嘉興	龍藏	黃檗	卍字	臺中	大正	中華	義門	知津	縮刻	頻伽	普慧	佛教
					待訪7												
													四四				
					拾遺358												
					待訪6				嘉40								
					待訪8												
					續37*												
					待訪23												
					續36												
										50							
																	111
					續33												
										45							66
											四一						
					拾遺375				嘉32								
										85							

序號	歷代漢文大藏經目録新考對照表	開元	石經	貞元	至元	指要	標目	金藏	麗藏	略出	福州	資福	磧砂	普寧
附 4828-1	佛説延年益壽經一卷		3											
附 4828-2	佛説延年益壽經一卷		3											
附 0318	大唐貞元新譯十地等經記一卷		書											
附 0402	神呪經真偽決疑一卷													
附 0416	集福德三昧經初卷第一，姚秦鳩摩羅什譯										補遺*			
附 0580	佛説持錫杖法一卷													安
附 0757-7	唐龍興三藏聖教序一卷，唐中宗皇帝製													
附 0985-1	大輪金剛陀羅尼一卷													
附 0999	大白傘蓋佛母總讚歎禱祝偈一卷													
附 1038-1	勸請諸佛菩薩真言一卷		3											
附 1041-1	大方廣佛華嚴經入法界品頓證毘盧遮那法身字輪瑜伽儀軌一卷，唐不空譯		卿											
附 1075-1	大明太宗文皇帝御製觀音讚一卷													
附 1075-2	大明太宗文皇帝御製大悲觀世音菩薩讚一卷													
附 1141-2	御製救度佛母讚一卷													
附 1231-1	聖者文殊師利一百八名讚一卷，元智慧譯													
附 1231-2	聖者文殊師利讚一卷，元智慧譯													

初南	天海	緣山	南藏	北藏	嘉興	龍藏	黃檗	卍字	臺中	大正	中華	義門	知津	縮刻	頻伽	普慧	佛教
									磧37								
																	58
			尺						磧19								
洪武南目																	
															成		
									磧37								
										19					閏	閏	53
					言												
					言										霜	霜	83
					言												
															成		
															成		

序號	歷代漢文大藏經目錄新考對照表	開元	石經	貞元	至元	指要	標目	金藏	麗藏	略出	福州	資福	磧砂	普寧
附 1237-1	大明太宗文皇帝御製文殊讚一卷，明太宗御製													
附 1361	瑜伽集要焰口施食起教阿難陀緣由一卷，唐不空譯													
附 1368	瑜伽燄口儀軌六則一卷，淨觀、智銓考正，寂暹書													
附 1467	造像量度經續補一卷，清工布查布譯述													
附 1501	續薩婆多毘尼毘婆沙一卷													
附 1713	因緣心論頌一卷，龍猛菩薩造													
附 1748	御製釋迦牟尼佛讚一卷，明太宗御製													
附 1758	佛説密跡力士大權神王經一卷，唐阿質達霰、無能勝譯													
附 1782	釋金剛經纂要疏分三一卷，宋子璿録													
附 1792-1	金剛般若經采微科一卷，宋曇應排													
附 1792-2	金剛般若波羅蜜經采微餘釋一卷，宋曇應述													
附 1795	金剛經集解四卷，宋楊圭編													
附 1813	金剛般若經偈會本一卷，姚秦鳩摩羅什譯經、元魏菩提留支譯偈													
附 1847-1	仁王護國般若波羅蜜多經科疏科文一卷，明真貴述													

初南	天海	緣山	南藏	北藏	嘉興	龍藏	黃檗	卍字	臺中	大正	中華	義門	知津	縮刻	頻伽	普慧	佛教
					言									霜	霜		83
					漆					21	二六	十五		成	成		58
					續34												
																	61
	子		氣	夫	夫	夫	夫		磧23								34
																	67
					言									霜	霜		83
											68						
					農						97						64
									續24								
									續24								
									舊版續目								
									舊版續目								128
									續26								

序號	歷代漢文大藏經目錄新考對照表	開元	石經	貞元	至元	指要	標目	金藏	麗藏	略出	福州	資福	磧砂	普寧
附 1847-2	仁王護國般若波羅蜜多經科疏懸譚一卷，明真貴述													
附 1886	心經貫義一卷，明弘贊述													
附 1950-2	妙法蓮華經要解科文一卷，宋戒環排													
附 1970-1	法華經授手卷首一卷，清智祥撰													
附 1970-2	法華經授手科一卷，清智祥排													
附 1971	法華經演義科文一卷，清廣和標科													
附 1972-1	妙法蓮華經科拾懸談卷首一卷，清佛閑立科、智一拾遺													
附 1972-2	妙法蓮華經科拾科文一卷，清普德立科、智一重訂													
附 1973-1	法華指掌疏科判一卷，清通理排													
附 1973-2	法華指掌疏懸示一卷，清通理述													
附 1973-3	妙法蓮華經指掌疏事義一卷，清通理述													
附 1977-1	觀音玄義記會本科文一卷，日本實乘抄出													
附 1977-2	觀音玄義記略條目一卷													
附 1980-1	觀音疏記會本科文一卷，日本實乘抄出													
附 1980-2	觀音義疏記略條目一卷													

初南	天海	緣山	南藏	北藏	嘉興	龍藏	黃檗	卍字	臺中	大正	中華	義門	知津	縮刻	頻伽	普慧	佛教
								續26									
								續26							續123		
								續30							續128		65
								續32									
								續32									
								續33									
								續33							續131		
								續33							續131		
								續33							續131		
								續33							續131		
								續33							續132		
								續35									
								續35									
								續35									
								續35									

序號	歷代漢文大藏經 目錄新考對照表	開元	石經	貞元	至元	指要	標目	金藏	麗藏	略出	福州	資福	磧砂	普寧
附 1985	觀普賢菩薩行法經 義疏科一卷													
附 1996	華嚴經探玄記略科 十卷，唐法藏述													
附 2010	李長者事跡一卷										595			
附 2031	大方廣佛華嚴經普 賢行願品疏科文一 卷，唐宗密撰集													
附 2104	涅槃會疏條目三卷													
附 2124	上生經瑞應科文一 卷，宋守千集													
附 2179	楞伽阿跋多羅寶經 玄義一卷，清智旭 撰述													
附 2185-2	佛説盂蘭盆經一 卷，西晉竺法護譯													
附 2188	佛説盂蘭盆經疏科 文一卷，宋遇榮集 定													
附 2196-1	佛教西來玄化應運 略錄一卷，宋程輝 編													
附 2196-2	題焚經臺詩一卷， 唐太宗文皇帝製													
附 2222-1	圓覺經析義疏大義 一卷，清通理述													
附 2222-2	圓覺經析義疏懸示 一卷，清通理述													
附 2255-1	大佛頂首楞嚴經正 脈科一卷													
附 2255-2	大佛頂首楞嚴經正 脈懸示一卷													
附 2267	大佛頂如來密因修 證了義諸菩薩萬 行首楞嚴經玄義二 卷，明智旭撰述													

初南	天海	緣山	南藏	北藏	嘉興	龍藏	黃檗	卍字	臺中	大正	中華	義門	知津	縮刻	頻伽	普慧	佛教
								續35							續133		
																	95
					續18			續5									
								續36									
								續21									
					續31			續17							續106		126
					百												
								續21									
					壁												62
					壁												62
															續104		
															續104		
					續22			續12									
					續22			續12									
					續26			續13							續116		

序號	歷代漢文大藏經目錄新考對照表	開元	石經	貞元	至元	指要	標目	金藏	麗藏	略出	福州	資福	磧砂	普寧
附 2272	楞嚴經指掌疏懸示一卷，清通理述													
附 2274-1	大佛頂首楞嚴經寶鏡疏科一卷，清溥畹撰													
附 2274-2	大佛頂首楞嚴經寶鏡疏懸談一卷，清溥畹述													
附 2275-1	大佛頂如來密因修證了義諸菩薩萬行首楞嚴經觀心定解科一卷，清靈耀述													
附 2275-2	大佛頂如來密因修證了義諸菩薩萬行首楞嚴經觀心定解大綱一卷，清靈耀述													
附 2276	首楞嚴經直指科文一卷													
附 2283	大佛頂首楞嚴經疏解蒙鈔卷末五錄八卷，清錢謙益集													
附 2293-1	大乘本生心地觀經淺註懸示一卷，清來舟述													
附 2293-2	大乘本生心地觀經淺註科文一卷，清來舟排科													
附 2300	占察善惡業報經玄義一卷，清智旭述													
附 2305-1	地藏經科一卷，清靈椉定、岳玄排													
附 2305-2	地藏菩薩本願經綸貫一卷，清靈椉書													
附 2357	毘尼關要事義一卷，清德基輯													
附 2397	戒疏發隱事義一卷，明袾宏述													

初南	天海	緣山	南藏	北藏	嘉興	龍藏	黃檗	卍字	臺中	大正	中華	義門	知津	縮刻	頻伽	普慧	佛教
								續 16							續 117		
								續 16							續 118		
								續 16							續 118		
					又續 2			續 15									
					又續 2			續 15									
								續 14									
					續 30												
								續 20									
								續 20									
					續 38			續 21							續 111		134
								續 21									
								續 21									
								續 40							續 143		
								續 38							續 144		

序號	歷代漢文大藏經目錄新考對照表	開元	石經	貞元	至元	指要	標目	金藏	麗藏	略出	福州	資福	磧砂	普寧
附 2399	佛說梵網經菩薩心地品玄義一卷，明智旭述													
附 2400	半月誦菩薩戒儀式註一卷，清弘贊註													
附 2410	直解事義一卷													
附 2415	優婆塞戒經受戒品一卷，北涼曇無讖譯													
附 2433	俱舍論頌疏卷第二十九、三十													
附 2471	成唯識論音響補遺科文二卷，清智素科													
附 2481-1	大乘百法明門論科一卷，唐窺基述													
附 2481-2	唯識三十論，世親菩薩造、玄奘譯													
附 2493	法界無差別論疏領要科文一卷，宋普觀錄													
附 2523-1	起信論疏科文一卷，宋子璿錄													
附 2523-2	起信論疏科文（別本）一卷，宋子璿修定													
附 2525	起信論疏記會閱首卷一卷，清續法輯													
附 2542	釋摩訶衍論科二卷，宋普觀治定													
附 2576-1	肇論疏科文一卷，宋遵式排定													
附 2576-2	夾科肇論序一卷，陳慧達述、宋曉月註													

初南	天海	緣山	南藏	北藏	嘉興	龍藏	黃檗	卍字	臺中	大正	中華	義門	知津	縮刻	頻伽	普慧	佛教
					又續 21			續 38									
								續 38									
								續 38							續 145		
					續 37												
								續 53									
								續 51									
																	67
						藝											
								續 46							續 148		
											92						
					巖						92						67
								續 45									
								續 46									
					又續 11			續 54							續 156		
					又續 11			續 54							續 156		

序號	歷代漢文大藏經目錄新考對照表	開元	石經	貞元	至元	指要	標目	金藏	麗藏	略出	福州	資福	磧砂	普寧
附 2599	八識規矩淺説一卷，清行省説													
附 2648	華嚴原人論一卷（另科文一卷），唐宗密述													
附 2663	漩澓偈一卷		28											
附 2775	天台智者大師傳論，唐梁肅述、日本元政書													
附 2779-1	附始終心要一卷，唐湛然述													
附 2779-2	附天台止觀統例一卷，唐梁肅述													
附 2841	香華運想偈一卷													
附 2853	附供佛利生儀一卷													
附 2912-2	附一心三觀併頌一卷													
附 2931	宗本山中小隱為眾道友索山居詩述成百首一卷													
附 2993-1	六祖大師緣起外紀一卷，唐法海等集													
附 3000	諸方門人參問語錄卷下一卷，唐慧海答門人問													
附 3004	無相大師行狀一卷，宋楊億述													
附 3011-1	智覺禪師定慧相資歌一卷，宋延壽述													
附 3011-2	警世一卷，宋延壽述													
附 3017	寶鏡三昧一卷													
附 3034	新編林間後錄一卷													
附 3069	坐禪箴，日本道元撰													

初南	天海	緣山	南藏	北藏	嘉興	龍藏	黃檗	卍字	臺中	大正	中華	義門	知津	縮刻	頻伽	普慧	佛教
								續55	嘉33						續160		
					茲												68
								續55							陽		
															陽		
															調		67
															成		
															陽		
					續51												
					扶												
								續63					三九		續162		
					起												
						郡		續63					四一	四二	騰		72
						郡		續63						四二			
													三九				
								續87									
															霜		84

序號	歷代漢文大藏經目録新考對照表	開元	石經	貞元	至元	指要	標目	金藏	麗藏	略出	福州	資福	磧砂	普寧
附 3070	三根坐禪説一卷，日本瑩山撰													
附 3088	黄檗斷際禪師宛陵録一卷，唐裴休集										實＊			
附 3106	黄龍四家語録序，宋錢密序													
附 3127-1	大慧普覺禪師普説二卷，宋慧然録、黄文昌重編													
附 3127-2	大慧普覺禪師法語三卷，宋道先録、黄文昌重編													
附 3127-3	大慧普覺禪師書一卷，宋道先録、黄文昌重編													
附 3156	萬峰童真和尚湘山頌古二卷，寂慧録													
附 3181	徑山無準和尚入内引對陞座語録一卷，宋了南、了垠編													
附 3203	天目中峰和尚行録一卷，元祖順録													
附 3205-1	師子林天如和尚剩語集二卷，元善遇編													
附 3205-2	師子林天如和尚別録五卷，元善遇編													
附 3224	東名寺虚白慧昌禪師塔銘一卷，胡濴撰													
附 3237	曹溪中兴憨山肉祖後事因緣一卷													
附 3252	荊溪龍池老和尚列傳一卷，嚴大参、吕嘉祐校正													

初南	天海	緣山	南藏	北藏	嘉興	龍藏	黃檗	卍字	臺中	大正	中華	義門	知津	縮刻	頻伽	普慧	佛教
															霜		84
								續 69		48	77				騰		
								續 69									
							武	三一									
							武	三一									
							武	三一				四一	四四				
					又續 39												
								續 70									
																	73
											四一						
											四一						
					拾遺 366												
					續 55												
					續 73												

序號	歷代漢文大藏經目錄新考對照表	開元	石經	貞元	至元	指要	標目	金藏	麗藏	略出	福州	資福	磧砂	普寧
附 3271	大潙四記一卷													
附 3338-1	翼菴禪師通玄語錄一卷，清力端等錄													
附 3338-2	翼菴禪師真如語錄三卷，清序璋等記													
附 3338-3	國清翼菴和尚和寒山詩二卷													
附 3388	佛祖正印源流道影贊一卷，如一撰													
附 3436	善一純禪師續錄一卷，明轉錄													
附 3444	洞虛禪師塔銘一卷，李燉撰													
附 3457	建昌廩山忠公傳一卷，明道盛撰													
附 3465	杖門隨集二卷，清陳丹衷、毛燦編													
附 3476	禪海十珍一卷，清道霈集													
附 3482	百愚禪師蔓堂集四卷，清方拱乾、智樸編撰													
附 3500	疑山握中符禪師塔銘一卷，仁岠撰													
附 3511	古瓶山牧道者傳一卷，何園客著													
附 3578	誡初心學人文一卷，高麗知訥誌													
附 3688	種蓮集一卷，清胡珽輯、陳本仁記													
附 3704	天聖廣燈錄都帙目錄一卷													
附 3705	建中靖國續燈錄目錄三卷，宋惟白集													

初南	天海	緣山	南藏	北藏	嘉興	龍藏	黃檗	卍字	臺中	大正	中華	義門	知津	縮刻	頻伽	普慧	佛教
					續 71												
					又續 30												
					又續 30												
					又續 30												
					又續 35												
					又續 43												
					拾遺 369												
					又續 25												
					又續 16												
															續 175		
					又續 25												
					又續 44												
					續 81												
										48							84
															續 181		
											73						
								續 78									

序號	歷代漢文大藏經目録新考對照表	開元	石經	貞元	至元	指要	標目	金藏	麗藏	略出	福州	資福	磧砂	普寧
附 3707	嘉泰普燈録總目録三卷													
附 3714	五燈會元目録三卷													
附 3716	五燈嚴統目録二卷													
附 3718	五燈全書目録十六卷，清超永編輯													
附 3719	續傳燈録總目録三卷													
附 3720	五燈會元補遺一卷，明文琇集													
附 3726	續燈存藁目録一卷													
附 3728	續燈正統目録一卷													
附 3737	錦江禪燈目録一卷													
附 3740-1	正源略集目録一卷													
附 3740-2	正源略集補遺一卷													
附 3756	優婆夷志一卷，明圓信較定、郭凝之彙編													
附 3773	三國遺事年表一卷，高麗一然撰、日本坪井九馬三等校訂													
附 3842	諸禮佛懺悔文上一卷，唐智昇撰													
附 3850	華嚴經海印道場九會請佛儀一卷													
附 3866	占察善惡業報經二卷，隋菩提登譯													
附 3906	感應歌曲一卷													
附 3927	法華堂四問并答一卷，明智旭述													

初南	天海	緣山	南藏	北藏	嘉興	龍藏	黃檗	卍字	臺中	大正	中華	義門	知津	縮刻	頻伽	普慧	佛教
								續79									
								續80			75						
								續80									
								續81									
								續83									
								舊版續目									
								續84									
								續84									
								續85									
								續85									
								續85									
								續87							續193		
								續88									
	羣																
								續74							續176		
					續36												
				城	城		赤城										
					續42												

序號	歷代漢文大藏經目録新考對照表	開元	石經	貞元	至元	指要	標目	金藏	麗藏	略出	福州	資福	磧砂	普寧
附 3933	吹萬和尚船子曲一卷，燈輝集													
附 3965	大周刊定偽經目録一卷，唐明佺等撰							吹			吹 *	吹	吹	吹
附 4096	大發趣論註一卷，民國范寄東譯													
附存目 01	大方廣佛華嚴經隨品讚十卷，唐叡宗御製				云 *									
附存目 02	普賢行願讚一卷，唐不空譯			賓 *										
附存目 03	仁王般若儀軌一卷，不空譯					待考								
附存目 04	仁王念誦儀一卷，唐不空譯				取 *									
附存目 05	入對法論集勝義疏三卷，彌多羅造、唐玄奘譯				溪 *									
附存目 06	彌勒下生成佛經疏一卷，唐窺基撰				稼 *			稅 *						
附存目 07	妙法蓮華經標略七卷，明廣莫述													
附存目 08	法華經註													
附存目 09	註遺教經一卷，失造人名				野 *			遠 *						
附存目 10	大佛頂首楞嚴經正觀，明鎮澄述													
附存目 11	佛祖三經註解一卷，宋守遂註													
附存目 12	楞嚴經通義纂要													
附存目 13	羯磨會釋													
附存目 14	百法明門論決頌一卷，唐窺基撰、智宣勘本				務 *			黍 *						
附存目 15	成唯識論疏，明廣承著													

初南	天海	緣山	南藏	北藏	嘉興	龍藏	黃檗	卍字	臺中	大正	中華	義門	知津	縮刻	頻伽	普慧	佛教
					又續 45												
吹	吹		秦	泰	泰		泰		磧 29				四四				
																	104
												二十 *					
					續 45*												
												二七 *					
												四一 *					
					續 30*												
					待訪 19												
												二九 *					

序號	歷代漢文大藏經目錄新考對照表	開元	石經	貞元	至元	指要	標目	金藏	麗藏	略出	福州	資福	磧砂	普寧
附存目 16	觀所緣緣論集解一卷，明真界述													
附存目 17	修大方廣佛華嚴法界觀門一卷，唐杜順集													
附存目 18	華嚴金師子章一卷，唐法藏述													
附存目 19	華嚴法界觀通玄記三卷，宋本嵩集													
附存目 20	啓運慈悲道場懺法十卷													
附存目 21	新編隨願往生集二十卷，遼非濁集				禪主 *									
附存目 22	蒙極和尚勉真參一百偈一卷，明尋守等編													
附存目 23	蒙極和尚樂邦家信一百八偈一卷，明尋守等編													
附存目 24	淨土偈一卷，明德寶撰													
附存目 25	西齋淨土詩二卷，明梵琦著													
附存目 26	三支比量一卷，元道安述													
附存目 27	古梅和尚語錄二卷，元明壽等錄													
附存目 28	一葦鐵船度禪師語錄四卷													
附存目 29	維揚天寧寺巨渤禪師語錄一卷													
附存目 30	雪兆性禪師住沙州風穴白雲寺語錄上卷													
附存目 31	風穴雪兆禪師語錄卷上一卷													
附存目 32	萬山達虛禪師住興國語錄四卷													

初南	天海	緣山	南藏	北藏	嘉興	龍藏	黃檗	卍字	臺中	大正	中華	義門	知津	縮刻	頻伽	普慧	佛教
												二九 *					
													四二 *				
													四二 *				
												四 *					
					待訪 26												
												四一 *					
												四一 *					
												四一 *					
													四四 *				
												二九 *					
												四十 *					
					待訪 25												
					待訪 30												
					待訪 31												
					待訪 32												
					待訪 33												

序號	歷代漢文大藏經目録新考對照表	開元	石經	貞元	至元	指要	標目	金藏	麗藏	略出	福州	資福	磧砂	普寧
附存目 33	勅賜圓照茆溪森禪師語録六卷													
附存目 34	瑞光禪寺頂目徹禪師語録													
附存目 35	眉山霈禪師語録													
附存目 36	乾彰緇禪師語論六卷													
附存目 37	報恩美發禪師語録													
附存目 38	華亭朱涇船子和尚機緣一卷，元法忍集													
附存目 39	吳興蕭山尼天一元具禪師頌古一卷													
附存目 40	雪竇顯和尚頌古一卷，宋重顯頌古、遠塵集													
附存目 41	四家大師全集													
附存目 42	侶巖和尚遵本録一卷，夢法録一卷													
附存目 43	天池玉芝和尚内集二卷，明祖覺集													
附存目 44	月心和尚笑巖集二卷，明廣通等録													
附存目 45	冥樞會要四卷，宋祖心集													
附存目 46	禪宗永嘉集二卷，明鎮澄註													
附存目 47	醍醐集二卷，明古音説、德堅受													
附存目 48	空谷集三十卷，明文琛等編													
附存目 49	傳法記一卷						右*							

初南	天海	緣山	南藏	北藏	嘉興	龍藏	黃檗	卍字	臺中	大正	中華	義門	知津	縮刻	頻伽	普慧	佛教
					待訪 34												
					待訪 15												
					待訪 16												
					待訪 22												
					206*												
												三九 *					
					又續 40*												
												四一 *					
					續 54*												
					待訪 28												
												四十 *					
												四十 *					
												四一 *					
												四一 *					
												四一 *					

序號	歷代漢文大藏經目録新考對照表	開元	石經	貞元	至元	指要	標目	金藏	麗藏	略出	福州	資福	磧砂	普寧
附存目50	清涼通傳十卷，明鎮澄重集													
附存目51	徑山集三卷，明宗淨集													
附存目52	曹溪通志													
附存目53	結集正教住持遺法儀六卷，尊者羅睺羅記、唐道宣譯						給*							
附存目54	天地冥陽水陸儀文三卷，梁寶唱等撰													
附存目55	禮佛大懺悔文略釋二卷													
附存目56	註三寶讚一卷，宋明孝皇帝御製、呂夷簡等註				野*			遠*						
附存目57	註仁壽慈聖發願文三卷，宋仁壽慈聖皇太后製、呂夷簡註				野*			遠*						
附存目58	註釋釋典文集三十卷（另總録一卷），宋真宗皇帝御製、簡長等箋注							綿至巖*						
附存目59	寶藏疏三卷，覺潤述				植*									
附存目60	演玄集六卷，元安藏述				植*									
附存目61	釋門玄鑰二卷，元德舉著													
附存目62	大法城池一卷，明失集人名													
附存目63	出世綱宗一卷，明嘉上人集													
附存目64	慈心功德録三卷，宋陳竑願集													
附存目65	因果録三卷，明李卓吾集													

初南	天海	緣山	南藏	北藏	嘉興	龍藏	黃檗	卍字	臺中	大正	中華	義門	知津	縮刻	頻伽	普慧	佛教
												三六 *					
												四一 *					
												四一 *					
												三六 *					
				待訪 20													
												三五 *					
												三六 *					
												三六 *					
												三六 *					
												三六 *					

序號	歷代漢文大藏經目錄新考對照表	開元	石經	貞元	至元	指要	標目	金藏	麗藏	略出	福州	資福	磧砂	普寧
附存目 66	玉泉老人三教正眼評道篇一卷，明如性等編													
附存目 67	金鈴辯惑一卷，明鎮澄撰													
附存目 68	筠溪牧潛集三卷，元圓至著													
附存目 69	全室外集九卷，明宗泐著													
附存目 70	冬溪內外集四卷，明方澤著													
附存目 71	通翼													
附存目 72	廣養濟院説													
附存目 73	四家評論													
附存目 74	大藏關鑰一卷													
附存目 75	大藏要略十卷，明景隆述													
附存目 76	續大唐內典錄一卷，唐智昇撰	吹*		英*	寧*		吹*				瑟*			
附存目 77	一切經源品次錄三十卷，唐從梵集			功至實*										
附 0244	莊嚴經二卷					昭和指目								
附 0274	五十頌聖般若波羅蜜經一卷										昭和宮目			
附 0308	觀普賢菩薩行法經一卷，劉宋曇無蜜多譯											昭和資目		
附 0619	佛説藥師如來本願經一卷，隋達磨笈多譯											昭和資目		
附 0620	藥師琉璃光如來本願功德經一卷，唐玄奘譯											昭和資目		
附 0621	藥師琉璃光七佛本願功德經一卷，唐義淨譯											昭和資目		

初南	天海	緣山	南藏	北藏	嘉興	龍藏	黃檗	卍字	臺中	大正	中華	義門	知津	縮刻	頻伽	普慧	佛教
												四一*					
												四一*					
												四一*					
												四一*					
												四一*					
													四四*				
													四四*				
					續63*												
					待訪29												
												四一*					
	瑟*											三五*					

序號	歷代漢文大藏經目録新考對照表	開元	石經	貞元	至元	指要	標目	金藏	麗藏	略出	福州	資福	磧砂	普寧
附 0881	大日如來劍印一卷													
附 1006	佛説孔雀王呪經一卷										昭和宫目			
附 1025	般若波羅蜜多理趣釋二卷											昭和資目		
附 1073-1	聖觀自在菩薩念誦儀軌經													
附 1212	金剛頂經五字心陀羅尼一卷													
附 1455	佛説聖最勝陀羅尼經一卷，宋施護譯										昭和宫目			
附 1581	能斷金剛般若波羅蜜多經論頌二卷，唐不空譯				縻									
附 1583	頌精義論											昭和圓目		
附 1656	顯識論一卷，陳真諦譯											昭和資目		
附 1685	王法正理論一卷，彌勒菩薩造、唐玄奘譯											昭和資目		
附 1718	因明正理門論本一卷，大域龍菩薩造、唐玄奘譯											昭和資目		
附 1719	因明正理門論一卷，大域龍菩薩造、唐義淨譯											昭和資目		
附 1720	因明入正理論一卷，商羯羅主菩薩造、唐玄奘譯											昭和資目		
附 1782-1	釋金剛經纂要疏分三（一帖），宋子璿録										昭和宫目			
附 1783	金剛經纂要刊定記六卷，宋子璿録										昭和宫目			
附 2246	楞嚴經釋題一卷，宋宗印述													
附 2333	四分律删繁補闕行事鈔（存九帖），唐道宣撰述										昭和宫目			

初南	天海	緣山	南藏	北藏	嘉興	龍藏	黃檗	卍字	臺中	大正	中華	義門	知津	縮刻	頻伽	普慧	佛教
														餘	餘		54
			昭和 南目						昭和								
			行														
								昭和 續目									

序號	歷代漢文大藏經目錄新考對照表	開元	石經	貞元	至元	指要	標目	金藏	麗藏	略出	福州	資福	磧砂	普寧
附 2334	四分律刪繁補闕行事鈔科（存一帖），宋元照錄										昭和宮目			
附 2335-1	四分律行事鈔資持記（存十二帖），宋元照撰										昭和宮目			
附 2346	四分律比丘含註戒本三卷，唐道宣述										昭和宮目			
附 2346-1	四分律含註戒本疏四卷（或八卷），唐道宣述										昭和宮目			
附 2347	釋四分律含註戒本疏科分（二帖），宋元照錄										昭和宮目			
附 2348	四分律含註戒本疏行宗記四卷（或八卷），宋元照述										昭和宮目			
附 2370	釋四分律刪補隨機羯磨疏科分（一帖），元照錄										昭和宮目			
附 2371	四分律刪補隨機羯磨濟緣記（存六帖），宋元照述										昭和宮目			
附 2371-1	四分律刪補隋機羯磨疏（存七帖），唐道宣集撰										昭和宮目			
附 3125	龍門清遠禪師語錄八卷，善悟編													
附 3509	隱山璨禪師語要一卷													
附 3537	碧崖集													
附 3625	釋迦如來成道記一卷，唐王勃撰													
附 3962	續大唐內典錄一卷，唐道宣撰					吹		吹	吹		瑟*	瑟	瑟	瑟
附 4002	涅槃經如意珠偈解旨一卷，天親菩薩造、陳真諦撰													

初南	天海	緣山	南藏	北藏	嘉興	龍藏	黃檗	卍字	臺中	大正	中華	義門	知津	縮刻	頻伽	普慧	佛教
								昭和續目									
								昭和續目									
					續51												
								續75									
瑟	瑟		岳	富	富	微	富	二九	磧29	55	54		四四	結	結		80
														目録			

四　附録

（一）歷代漢文大藏經目録的部數、卷數、
帙數、年代、作者一覽表

序號	大藏經名稱	部數	卷數	帙數等	新考計 部數等	新考計 卷數	（全藏主體） 完成年代、作者等
1	開元録	1076	5048	480 帙	同	同	唐玄宗開元十八年（730），智昇
2	房山石經	1097	未計	30 冊	1101 部	3564	1999 年，華夏出版社
3	貞元録	1258	5390	510 帙	1213 部 508 帙	5381	唐德宗貞元十六年（800），圓照
4	至元録	未計	未計	704 帙	1603 部	7180	元至元二十四年（1287），慶吉祥等
5	指要録	未計	5040 餘	480 帙	1059 部	5009	北宋徽宗崇寧三年（1104），惟白
6	標目	未計	未計	未計	1397 部 534 帙	5764	北宋徽宗崇寧四年（1105），王古
7	金藏	未見	未見	682 帙	1576 部	6972 或 6975	金世宗大定十八年（1178）
8	高麗藏	未計	未計	未計	1538 部 663 帙	6825 或 6833	高麗高宗三十八年（1251）
9	略出	未計	未計	479 帙	1078 部	5049	約唐末
10	福州藏	未計	未計	595 帙	1454 部	6357 或 6361	北宋徽宗政和二年（1112）
11	資福藏	未計	未計	548 帙	1423 部	5915	約南宋高宗紹興八年（1138）
12	磧砂藏	未計	未計	591 帙	1517 部	6363 或 6372	元英宗至治二年（1322）
13	普寧藏	未計	未計	590 帙	1518 部	6352	元世祖至元二十七年（1290）
14	初刻南藏	未計	未計	678 帙	1617 部	7161 或 7239	明惠帝建文四年（1402）
15	天海藏	1453	6323	599 帙	1437 部	6328	日本慶安元年（1648，清順治五年）
16	緣山三大藏目録	未計	未計	未計	1570 部 約 600 帙	6809	日本延享五年（1748，清乾隆十三年），隨天
17	永樂南藏	未計	未計	678 帙	1656 部	7440 或 7540	明成祖永樂十八年（1420）

序號	大藏經名稱	部數	卷數	帙數等	新考計部數等	新考計卷數	（全藏主體）完成年代、作者等
18	永樂北藏	未計	未計	677 帙 6770 冊	1655 部	7504 或 7697	明英宗正統五年（1440）
19	嘉興藏	未計	未計	未計	2241 部 377 帙	11612 或 11952	約清聖祖康熙五十一年（1712）
20	清龍藏	未計	未計	724 帙 7240 冊	1675 部	7772 或 8174	清高宗乾隆三年（1738）
21	黃檗藏	未計	未計	692 帙	1659 部	7674 或 7826	日本天和元年（1681，清康熙二十年）
22	卍正藏經	未計	未計	36 套 347 冊	1617 部	7072 或 7124	日本明治三十八年（1905，清光緒三十一年）
	卍新纂續藏經	1671	未計	88 冊	1607 部	6851 餘 或 7366 餘	日本平成元年（1989）
23	臺灣版中華藏	2239	未計	80 冊	同	11334 或 11601	1980 年
24	大正藏	3360	13433	100 冊	同	13101 或 13534	日本昭和九年（1934）
25	大陸版中華藏	1939	未計	106 冊	1873 部	10026 或 10459	1996 年
26	義門	1801	未計	41 卷 7349 冊	同	8189 或 8231	明神宗萬曆四十七年（1619），寂曉
27	知津	未計	未計	44 卷	1725 部	7996 或 8066	清世祖順治十一年（1654），智旭
28	縮刻藏	1916	8534	40 帙 418 冊	同	8512 或 8661	日本明治十八年（1885）
29	頻伽藏	1916	8416	40 帙 414 冊	1906 部	8343 或 8490	中華民國二年（1913）
	頻伽續編	855	3660 餘	100 冊		3430 餘 或 3670 餘	2000 年
30	普慧藏	105	未計	21 帙 100 冊	同	665	1955 年
31	佛教大藏經	2643	11052	162 冊	2623 部	11001 或 11076	1983 年，臺灣廣定

（二）歷代漢文大藏經編刊地點圖

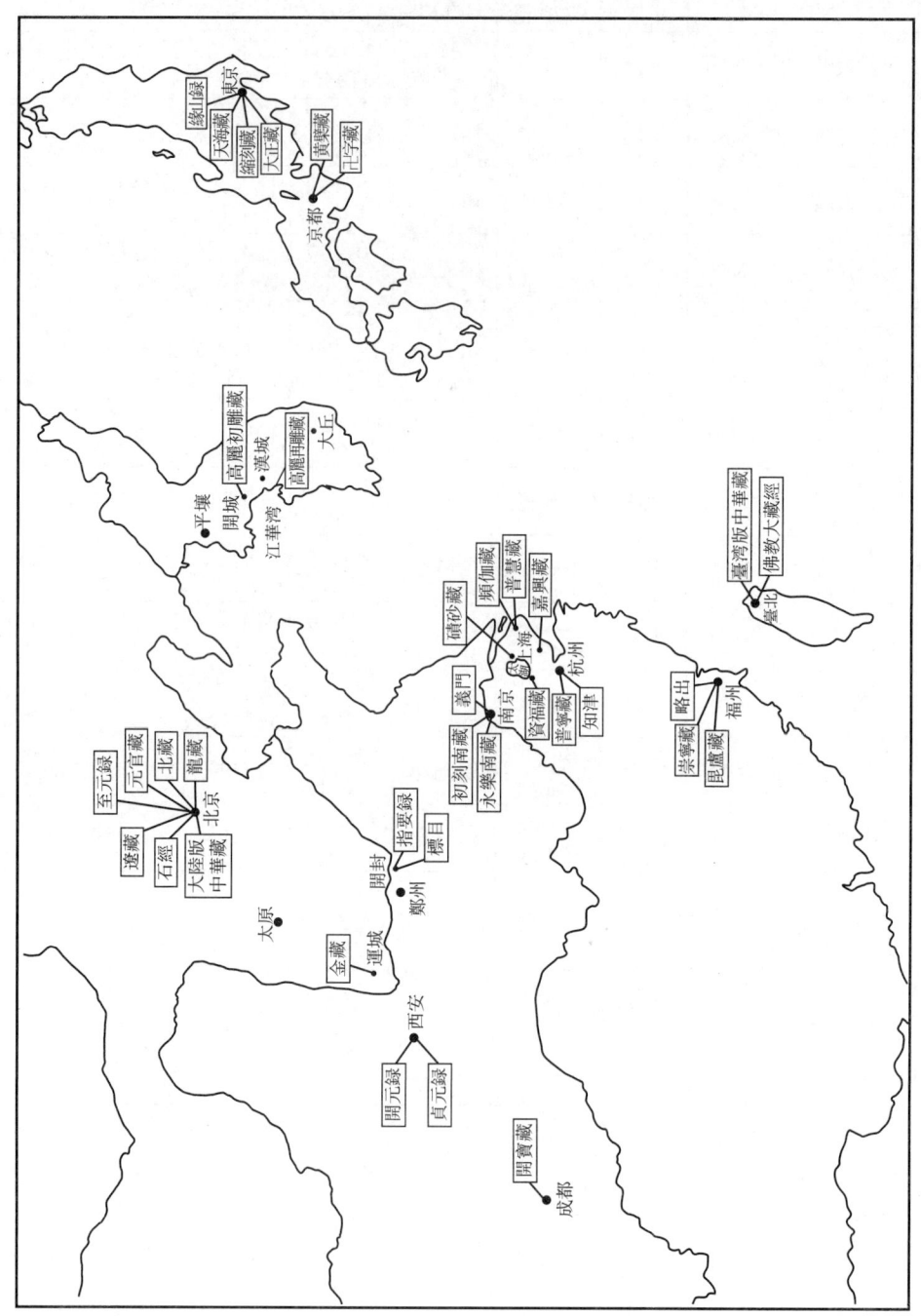

（三）歷代漢文大藏經編刊系統圖

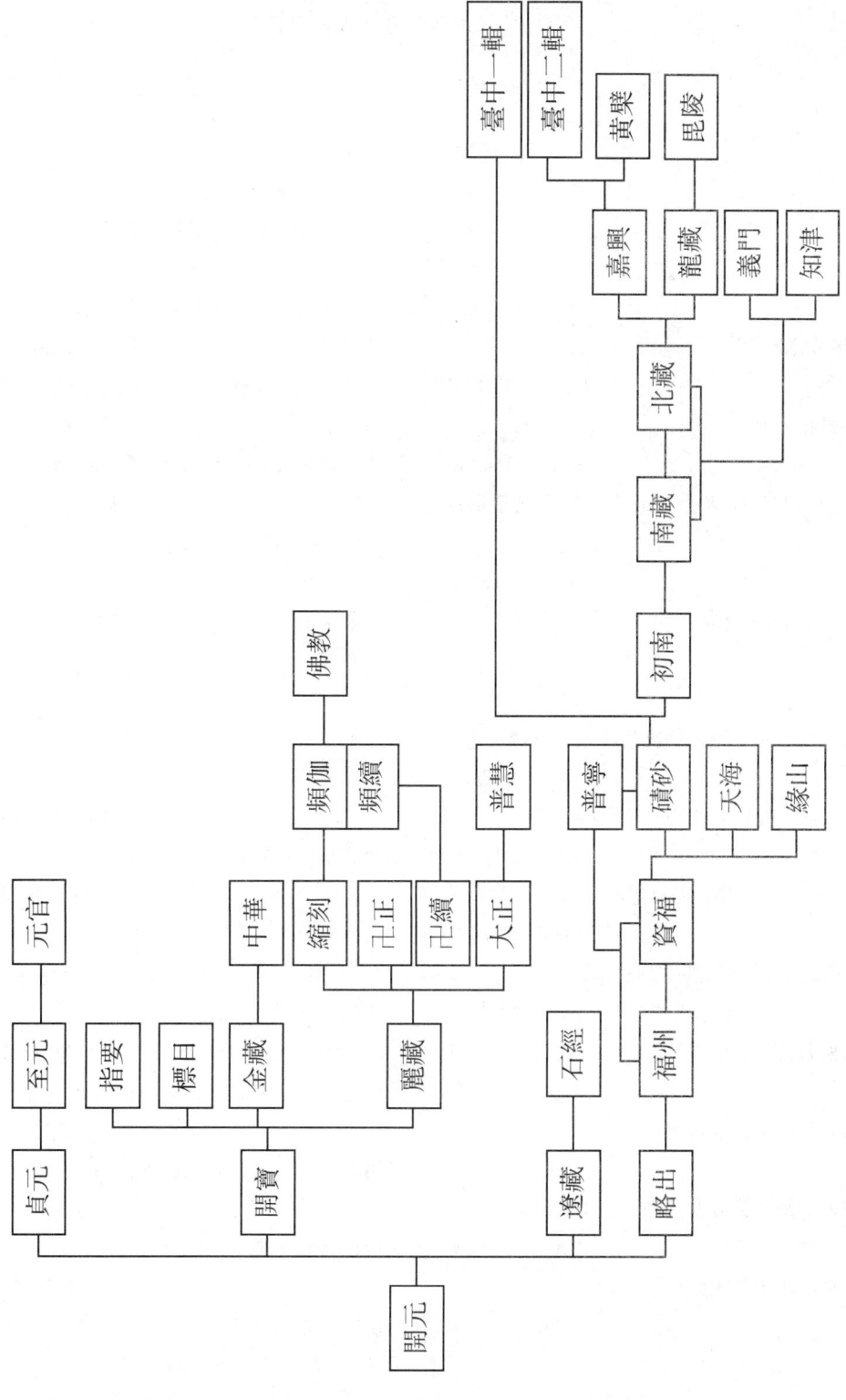

五　歷代漢文大藏經目錄新考經目索引

（按照筆畫排序）

三論興緣一卷
　　　　　4286-1　688/1400

三壇傳戒正範四卷
　　　　　2736　505/1172

三彌底部論三卷
　　　　　1708　391/1026

三彌勒經疏一卷
　　　　　2130　439/1086

三歸五戒慈心厭離功德經一卷
　　　　　0074　192/782

三轉法輪經一卷
　　　　　0122　197/788

三寶感應要略録三卷
　　　　　3808　641/1328

三寶經一卷
　　　　　4107　677/1376

上生經疏會古通今新抄
（存二卷）
　　　　　2122　439/1086

上生經疏隨新抄科文一卷
　　　　　2123　439/1086

上生經瑞應科文一卷
　　　　附 2124　754/1522

上生經瑞應鈔二卷
　　　　　2124　439/1086

上師五師法頌一卷
　　　　　4166　679/1384

上師五師法頌略釋一卷
　　　　　4167　680/1384

上醍醐寺藏一切經目録二卷
　　　　　4049　671/1362

于瑟抳沙毘左野陀囉尼一卷
　　　　　1001　307/912

兀菴和尚語録三卷
　　　　　3193　561/1232

千山剩人和尚語録六卷
　　　　　3485　601/1280

千手千眼大悲心呪行法一卷

　　　　　3860　647/1334

千手千眼觀世音菩薩大身呪本一卷
　　　　　1084-1　317/926

千手千眼觀世音菩薩大悲心陀羅尼一卷
　　　　　1086-1　318/926

千手千眼觀世音菩薩治病合藥經一卷
　　　　　1081　317/924

千手千眼觀世音菩薩姥陀羅尼身經一卷
　　　　　1079　317/924

千手千眼觀世音菩薩廣大圓滿無礙大悲心陀羅
　尼神妙章句一卷
　　　　　1086-2　318/926

千手千眼觀世音菩薩廣大圓滿無礙大悲心陀羅尼
　經（別本）一卷
　　　　　1082-2　317/926

千手千眼觀世音菩薩廣大圓滿無礙大悲心陀羅
　尼經一卷
　　　　　1082-1　317/924

千手千眼觀自在菩薩根本真言釋一卷
　　　　　1089　318/926

千手千眼觀自在菩薩廣大圓滿無礙大悲心陀羅
　尼呪本一卷
　　　　　1083　317/926

千手眼大悲心呪行法一卷
　　　　　2848　518/1186

千手經二十八部眾釋一卷
　　　　　4224　684/1392

千手觀音造次第法儀軌一卷
　　　　　1094　319/928

千光眼觀自在菩薩祕密法經一卷
　　　　　1091　318/928

千佛因緣經一卷
　　　　　0615　264/856

千松筆記一卷
　　　　　3058　542/1214

千眼千臂觀世音菩薩陀羅尼神呪經（別本）二
卷
　　　　　1080-2　317/924

大涅槃經玄義文句會本二卷		大般涅槃經義記十卷	
2101	436/1082	2097	436/1082
大涅槃經義記卷第四一卷		大莊嚴法門經二卷	
4722-2	717/1454	0835	289/884
大秦景教流行中國碑頌一卷		大莊嚴經論十五卷	
4878	725/1468	0195	206/798
大笑崇禪師語錄三卷		大華嚴經略策一卷	
3162	557/1228	2006	427/1068
大般泥洹經六卷		大通方廣懺悔滅罪莊嚴成佛經三卷	
0411	238/828	4811	722/1408
大般若波羅蜜多經六百卷		大部妙玄格言二卷	
0246	213/806	1920	415/1056
大般若波羅蜜多經般若理趣分述讚三卷		大堅固婆羅門緣起經二卷	
1768	398/1034	0008	185/774
大般若波羅蜜多經敘四卷		大庾禪師住天台景德國清禪寺語錄一卷	
1772	399/1034	3335	581/1256
大般若波羅蜜多經關法六卷		大梵天王問佛決疑經一卷	
1769	398/1034	0712	275/868
大般若關一卷		大梵天王問佛決疑經二卷	
1770	399/1034	0711	275/868
大般涅槃經一卷		大淨法門經一卷	
4093-2	674/1370	0836	289/884
大般涅槃經三十六卷		大清三藏聖教目錄五卷	
0410	238/828	4000	665/1354
大般涅槃經三卷		大魚事經一卷	
0007	185/774	0209	208/800
大般涅槃經四十卷		大魚事經一卷	
0409	237/828	附 0209	728/1472
大般涅槃經玄義二卷		大勝金剛佛頂念誦儀軌一卷	
2100	436/1082	1002	308/912
大般涅槃經後分二卷		大博乾禪師語錄五卷	
0412	238/828	3302	577/1250
大般涅槃經後分二卷		大善見王經一卷	
附 0412	735/1488	4093-3	674/1370
大般涅槃經疏三十三卷		大寒林聖難拏陀羅尼經一卷	
2103	436/1082	1438	356/984
大般涅槃經集解七十一卷		大悲心陀羅尼一卷	
2096	436/1082	1090	318/928

	0113	196/786
水沫所漂經一卷		
	0112	196/786
水陸道場法輪寶懺十卷		
	3880	649/1338
水懺科註三卷		
	3877	649/1336
水鑑海和尚六會錄十卷		
	3389	588/1264
火鈝供養儀軌一卷		
	0930	299/900
火鈝軌別錄一卷		
	0931	299/900
父子合集經二十卷		
	0352	229/820
父子相迎二卷		
	4583	708/1438
父母恩重經一卷		
	4822	722/1462
父母恩重經一卷		
	附 4822-1	750/1514
父母恩重經一卷		
	附 4822-2	750/1514
父母恩重經一卷		
	附 4822-3	750/1514
父母恩重經一卷		
	附 4822-4	750/1514
父母恩難報經一卷		
	0536	253/844
牛角林大經一卷		
	4094-32	675/1372
王法正理論一卷		
	1685	388/1022
王法正理論一卷		
	附 1685	769/1546
王梵志詩集一卷		
	4809	721/1460

五畫

世高則禪師漁陽語錄一卷		
	3327	580/1254
世尊聖者千眼千首千足千舌千臂觀自在菩提薩埵怛嚩廣大圓滿無礙大悲心陀羅尼一卷		
	1084-3	318/926
主峰禪師語錄一卷		
	3323	580/1254
付法藏因緣傳六卷		
	3652	622/1306
仙洞三心義問答記一卷		
	4601	710/1440
代宗朝贈司空大辨正廣智三藏和上表制集六卷		
	3644	620/1304
冬溪內外集四卷		
	附存目 70	767/1544
出三藏記集十五卷		
	3958	660/1350
出世綱宗一卷		
	附存目 63	766/1542
出生一切如來法眼遍照大力明王經二卷		
	1284	340/960
出生菩提心經一卷		
	0852	291/886
出生菩提心經一卷		
	附 0852	742/1502
出生菩提心經講記一卷		
	2319	460/1116
出生無量門持經一卷		
	1033	311/916
出生無邊門陀羅尼經一卷		
	1038	312/916
出生無邊門陀羅尼經一卷		
	1039	312/918
出生無邊門陀羅尼經一卷		
	附 1038	743/1504
出生無邊門陀羅尼儀軌一卷		

四分僧戒本一卷			四部律並論要用抄二卷		
	1491	361/992		4746	718/1456
四天王經一卷			四教義十二卷		
	0141	199/790		2806-1	512/1180
四未曾有法經一卷			四無所畏經一卷		
	0162	202/794		0149	201/792
四未曾有經一卷			四童子三昧經三卷		
	附 0780	740/1498		0414	239/828
四自侵經一卷			四種法身義一卷		
	0558	256/848		4409	696/1416
四阿鋡暮抄解二卷			四種相違私記三卷		
	1573	372/1004		4254	686/1396
四卷四卷			四種相違略私記二卷		
	4473	700/1422		4256	686/1396
四念處四卷			四種相違斷略記一卷		
	2784	510/1178		4257	686/1398
四明十義書二卷			四輩經一卷		
	2830	515/1184		0811	287/882
四明仁岳異說叢書七卷			四諦經一卷		
	2867	520/1188		0034	188/778
四明尊者教行錄七卷			四諦論四卷		
	2831	515/1184		1706	390/1026
四泥犁經一卷			四願經一卷		
	0167	203/794		0557	255/848
四信五品鈔一卷			外道問聖大乘法無我義經一卷		
	4656	713/1446		0861	292/888
四品法門經一卷			央掘魔羅經四卷		
	0089	193/784		0139	199/790
四品學法經一卷			尼拘陀梵志經二卷		
	0813	287/882		0012	185/774
四家大師全集			尼乾子問無我義經一卷		
	附存目 41	765/1540		1702	390/1024
四家評論			尼羯磨三卷		
	附存目 73	767/1544		2377	468/1124
四家語錄（原書六卷）			左記一卷		
	3082	545/1216		4465	699/1422
四座講式一卷			巨力長者所問大乘經三卷		
	4691	715/1450		0682	272/864

正法華經十卷
0293　221/812

正法眼藏九十五卷
4553　706/1434

正法眼藏三卷
3552　610/1290

正倉院御物聖語藏一切經目録二卷
4051　672/1362

正恭敬經一卷
1563　370/1002

正訛集一卷
3926-7　656/1344

正像末法和讚一卷
4618　711/1442

正源略集十六卷
3740　633/1318

正源略集目録一卷
附 3740-1　762/1534

正源略集補遺一卷
附 3740-2　762/1534

正覺潤光澤禪師澡雪集一卷
3517　605/1286

永平元和尚頌古一卷
3550　610/1290

永平元禪師清規二卷
4554　706/1434

永平初祖學道用心集一卷
4552　706/1434

永明智覺禪師唯心訣一卷
3011　537/1208

永明道蹟一卷
3649　621/1306

永源寂室和尚語二卷
4536　704/1430

永嘉真覺大師證道歌一卷
3566　621/1292

永嘉真覺禪師證道歌一卷
3563　611/1292

永嘉禪宗集註二卷
3006　536/1208

永嘉證道歌一卷
3561　611/1292

永樂北藏影印本總目録
3997　665/1354

永濟融禪師語録二卷
3380　587/1262

永覺和尚廣録三十卷
3461　597/1276

犯戒罪報輕重經（別本）一卷
1529-2　366/998

犯戒罪報輕重經一卷
1529-1　366/998

玄水禪師語録四卷
3402　590/1266

玄宗朝翻經三藏善無畏贈鴻臚卿行狀一卷
3642　620/1302

玄祕抄四卷
4459　699/1422

玄奘三藏師資傳叢書二卷
3646　621/1304

玄師颭陀所説神呪經一卷
1425-1　354/982

玄籤備撿四卷
1921　415/1056

玄籤證釋十卷
1922　416/1056

玉芝禪師語録六卷
3229　566/1236

玉林禪師天目語録二卷
3264　572/1244

玉耶女經（別本）一卷
0169-2　203/794

玉耶女經一卷
0169-1　203/794

玉耶經一卷
0170　203/794

六畫

	1964　420/1062
妙法蓮華經憂波提舍二卷	
	1586　373/1006
妙法蓮華經標略七卷	
	附存目 07　763/1536
妙法蓮華經論優波提舍（別本）二卷	
	1587–2　374/1008
妙法蓮華經論優波提舍一卷	
	1587–1　374/1006
妙法蓮華經擊節一卷	
	1959　420/1060
妙法蓮華經釋文三卷	
	4174　680/1384
妙法蓮華經釋為為二章一卷	
	1942　418/1058
妙法蓮華經觀世音菩薩普門品第二十五一卷	
	附 0296–1　732/1480
妙法蓮華經觀世音菩薩普門品第二十五一卷	
	附 0296–2　732/1480
妙法蓮華經觀世音菩薩普門品第二十五一卷	
	附 0296–4　732/1480
妙法蓮華經觀世音菩薩普門品第二十五一卷	
	附 0296–6　733/1482
妙法蓮華經觀世音菩薩普門品第二十五一卷	
	附 0296–7　733/1482
妙法蓮華經觀世音菩薩普門品經一卷	
	0296　221/812
妙法蓮華經觀世音菩薩普門品經一卷	
	附 0296–5　732/1480
妙法蓮華經觀世音普門品第二十五一卷	
	附 0296–3　732/1480
妙雲雄禪師語錄六卷	
	3325　580/1254
妙經文句私志記十四卷	
	1932　417/1058
妙經文句私志諸品要義二卷	
	1931　417/1058
妙臂印幢陀羅尼經一卷	

	1411　353/980
妙臂菩薩所問經四卷	
	0913　298/896
孛經抄一卷	
	0823　288/884
孝子經一卷	
	0537　253/844
宋文憲公護法録十卷	
	3831　644/1330
宋高僧傳三十卷	
	3655　622/1306
宏智禪師廣録九卷	
	3449　595/1274
希有希有校量功德經一卷	
	附 0783　740/1498
希有校量功德經一卷	
	0783　284/878
希叟和尚廣録七卷	
	3189　560/1232
希叟和尚語録一卷	
	3188　560/1232
序聽迷詩所經一卷	
	4876　725/1468
弟子死復生經一卷	
	0590　260/852
戒律傳來記三卷	
	4325　691/1406
戒香經一卷	
	0136　199/790
戒殺四十八問一卷	
	2748　506/1172
戒殺放生文一卷	
	3926–11　655/1344
戒消災經一卷	
	1538　368/1000
戒消災經略釋一卷	
	2382　469/1126
戒疏發隱事義一卷	

阿彌陀經要解便蒙鈔三卷		阿彌陀經摘要易解一卷	
	2086　435/1080		2093　435/1082
阿彌陀經通贊疏三卷		阿彌陀鼓音聲王陀羅尼經一卷	
	2074　433/1078		0403　237/828
阿彌陀經略記一卷		阿彌陀鼓音聲王陀羅尼經一卷	
	4195　682/1388		附 0403　735/1086
阿彌陀經略註一卷		阿羅漢具德經一卷	
	2089　435/1082		0145　200/790
阿彌陀經略解一卷		阿難七夢經一卷	
	2080　434/1080		0471　247/836
阿彌陀經異本		阿難分別經一卷	
	0400　236/826		0469　246/836
阿彌陀經疏一卷		阿難四事經一卷	
	2073　433/1078		0470　247/836
阿彌陀經疏一卷		阿難同學經一卷	
	2075　433/1078		0158　202/792
阿彌陀經疏一卷		阿難陀目佉尼呵離陀經一卷	
	2076　433/1078		1035　312/916
阿彌陀經疏鈔十卷		阿難陀目佉尼呵離陀隣尼經一卷	
	2082-1　434/1080		1034　311/916
阿彌陀經疏鈔事義一卷		阿難問事佛吉凶經（別本）一卷	
	2082-2　434/1080		0467-2　246/836
阿彌陀經疏鈔問辯一卷		阿難問事佛吉凶經一卷	
	2082-3　434/1080		0467-1　246/836
阿彌陀經疏鈔擷一卷		陀隣尼鉢經一卷	
	2088　435/1080		1399　352/978
阿彌陀經義述一卷		陀羅尼門諸部要目一卷	
	2072　433/1078		0921-1　299/898
阿彌陀經義記一卷		陀羅尼集經十二卷	
	2070　433/1078		0919　298/898
阿彌陀經義記一卷		陀羅尼雜集十卷	
	2071　433/1078		1384　350/976
阿彌陀經義疏一卷		附一心三觀併頌一卷	
	2077　434/1078		附 2912-2　758/1528
阿彌陀經義疏一卷		附天台止觀統例一卷	
	2094　436/1082		附 2779-2　758/1528
阿彌陀經義疏聞持記三卷		附成唯識論述記科文（存二卷）	
	2078　434/1080		2452-2　476/1136

呵魔經一卷

4094-50　676/1374

和菩薩戒文一卷

4797　721/1460

坦菴禪師語録一卷

3405　590/1266

奇特最勝金輪佛頂念誦儀軌法要一卷

0966　303/906

奇然智禪師語録二卷

3406　590/1268

奉法要一卷

附 3799　750/1514

始終心要一卷

2823　515/1182

始終心要註一卷

2824　515/1182

始終心要義記一卷

2825　515/1184

季總徹禪師語録四卷

3301　577/1250

孤雲禪師語録七卷

3295　576/1248

宗四分比丘隨門要略行儀一卷

4742　718/1454

宗本山中小隱為眾道友索山居詩述成百首一卷

附 2931　758/1528

宗門玄鑑圖一卷

3054　542/1214

宗門拈古彙集四十五卷

3548　610/1290

宗門無盡燈論二卷

4547　705/1432

宗門統要續集二十卷

3553　610/1290

宗門寶積録

3078　544/1216

宗要柏原案立六卷

4351　692/1408

宗教律諸家演派一卷

3770　637/1322

宗喀巴大師傳一卷

4168　680/1384

宗喀巴大師傳一卷

4169　680/1384

宗喀巴大師顯密修行次第科頌一卷

4144　679/1380

宗統編年三十二卷

3621　618/1300

宗範二卷

3065　543/1214

宗叡僧正於唐國師所口受一卷

1195-2　330/944

宗鏡録一百卷

3008　536/1208

宗鑑法林七十二卷

3556　611/1292

定宗論一卷

4346　692/1408

定慧明光佛頂國師語録五卷

4537　704/1432

宜林天則能禪師語録一卷

3386　588/1264

尚直尚理編二卷

附 3837　750/1514

居士分燈録二卷

3755　635/1320

居士傳五十六卷

3758　636/1320

岳闍梨十諫書（一）

2867-1　520/1188

岳闍梨雪謗書（三）

2867-3　520/1190

幸心鈔五卷

4471　700/1422

底哩三昧耶不動使者念誦品（別本）一卷

1240-2　336/952

	1938	417/1058
法華義疏四卷		
	4172	680/1384
法華論疏三卷		
	2421	472/1132
法華龍女成佛權實義一卷		
	2864	519/1188
法華題目鈔一卷		
	3588	614/1296
法華懸譚（十一）一卷		
	2322-13	462/1116
法華懺法一卷		
	4393	695/1414
法華靈驗傳二卷		
	3678	625/1308
法常住經一卷		
	0837	289/884
法喜志四卷		
	3767	636/1322
法智遺編解謗書（二）		
	2867-2	520/1188
法智遺編觀心二百問一卷		
	2829	515/1184
法集名數經一卷		
	0576	258/850
法集要頌經四卷		
	0207	208/800
法集經六卷		
	0807	287/882
法嗣經一卷		
	4094-3	674/1370
法滅盡經一卷		
	0431	241/830
法鼓臺聖教目録三卷		
	4086	673/1366
法演禪師語録三卷		
	3118	550/1222
法幢遠禪師語録一卷		

	3434	594/1272
法璽印禪師語録十二卷		
	3269	573/1244
法鏡經一卷		
	0355	230/820
法寶貫珠一卷		
	4159	679/1382
法寶壇經解義二卷		
	2995	535/1206
法瀾澂禪師語録二卷		
	3418	592/1268
法顯傳一卷		
	3775	637/1322
法觀經一卷		
	0532	253/844
波斯匿王太后崩塵土坌身經一卷		
	0143	200/790
波斯教殘經一卷		
	4875	725/1468
泥犁經一卷		
	0091	194/784
牧牛者大經一卷		
	4094-33	675/1372
牧牛者小經一卷		
	4094-34	675/1372
牧牛圖頌一卷		
	3041	540/1212
牧雲和尚七會餘録六卷		
	3255	571/1242
牧雲和尚宗本投機頌一卷		
	3257-1	571/1242
牧雲和尚病遊初草一卷		
	3257-3	571/1242
牧雲和尚病遊後草一卷		
	3257-4	572/1242
牧雲和尚病遊遊刃一卷		
	3257-2	571/1242
牧雲和尚語録二十卷		

	0163	203/794
舍利懺法一卷		
	3871	648/1336
舍衛國王十夢經一卷		
	0175	204/794
舍衛國王夢見十事經一卷		
	0174	204/794
舍頭諫經一卷		
	1342	345/970
苦陰因事經一卷		
	0057	190/780
苦陰經一卷		
	0055	190/780
苦蘊大經一卷		
	4094-13	675/1370
苦蘊小經一卷		
	4094-14	675/1372
苾芻五法經一卷		
	1540	368/1000
苾芻迦尸迦十法經一卷		
	1541	368/1000
虎丘隆和尚語録一卷		
	3169	557/1230
表無表章科一卷		
	2757	507/1174
表無表章棲翫記一卷		
	2589	489/1152
迦丁比丘説當來變經一卷		
	3600	615/1298
迦葉仙人説醫女人經一卷		
	1761	398/1032
迦葉赴佛般涅槃經一卷		
	0428	240/830
迦葉師子吼經一卷		
	4092-8	674/1368
迦葉結經一卷		
	3599	615/1298
迦葉禁戒經一卷		

	1530	366/998
迦樓羅及諸天密言經一卷		
	1319	343/966
郁迦羅越問菩薩行經一卷		
	0354	230/820
金七十論三卷		
	3901	651/1340
金山即休了和尚拾遺集一卷		
	3215	564/1234
金光王童子經一卷		
	0499	249/840
金光明最勝王經十卷		
	0757	280/874
金光明最勝王經十卷		
附	0757-1	739/1496
金光明最勝王經十卷		
附	0757-2	739/1496
金光明最勝王經十卷		
附	0757-3	739/1496
金光明最勝王經十卷		
附	0757-4	739/1496
金光明最勝王經大辯才天女品第十五一卷		
附	0757-6	739/1496
金光明最勝王經玄樞十卷		
	4181	681/1386
金光明最勝王經如意寶珠品第十四一卷		
附	0757-5	739/1496
金光明最勝王經疏十卷		
	2163	443/1092
金光明最勝王經註釋十卷		
	4182	681/1386
金光明最勝懺儀一卷		
	2844	517/1186
金光明經文句六卷		
	2157	442/1090
金光明經文句文句記會本八卷		
	2161	442/1090
金光明經文句科一卷		

金剛光焰止風雨陀羅尼經（別本）一卷		
	1048-2 313/918	金剛般若波羅蜜經一卷
金剛光焰止風雨陀羅尼經一卷		
	1048-1 313/918	金剛般若波羅蜜經一卷
金剛決疑一卷		
	1800 403/1038	金剛般若波羅蜜經一卷
金剛界九會密記一卷		
	4444 698/1420	金剛般若波羅蜜經一卷
金剛界大法對受記八卷		
	4367 694/1410	金剛般若波羅蜜經一卷
金剛界次第生起一卷		
	4382 694/1412	金剛般若波羅蜜經一卷
金剛祕密善門陀羅尼呪經一卷		
	1175-1 328/942	金剛般若波羅蜜經一卷
金剛祕密善門陀羅尼經（別本）一卷		
	1175-2 328/942	金剛般若波羅蜜經一卷
金剛香菩薩大明成就儀軌經三卷		
	1209 331/948	金剛般若波羅蜜經一卷
金剛峰樓閣一切瑜伽瑜祇經二卷		
	0885 294/892	金剛般若波羅蜜經一卷
金剛峰樓閣一切瑜伽瑜祇經修行法三卷		
	4209 683/1390	金剛般若波羅蜜經一卷
金剛恐怖集會方廣軌儀觀自在菩薩三世最勝心		
明王經一卷		金剛般若波羅蜜經一卷
	1055 314/920	
金剛能斷般若波羅蜜經一卷		金剛般若波羅蜜經一卷
	0263 217/808	
金剛般若波羅蜜經一卷		金剛般若波羅蜜經一卷
	0260 217/808	
金剛般若波羅蜜經一卷		金剛般若波羅蜜經二卷
	0261 217/808	
金剛般若波羅蜜經一卷		金剛般若波羅蜜經二卷
	0262 217/808	
金剛般若波羅蜜經一卷		金剛般若波羅蜜經二卷
	1777 399/1034	
金剛般若波羅蜜經一卷		金剛般若波羅蜜經二卷
	1818 404/1040	
金剛般若波羅蜜經一卷		金剛般若波羅蜜經二卷

Right column values:

	1820	405/1042
	附 0260-1	729/1474
	附 0260-2	729/1474
	附 0260-3	729/1474
	附 0260-4	729/1474
	附 0260-5	729/1474
	附 0260-6	729/1474
	附 0260-7	729/1474
	附 0260-8	730/1474
	附 0260-9	730/1474
	附 0260-10	730/1474
	附 0260-11	730/1474
	附 0260-12	730/1474
	附 0261	730/1476
	附 0262	730/1476
	1786	401/1036
	1828	405/1042
	1830	406/1042
	1832	406/1042

	1335 344/968			2722 503/1170
施食通覽一卷		毘尼日用切要香乳記二卷		
	2880 521/1192			2723 503/1170
施設論七卷		毘尼日用録一卷		
	1607 377/1010			2721 503/1170
施諸餓鬼飲食及水法一卷		毘尼止持會集十六卷		
	1356 346/972			2361 466/1122
施餓鬼甘露味大陀羅尼經一卷		毘尼母經八卷		
	1362 347/972		1524 366/998	
施餓鬼食經一卷		毘尼作持續釋十五卷		
	附 1355 745/1508			2373 468/1124
施燈功德經一卷		毘尼後集問辯一卷		
	0795 286/880		2750-1 506/1172	
昭覺丈雪醉禪師語録十二卷		毘尼珍敬録二卷		
	3275 574/1246			2360 466/1122
昭覺丈雪醉禪師語録十卷		毘尼討要三卷		
	3274 574/1244			2330 462/1118
昭覺竹峰續禪師語録六卷		毘尼資持鈔一卷		
	3425 593/1270		4111 677/1376	
昭覺德雲悟禪師語録一卷		毘尼關要十九卷		
	3442 595/1272			2357 466/1122
是法非法經一卷		毘尼關要事義一卷		
	0050 189/780		附 2357 756/1524	
枯崖和尚漫録三卷		毘那夜迦誐那缽底瑜伽悉地品祕要一卷		
	3035 540/1212		1314 343/960	
枯樹經一卷		毘沙門天王經一卷		
	0589 260/852		1285 340/960	
柏山楷禪師語録五卷		毘沙門天王經一卷		
	3499 603/1282		1286 340/960	
奈女祇域因緣經一卷		毘沙門儀軌一卷		
	0504 250/840		1290 341/962	
奈女耆婆經一卷		毘奈耶經一卷		
	0505 250/840		0916 298/896	
柿袋一卷		毘奈耶質疑編一卷		
	4450 698/1420			2698 501/1166
毘尼心一卷		毘耶娑問經二卷		
	4743 718/1454		0384 234/824	
毘尼日用切要一卷		毘俱胝菩薩一百八名經一卷		

十畫

	2524　483/1144
起信論註一卷	
	4761　719/1456
逕庭宗禪師語録二卷	
	3500　603/1282
通天逸叟禪師語録一卷	
	3330　581/1254
通天澹崖原禪師語録二卷	
	3404　590/1266
通幻靈禪師漫録二卷	
	4561　706/1434
通玄百問一卷	
	3024　538/1210
通受比丘懺悔兩寺不同記一卷	
	4333　691/1406
通翼	
	附存目 71　767/1544
逝童子經一卷	
	0672　270/864
速疾立驗魔醯首羅天説阿尾奢法一卷	
	1318　343/966
造立形像福報經一卷	
	0784　284/878
造立形像福報經一卷	
	附 0784-1　740/1498
造立形像福報經一卷	
	附 0784-2　740/1498
造塔功德經一卷	
	0792　285/880
造塔功德經一卷	
	附 0792-1　741/1500
造塔功德經一卷	
	附 0792-2　741/1500
造塔延命功德經一卷	
	1047　313/918
造像量度經一卷	
	1466　358/988
造像量度經解一卷	

	1467　358/988
造像量度經續補一卷	
	附 1467　752/1518
部執異論一卷	
	3606　616/1298
都表如意摩尼轉輪聖王次第念誦祕密最要略法一卷	
	1121　321/932
都部陀羅尼目（別本）一卷	
	0921-2　299/898
陰持入經二卷	
	0521　251/842
陰持入解經二卷	
	1766　398/1034
馬有八態譬人經一卷	
	0133　198/790
馬有三相經一卷	
	0132　198/788
馬邑大經一卷	
	4094-39　676/1372
馬邑小經一卷	
	4094-40　676/1372
馬鳴菩薩大神力無比驗法念誦儀軌一卷	
	1204　330/946
馬鳴菩薩成就悉地念誦一卷	
	1205　331/946
馬鳴菩薩傳一卷	
	3632　619/1302
馬頭觀音心陀羅尼一卷	
	1099-2　319/928
高山寺經藏聖教内真言書目録一卷	
	4084　673/1366
高山寺聖教目録二卷	
	4083　673/1366
高王觀世音經一卷	
	4814-1　722/1462
高王觀世音經註釋一卷	
	1984　423/1064

4298　689/1402
唯識義燈增明記四卷
4242　685/1396
唯識論一卷
1658　384/1018
唯識論同學鈔六十八卷
4244　685/1396
唯識論料簡二卷
2456　476/1136
唯識論聞書二十七卷
4245　685/1396
商主天子所問經一卷
0715　275/870
啓運慈悲道場懺法十卷
附存目 20　764/1538
啟信雜説一卷
2967　532/1202
國王不梨先泥十夢經一卷
0176　204/796
國清百録四卷
2827　515/1184
國清翼菴和尚和寒山詩二卷
附 3338-3　760/1532
埜雲禪師頌古
附 3159　749/1514
執持鈔一卷
4628　711/1444
堅牢地天儀軌一卷
1327　344/968
堅固女經一卷
0702　273/868
堅固經一卷
4092-11　674/1368
堅意經一卷
0556　255/848
堅意經一卷
附 0556　737/1490
婆藪槃豆法師傳一卷
3635　620/1302
婆羅門子命終愛念不離經一卷
0096　194/784
婆羅門正法經一卷
4109　677/1376
婆羅門避死經一卷
0154　201/792
婦人遇辜經一卷
0509　250/842
宿命智陀羅尼一卷
1428　355/982
宿命智陀羅尼經一卷
1429　355/982
宿曜儀軌一卷
1345　345/970
寂光豁禪師語録六卷
3283　575/1246
寂志果經一卷
0024　187/776
寂音尊者智證傳十卷
3017　537/1210
寂照神變三摩地經一卷
0748　279/894
寂調音所問經一卷
1554　369/1002
密呪圓因往生集一卷
2854　518/1186
密宗十四根本戒略釋一卷
4122　678/1378
密宗戒根斷十四大業一卷
4121　677/1378
密宗道次第廣論二十二卷
4142　679/1380
密宗道次第論五卷
4143　679/1380
密乘要集三卷
4165　679/1380
密菴和尚語録一卷

菩提道次第略論六卷		
	4132	678/1378
菩提道次第廣論二十四卷		
	4130	678/1378
菩提道次第綱要一卷		
	4138	678/1380
菩提道次第論極略頌一卷		
	4136	678/1380
菩提道次第論攝頌一卷		
	4134	678/1378
菩提道次第論攝頌一卷		
	4135	678/1378
菩提道次第論攝頌科判一卷		
	4133	678/1378
菩提道次第攝修求加持頌一卷		
	4141	678/1380
菩提道炬論一卷		
	4129	678/1378
菩提道燈論一卷		
	4128	678/1378
菩提達磨大師略辨大乘入道四行觀一卷		
	2986	534/1206
菩提資糧論六卷		
	1730	394/1028
菩薩十住行道品一卷		
	0314	244/814
菩薩十住經一卷		
	0315	224/814
菩薩五法懺悔文一卷		
	1571	371/1004
菩薩內戒經一卷		
	1548	369/1000
菩薩內習六波羅蜜經一卷		
	0817	288/882
菩薩本生鬘論十六卷		
	0220	210/800
菩薩本行經三卷		
	0215	209/800

菩薩本業經一卷		
	0312	224/814
菩薩本緣經三卷		
	0213	208/800
菩薩生地經一卷		
	0676	271/864
菩薩名經十卷		
	3903	652/1340
菩薩地持戒品一卷		
	附 1651	747/1510
菩薩地持經十卷		
	1651	383/1018
菩薩行五十緣身經一卷		
	0830	289/884
菩薩行方便境界神通變化經三卷		
	0303	222/814
菩薩戒本一卷		
	1567	371/1004
菩薩戒本一卷		
	1568	371/1004
菩薩戒本宗要一卷		
	2700	501/1166
菩薩戒本宗要科表一卷		
	2405	471/1128
菩薩戒本宗要輔行文集二卷		
	4334	691/1406
菩薩戒本宗要雜文集一卷		
	4330	691/1406
菩薩戒本持犯要記一卷		
	2701	501/1166
菩薩戒本疏二卷		
	2391	469/1126
菩薩戒本經箋要一卷		
	2415	472/1130
菩薩戒品釋五卷		
	4117	677/1376
菩薩戒根本墮攝頌一卷		
	4120	677/1376

象林本真禪師語録一卷

　　　　　　3371　　586/1262

象崖珽禪師語録四卷

　　　　　　3279　　574/1246

象腋經一卷

　　　　　　0831　　289/884

象跡喻大經一卷

　　　　　4094-28　675/1372

象跡喻小經一卷

　　　　　4094-27　675/1372

象頭精舍經一卷

　　　　　　0634　　266/858

貧窮老公經（別本）一卷

　　　　　0511-2　250/842

貧窮老公經一卷

　　　　　0511-1　250/842

進旨一卷

　　　　附4805　750/1514

進學經一卷

　　　　　　0586　　259/852

過去世佛分衛經一卷

　　　　　　0240　　213/804

過去莊嚴劫千佛名經（別本）一卷

　　　　　0614-2　263/854

過去莊嚴劫千佛名經一卷

　　　　　0614-1　262/854

過去現在因果經四卷

　　　　　　0180　　205/796

鄂州龍光達夫禪師鷄肋集一卷

　　　　　　3512　　605/1284

野金口決鈔一卷

　　　　　　4503　　701/1426

野胎口決鈔二卷

　　　　　　4504　　702/1426

野雲映禪師宗統頌一卷

　　　　　　3159　　556/1228

隆興佛教編年通論二十九卷

　　　　　　3608　　616/1298

隋天台智者大師別傳一卷

　　　　　　3636　　620/1302

雪兆性禪師住沙州風穴白雲寺語録上卷

　　　　　附存目30　764/1538

雪峰真覺禪師語録二卷

　　　　　　3096　　547/1220

雪堂行和尚拾遺録一卷

　　　　　　3122　　551/1222

雪庵從瑾禪師頌古集一卷

　　　　　　3536　　608/1288

雪嶠禪師語録十卷

　　　　　　3240　　569/1238

雪關和尚語録六卷

　　　　　　3468　　599/1276

雪關禪師語録十三卷

　　　　　　3467　　598/1276

雪竇石奇禪師語録十五卷

　　　　　　3253　　571/1240

雪竇顯和尚頌古一卷

　　　　　附存目40　765/1540

雪巖和尚語録二卷

　　　　　　3192　　561/1232

頂生王因緣經六卷

　　　　　　0225　　210/802

頂生王故事經一卷

　　　　　　0041　　189/778

頂輪王大曼荼羅灌頂儀軌一卷

　　　　　　0975　　304/906

魚山目録二卷

　　　　　　4674　　714/1448

魚山私鈔二卷

　　　　　　4673　　714/1448

魚山聲明集一卷

　　　　　　4672　　714/1448

鹿母經（別本）一卷

　　　　　0242-2　213/804

鹿母經一卷

　　　　　0242-1　213/804

	3436	594/1272
善一純禪師續録一卷		
	附 3436	760/1532
善女人傳二卷		
	3759	636/1320
善生子經一卷		
	0019	186/776
善生經講録一卷		
	2317	460/1114
善見律毘婆沙十八卷		
	1523	366/998
善夜經一卷		
	1409	353/980
善法方便陀羅尼經一卷		
	1174	1174/942
善思童子經二卷		
	0648	268/860
善恭敬經一卷		
	1562	370/1002
善恭敬經一卷		
	附 1562	746/1510
善惡因果經一卷		
	4813	722/1462
善慧大士録四卷		
	3080	545/1216
善樂長者經一卷		
	1371	347/974
喆枕禪師語録十卷		
	3443	595/1272
嗟韈曩法天子受三歸依獲免惡道經一卷		
	0516	251/842
報恩抄二卷		
	4652	713/1446
報恩奉盆經一卷		
	0779	283/878
報恩奉盆經一卷		
	附 0779	240/1498
報恩美發禪師語録		

	附存目 37	265/1540
報恩論四卷		
	2971	532/1204
報恩講式一卷		
	4631	711/1444
壹輸盧迦論一卷		
	1643	382/1016
寒山詩一卷		
	3908	652/1340
寒松操禪師語録二十卷		
	3495	602/1282
尊上經一卷		
	0080	193/782
尊上經一卷		
	附 0080-1	726/1468
尊上經一卷		
	附 0080-2	726/1468
尊那經一卷		
	0160	202/792
尊長瑜伽法一卷		
	4153	679/1382
尊婆須蜜菩薩所集論十卷		
	1618	379/1012
尊勝大明王經一卷		
	1459	358/986
尊勝佛母陀羅尼一卷		
	0994	307/910
尊勝佛母陀羅尼讚經一卷		
	0993	307/910
尊勝佛頂修瑜伽法軌儀二卷		
	0989	306/908
尊勝菩薩所問一切諸法入無量門陀羅尼經一卷		
	1390	351/978
尊號真像銘文（異本）一卷		
	4622-2	711/1444
尊號真像銘文二卷		
	4622-1	711/1444
御俗姓御文一卷		

	0905 296/894	
無上依經二卷		
	0763 283/876	
無上處經一卷		
	0147 200/790	
無幻禪師語録二卷		
	3231 566/1238	
無心論一卷		
	4777 720/1458	
無文和尚語録一卷		
	3139 553/1224	
無文禪師語録一卷		
	4531 704/1430	
無字寶篋經一卷		
	0845 290/886	
無希望經一卷		
	0832 289/832	
無言童子經二卷		
	0443 243/832	
無依無得大乘四論玄義記十卷		
	2547 485/1148	
無依道人録二卷		
	3934 657/1346	
無所有菩薩經四卷		
	0655 268/862	
無明羅刹集三卷		
	0541 254/846	
無門開和尚語録二卷		
	3125 551/1222	
無門關一卷		
	3551 610/1290	
無垢淨光大陀羅尼經一卷		
	1045 313/918	
無垢賢女經一卷		
	0692 273/866	
無垢優婆夷問經一卷		
	0510 250/842	
無畏三藏禪要一卷		

0934 300/900
無畏陀羅尼經一卷
1434 355/984
無畏授所問大乘經三卷
0363 231/822
無相大師行狀一卷
附 3004 758/1528
無相思塵論一卷
1692 389/1022
無能勝大明心陀羅尼經一卷
1276 339/960
無能勝大明心陀羅尼經一卷
附 1276 745/1506
無能勝大明王陀羅尼經一卷
1274 339/958
無能勝大明陀羅尼經一卷
1275 339/960
無能勝大明陀羅尼經一卷
附 1275 745/1506
無能勝幡王如來莊嚴陀羅尼經一卷
0960 302/904
無崖際總持法門經一卷
1389 351/976
無常三啟經一卷
附 0129 727/1470
無常經一卷
0129 198/788
無異禪師廣録三十五卷
3459 597/1276
無異禪師語録
附 3459 749/1514
無極寶三昧經二卷
0736 278/872
無量大慈教經一卷
4859 724/1466
無量功德陀羅尼經一卷
0951 301/902
無量門破魔陀羅尼經一卷

	0595	261/852		4729 717/1454
稱讚大乘功德經一卷			維摩經疏一卷	
	0855	291/868		4732 717/1454
稱讚大乘功德經一卷			維摩經疏科一卷	
	附 0855	742/1502		2145 414/1088
稱讚如來功德神呪經一卷			維摩經意大綱一卷	
	1394	1394/978		2150 441/1090
稱讚淨土佛攝受經一卷			維摩經義記卷第四一卷	
	0399	236/826		4727 717/1454
稱讚淨土佛攝受經一卷			維摩經義疏三卷	
	附 0399	735/1486		4171 480/1384
精刻大藏經目録（不分卷）			維摩經義疏六卷	
	4005	667/1356		2142 441/1088
精解評林卷之上大方廣圓覺修多羅了義經一卷			維摩義記一卷	
	2219	449/1100		4726 717/1454
綠蘿恒秀林禪師語録二卷			維摩義記四卷	
	3358	584/1260		2133 440/1088
維揚天寧寺巨渤禪師語録一卷			維摩詰不思議經集註十卷	
	附存目 29	764/1538		2147 441/1088
維摩疏記六卷			維摩詰所説不可思議解脱經釋會紀聞二卷	
	2137	440/1088		2148 441/1090
維摩疏釋前小序抄一卷			維摩詰所説經十四卷	
	4733	718/1454		2143 441/1088
維摩經玄疏六卷			維摩詰所説經三卷	
	2134	440/1088		0645 276/860
維摩經抄一卷			維摩詰所説經直疏三卷	
	4731	717/1454		2146 441/1088
維摩經略疏十卷			維摩詰所説經無我疏十二卷	
	2136	440/1088		2144 441/1088
維摩經略疏垂裕記十卷			維摩詰所説經註十卷	
	2139	440/1088		2131 439/1086
維摩經疏（存二卷）			維摩詰所説經疏五卷	
	2138	440/1088		2141 441/1088
維摩經疏（存二卷）			維摩詰經二卷	
	4730	717/1454		0646 267/860
維摩經疏一卷			維摩詰經三卷	
	4728	717/1454		附 0645 738/494
維摩經疏一卷			維摩詰經三觀玄義二卷	

	0979	304/908		3534-1	608/1288

熾盛光道場念誦儀一卷 ... 0979 304/908

燈指因緣經一卷 ... 2850 518/1186

燉煌本古逸經論章疏並古寫經目錄一卷 ... 0538 253/844

燉煌錄一卷 ... 4057 672/1364

獨菴獨語一卷 ... 3781 638/1324

盧至長者因緣經一卷 ... 4566 707/1436

磧砂嘉興大藏經總目錄索引一冊 ... 0496 249/840

磬山牧亭樸夫拙禪師語錄六卷 ... 4006 667/1356

禪行三十七品經一卷 ... 3444 595/1274

禪行法想經一卷 ... 0522 252/842

禪戒訣一卷 ... 0523 252/842

禪宗正脈二十卷 ... 4568 707/1436

禪宗永嘉集一卷 ... 3721 631/1314

禪宗永嘉集二卷 ... 3004 536/1208

禪宗永嘉集二卷 ... 3005 536/1208

附存目 46 765/1540

禪宗決疑集一卷 ... 3025 538/1210

禪宗指掌一卷 ... 3067 543/1216

禪宗頌古聯珠通集（別本）四十卷 ... 3534-2 608/1288

禪宗頌古聯珠通集二十一卷

禪林寺入藏目錄一卷 ... 3534-1 608/1288

禪林寺宗叡僧正目錄一卷 ... 4068 672/1364

禪林重刻寶訓筆説三卷 ... 4030 669/1360

禪林備用十卷 ... 3031 539/1212

禪林普濟禪師語錄三卷 ... 3532 608/1288

禪林疏語考證四卷 ... 4563 707/1436

禪林僧寶傳三十卷 ... 3048 541/1212

禪林類聚二十卷 ... 3710 629/1314

禪林寶訓四卷 ... 3554 610/1290

禪林寶訓合註四卷 ... 3026 539/1210

禪林寶訓拈頌一卷 ... 3028 539/1210

禪林寶訓音義一卷 ... 3029 539/1210

禪林寶訓順硃四卷 ... 3027 539/1210

禪法要解二卷 ... 3030 539/1210

禪苑蒙求拾遺一卷 ... 0526 252/844

禪苑瑤林註三卷 ... 3045 541/1212

禪門拈頌集三十卷 ... 3044 541/1212

禪門要略一卷 ... 3549 610/1290

禪門章一卷 ... 2787 510/1178

彌勒來時經一卷

　　　　0627　265/858

彌勒修法一卷

　　　　4152　679/1382

彌勒菩薩所問本願經一卷

　　　　0379　233/824

彌勒菩薩所問經論九卷

　　　　1592　375/1008

彌勒菩薩發願王偈一卷

　　　　1179　328/942

彌勒經遊意一卷

　　　　2117　438/1084

彌勒講式一卷

　　　　4689　715/1450

應法經一卷

　　　　0087　193/784

應庵和尚語録十卷

　　　　3171　558/1230

應理宗戒圖釋文鈔一卷

　　　　4335　691/1406

擬寒山詩一卷

　　　　3909　605/1342

檀特羅麻油述經一卷

　　　　1437　355/984

檜尾口訣一卷

　　　　4438　698/1418

濟諸方等學經一卷

　　　　0306　223/814

濡首菩薩無上清淨分衛經二卷

　　　　0259　216/808

環溪和尚語録二卷

　　　　3187　560/1232

療痔病經一卷

　　　　1373　348/974

禮佛大懺悔文略釋二卷

　　　附存目 55　766/1542

禮佛發願文略釋一卷

　　　　2751　506/1174

禮佛儀式一卷

　　　　3873　649/1336

禮吳中石佛起止儀式一卷

　　　　3870　648/1336

禮念彌陀道場懺法十卷

　　　　3846　646/1332

禮法華經儀式一卷

　　　　2842　517/1186

禮舍利塔儀式一卷

　　　　3872　648/1336

禮懺文一卷

　　　　4800　721/1460

禮懺文一卷

　　　　4801　721/1460

禮懺文一卷

　　　　4802　721/1460

總持抄十卷

　　　　4388　695/1414

總釋陀羅尼義讚一卷

　　　　0920　299/898

翼菴禪師真如語録三卷

　　　附 3338-2　760/1532

翼菴禪師通玄語録一卷

　　　附 3338-1　760/1532

翼菴禪師語録八卷

　　　　3338　582/1256

聯燈會要三十卷

　　　　3706　628/1312

聲字實相義一卷

　　　　4402　696/1414

聲明口傳一卷

　　　　4677　714/1448

聲明源流記一卷

　　　　4680　714/1450

臨濟正法眼藏

　　　附 3552　749/1514

臨濟宗旨一卷

　　　　3016　537/1210

感　言

　　《歷代漢文大藏經目錄新考》即將出版了，作者希望我寫幾句話，我很願意。一來這書的緣起與我有點關係，二來書的出版使我有許多念想與感悟。

　　按現實生活來看，這本書不可能暢銷、熱賣。但我覺得它有價值，會流傳。因為書表述的是佛教的根本，內容有歷史傳承。來自久遠，必能傳至久遠。它會給學佛的信眾，佛學的研究者帶來實在的收益。

　　我有幸在趙樸初先生身邊做過些佛教文化的具體工作，他的言傳身教、基本理念常常縈回心頭。

　　他說的教理、教義，很精簡、明確，很容易記住：佛教包含經典、儀軌、教團的組織，三方面中最根本的是佛所說的言教，用佛教固有的術語來說就是佛法。經典是佛逝世那一年，佛的弟子，以摩訶迦葉為首的五百人集會在王舍城外的七葉窟，將佛一生的言教結集起來，按佛陀遺教在經首加上"如是我聞"四個字。

　　趙樸初先生在書法、詩、詞、曲方面作品頗豐，佛學專著僅有一本《佛教常識答問》。他投身佛法弘揚七十餘年，面對繁忙的工作，沉重的責任，在百忙之中能在浩若煙海的佛教經典中應機而又精煉地整理成"常識"弘揚給大眾，實屬難能。一本常識書多少年來銷量幾乎難以計數，至今還有不少人想爭取出版。所以說一本書的價值與流傳是有緣的，有經典依據，傳統傳承，能弘揚真諦，一定能夠細水長流。

　　趙樸初所以能有此善果，正是他年輕時在上海佛教淨業社智照樓居住期間讀了大量經藏，與不少高僧大德結交，瞭解佛經的傳承所致。

　　此外，我接觸過的南懷瑾前輩學問廣博，對儒、道、釋諸子百家都能融匯一體，應機宣講。他對佛教經典特別重視，年輕時曾在四川閉關三年靜心閱藏。他認為釋迦牟尼佛涅槃後，弟子五百羅漢結集經典，流傳後世是最重要的事。佛像、寺廟、出家僧人、在家居士也重要，但一切都要圍繞經典的傳承、法的傳承。只有經典的傳承可以長久，《經》就是貫穿歷史而常在的東西。傳承經典是核心，即便是"以戒為師"的訓示，也是以律藏經典為本。

　　因此有識之士明白對藏經的流傳盡可能要做到認真考證、嚴格有據。有一位正當盛年的大廟主持，除了把道場主持好，為信眾及群眾弘揚佛法外，每天讀經、拜經，像做作業一樣，認真地將各個不同時期、不同版本的藏經進行對照，找出之間的異同，力求整理出最完整的經本，使之更確切地表達佛意。他這個大願近二十年始終默默不變，這種精神說明續佛慧命定然淵遠流長，不會斷卻。

　　《目錄新考》這本書不僅是一本目錄的記載，更重要的是為了充分、有效地利用這些寶

貴的傳統文化資源，為廣大讀者閱覽漢文佛教大藏經，瞭解歷代大藏經的刊刻、發展史，以及研究人員進行比較研究提供方便，為佛教大藏經的整理和補足殘缺經卷提供依據，這是作者發心編纂的目的。

佛教於公元前已傳入我國。被稱為經、律、論的佛教"三藏"原典，也自東漢桓帝（公元 147 ~ 167）時起，被逐漸翻譯成漢文佛典。漢文大藏經就是漢文佛典和文獻的總集。我國僧人歷來重視佛典目錄的編纂，自東晉僧人道安（公元 312 ~ 385）撰《綜理眾經目錄》開始，至今已有二十餘種藏經目錄，這一方面反映了眾生對佛經的重視，同時在歷史長河中難免會有遺漏、錯判等事。作者認真地從不同版本的藏經函數上，證實一些被誤判的藏經；通過發現有些著錄的內容並無實物，只是後人誤增而加以刪除；也還原了一些藏經的目錄，等等。

作者通過將所收經目分類為三十八個部別，借鑒現代佛典分類的最新成就，彌補了將小乘與大乘典籍不加區分、混雜編排的不足，還針對我國僧人著作和南傳、藏傳典籍的大量增加，增設了地志部等七個部別，從而完善了漢文大藏經的分類法。

作者十多年來從事大藏經研究，在詳細考查國內外現存經本實物的基礎上完成的這本大藏經目錄新考，是這方面研究的一個新成果。

在發稿之際，作者首先想到的是曾給予她熱情支持、提供方便的北京古今慧海文化信息交流中心、上海龍華寺、中華大藏經續編編輯委員會等單位的領導、法師和同仁們，這種態度也使我有感於心。

作者曾與李富華先生合著《歷代漢文佛教大藏經研究》，這兩位一直埋頭於漢文大藏經的搜集、整理、研究，做了大量實事，並且有成功的記錄。他們並不熱衷於社會活動與名望，説明他們明白成功的內涵。我個人感受到成功是三世因緣的結果，個人只是因緣海中一滴水。沒有前人整理記錄的經典，根本不可能有今日之課題；沒有今世眾多同道給予的合作與支持，個人舉步維艱，難以行事；下一代的有志青年閱讀此書，提高認識，發現不足，是至為重要、續佛慧命的重任。

我真誠地希望這本書能發揮作用，成為佛法在正信路上一個座標。

李家振

2013 年 6 月

後　記

　　本書的編纂，被列為中國社會科學院重點課題項目，其初稿在提交本院專家李富華研究員、張總研究員和國家圖書館古籍館副館長林世田研究館員審定後，筆者已據專家們提出的意見，對初稿做了認真的修改、完善，並獲得了社科院的出版資助，還被收入中國社會科學院文庫。

　　2004年末，我應北京古今慧海文化信息交流中心創始人李家振先生之請，指導工作人員製作了十幾部佛教大藏經的電子本目錄。之後李先生提議，由我進一步做出大藏經的校勘目錄，由劉雅婷女士錄出臺灣蔡運辰的二十五種藏經目錄對照表，提供給我使用。我意識到這項工作的重要性，感到自己有義務，也有責任承擔起這項重任。於是我着手策劃，並於2005年作為世界宗教研究所重點課題正式立項。這年夏季適逢李先生幫助上海龍華寺籌建無盡意圖書館，經照誠大和尚准許，使我有幸在藏經樓上逐卷覈對了明刻版《永樂南藏》的續藏經本，以及寺內新請到的多部大藏經版本。2006年，遇上社科院審批課題，允許以所級課題繼續申報院級課題，於是經所學術委員會評審上報，本項目最終確立為院級重點課題。

　　有了科研經費的保障，我再次南下福州、西行寧武等地，覈查現存的歷代漢文大藏經本。由於是三十一種大藏經目錄的對勘，往往在覈對一種新的大藏經版本時，又會發現已覈對過的版本中仍然有不少疑點，經反復覈查，使得校勘記日臻完善。在本書初稿完成後，當我再次來到北京法源寺的中國佛學院圖書館時，那里新增了一批大藏經版本，尤其是臺灣版《佛教大藏經》第二輯存書，彌補了此前我在上海龍華寺僅據此藏目錄校對的不足；還有臺灣版《中華大藏經》第三輯的一冊書，使我據其補充了對這部大藏經第三輯編輯出版情況的記述。2012年8月，我在揚州鑒真圖書館還見到了臺灣版《文殊大藏經》的部分存書，其特點是在每部經前均有導論。總之，在今後的歲月里，還將有大陸版《中華大藏經》（漢文部分）續編和臺灣版《佛光大藏經》等的完成出版，因此，大藏經的對勘和考釋工作並未結束。

　　正當我的工作順利進行時，老父病重，於是跑醫院、料理起居的擔子，我又承擔起來。不過因此拖延了的時日，最後還是補回來了許多。尤其在本書初稿形成後，在我兒張韜的全力幫助下，用電腦程序處理了大量數據，確保按時完成了提交社科院審查和送出版社的書稿。

　　本書的即將付梓，我深感是對恩人的培育、同仁的幫助和親人的理解的最好回報。

何　梅

2012 年 9 月 28 日

图书在版编目（CIP）数据

歷代漢文大藏經目錄新考：全 2 冊 / 何梅著 . —北京：社會科學文獻
出版社，2014.2
（中國社會科學院文庫·哲學宗教研究系列）
ISBN 978-7-5097-4532-8

Ⅰ.①歷… Ⅱ.①何… Ⅲ.①大藏經－專題目錄 Ⅳ.① Z88；B941

中國版本圖書館 CIP 數據核字（2013）第 080414 號

· 中國社會科學院文庫 · 哲學宗教研究系列 ·

歷代漢文大藏經目錄新考（全二冊）

著　者／何　梅

出 版 人／謝壽光
出 版 者／社會科學文獻出版社
地　　址／北京市西城區北三環中路甲 29 號院 3 號樓華龍大廈
郵政編碼／100029

責任部門／人文分社（010）59367215　　　責任編輯／魏小薇
電子信箱／renwen@ssap.cn　　　　　　　責任校対／徐兵臣　王翠榮
項目統籌／宋月華　范　迎　　　　　　　　責任印制／岳　陽
經　　銷／社會科學文獻出版社市場營銷中心（010）59367081　59367089
讀者服務／讀者服務中心（010）59367028

印　　裝／三河市東方印刷有限公司
開　　本／787mm×1092mm　1/16　　　印　張／108.75
版　　次／2014 年 2 月第 1 版　　　　　彩插印張／1
印　　次／2014 年 2 月第 1 次印刷　　　字　數／2567 千字
書　　號／ISBN 978-7-5097-4532-8
定　　價／980.00 圓（全二冊）